新编

刑法罪名精释

第1卷

XIN BIAN XING FA ZUI MING JING SHI

主　编◎周　峰

中国法制出版社
CHINA LEGAL PUBLISHING HOUSE

编写说明

1979 年，第五届全国人民代表大会第二次会议通过了《中华人民共和国刑法》。1997 年，全国人大常委会对 1979 年刑法进行了全面的修改和完善。此后，为了进一步适应经济社会发展和情况的变化，全国人大常委会还陆续通过了《全国人民代表大会常务委员会关于惩治骗购外汇、逃汇和非法买卖外汇的决定》《关于修改部分法律的决定》和十个刑法修正案，对刑法不断加以完善。

为便于司法机关准确把握法律精神，严格适用法律规定，我们邀请了一批专家型法官编写本书，期望为办案人员带来方便。本书由最高人民法院审判委员会原委员、刑事审判第四庭原庭长、全国审判业务专家周峰为主编，最高人民法院刑事审判第四庭审判长、全国审判业务专家陆建红和最高人民法院刑事审判第四庭审判长罗勋、最高人民法院刑事审判第四庭审判员张剑、杨华、潘洁为责任编辑。上述编写人员均为最高人民法院高级法官，具有较高的理论水平和丰富的审判实践经验。

本书在体例安排上，每个罪名的阐述由五个部分组成：一、法律规定；二、罪名详解；三、实务疑难问题；四、情节与量刑；五、法律链接。

与其他工具书相比，本书重在实践运用，纯理论的内容几乎很少涉及。特别是“实务疑难问题”部分，不仅从一般实务出发对可能出现的问题提出解决方法和思路，而且还注重总结司法实践经验，从大量的指导性案例中提炼成熟的裁判规则，供司法工作人员在实际工作中参考运用。

本书不仅是广大刑事司法工作人员的案头工具用书，也是广大律师、法学教学人员以及法学院系学生的有益参考资料。

本书在编写过程中恐有疏漏和不妥之处，敬请读者批评指正。

总目录

·第一卷·

·第二卷·

·第三卷·

·第四卷·

目 录

（第一卷）

刑法分则罪名概述

一、刑法分则的体系

刑法分则的体系，是指分则对犯罪的分类及排列次序。分则中规定的具体犯罪种类繁多，需要以一定的标准将之分为若干类（类罪），再以一定的标准对类罪进行合理排列，并对类罪中的具体犯罪进行排列，从而形成分则体系。由此可见，刑法分则体系实质上就是对具体犯罪（罪名）的分类。

（一）我国刑法的分则体系

我国刑法分则对犯罪体系的编排，在类罪上采用以同类客体为标准对犯罪进行分类；在同类犯罪的内部则以犯罪的危害程度为标准对各种犯罪进行排列。

1. 以同类客体为标准对犯罪进行分类

所谓同类客体，是指刑法所保护的被某一类犯罪所共同侵犯的某一类社会关系。同类客体揭示的是同一类型犯罪在客体方面的共同本质，即一类犯罪不同于其他类型犯罪的危害性质，并一定程度上反映出各类犯罪不同的危害程度。我国刑法分则将犯罪分为十类：危害国家安全罪；危害公共安全罪；破坏社会主义经济秩序罪；侵犯公民人身权利、民主权利罪；侵犯财产罪；妨害社会管理秩序罪；危害国防利益罪；贪污贿赂罪；渎职罪；军人违反职责罪。

这十类犯罪是根据同类客体划分的结果，即根据犯罪侵犯的主要法益进行分类。如背叛国家罪、分裂国家罪、间谍罪、煽动分裂国家罪等具体犯罪，共同侵犯的法益是国家安全法益，因此归为危害国家安全罪。放火罪、决水罪、爆炸罪、投放危险物质罪等，共同侵犯的法益是公共安全即不特定多数人的生命、健康和财产，因此归为危害公共安全罪，等等。同时，如果某种犯罪同时侵犯了两种以上的法益，则根据其侵犯的主要法益将其归入相应的类罪。如抢劫罪同时侵犯两种法益——财产所有权和公民人身权，但行为人实施抢劫行为的主要目的是为了攫取财物，抢劫罪主要侵犯的法益是财产所有权，因此，刑法分则将其列入侵犯财产罪之中。

我国刑法总则根据同类客体对犯罪进行分类，是比较合理的犯罪分类法，为构建我国刑法分则体系奠定了基础。

2. 以犯罪的危害程度为标准对各类、各种犯罪进行排列

在对犯罪进行科学分类的基础上，恰当合理地依次排列各类犯罪以及各种犯罪，也是建立科学的刑法分则体系的一个重要内容。

刑法分则总体上是按照各类犯罪的危害程度对类罪进行排列，即以犯罪所侵害的法益的重要程度为依据，由重到轻进行排列。在有关犯罪的排列顺序上优先考虑保护国家利益、社会利益的犯罪，如刑法分则第一章是危害国家安全罪，该类犯罪侵犯的是国家安全，国家安全是我国的根本利益，是最重要的社会关系，因此这类犯罪的社会危害性最严重，排在分则的最前面。然后第二章是危害公共安全罪，该类犯罪侵犯的是社会公共安全，其社会危害性仅次于危害国家安全罪，因此紧随第一章。其余七章也基本上是按照社会危害程度大小来排列的。在某一类犯罪内部的各种犯罪之间也基本上是按照社会危害程度大小来排列的，例如，在危害公共安全类的犯罪中，放火、决水、爆炸、投放危险物质等罪名，属于危害性最为严重的故意以危险方法危害公共安全的犯罪，因此，它们排在该类犯罪的前面。

总体而言，排在刑法分则前面的类罪的总体社会危害性要比排在后面的类罪的更为严重，但并不是说排在前面的类罪中的每一个具体罪名的社会危害性都大于排在后面的类罪中的具体罪名。例如，第四章侵犯公民人身权利、民主权利罪中的故意杀人罪，是以直接剥夺人的生命为犯罪内容，属于社会危害性最为严重的罪名之一，它比前面三章规定的犯罪中的绝大多数罪名的社会危害性更为严重，但因为类罪的划分而放在第四章里。又如，故意杀人罪后面紧跟着的是过失致人死亡罪，过失致人死亡罪排在故意杀人罪之后不是因为其社会危害性仅次于故意杀人罪，而是故意杀人罪和过失致人死亡罪都是侵犯公民生命权利的犯罪，具有十分紧密的联系，因此作了前后排列，而排在同一章后面位置的强奸罪的社会危害性明显大于排在它之前的过失致

人死亡罪，这样的编排既照顾到了犯罪性质的相近，也符合刑法分则的逻辑体系。

（二）犯罪分类的意义

构建合理的刑法分则体系，对犯罪进行恰当的分类和排列，具有十分重要的理论意义和现实意义。

首先，犯罪分类、排列是罪刑法定原则的要求。罪刑法定原则要求以成文刑法形式明确规定犯罪的构成要件与法律后果，只有对各种犯罪进行合理的分类，进而规定各种犯罪的成立条件，才能实现罪刑法定原则的要求。如果不对犯罪进行分类，就意味着没有具体犯罪的成立条件和法律后果，从而违反了罪刑法定原则。

其次，犯罪分类有助于在理论上阐释和探讨具体犯罪的立法意图、构成特征和社会危害性的特点，从而正确地解决具体犯罪的定罪量刑问题。在理论上对各类犯罪、各种犯罪进行深入的专题研究，有助于提高刑法理论的研究水平，为刑事司法提供理论指导，进一步发挥引导立法完善的作用。

最后，犯罪分类有助于司法审判人员准确认识各类犯罪的一般特征和各种犯罪的具体特征，把握各类、各种犯罪的危害程度，正确区分具体罪名之间的界限，从而能够准确定罪量刑。不仅对于具体犯罪的划分具有意义，类罪划分同样具有意义。现实中的犯罪是非常复杂的，司法机关总是先认定现实犯罪属于哪一类罪，然后才进一步认定属于该类犯罪中的哪一种具体犯罪。

二、刑法分则的条文结构

刑法分则内容基本上都是规定具体犯罪和刑罚的条文，结构形式一般是由罪状和法定刑两部分组成的，前半部分是罪状，后半部分是法定刑。

（一）罪状

罪状是刑法分则条文对某一具体犯罪的基本构成特征的描述。但罪状并非是对某一具体犯罪特征的完整描述，凡是在刑法总则中规定的犯罪一般特征，例如犯罪主体，如果不是特殊主体，在刑法分则中就不作专门规定，分则规定的是某一具体犯罪区别于其他犯罪独特的特征，某一个具体犯罪的特征不是单纯地根据刑法分则条文的罪状来描述，而是要结合刑法总则和刑法分则来确定完整的犯罪特征。例如刑法分则规定的故意杀人罪，只是规定了“故意杀人”，“故意”是主观罪过，“杀人”是客观行为，但是对主体并没有描述，对于故意杀人罪主体的特征就应该根据刑法总则的规定来加以理解。《刑法》第17条关于犯罪主体的规定就可以理解为此处关于故意杀人罪主体的规定。《刑法》第18条关于精神病人的规定也同样适用于故意杀人罪的主体。另外，刑法分则很多的具体犯罪都没有对主观的罪过作出规定，例如盗窃罪，只表述了“盗窃公私财物”，没有规定主观上的罪过，但盗窃是故意犯罪，其犯罪故意应当根据《刑法》第14条关于犯罪故意的规定来认定。

在刑法理论上，按照条文对罪状描述方式的不同，罪状可分为四种：叙明罪状、简单罪状、引证罪状和空白罪状。

1. 叙明罪状。又称说明罪状，即刑法条文对具体犯罪的基本构成特征进行详细的描述。例如《刑法》第305条伪证罪规定：“在刑事诉讼中，证人、鉴定人、记录人、翻译人对与案件有重要关系的情节，故意作虚假证明、鉴定、记录、翻译，意图陷害他人或者隐匿罪证的，处三年以下有期徒刑或者拘役；情节严重的，处三年以上七年以下有期徒刑。”该罪名就是典型的采用叙明罪状的例子，在这一罪状中包括了主体要求，只有“证人、鉴定人、记录人、翻译人”才能构成；包括了主观心理的内容“故意”，且要求有“陷害他人或者隐匿罪状”的意图；又要有犯罪时空条件的规定，行为必须“在刑事诉讼中”；还有关于具体犯罪行为的描述，即“故意作虚假证明、鉴定、记录、翻译”。叙明罪状对犯罪的构成特征有详细的、明确的描述，易于被人们理解和掌握，便于实践中正确定罪，因此，刑法分则多数条文采用的都是叙明罪状的描述方式。

2. 简单罪状。即刑法条文对具体犯罪的基本构成特征只有简单描述，没有加以详细说明，主要用于自然犯。一般来说适用于被社会公众所熟知的一些犯罪类型，其特征众所周知，无须描述。如故意杀人罪、盗窃罪、抢劫罪。为了保持刑法在语言上的简洁性，只要简单描述该犯罪的基本行为就可以了，不需要对罪状加以具体的描述。《刑法》第232条规定：“故意杀人的，处死刑、无期徒刑或者十年以上有期徒刑；情节较轻的，处三年以上十年以下有期徒刑。”这里只简单描述了故意杀人罪的主观方面和客观方面的特征，简单概括，避免繁琐，因此是简单罪状。

3. 引证罪状。即引用同一法律中的其他条款来说明和确定某一具体犯罪的构成特征。引证罪状往往在过失犯罪中采用，例如《刑法》第 124 条第1 款规定了破坏广播电视设施、公用电信设施罪的罪状和法定刑，第 2 款规定“过失犯前款罪的，处三年以上七年以下有期徒刑；……”，该款就是引用第 1 款的罪状来表述过失损坏广播电视设施、公用电信设施罪的罪状，属于引证罪状。引证罪状的主要功能在于减少刑法条文的繁琐和重复。某一种行为既可以由故意构成，又可以由过失构成，由于在故意的犯罪中已经对犯罪的行为进行了具体的描述，在规定过失犯罪的时候，就可以采用引证罪状，不必重复描述，条文更为简练。

4. 空白罪状。即条文不直接规定某一具体犯罪的构成特征，而是指明确定该罪的构成特征需要参照其他法律、法规的规定。例如，《刑法》第 131 条重大飞行事故罪：“航空人员违反规章制度，致使发生重大飞行事故，造成严重后果的，处三年以下有期徒刑或者拘役；造成飞机坠毁或者人员死亡的，处三年以上七年以下有期徒刑。”本罪只是规定了行为的后果，具体包括哪些行为，条文没有明确规定，而是要参照有关规章制度才能确定，因而是空白罪状。空白罪状是特别需要注意的，因为尽管它没有直接规定，但是没有直接规定不等于没有规定，而是作出了某种间接规定。采用空白罪状，是因为有关法律、法规的规定内容较多，而刑法条文难以对其行为特征做出具体的表述。空白罪状主要适用于经济、行政领域的一些犯罪。它具有双重的违法性，首先违反经济、行政法规，然后才违反刑法，因而具有经济、行政的违法性和刑事违法性双重的违法结构。对于这些犯罪来说，违反经济、行政法规是前提，因此它的具体特征就可以直接参照经济、行政法规来加以区分。罪刑法定原则要求法律要有明确性，因此空白罪状的适用是有一定的限制的。

需要注意的是，刑法条文还可能同时采用以上两种方式对犯罪的基本构成特征进行描述。例如，《刑法》第 340 条非法捕捞水产品罪规定：“违反保护水产资源法规，在禁渔区、禁渔期或者使用禁用的工具、方法捕捞水产品，情节严重的，处三年以下有期徒刑、拘役、管制或者罚金。”在该罪状中，“违反保护水产资源法规”属于空白罪状，指出认定构成非法捕捞水产品罪需要参照国家规定的有关保护水产资源的法规，后半段的规定则为叙明罪状，详细描述了非法捕捞水产品罪的对象、行为方式以及后果等要件。该法条就同时使用了空白罪状、叙明罪状两种方式具体描述该罪的罪状。

目前我国刑法主要采用了叙明罪状的形式，对犯罪行为尽量作出具体规定，简单罪状、引证罪状和空白罪状相对较少，从而使罪状的描述力求明确、具体，避免笼统、含糊，便于在司法实践中正确理解和适用。

（二）法定刑

法定刑，是指刑法分则条文对具体犯罪所规定的刑罚种类（刑种）和刑罚幅度（刑度）。有些刑种是有刑度的，有的则没有。法定刑，是刑法分则条文的重要组成部分，它表明犯罪与刑罚之间的因果性联系和量的相适应关系，既反映出国家对犯罪行为的否定评价和对犯罪人的谴责态度，也反映出国家对具体罪行程度的评价，是审判机关对被告人适用刑罚的依据。司法机关的定罪量刑必须在法定刑的范围内进行，当然，如果具有法定的减轻情节，则可以依法减轻处罚。

1. 法定刑的种类

理论上，以法定刑的刑种和刑度是否确定为标准，法定刑可以分为绝对确定的法定刑、绝对不确定的法定刑和相对确定的法定刑三种形态。但其中绝对不确定的法定刑，由于没有统一的量刑标准，明显违反罪刑法定原则和罪责刑相适应原则，因此在我国刑法分则中没有这种类型的法定刑。我国刑法对法定刑的规定主要采用两种方法：绝对确定的法定刑和相对确定的法定刑。

（1）绝对确定的法定刑

绝对确定的法定刑只规定了一个刑种，没有刑度。例如，《刑法》第121条劫持航空器罪后段规定："致人重伤、死亡或者使航空器遭受严重破坏的，处死刑"。绝对确定的法定刑，优点是单一而明确，便于掌握和操作，缺点也很明显，使得法官不能根据具体情况对犯罪人判处轻重适当的刑罚，而且我国刑法中绝对确定的法定刑基本都是"处死刑"的规定，随着严格控制死刑的刑事政策在立法和司法中的进一步落实，原本就为数不多的绝对确定的法定刑也在削减。如在《刑法修正案（九）》之前，《刑法》第239条规定犯绑架罪，"杀害被绑架人的，处死刑"，《刑法修正案（九）》调整了该绝对确定的法定刑的规定，由绝对适用死刑调整为无期徒刑或者死刑，扩大了量刑的裁量空间，让司法机关可以根据各类案件后果和情节的实际情况，作出相应的量刑，解决了原来量刑没有裁量空间的窘境。还有《刑法》第383条贪污罪，在《刑法修正案（九）》之前，该条规定，“个人贪污数额在十万元以上，情节特别严重的，处死刑，并处没收财产”，也存在量刑没有裁量空间的问题，《刑法修正案（九）》将其修改为“贪污数额特别巨大或者有其他特别严重情节的，处十年以上有期徒刑或者无期徒刑，并处罚金或者没收财产；数额特别巨大，并使国家和人民利益遭受重大损失的，处无期徒刑或者死刑，并处没收财产”。

（2）相对确定的法定刑

相对确定的法定刑，是指刑法分则条文规定了多个刑种供选择，同一刑种又规定了多个刑度可供选择。其既有刑罚的限度，又给法官保留了一定的自由裁量权，便于法官在保证司法统一的基础上，根据具体案情和犯罪人的具体情况，在法定刑的幅度内选择适当的刑种和刑期。我国刑法中的绝大多数犯罪都采用了相对确定的法定刑。相对确定的法定刑的表现方式主要有以下几种：

①分则条文仅规定法定刑的最低限度，其最高限度取决于刑法总则的相关规定。例如，《刑法》第317条规定：“组织越狱的首要分子和积极参加的，处五年以上有期徒刑。”该条规定的法定刑是五年以上有期徒刑，结合《刑法》总则第45条关于有期徒刑的上限为十五年的规定，可以确定该罪的法定刑为五年以上十五年以下有期徒刑。

②分则条文仅规定法定刑的最高限度，其最低限度取决于《刑法》总则的相关规定。例如，《刑法》第433条第1款规定：“战时造谣惑众，动摇军心的，处三年以下有期徒刑。”该条规定的法定刑是三年以下有期徒刑，结合《刑法》总则第45条规定的有期徒刑的下限是六个月的规定，可以确定该罪的法定刑为六个月以上三年以下有期徒刑。

③分则条文同时规定了法定刑的最高限度和最低限度。例如，《刑法》第260条虐待罪第2款规定：“犯前款罪，致使被害人重伤、死亡的，处二年以上七年以下有期徒刑。”该条就是典型的同时规定了法定刑的最高限度和最低限度的条文。

④分则条文规定两种以上的主刑或者规定两种以上的主刑并规定附加刑。例如，《刑法》第232条规定：“故意杀人的，处死刑、无期徒刑或者十年以上有期徒刑；情节较轻的，处三年以上十年以下有期徒刑。”该条规定对犯故

意杀人罪的被告人，有三种主刑可供司法裁量时选择：死刑、无期徒刑、有期徒刑，而有期徒刑又有十年以上、三年以上十年以下的刑度供选择，法院可以根据案件的具体情况，在三种主刑中选择其一，再确定具体刑期。

⑤分则条文规定引导性的法定刑。例如，《刑法》第 386 条规定：“对犯受贿罪的，根据受贿所得数额及情节，依照本法第三百八十三条的规定处罚，索贿的从重处罚。”该条文没有直接明确受贿罪的法定刑内容，而是以一个引导性的规定指向依照贪污罪的规定处罚，主要是因为贪污罪的法定刑分为四个档次，内容较多，采用引导性的规定方式避免了重复。又如转化型抢劫的规定，《刑法》第 269 条规定：“犯盗窃、诈骗、抢夺罪，为窝藏赃物、抗拒抓捕或者毁灭罪证而当场使用暴力或者以暴力相威胁的，依照本法第二百六十三条的规定定罪处罚。”这里的第二百六十三条的规定，是指关于抢劫罪的规定，属于引导性的法定刑条款。

⑥浮动法定刑，即法定刑的具体期限或者数量不确定，而是根据一定的标准升降的游移状态的法定刑。这种法定刑主要是在经济犯罪、财产犯罪的罚金刑中出现。例如，《刑法》第 227 条第 2 款规定：“倒卖车票、船票，情节严重的，处三年以下有期徒刑、拘役或者管制，并处或者单处票证价额一倍以上五倍以下罚金”。“一倍以上五倍以下”罚金即为浮动法定刑。浮动法定刑中的浮动幅度是相对确定的，所以浮动法定刑属于相对确定的法定刑。浮动的罚金刑，根据犯罪数额确定罚金的幅度，在此幅度内可以充分考虑犯罪情节，有利于做到罪责刑相适应；有利于法官在裁量时考虑犯罪人的经济状况，以实现罚金刑的实质公平性；有利于刑法的稳定，避免了直接确定罚金数额的情况下，因社会形势变化、通货膨胀，使得原来确定的罚金数额显得过低而不合时宜。

2. 法定刑与宣告刑、执行刑

法定刑不同于宣告刑，法定刑是立法机关针对具体犯罪的性质和危害程度所确定的量刑标准，它着眼于该犯罪的共性。宣告刑是法定刑的实际运用，是审判机关对具体犯罪案件中的被告人依法判处并宣告的实际执行的刑罚，它着眼于具体犯罪案件及犯罪人的特殊性。

法定刑有可供选择的刑种与刑度，宣告刑只能是特定的刑种与刑期。宣告刑必须以法定刑为依据，即使有从轻、从重、减轻处罚，也要以法定刑为依据。法定刑是立法上的规定，宣告刑是司法中的适用。例如，《刑法》第

232条故意杀人罪的法定刑是“死刑、无期徒刑或者十年以上有期徒刑，情节较轻的，处三年以上十年以下有期徒刑”。在个案处理中，犯故意杀人罪的被告人因情节较轻被判处八年有期徒刑，八年有期徒刑就是宣告刑，其对应的法定刑是三年以上十年以下有期徒刑。

执行刑是犯罪分子实际执行的刑罚。由于宣告刑所宣告的是犯罪分子应当执行的刑罚，故宣告刑是执行刑的根据。执行刑极可能与宣告刑相等，也可能因为减刑、赦免而低于、少于宣告刑。执行刑与法定刑有明显区别：法定刑是刑法规定的刑种与刑度，执行刑是犯罪分子实际执行的刑罚。因此，执行刑可能低于法定刑。例如，前述故意杀人罪的被告人被判处八年有期徒刑，但由于被告人在服刑过程中有悔改和立功表现，依法减刑二年，这样，执行刑就是有期徒刑六年，低于法定最低刑。

三、罪名

（一）罪名的概念和正确确定罪名的重要意义

刑法分则中的罪名，是指法律规定的某种具体犯罪的名称，是对犯罪本质特征或者主要特征的高度概括。罪名对某一具体犯罪的构成特征进行高度概括，简化成一个简单的名字，有利于司法适用。

正确确定罪名，对刑事司法工作具有十分重要的意义：

1. 有利于贯彻罪刑法定原则。我国《刑法》第3条规定：“法律明文规定为犯罪行为的，依照法律定罪处刑；法律没有明文规定为犯罪行为的，不得定罪处刑。”这就是罪刑法定原则，即法无明文规定不为罪，法无明文规定不处罚。根据这一原则，认定被告人的行为是否构成犯罪，犯的是什么罪，适用什么刑罚，必须严格依法确定。

2. 有利于严格区分罪与非罪、违法与犯罪的界限。《刑法》第13条对犯罪概念作了科学概括；“但书”是区分罪与非罪界限的总的标准。准确认定犯罪性质和正确确定罪名，有助于防止我们在司法实践中把那些法律没有明文规定为犯罪的行为，或者虽有违法，但没有达到“情节严重”“情节恶劣”“数额较大”“后果严重”的程度，尚不构成犯罪，应当由党纪、政纪或者行政手段处理的行为认定为犯罪。

3. 有利于严格区分此罪与彼罪的界限。《刑法》总则规定了犯罪构成的一般原理和共同要件，刑法分则条文则规定了每一种犯罪的具体构成要件。具体犯罪构成要件不同，决定了不同性质犯罪之间的区别。罪名正是决定某种犯罪行为性质的标准。正确确定罪名，有利于司法工作人员在司法实践中掌握刑法分则条文规定的具体犯罪的构成要件，准确认定犯罪性质；否则，就容易混淆此罪与彼罪的界限。

4. 有利于恰当量刑。罪责刑相适应是我国刑法的基本原则之一。《刑法》第 5 条规定："刑罚的轻重，应当与犯罪分子所犯罪行和承担的刑事责任相适应。"罪刑相当、罚当其罪是这一原则的根本要求。正确确定罪名，有利于做到罪重的适用重刑，罪轻的适用轻刑，防止量刑畸轻畸重。

总之，不同的罪名反映出犯罪行为的性质与特征不同，使得罪名的区分功能能够显现，通过罪名所传递的信息，就可以大致区分罪与非罪、此罪与彼罪的界限。只有严格依法认定犯罪，正确区分罪与非罪的界限，才能准确打击犯罪，切实保护公民的合法权利，做到不枉不纵。只有准确确定罪名，正确区分此罪与彼罪的界限，才能使犯罪分子受到应有的制裁。

（二）罪名的种类

根据各个具体罪名的罪状表述中包含的犯罪构成内容的单一或复杂，或者说是否可以选择适用，罪名可以分为单一罪名、选择性罪名和概括罪名。

单一罪名，是指罪状所包含的犯罪构成的具体内容单一，只能反映一个犯罪行为，不能分解拆开使用的罪名，构成此种犯罪认定罪名是确定的、唯一的。例如，故意杀人罪、故意伤害罪、非法捕捞水产品罪等，它们所表示的是具体犯罪行为，不可能对它们进行分解。行为触犯一个单一罪名的，没有疑问地构成一罪。我国刑法分则中的大部分罪名是单一罪名。

选择性罪名，是指所包含的犯罪构成的具体内容复杂，反映出多种犯罪行为，既可概括使用，也可分解拆开使用的罪名。选择性罪名大致分以下三种情况：第一是行为选择，即罪名中包括了多种行为，因而形成选择性罪名。如引诱、容留、介绍卖淫罪，包括了三种行为，可以分解成多个罪名。又如走私、贩卖、运输、制造毒品罪也是这种情况，根据具体犯罪行为的情况可以选择性地适用，既可以单独认定走私毒品罪，也可以对同时实施了走私和贩卖行为的犯罪分子认定为走私、贩卖毒品罪。第二是对象选择，即罪名中包括了多种对象，因而形成选择性罪名，如拐卖妇女、儿童罪，当行为人只拐卖妇女时，定拐卖妇女罪；当行为人拐卖儿童时，定拐卖儿童罪；当行为人既拐卖妇女、又拐卖儿童时，定拐卖妇女、儿童罪。第三是行为与对象同时选择，即罪名中包括了多种行为与多种对象，因而形成选择性罪名。如非法制造、买卖、运输、邮寄、储存枪支、弹药、爆炸物罪，包括五种行为和三种对象，可以分解成诸多罪名。又如伪造、变造、买卖武装部队公文、证件、印章罪；掩饰、隐瞒犯罪所得、犯罪所得收益罪；等等，不仅行为方式可以选择，而且行为对象也可以选择。选择性罪名的特点是可以包括许多具体犯罪，又避免具体罪名繁杂。对于选择性罪名，在司法中应注意对同时实施了同一个选择性罪名下的具有并列关系的数个犯罪行为的犯罪分子，根据具体行为方式、行为对象等犯罪构成的内容认定选择性罪名，属于一罪，而非数罪并罚。

概括罪名是指其包含的犯罪构成的具体内容复杂，反映出多种犯罪行为，但只能概括使用，不能分解拆开使用的罪名。如信用卡诈骗罪，包括了使用伪造的信用卡、使用作废的信用卡、冒用他人信用卡、恶意透支等多种行为。不管行为人是实施其中一种还是数种行为，都定信用卡诈骗罪。例如，行为人只是恶意透支的，定信用卡诈骗罪，而不是定恶意透支罪；行为人实施了上述几种行为时，仍定信用卡诈骗罪，也不实行数罪并罚。又如寻衅滋事罪，也是规定了四种行为，但不管行为人是实施其中一种还是数种行为，都定寻衅滋事罪一罪。由此可见，概括罪名是介于单一罪名与选择性罪名之间的一种罪名。从罪名本身没有选择余地的角度来看，它具有单一罪名的特点；但从其包含了多种行为，只实施其中之一就构成犯罪而言，它具有选择性罪名的特点。

（三）确定罪名的原则和方式

1. 确定罪名的原则

确定某一具体罪名时，一般应结合罪状，根据犯罪行为所侵犯的直接客体来确定罪名。其基本原则是：

（1）法定原则

刑法罪名的确定必须严格根据刑法分则条文（含刑法修正案条文）中对罪状的描述来确定罪名。这是确定罪名的最基本的、最重要的原则。罪状与罪名是内容与形式的关系。不能离开法律规定的罪状滥定罪名，应当使罪名都有严格的法律规范性。例如，《刑法》第 187 条规定，“银行或者其他金融机构的工作人员吸收客户资金不入账，数额巨大或者造成重大损失的”，就是罪状；根据这一罪状概括出来的罪名，就是“吸收客户资金不入账罪”。按照这一原则，凡法律明确规定“犯前款罪”或者“犯前两款罪”的，一般应按前款罪或者前两款罪的罪状确定罪名。

（2）准确原则

罪名应当主要反映犯罪行为的本质特征。因此，应当以犯罪行为侵犯的直接客体为主来确定罪名。因为，犯罪侵犯的直接客体反映了某一犯罪的最本质特征，侵犯的直接客体不同，犯罪性质也不相同。应当尽量避免在罪名中出现犯罪主体、罪过。但如果此罪与彼罪的区别主要体现在犯罪主体或者罪过形式上，为了有利于划清此罪与彼罪的界限，必要时也可以在罪名中出现主体、罪过。如《刑法》第 109 条规定的“叛逃罪”与《刑法》第 430 条规定为“军人叛逃罪”；又如《刑法》第 234 条规定的“故意伤害罪”与第 235 条规定的“过失致人重伤罪”等。

（3）简括原则

罪名应当严格根据罪状来确定。但如上所述，罪状不等于罪名，除简单罪状外，不能将罪状直接作为罪名。罪名应当在罪状的基础上，选择最能反映某一犯罪本质特征的名称，对罪状进行高度概括，罪名应当简洁、概括，避免冗长、啰唆。如《刑法》第 388 条之一规定“国家工作人员的近亲属或者其他与该国家工作人员关系密切的人，通过该国家工作人员职务上的行为，或者利用该国家工作人员职权或者地位形成的便利条件，通过其他国家工作人员职务上的行为，为请托人谋取不正当利益，索取请托人财物或者收受请托人财物，数额较大或者有其他较重情节的，”是罪状；但罪状比较长，故将这一罪状简单概括为“利用影响力受贿罪”，就是罪名。

（4）明确原则

罪名必须明确，不能笼统、含混。因此，罪名的文字表述要尽量做到顾名思义，避免使用可能产生歧义或者可以有两种以上解释的词语，以便在司法实践中正确理解和适用。如《刑法》第 302 条规定的“盗窃、侮辱、故意毁坏尸体、尸骨、骨灰罪”。

（5）约定俗成原则

在司法实践中，按以上原则确定罪名很难统一时，就可以采用“约定俗成”的办法，这是确定罪名的具体方法上的要求。约定俗成来自两个方面：一是来自人民群众，如“贪污罪”；二是来自司法实践，如“重大责任事故罪”。

2. 当前确定罪名的方式

我国刑法确定罪名主要有两种方式，一是在分则条文的罪状表述中明确规定罪名。比如《刑法》第382条规定：“国家工作人员利用职务上的便利，侵吞、窃取、骗取或者以其他手段非法占有公共财物的，是贪污罪”。二是通过最高人民司法机关的司法解释来确定罪名。分则条文的罪状中明确规定罪名的是极少数情况，绝大多数刑法分则条文本身并没有规定罪名，需要有权解释的机关对刑法分则条文规定的罪状所描述的犯罪构成特征进行归纳、整理，确定相应的罪名。

罪名的规范化、统一化是刑事司法工作的重要任务。最高人民法院1997年12月16日发布了《关于执行〈中华人民共和国刑法〉确定罪名的规定》，此后最高人民法院、最高人民检察院联合发布了六个补充规定，形成现在的罪名体系。上述规定和补充规定明确了目前刑法的469个罪名（包括尚未正式以司法解释明确的侮辱国歌罪罪名）。规定和补充规定对实现罪名的规范化、统一化，正确理解、执行《刑法》，准确认定犯罪性质，正确确定罪名，提高办案质量，提高司法水平，起到了积极的重要的作用。

（三）认定罪名应当注意的问题

1. 正确认定一罪与数罪

罪数，即一人所犯之罪的数量；区分罪数，就是区分一罪与数罪。正确认定一罪与数罪，对于准确定罪、合理量刑，维护刑法的权威性和严肃性，有着重要意义。

1997年刑法修订后，罪名大量增加，罪状更加细化，这无疑有利于依法准确定罪、量刑。但是，罪状细化，区别相对不尽明显，也给正确区分此罪与彼罪的界限带来困难。如假冒注册商标罪与生产、销售伪劣产品罪，诽谤罪与损害商业信誉、商品声誉罪，等等。司法实践中，一个行为同时触犯了数个罪名、数个法条的情况时有发生，究竟应当如何正确确定罪名，往往认识不一，做法各异。最高人民法院的有关司法解释，也只是明确了少数相关、相近犯罪的定罪问题。对这类案件的定罪问题，我们的意见是：属于牵连犯（包括手段牵连和结果牵连）的，从一重处罚；属于想象竞合犯的，从一重处罚；属于吸收犯（包括重行为吸收轻行为、实行行为吸收预备行为、主行为吸收从行为）的，按照吸收行为所构成的犯罪定罪处罚；属于法条竞合（又称法规竞合）的，按照特别法优于普通法的原则，适用特别法定罪处罚；刑法作为特殊犯罪已有明确规定的，按特殊规定的罪定罪处罚。实践中，还有貌似一罪，实为数罪的情况，需要予以注意。如抢劫后杀人灭口的行为，似乎侵害同一对象，与杀人后实施抢劫的行为并无不同，但二者在法律上是有严格区分的，杀人后实施抢劫的，构成抢劫罪一罪；抢劫后杀人灭口的，构成抢劫罪、故意杀人罪两罪。

2. 正确区分选择性罪名与单一罪名

刑法分则一些条文中规定的选择性罪名，以行为手段相互联系，行为对象或者犯罪主体具有相似性质，属于性质相同的犯罪，只要行为人实施了其中一种行为就可以构成犯罪，并相应确定其罪名；实施了两种或者两种以上行为的，仍为一罪，不实行数罪并罚。例如，《刑法》第 125 条第 1 款规定的“非法制造、买卖、运输、邮寄、储存枪支、弹药、爆炸物罪”，作为选择性罪名，行为人只要实施了非法制造、买卖、运输、邮寄、储存枪支、弹药、爆炸物其中一种行为就构成犯罪，并相应确定其罪名；实施了两种或者两种以上的行为，可根据案情，实事求是地确定罪名，如果行为人既制造，又买卖、运输、邮寄枪支的，就定“制造、买卖、运输、邮寄枪支罪”，但仍为一罪，不实行并罚，可在量刑时作为情节予以考虑。凡属选择性罪名，在具体适用时，都应依此确定罪名。

刑法分则一些条文中规定的排列式罪名，是性质各不相同的犯罪，由于行为手段不相联系，或者行为对象在性质上不具有相似性，立法时只是为了简化法律条文而把它们合并为一条。但它们都是独立的犯罪，应单独确定罪名。例如，《刑法》第 114 条、第 115 条第 1 款规定的放火罪、决水罪、爆炸罪、投放危险物质罪和以危险方法危害公共安全罪就属于单一罪名。如果行为人实施了两种或者两种以上行为，就应据实定两个或者两个以上的罪，按数罪并罚原则处理。

第一章　危害国家安全罪

一、背叛国家罪

（一）法律规定

第一百零二条　勾结外国，危害中华人民共和国的主权、领土完整和安全的，处无期徒刑或者十年以上有期徒刑。

与境外机构、组织、个人相勾结，犯前款罪的，依照前款的规定处罚。

第一百一十三条　本章上述危害国家安全罪行中，除第一百零三条第二款、第一百零五条、第一百零七条、第一百零九条外，对国家和人民危害特别严重、情节特别恶劣的，可以判处死刑。

犯本章之罪的，可以并处没收财产。

（二）罪名详解

背叛国家罪，是指勾结外国或者境外机构、组织、个人，危害中华人民共和国的主权、领土完整和安全的行为。

1979 年《刑法》第 91 条规定，勾结外国，阴谋危害祖国的主权、领土完整和安全，判处无期徒刑或者十年以上有期徒刑。当时没有确定罪名的相关司法解释，司法实践中一般认定为背叛祖国罪。1997 年刑法修订时删除了“阴谋”二字，将“祖国”改为“中华人民共和国”，增加了与境外组织、机构、个人相勾结实施犯罪的内容。《最高人民法院关于执行〈中华人民共和国刑法〉确定罪名的规定》将《刑法》第 102 条的罪名确定为“背叛国家罪”。

背叛国家罪的构成要件是：

1. 主体要件

本罪的犯罪主体必须为中国公民。但外国人、无国籍人可以成为本罪的共犯。通常来讲，能够实施背叛国家罪的人一般是本国掌握党、政、军权力的人物，而且往往身居要职。比如，像签订条约之类的事情，普通的中国公民是无法实施的，必须是掌握国家权力的人才能实施。但是也并非绝对，有些行为，普通的中国公民也可以实施，如勾结外国军队，对中国军队发动进攻。

2. 客体要件

本罪侵犯的客体是中华人民共和国的主权、领土完整和安全。主权是一个国家处理对内对外事务的最高权力，包括立法权、司法权、行政权、外交权，等等。例如，司法审判权属于一国的主权，一国无权在他国领域内享有司法权。但是，过去西方列强在中国享有领事裁判权，这就侵犯了中国主权。再如，内河航行权是一国的主权，别国船只无权在一国内河航行。但过去曾有过外国船只包括军舰在中国内河航行的历史。领土是构成国家的三要素之一，包括领陆、领水、领空。领土的完整是一个国家主权独立的标志之一。过去中国清朝政府腐败无能，与西方列强签订了许多不平等条约，割让了中国的大片领土，破坏了中国的领土完整。国家安全是指国家不受外国的军事侵略。因此，这里的“安全”是狭义的，仅指军事安全，不是广义的国家安全。如果国家遭到了别国的军事侵略和占领，主权和领土完整也就失去了根本的保障，本国公民的人身财产安全就处在严重的威胁之中。所以，一国的主权、领土完整和军事安全是国家最根本的利益所在。如果危害了国家的主权、领土完整和军事安全，就危害了国家的最根本利益。勾结外国，危害国家的主权、领土完整和安全的行为是最严重的犯罪行为。

3. 主观要件

主观方面是故意，即明知自己勾结外国或者境外机构、组织、个人实施的行为会危害中华人民共和国的主权、领土完整和安全，而希望或者放任这种危害后果的发生。

4. 客观要件

客观方面表现为勾结外国或者境外机构、组织、个人，危害中华人民共和国的主权、领土完整和安全的行为。也就是说要构成本罪，在客观方面一是要有勾结外国或者境外机构、组织、个人的行为，二是要有危害中华人民共和国的主权、领土完整和安全的行为。

“勾结外国”，不仅包括勾结外国官方机构，如政府、军队和其他国家机构，以及这些机构在我国的代表机构如外国政府驻我国的使馆、领馆等，而且包括勾结外国的政党组织、社会团体及其他组织，如外国的公司、企业组织等，还包括外国的个人，即与外国官方机构、组织无关的纯粹以个人身份出现的人。“勾结境外机构、组织、个人”，是指勾结我国台湾地区等地区的官方机构、非政府组织和个人。香港、澳门虽然分别于 1997 年 7 月 1 日和 1999 年 12 月 20 日回归祖国，但在目前情况下仍可视为“境外”。与某些国际组织进行勾结，应视为“勾结外国”，而不是这里的“勾结境外机构、组织”。对“境外机构、组织、个人”，更不应笼统地解释为“中华人民共和国边境以外的国家和地区的官方性组织、社会性团体及外国公民、无国籍人，外籍华人”。因为如作这种解释，必然把本条第 1 款的内容也包含进第 2 款之中，而从设立第 2 款的本意来看，“与境外机构、组织、个人相勾结”，应与“勾结外国”相区别，否则就无须规定第 1 款的内容了。此外，《刑法》第 106 条规定：“与境外机构、组织、个人相勾结，实施本章第一百零三条、第一百零四条、第一百零五条规定之罪的，依照各该条的规定从重处罚。”这一条未提到《刑法》第 102 条，也是因为第 102 条中的“与境外机构、组织、个人相勾结”，本身即是犯罪的构成要件，而第 106 条中的“与境外机构、组织、个人相勾结”，仅仅是加重处罚的情节，不是犯罪构成要件。

危害国家主权的行为，如擅自允许外国在中国享有司法权，擅自允许外国军队进驻本国。危害领土完整的行为，如擅自与外国签订条约，割让中国领土。危害军事安全的行为，如勾结外国发动对中国的武装进攻，在外国占领中国期间，勾结外国军队对中国军队发动进攻，或者帮助外国军队扫荡中国的村庄、城镇。

（三）实务疑难问题

1. 既遂与未遂的区分

1979 年刑法对本罪规定为“勾结外国，阴谋危害祖国的主权、领土完整和安全”。即只要有勾结外国，阴谋危害国家主权、领土完整和安全的行为，就构成犯罪既遂。而 1997 年刑法修订时删除了“阴谋”二字。这是考虑到，“阴谋”的含义不明确，可以是一种想法，也可以表现为暗中策划等行为。我国刑法坚决禁止思想犯，构成犯罪必须有危害社会的行为。因此，1997 年刑法修订时删去“阴谋”二字是完全正确的。但根据立法精神，背叛国家的行为，并不要求造成危害国家主权、领土完整和安全的实际后果，只要行为人实施了勾结外国，危害国家主权、领土完整和安全的行为，就构成本罪。无论是暗中策划，还是将形成的计划付诸实施，均不影响本罪的成立。

2. 一罪与数罪的认定

由于背叛国家罪客观要件比较宽泛，行为人在实施危害国家安全罪一章某些其他犯罪行为时可能会同时符合背叛国家罪的构成要件。例如，勾结外国或境外机构、组织、个人，发动武装叛乱、暴乱的；再如，勾结外国或境外机构、组织、个人，为境外窃取、刺探、收买、非法提供国家秘密、情报的。此类情况应属于法条竞合，如果有法律明确规定按法律规定处理，如无明确规定则按法条竞合的处理原则①结合案件的具体情况定罪量刑。

（四）情节与量刑

依照《刑法》第 102 和第 113 条第 1 款之规定，犯本罪的，处无期徒刑或者十年以上有期徒刑；对国家和人民危害特别严重、情节特别恶劣的，可以判处死刑。

关于附加刑的适用，根据《刑法》第 56 条和第 113 条第 2 款之规定，犯本罪的，应当附加剥夺政治权利，可以并处没收财产。

二、分裂国家罪

（一）法律规定

第一百零三条第一款　组织、策划、实施分裂国家、破坏国家

---

① 关于法条竞合的种类以及处理原则，学界观点不一。有学者将法条竞合概括为独立竞合、包容竞合、交叉竞合、偏一竞合四种情况，分别适用特别法优于普通法、全部法优于部分法、重法优于轻法、基本法优于补充法的处理原则；有学者将法条竞合概括为特别法（条）与普通法（条）的关系，视不同情况适用特别法优于普通法、重法优于轻法的原则。参见：陈兴良主编：《刑法各论的一般原理》，内蒙古大学出版社 1992 年版，第 403 页以下；姜伟：《犯罪形态通论》，法律出版社 1994 年版，第 414 页以下；张明楷：《刑法学》，法律出版社 2007 年版，第 371—373 页。

统一的，对首要分子或者罪行重大的，处无期徒刑或者十年以上有期徒刑；对积极参加的，处三年以上十年以下有期徒刑；对其他参加的，处三年以下有期徒刑、拘役、管制或者剥夺政治权利。

第一百零六条　与境外机构、组织、个人相勾结，实施本章第一百零三条、第一百零四条、第一百零五条规定之罪的，依照各该条的规定从重处罚。

第一百一十三条　本章上述危害国家安全罪行中，除第一百零三条第二款、第一百零五条、第一百零七条、第一百零九条外，对国家和人民危害特别严重、情节特别恶劣的，可以判处死刑。

犯本章之罪的，可以并处没收财产。

（二）罪名详解

分裂国家罪，是指组织、策划、实施分裂国家、破坏国家统一的行为。

1979年《刑法》第92条规定了“阴谋分裂国家罪”。1997年刑法修订时删除了“阴谋”一词，罪名也相应地作了修改。

分裂国家罪的构成要件是：

1. 主体要件

犯罪主体为一般主体，既包括中国公民，也包括外国人、无国籍人。

2. 客体要件

本罪侵犯的客体是国家的统一。中国是一个统一的多民族国家，有50多个民族，都在统一的中央人民政府的领导下。实现祖国统一，反对民族分裂，是中华民族的千秋伟业。一个时期以来，国内有一部分人，寻找种种理由，制造民族分裂活动，最终目的是要分裂国家。为了维护国家的统一，必须坚决打击分裂国家的犯罪活动。

3. 主观要件

主观方面是故意，即明知自己的行为会发生分裂国家、破坏国家统一的可能，并且希望或放任此种危害结果的发生。

4. 客观要件

客观方面表现为组织、策划、实施分裂国家、破坏国家统一的行为。“分裂国家”，是指将统一的国家分裂成几个部分，在中央政府之外又另立政府，对抗中央，割据一方，并自立为国，谋取国际上的承认。“破坏国家统一”，是指对实现国家统一的活动和进程进行阻挠、破坏，意图使国家不能实现统一。具体行为方式有三种：一是组织分裂国家、破坏国家统一的活动，即以分裂国家、破坏国家统一为目的，进行组织活动，包括组织人员、组织经费、物资等；二是策划分裂国家、破坏国家统一的活动，即以分裂国家、破坏国家统一为目的，进行策划活动，包括进行商量、计划、阴谋等活动；三是实施分裂国家、破坏国家统一的活动，即根据策划，有组织地进行具体的分裂国家、破坏国家统一的活动。按照法律规定，行为人只要实施了组织、策划、实施分裂国家、破坏国家统一其中一种行为的，就构成本罪；实施两种以上行为的，仍为一罪，不实行并罚。

（三）实务疑难问题

1. 正确认定本罪的犯罪形态

分裂国家罪有三种行为方式，即组织、策划、实施。虽然从本来意义上看，只有实施行为才是实行犯，而组织、策划行为都是共犯。但由于法条中列举了组织、策划、实施三种行为方式，因此，不宜将组织、策划行为作为共犯行为，而是一种实行行为，策划、组织也不是实施行为的预备，不得根据总则规定对策划行为作为预备犯来从宽处罚。只要有组织、策划行为，即使尚无具体实施分裂国家的行为，也构成分裂国家罪的既遂。

2. 本罪与背叛国家罪的区别

二者都可能发生领土被分裂的结果，而且分裂国家者往往也寻求一些外国的支持，甚至依附于外国。二者的区别在于：一是后者必须是行为人勾结外国，没有勾结外国的行为，就不可能构成背叛国家罪；而前者行为人虽然也可能勾结外国，但勾结外国不是本罪的构成要件，只是加重处罚的要件；二是后者危害领土完整是指将本国领土割让给外国，但国家仍是原来的国家，并未设立新的国家；而前者行为人的目的是割据一方，另立为国，使本来统一的国家四分五裂，支离破碎，成为几个国家。

（四）情节与量刑

依照《刑法》第 103 条第 1 款规定，犯分裂国家罪的，对首要分子或者罪行重大的，处无期徒刑或者 10 年以上有期徒刑；对积极参加的，处 3 年以上 10 年以下有期徒刑；对其他参加的，处 3 年以下有期徒刑、拘役、管制或者剥夺政治权利。

依照《刑法》第106条规定，与境外机构、组织、个人相勾结，实施本罪的，应当在《刑法》第103条第1款规定的法定刑的幅度内从重处罚。

依照《刑法》第113条第1款规定，犯本罪，对国家和人民危害特别严重、情节特别恶劣的，可以判处死刑。

关于附加刑的适用，根据《刑法》第56条和第113条第2款之规定，犯本罪的，应当附加剥夺政治权利，可以并处没收财产。

司法机关在适用《刑法》第103条第1款、第113条规定处罚时，应当注意以下问题：

1. 注意根据案情区别是首要分子、罪行重大者还是积极参加或者一般参加者，进而适用不同法定刑。“首要分子”，是指分裂国家集团中起组织、策划、指挥作用者；“罪行重大”，是指具体实施分裂国家、破坏国家统一的实行者中起主要作用的犯罪分子；“积极参加的”，是指主动参加犯罪集团或一经发展当即表示参加的；“其他参加的”，是指虽然参加了犯罪集团，但起次要或者辅助作用的犯罪分子。

2. 严格掌握死刑的适用条件。“危害特别严重、情节特别恶劣”，是适用死刑的必要条件。所谓危害特别严重，司法实践中，一般是指客观危害特别严重，如已经造成国家被分裂的结果，或者引起国内严重动乱等。所谓情节特别恶劣，司法实践中，主要是指犯罪人的犯罪手段特别严重，如采取暗杀、爆炸等手段。同时要注意，法律规定是“可以判处死刑”而不是“处死刑”。

三、煽动分裂国家罪

（一）法律规定

第一百零三条第二款　煽动分裂国家、破坏国家统一的，处五年以下有期徒刑、拘役、管制或者剥夺政治权利；首要分子或者罪行重大的，处五年以上有期徒刑。

第一百零六条　与境外机构、组织、个人相勾结，实施本章第一百零三条、第一百零四条、第一百零五条规定之罪的，依照各该条的规定从重处罚。

第一百一十三条第二款　犯本章之罪的，可以并处没收财产。

（二）罪名详解

煽动分裂国家罪，是指煽动分裂国家、破坏国家统一的行为。

本罪是 1997 年刑法修订时增设的罪名。1979 年《刑法》第 102 条规定的反革命宣传煽动罪并不包括煽动分裂国家的行为。

煽动分裂国家罪的构成要件是：

1. 主体要件

犯罪主体为一般主体。既可以是在国内有一定政治影响的人物，也可以是普通的公民；既可以是中国人，也可以是外国人、无国籍人。

2. 客体要件

本罪侵犯的客体与分裂国家罪侵犯的客体相同，是国家的统一。

3. 主观要件

主观方面是故意。行为人意图通过煽动，使他人进行分裂国家、破坏国家统一的活动，或者通过宣传、鼓动，为他人已经进行的组织、策划、实施分裂国家、破坏国家统一的活动，制造舆论，推波助澜，或借此引起国内民族矛盾，导致民族冲突和对抗。

4. 客观要件

客观方面表现为煽动分裂国家、破坏国家统一的行为。“煽动”，是指以语言、文字、图像等方式对他人进行鼓动、宣传。煽动的内容是分裂国家、破坏国家统一。如公开发表文字，认为西藏不是中国的领土，而是独立的国家，并进而要人们为实现西藏独立而行动；又如，在公开的集会上鼓动人们把新疆从中国分裂出去，依附于其他国家或者自立为国，等等。

（三）实务疑难问题

1. 正确认定本罪的犯罪形态

本罪属于行为犯。只要行为人实施了煽动分裂国家、破坏国家统一的行为，就构成本罪的既遂，不需要因煽动使他人实施了分裂国家、破坏国家统一的行为。

2. 本罪与分裂国家罪的区别

组织、策划分裂国家的行为其中也可能包含着用言语、文字等方式，但是组织者的行为主要是组织行为，包括组织人力、物力、财力的行为；而策划则是在一起商量、谋划，参与策划者都已决意进行分裂国家、破坏国家统一的行为，策划的目的是如何更周密、更有把握地实施。这与煽动本无分裂国家目的的人产生分裂国家的意图并进而实施分裂国家的行为是不同的。

（四）情节与量刑

依照《刑法》第 103 条第 2 款规定，犯煽动分裂国家罪的，处 5 年以下有期徒刑、拘役、管制或者剥夺政治权利；对其中的首要分子或者罪行重大的，处 5 年以上有期徒刑。

关于附加刑的适用，根据《刑法》第 56 条和第 113 条第 2 款之规定，犯本罪的，应当附加剥夺政治权利，可以并处没收财产。

司法机关在适用《刑法》第 103 条第 2 款、第 106 条、第 113 条第 2 款规定处罚时，应当注意以下问题：

1. 本罪规定了两个档次的法定刑，要根据不同情况，正确适用。煽动分裂国家、破坏国家统一的首要分子，是指在聚众煽动中起组织、策划、指挥作用的犯罪分子；煽动分裂国家、破坏国家统一罪行重大的，是指直接进行煽动活动，对多人多次进行煽动，或因煽动造成严重后果的。

2. 依照《刑法》第 106 条的规定，与境外机构、组织、个人相勾结实施煽动分裂国家、破坏国家统一的，应当在《刑法》第 103 条第 2 款规定的两个档次的法定刑幅度内，从重处罚。

（五）法律链接

1. 最高人民法院、最高人民检察院关于办理妨害预防、控制突发传染病疫情等灾害的刑事案件具体应用法律若干问题的解释（法释〔2003〕8 号　自 2003 年 5 月 15 日起施行）（节录）

第十条第二款　利用突发传染病疫情等灾害，制造、传播谣言，煽动分裂国家、破坏国家统一，或者煽动颠覆国家政权、推翻社会主义制度的，依照刑法第一百零三条第二款、第一百零五条第二款的规定，以煽动分裂国家罪或者煽动颠覆国家政权罪定罪处罚。

2. 最高人民法院、最高人民检察院关于办理组织、利用邪教组织破坏法律实施等刑事案件适用法律若干问题的解释（法释〔2017〕3号　自2017年2月1日起施行）

第十条　组织、利用邪教组织破坏国家法律、行政法规实施过程中，又有煽动分裂国家、煽动颠覆国家政权或者侮辱、诽谤他人等犯罪行为的，依照数罪并罚的规定定罪处罚。

3. 最高人民法院关于审理非法出版物刑事案件具体应用法律若干问题的解释（法释〔1998〕30号　自1998年12月23日起施行）（节录）

第一条　明知出版物中载有煽动分裂国家、破坏国家统一或者煽动颠覆国家政权、推翻社会主义制度的内容，而予以出版、印刷、复制、发行、传播的，依照刑法第一百零三条第二款或者第一百零五条第二款的规定，以煽动分裂国家罪或者煽动颠覆国家政权罪定罪处罚。

四、武装叛乱、暴乱罪

（一）法律规定

第一百零四条　组织、策划、实施武装叛乱或者武装暴乱的，对首要分子或者罪行重大的，处无期徒刑或者十年以上有期徒刑；对积极参加的，处三年以上十年以下有期徒刑；对其他参加的，处三年以下有期徒刑、拘役、管制或者剥夺政治权利。

策动、胁迫、勾引、收买国家机关工作人员、武装部队人员、人民警察、民兵进行武装叛乱或者武装暴乱的，依照前款的规定从重处罚。

第一百零六条　与境外机构、组织、个人相勾结，实施本章第一百零三条、第一百零四条、第一百零五条规定之罪的，依照各该条的规定从重处罚。

第一百一十三条　本章上述危害国家安全罪行中，除第一百零三条第二款、第一百零五条、第一百零七条、第一百零九条外，对国家和人民危害特别严重、情节特别恶劣的，可以判处死刑。

犯本章之罪的，可以并处没收财产。

（二）罪名详解

武装叛乱、暴乱罪，是指组织、策划、实施武装叛乱或者武装暴乱的行为。

1979年《刑法》第93条和第95条分别规定了“策动叛乱罪”“持械聚众叛乱罪”。1997年刑法修订时将策动、实施行为规定在一条中，并且增加了武装暴乱的规定，罪名也相应地改为“武装叛乱、暴乱罪”。

武装叛乱、暴乱罪的构成要件是：

1. 主体要件

犯罪主体为一般主体。

2. 客体要件

本罪侵犯的客体是复杂客体。既侵害我国人民民主专政的政权，又同时侵害国家和人民的财产安全以及公民的人身安全，但主要侵害的是我国人民民主专政的政权。武装叛乱、暴乱者以反叛国家和政府为目的，在叛乱、暴乱过程中往往具有杀人、伤害、抢劫、放火、爆炸等行为。因此，本罪不仅危害国家政权和社会主义制度，而且往往还危害公民的人身、财产以及国家社会的财产安全。

3. 主观要件

主观方面是直接故意，并且具有武装叛乱、暴乱的目的。武装叛乱的目的是投靠境外敌对势力，破坏、推翻人民民主专政的政权，危害本国社会主义的制度；武装暴乱的目的是推翻、破坏国内的政权、制度。

4. 客观要件

客观方面表现为武装叛乱或者武装暴乱的行为。“叛乱”，是指意图投靠境外组织或者境外敌对势力而反叛国家和政府。反叛的方式是采取武装手段，即配备杀伤性、破坏性的武器、弹药、爆炸物、车辆等进行爆炸、放火、杀人，破坏道路、桥梁、建筑，抢劫档案、军火或者其他物资等。“暴乱”，是指不以投靠境外敌对势力为目的，而是采用武力的形式，直接与国家或者政府进行对抗。应当指出的是，构成武装叛乱、暴乱罪，不仅表现为直接实施上述武装叛乱、暴乱的行为，而且包括组织、策划行为。即虽然行为人不亲自实施杀人、放火、爆炸、抢劫等叛乱、暴乱行为，而是组织他人实施这些行为，或者进行策划，制定武装叛乱、武装暴乱计划，作为实施叛乱、暴乱的行动根据，也构成本罪。

（三）实务疑难问题

1. 本罪与一般群众闹事的区别

本罪的行为人以破坏人民民主专政的政权、推翻社会主义制度为目的；而一般群众闹事则是由于对党和国家的政策不了解，或者有关部门对某些问题处理不当，引起矛盾激化，但不具有危害政权的目的。有的群众闹事中也有冲击国家机关、殴打国家机关工作人员、毁坏公共财物等行为，但不属于叛乱或者暴乱的性质。此外，构成武装叛乱、暴乱罪必须采取武装形式，即携带或者使用了枪、炮等武器，与国家和政府进行对抗。如果行为人没有携带或者使用武器，只是使用一般性的暴力，如扔石块等，则不能构成武装叛乱、暴乱罪。

2. 一罪与数罪的界限

在武装叛乱、暴乱的过程中，行为人往往同时实施杀人、伤害、爆炸、放火、抢劫等行为。但这些行为已包含于武装叛乱、暴乱的行为之中，属于想象竞合犯，应从一重罪处罚，不实行数罪并罚。

3. 选择性罪名的适用

按照法律规定，行为人只要实施了武装叛乱或者武装暴乱其中一种行为，就构成本罪；实施了两种行为的，仍为一罪，不实行并罚，量刑时可作参考。

（四）情节与量刑

依照《刑法》第 104 条第 1 款规定，犯武装叛乱、暴乱罪的，对首要分子或者罪行重大的，处无期徒刑或者 10 年以上有期徒刑；对积极参加的，处 3 年以上 10 年以下有期徒刑；对其他参加的，处 3 年以下有期徒刑、拘役、管制或者剥夺政治权利。

依照本条第 2 款规定，策动、胁迫、勾引、收买国家机关工作人员、武装部队人员、人民警察、民兵进行武装叛乱或者武装暴乱的，依照前款的规定从重处罚。

依照《刑法》第 106 条规定，与境外机构、组织、个人相勾结，实施本罪的，依照第 104 条规定从重处罚。

依照《刑法》第 113 条第 1 款规定，犯本罪，对国家和人民危害特别严重、情节特别恶劣的，可以判处死刑。

关于附加刑的适用，根据《刑法》第 56 条和第 113 条第 2 款之规定，犯本罪的，应当附加剥夺政治权利，可以并处没收财产。

司法机关在适用《刑法》第 104 条、第 106 条、第 113 条规定处罚时，应当注意以下问题：

1. 本罪规定了三个档次的法定刑，要根据不同情况，正确适用。“首要分子”，是指组织、策划、指挥武装叛乱、暴乱的犯罪分子；“罪行重大的”，是指在实施武装叛乱、暴乱的过程中，进行了杀人、伤害、放火、爆炸、抢劫等行为，并造成严重后果的；“积极参加的”，是指听从首要分子的组织、策划，表现积极，但尚不够罪行重大的；“其他参加的”，是指被裹挟参加，表现被动、消极的。

2. 严格掌握死刑的适用条件。犯武装叛乱、暴乱罪，判处死刑，必须是对国家和人民危害特别严重、情节特别恶劣。如果整个武装叛乱、暴乱危害特别严重，如造成多人死伤、大面积的建筑物遭受严重破坏，国家财产遭受特别严重损失的；或者情节特别恶劣，如在叛乱、暴乱过程中手段残忍，烧死、吊死他人等，对组织者、策划者和具体实施者，则“可以”判处死刑，而不是“处死刑”。

3. 正确理解和适用《刑法》第 104 条第 2 款关于从重处罚的规定。按照本款规定，策动、胁迫、勾引、收买国家机关工作人员、武装部队人员、人民警察、民兵进行武装叛乱或者武装暴乱的，从重处罚。策动、胁迫、勾引、收买其实都是教唆行为。因此，本款规定是对教唆他人武装叛乱、暴乱的规定。如果教唆一般人进行武装叛乱或暴乱，按照教唆者所起的作用、所处的地位处罚；如果教唆的是特殊人员，如国家机关工作人员、武装部队人员、人民警察、民兵，危害性更大，因此，应当从重处罚，即分别不同情况，在《刑法》第 104 条规定的三个档次的法定刑幅度内，从重处罚。

五、颠覆国家政权罪

（一）法律规定

第一百零五条第一款　组织、策划、实施颠覆国家政权、推翻

社会主义制度的，对首要分子或者罪行重大的，处无期徒刑或者十年以上有期徒刑；对积极参加的，处三年以上十年以下有期徒刑；对其他参加的，处三年以下有期徒刑、拘役、管制或者剥夺政治权利。

第一百零六条　与境外机构、组织、个人相勾结，实施本章第一百零三条、第一百零四条、第一百零五条规定之罪的，依照各该条的规定从重处罚。

第一百一十三条第二款　犯本章之罪的，可以并处没收财产。

（二）罪名详解

颠覆国家政权罪，是指组织、策划、实施颠覆国家政权、推翻社会主义制度的行为。

1979年《刑法》第92条规定了“阴谋颠覆政府罪”。1997年刑法修订时删去了“阴谋”一词，罪名也相应地改为“颠覆国家政权罪”。

颠覆国家政权罪的构成要件是：

1. 主体要件

犯罪主体为一般主体，主要是在党、政、军内部有一定地位、影响的人物。如林彪、江青反革命集团的成员。外国人、无国籍人可以成为本罪共犯。

2. 客体要件

本罪侵犯的客体是人民民主专政的国家政权和社会主义制度。我国是工人阶级领导的、以工农联盟为基础的人民民主专政的社会主义国家。我国《宪法》规定：“社会主义制度是中华人民共和国的根本制度。……禁止任何组织或者个人破坏社会主义制度。”因此，任何企图颠覆国家政权，推翻社会主义制度的行为，都是对我国国家安全的严重危害。

3. 主观要件

主观方面是故意，目的是改变国家政权和社会制度。

4. 客观要件

客观方面表现为颠覆国家政权、推翻社会主义制度的行为。“颠覆国家政权”，是指以各种手段推翻国家政权组织，包括我国各级权力机关、行政机关、司法机关、军事机关在内的整个政权；“推翻社会主义制度”，是指以各种方式改变以公有制为主体的社会主义的社会制度。颠覆、推翻的手段指武装暴动以外的各种非法手段，可以是公开进行的，也可以是秘密进行的。具体方式有三种：一是组织行为，即为颠覆国家政权而进行组织活动，包括组织人力、物力、财力；二是策划行为，即为颠覆国家政权而进行谋划、制定计划等活动；三是实施行为，即具体实施颠覆国家政权的活动，如发动武装政变等。

（三）实务疑难问题

1. 正确认定本罪的犯罪形态

本罪是行为犯。构成本罪的既遂不要求行为人已经造成了颠覆国家政权、推翻社会主义制度的实际结果，只要查明行为人有以颠覆国家政权、推翻社会主义制度为目的而进行组织、策划、实施的行为，就构成本罪的既遂。

2. 本罪与分裂国家罪的区别

二者都是为了建立非法政权，但是前者是以新的政权取代原有的政权，而后者则是在中央政权之外另立中央，割据一方，自立为国。

3. 本罪与武装暴乱罪的区别

二者都可能有颠覆政权的事实，但是前者所采取的是武装暴乱以外的非法手段，如统治集团内部成员发动军事政变，推翻现政权；后者则是采取武装暴乱的方式，而武装暴乱通常是统治集团外部的人员发动的。军事政变虽然也有暴力，但不是武装暴乱。

（四）情节与量刑

依照《刑法》第 105 条第 1 款规定，犯颠覆国家政权罪的，对首要分子或者罪行重大的，处无期徒刑或者 10 年以上有期徒刑；对积极参加的，处 3 年以上 10 年以下有期徒刑；对其他参加的，处 3 年以下有期徒刑、拘役、管制或者剥夺政治权利。

依照《刑法》第 106 条规定，与境外机构、组织、个人相勾结，实施本罪的，依照第 105 条第 1 款的规定从重处罚。

关于附加刑的适用，根据《刑法》第 56 条和第 113 条第 2 款之规定，犯本罪的，应当附加剥夺政治权利，可以并处没收财产。

司法机关在适用《刑法》第 105 条第 1 款、第 106 条、第 113 条第 2 款规定处罚时，应当注意以下问题：

1. 本罪规定了三个档次的法定刑，要区别不同情况，正确适用。“首要分子”，是指组织者、策划者、指挥者；“罪行重大的”，是指在颠覆国家政权过程中，具体实施、执行，并直接造成严重后果的犯罪人；“积极参加的”，是指在实施颠覆国家政权的过程中积极参加活动，但尚不够罪行重大者；“其他参加的”，是指在实施颠覆国家政权的犯罪中，被动、消极地服从，并没有造成严重后果者。

2. 正确适用从重处罚的规定。法律规定，与境外机构、组织、个人相勾结，实施颠覆国家政权罪的，应当从重处罚。这是指在《刑法》第105条第1款规定的三个档次的法定刑幅度内，从重处罚。

六、煽动颠覆国家政权罪

（一）法律规定

第一百零五条第二款　以造谣、诽谤或者其他方式煽动颠覆国家政权、推翻社会主义制度的，处五年以下有期徒刑、拘役、管制或者剥夺政治权利；首要分子或者罪行重大的，处五年以上有期徒刑。

第一百零六条　与境外机构、组织、个人相勾结，实施本章第一百零三条、第一百零四条、第一百零五条规定之罪的，依照各该条的规定从重处罚。

第一百一十三条第二款　犯本章之罪的，可以并处没收财产。

（二）罪名详解

煽动颠覆国家政权罪，是指以造谣、诽谤或者其他方式煽动颠覆国家政权、推翻社会主义制度的行为。

1979年刑法中的反革命宣传煽动罪与本罪罪状相似。1997年刑法修订时取消了反革命宣传煽动罪，设置了煽动颠覆国家政权罪。

煽动颠覆国家政权罪的构成要件是：

1. 主体要件

犯罪主体为一般主体。无论是中国公民、外国公民或者无国籍人，都可成为本罪主体。

2. 客体要件

本罪侵犯的客体是我国人民民主专政的政权和社会主义制度。煽动颠覆国家政权的行为，虽然行为人可能不亲自去实施颠覆国家政权、推翻社会主义制度的行为，但是行为人通过造谣、诽谤等方式煽动他人去实施颠覆国家政权、推翻社会主义制度的行为，实际上是颠覆国家政权罪的教唆行为，是颠覆国家政权行为的肇始因素，从根本上侵害了我国人民民主专政政权的稳固和社会主义制度。

3. 主观要件

主观方面是故意，并且具有颠覆国家政权和推翻社会主义制度的目的。行为人希望通过自己的煽动，把别人煽动起来，实施颠覆国家政权、推翻社会主义制度的行为。

4. 客观要件

客观方面表现为以造谣、诽谤或者其他方式煽动颠覆国家政权和社会主义制度的行为。煽动，即宣传、鼓动。煽动的方式包括造谣、诽谤或者其他方式。“造谣”，是指制造谣言，捏造没有事实根据的传闻、消息。“诽谤”，是指恶意诬蔑、中伤。具体形式多种多样，如当众演讲，呼喊反动口号，投寄匿名信，散发、张贴传单等。本罪的行为特征是以“非”武装暴乱方式煽动颠覆国家政权。

（三）实务疑难问题

1. 既遂与未遂的区分

本罪是行为犯。只要行为人实施了煽动颠覆国家政权、推翻社会主义制度的行为，即使群众没有被煽动起来，也构成犯罪的既遂。因此，本罪不存在未遂问题。

2. 罪与非罪的界限

宪法规定，公民有言论、出版、集会、结社、游行、示威的自由。要把煽动颠覆国家政权罪与群众中的落后言论与不满言论、学术争论中的错误观点、政治性错误等区别开来。罪与非罪的区别主要表现在：（1）主观上是否具有把群众煽动起来颠覆国家政权和推翻社会主义制度的目的。构成煽动颠覆国家政权罪，行为人必须具有上述目的。如果不具有这个目的，就不能构成本罪。而群众由于对国家法律、政策一时不理解，或者由于党和政府工作中的失误，给群众生活、社会风气等造成不良影响，群众出于良好的愿望批评政府，或者在一起发发牢骚等，并不具有煽动颠覆国家政权和推翻社会主义制度的目的，而是意图促进改进党和政府的工作，使国家和社会进步。即使言论有些过激，也不构成犯罪。（2）是否具有煽动行为。颠覆国家政权和推翻社会主义制度的意图必须通过行为表现出来，而煽动行为便是这种意图的体现。只有恶意捏造不存在的事实，或者歪曲事实，诋毁国家政权和社会主义制度的，才能视为煽动。如果没有造谣、诽谤，而是针对政府工作中客观存在的失误和缺点，发表正常的批评意见，不能视为煽动。

（四）情节与量刑

依照《刑法》第 105 条第 2 款规定，犯煽动颠覆国家政权罪的，处 5 年以下有期徒刑、拘役、管制或者剥夺政治权利；首要分子或者罪行重大的，处 5 年以上有期徒刑。

依照《刑法》第 106 条规定，与境外机构、组织、个人相勾结，实施本罪的，依照第 105 条第 2 款的规定从重处罚。

关于附加刑的适用，根据《刑法》第 56 条和第 113 条第 2 款之规定，犯本罪的，应当附加剥夺政治权利，可以并处没收财产。

司法机关在适用《刑法》第 105 条第 2 款、第 106 条、第 113 条第 2 款规定处罚时，应当注意以下问题：

1. 对犯本罪的，应根据案件情况区分罪行一般者与首要分子、罪行重大者，适用不同的法定刑。“首要分子”，是指在煽动颠覆国家政权、推翻社会主义制度的犯罪中起组织、策划、指挥作用的犯罪分子，而不是颠覆国家政权犯罪集团中的首要分子；“罪行重大”，是指积极进行煽动，在煽动颠覆国家政权的犯罪中起主要作用的犯罪分子，或者因其煽动，致使他人实施了颠覆国家政权行为，造成严重后果的。

2. 与境外机构、组织、个人相勾结，实施煽动颠覆国家政权罪的，应当根据行为人在犯罪中所起的作用，分别在两个档次的法定刑的幅度内从重处罚。

（五）法律链接

1. **最高人民法院、最高人民检察院关于办理妨害预防、控制突发传染病疫情等灾害的刑事案件具体应用法律若干问题的解释**（法释〔2003〕8号　自2003年5月15日起施行）（节录）

第十条第二款　利用突发传染病疫情等灾害，制造、传播谣言，煽动分裂国家、破坏国家统一，或者煽动颠覆国家政权、推翻社会主义制度的，依照刑法第一百零三条第二款、第一百零五条第二款的规定，以煽动分裂国家罪或者煽动颠覆国家政权罪定罪处罚。

2. **最高人民法院、最高人民检察院关于办理组织、利用邪教组织破坏法律实施等刑事案件适用法律若干问题的解释**（法释〔2017〕3号　自2017年2月1日起施行

第十条　组织、利用邪教组织破坏国家法律、行政法规实施过程中，又有煽动分裂国家、煽动颠覆国家政权或者侮辱、诽谤他人等犯罪行为的，依照数罪并罚的规定定罪处罚。

3. **最高人民法院关于审理非法出版物刑事案件具体应用法律若干问题的解释**（法释〔1998〕30号　自1998年12月23日起施行）（节录）

第一条　明知出版物中载有煽动分裂国家、破坏国家统一或者煽动颠覆国家政权、推翻社会主义制度的内容，而予以出版、印刷、复制、发行、传播的，依照刑法第一百零三条第二款或者第一百零五条第二款的规定，以煽动分裂国家罪或者煽动颠覆国家政权罪定罪处罚。

七、资助危害国家安全犯罪活动罪

（一）法律规定

第一百零七条[①]　**境内外机构、组织或者个人资助实施本章第一**

① 本条系根据2011年2月25日公布的《刑法修正案（八）》修改，原条文为："境内外机构、组织或者个人资助境内组织或者个人实施本章第一百零二条、第一百零三条、第一百零四条、第一百零五条规定之罪的，对直接责任人员，处五年以下有期徒刑、拘役、管制或者剥夺政治权利；情节严重的，处五年以上有期徒刑。"

百零二条、第一百零三条、第一百零四条、第一百零五条规定之罪的，对直接责任人员，处五年以下有期徒刑、拘役、管制或者剥夺政治权利；情节严重的，处五年以上有期徒刑。

第一百一十三条第二款　犯本章之罪的，可以并处没收财产。

（二）罪名详解

资助危害国家安全犯罪活动罪，是指境内外机构、组织或者个人资助实施背叛国家、分裂国家、煽动分裂国家、武装叛乱、暴乱、颠覆国家政权、煽动颠覆国家政权的行为。本罪是 1997 年刑法修订时增设的罪名。《刑法修正案（八）》对本罪的罪状作了修改，删除了对资助对象的规定，但罪名未作修改。

资助危害国家安全犯罪活动罪的构成要件是：

1. 主体要件

犯罪主体为境内外机构、组织或者个人。实际上是一般主体，不仅包括自然人，而且包括单位；不仅包括境内机构、组织、个人，而且包括境外机构、组织、个人。《刑法》第 6 条规定，凡在中华人民共和国领域内犯罪的，除法律有特别规定的以外，都适用中国刑法。犯罪的行为或者结果有一项发生在中华人民共和国领域内的，就认为是在中华人民共和国领域内犯罪。资助危害国家安全犯罪活动，无论资助行为发生在国内还是国外，但因资助的结果肯定发生在中国领域内，所以应为在中国领域内犯罪，适用中国刑法。

2. 客体要件

本罪侵犯的客体是国家安全。背叛国家、分裂国家、煽动分裂国家、武装叛乱或者暴乱、颠覆国家政权、煽动颠覆国家政权的行为都是对国家安全具有重大危害的犯罪，特别是背叛国家罪，分裂国家罪，武装叛乱、暴乱罪，颠覆国家政权罪，对国家安全的危害尤甚。进行这些危害国家安全的犯罪活动，无疑需要物质上的支持。可以说，拥有物资、经费等是实施这些犯罪的重要条件。因此，如果对实施这些危害国家安全犯罪的人员予以物质上的资助，实际上就是帮助犯，其帮助行为与其帮助的危害国家安全行为侵害的目标是一致的，都是国家安全。

3. 主观要件

主观方面是故意。即明知境内外的组织或者个人实施或者准备实施背叛国家、分裂国家、煽动分裂国家、武装叛乱或暴乱、颠覆国家政权、煽动颠覆国家政权的行为，却故意加以资助，目的是想通过资助行为，便利境内外组织、人员实施上述危害国家安全的犯罪。过失不构成本罪。

4. 客观要件

客观方面表现为资助实施背叛国家罪、分裂国家罪、武装叛乱、暴乱罪、颠覆国家政权罪等犯罪。鉴于这几种犯罪对国家安全最具危险性，《刑法修正案（八）》删除了《刑法》原第107条规定的资助对象，即“境内组织或者个人”。这样被资助者不再限于境内组织或者个人，资助境外组织、机构或者个人实施危害中华人民共和国国家安全的犯罪行为，同样可以根据《刑法》第107条规定定罪处罚。“资助”，是指向实施上述危害国家安全犯罪活动的组织或者个人提供金钱、通讯器材、交通工具或者其他物品。例如，为分裂国家的犯罪分子提供金钱，使其得以在国外到处游说、宣传，进行破坏国家统一，分裂国家的犯罪活动；又如，为进行武装叛乱、暴乱的犯罪分子提供枪炮、弹药、交通工具、通讯工具，等等。资助可以是事后提供帮助，包括提供场所。超出资助范围而直接参与者，按《刑法》第107条所列相关罪定罪处罚。

（三）实务疑难问题

1. 罪与非罪的界限

构成资助危害国家安全犯罪活动罪，主观上必须是故意，即明知他人在进行背叛国家等危害国家安全的犯罪活动，而予以资助。如果不知道他人进行的是犯罪活动，更不知道进行的是危害国家安全的犯罪活动，而予以物质方面的资助的，不构成犯罪。

2. 本罪与其他犯罪的区别

本罪有特定的资助对象，仅限于背叛国家罪，分裂国家罪，煽动分裂国家罪，武装叛乱、暴乱罪，颠覆国家政权罪，煽动颠覆国家政权罪。因此，如果资助其他危害国家安全的犯罪，如资助投敌叛变罪，叛逃罪，间谍罪，为境外窃取、刺探、收买、非法提供国家秘密、情报罪等，不能构成资助危害国家安全犯罪活动罪，但并非不构成犯罪，而是构成上述犯罪的共犯，即帮助犯，应当根据《刑法》总则共同犯罪的规定，作为共犯处理。

3. 一罪与数罪的认定

本罪是一个独立的罪名，不是选择性罪名。因此，尽管本罪可具体表现为对背叛国家的资助，对分裂国家的资助，对武装叛乱、暴乱的资助，对颠覆国家政权的资助等，也可能同时或者先后对这几种犯罪都予以资助，但在罪名上都只能定资助危害国家安全犯罪活动罪一个罪，既不能单独定资助背叛国家罪、资助分裂国家罪等，也不能因其同时或者先后实施了资助数种犯罪，就按数罪实行并罚，而仍应以一个资助危害国家安全犯罪活动罪论处。

（四）情节与量刑

依照《刑法》第 107 条规定，犯资助危害国家安全犯罪活动罪的，对直接责任人员，处 5 年以下有期徒刑、拘役、管制或者剥夺政治权利；情节严重的，处 5 年以上有期徒刑。

关于附加刑的适用，根据《刑法》第 56 条和第 113 条第 2 款之规定，犯本罪的，应当附加剥夺政治权利，可以并处没收财产。

司法机关在适用《刑法》第 107 条、第 113 条第 2 款规定处罚时，应当注意以下问题：

1.《刑法》第 107 条的“情节严重”，在司法实践中，一般是指多次（三次以上）资助他人实施危害国家安全的犯罪活动的；资助多人（三人以上）实施危害国家安全的犯罪活动的；资助的数量很大，或者其资助行为在他人实施危害国家安全的犯罪活动中起到了重要作用的，等等。

2. 本罪的行为主体尽管既包括自然人，也包括机构、组织，但责任主体只能是自然人，单位（机构、组织）不承担刑事责任，承担刑事责任的是机构、组织中的“直接责任人员”。所谓直接责任人员，是指机构、组织中对资助危害国家安全犯罪活动起决定作用或者参与策划、组织、指挥以及具体实施的人员，不包括对此并不知情的人员。

八、投敌叛变罪

（一）法律规定

第一百零八条　投敌叛变的，处三年以上十年以下有期徒刑；情节严重或者带领武装部队人员、人民警察、民兵投敌叛变的，处十年以上有期徒刑或者无期徒刑。

第一百一十三条　本章上述危害国家安全罪行中，除第一百零

三条第二款、第一百零五条、第一百零七条、第一百零九条外，对国家和人民危害特别严重、情节特别恶劣的，可以判处死刑。

犯本章之罪的，可以并处没收财产。

（二）罪名详解

投敌叛变罪，是指投靠、投奔敌国、敌方，出卖国家和人民利益的行为。

1979 年《刑法》第 94 条对本罪作了规定，1997 年刑法修订时对罪状作了修改，但罪名未改。

投敌叛变罪的构成要件是：

1. 主体要件

犯罪主体为中华人民共和国公民。不限于武装部队人员、人民警察、民兵，其他普通百姓、行政官员、司法官员等也可以构成本罪的主体。外国人、无国籍人可以成为本罪的共犯。

2. 客体要件

本罪侵犯的客体是国家安全。无论在战争时期还是和平时期，投靠敌国或者敌方的行为，都会危害本国或者本方的利益。

3. 主观要件

主观方面是直接故意，并且以危害我国或者我方利益为目的。间接故意和过失不构成本罪。

4. 客观要件

客观方面表现为投敌叛变的行为。投敌，即投靠敌人。所谓敌人，既包括国外的敌人，即敌国，也包括国内的敌人，即与我国合法政府敌对的一方；既包括交战状态下的敌人，也包括和平环境中的敌对营垒。投靠，包括两种情况：一是投奔，即由我国、我方逃到敌国、敌方，脱离我国或者我方的指挥、管辖；二是投降，即在被敌俘虏后宣布脱离我国或者我方，愿意成为敌国或敌方的成员，或者为敌国或敌方服务。所谓叛变，也即背离我国或者我方阵营，成为敌国或敌方的人员。投敌叛变，包括被捕、被俘后叛变的行为。逃往敌国、敌占区而未投敌叛变的，不构成本罪。投靠的“敌方”如为间谍组织，则构成本罪与《刑法》第 110 条规定的间谍罪的想象竞合，应“择一重罪”处断。

（三）实务疑难问题

司法实践中要注意区分本罪与背叛国家罪。背叛国家罪，是指勾结外国，危害中华人民共和国的主权、领土完整和安全的行为。从实质上讲，这两种犯罪都背叛了国家，都危害了国家安全。但是两者又有区别：（1）犯罪主体有所不同。后者的主体虽然也是中国公民，但通常是窃据党和国家重要权力或者具有一定社会地位和政治影响的人，而前者的主体可由任何普通公民构成。（2）侵害的直接客体不同。二者虽然都侵害了国家安全，但是具体而言，后者侵害的是国家的主权、领土完整和安全，而前者侵害的则是具体的小范围的国家利益。

（四）情节与量刑

依照《刑法》第 108 条规定，犯投敌叛变罪的，处 3 年以上 10 年以下有期徒刑；情节严重或者带领武装部队人员、人民警察、民兵投敌叛变的，处 10 年以上有期徒刑或者无期徒刑。

依照《刑法》第 113 条第 1 款规定，犯本罪，对国家和人民危害特别严重、情节特别恶劣的，可以判处死刑。

关于附加刑的适用，根据《刑法》第 56 条和第 113 条第 2 款之规定，犯本罪的，应当附加剥夺政治权利，可以并处没收财产。

司法机关在适用《刑法》第 108 条、第 113 条规定处罚时，应当注意以下问题：

1. 区别不同情节正确适用法定刑。《刑法》第 108 条规定了两个档次的法定刑。情节一般的，法定最高刑为 10 年；情节严重或者带领武装部队人员、人民警察、民兵投敌叛变的，法定最高刑为无期徒刑。所谓情节严重，司法实践中，一般是指携带武器或者国家秘密投敌叛变的；带领他人与其一同叛变的；叛变后为敌人效力的；高级官员或者负有重要职责的人叛变的；等等。“带领武装部队人员、人民警察、民兵投敌叛变的”，是指带领一个以上武装部队人员、人民警察、民兵投敌叛变的行为。

2. 严格掌握死刑的适用条件。投敌叛变的行为，必须“对国家和人民危害特别严重、情节特别恶劣”，这两个条件同时具备，才“可以”适用死刑。所谓对国家和人民危害特别严重、情节特别恶劣，司法实践中，一般是指因投敌叛变，致使我方人员遭到敌人逮捕、杀害，财产遭受特别严重损失的；带领人数众多的武装部队人员、人民警察、民兵投敌叛变的；携带大量武器、弹药、重要国家机密等投敌叛变的；等等。

九、叛逃罪

（一）法律规定

第一百零九条[①]　**国家机关工作人员在履行公务期间，擅离岗位，叛逃境外或者在境外叛逃的，处五年以下有期徒刑、拘役、管制或者剥夺政治权利；情节严重的，处五年以上十年以下有期徒刑。**

掌握国家秘密的国家工作人员叛逃境外或者在境外叛逃的，依照前款的规定从重处罚。

第一百一十三条第二款　犯本章之罪的，可以并处没收财产。

（二）罪名详解

叛逃罪，是指国家机关工作人员或者掌握国家秘密的国家工作人员在履行公务期间，擅离岗位，叛逃境外或者在境外叛逃的行为。

本罪是 1997 年刑法修订时增设的罪名。《刑法修正案（八）》对罪状作了修改，但罪名未改。

叛逃罪的构成要件是：

1. 主体要件

犯罪主体为特殊主体，即国家机关工作人员和掌握国家秘密的国家工作人员。国家机关工作人员，是指在国家权力机关、行政机关、司法机关、军事机关中从事公务的人员。掌握国家秘密的国家工作人员，是指掌握国家秘密的国家机关、国有公司、企业、事业单位、人民团体中从事公务的人员，国家机关、国有公司、企业、事业单位、人民团体委派到非国有公司、企业、

---

① 本条系根据 2011 年 2 月 25 日公布的《刑法修正案（八）》修改，原条文为：“国家机关工作人员在履行公务期间，擅离岗位，叛逃境外或者在境外叛逃，危害中华人民共和国国家安全的，处五年以下有期徒刑、拘役、管制或者剥夺政治权利；情节严重的，处五年以上十年以下有期徒刑。掌握国家秘密的国家工作人员犯前款罪的，依照前款的规定从重处罚。”

事业单位、社会团体从事公务的人员，以及其他依照法律从事公务的人员。

2. 客体要件

本罪侵犯的客体是国家利益和安全。国家机关工作人员或者掌握国家秘密的国家工作人员在履行公务期间，擅离岗位，叛逃境外或者在境外叛逃，就可能给国家利益和安全造成危害。如掌握国家秘密的国家工作人员叛逃，就可能泄露国家重要机密，危害我国的国防、外交或者重大经济利益。

3. 主观要件

主观方面是直接故意。

4. 客观要件

客观方面表现为在履行公务期间，擅离岗位，叛逃境外或者在境外叛逃的行为。“履行公务期间”，主要指在职的国家机关工作人员在执行公务期间，如国家机关派出的代表团在国外访问期间，我国驻外使、领馆的外交人员在执行使、领馆职务期间等。“擅离岗位”，是指违反规定私自离开岗位的行为。“叛逃境外”，是指同境外的机构、组织联络，由境内逃离到境外的行为，逃往外国驻华使、领馆的，亦应以叛逃境外论处。“在境外叛逃的”，是指国家机关工作人员或者掌握国家秘密的国家工作人员在境外擅自不回国，或者擅自脱离在国外期间的岗位，投靠境外机构、组织的行为。《刑法修正案（八）》第21条对本罪的罪状在两处作了修改：一是在第1款“叛逃境外或者在境外叛逃”之后，删除了“危害中华人民共和国国家安全”的表述。这是考虑到叛逃罪是刑法第一章“危害国家安全罪”中的一个罪名，当然具有危害国家安全的性质。二是在第2款将“掌握国家秘密的国家工作人员犯前款罪的”，修改为“掌握国家秘密的国家工作人员叛逃境外或者在境外叛逃的”，使文字含义更加明确。这说明，罪状的修改对本罪名的实际含义没有变动。

（三）实务疑难问题

1. 罪与非罪的认定

构成本罪，只要有叛逃行为就构成，不必有危害国家安全的行为。但是如果确实情节显著轻微、危害不大的，也可以不认为是犯罪。

2. 本罪与投敌叛变罪的区别

二者的区别主要表现在：（1）犯罪主体不尽相同。前者的主体是特殊主体，限于国家机关工作人员和掌握国家秘密的国家工作人员；后者的主体则是一般主体，即具有中华人民共和国国籍的人。(2) 构成叛逃罪行为人叛逃到任何一个国家都可以；而构成投敌叛变罪必须是行为人投奔敌国或者敌方。(3) 构成叛逃罪必须是在履行公务期间叛逃的。如果虽是国家机关工作人员，但是已离职在国外学习期间叛逃的，也不能构成叛逃罪；构成投敌叛变罪则没有行为时间的限制。

(四) 情节与量刑

依照《刑法》第 109 条第 1 款规定，犯叛逃罪的，处 5 年以下有期徒刑、拘役、管制或者剥夺政治权利；情节严重的，处 5 年以上 10 年以下有期徒刑。

依照本条第 2 款规定，掌握国家秘密的国家工作人员叛逃境外或者在境外叛逃的，依照前款的规定从重处罚。

关于附加刑的适用，根据《刑法》第 56 条和第 113 条第 2 款之规定，犯本罪的，应当附加剥夺政治权利，可以并处没收财产。

《刑法》第 109 条第 1 款规定的“情节严重”，是加重处罚情节，司法实践中，一般指因行为人的叛逃给国家安全和利益造成重大损害的；引起我国外交乃至国家声誉上的重大损害的等情形。

十、间谍罪

(一) 法律规定

第一百一十条　有下列间谍行为之一，危害国家安全的，处十年以上有期徒刑或者无期徒刑；情节较轻的，处三年以上十年以下有期徒刑：

(一) 参加间谍组织或者接受间谍组织及其代理人的任务的；

(二) 为敌人指示轰击目标的。

第一百一十三条　本章上述危害国家安全罪行中，除第一百零三条第二款、第一百零五条、第一百零七条、第一百零九条外，对国家和人民危害特别严重、情节特别恶劣的，可以判处死刑。

犯本章之罪的，可以并处没收财产。

（二）罪名详解

间谍罪，是指参加间谍组织或者接受间谍组织及其代理人的任务，或者为敌人指示轰击目标的行为。

1979年《刑法》第97条对本罪作了规定，1997年刑法修订时对罪状作了修改。

间谍罪的构成要件是：

1. 主体要件

犯罪主体为一般主体。中国公民和外国人、无国籍人都可构成本罪的主体。

2. 客体要件

侵犯的客体是国家安全。间谍行为是受国外或者境外间谍组织的命令、派遣、指示，专门收集、提供我国的国家秘密、情报的。国家秘密、情报一旦为国外或者境外的间谍组织掌握，就会使我国的国家安全受到严重的威胁或危害。

3. 主观要件

主观方面是直接故意。即明知是间谍组织而参加或者明知为间谍组织及其代理人而接受其任务等。间接故意和过失不构成本罪。

4. 客观要件

客观方面表现为下列三种行为：（1）参加国外间谍组织。“间谍组织”，是指外国政府或者境外敌对势力建立的旨在收集其他国家情报，对他国进行颠覆破坏活动，破坏他国国家安全和利益的组织。参加间谍组织，就是经过一定的手续，加入间谍组织，成为间谍组织的一员。参加了间谍组织，就意味着要从事间谍活动，但构成间谍罪，不以已经从事间谍活动为要件，只要参加了间谍组织，即使尚未从事间谍活动，也构成犯罪。（2）接受间谍组织及其代理人的任务。这是指没有从组织上参加间谍组织，而是接受间谍组织以及间谍组织的代理人的指令，完成他们交给的收集情报等任务的。（3）为敌人指示轰击目标。这是指用各种手段向敌人指示敌人所要轰击的目标，如写信、打电话、发电报、放信号弹等，以使敌人能够准确地打击我方目标。“轰击”，包括炮击、导弹袭击、飞机轰炸，等等。不论行为人是否为间谍组织正式或者事实上的成员，只要实施了为敌人指示轰击目标的行为，就构成间谍罪。

（三）实务疑难问题

1. 罪与非罪的认定。要把参加间谍组织的分子与在间谍机关中工作的非间谍分子区别开来。对于既没有履行参加间谍组织手续，也未进行间谍活动的一般勤杂人员、医务人员、行政事务人员或者临时聘用的工程技术人员，均不构成间谍罪。

2. 本罪与背叛国家罪的区别。间谍罪，既包括参加间谍组织或者接受间谍组织及其代理人的任务，也包括为敌人指示轰击目标的行为。其中，为敌人指示轰击目标的行为也会危害国家的军事安全。但这种危害军事安全的行为与背叛国家罪中危害国家军事安全的行为不同。表现在：背叛国家罪中的危害国家的军事安全主要是勾结外国，发动对我国的武装侵略，挑起战争，危害是全局性的；而间谍罪中的为敌人指示轰击目标，是在战争期间或者战争状态下实施的，危害是局部性的。显然，勾结外国，发动对我国的武装侵略的危害性更大。此外，在犯罪主体上，背叛国家罪的主体一般是掌握国家较高权力有一定地位者，而间谍罪的主体则可以由任何普通公民构成。

3. 一罪与数罪的界限。参加间谍组织或者接受间谍组织及其代理人的任务的，有可能实施其他危害国家安全的行为，如进行暗杀、破坏等活动。如果这些活动是在间谍组织的指令范围内的，则以间谍罪一罪论处即可；如果超出了间谍组织的指令范围，不属间谍犯罪行为，则除了构成间谍罪以外，还应当根据具体行为构成的其他犯罪，实行数罪并罚。

4. 间谍组织以外的人员在未受间谍组织指令的情况下，为境外窃取、刺探、收买、非法提供国家秘密、情报的，构成《刑法》第 111 条规定的为境外窃取、刺探、收买、非法提供国家秘密、情报罪。

5. 国家机关工作人员、军人在“非”履行公务期间投敌叛变的，或者非国家机关工作人员、非军人投敌叛变的，均构成《刑法》第 108 条规定的投敌叛变罪。有《刑法》第 110 条规定行为的，以间谍罪定罪处罚。

（四）情节与量刑

依照《刑法》第 110 条规定，犯间谍罪的，处 10 年以上有期徒刑或者无期徒刑；情节较轻的，处 3 年以上 10 年以下有期徒刑。

依照《刑法》第113条第1款规定，犯本罪，对国家和人民危害特别严重、情节特别恶劣的，可以判处死刑。

关于附加刑的适用，根据《刑法》第56条和第113条第2款之规定，犯本罪的，应当附加剥夺政治权利，可以并处没收财产。

司法机关在适用《刑法》第110条、第113条规定处罚时，应当注意以下问题：

1. 根据案件情况区别不同情节，正确适用法定刑。《刑法》第110条规定了两个档次的法定刑。情节严重的，法定最高刑为无期徒刑；情节较轻的，法定最高刑为10年有期徒刑。所谓情节较轻，司法实践中，一般是指虽然参加了间谍组织，但尚未从事具体的间谍活动，没有给我国的国家安全造成危害的，或者虽已接受间谍组织及其代理人的任务，但尚未着手实施便被我方抓获的，或者为敌人指示轰击的目标错误，没有给我国的人员、财产及军事利益造成损失的等情形。

2. 严格掌握死刑的适用条件。犯间谍罪，必须对国家和人民危害特别严重、情节特别恶劣，才"可以"适用死刑。所谓对国家和人民危害特别严重、情节特别恶劣，司法实践中，一般是指因其间谍行为，致使我国的经济、政治、军事等利益受到特别严重的损失，造成大量人员伤亡、巨额财产损失、军事设施严重破坏的，或者多次从事间谍活动，誓与国家和人民为敌，顽固不化的分子等情形。

十一、为境外窃取、刺探、收买、非法提供国家秘密、情报罪

（一）法律规定

第一百一十一条　为境外的机构、组织、人员窃取、刺探、收买、非法提供国家秘密或者情报的，处五年以上十年以下有期徒刑；情节特别严重的，处十年以上有期徒刑或者无期徒刑；情节较轻的，处五年以下有期徒刑、拘役、管制或者剥夺政治权利。

第一百一十三条　本章上述危害国家安全罪行中，除第一百零三条第二款、第一百零五条、第一百零七条、第一百零九条外，对

国家和人民危害特别严重、情节特别恶劣的，可以判处死刑。

犯本章之罪的，可以并处没收财产。

（二）罪名详解

为境外窃取、刺探、收买、非法提供国家秘密、情报罪，是指为境外的机构、组织、人员窃取、刺探、收买、非法提供国家秘密或者情报的行为。

本罪是1997年刑法修订时从《全国人民代表大会常务委员会关于惩治泄露国家秘密犯罪的补充规定》吸收改为刑法的具体规定的。

为境外窃取、刺探、收买、非法提供国家秘密、情报罪的构成要件是：

1. 主体要件

犯罪主体为一般主体，既可以是中国公民，也可以是外国人或者无国籍人。具体可以分为两类：一类是没有合法掌握国家秘密或者情报的人；另一类是合法掌握国家秘密或者情报的人。

2. 客体要件

本罪侵犯的客体是国家的安全和利益。按照《保守国家秘密法》第2条的规定，“国家秘密”，是指关系国家的安全和利益，依法定程序确定，在一定时间内只限一定范围的人员知悉的事项。包括：国家事务的重大决策中的秘密事项；国防建设和武装力量活动中的秘密事项；外交和外事活动中的秘密事项以及对外承担保密义务的秘密事项；国民经济和社会发展中的秘密事项；科学技术中的秘密事项；维护国家安全活动和追查刑事犯罪中的秘密事项；经国家保密行政管理部门确定的其他秘密事项。这些秘密事项一旦被泄露，就可能危害国家政权的巩固和防御能力；影响国家统一、民族团结和社会安定；损害国家在对外活动中的政治、经济利益；影响国家领导人、外国要员的安全；妨碍国家重要的安全保卫工作；使保护国家秘密的措施可行性降低或者失效；削弱国家的经济、科技实力；使国家机关依法行使职权失去保障。国家秘密分为绝密、机密、秘密三种。“绝密”是最重要的国家秘密，泄露会使国家安全和利益遭受特别严重的损害；“机密”是重要的国家秘密，泄露会使国家安全和利益遭受严重的损害；“秘密”是一般的国家秘密，泄露会使国家安全和利益遭受损害。“情报”，是指国家秘密以外的关系国家安全和利益，尚未公开或者依照有关规定不应公开的事项。无论是国家秘密还是情报，如果被境外机构、组织、人员获取，都会对我国的国家安全和利益造成危害。

3. 主观要件

主观方面是直接故意。即行为人明知是国家秘密或者情报而进行窃取、刺探、收买、非法提供。对于虽未标明密级，但行为人知道或者应当知道所涉事项关系国家安全和利益的，也应视为行为人明知。而且行为人必须明知对方是境外机构、组织、人员而为其窃取、刺探、收买或者非法提供。行为人的动机可能是各种各样的，但动机不影响本罪的成立。不知对方为境外机构、组织、人员而故意或过失泄露的，仍以《刑法》第 398 条故意泄露国家秘密罪、过失泄露国家秘密罪定罪处罚。

4. 客观要件

客观方面表现为为境外的机构、组织、人员窃取、刺探、收买、非法提供国家秘密或者情报的行为。“境外机构”，是指中华人民共和国国、边境以外的国家或者地区的机构，如政府、军队及其在中国境内的代表机构或者分支机构，如外国驻华使、领馆；“境外组织”，是指中华人民共和国国、边境以外的国家或者地区的政党、社会团体和其他企事业单位及其在中国境内的分支机构；“境外人员”，是指不隶属于任何境外机构、组织的外国公民或者无国籍人。本罪的行为方式是窃取、刺探、收买、非法提供。“窃取”，是指以文件窃密、照相机窃密、电磁波窃密、电脑窃密等具体形式秘密获取；“刺探”，是指用探听或者一定的专门技术获取；“收买”，是指利用金钱和物质利益去换取国家秘密或者情报；“非法提供”，是指违反法律规定，提供国家秘密或者情报。窃取、刺探、收买都是没有合法掌握国家秘密或者情报的人所采取的获取国家秘密或者情报的手段；而非法提供则是合法掌握国家秘密或者情报的人违反保守国家秘密法的规定，向境外的机构、组织、人员提供的行为。窃取、刺探、收买和非法提供者通过互联网将国家秘密或者情报非法发送给境外的机构、组织和个人的，也构成本罪。按照法律规定，行为人只要实施了为境外的机构、组织和人员窃取、刺探、收买、非法提供其中一种行为，就构成本罪；实施了两种以上行为的，仍为一罪，不实行并罚。

（三）实务疑难问题

1. 罪与非罪的界限

在对外交往与合作中，需要提供国家秘密事项的，应当按照规定的程序事先经过批准。这是《保守国家秘密法》第30条所允许的，不属于向境外非法提供国家秘密，不是犯罪。该法第48条还规定：“违反本法规定，有下列行为之一的，依法给予处分；构成犯罪的，依法追究刑事责任：（一）非法获取、持有国家秘密载体的；（二）买卖、转送或者私自销毁国家秘密载体的；（三）通过普通邮政、快递等无保密措施的渠道传递国家秘密载体的；（四）邮寄、托运国家秘密载体出境，或者未经有关主管部门批准，携带、传递国家秘密载体出境的；（五）非法复制、记录、存储国家秘密的；（六）在私人交往和通信中涉及国家秘密的；（七）在互联网及其他公共信息网络或者未采取保密措施的有线和无线通信中传递国家秘密的；（八）将涉密计算机、涉密存储设备接入互联网及其他公共信息网络的；（九）在未采取防护措施的情况下，在涉密信息系统与互联网及其他公共信息网络之间进行信息交换的；（十）使用非涉密计算机、非涉密存储设备存储、处理国家秘密信息的；（十一）擅自卸载、修改涉密信息系统的安全技术程序、管理程序的；（十二）将未经安全技术处理的退出使用的涉密计算机、涉密存储设备赠送、出售、丢弃或者改作其他用途的。有前款行为尚不构成犯罪，且不适用处分的人员，由保密行政管理部门督促其所在机关、单位予以处理。”

2. 本罪与间谍罪的区别

两种犯罪都表现为向境外提供国家秘密、情报，但是二者在行为方式上不同。前者表现为为境外机构、组织、人员窃取、刺探、收买、非法提供国家秘密或者情报；而后者表现为参加间谍组织或者接受间谍组织及其代理人的任务，或者为敌人指示轰击目标。因此，虽然两者都是有关提供国家秘密、情报的犯罪，但构成间谍罪行为人必须与间谍组织有直接或者间接的联系，或者限于为敌人指示轰击目标；而构成为境外窃取、刺探、收买、非法提供国家秘密、情报罪，行为人与间谍组织则没有关系。

（四）情节与量刑

依照《刑法》第111条规定，犯为境外窃取、刺探、收买、非法提供国家秘密、情报罪的，处5年以上10年以下有期徒刑；情节特别严重的，处10年以上有期徒刑或者无期徒刑；情节较轻的，处5年以下有期徒刑、拘役、管制或者剥夺政治权利。

依照《刑法》第113条第1款规定，犯本罪，对国家和人民危害特别严重、情节特别恶劣的，可以判处死刑。

关于附加刑的适用，根据《刑法》第56条和第113条第2款之规定，犯本罪的，应当附加剥夺政治权利，可以并处没收财产。

司法机关在适用《刑法》第111条、第113条规定处罚时，应当注意以下问题：

1. 根据不同情节正确适用法定刑。《刑法》第111条规定了三个档次的法定刑。其中，情节特别严重的，法定最高刑为无期徒刑；情节较轻的，法定最低刑为单处剥夺政治权利。因此，在司法实践中要善于区别不同情节，恰当量刑。所谓情节较轻，主要是指为境外机构、组织、人员窃取、刺探、收买、非法提供秘密级国家秘密、情报不到三项，且没有造成严重损害的。所谓情节特别严重，主要是指为境外机构、组织、人员窃取、刺探、收买、非法提供国家秘密、情报的级别达到绝密级国家秘密的；或者机密级的国家秘密、情报达到三项以上；或者国家秘密虽未达到绝密级或三项以上机密级，但对国家安全和利益造成特别严重损害的。

既不属于“情节较轻”也不属于“情节特别严重”的情形包括：为境外窃取、刺探、收买、非法提供机密级国家秘密的；或者三项以上秘密级国家秘密的；或者虽未达到三项以上秘密级国家秘密或情报，但对国家安全和利益造成其他严重损害的。

2. 严格掌握适用死刑的条件。犯为境外窃取、刺探、收买、非法提供国家秘密、情报罪，必须对国家和人民危害特别严重、情节特别恶劣，才“可以”适用死刑。所谓对国家和人民危害特别严重、情节特别恶劣，司法实践中，是指为境外机构、组织、人员窃取、刺探、收买、非法提供了大量绝密级的国家秘密、情报，并且已经给国家安全和人民利益造成了特别严重的危害和极其恶劣影响等情形。

（五）法律链接

最高人民法院关于审理为境外窃取、刺探、收买、非法提供国家秘密、情报案件具体应用法律若干问题的解释（法释〔2001〕4号　自2001年1月22日起施行）

第一条　刑法第一百一十一条规定的“国家秘密”，是指《中华人民共和国保守国家秘密法》第二条、第八条以及《中华人民共和国保守国家秘密法实施办法》第四条确定的事项。

刑法第一百一十一条规定的“情报”，是指关系国家安全和利益、尚未公开或者依照有关规定不应公开的事项。

对为境外机构、组织、人员窃取、刺探、收买、非法提供国家秘密之外的情报的行为，以为境外窃取、刺探、收买、非法提供情报罪定罪处罚。

第二条　为境外窃取、刺探、收买、非法提供国家秘密或者情报，具有下列情形之一的，属于“情节特别严重”，处十年以上有期徒刑、无期徒刑，可以并处没收财产：

（一）为境外窃取、刺探、收买、非法提供绝密级国家秘密的；

（二）为境外窃取、刺探、收买、非法提供三项以上机密级国家秘密的；

（三）为境外窃取、刺探、收买、非法提供国家秘密或者情报，对国家安全和利益造成其他特别严重损害的。

实施前款行为，对国家和人民危害特别严重、情节特别恶劣的，可以判处死刑，并处没收财产。

第三条　为境外窃取、刺探、收买、非法提供国家秘密或者情报，具有下列情形之一的，处五年以上十年以下有期徒刑，可以并处没收财产：

（一）为境外窃取、刺探、收买、非法提供机密级国家秘密的；

（二）为境外窃取、刺探、收买、非法提供三项以上秘密级国家秘密的；

（三）为境外窃取、刺探、收买、非法提供国家秘密或者情报，对国家安全和利益造成其他严重损害的。

第四条　为境外窃取、刺探、收买、非法提供秘密级国家秘密或者情报，属于“情节较轻”，处五年以下有期徒刑、拘役、管制或者剥夺政治权利，可以并处没收财产。

第五条　行为人知道或者应当知道没有标明密级的事项关系国家安全和利益，而为境外窃取、刺探、收买、非法提供的，依照刑法第一百一十一条的规定以为境外窃取、刺探、收买、非法提供国家秘密罪定罪处罚。

第六条　通过互联网将国家秘密或者情报非法发送给境外的机构、组织、个人的，依照刑法第一百一十一条的规定定罪处罚；将国家秘密通过互联网予以发布，情节严重的，依照刑法第三百九十八条的规定定罪处罚。

第七条　审理为境外窃取、刺探、收买、非法提供国家秘密案件，需要对有关事项是否属于国家秘密以及属于何种密级进行鉴定的，由国家保密工作部门或者省、自治区、直辖市保密工作部门鉴定。

十二、资敌罪

（一）法律规定

第一百一十二条　战时供给敌人武器装备、军用物资资敌的，处十年以上有期徒刑或者无期徒刑；情节较轻的，处三年以上十年以下有期徒刑。

第一百一十三条　本章上述危害国家安全罪行中，除第一百零三条第二款、第一百零五条、第一百零七条、第一百零九条外，对国家和人民危害特别严重、情节特别恶劣的，可以判处死刑。

犯本章之罪的，可以并处没收财产。

（二）罪名详解

资敌罪，是指在战时供给敌人武器装备、军用物资资敌的行为。

1979 年《刑法》第 97 条第（二）项对本罪作了规定，1997 年刑法修订时对罪状作了修改。

资敌罪的构成要件是：

1. 主体要件

犯罪主体为中国公民。外国人或者无国籍人不能成为本罪的主体，但可以成为本罪的共犯。

2. 客体要件

本罪侵犯的客体是我国的军事利益和国家安全。在我国与敌国交战状态下，武器装备、军用物资的质量、数量是直接影响战争胜负的因素。战时供给敌人武器装备、军用物资的行为，无疑会壮大敌人的力量，危害我方的军事利益甚至国家安全。

3. 主观要件

主观方面是故意。过失不构成本罪。

4. 客观要件

客观方面表现为战时供给敌人武器装备、军用物资的行为。“战时”，是指国家宣布进入战争状态、部队受领作战任务或者遭敌突然袭击时。部队执行戒严任务或者处置突发性暴力事件时，以战时论。构成本罪，还必须具备供给敌人武器装备、军用物资的行为。“供给”，是指非法向敌人提供，既包括无偿提供，也包括非法出售；“武器装备”，是指各种武器、弹药、飞机、坦克、舰艇、军用通讯设备，等等；“军用物资”，主要是指武器装备以外的其他军用物品，如粮食、医疗用品、被服，等等。

（三）实务疑难问题

司法实践中，要注意区分本罪与资助危害国家安全犯罪活动罪。两种犯罪在客观方面都表现为资助行为。区别在于，一是资助的对象不同。前者所资助的是敌人，即敌对国家或者敌对阵营；而后者所资助的是犯罪人，即实施背叛国家、分裂国家等罪行的人。二是资助的物品不同。前者资助的是武器装备、军用物品；而后者资助的主要是金钱、普通物品等。

（四）情节与量刑

依照《刑法》第112条规定，犯资敌罪的，处10年以上有期徒刑或者无期徒刑；情节较轻的，处3年以上10年以下有期徒刑。

依照《刑法》第113条第1款规定，犯本罪，对国家和人民危害特别严重、情节特别恶劣的，可以判处死刑。

关于附加刑的适用，根据《刑法》第56条和第113条第2款之规定，犯本罪的，应当附加剥夺政治权利，可以并处没收财产。

司法机关在适用《刑法》第112条、第113条规定处罚时，应当注意以下问题：

1. 根据不同情节正确适用法定刑。《刑法》第112条规定了两个档次的法定刑。其中，法定最高刑为无期徒刑，法定最低刑为3年有期徒刑，司法实践中要注意区别对待，恰当量刑。所谓情节较轻，主要是指供给敌人武器装备、军用物资数量较少，质量较差，没有给我方造成重大损失的等情形。

2. 严格掌握死刑的适用条件。犯资敌罪，必须对国家和人民危害特别严重、情节特别恶劣，才“可以”适用死刑。所谓对国家和人民危害特别严重、情节特别恶劣，司法实践中，一般是指供给敌人武器装备、军用物资数量巨大，致使我方战斗失利或者致使敌人顺利逃跑等情形。

第二章　危害公共安全罪

一、放火罪

（一）法律规定

第一百一十四条[①]　**放火、决水、爆炸以及投放毒害性、放射性、传染病病原体等物质或者以其他危险方法危害公共安全，尚未造成严重后果的，处三年以上十年以下有期徒刑。**

第一百一十五条第一款[②]　**放火、决水、爆炸以及投放毒害性、放射性、传染病病原体等物质或者以其他危险方法致人重伤、死亡或者使公私财产遭受重大损失的，处十年以上有期徒刑、无期徒刑或者死刑。**

（二）罪名详解

放火罪，是指故意纵火焚烧公私财物，危害公共安全的行为。

本罪1979年《刑法》第105条和第106条作了规定。2001年12月29日《刑法修正案（三）》删除了1997年刑法中“工厂、矿场、油田、港口、河流、水源、仓库、住宅、森林、农场、谷场、牧场、重要管道、公共建筑物

---

① 本条经2001年12月29日《刑法修正案（三）》第1条修正。《刑法》原第114条为：“放火、决水、爆炸、投毒或者以其他危险方法破坏工厂、矿场、油田、港口、河流、水源、仓库、住宅、森林、农场、谷场、牧场、重要管道、公共建筑物或者其他公私财产，危害公共安全，尚未造成严重后果的，处三年以上十年以下有期徒刑。”

② 本款经2001年12月29日《刑法修正案（三）》第2条修正。《刑法》原第115条第1款为：“放火、决水、爆炸、投毒或者以其他危险方法致人重伤、死亡或者使公私财产遭受重大损失的，处十年以上有期徒刑、无期徒刑或者死刑。”

或者其他公私财产”的规定。刑法中列举犯罪的破坏对象虽有利于指导司法实践，但随着形势的发展，犯罪所指向的对象也在不断发生着变化，而在法律中对其一一列举可能会挂一漏万，因此刑法进行了修改。修改后的规定，不仅仍然包括原条文规定的犯罪对象范围，还包括其他随着形势发展，需要刑法保护的各种对象。

放火罪的构成要件是：

1. 主体要件

本罪主体为一般主体。即达到法定责任年龄、具有刑事责任能力的人均可构成。由于放火罪严重危害公共安全，所以《刑法》第 17 条第 2 款规定，已满 14 周岁不满 16 周岁的人，犯放火罪的，应当负刑事责任。

2. 客体要件

本罪侵犯的客体是社会的公共安全，即不特定多数人的生命、健康或者重大公私财产的安全。是否危害公共安全，是放火罪与其他用放火方法实施的犯罪的主要区别。侵害的对象，一般是指焚烧公共财产和他人私有财产。如果行为人放火焚烧自己的财物，一般不构成放火罪；但是，如果危害了公共安全或者使他人的利益遭受严重损失的，同样构成放火罪。放火罪对公共安全的危害通常表现为，根据放火焚烧的对象性质及其所处的环境，已经造成或者可能引起不特定范围内重大公私财产被焚毁的后果，有的还同时危及不特定多数人的生命、健康。由于放火总是始于焚烧财物，财物不燃烧就不可能危及不特定多数人的人身安全，所以单纯危害不特定多数人的生命、健康的放火案件是少见的。

3. 主观要件

本罪主观方面只能由故意构成，包括直接故意和间接故意。即行为人明知其纵火的行为会发生危害公共安全的后果，并且希望或者放任这种结果的发生。犯罪的动机可能是多种多样的：有的是为了湮灭罪迹；有的是为了报复他人；有的是为了嫁祸于人或者其他目的，但动机不影响本罪的成立。

4. 客观要件

客观方面表现为实施了危害公共安全的放火行为。

放火，是指使用各种引火物，点燃侵害对象，制造火灾的行为。由于放火是一种严重的犯罪，不仅烧毁公私财物，而且可能危及人身安全，社会危害性很大，所以只要行为人实施了放火行为，即使没有造成危害公共安全的严重后果，也构成本罪，只是在量刑时作为一个情节，与已经造成严重后果的有所区别。放火的方法既可以是作为，也可以是不作为；既可以直接使公私财物燃烧，也可以通过媒介物使公私财物燃烧，还可以通过既存的火力引起公私财物燃烧。以不作为方式实施本罪，行为人必须负有防止火灾发生的特定义务，在能够履行这种特定义务的情况下不履行，以致发生火灾，危害公共安全。不作为义务的来源包括：一是法律规定的义务；二是职务或业务上要求的义务；三是行为人的先前行为引起的义务，如行为人随手丢弃烟头引发着火，就负有扑灭火情的义务。

从放火焚烧的对象和当时的环境看，如果放火行为不足以危害公共安全，则不构成放火罪。例如，行为人实施了放火行为，但将火势有效地控制在较小的特定范围内，没有也不可能危害不特定多数人的生命、健康或者重大公私财产安全的，就不构成放火罪。对于情节严重的，可以根据案件的具体情况，以故意毁坏财物罪、故意杀人罪或者故意伤害罪等罪论处。

（三）实务疑难问题

1. 罪与非罪的认定

认定是否构成本罪的关键是判断放火行为是否危害公共安全。是否危害公共安全，要结合放火焚烧的对象，对象物与周围可燃物的距离，行为时的时间、气候、天气等情况考察。对于虽然实施放火行为，但不足以危害公共安全的，不构成本罪。例如，行为人对游乐园一处独立的房间放火，如果是营业时间放火，足以危害不特定多数人的生命、健康或者重大公私财产的安全，则构成放火罪；如果是在停止营业时放火，则应考虑是否构成故意毁坏财物罪。又如，一处用于工地门口值班看守的帐篷，行为人明知晚上有不特定的三四个人到帐篷内值守，仍旧对帐篷泼洒汽油，实施放火。虽然帐篷属于独立个体，未与其他建筑物相连，起火后也不会引起其他建筑物或财物的损失，但由于帐篷内有不固定的人员居住，放火行为危害到不特定多数人的人身安全，故构成放火罪。

放火焚烧自己的财物是否构成犯罪，与一般的放火行为一样，区分的标准同样在于是否危害公共安全。放火焚烧自己的财物，不足以危害公共安全的，不构成犯罪；足以危害公共安全的，构成放火罪。

放火焚烧的对象主要是财物，也可以是财物以外的对象。自焚行为足以危害公共安全的，也成立放火罪。例如，邪教组织人员或其他人员以自焚方式危害公共安全的，应当以放火罪论处。

2. 区分放火罪与失火罪的界限

放火罪与失火罪的主要界限就是犯罪的故意与过失。但由于刑法对两罪的构成要求不同以及处罚的严厉程度不同，因此除了犯罪主观方面的根本区别之外，在犯罪构成的其他方面也有较大区别。当然，由于放火罪与失火罪属于同类犯罪，两罪也存在许多相似之处：如侵犯的客体都是公共安全，犯罪的对象相同。

放火罪和失火罪的主要区别表现在：（1）刑法对两者构成犯罪在客观方面的要求不同。放火罪不以发生严重危害后果作为定罪的法定条件，只要行为人实施了足以危害公共安全的放火行为，就可以构成放火罪；而失火罪则必须以造成他人重伤、死亡或者公私财产重大损失的严重后果作为定罪的法定条件，才能构成犯罪。（2）刑法对构成放火罪和失火罪的犯罪主体要求不同。构成放火罪，行为人年满 14 周岁不满 16 周岁即可；而构成失火罪，行为人必须年满 16 周岁才能负刑事责任。（3）两者犯罪既遂与未遂的情况不同。放火罪有既遂与未遂之分；而失火罪属于过失犯罪，过失犯罪的成立都必须具有严重危害后果的发生为法定条件，没有危害结果发生就不构成犯罪，因而不存在犯罪未遂问题。（4）主观方面不同。这是放火罪与失火罪的根本区别。放火罪属于故意犯罪，行为人在认识因素上是明知自己的行为会发生危害社会的结果，在意志因素方面是希望或者放任危害社会结果的发生；而失火罪是过失犯罪，在认识因素上只是应当预见到自己行为会发生危害社会的结果，在意志因素上不具有希望也不具有放任，而是由于疏忽大意没有预见到或者已经预见到而轻信能够避免导致危害结果的发生。

实践中，要注意区分间接故意的放火罪与失火罪。两者区分的关键在于，间接故意的放火罪中的行为人对他人生命、健康或者重大公私财产的侵害持放任的心理态度，而失火罪中的行为人对于火险的引起，完全是出于疏忽大意或过于自信，其主观上并不希望公共安全受到火灾的威胁。行为人的主观心态在客观方面表现为：间接故意的放火罪中的行为人在起火后，往往听之任之，不采取积极的扑救或报警行为；而失火罪中的行为人在起火后，往往有呼救、报警等积极的行为。因此，如果行为人不慎引起财物起火，在能够控制的情况下，行为人不采取积极的措施实施扑救、任其燃烧，造成火灾的，应当构成放火罪，而不是失火罪。但如果行为人在不慎引起财物起火后，待发现时，火势已经蔓延，非其能力所能控制或扑灭，即使其采取积极扑救、报警行为也无法排除火险或防止危害结果的发生，则即使行为人听之任之，甚至逃跑逃避责任，也不构成放火罪，而构成失火罪。

3. 区分本罪与破坏交通工具等犯罪的界限

如果行为人以放火的手段，破坏交通工具、交通设施、电力设备、易燃易爆设备、广播电视设施、公用电信设施的，虽然也具有以危险方法危害公共安全的特征，但因法律对这几种破坏行为都已作了专门的规定，因此，应当分别以破坏交通工具罪、破坏交通设施罪、破坏电力设备罪、破坏易燃易爆设备罪或者破坏广播电视设施、公用电信设施罪定罪处罚，而不能认定为放火罪。

4. 区分本罪的既遂与未遂

放火罪属于危险犯。因此，区分放火罪的既遂与未遂，关键不在于行为人是否达到了预期的犯罪目的，而在于是否具备了法律所要求的全部构成要件。只要行为人着手实施了放火的行为，并且这种行为具有造成严重后果的危险性，即使由于行为人意志以外的原因尚未造成严重后果，也构成放火罪的既遂。但是，如果行为人正要或者正在着手实施放火行为，因某种客观原因被及时发现阻止或者未能燃烧（如下大雨）的，则属于放火罪的未遂。

5. 区分一罪与数罪的界限

行为人以抢劫、盗窃等为目的，以放火为手段，放火行为不足以危害公共安全的，以盗窃罪、抢劫罪等罪处罚；放火行为足以危害公共安全的，应当认定成立放火罪与盗窃罪、抢劫罪等罪的牵连犯，从一重罪处断。

行为人在实施其他犯罪后，为毁灭罪证而实施的放火行为不足以危害公共安全的，按照所犯的罪从重处罚；放火行为足以危害公共安全的，应当以放火罪和前行为构成的犯罪数罪并罚。

行为人以放火的方式达到毁坏数额较大的公私财物，或者杀害、伤害特定人的目的，放火行为不足以危害公共安全的，以故意毁坏财物罪、故意杀人罪或故意伤害罪论处；放火行为足以危害公共安全的，按照想象竞合犯的处罚原则，从一重罪处断。

（四）情节与量刑

《刑法》第114条规定，犯放火罪尚未造成严重后果的，处三年以上十年以下有期徒刑。

《刑法》第115条第1款规定，放火致人重伤、死亡或者使公私财产遭受重大损失的，处十年以上有期徒刑、无期徒刑或者死刑。

司法机关在适用《刑法》第114条、第115条第1款规定处罚时，应当注意根据案件的犯罪事实、情节，主要是造成损失的大小、后果是否严重等情形，来确定应当适用《刑法》第114条还是第115条的规定。所谓尚未造成严重后果，一般是指行为人实施了放火的行为，但尚未造成他人重伤、死亡或者公私财产重大损失等情形。

<table>
<tr><th>量刑档次</th><th>对应情节</th><th>有关概念解释</th><th>附加刑的适用</th></tr>
<tr><td>三年以上十年以下有期徒刑</td><td>犯放火罪尚未造成严重后果</td><td>尚未造成严重后果是指尚未造成严重实害后果，包括两种情况：一是放火行为没有造成任何实害后果；二是放火行为造成了一定实害后果，但并不严重。</td><td rowspan="2">1.《刑法》第56条：对于放火等严重破坏社会秩序的犯罪分子，可以附加剥夺政治权利。
2.《刑法》第57条：对于被判处死刑、无期徒刑的犯罪分子，应当剥夺政治权利终身。</td></tr>
<tr><td>十年以上有期徒刑、无期徒刑或者死刑</td><td>放火致人重伤、死亡或者使公私财产遭受重大损失的</td><td>关于“重大损失”的标准认定，目前尚无司法解释予以规定，司法实践中应当考虑相关刑事政策、当地经济发展水平、与放火罪类似的犯罪的数额标准等因素认定。</td></tr>
</table>

（五）法律链接

1.**《最高人民法院、最高人民检察院、公安部、司法部关于办理恐怖活动和极端主义犯罪案件适用法律若干问题的意见》**（高检会〔2018〕1号　自2018年3月16日起施行）

一、准确认定犯罪

（一）具有下列情形之一的，应当认定为刑法第一百二十条规定的“组织、领导恐怖活动组织”，以组织、领导恐怖组织罪定罪处罚：

1.发起、建立恐怖活动组织的；

2.恐怖活动组织成立后，对组织及其日常运行负责决策、指挥、管理的；

3.恐怖活动组织成立后，组织、策划、指挥该组织成员进行恐怖活动的；

4.其他组织、领导恐怖活动组织的情形。

具有下列情形之一的，应当认定为刑法第一百二十条规定的“积极参加”，以参加恐怖组织罪定罪处罚：

1.纠集他人共同参加恐怖活动组织的；

2.多次参加恐怖活动组织的；

3.曾因参加恐怖活动组织、实施恐怖活动被追究刑事责任或者二年内受过行政处罚，又参加恐怖活动组织的；

4.在恐怖活动组织中实施恐怖活动且作用突出的；

5.在恐怖活动组织中积极协助组织、领导者实施组织、领导行为的；

6.其他积极参加恐怖活动组织的情形。

参加恐怖活动组织，但不具有前两款规定情形的，应当认定为刑法第一百二十条规定的“其他参加”，以参加恐怖组织罪定罪处罚。

犯刑法第一百二十条规定的犯罪，又实施杀人、放火、爆炸、绑架、抢劫等犯罪的，依照数罪并罚的规定定罪处罚。

2.**公安部关于公安机关处置信访活动中违法犯罪行为适用法律的指导意见**（公通字〔2013〕25号　自2013年7月19日起施行）（节录）

二、4.采取放火、爆炸或者以其他危险方法自伤、自残、自杀，危害公共安全，符合《刑法》第一百一十四条和第一百一十五条第一款规定的，以放火罪、爆炸罪、以危险方法危害公共安全罪追究刑事责任。

二、决水罪

（一）法律规定

第一百一十四条[①] 放火、决水、爆炸以及投放毒害性、放射性、传染病病原体等物质或者以其他危险方法危害公共安全，尚未造成严重后果的，处三年以上十年以下有期徒刑。

第一百一十五条第一款[②] 放火、决水、爆炸以及投放毒害性、放射性、传染病病原体等物质或者以其他危险方法致人重伤、死亡或者使公私财产遭受重大损失的，处十年以上有期徒刑、无期徒刑或者死刑。

（二）罪名详解

决水罪，是指故意破坏堤防、水坝、防水、排水等水利设施，制造水患，危害公共安全的行为。

决水罪的构成要件是：

1. 主体要件

本罪主体为一般主体。即达到法定责任年龄、具有刑事责任能力的人均可构成。由于决水罪严重危害公共安全，所以《刑法》第 17 条第 2 款规定，已满 14 周岁不满 16 周岁的人，犯决水罪的，应当负刑事责任。

2. 客体要件

本罪侵犯的客体是社会的公共安全，即不特定多数人的生命、健康或者重大公私财产的安全。水利设施一旦遭受破坏，水势失控，顷刻就可能使无数良田被淹，大量财物付诸东流，甚至使众多人溺死于非命。

---

① 本条经 2001 年 12 月 29 日《刑法修正案（三）》第 1 条修正。《刑法》原第 114 条为：“放火、决水、爆炸、投毒或者以其他危险方法破坏工厂、矿场、油田、港口、河流、水源、仓库、住宅、森林、农场、谷场、牧场、重要管道、公共建筑物或者其他公私财产，危害公共安全，尚未造成严重后果的，处三年以上十年以下有期徒刑。”

② 本款经 2001 年 12 月 29 日《刑法修正案（三）》第 2 条修正。《刑法》原第 115 条第 1 款为：“放火、决水、爆炸、投毒或者以其他危险方法致人重伤、死亡或者使公私财产遭受重大损失的，处十年以上有期徒刑、无期徒刑或者死刑。”

3. 主观要件

本罪主观方面只能由故意构成，包括直接故意和间接故意。即行为人明知其决水的行为会发生危害公共安全的后果，并且希望或者放任这种结果的发生。犯罪的动机可能有多种，但动机不影响本罪的成立。

4. 客观要件

本罪的客观方面表现为实施危害公共安全的决水行为。所谓“决水”，是指采取开挖水坝、毁坏堤防、堵塞水道、破坏水闸、破坏防水设备等方法，使河、湖、池水横溢、泛滥成灾的行为。决水手段可能是多种多样的，但无论采用何种手段都不影响本罪的成立。决水的手段多种多样，如使用各种工具或机械挖掘、用爆炸的方法破坏，或者徒手破坏，可以是作为（如决溃堤防、破坏水闸），也可以是不作为（负有特定义务的行为人在能够履行义务的情况下不履行，如不开放水库闸门导致溃决）。无论采用何种手段，都不影响本罪的成立。司法实践中，要注意的是，决水危害公共安全构成决水罪，必须是利用水的作用来危害公共安全。

（三）实务疑难问题

1. 罪与非罪的认定

决水行为必须危害公共安全，才构成犯罪。在日常生活中，特别是在农村，常常会发生一些村组的村民之间，在生产大忙季节或干旱的情况下，或者因水利纠纷，为争水灌溉，互不相让而发生水源纠纷，有的甚至为报复对方擅自扒开水渠放水，致使水流漫溢，冲坏集体或者个人作物，造成一定损失。对此，不能一概都认定为犯罪。区分这种行为是否构成决水罪的关键是要看行为人的行为是否危及公共安全，即是否造成或可能造成不特定或多数人的伤亡或重大公私财产的毁损，如果没有造成也不可能造成不特定或多数人的伤亡和重大公私财产的毁损，即不危及公共安全的，则不构成决水罪，不宜以犯罪论处。对于一般的决水行为，主要是依靠民事的或行政的方法加以解决。

由自然原因造成的自然水灾，如暴雨引起山洪暴发，地震引起水灾，台风、海啸引起水灾等，是个人不能预见也不能抗拒的，不能追究相关人员的刑事责任。

2. 区分决水罪与过失决水罪的界限

这两种罪都是水害危害公共安全的犯罪。两者的主要区别在于：（1）主观方面，前者出于过失；而后者则是出于故意。（2）客观方面，前者必须造成了法定的严重后果，即致人重伤、死亡或者公私财产遭受重大损失的，才构成犯罪；而后者则不论是否发生了严重后果，只要行为人故意实施了危害公共安全的决水行为，就构成犯罪。（3）后者不可能出现未遂的形态，前者则有既遂和未遂之分。

实践中，要注意区分间接故意的决水罪与过失决水罪。两者区分的关键在于：间接故意的决水罪中的行为人对他人生命、健康或者重大公私财产的侵害持放任的心理态度，而过失决水罪中的行为人完全是出于疏忽大意或过于自信，其主观上并不希望公共安全受到水灾的威胁。行为人的主观心态在客观方面表现为：间接故意的决水罪中的行为人在决水后，往往听之任之，不采取积极的救助或报警行为；而过失决水罪中的行为人在决水后，往往有呼救、报警等积极的行为。

3. 区分决水罪与破坏生产经营罪的界限

破坏生产经营罪是指故意毁坏机器设备、残害耕畜或者以其他方法破坏生产经营的行为。在司法实践中，决水行为既能影响农田灌溉，也能使工农业生产因缺水而停产，从而构成破坏生产经营罪。两者主要区别是：

（1）侵犯的客体不同。决水罪侵犯的客体是公共安全，破坏生产经营罪侵犯的客体是公私财产所有权和生产经营秩序。破坏生产经营罪虽然使生产经营秩序受到破坏，造成犯罪对象即与生产经营密切相关的物品、工具的毁坏，但尚不属于危害重大公私财产的安全，而决水罪则危害重大公私财产的安全。

（2）犯罪客观方面不同。决水罪的决水属于危险方法，既可以使大范围的工农业等生产经营活动受到影响，更重要的是使不特定多数人的生命、健康受到危害，使大片农田被淹，重大公私财产受到损失；而破坏生产经营罪所谓决水不属危险方法，只能使大量的水流失或使小范围的农田被淹，或使工农业等生产经营活动受到破坏，其损害的严重程度上不及决水罪。

（3）犯罪主观故意的内容不同。决水罪的行为人明知其行为会危害公共安全，而希望或放任这种结果发生；破坏生产经营罪的行为人明知其行为会破坏生产经营秩序和侵犯公私财产所有权，而希望或放任这种结果发生。由此可见，基于破坏生产经营故意而决水，因而危害公共安全的，又构成决水罪，属于想象竞合犯，应按从一重罪的原则论处即按决水罪论处。

4. 区分本罪的既遂与未遂

决水罪属于危险犯，决水罪的既遂与未遂应当以法定构成要件是否齐备为标准。鉴于决水罪具有严重的危害性，因此，刑法规定，实施决水行为只要足以危害公共安全，即使尚未造成致人重伤、死亡或者使公私财产遭受重大损失的严重后果，也构成本罪。行为人只要实施了决水行为并足以危害公共安全，即危及多人的生命、健康或者有使公私财产遭受重大损失的现实危险，即构成犯罪既遂。至于如何认定足以危害公共安全，一般应以被决溃水源的大小、决水后水道冲刷的路径、可能造成财产损失的大小等判定。如果行为人刚刚着手破坏水利设施，或者在破坏过程中，由于犯罪分子意志以外的原因，未及使所决之水开始冲溢，即为决水罪未遂。

（四）情节与量刑

依照《刑法》第 114 条规定，犯决水罪尚未造成严重后果的，处 3 年以上 10 年以下有期徒刑。

依照《刑法》第 115 条第 1 款规定，决水致人重伤、死亡或者使公私财产遭受重大损失的，处 10 年以上有期徒刑、无期徒刑或者死刑。

在适用《刑法》第 114 条、第 115 条第 1 款规定处罚时，应当注意根据案件的犯罪事实、情节，主要是造成损失的大小、后果是否严重等情形，来确定应当适用《刑法》第 114 条还是第 115 条的规定。所谓尚未造成严重后果，司法实践中，一般是指行为人实施了决水的行为，但尚未造成他人重伤、死亡或者公私财产重大损失等情形。

量刑档次	对应情节	有关概念解释	附加刑的适用
三年以上十年以下有期徒刑	犯决水罪尚未造成严重后果	尚未造成严重后果是指尚未造成严重实害后果，包括两种情况：一是决水行为没有造成任何实害后果；二是决水行为造成了一定实害后果，但并不严重。	1.《刑法》第56条：对于决水等严重破坏社会秩序的犯罪分子，可以附加剥夺政治权利。 2.《刑法》第57条：对于被判处死刑、无期徒刑的犯罪分子，应当剥夺政治权利终身。
十年以上有期徒刑、无期徒刑或者死刑	决水致人重伤、死亡或者使公私财产遭受重大损失的	关于“重大损失”的标准认定，目前尚无司法解释予以规定，司法实践中应当考虑相关刑事政策、当地经济发展水平、与决水罪类似的犯罪的数额标准等因素认定。	

三、爆炸罪

（一）法律规定

第一百一十四条[①]　**放火、决水、爆炸以及投放毒害性、放射性、传染病病原体等物质或者以其他危险方法危害公共安全，尚未造成严重后果的，处三年以上十年以下有期徒刑。**

---

①　本条经2001年12月29日《刑法修正案（三）》第1条修正。

《刑法》原第114条为：“放火、决水、爆炸、投毒或者以其他危险方法破坏工厂、矿场、油田、港口、河流、水源、仓库、住宅、森林、农场、谷场、牧场、重要管道、公共建筑物或者其他公私财产，危害公共安全，尚未造成严重后果的，处三年以上十年以下有期徒刑。”

第一百一十五条第一款[①]　放火、决水、爆炸以及投放毒害性、放射性、传染病病原体等物质或者以其他危险方法致人重伤、死亡或者使公私财产遭受重大损失的，处十年以上有期徒刑、无期徒刑或者死刑。

（二）罪名详解

爆炸罪，是指故意引起爆炸物爆炸，危害公共安全的行为。

本罪1979年《刑法》第105条和第106条作了规定。

爆炸罪的构成要件是：

1. 主体要件

本罪主体为一般主体。即达到法定责任年龄、具有刑事责任能力的人均可构成。由于爆炸罪严重危害公共安全，所以《刑法》第17条第2款规定，已满14周岁不满16周岁的人，犯爆炸罪的，应当负刑事责任。

2. 客体要件

本罪侵犯的客体是社会的公共安全，即不特定多数人的生命、健康或者重大公私财产的安全。爆炸罪对公共安全的危害通常表现为，根据爆炸的对象性质及其所处的环境，已经造成或者可能引起不特定范围内重大公私财产被毁的后果，有的还同时危及不特定多数人的生命、健康。

3. 主观要件

本罪主观方面只能由故意构成，包括直接故意和间接故意。即行为人明知其爆炸的行为会发生危害公共安全的后果，并且希望或者放任这种结果的发生。动机不影响本罪的成立。

某些爆炸行为，行为人主观上是指向特定的人或者物，但发生在人群密集或者财物集中的公共场所，客观上危害了不特定多人的生命、健康或者重大公私财产的安全，也可以爆炸罪论处。因为在这种场合用爆炸的方法杀人、毁物，对这种行为会危害公共安全不可能没有预见，有预见而放任危害结果的发生，就是一种故意犯罪。如果行为实施的爆炸行为是指向特定的人或者

① 本款经2001年12月29日《刑法修正案（三）》第2条修正。

《刑法》原第115条第1款为："放火、决水、爆炸、投毒或者以其他危险方法致人重伤、死亡或者使公私财产遭受重大损失的，处十年以上有期徒刑、无期徒刑或者死刑。"

特定的公私财物，并且有意识地把破坏的范围限制在不危害公共安全的范围，客观上也未发生危害公共安全的结果，则不应定爆炸罪，而应根据实际情况，构成什么罪就定什么罪。

4. 客观要件

本罪客观方面表现为用实施爆炸的方法使不特定多数人的生命、健康和公私财产遭受重大损失，危害公共安全的行为。从司法实践看，使用的爆炸物品，除了炸弹、手榴弹、地雷外，多为炸药（包括黄色炸药、黑色炸药和化学炸药）、雷管、导火索等起爆器材和各种自制的爆炸装置（如炸药包、炸药瓶等）。实施爆炸的方法很多，但主要是在人群集中或者财产集中的公共场所、交通线路、财物堆放处等处实施爆炸，如将爆炸物放在船只、飞机、汽车、火车上定时爆炸；在商场、车站、影剧院、街道、群众集会的地方制造爆炸事件。爆炸行为有作为和不作为两种基本方式。如直接点燃爆炸引发爆炸，就是积极的作为方式，而行为人负有防止爆炸发生特定义务，并且有能力履行这种特定的义务而不履行，以致发爆炸，就构成不作为爆炸犯罪。

爆炸罪的成立并不一定要发生危害公共安全的实际后果。行为人实施爆炸行为，足以危害公共安全，由于主观和客观方面的原因，如行为人自动中止爆炸犯罪，炸药的破坏性没有行为人主观想象的那么大，炸药受潮失效，没有将爆炸物投掷到所要求的位置，爆炸物被他人发现而被拆除等，实际上并未造成危害公共安全的结果，但如果排除这些原因，是可能造成危害公共安全的结果的。无论哪种原因存在，只要行为人实施了爆炸行为，足以危害公共安全的，就构成爆炸罪。

（三）实务疑难问题

1. 区分本罪与使用爆炸方法故意杀人和故意伤害的界限

这两类犯罪，使用的手段和危害后果都有相同之处，但两者的区别主要是：

（1）侵犯的客体不同。爆炸罪侵犯的是公共安全，即不特定多数人的生命、健康和重大公私财产的安全；而故意杀人罪、故意伤害罪侵犯的是特定公民的人身权利。

（2）客观方面不同。爆炸犯罪行为人引发爆炸物或以其他方法制造爆炸，造成或足以造成不特定多数人的伤亡或重大公私财产的毁损，其危害结果是难以预料和难以控制的。

（3）主观方面不同。爆炸罪行为人主观方面有危害公共安全的故意，而故意杀人罪、故意伤害罪行为人主观上仅有伤害特定公民个人生命、健康的故意。

故意杀人罪、故意伤害罪的犯罪行为人虽也使用爆炸的方法，但还可以使用其他方法，其行为所造成的危害后果是特定的某个人或某几个人的伤亡，而且一般只造成人身伤亡，不造成财产毁损。因此，行为人针对特定的对象实施爆炸行为，选择的作案环境和条件只能杀伤特定的某个人或某几个人，而不危及公共安全的，分别按故意杀人罪或故意伤害罪论处。如果爆炸行为虽然指向特定的对象，但行为人预见其爆炸行为会危害公共安全而仍实施爆炸行为，危害公共安全，应以爆炸罪论处。

2. 区分本罪与故意毁坏财物罪的界限

使用爆炸手段破坏特定的公私财物，往往也会同时侵犯公民的人身权利，或者导致重大财产损失，危害公共安全。如果使用爆炸手段故意毁坏某项特定的公私财物，没有同时侵犯公民的人身权利和其他大量公私财物的，则应以故意毁坏财物罪定罪处罚。

3. 区分本罪与危险物品肇事罪的界限

危险物品肇事罪，是指违反爆炸性、易燃性、放射性、毒害性、腐蚀性物品的管理规定，在生产、储存、运输、使用中发生重大事故，造成严重后果的行为。这种犯罪只能由过失构成，而爆炸罪，在客观方面不仅限于上述情况，在主观方面一般由故意构成。

4. 区分本罪与使用爆炸方法破坏交通工具、交通设施、电力设备、易燃易爆设备等犯罪，决水罪的界限

从行为方式、侵犯客体、危害后果来看，使用爆炸方法破坏交通工具、交通设施、电力设备、易燃易爆设备等犯罪与爆炸罪在犯罪构成要件上有很多相同之处。但是，由于本法对此类行为有专门规定，因此，如果行为人使用爆炸方法破坏交通工具、交通设施、电力设备、易燃易爆设备的，应按照特别法条优于普通法条的原则，分别以破坏交通工具罪、破坏交通设施罪、破坏电力设备罪、破坏易燃易爆设备罪论处。如果用爆炸的方法炸坍江、河、湖泊、水库的堤坝，造成水流失控，泛滥成灾，危害公共安全，则应定决水罪。因为本法已对决水罪作了专门规定，而且爆炸只是决水的

一种手段。

5. 区分本罪的既遂与未遂

本罪的既遂与未遂，应当以法定构成要件是否齐备为标准。根据刑法规定，只要行为人实施了爆炸行为，危害了公共安全，即使尚未造成严重后果，也具备了爆炸罪的全部构成要件，属于爆炸罪既遂；如果发生了致人重伤、死亡或者使公私财产遭受重大损失的后果，则应依照《刑法》第 115 条第 1 款的规定加重处罚。爆炸罪未遂一般发生在爆炸行为尚未实行终了的阶段（以犯罪行为是否实行终结为标准，犯罪未遂分为实行终了的未遂和未实行终了的未遂），比如刚刚着手引爆或者在引爆过程中，被人发现制止了引爆，使爆炸未能得逞；由于爆炸物失效未引爆的，也是未遂，依法都应当予以从轻或者减轻处罚。

6. 区分一罪与数罪

使用爆炸、投毒、设置电网等危险方法破坏野生动物资源，构成非法猎捕、杀害珍贵、濒危野生动物罪或者非法狩猎罪，同时构成本罪的，依照处罚较重的规定定罪处罚。

组织、领导、参加恐怖活动组织，同时实施爆炸犯罪的，以组织、领导、参加恐怖组织罪和爆炸罪数罪并罚。

（四）情节与量刑

依照《刑法》第 114 条规定，犯爆炸罪尚未造成严重后果的，处 3 年以上 10 年以下有期徒刑。

依照《刑法》第 115 条第 1 款规定，爆炸致人重伤、死亡或者使公私财产遭受重大损失的，处 10 年以上有期徒刑、无期徒刑或者死刑。

司法机关在适用上述规定处罚时，应当注意根据案件的犯罪事实、情节，主要是造成损失的大小、后果是否严重等情形，来确定应当适用《刑法》第 114 条还是第 115 条的规定。所谓尚未造成严重后果，主要是指行为人实施了爆炸的行为，但尚未造成他人重伤、死亡或者公私财产重大损失等情形。

<table>
<tr><th>量刑档次</th><th>对应情节</th><th>有关概念解释</th><th>附加刑的适用</th></tr>
<tr><td>三年以上十年以下有期徒刑</td><td>犯爆炸罪尚未造成严重后果</td><td>尚未造成严重后果是指尚未造成严重实害后果，包括两种情况：一是爆炸行为没有造成任何实害后果；二是爆炸行为造成了一定实害后果，但并不严重。</td><td rowspan="2">1.《刑法》第56条：对于爆炸等严重破坏社会秩序的犯罪分子，可以附加剥夺政治权利。
2.《刑法》第57条：对于被判处死刑、无期徒刑的犯罪分子，应当剥夺政治权利终身。</td></tr>
<tr><td>十年以上有期徒刑、无期徒刑或者死刑</td><td>爆炸致人重伤、死亡或者使公私财产遭受重大损失的</td><td>关于“重大损失”的标准认定，目前尚无司法解释予以规定，司法实践中应当考虑相关刑事政策、当地经济发展水平、与爆炸罪类似的犯罪的数额标准等因素认定。</td></tr>
</table>

（五）法律链接

1. 最高人民法院关于审理破坏野生动物资源刑事案件具体应用法律若干问题的解释（法释〔2000〕37号　自2000年12月11日起施行）（节录）

第七条　使用爆炸、投毒、设置电网等危险方法破坏野生动物资源，构成非法猎捕、杀害珍贵、濒危野生动物罪或者非法狩猎罪，同时构成刑法第一百一十四条或者第一百一十五条规定之罪的，依照处罚较重的规定定罪处罚。

2. 公安部关于公安机关处置信访活动中违法犯罪行为适用法律的指导意见（公通字〔2013〕25号　自2013年7月19日起施行）（节录）

二、4. 采取放火、爆炸或者以其他危险方法自伤、自残、自杀，危害公共安全，符合《刑法》第一百一十四条和第一百一十五条第一款规定的，以放火罪、爆炸罪、以危险方法危害公共安全罪追究刑事责任。

3. 最高人民法院关于对故意伤害、盗窃等严重破坏社会秩序的犯罪分子能否附加剥夺政治权利问题的批复（法释〔1997〕11号　自1998年1月13

日起公布施行）

福建省高级人民法院：

你院《关于对故意伤害、盗窃（重大）等犯罪分子被判处有期徒刑的，能否附加剥夺政治权利的请示》收悉。经研究，答复如下：

根据刑法第五十六条规定，对于故意杀人、强奸、放火、爆炸、投毒、抢劫等严重破坏社会秩序的犯罪分子，可以附加剥夺政治权利。对故意伤害、盗窃等其他严重破坏社会秩序的犯罪，犯罪分子主观恶性较深、犯罪情节恶劣、罪行严重的，也可以依法附加剥夺政治权利。

四、投放危险物质罪

（一）法律规定

第一百一十四条[①]　**放火、决水、爆炸以及投放毒害性、放射性、传染病病原体等物质或者以其他危险方法危害公共安全，尚未造成严重后果的，处三年以上十年以下有期徒刑。**

第一百一十五条第一款[②]　**放火、决水、爆炸以及投放毒害性、放射性、传染病病原体等物质或者以其他危险方法致人重伤、死亡或者使公私财产遭受重大损失的，处十年以上有期徒刑、无期徒刑或者死刑。**

（二）罪名详解

投放危险物质罪，是指故意投放毒害性、放射性、传染病病原体等物质，

---

① 本条经2001年12月29日《刑法修正案（三）》第1条修正。《刑法》原第114条为："放火、决水、爆炸、投毒或者以其他危险方法破坏工厂、矿场、油田、港口、河流、水源、仓库、住宅、森林、农场、谷场、牧场、重要管道、公共建筑物或者其他公私财产，危害公共安全，尚未造成严重后果的，处三年以上十年以下有期徒刑。"

② 本款经2001年12月29日《刑法修正案（三）》第2条修正。《刑法》原第115条第1款为："放火、决水、爆炸、投毒或者以其他危险方法致人重伤、死亡或者使公私财产遭受重大损失的，处十年以上有期徒刑、无期徒刑或者死刑。"

危害公共安全的行为。①

本罪1979年刑法作了规定。《刑法修正案（三）》在1997年《刑法》第114条和第115条规定的投毒罪的基础上，针对恐怖犯罪活动出现的新情况修订而成的，将原条文中的“投毒”修改成“投放毒害性、放射性、传染病病原体等物质”，使本条规定更为明确。由于罪状作了修改，因而罪名也相应作了修改。

投放危险物质罪的构成要件是：

1. 主体要件

本罪主体为一般主体。即达到法定责任年龄、具有刑事责任能力的人均可构成。由于投放危险物质罪严重危害公共安全，所以《刑法》第17条第2款规定，已满14周岁不满16周岁的人，犯投放危险物质罪的，应当负刑事责任。

2. 客体要件

本罪侵犯的客体是社会的公共安全，即不特定多数人的生命、健康或者重大公私财产的安全。是否危害公共安全，是投放危险物质罪同其他以投放危险物质的方法实施的故意杀人、故意毁坏财物等犯罪的根本区别。

3. 主观要件

本罪主观方面只能由故意构成，包括直接故意和间接故意。即行为人明知其投放危险物质的行为会发生危害公共安全的后果，并且希望或者放任这种结果的发生。投放危险物质的动机多种多样，有的出于报复；有的想嫁祸于人；有的出于嫉妒；有的是为了灭口等，但动机不影响本罪的成立。

4. 客观要件

客观方面表现为故意投放毒害性、放射性、传染病病原体等物质，危害公共安全的行为。所谓毒害性物质，是指以较小剂量进入人体，导致疾病或者死亡的物质，包括含有毒质的有机物或者无机物，如氰化钾、砒霜、剧毒农药等。所谓放射性物质，是指含有能自发放射出穿透力较强射线元素的物质，如镭、铀、钴等。所谓传染病病原体，包括传染病的病毒、细菌、真菌、

① 本罪将“投毒”修改为“投放毒害性、放射性、传染病病原体等物质”，但相关条款（第17条、第56条）仍然使用“投毒”一词。应当认为，相关条款的“投毒”不限于“投放毒害性物质”，而是指“投放毒害性、放射性、传染病病原体等物质”。

螺旋体、原虫等。病原体通过某种方式在人群中传播，造成传染病流行。其他危险物质，是指除上述几种物质之外，足以对公共安全造成危害的其他危险物质。

投放危险物质多发生在公用饮食的场所，如在公用的自来水池、水渠、水井、公共食堂的饭锅、水桶以及公共食品中投放危险物质。从恐怖犯罪出现的新情况看，目前已经出现了散布、邮寄炭疽、霍乱等传染病病毒、病菌或者其他危险物品的行为。不管使用的危险物质是什么，也不管投放行为的具体表现怎样，只要投放危险物质的行为已经造成多数人的人身、牲畜及其他财产的严重损害或已经威胁到不特定或多数人的人身和财产安全，就可以构成本罪。本罪是危险犯，其成立不需要出现实际危害结果，只要行为人的行为足以危害公共安全即可。

（三）实务疑难问题

1. 区分本罪既遂与未遂的界限

只要投放危险物质行为已经实行终了，足以危害公共安全，即使尚未造成严重危害后果，也构成既遂；如果投放危险物质行为尚未实行终了，比如正要投放即被抓获，则构成投放危险物质罪未遂。

2. 区分本罪同以投放危险物质的方法故意杀人罪的界限

这两种犯罪的手段和造成的危害后果相同。两者存在以下区别：（1）在客体上。投放危险物质罪所侵犯的客体是公共安全，故意杀人罪所侵犯的客体是他人的生命。（2）在客观方面。在行为方式上，投放危险物质罪仅限于投放危险物质，而投放危险物质仅是故意杀人罪的一种行为方式。从行为的结果看，这仅指投放危险物质杀人的情形，特定的个人或少数人的生命受到侵害，这是故意杀人罪；若多数人的生命受到侵害，这是涉及危害公共安全，有可能构成投放危险物质罪。（3）在主观方面。投放危险物质罪的故意是指行为人明知自己的投放危险物质行为会造成对公共安全的破坏，而希望或放任这种结果的发生的心理状态；故意杀人罪的故意是指行为人明知自己的行为会造成他人的死亡，而希望或放任这种结果的发生的心理状态。

3. 区分本罪与故意毁坏财物罪的界限

行为人采用投放危险物质手段毒害他人的牲畜、家禽等，如果其明知自己的行为可能引起不特定多数人、禽畜伤亡并希望或放任该结果的发生，就应以投放危险物质罪论处。如果其行为只是针对特定单位或者个人的牲畜、家禽等，并有意识地将损害后果限制在该范围，不足以危害公共安全的，则属于故意毁坏财物罪。

4. 区分本罪与过失投放危险物质罪的界限

过失投放危险物质罪与投放危险物质罪都表现为投放危险物质的行为并且都危害公共安全，两者的客体、行为手段都相同，其区别主要在以下方面：(1) 犯罪主观方面不同。过失投放危险物质罪在主观方面出于过失，投放危险物质罪在主观方面则是出于故意。(2) 后果要求不同。过失投放危险物质罪是结果犯，必须发生致人重伤、死亡或者使公私财产遭受重大损失的后果才构成该罪，而投放危险物质罪则无此要求。(3) 对刑事责任年龄的要求不同。过失投放危险物质罪的刑事责任年龄的起点是16周岁，投放危险物质罪的刑事责任年龄的起点是14周岁。(4) 犯罪形态方面不同。过失投放危险物质罪不存在未遂形态，未造成严重后果的不构成犯罪，而投放危险物质罪则有既遂与未遂之分。

5. 区分本罪与危险物品肇事罪的界限

二者的区别在于：(1) 犯罪主体不同。危险物品肇事罪的犯罪主体一般是从事生产、储存、运输、使用危险物品的职工，而投放危险物质罪的犯罪主体则可以是任何达到刑事责任年龄、具备刑事责任能力的自然人。(2) 犯罪发生的场合不同。危险物品肇事罪只能发生在生产、储存、运输、使用危险物品的过程中，而投放危险物质罪则往往发生在日常生活中。(3) 构成犯罪的前提不同。构成危险物品肇事罪，必须以违反危险物品管理规定为前提，而构成投放危险物质罪，并不以违反行政法律法规或规章制度为前提。(4) 主观方面不同。危险物品肇事罪的主观方面是过失，而投放危险物质罪的主观方面是故意。

6. 区分本罪与生产、销售有毒、有害食品罪的界限

生产、销售有毒、有害食品罪侵犯了广大消费者的生命、健康安全，在客观上也往往因中毒造成多人伤亡等严重后果。其与投放危险物质罪的区别主要表现在主观方面。投放危险物质罪的目的是造成不特定多数人伤亡；而生产、销售有毒、有害食品罪的目的是获取非法利润。行为人对在食品中掺入有毒、有害非食品原料虽然是明知的，但并不追求致人伤亡的危害结果发生。如果行为人生产、销售有毒、有害食品，其目的就是对他人的生命、健

康安全造成损害，追求上述结果的发生，则应定为投放危险物质罪。如果行为人不是故意，而是疏忽大意或者过于自信在食品中掺入了有毒害性的非食品原料，造成了严重后果的，则构成过失投放危险物质罪。

7. 区分一罪与数罪

使用爆炸、投毒、设置电网等危险方法破坏野生动物资源，构成非法猎捕、杀害珍贵、濒危野生动物罪或者非法狩猎罪，同时构成本罪的，依照处罚较重的规定定罪处罚。

违反国家规定，排放、倾倒、处置含有毒害性、放射性、传染病病原体等物质的污染物，同时构成污染环境罪、非法处置进口的固体废物罪、投放危险物质罪等犯罪的，依照处罚较重的规定定罪处罚。

（四）情节与量刑

《刑法》第 114 条规定，犯投放危险物质罪尚未造成严重后果的，处三年以上十年以下有期徒刑。

《刑法》第 115 条第 1 款规定，放火致人重伤、死亡或者使公私财产遭受重大损失的，处十年以上有期徒刑、无期徒刑或者死刑。

司法机关在适用《刑法》第 114 条、第 115 条第 1 款规定处罚时，应当注意根据案件的犯罪事实、情节，主要是造成损失的大小、后果是否严重等情形，来确定应当适用《刑法》第 114 条还是第 115 条的规定。所谓尚未造成严重后果，一般是指行为人实施了投放危险物质的行为，但尚未造成他人重伤、死亡或者公私财产重大损失等情形。

量刑档次	对应情节	有关概念解释	附加刑的适用
三年以上十年以下有期徒刑	犯投放危险物质罪尚未造成严重后果	尚未造成严重后果是指尚未造成严重实害后果，包括两种情况：一是行为没有造成任何实害后果；二是行为造成了一定实害后果，但并不严重。	1.《刑法》第 56 条：对于投毒等严重破坏社会秩序的犯罪分子，可以附加剥夺政治权利。 2.《刑法》第 57 条：对于被判处死刑、无期徒刑的犯罪分子，应当剥夺政治权利终身。

续表

量刑档次	对应情节	有关概念解释	附加刑的适用
十年以上有期徒刑、无期徒刑或者死刑	致人重伤、死亡或者使公私财产遭受重大损失的	关于“重大损失”的标准认定，目前尚无司法解释予以规定，司法实践中应当考虑相关刑事政策、当地经济发展水平、与投放危险物质罪类似的犯罪的数额标准等因素认定。	1.《刑法》第56条：对于投毒等严重破坏社会秩序的犯罪分子，可以附加剥夺政治权利。 2.《刑法》第57条：对于被判处死刑、无期徒刑的犯罪分子，应当剥夺政治权利终身。

（五）法律链接

1. 最高人民法院关于审理破坏野生动物资源刑事案件具体应用法律若干问题的解释（法释〔2000〕37号　自2000年12月11日起施行）（节录）

第七条　使用爆炸、投毒、设置电网等危险方法破坏野生动物资源，构成非法猎捕、杀害珍贵、濒危野生动物罪或者非法狩猎罪，同时构成刑法第一百一十四条或者第一百一十五条规定之罪的，依照处罚较重的规定定罪处罚。

2. 最高人民法院、最高人民检察院关于办理环境污染刑事案件适用法律若干问题的解释（法释〔2016〕29号　自2017年1月1日起施行）（节录）

第八条　违反国家规定，排放、倾倒、处置含有毒害性、放射性、传染病病原体等物质的污染物，同时构成污染环境罪、非法处置进口的固体废物罪、投放危险物质罪等犯罪的，依照处罚较重的规定定罪处罚。

3. 最高人民法院关于对故意伤害、盗窃等严重破坏社会秩序的犯罪分子能否附加剥夺政治权利问题的批复（法释〔1997〕11号　自1998年1月13日起公布施行）

福建省高级人民法院：

你院《关于对故意伤害、盗窃（重大）等犯罪分子被判处有期徒刑的，能否附加剥夺政治权利的请示》收悉。经研究，答复如下：

根据刑法第五十六条规定，对于故意杀人、强奸、放火、爆炸、投毒、抢劫等严重破坏社会秩序的犯罪分子，可以附加剥夺政治权利。对故意伤害、盗窃等其他严重破坏社会秩序的犯罪，犯罪分子主观恶性较深、犯罪情节恶劣、罪行严重的，也可以依法附加剥夺政治权利。

五、以危险方法危害公共安全罪

（一）法律规定

第一百一十四条[①]　**放火、决水、爆炸以及投放毒害性、放射性、传染病病原体等物质或者以其他危险方法危害公共安全，尚未造成严重后果的，处三年以上十年以下有期徒刑。**

第一百一十五条第一款[②]　**放火、决水、爆炸以及投放毒害性、放射性、传染病病原体等物质或者以其他危险方法致人重伤、死亡或者使公私财产遭受重大损失的，处十年以上有期徒刑、无期徒刑或者死刑。**

（二）罪名详解

以危险方法危害公共安全罪，是指使用除放火、决水、爆炸、投放危险物质以外的其他方法，造成不特定多数人的伤亡或者公私财产重大损失，危害公共安全的行为。

本罪 1979 年《刑法》第 105 条和第 106 条作了规定。

以危险方法危害公共安全罪的构成要件是：

1. 主体要件

本罪主体为一般主体。即达到法定责任年龄、具有刑事责任能力的人均可构成。由于以危险方法危害公共安全罪严重危害公共安全，所以《刑法》第 17 条第 2 款规定，已满 14 周岁不满 16 周岁的人，犯以危险方法危害公共

---

① 本条经 2001 年 12 月 29 日《刑法修正案（三）》第 1 条修正。《刑法》原第 114 条为：“放火、决水、爆炸、投毒或者以其他危险方法破坏工厂、矿场、油田、港口、河流、水源、仓库、住宅、森林、农场、谷场、牧场、重要管道、公共建筑物或者其他公私财产，危害公共安全，尚未造成严重后果的，处三年以上十年以下有期徒刑。”

② 本款经 2001 年 12 月 29 日《刑法修正案（三）》第 2 条修正。《刑法》原第 115 条第 1 款为：“放火、决水、爆炸、投毒或者以其他危险方法致人重伤、死亡或者使公私财产遭受重大损失的，处十年以上有期徒刑、无期徒刑或者死刑。”

安全罪的，应当负刑事责任。

2. 客体要件

本罪侵犯的客体是社会的公共安全，即不特定多数人的生命、健康或者重大公私财产的安全。这种犯罪泛指以放火、决水、爆炸、投放危险物质以外的各种不常见的危险方法实施的危害公共安全的犯罪。

3. 主观要件

本罪主观方面只能由故意构成，包括直接故意和间接故意。即行为人明知其纵火的行为会发生危害公共安全的后果，并且希望或者放任这种结果的发生。实践中这种案件除少数对危害公共安全的后果持希望态度，由直接故意构成外，大多是持放任态度，属于间接故意。实施本罪的动机很多，如为了报复、泄私愤而驾车向人群冲撞；为防盗而私架电网；等等。但不论行为人出于何种动机都不影响本罪的成立。

4. 客观要件

客观方面表现为以放火、决水、爆炸、投放危险物质以外的其他危险方法危害公共安全的行为。本罪是《刑法》第 114 条、第 115 条的兜底条款。所谓其他危险方法，一是指放火、决水、爆炸、投放危险物质以外的方法；二是指与放火、决水、爆炸、投放危险物质的危险性相当的、足以危害公共安全的方法。即使用这些危险方法，同放火、决水、爆炸、投放危险物质一样，一经实施就可能危及不特定多数人的生命、健康或者重大公私财产的安全。常见的有，驾驶汽车向人群冲撞、私架电网，等等。故意传播突发传染病病原体，危害公共安全的，也按照本罪定罪处罚。对某一行为是否认定为以危险方法危害公共安全犯罪，必须是以现行刑法没有明确规定的危险方法犯罪，如果行为已纳入刑法规范，则应当严格按照罪刑法定原则，直接适用适当相应条款，以免将其他危险方法的适用范围任意扩大。此外，其他危险方法的本质特征还应是具有广泛的杀伤力和破坏力。如果行为人所实施的危险方法的程度较小，尚不足以造成不特定或者多数人伤亡等严重后果的，就不能与放火、决水、爆炸、投放危险物质的危险方法相当或相类似，也不具有广泛的杀伤力和破坏力，所以不能视为以危险方法危害公共安全罪。

（三）实务疑难问题

1. 区分本罪与过失以危险方法危害公共安全罪的界限

二者客观方面都表现为使用其他危险方法危害公共安全的行为。二者区别在于：（1）后者必须发生致人重伤、死亡或者使公私财产遭受严重损失的后果才构成犯罪；前者只要实施危害公共安全的行为，即使尚未造成严重后果也构成犯罪。（2）主观方面前者是犯罪的故意，后者由过失构成。在司法实践中，对间接故意与过于自信的过失构成的上述犯罪难以区分。两者行为人对其行为可能造成的危害公共安全的严重后果均已预见，并且都不希望结果发生。但前者虽不希望却未采取避免结果发生的任何措施，而是心存侥幸任其发生，危害结果发生与否均不违背行为人的意愿。后者行为人则采取一定的措施或者相信具有可能防止结果发生的主、客观条件，只是过高地估计和轻信了这些条件，才使得危害结果未能避免，发生这种危害结果违背行为人的意愿。

2. 区分本罪与放火、爆炸等犯罪的界限

放火罪使用各种引火物质，直接点燃侵害对象，制造火灾，一般情况被焚烧的是公私财物并可能危及人身安全。爆炸罪是行为人用引发爆炸物或者其他方法制造爆炸，对不特定或多数人人身安全和公私财产造成危害。而以危险方法危害公共安全罪一般用与放火、决水、爆炸、投放危险物质等方法相当但是其以外的不特定方法危害公共安全的行为。实践中，区分三者主要是看所采取的方法。问题的关键是确定行为的性质，即是放火、爆炸，还是刑法没有规定危及公共安全的方法。

3. 区分本罪与故意杀人罪、故意伤害罪和故意毁坏财物罪的界限

区分两者的标准是使用危险方法实施犯罪是否足以危害公共安全。如果行为人使用的危险方法是杀人、伤人或毁坏公私财物，其行为足以危害公共安全的就构成该罪；如果其行为不足以危害公共安全的，应当依照《刑法》第 232 条、第 234 条、第 275 条的规定，分别以故意杀人罪、故意伤害罪、故意毁坏财物罪论处。

4. 区分本罪与危险驾驶罪的界限

危险驾驶罪在犯罪形态上属于抽象危险犯而非具体危险犯。危险驾驶的几种行为都对道路交通安全造成威胁，但法律规定的某种危害结果的危险状

态并未发生，是行为犯、情节犯，只要有醉驾或追逐竞驶等行为且情节恶劣即可。而以危险方法危害公共安全罪，在犯罪形态上则属于具体危险犯，它要求行为人实施了与放火、决水、爆炸、投放危险物质的危害性相当的，足以造成不特定多数人伤亡或者公私财产遭受重大损失的其他危害公共安全的行为。

5. 关于醉酒驾车犯罪

《最高人民法院关于醉酒驾车犯罪法律适用问题的意见》规定，刑法规定，醉酒的人犯罪，应当负刑事责任。行为人明知酒后驾车违法、醉酒驾车会危害公共安全，却无视法律醉酒驾车，特别是在肇事后继续驾车冲撞，造成重大伤亡，说明行为人主观上对持续发生的危害结果持放任态度，具有危害公共安全的故意。对此类醉酒驾车造成重大伤亡的，应依法以以危险方法危害公共安全罪定罪。

6. 数罪并罚

使用爆炸、投毒、设置电网等危险方法破坏野生动物资源，构成非法猎捕、杀害珍贵、濒危野生动物罪或者非法狩猎罪，同时构成本罪的，依照处罚较重的规定定罪处罚。

以提供给他人生产、销售药品为目的，违反国家规定，生产、销售不符合药用要求的非药品原料、辅料，情节严重的，同时构成生产、销售伪劣产品罪、以危险方法危害公共安全罪等犯罪的，依照处罚较重的规定定罪处罚。

（四）情节与量刑

《刑法》第114条规定，犯以危险方法危害公共安全罪，尚未造成严重后果的，处3年以上10年以下有期徒刑。

《刑法》第115条第1款规定，以其他危险方法致人重伤、死亡或者使公私财产遭受重大损失的，处10年以上有期徒刑、无期徒刑或者死刑。

司法机关在适用《刑法》第114条、第115条第1款规定处罚时，应当注意以下问题：

1. 根据案件的犯罪事实、情节，主要是造成损失的大小、后果是否严重等情形，来确定应当适用《刑法》第114条还是第115条的规定。所谓尚未造成严重后果，主要是指行为人实施了以其他危险方法危害公共安全的行为，但尚未造成他人重伤、死亡或者公私财产重大损失等情形。

2. 根据《最高人民法院、最高人民检察院关于办理妨害预防、控制突发传染病疫情等灾害的刑事案件具体应用法律若干问题的解释》，故意传播突发传染病病原体，危害公共安全的，依照《刑法》第114条、第115条第1款的规定，按照以危险方法危害公共安全罪定罪处罚。

3. 对醉酒驾车造成重大伤亡的，应依法以以危险方法危害公共安全罪定罪。但具体决定对被告人的刑罚时，要综合考虑此类犯罪的性质、被告人的犯罪情节、危害后果及其主观恶性、人身危险性。一般情况下，醉酒驾车构成本罪的，行为人在主观上并不希望、也不追求危害结果的发生，属于间接故意犯罪，行为的主观恶性与以制造事端为目的而恶意驾车撞人并造成重大伤亡后果的直接故意犯罪有所不同，因此，在决定刑罚时，也应当有所区别。此外，醉酒状态下驾车，行为人的辨认和控制能力实际有所减弱，量刑时也应酌情考虑。

量刑档次	对应情节	有关概念解释	附加刑的适用
三年以上十年以下有期徒刑	犯以危险方法危害公共安全罪尚未造成严重后果	尚未造成严重后果是指尚未造成严重实害后果，包括两种情况：一是放火行为没有造成任何实害后果；二是放火行为造成了一定实害后果，但并不严重。	
十年以上有期徒刑、无期徒刑或者死刑	致人重伤、死亡或者使公私财产遭受重大损失的	关于“重大损失”的标准认定，目前尚无司法解释予以规定，司法实践中应当考虑相关刑事政策、当地经济发展水平、与以危险方法危害公共安全罪类似的犯罪的数额标准等因素认定。	《刑法》第57条：对于被判处死刑、无期徒刑的犯罪分子，应当剥夺政治权利终身。

（五）法律链接

1. 最高人民法院、最高人民检察院关于办理妨害预防、控制突发传染病

疫情等灾害的刑事案件具体应用法律若干问题的解释（法释〔2003〕8号　自2003年5月15日起施行）（节录）

第一条　故意传播突发传染病病原体，危害公共安全的，依照刑法第一百一十四条、第一百一十五条第一款的规定，按照以危险方法危害公共安全罪定罪处罚。

2. 公安部关于公安机关处置信访活动中违法犯罪行为适用法律的指导意见（公通字〔2013〕25号　自2013年7月19日起施行）（节录）

二、1. 为制造社会影响、发泄不满情绪、实现个人诉求，驾驶机动车在公共场所任意冲闯，危害公共安全，符合《刑法》第一百一十四条、第一百一十五条第一款规定的，以以危险方法危害公共安全罪追究刑事责任。

4. 采取放火、爆炸或者以其他危险方法自伤、自残、自杀，危害公共安全，符合《刑法》第一百一十四条和第一百一十五条第一款规定的，以放火罪、爆炸罪、以危险方法危害公共安全罪追究刑事责任。

3. 最高人民法院关于审理破坏野生动物资源刑事案件具体应用法律若干问题的解释（法释〔2000〕37号　自2000年12月11日起施行）（节录）

第七条　使用爆炸、投毒、设置电网等危险方法破坏野生动物资源，构成非法猎捕、杀害珍贵、濒危野生动物罪或者非法狩猎罪，同时构成刑法第一百一十四条或者第一百一十五条规定之罪的，依照处罚较重的规定定罪处罚。

4. 最高人民法院、最高人民检察院关于办理危害药品安全刑事案件适用法律若干问题的解释（法释〔2014〕14号　自2014年12月1日起施行）（节录）

第七条　违反国家药品管理法律法规，未取得或者使用伪造、变造的药品经营许可证，非法经营药品，情节严重的，依照刑法第二百二十五条的规定以非法经营罪定罪处罚。

以提供给他人生产、销售药品为目的，违反国家规定，生产、销售不符合药用要求的非药品原料、辅料，情节严重的，依照刑法第二百二十五条的规定以非法经营罪定罪处罚。

实施前两款行为，非法经营数额在十万元以上，或者违法所得数额在五万元以上的，应当认定为刑法第二百二十五条规定的“情节严重”；非法经营数额在五十万元以上，或者违法所得数额在二十五万元以上的，应当认定为刑法第二百二十五条规定的“情节特别严重”。

实施本条第二款行为，同时又构成生产、销售伪劣产品罪、以危险方法危害公共安全罪等犯罪的，依照处罚较重的规定定罪处罚。

5. 最高人民法院关于醉酒驾车犯罪法律适用问题的意见（法发〔2009〕47号　自2009年9月11日起施行）

为依法严肃处理醉酒驾车犯罪案件，统一法律适用标准，充分发挥刑罚惩治和预防犯罪的功能，有效遏制酒后和醉酒驾车犯罪的多发、高发态势，切实维护广大人民群众的生命健康安全，有必要对醉酒驾车犯罪法律适用问题作出统一规范。

一、准确适用法律，依法严惩醉酒驾车犯罪

刑法规定，醉酒的人犯罪，应当负刑事责任。行为人明知酒后驾车违法、醉酒驾车会危害公共安全，却无视法律醉酒驾车，特别是在肇事后继续驾车冲撞，造成重大伤亡，说明行为人主观上对持续发生的危害结果持放任态度，具有危害公共安全的故意。对此类醉酒驾车造成重大伤亡的，应依法以以危险方法危害公共安全罪定罪。

2009年9月8日公布的两起醉酒驾车犯罪案件中，被告人黎景全和被告人孙伟铭都是在严重醉酒状态下驾车肇事，连续冲撞，造成重大伤亡。其中，黎景全驾车肇事后，不顾伤者及劝阻他的众多村民的安危，继续驾车行驶，致2人死亡，1人轻伤；孙伟铭长期无证驾驶，多次违反交通法规，在醉酒驾车与其他车辆追尾后，为逃逸继续驾车超限速行驶，先后与4辆正常行驶的轿车相撞，造成4人死亡、1人重伤。被告人黎景全和被告人孙伟铭在醉酒驾车发生交通事故后，继续驾车冲撞行驶，其主观上对他人伤亡的危害结果明显持放任态度，具有危害公共安全的故意。二被告人的行为均已构成以危险方法危害公共安全罪。

二、贯彻宽严相济刑事政策，适当裁量刑罚

根据刑法第一百一十五条第一款的规定，醉酒驾车，放任危害结果发生，造成重大伤亡事故，构成以危险方法危害公共安全罪的，应处以十年以上有期徒刑、无期徒刑或者死刑。具体决定对被告人的刑罚时，要综合考虑此类犯罪的性质、被告人的犯罪情节、危害后果及其主观恶性、人身危险性。一般情况下，醉酒驾车构成本罪的，行为人在主观上并不希望、也不追求危害结果的发生，属于间接故意犯罪，行为的主观恶性与以制造事端为目的而恶意驾车撞人并造成重大伤亡后果的直接故意犯罪有所不同，因此，在决定刑罚时，也应当有所区别。此外，醉酒状态下驾车，行为人的辨认和控制能力实际有所减弱，量刑时也应酌情考虑。

被告人黎景全和被告人孙伟铭醉酒驾车犯罪案件，依法没有适用死刑，而是分别判处无期徒刑，主要考虑到二被告人均系间接故意犯罪，与直接故意犯罪相比，主观恶性不是很深，人身危险性不是很大；犯罪时驾驶车辆的控制能力有所减弱；归案后认罪、悔罪态度较好，积极赔偿被害方的经济损失，一定程度上获得了被害方的谅解。广东省高级人民法院和四川省高级人民法院的终审裁判对二被告人的量刑是适当的。

三、统一法律适用，充分发挥司法审判职能作用

为依法严肃处理醉酒驾车犯罪案件，遏制酒后和醉酒驾车对公共安全造成的严重危害，警示、教育潜在违规驾驶人员，今后，对醉酒驾车，放任危害结果的发生，造成重大伤亡的，一律按照本意见规定，并参照附发的典型案例，依法以以危险方法危害公共安全罪定罪量刑。

为维护生效裁判的既判力，稳定社会关系，对于此前已经处理过的将特定情形的醉酒驾车认定为交通肇事罪的案件，应维持终审裁判，不再变动。

本意见执行中有何情况和问题，请及时层报最高人民法院。

附：有关醉酒驾车犯罪案例

一、被告人黎景全以危险方法危害公共安全案

被告人黎景全，男，汉族，1964 年 4 月 30 日生于广东省佛山市，初中文化，佛山市个体运输司机。1981 年 12 月 11 日因犯抢劫罪、故意伤害罪被判处有期徒刑四年六个月。2006 年 9 月 17 日因本案被刑事拘留，同月 28 日被逮捕。

2006 年 9 月 16 日 18 时 50 分许，被告人黎景全大量饮酒后，驾驶车牌号为粤 A1J374 的面包车由南向北行驶至广东省佛山市南海区盐步碧华村新路治安亭附近路段时，从后面将骑自行车的被害人李洁霞及其搭乘的儿子陈柏宇撞倒，致陈柏宇轻伤。撞人后，黎景全继续开车前行，撞坏治安亭前的铁闸及旁边的柱子，又掉头由北往南向穗盐路方向快速行驶，车轮被卡在路边花地上。被害人梁锡全（系黎景全的好友）及其他村民上前救助伤者并劝阻黎景全，黎景全加大油门驾车冲出花地，碾过李洁霞后撞倒梁锡全，致李洁霞、梁锡全死亡。黎景全驾车驶出路面外被治安队员及民警抓获。经检验，黎景全案发时血液中检出乙醇成分，含量为 369.9 毫克/100 毫升。

被告人黎景全在医院被约束至酒醒后，对作案具体过程无记忆，当得知自己撞死二人、撞伤一人时，十分懊悔。虽然其收入微薄，家庭生活困难，但仍多次表示要积极赔偿被害人亲属的经济损失。

广东省佛山市人民检察院指控被告人黎景全犯以危险方法危害公共安全罪，向佛山市中级人民法院提起公诉。佛山市中级人民法院于2007年2月7日以（2007）佛刑一初字第1号刑事附带民事判决，认定被告人黎景全犯以危险方法危害公共安全罪，判处死刑，剥夺政治权利终身。宣判后，黎景全提出上诉。广东省高级人民法院于2008年9月17日以（2007）粤高法刑一终字第131号刑事裁定，驳回上诉，维持原判，并依法报请最高人民法院核准。

最高人民法院复核认为，被告人黎景全酒后驾车撞倒他人后，仍继续驾驶，冲撞人群，其行为已构成以危险方法危害公共安全罪。黎景全醉酒驾车撞人，致二人死亡、一人轻伤，犯罪情节恶劣，后果特别严重，应依法惩处。鉴于黎景全是在严重醉酒状态下犯罪，属间接故意犯罪，与蓄意危害公共安全的直接故意犯罪有所不同；且其归案后认罪、悔罪态度较好，依法可不判处死刑。第一审判决、第二审裁定认定的事实清楚，证据确实、充分，定罪准确，审判程序合法，但量刑不当。依照《刑事诉讼法》第一百九十九条和最高人民法院《关于复核死刑案件若干问题的规定》第四条的规定，裁定不核准被告人黎景全死刑，撤销广东省高级人民法院（2007）粤高法刑一终字第131号刑事裁定，发回广东省高级人民法院重新审判。

广东省高级人民法院重审期间，与佛山市中级人民法院一同做了大量民事调解工作。被告人黎景全的亲属倾其所有，筹集15万元赔偿给被害方。

广东省高级人民法院审理认为，被告人黎景全醉酒驾车撞倒李洁霞所骑自行车后，尚知道驾驶车辆掉头行驶；在车轮被路边花地卡住的情况下，知道将车辆驾驶回路面，说明其案发时具有辨认和控制能力。黎景全撞人后，置被撞人员于不顾，也不顾在车前对其进行劝阻和救助伤者的众多村民，仍继续驾车企图离开现场，撞向已倒地的李洁霞和救助群众梁锡全，致二人死亡，说明其主观上对在场人员伤亡的危害结果持放任态度，具有危害公共安全的间接故意。因此，其行为已构成以危险方法危害公共安全罪。黎景全犯罪的情节恶劣，后果严重。但鉴于黎景全系间接故意犯罪，与蓄意危害公共安全的直接故意犯罪相比，主观恶性不是很深，人身危险性不是很大；犯罪时处于严重醉酒状态，辨认和控制能力有所减弱；归案后认罪、悔罪态度较好，积极赔偿了被害方的经济损失，依法可从轻处罚。据此，于2009年9月8日作出（2007）粤高法刑一终字第131—1号刑事判决，认定被告人黎景全犯以危险方法危害公共安全罪，判处无期徒刑，剥夺政治权利终身。

二、被告人孙伟铭以危险方法危害公共安全案

被告人孙伟铭，男，汉族，1979年5月9日出生于西藏自治区，高中文化，成都奔腾电子信息技术有限公司员工。2008年12月15日被刑事拘留，同月26日被逮捕。

2008年5月，被告人孙伟铭购买一辆车牌号为川A43K66的别克轿车。之后，孙伟铭在未取得驾驶证的情况下长期驾驶该车，并多次违反交通法规。同年12月14日中午，孙伟铭与其父母为亲属祝寿，大量饮酒。当日17时许，孙伟铭驾驶其别克轿车行至四川省成都市成龙路"蓝谷地"路口时，从后面撞向与其同向行驶的车牌号为川A9T332的一辆比亚迪轿车尾部。肇事后，孙伟铭继续驾车超限速行驶，行至成龙路"卓锦城"路段时，越过中心黄色双实线，先后与对面车道正常行驶的车牌号分别为川AUZ872的长安奔奔轿车、川AK1769的长安奥拓轿车、川AVD241的福特蒙迪欧轿车、川AMC337的奇瑞QQ轿车等4辆轿车相撞，造成车牌号为川AUZ872的长安奔奔轿车上的张景全、尹国辉夫妇和金亚民、张成秀夫妇死亡，代玉秀重伤，以及公私财产损失5万余元。经鉴定，孙伟铭驾驶的车辆碰撞前瞬间的行驶速度为134—138公里/小时；孙伟铭案发时血液中的乙醇含量为135.8毫克/100毫升。案发后，孙伟铭的亲属赔偿被害人经济损失11.4万元。

四川省成都市人民检察院指控被告人孙伟铭犯以危险方法危害公共安全罪，向成都市中级人民法院提起公诉。成都市中级人民法院于2009年7月22日以（2009）成刑初字第158号刑事判决，认定被告人孙伟铭犯以危险方法危害公共安全罪，判处死刑，剥夺政治权利终身。宣判后，孙伟铭提出上诉。

四川省高级人民法院审理期间，被告人孙伟铭之父孙林表示愿意代为赔偿被害人的经济损失，社会各界人士也积极捐款帮助赔偿。经法院主持调解，孙林代表孙伟铭与被害方达成民事赔偿协议，并在身患重病、家庭经济并不宽裕的情况下，积极筹款赔偿了被害方经济损失，取得被害方一定程度的谅解。

四川省高级人民法院审理认为，被告人孙伟铭无视交通法规和公共安全，

在未取得驾驶证的情况下，长期驾驶机动车辆，多次违反交通法规，且在醉酒驾车发生交通事故后，继续驾车超限速行驶，冲撞多辆车辆，造成数人伤亡的严重后果，说明其主观上对危害结果的发生持放任态度，具有危害公共安全的间接故意，其行为已构成以危险方法危害公共安全罪。孙伟铭犯罪情节恶劣，后果严重。但鉴于孙伟铭是间接故意犯罪，不希望、也不积极追求危害后果发生，与直接故意驾车撞击车辆、行人的犯罪相比，主观恶性不是很深，人身危险性不是很大；犯罪时处于严重醉酒状态，其对自己行为的辨认和控制能力有所减弱；案发后，真诚悔罪，并通过亲属积极筹款赔偿被害方的经济损失，依法可从轻处罚。据此，四川省高级人民法院于2009年9月8日作出（2009）川刑终字第690号刑事判决，认定被告人孙伟铭犯以危险方法危害公共安全罪，判处无期徒刑，剥夺政治权利终身。

六、失火罪

（一）法律规定

第一百一十五条[①]　**放火、决水、爆炸以及投放毒害性、放射性、传染病病原体等物质或者以其他危险方法致人重伤、死亡或者使公私财产遭受重大损失的，处十年以上有期徒刑、无期徒刑或者死刑。**

过失犯前款罪的，处三年以上七年以下有期徒刑；情节较轻的，处三年以下有期徒刑或者拘役。

（二）罪名详解

失火罪，是指由于过失行为引起火灾，致人重伤、死亡或者使公私财产遭受重大损失，危害公共安全的行为。

本罪1979年《刑法》第106条作了规定。

---

① 本条经2001年12月29日《刑法修正案（三）》第2条修正。《刑法》原第115条第1款为："放火、决水、爆炸、投毒或者以其他危险方法致人重伤、死亡或者使公私财产遭受重大损失的，处十年以上有期徒刑、无期徒刑或者死刑。"

失火罪的构成要件是：

1. 主体要件

本罪主体为一般主体，即凡年满 16 周岁并具有刑事责任能力的自然人，都可以构成失火罪的主体。

2. 客体要件

本罪侵犯的客体是社会的公共安全，即不特定多数人的生命、健康或者重大公私财产的安全。由于火的燃烧必须依附于财物，没有财物的燃烧，火势就难以危及不特定多数人的人身，因此单纯危害不特定多数人的生命、健康的情况是罕见的。

3. 主观要件

本罪主观方面由过失构成。既可能是出于疏忽大意的过失，也可能是出于过于自信的过失。这里的“疏忽大意”“过于自信”，是指行为人对失火造成的危害后果的心理态度，而不是对导致失火行为的心理态度。比如，有的行为人对导致火灾的行为是明知故犯，如在林区内吸烟等，但其对吸烟引起山林火灾的危害后果是既不希望发生，也不会放任这种后果的发生。因此，行为人对于火灾的发生，主观上具有过失，是其承担失火罪刑事责任的主观根据。

4. 客观要件

本罪的客观方面表现为行为人过失引起火灾，致人重伤、死亡或者使公私财产遭受重大损失，危害公共安全的行为。（1）行为人必须实施了引起火灾的行为；（2）必须造成了后果，即致人重伤、死亡或者使公私财产遭受重大损失；（3）严重后果必须是由失火行为造成的。

（三）实务疑难问题

1. 罪与非罪的认定

失火行为是否致人重伤、死亡或者使公私财产遭受重大损失，是区分失火罪罪与非罪的标准。在处理这类案件时：（1）必须查明行为人的行为与失火事件的发生有没有刑法上的因果关系；（2）必须查明危害后果的程度。换句话说，如果行为人仅仅实施了导致失火的行为，但未引起危害后果，或者造成的危害后果不严重，没有侵害不特定或多数人的生命、身体安全或者公私财物重大损失的，则不构成本罪。

2. 区分本罪与放火罪的界限

如前所述，失火罪与放火罪的主要界限就是犯罪的主观方面：故意还是过失。但由于刑法对两罪的构成要求不同以及处罚的严厉程度不同，因此除了犯罪主观方面的根本区别之外，在犯罪构成的其他方面也有较大区别。

3. 区分本罪与重大责任事故罪的界限

失火罪与重大责任事故罪的区分这两种犯罪的主观罪过形式都是过失；从现象上看，都可能引发火灾，造成严重的危害后果。但两者有明显区别：

（1）犯罪主体不同。失火罪的犯罪主体是一般主体；重大责任事故罪的犯罪主体是特殊主体，即必须是工厂、矿山、林场、建筑企业或其他企业、事业单位的职工。

（2）客观方面不同。重大责任事故罪必须是发生在生产、作业过程中，由于不服管理、违反规章制度，或者强令工人违章冒险作业，因而发生严重事故；而失火罪一般是由于在日常生活中用火不慎而引起火灾。

4. 区分本罪与危险物品肇事罪的界限

失火罪与危险物品肇事罪的区分两者都是过失犯罪，但区别在于：

（1）犯罪主体不同。失火罪是一般主体，危险物品肇事罪的犯罪主体主要是从事生产、储存、运输和使用危害物品的职工，只有在特殊情况下，其他人员才可构成该罪的犯罪主体。

（2）犯罪客观方面不同。危险物品肇事罪在客观方面也可能表现为引起火灾，但它是在生产、储存、运输和使用易燃性物品时，由于违反有关管理规定而发生重大火灾；失火罪则不限于此，而且一般是由于日常生活中用火不慎而引起火灾。

（四）情节与量刑

依照《刑法》第115条第2款规定，犯失火罪的，处3年以上7年以下有期徒刑；情节较轻的，处3年以下有期徒刑或者拘役。

司法实践中，在失火行为造成了严重后果，构成失火犯罪的情况下，一般在法定的基本量刑档次内给行为人裁量刑罚。也就是说，失火行为造成了致人重伤、死亡或使公私财产遭受重大损失的严重后果，一般在三年以上七年以下有期徒刑这一量刑档次内裁量刑罚。但是，在失火行为造成了严重后果的前提下，综合考察分析犯罪行为人主客观方面的情况，如果情节较轻的，在三年以下有期徒刑或者拘役这一量刑幅度内裁量刑罚。这是特殊的量刑幅度，适用于“情节较轻的”这种情况，如果综合考察分析犯罪的主客观方面的情节，不属于情节较轻的，则只能在基本的量刑幅度内裁量刑罚。至于何为情节较轻，不能只看一个方面的情况，而应该综合分析主客观诸方面的情况，然后进行整体认定。这些情况主要包括：

（1）行为人的刑事责任年龄和刑事责任能力，如是否属于已满16周岁未满18周岁的未成年人，是否属于限制刑事责任能力人等；

（2）行为人的主观恶性程度，如行为人的一贯表现，犯罪后的态度等；

（3）犯罪客观方面的情况，如犯罪造成的具体损害情况，犯罪的时间、地点，犯罪侵犯的对象等。

（五）法律链接

国家林业局、公安部关于森林和陆生野生动物刑事案件管辖及立案标准

（林安字〔2001〕156号　自2001年5月9日起施行）（节录）

二、（七） 失火案：失火造成森林火灾，过火有林地面积2公顷以上，或者致人重伤、死亡的应当立案；过火有林地面积为10公顷以上，或者致人死亡、重伤5人以上的为重大案件；过火有林地面积为50公顷以上，或者死亡2人以上的，为特别重大案件。

七、过失决水罪

（一）法律规定

第一百一十五条[①]　**放火、决水、爆炸以及投放毒害性、放射性、传染病病原体等物质或者以其他危险方法致人重伤、死亡或者使公私财产遭受重大损失的，处十年以上有期徒刑、无期徒刑或者死刑。**

---

① 本条经2001年12月29日《刑法修正案（三）》第2条修正。《刑法》原第115条第1款为：“放火、决水、爆炸、投毒或者以其他危险方法致人重伤、死亡或者使公私财产遭受重大损失的，处十年以上有期徒刑、无期徒刑或者死刑。”

过失犯前款罪的，处三年以上七年以下有期徒刑；情节较轻的，处三年以下有期徒刑或者拘役。

（二）罪名详解

过失决水罪，是指由于过失行为引起水灾，致人重伤、死亡或者使公私财产遭受重大损失，危害公共安全的行为。

本罪1979年《刑法》第106条作了规定。

过失决水罪的构成要件是：

1. 主体要件

本罪主体为一般主体，即凡年满16周岁并具有刑事责任能力的自然人，都可以构成过失决水罪的主体。

2. 客体要件

本罪侵犯的客体是社会的公共安全，即不特定多数人的生命、健康或者重大公私财产的安全。

3. 主观要件

本罪主观方面由过失构成。既可能是出于疏忽大意的过失，也可能是出于过于自信的过失。这里的“疏忽大意”“过于自信”，是指行为人对决水造成的危害后果的心理态度，而不是对导致决水行为的心理态度。比如，有的行为人对导致决水的行为是明知故犯，但其对决水的危害后果是既不希望发生，也不会放任这种后果的发生。因此，行为人对于决水的发生，主观上具有过失，是其承担过失决水罪刑事责任的主观根据。

4. 客观要件

本罪的客观方面表现为由于过失行为引起水灾，致人重伤、死亡或者使公私财产遭受重大损失，危害公共安全的行为。所谓引起水灾，主要是指在用水中，由于方法不当，导致水势泛滥成灾的行为，如放水灌溉农田，由于操纵水闸不当，导致大坝决口，淹毁大片农田、庄稼，等等。

（三）实务疑难问题

1. 罪与非罪的认定

决水行为是否致人重伤、死亡或者使公私财产遭受重大损失，是区分过失决水罪罪与非罪的标准。在处理这类案件时：（1）必须查明行为人的行为与决水事件的发生有没有刑法上的因果关系；（2）必须查明危害后果的程度。换句话说，如果行为人仅仅实施了导致决水的行为，但未引起危害后果，或者造成的危害后果不严重，没有侵害不特定或多数人的生命、身体安全或者公私财物重大损失的，则不构成本罪。

如果行为人对其行为引起的水灾并未预见，而且根据案件发生时的主、客观情况看，也不可能预见的，则属于意外事件，行为人不负刑事责任。

2. 区分本罪与决水罪的界限

如前所述，过失决水罪与决水罪的主要界限就是犯罪的主观方面：故意还是过失。但由于刑法对两罪的构成要求不同以及处罚的严厉程度不同，因此除了犯罪主观方面的根本区别之外，在犯罪构成的其他方面也有较大区别。

这两种罪都是水害危害公共安全的犯罪。两者的主要区别在于：（1）主观方面，前者出于过失；而后者则是出于故意。（2）客观方面，前者必须造成了法定的严重后果，即致人重伤、死亡或者公私财产遭受重大损失的，才构成犯罪；而后者则不论是否发生了严重后果，只要行为人故意实施了危害公共安全的决水行为，就构成犯罪。（3）前者不可能出现未遂的形态，后者则有既遂和未遂之分。

3. 区分本罪与故意毁坏财物罪的界限

过失决水罪和以决水方式故意毁坏公私财产都会造成公私财产的一定损失，其两者区别是：

（1）侵犯的客体不同，过失决水罪侵犯的客体是公共安全，而故意毁坏财物罪的客体则是公私财产的所有权。

（2）客观方面不同，过失决水罪是危害公共安全的犯罪，既可以使不特定的重大公私财产遭受损失，又可以造成不特定多数人的伤亡；而故意毁坏财物罪则只能是使特定的公私财产遭受损失。

（3）主观方面不同，过失决水罪主观上只能是过失，而故意毁坏财物罪主观上则只能是故意。

（四）情节与量刑

依照《刑法》第115条第2款的规定，犯过失决水罪的，处3年以上7年以下有期徒刑；情节较轻的，处3年以下有期徒刑或者拘役。

八、过失爆炸罪

（一）法律规定

第一百一十五条[①]　**放火、决水、爆炸以及投放毒害性、放射性、传染病病原体等物质或者以其他危险方法致人重伤、死亡或者使公私财产遭受重大损失的，处十年以上有期徒刑、无期徒刑或者死刑。**

过失犯前款罪的，处三年以上七年以下有期徒刑；情节较轻的，处三年以下有期徒刑或者拘役。

（二）罪名详解

过失爆炸罪，是指过失引起爆炸物爆炸，危害公共安全的行为。

本罪 1979 年《刑法》第 106 条作了规定。

过失爆炸罪的构成要件是：

1. 主体要件

本罪主体为一般主体，即凡年满 16 周岁并具有刑事责任能力的自然人，都可以构成过失爆炸罪的主体。

2. 客体要件

本罪侵犯的客体是社会的公共安全，即不特定多数人的生命、健康或者重大公私财产的安全。

3. 主观要件

本罪主观方面由过失构成。既可能是出于疏忽大意的过失，也可能是出于过于自信的过失。这里的“疏忽大意”“过于自信”，是指行为人对失火造成的危害后果的心理态度，而不是对导致失火行为的心理态度。

---

① 本条经 2001 年 12 月 29 日《刑法修正案（三）》第 2 条修正。《刑法》原第 115 条第 1 款为：“放火、决水、爆炸、投毒或者以其他危险方法致人重伤、死亡或者使公私财产遭受重大损失的，处十年以上有期徒刑、无期徒刑或者死刑。”

4. 客观要件

本罪的客观方面表现为行为人由于过失行为引起爆炸物爆炸，致人重伤、死亡或者使公私财产遭受重大损失，危害公共安全的行为。行为应当具备几个要件：（1）行为人实施了过失引起爆炸的行为。（2）过失引起爆炸的行为必须危害了公共安全，即危害不特定多数人的生命、健康或重大公私财产的安全。（3）必须造成了严重后果。（4）过失引起爆炸的行为与严重后果之间具有因果关系。

（三）实务疑难问题

1. 区分本罪与爆炸罪的界限

这两种罪都是因爆炸危害公共安全的犯罪，二者的区别在于：在罪过的表现形式上，前者是出于过失，而后者则是出于故意；在客观方面，过失爆炸行为只有造成致人重伤、死亡或者使公私财产遭受重大损失的严重后果，才构成犯罪，而爆炸罪只要求行为人故意实施了足以危害公共安全的爆炸行为，无论是否造成了严重的后果，即构成爆炸罪；在犯罪形态上，过失爆炸罪没有未遂的形态，而爆炸罪有既遂和未遂之分。

2. 区分本罪与危险物品肇事罪的界限

过失爆炸罪与危险物品肇事罪具有许多相似之处，定罪处罚时很容易混淆。（1）在犯罪的主观方面，两者都是出于过失行为。（2）在客观方面，两者都必须以造成严重的危害后果作为构成要件。

过失爆炸罪与危险物品肇事罪的主要区别是：（1）犯罪对象不同。危险物品肇事罪的犯罪对象是在生产、储存、运输、使用的危险物品，而过失爆炸罪的犯罪对象主要是指具有严重破坏作用和杀伤力的专门用于爆炸使用的物品。（2）犯罪构成的前提不同。危险物品肇事罪成立是以违反危险物品管理规定为前提；而过失爆炸罪不以违反行政法律法规或规章制度为前提。（3）犯罪发生的空间不同。危险物品肇事罪只能发生在生产、储存、运输、使用危险物品的过程中；而过失爆炸罪不仅会发生在生产、储存、运输、使用爆炸物品过程中，而且也可能发生在其他任何危害公共安全的场合。（4）犯罪主体不同。危险物品肇事罪的主体一般是从事生产、储存、运输、使用危险物品的职工；而过失爆炸罪的主体可以是任何具有承担刑事责任前提条件的自然人。

3. 爆炸罪与其他罪发生竞合时的区分

爆炸罪与其他罪发生竞合则主要体现于交叉关系上。例如，爆炸罪与破坏交通工具罪、破坏交通设施罪、破坏电力设备罪等诸多犯罪之间就会因为法条的不同规定而出现法规竞合，而这种竞合主要是由于各罪之间的交叉所引起的，应当依照特别法优于普通法的适用原则处罚。

（四）情节与量刑

依照《刑法》第 115 条第 2 款规定，犯过失爆炸罪的，处 3 年以上 7 年以下有期徒刑；情节较轻的，处 3 年以下有期徒刑或者拘役。

九、过失投放危险物质罪

（一）法律规定

第一百一十五条[①]　**放火、决水、爆炸以及投放毒害性、放射性、传染病病原体等物质或者以其他危险方法致人重伤、死亡或者使公私财产遭受重大损失的，处十年以上有期徒刑、无期徒刑或者死刑。**

过失犯前款罪的，处三年以上七年以下有期徒刑；情节较轻的，处三年以下有期徒刑或者拘役。

（二）罪名详解

过失投放危险物质罪，是指过失投放了毒害性、放射性、传染病病原体等物质，造成致人重伤、死亡或者使公私财产遭受重大损失的严重后果，危害公共安全的行为。

本罪是《刑法修正案（三）》在 1997 年《刑法》第 115 条第 2 款规定的基础上修订而成的。

---

① 本条经 2001 年 12 月 29 日《刑法修正案（三）》第 2 条修正。《刑法》原第 115 条第 1 款为："放火、决水、爆炸、投毒或者以其他危险方法致人重伤、死亡或者使公私财产遭受重大损失的，处十年以上有期徒刑、无期徒刑或者死刑。"

过失投放危险物质罪的构成要件是：

1. 主体要件

本罪主体为一般主体，即凡年满 16 周岁并具有刑事责任能力的自然人，都可以构成过失投放危险物质罪的主体。

2. 客体要件

本罪侵犯的客体是社会的公共安全，即不特定多数人的生命、健康或者重大公私财产的安全。

3. 主观要件

本罪主观方面由过失构成。既可能是出于疏忽大意的过失，也可能是出于过于自信的过失。

4. 客观要件

本罪的客观方面表现为过失投放毒害性、放射性、传染病病原体等物质，致人重伤、死亡或者使公私财产遭受重大损失，危害公共安全的行为。

（三）实务疑难问题

1. 区分本罪与投放危险物质罪的界限

过失投放危险物质罪与投放危险物质罪都表现为投放危险物质的行为并且都危害公共安全，两者的客体、行为手段都相同，其区别主要在以下方面：（1）犯罪主观方面不同。过失投放危险物质罪在主观方面出于过失，投放危险物质罪在主观方面则是出于故意。（2）后果要求不同。过失投放危险物质罪是结果犯，必须发生致人重伤、死亡或者使公私财产遭受重大损失的后果才构成该罪，而投放危险物质罪则无此要求。（3）对刑事责任年龄的要求不同。过失投放危险物质罪的刑事责任年龄的起点是 16 周岁，投放危险物质罪的刑事责任年龄的起点是 14 周岁。（4）犯罪形态方面不同。过失投放危险物质罪不存在未遂形态，未造成严重后果的不构成犯罪，而投放危险物质罪则有既遂与未遂之分。

2. 区分本罪与过失致人重伤、致人死亡罪的界限

三者都是过失犯罪，主要区别是：（1）侵犯的客体不同。过失投放危险物质罪侵犯的客体是公共安全，即不特定多数人的生命、健康或者重大公私财产的安全。而过失致人重伤、致人死亡罪侵犯的客体是公民的生命、健康权利，对象特定。（2）客观方面不同。过失投放危险物质罪危害公共安全，

使不特定多数人遭到伤亡或者公私财产遭受重大损失。而过失致人重伤、致人死亡罪则表现为特定的人重伤或死亡。

（四）情节与量刑

依照《刑法》第115条第2款规定，犯过失投放危险物质罪的，处3年以上7年以下有期徒刑；情节较轻的，处3年以下有期徒刑或者拘役。

十、过失以危险方法危害公共安全罪

（一）法律规定

第一百一十五条[①] **放火、决水、爆炸以及投放毒害性、放射性、传染病病原体等物质或者以其他危险方法致人重伤、死亡或者使公私财产遭受重大损失的，处十年以上有期徒刑、无期徒刑或者死刑。**

过失犯前款罪的，处三年以上七年以下有期徒刑；情节较轻的，处三年以下有期徒刑或者拘役。

（二）罪名详解

过失以危险方法危害公共安全罪，是指过失以放火、决水、爆炸、投放危险物质以外的其他危险方法，致人重伤、死亡或者使公私财产遭受重大损失，危害公共安全的行为。

本罪1979年《刑法》第106条作了规定。

过失以危险方法危害公共安全罪的构成要件是：

1. 主体要件

本罪主体为一般主体，即凡年满16周岁并具有刑事责任能力的自然人，都可以构成过失以危险方法危害公共安全罪的主体。

① 本条经2001年12月29日《刑法修正案（三）》第2条修正。《刑法》原第115条第1款为：“放火、决水、爆炸、投毒或者以其他危险方法致人重伤、死亡或者使公私财产遭受重大损失的，处十年以上有期徒刑、无期徒刑或者死刑。”

2. 客体要件

本罪侵犯的客体是社会的公共安全，即不特定多数人的生命、健康或者重大公私财产的安全。

3. 主观要件

本罪主观方面由过失构成。既可能是出于疏忽大意的过失，也可能是出于过于自信的过失。

4. 客观要件

本罪的客观方面表现为行为人过失以放火、决水、爆炸、投放危险物质以外的其他危险方法，致人重伤、死亡或者使公私财产遭受重大损失，危害公共安全的行为。这里的“危险方法”，是第 114、115 条的兜底规定，根据同类解释规则，“危险方法”应当是限于与放火、决水、爆炸、投放危险物质等相当的方法，而不是普通方法。对于行为人实施了与放火、决水、爆炸等显然不相当的方法的，即使造成严重损失，也不宜认定为本罪。

（三）实务疑难问题

1. 区分本罪与以危险方法危害公共安全罪的界限

这两个罪都是以放火、决水、爆炸、投放危险物质以外的其他危险方法危害公共安全的犯罪，二者的区别在于：在罪过的形式上，前者是出于过失，而后者则是出于故意；在客观方面，前者只有造成致人重伤、死亡或者使公私财产遭受重大损失的严重后果，才能构成犯罪；而后者则只要求行为人故意实施了足以危害公共安全的行为，无论是否造成了严重的后果，即构成犯罪；且在犯罪形态上，前者没有未遂的形态，而后者则有既遂和未遂之分。

2. 患有突发传染病或者疑似突发传染病而拒绝接受检疫、强制隔离或者治疗，过失造成传染病传播，情节严重，危害公共安全的，依照刑法第 115 条第 2 款的规定，按照过失以危险方法危害公共安全罪定罪处罚。

（四）情节与量刑

依照《刑法》第 115 条第 2 款规定，犯过失以危险方法危害公共安全罪的，处 3 年以上 7 年以下有期徒刑；情节较轻的，处 3 年以下有期徒刑或者拘役。

（五）法律链接

最高人民法院、最高人民检察院关于办理妨害预防、控制突发传染病疫情等灾害的刑事案件具体应用法律若干问题的解释（法释〔2003〕8号　自2003年5月15日起施行）（节录）

第一条　故意传播突发传染病病原体，危害公共安全的，依照刑法第一百一十四条、第一百一十五条第一款的规定，按照以危险方法危害公共安全罪定罪处罚。

患有突发传染病或者疑似突发传染病而拒绝接受检疫、强制隔离或者治疗，过失造成传染病传播，情节严重，危害公共安全的，依照刑法第一百一十五条第二款的规定，按照过失以危险方法危害公共安全罪定罪处罚。

十一、破坏交通工具罪

（一）法律规定

第一百一十六条　**破坏火车、汽车、电车、船只、航空器，足以使火车、汽车、电车、船只、航空器发生倾覆、毁坏危险，尚未造成严重后果的，处三年以上十年以下有期徒刑。**

第一百一十九条第一款　**破坏交通工具、交通设施、电力设备、燃气设备、易燃易爆设备，造成严重后果的，处十年以上有期徒刑、无期徒刑或者死刑。**

（二）罪名详解

破坏交通工具罪，是指故意破坏火车、汽车、电车、船只、航空器，足以使火车、汽车、电车、船只、航空器发生倾覆、毁坏危险，危害公共安全的行为。

本罪1979年《刑法》第107条和第110条作了规定。1997年《刑法》第116条和第119条在罪状部分增加了有关“航空器”的规定。

破坏交通工具罪的构成要件是：

1. 主体要件

本罪主体为一般主体。即达到法定责任年龄、具有刑事责任能力的人均可构成。

2. 客体要件

本罪侵犯的客体是交通运输安全。破坏交通工具不但对安全运输造成严重威胁，而且严重危害经济建设和公民的生命、财产安全。犯罪对象仅限于正在使用中的火车、汽车、电车、船只、航空器等大型的现代化交通工具。这种交通工具机动性强、速度快、载运量大，一旦发生倾覆、毁坏，就可能造成重大的人员伤亡和公私财产的严重损失。反之，其他非机动交通工具，如自行车、手推车等，由于其自身的速度、载运量、非机动性等条件的限制，即使发生倾覆、毁坏的情况，也不会危害公共安全，因此，不属于本罪的犯罪对象。“正在使用中”的交通工具，包括运行中的和正在使用期间而暂时停置待用的交通工具。如果破坏正在制造或者修理过程中，尚未交付使用的交通工具，不会危害到公共安全，因而也不构成本罪，但可以按故意毁坏财物罪或其他罪论处。如果负责修理交通工具的人员基于危害公共安全的目的，在修理中故意进行破坏，或制造隐患，将受到破坏的或尚未修复的交通工具交付使用，也构成破坏交通工具罪。另外，对停驶待命或夜间停放在车库内的，或修理好并验车完毕的交通工具都应当视为“正在使用”的暂时间歇状态。

3. 主观要件

本罪主观方面只能由故意构成，包括直接故意和间接故意。犯罪动机可能是多种多样的，如泄愤报复、捣乱破坏，等等，但动机不影响本罪的成立。

4. 客观要件

客观方面表现为实施破坏火车、汽车、电车、船只、航空器，足以使火车、汽车、电车、船只、航空器发生倾覆、毁坏危险，危害公共安全的行为。

“破坏”，是指以拆卸、碰撞、在燃料中掺以杂质等各种手段和方法破坏交通工具，危害公共安全的行为。“倾覆”，是指火车出轨、颠覆，汽车、电车翻车、撞毁，船只翻沉，航空器坠毁，等等。“毁坏”，是指使交通工具受到严重破坏或者完全报废，以致不能行驶或者安全行驶。“足以使火车、汽车、电车、船只、航空器发生倾覆、毁坏危险”，是指破坏行为虽未造成交通工具实际的倾覆、毁坏，但具有使之倾覆、毁坏的实际可能性和危险性。

（三）实务疑难问题

1. 罪与非罪的认定

行为人必须破坏了交通工具的重要部位和机件，如交通工具的操作驾驶系统，制动、刹车系统，导航系统等，也只有破坏这些关键部位才可能使交通工具发生倾覆、毁坏，进而危害公共安全。如果行为人只破坏了交通工具的座椅、门窗玻璃、卫生设备或者其他不影响安全行驶的辅助设备的，不构成本罪。

本罪属于危险犯，只要行为造成了法定的危险状态，足以使交通工具发生倾覆、毁坏危险，无论是否造成严重后果，都构成本罪的既遂。

2. 区分以放火、爆炸手段实施的破坏交通工具的犯罪与放火罪、爆炸罪的界限

前者与放火罪和爆炸罪的犯罪手段相同，而且都危害公共安全。其主要区别在于：前者侵害的对象是正在使用中的火车、汽车、电车、船只、航空器等交通工具；而放火罪、爆炸罪侵害的对象则是停置不用的交通工具或者其他公私财物和不特定多数人的生命、健康。为了保证交通运输安全，刑法将正在使用中的交通工具作为特殊的保护对象，行为人无论采用何种手段破坏交通工具，只要足以使之发生倾覆、毁坏的危险，就应当以破坏交通工具罪定罪处罚。如果行为人使用放火、爆炸的手段破坏尚未交付使用的交通工具的，则应当根据具体案情，分别以放火罪、爆炸罪或者故意毁坏财物罪定罪处罚。

3. 区分本罪与故意毁坏财物罪的界限

故意毁坏财物罪的对象可以是交通工具，因而应注意区分这种犯罪与破坏交通工具罪的界限。两者的不同之处主要有：前者侵犯的客体是公私财物的所有权，而后者侵犯的客体则是交通运输安全；后者的对象必须是正在使用中的交通工具，而前者则无此限制。因此，如果行为人的毁坏行为不影响交通工具的安全行驶或者已经造成交通工具不能行驶的结果，对其就应以故意毁坏财物罪论处；反之，就应当对其以破坏交通工具罪处理。

4. 区分本罪与盗窃罪的界限

盗窃罪的对象可以是交通工具，因而应注意区分这种犯罪与破坏交通工具罪的界限。两者的不同之处主要有：前者侵犯的客体是公私财物的所有权，

而后者侵犯的客体则是交通运输安全；后者的对象必须是正在使用中的交通工具，而前者则无此限制。因此，如果行为人的盗窃行为不影响交通工具的安全行驶或者已经造成交通工具不能行驶的结果，对其就应以盗窃罪论处；反之，就构成盗窃罪和破坏交通工具罪（和过失破坏交通工具罪）的想象竞合，应从一重罪论处。

（四）情节与量刑

依照《刑法》第116条规定，犯破坏交通工具罪，尚未造成严重后果的，处3年以上10年以下有期徒刑。

依照《刑法》第119条第1款规定，破坏交通工具造成严重后果的，处10年以上有期徒刑、无期徒刑或者死刑。

司法实践中应当注意的问题是，所谓尚未造成严重后果，是指行为人实施的破坏交通工具的行为，没有造成任何危害后果或者只造成了轻微的危害后果。所谓造成严重后果，是指因交通工具倾覆、毁坏而致人重伤、死亡或者使公私财产遭受重大损失等情形。

量刑档次	对应情节	有关概念解释	附加刑的适用
三年以上十年以下有期徒刑	犯破坏交通工具罪尚未造成严重后果	尚未造成严重后果是指尚未造成严重实害后果，包括两种情况：一是行为没有造成任何实害后果；二是行为造成了一定实害后果，但并不严重。	《刑法》第57条：对于被判处死刑、无期徒刑的犯罪分子，应当剥夺政治权利终身。
十年以上有期徒刑、无期徒刑或者死刑	造成严重后果的	关于“严重后果”的标准认定，目前尚无司法解释予以规定，一般是指因交通工具倾覆、毁坏而致人重伤、死亡或者使公私财产遭受重大损失等情形。	

（五）法律链接

中华人民共和国民用航空法（1995年10月30日第八届全国人民代表大

会常务委员会第十六次会议通过　1996 年 3 月 1 日起施行　根据 2009 年 8 月 27 日第十一届全国人民代表大会常务委员会第十次会议《关于修改部分法律的决定》第一次修正　根据 2015 年 4 月 24 日第十二届全国人民代表大会常务委员会第十四次会议《关于修改〈中华人民共和国计量法〉等五部法律的决定》第二次修正　根据 2016 年 11 月 7 日第十二届全国人民代表大会常务委员会第二十四次会议《关于修改〈中华人民共和国对外贸易法〉等十二部法律的决定》第三次修正　根据 2017 年 11 月 4 日第十二届全国人民代表大会常务委员会第三十次会议《关于修改〈中华人民共和国会计法〉等十一部法律的决定》第四次修正　根据 2018 年 12 月 29 日第十三届全国人民代表大会常务委员会第七次会议《关于修改〈中华人民共和国劳动法〉等七部法律的决定》第五次修正）（节录）

第一百九十五条　故意在使用中的民用航空器上放置危险品或者唆使他人放置危险品，足以毁坏该民用航空器，危及飞行安全的，依照刑法有关规定追究刑事责任。

十二、破坏交通设施罪

（一）法律规定

第一百一十七条　破坏轨道、桥梁、隧道、公路、机场、航道、灯塔、标志或者进行其他破坏活动，足以使火车、汽车、电车、船只、航空器发生倾覆、毁坏危险，尚未造成严重后果的，处三年以上十年以下有期徒刑。

第一百一十九条第一款　破坏交通工具、交通设施、电力设备、燃气设备、易燃易爆设备，造成严重后果的，处十年以上有期徒刑、无期徒刑或者死刑。

（二）罪名详解

破坏交通设施罪，是指故意破坏轨道、桥梁、隧道、公路、机场、航道、灯塔、标志或者进行其他破坏活动，足以使火车、汽车、电车、船只、航空器发生倾覆、毁坏危险，危害公共安全的行为。

本罪1979年《刑法》第108条和第110条作了规定。1997年《刑法》第117条和第119条在罪状部分增加了有关“航空器”的规定。

破坏交通设施罪的构成要件是：

1. 主体要件

本罪主体为一般主体。即达到法定责任年龄、具有刑事责任能力的人均可构成。

2. 客体要件

本罪侵犯的客体是交通运输安全。犯罪对象是正在使用中的轨道、桥梁、隧道、公路、机场、航道、灯塔、标志等交通设施。这些正在使用中的交通设施直接关系着行车、航行和飞行安全，是交通运输安全、顺利进行的重要保证。

本罪中的交通设施应当具有如下特征：（1）必须是正在使用中的交通设施。所谓“正在使用”，是指交通设施正在使用过程之中，而不是正在建设之中。针对正处于建设之中或已废弃的交通设施进行破坏，不可能危害公共交通安全；只有对正在使用中的交通设施进行破坏，才可能危及公共交通安全。（2）必须是与交通运输安全有关的交通设施。破坏交通设施罪的成立条件是足以使火车、汽车、电车、船只、航空器发生倾覆、毁坏危险，从而危害交通运输安全，因此，对于与交通运输安全无关的设施进行破坏的，如对乡间只能通行行人和自行车的小道或木桥的破坏，就不构成破坏交通设施罪。

3. 主观要件

本罪主观方面只能由故意构成，包括直接故意和间接故意。犯罪动机可能是多种多样的，如泄愤报复、捣乱破坏，等等，但动机不影响本罪的成立。

4. 客观要件

客观方面表现为破坏轨道、桥梁、隧道、公路、机场、航道、灯塔、标志或者进行其他破坏活动，足以使火车、汽车、电车、船只、航空器发生倾覆、毁坏危险的行为。“破坏”，不仅包括使交通设施遭受有形的损坏，还包括对交通设施正常功能的损害。如使用无线电干扰信号，致使正常行驶中的交通工具与调度、指挥、导航系统无法取得联系，处于极大的危险之中。“其他破坏活动”，是指破坏除轨道、桥梁、隧道、公路、机场、航道、灯塔、标志以外的其他交通设施或者虽然没有直接破坏交通设施，但其破坏行为却足以使火车、汽车、电车、船只、航空器发生倾覆、毁坏危险的行为。“足以使火车、汽车、电车、船只、航空器发生倾覆、毁坏危险”，是指行为人对交通设施的破坏程度已经达到了可以使交通工具发生倾覆、毁坏的现实可能和危险。

（三）实务疑难问题

1. 罪与非罪的认定

行为人必须破坏轨道、桥梁、隧道、公路、机场、航道、灯塔、标志或者进行其他破坏活动，足以使火车、汽车、电车、船只、航空器发生倾覆、毁坏危险，或者造成严重后果的，才构成破坏交通设施罪。如果行为人的破坏行为不可能使交通工具发生倾覆、毁坏，没有危及交通运输安全的，不构成本罪。

也就是说，破坏交通设施会造成两种后果：一种是可能发生的后果；另一种是已经发生的后果。只要造成两种后果之中的任何一种后果，都构成破坏交通设施罪。如果行为人的某种行为不足以使火车、汽车、电车、船只、航空器发生倾覆、毁坏危险的，则不构成本罪。

2. 区分破坏交通设施罪与盗窃罪的界限

在司法实践中，出于非法占有的目的，盗窃交通设施（如盗窃铁轨上的枕木，偷割使用中的铁路专用电缆，从保障交通运输安全的电气设备上偷拆电子元件等），从而严重危害交通运输安全的犯罪，与盗窃罪容易混淆。两者虽然都是以非法占有为目的，秘密窃取财物，但前者盗窃的不是一般公共财物，而是正在使用中关系到交通运输安全的设施，这种盗窃行为，不仅侵犯财产关系，而且严重危害交通运输安全；同时行为人对其行为可能造成交通工具倾覆或者毁坏的危险大多采取放任态度，即表现为间接故意。因此，这种行为既是盗窃罪，又是破坏交通设施罪，应当按一个重罪即破坏交通设施罪定罪判刑。而盗窃罪窃取的是一般公私财物，或者盗窃未投入使用的交通设备，不影响交通运输安全，其侵犯的客体只是公私财产权利，因此，与上述以盗窃交通设施为目的而构成的破坏交通设施罪，有本质区别。

3. 区分本罪与破坏交通工具罪的界限

破坏交通设施罪和破坏交通工具罪都是危害交通运输安全的犯罪，两者的主要区别在于侵犯的对象不同。破坏交通设施罪侵犯的对象是正在使用中的轨道、桥梁、隧道、公路、机场、航道、灯塔、标志等保证交通工具正常行驶的交通设施，通过破坏这些交通设施来达到引起火车、汽车等交通工具发生倾覆、毁坏危险；而破坏交通工具罪侵犯的对象则直接指向正在使用中的火车、汽车、电车、船只、航空器等交通工具本身，通过破坏交通工具本身，来引起交通工具发生倾覆、毁坏危险。

由于交通设备与交通工具之间的相互依存关系，破坏交通设施往往引起交通工具的倾覆、毁坏，而且这种危害结果的发生通常是行为人所追求的目的；同样，破坏交通工具也常引起交通设备被破坏。在这种情况下，是定破坏交通设施罪，还是定破坏交通工具罪，要视行为的直接指向而定。如果行为指向交通设施，直接破坏交通设备，应定破坏交通设施罪。其所引起的交通工具的倾覆、毁坏，应视为破坏交通设施，造成严重后果，适用本法第 119 条规定的破坏交通设施罪的结果加重条文。如果行为指向交通工具，直接破坏交通工具，应定破坏交通工具罪，其所引起的对交通设备的破坏，也应视为破坏交通工具，造成严重后果的情况。

（四）情节与量刑

《刑法》第 117 条规定，犯破坏交通设施罪，尚未造成严重后果的，处 3 年以上 10 年以下有期徒刑。

《刑法》第 119 条第 1 款规定，破坏交通设施造成严重后果的，处 10 年以上有期徒刑、无期徒刑或者死刑。

司法实践中应当注意的问题是，所谓尚未造成严重后果，是指行为人实施的破坏交通设施的行为，没有造成任何危害后果或者只造成了轻微的危害后果。所谓造成严重后果，是指因交通设施被破坏，致使交通工具倾覆、毁坏而致人重伤、死亡或者使公私财产遭受重大损失等情形。

量刑档次	对应情节	有关概念解释	附加刑的适用
三年以上十年以下有期徒刑	犯破坏交通设施罪尚未造成严重后果	尚未造成严重后果是指尚未造成严重实害后果。	《刑法》第 57 条：对于被判处死刑、无期徒刑的犯罪分子，应当剥夺政治权利终身。
十年以上有期徒刑、无期徒刑或者死刑	造成严重后果的	关于“严重后果”的标准认定，目前尚无司法解释予以规定，一般是指因交通工具倾覆、毁坏而致人重伤、死亡或者使公私财产遭受重大损失等情形。	

（五）法律链接

1. **中华人民共和国铁路法**（1990 年 9 月 7 日第七届全国人民代表大会常务委员会第十五次会议通过　1991 年 5 月 1 日起施行　根据 2009 年 8 月 27 日第十一届全国人民代表大会常务委员会第十次会议《关于修改部分法律的决定》第一次修正　根据 2015 年 4 月 24 日第十二届全国人民代表大会常务委员会第十四次会议《关于修改〈中华人民共和国义务教育法〉等五部法律的决定》第二次修正）（节录）

第六十一条　故意损毁、移动铁路行车信号装置或者在铁路线路上放置足以使列车倾覆的障碍物的，依照刑法有关规定追究刑事责任。

第六十二条　盗窃铁路线路上行车设施的零件、部件或者铁路线路上的器材，危及行车安全的，依照刑法有关规定追究刑事责任。

2. **中华人民共和国民用航空法**（1995 年 10 月 30 日第八届全国人民代表大会常务委员会第十六次会议通过　1996 年 3 月 1 日起施行　根据 2009 年 8 月 27 日第十一届全国人民代表大会常务委员会第十次会议《关于修改部分法律的决定》第一次修正　根据 2015 年 4 月 24 日第十二届全国人民代表大会常务委员会第十四次会议《关于修改〈中华人民共和国计量法〉等五部法律的决定》第二次修正　根据 2016 年 11 月 7 日第十二届全国人民代表大会常务委员会第二十四次会议《关于修改〈中华人民共和国对外贸易法〉等十二部法律的决定》第三次修正　根据 2017 年 11 月 4 日第十二届全国人民代表大会常务委员会第三十次会议《关于修改〈中华人民共和国会计法〉等十一部法律的决定》第四次修正　根据 2018 年 12 月 29 日第十三届全国人民代表大会常务委员会第七次会议《关于修改〈中华人民共和国劳动法〉等七部法律的决定》第五次修正）（节录）

第一百九十七条　盗窃或者故意损毁、移动使用中的航行设施，危及飞行安全，足以使民用航空器发生坠落、毁坏危险的，依照刑法有关规定追究刑事责任。

十三、破坏电力设备罪

（一）法律规定

第一百一十八条　破坏电力、燃气或者其他易燃易爆设备，危害公共安全，尚未造成严重后果的，处三年以上十年以下有期徒刑。

第一百一十九条第一款　破坏交通工具、交通设施、电力设备、燃气设备、易燃易爆设备，造成严重后果的，处十年以上有期徒刑、无期徒刑或者死刑。

（二）罪名详解

破坏电力设备罪，是指故意破坏电力设备，危害公共安全的行为。

本罪 1979 年《刑法》第 109 条和第 110 条作了规定。

破坏电力设备罪的构成要件是：

1. 主体要件

本罪主体为一般主体。即达到法定责任年龄、具有刑事责任能力的人均可构成。

2. 客体要件

本罪侵犯的客体是公共安全和电力供应安全。犯罪对象是电力设备。根据 2007 年 8 月 15 日《最高人民法院关于审理破坏电力设备刑事案件具体应用法律若干问题的解释》第 4 条第 1 款的规定，电力设备，是指处于运行、应急等使用中的电力设备；已经通电使用，只是由于枯水季节或者电力不足等原因暂停使用的电力设备；已经交付使用但尚未通电的电力设备。不包括尚未安装完毕，或者已经安装完毕但尚未交付使用的电力设备。

电力设备的范围，可以依据国务院《电力设施保护条例》的规定予以确定。该条例第 8 条规定，发电厂、变电所设施的保护范围：（1）发电厂、变电所内与发、变电生产有关的设施；（2）发电厂、变电所外各种专用的管道（沟）、水井、泵站、冷却水塔、油库、堤坝、铁路、道路、桥梁、码头、燃料装卸设施、避雷针、消防设施及附属设施；（3）水力发电厂使用的水库、大坝、取水口、引水隧洞（含支洞口）、引水渠道、调压井（塔）、露天高压管道、厂房、尾水渠、厂房与大坝间的通讯设施及附属设施。条例第9条规定，电力线路设施的保护范围：（1）架空电力线路：杆塔、基础、拉线、接地装置、导线、避雷线、金具、绝缘子、登杆塔的爬梯和脚钉，导线跨越航道的保护设施，巡（保）线站，巡视检修专用道路、船舶和桥梁，标志牌及附属设施；（2）电力电缆线路：架空、地下、水底电力电缆和电缆联结装置，电缆管道、电缆隧道、电缆沟、电缆桥，电缆井、盖板、入孔、标石、水线标志牌及附属设施；（3）电力线路上的变压器、电容器、断路器、刀闸、避雷器、互感器、熔断、计量仪表装置、配电室、箱式变电站及附属设施；（4）电力调度设施：电力调度场所、电力调度通信设施、电网调度自动化设施、电网运行控制设施。

3. 主观要件

本罪主观方面只能由故意构成，包括直接故意和间接故意。即行为人明知其破坏电力设备的行为会发生危害公共安全的结果，并且希望或者放任这种结果的发生。犯罪动机可能是多种多样的，如出于贪财图利、报复泄愤、嫁祸于人，等等。但无论出于何种动机，均不影响本罪的成立。

4. 客观要件

客观方面表现为使用各种方法破坏正在使用中的电力设备，危害公共安全的行为。破坏电力设备的方法多种多样，如爆炸、放火、毁坏、拆卸重要机件，割断、拆除输电线路，故意违反操作规程使设备损毁，等等。行为人实施上述破坏电力设备的行为，必须足以危害公共安全，即有可能引起不特定多数人伤亡，使公私财产遭受重大损失，或者使社会的生产、生活秩序受到严重影响，才能构成本罪。

（三）实务疑难问题

1. 罪与非罪的认定

破坏行为必须足以使电力设备发生毁坏的危险才构成本罪。如果破坏行为不可能使电力设备发生毁坏，不会危及用电安全的，则不构成本罪。

本罪属于危险犯，行为人只要实施上述破坏电力设备的行为，足以危害公共安全，即有可能引起不特定多数人伤亡，使公私财产遭受重大损失，或者使社会的生产、生活秩序受到严重影响，即构成既遂。

2. 区分以放火、爆炸手段实施的破坏电力设备的犯罪与放火罪、爆炸罪

的界限

使用放火、爆炸方法破坏电力设备罪同放火罪、爆炸罪的犯罪方法相同，而且行为后果也都危害了公共安全。它们之间的主要区别在于：前者破坏的对象是电力设备；而后者破坏的对象是特定的电力设备以外的其他公私财物。由于刑法将电力设备作为特定对象予以特殊保护，因此，无论以何种方法破坏电力设备，只要是足以危害公共安全，就构成破坏电力设备罪。

3. 区分本罪与破坏生产经营罪的界限

破坏电力设备罪与破坏生产经营罪的区别主要表现在：（1）犯罪客体不同。破坏电力设备罪的客体是公共安全；而破坏生产经营罪的客体是复杂客体，既破坏了生产经营活动的正常发展，又侵犯了公私财产所有权。（2）犯罪对象不同。破坏电力设备罪的犯罪对象是正在使用中的电力设备；而破坏生产经营罪的犯罪对象是机器设备、耕畜等生产资料。（3）犯罪客观方面不同。破坏电力设备罪在客观方面表现为破坏电力设备，危害公共安全的行为；而破坏生产经营罪在客观方面表现为毁坏机器设备、残害耕畜或者以其他方法破坏生产经营的行为。（4）犯罪形态不同。破坏电力设备罪是危险犯，只要足以危害公共安全，即可成立犯罪；而破坏生产经营罪是行为犯。（5）犯罪主观方面不同。破坏电力设备罪在主观方面不需要具备特定的犯罪目的；而破坏生产经营罪在主观方面要求具备泄愤报复或者其他个人目的。行为人由于泄愤报复或者其他个人目的，破坏电力设备，没有危及公共安全的，可以构成破坏生产经营罪；危害公共安全的，构成破坏电力设备罪。

4. 区分本罪与故意毁坏财物罪的界限

认定某一破坏电力设备的行为使构成破坏电力设备罪还是故意毁坏财物罪，要看被破坏的电力设备是否处于正在使用中，破坏行为是否危及公共安全。如果破坏的是正在使用中的电力设备，如验收完毕、已交付使用的发电设备、供电设备、变电设备，足以危害公共安全的，构成破坏电力设备罪；反之，破坏的是库存电力设备、废弃不用的电力设备、生产过程中的电力设备、修理过程中的电力设备，则不具有危害公共安全的可能性，只是造成财产损毁，构成故意毁坏财产罪。

5. 区分本罪与盗窃罪的界限

破坏电力设备罪与盗窃罪的区别主要表现为：（1）犯罪客体不同。破坏电力设备罪的客体是供电活动的公共安全；而盗窃罪的客体是公私财产所有权。(2) 犯罪对象不同。破坏电力设备罪的犯罪对象是正在使用中的电力设备；而盗窃罪的犯罪对象是一般公私财物。(3) 犯罪客观方面不同。破坏电力设备罪在客观方面表现为破坏电力设备的行为；而盗窃罪的客观方面表现为窃取公私财物的行为。(4) 犯罪形态不同。破坏电力设备罪是危险犯，只要足以危害公共安全，即可成立犯罪；而盗窃罪的成立要求数额较大或者多次盗窃。行为人采取破坏性手段窃取正在使用中的电力设备，足以危害公共安全的，同时构成破坏电力设备罪和盗窃罪的，属于想象竞合犯，应当依照处罚较重的规定定罪处罚；行为人采取破坏性手段窃取未使用中的电力设备，数额较大或多次盗窃的，构成盗窃罪；行为人采取破坏性手段盗窃正在使用中的电力设备，不足以危害公共安全，但如果数额较大或者多次盗窃的，则构成盗窃罪。根据《最高人民法院关于审理破坏电力设备刑事案件具体应用法律若干问题的解释》第 3 条的规定，盗窃电力设备，危害公共安全，但不构成盗窃罪的，以破坏电力设备罪定罪处罚；同时构成盗窃罪和破坏电力设备罪的，按照刑法处罚较重的规定定罪处罚。盗窃电力设备，没有危及公共安全，但应当追究刑事责任的，可以根据案件的不同情况，按照盗窃罪等犯罪处理。

（四）情节与量刑

《刑法》第 118 条规定，犯破坏电力设备罪，尚未造成严重后果的，处 3 年以上 10 年以下有期徒刑。

《刑法》第 119 条第 1 款规定，破坏电力设备造成严重后果的，处 10 年以上有期徒刑、无期徒刑或者死刑。

司法实践中应当注意的问题是，所谓尚未造成严重后果，是指犯罪分子在实施了破坏电力设备的行为以后，由于其意志以外的原因，没有发生电厂、供电线路毁坏等严重后果的情形。按照《最高人民法院关于审理破坏电力设备刑事案件具体应用法律若干问题的解释》第 1 条的规定，“造成严重后果”，是指有以下四种情形之一的后果：(1) 造成 1 人以上死亡、3 人以上重伤或者 10 人以上轻伤的；(2) 造成 1 万以上用户电力供应中断 6 小时以上，致使生产、生活受到严重影响的；(3) 造成直接经济损失 100 万元以上的；(4) 造成其他危害公共安全严重后果的。

量刑档次	对应情节	有关概念解释	附加刑的适用
三年以上十年以下有期徒刑	犯破坏电力设备罪尚未造成严重后果		《刑法》第57条：对于被判处死刑、无期徒刑的犯罪分子，应当剥夺政治权利终身。
十年以上有期徒刑、无期徒刑或者死刑	造成严重后果的	“造成严重后果”，是指有以下四种情形之一的后果：（1）造成1人以上死亡、3人以上重伤或者10人以上轻伤的；（2）造成1万以上用户电力供应中断6小时以上，致使生产、生活受到严重影响的；（3）造成直接经济损失100万元以上的；（4）造成其他危害公共安全严重后果的。	

（五）法律链接

1. 最高人民法院关于审理破坏电力设备刑事案件具体应用法律若干问题的解释（法释〔2007〕15号　自2007年8月21日起施行）

为维护公共安全，依法惩治破坏电力设备等犯罪活动，根据刑法有关规定，现就审理这类刑事案件具体应用法律的若干问题解释如下：

第一条　破坏电力设备，具有下列情形之一的，属于刑法第一百一十九条第一款规定的“造成严重后果”，以破坏电力设备罪判处十年以上有期徒刑、无期徒刑或者死刑：

（一）造成一人以上死亡、三人以上重伤或者十人以上轻伤的；

（二）造成一万以上用户电力供应中断六小时以上，致使生产、生活受到严重影响的；

（三）造成直接经济损失一百万元以上的；

（四）造成其他危害公共安全严重后果的。

第二条　过失损坏电力设备，造成本解释第一条规定的严重后果的，依照刑法第一百一十九条第二款的规定，以过失损坏电力设备罪判处三年以上七年以下有期徒刑；情节较轻的，处三年以下有期徒刑或者拘役。

第三条　盗窃电力设备，危害公共安全，但不构成盗窃罪的，以破坏电力设备罪定罪处罚；同时构成盗窃罪和破坏电力设备罪的，依照刑法处罚较重的规定定罪处罚。

盗窃电力设备，没有危及公共安全，但应当追究刑事责任的，可以根据案件的不同情况，按照盗窃罪等犯罪处理。

第四条 本解释所称电力设备，是指处于运行、应急等使用中的电力设备；已经通电使用，只是由于枯水季节或电力不足等原因暂停使用的电力设备；已经交付使用但尚未通电的电力设备。不包括尚未安装完毕，或者已经安装完毕但尚未交付使用的电力设备。

本解释中直接经济损失的计算范围，包括电量损失金额，被毁损设备材料的购置、更换、修复费用，以及因停电给用户造成的直接经济损失等。

2. **中华人民共和国电力法**（1995年12月28日第八届全国人民代表大会常务委员会第十七次会议通过　1996年4月1日起施行　根据2009年8月27日第十一届全国人民代表大会常务委员会第十次会议《关于修改部分法律的决定》第一次修正　根据2015年4月24日第十二届全国人民代表大会常务委员会第十四次会议《关于修改〈中华人民共和国电力法〉等六部法律的决定》第二次修正　根据2018年12月29日第十三届全国人民代表大会常务委员会第七次会议《关于修改〈中华人民共和国电力法〉等四部法律的决定》第三次修正）（节录）

第七十二条 盗窃电力设施或者以其他方法破坏电力设施，危害公共安全的，依照刑法有关规定追究刑事责任。

3. **电力设施保护条例**（1987年9月15日中华人民共和国国务院令第588号发布　根据1998年1月7日《国务院关于修改〈电力设施保护条例〉的决定》第一次修订　根据2011年1月8日《国务院关于废止和修改部分行政法规的决定》第二次修订）（节录）

第八条 发电设施、变电设施的保护范围：

（一）发电厂、变电站、换流站、开关站等厂、站内的设施；

（二）发电厂、变电站外各种专用的管道（沟）、储灰场、水井、泵站、冷却水塔、油库、堤坝、铁路、道路、桥梁、码头、燃料装卸设施、避雷装置、消防设施及其有关辅助设施；

（三）水力发电厂使用的水库、大坝、取水口、引水隧洞（含支洞口）、引水渠道、调压井（塔）、露天高压管道、厂房、尾水渠、厂房与大坝间的通信设施及其有关辅助设施。

第九条 电力线路设施的保护范围：

（一）架空电力线路：杆塔、基础、拉线、接地装置、导线、避雷线、金具、绝缘子、登杆塔的爬梯和脚钉，导线跨越航道的保护设施，巡（保）线站，巡视检修专用道路、船舶和桥梁，标志牌及其有关辅助设施；

（二）电力电缆线路：架空、地下、水底电力电缆和电缆联结装置，电缆管道、电缆隧道、电缆沟、电缆桥，电缆井、盖板、入孔、标石、水线标志牌及其有关辅助设施；

（三）电力线路上的变压器、电容器、电抗器、断路器、隔离开关、避雷器、互感器、熔断器、计量仪表装置、配电室、箱式变电站及其有关辅助设施；

（四）电力调度设施：电力调度场所、电力调度通信设施、电网调度自动化设施、电网运行控制设施。

十四、破坏易燃易爆设备罪

（一）法律规定

第一百一十八条　破坏电力、燃气或者其他易燃易爆设备，危害公共安全，尚未造成严重后果的，处三年以上十年以下有期徒刑。

第一百一十九条第一款　破坏交通工具、交通设施、电力设备、燃气设备、易燃易爆设备，造成严重后果的，处十年以上有期徒刑、无期徒刑或者死刑。

（二）罪名详解

破坏易燃易爆设备罪，是指故意破坏燃气或者其他易燃易爆设备，危害公共安全的行为。

本罪 1979 年《刑法》第 109 条和第 110 条作了规定，1997 年《刑法》第 118 条和第 119 条在罪状部分增加了有关“燃气设备”的规定。

破坏易燃易爆设备罪的构成要件是：

1. 主体要件

本罪主体为一般主体。即达到法定责任年龄、具有刑事责任能力的人均可构成。

2. 客体要件

本罪侵犯的客体是社会的公共安全。犯罪对象是正在使用中的燃气或者其他易燃易爆设备。“燃气设备”，主要是指生产、储存、输送和使用各种燃气的设施、设备，如煤气罐、煤气管道、天然气罐、天然气管道、天然气锅炉，等等。“其他易燃易爆设备”，主要是指除电力、燃气设备以外的生产、储存和输送易燃易爆物品的设备，如石油管道、汽车加油站、火药及易燃易爆的化学物品的生产、储存、运输设备，等等。

对于本罪的犯罪对象，应当注意以下几点：（1）必须是正在使用中的易燃易爆设备。破坏易燃易爆设备罪危害的是公共安全，对没有使用，如正在制造、运输、安装、架设或尚在库存中，以及虽然已交付使用但正在检修暂停使用的设备进行破坏的，不能危及公共安全，不应构成本罪。（2）本罪中的易燃易爆设备具体可以分为两种类型：一种是用来生产易燃易爆物品的机器、运输易燃易爆物品的设备，如炼油设备、输气管道等；另一种是本身具有易燃易爆特性的设备，如高压锅炉。（3）本罪的犯罪对象必须是易燃易爆设备，而不包括易燃易爆物品。但是，行为人实施破坏易燃易爆设备的时候，往往会同时导致易燃易爆物品受到损害，这种情形下仍然应当依照破坏易燃易爆设备罪定罪处罚。

3. 主观要件

本罪主观方面只能由故意构成，包括直接故意和间接故意。犯罪动机可能是多种多样的，如出于贪财图利、报复泄愤、嫁祸于人，等等。但无论出于何种动机，均不影响本罪的成立。

4. 客观要件

客观方面表现为故意破坏正在使用中的燃气或者其他易燃易爆设备，危害公共安全的行为。（1）本罪侵犯的对象是正在使用中的易燃易爆设备。（2）行为人必须实施了破坏易燃易爆设备的行为。破坏易燃易爆设备的方法多种多样，如爆炸、放火、毁坏、拆卸重要机件，割断、拆除输气管道，故意违反操作规程使设备损毁，等等。也可以表现为不作为，比如维修工在值班时间发现煤气管道破损，有发生火灾、爆炸事故的危险存在而不予维修，任其发生燃烧、爆炸，危害公共安全。（3）行为人破坏易燃易爆设备的行为必须足以危害公共安全或者已经造成危害公共安全的严重后果。即有可能引起不特定多数人伤亡，使公私财产遭受重大损失，或者使社会的生产、生活秩序受到严重影响，才能构成本罪。如果行为人的破坏行为不足以危害公共安全的，如破坏行为轻微或者破坏次要零部件，不足以发生严重后果、危害公共安全的，则不宜以本罪论处。

此外，根据两高一部《关于办理盗窃油气、破坏油气设备等刑事案件适用法律若干问题的意见》（法发〔2018〕18号）第1条的规定，在实施盗窃油气等行为过程中，破坏正在使用的油气设备，具有下列情形之一的，应认定为刑法第118条规定的“危害公共安全”：（一）采用切割、打孔、撬砸、拆卸手段的，但是明显未危害公共安全的除外；（二）采用开、关等手段，足以引发火灾、爆炸等危险的。

（三）实务疑难问题

1. 罪与非罪的认定

破坏行为必须足以使易燃易爆设备发生毁坏的危险才构成本罪。如果破坏行为不可能使易燃易爆设备发生毁坏，没有危及公共安全的，则不构成犯罪。

本罪属于危险犯，只要破坏行为足以使易燃易爆设备发生毁坏的危险，就构成本罪的既遂。

2. 区分以放火、爆炸手段实施的破坏易燃易爆设备罪与放火罪、爆炸罪的界限

使用放火、爆炸方法破坏易燃易爆设备罪同放火罪、爆炸罪的犯罪方法相同，而且行为后果都危害了公共安全。它们之间的区别主要在于犯罪对象不同：前者破坏的对象是易燃易爆设备；而后者破坏的对象是特定的易燃易爆设备以外的其他公私财物。由于刑法将易燃易爆设备作为特定对象予以特殊保护，因此，无论以何种方法破坏易燃易爆设备，只要是足以危害公共安全的，就构成破坏易燃易爆设备罪。

3. 区分本罪与故意毁坏财物罪、盗窃罪等侵犯财产方面的犯罪的界限

确定某一破坏易燃易爆设备的行为是构成破坏易燃易爆设备罪还是构成侵犯财产方面的犯罪，主要看受破坏的易燃易爆设备是否处于正在使用中，

破坏行为是否足以危害公共安全。也就是说，如果破坏正在使用中的易燃易爆设备，足以危害公共安全或者已经造成严重后果、危害公共安全的，则构成破坏易燃易爆设备罪。反之，如果行为人破坏的是非正在使用中的易燃易爆设备，因其不存在危害公共安全的可能性，因而不构成破坏易燃易爆设备罪；只是对财产所有权的侵犯，情节严重的，则构成侵犯财产方面的犯罪。如果是故意毁损非正在使用中的易燃易爆设备，情节严重的，应以故意毁坏财物罪论处；如果行为人采用盗窃方法破坏非正在使用中的易燃易爆设备，数额较大或者多次盗窃的，应以盗窃罪论处。

4. 区分破坏易燃易爆设备罪与过失损坏易燃易爆设备罪的界限

破坏易燃易爆设备罪与过失损坏易燃易爆设备罪的区别主要表现在：（1）犯罪主观方面不同。破坏易燃易爆设备罪在主观方面表现为故意，包括直接故意和间接故意；过失损坏易燃易爆设备罪在主观方面表现为过失。（2）犯罪形态不同。破坏易燃易爆设备罪是危险犯，只要危害公共安全的，就可以构成该罪；而过失损坏易燃易爆设备罪是结果犯，必须造成严重后果的，才构成该罪。

5. 区分本罪与危险物品肇事罪的界限

破坏易燃易爆设备罪与危险物品肇事罪的区别表现为：（1）犯罪对象不同。破坏易燃易爆设备罪的犯罪对象是正在使用中的燃气或其他易燃易爆设备；而危险物品肇事罪的犯罪对象是危险物品，包括爆炸性、易燃性、放射性、毒害性、腐蚀性物品。（2）犯罪客观方面不同。破坏易燃易爆设备罪表现为破坏燃气设备或者其他易燃易爆设备，危害公共安全，尚未造成严重后果，或者造成严重后果的行为；而危险物品肇事罪必须是违反爆炸性、易燃性、放射性、毒害性、腐蚀性物品的管理规定，在危险物品的生产、储存、运输、使用中发生重大事故，造成严重后果的行为。（3）犯罪形态不同。破坏易燃易爆设备罪是危险犯，只要足以危害公共安全，即可成立犯罪；而危险物品肇事罪是结果犯，必须造成严重后果，才构成犯罪。（4）犯罪主观方面不同。破坏易燃易爆设备罪在主观方面表现为故意；而危险物品肇事罪在主观方面表现为过失。

6. 关于共犯的认定

根据《关于办理盗窃油气、破坏油气设备等刑事案件适用法律若干问题的意见》第3条的规定，在共同破坏油气设备等犯罪中，实际控制、为主出资或者组织、策划、纠集、雇佣、指使他人参与犯罪的，应当依法认定为主犯；对于其他人员，在共同犯罪中起主要作用的，也应当依法认定为主犯。在输油输气管道投入使用前擅自安装阀门，在管道投入使用后将该阀门提供给他人盗窃油气的，以盗窃罪、破坏易燃易爆设备罪等有关犯罪的共同犯罪论处。第 4 条规定，行为人与油气企业人员勾结共同盗窃油气，没有利用油气企业人员职务便利，仅仅是利用其易于接近油气设备、熟悉环境等方便条件的，以盗窃罪的共同犯罪论处。实施上述行为，同时构成破坏易燃易爆设备罪的，依照处罚较重的规定定罪处罚。第 5 条规定，明知是犯罪所得的油气而予以窝藏、转移、收购、加工、代为销售或者以其他方式掩饰、隐瞒，属于事先通谋的，以盗窃罪、破坏易燃易爆设备罪等有关犯罪的共同犯罪论处。

（四）情节与量刑

《刑法》第 118 条规定，犯破坏易燃易爆设备罪，尚未造成严重后果的，处 3 年以上 10 年以下有期徒刑。

《刑法》第 119 条第 1 款规定，破坏易燃易爆设备造成严重后果的，处 10 年以上有期徒刑、无期徒刑或者死刑。

在适用《刑法》第 118 条和第 119 条第 1 款规定处罚时，应当注意以下问题：

1.《刑法》第 118 条规定的“尚未造成严重后果”，是指行为人在实施了破坏易燃易爆设备行为之后，由于意志以外的原因，没有发生易燃易爆设备毁坏等严重后果的情形。

2. 根据最高人民法院、最高人民检察院于 2007 年 1 月 15 日公布、2007 年 1 月 19 日施行的《关于办理盗窃油气、破坏油气设备等刑事案件具体应用法律若干问题的解释》第 1 条规定，行为人在实施盗窃油气等行为过程中，采用切割、打孔、撬砸、拆卸、开关等手段破坏正在使用的油气设备的，属于《刑法》第 118 条规定的“破坏燃气或者其他易燃易爆设备”的行为；危害公共安全，尚未造成严重后果的，依照《刑法》第 118 条的规定定罪处罚。

3.《关于办理盗窃油气、破坏油气设备等刑事案件具体应用法律若干问题的解释》第 2 条规定，实施本解释第 1 条规定的行为，具有下列情形之一的，属于《刑法》第 119 条第 1 款规定的“造成严重后果”，依照《刑法》第 119 条第 1 款的规定定罪处罚：（1）造成 1 人以上死亡、3 人以上重伤或者 10

人以上轻伤的；（2）造成井喷或者重大环境污染事故的；（3）造成直接经济损失数额在50万元以上的；（4）造成其他严重后果的。

量刑档次	对应情节	有关概念解释	附加刑的适用
三年以上十年以下有期徒刑	犯破坏易燃易爆设备罪尚未造成严重后果		
十年以上有期徒刑、无期徒刑或者死刑	造成严重后果的	《关于办理盗窃油气、破坏油气设备等刑事案件具体应用法律若干问题的解释》第2条规定，具有下列情形之一的，属于刑法第119条第1款规定的“造成严重后果”：（1）造成1人以上死亡、3人以上重伤或者10人以上轻伤的；（2）造成井喷或者重大环境污染事故的；（3）造成直接经济损失数额在50万元以上的；（4）造成其他严重后果的。	《刑法》第57条：对于被判处死刑、无期徒刑的犯罪分子，应当剥夺政治权利终身。

（五）法律链接

1. 最高人民法院、最高人民检察院关于办理盗窃油气、破坏油气设备等刑事案件具体应用法律若干问题的解释（法释〔2007〕第3号　自2007年1月19日起施行）（节录）

为维护油气的生产、运输安全，依法惩治盗窃油气、破坏油气设备等犯罪，根据刑法有关规定，现就办理这类刑事案件具体应用法律的若干问题解释如下：

第一条　在实施盗窃油气等行为过程中，采用切割、打孔、撬砸、拆卸、开关等手段破坏正在使用的油气设备的，属于刑法第一百一十八条规定的“破坏燃气或者其他易燃易爆设备”的行为；危害公共安全，尚未造成严重后果的，依照刑法第一百一十八条的规定定罪处罚。

第二条　实施本解释第一条规定的行为，具有下列情形之一的，属于刑法第一百一十九条第一款规定的“造成严重后果”，依照刑法第一百一十九条第一款的规定定罪处罚：

（一）造成一人以上死亡、三人以上重伤或者十人以上轻伤的；

（二）造成井喷或者重大环境污染事故的；

（三）造成直接经济损失数额在五十万元以上的；

（四）造成其他严重后果的。

第四条 盗窃油气同时构成盗窃罪和破坏易燃易爆设备罪的，依照刑法处罚较重的规定定罪处罚。

第八条 本解释所称的“油气”，是指石油、天然气。其中，石油包括原油、成品油；天然气包括煤层气。

本解释所称“油气设备”，是指用于石油、天然气生产、储存、运输等易燃易爆设备。

2. 最高人民法院、最高人民检察院、公安部关于办理盗窃油气、破坏油气设备等刑事案件适用法律若干问题的意见（法发〔2018〕18号 自2018年9月28日起施行）

一、关于危害公共安全的认定

在实施盗窃油气等行为过程中，破坏正在使用的油气设备，具有下列情形之一的，应当认定为刑法第一百一十八条规定的“危害公共安全”：

（一）采用切割、打孔、撬砸、拆卸手段的，但是明显未危害公共安全的除外；

（二）采用开、关等手段，足以引发火灾、爆炸等危险的。

二、关于盗窃油气未遂的刑事责任

着手实施盗窃油气行为，由于意志以外的原因未得逞，具有下列情形之一的，以盗窃罪（未遂）追究刑事责任：

（一）以数额巨大的油气为盗窃目标的；

（二）已将油气装入包装物或者运输工具，达到“数额较大”标准三倍以上的；

（三）携带盗油卡子、手摇钻、电钻、电焊枪等切割、打孔、撬砸、拆卸工具的；

（四）其他情节严重的情形。

三、关于共犯的认定

在共同盗窃油气、破坏油气设备等犯罪中，实际控制、为主出资或者组织、策划、纠集、雇佣、指使他人参与犯罪的，应当依法认定为主犯；对于其他人员，在共同犯罪中起主要作用的，也应当依法认定为主犯。

在输油输气管道投入使用前擅自安装阀门，在管道投入使用后将该阀门提供给他人盗窃油气的，以盗窃罪、破坏易燃易爆设备罪等有关犯罪的共同犯罪论处。

四、关于内外勾结盗窃油气行为的处理

行为人与油气企业人员勾结共同盗窃油气，没有利用油气企业人员职务便利，仅仅是利用其易于接近油气设备、熟悉环境等方便条件的，以盗窃罪的共同犯罪论处。

实施上述行为，同时构成破坏易燃易爆设备罪的，依照处罚较重的规定定罪处罚。

五、关于窝藏、转移、收购、加工、代为销售被盗油气行为的处理

明知是犯罪所得的油气而予以窝藏、转移、收购、加工、代为销售或者以其他方式掩饰、隐瞒，符合刑法第三百一十二条规定的，以掩饰、隐瞒犯罪所得罪追究刑事责任。

“明知”的认定，应当结合行为人的认知能力、所得报酬、运输工具、运输路线、收购价格、收购形式、加工方式、销售地点、仓储条件等因素综合考虑。

实施第一款规定的犯罪行为，事前通谋的，以盗窃罪、破坏易燃易爆设备罪等有关犯罪的共同犯罪论处。

六、关于直接经济损失的认定

《最高人民法院、最高人民检察院关于办理盗窃油气、破坏油气设备等刑事案件具体应用法律若干问题的解释》第二条第三项规定的“直接经济损失”包括因实施盗窃油气等行为直接造成的油气损失以及采取抢修堵漏等措施所产生的费用。

对于直接经济损失数额，综合油气企业提供的证据材料、犯罪嫌疑人、被告人及其辩护人所提辩解、辩护意见等认定；难以确定的，依据价格认证机构出具的报告，结合其他证据认定。

油气企业提供的证据材料，应当有工作人员签名和企业公章。

七、关于专门性问题的认定

对于油气的质量、标准等专门性问题，综合油气企业提供的证据材料、

犯罪嫌疑人、被告人及其辩护人所提辩解、辩护意见等认定；难以确定的，依据司法鉴定机构出具的鉴定意见或者国务院公安部门指定的机构出具的报告，结合其他证据认定。

油气企业提供的证据材料，应当有工作人员签名和企业公章。

十五、过失损坏交通工具罪

（一）法律规定

第一百一十九条　破坏交通工具、交通设施、电力设备、燃气设备、易燃易爆设备，造成严重后果的，处十年以上有期徒刑、无期徒刑或者死刑。

过失犯前款罪的，处三年以上七年以下有期徒刑；情节较轻的，处三年以下有期徒刑或者拘役。

（二）罪名详解

过失损坏交通工具罪，是指由于过失损坏火车、汽车、电车、船只、航空器，使火车、汽车、电车、船只、航空器发生倾覆、毁坏的严重后果，危害公共安全的行为。

本罪 1979 年《刑法》第 110 条作了规定。

过失损坏交通工具罪的构成要件是：

1. 主体要件

本罪主体为一般主体，即凡年满 16 周岁并具有刑事责任能力的自然人，都可以构成过失损坏交通工具罪的主体。

2. 客体要件

本罪侵犯的客体是交通运输安全。犯罪对象仅限于正在使用中的火车、汽车、电车、船只、航空器等大型的现代化交通工具。

3. 主观要件

本罪主观方面由过失构成。既可能是出于疏忽大意的过失，也可能是出于过于自信的过失。

4. 客观要件

客观方面表现为过失损坏火车、汽车、电车、船只、航空器，使火车、汽车、电车、船只、航空器发生倾覆、毁坏的严重结果，危害公共安全的行为。

造成严重后果是构成本罪重要的法定要件之一。所谓严重后果是指致人重伤、死亡或者使公私财产遭受重大损失。如交通工具颠覆、互撞、起火、爆炸、车毁人亡等。只有过失损坏交通工具的行为，并未引起严重后果，不构成本罪。在处理这种犯罪时，还必须查明损坏交通工具的行为同严重后果是否存在因果关系，如果虽然后果严重但查明不是过失损坏交通工具的行为所引起，不构成过失损坏交通工具罪。

（三）实务疑难问题

1. 区分本罪与破坏交通工具罪的界限

二者都是以交通工具为侵害对象的危害交通运输安全的犯罪，主要区别在于：（1）主观罪过形式不同。前者是过失犯罪；而后者是故意犯罪。（2）对危害结果的要求不同。前者把造成严重后果作为构成犯罪的法定要件。如果行为人过失实施了损坏交通工具的行为，但没有造成严重后果的，不构成本罪；而后者则不论是否发生了严重后果，只要行为人故意实施了破坏交通工具的行为，足以使火车、汽车、电车、船只、航空器发生倾覆、毁坏危险的，就构成破坏交通工具罪。

2. 区分本罪与交通肇事罪的界限

两者都是过失犯罪，主要区别在于客观方面不同。过失损坏交通工具罪主要表现为行为人因过失行为而致使火车、汽车、电车、船只、航空器发生倾覆、毁坏，造成严重后果；交通肇事罪则表现为行为人（包括从事交通运输的人员和非从事交通运输的人员）违反交通运输管理法规而引起重大事故，致人重伤、死亡或者使公私财产遭受重大损失。因此，如果交通运输人员在驾驶交通工具的过程中，违反交通运输管理法规，过失引起交通工具倾覆、毁坏，造成严重后果，则不构成过失损坏交通工具罪，而构成交通肇事罪。

（四）情节与量刑

《刑法》第119条第2款规定，犯过失损坏交通工具罪的，处3年以上7

年以下有期徒刑；情节较轻的，处 3 年以下有期徒刑或者拘役。

司法实践中应当注意的问题是，所谓情节较轻，主要是指过失损坏交通工具，虽造成人员重伤、死亡或者公私财产重大损失的后果，但行为人由于自身具有残疾等原因导致危害后果发生，或者积极参与救治、赔偿损失等情节。

十六、过失损坏交通设施罪

（一）法律规定

第一百一十九条　破坏交通工具、交通设施、电力设备、燃气设备、易燃易爆设备，造成严重后果的，处十年以上有期徒刑、无期徒刑或者死刑。

过失犯前款罪的，处三年以上七年以下有期徒刑；情节较轻的，处三年以下有期徒刑或者拘役。

（二）罪名详解

过失损坏交通设施罪，是指由于过失损坏轨道、桥梁、隧道、公路、机场、航道、灯塔、标志等交通设施，致使火车、汽车、电车、船只、航空器发生倾覆、毁坏的严重后果，危害公共安全的行为。

本罪 1979 年《刑法》第 110 条作了规定。

过失损坏交通设施罪的构成要件是：

1. 主体要件

本罪主体为一般主体，即凡年满 16 周岁并具有刑事责任能力的自然人，都可以构成过失损坏交通设施罪的主体。

2. 客体要件

本罪侵犯的客体是交通运输安全。犯罪对象是正在使用中的轨道、桥梁、隧道、公路、机场、航道、灯塔、标志等交通设施。而且，这些交通设施必须是处于正在使用中。因为只有过失损坏正在使用中的交通设施，才可能危害交通运输安全，造成严重后果。也就是说，如果行为过失损坏的交通设施不是正在使用中，而是正在生产或正在修理而未交付使用，或者废弃不用的交通设施，则不成立本罪。

3. 主观要件

本罪主观方面由过失构成。既可能是出于疏忽大意的过失，也可能是出于过于自信的过失。

4. 客观要件

客观方面表现为过失损坏轨道、桥梁、隧道、公路、机场、航道、灯塔、标志等交通设施，致使火车、汽车、电车、船只、航空器发生倾覆、毁坏等严重后果的行为。

（三）实务疑难问题

1. 区分本罪与破坏交通设施罪的界限

二者都是以交通设施为侵害对象的危害交通运输安全的犯罪，主要区别在于：（1）主观罪过形式不同。前者是过失犯罪；而后者是故意犯罪。（2）对危害结果的要求不同。前者把造成严重后果作为构成犯罪的法定要件，如果行为人过失实施了损坏交通设施的行为，没有造成严重后果的，则不构成本罪；而后者则不论是否发生了严重后果，只要行为人故意实施了破坏交通设施的行为，就构成破坏交通设施罪。

2. 区分本罪与过失损坏交通工具罪的界限

两者都是过失犯罪，主要区别在于犯罪对象和客观方面不同。过失损坏交通设施罪主要是过失损坏正在使用中的轨道、桥梁、隧道、公路、机场、航道、灯塔、标志等交通设施，危害公共安全，致使火车等交通工具倾覆或毁坏，造成严重后果；过失损坏交通工具罪则是过失损坏火车、汽车、电车、船只、航空器等交通工具，而危害公共安全，造成严重后果。

3. 同时符合交通肇事罪与过失损坏交通设施罪构成要件的，属法条竞合，应择一重罪论处。一般而言交通肇事罪的处罚（不含逃逸）就过失损坏交通设施罪更轻，故可以过失损坏交通设施罪论处。

（四）情节与量刑

《刑法》第 119 条第 2 款规定，犯过失损坏交通设施罪的，处 3 年以上 7 年以下有期徒刑；情节较轻的，处 3 年以下有期徒刑或者拘役。

司法实践中应当注意的问题是，所谓情节较轻，主要是指过失损坏交通设施，虽造成人员重伤、死亡或者公私财产重大损失的后果，但行为人由于自身具有残疾等原因导致危害后果发生，或者积极参与救治、赔偿损失等情节。

十七、过失损坏电力设备罪

（一）法律规定

第一百一十九条　破坏交通工具、交通设施、电力设备、燃气设备、易燃易爆设备，造成严重后果的，处十年以上有期徒刑、无期徒刑或者死刑。

过失犯前款罪的，处三年以上七年以下有期徒刑；情节较轻的，处三年以下有期徒刑或者拘役。

（二）罪名详解

过失损坏电力设备罪，是指由于过失，致使电力设备毁坏，危害公共安全的行为。

本罪1979年《刑法》第110条作了规定。

过失损坏电力设备罪的构成要件是：

1. 主体要件

本罪主体为一般主体，即凡年满16周岁并具有刑事责任能力的自然人，都可以构成过失损坏电力设备罪的主体。

2. 客体要件

本罪侵犯的客体是公共安全和电力供应安全。犯罪对象是电力设备。“电力设备”，是指用来发电和供电、变电的公用设备，如发电厂、供电站、高压输电线路，等等。本罪的犯罪对象即电力设备必须是处于运行、应急等使用中的电力设备，已经通电使用、只是由于枯水季节或电力不足等原因暂停使用的电力设备，已经交付使用但尚未通电的电力设备。不包括尚未安装完毕，或者已经安装完毕但尚未交付使用的电力设备。也就是说，过失损坏的如果不是正在使用中的电力设备如库存的、废弃的、正在生产中的或修理中的电力设备，则不成立该罪。

3. 主观要件

本罪主观方面由过失构成。既可能是出于疏忽大意的过失，也可能是出于过于自信的过失。

4. 客观要件

客观方面表现为过失损坏正在使用中的电力设备，致使电力设备毁坏，危害公共安全的行为。行为人实施上述损坏电力设备的行为，必须造成电力设备毁坏的严重后果，才能构成本罪。（1）行为人必须有过失损坏电力设备的行为，即行为人由于自己的行为不慎，损坏了电力设备。（2）行为人过失损坏电力设备的行为必须危害公共安全。也就是说，由于行为人的过失行为损坏了电力设备，从而影响或破坏了电力设备的正常性能，并进而危害公共安全。但是，如果行为人的过失损坏行为没有影响电力设备的正常性能，没有危害公共安全的，则不构成本罪。（3）行为人过失损坏电力设备的行为必须造成严重后果。这里的严重后果是指致人重伤、死亡或者使公私财产遭受重大损失。公私财产遭受重大损失，其范围包括电量损失金额，被毁损设备材料的购置、更换、修复费用，以及因停电给用户造成的直接经济损失等。（4）行为人过失损坏电力设备的行为与严重后果之间存在刑法上的因果关系，即严重后果是由于行为人过失损坏电力设备的行为引起的。

（三）实务疑难问题

1. 区分本罪与破坏电力设备罪的界限

二者都是以电力设备为侵害对象的危害电力设备安全的犯罪，主要区别在于：（1）主观罪过形式不同。前者是过失犯罪；而后者是故意犯罪。（2）对危害结果的要求不同。前者把造成严重后果作为构成犯罪的法定要件，如果行为人过失实施了损坏电力设备的行为，没有造成严重后果的，则不构成本罪；而后者则不论是否发生了严重后果，只要行为人故意实施了破坏电力设备的行为，就构成破坏电力设备罪。

2. 区分本罪与重大责任事故罪的界限

本罪与重大责任事故罪的主要区别是：（1）犯罪主体不同。重大责任事故罪的犯罪主体是特殊主体；过失损坏电力设备罪的犯罪主体是一般主体。（2）侵犯的客体不同。重大责任事故罪侵犯的客体是企业、事业单位的生产作业安全；过失损坏电力设备罪侵犯的客体是公共安全。因此，电力部门职工在生产作业过程中，违反规章制度，因而发生损坏电力设备的重大事故，造成严重后果的行为，是由于电力部门职工这一特殊犯罪主体在生产作业过程中的业务过失所造成的严重后果，应以特别法条即重大责任事故罪论处，而不能以过失损坏电力设备罪论处。

（四）情节与量刑

《刑法》第 119 条第 2 款规定，犯过失损坏电力设备罪的，处 3 年以上 7 年以下有期徒刑；情节较轻的，处 3 年以下有期徒刑或者拘役。

（五）法律链接

最高人民法院关于审理破坏电力设备刑事案件具体应用法律若干问题的解释（法释〔2007〕15 号　自 2007 年 8 月 21 日起施行）（节录）

为维护公共安全，依法惩治破坏电力设备等犯罪活动，根据刑法有关规定，现就审理这类刑事案件具体应用法律的若干问题解释如下：

第二条　过失损坏电力设备，造成本解释第一条规定的严重后果的，依照刑法第一百一十九条第二款的规定，以过失损坏电力设备罪判处三年以上七年以下有期徒刑；情节较轻的，处三年以下有期徒刑或者拘役。

第四条　本解释所称电力设备，是指处于运行、应急等使用中的电力设备；已经通电使用，只是由于枯水季节或电力不足等原因暂停使用的电力设备；已经交付使用但尚未通电的电力设备。不包括尚未安装完毕，或者已经安装完毕但尚未交付使用的电力设备。

本解释中直接经济损失的计算范围，包括电量损失金额，被毁损设备材料的购置、更换、修复费用，以及因停电给用户造成的直接经济损失等。

十八、过失损坏易燃易爆设备罪

（一）法律规定

第一百一十九条　**破坏交通工具、交通设施、电力设备、燃气设备、易燃易爆设备，造成严重后果的，处十年以上有期徒刑、无期徒刑或者死刑。**

过失犯前款罪的，处三年以上七年以下有期徒刑；情节较轻的，处三年以下有期徒刑或者拘役。

（二）罪名详解

过失损坏易燃易爆设备罪，是指由于过失，致使燃气或者其他易燃易爆设备毁坏，危害公共安全的行为。

本罪1979年《刑法》第110条作了规定。1997年《刑法》第119条在罪状部分增加了有关“燃气设备”的规定。

过失损坏易燃易爆设备罪的构成要件是：

1. 主体要件

本罪主体为一般主体，即凡年满16周岁并具有刑事责任能力的自然人，都可以构成过失损坏易燃易爆设备罪的主体。

2. 客体要件

本罪侵犯的客体是公共安全和易燃易爆物品供应安全。犯罪对象是正在使用中的燃气或者其他易燃易爆设备。

3. 主观要件

本罪主观方面由过失构成。既可能是出于疏忽大意的过失，也可能是出于过于自信的过失。

4. 客观要件

本罪客观方面表现为由于过失损坏正在使用中的燃气或者其他易燃易爆设备，致使燃气或者其他易燃易爆设备毁坏，危害公共安全的行为。行为人实施上述损坏易燃易爆设备的行为，必须造成易燃易爆设备毁坏的严重后果，才能构成本罪。

（三）实务疑难问题

区分本罪与破坏易燃易爆设备罪的界限

二者都是以易燃易爆设备为侵害对象的危害易燃易爆设备安全的犯罪，主要区别在于：（1）主观罪过形式不同。前者是过失犯罪；而后者是故意犯罪。（2）对危害结果的要求不同。前者把造成严重后果作为构成犯罪的法定要件，如果行为人过失实施了损坏易燃易爆设备的行为，没有造成严重后果的，则不构成本罪；而后者则不论是否发生了严重后果，只要行为人故意实施了破坏易燃易爆设备的行为，就构成破坏易燃易爆设备罪。

（四）情节与量刑

《刑法》第 119 条第 2 款规定，犯过失损坏易燃易爆设备罪的，处 3 年以上 7 年以下有期徒刑；情节较轻的，处 3 年以下有期徒刑或者拘役。

十九、组织、领导、参加恐怖组织罪

（一）法律规定

第一百二十条[①] **组织、领导恐怖活动组织的，处十年以上有期徒刑或者无期徒刑，并处没收财产；积极参加的，处三年以上十年以下有期徒刑，并处罚金；其他参加的，处三年以下有期徒刑、拘役、管制或者剥夺政治权利，可以并处罚金。**

犯前款罪并实施杀人、爆炸、绑架等犯罪的，依照数罪并罚的规定处罚。

（二）罪名详解

组织、领导、参加恐怖组织罪，是指以进行恐怖活动为目的，组织、领导或者参加恐怖活动组织的行为。

本罪是 1997 年刑法增设的罪名，1979 年刑法和单行刑法均没有规定此罪名。《刑法修正案（三）》第 3 条为了加重对组织、领导恐怖活动组织罪的处罚，对 1997 年《刑法》第 120 条第 1 款作了修改。《刑法修正案（九）》第 5 条增加规定了财产刑。

---

① 本条 1997 年《刑法》原条文第 1 款为：“组织、领导和积极参加恐怖活动组织的，处三年以上十年以下有期徒刑；其他参加的，处三年以下有期徒刑、拘役或者管制。”

经 2001 年 12 月 29 日《刑法修正案（三）》第 3 条修正为：“组织、领导恐怖活动组织的，处十年以上有期徒刑或者无期徒刑；积极参加的，处三年以上十年以下有期徒刑；其他参加的，处三年以下有期徒刑、拘役、管制或者剥夺政治权利。”

经 2015 年 8 月 29 日《刑法修正案（九）》第 5 条修正成现条文。

组织、领导、参加恐怖组织罪的构成要件是：

1. 主体要件

本罪主体为一般主体。达到刑事责任年龄，具有刑事责任能力的人均可构成本罪主体。中国人、外国人或者无国籍人都可以构成本罪的主体。

2. 客体要件

本罪侵犯的客体是社会的公共安全。行为人通过组织、领导或者参加恐怖活动组织，进行恐怖活动等方式，危害社会治安，以达到犯罪目的，这是一种危害十分严重的犯罪。近年来，组织、领导恐怖活动组织进行恐怖活动的犯罪在我国已经出现。恐怖活动是现代社会的一大公害。有规模的恐怖组织所策划、实施的恐怖活动对社会生活的正常秩序是一种极大的干扰和破坏，对公民的人身和财产安全，对社会的稳定构成严重的威胁。2001 年 9 月发生在美国的震惊全世界的“9・11”事件，以及 2002 年先后发生在印度尼西亚的巴厘岛事件、肯尼亚的蒙巴塞事件、莫斯科的劫持人质事件和车臣爆炸政府大楼事件、2014 年昆明火车站暴恐案等就是明显的例证。为了遏制这种犯罪的蔓延，修订刑法时增设了本罪。

3. 主观要件

主观方面由直接故意构成，并且具有共同进行恐怖活动的目的。恐怖活动组织是一种有组织、有计划、有目的地进行恐怖活动的组织，犯罪分子的主观恶性很深，社会危害极大。

4. 客观要件

客观方面表现为组织、领导、参加恐怖活动组织的行为。

根据 2016 年 1 月 1 日起施行的《反恐怖主义法》的规定：

“第三条　本法所称恐怖主义，是指通过暴力、破坏、恐吓等手段，制造社会恐慌、危害公共安全、侵犯人身财产，或者胁迫国家机关、国际组织，以实现其政治、意识形态等目的的主张和行为。

“本法所称恐怖活动，是指恐怖主义性质的下列行为：

“（一）组织、策划、准备实施、实施造成或者意图造成人员伤亡、重大财产损失、公共设施损坏、社会秩序混乱等严重社会危害的活动的；

“（二）宣扬恐怖主义，煽动实施恐怖活动，或者非法持有宣扬恐怖主义的物品，强制他人在公共场所穿戴宣扬恐怖主义的服饰、标志的；

“（三）组织、领导、参加恐怖活动组织的；

“（四）为恐怖活动组织、恐怖活动人员、实施恐怖活动或者恐怖活动培训提供信息、资金、物资、劳务、技术、场所等支持、协助、便利的；

“（五）其他恐怖活动。

“本法所称恐怖活动组织，是指三人以上为实施恐怖活动而组成的犯罪组织。

“本法所称恐怖活动人员，是指实施恐怖活动的人和恐怖活动组织的成员。

“本法所称恐怖事件，是指正在发生或者已经发生的造成或者可能造成重大社会危害的恐怖活动。

“第十二条　国家反恐怖主义工作领导机构根据本法第三条的规定，认定恐怖活动组织和人员，由国家反恐怖主义工作领导机构的办事机构予以公告。”

2003年公安部公布了第一批认定“东突”恐怖组织名单和第一批认定的“东突”恐怖分子名单。恐怖组织包括：（1）东突厥斯坦伊斯兰运动；（2）东突厥斯坦解放组织；（3）世界维吾尔青年代表大会；（4）东突厥斯坦新闻信息中心。公安部于2008年和2012年分别公布了第二批和第三批认定的“东突”恐怖分子名单。

“组织”，是指鼓动、召集若干人建立或者组织专门从事某一特定恐怖活动的比较稳定的组织或者集团的行为；“领导”是指在恐怖活动组织中起策划、指挥、决定作用的行为；“积极参加”，是指对参与恐怖活动态度积极，如自愿多次参加恐怖活动组织实施的恐怖活动，或者虽然是偶尔参加恐怖组织的活动，但在其参加的恐怖活动中起主要作用的行为；“其他参加的”，是指恐怖组织中非自愿参加，或者未发挥重要作用的一般成员。按照法律规定，行为人只要实施了组织、领导或者参加恐怖活动组织其中一种行为就构成本罪，实施两种以上行为仍为一罪，不实行并罚。

最高人民法院、最高人民检察院、公安部公布的《关于办理暴力恐怖和宗教极端刑事案件适用法律若干问题的意见》规定：

“二、准确认定案件性质

“（一）为制造社会恐慌、危害公共安全或者胁迫国家机关、国际组织，组织、纠集他人，策划、实施下列行为之一，造成或者意图造成人员伤亡、重大财产损失、公共设施损坏、社会秩序混乱的，以组织、领导、参加恐怖组织罪定罪处罚：

“1. 发起、建立恐怖活动组织或者以从事恐怖活动为目的的训练营地，进行恐怖活动体能、技能训练的；

“2. 为组建恐怖活动组织、发展组织成员或者组织、策划、实施恐怖活动，宣扬、散布、传播宗教极端、暴力恐怖思想的；

“3. 在恐怖活动组织成立以后，利用宗教极端、暴力恐怖思想控制组织成员，指挥组织成员进行恐怖活动的；

“4. 对特定或者不特定的目标进行爆炸、放火、杀人、伤害、绑架、劫持、恐吓、投放危险物质及其他暴力活动的；

“5. 制造、买卖、运输、储存枪支、弹药、爆炸物的；

“6. 设计、制造、散发、邮寄、销售、展示含有暴力恐怖思想内容的标识、标志物、旗帜、徽章、服饰、器物、纪念品的；

“7. 参与制定行动计划、准备作案工具等活动的。

“组织、领导、参加恐怖活动组织，同时实施杀人、放火、爆炸、非法制造爆炸物、绑架、抢劫等犯罪的，以组织、领导、参加恐怖组织罪和故意杀人罪、放火罪、爆炸罪、非法制造爆炸物罪、绑架罪、抢劫罪等数罪并罚。

“（二）参加或者纠集他人参加恐怖活动组织的，或者为参加恐怖活动组织、接受其训练，出境或者组织、策划、煽动、拉拢他人出境，或者在境内跨区域活动，进行犯罪准备行为的，以参加恐怖组织罪定罪处罚。”

（三）实务疑难问题

1. 罪与非罪的界限

本罪是一个选择性罪名，行为人只要实施组织、领导、参加恐怖组织行为之一的即构成本罪。司法实践中，对于参加恐怖组织罪而言，行为人必须明知是恐怖组织而自愿参加，方可构成本罪。也就是说，对于那些不明真相、受骗上当而参加恐怖组织，一经发觉就表示并实际上与其脱离关系的人，则不能认定其构成参加恐怖组织罪。

2. 区分组织、领导、参加恐怖组织罪既遂与未遂的界限

本罪在犯罪形态上属行为犯。行为人只要实施了组织、领导、参加恐怖活动组织的行为，就构成本罪，而不要求恐怖活动组织成立后是否进行了恐怖活动。不论是否实施恐怖活动行为均应当认定为组织、领导、参加恐怖组织罪的既遂。当然，如果行为人在组织、策划成立恐怖活动组织的过程中被

查获或在“着手”准备参加恐怖活动组织时被制止，或由于误认为是恐怖活动组织而参加的，应认定为组织、领导、参加恐怖组织罪的未遂。

3. 区分组织、领导、参加恐怖组织罪与组织、领导、参加黑社会性质组织罪的界限

组织、领导、参加恐怖组织罪和组织、领导、参加黑社会性质组织罪有较多共同之处，两者最大的区别在于所组织、领导、参加的组织性质不同。

根据《刑法修正案（八）》的规定，“黑社会性质的组织”应当具备以下特征：（1）形成较稳定的犯罪组织，人数较多，有明确的组织者、领导者，骨干成员基本固定；（2）有组织地通过违法犯罪活动或者其他手段获取经济利益，具有一定的经济实力，以支持该组织的活动；（3）以暴力、威胁或者其他手段，有组织地多次进行违法犯罪活动，为非作恶，欺压、残害群众；（4）通过实施违法犯罪活动，或者利用国家工作人员的包庇或者纵容，称霸一方，在一定区域或者行业内，形成非法控制或者重大影响，严重破坏经济、社会生活秩序。

这两种犯罪组织主要有以下区别：（1）恐怖活动组织不以追求非法经济利益为目的，而是追求意识形态等方面的目的或者其他目的，他们通过实施恐怖暴力行为，企图制造政局不稳、社会动荡、政府无能的局面，迫使政府或者国际社会满足他们的要求；黑社会性质组织往往出于追求非法的经济利益为目的，一般以向社会提供非法服务，满足一些社会上的非法需要的方式攫取巨额的非法利润，经常插手赌博、控制卖淫、贩毒、走私等贪利性的犯罪；（2）恐怖活动组织以暗杀、放火、爆炸、投毒、劫持人质、劫持航空器等恐怖犯罪作为犯罪的主要手段甚至唯一手段；黑社会性质组织则以暴力作为实施犯罪的后盾，在提供非法服务、收取保护费时一般不首先使用武力，只是在其犯罪行为受到阻碍、遇到反抗或者为追求对犯罪的垄断而火并、清除异己时，才以暴力作为制服对方的法宝；（3）恐怖活动组织一般不会以通过贿赂政府官员的方式建立自己的保护体系，而且往往以暗杀政府官员为行为目标，在组织成员被捕以后往往以绑架、爆炸等手段威吓政府，迫使政府释放被捕成员。但是，恐怖活动组织往往会寻求一些国际势力的支持。黑社会性质组织则往往以贿赂手段建立自己的保护体系，他们拉拢、腐蚀国家公职人员，一般不和政府公开对抗，在组织成员被捕后企图通过毁灭证据、贿赂官员、高薪聘请律师等方式求得无罪处理，往往只有在政府坚决打击其犯罪行为、摧毁其组织时，他们才暗杀政府中的领导，武装对抗政府；（4）恐怖活动组织在政

治上是激进的，他们对社会现实强烈不满，要求以暴力方式达到社会变革的目的；黑社会性质组织在政治上是保守的，他们并不希望进行社会变革，相反，为了使其苦心经营的政治保护体系长期存在，他们甚至反对进行社会变革；（5）恐怖活动组织带有一定政治倾向，具有自己的意识形态目标，国际上有的国家和政治组织总是千方百计地暗中资助、操纵恐怖活动组织，以达到自己在国际政治斗争中的目的，因此恐怖活动组织往往是居心叵测的异国或政治反对派的政治工具；黑社会性质组织虽然有少数国家公职人员为其提供政治、法律保护，但各国无不视黑社会性质组织为社会的毒瘤，各国政府均严厉打击黑社会性质组织，公职人员包庇、纵容黑社会组织的，构成犯罪。

恐怖组织与黑社会性质组织之间既存在上述显著区别，又有许多的相似之处和一定的联系，两者之间还可能相互转化。如果行为人先后既组织、领导恐怖活动组织又组织、领导黑社会性质组织，则应当数罪并罚。如果行为人组织、领导、参加的犯罪组织同时符合该两种犯罪组织的特征，属于想象竞合犯，应按较重的犯罪定罪处罚。

4. 组织、领导、参加恐怖组织罪罪数形态的认定

《刑法》第120条第2款规定："犯前款罪并实施杀人、爆炸、绑架等犯罪的，依照数罪并罚的规定处罚。"适用该条款时应注意以下问题：（1）"杀人、爆炸、绑架等犯罪"是第一款规定的组织、领导、参加恐怖组织罪以外的其他犯罪，即包括组织成员以组织名义、按照组织计划实施的具体犯罪行为，也包括犯罪分子个人实施的、与组织无关的犯罪行为；（2）参加恐怖活动组织的犯罪分子只对自己实施或参与实施的犯罪承担刑事责任，即对自己教唆、实行或者帮助的犯罪负责；（3）组织、领导恐怖组织的犯罪分子除应对自己亲自实施的犯罪负责之外，还要对其组织、领导、策划、指挥的具体犯罪行为承担组织犯的刑事责任。

5. 关于财产刑的并处

《刑法修正案（九）》第5条对本罪增加规定了财产刑。其中，组织、领导恐怖活动组织的，并处没收财产；积极参加的，并处罚金；其他参加的，可以并处罚金。

（四）情节与量刑

《刑法》第120条第1款规定，组织、领导恐怖活动组织的，处10年以

上有期徒刑或者无期徒刑，并处没收财产；积极参加的，处 3 年以上 10 年以下有期徒刑，并处罚金；其他参加的，处 3 年以下有期徒刑、拘役、管制或者剥夺政治权利，可以并处罚金。

本条第 2 款规定，犯前款罪并实施杀人、爆炸、绑架等犯罪的，依照数罪并罚的规定处罚。

司法机关在依照本条第 1 款规定处罚时，应当注意根据案件的不同情况，区别对待，体现宽严相济的政策。上述规定，既体现了刑法对恐怖组织的组织者、领导者和积极参加者依法从严处罚的精神，也体现了对一般参加者从宽处罚的精神。从司法实践的情况看，参加恐怖活动组织的人员往往情况比较复杂，处理时应当注意贯彻打击少数、争取教育多数的政策精神。打击的重点是恐怖活动的组织者、领导者。对于那些因不明真相而参加恐怖活动组织，一经发觉即表示脱离关系，实际上停止参加恐怖组织活动或者只是参加了一般性活动的；对于被煽惑、利诱参加恐怖组织，但没有积极行动的；对于被胁迫参加恐怖活动组织，罪行轻微的等，均应在 3 年以下处刑。

量刑档次	对应情节	有关概念解释	附加刑的适用
十年以上有期徒刑或者无期徒刑	组织、领导恐怖活动组织的	“组织”，是指鼓动、召集若干人建立或者组织专门从事某一特定恐怖活动的比较稳定的组织或者集团的行为。“领导”是指在恐怖活动组织中起策划、指挥、决定作用的行为。	并处没收财产
三年以上十年以下有期徒刑	积极参加的	“积极参加”，一般是指对参与恐怖活动态度积极，如自愿多次参加恐怖活动组织实施的恐怖活动，或者虽然是偶尔参加恐怖组织的活动，但在其参加的恐怖活动中起主要作用的行为。	并处罚金

续表

量刑档次	对应情节	有关概念解释	附加刑的适用
三年以下有期徒刑、拘役、管制或者剥夺政治权利	其他参加的	“其他参加的”，一般是指恐怖组织中非自愿参加，或者未发挥重要作用的一般成员。	可以并处罚金

（五）法律链接

1. 中华人民共和国反恐怖主义法（2015 年 12 月 27 日第十二届全国人民代表大会常务委员会第十八次会议通过　根据 2018 年 4 月 27 日第十三届全国人民代表大会常务委员会第二次会议《关于修改〈中华人民共和国国境卫生检疫法〉等六部法律的决定》修正）（节录）

第二条　国家反对一切形式的恐怖主义，依法取缔恐怖活动组织，对任何组织、策划、准备实施、实施恐怖活动，宣扬恐怖主义，煽动实施恐怖活动，组织、领导、参加恐怖活动组织，为恐怖活动提供帮助的，依法追究法律责任。

国家不向任何恐怖活动组织和人员作出妥协，不向任何恐怖活动人员提供庇护或者给予难民地位。

第三条　本法所称恐怖主义，是指通过暴力、破坏、恐吓等手段，制造社会恐慌、危害公共安全、侵犯人身财产，或者胁迫国家机关、国际组织，以实现其政治、意识形态等目的的主张和行为。

本法所称恐怖活动，是指恐怖主义性质的下列行为：

（一）组织、策划、准备实施、实施造成或者意图造成人员伤亡、重大财产损失、公共设施损坏、社会秩序混乱等严重社会危害的活动的；

（二）宣扬恐怖主义，煽动实施恐怖活动，或者非法持有宣扬恐怖主义的物品，强制他人在公共场所穿戴宣扬恐怖主义的服饰、标志的；

（三）组织、领导、参加恐怖活动组织的；

（四）为恐怖活动组织、恐怖活动人员、实施恐怖活动或者恐怖活动培训提供信息、资金、物资、劳务、技术、场所等支持、协助、便利的；

（五）其他恐怖活动。

本法所称恐怖活动组织，是指三人以上为实施恐怖活动而组成的犯罪组织。

本法所称恐怖活动人员，是指实施恐怖活动的人和恐怖活动组织的成员。

本法所称恐怖事件，是指正在发生或者已经发生的造成或者可能造成重大社会危害的恐怖活动。

第十一条 对在中华人民共和国领域外对中华人民共和国国家、公民或者机构实施的恐怖活动犯罪，或者实施的中华人民共和国缔结、参加的国际条约所规定的恐怖活动犯罪，中华人民共和国行使刑事管辖权，依法追究刑事责任。

第十二条 国家反恐怖主义工作领导机构根据本法第三条的规定，认定恐怖活动组织和人员，由国家反恐怖主义工作领导机构的办事机构予以公告。

第十三条 国务院公安部门、国家安全部门、外交部门和省级反恐怖主义工作领导机构对于需要认定恐怖活动组织和人员的，应当向国家反恐怖主义工作领导机构提出申请。

第七十九条 组织、策划、准备实施、实施恐怖活动，宣扬恐怖主义，煽动实施恐怖活动，非法持有宣扬恐怖主义的物品，强制他人在公共场所穿戴宣扬恐怖主义的服饰、标志，组织、领导、参加恐怖活动组织，为恐怖活动组织、恐怖活动人员、实施恐怖活动或者恐怖活动培训提供帮助的，依法追究刑事责任。

2. **最高人民法院、最高人民检察院、公安部、司法部关于办理恐怖活动和极端主义犯罪案件适用法律若干问题的意见**（高检会〔2018〕1号　自2018年3月16日起施行）

为了依法惩治恐怖活动和极端主义犯罪，维护国家安全、社会稳定，保障人民群众生命财产安全，根据《中华人民共和国刑法》《中华人民共和国刑事诉讼法》《中华人民共和国反恐怖主义法》等法律规定，结合司法实践，制定本意见。

一、准确认定犯罪

（一）具有下列情形之一的，应当认定为刑法第一百二十条规定的“组织、领导恐怖活动组织”，以组织、领导恐怖组织罪定罪处罚：

1. 发起、建立恐怖活动组织的；

2. 恐怖活动组织成立后，对组织及其日常运行负责决策、指挥、管理的；

3. 恐怖活动组织成立后，组织、策划、指挥该组织成员进行恐怖活动的；

4. 其他组织、领导恐怖活动组织的情形。

具有下列情形之一的，应当认定为刑法第一百二十条规定的“积极参加”，以参加恐怖组织罪定罪处罚：

1. 纠集他人共同参加恐怖活动组织的；

2. 多次参加恐怖活动组织的；

3. 曾因参加恐怖活动组织、实施恐怖活动被追究刑事责任或者二年内受过行政处罚，又参加恐怖活动组织的；

4. 在恐怖活动组织中实施恐怖活动且作用突出的；

5. 在恐怖活动组织中积极协助组织、领导者实施组织、领导行为的；

6. 其他积极参加恐怖活动组织的情形。

参加恐怖活动组织，但不具有前两款规定情形的，应当认定为刑法第一百二十条规定的“其他参加”，以参加恐怖组织罪定罪处罚。

犯刑法第一百二十条规定的犯罪，又实施杀人、放火、爆炸、绑架、抢劫等犯罪的，依照数罪并罚的规定定罪处罚。

（二）具有下列情形之一的，依照刑法第一百二十条之一的规定，以帮助恐怖活动罪定罪处罚：

1. 以募捐、变卖房产、转移资金等方式为恐怖活动组织、实施恐怖活动的个人、恐怖活动培训筹集、提供经费，或者提供器材、设备、交通工具、武器装备等物资，或者提供其他物质便利的；

2. 以宣传、招收、介绍、输送等方式为恐怖活动组织、实施恐怖活动、恐怖活动培训招募人员的；

3. 以帮助非法出入境，或者为非法出入境提供中介服务、中转运送、停留住宿、伪造身份证明材料等便利，或者充当向导、帮助探查偷越国（边）境路线等方式，为恐怖活动组织、实施恐怖活动、恐怖活动培训运送人员的；

4. 其他资助恐怖活动组织、实施恐怖活动的个人、恐怖活动培训，或者为恐怖活动组织、实施恐怖活动、恐怖活动培训招募、运送人员的情形。

实施恐怖活动的个人，包括已经实施恐怖活动的个人，也包括准备实施、正在实施恐怖活动的个人。包括在我国领域内实施恐怖活动的个人，也包括在我国领域外实施恐怖活动的个人。包括我国公民，也包括外国公民和无国籍人。

帮助恐怖活动罪的主观故意，应当根据案件具体情况，结合行为人的具体行为、认知能力、一贯表现和职业等综合认定。

明知是恐怖活动犯罪所得及其产生的收益，为掩饰、隐瞒其来源和性质，而提供资金账户，协助将财产转换为现金、金融票据、有价证券，通过转账或者其他结算方式协助资金转移，协助将资金汇往境外的，以洗钱罪定罪处罚。事先通谋的，以相关恐怖活动犯罪的共同犯罪论处。

（三）具有下列情形之一的，依照刑法第一百二十条之二的规定，以准备实施恐怖活动罪定罪处罚：

1. 为实施恐怖活动制造、购买、储存、运输凶器，易燃易爆、易制爆品，腐蚀性、放射性、传染性、毒害性物品等危险物品，或者其他工具的；

2. 以当面传授、开办培训班、组建训练营、开办论坛、组织收听收看音频视频资料等方式，或者利用网站、网页、论坛、博客、微博客、网盘、即时通信、通讯群组、聊天室等网络平台、网络应用服务组织恐怖活动培训的，或者积极参加恐怖活动心理体能培训，传授、学习犯罪技能方法或者进行恐怖活动训练的；

3. 为实施恐怖活动，通过拨打电话、发送短信、电子邮件等方式，或者利用网站、网页、论坛、博客、微博客、网盘、即时通信、通讯群组、聊天室等网络平台、网络应用服务与境外恐怖活动组织、人员联络的；

4. 为实施恐怖活动出入境或者组织、策划、煽动、拉拢他人出入境的；

5. 为实施恐怖活动进行策划或者其他准备的情形。

（四）实施下列行为之一，宣扬恐怖主义、极端主义或者煽动实施恐怖活动的，依照刑法第一百二十条之三的规定，以宣扬恐怖主义、极端主义、煽动实施恐怖活动罪定罪处罚：

1. 编写、出版、印刷、复制、发行、散发、播放载有宣扬恐怖主义、极端主义内容的图书、报刊、文稿、图片或者音频视频资料的；

2. 设计、生产、制作、销售、租赁、运输、托运、寄递、散发、展示带有宣扬恐怖主义、极端主义内容的标识、标志、服饰、旗帜、徽章、器物、纪念品等物品的；

3. 利用网站、网页、论坛、博客、微博客、网盘、即时通信、通讯群组、聊天室等网络平台、网络应用服务等登载、张贴、复制、发送、播放、演示载有恐怖主义、极端主义内容的图书、报刊、文稿、图片或者音频视频资料的；

4. 网站、网页、论坛、博客、微博客、网盘、即时通信、通讯群组，聊天室等网络平台、网络应用服务的建立、开办、经营、管理者，明知他人利用网络平台、网络应用服务散布、宣扬恐怖主义、极端主义内容，经相关行政主管部门处罚后仍允许或者放任他人发布的；

5. 利用教经、讲经、解经、学经、婚礼、葬礼、纪念、聚会和文体活动等宣扬恐怖主义、极端主义、煽动实施恐怖活动的；

6. 其他宣扬恐怖主义、极端主义、煽动实施恐怖活动的行为。

（五）利用极端主义，实施下列行为之一的，依照刑法第一百二十条之四的规定，以利用极端主义破坏法律实施罪定罪处罚：

1. 煽动、胁迫群众以宗教仪式取代结婚、离婚登记，或者干涉婚姻自由的；

2. 煽动、胁迫群众破坏国家法律确立的司法制度实施的；

3. 煽动、胁迫群众干涉未成年人接受义务教育，或者破坏学校教育制度、国家教育考试制度等国家法律规定的教育制度的；

4. 煽动、胁迫群众抵制人民政府依法管理，或者阻碍国家机关工作人员依法执行职务的；

5. 煽动、胁迫群众损毁居民身份证、居民户口簿等国家法定证件以及人民币的；

6. 煽动、胁迫群众驱赶其他民族、有其他信仰的人员离开居住地，或者干涉他人生活和生产经营的；

7. 其他煽动、胁迫群众破坏国家法律制度实施的行为。

（六）具有下列情形之一的，依照刑法第一百二十条之五的规定，以强制穿戴宣扬恐怖主义、极端主义服饰、标志罪定罪处罚：

1. 以暴力、胁迫等方式强制他人在公共场所穿着、佩戴宣扬恐怖主义、极端主义服饰的；

2. 以暴力、胁迫等方式强制他人在公共场所穿着、佩戴含有恐怖主义、极端主义的文字、符号、图形、口号、徽章的服饰、标志的；

3. 其他强制他人穿戴宣扬恐怖主义、极端主义服饰、标志的情形。

（七）明知是载有宣扬恐怖主义、极端主义内容的图书、报刊、文稿、图片、音频视频资料、服饰、标志或者其他物品而非法持有，达到下列数量标准之一的，依照刑法第一百二十条之六的规定，以非法持有宣扬恐怖主义、极端主义物品罪定罪处罚：

1. 图书、刊物二十册以上，或者电子图书、刊物五册以上的；

2. 报纸一百份（张）以上，或者电子报纸二十份（张）以上的；

3. 文稿、图片一百篇（张）以上，或者电子文稿、图片二十篇（张）以上，或者电子文档五十万字符以上的；

4. 录音带、录像带等音像制品二十个以上，或者电子音频视频资料五个以上，或者电子音频视频资料二十分钟以上的；

5. 服饰、标志二十件以上的。

非法持有宣扬恐怖主义、极端主义的物品，虽未达到前款规定的数量标准，但具有多次持有，持有多类物品，造成严重后果或者恶劣社会影响，曾因实施恐怖活动、极端主义违法犯罪被追究刑事责任或者二年内受过行政处罚等情形之一的，也可以定罪处罚。

多次非法持有宣扬恐怖主义、极端主义的物品，未经处理的，数量应当累计计算。非法持有宣扬恐怖主义、极端主义的物品，涉及不同种类或者形式的，可以根据本条规定的不同数量标准的相应比例折算后累计计算。

非法持有宣扬恐怖主义、极端主义物品罪主观故意中的“明知”，应当根据案件具体情况，以行为人实施的客观行为为基础，结合其一贯表现，具体行为、程度、手段、事后态度，以及年龄、认知和受教育程度、所从事的职业等综合审查判断。

具有下列情形之一，行为人不能做出合理解释的，可以认定其“明知”，但有证据证明确属被蒙骗的除外：

1. 曾因实施恐怖活动、极端主义违法犯罪被追究刑事责任，或者二年内受过行政处罚，或者被责令改正后又实施的；

2. 在执法人员检查时，有逃跑、丢弃携带物品或者逃避、抗拒检查等行为，在其携带、藏匿或者丢弃的物品中查获宣扬恐怖主义、极端主义的物品的；

3. 采用伪装、隐匿、暗语、手势、代号等隐蔽方式制作、散发、持有宣扬恐怖主义、极端主义的物品的；

4. 以虚假身份、地址或者其他虚假方式办理托运，寄递手续，在托运、寄递的物品中查获宣扬恐怖主义、极端主义的物品的；

5. 有其他证据足以证明行为人应当知道的情形。

（八）犯刑法第一百二十条规定的犯罪，同时构成刑法第一百二十条之一至之六规定的犯罪的，依照处罚较重的规定定罪处罚。

犯刑法第一百二十条之一至之六规定的犯罪，同时构成其他犯罪的，依照处罚较重的规定定罪处罚。

（九）恐怖主义、极端主义，恐怖活动，恐怖活动组织，根据《中华人民共和国反恐怖主义法》等法律法规认定。

二、正确适用程序

（一）组织、领导、参加恐怖组织罪，帮助恐怖活动罪，准备实施恐怖活动罪，宣扬恐怖主义、煽动实施恐怖活动罪，强制穿戴宣扬恐怖主义服饰、标志罪，非法持有宣扬恐怖主义物品罪的第一审刑事案件由中级人民法院管辖；宣扬极端主义罪，利用极端主义破坏法律实施罪，强制穿戴宣扬极端主义服饰、标志罪，非法持有宣扬极端主义物品罪的第一审刑事案件由基层人民法院管辖。高级人民法院可以根据级别管辖的规定，结合本地区社会治安状况、案件数量等情况，决定实行相对集中管辖，指定辖区内特定的中级人民法院集中审理恐怖活动和极端主义犯罪第一审刑事案件，或者指定辖区内特定的基层人民法院集中审理极端主义犯罪第一审刑事案件，并将指定法院名单报最高人民法院备案。

（二）国家反恐怖主义工作领导机构对恐怖活动组织和恐怖活动人员作出认定并予以公告的，人民法院可以在办案中根据公告直接认定。国家反恐怖主义工作领导机构没有公告的，人民法院应当严格依照《中华人民共和国反恐怖主义法》有关恐怖活动组织和恐怖活动人员的定义认定，必要时，可以商地市级以上公安机关出具意见作为参考。

（三）宣扬恐怖主义、极端主义的图书、音频视频资料，服饰、标志或者其他物品的认定，应当根据《中华人民共和国反恐怖主义法》有关恐怖主义、极端主义的规定，从其记载的内容、外观特征等分析判断。公安机关应当对涉案物品全面审查并逐一标注或者摘录，提出审读意见，与扣押、移交物品清单及涉案物品原件一并移送人民检察院审查。人民检察院、人民法院可以结合在案证据、案件情况、办案经验等综合审查判断。

（四）恐怖活动和极端主义犯罪案件初查过程中收集提取的电子数据，以及通过网络在线提取的电子数据，可以作为证据使用。对于原始存储介质位于境外或者远程计算机信息系统上的恐怖活动和极端主义犯罪电子数据，可以通过网络在线提取。必要时，可以对远程计算机信息系统进行网络远程勘验。立案后，经设区的市一级以上公安机关负责人批准，可以采取技术侦查措施。对于恐怖活动和极端主义犯罪电子数据量大或者提取时间长等需要冻结的，经县级以上公安机关负责人或者检察长批准，可以进行冻结。对于电子数据涉及的专门性问题难以确定的，由具备资格的司法鉴定机构出具鉴定意见，或者由公安部指定的机构出具报告。

三、完善工作机制

（一）人民法院、人民检察院和公安机关办理恐怖活动和极端主义犯罪案件，应当互相配合，互相制约，确保法律有效执行。对于主要犯罪事实、关键证据和法律适用等可能产生分歧或者重大、疑难、复杂的恐怖活动和极端主义犯罪案件，公安机关商请听取有管辖权的人民检察院意见和建议的，人民检察院可以提出意见和建议。

（二）恐怖活动和极端主义犯罪案件一般由犯罪地公安机关管辖，犯罪嫌疑人居住地公安机关管辖更为适宜的，也可以由犯罪嫌疑人居住地公安机关管辖。移送案件应当一案一卷，将案件卷宗、提取物证和扣押物品等全部随案移交。移送案件的公安机关应当指派专人配合接收案件的公安机关开展后续案件办理工作。

（三）人民法院、人民检察院和公安机关办理恐怖活动和极端主义犯罪案件，应当坚持对涉案人员区别对待，实行教育转化。对被教唆、胁迫、引诱参与恐怖活动、极端主义活动，或者参与恐怖活动、极端主义活动情节轻微，尚不构成犯罪的人员，公安机关应当组织有关部门、村民委员会、居民委员会、所在单位、就读学校、家庭和监护人对其进行帮教。对被判处有期徒刑以上刑罚的恐怖活动罪犯和极端主义罪犯，服刑地的中级人民法院应当根据其社会危险性评估结果和安置教育建议，在其刑满释放前作出是否安置教育的决定。人民检察院依法对安置教育进行监督，对于实施安置教育过程中存在违法行为的，应当及时提出纠正意见或者检察建议。

二十、帮助恐怖活动罪

（一）法律规定

第一百二十条之一[①] 资助恐怖活动组织、实施恐怖活动的个人的，或者资助恐怖活动培训的，处五年以下有期徒刑、拘役、管制或者剥夺政治权利，并处罚金；情节严重的，处五年以上有期徒刑，并处罚金或者没收财产。

为恐怖活动组织、实施恐怖活动或者恐怖活动培训招募、运送人员的，依照前款的规定处罚。

单位犯前两款罪的，对单位判处罚金，并对其直接负责的主管人员和其他直接责任人员，依照第一款的规定处罚。

（二）罪名详解

帮助恐怖活动罪，是指帮助恐怖活动组织或者实施恐怖活动的个人的行为。

本罪是《刑法修正案（三）》第 4 条针对惩治恐怖犯罪活动的需要而增设的新罪名。1979 年刑法和 1997 年刑法均没有规定此罪名。《刑法修正案（九）》将帮助恐怖活动培训的行为纳入本罪，并增加规定第 2 款，对其他帮助行为进行规定。

帮助恐怖活动罪的构成要件是：

1. 主体要件

本罪主体为一般主体。达到刑事责任年龄，具有刑事责任能力的人均可构成本罪主体。中国人、外国人或者无国籍人都可以构成本罪的主体。

---

① 本条为 2001 年 12 月 29 日《刑法修正案（三）》第 4 条增加。原文为："资助恐怖活动组织或者实施恐怖活动的个人的，处五年以下有期徒刑、拘役、管制或者剥夺政治权利，并处罚金；情节严重的，处五年以上有期徒刑，并处罚金或者没收财产。

单位犯前款罪的，对单位判处罚金，并对其直接负责的主管人员和其他直接责任人员，依照前款的规定处罚。"

经 2015 年 8 月 29 日《刑法修正案（九）》第 6 条修正成现条文。

2. 客体要件

本罪侵犯的客体是社会的公共安全。恐怖犯罪活动是当今全球的一大社会公害。“9·11”事件后，联合国安理会于2001年9月29日通过了第1373号决议，规定各国应将为恐怖活动提供或者筹集资金的行为规定为犯罪。帮助恐怖活动的行为是导致恐怖活动难以有效遏制和禁绝的原因之一，是公共安全的一大隐患。为了惩治以提供资金、财物或其他方式帮助恐怖活动组织、个人的犯罪行为，《刑法修正案（三）》增设了本罪，《刑法修正案（九）》对当前恐怖活动犯罪出现的新情况作出了新的针对性规定。

3. 主观要件

主观方面由直接故意构成，即行为人应该明知对方是恐怖组织或实施恐怖活动的人而予以帮助。过失帮助的，不明真相或者因上当受骗而提供帮助的，不构成犯罪。犯罪动机可能出于极端民族主义、极端的宗教信仰或者是意识形态等。

4. 客观要件

客观方面表现为行为人资助或以其他方式帮助恐怖组织或者实施恐怖活动的个人的行为。

第1款中的“资助”行为，包括实施了为恐怖活动组织、实施恐怖活动的个人或者为恐怖活动培训筹集、提供经费、物资或者提供场所以及其他物质便利的行为，如提供信息、劳务、技术等支持、协助、便利的行为。第2款中的“招募”是指通过所谓“合法”或者非法途径，面向特定或不特定的群体的募集人员的行为；“运送”是指用各种交通工具运输人员；这些行为，本质上也是资助行为。

所谓恐怖组织和恐怖活动，应该是按照联合国关于《国际合作防止恐怖主义行为》的第1373号决议所界定的恐怖组织和实施恐怖活动的行为。既包括我国境内的恐怖组织和恐怖分子，也包括境外的恐怖组织和恐怖分子。根据《最高人民法院关于审理洗钱等刑事案件具体应用法律若干问题的解释》第5条的规定，所谓“资助”，是指为恐怖活动组织或者实施恐怖活动的个人筹集、提供经费、物资或者提供场所以及其他物质便利的行为。所谓“实施恐怖活动的个人”，包括预谋实施、准备实施和实际实施恐怖活动的个人。

（三）实务疑难问题

1. 罪与非罪的界限

要把主动资助恐怖组织，与受到恐吓、威胁，被迫向恐怖组织交纳“保护费”，或者受恐怖组织勒索，被迫向其提供金钱、物资或者其他便利的行为严格区分开来。不明真相或者因上当受骗而为恐怖活动组织、实施恐怖活动的个人或者恐怖活动培训提供招募、运送服务等帮助的，不构成犯罪。

2. 帮助恐怖活动罪罪数形态的认定

行为人既实施了帮助恐怖组织行为，又组织、领导或参加了所资助的恐怖组织的，应当根据其在该恐怖组织中的地位、作用，以组织、领导、参加恐怖组织罪论处，而不以帮助恐怖活动罪与组织、领导、参加恐怖组织罪实行并罚。

3. 区分本罪与组织、领导、参加恐怖活动组织罪的共犯的界限

帮助恐怖活动罪不是组织、领导、参加恐怖活动组织罪的共犯。本罪的主观故意是资助恐怖活动组织、实施恐怖活动的个人和恐怖活动培训，而不是作为恐怖活动组织的成员负责有关筹集资金、物资的活动，也不是直接资助恐怖活动组织或者个人所实施的恐怖犯罪活动，其主观故意与被资助对象的犯罪故意是不一致的。如果行为人与恐怖活动组织或者实施恐怖活动的个人通谋，为其提供物资、资金、账号、证明，或者为其提供运输、保管或者其他便利的，则属于共同犯罪。

4. 区分帮助恐怖活动罪与资助危害国家安全犯罪活动罪、资敌罪的界限

资助危害国家安全犯罪活动罪规定在《刑法》第 107 条，是指境内外机构、组织或者个人，资助境内组织或者个人实施危害国家安全的特定犯罪的行为；资敌罪规定在《刑法》第 112 条，是指在战时供给敌人武器装备、军用物资资敌的行为。这两种犯罪都属于危害国家安全的犯罪，都规定在刑法分则第一章。

帮助恐怖活动罪与资助危害国家安全犯罪活动罪、资敌罪在犯罪构成上的区别有以下几点：（1）侵犯的客体不同。帮助恐怖活动罪侵犯的客体是公共安全，后两种犯罪侵犯的客体是国家安全。（2）所资助的对象不同。资助恐怖活动罪资助的对象是恐怖活动组织、实施恐怖犯罪活动的人，无论对方是否正在实施恐怖犯罪活动，无论所资助的资金等物资是否被用于实施恐怖

犯罪活动，对其进行资助的行为均可构成帮助恐怖活动罪；资助危害国家安全犯罪活动罪资助的对象是境内外组织或个人实施的危害国家安全的犯罪活动；资敌罪资助的对象是战时的敌人一方。（3）资助的方式不同。帮助恐怖活动罪与资助危害国家安全犯罪活动罪的方式相同，都表现为提供资金、物质、活动场所等物资，资敌罪则表现为在战时供给敌人武器装备、军用物资的行为。（4）犯罪主体不同。帮助恐怖活动罪和资助危害国家安全活动罪的犯罪主体包括单位和自然人，资敌罪都只能由自然人构成。

5. 区分帮助恐怖活动罪与窝藏、包庇罪的界限

窝藏、包庇罪规定在《刑法》第310条，是指明知是犯罪的人而为其提供隐藏处所、财物，帮助其逃匿或者作假证明进行包庇的行为。资助恐怖活动罪中的窝藏行为与帮助恐怖活动罪有相同之处，如都包括对犯罪分子提供财物、场所等行为，都明知对方的身份等。其区别主要有以下几点：（1）犯罪客体不同。帮助恐怖活动罪的客体是公共安全，窝藏、包庇行为侵犯的客体是司法机关的正常活动；（2）对象不同。帮助恐怖活动罪资助的对象是恐怖组织或者实施恐怖犯罪活动的个人，窝藏、包庇行为的对象是实施了犯罪行为的人；（3）行为发生的时间不同。帮助恐怖活动罪可以发生在被资助的对象实施具体的恐怖犯罪行为之前、之后和实施恐怖犯罪行为的过程中，窝藏、包庇行为只能发生在被窝藏人实施犯罪行为之后；（4）行为方式不同。资助恐怖活动罪的行为方式多样，而窝藏、包庇行为只能表现为给明知是犯罪的人而提供隐蔽处所、财物，帮助其逃匿或者作假证明进行包庇的行为；（5）犯罪主体不同。资助恐怖活动罪的主体既包括自然人，也包括单位，窝藏、包庇行为的主体只能是自然人。

事实上，对于实施了恐怖犯罪行为的犯罪分子进行资助，帮助其藏匿的行为同时符合帮助恐怖活动罪与窝藏罪的犯罪构成，这种情况属于想象竞合，因帮助恐怖活动罪属于重罪，对其应以帮助恐怖活动罪定罪处罚。

（四）情节与量刑

《刑法》第120条之一第1款规定，资助恐怖活动组织、实施恐怖活动的个人的，或者资助恐怖活动培训的，处5年以下有期徒刑、拘役、管制或者剥夺政治权利，并处罚金；情节严重的，处5年以上有期徒刑，并处罚金或者没收财产。

本条第 2 款规定，为恐怖活动组织、实施恐怖活动或者恐怖活动培训招募、运送人员的，依照前款的规定处罚。

本条第 3 款规定，单位犯前两款罪的，对单位判处罚金，并对其直接负责的主管人员和其他直接责任人员，依照第 1 款的规定处罚。

司法机关在依照本条第 1 款、第 2 款规定处罚时，应当注意根据案件的不同情况，区别对待。上述规定，既体现了刑法对恐怖组织的组织者、领导者和积极参加者依法从严处罚的精神，也体现了对一般参加者从宽处罚的精神。从司法实践的情况看，参加恐怖活动组织的人员往往情况比较复杂，处理时应当注意贯彻打击少数、争取教育多数的政策精神。打击的重点是恐怖活动的组织者、领导者。对于那些因不明真相而参加恐怖活动组织，一经发觉即表示脱离关系，实际上停止参加恐怖组织活动或者只是参加了一般性活动的；对于被煽惑、利诱参加恐怖组织，但没有积极行动的；对于被胁迫参加恐怖活动组织，罪行轻微的等，均应在 3 年以下处刑。

量刑档次	对应情节	有关概念解释	附加刑的适用
五年以下有期徒刑、拘役、管制或者剥夺政治权利	资助恐怖活动组织、实施恐怖活动的个人的，或者资助恐怖活动培训的；为恐怖活动组织、实施恐怖活动或者恐怖活动培训招募、运送人员的		并处罚金
五年以上有期徒刑	情节严重的	情节严重“目前无司法解释予以明确”，一般是指多次资助、持续资助、资助数额巨大的，或者有多次招募、运送人员，招募、运送人员众多等情形的，或者有其他严重情节的	并处罚金或者没收财产

续表

量刑档次	对应情节	有关概念解释	附加刑的适用
单位犯前两款罪的，对单位判处罚金，并对其直接负责的主管人员和其他直接责任人员，依照第 1 款的规定处罚			

（五）法律链接

1. **中华人民共和国反恐怖主义法**（2015 年 12 月 27 日第十二届全国人民代表大会常务委员会第十八次会议通过　根据 2018 年 4 月 27 日第十三届全国人民代表大会常务委员会第二次会议《关于修改〈中华人民共和国国境卫生检疫法〉等六部法律的决定》修正）（节录）

第三条　本法所称恐怖主义，是指通过暴力、破坏、恐吓等手段，制造社会恐慌、危害公共安全、侵犯人身财产，或者胁迫国家机关、国际组织，以实现其政治、意识形态等目的的主张和行为。

本法所称恐怖活动，是指恐怖主义性质的下列行为：

（一）组织、策划、准备实施、实施造成或者意图造成人员伤亡、重大财产损失、公共设施损坏、社会秩序混乱等严重社会危害的活动的；

（二）宣扬恐怖主义，煽动实施恐怖活动，或者非法持有宣扬恐怖主义的物品，强制他人在公共场所穿戴宣扬恐怖主义的服饰、标志的；

（三）组织、领导、参加恐怖活动组织的；

（四）为恐怖活动组织、恐怖活动人员、实施恐怖活动或者恐怖活动培训提供信息、资金、物资、劳务、技术、场所等支持、协助、便利的；

（五）其他恐怖活动。

本法所称恐怖活动组织，是指三人以上为实施恐怖活动而组成的犯罪组织。

本法所称恐怖活动人员，是指实施恐怖活动的人和恐怖活动组织的成员。

本法所称恐怖事件，是指正在发生或者已经发生的造成或者可能造成重大社会危害的恐怖活动。

第七十九条　组织、策划、准备实施、实施恐怖活动，宣扬恐怖主义，煽动实施恐怖活动，非法持有宣扬恐怖主义的物品，强制他人在公共场所穿戴宣扬恐怖主义的服饰、标志，组织、领导、参加恐怖活动组织，为恐怖活动组织、恐怖活动人员、实施恐怖活动或者恐怖活动培训提供帮助的，依法追究刑事责任。

第八十条　参与下列活动之一，情节轻微，尚不构成犯罪的，由公安机关处十日以上十五日以下拘留，可以并处一万元以下罚款：

（四）为宣扬恐怖主义、极端主义或者实施恐怖主义、极端主义活动提供信息、资金、物资、劳务、技术、场所等支持、协助、便利的。

2. 最高人民法院关于审理洗钱等刑事案件具体应用法律若干问题的解释（法释〔2009〕15号　自2009年11月11日起施行）（节录）

为依法惩治洗钱，掩饰、隐瞒犯罪所得、犯罪所得收益，资助恐怖活动等犯罪活动，根据刑法有关规定，现就审理此类刑事案件具体应用法律的若干问题解释如下：

第五条　刑法第一百二十条之一规定的“资助”，是指为恐怖活动组织或者实施恐怖活动的个人筹集、提供经费、物资或者提供场所以及其他物质便利的行为。

刑法第一百二十条之一规定的“实施恐怖活动的个人”，包括预谋实施、准备实施和实际实施恐怖活动的个人。

二十一、准备实施恐怖活动罪

（一）法律规定

第一百二十条之二[①]　有下列情形之一的，处五年以下有期徒刑、拘役、管制或者剥夺政治权利，并处罚金；情节严重的，处五年以上有期徒刑，并处罚金或者没收财产：

（一）为实施恐怖活动准备凶器、危险物品或者其他工具的；

---

① 本条系2015年8月29日《刑法修正案（九）》第7条增加。

（二）组织恐怖活动培训或者积极参加恐怖活动培训的；

（三）为实施恐怖活动与境外恐怖活动组织或者人员联络的；

（四）为实施恐怖活动进行策划或者其他准备的。

有前款行为，同时构成其他犯罪的，依照处罚较重的规定定罪处罚。

（二）罪名详解

准备实施恐怖活动罪，是指准备实施恐怖活动犯罪的行为。

本罪是《刑法修正案（九）》第 7 条增加。

准备实施恐怖活动罪的构成要件是：

1. 主体要件

本罪主体为一般主体。达到刑事责任年龄，具有刑事责任能力的人均可构成本罪主体。

2. 客体要件

本罪侵犯的客体是社会的公共安全。行为人准备通过进行恐怖活动等方式，危害社会治安，以达到犯罪目的。有规模的恐怖组织所策划、实施的恐怖活动对社会生活的正常秩序是一种极大的干扰和破坏，而在暴力恐怖活动发生之后进行处置，国家所投入的人力物力要比提前做好防范，将恐怖活动消灭在萌芽之前大得多。且近些年恐怖犯罪出现了新情况、新特点，如“独狼”式恐怖活动人员，或临时结伙准备实施恐怖活动的团伙，由于没有明确的组织形式，很难认定为恐怖活动组织。对他们为实施恐怖活动而进行的预备、培训、联络、策划等准备工作，很难按照组织、领导、参加恐怖活动组织犯罪进行处理。而由于他们还没有实施具体的恐怖活动或者还没有策划好要实施何种具体恐怖活动，也很难按照某个具体犯罪的预备进行处罚，即使处罚也会力度偏轻。为了发挥刑法保护社会的功能，有效惩罚、威慑和预防恐怖活动犯罪，贯彻“打小打早”原则，修正刑法时增设了本罪，将恐怖活动人员在实施具体的暴力恐怖袭击之前所进行的与之密切相关的准备、培训、勾连、策划等行为单独入罪。

3. 主观要件

主观方面由直接故意构成，并且具有准备进行恐怖活动的目的。

4. 客观要件

客观方面表现为准备实施恐怖活动的犯罪行为。包括：（1）为实施恐怖活动准备凶器、危险物品或者其他工具。这里的“凶器”，是指用来实施犯罪行为，能够对人身健康、生命等造成危险的枪支等武器、刀具、棍棒、爆炸物等；“危险物品”是指具有燃烧性、爆炸性、腐蚀性、毒害性、放射性等特性，能引起人身伤亡，或者造成公共利益和人民群众重大财产损失的物品，如剧毒物品、放射性物品或其他易燃易爆物品；“其他工具”是指能够为恐怖活动犯罪提供便利，或者有利于提高实施暴力恐怖活动能力的物品，比如汽车等交通工具、手机等通讯工具、地图、指南针等。（2）组织恐怖活动培训或者积极参加恐怖活动培训的。“恐怖活动培训”，在内容上，可以是传授、灌输恐怖主义思想、主张，使恐怖活动人员形成更顽固的思想，也可以是进行心理、体能训练或者传授、训练制造工具、武器、炸弹等方面的犯罪技能和方法，还可以是进行恐怖活动的实战训练等。具体的组织方式上，包括当面讲授、开办培训班、组建训练营、开办论坛、组织收听观看含有恐怖主义内容的音视频资料、在网上发展注册成员建立共同的交流指导平台等。（3）为实施恐怖活动与境外恐怖活动组织或者人员联络的。联络的目的，有的是为了参加境外的恐怖活动组织，有的是为了出境参加“圣战”、接受培训，有的是为了寻求支持、帮助，有的是要求对方提供新情报信息，有的是为了协同发动恐怖袭击以制造更大的恐慌和影响；联络的方式，包括直接见面、写信、打电话、发电子邮件等。（4）为实施恐怖活动进行策划或者其他准备的。“策划”是指制定恐怖活动计划，选择目标、地点、时间，分配任务等；“其他准备”是兜底性规定，指上述行为之外的其他为实施恐怖活动而进行的准备活动。

（三）实务疑难问题

1. 区分本罪与组织、领导、参加恐怖组织罪的界限

二者均可能存在犯罪分子实施了本条第 1 款规定的准备实施恐怖活动的犯罪行为，区别在于：后者的行为人参加了三人以上为实施恐怖活动而组成的犯罪组织，而前者的行为人是“独狼”式恐怖活动人员，或临时结伙准备实施恐怖活动的团伙。

2. 实施本罪同时构成其他犯罪时如何处理

犯罪分子实施本条第 1 款规定的犯罪行为，同时可能触犯刑法的其他规定，构成刑法规定的其他犯罪。比如，行为人为了准备实施恐怖活动犯罪而制造、买卖、运输、储存枪支、弹药、爆炸物或者危险物质；在培训过程中煽动被培训对象实施分裂国家、颠覆国家政权的犯罪，传授制造枪支、制造爆炸物技术或者其他犯罪方法；在进行策划及其他准备过程中以窃取、刺探、收买等方式非法获得国家秘密、情报等。对于这些犯罪行为，如果与本款规定的犯罪行为出现了竞合的情形，应当依照处罚较重的规定定罪处罚。

（四）情节与量刑

《刑法》第 120 条之二第 1 款规定，有下列情形之一的，处 5 年以下有期徒刑、拘役、管制或者剥夺政治权利，并处罚金；情节严重的，处 5 年以上有期徒刑，并处罚金或者没收财产：

1. 为实施恐怖活动准备凶器、危险物品或者其他工具的；
2. 组织恐怖活动培训或者积极参加恐怖活动培训的；
3. 为实施恐怖活动与境外恐怖活动组织或者人员联络的；
4. 为实施恐怖活动进行策划或者其他准备的。

本条第 2 款规定，有前款行为，同时构成其他犯罪的，依照处罚较重的规定定罪处罚。

司法机关在依照本条第 1 款规定处罚时，应当注意根据案件的具体情节来认定“情节严重”，一般指准备凶器、危险品数量巨大，培训人员数量众多，与境外恐怖活动组织频繁联络，策划袭击可能造成重大人员伤亡或重大目标被破坏等情形。

量刑档次	对应情节	有关概念解释	附加刑的适用
五年以上有期徒刑	情节严重的	一般指准备凶器、危险物品数量巨大，培训人员数量众多，与境外恐怖活动组织频繁联络，策划袭击可能造成重大人员伤亡或重大目标被破坏等情形	并处罚金或者没收财产

续表

量刑档次	对应情节	有关概念解释	附加刑的适用
五年以下有期徒刑、拘役、管制或者剥夺政治权利			并处罚金

（五）法律链接

中华人民共和国反恐怖主义法（2015 年 12 月 27 日第十二届全国人民代表大会常务委员会第十八次会议通过　根据 2018 年 4 月 27 日第十三届全国人民代表大会常务委员会第二次会议《关于修改〈中华人民共和国国境卫生检疫法〉等六部法律的决定》修正）（节录）

第七十九条　组织、策划、准备实施、实施恐怖活动，宣扬恐怖主义，煽动实施恐怖活动，非法持有宣扬恐怖主义的物品，强制他人在公共场所穿戴宣扬恐怖主义的服饰、标志，组织、领导、参加恐怖活动组织，为恐怖活动组织、恐怖活动人员、实施恐怖活动或者恐怖活动培训提供帮助的，依法追究刑事责任。

二十二、宣扬恐怖主义、极端主义、煽动实施恐怖活动罪

（一）法律规定

第一百二十条之三[①]　以制作、散发宣扬恐怖主义、极端主义的图书、音频视频资料或者其他物品，或者通过讲授、发布信息等方式宣扬恐怖主义、极端主义的，或者煽动实施恐怖活动的，处五年以下有期徒刑、拘役、管制或者剥夺政治权利，并处罚金；情节严重的，处五年以上有期徒刑，并处罚金或者没收财产。

① 本条系 2015 年 8 月 29 日《刑法修正案（九）》第 7 条增加。

（二）罪名详解

宣扬恐怖主义、极端主义、煽动实施恐怖活动罪，是指通过各种方式宣扬恐怖主义、极端主义或煽动实施恐怖活动犯罪的行为。

本罪是《刑法修正案（九）》第7条增加。

宣扬恐怖主义、极端主义、煽动实施恐怖活动罪的构成要件是：

1. 主体要件

本罪主体为一般主体。达到刑事责任年龄，具有刑事责任能力的人均可构成本罪主体，包括中国人、外国人和无国籍人。

2. 客体要件

本罪侵犯的客体是社会的公共安全。针对的对象是法律保护的国家的政权和社会的秩序。

3. 主观要件

主观方面由直接故意构成。

4. 客观要件

客观方面表现为通过制作、散发宣扬恐怖主义、极端主义的图书、音频视频资料或者其他物品，或者通过讲授、发布信息等方式宣扬恐怖主义、极端主义，或者煽动实施恐怖活动等行为。暴力恐怖活动是严重的犯罪行为，宣扬恐怖主义、极端主义、煽动恐怖活动，为他人实施恐怖活动、极端主义行为制造“犯意”的行为，同样是严重的犯罪行为，应当受到严厉的惩罚。本条列举了宣扬恐怖主义、极端主义、煽动恐怖活动常见的一些形式：（1）制作、散发宣扬恐怖主义、极端主义的图书、音频视频资料或者其他物品。“制作”，是指编写、出版、印刷、复制载有恐怖主义、极端主义思想的图书、音视频资料或者其他物品的行为。“散发”，是指通过发行，当面散发，以邮寄、手机短信、电子邮件等方式发送，或者通过网络、微信等即时通讯工具、聊天软件、移动存储介质公开发帖、转载、传输，使他人接触到恐怖主义、极端主义信息的行为。散发的目标可以是明确、具体的，也可以是不特定的多数人。“图书、音频视频资料或者其他物品”，包括图书、报纸、期刊、音像制品、电子出版物，载有恐怖主义、极端主义思想内容的传单、图片、标语等，在手机、移动存储介质、电子阅读器、网络上展示的图片、文稿、音频、视频、音像制品，以及带有恐怖主义、极端主义的标记、符号、文字、图像的服饰、纪念品、生活用品等。由于上述行为是宣扬恐怖主义、极端主义活动的重要环节，只要实施了制作、寄递、出售等行为之一的，都应当依照本条规定予以处罚。（2）讲授、发布信息等方式。“讲授”，是指为宣扬对象讲解、传授恐怖主义、极端主义思想、观念、主张的。讲授对象可以是明确的一人或数人，也可以是一定范围内的不特定的人。“发布信息”，是指面向特定个人或不特定的人，通过手机短信、电子邮件等方式宣扬恐怖主义、极端主义，或在网络平台上发布相关信息，使特定人或不特定人看到这些信息的行为。（3）其他方式。这是兜底规定，即宣扬恐怖主义、极端主义或煽动实施恐怖活动的具体方式不限于以上所列举的情形。

（三）实务疑难问题

1. 区分煽动和教唆行为

不指向具体的恐怖活动，而是概括性煽动实施恐怖活动的，属于本条规定的煽动行为。对于鼓动、要求、怂恿他人参加或实施特定的恐怖活动的，应当按照刑法关于教唆的规定定罪处罚。如果既有煽动行为又有教唆行为，两者出现竞合的情形，则应当按照处罚较重的规定定罪处罚。

2. 本罪名属于选择性罪名

从司法实践看，宣扬恐怖主义、极端主义和煽动实施恐怖活动往往交织在一起。有些犯罪分子在宣扬恐怖主义、极端主义的同时，也会煽动被宣传对象实施恐怖活动。因此，在适用本条规定时，任何人无论是同时实施了宣扬恐怖主义、极端主义和煽动实施恐怖活动的行为，还是仅仅实施了宣扬恐怖主义、极端主义或者煽动实施恐怖活动行为中的某一种行为，都构成本罪，应当依法追究刑事责任。

3. 区分本罪与煽动颠覆国家政权罪的界限

两者都会对国家的政治稳定产生威胁。煽动颠覆国家政权罪的目的是为了颠覆国家政权，属于危害国家安全罪的一条；本罪也是为了实现其特定的政治目的，对国家政权稳定产生重大威胁。两种犯罪采取的方式大致相同，都是通过各种宣传和讲授，影响被煽动者的思想，以实现煽动者政治目的，但实施刑法规定的这两种不同罪名禁止的行为后，会产生不一样的结果。煽动颠覆国家政权罪产生的结果是对被煽动者的思想产生影响，被煽动者一般不会采取激进的方式对国家的政局造成危害；但实施了第120条之三规定的方式，被煽动者将会采取一切可能的暴力手段，达到煽动者的政治目的。从产生的结果上来看，后者的危害程度，远大于前者，所以在惩罚上给予了不相同的对待。对于两种犯罪行为，刑法给予了相同的量刑，但对于恐怖活动的犯罪，刑法在处罚上增加了财产刑，即对实施刑法第120条之三规定的行为，给予财产处罚。

（四）情节与量刑

《刑法》第120条之三规定，以制作、散发宣扬恐怖主义、极端主义的图书、音频视频资料或者其他物品，或者通过讲授、发布信息等方式宣扬恐怖主义、极端主义的，或者煽动实施恐怖活动的，处5年以下有期徒刑、拘役、管制或者剥夺政治权利，并处罚金；情节严重的，处5年以上有期徒刑，并处罚金或者没收财产。

量刑档次	对应情节	有关概念解释	附加刑的适用
五年以上有期徒刑	情节严重的	司法实践中可以根据制作、散布的图书、音像制品等物品的数量，讲授、发布信息的次数和数量，宣扬、煽动的内容、场所和对象范围，以及引起恐怖活动发生的现实危险程度等因素综合进行衡量	并处罚金或者没收财产
五年以下有期徒刑、拘役、管制或者剥夺政治权利			并处罚金

（五）法律链接

中华人民共和国反恐怖主义法（2015年12月27日第十二届全国人民代表大会常务委员会第十八次会议通过　根据2018年4月27日第十三届全国人民代表大会常务委员会第二次会议《关于修改〈中华人民共和国国境卫生检疫法〉等六部法律的决定》修正）（节录）

第七十九条　组织、策划、准备实施、实施恐怖活动，宣扬恐怖主义，煽动实施恐怖活动，非法持有宣扬恐怖主义的物品，强制他人在公共场所穿戴宣扬恐怖主义的服饰、标志，组织、领导、参加恐怖活动组织，为恐怖活动组织、恐怖活动人员、实施恐怖活动或者恐怖活动培训提供帮助的，依法追究刑事责任。

第八十条 参与下列活动之一，情节轻微，尚不构成犯罪的，由公安机关处十日以上十五日以下拘留，可以并处一万元以下罚款：

（一）宣扬恐怖主义、极端主义或者煽动实施恐怖活动、极端主义活动的；

……

二十三、利用极端主义破坏法律实施罪

（一）法律规定

第一百二十条之四[①] **利用极端主义煽动、胁迫群众破坏国家法律确立的婚姻、司法、教育、社会管理等制度实施的，处三年以下有期徒刑、拘役或者管制，并处罚金；情节严重的，处三年以上七年以下有期徒刑，并处罚金；情节特别严重的，处七年以上有期徒刑，并处罚金或者没收财产。**

（二）罪名详解

利用极端主义破坏法律实施罪，是指利用极端主义煽动、胁迫群众破坏国家法律制度实施的行为。

本罪是《刑法修正案（九）》第 7 条增加。

利用极端主义破坏法律实施罪的构成要件是：

1. 主体要件

本罪主体为一般主体。达到刑事责任年龄，具有刑事责任能力的人均可构成本罪主体，包括中国人、外国人和无国籍人。

① 本条系 2015 年 8 月 29 日《刑法修正案（九）》第 7 条增加。

2. 客体要件

本罪侵犯的客体是公共安全和社会秩序，针对的具体对象是国家法律制度的实施。本罪中煽动、胁迫的目的，就是破坏国家婚姻、司法、教育、社会管理等制度实施，进而危及公共利益、社会安全和秩序。

3. 主观要件

主观方面由直接故意构成。

4. 客观要件

客观方面表现为利用极端主义煽动、胁迫群众破坏国家法律确立的婚姻、司法、教育、社会管理等制度实施。必须利用了极端主义来煽动、胁迫群众，才构成本罪。根据《反恐怖主义法》第 4 条第 2 款的规定，“极端主义”是指以歪曲宗教教义或者其他方法煽动仇恨、煽动歧视、鼓吹暴力的思想和主张，以及以此为思想基础而实施的行为，经常表现为对其他文化、观念、族群等的完全歧视和排斥。“煽动”，是指利用极端主义，以各种方式对他人进行要求、鼓动、怂恿，意图使他人产生犯意，去实施所煽动的行为。“胁迫”，是指通过暴力、威胁或以给被胁迫人或其亲属等造成人身、心理、经济等方面的损害为要挟，对他人形成心理强制，迫使其从事胁迫者希望其实施的特定行为。“破坏法律实施的行为”，实践中有煽动、胁迫群众按照宗教仪式举行婚礼或离婚，不到政府机关进行婚姻登记；煽动、胁迫群众出现纠纷不依照法律途径处理，甚至出现命案也私下谈判私了；煽动、胁迫群众不让孩子到学校读书，而参加“读经班”；煽动、胁迫群众拒绝使用身份证、户口簿等国家法定证件以及人民币，甚至煽动、胁迫群众损毁身份证、户口簿等国家法定证件以及人民币；煽动、胁迫群众改变信仰等。

根据《中华人民共和国反恐怖主义法》第 81 条规定，破坏法律实施的行为，是指已达到犯罪程度的下列行为：

（一）强迫他人参加宗教活动，或者强迫他人向宗教活动场所、宗教教职人员提供财物或者劳务的；

（二）以恐吓、骚扰等方式驱赶其他民族或者有其他信仰的人员离开居住地的；

（三）以恐吓、骚扰等方式干涉他人与其他民族或者有其他信仰的人员交往、共同生活的；

（四）以恐吓、骚扰等方式干涉他人生活习俗、方式和生产经营的；

（五）阻碍国家机关工作人员依法执行职务的；

（六）歪曲、诋毁国家政策、法律、行政法规，煽动、教唆抵制人民政府依法管理的；

（七）煽动、胁迫群众损毁或者故意损毁居民身份证、户口簿等国家法定证件以及人民币的；

（八）煽动、胁迫他人以宗教仪式取代结婚、离婚登记的；

（九）煽动、胁迫未成年人不接受义务教育的；

（十）其他利用极端主义破坏国家法律制度实施的。

（三）实务疑难问题

利用极端主义是本罪的构成要件。

对于煽动、胁迫他人破坏国家法律制度实施但没有利用极端主义的，应当根据具体情况分别处理。对于组织、利用会道门、邪教组织或者利用迷信破坏国家法律、行政法规实施，构成犯罪的，依照《刑法》第 300 条的规定定罪处罚。有些人由于狭隘思想或者愚昧等原因，对宗教教义、民族风俗习惯产生不正确的理解，进而破坏国家法律制度实施的，如果构成犯罪，可以按照刑法的其他规定定罪处罚，不构成犯罪的，依法予以行政处罚或者进行批评教育。

（四）情节与量刑

《刑法》第 120 条之四规定，利用极端主义煽动、胁迫群众破坏国家法律确立的婚姻、司法、教育、社会管理等制度实施的，处 3 年以下有期徒刑、拘役或者管制，并处罚金；情节严重的，处 3 年以上 7 年以下有期徒刑，并处罚金；情节特别严重的，处 7 年以上有期徒刑，并处罚金或者没收财产。

处理本类犯罪时，应当正确区分敌我矛盾和人民内部矛盾，处理好依法打击和分化瓦解的关系。在依法严厉打击少数极端分子的同时，对受裹挟、蒙蔽的一般群众，应当最大限度地进行区分，进行团结和教育。

量刑档次	对应情节	有关概念解释	附加刑的适用
七年以上有期徒刑	情节特别严重的		并处罚金或者没收财产
三年以上七年以下有期徒刑	情节严重		并处罚金
三年以下有期徒刑、拘役或者管制	情节严重与否，司法实践中可以根据煽动、胁迫行为所使用的手段、涉及的人员多少和区域大小、造成的危害程度和影响等各方面因素综合考虑		并处罚金

（五）法律链接

中华人民共和国反恐怖主义法（2015年12月27日通过第十二届全国人民代表大会常务委员会第十八次会议　根据2018年4月27日第十三届全国人民代表大会常务委员会第二次会议《关于修改〈中华人民共和国国境卫生检疫法〉等六部法律的决定》修正）（节录）

第八十一条　利用极端主义，实施下列行为之一，情节轻微，尚不构成犯罪的，由公安机关处五日以上十五日以下拘留，可以并处一万元以下罚款：

（一）强迫他人参加宗教活动，或者强迫他人向宗教活动场所、宗教教职人员提供财物或者劳务的；

（二）以恐吓、骚扰等方式驱赶其他民族或者有其他信仰的人员离开居住地的；

（三）以恐吓、骚扰等方式干涉他人与其他民族或者有其他信仰的人员交往、共同生活的；

（四）以恐吓、骚扰等方式干涉他人生活习俗、方式和生产经营的；

（五）阻碍国家机关工作人员依法执行职务的；

（六）歪曲、诋毁国家政策、法律、行政法规，煽动、教唆抵制人民政府依法管理的；

（七）煽动、胁迫群众损毁或者故意损毁居民身份证、户口簿等国家法定证件以及人民币的；

（八）煽动、胁迫他人以宗教仪式取代结婚、离婚登记的；
（九）煽动、胁迫未成年人不接受义务教育的；
（十）其他利用极端主义破坏国家法律制度实施的。

二十四、强制穿戴宣扬恐怖主义、极端主义服饰、标志罪

（一）法律规定

第一百二十条之五[①]　以暴力、胁迫等方式强制他人在公共场所穿着、佩戴宣扬恐怖主义、极端主义服饰、标志的，处三年以下有期徒刑、拘役或者管制，并处罚金。

（二）罪名详解

强制穿戴宣扬恐怖主义、极端主义服饰、标志罪，是指以暴力、胁迫等方式强制他人在公共场所穿着、佩戴宣扬恐怖主义、极端主义服饰、标志的行为。

本罪是《刑法修正案（九）》第7条增加。

强制穿戴宣扬恐怖主义、极端主义服饰、标志罪的构成要件是：

1. 主体要件

本罪主体为一般主体。达到刑事责任年龄，具有刑事责任能力的人均可构成本罪主体。

2. 客体要件

本罪侵犯的客体为双重客体，既包括公共安全，也包括被害人的人身自由（如着装自由）。

3. 主观要件

主观方面由直接故意构成。对强制他人在公共场所穿着、佩戴宣扬恐怖主义、极端主义服饰、标志的行为和结果都是明知并且希望结果的发生。

4. 客观要件

客观方面表现为以暴力、胁迫等方式强制他人在公共场所穿着、佩戴宣

---

① 本条系2015年8月29日《刑法修正案（九）》第7条增加。

扬恐怖主义、极端主义服饰、标志的行为。“暴力”是指殴打、捆绑、烧伤等直接伤害他人身体的方法，使被害人不能抗拒；“胁迫”是指对被害人施以威胁、恐吓，进行精神上的强制，迫使被害人就范，不敢抗拒。除了暴力、胁迫手段以外，通过采用对被害人产生肉体强制或精神强制的其他手段，强制他人在公共场所穿着、佩戴宣扬恐怖主义、极端主义服饰、标志的，也构成本罪。“公共场所”包括群众进行公开活动的场所，如商店、体育场、街道等，也包括各类单位，如机关、团体、企事业单位的办公场所、生产经营场所，还包括公共交通工具。

（三）实务疑难问题

宣扬恐怖主义、极端主义服饰、标志，是指穿着、佩戴的服饰、标志包含了恐怖主义、极端主义的符号、旗帜、徽记、文字、口号、标语、图形或者带有恐怖主义、极端主义色彩，容易使人联想到恐怖主义、极端主义。实践中比较普遍的是穿着模仿恐怖活动组织统一着装的衣物，穿着印有恐怖主义、极端主义符号、旗帜等标志的衣物，佩戴恐怖活动组织标志或恐怖主义、极端主义标志，留有象征恐怖主义、极端主义的特定须发等。恐怖主义、极端主义势力通过强制他人在公共场所穿着、佩戴宣扬恐怖主义、极端主义服饰、标志等手段，在社会上强化人们的身份差别意识，用异类的标志或身份符号，刻意制造隔膜和距离感，以达到渲染恐怖主义、极端主义氛围甚至宣扬恐怖主义、极端主义的目的。

（四）情节与量刑

《刑法》第120条之五规定，以暴力、胁迫等方式强制他人在公共场所穿着、佩戴宣扬恐怖主义、极端主义服饰、标志的，处3年以下有期徒刑、拘役或者管制，并处罚金。

（五）法律链接

中华人民共和国反恐怖主义法（2015年12月27日第十二届全国人民代表大会常务委员会第十八次会议通过　根据2018年4月27日第十三届全国人民代表大会常务委员会第二次会议《关于修改〈中华人民共和国国境卫生检疫法〉等六部法律的决定》修正）（节录）

第七十九条　组织、策划、准备实施、实施恐怖活动，宣扬恐怖主义，煽动实施恐怖活动，非法持有宣扬恐怖主义的物品，强制他人在公共场所穿戴宣扬恐怖主义的服饰、标志，组织、领导、参加恐怖活动组织，为恐怖活动组织、恐怖活动人员、实施恐怖活动或者恐怖活动培训提供帮助的，依法追究刑事责任。

第八十条　参与下列活动之一，情节轻微，尚不构成犯罪的，由公安机关处十日以上十五日以下拘留，可以并处一万元以下罚款：

……

（三）强制他人在公共场所穿戴宣扬恐怖主义、极端主义的服饰、标志的；

……

二十五、非法持有宣扬恐怖主义、极端主义物品罪

（一）法律规定

第一百二十条之六[①]　**明知是宣扬恐怖主义、极端主义的图书、音频视频资料或者其他物品而非法持有，情节严重的，处三年以下有期徒刑、拘役或者管制，并处或者单处罚金。**

（二）罪名详解

非法持有宣扬恐怖主义、极端主义物品罪，是指明知是宣扬恐怖主义、极端主义的图书、音频视频资料或者其他物品而非法持有，情节严重的行为。

本罪是《刑法修正案（九）》第7条增加。

非法持有宣扬恐怖主义、极端主义物品罪的构成要件是：

1. 主体要件

本罪主体为一般主体。达到刑事责任年龄，具有刑事责任能力的人均可构成本罪主体。

---

① 本条系2015年8月29日《刑法修正案（九）》第7条增加。

2. 客体要件

本罪侵犯的客体是社会管理秩序。

3. 主观要件

主观方面由直接故意构成。即行为人明知是宣扬恐怖主义、极端主义的图书、音频视频资料或者其他物品而非法持有。

4. 客观要件

客观方面表现为非法持有的行为。“持有”是指行为人对恐怖主义、极端主义的宣传品处于占有、支配、控制的一种状态。不仅随身携带可以认定为持有，在其住所、驾驶的运输工具上发现的恐怖主义、极端主义宣传品也可以认定为持有。实践中也有合法持有的情形，如公安机关查封、扣押恐怖主义、极端主义宣传品而持有，研究反恐怖主义问题的专家学者为进行学术研究而持有少量恐怖主义、极端主义宣传品等，不能认定为犯罪。宣扬恐怖主义、极端主义的图书、音频视频资料或者其他物品主要包括两类内容：一是含有恐怖主义、极端主义的思想、观念和主张，煽动以暴力手段危害他人生命和公私财产安全，破坏法律实施等内容的；二是含有传授制造、使用炸药、爆炸装置、枪支、管制刀具、危险物品实施暴力恐怖犯罪的方法、技能等内容的。

（三）实务疑难问题

1. 对行为人“明知”的认定

实践中，行为人可能会辩解其不明知所持有物品的性质和内容。对此，不能仅听行为人的辩解，对是否明知，应当结合案件的具体情况和有关证据材料进行全面分析。要坚持重证据、重调查研究，以行为人实施的客观行为为基础，结合其一贯表现、具体行为、程度、手段、事后态度、以及年龄、认知和受教育程度、所从事的职业、所生活的环境、所接触的人群等综合作出判断。例如，对曾因实施暴力恐怖活动、极端主义违法犯罪行为受过行政、刑事处罚的，或者被责令改正后又实施的，应当认定为明知；有其他共同犯罪嫌疑人、被告人或其他知情人供认、指证，虽然行为人本人不承认主观上明知，但又不能作出合理解释，依据其行为本身和认知程度，足以认定为其知道或应当知道的，应当认定为明知。如结合行为人的认知程度和客观条件，确实属于不明知的，不能认定为本罪。

2. 区分本罪与宣扬恐怖主义、极端主义、煽动实施恐怖活动罪、利用极端主义破坏法律实施罪的界限

本罪是持有型犯罪，是一项补充性罪名，目的是为了严密法网，防止放纵犯罪分子。在实践中，对于被查获的非法持有恐怖主义、极端主义宣传品的人，应当尽力调查其犯罪事实，如果经查证是为通过散发、讲授等方式宣扬恐怖主义、极端主义，煽动实施恐怖活动而非法持有的，是为利用极端主义煽动群众破坏国家法律制度实施而非法持有的，应当分别以宣扬恐怖主义、极端主义、煽动实施恐怖活动罪、利用极端主义破坏法律实施罪定罪处罚。

3. 关于情节严重的认定

是否属于情节严重，要根据行为人所持有的恐怖主义、极端主义宣传品的数量多少，所包含的内容的严重程度，曾经因类似行为受到处罚的情况，以及事后的态度等因素作出认定。对于因为好奇或者思想认识不清楚，非法持有少量恐怖主义、极端主义宣传品，没有其他的恐怖主义、极端主义违法行为，经发现后及时销毁、删除的，不作为犯罪追究。

（四）情节与量刑

《刑法》第 120 条之六规定，明知是宣扬恐怖主义、极端主义的图书、音频视频资料或者其他物品而非法持有，情节严重的，处 3 年以下有期徒刑、拘役或者管制，并处或者单处罚金。

（五）法律链接

中华人民共和国反恐怖主义法（2015 年 12 月 27 日第十二届全国人民代表大会常务委员会第十八次会议通过　根据 2018 年 4 月 27 日第十三届全国人民代表大会常务委员会第二次会议《关于修改〈中华人民共和国国境卫生检疫法〉等六部法律的决定》修正）（节录）

第七十九条　组织、策划、准备实施、实施恐怖活动，宣扬恐怖主义，煽动实施恐怖活动，非法持有宣扬恐怖主义的物品，强制他人在公共场所穿戴宣扬恐怖主义的服饰、标志，组织、领导、参加恐怖活动组织，为恐怖活动组织、恐怖活动人员、实施恐怖活动或者恐怖活动培训提供帮助的，依法追究刑事责任。

第八十条　参与下列活动之一，情节轻微，尚不构成犯罪的，由公安机

关处十日以上十五日以下拘留，可以并处一万元以下罚款：

……

（二）制作、传播、非法持有宣扬恐怖主义、极端主义的物品的；

……

二十六、劫持航空器罪

（一）法律规定

第一百二十一条[①] **以暴力、胁迫或者其他方法劫持航空器的，处十年以上有期徒刑或者无期徒刑；致人重伤、死亡或者使航空器遭受严重破坏的，处死刑。**

（二）罪名详解

劫持航空器罪，是指以暴力、胁迫或者其他方法劫持航空器的行为。

1979 年刑法没有规定本罪，只在反革命破坏罪中规定了“劫持船舰、飞机、火车、电车、汽车的”相关内容。本罪是从 1992 年《全国人民代表大会常务委员会关于惩治劫持航空器犯罪分子的决定》的规定吸收改为 1997 年刑法的规定的。

劫持航空器罪的构成要件是：

1. 主体要件

本罪主体为一般主体。达到刑事责任年龄，具有刑事责任能力的人均可构成本罪主体。中国人、外国人或者无国籍人都可以构成本罪的主体。

2. 客体要件

本罪侵犯的客体是航空运输安全，即不特定多数旅客和机组人员的生命、健康、运载物品和航空器的安全，以及地面上的人身和财产安全。

犯罪分子利用航空飞行的危险性和易受侵犯性，为达到犯罪目的，不惜

---

① 1992 年《全国人民代表大会常务委员会关于惩治劫持航空器犯罪分子的决定》规定：“以暴力、胁迫或者其他方法劫持航空器的，处十年以上有期徒刑或无期徒刑；致人重伤、死亡或者使航空器遭受严重破坏或者情节特别严重的，处死刑；情节较轻的，处五年以上十年以下有期徒刑。”1997 年刑法规定成现条文。

以机组人员、乘客的生命安全和航空器的安全为代价，是一种严重危害公共安全的犯罪。劫持航空器是一种严重的国际恐怖活动，必须严加防范、从严惩处。犯罪对象只限于正在飞行和使用中的航空器，实践中多为飞机。“正在飞行中”，根据《海牙公约》的规定，是指航空器从装卸完毕，机舱外部各门均已关闭时起，直至打开任何一机舱门以便卸载时为止。航空器强迫降落时，在主管当局接管对该航空器及其所载人员和财产的责任前，应当被认为仍在飞行中。“正在使用中”，是指从地面人员或者机组人员为某一特定飞行而对航空器进行飞行前的准备时起，直至降落后 24 小时止。“航空器”，是指在空间飞行的各种航空工具，如飞机、宇宙飞船、热气球，等等。

3. 主观要件

主观方面由直接故意构成。不论行为人出于什么目的、动机劫持航空器，都不影响本罪的成立。这是有关国际公约确认并为包括我国在内的所有缔约国承诺的。因此，对于那些以“政治避难”为名劫持航空器的，也应当依法定罪处罚。

4. 客观要件

客观方面表现为以暴力、胁迫或者其他方法劫持航空器的行为。

“暴力”，是指对航空器上的人员，特别是驾驶人员、机组人员，实施殴打、伤害等行为，迫使航空器改变航向或者行为人自己驾驶航空器。“胁迫”，是指对航空器上的人员施以精神恐吓或者以暴力相威胁，使驾驶、操纵人员不敢反抗，服从犯罪分子的指挥或者由其亲自驾驶航空器。“其他方法”，是指上述暴力、胁迫以外的任何劫持方法，如麻醉驾驶人员等方法。“劫持”，是指犯罪分子以上述方法按照自己的意志强行控制航空器的行为。

本罪是危险犯，刑法对此没有规定“情节”方面的要求，只要行为人实施了暴力、胁迫或者其他方法劫持航空器的行为，无论航空器是否真的被劫持，是否造成了人员伤亡或者航空器被破坏的严重后果，均构成犯罪。

（三）实务疑难问题

1. 区分本罪既遂与未遂的界限

本罪的既遂，主要是指行为人用暴力、胁迫或者其他方法劫持了航空器，而并不以犯罪分子的犯罪目的是否达到或者被劫持的航空器是否已经飞离或者飞入国境为准。也就是说，只要行为人劫持并控制了航空器，即构成本罪既遂。

2. 区分本罪与破坏交通工具罪的界限

《刑法》第116条规定的破坏交通工具罪的犯罪对象中规定有航空器，与本罪的犯罪对象是相同的。但是二者之间的根本区别在于：一是主观方面故意的内容不同。前者是以劫持航空器为手段，意图达到逃避法律制裁等目的；后者破坏交通工具的目的是使已交付使用的交通工具倾覆、毁坏；二是客观方面行为的内容不同。前者在劫持航空器的过程中有可能因使用暴力而使航空器遭受破坏，也可能不造成破坏；而后者则必须是实施了破坏交通工具的行为，并因其破坏行为而足以使交通工具发生倾覆、毁坏的危险或者已经发生倾覆、毁坏的后果。

3. 本罪的管辖权问题

1987年6月23日全国人大常委会通过《关于对中华人民共和国缔结或者参加的国际条约所规定的罪行行使刑事管辖权的决定》规定，对于中华人民共和国缔结或者参加的国际条约所规定的罪行，中华人民共和国在所承担条约义务的范围内，行使刑事管辖权。我国《刑法》第9条规定，对于中华人民共和国缔结或者参加的国际条约所规定的罪行，中华人民共和国在所承担条约义务的范围内行使刑事管辖权的，适用本法。

我国先后加入了《东京公约》《海牙公约》和《蒙特利尔公约》。《东京公约》的规定主要是以所谓旗帜法为依据的，也就是说，管辖权由航空器登记国行使。但《海牙公约》《蒙特利尔公约》均规定了普遍管辖原则，要求缔约国对公约规定的罪犯或起诉或引渡。

对于本罪的罪犯，在下列情形下，我国有权行使管辖权：

（1）在我国登记的航空器内犯本罪；

（2）在里面发生犯罪的航空器，在我国领土上降落而嫌疑犯还在该航空器内；

（3）在租来时不带机组的航空器内犯有罪行而租机人在我国有主要营业地，或无主要营业地而有永久住所。

根据上述公约，即便不属于前述的三种情形，如果犯本罪的嫌疑犯进入我国境内，我国不予引渡时，也应行使管辖权，依我国刑法的有关规定予以惩处。

4. 一罪与数罪的界限

行为人在劫持航空器的过程中，为实现其犯罪目的而使用暴力手段，将旅客或者机组人员杀害或者伤害的，应当将杀人、伤害等行为作为量刑的情节，以劫持航空器罪从重处罚，而不应定劫持航空器罪和故意杀人或者故意伤害罪，实行并罚。

5. 区分本罪与破坏交通工具罪、破坏交通设施罪、抢劫罪的界限

对于不是出于劫持的目的，故意或过失损坏使用中的航空器或航行设备，以致航空器不能飞行或可能危及飞行安全的，应分别适用《刑法》第 116 条、第 117 条的破坏交通工具罪和破坏交通设施罪，而不宜认定为劫持航空器罪。对于出于非法占有为目的，在飞行航空器内以暴力或以暴力相威胁手段抢劫财物的，不论是否致人重伤、死亡，因航空交通的特殊情形，都可能危及飞行安全，因此，应认定为抢劫罪，并适用《刑法》第 263 条第（二）项之规定从重处罚。

（四）情节与量刑

《刑法》第 121 条规定，犯劫持航空器罪的，处 10 年以上有期徒刑或者无期徒刑；致人重伤、死亡或者使航空器遭受严重破坏的，处死刑。

本罪最低刑期规定为 10 年，也就是说只要实施了劫持航空器的行为，无论是否造成后果，最低都将被判处 10 年有期徒刑。

司法机关在适用本条规定处罚，对具体案件裁量刑罚时，要注意区别犯罪的不同情节。特别是本条对死刑的规定采取的是绝对确定的法定刑，因此，应当严格掌握适用死刑的法定条件；对不具备上述法定条件的，不能判处死刑（包括死缓）。所谓致人重伤、死亡，是指行为人在劫持航空器的过程中，向旅客或者机组人员实施暴力，打死、打伤旅客等情形。所谓使航空器遭受严重破坏，是指行为人在劫持航空器过程中，毁坏了航空器上的重要设施、设备，或者在强迫航空器降落时，使航空器毁坏等情形。

量刑档次	对应情节	有关概念解释	附加刑的适用
十年以上有期徒刑或者无期徒刑			

续表

量刑档次	对应情节	有关概念解释	附加刑的适用
死刑	致人重伤、死亡或者使航空器遭受严重破坏的	航空器遭受严重破坏，一般指航空器上的重要设施、设备遭受严重破坏	《刑法》第57条：对于被判处死刑、无期徒刑的犯罪分子，应当剥夺政治权利终身

（五）法律链接

1. **中华人民共和国民用航空法**（1995年10月30日第八届全国人民代表大会常务委员会第十六次会议通过　根据2009年8月27日第十一届全国人民代表大会常务委员会第十次会议《关于修改部分法律的决定》第一次修正　根据2015年4月24日第十二届全国人民代表大会常务委员会第十四次会议《关于修改〈中华人民共和国计量法〉等五部法律的决定》第二次修正　根据2016年11月7日第十二届全国人民代表大会常务委员会第二十四次会议《关于修改〈中华人民共和国对外贸易法〉等十二部法律的决定》第三次修正　根据2017年11月4日第十二届全国人民代表大会常务委员会第三十次会议《关于修改〈中华人民共和国会计法〉等十一部法律的决定》第四次修正　根据2018年12月29日第十三届全国人民代表大会常务委员会第七次会议《关于修改〈中华人民共和国劳动法〉等七部法律的决定》第五次修正）（节录）

第一百九十一条　以暴力、胁迫或者其他方法劫持航空器的，依照刑法有关规定追究刑事责任。

2. **中华人民共和国民用航空安全保卫条例**（1996年7月6日发布施行　根据2011年1月8日《国务院关于废止和修改部分行政法规的决定》修订）（节录）

第二十三条　机长在执行职务时，可以行使下列权力：

（一）在航空器起飞前，发现有关方面对航空器未采取本条例规定的安全措施的，拒绝起飞；

（二）在航空器飞行中，对扰乱航空器内秩序，干扰机组人员正常工作而不听劝阻的人，采取必要的管束措施；

（三）在航空器飞行中，对劫持、破坏航空器或者其他危及安全的行为，采取必要的措施；

（四）在航空器飞行中遇到特殊情况时，对航空器的处置作最后决定。

第三十七条　违反本条例的有关规定，构成犯罪的，依法追究刑事责任。

3. 关于制止非法劫持航空器的公约（海牙公约）（该公约于1970年12月16日订于海牙，1971年10月14日生效。我国于1980年9月10日交存加入书，同时声明：对本公约第十二条第一款持有保留；台湾当局用中国名义对该公约的签署和批准是非法和无效的。该公约于1980年10月10日对我国生效）（节录）

第一条　凡在飞行中的航空器内的任何人：

（甲）用暴力或用暴力威胁，或用任何其他恐吓方式，非法劫持或控制该航空器，或企图从事任何这种行为，或

（乙）是从事或企图从事任何这种行为的人的同犯，即是犯有罪行（以下称为“罪行”）。

第二条　各缔约国承允对上述罪行给予严厉惩罚。

第三条

一、在本公约中，航空器从装载完毕、机舱外部各门均已关闭时起，直至打开任一机舱门以便卸载时为止，应被认为是在飞行中。航空器强迫降落时，在主管当局接管对该航空器及其所载人员和财产的责任前，应被认为仍在飞行中。

二、本公约不适用于供军事、海关或警察用的航空器。

三、本公约仅适用于在其内发生罪行的航空器的起飞地点或实际降落地点是在该航空器登记国领土以外，不论该航空器是从事国际飞行或国内飞行。

四、对于第五条所指的情况，如在其内发生罪行的航空器的起飞地点或实际降落地点是在同一个国家的领土内，而这一国家又是该条所指国家之一，则本公约不适用。

五、尽管有本条第三、第四款的规定，如罪犯或被指称的罪犯在该航空器登记国以外的一国领土内被发现，则不论该航空器的起飞地点或实际降落地点在何处，均应适用第六、七、八条和第十条。

二十七、劫持船只、汽车罪

（一）法律规定

第一百二十二条　以暴力、胁迫或者其他方法劫持船只、汽车的，处五年以上十年以下有期徒刑；造成严重后果的，处十年以上有期徒刑或者无期徒刑。

（二）罪名详解

劫持船只、汽车罪，是指以暴力、胁迫或者其他方法劫持船只、汽车的行为。

本罪是1997年刑法增设的罪名。1979年刑法没有规定本罪，只在反革命破坏罪中规定了“劫持船舰、飞机、火车、电车、汽车”的相关内容。

劫持船只、汽车罪的构成要件是：

1. 主体要件

本罪主体为一般主体。达到刑事责任年龄，具有刑事责任能力的人均可构成本罪主体。中国人、外国人或者无国籍人都可以构成本罪的主体。

2. 客体要件

本罪侵犯的客体是船只、汽车的运输安全。即不特定多数旅客和乘务组人员的生命、健康安全，以及运载物品的船只、汽车的安全。犯罪对象是正在使用中的船只、汽车。

3. 主观要件

主观方面由直接故意构成。不论行为人出于什么目的、动机劫持船只、汽车，都不影响本罪的成立。

4. 客观要件

客观方面表现为以暴力、胁迫或者其他方法劫持船只、汽车的行为。“暴力”，是指犯罪分子对船只、汽车上的人员，特别是驾驶人员、乘务组人员，实施殴打、伤害等行为，迫使船只、汽车改变行驶方向或者自己亲自驾驶船只、汽车。“胁迫”，是指对船只、汽车上的人员施以精神或者暴力恐吓，使驾驶、操纵人员不敢反抗，服从犯罪分子的指挥或者由其亲自驾驶船只、汽车。“其他方法”，是指上述暴力、胁迫以外的任何劫持方法，如麻醉驾驶人员等。“劫持”，是指犯罪分子以上述方法按照自己的意志强行控制船只、汽车的行为。“船只”，是指各种运送旅客或者物资的水上运输工具。“汽车”，主要是指公共汽车、卡车、卧车等陆地机动运输工具。

（三）实务疑难问题

1. 区分本罪既遂与未遂的界限

本罪的既遂，主要是指行为人使用暴力、胁迫或者其他方法劫持了船只、汽车，而并不以犯罪分子的犯罪目的是否达到为准。也就是说，只要行为人劫持并控制了船只、汽车，即构成本罪既遂。

2. 区分本罪与破坏交通工具罪的界限

《刑法》第 116 条规定的破坏交通工具罪的犯罪对象中规定有船只、汽车，与本罪的犯罪对象是相同的。二者之间的根本区别在于：（1）主观方面故意的内容不同。前者是以劫持船只、汽车为手段，意图达到逃避法律制裁等目的；后者破坏交通工具的目的是使已交付使用的交通工具（如船只、汽车）发生倾覆、毁坏。（2）客观方面行为的内容不同。前者在劫持船只、汽车的过程中有可能因使用暴力而使船只、汽车遭受破坏，也有可能不造成破坏；而后者则必须是实施了破坏船只、汽车的行为，并因其破坏行为而足以使船只、汽车发生倾覆、毁坏的危险或者已经发生倾覆、毁坏的后果。

3. 区分本罪与抢劫罪的界限

行为人实施劫持船只、汽车行为的主要目的不是为了抢劫车、船所载货物或者是实施海盗行为。有的犯罪分子劫持船只、汽车的目的是为了绑架人质；有的是为了逃避追捕或者以劫持船只、汽车为要挟手段以求达到其他犯罪目的等，而不是以获取财物为主要目的。抢劫罪则属于侵犯财产的犯罪，犯罪目的就是为了非法占有财物。因此，对于以抢劫为目的劫持船只、汽车并占有船只或者汽车的行为，应当以抢劫罪定罪处罚。《最高人民法院关于审理抢劫、抢夺刑事案件适用法律若干问题的意见》第 6 条第 2 款规定：“为抢劫其他财物，劫取机动车辆当作犯罪工具或者逃跑工具使用的，被劫取机动车辆的价值计入抢劫数额；为实施抢劫以外的其他犯罪劫取机动车辆的，以抢劫罪和实施的其他犯罪实行数罪并罚。”

4. 一罪与数罪的界限

劫持船只、汽车的过程中，行为人如果将驾驶、乘务人员或者其他乘客打死、打伤，而不是因劫持行为导致撞车、沉船致人死、伤的，则应当以劫持船只、汽车罪与故意杀人罪或者故意伤害罪数罪并罚。

（四）情节与量刑

《刑法》第 122 条规定，犯劫持船只、汽车罪的，处 5 年以上 10 年以下有期徒刑；造成严重后果的，处 10 年以上有期徒刑或者无期徒刑。

司法实践中应当注意的问题是，所谓造成严重后果，是指由于劫持船只、汽车而造成船只、汽车倾覆，人员伤亡或者使公私财产遭受重大损失等情形。

量刑档次	对应情节	有关概念解释	附加刑的适用
十年以上有期徒刑或者无期徒刑	造成严重后果的	一般指致人重伤、死亡或公私财产遭受重大损失等	
五年以上十年以下有期徒刑			判处无期徒刑的犯罪分子应附加剥夺政治权利终身

二十八、暴力危及飞行安全罪

（一）法律规定

第一百二十三条　对飞行中的航空器上的人员使用暴力，危及飞行安全，尚未造成严重后果的，处五年以下有期徒刑或者拘役；造成严重后果的，处五年以上有期徒刑。

（二）罪名详解

暴力危及飞行安全罪，是指对飞行中的航空器上的人员使用暴力，危及飞行安全的行为。

本罪是1997年刑法增设的罪名，1979年刑法和单行刑法均没有规定此罪名。

暴力危及飞行安全罪的构成要件是：

1. 主体要件

本罪主体为一般主体。达到刑事责任年龄，具有刑事责任能力的人均可构成本罪主体。中国人、外国人或者无国籍人都可以构成本罪的主体。

2. 客体要件

本罪侵犯的客体是航空飞行安全，即不特定多数旅客和机组人员的生命、健康安全，运载物品和航空器的安全，以及地面上的人员和财产的安全。

3. 主观要件

主观方面由直接故意构成。

4. 客观要件

客观方面表现为对飞行中的航空器上的人员使用暴力，危及飞行安全的行为。“飞行中”，根据有关国际公约的规定，是指航空器从装载完毕，机舱外部各门均已关闭时起，直至打开任何一机舱门以便卸载时为止。航空器强迫降落时，在主管当局接管对该航空器及其所载人员和财产的责任前，应当被认为仍在飞行中。“使用暴力”，是指对飞行中的航空器上的人员使用暴力，包括对机组人员、乘客使用暴力。本罪属于行为犯，只要行为人对航空器上的人员使用了暴力，危及飞行安全的，就构成本罪，而不论是否发生了严重后果。

（三）实务疑难问题

1. 区分罪与非罪

构成本罪必须同时具备两个条件：（1）使用暴力；（2）危及飞行安全。如果行为人没有在飞行中的航空器上使用暴力或者虽然使用了暴力但尚不足以危及飞行安全的，不构成犯罪。对非飞行中的航空器上的人员使用暴力，不构成本罪。《民用航空安全保卫条例》规定，航空器内禁止下列行为：（1）在禁烟区吸烟；（2）抢占座位、行李舱（架）；（3）打架、酗酒、寻衅滋事；（4）盗窃、故意损坏或者擅自移动救生物品和设备。但这些行为并不都构成暴力危及飞行安全罪，只有那些既实施了暴力，又从实质上造成了危害后果，包括对飞行安全造成损害和威胁的行为，才以犯罪论处。

2. 区分本罪与劫持航空器罪的界限

劫持航空器罪与暴力危及飞行安全罪具有许多相似之处：犯罪的地点都是在航空器内，犯罪时间都是发生在使用中的航空器中，都使用了暴力或者暴力相威胁的手段，并且两罪在发生过程中往往具有相互竞合的关系。正确认定两罪，主要从以下几个方面进行区分：（1）行为对象不同。暴力危及飞行安全罪的行为对象主要是针对航空器上的人员；而劫持航空器罪的行为对象既可以是航空器上的人员，也可以是航空器本身。（2）行为方式有区别。暴力危及飞行安全罪的行为方式仅限于暴力手段；而劫持航空器罪的行为方式除了暴力手段外，还包括其他非暴力手段。（3）主观目的不同。暴力危及飞行安全罪行为人主观目的不是特定的，可能因为多种主观原因导致危害行为的发生；而劫持航空器罪行为人的主观目的是十分明确的，主要是为了劫持航空器。具有劫持航空器的主观目的是劫持航空器罪与暴力危及飞行安全罪的根本区别。

3. 区分本罪与破坏交通工具罪的界限

本罪和破坏交通工具罪都是故意犯罪，并且都有可能危及飞行安全，但明显的区别是：（1）犯罪对象不同。本罪的犯罪对象多为航空器上的人员，包括机组人员、乘客和其他任何人员；破坏交通工具罪的犯罪对象为交通工具本身，如破坏航空器的发动机等。（2）犯罪客观方面不同。本罪是对正在飞行中的航空器上的人员使用暴力；破坏交通工具罪在时间上为正在使用中的航空器，包括航空器停机待用的，且手段也不限于暴力。

4. 区分本罪与重大飞行事故罪的界限

重大飞行事故罪是指航空人员违反规章制度，致使发生重大飞行事故，造成严重后果的行为。两者的区别是：（1）犯罪主体不同。暴力危及飞行安全罪的犯罪主体是一般主体，任何处于正在飞行中的航空器上的人员包括机组人员和乘客都可成为该罪的犯罪主体；重大飞行事故罪的犯罪主体是特殊主体，即只能是航空人员包括从事航空活动的空勤人员和地面人员。（2）主观方面不同。暴力危及飞行安全罪只能由故意构成；重大飞行事故罪行为人在主观上只能是过失。（3）客观方面不同。暴力危及飞行安全罪表现为行为人对正在飞行中的航空器上的人员使用暴力，危及飞行安全的行为；重大飞行事故罪则表现为航空人员违反规章制度，因而发生重大飞行事故造成严重后果的行为。（4）对严重后果的要求不同。构成重大飞行事故罪必须造成严重后果。暴力危及飞行安全罪并不以发生严重后果为构成要件。

（四）情节与量刑

《刑法》第123条规定，犯暴力危及飞行安全罪，尚未造成严重后果的，处5年以下有期徒刑或者拘役；造成严重后果的，处5年以上有期徒刑。

司法实践中应当注意的问题是，所谓尚未造成严重后果，是指飞行安全没有造成直接的危害后果。所谓造成严重后果，是指因对航空器上的人员使用暴力，使飞行中的航空器重要部件被毁坏，航空器的操纵系统失灵，甚至造成航空器坠毁等情形。

量刑档次	对应情节	有关概念解释	附加刑的适用
五年以下有期徒刑或者拘役	尚未造成严重后果的	尚未造成严重后果，是指飞行安全没有造成直接的危害后果	
五年以上有期徒刑	造成严重后果的	造成严重后果，是指因对航空器上的人员使用暴力，使飞行中的航空器重要部件被毁坏，航空器的操纵系统失灵，甚至造成航空器坠毁等情形	

（五）法律链接

1. **中华人民共和国民用航空法**（1995年10月30日第八届全国人民代表大会常务委员会第十六次会议通过　根据2009年8月27日第十一届全国人民代表大会常务委员会第十次会议《关于修改部分法律的决定》第一次修正　根据2015年4月24日第十二届全国人民代表大会常务委员会第十四次会议《关于修改〈中华人民共和国计量法〉等五部法律的决定》第二次修正　根据2016年11月7日第十二届全国人民代表大会常务委员会第二十四次会议《关于修改〈中华人民共和国对外贸易法〉等十二部法律的决定》第三次修正　根据2017年11月4日第十二届全国人民代表大会常务委员会第三十次会议《关于修改〈中华人民共和国会计法〉等十一部法律的决定》第四次修正　根据2018年12月29日第十三届全国人民代表大会常务委员会第七次

会议《关于修改〈中华人民共和国劳动法〉等七部法律的决定》第五次修正）（节录）

第一百九十二条 对飞行中的民用航空器上的人员使用暴力，危及飞行安全的，依照刑法有关规定追究刑事责任。

2. **中华人民共和国民用航空安全保卫条例**（1996 年 7 月 6 日发布施行 根据 2011 年 1 月 8 日《国务院关于废止和修改部分行政法规的决定》修订）（节录）

第二十三条 机长在执行职务时，可以行使下列权力：

（一）在航空器起飞前，发现有关方面对航空器未采取本条例规定的安全措施的，拒绝起飞；

（二）在航空器飞行中，对扰乱航空器内秩序，干扰机组人员正常工作而不听劝阻的人，采取必要的管束措施；

（三）在航空器飞行中，对劫持、破坏航空器或者其他危及安全的行为，采取必要的措施；

（四）在航空器飞行中遇到特殊情况时，对航空器的处置作最后决定。

第二十五条 航空器内禁止下列行为：

（一）在禁烟区吸烟；

（二）抢占座位、行李舱（架）；

（三）打架、酗酒、寻衅滋事；

（四）盗窃、故意损坏或者擅自移动救生物品和设备；

（五）危及飞行安全和扰乱航空器内秩序的其他行为。

第三十七条 违反本条例的有关规定，构成犯罪的，依法追究刑事责任。

二十九、破坏广播电视设施、公用电信设施罪

（一）法律规定

第一百二十四条第一款　破坏广播电视设施、公用电信设施，危害公共安全的，处三年以上七年以下有期徒刑；造成严重后果的，处七年以上有期徒刑。

（二）罪名详解

破坏广播电视设施、公用电信设施罪，是指故意破坏广播电视设施、公共电信设施，危害公共安全的行为。

本罪1979年《刑法》第111条作了规定，但罪名为破坏通讯设备罪。1997年《刑法》第124条对罪状作了修改，罪名相应改为破坏广播电视设施、公用电信设施罪。

破坏广播电视设施、公用电信设施罪的构成要件是：

1. 主体要件

本罪主体为一般主体。即达到法定责任年龄、具有刑事责任能力的人均可构成。

2. 客体要件

本罪侵犯的客体是广播电视设施、公用电信设施的正常、安全使用。侵害的对象是正在使用中的各种广播电视设施、公用电信设施。

随着科技的迅猛发展，广播电视、电信事业在社会政治、经济、文化等领域所发挥的作用越来越重要，而且除了能够起到传播信息的作用外，在某些特定的情况下，如发生突发事件时、国家进入战争状态时等非常时刻，还能起到向公众通报情况，稳定秩序，疏导群众的作用。因此，将破坏广播电视设施、公用电信设施的行为单独定罪，是保护广播电视、电信设施安全运行的重要举措。“广播设施”，主要是指发射无线电广播信号的发射台站，接收、中转电波的机器设备等。“电视设施”，主要是指传播新闻信息的电视发射台、转播台等。“公用电信设施”，主要是指用于社会公用事业的通信设施、设备和其他公用的通信设施、设备。如国家电信部门的无线电发报设施、设备，包括发射机、天线等，电话交换局、交换站以及有关国家重要部门的电话交换台、无线电通信网络，如在航空、航海交通工具及交通设施中使用的无线电通信、导航设施，等等。

3. 主观要件

本罪主观方面只能由故意构成，包括直接故意和间接故意。犯罪动机多种多样，有的为了泄愤报复、有的蓄意捣乱等，但动机不影响本罪的成立。

4. 客观要件

客观方面表现为实施了各种破坏正在使用中的广播电视设施、公用电信设施的行为。

只要行为人实施了破坏行为，不论是否已经造成严重后果，均构成本罪。破坏的方法多种多样，如拆卸、毁坏设备，剪割缆线，删除、修改、增加广播电视设备系统中存储、处理、传输的数据和应用程序，非法占用频率，截断通信线路、损毁通信设备或者删除、修改、增加电信网计算机信息系统中存储、处理或者传输的数据和应用程序，等等。之所以强调行为人破坏的必须是“正在使用中”的广播电视设施、公用电信设施，是因为只有正在使用中的广播电视设施、公用电信设施被破坏，才有可能发生危害公共安全的后果。如果行为人只破坏了尚未投入使用或者正在检修过程中的广播电视设施、公用电信设施的，虽然也造成了公共财产的损坏，但还不至于发生危害公共安全的后果，因此，不能构成破坏广播电视设施、公用电信设施罪。

根据《最高人民法院关于审理破坏公用电信设施刑事案件具体应用法律若干问题的解释》（以下简称《电信解释》）第1条规定，破坏公用电信设施，除了可以采用截断通信线路、损毁通信设备的方法外，还可以通过删除、修改、增加电信网计算机信息系统中存储、处理或者传输的数据和应用程序等手段实施。《最高人民法院关于审理破坏广播电视设施等刑事案件具体应用法律若干问题的解释》（以下简称《广播解释》）的规定，破坏广播电视设施的手段包括拆卸、毁坏设备，剪割缆线，删除、修改、增加广播电视设备系统中存储、处理、传输的数据和应用程序，非法占用频率等。

（三）实务疑难问题

1. 区分本罪与盗窃罪的界限

实践中，以非法占有为目的，盗窃通讯器材的案件（如偷割电话线、通讯电缆等）时有发生。如果窃取的是库存的或者正在生产、维修中的通讯器材，只能侵害财产所有权，并不危害通讯方面的公共安全，因此应以盗窃罪论处。如果窃取的是正在使用中的通讯设备，如偷割正在使用中的电话线、电缆线，偷砍电线杆等，势必会使不特定多数单位或个人的广播、电视通讯受阻。这种行为不仅侵害财产所有权，而且危害通讯方面的这样就触犯了破坏广播电视、公用电信设施罪和盗窃的罪名。盗窃正在使用的广播电视设施、公用电信设施，价值数额不大，尚未构成盗窃罪，但是构成危害公共安全犯罪的，以破坏广播电视设施、公用电信设施罪定罪处罚；同时构成盗窃罪和破坏广播电视设施、公用电信设施罪的，依照处罚较重的规定定罪处罚。

2. 区分本罪与放火罪、爆炸罪的界限

本罪的破坏方法除拆毁通讯设施等一般方法外，还包括放火、爆炸等危害公共安全的危险方法。以放火、爆炸等危害公共安全的危险方法破坏广播、电视、公用电信等设施的，属于手段牵连。根据牵连犯的处罚原则，应当择一重罪处罚。即应按放火罪、爆炸罪处罚。当然，放火、爆炸的方法本身没有达到犯罪的程度，破坏广播电视设施、公用电信设施罪能够成立的，只以本罪一罪处罚。

3. 区分本罪与破坏交通工具、破坏交通设施罪的界限

现代化的交通工具如航海、航空交通工具以及交通设施中，往往会使用一些无线电通信、导航设施。铁路部门为保障铁路交通运输安全，具有自己的专用通讯设施。对交通工具、交通设施中的通讯设施进行破坏，不仅会危及通讯方面的公共安全，更主要的是还会危及交通运输方面的安全。如因破坏交通工具或交通设施中的通讯设施，足以发生火车、船只、航空器等倾覆或毁坏的，又触犯破坏交通工具罪、破坏交通设施罪。对之，应当择重罪即破坏交通工具罪或破坏交通设施罪处罚。倘若破坏交通工具、交通设施中的通讯设施，不足以危及交通运输安全，但足以危害通讯公共安全的，则就应认定为本罪。

4. 区分本罪与故意毁坏财物罪的界限

《电信解释》第 3 条规定，故意破坏正在使用的公用电信设施尚未危害公共安全，或者故意毁坏尚未投入使用的公用电信设施，造成财物损失，构成犯罪的，依照《刑法》第 275 条规定，以故意毁坏财物罪定罪处罚。

5. 关于破坏广播电视设施并利用实施其他犯罪的行为的认定

实施破坏广播电视设施犯罪，并利用广播电视设施实施煽动分裂国家、煽动颠覆国家政权、煽动民族仇恨、民族歧视等行为，同时构成其他犯罪的，依照处罚较重的规定定罪处罚。

对利用广播电视设施、公用电信设施制作、传播邪教组织信息的，应分别情形处理：为传播邪教组织信息破坏广播电视设施、公用电信设施，危害公共安全的，依照《刑法》第 124 条的规定，以破坏广播电视设施、公用电信设施罪定罪处罚；利用广播电视设施、公用电信设施制作、传播邪教组织的信息，同时造成广播电视设施、公用电信设施破坏，危害公共安全的，依

照《刑法》第124条、第300条第1款的规定，以破坏广播电视设施、公用电信设施罪，利用邪教组织破坏法律实施罪数罪并罚；对利用广播电视设施、公用电信设施制作、传播邪教组织信息，未对广播电视设施、公用电信设施造成破坏的，依照《刑法》第300条第1款的规定，以利用邪教组织破坏法律实施罪定罪处罚。

（四）情节与量刑

《刑法》第124条第1款规定，犯破坏广播电视设施、公用电信设施罪的，处3年以上7年以下有期徒刑；造成严重后果的，处7年以上有期徒刑。

司法机关在适用本款规定处罚时，应当注意以下问题：

1. 根据《广播解释》第1条的规定，采取拆卸、毁坏设备，剪割缆线，删除、修改、增加广播电视设备系统中存储、处理、传输的数据和应用程序，非法占用频率等手段，破坏正在使用的广播电视设施，具有下列情形之一的，依照《刑法》第124条第1款的规定，以破坏广播电视设施罪处3年以上7年以下有期徒刑：(1)造成救灾、抢险、防汛和灾害预警等重大公共信息无法发布的；(2)造成县级、地市（设区的市）级广播电视台中直接关系节目播出的设施无法使用，信号无法播出的；(3)造成省级以上广播电视传输网内的设施无法使用，地市（设区的市）级广播电视传输网内的设施无法使用3小时以上，县级广播电视传输网内的设施无法使用12小时以上，信号无法传输的；(4)其他危害公共安全的情形。

2. 根据《电信解释》第1条的规定，采用截断通信线路、损毁通信设备或者删除、修改、增加电信网计算机信息系统中存储、处理或者传输的数据和应用程序等手段，故意破坏正在使用的公用电信设施，具有下列情形之一的，属于《刑法》第124条规定的“危害公共安全”，依照《刑法》第124条第1款规定，以破坏公用电信设施罪处3年以上7年以下有期徒刑：(1)造成火警、匪警、医疗急救、交通事故报警、救灾、抢险、防汛等通信中断或者严重障碍，并因此贻误救助、救治、救灾、抢险等，致使人员死亡1人、重伤3人以上或者造成财产损失30万元以上的；(2)造成2000以上不满1万用户通信中断1小时以上，或者1万以上用户通信中断不满1小时的；(3)在一个本地网范围内，网间通信全阻、关口局至某一局向全部中断或网间某一业务全部中断不满2小时或者直接影响范围不满5万（用户×小时）的；(4)造成网间通信严重障碍，1 日内累计 2 小时以上不满 12 小时的；（5）其他危害公共安全的情形。

3. 根据《广播解释》第 2 条的规定，具有下列情形之一的，应当认定为《刑法》第 124 条第 1 款规定的“造成严重后果”，以破坏广播电视设施罪处 7 年以上有期徒刑：（1）造成救灾、抢险、防汛和灾害预警等重大公共信息无法发布，因此贻误排除险情或者疏导群众，致使 1 人以上死亡、3 人以上重伤或者财产损失 50 万元以上，或者引起严重社会恐慌、社会秩序混乱的；（2）造成省级以上广播电视台中直接关系节目播出的设施无法使用，信号无法播出的；（3）造成省级以上广播电视传输网内的设施无法使用 3 小时以上，地市（设区的市）级广播电视传输网内的设施无法使用 12 小时以上，县级广播电视传输网内的设施无法使用 48 小时以上，信号无法传输的；（4）造成其他严重后果的。

4. 根据《电信解释》第 2 条的规定，具有下列情形之一的，属于《刑法》第 124 条第 1 款规定的“严重后果”，以破坏公用电信设施罪处 7 年以上有期徒刑：（1）造成火警、匪警、医疗急救、交通事故报警、救灾、抢险、防汛等通信中断或者严重障碍，并因此贻误救助、救治、救灾、抢险等，致使人员死亡 2 人以上、重伤 6 人以上或者造成财产损失 60 万元以上的；（2）造成 1 万以上用户通信中断 1 小时以上的；（3）在一个本地网范围内，网间通信全阻、关口局至某一局向全部中断或网间某一业务全部中断 2 小时以上或者直接影响范围 5 万（用户×小时）以上的；（4）造成网间通信严重障碍，一日内累计 12 小时以上的；（5）造成其他严重后果的。

5. 指使、组织、教唆他人实施《电信解释》规定的故意犯罪行为，按照破坏公用电信设施罪的共犯定罪处罚。

量刑档次	对应情节	有关概念解释
三年以上 七年以下 有期徒刑	犯破坏广播电视设施、公用电信设施罪 危害公共安全	

续表

量刑档次	对应情节	有关概念解释
七年以上 有期徒刑	造成严重 后果的	根据《广播解释》第2条的规定，具有下列情形之一的，应当认定为《刑法》第124条第1款规定的“造成严重后果”，以破坏广播电视设施罪处7年以上有期徒刑：（1）造成救灾、抢险、防汛和灾害预警等重大公共信息无法发布，因此贻误排除险情或者疏导群众，致使1人以上死亡、3人以上重伤或者财产损失50万元以上，或者引起严重社会恐慌、社会秩序混乱的；（2）造成省级以上广播电视台中直接关系节目播出的设施无法使用，信号无法播出的；（3）造成省级以上广播电视传输网内的设施无法使用3小时以上，地市（设区的市）级广播电视传输网内的设施无法使用12小时以上，县级广播电视传输网内的设施无法使用48小时以上，信号无法传输的；（4）造成其他严重后果的。
七年以上 有期徒刑	造成严重 后果的	根据《电信解释》第2条的规定，具有下列情形之一的，属于《刑法》第124条第1款规定的“严重后果”，以破坏公用电信设施罪处7年以上有期徒刑：（1）造成火警、匪警、医疗急救、交通事故报警、救灾、抢险、防汛等通信中断或者严重障碍，并因此贻误救助、救治、救灾、抢险等，致人员死亡2人以上、重伤6人以上或者造成财产损失60万元以上的；（2）造成1万以上用户通信中断1小时以上的；（3）在一个本地网范围内，网间通信全阻、关口局至某一局向全部中断或网间某一业务全部中断2小时以上或者直接影响范围5万（用户×小时）以上的；（4）造成网间通信严重障碍，一日内累计12小时以上的；（5）造成其他严重后果的。

（五）法律链接

1. **广播电视设施保护条例**（2000 年 11 月 5 日国务院令第 295 号公布自 2000 年 11 月 5 日起施行）（节录）

第二条　在中华人民共和国境内依法设立的广播电视台、站（包括有线广播电视台、站，下同）和广播电视传输网的下列设施的保护，适用本条例：

（一）广播电视信号发射设施，包括天线、馈线、塔桅（杆）、地网、卫星发射天线及其附属设备等；

（二）广播电视信号专用传输设施，包括电缆线路、光缆线路（以下统称传输线路）、塔桅（杆）、微波等空中专用传输通路、微波站、卫星地面接收设施、转播设备及其附属设备等；

（三）广播电视信号监测设施，包括监测接收天线、馈线、塔桅（杆）、测向场强室及其附属设备等。

传输广播电视信号所利用的公用通信等网络设施的保护和管理，依照有关法律、行政法规的规定执行。

第六条　禁止危及广播电视信号发射设施的安全和损害其使用效能的下列行为：

（一）拆除或者损坏天线、馈线、地网以及天线场地的围墙、围网及其附属设备、标志物；

（二）在中波天线周围 250 米范围内建筑施工，或者以天线外 250 米为计算起点兴建高度超过仰角 3 度的高大建筑；

（三）在短波天线前方 500 米范围内种植成林树木、堆放金属物品、穿越架空电力线路、建筑施工，或者以天线外 500 米为计算起点兴建高度超过仰角 3 度的高大建筑；

（四）在功率 300 千瓦以上的定向天线前方 1000 米范围内建筑施工，或者以天线外 1000 米为计算起点兴建高度超过仰角 3 度的高大建筑；

（五）在馈线两侧各 3 米范围内建筑施工，或者在馈线两侧各 5 米范围内种植树木、种植高杆作物；

（六）在天线、塔桅（杆）周围 5 米或者可能危及拉锚安全的范围内挖沙、取土、钻探、打桩、倾倒腐蚀性物品。

第七条　禁止危及广播电视信号专用传输设施的安全和损害其使用效能

的下列行为：

（一）在标志埋设地下传输线路两侧各5米和水下传输线路两侧各50米范围内进行铺设易燃易爆液（气）体主管道、抛锚、拖锚、挖沙等施工作业；

（二）移动、损坏传输线路、终端杆、塔桅（杆）及其附属设备、标志物；

（三）在标志埋设地下传输线路的地面周围1米范围内种植根茎可能缠绕传输线路的植物、倾倒腐蚀性物品；

（四）树木的顶端与架空传输线路的间距小于2米；

（五）在传输线路塔桅（杆）、拉线周围1米范围内挖沙、取土，或者在其周围5米范围内倾倒腐蚀性物品、堆放易燃易爆物品；

（六）在传输线路塔桅（杆）、拉线上拴系牲畜、悬挂物品、攀附农作物。

第八条 禁止危及广播电视信号监测设施的安全和损害其使用效能的下列行为：

（一）移动、损坏监测接收天线、塔桅（杆）及其附属设备、标志物；

（二）在监测台、站周围违反国家标准架设架空电力线路，兴建电气化铁路、公路等产生电磁辐射的设施或者设置金属构件；

（三）在监测台、站测向场强室周围150米范围内种植树木、高秆作物、进行对土地平坦有影响的挖掘、施工；

（四）在监测天线周围1000米范围内建筑施工，或者以天线外1000米为计算起点修建高度超过仰角3度的建筑物、构筑物或者堆放超高的物品。

第九条 禁止危及广播电视设施安全和损害其使用效能的下列行为：

（一）在广播电视设施周围500米范围内进行爆破作业；

（二）在天线、馈线、传输线路及其塔桅（杆）、拉线周围500米范围内进行烧荒；

（三）在卫星天线前方50米范围内建筑施工，或者以天线前方50米为计算起点修建高度超过仰角5度的建筑物、构筑物或者堆放超高的物品；

（四）在发射、监测台、站周围1500米范围内兴建有严重粉尘污染、严重腐蚀性化学气体溢出或者产生放射性物质的设施；

（五）在发射、监测台、站周围500米范围内兴建油库、加油站、液化气站、煤气站等易燃易爆设施。

第二十一条 违反本条例规定，损坏广播电视设施的，由县级以上人民政府广播电视行政管理部门或者其授权的广播电视设施管理单位责令改正，对个人处1000元以上1万元以下的罚款，对单位处2万元以上10万元以下的罚款；对其直接负责的主管人员及其他直接责任人员依法给予行政处分；违反治安管理规定的，由公安机关依法给予治安管理处罚；构成犯罪的，依法追究刑事责任。

2. 最高人民法院关于审理破坏广播电视设施等刑事案件具体应用法律若干问题的解释（法释〔2011〕13号　自2011年6月13日起施行）

为依法惩治破坏广播电视设施等犯罪活动，维护广播电视设施运行安全，根据刑法有关规定，现就审理这类刑事案件具体应用法律的若干问题解释如下：

第一条　采取拆卸、毁坏设备，剪割缆线，删除、修改、增加广播电视设备系统中存储、处理、传输的数据和应用程序，非法占用频率等手段，破坏正在使用的广播电视设施，具有下列情形之一的，依照刑法第一百二十四条第一款的规定，以破坏广播电视设施罪处三年以上七年以下有期徒刑：

（一）造成救灾、抢险、防汛和灾害预警等重大公共信息无法发布的；

（二）造成县级、地市（设区的市）级广播电视台中直接关系节目播出的设施无法使用，信号无法播出的；

（三）造成省级以上广播电视传输网内的设施无法使用，地市（设区的市）级广播电视传输网内的设施无法使用三小时以上，县级广播电视传输网内的设施无法使用十二小时以上，信号无法传输的；

（四）其他危害公共安全的情形。

第二条　实施本解释第一条规定的行为，具有下列情形之一的，应当认定为刑法第一百二十四条第一款规定的“造成严重后果”，以破坏广播电视设施罪处七年以上有期徒刑：

（一）造成救灾、抢险、防汛和灾害预警等重大公共信息无法发布，因此贻误排除险情或者疏导群众，致使一人以上死亡、三人以上重伤或者财产损失五十万元以上，或者引起严重社会恐慌、社会秩序混乱的；

（二）造成省级以上广播电视台中直接关系节目播出的设施无法使用，信号无法播出的；

（三）造成省级以上广播电视传输网内的设施无法使用三小时以上，地市（设区的市）级广播电视传输网内的设施无法使用十二小时以上，县级广播电视传输网内的设施无法使用四十八小时以上，信号无法传输的；

（四）造成其他严重后果的。

第三条 过失损坏正在使用的广播电视设施，造成本解释第二条规定的严重后果的，依照刑法第一百二十四条第二款的规定，以过失损坏广播电视设施罪处三年以上七年以下有期徒刑；情节较轻的，处三年以下有期徒刑或者拘役。

过失损坏广播电视设施构成犯罪，但能主动向有关部门报告，积极赔偿损失或者修复被损坏设施的，可以酌情从宽处罚。

第四条 建设、施工单位的管理人员、施工人员，在建设、施工过程中，违反广播电视设施保护规定，故意或者过失损毁正在使用的广播电视设施，构成犯罪的，以破坏广播电视设施罪或者过失损坏广播电视设施罪定罪处罚。其定罪量刑标准适用本解释第一至三条的规定。

第五条 盗窃正在使用的广播电视设施，尚未构成盗窃罪，但具有本解释第一条、第二条规定情形的，以破坏广播电视设施罪定罪处罚；同时构成盗窃罪和破坏广播电视设施罪的，依照处罚较重的规定定罪处罚。

第六条 破坏正在使用的广播电视设施未危及公共安全，或者故意毁坏尚未投入使用的广播电视设施，造成财物损失数额较大或者有其他严重情节的，以故意毁坏财物罪定罪处罚。

第七条 实施破坏广播电视设施犯罪，并利用广播电视设施实施煽动分裂国家、煽动颠覆国家政权、煽动民族仇恨、民族歧视或者宣扬邪教等行为，同时构成其他犯罪的，依照处罚较重的规定定罪处罚。

第八条 本解释所称广播电视台中直接关系节目播出的设施、广播电视传输网内的设施，参照国家广播电视行政主管部门和其他相关部门的有关规定确定。

3. 最高人民法院关于审理破坏公用电信设施刑事案件具体应用法律若干问题的解释（法释〔2004〕21号　自2005年1月11日起施行）

为维护公用电信设施的安全和通讯管理秩序，依法惩治破坏公用电信设施犯罪活动，根据刑法有关规定，现就审理这类刑事案件具体应用法律的若干问题解释如下：

第一条 采用截断通信线路、损毁通信设备或者删除、修改、增加电信网计算机信息系统中存储、处理或者传输的数据和应用程序等手段，故意破坏正在使用的公用电信设施，具有下列情形之一的，属于刑法第一百二十四条规定的“危害公共安全”，依照刑法第一百二十四条第一款规定，以破坏公用电信设施罪处三年以上七年以下有期徒刑：

（一）造成火警、匪警、医疗急救、交通事故报警、救灾、抢险、防汛等通信中断或者严重障碍，并因此贻误救助、救治、救灾、抢险等，致使人员死亡一人、重伤三人以上或者造成财产损失三十万元以上的；

（二）造成二千以上不满一万用户通信中断一小时以上，或者一万以上用户通信中断不满一小时的；

（三）在一个本地网范围内，网间通信全阻、关口局至某一局向全部中断或网间某一业务全部中断不满二小时或者直接影响范围不满五万（用户×小时）的；

（四）造成网间通信严重障碍，一日内累计二小时以上不满十二小时的；

（五）其他危害公共安全的情形。

第二条　实施本解释第一条规定的行为，具有下列情形之一的，属于刑法第一百二十四条第一款规定的“严重后果”，以破坏公用电信设施罪处七年以上有期徒刑：

（一）造成火警、匪警、医疗急救、交通事故报警、救灾、抢险、防汛等通信中断或者严重障碍，并因此贻误救助、救治、救灾、抢险等，致使人员死亡二人以上、重伤六人以上或者造成财产损失六十万元以上的；

（二）造成一万以上用户通信中断一小时以上的；

（三）在一个本地网范围内，网间通信全阻、关口局至某一局向全部中断或网间某一业务全部中断二小时以上或者直接影响范围五万（用户×小时）以上的；

（四）造成网间通信严重障碍，一日内累计十二小时以上的；

（五）造成其他严重后果的。

第三条　故意破坏正在使用的公用电信设施尚未危害公共安全，或者故意毁坏尚未投入使用的公用电信设施，造成财物损失，构成犯罪的，依照刑法第二百七十五条规定，以故意毁坏财物罪定罪处罚。

盗窃公用电信设施价值数额不大，但是构成危害公共安全犯罪的，依照刑法第一百二十四条的规定定罪处罚；盗窃公用电信设施同时构成盗窃罪和破坏公用电信设施罪的，依照处罚较重的规定定罪处罚。

第四条　指使、组织、教唆他人实施本解释规定的故意犯罪行为的，按照共犯定罪处罚。

第五条 本解释中规定的公用电信设施的范围、用户数、通信中断和严重障碍的标准和时间长度，依据国家电信行业主管部门的有关规定确定。

4. 最高人民法院关于审理危害军事通信刑事案件具体应用法律若干问题的解释（法释〔2007〕13号 自2007年6月29日起施行）（节录）

第六条 破坏、过失损坏军事通信，并造成公用电信设施损毁，危害公共安全，同时构成刑法第一百二十四条和第三百六十九条规定的犯罪的，依照处罚较重的规定定罪处罚。

盗窃军事通信线路、设备，不构成盗窃罪，但破坏军事通信的，依照刑法第三百六十九条第一款的规定定罪处罚；同时构成刑法第一百二十四条、第二百六十四条和第三百六十九条第一款规定的犯罪的，依照处罚较重的规定定罪处罚。

5. 最高人民法院、最高人民检察院、公安部、国家安全部关于依法办理非法生产销售使用“伪基站”设备案件的意见（公通字〔2014〕13号 自2014年4月3日起发布施行）（节录）

一、准确认定行为性质

（二）非法使用“伪基站”设备干扰公用电信网络信号，危害公共安全的，依照刑法第一百二十四条第一款的规定，以破坏公用电信设施罪追究刑事责任；同时构成虚假广告罪、非法获取公民个人信息罪、破坏计算机信息系统罪、扰乱无线电通讯管理秩序罪的，依照处罚较重的规定追究刑事责任。

除法律、司法解释另有规定外，利用“伪基站”设备实施诈骗等其他犯罪行为，同时构成破坏公用电信设施罪的，依照处罚较重的规定追究刑事责任。

（三）明知他人实施非法生产、销售“伪基站”设备，或者非法使用“伪基站”设备干扰公用电信网络信号等犯罪，为其提供资金、场所、技术、设备等帮助的，以共同犯罪论处。

三十、过失损坏广播电视设施、公用电信设施罪

（一）法律规定

第一百二十四条 破坏广播电视设施、公用电信设施，危害公

共安全的，处三年以上七年以下有期徒刑；造成严重后果的，处七年以上有期徒刑。

过失犯前款罪的，处三年以上七年以下有期徒刑；情节较轻的，处三年以下有期徒刑或者拘役。

（二）罪名详解

过失损坏广播电视设施、公用电信设施罪，是指由于过失致使广播电视设施、公用电信设施遭受破坏，造成严重后果，危害公共安全的行为。

本罪1979年《刑法》第111条作了规定，但罪名为过失破坏通讯设备罪。1997年《刑法》第124条第2款对罪状作了修改，罪名相应改为过失损坏广播电视设施、公用电信设施罪。

过失损坏广播电视设施、公用电信设施罪的构成要件是：

1. 主体要件

本罪主体为一般主体，即凡年满16周岁并具有刑事责任能力的自然人，都可以构成过失损坏广播电视设施、公用电信设施罪的主体。

2. 客体要件

本罪侵犯的客体是广播电视设施、公用电信设施的正常、安全、使用。侵害的对象是正在使用中的各种广播电视设施、公用电信设施。“广播设施”“电视设施”和“公用电信设施”的范围与破坏广播电视设施、公用电信设施罪相同。

3. 主观要件

本罪主观方面由过失构成。既可能是由于疏忽大意的过失，也可能是由于过于自信的过失。

4. 客观要件

客观方面表现为行为人由于过失，致使广播电视设施、公用电信设施遭受损坏，造成严重后果，危害公共安全的行为。如在城市基本建设、农田建设、修建公路、挖沟等施工中，挖断地下电缆、炸断通信线路或者其他广播电视设施、公用电信设施，造成通信中断，等等。

（三）实务疑难问题

1. 区分本罪与破坏广播电视设施、公用电信设施罪的界限

二者都是以广播电视设施、公用电信设施为侵害对象的危害广播电视设施、公用电信设施安全的犯罪，主要区别在于：（1）主观罪过形式不同。前者是过失犯罪；而后者是故意犯罪。（2）对危害结果的要求不同。前者把造成严重后果作为构成犯罪的法定要件，如果没有造成严重后果，不构成本罪；后者则不论是否发生了严重后果，只要行为人故意实施了破坏广播电视设施、公用电信设施的行为，就构成破坏广播电视设施、公用电信设施罪。

2. 区分本罪与重大责任事故罪的界限

两者侵犯的对象相同，都是正在使用中的广播电视设施、公用电信设施，在主观上都是出于过失，并且都以造成严重后果为构成犯罪的必备条件。但是，两者存在着明显区别：

（1）主体不同。前者的主体是一般主体；后者的主体为特殊主体，即广播电视、公用电信部门的职工。

（2）客体不同。前者侵犯的是传播、通讯方面的公共安全；后者侵犯的是广播电视、公用电信部门的作业安全。

（3）客观方面不同。前者是过失损坏广播电视设施、公用电信设施，与从事传播、通讯作业活动无关，后者是在传播、通讯作业活动过程中，由于不服管理、违反规章制度，或者强令工人违规冒险作业，因而发生重大事故。

因此，由于上述部门的职工在作业过程中的业务过失而造成严重后果的，应定重大责任事故罪，而不能以过失损坏广播电视设施、公用电信设施罪论处。

3. 区分本罪与过失损坏易燃易爆设备罪的界限

两者都是危害公共安全的犯罪，在主观上都是出于过失，客观上都有过失损坏的行为，主体都是一般主体。但是，两者的区别是侵犯的对象不同。过失损坏广播电视设施、公用电信侵犯的对象是正在使用中的广播电视设施、公用电信设施；破坏易燃易爆设备罪侵犯的对象是正在使用中的燃气或者其他设备。

（四）情节与量刑

《刑法》第 124 条第 2 款规定，犯过失损坏广播电视设施、公用电信设施罪的，处 3 年以上 7 年以下有期徒刑；情节较轻的，处 3 年以下有期徒刑或者拘役。

司法机关在适用本款规定处罚时，应当注意以下问题：

1. 过失损坏正在使用的广播电视设施，造成《广播解释》第 2 条规定的“造成严重成果”的，依照《刑法》第 124 条第 2 款的规定，以过失损坏广播电视设施罪处 3 年以上 7 年以下有期徒刑；情节较轻的，处 3 年以下有期徒刑或者拘役。司法实践中所谓情节较轻，一般是指广播电视设施、公用电信设施受损不严重，对公共安全的危害不大等情形。

2. 过失损坏广播电视设施构成犯罪，但能主动向有关部门报告，积极赔偿损失或者修复被损坏设施的，可以酌情从宽处理。

3. 建设、施工单位的管理人员、施工人员，在建设、施工过程中，违反广播电视设施保护规定，过失损毁正在使用的广播电视设施，构成犯罪的，以过失损坏广播电视设施罪定罪处罚。其定罪量刑标准适用《广播解释》第 3 条的规定。

量刑档次	对应情节	有关概念解释
三年以上七年以下有期徒刑	犯过失破坏广播电视设施、公用电信设施罪	
三年以下有期徒刑或者拘役	情节较轻的	所谓情节较轻，一般是指广播电视设施、公用电信设施受损不严重，对公共安全的危害不大等情形

（五）法律链接

1. 最高人民法院关于审理破坏广播电视设施等刑事案件具体应用法律若干问题的解释（法释〔2011〕13 号　自 2011 年 6 月 13 日起施行）（节录）

第三条　过失损坏正在使用的广播电视设施，造成本解释第二条规定的严重后果的，依照刑法第一百二十四条第二款的规定，以过失损坏广播电视设施罪处三年以上七年以下有期徒刑；情节较轻的，处三年以下有期徒刑或者拘役。

过失损坏广播电视设施构成犯罪，但能主动向有关部门报告，积极赔偿损失或者修复被损坏设施的，可以酌情从宽处罚。

第四条 建设、施工单位的管理人员、施工人员，在建设、施工过程中，违反广播电视设施保护规定，故意或者过失损毁正在使用的广播电视设施，构成犯罪的，以破坏广播电视设施罪或者过失损坏广播电视设施罪定罪处罚。其定罪量刑标准适用本解释第一至三条的规定。

2. 最高人民法院关于审理危害军事通信刑事案件具体应用法律若干问题的解释（法释〔2007〕13号　自2007年6月29日起施行）（节录）

第六条 破坏、过失损坏军事通信，并造成公用电信设施损毁，危害公共安全，同时构成刑法第一百二十四条和第三百六十九条规定的犯罪的，依照处罚较重的规定定罪处罚。

盗窃军事通信线路、设备，不构成盗窃罪，但破坏军事通信的，依照刑法第三百六十九条第一款的规定定罪处罚；同时构成刑法第一百二十四条、第二百六十四条和第三百六十九条第一款规定的犯罪的，依照处罚较重的规定定罪处罚。

三十一、非法制造、买卖、运输、邮寄、储存枪支、弹药、爆炸物罪

（一）法律规定

第一百二十五条第一款 非法制造、买卖、运输、邮寄、储存枪支、弹药、爆炸物的，处三年以上十年以下有期徒刑；情节严重的，处十年以上有期徒刑、无期徒刑或者死刑。

第三款 单位犯前两款罪的，对单位判处罚金，并对其直接负责的主管人员和其他直接责任人员，依照第一款的规定处罚。

（二）罪名详解

非法制造、买卖、运输、邮寄、储存枪支、弹药、爆炸物罪，是指违反国家有关枪支、弹药、爆炸物管理的法律、法规，非法制造、买卖、运输、邮寄、储存枪支、弹药、爆炸物，危害公共安全的行为。

本罪1979年《刑法》第112条作了规定，但罪名为非法制造、买卖、运输枪支、弹药罪。1997年《刑法》第125条对罪状作了修改补充，罪名相应改为非法制造、买卖、运输、邮寄、储存枪支、弹药、爆炸物罪。

非法制造、买卖、运输、邮寄、储存枪支、弹药、爆炸物罪的构成要件是：

1. 主体要件

本罪主体为一般主体。自然人和单位都可构成本罪的主体。

2. 客体要件

本罪侵犯的客体是不特定的公民生命、健康和公私财产的安全。

犯罪对象是枪支、弹药、爆炸物。近年来，社会治安形势严峻，恶性犯罪案件居高不下，一些犯罪分子往往使用枪支、炸药、手榴弹等爆炸物作案，危害极大。同枪支、弹药相比，爆炸物的杀伤力和破坏性更大。爆炸物一旦落入犯罪分子之手，对社会治安就会形成很大的威胁。由于1979年刑法对这类犯罪行为的规定不甚明确、具体，因此，司法实践中在一定程度上存在着对上述犯罪活动打击不力的问题。虽然最高人民法院曾经就非法制造、买卖、运输非军用枪支案件如何具体适用法律的问题作出过司法解释，但是仍不能完全解决实践中遇到的问题。1996年7月5日，第八届全国人大常委会第二十次会议制定的《枪支管理法》中对上述涉枪犯罪行为作了详尽的规定。1997年修订刑法时将其中的相关内容编入本章。同1979年《刑法》第112条的规定相比较，补充了“邮寄、储存枪支、弹药”的犯罪行为，在犯罪对象中补充了“爆炸物”，并将本罪的法定最高刑由无期徒刑提高到死刑。这对于维护社会治安秩序，保护国家和人民生命财产的安全，都是十分必要的。目前，违法犯罪分子利用邮政渠道邮寄枪支、弹药、爆炸物的案件增多，已发生邮件爆炸、邮车失火、邮政职工和用户被炸死、炸伤的案件，给公共安全带来了极大的危害。一些犯罪分子为实施犯罪储存枪支、弹药、爆炸物品，行为本身对公共安全就是一种潜在的威胁，必须依法严惩，以保证对枪支、弹药、爆炸物的严格管理。“枪支”，根据枪支管理法的规定，指以火药或者压缩气体等为动力，利用管状器具发射金属弹丸或者其他物器，足以致人伤亡或者丧失知觉的各种枪支，包括军用枪支、民用枪支、公务枪支、射击运动枪支等；“弹药”，主要是指各种军用枪支、民用枪支的弹药，包括子弹、炸弹、手榴弹等；“爆炸物”，主要是指各种炸药、雷管及其制成的爆炸装置等。

目前，按照《公安机关涉案枪支弹药性能鉴定工作规定》规定，制式枪支、弹药，是指按照国家标准或公安部、军队下达的战术技术指标要求，经国家有关部门或军队批准定型，由合法企业生产的各类枪支、弹药，包括国外制造和历史遗留的各类旧杂式枪支、弹药。非制式枪支、弹药，是指未经有关部门批准定型或不符合国家标准的各类枪支、弹药，包括自制、改制的枪支、弹药和枪支弹药生产企业研制工作中的中间产品。鉴定标准：（1）凡是制式枪支、弹药，无论是否能够完成击发动作，一律认定为枪支、弹药。（2）凡是能发射制式弹药的非制式枪支（包括自制、改制枪支），一律认定为枪支。对能够装填制式弹药，但因缺少个别零件或锈蚀不能完成击发，经加装相关零件或除锈后能够发射制式弹药的非制式枪支，一律认定为枪支。（3）对不能发射制式弹药的非制式枪支，按照《枪支致伤力的法庭科学鉴定判据》（GA/T 718—2007）的规定，当所发射弹丸的枪口比动能大于等于1.8焦耳/平方厘米时，一律认定为枪支。（4）对制式枪支、弹药专用散件（零部件），能够由制造厂家提供相关零部件图样（复印件）和件号的，一律认定为枪支、弹药散件（零部件）。（5）对非制式枪支、弹药散件（零部件），如具备与制式枪支、弹药专用散件（零部件）相同功能的，一律认定为枪支、弹药散件（零部件）。

3. 主观要件

主观方面只能由故意构成，即明知是枪支、弹药、爆炸物而非法制造、买卖、运输、邮寄、储存。过失不构成本罪。

4. 客观要件

客观方面表现为非法制造、买卖、运输、邮寄、储存枪支、弹药、爆炸物的行为。

“非法制造”，是指没有法律上的依据，也未经国家有关主管部门的许可，私自制造枪支、弹药、爆炸物的行为。这里的“制造”应当作广义的理解，既包括制作，也包括加工、修理、改装等行为。而且，只要进行了制造，不论其制造的目的是什么，都构成本罪的既遂。“非法买卖”，是指违反法律规定私自购买或者出售枪支、弹药、爆炸物的行为。“非法运输”，是指违反法律规定运输枪支、弹药、爆炸物的行为，运输的方式和目的不影响本罪的成立。“非法邮寄”，是指违反法律规定，通过邮局将枪支、弹药、爆炸物寄往目的地的行为。“非法储存”，是指明知是他人非法制造、买卖、运输、邮寄的枪支、弹药、爆炸物而为其存放的行为。

（三）实务疑难问题

1. 本罪属于选择性罪名

实施非法制造、买卖、运输、邮寄或者储存枪支、弹药、爆炸物中的数个行为或者数个犯罪对象的，不实行数罪并罚，而应当依其具体行为性质确定罪名，定罪处罚。

2. 枪支、弹药、爆炸物的认定

《枪支管理法》第46条规定：“本法所称枪支，是指以火药或者压缩气体等为动力，利用管状器具发射金属弹丸或者其他物质，足以致人伤亡或者丧失知觉的各种枪支。”包括军用的手枪、步枪、冲锋枪、机枪，民用的射击运动用枪，狩猎用的有膛线枪、霰弹枪、火药枪等。

弹药是含有火药、炸药或其他装填物，爆炸后能对目标起毁伤作用或完成其他战术任务的军械物品。它包括枪弹、炮弹、手榴弹、枪榴弹、航空炸弹、火箭弹、导弹、鱼雷、水雷、地雷、爆破筒、爆破药包等，以及用于非军事目的的礼炮弹、警用弹和狩猎、射击运动的用弹。弹药是武器系统中的核心部分，是借助武器（或其他运载工具）发射至目标区域，完成既定战斗任务的最终手段。弹药一般由战斗部、投射部和稳定部等部分组成。通常按投射方式分为：射击式弹药、自推式弹药、投掷式弹药和布设式弹药等。

爆炸物，是指在外界作用下（如受热、受摩擦、撞击等），能发生剧烈的化学反应，瞬时产生大量的气体和热量，使周围压力急剧上升，发生爆炸，对周围环境造成破坏的物品，也包括无整体爆炸危险，但具有燃烧、抛射及较小爆炸危险的物品，或仅产生热、光、音响或烟雾等一种或几种作用的烟火物品。爆炸物包括：（1）火药，如黑色火药、无烟火药、推进火药（以高氯酸盐及氧化铅等为主要药剂）；（2）炸药，如雷汞、叠氮化铅、硝铵炸药、氯酸钾炸药、高氯酸铵炸药、硝化甘油、乙二醇二硝酸酯、黄色炸药、液态氧炸药、芳香族硝基化合物类炸药；（3）起爆器材，如雷管、实弹、空弹、信管、引爆线、导火线、信号管、焰火。一般而言，民用的烟花爆竹不宜认定为本罪所谓的爆炸物。如果违反有关规定，造成严重后果的，可依照其他罪定罪处罚。另外，制造爆炸物的原材料也不宜认定为爆炸物，否则打击面过大，反而影响正常的生产经营活动。

（四）情节与量刑

《刑法》第125条第1款规定，犯非法制造、买卖、运输、邮寄、储存枪支、弹药、爆炸物罪的，处3年以上10年以下有期徒刑；情节严重的，处10年以上有期徒刑、无期徒刑或者死刑。

依照本条第3款规定，单位犯本罪的，对单位判处罚金，并对其直接负责的主管人员和其他直接责任人员，依照第1款的规定处罚。

司法机关在适用《刑法》第125条第1款、第3款规定处罚时，应当注意以下问题：

掌握具体量刑标准，应当按照《最高人民法院关于审理非法制造、买卖、运输枪支、弹药、爆炸物等刑事案件具体应用法律若干问题的解释》（以下简称《枪支解释》）的规定执行：

根据《枪支解释》第1条的规定，个人或者单位非法制造、买卖、运输、邮寄、储存枪支、弹药、爆炸物，具有下列情形之一的，依照《刑法》第125条第1款的规定，以非法制造、买卖、运输、邮寄、储存枪支、弹药、爆炸物罪定罪处罚：（1）非法制造、买卖、运输、邮寄、储存军用枪支1支以上的；（2）非法制造、买卖、运输、邮寄、储存以火药为动力发射枪弹的非军用枪支1支以上或者以压缩气体等为动力的其他非军用枪支2支以上的；（3）非法制造、买卖、运输、邮寄、储存军用子弹10发以上、气枪铅弹500发以上或者其他非军用子弹100发以上的；（4）非法制造、买卖、运输、邮寄、储存手榴弹1枚以上的；（5）非法制造、买卖、运输、邮寄、储存爆炸装置的；（6）非法制造、买卖、运输、邮寄、储存炸药、发射药、黑火药1千克以上或者烟火药3千克以上、雷管30枚以上或者导火索、导爆索30米以上的；（7）具有生产爆炸物品资格的单位不按照规定的品种制造，或者具有销售、使用爆炸物品资格的单位超过限额买卖炸药、发射药、黑火药10千克以上或者烟火药30千克以上、雷管300枚以上或者导火索、导爆索300米以上的；（8）多次非法制造、买卖、运输、邮寄、储存弹药、爆炸物的；（9）虽未达到上述最低数量标准，但具有造成严重后果等其他恶劣情节的。

介绍买卖枪支、弹药、爆炸物的，以买卖枪支、弹药、爆炸物罪的共犯论处。

根据《枪支解释》第2条的规定，非法制造、买卖、运输、邮寄、储存枪支、弹药、爆炸物，具有下列情形之一的，属于《刑法》第125条第1款规定的“情节严重”：（1）非法制造、买卖、运输、邮寄、储存枪支、弹药、爆炸物的数量达到本解释第1条第（一）、（二）、（三）、（六）、（七）项规定的最低数量标准5倍以上的；（2）非法制造、买卖、运输、邮寄、储存手榴弹3枚以上的；（3）非法制造、买卖、运输、邮寄、储存爆炸装置，危害严重的；（4）达到本解释第1条规定的最低数量标准，并具有造成严重后果等其他恶劣情节的。

因筑路、建房、打井、整修宅基地和土地等正常生产、生活需要，以及因从事合法的生产经营活动而非法制造、买卖、运输、邮寄、储存爆炸物，数量达到本解释第1条规定标准，没有造成严重社会危害，并确有悔改表现的，可依法从轻处罚；情节轻微的，可以免除处罚。具有上述情形，数量虽达到《枪支解释》第2条规定标准的，也可以不认定为“情节严重”。但在公共场所、居民区等人员集中区域非法制造、买卖、运输、邮寄、储存爆炸物，或者因非法制造、买卖、运输、邮寄、储存爆炸物三年内受到两次以上行政处罚又实施上述行为，数量达到《枪支解释》规定标准的，不适用前述量刑的规定。

量刑档次	对应情节	有关概念解释	附加刑
三年以上十年以下有期徒刑	一般情节	根据《枪支解释》第1条的规定，个人或者单位非法制造、买卖、运输、邮寄、储存枪支、弹药、爆炸物，具有下列情形之一的，依照刑法第125条第1款的规定，以非法制造、买卖、运输、邮寄、储存枪支、弹药、爆炸物罪定罪处罚：（1）非法制造、买卖、运输、邮寄、储存军用枪支1支以上的；（2）非法制造、买卖、运输、邮寄、储存以火药为动力发射枪弹的非军用枪支1支以上	

续表

量刑档次	对应情节	有关概念解释	附加刑
三年以上十年以下有期徒刑	一般情节	或者以压缩气体等为动力的其他非军用枪支2支以上的；（3）非法制造、买卖、运输、邮寄、储存军用子弹10发以上、气枪铅弹500发以上或者其他非军用子弹100发以上的；（4）非法制造、买卖、运输、邮寄、储存手榴弹1枚以上的；（5）非法制造、买卖、运输、邮寄、储存爆炸装置的；（6）非法制造、买卖、运输、邮寄、储存炸药、发射药、黑火药1千克以上或者烟火药3千克以上、雷管30枚以上或者导火索、导爆索30米以上的；（7）具有生产爆炸物品资格的单位不按照规定的品种制造，或者具有销售、使用爆炸物品资格的单位超过限额买卖炸药、发射药、黑火药10千克以上或者烟火药30千克以上、雷管300枚以上或者导火索、导爆索300米以上的；（8）多次非法制造、买卖、运输、邮寄、储存弹药、爆炸物的；（9）虽未达到上述最低数量标准，但具有造成严重后果等其他恶劣情节的。	
十年以上有期徒刑、无期徒刑或者死刑	情节严重的	根据《枪支解释》第2条的规定，非法制造、买卖、运输、邮寄、储存枪支、弹药、爆炸物，具有下列情形之一的，属于刑法第125条第1款规定的“情节严重”：（1）非法制造、买卖、运输、邮寄、储存枪支、弹药、爆炸物的数量达到本解释第1条第（一）、（二）、（三）、（六）、（七）项规定的最低数量标准5倍以上的；（2）非法制造、买卖、运输、邮寄、储存手榴弹3枚以上的；（3）非法制造、买卖、运输、邮寄、储存爆炸装置，危害严重的；（4）达到本解释第1条规定的最低数量标准，并具有造成严重后果等；其他恶劣情节的。	《刑法》第57条：对于被判处死刑、无期徒刑的犯罪分子，应当剥夺政治权利终身。

根据《最高人民法院、最高人民检察院关于涉以压缩气体为动力的枪支、气枪铅弹刑事案件定罪量刑问题的批复》，对于非法制造、买卖、运输、邮

寄、储存以压缩气体为动力且枪口比动能较低的枪支的行为，在决定是否追究刑事责任以及如何裁量刑罚时，不仅应当考虑涉案枪支的数量，而且应当充分考虑涉案枪支的外观、材质、发射物、购买场所和渠道、价格、用途、致伤力大小、是否易于通过改制提升致伤力，以及行为人的主观认知、动机目的、一贯表现、违法所得、是否规避调查等情节，综合评估社会危害性，坚持主客观相统一，确保罪责刑相适应。对于非法制造、买卖、运输、邮寄、储存气枪铅弹的行为，在决定是否追究刑事责任以及如何裁量刑罚时，应当综合考虑气枪铅弹的数量、用途以及行为人的动机目的、一贯表现、违法所得、是否规避调查等情节，综合评估社会危害性，确保罪责刑相适应。

（五）法律链接

1. **中华人民共和国枪支管理法**（1996 年 7 月 5 日由第八届全国人民代表大会常务委员会第二十次会议通过　根据 2009 年 8 月 27 日第十一届全国人民代表大会常务委员会第十次会议《全国人民代表大会常务委员会关于修改部分法律的决定》第一次修正　根据 2015 年 4 月 24 日第十二届全国人民代表大会常务委员会第十四次会议《全国人民代表大会常务委员会关于修改〈中华人民共和国港口法〉等七部法律的决定》第二次修正）（节录）

第三条　国家严格管制枪支。禁止任何单位或者个人违反法律规定持有、制造（包括变造、装配）、买卖、运输、出租、出借枪支。

国家严厉惩处违反枪支管理的违法犯罪行为。任何单位和个人对违反枪支管理的行为有检举的义务。国家对检举人给予保护，对检举违反枪支管理犯罪活动有功的人员，给予奖励。

第三十九条　违反本法规定，未经许可制造、买卖或者运输枪支的，依照刑法有关规定追究刑事责任。

单位有前款行为的，对单位判处罚金，并对其直接负责的主管人员和其他直接责任人员依照刑法有关规定追究刑事责任。

第四十六条　本法所称枪支，是指以火药或者压缩气体等为动力，利用管状器具发射金属弹丸或者其他物质，足以致人伤亡或者丧失知觉的各种枪支。

2. 最高人民法院关于审理非法制造、买卖、运输枪支、弹药、爆炸物等刑事案件具体应用法律若干问题的解释（法释〔2009〕18号　自2010年1月1日起施行）（节录）

为依法严惩非法制造、买卖、运输枪支、弹药、爆炸物等犯罪活动，根据刑法有关规定，现就审理这类案件具体应用法律的若干问题解释如下：

第一条　个人或者单位非法制造、买卖、运输、邮寄、储存枪支、弹药、爆炸物，具有下列情形之一的，依照刑法第一百二十五条第一款的规定，以非法制造、买卖、运输、邮寄、储存枪支、弹药、爆炸物罪定罪处罚：

（一）非法制造、买卖、运输、邮寄、储存军用枪支一支以上的；

（二）非法制造、买卖、运输、邮寄、储存以火药为动力发射枪弹的非军用枪支一支以上或者以压缩气体等为动力的其他非军用枪支二支以上的；

（三）非法制造、买卖、运输、邮寄、储存军用子弹十发以上、气枪铅弹五百发以上或者其他非军用子弹一百发以上的；

（四）非法制造、买卖、运输、邮寄、储存手榴弹一枚以上的；

（五）非法制造、买卖、运输、邮寄、储存爆炸装置的；

（六）非法制造、买卖、运输、邮寄、储存炸药、发射药、黑火药一千克以上或者烟火药三千克以上、雷管三十枚以上或者导火索、导爆索三十米以上的；

（七）具有生产爆炸物品资格的单位不按照规定的品种制造，或者具有销售、使用爆炸物品资格的单位超过限额买卖炸药、发射药、黑火药十千克以上或者烟火药三十千克以上、雷管三百枚以上或者导火索、导爆索三百米以上的；

（八）多次非法制造、买卖、运输、邮寄、储存弹药、爆炸物的；

（九）虽未达到上述最低数量标准，但具有造成严重后果等其他恶劣情节的。

介绍买卖枪支、弹药、爆炸物的，以买卖枪支、弹药、爆炸物罪的共犯论处。

第二条　非法制造、买卖、运输、邮寄、储存枪支、弹药、爆炸物，具有下列情形之一的，属于刑法第一百二十五条第一款规定的“情节严重”：

（一）非法制造、买卖、运输、邮寄、储存枪支、弹药、爆炸物的数量达到本解释第一条第（一）、（二）、（三）、（六）、（七）项规定的最低数量标准五倍以上的；

（二）非法制造、买卖、运输、邮寄、储存手榴弹三枚以上的；

（三）非法制造、买卖、运输、邮寄、储存爆炸装置，危害严重的；

（四）达到本解释第一条规定的最低数量标准，并具有造成严重后果等其他恶劣情节的。

第七条　非法制造、买卖、运输、邮寄、储存、盗窃、抢夺、持有、私藏、携带成套枪支散件的，以相应数量的枪支计；非成套枪支散件以每三十件为一成套枪支散件计。

第八条　刑法第一百二十五条第一款规定的“非法储存”，是指明知是他人非法制造、买卖、运输、邮寄的枪支、弹药而为其存放的行为，或者非法存放爆炸物的行为。

刑法第一百二十八条第一款规定的“非法持有”，是指不符合配备、配置枪支、弹药条件的人员，违反枪支管理法律、法规的规定，擅自持有枪支、弹药的行为。

刑法第一百二十八条第一款规定的“私藏”，是指依法配备、配置枪支、弹药的人员，在配备、配置枪支、弹药的条件消除后，违反枪支管理法律、法规的规定，私自藏匿所配备、配置的枪支、弹药且拒不交出的行为。

第九条　因筑路、建房、打井、整修宅基地和土地等正常生产、生活需要，以及因从事合法的生产经营活动而非法制造、买卖、运输、邮寄、储存爆炸物，数量达到本解释第一条规定标准，没有造成严重社会危害，并确有悔改表现的，可依法从轻处罚；情节轻微的，可以免除处罚。

具有前款情形，数量虽达到本解释第二条规定标准的，也可以不认定为刑法第一百二十五条第一款规定的“情节严重”。

在公共场所、居民区等人员集中区域非法制造、买卖、运输、邮寄、储存爆炸物，或者因非法制造、买卖、运输、邮寄、储存爆炸物三年内受到两次以上行政处罚又实施上述行为，数量达到本解释规定标准的，不适用前两款量刑的规定。

第十条　实施非法制造、买卖、运输、邮寄、储存、盗窃、抢夺、持有、私藏其他弹药、爆炸物品等行为，参照本解释有关条文规定的定罪量刑标准处罚。

3. 最高人民法院、最高人民检察院关于涉以压缩气体为动力的枪支、气枪铅弹刑事案件定罪量刑问题的批复（法释〔2018〕8号　自2018年3月30日起施行）

各省、自治区、直辖市高级人民法院、人民检察院，解放军军事法院、军事检察院，新疆维吾尔自治区高级人民法院生产建设兵团分院、新疆生产建设兵团人民检察院：

近来，部分高级人民法院、省级人民检察院就如何对非法制造、买卖、运输、邮寄、储存、持有、私藏、走私以压缩气体为动力的枪支、气枪铅弹（用铅、铅合金或者其他金属加工的气枪弹）行为定罪量刑的问题提出请示。经研究，批复如下：

一、对于非法制造、买卖、运输、邮寄、储存、持有、私藏、走私以压缩气体为动力且枪口比动能较低的枪支的行为，在决定是否追究刑事责任以及如何裁量刑罚时，不仅应当考虑涉案枪支的数量，而且应当充分考虑涉案枪支的外观、材质、发射物、购买场所和渠道、价格、用途、致伤力大小、是否易于通过改制提升致伤力，以及行为人的主观认知、动机目的、一贯表现、违法所得、是否规避调查等情节，综合评估社会危害性，坚持主客观相统一，确保罪责刑相适应。

二、对于非法制造、买卖、运输、邮寄、储存、持有、私藏、走私气枪铅弹的行为，在决定是否追究刑事责任以及如何裁量刑罚时，应当综合考虑气枪铅弹的数量、用途以及行为人的动机目的、一贯表现、违法所得、是否规避调查等情节，综合评估社会危害性，确保罪责刑相适应。

此复。

4. 最高人民法院关于处理涉枪、涉爆申诉案件有关问题的通知（法〔2003〕8号　自2003年1月15日起施行）

各省、自治区、直辖市高级人民法院，解放军军事法院，新疆维吾尔自治区高级人民法院生产建设兵团分院：

我院于2001年9月17日发出《对执行〈关于审理非法制造、买卖、运输枪支、弹药、爆炸物等刑事案件具体应用法律若干问题的解释〉有关问题的通知》（以下简称《通知》）后，一些高级人民法院向我院请示，对于符合《通知》的要求，但是已经依照我院于2001年5月16日公布的《关于审理非法制造、买卖、运输枪支、弹药、爆炸物等刑事案件具体应用法律若干问题的解释》（以下简称《解释》）作出生效裁判的案件，当事人提出申诉的，人民法院能否根据《通知》精神再审改判等问题。为准确适用法律和司法解释，现就有关问题通知如下：

《解释》公布后，人民法院经审理并已作出生效裁判的非法制造、买卖、运输枪支、弹药、爆炸物等刑事案件，当事人依法提出申诉，经审查认为生效裁判不符合《通知》规定的，人民法院可以根据案件的具体情况，按照审判监督程序重新审理，并依照《通知》规定的精神予以改判。

5. **民用爆炸物品安全管理条例**（2006年5月10日中华人民共和国国务院令第466号公布　根据2014年7月29日经国务院第54次常务会议《关于修改部分行政法规的决定》修订）（节录）

第二条　民用爆炸物品的生产、销售、购买、进出口、运输、爆破作业和储存以及硝酸铵的销售、购买，适用本条例。

本条例所称民用爆炸物品，是指用于非军事目的、列入民用爆炸物品品名表的各类火药、炸药及其制品和雷管、导火索等点火、起爆器材。

民用爆炸物品品名表，由国务院民用爆炸物品行业主管部门会同国务院公安部门制订、公布。

第四十四条　非法制造、买卖、运输、储存民用爆炸物品，构成犯罪的，依法追究刑事责任；尚不构成犯罪，有违反治安管理行为的，依法给予治安管理处罚。

……

6. **公安机关涉案枪支弹药性能鉴定工作规定**（公通字〔2010〕67号　自2010年12月7日起施行）（节录）

一、鉴定范围。

公安机关在办理涉枪刑事案件中需要鉴定涉案枪支、弹药性能的，适用本规定。

本规定所称制式枪支、弹药，是指按照国家标准或公安部、军队下达的战术技术指标要求，经国家有关部门或军队批准定型，由合法企业生产的各类枪支、弹药，包括国外制造和历史遗留的各类旧杂式枪支、弹药。

本规定所称非制式枪支、弹药，是指未经有关部门批准定型或不符合国家标准的各类枪支、弹药，包括自制、改制的枪支、弹药和枪支弹药生产企业研制工作中的中间产品。

三、鉴定标准。

（一）凡是制式枪支、弹药，无论是否能够完成击发动作，一律认定为枪支、弹药。

（二）凡是能发射制式弹药的非制式枪支（包括自制、改制枪支），一律认定为枪支。对能够装填制式弹药，但因缺少个别零件或锈蚀不能完成击发，经加装相关零件或除锈后能够发射制式弹药的非制式枪支，一律认定为枪支。

（三）对不能发射制式弹药的非制式枪支，按照《枪支致伤力的法庭科学鉴定判据》（GA/T 718—2007）的规定，当所发射弹丸的枪口比动能大于等于1.8焦耳/平方厘米时，一律认定为枪支。

（四）对制式枪支、弹药专用散件（零部件），能够由制造厂家提供相关零部件图样（复印件）和件号的，一律认定为枪支、弹药散件（零部件）。

（五）对非制式枪支、弹药散件（零部件），如具备与制式枪支、弹药专用散件（零部件）相同功能的，一律认定为枪支、弹药散件（零部件）。

7. 最高人民法院、最高人民检察院、公安部、国家安全监管总局关于依法加强对涉嫌犯罪的非法生产经营烟花爆竹行为刑事责任追究的通知（安监总管三〔2012〕116号　自2012年9月6日起施行）（节录）

一、非法生产、经营烟花爆竹及相关行为涉及非法制造、买卖、运输、邮寄、储存黑火药、烟火药，构成非法制造、买卖、运输、邮寄、储存爆炸物罪的，应当依照刑法第一百二十五条的规定定罪处罚。

三十二、非法制造、买卖、运输、储存危险物质罪

（一）法律规定

第一百二十五条　非法制造、买卖、运输、邮寄、储存枪支、弹药、爆炸物的，处三年以上十年以下有期徒刑；情节严重的，处十年以上有期徒刑、无期徒刑或者死刑。

非法制造、买卖、运输、储存毒害性、放射性、传染病病原体

等物质，危害公共安全的，依照前款的规定处罚。[1]

单位犯前两款罪的，对单位判处罚金，并对其直接负责的主管人员和其他直接责任人员，依照第一款的规定处罚。

（二）罪名详解

非法制造、买卖、运输、储存危险物质罪，是指违反法律规定，非法制造、买卖、运输、储存毒害性、放射性、传染病病原体等物质，危害公共安全的行为。

本罪是1997年刑法增设的罪名，1979年刑法和单行刑法均没有规定此罪名。1997年刑法原罪名为“非法买卖、运输核材料罪”。《刑法修正案（三）》第5条针对惩治恐怖犯罪活动的需要，对1997年《刑法》第125条第2款的罪状作了修改，因而罪名也相应作了修改。

非法制造、买卖、运输、储存危险物质罪的构成要件是：

1. 主体要件

本罪主体为一般主体。自然人和单位都可构成本罪的主体。

2. 客体要件

本罪侵犯的客体是国家对毒害性、放射性、传染病病原体等危险物质的管理制度。犯罪对象是毒害性、放射性、传染病病原体等危险物质。

毒害性物质，是指含有毒物质能够致人患染疾病、死亡的有机物或者无机物，如氰化钾、砒霜、毒鼠强等禁用剧毒化学品（包括氟乙酰胺、氟乙酸钠、毒鼠硅、甘氟）。这种国家严格监督管理的剧毒化学品，易致人中毒或者死亡，对人体、环境具有极大的毒害性和危险性，属于毒害性物质。放射性物质，是指含有能自发放射出穿透力较强射线元素的物质。传染病病原体，包括传染病的病毒、细菌、真菌、螺旋体、原虫等。病原体通过某种方式在人群中传播，造成传染病流行。

2003年《最高人民法院、最高人民检察院关于办理非法制造、买卖、运输、储存毒鼠强等禁用剧毒化学品刑事案件具体应用法律若干问题的解释》第6条规定，本解释所称“毒鼠强等禁用剧毒化学品”，是指国家明令禁止的

---

① 本款经2001年12月29日《刑法修正案（三）》第5条修订。《刑法》原第125条第2款为：“非法买卖、运输核材料的，依照前款的规定处罚。”

毒鼠强、氟乙酰胺、氟乙酸钠、毒鼠硅、甘氟。根据《最高人民法院、最高人民检察院关于办理环境污染刑事案件适用法律若干问题的解释》第15条规定，下列物质应当认定为“有毒物质”：（一）危险废物，是指列入国家危险废物名录，或者根据国家规定的危险废物鉴别标准和鉴别方法认定的，具有危险特性的废物；（二）《关于持久性有机污染物的斯德哥尔摩公约》附件所列物质；（三）含重金属的污染物；（四）其他具有毒性，可能污染环境的物质。

《传染病防治法》第3条规定：“本法规定的传染病分为甲类、乙类和丙类。甲类传染病是指：鼠疫、霍乱。乙类传染病是指：传染性非典型肺炎（严重急性呼吸综合征）、艾滋病、病毒性肝炎、脊髓灰质炎、人感染高致病性禽流感、甲型H1N1流感、麻疹、流行性出血热、狂犬病、流行性乙型脑炎、登革热、炭疽、细菌性和阿米巴性痢疾、肺结核、伤寒和副伤寒、流行性脑脊髓膜炎、百日咳、白喉、新生儿破伤风、猩红热、布鲁氏菌病、淋病、梅毒、钩端螺旋体病、血吸虫病、疟疾。丙类传染病是指：流行性感冒、流行性腮腺炎、风疹、急性出血性结膜炎、麻风病、流行性和地方性斑疹伤寒、黑热病、包虫病、丝虫病，除霍乱、细菌性和阿米巴性痢疾、伤寒和副伤寒以外的感染性腹泻病、手足口病。国务院卫生行政部门根据传染病暴发、流行情况和危害程度，可以决定增加、减少或者调整乙类、丙类传染病病种并予以公布。”

3. 主观要件

主观方面只能由故意构成。即明知是危险物质，违反法律规定或者国家有关的管理制度而非法制造、买卖、运输、储存。过失不构成本罪。

4. 客观要件

客观方面表现为非法制造、买卖、运输、储存毒害性、放射性、传染病病原体等物质，危害公共安全的行为。

“非法制造”是指违反法律规定，也未经国家有关主管部门批准或者许可，私自制造危险物质的行为。“非法买卖”，是指违反法律规定私自购买或者出售危险物质的行为。“非法运输”，是指违反法律规定运输危险物质的行为，运输的方式和目的不影响本罪的成立。“非法储存”，是指违反法律规定存放危险物质的行为。按照法律规定，行为人只要实施了非法制造、买卖、运输或者储存危险物质其中一种行为就构成本罪；实施两种行为的，仍为一罪，不实行并罚。

（三）实务疑难问题

1. 掌握本罪既遂的标准

本罪在犯罪形态上属于行为犯。只要行为人实施了非法制造、买卖、运输、储存危险物质的行为，就构成本罪，而不论行为人制造、买卖、运输、储存危险物质的目的、动机如何，制造、买卖、运输、储存危险物质的数量多少，等等。

2. 掌握罪与非罪标准

本罪没有情节严重才构成犯罪的规定，但是，并非一经实施了非法买卖、运输、储存危险物质的行为，就无例外地构成犯罪，对于情节显著轻微的非法买卖、运输、储存危险物质的行为，不宜按犯罪论处。按照《最高人民检察院、公安部关于公安机关管辖的刑事案件立案追诉标准的规定（一）》（以下简称《立案追诉标准（一）》）第 2 条的规定，非法制造、买卖、运输、储存毒害性、放射性、传染病病原体等物质，危害公共安全，涉嫌下列情形之一的，应予立案追诉：（1）造成人员重伤或者死亡的；（2）造成直接经济损失 10 万元以上的；（3）非法制造、买卖、运输、储存毒鼠强、氟乙酰胺、氟乙酰钠、毒鼠硅、甘氟原粉、原液、制剂 50 克以上，或者饵料 2000 克以上的；（4）造成急性中毒、放射性疾病或者造成传染病流行、暴发的；（5）造成严重环境污染的；（6）造成毒害性、放射性、传染病病原体等危险物质丢失、被盗、被抢或者被他人利用进行违法犯罪活动的；（7）其他危害公共安全的情形。

3. 区分本罪与危险物品肇事罪、传染病菌种、毒种扩散罪的界限

非法制造、买卖、运输、储存毒害性、放射性、传染病病原体等物质罪与危险物品肇事罪、传染病菌种、毒种扩散罪等的主要区别在于犯罪主观方面不同。非法制造、买卖、运输、储存毒害性、放射性、传染病病原体等物质罪的主体是依照国家规定不具备制造、买卖、运输、储存上述物质资格的自然人或者单位，主观上表现为故意犯罪。危险物品肇事罪、传染病菌种、毒种扩散罪的主体是依照国家规定取得制造、买卖、运输、储存毒害性、放射性、传染病病原体等物质资格的人或单位，主观上表现为过失犯罪。如医疗、科研教学和生产厂家，如果在生产、储存、运输、使用中违反管理规定，发生重大事故造成严重后果，不构成非法制造、买卖、运输、储存毒害性、

放射性、传染病病原体等物质罪，而应依照《刑法》第136条危险物品肇事罪、第331条传染病菌种、毒种扩散罪追究刑事责任。

4. 区分本罪与走私毒害性、放射性、传染病病原体等物质罪的界限

走私毒害性、放射性、传染病病原体等物质罪是指违反海关法规，逃避海关监管、非法运输、携带、邮寄毒害性、放射性、传染病病原体等物质进出国（边）境的行为。两者在客观行为方式及行为对象上有相似之处，但也有明显区别：（1）侵犯的客体不同。本罪侵犯的客体是公共安全和国家对毒害性、放射性、传染病病原体等物质罪的管理制度；走私毒害性、放射性、传染病病原体等物质罪侵犯的客体是国家对毒害性、放射性、传染病病原体等物质罪的对外贸易管制制度。（2）客观方面不同。本罪表现为非法制造、买卖、运输、邮寄、储存毒害性、放射性、传染病病原体等物质罪的行为，其中的买卖、运输、邮寄、储存必须是在境内非法买卖、运输、邮寄上述物品；走私毒害性、放射性、传染病病原体等物质罪在客观方面表现为违反海关法规，逃避海关监管，运输、携带毒害性、放射性、传染病病原体等物质进出国（边）境的行为。为走私而违反我国的对外贸易管制，逃避海关监管或边防检查，非法运输毒害性、放射性、传染病病原体等物质进出国（边）境的，则构成走私毒害性、放射性、传染病病原体等物质罪。（3）主观故意不同。如果明知是走私进口的毒害性、放射性、传染病病原体等物质而直接向走私人购买，或者明知是走私人购买毒害性、放射性、传染病病原体等物质进行走私出口而卖给走私人毒害性、放射性、传染病病原体等物质，或者在内海、领海收购、贩卖毒害性、放射性、传染病病原体等物质，没有合法证明的，则不构成本罪，应以走私毒害性、放射性、传染病病原体等物质罪论处。

（四）情节与量刑

《刑法》第125条第2款规定，犯非法制造、买卖、运输、储存危险物质罪的，依照该条第1款的规定处罚，即处3年以上10年以下有期徒刑；情节严重的，处10年以上有期徒刑、无期徒刑或者死刑。

依照本条第3款规定，单位犯本罪的，对单位判处罚金，并对其直接负责的主管人员和其他直接责任人员，依照第1款的规定处罚。

司法机关在适用《刑法》第125条规定处罚时，应当注意以下问题：

1. 严格按照《最高人民法院、最高人民检察院关于办理非法制造、买卖、

运输、储存毒鼠强等禁用剧毒化学品刑事案件具体应用法律若干问题的解释》（以下简称《毒物解释》）规定的量刑标准处刑：

（1）根据《毒物解释》第1条的规定，非法制造、买卖、运输、储存毒鼠强等禁用剧毒化学品，危害公共安全，具有下列情形之一的，依照《刑法》第125条的规定，以非法制造、买卖、运输、储存危险物质罪，处3年以上10年以下有期徒刑：①非法制造、买卖、运输、储存原粉、原液、制剂50克以上，或者饵料2千克以上的；②在非法制造、买卖、运输、储存过程中致人重伤、死亡或者造成公私财产损失10万元以上的。

（2）根据《毒物解释》第2条的规定，非法制造、买卖、运输、储存毒鼠强等禁用剧毒化学品，具有下列情形之一的，属于《刑法》第125条规定的“情节严重”，处10年以上有期徒刑、无期徒刑或者死刑：①非法制造、买卖、运输、储存原粉、原液、制剂500克以上，或者饵料20千克以上的；②在非法制造、买卖、运输、储存过程中致3人以上重伤、死亡，或者造成公私财产损失20万元以上的；③非法制造、买卖、运输、储存原粉、原药、制剂50克以上不满500克，或者饵料2千克以上不满20千克，并具有其他严重情节的。

2.《毒物解释》施行以前，确因生产、生活需要而非法制造、买卖、运输、储存毒鼠强等禁用剧毒化学品饵料自用，没有造成严重社会危害的，可以依照《刑法》第13条关于“情节显著轻微危害不大的，不认为是犯罪”的规定处理。

3.《毒物解释》施行以后，确因生产、生活需要而非法制造、买卖、运输、储存毒鼠强等禁用剧毒化学品饵料自用，构成犯罪，但没有造成严重社会危害，经教育确有悔改表现的，可以依法从轻、减轻或者免除处罚。

4.单位非法制造、买卖、运输、储存毒鼠强等禁用剧毒化学品的，依照《毒物解释》第1条、第2条规定的定罪量刑标准执行。

量刑档次	对应情节	有关概念解释	附加刑的适用
三年以上十年以下有期徒刑	未达到情节严重标准的	根据《毒物解释》第1条的规定，非法制造、买卖、运输、储存毒鼠强等禁用剧毒化学品，危害公共安全，具有下列情形之一的，依照《刑法》第125条的规定，以非法制造、买卖、运输、储存危险物质罪论处：非法制造、买卖、运输、储存毒鼠强等禁用剧毒化学品，危害公共安全，具有下列情形之一的，依照《刑法》第125条的规定，以非法制造、买卖、运输、储存危险物质罪，处3年以上10年以下有期徒刑：①非法制造、买卖、运输、储存原粉、原液、制剂50克以上，或者饵料2千克以上的；②在非法制造、买卖、运输、储存过程中致人重伤、死亡或者造成公私财产损失10万元以上的。	
十年以上有期徒刑、无期徒刑或者死刑	情节严重的	根据《毒物解释》第2条的规定，非法制造、买卖、运输、储存毒鼠强等禁用剧毒化学品，具有下列情形之一的，属于《刑法》第125条规定的“情节严重”：①非法制造、买卖、运输、储存原粉、原液、制剂500克以上，或者饵料20千克以上的；②在非法制造、买卖、运输、储存过程中致3人以上重伤、死亡，或者造成公私财产损失20万元以上的；③非法制造、买卖、运输、储存原粉、原药、制剂50克以上不满500克，或者饵料2千克以上不满20千克，并具有其他严重情节的。	《刑法》第57条：对于被判处死刑、无期徒刑的犯罪分子，应当剥夺政治权利终身。

（五）法律链接

1. 最高人民法院、最高人民检察院关于办理非法制造、买卖、运输、储存毒鼠强等禁用剧毒化学品刑事案件具体应用法律若干问题的解释（法释〔2003〕14号　自2003年10月1日起施行）

为依法惩治非法制造、买卖、运输、储存毒鼠强等禁用剧毒化学品的犯罪活动，维护公共安全，根据刑法有关规定，现就办理这类刑事案件具体应用法律的若干问题解释如下：

第一条　非法制造、买卖、运输、储存毒鼠强等禁用剧毒化学品，危害公共安全，具有下列情形之一的，依照刑法第一百二十五条的规定，以非法制造、买卖、运输、储存危险物质罪，处三年以上十年以下有期徒刑：

（一）非法制造、买卖、运输、储存原粉、原液、制剂50克以上，或者饵料2千克以上的；

（二）在非法制造、买卖、运输、储存过程中致人重伤、死亡或者造成公私财产损失10万元以上的。

第二条　非法制造、买卖、运输、储存毒鼠强等禁用剧毒化学品，具有下列情形之一的，属于刑法第一百二十五条规定的“情节严重”，处十年以上有期徒刑、无期徒刑或者死刑：

（一）非法制造、买卖、运输、储存原粉、原液、制剂500克以上，或者饵料20千克以上的；

（二）在非法制造、买卖、运输、储存过程中致3人以上重伤、死亡，或者造成公私财产损失20万元以上的；

（三）非法制造、买卖、运输、储存原粉、原药、制剂50克以上不满500克，或者饵料2千克以上不满20千克，并具有其他严重情节的。

第三条　单位非法制造、买卖、运输、储存毒鼠强等禁用剧毒化学品的，依照本解释第一条、第二条规定的定罪量刑标准执行。

第四条　对非法制造、买卖、运输、储存毒鼠强等禁用剧毒化学品行为负有查处职责的国家机关工作人员，滥用职权或者玩忽职守，致使公共财产、国家和人民利益遭受重大损失的，依照刑法第397条的规定，以滥用职权罪或者玩忽职守罪追究刑事责任。

第五条　本解释施行以前，确因生产、生活需要而非法制造、买卖、运输、储存毒鼠强等禁用剧毒化学品饵料自用，没有造成严重社会危害的，可以依照刑法第十三条的规定，不作为犯罪处理。

本解释施行以后，确因生产、生活需要而非法制造、买卖、运输、储存毒鼠强等禁用剧毒化学品饵料自用，构成犯罪，但没有造成严重社会危害，经教育确有悔改表现的，可以依法从轻、减轻或者免除处罚。

第六条　本解释所称“毒鼠强等禁用剧毒化学品”，是指国家明令禁止的毒鼠强、氟乙酰胺、氟乙酸钠、毒鼠硅、甘氟。

2. **中华人民共和国传染病防治法**（1989 年 2 月 21 日第七届全国人民代表大会常务委员会第六次会议通过　2004 年 8 月 28 日第十届全国人民代表大会常务委员会第十一次会议修订　2013 年 6 月 29 日第十二届全国人民代表大会常务委员会第三次会议修正）（节录）

第三条　本法规定的传染病分为甲类、乙类和丙类。甲类传染病是指：鼠疫、霍乱。乙类传染病是指：传染性非典型肺炎（严重急性呼吸综合征）、艾滋病、病毒性肝炎、脊髓灰质炎、人感染高致病性禽流感、甲型 H1N1 流感、麻疹、流行性出血热、狂犬病、流行性乙型脑炎、登革热、炭疽、细菌性和阿米巴性痢疾、肺结核、伤寒和副伤寒、流行性脑脊髓膜炎、百日咳、白喉、新生儿破伤风、猩红热、布鲁氏菌病、淋病、梅毒、钩端螺旋体病、血吸虫病、疟疾。丙类传染病是指：流行性感冒、流行性腮腺炎、风疹、急性出血性结膜炎、麻风病、流行性和地方性斑疹伤寒、黑热病、包虫病、丝虫病，除霍乱、细菌性和阿米巴性痢疾、伤寒和副伤寒以外的感染性腹泻病、手足口病。国务院卫生行政部门根据传染病暴发、流行情况和危害程度，可以决定增加、减少或者调整乙类、丙类传染病病种并予以公布。

三十三、违规制造、销售枪支罪

（一）法律规定

第一百二十六条　依法被指定、确定的枪支制造企业、销售企业，违反枪支管理规定，有下列行为之一的，对单位判处罚金，并对其直接负责的主管人员和其他直接责任人员，处五年以下有期徒刑；情节严重的，处五年以上十年以下有期徒刑；情节特别严重的，处十年以上有期徒刑或者无期徒刑：

（一）以非法销售为目的，超过限额或者不按照规定的品种制造、配售枪支的；

（二）以非法销售为目的，制造无号、重号、假号的枪支的；

（三）非法销售枪支或者在境内销售为出口制造的枪支的。

（二）罪名详解

违规制造、销售枪支罪，是指依法被指定、确定的枪支制造企业、销售企业，违反枪支管理规定，非法制造、销售枪支的行为。

本罪是 1997 年刑法增设的罪名，1979 年刑法和单行刑法均没有规定此罪名。

违规制造、销售枪支罪的构成要件是：

1. 主体要件

本罪主体为特殊主体。即只有依法被指定、确定的枪支制造企业、销售企业才能构成本罪。“依法被指定、确定的枪支制造企业、销售企业”，是指根据枪支管理法的规定，由国家有关主管部门指定、确定的枪支制造企业和销售企业。《枪支管理法》第 14 条、第 15 条规定，公务用枪，由国家指定的企业制造。制造民用枪支的企业，由国务院有关主管部门提出，由国务院公安部门确定。配售民用枪支的企业，由省级人民政府公安机关确定。

2. 客体要件

本罪侵犯的客体是国家对枪支的管理制度。根据《枪支管理法》的规定，国家严格管制枪支。禁止任何单位或者个人违反法律规定持有、制造（包括变造、装配）、买卖、运输、出租、出借枪支。国家对枪支的制造、配售实行特别许可制度。未经许可，任何单位或者个人不得制造、买卖枪支。只有经国家有关部门确定的企业，才有权从事枪支的制造或者销售。

3. 主观要件

主观方面由故意构成，并且具有非法销售获利的目的。

4. 客观要件

客观方面表现为违反枪支管理规定，非法制造、销售枪支的行为。这种行为具体可以分为三类：(1) “以非法销售为目的，超过限额或者不按照规定的品种制造、配售枪支”。这主要是指枪支制造企业、销售企业以非法出售枪支获取非法利益为目的，超过国家有关主管部门下达的生产或者配售枪支的数量指标或者任务，或者枪支制造企业未按照国家规定的技术标准生产枪支或者枪支销售企业未按照国家规定的品种、型号配售枪支，而擅自制造、配售枪支的行为。(2) “制造无号、重号、假号的枪支”。这主要是指枪支制造企业在制造枪支过程中，制造没有编号或者重复编号或者虚假编号的枪支，以逃避枪支制造管理的行为。(3)“非法销售枪支或者在境内销售为出口制造的枪支”。这主要是指违反枪支管理规定销售枪支，或者将为出口制造的枪支，在境内销售牟利的行为。本罪为选择性罪名。

（三）实务疑难问题

1. 掌握本罪既遂的标准

本罪属于行为犯。只要枪支制造企业或者销售企业实施了违法制造、销售枪支的行为，就构成本罪，而不要求其制造、销售枪支的行为必须导致发生严重后果。

2. 区分本罪与非法制造、买卖枪支罪的界限

二者区别主要在以下几方面：(1) 客观行为不同。非法制造、买卖枪支罪表现为未经批准擅自制造、购买或者出售枪支的行为，即行为人本无制枪和售枪资格；本罪表现为行为人本具有制枪、售枪资格，只是未按规定的数量、品种、型号等要求制造、销售枪支的行为。(2) 犯罪主体不同。非法制造、买卖枪支罪是一般主体，且包括自然人和单位；本罪为单位特殊主体，即只能由依法被国家指定、确定的制造、销售枪支的企业构成。(3) 主观方面不同。非法制造、买卖枪支罪只要求是故意，不要求以出售为目的；本罪则要求必须以非法销售为目的。只有依法被指定、确定的枪支制造企业、销售企业才能构成本罪。如果是其他单位或者自然人非法制造、销售枪支的，不构成本罪，而应当以非法制造、买卖枪支罪定罪处罚。

（四）情节与量刑

《刑法》第 126 条规定，犯违规制造、销售枪支罪的，对单位判处罚金，并对其直接负责的主管人员和其他直接责任人员，处 5 年以下有期徒刑；情节严重的，处 5 年以上 10 年以下有期徒刑；情节特别严重的，处 10 年以上有期徒刑或者无期徒刑。

司法机关在适用本条规定处罚时，具体量刑标准，应当按照《枪支解释》的规定执行。

1. 依法被指定或者确定的枪支制造、销售企业，实施《刑法》第 126 条规定的行为，具有下列情形之一的，以违规制造、销售枪支罪定罪处罚：(1) 违规制造枪支 5 支以上的；(2) 违规销售枪支 2 支以上的；(3) 虽未达到上述最

低数量标准，但具有造成严重后果等其他恶劣情节的。

2. 具有下列情形之一的，属于《刑法》第126条规定的“情节严重”：（1）违规制造枪支20支以上的；（2）违规销售枪支10支以上的；（3）达到本条第1款规定的最低数量标准，并具有造成严重后果等其他恶劣情节的。

3. 具有下列情形之一的，属于《刑法》第126条规定的“情节特别严重”：（1）违规制造枪支50支以上的；（2）违规销售枪支30支以上的；（3）达到本条第2款规定的最低数量标准，并具有造成严重后果等其他恶劣情节的。

量刑档次	对应情节	有关概念解释	附加刑的适用
对其直接负责的主管人员和其他直接责任人员，判处五年以下有期徒刑	未达到情节严重标准的额	《枪支解释》第3条规定：（1）违规制造枪支5支以上的；（2）违规销售枪支2支以上的；（3）虽未达到上述最低数量标准，但具有造成严重后果等其他恶劣情节的。	对单位判处罚金
对其直接负责的主管人员和其他直接责任人员，判处五年以上十年以下有期徒刑	情节严重的	《枪支解释》第3条规定，具有下列情形之一的，属于《刑法》第126条规定的“情节严重”：（1）违规制造枪支20支以上的；（2）违规销售枪支10支以上的；（3）达到本条第1款规定的最低数量标准，并具有造成严重后果等其他恶劣情节的。	对单位判处罚金
对其直接负责的主管人员和其他直接责任人员，判处十年以上有期徒刑或者无期徒刑	情节特别严重	《枪支解释》第3条规定，具有下列情形之一的，属于《刑法》第126条规定的“情节特别严重”：（1）违规制造枪支50支以上的；（2）违规销售枪支30支以上的；（3）达到本条第2款规定的最低数量标准，并具有造成严重后果等其他恶劣情节的。	1. 对单位判处罚金； 2.《刑法》第57条：对于被判处死刑、无期徒刑的犯罪分子，应当剥夺政治权利终身。

（五）法律链接

1. **中华人民共和国枪支管理法**（1996年7月5日由第八届全国人民代表大会常务委员会第二十次会议通过　根据2009年8月27日第十一届全国人

民代表大会常务委员会第十次会议《全国人民代表大会常务委员会关于修改部分法律的决定》第一次修正　根据2015年4月24日第十二届全国人民代表大会常务委员会第十四次会议《全国人民代表大会常务委员会关于修改〈中华人民共和国港口法〉等七部法律的决定》第二次修正）（节录）

第三条　国家严格管制枪支。禁止任何单位或者个人违反法律规定持有、制造（包括变造、装配）、买卖、运输、出租、出借枪支。

国家严厉惩处违反枪支管理的违法犯罪行为。任何单位和个人对违反枪支管理的行为有检举的义务。国家对检举人给予保护，对检举违反枪支管理犯罪活动有功的人员，给予奖励。

第十三条　国家对枪支的制造、配售实行特别许可制度。未经许可，任何单位或者个人不得制造、买卖枪支。

第十四条　公务用枪，由国家指定的企业制造。

第十五条　制造民用枪支的企业，由国务院有关主管部门提出，由国务院公安部门确定。

配售民用枪支的企业，由省级人民政府公安机关确定。

制造民用枪支的企业，由国务院公安部门核发民用枪支制造许可证件。配售民用枪支的企业，由省级人民政府公安机关核发民用枪支配售许可证件。

民用枪支制造许可证件、配售许可证件的有效期为三年；有效期届满，需要继续制造、配售民用枪支的，应当重新申请领取许可证件。

第四十条　依法被指定、确定的枪支制造企业、销售企业，违反本法规定，有下列行为之一的，对单位判处罚金，并对其直接负责的主管人员和其他直接责任人员依照刑法有关规定追究刑事责任；公安机关可以责令其停业整顿或者吊销其枪支制造许可证件、枪支配售许可证件：

（一）超过限额或者不按照规定的品种制造、配售枪支的；

（二）制造无号、重号、假号的枪支的；

（三）私自销售枪支或者在境内销售为出口制造的枪支的。

第四十六条　本法所称枪支，是指以火药或者压缩气体等为动力，利用管状器具发射金属弹丸或者其他物质，足以致人伤亡或者丧失知觉的各种枪支。

2. 最高人民法院关于审理非法制造、买卖、运输枪支、弹药、爆炸物等刑事案件具体应用法律若干问题的解释（法释〔2009〕18号　自2010年1月

1日起施行）（节录）

第三条　依法被指定或者确定的枪支制造、销售企业，实施刑法第一百二十六条规定的行为，具有下列情形之一的，以违规制造、销售枪支罪定罪处罚：

（一）违规制造枪支五支以上的；

（二）违规销售枪支二支以上的；

（三）虽未达到上述最低数量标准，但具有造成严重后果等其他恶劣情节的。

具有下列情形之一的，属于刑法第一百二十六条规定的“情节严重”：

（一）违规制造枪支二十支以上的；

（二）违规销售枪支十支以上的；

（三）达到本条第一款规定的最低数量标准，并具有造成严重后果等其他恶劣情节的。

具有下列情形之一的，属于刑法第一百二十六条规定的“情节特别严重”：

（一）违规制造枪支五十支以上的；

（二）违规销售枪支三十支以上的；

（三）达到本条第二款规定的最低数量标准，并具有造成严重后果等其他恶劣情节的。

三十四、盗窃、抢夺枪支、弹药、爆炸物、危险物质罪

（一）法律规定

第一百二十七条[①]　**盗窃、抢夺枪支、弹药、爆炸物的，或者盗窃、抢夺毒害性、放射性、传染病病原体等物质，危害公共安全的，处三年以上十年以下有期徒刑；情节严重的，处十年以上有期徒刑、**

---

① 本条经2001年12月29日《刑法修正案（三）》第6条修正。

《刑法》原第127条为：“盗窃、抢夺枪支、弹药、爆炸物的，处三年以上十年以下有期徒刑；情节严重的，处十年以上有期徒刑、无期徒刑或者死刑。

抢劫枪支、弹药、爆炸物或者盗窃、抢夺国家机关、军警人员、民兵的枪支、弹药、爆炸物的，处十年以上有期徒刑、无期徒刑或者死刑。”

无期徒刑或者死刑。

抢劫枪支、弹药、爆炸物的，或者抢劫毒害性、放射性、传染病病原体等物质，危害公共安全的，或者盗窃、抢夺国家机关、军警人员、民兵的枪支、弹药、爆炸物的，处十年以上有期徒刑、无期徒刑或者死刑。

（二）罪名详解

盗窃、抢夺枪支、弹药、爆炸物、危险物质罪，是指秘密窃取或者乘人不备公然夺取枪支、弹药、爆炸物，或者盗窃、抢夺毒害性、放射性、传染病病原体等物质，危害公共安全的行为。

本罪1979年《刑法》第112条作了规定。1997年《刑法》第127条对罪状作了修改，罪名为“盗窃、抢夺枪支、弹药、爆炸物罪”。《刑法修正案（三）》第6条针对惩治恐怖犯罪活动的需要，再次对罪状作了修改补充，因而罪名也相应作了修改。

盗窃、抢夺枪支、弹药、爆炸物、危险物质罪的构成要件是：

1. 主体要件

本罪主体为一般主体。

2. 客体要件

本罪侵犯的客体是社会的公共安全，犯罪对象是枪支、弹药、爆炸物、危险物质。国家对枪支、弹药、爆炸物、危险物质实行严格的管制，目的就是防止枪支、弹药、爆炸物及危险物质流散到社会上，对社会治安和国家安全构成威胁。

3. 主观要件

主观方面由直接故意构成，间接故意或者过失不构成本罪。

4. 客观要件

客观方面表现为秘密窃取或者乘人不备公然夺取枪支、弹药、爆炸物、危险物质的行为。因本罪指向的对象特殊，不是一般公私财物，故行为人只要秘密窃取、抢夺上述对象物之一的，即构成本罪，不需要数额较大或多次盗窃等情节，但情节显著轻微危害不大的，依照《刑法》第13条的规定不认为是犯罪。量刑标准应当按照《枪支解释》的规定执行。

（三）实务疑难问题

1. 本罪属于选择性罪名

行为人只实施盗窃或者抢夺枪支、弹药、爆炸物、危险物质一种行为的，即以其实施行为定罪处罚，实施了两种行为的，以本罪处罚，不实行数罪并罚。

2. 枪支、弹药、爆炸物、危险物质的认定

如前所述，枪支、弹药、爆炸物、危险物质等应当按照《枪支管理法》《传染病防治法》《民用爆炸物品安全管理条例》《毒物解释》《最高人民法院、最高人民检察院关于办理环境污染刑事案件适用法律若干问题的解释》《公安机关涉案枪支弹药性能鉴定工作规定》等相关法律、法规和司法解释、文件予以认定。

（四）情节与量刑

《刑法》第127条规定，犯盗窃、抢夺枪支、弹药、爆炸物、危险物质罪的，处3年以上10年以下有期徒刑；情节严重的，处10年以上有期徒刑、无期徒刑或者死刑。

盗窃、抢夺国家机关、军警人员、民兵的枪支、弹药、爆炸物的，处10年以上有期徒刑、无期徒刑或者死刑。

司法机关在适用本条规定处罚时，应当注意以下问题：

1. 犯盗窃、抢夺枪支、弹药、爆炸物罪的具体量刑标准，应当按照《枪支解释》的规定执行：

盗窃、抢夺枪支、弹药、爆炸物，具有下列情形之一的，依照《刑法》第127条第1款的规定，以盗窃、抢夺枪支、弹药、爆炸物罪定罪处罚：（1）盗窃、抢夺以火药为动力的发射枪弹非军用枪支1支以上或者以压缩气体等为动力的其他非军用枪支2支以上的；（2）盗窃、抢夺军用子弹10发以上、气枪铅弹500发以上或者其他非军用子弹100发以上的；（3）盗窃、抢夺爆炸装置的；（4）盗窃、抢夺炸药、发射药、黑火药1千克以上或者烟火药3千克以上、雷管30枚以上或者导火索、导爆索30米以上的；（5）虽未达到上述最低数量标准，但具有造成严重后果等其他恶劣情节的。

具有下列情形之一的，属于《刑法》第127条第1款规定的“情节严重”：（1）盗窃、抢夺枪支、弹药、爆炸物的数量达到本条第1款规定的最低

数量标准5倍以上的；（2）盗窃、抢夺军用枪支的；（3）盗窃、抢夺手榴弹的；（4）盗窃、抢夺爆炸装置，危害严重的；（5）达到本条第1款规定的最低数量标准，并具有造成严重后果等其他恶劣情节的。

2. 犯盗窃、抢夺危险物质罪的具体量刑标准尚无司法解释可依据。实践中应根据危险物质的种类、可能造成的危害、犯罪手段是否恶劣或者是否造成严重后果等情形，予以综合判定。

3. 本条第2款规定的“国家机关”，主要是指依法能够装备、使用枪支、弹药、爆炸物的国家机关。“军警人员”，主要是指现役军人、武警官兵、警察（包括司法警察）等人员。“民兵”，是指依法组成的不脱离生产的群众武装组织的成员。

量刑档次	对应情节	有关概念解释	附加刑
三年以上十年以下有期徒刑	一般情节	盗窃、抢夺枪支、弹药、爆炸物，具有下列情形之一的，以盗窃、抢夺枪支、弹药、爆炸物罪定罪处罚：（1）盗窃、抢夺以火药为动力的发射枪弹非军用枪支1支以上或者以压缩气体等为动力的其他非军用枪支2支以上的；（2）盗窃、抢夺军用子弹10发以上、气枪铅弹500发以上或者其他非军用子弹100发以上的；（3）盗窃、抢夺爆炸装置的；（4）盗窃、抢夺炸药、发射药、黑火药1千克以上或者烟火药3千克以上、雷管30枚以上或者导火索、导爆索30米以上的；（5）虽未达到上述最低数量标准，但具有造成严重后果等其他恶劣情节的。	
十年以上有期徒刑、无期徒刑、死刑	情节严重的	具有下列情形之一的，属于《刑法》第127条第1款规定的“情节严重”：（1）盗窃、抢夺枪支、弹药、爆炸物的数量达到本条第1款规定的最低数量标准5倍以上的；（2）盗窃、抢夺军用枪支的；（3）盗窃、抢夺手榴弹的；（4）盗窃、抢夺爆炸装置，危害严重的；（5）达到本条第1款规定的最低数量标准，并具有造成严重后果等其他恶劣情节的。	《刑法》第57条：对于被判处死刑、无期徒刑的犯罪分子，应当剥夺政治权利终身。

（五）法律链接

1. **中华人民共和国枪支管理法**（1996 年 7 月 5 日由第八届全国人民代表大会常务委员会第二十次会议通过　根据 2009 年 8 月 27 日第十一届全国人民代表大会常务委员会第十次会议《全国人民代表大会常务委员会关于修改部分法律的决定》第一次修正　根据 2015 年 4 月 24 日第十二届全国人民代表大会常务委员会第十四次会议《全国人民代表大会常务委员会关于修改〈中华人民共和国港口法〉等七部法律的决定》第二次修正）（节录）

第三条　国家严格管制枪支。禁止任何单位或者个人违反法律规定持有、制造（包括变造、装配）、买卖、运输、出租、出借枪支。

……

第四十六条　本法所称枪支，是指以火药或者压缩气体等为动力，利用管状器具发射金属弹丸或者其他物质，足以致人伤亡或者丧失知觉的各种枪支。

2. **最高人民法院关于审理非法制造、买卖、运输枪支、弹药、爆炸物等刑事案件具体应用法律若干问题的解释**（法释〔2009〕18 号　自 2010 年 1 月 1 日起施行）（节录）

第四条　盗窃、抢夺枪支、弹药、爆炸物，具有下列情形之一的，依照刑法第一百二十七条第一款的规定，以盗窃、抢夺枪支、弹药、爆炸物罪定罪处罚：

（一）盗窃、抢夺以火药为动力的发射枪弹非军用枪支一支以上或者以压缩气体等为动力的其他非军用枪支二支以上的；

（二）盗窃、抢夺军用子弹十发以上、气枪铅弹五百发以上或者其他非军用子弹一百发以上的；

（三）盗窃、抢夺爆炸装置的；

（四）盗窃、抢夺炸药、发射药、黑火药一千克以上或者烟火药三千克以上、雷管三十枚以上或者导火索、导爆索三十米以上的；

（五）虽未达到上述最低数量标准，但具有造成严重后果等其他恶劣情节的。

具有下列情形之一的，属于刑法第一百二十七条第一款规定的“情节严重”：

（一）盗窃、抢夺枪支、弹药、爆炸物的数量达到本条第一款规定的最低数量标准五倍以上的；

（二）盗窃、抢夺军用枪支的；

（三）盗窃、抢夺手榴弹的；

（四）盗窃、抢夺爆炸装置，危害严重的；

（五）达到本条第一款规定的最低数量标准，并具有造成严重后果等其他恶劣情节的。

第七条 非法制造、买卖、运输、邮寄、储存、盗窃、抢夺、持有、私藏、携带成套枪支散件的，以相应数量的枪支计；非成套枪支散件以每三十件为一成套枪支散件计。

第十条 实施非法制造、买卖、运输、邮寄、储存、盗窃、抢夺、持有、私藏其他弹药、爆炸物品等行为，参照本解释有关条文规定的定罪量刑标准处罚。

三十五、抢劫枪支、弹药、爆炸物、危险物质罪

（一）法律规定

第一百二十七条第二款[①] 抢劫枪支、弹药、爆炸物的，或者抢劫毒害性、放射性、传染病病原体等物质，危害公共安全的，或者盗窃、抢夺国家机关、军警人员、民兵的枪支、弹药、爆炸物的，处十年以上有期徒刑、无期徒刑或者死刑。

（二）罪名详解

抢劫枪支、弹药、爆炸物、危险物质罪，是指以暴力、胁迫或者其他方法，抢劫枪支、弹药、爆炸物或者抢劫毒害性、放射性、传染病病原体等物质，危害公共安全的行为。

本罪是1997年刑法增设的罪名，1979年刑法和单行刑法均没有规定此罪名。《刑法修正案（三）》第6条第2款针对惩治恐怖犯罪活动的需要，再次

---

① 本款经2001年12月29日《刑法修正案（三）》第6条第2款修正。

《刑法》原第127条第2款为："抢劫枪支、弹药、爆炸物或者盗窃、抢夺国家机关、军警人员、民兵的枪支、弹药、爆炸物的，处十年以上有期徒刑、无期徒刑或者死刑。"

对罪状作了修改补充，因而罪名也相应作了修改。

抢劫枪支、弹药、爆炸物、危险物质罪的构成要件是：

1. 主体要件

本罪主体为一般主体。

2. 客体要件

本罪侵犯的客体是双重客体，不仅侵犯了社会的公共安全，同时也侵犯了被害人的人身权利，但本罪的最终目的是为了抢劫枪支、弹药、爆炸物，只是因使用的方法及手段侵犯了公民的人身权利，故应归入危害公共安全罪中。犯罪对象是枪支、弹药、爆炸物和毒害性、放射性、传染病病原体等物质。

3. 主观要件

主观方面由直接故意构成，即明知是枪支、弹药、爆炸物、危险物质而进行抢劫。实施本罪的动机可能是多种多样的，但动机不影响本罪的成立。间接故意或者过失不构成本罪。

4. 客观要件

客观方面表现为使用暴力、胁迫或者其他方法，强行劫取枪支、弹药、爆炸物或者抢劫毒害性、放射性、传染病病原体等物质，危害公共安全的行为。即对枪支、弹药、爆炸物、危险物质的持有者、保管者或者守护者直接使用暴力，或者以暴力相威胁，或者采用其他使人不能反抗、不知反抗的手段，强行将枪支、弹药、爆炸物、危险物质抢走的行为。“暴力”，是指犯罪分子对被害人身体实施袭击或者使用其他强暴手段，足以危及其身体健康或者生命安全，致使被害人不能反抗，任其当即抢走枪支、弹药、爆炸物、危险物质，或者被迫立即交出枪支、弹药、爆炸物、危险物质。“胁迫”，是指犯罪分子以立即实施暴力相威胁，实行精神强制，使被害人产生恐惧，不敢反抗，被迫当场交出枪支、弹药、爆炸物、危险物质，或者任其当即抢走枪支、弹药、爆炸物、危险物质。“其他方法”，是指除了暴力或者胁迫方法以外，犯罪分子对被害人实施的，使被害人丧失反抗能力或者不知反抗的各种方法，如药物麻醉等。

（三）实务疑难问题

区分本罪同抢夺枪支、弹药、爆炸物、危险物质罪的界限

前者使用暴力、胁迫或者其他方法强行劫取枪支、弹药、爆炸物、危险

物质；后者则是乘人不备，公然夺取枪支、弹药、爆炸物、危险物质，而不使用暴力或者胁迫的方法。因此，是否使用了暴力或者胁迫手段，是区别这两种犯罪的关键。

（四）情节与量刑

《刑法》第127条第2款规定，犯抢劫枪支、弹药、爆炸物、危险物质罪的，处10年以上有期徒刑、无期徒刑或者死刑。

（五）法律链接

中华人民共和国枪支管理法（1996年7月5日由第八届全国人民代表大会常务委员会第二十次会议通过　根据2009年8月27日第十一届全国人民代表大会常务委员会第十次会议《全国人民代表大会常务委员会关于修改部分法律的决定》第一次修正　根据2015年4月24日第十二届全国人民代表大会常务委员会第十四次会议《全国人民代表大会常务委员会关于修改〈中华人民共和国港口法〉等七部法律的决定》第二次修正）（节录）

第三条　国家严格管制枪支。禁止任何单位或者个人违反法律规定持有、制造（包括变造、装配）、买卖、运输、出租、出借枪支。

国家严厉惩处违反枪支管理的违法犯罪行为。任何单位和个人对违反枪支管理的行为有检举的义务。国家对检举人给予保护，对检举违反枪支管理犯罪活动有功的人员，给予奖励。

第四十六条　本法所称枪支，是指以火药或者压缩气体等为动力，利用管状器具发射金属弹丸或者其他物质，足以致人伤亡或者丧失知觉的各种枪支。

三十六、非法持有、私藏枪支、弹药罪

（一）法律规定

第一百二十八条第一款　违反枪支管理规定，非法持有、私藏枪支、弹药的，处三年以下有期徒刑、拘役或者管制；情节严重的，处三年以上七年以下有期徒刑。

（二）罪名详解

非法持有、私藏枪支、弹药罪，是指违反法律规定，持有、私藏枪支、弹药的行为。

本罪中的私藏枪支行为，在1979年《刑法》第163条作了规定。但非法持有枪支行为，在1979年刑法和单行刑法中均未规定。1997年《刑法》第128条对罪状作了修改，将罪名改为非法持有、私藏枪支、弹药罪。

非法持有、私藏枪支、弹药罪的构成要件是：

1. 主体要件

本罪主体为一般主体。

2. 客体要件

本罪侵犯的客体是国家对枪支、弹药的管理制度。犯罪对象为枪支、弹药。为了加强对枪支的统一管理，枪支管理法规定除法律规定可以配备枪支的单位和人员以外，其他任何单位和个人不能持有、私藏任何种类、制式的枪支，否则，即视为违法，应当追究刑事责任。

3. 主观要件

主观方面由故意构成，即明知不能私自持有、私藏枪支、弹药，而持有、私藏，不论行为人出于什么目的。

4. 客观要件

客观方面表现为违反法律规定，持有、私藏枪支的行为。“非法持有”，是指不符合配备、配置枪支、弹药条件的人员，违反枪支管理法律、法规的规定，擅自持有枪支、弹药的行为。“私藏”，是指依法配备、配置枪支、弹药的人员，在配备、配置枪支、弹药的条件消除后，违反枪支管理法律、法规的规定，私自藏匿所配备、配置的枪支、弹药，且拒不交出的行为。

（三）实务疑难问题

1. 区分罪与非罪的界限

对于情节显著轻微，危害不大的持有、私藏枪支、弹药的行为，不能按犯罪处理。例如，猎人没有按照有关规定及时领取配备猎枪许可证。经指明，补领了许可证，就不宜按犯罪来处理，可给予必要的治安处罚。

2. 本罪既遂的认定

本罪属于行为犯，即行为人只要实施了《刑法》第 128 条第 1 款规定的行为，就构成非法持有、私藏枪支、弹药罪，不论其是否使用了非法持有、私藏的枪支、弹药进行违法犯罪活动。

3. 区分本罪与非法储存枪支、弹药罪的界限

二者在行为本身的表现形式上是相同的。根据《枪支解释》第 8 条规定，《刑法》第 125 条第 1 款规定的“非法储存”，是指明知是他人非法制造、买卖、运输、邮寄的枪支、弹药而为其存放的行为，或者非法存放爆炸物的行为。故此外的其他保存、控制枪支、弹药的行为，成立非法持有、私藏枪支、弹药罪。

4. 区分本罪与盗窃、抢夺枪支、弹药、爆炸物罪的界限

两者的主要区别在于：（1）犯罪对象不尽相同。本罪的犯罪对象是枪支、弹药，不包括爆炸物；盗窃、抢夺枪支、弹药、爆炸物罪的犯罪对象包括枪支、弹药、爆炸物在内。（2）客观方面的行为方式不同。本罪表现为非法持有、私藏枪支、弹药的行为；盗窃、抢夺枪支、弹药、爆炸物罪表现为盗窃、抢夺枪支、弹药、爆炸物的行为。

（四）情节与量刑

《刑法》第 128 条第 1 款规定，犯非法持有、私藏枪支、弹药罪的，处 3 年以下有期徒刑、拘役或者管制；情节严重的，处 3 年以上 7 年以下有期徒刑。

司法机关在适用本款规定处罚时，具体量刑标准，应当按照《枪支解释》的规定执行：

1. 具有下列情形之一的，依照《刑法》第 128 条第 1 款的规定，以非法持有、私藏枪支、弹药罪定罪处罚：（1）非法持有、私藏军用枪支 1 支的；（2）非法持有、私藏以火药为动力发射枪弹的非军用枪支 1 支或者以压缩气体等为动力的其他非军用枪支 2 支以上的；（3）非法持有、私藏军用子弹 20 发以上，气枪铅弹 1000 发以上或者其他非军用子弹 200 发以上的；（4）非法持有、私藏手榴弹 1 枚以上的；（5）非法持有、私藏的弹药造成人员伤亡、财产损失的。

2. “情节严重”，是加重处罚情节。具有下列情形之一的，属于《刑法》第 128 条第 1 款规定的“情节严重”：（1）非法持有、私藏军用枪支 2 支以上的；（2）非法持有、私藏以火药为动力发射枪弹的非军用枪支 2 支以上或者

以压缩气体等为动力的其他非军用枪支 5 支以上的；（3）非法持有、私藏军用子弹 100 发以上，气枪铅弹 5000 发以上或者其他非军用子弹 1000 发以上的；（4）非法持有、私藏手榴弹 3 枚以上的；（5）达到上述（1）中规定的最低数量标准，并具有造成严重后果等其他恶劣情节的。

量刑档次	对应情节	有关概念解释	附加刑的适用
三年以下有期徒刑、拘役或者管制	未达到情节严重的	《枪支解释》第 5 条规定：（1）非法持有、私藏军用枪支 1 支的；（2）非法持有、私藏以火药为动力发射枪弹的非军用枪支 1 支或者以压缩气体等为动力的其他非军用枪支 2 支以上的；（3）非法持有、私藏军用子弹 20 发以上，气枪铅弹 1000 发以上或者其他非军用子弹 200 发以上的；（4）非法持有、私藏手榴弹 1 枚以上的；（5）非法持有、私藏的弹药造成人员伤亡、财产损失的。	
三年以上七年以下有期徒刑	情节严重的	《枪支解释》第 5 条规定，具有下列情形之一的，属于“情节严重”：（1）非法持有、私藏军用枪支 2 支以上的；（2）非法持有、私藏以火药为动力发射枪弹的非军用枪支 2 支以上或者以压缩气体等为动力的其他非军用枪支 5 支以上的；（3）非法持有、私藏军用子弹 100 发以上，气枪铅弹 5000 发以上或者其他非军用子弹 1000 发以上的；（4）非法持有、私藏手榴弹 3 枚以上的；（5）达到上述第（1）款中规定的最低数量标准，并具有造成严重后果等其他恶劣情节的。	

根据 2018 年 3 月 30 日起施行的《最高人民法院、最高人民检察院关于涉以压缩气体为动力的枪支、气枪铅弹刑事案件定罪量刑问题的批复》，对于非法持有、私藏以压缩气体为动力且枪口比动能较低的枪支的行为，在决定是否追究刑事责任以及如何裁量刑罚时，不仅应当考虑涉案枪支的数量，而且应当充分考虑涉案枪支的外观、材质、发射物、购买场所和渠道、价格、用途、致伤力大小、是否易于通过改制提升致伤力，以及行为人的主观认知、动机目的、一贯表现、违法所得、是否规避调查等情节，综合评估社会危害性，坚持主客观相统一，确保罪责刑相适应。对于非法持有、私藏气枪铅弹的行为，在决定是否追究刑事责任以及如何裁量刑罚时，应当综合考虑气枪

铅弹的数量、用途以及行为人的动机目的、一贯表现、违法所得、是否规避调查等情节，综合评估社会危害性，确保罪责刑相适应。

（五）法律链接

1. **中华人民共和国枪支管理法**（1996年7月5日由第八届全国人民代表大会常务委员会第二十次会议通过　根据2009年8月27日第十一届全国人民代表大会常务委员会第十次会议《全国人民代表大会常务委员会关于修改部分法律的决定》第一次修正　根据2015年4月24日第十二届全国人民代表大会常务委员会第十四次会议《全国人民代表大会常务委员会关于修改〈中华人民共和国港口法〉等七部法律的决定》第二次修正）（节录）

第三条　国家严格管制枪支。禁止任何单位或者个人违反法律规定持有、制造（包括变造、装配）、买卖、运输、出租、出借枪支。

国家严厉惩处违反枪支管理的违法犯罪行为。任何单位和个人对违反枪支管理的行为有检举的义务。国家对检举人给予保护，对检举违反枪支管理犯罪活动有功的人员，给予奖励。

第二十六条　配备公务用枪的人员不再符合持枪条件时，由所在单位收回枪支和持枪证件。

配置民用枪支的单位和个人不再符合持枪条件时，必须及时将枪支连同持枪证件上缴核发持枪证件的公安机关；未及时上缴的，由公安机关收缴。

第四十一条　违反本法规定，非法持有、私藏枪支的，非法运输、携带枪支入境、出境的，依照刑法有关规定追究刑事责任。

第四十六条　本法所称枪支，是指以火药或者压缩气体等为动力，利用管状器具发射金属弹丸或者其他物质，足以致人伤亡或者丧失知觉的各种枪支。

2. **最高人民法院关于审理非法制造、买卖、运输枪支、弹药、爆炸物等刑事案件具体应用法律若干问题的解释**（法释〔2009〕18号　自2010年1月1日起施行）（节录）

第五条　具有下列情形之一的，依照刑法第一百二十八条第一款的规定，以非法持有、私藏枪支、弹药罪定罪处罚：

（一）非法持有、私藏军用枪支一支的；

（二）非法持有、私藏以火药为动力发射枪弹的非军用枪支一支或者以压缩气体等为动力的其他非军用枪支二支以上的；

（三）非法持有、私藏军用子弹二十发以上，气枪铅弹一千发以上或者其他非军用子弹二百发以上的；

（四）非法持有、私藏手榴弹一枚以上的；

（五）非法持有、私藏的弹药造成人员伤亡、财产损失的。

具有下列情形之一的，属于刑法第一百二十八条第一款规定的“情节严重”：

（一）非法持有、私藏军用枪支二支以上的；

（二）非法持有、私藏以火药为动力发射枪弹的非军用枪支二支以上或者以压缩气体等为动力的其他非军用枪支五支以上的；

（三）非法持有、私藏军用子弹一百发以上，气枪铅弹五千发以上或者其他非军用子弹一千发以上的；

（四）非法持有、私藏手榴弹三枚以上的；

（五）达到本条第一款规定的最低数量标准，并具有造成严重后果等其他恶劣情节的。

第七条　非法制造、买卖、运输、邮寄、储存、盗窃、抢夺、持有、私藏、携带成套枪支散件的，以相应数量的枪支计；非成套枪支散件以每三十件为一成套枪支散件计。

第八条　刑法第一百二十五条第一款规定的“非法储存”，是指明知是他人非法制造、买卖、运输、邮寄的枪支、弹药而为其存放的行为，或者非法存放爆炸物的行为。

刑法第一百二十八条第一款规定的“非法持有”，是指不符合配备、配置枪支、弹药条件的人员，违反枪支管理法律、法规的规定，擅自持有枪支、弹药的行为。

刑法第一百二十八条第一款规定的“私藏”，是指依法配备、配置枪支、弹药的人员，在配备、配置枪支、弹药的条件消除后，违反枪支管理法律、法规的规定，私自藏匿所配备、配置的枪支、弹药且拒不交出的行为。

第十条　实施非法制造、买卖、运输、邮寄、储存、盗窃、抢夺、持有、私藏其他弹药、爆炸物品等行为，参照本解释有关条文规定的定罪量刑标准处罚。

3. **最高人民检察院关于将公务用枪用作借债质押的行为如何适用法律问题的批复**（高检发释字〔1998〕4号　自1998年11月3日起施行）

重庆市人民检察院：

你院渝检（研）〔1998〕8号《关于将公务用枪用作借债抵押的行为是否

构成犯罪及适用法律的请示》收悉。经研究，批复如下：

依法配备公务用枪的人员，违反法律规定，将公务用枪用作借债质押物，使枪支处于非依法持枪人的控制、使用之下，严重危害公共安全，是刑法第一百二十八条第二款所规定的非法出借枪支行为的一种形式，应以非法出借枪支罪追究刑事责任；对接受枪支质押的人员，构成犯罪的，根据刑法第一百二十八条第一款的规定，应以非法持有枪支罪追究其刑事责任。

4. **专职守护押运人员枪支使用管理条例**（2002 年 7 月 27 日国务院令第 356 号公布　自 2002 年 7 月 27 日起施行）（节录）

第十四条　专职守护、押运人员有下列情形之一的，所在单位应当停止其执行武装守护、押运任务，收回其持枪证件，并及时将持枪证件上缴公安机关：

（一）拟调离专职守护、押运工作岗位的；

（二）理论和实弹射击考核不合格的；

（三）因刑事案件或者其他违法违纪案件被立案侦查、调查的；

（四）擅自改动枪支、更换枪支零部件的；

（五）违反规定携带、使用枪支或者将枪支交给他人，对枪支失去控制的；

（六）丢失枪支或者在枪支被盗、被抢事故中负有责任的。

专职守护、押运人员有前款第（四）项、第（五）项、第（六）项行为，造成严重后果的，依照刑法关于非法持有私藏枪支弹药罪、非法携带枪支弹药危及公共安全罪、非法出租出借枪支罪或者丢失枪支不报罪的规定，依法追究刑事责任；尚不够刑事处罚的，依照枪支管理法的规定，给予行政处罚。

三十七、非法出租、出借枪支罪

（一）法律规定

第一百二十八条　违反枪支管理规定，非法持有、私藏枪支、弹药的，处三年以下有期徒刑、拘役或者管制；情节严重的，处三年以上七年以下有期徒刑。

依法配备公务用枪的人员，非法出租、出借枪支的，依照前款的规定处罚。

依法配置枪支的人员，非法出租、出借枪支，造成严重后果的，依照第一款的规定处罚。

单位犯第二款、第三款罪的，对单位判处罚金，并对其直接负责的主管人员和其他直接责任人员，依照第一款的规定处罚。

（二）罪名详解

非法出租、出借枪支罪，是指依法配备公务用枪的人员，违反枪支管理的规定，出租、出借枪支的行为，或者依法配置枪支的人员，违反枪支管理的规定，出租、出借枪支，造成严重后果的行为。

本罪是1997年刑法增设的罪名，1979年刑法和单行刑法均没有规定此罪名。

非法出租、出借枪支罪的构成要件是：

1. 主体要件

犯罪主体为特殊主体，即只有依法配备公务用枪的人员和依法配置枪支的人员才能构成本罪，其他人员不能构成本罪。单位可以成为本罪主体。

2. 客体要件

本罪侵犯的客体是国家对枪支的管理制度。犯罪对象是枪支。枪支散失在社会上，是社会治安的一大隐患。鉴于近年来涉枪犯罪活动猖獗，社会治安的隐患之一就是一些犯罪分子非法持有、私藏枪支，枪支散失在社会上，对社会治安秩序的威胁是显而易见的。探究枪支流散在社会上的原因，可以发现有一部分枪支是由于少数配备枪支的人员，受利益驱动而违法出租、出借造成的。因此，对于非法出租、出借枪支的行为定罪处罚是十分必要的。

3. 主观要件

主观方面由故意构成。

4. 客观要件

客观方面表现为两种情况：一种是依法配备公务用枪的人员，违反枪支管理的规定，出租、出借枪支的行为。只要行为人将配备的公务用枪出租、出借，即构成本罪，而不论是否发生严重后果；另一种是依法配置枪支的人员，违反枪支管理的规定，出租、出借枪支，造成严重后果的行为。后者只有因出租、出借枪支的行为造成了严重后果，才构成本罪。“依法配备公务用枪的人员”，根据枪支管理法的规定，主要是指公安机关、国家安全机关、监狱的人民警察、人民法院的司法警察、人民检察院的司法警察和担负案件侦查任务的检察人员、海关的缉私人员，以及在依法履行职责时确有必要使用枪支的人员，可以配备公务用枪。另外，国家重要的军工、金融、仓储、科研等单位的专职守护、押运人员在执行守护、押运任务时确有必要使用枪支的人员，可以配备公务用枪。“依法配置枪支的人员”，是指根据枪支管理法的规定，配置各种民用枪支的人员。“公务用枪”，主要是指各种军用枪支，包括手枪、机枪、冲锋枪等。“非法出租”，是指以牟利为目的，将自己配备的枪支有偿租借给他人的行为。“非法出借”，是指擅自将自己配备的枪支借给他人的行为。

（三）实务疑难问题

1. 区分罪与非罪的界限

依法配备公务用枪的人员，只要实施了非法出租、出借枪支的行为就构成本罪。而依法配置枪支的人员，只是实施了非法出租、出借枪支的行为，尚不构成犯罪，只有因此造成了严重后果的才构成本罪。根据《立案追诉标准（一）》第5条的规定，依法配备公务用枪的人员或单位，非法将枪支出租、出借给未取得公务用枪配备资格的人员或单位，或者将公务用枪用作借债质押物的，应予立案追诉。依法配备公务用枪的人员或单位，非法将枪支出租、出借给具有公务用枪配备资格的人员或单位，以及依法配置民用枪支的人员或单位，非法出租、出借民用枪支，涉嫌下列情形之一的，应予立案追诉：（1）造成人员轻伤以上伤亡事故的；（2）造成枪支丢失、被盗、被抢的；（3）枪支被他人利用进行违法犯罪活动的；（4）其他造成严重后果的情形。

2. 区分本罪与非法买卖枪支罪的界限

二者的主要区分在于：（1）客观方面表现不同。前者表现为行为人非法将配备配置的枪支租借给他人一定时间内暂时使用；后者则是非法出售或购买枪支。前者表现为租或者借；后者表现为买或卖。（2）主体不同。前者是特殊主体；后者是一般主体。

3. 区分本罪与其他罪的界限

如果行为人在出租、出借枪支时，明知租用人或者借用人将使用租用、借用的枪支进行违法犯罪活动而出租、出借的，对行为人则应以租用人或者借用人所实施的犯罪的共犯追究刑事责任，而不能以非法出租、出借枪支罪定罪处罚。

（四）情节与量刑

《刑法》第128条第2款、第3款规定，犯非法出租、出借枪支罪的，依照本条第1款的规定处罚，即处3年以下有期徒刑、拘役或者管制；情节严重的，处3年以上7年以下有期徒刑。

依照本条第4款规定，单位犯本罪的，对单位判处罚金，并对其直接负责的主管人员和其他直接责任人员，依照第1款的规定处罚。

量刑档次	对应情节	有关概念解释	附加刑的适用
三年以下有期徒刑、拘役或者管制	未达到情节严重的		
三年以上七年以下有期徒刑	情节严重的	司法解释未明确，应结合案件具体情况，如出租、出借枪支所造成的后果等确定	

（五）法律链接

1. 中华人民共和国枪支管理法（1996年7月5日由第八届全国人民代表大会常务委员会第二十次会议通过　根据2009年8月27日第十一届全国人民代表大会常务委员会第十次会议《全国人民代表大会常务委员会关于修改部分法律的决定》第一次修正　根据2015年4月24日第十二届全国人民代表大会常务委员会第十四次会议《全国人民代表大会常务委员会关于修改〈中华人民共和国港口法〉等七部法律的决定》第二次修正）（节录）

第三条　国家严格管制枪支。禁止任何单位或者个人违反法律规定持有、制造（包括变造、装配）、买卖、运输、出租、出借枪支。

国家严厉惩处违反枪支管理的违法犯罪行为。任何单位和个人对违反枪支管理的行为有检举的义务。国家对检举人给予保护，对检举违反枪支管理犯罪活动有功的人员，给予奖励。

第四十三条　违反枪支管理规定，出租、出借公务用枪的，依照刑法有关规定处罚。

单位有前款行为的，对其直接负责的主管人员和其他直接责任人员依照前款规定处罚。

配置民用枪支的单位，违反枪支管理规定，出租、出借枪支，造成严重后果或者有其他严重情节的，对其直接负责的主管人员和其他直接责任人员依照刑法有关规定处罚。

配置民用枪支的个人，违反枪支管理规定，出租、出借枪支，造成严重后果的，依照刑法有关规定处罚。

违反枪支管理规定，出租、出借枪支，情节轻微未构成犯罪的，由公安机关对个人或者单位负有直接责任的主管人员和其他直接责任人员处十五日以下拘留，可以并处五千元以下罚款；对出租、出借的枪支，应当予以没收。

第四十六条 本法所称枪支，是指以火药或者压缩气体等为动力，利用管状器具发射金属弹丸或者其他物质，足以致人伤亡或者丧失知觉的各种枪支。

2. 最高人民检察院关于将公务用枪用作借债质押的行为如何适用法律问题的批复（高检发释字〔1998〕4号　自1998年11月3日起施行）

重庆市人民检察院：

你院渝检（研）〔1998〕8号《关于将公务用枪用作借债抵押的行为是否构成犯罪及适用法律的请示》收悉。经研究，批复如下：

依法配备公务用枪的人员，违反法律规定，将公务用枪用作借债质押物，使枪支处于非依法持枪人的控制、使用之下，严重危害公共安全，是刑法第一百二十八条第二款所规定的非法出借枪支行为的一种形式，应以非法出借枪支罪追究刑事责任；对接受枪支质押的人员，构成犯罪的，根据刑法第一百二十八条第一款的规定，应以非法持有枪支罪追究其刑事责任。

3. 专职守护押运人员枪支使用管理条例（2002年7月27日国务院令第356号公布　自2002年7月27日起施行）（节录）

第十四条 专职守护、押运人员有下列情形之一的，所在单位应当停止其执行武装守护、押运任务，收回其持枪证件，并及时将持枪证件上缴公安机关：

（一）拟调离专职守护、押运工作岗位的；

（二）理论和实弹射击考核不合格的；

（三）因刑事案件或者其他违法违纪案件被立案侦查、调查的；

（四）擅自改动枪支、更换枪支零部件的；

（五）违反规定携带、使用枪支或者将枪支交给他人，对枪支失去控制的；

（六）丢失枪支或者在枪支被盗、被抢事故中负有责任的。

专职守护、押运人员有前款第（四）项、第（五）项、第（六）项行为，造成严重后果的，依照刑法关于非法持有私藏枪支弹药罪、非法携带枪支弹药危及公共安全罪、非法出租出借枪支罪或者丢失枪支不报罪的规定，依法追究刑事责任；尚不够刑事处罚的，依照枪支管理法的规定，给予行政处罚。

三十八、丢失枪支不报罪

（一）法律规定

第一百二十九条 依法配备公务用枪的人员，丢失枪支不及时报告，造成严重后果的，处三年以下有期徒刑或者拘役。

（二）罪名详解

丢失枪支不报罪，是指依法配备公务用枪的人员，丢失枪支不及时报告，因而造成严重后果的行为。

本罪是1997年刑法增设的罪名，1979年刑法和单行刑法均没有规定此罪名。

丢失枪支不报罪的构成要件是：

1. 主体要件

犯罪主体为特殊主体，即只有依法配备公务用枪的人员才能构成本罪。

2. 客体要件

本罪侵犯的客体是国家对枪支的管理制度。枪支散失在社会上，是社会治安的一大隐患。少数依法配备枪支的人员，由于各种原因丢失枪支后，未及时采取补救措施，酿成严重的刑事犯罪。因此，对丢失枪支不报告，造成严重后果的行为，应当定罪处罚。

3. 主观要件

主观方面由故意构或，过失不构成本罪。

4. 客观要件

客观方面表现为依法配备公务用枪的人员，丢失枪支不及时报告，因而造成严重后果的行为。这里所说的“枪支”，仅指公务用枪。“丢失枪支”，主要是指枪支被盗、被抢或者遗失等情形。“及时报告”，是指发现前述丢失枪支的情况后，立即向有关部门如实报告。“严重后果”，主要是指丢失的枪支被犯罪分子利用酿成严重的刑事案件或者造成了恶劣的社会影响等情形。

（三）实务疑难问题

区分罪与非罪的界限

构成本罪必须同时具备两个条件：一是“丢失枪支不及时报告”，即行为人在自己配备的枪支丢失后，不及时向有关部门报告枪支丢失的情况。如果行为人在枪支丢失后，立即、如实地向有关部门报告了枪支丢失的情况，及时采取了补救措施的，则不构成本罪；如果行为人在枪支丢失后一段时间内一直未发觉丢失而被他人利用作案时，不宜认定其是不及时报告。二是必须“造成严重后果”，即枪支丢失落入犯罪分子手中成为作案工具而造成严重后果如重大人身伤亡后果等。如果枪支被及时找回，没有造成严重后果的，则不构成本罪。

（四）情节与量刑

《刑法》第 129 条规定，构成丢失枪支不报罪的，处 3 年以下有期徒刑或者拘役。

（五）法律链接

1. **中华人民共和国枪支管理法**（1996 年 7 月 5 日由第八届全国人民代表大会常务委员会第二十次会议通过　根据 2009 年 8 月 27 日第十一届全国人民代表大会常务委员会第十次会议《全国人民代表大会常务委员会关于修改部分法律的决定》第一次修正　根据 2015 年 4 月 24 日第十二届全国人民代表大会常务委员会第十四次会议《全国人民代表大会常务委员会关于修改〈中华人民共和国港口法〉等七部法律的决定》第二次修正）（节录）

第二十五条　配备、配置枪支的单位和个人必须遵守下列规定：

（一）携带枪支必须同时携带持枪证件，未携带持枪证件的，由公安机关扣留枪支；

（二）不得在禁止携带枪支的区域、场所携带枪支；

（三）枪支被盗、被抢或者丢失的，立即报告公安机关。

2. 专职守护押运人员枪支使用管理条例（2002年7月27日中华人民共和国国务院令第356号公布　自2002年7月27日起施行）（节录）

第十四条　专职守护、押运人员有下列情形之一的，所在单位应当停止其执行武装守护、押运任务，收回其持枪证件，并及时将持枪证件上缴公安机关：

（一）拟调离专职守护、押运工作岗位的；

（二）理论和实弹射击考核不合格的；

（三）因刑事案件或者其他违法违纪案件被立案侦查、调查的；

（四）擅自改动枪支、更换枪支零部件的；

（五）违反规定携带、使用枪支或者将枪支交给他人，对枪支失去控制的；

（六）丢失枪支或者在枪支被盗、被抢事故中负有责任的。

专职守护、押运人员有前款第（四）项、第（五）项、第（六）项行为，造成严重后果的，依照刑法关于非法持有私藏枪支弹药罪、非法携带枪支弹药危及公共安全罪、非法出租出借枪支罪或者丢失枪支不报罪的规定，依法追究刑事责任；尚不够刑事处罚的，依照枪支管理法的规定，给予行政处罚。

第十五条　依法配备守护、押运公务用枪的单位违反枪支管理规定，有下列情形之一的，对直接负责的主管人员和其他直接责任人员依法给予记大过、降级或者撤职的行政处分或者相应的纪律处分；造成严重后果的，依照刑法关于玩忽职守罪、滥用职权罪、丢失枪支不报罪或者其他罪的规定，依法追究刑事责任：

（一）未建立或者未能有效执行持枪人员管理责任制度的；

（二）将不符合法定条件的专职守护、押运人员报送公安机关审批或者允许没有持枪证件的人员携带、使用枪支的；

（三）使用枪支后，不报告公安机关的；

（四）未建立或者未能有效执行枪支、弹药管理制度，造成枪支、弹药被盗、被抢或者丢失的；

（五）枪支、弹药被盗、被抢或者丢失，未及时报告公安机关的；

（六）不按照规定审验枪支的；

（七）不上缴报废枪支的；

（八）发生其他涉枪违法违纪案件的。

三十九、非法携带枪支、弹药、管制刀具、危险物品危及公共安全罪

（一）法律规定

第一百三十条　非法携带枪支、弹药、管制刀具或者爆炸性、易燃性、放射性、毒害性、腐蚀性物品，进入公共场所或者公共交通工具，危及公共安全，情节严重的，处三年以下有期徒刑、拘役或者管制。

（二）罪名详解

非法携带枪支、弹药、管制刀具、危险物品危及公共安全罪，是指违反法律、法规，携带枪支、弹药、管制刀具或者危险物品进入公共场所或者公共交通工具，危及公共安全，情节严重的行为。

本罪是1997年刑法增设的罪名，1979年刑法和单行刑法均没有规定此罪名。《铁路法》第60条对携带危险品进站上车，非法托运危险品及携带炸药、雷管、枪支、子弹、管制刀具进站上车，依照刑法有关规定追究刑事责任作出了规定。1997年修订刑法时，以此为基础，增设了本罪。

非法携带枪支、弹药、管制刀具、危险物品危及公共安全罪的构成要件是：

1. 主体要件

本罪主体为一般主体。

2. 客体要件

本罪侵犯的客体是不特定多数人的生命、健康及重大公私财物的安全和国家对管制物品和危险物品的管理制度。国家对枪支、弹药、爆炸物品和管制刀具以及其他爆炸性、易燃性、放射性、毒害性、腐蚀性物品，在使用、保管、运输、储存等方面，都有严格的管理制度，以防止上述物品因管理不善而危害社会。特别是对于携带上述物品进入公共场所或者公共交通工具的

行为，更要严格控制，一旦发生危险，将会造成极大的损失。因此，刑法将这种行为明确规定为犯罪，是十分必要的。

3. 主观要件

主观方面由故意构成，即行为人明知不能携带枪支、弹药、管制刀具或者爆炸性、易燃性、放射性、毒害性、腐蚀性物品进入公共场所或者公共交通工具的规定，而违法携带。犯罪动机可能是多种多样的，但动机不影响本罪的成立。

4. 客观要件

客观方面表现为携带枪支、弹药、管制刀具或者爆炸性、易燃性、放射性、毒害性、腐蚀性物品，进入公共场所或者公共交通工具，危及公共安全，情节严重的行为。“枪支”“弹药”的范围与前述相同。“管制刀具”，是指国家依法进行管制，只能由特定人员持有、使用，禁止私自生产、买卖、持有的刀具，如匕首、弹簧刀、三棱刮刀，等等。“爆炸性物品”，是指具有爆炸性能的物品，如雷管、炸药、爆破剂，等等。“易燃性物品”，是指汽油、煤油、酒精等各种极易燃烧的化学物品。“放射性物品”，是指铀、镭等各种具有放射性的物品。“毒害性物品”，主要是指各种对人体能够造成毒害的物品，如毒药、杀虫剂，等等。“腐蚀性物品”，是指各种对人体具有腐蚀作用的硫酸、盐酸等物品。“公共场所”，是指公众进行活动的场所，如影剧院、广场、商场，等等。“公共交通工具”，是指火车、轮船、汽车、民用航空器等运输工具。

非法携带枪支、弹药、管制刀具、危险物品危及公共安全的行为，除需具备以上构成要件外，还必须达到“情节严重”的程度，才构成本罪。按照《枪支解释》第6条的规定，非法携带枪支、弹药、爆炸物进入公共场所或者公共交通工具，危及公共安全，具有下列情形之一的，属于《刑法》第130条规定的“情节严重”：（1）携带枪支或者手榴弹的；（2）携带爆炸装置的；（3）携带炸药、发射药、黑火药500克以上或者烟火药1千克以上、雷管20枚以上或者导火索、导爆索20米以上的；（4）携带的弹药、爆炸物在公共场所或者公共交通工具上发生爆炸或者燃烧，尚未造成严重后果的；（5）具有其他严重情节的。行为人非法携带本条第1款第（三）项规定的爆炸物进入公共场所或者公共交通工具，虽未达到上述数量标准，但拒不交出的，依照《刑法》第130条的规定定罪处罚；携带的数量达到最低数量标准，能够主动、全部交出的，可不以犯罪论处。

（三）实务疑难问题

1. 区分罪与非罪的界限

非法携带枪支、弹药、管制刀具、危险物品进入公共场所或者公共交通工具，如果情节不严重的，则属违法行为，应当给予治安处罚，不能追究行为人的刑事责任。

2. 区分本罪与非法持有、私藏枪支、弹药罪的界限

这两种犯罪的主要区别，在于客观方面的表现不同。前者表现为非法携带枪支、弹药、管制刀具或者爆炸性、易燃性、放射性、毒害性、腐蚀性物品，进入公共场所或者公共交通工具，危及公共安全的行为；而后者只表现为非法持有、私藏枪支、弹药的行为。

3. 区分本罪与失火罪、过失爆炸罪的界限

三者都是危害公共安全的犯罪，犯罪主体亦没有任何限制。但三者的主要区别是：（1）客观方面不同。本罪表现为行为人非法携带枪支、弹药、管制刀具或者爆炸性、易燃性、放射性、毒害性、腐蚀性物品，进入公共场所或者公共交通工具，危及公共安全，情节严重的；失火罪、过失爆炸罪在客观方面表现为因行为人过失行为而导致火灾或爆炸事故的发生，危害公共安全的。（2）犯罪的地点不同。本罪要求必须发生在公共场所或公共交通工具上；失火罪、过失爆炸罪没有地点上的限制。（3）主观方面不同。本罪表现为故意，是故意犯罪；而失火罪、过失爆炸罪在主观方面表现为过失，是过失犯罪。（4）对成立犯罪的要求不同。本罪是危险犯，构成本罪并不要求发生实际的危害结果，只要出现危及公共安全的危险，情节严重即可；失火罪、过失爆炸罪要求必须出现严重后果才构成犯罪。如果行为人非法携带上述危险物品进入公共场所或公共交通工具，并发生失火、爆炸等重大事故，造成严重后果的，则属于想象竞合犯，应从一重罪处断，即以失火罪或过失爆炸罪论处。

4. 区分本罪与非法运输危险物质罪的界限

行为人非法携带危险物品进入交通工具，与非法运输危险物品不同，前者是指随身带着危险物品进入公共交通工具，后者是指用交通工具把危险物品从一个地方运到另一个地方。前者具有少量、随身的特点，而且利用的是公共交通工具，后者一般不具有随身特点，而且不一定使用交通工具。

（四）情节与量刑

《刑法》第130条规定，犯非法携带枪支、弹药、管制刀具、危险物品危及公共安全罪的，处3年以下有期徒刑、拘役或者管制。

（五）法律链接

1. **中华人民共和国集会游行示威法**（1989年10月31日全国人民代表大会常务委员会第十次会议通过　根据2009年8月27日第十一届全国人民代表大会常务委员会第十次会议《全国人民代表大会常务委员会关于修改部分法律的决定》修正）（节录）

第二十九条第二款　携带武器、管制刀具或者爆炸物的，依照刑法有关规定追究刑事责任。

2. **中华人民共和国铁路法**（1990年9月7日第七届全国人民代表大会常务委员会第十五次会议通过　自1991年5月1日起施行　根据2015年4月24日第十二届全国人民代表大会常务委员会第十四次会议全国人民代表大会常务委员会《关于修改〈中华人民共和国义务教育法〉等五部法律的决定》修正）（节录）

第六十条　违反本法规定，携带危险品进站上车或者以非危险品品名托运危险品，导致发生重大事故的，依照刑法有关规定追究刑事责任。企业事业单位、国家机关、社会团体犯本款罪的，处以罚金，对其主管人员和直接责任人员依法追究刑事责任。

携带炸药、雷管或者非法携带枪支子弹、管制刀具进站上车的，依照刑法有关规定追究刑事责任。

3. **中华人民共和国民用航空法**（1995年10月30日第八届全国人民代表大会常务委员会第十六次会议通过　根据2009年8月27日第十一届全国人民代表大会常务委员会第十次会议《关于修改部分法律的决定》第一次修正　根据2015年4月24日第十二届全国人民代表大会常务委员会第十四次会议《关于修改〈中华人民共和国计量法〉等五部法律的决定》第二次修正　根据2016年11月7日第十二届全国人民代表大会常务委员会第二十四次会议《关于修改〈中华人民共和国对外贸易法〉等十二部法律的决定》第三次修正　根据2017年11月4日第十二届全国人民代表大会常务委员会第三十次会议《关于修改〈中华人民共和国会计法〉等十一部法律的决定》第四次修

正　根据2018年12月29日第十三届全国人民代表大会常务委员会第七次会议《关于修改〈中华人民共和国劳动法〉等七部法律的决定》第五次修正）（节录）

第一百九十三条　违反本法规定，隐匿携带炸药、雷管或者其他危险品乘坐民用航空器，或者以非危险品品名托运危险品的，依照刑法有关规定追究刑事责任。

企业事业单位犯前款罪的，判处罚金，并对直接负责的主管人员和其他直接责任人员依照前款规定追究刑事责任。

隐匿携带枪支子弹、管制刀具乘坐民用航空器的，依照刑法有关规定追究刑事责任。

4. 最高人民法院关于审理非法制造、买卖、运输枪支、弹药、爆炸物等刑事案件具体应用法律若干问题的解释（法释〔2009〕18号　自2010年1月1日起施行）（节录）

第六条　非法携带枪支、弹药、爆炸物进入公共场所或者公共交通工具，危及公共安全，具有下列情形之一的，属于刑法第一百三十条规定的“情节严重”：

（一）携带枪支或者手榴弹的；

（二）携带爆炸装置的；

（三）携带炸药、发射药、黑火药五百克以上或者烟火药一千克以上、雷管二十枚以上或者导火索、导爆索二十米以上的；

（四）携带的弹药、爆炸物在公共场所或者公共交通工具上发生爆炸或者燃烧，尚未造成严重后果的；

（五）具有其他严重情节的。

行为人非法携带本条第一款第（三）项规定的爆炸物进入公共场所或者公共交通工具，虽未达到上述数量标准，但拒不交出的，依照刑法第一百三十条的规定定罪处罚；携带的数量达到最低数量标准，能够主动、全部交出的，可不以犯罪论处。

第七条　非法制造、买卖、运输、邮寄、储存、盗窃、抢夺、持有、私藏、携带成套枪支散件的，以相应数量的枪支计；非成套枪支散件以每三十件为一成套枪支散件计。

5. 专职守护押运人员枪支使用管理条例（自2002年7月27日起施行）（节录）

第十四条　专职守护、押运人员有下列情形之一的，所在单位应当停止其执行武装守护、押运任务，收回其持枪证件，并及时将持枪证件上缴公安机关：

（一）拟调离专职守护、押运工作岗位的；

（二）理论和实弹射击考核不合格的；

（三）因刑事案件或者其他违法违纪案件被立案侦查、调查的；

（四）擅自改动枪支、更换枪支零部件的；

（五）违反规定携带、使用枪支或者将枪支交给他人，对枪支失去控制的；

（六）丢失枪支或者在枪支被盗、被抢事故中负有责任的。

专职守护、押运人员有前款第（四）项、第（五）项、第（六）项行为，造成严重后果的，依照刑法关于非法持有私藏枪支弹药罪、非法携带枪支弹药危及公共安全罪、非法出租出借枪支罪或者丢失枪支不报罪的规定，依法追究刑事责任；尚不够刑事处罚的，依照枪支管理法的规定，给予行政处罚。

6. 最高人民法院、最高人民检察院、公安部、司法部、国家卫生和计划生育委员会关于依法惩处涉医违法犯罪维护正常医疗秩序的意见（法发〔2014〕5号　自2014年4月22日起施行）（节录）

二、严格依法惩处涉医违法犯罪

……

（五）非法携带枪支、弹药、管制器具或者爆炸性、放射性、毒害性、腐蚀性物品进入医疗机构的，依照治安管理处罚法第三十条、第三十二条的规定处罚；危及公共安全情节严重，构成非法携带枪支、弹药、管制刀具、危险物品危及公共安全罪的，依照刑法的有关规定定罪处罚。

……

四十、重大飞行事故罪

（一）法律规定

第一百三十一条　航空人员违反规章制度，致使发生重大飞行事故，造成严重后果的，处三年以下有期徒刑或者拘役；造成飞机坠毁或者人员死亡的，处三年以上七年以下有期徒刑。

（二）罪名详解

重大飞行事故罪，是指航空人员违反规章制度，致使发生重大飞行事故，造成严重后果的行为。

本罪是1997年刑法增设的罪名，1979年刑法和单行刑法均没有规定此罪名。

重大飞行事故罪的构成要件是：

1. 主体要件

犯罪主体为特殊主体，即只有航空人员才能构成本罪。“航空人员”，主要是指从事民用航空活动的空勤人员和地面人员，包括驾驶员、飞行机械人员、乘务员、航空器维修人员、航空调度员、电台通信员等。

2. 客体要件

本罪侵犯的客体是航空飞行运输安全，即不特定多数旅客和机组人员的生命、健康、运载物品和航空器的安全，以及地面上的人员和财产的安全。

航空运输对于经济建设和人们的日常生活都具有重要的意义。但是，航空运输也是风险系数相对较高的一个行业，由于受各种客观因素的影响较大，稍有不慎，就有可能发生安全事故，造成巨大的损失。因此，对于航空人员违规操作，因工作失误导致重大飞行安全事故，造成严重后果的，应当追究刑事责任。

3. 主观要件

主观方面由过失构成，包括疏忽大意和过于自信两种过失。

4. 客观要件

客观方面表现为航空人员违反规章制度，致使发生重大飞行事故，造成严重后果的行为。

首先，必须实施了违反保障航空活动安全的各种规章制度的行为。这是造成事故的直接原因，是构成本罪的前提条件。“违反规章制度”，主要是指违反有关民用航空管理、航空器安全飞行的各项规章制度。如航空器飞行前的机械检查制度、通信系统的检查制度，等等。其次，必须发生重大飞行事故，造成严重后果。“重大飞行事故”，根据民航飞行事故划分标准，是指造成人员死亡的，死亡人数在39人以下；或者飞机失踪，机上人员在39人以下；飞机严重损坏或者迫降到无法运出的地方。“造成严重后果”，主要是指造成飞机坠毁或者人员死亡以外的一切严重后果，如航空器严重毁坏、人员伤亡严重或者公私财产遭受严重损失等情形。如果造成飞机坠毁或者人员死亡，则属结果加重，刑法理论又称为特殊的犯罪构成。最后，违反规章制度与发生重大飞行事故、造成严重后果之间存在着因果关系，即重大飞行事故和严重后果是由于违反规章制度的行为引起的。

（三）实务疑难问题

1. 区分罪与非罪的界限

如果航空人员在履行职责义务时，并没有违反规章制度，或者并未导致重大飞行事故的发生，或者虽然发生事故但没有造成严重后果的，都不构成犯罪。

2. 区分本罪与暴力危及飞行安全罪的界限

两者都属于危害航空运输安全的犯罪，其主要区别在于：（1）在犯罪形态上，前者属于结果犯，即只有导致发生重大飞行事故，造成严重后果的，才构成犯罪；而后者属于行为犯，即只要行为人实施了危及飞行安全的行为，就构成本罪，而不论是否发生了严重后果。（2）前者在主观方面表现为过失；而后者在主观方面表现为直接故意。（3）前者为特殊主体，即只有航空人员才能构成本罪；而后者则为一般主体。

3. 区分本罪与过失损坏交通工具罪、过失损坏交通设施罪的界限

在实践中，过失损坏航空器或者航空设施的行为，也可能发生重大飞行事故，造成严重后果。因此，有必要区分重大飞行事故罪与过失损坏交通工具罪、过失损坏交通设施罪。重大飞行事故罪与过失损坏交通工具罪、过失损坏交通设施罪的区别表现为：（1）犯罪主体不同。重大飞行事故罪的犯罪主体是特殊主体，即航空人员；而过失损坏交通工具罪、过失损坏交通设施罪的主体是一般主体。（2）犯罪客观方面的表现不同。重大飞行事故罪的客观方面表现为违反规章制度，致使发生重大飞行事故，造成严重后果；而过失损坏交通工具罪和过失损坏交通设施罪则表现为过失损坏交通工具或交通设施，造成严重后果的行为。

4. 区分本罪与重大责任事故罪的界限

两者都是过失犯罪，都实施了违反规章制度的行为，并且以发生重大事故，造成严重后果作为构成犯罪的必备条件。主要区别在于：（1）犯罪主体不同。尽管两者都是特殊主体，重大飞行事故罪的犯罪主体仅限于航空人员；

重大责任事故罪的罪主体则只能是工厂、矿山、林场、建筑企业或其他企业、事业单位的职工以及群众合作经营组织或个体经营户的从业人员。（2）发生的场合不同。重大飞行事故罪发生在航空器的飞行过程中，而重大责任事故罪则发生在生产、作业过程中。

（四）情节与量刑

《刑法》第131条规定，犯重大飞行事故罪的，处3年以下有期徒刑或者拘役；造成飞机坠毁或者人员死亡的，处3年以上7年以下有期徒刑。

量刑档次	对应情节	有关概念解释	附加刑的适用
三年以下有期徒刑或者拘役	造成严重后果的	“造成严重后果”，主要是指造成飞机坠毁或者人员死亡以外的一切严重后果，如航空器严重毁坏、人员重伤或者公私财产遭受严重损失等情形。	
三年以上七年以下有期徒刑	造成飞机坠毁或者人员死亡的		

（五）法律链接

1. **中华人民共和国民用航空法**（1995年10月30日第八届全国人民代表大会常务委员会第十六次会议通过　根据2009年8月27日第十一届全国人民代表大会常务委员会第十次会议《关于修改部分法律的决定》第一次修正　根据2015年4月24日第十二届全国人民代表大会常务委员会第十四次会议《关于修改〈中华人民共和国计量法〉等五部法律的决定》第二次修正　根据2016年11月7日第十二届全国人民代表大会常务委员会第二十四次会议《关于修改〈中华人民共和国对外贸易法〉等十二部法律的决定》第三次修正　根据2017年11月4日第十二届全国人民代表大会常务委员会第三十次会议《关于修改〈中华人民共和国会计法〉等十一部法律的决定》第四次修正　根据2018年12月29日第十三届全国人民代表大会常务委员会第七次会议《关于修改〈中华人民共和国劳动法〉等七部法律的决定》第五次修正）

（节录）

第一百九十九条　航空人员玩忽职守，或者违反规章制度，导致发生重大飞行事故，造成严重后果的，依照刑法有关规定追究刑事责任。

2. **通用航空飞行管制条例**（中华人民共和国国务院、中华人民共和国中央军事委员会令第 371 号　自 2003 年 5 月 1 日起施行）（节录）

第四十一条　从事通用航空飞行活动的单位、个人违反本条例规定，有下列情形之一的，由有关部门按照职责分工责令改正，给予警告；情节严重的，处 2 万元以上 10 万元以下罚款，并可给予责令停飞 1 个月至 3 个月、暂扣直至吊销经营许可证、飞行执照的处罚；造成重大事故或者严重后果的，依照刑法关于重大飞行事故罪或者其他罪的规定，依法追究刑事责任：

（一）未经批准擅自飞行的；

（二）未按批准的飞行计划飞行的；

（三）不及时报告或者漏报飞行动态的；

（四）未经批准飞入空中限制区、空中危险区的。

四十一、铁路运营安全事故罪

（一）法律规定

第一百三十二条　铁路职工违反规章制度，致使发生铁路运营安全事故，造成严重后果的，处三年以下有期徒刑或者拘役；造成特别严重后果的，处三年以上七年以下有期徒刑。

（二）罪名详解

铁路运营安全事故罪，是指铁路职工违反规章制度，致使发生铁路运营安全事故，造成严重后果的行为。

本罪是 1997 年刑法增设的罪名，1979 年刑法和单行刑法均没有规定此罪名。

铁路运营安全事故罪的构成要件是：

1. 主体要件

犯罪主体为特殊主体，即只有铁路职工才能构成本罪。

2. 客体要件

本罪侵犯的客体是铁路运输安全。

铁路运输在国民经济中发挥着重要的作用，在各种运输工具中具有客、货运输载运量大、安全、高效等特点。因此，安全运营至关重要，一旦发生事故，将会造成重大的人员伤亡和财产损失。铁路法中对铁路运营安全问题作了明确的规定。鉴于实践中铁路职工违章作业导致发生运营事故的情况较多，修订刑法时将铁路职工违反规章制度，致使发生铁路运营安全事故造成严重后果的行为规定为犯罪，对于保障铁路运营安全，具有重要的意义。

3. 主观要件

主观方面由过失构成，包括疏忽大意和过于自信两种过失。

4. 客观要件

客观方面表现为铁路职工违反规章制度，致使发生铁路运营安全事故，造成严重后果的行为。

"铁路职工"，是指从事铁路运输、管理、维修等工作的人员，包括铁路运输管理人员、维修人员、列车司机、养路工等。"违反规章制度"，主要是指违反了有关铁路运营安全的各种规章制度，如交通法规、运营管理制度、技术操作规程，等等。"铁路运营安全事故"，主要是指在铁路运营过程中发生的各类安全事故，如列车出轨、颠覆、爆炸、相撞等造成人员伤亡、机车毁坏及致使公私财产遭受重大损失的安全事故，不包括列车晚点等非安全事故。所谓造成严重后果，主要是指造成人员伤亡或者致使公私财产遭受重大损失等情形；所谓造成特别严重后果，主要是指造成多人伤亡或者致使公私财产遭受特别重大损失等情形。

根据最高人民法院、最高人民检察院联合发布的《关于办理危害生产安全刑事案件适用法律若干问题的解释》（以下简称《生产安全解释》）第 6 条的规定，发生生产安全事故，具有下列情形之一的，应当认定为本条规定的"造成严重后果"：（1）造成死亡 1 人以上，或者重伤 3 人以上的；（2）造成直接经济损失 100 万元以上的；（3）其他造成严重后果或者重大安全事故的情形。根据《生产安全解释》第 7 条，发生安全事故，具有下列情形之一的，应当认定为本条规定的"造成特别严重后果"：（1）造成死亡 3 人以上或者重伤 10 人以上，负事故主要责任的；（2）造成直接经济损失 500 万元以上，负事故主要责任的；（3）其他造成特别严重后果、情节特别恶劣或者后果特别严重的情形。

（三）实务疑难问题

1. 区分罪与非罪的界限

本罪属结果犯。如果铁路职工在履行职责义务时，并没有违反规章制度，或者并未导致铁路运营安全事故的发生，或者虽然发生了事故，但没有造成严重后果的，都不能构成本罪。

2. 区分本罪与交通肇事罪的界限

两罪都是过失犯罪，行为人都实施了违反有关规定的行为，且都与运输有关，都造成了重大事故。两罪的主要区别有：一是犯罪主体不同。铁路运营安全事故罪的犯罪主体是特殊主体，仅限于铁路职工；交通肇事罪的犯罪主体是一般主体，包括交通运输人员和非交通运输人员。二是发生的空间范围不同。铁路运营安全事故发生在铁路运输之中，而交通肇事罪发生在公路、水上运输之中。三是违反的规定不同。铁路运营安全事故罪违反的是铁路等部门制定的与铁路有关的运输管理、维修管理、操作规程、安全管理等方面的规章制度；交通肇事罪违反的是同保证公路、水上运输安全有关的各种法律、法规与制度。四是犯罪客体有所不同。铁路运营安全事故罪侵犯的客体是铁路运营安全；交通肇事罪侵犯的客体则是公路、水上运输安全。

3. 区分本罪与重大责任事故罪的界限

二者都是过失犯罪，都发生了重大事故，造成严重后果。区别在于：（1）犯罪主体不同。本罪主体是铁路职工，后者主体包括对矿山生产、作业负有组织、指挥或者管理职责的负责人、管理人、实际控制人、投资人等人员，以及直接从事矿山生产、作业的人员。（2）发生的场合不同。本罪发生于列车运营过程中，后者发生于生产作业过程中。

（四）情节与量刑

《刑法》第 132 条规定，构成铁路运营安全事故罪的，处 3 年以下有期徒刑或者拘役；造成特别严重后果的，处 3 年以上 7 年以下有期徒刑。

司法机关在适用本款规定处罚时，应当注意以下问题：

1. 根据《生产安全解释》第 6 条，实施本条规定的行为，因而发生安全事故，具有下列情形之一的，应当认定为“造成严重后果”：

（1）造成死亡 1 人以上，或者重伤 3 人以上的；

（2）造成直接经济损失 100 万元以上的；

（3）其他造成严重后果或者重大安全事故的情形。

2. 根据《生产安全解释》第 7 条的规定，实施本条规定的行为，因而发生安全事故，具有下列情形之一的，对相关责任人员，处 3 年以上 7 年以下有期徒刑：

（1）造成死亡 3 人以上或者重伤 10 人以上，负事故主要责任的；

（2）造成直接经济损失 500 万元以上，负事故主要责任的；

（3）其他造成特别严重后果、情节特别恶劣或者后果特别严重的情形。

3. 根据《生产安全解释》第 12 条的规定，实施《刑法》第 132 条规定的犯罪行为，具有下列情形之一的，从重处罚：

（1）未依法取得安全许可证件或者安全许可证件过期、被暂扣、吊销、注销后从事生产经营活动的；

（2）关闭、破坏必要的安全监控和报警设备的；

（3）已经发现事故隐患，经有关部门或者个人提出后，仍不采取措施的；

（4）一年内曾因危害生产安全违法犯罪活动受过行政处罚或者刑事处罚的；

（5）采取弄虚作假、行贿等手段，故意逃避、阻挠负有安全监督管理职责的部门实施监督检查的；

（6）安全事故发生后转移财产意图逃避承担责任的；

（7）其他从重处罚的情形。

实施前款第（5）项规定的行为，同时构成《刑法》第 389 条规定的犯罪的，依照数罪并罚的规定处罚。

4. 根据《生产安全解释》第 13 条的规定，实施《刑法》第 132 条、第 134 条至第 139 条之一规定的犯罪行为，在安全事故发生后积极组织、参与事故抢救，或者积极配合调查、主动赔偿损失的，可以酌情从轻处罚。

5. 根据《生产安全解释》第 14 条的规定，国家工作人员违反规定投资入股生产经营，构成本解释规定的有关犯罪的，或者国家工作人员的贪污、受贿犯罪行为与安全事故发生存在关联性的，从重处罚；同时构成贪污、受贿犯罪和危害生产安全犯罪的，依照数罪并罚的规定处罚。

量刑档次	对应情节	有关概念解释	附加刑的适用
三年以下有期徒刑或者拘役	造成严重后果的	根据《生产安全解释》第6条的规定，发生安全事故，具有下列情形之一的，应当认定为“造成严重后果”：（1）造成死亡1人以上，或者重伤3人以上的；（2）造成直接经济损失100万元以上的；（3）其他造成严重后果或者重大安全事故的情形。	
三年以上七年以下有期徒刑	造成特别严重后果的	根据《生产安全解释》第7条的规定，发生生产安全事故，具有下列情形之一的，应当认定为“造成特别严重后果”：（1）造成死亡3人以上或者重伤10人以上，负事故主要责任的；（2）造成直接经济损失500万元以上，负事故主要责任的；（3）其他造成特别严重后果、情节特别恶劣或者后果特别严重的情形。	

（五）法律链接

1. **中华人民共和国铁路法**（1990年9月7日第七届全国人民代表大会常务委员会第十五次会议通过　自1991年5月1日起施行　根据2009年8月27日第十一届全国人民代表大会常务委员会第十次会议《关于修改部分法律的决定》第一次修正　根据2015年4月24日第十二届全国人民代表大会常务委员会第十四次会议《关于修改〈中华人民共和国义务教育法〉等五部法律的决定》第二次修正）（节录）

第七十一条　铁路职工玩忽职守、违反规章制度造成铁路运营事故的，滥用职权、利用办理运输业务之便谋取私利的，给予行政处分；情节严重、构成犯罪的，依照刑法有关规定追究刑事责任。

2. **最高人民法院、最高人民检察院关于办理危害生产安全刑事案件适用法律若干问题的解释**（法释〔2015〕22号　自2015年12月16日起施行）（节录）

为依法惩治危害生产安全犯罪，根据刑法有关规定，现就办理此类刑事案件适用法律的若干问题解释如下：

第六条 实施刑法第一百三十二条、第一百三十四条第一款、第一百三十五条、第一百三十五条之一、第一百三十六条、第一百三十九条规定的行为，因而发生安全事故，具有下列情形之一的，应当认定为“造成严重后果”或者“发生重大伤亡事故或者造成其他严重后果”，对相关责任人员，处三年以下有期徒刑或者拘役：

（一）造成死亡一人以上，或者重伤三人以上的；

（二）造成直接经济损失一百万元以上的；

（三）其他造成严重后果或者重大安全事故的情形。

第七条 实施刑法第一百三十二条、第一百三十四条第一款、第一百三十五条、第一百三十五条之一、第一百三十六条、第一百三十九条规定的行为，因而发生安全事故，具有下列情形之一的，对相关责任人员，处三年以上七年以下有期徒刑：

（一）造成死亡三人以上或者重伤十人以上，负事故主要责任的；

（二）造成直接经济损失五百万元以上，负事故主要责任的；

（三）其他造成特别严重后果、情节特别恶劣或者后果特别严重的情形。

第十二条 实施刑法第一百三十二条、第一百三十四条至第一百三十九条之一规定的犯罪行为，具有下列情形之一的，从重处罚：

（一）未依法取得安全许可证件或者安全许可证件过期、被暂扣、吊销、注销后从事生产经营活动的；

（二）关闭、破坏必要的安全监控和报警设备的；

（三）已经发现事故隐患，经有关部门或者个人提出后，仍不采取措施的；

（四）一年内曾因危害生产安全违法犯罪活动受过行政处罚或者刑事处罚的；

（五）采取弄虚作假、行贿等手段，故意逃避、阻挠负有安全监督管理职责的部门实施监督检查的；

（六）安全事故发生后转移财产意图逃避承担责任的；

（七）其他从重处罚的情形。

实施前款第五项规定的行为，同时构成刑法第三百八十九条规定的犯罪的，依照数罪并罚的规定处罚。

第十三条 实施刑法第一百三十二条、第一百三十四条至第一百三十九条之一规定的犯罪行为，在安全事故发生后积极组织、参与事故抢救，或者积极配合调查、主动赔偿损失的，可以酌情从轻处罚。

第十四条 国家工作人员违反规定投资入股生产经营，构成本解释规定的有关犯罪的，或者国家工作人员的贪污、受贿犯罪行为与安全事故发生存在关联性的，从重处罚；同时构成贪污、受贿犯罪和危害生产安全犯罪的，依照数罪并罚的规定处罚。

四十二、交通肇事罪

（一）法律规定

第一百三十三条 违反交通运输管理法规，因而发生重大事故，致人重伤、死亡或者使公私财产遭受重大损失的，处三年以下有期徒刑或者拘役；交通运输肇事后逃逸或者有其他特别恶劣情节的，处三年以上七年以下有期徒刑；因逃逸致人死亡的，处七年以上有期徒刑。

（二）罪名详解

交通肇事罪，是指违反交通管理法规而发生重大事故，致人重伤、死亡或者使公私财产遭受重大损失的行为。

本罪1979年《刑法》第113条作了规定，1997年《刑法》第133条对本罪的罪状作了修改补充。

交通肇事罪的构成要件是：

1. 主体要件

犯罪主体为一般主体，中国人和外国人、无国籍人均可构成本罪的主体。实践中主要是从事交通运输的人员，包括公路运输人员和水路运输人员等，使用各种机动、非机动交通工具肇事的情形较为普遍，因行为人违章造成交通事故的情形也时有发生，给公民的生命、健康和公私财产安全造成了极大危害。

2. 客体要件

本罪侵犯的客体是交通运输的正常秩序和安全。这里的“交通运输”，主要指公路、水运和城市机动车辆的交通运输。这些交通运输活动一旦发生重大事故，就会危及公共安全，使人民的生命财产遭受重大损失。由于现行刑法规定了重大飞行事故罪和铁路运营事故罪，交通肇事罪的适用范围主要是公路和水上交通肇事，不再包括航空和铁路交通肇事。

3. 主观要件

主观方面由过失构成，包括疏忽大意的过失和过于自信的过失。行为人违反交通法规可能是出于故意，但他对于因此而发生的交通肇事的严重后果则是过失的。也就是说行为人并未预见到可能发生严重后果，或者虽然已经预见，但轻信可以避免，以致发生了严重的危害后果。

4. 客观要件

客观方面表现为违反交通管理法规，因而发生重大交通事故，致使人重伤、死亡或者使公私财产遭受重大损失的行为。

“违反交通管理法规”，是指违反国家有关交通运输管理的法律、法规和国家有关主管部门制定的交通运输安全的规章等，如公路法、道路交通安全法等法律法规的规定。违反交通管理法规的行为，是指司机酒后开车、非司机无照驾驶机动车、驾驶员违章操作强行超车、超载，等等。“重大事故”，主要是指撞车、沉船、翻车、人员伤亡、公私财产受损等情形。根据法律规定，交通肇事的行为，必须发生重大事故，致人重伤、死亡或者使公私财产遭受重大损失的，才构成犯罪。

《刑法》第116条对交通工具作了概括性规定，包括火车、汽车、电车、船只、航空器等，构成本罪的交通工具不包括简单的交通工具，如马车、自行车、手推车、人力三轮车等。

（三）实务疑难问题

1. 区分罪与非罪的界限

如果行为人没有违反交通运输管理法规，或者并未导致发生交通事故，或者虽然发生了事故，但并未致人重伤、死亡或者使公私财产遭受损失的，不构成犯罪。

2. 区分本罪与破坏交通工具罪的界限

两者侵犯的客体都是交通运输的秩序和安全，其主要区别在于：（1）客观方面的表现不同。前者表现为违反交通管理法规而发生重大交通事故，致使人员伤亡或者使公私财产遭受重大损失的行为；而后者表现为实施破坏火车、汽车、电车、船只、航空器，足以使火车、汽车、电车、船只、航空器发生倾覆、毁坏危险，危害公共安全的行为。（2）主观方面的内容不同。前者由过失构成；而后者由故意构成。

3. 区分本罪与（过失）以危险方法危害公共安全罪的关系

行为人的行为违反交通运输管理法规，造成了人员伤亡的实害后果，行为人对该后果具有过失，就成立交通肇事罪。但如行为人有违反交通运输管理法规的高度危险驾驶行为，产生了与放火、爆炸、投放危险物质相当的具体的公共危险，且行为人对该危险具有故意，则应认定为以危险方法危害公共安全罪。

4. 关于判定交通肇事责任是否以交管部门出具的责任认定意见为依据的问题

《最高人民法院关于审理交通肇事刑事案件具体应用法律若干问题的解释》（以下简称《交通肇事解释》）强调，分清事故责任是认定交通肇事罪的基础。根据国务院发布的《道路交通安全法实施条例》第 91 条的规定，交通事故责任分为全部责任、主要责任、同等责任和次要责任。从实践看，负事故次要责任的情形，由于其违章行为在交通事故中作用较小，损失后果不大，一般作行政处罚，不需要追究刑事责任。对发生的重大交通事故承担其他几种责任的情形，则确有追究刑事责任的必要。有关事故责任认定方面的统一执法标准目前仍需国家有关主管部门进一步规范，但在当前条件下，还应坚持以交管部门认定的事故责任为认定交通肇事罪的前提条件。

5. 关于交通肇事罪中财产损失的认定问题

《刑法》第 133 条规定，发生重大交通事故，造成公私财产遭受重大损失的，依法追究刑事责任。对于“公私财产”是否包括肇事者个人财产问题，在有些情况下，就成为区分罪与非罪的界限。有的案件，肇事者造成的公共财产和他人的财产损失数额不大，但自身遭受的财产损失惨重（如名贵车肇事与低档车俱毁）。对此，《交通肇事解释》第 2 条明确限定为在“造成公共财产或者他人财产直接损失”内承担刑事责任。

6. 关于肇事后逃逸的认定问题

“交通肇事后逃逸”，是 1997 年刑法关于交通肇事罪增加规定的加重处罚的情节。实践中，交通肇事后的逃逸行为具有较大的危害性，往往导致被害人无法得到救助、损失无法得到赔偿、案件查处难度增大等，必须依法予以严惩。《交通肇事解释》第3条规定：“‘交通运输肇事后逃逸’，是指行为人具有本解释第二条第一款规定和第二款第（一）至（五）项规定的情形之一，在发生交通事故后，为逃避法律追究而逃跑的行为。”这一解释，将认定交通肇事后逃逸的前提条件界定为“逃避法律追究”。

“交通肇事后逃逸”情节认定的三个条件：（1）行为必须齐备交通肇事罪的基本犯罪构成要件，这是认定“交通肇事后逃逸”情节的基础条件。（2）行为人主观上具有“逃避法律追究”的目的，这是认定“交通肇事后逃逸”的主观条件。逃避法律追究，包括逃避刑事责任、民事责任、行政责任追究。实践中，行为人如果没有正当的理由离开事故现场（包括但不限定于事故现场），应当认定行为人具有逃逸法律追究之主观目的。（3）客观上有逃离的行为，且逃离行为可能影响到对被害人的救助、导致事故损失的扩大、妨害民警对事故的查处。

实践中，肇事人逃跑的目的大多是想逃避法律追究，但也有少数人逃跑的目的是怕受害方或者其他围观群众对其进行殴打等。同样是逃跑，但这些人往往在逃离现场后，能够通过报告单位领导或者报警等方式，接受法律的处理。因此，对逃跑行为作区分是必要的，以保证准确适用法律，不枉不纵。另外，《交通肇事解释》所规定的“逃跑”，并没有时间和场所的限定。有的肇事人并未在肇事后立即逃离现场（有的是不可能逃跑），而是在将伤者送至医院后或者等待交管部门处理时逃跑。如果仅将逃逸界定为逃离现场，那么性质同样恶劣的逃避法律追究的行为就得不到严惩，可能会影响对这类犯罪行为的惩处力度。因此，只要是在肇事后为逃避法律追究而逃跑的行为，都应视为“交通肇事后逃逸”。而如果肇事人肇事后积极对被害人进行救助，如拦截车辆将被害人送往医院，并立即报案在医院守候等待公安机关的审查处理，虽然其离开了肇事现场，但系为了救助被害人所致，当然不属于交通肇事后“逃逸”。

7. 关于逃逸致人死亡的认定问题

实践中，交通肇事后逃逸，发生被害人死亡结果的情形有多种，《交通肇事解释》强调应当区分不同情况予以定性：

（1）“因逃逸致人死亡”，是指行为人在交通肇事后为逃避法律追究而逃跑，致使被害人因得不到救助而死亡的情形。这一规定强调的是“被害人因得不到救助而死亡”，主要是指行为人主观上并不希望发生被害人死亡的后果，但是没有救助被害人或者未采取有力的救助措施，导致发生被害人死亡结果的情形。

（2）该《交通肇事解释》第6条规定，行为人在交通肇事后为掩盖罪行、毁灭证据，逃避法律追究，将被害人带离事故现场后隐藏或者遗弃，致使被害人无法得到救助而死亡或者严重残疾的，以故意杀人罪或者故意伤害罪定罪处罚。如将被害人隐藏在杂草丛中，使被害人处于无法获得救助的境遇，主观上是希望或者放任被害人死亡结果的发生。对这种情形，根据被害人伤亡的结果对行为人定罪处罚是适宜的。

8. 关于单位主管人员等指使违章造成交通事故的定性问题

实践中，一些单位的主管人员、私营企业主、机动车辆所有人、机动车辆承包人等，为追求更大的经济效益，在“多拉快跑”思想的影响下，往往指使或者强令属下、雇工疲劳驾驶、严重超载、开快车、强行超车等，是引发重大恶性交通事故的重要原因。在这类案件中，如果仅仅处罚肇事行为人，显然不能有效发挥刑罚的惩戒作用。为减少因上述原因引发的交通事故，《交通肇事解释》第7条规定：“单位主管人员、机动车辆所有人或者机动车辆承包人指使、强令他人违章驾驶造成重大交通事故，具有本解释第二条规定情形之一的，以交通肇事罪定罪处罚。”

9. 关于在公共交通管理的范围外，因使用交通工具致人伤亡行为的定性问题

实践中，在机关、厂矿、学校、封闭的住宅小区等没有实行公共交通管理的范围内，因使用交通工具致人伤亡或者造成财产损失的情形也较多，如何定性处理是困扰司法部门的一个重要问题。依照道路交通管理法规的规定，交管部门只对在实行公共交通管理的范围内，如道路上发生的交通事故进行处理。同样是使用交通工具肇事，但由于不是在交通管理的范围内，交管部门无法进行处理。而其他职能部门也多以这种行为属于交通肇事为由而推诿管辖，致使一些案件被害人告状无门，犯罪行为得不到及时惩处。为此，《交通肇事解释》第8条第2款规定：“在公共交通管理的范围外，驾驶机动车辆或者使用其他交通工具致人伤亡或者致使公共财产或者他人财产遭受重大损失，构成犯罪的，分别依照刑法第一百三十四条、第一百三十五条、第二百三十三条等规定定罪处罚。”但是，根据2011年修订的《道路交通安全法》第

77条“车辆在道路以外通行时发生的事故，公安机关交通管理部门接到报案的，参照本法有关规定办理”的规定，其实已经确立了对于在公共交通管理范围以外发生的交通肇事行为，依然应当按照交通肇事罪追究肇事者的刑事责任。这是司法实践中应当注意的行政立法对刑事法律适用问题带来的变化。

10. 交通事故侵权责任，依照道路交通安全法及侵权责任法的相关规定处理。

（四）情节与量刑

《刑法》第133条规定，犯交通肇事罪的，处3年以下有期徒刑或者拘役；交通运输肇事后逃逸或者有其他特别恶劣情节的，处3年以上7年以下有期徒刑；因逃逸致人死亡的，处7年以上有期徒刑。

司法机关在适用本条规定处罚时，具体量刑标准应当按照《交通肇事解释》的规定执行：

1. 交通肇事具有下列情形之一的，处3年以下有期徒刑或者拘役：（1）死亡1人或者重伤3人以上，负事故全部或者主要责任的；（2）死亡3人以上，负事故同等责任的；（3）造成公共财产或者他人财产直接损失，负事故全部或者主要责任，无能力赔偿数额在30万元以上的。

交通肇事致1人以上重伤，负事故全部或者主要责任，并具有下列情形之一的，以交通肇事罪定罪处罚：（1）酒后、吸食毒品后驾驶机动车辆的；（2）无驾驶资格驾驶机动车辆的；（3）明知是安全装置不全或者安全机件失灵的机动车辆而驾驶的；（4）明知是无牌证或者已报废的机动车辆而驾驶的；（5）严重超载驾驶的；（6）为逃避法律追究逃离事故现场的。

2. 交通肇事具有下列情形之一的，属于“有其他特别恶劣情节”，处3年以上7年以下有期徒刑：（1）死亡2人以上或者重伤5人以上，负事故全部或者主要责任的；（2）死亡6人以上，负事故同等责任的；（3）造成公共财产或者他人财产直接损失，负事故全部或者主要责任，无能力赔偿数额在60万元以上的。

量刑档次	对应情节	有关概念解释
三年以下有期徒刑或者拘役	造成严重后果的	《交通肇事解释》第2条规定：交通肇事具有下列情形之一的，处3年以下有期徒刑或者拘役：(1) 死亡1人或者重伤3人以上，负事故全部或者主要责任的；(2) 死亡3人以上，负事故同等责任的；(3) 造成公共财产或者他人财产直接损失，负事故全部或者主要责任，无能力赔偿数额在30万元以上的。 交通肇事致1人以上重伤，负事故全部或者主要责任，并具有下列情形之一的，以交通肇事罪定罪处罚：(1) 酒后、吸食毒品后驾驶机动车辆的；(2) 无驾驶资格驾驶机动车辆的；(3) 明知是安全装置不全或者安全机件失灵的机动车辆而驾驶的；(4) 明知是无牌证或者已报废的机动车辆而驾驶的；(5) 严重超载驾驶的；(6) 为逃避法律追究逃离事故现场的。
三年以上七年以下有期徒刑	交通运输肇事后逃逸或者有其他特别恶劣情节的	《交通肇事解释》第3条规定："交通运输肇事后逃逸"，是指行为人具有本解释第2条第1款规定和第2款第（一）至（五）项规定的情形之一，在发生交通事故后，为逃避法律追究而逃跑的行为。 第4条规定：交通肇事具有下列情形之一的，属于"有其他特别恶劣情节"，处3年以上7年以下有期徒刑：(1) 死亡2人以上或者重伤5人以上，负事故全部或者主要责任的；(2) 死亡6人以上，负事故同等责任的；(3) 造成公共财产或者他人财产直接损失，负事故全部或者主要责任，无能力赔偿数额在60万元以上的。
七年以上有期徒刑	因逃逸致人死亡的	《交通肇事解释》第5条规定："因逃逸致人死亡"，是指行为人在交通肇事后为逃避法律追究而逃跑，致使被害人因得不到救助而死亡的情形。交通肇事后，单位主管人员、机动车辆所有人、承包人或者乘车人指使肇事人逃逸，致使被害人因得不到救助而死亡的，以交通肇事罪的共犯论处。

根据最高人民法院《关于常见犯罪的量刑指导意见》规定，构成交通肇事罪的，可以根据下列不同情形在相应的幅度内确定量刑起点：

(1) 致人重伤、死亡或者使公私财产遭受重大损失的，可以在2年以下有期徒刑、拘役幅度内确定量刑起点。

(2) 交通运输肇事后逃逸或者有其他特别恶劣情节的，可以在3年至5

年有期徒刑幅度内确定量刑起点。

（3）因逃逸致 1 人死亡的，可以在 7 年至 10 年有期徒刑幅度内确定量刑起点。

在量刑起点的基础上，可以根据事故责任、致人重伤、死亡的人数或者财产损失的数额以及逃逸等其他影响犯罪构成的犯罪事实增加刑罚量，确定基准刑。

（五）法律链接

1. 中华人民共和国道路交通安全法（2003 年 10 月 28 日第十届全国人民代表大会常务委员会第五次会议通过　2004 年 5 月 1 日起施行　根据 2007 年 12 月 29 日第十届全国人民代表大会常务委员会第三十一次会议《关于修改〈中华人民共和国道路交通安全法〉的决定》第一次修正　根据 2011 年 4 月 22 日第十一届全国人民代表大会常务委员会第二十次会议《关于修改〈中华人民共和国道路交通安全法〉的决定》第二次修正）（节录）

第一百零一条　违反道路交通安全法律、法规的规定，发生重大交通事故，构成犯罪的，依法追究刑事责任，并由公安机关交通管理部门吊销机动车驾驶证。

2. 最高人民法院关于审理交通肇事刑事案件具体应用法律若干问题的解释（法释〔2000〕33 号　自 2000 年 11 月 21 日起施行）

为依法惩处交通肇事犯罪活动，根据刑法有关规定，现将审理交通肇事刑事案件具体应用法律的若干问题解释如下：

第一条　从事交通运输人员或者非交通运输人员，违反交通运输管理法规发生重大交通事故，在分清事故责任的基础上，对于构成犯罪的，依照刑法第一百三十三条的规定定罪处罚。

第二条　交通肇事具有下列情形之一的，处三年以下有期徒刑或者拘役：

（一）死亡一人或者重伤三人以上，负事故全部或者主要责任的；

（二）死亡三人以上，负事故同等责任的；

（三）造成公共财产或者他人财产直接损失，负事故全部或者主要责任，无能力赔偿数额在三十万元以上的。

交通肇事致一人以上重伤，负事故全部或者主要责任，并具有下列情形之一的，以交通肇事罪定罪处罚：

（一）酒后、吸食毒品后驾驶机动车辆的；

（二）无驾驶资格驾驶机动车辆的；

（三）明知是安全装置不全或者安全机件失灵的机动车辆而驾驶的；

（四）明知是无牌证或者已报废的机动车辆而驾驶的；

（五）严重超载驾驶的；

（六）为逃避法律追究逃离事故现场的。

第三条　“交通运输肇事后逃逸”，是指行为人具有本解释第二条第一款规定和第二款第（一）至（五）项规定的情形之一，在发生交通事故后，为逃避法律追究而逃跑的行为。

第四条　交通肇事具有下列情形之一的，属于“有其他特别恶劣情节”，处三年以上七年以下有期徒刑：

（一）死亡二人以上或者重伤五人以上，负事故全部或者主要责任的；

（二）死亡六人以上，负事故同等责任的；

（三）造成公共财产或者他人财产直接损失，负事故全部或者主要责任，无能力赔偿数额在六十万元以上的。

第五条　“因逃逸致人死亡”，是指行为人在交通肇事后为逃避法律追究而逃跑，致使被害人因得不到救助而死亡的情形。

交通肇事后，单位主管人员、机动车辆所有人、承包人或者乘车人指使肇事人逃逸，致使被害人因得不到救助而死亡的，以交通肇事罪的共犯论处。

第六条　行为人在交通肇事后为逃避法律追究，将被害人带离事故现场后隐藏或者遗弃，致使被害人无法得到救助而死亡或者严重残疾的，应当分别依照刑法第二百三十二条、第二百三十四条第二款的规定，以故意杀人罪或者故意伤害罪定罪处罚。

第七条　单位主管人员、机动车辆所有人或者机动车辆承包人指使、强令他人违章驾驶造成重大交通事故，具有本解释第二条规定情形之一的，以交通肇事罪定罪处罚。

第八条　在实行公共交通管理的范围内发生重大交通事故的，依照刑法第一百三十三条和本解释的有关规定办理。

在公共交通管理的范围外，驾驶机动车辆或者使用其他交通工具致人伤亡或者致使公共财产或者他人财产遭受重大损失，构成犯罪的，分别依照刑法第一百三十四条、第一百三十五条、第二百三十三条等规定定罪处罚。

第九条 各省、自治区、直辖市高级人民法院可以根据本地实际情况，在三十万元至六十万元、六十万元至一百万元的幅度内，确定本地区执行本解释第二条第一款第（三）项、第四条第（三）项的起点数额标准，并报最高人民法院备案。

3. 中华人民共和国内河交通安全管理条例（2002年6月28日中华人民共和国国务院令第355号公布　根据2011年1月8日《国务院关于废止和修改部分行政法规的决定》第一次修订　根据2017年3月1日《国务院关于修改和废止部分行政法规的决定》第二次修订　根据2019年3月2日《国务院关于修改部分行政法规的决定》修正）（节录）

第八十一条 违反本条例的规定，船舶在内河航行、停泊或者作业，不遵守航行、避让和信号显示规则的，由海事管理机构责令改正，处1000元以上1万元以下的罚款；情节严重的，对责任船员给予暂扣适任证书或者其他适任证件3个月至6个月直至吊销适任证书或者其他适任证件的处罚；造成重大内河交通事故的，依照刑法关于交通肇事罪或者其他罪的规定，依法追究刑事责任。

第八十三条 违反本条例的规定，船舶、浮动设施发生内河交通事故后逃逸的，由海事管理机构对责任船员给予吊销适任证书或者其他适任证件的处罚；证书或者证件吊销后，5年内不得重新从业；触犯刑律的，依照刑法关于交通肇事罪或者其他罪的规定，依法追究刑事责任。

4. 最高人民法院研究室关于遇害者不明的水上交通肇事案件应如何适用法律问题的电话答复（自1992年10月30日起施行）

四川省高级人民法院：

你院川高法研〔1992〕15号《关于遇害者下落不明的水上交通肇事案件应如何适用法律的请示》收悉。经研究，同意你院的倾向性意见，即在水上交通肇事案件中，如有遇害者下落不明的，不能推定其已经死亡，而应根据被告人的行为造成被害人下落不明的案件事实，依照刑法定罪处刑，民事诉讼应另行提起，并经过宣告失踪人死亡程序后，根据法律和事实处理赔偿等民事纠纷。

附：四川省高级人民法院关于遇害者下落不明的水上交通肇事案件应如何适用法律的请示（川高法研〔1992〕15号）

最高人民法院：

最近，泸州市中级人民法院就遇害者下落不明的水上交通肇事案件如何适用法律的问题，请示我院答复。我们在讨论中，提出了两种意见：

第一种意见认为，根据刑法第一百一十三条规定，交通肇事必须是造成重伤、死亡和公私财产重大损失的，才能定罪处刑，因此对水上交通肇事遇害者下落不明的，可以根据案件发生的具体情况，判断遇害者不可能生存的，可直接认定遇害者已经死亡，对被告人以交通肇事定罪判刑，并可同时提起附带民事诉讼。

第二种意见认为，刑事判决认定死亡只能是实际发生的死亡结果，对水上交通肇事案件的遇害者下落不明的，不能推定其已经死亡，只能根据被告人的行为造成受害人下落不明的这一事实，以交通肇事定罪处刑，民事诉讼应另行提起，并经过宣告死亡程序后处理赔偿等民事权益纠纷。我们倾向于第二种意见。

1992 年 6 月 4 日

四十三、危险驾驶罪

（一）法律规定

第一百三十三条之一[①] **在道路上驾驶机动车，有下列情形之一的，处拘役，并处罚金：**

（一）追逐竞驶，情节恶劣的；

（二）醉酒驾驶机动车的；

（三）从事校车业务或者旅客运输，严重超过额定乘员载客，或者严重超过规定时速行驶的；

（四）违反危险化学品安全管理规定运输危险化学品，危及公共安全的。

---

① 本条由 2011 年 2 月 25 日《刑法修正案（八）》第 22 条增订："在道路上驾驶机动车追逐竞驶，情节恶劣的，或者在道路上醉酒驾驶机动车的，处拘役，并处罚金。有前款行为，同时构成其他犯罪的，依照处罚较重的规定定罪处罚。"2015 年 8 月 29 日《刑法修正案（九）》第 8 条修正为现条文。

机动车所有人、管理人对前款第三项、第四项行为负有直接责任的，依照前款的规定处罚。

有前两款行为，同时构成其他犯罪的，依照处罚较重的规定定罪处罚。

（二）罪名详解

危险驾驶罪，是指违反道路交通安全管理法规，在道路上危险驾驶机动车的行为。

本罪是《刑法修正案（八）》第22条增设的罪名，《刑法修正案（九）》修订为现条文。

危险驾驶罪的构成要件是：

1. 主体要件

犯罪主体为特殊主体，通常只有驾驶机动车的人才可以构成本罪的主体。但机动车的所有人、管理人也可以成为共同的犯罪主体，如所有人、管理人强令、指使或放任车辆驾驶人严重超过额定乘员载客或者严重超过规定时速行驶，违反危险化学品安全管理规定运输危险化学品等的，负有直接责任的，依照本条追究刑事责任。

2. 客体要件

本罪侵犯的客体是双重客体，主要是道路交通安全，同时也威胁不特定多数人的生命、财产安全。

按照《道路交通安全法》第119条的规定，“道路”，是指公路、城市道路和虽在单位管辖范围内但允许社会机动车通行的地方，包括广场、公共停车场等用于公众通行的场所。

本罪的犯罪对象是机动车。“机动车”，是指以动力装置驱动或者牵引，上道路行驶的供人员乘用或者用于运送物品以及进行工程专项作业的轮式车辆，包括摩托车和农用车，但不包括符合国家标准的电动自行车。

3. 主观要件

主观方面表现为故意，即明知在道路上危险驾驶机动车违反道路交通安全法律法规，对公众构成危险，而依然为之。行为人的主观心理态度是针对行为本身，而不是针对结果。

4. 客观要件

本罪在客观方面表现为违反道路交通安全管理法规，在道路上危险驾驶机动车的行为。

自改革开放以来，随着我国城市化进程的加快和汽车拥有量的大幅增加，各种危险驾驶行为导致的交通事故急剧增多，对人民群众的生命健康和公私财产安全造成极大危害。危险驾驶的多发性、严重社会危害性引起民众的强烈反响，将“飙车”和“醉驾”称之为马路上的“两大杀手”，而校车、长途旅客运输车辆严重超员或超速行驶、运输危险化学品过程中严重违反有关规定等情况也严重影响了道路交通安全。因而《刑法修正案（八）》将危险驾驶的行为规定为犯罪，《刑法修正案（九）》又增加规定了两种危险驾驶行为，以加大对危险驾驶行为的惩处力度，加强对民生的保护。

要构成危险驾驶罪，首先，必须有违反道路交通安全法规的行为；其次，必须有危险驾驶的行为。根据本条的规定，危险驾驶行为有以下四种：

（1）追逐竞驶，情节恶劣的。所谓追逐竞驶，就是平时所说的“飙车”，是指以在较短的时间内通过某条道路为目标或者以同行的其他车辆为竞争目标，追逐行驶。即出于竞技、追求刺激、斗气或者其他动机，在道路上曲折穿行、快速追赶行驶的，具体情形包括在道路上进行汽车驾驶“计时赛”，或若干车辆在同时行进中互相追赶等，既包括超过限定时速的追逐竞驶，也包括未超过限定时速的追逐竞驶。根据本款规定，在道路上驾驶机动车追逐竞驶的行为，只有“情节恶劣”的，才构成犯罪。判断是否“情节恶劣”，应结合追逐竞驶所在的道路、时段、人员流量，追逐竞驶造成的危害程度以及危害后果等方面进行认定。追逐竞驶虽未造成人员伤亡或财产损失，但综合考虑超过限速、闯红灯、强行超车、抗拒交通执法等严重违反《道路交通安全法》的行为，足以威胁他人生命、财产安全的，属于危险驾驶罪中“情节恶劣”的情形。

（2）醉酒驾驶机动车的。所谓醉酒驾驶，是指在醉酒状态下驾驶机动车的行为。判断醉酒的国家标准（即 GB19522—2004）是饮酒驾车者血液中的酒精含量。根据于 2004 年 5 月 31 日发布的《车辆驾驶人员血液、呼气酒精含量阈值与检验》（GB19522—2004）的规定，车辆驾驶人员血液中的酒精含量大于或者等于 20mg/100ml，小于 80mg/100ml，属于饮酒后驾车，酒精含量大于或者等于 80mg/100ml，属于醉酒驾车。在醉酒状态下驾驶机动车，即构成本罪。

醉酒驾驶机动车的行为不一定造成交通事故、人员伤亡的严重后果，但只要行为人血液中的酒精含量大于或者等于80mg/100ml，即构成本罪。根据最高人民法院、最高人民检察院、公安部于2013年发布的《关于办理醉酒驾驶机动车刑事案件适用法律若干问题的意见》第2条的规定，具有下列情形之一的，依照《刑法》第133条之一第1款的规定，从重处罚：①造成交通事故且负事故全部或者主要责任，或者造成交通事故后逃逸，尚未构成其他犯罪的；②血液酒精含量达到200mg/100ml以上的；③在高速公路、城市快速路上驾驶的；④驾驶载有乘客的营运机动车的；⑤有严重超员、超载或者超速驾驶，无驾驶资格驾驶机动车，使用伪造或者变造的机动车牌证等严重违反道路交通安全法的行为的；⑥逃避公安机关依法检查，或者拒绝、阻碍公安机关依法检查尚未构成其他犯罪的；⑦因酒后驾驶机动车受过行政处罚或者刑事追究的；⑧其他可以从重处罚的情形。

（3）从事校车业务或者旅客运输，严重超过额定乘员载客，或者严重超过规定时速行驶的。从事校车业务或者旅客运输，关系较多人的生命财产安全，是近年交通事故的重灾区。根据《校车安全管理条例》的规定，所谓“校车”，是指依照国家规定取得使用许可，用于接送接受义务教育的学生上下学的7座以上的载客汽车。所谓从事旅客运输的车辆，包括需要具备营运资格的公路客运、公交客运、出租客运、旅游客运以及其他从事旅客运输的微型面包车等非营运客车。关于“严重”超员、超速的具体界限，公安部于2015年11月20日施行的《严重超员、严重超速危险驾驶刑事案件立案标准（试行）》规定，严重超员是指：①驾驶大型载客汽车，载客超过额定乘员50％以上或者超过额定成员15人以上的；②驾驶中型载客汽车，载客超过额定乘员80％以上或者超过额定成员10人以上的；③驾驶小型、微型载客汽车，载客超过额定乘员100％以上或者超过额定成员7人以上的。严重超速是指：①在高速公路、城市快速路上行驶，超过规定时速50％以上，且行驶时速达到90公里以上；②在高速公路、城市快速路以外的道路上行驶，超过规定时速100％以上，且行驶时速达到60公里以上的；③通过铁路道口、急弯路、窄路、窄桥或者在冰雪、泥泞的道路上行驶，或者掉头、转弯、下陡坡，以及遇雾、雨、雪、沙尘、冰雹等低能见度气象条件时，超过规定时速50％以上，且行驶时速达到30公里以上的；④通过傍山险路、连续下坡、连续急弯等事故易发路段，超过规定时速 50%以上，且行驶时速达到 30 公里以上的。

需要注意的是，未取得许可或者不具备相关资质，不影响本罪刑事责任的认定，只要是从事了校车业务或者旅客运输，严重超过额定乘员载客，或者严重超过规定时速行驶的，都应当以本罪追究刑事责任。

（4）违反危险化学品安全管理规定运输危险化学品，危及公共安全的。根据国务院《危险化学品安全管理条例》的规定，危险化学品是指具有毒害、腐蚀、爆炸、燃烧、助燃等性质，对人体、设施、环境具有危害的剧毒化学品和其他化学品。基于危险化学品的危险特性，一旦发生事故，其危害是极大的。该条例对危险化学品的道路运输安全进行了严格规定，违反规定危及公共安全的，亦当依法追究刑事责任，尚未危及公共安全的，也应依法予以行政处罚。这里的“危及公共安全”，是划分罪与非罪的重要界限。是否危及公共安全，应当结合运输的危险化学品的性质、品种及数量，运输的时间、路线，违反安全管理规定的具体内容及严重程度，一旦发生事故可能造成的损害后果等综合作出判断。

（三）实务疑难问题

1. 区分本罪与交通肇事罪的界限

本罪的犯罪形态在一定意义上也属行为犯而非结果犯，只要行为人实施了刑法分则所规定的行为就构成犯罪既遂，即只要求行为人有本条规定的危险驾驶机动车的，不要求造成实际的危害结果。而交通肇事罪在犯罪形态上则属结果犯，不仅要求行为人实施了具体犯罪构成要件的行为，而且必须发生了法律规定的犯罪结果，即必须发生了重大交通事故，致人重伤、死亡或者使公私财产遭受重大损失的行为，才构成交通肇事罪。

2. 区分本罪与以危险方法危害公共安全罪的界限

本罪在犯罪形态上属于抽象危险犯而非具体危险犯。危险驾驶的四种行为都对道路交通安全造成威胁，但法律规定的某种危害结果的危险状态并未发生。而以危险方法危害公共安全罪，在犯罪形态上则属于具体危险犯，它要求行为人实施了与放火、决水、爆炸、投放危险物质的危害性相当的，足以造成不特定多数人伤亡或者公私财产遭受重大损失的其他危害公共安全的行为。

3. 划清一罪与数罪的界限

根据《刑法》第 133 条之一第 3 款的规定，构成危险驾驶罪，同时构成其他犯罪，如交通肇事罪、以危险方法危害公共安全罪等罪，且具有竞合关系的，属于想象的数罪，不是实际的数罪，不实行并罚，而应当从一重罪处断，即依照处罚较重的规定定罪处罚。例如，行为人有第 1 款规定的危险驾驶行为，造成人员伤亡或者公私财产重大损失的，符合《刑法》第 133 条交通肇事罪的构成要件或者构成其他犯罪的，以交通肇事罪或刑法其他有关规定定罪处罚，而行为人危险驾驶的行为可作为量刑情节予以考虑。

（四）情节与量刑

《刑法》第 133 条之一第 1 款规定，犯危险驾驶罪的，处拘役，并处罚金。

本条第 2 款规定，机动车所有人、管理人对前款第三项、第四项行为负有直接责任的，依照前款的规定处罚。

本条第 3 款规定，有前两款行为，同时构成其他犯罪的，依照处罚较重的规定定罪处罚。

司法机关在依照本条规定处罚时，应当注意以下问题：

1. 严格掌握醉驾入罪的标准。凡符合醉驾犯罪构成要件的，一般要入罪。不能因醉驾可以适用“但书”而放宽入罪的标准。应当明确，醉驾入罪标准与“特殊情形”之间是一般与个别、普遍与特殊的关系。

在醉驾型危险驾驶案件中，以行为和行为人为视角，可将量刑情节分为两类：

在行为方面，主要有以下几种情节：（1）醉驾的时空环境，即时间、路段、距离等。包括：醉驾的时间是深夜车辆较少时还是白天车流高峰期，醉驾持续的时间有多长，饮酒与驾驶之间间隔的时间长短；醉驾的路段是繁华闹市还是人迹稀少的区域，是普通道路还是城市快速路、高速公路；被查获时醉驾的距离，离目的地的剩余距离。（2）醉驾的机动车车况。包括：是“铁包肉”的汽车还是“肉包铁”的普通摩托车；是私家车还是正在营运的客车；是符合安全技术条件的机动车还是改装车、报废车；是独自醉驾还是载有亲友醉驾。（3）是否还有其他违反道路交通安全法的行为。包括：无证驾驶或者准驾车型不符；严重超速、超载、超员；违反交通信号；吸毒后驾驶；

伪造、变造、遮挡号牌等。（4）醉驾的后果，即是否发生交通事故以及造成后果的严重程度。

在行为人方面，主要有以下几种情节：（1）醉酒程度，即行为人的血液酒精含量是刚超过认定醉酒驾驶的标准 80 毫克/100 毫升，还是超出很高。（2）犯罪态度。包括：是否有主动停止醉驾、自首、坦白、立功或者积极赔偿等法定或者酌定从宽处罚情节；是否有拒不配合检查、弃车逃匿，甚至殴打、驾车冲撞执法人员、冲卡等恶劣行为。（3）犯罪动机或者对醉驾行为本身的认识。包括：是否有违法性认识，是否误以为休息数小时或者隔夜之后会醒酒而醉驾；是忽视醉驾对公共安全造成的危险而执意醉驾，还是出于救助他人而不得已醉驾；是否采取避免措施等。（4）行为人的一贯表现。如是否有醉驾、酒驾以及其他前科劣迹。

上述情形，基本能够准确反映出醉驾行为的社会危害程度以及行为人的人身危险大小，这是决定对行为人从重或者从轻处罚的重要参考因素。

在实践中，可以尝试从醉驾行为的社会危害程度和行为人的人身危险性大小入手，以“定性＋定量”的方式明确以下区分原则：

一是对于没有发生交通事故，行为人认罪、悔罪，且无其他法定或者酌定从轻、从重处罚情节的，一般可以认定为醉驾情节较轻；对于虽然发生交通事故，但只造成轻微人身伤害或者财产损失，且被告人积极赔偿取得谅解，无其他从重处罚情节的，也可以认定为醉驾情节较轻；对于既有从轻处罚情节又有从重处罚情节的，是否整体上认定为醉驾情节较轻，应当从严掌握。根据《刑法》第 72 条的规定，对醉驾情节较轻的，依法可以适用缓刑。

二是犯罪情节轻微可以免予刑事处罚的，除不低于缓刑的适用条件外，还应当同时具备以下条件：（1）被告人无从重处罚情节，原则上没有发生交通事故，即便发生交通事故，也仅造成轻微财产损失或者轻微人身伤害，且被告人积极赔偿，取得被害人谅解；（2）至少具备一项法定或者酌定从宽处罚情节，如自首、坦白、立功、自动停止醉驾等；（3）醉酒程度一般，血液酒精含量在 160 毫克/100 毫升以下；（4）有符合情理的醉驾理由，如为救治病人而醉驾、在休息较长时间后误以为醒酒而醉驾、为挪动车位而短距离醉驾等。

三是犯罪情节显著轻微可以不认为是犯罪的，除不低于免予刑事处罚的适用条件外，在“量”上应当更加严格把握，要求同时具备：（1）没有发生交通事故或者仅造成特别轻微财产损失或者人身伤害；（2）血液酒精含量在100毫克/100毫升以下；（3）醉驾的时间和距离极短，根据一般人的经验判断，几乎没有发生交通事故的可能性。

2. 对于危险驾驶的行为，认定为犯罪情节轻微不需要判处刑罚的，可以免予刑事处罚，即定罪免刑，《刑法》第37条有明确规定。因此，不能将“醉驾出罪”和“醉驾免刑”混为一谈。

3. 对于危险驾驶的行为，符合适用缓刑条件的，可以依法适用缓刑。按照《刑法修正案（八）》第11条的规定，对于被判处拘役、3年以下有期徒刑的犯罪分子，同时符合以下四项条件：即犯罪情节较轻；有悔罪表现；没有再犯罪的危险；宣告缓刑对所居住的社区没有重大不良影响的，可以宣告缓刑，对其中不满18周岁的人、怀孕的妇女和已满75周岁的人，应当宣告缓刑。从立法原意来看，是否可以适用缓刑，关键在于适用缓刑的犯罪分子是否具有社会危害性。如果因危险驾驶罪被判处拘役的被告人，符合上述适用缓刑的四项条件，并加以综合判断后，认为不予关押不致再危害社会的，也可以适用缓刑。

4. 根据最高人民法院《关于常见犯罪的量刑指导意见（二）》规定：

（1）构成危险驾驶罪的，可以在一个月至二个月拘役幅度内确定量刑起点。

（2）在量刑起点的基础上，可以根据危险驾驶行为等其他影响犯罪构成的犯罪事实增加刑罚量，确定基准刑。

（3）对于醉酒驾驶机动车的被告人，应当综合考虑被告人的醉酒程度、机动车类型、车辆行驶道路、行车速度、是否造成实际损害以及认罪悔罪等情况，准确定罪量刑。对于情节显著轻微危害不大的，不予定罪处罚；犯罪情节轻微不需要判处刑罚的，可以免予刑事处罚。

（五）法律链接

1. 中华人民共和国道路交通安全法（2003年10月28日第十届全国人民代表大会常务委员会第五次会议通过实施　根据2007年12月29日第十届全国人民代表大会常务委员会第三十一次会议《关于修改〈中华人民共和国道路交通安全法〉的决定》第一次修正　根据2011年4月22日第十一届全国人民代表大会常务委员会第二十次会议《关于修改〈中华人民共和国道路交

通安全法〉的决定》第二次修正）（节录）

第九十一条第二款　醉酒驾驶机动车的，由公安机关交通管理部门约束至酒醒，吊销机动车驾驶证，依法追究刑事责任；……

第一百一十九条　本法中下列用语的含义：

（一）“道路”，是指公路、城市道路和虽在单位管辖范围但允许社会机动车通行的地方，包括广场、公共停车场等用于公众通行的场所。

（二）“车辆”，是指机动车和非机动车。

（三）“机动车”，是指以动力装置驱动或者牵引，上道路行驶的供人员乘用或者用于运送物品以及进行工程专项作业的轮式车辆。

2. 最高人民法院、最高人民检察院、公安部关于办理醉酒驾驶机动车刑事案件适用法律若干问题的意见（法发〔2013〕15号　自2013年12月18日起施行）

为保障法律的正确、统一实施，依法惩处醉酒驾驶机动车犯罪，维护公共安全和人民群众生命财产安全，根据刑法、刑事诉讼法的有关规定，结合侦查、起诉、审判实践，制定本意见。

一、在道路上驾驶机动车，血液酒精含量达到80毫克/100毫升以上的，属于醉酒驾驶机动车，依照刑法第一百三十三条之一第一款的规定，以危险驾驶罪定罪处罚。

前款规定的“道路”“机动车”，适用道路交通安全法的有关规定。

二、醉酒驾驶机动车，具有下列情形之一的，依照刑法第一百三十三条之一第一款的规定，从重处罚：

（一）造成交通事故且负事故全部或者主要责任，或者造成交通事故后逃逸，尚未构成其他犯罪的；

（二）血液酒精含量达到200毫克/100毫升以上的；

（三）在高速公路、城市快速路上驾驶的；

（四）驾驶载有乘客的营运机动车的；

（五）有严重超员、超载或者超速驾驶，无驾驶资格驾驶机动车，使用伪造或者变造的机动车牌证等严重违反道路交通安全法的行为的；

（六）逃避公安机关依法检查，或者拒绝、阻碍公安机关依法检查尚未构成其他犯罪的；

（七）曾因酒后驾驶机动车受过行政处罚或者刑事追究的；

（八）其他可以从重处罚的情形。

三、醉酒驾驶机动车，以暴力、威胁方法阻碍公安机关依法检查，又构成妨害公务罪等其他犯罪的，依照数罪并罚的规定处罚。

四、对醉酒驾驶机动车的被告人判处罚金，应当根据被告人的醉酒程度、是否造成实际损害、认罪悔罪态度等情况，确定与主刑相适应的罚金数额。

五、公安机关在查处醉酒驾驶机动车的犯罪嫌疑人时，对查获经过、呼气酒精含量检验和抽取血样过程应当制作记录；有条件的，应当拍照、录音或者录像；有证人的，应当收集证人证言。

六、血液酒精含量检验鉴定意见是认定犯罪嫌疑人是否醉酒的依据。犯罪嫌疑人经呼气酒精含量检验达到本意见第一条规定的醉酒标准，在抽取血样之前脱逃的，可以以呼气酒精含量检验结果作为认定其醉酒的依据。

犯罪嫌疑人在公安机关依法检查时，为逃避法律追究，在呼气酒精含量检验或者抽取血样前又饮酒，经检验其血液酒精含量达到本意见第一条规定的醉酒标准的，应当认定为醉酒。

七、办理醉酒驾驶机动车刑事案件，应当严格执行刑事诉讼法的有关规定，切实保障犯罪嫌疑人、被告人的诉讼权利，在法定诉讼期限内及时侦查、起诉、审判。

对醉酒驾驶机动车的犯罪嫌疑人、被告人，根据案件情况，可以拘留或者取保候审。对符合取保候审条件，但犯罪嫌疑人、被告人不能提出保证人，也不交纳保证金的，可以监视居住。对违反取保候审、监视居住规定的犯罪嫌疑人、被告人，情节严重的，可以予以逮捕。

3. 危险化学品安全管理条例（2002 年 1 月 26 日中华人民共和国国务院令第 344 号公布　2011 年 2 月 16 日国务院第 144 次常务会议修订通过　根据 2013 年 12 月 7 日《国务院关于修改部分行政法规的决定》修订）（节录）

第三条　本条例所称危险化学品，是指具有毒害、腐蚀、爆炸、燃烧、助燃等性质，对人体、设施、环境具有危害的剧毒化学品和其他化学品。

危险化学品目录，由国务院安全生产监督管理部门会同国务院工业和信息化、公安、环境保护、卫生、质量监督检验检疫、交通运输、铁路、民用航空、农业主管部门，根据化学品危险特性的鉴别和分类标准确定、公布，并适时调整。

第八十五条　未依法取得危险货物道路运输许可、危险货物水路运输许可，从事危险化学品道路运输、水路运输的，分别依照有关道路运输、水路运输的法律、行政法规的规定处罚。

第八十六条　有下列情形之一的，由交通运输主管部门责令改正，处5万元以上10万元以下的罚款；拒不改正的，责令停产停业整顿；构成犯罪的，依法追究刑事责任：

（一）危险化学品道路运输企业、水路运输企业的驾驶人员、船员、装卸管理人员、押运人员、申报人员、集装箱装箱现场检查员未取得从业资格上岗作业的；

（二）运输危险化学品，未根据危险化学品的危险特性采取相应的安全防护措施，或者未配备必要的防护用品和应急救援器材的；

（三）使用未依法取得危险货物适装证书的船舶，通过内河运输危险化学品的；

（四）通过内河运输危险化学品的承运人违反国务院交通运输主管部门对单船运输的危险化学品数量的限制性规定运输危险化学品的；

（五）用于危险化学品运输作业的内河码头、泊位不符合国家有关安全规范，或者未与饮用水取水口保持国家规定的安全距离，或者未经交通运输主管部门验收合格投入使用的；

（六）托运人不向承运人说明所托运的危险化学品的种类、数量、危险特性以及发生危险情况的应急处置措施，或者未按照国家有关规定对所托运的危险化学品妥善包装并在外包装上设置相应标志的；

（七）运输危险化学品需要添加抑制剂或者稳定剂，托运人未添加或者未将有关情况告知承运人的。

第八十七条　有下列情形之一的，由交通运输主管部门责令改正，处10万元以上20万元以下的罚款，有违法所得的，没收违法所得；拒不改正的，责令停产停业整顿；构成犯罪的，依法追究刑事责任：

（一）委托未依法取得危险货物道路运输许可、危险货物水路运输许可的企业承运危险化学品的；

（二）通过内河封闭水域运输剧毒化学品以及国家规定禁止通过内河运输的其他危险化学品的；

（三）通过内河运输国家规定禁止通过内河运输的剧毒化学品以及其他危险化学品的；

（四）在托运的普通货物中夹带危险化学品，或者将危险化学品谎报或者匿报为普通货物托运的。

在邮件、快件内夹带危险化学品，或者将危险化学品谎报为普通物品交寄的，依法给予治安管理处罚；构成犯罪的，依法追究刑事责任。

邮政企业、快递企业收寄危险化学品的，依照《中华人民共和国邮政法》的规定处罚。

第八十八条　有下列情形之一的，由公安机关责令改正，处5万元以上10万元以下的罚款；构成违反治安管理行为的，依法给予治安管理处罚；构成犯罪的，依法追究刑事责任：

（一）超过运输车辆的核定载质量装载危险化学品的；

（二）使用安全技术条件不符合国家标准要求的车辆运输危险化学品的；

（三）运输危险化学品的车辆未经公安机关批准进入危险化学品运输车辆限制通行的区域的；

（四）未取得剧毒化学品道路运输通行证，通过道路运输剧毒化学品的。

4. **校车安全管理条例**（2012年4月5日中华人民共和国国务院令第617号公布　自2012年4月5日起施行）（节录）

第二条　本条例所称校车，是指依照本条例取得使用许可，用于接送接受义务教育的学生上下学的7座以上的载客汽车。

接送小学生的校车应当是按照专用校车国家标准设计和制造的小学生专用校车。

第三十四条　校车载人不得超过核定的人数，不得以任何理由超员。

学校和校车服务提供者不得要求校车驾驶人超员、超速驾驶校车。

第三十五条　载有学生的校车在高速公路上行驶的最高时速不得超过80公里，在其他道路上行驶的最高时速不得超过60公里。

道路交通安全法律法规规定或者道路上限速标志、标线标明的最高时速低于前款规定的，从其规定。

载有学生的校车在急弯、陡坡、窄路、窄桥以及冰雪、泥泞的道路上行驶，或者遇有雾、雨、雪、沙尘、冰雹等低能见度气象条件时，最高时速不得超过20公里。

第五十八条　违反本条例的规定，构成违反治安管理行为的，由公安机关依法给予治安管理处罚；构成犯罪的，依法追究刑事责任。

四十四、重大责任事故罪

（一）法律规定

第一百三十四条第一款[①] **在生产、作业中违反有关安全管理的规定，因而发生重大伤亡事故或者造成其他严重后果的，处三年以下有期徒刑或者拘役；情节特别恶劣的，处三年以上七年以下有期徒刑。**

（二）罪名详解

重大责任事故罪，是指在生产、作业中违反有关安全管理的规定，因而发生重大伤亡事故或者造成其他严重后果的行为。

本罪 1979 年《刑法》第 114 条作了规定。《刑法修正案（六）》第 1 条第 1 款对罪状作了修改，但犯罪构成没有实质性变化，只是扩大了犯罪主体的适用范围，因而罪名未作修改。

重大责任事故罪的构成要件是：

1. 主体要件

犯罪主体为一般主体。

根据最高人民法院、最高人民检察院于 2015 年 12 月 14 日联合发布的《关于办理危害生产安全刑事案件适用法律若干问题的解释》（以下简称《生产安全解释》）第 1 条的规定，《刑法》第 134 条第 1 款规定的犯罪主体，包括对生产、作业负有组织、指挥或者管理职责的负责人、管理人员、实际控制人、投资人等人员，以及直接从事生产、作业的人员。其中，实际控制人和负责生产经营管理的投资人的刑事责任问题，是司法实践遇到的比较突出

---

① 本款经 2006 年 6 月 29 日《刑法修正案（六）》第 1 条第 1 款修订。

《刑法》原第 134 条为：“工厂、矿山、林场、建筑企业或者其他企业、事业单位的职工，由于不服管理、违反规章制度，或者强令工人违章冒险作业，因而发生重大伤亡事故或者造成其他严重后果的，处三年以下有期徒刑或者拘役；情节特别恶劣的，处三年以上七年以下有期徒刑。”

的疑难问题之一。实际控制人[1]是指这样一些人，他们虽然名义上不是法定代表人或者具体管理人员，但实际上指挥、控制企业的生产、经营、安全、投资和人事任免等重大事项和重要事务，或者对重大决策起决定作用，是企业实质意义上的负责人。这些人之所以隐身幕后而不担任企业中形式上的负责职位，原因是多方面的，有的人是因没有法规依据而不能、不敢公开担任有关职务，如国家工作人员投资开矿的；有的人是为了逃避承担安全生产责任。这种现象在一些地方比较普遍。根据《安全生产法》和《国务院关于预防煤矿生产安全事故的特别规定》，实际控制人与煤矿企业负责人对预防煤矿生产安全事故同样负主要责任。投资人[2]是指负责生产经营管理的投资人，不包括其他投资人。这是考虑到，投资人对劳动安全设施或者安全生产条件的投入和维护负有资金投入义务。基于投资权益，投资人享有生产经营管理权。考虑到在司法实践中投资人的情况较为复杂，有大股东、小股东之分，参与企业经营管理的程度不同，有的甚至根本不参与企业的经营管理，若一概加以追究，则范围太大，应作适当限制。因此，《生产安全解释》明确规定，企业的实际控制人和负责生产经营管理的投资人在生产、作业中违反有关安全管理规定的，依法追究相应的刑事责任。

《刑法》原第134条将本罪的主体规定为："工厂、矿山、林场、建筑企业或者其他企业、事业单位的职工"，范围较窄。对于在实践中大量存在的个体开矿、无证开矿（如小煤窑）或者包工头等，为了牟取利益，不顾矿工的生命安全，导致重大、恶性矿难事故不断发生，使矿工的生命财产遭受重大损失，由于他们不是"企业、事业单位的职工"，无法追究这些人员的刑事责任。这说明，原有的规定已不适应目前生产经营主体多元化的现状。为此，《刑法修正案（六）》第1条第1款扩大了本罪主体的适用范围。

2. 客体要件

本罪侵犯的客体是生产、作业的安全。

生产、作业的安全是各行各业都十分重视的问题，在生产过程中出现一点儿问题，都有可能导致正常生产秩序的破坏，甚至发生重大伤亡事故，造

① 本罪对"实际控制人"的解释，适用于强令违章冒险作业罪，重大劳动安全事故罪，不报、谎报安全事故罪中的"实际控制人"。以后不再赘述。

② 本罪对"投资人"的解释，适用于强令违章冒险作业罪，重大劳动安全事故罪，不报、谎报安全事故罪中的"投资人"。以后不再赘述。

成财产损失。生产安全也是公共安全的重要组成部分，危害生产安全同样会使不特定多数人的生命、健康或者公私财产遭受重大损失。

3. 主观要件

主观方面由过失构成。

行为人在生产、作业中违反有关安全管理规定，可能是出于故意，但对于其行为引起的严重后果而言，则是过失，因为行为人对其行为造成的严重后果是不希望发生的。之所以发生了安全事故，是由于行为人在生产过程中严重不负责任，疏忽大意或者对事故隐患不积极采取补救措施，轻信能够避免，结果导致生产事故的发生。

4. 客观要件

客观方面表现为在生产、作业中违反有关安全管理的规定，因而发生重大伤亡事故或者造成其他严重后果的行为。

违反有关安全管理的规定而发生重大伤亡事故或者造成其他严重后果，是重大责任事故罪的本质特征。实践中多表现为“不服管理”“违反规章制度”。“不服管理”，是指从事生产、施工、作业等工作的人员不服从本单位管理人员的管理，或者不服从本单位领导出于安全生产考虑对工作的安排。“违反规章制度”，是指违反国家颁布的各种与安全生产有关的法律、法规等规范性文件和企业、事业单位及其上级管理机关制定的反映安全生产客观规律的各种规章制度，包括工艺技术、生产操作、技术监督、劳动保护、安全管理等方面的规程、规则、章程、条例、办法和制度，等等，也包括那些虽无明文规定，但却反映了生产、科研、设计、施工中安全操作的客观规律和要求，在实践中为职工所公认的行之有效的操作习惯和惯例等。根据法律规定，在生产、作业中违反有关安全管理规定的行为，只有发生重大伤亡事故或者造成其他严重后果的，才构成犯罪。根据《生产安全解释》第 6 条，发生生产安全事故，具有下列情形之一的，应当认定为《刑法》第 134 条规定的“重大伤亡事故或者其他严重后果”：(1) 造成死亡 1 人以上，或者重伤 3 人以上的；(2) 造成直接经济损失 100 万元以上的；(3) 其他造成严重后果或者重大安全事故的情形。根据《生产安全解释》第 7 条，发生生产安全事故，具有下列情形之一的，应当认定为《刑法》第 134 条规定的“情节特别严重”：(1) 造成死亡 3 人以上或者重伤 10 人以上，负事故主要责任的；(2) 造成直接经济损失 500 万元以上，负事故主要责任的；(3) 其他造成特别严重后果、情节特别恶劣或者后果特别严重的情形。

（三）实务疑难问题

1. 区分罪与非罪的界限

本罪属结果犯。行为人虽然实施了在生产、作业中违反有关安全管理规定的行为，但如果没有发生重大伤亡事故或者没有造成其他严重后果的，只属于一般责任事故，不构成犯罪。

本罪与“自然事故”“技术事故”的区别。“自然事故”，是指由于不能预见和不能控制的自然条件发生变化而引起的事故。“技术事故”，是指由于技术条件限制或者设备条件不良造成的事故。这两种事故都是不依人的主观意志为转移的，不具有犯罪的特征，因而不构成本罪。

2. 区分本罪与交通肇事罪的界限

交通运输也属于“作业”的范畴，在交通运输过程中，违反交通安全法规造成重大事故的，当然也符合重大责任事故罪的构成。应该说，重大责任事故罪与交通肇事罪存在法条交叉情况。这种情况自然按照法规竞合处理。在公共交通管理的范围内，而不属于“作业”范畴的违反交通法规导致重大事故的，只能按照交通肇事罪处理；在公共交通管理的范围外，驾驶机动车辆或者使用其他交通工具违反相关法规致人伤亡或者致使公共财产或者他人财产遭受重大损失，按照重大责任事故罪处理。

3. 区分本罪与重大飞行事故罪的界限

两者都是过失犯罪，都实施了违反规章制度的行为，并且以发生重大事故，造成严重后果作为构成犯罪的必备条件。两者的主要区别在于：（1）犯罪主体不同。重大飞行事故罪的犯罪主体仅限于航空人员；重大责任事故罪的犯罪主体则只能是工厂、矿山、林场、建筑企业或其他企业、事业单位的职工以及群众合作经营组织或个体经营户的从业人员。（2）发生的场合不同。重大飞行事故罪发生在航空器的飞行过程中，而重大责任事故罪则发生在生产、作业过程中。

4. 区分重大责任事故罪与失火罪、过失爆炸罪的界限

三者的主要区别是，重大责任事故罪发生在生产、作业过程中，是由于违反安全管理的规定而造成严重后果；失火罪、过失爆炸罪则多发生在日常生活中，即使发生在厂矿等企业、事业单位的生产、作业过程中，其违规行

为也与生产、作业活动并无直接联系。如果火灾、爆炸事故发生在企业、事业单位的生产、作业过程中，并与生产、作业活动密切相关，且是由于行为人违反了有关生产安全方面的规章制度而引起的，则构成重大责任事故罪；反之，则可能构成失火罪、过失爆炸罪。

（四）情节与量刑

《刑法》第134条第1款规定，犯重大责任事故罪的，处3年以下有期徒刑或者拘役；情节特别恶劣的，处3年以上7年以下有期徒刑。

司法机关在适用本款规定处罚时，应当注意以下问题：

1. 根据《生产安全解释》第6条，实施《刑法》第134条第1款规定的行为，因而发生安全事故，具有下列情形之一的，应当认定为“发生重大伤亡事故或者造成其他严重后果”：

（1）造成死亡1人以上，或者重伤3人以上的；

（2）造成直接经济损失100万元以上的；

（3）其他造成严重后果或者重大安全事故的情形。

2. 根据《生产安全解释》第7条的规定，实施《刑法》第134条第1款规定的行为，因而发生安全事故，具有下列情形之一的，对相关责任人员，处3年以上7年以下有期徒刑：

（1）造成死亡3人以上或者重伤10人以上，负事故主要责任的；

（2）造成直接经济损失500万元以上，负事故主要责任的；

（3）其他造成特别严重后果、情节特别恶劣或者后果特别严重的情形。

3. 根据《生产安全解释》第12条的规定，实施《刑法》第134条第1款规定的犯罪行为，具有下列情形之一的，从重处罚：

（1）未依法取得安全许可证件或者安全许可证件过期、被暂扣、吊销、注销后从事生产经营活动的；

（2）关闭、破坏必要的安全监控和报警设备的；

（3）已经发现事故隐患，经有关部门或者个人提出后，仍不采取措施的；

（4）一年内曾因危害生产安全违法犯罪活动受过行政处罚或者刑事处罚的；

（5）采取弄虚作假、行贿等手段，故意逃避、阻挠负有安全监督管理职责的部门实施监督检查的；

（6）安全事故发生后转移财产意图逃避承担责任的；

（7）其他从重处罚的情形。

实施前款第五项规定的行为，同时构成《刑法》第389条规定的犯罪的，依照数罪并罚的规定处罚。

4. 根据《生产安全解释》第13条的规定，实施《刑法》第132条、第134条至第139条之一规定的犯罪行为，在安全事故发生后积极组织、参与事故抢救，或者积极配合调查、主动赔偿损失的，可以酌情从轻处罚。

5. 根据《生产安全解释》第14条的规定，国家工作人员违反规定投资入股生产经营，构成本解释规定的有关犯罪的，或者国家工作人员的贪污、受贿犯罪行为与安全事故发生存在关联性的，从重处罚；同时构成贪污、受贿犯罪和危害生产安全犯罪的，依照数罪并罚的规定处罚。

量刑档次	对应情节	有关概念解释	附加刑的适用
三年以下有期徒刑或者拘役	在生产、作业中违反有关安全管理的规定，因而发生重大伤亡事故或者造成其他严重后果的	根据《生产安全解释》第6条的规定，发生安全事故，具有下列情形之一的，应当认定为《刑法》第134条规定的“发生重大伤亡事故或者造成其他严重后果”：（1）造成死亡1人以上，或者重伤3人以上的；（2）造成直接经济损失100万元以上的；（3）其他造成严重后果或者重大安全事故的情形。	无
三年以上七年以下有期徒刑	情节特别恶劣的	根据《生产安全解释》第7条的规定，发生生产安全事故，具有下列情形之一的，应当认定为《刑法》第134条规定的“情节特别恶劣”：（1）造成死亡3人以上或者重伤10人以上，负事故主要责任的；（2）造成直接经济损失500万元以上，负事故主要责任的；（3）其他造成特别严重后果、情节特别恶劣或者后果特别严重的情形。	无

（五）法律链接

1. **中华人民共和国安全生产法**（2002年6月29日第九届全国人民代表

大会常务委员会第二十八次会议通过　根据2009年8月27日第十一届全国人民代表大会常务委员会第十次会议《关于修改部分法律的决定》第一次修正　根据2014年8月31日第十二届全国人民代表大会常务委员会第十次会议《关于修改〈中华人民共和国安全生产法〉的决定》第二次修正）（节录）

第一百零四条　生产经营单位的从业人员不服从管理，违反安全生产规章制度或者操作规程的，由生产经营单位给予批评教育，依照有关规章制度给予处分；构成犯罪的，依照刑法有关规定追究刑事责任。

2. 最高人民法院、最高人民检察院关于办理危害生产安全刑事案件适用法律若干问题的解释（法释〔2015〕22号　自2015年12月16日起施行）（节录）

为依法惩治危害生产安全犯罪，根据刑法有关规定，现就办理此类刑事案件适用法律的若干问题解释如下：

第一条　刑法第一百三十四条第一款规定的犯罪主体，包括对生产、作业负有组织、指挥或者管理职责的负责人、管理人员、实际控制人、投资人等人员，以及直接从事生产、作业的人员。

第六条　实施刑法第一百三十二条、第一百三十四条第一款、第一百三十五条、第一百三十五条之一、第一百三十六条、第一百三十九条规定的行为，因而发生安全事故，具有下列情形之一的，应当认定为“造成严重后果”或者“发生重大伤亡事故或者造成其他严重后果”，对相关责任人员，处三年以下有期徒刑或者拘役：

（一）造成死亡一人以上，或者重伤三人以上的；

（二）造成直接经济损失一百万元以上的；

（三）其他造成严重后果或者重大安全事故的情形。

第七条　实施刑法第一百三十二条、第一百三十四条第一款、第一百三十五条、第一百三十五条之一、第一百三十六条、第一百三十九条规定的行为，因而发生安全事故，具有下列情形之一的，对相关责任人员，处三年以上七年以下有期徒刑：

（一）造成死亡三人以上或者重伤十人以上，负事故主要责任的；

（二）造成直接经济损失五百万元以上，负事故主要责任的；

（三）其他造成特别严重后果、情节特别恶劣或者后果特别严重的情形。

第十二条　实施刑法第一百三十二条、第一百三十四条至第一百三十九条之一规定的犯罪行为，具有下列情形之一的，从重处罚：

（一）未依法取得安全许可证件或者安全许可证件过期、被暂扣、吊销、注销后从事生产经营活动的；

（二）关闭、破坏必要的安全监控和报警设备的；

（三）已经发现事故隐患，经有关部门或者个人提出后，仍不采取措施的；

（四）一年内曾因危害生产安全违法犯罪活动受过行政处罚或者刑事处罚的；

（五）采取弄虚作假、行贿等手段，故意逃避、阻挠负有安全监督管理职责的部门实施监督检查的；

（六）安全事故发生后转移财产意图逃避承担责任的；

（七）其他从重处罚的情形。

实施前款第五项规定的行为，同时构成刑法第三百八十九条规定的犯罪的，依照数罪并罚的规定处罚。

第十三条 实施刑法第一百三十二条、第一百三十四条至第一百三十九条之一规定的犯罪行为，在安全事故发生后积极组织、参与事故抢救，或者积极配合调查、主动赔偿损失的，可以酌情从轻处罚。

第十四条 国家工作人员违反规定投资入股生产经营，构成本解释规定的有关犯罪的，或者国家工作人员的贪污、受贿犯罪行为与安全事故发生存在关联性的，从重处罚；同时构成贪污、受贿犯罪和危害生产安全犯罪的，依照数罪并罚的规定处罚。

第十五条 国家机关工作人员在履行安全监督管理职责时滥用职权、玩忽职守，致使公共财产、国家和人民利益遭受重大损失的，或者徇私舞弊，对发现的刑事案件依法应当移交司法机关追究刑事责任而不移交，情节严重的，分别依照刑法第三百九十七条、第四百零二条的规定，以滥用职权罪、玩忽职守罪或者徇私舞弊不移交刑事案件罪定罪处罚。

公司、企业、事业单位的工作人员在依法或者受委托行使安全监督管理职责时滥用职权或者玩忽职守，构成犯罪的，应当依照《全国人民代表大会常务委员会关于〈中华人民共和国刑法〉第九章渎职罪主体适用问题的解释》的规定，适用渎职罪的规定追究刑事责任。

第十六条 对于实施危害生产安全犯罪适用缓刑的犯罪分子，可以根据犯罪情况，禁止其在缓刑考验期限内从事与安全生产相关联的特定活动；对于被判处刑罚的犯罪分子，可以根据犯罪情况和预防再犯罪的需要，禁止其自刑罚执行完毕之日或者假释之日起三年至五年内从事与安全生产相关的职业。

3. 最高人民法院关于审理交通肇事刑事案件具体应用法律若干问题的解释（法释〔2000〕33号　自2000年11月21日起施行）（节录）

第八条　在实行公共交通管理的范围内发生重大交通事故的，依照刑法第一百三十三条和本解释的有关规定办理。

在公共交通管理的范围外，驾驶机动车辆或者使用其他交通工具致人伤亡或者致使公共财产或者他人财产遭受重大损失，构成犯罪的，分别依照刑法第一百三十四条、第一百三十五条、第二百三十三条等规定定罪处罚。

4. 危险化学品安全管理条例（2002年1月26日中华人民共和国国务院令第344号公布　2011年2月16日国务院第144次常务会议修订通过　根据2013年12月7日《国务院关于修改部分行政法规的决定》修订）（节录）

第八十条　生产、储存、使用危险化学品的单位有下列情形之一的，由安全生产监督管理部门责令改正，处5万元以上10万元以下的罚款；拒不改正的，责令停产停业整顿直至由原发证机关吊销其相关许可证件，并由工商行政管理部门责令其办理经营范围变更登记或者吊销其营业执照；有关责任人员构成犯罪的，依法追究刑事责任：

（一）对重复使用的危险化学品包装物、容器，在重复使用前不进行检查的；

（二）未根据其生产、储存的危险化学品的种类和危险特性，在作业场所设置相关安全设施、设备，或者未按照国家标准、行业标准或者国家有关规定对安全设施、设备进行经常性维护、保养的；

（三）未依照本条例规定对其安全生产条件定期进行安全评价的；

（四）未将危险化学品储存在专用仓库内，或者未将剧毒化学品以及储存数量构成重大危险源的其他危险化学品在专用仓库内单独存放的；

（五）危险化学品的储存方式、方法或者储存数量不符合国家标准或者国家有关规定的；

（六）危险化学品专用仓库不符合国家标准、行业标准的要求的；

（七）未对危险化学品专用仓库的安全设施、设备定期进行检测、检验的。

从事危险化学品仓储经营的港口经营人有前款规定情形的，由港口行政管理部门依照前款规定予以处罚。

第八十二条 生产、储存、使用危险化学品的单位转产、停产、停业或者解散，未采取有效措施及时、妥善处置其危险化学品生产装置、储存设施以及库存的危险化学品，或者丢弃危险化学品的，由安全生产监督管理部门责令改正，处5万元以上10万元以下的罚款；构成犯罪的，依法追究刑事责任。

……

5. 最高人民法院关于进一步加强危害生产安全刑事案件审判工作的意见（法发〔2011〕20号 自2011年12月30日起施行）（节录）

三、正确确定责任

……

7. 认定相关人员是否违反有关安全管理规定，应当根据相关法律、行政法规，参照地方性法规、规章及国家标准、行业标准，必要时可参考公认的惯例和生产经营单位制定的安全生产规章制度、操作规程。

8. 多个原因行为导致生产安全事故发生的，在区分直接原因与间接原因的同时，应当根据原因行为在引发事故中所具作用的大小，分清主要原因与次要原因，确认主要责任和次要责任，合理确定罪责。

一般情况下，对生产、作业负有组织、指挥或者管理职责的负责人、管理人员、实际控制人、投资人，违反有关安全生产管理规定，对重大生产安全事故的发生起决定性、关键性作用的，应当承担主要责任。

对于直接从事生产、作业的人员违反安全管理规定，发生重大生产安全事故的，要综合考虑行为人的从业资格、从业时间、接受安全生产教育培训情况、现场条件、是否受到他人强令作业、生产经营单位执行安全生产规章制度的情况等因素认定责任，不能将直接责任简单等同于主要责任。

对于负有安全生产管理、监督职责的工作人员，应根据其岗位职责、履职依据、履职时间等，综合考察工作职责、监管条件、履职能力、履职情况等，合理确定罪责。

四、准确适用法律

9. 严格把握危害生产安全犯罪与以其他危险方法危害公共安全罪的界限，

不应将生产经营中违章违规的故意不加区别地视为对危害后果发生的故意。

10. 以行贿方式逃避安全生产监督管理，或者非法、违法生产、作业，导致发生重大生产安全事故，构成数罪的，依照数罪并罚的规定处罚。

违反安全生产管理规定，非法采矿、破坏性采矿或排放、倾倒、处置有害物质严重污染环境，造成重大伤亡事故或者其他严重后果，同时构成危害生产安全犯罪和破坏环境资源保护犯罪的，依照数罪并罚的规定处罚。

……

五、准确把握宽严相济刑事政策

13. 审理危害生产安全刑事案件，应综合考虑生产安全事故所造成的伤亡人数、经济损失、环境污染、社会影响、事故原因与被告人职责的关联程度、被告人主观过错大小、事故发生后被告人的施救表现、履行赔偿责任情况等，正确适用刑罚，确保裁判法律效果和社会效果相统一。

14. 造成《关于办理危害矿山生产安全刑事案件具体应用法律若干问题的解释》第四条规定的“重大伤亡事故或者其他严重后果”，同时具有下列情形之一的，也可以认定为刑法第一百三十四条、第一百三十五条规定的“情节特别恶劣”：

（一）非法、违法生产的；

（二）无基本劳动安全设施或未向生产、作业人员提供必要的劳动防护用品，生产、作业人员劳动安全无保障的；

（三）曾因安全生产设施或者安全生产条件不符合国家规定，被监督管理部门处罚或责令改正，一年内再次违规生产致使发生重大生产安全事故的；

（四）关闭、故意破坏必要安全警示设备的；

（五）已发现事故隐患，未采取有效措施，导致发生重大事故的；

（六）事故发生后不积极抢救人员，或者毁灭、伪造、隐藏影响事故调查的证据，或者转移财产逃避责任的；

（七）其他特别恶劣的情节。

15. 相关犯罪中，具有以下情形之一的，依法从重处罚：

（一）国家工作人员违反规定投资入股生产经营企业，构成危害生产安全犯罪的；

（二）贪污贿赂行为与事故发生存在关联性的；

（三）国家工作人员的职务犯罪与事故存在直接因果关系的；

（四）以行贿方式逃避安全生产监督管理，或者非法、违法生产、作业的；

（五）生产安全事故发生后，负有报告职责的国家工作人员不报或者谎报事故情况，贻误事故抢救，尚未构成不报、谎报安全事故罪的；

（六）事故发生后，采取转移、藏匿、毁灭遇难人员尸体，或者毁灭、伪造、隐藏影响事故调查的证据，或者转移财产，逃避责任的；

（七）曾因安全生产设施或者安全生产条件不符合国家规定，被监督管理部门处罚或责令改正，一年内再次违规生产致使发生重大生产安全事故的。

16. 对于事故发生后，积极施救，努力挽回事故损失，有效避免损失扩大；积极配合调查，赔偿受害人损失的，可依法从宽处罚。

6. 内河交通安全管理条例（2002 年 6 月 28 日中华人民共和国国务院令第 335 号公布　根据 2011 年 1 月 8 日《国务院关于废止和修改部分行政法规的决定》第一次修订　根据 2017 年 3 月 1 日《国务院关于修改和废止部分行政法规的决定》第二次修订　根据 2019 年 3 月 2 日《国务院关于修改部分行政法规的决定》修正）（节录）

第八十条　违反本条例的规定，船舶、浮动设施的所有人或者经营人指使、强令船员违章操作的，由海事管理机构给予警告，处 1 万元以上 5 万元以下的罚款，并可以责令停航或者停止作业；造成重大伤亡事故或者严重后果的，依照刑法关于重大责任事故罪或者其他罪的规定，依法追究刑事责任。

7. 特种设备安全监察条例（2003 年 3 月 11 日中华人民共和国国务院令第 373 号公布　根据 2009 年 1 月 24 日《国务院关于修改〈特种设备安全监察条例〉的决定》修订）（节录）

第七十五条　未经许可，擅自从事锅炉、压力容器、电梯、起重机械、客运索道、大型游乐设施、场（厂）内专用机动车辆及其安全附件、安全保护装置的制造、安装、改造以及压力管道元件的制造活动的，由特种设备安全监督管理部门予以取缔，没收非法制造的产品，已经实施安装、改造的，责令恢复原状或者责令限期由取得许可的单位重新安装、改造，处 10 万元以上 50 万元以下罚款；触犯刑律的，对负有责任的主管人员和其他直接责任人员依照刑法关于生产、销售伪劣产品罪、非法经营罪、重大责任事故罪或者其他罪的规定，依法追究刑事责任。

第七十七条　未经许可，擅自从事锅炉、压力容器、电梯、起重机械、客运索道、大型游乐设施、场（厂）内专用机动车辆的维修或者日常维护保养的，由特种设备安全监督管理部门予以取缔，处1万元以上5万元以下罚款；有违法所得的，没收违法所得；触犯刑律的，对负有责任的主管人员和其他直接责任人员依照刑法关于非法经营罪、重大责任事故罪或者其他罪的规定，依法追究刑事责任。

第八十七条　发生特种设备事故，有下列情形之一的，对单位，由特种设备安全监督管理部门处5万元以上20万元以下罚款；对主要负责人，由特种设备安全监督管理部门处4000元以上2万元以下罚款；属于国家工作人员的，依法给予处分；触犯刑律的，依照刑法关于重大责任事故罪或者其他罪的规定，依法追究刑事责任：

（一）特种设备使用单位的主要负责人在本单位发生特种设备事故时，不立即组织抢救或者在事故调查处理期间擅离职守或者逃匿的；

（二）特种设备使用单位的主要负责人对特种设备事故隐瞒不报、谎报或者拖延不报的。

第八十九条　对事故发生负有责任的单位的主要负责人未依法履行职责，导致事故发生的，由特种设备安全监督管理部门依照下列规定处以罚款；属于国家工作人员的，并依法给予处分；触犯刑律的，依照刑法关于重大责任事故罪或者其他罪的规定，依法追究刑事责任：

（一）发生一般事故的，处上一年年收入30%的罚款；

（二）发生较大事故的，处上一年年收入40%的罚款；

（三）发生重大事故的，处上一年年收入60%的罚款。

第九十条　特种设备作业人员违反特种设备的操作规程和有关的安全规章制度操作，或者在作业过程中发现事故隐患或者其他不安全因素，未立即向现场安全管理人员和单位有关负责人报告的，由特种设备使用单位给予批评教育、处分；情节严重的，撤销特种设备作业人员资格；触犯刑律的，依照刑法关于重大责任事故罪或者其他罪的规定，依法追究刑事责任。

8. **使用有毒物品作业场所劳动保护条例**（2002年5月12日中华人民共和国国务院令第352号公布　自2002年5月12日起施行）（节录）

第六十条　用人单位违反本条例的规定，有下列情形之一的，由卫生行政部门给予警告，责令限期改正，处5万元以上30万元以下的罚款；逾期不改正的，提请有关人民政府按照国务院规定的权限予以关闭；造成严重职业中毒危害或者导致职业中毒事故发生的，对负有责任的主管人员和其他直接责任人员依照刑法关于重大责任事故罪、重大劳动安全事故罪或者其他罪的规定，依法追究刑事责任：

（一）使用有毒物品作业场所未设置有效通风装置的，或者可能突然泄漏大量有毒物品或者易造成急性中毒的作业场所未设置自动报警装置或者事故通风设施的；

（二）职业卫生防护设备、应急救援设施、通讯报警装置处于不正常状态而不停止作业，或者擅自拆除或者停止运行职业卫生防护设备、应急救援设施、通讯报警装置的。

第六十一条　从事使用高毒物品作业的用人单位违反本条例的规定，有下列行为之一的，由卫生行政部门给予警告，责令限期改正，处5万元以上20万元以下的罚款；逾期不改正的，提请有关人民政府按照国务院规定的权限予以关闭；造成严重职业中毒危害或者导致职业中毒事故发生的，对负有责任的主管人员和其他直接责任人员依照刑法关于重大责任事故罪或者其他罪的规定，依法追究刑事责任：

（一）作业场所职业中毒危害因素不符合国家职业卫生标准和卫生要求而不立即停止高毒作业并采取相应的治理措施的，或者职业中毒危害因素治理不符合国家职业卫生标准和卫生要求重新作业的；

（二）未依照本条例的规定维护、检修存在高毒物品的生产装置的；

（三）未采取本条例规定的措施，安排劳动者进入存在高毒物品的设备、容器或者狭窄封闭场所作业的。

第六十二条　在作业场所使用国家明令禁止使用的有毒物品或者使用不符合国家标准的有毒物品的，由卫生行政部门责令立即停止使用，处5万元以上30万元以下的罚款；情节严重的，责令停止使用有毒物品作业，或者提请有关人民政府按照国务院规定的权限予以关闭；造成严重职业中毒危害或者导致职业中毒事故发生的，对负有责任的主管人员和其他直接责任人员依照刑法关于危险物品肇事罪、重大责任事故罪或者其他罪的规定，依法追究刑事责任。

第六十三条　用人单位违反本条例的规定，有下列行为之一的，由卫生行政部门给予警告，责令限期改正；逾期不改正的，处5万元以上30万元以下的罚款；造成严重职业中毒危害或者导致职业中毒事故发生的，对负有责任的主管人员和其他直接责任人员依照刑法关于重大责任事故罪或者其他罪的规定，依法追究刑事责任：

（一）使用未经培训考核合格的劳动者从事高毒作业的；

（二）安排有职业禁忌的劳动者从事所禁忌的作业的；

（三）发现有职业禁忌或者有与所从事职业相关的健康损害的劳动者，未及时调离原工作岗位，并妥善安置的；

（四）安排未成年人或者孕期、哺乳期的女职工从事使用有毒物品作业的；

（五）使用童工的。

9. **人工影响天气管理条例**（2002年3月19日中华人民共和国国务院令第348号公布　自2002年5月1日起施行）（节录）

第十九条　违反本条例规定，有下列行为之一，造成严惩后果的，依照刑法关于危险物品肇事罪、重大责任事故罪或者其他罪的规定，依法追究刑事责任；尚不够刑事处罚的，由有关气象主管机构按照管理权限责令改正，给予警告；情节严重的，取消作业资格；造成损失的，依法承担赔偿责任：

（一）违反人工影响天气作业规范或者操作规程的；

（二）未按照批准的空域和作业时限实施人工影响天气作业的；

（三）将人工影响天气作业设备转让给非人工影响天气作业单位或者个人的；

（四）未经批准，人工影响天气作业单位之间转让人工影响天气作业设备的；

（五）将人工影响天气作业设备用于与人工影响天气无关的活动的。

10. **通用航空飞行管制条例**（2003年1月10日中华人民共和国国务院、中华人民共和国中央军事委员会令第371号公布　自2003年5月1日起施行）（节录）

第四十三条　违反本条例规定，升放无人驾驶自由气球或者系留气球，有下列情形之一的，由气象主管机构或者有关部门按照职责分工责令改正，给予警告；情节严重的，处1万元以上5万元以下罚款；造成重大事故或者严重后果的，依照刑法关于重大责任事故罪或者其他罪的规定，依法追究刑事责任：

（一）未经批准擅自升放的；

（二）未按照批准的申请升放的；

（三）未按照规定设置识别标志的；

（四）未及时报告升放动态或者系留气球意外脱离时未按照规定及时报告的；

（五）在规定的禁止区域内升放的。

四十五、强令违章冒险作业罪

（一）法律规定

第一百三十四条第二款[①] 强令他人违章冒险作业，因而发生重大伤亡事故或者造成其他严重后果的，处五年以下有期徒刑或者拘役；情节特别恶劣的，处五年以上有期徒刑。

（二）罪名详解

强令违章冒险作业罪，是指强令他人违章冒险作业，因而发生重大伤亡事故或者造成其他严重后果的行为。

本罪是《刑法修正案（六）》第 1 条第 2 款增设的罪名。

强令违章冒险作业罪的构成要件是：

1. 主体要件

犯罪主体为一般主体。

根据《生产安全解释》第 2 条的规定，《刑法》第 134 条第 2 款规定的犯罪主体，包括对生产、作业负有组织、指挥或者管理职责的负责人、管理人员、实际控制人、投资人等人员。

2. 客体要件

本罪侵犯的客体是作业的安全。强令他人违章冒险作业，是对正常的作业安全秩序的严重扰乱和破坏，发生了危害公共安全的后果，即危害了不特定多数人的生命、健康和公私财产的安全。

3. 主观要件

主观方面由过失构成，主要是过于自信的过失。

---

① 本款经 2006 年 6 月 29 日《刑法修正案（六）》第 1 条第 2 款增加。

4. 客观要件

客观方面表现为强令他人违章冒险作业，因而发生重大伤亡事故或者造成其他严重后果的行为。“强令他人违章冒险作业”，是指负责管理施工、作业等工作的管理人员，明知自己的决定违反安全作业的规章制度，可能会发生安全事故，却怀有侥幸心理，自认不会出事，而强行命令他人违章作业的行为。“强令”，不能机械地理解为他人反对、反抗后而强迫他人必须执行，强令者也不一定必须在作业现场。“强令”主要是指强令者发出的指令内容，他人必须或者应当执行，并产生了使他人违心违章冒险作业的危害后果的行为。根据法律规定，强令他人违章冒险作业的行为，只有发生重大伤亡事故或者造成其他严重后果的，才构成犯罪。

根据《生产安全解释》第 5 条的规定，明知存在事故隐患、继续作业存在危险，仍然违反有关安全管理的规定，实施下列行为之一的，应当认定为《刑法》第 134 条第 2 款规定的“强令他人违章冒险作业”：（1）利用组织、指挥、管理职权，强制他人违章作业的；（2）采取威逼、胁迫、恐吓等手段，强制他人违章作业的；（3）故意掩盖事故隐患，组织他人违章作业的；（4）其他强令他人违章作业的行为。第 6 条规定，实施《刑法》第 134 条第 2 款规定的行为，因而发生安全事故，具有下列情形的，应当认定为“发生重大伤亡事故或者造成其他严重后果”，对相关责任人员，处 5 年以下有期徒刑或者拘役：（1）造成死亡 1 人以上，或者重伤 3 人以上的；（2）造成直接经济损失 100 万元以上的；（3）其他造成严重后果或者重大安全事故的情形。第 7 条规定，实施《刑法》第 134 条第 2 款规定的行为，因而发生安全事故，具有下列情形的，对相关责任人员，处 5 年以上有期徒刑：（1）造成死亡 3 人以上或者重伤 10 人以上，负事故主要责任的；（2）造成直接经济损失 500 万元以上，负事故主要责任的；（3）其他造成特别严重后果、情节特别恶劣或者后果特别严重的情形。

（三）实务疑难问题

1. 本罪是单独罪名

《刑法》第 134 条第 2 款的行为不是第 1 款的加重处罚情节，而是一个独立的罪名。这是因为，《刑法》第 134 条第 2 款没有“犯前款罪的”规定，而从立法体例来看，凡后一条款有“犯前款罪的”规定的，都应按前一条款的规定定罪，按后一条款的规定量刑；从立法文字表述上看，“强令他人违章冒险作业”的行为，限于在“作业”的领域，犯罪主体限于企事业单位的领导者或者个体矿主、包工头；且单独配置了法定刑，第2款的法定刑为5年以下，法定最高刑为15年，均比第1款的法定刑高。

2. 区分罪与非罪的界限

本罪属于结果犯。行为人虽然实施了强令他人违章冒险作业的行为，但如果没有发生重大伤亡事故或者造成其他严重后果，只属于一般责任事故，不构成犯罪。根据《立案追诉标准（一）》第9条的规定，强令他人违章冒险作业，涉嫌下列情形之一的，应予立案追诉：（1）造成死亡1人以上，或者重伤3人以上；（2）造成直接经济损失50万元以上的；（3）发生矿山生产安全事故，造成直接经济损失100万元以上的；（4）其他造成严重后果的情形。

（四）情节与量刑

《刑法》第134条第2款规定，犯强令违章冒险作业罪的，处5年以下有期徒刑或者拘役；情节特别恶劣的，处5年以上有期徒刑。

司法机关在适用本款规定处罚时，应当注意以下问题：

1. 根据《生产安全解释》第6条，实施《刑法》第134条第2款规定的行为，因而发生安全事故，具有下列情形之一的，应当认定为“发生重大伤亡事故或者造成其他严重后果”：

（1）造成死亡1人以上，或者重伤3人以上的；

（2）造成直接经济损失100万元以上的；

（3）其他造成严重后果或者重大安全事故的情形。

2. 根据《生产安全解释》第7条的规定，实施《刑法》第134条第2款规定的行为，因而发生安全事故，具有下列情形之一的，应当认定为“情节特别恶劣”：

（1）造成死亡3人以上或者重伤10人以上，负事故主要责任的；

（2）造成直接经济损失500万元以上，负事故主要责任的；

（3）其他造成特别严重后果、情节特别恶劣或者后果特别严重的情形。

3. 根据《生产安全解释》第12条的规定，实施《刑法》第134条第2款规定的犯罪行为，具有下列情形之一的，从重处罚：

（1）未依法取得安全许可证件或者安全许可证件过期、被暂扣、吊销、注销后从事生产经营活动的；

（2）关闭、破坏必要的安全监控和报警设备的；

（3）已经发现事故隐患，经有关部门或者个人提出后，仍不采取措施的；

（4）一年内曾因危害生产安全违法犯罪活动受过行政处罚或者刑事处罚的；

（5）采取弄虚作假、行贿等手段，故意逃避、阻挠负有安全监督管理职责的部门实施监督检查的；

（6）安全事故发生后转移财产意图逃避承担责任的；

（7）其他从重处罚的情形。

实施前款第五项规定的行为，同时构成《刑法》第 389 条规定的犯罪的，依照数罪并罚的规定处罚。

4. 根据《生产安全解释》第 13 条的规定，实施《刑法》第 132 条、第 134 条至第 139 条之一规定的犯罪行为，在安全事故发生后积极组织、参与事故抢救，或者积极配合调查、主动赔偿损失的，可以酌情从轻处罚。

5. 根据《生产安全解释》第 14 条的规定，国家工作人员违反规定投资入股生产经营，构成本解释规定的有关犯罪的，或者国家工作人员的贪污、受贿犯罪行为与安全事故发生存在关联性的，从重处罚；同时构成贪污、受贿犯罪和危害生产安全犯罪的，依照数罪并罚的规定处罚。

量刑档次	对应情节	有关概念解释	附加刑的适用
五年以下有期徒刑或者拘役	发生重大伤亡事故或者造成其他严重后果的	根据《生产安全解释》第 6 条的规定，发生安全事故，具有下列情形之一的，应当认定为“发生重大伤亡事故或者造成其他严重后果”：（1）造成死亡 1 人以上，或者重伤 3 人以上的；（2）造成直接经济损失 100 万元以上的；（3）其他造成严重后果或者重大安全事故的情形。	

续表

量刑档次	对应情节	有关概念解释	附加刑的适用
五年以上有期徒刑	情节特别恶劣的	根据《生产安全解释》第7条的规定，发生生产安全事故，具有下列情形之一的，应当认定为“情节特别恶劣”：(1) 造成死亡3人以上或者重伤10人以上，负事故主要责任的；(2) 造成直接经济损失500万元以上，负事故主要责任的；(3) 其他造成特别严重后果、情节特别恶劣或者后果特别严重的情形。	

（五）法律链接

1. 最高人民法院、最高人民检察院关于办理危害生产安全刑事案件适用法律若干问题的解释（法释〔2015〕22号　自2015年12月16日起施行）（节录）

第二条　刑法第一百三十四条第二款规定的犯罪主体，包括对生产、作业负有组织、指挥或者管理职责的负责人、管理人员、实际控制人、投资人等人员。

第五条　明知存在事故隐患、继续作业存在危险，仍然违反有关安全管理的规定，实施下列行为之一的，应当认定为刑法第一百三十四条第二款规定的“强令他人违章冒险作业”：

（一）利用组织、指挥、管理职权，强制他人违章作业的；

（二）采取威逼、胁迫、恐吓等手段，强制他人违章作业的；

（三）故意掩盖事故隐患，组织他人违章作业的；

（四）其他强令他人违章作业的行为。

第六条　实施刑法第一百三十二条、第一百三十四条第一款、第一百三十五条、第一百三十五条之一、第一百三十六条、第一百三十九条规定的行为，因而发生安全事故，具有下列情形之一的，应当认定为“造成严重后果”或者“发生重大伤亡事故或者造成其他严重后果”，对相关责任人员，处三年以下有期徒刑或者拘役：

（一）造成死亡一人以上，或者重伤三人以上的；

（二）造成直接经济损失一百万元以上的；

（三）其他造成严重后果或者重大安全事故的情形。

实施刑法第一百三十四条第二款规定的行为，因而发生安全事故，具有本条第一款规定情形的，应当认定为“发生重大伤亡事故或者造成其他严重后果”，对相关责任人员，处五年以下有期徒刑或者拘役。

第七条　实施刑法第一百三十二条、第一百三十四条第一款、第一百三十五条、第一百三十五条之一、第一百三十六条、第一百三十九条规定的行为，因而发生安全事故，具有下列情形之一的，对相关责任人员，处三年以上七年以下有期徒刑：

（一）造成死亡三人以上或者重伤十人以上，负事故主要责任的；

（二）造成直接经济损失五百万元以上，负事故主要责任的；

（三）其他造成特别严重后果、情节特别恶劣或者后果特别严重的情形。

实施刑法第一百三十四条第二款规定的行为，因而发生安全事故，具有本条第一款规定情形的，对相关责任人员，处五年以上有期徒刑。

第十二条　实施刑法第一百三十二条、第一百三十四条至第一百三十九条之一规定的犯罪行为，具有下列情形之一的，从重处罚：

（一）未依法取得安全许可证件或者安全许可证件过期、被暂扣、吊销、注销后从事生产经营活动的；

（二）关闭、破坏必要的安全监控和报警设备的；

（三）已经发现事故隐患，经有关部门或者个人提出后，仍不采取措施的；

（四）一年内曾因危害生产安全违法犯罪活动受过行政处罚或者刑事处罚的；

（五）采取弄虚作假、行贿等手段，故意逃避、阻挠负有安全监督管理职责的部门实施监督检查的；

（六）安全事故发生后转移财产意图逃避承担责任的；

（七）其他从重处罚的情形。

实施前款第五项规定的行为，同时构成刑法第三百八十九条规定的犯罪的，依照数罪并罚的规定处罚。

第十三条　实施刑法第一百三十二条、第一百三十四条至第一百三十九条之一规定的犯罪行为，在安全事故发生后积极组织、参与事故抢救，或者积极配合调查、主动赔偿损失的，可以酌情从轻处罚。

第十四条 国家工作人员违反规定投资入股生产经营，构成本解释规定的有关犯罪的，或者国家工作人员的贪污、受贿犯罪行为与安全事故发生存在关联性的，从重处罚；同时构成贪污、受贿犯罪和危害生产安全犯罪的，依照数罪并罚的规定处罚。

2. 最高人民法院关于进一步加强危害生产安全刑事案件审判工作的意见（法发〔2011〕20号 自2011年12月30日起施行）（节录）

三、正确确定责任

8. 多个原因行为导致生产安全事故发生的，在区分直接原因与间接原因的同时，应当根据原因行为在引发事故中所具作用的大小，分清主要原因与次要原因，确认主要责任和次要责任，合理确定罪责。

一般情况下，对生产、作业负有组织、指挥或者管理职责的负责人、管理人员、实际控制人、投资人，违反有关安全生产管理规定，对重大生产安全事故的发生起决定性、关键性作用的，应当承担主要责任。

对于负有安全生产管理、监督职责的工作人员，应根据其岗位职责、履职依据、履职时间等，综合考察工作职责、监管条件、履职能力、履职情况等，合理确定罪责。

四、准确适用法律

9. 严格把握危害生产安全犯罪与以其他危险方法危害公共安全罪的界限，不应将生产经营中违章违规的故意不加区别地视为对危害后果发生的故意。

五、准确把握宽严相济刑事政策

14. 造成《关于办理危害矿山生产安全刑事案件具体应用法律若干问题的解释》第四条规定的“重大伤亡事故或者其他严重后果”，同时具有下列情形之一的，也可以认定为刑法第一百三十四条、第一百三十五条规定的“情节特别恶劣”：

（一）非法、违法生产的；

（二）无基本劳动安全设施或未向生产、作业人员提供必要的劳动防护用品，生产、作业人员劳动安全无保障的；

（三）曾因安全生产设施或者安全生产条件不符合国家规定，被监督管理部门处罚或责令改正，一年内再次违规生产致使发生重大生产安全事故的；

（四）关闭、故意破坏必要安全警示设备的；

（五）已发现事故隐患，未采取有效措施，导致发生重大事故的；

（六）事故发生后不积极抢救人员，或者毁灭、伪造、隐藏影响事故调查的证据，或者转移财产逃避责任的；

（七）其他特别恶劣的情节。

15. 相关犯罪中，具有以下情形之一的，依法从重处罚：

（一）国家工作人员违反规定投资入股生产经营企业，构成危害生产安全犯罪的；

（二）贪污贿赂行为与事故发生存在关联性的；

（三）国家工作人员的职务犯罪与事故存在直接因果关系的；

（四）以行贿方式逃避安全生产监督管理，或者非法、违法生产、作业的；

（五）生产安全事故发生后，负有报告职责的国家工作人员不报或者谎报事故情况，贻误事故抢救，尚未构成不报、谎报安全事故罪的；

（六）事故发生后，采取转移、藏匿、毁灭遇难人员尸体，或者毁灭、伪造、隐藏影响事故调查的证据，或者转移财产，逃避责任的；

（七）曾因安全生产设施或者安全生产条件不符合国家规定，被监督管理部门处罚或责令改正，一年内再次违规生产致使发生重大生产安全事故的。

16. 对于事故发生后，积极施救，努力挽回事故损失，有效避免损失扩大；积极配合调查，赔偿受害人损失的，可依法从宽处罚。

3. 中华人民共和国煤炭法（1996 年 8 月 29 日第八届全国人民代表大会常务委员会第二十一次会议通过　根据 2009 年 8 月 27 日第十一届全国人民代表大会常务委员会第十次会议《关于修改部分法律的决定》第一次修正　根据 2011 年 4 月 22 日第十一届全国人民代表大会常务委员会第二十次会议《关于修改〈中华人民共和国煤炭法〉的决定》第二次修正　根据 2013 年 6 月 29 日第十二届全国人民代表大会常务委员会第三次会议《关于修改〈中华人民共和国文物保护法〉等十二部法律的决定》第三次修正　根据 2016 年 11 月 7 日第十二届全国人民代表大会常务委员会第二十四次会议《关于修改〈中华人民共和国对外贸易法〉等十二部法律的决定》第四次修正）（节录）

第六十四条　煤矿企业的管理人员违章指挥、强令职工冒险作业，发生重大伤亡事故的，依照刑法有关规定追究刑事责任。

4. **中华人民共和国建筑法**（1997 年 11 月 1 日第八届全国人民代表大会常务委员会第二十八次会议通过　根据 2011 年 4 月 22 日第十一届全国人民代表大会常务委员会第二十次会议《关于修改〈中华人民共和国建筑法〉的决定》第一次修正　根据 2019 年 4 月 23 日第十三届全国人民代表大会常务委员会第十次会议《关于修改〈中华人民共和国建筑法〉等八部法律的决定》第二次修正）（节录）

第七十一条第二款　建筑施工企业的管理人员违章指挥、强令职工冒险作业，因而发生重大伤亡事故或者造成其他严重后果的，依法追究刑事责任。

5. **中华人民共和国矿山安全法**（1992 年 11 月 7 日第七届全国人民代表大会常务委员会第二十八次会议通过　根据 2009 年 8 月 27 日第十一届全国人民代表大会常务委员会第十次会议《关于修改部分法律的决定》修正）（节录）

第四十六条　矿山企业主管人员违章指挥、强令工人冒险作业，因而发生重大伤亡事故的，依照刑法有关规定追究刑事责任。

6. **中华人民共和国劳动法**（1994 年 7 月 5 日第八届全国人民代表大会常务委员会第八次会议通过　根据 2009 年 8 月 27 日第十一届全国人民代表大会常务委员会第十次会议《关于修改部分法律的决定》修正第一次修正　根据 2018 年 12 月 29 日第十三届全国人民代表大会常务委员会第七次会议《关于修改〈中华人民共和国劳动法〉等七部法律的决定》第二次修正）（节录）

第九十三条　用人单位强令劳动者违章冒险作业，发生重大伤亡事故，造成严重后果的，对责任人员依法追究刑事责任。

四十六、重大劳动安全事故罪

（一）法律规定

第一百三十五条[①]　**安全生产设施或者安全生产条件不符合国家**

---

① 本条经 2006 年 6 月 29 日《刑法修正案（六）》第 2 条修正。

《刑法》原第 135 条为：“工厂、矿山、林场、建筑企业或者其他企业、事业单位的劳动安全设施符合国家规定，经有关部门或者单位职工提出后，对事故隐患仍不采取措施，因而发生重大伤亡故或者造成其他严重后果的，对直接责任人员，处三年以下有期徒刑或者拘役；情节特别恶劣，处三年以上七年以下有期徒刑。”

规定，因而发生重大伤亡事故或者造成其他严重后果的，对直接负责的主管人员和其他直接责任人员，处三年以下有期徒刑或者拘役；情节特别恶劣的，处三年以上七年以下有期徒刑。

（二）罪名详解

重大劳动安全事故罪，是指安全生产设施或者安全生产条件不符合国家规定，因而发生重大伤亡事故或者造成其他严重后果的行为。

本罪是1997年刑法增设的罪名，1979年刑法和单行刑法均没有规定此罪名。原罪名为重大劳动安全事故罪。《刑法修正案（六）》第2条对罪状作了修改，但犯罪构成没有实质性变化，只是扩大了犯罪主体的适用范围，删去了“经有关部门或者单位职工提出后，对事故隐患然仍不采取措施”的构成要件要求，因而罪名未作修改。

重大劳动安全事故罪的构成要件是：

1. 主体要件

犯罪主体为一般主体。根据《生产安全解释》第3条的规定，《刑法》第135条规定的“直接负责的主管人员和其他直接责任人员”，是指对安全生产设施或者安全生产条件不符合国家规定负有直接责任的生产经营单位负责人、管理人员、实际控制人、投资人，以及其他对安全生产设施或者安全生产条件负有管理、维护职责的人员。

2. 客体要件

本罪侵犯的客体是生产安全。生产安全是各行各业都十分重视的问题，在生产过程中出现一点问题，都有可能导致正常生产秩序的破坏，甚至发生重大伤亡事故，造成财产损失。生产安全也是公共安全的重要组成部分，危害生产安全同样会使不特定多数人的生命、健康或者公私财产遭受重大损害。保护劳动者在生产过程中的安全与健康，是生产经营单位的法律义务和责任。劳动法对此作了明确的规定。对于无视劳动者的安全，忽视安全生产规定的行为，必须依法惩处。

3. 主观要件

主观方面由过失构成，即行为人应当预见到安全生产设施或者安全生产条件不符合国家规定所产生的后果，但由于疏忽大意没有预见或者虽然已经预见，但轻信可以避免，结果导致发生了重大安全生产事故。原因是多种多样，有的是不顾安全生产，一味追求经济效益；有的是对工作不负责任，等等。

4. 客观要件

客观方面表现为安全生产设施或者安全生产条件不符合国家规定，因而发生重大伤亡事故或者造成其他严重后果的行为。

“安全生产设施”，是指用于保护劳动者人身安全的各种设施、设备，防护网、紧急逃生通道等。“安全生产条件”，主要是指保障劳动者安全生产、作业必不可少的安全防护用品和措施，如用于防毒、防爆、防火、通风等用品和措施等。“不符合国家规定”，包括的情形比较广泛，如有的生产经营单位新建或改扩建工程的安全设施未依法经有关部门审查批准，擅自投入生产或使用；有的不为工人提供法定必要的劳动、防护用品；有的不具备安全生产条件或存在重大事故隐患，被行政执法机关责令停产、停业或者取缔、关闭后，仍强行生产经营等。根据法律规定，安全生产设施或者安全生产条件不符合国家规定，只有发生重大伤亡事故或者造成其他严重后果的，才构成犯罪。

根据《生产安全解释》第 6 条，发生生产安全事故，具有下列情形之一的，应当认定为《刑法》第 135 条规定的“重大伤亡事故或者其他严重后果”：(1) 造成死亡 1 人以上，或者重伤 3 人以上的；(2) 造成直接经济损失 100 万元以上的；(3) 其他造成严重后果或者重大安全事故的情形。根据《生产安全解释》第 7 条，发生生产安全事故，具有下列情形之一的，应当认定为《刑法》第 134 条规定的“情节特别恶劣”：(1) 造成死亡 3 人以上或者重伤 10 人以上，负事故主要责任的；(2) 造成直接经济损失 500 万元以上，负事故主要责任的；(3) 其他造成特别严重后果、情节特别恶劣或者后果特别严重的情形。

（三）实务疑难问题

1. 区分罪与非罪的界限

本罪属于结果犯。如果直接负责的主管人员和其他直接责任人员对安全生产设施或者安全生产条件不符合国家规定的情形虽然没有采取预防或者补救措施，但没有发生劳动安全事故，或者只发生了较轻的安全事故的，则不构成犯罪。

2. 区分本罪与重大责任事故罪的界限

两罪都是涉及违反安全生产规定的犯罪，在适用范围上的区别在于：前者更强调劳动场所的硬件设施或者对劳动者提供的安全生产防护用品和防护措施不符合国家规定，追究的是所在单位的责任。考虑到发生安全事故的单位应立即整改，使安全生产设施、安全生产条件达到国家规定，以及对安全事故伤亡人员进行治疗、赔偿，需要大量资金，所以该条在处罚上只追究“直接负责的主管人员和其他直接责任人员”的刑事责任，没有规定对单位判处罚金，因而属于实行单罚制的单位犯罪。后者主要强调自然人在生产、作业过程中违章操作而引起安全生产事故的行为，如在不准使用明火的工作场所使用明火等，处罚的是违章操作的自然人。

（四）情节与量刑

《刑法》第 135 条的规定，犯重大劳动安全事故罪的，对直接负责的主管人员和其他直接责任人员，处 3 年以下有期徒刑或者拘役；情节特别恶劣的，处 3 年以上 7 年以下有期徒刑。

本罪属实行单罚制的单位犯罪，只处罚直接负责的主管人员和其他直接责任人员。

司法机关在适用本条规定处罚时，应当注意以下问题：

1. 根据《生产安全解释》第 6 条，实施《刑法》第 135 条规定的行为，因而发生安全事故，具有下列情形之一的，应当认定为“发生重大伤亡事故或者造成其他严重后果”：

（1）造成死亡 1 人以上，或者重伤 3 人以上的；

（2）造成直接经济损失 100 万元以上的；

（3）其他造成严重后果或者重大安全事故的情形。

2. 根据《生产安全解释》第 7 条的规定，实施《刑法》第 135 条规定的行为，因而发生安全事故，具有下列情形之一的，应当认定为“情节特别恶劣”：

（1）造成死亡 3 人以上或者重伤 10 人以上，负事故主要责任的；

（2）造成直接经济损失 500 万元以上，负事故主要责任的；

（3）其他造成特别严重后果、情节特别恶劣或者后果特别严重的情形。

3. 根据《生产安全解释》第 12 条的规定，实施《刑法》第 135 条规定的犯罪行为，具有下列情形之一的，从重处罚：

（1）未依法取得安全许可证件或者安全许可证件过期、被暂扣、吊销、注销后从事生产经营活动的；

（2）关闭、破坏必要的安全监控和报警设备的；

（3）已经发现事故隐患，经有关部门或者个人提出后，仍不采取措施的；

（4）一年内曾因危害生产安全违法犯罪活动受过行政处罚或者刑事处罚的；

（5）采取弄虚作假、行贿等手段，故意逃避、阻挠负有安全监督管理职责的部门实施监督检查的；

（6）安全事故发生后转移财产意图逃避承担责任的；

（7）其他从重处罚的情形。

实施前款第五项规定的行为，同时构成《刑法》第389条规定的犯罪的，依照数罪并罚的规定处罚。

4. 根据《生产安全解释》第13条的规定，实施《刑法》第135条规定的犯罪行为，在安全事故发生后积极组织、参与事故抢救，或者积极配合调查、主动赔偿损失的，可以酌情从轻处罚。

5. 根据《生产安全解释》第14条的规定，国家工作人员违反规定投资入股生产经营，构成本解释规定的有关犯罪的，或者国家工作人员的贪污、受贿犯罪行为与安全事故发生存在关联性的，从重处罚；同时构成贪污、受贿犯罪和危害生产安全犯罪的，依照数罪并罚的规定处罚。

量刑档次	对应情节	有关概念解释	附加刑的适用
三年以下有期徒刑或者拘役	发生重大伤亡事故或者造成其他严重后果的	根据《生产安全解释》第6条的规定，发生安全事故，具有下列情形之一的，应当认定为《刑法》第135条规定的“发生重大伤亡事故或者造成其他严重后果”：（1）造成死亡1人以上，或者重伤3人以上的；（2）造成直接经济损失100万元以上的；（3）其他造成严重后果或者重大安全事故的情形。	

续表

量刑档次	对应情节	有关概念解释	附加刑的适用
三年以上七年以下有期徒刑	情节特别恶劣的	根据《生产安全解释》第7条的规定，发生生产安全事故，具有下列情形之一的，应当认定为《刑法》第135条规定的“情节特别恶劣”：（1）造成死亡3人以上或者重伤10人以上，负事故主要责任的；（2）造成直接经济损失500万元以上，负事故主要责任的；（3）其他造成特别严重后果、情节特别恶劣或者后果特别严重的情形。	

（五）法律链接

1. **中华人民共和国安全生产法**（2002年6月29日第九届全国人民代表大会常务委员会第二十八次会议通过　根据2009年8月27日第十一届全国人民代表大会常务委员会第十次会议《关于修改部分法律的决定》第一次修正　根据2014年8月31日第十二届全国人民代表大会常务委员会第十次会议《关于修改〈中华人民共和国安全生产法〉的决定》第二次修正）（节录）

第十七条　生产经营单位应当具备本法和有关法律、行政法规和国家标准或者行业标准规定的安全生产条件；不具备安全生产条件的，不得从事生产经营活动。

第十八条　生产经营单位的主要负责人对本单位安全生产工作负有下列职责：

（一）建立、健全本单位安全生产责任制；

（二）组织制定本单位安全生产规章制度和操作规程；

（三）组织制定并实施本单位安全生产教育和培训计划；

（四）保证本单位安全生产投入的有效实施；

（五）督促、检查本单位的安全生产工作，及时消除生产安全事故隐患；

（六）组织制定并实施本单位的生产安全事故应急救援预案；

（七）及时、如实报告生产安全事故。

第二十条　生产经营单位应当具备的安全生产条件所必需的资金投入，

由生产经营单位的决策机构、主要负责人或者个人经营的投资人予以保证，并对由于安全生产所必需的资金投入不足导致的后果承担责任。

有关生产经营单位应当按照规定提取和使用安全生产费用，专门用于改善安全生产条件。安全生产费用在成本中据实列支。安全生产费用提取、使用和监督管理的具体办法由国务院财政部门会同国务院安全生产监督管理部门征求国务院有关部门意见后制定。

第二十六条 生产经营单位采用新工艺、新技术、新材料或者使用新设备，必须了解、掌握其安全技术特性，采取有效的安全防护措施，并对从业人员进行专门的安全生产教育和培训。

第三十一条 矿山、金属冶炼建设项目和用于生产、储存、装卸危险物品的建设项目的施工单位必须按照批准的安全设施设计施工，并对安全设施的工程质量负责。

矿山、金属冶炼建设项目和用于生产、储存危险物品的建设项目竣工投入生产或者使用前，应当由建设单位负责组织对安全设施进行验收；验收合格后，方可投入生产和使用。安全生产监督管理部门应当加强对建设单位验收活动和验收结果的监督核查。

第三十二条 生产经营单位应当在有较大危险因素的生产经营场所和有关设施、设备上，设置明显的安全警示标志。

第三十三条 安全设备的设计、制造、安装、使用、检测、维修、改造和报废，应当符合国家标准或者行业标准。

生产经营单位必须对安全设备进行经常性维护、保养，并定期检测，保证正常运转。维护、保养、检测应当作好记录，并由有关人员签字。

第三十四条 生产经营单位使用的危险物品的容器、运输工具，以及涉及人身安全、危险性较大的海洋石油开采特种设备和矿山井下特种设备，必须按照国家有关规定，由专业生产单位生产，并经具有专业资质的检测、检验机构检测、检验合格，取得安全使用证或者安全标志，方可投入使用。检测、检验机构对检测、检验结果负责。

第三十五条 国家对严重危及生产安全的工艺、设备实行淘汰制度，具体目录由国务院安全生产监督管理部门会同国务院有关部门制定并公布。法律、行政法规对目录的制定另有规定的，适用其规定。

省、自治区、直辖市人民政府可以根据本地区实际情况制定并公布具体目录，对前款规定以外的危及生产安全的工艺、设备予以淘汰。

生产经营单位不得使用应当淘汰的危及生产安全的工艺、设备。

第三十六条　生产、经营、运输、储存、使用危险物品或者处置废弃危险物品的，由有关主管部门依照有关法律、法规的规定和国家标准或者行业标准审批并实施监督管理。

生产经营单位生产、经营、运输、储存、使用危险物品或者处置废弃危险物品，必须执行有关法律、法规和国家标准或者行业标准，建立专门的安全管理制度，采取可靠的安全措施，接受有关主管部门依法实施的监督管理。

第三十九条　生产、经营、储存、使用危险物品的车间、商店、仓库不得与员工宿舍在同一座建筑物内，并应当与员工宿舍保持安全距离。

生产经营场所和员工宿舍应当设有符合紧急疏散要求、标志明显、保持畅通的出口。禁止锁闭、封堵生产经营场所或者员工宿舍的出口。

第四十二条　生产经营单位必须为从业人员提供符合国家标准或者行业标准的劳动防护用品，并监督、教育从业人员按照使用规则佩戴、使用。

第八十七条　负有安全生产监督管理职责的部门的工作人员，有下列行为之一的，给予降级或者撤职的处分；构成犯罪的，依照刑法有关规定追究刑事责任：

（一）对不符合法定安全生产条件的涉及安全生产的事项予以批准或者验收通过的；

（二）发现未依法取得批准、验收的单位擅自从事有关活动或者接到举报后不予取缔或者不依法予以处理的；

（三）对已经依法取得批准的单位不履行监督管理职责，发现其不再具备安全生产条件而不撤销原批准或者发现安全生产违法行为不予查处的；

（四）在监督检查中发现重大事故隐患，不依法及时处理的。

负有安全生产监督管理职责的部门的工作人员有前款规定以外的滥用职权、玩忽职守、徇私舞弊行为的，依法给予处分；构成犯罪的，依照刑法有关规定追究刑事责任。

第九十条　生产经营单位的决策机构、主要负责人或者个人经营的投资人不依照本法规定保证安全生产所必需的资金投入，致使生产经营单位不具备安全生产条件的，责令限期改正，提供必需的资金；逾期未改正的，责令生产经营单位停产停业整顿。

有前款违法行为，导致发生生产安全事故的，对生产经营单位的主要负责人给予撤职处分，对个人经营的投资人处二万元以上二十万元以下的罚款；构成犯罪的，依照刑法有关规定追究刑事责任。

第九十一条 生产经营单位的主要负责人未履行本法规定的安全生产管理职责的，责令限期改正；逾期未改正的，处二万元以上五万元以下的罚款，责令生产经营单位停产停业整顿。

生产经营单位的主要负责人有前款违法行为，导致发生生产安全事故的，给予撤职处分；构成犯罪的，依照刑法有关规定追究刑事责任。

第九十六条 生产经营单位有下列行为之一的，责令限期改正，可以处五万元以下的罚款；逾期未改正的，处五万元以上二十万元以下的罚款，对其直接负责的主管人员和其他直接责任人员处一万元以上二万元以下的罚款；情节严重的，责令停产停业整顿；构成犯罪的，依照刑法有关规定追究刑事责任：

（一）未在有较大危险因素的生产经营场所和有关设施、设备上设置明显的安全警示标志的；

（二）安全设备的安装、使用、检测、改造和报废不符合国家标准或者行业标准的；

（三）未对安全设备进行经常性维护、保养和定期检测的；

（四）未为从业人员提供符合国家标准或者行业标准的劳动防护用品的；

（五）危险物品的容器、运输工具，以及涉及人身安全、危险性较大的海洋石油开采特种设备和矿山井下特种设备未经具有专业资质的机构检测、检验合格，取得安全使用证或者安全标志，投入使用的；

（六）使用应当淘汰的危及生产安全的工艺、设备的。

2. 最高人民法院、最高人民检察院关于办理危害生产安全刑事案件适用法律若干问题的解释（法释〔2015〕22 号　自 2015 年 12 月 16 日起施行）（节录）

第三条 刑法第一百三十五条规定的“直接负责的主管人员和其他直接责任人员”，是指对安全生产设施或者安全生产条件不符合国家规定负有直接责任的生产经营单位负责人、管理人员、实际控制人、投资人，以及其他对安全生产设施或者安全生产条件负有管理、维护职责的人员。

第六条 实施刑法第一百三十二条、第一百三十四条第一款、第一百三十五条、第一百三十五条之一、第一百三十六条、第一百三十九条规定的行为，因而发生安全事故，具有下列情形之一的，应当认定为“造成严重后果”或者“发生重大伤亡事故或者造成其他严重后果”，对相关责任人员，处三年以下有期徒刑或者拘役：

（一）造成死亡一人以上，或者重伤三人以上的；

（二）造成直接经济损失一百万元以上的；

（三）其他造成严重后果或者重大安全事故的情形。

第七条 实施刑法第一百三十二条、第一百三十四条第一款、第一百三十五条、第一百三十五条之一、第一百三十六条、第一百三十九条规定的行为，因而发生安全事故，具有下列情形之一的，对相关责任人员，处三年以上七年以下有期徒刑：

（一）造成死亡三人以上或者重伤十人以上，负事故主要责任的；

（二）造成直接经济损失五百万元以上，负事故主要责任的；

（三）其他造成特别严重后果、情节特别恶劣或者后果特别严重的情形。

第十一条 生产不符合保障人身、财产安全的国家标准、行业标准的安全设备，或者明知安全设备不符合保障人身、财产安全的国家标准、行业标准而进行销售，致使发生安全事故，造成严重后果的，依照刑法第一百四十六条的规定，以生产、销售不符合安全标准的产品罪定罪处罚。

第十二条 实施刑法第一百三十二条、第一百三十四条至第一百三十九条之一规定的犯罪行为，具有下列情形之一的，从重处罚：

（一）未依法取得安全许可证件或者安全许可证件过期、被暂扣、吊销、注销后从事生产经营活动的；

（二）关闭、破坏必要的安全监控和报警设备的；

（三）已经发现事故隐患，经有关部门或者个人提出后，仍不采取措施的；

（四）一年内曾因危害生产安全违法犯罪活动受过行政处罚或者刑事处罚的；

（五）采取弄虚作假、行贿等手段，故意逃避、阻挠负有安全监督管理职责的部门实施监督检查的；

（六）安全事故发生后转移财产意图逃避承担责任的；

（七）其他从重处罚的情形。

实施前款第五项规定的行为，同时构成刑法第三百八十九条规定的犯罪的，依照数罪并罚的规定处罚。

第十三条 实施刑法第一百三十二条、第一百三十四条至第一百三十九条之一规定的犯罪行为，在安全事故发生后积极组织、参与事故抢救，或者积极配合调查、主动赔偿损失的，可以酌情从轻处罚。

第十四条 国家工作人员违反规定投资入股生产经营，构成本解释规定的有关犯罪的，或者国家工作人员的贪污、受贿犯罪行为与安全事故发生存在关联性的，从重处罚；同时构成贪污、受贿犯罪和危害生产安全犯罪的，依照数罪并罚的规定处罚。

3. **最高人民法院关于审理交通肇事刑事案件具体应用法律若干问题的解释**（法释〔2000〕33号 自2000年11月21日起施行）（节录）

第八条 在实行公共交通管理的范围内发生重大交通事故的，依照刑法第一百三十三条和本解释的有关规定办理。

在公共交通管理的范围外，驾驶机动车辆或者使用其他交通工具致人伤亡或者致使公共财产或者他人财产遭受重大损失，构成犯罪的，分别依照刑法第一百三十四条、第一百三十五条、第二百三十三条等规定定罪处罚。

4. **最高人民法院关于进一步加强危害生产安全刑事案件审判工作的意见**（法发〔2011〕20号 自2011年12月30日起施行）（节录）

三、正确确定责任

8. 多个原因行为导致生产安全事故发生的，在区分直接原因与间接原因的同时，应当根据原因行为在引发事故中所具作用的大小，分清主要原因与次要原因，确认主要责任和次要责任，合理确定罪责。

一般情况下，对生产、作业负有组织、指挥或者管理职责的负责人、管理人员、实际控制人、投资人，违反有关安全生产管理规定，对重大生产安全事故的发生起决定性、关键性作用的，应当承担主要责任。

对于负有安全生产管理、监督职责的工作人员，应根据其岗位职责、履职依据、履职时间等，综合考察工作职责、监管条件、履职能力、履职情况等，合理确定罪责。

四、准确适用法律

10. 以行贿方式逃避安全生产监督管理，或者非法、违法生产、作业，导致发生重大生产安全事故，构成数罪的，依照数罪并罚的规定处罚。

五、准确把握宽严相济刑事政策

14. 造成《关于办理危害矿山生产安全刑事案件具体应用法律若干问题的解释》第四条规定的“重大伤亡事故或者其他严重后果”，同时具有下列情形之一的，也可以认定为刑法第一百三十四条、第一百三十五条规定的“情节特别恶劣”：

（一）非法、违法生产的；

（二）无基本劳动安全设施或未向生产、作业人员提供必要的劳动防护用品，生产、作业人员劳动安全无保障的；

（三）曾因安全生产设施或者安全生产条件不符合国家规定，被监督管理部门处罚或责令改正，一年内再次违规生产致使发生重大生产安全事故的；

（四）关闭、故意破坏必要安全警示设备的；

（五）已发现事故隐患，未采取有效措施，导致发生重大事故的；

（六）事故发生后不积极抢救人员，或者毁灭、伪造、隐藏影响事故调查的证据，或者转移财产逃避责任的；

（七）其他特别恶劣的情节。

15. 相关犯罪中，具有以下情形之一的，依法从重处罚：

（一）国家工作人员违反规定投资入股生产经营企业，构成危害生产安全犯罪的；

（二）贪污贿赂行为与事故发生存在关联性的；

（三）国家工作人员的职务犯罪与事故存在直接因果关系的；

（四）以行贿方式逃避安全生产监督管理，或者非法、违法生产、作业的；

（五）生产安全事故发生后，负有报告职责的国家工作人员不报或者谎报事故情况，贻误事故抢救，尚未构成不报、谎报安全事故罪的；

（六）事故发生后，采取转移、藏匿、毁灭遇难人员尸体，或者毁灭、伪造、隐藏影响事故调查的证据，或者转移财产，逃避责任的；

（七）曾因安全生产设施或者安全生产条件不符合国家规定，被监督管理部门处罚或责令改正，一年内再次违规生产致使发生重大生产安全事故的。

16. 对于事故发生后，积极施救，努力挽回事故损失，有效避免损失扩大；积极配合调查，赔偿受害人损失的，可依法从宽处罚。

5. 使用有毒物品作业场所劳动保护条例（2002年5月12日中华人民共和国国务院令第352号公布　自2002年5月12日起施行）（节录）

第六十条　用人单位违反本条例的规定，有下列情形之一的，由卫生行政部门给予警告，责令限期改正，处5万元以上30万元以下的罚款；逾期不改正的，提请有关人民政府按照国务院规定的权限予以关闭；造成严重职业中毒危害或者导致职业中毒事故发生的，对负有责任的主管人员和其他直接责任人员依照刑法关于重大责任事故罪、重大劳动安全事故罪或者其他罪的规定，依法追究刑事责任：

（一）使用有毒物品作业场所未设置有效通风装置的，或者可能突然泄漏大量有毒物品或者易造成急性中毒的作业场所未设置自动报警装置或者事故通风设施的；

（二）职业卫生防护设备、应急救援设施、通讯报警装置处于不正常状态而不停止作业，或者擅自拆除或者停止运行职业卫生防护设备、应急救援设施、通讯报警装置的。

第六十六条　用人单位违反本条例的规定，有下列情形之一的，由卫生行政部门给予警告，责令限期改正，处5000元以上2万元以下的罚款；逾期不改正的，责令停止使用有毒物品作业，或者提请有关人民政府按照国务院规定的权限予以关闭；造成严重职业中毒危害或者导致职业中毒事故发生的，对负有责任的主管人员和其他直接责任人员依照刑法关于重大劳动安全事故罪、危险物品肇事罪或者其他罪的规定，依法追究刑事责任：

（一）使用有毒物品作业场所未与生活场所分开或者在作业场所住人的；

（二）未将有害作业与无害作业分开的；

（三）高毒作业场所未与其他作业场所有效隔离的；

（四）从事高毒作业未按照规定配备应急救援设施或者制定事故应急救援预案的；

……

6. 最高人民法院研究室关于被告人阮某重大劳动安全事故案有关法律适用问题的答复（法研〔2009〕228号　自2009年12月25日起施行）

陕西省高级人民法院：

你院陕高法〔2009〕288号《关于被告人阮某重大劳动安全事故案有关法律适用问题的请示》收悉。经研究，答复如下：

用人单位违反职业病防治法的规定，职业病危害预防设施不符合国家规定，因而发生重大伤亡事故或者造成其他严重后果的，对直接负责的主管人员和其他直接责任人员，可以依照刑法第一百三十五条的规定，以重大劳动安全事故罪定罪处罚。

此复。

四十七、大型群众性活动重大安全事故罪

（一）法律规定

第一百三十五条之一[①]　**举办大型群众性活动违反安全管理规定，因而发生重大伤亡事故或者造成其他严重后果的，对直接负责的主管人员和其他直接责任人员，处三年以下有期徒刑或者拘役；情节特别恶劣的，处三年以上七年以下有期徒刑。**

（二）罪名详解

大型群众性活动重大安全事故罪，是指举办大型群众性活动违反安全管理规定，因而发生重大伤亡事故或者造成其他严重后果的行为。

本罪是《刑法修正案（六）》第3条增设的罪名。

大型群众性活动重大安全事故罪的构成要件是：

1. 主体要件

犯罪主体为对发生大型群众性活动重大安全事故“直接负责的主管人员和其他直接责任人员”。“直接负责的主管人员”，是指大型群众活动的策划者、组织者、举办者；“其他直接责任人员”，是指对大型活动的安全举行、紧急预案负有具体落实、执行职责的人员。

2. 客体要件

本罪侵犯的客体是公共安全。

这是针对因一些大型活动的组织者只顾举办活动从中谋取利益，把广大群众的安全置之脑后，致使在大型群众性活动中现场秩序严重混乱、失控，

---

① 本条由2006年6月29日《刑法修正案（六）》第3条增加。

造成人员挤压、踩踏等恶性伤亡事故而设置的。随着我国人民物质生活水平的不断提高，对精神文化的需求也进一步加大，各类大型群众性文化体育活动日益增多。由于大型群众性活动是一项群众性的具有广泛性和复杂性的社会活动，具体表现在活动的内容丰富，参加活动的人员多、密度大、成分复杂，活动的规模大、范围广、场所复杂。在大型群众性活动中存在许多不安全的因素，都有可能导致危害公共安全事件的发生，从而影响活动的顺利进行，甚至造成人员伤亡和财产损失。

3. 主观要件

主观方面由过失构成，即行为人对举办大型群众性活动违反安全管理规定所发生的重大伤亡事故或者造成的其他严重后果具有疏忽大意或者过于自信的主观心理。

4. 客观要件

客观方面表现为举办大型群众性活动违反安全管理规定，因而发生重大伤亡事故或者造成其他严重后果的行为。

“安全管理规定”，是指国家有关部门为保证大型群众性活动安全、顺利举行制定的管理规定。实践中，违反安全管理规定的行为主要表现为：（1）未经许可，擅自举办大型群众性活动；（2）超过核准人数；（3）场地及其附属设施不符合安全标准，存在安全隐患，如场地建筑不坚固，有发生倒塌坠毁的可能性；各种电线、线路老化，容易引发火灾；（4）消防设施不符合法定要求，如灭火器超过使用期限；没有按照规定安装火灾自动报警系统；消防通道和紧急通道被占用，一旦发生事故，消防车不能开进，人员无法逃离现场；（5）不法分子蓄意破坏，制造爆炸性事件；（6）没有制订安全保卫工作方案；等等。对于举办大型群众性活动，公安机关要进行严密的安全保卫工作。2007年10月1日起施行的《大型群众性活动安全管理条例》第10条规定，公安机关应当履行下列职责：（1）审核承办者提交的大型群众性活动申请材料，实施安全许可；（2）制订大型群众性活动安全监督方案和突发事件处置预案；（3）指导对安全工作人员的教育培训；（4）在大型群众性活动举办前，对活动场所组织安全检查，发现安全隐患及时责令改正；（5）在大型群众性活动举办过程中，对安全工作的落实情况实施监督检查，发现安全隐患及时责令改正；（6）依法查处大型群众性活动中的违法犯罪行为，处置危害公共安全的突发事件。

根据法律规定，举办大型群众性活动违反安全管理规定，必须发生重大伤亡事故或者造成其他严重后果的，才构成犯罪。“重大伤亡事故”，是指致使多人重伤、死亡的事故；“其他严重后果”，是指致使国家财产、人民利益遭受重大损失等情形。根据《立案追诉标准（一）》第 11 条规定，举办大型群众性活动违反安全管理规定，涉嫌下列情形之一的，应予立案追诉：（1）造成死亡 1 人以上，或者重伤 3 人以上；（2）造成直接经济损失 50 万元以上的；（3）其他造成严重后果的情形。

《生产安全解释》第 6 条规定，实施《刑法》第 135 条之一规定的行为，因而发生安全事故，具有下列情形之一的，应当认定为“发生重大伤亡事故或者造成其他严重后果”，对相关责任人员，处三年以下有期徒刑或者拘役：（1）造成死亡一人以上，或者重伤三人以上的；（2）造成直接经济损失一百万元以上的；（3）其他造成严重后果或者重大安全事故的情形。第 7 条规定，实施《刑法》第 135 条之一规定的行为，因而发生安全事故，具有下列情形之一的，认定为“情节特别恶劣”，对相关责任人员，处 3 年以上 7 年以下有期徒刑：（1）造成死亡 3 人以上或者重伤 10 人以上，负事故主要责任的；（2）造成直接经济损失 500 万元以上，负事故主要责任的；（3）其他造成特别严重后果、情节特别恶劣或者后果特别严重的情形。

（三）实务疑难问题

1. 区分罪与非罪的界限

《大型群众性活动安全管理条例》第 11 条规定，公安机关对大型群众性活动实行安全许可制度。举办大型群众性活动应当符合下列条件：（1）承办者是依照法定程序成立的法人或者其他组织；（2）大型群众性活动的内容不得违反宪法、法律、法规的规定，不得违反社会公德；（3）具有符合本条例规定的安全工作方案，安全责任明确、措施有效；（4）活动场所、设施符合安全要求。第 12 条规定，大型群众性活动的预计参加人数在 1000 人以上 5000 人以下的，由活动所在地县级人民政府公安机关实施安全许可；预计参加人数在 5000 人以上的，由活动所在地设区的市级人民政府公安机关或者直辖市人民政府公安机关实施安全许可；跨省、自治区、直辖市举办大型群众性活动的，由国务院公安部门实施安全许可。第 14 条规定，公安机关收到申请材料应当依法作出受理或者不予受理的决定。对受理的申请，应当自受理之日起 7 日内进行审查，对活动场所进行查验，对符合安全条件的，作出许可的决定；对不符合安全条件的，作出不予许可的决定，并书面说明理由。第 15 条规定，对经安全许可的大型群众性活动，承办者不得擅自变更活动的时间、地点、内容或者扩大大型群众性活动的举办规模。如果行为人没有按照上述规定要求完成相关准备工作，应当认定为违反安全管理规定。

本罪属于结果犯。如果没有发生重大伤亡事故或者造成其他严重后果，则不构成犯罪。

公众活动场所发生的意外事故，是指由于不可预见、不可控制的因素，引发的公众活动场所的人员伤亡或公私财产的重大损失，本罪与公众活动场所发生的意外事故的区别在于，前者行为人主观上应当预见到自己在大型群众性活动中的违反安全管理规定的行为，可能会造成重大伤亡事故或者其他严重后果，因为疏忽大意而没有预见；或者虽然已经预见，但轻信能够避免，因而造成重大伤亡事故或其他严重后果；客观上没有履行法定的注意义务，未消除公众活动场所的安全隐患从而导致发生了重大伤亡事故或者造成了其他严重后果，但是行为人对此无法预见，或者已经预见但无法控制，主观上属于过失心理。

2. 区分本罪与重大责任事故罪的界限

二者之间的主要区别在于：（1）发生的领域不同。本罪发生在对公众活动场所的安全管理过程中，而重大责任事故罪发生在生产作业领域。（2）侵犯的具体法益不同。本罪侵犯的法益是公众活动场所的公共安全；重大责任事故罪侵犯的法益是生产、作业安全。（3）主体不同。本罪的主体是大型群众性活动的举办者或举办单位直接负责的主管人员，以及对该活动的安全保卫工作负有直接责任的人员，既可以由非国家机关工作人员构成，也可以是国家机关工作人员构成；重大责任事故罪的主体是安全设施、安全生产的主管人员或其他直接责任人员，重大责任事故罪的主体是生产、作业单位的普通从业人员和在生产、作业中直接从事领导、指挥的人员。（4）客观方面的行为方式不同。本罪主要表现为负有排除公众活动场所安全隐患的行为人，没有履行该义务，对大型群众性活动的参加者的人身、财产法益存在着危险性，因而其行为形式是不作为；而重大责任事故罪表现为违章生产、作业或者强令他人违章作业，一般是以作为的方式实施的。

（四）情节与量刑

《刑法》第135条之一规定，犯大型群众性活动重大安全事故罪的，对直接负责的主管人员和其他直接责任人员，处3年以下有期徒刑或者拘役；情节特别恶劣的，处3年以上7年以下有期徒刑。

本罪属实行单罚制的单位犯罪，只处罚直接负责的主管人员和其他直接责任人员。

司法机关在适用《刑法》第135条之一规定处罚时，应当注意以下问题：

1.《生产安全解释》第6条规定，实施《刑法》第135条之一规定的行为，因而发生安全事故，具有下列情形之一的，应当认定为“发生重大伤亡事故或者造成其他严重后果”，对相关责任人员，处3年以下有期徒刑或者拘役：

（1）造成死亡1人以上，或者重伤3人以上的；

（2）造成直接经济损失100万元以上的；

（3）其他造成严重后果或者重大安全事故的情形。

2.《生产安全解释》第7条规定，实施《刑法》第135条之一规定的行为，因而发生安全事故，具有下列情形之一的，认定为“情节特别恶劣”，对相关责任人员，处3年以上7年以下有期徒刑：

（1）造成死亡3人以上或者重伤10人以上，负事故主要责任的；

（2）造成直接经济损失500万元以上，负事故主要责任的；

（3）其他造成特别严重后果、情节特别恶劣或者后果特别严重的情形。

3.《生产安全解释》第12条规定，具有下列情形之一的，从重处罚：

（1）未依法取得安全许可证件或者安全许可证件过期、被暂扣、吊销、注销后从事生产经营活动的；

（2）关闭、破坏必要的安全监控和报警设备的；

（3）已经发现事故隐患，经有关部门或者个人提出后，仍不采取措施的；

（4）一年内曾因危害生产安全违法犯罪活动受过行政处罚或者刑事处罚的；

（5）采取弄虚作假、行贿等手段，故意逃避、阻挠负有安全监督管理职责的部门实施监督检查的；

（6）安全事故发生后转移财产意图逃避承担责任的；

（7）其他从重处罚的情形。

实施前款第5项规定的行为，同时构成《刑法》第389条规定的犯罪的，依照数罪并罚的规定处罚。

4.《生产安全解释》第13条规定，实施《刑法》第135条之一规定的犯罪行为，在安全事故发生后积极组织、参与事故抢救，或者积极配合调查、主动赔偿损失的，可以酌情从轻处罚。

5.《生产安全解释》第14条规定，国家工作人员违反规定投资入股生产经营，构成本解释规定的有关犯罪的，或者国家工作人员的贪污、受贿犯罪行为与安全事故发生存在关联性的，从重处罚；同时构成贪污、受贿犯罪和危害生产安全犯罪的，依照数罪并罚的规定处罚。

量刑档次	对应情节	有关概念解释	附加刑的适用
三年以下有期徒刑或者拘役	发生重大伤亡事故或者造成其他严重后果的	《生产安全解释》第6条规定，实施第135条之一规定的行为，因而发生安全事故，具有下列情形之一的，应当认定为“发生重大伤亡事故或者造成其他严重后果”，对相关责任人员，处3年以下有期徒刑或者拘役：（1）造成死亡1人以上，或者重伤3人以上的；（2）造成直接经济损失100万元以上的；（3）其他造成严重后果或者重大安全事故的情形。	
三年以上七年以下有期徒刑	情节特别恶劣的	《生产安全解释》第7条规定，实施刑法第135条之一规定的行为，因而发生安全事故，具有下列情形之一的，认定为“情节特别恶劣”，对相关责任人员，处3年以上7年以下有期徒刑：（1）造成死亡3人以上或者重伤10人以上，负事故主要责任的；（2）造成直接经济损失500万元以上，负事故主要责任的；（3）其他造成特别严重后果、情节特别恶劣或者后果特别严重的情形。	

（五）法律链接

1. **大型群众性活动安全管理条例**（2007年9月14日中华人民共和国国

务院令第505号公布　自2007年10月1日起施行）（节录）

第二条　本条例所称大型群众性活动，是指法人或者其他组织面向社会公众举办的每场次预计参加人数达到1000人以上的下列活动：

（一）体育比赛活动；

（二）演唱会、音乐会等文艺演出活动；

（三）展览、展销等活动；

（四）游园、灯会、庙会、花会、焰火晚会等活动；

（五）人才招聘会、现场开奖的彩票销售等活动。

影剧院、音乐厅、公园、娱乐场所等在其日常业务范围内举办的活动，不适用本条例的规定。

第五条　大型群众性活动的承办者（以下简称承办者）对其承办活动的安全负责，承办者的主要负责人为大型群众性活动的安全责任人。

第六条　举办大型群众性活动，承办者应当制订大型群众性活动安全工作方案。

大型群众性活动安全工作方案包括下列内容：

（一）活动的时间、地点、内容及组织方式；

（二）安全工作人员的数量、任务分配和识别标志；

（三）活动场所消防安全措施；

（四）活动场所可容纳的人员数量以及活动预计参加人数；

（五）治安缓冲区域的设定及其标识；

（六）入场人员的票证查验和安全检查措施；

（七）车辆停放、疏导措施；

（八）现场秩序维护、人员疏导措施；

（九）应急救援预案。

第七条　承办者具体负责下列安全事项：

（一）落实大型群众性活动安全工作方案和安全责任制度，明确安全措施、安全工作人员岗位职责，开展大型群众性活动安全宣传教育；

（二）保障临时搭建的设施、建筑物的安全，消除安全隐患；

（三）按照负责许可的公安机关的要求，配备必要的安全检查设备，对参加大型群众性活动的人员进行安全检查，对拒不接受安全检查的，承办者有权拒绝其进入；

（四）按照核准的活动场所容纳人员数量、划定的区域发放或者出售门票；

（五）落实医疗救护、灭火、应急疏散等应急救援措施并组织演练；

（六）对妨碍大型群众性活动安全的行为及时予以制止，发现违法犯罪行为及时向公安机关报告；

（七）配备与大型群众性活动安全工作需要相适应的专业保安人员以及其他安全工作人员；

（八）为大型群众性活动的安全工作提供必要的保障。

第八条 大型群众性活动的场所管理者具体负责下列安全事项：

（一）保障活动场所、设施符合国家安全标准和安全规定；

（二）保障疏散通道、安全出口、消防车通道、应急广播、应急照明、疏散指示标志符合法律、法规、技术标准的规定；

（三）保障监控设备和消防设施、器材配置齐全、完好有效；

（四）提供必要的停车场地，并维护安全秩序。

第十五条 对经安全许可的大型群众性活动，承办者不得擅自变更活动的时间、地点、内容或者扩大大型群众性活动的举办规模。

承办者变更大型群众性活动时间的，应当在原定举办活动时间之前向做出许可决定的公安机关申请变更，经公安机关同意方可变更。

承办者变更大型群众性活动地点、内容以及扩大大型群众性活动举办规模的，应当依照本条例的规定重新申请安全许可。

承办者取消举办大型群众性活动的，应当在原定举办活动时间之前书面告知做出安全许可决定的公安机关，并交回公安机关颁发的准予举办大型群众性活动的安全许可证件。

第十八条 承办者发现进入活动场所的人员达到核准数量时，应当立即停止验票；发现持有划定区域以外的门票或者持假票的人员，应当拒绝其入场并向活动现场的公安机关工作人员报告。

第十九条 在大型群众性活动举办过程中发生公共安全事故、治安案件的，安全责任人应当立即启动应急救援预案，并立即报告公安机关。

第二十一条 承办者或者大型群众性活动场所管理者违反本条例规定致使发生重大伤亡事故、治安案件或者造成其他严重后果构成犯罪的，依法追究刑事责任；尚不构成犯罪的，对安全责任人和其他直接责任人员依法给予处分、治安管理处罚，对单位处 1 万元以上 5 万元以下罚款。

2. **最高人民法院、最高人民检察院关于办理危害生产安全刑事案件适用法律若干问题的解释**（法释〔2015〕22 号　自 2015 年 12 月 16 日起施行）（节录）

第六条　实施刑法第一百三十二条、第一百三十四条第一款、第一百三十五条、第一百三十五条之一、第一百三十六条、第一百三十九条规定的行为，因而发生安全事故，具有下列情形之一的，应当认定为“造成严重后果”或者“发生重大伤亡事故或者造成其他严重后果”，对相关责任人员，处三年以下有期徒刑或者拘役：

（一）造成死亡一人以上，或者重伤三人以上的；

（二）造成直接经济损失一百万元以上的；

（三）其他造成严重后果或者重大安全事故的情形。

第七条　实施刑法第一百三十二条、第一百三十四条第一款、第一百三十五条、第一百三十五条之一、第一百三十六条、第一百三十九条规定的行为，因而发生安全事故，具有下列情形之一的，对相关责任人员，处三年以上七年以下有期徒刑：

（一）造成死亡三人以上或者重伤十人以上，负事故主要责任的；

（二）造成直接经济损失五百万元以上，负事故主要责任的；

（三）其他造成特别严重后果、情节特别恶劣或者后果特别严重的情形。

第十二条　实施刑法第一百三十二条、第一百三十四条至第一百三十九条之一规定的犯罪行为，具有下列情形之一的，从重处罚：

（一）未依法取得安全许可证件或者安全许可证件过期、被暂扣、吊销、注销后从事生产经营活动的；

（二）关闭、破坏必要的安全监控和报警设备的；

（三）已经发现事故隐患，经有关部门或者个人提出后，仍不采取措施的；

（四）一年内曾因危害生产安全违法犯罪活动受过行政处罚或者刑事处罚的；

（五）采取弄虚作假、行贿等手段，故意逃避、阻挠负有安全监督管理职责的部门实施监督检查的；

（六）安全事故发生后转移财产意图逃避承担责任的；

（七）其他从重处罚的情形。

实施前款第五项规定的行为，同时构成刑法第三百八十九条规定的犯罪的，依照数罪并罚的规定处罚。

第十三条 实施刑法第一百三十二条、第一百三十四条至第一百三十九条之一规定的犯罪行为，在安全事故发生后积极组织、参与事故抢救，或者积极配合调查、主动赔偿损失的，可以酌情从轻处罚。

第十四条 国家工作人员违反规定投资入股生产经营，构成本解释规定的有关犯罪的，或者国家工作人员的贪污、受贿犯罪行为与安全事故发生存在关联性的，从重处罚；同时构成贪污、受贿犯罪和危害生产安全犯罪的，依照数罪并罚的规定处罚。

四十八、危险物品肇事罪

（一）法律规定

第一百三十六条　违反爆炸性、易燃性、放射性、毒害性、腐蚀性物品的管理规定，在生产、储存、运输、使用中发生重大事故，造成严重后果的，处三年以下有期徒刑或者拘役；后果特别严重的，处三年以上七年以下有期徒刑。

（二）罪名详解

危险物品肇事罪，是指违反爆炸性、易燃性、放射性、毒害性、腐蚀性物品的管理规定，在生产、储存、运输、使用中发生重大事故，造成严重后果的行为。

本罪 1979 年《刑法》第 115 条作了规定，罪名为违反危险物品管理规定肇事罪。根据 1997 年《刑法》第 136 条的规定，罪名改为危险物品肇事罪。

危险物品肇事罪的构成要件是：

1. 主体要件

犯罪主体为一般主体。在实践中多是从事生产、储存、运输、使用危险物品的职工。

2. 客体要件

本罪侵犯的客体是社会的公共安全。犯罪对象是危险物品，即爆炸性、易燃性、放射性、毒害性、腐蚀性物品。

由于危险物品一旦失控，往往对人民群众的生命、健康或者公私财产造成严重危害，因此，刑法将违反爆炸性、易燃性、放射性、毒害性、腐蚀性物品的管理规定，在生产、储存、运输、使用中发生重大事故，造成严重后果的行为规定为犯罪，是十分必要的。

3. 主观要件

主观方面由过失构成。即行为人对违反危险物品管理规定的行为所造成的危害后果具有疏忽大意或者过于自信的主观心理。

4. 客观要件

客观方面表现为违反爆炸性、易燃性、放射性、毒害性、腐蚀性物品的管理规定，在生产、储存、运输、使用中发生重大事故，造成严重后果的行为。为了保障安全生产、储存、运输、使用危险物品，国家有关部门制定了有关法律、法规，如《民用爆炸物品安全管理条例》《危险化学品安全管理条例》等，违反这些规定是构成本罪的前提。在生产过程中违反规定的行为，主要表现为不按规定设置相应的通风、防火、防爆、防毒、监测、报警、降温、防潮、避雷、防静电、隔离操作等安全设施。在储存过程中违反规定的行为，主要表现为不按规定设置相应的防爆、防火、防雷、报警、防晒、消除静电等安全设施。在运输过程中违反规定的行为，主要表现为将客、货混装，不按规定分运、分卸；不按规定限速行驶；运输中无专人看管，等等。在使用方面违反规定的行为，主要表现为不按规定的剂量、范围、方法使用，或者不采取必要的防护措施，等等。所谓发生重大事故，造成严重后果，主要是指发生火灾、爆炸、中毒等事故，造成人员伤亡或者使公私财产遭受重大损失等情形。根据《立案追诉标准（一）》第 12 条规定，违反爆炸性、易燃性、放射性、毒害性、腐蚀性物品的管理规定，在生产、储存、运输、使用中发生重大事故，涉嫌下列情形之一的，应予立案追诉：（1）造成死亡 1 人以上，或者重伤 3 人以上；（2）造成直接经济损失 50 万元以上的；（3）其他造成严重后果的情形。

《生产安全解释》第 6 条规定，实施《刑法》第 136 条规定的行为，因而发生安全事故，具有下列情形之一的，应当认定为“造成严重后果”，对相关责任人员，处3年以下有期徒刑或者拘役：（1）造成死亡1人以上，或者重伤3人以上的；（2）造成直接经济损失100万元以上的；（3）其他造成严重后果或者重大安全事故的情形。第7条规定，实施《刑法》第136条规定的行为，因而发生安全事故，具有下列情形之一的，认定为“后果特别严重”，对相关责任人员，处3年以上7年以下有期徒刑：（1）造成死亡3人以上或者重伤10人以上，负事故主要责任的；（2）造成直接经济损失500万元以上，负事故主要责任的；（3）其他造成特别严重后果、情节特别恶劣或者后果特别严重的情形。

（三）实务疑难问题

1. 区分本罪与过失爆炸罪的界限

过失爆炸罪发生的原因一般都是因为行为人在日常生活中不注意生产、生活安全所致。而危险物品肇事罪的发生，则是因为行为人在生产、储存、运输、使用中，违反爆炸性、易燃性、放射性、毒害性、腐蚀性物品的管理规定，发生重大事故，造成严重后果的行为。换句话说，构成危险物品肇事罪有特定的客观条件的限制。

2. 区分本罪与重大责任事故罪的界限

其主要区别在于：客观方面表现形式不同。前者表现为违反爆炸性、易燃性、放射性、毒害性、腐蚀性物品的管理规定，在生产、储存、运输、使用中发生重大事故，造成严重后果的行为；而后者表现为行为人在生产、作业中违反有关安全管理的规定，因而发生重大伤亡事故或者造成其他严重后果的行为。

3. 区分本罪与非法制造、买卖、运输、邮寄、储存枪支、弹药、爆炸物罪以及非法制造、买卖、运输、储存危险物质罪的界限

三者在客观方面虽然都有运输爆炸物的行为。但是：（1）前者运输爆炸性物品、危险物品是合法的行为，只是在运输过程中违反危险物品管理规定，导致发生事故；而后两者运输爆炸物、危险物品则是违反法律规定的犯罪行为。（2）前者为过失犯罪，后两者为故意犯罪。（3）前者实施的运输爆炸物的行为必须造成了严重后果，才能构成犯罪；而非法运输爆炸物、危险物品的行为，只要一经实施，即构成犯罪，不要求实际发生严重后果。

（四）情节与量刑

《刑法》第 136 条规定，犯危险物品肇事罪的，处 3 年以下有期徒刑或者拘役；后果特别严重的，处 3 年以上 7 年以下有期徒刑。

司法机关在适用《刑法》第 125 条第 1 款、第 3 款规定处罚时，应当注意以下问题：

1.《生产安全解释》第 6 条规定，实施《刑法》第 136 条规定的行为，因而发生安全事故，具有下列情形之一的，应当认定为“造成严重后果”，对相关责任人员，处 3 年以下有期徒刑或者拘役：

（1）造成死亡 1 人以上，或者重伤 3 人以上的；

（2）造成直接经济损失 100 万元以上的；

（3）其他造成严重后果或者重大安全事故的情形。

2.《生产安全解释》第 7 条规定，实施《刑法》第 136 条规定的行为，因而发生安全事故，具有下列情形之一的，对相关责任人员，处 3 年以上 7 年以下有期徒刑：

（1）造成死亡 3 人以上或者重伤 10 人以上，负事故主要责任的；

（2）造成直接经济损失 500 万元以上，负事故主要责任的；

（3）其他造成特别严重后果、情节特别恶劣或者后果特别严重的情形。

3.《生产安全解释》第 12 条规定，具有下列情形之一的，从重处罚：

（1）未依法取得安全许可证件或者安全许可证件过期、被暂扣、吊销、注销后从事生产经营活动的；

（2）关闭、破坏必要的安全监控和报警设备的；

（3）已经发现事故隐患，经有关部门或者个人提出后，仍不采取措施的；

（4）一年内曾因危害生产安全违法犯罪活动受过行政处罚或者刑事处罚的；

（5）采取弄虚作假、行贿等手段，故意逃避、阻挠负有安全监督管理职责的部门实施监督检查的；

（6）安全事故发生后转移财产意图逃避承担责任的；

（7）其他从重处罚的情形。

实施前款第五项规定的行为，同时构成《刑法》第 389 条规定的犯罪的，依照数罪并罚的规定处罚。

4.《生产安全解释》第13条规定，实施本条规定的犯罪行为，在安全事故发生后积极组织、参与事故抢救，或者积极配合调查、主动赔偿损失的，可以酌情从轻处罚。

5.《生产安全解释》第14条规定，国家工作人员违反规定投资入股生产经营，构成本解释规定的有关犯罪的，或者国家工作人员的贪污、受贿犯罪行为与安全事故发生存在关联性的，从重处罚；同时构成贪污、受贿犯罪和危害生产安全犯罪的，依照数罪并罚的规定处罚。

量刑档次	对应情节	有关概念解释	附加刑的适用
三年以下有期徒刑或者拘役	造成严重后果的	《生产安全解释》第6条规定，实施第136条规定的行为，因而发生安全事故，具有下列情形之一的，应当认定为“造成严重后果”，对相关责任人员，处3年以下有期徒刑或者拘役：(1) 造成死亡1人以上，或者重伤3人以上的；(2) 造成直接经济损失100万元以上的；(3) 其他造成严重后果或者重大安全事故的情形。	
三年以上七年以下有期徒刑	后果特别严重的	《生产安全解释》第7条规定，实施《刑法》第136条规定的行为，因而发生安全事故，具有下列情形之一的，对相关责任人员，处3年以上7年以下有期徒刑：(1) 造成死亡3人以上或者重伤10人以上，负事故主要责任的；(2) 造成直接经济损失500万元以上，负事故主要责任的；(3) 其他造成特别严重后果、情节特别恶劣或者后果特别严重的情形。	

（五）法律链接

1. 最高人民法院、最高人民检察院关于办理危害生产安全刑事案件适用法律若干问题的解释（法释〔2015〕22号　自2015年12月16日起施行）（节录）

第六条　实施刑法第一百三十二条、第一百三十四条第一款、第一百三十五条、第一百三十五条之一、第一百三十六条、第一百三十九条规定的行为，因而发生安全事故，具有下列情形之一的，应当认定为“造成严重后果”或者“发生重大伤亡事故或者造成其他严重后果”，对相关责任人员，处三年以下有期徒刑或者拘役：

（一）造成死亡一人以上，或者重伤三人以上的；

（二）造成直接经济损失一百万元以上的；

（三）其他造成严重后果或者重大安全事故的情形。

第七条　实施刑法第一百三十二条、第一百三十四条第一款、第一百三十五条、第一百三十五条之一、第一百三十六条、第一百三十九条规定的行为，因而发生安全事故，具有下列情形之一的，对相关责任人员，处三年以上七年以下有期徒刑：

（一）造成死亡三人以上或者重伤十人以上，负事故主要责任的；

（二）造成直接经济损失五百万元以上，负事故主要责任的；

（三）其他造成特别严重后果、情节特别恶劣或者后果特别严重的情形。

第十二条　实施刑法第一百三十二条、第一百三十四条至第一百三十九条之一规定的犯罪行为，具有下列情形之一的，从重处罚：

（一）未依法取得安全许可证件或者安全许可证件过期、被暂扣、吊销、注销后从事生产经营活动的；

（二）关闭、破坏必要的安全监控和报警设备的；

（三）已经发现事故隐患，经有关部门或者个人提出后，仍不采取措施的；

（四）一年内曾因危害生产安全违法犯罪活动受过行政处罚或者刑事处罚的；

（五）采取弄虚作假、行贿等手段，故意逃避、阻挠负有安全监督管理职责的部门实施监督检查的；

（六）安全事故发生后转移财产意图逃避承担责任的；

（七）其他从重处罚的情形。

实施前款第五项规定的行为，同时构成刑法第三百八十九条规定的犯罪的，依照数罪并罚的规定处罚。

第十三条　实施刑法第一百三十二条、第一百三十四条至第一百三十九条之一规定的犯罪行为，在安全事故发生后积极组织、参与事故抢救，或者积极配合调查、主动赔偿损失的，可以酌情从轻处罚。

第十四条 国家工作人员违反规定投资入股生产经营，构成本解释规定的有关犯罪的，或者国家工作人员的贪污、受贿犯罪行为与安全事故发生存在关联性的，从重处罚；同时构成贪污、受贿犯罪和危害生产安全犯罪的，依照数罪并罚的规定处罚。

2. **中华人民共和国铁路法**（1990 年 9 月 7 日第七届全国人民代表大会常务委员会第十五次会议通过 自 1991 年 5 月 1 日起施行 根据 2009 年 8 月 27 日第十一届全国人民代表大会常务委员会第十次会议《关于修改部分法律的决定》第一次修正 根据 2015 年 4 月 24 日第十二届全国人民代表大会常务委员会第十四次会议《关于修改〈中华人民共和国义务教育法〉等五部法律的决定》第二次修正）（节录）

第六十条 违反本法规定，携带危险品进站上车或者以非危险品品名托运危险品，导致发生重大事故的，依照刑法有关规定追究刑事责任。企业事业单位、国家机关、社会团体犯本款罪的，处以罚金，对其主管人员和直接责任人员依法追究刑事责任。

……

3. **中华人民共和国民用航空法**（1995 年 10 月 30 日第八届全国人民代表大会常务委员会第十六次会议通过 根据 2009 年 8 月 27 日第十一届全国人民代表大会常务委员会第十次会议《关于修改部分法律的决定》第一次修正 根据 2015 年 4 月 24 日第十二届全国人民代表大会常务委员会第十四次会议《关于修改〈中华人民共和国计量法〉等五部法律的决定》第二次修正 根据 2017 年 11 月 4 日第十二届全国人民代表大会常务委员会第三十次会议《关于修改〈中华人民共和国会计法〉等十一部法律的决定》第四次修正 根据 2018 年 12 月 29 日第十三届全国人民代表大会常务委员会第七次会议《关于修改〈中华人民共和国劳动法〉等七部法律的决定》第五次修正）（节录）

第一百九十四条 公共航空运输企业违反本法第一百零一条的规定运输危险品的，由国务院民用航空主管部门没收违法所得，可以并处违法所得一倍以下的罚款。

公共航空运输企业有前款行为，导致发生重大事故的，没收违法所得，判处罚金；并对直接负责的主管人员和其他直接责任人员依照刑法有关规定追究刑事责任。

4. **危险化学品安全管理条例**（2002年1月26日中华人民共和国国务院令第344号公布 2011年2月16日国务院第144次常务会议修订通过 根据2013年12月7日《国务院关于修改部分行政法规的决定》修订）（节录）

第七十六条 未经安全条件审查，新建、改建、扩建生产、储存危险化学品的建设项目的，由安全生产监督管理部门责令停止建设，限期改正；逾期不改正的，处五十万元以上一百万元以下的罚款；构成犯罪的，依法追究刑事责任。

……

第七十七条第三款 违反本条例规定，未取得危险化学品经营许可证从事危险化学品经营的，由安全生产监督管理部门责令停止经营活动，没收违法经营的危险化学品以及违法所得，并处十万元以上二十万元以下的罚款；构成犯罪的，依法追究刑事责任。

第七十九条第一款 危险化学品包装物、容器生产企业销售未经检验或者经检验不合格的危险化学品包装物、容器的，由质量监督检验检疫部门责令改正，处十万元以上二十万元以下的罚款，有违法所得的，没收违法所得；拒不改正的，责令停产停业整顿；构成犯罪的，依法追究刑事责任。

5. **农药管理条例**（1997年5月8日中华人民共和国国务院令第216号发布 根据2001年11月29日《国务院关于修改〈农药管理条例〉的规定》第一次修订 2017年2月8日国务院第164次常务会议第二次修订 自2017年6月1日起施行）（节录）

第五十五条 农药经营者有下列行为之一的，由县级以上地方人民政府农业主管部门责令停止经营，没收违法所得、违法经营的农药和用于违法经营的工具、设备等，违法经营的农药货值金额不足一万元的，并处五千元以上五万元以下罚款，货值金额一万元以上的，并处货值金额五倍以上十倍以下罚款；构成犯罪的，依法追究刑事责任：

（一）违反本条例规定，未取得农药经营许可证经营农药；

（二）经营假农药；

（三）在农药中添加物质。

有前款第二项、第三项规定的行为，情节严重的，还应当由发证机关吊销农药经营许可证。

取得农药经营许可证的农药经营者不再符合规定条件继续经营农药的，由县级以上地方人民政府农业主管部门责令限期整改；逾期拒不整改或者整改后仍不符合规定条件的，由发证机关吊销农药经营许可证。

第六十条 农药使用者有下列行为之一的，由县级人民政府农业主管部门责令改正，农药使用者为农产品生产企业、食品和食用农产品仓储企业、专业化病虫害防治服务组织和从事农产品生产的农民专业合作社等单位的，处五万元以上十万元以下罚款，农药使用者为个人的，处一万元以下罚款；构成犯罪的，依法追究刑事责任：

（一）不按照农药的标签标注的使用范围、使用方法和剂量、使用技术要求和注意事项、安全间隔期使用农药；

（二）使用禁用的农药；

（三）将剧毒、高毒农药用于防治卫生害虫，用于蔬菜、瓜果、茶叶、菌类、中草药材生产或者用于水生植物的病虫害防治；

（四）在饮用水水源保护区内使用农药；

（五）使用农药毒鱼、虾、鸟、兽等；

（六）在饮用水水源保护区、河道内丢弃农药、农药包装物或者清洗施药器械。

有前款第二项规定的行为的，县级人民政府农业主管部门还应当没收禁用的农药。

6. **使用有毒物品作业场所劳动保护条例**（2002年5月12日中华人民共和国国务院令第352号公布　自2002年5月12日起施行）（节录）

第六十二条 在作业场所使用国家明令禁止使用的有毒物品或者使用不符合国家标准的有毒物品的，由卫生行政部门责令立即停止使用，处五万元以上三十万元以下的罚款；情节严重的，责令停止使用有毒物品作业，或者提请有关人民政府按照国务院规定的权限予以关闭；造成严重职业中毒危害或者导致职业中毒事故发生的，对负有责任的主管人员和其他直接责任人员依照刑法关于危险物品肇事罪、重大责任事故罪或者其他罪的规定，依法追究刑事责任。

第六十五条 从事使用有毒物品作业的用人单位违反本条例的规定，在转产、停产、停业或者解散、破产时未采取有效措施，妥善处理留存或者残留高毒物品的设备、包装物和容器的，由卫生行政部门责令改正，处二万元以上十万元以下的罚款；触犯刑律的，对负有责任的主管人员和其他直接责任人员依照刑法关于重大环境污染事故罪、危险物品肇事罪或者其他罪的规定，依法追究刑事责任。

第六十六条 用人单位违反本条例的规定，有下列情形之一的，由卫生行政部门给予警告，责令限期改正，处五千元以上二万元以下的罚款；逾期不改正的，责令停止使用有毒物品作业，或者提请有关人民政府按照国务院规定的权限予以关闭；造成严重职业中毒危害或者导致职业中毒事故发生的，对负有责任的主管人员和其他直接责任人员依照刑法关于重大劳动安全事故罪、危险物品肇事罪或者其他罪的规定，依法追究刑事责任：

（一）使用有毒物品作业场所未与生活场所分开或者在作业场所住人的；

（二）未将有害作业与无害作业分开的；

（三）高毒作业场所未与其他作业场所有效隔离的；

（四）从事高毒作业未按照规定配备应急救援设施或者制定事故应急救援预案的。

7. **人工影响天气管理条例**（2002年3月19日中华人民共和国国务院令第348号公布　自2002年5月1日起施行）（节录）

第十九条 违反本条例规定，有下列行为之一，造成严重后果的，依照刑法关于危险物品肇事罪、重大责任事故罪或者其他罪的规定，依法追究刑事责任；尚不够刑事处罚的，由有关气象主管机构按照管理权限责令改正，给予警告；情节严重的，取消作业资格；造成损失的，依法承担赔偿责任：

（一）违反人工影响天气作业规范或者操作规程的；

（二）未按照批准的空域和作业时限实施人工影响天气作业的；

（三）将人工影响天气作业设备转让给非人工影响天气作业单位或者个人的；

（四）未经批准，人工影响天气作业单位之间转让人工影响天气作业设备的；

（五）将人工影响天气作业设备用于与人工影响天气无关的活动的。

四十九、工程重大安全事故罪

（一）法律规定

第一百三十七条　建设单位、设计单位、施工单位、工程监理单位违反国家规定，降低工程质量标准，造成重大安全事故的，对

直接责任人员，处五年以下有期徒刑或者拘役，并处罚金；后果特别严重的，处五年以上十年以下有期徒刑，并处罚金。

（二）罪名详解

工程重大安全事故罪，是指建设单位、设计单位、施工单位、工程监理单位违反国家规定，降低工程质量标准，造成重大安全事故的行为。

本罪是1997年刑法增设的罪名，1979年刑法和单行刑法均没有规定此罪名。

工程重大安全事故罪的构成要件是：

1. 主体要件

犯罪主体为特殊主体，即只有建设单位、设计单位、施工单位、工程监理单位实施了违反国家规定，降低工程质量标准，造成重大安全事故的行为才构成本罪。其他单位不能成为本罪的主体。

2. 客体要件

本罪侵犯的客体是国家对建筑工程的管理制度。

每一项建筑工程成果都与人们的生活、工作密切相关，质量差的建筑工程对人们的生命健康和财产安全都是极大的隐患，一旦发生重大安全事故，如房屋倒塌、桥梁断裂等，对社会公共安全是一种严重的危害。特别是一些工程建设单位、施工单位、为牟取暴利，偷工减料或者使用不合格的建筑材料，随意降低建筑工程质量和标准，结果导致工程竣工后不久即发生倒塌，致使人员伤亡或者造成重大财产损失。对这些行为，必须依法予以刑事制裁。

3. 主观要件

主观方面由过失构成，即建设单位、设计单位、施工单位、工程监理单位的直接责任人员应当知道违反国家规定，降低建筑工程质量可能带来的严重后果，由于疏忽大意而没有预见，或者虽然已经预见，但轻信可以避免，结果导致重大安全事故的发生。

4. 客观要件

客观方面表现为建设单位、设计单位、施工单位、工程监理单位违反国家规定，降低工程质量标准，造成重大安全事故的行为。“建设单位”，是指建筑物的所有人或者使用人。“设计单位”，主要是指对建筑工程专门进行设计的单位。“施工单位”，是指根据建设单位的要求和设计单位的设计，承担具体施工的单位。“工程监理单位”，是指对建筑工程进行监督管理，担任工程质量监督工作的单位。“违反国家规定”，是指违反国家或者行业管理部门制定、发布的有关建筑工程质量标准的法律规定、章程规定的要求等行为。“降低工程质量”，是指违反操作规程粗制滥造、以次料充当好料、不实行严格的质量检测等行为。“造成重大安全事故”是指建筑工程交付使用后，由于工程质量不合格，导致建筑工程坍塌、断裂，造成人员伤亡或者交通工具倾覆等事故。根据《立案追诉标准（一）》第13条规定，建设单位、设计单位、施工单位、工程监理单位违反国家规定，降低工程质量标准，涉嫌下列情形之一的，应予立案追诉：（1）造成死亡1人以上，或者重伤3人以上；（2）造成直接经济损失50万元以上的；（3）其他造成严重后果的情形。

《生产安全解释》第6条规定，实施《刑法》第137条规定的行为，因而发生安全事故，具有下列情形之一的，应当认定为“造成重大安全事故”，对直接责任人员，处5年以下有期徒刑或者拘役，并处罚金：（1）造成死亡1人以上，或者重伤3人以上的；（2）造成直接经济损失100万元以上的；（3）其他造成严重后果或者重大安全事故的情形。第7条规定，实施《刑法》第137条规定的行为，因而发生安全事故，具有下列情形之一的，认定为“后果特别严重”，对直接责任人员，处5年以上10年以下有期徒刑，并处罚金：（1）造成死亡3人以上或者重伤10人以上，负事故主要责任的；（2）造成直接经济损失500万元以上，负事故主要责任的；（3）其他造成特别严重后果、情节特别恶劣或者后果特别严重的情形。

（三）实务疑难问题

1. 区分罪与非罪的界限

本罪与一般工程安全事故，行为人都实施了违反国家规定，降低工程质量标准的行为，区分两者的关键就在于是否造成了重大安全事故。设计单位、施工单位、工程监理单位违反国家规定，降低工程质量标准，造成了重大安全事故的，则构成工程重大安全事故罪；如果上述单位虽然违反了国家规定，降低工程质量标准，却没有造成重大安全事故的，则按不构成犯罪处理，或对直接责任人员予以行政处罚，或按有关建筑合同，承担相应的法律责任。

2. 区分本罪与重大劳动安全事故罪的界限

二者区别在于：（1）客观方面的表现形式不同。前者表现为建设单位、设计单位、施工单位、工程监理单位违反国家规定，降低工程质量标准，造成重大安全事故的行为；而后者表现为行为人明知本单位的劳动安全设施不符合国家规定，因而发生重大伤亡事故或者造成其他严重后果的行为。（2）主体范围不同。前者只有建设单位、设计单位、施工单位、工程监理单位的直接责任人员才能构成本罪的主体，其他单位不能成为本罪的主体；而后者的犯罪主体则是对安全生产设施或者安全生产条件不符合国家规定因而发生重大伤亡事故或者造成其他严重后果直接负责的主管人员和其他直接责任人员，范围较本罪宽泛得多。

（四）情节与量刑

《刑法》第137条规定，犯工程重大安全事故罪的，对直接责任人员，处5年以下有期徒刑或者拘役，并处罚金；后果特别严重的，处5年以上10年以下有期徒刑，并处罚金。

司法机关在适用《刑法》第137条规定处罚时，应当注意以下问题：

1. 本罪属实行单罚制的单位犯罪，只处罚直接责任人员。“直接责任人员”，是指对构成本罪负有直接责任的人，主要是决定违反国家规定，降低工程质量的单位负责人、设计师、工程监理以及组织施工的人员。

2.《生产安全解释》第6条规定，实施《刑法》第137条规定的行为，因而发生安全事故，具有下列情形之一的，应当认定为“造成重大安全事故”，对直接责任人员，处5年以下有期徒刑或者拘役，并处罚金：

（1）造成死亡1人以上，或者重伤3人以上的；

（2）造成直接经济损失100万元以上的；

（3）其他造成严重后果或者重大安全事故的情形。

3.《生产安全解释》第7条规定，实施《刑法》第137条规定的行为，因而发生安全事故，具有下列情形之一的，对直接责任人员，处5年以上10年以下有期徒刑，并处罚金：

（1）造成死亡3人以上或者重伤10人以上，负事故主要责任的；

（2）造成直接经济损失500万元以上，负事故主要责任的；

（3）其他造成特别严重后果、情节特别恶劣或者后果特别严重的情形。

4.《生产安全解释》第 12 条规定，具有下列情形之一的，从重处罚：

（1）未依法取得安全许可证件或者安全许可证件过期、被暂扣、吊销、注销后从事生产经营活动的；

（2）关闭、破坏必要的安全监控和报警设备的；

（3）已经发现事故隐患，经有关部门或者个人提出后，仍不采取措施的；

（4）一年内曾因危害生产安全违法犯罪活动受过行政处罚或者刑事处罚的；

（5）采取弄虚作假、行贿等手段，故意逃避、阻挠负有安全监督管理职责的部门实施监督检查的；

（6）安全事故发生后转移财产意图逃避承担责任的；

（7）其他从重处罚的情形。

实施前款第 5 项规定的行为，同时构成《刑法》第 389 条规定的犯罪的，依照数罪并罚的规定处罚。

5.《生产安全解释》第 13 条规定，实施本条规定的犯罪行为，在安全事故发生后积极组织、参与事故抢救，或者积极配合调查、主动赔偿损失的，可以酌情从轻处罚。

6.《生产安全解释》第 14 条规定，国家工作人员违反规定投资入股生产经营，构成本解释规定的有关犯罪的，或者国家工作人员的贪污、受贿犯罪行为与安全事故发生存在关联性的，从重处罚；同时构成贪污、受贿犯罪和危害生产安全犯罪的，依照数罪并罚的规定处罚。

量刑档次	对应情节	有关概念解释	附加刑的适用
五年以下有期徒刑或者拘役	造成重大安全事故	《生产安全解释》第 6 条规定，实施第 137 条规定的行为，因而发生安全事故，具有下列情形之一的，应当认定为“造成重大安全事故”，对相关责任人员，处 5 年以下有期徒刑或者拘役：（1）造成死亡 1 人以上，或者重伤 3 人以上的；（2）造成直接经济损失 100 万元以上的；（3）其他造成严重后果或者重大安全事故的情形。	并处罚金

续表

量刑档次	对应情节	有关概念解释	附加刑的适用
五年以上十年以下有期徒刑	后果特别严重	《生产安全解释》第7条规定，实施《刑法》第137条规定的行为，因而发生安全事故，具有下列情形之一的，对相关责任人员，处5年以上10年以下有期徒刑：（1）造成死亡3人以上或者重伤10人以上，负事故主要责任的；（2）造成直接经济损失500万元以上，负事故主要责任的；（3）其他造成特别严重后果、情节特别恶劣或者后果特别严重的情形。	

（五）法律链接

1. 中华人民共和国建筑法（1997年11月1日第八届全国人民代表大会常务委员会第二十八次会议通过　根据2011年4月22日第十一届全国人民代表大会常务委员会第二十次会议《关于修改〈中华人民共和国建筑法〉的决定》第一次修正　根据2019年4月23日第十三届全国人民代表大会常务委员会第十次会议《关于修改〈中华人民共和国建筑法〉等八部法律的决定》第二次修正）（节录）

第五十四条　建设单位不得以任何理由，要求建筑设计单位或者建筑施工企业在工程设计或者施工作业中，违反法律、行政法规和建筑工程质量、安全标准，降低工程质量。

建筑设计单位和建筑施工企业对建设单位违反前款规定提出的降低工程质量的要求，应当予以拒绝。

第六十九条第一款　工程监理单位与建设单位或者建筑施工企业串通，弄虚作假、降低工程质量的，责令改正，处以罚款，降低资质等级或者吊销资质证书；有违法所得的，予以没收；造成损失的，承担连带赔偿责任；构成犯罪的，依法追究刑事责任。

第七十条　违反本法规定，涉及建筑主体或者承重结构变动的装修工程擅自施工的，责令改正，处以罚款；造成损失的，承担赔偿责任；构成犯罪的，依法追究刑事责任。

第七十一条第一款　建筑施工企业违反本法规定，对建筑安全事故隐患不采取措施予以消除的，责令改正，可以处以罚款；情节严重的，责令停业整顿，降低资质等级或者吊销资质证书；构成犯罪的，依法追究刑事责任。

第七十二条　建设单位违反本法规定，要求建筑设计单位或者建筑施工企业违反建筑工程质量、安全标准，降低工程质量的，责令改正，可以处以罚款；构成犯罪的，依法追究刑事责任。

第七十三条　建筑设计单位不按照建筑工程质量、安全标准进行设计的，责令改正，处以罚款；造成工程质量事故的，责令停业整顿，降低资质等级或者吊销资质证书，没收违法所得，并处罚款；造成损失的，承担赔偿责任；构成犯罪的，依法追究刑事责任。

第七十四条　建筑施工企业在施工中偷工减料的，使用不合格的建筑材料、建筑构配件和设备的，或者有其他不按照工程设计图纸或者施工技术标准施工的行为的，责令改正，处以罚款；情节严重的，责令停业整顿，降低资质等级或者吊销资质证书；造成建筑工程质量不符合规定的质量标准的，负责返工、修理，并赔偿因此造成的损失；构成犯罪的，依法追究刑事责任。

2. 最高人民法院、最高人民检察院关于办理危害生产安全刑事案件适用法律若干问题的解释（法释〔2015〕22号　自2015年12月16日起施行）（节录）

第六条　实施刑法第一百三十二条、第一百三十四条第一款、第一百三十五条、第一百三十五条之一、第一百三十六条、第一百三十九条规定的行为，因而发生安全事故，具有下列情形之一的，应当认定为“造成严重后果”或者“发生重大伤亡事故或者造成其他严重后果”，对相关责任人员，处三年以下有期徒刑或者拘役：

（一）造成死亡一人以上，或者重伤三人以上的；

（二）造成直接经济损失一百万元以上的；

（三）其他造成严重后果或者重大安全事故的情形。

实施刑法第一百三十七条规定的行为，因而发生安全事故，具有本条第一款规定情形的，应当认定为“造成重大安全事故”，对直接责任人员，处五年以下有期徒刑或者拘役，并处罚金。

第七条 实施刑法第一百三十二条、第一百三十四条第一款、第一百三十五条、第一百三十五条之一、第一百三十六条、第一百三十九条规定的行为，因而发生安全事故，具有下列情形之一的，对相关责任人员，处三年以上七年以下有期徒刑：

（一）造成死亡三人以上或者重伤十人以上，负事故主要责任的；

（二）造成直接经济损失五百万元以上，负事故主要责任的；

（三）其他造成特别严重后果、情节特别恶劣或者后果特别严重的情形。

实施刑法第一百三十七条规定的行为，因而发生安全事故，具有本条第一款规定情形的，对直接责任人员，处五年以上十年以下有期徒刑，并处罚金。

第十二条 实施刑法第一百三十二条、第一百三十四条至第一百三十九条之一规定的犯罪行为，具有下列情形之一的，从重处罚：

（一）未依法取得安全许可证件或者安全许可证件过期、被暂扣、吊销、注销后从事生产经营活动的；

（二）关闭、破坏必要的安全监控和报警设备的；

（三）已经发现事故隐患，经有关部门或者个人提出后，仍不采取措施的；

（四）一年内曾因危害生产安全违法犯罪活动受过行政处罚或者刑事处罚的；

（五）采取弄虚作假、行贿等手段，故意逃避、阻挠负有安全监督管理职责的部门实施监督检查的；

（六）安全事故发生后转移财产意图逃避承担责任的；

（七）其他从重处罚的情形。

实施前款第五项规定的行为，同时构成刑法第三百八十九条规定的犯罪的，依照数罪并罚的规定处罚。

第十三条 实施刑法第一百三十二条、第一百三十四条至第一百三十九条之一规定的犯罪行为，在安全事故发生后积极组织、参与事故抢救，或者积极配合调查、主动赔偿损失的，可以酌情从轻处罚。

第十四条 国家工作人员违反规定投资入股生产经营，构成本解释规定的有关犯罪的，或者国家工作人员的贪污、受贿犯罪行为与安全事故发生存在关联性的，从重处罚；同时构成贪污、受贿犯罪和危害生产安全犯罪的，依照数罪并罚的规定处罚。

五十、教育设施重大安全事故罪

（一）法律规定

第一百三十八条　明知校舍或者教育教学设施有危险，而不采取措施或者不及时报告，致使发生重大伤亡事故的，对直接责任人员，处三年以下有期徒刑或者拘役；后果特别严重的，处三年以上七年以下有期徒刑。

（二）罪名详解

教育设施重大安全事故罪，是指明知校舍或者教育教学设施有危险，而不采取措施或者不及时报告，致使发生重大伤亡事故的行为。

本罪是1997年刑法增设的罪名，1979年刑法和单行刑法均没有规定此罪名。

教育设施重大安全事故罪的构成要件是：

1. 主体要件

犯罪主体为特殊主体，即学校校长和其他对教育教学设施安全负有领导、管理职责的人员以及学校上级机关、有关房管部门的主管人员。

2. 客体要件

本罪侵犯的客体是教学活动的安全。

教育机构实施教育教学活动的主要场所就是校舍及其他教育教学设施。因此，校舍及其他教育教学设施的安全直接关系到学校师生的生命健康和安全，进而关系到社会的稳定。教育法中对此问题作了明确的规定，目的就是通过法治手段来保障教育教学活动的正常秩序，保证进行教育教学活动的师生的安全。

3. 主观要件

主观方面由过失构成。根据法律规定，明知校舍或者教育教学设施有危险，而不采取措施或者不及时报告，必须导致发生重大伤亡事故的行为，才构成犯罪。所谓重大伤亡事故，主要是指校舍倒塌、教育教学设施毁坏，造成人员伤亡等情形。

4. 客观要件

客观方面表现为明知校舍或者教育教学设施有危险，而不采取措施或者不及时报告，致使发生重大伤亡事故的行为。

“校舍”，是指各类学校及其他教育机构的教室、教学楼、行政办公室、学生宿舍、图书馆、阅览室，等等。“教育教学设施”，是指用于教育教学的各种设施、设备，如实验室、实验设备、体育器械，等等。“明知校舍或者教育教学设施有危险，而不采取措施或者不及时报告”，是指明知校舍或者其他教育教学设施有倒塌或者发生人身伤害事故的危险或隐患，不履行应当履行的职责，不积极采取及时、有效的预防或者补救措施，或者不向学校领导、有关主管部门报告的行为。

根据《立案追诉标准（一）》第14条规定，明知校舍或者教育教学设施有危险，而不采取措施或者不及时报告，涉嫌下列情形之一的，应予立案追诉：(1) 造成死亡1人以上、重伤3人以上或者轻伤10人以上的；(2) 其他致使发生重大伤亡事故的情形。

《生产安全解释》第6条规定，实施《刑法》第138条规定的行为，因而发生安全事故，具有下列情形的，应当认定为“发生重大伤亡事故”，对直接责任人员，处3年以下有期徒刑或者拘役：造成死亡1人以上，或者重伤3人以上的。《生产安全解释》第7条规定，实施《刑法》第138条规定的行为，因而发生安全事故，具有下列情形之一的，对直接责任人员，处3年以上7年以下有期徒刑：(1) 造成死亡3人以上或者重伤10人以上，负事故主要责任的；(2) 具有造成死亡1人以上，或者重伤3人以上的，同时造成直接经济损失500万元以上并负事故主要责任的，或者同时造成恶劣社会影响的。

（三）实务疑难问题

1. 区分罪与非罪的界限

本罪属结果犯。如果没有发生重大伤亡事故或者虽然发生了事故但并未造成人员伤亡等严重后果的，不构成犯罪。

2. 区分本罪与工程重大安全事故罪的界限

两者都是过失犯罪，都以发生严重后果，作为构成犯罪的必要条件。但两者的区别在于：(1) 犯罪主体不同。教育设施重大安全罪主体只能是对校舍或者教育教学设施负有采取安全负责的主管人员和其他直接责任人员；工程重大安全事故罪是单位犯罪，其犯罪主体是建设单位、设计单位、施工工程监理单位。(2) 造成严重事故的原因不同。教育设施重大安全事故罪中重大伤亡事故的发生是由于行为人对自己明知的或教育教学设施存在的危险，不采取措施或者不及时报告，以致贻误时机，致使发生严重事故；工程重大安全事故罪中的重大安全事故发生的原因是建设单位、设计单位、施工单位、工程监理单位，降低工程质量标准造成的。

（四）情节与量刑

《刑法》第 138 条规定，犯教育设施重大安全事故罪的，对直接责任人员，处 3 年以下有期徒刑或者拘役；后果特别严重的，处 3 年以上 7 年以下有期徒刑。

司法机关在适用《刑法》第 138 条规定处罚时，应当注意以下问题：

1. 本罪属实行单罚制的单位犯罪，只处罚直接责任人员。“直接责任人员”，是指对构成本罪负有直接责任的人，主要包括对危险校舍或设施具有采取措施职责或报告职责，而不采取措施、不报告的人员。

2.《生产安全解释》第 6 条规定，实施《刑法》第 138 条规定的行为，因而发生安全事故，具有下列情形的，应当认定为“发生重大伤亡事故”，对直接责任人员，处 3 年以下有期徒刑或者拘役：造成死亡 1 人以上，或者重伤 3 人以上的；

3.《生产安全解释》第 7 条规定，实施《刑法》第 138 条规定的行为，因而发生安全事故，具有下列情形之一的，对直接责任人员，处 3 年以上 7 年以下有期徒刑：

（1）造成死亡 3 人以上或者重伤 10 人以上，负事故主要责任的；

（2）具有本解释第 6 条第 1 款第（一）项规定情形，同时造成直接经济损失 500 万元以上并负事故主要责任的，或者同时造成恶劣社会影响的。

4.《生产安全解释》第 12 条规定，具有下列情形之一的，从重处罚：

（1）未依法取得安全许可证件或者安全许可证件过期、被暂扣、吊销、注销后从事生产经营活动的；

（2）关闭、破坏必要的安全监控和报警设备的；

（3）已经发现事故隐患，经有关部门或者个人提出后，仍不采取措施的；

(4) 一年内曾因危害生产安全违法犯罪活动受过行政处罚或者刑事处罚的;

(5) 采取弄虚作假、行贿等手段,故意逃避、阻挠负有安全监督管理职责的部门实施监督检查的;

(6) 安全事故发生后转移财产意图逃避承担责任的;

(7) 其他从重处罚的情形。

实施前款第5项规定的行为,同时构成《刑法》第389条规定的犯罪的,依照数罪并罚的规定处罚。

5.《生产安全解释》第13条规定,实施本条规定的犯罪行为,在安全事故发生后积极组织、参与事故抢救,或者积极配合调查、主动赔偿损失的,可以酌情从轻处罚。

6.《生产安全解释》第14条规定,国家工作人员违反规定投资入股生产经营,构成本解释规定的有关犯罪的,或者国家工作人员的贪污、受贿犯罪行为与安全事故发生存在关联性的,从重处罚;同时构成贪污、受贿犯罪和危害生产安全犯罪的,依照数罪并罚的规定处罚。

量刑档次	对应情节	有关概念解释	附加刑的适用
三年以下有期徒刑或者拘役	发生重大伤亡事故	《生产安全解释》第6条规定,实施《刑法》第138条规定的行为,因而发生安全事故,具有下列情形的,应当认定为"发生重大伤亡事故":造成死亡1人以上,或者重伤3人以上的。	
三年以上七年以下有期徒刑	后果特别严重	《生产安全解释》第7条规定,实施《刑法》第138条规定的行为,因而发生安全事故,具有下列情形之一的,对相关责任人员,处3年以上7年以下有期徒刑:(1)造成死亡3人以上或者重伤10人以上,负事故主要责任的;(2)具有本解释第6条第1款第(一)项规定情形,同时造成直接经济损失五百万元以上并负事故主要责任的,或者同时造成恶劣社会影响的。	

（五）法律链接

1. **中华人民共和国教育法**（1995 年 3 月 18 日第八届全国人民代表大会第三次会议通过　自 1995 年 9 月 1 日起施行　根据 2009 年 8 月 27 日第十一届全国人民代表大会常务委员会第十次会议《关于修改部分法律的决定》第一次修正　根据 2015 年 12 月 27 日第十二届全国人民代表大会常务委员会第十八次会议《关于修改〈中华人民共和国教育法〉的决定》第二次修正）（节录）

第七十三条　明知校舍或者教育教学设施有危险，而不采取措施，造成人员伤亡或者重大财产损失的，对直接负责的主管人员和其他直接责任人员，依法追究刑事责任。

2. **最高人民法院、最高人民检察院关于办理危害生产安全刑事案件适用法律若干问题的解释**（法释〔2015〕22 号　自 2015 年 12 月 16 日起施行）（节录）

第六条　实施刑法第一百三十二条、第一百三十四条第一款、第一百三十五条、第一百三十五条之一、第一百三十六条、第一百三十九条规定的行为，因而发生安全事故，具有下列情形之一的，应当认定为“造成严重后果”或者“发生重大伤亡事故或者造成其他严重后果”，对相关责任人员，处三年以下有期徒刑或者拘役：

（一）造成死亡一人以上，或者重伤三人以上的；

（二）造成直接经济损失一百万元以上的；

（三）其他造成严重后果或者重大安全事故的情形。

实施刑法第一百三十八条规定的行为，因而发生安全事故，具有本条第一款第一项规定情形的，应当认定为“发生重大伤亡事故”，对直接责任人员，处三年以下有期徒刑或者拘役。

第七条第四款　实施刑法第一百三十八条规定的行为，因而发生安全事故，具有下列情形之一的，对直接责任人员，处三年以上七年以下有期徒刑：

（一）造成死亡三人以上或者重伤十人以上，负事故主要责任的；

（二）具有本解释第六条第一款第一项规定情形，同时造成直接经济损失五百万元以上并负事故主要责任的，或者同时造成恶劣社会影响的。

第十二条　实施刑法第一百三十二条、第一百三十四条至第一百三十九条之一规定的犯罪行为，具有下列情形之一的，从重处罚：

（一）未依法取得安全许可证件或者安全许可证件过期、被暂扣、吊销、注销后从事生产经营活动的；

（二）关闭、破坏必要的安全监控和报警设备的；

（三）已经发现事故隐患，经有关部门或者个人提出后，仍不采取措施的；

（四）一年内曾因危害生产安全违法犯罪活动受过行政处罚或者刑事处罚的；

（五）采取弄虚作假、行贿等手段，故意逃避、阻挠负有安全监督管理职责的部门实施监督检查的；

（六）安全事故发生后转移财产意图逃避承担责任的；

（七）其他从重处罚的情形。

实施前款第五项规定的行为，同时构成刑法第三百八十九条规定的犯罪的，依照数罪并罚的规定处罚。

第十三条 实施刑法第一百三十二条、第一百三十四条至第一百三十九条之一规定的犯罪行为，在安全事故发生后积极组织、参与事故抢救，或者积极配合调查、主动赔偿损失的，可以酌情从轻处罚。

第十四条 国家工作人员违反规定投资入股生产经营，构成本解释规定的有关犯罪的，或者国家工作人员的贪污、受贿犯罪行为与安全事故发生存在关联性的，从重处罚；同时构成贪污、受贿犯罪和危害生产安全犯罪的，依照数罪并罚的规定处罚。

五十一、消防责任事故罪

（一）法律规定

第一百三十九条　违反消防管理法规，经消防监督机构通知采取改正措施而拒绝执行，造成严重后果的，对直接责任人员，处三年以下有期徒刑或者拘役；后果特别严重的，处三年以上七年以下有期徒刑。

（二）罪名详解

消防责任事故罪，是指违反消防管理法规，经消防监督机构通知采取改正措施而拒绝执行，造成严重后果的行为。

本罪是1997年刑法增设的罪名，1979年刑法和单行刑法均没有规定此罪名。

消防责任事故罪的构成要件是：

1. 主体要件

犯罪主体为一般主体。实践中多为机关、团体、企事业等单位中对消防工作负有直接责任的人员。

2. 客体要件

本罪侵犯的客体是消防管理制度。消防安全直接关系到人民的生命、健康安全和公私财产安全，会直接影响到社会秩序的稳定。特别是随着城市建设的迅猛发展，加强防火设施的建设，保证生产、生活用火的安全显得十分重要。

3. 主观要件

主观方面表现为过失。可以是疏忽大意的过失，也可以是过于自信的过失。这里所说的过失，是指行为人对其所造成的危害结果的心理状态而言。行为人主观上并不希望火灾事故发生，但就其违反消防管理法规，经消防机构通知采取改正措施而拒绝执行而言，则却是明知故犯的。

4. 客观要件

客观方面表现为违反消防管理法规，经消防监督机构通知采取改正措施而拒绝执行，造成严重后果的行为。“违反消防管理法规”，是指违反国家有关消防方面的法律、法规和消防主管部门制定的有关规定等。这里所说的“消防监督机构”，是指根据法律、法规规定设立的专门负责消防监督管理工作的机构，如消防局等。“造成严重后果”，是指导致发生重大火灾，造成人员伤亡，或者公私财产遭受重大损失等情形。

根据《立案追诉标准（一）》第15条规定，违反消防管理法规，经消防监督机构通知采取改正措施而拒绝执行，涉嫌下列情形之一的，应予立案追诉：（1）造成死亡1人以上，或者重伤3人以上；（2）造成直接经济损失50万元以上的；（3）造成森林火灾，过火有林地面积2公顷以上，或者过火疏林地、灌木林地、未成林地、苗圃地面积 4 公顷以上的；（4）其他造成严重后果的情形。

《生产安全解释》第 6 条规定，实施《刑法》第 139 条规定的行为，因而发生安全事故，具有下列情形之一的，应当认定为“造成严重后果”，对相关责任人员，处 3 年以下有期徒刑或者拘役：（1）造成死亡 1 人以上，或者重伤 3 人以上的；（2）造成直接经济损失 100 万元以上的；（3）其他造成严重后果或者重大安全事故的情形。《生产安全解释》第 7 条规定，实施《刑法》第 139 条规定的行为，因而发生安全事故，具有下列情形之一的，认定为“后果特别严重”，对相关责任人员，处 3 年以上 7 年以下有期徒刑：（1）造成死亡 3 人以上或者重伤 10 人以上，负事故主要责任的；（2）造成直接经济损失 500 万元以上，负事故主要责任的；（3）其他造成特别严重后果、情节特别恶劣或者后果特别严重的情形。

（三）实务疑难问题

1. 区分罪与非罪的界限

行为人违反消防管理法规，经消防监督机构通知采取改正措施而拒绝执行，造成了严重后果的，才能构成本罪。本罪属结果犯。如果没有造成严重后果，或者虽然导致火灾事故的发生，但后果并不严重的，则不构成犯罪。

2. 区分本罪与失火罪的界限

本罪与失火罪的主要区别：（1）客观方面的表现形式不同。前者表现为行为人违反消防管理法规，经消防监督机构通知采取改正措施而拒绝执行，造成严重后果的行为；而后者表现为行为人过失引起火灾，导致人员重伤、死亡或者使公私财产遭受重大损失，危害公共安全的行为。（2）主体不同。前者是对本单位消防工作有直接责任的人员，行为人并未因自己的行为直接引发火灾；而后者的行为人是因用火不当直接导致火灾发生的人。

（四）情节与量刑

《刑法》第 139 条规定，犯消防责任事故罪的，对直接责任人员，处 3 年以下有期徒刑或者拘役；后果特别严重的，处 3 年以上 7 年以下有期徒刑。

司法机关在适用《刑法》第 139 条规定处罚时，应当注意以下问题：

1. 本罪属实行单罚制的单位犯罪，只处罚直接责任人员。是指对拒绝执行消防监督机构通知的改正措施行为负有直接责任的人，既包括单位决定拒绝执行的有关负责人，也包括接到通知后拒绝执行的个人。

2.《生产安全解释》第 6 条规定，实施《刑法》第 139 条规定的行为，因而发生安全事故，具有下列情形之一的，应当认定为“造成严重后果”，对直接责任人员，处 3 年以下有期徒刑或者拘役：

（1）造成死亡 1 人以上，或者重伤 3 人以上的；

（2）造成直接经济损失 100 万元以上的；

（3）其他造成严重后果或者重大安全事故的情形。

3.《生产安全解释》第 7 条规定，实施《刑法》第 139 条规定的行为，因而发生安全事故，具有下列情形之一的，对直接责任人员，处 3 年以上 7 年以下有期徒刑：

（1）造成死亡 3 人以上或者重伤 10 人以上，负事故主要责任的；

（2）造成直接经济损失 500 万元以上，负事故主要责任的；

（3）其他造成特别严重后果、情节特别恶劣或者后果特别严重的情形。

4.《生产安全解释》第 12 条规定，具有下列情形之一的，从重处罚：

（1）未依法取得安全许可证件或者安全许可证件过期、被暂扣、吊销、注销后从事生产经营活动的；

（2）关闭、破坏必要的安全监控和报警设备的；

（3）已经发现事故隐患，经有关部门或者个人提出后，仍不采取措施的；

（4）一年内曾因危害生产安全违法犯罪活动受过行政处罚或者刑事处罚的；

（5）采取弄虚作假、行贿等手段，故意逃避、阻挠负有安全监督管理职责的部门实施监督检查的；

（6）安全事故发生后转移财产意图逃避承担责任的；

（7）其他从重处罚的情形。

实施前款第 5 项规定的行为，同时构成《刑法》第 389 条规定的犯罪的，依照数罪并罚的规定处罚。

5.《生产安全解释》第 13 条规定，实施本条规定的犯罪行为，在安全事故发生后积极组织、参与事故抢救，或者积极配合调查、主动赔偿损失的，可以酌情从轻处罚。

6.《生产安全解释》第 14 条规定，国家工作人员违反规定投资入股生产经营，构成本解释规定的有关犯罪的，或者国家工作人员的贪污、受贿犯罪行为与安全事故发生存在关联性的，从重处罚；同时构成贪污、受贿犯罪和危害生产安全犯罪的，依照数罪并罚的规定处罚。

量刑档次	对应情节	有关概念解释	附加刑的适用
三年以下有期徒刑或者拘役	造成严重后果	《生产安全解释》第6条规定，实施《刑法》第139条规定的行为，因而发生安全事故，具有下列情形之一的，对相关责任人员，处3年以下有期徒刑或者拘役：（1）造成死亡1人以上，或者重伤3人以上的；（2）造成直接经济损失100万元以上的；（3）其他造成严重后果或者重大安全事故的情形。	
三年以上七年以下有期徒刑	后果特别严重	《生产安全解释》第7条规定，实施《刑法》第139条规定的行为，因而发生安全事故，具有下列情形之一的，对相关责任人员，处3年以上7年以下有期徒刑：（1）造成死亡3人以上或者重伤10人以上，负事故主要责任的；（2）造成直接经济损失500万元以上，负事故主要责任的；（3）其他造成特别严重后果、情节特别恶劣或者后果特别严重的情形。	

（五）法律链接

1. **中华人民共和国消防法**（1998年4月29日第九届全国人民代表大会常务委员会第二次会议通过　2008年10月28日第十一届全国人民代表大会常务委员会第五次会议修订　根据2019年4月23日第十三届全国人民代表大会常务委员会第十次会议《关于修改〈中华人民共和国建筑法〉等八部法律的决定》修正）（节录）

第五十八条　违反本法规定，有下列行为之一的，由住房和城乡建设主管部门、消防救援机构按照各自职权责令停止施工、停止使用或者停产停业，并处三万元以上三十万元以下罚款：

（一）依法应当进行消防设计审查的建设工程，未经依法审查或者审查不合格，擅自施工的；

（二）依法应当进行消防验收的建设工程，未经消防验收或者消防验收不合格，擅自投入使用的；

（三）本法第十三条规定的其他建设工程验收后经依法抽查不合格，不停止使用的；

（四）公众聚集场所未经消防安全检查或者经检查不符合消防安全要求，擅自投入使用、营业的。

建设单位未依照本法规定在验收后报住房和城乡建设主管部门备案的，由住房和城乡建设主管部门责令改正，处五千元以下罚款。

第五十九条　违反本法规定，有下列行为之一的，责令改正或者停止施工，并处一万元以上十万元以下罚款：

（一）建设单位要求建筑设计单位或者建筑施工企业降低消防技术标准设计、施工的；

（二）建筑设计单位不按照消防技术标准强制性要求进行消防设计的；

（三）建筑施工企业不按照消防设计文件和消防技术标准施工，降低消防施工质量的；

（四）工程监理单位与建设单位或者建筑施工企业串通，弄虚作假，降低消防施工质量的。

第六十条　单位违反本法规定，有下列行为之一的，责令改正，处五千元以上五万元以下罚款：

（一）消防设施、器材或者消防安全标志的配置、设置不符合国家标准、行业标准，或者未保持完好有效的；

（二）损坏、挪用或者擅自拆除、停用消防设施、器材的；

（三）占用、堵塞、封闭疏散通道、安全出口或者有其他妨碍安全疏散行为的；

（四）埋压、圈占、遮挡消火栓或者占用防火间距的；

（五）占用、堵塞、封闭消防车通道，妨碍消防车通行的；

（六）人员密集场所在门窗上设置影响逃生和灭火救援的障碍物的；

（七）对火灾隐患经公安机关消防机构通知后不及时采取措施消除的。

个人有前款第二项、第三项、第四项、第五项行为之一的，处警告或者五百元以下罚款。

有本条第一款第三项、第四项、第五项、第六项行为，经责令改正拒不改正的，强制执行，所需费用由违法行为人承担。

第六十一条 生产、储存、经营易燃易爆危险品的场所与居住场所设置在同一建筑物内，或者未与居住场所保持安全距离的，责令停产停业，并处五千元以上五万元以下罚款。

生产、储存、经营其他物品的场所与居住场所设置在同一建筑物内，不符合消防技术标准的，依照前款规定处罚。

第六十二条 有下列行为之一的，依照《中华人民共和国治安管理处罚法》的规定处罚：

（一）违反有关消防技术标准和管理规定生产、储存、运输、销售、使用、销毁易燃易爆危险品的；

（二）非法携带易燃易爆危险品进入公共场所或者乘坐公共交通工具的；

（三）谎报火警的；

（四）阻碍消防车、消防艇执行任务的；

（五）阻碍公安机关消防机构的工作人员依法执行职务的。

第六十三条 违反本法规定，有下列行为之一的，处警告或者五百元以下罚款；情节严重的，处五日以下拘留：

（一）违反消防安全规定进入生产、储存易燃易爆危险品场所的；

（二）违反规定使用明火作业或者在具有火灾、爆炸危险的场所吸烟、使用明火的。

第六十四条 违反本法规定，有下列行为之一，尚不构成犯罪的，处十日以上十五日以下拘留，可以并处五百元以下罚款；情节较轻的，处警告或者五百元以下罚款：

（一）指使或者强令他人违反消防安全规定，冒险作业的；

（二）过失引起火灾的；

（三）在火灾发生后阻拦报警，或者负有报告职责的人员不及时报警的；

（四）扰乱火灾现场秩序，或者拒不执行火灾现场指挥员指挥，影响灭火救援的；

（五）故意破坏或者伪造火灾现场的；

（六）擅自拆封或者使用被公安机关消防机构查封的场所、部位的。

第六十五条 违反本法规定，生产、销售不合格的消防产品或者国家明令淘汰的消防产品的，由产品质量监督部门或者工商行政管理部门依照《中华人民共和国产品质量法》的规定从重处罚。

人员密集场所使用不合格的消防产品或者国家明令淘汰的消防产品的，责令限期改正；逾期不改正的，处五千元以上五万元以下罚款，并对其直接负责的主管人员和其他直接责任人员处五百元以上二千元以下罚款；情节严重的，责令停产停业。

消防救援机构对于本条第二款规定的情形，除依法对使用者予以处罚外，应当将发现不合格的消防产品和国家明令淘汰的消防产品的情况通报产品质量监督部门、工商行政管理部门。产品质量监督部门、工商行政管理部门应当对生产者、销售者依法及时查处。

第六十六条 电器产品、燃气用具的安装、使用及其线路、管路的设计、敷设、维护保养、检测不符合消防技术标准和管理规定的，责令限期改正；逾期不改正的，责令停止使用，可以并处一千元以上五千元以下罚款。

第六十七条 机关、团体、企业、事业等单位违反本法第十六条、第十七条、第十八条、第二十一条第二款规定的，责令限期改正；逾期不改正的，对其直接负责的主管人员和其他直接责任人员依法给予处分或者给予警告处罚。

第七十二条 违反本法规定，构成犯罪的，依法追究刑事责任。

2. 最高人民法院、最高人民检察院关于办理危害生产安全刑事案件适用法律若干问题的解释（法释〔2015〕22号 自2015年12月16日起施行）（节录）

第六条 实施刑法第一百三十二条、第一百三十四条第一款、第一百三十五条、第一百三十五条之一、第一百三十六条、第一百三十九条规定的行为，因而发生安全事故，具有下列情形之一的，应当认定为“造成严重后果”或者“发生重大伤亡事故或者造成其他严重后果”，对相关责任人员，处三年以下有期徒刑或者拘役：

（一）造成死亡一人以上，或者重伤三人以上的；

（二）造成直接经济损失一百万元以上的；

（三）其他造成严重后果或者重大安全事故的情形。

第七条 实施刑法第一百三十二条、第一百三十四条第一款、第一百三十五条、第一百三十五条之一、第一百三十六条、第一百三十九条规定的行为，因而发生安全事故，具有下列情形之一的，对相关责任人员，处三年以上七年以下有期徒刑：

（一）造成死亡三人以上或者重伤十人以上，负事故主要责任的；

（二）造成直接经济损失五百万元以上，负事故主要责任的；

（三）其他造成特别严重后果、情节特别恶劣或者后果特别严重的情形。

第十二条 实施刑法第一百三十二条、第一百三十四条至第一百三十九条之一规定的犯罪行为，具有下列情形之一的，从重处罚：

（一）未依法取得安全许可证件或者安全许可证件过期、被暂扣、吊销、注销后从事生产经营活动的；

（二）关闭、破坏必要的安全监控和报警设备的；

（三）已经发现事故隐患，经有关部门或者个人提出后，仍不采取措施的；

（四）一年内曾因危害生产安全违法犯罪活动受过行政处罚或者刑事处罚的；

（五）采取弄虚作假、行贿等手段，故意逃避、阻挠负有安全监督管理职责的部门实施监督检查的；

（六）安全事故发生后转移财产意图逃避承担责任的；

（七）其他从重处罚的情形。

实施前款第五项规定的行为，同时构成刑法第三百八十九条规定的犯罪的，依照数罪并罚的规定处罚。

第十三条 实施刑法第一百三十二条、第一百三十四条至第一百三十九条之一规定的犯罪行为，在安全事故发生后积极组织、参与事故抢救，或者积极配合调查、主动赔偿损失的，可以酌情从轻处罚。

第十四条 国家工作人员违反规定投资入股生产经营，构成本解释规定的有关犯罪的，或者国家工作人员的贪污、受贿犯罪行为与安全事故发生存在关联性的，从重处罚；同时构成贪污、受贿犯罪和危害生产安全犯罪的，依照数罪并罚的规定处罚。

五十二、不报、谎报安全事故罪

（一）法律规定

第一百三十九条之一[①] **在安全事故发生后，负有报告职责的人员不报或者谎报事故情况，贻误事故抢救，情节严重的，处三年以下有期徒刑或者拘役；情节特别严重的，处三年以上七年以下有期徒刑。**

（二）罪名详解

不报、谎报安全事故罪，是指在安全事故发生后，负有报告职责的人员不报或者谎报事故情况，贻误事故抢救，情节严重的行为。

本罪是《刑法修正案（六）》第4条增设的罪名。

不报、谎报安全事故罪的构成要件是：

1. 主体要件

犯罪主体为对安全事故“负有报告职责的人员”。

“安全事故”不仅限于生产经营单位发生的安全生产事故、大型群众性活动中发生的重大伤亡事故，还包括刑法分则第二章规定的所有与安全事故有关的犯罪，但第133条、第138条除外，因为这两条已将不报告作为构成犯罪的条件之一。根据《生产安全解释》第4条的规定，“负有报告职责的人员”，是指负有组织、指挥或者管理职责的负责人、管理人员、实际控制人、投资人，以及其他负有报告职责的人员。

2. 客体要件

本罪侵犯的客体是安全事故监管制度。本罪主要是针对近年来一些事故单位的负责人和对安全事故负有监管职责的人员在事故发生后弄虚作假，结果贻误事故抢救，造成人员伤亡和财产损失进一步扩大的行为而设置的。

3. 主观要件

主观方面由故意构成。

---

① 本条由2006年6月29日《刑法修正案（六）》第4条增加。

4. 客观要件

客观方面表现为在安全事故发生后，负有报告职责的人员不报或者谎报事故情况，贻误事故抢救，情节严重的行为。

《安全生产法》第 106 条规定，生产经营单位的主要负责人在本单位发生生产安全事故时，不立即组织抢救或者在事故调查处理期间擅离职守或者逃匿的，给予降级、撤职的处分，并由安全生产监督管理部门处上一年年收入 60％至 100％的罚款；对逃匿的处十五日以下拘留；构成犯罪的，依照刑法有关规定追究刑事责任。生产经营单位的主要负责人对生产安全事故隐瞒不报、谎报或者迟报的，依照前款规定处罚。该法第 107 条规定，有关地方人民政府、负有安全生产监督管理职责的部门，对生产安全事故隐瞒不报、谎报或者迟报的，对直接负责的主管人员和其他直接责任人员依法给予处分；构成犯罪的，依照刑法有关规定追究刑事责任。《国务院关于特大安全事故行政责任追究的规定》第 16 条第 1 款规定，特大安全事故发生后，有关县（市、区）、市（地、州）和省、自治区、直辖市人民政府及政府有关部门应当按照国家规定的程序和时限立即上报，不得隐瞒不报、谎报或者拖延报告，并应当配合、协助事故调查，不得以任何方式阻碍、干涉事故调查。

《生产安全解释》第 8 条规定，在安全事故发生后，负有报告职责的人员不报或者谎报事故情况，贻误事故抢救，具有下列情形之一的，应当认定为《刑法》第 139 条之一规定的“情节严重”：（1）导致事故后果扩大，增加死亡 1 人以上，或者增加重伤 3 人以上，或者增加直接经济损失 100 万元以上的；（2）实施下列行为之一，致使不能及时有效开展事故抢救的：①决定不报、迟报、谎报事故情况或者指使、串通有关人员不报、迟报、谎报事故情况的；②在事故抢救期间擅离职守或者逃匿的；③伪造、破坏事故现场，或者转移、藏匿、毁灭遇难人员尸体，或者转移、藏匿受伤人员的；④毁灭、伪造、隐匿与事故有关的图纸、记录、计算机数据等资料以及其他证据的；（3）其他情节严重的情形。具有下列情形之一的，应当认定为《刑法》第 139 条之一规定的“情节特别严重”：（1）导致事故后果扩大，增加死亡 3 人以上，或者增加重伤 10 人以上，或者增加直接经济损失 500 万元以上的；（2）采用暴力、胁迫、命令等方式阻止他人报告事故情况，导致事故后果扩大的；（3）其他情节特别严重的情形。该《生产安全解释》第 9 条规定，在安全事故发生后，与负有报告职责的人员串通，不报或者谎报事故情况，贻误事故抢救，情节严重的，依照《刑法》第 139 条之一的规定，以共犯论处。

（三）实务疑难问题

1. 区分罪与非罪的界限

不报、谎报安全事故，贻误事故抢救的行为，如果没有达到情节严重的程度，则属一般违法行为，不能追究行为人的刑事责任。

2. 区分本罪与玩忽职守罪的界限

二者区别在于：（1）主体不同。前者是生产经营单位的负责人，后者是只能是国家机关工作人员。（2）客体不同。前者侵害的客体是公共安全，也就是不特定或是多数人的生命健康或是重大公司财产的安全；后者侵害的是国家机关正常的管理活动。（3）客观表现不同。前者是安全事故发生以后，负有报告职责的人员不报或者谎报事故情况，贻误事故抢救情节严重的行为；后者表现为严重的不负责任，不履行或不正确履行工作职责，致使公共财产、国家和人民利益遭受到重大损失的行为。

3. 区分本罪与重大责任事故罪的界限

重大责任事故指的是违反有关规定，因而发生重大伤亡事故或造成其他严重后果的行为。二者区别在于：（1）主体不同。前者既可以是国家机关工作人员，也可以是国家非机关工作人员；后者只能是国家非机关工作人员。（2）客体不同。前者侵犯的客体包括生产作业安全和其他的公共领域、公共场所的安全；后者侵犯的是生产作业安全。（3）发生的前提不同。前者是安全事故已经发生；后者是在生产作业的过程当中。（4）客观表现不同。前者是负有报告职责的人员不报或谎报事故情况；后者是在生产作业当中违反有关安全管理规定。

（四）情节与量刑

《刑法》第 139 条之一规定，犯不报、谎报安全事故罪的，处 3 年以下有期徒刑或者拘役；情节特别严重的，处 3 年以上 7 年以下有期徒刑。

司法机关在适用《刑法》第 139 条之一规定处罚时，应当注意以下问题：

1.《生产安全解释》第 8 条规定，在安全事故发生后，负有报告职责的人员不报或者谎报事故情况，贻误事故抢救，具有下列情形之一的，应当认定为《刑法》第 139 条之一规定的“情节严重”：

（1）导致事故后果扩大，增加死亡 1 人以上，或者增加重伤 3 人以上，或者增加直接经济损失 100 万元以上的；

（2）实施下列行为之一，致使不能及时有效开展事故抢救的：

①决定不报、迟报、谎报事故情况或者指使、串通有关人员不报、迟报、谎报事故情况的；

②在事故抢救期间擅离职守或者逃匿的；

③伪造、破坏事故现场，或者转移、藏匿、毁灭遇难人员尸体，或者转移、藏匿受伤人员的；

④毁灭、伪造、隐匿与事故有关的图纸、记录、计算机数据等资料以及其他证据的；

（3）其他情节严重的情形。

具有下列情形之一的，应当认定为《刑法》第 139 条之一规定的“情节特别严重”：

（1）导致事故后果扩大，增加死亡 3 人以上，或者增加重伤 10 人以上，或者增加直接经济损失 500 万元以上的；

（2）采用暴力、胁迫、命令等方式阻止他人报告事故情况，导致事故后果扩大的；

（3）其他情节特别严重的情形。

2.《生产安全解释》第 9 条规定，在安全事故发生后，与负有报告职责的人员串通，不报或者谎报事故情况，贻误事故抢救，情节严重的，依照《刑法》第 139 条之一的规定，以共犯论处。

3.《生产安全解释》第 12 条规定，具有下列情形之一的，从重处罚：

（1）未依法取得安全许可证件或者安全许可证件过期、被暂扣、吊销、注销后从事生产经营活动的；

（2）关闭、破坏必要的安全监控和报警设备的；

（3）已经发现事故隐患，经有关部门或者个人提出后，仍不采取措施的；

（4）一年内曾因危害生产安全违法犯罪活动受过行政处罚或者刑事处罚的；

（5）采取弄虚作假、行贿等手段，故意逃避、阻挠负有安全监督管理职责的部门实施监督检查的；

（6）安全事故发生后转移财产意图逃避承担责任的；

（7）其他从重处罚的情形。

实施前款第5项规定的行为，同时构成《刑法》第389条规定的犯罪的，依照数罪并罚的规定处罚。

4.《生产安全解释》第13条规定，实施本条规定的犯罪行为，在安全事故发生后积极组织、参与事故抢救，或者积极配合调查、主动赔偿损失的，可以酌情从轻处罚。

5.《生产安全解释》第14条规定，国家工作人员违反规定投资入股生产经营，构成本解释规定的有关犯罪的，或者国家工作人员的贪污、受贿犯罪行为与安全事故发生存在关联性的，从重处罚；同时构成贪污、受贿犯罪和危害生产安全犯罪的，依照数罪并罚的规定处罚。

量刑档次	对应情节	有关概念解释	附加刑的适用
三年以下有期徒刑或者拘役	负有报告职责的人员不报或者谎报事故情况，贻误事故抢救，情节严重的	《生产安全解释》第8条规定，实施《刑法》第139条之一规定的行为，具有下列情形之一的，属于“情节严重”：（1）导致事故后果扩大，增加死亡1人以上，或者增加重伤3人以上，或者增加直接经济损失100万元以上的；（2）实施下列行为之一，致使不能及时有效开展事故抢救的：①决定不报、迟报、谎报事故情况或者指使、串通有关人员不报、迟报、谎报事故情况的；②在事故抢救期间擅离职守或者逃匿的；③伪造、破坏事故现场，或者转移、藏匿、毁灭遇难人员尸体，或者转移、藏匿受伤人员的；④毁灭、伪造、隐匿与事故有关的图纸、记录、计算机数据等资料以及其他证据的；（3）其他情节严重的情形。	

续表

量刑档次	对应情节	有关概念解释	附加刑的适用
三年以上七年以下有期徒刑	情节特别严重	《生产安全解释》第8条规定，实施《刑法》第139条之一规定的行为，具有下列情形之一的，属于“情节特别严重”：（1）导致事故后果扩大，增加死亡3人以上，或者增加重伤10人以上，或者增加直接经济损失500万元以上的；（2）采用暴力、胁迫、命令等方式阻止他人报告事故情况，导致事故后果扩大的；（3）其他情节特别严重的情形。	

（五）法律链接

1. 最高人民法院、最高人民检察院关于办理危害生产安全刑事案件适用法律若干问题的解释（法释〔2015〕22号　自2015年12月16日起施行）（节录）

第八条　在安全事故发生后，负有报告职责的人员不报或者谎报事故情况，贻误事故抢救，具有下列情形之一的，应当认定为刑法第一百三十九条之一规定的“情节严重”：

（一）导致事故后果扩大，增加死亡一人以上，或者增加重伤三人以上，或者增加直接经济损失一百万元以上的；

（二）实施下列行为之一，致使不能及时有效开展事故抢救的：

1. 决定不报、迟报、谎报事故情况或者指使、串通有关人员不报、迟报、谎报事故情况的；

2. 在事故抢救期间擅离职守或者逃匿的；

3. 伪造、破坏事故现场，或者转移、藏匿、毁灭遇难人员尸体，或者转移、藏匿受伤人员的；

4. 毁灭、伪造、隐匿与事故有关的图纸、记录、计算机数据等资料以及其他证据的；

（三）其他情节严重的情形。

具有下列情形之一的，应当认定为刑法第一百三十九条之一规定的“情节特别严重”：

（一）导致事故后果扩大，增加死亡三人以上，或者增加重伤十人以上，或者增加直接经济损失五百万元以上的；

（二）采用暴力、胁迫、命令等方式阻止他人报告事故情况，导致事故后果扩大的；

（三）其他情节特别严重的情形。

第九条　在安全事故发生后，与负有报告职责的人员串通，不报或者谎报事故情况，贻误事故抢救，情节严重的，依照刑法第一百三十九条之一的规定，以共犯论处。

第十条　在安全事故发生后，直接负责的主管人员和其他直接责任人员故意阻挠开展抢救，导致人员死亡或者重伤，或者为了逃避法律追究，对被害人进行隐藏、遗弃，致使被害人因无法得到救助而死亡或者重度残疾的，分别依照刑法第二百三十二条、第二百三十四条的规定，以故意杀人罪或者故意伤害罪定罪处罚。

第十二条　实施刑法第一百三十二条、第一百三十四条至第一百三十九条之一规定的犯罪行为，具有下列情形之一的，从重处罚：

（一）未依法取得安全许可证件或者安全许可证件过期、被暂扣、吊销、注销后从事生产经营活动的；

（二）关闭、破坏必要的安全监控和报警设备的；

（三）已经发现事故隐患，经有关部门或者个人提出后，仍不采取措施的；

（四）一年内曾因危害生产安全违法犯罪活动受过行政处罚或者刑事处罚的；

（五）采取弄虚作假、行贿等手段，故意逃避、阻挠负有安全监督管理职责的部门实施监督检查的；

（六）安全事故发生后转移财产意图逃避承担责任的；

（七）其他从重处罚的情形。

实施前款第五项规定的行为，同时构成刑法第三百八十九条规定的犯罪的，依照数罪并罚的规定处罚。

第十三条　实施刑法第一百三十二条、第一百三十四条至第一百三十九条之一规定的犯罪行为，在安全事故发生后积极组织、参与事故抢救，或者积极配合调查、主动赔偿损失的，可以酌情从轻处罚。

第十四条 国家工作人员违反规定投资入股生产经营，构成本解释规定的有关犯罪的，或者国家工作人员的贪污、受贿犯罪行为与安全事故发生存在关联性的，从重处罚；同时构成贪污、受贿犯罪和危害生产安全犯罪的，依照数罪并罚的规定处罚。

2. **最高人民法院关于进一步加强危害生产安全刑事案件审判工作的意见**（法发〔2011〕20号 自2011年12月20日起施行）（节录）

四、准确适用法律

11. 安全事故发生后，负有报告职责的国家工作人员不报或者谎报事故情况，贻误事故抢救，情节严重，构成不报、谎报安全事故罪，同时构成职务犯罪或其他危害生产安全犯罪的，依照数罪并罚的规定处罚。

12. 非矿山生产安全事故中，认定“直接负责的主管人员和其他直接责任人员”、“负有报告职责的人员”的主体资格，认定构成“重大伤亡事故或者其他严重后果”、“情节特别恶劣”，不报、谎报事故情况，贻误事故抢救，“情节严重”、“情节特别严重”等，可参照最高人民法院、最高人民检察院《关于办理危害矿山生产安全刑事案件具体应用法律若干问题的解释》的相关规定。

3. **中华人民共和国安全生产法**（2002年6月29日第九届全国人民代表大会常务委员会第二十八次会议通过 根据2009年8月27日第十一届全国人民代表大会常务委员会第十次会议《关于修改部分法律的决定》第一次修正 2014年8月31日第十二届全国人民代表大会常务委员会第十次会议关于修改《中华人民共和国安全生产法》的决定第二次修正）（节录）

第一百零六条 生产经营单位的主要负责人在本单位发生生产安全事故时，不立即组织抢救或者在事故调查处理期间擅离职守或者逃匿的，给予降级、撤职的处分，并由安全生产监督管理部门处上一年年收入百分之六十至百分之一百的罚款；对逃匿的处十五日以下拘留；构成犯罪的，依照刑法有关规定追究刑事责任。

生产经营单位的主要负责人对生产安全事故隐瞒不报、谎报或者迟报的，依照前款规定处罚。

第一百零七条 有关地方人民政府、负有安全生产监督管理职责的部门，对生产安全事故隐瞒不报、谎报或者迟报的，对直接负责的主管人员和其他直接责任人员依法给予处分；构成犯罪的，依照刑法有关规定追究刑事责任。

4. 国务院关于特大安全事故行政责任追究的规定（2001年4月21日中华人民共和国国务院令第202号公布　自2001年4月21日起施行）（节录）

第十六条第一款　特大安全事故发生后，有关县（市、区）、市（地、州）和省、自治区、直辖市人民政府及政府有关部门应当按照国家规定的程序和时限立即上报，不得隐瞒不报、谎报或者拖延报告，并应当配合、协助事故调查，不得以任何方式阻碍、干涉事故调查。

第三章　破坏社会主义市场经济秩序罪

第一节　生产、销售伪劣商品罪

一、生产、销售伪劣产品罪

（一）法律规定

第一百四十条　生产者、销售者在产品中掺杂、掺假，以假充真，以次充好或者以不合格产品冒充合格产品，销售金额五万元以上不满二十万元的，处二年以下有期徒刑或者拘役，并处或者单处销售金额百分之五十以上二倍以下罚金；销售金额二十万元以上不满五十万元的，处二年以上七年以下有期徒刑，并处销售金额百分之五十以上二倍以下罚金；销售金额五十万元以上不满二百万元的，处七年以上有期徒刑，并处销售金额百分之五十以上二倍以下罚金；销售金额二百万元以上的，处十五年有期徒刑或者无期徒刑，并处销售金额百分之五十以上二倍以下罚金或者没收财产。

第一百四十九条　生产、销售本节第一百四十一条至第一百四十八条所列产品，不构成各该条规定的犯罪，但是销售金额在五万元以上的，依照本节第一百四十条的规定定罪处罚。

生产、销售本节第一百四十一条至第一百四十八条所列产品，构成各该条规定的犯罪，同时又构成本节第一百四十条规定之罪的，依照处罚较重的规定定罪处罚。

第一百五十条 单位犯本节第一百四十条至第一百四十八条规定之罪的，对单位判处罚金，并对其直接负责的主管人员和其他直接责任人员，依照各该条的规定处罚。

（二）罪名详解

生产、销售伪劣产品罪，是指生产者、销售者故意在产品中掺杂、掺假，以次充好或者以不合格产品冒充合格产品，销售金额在5万元以上的行为。

1979年刑法没有生产、销售伪劣产品罪的规定。本罪是从《全国人民代表大会常务委员会关于惩治生产、销售伪劣商品犯罪的决定》第1条的规定，吸收改为刑法的具体规定的。

生产销售假冒伪劣商品罪的构成要件是：

1. 主体要件

本罪主体为一般主体，只要达到刑事责任年龄并具有责任能力的自然人，均可以构成本罪的主体，单位也可以构成本罪主体。

2. 客体要件

本罪侵犯的客体是国家对产品质量的管理制度和消费者的合法权益。犯罪对象是伪劣产品。

伪劣产品有广义、狭义两种含义。广义的伪劣产品包括假冒商品。作为本罪对象的是狭义的伪劣产品，即指生产、销售的商品，违反国家法律、法规的规定，质量低劣不合格或者失去了使用价值。根据产品质量法的有关规定，主要包括：（1）不符合保障人体健康，人身、财产安全的国家标准、行业标准的产品；（2）掺杂、掺假，以假充真，以次充好的产品；（3）不合格的产品；（4）失效、变质的产品等。

3. 主观要件

主观方面由故意构成，即行为人必须明知是伪劣产品而予以生产或者销售。尤其对销售者来说，必须是明知经销的产品中掺杂、掺假，故意以假充真，以次充好或者以不合格产品冒充合格产品而予以出售才构成销售伪劣产品罪。如果行为人不知道是伪劣产品而予以销售的，不构成本罪。认定生产、销售伪劣产品罪的“明知”，不能仅凭犯罪嫌疑人或者被告人的口供，还应当根据案件的客观事实予以分析。只要证明犯罪嫌疑人或者被告人实际知道是伪劣产品而予以生产、销售的，就可以认定。如行为人通过对方暗示或者从其他途径了解到是伪劣产品而仍予以销售的，就表明其主观上是明知，符合本罪的主观特征。

4. 客观要件

客观方面表现为生产者、销售者在产品中掺杂、掺假，以假充真，以次充好或者以不合格产品冒充合格产品，销售金额在5万元以上的行为。

概括起来，主要有四种表现形式：

（1）掺杂、掺假。根据《最高人民法院、最高人民检察院关于办理生产、销售伪劣商品刑事案件具体应用法律若干问题的解释》（以下简称《解释》）第1条第1款规定，"在产品中掺杂、掺假"，是指在产品中掺入杂质或者异物，致使产品质量不符合国家法律、法规或者产品明示质量标准规定的质量要求，降低、失去应有使用性能的行为。如在面粉中掺滑石粉，在磷肥中掺泥土等。从字面上看，所有在产品中掺入杂质或者异物的行为，都可以称之为"在产品中掺杂、掺假"，但从立法本意考虑，刑法打击的重点应该是该种行为"致使产品不符合质量要求，降低、失去应有的使用性能"。其中，产品的质量要求有些由法律、法规规定，有些由国家标准、行业标准规定，有些由产品或者其包装上注明采用的产品标准以及以产品说明、实物样品等方式表明。

（2）以假充真。根据《解释》第1条第2款规定，"以假充真"本质上是以不具有某种使用性能的产品冒充具有该种使用性能的产品的行为。例如，以萝卜冒充人参，以土豆冒充天麻等。有一种观点认为，假冒他人的品牌、产地、厂名、厂址的行为，也属于"以假充真"，情节严重，构成犯罪的，也应该依照《刑法》第140条的规定追究刑事责任。我们理解，第一，刑法规定了侵犯注册商标和注册商标标识的犯罪，而没有规定侵犯品牌、产地、厂名、厂址的犯罪，《产品质量法》第53条也没有规定对侵犯品牌、产地、厂名、厂址的行为"构成犯罪的，依法追究刑事责任"。就是说，立法者认为，侵犯品牌、产地、厂名、厂址行为的社会危害性没有侵犯注册商标和注册商标标识的社会危害性大，尚不足以用刑法惩处。第二，如果将侵犯品牌、产地、厂名、厂址的行为解释为"以假充真"，以生产、销售伪劣商品犯罪对这种行为判处的刑罚，将远远高于对侵犯注册商标和注册商标标识犯罪判处的刑罚，造成量刑上的轻重失衡，与立法本意不符。第三，根据刑法有关规定，对于假冒他人注册商标构成犯罪的行为，如果假冒产品的质量合格，应认定为侵犯注册商标的犯罪；如果假冒产品的质量不合格，则应当认定为属于生产、销售伪劣商品中的“以次充好”，而不是“以假充真”。

（3）以次充好。根据《解释》第1条第3款规定，是指以低等级、低档次产品冒充高等级、高档次产品，或者以残次、废旧零配件组合、拼装后冒充正品或者新产品的行为。一般来说，“以次充好”，是指以质量差的产品冒充质量好的产品，也即以低等级、低档次产品冒充高等级、高档次产品的行为。在实践中大量发生的以残、次、废的零配件组合、拼装后冒充正品的行为，以及以旧的零配件组合、拼装后冒充新的产品的行为，是“打假”斗争的重点，也属于以次充好。

（4）以不合格产品冒充合格产品。所谓“不合格产品”，《解释》第1条第4款规定，《刑法》第140条规定的“不合格产品”，是指不符合《产品质量法》第26条第2款规定的质量要求的产品。《产品质量法》第26条规定，产品质量应当符合下列要求：①不存在危及人身、财产安全的不合理的危险，有保障人体健康和人身、财产安全的国家标准、行业标准的，应当符合该标准；②具备产品应当具备的使用性能，但是，对产品存在使用性能的瑕疵作出说明的除外；③符合在产品或者其包装上注明采用的产品标准，符合以产品说明、实物样品等方式表明的质量状况。该款是对产品质量的总的要求，因此，司法实践中，对不合格的产品要作必要的区分，有瑕疵的次等品根据规定只要标明质量状况是可以销售的，只有冒充没有瑕疵的产品时才是“不合格产品”。如果在仓库中查获，其尚未“冒充”，自然不属于伪劣产品。

国家技术监督局《关于严厉惩处经销伪劣商品责任者的意见》中规定，经销下列商品，经指出不予改正的，应视为经销伪劣商品：①无检验合格证或无有关单位允许销售证明的商品；②未用中文标明商品名称、生产者和产地（重要工业品未标明厂址）的商品；③限时使用而未标明失效时间的商品；④实施生产（制造）许可证管理而未标明许可证编号和有效期的商品；⑤按有关规定应用中文标明规格、等级、主要技术指标或成分、含量而未标明的商品；⑥高档耐用消费品无中文使用说明的商品；⑦属处理品（含次品、等外品）而未在商品或包装的显著部位标明“处理品”字样的商品；⑧剧毒、易燃、易爆的危险品而未标明有关标识和使用说明的商品。

销售金额在5万元以上，也是生产、销售伪劣产品罪客观方面的重要特征。根据《解释》第2条第1款规定，《刑法》第140条、第149条规定的

"销售金额"，是指生产者、销售者出售伪劣产品后所得和应得的全部违法收入。全部违法收入，不应当扣除成本和各种费用，包括所得的和应得的两种违法收入。前者指行为人出售伪劣商品后已经得到的违法收入；后者指行为人已经出售伪劣商品按照合同或者约定将要得到的违法收入。它既不同于"获利数额"，"获利数额"扣除了成本；也不完全等同于"经营数额"。在行为人已将伪劣产品卖掉的情况下，"销售金额"就是"经营数额"。在行为人生产了大量的伪劣产品，由于某种原因而未能出卖的情况下，则行为人并没有销售金额，但有"经营数额"，二者反映的社会危害性仍不相同：前者是针对犯罪既遂而言的，表明犯罪分子已将伪劣产品售出，对社会已经造成实际危害；后者则仅仅反映了行为人主观恶性的大小和对社会可能造成的危害，对认定犯罪未遂具有重要意义。

（三）实务疑难问题

1. 关于罪与非罪的界限

要注意区分本罪与一般违法行为的界限：（1）主观上，生产、销售伪劣产品罪是故意的，即行为人明知是伪劣产品而予以生产、销售。如果生产者不知道使用的原材料有假或者不符合标准，销售者不知其销售的商品是伪劣产品，因疏忽大意、不负责任而生产、销售的，不构成本罪。（2）《刑法》140条规定销售金额在5万元以上才能构成生产、销售伪劣产品罪。对于销售金额不满5万元的，不构成犯罪，应区别不同情况由工商行政管理部门吊销执照，或者由产品质量管理部门给予责令停止生产、销售，没收违法所得或者罚款等行政处罚。

此外，根据《产品质量法》第26条第2款规定："（二）具备产品应当具备的使用性能，但是，对产品存在使用性能的瑕疵作出说明的除外"。

《工业产品质量责任条例》第10条也规定，达不到国家有关标准等级、仍有使用价值的"处理品"，经企业主管部门审批后，可明示为处理品降价销售，但违反国家安全、卫生、环保、计量等法规要求的，应及时销毁，或者作必要的技术处理方可进入市场。可见，如果销售者销售的产品不合格或者使用性能存在瑕疵而事先作出说明的，不构成犯罪，也不构成生产、销售伪劣产品罪。

2. 关于生产、销售伪劣产品罪的未遂

根据《刑法》第 140 条、第 149 条的规定，生产、销售伪劣产品，销售金额达到 5 万元以上的，处 2 年以下有期徒刑或者拘役，并处或者单处罚金。但是，司法实践中，由于种种原因，多数案件能够查到的仅仅是伪劣商品本身，而难以甚至根本无法查清伪劣商品的销售金额，致使大量案件无法以刑事案件立案侦查，无法进入刑事司法程序。为妥善、有效解决司法实践的困惑，《解释》第 2 条第 2 款规定："伪劣产品尚未销售，货值金额达到刑法第一百四十条规定的销售金额三倍以上的，以生产、销售伪劣产品罪（未遂）定罪处罚。"我们认为，上述规定，第一，符合犯罪的本质特征。生产者、销售者生产、购买伪劣商品的目的，就是为了销售。已经生产和购买后准备销售的行为，其社会危害性是客观存在的。如果对这类行为中情节严重的情形不予以定罪处罚，将会使绝大多数的制假、贩假的人逃避法律追究。第二，符合刑法关于犯罪既遂、未遂的理论。犯罪既遂是指行为人实施了刑法规定的全部构成要件的行为；犯罪未遂是指行为人已经着手实施犯罪，但由于行为人意志以外的原因而没有实施完毕刑法规定的全部构成要件。生产、购买伪劣商品，尚未来得及销售，属于销售伪劣商品的未遂状态，构成犯罪的，应以生产、销售伪劣商品犯罪（未遂）定罪处罚。第三，符合立法原意。《刑法》第 140 条规定了生产、销售伪劣产品罪这一罪名，如果仅以销售金额认定是否构成犯罪，则刑法条文规定的生产伪劣产品罪毫无意义。如果对尚未销售的生产者仅因没有销售金额就不追究，不利于"打假"工作的开展。

正确处理本罪的犯罪未遂，一是准确认定犯罪的"货值金额"。在犯罪未遂时，没有销售金额，《解释》借鉴了产品质量法关于"货值金额"的规定。《产品质量法》第 72 条规定，货值金额以违法生产、销售产品的标价计算；没有标价的，按照同类产品的市场价格计算。《解释》规定，货值金额难以确定的，按照原国家计划委员会、最高人民法院、最高人民检察院、公安部 1997 年 4 月 22 日联合发布的《扣押、追缴、没收物品估价管理办法》的规定，委托指定的估价机构确定。二是注意定罪量刑标准。生产、销售伪劣产品未遂时，毕竟伪劣产品尚未销售，没有给社会造成实际危害，为缩小打击面，《解释》规定货值金额达到《刑法》第 140 条规定的销售金额 3 倍以上的，以生产、销售伪劣产品罪（未遂）定罪处罚。《刑法》第 140 条规定了四个不同的量刑幅度，有四个不同的销售金额，因此，应当根据伪劣产品货值金额的具体情况，适用不同的量刑幅度。

3. 关于生产、销售伪劣产品罪中“销售金额”和“货值金额”的认定

所谓“销售金额”，是指生产者、销售者出售伪劣产品后没有扣除成本、税收等全部违法收入。《解释》第 2 条第 1 款规定：“刑法第一百四十条、第一百四十九条规定的‘销售金额’，是指生产者、销售者出售伪劣产品后所得和应得的全部违法收入。”据此，销售金额包括：（1）生产者、销售者出售伪劣产品后所得的违法收入。包括货物已经销售出去得到的全部或者部分货款，或者货物还没有发出得到的预付款和定金。（2）生产者、销售者出售伪劣产品后应得的违法收入。“应得”，指行为人已经出售伪劣产品，按照合同或者约定将要得到的违法收入。

所谓“货值金额”，《解释》规定，“货值金额”以违法生产、销售的伪劣产品的标价计算；没有标价的，按照同类合格产品的市场中间价格计算。货值金额难以确定的，按照国家计划委员会、最高人民法院、最高人民检察院、公安部 1997 年 4 月 22 日联合发布的《扣押、追缴、没收物品估价管理办法》的规定，委托指定的估价机构确定。

4. 对多次生产、销售伪劣产品未经处理的行为如何认定

《解释》规定，多次实施生产、销售伪劣产品行为，未经处理的，伪劣产品的销售金额或者货值金额累计计算。

5. 关于生产、销售伪劣产品罪的共同犯罪

虽不直接参与制假，但明知他人制假仍为他人提供贷款、资金、账号、发票、证明、许可证件，或者提供生产、经营场所或者运输、仓储、保管、邮寄等便利条件，或者提供制假生产技术的人员，行为人主观上与生产、销售伪劣产品的犯罪人具有共同的生产、销售伪劣产品犯罪的故意，客观上为生产、销售伪劣产品的犯罪人提供了便利，该种提供便利的行为属于共同的生产、销售伪劣产品犯罪的一部分，所以，对此可以认定为事先通谋型的共同犯罪。

6. 关于本罪与本节其他犯罪的界限

本罪与《刑法》第 141 条至第 148 条规定的犯罪是一般与特殊的关系，其行为方式相同，只是犯罪对象不同以及由此而导致的定罪处刑标准各有差异。后者有的要以“对人体健康造成严重危害”为构成要件，有的则要求“造成严重后果”等。根据《刑法》第 149 条的规定，对于尚不构成其他 8 种

犯罪的生产、销售特定伪劣产品的行为，如果销售金额在5万元以上的，应当以本罪定罪处罚；如果生产、销售伪劣商品的行为，同时构成本罪和本节规定的其他犯罪的，不实行数罪并罚，而应按较重的罪定罪处罚。

（四）情节与量刑

依照《刑法》第140条规定，生产者、销售者在产品中掺杂、掺假，以假充真，以次充好或者以不合格产品冒充合格产品，销售金额5万元以上不满20万元的，处2年以下有期徒刑或者拘役，并处或者单处销售金额50%以上2倍以下罚金；销售金额20万元以上不满50万元的，处2年以上7年以下有期徒刑，并处销售金额50%以上2倍以下罚金；销售金额50万元以上不满200万元的，处7年以上有期徒刑，并处销售金额50%以上2倍以下罚金；销售金额200万元以上的，处15年有期徒刑或者无期徒刑，并处销售金额50%以上2倍以下罚金或者没收财产。

依照《刑法》第150条规定，单位犯本罪的，对单位判处罚金，并对其直接负责的主管人员和其他直接责任人员，依照第140条规定处罚。

司法机关在适用《刑法》第140条、第150条规定处罚时，应当注意以下问题：

1. 刑法对犯本罪的，根据销售金额的不同，规定了四个档次的量刑幅度。人民法院应当区别不同情节，正确适用，恰当量刑。

2. 人民法院对犯罪分子在适用自由刑的同时，要注意财产刑的适用。刑法规定对本罪必须并处罚金。如果犯罪分子暂时确实无力缴纳罚金的，人民法院可以裁定中止执行。人民法院在任何时候发现被执行人有可以执行的财产，应当随时追缴。

3. 实施生产、销售伪劣产品罪，又以暴力、威胁方法抗拒查处，构成妨害公务罪、故意杀人罪、故意伤害罪的，依照数罪并罪的规定处罚。

4. 实施生产、销售伪劣商品犯罪，同时构成侵犯知识产权、非法经营等其他犯罪的，依照处罚较重的规定定罪处罚。

5. 国家机关工作人员参与生产、销售伪劣产品犯罪的，从重处罚。

6. 根据《最高人民法院、最高人民检察院关于办理妨害预防、控制突发传染病疫情等灾害的刑事案件具体应用法律若干问题的解释》，在预防、控制突发传染病疫情等灾害期间，生产、销售伪劣的防治、防护产品、物资，构成犯罪的，依据《刑法》第140条的规定，以生产、销售伪劣产品罪定罪，从重处罚。

7. 犯生产、销售伪劣产品罪造成被害人经济损失的，除依照《刑法》第140条的规定追究刑事责任外，并应当根据情况判处赔偿经济损失。

8. 犯生产、销售伪劣产品罪的，其违法所得的一切财物应予以没收。

（五）法律链接

1. 最高人民法院、最高人民检察院关于办理生产、销售伪劣商品刑事案件具体应用法律若干问题的解释（法释〔2001〕10号　自2001年4月10日起施行）

为依法惩治生产、销售伪劣商品犯罪活动，根据刑法有关规定，现就办理这类案件具体应用法律的若干问题解释如下：

第一条　刑法第一百四十条规定的“在产品中掺杂、掺假”，是指在产品中掺入杂质或者异物，致使产品质量不符合国家法律、法规或者产品明示质量标准规定的质量要求，降低、失去应有使用性能的行为。

刑法第一百四十条规定的“以假充真”，是指以不具有某种使用性能的产品冒充具有该种使用性能的产品的行为。

刑法第一百四十条规定的“以次充好”，是指以低等、低档次产品冒充高等级、高档次产品，或者以残次、废旧零配件组合、拼装后冒充正品或者新产品的行为。

刑法第一百四十条规定的“不合格产品”，是指不符合《中华人民共和国产品质量法》第二十六条第二款规定的质量要求的产品。

对本条规定的上述行为难以确定的，应当委托法律、行政法规规定的产品质量检验机构进行鉴定。

第二条　刑法第一百四十条、第一百四十九条规定的“销售金额”，是指生产者、销售者出售伪劣产品后所得和应得的全部违法收入。

伪劣产品尚未销售，货值金额达到刑法第一百四十条规定的销售金额三倍以上的，以生产、销售伪劣产品罪（未遂）定罪处罚。

货值金额以违法生产、销售的伪劣产品的标价计算；没有标价的，按照同类合格产品的市场中间价格计算。货值金额难以确定的，按照国家计划委员会、最高人民法院、最高人民检察院、公安部1997年4月22日联合发布的《扣押、追缴、没收物品估价管理办法》的规定，委托指定的估价机构确定。

多次实施生产、销售伪劣产品行为，未经处理的，伪劣产品的销售金额或者货值金额累计计算。

第三条 经省级以上药品监督管理部门设置或者确定的药品检验机构鉴定，生产、销售的假药具有下列情形之一的，应认定为刑法第一百四十一条规定的“足以严重危害人体健康”：

（一）含有超标准的有毒有害物质的；

（二）不含所标明的有效成份，可能贻误诊治的；

（三）所标明的适应症或者功能主治超出规定范围，可能造成贻误诊治的；

（四）缺乏所标明的急救必需的有效成份的。

生产、销售的假药被使用后，造成轻伤、重伤或者其他严重后果的，应认定为“对人体健康造成严重危害”。

生产、销售的假药被使用后，致人严重残疾，三人以上重伤、十人以上轻伤或者造成其他特别严重后果的，应认定为“对人体健康造成特别严重危害”。

第四条 经省级以上卫生行政部门确定的机构鉴定，食品中含有可能导致严重食物中毒事故或者其他严重食源性疾患的超标准的有害细菌或者其他污染物的，应认定为刑法第一百四十三条规定的“足以造成严重食物中毒事故或者其他严重食源性疾患”。

生产、销售不符合卫生标准的食品被食用后，造成轻伤、重伤或者其他严重后果的，应认定为“对人体健康造成严重危害”。

生产、销售不符合卫生标准的食品被食用后，致人死亡、严重残疾、三人以上重伤，十人以上轻伤或者造成其他特别严重后果的。应认定为“后果特别严重”。

第五条 生产、销售的有毒、有害食品被食用后，造成轻伤、重伤或者其他严重后果的，应认定为刑法第一百四十四条规定的“对人体健康造成严重危害”。

生产、销售的有毒、有害食品被食用后，致人严重残疾、三人以上重伤、十人以上轻伤或者造成其他特别严重后果的，应认定为“对人体健康造成特别严重危害”。

第六条 生产、销售不符合标准的医疗器械、医用卫生材料，致人轻伤或者其他严重后果的，应认定为刑法第一百四十五条规定的“对人体健康造成严重危害”。

生产、销售不符合标准的医疗器械、医用卫生材料，造成感染病毒性肝炎等难以治愈的疾病、一人以上重伤、三人以上轻伤或者其他严重后果的，应认定为“后果特别严重”。

生产、销售不符合标准的医疗器械、医用卫生材料，致人死亡、严重残疾、感染艾滋病、三人以上重伤、十人以上轻伤或者造成其他特别严重后果的，应认定为“情节特别恶劣”。

医疗机构或者个人，知道或者应当知道是不符合保障人体健康的国家标准、行业标准的医疗器械、医用卫生材料而购买、使用，对人体健康造成严重危害的，以销售不符合标准的医用器材罪定罪处罚。

没有国家标准、行业标准的医疗器械，注册产品标准可视为“保障人体健康的行业标准”。

第七条 刑法第一百四十七条规定的生产、销售伪劣农药、兽药、化肥、种子罪中“使生产遭受较大损失”，一般以二万元为起点；“重大损失”，一般以十万元为起点；“特别重大损失”，一般以五十万元为起点。

第八条 国家机关工作人员徇私舞弊，对生产、销售伪劣商品犯罪不履行法律规定的查处职责，具有下列情形之一的，属于刑法第四百一十四条规定的“情节严重”：

（一）放纵生产、销售假药或者有毒、有害食品犯罪行为的；

（二）放纵依法可能判处二年有期徒刑以上刑罚的生产、销售、伪劣商品犯罪行为的；

（三）对三个以上有生产、销售伪劣商品犯罪行为的单位或者个人不履行追究职责的；

（四）致使国家和人民利益遭受重大损失或者造成恶劣影响的。

第九条 知道或者应当知道他人实施生产、销售伪劣商品犯罪，而为其提供贷款、资金、账号、发票、证明、许可证件，或者提供生产、经营场所或者运输、仓储、保管、邮寄等便利条件，或者提供制假生产技术的，以生产、销售伪劣商品犯罪的共犯论处。

第十条 实施生产、销售伪劣商品犯罪，同时构成侵犯知识产权、非法经营等其他犯罪的，依照处罚较重的规定定罪处罚。

第十一条　实施刑法第一百四十条至第一百四十八条规定的犯罪，又以暴力、威胁方法抗拒查处，构成其他犯罪的，依照数罪并罚的规定处罚。

第十二条　国家机关工作人员参与生产、销售伪劣商品犯罪的，从重处罚。

2. **中华人民共和国产品质量法**（1993年2月22日第七届全国人民代表大会常务委员会第三十次会议通过　根据2000年7月8日第九届全国人民代表大会常务委员会第十六次会议《关于修改〈中华人民共和国产品质量法〉的决定》第一次修正　根据2009年8月27日第十一届全国人民代表大会常务委员会第十次会议通过的《全国人民代表大会常务委员会关于修改部分法律的决定》第二次修正　根据2018年12月29日第十三届全国人民代表大会常务委员会第七次会议《关于修改〈中华人民共和国产品质量法〉等五部法律的决定》第三次修正）（节录）

第二十六条　生产者应当对其生产的产品质量负责。

产品质量应当符合下列要求：

（一）不存在危及人身、财产安全的不合理的危险，有保障人体健康和人身、财产安全的国家标准、行业标准的，应当符合该标准；

（二）具备产品应当具备的使用性能，但是，对产品存在使用性能的瑕疵作出说明的除外；

（三）符合在产品或者其包装上注明采用的产品标准，符合以产品说明、实物样品等方式表明的质量状况。

第三十二条　生产者生产产品，不得掺杂、掺假，不得以假充真、以次充好，不得以不合格产品冒充合格产品。

第四十九条　生产、销售不符合保障人体健康和人身、财产安全的国家标准、行业标准的产品的，责令停止生产、销售，没收违法生产、销售的产品，并处违法生产、销售产品（包括已售出和未售出的产品，下同）货值金额等值以上三倍以下的罚款；有违法所得的，并处没收违法所得；情节严重的，吊销营业执照；构成犯罪的，依法追究刑事责任。

第五十条　在产品中掺杂、掺假，以假充真，以次充好，或者以不合格产品冒充合格产品的，责令停止生产、销售，没收违法生产、销售的产品，并处违法生产、销售产品货值金额百分之五十以上三倍以下的罚款；有违法所得的，并处没收违法所得；情节严重的，吊销营业执照；构成犯罪的，依法追究刑事责任。

第五十二条 销售失效、变质的产品的，责令停止销售，没收违法销售的产品，并处违法销售产品货值金额二倍以下的罚款；有违法所得的，并处没收违法所得；情节严重的，吊销营业执照；构成犯罪的，依法追究刑事责任。

第六十一条 知道或者应当知道属于本法规定禁止生产、销售的产品而为其提供运输、保管、仓储等便利条件的，或者为以假充真的产品提供制假生产技术的，没收全部运输、保管、仓储或者提供制假生产技术的收入，并处违法收入百分之五十以上三倍以下的罚款；构成犯罪的，依法追究刑事责任。

第七十二条 本法第四十九条至第五十四条、第六十二条、第六十三条所规定的货值金额以违法生产、销售产品的标价计算；没有标价的，按照同类产品的市场价格计算。

3. 国务院办公厅转发国家技术监督局关于严厉惩处经销伪劣商品责任者意见的通知（国办发〔1989〕32号　自1989年6月27日起施行）（节录）

三、经销下列商品，经指出不予改正的，即视为经销伪劣商品：

1. 无检验合格证或无有关单位允许销售证明的；

2. 未用中文标明商品名称、生产者和产地（重要工业品未标明厂址）的；

3. 限时使用而未标明失效时间的；

4. 实施生产（制造）许可证管理而未标明许可证编号和有效期的；

5. 按有关规定应用中文标明规格、等级、主要技术指标或成分、含量等而未标明的；

6. 高档耐用消费品无中文使用说明的；

7. 属处理品（含次品、等外品）而未在商品或包装的显著部位标明“处理品”字样的；

8. 剧毒、易燃、易爆等危险品未标明有关标识和使用说明的。

4. 工业产品质量责任条例（国发〔1986〕42号　自1986年4月5日起施行）（节录）

第十条 达不到国家的有关标准规定等级、仍有使用价值的“处理品”，经企业主管机关批准后，方可降价销售，在产品和包装上必须标出显著的

“处理品”字样。

违反国家安全、卫生、环境保护、计量等法规要求的产品，必须及时销毁或作必要的技术处理，不得以“处理品”流入市场。

不得用“处理品”生产和组装用以销售的产品。

5. 最高人民法院、最高人民检察院、公安部、国家烟草专卖局关于办理假冒伪劣烟草制品等刑事案件适用法律问题座谈会纪要（商检会〔2003〕4号自2003年12月23日起施行）

一、关于生产、销售伪劣烟草制品行为适用法律问题

（一）关于生产伪劣烟草制品尚未销售或者尚未完全销售行为定罪量刑问题

根据刑法第一百四十条的规定，生产、销售伪劣烟草制品，销售金额在五万元以上的，构成生产、销售伪劣产品罪。

根据《最高人民法院、最高人民检察院关于办理生产、销售伪劣商品刑事案件具体应用法律若干问题的解释》的有关规定，销售金额是指生产者、销售者出售伪劣烟草制品后所得和应得的全部违法收入。伪劣烟草制品尚未销售，货值金额达到刑法第一百四十条规定的销售金额三倍（十五万元）以上的，以生产、销售伪劣产品罪（未遂）定罪处罚。货值金额以违法生产、销售的伪劣产品的标价计算；没有标价的，按照同类合格产品的市场中间价格计算。货值金额难以确定的，按照国家计划委员会、最高人民法院、最高人民检察院、公安部1997年4月22日联合发布的《扣押、追缴、没收物品估价管理办法》的规定，委托指定的估价机构确定。

伪劣烟草制品尚未销售，货值金额分别达到十五万元以上不满二十万元、二十万元以上不满五十万元、五十万元以上不满二百万元、二百万元以上的，分别依照刑法第一百四十条规定的各量刑档次定罪处罚。

伪劣烟草制品的销售金额不满五万元，但与尚未销售的伪劣烟草制品的货值金额合计达到十五万元以上的，以生产、销售伪劣产品罪（未遂）定罪处罚。

生产伪劣烟草制品尚未销售，无法计算货值金额，有下列情形之一的，以生产、销售伪劣产品罪（未遂）定罪处罚：

1. 生产伪劣烟用烟丝数量在1000公斤以上的；

2. 生产伪劣烟用烟叶数量在1500公斤以上的。

（二）关于非法生产、拼装、销售烟草专用机械行为定罪处罚问题

非法生产、拼装、销售烟草专用机械行为，依照刑法第一百四十条的规定，以生产、销售伪劣产品罪追究刑事责任。

二、关于销售明知是假冒烟用注册商标的烟草制品行为中的“明知”问题

根据刑法第二百一十四条的规定，销售明知是假冒烟用注册商标的烟草制品，销售金额较大的，构成销售假冒注册商标的商品罪。

“明知”，是指知道或应当知道。有下列情形之一的，可以认定为“明知”：

1. 以明显低于市场价格进货的；

2. 以明显低于市场价格销售的；

3. 销售假冒烟用注册商标的烟草制品被发现后转移、销毁物证或者提供虚假证明、虚假情况的；

4. 其他可以认定为明知的情形。

三、关于非法经营烟草制品行为适用法律问题

未经烟草专卖行政主管部门许可，无生产许可证、批发许可证、零售许可证，而生产、批发、零售烟草制品，具有下列情形之一的，依照刑法第二百二十五条的规定定罪处罚：

1. 个人非法经营数额在五万元以上的，或者违法所得数额在一万元以上的；

2. 单位非法经营数额在五十万元以上的，或者违法所得数额在十万元以上的；

3. 曾因非法经营烟草制品行为受过二次以上行政处罚又非法经营的，非法经营数额在二万元以上的。

四、关于共犯问题

知道或者应当知道他人实施本《纪要》第一条至第三条规定的犯罪行为，仍实施下列行为之一的，应认定为共犯，依法追究刑事责任：

1. 直接参与生产、销售假冒伪劣烟草制品或者销售假冒烟用注册商标的烟草制品或者直接参与非法经营烟草制品并在其中起主要作用的；

2. 提供房屋、场地、设备、车辆、贷款、资金、账号、发票、证明、技术等设施和条件，用于帮助生产、销售、储存、运输假冒伪劣烟草制品、非

法经营烟草制品的；

3. 运输假冒伪劣烟草制品的。

上述人员中有检举他人犯罪经查证属实，或者提供重要线索，有立功表现的，可以从轻或减轻处罚；有重大立功表现的，可以减轻或者免除处罚。

五、国家机关工作人员参与实施本《纪要》第一条至第三条规定的犯罪行为的处罚问题

根据《最高人民法院、最高人民检察院关于办理生产、销售伪劣商品刑事案件具体应用法律若干问题的解释》的规定，国家机关工作人员参与实施本《纪要》第一条至第三条规定的犯罪行为的，从重处罚。

六、关于一罪与数罪问题

行为人的犯罪行为同时构成生产、销售伪劣产品罪、销售假冒注册商标的商品罪、非法经营罪等罪的，依照处罚较重的规定定罪处罚。

七、关于窝藏、转移非法制售的烟草制品行为的定罪处罚问题

明知是非法制售的烟草制品而予以窝藏、转移的，依照刑法第三百一十二条的规定，以窝藏、转移赃物罪定罪处罚。

八、关于以暴力、威胁方法阻碍烟草专卖执法人员依法执行职务行为的定罪处罚问题

以暴力、威胁方法阻碍烟草专卖执法人员依法执行职务的，依照刑法第二百七十七条的规定，以妨害公务罪定罪处罚。

九、关于煽动群众暴力抗拒烟草专卖法律实施行为的定罪处罚问题

煽动群众暴力抗拒烟草专卖法律实施的，依照刑法第二百七十八条的规定，以煽动暴力抗拒法律实施罪定罪处罚。

十、关于鉴定问题

假冒伪劣烟草制品的鉴定工作，由国家烟草专卖行政主管部门授权的省级以上烟草产品质量监督检验机构，按照国家烟草专卖局制定的假冒伪劣卷烟鉴别检验管理办法和假冒伪劣卷烟鉴别检验规程等有关规定进行。

假冒伪劣烟草专用机械的鉴定由国家质量监督部门，或其委托的国家烟草质量监督检验中心，根据烟草行业的有关技术标准进行。

十一、关于烟草制品、卷烟的范围

本纪要所称烟草制品指卷烟、雪茄烟、烟丝、复烤烟叶、烟叶、卷烟纸、滤嘴棒、烟用丝束。

本纪要所称卷烟包括散支烟和成品烟。

6. 最高人民检察院、公安部关于公安机关办理经济犯罪案件的若干规定（公通字〔2017〕25号　自2017年11月24日起施行）

第一章　总　　则

第一条　为了规范公安机关办理经济犯罪案件程序，加强人民检察院的法律监督，保证严格、规范、公正、文明执法，依法惩治经济犯罪，维护社会主义市场经济秩序，保护公民、法人和其他组织的合法权益，依据《中华人民共和国刑事诉讼法》等有关法律、法规和规章，结合工作实际，制定本规定。

第二条　公安机关办理经济犯罪案件，应当坚持惩罚犯罪与保障人权并重、实体公正与程序公正并重、查证犯罪与挽回损失并重，严格区分经济犯罪与经济纠纷的界限，不得滥用职权、玩忽职守。

第三条　公安机关办理经济犯罪案件，应当坚持平等保护公有制经济与非公有制经济，坚持各类市场主体的诉讼地位平等、法律适用平等、法律责任平等，加强对各种所有制经济产权与合法利益的保护。

第四条　公安机关办理经济犯罪案件，应当严格依照法定程序进行，规范使用调查性侦查措施，准确适用限制人身、财产权利的强制性措施。

第五条　公安机关办理经济犯罪案件，应当既坚持严格依法办案，又注意办案方法，慎重选择办案时机和方式，注重保障正常的生产经营活动顺利进行。

第六条　公安机关办理经济犯罪案件，应当坚持以事实为根据、以法律为准绳，同人民检察院、人民法院分工负责、互相配合、互相制约，以保证准确有效地执行法律。

第七条　公安机关、人民检察院应当按照法律规定的证据裁判要求和标准收集、固定、审查、运用证据，没有确实、充分的证据不得认定犯罪事实，严禁刑讯逼供和以威胁、引诱、欺骗以及其他非法方法收集证据，不得强迫任何人证实自己有罪。

第二章　管　　辖

第八条　经济犯罪案件由犯罪地的公安机关管辖。如果由犯罪嫌疑人居住地的公安机关管辖更为适宜的，可以由犯罪嫌疑人居住地的公安机关管辖。

犯罪地包括犯罪行为发生地和犯罪结果发生地。犯罪行为发生地，包括犯罪行为的实施地以及预备地、开始地、途经地、结束地等与犯罪行为有关的地点；犯罪行为有连续、持续或者继续状态的，犯罪行为连续、持续或者继续实施的地方都属于犯罪行为发生地。犯罪结果发生地，包括犯罪对象被侵害地、犯罪所得的实际取得地、藏匿地、转移地、使用地、销售地。

居住地包括户籍所在地、经常居住地。户籍所在地与经常居住地不一致的，由经常居住地的公安机关管辖。经常居住地是指公民离开户籍所在地最后连续居住一年以上的地方，但是住院就医的除外。

单位涉嫌经济犯罪的，由犯罪地或者所在地公安机关管辖。所在地是指单位登记的住所地。主要营业地或者主要办事机构所在地与登记的住所地不一致的，主要营业地或者主要办事机构所在地为其所在地。

法律、司法解释或者其他规范性文件对有关经济犯罪案件的管辖作出特别规定的，从其规定。

第九条 非国家工作人员利用职务上的便利实施经济犯罪的，由犯罪嫌疑人工作单位所在地公安机关管辖。如果由犯罪行为实施地或者犯罪嫌疑人居住地的公安机关管辖更为适宜的，也可以由犯罪行为实施地或者犯罪嫌疑人居住地的公安机关管辖。

第十条 上级公安机关必要时可以立案侦查或者组织、指挥、参与侦查下级公安机关管辖的经济犯罪案件。

对重大、疑难、复杂或者跨区域性经济犯罪案件，需要由上级公安机关立案侦查的，下级公安机关可以请求移送上一级公安机关立案侦查。

第十一条 几个公安机关都有权管辖的经济犯罪案件，由最初受理的公安机关管辖。必要时，可以由主要犯罪地的公安机关管辖。对管辖不明确或者有争议的，应当协商管辖；协商不成的，由共同的上级公安机关指定管辖。

主要利用通讯工具、互联网等技术手段实施的经济犯罪案件，由最初发现、受理的公安机关或者主要犯罪地的公安机关管辖。

第十二条 公安机关办理跨区域性涉众型经济犯罪案件，应当坚持统一指挥协调、统一办案要求的原则。

对跨区域性涉众型经济犯罪案件，犯罪地公安机关应当立案侦查，并由一个地方公安机关为主侦查，其他公安机关应当积极协助。必要时，可以并案侦查。

第十三条 上级公安机关指定下级公安机关立案侦查的经济犯罪案件，需要逮捕犯罪嫌疑人的，由侦查该案件的公安机关提请同级人民检察院审查批准；需要移送审查起诉的，由侦查该案件的公安机关移送同级人民检察院审查起诉。

人民检察院受理公安机关移送审查起诉的经济犯罪案件，认为需要依照刑事诉讼法的规定指定审判管辖的，应当协商同级人民法院办理指定管辖有关事宜。

对跨区域性涉众型经济犯罪案件，公安机关指定管辖的，应当事先向同级人民检察院、人民法院通报和协商。

第三章 立案、撤案

第十四条 公安机关对涉嫌经济犯罪线索的报案、控告、举报、自动投案，不论是否有管辖权，都应当接受并登记，由最初受理的公安机关依照法定程序办理，不得以管辖权为由推诿或者拒绝。

经审查，认为有犯罪事实，但不属于其管辖的案件，应当及时移送有管辖权的机关处理。对于不属于其管辖又必须采取紧急措施的，应当先采取紧急措施，再移送主管机关。

第十五条 公安机关接受涉嫌经济犯罪线索的报案、控告、举报、自动投案后，应当立即进行审查，并在七日以内决定是否立案；重大、疑难、复杂线索，经县级以上公安机关负责人批准，立案审查期限可以延长至三十日；特别重大、疑难、复杂或者跨区域性的线索，经上一级公安机关负责人批准，立案审查期限可以再延长三十日。

上级公安机关指定管辖或者书面通知立案的，应当在指定期限以内立案侦查。人民检察院通知立案的，应当在十五日以内立案侦查。

第十六条 公安机关接受行政执法机关移送的涉嫌经济犯罪案件后，移送材料符合相关规定的，应当在三日以内进行审查并决定是否立案，至迟应当在十日以内作出决定。案情重大、疑难、复杂或者跨区域性的，经县级以上公安机关负责人批准，应当在三十日以内决定是否立案。情况特殊的，经上一级公安机关负责人批准，可以再延长三十日作出决定。

第十七条 公安机关经立案审查，同时符合下列条件的，应当立案：

（一）认为有犯罪事实；

（二）涉嫌犯罪数额、结果或者其他情节符合经济犯罪案件的立案追诉标准，需要追究刑事责任；

（三）属于该公安机关管辖。

第十八条　在立案审查中，发现案件事实或者线索不明的，经公安机关办案部门负责人批准，可以依照有关规定采取询问、查询、勘验、鉴定和调取证据材料等不限制被调查对象人身、财产权利的措施。经审查，认为有犯罪事实，需要追究刑事责任的，经县级以上公安机关负责人批准，予以立案。

公安机关立案后，应当采取调查性侦查措施，但是一般不得采取限制人身、财产权利的强制性措施。确有必要采取的，必须严格依照法律规定的条件和程序。严禁在没有证据的情况下，查封、扣押、冻结涉案财物或者拘留、逮捕犯罪嫌疑人。

公安机关立案后，在三十日以内经积极侦查，仍然无法收集到证明有犯罪事实需要对犯罪嫌疑人追究刑事责任的充分证据的，应当立即撤销案件或者终止侦查。重大、疑难、复杂案件，经上一级公安机关负责人批准，可以再延长三十日。

上级公安机关认为不应当立案，责令限期纠正的，或者人民检察院认为不应当立案，通知撤销案件的，公安机关应当及时撤销案件。

第十九条　对有控告人的案件，经审查决定不予立案的，应当在立案审查的期限内制作不予立案通知书，并在三日以内送达控告人。

第二十条　涉嫌经济犯罪的案件与人民法院正在审理或者作出生效裁判文书的民事案件，属于同一法律事实或者有牵连关系，符合下列条件之一的，应当立案：

（一）人民法院在审理民事案件或者执行过程中，发现有经济犯罪嫌疑，裁定不予受理、驳回起诉、中止诉讼、判决驳回诉讼请求或者中止执行生效裁判文书，并将有关材料移送公安机关的；

（二）人民检察院依法通知公安机关立案的；

（三）公安机关认为有证据证明有犯罪事实，需要追究刑事责任，经省级以上公安机关负责人批准的。

有前款第二项、第三项情形的，公安机关立案后，应当严格依照法律规定的条件和程序采取强制措施和侦查措施，并将立案决定书等法律文书及相关案件材料复印件抄送正在审理或者作出生效裁判文书的人民法院并说明立案理由，同时通报与办理民事案件的人民法院同级的人民检察院，必要时可以报告上级公安机关。

在侦查过程中，不得妨碍人民法院民事诉讼活动的正常进行。

第二十一条 公安机关在侦查过程中、人民检察院在审查起诉过程中，发现具有下列情形之一的，应当将立案决定书、起诉意见书等法律文书及相关案件材料复印件抄送正在审理或者作出生效裁判文书的人民法院，由人民法院依法处理：

（一）侦查、审查起诉的经济犯罪案件与人民法院正在审理或者作出生效裁判文书的民事案件属于同一法律事实或者有牵连关系的；

（二）涉案财物已被有关当事人申请执行的。

有前款规定情形的，公安机关、人民检察院应当同时将有关情况通报与办理民事案件的人民法院同级的人民检察院。

公安机关将相关法律文书及案件材料复印件抄送人民法院后一个月以内未收到回复的，必要时，可以报告上级公安机关。

立案侦查、审查起诉的经济犯罪案件与仲裁机构作出仲裁裁决的民事案件属于同一法律事实或者有牵连关系，且人民法院已经受理与该仲裁裁决相关申请的，依照本条第一款至第三款的规定办理。

第二十二条 涉嫌经济犯罪的案件与人民法院正在审理或者作出生效裁判文书以及仲裁机构作出裁决的民事案件有关联但不属同一法律事实的，公安机关可以立案侦查，但是不得以刑事立案为由要求人民法院移送案件、裁定驳回起诉、中止诉讼、判决驳回诉讼请求、中止执行或者撤销判决、裁定，或者要求人民法院撤销仲裁裁决。

第二十三条 人民法院在办理民事案件过程中，认为该案件不属于民事纠纷而有经济犯罪嫌疑需要追究刑事责任，并将涉嫌经济犯罪的线索、材料移送公安机关的，接受案件的公安机关应当立即审查，并在十日以内决定是否立案。公安机关不立案的，应当及时告知人民法院。

第二十四条 人民法院在办理民事案件过程中，发现与民事纠纷虽然不是同一事实但是有关联的经济犯罪线索、材料，并将涉嫌经济犯罪的线索、材料移送公安机关的，接受案件的公安机关应当立即审查，并在十日以内决定是否立案。公安机关不立案的，应当及时告知人民法院。

第二十五条　在侦查过程中，公安机关发现具有下列情形之一的，应当及时撤销案件：

（一）对犯罪嫌疑人解除强制措施之日起十二个月以内，仍然不能移送审查起诉或者依法作其他处理的；

（二）对犯罪嫌疑人未采取强制措施，自立案之日起二年以内，仍然不能移送审查起诉或者依法作其他处理的；

（三）人民检察院通知撤销案件的；

（四）其他符合法律规定的撤销案件情形的。

有前款第一项、第二项情形，但是有证据证明有犯罪事实需要进一步侦查的，经省级以上公安机关负责人批准，可以不撤销案件，继续侦查。

撤销案件后，公安机关应当立即停止侦查活动，并解除相关的侦查措施和强制措施。

撤销案件后，又发现新的事实或者证据，依法需要追究刑事责任的，公安机关应当重新立案侦查。

第二十六条　公安机关接报案件后，报案人、控告人、举报人、被害人及其法定代理人、近亲属查询立案情况的，应当在三日以内告知立案情况并记录在案。对已经立案的，应当告知立案时间、涉嫌罪名、办案单位等情况。

第二十七条　对报案、控告、举报、移送的经济犯罪案件，公安机关作出不予立案决定、撤销案件决定或者逾期未作出是否立案决定有异议的，报案人、控告人、举报人可以申请人民检察院进行立案监督，移送案件的行政执法机关可以建议人民检察院进行立案监督。

人民检察院认为需要公安机关说明不予立案、撤销案件或者逾期未作出是否立案决定的理由的，应当要求公安机关在七日以内说明理由。公安机关应当书面说明理由，连同有关证据材料回复人民检察院。人民检察院认为不予立案或者撤销案件的理由不能成立的，应当通知公安机关立案。人民检察院要求公安机关说明逾期未作出是否立案决定的理由后，公安机关在七日以内既不说明理由又不作出是否立案的决定的，人民检察院应当发出纠正违法通知书予以纠正，经审查案件有关证据材料，认为符合立案条件的，应当通知公安机关立案。

第二十八条　犯罪嫌疑人及其法定代理人、近亲属或者辩护律师对公安机关立案提出异议的，公安机关应当及时受理、认真核查。

有证据证明公安机关可能存在违法介入经济纠纷，或者利用立案实施报复陷害、敲诈勒索以及谋取其他非法利益等违法立案情形的，人民检察院应当要求公安机关书面说明立案的理由。公安机关应当在七日以内书面说明立案的依据和理由，连同有关证据材料回复人民检察院。人民检察院认为立案理由不能成立的，应当通知公安机关撤销案件。

第二十九条 人民检察院发现公安机关在办理经济犯罪案件过程中适用另案处理存在违法或者不当的，可以向公安机关提出书面纠正意见或者检察建议。公安机关应当认真审查，并将结果及时反馈人民检察院。没有采纳的，应当说明理由。

第三十条 依照本规定，报经省级以上公安机关负责人批准立案侦查或者继续侦查的案件，撤销案件时应当经原审批的省级以上公安机关负责人批准。

人民检察院通知撤销案件的，应当立即撤销案件，并报告原审批的省级以上公安机关。

第四章 强制措施

第三十一条 公安机关决定采取强制措施时，应当考虑犯罪嫌疑人涉嫌犯罪情节的轻重程度、有无继续犯罪和逃避或者妨碍侦查的可能性，使所适用的强制措施同犯罪的严重程度、犯罪嫌疑人的社会危险性相适应，依法慎用羁押性强制措施。

采取取保候审、监视居住措施足以防止发生社会危险性的，不得适用羁押性强制措施。

第三十二条 公安机关应当依照法律规定的条件和程序适用取保候审措施。

采取保证金担保方式的，应当综合考虑保证诉讼活动正常进行的需要，犯罪嫌疑人的社会危险性的大小，案件的性质、情节、涉案金额，可能判处刑罚的轻重以及犯罪嫌疑人的经济状况等情况，确定适当的保证金数额。

在取保候审期间，不得中断对经济犯罪案件的侦查。执行取保候审超过三个月的，应当至少每个月讯问一次被取保候审人。

第三十三条 对于被决定采取强制措施并上网追逃的犯罪嫌疑人，经审查发现不构成犯罪或者依法不予追究刑事责任的，应当立即撤销强制措施决定，并按照有关规定，报请省级以上公安机关删除相关信息。

第三十四条　公安机关办理经济犯罪案件应当加强统一审核，依照法律规定的条件和程序逐案逐人审查采取强制措施的合法性和适当性，发现采取强制措施不当的，应当及时撤销或者变更。犯罪嫌疑人在押的，应当立即释放。公安机关释放被逮捕的犯罪嫌疑人或者变更逮捕措施的，应当及时通知作出批准逮捕决定的人民检察院。

犯罪嫌疑人被逮捕后，人民检察院经审查认为不需要继续羁押提出检察建议的，公安机关应当予以调查核实，认为不需要继续羁押的，应当予以释放或者变更强制措施；认为需要继续羁押的，应当说明理由，并在十日以内将处理情况通知人民检察院。

犯罪嫌疑人及其法定代理人、近亲属或者辩护人有权申请人民检察院进行羁押必要性审查。

第五章　侦查取证

第三十五条　公安机关办理经济犯罪案件，应当及时进行侦查，依法全面、客观、及时地收集、调取、固定、审查能够证实犯罪嫌疑人有罪或者无罪、罪重或者罪轻以及与涉案财物有关的各种证据，并防止犯罪嫌疑人逃匿、销毁证据或者转移、隐匿涉案财物。

严禁调取与经济犯罪案件无关的证据材料，不得以侦查犯罪为由滥用侦查措施为他人收集民事诉讼证据。

第三十六条　公安机关办理经济犯罪案件，应当遵守法定程序，遵循有关技术标准，全面、客观、及时地收集、提取电子数据；人民检察院应当围绕真实性、合法性、关联性审查判断电子数据。

依照规定程序通过网络在线提取的电子数据，可以作为证据使用。

第三十七条　公安机关办理经济犯罪案件，需要采取技术侦查措施的，应当严格依照有关法律、规章和规范性文件规定的范围和程序办理。

第三十八条　公安机关办理非法集资、传销以及利用通讯工具、互联网等技术手段实施的经济犯罪案件，确因客观条件的限制无法逐一收集被害人陈述、证人证言等相关证据的，可以结合已收集的言词证据和依法收集并查证属实的物证、书证、视听资料、电子数据等实物证据，综合认定涉案人员人数和涉案资金数额等犯罪事实，做到证据确实、充分。

第三十九条 公安机关办理生产、销售伪劣商品犯罪案件、走私犯罪案件、侵犯知识产权犯罪案件，对同一批次或者同一类型的涉案物品，确因实物数量较大，无法逐一勘验、鉴定、检测、评估的，可以委托或者商请有资格的鉴定机构、专业机构或者行政执法机关依照程序按照一定比例随机抽样勘验、鉴定、检测、评估，并由其制作取样记录和出具相关书面意见。有关抽样勘验、鉴定、检测、评估的结果可以作为该批次或者该类型全部涉案物品的勘验、鉴定、检测、评估结果，但是不符合法定程序，且不能补正或者作出合理解释，可能严重影响案件公正处理的除外。

法律、法规和规范性文件对鉴定机构或者抽样方法另有规定的，从其规定。

第四十条 公安机关办理经济犯罪案件应当与行政执法机关加强联系、密切配合，保证准确有效地执行法律。

公安机关应当根据案件事实、证据和法律规定依法认定案件性质，对案情复杂、疑难，涉及专业性、技术性问题的，可以参考有关行政执法机关的认定意见。

行政执法机关对经济犯罪案件中有关行为性质的认定，不是案件进入刑事诉讼程序的必经程序或者前置条件。法律、法规和规章另有规定的，从其规定。

第四十一条 公安机关办理重大、疑难、复杂的经济犯罪案件，可以听取人民检察院的意见，人民检察院认为确有必要时，可以派员适时介入侦查活动，对收集证据、适用法律提出意见，监督侦查活动是否合法。对人民检察院提出的意见，公安机关应当认真审查，并将结果及时反馈人民检察院。没有采纳的，应当说明理由。

第四十二条 公安机关办理跨区域性的重大经济犯罪案件，应当向人民检察院通报立案侦查情况，人民检察院可以根据通报情况调度办案力量，开展指导协调等工作。需要逮捕犯罪嫌疑人的，公安机关应当提前与人民检察院沟通。

第四十三条 人民检察院在审查逮捕、审查起诉中发现公安机关办案人员以非法方法收集犯罪嫌疑人供述、被害人陈述、证人证言等证据材料的，应当依法排除非法证据并提出纠正意见。需要重新调查取证的，经县级以上公安机关负责人批准，应当另行指派办案人员重新调查取证。必要时，人民检察院也可以自行收集犯罪嫌疑人供述、被害人陈述、证人证言等证据材料。

公安机关发现收集物证、书证不符合法定程序，可能严重影响司法公正的，应当要求办案人员予以补正或者作出合理解释；不能补正或者作出合理解释的，应当依法予以排除，不得作为提请批准逮捕、移送审查起诉的依据。

人民检察院发现收集物证、书证不符合法定程序，可能严重影响司法公正的，应当要求公安机关予以补正或者作出合理解释，不能补正或者作出合理解释的，应当依法予以排除，不得作为批准逮捕、提起公诉的依据。

第四十四条　对民事诉讼中的证据材料，公安机关在立案后应当依照刑事诉讼法以及相关司法解释的规定进行审查或者重新收集。未经查证核实的证据材料，不得作为刑事证据使用。

第四十五条　人民检察院已经作出不起诉决定的案件，公安机关不得针对同一法律事实的同一犯罪嫌疑人继续侦查或者补充侦查，但是有新的事实或者证据的，可以重新立案侦查。

第六章　涉案财物的控制和处置

第四十六条　查封、扣押、冻结以及处置涉案财物，应当依照法律规定的条件和程序进行。除法律法规和规范性文件另有规定以外，公安机关不得在诉讼程序终结之前处置涉案财物。严格区分违法所得、其他涉案财产与合法财产，严格区分企业法人财产与股东个人财产，严格区分犯罪嫌疑人个人财产与家庭成员财产，不得超权限、超范围、超数额、超时限查封、扣押、冻结，并注意保护利害关系人的合法权益。

对涉众型经济犯罪案件，需要追缴、返还涉案财物的，应当坚持统一资产处置原则。公安机关移送审查起诉时，应当将有关涉案财物及其清单随案移送人民检察院。人民检察院提起公诉时，应当将有关涉案财物及其清单一并移送受理案件的人民法院，并提出处理意见。

第四十七条　对依照有关规定可以分割的土地、房屋等涉案不动产，应当只对与案件有关的部分进行查封。

对不可分割的土地、房屋等涉案不动产或者车辆、船舶、航空器以及大型机器、设备等特定动产，可以查封、扣押、冻结犯罪嫌疑人提供的与涉案金额相当的其他财物。犯罪嫌疑人不能提供的，可以予以整体查封。

冻结涉案账户的款项数额，应当与涉案金额相当。

第四十八条 对自动投案时主动提交的涉案财物和权属证书等，公安机关可以先行接收，如实登记并出具接收财物凭证，根据立案和侦查情况决定是否查封、扣押、冻结。

第四十九条 已被依法查封、冻结的涉案财物，公安机关不得重复查封、冻结，但是可以轮候查封、冻结。

已被人民法院采取民事财产保全措施的涉案财物，依照前款规定办理。

第五十条 对不宜查封、扣押、冻结的经营性涉案财物，在保证侦查活动正常进行的同时，可以允许有关当事人继续合理使用，并采取必要的保值保管措施，以减少侦查办案对正常办公和合法生产经营的影响。必要时，可以申请当地政府指定有关部门或者委托有关机构代管。

第五十一条 对查封、扣押、冻结的涉案财物及其孳息，以及作为证据使用的实物，公安机关应当如实登记，妥善保管，随案移送，并与人民检察院及时交接，变更法律手续。

在查封、扣押、冻结涉案财物时，应当收集、固定与涉案财物来源、权属、性质等有关的证据材料并随案移送。对不宜移送或者依法不移送的实物，应当将其清单、照片或者其他证明文件随案移送。

第五十二条 涉嫌犯罪事实查证属实后，对有证据证明权属关系明确的被害人合法财产及其孳息，及时返还不损害其他被害人或者利害关系人的利益、不影响诉讼正常进行的，可以在登记、拍照或者录像、估价后，经县级以上公安机关负责人批准，开具发还清单，在诉讼程序终结之前返还被害人。办案人员应当在案卷中注明返还的理由，将原物照片、清单和被害人的领取手续存卷备查。

具有下列情形之一的，不得在诉讼程序终结之前返还：

（一）涉嫌犯罪事实尚未查清的；

（二）涉案财物及其孳息的权属关系不明确或者存在争议的；

（三）案件需要变更管辖的；

（四）可能损害其他被害人或者利害关系人利益的；

（五）可能影响诉讼程序正常进行的；

（六）其他不宜返还的。

第五十三条 有下列情形之一的，除依照有关法律法规和规范性文件另行处理的以外，应当立即解除对涉案财物的查封、扣押、冻结措施，并及时返还有关当事人：

（一）公安机关决定撤销案件或者对犯罪嫌疑人终止侦查的；

（二）人民检察院通知撤销案件或者作出不起诉决定的；

（三）人民法院作出生效判决、裁定应当返还的。

第五十四条　犯罪分子违法所得的一切财物及其孳息，应当予以追缴或者责令退赔。

发现犯罪嫌疑人将经济犯罪违法所得和其他涉案财物用于清偿债务、转让或者设定其他权利负担，具有下列情形之一的，应当依法查封、扣押、冻结：

（一）他人明知是经济犯罪违法所得和其他涉案财物而接受的；

（二）他人无偿或者以明显低于市场价格取得上述财物的；

（三）他人通过非法债务清偿或者违法犯罪活动取得上述财物的；

（四）他人通过其他恶意方式取得上述财物的。

他人明知是经济犯罪违法所得及其产生的收益，通过虚构债权债务关系、虚假交易等方式予以窝藏、转移、收购、代为销售或者以其他方法掩饰、隐瞒，构成犯罪的，应当依法追究刑事责任。

第五十五条　具有下列情形之一，依照刑法规定应当追缴其违法所得及其他涉案财物的，经县级以上公安机关负责人批准，公安机关应当出具没收违法所得意见书，连同相关证据材料一并移送同级人民检察院：

（一）重大的走私、金融诈骗、洗钱犯罪案件，犯罪嫌疑人逃匿，在通缉一年后不能到案的；

（二）犯罪嫌疑人死亡的；

（三）涉嫌重大走私、金融诈骗、洗钱犯罪的单位被撤销、注销，直接负责的主管人员和其他直接责任人员逃匿、死亡，导致案件无法适用普通刑事诉讼程序审理的。

犯罪嫌疑人死亡，现有证据证明其存在违法所得及其他涉案财物应当予以没收的，公安机关可以继续调查，并依法进行查封、扣押、冻结。

第七章　办案协作

第五十六条　公安机关办理经济犯罪案件，应当加强协作和配合，依法履行协查、协办等职责。

上级公安机关应当加强监督、协调和指导，及时解决跨区域性协作的争议事项。

第五十七条 办理经济犯罪案件需要异地公安机关协作的，委托地公安机关应当对案件的管辖、定性、证据认定以及所采取的侦查措施负责，办理有关的法律文书和手续，并对协作事项承担法律责任。但是协作地公安机关超权限、超范围采取相关措施的，应当承担相应的法律责任。

第五十八条 办理经济犯罪案件需要异地公安机关协作的，由委托地的县级以上公安机关制作办案协作函件和有关法律文书，通过协作地的县级以上公安机关联系有关协作事宜。协作地公安机关接到委托地公安机关请求协作的函件后，应当指定主管业务部门办理。

各省、自治区、直辖市公安机关根据本地实际情况，就需要外省、自治区、直辖市公安机关协助对犯罪嫌疑人采取强制措施或者查封、扣押、冻结涉案财物事项制定相关审批程序。

第五十九条 协作地公安机关应当对委托地公安机关出具的法律文书和手续予以审核，对法律文书和手续完备的，协作地公安机关应当及时无条件予以配合，不得收取任何形式的费用。

第六十条 委托地公安机关派员赴异地公安机关请求协助查询资料、调查取证等事项时，应当出具办案协作函件和有关法律文书。

委托地公安机关认为不需要派员赴异地的，可以将办案协作函件和有关法律文书寄送协作地公安机关，协作地公安机关协查不得超过十五日；案情重大、情况紧急的，协作地公安机关应当在七日以内回复；因特殊情况不能按时回复的，协作地公安机关应当及时向委托地公安机关说明情况。

必要时，委托地公安机关可以将办案协作函件和有关法律文书通过电传、网络等保密手段或者相关工作机制传至协作地公安机关，协作地公安机关应当及时协查。

第六十一条 委托地公安机关派员赴异地公安机关请求协助采取强制措施或者搜查，查封、扣押、冻结涉案财物等事项时，应当持办案协作函件、有关侦查措施或者强制措施的法律文书、工作证件及相关案件材料，与协作地县级以上公安机关联系，协作地公安机关应当派员协助执行。

第六十二条 对不及时采取措施，有可能导致犯罪嫌疑人逃匿，或者有可能转移涉案财物以及重要证据的，委托地公安机关可以商请紧急协作，将办案协作函件和有关法律文书通过电传、网络等保密手段传至协作地县级以上公安机关，协作地公安机关收到协作函件后，应当及时采取措施，落实协作事项。委托地公安机关应当立即派员携带法律文书前往协作地办理有关事宜。

第六十三条　协作地公安机关在协作过程中，发现委托地公安机关明显存在违反法律规定的行为时，应当及时向委托地公安机关提出并报上一级公安机关。跨省协作的，应当通过协作地的省级公安机关通报委托地的省级公安机关，协商处理。未能达成一致意见的，协作地的省级公安机关应当及时报告公安部。

第六十四条　立案地公安机关赴其他省、自治区、直辖市办案，应当按照有关规定呈报上级公安机关审查批准。

第八章　保障诉讼参与人合法权益

第六十五条　公安机关办理经济犯罪案件，应当尊重和保障人权，保障犯罪嫌疑人、被害人和其他诉讼参与人依法享有的辩护权和其他诉讼权利，在职责范围内依法保障律师的执业权利。

第六十六条　辩护律师向公安机关了解犯罪嫌疑人涉嫌的罪名以及现已查明的该罪的主要事实，犯罪嫌疑人被采取、变更、解除强制措施，延长侦查羁押期限、移送审查起诉等案件有关情况的，公安机关应当依法将上述情况告知辩护律师，并记录在案。

第六十七条　辩护律师向公安机关提交与经济犯罪案件有关的申诉、控告等材料的，公安机关应当在执法办案场所予以接收，当面了解有关情况并记录在案。对辩护律师提供的材料，公安机关应当及时依法审查，并在三十日以内予以答复。

第六十八条　被害人、犯罪嫌疑人及其法定代理人、近亲属或者律师对案件管辖有异议，向立案侦查的公安机关提出申诉的，接受申诉的公安机关应当在接到申诉后的七日以内予以答复。

第六十九条　犯罪嫌疑人及其法定代理人、近亲属或者辩护人认为公安机关所采取的强制措施超过法定期限，有权向原批准或者决定的公安机关提出申诉，接受该项申诉的公安机关应当在接到申诉之日起三十日以内审查完毕并作出决定，将结果书面通知申诉人。对超过法定期限的强制措施，应当立即解除或者变更。

第七十条 辩护人、诉讼代理人认为公安机关阻碍其依法行使诉讼权利并向人民检察院申诉或者控告，人民检察院经审查情况属实后通知公安机关予以纠正的，公安机关应当立即纠正，并将监督执行情况书面答复人民检察院。

第七十一条 辩护人、诉讼代理人对公安机关侦查活动有异议的，可以向有关公安机关提出申诉、控告，或者提请人民检察院依法监督。

第九章 执法监督与责任追究

第七十二条 公安机关应当依据《中华人民共和国人民警察法》等有关法律法规和规范性文件的规定，加强对办理经济犯罪案件活动的执法监督和督察工作。

上级公安机关发现下级公安机关存在违反法律和有关规定行为的，应当责令其限期纠正。必要时，上级公安机关可以就其违法行为直接作出相关处理决定。

人民检察院发现公安机关办理经济犯罪案件中存在违法行为的，或者对有关当事人及其辩护律师、诉讼代理人、利害关系人的申诉、控告事项查证属实的，应当通知公安机关予以纠正。

第七十三条 具有下列情形之一的，公安机关应当责令依法纠正，或者直接作出撤销、变更或者纠正决定。对发生执法过错的，应当根据办案人员在办案中各自承担的职责，区分不同情况，分别追究案件审批人、审核人、办案人及其他直接责任人的责任。构成犯罪的，依法追究刑事责任。

（一）越权管辖或者推诿管辖的；

（二）违反规定立案、不予立案或者撤销案件的；

（三）违反规定对犯罪嫌疑人采取强制措施的；

（四）违反规定对财物采取查封、扣押、冻结措施的；

（五）违反规定处置涉案财物的；

（六）拒不履行办案协作职责，或者阻碍异地公安机关依法办案的；

（七）阻碍当事人、辩护人、诉讼代理人依法行使诉讼权利的；

（八）其他应当予以追究责任的。

对于导致国家赔偿的责任人员，应当依据《中华人民共和国国家赔偿法》

的有关规定，追偿其部分或者全部赔偿费用。

第七十四条　公安机关在受理、立案、移送以及涉案财物处置等过程中，与人民检察院、人民法院以及仲裁机构发生争议的，应当协商解决。必要时，可以报告上级公安机关协调解决。上级公安机关应当加强监督，依法处理。

人民检察院发现公安机关存在执法不当行为的，可以向公安机关提出书面纠正意见或者检察建议。公安机关应当认真审查，并将结果及时反馈人民检察院。没有采纳的，应当说明理由。

第七十五条　公安机关办理经济犯罪案件应当加强执法安全防范工作，规范执法办案活动，执行执法办案规定，加强执法监督，对执法不当造成严重后果的，依据相关规定追究责任。

第十章　附　　则

第七十六条　本规定所称的“经济犯罪案件”，主要是指公安机关经济犯罪侦查部门按照有关规定依法管辖的各种刑事案件，但以资助方式实施的帮助恐怖活动案件，不适用本规定。

公安机关其他办案部门依法管辖刑法分则第三章规定的破坏社会主义市场经济秩序犯罪有关案件的，适用本规定。

第七十七条　本规定所称的“调查性侦查措施”，是指公安机关在办理经济犯罪案件过程中，依照法律规定进行的专门调查工作和有关侦查措施，但是不包括限制犯罪嫌疑人人身、财产权利的强制性措施。

第七十八条　本规定所称的“涉众型经济犯罪案件”，是指基于同一法律事实、利益受损人数众多、可能影响社会秩序稳定的经济犯罪案件，包括但不限于非法吸收公众存款，集资诈骗，组织、领导传销活动，擅自设立金融机构，擅自发行股票、公司企业债券等犯罪。

第七十九条　本规定所称的“跨区域性”，是指涉及两个以上县级行政区域。

第八十条　本规定自2018年1月1日起施行。2005年12月31日发布的《公安机关办理经济犯罪案件的若干规定》（公通字〔2005〕101号）同时废止。本规定发布以前最高人民检察院、公安部制定的关于办理经济犯罪案件的规范性文件与本规定不一致的，适用本规定。

二、生产、销售假药罪

（一）法律规定

第一百四十一条　生产、销售假药的，处三年以下有期徒刑或者拘役，并处罚金；对人体健康造成严重危害或者有其他严重情节的，处三年以上十年以下有期徒刑，并处罚金；致人死亡或者有其他特别严重情节的，处十年以上有期徒刑、无期徒刑或者死刑，并处罚金或者没收财产。

本条所称假药，是指依照《中华人民共和国药品管理法》的规定属于假药和按假药处理的药品、非药品。

（二）罪名详解

生产、销售假药罪，是指生产者、销售者明知是假药而进行生产、销售的行为。

本罪是从《全国人民代表大会常务委员会关于惩治生产、销售伪劣商品犯罪的决定》第2条的规定，吸收改为刑法的具体规定的。1979年《刑法》第164条对制造、贩卖假药罪作了规定。《刑法修正案（八）》对本罪作了较大修改，一是取消“足以严重危害人体健康”的定罪要件，将本罪由危险犯调整为行为犯；二是在加重处罚的情节中增加了“其他严重情节”“其他特别严重情节”的规定，以适应刑事打击的需要；三是删去单处罚金和罚金刑数额标准的规定，以解决经济处罚力度不够和罚金刑数额难以确定、罚金刑数额与行政罚款数额不协调的问题。

生产、销售假药罪的构成要件是：

1. 主体要件

犯罪主体为一般主体，自然人和单位均可构成本罪的主体。

2. 客体要件

本罪侵犯的客体是国家的药品管理制度和人民群众的生命、健康权利。犯罪对象仅限于假药。“假药”，是指依照药品管理法的规定，属于假药的药品、非药品。根据《药品管理法》第98条的规定，假药包括：（1）药品所含成份与国家药品标准规定的成份不符；（2）以非药品冒充药品或者以他种药品冒充此种药品；（3）变质的药品；（4）药品所标明的适应症或者功能主治超出规定范围。

3. 主观要件

主观方面只能由故意构成，即明知是国家禁止的假药仍故意生产、销售。行为人的动机一般是牟利，过失不构成本罪。

4. 客观要件

客观方面表现为生产、销售假药的行为。本罪在犯罪形态上属于行为犯，只要实施了生产、销售假药的行为，即构成犯罪。行为人生产、销售假药，如果对人体造成了严重危害或者有其他严重情节的，构成结果加重犯或者情节加重犯，对其应判处较重的刑罚。

（三）实务疑难问题

1. 划清本罪与以危险方法危害公共安全罪的界限

生产、销售假药罪，既侵犯了国家药品管理制度，又危害了人民群众的生命、健康安全。从某种意义上讲，其属于《刑法》第 114 条、第 115 条所规定的“以危险方法危害公共安全罪”的范畴，但刑法已对其作了单独规定，有加以区别的必要。生产、销售假药罪，行为人主观上一般是以牟利为目的。为了牟取暴利，明知生产、销售的是假药而仍予以生产、销售。至于其行为给人体健康、生命安全造成的严重危害后果，不在行为人追求的直接故意范围之内，或者存在过失心理，或者属于间接故意心理。如果行为人生产、销售假药，目的就是对他人的生命健康、财产安全造成损害，危害公共安全，则应以以危险方法危害公共安全罪定罪处罚。

2. 生产、销售假药罪的共犯的认定

根据《最高人民法院、最高人民检察院关于办理危害药品安全刑事案件适用法律若干问题的解释》（以下简称《危害药品安全解释》）第 8 条的规定，明知他人生产、销售假药、劣药，而有下列情形之一的，以共同犯罪论处：（1）提供资金、贷款、账号、发票、证明、许可证件的；（2）提供生产、经营场所、设备或者运输、储存、保管、邮寄、网络销售渠道等便利条件的；（3）提供生产技术或者原料、辅料、包装材料、标签、说明书的；（4）提供广告宣传等帮助行为的。

3. 骗取药品批准证明文件生产、销售药品的处理

根据《最高人民法院、最高人民检察院关于办理药品、医疗器械注册申请材料造假刑事案件适用法律若干问题的解释》第3条的规定："药品注册申请单位的工作人员，故意使用符合本解释第一条第二款规定的虚假药物非临床研究报告、药物临床试验报告及相关材料，骗取药品批准证明文件生产、销售药品的，应当依照刑法第一百四十一条规定，以生产、销售假药罪定罪处罚。"

（四）情节与量刑

依照《刑法》第141条第1款规定，犯生产、销售假药罪的，处3年以下有期徒刑或者拘役，并处罚金；对人体健康造成严重危害或者有其他严重情节的，处3年以上10年以下有期徒刑，并处罚金；致人死亡或者有其他特别严重情节的，处10年以上有期徒刑、无期徒刑或者死刑，并处罚金或者没收财产。

依照《刑法》第150条规定，单位犯本罪的，对单位判处罚金，并对其直接负责的主管人员和其他直接责任人员，依照第141条第1款规定处罚。

司法机关在适用《刑法》第141条第1款、第150条规定处罚时，应当注意以下问题：

1. 刑法对本罪规定了三个档次的量刑幅度，法定最低刑是拘役，法定最高刑是死刑，司法机关依照法律规定处罚的，要注意区别不同情节，恰当量刑。要正确理解本罪中的"对人体健康造成严重危害或者有其他严重情节的"和"致人死亡或者有其他特别严重情节的"这两种情形。

根据《危害药品安全解释》第2条、第3条规定，具有下列情形之一的，应当认定为"对人体健康造成严重危害"：（1）造成轻伤或者重伤的；（2）造成轻度残疾或者中度残疾的；（3）造成器官组织损伤导致一般功能障碍或者严重功能障碍的；（4）其他对人体健康造成严重危害的情形。具有下列情形之一的，应当认定为"其他严重情节"：（1）造成较大突发公共卫生事件的；（2）生产、销售金额20万元以上不满50万元的；（3）生产、销售金额10万元以上不满20万元，并具有本解释第一条规定情形之一的；（4）根据生产、销售的时间、数量、假药种类等，应当认定为情节严重的。

根据《危害药品安全解释》第4条规定，具有下列情形之一的，应当认

定为“其他特别严重情节”：（1）致人重度残疾的；（2）造成3人以上重伤、中度残疾或者器官组织损伤导致严重功能障碍的；（3）造成5人以上轻度残疾或者器官组织损伤导致一般功能障碍的；（4）造成10人以上轻伤的；（5）造成重大、特别重大突发公共卫生事件的；（6）生产、销售金额50万元以上的；（7）生产、销售金额20万元以上不满50万元，并具有本解释第一条规定情形之一的；（8）根据生产、销售的时间、数量、假药种类等，应当认定为情节特别严重的。

2. 根据《危害药品安全解释》第1条的规定，生产、销售假药，具有下列情形之一的，应当酌情从重处罚：（1）生产、销售的假药以孕产妇、婴幼儿、儿童或者危重病人为主要使用对象的；（2）生产、销售的假药属于麻醉药品、精神药品、医疗用毒性药品、放射性药品、避孕药品、血液制品、疫苗的；（3）生产、销售的假药属于注射剂药品、急救药品的；（4）医疗机构、医疗机构工作人员生产、销售假药的；（5）在自然灾害、事故灾难、公共卫生事件、社会安全事件等突发事件期间，生产、销售用于应对突发事件的假药的；（6）两年内曾因危害药品安全违法犯罪活动受过行政处罚或者刑事处罚的；（7）其他应当酌情从重处罚的情形。

（五）法律链接

1. **中华人民共和国药品管理法**（1984年9月20日第六届全国人民代表大会常务委员会第七次会议通过　2001年2月28日第九届全国人民代表大会常务委员会第二十次会议修订　根据2013年12月28日第十二届全国人民代表大会常务委员会第六次会议《关于修改〈中华人民共和国海洋环境保护法〉等七部法律的决定》第一次修正　根据2015年4月24日第十二届全国人民代表大会常务委员会第十四次会议《关于修改〈中华人民共和国药品管理法〉的决定》第二次修正　2019年8月26日第十三届全国人民代表大会常务委员会第十二次会议第二次修订）（节录）

第九十八条　禁止生产（包括配制，下同）、销售、使用假药、劣药。

有下列情形之一的，为假药：

（一）药品所含成份与国家药品标准规定的成份不符；

（二）以非药品冒充药品或者以他种药品冒充此种药品；

（三）变质的药品；

（四）药品所标明的适应症或者功能主治超出规定范围。

有下列情形之一的，为劣药：

（一）药品成份的含量不符合国家药品标准；

（二）被污染的药品；

（三）未标明或者更改有效期的药品；

（四）未注明或者更改产品批号的药品；

（五）超过有效期的药品；

（六）擅自添加防腐剂、辅料的药品；

（七）其他不符合药品标准的药品。

禁止未取得药品批准证明文件生产、进口药品；禁止使用未按照规定审评、审批的原料药、包装材料和容器生产药品。

第一百一十六条 生产、销售假药的，没收违法生产、销售的药品和违法所得，责令停产停业整顿，吊销药品批准证明文件，并处违法生产、销售的药品货值金额十五倍以上三十倍以下的罚款；货值金额不足十万元的，按十万元计算；情节严重的，吊销药品生产许可证、药品经营许可证或者医疗机构制剂许可证，十年内不受理其相应申请；药品上市许可持有人为境外企业的，十年内禁止其药品进口。

第一百一十八条 生产、销售假药，或者生产、销售劣药且情节严重的，对法定代表人、主要负责人、直接负责的主管人员和其他责任人员，没收违法行为发生期间自本单位所获收入，并处所获收入百分之三十以上三倍以下的罚款，终身禁止从事药品生产经营活动，并可以由公安机关处五日以上十五日以下的拘留。

对生产者专门用于生产假药、劣药的原料、辅料、包装材料、生产设备予以没收。

第一百一十九条 药品使用单位使用假药、劣药的，按照销售假药、零售劣药的规定处罚；情节严重的，法定代表人、主要负责人、直接负责的主管人员和其他责任人员有医疗卫生人员执业证书的，还应当吊销执业证书。

第一百二十条 知道或者应当知道属于假药、劣药或者本法第一百二十四条第一款第一项至第五项规定的药品，而为其提供储存、运输等便利条件的，没收全部储存、运输收入，并处违法收入一倍以上五倍以下的罚款；情节严重的，并处违法收入五倍以上十五倍以下的罚款；违法收入不足五万元的，按五万元计算。

2. **最高人民法院、最高人民检察院关于办理危害药品安全刑事案件适用法律若干问题的解释**（法释〔2014〕14号　自2014年12月1日起施行）

为依法惩治危害药品安全犯罪，保障人民群众生命健康安全，维护药品市场秩序，根据《中华人民共和国刑法》的规定，现就办理这类刑事案件适用法律的若干问题解释如下：

第一条　生产、销售假药，具有下列情形之一的，应当酌情从重处罚：

（一）生产、销售的假药以孕产妇、婴幼儿、儿童或者危重病人为主要使用对象的；

（二）生产、销售的假药属于麻醉药品、精神药品、医疗用毒性药品、放射性药品、避孕药品、血液制品、疫苗的；

（三）生产、销售的假药属于注射剂药品、急救药品的；

（四）医疗机构、医疗机构工作人员生产、销售假药的；

（五）在自然灾害、事故灾难、公共卫生事件、社会安全事件等突发事件期间，生产、销售用于应对突发事件的假药的；

（六）两年内曾因危害药品安全违法犯罪活动受过行政处罚或者刑事处罚的；

（七）其他应当酌情从重处罚的情形。

第二条　生产、销售假药，具有下列情形之一的，应当认定为刑法第一百四十一条规定的“对人体健康造成严重危害”：

（一）造成轻伤或者重伤的；

（二）造成轻度残疾或者中度残疾的；

（三）造成器官组织损伤导致一般功能障碍或者严重功能障碍的；

（四）其他对人体健康造成严重危害的情形。

第三条　生产、销售假药，具有下列情形之一的，应当认定为刑法第一百四十一条规定的“其他严重情节”：

（一）造成较大突发公共卫生事件的；

（二）生产、销售金额二十万元以上不满五十万元的；

（三）生产、销售金额十万元以上不满二十万元，并具有本解释第一条规定情形之一的；

（四）根据生产、销售的时间、数量、假药种类等，应当认定为情节严重的。

第四条 生产、销售假药，具有下列情形之一的，应当认定为刑法第一百四十一条规定的“其他特别严重情节”：

（一）致人重度残疾的；

（二）造成三人以上重伤、中度残疾或者器官组织损伤导致严重功能障碍的；

（三）造成五人以上轻度残疾或者器官组织损伤导致一般功能障碍的；

（四）造成十人以上轻伤的；

（五）造成重大、特别重大突发公共卫生事件的；

（六）生产、销售金额五十万元以上的；

（七）生产、销售金额二十万元以上不满五十万元，并具有本解释第一条规定情形之一的；

（八）根据生产、销售的时间、数量、假药种类等，应当认定为情节特别严重的。

第五条 生产、销售劣药，具有本解释第二条规定情形之一的，应当认定为刑法第一百四十二条规定的“对人体健康造成严重危害”。

生产、销售劣药，致人死亡，或者具有本解释第四条第一项至第五项规定情形之一的，应当认定为刑法第一百四十二条规定的“后果特别严重”。

生产、销售劣药，具有本解释第一条规定情形之一的，应当酌情从重处罚。

第六条 以生产、销售假药、劣药为目的，实施下列行为之一的，应当认定为刑法第一百四十一条、第一百四十二条规定的“生产”：

（一）合成、精制、提取、储存、加工炮制药品原料的行为；

（二）将药品原料、辅料、包装材料制成成品过程中，进行配料、混合、制剂、储存、包装的行为；

（三）印制包装材料、标签、说明书的行为。

医疗机构、医疗机构工作人员明知是假药、劣药而有偿提供给他人使用，或者为出售而购买、储存的行为，应当认定为刑法第一百四十一条、第一百四十二条规定的“销售”。

第七条 违反国家药品管理法律法规，未取得或者使用伪造、变造的药品经营许可证，非法经营药品，情节严重的，依照刑法第二百二十五条的规定以非法经营罪定罪处罚。

以提供给他人生产、销售药品为目的，违反国家规定，生产、销售不符合药用要求的非药品原料、辅料，情节严重的，依照刑法第二百二十五条的规定以非法经营罪定罪处罚。

实施前两款行为，非法经营数额在十万元以上，或者违法所得数额在五万元以上的，应当认定为刑法第二百二十五条规定的“情节严重”；非法经营数额在五十万元以上，或者违法所得数额在二十五万元以上的，应当认定为刑法第二百二十五条规定的“情节特别严重”。

实施本条第二款行为，同时又构成生产、销售伪劣产品罪、以危险方法危害公共安全罪等犯罪的，依照处罚较重的规定定罪处罚。

第八条　明知他人生产、销售假药、劣药，而有下列情形之一的，以共同犯罪论处：

（一）提供资金、贷款、账号、发票、证明、许可证件的；

（二）提供生产、经营场所、设备或者运输、储存、保管、邮寄、网络销售渠道等便利条件的；

（三）提供生产技术或者原料、辅料、包装材料、标签、说明书的；

（四）提供广告宣传等帮助行为的。

第九条　广告主、广告经营者、广告发布者违反国家规定，利用广告对药品作虚假宣传，情节严重的，依照刑法第二百二十二条的规定以虚假广告罪定罪处罚。

第十条　实施生产、销售假药、劣药犯罪，同时构成生产、销售伪劣产品、侵犯知识产权、非法经营、非法行医、非法采供血等犯罪的，依照处罚较重的规定定罪处罚。

第十一条　对实施本解释规定之犯罪的犯罪分子，应当依照刑法规定的条件，严格缓刑、免予刑事处罚的适用。对于适用缓刑的，应当同时宣告禁止令，禁止犯罪分子在缓刑考验期内从事药品生产、销售及相关活动。

销售少量根据民间传统配方私自加工的药品，或者销售少量未经批准进口的国外、境外药品，没有造成他人伤害后果或者延误诊治，情节显著轻微危害不大的，不认为是犯罪。

第十二条　犯生产、销售假药罪的，一般应当依法判处生产、销售金额二倍以上的罚金。共同犯罪的，对各共同犯罪人合计判处的罚金应当在生产、销售金额的二倍以上。

第十三条 单位犯本解释规定之罪的，对单位判处罚金，并对直接负责的主管人员和其他直接责任人员，依照本解释规定的自然人犯罪的定罪量刑标准处罚。

第十四条 是否属于刑法第一百四十一条、第一百四十二条规定的“假药”“劣药”难以确定的，司法机关可以根据地市级以上药品监督管理部门出具的认定意见等相关材料进行认定。必要时，可以委托省级以上药品监督管理部门设置或者确定的药品检验机构进行检验。

第十五条 本解释所称“生产、销售金额”，是指生产、销售假药、劣药所得和可得的全部违法收入。

第十六条 本解释规定的“轻伤”“重伤”按照《人体损伤程度鉴定标准》进行鉴定。

本解释规定的“轻度残疾”“中度残疾”“重度残疾”按照相关伤残等级评定标准进行评定。

第十七条 本解释发布施行后，《最高人民法院、最高人民检察院关于办理生产、销售假药、劣药刑事案件具体应用法律若干问题的解释》（法释〔2009〕9号）同时废止；之前发布的司法解释和规范性文件与本解释不一致的，以本解释为准。

三、生产、销售劣药罪

（一）法律规定

第一百四十二条　生产、销售劣药，对人体健康造成严重危害的，处三年以上十年以下有期徒刑，并处销售金额百分之五十以上二倍以下罚金；后果特别严重的，处十年以上有期徒刑或者无期徒刑，并处销售金额百分之五十以上二倍以下罚金或者没收财产。

本条所称劣药，是指依照《中华人民共和国药品管理法》的规定属于劣药的药品。

（二）罪名详解

生产、销售劣药罪，是指生产者、销售者明知是劣药而进行生产、销售，并对人体健康造成严重危害的行为。

本罪是从《全国人民代表大会常务委员会关于惩治生产、销售伪劣商品犯罪的决定》第 2 条第 2 款的规定吸收改为刑法的具体规定的。1979 年刑法没有生产、销售劣药罪的规定。

生产销售劣药罪的构成要件是：

1. 主体要件

本罪主体为一般主体，自然人和单位均可构成。

2. 客体要件

本罪侵犯的客体是国家的药品管理制度和公民的健康权利。犯罪对象仅限于劣药。根据《药品管理法》第 98 条的规定，劣药是指药品成分的含量与国家药品标准不符合的；未标明有效期或者更改有效期的；不注明或者更改生产批号的；超过有效期的；直接接触药品的包装材料和容器未经批准的；擅自添加着色剂、防腐剂、香料、矫味剂及辅料的；其他不符合药品标准规定的。

3. 主观要件

主观方面只能由故意构成，即行为人明知是劣药而仍予生产、销售，动机一般是为了牟利。过失不构成本罪。

4. 客观要件

客观方面表现为违反药品管理法规，生产、销售劣药，对人体健康造成严重危害的行为。

（三）实务疑难问题

注意划清本罪与生产、销售假药罪的界限

两者有本质区别：（1）前者是结果犯，行为人生产、销售劣药，只有对人体健康造成严重危害的才能构成犯罪；而后者是行为犯，行为人只要实施了生产、销售假药的行为，就可构成犯罪。（2）前者以生产、销售“劣药”作为构成要件，后者的犯罪对象则是假药。假药往往比劣药对人体健康造成的危害更大，因而生产、销售假药罪的法定刑要重于生产、销售劣药罪，后者法定最高刑为死刑，前者为无期徒刑。行为人既生产、销售劣药，又生产、销售假药，均构成犯罪的，则应分别定罪，实行数罪并罚。

（四）情节与量刑

依照《刑法》第142条第1款规定，生产、销售劣药，对人体健康造成严重危害的，处3年以上10年以下有期徒刑，并处销售金额50%以上2倍以下罚金；后果特别严重的，处10年以上有期徒刑或者无期徒刑，并处销售金额50%以上2倍以下罚金或者没收财产。

依照《刑法》第150条规定，单位犯本罪的，对单位判处罚金，并对其直接负责的主管人员和其他直接责任人员，依照第142条第1款规定处罚。

刑法对本罪规定了“对人体健康造成严重危害”和“后果特别严重”两个档次的量刑幅度。根据《危害药品安全解释》第5条规定，具有下列情形之一的，应当认定为“对人体健康造成严重危害”：（1）造成轻伤或者重伤的；（2）造成轻度残疾或者中度残疾的；（3）造成器官组织损伤导致一般功能障碍或者严重功能障碍的；（4）其他对人体健康造成严重危害的情形。具有下列情形之一的，应当认定为“后果特别严重”：（1）致人重度残疾的；（2）造成3人以上重伤、中度残疾或者器官组织损伤导致严重功能障碍的；（3）造成5人以上轻度残疾或者器官组织损伤导致一般功能障碍的；（4）造成10人以上轻伤的；（5）造成重大、特别重大突发公共卫生事件的。

此外，根据《危害药品安全解释》第5条规定，生产、销售劣药，具有该解释第1条规定的情形之一的，应当酌情从重处罚。具体来说：（1）生产、销售的劣药以孕产妇、婴幼儿、儿童或者危重病人为主要使用对象的；（2）生产、销售的劣药属于麻醉药品、精神药品、医疗用毒性药品、放射性药品、避孕药品、血液制品、疫苗的；（3）生产、销售的列药属于注射剂药品、急救药品的；（4）医疗机构、医疗机构工作人员生产、销售劣药的；（5）在自然灾害、事故灾难、公共卫生事件、社会安全事件等突发事件期间，生产、销售用于应对突发事件的劣药的；（6）两年内曾因危害药品安全违法犯罪活动受过行政处罚或者刑事处罚的；（7）其他应当酌情从重处罚的情形。

（五）法律链接

中华人民共和国药品管理法（1984年9月20日第六届全国人民代表大会常务委员会第七次会议通过 2001年2月28日第九届全国人民代表大会常务委员会第二十次会议修订 根据2013年12月28日第十二届全国人民代表大会常务委员会第六次会议《关于修改〈中华人民共和国海洋环境保护法〉等七部法律的决定》第一次修正 根据2015年4月24日第十二届全国人民代表大会常务委员会第十四次会议《关于修改〈中华人民共和国药品管理法〉的决定》第二次修正 2019年8月26日第十三届全国人民代表大会常务委员会第十二次会议第二次修订）

第九十八条 禁止生产（包括配制，下同）、销售、使用假药、劣药。

有下列情形之一的，为假药：

（一）药品所含成份与国家药品标准规定的成份不符；

（二）以非药品冒充药品或者以他种药品冒充此种药品；

（三）变质的药品；

（四）药品所标明的适应症或者功能主治超出规定范围。

有下列情形之一的，为劣药：

（一）药品成份的含量不符合国家药品标准；

（二）被污染的药品；

（三）未标明或者更改有效期的药品；

（四）未注明或者更改产品批号的药品；

（五）超过有效期的药品；

（六）擅自添加防腐剂、辅料的药品；

（七）其他不符合药品标准的药品。

禁止未取得药品批准证明文件生产、进口药品；禁止使用未按照规定审评、审批的原料药、包装材料和容器生产药品。

第一百一十七条 生产、销售劣药的，没收违法生产、销售的药品和违法所得，并处违法生产、销售的药品货值金额十倍以上二十倍以下的罚款；违法生产、批发的药品货值金额不足十万元的，按十万元计算，违法零售的药品货值金额不足一万元的，按一万元计算；情节严重的，责令停产停业整顿直至吊销药品批准证明文件、药品生产许可证、药品经营许可证或者医疗机构制剂许可证。

生产、销售的中药饮片不符合药品标准，尚不影响安全性、有效性的，责令限期改正，给予警告；可以处十万元以上五十万元以下的罚款。

第一百一十八条 生产、销售假药，或者生产、销售劣药且情节严重的，对法定代表人、主要负责人、直接负责的主管人员和其他责任人员，没收违法行为发生期间自本单位所获收入，并处所获收入百分之三十以上三倍以下的罚款，终身禁止从事药品生产经营活动，并可以由公安机关处五日以上十五日以下的拘留。

对生产者专门用于生产假药、劣药的原料、辅料、包装材料、生产设备予以没收。

第一百一十九条 药品使用单位使用假药、劣药的，按照销售假药、零售劣药的规定处罚；情节严重的，法定代表人、主要负责人、直接负责的主管人员和其他责任人员有医疗卫生人员执业证书的，还应当吊销执业证书。

第一百二十条 知道或者应当知道属于假药、劣药或者本法第一百二十四条第一款第一项至第五项规定的药品，而为其提供储存、运输等便利条件的，没收全部储存、运输收入，并处违法收入一倍以上五倍以下的罚款；情节严重的，并处违法收入五倍以上十五倍以下的罚款；违法收入不足五万元的，按五万元计算。

四、生产、销售不符合安全标准的食品罪

（一）法律规定

第一百四十三条 生产、销售不符合食品安全标准的食品，足以造成严重食物中毒事故或者其他严重食源性疾病的，处三年以下有期徒刑或者拘役，并处罚金；对人体健康造成严重危害或者有其他严重情节的，处三年以上七年以下有期徒刑，并处罚金；后果特别严重的，处七年以上有期徒刑或者无期徒刑，并处罚金或者没收

财产。[①]

（二）罪名详解

生产、销售不符合安全标准的食品罪，是指生产者、销售者明知生产、销售的食品不符合安全标准而进行生产、销售，足以造成严重食物中毒事故或者其他严重食源性疾病的行为。

本罪是从《全国人民代表大会常务委员会关于惩治生产、销售伪劣商品犯罪的决定》第3条第1款的规定吸收改为刑法的具体规定的，原罪名为“生产销售不符合卫生标准的食品罪”。1979年刑法没有规定本罪。《刑法修正案（八）》对本罪作了四点修改：一是根据食品安全法的有关规定，将“卫生标准”修改为“食品安全标准”，将“食源性疾患”改为“食源性疾病”；二是在第二档刑罚中，增加了“其他严重情节”的规定，以适应打击犯罪的需要；三是取消了单处罚金刑，加大了打击力度；四是为了解决实践中罚金数额难以确定及与行政罚款不协调的问题，取消了罚金数额的具体规定。

生产、销售不符合安全标准的食品罪的构成要件是：

1. 主体要件

本罪主体为一般主体，即凡年满16周岁并具有刑事责任能力的自然人，都可以构成本罪的主体。

2. 客体要件

本罪侵犯的客体是国家食品安全管理制度和消费者的健康权利。犯罪对象是不符合安全标准的食品。

这里的“食品”，是指通过人体消化系统，可被人体消化、吸收，能满足人体生理要求和营养需要的一切物品，既包括一般食物，也包括食物添加剂、调味品、色素、保鲜剂，还包括油脂和饮料等。

根据《食品安全法》的规定，食品安全标准是强制执行的标准。“不符合

---

① 本条第1款经2011年2月25日《刑法修正案（八）》第24条修正。《刑法》原第143条为：“生产、销售不符合卫生标准的食品，足以造成严重食物中毒事故或者其他严重食源性疾患的，处三年以下有期徒刑或者拘役，并处或者单处销售金额百分之五十以上二倍以下罚金；对人体健康造成严重危害的，处三年以上七年以下有期徒刑，并处销售金额百分之五十以上二倍以下罚金；后果特别严重的，处七年以上有期徒刑或者无期徒刑，并处销售金额百分之五十以上二倍以下罚金或者没收财产。”

食品安全标准的食品”主要有：（1）腐败变质、油脂酸败、霉变生虫、污秽不洁、混有异物、掺假掺杂或者其他感官形状异常的；（2）用非食品原料生产的或者添加食品添加剂以外的化学物质和其他可能危害人体健康物质的，或者用回收食品作为原料生产的；（3）致病性微生物、农药残留、兽药残留、重金属、污染物质以及其他危害人体健康的物质含量超过限量的；（4）营养成分不符合食品安全标准的专供婴幼儿和其他人群的主辅食品；（5）病死、毒死或者死因不明的禽、畜、兽、水产动物肉类及其制品；（6）未经动物卫生监督机构检疫或者检疫不合格的肉类，或者未经检验或者检验不合格的肉类制品；（7）被包装材料、容器、运输工具等污染的；（8）无标签的预包装食品；（9）超过保质期限的；（10）国家为防病等特殊需要明令禁止生产经营的；（11）其他不符合食品安全标准或者要求的食品。

3. 主观要件

主观方面只能由故意构成，即行为人明知生产、销售的食品不符合安全标准而仍予以生产、销售。

4. 客观要件

客观方面表现为违反国家食品安全管理法规，生产、销售不符合安全标准的食品，足以造成严重食物中毒事故或者其他严重食源性疾病的行为，本罪是危险犯。

根据《食品安全法》的规定，“食物中毒”，是指食用了被有毒、有害物质污染的食品或者食用了含有毒、有害物质的食品后出现的急性、亚急性疾病。“食源性疾病”，是指食品中致病因素进入人体引起的感染性、中毒性等疾病。根据《解释》，只要经省级以上卫生行政部门确定的机构鉴定，食品中含有可能导致严重食物中毒事故或者其他严重食源性疾病的超标准的有害细菌或者其他污染物的，就应认定为“足以造成严重食物中毒事故或者其他严重食源性疾病”，即可构成本罪。如果对人体健康造成了严重危害后果或者有其他严重情节的，是结果加重犯或者情节加重犯，要处更重的刑罚。

（三）实务疑难问题

1. 划清罪与非罪的界限

区分的关键是看行为人生产、销售不符合安全标准的食品是否“足以造成严重食物中毒事故或者其他严重食源性疾病”。在司法实践中，一般应结合可能造成传染疾病的性质、中毒轻重的程度、可能致害人数的多少等情况综合分析。如根据食品不符合安全标准的程度，被害人食用后只能造成一般性的腹泻，恐怕就不能认定“足以造成严重食物中毒事故或者其他严重食源性疾病”。

2. 根据《最高人民法院、最高人民检察院、公安部关于依法严惩“地沟油”犯罪活动的通知》的规定，对于无法查明“食用油”是否系利用“地沟油”生产、加工，但行为人明知该“食用油”来源可疑而予以销售，经鉴定属于不符合安全标准的食品的，应当以本罪追究刑事责任。

（四）情节与量刑

依照《刑法》第143条规定，犯生产、销售不符合安全标准的食品罪的，处3年以下有期徒刑或者拘役，并处罚金；对人体健康造成严重危害或者有其他严重情节的，处3年以上7年以下有期徒刑，并处罚金；后果特别严重的，处7年以上有期徒刑或者无期徒刑，并处罚金或者没收财产。

依照《刑法》第150条规定，单位犯本罪的，对单位判处罚金，并对其直接负责的主管人员和其他直接责任人员，依照第143条规定处罚。

《刑法》第143条规定的“对人体健康造成严重危害”，根据《解释》的规定，主要是指生产、销售不符合安全标准的食品被食用后，造成轻伤、重伤或者其他严重后果的情形；“后果特别严重”，主要是指生产、销售不符合安全标准的食品被食用后，致人死亡、严重残疾、3人以上重伤，10人以上轻伤或者造成其他特别严重后果的情形。

（五）法律链接

1. 中华人民共和国食品安全法（2009年2月28日第十一届全国人民代表大会常务委员会第七次会议通过　2015年4月24日第十二届全国人民代表大会常务委员会第十四次会议修订通过　根据2018年12月29日第十三届全国人民代表大会常务委员会第七次会议《关于修改〈中华人民共和国产品质量法〉等五部法律的决定》修正）（节录）

第二十六条　食品安全标准应当包括下列内容：

（一）食品、食品添加剂、食品相关产品中的致病性微生物，农药残留、兽药残留、生物毒素、重金属等污染物质以及其他危害人体健康物质的限量规定；

（二）食品添加剂的品种、使用范围、用量；

（三）专供婴幼儿和其他特定人群的主辅食品的营养成分要求；

（四）对与卫生、营养等食品安全要求有关的标签、标志、说明书的要求；

（五）食品生产经营过程的卫生要求；

（六）与食品安全有关的质量要求；

（七）与食品安全有关的食品检验方法与规程；

（八）其他需要制定为食品安全标准的内容。

第三十三条 食品生产经营应当符合食品安全标准，并符合下列要求：

（一）具有与生产经营的食品品种、数量相适应的食品原料处理和食品加工、包装、贮存等场所，保持该场所环境整洁，并与有毒、有害场所以及其他污染源保持规定的距离；

（二）具有与生产经营的食品品种、数量相适应的生产经营设备或者设施，有相应的消毒、更衣、盥洗、采光、照明、通风、防腐、防尘、防蝇、防鼠、防虫、洗涤以及处理废水、存放垃圾和废弃物的设备或者设施；

（三）有专职或者兼职的食品安全专业技术人员、食品安全管理人员和保证食品安全的规章制度；

（四）具有合理的设备布局和工艺流程，防止待加工食品与直接入口食品、原料与成品交叉污染，避免食品接触有毒物、不洁物；

（五）餐具、饮具和盛放直接入口食品的容器，使用前应当洗净、消毒，炊具、用具用后应当洗净，保持清洁；

（六）贮存、运输和装卸食品的容器、工具和设备应当安全、无害，保持清洁，防止食品污染，并符合保证食品安全所需的温度、湿度等特殊要求，不得将食品与有毒、有害物品一同贮存、运输；

（七）直接入口的食品应当使用无毒、清洁的包装材料、餐具、饮具和容器；

（八）食品生产经营人员应当保持个人卫生，生产经营食品时，应当将手洗净，穿戴清洁的工作衣、帽等；销售无包装的直接入口食品时，应当使用无毒、清洁的容器、售货工具和设备；

（九）用水应当符合国家规定的生活饮用水卫生标准；

（十）使用的洗涤剂、消毒剂应当对人体安全、无害；

（十一）法律、法规规定的其他要求。

非食品生产经营者从事食品贮存、运输和装卸的，应当符合前款第六项的规定。

第三十四条 禁止生产经营下列食品、食品添加剂、食品相关产品：

（一）用非食品原料生产的食品或者添加食品添加剂以外的化学物质和其他可能危害人体健康物质的食品，或者用回收食品作为原料生产的食品；

（二）致病性微生物，农药残留、兽药残留、生物毒素、重金属等污染物质以及其他危害人体健康的物质含量超过食品安全标准限量的食品、食品添加剂、食品相关产品；

（三）用超过保质期的食品原料、食品添加剂生产的食品、食品添加剂；

（四）超范围、超限量使用食品添加剂的食品；

（五）营养成分不符合食品安全标准的专供婴幼儿和其他特定人群的主辅食品；

（六）腐败变质、油脂酸败、霉变生虫、污秽不洁、混有异物、掺假掺杂或者感官性状异常的食品、食品添加剂；

（七）病死、毒死或者死因不明的禽、畜、兽、水产动物肉类及其制品；

（八）未按规定进行检疫或者检疫不合格的肉类，或者未经检验或者检验不合格的肉类制品；

（九）被包装材料、容器、运输工具等污染的食品、食品添加剂；

（十）标注虚假生产日期、保质期或者超过保质期的食品、食品添加剂；

（十一）无标签的预包装食品、食品添加剂；

（十二）国家为防病等特殊需要明令禁止生产经营的食品；

（十三）其他不符合法律、法规或者食品安全标准的食品、食品添加剂、食品相关产品。

2. 最高人民法院、最高人民检察院关于办理危害食品安全刑事案件适用法律若干问题的解释（法释〔2013〕12号 自2013年5月4日起施行）

为依法惩治危害食品安全犯罪，保障人民群众身体健康、生命安全，根据刑法有关规定，对办理此类刑事案件适用法律的若干问题解释如下：

第一条 生产、销售不符合食品安全标准的食品，具有下列情形之一的，应当认定为刑法第一百四十三条规定的“足以造成严重食物中毒事故或者其他严重食源性疾病”：

（一）含有严重超出标准限量的致病性微生物、农药残留、兽药残留、重金属、污染物质以及其他危害人体健康的物质的；

（二）属于病死、死因不明或者检验检疫不合格的畜、禽、兽、水产动物及其肉类、肉类制品的；

（三）属于国家为防控疾病等特殊需要明令禁止生产、销售的；

（四）婴幼儿食品中生长发育所需营养成分严重不符合食品安全标准的；

（五）其他足以造成严重食物中毒事故或者严重食源性疾病的情形。

第二条 生产、销售不符合食品安全标准的食品，具有下列情形之一的，应当认定为刑法第一百四十三条规定的“对人体健康造成严重危害”：

（一）造成轻伤以上伤害的；

（二）造成轻度残疾或者中度残疾的；

（三）造成器官组织损伤导致一般功能障碍或者严重功能障碍的；

（四）造成十人以上严重食物中毒或者其他严重食源性疾病的；

（五）其他对人体健康造成严重危害的情形。

第三条 生产、销售不符合食品安全标准的食品，具有下列情形之一的，应当认定为刑法第一百四十三条规定的“其他严重情节”：

（一）生产、销售金额二十万元以上的；

（二）生产、销售金额十万元以上不满二十万元，不符合食品安全标准的食品数量较大或者生产、销售持续时间较长的；

（三）生产、销售金额十万元以上不满二十万元，属于婴幼儿食品的；

（四）生产、销售金额十万元以上不满二十万元，一年内曾因危害食品安全违法犯罪活动受过行政处罚或者刑事处罚的；

（五）其他情节严重的情形。

第四条 生产、销售不符合食品安全标准的食品，具有下列情形之一的，应当认定为刑法第一百四十三条规定的“后果特别严重”：

（一）致人死亡或者重度残疾的；

（二）造成三人以上重伤、中度残疾或者器官组织损伤导致严重功能障碍的；

（三）造成十人以上轻伤、五人以上轻度残疾或者器官组织损伤导致一般功能障碍的；

（四）造成三十人以上严重食物中毒或者其他严重食源性疾病的；

（五）其他特别严重的后果。

第五条　生产、销售有毒、有害食品，具有本解释第二条规定情形之一的，应当认定为刑法第一百四十四条规定的“对人体健康造成严重危害”。

第六条　生产、销售有毒、有害食品，具有下列情形之一的，应当认定为刑法第一百四十四条规定的“其他严重情节”：

（一）生产、销售金额二十万元以上不满五十万元的；

（二）生产、销售金额十万元以上不满二十万元，有毒、有害食品的数量较大或者生产、销售持续时间较长的；

（三）生产、销售金额十万元以上不满二十万元，属于婴幼儿食品的；

（四）生产、销售金额十万元以上不满二十万元，一年内曾因危害食品安全违法犯罪活动受过行政处罚或者刑事处罚的；

（五）有毒、有害的非食品原料毒害性强或者含量高的；

（六）其他情节严重的情形。

第七条　生产、销售有毒、有害食品，生产、销售金额五十万元以上，或者具有本解释第四条规定的情形之一的，应当认定为刑法第一百四十四条规定的“致人死亡或者有其他特别严重情节”。

第八条　在食品加工、销售、运输、贮存等过程中，违反食品安全标准，超限量或者超范围滥用食品添加剂，足以造成严重食物中毒事故或者其他严重食源性疾病的，依照刑法第一百四十三条的规定以生产、销售不符合安全标准的食品罪定罪处罚。

在食用农产品种植、养殖、销售、运输、贮存等过程中，违反食品安全标准，超限量或者超范围滥用添加剂、农药、兽药等，足以造成严重食物中毒事故或者其他严重食源性疾病的，适用前款的规定定罪处罚。

第九条　在食品加工、销售、运输、贮存等过程中，掺入有毒、有害的非食品原料，或者使用有毒、有害的非食品原料加工食品的，依照刑法第一百四十四条的规定以生产、销售有毒、有害食品罪定罪处罚。

在食用农产品种植、养殖、销售、运输、贮存等过程中，使用禁用农药、兽药等禁用物质或者其他有毒、有害物质的，适用前款的规定定罪处罚。

在保健食品或者其他食品中非法添加国家禁用药物等有毒、有害物质的，适用第一款的规定定罪处罚。

第十条 生产、销售不符合食品安全标准的食品添加剂，用于食品的包装材料、容器、洗涤剂、消毒剂，或者用于食品生产经营的工具、设备等，构成犯罪的，依照刑法第一百四十条的规定以生产、销售伪劣产品罪定罪处罚。

第十一条 以提供给他人生产、销售食品为目的，违反国家规定，生产、销售国家禁止用于食品生产、销售的非食品原料，情节严重的，依照刑法第二百二十五条的规定以非法经营罪定罪处罚。

违反国家规定，生产、销售国家禁止生产、销售、使用的农药、兽药，饲料、饲料添加剂，或者饲料原料、饲料添加剂原料，情节严重的，依照前款的规定定罪处罚。

实施前两款行为，同时又构成生产、销售伪劣产品罪，生产、销售伪劣农药、兽药罪等其他犯罪的，依照处罚较重的规定定罪处罚。

第十二条 违反国家规定，私设生猪屠宰厂（场），从事生猪屠宰、销售等经营活动，情节严重的，依照刑法第二百二十五条的规定以非法经营罪定罪处罚。

实施前款行为，同时又构成生产、销售不符合安全标准的食品罪，生产、销售有毒、有害食品罪等其他犯罪的，依照处罚较重的规定定罪处罚。

第十三条 生产、销售不符合食品安全标准的食品，有毒、有害食品，符合刑法第一百四十三条、第一百四十四条规定的，以生产、销售不符合安全标准的食品罪或者生产、销售有毒、有害食品罪定罪处罚。同时构成其他犯罪的，依照处罚较重的规定定罪处罚。

生产、销售不符合食品安全标准的食品，无证据证明足以造成严重食物中毒事故或者其他严重食源性疾病，不构成生产、销售不符合安全标准的食品罪，但是构成生产、销售伪劣产品罪等其他犯罪的，依照该其他犯罪定罪处罚。

第十四条 明知他人生产、销售不符合食品安全标准的食品，有毒、有害食品，具有下列情形之一的，以生产、销售不符合安全标准的食品罪或者生产、销售有毒、有害食品罪的共犯论处：

（一）提供资金、贷款、账号、发票、证明、许可证件的；

（二）提供生产、经营场所或者运输、贮存、保管、邮寄、网络销售渠道等便利条件的；

（三）提供生产技术或者食品原料、食品添加剂、食品相关产品的；

（四）提供广告等宣传的。

第十五条　广告主、广告经营者、广告发布者违反国家规定，利用广告对保健食品或者其他食品作虚假宣传，情节严重的，依照刑法第二百二十二条的规定以虚假广告罪定罪处罚。

第十六条　负有食品安全监督管理职责的国家机关工作人员，滥用职权或者玩忽职守，导致发生重大食品安全事故或者造成其他严重后果，同时构成食品监管渎职罪和徇私舞弊不移交刑事案件罪、商检徇私舞弊罪、动植物检疫徇私舞弊罪、放纵制售伪劣商品犯罪行为罪等其他渎职犯罪的，依照处罚较重的规定定罪处罚。

负有食品安全监督管理职责的国家机关工作人员滥用职权或者玩忽职守，不构成食品监管渎职罪，但构成前款规定的其他渎职犯罪的，依照该其他犯罪定罪处罚。

负有食品安全监督管理职责的国家机关工作人员与他人共谋，利用其职务行为帮助他人实施危害食品安全犯罪行为，同时构成渎职犯罪和危害食品安全犯罪共犯的，依照处罚较重的规定定罪处罚。

第十七条　犯生产、销售不符合安全标准的食品罪，生产、销售有毒、有害食品罪，一般应当依法判处生产、销售金额二倍以上的罚金。

第十八条　对实施本解释规定之犯罪的犯罪分子，应当依照刑法规定的条件严格适用缓刑、免予刑事处罚。根据犯罪事实、情节和悔罪表现，对于符合刑法规定的缓刑适用条件的犯罪分子，可以适用缓刑，但是应当同时宣告禁止令，禁止其在缓刑考验期限内从事食品生产、销售及相关活动。

第十九条　单位实施本解释规定的犯罪的，依照本解释规定的定罪量刑标准处罚。

第二十条　下列物质应当认定为“有毒、有害的非食品原料”：

（一）法律、法规禁止在食品生产经营活动中添加、使用的物质；

（二）国务院有关部门公布的《食品中可能违法添加的非食用物质名单》《保健食品中可能非法添加的物质名单》上的物质；

（三）国务院有关部门公告禁止使用的农药、兽药以及其他有毒、有害物质；

（四）其他危害人体健康的物质。

第二十一条 “足以造成严重食物中毒事故或者其他严重食源性疾病”“有毒、有害非食品原料”难以确定的，司法机关可以根据检验报告并结合专家意见等相关材料进行认定。必要时，人民法院可以依法通知有关专家出庭作出说明。

第二十二条 最高人民法院、最高人民检察院此前发布的司法解释与本解释不一致的，以本解释为准。

五、生产、销售有毒、有害食品罪

（一）法律规定

第一百四十四条 在生产、销售的食品中掺入有毒、有害的非食品原料的，或者销售明知掺有有毒、有害的非食品原料的食品的，处五年以下有期徒刑，并处罚金；对人体健康造成严重危害或者有其他严重情节的，处五年以上十年以下有期徒刑，并处罚金；致人死亡或者有其他特别严重情节的，依照本法第一百四十一条的规定处罚。[①]

（二）罪名详解

生产、销售有毒、有害食品罪，是指生产者、销售者故意在生产、销售的食品中掺入有毒、有害的非食品原料或者销售明知掺有有毒、有害的非食品原料的食品的行为。

本罪是从《全国人民代表大会常务委员会关于惩治生产、销售伪劣商品的犯罪的决定》第 3 条第 2 款的规定吸收改为刑法的具体规定的。1979 年刑法没有生产、销售有毒、有害食品罪的规定。《刑法修正案（八）》对本罪作

---

① 本条经 2011 年 2 月 25 日《刑法修正案（八）》第 25 条修正。《刑法》原第 144 条为：“在生产、销售的食品中掺入有毒、有害的非食品原料的，或者销售明知掺有有毒、有害的非食品原料的食品的，处五年以下有期徒刑或者拘役，并处或者单处销售金额百分之五十以上二倍以下罚金；造成严重食物中毒事故或者其他严重食源性疾患，对人体健康造成严重危害的，处五年以上十年以下有期徒刑，并处销售金额百分之五十以上二倍以下罚金；致人死亡或者对人体健康造成特别严重危害的，依照本法第 141 条的规定处罚。”

了三处修改：一是取消了单处罚金刑和拘役刑，加大了对本罪的打击力度；二是将刑法原加重量刑情节“造成严重食物中毒事故或者其他严重食源性疾患，对人体健康造成严重危害”修改为“对人体健康造成严重危害或者有其他严重情节”，以适应实践中的复杂情况；三是不再具体规定罚金数额。

生产、销售有毒、有害食品罪的构成要件是：

1. 主体要件

本罪主体为一般主体，自然人和单位均可构成本罪的主体。

2. 客体要件

本罪侵犯的客体是国家对食品卫生的管理制度和广大消费者的生命、健康安全。

3. 主观要件

主观方面由故意构成，过失不构成本罪。尤其在认定销售有毒、有害食品罪时，要注意查明行为人主观上必须是“明知”。

4. 客观要件

本罪的客观方面表现为在生产、销售的食品中掺入有毒、有害的非食品原料或者销售明知掺有有毒、有害的非食品原料的食品的行为。

具体有两种：一是行为人在生产、销售的食品中掺入有毒、有害的非食品原料的行为。“有毒、有害的非食品原料”，是指对人体具有生理毒性，食用后会引起不良反应，损害机体健康的不能食用的原料。如用工业酒精兑制白酒、用不能饮用的污水兑制酱油、用石灰水掺进牛奶中，等等。如果掺入的是食品原料，由于污染、腐败变质或者过量而具有了毒害性，不能构成本罪。至于非食品原料是否有毒、有害，要经过有关机构鉴定确定。二是行为人明知是掺有有毒、有害的非食品原料的食品而予以销售。即行为人虽未实施掺入有毒、有害非食品原料的行为，但他明知是有毒、有害的食品仍予以销售。以三鹿奶粉系列案中的被告人耿金平、耿金珠生产、销售有毒食品案为例：被告人耿金平在河北省正定县南楼乡东宿村经营正定县金河奶源基地从事鲜奶收购。为牟取非法利益，耿金平伙同其弟，被告人耿金珠，自 2007 年 10 月开始，多次购买含有三聚氰胺的“蛋白粉”，共计 560 公斤。2007 年 10 月至 2008 年 8 月，耿金平、耿金珠明知“蛋白粉”为非食品原料，不能供人食用，却多次将约 434 公斤“蛋白粉”添加到其收购的 900 余吨原奶中，销售到石家庄三鹿集团股份有限公司等处，销售金额 280 余万元。石家庄三鹿集团股份有限公司等企业收购了含有三聚氰胺的原奶后，用于生产婴幼儿奶粉并销售给消费者，对婴幼儿健康造成了特别严重的危害。此外，正定县公安局还在耿金平处查获剩余“蛋白粉”126公斤。审理法院以被告人耿金平犯生产、销售有毒食品罪，判处死刑，剥夺政治权利终身，并处没收个人全部财产；被告人耿金珠犯生产、销售有毒食品罪，因系从犯减轻处罚后判处有期徒刑8年，并处罚金人民币50万元。

本罪在犯罪形态上属行为犯，即只要行为人实施了在生产、销售的食品中掺入有毒、有害的非食品原料或者销售明知掺有有毒、有害的非食品原料的食品的行为，就构成犯罪既遂。如果行为人实施上述行为对人体健康造成了严重的危害，属于结果加重犯，应处较重的刑罚。

（三）实务疑难问题

1. 准确确定本罪的罪名

本罪属选择性罪名，不仅指行为方式（生产、销售）选择，也包括犯罪对象（有毒、有害食品）选择。在司法实践中，不能简单地将此种犯罪一律定为生产、销售有毒、有害食品罪，要根据案件的具体情况，准确确定罪名。如生产有毒食品罪、销售有害食品罪等。

2. 关于“地沟油”犯罪的处理

“地沟油”犯罪，是指使用餐厨垃圾、废弃油脂、各类肉及肉制品加工废弃物等非食品原料，生产、加工“食用油”，以及明知是利用“地沟油”生产、加工的油脂而作为“食用油”销售的行为。根据《最高人民法院、最高人民检察院、公安部关于依法严惩“地沟油”犯罪活动的通知》的规定，下列行为应当以生产、销售有毒、有害食品罪定罪处罚：（1）利用“地沟油”生产“食用油”的；（2）明知是利用“地沟油”生产的“食用油”而予以销售的；（3）对于利用“地沟油”生产的“食用油”已经销售出去没有实物，但是有证据证明系已被查实生产、销售有毒、有害食品犯罪事实的上线提供的；（4）无法查明“食用油”是否利用“地沟油”生产、加工，但行为人明知该“食用油”来源可疑而予以销售，经鉴定检出有毒、有害成分的。

3. 划清本罪与生产、销售不符合安全标准的食品罪的界限

两者在犯罪客体、主体方面有相同或者相似的地方，但有本质的区别：（1）犯罪客观方面不同。前者往食品中掺入的必须是有毒、有害的非食品原

料；而后者在食品中掺入的原料也可能有毒有害，但其本身是食品原料，其毒害性是由于食品原料污染或者腐败变质所引起的。（2）构成犯罪的条件不同。前者是行为犯，行为人只要实施《刑法》第144条所规定的行为就构成犯罪；而后者是危险犯，只有“足以造成严重食物中毒事故或者其他严重食源性疾病”的，才构成此罪。

4. 划清本罪与投放危险物质罪的界限

生产、销售有毒、有害食品罪侵犯了广大消费者的生命、健康安全，在客观上也往往因中毒造成多人伤亡等严重后果。其与投放危险物质罪的区别主要表现在主观方面。投放危险物质罪的目的是造成不特定多数人伤亡；而本罪的目的是获取非法利润。行为人对在食品中掺入有毒、有害非食品原料虽然是明知的，但并不追求致人伤亡的危害结果发生。如果行为人生产、销售有毒、有害食品，其目的就是对他人的生命、健康安全造成损害，追求上述结果的发生，则应定为投放危险物质罪。如果行为人不是故意，而是疏忽大意或者过于自信在食品中掺入了有毒害性的非食品原料，造成了严重后果的，则构成过失投放危险物质罪。

（四）情节与量刑

依照《刑法》第144条规定，犯生产、销售有毒、有害食品罪的，处5年以下有期徒刑，并处罚金；对人体健康造成严重危害或者有其他严重情节的，处5年以上10年以下有期徒刑，并处罚金；致人死亡或者有其他特别严重情节的，处10年以上有期徒刑、无期徒刑或者死刑，并处罚金或者没收财产。

《刑法》第144条规定的“对人体健康造成严重危害”，根据《最高人民法院、最高人民检察院关于办理生产、销售伪劣商品刑事案件具体应用法律若干问题的解释》的规定，是指生产、销售的有毒、有害食品被食用后，造成轻伤、重伤或者其他严重后果的。

依照《刑法》第150条规定，单位犯本罪的，对单位判处罚金，并对其直接负责的主管人员和其他直接责任人员，依照第144条规定处罚。

（五）法律链接

1. 最高人民法院、最高人民检察院、公安部关于依法严惩“地沟油”犯

罪活动的通知（公通字〔2012〕1号　自2012年1月9日起施行）

为依法严惩“地沟油”犯罪活动，切实保障人民群众的生命健康安全，根据刑法和有关司法解释的规定，现就有关事项通知如下：

一、依法严惩“地沟油”犯罪，切实维护人民群众食品安全

“地沟油”犯罪，是指用餐厨垃圾、废弃油脂、各类肉及肉制品加工废弃物等非食品原料，生产、加工“食用油”，以及明知是利用“地沟油”生产、加工的油脂而作为食用油销售的行为。“地沟油”犯罪严重危害人民群众身体健康和生命安全，严重影响国家形象，损害党和政府的公信力。各级公安机关、检察机关、人民法院要认真贯彻《刑法修正案（八）》对危害食品安全犯罪从严打击的精神，依法严惩“地沟油”犯罪，坚决打击“地沟油”进入食用领域的各种犯罪行为，坚决保护人民群众切身利益。对于涉及多地区的“地沟油”犯罪案件，各地公安机关、检察机关、人民法院要在案件管辖、调查取证等方面通力合作，形成打击合力，切实维护人民群众食品安全。

二、准确理解法律规定，严格区分犯罪界限

（一）对于利用“地沟油”生产“食用油”的，依照刑法第144条生产有毒、有害食品罪的规定追究刑事责任。

（二）明知是利用“地沟油”生产的“食用油”而予以销售的，依照刑法第144条销售有毒、有害食品罪的规定追究刑事责任。认定是否“明知”，应当结合犯罪嫌疑人、被告人的认知能力，犯罪嫌疑人、被告人及其同案人的供述和辩解，证人证言，产品质量，进货渠道及进货价格、销售渠道及销售价格等主、客观因素予以综合判断。

（三）对于利用“地沟油”生产的“食用油”，已经销售出去没有实物，但是有证据证明系已被查实生产、销售有毒、有害食品犯罪事实的上线提供的，依照刑法第144条销售有毒、有害食品罪的规定追究刑事责任。

（四）虽无法查明“食用油”是否系利用“地沟油”生产、加工，但犯罪嫌疑人、被告人明知该“食用油”来源可疑而予以销售的，应分别情形处理：经鉴定，检出有毒、有害成分的，依照刑法第144条销售有毒、有害食品罪的规定追究刑事责任；属于不符合安全标准的食品的，依照刑法第143条销售不符合安全标准的食品罪追究刑事责任；属于以假充真、以次充好、以不合格产品冒充合格产品或者假冒注册商标，构成犯罪的，依照刑法第140条销售伪劣产品罪或者第213条假冒注册商标罪、第214条销售假冒注册商标

的商品罪追究刑事责任。

（五）知道或应当知道他人实施以上第（一）、（二）、（三）款犯罪行为，而为其掏捞、加工、贩运“地沟油”，或者提供贷款、资金、账号、发票、证明、许可证件，或者提供技术、生产、经营场所、运输、仓储、保管等便利条件的，依照本条第（一）、（二）、（三）款犯罪的共犯论处。

（六）对违反有关规定，掏捞、加工、贩运“地沟油”，没有证据证明用于生产“食用油”的，交由行政部门处理。

（七）对于国家工作人员在食用油安全监管和查处“地沟油”违法犯罪活动中滥用职权、玩忽职守、徇私枉法，构成犯罪的，依照刑法有关规定追究刑事责任。

三、准确把握宽严相济刑事政策在食品安全领域的适用

在对“地沟油”犯罪定罪量刑时，要充分考虑犯罪数额、犯罪分子主观恶性及其犯罪手段、犯罪行为对人民群众生命安全和身体健康的危害、对市场经济秩序的破坏程度、恶劣影响等。对于具有累犯、前科、共同犯罪的主犯、集团犯罪的首要分子等情节，以及犯罪数额巨大、情节恶劣、危害严重，群众反映强烈，给国家和人民利益造成重大损失的犯罪分子，依法严惩，罪当判处死刑的，要坚决依法判处死刑。对在同一条生产销售链上的犯罪分子，要在法定刑幅度内体现严惩源头犯罪的精神，确保生产环节与销售环节量刑的整体平衡。对于明知是“地沟油”而非法销售的公司、企业，要依法从严追究有关单位和直接责任人员的责任。对于具有自首、立功、从犯等法定情节的犯罪分子，可以依法从宽处理。要严格把握适用缓刑、免予刑事处罚的条件。对依法必须适用缓刑的，一般同时宣告禁止令，禁止其在缓刑考验期内从事与食品生产、销售等有关的活动。

六、生产、销售不符合标准的医用器材罪

（一）法律规定

第一百四十五条　生产不符合保障人体健康的国家标准、行业标准的医疗器械、医用卫生材料，或者销售明知是不符合保障人体健康的国家标准、行业标准的医疗器械、医用卫生材料，足以严重

危害人体健康的，处三年以下有期徒刑或者拘役，并处销售金额百分之五十以上二倍以下罚金；对人体健康造成严重危害的，处三年以上十年以下有期徒刑，并处销售金额百分之五十以上二倍以下罚金；后果特别严重的，处十年以上有期徒刑或者无期徒刑，并处销售金额百分之五十以上二倍以下罚金或者没收财产。[①]

（二）罪名详解

生产、销售不符合标准的医用器材罪，是指生产者、销售者明知其生产或者销售的医疗器械、医用卫生材料不符合保障人体健康的国家标准、行业标准，而进行生产、销售，足以严重危害人体健康的行为。

本罪是从《全国人民代表大会常务委员会关于惩治生产、销售伪劣商品犯罪的决定》第4条的规定吸收改为刑法的具体规定的。1979年刑法没有生产、销售不符合标准的医用器材罪的规定。《刑法修正案（四）》将本罪的犯罪形态从结果犯修改为危险犯，并在法定刑上作了相应的调整。

生产、销售不符合标准的医用器材罪的构成要件是：

1. 主体要件

本罪主体为一般主体，自然人和企业、事业单位均可构成本罪的主体。

2. 客体要件

本罪侵犯的客体是国家对医疗器械、医用卫生材料的管理制度和人民群众的生命、健康安全。犯罪对象是不符合保障人体健康的国家标准、行业标准的医疗器械、医用卫生材料。

“国家标准、行业标准”，是指国家卫生主管部门或者医疗器械、医用卫生材料生产行业制定的旨在保障人们使用安全，不危害人体健康的有关质量与卫生标准。“医疗器械”，是指专用于治疗人体疾病的机器设备、仪器、用具等，包括诊断设备（如X光透视机）、治疗设备（如手术设备）、辅助设备

① 本条经2002年12月28日《刑法修正案（四）》第1条修正。《刑法》原第145条为：“生产不符合保障人体健康的国家标准、行业标准的医疗器械、医用卫生材料，或者销售明知是不符合保障人体健康的国家标准、行业标准的医疗器械、医用卫生材料，对人体健康造成严重危害的，处五年以下有期徒刑，并处销售金额百分之五十以上二倍以下罚金；后果特别严重的，处五年以上十年以下有期徒刑，并处销售金额百分之五十以上二倍以下罚金，其中情节特别恶劣的，处十年以上有期徒刑或者无期徒刑，并处销售金额百分之五十以上二倍以下罚金或者没收财产。”

（如中心血库）三大类。“医用卫生材料”，一般是指价格较低、使用时间短、用于疾病治疗的卫生用品，如救护包、纱布等。

3. 主观要件

本罪主观方面是出于故意。过失不构成本罪。

4. 客观要件

本罪的客观方面表现为生产、销售不符合标准的医疗器械、医用卫生材料，足以严重危害人体健康的行为。

近来，有的地方生产、销售不符合国家标准、行业标准的医疗器械的情况较为严重，一些个人或单位甚至大量回收废旧的一次性注射器、输液管等医用材料重新包装后出售。这些伪劣的医疗器械、医用卫生材料一旦使用，必然会严重危害人民群众的生命、健康。如果等到使用后，危害结果发生了才追究刑事责任，为时已晚。因此，全国人大常委会决定将刑法规定的构成这类犯罪的标准从结果犯修改为危险犯，即只要足以严重危害人体健康的危险，就构成犯罪。

（三）实务疑难问题

1. 准确认定购买、使用不符合标准的医用器材行为的情节

一段时期以来，因购买、使用不符合保障人体健康的国家标准、行业标准的医疗器械、医用卫生材料而导致的医疗事件频频发生，对广大患者的身体健康造成了严重危害。我们认为，根据《解释》第 6 条第 4 款的规定，对于这种行为应当以销售不符合标准的医用器材罪定罪处罚。主要理由是：第一，从事经营性服务的医疗机构或者个人，其购买、使用医用器材的行为属于以牟利为目的的经营行为，与销售医用器材的行为无异。如果其知道或者应当知道是不符合保障人体健康的国家标准、行业标准的医用器材而购买、使用，那么，其主观上就具有销售不符合标准的医用器材的故意，在客观上足以严重危害人体健康的，完全符合《刑法》第 145 条规定的销售不符合标准的医用器材罪的构成要件，就应当以销售不符合标准的医用器材罪定罪处罚。第二，产品质量法有类似规定。《产品质量法》第 62 条规定：“服务业的经营者将本法第四十九条至第五十二条规定禁止销售的产品用于经营性服务的，责令停止使用；对知道或者应当知道所使用的产品属于本法规定禁止销售的产品的，按照违法使用的产品（包括已使用和尚未使用的产品）的货值

金额，依照本法对销售者的处罚规定处罚。”

2. 没有国家标准、行业标准的医疗器械，注册产品标准可视为“保障人体健康的行业标准”①

医疗器械门类很广，且国家标准、行业标准的起草需要实际依据和较长时间。国家药品监督管理部门要求企业在申请注册没有国家标准、行业标准的医疗器械时，必须上报企业起草的注册产品标准。该标准经过检测和临床试验，由国家药品监督管理部门批准后，作为产品上市和对产品进行监督的依据。因此，没有国家标准、行业标准的医疗器械的注册产品标准，实际发挥了“保障人体健康的行业标准”的作用。对于行为人生产、销售不符合注册产品标准的医疗器械，足以严重危害人体健康的，也应当以生产、销售不符合标准的医用器材罪定罪处罚。

（四）情节与量刑

依照《刑法》第 145 条规定，犯生产、销售不符合标准的医用器材罪的，处 3 年以下有期徒刑或者拘役，并处销售金额 50%以上 2 倍以下罚金；对人体健康造成严重危害的，处 3 年以上 10 年以下有期徒刑，并处销售金额 50%以上 2 倍以下罚金；后果特别严重的，处 10 年以上有期徒刑或者无期徒刑，并处销售金额 50%以上 2 倍以下罚金或者没收财产。

依照《刑法》第 150 条规定，单位犯本罪的，对单位判处罚金，并对其直接负责的主管人员和其他直接责任人员，依照第 145 条规定处罚。

司法机关在适用《刑法》第 145 条、第 150 条规定处罚时，应当注意以下问题：

1. 根据《解释》第 6 条的规定，“对人体健康造成严重危害”，是指生产、销售不符合标准的医疗器械、医用卫生材料，致人轻伤或者其他严重后果的；“后果特别严重”，是指生产、销售不符合标准的医疗器械、医用卫生材料，造成感染病毒性肝炎等难以治愈的疾病、1 人以上重伤、3 人以上轻伤或者其他严重后果的。

2. 在预防、控制突发传染病疫情等灾害期间，生产用于防治传染病的不

① 参见《最高人民法院、最高人民检察院关于办理生产、销售伪劣商品刑事案件具体应用法律若干问题的解释》第 6 条第 5 款的规定。

符合保障人体健康的国家标准、行业标准的医疗器械、医用卫生材料，或者销售明知是用于防治传染病的不符合保障人体健康的国家标准、行业标准的医疗器械、医用卫生材料，不具有防护、救治功能，足以严重危害人体健康的，依照《刑法》第 145 条的规定，以生产、销售不符合标准的医用器材罪定罪，从重处罚。

3. 医疗机构或者个人，知道或者应当知道是不符合保障人体健康的国家标准、行业标准的医疗器械、医用卫生材料而购买、使用，对人体健康造成严重危害的，以销售符合标准的医用器材罪定罪处罚。

（五）法律链接

最高人民法院、最高人民检察院关于办理妨害预防、控制突发传染病疫情等灾害的刑事案件具体应用法律若干问题的解释（法释〔2003〕8 号　自 2003 年 5 月 15 日起施行）（节录）

第二条　在预防、控制突发传染病疫情等灾害期间，生产、销售伪劣的防治、防护产品、物资，或者生产、销售用于防治传染病的假药、劣药，构成犯罪的，分别依照刑法第一百四十条、第一百四十一条、第一百四十二条的规定，以生产、销售伪劣产品罪，生产、销售假药罪或者生产、销售劣药罪定罪，依法从重处罚。

第三条　在预防、控制突发传染病疫情等灾害期间，生产用于防治传染病的不符合保障人体健康的国家标准、行业标准的医疗器械、医用卫生材料，或者销售明知是用于防治传染病的不符合保障人体健康的国家标准、行业标准的医疗器械、医用卫生材料，不具有防护、救治功能，足以严重危害人体健康的，依照刑法第一百四十五条的规定，以生产、销售不符合标准的医用器材罪定罪，依法从重处罚。

医疗机构或者个人，知道或者应当知道系前款规定的不符合保障人体健康的国家标准、行业标准的医疗器械、医用卫生材料而购买并有偿使用的，以销售不符合标准的医用器材罪定罪，依法从重处罚。

七、生产、销售不符合安全标准的产品罪

（一）法律规定

第一百四十六条　生产不符合保障人身、财产安全的国家标准、行业标准的电器、压力容器、易燃易爆产品或者其他不符合保障人身、财产安全的国家标准、行业标准的产品，或者销售明知是以上不符合保障人身、财产安全的国家标准、行业标准的产品，造成严重后果的，处五年以下有期徒刑，并处销售金额百分之五十以上二倍以下罚金；后果特别严重的，处五年以上有期徒刑，并处销售金额百分之五十以上二倍以下罚金。

（二）罪名详解

生产、销售不符合安全标准的产品罪，是指生产者、销售者明知生产、销售的电器、压力容器、易燃易爆产品或者其他产品不符合保障人身、财产安全的国家标准、行业标准而进行生产、销售，造成严重后果的行为。

本罪是从《全国人民代表大会常务委员会关于惩治生产、销售伪劣商品犯罪的决定》第5条的规定吸收改为刑法的具体规定的。1979年刑法没有生产、销售不符合安全标准的产品罪的规定。

生产、销售不符合安全标准的产品罪的构成要件是：

1. 主体要件

本罪主体为一般主体，自然人和单位均可构成本罪的主体。

2. 客体要件

本罪侵犯的客体是国家对电器、压力容器、易燃易爆产品的安全监督管理制度和广大消费者的人身、财产安全。犯罪对象是不符合保障人身、财产安全的国家标准、行业标准的电器、压力容器、易燃易爆产品或者其他产品。“电器”，包括家用电器，如电视机、电冰箱、电冰柜、电热器等各种电讯、电力器材及家电；“压力容器”，是指物体所承受的与表面垂直的作用力的容器，如高压锅、压力洗衣机、压力机等；“易燃易爆产品”，是指容易燃烧和爆炸的物品，如烟花爆竹、雷管、民用炸药等；“其他产品”，是指除上述电

器、压力容器、易燃易爆产品以外的，不符合安全标准的产品，如汽水瓶、啤酒瓶等。这些产品与人民群众的生命、健康安全密切相关，若不符合安全标准，往往给用户的人身、财产造成危害。

3. 主观要件

本罪主观方面由故意构成。即行为人明知其生产、销售的电器、压力容器、易燃易爆产品等没有达到保障人身、财产安全的国家标准、行业标准而仍予生产、销售。至于对因生产、销售这些不符合安全标准的产品造成的严重后果，行为人则既可能是放任心理，也可能是过失心理。如果行为人由于过失或者根本不知道生产、销售的产品不符合安全标准，则不构成本罪。

4. 客观要件

客观方面表现为行为人违反产品质量法规，生产、销售不符合保障人身、财产安全标准的电器、压力容器、易燃易爆产品或者其他不符合保障人身、财产安全的国家标准、行业标准的产品，造成严重后果的行为。

本罪是结果犯。行为人生产、销售不符合安全标准的电器、压力容器、易燃易爆产品的行为，只有造成严重后果的才构成本罪。

（三）实务疑难问题

划清罪与非罪的界限

行为人生产、销售不符合安全标准的产品，只有对消费者的人身、财产造成了严重后果的，才构成犯罪；否则，只能给予行政处罚。按照《立案追诉标准（一）》第 22 条规定：生产不符合保障人身、财产安全的国家标准、行业标准的电器、压力容器、易燃易爆或者其他不符合保障人身、财产安全的国家标准、行业标准的产品，或者销售明知以上不符合保障人身、财产安全的国家标准、行业标准的产品，涉嫌下列情形之一的，应予立案追诉：1. 造成人员重伤或者死亡的；2. 造成直接经济损失 10 万元以上的；3. 其他造成严重后果的情形。依照《刑法》第 149 条第 1 款的规定，销售金额在 5 万元以上的，可以生产、销售伪劣产品罪定罪处罚。

（四）情节与量刑

依照《刑法》第 146 条规定，犯生产、销售不符合安全标准的产品罪的，处 5 年以下有期徒刑，并处销售金额 50%以上 2 倍以下罚金；后果特别严重的，处5年以上有期徒刑，并处销售金额50%以上2倍以下罚金。“后果特别严重”，是加重处罚情节，在司法实践中，一般是指造成多人重伤、致人死亡或者直接造成消费者的财产损失在20万元以上等情形。

依照《刑法》第150条的规定，单位犯本罪的，对单位判处罚金，并对其直接负责的主管人员和其他直接责任人员，依照第146条的规定处罚。

八、生产、销售伪劣农药、兽药、化肥、种子罪

（一）法律规定

第一百四十七条　生产假农药、假兽药、假化肥，销售明知是假的或者失去使用效能的农药、兽药、化肥、种子，或者生产者、销售者以不合格的农药、兽药、化肥、种子冒充合格的农药、兽药、化肥、种子，使生产遭受较大损失的，处三年以下有期徒刑或者拘役，并处或者单处销售金额百分之五十以上二倍以下罚金；使生产遭受重大损失的，处三年以上七年以下有期徒刑，并处销售金额百分之五十以上二倍以下罚金；使生产遭受特别重大损失的，处七年以上有期徒刑或者无期徒刑，并处销售金额百分之五十以上二倍以下罚金或者没收财产。

（二）罪名详解

生产、销售伪劣农药、兽药、化肥、种子罪，是指故意生产假农药、假兽药、假化肥、假种子，或者故意销售假的、失去使用效能的农药、兽药、化肥、种子，或者故意以不合格的农药、兽药、化肥、种子冒充合格的农药、兽药、化肥、种子，使生产遭受较大损失的行为。

本罪是从《全国人民代表大会常务委员会关于惩治生产、销售伪劣商品犯罪的决定》第6条的规定吸收改为刑法的具体规定的。1979年刑法没有生产、销售伪劣农药、兽药、化肥、种子罪的规定。

生产、销售伪劣农药、兽药、化肥、种子罪的构成要件是：

1. 主体要件

犯罪主体为一般主体，自然人和单位均可构成本罪的主体。

2. 客体要件

本罪侵犯的客体是国家对农用生产资料质量的监督管理制度和农业生产。犯罪对象仅限于农药、兽药、化肥、种子。

“农药”，是指用于防治病、虫、草、鼠害的农用化学药品；“兽药”，是指用于预防、治疗、诊断畜禽等动物疾病，有目的地调节其生理功能并规定作用、用途、用法和用量的兽用药品；“化肥”，是指以空气、水、矿物等为原料，经过化学反应或者机械加工制成的肥料，如氮肥、磷肥、钾肥和微量元素化肥等；“种子”，是指用于农业、林业生产的籽粒、果实、根、茎、芽等繁殖材料。

3. 主观要件

主观方面只能由故意构成，即生产者、销售者必须明知是伪劣农药、兽药、化肥、种子而予以生产、销售，才能构成本罪。认定行为人主观上是否明知，不能仅凭犯罪嫌疑人或者被告人的口供，应当根据案件的客观事实予以分析。如销售农药的生产资料公司，明知其销售的农药既无检验机构和检验人员签发的产品合格证，也没有产品批号、出厂日期、产品技术标准编号、产品的成分和含量等而仍予以销售的，一般情况下，就应认定该生产资料公司有销售假农药的故意。

4. 客观要件

客观方面表现为行为人生产假农药、假兽药、假化肥，销售明知是假的或者失去使用效能的农药、兽药、化肥、种子，或者以不合格的农药、兽药、化肥、种子冒充合格的农药、兽药、化肥、种子，使生产遭受较大损失的行为。

“假农药、假兽药、假化肥”，是指农药、兽药、化肥所含成分与国家标准、行业标准不符合或者以非农药、非兽药、非化肥冒充农药、化肥、兽药；“失去使用效能的农药、兽药、化肥、种子”，是指因为过期、受潮、腐烂、变质等原因失去了原有功效和使用效能，丧失了使用价值的农药、兽药、化肥、种子；“不合格的农药、兽药、化肥、种子”，是指农药、兽药、化肥、种子不具备应当具备的使用性能或者没有达到应当达到的质量标准。

本罪属结果犯。行为人生产、销售伪劣农药、兽药、化肥、种子，只有使生产遭受较大损失的，才构成本罪。由于农业生产的产值较低，涉及广大农民的切身利益，而且直接关系社会的稳定，因此，生产、销售伪劣农药、兽药、化肥、种子犯罪活动，比生产、销售一般伪劣商品的犯罪活动具有更为严重的社会危害性；与此相适应，其定罪量刑的标准应当比生产、销售一般伪劣商品犯罪活动的标准更为严格。因此，生产、销售伪劣农药、兽药、化肥、种子使生产遭受的较大损失，一般以 2 万元为起点。

（三）实务疑难问题

注意划清罪与非罪的界限。关键是看行为人有无生产、销售伪劣农药、兽药、化肥、种子的故意和是否使生产遭受了较大的损失。如果行为人不知道是伪劣农药、兽药、化肥、种子而予以销售的，或者行为人生产、销售伪劣农药、兽药、化肥、种子没有使生产遭受较大损失的，不构成本罪。但根据《刑法》第 149 条第 1 款的规定，销售金额在 5 万元以上的，可以按生产、销售伪劣产品罪定罪处罚。当前在司法实践中要特别注意防止“以罚代刑”，对那些生产、销售伪劣农药、兽药、化肥、种子，使生产遭受较大损失的行为人，不仅要依法判处其赔偿经济损失，而且要坚决依法追究其刑事责任。

（四）情节与量刑

依照《刑法》第 147 条的规定，犯生产、销售伪劣农药、兽药、化肥、种子罪的，处 3 年以下有期徒刑或者拘役，并处或者单处销售金额 50％以上 2 倍以下罚金；使生产遭受重大损失的，处 3 年以上 7 年以下有期徒刑，并处销售金额 50％以上 2 倍以下罚金；使生产遭受特别重大损失的，处 7 年以上有期徒刑或者无期徒刑，并处销售金额 50％以上 2 倍以下罚金或者没收财产。

依照《刑法》第 150 条的规定，单位犯本罪的，对单位判处罚金，并对其直接负责的主管人员和其他直接责任人员，依照第 147 条的规定处罚。

刑法对本罪规定了三个档次的量刑幅度。司法机关要注意区别不同情节，正确适用，恰当量刑。根据《解释》的精神，“使生产遭受重大损失”，一般是指被害人因使用伪劣农药、兽药、化肥、种子，使农田失收、减收，使牲畜死亡等，造成直接经济损失达 10 万元以上的；“使生产遭受特别重大损失”，一般是指因上述原因造成直接经济损失达 50 万元以上的。

九、生产、销售不符合卫生标准的化妆品罪

（一）法律规定

第一百四十八条　生产不符合卫生标准的化妆品，或者销售明知是不符合卫生标准的化妆品，造成严重后果的，处三年以下有期徒刑或者拘役，并处或者单处销售金额百分之五十以上二倍以下罚金。

（二）罪名详解

生产、销售不符合卫生标准的化妆品罪，是指生产不符合卫生标准的化妆品，或者销售明知是不符合卫生标准的化妆品，造成严重后果的行为。

本罪是从《全国人民代表大会常务委员会关于惩治生产、销售伪劣商品犯罪的决定》第7条的规定吸收为刑法的具体规定的。1979年刑法没有生产、销售不符合卫生标准的化妆品罪的规定。

生产、销售不符合卫生标准的化妆品罪的构成要件是：

1. 主体要件

犯罪主体为一般主体，自然人和单位均可构成本罪的主体。

2. 客体要件

本罪侵犯的客体是国家对化妆品的卫生监督管理制度和公民的人身健康权利。犯罪对象是化妆品。所谓化妆品，是指以涂擦、喷洒或者其他类似方法，散布于人体表面部位（皮肤、毛发、指甲、口唇等），以达到清洗、消除不良气味，护肤、美容和修饰目的的日用化学工业品。既包括护发素、洗发水、洗发精等日常化妆品，也包括用于育发、染发、烫发、脱毛、美乳等特殊用途的化妆品。

3. 主观要件

本罪主观方面由故意构成。即明知是不符合卫生标准的化妆品仍予以生产、销售。

4. 客观要件

客观方面表现为生产、销售不符合卫生标准的化妆品，并造成严重后果

的行为。“不符合卫生标准”，是指不符合国家制定的各种化妆品的强制性标准。“造成严重后果”，目前司法解释尚无明确规定。按照《立案追诉标准（一）》第 24 条的规定，生产不符合卫生标准的化妆品，或者销售明知是不符合卫生标准的化妆品，涉嫌下列情形之一的，应予立案追诉：（1）造成他人容貌毁损或者皮肤严重损伤的；（2）造成他人器官组织损伤导致严重功能障碍的；（3）致使他人精神失常或者自杀、自残造成重伤、死亡的；（4）其他造成严重后果的情形。

（三）实务疑难问题

注意划清犯罪行为与一般违法行为的界限。关键是看生产、销售伪劣化妆品是否造成了严重后果。如果生产、销售伪劣化妆品，只是使用以后没有任何效果，根本不起作用，或者没有造成严重后果的，不构成本罪。根据《刑法》第 149 条第 1 款的规定，如果销售金额在 5 万元以上的，可以生产、销售伪劣产品罪定罪处罚。应当注意的是，即使在有严重后果的情况下，也要正确区分该严重后果是否由化妆品不符合卫生标准所引起的。有些化妆品使用后可能会引起不良反应，产品说明书已经说明了使用方法和注意事项。但如果由于消费者自身的过错没有按说明书上所说的方法和剂量使用，导致出现不良反应甚至严重后果的，则不能追究化妆品生产者和销售者的刑事责任。

（四）情节与量刑

依照《刑法》第 148 条的规定，犯生产、销售不符合卫生标准的化妆品罪的，处 3 年以下有期徒刑或者拘役，并处或者单处销售金额 50%以上 2 倍以下罚金。

依照《刑法》第 150 条的规定，单位犯本罪的，对单位判处罚金，并对其直接负责的主管人员和其他直接责任人员，依照第 148 条的规定处罚。

第二节　走　私　罪

一、走私武器、弹药罪

（一）法律规定

第一百五十一条[①]　走私武器、弹药、核材料或者伪造的货币的，处七年以上有期徒刑，并处罚金或者没收财产；情节特别严重的，处无期徒，并处没收财产；情节较轻的，处三年以上七年以下有期徒刑，并处罚金。

---

①　本条经2009年2月28日《刑法修正案（七）》第1条、2011年2月25日《刑法修正案（八）》第26条、2015年8月29日《刑法修正案（九）》三次修正。

1997年《刑法》第151条原文规定："走私武器、弹药、核材料或者伪造的货币的，处七年以上有期徒刑，并处罚金或者没收财产；情节较轻的，处三年以上七年以下有期徒刑，并处罚金。"

"走私国家禁止出口的文物、黄金、白银和其他贵重金属或者国家禁止进出口的珍贵动物及其制品的，处五年以上有期徒刑，并处罚金；情节较轻的，处五年以下有期徒刑，并处罚金。"

"走私国家禁止进出口的珍稀植物及其制品的，处五年以下有期徒刑或者拘役，并处或者单处罚金；情节严重的，处五年以上有期徒刑，并处罚金。"

"犯第一款、第二款罪，情节特别严重的，处无期徒刑或者死刑，并处没收财产。"

"单位犯本条规定之罪的，对单位判处罚金，并对其直接负责的主管人员和其他直接责任人员，依照本条各款的规定处罚。"

《刑法修正案（七）》第1条将1997年《刑法》第151条第3款修改为："走私珍稀植物及其制品等国家禁止进出口的其他货物、物品的，处五年以下有期徒刑或者拘役，并处或者单处罚金；情节严重的，处五年以上有期徒刑，并处罚金。"《刑法修改案（八）》第26条将本条修改为："走私武器、弹药、核材料或者伪造的货币的，处七年以上有期徒刑，并处罚金或者没收财产；情节特别严重的，处无期徒刑或者死刑，并处没收财产；情节较轻的，处三年以上七年以下有期徒刑，并处罚金。"

"走私国家禁止出口的文物、黄金、白银和其他贵重金属或者国家禁止进出口的珍贵动物及其制品的，处五年以上十年以下有期徒刑，并处罚金；情节特别严重的，处十年以上有期徒刑或者无期徒刑，并处没收财产；情节较轻的，处五年以下有期徒刑，并处罚金。"

"走私珍稀植物及其制品等国家禁止进出口的其他货物、物品的，处五年以下有期徒刑或者拘役，并处或者单处罚金；情节严重的，处五年以上有期徒刑，并处罚金。"

"单位犯本条规定之罪的，对单位判处罚金，并对其直接负责的主管人员和其他直接责任人员，依照本条各款的规定处罚。"

《刑法修正案（九）》第9条对本条作了再次修改，取消了本条的死刑规定。

走私国家禁止出口的文物、黄金、白银和其他贵重金属或者国家禁止进出口的珍贵动物及其制品的，处五年以上十年以下有期徒刑，并处罚金；情节特别严重的，处十年以上有期徒刑或者无期徒刑，并处没收财产；情节较轻的，处五年以下有期徒刑，并处罚金。

走私珍稀植物及其制品等国家禁止进出口的其他货物、物品的，处五年以下有期徒刑或者拘役，并处或者单处罚金；情节严重的，处五年以上有期徒刑，并处罚金。

单位犯本条规定之罪的，对单位判处罚金，并对其直接负责的主管人员和其他直接责任人员，依照本条各款的规定处罚。

第一百五十五条[①] 下列行为，以走私罪论处，依照本节的有关规定处罚：

（一）直接向走私人非法收购国家禁止进口物品的，或者直接向走私人非法收购走私进口的其他货物、物品，数额较大的；

（二）在内海、领海、界河、界湖运输、收购、贩卖国家禁止进出口物品的，或者运输、收购、贩卖国家限制进出口货物、物品，数额较大，没有合法证明的。

第一百五十六条 与走私罪犯通谋，为其提供贷款、资金、账号、发票、证明，或者为其提供运输、保管、邮寄或者其他方便的，以走私罪的共犯论处。

第一百五十七条 武装掩护走私的，依照本法第一百五十一条第一款的规定从重处罚。[②]

以暴力、威胁方法抗拒缉私的，以走私罪和本法第二百七十七条规定的阻碍国家机关工作人员依法执行职务罪，依照数罪并罚的

---

① 本条经2002年12月28日《刑法修正案（四）》第3条修正。

刑法原第155条为："下列行为，以走私罪论处，依照本节的有关规定处罚：

"（一）直接向走私人非法收购国家禁止进口物品的，或者直接向走私人非法收购走私进口的其他货物、物品，数额较大的；

"（二）在内海、领海运输、收购、贩卖国家禁止进出口物品的，或者运输、收购、贩卖国家限制进出口货物、物品，数额较大，没有合法证明的；

"（三）逃避海关监管将境外固体废物运输进境的。"

② 本款经2011年2月25日《刑法修正案（八）》第28条修正。

《刑法》原第157条第1款为："武装掩护走私的，依照本法第一百五十一条第一款、第四款的规定从重处罚。"

规定处罚。

（二）罪名详解

走私武器、弹药罪，是指违反海关法规，逃避海关监管，运输、携带、邮寄武器、弹药进出国（边）境的行为。

本罪是从《全国人民代表大会常务委员会关于惩治走私罪的补充规定》第1条的规定，吸收改为刑法的具体规定的。1979年刑法没有走私武器、弹药罪的规定，走私罪仅仅是一个具体的个罪，罪状极为简单。《全国人民代表大会常务委员会关于惩治走私罪的补充规定》将走私罪划分为数个具体的犯罪，走私罪成为包括若干个罪的小类罪。1997年刑法采用了这一立法方式。

走私武器、弹药罪的构成要件是：

1. 主体要件

本罪的犯罪主体为一般主体，包括自然人和单位。

2. 主观要件

本罪的主观方面由故意构成，即行为人明知走私的对象是武器、弹药。过失不构成本罪。

根据《最高人民法院、最高人民检察院、海关总署关于办理走私刑事案件适用法律若干问题的意见》（以下简称《走私意见》）第5条规定，认定行为人走私犯罪的主观故意时应当明确以下几点：

（1）行为人明知自己的行为违反国家法律法规，逃避海关监管，偷逃进出境货物、物品的应缴税额，或者逃避国家有关进出境的禁止性管理，并且希望或者放任危害结果发生的，应认定为具有走私的主观故意。

（2）走私主观故意中的“明知”是指行为人知道或者应当知道所从事的行为是走私行为。具有下列情形之一的，可以认定为“明知”，但有证据证明确属被蒙骗的除外：

①逃避海关监管，运输、携带、邮寄国家禁止进出境的货物、物品的；②用特制的设备或者运输工具走私货物、物品的；③未经海关同意，在非设关的码头、海（河）岸、陆路边境等地点，运输（驳载）、收购或者贩卖非法进出境货物、物品的；④提供虚假的合同、发票、证明等商业单证委托他人办理通关手续的；⑤以明显低于货物正常进（出）口的应缴税额委托他人代理进（出）口业务的；⑥曾因同一种走私行为受过刑事处罚或者行政处罚的；

⑦其他有证据证明的情形。

（3）关于行为人对其走私的具体对象不明确的案件的处理问题。走私犯罪嫌疑人主观上具有走私犯罪故意，但对其走私的具体对象不明确的，不影响走私犯罪构成，应当根据实际的走私对象定罪处罚。但是，确有证据证明行为人因受蒙骗而对走私对象发生认识错误的，可以从轻处罚。

另外，根据《最高人民法院、最高人民检察院关于办理走私刑事案件适用法律若干问题的解释》（以下简称《走私解释》）第22条规定，在走私的货物、物品中藏匿刑法第151条、第152条、第347条、第350条规定的货物、物品，构成犯罪的，以实际走私的货物、物品定罪处罚；构成数罪的，实行数罪并罚。

3. 客体要件

本罪侵犯的客体是国家海关监督管理制度中关于武器、弹药进出口的监管制度和国家关于武器、弹药的管理制度。犯罪对象是武器、弹药。

本罪的犯罪对象是“武器、弹药”，主要指军用武器、弹药和爆炸物，包括各种军用舰艇、飞机、战车、枪、炮、弹药、地雷、手榴弹，以及《中华人民共和国禁止进出境物品表》中规定的其他武器、弹药。其中，

（1）关于武器中的枪支，2000年《最高人民法院关于审理走私刑事案件具体应用法律若干问题的解释》[1] 第1条将枪支划分为“军用”与“非军用”，并据此规定了不同的定罪量刑标准。实践中反映，司法鉴定通常不涉及该方面内容，解释规定与鉴定意见不能做到有机衔接。《走私解释》将之调整为“以火药为动力发射枪弹的枪支”和“以压缩气体等非火药为动力发射枪弹的枪支”，主要出于以下考虑：①“军用”、“非军用”是按照枪支使用者身份和用途的不同进行的划分，这种分类方法不能准确反映枪支杀伤力的大小，且没有明确的法律依据；②根据《公安机关涉案枪支弹药性能鉴定工作规定》的规定，枪支鉴定机构对枪支只作“制式”、“非制式”的鉴定，鉴定意见与司法解释规定不能有机衔接；③相关司法解释为该问题的处理提供了有益借鉴。《最高人民法院关于审理非法制造、买卖、运输枪支、弹药、爆炸物等刑事案件具体应用法律若干问题的解释》将枪支按发射动力的不同，分为“军用枪支”、“以火药为动力发射枪弹的非军用枪支”和“以压缩气体等为动力

① 该解释目前已失效。

的其他非军用枪支”，并就前两种枪支规定了相同的定罪量刑标准。这样的规定正是考虑到无论是军用还是非军用枪支，只要是以火药为动力发射枪弹，杀伤力基本相当，而以压缩气体为动力发射枪弹的枪支，其杀伤力通常要小于以火药为动力发射枪弹的枪支。④枪支管理法对枪支的划分也不是根据“军用”和“非军用”划分的。《枪支管理法》第 33 条规定：“国家严格管理枪支的入境和出境。任何单位或者个人未经许可，不得私自携带枪支入境、出境。”根据《枪支管理法》第 46 条的规定，这里所称的枪支，是指以火药或者压缩气体等为动力，利用管状器具发射金属弹丸或者其他物质，足以致人伤亡或者丧失知觉的各种枪支。

(2) 关于武器中的“弹药”，出于同样的考虑，《走私解释》第 1 条将《最高人民法院关于审理非法制造、买卖、运输枪支、弹药、爆炸物等刑事案件具体应用法律若干问题的解释》中关于“军用子弹”和“非军用子弹”的分类调整为“气枪铅弹”和“其他子弹”之分。另外，从司法实践中查获的走私气枪铅弹进境的案件来看，行为人多是出于个人爱好等原因走私，查获的气枪铅弹的杀伤力也远小于其他以火药为动力发射的子弹，且气枪铅弹体积较小，往往查获的数量较大。因此，相较于“其他子弹”，对走私气枪铅弹的处罚规定了较高的数量标准。

(3) 关于走私仿真枪支的问题。《走私解释》第 5 条第 1 款的规定，此类行为以走私国家禁止进出口的货物、物品罪定罪处罚。但是，根据该解释第 5 条第 2 款的规定，走私的仿真枪鉴定为枪支，构成犯罪的，以走私武器罪定罪处罚。主要理由是：根据有关枪支性能鉴定标准及仿真枪管理的规定，仿真枪所发射弹丸的枪口比动能大于等于 1.8 焦耳/平方厘米时，一律认定为枪支。

4. 客观要件

本罪的客观方面表现为违反海关法规和枪支管理制度，逃避海关监管，运输、携带、邮寄武器、弹药进出国（边）境的行为。

根据《刑法》第 155 条的规定，行为人直接向走私人非法收购武器、弹药，或者在内海、领海、界河、界湖运输、收购、贩卖武器、弹药的，应当以走私武器、弹药罪论处。《刑法》第 155 条规定的这两种情况，属于非关口走私行为。所谓非关口走私，是指走私行为没有与海关关口发生直接联系，但经刑法的特别规定以走私罪论处的行为。根据《走私解释》第 20 条规定，直接向走私人非法收购走私进口的货物、物品，在内海、领海、界河、界湖运输、收购、贩卖国家禁止进出口的物品，或者没有合法证明，在内海、领海、界河、界湖运输、收购、贩卖国家限制进出口的货物、物品，构成犯罪的，应当按照走私货物、物品的种类，分别依照《刑法》第151条、第152条、第153条、第347条、第350条的规定定罪处罚。《刑法》第151条第2项规定的“内海”，包括内河的入海口水域。

依照《刑法》第156条的规定，与走私武器、弹药的犯罪分子通谋，为其提供贷款、资金、账号、发票、证明，或者为其提供运输、保管、邮寄或者其他方便的，以走私武器、弹药罪的共犯论处。

依照《刑法》第157条第1款的规定，武装掩护走私的，依照本法第151条第1款的规定从重处罚。也就是说，武装掩护走私的，不单独定罪名，而是由法律作出特别规定，以走私武器、弹药罪定罪且从重处罚。

（三）实务疑难问题

1. 关于罪名的适用

走私武器、弹药、核材料或者假币不是选择性罪名。《刑法》第151条规定：“走私武器、弹药、核材料或者伪造的货币的……”因此，有的学者将“走私武器、弹药、核材料、假币”视为选择性罪名。本书观点：武器、弹药与核材料、假币本质上有很大区别。走私武器、弹药罪，走私核材料罪，走私假币罪是三个独立的罪名。如果行为人走私武器、弹药的就定走私武器、弹药罪，不实行并罚；如果走私武器、弹药同时又走私核材料或者假币的，则应当定走私武器、弹药罪、走私核材料罪或走私假币罪，实行并罚。但是，走私武器、弹药罪本身是一个选择性罪名。行为人只走私武器的，其行为构成走私武器罪；只走私弹药的，构成走私弹药罪。其同时走私武器、弹药的，构成走私武器、弹药罪，不实行数罪并罚。

2. 关于本罪的罪与非罪问题

根据《走私解释》第1条第1款的规定，下列走私行为，因其数量少、情节轻微，不以犯罪处理：（1）走私以压缩气体等非火药为动力发射枪弹的枪支不到二支的；（2）走私气枪铅弹不满五百发，或者其他子弹不满十发的。

虽然未达到上述数量标准，但属于犯罪集团的首要分子，使用特种车辆从事走私活动，或者走私的武器、弹药被用于实施犯罪等情形的，应当以走私武器、弹药罪定罪处罚。另外，走私各种常规炮弹、手榴弹或者枪榴弹的，不论数量，一律以犯罪处理。走私以火药为动力发射枪弹的枪支，不论数量，一律以犯罪处理，且只要走私一支，就在七年有期徒刑以上刑罚处罚。

根据《走私解释》第 5 条第 2 款规定，走私的仿真枪虽经鉴定为枪支，但行为人不以牟利或者从事违法犯罪活动为目的，且情节轻微不需要判处刑罚的，可以免予刑事处罚。同时，考虑到实践中查获的仿真枪多是刚达到前述枪支鉴定标准，行为人走私仿真枪多是出于个人爱好等原因，并非是出于违法犯罪活动的目的，对其处理应与其他走私枪支的行为有所区别。但这里的免予刑事处罚，仍然属于有罪处理，而不属于无罪情形。

3. 关于本罪的既未遂问题

走私犯罪有无未遂以及未遂的认定标准，实践中长期存在意见分歧。一种意见认为，走私犯罪属于行为犯，不存在未遂形态；另一种意见认为，走私犯罪属于结果犯，只有成功逃避海关监管的才成立既遂。

本书观点：行为犯同样存在未遂形态，犯罪既未遂的认定标准，需要结合某一类犯罪的实际情况予以具体确定。基于走私犯罪表现形式的多样性、行为实施的多环节性以及查获的现场性等特点，《走私解释》第 23 条区分情形对走私犯罪的既未遂认定标准作出了具体规定，即“实施走私犯罪，具有下列情形之一的，应当认定为犯罪既遂：（1）在海关监管现场被查获的；（2）以虚假申报方式走私，申报行为实施完毕的；（3）以保税货物或者特定减税、免税进口的货物、物品为对象走私，在境内销售的，或者申请核销行为实施完毕的。”其中，规定不论何种形式的走私，凡是在海关监管现场被查获的一概以犯罪既遂处理，主要是考虑到，走私犯罪因海关监管现场查获而案发的情况较为普遍，如果将成功逃避海关监管作为既未遂的界定标准，绝大多数走私犯罪都将按未遂处理，既不利于对于走私犯罪的有效惩治，也与立法初衷不符。规定虚假申报行为实施完毕即构成既遂，主要是考虑到，申报通关走私行为主要体现为申报环节，申报之后的海关审单、查验环节不再受走私犯罪行为人的意志支配。规定后续走私除了销售之外申请核销行为实施完毕的也应以既遂处理，主要是考虑到实践中一些申请核销行为发生在销售之前，而相对于销售而言，申请核销对于走私犯罪是否完成的认定更具实质性意义。

4. 关于走私枪支、弹药以外的其他武器、弹药的认定

（1）根据《走私解释》第 1 条第 4 款规定，走私其他武器、弹药，构成

犯罪的，参照本条各款规定的标准处罚。

（2）根据《走私解释》第2条规定，《刑法》第151条第1款规定的“武器、弹药”的种类，参照《中华人民共和国进口税则》及《中华人民共和国禁止进出境物品表》的有关规定确定。

（3）根据《走私解释》第3条规定，走私枪支散件，构成犯罪的，依照《刑法》第151条第1款的规定，以走私武器罪定罪处罚。成套枪支散件以相应数量的枪支计，非成套枪支散件以每三十件为一套枪支散件计。

（4）根据《走私解释》第4条规定，走私各种弹药的弹头、弹壳，构成犯罪的，依照《刑法》第151条第1款的规定，以走私弹药罪定罪处罚。具体的定罪量刑标准，按照本解释第1条规定的数量标准的五倍执行。

走私报废或者无法组装并使用的各种弹药的弹头、弹壳，构成犯罪的，依照《刑法》第153条的规定，以走私普通货物、物品罪定罪处罚；属于废物的，依照《刑法》第152条第2款的规定，以走私废物罪定罪处罚。

弹头、弹壳是否属于前款规定的“报废或者无法组装并使用”或者“废物”，由国家有关技术部门进行鉴定。

（5）根据《走私解释》第5条第1款规定，走私国家禁止或者限制进出口的仿真枪、管制刀具，构成犯罪的，依照《刑法》第151条第3款的规定，以走私国家禁止进出口的货物、物品罪定罪处罚。

5. 关于暴力、威胁方法抗拒缉私的定罪

依照《刑法》第157条第2款的规定，以暴力、威胁方法抗拒缉私的，应当以走私武器、弹药罪和《刑法》第277条规定的妨害公务罪，实行并罚。

6. 本罪的一罪与数罪问题

走私武器、弹药的行为，可能同时触犯非法买卖、运输、邮寄、储存枪支、弹药罪，由于走私行为包含了运输、邮寄、储存等行为，所以，凡是符合走私武器、弹药罪的构成要件的，不再认定为非法买卖、运输、邮寄、储存枪支、弹药罪。但是，行为人以出售为目的走私武器、弹药后，又非法出售的，属于牵连犯罪，应按照处理牵连犯罪的原则，从一重处罚。

7. 划清本罪与非法买卖、运输、邮寄、储存枪支、弹药、爆炸物罪的界限

前者的行为是与逃避海关监管相联系的，表现为非法出入国（边）境的行为；后者的行为发生在国（边）境之内。《刑法》第151条规定了走私武

器、弹药罪，但没有规定走私爆炸物罪。对于走私爆炸物的行为，可认定为非法运输爆炸物罪。

8. 关于单位犯走私武器、弹药罪及其直接负责的主管人员和直接责任人员的认定问题

根据《走私意见》第18条的规定，具备下列特征的，可以认定为单位走私犯罪：(1) 以单位的名义实施走私犯罪，即由单位集体研究决定，或者由单位的负责人或者被授权的其他人员决定、同意；(2) 为单位谋取不正当利益或者违法所得大部分归单位所有。《走私解释》第24条第1款规定，单位犯《刑法》第151条、152条规定之罪，依照该解释规定的标准定罪处罚。

依照《最高人民法院关于审理单位犯罪案件具体应用法律有关问题的解释》第2条的规定，个人为进行违法犯罪活动而设立的公司、企业、事业单位实施犯罪的，或者个人设立公司、企业、事业单位后，以实施犯罪为主要活动的，不以单位犯罪论处。单位是否以实施犯罪为主要活动，应根据单位实施走私行为的次数、频度、持续时间、单位进行合法经营的状况等因素综合考虑认定。根据单位人员在单位走私犯罪活动中所发挥的不同作用，对其直接负责的主管人员和其他直接责任人员，可以确定为一人或者数人。对于受单位领导指派而积极参与实施走私犯罪行为的人员，如果其行为在走私犯罪的主要环节起重要作用的，可以认定为单位犯罪的直接责任人员。

本节走私罪的10个罪名均规定有单位犯罪，涉及的相关问题均应按此规定办理。

（四）情节与量刑

依照《刑法》第151条第1款规定，犯走私武器、弹药罪的，处7年以上有期徒刑，并处罚金或者没收财产；情节特别严重的，处无期徒刑并处没收财产；情节较轻的，处3年以上7年以下有期徒刑，并处罚金。

依照《刑法》第151条第4款规定，单位犯本罪的，对单位判处罚金，并对其直接负责的主管人员和其他直接责任人员，依照本条第1款的规定处罚。

具体情节与量刑的对应情况，列表格如下：

量刑档次	对应情节	有关概念解释	备注
三年以上七年以下有期徒刑，并处罚金。	情节较轻的	情节较轻，是指具有下列情形之一的：（1）走私以压缩气体等非火药为动力发射枪弹的枪支 2 支以上不满 5 支的；（2）走私气枪铅弹 500 发以上不满 2500 发，或者其他子弹 10 发以上不满 50 发的；（3）未达到上述数量标准，但属于犯罪集团的首要分子，使用特种车辆从事走私活动，或者走私的武器、弹药被用于实施犯罪等情形的；（4）走私各种口径在 60 毫米以下常规炮弹、手榴弹或者枪榴弹等分别或者合计不满 5 枚的。	附加刑必须并处罚金
七年以上有期徒刑，并处罚金或者没收财产	基本犯罪构成情节	具有下列情形之一的，适用本档量刑幅度：（1）走私以火药为动力发射枪弹的枪支 1 支，或者以压缩气体等非火药为动力发射枪弹的枪支 5 支以上不满 10 支的；（2）走私《走私解释》第 1 条第 1 款第（二）项规定的弹药，数量在该项规定的最高数量以上不满最高数量 5 倍的；（3）走私各种口径在 60 毫米以下常规炮弹、手榴弹或者枪榴弹等分别或者合计达到 5 枚以上不满 10 枚，或者各种口径超过 60 毫米以上常规炮弹合计不满五枚的；（4）达到《走私解释》第 1 条第 1 款第（一）、（二）、（四）项规定的数量标准，且属于犯罪集团的首要分子，使用特种车辆从事走私活动，或者走私的武器、弹药被用于实施犯罪等情形的。	附加刑既可处罚金，也可处没收财产

续表

量刑档次	对应情节	有关概念解释	备注
无期徒刑，并处没收财产	情节特别严重的	情节特别严重，是指具有下列情形之一的：（1）走私《走私解释》第1条第2款第（一）项规定的枪支，数量超过该项规定的数量标准的；（2）走私《走私解释》第1条第1款第（二）项规定的弹药，数量在该项规定的最高数量标准五倍以上的；（3）走私《走私解释》第1条第2款第（三）项规定的弹药，数量超过该项规定的数量标准，或者走私具有巨大杀伤力的非常规炮弹一枚以上的；（4）达到《走私解释》第1条第2款第（一）项至第（三）项规定的数量标准，且属于犯罪集团的首要分子，使用特种车辆从事走私活动，或者走私的武器、弹药被用于实施犯罪等情形的。	附加刑必须并处没收财产

司法机关在适用《刑法》第151条第1款、第4款规定处罚时，应当注意以下问题：

1. 正确理解和适用本罪的基本刑

本罪的基本刑是7年以上有期徒刑，并处罚金或者没收财产。这与一般犯罪的基本刑从低往高的顺序排列不一样，也与故意杀人罪从最高死刑往下排列不一样。本罪是先列基本刑，后列情节特别严重的，再列情节较节的。因此，除了司法解释明确列为“情节较轻”情形的外，对构成犯罪的，首先考虑在基本刑范围内考虑，然后再考虑是否属于情节特别严重、情节较轻的情形。如，根据《走私解释》第1条第2款第（二）项规定，走私以火药为动力发射枪弹的枪支的，只要走私1支，就在7年以上有期徒刑，并处罚金或者没收财产的幅度内量刑。只有走私以压缩气体等非火药为动力发射枪弹的枪支，才根据枪支的数量确定是否属于情节较轻甚至不以犯罪处理的情形。

根据《走私解释》第1条第2款规定，具有下列情形之一的，依照《刑法》第151条第1款的规定处七年以上有期徒刑，并处罚金或者没收财产：（1）走私以火药为动力发射枪弹的枪支1支，或者以压缩气体等非火药为动力发射枪弹的枪支5支以上不满10支的；（2）走私《走私解释》第1条第1

款第 2 项规定的弹药，数量在该项规定的最高数量以上不满最高数量 5 倍的；（3）走私各种口径在 60 毫米以下常规炮弹、手榴弹或者枪榴弹等分别或者合计达到 5 枚以上不满 10 枚，或者各种口径超过 60 毫米以上常规炮弹合计不满 5 枚的；（4）达到走私《走私解释》第 1 条第 1 款第（一）、（二）、（四）项规定的数量标准，且属于犯罪集团的首要分子，使用特种车辆从事走私活动，或者走私的武器、弹药被用于实施犯罪等情形的。

另外需要注意的是，犯本罪在基本刑范围量刑的，财产刑既可以是罚金，也可以是没收财产。这是我国刑法规定中对判处有期徒刑可以附加适用没收财产的几个少有的规定之一。在具体适用时要严格掌握，根据案件情节和危害后果决定是适用罚金刑还是没收财产刑。适用没收财产刑时，一般不适用没收个人全部财产。只有判处无期徒刑时，才判处没收个人全部财产。

2. 正确把握本罪的“情节较轻”

根据《走私解释》第 1 条第 1 款规定，走私武器、弹药，具有下列情形之一的，可以认定为《刑法》第 151 条第 1 款规定的“情节较轻”：（1）走私以压缩气体等非火药为动力发射枪弹的枪支 2 支以上不满 5 支的；（2）走私气枪铅弹 500 发以上不满 2500 发，或者其他子弹 10 发以上不满 50 发的；（3）未达到上述数量标准，但属于犯罪集团的首要分子，使用特种车辆从事走私活动，或者走私的武器、弹药被用于实施犯罪等情形的；（4）走私各种口径在 60 毫米以下常规炮弹、手榴弹或者枪榴弹等分别或者合计不满 5 枚的。

3. 正确把握本罪的“情节特别严重”

根据《走私解释》第 1 条第 3 款规定，具有下列情形之一的，应当认定为《刑法》第 151 条第 1 款规定的“情节特别严重”：（1）走私《走私解释》第 1 条第 2 款第（一）项规定的枪支，数量超过该项规定的数量标准的；（2）走私《走私解释》第 1 条第 1 款第（二）项规定的弹药，数量在该项规定的最高数量标准 5 倍以上的；（3）走私《走私解释》第 1 条第 2 款第（三）项规定的弹药，数量超过该项规定的数量标准，或者走私具有巨大杀伤力的非常规炮弹 1 枚以上的；（4）达到走私《走私解释》第 1 条第 2 款第（一）项至第（三）规定的数量标准，且属于犯罪集团的首要分子，使用特种车辆从事走私活动，或者走私的武器、弹药被用于实施犯罪等情形的。

4. 本罪已经取消了死刑

根据《刑法修正案（九）》第 9 条规定，刑法取消了本罪的死刑规定。这主要是由于中央进一步落实宽严相济的刑事政策，完善死刑法律规定，适当减少死刑罪名，调整死刑与无期徒刑、有期徒刑之间的结构后所作的修改。本罪在《刑法修正案（九）》前，从司法实践看，很少适用死刑，并且取消本罪的死刑不会对我国社会稳定大局和治安形势带来影响，而且对本罪最高处以无期徒刑也可以适应打击这类犯罪的实际需要，并做到罪责刑相适应。

5. 关于武装掩护走私的量刑

依照《刑法》第 157 条第 1 款的规定，武装掩护走私武器、弹药的，应当在《刑法》第 151 条第 1 款规定的法定刑的幅度内从重处罚。有学者认为，刑法对武装掩护走私规定了独立的罪状和法定刑，武装掩护走私可作为一个独立的罪名适用。我们认为此观点不符合立法本意。

理解和适用该款规定应注意以下几点：（1）行为人所携带的武器无论是否使用，均应按照本款的规定处罚。（2）武装掩护走私不是一个独立的罪名，应当根据具体走私对象确定其适用的罪名。武装掩护走私的，不论其适用走私罪的哪个具体罪名，均应按照走私武器、弹药罪处罚。（3）根据《刑法》第 151 条第 1 款规定，武装掩护走私的，在依照走私武器、弹药罪处罚时，并且应从重处罚。

6. 关于量刑规范化

《最高人民法院关于常见犯罪的量刑指导意见》对走私武器、弹药罪的量刑并未作出规定，这主要是由于此类案件在司法实践中的发案率不高，最高司法机关还未能总结出一套比较完整的量刑规范化方案，有待于在总结经验的基础上再作出详细的规定。在此之前，各高级法院可以根据各地的社会治安状况、经济发展状况等因素，制定适合本省、自治区、直辖市实际情况的量刑规范化标准。在有关规定出台前，司法人员应当根据犯罪的事实、犯罪的性质、情节和对于社会的危害程度，依照《刑法》和有关司法解释的规定判处刑罚。

（五）法律链接

1. 最高人民法院、最高人民检察院、海关总署关于印发办理走私刑事案件适用法律若干问题的意见（法〔2002〕139 号　自 2002 年 7 月 8 日起施行）

为研究解决近年来公安、司法机关在办理走私刑事案件中遇到的新情况、新问题，最高人民法院、最高人民检察院、海关总署共同开展了调查研究，根据修订后的刑法及有关司法解释的规定，在总结侦查、批捕、起诉、审判工作经验的基础上，就办理走私刑事案件的程序、证据以及法律适用等问题提出如下意见：

一、关于走私犯罪案件的管辖问题

根据刑事诉讼法的规定，走私犯罪案件由犯罪地的走私犯罪侦查机关立案侦查。走私犯罪案件复杂，环节多，其犯罪地可能涉及多个犯罪行为发生地，包括货物、物品的进口（境）地、出口（境）地、报关地、核销地等。如果发生刑法第一百五十四条、第一百五十五条规定的走私犯罪行为的，走私货物、物品的销售地、运输地、收购地和贩卖地均属于犯罪行为的发生地。对有多个走私犯罪行为发生地的，由最初受理的走私犯罪侦查机关或者由主要犯罪地的走私犯罪侦查机关管辖。对管辖有争议的，由共同的上级走私犯罪侦查机关指定管辖。

对发生在海（水）上的走私犯罪案件由该辖区的走私犯罪侦查机关管辖，但对走私船舶有跨辖区连续追缉情形的，由缉获走私船舶的走私犯罪侦查机关管辖。

人民检察院受理走私犯罪侦查机关提请批准逮捕、移送审查起诉的走私犯罪案件，人民法院审理人民检察院提起公诉的走私犯罪案件，按照《最高人民法院、最高人民检察院、公安部、司法部、海关总署关于走私犯罪侦查机关办理走私犯罪案件适用刑事诉讼程序若干问题的通知》（署侦〔1998〕742号）的有关规定执行。

二、关于电子数据证据的收集、保全问题

走私犯罪侦查机关对于能够证明走私犯罪案件真实情况的电子邮件、电子合同、电子账册、单位内部的电子信息资料等电子数据应当作为刑事证据予以收集、保全。

侦查人员应当对提取、复制电子数据的过程制作有关文字说明，记明案由、对象、内容，提取、复制的时间、地点，电子数据的规格、类别、文件格式等，并由提取、复制电子数据的制作人、电子数据的持有人和能够证明提取、复制过程的见证人签名或者盖章，附所提取、复制的电子数据一并随案移送。

电子数据的持有人不在案或者拒绝签字的，侦查人员应当记明情况；有条件的可将提取、复制有关电子数据的过程拍照或者录像。

三、关于办理走私普通货物、物品刑事案件偷逃应缴税额的核定问题

在办理走私普通货物、物品刑事案件中，对走私行为人涉嫌偷逃应缴税

额的核定，应当由走私犯罪案件管辖地的海关出具《涉嫌走私的货物、物品偷逃税款海关核定证明书》（以下简称《核定证明书》）。海关出具的《核定证明书》，经走私犯罪侦查机关、人民检察院、人民法院审查确认，可以作为办案的依据和定罪量刑的证据。

走私犯罪侦查机关、人民检察院和人民法院对《核定证明书》提出异议或者因核定偷逃税额的事实发生变化，认为需要补充核定或者重新核定的，可以要求原出具《核定证明书》的海关补充核定或者重新核定。

走私犯罪嫌疑人、被告人或者辩护人对《核定证明书》有异议，向走私犯罪侦查机关、人民检察院或者人民法院提出重新核定申请的，经走私犯罪侦查机关、人民检察院或者人民法院同意，可以重新核定。重新核定应当另行指派专人进行。

四、关于走私犯罪嫌疑人的逮捕条件

对走私犯罪嫌疑人提请逮捕和审查批准逮捕，应当依照刑事诉讼法第六十条规定的逮捕条件来办理。一般按照下列标准掌握：

（一）有证据证明有走私犯罪事实

1. 有证据证明发生了走私犯罪事实

有证据证明发生了走私犯罪事实，须同时满足下列两项条件：

（1）有证据证明发生了违反国家法律、法规，逃避海关监管的行为；

（2）查扣的或者有证据证明的走私货物、物品的数量、价值或者偷逃税额达到刑法及相关司法解释规定的起刑点。

2. 有证据证明走私犯罪事实系犯罪嫌疑人实施的

有下列情形之一，可认为走私犯罪事实系犯罪嫌疑人实施的：

（1）现场查获犯罪嫌疑人实施走私犯罪的；

（2）视听资料显示犯罪嫌疑人实施走私犯罪的；

（3）犯罪嫌疑人供认的；

（4）有证人证言指证的；

（5）有同案的犯罪嫌疑人供述的；

（6）其他证据能够证明犯罪嫌疑人实施走私犯罪的。

3. 证明犯罪嫌疑人实施走私犯罪行为的证据已经查证属实的

符合下列证据规格要求之一，属于证明犯罪嫌疑人实施走私犯罪行为的证据已经查证属实的：

（1）现场查获犯罪嫌疑人实施犯罪，有现场勘查笔录、留置盘问记录、海关扣留查问笔录或者海关查验（检查）记录等证据证实的；

（2）犯罪嫌疑人的供述有其他证据能够印证的；

（3）证人证言能够相互印证的；

（4）证人证言或者同案犯供述能够与其他证据相互印证的；

（5）证明犯罪嫌疑人实施走私犯罪的其他证据已经查证属实的。

（二）可能判处有期徒刑以上的刑罚

是指根据刑法第一百五十一条、第一百五十二条、第一百五十三条、第三百四十七条、第三百五十条等规定和《最高人民法院关于审理走私刑事案件具体应用法律若干问题的解释》等有关司法解释的规定，结合已查明的走私犯罪事实，对走私犯罪嫌疑人可能判处有期徒刑以上的刑罚。

（三）采取取保候审、监视居住等方法，尚不足以防止发生社会危险性而有逮捕必要的

主要是指：走私犯罪嫌疑人可能逃跑、自杀、串供、干扰证人作证以及伪造、毁灭证据等妨碍刑事诉讼活动的正常进行的，或者存在行凶报复、继续作案可能的。

五、关于走私犯罪嫌疑人、被告人主观故意的认定问题

行为人明知自己的行为违反国家法律法规，逃避海关监管，偷逃进出境货物、物品的应缴税额，或者逃避国家有关进出境的禁止性管理，并且希望或者放任危害结果发生的，应认定为具有走私的主观故意。

走私主观故意中的“明知”是指行为人知道或者应当知道所从事的行为是走私行为。具有下列情形之一的，可以认定为“明知”，但有证据证明确属被蒙骗的除外：

（一）逃避海关监管，运输、携带、邮寄国家禁止进出境的货物、物品的；

（二）用特制的设备或者运输工具走私货物、物品的；

（三）未经海关同意，在非设关的码头、海（河）岸、陆路边境等地点，运输（驳载）、收购或者贩卖非法进出境货物、物品的；

（四）提供虚假的合同、发票、证明等商业单证委托他人办理通关手续的；

（五）以明显低于货物正常进（出）口的应缴税额委托他人代理进（出）

口业务的；

（六）曾因同一种走私行为受过刑事处罚或者行政处罚的；

（七）其他有证据证明的情形。

六、关于行为人对其走私的具体对象不明确的案件的处理问题

走私犯罪嫌疑人主观上具有走私犯罪故意，但对其走私的具体对象不明确的，不影响走私犯罪构成，应当根据实际的走私对象定罪处罚。但是，确有证据证明行为人因受蒙骗而对走私对象发生认识错误的，可以从轻处罚。

七、关于走私珍贵动物制品行为的处罚问题

走私珍贵动物制品的，应当根据刑法第一百五十一条第二、四、五款和《最高人民法院关于审理走私刑事案件具体应用法律若干问题的解释》（以下简称《解释》）第四条的有关规定予以处罚，但同时具有下列情形，情节较轻的，一般不以犯罪论处：

（一）珍贵动物制品购买地允许交易；

（二）入境人员为留作纪念或者作为礼品而携带珍贵动物制品进境，不具有牟利目的的。

同时具有上述两种情形，达到《解释》第四条第三款规定的量刑标准的，一般处五年以下有期徒刑，并处罚金；达到《解释》第四条第四款规定的量刑标准的，一般处五年以上有期徒刑，并处罚金。

八、关于走私旧汽车、切割车等货物、物品的行为的定罪问题

走私刑法第一百五十一条、第一百五十二条、第三百四十七条、第三百五十条规定的货物、物品以外的，已被国家明令禁止进出口的货物、物品，例如旧汽车、切割车、侵犯知识产权的货物、来自疫区的动植物及其产品等，应当依照刑法第一百五十三条的规定，以走私普通货物、物品罪追究刑事责任。

九、关于利用购买的加工贸易登记手册、特定减免税批文等涉税单证进口货物行为的定性处理问题

加工贸易登记手册、特定减免税批文等涉税单证是海关根据国家法律法规以及有关政策性规定，给予特定企业用于保税货物经营管理和减免税优惠待遇的凭证。利用购买的加工贸易登记手册、特定减免税批文等涉税单证进口货物，实质是将一般贸易货物伪报为加工贸易保税货物或者特定减免税货物进口，以达到偷逃应缴税款的目的，应当适用刑法第一百五十三条以走私普通货物、物品罪定罪处罚。如果行为人与走私分子通谋出售上述涉税单证，

或者在出卖批文后又以提供印章、向海关伪报保税货物、特定减免税货物等方式帮助买方办理进口通关手续的，对卖方依照刑法第一百五十六条以走私罪共犯定罪处罚。买卖上述涉税单证情节严重尚未进口货物的，依照刑法第二百八十条的规定定罪处罚。

十、关于在加工贸易活动中骗取海关核销行为的认定问题

在加工贸易经营活动中，以假出口、假结转或者利用虚假单证等方式骗取海关核销，致使保税货物、物品脱离海关监管，造成国家税款流失，情节严重的，依照刑法第一百五十三条的规定，以走私普通货物、物品罪追究刑事责任。但有证据证明因不可抗力原因导致保税货物脱离海关监管，经营人无法办理正常手续而骗取海关核销的，不认定为走私犯罪。

十一、关于伪报价格走私犯罪案件中实际成交价格的认定问题

走私犯罪案件中的伪报价格行为，是指犯罪嫌疑人、被告人在进出口货物、物品时，向海关申报进口或者出口的货物、物品的价格低于或者高于进出口货物的实际成交价格。

对实际成交价格的认定，在无法提取真、伪两套合同、发票等单证的情况下，可以根据犯罪嫌疑人、被告人的付汇渠道、资金流向、会计账册、境内外收发货人的真实交易方式，以及其他能够证明进出口货物实际成交价格的证据材料综合认定。

十二、关于出售走私货物已缴纳的增值税应否从走私偷逃应缴税额中扣除的问题

走私犯罪嫌疑人为出售走私货物而开具增值税专用发票并缴纳增值税，是其走私行为既遂后在流通领域获违法所得的一种手段，属于非法开具增值税专用发票。对走私犯罪嫌疑人因出售走私货物而实际缴纳走私货物增值税的，在核定走私货物偷逃应缴税额时，不应当将其已缴纳的增值税额从其走私偷逃应缴税额中扣除。

十三、关于刑法第一百五十四条规定的“销售牟利”的理解问题

刑法第一百五十四条第（一）、（二）项规定的“销售牟利”，是指行为人主观上为了牟取非法利益而擅自销售海关监管的保税货物、特定减免税货物。该种行为是否构成犯罪，应当根据偷逃的应缴税额是否达到刑法第一百五十三条及相关司法解释规定的数额标准予以认定。实际获利与否或者获利多少并不影响其定罪。

十四、关于海上走私犯罪案件如何追究运输人的刑事责任问题

对刑法第一百五十五条第（二）项规定的实施海上走私犯罪行为的运输人、收购人或者贩卖人应当追究刑事责任。对运输人，一般追究运输工具的负责人或者主要责任人的刑事责任，但对于事先通谋的、集资走私的，或者使用特殊的走私运输工具从事走私犯罪活动的，可以追究其他参与人员的刑事责任。

十五、关于刑法第一百五十六条规定的“与走私罪犯通谋”的理解问题

通谋是指犯罪行为人之间事先或者事中形成的共同的走私故意。下列情形可以认定为通谋：

（一）对明知他人从事走私活动而同意为其提供贷款、资金、账号、发票、证明、海关单证，提供运输、保管、邮寄或者其他方便的；

（二）多次为同一走私犯罪分子的走私行为提供前项帮助的。

十六、关于放纵走私罪的认定问题

依照刑法第四百一十一条的规定，负有特定监管义务的海关工作人员徇私舞弊，利用职权，放任、纵容走私犯罪行为，情节严重的，构成放纵走私罪。放纵走私行为，一般是消极的不作为。如果海关工作人员与走私分子通谋，在放纵走私过程中以积极的行为配合走私分子逃避海关监管或者在放纵走私之后分得赃款的，应以共同走私犯罪追究刑事责任。

海关工作人员收受贿赂又放纵走私的，应以受贿罪和放纵走私罪数罪并罚。

十七、关于单位走私犯罪案件诉讼代表人的确定及其相关问题

单位走私犯罪案件的诉讼代表人，应当是单位的法定代表人或者主要负责人。单位的法定代表人或者主要负责人被依法追究刑事责任或者因其他原因无法参与刑事诉讼的，人民检察院应当另行确定被告单位的其他负责人作为诉讼代表人参加诉讼。

接到出庭通知的被告单位的诉讼代表人应当出庭应诉。拒不出庭的，人民法院在必要的时候，可以拘传到庭。

对直接负责的主管人员和其他直接责任人员均无法归案的单位走私犯罪案件，只要单位走私犯罪的事实清楚、证据确实充分，且能够确定诉讼代表人代表单位参与刑事诉讼活动的，可以先行追究该单位的刑事责任。

被告单位没有合适人选作为诉讼代表人出庭的，因不具备追究该单位刑事责任的诉讼条件，可按照单位犯罪的条款先行追究单位犯罪中直接负责的

主管人员或者其他直接责任人员的刑事责任。人民法院在对单位犯罪中直接负责的主管人员或者直接责任人员进行判决时，对于扣押、冻结的走私货物、物品、违法所得以及属于犯罪单位所有的走私犯罪工具，应当一并判决予以追缴、没收。

十八、关于单位走私犯罪及其直接负责的主管人员和直接责任人员的认定问题

具备下列特征的，可以认定为单位走私犯罪：（1）以单位的名义实施走私犯罪，即由单位集体研究决定，或者由单位的负责人或者被授权的其他人员决定、同意；（2）为单位谋取不正当利益或者违法所得大部分归单位所有。

依照《最高人民法院关于审理单位犯罪案件具体应用法律有关问题的解释》第二条的规定，个人为进行违法犯罪活动而设立的公司、企业、事业单位实施犯罪的，或者个人设立公司、企业、事业单位后，以实施犯罪为主要活动的，不以单位犯罪论处。单位是否以实施犯罪为主要活动，应根据单位实施走私行为的次数、频度、持续时间、单位进行合法经营的状况等因素综合考虑认定。

根据单位人员在单位走私犯罪活动中所发挥的不同作用，对其直接负责的主管人员和其他直接责任人员，可以确定为一人或者数人。对于受单位领导指派而积极参与实施走私犯罪行为的人员，如果其行为在走私犯罪的主要环节起重要作用的，可以认定为单位犯罪的直接责任人员。

十九、关于单位走私犯罪后发生分立、合并或者其他资产重组情形以及单位被依法注销、宣告破产等情况下，如何追究刑事责任的问题

单位走私犯罪后，单位发生分立、合并或者其他资产重组等情况的，只要承受该单位权利义务的单位存在，应当追究单位走私犯罪的刑事责任。走私单位发生分立、合并或者其他资产重组后，原单位名称发生更改的，仍以原单位（名称）作为被告单位。承受原单位权利义务的单位法定代表人或者负责人为诉讼代表人。

单位走私犯罪后，发生分立、合并或者其他资产重组情形，以及被依法注销、宣告破产等情况的，无论承受该单位权利义务的单位是否存在，均应追究原单位直接负责的主管人员和其他直接责任人员的刑事责任。

人民法院对原走私单位判处罚金的，应当将承受原单位权利义务的单位作为被执行人。罚金超出新单位所承受的财产的，可在执行中予以减除。

二十、关于单位与个人共同走私普通货物、物品案件的处理问题

单位和个人（不包括单位直接负责的主管人员和其他直接责任人员）共同走私的，单位和个人均应对共同走私所偷逃应缴税额负责。

对单位和个人共同走私偷逃应缴税额为5万元以上不满25万元的，应当根据其在案件中所起的作用，区分不同情况做出处理。单位起主要作用的，对单位和个人均不追究刑事责任，由海关予以行政处理；个人起主要作用的，对个人依照刑法有关规定追究刑事责任，对单位由海关予以行政处理。无法认定单位或个人起主要作用的，对个人和单位分别按个人犯罪和单位犯罪的标准处理。

单位和个人共同走私偷逃应缴税额超过25万元且能区分主、从犯的，应当按照刑法关于主、从犯的有关规定，对从犯从轻、减轻处罚或者免除处罚。

二十一、关于单位走私犯罪案件自首的认定问题

在办理单位走私犯罪案件中，对单位集体决定自首的，或者单位直接负责的主管人员自首的，应当认定单位自首。认定单位自首后，如实交代主要犯罪事实的单位负责的其他主管人员和其他直接责任人员，可视为自首，但对拒不交代主要犯罪事实或逃避法律追究的人员，不以自首论。

二十二、关于共同走私犯罪案件如何判处罚金刑问题审理共同走私犯罪案件时，对各共同犯罪人判处罚金的总额应掌握在共同走私行为偷逃应缴税额的一倍以上五倍以下。

二十三、关于走私货物、物品、走私违法所得以及走私犯罪工具的处理问题

在办理走私犯罪案件过程中，对发现的走私货物、物品、走私违法所得以及属于走私犯罪分子所有的犯罪工具，走私犯罪侦查机关应当及时追缴，依法予以查扣、冻结。在移送审查起诉时应当将扣押物品文件清单、冻结存款证明文件等材料随案移送，对于扣押的危险品或者鲜活、易腐、易失效、易贬值等不宜长期保存的货物、物品，已经依法先行变卖、拍卖的，应当随案移送变卖、拍卖物品清单以及原物的照片或者录像资料；人民检察院在提起公诉时应当将上述扣押物品文件清单、冻结存款证明和变卖、拍卖物品清单一并移送；人民法院在判决走私罪案件时，应当对随案清单、证明文件中载明的款、物审查确认并依法判决予以追缴、没收；海关根据人民法院的判决和海关法的有关规定予以处理，上缴中央国库。

二十四、关于走私货物、物品无法扣押或者不便扣押情况下走私违法所得的追缴问题

在办理走私普通货物、物品犯罪案件中，对于走私货物、物品因流入国内市场或者投入使用，致使走私货物、物品无法扣押或者不便扣押的，应当按照走私货物、物品的进出口完税价格认定违法所得予以追缴；走私货物、物品实际销售价格高于进出口完税价格的，应当按照实际销售价格认定违法所得予以追缴。

2. **最高人民法院、最高人民检察院关于办理走私刑事案件适用法律若干问题的解释**（法释〔2014〕10号　自2014年9月10日起施行）

为依法惩治走私犯罪活动，根据刑法有关规定，现就办理走私刑事案件适用法律的若干问题解释如下：

第一条　走私武器、弹药，具有下列情形之一的，可以认定为刑法第一百五十一条第一款规定的“情节较轻”：

（一）走私以压缩气体等非火药为动力发射枪弹的枪支二支以上不满五支的；

（二）走私气枪铅弹五百发以上不满二千五百发，或者其他子弹十发以上不满五十发的；

（三）未达到上述数量标准，但属于犯罪集团的首要分子，使用特种车辆从事走私活动，或者走私的武器、弹药被用于实施犯罪等情形的；

（四）走私各种口径在六十毫米以下常规炮弹、手榴弹或者枪榴弹等分别或者合计不满五枚的。

具有下列情形之一的，依照刑法第一百五十一条第一款的规定处七年以上有期徒刑，并处罚金或者没收财产：

（一）走私以火药为动力发射枪弹的枪支一支，或者以压缩气体等非火药为动力发射枪弹的枪支五支以上不满十支的；

（二）走私第一款第二项规定的弹药，数量在该项规定的最高数量以上不满最高数量五倍的；

（三）走私各种口径在六十毫米以下常规炮弹、手榴弹或者枪榴弹等分别或者合计达到五枚以上不满十枚，或者各种口径超过六十毫米以上常规炮弹合计不满五枚的；

（四）达到第一款第一、二、四项规定的数量标准，且属于犯罪集团的首

要分子，使用特种车辆从事走私活动，或者走私的武器、弹药被用于实施犯罪等情形的。

具有下列情形之一的，应当认定为刑法第一百五十一条第一款规定的“情节特别严重”：

（一）走私第二款第一项规定的枪支，数量超过该项规定的数量标准的；

（二）走私第一款第二项规定的弹药，数量在该项规定的最高数量标准五倍以上的；

（三）走私第二款第三项规定的弹药，数量超过该项规定的数量标准，或者走私具有巨大杀伤力的非常规炮弹一枚以上的；

（四）达到第二款第一项至第三项规定的数量标准，且属于犯罪集团的首要分子，使用特种车辆从事走私活动，或者走私的武器、弹药被用于实施犯罪等情形的。

走私其他武器、弹药，构成犯罪的，参照本条各款规定的标准处罚。

第二条　刑法第一百五十一条第一款规定的“武器、弹药”的种类，参照《中华人民共和国进口税则》及《中华人民共和国禁止进出境物品表》的有关规定确定。

第三条　走私枪支散件，构成犯罪的，依照刑法第一百五十一条第一款的规定，以走私武器罪定罪处罚。成套枪支散件以相应数量的枪支计，非成套枪支散件以每三十件为一套枪支散件计。

第四条　走私各种弹药的弹头、弹壳，构成犯罪的，依照刑法第一百五十一条第一款的规定，以走私弹药罪定罪处罚。具体的定罪量刑标准，按照本解释第一条规定的数量标准的五倍执行。

走私报废或者无法组装并使用的各种弹药的弹头、弹壳，构成犯罪的，依照刑法第一百五十三条的规定，以走私普通货物、物品罪定罪处罚；属于废物的，依照刑法第一百五十二条第二款的规定，以走私废物罪定罪处罚。

弹头、弹壳是否属于前款规定的“报废或者无法组装并使用”或者“废物”，由国家有关技术部门进行鉴定。

第五条　走私国家禁止或者限制进出口的仿真枪、管制刀具，构成犯罪的，依照刑法第一百五十一条第三款的规定，以走私国家禁止进出口的货物、物品罪定罪处罚。具体的定罪量刑标准，适用本解释第十一条第一款第六、七项和第二款的规定。

走私的仿真枪经鉴定为枪支，构成犯罪的，依照刑法第一百五十一条第一款的规定，以走私武器罪定罪处罚。不以牟利或者从事违法犯罪活动为目的，且无其他严重情节的，可以依法从轻处罚；情节轻微不需要判处刑罚的，可以免予刑事处罚。

第六条 走私伪造的货币，数额在二千元以上不满二万元，或者数量在二百张（枚）以上不满二千张（枚）的，可以认定为刑法第一百五十一条第一款规定的“情节较轻”。

具有下列情形之一的，依照刑法第一百五十一条第一款的规定处七年以上有期徒刑，并处罚金或者没收财产：

（一）走私数额在二万元以上不满二十万元，或者数量在二千张（枚）以上不满二万张（枚）的；

（二）走私数额或者数量达到第一款规定的标准，且具有走私的伪造货币流入市场等情节的。

具有下列情形之一的，应当认定为刑法第一百五十一条第一款规定的“情节特别严重”：

（一）走私数额在二十万元以上，或者数量在二万张（枚）以上的；

（二）走私数额或者数量达到第二款第一项规定的标准，且属于犯罪集团的首要分子，使用特种车辆从事走私活动，或者走私的伪造货币流入市场等情形的。

第七条 刑法第一百五十一条第一款规定的“货币”，包括正在流通的人民币和境外货币。伪造的境外货币数额，折合成人民币计算。

第八条 走私国家禁止出口的三级文物二件以下的，可以认定为刑法第一百五十一条第二款规定的“情节较轻”。

具有下列情形之一的，依照刑法第一百五十一条第二款的规定处五年以上十年以下有期徒刑，并处罚金：

（一）走私国家禁止出口的二级文物不满三件，或者三级文物三件以上不满九件的；

（二）走私国家禁止出口的三级文物不满三件，且具有造成文物严重毁损或者无法追回等情节的。

具有下列情形之一的，应当认定为刑法第一百五十一条第二款规定的“情节特别严重”：

（一）走私国家禁止出口的一级文物一件以上，或者二级文物三件以上，或者三级文物九件以上的；

（二）走私国家禁止出口的文物达到第二款第一项规定的数量标准，且属于犯罪集团的首要分子，使用特种车辆从事走私活动，或者造成文物严重毁损、无法追回等情形的。

第九条 走私国家一、二级保护动物未达到本解释附表中（一）规定的数量标准，或者走私珍贵动物制品数额不满二十万元的，可以认定为刑法第一百五十一条第二款规定的“情节较轻”。

具有下列情形之一的，依照刑法第一百五十一条第二款的规定处五年以上十年以下有期徒刑，并处罚金：

（一）走私国家一、二级保护动物达到本解释附表中（一）规定的数量标准的；

（二）走私珍贵动物制品数额在二十万元以上不满一百万元的；

（三）走私国家一、二级保护动物未达到本解释附表中（一）规定的数量标准，但具有造成该珍贵动物死亡或者无法追回等情节的。

具有下列情形之一的，应当认定为刑法第一百五十一条第二款规定的“情节特别严重”：

（一）走私国家一、二级保护动物达到本解释附表中（二）规定的数量标准的；

（二）走私珍贵动物制品数额在一百万元以上的；

（三）走私国家一、二级保护动物达到本解释附表中（一）规定的数量标准，且属于犯罪集团的首要分子，使用特种车辆从事走私活动，或者造成该珍贵动物死亡、无法追回等情形的。

不以牟利为目的，为留作纪念而走私珍贵动物制品进境，数额不满十万元的，可以免予刑事处罚；情节显著轻微的，不作为犯罪处理。

第十条 刑法第一百五十一条第二款规定的“珍贵动物”，包括列入《国家重点保护野生动物名录》中的国家一、二级保护野生动物，《濒危野生动植物种国际贸易公约》附录Ⅰ、附录Ⅱ中的野生动物，以及驯养繁殖的上述动物。

走私本解释附表中未规定的珍贵动物的，参照附表中规定的同属或者同科动物的数量标准执行。

走私本解释附表中未规定珍贵动物的制品的，按照《最高人民法院、最高人民检察院、国家林业局、公安部、海关总署关于破坏野生动物资源刑事案件中涉及的CITES附录Ⅰ和附录Ⅱ所列陆生野生动物制品价值核定问题的通知》（林濒发〔2012〕239号）的有关规定核定价值。

第十一条 走私国家禁止进出口的货物、物品，具有下列情形之一的，依照刑法第一百五十一条第三款的规定处五年以下有期徒刑或者拘役，并处或者单处罚金：

（一）走私国家一级保护野生植物五株以上不满二十五株，国家二级保护野生植物十株以上不满五十株，或者珍稀植物、珍稀植物制品数额在二十万元以上不满一百万元的；

（二）走私重点保护古生物化石或者未命名的古生物化石不满十件，或者一般保护古生物化石十件以上不满五十件的；

（三）走私禁止进出口的有毒物质一吨以上不满五吨，或者数额在二万元以上不满十万元的；

（四）走私来自境外疫区的动植物及其产品五吨以上不满二十五吨，或者数额在五万元以上不满二十五万元的；

（五）走私木炭、硅砂等妨害环境、资源保护的货物、物品十吨以上不满五十吨，或者数额在十万元以上不满五十万元的；

（六）走私旧机动车、切割车、旧机电产品或者其他禁止进出口的货物、物品二十吨以上不满一百吨，或者数额在二十万元以上不满一百万元的；

（七）数量或者数额未达到本款第一项至第六项规定的标准，但属于犯罪集团的首要分子，使用特种车辆从事走私活动，造成环境严重污染，或者引起甲类传染病传播、重大动植物疫情等情形的。

具有下列情形之一的，应当认定为刑法第一百五十一条第三款规定的“情节严重”：

（一）走私数量或者数额超过前款第一项至第六项规定的标准的；

（二）达到前款第一项至第六项规定的标准，且属于犯罪集团的首要分子，使用特种车辆从事走私活动，造成环境严重污染，或者引起甲类传染病传播、重大动植物疫情等情形的。

第十二条 刑法第一百五十一条第三款规定的“珍稀植物”，包括列入《国家重点保护野生植物名录》《国家重点保护野生药材物种名录》《国家珍贵树种名录》中的国家一、二级保护野生植物、国家重点保护的野生药材、珍贵树木，《濒危野生动植物种国际贸易公约》附录Ⅰ、附录Ⅱ中的野生植物，以及人工培育的上述植物。

本解释规定的“古生物化石”，按照《古生物化石保护条例》的规定予以认定。走私具有科学价值的古脊椎动物化石、古人类化石，构成犯罪的，依照刑法第一百五十一条第二款的规定，以走私文物罪定罪处罚。

第十三条　以牟利或者传播为目的，走私淫秽物品，达到下列数量之一的，可以认定为刑法第一百五十二条第一款规定的“情节较轻”：

（一）走私淫秽录像带、影碟五十盘（张）以上不满一百盘（张）的；

（二）走私淫秽录音带、音碟一百盘（张）以上不满二百盘（张）的；

（三）走私淫秽扑克、书刊、画册一百副（册）以上不满二百副（册）的；

（四）走私淫秽照片、画片五百张以上不满一千张的；

（五）走私其他淫秽物品相当于上述数量的。

走私淫秽物品在前款规定的最高数量以上不满最高数量五倍的，依照刑法第一百五十二条第一款的规定处三年以上十年以下有期徒刑，并处罚金。

走私淫秽物品在第一款规定的最高数量五倍以上，或者在第一款规定的最高数量以上不满五倍，但属于犯罪集团的首要分子，使用特种车辆从事走私活动等情形的，应当认定为刑法第一百五十二条第一款规定的“情节严重”。

第十四条　走私国家禁止进口的废物或者国家限制进口的可用作原料的废物，具有下列情形之一的，应当认定为刑法第一百五十二条第二款规定的“情节严重”：

（一）走私国家禁止进口的危险性固体废物、液态废物分别或者合计达到一吨以上不满五吨的；

（二）走私国家禁止进口的非危险性固体废物、液态废物分别或者合计达到五吨以上不满二十五吨的；

（三）走私国家限制进口的可用作原料的固体废物、液态废物分别或者合计达到二十吨以上不满一百吨的；

（四）未达到上述数量标准，但属于犯罪集团的首要分子，使用特种车辆从事走私活动，或者造成环境严重污染等情形的。

具有下列情形之一的，应当认定为刑法第一百五十二条第二款规定的“情节特别严重”：

（一）走私数量超过前款规定的标准的；

（二）达到前款规定的标准，且属于犯罪集团的首要分子，使用特种车辆从事走私活动，或者造成环境严重污染等情形的；

（三）未达到前款规定的标准，但造成环境严重污染且后果特别严重的。

走私置于容器中的气态废物，构成犯罪的，参照前两款规定的标准处罚。

第十五条 国家限制进口的可用作原料的废物的具体种类，参照国家有关部门的规定确定。

第十六条 走私普通货物、物品，偷逃应缴税额在十万元以上不满五十万元的，应当认定为刑法第一百五十三条第一款规定的“偷逃应缴税额较大”；偷逃应缴税额在五十万元以上不满二百五十万元的，应当认定为“偷逃应缴税额巨大”；偷逃应缴税额在二百五十万元以上的，应当认定为“偷逃应缴税额特别巨大”。

走私普通货物、物品，具有下列情形之一，偷逃应缴税额在三十万元以上不满五十万元的，应当认定为刑法第一百五十三条第一款规定的“其他严重情节”；偷逃应缴税额在一百五十万元以上不满二百五十万元的，应当认定为“其他特别严重情节”：

（一）犯罪集团的首要分子；

（二）使用特种车辆从事走私活动的；

（三）为实施走私犯罪，向国家机关工作人员行贿的；

（四）教唆、利用未成年人、孕妇等特殊人群走私的；

（五）聚众阻挠缉私的。

第十七条 刑法第一百五十三条第一款规定的“一年内曾因走私被给予二次行政处罚后又走私”中的“一年内”，以因走私第一次受到行政处罚的生效之日与“又走私”行为实施之日的时间间隔计算确定；“被给予二次行政处罚”的走私行为，包括走私普通货物、物品以及其他货物、物品；“又走私”行为仅指走私普通货物、物品。

第十八条 刑法第一百五十三条规定的“应缴税额”，包括进出口货物、物品应当缴纳的进出口关税和进口环节海关代征税的税额。应缴税额以走私行为实施时的税则、税率、汇率和完税价格计算；多次走私的，以每次走私行为实施时的税则、税率、汇率和完税价格逐票计算；走私行为实施时间不能确定的，以案发时的税则、税率、汇率和完税价格计算。

刑法第一百五十三条第三款规定的“多次走私未经处理”，包括未经行政处理和刑事处理。

第十九条　刑法第一百五十四条规定的“保税货物”，是指经海关批准，未办理纳税手续进境，在境内储存、加工、装配后应予复运出境的货物，包括通过加工贸易、补偿贸易等方式进口的货物，以及在保税仓库、保税工厂、保税区或者免税商店内等储存、加工、寄售的货物。

第二十条　直接向走私人非法收购走私进口的货物、物品，在内海、领海、界河、界湖运输、收购、贩卖国家禁止进出口的物品，或者没有合法证明，在内海、领海、界河、界湖运输、收购、贩卖国家限制进出口的货物、物品，构成犯罪的，应当按照走私货物、物品的种类，分别依照刑法第一百五十一条、第一百五十二条、第一百五十三条、第三百四十七条、第三百五十条的规定定罪处罚。

刑法第一百五十五条第二项规定的“内海”，包括内河的入海口水域。

第二十一条　未经许可进出口国家限制进出口的货物、物品，构成犯罪的，应当依照刑法第一百五十一条、第一百五十二条的规定，以走私国家禁止进出口的货物、物品罪等罪名定罪处罚；偷逃应缴税额，同时又构成走私普通货物、物品罪的，依照处罚较重的规定定罪处罚。

取得许可，但超过许可数量进出口国家限制进出口的货物、物品，构成犯罪的，依照刑法第一百五十三条的规定，以走私普通货物、物品罪定罪处罚。

租用、借用或者使用购买的他人许可证，进出口国家限制进出口的货物、物品的，适用本条第一款的规定定罪处罚。

第二十二条　在走私的货物、物品中藏匿刑法第一百五十一条、第一百五十二条、第三百四十七条、第三百五十条规定的货物、物品，构成犯罪的，以实际走私的货物、物品定罪处罚；构成数罪的，实行数罪并罚。

第二十三条　实施走私犯罪，具有下列情形之一的，应当认定为犯罪既遂：

（一）在海关监管现场被查获的；

（二）以虚假申报方式走私，申报行为实施完毕的；

（三）以保税货物或者特定减税、免税进口的货物、物品为对象走私，在境内销售的，或者申请核销行为实施完毕的。

第二十四条 单位犯刑法第一百五十一条、第一百五十二条规定之罪，依照本解释规定的标准定罪处罚。

单位犯走私普通货物、物品罪，偷逃应缴税额在二十万元以上不满一百万元的，应当依照刑法第一百五十三条第二款的规定，对单位判处罚金，并对其直接负责的主管人员和其他直接责任人员，处三年以下有期徒刑或者拘役；偷逃应缴税额在一百万元以上不满五百万元的，应当认定为“情节严重”；偷逃应缴税额在五百万元以上的，应当认定为“情节特别严重”。

第二十五条 本解释发布实施后，《最高人民法院关于审理走私刑事案件具体应用法律若干问题的解释》（法释〔2000〕30号）、《最高人民法院关于审理走私刑事案件具体应用法律若干问题的解释（二）》（法释〔2006〕9号）同时废止。之前发布的司法解释与本解释不一致的，以本解释为准。

二、走私核材料罪

（一）法律规定

走私核材料罪的法律规定与走私武器、弹药罪的法律规定属同一条款，具体内容见走私武器、弹药罪的法律规定。

（二）构成及要件

走私核材料罪，是指违反海关法规，逃避海关监管，运输、携带、邮寄核材料进出国（边）境的行为。

本罪是1997年刑法增设的罪名，1979年刑法和单行刑法均没有规定此罪名。

本罪的犯罪构成要件是：

1. 主体要件

本罪的犯罪主体为一般主体，包括自然人和单位。

2. 主观要件

本罪的主观方面由故意构成，过失不构成本罪。

3. 客体要件

本罪侵犯的客体是国家海关监督管理制度中关于核材料进出国（边）境的监管制度。犯罪对象是核材料，即可以发生原子裂变和聚合反应的放射性材料。根据国务院发布的《核材料管理条例》的规定，核材料包括："铀—235，含铀—235的材料和制品；铀—233，含铀—233的材料和制品；钚—239，含钚—239的材料和制品；氚，含氚的材料和制品；锂—6，含锂—6的材料和制品；其他需要管制的核材料。"

4. 客观要件

本罪的客观方面表现为违反海关法规，逃避海关监管，运输、携带、邮寄核材料进出国（边）境的行为。行为人直接向走私人非法收购核材料，或者在内海、领海、界河、界湖运输、收购、贩卖核材料的，也应以走私核材料罪论处。

（三）实务疑难问题

1. 注重对核材料的鉴定

人民法院在审理案件中，对某一物品是否属于核材料难于认定时，应请有关部门进行鉴定。国家核安全局、国家科学技术工业委员会分别负责民用、军用核材料的监督或管理。

2. 关于本罪的既未遂问题

关于此问题，参见本书走私武器、弹药罪的阐述。

3. 注重对共同犯罪的惩治

依照《刑法》第156条的规定，与走私核材料的犯罪分子通谋，为其提供贷款、资金、账号、发票、证明，或者为其提供运输、保管、邮寄或者其他方便的，应当以走私核材料罪的共犯论处。

3. 以暴力、威胁方法抗拒缉私的处理

依照《刑法》第157条第2款的规定，以暴力、威胁方法抗拒缉私的，应当以走私核材料罪和《刑法》第277条规定的妨害公务罪实行并罚。

（四）情节与量刑

依照《刑法》第151条第1款规定，犯走私核材料罪的，处7年以上有期徒刑，并处罚金或者没收财产；情节特别严重的，处无期徒刑或者死刑，并处没收财产；情节较轻的，处3年以上7年以下有期徒刑，并处罚金。

依照《刑法》第151条第4款规定，单位犯本罪的，对单位判处罚金，并对其直接负责的主管人员和其他直接责任人员，依照本条第1款的规定处罚。

司法机关在适用《刑法》第151条第1款、第4款规定处罚时，应当注意以下问题：

1. 严格掌握适用无期徒刑的条件。按照法律规定，走私核材料的行为，必须是“情节特别严重的”，才可以适用无期徒刑。所谓情节特别严重，在司法实践中主要是指：一次大量或者多次走私核材料的；走私核材料犯罪集团的首要分子；造成人员重伤、死亡或者公私财物遭受重大损失的；造成重大事故等严重后果的；在国际上造成恶劣影响的等情形。还应当注意，《刑法修正案（九）》已经取消了本罪的死刑规定。

2. 依照《刑法》第157条第1款的规定，武装掩护走私核材料的，应当在《刑法》第151条第1款规定的法定刑幅度内从重处罚。行为人所携带的武器无论是否使用，均应按照本款的规定处罚。

3. 注重总结经验。本罪定罪量刑方面没有相关司法解释，因此，实践中可能会遇到一些难以解决的问题，需要司法人员进行认真研究并及时总结。

（五）法律链接

1. 中华人民共和国核材料管理条例（自1987年6月15日起施行）（节录）

第二条 本条例管制的核材料是：

（一）铀－235，含铀－235的材料和制品；

（二）铀－233，含铀－233的材料和制品；

（三）钚－239，含钚－239的材料和制品；

（四）氚，含氚的材料和制品；

（五）锂－6，含锂－6的材料和制品；

（六）其他需要管制的核材料。

铀矿石及其初级产品，不属于本条例管制范围。已移交给军队的核制品的管制办法由国防部门制定。

2. 最高人民法院、最高人民检察院关于办理走私刑事案件适用法律若干问题的解释（法释〔2014〕10号　自2014年9月10日起施行）

为依法惩治走私犯罪活动，根据刑法有关规定，现就办理走私刑事案件适用法律的若干问题解释如下：

第一条　走私武器、弹药，具有下列情形之一的，可以认定为刑法第一百五十一条第一款规定的“情节较轻”：

（一）走私以压缩气体等非火药为动力发射枪弹的枪支二支以上不满五支的；

（二）走私气枪铅弹五百发以上不满二千五百发，或者其他子弹十发以上不满五十发的；

（三）未达到上述数量标准，但属于犯罪集团的首要分子，使用特种车辆从事走私活动，或者走私的武器、弹药被用于实施犯罪等情形的；

（四）走私各种口径在六十毫米以下常规炮弹、手榴弹或者枪榴弹等分别或者合计不满五枚的。

具有下列情形之一的，依照刑法第一百五十一条第一款的规定处七年以上有期徒刑，并处罚金或者没收财产：

（一）走私以火药为动力发射枪弹的枪支一支，或者以压缩气体等非火药为动力发射枪弹的枪支五支以上不满十支的；

（二）走私第一款第二项规定的弹药，数量在该项规定的最高数量以上不满最高数量五倍的；

（三）走私各种口径在六十毫米以下常规炮弹、手榴弹或者枪榴弹等分别或者合计达到五枚以上不满十枚，或者各种口径超过六十毫米以上常规炮弹合计不满五枚的；

（四）达到第一款第一、二、四项规定的数量标准，且属于犯罪集团的首要分子，使用特种车辆从事走私活动，或者走私的武器、弹药被用于实施犯罪等情形的。

具有下列情形之一的，应当认定为刑法第一百五十一条第一款规定的“情节特别严重”：

（一）走私第二款第一项规定的枪支，数量超过该项规定的数量标准的；

（二）走私第一款第二项规定的弹药，数量在该项规定的最高数量标准五倍以上的；

（三）走私第二款第三项规定的弹药，数量超过该项规定的数量标准，或者走私具有巨大杀伤力的非常规炮弹一枚以上的；

（四）达到第二款第一项至第三项规定的数量标准，且属于犯罪集团的首要分子，使用特种车辆从事走私活动，或者走私的武器、弹药被用于实施犯罪等情形的。

走私其他武器、弹药，构成犯罪的，参照本条各款规定的标准处罚。

第二条 刑法第一百五十一条第一款规定的“武器、弹药”的种类，参照《中华人民共和国进口税则》及《中华人民共和国禁止进出境物品表》的有关规定确定。

第三条 走私枪支散件，构成犯罪的，依照刑法第一百五十一条第一款的规定，以走私武器罪定罪处罚。成套枪支散件以相应数量的枪支计，非成套枪支散件以每三十件为一套枪支散件计。

第四条 走私各种弹药的弹头、弹壳，构成犯罪的，依照刑法第一百五十一条第一款的规定，以走私弹药罪定罪处罚。具体的定罪量刑标准，按照本解释第一条规定的数量标准的五倍执行。

走私报废或者无法组装并使用的各种弹药的弹头、弹壳，构成犯罪的，依照刑法第一百五十三条的规定，以走私普通货物、物品罪定罪处罚；属于废物的，依照刑法第一百五十二条第二款的规定，以走私废物罪定罪处罚。

弹头、弹壳是否属于前款规定的“报废或者无法组装并使用”或者“废物”，由国家有关技术部门进行鉴定。

第五条 走私国家禁止或者限制进出口的仿真枪、管制刀具，构成犯罪的，依照刑法第一百五十一条第三款的规定，以走私国家禁止进出口的货物、物品罪定罪处罚。具体的定罪量刑标准，适用本解释第十一条第一款第六、七项和第二款的规定。

走私的仿真枪经鉴定为枪支，构成犯罪的，依照刑法第一百五十一条第一款的规定，以走私武器罪定罪处罚。不以牟利或者从事违法犯罪活动为目的，且无其他严重情节的，可以依法从轻处罚；情节轻微不需要判处刑罚的，可以免予刑事处罚。

第六条 走私伪造的货币，数额在二千元以上不满二万元，或者数量在二百张（枚）以上不满二千张（枚）的，可以认定为刑法第一百五十一条第一款规定的“情节较轻”。

具有下列情形之一的，依照刑法第一百五十一条第一款的规定处七年以上有期徒刑，并处罚金或者没收财产：

（一）走私数额在二万元以上不满二十万元，或者数量在二千张（枚）以上不满二万张（枚）的；

（二）走私数额或者数量达到第一款规定的标准，且具有走私的伪造货币流入市场等情节的。

具有下列情形之一的，应当认定为刑法第一百五十一条第一款规定的“情节特别严重”：

（一）走私数额在二十万元以上，或者数量在二万张（枚）以上的；

（二）走私数额或者数量达到第二款第一项规定的标准，且属于犯罪集团的首要分子，使用特种车辆从事走私活动，或者走私的伪造货币流入市场等情形的。

第七条　刑法第一百五十一条第一款规定的“货币”，包括正在流通的人民币和境外货币。伪造的境外货币数额，折合成人民币计算。

第八条　走私国家禁止出口的三级文物二件以下的，可以认定为刑法第一百五十一条第二款规定的“情节较轻”。

具有下列情形之一的，依照刑法第一百五十一条第二款的规定处五年以上十年以下有期徒刑，并处罚金：

（一）走私国家禁止出口的二级文物不满三件，或者三级文物三件以上不满九件的；

（二）走私国家禁止出口的三级文物不满三件，且具有造成文物严重毁损或者无法追回等情节的。

具有下列情形之一的，应当认定为刑法第一百五十一条第二款规定的“情节特别严重”：

（一）走私国家禁止出口的一级文物一件以上，或者二级文物三件以上，或者三级文物九件以上的；

（二）走私国家禁止出口的文物达到第二款第一项规定的数量标准，且属于犯罪集团的首要分子，使用特种车辆从事走私活动，或者造成文物严重毁损、无法追回等情形的。

第九条　走私国家一、二级保护动物未达到本解释附表中（一）规定的数量标准，或者走私珍贵动物制品数额不满二十万元的，可以认定为刑法第一百五十一条第二款规定的“情节较轻”。

具有下列情形之一的，依照刑法第一百五十一条第二款的规定处五年以上十年以下有期徒刑，并处罚金：

（一）走私国家一、二级保护动物达到本解释附表中（一）规定的数量标准的；

（二）走私珍贵动物制品数额在二十万元以上不满一百万元的；

（三）走私国家一、二级保护动物未达到本解释附表中（一）规定的数量标准，但具有造成该珍贵动物死亡或者无法追回等情节的。

具有下列情形之一的，应当认定为刑法第一百五十一条第二款规定的“情节特别严重”：

（一）走私国家一、二级保护动物达到本解释附表中（二）规定的数量标准的；

（二）走私珍贵动物制品数额在一百万元以上的；

（三）走私国家一、二级保护动物达到本解释附表中（一）规定的数量标准，且属于犯罪集团的首要分子，使用特种车辆从事走私活动，或者造成该珍贵动物死亡、无法追回等情形的。

不以牟利为目的，为留作纪念而走私珍贵动物制品进境，数额不满十万元的，可以免予刑事处罚；情节显著轻微的，不作为犯罪处理。

第十条　刑法第一百五十一条第二款规定的“珍贵动物”，包括列入《国家重点保护野生动物名录》中的国家一、二级保护野生动物，《濒危野生动植物种国际贸易公约》附录Ⅰ、附录Ⅱ中的野生动物，以及驯养繁殖的上述动物。

走私本解释附表中未规定的珍贵动物的，参照附表中规定的同属或者同科动物的数量标准执行。

走私本解释附表中未规定珍贵动物的制品的，按照《最高人民法院、最高人民检察院、国家林业局、公安部、海关总署关于破坏野生动物资源刑事案件中涉及的CITES附录Ⅰ和附录Ⅱ所列陆生野生动物制品价值核定问题的通知》（林濒发〔2012〕239号）的有关规定核定价值。

第十一条　走私国家禁止进出口的货物、物品，具有下列情形之一的，依照刑法第一百五十一条第三款的规定处五年以下有期徒刑或者拘役，并处或者单处罚金：

（一）走私国家一级保护野生植物五株以上不满二十五株，国家二级保护野生植物十株以上不满五十株，或者珍稀植物、珍稀植物制品数额在二十万元以上不满一百万元的；

（二）走私重点保护古生物化石或者未命名的古生物化石不满十件，或者一般保护古生物化石十件以上不满五十件的；

（三）走私禁止进出口的有毒物质一吨以上不满五吨，或者数额在二万元以上不满十万元的；

（四）走私来自境外疫区的动植物及其产品五吨以上不满二十五吨，或者数额在五万元以上不满二十五万元的；

（五）走私木炭、硅砂等妨害环境、资源保护的货物、物品十吨以上不满五十吨，或者数额在十万元以上不满五十万元的；

（六）走私旧机动车、切割车、旧机电产品或者其他禁止进出口的货物、物品二十吨以上不满一百吨，或者数额在二十万元以上不满一百万元的；

（七）数量或者数额未达到本款第一项至第六项规定的标准，但属于犯罪集团的首要分子，使用特种车辆从事走私活动，造成环境严重污染，或者引起甲类传染病传播、重大动植物疫情等情形的。

具有下列情形之一的，应当认定为刑法第一百五十一条第三款规定的“情节严重”：

（一）走私数量或者数额超过前款第一项至第六项规定的标准的；

（二）达到前款第一项至第六项规定的标准，且属于犯罪集团的首要分子，使用特种车辆从事走私活动，造成环境严重污染，或者引起甲类传染病传播、重大动植物疫情等情形的。

第十二条　刑法第一百五十一条第三款规定的“珍稀植物”，包括列入《国家重点保护野生植物名录》《国家重点保护野生药材物种名录》《国家珍贵树种名录》中的国家一、二级保护野生植物、国家重点保护的野生药材、珍贵树木，《濒危野生动植物种国际贸易公约》附录Ⅰ、附录Ⅱ中的野生植物，以及人工培育的上述植物。

本解释规定的“古生物化石”，按照《古生物化石保护条例》的规定予以认定。走私具有科学价值的古脊椎动物化石、古人类化石，构成犯罪的，依照刑法第一百五十一条第二款的规定，以走私文物罪定罪处罚。

第十三条　以牟利或者传播为目的，走私淫秽物品，达到下列数量之一的，可以认定为刑法第一百五十二条第一款规定的“情节较轻”：

（一）走私淫秽录像带、影碟五十盘（张）以上不满一百盘（张）的；

（二）走私淫秽录音带、音碟一百盘（张）以上不满二百盘（张）的；

（三）走私淫秽扑克、书刊、画册一百副（册）以上不满二百副（册）的；

（四）走私淫秽照片、画片五百张以上不满一千张的；

（五）走私其他淫秽物品相当于上述数量的。

走私淫秽物品在前款规定的最高数量以上不满最高数量五倍的，依照刑法第一百五十二条第一款的规定处三年以上十年以下有期徒刑，并处罚金。

走私淫秽物品在第一款规定的最高数量五倍以上，或者在第一款规定的最高数量以上不满五倍，但属于犯罪集团的首要分子，使用特种车辆从事走私活动等情形的，应当认定为刑法第一百五十二条第一款规定的“情节严重”。

第十四条 走私国家禁止进口的废物或者国家限制进口的可用作原料的废物，具有下列情形之一的，应当认定为刑法第一百五十二条第二款规定的“情节严重”：

（一）走私国家禁止进口的危险性固体废物、液态废物分别或者合计达到一吨以上不满五吨的；

（二）走私国家禁止进口的非危险性固体废物、液态废物分别或者合计达到五吨以上不满二十五吨的；

（三）走私国家限制进口的可用作原料的固体废物、液态废物分别或者合计达到二十吨以上不满一百吨的；

（四）未达到上述数量标准，但属于犯罪集团的首要分子，使用特种车辆从事走私活动，或者造成环境严重污染等情形的。

具有下列情形之一的，应当认定为刑法第一百五十二条第二款规定的“情节特别严重”：

（一）走私数量超过前款规定的标准的；

（二）达到前款规定的标准，且属于犯罪集团的首要分子，使用特种车辆从事走私活动，或者造成环境严重污染等情形的；

（三）未达到前款规定的标准，但造成环境严重污染且后果特别严重的。

走私置于容器中的气态废物，构成犯罪的，参照前两款规定的标准处罚。

第十五条　国家限制进口的可用作原料的废物的具体种类，参照国家有关部门的规定确定。

第十六条　走私普通货物、物品，偷逃应缴税额在十万元以上不满五十万元的，应当认定为刑法第一百五十三条第一款规定的“偷逃应缴税额较大”；偷逃应缴税额在五十万元以上不满二百五十万元的，应当认定为“偷逃应缴税额巨大”；偷逃应缴税额在二百五十万元以上的，应当认定为“偷逃应缴税额特别巨大”。

走私普通货物、物品，具有下列情形之一，偷逃应缴税额在三十万元以上不满五十万元的，应当认定为刑法第一百五十三条第一款规定的“其他严重情节”；偷逃应缴税额在一百五十万元以上不满二百五十万元的，应当认定为“其他特别严重情节”：

（一）犯罪集团的首要分子；

（二）使用特种车辆从事走私活动的；

（三）为实施走私犯罪，向国家机关工作人员行贿的；

（四）教唆、利用未成年人、孕妇等特殊人群走私的；

（五）聚众阻挠缉私的。

第十七条　刑法第一百五十三条第一款规定的“一年内曾因走私被给予二次行政处罚后又走私”中的“一年内”，以因走私第一次受到行政处罚的生效之日与“又走私”行为实施之日的时间间隔计算确定；“被给予二次行政处罚”的走私行为，包括走私普通货物、物品以及其他货物、物品；“又走私”行为仅指走私普通货物、物品。

第十八条　刑法第一百五十三条规定的“应缴税额”，包括进出口货物、物品应当缴纳的进出口关税和进口环节海关代征税的税额。应缴税额以走私行为实施时的税则、税率、汇率和完税价格计算；多次走私的，以每次走私行为实施时的税则、税率、汇率和完税价格逐票计算；走私行为实施时间不能确定的，以案发时的税则、税率、汇率和完税价格计算。

刑法第一百五十三条第三款规定的“多次走私未经处理”，包括未经行政处理和刑事处理。

第十九条　刑法第一百五十四条规定的“保税货物”，是指经海关批准，未办理纳税手续进境，在境内储存、加工、装配后应予复运出境的货物，包括通过加工贸易、补偿贸易等方式进口的货物，以及在保税仓库、保税工厂、保税区或者免税商店内等储存、加工、寄售的货物。

第二十条 直接向走私人非法收购走私进口的货物、物品，在内海、领海、界河、界湖运输、收购、贩卖国家禁止进出口的物品，或者没有合法证明，在内海、领海、界河、界湖运输、收购、贩卖国家限制进出口的货物、物品，构成犯罪的，应当按照走私货物、物品的种类，分别依照刑法第一百五十一条、第一百五十二条、第一百五十三条、第三百四十七条、第三百五十条的规定定罪处罚。

刑法第一百五十五条第二项规定的“内海”，包括内河的入海口水域。

第二十一条 未经许可进出口国家限制进出口的货物、物品，构成犯罪的，应当依照刑法第一百五十一条、第一百五十二条的规定，以走私国家禁止进出口的货物、物品罪等罪名定罪处罚；偷逃应缴税额，同时又构成走私普通货物、物品罪的，依照处罚较重的规定定罪处罚。

取得许可，但超过许可数量进出口国家限制进出口的货物、物品，构成犯罪的，依照刑法第一百五十三条的规定，以走私普通货物、物品罪定罪处罚。

租用、借用或者使用购买的他人许可证，进出口国家限制进出口的货物、物品的，适用本条第一款的规定定罪处罚。

第二十二条 在走私的货物、物品中藏匿刑法第一百五十一条、第一百五十二条、第三百四十七条、第三百五十条规定的货物、物品，构成犯罪的，以实际走私的货物、物品定罪处罚；构成数罪的，实行数罪并罚。

第二十三条 实施走私犯罪，具有下列情形之一的，应当认定为犯罪既遂：

（一）在海关监管现场被查获的；

（二）以虚假申报方式走私，申报行为实施完毕的；

（三）以保税货物或者特定减税、免税进口的货物、物品为对象走私，在境内销售的，或者申请核销行为实施完毕的。

第二十四条 单位犯刑法第一百五十一条、第一百五十二条规定之罪，依照本解释规定的标准定罪处罚。

单位犯走私普通货物、物品罪，偷逃应缴税额在二十万元以上不满一百万元的，应当依照刑法第一百五十三条第二款的规定，对单位判处罚金，并对其直接负责的主管人员和其他直接责任人员，处三年以下有期徒刑或者拘役；偷逃应缴税额在一百万元以上不满五百万元的，应当认定为“情节严重”；偷逃应缴税额在五百万元以上的，应当认定为“情节特别严重”。

第二十五条　本解释发布实施后，《最高人民法院关于审理走私刑事案件具体应用法律若干问题的解释》（法释〔2000〕30号）、《最高人民法院关于审理走私刑事案件具体应用法律若干问题的解释（二）》（法释〔2006〕9号）同时废止。之前发布的司法解释与本解释不一致的，以本解释为准。

三、走私假币罪

（一）法律规定

走私假币罪的法律规定与走私武器、弹药罪的法律规定属同一条款，具体内容见走私武器、弹药罪的法律规定。

（二）罪名详解

走私假币罪，是指违反海关法规，逃避海关监管，运输、携带、邮寄假币进出国（边）境的行为。

本罪是从《全国人民代表大会常务委员会关于惩治走私罪的补充规定》第1条的规定，吸收改为刑法的具体规定的。1979年刑法没有走私假币罪的规定。

走私假币罪的构成要件是：

1. 主体要件

本罪的犯罪主体为一般主体，自然人和单位均可构成本罪的主体。

2. 主观要件

本罪的主观方面由故意构成，即明知是假币而运输、携带、邮寄出入国（边）境。行为人一般具有营利的目的，但是否具有营利的目的，不影响本罪的成立。如果行为人主观上不明知是假币而运输、携带、邮寄出入境的，则不构成本罪。

3. 客体要件

本罪侵犯的客体是复杂客体，既侵犯了国家海关法禁止假币进出口的制度，又侵犯了国家的货币管理制度。

国家禁止假币进出口。所谓假币，是指仿照人民币、外币的形状、图案、色彩等，使用任何方法，非法制造的假人民币、外币。行为人携带、运输、邮寄假币进出口不仅侵犯了国家的海关监管制度，同时还会引发买卖、使用假币的行为，破坏国家的金融秩序和货币管理制度。这里的货币是指可以在国内市场流通或者兑换的人民币和境外货币。本罪的犯罪对象是伪造的货币，包括伪造的人民币、外币、港币、澳币、台币等可在国内市场流通或者兑换的货币。货币面额以人民币计。走私伪造的境外货币的，其面额以案发时国家外汇管理机关公布的外汇牌价折合人民币。如果走私真正的货币则不构成本罪；构成其他犯罪的，按有关规定处罚。

4. 客观要件

本罪的客观方面表现为违反海关法规，逃避海关监管，运输、携带、邮寄伪造的货币进出国（边）境的行为。

“违反海关法规”，是指行为人违反海关禁止假币进出口的规定以及不按海关的规定到指定的地点如实申报并接受海关查验。“逃避海关监管”，是指采取各种方法避开海关的监督、管理、检查，企图把假币非法运输、携带、邮寄进出境。逃避海关监管的行为是多种多样的，常见的有：不经过海关、检查站，非法运输、携带假币进出境；虽经过海关、检查站，但采用谎报、伪装、藏匿的方法，逃避海关检查等行为。行为人直接向走私人非法收购假币的，或者在领海、内海、界河、界湖运输、收购、贩卖假币的，也应以走私假币罪论处。“内海”包括内河的入海口水域。直接向走私人非法收购假币，是指明知是走私行为人而向其非法收购走私的假币的行为。

（三）实务疑难问题

1. 划清罪与非罪的界限

依照《刑法》第 151 条的规定，走私假币即构成走私假币罪。但在司法实践中，也不能把任何走私假币的行为都以犯罪论处。按照《走私解释》第 6 条第 1 款的规定，走私伪造的货币，下列情形下，可以视为“情节显著轻微危害不大，不认定是犯罪”：

（1）假币总面额（折合人民币）不足 2000 元的；

（2）假币总数量不满 200 张（枚）的。

实践中，有的假币虽然总数量刚刚超过 200 张，但假币的总面额不到 2000 元的，也可以根据案件的具体情节，视为“情节显著轻微危害不大，不认定是犯罪”。

2. 关于本罪的既未遂问题

关于此问题，参见本书走私武器、弹药罪的阐述。

3. 划清一罪与数罪的界限

行为人走私伪造的货币后，又在境内出售或者运输同一宗伪造的货币的，属于牵连犯罪，应当按照处理牵连犯的原则，从一重罪处罚，即以走私假币罪处罚，而不定走私假币罪和出售、运输假币罪两个罪。行为人直接向走私假币的人购买假币的，以走私假币罪论处。

依照《刑法》第 157 条第 2 款的规定，以暴力、威胁方法抗拒缉私的，应当以走私假币罪与妨害公务罪，实行并罚。

4. 注重对共同犯罪的惩治

依照《刑法》第 156 条的规定，与走私假币的犯罪分子通谋，为其提供贷款、资金、账号、发票、证明，或者为其提供运输、保管、邮寄或者其他方便的，以走私假币罪的共犯论处。

（四）情节与量刑

依照《刑法》第 151 条第 1 款规定，犯走私假币罪的，处 7 年以上有期徒刑，并处罚金或者没收财产；情节特别严重的，处无期徒刑，并处没收财产；情节较轻的，处 3 年以上 7 年以下有期徒刑，并处罚金。

依照《刑法》第 151 条第 4 款规定，单位犯本罪的，对单位判处罚金，并对其直接负责的主管人员和其他直接责任人员，依照本条第 1 款的规定处罚。

具体情节与量刑的对应情况，列表格如下：

量刑档次	对应情节	有关概念解释	备注
三年以上七年以下有期徒刑，并处罚金。	情节较轻的	情节较轻，是指具有下列情形之一的： （1）走私伪造的货币，数额在 2000 元以上不满 2 万元； （2）走私伪造的货币，数量在 200 张（枚）以上不满 2000 张（枚）的。	附加刑必须并处罚金

续表

量刑档次	对应情节	有关概念解释	备注
七年以上有期徒刑，并处罚金或者没收财产	基本犯罪构成情节	具有下列情形之一的，适用本档量刑幅度： （1）走私伪造的货币数额在2万元以上不满20万元，或者数量在2000张（枚）以上不满2万张（枚）的； （2）走私伪造的货币数额或者数量虽然属于情节较轻的范围，但具有走私的伪造货币流入市场等情节的。	附加刑既可处罚金，也可处没收财产
无期徒刑，并处没收财产	情节特别严重的	情节特别严重，是指具有下列情形之一的： （1）走私伪造的货币数额在20万元以上，或者数量在2万张（枚）以上的； （2）走私伪造的货币数额在2万元以上不满20万元，或者数量在2000张（枚）以上不满2万张（枚），且属于犯罪集团的首要分子，使用特种车辆从事走私活动，或者走私的伪造货币流入市场等情形的。	附加刑必须并处没收财产

司法机关在适用《刑法》第151条第1款、第4款规定处罚时，应当注意以下问题：

1. 正确理解和适用本罪的基本刑

本罪的基本刑是7年以上有期徒刑，并处罚金或者没收财产。这与一般犯罪的基本刑从低往高的顺序排列不一样，也与故意杀人罪从最高死刑往下排列不一样。本罪是先列基本刑，后列情节特别严重的，再列情节较节的。因此，除了司法解释明确列为“情节较轻”情形的外，对构成犯罪的，首先考虑在基本刑范围内考虑，然后再考虑是否属于情节特别严重、情节较轻的情形。

根据《走私解释》第6条第2款规定，具有下列情形之一的，依照《刑法》第151条第1款的规定处7年以上有期徒刑，并处罚金或者没收财产：（1）走私伪造的货币数额在2万元以上不满20万元，或者数量在2000张（枚）以上不满2万张（枚）的；（2）走私伪造的货币数额在2000元以上不满2万元，或者数量在200张（枚）以上不满2000张（枚），且具有走私的伪造货币流入市场等情节的。

另外需要注意的是，犯本罪在基本刑范围量刑的，财产刑既可以是罚金，也可以是没收财产。这是我国刑法规定中对判处有期徒刑可以附加适用没收财产的几个少有的规定之一。在具体适用时要严格掌握，根据案件情节和危害后果决定是适用罚金刑还是没收财产刑。适用没收财产刑时，一般不适用没收个人全部财产。只有判处无期徒刑时，才判处没收个人全部财产。

2. 正确把握本罪的"情节较轻"

根据《走私解释》第 6 条第 1 款规定，走私伪造的货币，数额在 2000 元以上不满 2 万元，或者数量在 200 张（枚）以上不满 2000 张（枚）的，可以认定为《刑法》第 151 条第 1 款规定的"情节较轻"。

3. 正确把握本罪的"情节特别严重"

根据《走私解释》第 6 条第 3 款规定，具有下列情形之一的，应当认定为《刑法》第 151 条第 1 款规定的"情节特别严重"：（1）走私伪造的货币数额在 20 万元以上，或者数量在 2 万张（枚）以上的；（2）走私伪造的货币在 2 万元以上不满 20 万元，或者数量在 2000 张（枚）以上不满 2 万张（枚），且属于犯罪集团的首要分子，使用特种车辆从事走私活动，或者走私的伪造货币流入市场等情形的。

4. 本罪已经取消了死刑

根据《刑法修正案（九）》第 9 条规定，刑法取消了本罪的死刑规定。这主要是由于中央进一步落实宽严相济的刑事政策，完善死刑法律规定，适当减少死刑罪名，调整死刑与无期徒刑、有期徒刑之间的结构关系后所作的修改。本罪在《刑法修正案（九）》前，从司法实践看，很少适用死刑，并且取消本罪的死刑不会对我国社会稳定大局和治安形势带来负面影响，而且对本罪最高处以无期徒刑也可以适应打击这类犯罪的实际需要，并做到罪责刑相适应。

5. 武装掩护走私假币或者以暴力、威胁方法抗拒缉私的处理

依照《刑法》第 157 条第 1 款的规定，武装掩护走私假币的，在《刑法》第 151 条第 1 款规定的法定刑的幅度内从重处罚。行为人所携带的武器无论是否使用，均应按照《刑法》第 151 条第 1 款的规定处罚。

依照《刑法》第 157 条第 2 款的规定，以暴力、威胁方法抗拒缉私的，以走私罪和《刑法》第 277 条规定的阻碍国家机关工作人员依法执行职务罪，依照数罪并罚的规定处罚。

6. 关于量刑规范化

《最高人民法院关于常见犯罪的量刑指导意见》对走私假币罪的量刑并未

有作出规定，这主要是由于此类案件在司法实践中的发案率不高，最高司法机关还未能总结出一套比较完整的量刑规范化方案，有待于在总结经验的基础上再作出详细的规定。在此之前，各高级法院可以根据各地的社会治安状况、经济发展状况等因素，制定适合本省、自治区、直辖市实际情况的量刑规范化标准。在有关规定出台前，司法人员应当根据犯罪的事实、犯罪的性质、情节和对于社会的危害程度，依照刑法和有关司法解释的规定判处刑罚。

四、走私文物罪

（一）法律规定

第一百五十一条[①] **走私武器、弹药、核材料或者伪造的货币**

---

① 本条经2009年2月28日《刑法修正案（七）》第1条、2011年2月25日《刑法修正案（八）》第26条、2015年8月29日《刑法修正案（九）》三次修正。

1997年《刑法》第151条原文规定："走私武器、弹药、核材料或者伪造的货币的，处七年以上有期徒刑，并处罚金或者没收财产；情节较轻的，处三年以上七年以下有期徒刑，并处罚金。"

"走私国家禁止出口的文物、黄金、白银和其他贵重金属或者国家禁止进出口的珍贵动物及其制品的，处五年以上有期徒刑，并处罚金；情节较轻的，处五年以下有期徒刑，并处罚金。"

"走私国家禁止进出口的珍稀植物及其制品的，处五年以下有期徒刑或者拘役，并处或者单处罚金；情节严重的，处五年以上有期徒刑，并处罚金。"

"犯第一款、第二款罪，情节特别严重的，处无期徒刑或者死刑，并处没收财产。"

"单位犯本条规定之罪的，对单位判处罚金，并对其直接负责的主管人员和其他直接责任人员，依照本条各款的规定处罚。"

《刑法修正案（七）》第1条将1997年《刑法》第151条第3款修改为："走私珍稀植物及其制品等国家禁止进出口的其他货物、物品的，处五年以下有期徒刑或者拘役，并处或者单处罚金；情节严重的，处五年以上有期徒刑，并处罚金。"

《刑法修改案（八）》第26条将本条修改为："走私武器、弹药、核材料或者伪造的货币的，处七年以上有期徒刑，并处罚金或者没收财产；情节特别严重的，处无期徒刑或者死刑，并处没收财产；情节较轻的，处三年以上七年以下有期徒刑，并处罚金。"

"走私国家禁止出口的文物、黄金、白银和其他贵重金属或者国家禁止进出口的珍贵动物及其制品的，处五年以上十年以下有期徒刑，并处罚金；情节特别严重的，处十年以上有期徒刑或者无期徒刑，并处没收财产；情节较轻的，处五年以下有期徒刑，并处罚金。"

"走私珍稀植物及其制品等国家禁止进出口的其他货物、物品的，处五年以下有期徒刑或者拘役，并处或者单处罚金；情节严重的，处五年以上有期徒刑，并处罚金。"

"单位犯本条规定之罪的，对单位判处罚金，并对其直接负责的主管人员和其他直接责任人员，依照本条各款的规定处罚。"

《刑法修正案（九）》第9条对本条作了再次修改，取消了本条的死刑规定。

的，处七年以上有期徒刑，并处罚金或者没收财产；情节特别严重的，处无期徒，并处没收财产；情节较轻的，处三年以上七年以下有期徒刑，并处罚金。

走私国家禁止出口的文物、黄金、白银和其他贵重金属或者国家禁止进出口的珍贵动物及其制品的，处五年以上十年以下有期徒刑，并处罚金；情节特别严重的，处十年以上有期徒刑或者无期徒刑，并处没收财产；情节较轻的，处五年以下有期徒刑，并处罚金。

走私珍稀植物及其制品等国家禁止进出口的其他货物、物品的，处五年以下有期徒刑或者拘役，并处或者单处罚金；情节严重的，处五年以上有期徒刑，并处罚金。

单位犯本条规定之罪的，对单位判处罚金，并对其直接负责的主管人员和其他直接责任人员，依照本条各款的规定处罚。

第一百五十五条[①]　下列行为，以走私罪论处，依照本节的有关规定处罚：

（一）直接向走私人非法收购国家禁止进口物品的，或者直接向走私人非法收购走私进口的其他货物、物品，数额较大的；

（二）在内海、领海、界河、界湖运输、收购、贩卖国家禁止进出口物品的，或者运输、收购、贩卖国家限制进出口货物、物品，数额较大，没有合法证明的。

第一百五十六条　与走私罪犯通谋，为其提供贷款、资金、账号、发票、证明，或者为其提供运输、保管、邮寄或者其他方便的，以走私罪的共犯论处。

第一百五十七条　武装掩护走私的，依照本法第一百五十一条

---

① 本条经2002年12月28日《刑法修正案（四）》第3条修正。

《刑法》原第155条为："下列行为，以走私罪论处，依照本节的有关规定处罚：

"（一）直接向走私人非法收购国家禁止进口物品的，或者直接向走私人非法收购走私进口的其他货物、物品，数额较大的；

"（二）在内海、领海运输、收购、贩卖国家禁止进出口物品的，或者运输、收购、贩卖国家限制进出口货物、物品，数额较大，没有合法证明的；

"（三）逃避海关监管将境外固体废物运输进境的。"

第一款的规定从重处罚。[①]

以暴力、威胁方法抗拒缉私的，以走私罪和本法第二百七十七条规定的阻碍国家机关工作人员依法执行职务罪，依照数罪并罚的规定处罚。

（二）罪名详解

走私文物罪，是指违反海关法规，逃避海关监管，运输、携带、邮寄国家禁止出口的文物出国（边）境的行为。

本罪是从《全国人民代表大会常务委员会关于惩治走私罪的补充规定》第2条的规定，吸收改为刑法的具体规定的。1979年《刑法》第173条规定有盗运珍贵文物出口罪。

走私文物罪的构成要件是：

1. 主体要件

本罪的犯罪主体为一般主体，自然人和单位均可构成本罪的主体。

2. 主观要件

本罪的主观方面由故意构成，即明知是国家禁止出口的文物而将其走私出境。过失不构成本罪。

3. 客体要件

本罪侵犯的客体是国家文物出口管理制度。犯罪对象是“国家禁止出口的文物”，即国家一、二、三级文物和其他国家禁止出口的文物。

本罪的犯罪对象是文物。

（1）根据《最高人民法院、最高人民检察院关于办理妨害文物管理等刑事案件适用法律若干问题的解释》（以下简称《文物解释》）第1条第1款规定，《刑法》第151条规定的“国家禁止出口的文物”，依照《中华人民共和国文物保护法》规定的“国家禁止出境的文物”的范围认定。《文物保护法》第60条规定：“国有文物、非国有文物中的珍贵文物和国家规定禁止出境的其他文物，不得出境；但依照本法规定出境展览或者因特殊需要经国务院批

---

① 本款经2011年2月25日《刑法修正案（八）》第28条修正。

《刑法》原第157条第1款为：“武装掩护走私的，依照本法第一百五十一条第一款、第四款的规定从重处罚。”

准出境的除外。”第 62 条第 2 款规定：“一级文物中的孤品和易损品，禁止出境展览。”文化部颁发的《文物藏品定级标准》规定：“文物藏品分为珍贵文物和一般文物。珍贵文物分为一、二、三级。具有特别重要历史、艺术、科学价值的代表性文物为一级文物；具有重要历史、艺术、科学价值的为二级文物；具有比较重要历史、艺术、科学价值的为三级文物。具有一定历史、艺术、科学价值的为一般文物。”

（2）根据全国人大常委会《关于〈中华人民共和国刑法〉有关文物的规定适用于具有科学价值的古脊椎动物化石、古人类化石的解释》，《刑法》有关文物的规定，适用于具有科学价值的古脊椎动物化石、古人类化石。

（3）根据《文物解释》第 17 条规定，走私、盗窃、损毁、倒卖、盗掘或者非法转让具有科学价值的古脊椎动物化石、古人类化石的，依照刑法和本解释的有关规定定罪量刑。可见，国家严禁珍贵文物和其他禁止出口的文物出口，体现了对国家文物的保护。

4. 客观要件

本罪的客观方面表现为违反海关法规，逃避海关监管，运输、携带、邮寄国家禁止出口的文物进出国国（边）境的行为。行为人直接向走私人非法收购文物，或者在内海、领海、界河、界湖运输、收购、贩卖国家禁止出口的文物，也应以走私文物罪论处。

（三）实务疑难问题

1. 注重对文物的鉴定

行为人走私的文物是否属于国家禁止出口的文物，需要由国家文化行政管理部门作出鉴定。

2. 划清罪与非罪的界限

走私国家禁止出口的三级文物 1 件的，即可构成犯罪。

但是，并不是凡有走私文物行为的，一律以走私犯罪处理。下列情形的，可不以走私文物罪论。

（1）走私国家允许进口的文物入境的

《刑法》第 151 条第 2 款只规定走私国家禁止出口的文物构成走私文物罪，而没有规定走私国家允许进口的文物入境的也构成走私文物罪，根据罪刑法定原则，此类行为不以犯罪论。

（2）走私非三级以上文物，且情节一般的

走私一般文物，即不属于三级文物以上，情节一般的，可视为“情节显著轻微，不以犯罪论处”，由海关处以行政处罚。如何把握？根据《文物解释》第13条规定，5件同级文物视为1件高一级文物，但是价值明显不相当的除外。因此，如果走私五件国有馆藏一般文物的，可视为走私1件三级文物，应当以走私文物罪定罪处罚。如果走私国有馆藏一般文物四件以下的，除非有其他情节，否则视为“情节显著轻微，不以犯罪论处。”走私民间收藏的文物的，则根据文物的数量、文物部门对文物的鉴定情况，综合考虑，决定是否构成走私文物罪。根据《文物解释》第1条第3款的规定，走私的文物价值在5万元以上满20万元的，应当认定为《刑法》第151条第2款规定的“情节较轻”。因此，如果走私的文物是一般文物，且价值不到5万元的，一般不以犯罪处理。

（3）情节轻微可以不起诉或者免予刑事处罚的

为了贯彻落实“完善刑事诉讼中认罪认罚从宽制度”，考虑到司法实践中的复杂情况，《文物解释》第16条规定了情节轻微可以不起诉或者免予刑事处罚的情况。根据该规定，走私文物情节轻微不起诉或者免予处罚的条件包括：①达到应当追究刑事责任的标准，这里仅指达到情节较轻的追究刑事责任标准，不包括情节特别严重或者结果加重的情形；②行为人系初犯，并确有悔罪表现的；③未造成实际损失或者积极挽回损失，如积极退回或者协助追回文物，未造成文物损毁。

根据《走私解释》第20条第1款的规定，在内海、领海、界河、界湖运输、收购、贩卖国家禁止出口的文物，构成犯罪的，应当按照走私文物罪定罪处罚。这里的内海，包括内河的入海口水域。

3. 关于本罪的既未遂问题

关于此问题，参见本书走私武器、弹药罪的阐述。

4. 注重对共同犯罪的惩治

依照《刑法》第156条的规定，与走私文物的犯罪分子通谋，为其提供贷款、资金、账号、发票、证明，或者为其提供运输、保管、邮寄或者其他方便的，以走私文物罪的共犯论处。

（四）情节与量刑

依照《刑法》第151条第2款规定，犯走私文物罪的，处5年以上10年以下有期徒刑，并处罚金；情节特别严重的，处10年以上有期徒刑或者无期徒刑，并处没收财产；情节较轻的，处5年以下有期徒刑，并处罚金。

依照《刑法》第151条第4款规定，单位犯本罪的，对单位判处罚金，并对其直接负责的主管人员和其他直接责任人员，依照本条第2款的规定处罚。

具体情节与量刑的对应情况，列表格如下：

量刑档次	对应情节	有关概念解释	备注
五年以下有期徒刑，并处罚金。	情节较轻的	情节较轻，是指具有下列情形之一的： (1) 走私国家禁止出口的三级文物的； (2) 走私的文物价值在5万元以上不满20万元的。	(1) 文物等级标准和价值标准由法官根据案件情况选择适用； (2) 附加刑必须并处罚金。
五年以上十年以下有期徒刑，并处罚金	基本犯罪构成情节	具有下列情形之一的，适用本档量刑幅度： (1) 走私国家禁止出口的二级文物的； (2) 走私的文物价值在20万元以上不满100万元的。	(1) 文物等级标准和价值标准由法官根据案件情况选择适用； (2) 附加刑必须并处罚金。
十年以上有期徒刑或者无期徒刑，并处没收财产	情节特别严重的	情节特别严重，是指具有下列情形之一的： (1) 走私国家禁止出口的一级文物的； (2) 走私的文物价值在100万元以上的。	(1) 文物等级标准和价值标准由法官根据案件情况选择适用； (2) 附加刑必须并处没收财产。

司法机关在适用《刑法》第151条第2款、第4款规定处罚时，应当注意以下问题：

1. 正确处理好《走私解释》与《文物解释》的关系

两者均系最高人民法院、最高人民检察院联合发布。但前者于2014年9月10日起实施，后者于2016年1月1日起实施。两者在量刑标准上有所冲突。根据《文物解释》第18条的规定，之前发布的司法解释与本解释不一致的，以本解释为准。从实际规定的内容看，《文物解释》就定罪标准对《走私解释》作了调整，因此，应当以《文物解释》的规定为准。

2. 正确理解和适用本罪的基本刑

本罪的基本刑是5年以上10年以下有期徒刑，并处罚金。这与一般犯罪的基本刑从低往高的顺序排列不一样，也与故意杀人罪从最高死刑往下排列不一样。本罪是先列基本刑，后列情节特别严重的，再列情节较节的。因此，除了司法解释明确列为“情节较轻”情形的外，对构成犯罪的，首先考虑在基本刑范围内考虑，然后再考虑是否属于情节特别严重、情节较轻的情形。

根据《文物解释》第1条第2款规定，走私国家禁止出口的二级文物的，应当依照《刑法》第151条第2款的规定，以走私文物罪处5年以上10年以下有期徒刑，并处罚金。另外，根据《文物解释》第1条第3款的规定，走私国家禁止出口的文物，无法确定文物等级，或者按照文物等级定罪量刑明显过轻或者过重的，可以按照走私的文物价值定罪量刑。走私的文物价值在20万元以上不满100万元的，应当依照《刑法》第151条第2款的规定，以走私文物罪处5年以上10年以下有期徒刑，并处罚金；文物价值在100万元以上的，应当认定为《刑法》第151条第2款规定的“情节特别严重”；文物价值在5万元以上不满20万元的，应当认定为《刑法》第151条第2款规定的“情节较轻”。

3. 正确把握本罪的“情节较轻”

根据《文物解释》第1条第2款规定，走私国家禁止出口的三级文物的，应当认定为《刑法》第151条第2款规定的“情节较轻”。同时，根据《文物解释》第13条的规定，5件同级文物视为一件高一级文物，但是价值明显不相当的除外。因此，如果行为人走私5件以上国家禁止出口的三级文物的，一般应视为走私国家禁止出口的二级文物，依照《刑法》第151条第2款的规定，以走私文物罪处5年以上10年以下有期徒刑，并处罚金。

另外，根据《文物解释》第1条第3款的规定，走私国家禁止出口的文物，无法确定文物等级，或者按照文物等级定罪量刑明显过轻或者过重的，可以按照走私的文物价值定罪量刑。走私的文物价值在5万元以上不满20万元的，应当认定为《刑法》第151条第2款规定的“情节较轻”。

4. 正确把握本罪的“情节特别严重”

根据《文物解释》第 1 条第 2 款规定，走私国家禁止出口的一级文物的，应当认定为《刑法》第 151 条第 2 款规定的“情节特别严重”。同时，根据《文物解释》第 13 条的规定，5 件同级文物视为一件高一级文物，但是价值明显不相当的除外。因此，如果行为人走私 5 件以上国家禁止出口的一级文物的，一般应视为走私国家禁止出口的二级文物，依照《刑法》第 151 条第 2 款的规定，以走私文物罪处 10 年以上有期徒刑或者无期徒刑，并处没收财产。

另外，根据《文物解释》第 1 条第 3 款的规定，走私国家禁止出口的文物，无法确定文物等级，或者按照文物等级定罪量刑明显过轻或者过重的，可以按照走私的文物价值定罪量刑。走私的文物价值在 100 万元以上的，应当认定为《刑法》第 151 条第 2 款规定的“情节特别严重”。

另外需要注意的是，犯本罪达到“情节特别严重”的，财产刑只能判处没收财产。这是我国《刑法》规定中对判处有期徒刑也必须附加适用没收财产的几个少有的规定之一。也就是说，即使主刑是判处 10 年以上有期徒刑的，也必须附加并处没收财产。主刑为无期徒刑的，更必须附加并处没收财产。

5. 注意《文物解释》对定罪量刑的有关特别规定

(1) 根据《文物解释》第 1 条第 3 款的规定，走私国家禁止出口的文物，无法确定文物等级，或者按照文物等级定罪量刑明显过轻或者过重的，可以按照走私的文物价值定罪量刑。实践中，一个案件如果走私的文物既有文物等级标准又有文物价值标准时，并非简单地一律根据处罚重的或者处罚轻的标准定罪量刑，而是在根据文物等级定罪量刑确实畸轻畸重时，赋予法官一定的自由裁量权，由其根据全案情节，准确判断犯罪行为的社会危害性，转而适用文物价值标准，以确保罚当其罪，取得更好的裁判效果。

(2) 根据《文物解释》第 12 条第 1 款规定，针对不可移动文物整体实施走私行为的，根据所属不可移动文物的等级，依照相应的规定定罪量刑：①尚未被确定为文物保护单位的不可移动文物，适用一般文物的定罪量刑标准；②市、县级文物保护单位，适用三级文物的定罪量刑标准；③全国重点文物保护单位、省级文物保护单位，适用二级以上文物的定罪量刑标准。

针对不可移动文物中的建筑构件、壁画、雕塑、石刻等实施走私行为的，根据建筑构件、壁画、雕塑、石刻等文物本身的等级或者价值，依照相应的规定定罪量刑。建筑构件、壁画、雕塑、石刻等所属不可移动文物的等级，应当作为量刑情节予以考虑。

（3）根据《文物解释》第13条规定，案件涉及不同等级的文物的，按照高级别文物的量刑幅度量刑；有多件同级文物的，5件同级文物视为一件高一级文物，但是价值明显不相当的除外。据此，可以认为，5件同级文物视为一件高一级文物是一般原则，但并非绝对原则。依照此方法，如果出现定罪量刑明显过轻或者过重的，可以按照走私文物的价值定罪量刑。

6. 武装掩护走私文物或者以暴力、威胁方法抗拒缉私的处理

依照《刑法》第157条第1款的规定，武装掩护走私文物的，在《刑法》第151条第1款规定的法定刑的幅度内从重处罚。行为人所携带的武器无论是否使用，均应按照《刑法》第151条第1款的规定处罚。

依照《刑法》第157条第2款的规定，以暴力、威胁方法抗拒缉私的，以走私罪和《刑法》第277条规定的阻碍国家机关工作人员依法执行职务罪，依照数罪并罚的规定处罚。

7. 关于量刑规范化

《最高人民法院关于常见犯罪的量刑指导意见》对走私文物罪的量刑并未有作出规定，这主要是由于此类案件在司法实践中的发案率不高，最高司法机关还未能总结出一套比较完整的量刑规范化方案，有待于在总结经验的基础上再作出详细的规定。在此之前，各高级法院可以根据各地的社会治安状况、经济发展状况等因素，制定适合本省、自治区、直辖市实际情况的量刑规范化标准。在有关规定出台前，司法人员应当根据犯罪的事实、犯罪的性质、情节和对于社会的危害程度，依照刑法和有关司法解释的规定判处刑罚。

（五）法律链接

1. 最高人民法院、最高人民检察院关于办理走私刑事案件适用法律若干问题的解释（法释〔2014〕10号　自2014年9月10日起施行）

为依法惩治走私犯罪活动，根据刑法有关规定，现就办理走私刑事案件适用法律的若干问题解释如下：

第一条　走私武器、弹药，具有下列情形之一的，可以认定为刑法第一百五十一条第一款规定的“情节较轻”：

（一）走私以压缩气体等非火药为动力发射枪弹的枪支二支以上不满五支的；

（二）走私气枪铅弹五百发以上不满二千五百发，或者其他子弹十发以上不满五十发的；

（三）未达到上述数量标准，但属于犯罪集团的首要分子，使用特种车辆从事走私活动，或者走私的武器、弹药被用于实施犯罪等情形的；

（四）走私各种口径在六十毫米以下常规炮弹、手榴弹或者枪榴弹等分别或者合计不满五枚的。

具有下列情形之一的，依照刑法第一百五十一条第一款的规定处七年以上有期徒刑，并处罚金或者没收财产：

（一）走私以火药为动力发射枪弹的枪支一支，或者以压缩气体等非火药为动力发射枪弹的枪支五支以上不满十支的；

（二）走私第一款第二项规定的弹药，数量在该项规定的最高数量以上不满最高数量五倍的；

（三）走私各种口径在六十毫米以下常规炮弹、手榴弹或者枪榴弹等分别或者合计达到五枚以上不满十枚，或者各种口径超过六十毫米以上常规炮弹合计不满五枚的；

（四）达到第一款第一、二、四项规定的数量标准，且属于犯罪集团的首要分子，使用特种车辆从事走私活动，或者走私的武器、弹药被用于实施犯罪等情形的。

具有下列情形之一的，应当认定为刑法第一百五十一条第一款规定的“情节特别严重”：

（一）走私第二款第一项规定的枪支，数量超过该项规定的数量标准的；

（二）走私第一款第二项规定的弹药，数量在该项规定的最高数量标准五倍以上的；

（三）走私第二款第三项规定的弹药，数量超过该项规定的数量标准，或者走私具有巨大杀伤力的非常规炮弹一枚以上的；

（四）达到第二款第一项至第三项规定的数量标准，且属于犯罪集团的首要分子，使用特种车辆从事走私活动，或者走私的武器、弹药被用于实施犯罪等情形的。

走私其他武器、弹药，构成犯罪的，参照本条各款规定的标准处罚。

第二条 刑法第一百五十一条第一款规定的“武器、弹药”的种类，参照《中华人民共和国进口税则》及《中华人民共和国禁止进出境物品表》的有关规定确定。

第三条 走私枪支散件，构成犯罪的，依照刑法第一百五十一条第一款的规定，以走私武器罪定罪处罚。成套枪支散件以相应数量的枪支计，非成套枪支散件以每三十件为一套枪支散件计。

第四条 走私各种弹药的弹头、弹壳，构成犯罪的，依照刑法第一百五十一条第一款的规定，以走私弹药罪定罪处罚。具体的定罪量刑标准，按照本解释第一条规定的数量标准的五倍执行。

走私报废或者无法组装并使用的各种弹药的弹头、弹壳，构成犯罪的，依照刑法第一百五十三条的规定，以走私普通货物、物品罪定罪处罚；属于废物的，依照刑法第一百五十二条第二款的规定，以走私废物罪定罪处罚。

弹头、弹壳是否属于前款规定的“报废或者无法组装并使用”或者“废物”，由国家有关技术部门进行鉴定。

第五条 走私国家禁止或者限制进出口的仿真枪、管制刀具，构成犯罪的，依照刑法第一百五十一条第三款的规定，以走私国家禁止进出口的货物、物品罪定罪处罚。具体的定罪量刑标准，适用本解释第十一条第一款第六、七项和第二款的规定。

走私的仿真枪经鉴定为枪支，构成犯罪的，依照刑法第一百五十一条第一款的规定，以走私武器罪定罪处罚。不以牟利或者从事违法犯罪活动为目的，且无其他严重情节的，可以依法从轻处罚；情节轻微不需要判处刑罚的，可以免予刑事处罚。

第六条 走私伪造的货币，数额在二千元以上不满二万元，或者数量在二百张（枚）以上不满二千张（枚）的，可以认定为刑法第一百五十一条第一款规定的“情节较轻”。

具有下列情形之一的，依照刑法第一百五十一条第一款的规定处七年以上有期徒刑，并处罚金或者没收财产：

（一）走私数额在二万元以上不满二十万元，或者数量在二千张（枚）以上不满二万张（枚）的；

（二）走私数额或者数量达到第一款规定的标准，且具有走私的伪造货币流入市场等情节的。

具有下列情形之一的，应当认定为刑法第一百五十一条第一款规定的“情节特别严重”：

（一）走私数额在二十万元以上，或者数量在二万张（枚）以上的；

（二）走私数额或者数量达到第二款第一项规定的标准，且属于犯罪集团的首要分子，使用特种车辆从事走私活动，或者走私的伪造货币流入市场等情形的。

第七条　刑法第一百五十一条第一款规定的“货币”，包括正在流通的人民币和境外货币。伪造的境外货币数额，折合成人民币计算。

第八条　走私国家禁止出口的三级文物二件以下的，可以认定为刑法第一百五十一条第二款规定的“情节较轻”。

具有下列情形之一的，依照刑法第一百五十一条第二款的规定处五年以上十年以下有期徒刑，并处罚金：

（一）走私国家禁止出口的二级文物不满三件，或者三级文物三件以上不满九件的；

（二）走私国家禁止出口的三级文物不满三件，且具有造成文物严重毁损或者无法追回等情节的。

具有下列情形之一的，应当认定为刑法第一百五十一条第二款规定的“情节特别严重”：

（一）走私国家禁止出口的一级文物一件以上，或者二级文物三件以上，或者三级文物九件以上的；

（二）走私国家禁止出口的文物达到第二款第一项规定的数量标准，且属于犯罪集团的首要分子，使用特种车辆从事走私活动，或者造成文物严重毁损、无法追回等情形的。

第九条　走私国家一、二级保护动物未达到本解释附表中（一）规定的数量标准，或者走私珍贵动物制品数额不满二十万元的，可以认定为刑法第一百五十一条第二款规定的“情节较轻”。

具有下列情形之一的，依照刑法第一百五十一条第二款的规定处五年以上十年以下有期徒刑，并处罚金：

（一）走私国家一、二级保护动物达到本解释附表中（一）规定的数量标准的；

（二）走私珍贵动物制品数额在二十万元以上不满一百万元的；

（三）走私国家一、二级保护动物未达到本解释附表中（一）规定的数量标准，但具有造成该珍贵动物死亡或者无法追回等情节的。

具有下列情形之一的，应当认定为刑法第一百五十一条第二款规定的“情节特别严重”：

（一）走私国家一、二级保护动物达到本解释附表中（二）规定的数量标准的；

（二）走私珍贵动物制品数额在一百万元以上的；

（三）走私国家一、二级保护动物达到本解释附表中（一）规定的数量标准，且属于犯罪集团的首要分子，使用特种车辆从事走私活动，或者造成该珍贵动物死亡、无法追回等情形的。

不以牟利为目的，为留作纪念而走私珍贵动物制品进境，数额不满十万元的，可以免予刑事处罚；情节显著轻微的，不作为犯罪处理。

第十条 刑法第一百五十一条第二款规定的“珍贵动物”，包括列入《国家重点保护野生动物名录》中的国家一、二级保护野生动物，《濒危野生动植物种国际贸易公约》附录Ⅰ、附录Ⅱ中的野生动物，以及驯养繁殖的上述动物。

走私本解释附表中未规定的珍贵动物的，参照附表中规定的同属或者同科动物的数量标准执行。

走私本解释附表中未规定珍贵动物的制品的，按照《最高人民法院、最高人民检察院、国家林业局、公安部、海关总署关于破坏野生动物资源刑事案件中涉及的CITES附录Ⅰ和附录Ⅱ所列陆生野生动物制品价值核定问题的通知》（林濒发〔2012〕239号）的有关规定核定价值。

第十一条 走私国家禁止进出口的货物、物品，具有下列情形之一的，依照刑法第一百五十一条第三款的规定处五年以下有期徒刑或者拘役，并处或者单处罚金：

（一）走私国家一级保护野生植物五株以上不满二十五株，国家二级保护野生植物十株以上不满五十株，或者珍稀植物、珍稀植物制品数额在二十万元以上不满一百万元的；

（二）走私重点保护古生物化石或者未命名的古生物化石不满十件，或者一般保护古生物化石十件以上不满五十件的；

（三）走私禁止进出口的有毒物质一吨以上不满五吨，或者数额在二万元以上不满十万元的；

（四）走私来自境外疫区的动植物及其产品五吨以上不满二十五吨，或者数额在五万元以上不满二十五万元的；

（五）走私木炭、硅砂等妨害环境、资源保护的货物、物品十吨以上不满五十吨，或者数额在十万元以上不满五十万元的；

（六）走私旧机动车、切割车、旧机电产品或者其他禁止进出口的货物、物品二十吨以上不满一百吨，或者数额在二十万元以上不满一百万元的；

（七）数量或者数额未达到本款第一项至第六项规定的标准，但属于犯罪集团的首要分子，使用特种车辆从事走私活动，造成环境严重污染，或者引起甲类传染病传播、重大动植物疫情等情形的。

具有下列情形之一的，应当认定为刑法第一百五十一条第三款规定的“情节严重”：

（一）走私数量或者数额超过前款第一项至第六项规定的标准的；

（二）达到前款第一项至第六项规定的标准，且属于犯罪集团的首要分子，使用特种车辆从事走私活动，造成环境严重污染，或者引起甲类传染病传播、重大动植物疫情等情形的。

第十二条 刑法第一百五十一条第三款规定的“珍稀植物”，包括列入《国家重点保护野生植物名录》《国家重点保护野生药材物种名录》《国家珍贵树种名录》中的国家一、二级保护野生植物、国家重点保护的野生药材、珍贵树木，《濒危野生动植物种国际贸易公约》附录Ⅰ、附录Ⅱ中的野生植物，以及人工培育的上述植物。

本解释规定的“古生物化石”，按照《古生物化石保护条例》的规定予以认定。走私具有科学价值的古脊椎动物化石、古人类化石，构成犯罪的，依照刑法第一百五十一条第二款的规定，以走私文物罪定罪处罚。

第十三条 以牟利或者传播为目的，走私淫秽物品，达到下列数量之一的，可以认定为刑法第一百五十二条第一款规定的“情节较轻”：

（一）走私淫秽录像带、影碟五十盘（张）以上不满一百盘（张）的；

（二）走私淫秽录音带、音碟一百盘（张）以上不满二百盘（张）的；

（三）走私淫秽扑克、书刊、画册一百副（册）以上不满二百副（册）的；

（四）走私淫秽照片、画片五百张以上不满一千张的；

（五）走私其他淫秽物品相当于上述数量的。

走私淫秽物品在前款规定的最高数量以上不满最高数量五倍的，依照刑法第一百五十二条第一款的规定处三年以上十年以下有期徒刑，并处罚金。

走私淫秽物品在第一款规定的最高数量五倍以上，或者在第一款规定的最高数量以上不满五倍，但属于犯罪集团的首要分子，使用特种车辆从事走私活动等情形的，应当认定为刑法第一百五十二条第一款规定的“情节严重”。

第十四条 走私国家禁止进口的废物或者国家限制进口的可用作原料的废物，具有下列情形之一的，应当认定为刑法第一百五十二条第二款规定的“情节严重”：

（一）走私国家禁止进口的危险性固体废物、液态废物分别或者合计达到一吨以上不满五吨的；

（二）走私国家禁止进口的非危险性固体废物、液态废物分别或者合计达到五吨以上不满二十五吨的；

（三）走私国家限制进口的可用作原料的固体废物、液态废物分别或者合计达到二十吨以上不满一百吨的；

（四）未达到上述数量标准，但属于犯罪集团的首要分子，使用特种车辆从事走私活动，或者造成环境严重污染等情形的。

具有下列情形之一的，应当认定为刑法第一百五十二条第二款规定的“情节特别严重”：

（一）走私数量超过前款规定的标准的；

（二）达到前款规定的标准，且属于犯罪集团的首要分子，使用特种车辆从事走私活动，或者造成环境严重污染等情形的；

（三）未达到前款规定的标准，但造成环境严重污染且后果特别严重的。

走私置于容器中的气态废物，构成犯罪的，参照前两款规定的标准处罚。

第十五条 国家限制进口的可用作原料的废物的具体种类，参照国家有关部门的规定确定。

第十六条 走私普通货物、物品，偷逃应缴税额在十万元以上不满五十万元的，应当认定为刑法第一百五十三条第一款规定的“偷逃应缴税额较大”；偷逃应缴税额在五十万元以上不满二百五十万元的，应当认定为“偷逃应缴税额巨大”；偷逃应缴税额在二百五十万元以上的，应当认定为“偷逃应缴税额特别巨大”。

走私普通货物、物品，具有下列情形之一，偷逃应缴税额在三十万元以上不满五十万元的，应当认定为刑法第一百五十三条第一款规定的“其他严重情节”；偷逃应缴税额在一百五十万元以上不满二百五十万元的，应当认定为“其他特别严重情节”：

（一）犯罪集团的首要分子；

（二）使用特种车辆从事走私活动的；

（三）为实施走私犯罪，向国家机关工作人员行贿的；

（四）教唆、利用未成年人、孕妇等特殊人群走私的；

（五）聚众阻挠缉私的。

第十七条　刑法第一百五十三条第一款规定的“一年内曾因走私被给予二次行政处罚后又走私”中的“一年内”，以因走私第一次受到行政处罚的生效之日与“又走私”行为实施之日的时间间隔计算确定；“被给予二次行政处罚”的走私行为，包括走私普通货物、物品以及其他货物、物品；“又走私”行为仅指走私普通货物、物品。

第十八条　刑法第一百五十三条规定的“应缴税额”，包括进出口货物、物品应当缴纳的进出口关税和进口环节海关代征税的税额。应缴税额以走私行为实施时的税则、税率、汇率和完税价格计算；多次走私的，以每次走私行为实施时的税则、税率、汇率和完税价格逐票计算；走私行为实施时间不能确定的，以案发时的税则、税率、汇率和完税价格计算。

刑法第一百五十三条第三款规定的“多次走私未经处理”，包括未经行政处理和刑事处理。

第十九条　刑法第一百五十四条规定的“保税货物”，是指经海关批准，未办理纳税手续进境，在境内储存、加工、装配后应予复运出境的货物，包括通过加工贸易、补偿贸易等方式进口的货物，以及在保税仓库、保税工厂、保税区或者免税商店内等储存、加工、寄售的货物。

第二十条　直接向走私人非法收购走私进口的货物、物品，在内海、领海、界河、界湖运输、收购、贩卖国家禁止进出口的物品，或者没有合法证明，在内海、领海、界河、界湖运输、收购、贩卖国家限制进出口的货物、物品，构成犯罪的，应当按照走私货物、物品的种类，分别依照刑法第一百五十一条、第一百五十二条、第一百五十三条、第三百四十七条、第三百五十条的规定定罪处罚。

刑法第一百五十五条第二项规定的“内海”，包括内河的入海口水域。

第二十一条 未经许可进出口国家限制进出口的货物、物品，构成犯罪的，应当依照刑法第一百五十一条、第一百五十二条的规定，以走私国家禁止进出口的货物、物品罪等罪名定罪处罚；偷逃应缴税额，同时又构成走私普通货物、物品罪的，依照处罚较重的规定定罪处罚。

取得许可，但超过许可数量进出口国家限制进出口的货物、物品，构成犯罪的，依照刑法第一百五十三条的规定，以走私普通货物、物品罪定罪处罚。

租用、借用或者使用购买的他人许可证，进出口国家限制进出口的货物、物品的，适用本条第一款的规定定罪处罚。

第二十二条 在走私的货物、物品中藏匿刑法第一百五十一条、第一百五十二条、第三百四十七条、第三百五十条规定的货物、物品，构成犯罪的，以实际走私的货物、物品定罪处罚；构成数罪的，实行数罪并罚。

第二十三条 实施走私犯罪，具有下列情形之一的，应当认定为犯罪既遂：

（一）在海关监管现场被查获的；

（二）以虚假申报方式走私，申报行为实施完毕的；

（三）以保税货物或者特定减税、免税进口的货物、物品为对象走私，在境内销售的，或者申请核销行为实施完毕的。

第二十四条 单位犯刑法第一百五十一条、第一百五十二条规定之罪，依照本解释规定的标准定罪处罚。

单位犯走私普通货物、物品罪，偷逃应缴税额在二十万元以上不满一百万元的，应当依照刑法第一百五十三条第二款的规定，对单位判处罚金，并对其直接负责的主管人员和其他直接责任人员，处三年以下有期徒刑或者拘役；偷逃应缴税额在一百万元以上不满五百万元的，应当认定为“情节严重”；偷逃应缴税额在五百万元以上的，应当认定为“情节特别严重”。

第二十五条 本解释发布实施后，《最高人民法院关于审理走私刑事案件具体应用法律若干问题的解释》（法释〔2000〕30号）、《最高人民法院关于审理走私刑事案件具体应用法律若干问题的解释（二）》（法释〔2006〕9号）同时废止。之前发布的司法解释与本解释不一致的，以本解释为准。

2. 最高人民法院、最高人民检察院关于办理妨害文物管理等刑事案件适用法律若干问题的解释（法释〔2015〕23号　自2016年1月1日起施行）

为依法惩治文物犯罪，保护文物，根据《中华人民共和国刑法》《中华人民共和国刑事诉讼法》《中华人民共和国文物保护法》的有关规定，现就办理此类刑事案件适用法律的若干问题解释如下：

第一条　刑法第一百五十一条规定的“国家禁止出口的文物”，依照《中华人民共和国文物保护法》规定的“国家禁止出境的文物”的范围认定。

走私国家禁止出口的二级文物的，应当依照刑法第一百五十一条第二款的规定，以走私文物罪处五年以上十年以下有期徒刑，并处罚金；走私国家禁止出口的一级文物的，应当认定为刑法第一百五十一条第二款规定的“情节特别严重”；走私国家禁止出口的三级文物的，应当认定为刑法第一百五十一条第二款规定的“情节较轻”。

走私国家禁止出口的文物，无法确定文物等级，或者按照文物等级定罪量刑明显过轻或者过重的，可以按照走私的文物价值定罪量刑。走私的文物价值在二十万元以上不满一百万元的，应当依照刑法第一百五十一条第二款的规定，以走私文物罪处五年以上十年以下有期徒刑，并处罚金；文物价值在一百万元以上的，应当认定为刑法第一百五十一条第二款规定的“情节特别严重”；文物价值在五万元以上不满二十万元的，应当认定为刑法第一百五十一条第二款规定的“情节较轻”。

第二条　盗窃一般文物、三级文物、二级以上文物的，应当分别认定为刑法第二百六十四条规定的“数额较大”“数额巨大”“数额特别巨大”。

盗窃文物，无法确定文物等级，或者按照文物等级定罪量刑明显过轻或者过重的，按照盗窃的文物价值定罪量刑。

第三条　全国重点文物保护单位、省级文物保护单位的本体，应当认定为刑法第三百二十四条第一款规定的“被确定为全国重点文物保护单位、省级文物保护单位的文物”。

故意损毁国家保护的珍贵文物或者被确定为全国重点文物保护单位、省级文物保护单位的文物，具有下列情形之一的，应当认定为刑法第三百二十四条第一款规定的“情节严重”：

（一）造成五件以上三级文物损毁的；

（二）造成二级以上文物损毁的；

（三）致使全国重点文物保护单位、省级文物保护单位的本体严重损毁或者灭失的；

（四）多次损毁或者损毁多处全国重点文物保护单位、省级文物保护单位的本体的；

（五）其他情节严重的情形。

实施前款规定的行为，拒不执行国家行政主管部门作出的停止侵害文物的行政决定或者命令的，酌情从重处罚。

第四条 风景名胜区的核心景区以及未被确定为全国重点文物保护单位、省级文物保护单位的古文化遗址、古墓葬、古建筑、石窟寺、石刻、壁画、近代现代重要史迹和代表性建筑等不可移动文物的本体，应当认定为刑法第三百二十四条第二款规定的“国家保护的名胜古迹”。

故意损毁国家保护的名胜古迹，具有下列情形之一的，应当认定为刑法第三百二十四条第二款规定的“情节严重”：

（一）致使名胜古迹严重损毁或者灭失的；

（二）多次损毁或者损毁多处名胜古迹的；

（三）其他情节严重的情形。

实施前款规定的行为，拒不执行国家行政主管部门作出的停止侵害文物的行政决定或者命令的，酌情从重处罚。

故意损毁风景名胜区内被确定为全国重点文物保护单位、省级文物保护单位的文物的，依照刑法第三百二十四条第一款和本解释第三条的规定定罪量刑。

第五条 过失损毁国家保护的珍贵文物或者被确定为全国重点文物保护单位、省级文物保护单位的文物，具有本解释第三条第二款第一项至第三项规定情形之一的，应当认定为刑法第三百二十四条第三款规定的“造成严重后果”。

第六条 出售或者为出售而收购、运输、储存《中华人民共和国文物保护法》规定的“国家禁止买卖的文物”的，应当认定为刑法第三百二十六条规定的“倒卖国家禁止经营的文物”。

倒卖国家禁止经营的文物，具有下列情形之一的，应当认定为刑法第三百二十六条规定的“情节严重”：

（一）倒卖三级文物的；

（二）交易数额在五万元以上的；

（三）其他情节严重的情形。

实施前款规定的行为，具有下列情形之一的，应当认定为刑法第三百二十六条规定的“情节特别严重”：

（一）倒卖二级以上文物的；

（二）倒卖三级文物五件以上的；

（三）交易数额在二十五万元以上的；

（四）其他情节特别严重的情形。

第七条　国有博物馆、图书馆以及其他国有单位，违反文物保护法规，将收藏或者管理的国家保护的文物藏品出售或者私自送给非国有单位或者个人的，依照刑法第三百二十七条的规定，以非法出售、私赠文物藏品罪追究刑事责任。

第八条　刑法第三百二十八条第一款规定的“古文化遗址、古墓葬”包括水下古文化遗址、古墓葬。“古文化遗址、古墓葬”不以公布为不可移动文物的古文化遗址、古墓葬为限。

实施盗掘行为，已损害古文化遗址、古墓葬的历史、艺术、科学价值的，应当认定为盗掘古文化遗址、古墓葬罪既遂。

采用破坏性手段盗窃古文化遗址、古墓葬以外的古建筑、石窟寺、石刻、壁画、近代现代重要史迹和代表性建筑等其他不可移动文物的，依照刑法第二百六十四条的规定，以盗窃罪追究刑事责任。

第九条　明知是盗窃文物、盗掘古文化遗址、古墓葬等犯罪所获取的三级以上文物，而予以窝藏、转移、收购、加工、代为销售或者以其他方法掩饰、隐瞒的，依照刑法第三百一十二条的规定，以掩饰、隐瞒犯罪所得罪追究刑事责任。

实施前款规定的行为，事先通谋的，以共同犯罪论处。

第十条　国家机关工作人员严重不负责任，造成珍贵文物损毁或者流失，具有下列情形之一的，应当认定为刑法第四百一十九条规定的“后果严重”：

（一）导致二级以上文物或者五件以上三级文物损毁或者流失的；

（二）导致全国重点文物保护单位、省级文物保护单位的本体严重损毁或者灭失的；

（三）其他后果严重的情形。

第十一条 单位实施走私文物、倒卖文物等行为，构成犯罪的，依照本解释规定的相应自然人犯罪的定罪量刑标准，对直接负责的主管人员和其他直接责任人员定罪处罚，并对单位判处罚金。

公司、企业、事业单位、机关、团体等单位实施盗窃文物，故意损毁文物、名胜古迹，过失损毁文物，盗掘古文化遗址、古墓葬等行为的，依照本解释规定的相应定罪量刑标准，追究组织者、策划者、实施者的刑事责任。

第十二条 针对不可移动文物整体实施走私、盗窃、倒卖等行为的，根据所属不可移动文物的等级，依照本解释第一条、第二条、第六条的规定定罪量刑：

（一）尚未被确定为文物保护单位的不可移动文物，适用一般文物的定罪量刑标准；

（二）市、县级文物保护单位，适用三级文物的定罪量刑标准；

（三）全国重点文物保护单位、省级文物保护单位，适用二级以上文物的定罪量刑标准。

针对不可移动文物中的建筑构件、壁画、雕塑、石刻等实施走私、盗窃、倒卖等行为的，根据建筑构件、壁画、雕塑、石刻等文物本身的等级或者价值，依照本解释第一条、第二条、第六条的规定定罪量刑。建筑构件、壁画、雕塑、石刻等所属不可移动文物的等级，应当作为量刑情节予以考虑。

第十三条 案件涉及不同等级的文物的，按照高级别文物的量刑幅度量刑；有多件同级文物的，五件同级文物视为一件高一级文物，但是价值明显不相当的除外。

第十四条 依照文物价值定罪量刑的，根据涉案文物的有效价格证明认定文物价值；无有效价格证明，或者根据价格证明认定明显不合理的，根据销赃数额认定，或者结合本解释第十五条规定的鉴定意见、报告认定。

第十五条 在行为人实施有关行为前，文物行政部门已对涉案文物及其等级作出认定的，可以直接对有关案件事实作出认定。

对案件涉及的有关文物鉴定、价值认定等专门性问题难以确定的，由司法鉴定机构出具鉴定意见，或者由国务院文物行政部门指定的机构出具报告。其中，对于文物价值，也可以由有关价格认证机构作出价格认证并出具报告。

第十六条 实施本解释第一条、第二条、第六条至第九条规定的行为，虽已达到应当追究刑事责任的标准，但行为人系初犯，积极退回或者协助追回文物，未造成文物损毁，并确有悔罪表现的，可以认定为犯罪情节轻微，不起诉或者免予刑事处罚。

实施本解释第三条至第五条规定的行为，虽已达到应当追究刑事责任的标准，但行为人系初犯，积极赔偿损失，并确有悔罪表现的，可以认定为犯罪情节轻微，不起诉或者免予刑事处罚。

第十七条　走私、盗窃、损毁、倒卖、盗掘或者非法转让具有科学价值的古脊椎动物化石、古人类化石的，依照刑法和本解释的有关规定定罪量刑。

第十八条　本解释自 2016 年 1 月 1 日起施行。本解释公布施行后，《最高人民法院、最高人民检察院关于办理盗窃、盗掘、非法经营和走私文物的案件具体应用法律的若干问题的解释》（法（研）发〔1987〕32 号）同时废止；之前发布的司法解释与本解释不一致的，以本解释为准。

五、走私贵重金属罪

（一）法律规定

走私贵重金属罪的法律规定与走文物罪的法律规定属同一条款，具体内容见走私文物罪的法律规定。

（二）罪名详解

走私贵重金属罪，是指违反海关法规，逃避海关监管，运输、携带、邮寄贵重金属出国（边）境的行为。

本罪是从《全国人民代表大会常务委员会关于惩治走私罪的补充规定》第 2 条的规定，吸收改为刑法的具体规定的。1979 年刑法没有走私贵重金属罪的规定。

走私贵重金属罪的构成要件是：

1. 主体要件

本罪的犯罪主体为一般主体，自然人和单位均可构成本罪的主体。

2. 主观要件

本罪的主观方面由故意构成。过失不构成本罪。

3. 客体要件

本罪侵犯的客体是复杂客体，主要侵犯的是国家对黄金、白银等贵重金属进出境的管理制度，同时也侵犯了国家的金融秩序。犯罪对象是贵重金属，包括黄金、白银、铂、锇、钌、钯、铱、铑、钛等金属和国家禁止出口的其他贵重金属。

4. 客观要件

客观方面表现为违反海关法规，逃避海关监管，运输、携带、邮寄贵重金属进出国（边）境的行为。行为人以走私为目的，直接向走私人非法收购贵重金属，或者在领海、内海、界河、界湖运输、收购、贩卖贵重金属的，也应以走私贵重金属罪论处。

（三）实务疑难问题

1. 划清罪与非罪的界限

将贵重金属走私入境的，一般不构成犯罪。如果偷逃应缴税额情节严重的，只能定走私普通货物、物品罪。

2. 关于本罪的既未遂问题

关于此问题，参见本书走私武器、弹药罪的阐述。

3. 注重对共同犯罪的惩治

依照《刑法》第156条的规定，与走私贵重金属的犯罪分子通谋，为其提供贷款、资金、账号、发票、证明，或者为其提供运输、保管、邮寄或者其他方便的，以走私贵重金属罪的共犯论处。

（四）情节与量刑

依照《刑法》第151条第2款规定，犯走私贵重金属罪的，处5年以上10年以下有期徒刑，并处罚金；情节特别严重的，处10年以上有期徒刑或者无期徒刑，并处没收财产；情节较轻的，处5年以下有期徒刑，并处罚金。

依照《刑法》第151条第4款规定，单位犯本罪的，对单位判处罚金，并对其直接负责的主管人员和其他直接责任人员，依照本条第2款的规定处罚。

司法机关在适用《刑法》第151条第2款、第4款规定处罚时，应当注意以下问题：

1. 正确理解和适用本罪的基本刑

本罪的基本刑是5年以上10年以下有期徒刑，并处罚金。这与一般犯罪的基本刑从低往高的顺序排列不一样，也与故意杀人罪从最高死刑往下排列不一样。本罪是先列基本刑，后列情节特别严重的，再列情节较节的。因此，除了司法解释明确列为“情节较轻”情形的外，对构成犯罪的，首先考虑在基本刑范围内考虑，然后再考虑是否属于情节特别严重、情节较轻的情形。

2. 正确把握本罪的“情节较轻”“情节特别严重”

如何把握本罪的“情节较轻”“情节特别严重”，目前没有相应的司法解释，由各地人民法院根据案件的性质、事实、情节和对社会的危害程度确定。另外需要注意的是，犯本罪达到情节特别严重的，财产刑只能判处没收财产。这是我国刑法规定中对判处有期徒刑也必须附加适用没收财产的几个少有的规定之一。也就是说，即使主刑是判处10年以上有期徒刑的，也必须附加并处没收财产。主刑为无期徒刑的，更必须附加并处没收财产。

3. 武装掩护走私贵重金属或者以暴力、威胁方法抗拒缉私的处理

依照《刑法》第157条第1款的规定，武装掩护走私贵重金属的，在《刑法》第151条第1款规定的法定刑的幅度内从重处罚。行为人所携带的武器无论是否使用，均应按照《刑法》第151条第1款的规定处罚。

依照《刑法》第157条第2款的规定，以暴力、威胁方法抗拒缉私的，以走私罪和《刑法》第277条规定的阻碍国家机关工作人员依法执行职务罪，依照数罪并罚的规定处罚。

4. 关于量刑规范化

《最高人民法院关于常见犯罪的量刑指导意见》对走私贵重金属罪的量刑并未有作出规定，这主要是由于此类案件在司法实践中的发案率不高，最高司法机关还未能总结出一套比较完整的量刑规范化方案，有待于在总结经验的基础上再作出详细的规定。在此之前，各高级法院可以根据各地的社会治安状况、经济发展状况等因素，制定适合本省、自治区、直辖市实际情况的量刑规范化标准。在有关规定出台前，司法人员应当根据犯罪的事实、犯罪的性质、情节和对于社会的危害程度，依照刑法和有关司法解释的规定判处刑罚。

六、走私珍贵动物、珍贵动物制品罪

（一）法律规定

走私珍贵动物、珍贵动物制品罪的法律规定与走文物罪的法律规定属同一条款，具体内容见走私文物罪的法律规定。

（二）罪名详解

走私珍贵动物、珍贵动物制品罪，是指违反海关和野生动物保护法规，逃避海关监管，运输、携带、邮寄珍贵动物及其制品进出国（边）境的行为。

本罪是从《全国人民代表大会常务委员会关于惩治走私罪的补充规定》第2条的规定，吸收改为刑法的具体规定的。1979年刑法没有走私珍贵动物、珍贵动物制品罪的规定。

走私珍贵动物、珍贵动物制品罪的构成要件是：

1. 主体要件

本罪的犯罪主体为一般主体，自然人和单位均可构成本罪的主体。

2. 主观要件

本罪的主观方面由故意构成，过失不构成本罪。

3. 客体要件

本罪侵犯的客体是国家海关监管制度和国家野生动物保护制度。犯罪对象是珍贵动物、珍贵动物制品。

“珍贵动物”，是指列入《国家重点保护野生动物名录》中的国家一、二级保护野生动物和列入《濒危野生动植物种国际贸易公约》附录一、附录二中的野生动物以及驯养繁殖的上述物种。国家重点保护的野生动物分为两级：一级保护野生动物和二级保护野生动物。前者指中国特产或者濒于灭绝的野生动物；后者指数量较少或者有濒于灭绝危险的野生动物。根据1988年12月10日国务院批准公布施行的《国家重点保护野生动物名录》，共计规定了12纲、55目、222属、389种珍贵、濒危的野生动物。“珍贵动物制品”是指上述动物的肉、皮、毛、骨等的制成品。

4. 客观要件

本罪的客观方面表现为违反海关法规和野生动物保护法规，逃避海关监管，运输、携带、邮寄珍贵动物、珍贵动物制品进出国（边）境的行为。

根据《刑法》第155条规定，行为人直接向走私人非法收购珍贵动物及其制品，或者在领海、内海、界河、界湖运输、收购、贩卖上述物品的，也应当以走私珍贵动物、珍贵动物制品罪论处。

（三）实务疑难问题

1. 划清罪与非罪的界限

符合下列情形之一，情节显著轻微的，可以不以犯罪处理：

（1）根据《走私解释》第9条第4款规定，不以牟利为目的，为留作纪念而走私珍贵动物制品进境，数额不满十万元的，可以免予刑事处罚；情节显著轻微的，不作为犯罪处理。

（2）根据《走私意见》第7条规定，走私珍贵动物制品同时具有下列情形，情节较轻的，一般不以犯罪论处：（一）珍贵动物制品购买地允许交易；（二）入境人员为留作纪念或者作为礼品而携带珍贵动物制品进境，不具有牟利目的的。

2. 关于本罪的既未遂问题

关于此问题，参见本书走私武器、弹药罪的阐述。

3. 划清一罪与数罪的界限

对猎捕、杀害珍贵动物时没有走私的故意，行为实施完毕后又决定走私的，收购珍贵动物或者其制品时没有走私的故意，行为实施完毕后又决定走私的，是定一罪还是数罪，学术界有不同意见。本书观点：非法猎捕、杀害珍贵、濒危野生动物罪与本罪，非法收购、运输、出售珍贵、濒危野生动物、珍贵、濒危野生动物制品罪与本罪在客体、客观方面不同。本罪侵犯的客体主要是国家的海关监管制度，而其他两个罪侵犯的客体是国家的环境资源保护制度。本罪在客观方面表现为违反海关和野生动物保护法规，逃避海关监管，运输、携带、邮寄珍贵动物、珍贵动物制品进出国（边）境的行为。其他两个罪在客观方面则表现为，非法猎捕、杀害国家重点保护的珍贵、濒危野生动物的行为和非法收购、运输、出售国家重点保护的珍贵、濒危野生动物及其制品的行为。因此，同时实施上述两种行为的，应实行数罪并罚。行为人如果以走私为目的实施上述两种犯罪，走私的对象与上述两种犯罪的对象是同一宗的，属于牵连犯罪，按照处理牵连犯罪的原则，从一重罪处罚，即按照走私珍贵动物、珍贵动物制品罪处罚。

4. 本罪属选择性罪名

按照刑法的规定，行为人只要实施了走私珍贵动物或者走私珍贵动物制品其中一种行为，就构成本罪；实施了两种行为的，仍为一罪，不实行并罚。

5. 注重对共同犯罪的惩治

依照《刑法》第156条的规定，与走私珍贵动物、珍贵动物制品的犯罪分子通谋，为其提供贷款、资金、账号、发票、证明，或者为其提供运输、保管、邮寄或者其他方便的，以走私珍贵动物、珍贵动物制品罪的共犯论处。

（四）情节与量刑

依照《刑法》第151条第2款规定，犯走私珍贵动物、珍贵动物制品罪的，处5年以上10年以下有期徒刑，并处罚金；情节特别严重的，处10年以上有期徒刑或者无期徒刑，并处没收财产；情节较轻的，处5年以下有期徒刑，并处罚金。

依照本条第4款规定，单位犯本罪的，对单位判处罚金，并对其直接负责的主管人员和其他直接责任人员，依照本条第2款的规定处罚。

具体情节与量刑的对应情况，列表格如下：

量刑档次	对应情节	有关概念解释	备注
五年以下有期徒刑，并处罚金。	情节较轻的	情节较轻，是指具有下列情形之一的： (1) 走私国家一、二级保护动物未达到《走私解释》附表中（一）规定的数量标准； (2) 或者走私珍贵动物制品数额不满20万元的。	附加刑必须并处罚金。

续表

量刑档次	对应情节	有关概念解释	备注
五年以上十年以下有期徒刑，并处罚金	基本犯罪构成情节	具有下列情形之一的，适用本档量刑幅度： （1）走私国家一、二级保护动物达到《走私解释》附表中（一）规定的数量标准的； （2）走私珍贵动物制品数额在20万元以上不满100万元的； （3）走私国家一、二级保护动物未达到《走私解释》附表中（一）规定的数量标准，但具有造成该珍贵动物死亡或者无法追回等情节的。	附加刑必须并处罚金。
十年以上有期徒刑或者无期徒刑，并处没收财产	情节特别严重的	情节特别严重，是指具有下列情形之一的： （1）走私国家一、二级保护动物达到《走私解释》附表中（二）规定的数量标准的； （2）走私珍贵动物制品数额在100万元以上的； （3）走私国家一、二级保护动物达到《走私解释》附表中（一）规定的数量标准，且属于犯罪集团的首要分子，使用特种车辆从事走私活动，或者造成该珍贵动物死亡、无法追回等情形的。	附加刑必须并处没收财产。

司法机关在适用《刑法》第151条第2款、第4款规定处罚时，应当注意以下问题：

1. 正确理解和适用本罪的基本刑

根据《走私解释》第9条第2款规定，具有下列情形之一的，依照《刑法》第151条第2款的规定处5年以上10年以下有期徒刑，并处罚金：（1）走私国家一、二级保护动物达到本解释附表中（一）规定的数量标准的；（2）走私珍贵动物制品数额在20万元以上不满100万元的；（3）走私国家一、二级保护动物未达到本解释附表中（一）规定的数量标准，但具有造成该珍贵动物死亡或者无法追回等情节的。

本罪的基本刑是5年以上10年以下有期徒刑，并处罚金。这与一般犯罪的基本刑从低往高的顺序排列不一样，也与故意杀人罪从最高死刑往下排列不一样。本罪是先列基本刑，后列情节特别严重的，再列情节较轻的。因此，除了司法解释明确列为“情节较轻”情形的外，对构成犯罪的，首先考虑在基本刑范围内考虑，然后再考虑是否属于情节特别严重、情节较轻的情形。

2. 正确把握本罪的“情节较轻”

根据《走私解释》第9条第1款规定，走私国家一、二级保护动物未达到本解释附表中（一）规定的数量标准，或者走私珍贵动物制品数额不满20万元的，可以认定为《刑法》第151条第2款规定的“情节较轻”。

3. 正确把握本罪的“情节特别严重”

根据《走私解释》第9条第3款规定，具有下列情形之一的，应当认定为《刑法》第151条第2款规定的“情节特别严重”：（1）走私国家一、二级保护动物达到本解释附表中（二）规定的数量标准的；（2）走私珍贵动物制品数额在100万元以上的；（3）走私国家一、二级保护动物达到本解释附表中（一）规定的数量标准，且属于犯罪集团的首要分子，使用特种车辆从事走私活动，或者造成该珍贵动物死亡、无法追回等情形的。

另外需要注意的是，犯本罪达到情节特别严重的，财产刑只能判处没收财产。这是我国刑法规定中对判处有期徒刑也必须附加适用没收财产的几个少有的规定之一。也就是说，即使主刑是判处10年以上有期徒刑的，也必须附加并处没收财产。主刑为无期徒刑的，更必须附加并处没收财产。

4. 武装掩护走私珍贵动物、珍贵动物制品或者以暴力、威胁方法抗拒缉私的处理

依照《刑法》第157条第1款的规定，武装掩护走私珍贵动物、珍贵动物制品的，在《刑法》第151条第1款规定的法定刑的幅度内从重处罚。行为人所携带的武器无论是否使用，均应按照《刑法》第151条第1款的规定处罚。

依照《刑法》第157条第2款的规定，以暴力、威胁方法抗拒缉私的，以走私罪和《刑法》第277条规定的阻碍国家机关工作人员依法执行职务罪，依照数罪并罚的规定处罚。

5. 关于量刑规范化

《最高人民法院关于常见犯罪的量刑指导意见》对走私珍贵动物、珍贵动物制品罪的量刑并未有作出规定，这主要是由于此类案件在司法实践中的发

案率不高，最高司法机关还未能总结出一套比较完整的量刑规范化方案，有待于在总结经验的基础上再作出详细的规定。在此之前，各高级法院可以根据各地的社会治安状况、经济发展状况等因素，制定适合本省、自治区、直辖市实际情况的量刑规范化标准。在有关规定出台前，司法人员应当根据犯罪的事实、犯罪的性质、情节和对于社会的危害程度，依照刑法和有关司法解释的规定判处刑罚。

七、走私国家禁止进出口的货物、物品罪

（一）法律规定

第一百五十一条[①]　**走私武器、弹药、核材料或者伪造的货币**

---

①　本条经2009年2月28日《刑法修正案（七）》第1条、2011年2月25日《刑法修正案（八）》第26条、2015年8月29日《刑法修正案（九）》三次修正。

1997年《刑法》第151条原文规定：“走私武器、弹药、核材料或者伪造的货币的，处七年以上有期徒刑，并处罚金或者没收财产；情节较轻的，处三年以上七年以下有期徒刑，并处罚金。”

“走私国家禁止出口的文物、黄金、白银和其他贵重金属或者国家禁止进出口的珍贵动物及其制品的，处五年以上有期徒刑，并处罚金；情节较轻的，处五年以下有期徒刑，并处罚金。”

“走私国家禁止进出口的珍稀植物及其制品的，处五年以下有期徒刑或者拘役，并处或者单处罚金；情节严重的，处五年以上有期徒刑，并处罚金。”

“犯第一款、第二款罪，情节特别严重的，处无期徒刑或者死刑，并处没收财产。”

“单位犯本条规定之罪的，对单位判处罚金，并对其直接负责的主管人员和其他直接责任人员，依照本条各款的规定处罚。”

《刑法修正案（七）》第1条将1997年《刑法》第151条第3款修改为：“走私珍稀植物及其制品等国家禁止进出口的其他货物、物品的，处五年以下有期徒刑或者拘役，并处或者单处罚金；情节严重的，处五年以上有期徒刑，并处罚金。”

《刑法修改案（八）》第26条将本条修改为：“走私武器、弹药、核材料或者伪造的货币的，处七年以上有期徒刑，并处罚金或者没收财产；情节特别严重的，处无期徒刑或者死刑，并处没收财产；情节较轻的，处三年以上七年以下有期徒刑，并处罚金。”

“走私国家禁止出口的文物、黄金、白银和其他贵重金属或者国家禁止进出口的珍贵动物及其制品的，处五年以上十年以下有期徒刑，并处罚金；情节特别严重的，处十年以上有期徒刑或者无期徒刑，并处没收财产；情节较轻的，处五年以下有期徒刑，并处罚金。”

“走私珍稀植物及其制品等国家禁止进出口的其他货物、物品的，处五年以下有期徒刑或者拘役，并处或者单处罚金；情节严重的，处五年以上有期徒刑，并处罚金。”

“单位犯本条规定之罪的，对单位判处罚金，并对其直接负责的主管人员和其他直接责任人员，依照本条各款的规定处罚。”

《刑法修正案（九）》第9条对本条作了再次修改，取消了本条的死刑规定。

的，处七年以上有期徒刑，并处罚金或者没收财产；情节特别严重的，处无期徒，并处没收财产；情节较轻的，处三年以上七年以下有期徒刑，并处罚金。

走私国家禁止出口的文物、黄金、白银和其他贵重金属或者国家禁止进出口的珍贵动物及其制品的，处五年以上十年以下有期徒刑，并处罚金；情节特别严重的，处十年以上有期徒刑或者无期徒刑，并处没收财产；情节较轻的，处五年以下有期徒刑，并处罚金。

走私珍稀植物及其制品等国家禁止进出口的其他货物、物品的，处五年以下有期徒刑或者拘役，并处或者单处罚金；情节严重的，处五年以上有期徒刑，并处罚金。

单位犯本条规定之罪的，对单位判处罚金，并对其直接负责的主管人员和其他直接责任人员，依照本条各款的规定处罚。

第一百五十五条[①] 下列行为，以走私罪论处，依照本节的有关规定处罚：

（一）直接向走私人非法收购国家禁止进口物品的，或者直接向走私人非法收购走私进口的其他货物、物品，数额较大的；

（二）在内海、领海、界河、界湖运输、收购、贩卖国家禁止进出口物品的，或者运输、收购、贩卖国家限制进出口货物、物品，数额较大，没有合法证明的。

第一百五十六条　与走私罪犯通谋，为其提供贷款、资金、账号、发票、证明，或者为其提供运输、保管、邮寄或者其他方便的，以走私罪的共犯论处。

第一百五十七条　武装掩护走私的，依照本法第一百五十一条

---

① 本条经2002年12月28日《刑法修正案（四）》第3条修正。

《刑法》原第155条为："下列行为，以走私罪论处，依照本节的有关规定处罚：

"（一）直接向走私人非法收购国家禁止进口物品的，或者直接向走私人非法收购走私进口的其他货物、物品，数额较大的；

"（二）在内海、领海运输、收购、贩卖国家禁止进出口物品的，或者运输、收购、贩卖国家限制进出口货物、物品，数额较大，没有合法证明的；

"（三）逃避海关监管将境外固体废物运输进境的。"

第一款的规定从重处罚。[①]

以暴力、威胁方法抗拒缉私的，以走私罪和本法第二百七十七条规定的阻碍国家机关工作人员依法执行职务罪，依照数罪并罚的规定处罚。

（二）罪名详解

走私国家禁止进出口的货物、物品罪，是指违反海关和国家有关行政部门关于禁止进出口的货物、物品的法规，逃避海关监管，运输、携带、邮寄国家禁止进出口的货物、物品进出国（边）境的行为。

本罪在1997年刑法中的罪名为“走私珍稀植物、珍稀植物制品罪”。《刑法修正案（七）》第1条对本罪的罪状作了修改，以概括式的罪状表述，因而罪名也相应地改为“走私国家禁止进出口的货物、物品罪”，同时取消了“走私珍稀植物、珍稀植物制品罪”罪名。

走私国家禁止进出口的货物、物品罪的构成要件是：

1. 主体要件

本罪的犯罪主体为一般主体，自然人和单位均可构成本罪的主体。

2. 主观要件

本罪的主观方面由故意构成，过失不构成本罪。

3. 客体要件

本罪侵犯的客体是海关监管制度和国家对禁止进出口的货物、物品的管理制度。

犯罪对象是珍稀植物及其制品等国家禁止进出口的其他货物、物品。

根据《文物解释》第12条第1款规定，《刑法》第151条第3款规定的“珍稀植物”，包括列入《国家重点保护野生植物名录》《国家重点保护野生药材物种名录》《国家珍贵树种名录》中的国家一、二级保护野生植物、国家重点保护的野生药材、珍贵树木，《濒危野生动植物种国际贸易公约》附录Ⅰ、附录Ⅱ中的野生植物，以及人工培育的上述植物。

---

① 本款经2011年2月25日《刑法修正案（八）》第28条修正。

《刑法》原第157条第1款为：“武装掩护走私的，依照本法第一百五十一条第一款、第四款的规定从重处罚。”

国家禁止进出口的其他货物，指《刑法》第151条、第152条、第350条、第357条具体列举的武器、弹药、核材料、假币、文物、贵重金属、珍贵动植物及其制品、淫秽物品、废物、制毒物品、毒品等以外的国家禁止进出口的其他所有货物、物品。禁止进出口的货物、物品由国家有关行政部门根据对外贸易法、货物进出口管理条例等决定并公布，具体种类会随着我国社会、经济形势的发展而变化，主要包括：《禁止进出境物品表》《加工贸易禁止类商品目录》《禁止进口货物目录》《禁止出口货物目录》以及其他法规中列明的禁止进出口的货物、物品。

4. 客观要件

本罪的客观方面表现为违反海关法规和国家有关行政部门关于禁止进出口的货物、物品的法规，逃避海关监管，运输、邮寄、携带国家禁止进出口的货物、物品进出国（边）境的行为。行为人直接向走私人非法收购国家禁止进出口的货物、物品，或者在领海、内海、界河、界湖运输、收购、贩卖上述物品的，也应当以走私国家禁止进出口的货物、物品罪论处。

（三）实务疑难问题

1. 划清罪与非罪的界限

行为是否具有严重社会危害性，是划清走私国家禁止进出口的货物、物品罪与一般违法行为的关键。司法实践中，应根据禁止进出口的货物、物品的性质、走私的数量、犯罪后果等认定是否具有严重社会危害性，情节显著轻微危害不大的，不认为是犯罪。

根据《走私解释》第11条第1款关于本罪构成条件的数额规定，下列情形下，如果没有“属于犯罪集团的首要分子，使用特种车辆从事走私活动，造成环境严重污染，或者引起甲类传染病传播、重大动植物疫情等情形”的情节，可视为“情节显著轻微危害不大的，不认为是犯罪”，由海关予以行政处罚：

（1）走私国家一级保护野生植物不满5株，国家二级保护野生植物不满10株，或者珍稀植物、珍稀植物制品数额在20万元以下的；

（2）走私一般保护古生物化石不满10件的；

（3）走私禁止进出口的有毒物质不满1吨，或者数额在不满2万元的；

（4）走私来自境外疫区的动植物及其产品不满5吨或者数额不满5万

元的；

（5）走私木炭、硅砂等妨害环境、资源保护的货物、物品不满 10 吨，或者数额不满 10 万元的；

（6）走私旧机动车、切割车、旧机电产品或者其他禁止进出口的货物、物品不满 20 吨，或者数额不满 20 万元。

2. 关于本罪的既未遂问题

关于此问题，参见本书走私武器、弹药罪的阐述。

3. 区分本罪与走私文物罪

走私重点保护古生物化石或者未命名的古生物化石不满 10 件，或者一般保护古生物化石 10 件以上不满 50 件的，以本罪定罪处罚。“古生物化石”，按照《古生物化石保护条例》的规定予以认定。走私具有科学价值的古脊椎动物化石、古人类化石，构成犯罪的，依照《刑法》第 151 条第 2 款的规定，以走私文物罪定罪处罚。

4. 注重对共同犯罪的惩治

依照《刑法》第 156 条的规定，与走私国家禁止进出口的货物、物品的犯罪分子通谋，为其提供贷款、资金、账号、发票、证明，或者为其提供运输、保管、邮寄或者其他方便的，以走私国家禁止进出口的货物、物品罪的共犯论处。

（四）情节与量刑

依照《刑法》第 151 条第 3 款规定，犯走私国家禁止进出口的货物、物品罪的，处 5 年以下有期徒刑或者拘役，并处或者单处罚金；情节严重的，处 5 年以上有期徒刑，并处罚金。

依照本条第 4 款规定，单位犯本罪的，对单位判处罚金，并对其直接负责的主管人员和其他直接责任人员，依照本条第 3 款的规定处罚。

具体情节与量刑的对应情况，列表格如下：

量刑档次	对应情节	有关概念解释	备注
五年以下有期徒刑或者拘役，并处或者单处罚金。	基本犯罪构成情节	具有下列情形之一的，适用本档量刑幅度： (1) 走私国家一级保护野生植物 5 株以上不满 25 株，国家二级保护野生植物 10 株以上不满 50 株，或者珍稀植物、珍稀植物制品数额在 20 万元以上不满 100 万元的； (2) 走私重点保护古生物化石或者未命名的古生物化石不满 10 件，或者一般保护古生物化石 10 件以上不满 50 件的； (3) 走私禁止进出口的有毒物质 1 吨以上不满 5 吨，或者数额在 2 万元以上不满 10 万元的； (4) 走私来自境外疫区的动植物及其产品 5 吨以上不满 25 吨，或者数额在 5 万元以上不满 25 万元的； (5) 走私木炭、硅砂等妨害环境、资源保护的货物、物品 10 吨以上不满 50 吨，或者数额在 10 万元以上不满 50 万元的； (6) 走私旧机动车、切割车、旧机电产品或者其他禁止进出口的货物、物品 20 吨以上不满 100 吨，或者数额在 20 万元以上不满 100 万元的； (7) 数量或者数额上述标准，但属于犯罪集团的首要分子，使用特种车辆从事走私活动，造成环境严重污染，或者引起甲类传染病传播、重大动植物疫情等情形的。	判处五年以下有期徒刑或者拘役时，必须并处罚金。 但是，可以单处罚金。
五年以上有期徒刑，并处罚金	情节严重	具有下列情形之一的，适用本档量刑幅度： (1) 走私数量或者数额超过《走私解释》第 11 条第 1 款第 1 项至第 6 项规定的标准的； (2) 达到《走私解释》第 11 条第 1 款第 1 项至第 6 项规定的标准，且属于犯罪集团的首要分子，使用特种车辆从事走私活动，造成环境严重污染，或者引起甲类传染病传播、重大动植物疫情等情形的。	附加刑必须并处罚金

司法机关在适用《刑法》第 151 条第 3 款、第 4 款规定处罚时，应当注意以下问题：

1. 严格把握本罪的构成条件

根据《走私解释》第 11 条第 1 款的规定，走私国家禁止进出口的货物、物品，具有下列情形之一的，依照《刑法》第 151 条第 3 款的规定处 5 年以下有期徒刑或者拘役，并处或者单处罚金：

（1）走私国家一级保护野生植物 5 株以上不满 25 株，国家二级保护野生植物 10 株以上不满 50 株，或者珍稀植物、珍稀植物制品数额在 20 万元以上不满 100 万元的；

（2）走私重点保护古生物化石或者未命名的古生物化石不满 10 件，或者一般保护古生物化石 10 件以上不满 50 件的；

（3）走私禁止进出口的有毒物质 1 吨以上不满 5 吨，或者数额在 2 万元以上不满 10 万元的；

（4）走私来自境外疫区的动植物及其产品 5 吨以上不满 25 吨，或者数额在 5 万元以上不满 25 万元的；

（5）走私木炭、硅砂等妨害环境、资源保护的货物、物品 10 吨以上不满 50 吨，或者数额在 10 万元以上不满 50 万元的；

（6）走私旧机动车、切割车、旧机电产品或者其他禁止进出口的货物、物品 20 吨以上不满 100 吨，或者数额在 20 万元以上不满 100 万元的；

（7）数量或者数额未达到本款第（一）项至第（六）项规定的标准，但属于犯罪集团的首要分子，使用特种车辆从事走私活动，造成环境严重污染，或者引起甲类传染病传播、重大动植物疫情等情形的。

2. 严格把握本罪的“情节严重”

根据《走私解释》第 11 条第 2 款的规定，具有下列情形之一的，应当认定为《刑法》第 151 条第三款规定的“情节严重”：

（1）走私数量或者数额超过《走私解释》第 11 条第 1 款第（一）项至第六项规定的标准的；

（2）达到《走私解释》第 11 条第 1 款第（一）项至第（六）项规定的标准，且属于犯罪集团的首要分子，使用特种车辆从事走私活动，造成环境严重污染，或者引起甲类传染病传播、重大动植物疫情等情形的。

3. 武装掩护走私国家禁止进出口的货物、物品或者以暴力、威胁方法抗拒缉私的处理

依照《刑法》第 157 条第 1 款的规定，武装掩护走私国家禁止进出口的货物、物品的，在《刑法》第 151 条第 1 款规定的法定刑的幅度内从重处罚。行为人所携带的武器无论是否使用，均应按照《刑法》第 151 条第 1 款的规定处罚。

依照《刑法》第 157 条第 2 款的规定，以暴力、威胁方法抗拒缉私的，以走私罪和《刑法》第 277 条规定的阻碍国家机关工作人员依法执行职务罪，依照数罪并罚的规定处罚。

4. 关于量刑规范化

《最高人民法院关于常见犯罪的量刑指导意见》对走私国家禁止进出口的货物、物品罪的量刑并未有作出规定，这主要是由于此类案件在司法实践中的发案率不高，最高司法机关还未能总结出一套比较完整的量刑规范化方案，有待于在总结经验的基础上再作出详细的规定。在此之前，各高级法院可以根据各地的社会治安状况、经济发展状况等因素，制定适合本省、自治区、直辖市实际情况的量刑规范化标准。在有关规定出台前，司法人员应当根据犯罪的事实、犯罪的性质、情节和对于社会的危害程度，依照刑法和有关司法解释的规定判处刑罚。

八、走私淫秽物品罪

（一）法律规定

第一百五十二条[①] **以牟利或者传播为目的，走私淫秽的影片、录像带、录音带、图片、书刊或者其他淫秽物品的，处三年以上十年以下有期徒刑，并处罚金；情节严重的，处十年以上有期徒刑或者无期徒刑，并处罚金或者没收财产；情节较轻的，处三年以下有期徒刑、拘役或者管制，并处罚金。**

逃避海关监管将境外固体废物、液态废物和气态废物运输进境，情节严重的，处五年以下有期徒刑，并处或者单处罚金；情节特别严重的，处五年以上有期徒刑，并处罚金。

---

① 本条经 2002 年 12 月 28 日《刑法修正案（四）》第 2 条修正。

《刑法修正案（四）》第 2 条增加了 1 条内容，作为第 2 款：“逃避海关监管将境外固体废物、液态废物和气态废物运输进境，情节严重的，处五年以下有期徒刑，并处或者单处罚金；情节特别严重的，处五年以上有期徒刑，并处罚金。”

《刑法》原第 152 条第 2 款为：“单位犯前款罪的，对单位判处罚金，并对其直接负责的主管人员和其他直接责任人员，依照前款的规定处罚。”经《刑法修正案（四）》第 2 条修改后，由原第 2 款调整为第 3 款。

单位犯前两款罪的，对单位判处罚金，并对其直接负责的主管人员和其他直接责任人员，依照前两款的规定处罚。

第一百五十五条[①]　下列行为，以走私罪论处，依照本节的有关规定处罚：

（一）直接向走私人非法收购国家禁止进口物品的，或者直接向走私人非法收购走私进口的其他货物、物品，数额较大的；

（二）在内海、领海、界河、界湖运输、收购、贩卖国家禁止进出口物品的，或者运输、收购、贩卖国家限制进出口货物、物品，数额较大，没有合法证明的。

第一百五十六条　与走私罪犯通谋，为其提供贷款、资金、账号、发票、证明，或者为其提供运输、保管、邮寄或者其他方便的，以走私罪的共犯论处。

第一百五十七条　武装掩护走私的，依照本法第一百五十一条第一款的规定从重处罚。[②]

以暴力、威胁方法抗拒缉私的，以走私罪和本法第二百七十七条规定的阻碍国家机关工作人员依法执行职务罪，依照数罪并罚的规定处罚。

（二）罪名详解

走私淫秽物品罪，是指违反海关法规，逃避海关监管，以牟利或者传播为目的，运输、携带、邮寄淫秽的影片、录像带、录音带、图片、书刊或者其他淫秽物品，进出国（边）境的行为。

本罪是1997年刑法增设的罪名，是从《全国人民代表大会常务委员会关

---

① 本条经2002年12月28日《刑法修正案（四）》第3条修正。

《刑法》原第155条为："下列行为，以走私罪论处，依照本节的有关规定处罚：

"（一）直接向走私人非法收购国家禁止进口物品的，或者直接向走私人非法收购走私进口的其他货物、物品，数额较大的；

"（二）在内海、领海运输、收购、贩卖国家禁止进出口物品的，或者运输、收购、贩卖国家限制进出口货物、物品，数额较大，没有合法证明的；

"（三）逃避海关监管将境外固体废物运输进境的。"

② 本款经2011年2月25日《刑法修正案（八）》第28条修正。

《刑法》原第157条第1款为："武装掩护走私的，依照本法第一百五十一条第一款、第四款的规定从重处罚。"

于惩治走私罪的补充规定》第 1 条和《全国人民代表大会常务委员会关于惩治走私、制作、贩卖、传播淫秽物品的犯罪分子的决定》第 1 条的规定，吸收改为刑法的具体规定的。1979 年刑法没有走私淫秽物品罪的规定。

走私淫秽物品罪的构成要件是：

1. 主体要件

本罪的犯罪主体为一般主体。单位走私淫秽物品的，也可构成本罪的主体。

2. 主观要件

本罪的主观方面由故意构成，并且具有牟利或者传播的目的。所谓以牟利为目的，是指行为人走私淫秽物品是为了出卖、出租或者通过其他方式牟取非法利益；所谓以传播为目的，是指行为人走私淫秽物品是为了在社会上进行扩散。具有牟利或者传播目的，是构成本罪主观方面的必备要件。如果行为人只是为了自己及家人观看，没有牟利或者传播目的的，不构成本罪。

3. 客体要件

本罪侵犯的客体是国家海关监督管理制度和严禁淫秽物品走私传播的制度。

淫秽物品是国家明令禁止进出口的特殊物品。走私淫秽物品的行为直接侵害了海关对该物品实行禁止进出口的管理制度。犯罪对象是淫秽物品。所谓淫秽物品，是指具体描绘性行为或者露骨宣扬色情的诲淫性的影片、录像带、录音带、图片、书刊和其他淫秽物品。“其他淫秽物品”，是指除上述淫秽物品以外的，通过文字、声音、影像等形式表现淫秽内容的影碟、音碟、电子出版物等物品。

有关人体生理、医学知识的科学著作不是淫秽物品。包含有色情内容的有艺术价值的文学、艺术作品不视为淫秽物品。

4. 客观要件

本罪的客观方面表现为违反海关法规，逃避海关监督，非法运输、携带、邮寄淫秽的书刊、影片、录像带、录音带、图片或者其他淫秽物品进出国（边）境的行为。

违反海关法规，是指违反海关法和其他有关禁止淫秽物品进出口的规定，如《海关总署关于严格查禁淫秽物品进出口的实施办法》等。逃避海关监管，是指采取各种方法，避开海关的监督、检查，企图将淫秽物品走私进出境的行为。实践中主要表现为行为人绕过海关、检查站以及不如实向海关申报物品两种行为。根据《刑法》第155条规定，有下列情形之一的，也构成本罪：(1) 直接向走私淫秽物品的人收购淫秽物品的；(2) 在内海、领海、界河、界湖运输、收购、贩卖淫秽物品的。

（三）实务疑难问题

1. 对淫秽物品的鉴定

淫秽物品的种类和目录，由国务院有关主管部门规定。目前，审理案件时可依照国家新闻出版署1988年制定的《关于认定淫秽及色情出版物的暂行规定》来确定是否属于淫秽物品。对影片的鉴定，根据公安部《关于淫秽电影鉴定问题的批复》，由地（市）以上公安机关鉴定是否属于淫秽影片。

2. 划清罪与非罪的界限

下列情形下，应当认定为不构成走私淫秽物品罪：

(1) 行为人不具有牟利或者传播目的的。行为人是否具有牟利或者传播为目的，是划清走私淫秽物品罪的罪与非罪、一般违法与犯罪界限的关键。在司法实践中，认定行为人是否具有上述目的时，应当综合考虑行为人的口供、证人证言和其他事实情况。如果行为人已经将走私的淫秽物品在社会上传播或者出售、出租，则应认定其具有牟利或者传播的目的。

(2) 行为人非法运输、携带、邮寄的书刊、影片、录像带、录音带、图片或者其他物品，不属于淫秽物品的。有关人体生理、医学知识的科学著作不是淫秽物品。包含有色情内容的有艺术价值的文学、艺术作品不视为淫秽物品。

(3) 走私淫秽物品，未达到司法解释规定的数量标准，可认为情节显著轻微的。根据《走私解释》第13条规定，走私淫秽物品达到一定数量标准的，可以认定为构成走私淫秽物品罪，并认定为“情节较轻。”据此，下列情形下，属于“情节显著轻微，不认为是犯罪”：①走私淫秽录像带、影碟不满50盘（张）的；②走私淫秽录音带、音碟不满100盘（张）的；③走私淫秽扑克、书刊、画册不满100副（册）的；④走私淫秽照片、画片不满500张的；⑤走私其他淫秽物品未达到相当于上述数量的。

3. 关于本罪的既未遂问题

关于此问题，参见本书走私武器、弹药罪的阐述。

4. 对共同犯罪的惩治

依照《刑法》第156条的规定，与走私淫秽物品的犯罪分子通谋，为其提供贷款、资金、账号、发票、证明，或者为其提供运输、保管、邮寄或者其他方便的，以走私淫秽物品罪的共犯论处。

（四）情节与量刑

依照《刑法》第152条第1款规定，犯走私淫秽物品罪的，处3年以上10年以下有期徒刑，并处罚金；情节严重的，处10年以上有期徒刑或者无期徒刑，并处罚金或者没收财产；情节较轻的，处3年以下有期徒刑、拘役或者管制，并处罚金。

依照本条第3款规定，单位犯本罪的，对单位判处罚金，并对其直接负责的主管人员和其他直接责任人员，依照第1款规定处罚。

具体情节与量刑的对应情况，列表格如下：

量刑档次	对应情节	有关概念解释	备注
三年以下有期徒刑、拘役或者管制，并处罚金。	情节较轻的	情节较轻，是指具有下列情形之一的： （1）走私淫秽录像带、影碟50盘（张）以上不满100盘（张）的； （2）走私淫秽录音带、音碟100盘（张）以上不满200盘（张）的； （3）走私淫秽扑克、书刊、画册100副（册）以上不满200副（册）的； （4）走私淫秽照片、画片500张以上不满1000张的； （5）走私其他淫秽物品相当于上述数量的。	（1）附加刑必须并处罚金。 （2）本罪可以适用管制刑，但也必须并处罚金。
三年以上十年以下有期徒刑，并处罚金	基本犯罪构成情节	具有下列情形之一的，适用本档量刑幅度： （1）走私淫秽录像带、影碟100盘（张）以上至500盘（张）的； （2）走私淫秽录音带、音碟200盘（张）以上至1000盘（张）的； （3）走私淫秽扑克、书刊、画册200副（册）以上至1000副（册）的； （4）走私淫秽照片、画片1000张以上至5000张的； （5）走私其他淫秽物品相当于上述数量的。	附加刑必须并处罚金。

续表

量刑档次	对应情节	有关概念解释	备注
十年以上有期徒刑或者无期徒刑，并处没收财产	情节特别严重的	情节特别严重，是指具有下列情形之一的： （1）走私淫秽物品在“情节较轻”的最高数量5倍以上，即：①走私淫秽录像带、影碟500盘（张）以上的；②走私淫秽录音带、音碟1000盘（张）以上的；③走私淫秽扑克、书刊、画册1000副（册）以是的；④走私淫秽照片、画片5000张以上的；⑤走私其他淫秽物品相当于上述数量的。 （2）走私淫秽物品在该“情节较轻”的最高数量以上不满5倍，但属于犯罪集团的首要分子，使用特种车辆从事走私活动等情形的	附加刑可以并处罚金，也可以并处没收财产。但是，必须并处附加刑。

司法机关适用《刑法》第152条第1款、第3款规定处罚时，应当注意以下问题：

1. 正确理解和适用本罪的“情节较轻”

根据《走私解释》第13条第1款规定，走私淫秽物品，达到下列数量之一的，可以认定为《刑法》第152条第1款规定的“情节较轻”：（1）走私淫秽录像带、影碟50盘（张）以上不满100盘（张）的；（2）走私淫秽录音带、音碟100盘（张）以上不满200盘（张）的；（3）走私淫秽扑克、书刊、画册100副（册）以上不满200副（册）的；（4）走私淫秽照片、画片500张以上不满1000张的；（5）走私其他淫秽物品相当于上述数量的。

2. 正确理解和适用本罪的基本刑

本罪的基本刑是3年以上10年以下有期徒刑，并处罚金。这与一般犯罪的基本刑从低往高的顺序排列不一样，也与故意杀人罪从最高死刑往下排列不一样。本罪是先列基本刑，后列情节特别严重的，再列情节较轻的。因此，除了司法解释明确列为“情节较轻”情形的外，对构成犯罪的，首先考虑在基本刑范围内考虑，然后再考虑是否属于情节特别严重、情节较轻的情形。

根据《走私解释》第13条第2款规定，走私淫秽物品的数量，在该解释第13条第1款规定的最高数量以上不满最高数量5倍的，应当依照《刑法》第152条第1款的规定，以走私淫秽物品罪处3年以上10年以下有期徒刑，并处罚金。即（1）走私淫秽录像带、影碟100盘（张）以上至500盘（张）的；（2）走私淫秽录音带、音碟200盘（张）以上至1000盘（张）的；（3）走私淫秽扑克、书刊、画册200副（册）以上至1000副（册）的；（4）走私淫秽照片、画片1000张以上至5000张的；（5）走私其他淫秽物品相当于上述数量的。

3. 严格把握本罪的“情节严重”

根据《走私解释》第13条第3款规定，下列情形下，应当依照《刑法》第152条第1款的规定，以走私淫秽物品罪处10年以上有期徒刑或者无期徒刑，并处罚金或者没收财产。即

（1）走私淫秽物品的数量，在该解释第13条第1款规定的最高数量5倍以上的：①走私淫秽录像带、影碟500盘（张）以上的；②走私淫秽录音带、音碟1000盘（张）以上的；③走私淫秽扑克、书刊、画册1000副（册）以是的；④走私淫秽照片、画片5000张以上的；⑤走私其他淫秽物品相当于上述数量的。

（2）走私淫秽物品在该解释第13条第1款规定的最高数量以上不满5倍（即单纯论数量来说，属于本罪的基本刑范围），但属于犯罪集团的首要分子，使用特种车辆从事走私活动等情形的。

另外需要注意的是，犯本罪达到情节特别严重的，财产刑可以判处罚金，也可以判处没收财产。这是我国《刑法》规定中对判处有期徒刑也可以附加适用没收财产的几个少有的规定之一。

4. 武装掩护走私淫秽物品或者以暴力、威胁方法抗拒缉私的处理

依照《刑法》第157条第1款的规定，武装掩护走私淫秽物品的，在《刑法》第151条第1款规定的法定刑的幅度内从重处罚。行为人所携带的武器无论是否使用，均应按照《刑法》第151条第1款的规定处罚。

依照《刑法》第157条第2款的规定，以暴力、威胁方法抗拒缉私的，以走私罪和《刑法》第277条规定的阻碍国家机关工作人员依法执行职务罪，依照数罪并罚的规定处罚。

5. 关于量刑规范化

《最高人民法院关于常见犯罪的量刑指导意见》对走私淫秽物品罪的量刑并未有作出规定，这主要是由于此类案件在司法实践中的发案率不高，最高司法机关还未能总结出一套比较完整的量刑规范化方案，有待于在总结经验

的基础上再作出详细的规定。在此之前，各高级法院可以根据各地的社会治安状况、经济发展状况等因素，制定适合本省、自治区、直辖市实际情况的量刑规范化标准。在有关规定出台前，司法人员应当根据犯罪的事实、犯罪的性质、情节和对于社会的危害程度，依照刑法和有关司法解释的规定判处刑罚。

九、走私废物罪

（一）法律规定

第一百五十二条[①]　**以牟利或者传播为目的，走私淫秽的影片、录像带、录音带、图片、书刊或者其他淫秽物品的，处三年以上十年以下有期徒刑，并处罚金；情节严重的，处十年以上有期徒刑或者无期徒刑，并处罚金或者没收财产；情节较轻的，处三年以下有期徒刑、拘役或者管制，并处罚金。**

逃避海关监管将境外固体废物、液态废物和气态废物运输进境，情节严重的，处五年以下有期徒刑，并处或者单处罚金；情节特别严重的，处五年以上有期徒刑，并处罚金。

单位犯前两款罪的，对单位判处罚金，并对其直接负责的主管人员和其他直接责任人员，依照前两款的规定处罚。

第一百五十五条[②]　**下列行为，以走私罪论处，依照本节的有关**

---

① 本条经2002年12月28日《刑法修正案（四）》第2条修正。

《刑法修正案（四）》第2条增加了1条内容，作为第2款："逃避海关监管将境外固体废物、液态废物和气态废物运输进境，情节严重的，处五年以下有期徒刑，并处或者单处罚金；情节特别严重的，处五年以上有期徒刑，并处罚金。"

《刑法》原第152条第2款为："单位犯前款罪的，对单位判处罚金，并对其直接负责的主管人员和其他直接责任人员，依照前款的规定处罚。"经《刑法修正案（四）》第2条修改后，由原第2款调整为第3款。

② 本条经2002年12月28日《刑法修正案（四）》第3条修正。

《刑法》原第155条为："下列行为，以走私罪论处，依照本节的有关规定处罚：

"（一）直接向走私人非法收购国家禁止进口物品的，或者直接向走私人非法收购走私进口的其他货物、物品，数额较大的；

"（二）在内海、领海运输、收购、贩卖国家禁止进出口物品的，或者运输、收购、贩卖国家限制进出口货物、物品，数额较大，没有合法证明的；

"（三）逃避海关监管将境外固体废物运输进境的。"

规定处罚：

（一）直接向走私人非法收购国家禁止进口物品的，或者直接向走私人非法收购走私进口的其他货物、物品，数额较大的；

（二）在内海、领海、界河、界湖运输、收购、贩卖国家禁止进出口物品的，或者运输、收购、贩卖国家限制进出口货物、物品，数额较大，没有合法证明的。

第一百五十六条　与走私罪犯通谋，为其提供贷款、资金、账号、发票、证明，或者为其提供运输、保管、邮寄或者其他方便的，以走私罪的共犯论处。

第一百五十七条　武装掩护走私的，依照本法第一百五十一条第一款的规定从重处罚。①

以暴力、威胁方法抗拒缉私的，以走私罪和本法第二百七十七条规定的阻碍国家机关工作人员依法执行职务罪，依照数罪并罚的规定处罚。

第三百三十九条②　违反国家规定，将境外的固体废物进境倾倒、堆放、处置的，处五年以下有期徒刑或者拘役，并处罚金；造成重大环境污染事故，致使公私财产遭受重大损失或者严重危害人体健康的，处五年以上十年以下有期徒刑，并处罚金；后果特别严重的，处十年以上有期徒刑，并处罚金。

未经国务院有关主管部门许可，擅自进口固体废物用作原料，造成重大环境污染事故，致使公私财产遭受重大损失或者严重危害人体健康的，处五年以下有期徒刑或者拘役，并处罚金；后果特别严重的，处五年以上十年以下有期徒刑，并处罚金。

以原料利用为名，进口不能用作原料的固体废物、液态废物和气态废物的，依照本法第一百五十二条第二款、第三款的规定定罪

---

① 本款经2011年2月25日《刑法修正案（八）》第28条修正。《刑法》原第157条第1款为："武装掩护走私的，依照本法第一百五十一条第一款、第四款的规定从重处罚。"

② 本条第3款经2002年12月28日《刑法修正案（四）》第5条修正。《刑法》原第339条第3款为："以原料利用为名，进口不能用作原料的固体废物的，依照本法第一百五十五条的规定定罪处罚。"

处罚。

（二）罪名详解

走私废物罪，是指违反海关法规和国家关于固体废物、液态废物、气态废物管理的规定，逃避海关监管，将境外固体废物、液态废物、气态废物运输进境的行为。即本罪仅限于将废物走私进境的行为。

本罪是1997年刑法增设的罪名。原罪名根据《刑法》第155条原第（3）项的规定确定为“走私固体废物罪”。《刑法修正案（四）》第2条对本罪的罪状作了修改，罪名相应地改为“走私废物罪”，同时取消了《刑法》第155条原第（3）项“走私固体废物罪”罪名。1979年刑法和单行刑法均没有规定此罪名。

走私废物罪的构成要件是：

1. 主体要件

本罪的犯罪主体为一般主体，自然人和单位均可构成本罪的主体。

2. 主观要件

本罪的主观方面由故意构成，即明知是境外的固体废物、液态废物、气态废物，却逃避海关监管，将其偷运入境。如果受外方欺骗，将固体废物、液态废物、气态废物误认为是普通货物、物品偷运入境的，则构成走私普通货物、物品罪。如果没有逃避海关监管只是未经国务院有关主管部门许可将“可用作原料”的固体废物运入国境的，构成擅自进口固体废物罪；如果擅自进口的是“不能用作原料”的固体废物，仍依照走私废物罪处罚。

3. 客体要件

本罪侵犯的客体是海关监管制度和国家禁止固体废物、液态废物和气态废物进境的制度。犯罪对象是“废物”。这里讲的废物不是一般的废物，而是特指的固体废物、液态废物和气态废物。

近年来，一些单位和个人见利忘义，走私固体废物、液态废物和气态废物，严重危害了我国的环境和人民的身体健康。为了遏制这种行为，1997年《刑法》增设了“走私固体废物罪”罪名。《刑法修正案（四）》第3条将此罪的罪状作了修改，因而罪名也相应作了修改。

按照《刑法》第155条原第（3）项的规定，逃避海关监管将境外固体废物运输进境的，以走私罪论处，依照刑法走私罪一节的有关规定处罚。在司法实践中，有的部门提出，除《刑法》第151条、第152条明确规定走私几类违禁品的处罚以外，刑法对走私罪是按照行为人偷逃应缴税额的多少规定刑罚的。由于对走私固体废物无法计算应缴税额，司法机关对本罪在量刑上存在一定困难，建议对这种行为单独规定刑罚。同时考虑到走私液态废物和气态废物，也应适用走私固体废物的规定，所以，《刑法修正案（四）》第2条规定，在《刑法》第152条中增加一款，作为第2款："逃避海关监管将境外固体废物、液态废物和气态废物运输进境，情节严重的，处五年以下有期徒刑，并处或者单处罚金；情节特别严重的，处五年以上有期徒刑，并处罚金。"删去相应《刑法》第155条原第（3）项关于"逃避海关监管将境外固体废物运输进境的"规定。

4. 客观要件

本罪的客观方面表现为违反海关法规和国家有关规定，逃避海关监管，将境外的固体废物、液态废物、气态废物运输进境的行为。

所谓固体废物，是指在生产建设、日常生活和其他活动中产生的污染环境的固态、半固态废弃物质。如工业固体废物（工业、交通等生产活动中产生的固体废物）、城市生活垃圾（在城市日常生活中或者为城市日常生活提供服务的活动中产生的固体废物以及法律、行政法规规定视为城市生活垃圾的固体废物）、危险废物（列入国家危险废物名录或者根据国家规定的危险废物鉴别标准和鉴别方法认定为具有危险特性的废物）。根据1995年10月30日第八届全国人民代表大会常务委员会第十六次会议通过的《固体废物污染环境防治法》第24条的规定："禁止中华人民共和国境外的固体废物进境倾倒、堆放、处置。"第25条第1款规定："禁止进口不能用作原料的或者不能以无害化方式利用的固体废物；对可以用作原料的固体废物实行限制进口和非限制进口分类管理。"液态废物和置于容器中的气态废物适用《固体废物污染环境防治法》的规定。根据《刑法》第339条第3款和《刑法修正案（四）》第5条关于将《刑法》第339条第3款的规定修改为"以原料利用为名，进口不能用作原料的固体废物、液态废物和气态废物的，依照本法第一百五十二条第二款、第三款的规定定罪处罚"的规定，以原料利用为名，进口不能用作原料的固体废物、液态废物、气态废物的行为，也构成走私废物罪。行为人直接向走私人非法收购废物，或者在内海、领海、界河、界湖运输、收购废物的，应当以走私废物罪论处。

依照法律规定，逃避海关监管将境外固体废物、液态废物和气态废物运输进境的行为，除需符合以上构成要件外，还须达到“情节严重”的程度才能构成犯罪。根据《走私解释》第 14 条第 1 款规定，具有下列情节之一的，属于《刑法》第 152 条第 2 款规定的“情节严重”：（1）走私国家禁止进口的危险性固体废物、液态废物分别或者合计达到 1 吨以上不满 5 吨的；（2）走私国家禁止进口的非危险性固体废物、液态废物分别或者合计达到 5 吨以上不满 25 吨的；（3）走私国家限制进口的可用作原料的固体废物、液态废物分别或者合计达到 20 吨以上不满 100 吨的；（4）未达到上述数量标准，但属于犯罪集团的首要分子，使用特种车辆从事走私活动，或者造成环境严重污染等情形的。根据《走私解释》第 14 条第 3 款规定，走私置于容器中的气态废物，构成犯罪的，参照前两款规定的标准处罚。

（三）实务疑难问题

1. 本罪属概括性罪名而非选择性罪名

选择性罪名属于性质相同的犯罪。某种行为虽然触犯某种犯罪的多种不同行为方式、多种不同行为对象，如《刑法》第 125 条第 1 款规定的“非法制造、买卖、运输、邮寄、储存枪支、弹药、爆炸物罪”，但由于其对社会的危害性大致相当，不需要实行数罪并罚，因而采用选择性罪名；而本罪所走私的固体废物、液态废物和气态废物属于废物的形态，不涉及行为选择或者对象选择，且三种废物都具有“废物”这一特征，所以不需要采用选择性罪名，而应当采用概括性罪名，行为人只要走私上述三种废物中的一种废物就构成本罪。至于本罪与《刑法》第 339 条第 1、2 款规定的“非法处置进口的固体废物罪”和“擅自进口固体废物罪”的表述不一致，是由于刑法对后两种犯罪的对象作了特别规定。

2. 正确认定罪与非罪

本罪的构成，必须以“情节严重”为必要。根据《走私解释》第 14 条第 1 款的规定，同时符合下列两个条件的，应当以“情节显著轻微，不认为是犯罪”论：（1）未达到“情节严重”数量标准的，即：①走私国家禁止进口的危险性固体废物、液态废物分别或者合计不到 1 吨；②走私国家禁止进口的非危险性固体废物、液态废物分别或者合计不到 5 吨；③走私国家限制进口的可用作原料的固体废物、液态废物分别或者合计不到 20 吨。（2）不属于犯罪集团的首要分子，使用特种车辆从事走私活动，或者造成环境严重污染等情形的。

3. 关于本罪的既未遂问题

关于此问题，参见本书走私武器、弹药罪的阐述。

4. 划清此罪与彼罪

根据《刑法》第339条第1款规定，违反国家规定，将境外的固体废物进境倾倒、堆放、处置的，构成非法处置进口的固体废物罪。根据《刑法》第339条第2款规定，未经国务院有关主管部门许可，擅自进口固体废物用作原料，造成重大环境污染事故，致使公私财产遭受重大损失或者严重危害人体健康的，构成擅自进口固体废物罪。

根据《刑法》第339条第3款的规定，以原料利用为名，进口不能用作原料的固体废物、液态废物和气态废物的，依照走私废物罪定罪处罚。

根据《走私解释》第21条第2款规定，虽经许可，但进口国家限制进口的可用作原料的废物时，偷逃应缴税额，构成犯罪的，应当依照《刑法》第153条规定，以走私普通货物、物品罪定罪处罚；既未经许可，又偷逃应缴税额，同时构成走私废物罪和走私普通货物、物品罪的，应当依照刑法处罚较重的规定定罪处罚。虽经许可，但超过许可数量进口国家限制进口的可用作原料的废物，超过部分以未经许可论。

5. 注重对共同犯罪的惩治

依照《刑法》第156条的规定，与走私淫秽物品的犯罪分子通谋，为其提供贷款、资金、账号、发票、证明，或者为其提供运输、保管、邮寄或者其他方便的，以走私淫秽物品罪的共犯论处。

（三）情节与量刑

依照《刑法》第152条第2款规定，犯走私废物罪的，处5年以下有期徒刑，并处或者单处罚金；情节特别严重的，处5年以上有期徒刑，并处罚金。

依照本条第3款规定，单位犯本罪的，对单位判处罚金，并对其直接负责的主管人员和其他直接责任人员，依照第2款的规定处罚。

具体情节与量刑的对应情况，列表格如下：

<table>
<tr><th>量刑档次</th><th>对应情节</th><th>有关概念解释</th><th>备注</th></tr>
<tr><td>五年以下有期徒刑，并处罚金或者单处罚金</td><td>走私废物情节严重的（基本犯罪构成）</td><td>1. 走私国家禁止进口的危险性固体废物、液态废物分别或者合计达到 1 吨以上不满 5 吨的；
2. 走私国家禁止进口的非危险性固体废物、液态废物分别或者合计达到 5 吨以上不满 25 吨的；
3. 走私国家限制进口的可用作原料的固体废物、液态废物分别或者合计达到 20 吨以上不满 100 吨的；
4. 未达到上述数量标准，但属于犯罪集团的首要分子，使用特种车辆从事走私活动，或者造成环境严重污染等情形的。</td><td rowspan="2">1. 根据《走私解释》第 14 条第 3 款规定，走私置于容器中的气态废物，构成犯罪的，参照固体废物、液态废物的标准，确定是情节严重还是情节特别严重。
2. 本罪在情节严重的情况下（即基本犯罪构成）可以单处罚金，但情节特别严重的，必须并处罚金。</td></tr>
<tr><td>五年以上有期徒刑，并处罚金</td><td>走私废物情节特别严重的</td><td>1. 走私数量超过《走私解释》第 14 条第 1 款规定的标准的；
2. 走私数量达到《走私解释》第 14 条第 1 款规定的标准，且属于犯罪集团的首要分子，使用特种车辆从事走私活动，或者造成环境严重污染等情形的；
3. 走私数量未达到《走私解释》第 14 条第 1 款规定的标准，但造成环境严重污染且后果特别严重的。</td></tr>
</table>

司法机关在适用《刑法》第 152 条第 2 款、第 3 款规定处罚时，应当注意以下问题：

1. 正确把握本罪的情节特别严重

根据《走私解释》第 14 条第 2 款规定，具有下列情节之一的，属于《刑法》第 152 条第 2 款规定的“情节特别严重”，应当处 5 年以上有期徒刑，并处罚金：（1）走私数量超过该解释第 14 条第 1 款规定的标准的；（2）达到该解释第 14 条第 1 款规定的标准，且属于犯罪集团的首要分子，使用特种车辆从事走私活动，或者造成环境严重污染等情形的；（3）未达到该解释第 14 条第 1 款规定的标准，但造成环境严重污染且后果特别严重的。

走私置于容器中的气态废物，构成犯罪是否属于“情节特别严重”的，参照上述标准。

2. 武装掩护走私废物或者以暴力、威胁方法抗拒缉私的处理

依照《刑法》第 157 条第 1 款的规定，武装掩护走私废物的，在《刑法》第 151 条第 1 款规定的法定刑的幅度内从重处罚。行为人所携带的武器无论是否使用，均应按照《刑法》第 151 条第 1 款的规定处罚。

依照《刑法》第 157 条第 2 款的规定，以暴力、威胁方法抗拒缉私的，以走私罪和《刑法》第 277 条规定的阻碍国家机关工作人员依法执行职务罪，依照数罪并罚的规定处罚。

3. 关于量刑规范化

《最高人民法院关于常见犯罪的量刑指导意见》对走私淫秽物品罪的量刑并未有作出规定，这主要是由于此类案件在司法实践中的发案率不高，最高司法机关还未能总结出一套比较完整的量刑规范化方案，有待于在总结经验的基础上再作出详细的规定。在此之前，各高级法院可以根据各地的社会治安状况、经济发展状况等因素，制定适合本省、自治区、直辖市实际情况的量刑规范化标准。在有关规定出台前，司法人员应当根据犯罪的事实、犯罪的性质、情节和对于社会的危害程度，依照刑法和有关司法解释的规定判处刑罚。

十、走私普通货物、物品罪

（一）法律规定

第一百五十三条[①] **走私本法第一百五十一条、第一百五十二条、第三百四十七条规定以外的货物、物品的，根据情节轻重，分**

---

① 本条经 2011 年 2 月 25 日《刑法修正案（八）》第 27 条修正。

《刑法》原第 153 条第 1 款为："走私本法第一百五十一条、第一百五十二条、第三百四十七条规定以外的货物、物品的，根据情节轻重，分别依照下列规定处罚：

"（一）走私货物、物品偷逃应缴税额在五十万元以上的，处十年以上有期徒刑或者无期徒刑，并处偷逃应缴税额一倍以上五倍以下罚金或者没收财产；情节特别严重的，依照本法第一百五十一条第四款的规定处罚。

"（二）走私货物、物品偷逃应缴税额在十五万元以上不满五十万元的，处三年以上十年以下有期徒刑，并处偷逃应缴税额一倍以上五倍以下罚金；情节特别严重的，处十年以上有期徒刑或者无期徒刑，并处偷逃应缴税额一倍以上五倍以下罚金或者没收财产。

"（三）走私货物、物品偷逃应缴税额在五万元以上不满十五万元的，处三年以下有期徒刑或者拘役，并处偷逃应缴税额一倍以上五倍以下罚金。"

别依照下列规定处罚：

（一）走私货物、物品偷逃应缴税额较大或者一年内曾因走私被给予二次行政处罚后又走私的，处三年以下有期徒刑或者拘役，并处偷逃应缴税额一倍以上五倍以下罚金。

（二）走私货物、物品偷逃应缴税额巨大或者有其他严重情节的，处三年以上十年以下有期徒刑，并处偷逃应缴税额一倍以上五倍以下罚金。

（三）走私货物、物品偷逃应缴税额特别巨大或者有其他特别严重情节的，处十年以上有期徒刑或者无期徒刑，并处偷逃应缴税额一倍以上五倍以下罚金或者没收财产。

单位犯前款罪的，对单位判处罚金，并对其直接负责的主管人员和其他直接责任人员，处三年以下有期徒刑或者拘役；情节严重的，处三年以上十年以下有期徒刑；情节特别严重的，处十年以上有期徒刑。

对多次走私未经处理的，按照累计走私货物、物品的偷逃应缴税额处罚。

第一百五十四条　下列走私行为，根据本节规定构成犯罪的，依照本法第一百五十三条的规定定罪处罚：

（一）未经海关许可并且未补缴应缴税额，擅自将批准进口的来料加工、来件装配、补偿贸易的原材料、零件、制成品、设备等保税货物，在境内销售牟利的；

（二）未经海关许可并且未补缴应缴税额，擅自将特定减税、免税进口的货物、物品，在境内销售牟利的。

第一百五十五条①　下列行为，以走私罪论处，依照本节的有关规定处罚：

---

① 本条经2002年12月28日《刑法修正案（四）》第3条修正。

《刑法》原第155条为：“下列行为，以走私罪论处，依照本节的有关规定处罚：

“（一）直接向走私人非法收购国家禁止进口物品的，或者直接向走私人非法收购走私进口的其他货物、物品，数额较大的；

“（二）在内海、领海运输、收购、贩卖国家禁止进出口物品的，或者运输、收购、贩卖国家限制进出口货物、物品，数额较大，没有合法证明的；

“（三）逃避海关监管将境外固体废物运输进境的。”

（一）直接向走私人非法收购国家禁止进口物品的，或者直接向走私人非法收购走私进口的其他货物、物品，数额较大的；

（二）在内海、领海、界河、界湖运输、收购、贩卖国家禁止进出口物品的，或者运输、收购、贩卖国家限制进出口货物、物品，数额较大，没有合法证明的。

第一百五十六条　与走私罪犯通谋，为其提供贷款、资金、账号、发票、证明，或者为其提供运输、保管、邮寄或者其他方便的，以走私罪的共犯论处。

第一百五十七条　武装掩护走私的，依照本法第一百五十一条第一款的规定从重处罚。①

以暴力、威胁方法抗拒缉私的，以走私罪和本法第二百七十七条规定的阻碍国家机关工作人员依法执行职务罪，依照数罪并罚的规定处罚。

（二）罪名详解

走私普通货物、物品罪，是指违反海关法规，逃避海关监管，运输、携带、邮寄除武器、弹药、核材料、假币、文物、贵重金属、珍贵动物及其制品、珍稀植物及其制品、淫秽物品、固体废物、液态废物、气态废物、毒品、制毒物品等国家禁止进出口的货物、物品以外的其他普通货物、物品进出国（边）境，偷逃应缴关税税额较大或者一年内曾因走私被两次行政处罚后又走私的行为。

本罪是从《全国人民代表大会常务委员会关于惩治走私罪的补充规定》第4条的规定，吸收改为刑法的具体规定的。《刑法修正案（八）》第27条完善了本罪的定罪量刑标准，将单纯的计赃论罚式改为数额与其他情节结合的方式，且不再规定具体的数额标准。

走私普通货物、物品罪的构成要件是：

1. 主体要件

本罪的犯罪主体为一般主体，自然人和单位均可构成本罪的主体。

---

① 本款经2011年2月25日《刑法修正案（八）》第28条修正。《刑法》原第157条第1款为："武装掩护走私的，依照本法第一百五十一条第一款、第四款的规定从重处罚。"

2. 主观要件

本罪的主观方面由故意构成，过失不构成本罪。行为人明知自己的行为违反国家海关监管法律法规，逃避海关监管，偷逃进出境货物、物品的应缴税额，或者逃避国家有关货物、物品进出境的禁止性管理，并且希望或者放任危害结果发生的，应认定为具有走私的故意。如果行为人没有走私的故意，但有违反海关法规，逃避海关监管的行为，则不属于走私行为，一般是由于不懂海关监管规定或者疏忽大意而该报未报或者漏报、错报关税的过失造成的，应由海关依照《海关法》的规定予以行政处理。

应当注意的是，本罪不以牟利为目的作为构成要件。在实践中，行为人一般都具有牟取非法利益或者其他非法利益的犯罪目的，但1997年刑法无此规定。

3. 客体要件

本罪侵犯的客体是国家对普通货物、物品进出口监管、征收关税的制度。

《海关法》《进出口关税条例》等法律、法规规定了海关对进出境普通货物、物品进行监管、征收关税的制度。违反上述法规，逃避海关监管，偷逃货物、物品进出境应缴税款的行为，直接侵害了国家海关对普通货物、物品进出境的监管、关税征收制度。

4. 客观要件

本罪的客观方面表现为违反海关法规，逃避海关监管，运输、携带、邮寄普通货物、物品进出国（边）境、偷逃应缴关税税额较大或者一年内曾因走私被两次行政处罚后又走私的行为。

（1）“违反海关法规”，是指违反《海关法》《进出口关税条例》等法律、法规。

（2）“逃避海关监管”，是指采用隐瞒、隐藏、伪报、蒙混、绕关等方式、方法，躲避海关监督、管理和检查，即通常所说的绕关走私、瞒关走私、夹藏走私及后续走私行为。所谓后续走私，是指走私分子以合法的形式将货物、物品进出口而实际上进行走私的行为，如《刑法》第154条规定的情形。

（3）“偷逃应缴关税税额较大的行为”，是指违反《进出口关税条例》，偷逃国家准许进出境的普通货物、物品应缴的进出口关税和进口环节海关代征税的税额，达到数额较大的行为。根据《走私解释》第16条第1款的规定，走私普通货物、物品，偷逃应缴税额在十万元以上不满五十万元的，应当认定为《刑法》第153条第1款规定的“偷逃应缴税额较大”。

（4）“一年内曾因走私被两次行政处罚后又走私的行为”，是指违反海关法规，逃避海关监管，在一年内因为运输、携带、邮寄普通货物、物品进出国（边）境被有关部门给予两次行政处罚后，又运输、携带、邮寄普通货物、物品进出国（边）境的行为。《刑法修正案（八）》为加大对小额多次走私普通货物、物品行为的刑事打击力度而规定上述行为应予追究刑事责任。此行为是独立于偷逃税额之外的一个定罪情节，偷逃税款的数额不影响此行为罪与非罪的认定。“被给予两次行政处罚”是适用本项规定的前提条件，如此前多次走私但未受到行政处罚的，仍然应当将多次走私偷逃的税款进行累计，视其数额情况和情节定罪量刑，未能达到数额较大标准的一般不构成犯罪；“一年内曾因走私被给予二次行政处罚后又走私”中的“一年内”，以因走私第一次受到行政处罚的生效之日与“又走私”行为实施之日的时间间隔计算确定；“被给予二次行政处罚”的走私行为，包括走私普通货物、物品以及其他货物、物品；“又走私”行为仅指走私普通货物、物品。

根据《刑法》第154条、第155条的规定，未经海关许可并且未补缴应缴税额，擅自将批准进口的来料加工、来件装配、补偿贸易的原材料、零件、制成品、设备等保税货物，在境内销售牟利的；未经海关许可并且未补缴应缴税额，擅自将特定减税、免税进口的货物、物品，在境内销售牟利的；直接向走私人非法收购走私进口的货物、物品，数额较大的；在内海、领海、界河、界湖运输、收购、贩卖国家限制进出口的货物、物品，数额较大，没有合法证明的，也应当以走私普通货物、物品罪论处。其中，“保税货物”，是指经海关批准，未办理纳税手续进境，在境内储存、加工、装配后应予复运出境的货物。保税货物包括通过加工贸易、补偿贸易等方式进口的货物，以及在保税仓库、保税工厂、保税区或者免税商店内等储存、加工、寄售的货物。“直接向走私人非法收购走私进口的其他货物、物品，数额较大的”，是指明知是走私行为人而向其非法收购走私进口的其他货物、物品，应缴税额数额较大的。

（三）实务疑难问题

1. 正确区分罪与非罪

下列情形下，虽然属于走私行为，但因“情节显著轻微，可不认为是犯罪”：

（1）走私普通货物、物品，偷逃应缴税额未达到较大标准，即在10万元以下的；

（2）一年内虽然多次走私，但均未被行政处罚过或者仅被行政处罚过一次，且“应缴税额”未达到较大标准，即在10万元以下的。

2. 关于本罪的既未遂问题

关于此问题，参见本书走私武器、弹药罪的阐述。

3. 正确区分此罪与彼罪

（1）走私普通货物、物品罪的对象是走私《刑法》第151条、第152条、第347条规定以外的货物、物品，如果走私的对象是上述条款规定的货物、物品的，则应当以条款规定的犯罪处罚。两者的区别，关键在于走私的对象不同。前者的走私对象是国家允许进出口的普通货物、物品；后者的走私对象则是国家禁止进出口的物品。根据刑法规定，走私武器、弹药、核材料、假币、文物、贵重金属、珍贵动物及其制品、淫秽勿品、固体废物、液态废物、气态废物、毒品、珍稀植物及其制品等国家禁止进出口的其他货物、物品都有专条规定，各构成特定的走私犯罪。因此，前者与后者的犯罪对象属于一般与特殊的关系。

（2）未经许可进出口国家限制进出口的货物、物品行为的性质认定。有意见认为，限制进出口的货物、物品不同于禁止进出口的货物、物品，未经许可走私国家限制进出口的货物、物品，如果限制进出口的货物、物品属于涉税货物、物品的，应以走私普通货物、物品罪定罪处罚；属于非涉税货物、物品的，可不作犯罪处理。《走私解释》未采纳该意见，而是在第21条明确规定，未经许可进出口国家限制进出口的货物、物品，构成犯罪的应当依照《刑法》第151条、第152条的规定，以走私国家禁止进出口的货物、物品罪等罪名定罪处罚。偷逃应缴税额，同时又构成走私普通货物、物品罪的，依照处罚较重的规定定罪处罚。主要考虑是：禁止进出口货物、物品包括绝对禁止和相对禁止两种，刑法规定的禁止进出口不限于绝对禁止的情形。例如，针对部分驯养繁殖的野生动植物及其制品在经国务院行政主管部门批准并取得证明书的情况下可以合法进出口的问题，全国人大常委会法工委刑法室在回复有关单位的意见中明确指出：“《刑法》第一百五十一条规定的走私国家禁止进出口的珍贵动物、珍稀植物及其制品的行为，是指走私未经国家有关部门批准，并取得相应进出口证明的珍贵动物、珍稀植物及其制品的行为。”

租用、借用或者使用购买的他人许可证，进出口国家限制进出口的货物、物品的，适用前列规定定罪处罚，即视为未经许可进出口国家限制进出口的货物、物品。

（3）取得许可，但超过许可数量进出口国家限制进出口的货物、物品，构成犯罪的，依照《刑法》第 153 条的规定，以走私普通货物、物品罪定罪处罚。

4. 正确认定走私主观故意中的“明知”

走私主观故意中的“明知”，是指行为人知道或者应当知道所从事的行为是走私行为。司法实践中，具有下列情形之一的，一般可以认定为“明知”，但有证据证明确属被蒙骗的除外：（1）逃避海关监管，运输、携带邮寄国家禁止进出境的货物、物品的；（2）用特制的有意逃避海关监管设备或者运输工具走私货物、物品的；（3）未经海关同意，在非设关的码头、海（河、湖）岸、陆路边境等地点，运输（驳载）、收购或者贩卖非法进出境货物、物品的；（4）提供虚假的合同、发票、证明等商业单证委托他人办理通关手续的；（5）以明显低于货物正常进（出）口的应缴税额委托他人代理进（出）口业务的；（6）曾因同一种走私行为受过刑事处罚或者行政处罚，又以相同方式进行走私的；（7）其他有证据证明的情形。

5. 正确理解《刑法》第 154 条规定的“销售牟利”

《刑法》第 154 条第（一）、（二）项规定的“销售牟利”，是指行为人主观上为了牟取非法利益而擅自销售海关监管的保税货物、特定减免税货物。这种行为是否构成犯罪，应当根据偷逃的应缴税额是否达到数额较大的标准或者是否属于“一年内曾因走私被给予二次行政处罚后又走私的”情形予以认定。实际获利与否或者获利多少并不影响对行为人的定罪。

6. 关于利用购买的加工贸易登记手册、特定减免税批文等涉税单证进口货物行为的定性处理问题

加工贸易登记手册、特定减免税批文等涉税单证是海关根据国家法律法规以及有关政策的规定，给予特定企业用于保税货物经营管理和减免税优惠待遇的凭证。利用购买的加工贸易登记手册、特定减免税批文等涉税单证进口货物，实质是将一般贸易货物伪报为加工贸易保税货物或者特定减免税货物进口，以达到偷逃应缴税款的目的，应当适用《刑法》第 153 条以走私普

通货物、物品罪定罪处罚。如果行为人与走私分子通谋出售上述涉税单证，或者在出卖批文后又以提供印章、向海关伪报保税货物、特定减免税货物等方式帮助买方办理进口通关手续的，对卖方依照《刑法》第156条以走私罪共犯定罪处罚。买卖上述涉税单证情节严重尚未进口货物的，则应依照《刑法》第280条规定的买卖国家机关公文、证件、印章罪定罪处罚。

7. 关于在加工贸易活动中骗取海关核销行为的认定问题

在加工贸易经营活动中，以假出口、假结转或者利用虚假单证等方式骗取海关核销，致使保税货物、物品脱离海关监管，造成国家税款流失，情节严重的，应当依照《刑法》第153条的规定，以走私普通货物、物品罪追究行为人的刑事责任。但有证据证明因不可抗力原因导致保税货物脱离海关监管，经营人无法办理正常手续而骗取海关核销的，则不应当认定为走私犯罪。

8. 关于伪报价格走私犯罪案件中实际成交价格的认定问题

走私犯罪案件中的伪报价格行为，是指犯罪嫌疑人、被告人在进出口货物、物品时，向海关申报进口或者出口的货物、物品的价格低于或者高于进出口货物的实际成交价格。对实际成交价格的认定，在无法提取真、伪两套合同、发票等单证的情况下，可以根据犯罪嫌疑人、被告人的付汇渠道、资金流向、会计账册、境内外收发货人的真实交易方式，以及其他能够证明进出口货物实际成交价格的证据材料综合认定。

9. 关于出售走私货物已缴纳的增值税应否从走私偷逃应缴税额中扣除的问题

走私犯罪嫌疑人为出售走私货物而开具增值税专用发票并缴纳增值税，是其走私行为既遂后在流通领域获取违法所得的一种手段，属于非法开具增值税专用发票。对走私犯罪嫌疑人因出售走私货物而实际缴纳走私货物增值税的，在核定走私货物偷逃应缴税额时，不应当将其已缴纳的增值税额从其走私偷逃应缴税额中扣除。

10. 关于单位走私犯罪案件自首的认定问题

单位走私犯罪案件中，对单位集体决定自首的，或者单位直接负责的主管人员自首的，应当认定为单位自首。认定单位自首后，如实交代主要犯罪事实的单位其他负责的主管人员和其他直接责任人员，可视为自首；但对拒不交代主要犯罪事实或者逃避法律追究的人员，则不以自首论。

11. 对于在走私的普通货物、物品或者废物中藏匿特定货物的定性

在走私的普通货物、物品或者废物中藏匿《刑法》第151条、第152条、第347条、第350条规定的货物、物品，构成犯罪的，以实际走私的货物、物品定罪处罚；构成数罪的，实行数罪并罚。但是，确有充分证据证明行为人对藏匿的货物、物品不知情的除外。

12. 注重对共同犯罪的惩治

根据《刑法》第156条的规定，与走私普通货物、物品的犯罪分子通谋，为其提供贷款、资金、账号、发票、证明，或者为其提供运输、保管、邮寄或者其他方便的，以走私普通货物、物品罪的共犯论处。

（四）情节与量刑

依照《刑法》第153条第1款规定，犯走私普通货物、物品罪的，根据情节轻重，分别依照下列规定处罚：（1）走私货物、物品偷逃应缴税额较大或者一年内曾因走私被给予二次行政处罚后又走私的，处3年以下有期徒刑或者拘役，并处偷逃应缴税额1倍以上5倍以下罚金；（2）走私货物、物品偷逃应缴税额巨大或者有其他严重情节的，处3年以上10年以下有期徒刑，并处偷逃应缴税额1倍以上5倍以下罚金；（3）走私货物、物品偷逃应缴税额特别巨大或者有其他特别严重情节的，处10年以上有期徒刑或者无期徒刑，并处偷逃应缴税额1倍以上5倍以下罚金或者没收财产。

依照本条第2款的规定，单位犯本罪的，对单位判处罚金，并对其直接负责的主管人员和其他直接责任人员，处3年以下有期徒刑或者拘役；情节严重的，处3年以上10年以下有期徒刑；情节特别严重的，处10年以上有期徒刑。

依照本条第3款的规定，对多次走私未经处理的，按照累计走私货物、物品的偷逃应缴税额处罚。

具体情节与量刑的对应情况，列表格如下：

<table>
<tr><th>量刑档次</th><th>对应情节</th><th>有关概念解释</th><th>附加刑的适用</th></tr>
<tr><td>三年以下有期徒刑或者拘役，并处偷逃应缴税额一倍以上五倍以下罚金</td><td>（1）偷逃应缴税额较大；
（2）一年内曾因走私被给予二次行政处罚后又走私的。</td><td>1. 偷逃应缴税额在10万元以上不满50万元的，应当认定为偷逃应缴税额较大。
2. “一年内”，以因走私第一次受到行政处罚的生效之日与“又走私”行为实施之日的时间间隔计算确定；“被给予二次行政处罚”的走私行为，包括走私普通货物、物品以及其他货物、物品；“又走私”行为仅指走私普通货物、物品。
3. 多次走私未经处理，包括未经行政处理和刑事处理的，按照累计走私货物、物品的偷逃应缴税额处罚。</td><td rowspan="3">1. 本罪所规定的罚金刑都是并处，即必须并处。
2. 主刑为无期徒刑的，附加刑一般应当处没收财产；主刑为十年以上有期徒刑的，既可以并处罚金，也可以并处没收财产，但是一般以判处罚金为主。</td></tr>
<tr><td>三年以上十年以下有期徒刑，并处偷逃应缴税额一倍以上五倍以下罚金</td><td>（1）偷逃应缴税额巨大；
（2）有其他严重情节的。</td><td>1. 偷逃应缴税额在50万元以上不满250万元的，应当认定为“偷逃应缴税额巨大”。
2. 具有下列情形之一，偷逃应缴税额在30万元以上不满50万元的，应当认定为“其他严重情节”：（1）犯罪集团的首要分子；（2）使用特种车辆从事走私活动的；（3）为实施走私犯罪，向国家机关工作人员行贿的；（4）教唆、利用未成年人、孕妇等特殊人群走私的；（5）聚众阻挠缉私的。
3. 多次走私未经处理，包括未经行政处理和刑事处理的，按照累计走私货物、物品的偷逃应缴税额处罚。</td></tr>
<tr><td>十年以上有期徒刑或者无期徒刑，并处偷逃应缴税额一倍以上五倍以下罚金或者没收财产</td><td>（1）偷逃应缴税额特别巨大；
（2）有其他特别严重情节。</td><td>1. 偷逃应缴税额在250万元以上的，应当认定为“偷逃应缴税额巨大”。
2. 具有下列情形之一，偷逃应缴税额在150万元以上不满250万元的，应当认定为“其他特别严重情节”：（1）犯罪集团的首要分子；（2）使用特种车辆从事走私活动的；（3）为实施走私犯罪，向国家机关工作人员行贿的；（4）教唆、利用未成年人、孕妇等特殊人群走私的；（5）聚众阻挠缉私的。
3. 多次走私未经处理，包括未经行政处理和刑事处理的，按照累计走私货物、物品的偷逃应缴税额处罚。</td></tr>
</table>

司法机关在适用本条规定处罚时，应当注意以下问题：

1. 正确把握偷逃应缴税额较大、巨大、特别巨大

根据《走私解释》第 16 条第 1 款的规定，走私普通货物、物品，偷逃应缴税额在 10 万元以上不满 50 万元的，应当认定为《刑法》第 153 条第 1 款规定的“偷逃应缴税额较大”；偷逃应缴税额在 50 万元以上不满 250 万元的，应当认定为“偷逃应缴税额巨大”；偷逃应缴税额在 250 万元以上的，应当认定为“偷逃应缴税额特别巨大”。

2. 正确把握走私货物、物品的其他严重情节、其他特别严重情节

走私普通货物、物品，具有下列情形之一，偷逃应缴税额在 30 万元以上不满 50 万元的，应当认定为《刑法》第 153 条第 1 款规定的“其他严重情节”；偷逃应缴税额在 150 万元以上不满 250 万元的，应当认定为“其他特别严重情节”：

（一）犯罪集团的首要分子；

（二）使用特种车辆从事走私活动的；

（三）为实施走私犯罪，向国家机关工作人员行贿的；

（四）教唆、利用未成年人、孕妇等特殊人群走私的；

（五）聚众阻挠缉私的。

3. 正确认定小额多次走私

《刑法修正案（八）》将小额多次走私行为纳入了刑事打击范畴。

（1）正确理解“一年内曾因走私被给予二次行政处罚后又走私”。对此的具体理解，实践中存在意见分歧，集中体现在“一年内”的时间计算和走私对象的范围两个方面。为规范司法认定，《走私解释》第 17 条明确，“一年内”应以因走私第一次受到行政处罚的生效之日与“又走私”行为实施之日的时间间隔计算确定；已受行政处罚的走私行为的对象不受普通货物、物品的限制，但是“又走私”行为的对象必须是普通货物、物品。对于一年内曾因走私被给予两次行政处罚后又走私需要追究刑事责任的，具体的定罪量刑标准可由各地人民法院结合案件具体情况和本地实际确定。需要注意的是，“一年内曾因走私被给予两次行政处罚后又走私”的规定解决的仅仅是定罪标准的问题，不能据此认定所有的“一年内曾因走私被给予两次行政处罚后又走私”的情形均判处 3 年以下有期徒刑或者拘役。如“又走私”的偷逃应缴税额巨大或者有其他严重情节的，则应当判处 3 年以上 10 年以下有期徒刑。

对于其他严重情节、其他特别严重情节，则可以综合走私次数、走私方式、走私的货物、物品的性质、税款补缴情况、有无造成税款之外的其他损失等因素具体认定。

（2）正确认定“多次走私未经处理”。《刑法》第153条第3款规定，多次走私未经处理的，按照累计走私货物、物品的偷逃应缴税额处罚。这里的“多次走私未经处理”，包括未经行政处理和刑事处理，且每次行为，从其性质上都属于走私的范畴。但对多次走私未经处理的，应按刑法关于追诉时效的规定处理；对已超过追诉时效的，不再适用本条的规定。

4. 应缴税额的计算依据

之前的有关司法解释规定，应缴税额以走私行为案发时的税则、税率、汇率和完税价格计算。对此，实践中反映，关税政策性强，税率调整较为频繁，偷逃税额一概以案发时为准，不够客观、公允。鉴此，《走私解释》第18条参照经济犯罪数额认定的通行做法，确定了行为实施时为主、案发时为辅的计算原则，即应缴税额以走私行为实施时的税则、税率、汇率和完税价格计算；多次走私的，以每次走私行为实施时的税则、税率、汇率和完税价格逐票计算；走私行为实施时间不能确定的，以案发时的税则、税率、汇率和完税价格计算。

5. 武装掩护走私普通货物、物品或者以暴力、威胁方法抗拒缉私的处理

依照《刑法》第157条第1款的规定，武装掩护走私普通货物、物品的，在《刑法》第151条第1款规定的法定刑的幅度内从重处罚。行为人所携带的武器无论是否使用，均应按照《刑法》第151条第1款的规定处罚。

依照《刑法》第157条第2款的规定，以暴力、威胁方法抗拒缉私的，以走私罪和《刑法》第277条规定的阻碍国家机关工作人员依法执行职务罪，依照数罪并罚的规定处罚。

6. 关于单位犯走私普通货物、物品罪的定罪量刑标准

根据《走私解释》第24条第1款规定，单位犯《刑法》第151条、第152条规定之罪，依照本解释规定的标准定罪处罚。即犯《刑法》第151条、第152条规定之罪的，单位与自然人的定罪量刑标准是一致的。

但是，对于走私普通货物、物品罪，《走私解释》专门就单位犯罪作了单独的定罪量刑标准，也就是说，对单位犯罪与自然人犯罪的定罪、量刑标准是不一致的。《走私解释》第24条第2款规定，单位犯走私普通货物、物品

罪，偷逃应缴税额在 20 万元以上不满 100 万元的，应当依照《刑法》第 153 条第 2 款的规定，对单位判处罚金，并对其直接负责的主管人员和其他直接责任人员，处 3 年以下有期徒刑或者拘役；偷逃应缴税额在 100 万元以上不满 500 万元的，应当认定为“情节严重”；偷逃应缴税额在 500 万元以上的，应当认定为“情节特别严重”。

之前的有关司法解释规定，规定单位走私普通货物、物品罪的定罪量刑标准按照自然人犯罪标准的 5 倍掌握。《走私解释》第 24 条将之下调为自然人犯罪标准的两倍，主要有以下几点考虑：(1)《刑法》第 153 条对于走私普通货物、物品罪区分单位犯罪和自然人犯罪配置了不同的法定刑，其中单位犯罪的刑罚明显要轻于自然人犯罪，这一点在确定单位犯罪的定罪量刑标准时也应有所体现；(2) 随着公司设立门槛的不断降低，单位走私犯罪数量的急剧攀升，单位利益与个人利益更趋紧密，在预留出行政处罚必要空间的基础上，单位犯罪的定罪量刑标准与自然人犯罪不宜拉开过大；(3) 按照两倍标准把握，《走私解释》实际上将《最高人民法院关于审理走私刑事案件具体应用法律若干问题的解释》(已失效) 原确定的 25 万元、75 万元、250 万元三个量刑档次起点数额调整为 20 万元、100 万元、500 万元。两相比较，入罪门槛基本相当但不同量刑档次的数额标准明显拉大，既可以避免案件总体数量的大起大落，同时也为均衡量刑预留出了更大的裁量空间。

7. 关于量刑规范化

《最高人民法院关于常见犯罪的量刑指导意见》对走私普通货物、物品罪的量刑并未有作出规定，这主要是由于此类案件在司法实践中的发案率不高，最高司法机关还未能总结出一套比较完整的量刑规范化方案，有待于在总结经验的基础上再作出详细的规定。在此之前，各高级法院可以根据各地的社会治安状况、经济发展状况等因素，制定适合本省、自治区、直辖市实际情况的量刑规范化标准。在有关规定出台前，司法人员应当根据犯罪的事实、犯罪的性质、情节和对于社会的危害程度，依照刑法和有关司法解释的规定判处刑罚。

第三节　妨害对公司、企业的管理秩序罪

一、虚报注册资本罪

（一）法律规定

第一百五十八条　申请公司登记使用虚假证明文件或者采取其他欺诈手段虚报注册资本，欺骗公司登记主管部门，取得公司登记，虚报注册资本数额巨大、后果严重或者有其他严重情节的，处三年以下有期徒刑或者拘役，并处或者单处虚报注册资本金额百分之一以上百分之五以下罚金。

单位犯前款罪的，对单位判处罚金，并对其直接负责的主管人员和其他直接责任人员，处三年以下有期徒刑或者拘役。

（二）罪名详解

虚报注册资本罪，是指在申请公司登记过程中，使用虚假证明文件或者采取其他欺诈手段虚报注册资本，欺骗公司登记主管部门，取得公司登记，虚报注册资本数额巨大、后果严重或者有其他严重情节的行为。

本罪是从《全国人民代表大会常务委员会关于惩治违反公司法的犯罪的决定》第1条的规定，吸收改为刑法的具体规定的，1979年刑法没有虚报注册资本罪的规定。

虚报注册资本罪的构成要件是：

1. 主体要件

犯罪主体为特殊主体，即必须是申请公司登记的个人或者单位。申请公司登记的个人，在有限责任公司中是指由全体股东指定的代表或者共同委托的代理人；在股份有限公司中，是指股份有限公司的董事长。根据《最高人民法院关于如何认定国有控股、参股股份有限公司中的国有公司、企业人员的解释》，国有公司、企业委派到国有控股、参股公司从事公务的人员，以国

有公司、企业人员论。申请公司登记的单位，是指申请设立有限责任公司和股份有限公司的机构或者部门。

2. 客体要件

本罪侵犯的客体是国家对公司的登记管理制度。为便于国家对公司的管理，规范公司行为，约束、保障公司的经营活动，以适应市场经济的需要，改变过去设立公司一律要经审批的计划经济的做法，1993 年 12 月 29 日第八届全国人民代表大会常务委员会第五次会议通过的《公司法》[①] 中规定了公司登记制度。这里讲的公司，是指依法设立的有限责任公司和股份有限公司。根据公司法的规定，设立有限责任公司和股份有限公司都有严格的法定条件，特别是关于注册资本的要求十分严格。“注册资本”，对于有限责任公司而言，是指在公司登记机关登记的全体股东认缴的出资额；[②] 对于股份有限公司而言，如系采取发起设立方式设立，是指在公司登记机关登记的全体发起人认购的股本总额；如系采取募集方式设立，则为公司登记机关登记的实收股本总额。[③] 注册资本既是公司经营资本的一部分，也是划分股东权益的标准之一，还是公司承担风险、偿还债务的基本保障。股东出资达到法定资本最低限额，是设立有限责任公司和股份有限公司的必备条件之一。一旦出资有假，就可能损害债权人的利益，进而扰乱市场秩序。因此，对虚报注册资本的行为，必须依法惩处。

3. 主观要件

主观方面由故意构成，而且只能是直接故意。间接故意和过失不构成本罪。

4. 客观要件

客观方面表现为使用虚假证明文件或者采取其他欺诈手段虚报注册资本，

---

① 《中华人民共和国公司法》先后经 1999 年 12 月 25 日第九届全国人民代表大会常务委员会第十三次会议《关于修改（中华人民共和国公司法）的决定》第一次修正；2004 年 8 月 28 日第十届全国人民代表大会常务委员会第十一次会议《关于修改（中华人民共和国公司法）的决定》第二次修正；2005 年 10 月 27 日第十届全国人民代表大会常务委员会第十八次会议修订；2013 年 12 月 28 日第十二届全国人民代表大会常务委员会第六次会议《关于修改〈中华人民共和国海洋环境保护法〉等七部法律的决定》第三次修正　根据 2018 年 10 月 26 日第十三届全国人民代表大会常务委员会第六次会议《关于修改〈中华人民共和国公司法〉的决定》第四次修正。

② 《中华人民共和国公司法》第 26 条。

③ 《中华人民共和国公司法》第 80 条。

欺骗公司登记主管部门，取得公司登记，虚报注册资本数额巨大、后果严重或者有其他严重情节的行为。“虚假证明文件”，是指依法设立的注册会计师事务所和审计师事务所对申请公司登记的单位或者个人提交的注册资本进行验证后，出具的不真实的验资报告、资产评估报告、验资证明等材料。“其他欺诈手段”，是指采取贿赂等非法手段收买有关部门的工作人员，恶意串通，虚报注册资本，或者采用其他隐瞒事实真相的方法，欺骗公司登记主管部门的行为。按照公司法的规定，股东出资达到法定资本最低限额是设立有限责任公司必须具备的条件之一。“虚报注册资本”，是指公司的实有资本没有达到其向公司登记主管部门申报的注册资本的数额。公司的实有资本虽已达到法定注册资本的最低限额，但与其申报的注册资本不符的，仍属虚报。需要注意的是，2005 年 10 月 27 日，第十届全国人民代表大会常务委员会第十八次会议修订的《公司法》第 26 条、第 59 条、第 81 条对公司设立条件作了重要修改：一是降低了公司法定注册资本金的最低限额；二是将注册资本的缴纳由原来的实缴制，即在申请公司登记时需缴足认缴资本或者认购股本，改为实缴与认缴相结合，即允许公司股东在公司申请登记之时只缴纳部分认购、认缴的出资，剩余部分在法定年限内缴足即可（一人有限责任公司除外）。司法实践中，要注意依照本次修订后公司法的规定，正确理解和把握“虚报注册资本”的含义。具体而言，由于现行公司法已不再要求在公司成立时即缴足出资，鉴此，即使在申请公司登记时对股东认缴的资本或者认购的股本作了夸大，只要其首次出资额已达到法定标准，且后来在法定年限内又缴足申报的注册资本的剩余部分，就不能认定为是“虚报注册资本”。“欺骗公司登记主管部门”，根据公司法和公司登记管理条例的规定，是指欺骗工商行政管理机关。“取得公司登记”，是指经工商行政管理部门核准并发给《企业法人营业执照》。“虚报注册资本数额巨大”“后果严重或者有其他严重情节”，参见《最高人民检察院、公安部关于公安机关管辖的刑事案件立案追诉标准的规定（二）》（以下简称《立案追诉标准（二）》）第 3 条的规定。

（三）实务疑难问题

1. 划清罪与非罪的界限

构成本罪必须同时具备两个条件：（1）行为人使用虚假证明文件或者采取其他欺诈手段虚报注册资本，欺骗公司登记主管部门，“取得公司登记”。

如果在申请登记过程中，受理申请的工商部门没有予以登记的，不构成本罪。(2) 行为人具有“虚报注册资本数额巨大、后果严重或者有其他严重情节”。如果行为人虚报的注册资本数额不大，造成的后果不严重或者没有其他严重情节的，也不构成本罪，可以由工商行政管理部门视情节予以行政处罚。《立案追诉标准（二）》第3条规定：申请公司登记使用虚假证明文件或者采取其他欺诈手段虚报注册资本，欺骗公司登记主管部门，取得公司登记，涉嫌下列情形之一的，应予立案追诉：(1) 超过法定出资期限，实缴注册资本不足法定注册资本最低限额，有限责任公司虚报数额在30万元以上并占其应缴出资数额60%以上的，股份有限公司虚报数额在300万元以上并占其应缴出资数额30%以上的；(2) 超过法定出资期限，实缴注册资本达到法定注册资本最低限额，但仍虚报注册资本，有限责任公司虚报数额在100万元以上并占其应缴出资数额60%以上的，股份有限公司虚报数额在1000万元以上并占其应缴出资数额30%以上的；(3) 造成投资者或者其他债权人直接经济损失累计数额在10万元以上的；(4) 虽未达到上述数额标准，但具有下列情形之一的：①两年内因虚报注册资本受过行政处罚二次以上，又虚报注册资本的；②向公司登记主管人员行贿的；③为进行违法活动而注册的。(5) 其他后果严重或者有其他严重情节的情形。

另外，需要指出的是，2013年12月28日，全国人大常委会对公司法进行了修改，将一般公司的注册资本实缴登记制改为认缴登记制，取消注册资本最低限额制度和缴足出资的期限规定。《全国人民代表大会常务委员会关于〈中华人民共和国刑法〉第一百五十八条、第一百五十九条的解释》规定，《刑法》第158条、第159条的规定，只适用于依法实行注册资本实缴登记制的公司。根据该立法解释，只有虚报注册资本取得依法应实行注册资本实缴登记制的公司的公司登记，才构成本罪。

2. 划清一罪与数罪的界限

如果行为人在虚报注册资本，取得公司登记后，又以虚报的注册资本作为资信保证进行其他犯罪活动的，如进行贷款诈骗等，构成犯罪的，应当依法实行数罪并罚。

（四）情节与量刑

依照《刑法》第158条规定，犯虚报注册资本罪的，处3年以下有期徒刑或者拘役，并处或者单处虚报注册资本金额1%以上5%以下罚金。

单位犯本罪的，对单位判处罚金，并对其直接负责的主管人员和其他直接责任人员，处3年以下有期徒刑或者拘役。

（五）法律链接

1. 全国人民代表大会常务委员会关于《中华人民共和国刑法》第一百五十八条、第一百五十九条的解释（2014年4月24日第十二届全国人民代表大会常务委员会第八次会议通过 自2014年4月24日起施行）

全国人民代表大会常务委员会讨论了公司法修改后刑法第一百五十八条、第一百五十九条对实行注册资本实缴登记制、认缴登记制的公司的适用范围问题，解释如下：

刑法第一百五十八条、第一百五十九条的规定，只适用于依法实行注册资本实缴登记制的公司。

现予公告。

2. 最高人民检察院、公安部关于严格依法办理虚报注册资本和虚假出资抽逃出资刑事案件的通知（公经〔2014〕247号 自2014年5月20日起施行）

为了正确执行新修改的公司法和全国人大常委会立法解释，现就严格依法办理虚报注册资本和虚假出资、抽逃出资刑事案件的有关要求通知如下：

一、充分认识公司法修改对案件办理工作的影响。新修改的公司法主要涉及三个方面：一是将注册资本实缴登记制改为认缴登记制，除对公司注册资本实缴有另行规定的以外，取消了公司法定出资期限的规定，采取公司股东（发起人）自主约定认缴出资额、出资方式、出资期限等并记载于公司章程的规定。二是放宽注册资本登记条件，除对公司注册资本最低限额有另行规定的以外，取消了公司最低注册资本限制、公司设立时股东（发起人）的首次出资比例以及货币出资比例限制。三是简化登记事项和登记文件，有限责任公司股东认缴出资额、公司实收资本不再作为登记事项，公司登记时不需要提交验资报告。全国人大常委会立法解释规定："刑法第一百五十八条、第一百五十九条的规定，只适用于依法实行注册资本实缴登记制的公司。"新修改的公司法和上述立法解释，必将对公安机关、检察机关办理虚报注册资本和虚假出资、抽逃出资刑事案件产生重大影响。各级公安机关、检察机关要充分认识新修改的公司法和全国人大常委会立法解释的重要意义，深刻领会其精神实质，力争在案件办理工作中准确适用，并及时了解掌握本地区虚报注册资本和虚假出资、抽逃出资案件新情况、新问题以及其他相关犯罪态势，进一步提高办理虚报注册资本和虚假出资、抽逃出资刑事案件的能力和水平。

二、严格把握罪与非罪的界限。根据新修改的公司法和全国人大常委会立法解释，自 2014 年 3 月 1 日起，除依法实行注册资本实缴登记制的公司［参见《国务院关于印发注册资本登记制度改革方案的通知》（国发〔2014〕7 号）］以外，对申请公司登记的单位和个人不得以虚报注册资本罪追究刑事责任；对公司股东、发起人不得以虚假出资、抽逃出资罪追究刑事责任。对依法实行注册资本实缴登记制的公司涉嫌虚报注册资本和虚假出资、抽逃出资犯罪的，各级公安机关、检察机关依照刑法和《立案追诉标准（二）》的相关规定追究刑事责任时，应当认真研究行为性质和危害后果，确保执法办案的法律效果和社会效果。

三、依法妥善处理跨时限案件。各级公安机关、检察机关对发生在 2014 年 3 月 1 日以前尚未处理或者正在处理的虚报注册资本和虚假出资、抽逃出资刑事案件，应当按照刑法第十二条规定的精神处理：除依法实行注册资本实缴登记制的公司以外，依照新修改的公司法不再符合犯罪构成要件的案件，公安机关已经立案侦查的，应当撤销案件；检察机关已经批准逮捕的，应当撤销批准逮捕决定，并监督公安机关撤销案件；检察机关审查起诉的，应当作出不起诉决定；检察机关已经起诉的，应当撤回起诉并作出不起诉决定；检察机关已经抗诉的，应当撤回抗诉。

四、进一步加强工作联系和沟通。各级公安机关、检察机关应当加强工作联系，对重大、疑难、复杂案件，主动征求意见，共同研究案件定性和法律适用等问题；应当加强与人民法院、工商行政管理等部门的工作联系，建立健全案件移送制度和有关工作协作制度，全面掌握公司注册资本制度改革后面临的经济犯罪态势；上级公安机关、检察机关应当加强对下级公安机关、检察机关的指导，确保虚报注册资本和虚假出资、抽逃出资案件得到依法妥善处理。

各地在执行中遇到的问题，请及时报告最高人民检察院和公安部。

3. 最高人民检察院、公安部关于公安机关管辖的刑事案件立案追诉标准的规定（二）（公通字〔2010〕23号　自2010年5月7日起施行）（节录）

二、破坏社会主义市场经济秩序案

第三条　［虚报注册资本案（刑法第一百五十八条）］申请公司登记使用虚假证明文件或者采取其他欺诈手段虚报注册资本，欺骗公司登记主管部门，取得公司登记，涉嫌下列情形之一的，应予立案追诉：（一）超过法定出资期限，实缴注册资本不足法定注册资本最低限额，有限责任公司虚报数额在三十万元以上并占其应缴出资数额百分之六十以上的，股份有限公司虚报数额在三百万元以上并占其应缴出资数额百分之三十以上的；（二）超过法定出资期限，实缴注册资本达到法定注册资本最低限额，但仍虚报注册资本，有限责任公司虚报数额在一百万元以上并占其应缴出资数额百分之六十以上的，股份有限公司虚报数额在一千万元以上并占其应缴出资数额百分之三十以上的；（三）造成投资者或者其他债权人直接经济损失累计数额在十万元以上的；（四）虽未达到上述数额标准，但具有下列情形之一的：1. 两年内因虚报注册资本受过行政处罚二次以上，又虚报注册资本的；2. 向公司登记主管人员行贿的；3. 为进行违法活动而注册的。（五）其他后果严重或者有其他严重情节的情形。

二、虚假出资、抽逃出资罪

（一）法律规定

第一百五十九条　公司发起人、股东违反公司法的规定未交付货币、实物或者未转移财产权，虚假出资，或者在公司成立后又抽逃其出资，数额巨大、后果严重或者有其他严重情节的，处五年以下有期徒刑或者拘役，并处或者单处虚假出资金额或者抽逃出资金额百分之二以上百分之十以下罚金。

单位犯前款罪的，对单位判处罚金，并对其直接负责的主管人员和其他直接责任人员，处五年以下有期徒刑或者拘役。

（二）罪名详解

虚假出资、抽逃出资罪，是指公司发起人、股东违反公司违反公司法的规定未交付货币、实物或者未转移财产权，虚假出资，或者在公司成立后又抽逃其出资，数额巨大、后果严重或者有其他严重情节的行为。

本罪是从《全国人民代表大会常务委员会关于惩治违反公司法的犯罪的决定》第 2 条的规定，吸收改为刑法的具体规定的，1979 年刑法没有虚假出资、抽逃出资罪的规定。

虚假出资、抽逃出资罪的构成要件是：

1. 主体要件

犯罪主体为特殊主体。即公司的发起人或者股东，包括单位。

2. 客体要件

本罪侵犯的客体是国家对公司的管理制度。为了加强对公司的管理，公司法中对于公司的设立登记规定了严格的条件。其中，对于公司发起人、股东的出资金额有着明确的规定，没有达到法定最低标准的，不允许登记设立公司，其目的是为了保障经济秩序的有序和稳定，加强对设立公司行为的管理和约束。公司发起人、股东如果采用欺诈手段虚假出资以骗取公司登记，或者在公司成立后又规避法律抽逃出资的，势必会破坏国家对公司的管理制度，干扰正常的经济秩序的运行对这种行为必须依法惩处。

3. 主观要件

主观方面由故意构成。过失不构成本罪。

4. 客观要件

客观方面表现为违反公司法的规定，未交付货币、实物或者未转移财产权，虚假出资，或者在公司成立后又抽逃出资，数额巨大、后果严重或者有其他严重情节的行为。“违反公司法的规定”，是指违反了公司法对公司发起人、股东出资方式、出资义务的有关规定，如有限责任公司的股东应当按期足额缴纳章程中规定的其所认缴的出资额，其中对以货币出资的，股东应当将货币出资足额存入准备设立的有限责任公司在银行开设的临时账户；以实物、工业产权、非专利技术或者土地使用权出资的，应当依法办理其财产权的转移手续。“未交付货币”，是指未将货币足额存入准备设立的公司在银行开设的临时账户，或者根本就没有交付任何货币。“未交付实物”，是指没有实际交付作为出资的机器、设备、原材料、房屋等实物。"未转移财产权"，是指对作为出资的实物、工业产权、非专利技术、土地使用权没有办理财产权转移手续或者土地使用权转移手续。"虚假出资"，是指对以实物、工业产权、非专利技术或者土地使用权出资的，在评估作价时，故意高估或者低估作价，然后再作为出资等情形。"公司成立后又抽逃其出资"，是指为达到设立公司的目的，通过向其他企业借款或者向银行贷款等手段取得资金作为出资，待公司登记成立后，又抽回这些资金或者是在公司设立时，依法缴纳了自己的出资，当公司成立后，又将已投入的资金撤回等情形。

（三）实务疑难问题

认定虚假出资、抽逃出资罪应当注意划清罪与非罪的界限。公司发起人、股东实施了虚假出资、抽逃出资的行为，只有数额巨大、后果严重或者有其他严重情节的，才构成本罪。如果行为人虽然未交付货币、实物或者未转移财产权，实施了虚假出资、抽逃出资的行为，但数额不大、后果不严重又不具有其他严重情节的，则属于违法行为，不构成犯罪，可以由工商行政管理部门视情节予以行政处罚。《立案追诉标准（二）》第4条规定：公司发起人、股东违反公司法的规定未交付货币、实物或者未转移财产权，虚假出资，或者在公司成立后又抽逃其出资，涉嫌下列情形之一的，应予立案追诉：1. 超过法定出资期限，有限责任公司股东虚假出资数额在30万元以上并占其应缴出资数额60%以上的，股份有限公司发起人、股东虚假出资数额在300万元以上并占其应缴出资数额30%以上的；2. 有限责任公司股东抽逃出资数额在30万元以上并占其实缴出资数额60%以上的，股份有限公司发起人、股东抽逃出资数额在300万元以上并占其实缴出资数额30%以上的；3. 造成公司、股东、债权人的直接经济损失累计数额在10万元以上的；4. 虽未达到上述数额标准，但具有下列情形之一的：（1）致使公司资不抵债或者无法正常经营的；（2）公司发起人、股东合谋虚假出资、抽逃出资的；（3）两年内因虚假出资、抽逃出资受过行政处罚二次以上，又虚假出资、抽逃出资的；（4）利用虚假出资、抽逃出资所得资金进行违法活动的；5. 其他后果严重或者有其他严重情节的情形。

需要指出的是，根据全国人大常委会立法解释，本罪仅适用于依法实行注册资本实缴登记制的公司。

（四）情节与量刑

虚假出资、抽逃出资罪的刑事责任依照《刑法》第159条规定，犯虚假出资、抽逃出资罪的，处5年以下有期徒刑或者拘役，并处或者单处虚假出资金额或者抽逃出资金额2%以上10%以下罚金。

单位犯本罪的，对单位判处罚金，并对其直接负责的主管人员和其他直接责任人员，处5年以下有期徒刑或者拘役。

（五）法律链接

1. 全国人民代表大会常务委员会关于《中华人民共和国刑法》第一百五十八条、第一百五十九条的解释（2014年4月24日第十二届全国人民代表大会常务委员会第八次会议通过　自2014年4月24日起施行）

全国人民代表大会常务委员会讨论了公司法修改后刑法第一百五十八条、第一百五十九条对实行注册资本实缴登记制、认缴登记制的公司的适用范围问题，解释如下：

刑法第一百五十八条、第一百五十九条的规定，只适用于依法实行注册资本实缴登记制的公司。

现予公告。

2. 最高人民检察院、公安部关于严格依法办理虚报注册资本和虚假出资抽逃出资刑事案件的通知（公经〔2014〕247号　自2014年5月20日起施行）

为了正确执行新修改的公司法和全国人大常委会立法解释，现就严格依法办理虚报注册资本和虚假出资、抽逃出资刑事案件的有关要求通知如下：

一、充分认识公司法修改对案件办理工作的影响。新修改的公司法主要涉及三个方面：一是将注册资本实缴登记制改为认缴登记制，除对公司注册资本实缴有另行规定的以外，取消了公司法定出资期限的规定，采取公司股东（发起人）自主约定认缴出资额、出资方式、出资期限等并记载于公司章程的规定。二是放宽注册资本登记条件，除对公司注册资本最低限额有另行规定的以外，取消了公司最低注册资本限制、公司设立时股东（发起人）的首次出资比例以及货币出资比例限制。三是简化登记事项和登记文件，有限责任公司股东认缴出资额、公司实收资本不再作为登记事项，公司登记时不需要提交验资报告。全国人大常委会立法解释规定："刑法第一百五十八条、

第一百五十九条的规定，只适用于依法实行注册资本实缴登记制的公司。”新修改的公司法和上述立法解释，必将对公安机关、检察机关办理虚报注册资本和虚假出资、抽逃出资刑事案件产生重大影响。各级公安机关、检察机关要充分认识新修改的公司法和全国人大常委会立法解释的重要意义，深刻领会其精神实质，力争在案件办理工作中准确适用，并及时了解掌握本地区虚报注册资本和虚假出资、抽逃出资案件新情况、新问题以及其他相关犯罪态势，进一步提高办理虚报注册资本和虚假出资、抽逃出资刑事案件的能力和水平。

二、严格把握罪与非罪的界限。根据新修改的公司法和全国人大常委会立法解释，自 2014 年 3 月 1 日起，除依法实行注册资本实缴登记制的公司（参见《国务院关于印发注册资本登记制度改革方案的通知》）以外，对申请公司登记的单位和个人不得以虚报注册资本罪追究刑事责任；对公司股东、发起人不得以虚假出资、抽逃出资罪追究刑事责任。对依法实行注册资本实缴登记制的公司涉嫌虚报注册资本和虚假出资、抽逃出资犯罪的，各级公安机关、检察机关依照刑法和《立案追诉标准（二）》的相关规定追究刑事责任时，应当认真研究行为性质和危害后果，确保执法办案的法律效果和社会效果。

三、依法妥善处理跨时限案件。各级公安机关、检察机关对发生在 2014 年 3 月 1 日以前尚未处理或者正在处理的虚报注册资本和虚假出资、抽逃出资刑事案件，应当按照刑法第十二条规定的精神处理：除依法实行注册资本实缴登记制的公司以外，依照新修改的公司法不再符合犯罪构成要件的案件，公安机关已经立案侦查的，应当撤销案件；检察机关已经批准逮捕的，应当撤销批准逮捕决定，并监督公安机关撤销案件；检察机关审查起诉的，应当作出不起诉决定；检察机关已经起诉的，应当撤回起诉并作出不起诉决定；检察机关已经抗诉的，应当撤回抗诉。

四、进一步加强工作联系和沟通。各级公安机关、检察机关应当加强工作联系，对重大、疑难、复杂案件，主动征求意见，共同研究案件定性和法律适用等问题；应当加强与人民法院、工商行政管理等部门的工作联系，建立健全案件移送制度和有关工作协作制度，全面掌握公司注册资本制度改革后面临的经济犯罪态势；上级公安机关、检察机关应当加强对下级公安机关、检察机关的指导，确保虚报注册资本和虚假出资、抽逃出资案件得到依法妥善处理。

各地在执行中遇到的问题，请及时报告最高人民检察院和公安部。

3. **最高人民检察院、公安部关于公安机关管辖的刑事案件立案追诉标准的规定（二）**（公通字〔2010〕23号 自2010年5月7日起施行）（节录）

第四条 ［虚假出资、抽逃出资案（刑法第一百五十九条）］公司发起人、股东违反公司法的规定未交付货币、实物或者未转移财产权，虚假出资，或者在公司成立后又抽逃其出资，涉嫌下列情形之一的，应予立案追诉：（一）超过法定出资期限，有限责任公司股东虚假出资数额在三十万元以上并占其应缴出资数额百分之六十以上的，股份有限公司发起人、股东虚假出资数额在三百万元以上并占其应缴出资数额百分之三十以上的；（二）有限责任公司股东抽逃出资数额在三十万元以上并占其实缴出资数额百分之六十以上的，股份有限公司发起人、股东抽逃出资数额在三百万元以上并占其实缴出资数额百分之三十以上的；（三）造成公司、股东、债权人的直接经济损失累计数额在十万元以上的；（四）虽未达到上述数额标准，但具有下列情形之一的：1. 致使公司资不抵债或者无法正常经营的；2. 公司发起人、股东合谋虚假出资、抽逃出资的；3. 两年内因虚假出资、抽逃出资受过行政处罚二次以上，又虚假出资、抽逃出资的；4. 利用虚假出资、抽逃出资所得资金进行违法活动的。（五）其他后果严重或者有其他严重情节的情形。

三、欺诈发行股票、债券罪

（一）法律规定

第一百六十条 在招股说明书、认股书、公司、企业债券募集办法中隐瞒重要事实或者编造重大虚假内容，发行股票或者公司、企业债券，数额巨大、后果严重或者有其他严重情节的，处五年以下有期徒刑或者拘役，并处或者单处非法募集资金金额百分之一以上百分之五以下罚金。

单位犯前款罪的，对单位判处罚金，并对其直接负责的主管人员和其他直接责任人员，处五年以下有期徒刑或者拘役。

（二）罪名详解

欺诈发行股票、债券罪，是指在招股说明书、认股书、公司、企业债券募集办法中隐瞒重要事实或者编造重大虚假内容，发行股票或者公司债券，数额巨大、后果严重或者有其他严重情节的行为。

本罪是从《全国人民代表大会常务委员会关于惩治违反公司法的犯罪的决定》第3条的规定，吸收改为刑法的具体规定的，1979年刑法没有欺诈发行股票、债券罪的规定。

欺诈发行股票、债券罪的构成要件是：

1. 主体要件

犯罪主体为特殊主体，即只有法律规定有权发行股票、债券的单位和个人才能构成本罪主体。

2. 客体要件

本罪侵犯的客体是国家关于股票、债券的发行管理制度。犯罪对象是股票和公司、企业债券。根据公司法的有关规定，股份有限公司的股份采取股票的形式。“股票”，是指股份有限公司签发的证明股东按其所持股份享有权利和承担义务的凭证。“公司、企业债券”，是指公司、企业按照法定程序发行的，约定在一定期限还本付息的有价证券。目前我国对股票、债券实行核准制，所以本罪中的欺诈行为，既针对投资者，又针对核准机关，从而有利于同欺诈发行股票债券的犯罪行为作斗争，有利于对这种犯罪行为的规制。

3. 主观要件

主观方面由故意构成，并以募集资金为目的。过失不构成本罪。

4. 客观方面

客观方面表现为在招股说明书、认股书、公司、企业债券募集办法中隐瞒重要事实或者编造重大虚假内容，发行股票或者公司、企业债券，数额巨大、后果严重或者有其他严重情节的行为。“在招股说明书、认股书、公司、企业债券募集办法中隐瞒重要事实或者编造重大虚假内容”，是指违反公司法和有关法律、法规规定，制作的招股说明书、认股书、公司、企业债券募集办法的内容全部都是虚构的，或者对其中重要的事项和部分内容作虚假的陈述或者记载，或者对某些重要事实进行夸大或者隐瞒，或者故意遗漏有关重要事项等行为。“发行股票或者公司、企业债券”，是指已经实际发行了股票或者公司、企业债券的行为。如果没有实际发行股票或者公司、企业债券，则不构成犯罪。“数额巨大”，应当以发行股票、债券的面值金额计算。“后果严重”，是指造成了投资者或者其他债权人的重大经济损失，严重影响了债权人、投资人的生产、经营活动等情形。“其他严重情节”，是指除数额巨大和后果严重以外的其他扰乱金融和社会管理秩序的其他情节。

（三）实务疑难问题

认定欺诈发行股票、债券罪应当注意划清罪与非罪的界限

1. 行为人实施了在招股说明书、认股书、公司、企业债券募集办法中隐瞒重要事实或者编造重大虚假内容的行为后，还必须实际发行了股票或者公司、企业债券。如果没有实施向社会发行股票、债券的行为，也就不会对社会产生危害，因而不构成犯罪。

2. 构成本罪必须是欺诈发行股票或者公司、企业债券，数额巨大、后果严重或者有其他严重情节的行为。如果数额不大、后果不严重或者没有其他严重情节的，也不构成犯罪，可以由工商行政管理部门视情节给予行政处罚。按照《立案追诉标准（二）》第 5 条的规定，在招股说明书、认股书、公司、企业债券募集办法中隐瞒重要事实或者编造重大虚假内容，发行股票或者公司、企业债券，涉嫌下列情形之一的，应予立案追诉：（1）发行数额在 500 万元以上的；（2）伪造、变造国家机关公文、有效证明文件或者相关凭证、单据的；（3）利用募集的资金进行违法活动的；（4）转移或者隐瞒所募集资金的；（5）其他后果严重或者有其他严重情节的情形。

（四）情节与量刑

依照《刑法》第 160 条规定，犯欺诈发行股票、债券罪的，处 5 年以下有期徒刑或者拘役，并处或者单处非法募集资金金额 1%以上 5%以下罚金。单位犯本罪的，对单位判处罚金，并对其直接负责的主管人员和其他直接责任人员，处 5 年以下有期徒刑或者拘役。

（五）法律链接

最高人民检察院、公安部关于公安机关管辖的刑事案件立案追诉标准的

规定（二）（公通字〔2010〕23号　自2010年5月7日起施行）（节录）

第五条　［欺诈发行股票、债券案（刑法第一百六十条）］在招股说明书、认股书、公司、企业债券募集办法中隐瞒重要事实或者编造重大虚假内容，发行股票或者公司、企业债券，涉嫌下列情形之一的，应予立案追诉：（一）在五百万元以上的；（二）伪造、变造国家机关公文、有效证明文件或者相关凭证、单据的；（三）利用募集的资金进行违法活动的；（四）转移或者隐瞒所募集资金的；（五）其他后果严重或者有其他严重情节的情形。

四、违规披露、不披露重要信息罪

（一）法律规定

第一百六十一条[①]　依法负有信息披露义务的公司、企业向股东和社会公众提供虚假的或者隐瞒重要事实的财务会计报告，或者对依法应当披露的其他重要信息不按照规定披露，严重损害股东或者其他人利益，或者有其他严重情节的，对其直接负责的主管人员和其他直接责任人员，处三年以下有期徒刑或者拘役，并处或者单处二万元以上二十万元以下罚金。

（二）罪名详解

违规披露、不披露重要信息罪，是指依法负有披露义务的公司、企业向股东和社会公众提供虚假的或者隐瞒重要事实的财务会计报告，或者对依法应当披露的其他重要信息不按照规定披露，严重损害股东或者其他人利益，或者有其他严重情节的行为。

本罪是从《全国人民代表大会常务委员会关于惩治违反公司法的犯罪的决定》第4条的规定，吸收改为刑法的具体规定的，原罪名为“提供虚假财会报告罪”。《刑法修正案（六）》第5条对本罪的罪状作了修改，因而罪名也

---

① 本条经2006年6月29日《刑法修正案（六）》第5条修正。《刑法》原第161条为：“公司向股东和社会公众提供虚假的或者隐瞒重要事实的财务会计报告，严重损害股东或者其他人利益的，对其直接负责的主管人员和其他直接责任人员，处三年以下有期徒刑或者拘役，并处或者单处二万元以上二十万元以下罚金。”

相应作了修改。

违规披露、不披露重要信息罪的构成要件是：

1. 主体要件

犯罪主体为特殊主体，即只有依法负有信息披露义务的公司、企业才能成为本罪主体。“依法负有信息披露义务的公司、企业”，是指根据有关法律、法规的规定具有信息披露义务的股票发行人、上市公司，债券上市交易的公司、企业以及银行、基金管理人、基金托管人等公司、企业。自然人不构成本罪的主体。

2. 客体要件

本罪侵犯的客体是上市公司的信息披露制度。

信息披露作为规制证券市场的一项重要法律制度，自产生以来，在保护投资者，保证证券市场高效运营，促进国民经济健康发展方面起到了巨大的推动作用，成为政府干预证券市场，进行宏观调控的重要工具。如果公司、企业披露的财会报告以及其他重要信息有虚假记载、误导性陈述或者重大遗漏，或者该披露的不披露，不仅会使社会公众作出错误判断，从而导致其利益受损，甚至可能影响社会稳定；也会在一定程度上妨害国家经济决策的正确制定，影响国民经济的良性发展。因此，世界各国的证券法毫无例外地确立了信息披露制度。依法负有信息披露义务的公司、企业信息公布的不对称性、信息获取的高成本性、不完全性等这些证券市场的内在缺陷，加之投资者行为的差异，会加剧证券价格对其基础价值的背离，导致“泡沫经济”，而“泡沫”的破灭终将使社会生产力遭到严重破坏。美国证交会在经过调查后，曾作出过如下结论：联邦证券立法的全部构造中枢，在于企业内容的公开，利用其财务状况资料或其他资料，使投资者能作出明智判断，而且这是防止证券欺诈的最好方法。可见，信息披露制度的存在有其深厚的社会经济背景，是建立公平有序证券市场的内在要求。在我国企业制度改革向股份制迈进，大力发展证券市场的今天，加强法律对证券市场信息披露的管理，加强对信息披露行为的刑罚干预是完全必要的。

1997 年刑法施行后，原规定在实践运用中遇到了一些问题：一是犯罪主体仅限于上市公司，范围过窄；二是披露的对象仅限于财会报告，范围也过窄；三是行为方式仅限于提供虚假财会报告，未能将该披露不披露的行为纳入规制范围；四是结果要件“严重损害股东或者其他人利益”难以认定。[①] 为此，《刑法修正案（六）》第 5 条对本罪的罪状作了必要的调整，侵犯的客体就不单纯是国家对公司的财务管理制度，还应包括国家对公司的信息披露制度。

3. 主观要件

主观方面出于故意。过失不构成本罪。

4. 客观要件

客观方面表现为向股东和社会公众提供虚假的或者隐瞒重要事实的财务会计报告，或者对依法应当披露的其他重要信息不按照规定披露，严重损害股东或者其他人利益，或者有其他严重情节的行为。“股东”，是指公司的出资人，既包括有限责任公司的股东，也包括股份有限公司的股东；“社会公众”，是指除股东以外的社会上的其他公民；“虚假的或者隐瞒重要事实的财务会计报告”，是指在财务会计报告中伪造、虚构并不存在的事实，如捏造某笔大宗交易或者隐匿、瞒报应该如实反映的重要事实，如隐瞒公司亏损状况，以此欺骗股东或者社会公众的行为；“依法应当披露的其他重要信息”，是指在依法发行股票、公司、企业债券以及发售基金份额时依法应当公告的招股说明书、债券募集办法、财务会计报告以及基金招募说明书、基金合同、基金托管协议等；在证券、基金份额上市交易前依法应当公告的上市公告书及有关信息，如公司的实际控制人、基金资产净值、基金份额净值等；以及证券、基金份额上市交易后依法应当持续披露的年度报告、中期报告、临时报告以及其他依法应当披露的重要信息。依法应当披露的其他重要信息的具体范围，应当依照《公司法》《证券法》《证券投资基金法》《银行业监督管理法》等法律、行政法规的有关规定，以及国务院证券管理机构的有关规定作出认定。“不按照规定披露”，是指对依法应当披露的信息进行虚假记载，在信息披露中故意有重大遗漏、误导性陈述或者其他法律禁止的内容（如对证券投资业绩进行预测等）。“严重损害股东或者其他人利益”，主要是指使股东和社会公众的经济利益遭受严重损失。“其他严重情节”，是指多次进行虚假信息披露，多次对重要信息不予披露，对多项依法应当披露的重要信息进行

① 黄太云：《立法解读：刑法修正案及刑法立法解释》，人民法院出版社 2006 年版，第 112—113 页。

虚假披露或者不予披露，因不依法披露信息造成严重后果等情形。

（三）实务疑难问题

认定违规披露、不披露重要信息罪应当注意划清罪与非罪的界限：

1. 违规披露、不披露重要信息，只有“严重损害股东或者其他人利益，或者有其他严重情节的”，才构成犯罪。

2. 本罪是故意犯罪。如果是因为过失导致财会报告失真，或者依法应当披露的信息未按照规定披露的，不构成犯罪。按照《立案追诉标准（二）》第6条的规定，依法负有信息披露义务的公司、企业向股东和社会公众提供虚假的或者隐瞒重要事实的财务会计报告，或者对依法应当披露的其他重要信息不按照规定披露，涉嫌下列情形之一的，应予立案追诉：（1）造成股东、债权人或者其他人直接经济损失数额累计在50万元以上的；（2）虚增或者虚减资产达到当期披露的资产总额30%以上的；（3）虚增或者虚减利润达到当期披露的利润总额30%以上的；（4）未按照规定披露的重大诉讼、仲裁、担保、关联交易或者其他重大事项所涉及的数额或者连续12个月的累计数额占净资产50%以上的；（5）致使公司发行的股票、公司债券或者国务院依法认定的其他证券被终止上市交易或者多次被暂停上市交易的；（6）致使不符合发行条件的公司、企业；骗取发行核准并且上市交易的；（7）在公司财务会计报告中将亏损披露为盈利，或者将盈利披露为亏损的；（8）多次提供虚假的或者隐瞒重要事实的财务会计报告，或者多次对依法应当披露的其他重要信息不按照规定披露的；（9）其他严重损害股东、债权人或者其他人利益，或者有其他严重情节的情形。

（四）情节与量刑

依照《刑法》第161条规定，犯违规披露、不披露重要信息罪的，对其直接负责的主管人员和其他直接责任人员，处3年以下有期徒刑或者拘役，并处或者单处2万元以上20万元以下罚金。

本罪属于实行单罚制的单位犯罪，只处罚单位直接负责的主管人员和其他直接责任人员，不处罚单位，因而法律没有规定对公司、企业判处罚金。这主要是考虑到，公司、企业的违法犯罪行为已经严重损害了广大股东或者其他人的利益，如果对单位再处罚金，势必加重公司、企业的负担，更不利于保护股东或者其他人的合法权益。

（五）法律链接

1. 最高人民检察院、公安部关于公安机关管辖的刑事案件立案追诉标准的规定（二）（公通字〔2010〕23号　自2010年5月7日起施行）（节录）

第六条　［违规披露、不披露重要信息案（刑法第一百六十一条）］依法负有信息披露义务的公司、企业向股东和社会公众提供虚假的或者隐瞒重要事实的财务会计报告，或者对依法应当披露的其他重要信息不按照规定披露，涉嫌下列情形之一的，应予立案追诉：（一）造成股东、债权人或者其他人直接经济损失数额累计在五十万元以上的；（二）虚增或者虚减资产达到当期披露的资产总额百分之三十以上的；（三）虚增或者虚减利润达到当期披露的利润总额百分之三十以上的（四）未按照规定披露的重大诉讼、仲裁、担保、关联交易或者其他重大事项所涉及的数额或者连续十二个月的累计数额占净资产百分之五十以上的；（五）致使公司发行的股票、公司债券或者国务院依法认定的其他证券被终止上市交易或者多次被暂停上市交易的；（六）致使不符合发行条件的公司、企业骗取发行核准并且上市交易的；（七）在公司财务会计报告中将亏损披露为盈利，或者将盈利披露为亏损的；（八）多次提供虚假的或者隐瞒重要事实的财务会计报告，或者多次对依法应当披露的其他重要信息不按照规定披露的；（九）其他严重损害股东、债权人或者其他人利益，或者有其他严重情节的情形。

五、妨害清算罪

（一）法律规定

第一百六十二条　公司、企业进行清算时，隐匿财产，对资产负债表或者财产清单作虚伪记载或者在未清偿债务前分配公司、企业财产，严重损害债权人或者其他人利益的，对其直接负责的主管人员和其他直接责任人员，处五年以下有期徒刑或者拘役，并处或者单处二万元以上二十万元以下罚金。

（二）罪名详解

妨害清算罪，是指公司、企业进行清算时，隐匿财产，对资产负债表或者财产清单作虚伪记载，或者在未清偿债务前分配公司、企业财产，严重损害债权人或者其他人利益的行为。

清算活动是公司、企业解散、分立、合并和破产过程中依法进行的一项重要工作，其目的是要清理、了结公司、企业债务，保护债权人利益，并在清偿债务的情况下分配公司、企业财产。依法做好清算工作，对维持正常、稳定的经济秩序十分重要。1979 年刑法没有妨害清算罪的规定。为了使清算活动有序进行，维护公司、企业、股东、债权人、债务人等各方面合法权益，1995 年 2 月 28 日《全国人民代表大会常务委员会关于惩治违反公司法的犯罪的决定》将妨害清算的行为规定为犯罪，1997 年刑法修改时吸收改为刑法的具体规定。

妨害清算罪的构成要件是：

1. 主体要件

犯罪主体为特殊主体，一般情况下是进行清算的公司、企业汇款人。但如果是清算组成员与公司、企业勾结共同实施本条规定行为的，也可以构成共犯。

2. 客体要件

本罪侵犯的客体是国家对公司的破产清算制度。公司、企业清算是公司、企业因解散、分立、合并或者破产，依照法律规定清理公司、企业的债权、债务的活动。由于清算活动与公司、企业、股东及其他债权人、债务人有着直接的经济利益关系，因此，清算活动必须严格依照法定程序和条件进行。

3. 主观要件

主观方面由故意构成。过失不构成本罪。

4. 客观要件

客观方面表现为在公司、企业进行清算时，隐匿财产，对资产负债表或者财产清单作虚伪记载，或者在未清偿债务前分配公司、企业财产，严重损害债权人或者其他人利益的行为。“隐匿财产”，是指将公司、企业的财产予以转移、隐藏的行为。这里的财产既包括资金，也包括工具、设备等各种财物。“对资产负债表或者财产清单作虚伪记载”，是指公司、企业在制作资产负债表或者财产清单时，故意采取隐瞒或者欺骗等方法，对资产负债表或者财产清单进行虚报，以达到逃避公司、企业债务的目的。“在未清偿债务前分配公司、企业财产”，是指在清算过程中，违反法律规定，在清偿债务前，将公司、企业的财产予以分配。

（三）实务疑难问题

认定妨害清算罪要注意划清罪与非罪的界限。依照法律规定，妨害清算的行为，只有“严重损害债权人或者其他人利益的”，才构成犯罪。按照《立案追诉标准（二）》第7条的规定，公司、企业进行清算时，隐匿财产，对资产负债表或者财产清单作虚伪记载或者在未清偿债务前分配公司、企业财产，涉嫌下列情形之一的，应予立案追诉：1. 隐匿财产价值在50万元以上的；2. 对资产负债表或者财产清单作虚伪记载涉及金额在50万元以上的；3. 在未清偿债务前分配公司、企业财产价值在50万元以上的；4. 造成债权人或者其他人直接经济损失数额累计在10万元以上的；5. 虽未达到上述数额标准，但应清偿的职工的工资、社会保险费用和法定补偿金得不到及时清偿，造成恶劣社会影响的；6. 其他严重损害债权人或者其他人利益的情形。

（四）情节与量刑

依照《刑法》第162条规定，犯妨害清算罪的，对其直接负责的主管人员和其他直接责任人员，处5年以下有期徒刑或者拘役，并处或者单处2万元以上20万元以下罚金。

本罪属于实行单罚制的单位犯罪，只处罚单位直接负责的主管人员和其他直接责任人员，不处罚单位，因而法律没有规定对公司、企业判处罚金。

（五）法律链接

1. 最高人民检察院、公安部关于公安机关管辖的刑事案件立案追诉标准的规定（二）（公通字〔2010〕23号　自2010年5月7日起施行）（节录）

第七条　**［妨害清算案（刑法第一百六十二条）］**公司、企业进行清算时，隐匿财产，对资产负债表或者财产清单作虚伪记载或者在未清偿债务前分配公司、企业财产，涉嫌下列情形之一的，应予立案追诉：（一）隐匿财产价值在五十万元以上的；（二）对资产负债表或者财产清单作虚伪记载涉及金额在五十万元以上的；（三）在未清偿债务前分配公司、企业财产价值在五十万元以上的；（四）造成债权人或者其他人直接经济损失数额累计在十万元以上的；（五）虽未达到上述数额标准，但应清偿的职工的工资、社会保险费用和法定补偿金得不到及时清偿，造成恶劣社会影响的；（六）其他严重损害债权人或者其他人利益的情形。

六、隐匿、故意销毁会计凭证、会计账簿、财务会计报告罪

（一）法律规定

第一百六十二条之一[①] 隐匿或者故意销毁依法应当保存的会计凭证、会计账簿、财务会计报告，情节严重的，处五年以下有期徒刑或者拘役，并处或者单处二万元以上二十万元以下罚金。

单位犯前款罪的，对单位判处罚金，并对其直接负责的主管人员和其他直接责任人员，依照前款的规定处罚。

（二）罪名详解

隐匿、故意销毁会计凭证、会计账簿、财务会计报告罪，是指隐匿或者故意销毁依法应当保存的会计凭证、会计账簿、财务会计报告，情节严重的行为。

隐匿、故意销毁会计凭证、会计账簿、财务会计报告罪的构成要件是：

1. 主体要件

犯罪主体为一般主体，包括自然人和单位。会计凭证、会计账簿、财务会计报告是会计核算的主要依据，但本罪的主体并不仅仅局限于财务会计工作人员。根据会计法的规定，任何单位和个人不得伪造、变造会计凭证、会计账簿及其他会计资料，不得提供虚假的财务会计报告。2002 年 1 月 14 日，全国人大常委会法制工作委员会在《关于对“隐匿、销毁会计凭证、会计账簿、财务会计报告构成犯罪的主体范围”问题的答复意见》中明确指出，根据全国人大常委会 1999 年 12 月 25 日《刑法修正案》第 1 条的规定，任何单

---

① 本条由 1999 年 12 月 25 日《刑法修正案》第 1 条增加。

位和个人在办理会计事务时对依法应当保存的会计凭证、会计账簿、财务会计报告，进行隐匿、销毁，情节严重，构成犯罪的，应当依法追究刑事责任。因此，所有依照会计法的规定办理会计事项的单位和个人，都可以构成本罪的主体。

2. 客体要件

本罪侵犯的客体是会计管理制度。犯罪对象是会计凭证、会计账簿、财务会计报告。依照会计法的规定，会计凭证、会计账簿、财务会计报告和其他会计资料，必须符合国家统一的会计制度的规定。任何单位和个人不得伪造、变造会计凭证、会计账簿及其他会计资料，不得提供虚假的财务会计报告。

3. 主观要件

主观方面由故意构成。司法实践中，行为人往往出于掩盖贪污、走私、偷税、骗取出口退税等犯罪行为，通过隐匿或者故意销毁会计凭证、会计账簿、财务会计报告等手段，毁灭罪证，以逃避刑法处罚。但不论出于何种目的，均不影响本罪的成立。

4. 客观要件

客观方面表现为隐匿或者故意销毁依法应当保存的会计凭证、会计账簿、财务会计报告，情节严重的行为。“隐匿”，包括转移、藏匿等行为。“故意销毁”，包括损坏、毁灭等行为。“会计凭证”，包括原始凭证和记账凭证。“会计账簿”，包括总账、明细账、日记账和其他辅助性账簿。会计账簿登记，必须以经过审核的会计凭证为依据，并符合有关法律、行政法规和国家统一的会计制度的规定。“财务会计报告”，由会计报表、会计报表附注和财务情况说明书组成。财务会计报告应当根据经过审核的会计账簿记录和有关资料编制，并符合会计法和国家统一的会计制度关于财务会计报告的编制要求、提供对象和提供期限的规定。

《刑法》第162条原来没有规定本罪。第九届全国人民代表大会常务委员会第十三次会议审议国务院提交的《关于违反会计法犯罪的决定（草案）》时，认为现行刑法中没有将隐匿或者故意销毁依法应当保存的会计凭证、会计账簿、财务会计报告情节严重的行为，规定为犯罪的规定，因而决定用修正案的形式，将这种行为规定为犯罪。按照法律规定，隐匿、故意销毁会计凭证、会计账簿、财务会计报告的行为，除需具备以上构成要件外，还必须达到“情节严重”的程度，才构成犯罪。按照《立案追诉标准（二）》第8条的规定，隐匿或者故意销毁依法应当保存的会计凭证、会计账簿、财务会计报告，涉嫌下列情形之一的，应予立案追诉：（1）隐匿、故意销毁的会计凭证、会计账簿、财务会计报告涉及金额在50万元以上的；（2）依法应当向司法机关、行政机关、有关主管部门等提供而隐匿、故意销毁或者拒不交出会计凭证、会计账簿、财务会计报告的；（3）其他情节严重的情形。

（三）实务疑难问题

1. 划清罪与非罪的界限。隐匿、故意销毁会计凭证、会计账簿、财务会计报告的行为，如果情节不严重的，不构成犯罪。

2. 划清本罪与妨害清算罪的界限。本罪与妨害清算罪同属于妨害对公司、企业的管理秩序犯罪，且本罪列为《刑法》第162条之一，表明两罪皆属于故意犯罪，而且在侵害客体上具有一致性。两罪的区别主要表现为三个方面：一是犯罪客观方面不同。前者表现为隐匿或者故意销毁依法应当保存的会计凭证、会计账簿、财务会计报告，情节严重的行为；后者表现为在公司、企业进行清算时，隐匿财产，对资产负债表或者财产清单作虚伪记载，或者在未清偿债务前分配公司、企业财产，严重损害债权人或其他人利益的行为。二是犯罪主体不同。前者的主体为一般主体，既包括自然人也包括单位，而后者的主体为特殊主体，即只有进行清算的公司、企业才能成为该罪的主体。三是犯罪对象不同。前者的对象是财务会计资料，包括会计凭证、会计账簿、会计报表和其他会计资料；后者的对象是公司、企业的财产。

（四）情节与量刑

依照《刑法》第162条之一第1款规定，犯隐匿、故意销毁会计凭证、会计账簿、财务会计报告罪的，处5年以下有期徒刑或者拘役，并处或者单处2万元以上20万元以下罚金。

依照本条第2款规定，单位犯本罪的，实行“双罚制”，即对单位判处罚金，并对其直接负责的主管人员和其他直接责任人员，依照前款的规定处罚。

（五）法律链接

1. 最高人民检察院、公安部关于公安机关管辖的刑事案件立案追诉标准

的规定（二）（公通字〔2010〕23号　自2010年5月7日起施行）（节录）

第八条　［隐匿、故意销毁会计凭证、会计账簿、财务会计报告案（刑法第一百六十二条之一）］隐匿或者故意销毁依法应当保存的会计凭证、会计账簿、财务会计报告，涉嫌下列情形之一的，应予立案追诉：（一）隐匿、故意销毁的会计凭证、会计账簿、财务会计报告涉及金额在五十万元以上的；（二）依法应当向司法机关、行政机关、有关主管部门等提供而隐匿、故意销毁或者拒不交出会计凭证、会计账簿、财务会计报告的；（三）其他情节严重的情形。

七、虚假破产罪

（一）法律规定

第一百六十二条之二[①]　**公司、企业通过隐匿财产、承担虚构的债务或者以其他方法转移、处分财产，实施虚假破产，严重损害债权人或者其他人利益的，对其直接负责的主管人员和其他直接责任人员，处五年以下有期徒刑或者拘役，并处或者单处二万元以上二十万元以下罚金。**

（二）罪名详解

虚假破产罪，是指公司、企业通过隐匿财产、承担虚构的债务或者以其他方法转移、处分财产，实施虚假破产，严重损害债权人或者其他人利益的行为。

《刑法》第162条规定了妨害清算罪，对公司、企业在进行清算时，隐匿财产、对资产负债表或者财产清单作虚伪记载或者在未清偿债务前分配公司、企业财产，侵害债权人或者其他人利益的行为，规定了刑事处罚。但是，近年来，一些公司、企业在没有进入破产清算之前，就以隐匿财产、承担虚构债务、非法转移、处分财产等方式造成资不抵债的假象，申请进入破产程序，以达到假破产、真逃债的目的。这些行为不仅有损债权人和其他人的利益，危害国有资产安全，妨害对公司、企业的正常管理，而且扰乱市场经济秩序，

① 本条由2006年6月29日《刑法修正案（六）》第6条增加。

影响社会稳定，社会危害性严重，应当予以惩治。为此，《刑法修正案（六）》增设了本罪。

虚假破产罪的构成要件是：

1. 主体要件

犯罪主体为特殊主体，即实施虚假破产的公司、企业。公司，是指依照公司法设立的有限责任公司和股份有限公司；企业，是指依法设立的从事生产经营的法人实体。

2. 客体要件

本罪侵犯的客体是国家对公司、企业的破产管理制度。

3. 主观要件

主观方面由故意构成，通常具有逃债的目的。过失不构成本罪。

4. 客观要件

客观方面表现为公司、企业通过隐匿财产、承担虚构的债务或者以其他方法转移、处分财产，实施虚假破产，严重损害债权人或者其他人利益的行为。“隐匿财产”，是指将公司的财产隐藏，或者对公司、企业的财产清单和资产负债表作虚假记载，或者采用少报、低报的手段，故意隐瞒、缩小公司、企业财产的实际数额。“承担虚构的债务”，是指夸大公司、企业的负债状况，目的是造成公司资不抵债的假象。“以其他方法转移、处分财产”，是指在未清偿债务之前，将公司、企业财产无偿转让、以明显不合理的低价转让财产或者以明显高于市场的价格受让财产、对原来没有财产担保的债务提供财产担保、放弃债权、对公司财产非法进行分配等情形。根据2006年8月27日修订的《企业破产法》第33条第（二）项的规定，承认不真实债务的，也属实施虚假破产的行为之一。“实施虚假破产”，是虚假破产罪的核心构成要件。虚假破产实际上是一种破产诈欺行为，属于诈骗犯罪范畴。如果公司、企业虽有隐匿财产、承担虚构债务等逃避债务的行为，但并未实施虚假破产行为，且主观上也无实施虚假破产打算的，依法不构成犯罪。对公司、企业欠债不还的行为，可通过民事诉讼程序解决。

根据法律规定，虚假破产的行为，除需具备以上构成要件外，还必须达到“严重损害债权人或者其他人利益”的程度，才构成犯罪。“严重损害债权人的利益”，是指通过虚假破产意图逃避偿还债权人的债务数额巨大等情形；“严重损害其他人的利益”，是指搞虚假破产造成公司、企业拖欠的职工工资、社会保险费和国家的税款得不到清偿，或者使公司、企业的其他股东的合法权益受到损害等情形。

（三）实务疑难问题

认定虚假破产罪要注意划清本罪与妨害清算罪的界限。妨害清算罪主要是针对公司、企业进入清算程序以后妨害清算的犯罪行为，即公司、企业因解散、分立、合并或者破产，依照法律规定在清理公司、企业债权债务的活动期间发生的隐匿财产、对资产负债表或者财产清单做虚伪记载或者在未清偿债务前分配公司、企业财产等犯罪行为。本罪主要是针对公司、企业在进入破产程序之前，通过隐匿财产、承担虚构的债务，或者以其他方法转移、处分财产，实施虚假破产的犯罪行为。二者在行为上有相似之处，是否进入清算程序是区分两罪的关键。“实施虚假破产”的时间界限应当截止于公司、企业提出破产申请之日，或者因为公司、企业资不抵债，由债权人提出破产申请之日。根据企业破产法的有关规定，从提出破产申请之日起，在此之前一年之内恶意处分公司、企业财产的行为无效。如果行为人实施本条规定行为，严重损害债权人或者其他人的利益的，就构成虚假破产罪。

（四）情节与量刑

依照《刑法》第 162 条之二规定，犯虚假破产罪的，对其直接负责的主管人员和其他直接责任人员，处 5 年以下有期徒刑或者拘役，并处或者单处 2 万元以上 20 万元以下罚金。

本罪属实行单罚制的单位犯罪，只处罚直接负责的主管人员和其他直接责任人员，不处罚单位，因而法律没有规定对公司、企业判处罚金。

（五）法律链接

1. 最高人民检察院、公安部关于公安机关管辖的刑事案件立案追诉标准的规定（二）（公通字〔2010〕23 号　自 2010 年 5 月 7 日起施行）（节录）

第九条　［虚假破产案（刑法第一百六十二条之二）］公司、企业通过隐匿财产、承担虚构的债务或者以其他方法转移、处分财产，实施虚假破产，涉嫌下列情形之一的，应予立案追诉：（一）隐匿财产价值在五十万元以上的；（二）承担虚构的债务涉及金额在五十万元以上的；（三）以其他方法转移、处分财产价值在五十万元以上的；（四）造成债权人或者其他人直接经济损失数额累计在十万元以上的；（五）虽未达到上述数额标准，但应清偿的职工的工资、社会保险费用和法定补偿金得不到及时清偿，造成恶劣社会影响的；（六）其他严重损害债权人或者其他人利益的情形。

八、非国家工作人员受贿罪

（一）法律规定

第一百六十三条[①] **公司、企业或者其他单位的工作人员利用职务上的便利，索取他人财物或者非法收受他人财物，为他人谋取利益，数额较大的，处五年以下有期徒刑或者拘役；数额巨大的，处五年以上有期徒刑，可以并处没收财产。**

公司、企业或者其他单位的工作人员在经济往来中，利用职务上的便利，违反国家规定，收受各种名义的回扣、手续费，归个人所有的，依照前款的规定处罚。

国有公司、企业或者其他国有单位中从事公务的人员和国有公司、企业或者其他国有单位委派到非国有公司、企业以及其他单位从事公务的人员有前两款行为的，依照本法第三百八十五条、第三百八十六条的规定定罪处罚。

（二）罪名详解

非国家工作人员受贿罪，是指公司、企业或者其他单位的工作人员利用职务上的便利，索取他人财物或者非法收受他人财物，为他人谋取利益，数额较大的行为。

---

① 本条经2006年6月29日《刑法修正案（六）》第7条修正。《刑法》原第163条为："公司、企业的工作人员利用职务上的便利，索取他人财物或者非法收受他人财物，为他人谋取利益，数额较大的，处五年以下有期徒刑或者拘役；数额巨大的，处五年以上有期徒刑，可以并处没收财产。

"公司、企业的工作人员在经济往来中，违反国家规定，收受各种名义的回扣、手续费，归个人所有的，依照前款的规定处罚。

"国有公司、企业中从事公务的人员和国有公司、企业委派到非国有公司、企业从事公务的人员有前两款行为的，依照本法第三百八十五条、第三百八十六条的规定定罪处罚。"

本罪是从《全国人民代表大会常务委员会关于惩治违反公司法的犯罪的决定》第9条的规定吸收改为刑法的规定的，原罪名为“公司、企业人员受贿罪”。《刑法修正案（六）》第7条对本罪的罪状作了修改，因而罪名也相应作了修改。

非国家工作人员受贿罪的构成要件是：

1. 主体要件

犯罪主体为特殊主体，即公司、企业或者其他单位的工作人员。

《刑法》原第163条的犯罪主体仅限于“公司、企业的工作人员”，范围较窄。随着反商业贿赂工作的深入开展，有关部门和司法机关提出，对公司、企业以外的其他单位的工作人员利用职务上的便利进行权钱交易、危害社会利益的行为，也应追究行为人的刑事责任。因此，将本罪的犯罪主体扩大到“其他单位的工作人员”。“其他单位”，既包括事业单位、社会团体、村民委员会、居民委员会、村民小组等常设性的组织，也包括为组织体育赛事、文艺演出或者其他正当活动而成立的组委会、筹委会、工程承包队等非常设性的组织。“其他单位的工作人员”，主要是指医院、医疗机构、学校及其他教育机构、科研院所、出版社、报社、印刷厂、社会团体，以及村委会、居委会等单位中的非国家工作人员。依法组建的评标委员会、竞争性谈判采购中谈判小组、询价采购中的询价小组的组成人员，在招标、政府采购等事项的评标或者采购活动中，索取他人财物或者非法收受他人财物，为他人谋取利益，数额较大的，以非国家工作人员受贿罪定罪处罚。需要注意的是，非国家工作人员受贿罪是职务犯罪，必须以“利用职务上的便利”为条件。因此，本罪的主体应当是在公司、企业或者其他单位中负有组织、领导、监督、管理职责的人员。如公司的董事、监事、经理及财务人员，企业的厂长、部门经理、车间主任及仓库管理员，事业单位的领导及部门负责人，以及村委会主任、村支书等村基层组织负责人员，等等。单纯提供劳务的人员，如生产流水线上的操作工人、售货员、售票员等，或者单纯提供技术服务的人员，不能成为本罪主体。

2. 客体要件

本罪侵犯的客体是公司、企业或者其他单位的正常管理活动和社会主义市场经济公平竞争的交易秩序。犯罪对象为索取或者非法收受他人的“财物”，既包括金钱和实物，也包括可以用金钱计算数额的非财产性利益，如提供房屋装修、含有金额的会员卡、代币卡（券）、旅游费用等。具体数额以实际支付的资费为准。

目前，生产、经营领域的商业贿赂行为已严重干扰了正常的市场交易秩序。为此，《反不正当竞争法》明确规定："经营者不得采用财物或者其他手段进行贿赂以销售或者购买商品""对方单位或者个人在账外暗中收受回扣的，以受贿论"。《刑法》原第163条规定了公司、企业人员受贿罪。有关部门和司法机关提出，对公司、企业以外的单位的非国家工作人员利用职务便利进行"权钱交易"，危害社会利益的行为。例如，发生在药品、器械采购中的商业贿赂行为，数额较大的，也应追究刑事责任，因而《刑法修正案（六）》对本罪的罪状作了修改。

3. 主观要件

主观方面由故意构成。过失不构成本罪。

4. 客观要件

客观方面表现为利用职务上的便利，索取他人财物或者非法收受他人财物，为他人谋取利益，数额较大的行为。

"利用职务上的便利"，是指公司、企业或者其他单位的工作人员利用自己主管、经营或者参与公司、企业某项工作的便利条件。"索取他人财物"，是指公司、企业或其他单位的工作人员以为他人谋取利益为条件，向他人索要财物的行为。"非法收受他人财物"，是指公司、企业或其他单位的工作人员利用职务上的便利或者权力，接受他人主动给予的财物的行为。收受银行卡的，不论受贿人是否实际取出或者消费，卡内的存款数额一般应全额认定为受贿数额。如果由给予银行卡的一方承担还款责任，透支数额也应当认定为受贿数额。"这里的'给予'应当是实际给付行为，即作为贿赂物的财物已经从行贿人手中转移到受贿人控制之下。"① "为他人谋取利益"，既包括正当的利益，也包括不正当的利益；既包括已经谋取到的利益，也包括正在谋取的利益。

（三）实务疑难问题

1. 划清贿赂与馈赠的界限。主要应当结合个案和以下因素全面分析，综

① 郎胜主编：《中华人民共和国刑法释义》（第5版），法律出版社2012年版，第239页。

合判断：（1）发生财物往来的背景，如双方是否存在亲友关系及历史上交往的情形和程度；（2）往来财物的价值；（3）财物往来的缘由、时机和方式，提供财物方对于接受方有无职务上的请托；（4）接受方是否利用职务上的便利为提供方谋取利益。

2. 依照《刑法》原第163条第2款的规定，公司、企业的工作人员在经济往来中，违反国家规定，收受各种名义的回扣、手续费，归个人所有的，应当以非国家工作人员受贿罪定罪处罚。但对经济往来中违规收取回扣、手续费以受贿论的行为，是否必须是“利用职务上的便利”，没有作出规定；《刑法修正案（六）》第7条第2款在构成要件中增加了“利用职务上的便利”的条件。这是考虑到，刑法原条文规定不很清楚，应当予以明确。因此，今后审理“以受贿论”这类案件，要注意行为人是否利用了职务上的便利。

3. 依照《刑法》第163条第3款的规定，国有公司、企业或者其他国有单位中从事公务的人员和国有公司、企业或者其他国有单位委派到非国有公司、企业以及其他单位从事公务的人员，包括依法组建的评标委员会、竞争性谈判采购中谈判小组、询价采购中询价小组中国家机关或者其他国有单位的代表，有前两款行为的，由于他们是《刑法》第93条第2款规定的“准”国家工作人员，因此，应当依照《刑法》第385条、第386条的规定，以受贿罪定罪处罚。

4. 正确认定和处理共犯。非国家工作人员与国家工作人员通谋，共同收受他人财物，构成共同犯罪的，根据双方利用职务便利的具体情形，分别定罪追究刑事责任：（1）利用国家工作人员的职务便利为他人谋取利益的，以受贿罪追究刑事责任；（2）利用非国家工作人员的职务便利为他人谋取利益的，以非国家工作人员受贿罪追究刑事责任；（3）分别利用各自的职务便利为他人谋取利益的，按照主犯的犯罪性质追究刑事责任，分不清主从犯的，可以受贿罪追究刑事责任。[①]

（四）情节与量刑

依照《刑法》第163条第1款规定，犯非国家工作人员受贿罪的，处5年以下有期徒刑或者拘役；数额巨大的，处5年以上有期徒刑，可以并处没

---

① 《最高人民法院、最高人民检察院关于办理商业贿赂刑事案件适用法律若干问题的意见》。

收财产。

依照本条第 2 款规定，公司、企业或者其他单位的工作人员在经济往来中，利用职务上的便利，违反国家规定，收受各种名义的回扣、手续费，归个人所有的，依照前款的规定处罚。

司法机关在适用本条规定处罚时，应当注意以下问题：

1. 关于入罪的数额标准。根据《最高人民法院、最高人民检察院关于办理贪污贿赂刑事案件适用法律若干问题的解释》（以下简称《贪污贿赂解释》）第 11 条第 1 款的规定，非国家工作人员受贿罪中的“数额较大”的起点按照本解释关于受贿罪、贪污罪相对应的数额标准规定的 2 倍执行。《贪污贿赂解释》第 1 条第 1 款规定贪污罪、受贿罪的数额较大起点为 3 万元，非国家工作人员受贿罪的入刑数额起点应为 6 万元。如受贿未达到该数额标准的，应不构成本罪。

2. “数额巨大”的认定标准。依照《贪污贿赂解释》第 11 条第 1 款的规定，非国家工作人员受贿罪中的“数额巨大”的起点按照本《贪污贿赂解释》关于受贿罪、贪污罪相对应的数额标准规定的五倍执行。该《贪污贿赂解释》第 2 条第 1 款规定贪污罪、受贿罪的数额巨大起点为 20 万元。因此，非国家工作人员受贿罪的数额巨大的起点应为 100 万元。

（五）法律链接

1. 最高人民法院、最高人民检察院关于办理贪污贿赂刑事案件适用法律若干问题的解释（法释〔2016〕9 号　自 2016 年 4 月 18 日起施行）（节录）

第一条　贪污或者受贿数额在三万元以上不满二十万元的，应当认定为刑法第三百八十三条第一款规定的“数额较大”，依法判处三年以下有期徒刑或者拘役，并处罚金。

第二条　贪污或者受贿数额在二十万元以上不满三百万元的，应当认定为刑法第三百八十三条第一款规定的“数额巨大”，依法判处三年以上十年以下有期徒刑，并处罚金或者没收财产。

第十一条　刑法第一百六十三条规定的非国家工作人员受贿罪、第二百七十一条规定的职务侵占罪中的“数额较大”“数额巨大”的数额起点，按照本解释关于受贿罪、贪污罪相对应的数额标准规定的二倍、五倍执行。

刑法第二百七十二条规定的挪用资金罪中的“数额较大”“数额巨大”以

及“进行非法活动”情形的数额起点，按照本解释关于挪用公款罪“数额较大”“情节严重”以及“进行非法活动”的数额标准规定的二倍执行。

刑法第一百六十四条第一款规定的对非国家工作人员行贿罪中的“数额较大”“数额巨大”的数额起点，按照本解释第七条、第八条第一款关于行贿罪的数额标准规定的二倍执行。

第十二条　贿赂犯罪中的“财物”，包括货币、物品和财产性利益。财产性利益包括可以折算为货币的物质利益如房屋装修、债务免除等，以及需要支付货币的其他利益如会员服务、旅游等。后者的犯罪数额，以实际支付或者应当支付的数额计算。

九、对非国家工作人员行贿罪

（一）法律规定

第一百六十四条第一款[①]　为谋取不正当利益，给予公司、企业或者其他单位的工作人员以财物，数额较大的，处三年以下有期徒刑或者拘役；数额巨大的，处三年以上十年以下有期徒刑，并处罚金。

第三款　单位犯前两款罪的，对单位判处罚金，并对其直接负责的主管人员和其他直接责任人员，依照第一款的规定处罚。

第四款　行贿人在被追诉前主动交待行贿行为的，可以减轻处罚或者免除处罚。

（二）罪名详解

对非国家工作人员行贿罪，是指为谋取不正当利益，给予公司、企业或者其他单位的工作人员以财物，数额较大的行为。

---

① 本款经 2006 年 6 月 29 日《刑法修正案（六）》第 8 条修正。

《刑法》原第 164 条第 1 款为：“为谋取不正当利益，给予公司、企业的工作人员以财物，数额较大的，处三年以下有期徒刑或者拘役；数额巨大的，处三年以上十年以下有期徒刑，并处罚金。”

2011 年 2 月 25 日《刑法修正案（八）》进行第二次修改，2015 年 8 月 29 日《刑法修正案（九）》进行第三次修改。

1997年刑法对本罪作了规定，原罪名为“公司、企业人员行贿罪”，《刑法修正案（六）》对本罪的罪状作了修改，将向公司、企业以外的“其他单位”的非国家工作人员行贿的行为也规定为犯罪，因而罪名也相应作了修改。

对非国家工作人员行贿罪的构成要件是：

1. 主体要件

犯罪主体为一般主体。自然人和单位均可构成本罪的主体。需要注意的是按照《刑法》原第164条的规定，行贿的对象为“公司、企业的工作人员”；为了惩治商业领域的贿赂行为，《刑法修正案（六）》将行贿对象扩大为“其他单位的工作人员”，如医院、医疗机构、学校、科研院所、出版社、报社、印刷厂、社会团体以及村委会、居委会等单位中的非国家工作人员。

2. 客体要件

本罪侵犯的客体是公司、企业或者其他单位的正常管理活动和社会主义公平竞争的交易秩序。犯罪对象为给予非国家工作人员的财物。为了惩治商业领域的贿赂行为，《刑法修正案（六）》第7条将《刑法》原第163条受贿罪的主体扩大到“其他单位的工作人员”。由于行贿与受贿互为对向犯，因而《刑法修正案（六）》第8条向公司、企业以外的“其他单位”的非国家工作人员行贿的行为也规定为犯罪。

3. 主观要件

主观方面由故意构成，且必须具有为自己（本单位）或者他人谋取不正当利益的目的。“谋取不正当利益”，是指谋取违反法律、法规、规章或者政策规定的利益，或者要求对方提供违反法律、法规、规章、政策或者行业规范的规定提供帮助或者方便条件。另外，在在招标投标、政府采购等商业活动中，违背公平原则，给予相关人员财物以谋取竞争优势的，也属于“谋取不正当利益”。

4. 客观要件

客观方面表现为给予公司、企业或者其他单位的工作人员以数额较大的财物的行为。“财物”包括金钱和实物，也包括非财产性利益，如提供房屋装修、含有金额的会员卡、代币卡（券）、旅游费用等。具体数额以实际支付的资费为准。

依照法律规定，对非国家工作人员行贿的行为，除需具备以上构成要件外，还必须达到“数额较大”的程度，才构成犯罪。根据《最高人民法院、最高人民检察院关于办理贪污贿赂刑事案件适用法律若干问题的解释》(以下简称《贪污贿赂解释》)》第11条第3款的规定,对非国家工作人员行贿罪中的"数额较大"的起点按照本《贪污贿赂解释》第7条第1款关于受行罪的数额标准规定的2倍执行。该《贪污贿赂解释》第7条第1款规定行贿罪入罪的数额起点为3万元,因此,对非国家工作人员行贿罪的入刑数额起点应为6万元。

(三)实务疑难问题

1. 划清罪与非罪的界限。构成本罪必须同时具备两个条件:首先,行为人主观上必须是为了谋取"不正当利益"。如果行为人不是为了谋取不正当利益,而是希望公司、企业、其他单位的工作人员提高工作效率、加快办事进度等,则不构成本罪。其次,行贿的财物数额必须达到"数额较大"的标准,才构成本罪。如果数额较小,则属于一般违法行为,不构成犯罪。

2. 认定本罪必须以"为谋取不正当利益"为前提条件。在起草《刑法修正案(六)》的过程中,有的建议取消《刑法》第164条第1款的这一规定,认为行为人所送财物只要达到一定数额就构成行贿罪。立法机关没有采纳这一建议。这是考虑到,在我国,大多数当事人送礼是不得已而为之,主观上并不是出于为谋取不正当利益。如果取消这一前提条件,势必扩大打击面。所以,我国刑法不仅在《刑法》第164条第1款,而且在《刑法》第389条规定的行贿罪、第391条规定的对单位行贿罪、第393条规定的单位行贿罪,都明确规定送财物的人要以"为谋取不正当利益"为前提条件。同时在第389条第3款规定,"因被勒索给予国家工作人员以财物,没有获得不正当利益的,不是行贿"。

(四)情节与量刑

依照《刑法》第164条第1款的规定,犯对非国家工作人员行贿罪的,处3年以下有期徒刑或者拘役;数额巨大的,处3年以上10年以下有期徒刑,并处罚金。

依照本条第3款规定,单位犯本罪的,对单位判处罚金,并对其直接负责的主管人员和其他直接责任人员,依照第1款的规定处罚。

依照本条第4款规定,行贿人在被追诉前主动交待行贿行为的,可以减轻处罚或者免除处罚。

本罪在量刑时，应当注意以下问题：

1. 关于数额巨大的认定。根据《贪污贿赂解释》第11条第3款的规定，对非国家工作人员行贿罪中的“数额巨大”的起点按照本《贪污贿赂解释》第8条第1款关于受行罪的数额标准规定的2倍执行。该《解释》第8条第1款规定了受贿罪“情节严重”的情形，其中第（一）项规定“行贿100万元以上不满500万元”，其他项分别为数额加情节或情节，而对非国家工作人员行贿罪的构成及处罚只有数额要求，因此，本罪“数额巨大”的起点应以第（二）项规定的数额为基础，按2倍执行，即本罪数额巨大的起点应为200万元。

2. 正确理解和适用该条第4款关于行为人在被追诉前主动交待行贿行为的，可以减轻处罚或者免除处罚的规定。适用该款必须具备两个条件：（1）必须主动交待行贿行为，是指行贿人主动向司法机关或者其他有关部门如实交待行贿事实。因司法机关调查或者其他有关部门查询而不得不交代的，或者为了避重就轻不如实交代的，不属于“主动交代”。（2）交代的时间必须在被追诉之前。“在被追诉前”，是指在司法机关立案、开始侦查追究刑事责任之前。如果司法机关已经发现了行贿事实，并认为应当追究刑事责任而立案后，行贿人交代行贿行为的，不适用本款规定。

十、对外国公职人员、国际公共组织官员行贿罪

（一）法律规定

第一百六十四条　为谋取不正当利益，给予公司、企业或者其他单位的工作人员以财物，数额较大的，处三年以下有期徒刑或者拘役，并处罚金；数额巨大的，处三年以上十年以下有期徒刑，并处罚金。[①]

---

① 本款经2006年6月29日《刑法修正案（六）》第8条修正。《刑法》原第164条第1款为：“为谋取不正当利益，给予公司、企业的工作人员以财物，数额较大的，处三年以下有期徒刑或者拘役；数额巨大的，处三年以上十年以下有期徒刑，并处罚金。”

为谋取不正当商业利益，给予外国公职人员或者国际公共组织官员以财物的，依照前款的规定处罚。[①]

单位犯前两款罪的，对单位判处罚金，并对其直接负责的主管人员和其他直接责任人员，依照第一款的规定处罚。

行贿人在被追诉前主动交待行贿行为的，可以减轻处罚或者免除处罚。

（二）罪名详解

对外国公职人员、国际公共组织官员行贿罪，是指为谋取不正当商业利益，给予外国公职人员或者国际公共组织官员以财物的行为。

本罪是《刑法修正案（八）》第29条增设的罪名。

对外国公职人员、国际公共组织官员行贿罪的构成要件是：

1. 主体要件

犯罪主体为一般主体。自然人和单位均可以构成本罪，而且无论是具有中国国籍的自然人或者单位，还是外国国籍的自然人或者单位，只要其实施对外国公职人员、国际公共组织官员行贿之行为，又在我国刑事管辖的范围内，均可以成为本罪的主体。

2. 客体要件

本罪侵犯的客体是公平竞争的社会主义市场经济秩序。随着经济全球化的飞速发展和我国在国际商业领域的地位和作用凸显，如果我国企业在国际商业活动中对外国公职人员、国际公共组织官员行贿，必然具有严重的社会危害性：（1）该行为为滋生其他犯罪提供土壤。诚实、守信是应当遵循的企业伦理道德，而贿赂行为则背弃了公平竞争的原则。长此以往，经营者将日益漠视伦理道德，为追求利润不择手段，从而实施制假、洗钱、走私等犯罪。（2）该行为影响我国企业在国际上的竞争力。在短期内，通过行贿可能会提供更加便利的条件，带来更多的利润，但长期来看，这种方式难以持久。（3）该行为最终扰乱我国的市场竞争秩序。在开放型经济中，一国国内市场与海外市场是紧密联系的，要保护国内市场竞争，就必须对经营者的海外贿赂行为予以规制；如果任由经营者通过贿赂手段在海外市场谋取暴利，对那

① 本款由2011年2月25日《刑法修正案（八）》第29条增加。

些未实施此类行为的经营者来说，显然处于不利的竞争地位；如果任由经营者通过贿赂手段在海外市场谋取暴利，就会促使大量资本转入海外市场，影响国内的资本投入，从而直接冲击了国内资本市场竞争秩序。（4）该行为损害了我国企业在国际商业领域的形象和声誉。在国际商业活动中，一国的经营者往往代表本国的形象，在我国加入 WTO，更多参与国际政治、经济活动的情况下，此类行贿行为将引起国际舆论对我国法律制度、投资环境的负面评价，从而带来难以估量的直接损失。《联合国反腐败国际公约》（以下简称《公约》）第 16 条“贿赂外国公职人员或者国际公共组织官员”中规定：各缔约国均应当采取必要的立法措施，将下述故意实施的行为规定为犯罪：直接或者间接向外国公职人员或者国际公共组织官员许诺给予、提议给予或者实际给予该公职人员本人或者其他人员或实体不正当好处，以使该公职人员或该官员在执行公务时作为或者不作为，以便获得或者保留与进行国际商务有关的商业或者其他不正当好处。显然，本条规定是我国为履行该国际公约在立法上采取的重要举措。

3. 主观要件

主观方面表现为故意，并且必须具有为谋取不正当商业利益的目的。谋取正当商业利益的，不构成本罪。按照《最高人民法院、最高人民检察院关于办理商业贿赂刑事案件适用法律若干问题的意见》，“谋取不正当利益”，是指行贿人谋取违反法律、法规、规章或者政策规定的利益，或者要求对方违反法律、法规、规章、政策、行业规范的规定提供帮助或者方便条件。

4. 客观要件

客观方面表现为给予外国公职人员或者国际公共组织官员以财物的行为。

根据《公约》第 2 条第（二）项的规定，“外国公职人员”，系指外国无论是经任命还是经选举而担任立法、行政、行政管理或者司法职务的任何人员，以及为外国，包括为公共机构或者公营企业行使公共职能的任何人员。外国不仅限于“国家”，还包括从国家到地方的各级政府及其各下属部门，有时也包括任何有组织的外国地区或实体，如自治领土或独立关税地区。根据《公约》第 2 条第（三）项的规定，“国际公共组织官员”[①] 系指国际公务员或

---

① 赵秉志、王志祥、郭理蓉编：《〈联合国反腐败公约〉暨相关重要文献资料》，中国人民公安大学出版社 2004 年版，第 5 页、第 12 页。

者经此种组织授权代表该组织行事的任何人员。国际公共组织官员主要包括两类：一是受国际组织聘用的国际公务员；二是虽没有受国际组织聘用，但受国际组织授权代表该组织行事的人员。“财物”，按照我国的解释，既包括金钱和实物，也包括可以用金钱计算数额的财产性利益，如提供房屋装修、含有金额的会员卡、代币卡（券）、旅游费用等，具体数额以实际支付的资费为准。[①] 但《公约》指的是“有关的商业或者其他不正当好处”，贿赂的范围比我国的“财物”要广，“系指各种资产，不论是物质的还是非物质的、动产不动产、有形的还是无形的，以及证明对这种资产的产权或者权益的法律文件或者文书。”[②] 因此，在司法实践中，不宜将贿赂扩大到任何不正当好处。

（三）实务疑难问题

1. 认定本罪必须以“为谋取不正当商业利益”为前提条件

这些利益可能是应损失而未损失的，可能是不应得而获得的，也可能是应得而扩大的。例如，使资质欠缺的公司获得某国市场的准入资格，使国际公共组织违背标准进行认证，等等。如果行为人不是为了谋取不正当商业利益，则不构成本罪。

2. 划清罪与非罪的界限

《刑法》第 164 条第 1 款规定，给予非国家工作人员以财物，必须达到“数额较大”的程度，才构成犯罪。数额是否较大，是违法与犯罪的界限，《刑法》第 164 条第 2 款规定，给予外国公职人员或者国际公共组织官员以财物的，依照前款的规定处罚。据此，本罪数额较大按照对非国家工作人员行贿罪的数额执行。

（四）情节与量刑

依照《刑法》第 164 条第 2 款规定，犯对外国公职人员、国际公共组织官员行贿罪的，依照前款的规定处罚，即处 3 年以下有期徒刑或者拘役；数额巨大的，处 3 年以上 10 年以下有期徒刑，并处罚金。

---

① 《最高人民法院、最高人民检察院关于办理商业贿赂刑事案件适用法律若干问题的意见》第 7 条。

② 赵秉志、王志祥、郭理蓉编：《〈联合国反腐败公约〉暨相关重要文献资料》，中国人民公安大学出版社 2004 年版，第 5 页、第 12 页。

依照本条第3款规定，单位犯本罪的，对单位判处罚金，并对其直接负责的主管人员和其他直接责任人员，依照第1款的规定处罚。

依照本条第4款规定，行贿人在被追诉前主动交待行贿行为的，可以减轻处罚或者免除处罚。

十一、非法经营同类营业罪

（一）法律规定

第一百六十五条　国有公司、企业的董事、经理利用职务便利，自己经营或者为他人经营与其所任职公司、企业同类的营业，获取非法利益，数额巨大的，处三年以下有期徒刑或者拘役，并处或者单处罚金；数额特别巨大的，处三年以上七年以下有期徒刑，并处罚金。

（二）罪名详解

非法经营同类营业罪，是指国有公司、企业的董事、经理利用职务便利，自己经营或者为他人经营与其所任职公司、企业同类的营业，获取非法利益，数额巨大的行为。

本罪是1997年刑法增设的罪名，1979年刑法和单行刑法均没有规定此罪名。

非法经营同类营业罪的构成要件是：

1. 主体要件

犯罪主体为特殊主体，即只有国有公司、企业的董事、经理才能构成本罪。

2. 客体要件

本罪侵犯的客体是国有公司、企业的利益。

3. 主观要件

主观方面由故意构成，并且必须具有获取非法利益的目的。过失不构成本罪。

4. 客观要件

客观方面表现为利用职务便利，自己经营或者为他人经营与其所任职公司、企业同类的营业，获取非法利益，数额巨大的行为。“利用职务便利”，是指行为人利用自己在国有公司、企业任董事、经理掌管材料、物资、市场、销售等便利条件。“自己经营”，主要是指以私人名义另行注册公司或者以亲友名义注册公司，或者是在他人经办的公司、企业中入股进行经营的行为。“经营与其所任职公司、企业同类的营业”，是指从事与其任职的国有公司、企业同种类的业务。行为人利用其在国有公司、企业任职所获得的经营方面的信息或者其他优势，使得自己经营的公司获利，损害国有公司、企业的利益。所谓“数额巨大”，“是指通过上述手段，转移利润或者转嫁损失，获取了大量利润，国有公司、企业由此造成重大损失。”

依照法律规定，非法经营同类营业的行为，除需具备以上构成要件外，所获取的非法利益，必须达到“数额巨大”的程度，才构成犯罪。按照《立案追诉标准（二）》第 12 条的规定，国有公司、企业的董事、经理利用职务便利，自己经营或者为他人经营与其所任职公司、企业同类营业，获取非法利益，数额在 10 万元以上的，应予立案追诉。

（三）实务疑难问题

注意划清罪与非罪的界限。如果国有公司、企业的董事、经理非法经营同类业务，获取的非法利益在 10 万元以下，达不到“数额巨大”的，则属于一般违法行为，不构成犯罪。

（四）情节与量刑

依照《刑法》第 165 条规定，犯非法经营同类营业罪的，处 3 年以下有期徒刑或者拘役，并处或者单处罚金；数额特别巨大的，处 3 年以上 7 年以下有期徒刑，并处罚金。

（五）法律链接

1. 最高人民检察院、公安部关于公安机关管辖的刑事案件立案追诉标准的规定（二）（公通字〔2010〕23 号　自 2010 年 5 月 7 日起施行）（节录）

第十二条　［非法经营同类营业案（刑法第一百六十五条）］国有公司、

企业的董事、经理利用职务便利，自己经营或者为他人经营与其所任职公司、企业同类的营业，获取非法利益，数额在十万元以上的，应予立案追诉。

十二、为亲友非法牟利罪

（一）法律规定

第一百六十六条　国有公司、企业、事业单位的工作人员，利用职务便利，有下列情形之一，使国家利益遭受重大损失的，处三年以下有期徒刑或者拘役，并处或者单处罚金；致使国家利益遭受特别重大损失的，处三年以上七年以下有期徒刑，并处罚金：

（一）将本单位的盈利业务交由自己的亲友进行经营的；

（二）以明显高于市场的价格向自己的亲友经营管理的单位采购商品或者以明显低于市场的价格向自己的亲友经营管理的单位销售商品的；

（三）向自己的亲友经营管理的单位采购不合格商品的。

（二）罪名详解

为亲友非法牟利罪，是指国有公司、企业、事业单位的工作人员，利用职务便利，实施法定的背职经营，使国家利益遭受重大损失的行为。

本罪是1997年刑法增设的罪名，1979年刑法和单行刑法均没有规定此罪名。

为亲友非法牟利罪的构成要件是：

1. 主体要件

犯罪主体为特殊主体，即只有国有公司、企业、事业单位的工作人员才能构成本罪的主体；不具有上述身份的人，不能构成本罪的主体。

2. 客体要件

本罪侵犯的客体是国家对国有公司、企业的监督管理制度和对国有公司、企业、事业单位工作人员职务的廉洁性的监督。国有公司、企业、事业单位对国有资产负有经营、管理、保值增值的责任。如果这些单位的工作人员背职经营，势必干扰国家对国有公司、企业、事业单位的监督、管理，导致国有资产的流失。

3. 主观要件

主观方面由故意构成，过失不构成本罪。

4. 客观要件

客观方面表现为利用职务便利，损公肥私，实施法定的背职经营的行为。背职经营的行为有以下三种：（1）将本单位的盈利业务交由自己的亲友进行经营，指行为人利用自己决定、参与经贸项目、购销往来的工作便利，根据掌握的市场行情，将可以盈利的业务项目交给自己的亲友经营；（2）以明显高于市场的价格向自己的亲友经营管理的单位采购商品或者以明显低于市场的价格向自己的亲友经营管理的单位销售商品；（3）向自己亲友经营管理的单位采购不合格商品。背职经营的行为，必须使国家利益遭受重大损失的，才能构成本罪。所谓使国家利益遭受重大损失，主要是指行为人转移国有公司、企业、事业单位的利润或者转嫁自己亲友经营的损失，数额巨大等情形。

依照法律规定，为亲友非法牟利的行为，除需具备以上构成要件外，还必须是“使国家利益遭受重大损失的”，才构成犯罪。按照《立案追诉标准（二）》第13条的规定，国有公司、企业、事业单位的工作人员，利用职务便利，为亲友非法牟利，涉嫌下列情形之一的，应予立案追诉：（1）造成国家直接经济损失数额在10万元以上的；（2）使其亲友非法获利数额在20万元以上的；（3）造成有关单位破产，停业、停产6个月以上，或者被吊销许可证和营业执照、责令关闭、撤销、解散的；（4）其他致使国家利益遭受重大损失的情形。

（三）实务疑难问题

1. 划清罪与非罪的界限

行为人利用职务便利，为亲友非法牟利的行为，如果没有使国家利益遭受重大损失的，则属一般违法行为，不构成犯罪。如果行为人既没有利用职务便利为亲友非法牟利，更没有使国家利益遭受损失的，则根本不构成犯罪。

2. 本罪为选择性罪名

行为人只要实施了背职经营中的一种行为，就构成本罪；实施了两种以上行为的，仍为一罪，不实行并罚，量刑时可作参考。

（四）情节与量刑

依照《刑法》第166条规定，犯为亲友非法牟利罪的，处3年以下有期徒刑或者拘役，并处或者单处罚金；致使国家利益遭受特别重大损失的，处3年以上7年以下有期徒刑，并处罚金。

（五）法律链接

最高人民检察院、公安部关于公安机关管辖的刑事案件立案追诉标准的规定（二）（公通字〔2010〕23号　自2010年5月7日起施行）（节录）

第十三条　［为亲友非法牟利案（刑法第一百六十六条）］国有公司、企业、事业单位的工作人员，利用职务便利，为亲友非法牟利，涉嫌下列情形之一的，应予立案追诉：

（一）造成国家直接经济损失数额在十万元以上的；

（二）使其亲友非法获利数额在二十万元以上的；

（三）造成有关单位破产，停业、停产六个月以上，或者被吊销许可证和营业执照、责令关闭、撤销、解散的；

（四）其他致使国家利益遭受重大损失的情形。

十三、签订、履行合同失职被骗罪

（一）法律规定

第一百六十七条　国有公司、企业、事业单位直接负责的主管人员，在签订、履行合同过程中，因严重不负责任被诈骗，致使国家利益遭受重大损失的，处三年以下有期徒刑或者拘役；致使国家利益遭受特别重大损失的，处三年以上七年以下有期徒刑。

（二）罪名详解

签订、履行合同失职被骗罪，是指国有公司、企业、事业单位直接负责的主管人员，在签订、履行合同过程中，因严重不负责任被诈骗，致使国家利益遭受重大损失的行为。

本罪是1997年刑法增设的罪名，1979年刑法和单行刑法均没有规定此罪名。

签订、履行合同失职被骗罪的构成要件是：

1. 主体要件

犯罪主体为特殊主体，即只有国有公司、企业、事业单位直接负责的主管人员才能构成本罪。所谓直接负责的主管人员，是指对签订、履行合同起领导、决策、指挥作用的单位负责人。

2. 客体要件

本罪侵犯的客体是国有公司、企业、事业单位的正常经营活动。

3. 主观要件

主观方面由过失构成。故意不构成本罪。

4. 客观要件

客观方面表现为国有公司、企业、事业单位直接负责的主管人员，在签订、履行合同过程中，因严重不负责任被诈骗，致使国家利益遭受重大损失的行为。“严重不负责任”，主要是指有的行为人盲目轻信对方，不认真审查对方的合同主体资格、资信情况、履约能力、货源、合同标的的数量、质量等情况；有的行为人贪图个人私利，在质量上舍优求劣，在价格上舍低求高，在路途上舍近求远；有的行为人无视规章制度和工作纪律，擅自越权，签订或者履行合同；有的行为人急于推销产品，上当受骗；有的行为人不辨真假，盲目吸收投资，同假外商签订引资合作协议等；有的行为人违反规定为他人签订合同提供担保，导致发生纠纷时承担保证责任。在签订、履行合同过程中，因严重不负责任被诈骗的行为，只有致使国家利益遭受重大损失的，才构成本罪。这种损失应当是指大量财物被骗无法追回、导致停产、濒临破产等情形。

（三）实务疑难问题

1. 划清罪与非罪的界限

本罪为结果犯，关键在于由于单位负责人对工作严重不负责任，导致被诈骗，是否造成国家利益遭受重大损失的结果。如果没有造成重大损失的，则属于一般违法行为，不构成犯罪。《立案追诉标准（二）》第14条第1款规定：“国有公司、企业、事业单位直接负责的主管人员，在签订、履行合同过程中，因严重不负责任被诈骗，涉嫌下列情形之一的，应予立案追诉：（一）造成国家直接经济损失数额在50万元以上的；（二）造成有关单位破产，停业、停产6个月以上，或者被吊销许可证和营业执照、责令关闭、撤销、解散的；（三）其他致使国家利益遭受重大损失的情形。”

2. 根据《全国人民代表大会常务委员会关于惩治骗购外汇、逃汇和非法买卖外汇犯罪的决定》第7条的规定，金融机构、从事对外贸易经营活动的公司、企业的工作人员严重不负责任，造成大量外汇被骗购或者逃汇，致使国家利益遭受重大损失的，应当依照《刑法》第167条规定的签订、履行合同失职被骗罪定罪处罚。根据《立案追诉标准（二）》第14条第2款的规定，金融机构、从事对外贸易经营活动的公司、企业的工作人员严重不负责任，造成100万美元以上外汇被骗购或者逃汇1000万美元以上的，也应立案追诉。

（四）情节与量刑

依照《刑法》第167条规定，犯签订、履行合同失职被骗罪的，处3年以下有期徒刑或者拘役；致使国家利益遭受特别重大损失的，处3年以上7年以下有期徒刑。

（五）法律链接

1. 全国人民代表大会常务委员会关于惩治骗购外汇、逃汇和非法买卖外汇犯罪的决定（1998年12月29日通过第九届全国人民代表大会常务委员会第六次会议　自1998年12月29日起施行）（节录）

七、金融机构、从事对外贸易经营活动的公司、企业的工作人员严重不负责任，造成大量外汇被骗购或者逃汇，致使国家利益遭受重大损失的，依照刑法第一百六十七条的规定定罪处罚。

2. 最高人民检察院、公安部关于公安机关管辖的刑事案件立案追诉标准的规定（二）（公通字〔2010〕23号　自2010年5月7日起施行）（节录）

第十四条　［签订、履行合同失职被骗案（刑法第一百六十七条）］国有公司、企业、事业单位直接负责的主管人员，在签订、履行合同过程中，因严重不负责任被诈骗，涉嫌下列情形之一的，应予立案追诉：

（一）造成国家直接经济损失数额在五十万元以上的；

（二）造成有关单位破产，停业、停产六个月以上，或者被吊销许可证和营业执照、责令关闭、撤销、解散的；

（三）其他致使国家利益遭受重大损失的情形。

金融机构、从事对外贸易经营活动的公司、企业的工作人员严重不负责任，造成一百万美元以上外汇被骗购或者逃汇一千万美元以上的，应予立案追诉。

本条规定的“诈骗”，是指对方当事人的行为已经涉嫌诈骗犯罪，不以对方当事人已经被人民法院判决构成诈骗犯罪作为立案追诉的前提。

十四、国有公司、企业、事业单位人员失职罪

（一）法律规定

第一百六十八条　国有公司、企业的工作人员，由于严重不负责任或者滥用职权，造成国有公司、企业破产或者严重损失，致使国家利益遭受重大损失的，处三年以下有期徒刑或者拘役；致使国家利益遭受特别重大损失的，处三年以上七年以下有期徒刑。

国有事业单位的工作人员有前款行为，致使国家利益遭受重大损失的，依照前款的规定处罚。

国有公司、企业、事业单位的工作人员，徇私舞弊，犯前两款罪的，依照第一款的规定从重处罚。

（二）罪名详解

国有公司、企业、事业单位人员失职罪，是指国有公司、企业的工作人员，由于严重不负责任，造成国有公司、企业破产或者严重损失，致使国家利益遭受重大损失，或者国有事业单位的工作人员，由于严重不负责任，致使国家利益遭受重大损失的行为。

本罪是《刑法修正案》第 2 条在《刑法》第 168 条规定的徇私舞弊造成破产、亏损罪的基础上，修正后分立的罪名之一。

国有公司、企业、事业单位人员失职罪的构成要件是：

1. 主体要件

犯罪主体为特殊主体，即国有公司、企业、事业单位的工作人员。非国有公司、企业、事业单位的工作人员不构成本罪。

2. 客体要件

侵犯的客体是国家对国有公司、企业、事业单位的资产管理制度。国有公司、企业、事业单位在我国国民经济和社会发展中占有举足轻重的地位。国有经济的不断发展、壮大，为国家经济建设、社会进步和人民群众生活水平的提高做出了巨大贡献。但是一个时期以来，一些国有公司、企业、事业单位中国家工作人员因严重不负责任而导致国有资产大量流失，造成一些国有企业生产经营困难、出现亏损，甚至破产，严重影响经济发展和社会政治稳定。

3. 主观要件

主观方面由过失构成。

4. 客观要件

客观方面表现为国有公司、企业的工作人员，由于严重不负责任，造成国有公司、企业破产或者严重损失，致使国家利益遭受重大损失，或者国有事业单位的工作人员，由于严重不负责任，致使国家利益遭受重大损失的行为。“严重不负责任”，是指行为人不履行或者不正确履行其职责，致使国家利益遭受重大损失的行为。“职责”，是指法律、法规、规章对公司、企业、事业单位的工作人员给予明确规定的职责。“破产”，是指债务人资不抵债、无力清偿到期债务，人民法院根据债权人或者债务人的申请，由法定机构清算债务人的全部财产，将债务人的破产财产依法分配给债权人的特定程序。因此，破产是清偿到期债务的特殊手段，而债务人不能清偿到期债务的法定事实，是运用特殊手段的前提。其目的，是达到公平清偿，以保护双方当事人的合法权益。按照法律规定，严重不负责任的行为，必须有法定危害结果的发生，即必须造成国有公司、企业破产或者严重损失，致使国家利益遭受重大损失，且破产或者损失结果的发生与严重不负责任的行为之间必须存在刑法上的直接因果关系，才能构成本罪。

（三）实务疑难问题

1. 划清罪与非罪的界限

按照《立案追诉标准（二）》第15条的规定，国有公司、企业、事业单位的工作人员，严重不负责任，涉嫌下列情形之一的，应予立案追诉：（1）造成国家直接经济损失数额在50万元以上的；（2）造成有关单位破产，停业、停产1年以上，或者被吊销许可证和营业执照、责令关闭、撤销、解散的；（3）其他致使国家利益遭受重大损失的情形。国有公司、企业、事业单位的工作人员，虽有严重不负责任的行为，但如果没有造成国有公司、企业、事业单位停业、停产或者破产，没有造成国有公司、企业、事业单位严重损失或者恶劣影响，从而没有使国家利益遭受重大损失的，则不构成犯罪。

参照《最高人民检察院研究室关于中国农业发展银行及其分支机构的工作人员法律适用问题的答复》，中国农业发展银行及其分支机构的工作人员严重不负责任或者滥用职权，构成犯罪的，应当依照《刑法》第168条的规定追究刑事责任。

（四）情节与量刑

依照《刑法》第168条第1款、第2款规定，犯国有公司、企业、事业单位人员失职罪的，处3年以下有期徒刑或者拘役；致使国家利益遭受特别重大损失的，处3年以上7年以下有期徒刑。

依照本条第3款规定，国有公司、企业、事业单位的工作人员，徇私舞弊，犯本罪的，依照第1款的规定从重处罚。

司法机关在适用《刑法》第168条规定处罚时，应当注意以下问题：

1. 该条第3款规定，国有公司、企业、事业单位的工作人员，徇私舞弊，犯前两款罪的，依照第1款的规定从重处罚。“徇私舞弊”是指国有公司、企业、事业单位的工作人员徇个人私情、私利的行为。由于这种行为置国家利益于不顾，主观恶性较大，所以要在第1款规定的法定刑的幅度内从重处罚。

2. 根据2000年5月12日《最高人民法院关于审理扰乱电信市场管理秩序案件具体应用法律若干问题的解释》第6条的规定，国有电信企业的工作人员，由于严重不负责任或者滥用职权，造成国有电信企业破产或者严重损失，致使国家利益遭受重大损失的，依照《刑法》第168条的规定定罪处罚。

3. 根据2003年5月14日《最高人民法院、最高人民检察院关于办理妨害预防、控制突发传染病疫情等灾害的刑事案件具体应用法律若干问题的解释》第4条的规定，国有公司、企业、事业单位的工作人员，在预防、控制突发传染病疫情等灾害的工作中，由于严重不负责任或者滥用职权，造成国有公司、企业破产或者严重损失，致使国家利益遭受重大损失的，依照《刑法》第168条的规定，以国有公司、企业、事业单位人员失职罪或者国有公司、企业、事业单位人员滥用职权罪定罪处罚。

（五）法律链接

1. 最高人民检察院、公安部关于公安机关管辖的刑事案件立案追诉标准的规定（二）（公通字〔2010〕23号　自2010年5月7日起施行）（节录）

第十五条　［国有公司、企业、事业单位人员失职案（刑法第一百六十八条）］ 国有公司、企业、事业单位的工作人员，严重不负责任，涉嫌下列情形之一的，应予立案追诉：

（一）造成国家直接经济损失数额在五十万元以上的；

（二）造成有关单位破产，停业、停产一年以上，或者被吊销许可证和营业执照、责令关闭、撤销、解散的；

（三）其他致使国家利益遭受重大损失的情形。

2.《最高人民检察院研究室关于中国农业发展银行及其分支机构的工作人员法律适用问题的答复》（〔2002〕高检研发第16号　自2002年9月23日起施行）

湖北省人民检察院研究室：

你院关于中国农业发展银行工作人员法律适用问题的请示（鄂检文〔2001〕50号）收悉。经研究，答复如下：

中国农业发展银行及其分支机构的工作人员严重不负责任或者滥用职权，构成犯罪的，应当依照刑法第一百六十八条的规定追究刑事责任。

3. 最高人民法院关于审理扰乱电信市场管理秩序案件具体应用法律若干问题的解释（法释〔2000〕12号　自2000年5月24日施行）（节录）

第六条　国有电信企业的工作人员，由于严重不负责任或者滥用职权，造成国有电信企业破产或者严重损失，致使国家利益遭受重大损失的，依照刑法第一百六十八条的规定定罪处罚。

4. 最高人民法院、最高人民检察院关于办理妨害预防、控制突发传染病疫情等灾害的刑事案件具体应用法律若干问题的解释（法释〔2003〕8号　自2003年5月15日起施行）（节录）

第四条　国有公司、企业、事业单位的工作人员，在预防、控制突发传染病疫情等灾害的工作中，由于严重不负责任或者滥用职权，造成国有公司、企业破产或者严重损失，致使国家利益遭受重大损失的，依照刑法第一百六十八条的规定，以国有公司、企业、事业单位人员失职罪或者国有公司、企业、事业单位人员滥用职权罪定罪处罚。

十五、国有公司、企业、事业单位人员滥用职权罪

（一）法律规定

第一百六十八条　国有公司、企业的工作人员，由于严重不负责任或者滥用职权，造成国有公司、企业破产或者严重损失，致使国家利益遭受重大损失的，处三年以下有期徒刑或者拘役；致使国家利益遭受特别重大损失的，处三年以上七年以下有期徒刑。

国有事业单位的工作人员有前款行为，致使国家利益遭受重大损失的，依照前款的规定处罚。

国有公司、企业、事业单位的工作人员，徇私舞弊，犯前两款罪的，依照第一款的规定从重处罚。

（二）罪名详解

国有公司、企业、事业单位人员滥用职权罪，是指国有公司、企业的工作人员，因滥用职权造成国有公司、企业破产或者严重损失，致使国家利益遭受重大损失，或者国有事业单位的工作人员，因滥用职权致使国家利益遭受重大损失的行为。

本罪是《刑法修正案》第 2 条在 1997 年《刑法》第 168 条规定的徇私舞弊造成破产、亏损罪的基础上，修正后分立的罪名之一。

国有公司、企业、事业单位人员滥用职权罪的构成要件是：

1. 主体要件

犯罪主体为特殊主体，即国有公司、企业、事业单位的工作人员。非国有公司、企业、事业单位的工作人员不构成本罪。

2. 客体要件

本罪侵犯的客体是国家对国有公司、企业、事业单位的资产管理制度。

国有公司、企业、事业单位在我国国民经济和社会发展中占着举足轻重的地位，国有经济的不断发展、壮大，为国家经济建设、社会进步和人民群众生活水平的提高做出了巨大贡献。但是一个时期以来，一些国有公司、企业、事业单位中国家工作人员因滥用职权而导致国有资产大量流失，造成一些国有企业生产经营困难、出现亏损，甚至破产，严重影响经济发展和社会政治稳定。

3. 主观要件

主观方面一般由过失构成，但也不排除故意。这是因为：（1）根据《刑法》第 14 条、第 15 条的规定，在我国，判断罪过的形式是故意还是过失，应当以行为人对其所实施的行为会发生危害社会的结果所持的心理态度为标准。在我国的刑事立法中，结果犯一般都是过失犯罪。滥用职权行为本身往往是故意的，但对于危害社会结果的发生，即行为造成的严重后果，则往往持过失的心理态度。因此，《刑法修正案》规定，不论是严重不负责任还是滥用职权，都必须“造成国有公司、企业破产或者严重损失，致使国家利益遭受重大损失的”，才构成犯罪。（2）从处刑上看，国有公司、企业、事业单位人员失职罪与国有公司、企业、事业单位人员滥用职权罪均处 3 年以下有期徒刑或者拘役；致使国家利益遭受特别重大损失的，处 3 年以上 7 年以下有期徒刑。滥用职权一般表现为积极的作为，与严重不负责任的不作为相比，主观恶性更大，如果一为故意犯罪，一为过失犯罪，而处刑完全一样，显然违反了罪刑相适应的原则。

4. 客观要件

客观方面表现为国有公司、企业的工作人员因滥用职权，造成国有公司、企业破产或者严重损失，致使国家利益遭受重大损失，或者国有事业单位的工作人员因滥用职权，致使国家利益遭受重大损失的行为。

“滥用职权”，是指行为人超越职权或者不正当行使职权。“职权”，是指国有公司、企业、事业单位的工作人员在其职务范围内处理公务的职责和权力。按照法律规定，滥用职权的行为，必须造成国有公司、企业破产或者国有公司、企业、事业单位严重损失，致使国家利益遭受重大损失，且破产或者损失结果的发生与滥用职权的行为之间必须存在刑法上的直接因果关系，才能构成本罪。

（三）实务疑难问题

1. 划清罪与非罪的界限

根据《立案追诉标准（二）》第 16 条的规定，国有公司、企业、事业单位的工作人员，滥用职权，涉嫌下列情形之一的，应予立案追诉：（1）造成国家直接经济损失数额在 30 万元以上的；（2）造成有关单位破产，停业、停产 6 个月以上，或者被吊销许可证和营业执照、责令关闭、撤销、解散的；（3）其他致使国家利益遭受重大损失的情形。国有公司、企业、事业单位的工作人员，虽有滥用职权的行为，但如果没有造成国有公司、企业、事业单位停业、停产或者破产，没有造成国有公司、企业、事业单位严重损失或者恶劣影响，从而没有使国家利益遭受重大损失的，不构成犯罪。

2. 参照最高人民检察院研究室的答复，中国农业发展银行及其分支机构的工作人员滥用职权，构成犯罪的，应当依照《刑法》第 168 条的规定追究刑事责任。

（四）情节与量刑

依照《刑法》第 168 条第 1 款、第 2 款规定，犯国有公司、企业、事业单位人员滥用职权罪的，处 3 年以下有期徒刑或者拘役；致使国家利益遭受特别重大损失的，处 3 年以上 7 年以下有期徒刑。

依照本条第 3 款规定，国有公司、企业、事业单位的工作人员，徇私舞弊，犯本罪的，依照第 1 款的规定从重处罚

（五）法律链接

1. 最高人民检察院、公安部关于公安机关管辖的刑事案件立案追诉标准的规定（二）（公通字〔2010〕23 号　自 2010 年 5 月 7 日起施行）（节录）

第十六条　［国有公司、企业、事业单位人员滥用职权案（刑法第一百六十八条）］国有公司、企业、事业单位的工作人员，滥用职权，涉嫌下列情形之一的，应予立案追诉：

（一）造成国家直接经济损失数额在三十万元以上的；

（二）造成有关单位破产，停业、停产六个月以上，或者被吊销许可证和营业执照、责令关闭、撤销、解散的；

（三）其他致使国家利益遭受重大损失的情形。

2.《最高人民检察院研究室关于中国农业发展银行及其分支机构的工作人员法律适用问题的答复》（〔2002〕高检研发第16号　自2002年9月23日起施行）

湖北省人民检察院研究室：

你院关于中国农业发展银行工作人员法律适用问题的请示（鄂检文〔2001〕50号）收悉。经研究，答复如下：

中国农业发展银行及其分支机构的工作人员严重不负责任或者滥用职权，构成犯罪的，应当依照刑法第一百六十八条的规定追究刑事责任。

十六、徇私舞弊低价折股、出售国有资产罪

（一）法律规定

第一百六十九条　国有公司、企业或者其上级主管部门直接负责的主管人员，徇私舞弊，将国有资产低价折股或者低价出售，致使国家利益遭受重大损失的，处三年以下有期徒刑或者拘役；致使国家利益遭受特别重大损失的，处三年以上七年以下有期徒刑。

（二）罪名详解

徇私舞弊低价折股、出售国有资产罪，是指国有公司、企业或者其上级主管部门直接负责的主管人员，徇私舞弊，将国有资产低价折股或者低价出售，致使国家利益遭受重大损失的行为。

本罪是1997年刑法增设的罪名，1979年刑法和单行刑法均没有规定此罪名。

徇私舞弊低价折股、出售国有资产罪的构成要件是：

1. 主体要件

犯罪主体为特殊主体，即只有国有公司、企业或者其上级主管部门直接负责的主管人员才能构成本罪。

2. 客体要件

本罪侵犯的客体是国家对国有资产的管理制度。

3. 主观要件

主观方面由故意构成，过失不构成本罪。

4. 客观要件

客观方面表现为国有公司、企业或者其上级主管部门直接负责的主管人员，徇私舞弊，将国有资产低价折股或者低价出售，致使国家利益遭受重大损失的行为。“徇私舞弊”，是指行为人徇个人私情、私利，置国家利益于不顾的行为。“国有资产”，是指国家通过各种形式对国有公司、企业进行投资和投资收益形成的财产，以及依据法律、行政法规认定的国有公司、企业的国有财产。“低价折股或者低价出售”，主要是指对国有资产不进行财产评估或者虽然进行了财产评估，但背离所评估资产的价值，低价折股或者低价出售的行为。徇私舞弊，将国有资产低价折股或者低价出售的行为，只有致使国家利益遭受重大损失的，才构成犯罪。“致使国家利益遭受重大损失”，司法实践中，一般是指造成国有公司、企业财产严重流失或者严重亏损，无法进行生产经营，濒临倒闭等情形。

（三）实务疑难问题

认定徇私舞弊低价折股、出售国有资产罪应注意划清罪与非罪的界限。按照《立案追诉标准（二）》第 17 条的规定，国有公司、企业或者其上级主管部门直接负责的主管人员，徇私舞弊，将国有资产低价折股或者低价出售，涉嫌下列情形之一的，应予立案追诉：（1）造成国家直接经济损失数额在 30 万元以上的；（2）造成有关单位破产，停业、停产 6 个月以上，或者被吊销许可证和营业执照、责令关闭、撤销、解散的；（3）其他致使国家利益遭受重大损失的情形。如果行为人由于过失将国有资产低价折股或者低价出售，致使国家利益遭受重大损失的，或者虽然是因为徇私舞弊致使国家利益受损，但损失不大的，不构成本罪。

（四）情节与量刑

依照《刑法》第 169 条规定，犯徇私舞弊低价折股、出售国有资产罪的，处 3 年以下有期徒刑或者拘役；致使国家利益遭受特别重大损失的，处 3 年以上 7 年以下有期徒刑。

（五）法律链接

最高人民检察院、公安部关于公安机关管辖的刑事案件立案追诉标准的规定（二）（公通字〔2010〕23号　自2010年5月7日起施行）（节录）

第十七条　［徇私舞弊低价折股、出售国有资产案（刑法第一百六十九条）］国有公司、企业或者其上级主管部门直接负责的主管人员，徇私舞弊，将国有资产低价折股或者低价出售，涉嫌下列情形之一的，应予立案追诉：

（一）造成国家直接经济损失数额在三十万元以上的；

（二）造成有关单位破产，停业、停产六个月以上，或者被吊销许可证和营业执照、责令关闭、撤销、解散的；

（三）其他致使国家利益遭受重大损失的情形。

十七、背信损害上市公司利益罪

（一）法律规定

第一百六十九条之一　上市公司的董事、监事、高级管理人员违背对公司的忠实义务，利用职务便利，操纵上市公司从事下列行为之一，致使上市公司利益遭受重大损失的，处三年以下有期徒刑或者拘役，并处或者单处罚金；致使上市公司利益遭受特别重大损失的，处三年以上七年以下有期徒刑，并处罚金：

（一）无偿向其他单位或者个人提供资金、商品、服务或者其他资产的；

（二）以明显不公平的条件，提供或者接受资金、商品、服务或者其他资产的；

（三）向明显不具有清偿能力的单位或者个人提供资金、商品、服务或者其他资产的；

（四）为明显不具有清偿能力的单位或者个人提供担保，或者无正当理由为其他单位或者个人提供担保的；

（五）无正当理由放弃债权、承担债务的；

（六）采用其他方式损害上市公司利益的。

上市公司的控股股东或者实际控制人，指使上市公司董事、监事、高级管理人员实施前款行为的，依照前款的规定处罚。

犯前款罪的上市公司的控股股东或者实际控制人是单位的，对单位判处罚金，并对其直接负责的主管人员和其他直接责任人员，依照第一款的规定处罚。

（二）罪名详解

背信损害上市公司利益罪，是指上市公司的董事、监事、高级管理人员违背对公司的忠实义务，利用职务便利，操纵上市公司进行不正当、不公平的关联交易等，致使上市公司利益遭受重大损失的行为。

本罪是《刑法修正案（六）》第 9 条增设的罪名。

背信损害上市公司利益罪的构成要件是：

1. 主体要件

犯罪主体为特殊主体，仅限上市公司的董事、监事、高级管理人员、控股股东或者实际控制人。因此，这些特殊主体有一个共同的特点，就是对上市公司具有控制权或者重大影响力。上市公司的控股股东或者实际控制人是单位的，可以构成本罪。依照《公司法》第 120 条的规定，“上市公司”，是指其股票在证券交易所上市交易的股份有限公司。依照《公司法》第 216 条的规定，“高级管理人员”，是指公司的经理、副经理、财务负责人，上市公司董事会秘书和公司章程规定的其他人员。“控股股东”，是指其出资额占有限责任公司资本总额 50%以上或者其持有的股份占股份有限公司股本总额 50%以上的股东；出资额或者持有股份的比例虽然不足 50%，但依其出资额或者持有的股份所享有的表决权已足以对股东会、股东大会的决议产生重大影响的股东。“实际控制人”，是指虽不是公司的股东，但通过投资关系、协议或者其他安排，能够实际支配公司行为的人。

2. 客体要件

本罪侵犯的客体是上市公司及其股东的合法权益和管理秩序。

《公司法》第 147 条第 1 款明确规定：“董事、监事、高级管理人员应当遵守法律、行政法规和公司章程，对公司负有忠实义务和勤勉义务。”然而，近年来，一些上市公司的董事、监事、高级管理人员不但不谨守其对公司的忠实义务，反而利用自身职务便利，以无偿占有或者明显不公平的条件，操纵公司进行不正当的关联交易等非法手段，肆意侵占上市公司资产；还有一些上市公司的控股股东或者实际控制人，指使上市公司董事、监事、高级管理人员实施上述行为。上市公司控股股东或者其实际控制人“掏空”上市公司，是中国经济体制转轨和证券市场建设发展过程中较为特殊的现象。涉及的上市公司数量之多、占用资金数额之大、持续时间之长，在境外证券市场亦不多见。这种行为不仅严重损害了上市公司、中小股东和广大股民的合法权益，动摇了投资者的信心，而且扰乱了证券市场的管理秩序。刑法修正，将其纳入刑事打击范围，提高违法行为人的违法成本，正当其时，必将有力遏制“掏空”现象蔓延。

3. 主观要件

主观方面出于故意，过失不构成本罪。

4. 客观要件

客观方面表现为上市公司的董事、监事、高级管理人员违背对公司的忠实义务，利用职务便利，操纵上市公司从事下列行为之一，或者上市公司的控股股东、实际控制人，指使上市公司董事、监事、高级管理人员实施下列行为之一，致使上市公司利益遭受重大损失的：（1）无偿向其他单位或者个人提供资金、商品、服务或者其他资产的；（2）以明显不公平的条件，提供或者接受资金、商品、服务或者其他资产的；（3）向明显不具有清偿能力的单位或者个人提供资金、商品、服务或者其他资产的；（4）为明显不具有清偿能力的单位或者个人提供担保，或者无正当理由为其他单位或者个人提供担保的；（5）无正当理由放弃债权、承担债务的；（6）采用其他方式损害上市公司利益的。近年来，上市公司的控股股东或者其实际控制人，滥用其控股或者控制地位，将上市公司作为自己融资的平台，占用上市公司资产现象越来越严重。

关于上述第（2）、（3）、（4）种情形的认定，存在判断时点把握的问题，即究竟是立足于行为当时，还是事后审判时，来判断有关交易条件是否公平、有关单位或者个人是否具备清偿能力？本书认为，根据主客观相一致的原理，应当以行为时为标准作出认定。以向有关单位提供商品为例，如果行为人在决定向有关单位提供商品时，单位有清偿能力，只是后因遭遇市场风险等原因导致其丧失清偿能力的，就不能追究行为人的刑事责任，否则便存在客观归罪的问题。

需要强调的是，行为人违背了对公司的忠实义务，这是构成本罪的本质特征。《公司法》明确规定：董事、监事、高级管理人员、公司的控股股东、实际控制人应当遵守法律、行政法规和公司章程，对公司负有忠实义务和勤勉义务，不得利用其关联关系损害公司利益。司法实践中，大股东侵占上市公司资产的具体表现有：无偿或者以明显不合理的优惠条件，将上市公司的资金提供给其他单位或者个人；将上市公司的资金提供给明显不具有清偿能力的单位或者个人；以明显高于市场价格，为上市公司购买商品、服务或者其他资产；无偿或者以明显低于市场的价格，将上市公司商品、服务或者其他资产提供给其他单位或者个人，等等。这些侵害上市公司利益的行为，往往披着合同等合法形式的外衣，有的还按照公司章程的规定履行了全部程序，但其实质是上市公司的工作人员与上市公司控股股东、实际控制人内外勾结，非法转移上市公司资产，使上市公司资产质量恶化、经营能力削弱，严重损害上市公司及其投资者、特别是社会公众投资者的合法权益，具有极其严重的社会危害性。

（三）实务疑难问题

1. 划清罪与非罪的界限

（1）构成本罪，必须以“致使上市公司利益遭受重大损失”为条件。如果行为在客观上并未造成上述后果，不能以犯罪论处。例如，行为人虽有操纵上市公司向明显不具有清偿能力的单位提供担保的行为，但是，后来有关单位因经营得当，自己按期偿还了相关债务，未使上市公司的资产遭受实际损害的，就不能追究行为人的刑事责任。（2）不能仅看是否给上市公司的利益造成重大损失，还要结合构成本罪的前提条件——是否“违背对公司的忠实义务”，去综合分析、判断。如果上市公司的董事、监事、高级管理人员基于对市场判断的错误，虽然给上市公司利益造成损害，也不能追究行为人的刑事责任。（3）对于上市公司中并未实际参与某项损害公司利益的交易决策的董事、监事、高级管理人员，或者在决策中明确发表反对意见的人员，不能以犯罪论处；对于单纯附和有关决策意见的董事、股东等人员，除能证实与操纵者存在共同故意外，也不宜以犯罪论处。

但是，按照《立案追诉标准（二）》第 18 条的规定，上市公司的董事、监事、高级管理人员违背对公司的忠实义务，利用职务便利，操纵上市公司从事损害上市公司利益的行为，以及上市公司的控股股东或者实际控制人，指使上市公司董事、监事、高级管理人员实施损害上市公司利益的行为，涉嫌下列情形之一的，应予立案追诉：（1）无偿向其他单位或者个人提供资金、商品、服务或者其他资产，致使上市公司直接经济损失数额在150万元以上的；（2）以明显不公平的条件，提供或者接受资金、商品、服务或者其他资产，致使上市公司直接经济损失数额在150万元以上的；（3）向明显不具有清偿能力的单位或者个人提供资金、商品、服务或者其他资产，致使上市公司直接经济损失数额在150万元以上的；（4）为明显不具有清偿能力的单位或者个人提供担保，或者无正当理由为其他单位或者个人提供担保，致使上市公司直接经济损失数额在150万元以上的；（5）无正当理由放弃债权、承担债务，致使上市公司直接经济损失数额在150万元以上的；（6）致使公司发行的股票、公司债券或者国务院依法认定的其他证券被终止上市交易或者多次被暂停上市交易的；（7）其他致使上市公司利益遭受重大损失的情形。

利用不正当关联交易侵占上市公司利益是我国上市公司目前面临的严重问题之一。但从公司运作角度讲，关联交易并非一无是处。我国法律、法规、规章和政策导向也并不禁止正当的关联交易。这样就有一个如何区分正当的关联交易与不正当关联交易之间的界限问题，这实际涉及如何准确把握罪与非罪的界限。由于具有关联关系的公司、企业与上市公司都是具有独立法人资格的市场主体，因此，判断一项关联交易是否正当，关键要看是否按照等价有偿的市场竞争原则进行，是否符合正常的或者公认的市场交易条件，以及在交易的决定过程中，上市公司的董事、监事、高级管理人员、控股股东和实际控制人是否利用了他们的控制权和重大影响力。虽然这种控制权和重大影响力的利用并不必然导致不正当关联交易的发生，但是，每一项侵害上市公司利益的关联交易背后，一定会发现非法利用对上市公司控制权和重大影响力的影子。因此，应当结合案件的具体情况具体分析，准确区分违法与犯罪。

2. 划清本罪与签订、履行合同失职被骗罪的界限

两罪的主要区别在于：（1）主体不同。前罪的主体是上市公司的董事、监事、高级管理人员、控股股东或者实际控制人，上市公司的控股股东或者实际控制人是单位的，也可成为该罪主体；后罪的主体则是国有公司、企业、事业单位直接负责的主管人员，单位不能成为该罪主体。（2）主观方面不同。

前罪是故意犯罪，后罪则是过失犯罪。

（四）情节与量刑

依照《刑法》第 169 条之一第 1 款规定，犯背信损害上市公司利益罪的，处 3 年以下有期徒刑或者拘役，并处或者单处罚金；致使上市公司利益遭受特别重大损失的，处 3 年以上 7 年以下有期徒刑，并处罚金。

司法机关在适用《刑法》第 169 条之一规定处罚时，应当注意以下问题：

1. 依照该条第 2 款的规定，上市公司的控股股东或者实际控制人，指使上市公司董事、监事、高级管理人员实施前款行为的，依照前款的规定处罚。《刑法修正案（六）》第 9 条第 2 款所以作出这样规定是考虑到：在现代公司制度中，公司制企业实行有限责任。由于所有权与经营权的部分相对分离，使控股股东、公司的实际控制人很容易利用其独特的控股地位，运用其权力，通过关联交易来转移资产、收益，侵占上市公司及其中小股东权益。现实情况表明，在很多情况下，上市公司的控股股东、实际控制人往往是掏空上市公司的真正指使者和实际受益者。

2. 依照该条第 3 款的规定，犯前款罪的上市公司的控股股东或者实际控制人是单位的，实行“双罚制”，即对单位判处罚金，并对其直接负责的主管人员和其他直接责任人员，依照第 1 款的规定处罚。

3. 单位是否可以构成共同犯罪，特别是构成一方是单位、另一方是自然人的共同犯罪（即非纯粹单位共犯），涉及对共同犯罪的理解问题，刑法理论界和司法实务界长期以来对此存在激烈的争论。《刑法》第 169 条之一第 3 款的规定，实际上明确了作为上市公司控股股东或者实际控制人的单位（法人），可以与上市公司中的其他董事、监事、高级管理人员（自然人）构成共同犯罪。

（五）法律链接

1. 最高人民检察院、公安部关于公安机关管辖的刑事案件立案追诉标准的规定（二）（公通字〔2010〕23 号　自 2010 年 5 月 7 日起施行）（节录）

第十八条　［背信损害上市公司利益案（刑法第一百第一百六十九条之一）］上市公司的董事、监事、高级管理人员违背对公司的忠实义务，利用职务便利，操纵上市公司从事损害上市公司利益的行为，以及上市公司的控股股东或者实际控制人，指使上市公司董事、监事、高级管理人员实施损害上市公司利益的行为，涉嫌下列情形之一的，应予立案追诉：

（一）无偿向其他单位或者个人提供资金、商品、服务或者其他资产，致使上市公司直接经济损失数额在一百五十万元以上的；

（二）以明显不公平的条件，提供或者接受资金、商品、服务或者其他资产，致使上市公司直接经济损失数额在一百五十万元以上的；

（三）向明显不具有清偿能力的单位或者个人提供资金、商品、服务或者其他资产，致使上市公司直接经济损失数额在一百五十万元以上的；

（四）为明显不具有清偿能力的单位或者个人提供担保，或者无正当理由为其他单位或者个人提供担保，致使上市公司直接经济损失数额在一百五十万元以上的；

（五）无正当理由放弃债权、承担债务，致使上市公司直接经济损失数额在一百五十万元以上的；

（六）致使公司发行的股票、公司债券或者国务院依法认定的其他证券被终止上市交易或者多次被暂停上市交易的；

（七）其他致使上市公司利益遭受重大损失的情形。

2. **中华人民共和国公司法**（1993年12月29日第八届全国人民代表大会常务委员会第五次会议通过　根据1999年12月25日第九届全国人民代表大会常务委员会第十三次会议《关于修改〈中华人民共和国公司法〉的决定》第一次修正　根据2004年8月28日第十届全国人民代表大会常务委员会第十一次会议《关于修改〈中华人民共和国公司法〉的决定》第二次修正　2005年10月27日第十届全国人民代表大会常务委员会第十八次会议修订　根据2013年12月28日第十二届全国人民代表大会常务委员会第六次会议《关于修改〈中华人民共和国海洋环境保护法〉等七部法律的决定》第三次修正　根据2018年10月26日第十三届全国人民代表大会常务委员会第六次会议《关于修改〈中华人民共和国公司法〉的决定》第四次修正）（节录）

第一百二十条　本法所称上市公司，是指其股票在证券交易所上市交易的股份有限公司。

第一百四十七条　董事、监事、高级管理人员应当遵守法律、行政法规和公司章程，对公司负有忠实义务和勤勉义务。

董事、监事、高级管理人员不得利用职权收受贿赂或者其他非法收入，不得侵占公司的财产。

第二百一十六条　本法下列用语的含义：

（一）高级管理人员，是指公司的经理、副经理、财务负责人，上市公司董事会秘书和公司章程规定的其他人员。

（二）控股股东，是指其出资额占有限责任公司资本总额百分之五十以上或者其持有的股份占股份有限公司股本总额百分之五十以上的股东；出资额或者持有股份的比例虽然不足百分之五十，但依其出资额或者持有的股份所享有的表决权已足以对股东会、股东大会的决议产生重大影响的股东。

（三）实际控制人，是指虽不是公司的股东，但通过投资关系、协议或者其他安排，能够实际支配公司行为的人。

（四）关联关系，是指公司控股股东、实际控制人、董事、监事、高级管理人员与其直接或者间接控制的企业之间的关系，以及可能导致公司利益转移的其他关系。但是，国家控股的企业之间不仅因为同受国家控股而具有关联关系。

第四节　破坏金融管理秩序罪

一、伪造货币罪

（一）法律规定

第一百七十条[①]　**伪造货币的，处三年以上十年以下有期徒刑，并处罚金；有下列情形之一的，处十年以上有期徒刑或者无期徒刑，**

---

① 本条系根据2015年8月29日公布的《刑法修正案（九）》修改。原条文为："伪造货币的，处三年以上十年以下有期徒刑，并处五万元以上五十万元以下罚金；有下列情形之一的，处十年以上有期徒刑、无期徒刑或者死刑，并处五万元以上五十万元以下罚金或者没收财产：

（一）伪造货币集团的首要分子；

（二）伪造货币数额特别巨大的；

（三）有其他特别严重情节的。"

并处罚金或者没收财产：

（一）伪造货币集团的首要分子；

（二）伪造货币数额特别巨大的；

（三）有其他特别严重情节的。

（二）罪名详解

伪造货币罪，是指没有货币制作、发行权的人仿造货币的图案、形状、色彩、防伪技术等特征，采用印刷、复印、描绘、拓印等各种制作方法，非法制造假货币，冒充真货币的行为。

本罪在1979年《刑法》第122条中做了规定，当时把打击的范围限制在"国家货币"。1995年《全国人民代表大会常务委员会关于惩治破坏金融秩序犯罪的决定》第1条将原罪状表述中的"国家货币"修改为"货币"，同时对量刑幅度也做了修改。这一规定基本上被1997年刑法所吸收。

伪造货币罪的构成要件是：

1. 主体要件

本罪主体为一般主体，即年满16周岁并具有刑事责任能力的自然人。本罪没有规定单位主体。

2. 客体要件

本罪侵犯的客体是国家的货币金融管理制度。犯罪对象为货币。"货币"是专门在物资和服务交换中充当一般等价物的特殊商品，既包括在国内市场流通的国家货币即人民币，也包括可以在国内市场兑换的境外货币，如美元、英镑、欧元、港币等，还包括在我国尚不能随意兑换的境外货币，如卢比（印度）等[①]。根据《中国人民银行法》和《人民币管理条例》的规定，人民币包括纸币、硬币。人民币的单位为元，人民币辅币单位为角、分。人民币由中国人民银行统一印制、发行。中国人民银行可以根据需要发行纪念币，纪念币是具有特定主题的限量发行的人民币，包括普通纪念币和贵金属纪念币。随着商品交换、市场经济的发展，货币作为经济交易的重要手段，起着

---

① 按照国家外汇管理有关规定，我国国内外币兑换机构主要为商业银行及国家外汇管理局监管下的特许机构，目前能对大约20个国家和地区的货币进行双向兑换。但仍有相当数量的境外币种不能直接与人民币进行兑换。

根本性和基础性的作用，其公共信用日益增强。一个国家货币的统一与稳定，直接关系到交易安全和金融秩序，进而影响国民经济的发展和人民生活的安定。自从有了货币以来，为了牟取暴利或者达到破坏他国经济发展、社会和政治稳定的目的，伪造货币的违法犯罪行为就没有停止过。所以，各国对伪造货币的行为都无一例外地规定为严重犯罪，以最重的刑罚予以严厉惩治。我国早在1951年颁布的《妨害国家货币治罪暂行条例》、1955年颁布的《关于发行新人民币和收回现行的人民币的命令》，都规定对伪造人民币的行为依法严惩。1979年刑法进一步明确规定了伪造国家货币罪。改革开放之后，随着国民经济的持续发展，对外开放水平的提高，人民生活水平的提高，货币流通量大幅增加，境内外犯罪分子乘机伪造货币，特别是伪造人民币的犯罪案件迅速增多，伪造货币的规模、数量也越来越大，有的案件达到上千万元甚至上亿元。此外，内外勾结，跨越国（边）境有组织进行伪造货币的犯罪，是一个时期以来这类犯罪活动的又一个鲜明特点，给我国维护金融秩序稳定，维护人民币的信誉造成极大危害。因此，对这类犯罪必须依法严惩，进一步加大打击力度。

3. 主观要件

本罪的主观方面是故意。司法实践中，行为人伪造货币的目的各种各样，有的是为了获利，有的是为了显示自己的技能，有的是为了达到坑骗他人的目的，还有的是为了政治目的，等等。但只要是故意实施了伪造货币的行为，制作出的假货币有可能被作为真币冒充使用的，不论出于何种目的，或者最终是否实现了目的，均不影响本罪的成立。当然，在实际生活中，有极个别金融、商业机构为了宣传目的或者作为艺术图案，模仿货币的样式、色彩等制作出仿真币制品，其大小、材料、质地等均与真货币有明显不同，不可能被作为真币流通、使用，仿制者显然也不是为了冒充真货币使用而制作，这种行为不属于伪造货币的犯罪行为。

4. 客观要件

本罪的客观方面表现为仿造人民币或者外币的图案、形状、色彩、防伪技术等特征，盗用或者以非货币所用纸张、油墨等材料，采用印刷、复印、描绘、拓印等各种制作方法，非法制造假货币的行为。伪造以中国人民银行发行的普通纪念币和贵金属纪念币，构成伪造货币罪。行为人同时采用伪造和变造手段，制造真伪拼凑货币，冒充真币的行为，亦构成伪造货币罪。

（三）实务疑难问题

1. 罪与非罪的认定

《刑法》第170条的罪状描述中没有规定构成伪造货币罪的数额标准，但这不等于行为人只要实施了本条规定的伪造货币的行为，就一律构成犯罪。因为我国刑法中的犯罪是社会危害性达到了一定程度的危害行为，《刑法》第13条规定行为情节显著轻微，危害不大的，不认为是犯罪。伪造货币的行为，如果确实属于情节显著轻微、危害不大的，就不能以犯罪论处。根据《最高人民法院关于审理伪造货币等案件具体应用法律若干问题的解释》的规定，伪造货币的总面额在2000元以上不满3万元或者币量在200张（枚）以上不足3000张（枚）的，依法《刑法》第197条规定的第一档量刑幅度追究刑事责任，即伪造货币罪的入罪标准为伪造货币的总面额达到2000元或币量达到200张（枚）。

2. 既遂与未遂的区分

行为人从准备伪造货币到着手伪造货币，再到成功制造出假币，需要一个相当长的实施过程。只有制造出假币的，才构成本罪的既遂。行为人已着手伪造货币，但在制造出假币之前即被抓获的，属于伪造货币罪的未遂。对于某些情节显著轻微，危害不大的未遂犯，可不认为是犯罪。如虽有伪造货币的犯意和预谋，但实际上只是刚刚购买纸张、油墨等材料或印刷、复印机器时即被抓获的，一般可不作为犯罪处罚，按照《治安管理处罚法》的规定予以行政处罚即可。对于值得作为犯罪处罚的未遂犯，则应当根据刑法关于伪造货币罪的量刑规定和对未遂犯的处理原则，以伪造货币罪（未遂），根据伪造货币的情节，相应地从轻或者减轻处罚。《全国法院审理金融犯罪案件工作座谈会纪要》规定，对于尚未制造出成品，无法计算伪造假币面额的，或者仅制造出用于伪造货币的版样即被抓获的，不认定犯罪数额，依据犯罪情节决定刑罚。

3. 伪造货币罪的共犯问题

行为人与他人事前通谋共同伪造货币，根据分工，在犯罪中负责提供用于伪造货币的版样，采购印刷假币的机器、专用纸张、油墨等物或防伪技术的，属伪造货币罪的共犯。

4. 犯罪数额的计算

伪造的货币不论是在国内市场流通或者兑换的人民币或者是境外货币，货币面额一律以人民币计算。假贵金属纪念币犯罪的数额，以贵金属纪念币的初始发售价格计算。其他货币数额均以案发时国家外汇管理机关公布的外汇牌价折算成人民币。根据《最高人民法院关于审理伪造货币等案件具体应用法律若干问题的解释（二）》第3条第2款的规定，假境外货币犯罪的数额，按照案发当日中国外汇交易中心或者中国人民银行授权机构公布的人民币对该货币的中间价折合成人民币计算，中国外汇交易中心或中国人民银行授权机构未公布汇率中间价的境外货币，按照案发当日境内银行人民币对该货币的中间价折算成人民币，或者该货币在境内银行、国际外汇市场对美元汇率，与人民币对美元汇率中间价进行套算。

（四）情节与量刑

依照《刑法》第170条规定，犯伪造货币罪的，处3年以上10年以下有期徒刑，并处罚金；有下列情形之一的，处10年以上有期徒刑或者无期徒刑，并处罚金或者没收财产：（1）伪造货币集团的首要分子；（2）伪造货币数额特别巨大的；（3）有其他特别严重情节的。

伪造货币的总面额在3万元以上的，属于“伪造货币数额特别巨大”。

关于伪造货币中的“其他特别严重情节”，司法实践中一般认为包括：以暴力抗拒检查、拘留、逮捕，情节严重的；金融、财政人员利用职务之便伪造货币的；属于累犯、惯犯的；伪造货币投放市场后，严重扰乱市场秩序的等，需在个案中严格把握。

（五）法律链接

1. 最高人民法院关于审理伪造货币等案件具体应用法律问题的解释（法释〔2000〕26号 自2000年9月14日起施行）（节录）

为依法惩治伪造货币，出售、购买、运输假币等犯罪活动，根据刑法的有关规定，现就审理这类案件具体应用法律的若干问题解释如下：

第一条 伪造货币的总面额在二千元以上不满三万元或者币量在二百张（枚）以上不足三千张（枚）的，依照刑法第一百七十条的规定，处三年以上十年以下有期徒刑，并处五万元以上五十万元以下罚金。

伪造货币的总面额在三万元以上的，属于“伪造货币数额特别巨大”。

行为人制造货币版样或者与他人事前通谋，为他人伪造货币提供版样的，依照刑法第一百七十条的规定定罪处罚。

第七条 本解释所称“货币”是指可在国内市场流通或者兑换的人民币和境外货币。

货币面额应当以人民币计算，其他币种以案发时国家外汇管理机关公布的外汇牌价折算成人民币。

2. 最高人民法院关于审理伪造货币等案件具体应用法律若干问题的解释（二）（法释〔2010〕14号　自2010年11月3日起施行）

为依法惩治伪造货币、变造货币等犯罪活动，根据刑法有关规定和近一个时期的司法实践，就审理此类刑事案件具体应用法律的若干问题解释如下：

第一条 仿照真货币的图案、形状、色彩等特征非法制造假币，冒充真币的行为，应当认定为刑法第一百七十条规定的“伪造货币”。

对真货币采用剪贴、挖补、揭层、涂改、移位、重印等方法加工处理，改变真币形态、价值的行为，应当认定为刑法第一百七十三条规定的“变造货币”。

第二条 同时采用伪造和变造手段，制造真伪拼凑货币的行为，依照刑法第一百七十条的规定，以伪造货币罪定罪处罚。

第三条 以正在流通的境外货币为对象的假币犯罪，依照刑法第一百七十条至第一百七十三条的规定定罪处罚。

假境外货币犯罪的数额，按照案发当日中国外汇交易中心或者中国人民银行授权机构公布的人民币对该货币的中间价折合成人民币计算。中国外汇交易中心或者中国人民银行授权机构未公布汇率中间价的境外货币，按照案发当日境内银行人民币对该货币的中间价折算成人民币，或者该货币在境内银行、国际外汇市场对美元汇率，与人民币对美元汇率中间价进行套算。

第四条 以中国人民银行发行的普通纪念币和贵金属纪念币为对象的假币犯罪，依照刑法第一百七十条至第一百七十三条的规定定罪处罚。

假普通纪念币犯罪的数额，以面额计算；假贵金属纪念币犯罪的数额，以贵金属纪念币的初始发售价格计算。

第五条 以使用为目的，伪造停止流通的货币，或者使用伪造的停止流通的货币的，依照刑法第二百六十六条的规定，以诈骗罪定罪处罚。

第六条　此前发布的司法解释与本解释不一致的，以本解释为准。

3. 全国法院审理金融犯罪案件工作座谈会纪要（法〔2001〕第8号　自2001年1月21日起施行）（节录）

（二）关于破坏金融管理秩序罪

2. 关于假币犯罪

假币犯罪的认定。假币犯罪是一种严重破坏金融管理秩序的犯罪。只要有证据证明行为人实施了出售、购买、运输、使用假币行为，且数额较大，就构成犯罪。伪造货币的，只要实施了伪造行为，不论是否完成全部印制工序，即构成伪造货币罪；对于尚未制造出成品，无法计算伪造、销售假币面额的，或者制造、销售用于伪造货币的版样的，不认定犯罪数额，依据犯罪情节决定刑罚。明知是伪造的货币而持有，数额较大，根据现有证据不能认定行为人是为了进行其他假币犯罪的，以持有假币罪定罪处罚；如果有证据证明其持有的假币已构成其他假币犯罪的，应当以其他假币犯罪定罪处罚。

假币犯罪罪名的确定。假币犯罪案件中犯罪分子实施数个相关行为的，在确定罪名时应把握以下原则：

（1）对同一宗假币实施了法律规定为选择性罪名的行为，应根据行为人所实施的数个行为，按相关罪名刑法规定的排列顺序并列确定罪名，数额不累计计算，不实行数罪并罚。

（2）对不同宗假币实施法律规定为选择性罪名的行为，并列确定罪名，数额按全部假币面额累计计算，不实行数罪并罚。

（3）对同一宗假币实施了刑法没有规定为选择性罪名的数个犯罪行为，择一重罪从重处罚。如伪造货币或者购买假币后使用的，以伪造货币罪或购买假币罪定罪，从重处罚。

（4）对不同宗假币实施了刑法没有规定为选择性罪名的数个犯罪行为，分别定罪，数罪并罚。

出售假币被查获部分的处理。在出售假币时被抓获的，除现场查获的假币应认定为出售假币的犯罪数额外，现场之外在行为人住所或者其他藏匿地查获的假币，亦应认定为出售假币的犯罪数额。但有证据证实后者是行为人有实施其他假币犯罪的除外。

制造或者出售伪造的台币行为的处理。对于伪造台币的，应当以伪造货币罪定罪处罚；出售伪造的台币的，应当以出售假币罪定罪处罚。

二、出售、购买、运输假币罪

（一）法律规定

第一百七十一条第一款　出售、购买伪造的货币或者明知是伪造的货币而运输，数额较大的，处三年以下有期徒刑或者拘役，并处二万元以上二十万元以下罚金；数额巨大的，处三年以上十年以下有期徒刑，并处五万元以上五十万元以下罚金；数额特别巨大的，处十年以上有期徒刑或者无期徒刑，并处五万元以上五十万元以下罚金或者没收财产。

第三款　伪造货币并出售或者运输伪造的货币的，依照本法第一百七十条的规定定罪从重处罚。

（二）罪名详解

出售、购买、运输假币罪，是指出售、购买伪造的货币，或者明知是伪造的货币而运输，数额较大的行为。

1979 年《刑法》第 122 条规定了“贩运伪造的国家货币罪”。1995 年《全国人民代表大会常务委员会关于惩治破坏金融秩序犯罪的决定》第 2 条进行了修改和补充，后吸收进 1997 年刑法。

出售、购买、运输假币罪的构成要件是：

1. 主体要件

本罪犯罪主体为一般主体。

2. 客体要件

本罪侵犯的客体是国家货币金融管理制度。

3. 主观要件

本罪主观方面由故意构成。即行为人明知是伪造的货币而予以出售、购买或者运输。《刑法》第 171 条第 1 款的罪状表述中对运输假币的行为明确冠以“明知”的前提条件，而在出售、购买假币行为中没有提及。这是因为，司法实践中，凡有出售、购买假币行为的，由于货币本身不允许非法买卖，因此，行为人均有主观故意，即在这种情况下行为人明知是假币是不言而喻的。运输假币则不同。货币的重要功能之一就是流通。货币从甲地流到乙地，正是其流通功能的体现。实践中发生的运输假币案件情况比较复杂。有的行为人隐瞒真相，将假币托付给熟人捎到某地，或者将假币当作普通货物交给陌生人运输，被托付人当然不了解所捎运物品的实际情况。在被骗运输假币的情况下，行为人不具有犯罪故意，当然不能作为犯罪处理。司法实践中，对于“明知”的认定往往比较困难。因为运输假币的行为人很少承认其知道所运物品即是假币。因此，对于“明知”的认定主要不能依靠被告人的口供，而应根据案件的全部情况，特别是案发时行为人的表现，进行综合判定。只要案件情况表明行为人确定性地知道或者可能性地知道所运输物品为假币的，就可以认定其“明知”。

4. 客观要件

本罪客观方面表现为出售、购买、运输伪造的货币，数额较大的行为。

“出售假币”，是指将伪造的货币以低于票面额的价格卖出的行为。正在流通使用的货币，其本身价值就是票面额，行为人出售假币牟利，一定是以低于票面额出售的。

“购买假币”，是指将伪造的货币以低于票面额的价格买进的行为。

“运输假币”，是指以随身携带、委托他人携带或者以邮寄、借助运输工具等方法，将假币从一个地方移动到另一个地方。运输是一个客观的行为，同时也在行为人的主观上势必得到反映。如果行为人主观目的就是为了转移假币，即使是所经过的距离很近，仍然可以认定为运输假币罪；反之，如果行为人仅仅是为了自己亲自持有，在乘车时携带，这种行为应以持有假币论处。

出售、购买、运输的假币需达到“数额较大”的标准。按照《最高人民法院关于审理伪造货币等案件具体应用法律若干问题的解释》的规定，“出售、购买假币或者明知是假币而运输，总面额在4000元以上不满5万元的，属于‘数额较大’。”对于出售、购买、运输假币的总面额未达到4000张的，不构成犯罪，可由公安机关依法给予行政处罚。

（三）实务疑难问题

1. 出售假币数额的认定

行为人在出售假币时被抓获的，除现场查获的假币应认定为出售假币的数额外，现场之外在行为人住所或者其他藏匿地查获的假币，也应认定为出售假币的数额。

2. 选择性罪名的适用

按照刑法规定，出售、购买、运输假币罪是选择性罪名。司法实践中，查处的这类犯罪，常由一人或者数人在一次犯罪活动中同时实施完成以上出售、购买、运输假币的全部行为。对此，无论行为人实际实施的是以上全部三种行为，还是其中任意一种或者两种行为，均不实行数罪并罚，而只以其实际实施的行为确定罪名，定罪处罚。对不同宗假币实施法律规定为选择性罪名的行为，并列确定罪名，数额按全部假币面额累计计算，不实行数罪并罚。如行为人购买了一部分假币后，又受托替他人运输其他部分假币的行为，应累计其购买和替他人运输的假币数额，作为追究其购买、运输假币罪刑事责任的数额。

3. 伪造货币后出售或运输伪造的货币的处罚

根据《刑法》第 171 条第 3 款规定，“伪造货币并出售或者运输伪造的货币的，依照本法第一百七十条的规定定罪从重处罚。”因此，伪造货币并出售或者运输同一宗伪造的货币的，只定伪造货币罪一个罪，在《刑法》第 170 条的法定刑幅度内，从重处罚，不实行数罪并罚。对于伪造货币同时又另外购买、运输或者销售非自己伪造的货币的，则应当以伪造货币罪与出售、购买、运输假币罪，依法实行数罪并罚。

4. 本罪与走私假币罪的界限

本罪与走私假币罪的区别主要在于：（1）侵害的客体不同。前者侵犯的客体是国家的货币管理制度；后者既侵害了国家海关管理制度，又侵害了国家的货币管理制度。（2）客观方面也不同。前者表现为在国内出售、购买、运输假币的行为；后者表现为违反海关法规、逃避海关监管，携带、运输、邮寄假币进出口的行为。

（四）情节与量刑

依照《刑法》第 171 条第 1 款规定，犯出售、购买、运输假币罪的，处 3 年以下有期徒刑或者拘役，并处 2 万元以上 20 万元以下罚金；数额巨大的，处 3 年以上 10 年以下有期徒刑，并处 5 万元以上 50 万元以下罚金；数额特别巨大的，处 10 年以上有期徒刑或者无期徒刑，并处 5 万元以上 50 万元以下罚金或者没收财产。

司法机关在适用《刑法》第171条规定处罚时，应当注意“数额巨大”“数额特别巨大”两个加重处罚情节的把握。根据《最高人民法院关于审理伪造货币等案件具体应用法律若干问题的解释》第3条的规定，出售、购买假币或者明知是假币而运输，总面额在4千元以上不满5万元的，属于“数额较大”；总面额在5万元以上不满20万元的，属于“数额巨大”；总面额在20万元以上的，属于“数额特别巨大”。

（五）法律链接

最高人民法院关于审理伪造货币等案件具体应用法律问题的解释（法释〔2000〕26号　自2000年9月14日起施行）（节录）

第二条　行为人购买假币后使用，构成犯罪的，依照刑法第一百七十一条的规定，以购买假币罪定罪，从重处罚。

行为人出售、运输假币构成犯罪，同时有使用假币行为的，依照刑法第一百七十一条、第一百七十二条的规定，实行数罪并罚。

第三条　出售、购买假币或者明知是假币而运输，总面额在四千元以上不满五万元的，属于“数额较大”；总面额在五万元以上不满二十万元的，属于“数额巨大”；总面额在二十万元以上的，属于“数额特别巨大”，依照刑法第一百七十一条第一款的规定定罪处罚。

三、金融工作人员购买假币、以假币换取货币罪

（一）法律规定

第一百七十一条第二款　银行或者其他金融机构的工作人员购买伪造的货币或者利用职务上的便利，以伪造的货币换取货币的，处三年以上十年以下有期徒刑，并处二万元以上二十万元以下罚金；数额巨大或者有其他严重情节的，处十年以上有期徒刑或者无期徒刑，并处二万元以上二十万元以下罚金或者没收财产；情节较轻的，处三年以下有期徒刑或者拘役，并处或者单处一万元以上十万元以下罚金。

（二）罪名详解

金融工作人员购买假币、以假币换取货币罪，是指银行或者其他金融机构的工作人员购买假币，或者利用职务上的便利，以假币换取货币的行为。

1979年刑法没有规定此罪名。本罪来源于《全国人民代表大会常务委员会关于惩治破坏金融秩序犯罪的决定》第2条第2款的规定，后来吸收进1997年刑法。

金融工作人员购买假币、以假币换取货币罪的构成要件是：

1. 主体要件

犯罪主体只能由特殊主体才能构成。非银行或者其他金融机构的工作人员，不能成为本罪的主体。

农村合作基金会从业人员，除具有金融机构现职工作人员身份的以外，不属于金融机构工作人员。

2. 客体要件

本罪侵犯的客体是国家的金融管理制度和金融机构的信誉。

3. 主观要件

本罪主观方面是故意。

4. 客观要件

本罪客观方面表现为银行或者其他金融机构的工作人员购买假币，或者利用职务上的便利，以假币换取货币的行为。"利用职务上的便利"，是金融工作人员以假币换取货币的必要条件。所谓利用职务上的便利，是指金融工作人员利用本人的职务、职权或者与职务有关的特殊身份，能够接触金融机构的经营款的便利条件，如银行信贷员、保险公司理赔付款人员利用直接经手、管理钱款的便利，私下以假币换取真货币的行为。

（三）实务疑难问题

1. 罪与非罪的界限

《刑法》第171条第2款的罪状表述中没有规定构成金融工作人员购买假币、以假币换取货币罪的数额起点，而且本罪的罪状表述中先规定了三年以上十年以下有期徒刑、十年以上有期徒刑或者无期徒刑两档量刑幅度，最后规定了"情节较轻的，处三年以下有期徒刑或者拘役"的第一档量刑幅度，立法本意在于凸显对金融工作人员购买假币、以假币换取真币罪这种特殊主体所实施的犯罪行为的从严惩处，但是并不能得出本罪无数额要求的结论。依照《刑法》第13条的规定，行为“情节显著轻微危害不大的，不认为是犯罪”。设想如果金融工作人员本人或家属在经济生活交往中不慎收取了数百元的假币，为弥补损失，金融工作人员利用职务之便仅将数百元的假币换取真币，此种行为的社会危害性与购买假币后又以假币换取真币的行为当然不可相提并论，一律以犯罪处理追究刑事责任显得处罚过重，所以在司法实践中还是应当把握一个数额起点。考虑到《刑法》第171条第2款条文已明确规定了本罪“情节较轻”行为的处罚原则，《最高人民法院关于审理伪造货币等案件具体应用法律若干问题的解释》对本罪构成犯罪的数额起点采取了回避的态度，由司法机关具体掌握。实践中可参照《最高人民检察院、公安部关于公安机关管辖的刑事案件立案追诉标准的规定（二）》第21条的规定，对于总面额达不到2000元或者币量达不到200张（枚）的，不认为是犯罪。

2. 选择性罪名的适用

本罪属于选择性罪名。行为人同时实施前述两种行为的，应以金融工作人员购买假币、以假币换取货币罪追究刑事责任，不实行数罪并罚。但如果行为人购买的假币和利用职务以假币换取货币所使用的不是同一宗假币，则应当依法分别定罪，实行数罪并罚。

（四）情节与量刑

依照《刑法》第171条第2款规定，金融工作人员犯购买假币、以假币换取货币罪的，处3年以上10年以下有期徒刑，并处2万元以上20万元以下罚金；数额巨大或者有其他严重情节的，处10年以上有期徒刑或者无期徒刑，并处2万元以上20万元以下罚金或者没收财产；情节较轻的，处3年以下有期徒刑或者拘役，并处或者单处1万元以上10万元以下罚金。

司法机关在适用《刑法》第171条第2款规定处罚时，应当注意以下问题：

1. “数额巨大”的把握。根据《最高人民法院关于审理伪造货币等案件具体应用法律若干问题的解释》第4条的规定，银行或者其他金融机构的工作人员购买假币或者利用职务上的便利，以假币换取货币，总面额在4000元以上不满5万元或者币量在400张（枚）以上不足5000张（枚）的，处3年以上10年以下有期徒刑，并处2万元以上20万元以下罚金；总面额在5万元以上或者币量在5000张（枚）以上或者有其他严重情节的，处10年以上有期徒刑或者无期徒刑，并处2万元以上20万元以下罚金或者没收财产；总面额不满人民币4000元或者币量不足400张（枚）或者具有其他情节较轻情形的，处3年以下有期徒刑或者拘役，并处或者单处1万元以上10万元以下罚金。

2. “情节较轻”的把握。根据《最高人民法院关于审理伪造货币等案件具体应用法律若干问题的解释》第4条的规定，银行或者其他金融机构的工作人员购买假币或者利用职务上的便利，以假币换取货币，总面额在2000元到4000元之间或币量在200张（枚）到400张（枚）之间的情形，应当适用“情节较轻”的法定刑幅度。另外，对于总面额刚刚达到4000元或币量刚超过400张（枚），但行为人系初犯，且行为被及时发现，尚未造成假币通过金融机构窗口流入社会等严重后果的，也可以认为是“情节较轻”。

（五）法律链接

1. 最高人民法院关于审理伪造货币等案件具体应用法律问题的解释（法释〔2000〕26号　自2000年9月14日起施行）（节录）

第四条　银行或者其他金融机构的工作人员购买假币或者利用职务上的便利，以假币换取货币，总面额在四千元以上不满五万元或者币量在四百张（枚）以上不足五千张（枚）的，处三年以上十年以下有期徒刑，并处二万元以上二十万元以下罚金；总面额在五万元以上或者币量在五千张（枚）以上或者有其他严重情节的，处十年以上有期徒刑或者无期徒刑，并处二万元以上二十万元以下罚金或者没收财产；总面额不满人民币四千元或者币量不足四百张（枚）或者具有其他情节较轻情形的，处三年以下有期徒刑或者拘役，并处或者单处一万元以上十万元以下罚金。

2. 最高人民法院关于农村合作基金会从业人员犯罪如何定性问题的批复（法释〔2000〕10号　自2000年5月12日起施行）

四川省高级人民法院：

你院川高法〔1999〕376号《关于农村合作基金会从业人员犯罪如何定性的请示》收悉。经研究，答复如下：

农村合作基金会从业人员，除具有金融机构现职工作人员身份的以外，不属于金融机构工作人员。对其实施的犯罪行为，应当依照刑法的有关规定定罪处罚。

3. **最高人民检察院、公安部关于公安机关管辖的刑事案件立案追诉标准的规定（二）**（公通字〔2010〕23号　自2010年5月7日起施行）（节录）

第二十一条　［金融工作人员购买假币、以假币换取货币案（刑法第一百七十一条第二款）］银行或者其他金融机构的工作人员购买伪造的货币或者利用职务上的便利，以伪造的货币换取货币，总面额在二千元以上或者币量在二百张（枚）以上的，应予立案追诉。

四、持有、使用假币罪

（一）法律规定

第一百七十二条　明知是伪造的货币而持有、使用，数额较大的，处三年以下有期徒刑或者拘役，并处或者单处一万元以上十万元以下罚金；数额巨大的，处三年以上十年以下有期徒刑，并处二万元以上二十万元以下罚金；数额特别巨大的，处十年以上有期徒刑，并处五万元以上五十万元以下罚金或者没收财产。

（二）罪名详解

持有、使用假币罪，是指明知是伪造的货币而持有或者使用，数额较大的行为。

1979年刑法没有持有、使用假币罪的规定。本罪是从《全国人民代表大会常务委员会关于惩治破坏金融秩序犯罪的决定》第4条的规定吸收进1997年刑法的。

持有、使用假币罪的构成要件是：

1. 主体要件

犯罪主体为一般主体。

2. 客体要件

本罪侵犯的客体是国家的货币金融管理制度。使用假币罪同时侵犯公私财产的所有权。近年来，持有、使用假币的违法犯罪行为较为突出。司法实践中，司法机关查获这类行为后，对于行为人持有或者使用的假币的真实来源由于种种原因，常常很难真正查清。1979 年刑法由于没有规定持有、使用假币罪，导致一些缺乏确凿证据的走私、制造、购买、销售、运输假币的犯罪分子逃脱了应有的惩罚。假币是违禁品，绝不允许任何个人非法拥有。因此，凡个人拥有假币，又不能讲清并证明其真实来源的，均属非法，数额较大的，应依法追究刑事责任。

3. 主观要件

主观方面由故意构成。即行为人对自己所持有、使用的假币必须明知，否则不构成犯罪。在司法实践中，对于“明知”的认定，不能仅凭行为人的口供，而应根据案件的综合情况予以正确判定。例如，行为人拒绝开包检查，甚至反应过激，弃包逃跑等，其行为本身就表明对于所持货币系假币这一事实的“明知”。

4. 客观要件

客观方面表现为持有、使用伪造的货币包括伪造的人民币和外币，数额较大的行为。“持有”，是指将假币随身携带或者存放在家中、亲友等处保管的行为。不论假币在何处，只要能证明该假币是行为人所有，即属行为人持有。“使用”是指以假币当真币使用，履行货币职能的任何行为，包括以假币购物，用假币到银行存款，用伪造的外币在境内兑换人民币及以假币清偿债务，等等。

根据法律规定，持有、使用假币的行为，除需符合以上构成要件外，还必须达到“数额较大”的程度，才构成犯罪。《最高人民法院关于审理伪造货币等案件具体应用法律若干问题的解释》规定了数额较大的具体标准，即行为人“明知是假币而持有、使用，总面额在 4000 元以上不满 5 万元的，属于“数额较大”。

（三）实务疑难问题

1. 罪与非罪的认定

实践中，有的行为人在生活或者经营中误收假币，为了避免损失而不愿交给人民银行或者司法机关，一直携带在身准备伺机使用，把自己的损失转嫁给他人。这种情况的持有和使用假币，一般数额都不会很大。对于没有达到数额较大不构成犯罪的，可视情况批评教育后没收假币，也可以由公安机关给予行政处罚。

2. 认定持有、使用假币罪前，应尽量查证清楚假币的真正来源

实践中，行为人持有或者使用的假币，其来源不外乎误收，而这种数量不会很大。再就是走私、制造、购买而得，或者为他人运输等。显然，这几类犯罪的法定刑均较持有、使用假币罪重。为了不使犯罪分子规避法律，逃避应有的惩罚，应当在侦查、起诉和审判环节，尽量设法查证清楚涉案假币的真正来源。只有当有关证据确实无法获取的情况下，才能以本罪认定并处罚行为人。

3. 盗窃假币后持有、使用行为的定性

明知是假币而盗窃的，因假币没有价值和使用价值，不是财物，故不应以盗窃罪处罚，应当根据案件具体情况，以持有、使用、走私、出售、运输假币罪追究其刑事责任；不知是假币而盗窃，窃得假币数额较大的，应当以盗窃罪（未遂）追究刑事责任。这种情况的盗窃未遂，属于刑法理论上的对象不能犯的未遂，具体处罚时应依法从轻或者减轻处罚。

4. 使用伪造的停止流通的货币的处理

按照《最高人民法院关于审理伪造货币等案件具体应用法律若干问题的解释（二）》第 5 条的规定，使用伪造的停止流通的货币的不构成本罪。符合诈骗罪构成要件的，以诈骗罪定罪处罚。

（四）情节与量刑

依照《刑法》第 172 条规定，犯持有、使用假币罪的，处 3 年以下有期徒刑或者拘役，并处或者单处 1 万元以上 10 万元以下罚金；数额巨大的，处 3 年以上 10 年以下有期徒刑，并处 2 万元以上 20 万元以下罚金；数额特别巨大的，处 10 年以上有期徒刑，并处 5 万元以上 50 万元以下罚金或者没收财产。

司法机关在适用本条规定处罚时，应当注意“数额巨大”“数额特别巨大”两个加重处罚情节的把握。根据《最高人民法院关于审理伪造货币等案件具体应用法律若干问题的解释》的规定，明知是假币而持有、使用，总面额在四千元以上不满五万元的，属于“数额较大”；总面额在 5 万元以上不满 20 万元的，属于“数额巨大”；总面额在 20 万元以上的，属于“数额特别巨大”，应依照《刑法》第 172 条的规定定罪处罚。

（五）法律链接

1. 最高人民法院关于审理伪造货币等案件具体应用法律问题的解释（法释〔2000〕26号　自2000年9月14日起施行）（节录）

第五条　明知是假币而持有、使用，总面额在四千元以上不满五万元的，属于“数额较大”；总面额在五万元以上不满二十万元的，属于“数额巨大”；总面额在二十万元以上的，属于“数额特别巨大”，依照刑法第172条的规定定罪处罚。

2. 最高人民法院关于审理伪造货币等案件具体应用法律若干问题的解释（二）（法释〔2010〕14号　自2010年11月3日起施行）（节录）

第五条　以使用为目的，伪造停止流通的货币，或者使用伪造的停止流通的货币的，依照刑法第二百六十六条的规定，以诈骗罪定罪处罚。

五、变造货币罪

（一）法律规定

第一百七十三条　变造货币，数额较大的，处三年以下有期徒刑或者拘役，并处或者单处一万元以上十万元以下罚金；数额巨大的，处三年以上十年以下有期徒刑，并处二万元以上二十万元以下罚金。

（二）罪名详解

变造货币罪，是指以真货币为基础，采用剪贴、挖补、揭层、涂改、移位、重印等手段，改变货币的真实形态、价值，且数额较大的行为。

本罪1979年刑法未作规定。1994年《最高人民法院关于办理伪造国家货币、贩运伪造的国家货币、走私伪造的货币犯罪案件具体应用法律的若干问题的解释》第1条第2款规定：“对国家货币采用剪贴、挖补、揭层、涂改等方法加工处理，使国家货币改变形态、升值的变造国家货币行为，以伪造国家货币罪论处。”1995年《全国人民代表大会常务委员会关于惩治破坏金融秩序犯罪的决定》第5条将变造货币行为明确规定为犯罪，后来吸收进1997年刑法。

变造货币罪的构成要件是：

1. 主体要件

犯罪主体为一般主体。

2. 客体要件

本罪侵犯的客体是国家的货币金融管理制度。

3. 主观要件

主观方面由故意构成，一般具有非法牟利的目的。实践中，有人为显示自己的特殊技能、绘画技巧等，对货币进行挖补、涂改、使其升值，而不是为了非法牟利，在市场上使用，就不能构成本罪。

4. 客观要件

客观方面表现为以真实货币为基础，采用剪贴、挖补、揭层、涂改、移位、重印等方法加以处理，改变货币的真实形态、价值，且数额较大的行为。根据《最高人民法院关于审理伪造货币等案件具体应用法律若干问题的解释》规定，变造货币的总面额在2000元以上不满3万元的，属于“数额较大”。行为人变造货币面额没有达到2000元的，一般不宜作为犯罪处理，但是数量达到200张以上，可以根据案件的具体情况，决定是否追究行为人的刑事责任。

（三）实务疑难问题

认定变造货币罪应当注意的问题：

1. 罪与非罪的认定

对于本罪罪与非罪的认定，应注意变造货币与残缺、污损货币的区别。残缺、污损货币是指票面撕裂、缺损，或因自然磨损、侵蚀，外观、质地受损，颜色变化，图案不清晰，防伪特征受损，不宜再继续流通使用的货币。对于残缺、污损货币，公众可以向有人民币存取款业务的金融机构进行兑换。如果行为人使用残缺、污损货币，或者为了兑换、使用方便，进行了必要的粘贴等行为，不属于变造货币。但是如果行为人对完整的货币或残缺、污损货币进行了变化改造，使其价值发生改变的，则属于拼凑变造，可以构成变造货币罪。

2. 变造货币罪与伪造货币罪的界限

这两种犯罪都以货币为犯罪对象，都要求制造加工后的伪币达到足以使一般人误以为真的程度。其最大的区别在于行为方式不同：伪造不以真币为改造对象，而是无中生有，仿照真货币的特征，利用各种手段，制造出足以使人误以为真的假货币；而变造则是在真币的基础上加以加工、改造，使面值、含量改变。对此，《最高人民法院关于审理伪造货币等案件具体应用法律若干问题的解释（二）》规定，仿照真货币的图案、形状、色彩等特征非法制造假币，冒充真币的行为，应当认定为《刑法》第 170 条规定的“伪造货币”；对真货币采用剪贴、挖补、揭层、涂改、移位、重印等方法加工处理，改变真币形态、价值的行为，应当认定为《刑法》第 173 条规定的“变造货币”；如果同时采用伪造和变造手段，制造真伪拼凑货币的行为，以伪造货币罪定罪处罚。

3. 变造货币罪的罪数形态的认定

从实践看，由于行为人变造货币往往具有非法牟利的目的，因此，行为人变造货币以后，一般都会继续实施出售、使用、运输等行为。由于出售、使用、运输所变造的货币是变造货币罪的后续行为，应按照变造货币罪一罪定罪处罚。对于他人明知是变造的货币而继续使用且数额较大的行为该如何定性，实践中存在一定争议，因为刑法明确区分了“伪造”和“变造”，而且规定“使用伪造的货币”构成使用假币罪，根据罪刑法定原则，此类行为不能认定为使用假币罪，如果使用变造的货币骗取了数额较大的财物，符合诈骗罪构成要件的，以诈骗罪论处。

（四）情节与量刑

依照《刑法》第 173 条规定，犯变造货币罪的，处 3 年以下有期徒刑或者拘役，并处或者单处 1 万元以上 10 万元以下罚金；数额巨大的，处 3 年以上 10 年以下有期徒刑，并处 2 万元以上 20 万元以下罚金。

司法机关在适用本条规定处罚时，应当注意以下问题：

1. 该条规定的“数额巨大”是加重处罚情节。根据《最高人民法院关于审理伪造货币等案件具体应用法律若干问题的解释》的规定，变造货币的总面额在 3 万元以上的，属于“数额巨大”，依照《刑法》第 173 条的规定定罪处罚。

2. 考虑到本罪须在真币上进行挖补、揭层、涂改等变造行为，因此，一般数量不会很大，成本较伪造货币罪更高，实践中也较易被识破。所以，本罪的刑罚明显轻于伪造货币罪。对于初犯、偶犯，犯罪情节较轻的，也可以单独适用罚金刑。

（五）法律链接

1. 最高人民法院关于审理伪造货币等案件具体应用法律问题的解释（法释〔2000〕26号 自2000年9月14日起施行）（节录）

第六条 变造货币的总面额在二千元以上不满三万元的，属于“数额较大”；总面额在三万元以上的，属于“数额巨大”，依照刑法第一百七十三条的规定定罪处罚。

2. 最高人民法院关于审理伪造货币等案件具体应用法律若干问题的解释(二)（法释〔2010〕14号 自2010年11月3日起施行）（节录）

第一条 仿照真货币的图案、形状、色彩等特征非法制造假币，冒充真币的行为，应当认定为刑法第一百七十条规定的“伪造货币”。

对真货币采用剪贴、挖补、揭层、涂改、移位、重印等方法加工处理，改变真币形态、价值的行为，应当认定为刑法第一百七十三条规定的“变造货币”。

第二条 同时采用伪造和变造手段，制造真伪拼凑货币的行为，依照刑法第一百七十条的规定，以伪造货币罪定罪处罚。

六、擅自设立金融机构罪

（一）法律规定

第一百七十四条[①]第一款 未经国家有关主管部门批准，擅自设

---

① 本条系根据1999年12月25日公布的《刑法修正案》第3条修改。1997年《刑法》第174条规定：“未经中国人民银行批准，擅自设立商业银行或者其他金融机构的，处三年以下有期徒刑或者拘役，并处或者单处二万元以上二十万元以下罚金；情节严重的，处三年以上十年以下有期徒刑，并处五万元以上五十万元以下罚金。伪造、变造、转让商业银行或者其他金融机构经营许可证的，依照前款的规定处罚。

单位犯前两款罪的，对单位判处罚金，并对其直接负责的主管人员和其他直接责任人员，依照第一款的规定处罚。”

立商业银行、证券交易所、期货交易所、证券公司、期货经纪公司、保险公司或者其他金融机构的，处三年以下有期徒刑或者拘役，并处或者单处二万元以上二十万元以下罚金；情节严重的，处三年以上十年以下有期徒刑，并处五万元以上五十万元以下罚金。

第三款　单位犯前两款罪的，对单位判处罚金，并对其直接负责的主管人员和其他直接责任人员，依照第一款的规定处罚。

（二）罪名详解

擅自设立金融机构罪，是指未经国家有关主管部门批准，擅自设立商业银行、证券交易所、期货交易所、证券公司、期货经纪公司、保险公司或者其他金融机构的行为。1979 年刑法没有擅自设立金融机构罪的规定。本罪是从《全国人民代表大会常务委员会关于惩治破坏金融秩序犯罪的决定》第 6 条的规定，吸收改为刑法的具体规定的。1997 年刑法颁布施行后，立法机关根据形势的发展变化和金融管理体制的改革，如一些金融机构设置的批准机关由中国人民银行转移到其他机关，对刑法有关规定作了修改。《刑法修正案》第 3 条就对本罪的构成要件和犯罪对象等作了具体修正。

擅自设立金融机构罪的构成要件是：

1. 主体要件

犯罪主体既可以由自然人构成，也可以由单位构成。合法的金融机构也可以成为本罪主体。因为设立任何金融机构，都必须经国家有关主管部门批准，其他任何机构，包括商业银行和其他金融机构都无此审批权，它们自己要设立新的金融机构，也都必须经国家有关主管部门批准。如果它们未经国家有关主管部门批准，擅自设立金融机构，同样违反了金融机构设立的审批制度，扰乱正常的金融秩序，应依法对其追究刑事责任。

2. 客体要件

本罪侵犯的客体是国家金融机构管理制度。商业银行等金融机构对国家国民经济和金融秩序的稳定发挥着重要作用。根据我国《商业银行法》《证券法》等法律法规的规定，商业银行的设立由中国人民银行审查批准，证券交易所、期货交易所的设立由中国证券监督管理委员会审查批准，保险公司的设立由中国保险监督管理委员会审查批准。上述金融机构必须经法定批准程序才得设立，由非法定的任何单位和个人批准、同意，其非法设立无论基于什么理由，均属擅自设立，都将对国家金融秩序造成危害，给国家经济造成损失，应当受到刑事追究。

3. 主观要件

主观方面由故意构成，明知设立金融机构应依法获得主管部门批准，明知擅自设立金融机构的行为会发生扰乱金融秩序的结果，仍希望或放任该结果的出现。如果行为人依法申请，尚未获得批准，取得“经营金融业务许可证”之前，认为批准只是时间问题，即先挂牌营业，但最后获得批准，其擅自提前成立并经营金融业务的行为不宜按犯罪处理。相反，如果最后并未获得批准，而仍然进行经营的，则应当依法追究刑事责任。

4. 客观要件

在客观方面表现为未经中国人民银行等国家有关主管部门批准而擅自设立商业银行或者其他金融机构的行为。“未经批准”，包括行为人根本未向有权批准的中国人民银行等国家有关主管部门依法提交相应的设立商业银行或者其他金融机构的申请书和相关资料，这类情况多见于根本不具备设立金融机构条件的单位和个人；也包括虽然提交了申请书等必要资料，但中国人民银行等国家有关主管部门经审查认为不符合有关条件或者规定，未予批准，没有发出经营金融业务许可证的情况，这种情况多见于可以设立商业银行或者其他金融机构的单位，只是某些条件尚不具备等原因，虽申请而未获批准；还包括没有批准权的单位“批准”设立商业银行或者其他金融机构，如市、县政府从地方利益出发，违法“批准”成立商业银行或者其他金融机构。合法的金融机构在许可证失效后仍经营金融业务的，不成立本罪，但可能成立非法经营罪。本罪在罪状表述中没有要求以“情节严重”为要件，这是因为，一般而言，擅自设立金融机构的行为本身就具备了严重的社会危害性。当然，如果擅自设立金融机构的行为确实显著轻微，危害不大的，不以犯罪论处。

（三）实务疑难问题

1. 合法的金融机构擅自设立分支机构的应如何定性

对于合法的金融机构擅自设立分支机构的，需要具体分析。如果该分支机构的设立需要国家有关主管部门批准，那么擅自设立该分支机构的，成立本罪；如果该分支机构的设立只需要该金融机构内部批准，那么擅自设立该分支机构的，不成立本罪。

2. 擅自设立金融机构罪的既遂

擅自设立金融机构，不以开展相应的金融业务活动为前提，亦即，只要擅自设立了金融机构，就属于本罪的既遂。擅自设立金融机构的筹备组织，也属于擅自设立金融机构。

3. 擅自设立金融机构罪的罪数形态

行为人擅自设立金融机构的行为本身即构成擅自设立金融机构罪。如果又利用擅自设立的金融机构，进行了非法吸收公众存款的业务，或者进行集资诈骗，构成刑法规定的其他犯罪的，属于牵连犯，应当择一重罪定罪处罚。如果行为人擅自设立金融机构的目的既包括吸收公众存款，又从事其他金融活动，两者之间并非完全是手段行为与目的行为之间的关系，对此，应实行数罪并罚。如果行为人擅自设立金融机构时，并非为了吸收公众存款，而是为了从事其他金融活动，后来才从事吸收公众存款的活动，对此，不能按牵连犯定罪处罚，而应数罪并罚。

（四）情节与量刑

依照《刑法》第 174 条第 1 款规定，犯擅自设立金融机构罪的，处 3 年以下有期徒刑或者拘役，并处或者单处 2 万元以上 20 万元以下罚金；情节严重的，处 3 年以上 10 年以下有期徒刑，并处 5 万元以上 50 万元以下罚金。依照该条第 3 款的规定，单位犯本罪的，对单位判处罚金，并对其直接负责的主管人员和其他直接责任人员，依照第 1 款的规定处罚。

七、伪造、变造、转让金融机构经营许可证、批准文件罪

（一）法律规定

第一百七十四条第二款[①] **伪造、变造、转让商业银行、证券交易所、期货交易所、证券公司、期货经纪公司、保险公司或者其他金融机构的经营许可证或者批准文件的，依照前款的规定处罚。**

① 本条经 1999 年 12 月 25 日公布的《刑法修正案》第 3 条修改。1997 年《刑法》第 174 条第 2 款规定："伪造、变造、转让商业银行或者其他金融机构经营许可证的，依照前款的规定处罚。"

第三款　单位犯前两款罪的，对单位判处罚金，并对其直接负责的主管人员和其他直接责任人员，依照第一款的规定处罚。

（二）罪名详解

伪造、变造、转让金融机构经营许可证、批准文件罪，是指伪造、变造商业银行、证券交易所、期货交易所、证券公司、期货经纪公司、保险公司或者其他金融机构经营许可证或者批准文件，或者将依法取得的金融机构经营许可证或者批准文件转让他人使用的行为。

1979年刑法没有规定此罪名。本罪是从《全国人民代表大会常务委员会关于惩治破坏金融秩序犯罪的决定》第6条第2款的规定，吸收进1997年刑法的，原罪名为伪造、变造、转让金融机构经营许可证罪。《刑法修正案》第3条又对《刑法》第174条的罪状作了修改，因而罪名也相应作了修改。

伪造、变造、转让金融机构经营许可证、批准文件罪的构成要件是：

1. 主体要件

本罪的主体既可以是自然人，也可以是单位。其中伪造、变造金融机构经营许可证或者批准文件的行为，一般只有自然人进行；而转让合法取得的金融机构经营许可证或者批准文件的行为，常为许可证的合法持有人，即金融机构所为，系单位犯罪。如果未经本单位同意，单位领导未经与其他领导商量，擅自将本单位的经营许可证或者批准文件转让自己的私人好友的，同样构成本罪（自然人犯罪）。

2. 客体要件

本罪侵犯的客体是国家金融和金融机构管理制度。

3. 主观要件

主观方面由故意构成。

4. 客观要件

客观方面表现为伪造、变造、转让商业银行、证券交易所、期货交易所、证券公司、期货经纪公司、保险公司或者其他金融机构经营许可证或者批准文件的行为。

“伪造”，是指以伪造的印章，私自印制、签署商业银行、证券交易所、期货交易所、证券公司、期货经纪公司、保险公司或者其他金融机构经营许可证或者批准文件的行为。

“变造”，是指在有权机关颁发的许可证或者批准文件上，采用涂改、挖补的手段，改变许可证或者批准文件的原持有人姓名、颁发时间、经营项目等的行为。

“转让”，是将有权机关颁发给自己拥有的许可证或者批准文件，以牟利或者其他目的，转送给他人使用的行为。

（三）实务疑难问题

1. 罪与非罪的认定

对于行为人伪造、变造或者转让金融机构经营许可证、批准文件，情节显著轻微，危害不大的，如由中国人民银行或其他国家有关主管部门制发的许可证、批准文件在经营中丢失或者损坏，行为人便伪造或者变造了同样的一份予以代替。这种以假充真的行为，不宜按犯罪处理。

2. 本罪的罪数形态问题

行为人伪造或者变造金融机构经营许可证、批准文件后，凭借伪造或者变造的许可证、批准文件又擅自设立金融机构的，虽然实施的是两个独立的行为，但由于只有一个目的，即擅自设立金融机构，伪造或者变造金融机构经营许可证、批准文件的行为只是实现其最终犯罪目的的手段，属于牵连犯罪。由于本罪与擅自设立金融机构罪的法定刑完全相同，应将处罚的重点放在目的行为上，即以擅自设立金融机构罪一罪定罪处罚。

（四）情节与量刑

依照《刑法》第 174 条第 2 款规定，犯伪造、变造、转让金融机构经营许可证、批准文件罪的，依照前款的规定处罚，即处 3 年以下有期徒刑或者拘役，并处或者单处 2 万元以上 20 万元以下罚金；情节严重的，处 3 年以上 10 年以下有期徒刑，并处 5 万元以上 50 万元以下罚金。

司法机关在适用本条规定处罚时，应当注意“情节严重”的把握。“情节严重”是加重处罚情节，司法实践中，一般是指伪造、变造多张金融机构经营许可证、批准文件，或者造成严重后果；或者转让金融机构经营许可证、批准文件造成严重后果的等情形。

八、高利转贷罪

（一）法律规定

第一百七十五条 以转贷牟利为目的，套取金融机构信贷资金高利转贷他人，违法所得数额较大的，处三年以下有期徒刑或者拘役，并处违法所得一倍以上五倍以下罚金；数额巨大的，处三年以上七年以下有期徒刑，并处违法所得一倍以上五倍以下罚金。

单位犯前款罪的，对单位判处罚金，并对其直接负责的主管人员和其他直接责任人员，处三年以下有期徒刑或者拘役。

（二）罪名详解

高利转贷罪，是指以转贷牟利为目的，将套取的金融机构信贷资金高利转贷给他人，违法所得数额较大的行为。

本罪是1997年刑法增设的罪名，1979年刑法和单行刑法均没有规定此罪名。

高利转贷罪的构成要件是：

1. 主体要件

本罪的主体可以由自然人和单位构成。

2. 客体要件

本罪侵犯的客体是国家金融信贷资金管理制度。自我国逐步建立社会主义市场经济以来，国家进一步加强了对信贷资金的管理。无论单位还是个人，从银行取得贷款，不仅要具备良好的信誉，到期还贷的能力，还要符合国家对经济宏观调控的政策。因此，取得贷款是有一定的条件的。一些急于获得大笔资金，而又不符合贷款条件的单位和个人，便宁愿以高利向银行以外的单位和个人举贷。一些不法行为人则凭借能向银行获取贷款的特殊条件，将从银行以较低利息套取的贷款，转而以较高利率转贷他人，从中非法牟利，不仅使银行蒙受了利率差的损失，而且行为人只为获取非法利息，根本不严格审查高利转贷对方的还贷能力，导致银行资金到期不能归还，严重破坏了社会主义市场经济运行中的金融秩序。因此，对这类犯罪行为应当依法惩处。

3. 主观要件

主观方面由故意构成，且行为人是以转贷牟利为目的。

4. 客观要件

客观方面表现为将套取的金融机构的信贷资金以高于银行的利率转贷他人，获取非法利益，违法所得数额较大的行为。

“高利转贷”他人，是指将银行信贷资金以高于银行贷款的利率转贷他人，一般只要高出银行贷款利率即可，具体高出银行贷款利率多少，不影响本罪的成立。高利转贷行为涉及的利率倍数，仅仅是高利转贷行为社会危害性的表征之一，并不是反映该行为的真实社会危害性的唯一因素。如行为人以 5 倍银行贷款利率转贷他人，但如果其套取的银行贷款只有 5000 元，数额很小，尚不足以危害到金融秩序，故不应以犯罪论处；而如果行为人虽以 2 倍银行贷款利率转贷他人，但套取了 2000 万元的贷款，其违法所得巨大，其行为就危害了正常金融秩序，应以犯罪论处了。

根据法律规定，高利转贷的行为，必须达到“数额较大”的，才构成犯罪。这里讲的“数额较大”，是指将银行信贷资金以高于银行贷款的利率转贷他人后所获利息差额部分的违法所得数额较大。如果转贷利率与向银行套取的信贷资金利率差额不大，但转贷资金数额特别巨大的，其违法所得同样可以达到“数额较大”，构成本罪。

（三）实务疑难问题

1. 罪与非罪的认定

构成本罪必须是以转贷牟利为目的，套取金融机构的信贷资金。如果行为人确因与他人签订了一份购销合同，急需一笔资金，从银行贷得此款后，因对方违约，不能供货，行为人所贷资金闲置。由于贷款付息必然造成损失，恰好有一企业急需贷款而银行认为其不符合条件不予借贷。于是，行为人以高出银行贷款利息的利率，将原贷闲置资金高利转贷他人。这种行为，由于行为人贷款当时不具有转贷牟利的目的，其高利转贷的行为不宜按本罪处理。

2. 高利转贷罪与贷款诈骗罪的界限

高利转贷罪与贷款诈骗罪的犯罪对象都是信贷资金，都使用了欺骗手段，这是两者的共同之处，其区别在于：（1）犯罪客体不同。高利转贷罪侵犯的是单一客体，即国家对金融信贷资金的管理秩序，但并未直接侵犯财产所有权；而贷款诈骗罪则不同，它侵犯的是复杂客体，不仅包括国家对金融机构贷款的管理秩序，而且包括金融机构的财产所有权。（2）客观特征不同。高利转贷罪在客观方面表现为套取金融机构信贷资金高利转贷他人，违法所得数额较大的行为；而贷款诈骗罪在客观方面则表现为使用虚假手段，骗取金融机构贷款，数额较大的行为。（3）犯罪主体不同。高利转贷罪的主体既包括自然人，也包括单位；而贷款诈骗罪的主体则仅指自然人。（4）主观特征也不一样。两罪都是直接故意犯罪，但高利转贷罪的行为人必须具有转贷牟利目的，而贷款诈骗罪的行为人则必须具有非法占有的目的。在司法实践中，有些行为人既具有非法占有的目的，同时又通过将所骗取的贷款高利贷款他人，对这种情况应按贷款诈骗罪定罪处罚。

（四）情节与量刑

依照《刑法》第175条规定，犯高利转贷罪的，处3年以下有期徒刑或者拘役，并处违法所得1倍以上5倍以下罚金；数额巨大的，处3年以上7年以下有期徒刑，并处违法所得1倍以上5倍以下罚金。单位犯本罪的，对单位判处罚金，并对其直接负责的主管人员和其他直接责任人员，处3年以下有期徒刑或者拘役。

九、骗取贷款、票据承兑、金融票证罪

（一）法律规定

第一百七十五条之一[①]　以欺骗手段取得银行或者其他金融机构贷款、票据承兑、信用证、保函等，给银行或者其他金融机构造成重大损失或者有其他严重情节的，处三年以下有期徒刑或者拘役，并处或者单处罚金；给银行或者其他金融机构造成特别重大损失或者有其他特别严重情节的，处三年以上七年以下有期徒刑，并处罚金。

单位犯前款罪的，对单位判处罚金，并对其直接负责的主管人

① 本条由2006年6月29日公布的《刑法修正案（六）》第10条增加。

员和其他直接责任人员，依照前款的规定处罚。

（二）罪名详解

骗取贷款、票据承兑、金融票证罪，是指以虚构事实或者隐瞒真相的欺骗手段，取得银行或者其他金融机构贷款、票据承兑、信用证、保函等，给银行或者其他金融机构造成重大损失或者有其他严重情节的行为。

本罪是《刑法修正案（六）》第10条增设的罪名。

骗取贷款、票据承兑、金融票证罪的构成要件是：

1. 主体要件

犯罪主体为一般主体，自然人和单位均可以成为本罪的主体。

2. 客体要件

本罪侵犯的客体是金融秩序和安全。以欺骗手段获取贷款、票据承兑、金融票证的行为，使金融资产的使用无法处于金融机构的正常监管之下，处于可能无法收回的巨大风险之中，极易给金融机构造成重大损失，其“骗取”行为本身亦严重扰乱金融管理秩序，危及金融安全。因此，有必要予以刑法规制。

3. 主观要件

主观方面表现为故意，不要求行为人有特定目的。如果行为人有非法占有目的，则应按照相应的金融诈骗罪或者其他犯罪论处。例如，以非法占有为目的，骗取银行贷款的，成立贷款诈骗罪；以非法占有为目的，骗取信用证的，成立信用证诈骗罪。

4. 客观要件

客观方面表现为以欺骗手段取得银行或者其他金融机构贷款、票据承兑、信用证、保函等，给银行或者其他金融机构造成重大损失或者有其他严重情节的行为。所谓“以欺骗手段”，是指行为人在申请贷款、票据承兑或者信用证、保函等金融票证时，使用虚构事实、隐瞒真相的手段。比如，谎报贷款用途，夸大偿付能力等。所谓“给银行或者金融机构造成重大损失”，主要是指导致一定数额的金融资金无法归还。所谓“其他严重情节”，是指骗用金融资金的手段十分恶劣、使巨额金融资金陷入巨大风险、多次欺骗金融机构、曾受处罚后又欺骗金融机构，等等。

（三）实务疑难问题

1. 罪与非罪的认定

构成本罪，必须以“给银行或者其他金融机构造成重大损失或者有其他严重情节”为条件，如有关欺骗行为实际并未造成重大损失，同时也不具有其他严重情节的，不构成犯罪。

2. 选择性罪名的适用

本罪属选择性罪名。行为人只要实施了骗取贷款、票据承兑、金融票证其中一种行为，就构成本罪；实施了两种以上的行为，仍为一罪，不实行并罚。

（四）情节与量刑

依照《刑法》第175条之一的规定，犯骗取贷款、票据承兑、金融票证罪的，处3年以下有期徒刑或者拘役，并处或者单处罚金；给银行或者其他金融机构造成特别重大损失或者有其他特别严重情节的，处3年以上7年以下有期徒刑，并处罚金。单位犯本罪的，对单位判处罚金，并对其直接负责的主管人员和其他直接责任人员，依照前款的规定处罚。

十、非法吸收公众存款罪

（一）法律规定

第一百七十六条　非法吸收公众存款或者变相吸收公众存款，扰乱金融秩序的，处三年以下有期徒刑或者拘役，并处或者单处二万元以上二十万元以下罚金；数额巨大或者有其他严重情节的，处三年以上十年以下有期徒刑，并处五万元以上五十万元以下罚金。

单位犯前款罪的，对单位判处罚金，并对其直接负责的主管人员和其他直接责任人员，依照前款的规定处罚。

（二）罪名详解

非法吸收公众存款罪，是指违反国家有关规定，非法吸收公众存款或者变相吸收公众存款，扰乱金融秩序的行为。

本罪来源于《全国人民代表大会常务委员会关于惩治破坏金融秩序犯罪的决定》第 7 条的规定，吸收进 1997 年刑法。1979 年刑法没有非法吸收公众存款罪的规定。

非法吸收公众存款罪的构成要件是：

1. 主体要件

犯罪主体包括自然人和单位。

2. 客体要件

本罪侵犯的客体是国家的金融管理制度。《商业银行法》第 11 条第 2 款规定："未经国务院银行业监督管理机构批准，任何单位和个人不得从事吸收公众存款等商业银行业务，任何单位不得在名称中使用'银行'字样。"可见，我国对吸收公众存款实行特许经营制度。其目的在于加强宏观调控，保证资金的合理流向，保护社会大众的利益。近年来，由于受国家实行宏观调控和中央银行适度从紧货币政策的影响，经济运行中社会资金的供需矛盾突出。在各种因素的影响下，以高息为诱饵，打着各种旗号进行非法吸收公众存款的犯罪活动发案范围越来越广，并向多领域和职业化发展，严重侵犯了国家金融管理秩序，具有极大的社会危害性：首先，由于这类行为一般是通过采取提高利率的方式或手段，将大量的社会闲散资金集中到单位或个人手中，从而造成大量社会资金失控，不利于国家集中有限的资金进行必要的宏观调控；其次，行为人任意提高利率，形成在吸收存款上的不正当竞争，破坏利率的统一，影响币值稳定，严重扰乱国家金融秩序；最后，吸存人的经济实力不足，承担风险的能力弱，根本无法保证存款人资金的安全和利益，一旦经营失败，往往容易形成巨额资金亏空，导致广大"储户"财产损失，引发大量群体性事件，极大地影响了社会稳定。因此，非法吸收公众存款犯罪是当前司法机关严厉打击的金融犯罪。

3. 主观方面

主观方面只能由直接故意构成，具有非法牟利的目的，而不具有非法占有的目的。行为人非法吸收公众存款的行为是否已获利，获利数额大小，甚至亏损，资不抵债，都不影响本罪的成立。

4. 客观方面

客观方面表现为非法向社会公开吸收公众存款或者变相吸收公众存款的

行为。根据《非法金融机构和非法金融业务活动取缔办法》第4条的规定，“非法吸收公众存款”是指未经中国人民银行批准，向社会不特定对象吸收资金，出具凭证，承诺在一定期限内还本付息的活动。“变相吸收公众存款”是指未经中国人民银行批准，不以吸收公众存款的名义，向社会不特定对象吸收资金，但承诺履行的义务与吸收公众存款性质相同的行为。

非法吸收公众存款与变相吸收公众存款的共同特征在于：一是“非法性”。所谓“非法”，是指任何向公众集资或吸收存款的行为，都必须经过中国人民银行批准，凡未经中国人民银行批准从事存款业务，缺少法定的特别授权，即为非法。具体包括两种情形：（1）行为人不具备吸收公众存款的主体资格而吸收公众存款，即非金融机构或个人向公众吸收资金，如个人或单位私设银行、钱庄、储蓄所等，非法办理存款业务，吸收公众存款；（2）行为人虽然具备吸收公众存款的资格，但其吸收公众存款的方法是非法的，即某些金融机构虽然具有吸收公众存款业务经营权，但采取非法方式进行吸收存款的行为。如有些商业银行和信用合作社，为了争揽客户，违反国家关于利率的规定，以擅自提高利率或在存款时先支付利息等手段吸收公众存款。二是行为人必须是面向社会不特定对象吸收资金，即行为人开展非法吸收存款业务是面向不特定多数人的，而不是限于特定对象。向社会不特定对象吸收存款的形式通常有两种情形：（1）公开张贴告示、通知等招揽存款；（2）发动亲友到处游说，广泛动员他人存款。而对于在企业内部的入股、集资行为，由于其对象为特定少数个人或单位内部成员，不属“公众”，故一般不以本罪论处。由上可见，变相吸收公众存款的行为与非法吸收公众存款的行为在非法性特征和对象特征以及承诺的义务等方面均是相同的，所不同的是非法吸收公众存款是以直接的名义吸收存款，表现在其出具存款凭证，并承诺在一定期限内还本付息；而变相吸收公众存款则不以直接吸收存款的名义出现，而以成立资金互助会或以投资、集资入股等名义，但承诺履行的义务与吸收公众存款性质相同。这里的承诺的义务与吸收公众存款的性质相同，即都是承诺在一定期限内还本付息，从而达到吸收公众存款的目的。实践中，行为人以变相方式吸收存款的具体手段层出不穷、花样繁多。如有的单位未经批准成立资金互助组织吸收公众资金；有些企业以投资、集资等名义吸收公众资金，但并不按规定分配利润、派发股息，而是以一定利息支付；有的以代为饲养宠物，代为养植花木果树，营业房分零出售、代为出租等为名，许以高额回报以吸收资金；有的则以商品销售的方式吸收资金，以承诺返租、回购、转让等方式给予回报。这些行为以合法形式掩盖非法集资目的，犯罪分子往往与受害者签订合同，伪装成正常的生产经营活动，其实质仍然是变相抬高国家所规定的存款利率，情节严重者，必定扰乱整个社会的金融秩序，一旦行为人不能兑现承诺，必将引发社会群体性事件，影响社会稳定。

非法吸收公众存款罪的犯罪对象，只能是社会公众的存款。如果一个大型企业集团为了扩大再生产，决定内部挖潜，动员职工和家属集资，或者采取行政摊派、职工福利以及所谓风险抵押等方式，在本单位、本系统内部吸收职工存款入股，即使数额特别巨大，但由于不是面向社会公众吸收存款，因此，不能构成本罪。

根据最高人民法院2010年12月13日出台的《关于审理非法集资刑事案件具体应用法律若干问题的解释》（以下简称《非法集资解释》）第1条的规定，违反国家金融管理法律规定，向社会公众（包括单位和个人）吸收资金的行为，同时具备下列四个条件的，除刑法另有规定的以外，应当认定为《刑法》第176条规定的“非法吸收公众存款或者变相吸收公众存款”：（1）未经有关部门依法批准或者借用合法经营的形式吸收资金；（2）通过媒体、推介会、传单、手机短信等途径向社会公开宣传；（3）承诺在一定期限内以货币、实物、股权等方式还本付息或者给付回报；（4）向社会公众即社会不特定对象吸收资金。未向社会公开宣传，在亲友或者单位内部针对特定对象吸收资金的，不属于非法吸收或者变相吸收公众存款。

《非法集资解释》第2条对非法吸收公众存款罪在实践中的具体表现形式作了较全面的列举，该条文指出：实施下列行为之一，符合本《解释》第1条第1款规定的条件的，应当依照《刑法》第176条的规定，以非法吸收公众存款罪定罪处罚：（1）不具有房产销售的真实内容或者不以房产销售为主要目的，以返本销售、售后包租、约定回购、销售房产份额等方式非法吸收资金的；（2）以转让林权并代为管护等方式非法吸收资金的；（3）以代种植（养殖）、租种植（养殖）、联合种植（养殖）等方式非法吸收资金的；（4）不具有销售商品、提供服务的真实内容或者不以销售商品、提供服务为主要目的，以商品回购、寄存代售等方式非法吸收资金的；（5）不具有发行股票、债券的真实内容，以虚假转让股权、发售虚构债券等方式非法吸收资金的；（6）不具有募集基金的真实内容，以假借境外基金、发售虚构基金等方式非法吸收资金的；（7）不具有销售保险的真实内容，以假冒保险公司、伪造保险单据等方式非法吸收资金的；（8）以投资入股的方式非法吸收资金的；（9）以委托理财的方式非法吸收资金的；（10）利用民间“会”“社”等组织非法吸收资金的；（11）其他非法吸收资金的行为。

（三）实务疑难问题

1. 罪与非罪的认定

《刑法》第 176 条没有规定非法吸收公众存款罪构成犯罪的吸收公众存款数额的起点，但并非只要吸收了公众存款，即使只有几千、几万元人民币，也要定罪处刑。依照《刑法》第 176 条第 1 款的规定，非法吸收公众存款，只有达到“扰乱金融秩序”程度的，才构成犯罪。因此，一些银行或者金融机构本身具有吸收存款的业务，为了完成吸收存款的指标数额，私下提高存款的利率，即使吸收了较大数额的公众存款，也不宜按犯罪处理。其违法吸收存款的行为，可依商业银行法的规定予以行政处罚。根据《非法集资解释》第 3 条的规定，非法吸收公众存款罪定罪的起点是，个人非法吸收或者变相吸收公众存款，数额在 20 万元以上的，单位非法吸收或者变相吸收公众存款，数额在 100 万元以上的；或者个人非法吸收或变相吸收公众存款对象 30 人以上的，单位非法吸收或变相吸收公众存款对象 150 人以上的；或者个人非法吸收或变相吸收公众存款，给存款人造成直接经济损失数额在 10 万元以上的，单位非法吸收或变相吸收公众存款，给存款人造成直接经济损失数额在 50 万元以上的；或者造成恶劣社会影响或其他严重后果的情形。

司法实践中，对于非法吸收公众存款罪与合法的民间借贷如何区分有一定争议。引发该问题争议的是 1999 年《最高人民法院关于如何确认公民与企业之间借贷行为效力问题的批复》（以下简称《公民与企业之间借贷行为效力问题批复》）中的规定，在《公民与企业之间借贷行为效力问题批复》中指出，“公民与非金融企业之间的借贷属于民间借贷，只要双方当事人意思表示真实即可有效”。而非法吸收公众存款和变相吸收公众存款的行为从本质上看，即向社会不特定对象筹集资金并承诺在一定期间还本付息，这当然也属于一种“借贷”，而且《公民与企业之间借贷行为效力问题批复》对于民间借贷行为并未限定范围，那么如何理解《公民与企业之间借贷行为效力问题批复》的规定对合法民间借贷与非法吸收公众存款进行区分呢？我们认为，刑法是规定犯罪及其刑事责任的法律规范，即刑法规定的是犯罪行为，而其他法律规定的都是一般违法行为。非法吸收公众存款罪，尽管也表现为一定民间借贷的特征，但因为其借贷的范围具有不特定的公众性且扰乱了国家金融秩序，所以具有民间借贷不会造成的严重社会危害性，这是两者的根本区别。如果民间借贷的对象范围满足前文所讲的两个条件即“非法性”和“广延性”，即未经有权机关批准和向社会不特定对象吸收资金，且借款利率高于法定利率，扰乱了国家金融秩序，就超出了民间借贷的范畴，演化为非法吸收公众存款、而对于像“只向少数个人或者特定对象如仅限于本单位人员等吸收存款”的行为当然不是本罪中的非法吸收公众存款的行为，因为这种“民间借贷”不可能对国家金融秩序造成破坏。所以，《公民与企业之间借贷行为效力问题批复》中所讲的“民间借贷”只能是针对社会中少数个人或者特定对象之间的“借贷”行为，而对于“向社会不特定对象”吸收存款的行为当然不属于“民间借贷”。唯有如此，才能将非法吸收公众存款与合法的民间借贷区别开来。

2. 既遂与未遂的区分

非法吸收公众存款罪，只要吸收了公众存款，不论该存款是否已归还存款人，是否能归还存款人，以及约定的利息能否如数给付，均不影响本罪的既遂。如果非法吸收公众存款的计划已作出，宣传已进行，但吸收公众存款的行为还未到达实际收取存款的阶段，则构成本罪的未遂。如果吸收公众存款的总数额依计划、宣传本来就不大，未遂的，也可以情节显著轻微、危害不大，不以犯罪论处。

3. 非法吸收公众存款罪与集资诈骗罪的区分

集资诈骗罪和非法吸收公众存款罪都以非法集资为外在的表现形式，但二者同时又存在着根本的区别：第一，犯罪的目的不同。前者的犯罪目的是非法占有所募集的资金；而后者的目的则是企图通过吸收公众存款的方式，进行营利，在主观上并不具有非法占有公众存款的目的。这是两罪最本质的区别。第二，犯罪行为的客观表现虽有非法集资的共同外在表现形式，但具体实施方法也有根本不同。前者的行为人必须使用诈骗的方法；而后者则不以行为人是否使用了诈骗方法作为构成犯罪的要件之一，尤其是在吸收存款或募集资金的目的行为上并没有遮掩营利的意图。第三，侵犯的客体不同。前者侵犯的是复杂客体，不仅侵犯了国家的金融秩序，而且还侵犯了出资人的财产所有权；后者侵犯的是单一客体，即国家的金融管理秩序，当然在有些情况下，非法吸收公众存款的行为人由于经营不善造成亏损，无法兑现其在吸收公众存款时的承诺，甚至给投资人、存款人造成了重大经济损失，但是，这种损失与行为人目的是侵犯公私财物的所有权是不同的。

（四）情节与量刑

依照《刑法》第 176 条规定，犯非法吸收公众存款罪的，处 3 年以下有期徒刑或者拘役，并处或者单处 2 万元以上 20 万元以下罚金；数额巨大或者有其他严重情节的，处 3 年以上 10 年以下有期徒刑，并处 5 万元以上 50 万元以下罚金。单位犯本罪的，对单位判处罚金，并对其直接负责的主管人员和其他直接责任人员，依照前款的规定处罚。

司法机关在适用本条规定决定处罚时，应当注意以下问题：

1. 根据法律规定，《刑法》第 176 条规定的“数额巨大或者有其他严重情节的”是加重处罚情节。按照《非法集资解释》的规定，包括个人非法吸收或者变相吸收公众存款，数额在 100 万元以上的，单位非法吸收或者变相吸收公众存款，数额在 500 万元以上的；或者个人非法吸收或变相吸收公众存款对象 100 人以上的，单位非法吸收或变相吸收公众存款对象 500 人以上的；或者个人非法吸收或变相吸收公众存款，给存款人造成直接经济损失数额在 50 万元以上的，单位非法吸收或变相吸收公众存款，给存款人造成直接经济损失数额在 250 万元以上的；或者造成特别恶劣社会影响或其他特别严重后果的情形。

2. 根据《非法集资解释》规定，非法吸收或者变相吸收公众存款的数额，以行为人所吸收的资金全额计算。案发前后已归还的数额，可以作为量刑情节酌情考虑。非法吸收或者变相吸收公众存款，主要用于正常的生产经营活动，能够及时清退所吸收资金的，可以免予刑事处罚；情节显著轻微的，不作为犯罪处理。

3. 依照《最高人民法院关于常见犯罪的量刑指导意见（二）（试行）》的规定，构成非法吸收公众存款罪，犯罪情节一般的，可以在 1 年以下有期徒刑、拘役幅度内确定量刑起点；达到数额巨大起点或者有其他严重情节的，可以在 3 年至 4 年有期徒刑幅度内确定量刑起点。在量刑起点的基础上，可以根据非法吸收存款数额等其他影响犯罪构成的犯罪事实增加刑罚量，确定基准刑。

（五）法律链接

1. 中华人民共和国商业银行法（1995 年 5 月 10 日第八届全国人民代表大会常务委员会第十三次会议通过　根据 2003 年 12 月 27 日第十届全国人民代表大会常务委员会第六次会议《关于修改〈中华人民共和国商业银行法〉的决定》第一次修正　根据 2015 年 8 月 29 日第十二届全国人民代表大会常务委员会第十六次会议《关于修改〈中华人民共和国商业银行法〉的决定》第二次修正）（节录）

第十一条　设立商业银行，应当经国务院银行业监督管理机构审查批准。

未经国务院银行业监督管理机构批准，任何单位和个人不得从事吸收公众存款等商业银行业务，任何单位不得在名称中使用“银行”字样。

2. 非法金融机构和非法金融业务活动取缔办法（1998 年 7 月 13 日中华人民共和国国务院令第 247 号发布　根据 2011 年 1 月 8 日国务院令第 588 号《国务院关于废止和修改部分行政法规的决定》修订）（节录）

第四条　本办法所称非法金融业务活动，是指未经中国人民银行批准，擅自从事的下列活动：

（一）非法吸收公众存款或者变相吸收公众存款；

（二）未经依法批准，以任何名义向社会不特定对象进行的非法集资；

（三）非法发放贷款、办理结算、票据贴现、资金拆借、信托投资、金融租赁、融资担保、外汇买卖；

（四）中国人民银行认定的其他非法金融业务活动。

前款所称非法吸收公众存款，是指未经中国人民银行批准，向社会不特定对象吸收资金，出具凭证，承诺在一定期限内还本付息的活动；所称变相吸收公众存款，是指未经中国人民银行批准，不以吸收公众存款的名义，向社会不特定对象吸收资金，但承诺履行的义务与吸收公众存款性质相同的活动。

3. 最高人民法院关于审理非法集资刑事案件具体应用法律若干问题的解释（法释〔2010〕18 号　自 2011 年 1 月 4 日起施行）

为依法惩治非法吸收公众存款、集资诈骗等非法集资犯罪活动，根据刑法有关规定，现就审理此类刑事案件具体应用法律的若干问题解释如下：

定无效：

（一）企业以借贷名义向职工非法集资；

（二）企业以借贷名义非法向社会集资；

（三）企业以借贷名义向社会公众发放贷款；

（四）其他违反法律、行政法规的行为。

借贷利率超过银行同期同类贷款利率四倍的，按照最高人民法院法（民）发〔一九九一〕二十一号《关于人民法院审理借贷案件的若干意见》的有关规定办理。

此复

5. 最高人民法院关于常见犯罪的量刑指导意见（二）（试行）（自2017年5月1日起试行）

（二）非法吸收公众存款罪

1. 构成非法吸收公众存款罪的，可以根据下列不同情形在相应的幅度内确定量刑起点：

（1）犯罪情节一般的，可以在一年以下有期徒刑、拘役幅度内确定量刑起点。

（2）达到数额巨大起点或者有其他严重情节的，可以在三年至四年有期徒刑幅度内确定量刑起点。

2. 在量刑起点的基础上，可以根据非法吸收存款数额等其他影响犯罪构成的犯罪事实增加刑罚量，确定基准刑。

十一、伪造、变造金融票证罪

（一）法律规定

第一百七十七条　有下列情形之一，伪造、变造金融票证的，处五年以下有期徒刑或者拘役，并处或者单处二万元以上二十万元以下罚金；情节严重的，处五年以上十年以下有期徒刑，并处五万元以上五十万元以下罚金；情节特别严重的，处十年以上有期徒刑或者无期徒刑，并处五万元以上五十万元以下罚金或者没收财产：

（一）伪造、变造汇票、本票、支票的；

（二）伪造、变造委托收款凭证、汇款凭证、银行存单等其他银行结算凭证的；

（三）伪造、变造信用证或者附随的单据、文件的；

（四）伪造信用卡的。

单位犯前款罪的，对单位判处罚金，并对其直接负责的主管人员和其他直接责任人员，依照前款的规定处罚。

（二）罪名详解

伪造、变造金融票证罪，是指行为人以各种方法，非法制造假汇票、本票、支票、信用证、信用证附随的单据、文件、信用卡，以及委托收款凭证、汇款凭证、银行存单等其他银行结算凭证，冒充真金融凭证，或者以真金融凭证为基础，以涂改、挖补等方法，改变其形态、内容，冒充真实、有效金融凭证的行为。

本罪是从《全国人民代表大会常务委员会关于惩治破坏金融秩序犯罪的决定》第 11 条的规定，吸收进 1997 年刑法的。1979 年刑法没有伪造、变造金融票证罪的规定。

伪造、变造金融票证罪的构成要件是：

1. 主体要件

犯罪主体可以由自然人或者单位构成。

2. 客体要件

本罪侵犯的客体是国家金融票证管理制度。

3. 主观要件

主观方面由故意构成，并且一般均具有牟取非法利益的目的。有的行为人可能出于陷害他人的目的，故意将自己伪造的金融票证给他人使用，该行为人同样构成本罪。

4. 客观要件

本罪客观方面表现为伪造、变造金融票证的行为。具体包括四种行为：

（1）伪造、变造汇票、本票、支票的。伪造票据，是指无权限人假冒他人或虚构人的名义（出票人、背书人、承兑人、参加承兑人或保证人等）签章出票、背书、承诺、参与承诺、保证等的行为；变造票据，是指无权更改票据内容的人，对票据上签章以外的记载事项加以改变的行为，依据票据法的原理，变更票据签章属于票据的伪造行为。

（2）伪造、变造委托收款凭证、汇款凭证、银行存单等其他银行结算凭证的。委托收款凭证是指收款人在委托银行向付款人收取款项时所填写提供的凭据和证明，分为邮寄和电报划回两种。汇款凭证是指汇款人委托银行将款项汇给外地收款时所填写的凭据和证明。银行存单既是一种信用凭证，又是一种银行结算凭证。

（3）伪造、变造信用证或者附随的单据、文件的。信用证是银行应买方的请求，开给交付卖方的一种保证付款的书面凭证。《国内信用证结算办法》第2条规定，“信用证是指开证行依照申请人的申请开立的、凭符合信用证条款的单据支付的付款承诺”。以信用证方式支付货款，卖方取得了银行的付款保证，即银行信用代替了商业信用，只要卖方按信用证规定的条件提交货运单据，货款就基本得到了保证，买方也可以通过信用证条款促使卖方履行合同义务，且买方在付款后肯定取得符合规定的货运单据。伪造、变造附随的单据、文件是指行为人在使用信用证时伪造、变造提单等必须附随信用证的单据、文件的行为。附随的单据包括三类：一是货物单据，如发票、装箱单、产地证书、商检证书等；二是运输单据，如提单；三是保险单据。信用证使用除附随上述单据外，有的还需要附其他的文件，如领事发票、海关发票、出口许可证、产地证明书等。由于信用证交易实际上是单据的买卖，银行只凭单据付款，只要单单相符，单证相符，银行即应无条件地予以付款。因而行为人经常采用伪造货运提单的方式，主要有两种形式：一是伪造记载根本不存在货物的提单，二是提单中所载明的货物与实际货物不相符。

（4）伪造信用卡的。刑法规定的“信用卡”，是指由商业银行或者其他金融机构发行的具有消费支付、信用贷款、转账结算、存取现金等全部功能或者部分功能的电子支付卡。根据《信用卡业务管理办法》的规定，信用卡的发行机构是商业银行。现行信用卡大多是磁条信用卡，磁条结构简单，极易被拷贝，再加上利用非法窥得的持卡人的密码，就可以伪造信用卡。《最高人民法院、最高人民检察院关于办理妨害信用卡管理刑事案件具体应用法律若干问题的解释》（以下简称《信用卡司法解释》）第1条，对“伪造信用卡”的具体行为方式进行了明确。复制他人信用卡、将他人信用卡信息资料写入磁条介质、芯片或者以其他方法伪造信用卡1张以上，或伪造空白信用卡10张以上的，应当认定为《刑法》第177条第1款第（四）项规定的“伪造信用卡”，以伪造金融票证罪定罪处罚。

（三）实务疑难问题

1. 伪造、变造金融票证罪的既遂

伪造、变造金融票证罪是行为犯，不要求发生使用该金融凭证并获利的犯罪结果，只要行为人将金融票证制造出来，就能认定伪造、变造金融票证的行为已完成，即构成犯罪既遂。所谓制造出来，是指从整体上符合金融票证的基本特征。

2. 伪造、变造金融票证罪的罪数形态问题

行为人盗窃了印鉴不全或者尚未签名的金融凭证，又伪造印鉴、签名后使用，其行为分别触犯了伪造、变造金融票证罪、盗窃罪和票据诈骗罪或者普通诈骗罪，属于牵连犯，应当以具体行为可能判处的刑罚较重的一个罪定罪处罚。如果是国家工作人员利用职务上的便利，在使用金融票证的过程中，采用伪造、变造的手法多报冒领，抵账侵吞单位财物，则应当以贪污罪定罪处罚。

（四）情节与量刑

依照《刑法》第 177 条规定，犯伪造、变造金融票证罪的，处 5 年以下有期徒刑或者拘役，并处或者单处 2 万元以上 20 万元以下罚金；情节严重的，处 5 年以上 10 年以下有期徒刑，并处 5 万元以上 50 万元以下罚金；情节特别严重的，处 10 年以上有期徒刑或者无期徒刑，并处 5 万元以上 50 万元以下罚金或者没收财产。单位犯本罪的，对单位判处罚金，并对其直接负责的主管人员和其他直接责任人员，依照前款的规定处罚。

司法机关在适用《刑法》第 177 条之一第 1 款规定处罚时，应当注意《刑法》第 177 条中的“情节严重”“情节特别严重”是加重处罚情节。按照《信用卡司法解释》第 1 条的规定，伪造信用卡“情节严重”是指，伪造信用卡 5 张以上不满 25 张；或伪造的信用卡内存款余额、透支额度单独或者合计数额在 20 万元以上不满 100 万元；或伪造空白信用卡 50 张以上不满 250 张；以及其他情节严重的情形。伪造信用卡“情节特别严重”是指，伪造信用卡 25 张以上；或伪造的信用卡内存款余额、透支额度单独或者合计数额在 100 万元以上；或伪造空白信用卡 250 张以上；以及其他情节特别严重的情形。

（五）法律链接

最高人民法院、最高人民检察院关于办理妨害信用卡管理刑事案件具体应用法律若干问题的解释（法释〔2018〕19号 自2018年12月1日起施行）（节录）

第一条 复制他人信用卡、将他人信用卡信息资料写入磁条介质、芯片或者以其他方法伪造信用卡1张以上的，应当认定为刑法第一百七十七条第一款第（四）项规定的“伪造信用卡”，以伪造金融票证罪定罪处罚。

伪造空白信用卡10张以上的，应当认定为刑法第一百七十七条第一款第（四）项规定的“伪造信用卡”，以伪造金融票证罪定罪处罚。

伪造信用卡，有下列情形之一的，应当认定为刑法第一百七十七条规定的“情节严重”：

（一）伪造信用卡5张以上不满25张的；

（二）伪造的信用卡内存款余额、透支额度单独或者合计数额在20万元以上不满100万元的；

（三）伪造空白信用卡50张以上不满250张的；

（四）其他情节严重的情形。

伪造信用卡，有下列情形之一的，应当认定为刑法第一百七十七条规定的“情节特别严重”：

（一）伪造信用卡25张以上的；

（二）伪造的信用卡内存款余额、透支额度单独或者合计数额在100万元以上的；

（三）伪造空白信用卡250张以上的；

（四）其他情节特别严重的情形。

本条所称“信用卡内存款余额、透支额度”，以信用卡被伪造后发卡行记录的最高存款余额、可透支额度计算。

十二、妨害信用卡管理罪

（一）法律规定

第一百七十七条之一[①]第一款　有下列情形之一，妨害信用卡管理的，处三年以下有期徒刑或者拘役，并处或者单处一万元以上十万元以下罚金；数量巨大或者有其他严重情节的，处三年以上十年以下有期徒刑，并处二万元以上二十万元以下罚金：

（一）明知是伪造的信用卡而持有、运输的，或者明知是伪造的空白信用卡而持有、运输，数量较大的；

（二）非法持有他人信用卡，数量较大的；

（三）使用虚假的身份证明骗领信用卡的；

（四）出售、购买、为他人提供伪造的信用卡或者以虚假的身份证明骗领的信用卡的。

（二）罪名详解

妨害信用卡管理罪，是指持有、运输伪造的信用卡或者数量较大的伪造的空白信用卡，非法持有数量较大的他人的信用卡，使用虚假的身份证明骗领信用卡，或者出售、购买、为他人提供伪造的信用卡或者以虚假的身份证明骗领信用卡的行为。本罪是《刑法修正案（五）》第1条增设的罪名。

妨害信用卡管理罪的构成要件是：

1. 主体要件

犯罪主体为一般主体，任何年满16周岁、具有刑事责任能力的自然人均可构成本罪。单位不能成为本罪主体。

2. 客体要件

本罪侵犯的客体是信用卡管理秩序。

3. 主观要件

主观方面出于故意。对于持有、运输伪造的信用卡包括伪造的空白信用

① 本条系2005年2月28日公布的《刑法修正案（五）》第1条增加。

卡的行为，立法特别提示必须以行为人“明知”为前提。如果确实不知道所持有、运输的是伪造的信用卡的，不能以犯罪论处。明知，包括确切知道和有可能知道。是否明知，不能仅以行为人的辩解为据，即使行为人否认，但根据其他相关证据足以推定其应当知道的，仍可认定其明知。对于其他几种行为立法虽未特别强调“明知”，但根据刑法总则关于犯罪故意的规定，仍应以行为人“明知”为构成犯罪的条件。从犯罪动机和目的看，多是为了牟利，但这并非本罪的构成要件。如果行为人欠缺相应的犯罪故意，如确实不知道是伪造的信用卡而持有、运输、购买的，或者因为疏忽而在申领信用卡时过失提供了他人的身份证明的，不能以犯罪论处。

4. 客观要件

本罪客观方面表现为以下四种妨害信用卡管理秩序的行为：

（1）持有、运输伪造的信用卡的，或者持有、运输伪造的空白信用书，数量较大的。具体又分为两种情形：一是持有、运输伪造的信用卡，此种情形下构成犯罪原则上并无数量要求；二是持有、运输伪造的空白信用卡，要求行为人所持有、运输的伪造的空白信用卡达到“数量较大”的标准。“伪造”的信用卡，不仅包括利用相应材料和技术手段仿造真信用卡制作的假信用卡，也包括在过期的、作废的、盗来的、捡来的等各种信息完整的真实信用卡上修改关键要素，如重新压印卡号、有效期和姓名，甚至对信用卡磁条重新写磁；或者是对非法获取的发卡银行的空白信用卡进行凸印、写磁，制成的假信用卡。

（2）非法持有他人信用卡，数量较大的。所谓数量较大，是指非法持有他人信用卡的数量较大，而不是信用卡内的授信额度数额较大。

（3）使用虚假的身份证明骗领信用卡的。所谓身份证明，是指居民身份证、军官证、士兵证、港澳居民往来内地通行证、台湾居民来往大陆通行证、护照等用以证明信用卡申领人真实身份的文件、资料。违背他人意愿，使用他人的身份证明申领信用卡的，或者使用伪造、变造的身份证明申领信用卡的，应当认定为“使用虚假的身份证明骗领信用卡”。需要注意的是，立法只是将“使用虚假的身份证明”骗领信用卡的行为入罪，因为这种方式表明行为人多有进行信用卡诈骗的故意。如果行为人在申领信用卡时提供的身份证明真实，只是在工资收入、财产状况等方面作了不实申报、提供了虚假证明的（通常是为了获取较高授信额度），则不能以犯罪论处。

（4）出售、购买、为他人提供伪造的信用卡或者以虚假的身份证明骗领的信用卡的。具有以上四种行为之一，同时符合其他条件的，即可构成本罪；实施两种以上行为的，仍只构成一罪，不实行并罚。

（三）实务疑难问题

1. 罪与非罪的认定

持有、运输伪造的空白信用卡，或者非法持有他人的信用卡，数量未达到“较大”标准的，不能以犯罪论处。按照《信用卡司法解释》第 2 条的规定，明知是伪造的空白信用卡而持有、运输 10 张以上不满 100 张的，应当认定为“数量较大”；非法持有他人信用卡 5 张以上不满 50 张的，应当认定为“数量较大”。因此，未达上述标准的，可不以犯罪论处。对于持有、运输伪造的信用卡，或者使用虚假的身份证明骗领信用卡，或者出售、购买、为他人提供伪造的信用卡或者以虚假的身份证明骗领信用卡的行为，《刑法》第 177 条之一虽未设定数量标准，但结合《刑法》第 13 条的规定，如果是初次实施此类行为，数量不大，情节显著轻微的，也不宜作为犯罪处理，而可交由有关部门给予行政处罚或者批评教育。

2. 本罪与伪造金融票证罪的界限

本罪实质上是伪造信用卡犯罪和信用卡诈骗犯罪的中间环节。立法规定本罪，主旨在于更加有效地打击和防范信用卡诈骗犯罪。如果能够证实行为人所持有、运输、出售、为他人提供的伪造的信用卡是行为人自行或者伙同他人伪造的，则其行为属于伪造金融票证罪和妨害信用卡管理罪的牵连犯或者吸收犯，应以伪造金融票证罪论处。

（四）情节与量刑

依照《刑法》第 177 条之一第 1 款规定，犯妨害信用卡管理罪的，处 3 年以下有期徒刑或者拘役，并处或者单处 1 万元以上 10 万元以下罚金；数量巨大或者有其他严重情节的，处 3 年以上 10 年以下有期徒刑，并处 2 万元以上 20 万元以下罚金。

司法机关在适用《刑法》第 177 条之一第 1 款规定处罚时，应当注意“数量巨大”是本罪的加重处罚情节，包括：（1）明知是伪造的信用卡而持有、运输 10 张以上的；（2）明知是伪造的空白信用卡而持有、运输 100 张以上的；(3) 非法持有他人信用卡 50 张以上的；(4) 使用虚假的身份证明骗领信用卡 10 张以上的；(5) 出售、购买、为他人提供伪造的信用卡或者以虚假的身份证明骗领的信用卡 10 张以上的。

（五）法律链接

1. 全国人民代表大会常务委员会关于《中华人民共和国刑法》有关信用卡规定的解释（2004 年 12 月 29 日第十届全国人民代表大会常务委员会第十三次会议通过 自 2004 年 12 月 29 日起施行）

全国人民代表大会常务委员会根据司法实践中遇到的情况，讨论了刑法规定的“信用卡”的含义问题，解释如下：

刑法规定的“信用卡”，是指由商业银行或者其他金融机构发行的具有消费支付、信用贷款、转账结算、存取现金等全部功能或者部分功能的电子支付卡。

2. 最高人民法院、最高人民检察院关于办理妨害信用卡管理刑事案件具体应用法律若干问题的解释（法释〔2018〕19 号 自 2018 年 12 月 1 日起施行）（节录）

第二条 明知是伪造的空白信用卡而持有、运输十张以上不满一百张的，应当认定为刑法第一百七十七条之一第一款第一项规定的“数量较大”；非法持有他人信用卡五张以上不满五十张的，应当认定为刑法第一百七十七条之一第一款第二项规定的“数量较大”。

有下列情形之一的，应当认定为刑法第一百七十七条之一第一款规定的“数量巨大”：

（一）明知是伪造的信用卡而持有、运输十张以上的；

（二）明知是伪造的空白信用卡而持有、运输一百张以上的；

（三）非法持有他人信用卡五十张以上的；

（四）使用虚假的身份证明骗领信用卡十张以上的；

（五）出售、购买、为他人提供伪造的信用卡或者以虚假的身份证明骗领的信用卡十张以上的。

违背他人意愿，使用其居民身份证、军官证、士兵证、港澳居民往来内地通行证、台湾居民来往大陆通行证、护照等身份证明申领信用卡的，或者使用伪造、变造的身份证明申领信用卡的，应当认定为刑法第一百七十七条之一第一款第三项规定的“使用虚假的身份证明骗领信用卡”。

第三条 窃取、收买、非法提供他人信用卡信息资料，足以伪造可进行交易的信用卡，或者足以使他人以信用卡持卡人名义进行交易，涉及信用卡一张以上不满五张的，依照刑法第一百七十七条之一第二款的规定，以窃取、收买、非法提供信用卡信息罪定罪处罚；涉及信用卡五张以上的，应当认定为刑法第一百七十七条之一第一款规定的“数量巨大”。

十三、窃取、收买、非法提供信用卡信息罪

（一）法律规定

第一百七十七条之一第二款 **窃取、收买或者非法提供他人信用卡信息资料的，依照前款规定处罚。**

银行或者其他金融机构的工作人员利用职务上的便利，犯第二款罪的，从重处罚。

（二）罪名详解

窃取、收买、非法提供信用卡信息罪，是窃取、收买或者非法提供他人信用卡信息资料的行为。本罪是《刑法修正案（五）》第1条增设的罪名。

窃取、收买、非法提供信用卡信息罪的构成要件是：

1. 主体要件

犯罪主体为一般主体。

2. 客体要件

本罪侵犯的客体是信用卡管理秩序。犯罪对象是信用卡信息资料。所谓信用卡信息资料，是指发卡银行在发卡时使用专用设备写入信用卡磁条中的，作为POS机、ATM机等终端机识别合法用户的数据，是一组有关发卡行代码、持卡人账户、账号、密码等内容的加密电子数据。窃取、收买、非法提供信息卡信息行为的，实质是伪造金融票证罪、信用卡诈骗罪的预备行为。立法将其规定为独立犯罪，目的是更为有效地惩治和防范信用卡诈骗犯罪活动。

3. 主观方面

主观方面是出于故意。

4. 客观方面

客观方面表现为窃取、收买或者非法提供他人信用卡信息资料。这里的“窃取”，应作广义理解，即不仅包括采用偷窥等方式，在持卡人不知情的情况下秘密获取，也包括采用蒙蔽手段，让持卡人“自愿”透露有关信息资料。例如，在ATM机上安装吞卡装置，同时张贴假的客户求助电话，当客户信用卡被吞，拨打“求助”电话时，诱骗其说出有关信息资料；再如，通过群发手机短信“提示”持卡人曾在异地消费，要求核实，当持卡人回电提出质疑时，便设法套其说出信用卡账号、密码等信息资料。

（三）实务疑难问题

1. 罪与非罪的认定

本罪的犯罪对象是信用卡信息资料。如果行为人窃取、收买、非法提供的不是信用卡信息资料，而是申领人在申领信用卡时所留的其他信息资料，如电话号码、家庭住址、职业状况等，则属于民事侵权行为，不能以犯罪论处。按照《信用卡司法解释》第3条规定，窃取、收买、非法提供他人信用卡信息资料，足以伪造可进行交易的信用卡，或者足以使他人以信用卡持卡人名义进行交易，涉及信用卡1张以上不满5张的，以窃取、收买、非法提供信用卡信息罪定罪处罚。

2. 此罪与彼罪的界限

根据行为人的行为所处阶段不同，本罪与伪造、变造金融票证罪、信用卡诈骗罪之间呈现出较为复杂的关系。如果是在窃取、收买、非法提供信用卡信息资料过程中或之后，并利用这些信息资料伪造信用卡之前被抓获的，则其行为属于窃取、收买、非法提供信用卡信息罪与伪造金融票证罪（预备）的想象竞合犯，根据从一重处断原则，应以窃取、收买、非法提供信用卡信息罪一罪论处；如果行为人是在信用卡诈骗之后被抓获的，而事后查明，其据以行骗的信用卡又是利用窃取来的他人信用卡信息资料伪造的，则其行为属于窃取、收买、非法提供信用卡信息罪、伪造金融票证罪和信用卡诈骗罪三罪的牵连犯，根据从一重处断原则，应以信用卡诈骗罪一罪论处。

（四）情节与量刑

依照《刑法》第177条之一第2款规定，犯窃取、收买、非法提供信用卡信息罪的，依照前款规定处罚，即处 3 年以下有期徒刑或者拘役，并处或者单处 1 万元以上 10 万元以下罚金；数量巨大或者有其他严重情节的，处 3 年以上 10 年以下有期徒刑，并处 2 万元以上 20 万元以下罚金。

依照《刑法》第 177 条之一第 3 款的规定，银行或者其他金融机构的工作人员利用职务上的便利犯本罪的，从重处罚。

司法机关在适用《刑法》第 177 条之一第 2 款、第 3 款的规定处罚时，应当注意以下问题：

1. 正确把握本罪的“数量巨大”情节。“数量巨大”是本罪的加重处罚情节。依照《信用卡司法解释》的规定，窃取、收买、非法提供他人信用卡信息资料，足以伪造可进行交易的信用卡，或者足以使他人以信用卡持卡人名义进行交易，涉及信用卡 5 张以上的，应该认定为“数量巨大”，判处 3 年以上 10 年以下有期徒刑，并处 2 万元以上 20 万元以下罚金。

2. 正确把握本罪的从重处罚情节。《刑法》第 177 条之一第 3 款是本罪的从重处罚规定。适用该款规定，首先，行为人必须具有金融机构工作人员身份。特约商户的收银员利用职务便利实施本罪的，不能适用该款。其次，必须“利用职务上的便利”。行为人虽然具有金融机构工作人员身份，但其窃取、收买、非法提供信用卡信息资料的行为并未利用其职务便利的，作为普通主体犯罪依法处罚。

（五）法律链接

最高人民法院、最高人民检察院关于办理妨害信用卡管理刑事案件具体应用法律若干问题的解释（法释〔2018〕19 号　自 2018 年 12 月 1 日起施行）（节录）

第三条　窃取、收买、非法提供他人信用卡信息资料，足以伪造可进行交易的信用卡，或者足以使他人以信用卡持卡人名义进行交易，涉及信用卡一张以上不满五张的，依照刑法第一百七十七条之一第二款的规定，以窃取、收买、非法提供信用卡信息罪定罪处罚；涉及信用卡五张以上的，应当认定为刑法第一百七十七条之一第一款规定的“数量巨大”。

十四、伪造、变造国家有价证券罪

（一）法律规定

第一百七十八条第一款　伪造、变造国库券或者国家发行的其他有价证券，数额较大的，处三年以下有期徒刑或者拘役，并处或者单处二万元以上二十万元以下罚金；数额巨大的，处三年以上十年以下有期徒刑，并处五万元以上五十万元以下罚金；数额特别巨大的，处十年以上有期徒刑或者无期徒刑，并处五万元以上五十万元以下罚金或者没收财产。

第三款　单位犯前两款罪的，对单位判处罚金，并对其直接负责的主管人员和其他直接责任人员，依照前两款的规定处罚。

（二）罪名详解

伪造、变造国家有价证券罪，是指以各种方法，伪造、变造国库券或者国家发行的其他有价证券，数额较大的行为。

本罪1979年《刑法》第123条曾有规定，罪名为“伪造有价证券罪”。1997年修订刑法时对罪状作了修改，因而罪名也相应作了修改。

伪造、变造国家有价证券罪的构成要件是：

1. 主体要件

犯罪主体可以由自然人和单位构成。

2. 客体要件

本罪侵犯的客体是国家发行的有价证券的管理制度。犯罪对象是国库券和国家发行的其他有价证券，如财政债券、国家建设债券、保值公债、国家重点建设债券等。本罪的犯罪对象只能是国库券和国家发行的其他有价证券。如果伪造、变造的只是公司、企业的普通有价证券，尽管有的可能是国有公司、企业发行的，但不能构成本罪，而只能以《刑法》第178条第2款规定的伪造、变造股票、公司、企业债券罪追究刑事责任。

3. 主观要件

主观方面为故意，并且具有非法牟利的目的。

4. 客观要件

客观方面表现为伪造、变造国库券或者国家发行的其他有价证券，数额较大的行为。具体表现为两种行为：一是用伪造的国家有价证券，冒充真的国库券、国家发行的其他有价证券。二是以真的国库券或国家发行的其他有价证券为基础，用各种方法改变其形态、内容，使面额升值，或者将作废证券变造为有效证券等。依照法律规定，伪造、变造国家有价证券的行为，除需符合以上构成要件外，还必须是“数额较大”的，才构成犯罪。

（三）实务疑难问题

罪与非罪的认定

依照《刑法》第 178 条第 1 款的规定，伪造、变造国家有价证券，未达到数额较大的，属一般违法行为，可以由有关部门给予行政处罚或者批评教育。

（四）情节与量刑

依照《刑法》第 178 条规定，犯伪造、变造国家有价证券罪的，处 3 年以下有期徒刑或者拘役，并处或者单处 2 万元以上 20 万元以下罚金；数额巨大的，处 3 年以上 10 年以下有期徒刑，并处 5 万元以上 50 万元以下罚金；数额特别巨大的，处 10 年以上有期徒刑或者无期徒刑，并处 5 万元以上 50 万元以下罚金或者没收财产。单位犯本罪的，对单位判处罚金，并对其直接负责的主管人员和其他直接责任人员，依照第 1 款的规定处罚。

十五、伪造、变造股票、公司、企业债券罪

（一）法律规定

第一百七十八条第二款　伪造、变造股票或者公司、企业债券，数额较大的，处三年以下有期徒刑或者拘役，并处或者单处一万元以上十万元以下罚金；数额巨大的，处三年以上十年以下有期徒刑，并处二万元以上二十万元以下罚金。

第三款　单位犯前两款罪的，对单位判处罚金，并对其直接负

责的主管人员和其他直接责任人员，依照前两款的规定处罚。

（二）罪名详解

伪造、变造股票、公司、企业债券罪，是指以各种方法，非法制造、变造股票或者公司、企业债券，数额较大的行为。

本罪1979年《刑法》第123条曾有规定，罪名为“伪造有价证券罪”。1997年修订刑法时对罪状作了修改，因而罪名也相应作了修改。

伪造、变造股票、公司、企业债券罪的构成要件是：

1. 主体要件

自然人和单位均可构成本罪的主体。

2. 客体要件

本罪侵犯的客体是国家对股票、公司、企业债券的管理制度。犯罪对象是股票和公司、企业债券。股票是股份有限公司为筹集自有资本而为投资的股东发放的入股凭证。股票是投资者所拥有股份资本权利的证书，并且是股东以此取得公司股息的有价证券。公司、企业债券是指公司、企业依法发行，并按券面约定在一定期限还本付息的有价证券。

3. 主观要件

主观方面由故意构成。

4. 客观要件

客观方面表现为伪造、变造股票或者公司、企业债券的行为。

（三）实务疑难问题

1. 罪与非罪的认定

伪造、变造股票、公司、企业债券的行为，如果数额不大的，属于一般违法行为，可由有关部门给予行政处罚或者批评教育。

2. 此罪与彼罪的界限

犯本罪，伪造、变造的必须是依法发行的股票和公司、企业债券。如果公司、企业未经法定程序报请国家有关主管部门批准即发行股票、债券，由于行为人伪造、变造的不是本罪规定的这一类依法发行的股票、债券，并未侵犯国家对股票、公司、企业债券的管理制度，只是侵犯了公司、企业的财产权，不构成本罪。如果数额较大的，应当以普通诈骗罪论处。

（四）情节与量刑

依照《刑法》第 178 条的规定，犯伪造、变造股票、公司、企业债券罪的，处 3 年以下有期徒刑或者拘役，并处或者单处 1 万元以上 10 万元以下罚金；数额巨大的，处 3 年以上 10 年以下有期徒刑，并处 2 万元以上 20 万元以下罚金。

十六、擅自发行股票、公司、企业债券罪

（一）法律规定

第一百七十九条　未经国家有关主管部门批准，擅自发行股票或者公司、企业债券，数额巨大、后果严重或者有其他严重情节的，处五年以下有期徒刑或者拘役，并处或者单处非法募集资金金额百分之一以上百分之五以下罚金。

单位犯前款罪的，对单位判处罚金，并对其直接负责的主管人员和其他直接责任人员，处五年以下有期徒刑或者拘役。

（二）罪名详解

擅自发行股票、公司、企业债券罪，是指未经国家有关主管部门批准，擅自发行股票或者公司、企业债券，数额巨大、后果严重或者有其他严重情节的行为。

本罪是从《全国人民代表大会常务委员会关于惩治违反公司法的犯罪的决定》第 7 条的规定，吸收进 1997 年刑法的。1979 年刑法没有规定此罪。

擅自发行股票、公司、企业债券罪的构成要件是：

1. 主体要件

犯罪主体可由自然人和单位构成。

2. 客体要件

本罪侵犯的客体是国家对股票和公司、企业债券的发行管理制度。《公司法》明确规定，股份有限公司的设立，必须具备一定的条件。未经国务院证券管理部门批准，股份有限公司的发起人不得向社会公开募集股份；已获准

成立的公司发行新股，经股东大会作出决议后，董事会必须向国务院授权的部门或者省级人民政府申请批准；属于向社会公开募集的，须经国务院证券管理部门批准；公司债券的发行规模由国务院确定。违反上述规定发行股票、债券的，均属“擅自发行”。

3. 主观要件

主观方面只能由故意构成，并且一般具有非法募集资金的目的，为个人或者单位牟取经济利益。

4. 客观要件

客观方面表现为不具有发行股票、债券的主体资格，或者虽然主体资格合法，但未经法定程序由本公司股东会议作出决议，或者未经依法报请国家有关主管部门批准，或者虽经依法申报，但未获批准，而擅自发行股票、公司、企业债券，数额巨大、造成严重后果或者具有其他严重情节的行为。

（三）实务疑难问题

1. 罪与非罪的认定

擅自发行股票、公司、企业债券，如果数额尚未达到巨大、后果也不严重，或者不具有其他严重情节的，则属一般违法行为，不构成犯罪，可由有关部门给予行政处罚。根据《立案追诉标准（二）》第 34 条的规定，未经国家有关主管部门批准，擅自发行股票或者公司、企业债券，涉嫌下列情形之一的，应予立案追诉：（1）发行数额在 50 万元以上的；（2）虽未达到上述数额标准，但擅自发行致使 30 人以上的投资者购买了股票或者公司、企业债券的；（3）不能及时清偿或者清退的；（4）其他后果严重或者有其他严重情节的情形。此外，根据《非法集资解释》第 6 条的规定，未经国家有关主管部门批准，向社会不特定对象发行、以转让股权等方式变相发行股票或者公司、企业债券，或者向特定对象发行、变相发行股票或者公司、企业债券累计超过 200 人的，应当认定为《刑法》第 179 条规定的“擅自发行股票、公司、企业债券”。构成犯罪的，以擅自发行股票、公司、企业债券罪定罪处罚。两者相比，在立案追诉标准上针对发行对象特定与不特定实行了不同的标准。从社会危害性程度看，针对不特定的对象，社会危害性显然较针对特定对象的要大，因而针对不特定对象的，需要有 30 人购买即可成立犯罪；而针对特定对象的，则需累计达到 200 人，才予以追诉，体现了社会危害性程度大小的区别。

2. 此罪与彼罪的界限

擅自发行股票、公司、企业债券罪与欺诈发行股票、债券罪的犯罪对象都是股票或者债券，行为人都是通过发行股票或者公司、企业债券来筹集资金，在主观方面都是故意。两者区别在于：第一，犯罪行为不同。擅自发行股票、公司、企业债券罪是行为人未经国家有关主管部门批准而擅自发行股票、债券；欺诈发行股票、债券罪是行为人在国家主管部门批准后，通过在招股说明书、认股书、公司企业债券募集办法中，隐瞒重要事实或者编造重大虚假内容的手段发行股票或者债券。第二，犯罪主体不同。擅自发行股票、公司、企业债券罪的主体是一般主体；欺诈发行股票、债券罪的主体是有权发行股票、债券的自然人、公司或者企业单位。

（四）情节与量刑

依照《刑法》第 179 条规定，犯擅自发行股票、公司、企业债券罪的，处 5 年以下有期徒刑或者拘役，并处或者单处非法募集资金金额 1%以上 5%以下罚金。单位犯本罪的，对单位判处罚金，并对其直接负责的主管人员和其他直接责任人员，处 5 年以下有期徒刑或者拘役。

（五）法律链接

最高人民法院关于审理非法集资刑事案件具体应用法律若干问题的解释（法释〔2010〕18 号　自 2011 年 1 月 4 日起施行）（节录）

第六条　未经国家有关主管部门批准，向社会不特定对象发行、以转让股权等方式变相发行股票或者公司、企业债券，或者向特定对象发行、变相发行股票或者公司、企业债券累计超过 200 人的，应当认定为刑法第一百七十九条规定的“擅自发行股票、公司、企业债券”。构成犯罪的，以擅自发行股票、公司、企业债券罪定罪处罚。

十七、内幕交易、泄露内幕信息罪

（一）法律规定

第一百八十条[①]第一款　证券、期货交易内幕信息的知情人员或者非法获取证券、期货交易内幕信息的人员，在涉及证券的发行，证券、期货交易或者其他对证券、期货交易价格有重大影响的信息尚未公开前，买入或者卖出该证券，或者从事与该内幕信息有关的期货交易，或者泄露该信息，或者明示、暗示他人从事上述交易活动，情节严重的，处五年以下有期徒刑或者拘役，并处或者单处违法所得一倍以上五倍以下罚金；情节特别严重的，处五年以上十年以下有期徒刑，并处违法所得一倍以上五倍以下罚金。

第二款　单位犯前款罪的，对单位判处罚金，并对其直接负责的主管人员和其他直接责任人员，处五年以下有期徒刑或者拘役。

第三款　内幕信息、知情人员的范围，依照法律、行政法规的规定确定。

（二）罪名详解

内幕交易、泄露内幕信息罪，是指证券、期货交易内幕信息的知情人员或者非法获取证券、期货交易内幕信息的人员，在涉及证券的发行，证券、期货交易或者其他对证券、期货交易价格有重大影响的信息尚未公开前，买入或者卖出该证券，或者从事与该内幕信息有关的期货交易，或者泄露该信

---

① 本条经1999年12月25日公布的《刑法修正案》第4条、2009年2月28日公布的《刑法修正案（七）》第2条修改。1997年《刑法》第180条规定："证券交易内幕信息的知情人员或者非法获取证券交易内幕信息的人员，在涉及证券的发行、交易或者其他对证券的价格有重大影响的信息尚未公开前，买入或者卖出该证券，或者泄露该信息，情节严重的，处五年以下有期徒刑或者拘役，并处或者单处违法所得一倍以上五倍以下罚金；情节特别严重的，处五年以上十年以下有期徒刑，并处违法所得一倍以上五倍以下罚金。

"单位犯前款罪的，对单位判处罚金，并对其直接负责的主管人员和其他直接责任人员，处五年以下有期徒刑或者拘役。

"内幕信息的范围，依照法律、行政法规的规定确定。知情人员的范围，依照法律、行政法规的规定确定。"

息，或者明示、暗示他人从事上述交易活动，情节严重的行为。

本罪是1997年刑法增设的罪名，1979年刑法和单行刑法均没有规定此罪名。1999年《刑法修正案》第4条修改了本条的罪状，增加了有关期货犯罪的规定。2009年《刑法修正案（七）》第2条再次对本罪罪状作出修改，增加了“明示、暗示他人从事上述交易活动”的罪状描述。

内幕交易、泄露内幕信息罪的构成要件是：

1. 主体要件

犯罪主体为特殊主体，即只能由证券、期货交易内幕信息的知情人员或者非法获取证券、期货交易内幕信息的人构成。这里的知情人员或者非法获取证券、期货交易内幕信息的人可以是自然人，也可以是单位。由于本罪主体是特殊主体，所以必须明确“内幕信息”“知情人员”“非法获取证券、期货交易内幕信息的人员”三个概念。

所谓“内幕信息”，是指为内幕人员所知悉的、尚未公开的并对证券的发行，证券、期货交易或者价格有重大影响的信息，其具体范围，由法律、行政法规的规定确定。《证券法》第75条的规定，内幕信息是指证券交易活动中，涉及公司的经营、财务或者对该公司证券的市场价格有重大影响的尚未公开的信息。《期货交易管理条例》第15条对内幕信息的概念作了相类似的规定。根据上述规定，内幕信息具体包括：（1）《证券法》第67条第2款所列重大事件；（2）公司分配股利或者增资的计划；（3）公司股权结构的重大变化；（4）公司债务担保的重大变更；（5）公司营业用主要资产的抵押、出售或者报废一次超过该资产的30%；（6）公司的董事、监事、高级管理人员的行为可能依法承担重大损害赔偿责任；（7）上市公司收购的有关方案；（8）国务院期货监督管理机构以及其他相关部门制定的对期货交易价格可能发生重大影响的政策；（9）期货交易所作出的可能对期货交易价格发生重大影响的决定；（10）期货交易所会员、客户的资金和交易动向；（11）国务院证券、期货监督管理机构认定的对证券、期货交易价格有显著影响的其他重要信息。

所谓“知情人员”，是指由于持有发行人的证券，或者在相关公司中担任董事、监事、高级管理人员，或者由于其会员地位、管理地位、监管地位，或者作为雇员、专业顾问履行职务，能够接触或者获得内幕信息的人员。《最高人民法院、最高人民检察院关于办理内幕交易、泄露内幕信息刑事案件具体应用法律若干问题的解释》（以下简称《内幕交易、泄露内幕信息解释》）

第 1 条对“知情人员”作出了明确规定。

所谓“非法获取证券、期货交易内幕信息的人员”，是指内幕信息知情人员以外的，不是基于职务或者业务，而是通过偷听、监听、私下交易等非法手段获取证券、期货交易内幕信息的人员。《内幕交易、泄露内幕信息解释》第 2 条对“非法获取证券、期货交易内幕信息的人员”作出了明确规定。

2. 客体要件

本罪侵犯的客体是国家对证券、期货交易的管理制度和投资者的合法权益。

3. 主观要件

主观方面由故意构成。泄露内幕信息行为也只能是故意泄露的情形才构成本罪。

4. 客观要件

利用内幕信息，从事与该内幕信息有关的证券、期货交易，是本罪行为的本质特征。客观行为分为三种类型：一是在涉及证券的发行，证券、期货交易或者其他对证券、期货交易价格有重大影响的信息尚未公开前，买入或卖出该证券，或者从事与该内幕信息有关的期货交易；二是泄露该内幕信息，使内幕信息处于使不应知悉该信息的人知悉或者可能知悉的状态；三是明示、暗示他人从事上述交易活动。

（三）实务疑难问题

1. 罪与非罪的认定

利用内幕交易、泄露内幕信息行为，必须达到“情节严重”的程度，才构成犯罪。达不到“情节严重”的程度，属于违法行为，由监管部门给予相应的行政处罚。根据《内幕交易、泄露内幕信息解释》第 6 条的规定，在内幕信息敏感期内从事或者明示、暗示他人从事或者泄露内幕信息导致他人从事与该内幕信息有关的证券、期货交易，具有下列情形之一的，应当认定为《刑法》第 180 条第 1 款规定的“情节严重”：（1）证券交易成交额在 50 万元以上的；（2）期货交易占用保证金数额在 30 万元以上的；（3）获得或者避免损失数额在 15 万元以上的；（4）3 次以上的；（5）具有其他严重情节的。

2. 此罪与彼罪的界限

本罪是选择性罪名。行为人如果同时具有内幕交易和泄露内幕信息且情节严重的行为，只能以内幕交易、泄露内幕信息罪一罪处罚，不实行数罪并罚。行为人如果过失泄露内幕信息，不构成犯罪。但所涉内幕信息如果涉及国家秘密，且情节严重的，则应当以《刑法》第398条规定的过失泄露国家秘密罪定罪处罚。

（四）情节与量刑

依照《刑法》第180条规定，犯内幕交易、泄露内幕信息罪的，处5年以下有期徒刑或者拘役，并处或者单处违法所得1倍以上5倍以下罚金；情节特别严重的，处5年以上10年以下有期徒刑，并处违法所得1倍以上5倍以下罚金。单位犯本罪的，对单位判处罚金，并对其直接负责的主管人员和其他直接责任人员，处5年以下有期徒刑或者拘役。

司法机关在适用上述规定处罚时，应当注意以下问题：

1. “违法所得”的理解

“违法所得”数额通常被理解为非法获利数额。然而，证券、期货交易是一种高风险的投资行业，获取内幕信息后，买入行为可能获取暴利，卖出行为可能避免损失，这样，行为人在内幕信息敏感期内卖出证券、期货所避免的损失也应当认定为“违法所得”。因此，《内幕交易、泄露内幕信息解释》第10条第1款规定：“刑法第一百八十条第一款规定的‘违法所得’，是指通过内幕交易行为所获利益或者避免的损失。”第2款规定“内幕信息的泄露人员或者内幕交易的明示、暗示人员未实际从事内幕交易的，其罚金数额按照因泄露而获悉内幕信息人员或者被明示、暗示人员从事内幕交易的违法所得计算。”还需要指出的是，行为人泄露内幕信息，对方给予的贿金或者其他好处，如果没有单独定罪，应当认定为依本罪规定判处罚金的“违法所得”数额。

2. “情节特别严重”的认定

“情节特别严重”是本罪的加重处罚情节，依照《内幕交易、泄露内幕信息解释》第7条的规定，“情节特别严重”包括：（1）证券交易成交额在250万元以上的；（2）期货交易占用保证金数额在150万元以上的；（3）获利或者避免损失数额在75万元以上的；（4）具有其他特别严重情节的。

3. 相关交易数额的认定问题

根据《内幕交易、泄露内幕信息解释》第8条、第9条规定：（1）二次以上实施内幕交易或者泄露内幕信息行为，未经行政处理或者刑事处理的，应当对相关交易数额依法累计计算。（2）同一案件中，成交额、占用保证金额、获利或者避免损失额分别构成情节严重、情节特别严重的，按照处罚较重的数额定罪处罚。构成共同犯罪的，按照共同犯罪行为人的成交总额、占用保险金总额、获利或者避免损失总额定罪处罚，但判处各被告人罚金的总额，应掌握在获利或者避免损失总额的1倍以上5倍以下。

（五）法律链接

最高人民法院、最高人民检察院关于办理内幕交易、泄露内幕信息刑事案件具体应用法律若干问题的解释（法释〔2012〕6号　自2012年6月1日起施行）

为维护证券、期货市场管理秩序，依法惩治证券、期货犯罪，根据刑法有关规定，现就办理内幕交易、泄露内幕信息刑事案件具体应用法律的若干问题解释如下：

第一条　下列人员应当认定为刑法第一百八十条第一款规定的“证券、期货交易内幕信息的知情人员”：

（一）证券法第七十四条规定的人员；

（二）期货交易管理条例第八十五条第十二项规定的人员。

第二条　具有下列行为的人员应当认定为刑法第一百八十条第一款规定的“非法获取证券、期货交易内幕信息的人员”：

（一）利用窃取、骗取、套取、窃听、利诱、刺探或者私下交易等手段获取内幕信息的；

（二）内幕信息知情人员的近亲属或者其他与内幕信息知情人员关系密切的人员，在内幕信息敏感期内，从事或者明示、暗示他人从事，或者泄露内幕信息导致他人从事与该内幕信息有关的证券、期货交易，相关交易行为明显异常，且无正当理由或者正当信息来源的；

（三）在内幕信息敏感期内，与内幕信息知情人员联络、接触，从事或者明示、暗示他人从事，或者泄露内幕信息导致他人从事与该内幕信息有关的证券、期货交易，相关交易行为明显异常，且无正当理由或者正当信息来源的。

第三条　本解释第二条第二项、第三项规定的“相关交易行为明显异常”，要综合以下情形，从时间吻合程度、交易背离程度和利益关联程度等方面予以认定：

（一）开户、销户、激活资金账户或者指定交易（托管）、撤销指定交易（转托管）的时间与该内幕信息形成、变化、公开时间基本一致的；

（二）资金变化与该内幕信息形成、变化、公开时间基本一致的；

（三）买入或者卖出与内幕信息有关的证券、期货合约时间与内幕信息的形成、变化和公开时间基本一致的；

（四）买入或者卖出与内幕信息有关的证券、期货合约时间与获悉内幕信息的时间基本一致的；

（五）买入或者卖出证券、期货合约行为明显与平时交易习惯不同的；

（六）买入或者卖出证券、期货合约行为，或者集中持有证券、期货合约行为与该证券、期货公开信息反映的基本面明显背离的；

（七）账户交易资金进出与该内幕信息知情人员或者非法获取人员有关联或者利害关系的；

（八）其他交易行为明显异常情形。

第四条　具有下列情形之一的，不属于刑法第一百八十条第一款规定的从事与内幕信息有关的证券、期货交易：

（一）持有或者通过协议、其他安排与他人共同持有上市公司百分之五以上股份的自然人、法人或者其他组织收购该上市公司股份的；

（二）按照事先订立的书面合同、指令、计划从事相关证券、期货交易的；

（三）依据已被他人披露的信息而交易的；

（四）交易具有其他正当理由或者正当信息来源的。

第五条　本解释所称“内幕信息敏感期”是指内幕信息自形成至公开的期间。

证券法第六十七条第二款所列“重大事件”的发生时间，第七十五条规定的“计划”、“方案”以及期货交易管理条例第八十五条第十一项规定的“政策”、“决定”等的形成时间，应当认定为内幕信息的形成之时。

影响内幕信息形成的动议、筹划、决策或者执行人员，其动议、筹划、决策或者执行初始时间，应当认定为内幕信息的形成之时。

内幕信息的公开，是指内幕信息在国务院证券、期货监督管理机构指定的报刊、网站等媒体披露。

第六条　在内幕信息敏感期内从事或者明示、暗示他人从事或者泄露内幕信息导致他人从事与该内幕信息有关的证券、期货交易，具有下列情形之一的，应当认定为刑法第一百八十条第一款规定的“情节严重”：

（一）证券交易成交额在五十万元以上的；

（二）期货交易占用保证金数额在三十万元以上的；

（三）获利或者避免损失数额在十五万元以上的；

（四）三次以上的；

（五）具有其他严重情节的。

第七条　在内幕信息敏感期内从事或者明示、暗示他人从事或者泄露内幕信息导致他人从事与该内幕信息有关的证券、期货交易，具有下列情形之一的，应当认定为刑法第一百八十条第一款规定的“情节特别严重”：

（一）证券交易成交额在二百五十万元以上的；

（二）期货交易占用保证金数额在一百五十万元以上的；

（三）获利或者避免损失数额在七十五万元以上的；

（四）具有其他特别严重情节的。

第八条　二次以上实施内幕交易或者泄露内幕信息行为，未经行政处理或者刑事处理的，应当对相关交易数额依法累计计算。

第九条　同一案件中，成交额、占用保证金额、获利或者避免损失额分别构成情节严重、情节特别严重的，按照处罚较重的数额定罪处罚。

构成共同犯罪的，按照共同犯罪行为人的成交总额、占用保证金总额、获利或者避免损失总额定罪处罚，但判处各被告人罚金的总额应掌握在获利或者避免损失总额的一倍以上五倍以下。

第十条　刑法第一百八十条第一款规定的“违法所得”，是指通过内幕交易行为所获利益或者避免的损失。

内幕信息的泄露人员或者内幕交易的明示、暗示人员未实际从事内幕交易的，其罚金数额按照因泄露而获悉内幕信息人员或者被明示、暗示人员从事内幕交易的违法所得计算。

第十一条　单位实施刑法第一百八十条第一款规定的行为，具有本解释第六条规定情形之一的，按照刑法第一百八十条第二款的规定定罪处罚。

十八、利用未公开信息交易罪

（一）法律规定

第一百八十条第四款[①] **证券交易所、期货交易所、证券公司、期货经纪公司、基金管理公司、商业银行、保险公司等金融机构的从业人员以及有关监管部门或者行业协会的工作人员，利用因职务便利获取的内幕信息以外的其他未公开的信息，违反规定，从事与该信息相关的证券、期货交易活动，或者明示、暗示他人从事相关交易活动，情节严重的，依照第一款的规定处罚。**

（二）罪名详解

利用未公开信息交易罪，是指证券交易所、期货交易所、证券公司、期货经纪公司、基金管理公司、商业银行、保险公司等金融机构的从业人员以及有关监管部门或者行业协会的工作人员，利用因职务便利获取的内幕信息以外的其他未公开的信息，违反规定，从事与该信息相关的证券、期货交易活动，或者明示、暗示他人从事相关交易活动，情节严重的行为。

本罪是《刑法修正案（七）》第 2 条第 2 款增设的罪名。

1. 主体要件

犯罪主体为特殊主体，即证券交易所、期货交易所、证券公司、期货经纪公司、基金管理公司、商业银行、保险公司等金融机构的从业人员以及有关监管部门或者行业协会的工作人员才能构成。单位不能构成本罪的犯罪主体。

2. 客体要件

本罪侵犯的客体是国家对证券交易的管理制度和投资者的合法权益。在关于内幕交易罪的论述中我们知道，相关法律、法规对内幕信息作了详细、明确的规定。但是，近年来随着我国证券交易市场的快速发展，一些证券投资基金管理公司、证券公司等金融机构的从业人员以及有关监管部门或者行

① 本款由 2009 年 2 月 28 日公布的《刑法修正案（七）》第 2 条第 2 款增加。

业协会的工作人员，利用其因职务便利知悉的法定内幕信息以外的其他未公开的经营信息，如本单位受托管理资金的交易信息、金融政策的变化等，违反规定从事相关交易活动，牟取非法利益，或者转嫁风险。这种被称为“老鼠仓”的行为在股票市场的典型表现是，金融机构从业人员利用其因职务便利知悉未公开的经营信息，在使用金融机构所有的或者管理的资金拉升某只股票的价格之前，先用个人（包括其本人及其亲属、亲朋好友）资金在低位买入该股票进行建仓，待用金融机构所有的或者管理的资金将该股票价格拉升到高位后，将个人仓位的股票率先卖出进而获利。利用未公开信息交易的行为与内幕交易行为一样，严重背离了金融机构从业人员以及有关监管部门或者行业协会工作人员的诚实信用、忠实勤勉义务，严重破坏了证券、期货市场秩序，同时严重损害了投资者的合法利益，应当依法追究刑事责任。

3. 主观要件

主观方面由故意构成，并且以牟取非法利益为目的。

4. 客观要件

客观方面表现为利用因职务便利获取的内幕信息以外的其他未公开信息，违反规定，从事与该信息相关的证券、期货交易活动，或者明示、暗示他人从事相关交易活动，情节严重的行为。

所谓“内幕信息以外的其他未公开的信息”，是指在证券、期货交易活动中，法定内幕信息以外的其他对证券、期货的市场价格有重大影响的尚未公开的信息，如本机构受托管理资金的交易信息、某机构或个人大户下单方向或下单量信息、利率或相关税率变化信息、金融政策调整信息，等等。所谓“违反规定，从事与该信息相关的证券、期货交易活动”，不仅包括证券投资基金法等法律、行政法规所规定的禁止基金等资产管理机构的从业人员从事损害客户利益的交易等行为，也包括证监会发布的禁止资产管理机构从业人员从事违背受托义务的交易活动等行为。

所谓“明示、暗示他人从事相关交易活动”，是间接从事交易行为的表现，明示、暗示的对象一般是与行为人有密切利益关系的人，如亲属、朋友等。

（三）实务疑难问题

1. 罪与非罪的认定

利用未公开信息交易行为，需达到“情节严重”的程度才能构成犯罪：

（1）证券交易成交额累计在50万元以上的；（2）期货交易占用保证金数额累计在30万元以上的；（3）获利或者避免损失数额累计在15万元以上的；（4）多次利用内幕信息以外的其他未公开信息进行交易活动的；（5）其他情节严重的情形。

2. 本罪不以实际营利或避免损失为成立条件

利用未公开信息进行交易往往能为行为人带来巨额利润或避免重大损失，但是，有必要明确的是，本罪的构成并不以行为人实际营利或避免损失为要件。影响证券、期货市场价格的因素极为复杂，除了自身的原因外，还受大盘、政策、市场资金充裕程度等因素的影响。只要行为人利用未公开信息交易行为完成，且达到了规定的追诉标准，就应以利用未公开信息交易罪追究其刑事责任，而不论其是否实际营利或避免损失。

（四）情节与量刑

依照《刑法》第180条第4款规定，犯利用未公开信息交易罪，依照第1款的规定处罚，即处5年以下有期徒刑或者拘役，并处或者单处违法所得1倍以上5倍以下罚金；情节特别严重的，处5年以上10年以下有期徒刑，并处违法所得1倍以上5倍以下罚金。

十九、编造并传播证券、期货交易虚假信息罪

（一）法律规定

第一百八十一条第一款[①]　编造并且传播影响证券、期货交易的虚假信息，扰乱证券、期货交易市场，造成严重后果的，处五年以下有期徒刑或者拘役，并处或者单处一万元以上十万元以下罚金。

---

① 本条经1999年12月25日公布的《刑法修正案》第5条修正。

1997年《刑法》第181条第1款、第3款规定：“编造并且传播影响证券交易的虚假信息，扰乱证券交易市场，造成严重后果的，处五年以下有期徒刑或者拘役，并处或者单处一万元以上十万元以下罚金。

单位犯前两款罪的，对单位判处罚金，并对其直接负责的主管人员和其他直接责任人员，处五年以下有期徒刑或者拘役。”

第三款　单位犯前两款罪的，对单位判处罚金，并对其直接负责的主管人员和其他直接责任人员，处五年以下有期徒刑或者拘役。

（二）罪名详解

编造并传播证券、期货交易虚假信息罪，是指行为人故意编造并且传播并不存在或者没有发生的，影响证券、期货交易的虚假信息，扰乱证券、期货交易市场正常秩序，造成严重后果的行为。

本罪是1997年刑法增设的罪名，1979年刑法和单行刑法均没有规定此罪名。1999年《刑法修正案》第5条第1款对《刑法》第181条的罪状作了补充，增加了有关编造并传播期货交易虚假信息的内容，本罪的罪名也由原“编造并传播证券交易虚假信息罪”，增加了一项选择性罪名“编造并传播证券、期货交易虚假信息罪”。

1. 主体要件

本罪的主体为一般主体，自然人和单位均可构成。

2. 客体要件

本罪侵犯的客体是国家对证券、期货交易的管理制度和投资者的合法权益。证券、期货交易市场上证券、期货价格的波动，主要受供求关系的影响。供求关系的变化，则受政治、经济、社会、国际商情、国际政治等诸多因素的影响。这些因素的变化，首先通过信息反映到证券、期货交易市场，立即影响到证券、期货交易价格的变化。司法实践中，一些不法公司、企业或者个人，利用影响证券、期货交易信息的这种特殊作用，精心策划、蓄意编造并散布虚假信息，引起股票、期货市场行情不正常波动，严重破坏了国家管理的证券、期货市场秩序，损害了众多投资人的利益。对这类行为，造成严重后果的，应当依法追究刑事责任。

3. 主观要件

主观方面由故意构成。行为人实施编造并传播影响证券、期货交易虚假信息的目的，一般是为了牟取非法利益，转嫁风险或者损失。但是，行为人实施本行为后是否已从中牟取到非法利益或者牟利数额的大小，不影响本罪的成立。

4. 客观要件

客观方面表现为编造并传播影响证券、期货交易的虚假信息，扰乱证券、期货交易市场，造成严重后果的行为。行为人编造的虚假信息，既可以是国内、国际的重大事件，影响不特定证券、期货的交易价格，扰乱证券、期货交易市场的正常秩序，也可以只是针对特定的公司、企业编造的虚假信息，影响某一特定证券、期货的交易价格，如涉及某公司分配股利或者增资的计划；某公司债务担保的重大变更；某公司发生重大亏损或者遭受重大损失；公司减资、合并、分立、解散的虚假信息；供应某特定期货的国家发生动乱、自然灾害；国际石油价格将发生波动的虚假信息，等等。行为人必须既有编造上述虚假信息的行为，同时又实施了散布自己编造的虚假信息的行为。至于数人的共同行为，有人负责编造虚假信息，有人分工组织向外散布、传播，虽然不是同一人同时实施编造并传播影响证券、期货交易虚假信息的行为，但作为数人或者一个单位中不同人员的分工，仍属同时实施了编造并传播影响证券、期货交易虚假信息的行为。

（三）实务疑难问题

编造并传播证券、期货交易虚假信息，只有造成严重后果的才构成犯罪。依照法律规定，编造并传播影响证券、期货交易的虚假信息的行为，必须是“扰乱证券、期货交易市场，造成严重后果的”，才构成犯罪。主要指行为人编造并传播的虚假信息导致股票、期货市场价格大幅波动，或者引起投资者心理恐慌，大量抛售股票、期货合约，引起股票、期货市场动荡，或者诱使股民、商家大量购入或者抛出某一只股票、期货合约，致使投资者利益遭受重大损失的情况，等等。

（四）情节与量刑

依照《刑法》第 181 条第 1 款、第 3 款的规定，犯编造并传播证券、期货交易虚假信息罪的，处 5 年以下有期徒刑或者拘役，并处或者单处 1 万元以上 10 万元以下罚金。单位犯本罪的，对单位判处罚金，并对其直接负责的主管人员和其他直接责任人员，处 5 年以下有期徒刑或者拘役。

二十、诱骗投资者买卖证券、期货合约罪

（一）法律规定

第一百八十一条第二款[①]　**证券交易所、期货交易所、证券公司、期货经纪公司的从业人员，证券业协会、期货业协会或者证券期货监督管理部门的工作人员，故意提供虚假信息或者伪造、变造、销毁交易记录，诱骗投资者买卖证券、期货合约，造成严重后果的，处五年以下有期徒刑或者拘役，并处或者单处一万元以上十万元以下罚金；情节特别恶劣的，处五年以上十年以下有期徒刑，并处二万元以上二十万元以下罚金。**

第三款　单位犯前两款罪的，对单位判处罚金，并对其直接负责的主管人员和其他直接责任人员，处五年以下有期徒刑或者拘役。

（二）罪名详解

诱骗投资者买卖证券、期货合约罪，是指证券交易所、期货交易所、证券公司、期货经纪公司的从业人员，证券业协会、期货业协会或者证券期货监督管理部门的工作人员，故意提供虚假信息或者伪造、变造、销毁交易记录，诱骗投资者买卖证券、期货合约，造成严重后果的行为。

本罪是1997年刑法增设的罪名，1979年刑法和单行刑法均没有规定此罪名。1999年《刑法修正案》第5条第2款、第3款又对本罪的罪状作了补充，增加了有关期货犯罪的内容，因而罪名也相应作了修改。

1. 主体要件

本罪为特殊主体，只能由证券交易所、证券公司及期货交易所、期货经纪公司的从业人员，证券业协会、期货业协会或者证券期货监督管理部门的

---

① 本条经1999年12月25日公布的《刑法修正案》第5条修改。1997年《刑法》第181条第2款规定：“证券交易所、证券公司的从业人员，证券业协会或者证券管理部门的工作人员，故意提供虚假信息或者伪造、变造、销毁交易记录，诱骗投资者买卖证券，造成严重后果的，处五年以下有期徒刑或者拘役，并处或者单处一万元以上十万元以下罚金；情节特别恶劣的，处五年以上十年以下有期徒刑，并处二万元以上二十万元以下罚金。”

工作人员及其所在单位构成。

2. 客体要件

本罪侵犯的客体是国家对证券、期货交易的管理制度和投资者的合法权益。

3. 主观要件

主观方面是出于故意。行为人诱骗投资者买卖证券、期货合约的目的，是为了从中牟取非法利益，如通过增加股票、期货合约交易数额，可以收取更多的交易手续费等；通过诱骗投资者大量买入或者卖出某一支证券、期货合约，行为人趁机高价抛出或者低价买入该证券、期货合约，从中牟利。当然，行为人是否已获利或者获利数额大小，不影响本罪的成立。

4. 客观要件

客观方面表现为故意提供虚假信息，包括行为人自己编造或者道听途说来的虚假信息，或者伪造、变造、销毁交易记录，以证明某只股票、期货是否热销，价格不断上涨或者下落，以诱骗不明真相的投资者买卖证券或者期货合约，造成严重后果的行为。

（三）实务疑难问题

1. 罪与非罪的认定

本罪要求“造成严重后果”。如果本罪主体实施了以虚假信息诱骗投资者买卖证券、期货合约的行为，但由于种种原因，并未导致投资者合法权益受重大损失的结果，就不构成犯罪。

2. 本罪与编造并传播证券、期货交易虚假信息罪的界限

两罪的主要区别在于犯罪主体不同。本罪是特殊主体，只有证券交易所、证券公司及期货交易所、期货经纪公司的从业人员，证券业协会、期货业协会或者证券、期货监督管理部门的工作人员才能构成；而编造并传播证券、期货交易虚假信息罪的主体是一般主体，可以由具有责任能力的任何自然人或单位构成。另外，两罪行为方式也有所区别。两罪虽然都可以通过提供虚假信息来实施，但本罪还可能以伪造、变造、销毁交易记录的方式进行。

（四）情节与量刑

依照《刑法》第181条第2款规定，犯诱骗投资者买卖证券、期货合约

罪的，处5年以下有期徒刑或者拘役，并处或者单处1万元以上10万元以下罚金；情节特别恶劣的，处5年以上10年以下有期徒刑，并处2万元以上20万元以下罚金。依照本条第3款规定，单位犯本罪的，对单位判处罚金，并对其直接负责的主管人员和其他直接责任人员，处5年以下有期徒刑或者拘役。

司法机关在适用本条规定处罚时，应当注意“情节特别恶劣”的把握。“情节特别恶劣”主要是指曾因诱骗投资者买卖证券、期货合约受过行政处罚，再犯本罪的；或者伪造工作记录，逃避审查，影响极坏的；多次犯罪，造成特别严重后果的等情形。

二十一、操纵证券、期货市场罪

（一）法律规定

第一百八十二条[①]　有下列情形之一，操纵证券、期货市场，情节严重的，处五年以下有期徒刑或者拘役，并处或者单处罚金；情节特别严重的，处五年以上十年以下有期徒刑，并处罚金：

（一）单独或者合谋，集中资金优势、持股或者持仓优势或者利用信息优势联合或者连续买卖，操纵证券、期货交易价格或者证券、期货交易量的；

（二）与他人串通，以事先约定的时间、价格和方式相互进行证

① 本条先后经1999年12月25日公布的《刑法修正案》第6条、2006年6月29日公布的《刑法修正案（六）》第11条修正。

1997年《刑法》第182条为：“有下列情形之一，操纵证券交易价格，获取不正当利益或者转嫁风险，情节严重的，处五年以下有期徒刑或者拘役，并处或者单处违法所得一倍以上五倍以下罚金：

“（一）单独或者合谋，集中资金优势、持股优势或者利用信息优势联合或者连续买卖，操纵证券交易价格的；

“（二）与他人串通，以事先约定的时间、价格和方式相互进行证券交易或者相互买卖并不持有的证券，影响证券交易价格或者证券交易量的；

“（三）以自己为交易对象，进行不转移证券所有权的自买自卖，影响证券交易价格或者证券交易量的；

“（四）以其他方法操纵证券交易价格的。

“单位犯前款罪的，对单位判处罚金，并对其直接负责的主管人员和其他直接责任人员，处五年以下有期徒刑或者拘役。”

券、期货交易，影响证券、期货交易价格或者证券、期货交易量的；

（三）在自己实际控制的账户之间进行证券交易，或者以自己为交易对象，自买自卖期货合约，影响证券、期货交易价格或者证券、期货交易量的；

（四）以其他方法操纵证券、期货市场的。

单位犯前款罪的，对单位判处罚金，并对其直接负责的主管人员和其他直接责任人员，依照前款的规定处罚。

（二）罪名详解

操纵证券、期货市场罪，是指以法律明令禁止的各种方法，操纵证券、期货市场，情节严重的行为。

本罪是1997年刑法增设的罪名，当时的罪状规定“操纵证券交易价格”和“获取不正当利益或者转嫁风险”，罪名是“操纵证券交易价格罪”。1999年《刑法修正案》第6条对本罪的罪状作了补充，增加了有关期货犯罪的内容，因而罪名修改为“操纵证券、期货交易价格罪”。2006年《刑法修正案（六）》第11条再次对本罪的罪状作出修正，罪名也相应修改为“操纵证券、期货市场罪”。

操纵证券、期货市场罪的构成要件是：

1. 主体要件

犯罪主体为一般主体，自然人和单位均可构成本罪的主体。司法实践中，犯本罪的大多是证券、期货投资者，而且一般来说，只有那些拥有资金、证券或期货合约数额较大的人或者单位，有内幕信息来源的人或者单位，才有“能力”犯本罪。同时也不排除虽没有资本但了解证券、期货操作的人纠集其他投资者，共同进行操纵证券、期货市场的犯罪行为。

2. 客体要件

本罪侵犯的客体是国家对证券、期货交易的管理制度和投资者的合法权益。证券和期货交易市场是金融市场的重要组成部分，证券、期货交易是一种市场交易行为。因此，证券、期货买卖行为必须遵守公平、信用的原则，遵循供求关系和市场规律。如果人为地不正当地破坏交易量的客观规律，操纵证券、期货交易市场，左右证券、期货价格，那么必然会严重侵犯广大投资者的利益，也必然会严重破坏证券、期货交易市场的秩序，最终将影响经济的稳定和发展，因此对操纵证券、期货市场的行为，应依法定罪处罚。

3. 主观要件

主观方面由故意构成。行为人的犯罪目的，一般是为获取不正当利益或者转嫁风险，但该目的不是本罪必备的构成要件。至于行为人客观上是否实现上述目的，更不影响本罪的成立。

4. 客观要件

客观方面表现为操纵证券、期货市场的行为。《刑法修正案（六）》之所以将本罪的罪状由原来的“操纵证券、期货交易价格，获取不正当利益或者转嫁风险，情节严重”修改为“操纵证券、期货市场，情节严重”，主要是考虑：（1）影响证券、期货市场波动的因素非常复杂，本罪的行为不应只限于操纵价格，还有如操纵证券、期货交易量等其他行为，也会严重扰乱证券、期货市场秩序，应当纳入打击的范围。（2）行为人操纵证券、期货市场，通常是为了获取不正当利益或者转嫁风险，但客观上其目的不一定能得逞；即使上述目的没能得逞，其行为本身可能已经对市场秩序造成了严重侵害。而且行为人的获利多少、转嫁风险情况往往很难准确认定，将本罪限制在“获取不正当利益或者转嫁风险”，导致实践中难以准确打击此类犯罪。

《刑法》第 182 条第 1 款明确列举了操纵证券、期货市场的四种行为方式：

（1）单独或者合谋，集中资金优势、持股或者持仓优势或者利用信息优势联合或者连续买卖，操纵证券、期货合约价格或者证券、期货交易量的行为。如证券、期货合约炒作中的资金大户、持股或者持仓大户利用其拥有大量资金或者大量持有某一只股票、某一份期货合约，或者利用了解某种内幕信息等优势，进行单独或者同谋联合买卖交易，对某一只股票、某一份期货合约连续以高价买进或者以低价卖出，这样连续买进、卖出导致股票价格、期货合约价格进一步提高或者降低后，再在更高价位上卖出或更低价位上买进，进行非法投机交易。

（2）与他人串通，以事先约定的时间、价格和方式相互进行证券、期货交易，影响证券、期货合约价格或者证券、期货交易量的行为。此种行为属于虚假造市，使其他投资者产生误解，以为某只证券、期货合约确实交易活跃、价格走高或走低，错误地作出抛售或者买入证券、期货合约的决断，遭受损失，此种行为也对证券、期货市场造成大的破坏。

（3）在自己实际控制的账户之间进行证券交易，或者以自己为交易对象，自买自卖期货合约，影响证券、期货合约价格或者证券、期货合约交易量的行为。主要指行为人一人或者一个单位，非法以自己或者他人的名义开立多个用于炒股、炒作期货的户头，用一个户头卖出证券、期货，同时再用另一个户头买入该笔证券或者期货合约，使其他投资者误以为该证券或者期货合约交易活跃，跟风参与交易，行为人则从中非法获利。

（4）以其他方法操纵证券、期货市场的行为。操纵证券、期货市场的行为主要是前述三种，但实践中绝不止于这三种。所以刑法以此项规定概括可能发生的任何非法操纵证券、期货市场的行为，以不使犯罪分子有任何空子可钻，以切实规范证券、期货交易市场秩序。

操纵证券、期货市场的行为，须达到“情节严重”的程度才能构成犯罪。如果违规操纵证券、期货市场的行为，尚不属情节严重的，则属于一般违法行为，可由证券、期货监督管理部门依法予以行政处罚。所谓“情节严重”，一般是指非法获取不正当利益数额大；转嫁投资风险行为给其他投资者造成损失数额巨大；导致证券市场动荡，影响了当地社会稳定；使证券交易市场秩序受到严重破坏，严重影响了投资者信心或者损害了政府信誉；之前已有多次违规操纵证券交易价格行为，受到过行政处罚再犯的；等等。具体可参照《立案追诉标准（二）》第39条的规定。

（三）实务疑难问题

1. 罪与非罪的认定

认定本罪需区分操纵证券、期货行为与正常的投资行为。证券、期货投资者无不希望证券、期货交易价格朝自己期望的方向变化。投资大户、专业投资者要投入大量的精力研究、预测证券、期货市场价格走向，然后投入巨资买入其认为价格将走高的证券或期货合约，或者大量抛出价格将走低的证券、期货合约，过一段时间后，当该证券、期货合约价格确如预测的发生了变化后，再抛出或者买入该证券、期货合约，从中获利或者避免损失。这是完全正常、合法的投资行为，正是投资者的精明之处。尽管其行为客观上可能引起该证券、期货合约价格的变化，但其目的不是以此行为导致证券、期货价格、交易量变化后立即或者同时进行反方向操作，从中非法获利或者转嫁风险，因此，不属于操纵证券、期货市场的行为。实践中，一般只要不是单独或者联合同时进行反方向买入、卖出某支或者几支证券或者期货合约，就难以认定构成本罪。所谓同时，可以是同一日、同几日或者同几周时间内，具体应结合案件情况加以认定。

2. 本罪与内幕交易罪的界限

本罪客观方面列举的四种行为中包含“利用信息优势联合或者连续买卖，操纵证券、期货交易价格或者证券、期货交易量的”行为。这里的“信息”，应当是指影响证券、期货交易价格的内幕信息，若非内幕信息就无法被用来进行操纵证券、期货交易的价格，因此，本罪与内幕交易罪之间可能会发生交叉。本罪与内幕交易罪的区别主要在于：第一，犯本罪所利用的信息，是指已经公开，但在公开前行为人已经掌握或者了解，已预先作了准备的信息。因此，行为人能在该信息公开后的一日甚至几小时内即进行大量的证券、期货合约买入或者卖出行为，达到操纵证券、期货市场的目的；而内幕交易罪所利用的内幕信息，只能是在尚未公开前，行为人即利用来进行证券、期货合约交易，达到非法获利的目的。第二，犯本罪利用内幕信息的行为，是以此人为导致证券、期货价格变化，再从中非法获利或者转嫁风险；而内幕交易罪行为人利用内幕信息，是在该信息公开前，买进或者卖出某证券、期货合约即可获利，不必再进行反方向的操作。

（四）情节与量刑

依照《刑法》第 182 条第 1 款规定，犯操纵证券、期货市场罪的，处 5 年以下有期徒刑或者拘役，并处或者单处罚金；情节特别严重的，处 5 年以上 10 年以下有期徒刑，并处罚金。依照本条第 2 款规定，单位犯本罪的，对单位判处罚金，并对其直接负责的主管人员和其他直接责任人员，依照前款的规定处罚。

二十二、背信运用受托财产罪

（一）法律规定

第一百八十五条之一第一款[①] 商业银行、证券交易所、期货交易所、证券公司、期货经纪公司、保险公司或者其他金融机构，违背受托义务，擅自运用客户资金或者其他委托、信托的财产，情节严重的，对单位判处罚金，并对其直接负责的主管人员和其他直接责任人员，处三年以下有期徒刑或者拘役，并处三万元以上三十万元以下罚金；情节特别严重的，处三年以上十年以下有期徒刑，并处五万元以上五十万元以下罚金。

（二）罪名详解

背信运用受托财产罪，是指商业银行、证券交易所、期货交易所、证券公司、期货经纪公司、保险公司或者其他金融机构，违背受托义务，擅自运用客户资金或者其他委托、信托的财产，情节严重的行为。

本罪是《刑法修正案（六）》第 12 条第 1 款增设的罪名。

背信运用受托财产罪的构成要件是：

1. 主体要件

本罪的犯罪主体为特殊主体，仅限商业银行、证券交易所、期货交易所、证券公司、期货经纪公司、保险公司或者其他金融机构。“其他金融机构”，主要包括信托投资公司、投资咨询公司、投资管理公司等经国家有关主管部门批准的、有资格开展委托理财等特定业务的金融机构。个人不能成为本罪主体。

2. 客体要件

本罪侵犯的客体是金融管理秩序和客户的合法权益。根据我国《商业银行法》《证券法》《证券投资基金法》《期货交易管理暂行条例》《信托法》《保险法》等法律规定，商业银行、证券公司、期货经纪公司、保险公司或者其

① 本款系 2006 年 6 月 29 日公布的《刑法修正案（六）》第 12 条增加。

他金融机构，可以接受他人委托，从事相关业务活动。如商业银行的委托贷款业务、理财业务、基金托管业务，证券公司的证券买卖经纪业务，期货经纪公司的期货买卖经纪业务、信托投资公司的信托业务等。在这些受托业务活动中，商业银行、证券公司、期货经纪公司、保险公司或者其他金融机构，以其专业知识技能，为资产权益人的利益最大化，管理委托人授权管理的财产，从事各种投资活动，上述机构按照法律规定和约定获取佣金，投资风险由资产所有人承受。证券交易所、期货交易所根据法律规定，也要对这些资产行使一定的管理职能。为了确保投资人的权益得到保护，防止投资人的资产在法定风险以外受到损害，法律对上述机构规定了较为严格的管理规定，要求上述机构必须在法律法规的范围内，依照法定方式运用委托人的财产。金融机构擅自运用客户财产的行为，背离了受托义务，使客户财产陷入极大风险，动摇了社会公众的投资信念，对金融管理秩序以及金融市场的健康发展有严重危害，应予依法惩治。

3. 主观要件

主观方面出于故意，目的一般是获取非法利润。

4. 客观要件

客观方面表现为违背受托义务，擅自运用客户资金或者其他委托、信托的财产的行为。

“违背受托义务”，既包括违反有关委托合同所约定的、有关金融机构应当承担的义务，也包括违反有关法律、行政法规以及部门规章所规定的受托人应当承担的义务。

“擅自运用”，既包括有归还意图的非法使用，也应当包括根本不准备归还的非法占有。之所以这样理解是因为，一方面，从字义看，占为己有也属于“擅自运用”；另一方面，更重要的，非法将客户财产占为己有的危害性更甚于非法使用客户财产的行为，如果认为后者属于“擅自运用”而前者反不属于，势必违背“举轻以明重”的基本法理，违背罪刑相适应原则。

“客户资金或者其他委托、信托的财产”，主要是客户按约定存放在金融机构或者委托金融机构经管的存款，证券、期货交易资金，以及证券公司受托投资管理、基金管理公司委托资产管理、信托投资公司资金信托管理等委托理财业务中的资金、证券等财产。

本罪只能是单位犯罪，擅自运用客户资金或者其他委托、信托的财产的行为，必须是在单位决定下实施的，体现的是单位意志。这一特征在客观上要求，违背受托义务擅自运用客户资金的行为，必须是经过单位决策机构研究决定后实施的。对单位中的个人利用职务便利实施的擅自运用客户资金的行为，应当按照其他罪名处理。实践中有上下级关系的单位之间，上级单位强令下级单位违反受托义务，擅自运用客户资金的行为，即使下级单位没有经过集体研究，也视为单位行为。如果上级单位的个别领导指示下级单位违反受托义务擅自运用客户资金，并且下级单位对此经过了集体研究，也应当视为单位行为。

构成本罪，要求擅自运用客户财产的行为达到“情节严重”的程度，未达到情节严重的，不能追究其刑事责任，只能视情形由主管部门予以行政处罚。所谓情节严重，司法实践中，一般是指造成客户重大财产损失，造成金融秩序严重紊乱；多次擅自运用客户财产；曾受行政处罚又擅自运用客户财产的情形。按照《立案追诉标准（二）》第 40 条的规定，上述公司涉嫌下列情形之一的，应予立案追诉：（1）擅自运用客户资金或者其他委托、信托的财产数额在 30 万元以上的；（2）虽未达到上述数额标准，但多次擅自运用客户资金或者其他委托、信托的财产，或者擅自运用多个客户资金或者其他委托、信托的财产的；（3）其他情节严重的情形。

（三）实务疑难问题

1. 罪与非罪的认定

实践中要注意区别擅自运作与不当运用。两者最根本的区别在于是否违背受托义务，是否有客户的明确授权。至于什么行为需要客户授权以及如何判断客户授权的形式，则应按照法律法规的具体规定。如《证券法》规定，证券公司接受证券买卖的委托，应当根据委托书载明的证券名称、买卖数量、出价方式、价格幅度等，按照交易规则代理买卖证券。证券公司办理经纪业务，不得接受客户的全权委托而决定证券买卖、选择证券种类、决定买卖数量或者买卖价格。只要该具体投资行为经过了客户的明确授权，就不应作为本罪处理。特别是对于信托行为，由于一般授权较为概括，受托人的行为相对较为自由。只要不违反信托义务和目的，即使由于受托人过失导致信托财产重大受损，也不应按本罪处理。

2. 划清本罪与挪用资金罪、挪用公款罪的界限

除犯罪侵犯的客体、对象性质不同外，最根本的差别是主体不同。背信运用受托财产罪的主体只限于有关金融机构；挪用资金罪、挪用公款罪的主体则只限于自然人。如果挪用客户资金的行为是有关人员按领导指令，以单位名义、为单位利益实施的，则应视情形以背信运用受托财产罪论处；反之，如果该行为是金融机构中有关工作人员个人的行为，则应视情形以挪用资金罪或者挪用公款罪论处。

3. 划清本罪与非法吸收公众存款罪、非法经营罪的界限

背信运用受托财产罪的主体仅限于依法具有相关金融业务经营资质的金融机构。如果其他单位未经许可，非法开展证券、期货投资等委托理财等业务，并擅自运用客户财产的，应视情形以非法吸收公众存款罪、非法经营罪等罪论处。

（四）情节与量刑

依照《刑法》第185条之一第1款规定，犯背信运用受托财产罪的，对单位判处罚金，并对其直接负责的主管人员和其他直接责任人员，处3年以下有期徒刑或者拘役，并处3万元以上30万元以下罚金；情节特别严重的，处3年以上10年以下有期徒刑，并处5万元以上50万元以下罚金。

二十三、违法运用资金罪

（一）法律规定

第一百八十五条之一第二款[①]　**社会保障基金管理机构、住房公积金管理机构等公众资金管理机构，以及保险公司、保险资产管理公司、证券投资基金管理公司，违反国家规定运用资金的，对其直接负责的主管人员和其他直接责任人员，依照前款的规定处罚。**

---

① 本款系2006年6月29日公布的《刑法修正案（六）》第12条增加。

（二）罪名详解

违法运用资金罪，是指社会保障基金管理机构、住房公积金管理机构等公众资金管理机构，以及保险公司、保险资产管理公司、证券投资基金管理公司，违反国家规定运用资金的行为。

本罪是《刑法修正案（六）》第12条第2款增设的罪名。

1. 主体要件

犯罪主体为特殊主体，具体包括社会保障基金管理机构、住房公积金管理机构等公众资金管理机构，以及接受公众资金管理机构委托，对公众资金进行资产管理的保险公司、保险资产管理公司、证券投资基金管理公司。自然人不能构成本罪。

2. 客体要件

本罪侵犯的客体是公众资金的安全管理。犯罪对象是社会保障基金、住房公积金等公众资金。“社会保障基金”，是指在法律的强制规定下，通过向劳动者及其所在用人单位征缴社会保险费，或者由国家财政直接拨款而集中起来，用于社会保险、社会福利、社会救济和公费医疗事业等社会保障事业的一种专项基金，包括养老、失业、医疗、生育、工伤保险基金等。“住房公积金”，是指各种单位及其在职职工缴存的长期住房储金。对于有关公众资金管理机构中的工作人员违法运用资金的行为，可依照《刑法》第272条、第384条规定的挪用资金罪、挪用公款罪定罪处罚，但是，对于实践中并不鲜见的、同样具有严重社会危害性的有关公众资金管理机构自身违法运用资金的行为，之前并无刑罚予以规制。为解决这一问题，《刑法修正案（六）》增设了本罪。

3. 主观要件

主观方面出于故意。

4. 客观要件

客观方面表现为违反国家规定运用公众资金的行为。为了保障公众资金的安全，对公众资金的管理、利用，有关法律、行政法规作了严格、明确的规定。如国家严禁社会保障基金投资管理人从事下列活动：以他人的名义使用属于社会保障基金名下的资金从事投资活动，挪用社会保障基金的委托资产，从事可能使社会保障基金委托资产承担无限责任的投资，用社会保障基金委托资产从事信用交易等。

（三）实务疑难问题

1. 划清罪与非罪的界限

《刑法》第185条之一第2款虽未规定构成本罪须以特定后果或者情节为要件，但这并不意味着任何违法运用资金的行为都构成本罪，都要追究刑事责任。根据《刑法》第13条的规定，如果违规运用资金的行为情节显著轻微，如初次违法运用、数额不大且未造成严重后果的，应依法不认为是犯罪。按照《立案追诉标准（二）》第41条的规定，上述公司涉嫌下列情形之一的，应予立案追诉：（1）违反国家规定运用资金数额在30万元以上的；（2）虽未达到上述数额标准，但多次违反国家规定运用资金的；（3）其他情节严重的情形。

2. 划清本罪与挪用资金罪、挪用公款罪的界限

如果是有关公众资金管理机构或者受托管理公众资金的金融机构中的工作人员个人利用职务便利，挪用公众资金的，应当视情形以挪用资金罪、挪用公款罪论处。

（四）情节与量刑

依照《刑法》第185条之一第2款规定，犯违法运用资金罪的，对其直接负责的主管人员和其他直接责任人员，依照前款的规定处罚，即处3年以下有期徒刑或者拘役，并处3万元以上30万元以下罚金；情节特别严重的，处3年以上10年以下有期徒刑，并处5万元以上50万元以下罚金。

司法机关适用本条规定处罚时，应当注意本罪属于实行单罚制的单位犯罪。与背信运用受托财产罪实行的双罚制不同，刑法对本罪只处罚犯罪单位中直接负责的主管人员和其他直接责任人员，而不处罚单位。之所以这样规定，是因为如果同时判处单位罚金，势必会使公众资金受到进一步损害。

二十四、违法发放贷款罪

（一）法律规定

第一百八十六条[①] **银行或者其他金融机构的工作人员违反国家规定发放贷款，数额巨大或者造成重大损失的，处五年以下有期徒刑或者拘役，并处一万元以上十万元以下罚金；数额特别巨大或者造成特别重大损失的，处五年以上有期徒刑，并处二万元以上二十万元以下罚金。**

银行或者其他金融机构的工作人员违反国家规定，向关系人发放贷款的，依照前款的规定从重处罚。

单位犯前两款罪的，对单位判处罚金，并对其直接负责的主管人员和其他直接责任人员，依照前两款的规定处罚。

关系人的范围，依照《中华人民共和国商业银行法》和有关金融法规确定。

（二）罪名详解

违法发放贷款罪，是指银行等金融机构或其工作人员违反国家规定发放贷款，数额巨大或者造成重大损失的行为。

本罪最初是从《全国人民代表大会常务委员会关于惩治破坏金融秩序犯罪的决定》第 9 条的规定，吸收改为刑法的具体规定的，当时的罪名为“违法向关系人发放贷款罪”和“违法发放贷款罪”。《刑法修正案（六）》第 13 条对本罪的罪状作了修改，因而罪名也由原来的两个合并为一个。

违法发放贷款罪的构成要件是：

---

① 本条经 2006 年 6 月 29 日公布的《刑法修正案（六）》第 13 条修改。

1997 年《刑法》第 186 条第 1 款、第 2 款规定为：“银行或者其他金融机构的工作人员违反法律、行政法规规定，向关系人发放信用贷款或者发放担保贷款的条件优于其他借款人同类贷款的条件，造成较大损失的，处五年以下有期徒刑或者拘役，并处一万元以上十万元以下罚金；造成重大损失的，处五年以上有期徒刑，并处二万元以上二十万元以下罚金。

“银行或者其他金融机构的工作人员违反法律、行政法规规定，向关系人以外的其他人发放贷款，造成重大损失的，处五年以下有期徒刑或者拘役，并处一万元以上十万元以下罚金；造成特别重大损失的，处五年以上有期徒刑，并处二万元以上二十万元以下罚金。”

1. 主体要件

犯罪主体为特殊主体，单位也可构成本罪，但只限具有相关经营贷款业务资格的银行或者其他金融机构及其工作人员。

2. 客体要件

本罪侵犯的客体是国家对金融机构贷款活动的管理制度。1997 年修订刑法时，违法向关系人发放贷款与违法向关系人以外的其他人发放贷款的构成要件各不相同，前者以“造成较大损失”为要件，后者以“造成重大损失”为要件，并分别配置了相应的法定刑，罪名分别确定为“违法向关系人发放贷款罪”和“违法发放贷款罪”。由于在司法实践中对如何认定违法发放贷款所造成的损失较为困难，且这种行为只要涉及的资金数额巨大或者有其他严重情节，危害严重的，就应当追究刑事责任。立法机关总结了司法实践经验，《刑法修正案（六）》第 13 条对 1997 年《刑法》第 186 条第 1 款、第 2 款的规定作了修正：一是统一了违法向关系人发放贷款与违法向其他人发放贷款的定罪量刑标准；同时规定，对违法向关系人发放贷款的，从重处罚。这样，本罪的罪名也相应整合为“违法发放贷款罪”。二是将违法放贷的“数额”增设为本罪的定罪量刑标准之一，与造成“损失”标准并列，从而有利于惩治这类犯罪。

3. 主观要件

主观方面，从违法发放贷款且“数额巨大”来看，应当是出自故意；从刑法中关于罪过形态的规定来看，行为人对“造成重大损失”的心态，一般是出自过失。类似本罪，罪名相同，行为相同，犯罪结果不同，行为人主观方面可以有不同的情况，属于刑法中的新问题，还应随着立法对罪过形态规定的完善，实践经验的总结，逐步加以规范。

4. 客观要件

客观方面表现为违反国家规定发放贷款，数额巨大或者造成重大损失的行为。“违反国家规定发放贷款”，是指违反法律、行政法规有关贷款发放条件、程序、期限等的规定，向关系人或者关系人以外的其他人发放贷款。例如，向关系人发放信用贷款；明知申贷人不符合贷款条件，仍为其发放贷款；在签订贷款合同时，不对申贷人的经营状况和清偿能力进行调查，等等。有必要指出的是，“造成重大损失”，应当是指立案时造成没有归还或者没有全部归还的贷款数额巨大。案发后，司法机关依法将贷款追回，挽回了损失的，不能认为行为人违法发放贷款的行为没有造成损失。司法机关挽回犯罪行为造成损失的措施和实际结果，不影响对行为人的定罪。

（三）实务疑难问题

罪与非罪的认定

根据刑法规定，违法发放贷款，必须“数额巨大”或者“造成重大损失”才构成犯罪。“数额巨大”，是指发放贷款的数额巨大。“造成重大损失”，主要是指造成贷款已不能收回或者部分不能收回，给金融机构造成重大损失。如果违规发放贷款的数额不是巨大，也未造成重大损失的，则不构成犯罪。按照《立案追诉标准（二）》第 42 条的规定，银行或者其他金融机构及其工作人员违反国家规定发放贷款，涉嫌下列情形之一的，应予立案追诉：（1）违法发放贷款，数额在 100 万元以上的；（2）违法发放贷款，造成直接经济损失数额在 20 万元以上的。

（四）情节与量刑

依照《刑法》第 186 条规定，犯违法发放贷款罪的，处 5 年以下有期徒刑或者拘役，并处 1 万元以上 10 万元以下罚金；数额特别巨大或者造成特别重大损失的，处 5 年以上有期徒刑，并处 2 万元以上 20 万元以下罚金。银行或者其他金融机构的工作人员违反国家规定，向关系人发放贷款的，依照前款的规定从重处罚。单位犯前两款罪的，对单位判处罚金，并对其直接负责的主管人员和其他直接责任人员，依照前两款的规定处罚。

二十五、吸收客户资金不入账罪

（一）法律规定

第一百八十七条[①] **银行或者其他金融机构的工作人员吸收客户**

---

① 本条经 2006 年 6 月 29 日公布的《刑法修正案（六）》第 14 条修正。

1997 年《刑法》第 187 条第 1 款规定：“银行或者其他金融机构的工作人员以牟利为目的，采取吸收客户资金不入账的方式，将资金用于非法拆借、发放贷款，造成重大损失的，处五年以下有期徒刑或者拘役，并处二万元以上二十万元以下罚金；造成特别重大损失的，处五年以上有期徒刑，并处五万元以上五十万元以下罚金。”

资金不入账，数额巨大或者造成重大损失的，处五年以下有期徒刑或者拘役，并处二万元以上二十万元以下罚金；数额特别巨大或者造成特别重大损失的，处五年以上有期徒刑，并处五万元以上五十万元以下罚金。

单位犯前款罪的，对单位判处罚金，并对其直接负责的主管人员和其他直接责任人员，依照前款的规定处罚。

（二）罪名详解

吸收客户资金不入账罪，是指银行等金融机构的工作人员吸收客户资金不入账，数额巨大或者造成重大损失的行为。

本罪最初是《刑法》第 187 条的规定，罪名为“用账外客户资金非法拆借、发放贷款罪”。《刑法修正案（六）》第 14 条对《刑法》第 187 条的罪状作了修改，因而罪名也相应作了修改。

吸收客户资金不入账罪的构成要件是：

1. 主体要件

犯罪主体为特殊主体，只能由银行或者其他金融机构及其工作人员构成。金融机构的工作人员吸收客户资金不入账的，无论是否利用了职务便利，不影响本罪的成立。

2. 客体要件

本罪侵犯的客体是国家金融管理制度和存贷款管理制度。按照 1997 年刑法的规定，本罪是指金融机构或其工作人员以牟利为目的，采取吸收客户资金不入账的方式，将资金用于非法拆借、发放贷款，造成重大损失的行为。《刑法修正案（六）》第 14 条对《刑法》第 187 条第 1 款作了修改：一是删去了“以牟利为目的”和“将资金用于非法拆借、发放贷款”的构成要件。实际上，吸收客户资金不入账的账外经营行为，妨碍了国家对金融资金的监管，扰乱了金融秩序，直接影响到金融安全，本身就有严重的危害性。将“以牟利为目的”和“将资金用于非法拆借、发放贷款”规定为构成要件，导致本罪的成立条件过于严格，适用范围过窄，不利于维护金融秩序、保障金融安全。二是将吸收客户资金不入账的“数额”规定为本罪的定罪量刑标准之一，与造成“损失”并列。因为吸收客户资金不入账数额巨大的行为，即使并未造成重大损失，也对金融秩序、金融安全有严重危害，有必要追究刑事责任。

3. 主观要件

主观方面出于故意。

4. 客观要件

客观方面表现为吸收客户资金不入账，数额巨大或者造成重大损失的行为。

“吸收客户资金不入账”，是指不记入金融机构的法定存款账目，以逃避国家金融监管。至于是否记入法定账目以外设立的账目，不影响本罪的成立。

“数额巨大”，是指不入账的客户资金数额巨大。

“造成重大损失”，主要是指不入账的资金用于非法拆借、发放贷款等活动，造成资金本金未能收回或者全部收回，以及借贷利息损失等重大损失。

（三）实务疑难问题

1. 罪与非罪的认定

根据刑法规定，吸收客户资金不入账，只有不入账的资金“数额巨大”或者因此“造成重大损失”的，才构成本罪；未达到上述标准的，属于一般违法行为，可由有关主管部门给予行政处理。

2. 本罪与挪用资金罪、挪用公款罪的界限

对于金融机构工作人员个人利用职务上的便利，挪用已经记入金融机构法定存款账户的客户资金归个人使用的，显然应当视情形认定为挪用资金罪或者挪用公款罪。需要特别注意的是，金融机构工作人员吸收客户资金不入账，却给客户开具银行存单，客户也认为将款已存入银行，该款却被行为人以个人名义借贷给他人的，也属于挪用资金或者挪用公款行为。因为一旦给客户开具银行存单，实际上客户资金就已成为银行或者其他金融机构的资金；如果该资金后因被用于非法拆借、发放贷款而未能收回或者未能全部收回，将由金融机构而不是其工作人员个人对客户承担赔偿责任。对于金融机构来说，无论其在实施吸收客户资金不入账的行为时是否为客户出具了存单等凭证，都应视情形以本罪论处。

3. 本罪与背信运用受托财产罪的界限

背信运用受托财产罪，是针对当前金融机构委托理财和该资金经营、管理中发生的违背受托义务，擅自运用客户资金或者其他受托、信托的财产行为，专门规定的犯罪。“违背受托义务”是该罪的基本特征。而吸收客户资金

不入账行为中吸收的客户资金，不属于委托理财类经营资金，而是储户存款，因此需给储户开具存单。存款入账后，由银行等金融机构依法用于贷款等经营行为，不受客户约束。且本罪法定刑亦重于背信运用受托财产罪的法定刑，是刑法预防与惩处力度更大的犯罪，故即使吸收客户存款不入账后又用于非法拆借、发放贷款等擅自使用的，亦应以本罪处以较重的刑罚。

4. 关于共同犯罪的认定问题

金融机构的工作人员吸收客户资金不入账的行为，有时是在存款客户明知甚至征得其同意下实施的，可以说此时金融机构的工作人员与存款客户已具有共同故意、共同行为，但对存款客户不能以本罪共犯论处。因为，本罪的危害主要是由金融机构及其工作人员的违规经营行为，而不是由客户的“配合”行为引发的；立法设立本罪的主要目的是为了规范金融机构及其工作人员的行为，而不是为了规范存款客户的行为，将其作为本罪共犯论处，会不适当地扩大处罚范围。就像在非法行医案件中，就诊人往往对行为人系非法行医是有所认识的，有些时候甚至是就诊人主动要求行为人为其非法医治的，但并不能因此将就诊人认定为非法行医罪的共犯。如果存款的客户所存系公款或者单位资金，其利用代单位存款的职务便利，与金融机构或其工作人员相勾结，以用于非法拆借、发放贷款的，同意甚至指使后者不将存款记入法定账目，则依法可以挪用公款罪或者挪用资金罪追究行为人的刑事责任。

（四）情节与量刑

依照《刑法》第187条规定，犯吸收客户资金不入账罪的，处5年以下有期徒刑或者拘役，并处2万元以上20万元以下罚金；数额特别巨大或者造成特别重大损失的，处5年以上有期徒刑，并处5万元以上50万元以下罚金。单位犯本罪的，对单位判处罚金，并对其直接负责的主管人员和其他直接责任人员，依照前款的规定处罚。

二十六、违规出具金融票证罪

（一）法律规定

第一百八十八条[①]　银行或者其他金融机构的工作人员违反规定，为他人出具信用证或者其他保函、票据、存单、资信证明，情节严重的，处五年以下有期徒刑或者拘役；情节特别严重的，处五年以上有期徒刑。

单位犯前款罪的，对单位判处罚金，并对其直接负责的主管人员和其他直接责任人员，依照前款的规定处罚。

（二）罪名详解

违规出具金融票证罪，是指银行或者其他金融机构的工作人员违反规定，为他人出具信用证或者其他保函、票据、存单、资信证明，情节严重的行为。

本罪是从《全国人民代表大会常务委员会关于惩治破坏金融秩序犯罪的决定》第15条的规定，吸收改为刑法的具体规定的，原罪名为“非法出具金融票证罪”。《刑法修正案（六）》第15条修正的内容对本罪犯罪构成没有实质性修改，考虑到“违反规定”与“违反国家规定”的含义不同，为使罪名更加科学、准确，《补充规定（三）》将本罪的罪名改为“违规出具金融票证罪”。

违规出具金融票证罪的构成要件是：

1. 主体要件

犯罪主体为特殊主体，即只有银行或者其他金融机构及其工作人员才能成为本罪的主体。

2. 客体要件

本罪侵犯的客体是国家对金融票证的管理制度。

---

①　本条经2006年6月29日公布的《刑法修正案（六）》第15条修正。

1997年《刑法》第188条第1款规定：“银行或者其他金融机构的工作人员违反规定，为他人出具信用证或者其他保函、票据、存单、资信证明，造成较大损失的，处五年以下有期徒刑或者拘役；造成重大损失的，处五年以上有期徒刑。”

3. 主观要件

主观方面为故意，即明知出具金融票证的行为不符合有关规定，仍有意实施。

4. 客观要件

客观方面表现为违反规定，为他人出具信用证或者其他保函、票据、存单、资信证明，情节严重的行为。“违反规定”，是指违反有关金融法律、行政法规、规章和银行或者其他金融机构内部的有关制度规定。为他人出具金融票证中的“他人”，既包括个人，也包括单位。金融票证中的“信用证”，是指银行根据客户要求，严格按照有关的法律、行政法规和规章制度开具的，只要受益人满足有关约定要求，开证银行即向受益人保证支付的书面凭证。“保函”，是指银行以其自身的信用为客户承担责任的担保函件。“票据”，在本罪中仅指汇票、本票和支票。“资信证明”，是指能够证明某特定个人或者单位具有一定资金实力和信誉的文件。广义的资信证明也包括前面述及的票据和存单、房契、地契以及其他各种产权证明文件等，但不包括现金缴款单和进账单。

根据法律规定，违反规定开具以上金融凭证的行为，除需符合以上构成要件外，还必须达到“情节严重”的程度，才构成本罪。“情节严重”，主要指违反规定开具金融票证造成的经济损失较大，违规出具的金融票证数额巨大，多次违规出具金融票证，违规出具多份金融票证，以及曾受处理又再次违规出具金融票证等情形。行为人违反规定，为他人出具信用证或者其他保函、票据、存单、资信证明的行为，如果情节不严重的，则属于一般违法行为，可由其所在金融机构依法予以行政处罚或者给予行政纪律处分。

（三）实务疑难问题

本罪与伪造、变造金融票证罪的界限

两罪都是关于金融票证的犯罪，主要区别在于：（1）犯罪客观方面不同。违规出具金融票证罪是违法出具金融票证，所出具的金融票据是真的，而伪造、变造金融票证罪是伪造、变造金融票证，因而其金融票证是假的。（2）犯罪主体不同。违规出具金融票证罪是特殊主体，即银行或其他金融机构及其工作人员；伪造、变造金融票证罪是一般主体。

（四）情节与量刑

依照《刑法》第 188 条规定，犯违规出具金融票证罪的，处 5 年以下有期徒刑或者拘役；情节特别严重的，处 5 年以上有期徒刑。单位犯本罪的，对单位判处罚金，并对其直接负责的主管人员和其他直接责任人员，依照前款的规定处罚。

二十七、对违法票据承兑、付款、保证罪

（一）法律规定

第一百八十九条　银行或者其他金融机构的工作人员在票据业务中，对违反票据法规定的票据予以承兑、付款或者保证，造成重大损失的，处五年以下有期徒刑或者拘役；造成特别重大损失的，处五年以上有期徒刑。

单位犯前款罪的，对单位判处罚金，并对其直接负责的主管人员和其他直接责任人员，依照前款的规定处罚。

（二）罪名详解

对违法票据承兑、付款、保证罪，是指银行或者其他金融机构及其工作人员，在办理票据业务中，对违反票据法规定的票据予以承兑、付款或者保证，造成重大损失的行为。

本罪是 1997 年刑法增设的罪名，1979 年刑法和单行刑法均没有规定此罪名。

对违法票据承兑、付款、保证罪的构成要件是：

1. 主体要件

犯罪主体为特殊主体，即只能由银行或者其他金融机构及其工作人员构成。

2. 客体要件

本罪侵犯的客体是国家对金融票证的管理制度。犯罪对象只能是票据法中明确规定的汇票、本票和支票。

3. 主观要件

主观方面为过失，即行为人虽然明知是违法票据而予以承兑、付款、保证，但对由此而造成的重大损失，并不希望、也不持放任的心理态度，否则构成诈骗、侵占等其他故意犯罪。

4. 客观要件

客观方面表现为对违反票据法规定的票据予以承兑、付款、保证，造成重大损失的行为。“承兑”，是指汇票付款人承诺在汇票到期日支付汇票金额的票据行为。“付款”，是指票据的付款人或者代理付款人支付票据金额以消灭票据关系的附属票据行为。“保证”，是指由票据债务人以外的人，因承担票据债务保证责任，在汇票到期后因持票人得不到付款，而须向持票人足额付款的票据行为。根据法律规定，对违法票据承兑、付款、保证的行为，只有“造成重大损失”的，才构成犯罪。

（三）实务疑难问题

1. 本罪与违规出具金融票证罪的界限

两罪在主观罪过、犯罪主体以及法定刑方面相同，主要区别在于：（1）行为方式不同。对违法票据承兑、付款、保证罪在客观方面表现为对已经出具的票据违法进行承兑、付款、保证等附随票据行为，且犯罪对象限于票据；而非法出具金融票证客观方面表现为非法出具金融票证行为，且犯罪对象不限于票据；（2）要求不同。对违法票据承兑、付款、保证罪以行为造成重大损失作为构成要件；违规出具金融票证罪则以情节严重作为构成要件。

2. 本罪与拒不执行法院判决、裁定罪以及非法处置查封、扣押、冻结的财产罪等妨害诉讼行为的关系

实践中经常存在票据权利人或者委托银行付款人因涉嫌犯罪或其他诉讼活动而被采取保全措施的情形。如果银行或其他金融机构工作人员违反有关判决、裁定规定，向已被禁止受领资产的票据持有人付款或者从已被查封的票据付款人账户上划出资金，就可能构成妨害诉讼的违法行为；情节严重的，还可能构成犯罪。司法实践中要注意正确区分对违法票据承兑、付款、保证罪与上述违法行为的界限。一般而言，构成对违法票据承兑、付款、保证罪的犯罪对象的票据是违反票据法的票据，而作为妨害司法保全行为对象的票据本身未必违法。如果行为人妨害司法保全的行为同时符合对违法票据付款罪的，如开立支票账户的客户被法院依法冻结了账户，行为人违反法院裁定给某持票人划出资金，而该支票上付款人签章明显与客户预留印鉴不符的，应按想象竞合犯，从一重罪处断。

（四）情节与量刑

依照《刑法》第 189 条规定，犯对违法票据承兑、付款、保证罪的，处 5 年以下有期徒刑或者拘役；造成特别重大损失的，处 5 年以上有期徒刑。单位犯本罪的，对单位判处罚金，并对其直接负责的主管人员和其他直接责任人员，依照前款的规定处罚。

二十八、逃汇罪

（一）法律规定

第一百九十条[①]　公司、企业或者其他单位，违反国家规定，擅自将外汇存放境外，或者将境内的外汇非法转移到境外，数额较大的，对单位判处逃汇数额百分之五以上百分之三十以下罚金，并对其直接负责的主管人员和其他直接责任人员处五年以下有期徒刑或者拘役；数额巨大或者有其他严重情节的，对单位判处逃汇数额百分之五以上百分之三十以下罚金，并对其直接负责的主管人员和其他直接责任人员处五年以上有期徒刑。

（二）罪名详解

逃汇罪，是指公司、企业或者其他单位，违反国家规定，擅自将外汇存放境外，或者将境内的外汇非法转移到境外，数额较大的行为。

本罪是从全国人大常委会《关于惩治走私罪的补充规定》第 9 条第 1 款的规定，吸收改为刑法的具体规定的。1979 年刑法没有逃汇罪的规定。1997 年刑法修订后，全国人大常委会又在《关于惩治骗购外汇、逃汇和非法买卖外汇犯罪的决定》第 3 条中，对《刑法》第 190 条规定的逃汇罪作了重要

---

① 本条经 1998 年 12 月 29 日《全国人民代表大会常务委员会关于惩治骗购外汇、逃汇和非法买卖外汇犯罪的决定》第 3 条修正。

1997 年《刑法》第 190 条规定："国有公司、企业或者其他国有单位，违反国家规定，擅自将外汇存放境外，或者将境内的外汇非法转移到境外，情节严重的，对单位判处罚金，并对其直接负责的主管人员和其他直接责任人员，处五年以下有期徒刑或者拘役。"

修改。

逃汇罪的构成要件是：

1. 主体要件

由于全国人大常委会《关于惩治骗购外汇、逃汇和非法买卖外汇犯罪的决定》对刑法逃汇行为主体的规定扩大到国有公司、企业和国有其他单位以外的所有依法设立的公司、企业和其他单位。因此，犯罪主体不再是特殊主体。任何公司、企业或者其他单位都可以构成本罪的主体。但自然人不能构成本罪的主体。

2. 客体要件

本罪侵犯的客体，是国家外汇管理制度。

3. 主观要件

主观方面只能由故意构成。

4. 客观要件

客观方面表现为违反国家规定，擅自将外汇存放境外，或者将境内的外汇非法转移到境外，数额较大的行为。司法实践中，可结合案件具体情况、当时的国家、国际外汇形势，以及行为单位逃汇的其他情节，如逃汇手段，是否伪造批准文件、编造虚假理由欺骗主管部门、银行调出外汇；因逃汇是否已给国家造成重大经济损失或者恶劣政治影响等情形综合判定。

（三）实务疑难问题

1. 罪与非罪的认定

如果逃汇行为尚不属数额较大的，则属于一般违法行为，可由国家外汇管理机关依法予以行政处罚。对“数额较大”标准的掌握，具体可依照《立案追诉标准（二）》第46条的规定。

2. 逃汇罪与骗购外汇罪的界限

逃汇罪和骗购外汇罪的区别主要在于：（1）行为方式不同，逃汇罪是违法国家外汇管理法规，擅自将外汇存放境外，或者将境内外汇非法转移到境外，数额较大的行为；而骗购外汇罪是以虚假、无效的凭证、单据向外汇指定银行骗购外汇，数额较大的行为。（2）对象不同，逃汇罪的对象是自己拥有的外汇，而骗购外汇罪的对象是外汇指定银行的外汇。（3）犯罪主体有所不同。逃汇罪只能由公司、企业和其他单位构成，系纯正的单位犯罪；而骗购外汇罪则既可以由单位构成，也可以由自然人构成，系不纯正单位犯罪。

3. 逃汇罪与走私罪的界限

逃汇与走私相同之处，在于这两种行为本身或其结果都跨越国境，都是经济犯罪。两者的区别主要在于：（1）犯罪客体不同。逃汇罪的犯罪客体是国家外汇管理秩序；而走私罪的犯罪客体则是国家的对外贸易管理秩序。（2）行为方式不同。逃汇罪表现为违反外汇管理法规，擅自将外汇存放境外，或者将境内外汇非法转移到境外，数额较大的行为；走私罪则表现为违反海关法律、法规，逃避海关监管，非法运输、携带或邮寄各种违禁品、限制进出境的物品以及其他偷逃关税的行为。（3）犯罪对象不同。逃汇罪的对象只能是外汇；走私罪的犯罪对象则十分宽泛，包括各种违禁品、限制进出境物品以及其他偷逃关税的货物、物品。（4）犯罪主体有所不同。逃汇罪只能由公司、企业和其他单位构成，系纯正的单位犯罪；而走私罪则既可以由单位构成，也可以由自然人构成，系不纯正单位犯罪。

（四）情节与量刑

依照《刑法》第190条规定，犯逃汇罪的，对单位判处逃汇数额5%以上30%以下罚金，并对其直接负责的主管人员和其他直接责任人员处5年以下有期徒刑或者拘役；数额巨大或者有其他严重情节的，对单位判处逃汇数额5%以上30%以下罚金，并对其直接负责的主管人员和其他直接责任人员处5年以上有期徒刑。

二十九、骗购外汇罪①

（一）法律规定

《全国人民代表大会常务委员会关于惩治骗购外汇、逃汇和非法买卖外汇犯罪的决定》（自1998年12月29日起施行）

① 本罪由1998年12月29日第九届全国人民代表大会常务委员会第六次会议通过的《关于惩治骗购外汇、逃汇和非法买卖外汇犯罪的决定》第1条增加。《关于惩治骗购外汇、逃汇和非法买卖外汇犯罪的决定》及其后的刑法修正案均未明确骗购外汇罪的条文顺序，编者根据刑法分则条文的编排体系，将其列于此处。

一、有下列情形之一，骗购外汇，数额较大的，处五年以下有期徒刑或者拘役，并处骗购外汇数额百分之五以上百分之三十以下罚金；数额巨大或者有其他严重情节的，处五年以上十年以下有期徒刑，并处骗购外汇数额百分之五以上百分之三十以下罚金：数额特别巨大或者有其他特别严重情节的，处十年以上有期徒刑或者无期徒刑，并处骗购外汇数额百分之五以上百分之三十以下罚金或者没收财产：

（一）使用伪造、变造的海关签发的报关单、进口证明、外汇管理部门核准件等凭证和单据的；

（二）重复使用海关签发的报关单、进口证明、外汇管理部门核准件等凭证和单据的；

（三）以其他方式骗购外汇的。

伪造、变造海关签发的报关单、进口证明、外汇管理部门核准件等凭证和单据，并用于骗购外汇的，依照前款的规定从重处罚。

明知用于骗购外汇而提供人民币资金的，以共犯论处。

单位犯前三款罪的，对单位依照第一款的规定判处罚金，并对其直接负责的主管人员和其他直接责任人员，处五年以下有期徒刑或者拘役；数额巨大或者有其他严重情节的，处五年以上十年以下有期徒刑；数额特别巨大或者有其他特别严重情节的，处十年以上有期徒刑或者无期徒刑。

五、海关、外汇管理部门以及金融机构、从事对外贸易经营活动的公司、企业或者其他单位的工作人员与骗购外汇或者逃汇的行为人通谋，为其提供购买外汇的有关凭证或者其他便利的，或者明知是伪造、变造的凭证和单据而售汇、付汇的，以共犯论，依照本决定从重处罚。

（二）罪名详解

骗购外汇罪，是指使用伪造、变造的海关签发的报关单、进口证明、外汇管理部门核准件等凭证和单据，或者重复使用海关签发的报关单、进口证明、外汇管理部门核准件和单据，或者以其他方式骗购国家外汇，数额较大的行为。

本罪是《全国人民代表大会常务委员会关于惩治骗购外汇、逃汇和非法买卖外汇犯罪的决定》（以下简称《决定》）第1条增设的罪名。

骗购外汇罪的构成要件是：

1. 主体要件

犯罪主体为一般主体。自然人和单位，包括国有、非国有公司、企业、事业单位、机关、团体等均可构成本罪主体。

2. 客体要件

本罪侵犯的客体，是国家对金融、外汇的管理制度。现代世界各国和地区，一般都对外汇实行严格的依法管制，对严重破坏金融外汇法律的行为，均规定为犯罪予以刑事处罚。我国作为发展中国家，为维护人民币汇价稳定，减少国际收支逆差，增加外汇收入，保持国家收支平衡，自新中国成立以来一直采取严格的外汇管理制度，对于稳定我国经济，扩大对外贸易，增强国际支付能力，提高我国在国际社会的政治、经济地位，都发挥了重要作用。本罪在1988年1月21日《全国人民代表大会常务委员会关于惩治走私罪的补充规定》第9条第2款中曾作出规定，即“企业事业单位、机关、团体或者个人非法倒买倒卖外汇牟利，情节严重的”，依法追究刑事责任。1997年修订刑法时，曾对是否把“套汇罪”规定为刑法条文进行过认真讨论。当时考虑到我国在1996年年底已经接受《国际货币基金组织协定》的有关条款，提前实现了人民币经常项目可兑换，企业在经常项目下的真实用汇和居民个人正常的因私用汇，持相应的有效凭证即可到银行购付汇；并且考虑到我国一旦加入世界贸易组织（WTO），国家对外汇的管制将会进一步放宽；而且，随着我国经济发展和综合国力的增强，人民币最终将成为可自由兑换的货币，“套汇”只是在资本项目下人民币没有实现可自由兑换以前出现的一种暂时的现象，因而刑法没有将其规定为犯罪。1998年前后，由于东南亚国家金融危机的出现波及我国，一些不法分子为牟取暴利，避免出现其认为可能会有的损失，或者为了进行走私等犯罪活动，采取种种非法手段千方百计骗购外汇，非法截留、转移和买卖外汇，活动十分猖獗，发案数量激增，涉案金额巨大，使我国1998年外汇收入受到严重影响。这种状况如不及时制止，将严重损害国家金融、经济的稳定和安全。为此，最高人民法院于1998年9月1日施行了《关于审理骗购外汇、非法买卖外汇刑事案件法律若干问题的解释》。年底，全国人大常委会以立法的形式，专门作出了修改补充刑法的《关于惩治骗购外汇、逃汇和非法买卖外汇犯罪的决定》，增设了“骗购外汇罪”，完善了我国的金融法制，具有重要意义。2001年我国正式加入世贸组织以后，外汇管理仍是我国金融法律制度的重要组成部分，不仅不能放松，甚至在某些方面，在管理方法和手段上还要进一步完善。因此，侵犯我国外汇管理制度的行为，严重的仍然应当作为犯罪予以惩处。

3．主观要件

主观方面只能由故意构成，并且只能是直接故意。至于行为人骗购外汇的目的，可以是各种各样的，如为了将所骗购外汇汇往国（境）外存放、外贸付汇、转存外汇等，均不影响本罪的成立。

4．客观要件

客观方面表现为行为人针对我国实现了人民币经常项目可兑换后，境内机构对外贸易支付用汇只要持有与支付方式相应的有效凭证和有效商业单据，便可以从其外汇账户中支付或者到外汇指定银行兑付的国家有关规定，采取以下常用手段骗购外汇：（1）使用伪造、变造的海关签发的报关单、进口证明、外汇管理部门核准件等凭证和单据骗购外汇。其所使用的伪造、变造的有关凭证、单据，有的是自己伪造、变造的，有的是从其他犯罪分子手中收买的，均不影响构成本罪。（2）重复使用海关签发的报关单、进口证明、外汇管理部门核准件等凭证和单据骗购外汇。主要指将已使用购汇后的原有效核准件等凭证和单据，经涂改、伪造、变造等特殊处理，销去已使用盖有“付讫”章等无法重复使用的痕迹、记载而当作未使用过的文本非法再次购汇的行为。（3）以其他方式骗购外汇，如虚构特定事项，骗取外汇管理部门同意售汇的；与海关、外汇管理部门、金融机构、从事对外贸易经营活动的公司、企业或者其他单位的工作人员串通，由后者提供有关凭证、单据进行骗购外汇的，等等。

骗购外汇的行为，除需符合以上构成要件外，还必须是“数额较大”的，才构成犯罪。

（三）实务疑难问题

本罪与非法经营罪的界限

之所以提出要注意区分两者的不同，是因为《决定》第4条第1款规定：“在国家规定的交易场所以外非法买卖外汇，扰乱市场秩序，情节严重的，依照刑法第二百二十五条的规定定罪处罚。”此项规定与《决定》第1条规定的骗购外汇罪的共同点：一是两者主体相同；二是行为对象均为国家严格管制的外汇；三是行为基本方式均为非法买卖外汇。二者之间的不同主要是非法买卖外汇的场所，骗购外汇罪行为只能发生在国家外汇指定银行和其他外汇指定交易场所，而非法买卖外汇以非法经营罪定罪的行为，则必须是发生在国家规定的外汇交易场所以外的地方。

（四）情节与量刑

依照《决定》第1条规定，犯骗购外汇罪的，处5年以下有期徒刑或者拘役，并处骗购外汇数额5%以上30%以下罚金；数额巨大或者有其他严重情节的，处5年以上10年以下有期徒刑，并处骗购外汇数额5%以上30%以下罚金；数额特别巨大或者有其他特别严重情节的，处10年以上有期徒刑或者无期徒刑，并处骗购外汇数额5%以上30%以下罚金或者没收财产。伪造、变造海关签发的报关单、进口证明、外汇管理部门核准件等凭证和单据，并用于骗购外汇的，依照前款的规定从重处罚。明知用于骗购外汇而提供人民币资金的，以骗购外犯罪的共犯论处。单位犯前三款罪的，对单位依照第1款的规定判处罚金，并对其直接负责的主管人员和其他直接责任人员，处5年以下有期徒刑或者拘役；数额巨大或者有其他严重情节的，处5年以上10年以下有期徒刑；数额特别巨大或者有其他特别严重情节的，处10年以上有期徒刑或者无期徒刑。

依照《决定》第5条规定，海关、外汇管理部门以及金融机构、从事对外贸易经营活动的公司、企业或者其他单位的工作人员与骗购外汇或者逃汇的行为人通谋，为其提供购买外汇的有关凭证或者其他便利的，或者明知是伪造、变造的凭证和单据而售汇、付汇的，以共犯论，依照《决定》规定从重处罚。

（五）法律链接

最高人民法院关于审理骗购外汇、非法买卖外汇刑事案件具体应用法律若干问题的解释（法释〔1998〕20号　自1998年9月1日起施行）（节录）

第五条　海关、银行、外汇管理机关工作人员与骗购外汇的行为人通谋，为其提供购买外汇的有关凭证，或者明知是伪造、变造的凭证和商业单据而出售外汇，构成犯罪的，按照刑法的有关规定从重处罚。

第六条　实施本解释规定的行为，同时触犯二个以上罪名的，择一重罪从重处罚。

第七条　根据刑法第六十四条规定，骗购外汇、非法买卖外汇的，其违法所得予以追缴，用于骗购外汇、非法买卖外汇的资金予以没收，上缴国库。

第八条　骗购、非法买卖不同币种的外汇的，以案发时国家外汇管理机关制定的统一折算率折合后依照本解释处罚。

三十、洗钱罪

（一）法律规定

第一百九十一条[①]　**明知是毒品犯罪、黑社会性质的组织犯罪、恐怖活动犯罪、走私犯罪、贪污贿赂犯罪、破坏金融管理秩序犯罪、金融诈骗犯罪的所得及其产生的收益，为掩饰、隐瞒其来源和性质，有下列行为之一的，没收实施以上犯罪的所得及其产生的收益，处五年以下有期徒刑或者拘役，并处或者单处洗钱数额百分之五以上百分之二十以下罚金；情节严重的，处五年以上十年以下有期徒刑，并处洗钱数额百分之五以上百分之二十以下罚金：**

（一）提供资金账户的；

（二）协助将财产转换为现金、金融票据、有价证券的；

（三）通过转账或者其他结算方式协助资金转移的；

（四）协助将资金汇往境外的；

---

① 本条经2001年12月29日公布的《刑法修正案（三）》第7条、2006年6月29日公布的《刑法修正案（六）》第16条修改。

1997年《刑法》原191条规定："明知是毒品犯罪、黑社会性质的组织犯罪、走私犯罪的违法所得及其产生的收益，为掩饰、隐瞒其来源和性质，有下列行为之一的，没收实施以上犯罪的违法所得及其产生的收益，处五年以下有期徒刑或者拘役，并处或者单处洗钱数额百分之五以上百分之二十以下罚金；情节严重的，处五年以上十年以下有期徒刑，并处洗钱数额百分之五以上百分之二十以下罚金："（一）提供资金账户的；（二）协助将财产转换为现金或者金融票据的；（三）通过转账或者其他结算方式协助资金转移的；（四）协助将资金汇往境外的；（五）以其他方法掩饰、隐瞒犯罪的违法所得及其收益的性质和来源的。单位犯前款罪的，对单位判处罚金，并对其直接负责的主管人员和其他直接责任人员，处五年以下有期徒刑或者拘役。"

（五）以其他方法掩饰、隐瞒犯罪所得及其收益的来源和性质的。

单位犯前款罪的，对单位判处罚金，并对其直接负责的主管人员和其他直接责任人员，处五年以下有期徒刑或者拘役；情节严重的，处五年以上十年以下有期徒刑。

（二）罪名详解

洗钱罪，是指明知是毒品犯罪、黑社会性质的组织犯罪、恐怖活动犯罪、走私犯罪、贪污贿赂犯罪、破坏金融管理秩序犯罪或者金融诈骗犯罪的所得及其产生的收益，而为犯罪分子掩饰、隐瞒犯罪所得及收益的来源和性质的行为。“洗钱”行为的本质就是给以上所列举的几类犯罪的犯罪所得及其收益披上“合法外衣”。

本罪1979年刑法没有规定，但是1979年《刑法》第172条规定了窝赃、销赃罪。1997年修订刑法时，将针对上游犯罪是“毒品犯罪、黑社会性质的组织犯罪、走私犯罪”而为其掩饰、隐瞒犯罪所得及收益的性质和来源的行为规定为洗钱罪。其后，为加大对恐怖活动犯罪、腐败犯罪、破坏金融秩序犯罪和金融诈骗犯罪的打击力度，保障国家和人民生命、财产安全，维护金融管理秩序，保障金融安全，同时也为了更好地履行我国已经批准的《联合国打击跨国有组织犯罪公约》《联合国反腐败公约》等相关国际公约规定的义务，《刑法修正案（三）》第7条和《刑法修正案（六）》第16条两次修改了本罪的罪状，先后将“恐怖活动犯罪”和“贪污贿赂犯罪、破坏金融管理秩序犯罪、金融诈骗犯罪”增加规定为本罪的上游犯罪，洗钱罪的上游犯罪的范围不断扩大。

洗钱罪的构成要件是：

1. 主体要件

犯罪主体为一般主体，自然人和单位均可构成本罪的主体。实践中金融机构及其工作人员因职务之便，更有可能帮助犯罪分子将其犯罪所得及产生的收益披上合法的外衣。上游犯罪者不能成为洗钱罪的行为主体，即上游犯罪行为人在实施犯罪后自己实施洗钱行为的，不成立洗钱罪。一方面是因为对上游犯罪行为人本人来说，其洗钱行为是不可罚的事后行为；另一方面是因为从洗钱罪的罪状表述中能够得出本罪的主体是上游犯罪行为人之外的其他人的结论，《刑法》第191条规定“明知是毒品犯罪”，之所以强调“明知”，就是因为洗钱者不是上游犯罪人本人，而且《刑法》第191条所列举的行为方式中用了“提供”“协助”等词语的表达，这种表达明显带有“为他人”的意思，说明洗钱罪仅限于帮助他人洗钱，为自己洗钱被排除在外。

2. 客体要件

本罪侵犯的客体是国家对金融的管理制度和司法机关的正常活动。洗钱活动是近十几年来伴随毒品犯罪、黑社会、恐怖活动等有组织犯罪在世界范围内日益猖獗而越来越引起广泛重视的一种新类型犯罪活动。其主要危害在于经过“洗钱”行为，毒品犯罪、黑社会、恐怖活动等有组织犯罪的违法所得及其产生的收益的真正来源和违法性质被遮掩、隐藏起来，使犯罪线索和证据得以消灭，因而犯罪分子能够公开、“合法”地把以犯罪手段攫取的财产投入社会使用，进行投资、挥霍、享受。易言之，洗钱行为帮助犯罪分子逃避法律追究和制裁，实现赃钱的循环使用，变相鼓励和刺激了以攫取财产为目的的有组织犯罪的发生，不利于惩治和预防犯罪。因此，国际社会十分重视“洗钱”的预防和治理，努力通过反洗钱司法活动，使犯罪分子不能通过犯罪最终满足其追求金钱利益、满足个人享受的欲望，遏制上游犯罪的发生。

3. 主观要件

主观方面只能由故意构成，即行为人必须明知是毒品犯罪、黑社会性质的组织犯罪、恐怖活动犯罪、走私犯罪、贪污贿赂犯罪、破坏金融管理秩序犯罪或者金融诈骗犯罪的所得及其产生的收益，而仍为其洗钱的才构成犯罪。行为人洗钱的动机、目的不影响本罪的成立。不论行为人是为获取非法所得，还是为了扩大营业额而为犯罪分子洗钱，都不影响本罪的构成。本罪间接故意也可以构成。即行为人只要认为对方资金来路不明，可能是上述七种犯罪所得，为不得罪客户或者牟取私利，仍为其提供账户、转账等，也构成本罪。

对于“明知”的认定，《最高人民法院关于审理洗钱等刑事案件具体应用法律若干问题的解释》（以下简称《洗钱司法解释》）第1条作了详细的规定。该解释指出，对于认定洗钱罪所要求的“明知”，应当结合被告人的认知能力，接触他人犯罪所得及其收益的情况，犯罪所得及其收益的种类、数额，犯罪所得及其收益的转换、转移方式以及被告人的供述等主、客观因素综合认定。具有以下情形之一的，可以认定被告人明知系犯罪所得及其收益，但有证据证明确实不知道的除外：（1）知道他人从事犯罪活动，协助转换或者转移财物的；（2）没有正当理由，通过非法途径协助转换或者转移财物的；（3）没有正当理由，以明显低于市场的价格收购财物的；（4）没有正当理由，协助转换或者转移财物，收取明显高于市场的“手续费”的；（5）没有正当理由，协助他人将巨额现金散存于多个银行账户或者在不同银行账户之间频繁划转的；（6）协助近亲属或者其他关系密切的人转换或者转移与其职业或者财产状况明显不符的财物的；（7）其他可以认定行为人明知的情形。

此外，行为人将《刑法》第191条规定的某一上游犯罪的犯罪所得及其收益误认为是《刑法》第191条规定的上游犯罪内的其他犯罪所得及其收益的，不影响洗钱罪“明知”的认定。如果行为人将《刑法》第191条规定的某一上游犯罪的犯罪所得及其收益误认为是《刑法》第191条规定的上游犯罪外的犯罪所得及其收益的，因欠缺对上游犯罪特殊类型的“明知”，只能构成《刑法》第312条掩饰、隐瞒犯罪所得、犯罪所得收益罪。如果行为人将《刑法》第191条规定的上游犯罪外的犯罪所得及其收益误认为是《刑法》第191条规定的七种上游犯罪之一的，因发生认识错误，客观上“不能”犯洗钱罪，也只能构成《刑法》第312条掩饰、隐瞒犯罪所得、犯罪所得收益罪。

4. 客观要件

客观方面表现为以各种方法掩饰、隐瞒洗钱罪七种上游犯罪的犯罪所得及其产生收益的来源和性质的行为。

“犯罪所得”，是指犯罪分子进行走私、贩卖、运输、制造毒品、走私制毒物品、容留他人吸毒等毒品犯罪，组织、领导、参加黑社会性质组织、入境发展黑社会组织、包庇、纵容黑社会性质组织犯罪，恐怖活动犯罪，《刑法》第三章第二节规定的走私犯罪，第八章规定的贪污贿赂犯罪，第三章第四节规定的破坏金融管理秩序犯罪，以及第三章第五节规定的金融诈骗犯罪所获得的犯罪收入。“产生的收益”，是指犯罪分子将以上犯罪所得收入用于合法或者非法投资、经营、储蓄、放贷等所获取的经济利益，如投资所获红利、经营所得收入、储蓄所得孳息、放贷所得利息收入等。

洗钱罪所规制的“洗钱”行为具体表现为法律规定的五种行为：（1）提供资金账户，具体是指行为人为犯罪分子提供银行账户，为其转移犯罪所得及其产生的收益提供方便的行为。（2）协助将财产转换为现金或者金融票据，具体是指行为人协助犯罪分子将犯罪所得财产或者财产的实物收益通过交易变为现金或者汇票、支票等金融票据，从而掩饰了原财产的真实产权关系的行为。(3) 通过转账或者承兑等其他结算方式协助资金转移，具体是指行为人以转账或者承兑等结算方式将犯罪分子的违法所得及其产生的收益非法转往异地，或者以票据形式取得现金，使这笔财产的真实来源进一步被隐藏。(4) 协助将资金汇往境外，具体是指行为人以投资、购物、旅游、存款等各种名义，以汇兑、结算等方式，将犯罪分子的违法所得及其收益转移到境外，使查清此笔资金的真实来源更加困难。(5) 以其他方法掩饰、隐瞒犯罪所得及其收益的性质和来源。

关于“其他方法掩饰、隐瞒犯罪所得及其收益的性质和来源”，这是兜底条款，因为洗钱行为的本质是掩饰、隐瞒犯罪所得及其收益的性质和来源，刑法所能明文列举的只是这一行为所采用的常见方式，因而只要行为符合掩饰、隐瞒犯罪所得及其收益的性质和来源这一本质特征，无论采用何种方式都具备本罪的行为特征。但是这里的“其他方法”必须与前面所列举的四种行为方式有相当性，不是完全没有限制的。从“提供资金账户”“协助将财产转换为现金、金融票据、有价证券的”“通过转账或者其他结算方式协助资金转移的”“协助将资金汇往境外”四种行为方式的共同点来看，都采取了一定的转移、转换的形式，行为的重心在于掩饰、隐瞒犯罪所得及其收益的“性质和来源”上，把赃钱“洗白”。从本罪的客体来看，洗钱罪属于破坏金融管理秩序一节的犯罪，其行为方式应当从客观上体现出具有一定的破坏金融管理秩序的性质。举例来说，行为人明知是他人犯贪污罪所得的现金，为了帮助他人躲避司法机关的追查，将现金转移到行为人自己家中藏匿，此种行为的重心在于对实物形式的犯罪所得本身的藏匿上，不具有破坏金融管理秩序的性质，依法不构成洗钱罪，而应以掩饰、隐瞒犯罪所得、犯罪所得收益罪定罪处罚。《洗钱司法解释》的第 2 条规定对“其他方法”的进一步明确列举，也基本贯彻了这一思路。根据该解释，“其他方法”包括以下行为：(1) 通过典当、租赁、买卖、投资等方式，协助转移、转换犯罪所得及其收益的；(2) 通过与商场、饭店、娱乐场所等现金密集型场所的经营收入相混合的方式，协助转移、转换犯罪所得及其收益的；(3) 通过虚构交易、虚设债权债务、虚假担保、虚报收入等方式，协助将犯罪所得及其收益转换为“合法”财物的；(4) 通过买卖彩票、奖券等方式，协助转换犯罪所得及其收益的；(5) 通过赌博方式，协助将犯罪所得及其收益转换为赌博收益的；(6) 协助将犯罪所得及其收益携带、运输或者邮寄出入境的；(7) 通过前述规定以外的方式协助转移、转换犯罪所得及其收益的。

另外还需要说明的是，洗钱犯罪是行为人在上游犯罪人实施犯罪后洗钱的行为，如果行为人事前即与上游犯罪行为人约定待事后为其掩饰、隐瞒犯罪所得及收益的性质和来源，应以上游犯罪的共犯论处。

（三）实务疑难问题

1. 罪与非罪的认定

刑法条文没有规定洗钱罪的数额要求。因为洗钱犯罪的上游犯罪是毒品犯罪、黑社会性质、走私犯罪等有组织犯罪或者金融犯罪，所涉及的犯罪所得及其收益一般都是相当不菲的，所以实践中查获的洗钱犯罪一般都是达到一定数额的。如果行为人洗钱行为的数额确实很小，可以认为是《刑法》第13条但书所指的“情节显著轻微、危害不大的”，不作为犯罪处理。

2. 此罪与彼罪的界限

《刑法》第191条洗钱罪与第312条掩饰、隐瞒犯罪所得、犯罪所得收益罪之间是特殊法和一般法的关系，可以说掩饰、隐瞒犯罪所得、犯罪所得收益罪是广义的“洗钱”罪。立法机关在论及《刑法》第312条修改的背景时指出，“立法部门经过研究认为，除这一条（《刑法》第191条洗钱罪）的对几种严重犯罪的所得进行洗钱的犯罪外，按照我国《刑法》第312条的规定，对明知是任何犯罪所得而予以窝藏、转移、收购或者代为销售的，都是犯罪，应当依法追究刑事责任，只是没有使用洗钱罪的具体罪名。为进一步明确犯罪界限，以利于打击对其他犯罪的违法所得予以掩饰、隐瞒的行为，《刑法修正案（六）》同时对《刑法》第312条的规定作了必要的补充修改。这样，根据我国刑法规定，对于涉及洗钱方面的犯罪都可以追究刑事责任，只是根据上游犯罪的不同适用不同的条文、罪名，处罚也有所不同。”[①] 与掩饰、隐瞒犯罪所得、犯罪所得收益罪相比较，洗钱罪的犯罪构成对于行为对象和行为方式有严格的限定：一是洗钱罪的上游犯罪范围非常明确，就是《刑法》第191条所列举的七种犯罪，对于这七种犯罪之外的其他犯罪，如盗窃、抢劫、诈骗等犯罪的所得及其产生的收益，行为人即使以本条所列五种行为之一为其掩饰性质和来源，也只能认定为掩饰、隐瞒犯罪所得、犯罪所得收益罪；

① 胡康生、郎胜主编：《中华人民共和国刑法释义》，法律出版社2006年第3版，第290页。

二是洗钱罪的“洗钱”方法是狭义上的“洗钱”行为，特指行为人通过转移、转换的行为方式针对犯罪所得及其产生的收益的“来源和性质”加以掩饰、掩饰，而掩饰、隐瞒犯罪所得、犯罪所得收益罪一般是指对犯罪所得的财物及其收益本身所实施的窝藏、转移、收购、代为销售行为。

洗钱罪与窝藏、转移、隐瞒毒品、毒赃罪之间在行为对象和行为方式上也有明显区别。(1) 犯罪对象方面，洗钱行为所指向的对象是包括毒品犯罪在内的上游犯罪所得及其收益的非法性质和来源；而后者主要是针对毒品犯罪所得的财物而言的，故财物本身为其直接对象。或者说，前者不一定要求对作为犯罪所得或者收益的财物形成物理上的控制，而后者必须使该财物处于行为人的支配、控制范围或者状态之下。(2) 行为方式方面，前者表现为将上游犯罪所得及收益通过提供资金账户、协助转移财产、转移资金、把资金汇往境外等方法使其具有表面合法化的性质；后者则主要是通过改变赃物的空间位置或者存在状态对赃物进行隐匿或者转移，使侦查司法机关不能或者难以发现，或者妨害司法机关对赃物的追缴，此类行为并无改变赃物非法性质之作用，不具有使之表面合法化的特征。就具体行为方式言之，前者远较后者复杂。

对于相关犯罪之间的关系，《洗钱司法解释》第 3 条规定，明知是犯罪所得及其产生的收益而予以掩饰、隐瞒，构成《刑法》第 312 条规定的掩饰、隐瞒犯罪所得、犯罪所得收益罪，同时又构成《刑法》第 191 条规定的洗钱罪或者第 349 条规定的窝藏、转移、隐瞒毒品、毒赃罪的，依照处罚较重的规定定罪处罚。

3. 关于上游犯罪对本罪认定的作用

根据《洗钱司法解释》的规定，洗钱罪的认定应当以上游犯罪事实成立为前提。上游犯罪尚未依法裁判，但查证属实的，不影响洗钱罪的审判；上游犯罪事实可以确认，因行为人死亡或未达到刑事责任年龄等原因不予追究刑事责任的，不影响洗钱罪的认定。关于洗钱罪成立是否以上游犯罪的成立为前提，涉及实体法与程序法两个方面的问题。从实体法的角度来看，上游犯罪行为人是本犯，洗钱罪行为人作为连累犯，其构成犯罪是否以本犯构成犯罪为前提呢？对此，在一般情况下，回答是肯定的。但在个别情况下，本犯虽然实施了上游犯罪的行为，但由于缺乏刑事责任年龄等要件而不追究刑事责任的，对下游行为人仍然应当以洗钱罪处罚。从程序法的角度来说，上游犯罪没有经过刑事诉讼程序定罪处刑，洗钱罪能否先于上游犯罪通过刑事诉讼程序定罪处刑？对此，回答也是肯定的。当然，应当以有证据证明上游犯罪的成立为前提。如果因为上游犯罪的行为人未被抓捕而导致上游犯罪事实是否存在都存疑，当然就无法认定下游的行为人构成洗钱罪。

（四）情节与量刑

依照《刑法》第191条规定，犯洗钱罪的，没收实施犯罪的所得及其产生的收益，处5年以下有期徒刑或者拘役，并处或者单处洗钱数额5%以上20%以下罚金；情节严重的，处5年以上10年以下有期徒刑，并处洗钱数额5%以上20%以下罚金。单位犯本罪的，对单位判处罚金，并对其直接负责的主管人员和其他直接责任人员，处5年以下有期徒刑或者拘役；情节严重的，处5年以上10年以下有期徒刑。

司法机关在适用本条规定处罚时，应当注意以下问题：

1. “情节严重”的把握。“情节严重”是本罪的加重处罚情节，司法实践中，一般是指洗钱数额特别巨大的；洗钱行为造成严重后果的；酿成新的严重犯罪；影响了对重大犯罪的及时侦破等情形。

2. 本罪的处罚部分特别提到了“没收实施犯罪的所得及其产生的收益”，这里的没收既不同于附加刑的没收财产，也不同于《刑法》第64条规定的没收违禁品和供犯罪所用的本人财物。上游犯罪没有被害人的，如贩卖毒品罪、受贿罪，应当追缴上游犯罪所得及其产生的收益上缴国库。上游犯罪有被害人的，如金融诈骗罪，应当将上游犯罪所得退赔被害人，犯罪所得产生的收益上缴国库。

（五）法律链接

1. 最高人民法院关于审理洗钱等刑事案件具体应用法律若干问题的解释
（法释〔2009〕15号　自2009年11月11日起施行）

为依法惩治洗钱，掩饰、隐瞒犯罪所得、犯罪所得收益，资助恐怖活动等犯罪活动，根据刑法有关规定，现就审理此类刑事案件具体应用法律的若干问题解释如下：

第一条　刑法第一百九十一条、第三百一十二条规定的“明知”，应当结合被告人的认知能力，接触他人犯罪所得及其收益的情况，犯罪所得及其收益的种类、数额，犯罪所得及其收益的转换、转移方式以及被告人的供述等主、客观因素进行认定。

具有下列情形之一的，可以认定被告人明知系犯罪所得及其收益，但有证据证明确实不知道的除外：

（一）知道他人从事犯罪活动，协助转换或者转移财物的；

（二）没有正当理由，通过非法途径协助转换或者转移财物的；

（三）没有正当理由，以明显低于市场的价格收购财物的；

（四）没有正当理由，协助转换或者转移财物，收取明显高于市场的“手续费”的；

（五）没有正当理由，协助他人将巨额现金散存于多个银行账户或者在不同银行账户之间频繁划转的；

（六）协助近亲属或者其他关系密切的人转换或者转移与其职业或者财产状况明显不符的财物的；

（七）其他可以认定行为人明知的情形。

被告人将刑法第一百九十一条规定的某一上游犯罪的犯罪所得及其收益误认为刑法第一百九十一条规定的上游犯罪范围内的其他犯罪所得及其收益的，不影响刑法第一百九十一条规定的“明知”的认定。

第二条 具有下列情形之一的，可以认定为刑法第一百九十一条第一款第（五）项规定的“以其他方法掩饰、隐瞒犯罪所得及其收益的来源和性质”：

（一）通过典当、租赁、买卖、投资等方式，协助转移、转换犯罪所得及其收益的；

（二）通过与商场、饭店、娱乐场所等现金密集型场所的经营收入相混合的方式，协助转移、转换犯罪所得及其收益的；

（三）通过虚构交易、虚设债权债务、虚假担保、虚报收入等方式，协助将犯罪所得及其收益转换为“合法”财物的；

（四）通过买卖彩票、奖券等方式，协助转换犯罪所得及其收益的；

（五）通过赌博方式，协助将犯罪所得及其收益转换为赌博收益的；

（六）协助将犯罪所得及其收益携带、运输或者邮寄出入境的；

（七）通过前述规定以外的方式协助转移、转换犯罪所得及其收益的。

第三条 明知是犯罪所得及其产生的收益而予以掩饰、隐瞒，构成刑法第三百一十二条规定的犯罪，同时又构成刑法第一百九十一条或者第三百四十九条规定的犯罪的，依照处罚较重的规定定罪处罚。

第四条 刑法第一百九十一条、第三百一十二条、第三百四十九条规定的犯罪，应当以上游犯罪事实成立为认定前提。上游犯罪尚未依法裁判，但查证属实的，不影响刑法第一百九十一条、第三百一十二条、第三百四十九条规定的犯罪的审判。

上游犯罪事实可以确认，因行为人死亡等原因依法不予追究刑事责任的，不影响刑法第一百九十一条、第三百一十二条、第三百四十九条规定的犯罪的认定。

上游犯罪事实可以确认，依法以其他罪名定罪处罚的，不影响刑法第一百九十一条、第三百一十二条、第三百四十九条规定的犯罪的认定。

本条所称“上游犯罪”，是指产生刑法第一百九十一条、第三百一十二条、第三百四十九条规定的犯罪所得及其收益的各种犯罪行为。

第五条 刑法第一百二十条之一规定的“资助”，是指为恐怖活动组织或者实施恐怖活动的个人筹集、提供经费、物资或者提供场所以及其他物质便利的行为。

刑法第一百二十条之一规定的“实施恐怖活动的个人”，包括预谋实施、准备实施和实际实施恐怖活动的个人。

2. 最高人民法院关于审理骗购外汇、非法买卖外汇刑事案件具体应用法律若干问题的解释（法释〔1998〕20号　自1998年9月1日起施行）（节录）

第一条 以进行走私、逃汇、洗钱、骗税等犯罪活动为目的，使用虚假、无效的凭证、商业单据或者采取其他手段向外汇指定银行骗购外汇的，应当分别按照刑法分则第三章第二节、第一百九十条、第一百九十一条和第二百零四条等规定定罪处罚。

图书在版编目(CIP)数据

新编刑法罪名精释:全4册/周峰主编.—北京:
中国法制出版社,2019.9
ISBN 978-7-5216-0431-3

Ⅰ.①新… Ⅱ.①周… Ⅲ.①刑法—罪名—法律解释
—中国 Ⅳ.①D924.305

中国版本图书馆CIP数据核字(2019)第175802号

策划编辑:戴蕊
责任编辑:程思　　　　封面设计:李宁

新编刑法罪名精释

XINBIAN XINGFA ZUIMING JINGSHI

主编/周峰
经销/新华书店
印刷/鸿博睿特(天津)印刷科技有限公司
开本/710毫米×1000毫米 16开　　　　印张/166.5　字数/2715千
版次/2019年9月第1版　　　　2019年9月第1次印刷

中国法制出版社出版
书号 ISBN 978-7-5093-0431-3　　　　定价:698.00元

北京西单横二条2号　　　　值班电话:010—66026508
邮政编码 100031　　　　传真:010—66031119
网址:http://www.zgfzs.com　　　　**编辑部电话:010—66066620**
市场营销部电话:010—66033393　　　　**邮购部电话:010—66033288**

(如有印装质量问题,请与本社编务印务管理部联系调换。电话:010—66032926)

新编
刑法罪名精释

第2卷

XIN BIAN XING FA ZUI MING JING SHI

主　编◎周　峰

中国法制出版社
CHINA LEGAL PUBLISHING HOUSE

总目录

·第一卷·

·第二卷·

·第三卷·

·第四卷·

目　录

（第二卷）

第五节　金融诈骗罪

一、集资诈骗罪

（一）法律规定

第一百九十二条　以非法占有为目的，使用诈骗方法非法集资，数额较大的，处五年以下有期徒刑或者拘役，并处二万元以上二十万元以下罚金；数额巨大或者有其他严重情节的，处五年以上十年以下有期徒刑，并处五万元以上五十万元以下罚金；数额特别巨大或者有其他特别严重情节的，处十年以上有期徒刑或者无期徒刑，并处五万元以上五十万元以下罚金或者没收财产。

第一百九十九条[①]　**（根据《刑法修正案（九）》删去本条内容）**

第二百条[②]　**单位犯本节第一百九十二条、第一百九十四条、第一百九十五条规定之罪的，对单位判处罚金，并对其直接负责的主管人员和其他直接责任人员，处五年以下有期徒刑或者拘役，可以**

---

① 本条经2011年2月25日《刑法修正案（八）》第30条和2015年8月29日《刑法修正案（九）》第12条两次修改。

1997年《刑法》第199条原规定："犯本节第一百九十二条、第一百九十四条、第一百九十五条规定之罪，数额特别巨大并且给国家和人民利益造成特别重大损失的，处无期徒刑或者死刑，并处没收财产。"

《刑法修正案（八）》第30条将1997年《刑法》第199条修改为："犯本节第一百九十二条规定之罪，数额特别巨大并且给国家和人民利益造成特别重大损失的，处无期徒刑或者死刑，并处没收财产。"

《刑法修正案（九）》第12条对本条再次修改，删除了本条内容，即废除了集资诈骗罪的死刑规定。

② 本条经2011年2月25日《刑法修正案（八）》第31条修改。

1997年《刑法》第200条原规定："单位犯本节第一百九十二条、第一百九十四条、第一百九十五条规定之罪的，对单位判处罚金，并对其直接负责的主管人员和其他直接责任人员，处五年以下有期徒刑或者拘役；数额巨大或者有其他严重情节的，处五年以上十年以下有期徒刑；数额特别巨大或者有其他特别严重情节的，处十年以上有期徒刑或者无期徒刑。"

并处罚金；数额巨大或者有其他严重情节的，处五年以上十年以下有期徒刑，并处罚金；数额特别巨大或者有其他特别严重情节的，处十年以上有期徒刑或者无期徒刑，并处罚金。

（二）罪名详解

集资诈骗罪是指以非法占有为目的，使用诈骗方法非法集资，数额较大的行为。

本罪是从《全国人民代表大会常务委员会关于惩治破坏金融秩序犯罪的决定》第8条的规定，吸收改为刑法的具体规定的。1979年刑法没有集资诈骗罪的规定。

集资诈骗罪的构成要件是：

1. 主体要件

集资诈骗罪的主体为一般主体，年满16周岁的自然人与单位均可构成本罪。

2. 客体要件

本罪侵犯的客体是国家的金融管理秩序和公私财产的所有权。资金的投入是市场经济运行的必要条件，由于金融机构贷款条件的要求较高，加上资金市场管理秩序相对不规范，一些不法分子和单位在巨大利益的驱使下，往往以高额回报为诱饵，通过各种诈骗手段向社会非法集资，骗取投资人钱财。这种犯罪活动严重损害了社会公众的经济利益，扰乱了国家的金融管理秩序，甚至引发群体性事件，直接影响到社会的稳定。

3. 主观要件

集资诈骗罪是故意犯罪，主观方面是直接故意，并且具有非法占有集资款的目的，间接故意和过失不构成本罪。根据2011年1月4日施行的《最高人民法院关于审理非法集资刑事案件具体应用法律若干问题的解释》（下简称《集资诈骗解释》）第4条规定，使用诈骗方法非法集资，具有下列情形之一的，可以认定为"以非法占有为目的"：（1）集资后不用于生产经营活动或者用于生产经营活动与筹集资金规模明显不成比例，致使集资款不能返还的；（2）肆意挥霍集资款，致使集资款不能返还的；（3）携带集资款逃匿的；（4）将集资款用于违法犯罪活动的；（5）抽逃、转移资金、隐匿财产，逃避返还资金的；（6）隐匿、销毁账目，或者搞假破产、假倒闭，逃避返还资金的；

（7）拒不交代资金去向，逃避返还资金的；（8）其他可以认定非法占有目的的情形。

集资诈骗罪中的非法占有目的，应当区分情形进行具体认定。行为人部分非法集资行为具有非法占有目的的，对该部分非法集资行为所涉集资款以集资诈骗罪定罪处罚；非法集资共同犯罪中部分行为人具有非法占有目的，其他行为人没有非法占有集资款的共同故意和行为的，对具有非法占有目的的行为人以集资诈骗罪定罪处罚。

4．客观要件

集资诈骗罪客观方面表现为使用诈骗方法非法集资，数额较大的行为。

“使用诈骗方法”，实践中行为人多是采取虚构集资款的用途，以虚假的证明文件和高回报率为诱饵，骗取集资款。

“非法集资”，是指单位或者个人，违反国家金融管理法律规定，向社会公众（包括单位和个人）吸收资金的行为。

所谓集资，是指自然人或者法人为实现某种目的而募集资金或者集中资金的行为。依法进行的集资主要是指，公司、企业或者其他个人、团体依照法律、法规规定的条件和程序通过向社会、公众发行有价证券或者利用融资租赁、联营、合资、企业集资等方式在资金市场上筹集所需的资金。如股份有限公司、有限责任公司为了设立或者生产、经营的需要，而发行股票和债券。从当前资金市场的情况看，从事集资活动的主要是企业。一般来说，企业的集资行为必须符合以下四个条件：（1）集资的主体应当是符合《公司法》规定的有限责任公司或者股份有限公司条件的公司或者其他依法设立的具有法人资格的企业。（2）公司、企业聚集资金的目的，是为了用于公司、企业的设立或者公司、企业的生产和经营，不得用于弥补公司、企业的亏损和其他非经营性开支。（3）公司、企业募集资金主要通过发行股票、债券或者融资租赁、联营、合资等方式进行，其中发行股票和债券是一种主要的集资方式。（4）公司、企业在资金市场上募集资金的行为必须符合法律的规定。就是说公司、企业在资金市场上募集资金的行为必须按照《公司法》及其他有关募集资金的法律、法规的规定，严格按照法定的方式、程序、条件、期限、募集的对象等进行，违反法律规定募集资金的行为是不允许的。

所谓非法集资，是指公司、企业、个人或其他组织未经批准或违反法律、法规，通过不正当的渠道，向社会公众或者集体募集资金的行为，是构成本罪的行为实质所在。

鉴于非法集资犯罪活动的复杂性，为便于实践把握，《集资诈骗解释》第1条对非法集资概念的特征要件予以具体细化，明确成立非法集资需同时具备非法性、公开性、利诱性、社会性四个特征，即：（1）未经有关部门依法批准或者借用合法经营的形式吸收资金；（2）通过媒体、推介会、传单、手机短信等途径向社会公开宣传；（3）承诺在一定期限内以货币、实物、股权等方式还本付息或者给付回报；（4）向社会公众即社会不特定对象吸收资金。准确理解该四个特征要件，需注意以下几点：

第一，关于非法性特征。非法性特征是指违反国家金融管理法律规定吸收资金，具体表现为未经有关部门依法批准吸收资金和借用合法经营的形式吸收资金两种。“未经有关部门依法批准”主要表现为以下四种情形：一是未经有关部门批准；二是骗取批准欺诈发行；三是具有主体资格，但具体业务未经批准；四是具有主体资格，但经营行为违法。“借用合法经营的形式吸收资金”的具体表现形式多种多样，实践中应当注意结合《集资诈骗解释》第2条以及中国人民银行《关于进一步打击非法集资等活动的通知》等关于非法集资行为方式的规定，根据非法集资的行为实质进行具体认定。

第二，关于公开性特征。公开性特征是指通过媒体、推介会、传单、手机短信等途径向社会公开宣传。首先，公开宣传是公开性的实质，而具体宣传途经多种多样，如常见的宣传途径还有标语、横幅、宣传册、宣传画、讲座、论坛、研讨会等形式。至于实践中还大量存在口口相传、以人传人的现象是否属于公开宣传，能否将口口相传的效果归责于集资人，需要根据主客观相一致的原则进行具体分析，实践中可以结合“集资人”对此是否知情、对此态度如何，有无具体参与、是否设法加以阻止等主客观因素，认定是否符合公开性特征要件。其次，公开宣传不限于虚假宣传。实践中的非法集资活动通常会以实体公司的名义进行虚假宣传，蒙骗投资人。但是，非法集资的本质在于违反规定向社会公众吸收资金，即使未采取欺骗手段进行虚假宣传，但因其风险控制和承担能力有限，且缺乏有力的内外部监管，社会公众的利益难以得到切实保障，法律仍有干预之必要。故此，尽管非法集资往往都有欺骗性，但欺骗性不属于非法集资的必备要件。

第三，关于利诱性特征。利诱性特征是指集资人向集资群众承诺在一定期限内以货币、实物、股权等方式还本付息或者给付回报。利诱性特征包含有偿性和承诺性两个方面内容。回报的方式，既包括固定回报也包括非固定回报；给付回报的形式，除货币之外，还有实物、消费、股权等形式；具体给付回报名义，除了较为常见的利息、分红之外，还有所谓的“工资”、“奖金”、“销售提成”等。

第四，关于社会性特征。社会性特征是指向社会公众即社会不特定对象吸收资金。社会性是非法集资的本质特征，禁止非法集资的重要目的在于保护公众投资者的利益。社会性特征包含两个层面的内容。一是指向对象的广泛性；二是指向对象的不特定性。对于社会性特征的具体认定，除了结合上述公开性特征进行分析之外，还需要注意从以下两个方面进行具体判断：一是集资参与人的抗风险能力。法律干预非法集资的主要原因是社会公众缺乏投资知识，且难以承受损失风险。集资对象是否特定，应当以此为基础进行分析判断。二是集资行为的社会辐射力。对象是否特定，既要求集资人的主观意图是特定的，通常还要求其具体实施的行为是可控的。如果集资人所实施行为的辐射面连集资人自己都难以预料、控制，或者在蔓延至社会后听之任之，不设法加以阻止的，同样应当认定为向社会不特定对象进行非法集资。据此，虽然《集资诈骗解释》第1条第2款规定了“未向社会公开宣传，在亲友或者单位内部针对特定对象吸收资金的，不属于非法吸收或者变相吸收公众存款”；但下列情形不属于该款规定的“针对特定对象吸收资金”的行为，应当认定为向社会公众吸收资金：（1）在向亲友或者单位内部人员吸收资金的过程中，明知亲友或者单位内部人员向不特定对象吸收资金而予以放任的；（2）以吸收资金为目的，将社会人员吸收为单位内部人员，并向其吸收资金的。

按照法律规定，集资诈骗的行为，除需具备以上构成要件外，还必须达到“数额较大”的程度，才构成犯罪。根据《集资诈骗解释》第5条的规定，个人进行集资诈骗，数额在10万元以上的，应当认定为“数额较大”；单位进行集资诈骗，数额在50万元以上的，应当认定为“数额较大”。

另外，根据2008年1月2日《关于整治非法证券活动有关问题的通知》第2条第（2）项的规定，未经依法核准，以发行证券为幌子，实施非法证券活动，涉嫌犯罪的，依照《刑法》第176条、第192条等规定，以非法吸收公众存款罪、集资诈骗罪等罪名追究刑事责任。

（三）实务疑难问题

1. 关于本罪的罪与非罪

根据法律规定，集资诈骗的行为，必须达到“数额较大”的程度，才构成犯罪。根据《集资诈骗解释》第 5 条的规定，个人进行集资诈骗，数额在 10 万元以上的，应当认定为“数额较大”；单位进行集资诈骗，数额在 50 万元以上的，应当认定为“数额较大”。非法集资行为，如果诈骗的数额未达到司法解释规定的数额标准，则属一般违法行为，不成立集资诈骗犯罪。

2. 注重“非法占有目的”的认定

非法占有目的是成立集资诈骗罪的法定要件，是区分集资诈骗罪与其他非法集资犯罪的关键所在，同时也是集资诈骗罪司法认定当中的难点。在司法实践中根据《集资诈骗解释》第 4 条规定进行具体判断时，应注意把握以下几个问题：

（1）非法占有目的的认定原则。认定是否具有非法占有为目的，应当坚持主客观相一致的原则，既要避免以诈骗方法的认定替代非法占有目的的认定，又要避免单纯根据损失结果客观归罪，同时也不能仅凭行为人自己的供述，而是应当根据案件具体情况具体分析。对于因经营不善、市场风险等意志以外的原因，造成较大数额的集资款不能返还的，不应当认定为集资诈骗罪；对于行为人使用诈骗方法非法集资，具有《集资诈骗解释》第 4 条规定情形之一，致使数额较大集资款不能返还或者逃避返还，即使行为人不予供认的，也可以认定为集资诈骗罪。

（2）“肆意挥霍”的理解。首先，行为人将大部分资金用于投资或生产经营活动，而将少量资金用于个人消费或挥霍的，不应仅以此认定具有非法占有的目的。其次，“挥霍”通常指的是消费性支出。实践中存在一些“挥霍性投资”的情形，对此需要具体情况具体分析。如行为人仅将投资行为作为对外宣传等行骗手段，投资行为纯属消耗性的，行为人也不指望从该投资行为获取收益的，可以视为“挥霍”。

（3）“携带集资款逃匿”的理解。首先，逃匿包含逃跑和藏匿的双重涵义。不能不加区分地将各种逃跑的情形一概作集资诈骗处理。逃匿必须与携款联系起来进行综合分析。逃匿可能出于躲债、筹资等多种原因，只有携款潜逃的，才足以说明行为人具有拒绝返还集资款的主观目的。

此外，考虑到非法集资犯罪活动往往时间较长，犯罪分子在非法集资之初不一定具有非法占有目的；非法集资犯罪活动参与实施人员众多，部分参与人员不一定具有非法占有目的的犯意联络，为避免客观归罪，《集资诈骗解释》第4条第3款明确规定，“集资诈骗罪中的非法占有目的，应当区分情形进行具体认定。行为人部分非法集资行为具有非法占有目的的，对该部分非法集资行为所涉集资款以集资诈骗罪定罪处罚；非法集资共同犯罪中部分行为人具有非法占有目的，其他行为人没有非法占有集资款的共同故意和行为的，对具有非法占有目的的行为人以集资诈骗罪定罪处罚。”据此，对于非法占有目的产生于非法集资过程当中的，应当只对非法占有目的支配下实施的非法集资犯罪以集资诈骗罪处理，对于之前实施的行为，应以其他非法集资犯罪处理，实行数罪并罚；对于共同非法集资犯罪案件，应当只对具有非法占有目的的犯罪人以集资诈骗罪处理；对于不具有非法占有目的犯意联络的犯罪人，应对其参与实施的全部事实以其他非法集资犯罪处理。

3. 划清非法集资与民间借贷的界限

民间借贷是指公民之间、公民与法人之间、公民与其他组织之间借贷。只要双方当事人意见表示真实即可认定有效，因借贷产生的抵押相应有效，但利率不得超过人民银行规定的相关利率。民间借贷分为民间个人借贷活动和公民与金融企业之间的借贷。民间个人借贷活动必须严格遵守国家法律、行政法规的有关规定，遵循自愿互助、诚实信用原则。

4. 划清集资诈骗罪与一般非法集资行为的界限

集资诈骗罪与一般非法集资行为的界限，主要表现在行为人主观上是否以非法占有为目的。构成集资诈骗罪，其行为人在主观上必须具有非法占有他人财物的目的。如果行为人没有非法占有他人财物的目的，其行为就属于一般的集资借贷行为。一般非法集资行为有的也可能表现为行为人为了获得集资款而有意夸大回报集资的条件，有的在集资后因经营管理不善或者其他因素造成亏损，从而导致无力偿还集资本息并引起债务纠纷，但不能以犯罪论处。此外，我们可以从集资后的资金使用及资金去向上看行为人是否具有“以非法占有为目的”。如果集资后携款潜逃、用于个人挥霍等，则可以认定行为人具有非法占有的目的。如果行为人是用于发展生产、从事经商贸易，因经营不善而亏损，无力偿还，则不能据此简单地认为行为人具有非法占有的目的。

5. 注意集资诈骗罪和诈骗罪的区分

集资诈骗罪实际上是一种特殊的诈骗罪，因此它既有一般诈骗罪所具有的共性，也具有一般诈骗罪所不具有的特殊性。两者区别主要是：

（1）犯罪主体不同。诈骗罪的主体只能是个人；而集资诈骗罪的主体除个人外，还可以是单位。

（2）犯罪客体不同。诈骗罪侵犯的客体是公私财产的所有权，是单一客体，属于财产犯罪之一；而集资诈骗罪侵犯的是复杂客体，即不仅侵犯了公私财产所有权，而且还侵犯了国家正常的金融管理秩序。

（3）犯罪的对象不同。本罪的对象是不特定多数人的用以集资获利的资金，包括金钱与财物；但后罪即诈骗罪的对象则是特定的，即行为人是针对某一特定的人或单位去实施诈骗行为并获取其钱财。

（4）客观行为的表现形式不同。诈骗罪在客观方面表现为用虚构事实或隐瞒真相直接使被骗人交付财物的行为，被骗人交付财物既可以是为了投资营利，亦可以是购买某物或借给欺骗人；但本罪不仅要使用诈骗方法即虚构事实或隐瞒真相的方法，而且还是以聚集资金的名义进行的，被骗人交付钱财是认为所交付的资金是集资而营利，而没有其他意图。这样，本罪客观行为不仅要有诈骗的方法，而且还要有非法集资的行为，诈骗方法实施的目的就是为了骗取他人用以集资的钱财，而不是他种用途的财物。当然，从诈骗行为的本质来讲，其应当包括诈骗他人集资的行为在内。这样就使得本罪行为为诈骗罪的行为所包容，形成两者之间的包容与被包容的法条竞合的关系，根据法条竞合的适用原则，没有相反规定的，应当依照特别法条定罪量刑。对于本罪与诈骗罪而言，本罪行为是被包容的法条属特别法条，因此，对以诈骗方法骗取集资的，应当以本罪定罪科刑。

6. 注意集资诈骗罪和非法吸收公众存款罪的区分

实践中，两罪的客观行为表现，尤其是非法吸收公众存款的手段上多有雷同，如均可以：不具有房产销售的真实内容或者不以房产销售为主要目的，以返本销售、售后包租、约定回购、销售房产份额等方式非法吸收资金的：以转让林权并代为管护等方式非法吸收资金的；以代种植（养殖）、租种植（养殖）、联合种植（养殖）等方式非法吸收资金的；不具有销售商品、提供服务的真实内容或者不以销售商品、提供服务为主要目的，以商品回购、寄存代售等方式非法吸收资金的；不具有发行股票、债券的真实内容，以虚假转让股权、发售虚构债券等方式非法吸收资金的；不具有募集基金的真实内容，以假借境外基金、发售虚构基金等方式非法吸收资金的；不具有销售保险的真实内容，以假冒保险公司、伪造保险单据等方式非法吸收资金的；以投资入股的方式非法吸收资金的；以委托理财的方式非法吸收资金的；利用民间“会”“社”等组织非法吸收资金。

两罪的主要区别在于：（1）犯罪的目的不同。前者的犯罪目的是非法占有向社会公众吸收募集的资金；而后者的犯罪目的则是希望通过吸收公众存款的方式进行营利，在主观上并不具有非法占有公众存款的目的，这是两罪最为本质的区别。（2）犯罪手段不同。前者要求行为人在吸收公众资金过程中必须使用诈骗的方法；而后者则不要求行为人必须使用诈骗方法。（3）侵犯的客体不同。前者侵犯的是双重客体；后者侵犯的主要是国家的金融管理秩序。

7. 注重共犯的认定

根据刑法共同犯罪理论及 2014 年 3 月 25 日《最高人民法院、最高人民检察院、公安部关于办理非法集资刑事案件适用法律若干问题的意见》第 4 条的规定，为他人向社会公众非法吸收资金提供帮助，从中收取代理费、好处费、返点费、佣金、提成等费用，构成非法集资共同犯罪的，应当依法追究刑事责任。能够及时退缴上述费用的，可依法从轻处罚；其中情节轻微的，可以免除处罚；情节显著轻微、危害不大的，不作为犯罪处理。

此外，根据《集资诈骗解释》第 8 条规定，明知他人从事集资诈骗犯罪活动，广告经营者、广告发布者为其提供广告等宣传的，以集资诈骗罪的共犯论处。

（四）情节与量刑

依照《刑法》第 192 条规定，犯集资诈骗罪的，处 5 年以下有期徒刑或者拘役，并处 2 万元以上 20 万元以下罚金；数额巨大或者有其他严重情节的，处 5 年以上 10 年以下有期徒刑，并处 5 万元以上 50 万元以下罚金；数额特别巨大或者有其他特别严重情节的，处 10 年以上有期徒刑或者无期徒刑，并处 5 万元以上 50 万元以下罚金或者没收财产。

依照《刑法》第 200 条规定，单位犯本罪的，对单位判处罚金，并对其直接负责的主管人员和其他直接责任人员，处 5 年以下有期徒刑或者拘役，可以并处罚金；数额巨大或者有其他严重情节的，处5年以上10年以下有期徒刑，并处罚金；数额特别巨大或者有其他特别严重情节的，处10年以上有期徒刑或者无期徒刑，并处罚金。

具体情节与量刑的对应情况，列表格如下（自然人）：

量刑档次	对应情节	有关概念解释	备注
五年以下有期徒刑或者拘役，并处二万元以上二十万元以下罚金	数额较大	1. 个人进行集资诈骗，数额在10万元以上的，应当认定为“数额较大”；单位进行集资诈骗，数额在50万元以上的，应当认定为“数额较大”；	1. 犯本罪，必须并处财产刑。 2. 犯本罪判处十年以上有期徒刑的，既可并处罚金，也可并处没收财产，但一般情形下，应当并处罚金。判处无期徒刑的，则应当并处没收财产。
五年以上十年以下有期徒刑，并处五万元以上五十万元以下罚金	（1）数额巨大 （2）有其他严重情节的	1. 数额在30万元以上的，应当认定为“数额巨大”；单位进行集资诈骗，数额在150万元以上的，应当认定为“数额巨大”； 2. 其他严重情节，目前由各高级人民法院制定地方标准。	
十年以上有期徒刑或者无期徒刑，并处五万元以上五十万元以下罚金或者没收财产	（1）数额特别巨大 （2）有其他特别严重情节	1. 数额在100万元以上的，应当认定为“数额特别巨大”。单位进行集资诈骗，数额在500万元以上的，应当认定为“数额特别巨大”。 2. 其他严重情节，目前由各高级人民法院制定地方标准。	

司法机关在适用《刑法》第192条、第199条、第200条规定处罚时，应当注意以下问题：

1. 如何掌握“数额巨大”“数额特别巨大”的数额标准的问题

集资诈骗的数额不仅是定罪的重要标准，也是量刑的主要依据。根据《集资诈骗解释》第5条的规定，个人进行集资诈骗，数额在30万元以上的，应当认定为“数额巨大”；数额在100万元以上的，应当认定为“数额特别巨大”。单位进行集资诈骗，数额在150万元以上的，应当认定为“数额巨大”；数额在500万元以上，应当认定为“数额特别巨大”。

集资诈骗的数额以行为人实际骗取的数额计算，案发前已归还的数额应予扣除。行为人为实施集资诈骗活动而支付的广告费、中介费、手续费、回扣，或者用于行贿、赠与等费用，不予扣除。行为人为实施集资诈骗活动而支付的利息，除本金未归还可予折抵本金以外，应当计入诈骗数额。

关于本罪的“其他严重情节”“其他特别严重情节”，目前没有司法解释作了规定。在新的司法解释出台前，各高级人民法院可制定适用于本省的地方标准，主要从犯罪手段、犯罪后果、犯罪对社会造成的危害和影响等方面考虑。

2. 本罪已经取消了死刑适用

根据《刑法修正案（九）》第 12 条规定，刑法取消了本罪的死刑规定。这主要是由于中央进一步落实宽严相济的刑事政策，完善死刑法律规定，适当减少死刑罪名，调整死刑与无期徒刑、有期徒刑之间的结构关系后所作的修改。本罪在《刑法修正案（九）》前，从司法实践看，很少适用死刑，并且集资诈骗罪属于非暴力性质的经济犯罪，社会危害性不是最严重的，取消本罪的死刑不会对我国社会稳定大局和治安形势带来负责影响，而且对本罪最高处以无期徒刑也可以适应打击这类犯罪的实际需要，足以直到处罚和震慑的作用，并做到罪责刑相适应。死刑本身具有严重的缺陷，其作为刑罚的功能也是有限的。《刑法修正案（八）》取消票据诈骗罪、金融凭证诈骗罪、信用证诈骗罪三个金融诈骗犯罪的死刑，就是立法者坚持慎用死刑理念，理性审示死刑而对金融诈骗犯罪重新研判的结果。

集资诈骗罪作为涉众型犯罪，近年来发案率大量增加且危害严重，但其犯罪原因复杂，案件背后往往具有深层次的政策性金融垄断、民间融资难等体制方面的原因，从受害人角度，其自身的贪利、投机的心理也是导致犯罪发生的重要因素，不能将预防和减少集资诈骗犯罪寄希望于死刑的适用上。

3. 注重财产刑的适用

本罪是图利型犯罪，惩罚和预防此类犯罪，应当注重同时从经济上制裁犯罪分子。刑法对金融犯罪都规定了财产刑，人民法院应当严格依法判处。罚金的数额，应当根据被告人的犯罪情节，在法律规定的数额幅度内确定。对于具有从轻、减轻或者免除处罚情节的被告人，对于本应并处的罚金刑原则上也应当从轻、减轻或者免除。

对财产刑的适用应当注意，对自然人犯本罪和单位犯本罪处罚直接负责任的主管人员和其他直接责任人员时，主刑方面两者没有区别，但是财产刑是有区别的。(1) 构成基本犯罪时，对自然人必须并处 2 万元以上 20 万元以下罚金。而单位犯罪，对直接负责任的主管人员和其他直接责任人员是可以并处罚金，且没有规定罚金的数额。（2）数额巨大或者有其他严重情节的情况下，对自然人是必须并处5万元以上50万元以下罚金。而单位犯罪，对直接负责任的主管人员和其他直接责任人员虽然必须并处罚金，但没有规定罚金的数额。（3）数额特别巨大或者有其他特别严重情节的情况下，对自然人在判处主刑时，是必须并处5万元以上50万元以下罚金或者没收财产。而单位犯罪，对直接负责任的主管人员和其他直接责任人员判处主刑时，则只限于必须并处罚金，而不能并处没收财产。

4. 关于规范化量刑

《最高人民法院关于常见犯罪的量刑指导意见》对集资诈骗罪的量刑并未有作出规定，这主要是由于此类案件在司法实践中的发案率不高，最高司法机关还未能总结出一套比较完整的量刑规范化方案，有待于在总结经验的基础上再作出详细的规定。在此之前，各高级法院可以根据各地的社会治安状况、经济发展状况等因素，制定适合本省、自治区、直辖市实际情况的量刑规范化标准。在有关规定出台前，司法人员应当根据犯罪的事实、犯罪的性质、情节和对于社会的危害程度，依照刑法和有关司法解释的规定判处刑罚。

（五）法律链接

1. 最高人民法院、最高人民检察院、公安部关于办理非法集资刑事案件适用法律若干问题的意见（公通字〔2014〕16号　自2014年3月25日起施行）

各省、自治区、直辖市高级人民法院，人民检察院，公安厅、局，解放军军事法院、军事检察院，新疆维吾尔自治区高级人民法院生产建设兵团分院，新疆生产建设兵团人民检察院、公安局：

为解决近年来公安机关、人民检察院、人民法院在办理非法集资刑事案件中遇到的问题，依法惩治非法吸收公众存款、集资诈骗等犯罪，根据刑法、刑事诉讼法的规定，结合司法实践，现就办理非法集资刑事案件适用法律问题提出以下意见：

一、关于行政认定的问题

行政部门对于非法集资的性质认定，不是非法集资刑事案件进入刑事诉讼程序的必经程序。行政部门未对非法集资作出性质认定的，不影响非法集资刑事案件的侦查、起诉和审判。

公安机关、人民检察院、人民法院应当依法认定案件事实的性质，对于案情复杂、性质认定疑难的案件，可参考有关部门的认定意见，根据案件事实和法律规定作出性质认定。

二、关于“向社会公开宣传”的认定问题

《最高人民法院关于审理非法集资刑事案件具体应用法律若干问题的解释》第一条第一款第二项中的“向社会公开宣传”，包括以各种途径向社会公众传播吸收资金的信息，以及明知吸收资金的信息向社会公众扩散而予以放任等情形。

三、关于“社会公众”的认定问题

下列情形不属于《最高人民法院关于审理非法集资刑事案件具体应用法律若干问题的解释》第一条第二款规定的“针对特定对象吸收资金”的行为，应当认定为向社会公众吸收资金：

（一）在向亲友或者单位内部人员吸收资金的过程中，明知亲友或者单位内部人员向不特定对象吸收资金而予以放任的；

（二）以吸收资金为目的，将社会人员吸收为单位内部人员，并向其吸收资金的。

四、关于共同犯罪的处理问题

为他人向社会公众非法吸收资金提供帮助，从中收取代理费、好处费、返点费、佣金、提成等费用，构成非法集资共同犯罪的，应当依法追究刑事责任。能够及时退缴上述费用的，可依法从轻处罚；其中情节轻微的，可以免除处罚；情节显著轻微、危害不大的，不作为犯罪处理。

五、关于涉案财物的追缴和处置问题

向社会公众非法吸收的资金属于违法所得。以吸收的资金向集资参与人支付的利息、分红等回报，以及向帮助吸收资金人员支付的代理费、好处费、返点费、佣金、提成等费用，应当依法追缴。集资参与人本金尚未归还的，所支付的回报可予折抵本金。

将非法吸收的资金及其转换财物用于清偿债务或者转让给他人，有下列情形之一的，应当依法追缴：

（一）他人明知是上述资金及财物而收取的；

（二）他人无偿取得上述资金及财物的；

（三）他人以明显低于市场的价格取得上述资金及财物的；

（四）他人取得上述资金及财物系源于非法债务或者违法犯罪活动的；

（五）其他依法应当追缴的情形。

查封、扣押、冻结的易贬值及保管、养护成本较高的涉案财物，可以在诉讼终结前依照有关规定变卖、拍卖。所得价款由查封、扣押、冻结机关予以保管，待诉讼终结后一并处置。

查封、扣押、冻结的涉案财物，一般应在诉讼终结后，返还集资参与人。涉案财物不足全部返还的，按照集资参与人的集资额比例返还。

六、关于证据的收集问题

办理非法集资刑事案件中，确因客观条件的限制无法逐一收集集资参与人的言词证据的，可结合已收集的集资参与人的言词证据和依法收集并查证属实的书面合同、银行账户交易记录、会计凭证及会计账簿、资金收付凭证、审计报告、互联网电子数据等证据，综合认定非法集资对象人数和吸收资金数额等犯罪事实。

七、关于涉及民事案件的处理问题

对于公安机关、人民检察院、人民法院正在侦查、起诉、审理的非法集资刑事案件，有关单位或者个人就同一事实向人民法院提起民事诉讼或者申请执行涉案财物的，人民法院应当不予受理，并将有关材料移送公安机关或者检察机关。

人民法院在审理民事案件或者执行过程中，发现有非法集资犯罪嫌疑的，应当裁定驳回起诉或者中止执行，并及时将有关材料移送公安机关或者检察机关。

公安机关、人民检察院、人民法院在侦查、起诉、审理非法集资刑事案件中，发现与人民法院正在审理的民事案件属同一事实，或者被申请执行的财物属于涉案财物的，应当及时通报相关人民法院。人民法院经审查认为确属涉嫌犯罪的，依照前款规定处理。

八、关于跨区域案件的处理问题

跨区域非法集资刑事案件，在查清犯罪事实的基础上，可以由不同地区的公安机关、人民检察院、人民法院分别处理。

对于分别处理的跨区域非法集资刑事案件，应当按照统一制定的方案处置涉案财物。

国家机关工作人员违反规定处置涉案财物，构成渎职等犯罪的，应当依法追究刑事责任。

2. 最高人民法院关于非法集资刑事案件性质认定问题的通知（法〔2011〕262号　自2011年8月18日起施行）

各省、自治区、直辖市高级人民法院，解放军军事法院，新疆维吾尔自治区高级人民法院生产建设兵团分院：

为依法、准确、及时审理非法集资刑事案件，现就非法集资性质认定的有关问题通知如下：

一、行政部门对于非法集资的性质认定，不是非法集资案件进入刑事程序的必经程序。行政部门未对非法集资作出性质认定的，不影响非法集资刑事案件的审判。

二、人民法院应当依照刑法和最高人民法院《关于审理非法集资刑事案件具体应用法律若干问题的解释》等有关规定认定案件事实的性质，并认定相关行为是否构成犯罪。

三、对于案情复杂、性质认定疑难的案件，人民法院可以在有关部门关于是否符合行业技术标准的行政认定意见的基础上，根据案件事实和法律规定作出性质认定。

四、非法集资刑事案件的审判工作涉及领域广、专业性强，人民法院在审理此类案件当中要注意加强与有关行政主（监）管部门以及公安机关、人民检察院的配合。审判工作中遇到重大问题难以解决的，请及时报告最高人民法院。

3. 最高人民法院关于审理非法集资刑事案件具体应用法律若干问题的解释（法释〔2010〕18号　自2011年1月4日起施行）

为依法惩治非法吸收公众存款、集资诈骗等非法集资犯罪活动，根据刑法有关规定，现就审理此类刑事案件具体应用法律的若干问题解释如下：

第一条　违反国家金融管理法律规定，向社会公众（包括单位和个人）吸收资金的行为，同时具备下列四个条件的，除刑法另有规定的以外，应当认定为刑法第一百七十六条规定的“非法吸收公众存款或者变相吸收公众存款”：

（一）未经有关部门依法批准或者借用合法经营的形式吸收资金；

（二）通过媒体、推介会、传单、手机短信等途径向社会公开宣传；

（三）承诺在一定期限内以货币、实物、股权等方式还本付息或者给付回报；

（四）向社会公众即社会不特定对象吸收资金。

未向社会公开宣传，在亲友或者单位内部针对特定对象吸收资金的，不属于非法吸收或者变相吸收公众存款。

第二条 实施下列行为之一，符合本解释第一条第一款规定的条件的，应当依照刑法第一百七十六条的规定，以非法吸收公众存款罪定罪处罚：

（一）不具有房产销售的真实内容或者不以房产销售为主要目的，以返本销售、售后包租、约定回购、销售房产份额等方式非法吸收资金的；

（二）以转让林权并代为管护等方式非法吸收资金的；

（三）以代种植（养殖）、租种植（养殖）、联合种植（养殖）等方式非法吸收资金的；

（四）不具有销售商品、提供服务的真实内容或者不以销售商品、提供服务为主要目的，以商品回购、寄存代售等方式非法吸收资金的；

（五）不具有发行股票、债券的真实内容，以虚假转让股权、发售虚构债券等方式非法吸收资金的；

（六）不具有募集基金的真实内容，以假借境外基金、发售虚构基金等方式非法吸收资金的；

（七）不具有销售保险的真实内容，以假冒保险公司、伪造保险单据等方式非法吸收资金的；

（八）以投资入股的方式非法吸收资金的；

（九）以委托理财的方式非法吸收资金的；

（十）利用民间“会”、“社”等组织非法吸收资金的；

（十一）其他非法吸收资金的行为。

第三条 非法吸收或者变相吸收公众存款，具有下列情形之一的，应当依法追究刑事责任：

（一）个人非法吸收或者变相吸收公众存款，数额在 20 万元以上的，单位非法吸收或者变相吸收公众存款，数额在 100 万元以上的；

（二）个人非法吸收或者变相吸收公众存款对象 30 人以上的，单位非法吸收或者变相吸收公众存款对象 150 人以上的；

（三）个人非法吸收或者变相吸收公众存款，给存款人造成直接经济损失数额在 10 万元以上的，单位非法吸收或者变相吸收公众存款，给存款人造成直接经济损失数额在 50 万元以上的；

（四）造成恶劣社会影响或者其他严重后果的。

具有下列情形之一的，属于刑法第一百七十六条规定的“数额巨大或者有其他严重情节”：

（一）个人非法吸收或者变相吸收公众存款，数额在100万元以上的，单位非法吸收或者变相吸收公众存款，数额在500万元以上的；

（二）个人非法吸收或者变相吸收公众存款对象100人以上的，单位非法吸收或者变相吸收公众存款对象500人以上的；

（三）个人非法吸收或者变相吸收公众存款，给存款人造成直接经济损失数额在50万元以上的，单位非法吸收或者变相吸收公众存款，给存款人造成直接经济损失数额在250万元以上的；

（四）造成特别恶劣社会影响或者其他特别严重后果的。

非法吸收或者变相吸收公众存款的数额，以行为人所吸收的资金全额计算。案发前后已归还的数额，可以作为量刑情节酌情考虑。

非法吸收或者变相吸收公众存款，主要用于正常的生产经营活动，能够及时清退所吸收资金，可以免予刑事处罚；情节显著轻微的，不作为犯罪处理。

第四条　以非法占有为目的，使用诈骗方法实施本解释第二条规定所列行为的，应当依照刑法第一百九十二条的规定，以集资诈骗罪定罪处罚。

使用诈骗方法非法集资，具有下列情形之一的，可以认定为“以非法占有为目的”：

（一）集资后不用于生产经营活动或者用于生产经营活动与筹集资金规模明显不成比例，致使集资款不能返还的；

（二）肆意挥霍集资款，致使集资款不能返还的；

（三）携带集资款逃匿的；

（四）将集资款用于违法犯罪活动的；

（五）抽逃、转移资金、隐匿财产，逃避返还资金的；

（六）隐匿、销毁账目，或者搞假破产、假倒闭，逃避返还资金的；

（七）拒不交代资金去向，逃避返还资金的；

（八）其他可以认定非法占有目的的情形。

集资诈骗罪中的非法占有目的，应当区分情形进行具体认定。行为人部分非法集资行为具有非法占有目的的，对该部分非法集资行为所涉集资款以集资诈骗罪定罪处罚；非法集资共同犯罪中部分行为人具有非法占有目的，其他行为人没有非法占有集资款的共同故意和行为的，对具有非法占有目的的行为人以集资诈骗罪定罪处罚。

第五条 个人进行集资诈骗，数额在10万元以上的，应当认定为“数额较大”；数额在30万元以上的，应当认定为“数额巨大”；数额在100万元以上的，应当认定为“数额特别巨大”。

单位进行集资诈骗，数额在50万元以上的，应当认定为“数额较大”；数额在150万元以上的，应当认定为“数额巨大”；数额在500万元以上的，应当认定为“数额特别巨大”。

集资诈骗的数额以行为人实际骗取的数额计算，案发前已归还的数额应予扣除。行为人为实施集资诈骗活动而支付的广告费、中介费、手续费、回扣，或者用于行贿、赠与等费用，不予扣除。行为人为实施集资诈骗活动而支付的利息，除本金未归还可予折抵本金以外，应当计入诈骗数额。

第六条 未经国家有关主管部门批准，向社会不特定对象发行、以转让股权等方式变相发行股票或者公司、企业债券，或者向特定对象发行、变相发行股票或者公司、企业债券累计超过200人的，应当认定为刑法第一百七十九条规定的“擅自发行股票、公司、企业债券”。构成犯罪的，以擅自发行股票、公司、企业债券罪定罪处罚。

第七条 违反国家规定，未经依法核准擅自发行基金份额募集基金，情节严重的，依照刑法第二百二十五条的规定，以非法经营罪定罪处罚。

第八条 广告经营者、广告发布者违反国家规定，利用广告为非法集资活动相关的商品或者服务作虚假宣传，具有下列情形之一的，依照刑法第二百二十二条的规定，以虚假广告罪定罪处罚：

（一）违法所得数额在10万元以上的；

（二）造成严重危害后果或者恶劣社会影响的；

（三）二年内利用广告作虚假宣传，受过行政处罚二次以上的；

（四）其他情节严重的情形。

明知他人从事欺诈发行股票、债券，非法吸收公众存款，擅自发行股票、债券，集资诈骗或者组织、领导传销活动等集资犯罪活动，为其提供广告等宣传的，以相关犯罪的共犯论处。

第九条 此前发布的司法解释与本解释不一致的，以本解释为准。

4. 最高人民法院、最高人民检察院、公安部、中国证券监督管理委员会关于整治非法证券活动有关问题的通知（证监发〔2008〕1号　自2008年1月2日起施行）（节录）

二、明确法律政策界限，依法打击非法证券活动

（二）关于擅自发行证券的责任追究。未经依法核准，擅自发行证券，涉嫌犯罪的，依照《刑法》第一百七十九条之规定，以擅自发行股票、公司、企业债券罪追究刑事责任。未经依法核准，以发行证券为幌子，实施非法证券活动，涉嫌犯罪的，依照《刑法》第一百七十六条、第一百九十二条等规定，以非法吸收公众存款罪、集资诈骗罪等罪名追究刑事责任。未构成犯罪的，依照《证券法》和有关法律的规定给予行政处罚。

5. 最高人民法院、最高人民检察院、公安部关于办理组织领导传销活动刑事案件适用法律若干问题的意见（公通字〔2013〕37号　自2013年11月14日起施行）（节录）

六、关于罪名的适用问题

以非法占有为目的，组织、领导传销活动，同时构成组织、领导传销活动罪和集资诈骗罪的，依照处罚较重的规定定罪处罚。

犯组织、领导传销活动罪，并实施故意伤害、非法拘禁、敲诈勒索、妨害公务、聚众扰乱社会秩序、聚众冲击国家机关、聚众扰乱公共场所秩序、交通秩序等行为，构成犯罪的，依照数罪并罚的规定处罚。

6. 全国法院审理金融犯罪案件工作座谈会纪要（法〔2001〕8号　自2001年1月21日起施行）（节录）

二

（三）关于金融诈骗罪

1. 金融诈骗罪中非法占有目的的认定

金融诈骗犯罪都是以非法占有为目的的犯罪。在司法实践中，认定是否具有非法占有为目的，应当坚持主客观相一致的原则，既要避免单纯根据损失结果客观归罪，也不能仅凭被告人自己的供述，而应当根据案件具体情况具体分析。根据司法实践，对于行为人通过诈骗的方法非法获取资金，造成数额较大资金不能归还，并具有下列情形之一的，可以认定为具有非法占有的目的：

（1）明知没有归还能力而大量骗取资金的；

（2）非法获取资金后逃跑的；

（3）肆意挥霍骗取资金的；

（4）使用骗取的资金进行违法犯罪活动的；

（5）抽逃、转移资金、隐匿财产，以逃避返还资金的；

（6）隐匿、销毁账目，或者搞假破产、假倒闭，以逃避返还资金的；

（7）其他非法占有资金、拒不返还的行为。但是，在处理具体案件的时候，对于有证据证明行为人不具有非法占有目的的，不能单纯以财产不能归还就按金融诈骗罪处罚。

3. 集资诈骗罪的认定和处理。集资诈骗罪和欺诈发行股票、债券罪、非法吸收公众存款罪在客观上均表现为向社会公众非法募集资金。区别的关键在于行为人是否具有非法占有的目的。对于以非法占有为目的而非法集资，或者在非法集资过程中产生了非法占有他人资金的故意，均构成集资诈骗罪。但是，在处理具体案件时要注意以下两点：一是不能仅凭较大数额的非法集资款不能返还的结果，推定行为人具有非法占有的目的；二是行为人将大部分资金用于投资或生产经营活动，而将少量资金用于个人消费或挥霍的，不应仅以此便认定具有非法占有的目的。

4. 金融诈骗犯罪定罪量刑的数额标准和犯罪数额的计算。金融诈骗的数额不仅是定罪的重要标准，也是量刑的主要依据。在没有新的司法解释之前，可参照1996年《最高人民法院关于审理诈骗案件具体应用法律的若干问题的解释》的规定执行。在具体认定金融诈骗犯罪的数额时，应当以行为人实际骗取的数额计算。对于行为人为实施金融诈骗活动而支付的中介费、手续费、回扣等，或者用于行贿、赠与等费用，均应计入金融诈骗的犯罪数额。但应当将案发前已归还的数额扣除。

（四）死刑的适用［因《刑法修正案（九）》已经废除了集资诈骗罪的死刑规定，此部分略］

（五）财产刑的适用

金融犯罪是图利型犯罪，惩罚和预防此类犯罪，应当注重同时从经济上制裁犯罪分子。刑法对金融犯罪都规定了财产刑，人民法院应当严格依法判处。罚金的数额，应当根据被告人的犯罪情节，在法律规定的数额幅度内确定。对于具有从轻、减轻或者免除处罚情节的被告人，对于本应并处的罚金刑原则上也应当从轻、减轻或者免除。

单位金融犯罪中直接负责的主管人员和其他直接责任人员，是否适用罚金刑，应当根据刑法的具体规定。刑法分则条文规定有罚金刑，并规定对单位犯罪中直接负责的主管人员和其他直接责任人员依照自然人犯罪条款处罚的，应当判处罚金刑，但是对直接负责的主管人员和其他直接责任人员判处罚金的数额，应当低于对单位判处罚金的数额；刑法分则条文明确规定对单位犯罪中直接负责的主管人员和其他直接责任人员只判处自由刑的，不能附加判处罚金刑。

7. 最高人民法院关于依法严厉打击集资诈骗和非法吸收公众存款犯罪活动的通知（法〔2004〕240号　自2014年11月15日起施行）

各省、自治区、直辖市高级人民法院，解放军军事法院，新疆维吾尔自治区高级人民法院生产建设兵团分院：

近年来，一些地方集资诈骗、非法吸收公众存款犯罪活动十分猖獗，大案要案接连发生，严重扰乱金融市场秩序，侵犯公民、法人和其他组织的合法权益。为了切实维护国家金融市场秩序和社会政治稳定，现就人民法院充分发挥审判职能作用，依法严厉打击集资诈骗和非法吸收公众存款犯罪活动的有关问题通知如下：

一、充分认识集资诈骗和非法吸收公众存款犯罪的严重社会危害性，切实加强对这类犯罪案件的审判工作。当前，各种形式的非法集资犯罪活动，手段更加狡黠，欺骗性更强，导致大量人民群众上当受骗。不少集资诈骗和非法吸收公众存款犯罪案件，涉案金额特别巨大，受害人员范围广，给公民和法人以及其他组织造成巨额财产损失，严重破坏金融市场秩序，由此导致的群体性事件屡有发生，严重影响社会政治稳定。各级人民法院一定要从贯彻“三个代表”重要思想，树立和落实科学发展观，落实“司法为民”要求的高度，进一步提高对集资诈骗和非法吸收公众存款犯罪案件审判工作重要性的认识，全面发挥人民法院刑事审判职能作用，为有效遏制集资诈骗和非法吸收公众存款犯罪活动，规范金融市场秩序提供有力司法保障。

二、坚决贯彻依法严惩集资诈骗和非法吸收公众存款犯罪的方针，加大对集资诈骗和非法吸收公众存款犯罪的打击力度。金融犯罪一直是我国整顿和规范市场经济秩序工作的打击重点，集资诈骗和非法吸收公众存款犯罪案件，是金融犯罪刑事审判工作的重中之重。集资诈骗和非法吸收公众存款犯罪发案较多的地区，人民法院要积极配合有关部门，开展严厉打击这类犯罪的专项行动，切实维护金融市场秩序和社会政治稳定。对集资诈骗和非法吸收公众存款的犯罪活动，一定要贯彻依法严惩的方针，保持对犯罪的高压态势，以有效震慑不法分子，保护人民群众利益。一旦案件起诉后，即应尽快开庭，及时审结。对集资诈骗数额特别巨大并且给国家和人民利益造成特别重大损失，罪行极其严重的犯罪分子，依法应该判处死刑的，要坚决判处死刑，决不手软。[①] 在对犯罪分子判处主刑的同时，要依法适用财产刑，并加大赃款赃物的追缴力度，不让犯罪分子在经济上获取非法利益。对集资诈骗和非法吸收公众存款共同犯罪案件中的主犯，一定要依法从严惩处。

三、坚持审判工作法律效果和社会效果有机统一，积极参与金融市场经济秩序的综合治理。各级人民法院在审判集资诈骗和非法吸收公众存款犯罪案件工作中，要把依法审判与法制宣传有机结合起来。注意通过依法公开宣判、新闻媒体宣传等各种行之有效的形式，揭露犯罪骗局，教育广大群众，提高公民防骗意识。要妥善处理涉及众多被害人的犯罪案件，注意追缴犯罪分子的违法所得，及时将被骗的集资款返还被害人，配合地方党委和政府做好案件的善后工作，尽量将犯罪造成的不良后果降到最低限度，确保社会稳定。对办案过程中发现有关部门和单位在资金管理制度和环节上存在的漏洞和隐患，要及时提出司法建议，以做到防患于未然。

四、深入调查研究，及时解决审判这类案件中的疑难问题。各高级人民法院对于近期受理的集资诈骗和非法吸收公众存款大要案的审理情况，要及时报告我院。审理集资诈骗和非法吸收公众存款犯罪案件政策性强，涉及法律适用问题疑难，各高级人民法院对在审判工作中遇到的新情况、新问题，要认真研究，提出意见，加强指导，及时报告我院。

二、贷款诈骗罪

（一）法律规定

第一百九十三条　有下列情形之一，以非法占有为目的，诈骗银行或者其他金融机构的贷款，数额较大的，处五年以下有期徒刑

① 《刑法修正案（九）》已经取消了集资诈骗罪的死刑规定。

或者拘役，并处二万元以上二十万元以下罚金；数额巨大或者有其他严重情节的，处五年以上十年以下有期徒刑，并处五万元以上五十万元以下罚金；数额特别巨大或者有其他特别严重情节的，处十年以上有期徒刑或者无期徒刑，并处五万元以上五十万元以下罚金或者没收财产：

（一）编造引进资金、项目等虚假理由的；

（二）使用虚假的经济合同的；

（三）使用虚假的证明文件的；

（四）使用虚假的产权证明作担保或者超出抵押物价值重复担保的；

（五）以其他方法诈骗贷款的。

（二）罪名详解

贷款诈骗罪是指以非法占有为目的，使用诈骗的方法骗取金融机构贷款，数额较大的行为。

本罪是从《全国人民代表大会常务委员会关于惩治破坏金融秩序犯罪的决定》第10条的规定，吸收改为刑法的具体规定的，1979年刑法没有贷款诈骗罪的规定。

贷款诈骗罪的构成要件是：

1. 主体要件

贷款诈骗罪的主体为一般自然人主体，年满16周岁的自然人均可构成本罪，但单位不能成为本罪的主体。

2. 客体要件

贷款诈骗罪侵犯的客体是国家对金融机构贷款的管理秩序和金融机构的财产所有权。犯罪对象为银行或者其他金融机构的贷款。一些犯罪分子出于贪利动机，以非法占有为目的，诈骗银行或者其他金融机构的贷款，给金融机构财产造成了巨大经济损失，严重侵犯了国家的正常金融贷款秩序和金融机构的财产所有权。

本罪的犯罪对象是银行或者其他金融机构的贷款。随着我国金融体制改革的不断深入，各种商业活动和金融活动日益活跃，银行或者其他金融机构在经济生活中发挥的作用越来越大。但是，由于有关规范金融秩序的法律、法规和金融机构内部的各项规章制度尚待进一步建立、健全，在对金融风险的防范机制尚未完全建立的情况下，一些犯罪分子便将犯罪目标对准银行等金融机构，为牟取暴利，诈骗银行或者其他金融机构的贷款，给金融机构和国家财产造成了巨大经济损失。1997 年刑法将贷款诈骗的行为规定为犯罪，并列举了犯罪分子常用的诈骗贷款的方法，为有力地打击贷款诈骗犯罪活动提供了操作性较强的法律依据。

本罪中的“其他金融机构”，主要是指除银行以外的信托投资公司、城市信用社、农村信用社等具有信贷业务的非银行金融机构。

3. 主观要件

贷款诈骗罪是故意犯罪，主观方面是直接故意，并且具有非法占有金融机构贷款的目的，间接故意和过失不构成本罪。

4. 客观要件

贷款诈骗罪客观方面表现为采用虚构事实或者隐瞒真相的方法，骗取银行或者其他金融机构贷款，数额较大的行为。

《刑法》第 193 条规定了五种贷款诈骗的手段：

（1）编造引进资金、项目等虚假理由。即行为人编造根本不存在或者情况不实的贷款理由，并以有关项目会产生良好经济效益作为引诱向金融机构提出贷款申请，银行及其他金融机构往往会基于信任而向其发放贷款。

（2）使用虚假的经济合同。即行为人使用虚假的、无效的合同或者其他所谓存在好的经济效益的合同，作为向金融机构申请贷款的证明或理由。

（3）使用虚假的证明文件。即行为人使用伪造或者变造的银行存款证明、公司或者金融机构的担保函、资信证明等申请贷款所需证明文件，以证明自己有合理的贷款理由或还款能力。

（4）使用虚假的产权证明作担保或者超出抵押物价值重复担保。即行为人使用伪造、变造的能证明其对不动产或者动产、货币、债权、可即时兑付的票据等文件作担保或者超出抵押物价值重复担保，以骗取银行对其贷款资质和还款能力的信任。

（5）以其他方法诈骗贷款。即以其他虚构事实、隐瞒真相的方法诈骗贷款。实践中，行为人骗取贷款的手段多样，且随着金融机构贷款规范程度的不断提高和贷款风险防范意识的不断增强，其手段也在不断演化，但无论形式如何变化，以骗取财物是本罪行为手段的本质。因此，对“其他方法”的理解，应当限定于该方法与前列四种方法在罪质上相当，在手段上都属于虚构事实、隐瞒真相的方法，目的都是为了诈骗贷款。如伪造单位公章、印鉴骗取贷款，或者以假货币为抵押骗取贷款等方法。

根据《立案追诉标准（二）》第49条规定，以非法占有为目的，诈骗银行或者其他金融机构的贷款，数额在二万元以上的，应予立案追诉。

（三）实务疑难问题

1. 划清罪与非罪的界限

根据刑法规定，贷款诈骗的行为，诈骗贷款必须达到“数额较大”才构成犯罪。根据《立案追诉标准（二）》第50条的规定，以非法占有为目的，诈骗银行或者其他金融机构的贷款，数额在2万元以上的，应予立案追诉。

2. 正确认定“非法占有贷款的目的”

构成本罪行为人主观上必须具有非法占有贷款的目的，如果行为人主观上没有非法占有贷款的目的，即使在申请贷款时使用了欺骗的手段，只要贷款到期后能够偿还或大部分偿还，就不构成本罪。因为实践中大量存在行为人不完全具备申请贷款所要求的条件，为了解决生产、经营中的资金困难等问题，实施了一定虚构、编造贷款理由等虚假手段申请贷款。贷款到手后，积极投入生产经营，并无肆意挥霍或携款潜逃，而是按期偿还贷款。对这种行为，由于行为人主观上不具有非法占有贷款的目的，所以不能作贷款诈骗犯罪处理。

在把握这一界限时，尤其应注意划清贷款诈骗与借贷纠纷的界限。不能认为只要贷款时有一定欺诈成分到期不还所借贷款，就可以定为贷款诈骗，也不能简单认为只要借款人到时候承认欠账，就不应认定为贷款诈骗，应以民事借贷纠纷处理。对于合法取得贷款后，虽然没有按规定的用途使用贷款，到期也没有归还贷款的，由于贷款时不具有非法占有目的，不能简单以贷款诈骗罪定罪处罚；对于确有证据证明行为人不具有非法占有的目的，因不具备贷款的条件而采取了欺骗手段获取贷款，案发时有能力履行还贷义务，或者案发时不能归还贷款是因为意志以外的原因，如因经营不善、被骗、市场经营风险等，不应以贷款诈骗罪定罪处罚，可按民事纠纷处理。总之，贷款诈骗与一般借贷民事纠纷之间的根本区别在于行为人主观上是否出于非法占有贷款的目的，在司法实践中应综合各种因素予以认定。主要可从以下几个方面来考察：(1) 贷款时行为人履约能力严重不足的事实是否已经存在，行为人对此是否清楚。如果无法履约的原因形成于获得贷款以后，或者行为人对根本无法履约这一点并不十分确定，即使到期不还，也不应认定为贷款诈骗。(2) 行为人获得贷款后对贷款的使用情况，即是否积极将贷款用于借贷合同所规定的用途。如果行为人得到贷款后，用于贷款所规定项目，尽管到期后无法偿还，其主观上一般没有诈骗贷款的故意。(3) 行为人在贷款到期后是否积极设法偿还。如果行为人仅仅是口头上承认欠款，实际上有能力偿还但并没有积极准备归还的行为，也不能说行为人一定没有诈骗的故意。

3. 关于单位能否构成贷款诈骗罪

传统观点认为，根据《刑法》第 30 条和第 193 条的规定，单位不能构成贷款诈骗罪的犯罪主体。因此，对于单位实施的贷款诈骗行为，不能以贷款诈骗罪定罪处罚。但是，在司法实践中，对于单位十分明显地以非法占有为目的，利用签订、履行借款合同诈骗银行或其他金融机构贷款，符合《刑法》第 224 条规定的合同诈骗罪构成要件的，应当以合同诈骗罪定罪处罚。

本书观点：在实践中，对于所谓单位进行的贷款诈骗行为，可区分两种情形处理：

(1) 名义上的单位贷款诈骗。包括三种情形，第一，个人为进行违法犯罪活动而设立的公司、企业、事业单位实施贷款诈骗犯罪的；第二，公司、企业、事业单位设立后，以实施犯罪为主要活动进行贷款诈骗的；第三，个人盗用单位名义实施贷款诈骗犯罪，违法所得由实施犯罪的个人私分的。对这几类情形，根据 1999 年最高人民法院《关于审理单位犯罪案件具体应用法律有关问题的解释》的规定，都不是单位犯罪，应当以自然人犯罪论处，以贷款诈骗罪定罪量刑。

(2) 真实的单位贷款诈骗。对以单位名义实施的且为单位利益的符合单位犯罪构成要件的犯罪，以前，在司法实践中一般认为，该行为符合《刑法》第 224 条规定的合同诈骗罪的构成要件，以合同诈骗罪定罪处罚。但是，2014 年 4 月 24 日第十二届全国人民代表大会常务委员会第八次会议通过的《全国人民代表大会常务委员会关于〈中华人民共和国刑法〉第三十条的解释》颁布实施后，就不能对单位依照单位犯合同诈骗罪处理了。该解释规定：

公司、企业、事业单位、机关、团体等单位实施刑法规定的危害社会的行为，刑法分则和其他法律未规定追究单位的刑事责任的，对组织、策划、实施该危害社会行为的人依法追究刑事责任。这一立法解释更加强化了罪刑法定原则，也就是《刑法》第30条规定公司、企业、事业单位、机关、团体实施的危害社会的行为，必须是法律规定为单位犯罪的，才负刑事责任。自该立法解释实施后，不能再以单位犯合同诈骗罪的理由处理单位及直接负责的主管人员和其他直接责任人员了，而应当直接以贷款诈骗罪，对组织、策划、实施该危害社会行为的人依法追究刑事责任。

4. 划清本罪与诈骗罪、合同诈骗罪的界限

贷款诈骗罪与诈骗罪、合同诈骗罪均属诈骗类犯罪，主观方面均是具有非法占有目的，客观上均采用了一定的欺骗手段，只是在行为对象和具体发生的领域有着区别，三罪之间属于法条竞合关系。根据特别法优于一般法的定罪原则，对自然人以非法占有为目的实施的诈骗贷款行为应以贷款诈骗罪定罪处罚，而不再以诈骗罪、合同诈骗罪论处。

5. 划清本罪与骗取贷款、票据承兑、金融票证罪的区分

《刑法》第175条之一规定的骗取贷款、票据承兑、金融票证罪，是指以欺骗手段取得银行或其他金融机构贷款、票据承兑、信用证、保函等，给银行或金融机构造成重大损失或者有其他严重情节的行为。之所以《刑法修正案（六）》增设此罪，主要原因有二：一是以欺骗手段取得金融机构的贷款、票据承兑、金融票证的行为，严重扰乱了金融资产的正常监管、使用秩序，往往使金融资产处于无法收回的风险之中，严重危及金融安全，无论是否具有非法占有目的，这种行为本身有必要动用刑罚手段予以规制；二是司法实践中，认定贷款诈骗罪中的“以非法占有为目的”要件存在困难，而证据上一旦无法认定非法占有目的，则这种具有严重社会危害的行为就会做无罪处理，容易导致放纵犯罪。因此，将不具有非法占有目的或无法认定具有非法占有目的的这种骗用贷款的行为单独规定为犯罪，可以起到补漏作用，有利于严密刑事法网，充分维护正常的金融秩序、金融安全。据此，骗取贷款、票据承兑、金融票证罪与贷款诈骗罪的区别主要在于行为人是否具有“以非法占有为目的”。如果有充分、确实的证据可以认定行为人具有上述目的，应以贷款诈骗罪论处；反之，如果没有充分、确实的证据能够证明行为人具有这样的目的，则可视情形以骗取贷款罪论处。在司法实践中，具体认定行为

人是否具有非法占有目的，可以参照2001年《全国法院审理金融犯罪案件工作座谈会纪要》的有关规定：对于行为人通过诈骗的方法非法获取资金，造成数额较大资金不能归还，并具有下列情形之一的，可以认定为具有非法占有的目的：（1）明知没有归还能力而大量骗取资金的；（2）非法获取资金后逃跑的；（3）肆意挥霍骗取资金的；（4）使用骗取的资金进行违法犯罪活动的；（5）抽逃、转移资金、隐匿财产，以逃避返还资金的；（6）隐匿、销毁账目，或者搞假破产、假倒闭，以逃避返还资金的；（7）其他非法占有资金、拒不返还的行为。

6. 划清本罪与高利转贷罪的区分

《刑法》第175条规定的高利转贷罪，是指以转贷牟利为目的，套取银行或者其他金融机构的信贷资金，再高利转贷他人的行为。这里"套取"贷款的行为，对金融机构来讲具有欺骗的性质，即未将贷款用于从金融机构获取贷款时约定的用途。这种套取贷款的行为与贷款诈骗罪有明显不同。高利转贷罪套取贷款的目的是高利转贷他人，最终是要归还贷款。由于贷款时不具有非法占有目的也即不归还贷款的故意，即使因种种原因客观上最终没有归还贷款的，也不能以贷款诈骗罪处罚。而贷款诈骗罪，骗取贷款的目的是要非法占有金融机构的贷款，不再归还。可见，两罪的本质区别在于犯罪目的不同。

7. 正确认定金融机构工作人员诈骗本单位贷款的行为性质

对于金融机构工作人员诈骗本单位贷款的行为，应区别情况作具体分析：

（1）金融机构工作人员如果未利用职务之便骗取本单位贷款，则应以盗窃罪论处。例如，金融机构工作人员刘某利用熟悉本单位环境的便利条件，在下班后趁人不备，利用平时获悉的某客户账号、密码，先从银行贷款5万元划到该客户账上，再从该客户账上将5万元取出。对于本案，行为人虽然属于金融机构工作人员，但其骗取贷款的行为未利用职务之便，仅利用了工作之机，不构成贪污罪，而应以盗窃罪论处（尽管使用了欺诈方法，也不能认定为诈骗罪）。

（2）金融机构工作人员如果利用职务之便用冒名贷款等方式骗取本单位贷款，意图非法占有，则应以贪污罪或职务侵占罪论处。具体定哪一个罪，应视金融机构工作人员是否具有国家工作人员身份以及该金融机构的所有制性质而定。

（3）金融机构工作人员如果利用职务之便，出于挪用的目的骗取贷款，挪归个人使用，数额较大，超过了3个月未还的，或者数额较大，进行营利活动，或者进行非法活动的，应视行为人是否具有国家工作人员身份以及金融机构的所有制性质而分别以挪用公款罪或挪用资金罪论处。①无论动机如何，构成本罪主观上必须具有非法占有贷款的目的。如果行为人主观上没有非法占有贷款的目的，即使在申请贷款时使用了欺骗的手段，只要贷款到期后能够偿还，就不构成本罪。这种情况在实践中多表现为，行为人不完全具备申请贷款所要求的条件，为了解决生产、经营中的资金困难等问题，编造贷款理由申请贷款。贷款到手后，积极投入生产使用，并按期偿还贷款。对这种行为，由于行为人主观上不具有非法占有贷款的目的，所以不宜作犯罪处理，可由有关部门给予必要的行政处罚或者经济处罚。②构成本罪必须是诈骗贷款数额较大的行为。如果行为人虽然是以非法占有贷款为目的，但是诈骗银行或者其他金融机构的贷款数额不大的，不作为犯罪处理，可由有关部门给予行政处罚。

（四）情节与量刑

根据《刑法》第193条的规定，以非法占有为目的，诈骗银行或者其他金融机构的贷款，数额较大的，处五年以下有期徒刑或者拘役，并处二万元以上二十万元以下罚金；数额巨大或者有其他严重情节的，处五年以上十年以下有期徒刑，并处五万元以上五十万元以下罚金；数额特别巨大或者有其他特别严重情节的，处十年以上有期徒刑或者无期徒刑，并处五万元以上五十万元以下罚金或者没收财产。

具体情节与量刑的对应情况，列表格如下：

<table>
<tr><th>量刑档次</th><th>对应情节</th><th>有关概念解释</th><th>备注</th></tr>
<tr><td>五年以下有期徒刑或者拘役，并处二万元以上二十万元以下罚金</td><td>数额较大</td><td>1. “数额较大”的起点一般以 2 万元为起点</td><td rowspan="3">1. 犯本罪，必须并处财产刑。
2. 犯本罪判处十年以上有期徒刑的，既可并处罚金，也可并处没收财产，但一般情形下，应当并处罚金。判处无期徒刑的，则应当并处没收财产。</td></tr>
<tr><td>五年以上十年以下有期徒刑，并处五万元以上五十万元以下罚金</td><td>(1) 数额巨大
(2) 有其他严重情节的</td><td>1. “数额巨大”的起点由各高级人民法院制定具体标准。
2. 其他严重情节可以参照《最高人民法院关于审理诈骗案件具体应用法律的若干问题的解释》（法发〔1996〕32 号）的规定。</td></tr>
<tr><td>十年以上有期徒刑或者无期徒刑，并处五万元以上五十万元以下罚金或者没收财产</td><td>(1) 数额特别巨大
(2) 有其他特别严重情节</td><td>1. “数额特别巨大”的起点由各高级人民法院制定具体标准。
2. 其他严重情节可以参照《最高人民法院关于审理诈骗案件具体应用法律的若干问题的解释》（法发〔1996〕32 号）的规定。</td></tr>
</table>

适用《刑法》第 193 条时，应当注意：

1. 正确把握贷款诈骗的“数额较大”“数额巨大或者有其他严重情节”“数额特别巨大或者有其他特别严重情节”

关于贷款诈骗数额的确定及如何确定其他严重情节、其他特别严重情节，1996 年《最高人民法院关于审理诈骗案件具体应用法律的若干问题的解释》（以下简称《诈骗解释》）（已失效）曾作过明确规定。现因该解释所依据的 1979 年刑法已经修改，《全国人民代表大会常务委员会关于惩治破坏金融秩序犯罪的决定》（以下简称《决定》）已经被 1997 年刑法所吸纳，故解释的依据不存在。但是现行的 2011 年《最高人民法院、最高人民检察院关于办理诈骗刑事案件具体应用法律若干问题的解释》仅就 1997 年刑法的诈骗罪作出解释，对其他类型的诈骗犯罪解释，包括金融诈骗犯罪均未作相应的解释。而

《诈骗解释》将所有的诈骗犯罪均统一称为诈骗罪，因此，该解释中关于贷款诈骗犯罪的有关规定，在新的司法解释出台前，依然可以在司法实践在参照适用①。

《诈骗解释》第 4 条规定，贷款诈骗罪的“其他严重情节”是指：

（1）为骗取贷款，向银行或者金融机构的工作人员行贿，数额较大的；

（2）挥霍贷款，或者用贷款进行违法活动，致使贷款到期无法偿还的；

（3）隐匿贷款去向，贷款期限届满后，拒不偿还的；

（4）提供虚假的担保申请贷款，贷款期限届满后，拒不偿还的；

（5）假冒他人名义申请贷款，贷款期限届满后，拒不偿还的。

贷款诈骗罪的“其他特别严重情节”是指：

（1）为骗取贷款，向银行或者金融机构的工作人员行贿，数额巨大的；

（2）携带集资款逃跑的；

（3）使用贷款进行犯罪活动的。

关于数额较大、数额巨大、数额特别巨大问题，《诈骗解释》规定的数额已经明显落后于当前的经济形势，且现行的立案标准规定 2 万元作为立案追诉标准，因此，数额较大的起点标准，一般都以 2 万元为起点。而数额巨大、数额特别巨大，则由各省级高级人民法院制定地方标准。

对于多次进行贷款诈骗，并以后次贷款诈骗财物归还前次贷款诈骗财物，在计算贷款诈骗数额时，应当将案发前已经归还的数额扣除，按实际未归还的数额认定，量刑时可将多次行骗的数额作为从重情节予以考虑。

2. 注重财产刑的适用

贷款诈骗犯罪是图利型犯罪，惩罚和预防此类犯罪，应当注重同时从经济上制裁犯罪分子。刑法对金融犯罪都规定了财产刑，人民法院应当严格依法判处。罚金的数额，应当根据被告人的犯罪情节，在法律规定的数额幅度内确定。对于具有从轻、减轻或者免除处罚情节的被告人，对于本应并处的罚金刑原则上也应当从轻、减轻或者免除。

---

① 《全国法院审理金融犯罪案件工作座谈会纪要》（法〔2001〕8 号）明确规定：对于修订后的刑法实施过程中遇到的具体适用法律问题，在最高法院相应的新的司法解释出台前，原有司法解释与现行刑法不相冲突的仍然可以参照执行。

3. 关于规范性量刑

《最高人民法院关于常见犯罪的量刑指导意见》对贷款诈骗罪的量刑并未有作出规定，这主要是由于此类案件在司法实践中的发案率不高，最高司法机关还未能总结出一套比较完整的量刑规范化方案，有待于在总结经验的基础上再作出详细的规定。在此之前，各高级法院可以根据各地的社会治安状况、经济发展状况等因素，制定适合本省、自治区、直辖市实际情况的量刑规范化标准。在有关规定出台前，司法人员应当根据犯罪的事实、犯罪的性质、情节和对于社会的危害程度，依照刑法和有关司法解释的规定判处刑罚。

（五）法律链接

1. 全国人民代表大会常务委员会关于《中华人民共和国刑法》第三十条的解释（2014 年 4 月 24 日第十二届全国人民代表大会常务委员会第八次会议通过　自 2014 年 4 月 24 日起施行）

全国人民代表大会常务委员会根据司法实践中遇到的情况，讨论了刑法第三十条的含义及公司、企业、事业单位、机关、团体等单位实施刑法规定的危害社会的行为，法律未规定追究单位的刑事责任的，如何适用刑法有关规定的问题，解释如下：

公司、企业、事业单位、机关、团体等单位实施刑法规定的危害社会的行为，刑法分则和其他法律未规定追究单位的刑事责任的，对组织、策划、实施该危害社会行为的人依法追究刑事责任。

2. 全国法院审理金融犯罪案件工作座谈会纪要（法〔2001〕8 号　自 2001 年 1 月 21 日起施行）（节录）

二

（三）关于金融诈骗罪

1. 金融诈骗罪中非法占有目的的认定

金融诈骗犯罪都是以非法占有为目的的犯罪。在司法实践中，认定是否具有非法占有为目的，应当坚持主客观相一致的原则，既要避免单纯根据损失结果客观归罪，也不能仅凭被告人自己的供述，而应当根据案件具体情况具体分析。根据司法实践，对于行为人通过诈骗的方法非法获取资金，造成数额较大资金不能归还，并具有下列情形之一的，可以认定为具有非法占有的目的：

（1）明知没有归还能力而大量骗取资金的；

（2）非法获取资金后逃跑的；

（3）肆意挥霍骗取资金的；

（4）使用骗取的资金进行违法犯罪活动的；

（5）抽逃、转移资金、隐匿财产，以逃避返还资金的；

（6）隐匿、销毁账目，或者搞假破产、假倒闭，以逃避返还资金的；

（7）其他非法占有资金、拒不返还的行为。但是，在处理具体案件的时候，对于有证据证明行为人不具有非法占有目的的，不能单纯以财产不能归还就按金融诈骗罪处罚。

2. 贷款诈骗罪的认定和处理。贷款诈骗犯罪是目前案发较多的金融诈骗犯罪之一。审理贷款诈骗犯罪案件，应当注意以下两个问题：

一是单位不能构成贷款诈骗罪。根据《刑法》第 30 条和第 193 条的规定，单位不构成贷款诈骗罪。对于单位实施的贷款诈骗行为，不能以贷款诈骗罪定罪处罚，也不能以贷款诈骗罪追究直接负责的主管人员和其他直接责任人员的刑事责任。但是，在司法实践中，对于单位十分明显地以非法占有为目的，利用签订、履行借款合同诈骗银行或其他金融机构贷款，符合《刑法》第 224 条规定的合同诈骗罪构成要件的，应当以合同诈骗罪定罪处罚。①

二是要严格区分贷款诈骗与贷款纠纷的界限。对于合法取得贷款后，没有按规定的用途使用贷款，到期没有归还贷款的，不能以贷款诈骗罪定罪处罚；对于确有证据证明行为人不具有非法占有的目的，因不具备贷款的条件而采取了欺骗手段获取贷款，案发时有能力履行还贷义务，或者案发时不能归还贷款是因为意志以外的原因，如因经营不善、被骗、市场风险等，不应以贷款诈骗罪定罪处罚。

4. 金融诈骗犯罪定罪量刑的数额标准和犯罪数额的计算。金融诈骗的数额不仅是定罪的重要标准，也是量刑的主要依据。在没有新的司法解释之前，可参照 1996 年《最高人民法院关于审理诈骗案件具体应用法律的若干问题的解释》的规定执行。在具体认定金融诈骗犯罪的数额时，应当以行为人实际

① 此意见与《全国人民代表大会常务委员会关于〈中华人民共和国刑法〉第三十条的解释》冲突，已经不能适用。

骗取的数额计算。对于行为人为实施金融诈骗活动而支付的中介费、手续费、回扣等，或者用于行贿、赠与等费用，均应计入金融诈骗的犯罪数额。但应当将案发前已归还的数额扣除。

（五）财产刑的适用

金融犯罪是图利型犯罪，惩罚和预防此类犯罪，应当注重同时从经济上制裁犯罪分子。刑法对金融犯罪都规定了财产刑，人民法院应当严格依法判处。罚金的数额，应当根据被告人的犯罪情节，在法律规定的数额幅度内确定。对于具有从轻、减轻或者免除处罚情节的被告人，对于本应并处的罚金刑原则上也应当从轻、减轻或者免除。

3. **中华人民共和国商业银行法**（1995年5月10日第八届全国人民代表大会常务委员会第十三次会议通过　根据2003年12月27日第十届全国人民代表大会常务委员会第六次会议《关于修改〈中华人民共和国商业银行法〉的决定》第一次修正　根据2015年8月29日第十二届全国人民代表大会常务委员会第十六次会议《关于修改〈中华人民共和国商业银行法〉的决定》第二次修正）（节录）

第八十二条　借款人采取欺诈手段骗取贷款，构成犯罪的，依法追究刑事责任。

三、票据诈骗罪

（一）法律规定

第一百九十四条　有下列情形之一，进行金融票据诈骗活动，数额较大的，处五年以下有期徒刑或者拘役，并处二万元以上二十万元以下罚金；数额巨大或者有其他严重情节的，处五年以上十年以下有期徒刑，并处五万元以上五十万元以下罚金；数额特别巨大或者有其他特别严重情节的，处十年以上有期徒刑或者无期徒刑，并处五万元以上五十万元以下罚金或者没收财产：

（一）明知是伪造、变造的汇票、本票、支票而使用的；

（二）明知是作废的汇票、本票、支票而使用的；

（三）冒用他人的汇票、本票、支票的；

（四）签发空头支票或者与其预留印鉴不符的支票，骗取财物的；

（五）汇票、本票的出票人签发无资金保证的汇票、本票或者在出票时作虚假记载，骗取财物的。

使用伪造、变造的委托收款凭证、汇款凭证、银行存单等其他银行结算凭证的，依照前款的规定处罚。

第一百九十九条[①]**（根据《刑法修正案（九）》删去本条内容）**

第二百条[②]　**单位犯本节第一百九十二条、第一百九十四条、第一百九十五条规定之罪的，对单位判处罚金，并对其直接负责的主管人员和其他直接责任人员，处五年以下有期徒刑或者拘役，可以并处罚金；数额巨大或者有其他严重情节的，处五年以上十年以下有期徒刑，并处罚金；数额特别巨大或者有其他特别严重情节的，处十年以上有期徒刑或者无期徒刑，并处罚金。**

（二）罪名详解

票据诈骗罪是指以非法占有为目的，利用金融票据骗取财物，数额较大的行为。

本罪是从《全国人民代表大会常务委员会关于惩治破坏金融秩序犯罪的决定》第12条的规定，吸收改为刑法的具体规定的，1979年刑法没有票据诈

---

① 本条经2011年2月25日《刑法修正案（八）》第30条和2015年8月29日《刑法修正案（九）》第12条两次修改。

1997年《刑法》第199条原规定："犯本节第一百九十二条、第一百九十四条、第一百九十五条规定之罪，数额特别巨大并且给国家和人民利益造成特别重大损失的，处无期徒刑或者死刑，并处没收财产。"

《刑法修正案（八）》第30条将1997年《刑法》第199条修改为："犯本节第一百九十二条规定之罪，数额特别巨大并且给国家和人民利益造成特别重大损失的，处无期徒刑或者死刑，并处没收财产。"

《刑法修正案（九）》第12条对本条再次修改，删除了本条内容，即废除了集资诈骗罪的死刑规定。

② 本条经2011年2月25日《刑法修正案（八）》第31条修改。

1997年《刑法》第200条原规定："单位犯本节第一百九十二条、第一百九十四条、第一百九十五条规定之罪的，对单位判处罚金，并对其直接负责的主管人员和其他直接责任人员，处五年以下有期徒刑或者拘役；数额巨大或者有其他严重情节的，处五年以上十年以下有期徒刑；数额特别巨大或者有其他特别严重情节的，处十年以上有期徒刑或者无期徒刑。"

骗罪的规定。

票据诈骗罪的构成要件是：

1．主体要件

票据诈骗罪的主体为一般主体，年满16周岁的自然人与单位均可构成本罪。

2．客体要件

票据诈骗罪罪侵犯的客体是国家对金融票据的管理制度和公私财产的所有权。犯罪对象是金融票据，包括汇票、本票、支票。“汇票”，是指出票人签发的，委托付款人在见票时或者在指定日期无条件支付确定的金额给收款人或者持票人的票据。“本票”，是指由出票人签发的，承诺自己在见票时无条件支付确定的金额给收款人或者持票人的票据。“支票”，是指由出票人签发的，委托办理支票存款业务的银行或者其他金融机构在见票时无条件支付确定的金额给收款人或者持票人的票据。金融票据凭借其自身具有的支付作用、汇兑作用、流通作用、信用作用和融资作用而使票据制度成为商品经济中的一项基本制度。特别是随着商品交易的日益频繁和国际贸易往来的急剧增长，加之我国银行结算制度的不断改革，票据在经济生活中占有十分重要的地位。但是，犯罪分子伪造或者利用金融票据进行诈骗犯罪的也日益突出，甚至有的地方的某些单位，置国家和集体的利益于不顾，利用单位的便利条件，大肆进行票据诈骗活动，严重扰乱了金融秩序，危害国家金融安全，这类犯罪的犯罪数额巨大，往往给国家、集体和公民个人造成重大的经济损失。社会影响非常恶劣。因此，必须依法予以惩处。

3．主观要件

票据诈骗罪在主观方面表现为直接故意，并且具有非法占有目的。行为人使用伪造、变造、作废的票据时，主观上必须明知是伪造、变造、作废的票据。误将伪造的票据作为他人真实有效的票据使用的，不应认定为“使用伪造的票据”。

4．客观要件

票据诈骗罪客观方面表现为使用金融票据进行诈骗，数额较大的行为。

《刑法》第194条规定了五种票据诈骗的方法：（1）使用伪造、变造的汇票、本票、支票骗取财物，即行为人在明知所使用的汇票、本票、支票是伪造、变造的，而故意冒充真的票据进行诈骗活动的行为。（2）使用作废的汇票、本票、支票骗取财物，即行为人在主观上知道其所使用的是作废的汇票、本票、支票，而故意冒充真实有效的票据进行诈骗活动的行为。（3）冒用他人的汇票、本票、支票，即行为人擅自以合法持票人的名义，支配、使用、转让自己不具备支配权利的票据的行为。冒用的对方必须是不明真相的人，行为人所冒用的必须是他人真实有效的票据。（4）签发空头支票或者与其预留印鉴不符的支票，骗取财物。“签发空头支票”，是指行为人所签发的支票金额超过其付款时在付款人处实有的存款金额的行为。如果签发空头支票不是为了骗取财物，而是为了延缓债务履行的，不能构成本罪。“与其预留印鉴不符的支票”，是指票据签发人在其签发的支票上加盖与其预留在银行或者其他金融机构的印鉴不一致的财务公章或者支票签发人的名章的行为。（5）汇票、本票的出票人签发无资金保证的汇票、本票或者在出票时作虚假记载，骗取财物。“资金保证”，是指票据的出票人在承兑票据时具有按票据支付的能力。签发汇票、本票的行为人有无资金保证，不能单纯从时间节点上作形式上的判断，而要从实质上考察签发行为是否足以造成持票人、承兑人、付款人的财产损失。这种行为只限于汇票、本票的出票环节，而不包括票据的背书、提示承兑、付款以及保证环节，而且只有作影响汇票、本票效力的虚假记载，才成立本罪。

按照法律规定，票据诈骗的行为，除需符合以上构成要件外，还必须达到“数额较大”的程度，才构成犯罪。按照《立案追诉标准（二）》第 51 条的规定，个人进行票据诈骗数额在 1 万元以上的或者单位进行票据诈骗数额在 10 万元以上的，应予立案追诉。

（三）实务疑难问题

1. 罪与非罪的认定

根据刑法规定，票据诈骗的行为，必须达到“数额较大”才构成犯罪。根据 2010 年最高人民检察院、公安部《立案追诉标准（二）》第 51 条规定，个人进行金融票据诈骗，数额在 1 万元以上的；单位进行金融票据诈骗，数额在 10 万元以上的，应予立案追诉。因此，行为人进行票据诈骗数额较小、未达到立案标准的，情节显著轻微不构成犯罪的票据欺诈行为，可以由有关部门作违法行为处理。

非法占有为目的，是区分罪与非罪的又一重要界限。如果行为人由于过失或者其他原因实施了使用伪造、变造的汇票、本票、支票等行为，主观上并不具有骗取财物的目的，则不构成本罪。票据诈骗罪与一般票据纠纷虽客观上均可表现为一定的票据违规行为，其根本区别在于，行为人主观上是否具有通过票据骗取他人财物或财产性利益的目的。一般票据纠纷中有时涉及的数额也很大，如某支票出票人在银行预留了财务主管、会计、出纳等人员的多个印鉴，由于疏忽大意，财务主管在支票上使用与其预留印鉴不符的签章，虽致使持票人无法取得支票上的资金，但也不构成本罪。

2. 划清票据诈骗罪与合同诈骗罪的区分

票据诈骗罪与合同诈骗罪在犯罪构成上存在一定的交叉竞合关系，两罪的竞合属于同类罪之间的竞合，即同属诈骗类犯罪。对于法条竞合，只能按一罪定罪处罚。如果两罪之间是包容关系，一般来说，应适用特别法优于一般法原则；如果两罪之间是交叉关系，则适用重法优于轻法原则。从票据诈骗罪与合同诈骗罪的法定刑来看，票据诈骗罪的法定刑重于合同诈骗罪，因此，当两罪交叉竞合时应以票据诈骗罪定罪处罚。

实践中，在行为人利用签订、履行合同为手段进行诈骗的过程中，往往存在以非法票据作为合同对价给付给对方当事人从而骗取他人财物的行为，对于这种交织着合同诈骗与票据诈骗的行为，以非法票据进行“支付”、“结算”本身是合同诈骗的一种手段行为，但由于票据诈骗罪与合同诈骗罪存在交叉的法条竞和关系，因而对于利用虚假票据结算、支付来履行合同义务，骗取对方当事人的行为，应根据重罪优于轻罪的原则进行定罪。

3. 盗窃支票并使用的行为如何定性

对于盗窃定额支票以及不计名、不挂失支票的，以盗窃罪论处；盗窃记名支票并使用的，以票据诈骗罪论处；盗窃格式票据并偷盖印章或者伪造印鉴、记载相关事项进行使用的，同时触犯了伪造金融票证罪与票据诈骗罪，应从一重罪论处。

4. 内外勾结进行票据诈骗的定性。银行等金融机构内部人员与外部人员相勾结，以非法占有为目的，共同使用非法票据骗取金融机构款项的，应成立共同犯罪。罪名的确定，应根据金融机构内部人员的身份，即是否属于国家工作人员，可能触犯贪污罪、职务侵占罪、票据诈骗罪，应择一重罪定罪处罚。

（四）情节与量刑

根据《刑法》第 194 条第 1 款的规定，犯票据诈骗罪的，处 5 年以下有期徒刑或者拘役，并处 2 万元以上 20 万元以下罚金；数额巨大或者有其他严重情节的，处 5 年以上 10 年以下有期徒刑，并处 5 万元以上 50 万元以下罚金；数额特别巨大或者有其他特别严重情节的，处 10 年以上有期徒刑或者无期徒刑，并处 5 万元以上 50 万元以下罚金或者没收财产。

依照《刑法》第 200 条规定，单位犯本罪的，对单位判处罚金，并对其直接负责的主管人员和其他直接责任人员，处 5 年以下有期徒刑或者拘役，可以并处罚金；数额巨大或者有其他严重情节的，处 5 年以上 10 年以下有期徒刑，并处罚金；数额特别巨大或者有其他特别严重情节的，处 10 年以上有期徒刑或者无期徒刑，并处罚金。

具体情节与量刑的对应情况，列表格如下（个人犯罪）：

<table>
<tr><th>量刑档次</th><th>对应情节</th><th>有关概念解释</th><th>备注</th></tr>
<tr><td>五年以下有期徒刑或者拘役，并处二万元以上二十万元以下罚金</td><td>数额较大</td><td>根据立案标准的规定，个人票据诈骗 1 万元，单位票据诈骗 10 万的，应当立案追诉。司法实践中，可以将立案标准作为数额较大的起点。</td><td rowspan="3">1. 犯本罪，必须并处财产刑。
2. 犯本罪判处十年以上有期徒刑的，既可并处罚金，也可并处没收财产，但一般情形下，应当并处罚金。判处无期徒刑的，则应当并处没收财产。</td></tr>
<tr><td>五年以上十年以下有期徒刑，并处五万元以上五十万元以下罚金</td><td>（1）数额巨大
（2）有其他严重情节的</td><td>有待新的司法解释作出明确规定。目前由各高级人民法院制定地方标准。</td></tr>
<tr><td>十年以上有期徒刑或者无期徒刑，并处五万元以上五十万元以下罚金或者没收财产</td><td>（1）数额特别巨大
（2）有其他特别严重情节</td><td>有待新的司法解释作出明确规定。目前由各高级人民法院制定地方标准。</td></tr>
</table>

司法机关在适用《刑法》第 192 条、第 200 条规定处罚时，应当注意以

下问题：

1. 正确把握票据诈骗的“数额较大”“数额巨大或者有其他严重情节”“数额特别巨大或者有其他特别严重情节”

关于票据诈骗数额的确定《诈骗解释》曾作过明确规定。现因该解释所依据的1979年刑法已经修改，《决定》已经被1997年刑法所吸纳，故解释的依据不存在。但是现行的《最高人民法院、最高人民检察院关于办理诈骗刑事案件具体应用法律若干问题的解释》仅就1997年刑法的诈骗罪作出解释，对其他类型的诈骗犯罪解释，包括金融诈骗犯罪均未作相应的解释。而《诈骗解释》将所有的诈骗犯罪均称为诈骗罪，因此，该解释中关于票据诈骗犯罪的有关规定，在新的司法解释出台前，依然可以在司法实践在参照适用①。

应当注意以下问题：1. 人民法院对包括虚开发票在内的发票犯罪应当依法从严惩处，对发票犯罪累犯、惯犯、涉案发票数量巨大或大量流入社会的犯罪分子，应当坚决重判。上级人民法院要加强对下级人民法院审判工作的指导，保障依法及时正确审判发票犯罪案件。2. 要充分运用没收财产、罚金等财产刑，加大对犯罪分子的经济惩罚力度，彻底剥夺其非法获利和再次犯罪的资本。

2. 注重财产刑的适用

票据诈骗犯罪是图利型犯罪，惩罚和预防此类犯罪，应当注重同时从经济上制裁犯罪分子。刑法对金融犯罪都规定了财产刑，人民法院应当严格依法判处。罚金的数额，应当根据被告人的犯罪情节，在法律规定的数额幅度内确定。对于具有从轻、减轻或者免除处罚情节的被告人，对于本应并处的罚金刑原则上也应当从轻、减轻或者免除。

对财产刑的适用应当注意，对自然人犯本罪和单位犯本罪处罚直接负责任的主管人员和其他直接责任人员时，主刑方面两者没有区别，但是财产刑是有区别的。（1）构成基本犯罪时，对自然人必须并处2万元以上20万元以下罚金。而单位犯罪，对直接负责任的主管人员和其他直接责任人员是可以并处罚金，且没有规定罚金的数额。（2）数额巨大或者有其他严重情节的情

---

① 《全国法院审理金融犯罪案件工作座谈会纪要》（法〔2001〕8号）明确规定：对于修订后的刑法实施过程中遇到的具体适用法律问题，在最高法院相应的新的司法解释出台前，原有司法解释与现行刑法不相冲突的仍然可以参照执行。

况下，对自然人是必须并处5万元以上50万元以下罚金。而单位犯罪，对直接负责任的主管人员和其他直接责任人员虽然必须并处罚金，但没有规定罚金的数额。(3) 数额特别巨大或者有其他特别严重情节的情况下，对自然人在判处主刑时，是必须并处5万元以上50万元以下罚金或者没收财产。而单位犯罪，对直接负责任的主管人员和其他直接责任人员判处主刑时，则只限于必须并处罚金，而不能并处没收财产。

3. 关于规范性量刑

《最高人民法院关于常见犯罪的量刑指导意见》对票据诈骗罪的量刑并未有作出规定，这主要是由于此类案件在司法实践中的发案率不高，最高司法机关还未能总结出一套比较完整的量刑规范化方案，有待于在总结经验的基础上再作出详细的规定。在此之前，各高级法院可以根据各地的社会治安状况、经济发展状况等因素，制定适合本省、自治区、直辖市实际情况的量刑规范化标准。在有关规定出台前，司法人员应当根据犯罪的事实、犯罪的性质、情节和对于社会的危害程度，依照刑法和有关司法解释的规定判处刑罚。

（五）法律链接

1. 全国法院审理金融犯罪案件工作座谈会纪要（法〔2001〕8号　自2001年1月21日起施行）（节录）

二

（三）关于金融诈骗罪

1. 金融诈骗罪中非法占有目的的认定

金融诈骗犯罪都是以非法占有为目的的犯罪。在司法实践中，认定是否具有非法占有为目的，应当坚持主客观相一致的原则，既要避免单纯根据损失结果客观归罪，也不能仅凭被告人自己的供述，而应当根据案件具体情况具体分析。根据司法实践，对于行为人通过诈骗的方法非法获取资金，造成数额较大资金不能归还，并具有下列情形之一的，可以认定为具有非法占有的目的：(1) 明知没有归还能力而大量骗取资金的；(2) 非法获取资金后逃跑的；(3) 肆意挥霍骗取资金的；(4) 使用骗取的资金进行违法犯罪活动的；(5) 抽逃、转移资金、隐匿财产，以逃避返还资金的；(6) 隐匿、销毁账目，或者搞假破产、假倒闭，以逃避返还资金的；(7) 其他非法占有资金、拒不返还的行为。但是，在处理具体案件的时候，对于有证据证明行为人不具有非法占有目的的，不能单纯以财产不能归还就按金融诈骗罪处罚。

4. 金融诈骗犯罪定罪量刑的数额标准和犯罪数额的计算

金融诈骗的数额不仅是定罪的重要标准，也是量刑的主要依据。在没有新的司法解释之前，可参照1996年《最高人民法院关于审理诈骗案件具体应用法律的若干问题的解释》的规定执行。在具体认定金融诈骗犯罪的数额时，应当以行为人实际骗取的数额计算。对于行为人为实施金融诈骗活动而支付的中介费、手续费、回扣等，或者用于行贿、赠与等费用，均应计入金融诈骗的犯罪数额。但应当将案发前已归还的数额扣除。

（五）财产刑的适用

金融犯罪是图利型犯罪，惩罚和预防此类犯罪，应当注重同时从经济上制裁犯罪分子。刑法对金融犯罪都规定了财产刑，人民法院应当严格依法判处。罚金的数额，应当根据被告人的犯罪情节，在法律规定的数额幅度内确定。对于具有从轻、减轻或者免除处罚情节的被告人，对于本应并处的罚金刑原则上也应当从轻、减轻或者免除。

单位金融犯罪中直接负责的主管人员和其他直接责任人员，是否适用罚金刑，应当根据刑法的具体规定。刑法分则条文规定有罚金刑，并规定对单位犯罪中直接负责的主管人员和其他直接责任人员依照自然人犯罪条款处罚的，应当判处罚金刑，但是对直接负责的主管人员和其他直接责任人员判处罚金的数额，应当低于对单位判处罚金的数额；刑法分则条文明确规定对单位犯罪中直接负责的主管人员和其他直接责任人员只判处自由刑的，不能附加判处罚金刑。

2. 最高人民法院研究室关于对贩卖假金融票证行为如何适用法律问题的复函（法研〔2002〕21号　2002年2月发布）

公安部经济犯罪侦查局：

你局公经〔2001〕1317号《关于对居间贩卖假金融票证行为如何认定的函》收悉。经研究，提出以下意见供参考：

明知是伪造、变造的金融票证而贩卖，或者明知他人实施金融诈骗行为而为其提供伪造、变造的金融票证的，以伪造、变造金融票证罪或者金融诈骗犯罪的共犯论处。

四、金融凭证诈骗罪

（一）法律规定

第一百九十四条 有下列情形之一，进行金融票据诈骗活动，数额较大的，处五年以下有期徒刑或者拘役，并处二万元以上二十万元以下罚金；数额巨大或者有其他严重情节的，处五年以上十年以下有期徒刑，并处五万元以上五十万元以下罚金；数额特别巨大或者有其他特别严重情节的，处十年以上有期徒刑或者无期徒刑，并处五万元以上五十万元以下罚金或者没收财产：

（一）明知是伪造、变造的汇票、本票、支票而使用的；

（二）明知是作废的汇票、本票、支票而使用的；

（三）冒用他人的汇票、本票、支票的；

（四）签发空头支票或者与其预留印鉴不符的支票，骗取财物的；

（五）汇票、本票的出票人签发无资金保证的汇票、本票或者在出票时作虚假记载，骗取财物的。

使用伪造、变造的委托收款凭证、汇款凭证、银行存单等其他银行结算凭证的，依照前款的规定处罚。

第一百九十九条[①] （根据《刑法修正案（九）》删去本条内容）

---

① 本条经2011年2月25日《刑法修正案（八）》第30条和2015年8月29日《刑法修正案（九）》第12条两次修改。

1997年《刑法》第199条原规定：“犯本节第一百九十二条、第一百九十四条、第一百九十五条规定之罪，数额特别巨大并且给国家和人民利益造成特别重大损失的，处无期徒刑或者死刑，并处没收财产。”

《刑法修正案（八）》第30条将1997年《刑法》第199条修改为：“犯本节第一百九十二条规定之罪，数额特别巨大并且给国家和人民利益造成特别重大损失的，处无期徒刑或者死刑，并处没收财产。”

《刑法修正案（九）》第12条对本条再次修改，删除了本条内容，即废除了集资诈骗罪的死刑规定。

第二百条[①]单位犯本节第一百九十二条、第一百九十四条、第一百九十五条规定之罪的，对单位判处罚金，并对其直接负责的主管人员和其他直接责任人员，处五年以下有期徒刑或者拘役，可以并处罚金；数额巨大或者有其他严重情节的，处五年以上十年以下有期徒刑，并处罚金；数额特别巨大或者有其他特别严重情节的，处十年以上有期徒刑或者无期徒刑，并处罚金。

（二）罪名详解

金融凭证诈骗罪是指以非法占有为目的，使用伪造、变造的委托收款凭证、汇款凭证、银行存单等其他银行结算凭证骗取财物，数额较大的行为。

本罪是从《全国人民代表大会常务委员会关于惩治破坏金融秩序犯罪的决定》第12条第2款的规定，吸收改为刑法的具体规定，1979年刑法没有金融凭证诈骗罪的规定。

金融凭证诈骗罪的构成要件是：

1. 主体要件

本罪的犯罪主体为一般主体，年满16周岁的自然人与单位均可构成本罪。

2. 客体要件

金融凭证诈骗罪侵犯的客体是国家对金融凭证的管理秩序和公私财产的所有权。犯罪对象是银行结算凭证，包括委托收款凭证、汇款凭证、银行存单等其他银行结算凭证。

“委托收款凭证”，是指行为人在委托银行向付款人收取款项时所填写、提供的凭据和证明。“汇款凭证”，是指汇款人委托银行将款项汇给外地收款时，所填写的凭据和证明。“银行存单”，是指一种银行结算凭证，它是由储户向银行交存款项，办理开户，银行签发载有户名、账号、存款金额、存期、存入日、到期日、利率等内容的存单。“其他银行结算凭证”，是指除本票、

---

① 本条经2011年2月25日《刑法修正案（八）》第31条修改。

1997年《刑法》第200条原规定：“单位犯本节第一百九十二条、第一百九十四条、第一百九十五条规定之罪的，对单位判处罚金，并对其直接负责的主管人员和其他直接责任人员，处五年以下有期徒刑或者拘役；数额巨大或者有其他严重情节的，处五年以上十年以下有期徒刑；数额特别巨大或者有其他特别严重情节的，处十年以上有期徒刑或者无期徒刑。”

汇票、支票、委托收款凭证、汇款凭证、银行存单以外的办理银行结算的凭据和证明。例如，网上银行企业客户账户查询、转账授权书就属于金融凭证。因为，网上银行企业客户账户查询、转账授权书是用于网上电子银行进行收付、结算的唯一的、排他的重要依据，是用于特定主体（金融机构、存款人）之间以特定的格式记载双方的特定权利、义务的书面文件，同时也是双方记账的重要凭证，符合上述金融凭证中的委托收款凭证的特征，具有金融凭证所具有的转账、支付等功能，因而应属于金融票证的范畴。

实务中，对银行送款单是否属于金融诈骗罪中所指的金融凭证有一定的争议。我们认为，银行送款单（回单）不是金融凭证诈骗罪中所指金融凭证。并非所有由银行提供的凭证都是金融凭证诈骗罪中所指金融凭证。《刑法》第194条第2款中明确列出了可以构成金融凭证诈骗罪的几种金融凭证，如委托收款凭证、汇款凭证、银行存单等其他银行结算凭证，但对此处的“等”，应该是具有与委托收款凭证、汇款凭证、银行存单相同功能特点的凭证，属于银行结算凭证的范畴：（1）这些凭证均属于中国人民银行《有价单证及重要空白凭证管理办法》中所指的“重要空白凭证”。该办法第12条规定，“重要空白凭证是指无面额的经银行（或其他金融机构）或单位填写金额并签章后即具有支付效力的空白凭证，包括：存单、存折、支票、信用卡（证）、限额结算凭证、汇票、联行报、债券收款单证以及其他重要空白凭证等。”依据该条规定，这些重要空白凭证一经有关单位填写金额并签章，即可行使支付功能，与银行进行金融支付结算业务，能从银行提取一定金额的现金或通过银行从其他账户划转一定金额的款项；（2）这些单证的用途是与或通过银行进行金融支付结算业务；（3）有效的凭证代表了一定金额的货币价值，银行见证就应进行相应的支付行为。一般情况下均是由客户在结算前向银行提供这些凭证，用以指令银行进行一定的支付行为，即金融凭证是客户给银行下达支付指令的凭证。而银行送款单（回单），是银行在收到储户移送的一定金额的货币后，开具给储户的用以证明银行已实际收到上述款项的单证。特点是：由银行开具给客户；起证明作用，用于证明银行已实际收到回单上记载的货币；不能用于结算，银行不会见单即支付。因此，银行送款单（回单）不具备金融凭证诈骗罪中所指金融凭证的特点，不属于金融凭证诈骗罪中所指金融凭证。

3. 主观要件

金融凭证诈骗罪在主观方面表现为直接故意，且须以非法占有他人财物为目的。

4. 客观要件

金融凭证诈骗罪客观方面表现为使用伪造、变造的委托收款凭证、汇款凭证、银行存单等其他银行结算凭证骗取财物，数额较大的行为。

“伪造”，是指行为人未经国家有关部门批准，非法制作银行结算凭证的行为，一般称之为“有形伪造”。“变造”，是指行为人在真实、合法的银行结算凭证的基础上或者以真实的银行结算凭证为基材，通过剪接、挖补、涂改等手段，对银行结算凭证的主要内容，非法加以改变的行为。这种以真实的金融凭证为基础，以涂改、挖补的方法改变其内容冒充真实有效金融票证的行为，一般称之为“无形伪造”。

根据具体的诈骗手段，实践中金融凭证诈骗有以下几类行为：

（1）使用伪造、变造的委托收款凭证进行诈骗。委托收款是收款人委托银行向付款人收取款项的一种结算方式。“委托收款凭证”，是指行为人在委托银行向付款人收取款项时所填写、提供的凭据和证明。

（2）使用伪造、变造的汇款凭证进行诈骗。汇兑也是一种银行结算方式，是汇款人委托银行将款项汇给外地收款人的结算方式。“汇款凭证”，是指汇款人委托银行将款项汇给外地收款时，所填写的凭据和证明。

（3）使用伪造、变造的银行存单进行诈骗。“银行存单”，是指一种银行结算凭证，是由储户向银行交存款项，办理开户，银行签发载有户名、账号、存款金额、存期、存入日、到期日、利率等内容的存单。

（4）使用伪造、变造的其他银行结算凭证进行诈骗。“其他银行结算凭证”，是指除本票、汇票、支票、委托收款凭证、汇款凭证、银行存单以外的办理银行结算的凭据和证明。对于其他银行结算凭证的认定，司法机关在办理案件过程中，应当注意审查金融机构的专业解释意见。中国人民银行办公厅《关于其他银行结算凭证有关问题的复函》称：“根据《支付结算办法》的有关规定，办理票据、信用卡和汇兑、托收承付、委托收款等转账结算业务所使用的凭证均属银行结算凭证。此外，银行办理现金缴存或支取业务使用的有关凭证也属银行结算凭证。”“而单位定期存款开户证实书、对账单、银行询证函等，只具有证明或事后检查作用，不具有货币给付和资金清算作用，不属于结算凭证。”随着银行结算方式的发展变化，新类型的银行结算凭证也会出现。使用伪造、变造的这些结算凭证进行诈骗，也应以金融凭证诈骗罪论处。

按照法律规定，利用金融凭证进行诈骗的行为，除需符合以上构成要件外，诈骗的财物必须达到“数额较大”的程度，才构成犯罪。按照《立案追诉标准（二）》第52条的规定，个人进行金融凭证诈骗数额在1万元以上或者单位进行金融凭证诈骗数额在10万元以上的，应予立案追诉。

（三）实务疑难问题

1. 罪与非罪的认定

（1）根据《刑法》第194条的规定，利用金融凭证进行诈骗的行为，诈骗的财物必须达到“数额较大”的程度，才构成犯罪。按照现行立案标准，个人进行金融凭证诈骗数额在1万元以上或者单位进行金融凭证诈骗数额在10万元以上的，应予立案追诉。

（2）如果行为人仅仅是伪造、变造了委托收款凭证、汇款凭证、银行存单等其他银行结算凭证，并未实际使用的，则不构成本罪。

（3）行为人必须明知是伪造、变造的委托收款凭证、汇款凭证、银行存单等其他银行结算凭证而使用的，才构成本罪。如果行为人不明知或者由于其他原因不可能知道委托收款凭证、汇款款凭证、银行存单等其他银行结算凭证是伪造或者变造而使用的，或者因过失在银行结算凭证上记载不真实，则不构成本罪。

2. 正确认定“其他银行结算凭证”

由于专业性强，对何谓“其他银行结算凭证”，司法实务中有不同意见。中国人民银行办公厅《关于其他银行结算凭证有关问题的复函》称：“根据《支付结算办法》的有关规定，办理票据、信用卡和汇兑、托收承付、委托收款等转账结算业务所使用的凭证均属银行结算凭证。此外，银行办理现金缴存或支取业务使用的有关凭证也属银行结算凭证。”“而单位定期存款开户证实书、对账单、银行询证函等，只具有证明或事后检查作用，不具有货币给付和资金清算作用，不属于结算凭证。”司法机关在办理案件过程中，应当尊重金融机构的专业解释意见。

3. 金融凭证诈骗罪与伪造金融票证罪的区分

伪造、变造金融票证罪，是指行为人以各种方法，非法制造假汇票、本票、支票、信用证、信用证附随的单据、文件、信用卡，以及委托收款凭证、汇款凭证、银行存单等其他银行结算凭证，冒充真金融凭证，或者以真金融凭证为基础，以涂改、挖补等方法，改变其形态、内容，冒充真实、有效金融凭证的行为。实践中，在实施金融凭证诈骗犯罪过程中，行为人可能先伪造、变造委托收款凭证、汇款凭证、银行存单等其他银行结算凭证，再使用这些伪造、变造的金融凭证进行诈骗，这种情况下，两个行为具有牵连关系。应择一重罪定罪处罚。对于在诈骗的犯意支配下完成了伪造、变造金融凭证行为，但由于意志以外的原因没有实施诈骗行为的，属于一行为触犯两个罪名即伪造、变造金融票证罪和金融凭证诈骗罪（预备），构成想象竞合犯，按“从一重罪论处”原则处理。

4. 使用作废的银行结算凭证进行诈骗的定性问题

根据刑法规定，金融凭证诈骗罪的行为对象仅包括使用伪造的银行结算凭证和变造的银行结算凭证，而不包括使用作废的银行结算凭证进行诈骗。据此，使用作废的银行结算凭证骗取数额较大财物的，应以诈骗罪论处，而不能认定为金融凭证诈骗罪。

5. 金融凭证诈骗罪与票据诈骗罪、信用证诈骗罪、信用卡诈骗罪的界限

一般意义上的银行结算凭证包括汇票、本票、支票、信用证、信用卡以及委托收款凭证、汇款凭证、银行存单等。但刑法上的金融凭证诈骗罪之“金融凭证”仅指委托收款凭证、汇款凭证、银行存单等银行结算凭证，不包括汇票、本票、支票、信用证、信用卡。以汇票、本票、支票、信用证、信用卡进行诈骗的，不以金融凭证诈骗罪论处，而应分别以票据诈骗罪、信用证诈骗罪、信用卡诈骗罪论处。

（四）情节和量刑

依照《刑法》第 194 条第 2 款的规定，犯金融凭证诈骗罪的，依照票据诈骗罪处罚，即进行金融凭证诈骗活动，数额较大的，处 5 年以下有期徒刑或者拘役，并处 2 万元以上 20 万元以下罚金；数额巨大或者有其他严重情节的，处 5 年以上 10 年以下有期徒刑，并处 5 万元以上 50 万元以下罚金；数额特别巨大或者有其他特别严重情节的，处 10 年以上有期徒刑或者无期徒刑，并处 5 万元以上 50 万元以下罚金或者没收财产。

依照《刑法》第 200 条规定，单位犯本罪的，对单位判处罚金，并对其直接负责的主管人员和其他直接责任人员，处 5 年以下有期徒刑或者拘役，

可以并处罚金；数额巨大或者有其他严重情节的，处5年以上10年以下有期徒刑，并处罚金；数额特别巨大或者有其他特别严重情节的，处10年以上有期徒刑或者无期徒刑，并处罚金。

根据《刑法》第194条第2款的规定，金融凭证诈骗罪的量刑，根据194条第1款规定的票据诈骗罪的规定处罚。因此，本罪的量刑，参照本书票据诈骗罪的内容。

（五）法律链接

1. 全国法院审理金融犯罪案件工作座谈会纪要（法〔2001〕8号　自2001年1月21日起施行）（节录）

二

（三）关于金融诈骗罪

1. 金融诈骗罪中非法占有目的的认定

金融诈骗犯罪都是以非法占有为目的的犯罪。在司法实践中，认定是否具有非法占有为目的，应当坚持主客观相一致的原则，既要避免单纯根据损失结果客观归罪，也不能仅凭被告人自己的供述，而应当根据案件具体情况具体分析。根据司法实践，对于行为人通过诈骗的方法非法获取资金，造成数额较大资金不能归还，并具有下列情形之一的，可以认定为具有非法占有的目的：（1）明知没有归还能力而大量骗取资金的；（2）非法获取资金后逃跑的；（3）肆意挥霍骗取资金的；（4）使用骗取的资金进行违法犯罪活动的；（5）抽逃、转移资金、隐匿财产，以逃避返还资金的；（6）隐匿、销毁账目，或者搞假破产、假倒闭，以逃避返还资金的；（7）其他非法占有资金、拒不返还的行为。但是，在处理具体案件的时候，对于有证据证明行为人不具有非法占有目的的，不能单纯以财产不能归还就按金融诈骗罪处罚。

4. 金融诈骗犯罪定罪量刑的数额标准和犯罪数额的计算

金融诈骗的数额不仅是定罪的重要标准，也是量刑的主要依据。在没有新的司法解释之前，可参照1996年《最高人民法院关于审理诈骗案件具体应用法律的若干问题的解释》的规定执行。在具体认定金融诈骗犯罪的数额时，应当以行为人实际骗取的数额计算。对于行为人为实施金融诈骗活动而支付的中介费、手续费、回扣等，或者用于行贿、赠与等费用，均应计入金融诈骗的犯罪数额。但应当将案发前已归还的数额扣除。

（五）财产刑的适用

金融犯罪是图利型犯罪，惩罚和预防此类犯罪，应当注重同时从经济上制裁犯罪分子。刑法对金融犯罪都规定了财产刑，人民法院应当严格依法判处。罚金的数额，应当根据被告人的犯罪情节，在法律规定的数额幅度内确定。对于具有从轻、减轻或者免除处罚情节的被告人，对于本应并处的罚金刑原则上也应当从轻、减轻或者免除。

单位金融犯罪中直接负责的主管人员和其他直接责任人员，是否适用罚金刑，应当根据刑法的具体规定。刑法分则条文规定有罚金刑，并规定对单位犯罪中直接负责的主管人员和其他直接责任人员依照自然人犯罪条款处罚的，应当判处罚金刑，但是对直接负责的主管人员和其他直接责任人员判处罚金的数额，应当低于对单位判处罚金的数额；刑法分则条文明确规定对单位犯罪中直接负责的主管人员和其他直接责任人员只判处自由刑的，不能附加判处罚金刑。

2. 最高人民法院研究室关于对贩卖假金融票证行为如何适用法律问题的复函（法研〔2002〕21号　2002年2月）

公安部经济犯罪侦查局：

你局公经〔2001〕1317号《关于对居间贩卖假金融票证行为如何认定的函》收悉。经研究，提出以下意见供参考：

明知是伪造、变造的金融票证而贩卖，或者明知他人实施金融诈骗行为而为其提供伪造、变造的金融票证的，以伪造、变造金融票证罪或者金融诈骗犯罪的共犯论处。

3. 公安部经济犯罪侦查局关于银行进账单、支票存根联、支付系统专用凭证、转账贷方传票是否属于银行结算凭证的批复（公经金融〔2008〕116号　自2008年07月22日起施行）

广东省公安厅经济犯罪侦查局：

你局《关于银行进账单、支票存根联、支付系统专用凭证、转账贷方传票是否属于银行结算凭证的请示》（广公（经）字〔2008〕878号）收悉。经研究，并征求人民银行意见，银行进账单、支付系统专用凭证、转账贷方传票属于银行结算凭证，而支票存根联是出票人自行留存、用于核对账务的内部凭证，不属于银行结算凭证。

4. 公安部经济犯罪侦查局关于转发《中国人民银行办公厅关于单位取款凭条性质认定问题的意见》的通知（公经〔2003〕575号　自2003年5月29日起施行）

安徽省公安厅经侦处：

请参阅你处今年4月9日《关于单位取款凭条是否属于金融凭证的请示》。现将《中国人民银行办公厅关于单位取款凭条性质认定问题的意见》（银办函〔2003〕192号）转去，请收阅。

附件：

中国人民银行办公厅关于单位取款凭条性质认定问题的意见（银办〔2003〕192号）

公安部办公厅：

你部经济犯罪侦查局《关于征求对单位取款凭条性质认定意见的函》（公经〔2003〕428号）收悉。现提出如下意见：

根据《支付结算法》（银发〔1997〕393号）的有关规定，银行结算凭证是办理支付结算的工具，是银行、单位和个人凭以记载财务的会计凭证，是记载经济业务和明确经济责任的一种书面证明。单位取款凭条，是存款人开户银行根据存款人委托，从其账户中将款项支付给指定收款人的一种书面证明，应属银行结算凭证。

5. 公安部经济犯罪侦查局关于单位定期存款开户证实书性质的批复（公经〔2000〕1329号　自2000年12月19日起施行）

江苏省公安厅经侦总队：

你总队《关于"单位存款开户证实书"是否属于银行结算凭证的请示》（苏公经侦〔2000〕426号）收悉。经商中国人民银行有关部门，现批复如下：

"单位定期存款开户证实书"是接受存款的金融机构向存款单位开具的人民币定期存款权利凭证，其性质上是一种金融凭证，它与存单同样起到存款证明作用，只是不能作为质押的权利凭证。

此复。

五、信用证诈骗罪

（一）法律规定

第一百九十五条　有下列情形之一，进行信用证诈骗活动的，处五年以下有期徒刑或者拘役，并处二万元以上二十万元以下罚金；数额巨大或者有其他严重情节的，处五年以上十年以下有期徒刑，并处五万元以上五十万元以下罚金；数额特别巨大或者有其他特别严重情节的，处十年以上有期徒刑或者无期徒刑，并处五万元以上五十万元以下罚金或者没收财产：

（一）使用伪造、变造的信用证或者附随的单据、文件的；

（二）使用作废的信用证的；

（三）骗取信用证的；

（四）以其他方法进行信用证诈骗活动的。

第一百九十九条①　（根据《刑法修正案（九）》删去本条内容）

第二百条②　单位犯本节第一百九十二条、第一百九十四条、第一百九十五条规定之罪的，对单位判处罚金，并对其直接负责的主管人员和其他直接责任人员，处五年以下有期徒刑或者拘役，可以并处罚金；数额巨大或者有其他严重情节的，处五年以上十年以下

---

① 本条经2011年2月25日《刑法修正案（八）》第30条和2015年8月29日《刑法修正案（九）》第12条两次修改。

1997年《刑法》第199条原规定："犯本节第一百九十二条、第一百九十四条、第一百九十五条规定之罪，数额特别巨大并且给国家和人民利益造成特别重大损失的，处无期徒刑或者死刑，并处没收财产。"

《刑法修正案（八）》第30条将1997年《刑法》第199条修改为："犯本节第一百九十二条规定之罪，数额特别巨大并且给国家和人民利益造成特别重大损失的，处无期徒刑或者死刑，并处没收财产。"

《刑法修正案（九）》第12条对本条再次修改，删除了本条内容，即废除了集资诈骗罪的死刑规定。

② 本条经2011年2月25日《刑法修正案（八）》第31条修改。

1997年《刑法》第200条原规定："单位犯本节第一百九十二条、第一百九十四条、第一百九十五条规定之罪的，对单位判处罚金，并对其直接负责的主管人员和其他直接责任人员，处五年以下有期徒刑或者拘役；数额巨大或者有其他严重情节的，处五年以上十年以下有期徒刑；数额特别巨大或者有其他特别严重情节的，处十年以上有期徒刑或者无期徒刑。"

有期徒刑，并处罚金；数额特别巨大或者有其他特别严重情节的，处十年以上有期徒刑或者无期徒刑，并处罚金。

（二）罪名详解

信用证诈骗罪是指以非法占有为目的，利用信用证或者附随的单据、文件进行诈骗的行为。

本罪是从《全国人民代表大会常务委员会关于惩治破坏金融秩序犯罪的决定》第13条的规定，吸收改为刑法的具体规定的，1979年刑法没有信用证诈骗罪的规定。

信用证诈骗罪的构成要件是：

1. 主体要件

信用证诈骗罪的主体为一般主体，年满16周岁的自然人与单位均可构成本罪。

2. 客体要件

信用证诈骗罪侵犯的客体是国家对信用证的管理秩序和他人的财产所有权。信用证是普遍适用于国际贸易支付中的一种结算凭证，犯罪分子利用目前对信用证诈骗犯罪防范不严的漏洞，利用信用证诈骗钱财，且犯罪数额巨大，一般都是几百万元，有的甚至上亿元，给被骗的单位造成严重的经济损失，危害巨大。因此，必须依法予以惩处。本罪的犯罪对象是他人的财物或者财产性利益。

3. 主观要件

信用证诈骗罪的主观方面表现为故意犯罪，且须具有非法占有目的。

4. 客观要件

信用证诈骗罪客观方面表现为用虚构事实或者隐瞒真相的方法，利用信用证及附随的单据、文件骗取货物或者银行款项的行为。

《刑法》第195条规定了四种利用信用证进行诈骗的方法：

（1）使用伪造、变造的信用证或者使用伪造、变造的提单等必须附随信用证的单据、文件，骗取财物的。

——使用伪造、变造的信用证。这种情形是指行为人利用伪造、变造的信用证，骗取信用证下款项的行为，包括自己伪造、变造信用证后使用和明知是他人伪造、变造的信用证而使用两种情形。伪造包括两种情形：一是单证、文件本身或者说其物质载体是真实的，但其内容是虚假的；二是单证、文件的物质载体和内容都系虚假。使用伪造的信用证主要表现为，行为人以根本不存在的银行开立所谓的信用证，或者假冒有影响、信誉较佳的银行的名义开立信用证并以其行骗等情形。所谓“变造”，是指在原真实、合法的信用证或者附随的单据、文件的基础上采用挖补、涂改、剪贴等方法改变原单证、文件内容和主要条款的行为。

——使用伪造、变造的信用证附随单据、文件。使用信用证时，伪造或变造提单等运输单据、保险单据、商业发票以及信用证内规定必须附随的产地证、检验说明书等文件，用以诈骗信用证下款项的行为。信用证单据主要包括以下种类：商业发票、海运提单、航运提单、货运收据、铁路运单、邮仓收据、保险单（保险证明书）、装箱单、产地证、海关发票、领事发票、检验证明书及其他单据。信用证业务是纯粹的单据业务，只要单单相符、单证相符，银行就有付款的义务。信用证业务的这一特点有时为犯罪分子进行诈骗提供了可乘之机，他们或者手中根本没有买方所需货物，或者只有一些质次量少的货物，却采取各种手段伪造、变造信用证规定附随的单据、文件，使其在表面上符合信用证条款的要求，并持之向银行提示议付，以图骗得信用证项下款项。

（2）使用作废的信用证，即使用过期、无效的信用证，骗取财物的。

（3）骗取信用证，即行为人编造虚假的事实或者隐瞒真相，骗取银行为其出具信用证的行为，包括两种情形：一是通过欺骗手段使银行开具信用证；二是通过欺骗手段骗取他人已经持有的信用证。

实践中，对如何理解“骗取信用证”存在不同的观点。本书认为，单纯骗取信用证的行为，既不构成信用证诈骗罪的既遂，也不构成信用证诈骗罪的未遂，而是信用证诈骗罪的预备行为。骗取信用证的行为实际上包含两种情形：一是通过欺骗手段使银行开具信用证（骗开信用证）；二是通过欺骗手段骗取他人已经持有的信用证（骗得信用证）。对于后一种情形，仅认定为信用证诈骗罪的预备犯即可（自动放弃骗取财物的行为的，成立中止犯）。前一种骗开信用证的行为，不仅是信用证诈骗罪的预备行为，而且是无形伪造信用证的间接正犯。换言之，行为人虚构交易事项，使开证银行工作人员信以为真，开具了无交易背景的信用证的，该信用证属于内容虚假的信用证。这种内容虚假的信用证，是开证银行工作人员受行为人欺骗所开，因此，骗开信用证的行为人，是无形伪造的间接正犯，成立伪造金融票证罪（间接正犯）的既遂犯。由于只有一个行为，宜认定为想象竞合犯，从一重罪（伪造金融票证罪）论处。

（4）以其他方法进行信用证诈骗活动。其他方法应当与前列几种方法具有同一罪质性。

（三）实务疑难问题

1. 罪与非罪的认定

本罪属于行为犯。行为人只要实施了使用伪造、变造的信用证或者附随的单据、文件等方法诈骗信用证项下的款项，就构成本罪，并不要求行为人实际骗取了财物。如果行为人实际骗取的信用证项下的款项数额巨大，则应作为加重处罚情节予以处罚。

2. 此罪与彼罪的区分

行为人伪造、变造信用证或者附随单据、文件，然后使用这些伪造、变造的信用证或者附随的单据、文件进行诈骗的，构成牵连犯，即手段行为构成伪造、变造金融票证罪，目的行为构成信用证诈骗罪，应依“择一重罪从重处罚”原则处理。

3. 本罪属选择性罪名

按照法律规定，行为人只要实施了上述四种利用信用证进行诈骗的方法中的一种，就构成本罪，实施了两种或者两种以上诈骗方法的，仍为一罪，不实行并罚，量刑时可作参考。

（四）情节与量刑

依照《刑法》第 195 条的规定，犯信用证诈骗罪的，处 5 年以下有期徒刑或者拘役，并处 2 万元以上 20 万元以下罚金；数额巨大或者有其他严重情节的，处 5 年以上 10 年以下有期徒刑，并处 5 万元以上 50 万元以下罚金；数额特别巨大或者有其他特别严重情节的，处 10 年以上有期徒刑或者无期徒刑，并处 5 万元以上 50 万元以下罚金或者没收财产。

依照《刑法》第 200 条的规定，单位犯本罪的，对单位判处罚金，并对其直接负责的主管人员和其他直接责任人员，处 5 年以下有期徒刑或者拘役，可以并处罚金；数额巨大或者有其他严重情节的，处 5 年以上 10 年以下有期徒刑，并处罚金；数额特别巨大或者有其他特别严重情节的，处 10 年以上有期徒刑或者无期徒刑，并处罚金。

具体情节与量刑的对应情况，列表格如下（自然人）：

<table>
<tr><th>量刑档次</th><th>对应情节</th><th>有关概念解释</th><th>备注</th></tr>
<tr><td>五年以下有期徒刑或者拘役，并处二万元以上二十万元以下罚金</td><td>构成犯罪</td><td>只要行为人实施了信用证诈骗行为，不要求行为人实际骗取了财物</td><td rowspan="3">1. 犯本罪，必须并处财产刑。
2. 犯本罪判处十年以上有期徒刑的，既可并处罚金，也可并处没收财产，但一般情形下，应当并处罚金。判处无期徒刑的，则应当并处没收财产。</td></tr>
<tr><td>五年以上十年以下有期徒刑，并处五万元以上五十万元以下罚金</td><td>（1）数额巨大
（2）有其他严重情节的</td><td>1. 关于“数额巨大”。个人进行信用证诈骗数额在10万元以上的，属于“数额巨大”；单位进行信用证诈骗数额在50万元以上的，属于“数额巨大”；
2. 其他严重情节，尚无司法解释规定。</td></tr>
<tr><td>十年以上有期徒刑或者无期徒刑，并处五万元以上五十万元以下罚金或者没收财产</td><td>（1）数额特别巨大
（2）有其他特别严重情节</td><td>1. 关于“数额特别巨大”。个人进行信用证诈骗数额在50万元以上的，属于“数额特别巨大”。单位进行信用证诈骗数额在250万元以上的，属于“数额特别巨大”。
2. 其他严重情节，尚无司法解释规定。</td></tr>
</table>

适用《刑法》第195条、第200条时，应当注意：

1. 正确把握信用证诈骗的“数额巨大或者有其他严重情节”“数额特别巨大或者有其他特别严重情节”

关于信用证诈骗数额的确定，1996年《诈骗解释》曾作过明确规定。现因该解释所依据的1979年《刑法》已经修改，《决定》已经被1997年刑法所吸纳，故解释的依据不存在。但是现行的《最高人民法院、最高人民检察院关于办理诈骗刑事案件具体应用法律若干问题的解释》仅就1997年刑法的诈骗罪作出解释，对其他类型的诈骗犯罪解释，包括金融诈骗犯罪均未作相应的解释。而《诈骗解释》将所有的诈骗犯罪均统一称为诈骗罪，因此，该解释中关于贷款诈骗犯罪的有关规定，在新的司法解释出台前，依然可以在司法实践在参照适用[①]。

《诈骗解释》第 6 条规定，个人进行信用证诈骗数额在 10 万元以上的，属于“数额巨大”；个人进行信用证诈骗数额在 50 万元以上的，属于“数额特别巨大”。单位进行信用证诈骗数额在 5 万元以上的，属于“数额巨大”；单位进行信用证诈骗数额在 250 万元以上的，属于“数额特别巨大”。

关于其他严重情节、其他特别严重情节，目前没有司法解释予以规定。但根据司法实践，一般认为，其他严重情节，是指因其诈骗行为造成他人巨大经济损失的；因此而引起严重的外交事件，造成恶劣的政治影响的；给银行声誉造成严重损害的；多次利用信用证进行诈骗的；利用信用证诈骗的犯罪集团之首要分子；等等。是否属于情节严重，应当综合分析行为人的行为方式、行为后果等诸多方面后全面加以认定。其他特别严重情节，则是指因其诈骗造成受害人的特别巨大的经济损失的；造成特别严重的声誉、经济影响的；引起特别严重的外交事件的；给银行造成特别严重的政治、经济影响的；属于惯犯、累犯或多次作案的；具有多个严重情节的；等等。

对于多次进行诈骗，并以后次诈骗财物归还前次诈骗财物，在计算诈骗数额时，应当将案发前已经归还的数额扣除，按实际未归还的数额认定，量刑时可将多次行骗的数额作为从重情节予以考虑。

2. 注重财产刑的适用

贷款诈骗犯罪是图利型犯罪，惩罚和预防此类犯罪，应当注重同时从经济上制裁犯罪分子。刑法对金融犯罪都规定了财产刑，人民法院应当严格依法判处。罚金的数额，应当根据被告人的犯罪情节，在法律规定的数额幅度内确定。对于具有从轻、减轻或者免除处罚情节的被告人，对于本应并处的罚金刑原则上也应当从轻、减轻或者免除。

对财产刑的适用应当注意，对自然人犯本罪和单位犯本罪处罚直接负责任的主管人员和其他直接责任人员时，主刑方面两者没有区别，但是财产刑是有区别的。(1) 构成基本犯罪时，对自然人必须并处 2 万元以上 20 万元以下罚金。而单位犯罪，对直接负责任的主管人员和其他直接责任人员是可以

---

① 《全国法院审理金融犯罪案件工作座谈会纪要》(法〔2001〕8 号) 明确规定：对于修订后的刑法实施过程中遇到的具体适用法律问题，在最高法院相应的新的司法解释出台前，原有司法解释与现行刑法不相冲突的仍然可以参照执行。

并处罚金，且没有规定罚金的数额。（2）数额巨大或者有其他严重情节的情况下，对自然人是必须并处5万元以上50万元以下罚金。而单位犯罪，对直接负责任的主管人员和其他直接责任人员虽然必须并处罚金，但没有规定罚金的数额。（3）数额特别巨大或者有其他特别严重情节的情况下，对自然人在判处主刑时，是必须并处5万元以上50万元以下罚金或者没收财产。而单位犯罪，对直接负责任的主管人员和其他直接责任人员判处主刑时，则只限于必须并处罚金，而不能并处没收财产。

3. 关于规范性量刑

《最高人民法院关于常见犯罪的量刑指导意见》对贷款诈骗罪的量刑并未有作出规定，这主要是由于此类案件在司法实践中的发案率不高，最高司法机关还未能总结出一套比较完整的量刑规范化方案，有待于在总结经验的基础上再作出详细的规定。在此之前，各高级法院可以根据各地的社会治安状况、经济发展状况等因素，制定适合本省、自治区、直辖市实际情况的量刑规范化标准。在有关规定出台前，司法人员应当根据犯罪的事实、犯罪的性质、情节和对于社会的危害程度，依照刑法和有关司法解释的规定判处刑罚。

（五）法律链接

1. 全国法院审理金融犯罪案件工作座谈会纪要（法〔2001〕8号　自2001年1月21日起施行）（节录）

二

（三）关于金融诈骗罪

1. 金融诈骗罪中非法占有目的的认定

金融诈骗犯罪都是以非法占有为目的的犯罪。在司法实践中，认定是否具有非法占有为目的，应当坚持主客观相一致的原则，既要避免单纯根据损失结果客观归罪，也不能仅凭被告人自己的供述，而应当根据案件具体情况具体分析。根据司法实践，对于行为人通过诈骗的方法非法获取资金，造成数额较大资金不能归还，并具有下列情形之一的，可以认定为具有非法占有的目的：（1）明知没有归还能力而大量骗取资金的；（2）非法获取资金后逃跑的；（3）肆意挥霍骗取资金的；（4）使用骗取的资金进行违法犯罪活动的；（5）抽逃、转移资金、隐匿财产，以逃避返还资金的；（6）隐匿、销毁账目，或者搞假破产、假倒闭，以逃避返还资金的；（7）其他非法占有资金、拒不返还的行为。但是，在处理具体案件的时候，对于有证据证明行为人不具有非法占有目的的，不能单纯以财产不能归还就按金融诈骗罪处罚。

4. 金融诈骗犯罪定罪量刑的数额标准和犯罪数额的计算

金融诈骗的数额不仅是定罪的重要标准，也是量刑的主要依据。在没有新的司法解释之前，可参照1996年《最高人民法院关于审理诈骗案件具体应用法律的若干问题的解释》的规定执行。在具体认定金融诈骗犯罪的数额时，应当以行为人实际骗取的数额计算。对于行为人为实施金融诈骗活动而支付的中介费、手续费、回扣等，或者用于行贿、赠与等费用，均应计入金融诈骗的犯罪数额。但应当将案发前已归还的数额扣除。

（五）财产刑的适用

金融犯罪是图利型犯罪，惩罚和预防此类犯罪，应当注重同时从经济上制裁犯罪分子。刑法对金融犯罪都规定了财产刑，人民法院应当严格依法判处。罚金的数额，应当根据被告人的犯罪情节，在法律规定的数额幅度内确定。对于具有从轻、减轻或者免除处罚情节的被告人，对于本应并处的罚金刑原则上也应当从轻、减轻或者免除。

单位金融犯罪中直接负责的主管人员和其他直接责任人员，是否适用罚金刑，应当根据刑法的具体规定。刑法分则条文规定有罚金刑，并规定对单位犯罪中直接负责的主管人员和其他直接责任人员依照自然人犯罪条款处罚的，应当判处罚金刑，但是对直接负责的主管人员和其他直接责任人员判处罚金的数额，应当低于对单位判处罚金的数额；刑法分则条文明确规定对单位犯罪中直接负责的主管人员和其他直接责任人员只判处自由刑的，不能附加判处罚金刑。

2. 最高人民法院关于对信用证诈骗案件有关问题的复函（2004年4月22日）（节录）

中华人民共和国公安部、中国银行业监督管理委员会：

贵部和贵公经〔2003〕1081号《关于建议对信用证诈骗案件调取境外证据要求予以规范的函》收悉。经研究，对在办理信用证诈骗案件中是否必须查明虚假议付单据、文件来源和议付款项的最终流向不能一概而论，应当视案件的证据情况决定。对属于认定行为人主观上“是否明知”以及“是否具有非法占有目的”必不可少的证据的，则应当查清。

……

二、关于委托境外执法部门协助提供的证人证言可否作为证据使用的问题。根据刑事诉讼法第17条的规定，依照刑事司法协助的内容委托境外执法机构询问证人的情况可以作为证据使用。但如果境外执法部门所取得的证言上加盖有“不得作呈堂证供”的印章，应当经过适当形式的转换后使用。

3. 最高人民法院关于审理单位犯罪案件对其直接负责的主管人员和其他直接责任人员是否区分主犯、从犯问题的批复（法释〔2000〕31号　自2000年10月10日起施行）

湖北省高级人民法院：

你院鄂高法〔1999〕374号《关于单位犯信用证诈骗罪案件中对其“直接负责的主管人员”和“其他直接责任人员”是否划分主从犯问题的请示》收悉。经研究，答复如下：

在审理单位故意犯罪案件时，对其直接负责的主管人员和其他直接责任人员，可不区分主犯、从犯，按照其在单位犯罪中所起的作用判处刑罚。

此复

六、信用卡诈骗罪

（一）法律规定

第一百九十六条[①]　**有下列情形之一，进行信用卡诈骗活动，数额较大的，处五年以下有期徒刑或者拘役，并处二万元以上二十万**

① 本条经2005年2月28日《刑法修正案（五）》第2条修改。1997年《刑法》第196条原条文为：

“有下列情形之一，进行信用卡诈骗活动，数额较大的，处五年以下有期徒刑或者拘役，并处二万元以上二十万元以下罚金；数额巨大或者有其他严重情节的，处五年以上十年以下有期徒刑，并处五万元以上五十万元以下罚金；数额特别巨大或者有其他特别严重情节的，处十年以上有期徒刑或者无期徒刑，并处五万元以上五十万元以下罚金或者没收财产：

（一）使用伪造的信用卡的；

（二）使用作废的信用卡的；

（三）冒用他人信用卡的；

（四）恶意透支的。

前款所称恶意透支，是指持卡人以非法占有为目的，超过规定限额或者规定期限透支，并且经发卡银行催收后仍不归还的行为。

盗窃信用卡并使用的，依照本法第二百六十四条的规定定罪处罚。”

元以下罚金；数额巨大或者有其他严重情节的，处五年以上十年以下有期徒刑，并处五万元以上五十万元以下罚金；数额特别巨大或者有其他特别严重情节的，处十年以上有期徒刑或者无期徒刑，并处五万元以上五十万元以下罚金或者没收财产：

（一）使用伪造的信用卡，或者使用以虚假的身份证明骗领的信用卡的；

（二）使用作废的信用卡的；

（三）冒用他人信用卡的；

（四）恶意透支的。

前款所称恶意透支，是指持卡人以非法占有为目的，超过规定限额或者规定期限透支，并且经发卡银行催收后仍不归还的行为。

盗窃信用卡并使用的，依照本法第二百六十四条的规定定罪处罚。

（二）罪名详解

信用卡诈骗罪，是指以非法占有为目的，利用信用卡进行诈骗，骗取数额较大财物的行为。

本罪是从《全国人民代表大会常务委员会关于惩治破坏金融秩序犯罪的决定》第 14 条的规定，吸收改为刑法的具体规定的，1979 年刑法没有信用卡诈骗罪的规定。1997 年刑法修订后，《刑法修正案（五）》第 2 条又对本罪作了进一步修改，即将“使用以虚假的身份证明骗领的信用卡的”行为，增加规定为本罪的行为方式之一。

信用卡诈骗罪的构成要件是：

1. 主体要件

信用卡诈骗罪的犯罪主体为一般自然人主体，单位不能构成本罪的主体。

2. 客体要件

信用卡诈骗罪侵犯的客体是国家对信用卡的管理制度和公私财产所有权。犯罪对象是信用卡。

什么是信用卡？以前刑法条文规定的信用卡，其含义是指商业银行和其他金融机构发行的电子支付卡。随着商业银行和其他金融机构业务的发展，出现了多种形式的电子支付卡。中国人民银行为了加强对电子支付卡的管理，将银行和其他金融机构发行的各种形式的电子支付卡细分为信用卡、借记卡，并将信用卡再细分为贷记卡和准贷记卡。这样，司法实践中对伪造或者利用商业银行或者其他金融机构发行的电子支付卡进行的犯罪活动，在适用法律上出现了不同认识。有的案件按照信用卡诈骗罪处理，有的按照金融凭证诈骗罪处理，有的按照普通诈骗罪处理，有的未作犯罪处理。司法机关、有关部门建议全国人大常委会针对这个问题，对刑法规定的信用卡的含义作出明确的解释，以利于统一执法，打击犯罪。为此，全国人大常委会对刑法有关信用卡规定的含义作出了立法解释。根据2004年12月29日《全国人民代表大会常务委员会关于〈中华人民共和国刑法〉有关信用卡规定的解释》的规定，刑法规定的“信用卡”，是指由商业银行或者其他金融机构发行的具有消费支付、信用贷款、转账结算、存取现金等全部功能或者部分功能的电子支付卡。据此，信用卡诈骗罪中的信用卡，不仅包括国际通行意义上的具有透支功能的信用卡，也包括不具有透支功能的借记卡。我国开展信用卡业务的时间不长，经验不足，各项规章制度还有待完善。信用卡的推广和使用给经济生活带来了便利，但也避免不了诈骗犯罪分子利用信用卡进行诈骗犯罪活动。上述立法解释有利于司法机关统一认识，有利于惩治信用卡诈骗犯罪。

3. 主观要件

信用卡诈骗罪主观方面由故意构成，并且具有非法占有目的。

4. 客观要件

信用卡诈骗罪客观方面表现为使用诈骗方法利用信用卡骗取财物，数额较大的行为。

《刑法》第196条规定了利用信用卡进行诈骗的四种方法：

（1）使用伪造的信用卡或者使用以虚假的身份证明骗领的信用卡

关于伪造的信用卡。根据《最高人民法院、最高人民检察院关于办理妨害信用卡管理刑事案件具体应用法律若干问题的解释》（以下简称《信用卡解释》）第1条第1款规定，复制他人信用卡、将他人信用卡信息资料写入磁条介质、芯片或者以其他方法伪造信用卡的，应当认定为伪造信用卡。

关于以虚假的身份证明骗领信用卡。根据《信用卡解释》第2条第3款规定，违背他人意愿，使用其居民身份证、军官证、士兵证、港澳居民往来内地通行证、台湾居民来往大陆通行证、护照等身份证明申领的信用卡，或者使用伪造、变造的身份证明申领的信用卡，应当认定为“以虚假的身份证明骗领的信用卡”。

使用伪造的信用卡或者使用以虚假的身份证明骗领的信用卡，指行为人用伪造的信用卡或者使用虚假身份证明骗领的信用卡购买商品、在银行或者ATM机上支取现金以及用信用卡进行支付结算的各种服务等。

对于使用所谓“变造”信用卡的，如更改磁条内的信息，应认定未使用伪造的信用卡。构成犯罪的，根据其他犯罪定罪处罚。

需要注意的是，一些信用卡申领人为了顺利取得信用卡，或者获得较高的授信额度，而在申请信用卡时对自己的收入状况等作了不实的陈述，因为其主观上并无非法占有目的，性质是不同于上骗领信用卡的行为的，不应作为犯罪处理。

（2）使用作废的信用卡

使用作废的信用卡是指行为人故意使用已经失效的信用卡的行为。这里的“使用作废的信用卡”，包括用作废的信用卡购买商品、在银行或者自动柜员机上支取现金以及接受用信用卡进行支付结算的各种服务等。信用卡作废主要有以下几种情况。一是信用卡超过有效使用期而自动失效。二是信用卡持卡人在信用卡有效期内中途停止使用信用卡，并将信用卡交回发卡机构。这种情况下，在办理退卡手续后即属于作废的信用卡。三是因挂失而使信用卡失效。

（3）冒用他人信用卡

根据《信用卡解释》第5条第2款规定，冒用他人信用卡包括下列情形：行为人拾得他人信用卡并使用的；骗取他人信用卡并使用的；窃取、收买、骗取或者以其他非法方式获取他人信用卡信息资料，并通过互联网、通讯终端等使用的以及其他冒用他人信用卡的情形。

（4）恶意透支

恶意透支是指持卡人以非法占有为目的，超过规定限额或者规定期限透支，并且经发卡银行两次催收后超过3个月仍不归还的行为。恶意透支的构成要件包括：①恶意透支的主体系信用卡的合法持卡人。②恶意透支的主观方面是出于直接故意，即明知信用卡账户中没有资金，或者资金不足的情况下仍继续透支，并且具有非法占有银行资金的目的。③恶意透支的客观方面表现为持卡人以非法占有为目的，超过规定限额或者规定期限透支，数额较大，并且经发卡银行两次催收后超过3个月仍不归还或逃避追索的行为。

金融犯罪都必须以非法占有为目的。但是，使用信用卡透支的，未必都是犯罪，只有恶意透支的才构成犯罪。因此，刑法特别对恶意透支的概念进行了解释，并突出强调必须以非法占有为目的。这是区别正常透支和恶意透支的关键。根据《信用卡解释》第 6 条第 3 款规定，有下列情形之一的，应当认定为“以非法占有为目的”：明知没有还款能力而大量透支无法归还的；使用虚假资信证明申领信用卡的违反，无法归还的；透支后逃匿、改变联系方式，逃避银行催收的；抽逃、转移资金，隐匿财产，逃避还款的；使用透支的资金进行违法犯罪活动的；其他非法占有资金，拒不归还的行为。

根据刑法规定，信用卡诈骗罪必须达到数额较大时才构成犯罪。不同的诈骗形式，司法解释规定的数额较大标准是没的。根据《信用卡解释》第 5 条第 1 款规定，使用伪造的信用卡、以虚假的身份证明骗领的信用卡、作废的信用卡或者冒用他人信用卡，进行信用卡诈骗活动，数额在 5000 元以上不满 5 万元的，属于“数额较大”；根据《信用卡解释》第 8 条规定，恶意透支，数额在五万元以上不满五十万元的，应当认定为“数额较大”；数额在五十万元以上不满五百万元的，应当认定为“数额巨大”；数额在五百万元以上的，应当认定为“数额特别巨大”，根据该解释第 9 条的规定，恶意透支的数额，是指公安机关刑事立案时尚未归还的实际透支的本金数额，不包括利息、复利、滞纳金、手续费等发卡银行收取的费用。归还或者支付的数额，应当认定为归还实际透支的本金。

（三）实务疑难问题

1. 罪与非罪的认定

下列情形下，可以不认为构成信用卡诈骗罪：

（1）数额未达到较大的。即使用伪造的信用卡、以虚假的身份证明骗领的信用卡、作废的信用卡或者冒用他人信用卡，进行信用卡诈骗活动，数额在 5000 元下的；恶意透支数额在 5 万元以下的；

（2）恶意透支虽然达到数额较大，但在公安机关立案前已偿还全部透支款息，情节显著轻微的，可以依法不追究刑事责任。

（3）行为人虽然以非法占有为目的，超过规定限额或者规定期限透支，但发卡银行未经催收，或者催收未达两次，或者两次催收后尚未满三个月行为人归还透支款项的。

（4）行为人虽然实施了冒用他人信用卡的行为，但主观上并没有诈骗财物的目的，而是属于违反信用卡管理和使用方面的规定的违规行为，不能作为犯处理。

2. 使用 POS 机非法套现行为的处理

违反国家规定，使用销售点终端机具（POS 机）等方法，以虚构交易、虚开价格、现金退货等方式向信用卡持卡人直接支付现金，情节严重的，应当依据《刑法》第 225 条的规定，以非法经营罪定罪处罚。持卡人以非法占有为目的，采用上述方式恶意透支的，以信用卡诈骗罪定罪处罚。

3. 本罪与妨害信用卡管理罪的区分

如果行为人是为进行信用卡诈骗而在持有、运输伪造的信用卡，或者是非法持有他人的信用卡，或者是使用虚假身份证明骗领信用卡，或者是购买伪造的信用卡、使用虚假身份证明骗领的信用卡的过程中被抓获的，则其行为属于妨害信用卡管理罪与信用卡诈骗罪（预备）的想象竞合犯，根据“从一重处断”原则，应以妨害信用卡管理罪论处；如果行为人是在信用卡诈骗得手之后被抓获，同时又发现其据以使用的信用卡是使用虚假身份证明骗领来的信用卡，或者是购买的伪造的信用卡，则其行为属于妨害信用卡管理罪与信用卡诈骗罪的牵连犯，应以信用卡诈骗罪论处；如果是在持有伪造的信用卡或者骗领的信用卡行骗的过程中被抓获的，则属于妨害信用卡管理罪与信用卡诈骗罪（未遂）的牵连犯，应根据“从一重处断”原则定罪处罚。

4. 划清善意透支与恶意透支的界限

所谓透支，是指持卡人在发卡银行或发卡公司信用卡账户上资金不足或已无资金的情况下，经发卡银行或公司的批准，允许其以超过信用卡余留资金的额度利用信用卡进行消费。信用卡透支是信用卡的重要功能之一，也是银行信用卡业务中的一项重要内容，是发卡银行或公司向持卡人提供的一种消费信贷。但是透支必须遵守信用卡章程的规定，要求持卡人在规定的期限内补足资金，并按规定支付利息，从而成为法律所允许的行为，这就是我们通常所讲的善意透支。我国各发卡银行对于在国内使用的各种人民币信用卡都规定可以在一定额度内进行短期的善意透支。如果持卡人没有在规定期限内还清欠款，银行就要加倍罚收利息。

善意透支与恶意透支是两种性质完全不同的透支，一种是法律所允许的行为，另一种则是违法甚至犯罪的行为。善意透支与恶意透支之间的主要区别是：(1) 在主观方面，前者属于信用卡所提供的特殊条件，属于持卡人依法应当享受的正当权利；后者行为人具有非法占有的目的，是违法犯罪的行为。(2) 在客观方面，前者是先用后还，在规定的时间内将归还透支本息；后者是将透支的资金非法占为己有，根本不打算归还。

5. 盗窃信用卡并使用行为的定性

盗窃信用卡并使用的，根据《刑法》第196条第3款的规定，以盗窃罪定罪处罚。拾得、骗取他人信用卡并使用的，属于冒用他人信用卡，以信用卡诈骗罪定罪处罚。

6. 拾得他人信用卡并在自动柜员机（ATM机）上使用行为的定性

根据《最高人民检察院关于拾得他人信用卡并在自动柜员机（ATM机）上使用的行为如何定性问题的批复》，拾得他人信用卡并在自动柜员机（ATM机）上使用的行为，属于《刑法》第196条第1款第3项规定的“冒用他人信用卡”的情形，构成犯罪的，以信用卡诈骗罪追究刑事责任。

7. 关于单位实施信用卡诈骗犯罪的处理

刑法对信用卡诈骗罪没有单位犯罪的规定。对单位实施信用卡诈骗犯罪如何处理？根据《全国人民代表大会常务委员会关于〈中华人民共和国刑法〉第三十条的解释》，公司、企业、事业单位、机关、团体等单位实施刑法规定的危害社会的行为，刑法分则和其他法律规定未规定追究单位的刑事责任的，对组织、策划、实施该危害社会行为的人依法追究刑事责任。[①]

（四）情节与量刑

依照《刑法》第196条的规定，进行信用卡诈骗活动，数额较大的，处5年以下有期徒刑或者拘役，并处2万元以上20万元以下罚金；数额巨大或者有其他严重情节的，处5年以上10年以下有期徒刑，并处5万元以上50万元以下罚金；数额特别巨大或者有其他特别严重情节的，处10年以上有期徒刑

① 2014年4月24日第十二届全国人民代表大会常务委员会第八次会议通过《全国人民代表大会常务委员会关于〈中华人民共和国刑法〉第三十条的解释》：全国人民代表大会常务委员根据司法实践中遇到的情况，讨论了刑法第三十条的含义及公司、企业、事业单位、机关、团体等单位实施刑法规定的危害社会的行为，法律未规定追究单位的刑事责任的，如何适用刑法有关规定的问题，解释如下：公司、企业、事业单位、机关、团体等单位实施刑法规定的危害社会的行为，刑法分则和其他法律规定未规定追究单位的刑事责任的，对组织、策划、实施该危害社会行为的人依法追究刑事责任。

或者无期徒刑，并处5万元以上50万元以下罚金或者没收财产。

具体情节与量刑的对应情况，列表格如下：

量刑档次	对应情节	有关概念解释	备注
五年以下有期徒刑或者拘役，并处二万元以上二十万元以下罚金	数额较大	1. 使用伪造的信用卡、以虚假的身份证明骗领的信用卡、作废的信用卡或者冒用他人信用卡，进行信用卡诈骗活动，数额在5000元以上不满5万元的，属于“数额较大”； 2. 恶意透支，数额在5万元以上不满50万元的，属于“数额较大”。	1. 犯本罪，必须并处财产刑。 2. 犯本罪判处十年以上有期徒刑的，既可并处罚金，也可并处没收财产，但一般情形下，应当并处罚金。判处无期徒刑的，则应当并处没收财产。
五年以上十年以下有期徒刑，并处五万元以上五十万元以下罚金	（1）数额巨大 （2）有其他严重情节的	1. 使用伪造的信用卡、以虚假的身份证明骗领的信用卡、作废的信用卡或者冒用他人信用卡，进行信用卡诈骗活动，数额在5万元以上不满50万元的，属于“数额巨大”；恶意透支，数额在50万元以上不满500万元的，属于“数额巨大”。 2. 其他严重情节，尚无司法解释规定。	
十年以上有期徒刑或者无期徒刑，并处五万元以上五十万元以下罚金或者没收财产	（1）数额特别巨大 （2）有其他特别严重情节	1. 使用伪造的信用卡、以虚假的身份证明骗领的信用卡、作废的信用卡或者冒用他人信用卡，进行信用卡诈骗活动，数额在50万元以上的，属于“数额特别巨大”。恶意透支，数额在500万元以上的，属于“数额特别巨大”。关于“数额特别巨大”。 2. 其他严重情节，尚无司法解释规定。	

适用《刑法》第196条时，应当注意：

1. 正确认定信用卡诈骗罪的“数额较大”“数额巨大或者有其他严重情节”“数额特别巨大或者有其他特别严重情节”

根据《信用卡解释》第 5 条、第 8 条的规定，使用伪造的信用卡、以虚假的身份证明骗领的信用卡、作废的信用卡或者冒用他人信用卡，进行信用卡诈骗活动，数额在 5000 元以上不满 5 万元的，属于“数额较大”；数额在 5 万元以上不满 50 万元的，属于“数额巨大”；数额在 50 万元以上的，属于“数额特别巨大”。恶意透支，数额在 5 万元以上不满 50 万元的，属于“数额较大”；数额在 50 万元以上不满 500 万元的，属于“数额巨大”，数额在 500 万元以上的，属于“数额特别巨大”。

关于其他严重情节、其他特别严重情节，目前没有司法解释予以规定。各地可根据犯罪手段、给银行及被害人造成的损失、利用信用卡进行诈骗次数、是否犯罪集团的首要分子等方面，综合分析后认定。

对于多次进行诈骗，并以后次诈骗财物归还前次诈骗财物，在计算诈骗数额时，应当将案发前已经归还的数额扣除，按实际未归还的数额认定，量刑时可将多次行骗的数额作为从重情节予以考虑。

2. 正确把握恶意透支刑事责任的特别规定

《信用卡解释》第 8 条规定，恶意透支数额较大，在提起公诉前全部归还或者具有其他情节轻微情形的，可以不起诉；在一审判决前全部归还或者具有其他情节轻微情形的，可以免予刑事处罚。但是，曾因信用卡诈骗受过两次以上处罚的除外。

3. 注重财产刑的适用

信用卡诈骗罪是图利型犯罪，惩罚和预防此类犯罪，应当注重同时从经济上制裁犯罪分子。刑法对金融犯罪都规定了财产刑，人民法院应当严格依法判处。罚金的数额，应当根据被告人的犯罪情节，在法律规定的数额幅度内确定。对于具有从轻、减轻或者免除处罚情节的被告人，对于本应并处的罚金刑原则上也应当从轻、减轻或者免除。

4. 关于规范性量刑

最高人民法院《关于常见犯罪的量刑指导意见》对信用卡诈骗罪的量刑并未有作出规定，这主要是由于此类案件在司法实践中的发案率不高，最高司法机关还未能总结出一套比较完整的量刑规范化方案，有待于在总结经验的基础上再作出详细的规定。在此之前，各高级法院可以根据各地的社会治安状况、经济发展状况等因素，制定适合本省、自治区、直辖市实际情况的量刑规范化标准。在有关规定出台前，司法人员应当根据犯罪的事实、犯罪的性质、情节和对于社会的危害程度，依照刑法和有关司法解释的规定判处刑罚。

（五）法律链接

1. 全国人民代表大会常务委员会关于《中华人民共和国刑法》有关信用卡规定的解释（2004年12月29日第十届全国人民代表大会常务委员会第十三次会议通过　自2004年12月29日起施行）

全国人民代表大会常务委员会根据司法实践中遇到的情况，讨论了刑法规定的“信用卡”的含义问题，解释如下：

刑法规定的“信用卡”，是指由商业银行或者其他金融机构发行的具有消费支付、信用贷款、转账结算、存取现金等全部功能或者部分功能的电子支付卡。

现予公告。

2. 最高人民法院研究室关于信用卡犯罪法律适用若干问题的复函（法研〔2010〕105号　自2010年7月5日起施行）

公安部经济犯罪侦查局：

你局公经金融〔2010〕110号《关于公安机关办理信用卡犯罪案件法律适用若干问题征求意见的函》收悉。经研究，提出以下意见供参考：

一、对于一人持有多张信用卡进行恶意透支，每张信用卡透支数额均未达到1万元的立案追诉标准的，原则上可以累计数额进行追诉。但考虑到一人办多张信用卡的情况复杂，如累计透支数额不大的，应分别不同情况慎重处理。

二、发卡银行的“催收”应有电话录音、持卡人或其家属签字等证据证明。“两次催收”一般应分别采用电话、信函、上门等两种以上催收形式。

三、若持卡人在透支大额款项后，仅向发卡行偿还远低于最低还款额的欠款，具有非法占有目的的，可以认定为“恶意透支”；行为人确实不具有非法占有目的的，不能认定为“恶意透支”。

四、非法套现犯罪的证据规格，仍应遵循刑事诉讼法规定的证据确实、充分的证明标准。原则上应向各持卡人询问并制作笔录。如因持卡人数量众多、下落不明等客观原因导致无法取证，且其他证据已能确实、充分地证明使用信用卡非法套现的犯罪事实及套现数额的，则可以不向所有持卡人询问并制作笔录。

3. 最高人民法院、最高人民检察院关于办理妨害信用卡管理刑事案件具体应用法律若干问题的解释（法释〔2018〕19号　自2018年12月1日起施行）

为依法惩治妨害信用卡管理犯罪活动，维护信用卡管理秩序和持卡人合法权益，根据《中华人民共和国刑法》规定，现就办理这类刑事案件具体应用法律的若干问题解释如下：

第一条　复制他人信用卡、将他人信用卡信息资料写入磁条介质、芯片或者以其他方法伪造信用卡一张以上的，应当认定为刑法第一百七十七条第一款第四项规定的“伪造信用卡”，以伪造金融票证罪定罪处罚。

伪造空白信用卡十张以上的，应当认定为刑法第一百七十七条第一款第四项规定的“伪造信用卡”，以伪造金融票证罪定罪处罚。

伪造信用卡，有下列情形之一的，应当认定为刑法第一百七十七条规定的“情节严重”：

（一）伪造信用卡五张以上不满二十五张的；

（二）伪造的信用卡内存款余额、透支额度单独或者合计数额在二十万元以上不满一百万元的；

（三）伪造空白信用卡五十张以上不满二百五十张的；

（四）其他情节严重的情形。

伪造信用卡，有下列情形之一的，应当认定为刑法第一百七十七条规定的“情节特别严重”：

（一）伪造信用卡二十五张以上的；

（二）伪造的信用卡内存款余额、透支额度单独或者合计数额在一百万元以上的；

（三）伪造空白信用卡二百五十张以上的；

（四）其他情节特别严重的情形。

本条所称“信用卡内存款余额、透支额度”，以信用卡被伪造后发卡行记录的最高存款余额、可透支额度计算。

第二条　明知是伪造的空白信用卡而持有、运输十张以上不满一百张的，应当认定为刑法第一百七十七条之一第一款第一项规定的“数量较大”；非法持有他人信用卡五张以上不满五十张的，应当认定为刑法第一百七十七条之一第一款第二项规定的“数量较大”。

有下列情形之一的，应当认定为刑法第一百七十七条之一第一款规定的“数量巨大”：

（一）明知是伪造的信用卡而持有、运输十张以上的；

（二）明知是伪造的空白信用卡而持有、运输一百张以上的；

（三）非法持有他人信用卡五十张以上的；

（四）使用虚假的身份证明骗领信用卡十张以上的；

（五）出售、购买、为他人提供伪造的信用卡或者以虚假的身份证明骗领的信用卡十张以上的。

违背他人意愿，使用其居民身份证、军官证、士兵证、港澳居民往来内地通行证、台湾居民来往大陆通行证、护照等身份证明申领信用卡的，或者使用伪造、变造的身份证明申领信用卡的，应当认定为刑法第一百七十七条之一第一款第三项规定的“使用虚假的身份证明骗领信用卡”。

第三条　窃取、收买、非法提供他人信用卡信息资料，足以伪造可进行交易的信用卡，或者足以使他人以信用卡持卡人名义进行交易，涉及信用卡一张以上不满五张的，依照刑法第一百七十七条之一第二款的规定，以窃取、收买、非法提供信用卡信息罪定罪处罚；涉及信用卡五张以上的，应当认定为刑法第一百七十七条之一第一款规定的“数量巨大”。

第四条　为信用卡申请人制作、提供虚假的财产状况、收入、职务等资信证明材料，涉及伪造、变造、买卖国家机关公文、证件、印章，或者涉及伪造公司、企业、事业单位、人民团体印章，应当追究刑事责任的，依照刑法第二百八十条的规定，分别以伪造、变造、买卖国家机关公文、证件、印章罪和伪造公司、企业、事业单位、人民团体印章罪定罪处罚。

承担资产评估、验资、验证、会计、审计、法律服务等职责的中介组织或其人员，为信用卡申请人提供虚假的财产状况、收入、职务等资信证明材料，应当追究刑事责任的，依照刑法第二百二十九条的规定，分别以提供虚假证明文件罪和出具证明文件重大失实罪定罪处罚。

第五条　使用伪造的信用卡、以虚假的身份证明骗领的信用卡、作废的信用卡或者冒用他人信用卡，进行信用卡诈骗活动，数额在五千元以上不满五万元的，应当认定为刑法第一百九十六条规定的“数额较大”；数额在五万元以上不满五十万元的，应当认定为刑法第一百九十六条规定的“数额巨大”；数额在五十万元以上的，应当认定为刑法第一百九十六条规定的“数额特别巨大”。

刑法第一百九十六条第一款第三项所称“冒用他人信用卡”，包括以下情形：

（一）拾得他人信用卡并使用的；

（二）骗取他人信用卡并使用的；

（三）窃取、收买、骗取或者以其他非法方式获取他人信用卡信息资料，并通过互联网、通讯终端等使用的；

（四）其他冒用他人信用卡的情形。

第六条 持卡人以非法占有为目的，超过规定限额或者规定期限透支，经发卡银行两次有效催收后超过三个月仍不归还的，应当认定为刑法第一百九十六条规定的“恶意透支”。

对于是否以非法占有为目的，应当综合持卡人信用记录、还款能力和意愿、申领和透支信用卡的状况、透支资金的用途、透支后的表现、未按规定还款的原因等情节作出判断。不得单纯依据持卡人未按规定还款的事实认定非法占有目的。

具有以下情形之一的，应当认定为刑法第一百九十六条第二款规定的“以非法占有为目的”，但有证据证明持卡人确实不具有非法占有目的的除外：

（一）明知没有还款能力而大量透支，无法归还的；

（二）使用虚假资信证明申领信用卡后透支，无法归还的；

（三）透支后通过逃匿、改变联系方式等手段，逃避银行催收的；

（四）抽逃、转移资金，隐匿财产，逃避还款的；

（五）使用透支的资金进行犯罪活动的；

（六）其他非法占有资金，拒不归还的情形。

第七条 催收同时符合下列条件的，应当认定为本解释第六条规定的“有效催收”：

（一）在透支超过规定限额或者规定期限后进行；

（二）催收应当采用能够确认持卡人收悉的方式，但持卡人故意逃避催收的除外；

（三）两次催收至少间隔三十日；

（四）符合催收的有关规定或者约定。

对于是否属于有效催收，应当根据发卡银行提供的电话录音、信息送达记录、信函送达回执、电子邮件送达记录、持卡人或者其家属签字以及其他催收原始证据材料作出判断。

发卡银行提供的相关证据材料，应当有银行工作人员签名和银行公章。

第八条　恶意透支，数额在五万元以上不满五十万元的，应当认定为刑法第一百九十六条规定的“数额较大”；数额在五十万元以上不满五百万元的，应当认定为刑法第一百九十六条规定的“数额巨大”；数额在五百万元以上的，应当认定为刑法第一百九十六条规定的“数额特别巨大”。

第九条　恶意透支的数额，是指公安机关刑事立案时尚未归还的实际透支的本金数额，不包括利息、复利、滞纳金、手续费等发卡银行收取的费用。归还或者支付的数额，应当认定为归还实际透支的本金。

检察机关在审查起诉、提起公诉时，应当根据发卡银行提供的交易明细、分类账单（透支账单、还款账单）等证据材料，结合犯罪嫌疑人、被告人及其辩护人所提辩解、辩护意见及相关证据材料，审查认定恶意透支的数额；恶意透支的数额难以确定的，应当依据司法会计、审计报告，结合其他证据材料审查认定。人民法院在审判过程中，应当在对上述证据材料查证属实的基础上，对恶意透支的数额作出认定。

发卡银行提供的相关证据材料，应当有银行工作人员签名和银行公章。

第十条　恶意透支数额较大，在提起公诉前全部归还或者具有其他情节轻微情形的，可以不起诉；在一审判决前全部归还或者具有其他情节轻微情形的，可以免予刑事处罚。但是，曾因信用卡诈骗受过两次以上处罚的除外。

第十一条　发卡银行违规以信用卡透支形式变相发放贷款，持卡人未按规定归还的，不适用刑法第一百九十六条“恶意透支”的规定。构成其他犯罪的，以其他犯罪论处。

第十二条　违反国家规定，使用销售点终端机具（POS 机）等方法，以虚构交易、虚开价格、现金退货等方式向信用卡持卡人直接支付现金，情节严重的，应当依据刑法第二百二十五条的规定，以非法经营罪定罪处罚。

实施前款行为，数额在一百万元以上的，或者造成金融机构资金二十万元以上逾期未还的，或者造成金融机构经济损失十万元以上的，应当认定为刑法第二百二十五条规定的“情节严重”；数额在五百万元以上的，或者造成金融机构资金一百万元以上逾期未还的，或者造成金融机构经济损失五十万元以上的，应当认定为刑法第二百二十五条规定的“情节特别严重”。

持卡人以非法占有为目的，采用上述方式恶意透支，应当追究刑事责任的，依照刑法第一百九十六条的规定，以信用卡诈骗罪定罪处罚。

第十三条 单位实施本解释规定的行为，适用本解释规定的相应自然人犯罪的定罪量刑标准。

4. 最高人民检察院关于拾得他人信用卡并在自动柜员机（ATM机）上使用的行为如何定性问题的批复（高检发释字〔2008〕1号 自2008年2月19日起施行）

浙江省人民检察院：

你院《关于拾得他人信用卡并在ATM机上使用的行为应如何定性的请示》（浙检研〔2007〕227号）收悉。经研究，批复如下：

拾得他人信用卡并在自动柜员机（ATM机）上使用的行为，属于刑法第一百九十六条第一款第（三）项规定的“冒用他人信用卡”的情形，构成犯罪的，以信用卡诈骗罪追究刑事责任。

此复。

5. 全国法院审理金融犯罪案件工作座谈会纪要（法〔2001〕8号 自2011年1月21日起施行）（节录）

二

（三）关于金融诈骗罪

1. 金融诈骗罪中非法占有目的的认定

金融诈骗犯罪都是以非法占有为目的的犯罪。在司法实践中，认定是否具有非法占有为目的，应当坚持主客观相一致的原则，既要避免单纯根据损失结果客观归罪，也不能仅凭被告人自己的供述，而应当根据案件具体情况具体分析。根据司法实践，对于行为人通过诈骗的方法非法获取资金，造成数额较大资金不能归还，并具有下列情形之一的，可以认定为具有非法占有的目的：

（1）明知没有归还能力而大量骗取资金的；

（2）非法获取资金后逃跑的；

（3）肆意挥霍骗取资金的；

（4）使用骗取的资金进行违法犯罪活动的；

（5）抽逃、转移资金、隐匿财产，以逃避返还资金的；

（6）隐匿、销毁账目，或者搞假破产、假倒闭，以逃避返还资金的；

（7）其他非法占有资金、拒不返还的行为。但是，在处理具体案件的时候，对于有证据证明行为人不具有非法占有目的的，不能单纯以财产不能归还就按金融诈骗罪处罚。

（五）财产刑的适用

金融犯罪是图利型犯罪，惩罚和预防此类犯罪，应当注重同时从经济上制裁犯罪分子。刑法对金融犯罪都规定了财产刑，人民法院应当严格依法判处。罚金的数额，应当根据被告人的犯罪情节，在法律规定的数额幅度内确定。对于具有从轻、减轻或者免除处罚情节的被告人，对于本应并处的罚金刑原则上也应当从轻、减轻或者免除。

七、有价证券诈骗罪

（一）法律规定

第一百九十七条　使用伪造、变造的国库券或者国家发行的其他有价证券，进行诈骗活动，数额较大的，处五年以下有期徒刑或者拘役，并处二万元以上二十万元以下罚金；数额巨大或者有其他严重情节的，处五年以上十年以下有期徒刑，并处五万元以上五十万元以下罚金；数额特别巨大或者有其他特别严重情节的，处十年以上有期徒刑或者无期徒刑，并处五万元以上五十万元以下罚金或者没收财产。

（二）罪名详解

有价证券诈骗罪是指以非法占有为目的，使用伪造、变造的国库券或者国家发行的其他有价证券，进行诈骗活动，数额较大的行为。

本罪是1997年刑法增设的罪名，1979年刑法和单行刑法均没有规定此罪名。

有价证券诈骗罪的构成要件是：

1. 主体要件

有价证券诈骗罪的主体为一般主体，年满16周岁的自然人可构成本罪，单位不构成本罪。

2. 客体要件

有价证券诈骗罪侵犯的客体是国家对有价证券的发行、管理制度和公私财产的所有权。犯罪对象是有价证券，这里的有价证券是指国库券等国家发行的有价证券，不包括非国家发行的有价证券在内。

社会主义现代化建设的发展需要大量的资金。为了给国家的经济建设筹集资金，中央人民政府每年都发行大量的国库券或者国家发行的其他有价证券。由于其信誉好，收益率高，受到购买者的普遍欢迎。同时，使用伪造、变造的有价证券进行诈骗犯罪的案件也屡见不鲜，严重破坏国家的金融秩序。刑法将使用伪造、变造的国库券或者国家发行的其他有价证券的行为单独规定为犯罪，不仅可以惩处利欲熏心的犯罪分子，也有利于教育、鼓励、支持人们不接受、不使用伪造、变造的有价证券。堵住了伪造、变造有价证券的泛滥渠道，伪造、变造的有价证券也就没有了市场，其他与有价证券有关的犯罪行为也必将得到有效地遏制。

3. 主观要件

有价证券诈骗罪的主观方面表现为故意犯罪，且须具有非法占有目的。

4. 客观要件

有价证券诈骗罪客观方面表现为使用伪造、变造的国库券或者国家发行的其他有价证券，诈骗数额较大财物的行为。“国库券”，是指中央政府为调节国库短期收支差额，弥补政府正常财政收入不足，而由国家财政部门代表国家发行的一种短期或者中期的国家债券。“国家发行的其他有价证券”，是指国家发行的除国库券以外的其他国家有价证券以及国家银行金融债券。“使用伪造、变造的有价证券”，是指行为人以伪造、变造的国库券或者国家发行的其他有价证券用于兑换现金、抵销债务等获取资金或者财产性利益的活动。

根据法律规定，利用有价证券进行诈骗的行为，除需具备以上构成要件外，诈骗的财物必须达到“数额较大”的程度，才构成犯罪。按照《立案追诉标准（二）》第55条的规定，使用伪造、变造的国库券或者国家发行的其他有价证券进行诈骗活动，数额在1万元以上的，应予立案追诉。

这里的数额较大、数额巨大、数额特别巨大，是指行为人利用有价证券所骗取财物的数额，而不是指被利用的有价证券本身的数额。

（三）实务疑难问题

1. 罪与非罪的认定

下列情形下，不以犯罪处理：

（1）虽实施有价证券诈骗行为，但未达到数额较大起点即数额在 1 万元以下的。

（2）行为人对所使用的有价证券主观上不明知是伪造、变造的。有价证券诈骗罪的主观要件是行为人主观上必须明知是伪造、变造的国库券或者国家发行的其他有价证券而使用。如果行为人不知其所使用的国库券或者国家发行的其他有价证券是伪造、变造的，因不具有诈骗故意而不构成犯罪。

2. 划清本罪与票据诈骗罪、金融凭证诈骗罪的区分

有价证券诈骗罪与票据诈骗罪、金融凭证诈骗罪的区别主要在于采用的手段不同，即有价证券诈骗罪使用的是伪造、变造的国库券或者国家发行的其他有价证券进行诈骗活动；而票据、金融凭证诈骗罪是使用非法的汇票、本票、支票、银行结算凭证或非法使用上述有关票证进行诈骗活动。另外，有价证券诈骗罪的犯罪主体仅为自然人，票据诈骗罪、金融凭证诈骗罪的犯罪主体自然人和单位均可构成。

3. 对窃取已付讫的国库券后用于骗兑的行为如何定性

国库券作为一种财产，还可以用于抵押和转让。可见，国库券作为有价证券，具有衡量财产多少的价值。有价证券一经兑换，则其原有的价值也随之消失。因此盗窃已付讫的国库券，因无盗窃数额因而不构成盗窃犯罪的。但是将盗窃得来的付讫的国库券进行变造后又重新进行兑付，其行为符合《刑法》第 197 条规定的有价证券诈骗罪的构成要件。行为人的目的就是通过变造国库券达到诈骗财物的目的，这种行为方式实质上就是伪造、变造国库券的行为，符合有价证券诈骗罪的构成要件，应当以有价证券诈骗罪定罪。

（四）情节与量刑

根据《刑法》第 197 条的规定，进行有价证券诈骗活动，数额较大的，

处 5 年以下有期徒刑或者拘役，并处 2 万元以上 20 万元以下罚金；数额巨大或者有其他严重情节的，处 5 年以上 10 年以下有期徒刑，并处 5 万元以上 50 万元以下罚金；数额特别巨大或者有其他特别严重情节的，处 10 年以上有期徒刑或者无期徒刑，并处 5 万元以上 50 万元以下罚金或者没收财产。

具体情节与量刑的对应情况，列表格如下：

量刑档次	对应情节	有关概念解释	备注
五年以下有期徒刑或者拘役，并处二万元以上二十万元以下罚金	数额较大	数额在 1 万元以上的，属于“数额较大”。	1. 犯本罪，必须并处财产刑。 2. 犯本罪判处十年以上有期徒刑的，既可并处罚金，也可并处没收财产，但一般情形下，应当并处罚金。判处无期徒刑的，则应当并处没收财产。
五年以上十年以下有期徒刑，并处五万元以上五十万元以下罚金	（1）数额巨大 （2）有其他严重情节的	有待新的司法解释作出明确规定。目前由各高级人民法院制定地方标准。	
十年以上有期徒刑或者无期徒刑，并处五万元以上五十万元以下罚金或者没收财产	（1）数额特别巨大 （2）有其他特别严重情节	有待新的司法解释作出明确规定。目前由各高级人民法院制定地方标准。	

适用《刑法》第 197 条时，应当注意：

1. 正确认定有价证券诈骗罪的“数额较大”“数额巨大或者有其他严重情节”“数额特别巨大或者有其他特别严重情节”

由于立案标准的起点为 1 万元，因此，数额较大的起点可以以 1 万元为起点。但关于数额巨大、数额特别巨大的标准，以及其他严重情节、其他特别严重情节，目前均没有司法解释规定。在新的司法解释出台前，可根据有价证券诈骗的手段、造成的损失、社会影响等综合考虑。在相关司法解释出台前，可由各高级人民法院制定相应的地方标准。

对于多次进行诈骗，并以后次诈骗财物归还前次诈骗财物，在计算诈骗数额时，应当将案发前已经归还的数额扣除，按实际未归还的数额认定，量刑时可将多次行骗的数额作为从重情节予以考虑。

2. 注重财产刑的适用

有价证券诈骗罪是图利型犯罪，惩罚和预防此类犯罪，应当注重同时从经济上制裁犯罪分子。刑法对金融犯罪都规定了财产刑，人民法院应当严格依法判处。罚金的数额，应当根据被告人的犯罪情节，在法律规定的数额幅度内确定。对于具有从轻、减轻或者免除处罚情节的被告人，对于本应并处的罚金刑原则上也应当从轻、减轻或者免除。

3. 关于规范性量刑

《最高人民法院关于常见犯罪的量刑指导意见》对有价证券诈骗罪的量刑并未有作出规定，这主要是由于此类案件在司法实践中的发案率不高，最高司法机关还未能总结出一套比较完整的量刑规范化方案，有待于在总结经验的基础上再作出详细的规定。在此之前，各高级法院可以根据各地的社会治安状况、经济发展状况等因素，制定适合本省、自治区、直辖市实际情况的量刑规范化标准。在有关规定出台前，司法人员应当根据犯罪的事实、犯罪的性质、情节和对于社会的危害程度，依照刑法和有关司法解释的规定判处刑罚。

4. 关于单位实施有价证券诈骗犯罪的处理

刑法对有价证券诈骗罪没有单位犯罪的规定。对单位实施信用卡诈骗犯罪如何处理？根据《全国人民代表大会常务委员会关于〈中华人民共和国刑法〉第三十条的解释》，公司、企业、事业单位、机关、团体等单位实施刑法规定的危害社会的行为，刑法分则和其他法律规定未规定追究单位的刑事责任的，对组织、策划、实施该危害社会行为的人依法追究刑事责任。①

（五）法律链接

全国法院审理金融犯罪案件工作座谈会纪要（法〔2001〕8号　自2001年1月21日起施行）（节录）

二

（三）关于金融诈骗罪

1. 金融诈骗罪中非法占有目的的认定。金融诈骗犯罪都是以非法占有为目的的犯罪。在司法实践中，认定是否具有非法占有为目的，应当坚持主客观相一致的原则，既要避免单纯根据损失结果客观归罪，也不能仅凭被告人自己的供述，而应当根据案件具体情况具体分析。根据司法实践，对于行为人通过诈骗的方法非法获取资金，造成数额较大资金不能归还，并具有下列情形之一的，可以认定为具有非法占有的目的：（1）明知没有归还能力而大量骗取资金的；（2）非法获取资金后逃跑的；（3）肆意挥霍骗取资金的；（4）使用骗取的资金进行违法犯罪活动的；（5）抽逃、转移资金、隐匿财产，以逃避返还资金的；（6）隐匿、销毁账目，或者搞假破产、假倒闭，以逃避返还资金的；（7）其他非法占有资金、拒不返还的行为。但是，在处理具体案件的时候，对于有证据证明行为人不具有非法占有目的的，不能单纯以财产不能归还就按金融诈骗罪处罚。

4. 金融诈骗犯罪定罪量刑的数额标准和犯罪数额的计算。金融诈骗的数额不仅是定罪的重要标准，也是量刑的主要依据。在没有新的司法解释之前，可参照1996年《最高人民法院关于审理诈骗案件具体应用法律的若干问题的解释》的规定执行。在具体认定金融诈骗犯罪的数额时，应当以行为人实际骗取的数额计算。对于行为人为实施金融诈骗活动而支付的中介费、手续费、

① 2014年4月24日第十二届全国人民代表大会常务委员会第八次会议通过《全国人民代表大会常务委员会关于〈中华人民共和国刑法〉第三十条的解释》：全国人民代表大会常务委员根据司法实践中遇到的情况，讨论了刑法第三十条的含义及公司、企业、事业单位、机关、团体等单位实施刑法规定的危害社会的行为，法律未规定追究单位的刑事责任的，如何适用刑法有关规定的问题，解释如下：公司、企业、事业单位、机关、团体等单位实施刑法规定的危害社会的行为，刑法分则和其他法律规定未规定追究单位的刑事责任的，对组织、策划、实施该危害社会行为的人依法追究刑事责任。

回扣等，或者用于行贿、赠与等费用，均应计入金融诈骗的犯罪数额。但应当将案发前已归还的数额扣除。

（五）财产刑的适用

金融犯罪是图利型犯罪，惩罚和预防此类犯罪，应当注重同时从经济上制裁犯罪分子。刑法对金融犯罪都规定了财产刑，人民法院应当严格依法判处。罚金的数额，应当根据被告人的犯罪情节，在法律规定的数额幅度内确定。对于具有从轻、减轻或者免除处罚情节的被告人，对于本应并处的罚金刑原则上也应当从轻、减轻或者免除。

八、保险诈骗罪

（一）法律规定

第一百九十八条　有下列情形之一，进行保险诈骗活动，数额较大的，处五年以下有期徒刑或者拘役，并处一万元以上十万元以下罚金；数额巨大或者有其他严重情节的，处五年以上十年以下有期徒刑，并处二万元以上二十万元以下罚金；数额特别巨大或者有其他特别严重情节的，处十年以上有期徒刑，并处二万元以上二十万元以下罚金或者没收财产：

（一）投保人故意虚构保险标的，骗取保险金的；

（二）投保人、被保险人或者受益人对发生的保险事故编造虚假的原因或者夸大损失的程度，骗取保险金的；

（三）投保人、被保险人或者受益人编造未曾发生的保险事故，骗取保险金的；

（四）投保人、被保险人故意造成财产损失的保险事故，骗取保险金的；

（五）投保人、受益人故意造成被保险人死亡、伤残或者疾病，骗取保险金的。

有前款第四项、第五项所列行为，同时构成其他犯罪的，依照数罪并罚的规定处罚。

单位犯第一款罪的，对单位判处罚金，并对其直接负责的主管

人员和其他直接责任人员，处五年以下有期徒刑或者拘役；数额巨大或者有其他严重情节的，处五年以上十年以下有期徒刑；数额特别巨大或者有其他特别严重情节的，处十年以上有期徒刑。

保险事故的鉴定人、证明人、财产评估人故意提供虚假的证明文件，为他人诈骗提供条件的，以保险诈骗的共犯论处。

（二）罪名详解

保险诈骗罪是指投保人、被保险人或者受益人，以非法占有为目的，违反保险法规定，用虚构事实或者隐瞒真相的方法，骗取保险金，数额较大的行为。

本罪是从《全国人民代表大会常务委员会关于惩治破坏金融秩序犯罪的决定》第16条的规定，吸收改为刑法的具体规定的。1979年刑法没有保险诈骗罪的规定。

保险诈骗罪的构成要件是：

1. 主体要件

保险诈骗罪主体为特殊主体，即投保人、被保险人或者受益人，包括单位和自然人。

2. 客体要件

保险诈骗罪侵犯的客体是国家的保险制度和公共财产的所有权。犯罪对象为保险金。

“保险”，是指按照保险法规，投保人根据合同规定，向保险人支付保险费，待发生合同约定的保险事故后，或者被保险人死亡、伤残、疾病或者达到合同约定的年龄期限时，承担给付保险金责任的商业保险行为。保险诈骗是伴随着保险业的产生和发展而出现的一种犯罪，一些犯罪分子利用保险业在管理和制度上的漏洞，进行保险诈骗犯罪，严重干扰了保险业的正常秩序。保险诈骗与普通诈骗不同，一般是基于一定的保险合同而实施的。刑法增设保险诈骗罪，有利于惩处利用保险合同诈骗保险金的犯罪行为。

3. 主观要件

保险诈骗罪主观方面由直接故意构成，并且具有非法占有保险金的目的。

4. 客观要件

客观方面表现违反保险法规定，用虚构事实或者隐瞒真相的方法，骗取保险金，数额较大的行为。

——违反保险法的规定。这是行为人构成本罪的前提，这里主要是指《中华人民共和国保险法》。《保险法》第 2 条规定：本法所称保险，是指投保人根据合同约定，向保险人支付保险费，保险人对于合同约定的可能发生的事故因其发生所造成的财产损失承担赔偿保险金责任，或者当被保险人死亡、伤残、疾病或者达到合同约定的年龄、期限时承担给付保险金责任的商业保险行为。《保险法》第 179 条规定：违反本法规定，构成犯罪的，依法追究刑事责任。

——用虚构事实或者隐瞒真相的方法，骗取保险金。

《刑法》第 198 条规定了五种保险诈骗的行为方式：

（1）投保人在与保险人订立保险合同时故意虚构保险标的，骗取保险金的。这是指投保人违背法律关于诚实信用的原则，在与保险人订立保险合同时，故意虚构了一个不存在的保险对象与保险人订立保险合同的行为。

（2）投保人、被保险人或者受益人对发生的保险事故编造虚假的原因或者夸大损失的程度，骗取保险金的。这是指投保人、被保险人或者受益人为了骗取保险金，在发生保险事故后，对造成保险事故的原因作虚假的陈述或者隐瞒真实情况或者故意夸大由于保险事故造成保险标的损失程度，从而更多地取得保险赔偿金的行为。

（3）投保人、被保险人或者受益人虚构事实、编造未曾发生的保险事故，骗取保险金的。这是指投保人、被保险人或者受益人在未发生保险事故的情况下，虚构事实，谎称发生保险事故而骗取保险金的行为。

（4）投保人、被保险人故意人为地制造保险标的出险的保险事故，造成财产损失，骗取保险金的。这是指投保财产险的投保人、被保险人在保险合同的有效期内，故意人为地制造保险标的出险的保险事故，造成财产损失，骗取保险金的行为。

（5）投保人、受益人故意造成被保险人死亡、伤残或者疾病，骗取保险金的。这是指投保人、受益人采取杀害、伤害、虐待、遗弃、投毒、传播传染病和利用其他方法故意造成人身事故，致使被保险人死亡、伤残或者生病，以获取保险金的行为。

——数额较大。根据法律规定，利用保险进行诈骗的行为，除需符合以上构成要件外，骗取保险金的数额必须达到“数额较大”的程度，才构成犯罪。按照现行《立案追诉标准（二）》，个人进行保险诈骗数额在 1 万元以上的，单位进行保险诈骗数额在 5 万元以上的，应予立案追诉。立案标准，在司法实践中就是数额较大的起点标准。

（三）实务疑难问题

1. 罪与非罪的认定

下列情形下，不以犯罪处理：

（1）虽然实施了保险诈骗行为，但数额未达到较大起点标准，即个人诈骗数额在 1 万元以下，单位诈骗数额在 5 万元以下的，不以保险诈骗罪处理，而是由保险监督管理机构或者公安机关进行行政处罚。如行为人只是因为担心发生保险事故后不能获得足额赔付，而故意多报、虚报保险标的损失程度，并未故意制造保险事故或者在保险事故发生后没有实际获取保险金的，或者虽然获取了保险金，但数额较小的，均不宜以犯罪论处。

（2）行为人不具有保险诈骗的目的。如果行为人虽然造成了保险事故，但其采取的方法行为或者结果行为并没有对公共利益造成损害，并且行为不是为了诈骗保险金，行为人主观上不具有诈骗的目的，不符合保险诈骗罪的主观构成要件。

2. 一罪与数额的认定

行为人实施了《刑法》第 198 条规定的两种或者两种以上行为的，仍构成保险诈骗一罪。但是，依照《刑法》第 198 条第 2 款的规定，投保人、被保险人故意造成财产损失的保险事故，骗取保险金的，或者投保人、受益人实施故意造成被保险人死亡、伤残或者疾病，骗取保险金的，同时构成其他犯罪的，则应当依照数罪并罚的规定处罚。

司法实践中应当注意，如果犯罪行为人在实施保险诈骗过程中，保险诈骗行为没有得逞，但保险诈骗过程中所实施的其他犯罪，如放火、毁损财物、杀人等行为已经实施完毕；即使保险诈骗行为不构成犯罪，但其方式行为或手段行为已经独立构成他罪的，不影响他罪的成立。可以按照行为人已经实施终了的行为定罪处罚。

3. 正确认定保险诈骗罪的特殊共犯

依照《刑法》第 198 条第 4 款的规定，保险事故的鉴定人、证明人、财产评估人故意提供虚假的证明文件，为他人诈骗提供条件的，以保险诈骗罪的共犯论处。此外，根据刑法共犯理论，除上述人员外，只要为保险诈骗行为人提供帮助或教唆实施保险诈骗犯罪，符合刑法共犯成立要件的，亦应成立保险诈骗的共犯。

4. 正确区分保险诈骗的此罪与彼罪

根据《刑法》第 193 条的规定，保险公司的工作人员利用职务上的便利，故意编造未曾发生的保险事故进行虚假理赔，骗取保险金归自己所有的，以职务侵占罪定罪处罚；国有保险公司工作人员和国有保险公司委派到非国有保险公司从事公务的人员有前款行为的，以贪污罪定罪处罚。上述规定，针对的是就保险公司的工作人员单独实施保险诈骗行为的情况，对于保险公司工作人员与非保险公司工作人员内外勾结共同实施保险诈骗行为的，依法成立共同犯罪。

一般而言，如果是非国有保险公司人员或非国有保险公司委派到非国有保险公司从事公务的人员与外部人员相勾结共同实施保险诈骗的，因职务侵占罪轻于保险诈骗罪，一般应以保险诈骗罪的共犯论处；如果是国有保险公司人员或国有保险公司委派到非国有保险公司从事公务的人员与外部人员相勾结共同实施保险诈骗的，因贪污罪重于保险诈骗罪，一般应以贪污罪的共犯论处。

（四）情节与量刑

根据《刑法》第 198 条的规定，进行保险诈骗活动，数额较大的，处 5 年以下有期徒刑或者拘役，并处 1 万元以上 10 万元以下罚金；数额巨大或者有其他严重情节的，处 5 年以上 10 年以下有期徒刑，并处 2 万元以上 20 万元以下罚金；数额特别巨大或者有其他特别严重情节的，处 10 年以上有期徒刑，并处 2 万元以上 20 万元以下罚金或者没收财产。

单位犯罪进行保险诈骗活动的，对单位判处罚金，并对其直接负责的主管人员和其他直接责任人员，处 5 年以下有期徒刑或者拘役；数额巨大或者有其他严重情节的，处 5 年以上 10 年以下有期徒刑；数额特别巨大或者有其他特别严重情节的，处 10 年以上有期徒刑。

具体情节与量刑的对应情况，列表格如下（自然人）：

量刑档次	对应情节	有关概念解释	备注
五年以下有期徒刑或者拘役，并处一万元以上十万元以下罚金	数额较大	1. 个人进行保险诈骗，数额在1万元以上的。 2. 单位进行保险诈骗，数额在5万元以上的。	
五年以上十年以下有期徒刑，并处二万元以上十万元以下罚金	（1）数额巨大 （2）有其他严重情节的	1. 关于“数额巨大”。参照《最高人民法院关于审理诈骗案件具体应用法律的若干问题的解释》规定，个人进行保险诈骗数额在5万元以上的，属于“数额巨大”；单位单位进行保险诈骗数额在25万元以上的，属于“数额特别巨大”。 2. 其他严重情节，尚无司法解释规定。	1. 犯本罪，必须并处财产刑。 2. 犯本罪判处十年以上有期徒刑的，只能并处罚金，不能并处没收财产。
十年以上有期徒刑，并处二万元以上十万元以下罚金	（1）数额特别巨大 （2）有其他特别严重情节	1. 关于“数额特别巨大”。个人进行保险诈骗数额在20万元以上的，属于“数额特别巨大”。 单位进行保险诈骗数额在100万元以上的，属于“数额特别巨大”。 2. 其他严重情节，尚无司法解释规定。	

适用《刑法》第198条时，应当注意：

1. 正确把握信用证诈骗的“数额巨大或者有其他严重情节”“数额特别巨大或者有其他特别严重情节”

关于保险诈骗数额的确定，1996年《诈骗解释》曾作过明确规定。现因该解释所依据的1979年《刑法》已经修改，《决定》已经被1997年刑法所吸纳，故解释的依据不存在。但现行的《最高人民法院、最高人民检察院关于办理诈骗刑事案件具体应用法律若干问题的解释》仅就1997年刑法的诈骗罪作出解释，对其他类型的诈骗犯罪解释，均未作相应的解释。而《诈骗解释》将所有的诈骗犯罪均统一称为诈骗罪，因此，该解释中关于保险诈骗犯罪的有关规定，在新的司法解释出台前，依然可以在司法实践在参照适用①。

《诈骗解释》第 8 条规定，个人进行保险诈骗数额在 1 万元以上的，属于“数额较大”；个人进行保险诈骗数额在 5 万元以上的，属于“数额巨大”；个人进行保险诈骗数额在 20 万元以上的，属于“数额特别巨大”。单位进行保险诈骗数额在 5 万元以上的，属于“数额较大”；单位进行保险诈骗数额在 25 万元以上的，属于“数额巨大”；单位进行保险诈骗数额在 100 万元以上的，属于“数额特别巨大”。

关于其他严重情节、其他特别严重情节，目前没有司法解释予以规定。但根据司法实践，一般认为，其他严重情节，是指因其诈骗行为造成他人巨大经济损失的；给保险公司声誉造成严重损害的；多次保险诈骗的；保险诈骗的犯罪集团之首要分子；等等。是否属于情节严重，应当综合分析行为人的行为方式、行为后果等诸多方面后全面加以认定。其他特别严重情节，则是指因其诈骗造成受害人的特别巨大的经济损失的；造成特别严重的声誉、经济影响的；属于惯犯、累犯或多次作案的；具有多个严重情节的；等等。

对于多次进行诈骗，并以后次诈骗财物归还前次诈骗财物，在计算诈骗数额时，应当将案发前已经归还的数额扣除，按实际未归还的数额认定，量刑时可将多次行骗的数额作为从重情节予以考虑。

2. 注重财产刑的适用

保险诈骗犯罪是图利型犯罪，惩罚和预防此类犯罪，应当注重同时从经济上制裁犯罪分子。刑法对金融犯罪都规定了财产刑，人民法院应当严格依法判处。罚金的数额，应当根据被告人的犯罪情节，在法律规定的数额幅度内确定。对于具有从轻、减轻或者免除处罚情节的被告人，对于本应并处的罚金刑原则上也应当从轻、减轻或者免除。

对财产刑的适用应当注意，对自然人犯本罪和单位犯本罪处罚直接负责

---

① 《全国法院审理金融犯罪案件工作座谈会纪要》（法〔2001〕8 号）明确规定：对于修订后的刑法实施过程中遇到的具体适用法律问题，在最高法院相应的新的司法解释出台前，原有司法解释与现行刑法不相冲突的仍然可以参照执行。

任的主管人员和其他直接责任人员时，主刑方面两者没有区别，但是财产刑是有区别的。对自然人必须并处罚金。而单位犯罪，对直接负责任的主管人员和其他直接责任人员则没有罚金的规定。这是金融诈骗罪中，惟一对单位犯罪不对直接负责任的主定人员和其他直接责任人员处罚财产刑的情况。

3. 关于规范性量刑

《最高人民法院关于常见犯罪的量刑指导意见》对保险诈骗罪的量刑并未有作出规定，这主要是由于此类案件在司法实践中的发案率不高，最高司法机关还未能总结出一套比较完整的量刑规范化方案，有待于在总结经验的基础上再作出详细的规定。在此之前，各高级法院可以根据各地的社会治安状况、经济发展状况等因素，制定适合本省、自治区、直辖市实际情况的量刑规范化标准。在有关规定出台前，司法人员应当根据犯罪的事实、犯罪的性质、情节和对于社会的危害程度，依照刑法和有关司法解释的规定判处刑罚。

（五）法律链接

1. 最高人民法院关于审理诈骗案件具体应用法律的若干问题的解释（法发〔1996〕32号　自1996年12月16日起施行）（已失效）（保险诈骗部分仍可参照适用）（节录）

八、根据《决定》第十六条规定，进行保险诈骗活动，数额较大的，构成保险诈骗罪。

个人进行保险诈骗数额在1万元以上的，属于“数额较大”；个人进行保险诈骗数额在5万元以上的，属于“数额巨大”；个人进行保险诈骗数额在20万元以上的，属于“数额特别巨大”。

单位进行保险诈骗数额在5万元以上的，属于“数额较大”；单位进行保险诈骗数额在25万元以上的，属于“数额巨大”；单位进行保险诈骗数额在100万元以上的，属于“数额特别巨大”。

九、对于多次进行诈骗，并以后次诈骗财物归还前次诈骗财物，在计算诈骗数额时，应当将案发前已经归还的数额扣除，按实际未归还的数额认定，量刑时可将多次行骗的数额作为从重情节予以考虑。

2. 最高人民检察院法律政策研究室关于保险诈骗未遂能否按犯罪处理问

题的答复（〔1998〕高检研发第20号 自1998年11月27日起施行）

河南省人民检察院：

你院《关于保险诈骗未遂能否按犯罪处理的请示》（豫检捕〔1998〕11号）收悉。经研究，并经高检院领导同意，答复如下：

行为人已经着手实施保险诈骗行为，但由于其意志以外的原因未能获得保险赔偿的，是诈骗未遂，情节严重的，应依法追究刑事责任。

3. 公安部经济犯罪侦查局关于对一起保险诈骗案件有关问题的批复（公经金融〔2009〕248号 自2009年9月14日起施行）

河南省公安厅经侦总队：

你总队《关于保险诈骗（未遂）的“情节严重”标准如何认定问题的请示》（豫公经〔2009〕26号）收悉，经认真研究后，现批复如下：

1998年11月27日最高人民检察院《关于保险诈骗未遂能否按犯罪处理问题的答复》中指出：“行为人已经着手实施保险诈骗行为，但由于其意志以外的原因未能获得保险赔偿的，是诈骗未遂，情节严重的，应依法追究刑事责任。”但目前对“情节严重”尚无具体司法解释。本案中，张某隐瞒其妻子已患癌症的事实，向中国人寿保险开封分公司和中国太平人寿保险开封分公司共投保43万元，并在其妻死亡后申请理赔，其行为已涉嫌保险诈骗罪，根据最高人民检察院、公安部《关于经济犯罪案件追诉标准的规定》第48条规定，应予追诉。

此复。

4. 全国法院审理金融犯罪案件工作座谈会纪要（法〔2001〕8号 自2001年1月21日起施行）（节录）

二

（三）关于金融诈骗罪

1. 金融诈骗罪中非法占有目的的认定。金融诈骗犯罪都是以非法占有为目的的犯罪。在司法实践中，认定是否具有非法占有为目的，应当坚持主客观相一致的原则，既要避免单纯根据损失结果客观归罪，也不能仅凭被告人自己的供述，而应当根据案件具体情况具体分析。根据司法实践，对于行为人通过诈骗的方法非法获取资金，造成数额较大资金不能归还，并具有下列情形之一的，可以认定为具有非法占有的目的：（1）明知没有归还能力而大量骗取资金的；

(2) 非法获取资金后逃跑的；(3) 肆意挥霍骗取资金的；(4) 使用骗取的资金进行违法犯罪活动的；(5) 抽逃、转移资金、隐匿财产，以逃避返还资金的；(6) 隐匿、销毁账目，或者搞假破产、假倒闭，以逃避返还资金的；(7) 其他非法占有资金、拒不返还的行为。但是，在处理具体案件的时候，对于有证据证明行为人不具有非法占有目的的，不能单纯以财产不能归还就按金融诈骗罪处罚。

4. 金融诈骗犯罪定罪量刑的数额标准和犯罪数额的计算。金融诈骗的数额不仅是定罪的重要标准，也是量刑的主要依据。在没有新的司法解释之前，可参照1996年《最高人民法院关于审理诈骗案件具体应用法律的若干问题的解释》的规定执行。在具体认定金融诈骗犯罪的数额时，应当以行为人实际骗取的数额计算。对于行为人为实施金融诈骗活动而支付的中介费、手续费、回扣等，或者用于行贿、赠与等费用，均应计入金融诈骗的犯罪数额。但应当将案发前已归还的数额扣除。

(五) 财产刑的适用

金融犯罪是图利型犯罪，惩罚和预防此类犯罪，应当注重同时从经济上制裁犯罪分子。刑法对金融犯罪都规定了财产刑，人民法院应当严格依法判处。罚金的数额，应当根据被告人的犯罪情节，在法律规定的数额幅度内确定。对于具有从轻、减轻或者免除处罚情节的被告人，对于本应并处的罚金刑原则上也应当从轻、减轻或者免除。

单位金融犯罪中直接负责的主管人员和其他直接责任人员，是否适用罚金刑，应当根据刑法的具体规定。刑法分则条文规定有罚金刑，并规定对单位犯罪中直接负责的主管人员和其他直接责任人员依照自然人犯罪条款处罚的，应当判处罚金刑，但是对直接负责的主管人员和其他直接责任人员判处罚金的数额，应当低于对单位判处罚金的数额；刑法分则条文明确规定对单位犯罪中直接负责的主管人员和其他直接责任人员只判处自由刑的，不能附加判处罚金刑。

第六节　危害税收征管罪

一、逃税罪

（一）法律规定

第二百零一条[①]　纳税人采取欺骗、隐瞒手段进行虚假纳税申报或者不申报，逃避缴纳税款数额较大并且占应纳税额百分之十以上的，处三年以下有期徒刑或者拘役，并处罚金；数额巨大并且占应纳税额百分之三十以上的，处三年以上七年以下有期徒刑，并处罚金。

扣缴义务人采取前款所列手段，不缴或者少缴已扣、已收税款，数额较大的，依照前款的规定处罚。

对多次实施前两款行为，未经处理的，按照累计数额计算。

有第一款行为，经税务机关依法下达追缴通知后，补缴应纳税款，缴纳滞纳金，已受行政处罚的，不予追究刑事责任；但是，五年内因逃避缴纳税款受过刑事处罚或者被税务机关给予二次以上行政处罚的除外。

第二百一十一条　单位犯本节第二百零一条、第二百零三条、第二百零四条、第二百零七条、第二百零八条、第二百零九条规定

---

① 本条经2009年2月28日《刑法修正案（七）》第3条修正。

《刑法》原第201条为："纳税人采取伪造、变造、隐匿、擅自销毁账簿、记账凭证，在账簿上多列支出或者不列、少列收入，经税务机关通知申报而拒不申报或者进行虚假的纳税申报的手段，不缴或者少缴应纳税款，偷税数额占应纳税额的百分之十以上不满百分之三十并且偷税数额在一万元以上不满十万元的，或者因偷税被税务机关给予二次行政处罚又偷税的，处三年以下有期徒刑或者拘役，并处偷税数额一倍以上五倍以下罚金；偷税数额占应纳税额的百分之三十以上并且偷税数额在十万元以上的，处三年以上七年以下有期徒刑，并处偷税数额一倍以上五倍以下罚金。

"扣缴义务人采取前款所列手段，不缴或者少缴已扣、已收税款，数额占应缴税额的百分之十以上并且数额在一万元以上的，依照前款的规定处罚。

"对多次犯有前两款行为，未经处理的，按照累计数额计算。"

之罪的，对单位判处罚金，并对其直接负责的主管人员和其他直接责任人员，依照各该条的规定处罚。

（二）罪名详解

逃税罪[①]，是指纳税人采取欺骗、隐瞒手段进行虚假的纳税申报或者不申报，逃避缴纳税款数额较大的行为。

本罪1979年《刑法》第121条已有规定。《全国人民代表大会常务委员会关于惩治偷税、抗税犯罪的补充规定》第1条将偷税罪、抗税罪一分为二，并将本罪由空白罪状改为叙明罪状。1997年刑法、2009年《刑法修正案（七）》分别作了进一步修改。

逃税罪的构成要件是：

1. 主体要件

犯罪主体为特殊主体，即纳税人，包括扣缴义务人。

根据《刑法》第211条的规定，本罪主体也包括单位。狭义的纳税人是指法律、行政法规规定负有纳税义务的单位和个人，如私营企业主、个体工商户、企业事业单位等。本条所说的纳税人是广义的，包括扣缴义务人。扣缴义务人是指法律、行政法规规定的负有代扣代缴、代收代缴义务的单位和个人。在法律上不负有纳税义务或者扣缴义务的人和单位，不能单独构成本罪，但与纳税义务人相勾结，帮助逃税的，可以构成逃税罪的共犯。代扣代缴义务人，是指有义务从持有的纳税人收入中扣除其应纳税款并代为缴纳的单位和个人。代收代缴义务人，是指有义务借助经济往来关系向纳税人收取应纳税款并代为缴纳的单位和个人。

2. 客体要件

本罪侵犯的客体，是国家的税收管理制度。

国家税收管理制度是国家各种税收和税款征收办法的总称，包括征收对象、开征税种、税率、纳税期限、征收管理体制等内容。如果行为人的行为侵犯的不是税收管理制度，而是侵犯了国家其他管理制度，如外贸、金融、外汇、工商等管理制度，则不构成本罪，可能构成走私等其他犯罪。

---

① 2009年10月14日，根据《最高人民法院、最高人民检察院关于执行〈中华人民共和国刑法〉确定罪名的补充规定（四）》，将原偷税罪罪名修改为逃税罪。

3. 主观要件

主观方面由直接故意构成，并且具有逃避缴纳应交税款的非法获利目的。认定行为人有无逃税的故意，主要从行为人的主观条件、业务水平和行为时的具体情况等方面综合分析判断。如果行为人是因一时疏忽而未及时申报纳税，或者因管理混乱，造成账目不清，漏交税款的，则不构成逃税罪。

4. 客观要件

客观方面表现为违反国家税收管理法律、法规，采取欺骗、隐瞒的手段进行虚假纳税申报或者不申报，逃避缴纳税款数额较大的行为。

“违反国家税收管理法律、法规”，主要是指违反《税收征收管理法》《企业所得税法》《个人所得税法》《增值税暂行条例》等有关法律、法规的规定。所谓欺骗，是指用隐瞒事实真相或者制造假象等方法，使税务机关误认为行为人具有减免缴纳税款的情形；所谓隐瞒，是指行为人隐瞒客观上存在的事实情况，既可以是隐瞒部分事实真相，也可以是隐瞒全部事实真相。“欺骗”“隐瞒”手段可以具体表现为：(1) 伪造、变造、隐匿、擅自销毁账簿、记账凭证。“伪造”，是指行为人制作虚假的账簿、记账凭证的行为。“变造”，是指行为人采取篡改、删除、挖补等手段，对原账簿、记账凭证进行改造的行为。“隐匿”，是指行为人将账簿、记账凭证故意隐藏的行为。“擅自销毁”，是指行为人未经税务机关批准，毁灭、毁坏账簿、记账凭证的行为。记账凭证包括自制凭证和外来凭证，如发票和其他收支凭证。纳税人伪造、变造、隐匿、擅自销毁用于记账的发票等原始凭证的行为，应认定为伪造、变造、隐匿、擅自销毁记账凭证的行为。(2) 在账簿上多列支出或者不列、少列收入。“多列支出”，是指行为人在账簿上虚列开支，伪造超出实际支出的数额的行为。(3) 虚假纳税申报和不申报。“虚假纳税申报”，是指纳税人向税务机关报送虚假的纳税申报表、财务报表、代扣代缴、代收代缴税款报告表或者其他纳税申报资料，如提供虚假申请，编造减税、免税、抵税、先征收后返还税款等虚假资料等。“不申报”，是指以逃税为目的不申报纳税的行为，是一种不作为形式的犯罪。

扣缴义务人实施上述行为之一，不缴或者少缴已扣、已收税款，数额较大，依照《刑法》第 201 条第 1 款的规定处罚。扣缴义务人书面承诺代纳税人支付税款的，应当认定扣缴义务人“已扣、已收税款”。

按照法律规定，逃税的行为，除需具备以上构成要件外，逃税数额必须达到“数额较大并且占应纳税额10%以上的”，才构成犯罪。所谓逃税数额，是指在确定的纳税期间，不缴或者少缴各税种税款的总额。如何计算逃税数额占应纳税额的百分比？根据2002年11月7日施行的《最高人民法院关于审理偷税抗税刑事案件具体应用法律若干问题的解释》的规定，该百分比是指一个纳税年度中的各种逃税总额与该纳税年度应纳税总额的比例。不按纳税年度确定纳税期的其他纳税人，逃税数额占应纳税额的百分比，按照行为人最后一次逃税行为发生之日前一年中各税种逃税总额与该年纳税总额的比例确定。纳税义务存续期间不足一个纳税年度的，逃税数额占应纳税额的百分比，按照各税种逃税总额与实际发生纳税义务期间应当缴纳税款总额的比例确定。逃税行为跨越若干个纳税年度，只要其中一个纳税年度的逃税数额及百分比达到《刑法》第201条第1款规定的标准，即构成逃税罪。各纳税年度的逃税数额应当累计计算，逃税百分比应当按照最高的百分比确定。扣缴义务人采取《刑法》第201条第1款所列手段，不缴或者少缴已扣、已收税款，数额较大的，亦构成逃税罪。有多次逃税或者不缴、少缴已扣、已收税款的行为，未经处理的，按照累计数额计算。按照《立案追诉标准（二）》第57条的规定，逃避缴纳税款，涉嫌下列情形之一的，应予立案追诉：（1）纳税人采取欺骗、隐瞒手段进行虚假纳税申报或者不申报，逃避缴纳税款，数额在5万元以上并且占各税种应纳税总额10%以上，经税务机关依法下达追缴通知后，不补缴应纳税款、不缴纳滞纳金或者不接受行政处罚的；（2）纳税人5年内因逃避缴纳税款受过刑事处罚或者被税务机关给予2次以上行政处罚，又逃避缴纳税款，数额在5万元以上并且占各税种应纳税总额10%以上的；（3）扣缴义务人采取欺骗、隐瞒手段，不缴或者少缴已扣、已收税款，数额在5万元以上的。纳税人在公安机关立案后再补缴应纳税款、缴纳滞纳金或者接受行政处罚的，不影响刑事责任的追究。

（三）实务疑难问题

1. 区分罪与非罪的界限

并不是所有的逃税行为都是犯罪。绝大多数逃税行为是违法行为，应当依照行政法规的规定，予以行政处罚。这就要注意从行为性质上，划清逃税违法行为和逃税罪的界限，分清是逃税还是漏税、欠税、避税。从逃税的数额或情节上，注意其是否达到法律规定的逃税数额标准。如果从以上方面分析，该逃税行为未达到情节严重的程度，则应由税务部门依照税法的有关规定给予行政处罚，而不能按照逃税犯罪处理。

2. 区分逃税与漏税的界限

漏税，是指纳税人因过失或无意识而漏缴或少缴税款的行为。从主观方面界定逃税罪与非罪问题，就是逃税与漏税的界限问题。逃税与漏税的区别可从两方面来把握：一是主观上。逃税是直接故意行为，行为人具有逃避纳税义务，非法占有应缴税款的目的，行为人明知自己的行为会造成国家税收的损失而积极追求这一危害结果；而漏税则是过失或无意识行为，行为人主观上不具有逃避纳税义务的目的，行为人也没有认识到自己的行为会造成国家税收的损失，对这一危害结果更不持希望的态度。行为人之所以漏缴、少缴税款是因为不了解、不熟悉税收法规和财务制度，或因工作粗心大意而错用税率，漏报应税项目等。二是客观上。逃税是指采取欺骗、隐瞒手段进行虚假纳税申报或者不申报，逃避缴纳税款数额较大并且占应纳税额百分之十以上的行为；而漏税则是行为人不熟悉税收法规和财务制度致使账簿、记账凭证的记录不符合有关税法、财务制度的要求或者错误进行了纳税申报等。主观上的区别是逃税与漏税的本质区别，而客观上的区别只是主观上不同的客观外在表现而已。司法实践中，可以根据行为人的客观行为和事后态度来综合认定。对于证据不足的案件，应按漏税处理，而不应以逃税论。

3. 区分本罪与徇私舞弊不征、少征税款罪的界限

根据《刑法》第 404 条的规定，徇私舞弊不征、少征税款罪是指税务机关的工作人员徇私舞弊，不征或少征应征税款，致使国家税收遭受重大损失的行为。一般而言，逃税罪与徇私舞弊不征、少征税款罪在犯罪主体、犯罪的客体表现、犯罪的主观方面等内容上，都有着很大的区别。但当出现逃税罪的共犯时，则有可能造成相互混淆的现象，对此必须加以澄清。税务机关的工作人员，如果与逃税人相互勾结，故意不履行其依法征税的职责，不征或少征应征税款的，应该将其作为逃税罪的共犯来论处。但如果行为人知道了某人在逃税，出于某种私利，而佯装不知，对逃税犯罪行为采取放任的态度，并因此不征或少征应征税款，致使国家税收遭受重大损失的，只能认定构成徇私舞弊不征、少征税款罪。

4. 正确理解附条件不追究逃税行为人刑事责任的规定

《刑法修正案（七）》第 3 条第 4 款规定，有第 1 款行为（指逃税行为），

经税务机关依法下达追缴通知书后，补缴应纳税款，缴纳滞纳金，已受行政处罚的，不予追究刑事责任；但是，五年内因逃避缴纳税款受过刑事处罚或者被税务机关给予二次以上行政处罚的除外。这是《刑法修正案（七）》修改《刑法》第201条逃税罪而增设的一款，即附条件不追究刑事责任的条款，同时规定了排斥条件。这是考虑到惩治逃税犯罪的主要目的是为了维护税收管理秩序，保证国家税收收入。对于初犯，经税务机关下达追缴通知后，补缴了税款和滞纳金，履行了纳税义务，接受了行政处罚的，可以不再作为犯罪追究行为人的刑事责任。这一修改，不仅体现了宽严相济的基本刑事政策和罪刑相适应的刑法基本原则，而且符合当今世界刑法轻刑化的发展趋势，是立法上的一种进步。

5. 正确认定单位逃税案件中的直接负责的主管人员和其他直接责任人员

这两种人员是指那些主管财务、会计的领导者和其他逃税的决策者、组织者和其他积极实施者。至于一般的积极参加者、消极的奉命执行者，不能不加区别地也当作直接责任人员，一律追究刑事责任。

6. 根据《刑法》第201条第3款的规定，对多次实施逃税行为，未经处理的，按照累计数额计算

“多次逃税行为未经处理的”，是指纳税人包括扣缴义务人在5年内多次实施逃税行为，但每次逃税数额均未达到《刑法》第201条规定的构成犯罪的数额标准，且未受处理的情形。“按照累计数额计算”，是指按照行为人历次逃税的数额累计相加。

（四）情节与量刑

《刑法》第201条第1款规定，犯逃税罪的，处3年以下有期徒刑或者拘役，并处罚金；数额巨大并且占应纳税额30%以上的，处3年以上7年以下有期徒刑，并处罚金。

依照本条第2款的规定，扣缴义务人采取前款所列手段，不缴或者少缴已扣、已收税款，数额较大的，依照前款的规定处罚。

依照本条第3款的规定，对多次实施前两款行为，未经处理的，按照累计数额计算。

依照本条第4款的规定，有第一款行为，经税务机关依法下达追缴通知后，补缴应纳税款，缴纳滞纳金，已受行政处罚的，不予追究刑事责任；但是，5年

内因逃避缴纳税款受过刑事处罚或者被税务机关给予二次以上行政处罚的除外。

依照《刑法》第 211 条的规定，单位犯本罪的，对单位判处罚金，并对其直接负责的主管人员和其他直接责任人员，依照第 201 条的规定处罚。

司法机关在适用本条规定处罚时，应当注意以下问题：

1. 扣缴义务人逃税数额巨大的，应当如何处罚，《刑法》第 201 条第 2 款没有明确规定。从法条的逻辑关系上来看，该款规定的是扣缴义务人犯逃税罪的起刑点，具体适用时，应根据逃税数额的大小，按照前款规定的量刑档次量刑。因此，扣缴义务人逃税数额巨大的，应当处 3 年以上 7 年以下有期徒刑，并处罚金。

2. 依照《刑法》第 212 条的规定，犯逃税罪，被判处罚金的，执行前，应当先由税务机关追缴税款。司法机关应当协助税务部门追缴行为人不缴、少缴的税款。人民法院在适用罚金刑时，应注意在依法追缴税款的前提下决定罚金的数额。

3. 纳税人、扣缴义务人因同一逃税犯罪行为受到行政处罚，又被移送起诉的，人民法院应当依法受理。依法定罪并判处罚金的，行政罚款应折抵罚金。

4. 根据《刑法》第 204 条第 2 款的规定，纳税人缴纳税款后，采取前款规定的欺骗方法（以假报出口或者其他欺骗手段），骗取所缴纳的税款的，依照《刑法》第 201 条的规定定罪处罚；骗取税款超过所缴纳的税款部分，依照骗取出口退税罪的规定处罚。

量刑档次	对应情节	有关概念解释	附加刑的适用
三年以下有期徒刑或者拘役	逃避缴纳税款数额较大并且占应纳税额百分之十以上的	刑法对逃避缴纳税款的数额只作了原则性规定，在尚无司法解释的情况下，具体数额可根据各地经济社会发展状况等因素综合确定。 《立案追诉标准（二）》第 57 条规定的立案标准为“5 万元以上并且占各税种应纳税总额 10%以上”。	

续表

量刑档次	对应情节	有关概念解释	附加刑的适用
三年以上七年以下有期徒刑	数额巨大并且占应纳税额30%以上的	刑法对逃避缴纳税款的数额只作了原则性规定，在尚无司法解释的情况下，具体数额可根据各地经济社会发展状况等因素综合确定。	并处罚金
单位犯本条规定之罪的，对单位判处罚金，并对其直接负责的主管人员和其他直接责任人员按照上述标准定罪量刑。			

（五）法律链接

1. **中华人民共和国税收征收管理法**（1992年9月4日第七届全国人民代表大会常务委员会第二十七次会议通过　根据1995年2月28日第八届全国人民代表大会常务委员会第十二次会议《关于修改〈中华人民共和国税收征收管理法〉的决定》第一次修正　2001年4月28日第九届全国人民代表大会常务委员会第二十一次会议修订　根据2013年6月29日第十二届全国人民代表大会常务委员会第三次会议《关于修改〈中华人民共和国文物保护法〉等十二部法律的决定》第二次修正　根据2015年4月24日第十二届全国人民代表大会常务委员会第十四次会议《关于修改〈中华人民共和国港口法〉等七部法律的决定》第三次修正）（节录）

第六十三条　纳税人伪造、变造、隐匿、擅自销毁账簿、记账凭证，或者在账簿上多列支出或者不列、少列收入，或者经税务机关通知申报而拒不申报或者进行虚假的纳税申报，不缴或者少缴应纳税款的，是偷税。对纳税人偷税的，由税务机关追缴其不缴或者少缴的税款、滞纳金，并处不缴或者少缴的税款百分之五十以上五倍以下的罚款；构成犯罪的，依法追究刑事责任。

扣缴义务人采取前款所列手段，不缴或者少缴已扣、已收税款，由税务机关追缴其不缴或者少缴的税款、滞纳金，并处不缴或者少缴的税款百分之五十以上五倍以下的罚款；构成犯罪的，依法追究刑事责任。

第六十四条　纳税人、扣缴义务人编造虚假计税依据的，由税务机关责令限期改正，并处五万元以下的罚款。

纳税人不进行纳税申报，不缴或者少缴应纳税款的，由税务机关追缴其不缴或者少缴的税款、滞纳金，并处不缴或者少缴的税款百分之五十以上五倍以下的罚款。

第六十八条　纳税人、扣缴义务人在规定期限内不缴或者少缴应纳或者应解缴的税款，经税务机关责令限期缴纳，逾期仍未缴纳的，税务机关除依照本法第四十条的规定采取强制执行措施追缴其不缴或者少缴的税款外，可以处不缴或者少缴的税款百分之五十以上五倍以下的罚款。

2. 最高人民法院关于审理偷税抗税刑事案件具体应用法律若干问题的解释（法释〔2002〕33号　自2002年11月7日起施行）（节录）

为依法惩处偷税、抗税犯罪活动，根据刑法的有关规定，现就审理偷税、抗税刑事案件具体应用法律的若干问题解释如下：

第一条　纳税人实施下列行为之一，不缴或者少缴应纳税款，偷税数额占应纳税额的百分之十以上且偷税数额在一万元以上的，依照刑法第二百零一条第一款的规定定罪处罚：

（一）伪造、变造、隐匿、擅自销毁账簿、记账凭证；

（二）在账簿上多列支出或者不列、少列收入；

（三）经税务机关通知申报而拒不申报纳税；

（四）进行虚假纳税申报；

（五）缴纳税款后，以假报出口或者其他欺骗手段，骗取所缴纳的税款。

扣缴义务人实施前款行为之一，不缴或者少缴已扣、已收税款，数额在一万元以上且占应缴税额百分之十以上的，依照刑法第二百零一条第一款的规定定罪处罚。扣缴义务人书面承诺代纳税人支付税款的，应当认定扣缴义务人“已扣、已收税款”。

实施本条第一款、第二款规定的行为，偷税数额在五万元以下，纳税人或者扣缴义务人在公安机关立案侦查以前已经足额补缴应纳税款和滞纳金，犯罪情节轻微，不需要判处刑罚的，可以免予刑事处罚。

第二条　纳税人伪造、变造、隐匿、擅自销毁用于记账的发票等原始凭证的行为，应当认定为刑法第二百零一条第一款规定的伪造、变造、隐匿、擅自销毁记账凭证的行为。

具有下列情形之一的，应当认定为刑法第二百零一条第一款规定的“经税务机关通知申报”：

（一）纳税人、扣缴义务人已经依法办理税务登记或者扣缴税款登记的；

（二）依法不需要办理税务登记的纳税人，经税务机关依法书面通知其申报的；

（三）尚未依法办理税务登记、扣缴税款登记的纳税人、扣缴义务人，经税务机关依法书面通知其申报的。

刑法第二百零一条第一款规定的“虚假的纳税申报”，是指纳税人或者扣缴义务人向税务机关报送虚假的纳税申报表、财务报表、代扣代缴、代收代缴税款报告表或者其他纳税申报资料，如提供虚假申请，编造减税、免税、抵税、先征收后退还税款等虚假资料等。

刑法第二百零一条第三款规定的“未经处理”，是指纳税人或者扣缴义务人在五年内多次实施偷税行为，但每次偷税数额均未达到刑法第二百零一条规定的构成犯罪的数额标准，且未受行政处罚的情形。

纳税人、扣缴义务人因同一偷税犯罪行为受到行政处罚，又被移送起诉的，人民法院应当依法受理。依法定罪并判处罚金的，行政罚款折抵罚金。

第三条 偷税数额，是指在确定的纳税期间，不缴或者少缴各税种税款的总额。

偷税数额占应纳税额的百分比，是指一个纳税年度中的各税种偷税总额与该纳税年度应纳税总额的比例。不按纳税年度确定纳税期的其他纳税人，偷税数额占应纳税额的百分比，按照行为人最后一次偷税行为发生之日前一年中各税种偷税总额与该年纳税总额的比例确定。纳税义务存续期间不足一个纳税年度的，偷税数额占应纳税额的百分比，按照各税种偷税总额与实际发生纳税义务期间应当缴纳税款总额的比例确定。

偷税行为跨越若干个纳税年度，只要其中一个纳税年度的偷税数额及百分比达到刑法第二百零一条第一款规定的标准，即构成偷税罪。各纳税年度的偷税数额应当累计计算，偷税百分比应当按照最高的百分比确定。

第四条 两年内因偷税受过二次行政处罚，又偷税且数额在一万元以上的，应当以偷税罪定罪处罚。

3. 最高人民法院、最高人民检察院关于办理妨害武装部队制式服装、车辆号牌管理秩序等刑事案件具体应用法律若干问题的解释（法释〔2011〕16号　自2011年8月1日起施行）（节录）

第六条　实施刑法第三百七十五条规定的犯罪行为，同时又构成逃税、诈骗、冒充军人招摇撞骗等犯罪的，依照处罚较重的规定定罪处罚。

二、抗税罪

（一）法律规定

第二百零二条　以暴力、威胁方法拒不缴纳税款的，处三年以下有期徒刑或者拘役，并处拒缴税款一倍以上五倍以下罚金；情节严重的，处三年以上七年以下有期徒刑，并处拒缴税款一倍以上五倍以下罚金。

（二）罪名详解

抗税罪，是指纳税人和扣缴义务人，以暴力、威胁方法拒不缴纳税款的行为。

本罪在1979年《刑法》第121条已有规定。《全国人民代表大会常务委员会关于惩治偷税、抗税犯罪的补充规定》第6条将本罪由空白罪状改为叙明罪状。1997年刑法作了进一步修改。

抗税罪的构成要件是：

1. 主体要件

犯罪主体为特殊主体，即负有纳税义务或者代扣代缴、代收代缴义务的自然人。

2. 客体要件

本罪侵犯的客体是复杂客体，即不仅侵犯了国家的税收管理制度，而且侵犯了执行征税活动的税务人员的人身权利。这是本罪区别于其他违反税法犯罪的主要特征之一。

3. 主观要件

主观方面是出于故意。即具有拒不缴纳税款的主观故意，并且具有通过暴力、威胁方法公开拒不缴纳税款、非法获利的目的。

4. 客观要件

客观方面表现为以暴力、威胁的方法，拒不缴纳税款的行为。“暴力”，是指行为人对税务机关进行冲击、打砸、破坏，对税务人员实施袭击或者使用其他暴力手段，如殴打、捆绑、禁闭，损毁税务机关的账簿资料、办公设备等；“威胁”，是指行为人对税务人员实行精神上的强制，如以杀害、伤害或者毁坏名誉，毁坏财物等相要挟，企图使税务人员不能或者不敢正常履行税收征管职责，以达到其不缴纳或少缴纳税款的目的。

按照《立案追诉标准（二）》第 58 条的规定，以暴力、威胁方法拒不缴纳税款，涉嫌下列情形之一的，应予立案追诉：（1）造成税务工作人员轻微伤以上的；（2）以给税务工作人员及其亲友的生命、健康、财产等造成损害为威胁，抗拒缴纳税款的；（3）聚众抗拒缴纳税款的；（4）以其他暴力、威胁方法拒不缴纳税款的。

根据 2002 年 11 月 7 日施行的《最高人民法院关于审理偷税抗税刑事案件具体应用法律若干问题的解释》（以下简称《偷税解释》）第 5 条的规定，实施抗税行为具有下列情形之一的，属于《刑法》第 202 条规定的“情节严重”：（1）聚众抗税的首要分子；（2）抗税数额在 10 万元以上的；（3）多次抗税的；（4）故意伤害致人轻伤的；（5）具有其他严重情节。

（三）实务疑难问题

1. 区分罪与非罪的界限

抗税是否构成犯罪，关键在于情节是否轻微。情节包括暴力程度、造成的后果、威胁的内容，以及抗税次数多少、抗缴税款数额大小，等等。具体标准可参考《立案追诉标准（二）》第 58 条的规定。

另外，对于税务人员因工作上的失误造成错误征税的，虽然行为人使用了暴力、威胁的方法，也不以抗税罪论处。当然，如果其暴力行为造成人身伤害的，可按伤害罪定罪处罚。

2. 以暴力方法抗税致人重伤、死亡的犯罪性质如何认定的问题

严重的抗税案件，有的会造成被害人死亡的情况。根据《偷税解释》第 6 条的规定，实施抗税行为致人重伤、死亡，构成故意伤害罪、故意杀人罪的，分别依照《刑法》第 234 条第 2 款、第 232 条的规定定罪处罚。

“致人重伤”“致人死亡”是否包括过失犯罪，应视案件的具体情况加以分析。一般来说，因抗税造成的人身伤亡都是故意犯罪，但也不应排除过失犯罪的可能性。确有一些抗税案件中，行为人本来是一般抗税行为，但因失手造成了致人重伤或者死亡的后果，在这种情况下，尽管行为人对抗税是出于故意，但对造成的人身伤亡后果应承担过失重伤罪或者过失致人死亡罪的刑事责任。

3. 对同一税款既逃税又抗税的如何定罪的问题

司法实践中，有的逃税、抗税案件行为人对同一宗税款先是采取逃税手段进行逃税；被税务部门发现责令其缴税时，又以暴力、威胁手段抗拒缴纳税款。对这两种行为，如果该税款数额较大，已经达到逃税罪数额标准的，其抗税行为也达到抗税罪标准的，应对其两个行为分别定逃税罪和抗税罪，实行并罚。如果其中一个行为尚未达到构成犯罪的标准，则应按其中构成犯罪的行为定罪，将另一种不构成犯罪的行为作为从重处罚的情节在量刑上予以考虑。如果两种行为都不构成犯罪，则应当由税务行政部门予以行政处罚。

（四）情节与量刑

《刑法》第 202 条规定，犯抗税罪的，处 3 年以下有期徒刑或者拘役，并处拒缴税款 1 倍以上 5 倍以下罚金；情节严重的，处 3 年以上 7 年以下有期徒刑，并处拒缴税款 1 倍以上 5 倍以下罚金。

司法机关在适用本条规定处罚时，应当注意以下问题：

1. “情节严重”是本罪的加重处罚情节。所谓情节严重，根据《偷税解释》第 5 条的规定，是指具有下列情形之一的行为：（1）聚众抗税的首要分子；（2）抗税数额在 10 万元以上的；（3）多次抗税的；（4）故意伤害致人轻伤的；（5）具有其他严重情节。

2. 与纳税人或者扣缴义务人共同实施抗税行为的，以抗税罪的共犯依法处罚。

3. 依照《刑法》第 212 条的规定，犯抗税罪，被判处罚金的，执行前，应当先由税务机关追缴税款。

量刑档次	对应情节	有关概念解释	附加刑的适用
三年以下有期徒刑或者拘役	以暴力、威胁方法拒不缴纳税款的	司法实践中综合考虑的情节包括暴力程度、造成的后果、威胁的内容，以及抗税次数多少、抗缴税款数额大小	
三年以上七年以下有期徒刑	情节严重的	《偷税解释》第5条规定，“情节严重”是指具有下列情形之一的行为：（1）聚众抗税的首要分子；（2）抗税数额在10万元以上的；（3）多次抗税的；（4）故意伤害致人轻伤的；（5）具有其他严重情节。	处拒缴税款1倍以上5倍以下罚金

（五）法律链接

1. **中华人民共和国税收征收管理法**（1992年9月4日第七届全国人民代表大会常务委员会第二十七次会议通过　根据1995年2月28日第八届全国人民代表大会常务委员会第十二次会议《关于修改〈中华人民共和国税收征收管理法〉的决定》第一次修正　2001年4月28日第九届全国人民代表大会常务委员会第二十一次会议修订　根据2013年6月29日第十二届全国人民代表大会常务委员会第三次会议《关于修改〈中华人民共和国文物保护法〉等十二部法律的决定》第二次修正　根据2015年4月24日第十二届全国人民代表大会常务委员会第十四次会议《关于修改〈中华人民共和国港口法〉等七部法律的决定》第三次修正）（节录）

第六十七条　以暴力、威胁方法拒不缴纳税款的，是抗税，除由税务机关追缴其拒缴的税款、滞纳金外，依法追究刑事责任。情节轻微，未构成犯罪的，由税务机关追缴其拒缴的税款、滞纳金，并处拒缴税款一倍以上五倍以下的罚款。

2. **最高人民法院关于审理偷税抗税刑事案件具体应用法律若干问题的解释**（法释〔2002〕33号　自2002年11月7日起施行）（节录）

第五条　实施抗税行为具有下列情形之一的，属于刑法第二百零二条规定的“情节严重”：

（一）聚众抗税的首要分子；

（二）抗税数额在十万元以上的；

（三）多次抗税的；

（四）故意伤害致人轻伤的；

（五）具有其他严重情节。

第六条　实施抗税行为致人重伤、死亡，构成故意伤害罪、故意杀人罪的，分别依照刑法第二百三十四条第二款、第二百三十二条的规定定罪处罚。

与纳税人或者扣缴义务人共同实施抗税行为的，以抗税罪的共犯依法处罚。

三、逃避追缴欠税罪

（一）法律规定

第二百零三条　纳税人欠缴应纳税款，采取转移或者隐匿财产的手段，致使税务机关无法追缴欠缴的税款，数额在一万元以上不满十万元的，处三年以下有期徒刑或者拘役，并处或者单处欠缴税款一倍以上五倍以下罚金；数额在十万元以上的，处三年以上七年以下有期徒刑，并处欠缴税款一倍以上五倍以下罚金。

第二百一十一条　单位犯本节第二百零一条、第二百零三条、第二百零四条、第二百零七条、第二百零八条、第二百零九条规定之罪的，对单位判处罚金，并对其直接负责的主管人员和其他直接责任人员，依照各该条的规定处罚。

（二）罪名详解

逃避追缴欠税罪，是指纳税人欠缴应纳税款，采取转移或者隐匿财产的手段，致使税务机关无法追缴欠缴的税款，数额在 1 万元以上的行为。

本罪是从 1992 年《全国人民代表大会常务委员会关于惩治偷税、抗税犯罪的补充规定》第 2 条的规定，吸收改为刑法的具体规定的。1979 年刑法没有逃避追缴欠税罪的规定。

逃避追缴欠税罪的构成要件是：

1. 主体要件

犯罪主体为特殊主体，即负有纳税义务的人，包括扣缴义务人。单位也可以构成本罪的主体。

2. 客体要件

本罪侵犯的客体是国家的税收管理制度。根据税法的规定，纳税人不仅有义务纳税，而且有义务在法定期限内纳税。无正当理由拖欠税款，特别是采取转移或者隐匿财产的手段，致使税务机关无法追缴欠缴的税款，是对税收制度的破坏，情节严重的构成犯罪。

3. 主观要件

主观方面由直接故意构成，并且具有逃避缴纳欠缴应纳税款义务的目的。

4. 客观要件

客观方面表现为欠缴应纳税款，采取转移或者隐匿财产的手段，致使税务机关无法追缴欠缴的税款，数额在 1 万元以上的行为，如转移账户、提走存款、运走商品、隐匿货物，等等。如果税务机关无法追缴欠税款，不是行为人主观原因造成的，而是因为行为人经营亏损、财力不足等客观原因造成的，则不构成本罪。

（三）实务疑难问题

1. 区分罪与非罪的界限

不是所有逃避追缴欠税的行为都构成犯罪。只有逃避追缴欠税的数额在 1 万元以上的，才构成本罪。对于由于客观原因确实无力缴纳欠缴税款的，不构成犯罪；欠缴税款不满 1 万元的，属于违法行为，应当由税务行政部门给予行政处罚。

2. 区分本罪与逃税罪的界限

两罪的行为人都有逃避纳税义务的故意，但后者是采取伪造、隐匿账簿等手段，暗中偷逃纳税义务；而前者是通过转移、隐匿财产的手段，致使税务机关无法追缴欠缴的税款，从而达到不缴税款的目的。如果逃税后又采取转移、隐匿财产的手段，致使税务机关无法追缴其所逃税款的，应以逃税罪、逃避追缴欠税罪数罪并罚。

3. 区分本罪与抗税罪的界限

主要区别表现在客观方面。前者表现为转移、隐匿财产，躲避税务机关的追缴；后者表现为以暴力、威胁方法公然拒不缴纳税款。如果在逃避追缴欠税的过程中，使用了暴力、威胁手段，则构成抗税罪。

（四）情节与量刑

《刑法》第 203 条规定，犯逃避追缴欠税罪的，数额在 1 万元以上不满 10 万元的，处 3 年以下有期徒刑或者拘役，并处或者单处欠缴税款 1 倍以上 5 倍以下罚金；数额在 10 万元以上的，处 3 年以上 7 年以下有期徒刑，并处欠缴税款 1 倍以上 5 倍以下罚金。

依照《刑法》第 211 条的规定，单位犯本罪的，对单位判处罚金，并对其直接负责的主管人员和其他直接责任人员，依照第 203 条的规定处罚。

司法机关在适用《刑法》第 203 条、第 211 条规定处罚时，应当注意以下问题：

1. 正确认定逃避追缴欠税的数额。本罪所说的数额，是指行为人转移、隐匿财产，致使税务机关无法追缴的税款数额。一般来说，行为人转移、隐匿的财产数额与税务机关无法追缴的数额是一致的，但有时行为人转移、隐匿的财产数额虽然很大，但其中有的被税务机关发现后追缴了，这部分就不再计入犯罪数额，而应作为情节在量刑时考虑。

2. 依照《刑法》第 212 条的规定，犯逃避追缴欠税罪，被判处罚金的，在执行前，应当先由税务机关追缴税款。

量刑档次	对应情节	有关概念解释	附加刑的适用
三年以下有期徒刑或者拘役	数额在 1 万元以上不满 10 万元的		并处或者单处欠缴税款 1 倍以上 5 倍以下罚金
三年以上七年以下有期徒刑	数额在 10 万元以上的	数额，是指行为人转移、隐匿财产，致使税务机关无法追缴的税款数额。	并处欠缴税款 1 倍以上 5 倍以下罚金
单位犯本条规定之罪的，对单位判处罚金，并对其直接负责的主管人员和其他直接责任人员按照上述标准定罪量刑。			

（五）法律链接

中华人民共和国税收征收管理法（1992 年 9 月 4 日第七届全国人民代表大会常务委员会第二十七次会议通过　根据 1995 年 2 月 28 日第八届全国人民代表大会常务委员会第十二次会议《关于修改〈中华人民共和国税收征收管理法〉的决定》第一次修正　2001 年 4 月 28 日第九届全国人民代表大会常务委员会第二十一次会议修订　根据 2013 年 6 月 29 日第十二届全国人民代表大会常务委员会第三次会议《关于修改〈中华人民共和国文物保护法〉等十二部法律的决定》第二次修正　根据 2015 年 4 月 24 日第十二届全国人民代表大会常务委员会第十四次会议《关于修改〈中华人民共和国港口法〉等七部法律的决定》第三次修正）（节录）

第六十五条　纳税人欠缴应纳税款，采取转移或者隐匿财产的手段，妨碍税务机关追缴欠缴的税款的，由税务机关追缴欠缴的税款、滞纳金，并处欠缴税款百分之五十以上五倍以下的罚款；构成犯罪的，依法追究刑事责任。

四、骗取出口退税罪

（一）法律规定

第二百零四条　以假报出口或者其他欺骗手段，骗取国家出口退税款，数额较大的，处五年以下有期徒刑或者拘役，并处骗取税款一倍以上五倍以下罚金；数额巨大或者有其他严重情节的，处五年以上十年以下有期徒刑，并处骗取税款一倍以上五倍以下罚金；数额特别巨大或者有其他特别严重情节的，处十年以上有期徒刑或者无期徒刑，并处骗取税款一倍以上五倍以下罚金或者没收财产。

纳税人缴纳税款后，采取前款规定的欺骗方法，骗取所缴纳的税款的，依照本法第二百零一条的规定定罪处罚；骗取税款超过所缴纳的税款部分，依照前款的规定处罚。

第二百一十一条　单位犯本节第二百零一条、第二百零三条、第二百零四条、第二百零七条、第二百零八条、第二百零九条规定之罪的，对单位判处罚金，并对其直接负责的主管人员和其他直接

责任人员，依照各该条的规定处罚。

（二）罪名详解

骗取出口退税罪，是指以假报出口或者其他欺骗手段，骗取国家出口退税款，数额较大的行为。

本罪是从1992年《全国人民代表大会常务委员会关于惩治偷税、抗税犯罪的补充规定》第5条的规定，吸收改为刑法的具体规定的。1979年刑法没有骗取出口退税罪的规定。

骗取出口退税罪的构成要件是：

1. 主体要件

犯罪主体为一般主体，既包括单位，也包括自然人；既可以是纳税人，也可以是非纳税人。这里所说的单位，不限于有出口经营权的单位，包括所有的单位，只要是采取了虚报出口或者其他欺骗手段，骗取国家出口退税款数额较大的，都构成本罪。

2. 客体要件

本罪侵犯的客体是国家的税收管理制度。

根据我国税法的规定，一切负有纳税义务的单位和个人都应依法纳税。但是国家为了鼓励出口创汇，实行出口退税的优惠政策，即通过退还出口商品已纳的国内税（包括产品税、增值税、营业税、特别消费税），使得我国出口商品和其他国家的商品一样，以不含税成本进入国际市场，在同等税收条件下参与竞争。实践证明，实行这项措施，对于增强我国产品的国际市场竞争力，扩大出口创汇，促进对外开放，具有重要的意义。但是，一些不法分子为了牟取非法利益，采取各种手段，大肆进行骗取国家出口退税的犯罪活动，每年给国家造成数十亿元的巨大损失。因此这种犯罪直接危害的不仅是国家的税收秩序，而且也严重破坏了税制改革的顺利进行。

3. 主观要件

主观方面由故意构成，并且具有骗取国家出口退税款的目的。过失不构成本罪。

4. 客观要件

客观方面表现为采取假报出口或者其他欺骗手段，骗取国家出口退税款，数额较大的行为。

从司法实践来看，骗取出口退税款的手段主要是“假报出口”，即虚构出口产品的事实，欺骗税务机关。根据2002年9月23日《最高人民法院关于审理骗取出口退税刑事案件具体应用法律若干问题的解释》（以下简称《退税解释》），“假报出口”，是指以虚构已税货物出口事实为目的，具有下列情形之一的行为：（1）伪造或者签订虚假的买卖合同；（2）以伪造、变造或者其他非法手段取得出口货物报关单、出口收汇核销单、出口货物专用缴款书等有关出口退税单据、凭证；（3）虚开、伪造、非法购买增值税专用发票或者其他可以用于出口退税的发票；（4）其他虚构已税货物出口事实的行为。“其他欺骗手段”，是指具有下列情形之一的行为：（1）骗取出口货物退税资格的；（2）将未纳税或者免税货物作为已税货物出口的；（3）虽有货物出口，但虚构该出口货物的品名、数量、单价等要素，骗取未实际纳税部分出口退税款的；（4）以其他手段骗取出口退税款的。总之，骗取国家出口退税行为形形色色，表现极为复杂。无论采取何种欺骗手段，其本质上无非都是弄虚作假，欺骗税务机关，骗取国家的出口退税款。

按照法律规定，骗取出口退税的行为，除需具备以上构成要件外，还必须达到“数额较大”的程度，才构成本罪。根据《退税解释》的规定，骗取国家出口退税款5万元以上的，为《刑法》第204条规定的“数额较大”。

（三）实务疑难问题

1. 区分本罪与走私普通货物、物品罪的界限

两罪的主要不同表现在客体、客观方面。（1）前者侵害的客体是国家的税收管理制度，而后者侵害的客体则是国家海关对货物、物品的进出境管理制度。（2）在犯罪的客观方面，前者表现为企业、事业单位采取对生产或者经营的商品假报出口等欺骗手段，骗取国家出口退税款达到一定数额的行为，而后者则表现为违反海关法规，逃避海关监管，走私普通货物、物品进出境，偷逃应缴税额较大或者一年内曾因走私被给予两次行政处罚后又走私的行为。可见，前者是一般情况下没有货物、物品进出境，后者则真的有货物、物品进出境。

2. 区分本罪与逃税罪的界限

二者的区别主要表现在两方面：（1）主体不同。后者的犯罪主体是特殊主体，即纳税人，前者的犯罪主体是一般主体，既可以是负有纳税义务的人，也可以是其他人。（2）客观方面表现不同。前者是以假报出口等欺骗手段从

国库中骗取国家财产，后者则是采取非法手段不缴或者少缴应纳税款。根据《刑法》第 204 条第 2 款的规定，纳税人缴纳税款后，采取欺骗的方法，骗取所缴纳的税款的，依照关于逃税罪的规定定罪处罚；骗取税款超过所缴纳的税款部分，依照关于骗取出口退税罪的规定定罪处罚。

3. 关于为达到骗取出口退税目的，让他人为自己虚开增值税专用发票或者为他人虚开增值税专用发票的行为应如何定罪的问题

增值税专用发票是出口退税最重要的凭证，发票上的增值税额是犯罪分子追逐非法利益的“依据”。因此，虚开增值税专用发票犯罪与骗取出口退税犯罪紧密相连。对于犯罪人主观目的是骗取出口退税款，但又实施了虚开增值税专用发票行为的犯罪分子，应当择一重罪处罚，不实行数罪并罚。

4. 有进出口经营权的公司、企业，明知他人意欲骗取国家出口退税款，仍违反国家有关进出口经营的规定，允许他人自带客户、自带货源、自带汇票并自行报关，骗取国家出口退税款的，依照《刑法》第 204 条第 1 款、第 211 条的规定定罪处罚。

5. 实施骗取出口退税犯罪，同时构成虚开增值税专用发票罪等其他犯罪的，依照刑法处罚较重的规定定罪处罚。

（四）情节与量刑

《刑法》第 204 条第 1 款规定，犯骗取出口退税罪的，处 5 年以下有期徒刑或者拘役，并处骗取税款 1 倍以上 5 倍以下罚金；数额巨大或者有其他严重情节的，处 5 年以上 10 年以下有期徒刑，并处骗取税款 1 倍以上 5 倍以下罚金；数额特别巨大或者有其他特别严重情节的，处 10 年以上有期徒刑或者无期徒刑，并处骗取税款 1 倍以上 5 倍以下罚金或者没收财产。

依照《刑法》第 211 条的规定，单位犯本罪的，对单位判处罚金，并对其直接负责的主管人员和其他直接责任人员，依照第 204 条第 1 款的规定处罚。

司法机关在适用《刑法》第 204 条、第 211 条规定处罚时，应当注意以下问题：

1. 刑法对本罪规定了三个档次的量刑幅度。司法机关应当区别骗取出口退税款的数额和其他情节，恰当量刑。按照《退税解释》第 3 条的规定，骗取国家出口退税款 50 万元以上的，为《刑法》第 204 条规定的“数额巨大”；骗取国家出口退税款 250 万元以上的，为《刑法》第 204 条规定的“数额特

别巨大”。

具有下列情形之一的，属于《刑法》第204条规定的“其他严重情节”：（1）造成国家税款损失30万元以上并且在第一审判决宣告前无法追回的；（2）因骗取国家出口退税行为受过行政处罚，两年内又骗取国家出口退税款数额在30万元以上的；（3）情节严重的其他情形。

具有下列情形之一的，属于《刑法》第204条规定的“其他特别严重情节”：（1）造成国家税款损失150万元以上并且在第一审判决宣告前无法追回的；（2）因骗取国家出口退税行为受过行政处罚，两年内又骗取国家出口退税款数额在150万元以上的；（3）情节特别严重的其他情形。

2. 依照《刑法》第204条第2款的规定，纳税人缴纳税款后，采取假报出口等手段，骗回所缴纳的税款，如果骗回的税款超过所缴纳的税款，对于超过的这部分，应当按照第1款的规定处罚。

3. 实施骗取国家出口退税行为，没有实际取得出口退税款的，可以比照既遂犯从轻或者减轻处罚。

4. 国家工作人员参与实施骗取出口退税犯罪活动的，依照《刑法》第204条第1款的规定从重处罚。

5. 依照《刑法》第212条的规定，犯骗取出口退税罪，被判处罚金、没收财产的，在执行前，应当先由税务机关追缴所骗取的出口退税款。

量刑档次	对应情节	有关概念解释	附加刑的适用
五年以下有期徒刑或者拘役	数额较大的	《退税解释》第3条规定，骗取国家出口退税款5万元以上的，为《刑法》第204条规定的“数额较大”	并处骗取税款1倍以上5倍以下罚金
五年以上十年以下有期徒刑	数额巨大或者有其他严重情节的	《退税解释》第3条规定，骗取国家出口退税款50万元以上的，为《刑法》第204条规定的“数额巨大”。第4条规定，具有下列情形之一的，属于《刑法》第204条规定的“其他严重情节”：（1）造成国家税款损失30万元以上并且在第一审判决宣告前无法追回的；（2）因骗取国家出口退税行为受过行政处罚，两年内又骗取国家出口退税款数额在30万元以上的；（3）情节严重的其他情形。	并处骗取税款1倍以上5倍以下罚金

续表

量刑档次	对应情节	有关概念解释	附加刑的适用
十年以上有期徒刑或者无期徒刑	数额特别巨大或者有其他特别严重情节的	《退税解释》第3条规定，骗取国家出口退税款250万元以上的，为《刑法》第204条规定的“数额特别巨大”。第5条规定，具有下列情形之一的，属于《刑法》第204条规定的“其他特别严重情节”：（1）造成国家税款损失150万元以上并且在第一审判决宣告前无法追回的；（2）因骗取国家出口退税行为受过行政处罚，两年内又骗取国家出口退税款数额在150万元以上的；（3）情节特别严重的其他情形。	并处骗取税款1倍以上5倍以下罚金或者没收财产
单位犯本条规定之罪的，对单位判处罚金，并对其直接负责的主管人员和其他直接责任人员按照上述标准定罪量刑。			

（五）法律链接

1. **中华人民共和国税收征收管理法**（1992年9月4日第七届全国人民代表大会常务委员会第二十七次会议通过　根据1995年2月28日第八届全国人民代表大会常务委员会第十二次会议《关于修改〈中华人民共和国税收征收管理法〉的决定》第一次修正　2001年4月28日第九届全国人民代表大会常务委员会第二十一次会议修订　根据2013年6月29日第十二届全国人民代表大会常务委员会第三次会议《关于修改〈中华人民共和国文物保护法〉等十二部法律的决定》第二次修正　根据2015年4月24日第十二届全国人民代表大会常务委员会第十四次会议《关于修改〈中华人民共和国港口法〉

等七部法律的决定》第三次修正）（节录）

第六十六条 以假报出口或者其他欺骗手段，骗取国家出口退税款的，由税务机关追缴其骗取的退税款，并处骗取税款一倍以上五倍以下的罚款；构成犯罪的，依法追究刑事责任。

对骗取国家出口退税款的，税务机关可以在规定期间内停止为其办理出口退税。

2. **最高人民法院关于审理骗取出口退税刑事案件具体应用法律若干问题的解释**（法释〔2002〕30号 自2002年9月23日起施行）

为依法惩治骗取出口退税犯罪活动，根据《中华人民共和国刑法》的有关规定，现就审理骗取出口退税刑事案件具体应用法律的若干问题解释如下：

第一条 刑法第二百零四条规定的“假报出口”，是指以虚构已税货物出口事实为目的，具有下列情形之一的行为：

（一）伪造或者签订虚假的买卖合同；

（二）以伪造、变造或者其他非法手段取得出口货物报关单、出口收汇核销单、出口货物专用缴款书等有关出口退税单据、凭证；

（三）虚开、伪造、非法购买增值税专用发票或者其他可以用于出口退税的发票；

（四）其他虚构已税货物出口事实的行为。

第二条 具有下列情形之一的，应当认定为刑法第二百零四条规定的“其他欺骗手段”：

（一）骗取出口货物退税资格的；

（二）将未纳税或者免税货物作为已税货物出口的；

（三）虽有货物出口，但虚构该出口货物的品名、数量、单价等要素，骗取未实际纳税部分出口退税款的；

（四）以其他手段骗取出口退税款的。

第三条 骗取国家出口退税款5万元以上的，为刑法第二百零四条规定的“数额较大”；骗取国家出口退税款50万元以上的，为刑法第二百零四条规定的“数额巨大”；骗取国家出口退税款250万元以上的，为刑法第二百零四条规定的“数额特别巨大”。

第四条 具有下列情形之一的，属于刑法第二百零四条规定的“其他严重情节”：

（一）造成国家税款损失 30 万元以上并且在第一审判决宣告前无法追回的；

（二）因骗取国家出口退税行为受过行政处罚，两年内又骗取国家出口退税款数额在 30 万元以上的；

（三）情节严重的其他情形。

第五条　具有下列情形之一的，属于刑法第二百零四条规定的“其他特别严重情节”：

（一）造成国家税款损失 150 万元以上并且在第一审判决宣告前无法追回的；

（二）因骗取国家出口退税行为受过行政处罚，两年内又骗取国家出口退税款数额在 150 万元以上的；

（三）情节特别严重的其他情形。

第六条　有进出口经营权的公司、企业，明知他人意欲骗取国家出口退税款，仍违反国家有关进出口经营的规定，允许他人自带客户、自带货源、自带汇票并自行报关，骗取国家出口退税款的，依照刑法第二百零四条第一款、第二百一十一条的规定定罪处罚。

第七条　实施骗取国家出口退税行为，没有实际取得出口退税款的，可以比照既遂犯从轻或者减轻处罚。

第八条　国家工作人员参与实施骗取出口退税犯罪活动的，依照刑法第二百零四条第一款的规定从重处罚。

第九条　实施骗取出口退税犯罪，同时构成虚开增值税专用发票罪等其他犯罪的，依照刑法处罚较重的规定定罪处罚。

3. 最高人民法院关于审理骗购外汇、非法买卖外汇刑事案件具体应用法律若干问题的解释（法释〔1998〕20 号　自 1998 年 9 月 1 日起施行）（节录）

第一条　以进行走私、逃汇、洗钱、骗税等犯罪活动为目的，使用虚假、无效的凭证、商业单据或者采取其他手段向外汇指定银行骗购外汇的，应当分别按照刑法分则第三章第二节、第一百九十条、第一百九十一条和第二百零四条等规定定罪处罚。

五、虚开增值税专用发票、用于骗取出口退税、抵扣税款发票罪

（一）法律规定

第二百零五条[①] 虚开增值税专用发票或者虚开用于骗取出口退税、抵扣税款的其他发票的，处三年以下有期徒刑或者拘役，并处二万元以上二十万元以下罚金；虚开的税款数额较大或者有其他严重情节的，处三年以上十年以下有期徒刑，并处五万元以上五十万元以下罚金；虚开的税款数额巨大或者有其他特别严重情节的，处十年以上有期徒刑或者无期徒刑，并处五万元以上五十万元以下罚金或者没收财产。

单位犯本条规定之罪的，对单位判处罚金，并对其直接负责的主管人员和其他直接责任人员，处三年以下有期徒刑或者拘役；虚开的税款数额较大或者有其他严重情节的，处三年以上十年以下有期徒刑；虚开的税款数额巨大或者有其他特别严重情节的，处十年以上有期徒刑或者无期徒刑。

虚开增值税专用发票或者虚开用于骗取出口退税、抵扣税款的其他发票，是指有为他人虚开、为自己虚开、让他人为自己虚开、介绍他人虚开行为之一的。

2005年12月29日《全国人民代表大会常务委员会关于〈中华人民共和国刑法〉有关出口退税、抵扣税款的其他发票规定的解释》规定："全国人民代表大会常务委员会根据司法实践中遇到的情况，讨论了刑法规定的'出口退税、抵扣税款的其他发票'的含义问题，解释如下：

刑法规定的'出口退税、抵扣税款的其他发票'，是指除增值税

---

① 本条经2011年2月25日《刑法修正案（八）》第32条修正，删去了《刑法》原第205条第2款"有前款行为骗取国家税款，数额特别巨大，情节特别严重，给国家利益造成特别重大损失的，处无期徒刑或者死刑，并处没收财产"的规定。

专用发票以外的，具有出口退税、抵扣税款功能的收付款凭证或者完税凭证。”

（二）罪名详解

虚开增值税专用发票、用于骗取出口退税、抵扣税款发票罪，是指违反增值税专用发票管理规定，为他人虚开、为自己虚开、让他人为自己虚开、介绍他人虚开增值税专用发票或者用于骗取出口退税、抵扣税款发票的行为。

本罪是从 1995 年《全国人民代表大会常务委员会关于惩治虚开、伪造和非法出售增值税专用发票犯罪的决定》第 1 条的规定，吸收改为刑法的具体规定的。1979 年刑法没有虚开增值税专用发票、用于骗取出口退税、抵扣税款发票罪的规定。

虚开增值税专用发票、用于骗取出口退税、抵扣税款发票罪的构成要件是：

1. 主体要件

犯罪主体为一般主体，既包括单位，也包括自然人。

2. 客体要件

本罪侵犯的客体是国家对增值税发票和其他专用发票的管理制度。

近年来，一些单位和个人把非法为他人、为自己虚开、让他人为自己、介绍他人虚开增值税专用发票和虚开用于骗取出口退税、抵扣税款的其他发票作为“创收”、骗取出口退税的捷径。仅凭一张桌子、一本发票就挂牌营业。通过虚开增值税专用发票，为一些企事业单位偷逃税收提供方便。开票者从中收取所开票面额一定比例的“管理费”，受票者凭借虚开的发票进行偷税、骗取出口退税等违法犯罪活动。这种犯罪活动不仅使偷税、骗取出口退税犯罪更加严重，造成国家大量税款流失，而且严重干扰了国家税制改革的顺利进行，破坏了社会主义市场经济秩序。

3. 主观要件

主观方面由直接故意构成，即行为人故意为他人、为自己、让他人为自己或者介绍他人虚开增值税专用发票、用于骗取出口退税、抵扣税款的其他发票。一般来说，行为人主观上都是以营利为目的，但法律上并未规定“以营利为目的”是构成本罪在主观方面的必备要件。因此，如果以其他目的虚开增值税专用发票的，也构成本罪。

4. 客观要件

客观方面表现为实施了虚开增值税专用发票、用于骗取出口退税、抵扣税款发票的行为。

虚开行为主要包括三种：（1）没有货物购销或者没有提供或接受应税劳务而为他人、为自己、让他人为自己、介绍他人开具增值税专用发票、用于骗取出口退税、抵扣税款发票；（2）有货物购销或者提供或接受了应税劳务，但为他人、为自己、让他人为自己、介绍他人开具数量或者金额不实的增值税专用发票、用于骗取出口退税、抵扣税款发票；（3）进行了实际经营活动，但让他人为自己代开增值税专用发票、用于骗取出口退税、抵扣税款发票。

根据全国人民代表大会常务委员会2005年12月29日通过的《关于〈中华人民共和国刑法〉有关出口退税、抵扣税款的其他发票规定的解释》，用于骗取"出口退税、抵扣税款的其他发票"，是指"除增值税专用发票以外的，具有出口退税、抵扣税款功能的收付款凭证或者完税凭证"。这是因为，近年来，一些地方出现了利用伪造的海关代征增值税专用缴款书骗取出口退税、抵扣税款的严重违法案件。司法实践中，对于海关代征增值税专用缴款书这类完税凭证，以及可用以办理出口退税、抵扣税款的运输发票、废旧物品收购发票、农业产品收购发票等，是否属于刑法所规定的出口退税、抵扣税款的"其他发票"，出现了不同认识，故全国人大常委会作出解释，予以明确。

（三）实务疑难问题

1. 区分罪与非罪的界限

对于虚开增值税专用发票、用于骗取出口退税、抵扣税款的其他发票，刑法没有起刑点的规定。但对于情节显著轻微、危害不大的虚开增值税专用发票、用于骗取出口退税、抵扣税款的其他发票的行为，不应定罪处罚。按照2018年8月22日《最高人民法院关于虚开增值税专用发票定罪量刑标准有关问题的通知》（以下简称《增值税通知》）的规定，对于虚开的税款数额在5万元以上的，以虚开增值税专用发票罪处3年以下有期徒刑或者拘役，并处2万元以上20万元以下罚金。对于虚开税款不满5万元的，原则上可以按违法行为处理。对于虚开用于骗取出口退税、抵扣税款的其他发票的行为，参照《最高人民法院关于适用〈全国人民代表大会常务委员会关于惩治虚开、伪造和非法出售增值税专用发票犯罪的决定〉的若干问题的解释》（以下简称

《增值税解释》）第1条、第5条的规定，利用虚开的增值税专用发票抵扣税款或者骗取出口退税的，应当依照虚开增值税专用发票罪定罪处罚。故其入罪的数额标准目前虽尚无明确司法解释，但可以参考《增值税通知》执行。

2. 关于以“挂靠”有关公司名义实施经营活动并让有关公司为自己虚开增值税专用发票行为如何认定的问题

根据最高人民法院研究室《〈关于如何认定以“挂靠”有关公司名义实施经营活动并让有关公司为自己虚开增值税专用发票行为的性质〉征求意见的复函》的意见，挂靠方以挂靠形式向受票方实际销售货物，被挂靠方向受票方开具增值税专用发票的，不属于《刑法》第205条规定的“虚开增值税专用发票”。行为人利用他人的名义从事经营活动，并以他人名义开具增值税专用发票的，即便行为人与该他人之间不存在挂靠关系，但如行为人进行了实际的经营活动，主观上并无骗取抵扣税款的故意，客观上也未造成国家增值税款损失的，不宜认定为《刑法》第205条条规定的“虚开增值税专用发票”；符合逃税罪等其他犯罪构成条件的，可以其他犯罪论处。

3. 自己虚开或者让他人为自己虚开增值税专用发票、用于骗取出口退税、抵扣税款的其他发票后利用这些虚开的发票抵扣税款或者骗取出口退税的，应当以虚开增值税专用发票、用于骗取出口退税、抵扣税款发票罪定罪处罚；以其他手段骗取税款的，则应根据具体情况，分别以诈骗罪、逃税罪定罪处罚。

（四）情节与量刑

依照《刑法》第205条第1款的规定，犯虚开增值税专用发票、用于骗取出口退税、抵扣税款发票罪的，处3年以下有期徒刑或者拘役，并处2万元以上20万元以下罚金；虚开的税款数额较大或者有其他严重情节的，处3年以上10年以下有期徒刑，并处5万元以上50万元以下罚金；虚开的税款数额巨大或者有其他特别严重情节的，处10年以上有期徒刑或者无期徒刑，并处5万元以上50万元以下罚金或者没收财产。

依照本条第2款的规定，单位犯本罪的，对单位判处罚金，并对其直接负责的主管人员和其他直接责任人员，处3年以下有期徒刑或者拘役；虚开的税款数额较大或者有其他严重情节的，处3年以上10年以下有期徒刑；虚开的税款数额巨大或者有其他特别严重情节的，处10年以上有期徒刑或者无期徒刑。

司法机关在适用本条规定处罚时，应当注意以下问题：

1. 正确认定虚开税款的数额标准。按照《增值税通知》的规定，虚开的税款数额在 5 万元以上的，以虚开增值税专用发票罪处 3 年以下有期徒刑或者拘役，并处 2 万元以上 20 万元以下罚金；虚开的税款数额在 50 万元以上的，认定为《刑法》第 205 条规定的“数额较大”；虚开的税款数额在 250 万元以上的，认定为《刑法》第 205 条规定的“数额巨大”。

2. 对于如何认定“其他严重情节”“其他特别严重情节”，《增值税通知》没有明确规定，但实践中司法机关可以参照《退税解释》第 4 条、第 5 条的规定执行。

3. 虚开增值税专用发票、用于骗取出口退税、抵扣税款的其他发票的犯罪分子与骗取税款的犯罪分子，不论是否构成共犯，均应当对同一虚开的税款数额和实际骗取的税款数额承担刑事责任。

4. 依照《刑法》第 212 条的规定，犯本罪被判处罚金、没收财产的，在执行前，应当先由税务机关追缴税款和所骗取的出口退税款。

量刑档次	对应情节	有关概念解释	附加刑的适用
三年以下有期徒刑或者拘役	犯虚开增值税专用发票、用于骗取出口退税、抵扣税款发票罪的	《增值税通知》规定，虚开的税款数额在 5 万元以上的，以虚开增值税专用发票罪处 3 年以下有期徒刑或者拘役，并处 2 万元以上 20 万元以下罚金。	并处 2 万元以上 20 万元以下罚金
三年以上十年以下有期徒刑	虚开的税款数额较大或者有其他严重情节的	《增值税通知》规定，虚开的税款数额在 50 万元以上的，认定为刑法第 205 条规定的“数额较大”。	并处 5 万元以上 50 万元以下罚金

续表

量刑档次	对应情节	有关概念解释	附加刑的适用
十年以上有期徒刑或者无期徒刑	虚开的税款数额巨大或者有其他特别严重情节的	《增值税通知》规定，虚开的税款数额在 250 万元以上的，认定为刑法第 205 条规定的“数额巨大”。	并处 5 万元以上 50 万元以下罚金或者没收财产
单位犯本条规定之罪的，对单位判处罚金，并对其直接负责的主管人员和其他直接责任人员按照上述标准定罪量刑。			

（五）法律链接

1. 全国人民代表大会常务委员会关于《中华人民共和国刑法》有关出口退税、抵扣税款的其他发票规定的解释（2005 年 12 月 29 日第十届全国人民代表大会常务委员会第十九次会议通过　自 2005 年 12 月 29 日起施行）

全国人民代表大会常务委员会根据司法实践中遇到的情况，讨论了刑法规定的“出口退税、抵扣税款的其他发票”的含义问题，解释如下：

刑法规定的“出口退税、抵扣税款的其他发票”，是指除增值税专用发票以外的，具有出口退税、抵扣税款功能的收付款凭证或者完税凭证。

2. 最高人民法院关于适用《全国人民代表大会常务委员会关于惩治虚开、伪造和非法出售增值税专用发票犯罪的决定》的若干问题的解释（法发〔1996〕30 号　自 1996 年 10 月 17 日起施行）（节录）

一、根据《决定》第一条规定，虚开增值税专用发票的，构成虚开增值税专用发票罪。

具有下列行为之一的，属于“虚开增值税专用发票”：

（1）没有货物购销或者没有提供或接受应税劳务而为他人、为自己、让他人为自己、介绍他人开具增值税专用发票；

（2）有货物购销或者提供或接受了应税劳务但为他人、为自己、让他人为自己、介绍他人开具数量或者金额不实的增值税专用发票；

（3）进行了实际经营活动，但让他人为自己代开增值税专用发票。

虚开税款数额1万元以上的或者虚开增值税专用发票致使国家税款被骗取5000元以上的，应当依法定罪处罚。

虚开税款数额10万元以上的，属于“虚开的税款数额较大”。具有下列情形之一的，属于“有其他严重情节”：

（1）因虚开增值税专用发票致使国家税款被骗取5万元以上的；

（2）曾因虚开增值税专用发票受过刑事处罚的；

（3）具有其他严重情节的。

虚开税款数额50万元以上的，属于“虚开的税款数额巨大”。具有下列情形之一的，属于“有其他特别严重情节”：

（1）因虚开增值税专用发票致使国家税款被骗取30万元以上的；

（2）虚开的税款数额接近巨大并有其他严重情节的；

（3）具有其他特别严重情节的。

虚开增值税专用发票犯罪分子与骗取税款犯罪分子均应当对虚开的税款数额和实际骗取的国家税款数额承担刑事责任。

利用虚开的增值税专用发票抵扣税款或者骗取出口退税的，应当依照《决定》第一条的规定定罪处罚；以其他手段骗取国家税款的，仍应依照《全国人民代表大会常务委员会关于惩治偷税、抗税犯罪的补充规定》的有关规定定罪处罚。

五、根据《决定》第五条规定，虚开用于骗取出口退税、抵扣税款的其他发票的，构成虚开专用发票罪，依照《决定》第一条的规定处罚。

“用于骗取出口退税、抵扣税款的其他发票”是指可以用于申请出口退税、抵扣税款的非增值税专用发票，如运输发票、废旧物品收购发票、农业产品收购发票等。

3. 最高人民法院关于审理骗取出口退税刑事案件具体应用法律若干问题的解释（法释〔2002〕30号　自2002年9月23日起施行）（节录）

第一条　刑法第二百零四条规定的“假报出口”，是指以虚构已税货物出口事实为目的，具有下列情形之一的行为：

（三）虚开、伪造、非法购买增值税专用发票或者其他可以用于出口退税的发票；

第九条　实施骗取出口退税犯罪，同时构成虚开增值税专用发票罪等其他犯罪的，依照刑法处罚较重的规定定罪处罚。

六、虚开发票罪

（一）法律规定

第二百零五条之一[①]　**虚开本法第二百零五条规定以外的其他发票，情节严重的，处二年以下有期徒刑、拘役或者管制，并处罚金；情节特别严重的，处二年以上七年以下有期徒刑，并处罚金。**

单位犯前款罪的，对单位判处罚金，并对其直接负责的主管人员和其他直接责任人员，依照前款的规定处罚。

（二）罪名详解

虚开发票罪，是指以虚假的手段，开具普通发票的行为。

本罪是2011年2月25日第十一届全国人大常委会第十九次会议通过的《刑法修正案（八）》第33条增设的罪名。

虚开发票罪的构成要件是：

1. 主体要件

犯罪主体为一般主体，既包括单位，也包括自然人。

2. 客体要件

本罪侵犯的客体是国家对普通发票的管理制度。犯罪对象是普通发票。首先，发票是指单位和个人在购销商品、提供劳务或接受劳务、服务以及从事其他经营活动，开具、收取的收付凭证。发票是记录经营活动的一种原始证明，具有法律证明效力，是维护公民和法人合法权益的保障。其次，发票是加强财务会计管理，保护国家财产安全的重要手段。只有填制合法、真实的发票，会计核算资料才会真实可信。再次，发票是税务稽查的重要依据，不仅为计税基数提供了原始可靠的依据，还为计算应税所得额、应税财产提供必备资料。最后，发票是维护社会经济秩序的重要工具。各类

① 本条由2011年2月25日《刑法修正案（八）》第33条增加。

发票违法犯罪行为，不仅与偷税骗税有关，还与非法经营、贪污受贿、走私贩私等案件关系甚大。这道防线一松，将为经济领域的违法犯罪打开方便之门。虚开普通发票的危害性显而易见。发票分为普通发票、增值税专用发票和专业发票。普通发票，主要由营业税纳税人和增值税小规模纳税人使用，增值税一般纳税人在不能开具专用发票的情况下也可使用普通发票。普通发票由行业发票和专用发票组成。前者适用于某个行业和经营业务，如商业零售统一发票、商业批发统一发票、工业企业产品销售统一发票等；后者仅适用于某一经营项目，如广告费用结算发票，商品房销售发票等。

3. 主观要件

主观方面由直接故意构成，即行为人故意虚开普通发票。一般来说，行为人主观上都具有营利的目的，但这并非法定要件。如果以其他目的虚开普通发票的，也构成本罪。

4. 客观要件

客观方面表现为虚开普通发票情节严重的行为。

"虚开"普通发票，是指没有商品购销或者没有提供、接受劳务、服务而开具普通发票，或者虽有商品购销或者提供、接受了劳务、服务，但开具数量或金额不实的普通发票的行为。

普通发票由税务机关统一印制、发放和管理，按照国家关于发票管理的规定，在销售商品、提供服务以及从事其他经营活动对外收取款项时，应向付款方开具发票；开具发票应当按照规定的时限、顺序、逐栏、全部联次一次性如实开具，并加盖单位财务印章或发票专用章；使用计算机开具发票，须经国税机关批准，并使用国税机关统一监制的机外发票，并要求开具后的存根联按顺序号装订成册；所有单位和从事生产、经营的个人，在购买商品、接受服务，以及从事其他经营活动支付款项时，向收款方取得发票，不得要求变更品名和金额；对不符合规定的发票，不得作为报销凭证，任何单位和个人有权拒收。

按照法律规定，虚开发票的行为，除需具备以上构成要件外，还必须达到"情节严重"的程度，才构成犯罪。因为这类行为首先违反的是国家发票管理法规，是一种行政违法行为，应当主要通过行政制裁的方式处理。只有情节严重的虚开普通发票行为，才构成犯罪。司法实践中，"情节严重”，可以从以下几个方面来分析认定：虚开普通发票数额或者数量；虚开普通发票的次数；虚开普通发票造成的后果；是否因虚开普通发票的行为受到过行政处罚或者刑事处罚；有无其他恶劣情节，等等。根据《立案追诉标准（二）的补充规定》第 2 条的规定，虚开《刑法》第 205 条规定以外的其他发票，涉嫌下列情形之一的，应予立案追诉：（1）虚开发票 100 份以上或者虚开金额累计在 40 万元以上的；（2）虽未达到上述数额标准，但 5 年内因虚开发票行为受过行政处罚 2 次以上，又虚开发票的；（3）其他情节严重的情形。

（三）实务疑难问题

1. 区分罪与非罪的界限

虚开发票的行为，必须达到“情节严重”的程度，才构成犯罪。对普通的虚开发票行为，应当主要通过行政制裁的方式处理。

2. 本罪与虚开增值税专用发票罪、逃税罪的界限

本罪与虚开增值税专用发票罪的主要区别是犯罪对象不同，前者是普通发票；后者是增值税专用发票。与逃税罪的主要区别是犯罪的客观方面不同，前者是虚开普通发票的行为；后者是逃税的行为。如果利用虚开普通发票的手段逃税的，可以按照处理牵连犯的原则，以处罚较重的罪处罚。

（四）情节与量刑

依照《刑法》第 205 条之一第 1 款的规定，犯虚开发票罪的，处 2 年以下有期徒刑、拘役或者管制，并处罚金；情节特别严重的，处 2 年以上 7 年以下有期徒刑，并处罚金。

依照本条第 2 款的规定，单位犯本罪的，对单位判处罚金，并对其直接负责的主管人员和其他直接责任人员，依照前款的规定处罚。

量刑档次	对应情节	有关概念解释	附加刑的适用
二年以下有期徒刑、拘役或者管制	犯虚开发票罪的		并处罚金
二年以上七年以下有期徒刑	虚开的税款数额较大或者有其他严重情节的	目前尚无司法解释，“情节严重”“情节特别严重”，可以从以下几个方面来分析认定：虚开普通发票数额或者数量；虚开普通发票的次数；虚开普通发票造成的后果；是否因虚开普通发票的行为受到过行政处罚或者刑事处罚；有无其他恶劣情节，等等。	并处罚金
单位犯本条规定之罪的，对单位判处罚金，并对其直接负责的主管人员和其他直接责任人员按照上述标准定罪量刑。			

（五）法律链接

中华人民共和国发票管理办法（1993 年 12 月 23 日中华人民共和国财政部令第 6 号分布　根据 2010 年 12 月 20 日《国务院关于修改〈中华人民共和国发票管理办法〉的决定》修订　根据 2019 年 3 月 2 日《国务院关于修改部分行政法规的决定》修正　自 1993 年 12 月 23 日起施行）（节录）

第二十二条　开具发票应当按照规定的时限、顺序、栏目，全部联次一次性如实开具，并加盖发票专用章。

任何单位和个人不得有下列虚开发票行为：

（一）为他人、为自己开具与实际经营业务情况不符的发票；

（二）让他人为自己开具与实际经营业务情况不符的发票；

（三）介绍他人开具与实际经营业务情况不符的发票。

第三十七条　违反本办法第二十二条第二款的规定虚开发票的，由税务机关没收违法所得；虚开金额在 1 万元以下的，可以并处 5 万元以下的罚款；

虚开金额超过 1 万元的，并处 5 万元以上 50 万元以下的罚款；构成犯罪的，依法追究刑事责任。

非法代开发票的，依照前款规定处罚。

七、伪造、出售伪造的增值税专用发票罪

（一）法律规定

第二百零六条[①]　伪造或者出售伪造的增值税专用发票的，处三年以下有期徒刑、拘役或者管制，并处二万元以上二十万元以下罚金；数量较大或者有其他严重情节的，处三年以上十年以下有期徒刑，并处五万元以上五十万元以下罚金；数量巨大或者有其他特别严重情节的，处十年以上有期徒刑或者无期徒刑，并处五万元以上五十万元以下罚金或者没收财产。

单位犯本条规定之罪的，对单位判处罚金，并对其直接负责的主管人员和其他直接责任人员，处三年以下有期徒刑、拘役或者管制；数量较大或者有其他严重情节的，处三年以上十年以下有期徒刑；数量巨大或者有其他特别严重情节的，处十年以上有期徒刑或者无期徒刑。

（二）罪名详解

伪造、出售伪造的增值税专用发票罪，是指仿照增值税专用发票的样式，非法印制、复制或者使用其他方法制造假增值税专用发票或者非法销售、倒卖伪造的增值税专用发票的行为。

本罪是从《全国人民代表大会常务委员会关于惩治虚开、伪造和非法出售增值税专用发票犯罪的决定》第 2 条的规定，吸收改为刑法的具体规定的。1979 年《刑法》没有伪造、出售伪造的增值税专用发票罪的规定。

---

①　本条经 2011 年 2 月 25 日《刑法修正案（八）》第 34 条修正，删去了《刑法》原第 206 条第 2 款“伪造并出售伪造的增值税专用发票，数量特别巨大，情节特别严重，严重破坏经济秩序的，处无期徒刑或者死刑，并处没收财产”的规定。

伪造、出售伪造的增值税专用发票罪的构成要件是：

1. 主体要件

犯罪主体为一般主体，既包括单位，也包括自然人。

2. 客体要件

本罪侵犯的客体是国家对增值税发票的管理制度。

《发票管理办法》第7条规定："增值税专用发票由国务院税务主管部门确定的企业印制；……禁止私自印制、伪造、变造发票。"因此，伪造或者出售伪造的增值税专用发票的行为是严重侵犯国家关于增值税发票管理制度的行为。

3. 主观要件

主观方面由直接故意构成。至于行为人的动机目的如何，不影响本罪的构成。对于出售他人伪造的增值税专用发票的，应当以明知为条件，即行为人必须明知出售的是他人伪造的增值税专用发票的，才能构成本罪。否则构成《刑法》第207条规定的非法出售增值税专用发票罪。

4. 客观要件

客观方面表现为伪造或者出售伪造的增值税专用发票的行为。

"伪造"，是指仿照增值税专用发票的内容、专用纸、荧光油墨、形状、图案、色彩等，使用印制、复印、描绘等手段制造假增值税专用发票的行为。从司法实践的情况来看，"伪造"主要是指"非法印制"，具体包括三种情况：一是不法分子利用地下印刷厂非法印刷增值税专用发票；二是承印增值税专用发票的指定企业，未经税务机关批准私自加印增值税专用发票；三是无权印制增值税专用发票的单位私自印制增值税专用发票。变造增值税专用发票的，按照伪造增值税专用发票行为处理。"出售"，是指以营利为目的，以各种方式，通过各种途径以一定的价格卖出伪造的增值税专用发票的行为。既可以是出售本人伪造的增值税专用发票，也可以是出售别人伪造的增值税专用发票。

（三）实务疑难问题

1. 区分罪与非罪的界限

刑法对本罪没有起刑点的规定，也就是说，只要实施了伪造、出售伪造的增值税专用发票的行为，就构成犯罪。这体现了刑法对这类犯罪从严打击的精神。但对于情节显著轻微，危害不大的，可不认为是犯罪。这是符合《刑法》总则的规定的。什么是情节显著轻微，怎样判断危害大小，要从具体的案件出发加以分析。一般来说，在伪造、出售伪造的增值税专用发票数量较少的前提下，具有下列情形之一的，可不以犯罪论处：尚未造成严重后果的；犯罪预备、中止、未遂的；未成年人犯罪的；有自首、立功的法定从轻、减轻情节的，等等。

2. 认定罪名问题

本罪属选择性罪名。行为人伪造增值税专用发票的目的往往是为了出售牟利。如果行为人伪造后又出售的，应定伪造、出售伪造的增值税专用发票罪一罪，数量或者票面额不重复计算；如果仅仅是伪造或者出售伪造的增值税专用发票的，则分别只定伪造增值税专用发票罪、出售伪造的增值税专用发票罪。

（四）情节与量刑

依照《刑法》第 206 条的规定，犯伪造、出售伪造的增值税专用发票罪的，处 3 年以下有期徒刑、拘役或者管制，并处 2 万元以上 20 万元以下罚金；数量较大或者有其他严重情节的，处 3 年以上 10 年以下有期徒刑，并处 5 万元以上 50 万元以下罚金；数量巨大或者有其他特别严重情节的，处 10 年以上有期徒刑或者无期徒刑，并处 5 万元以上 50 万元以下罚金或者没收财产。

单位犯本罪的，对单位判处罚金，并对其直接负责的主管人员和其他直接责任人员，处 3 年以下有期徒刑、拘役或者管制；数量较大或者有其他严重情节的，处 3 年以上 10 年以下有期徒刑；数量巨大或者有其他特别严重情节的，处 10 年以上有期徒刑或者无期徒刑。

司法机关在适用本条规定处罚时，应当注意以下问题：

认定和处理本罪具体应如何掌握“数量较大”“数量巨大”和如何认定“其他严重情节”“其他特别严重情节”等问题。在最高人民法院尚未重新作出司法解释之前，仍可参照《增值税解释》的规定来掌握。

1. 伪造或者出售伪造的增值税专用发票 25 份以上或者票面额（千元版以每份 1000 元，万元版以每份 1 万元计算，以此类推。下同）累计 10 万元以上的，应当依法定罪处罚。

2. 伪造或者出售伪造的增值税专用发票100份以上或者票面额累计50万元以上的，属于“数量较大”；具有下列情形之一的，属于“有其他严重情节”：（1）违法所得数额在1万元以上的；（2）伪造并出售伪造的增值税专用发票60份以上或者票面额累计30万元以上的；（3）造成严重后果或者具有其他严重情节的。

3. 伪造或者出售伪造的增值税专用发票500份以上或者票面额累计250万元以上的，属于“数量巨大”；具有下列情形之一的，属于“有其他特别严重情节”：（1）违法所得数额在5万元以上的；（2）伪造并出售伪造的增值税专用发票300份以上或者票面额累计200万元以上的；（3）伪造或者出售伪造的增值税专用发票接近“数量巨大”并具有其他严重情节的；（4）造成特别严重后果或者具有其他特别严重情节的。

量刑档次	对应情节	有关概念解释	附加刑的适用
三年以下有期徒刑、拘役或者管制	伪造、出售伪造的增值税专用发票的	目前尚无新的司法解释，可参照《增值税解释》第2条第2款：伪造或者出售伪造的增值税专用发票25份以上或者票面额（千元版以每份1000元，万元版以每份1万元计算，以此类推。下同）累计10万元以上的。	并处2万元以上20万元以下罚金
三年以上十年以下有期徒刑	数量较大或者有其他严重情节的	参照《增值税解释》第2条第3款：伪造或者出售伪造的增值税专用发票100份以上或者票面额累计50万元以上的，属于“数量较大”；具有下列情形之一的，属于“有其他严重情节”：（1）违法所得数额在1万元以上的；（2）伪造并出售伪造的增值税专用发票60份以上或者票面额累计30万元以上的；（3）造成严重后果或者具有其他严重情节的。	并处5万元以上50万元以下罚金

续表

量刑档次	对应情节	有关概念解释	附加刑的适用
十年以上有期徒刑或者无期徒刑	数量巨大或者有其他特别严重情节的	参照《增值税解释》第2条第4款：伪造或者出售伪造的增值税专用发票500份以上或者票面额累计250万元以上的，属于“数量巨大”；具有下列情形之一的，属于“有其他特别严重情节”：（1）违法所得数额在5万元以上的；（2）伪造并出售伪造的增值税专用发票300份以上或者票面额累计200万元以上的；（3）伪造或者出售伪造的增值税专用发票接近“数量巨大”并具有其他严重情节的；（4）造成特别严重后果或者具有其他特别严重情节的。	并处5万元以上50万元以下罚金或者没收财产
单位犯本条规定之罪的，对单位判处罚金，并对其直接负责的主管人员和其他直接责任人员按照上述标准定罪量刑。			

（五）法律链接

1. 最高人民法院关于适用《全国人民代表大会常务委员会关于惩治虚开、伪造和非法出售增值税专用发票犯罪的决定》的若干问题的解释（法发〔1996〕30号　自1996年10月17日起施行）（节录）

二、根据《决定》第二条规定，伪造或者出售伪造的增值税专用发票的，构成伪造、出售伪造的增值税专用发票罪。

伪造或者出售伪造的增值税专用发票二十五份以上或者票面额（百元版以每份一百元，千元版以每份一千元，万元版以每份一万元计算，以此类推。下同）累计十万元以上的应当依法定罪处罚。

伪造或者出售伪造的增值税专用发票一百份以上或者票面额累计五十万

元以上的，属于“数量较大”；具有下列情形之一的，属于“有其他严重情节”：（1）违法所得数额在一万元以上的；（2）伪造并出售伪造的增值税专用发票六十份以上或者票面额累计三十万元以上的；（3）造成严重后果或者具有其他严重情节的。

伪造或者出售伪造的增值税专用发票五百份以上或者票面额累计二百五十万元以上的，属于“数量巨大”；具有下列情形之一的，属于“有其他特别严重情节”：（1）违法所得数额在五万元以上的；（2）伪造并出售伪造的增值税专用发票三百份以上或者票面额累计二百万元以上的；（3）伪造或者出售伪造的增值税专用发票接近“数量巨大”并有其他严重情节的；（4）造成特别严重后果或者具有其他特别严重情节的。

伪造并出售同一宗增值税专用发票的，数量或者票面额不重复计算。

变造增值税专用发票的，按照伪造增值税专用发票行为处理。

2. 最高人民法院关于审理骗取出口退税刑事案件具体应用法律若干问题的解释（法释〔2002〕30号　自2002年9月23日起施行）（节录）

第一条　刑法第二百零四条规定的“假报出口”，是指以虚构已税货物出口事实为目的，具有下列情形之一的行为：

（三）虚开、伪造、非法购买增值税专用发票或者其他可以用于出口退税的发票；

……

八、非法出售增值税专用发票罪

（一）法律规定

第二百零七条　**非法出售增值税专用发票的，处三年以下有期徒刑、拘役或者管制，并处二万元以上二十万元以下罚金；数量较大的，处三年以上十年以下有期徒刑，并处五万元以上五十万元以下罚金；数量巨大的，处十年以上有期徒刑或者无期徒刑，并处五万元以上五十万元以下罚金或者没收财产。**

第二百一十一条　**单位犯本节第二百零一条、第二百零三条、第二百零四条、第二百零七条、第二百零八条、第二百零九条规定**

之罪的，对单位判处罚金，并对其直接负责的主管人员和其他直接责任人员，依照各该条的规定处罚。

（二）罪名详解

非法出售增值税专用发票罪，是指违反国家发票管理法规，非法出售增值税专用发票的行为。

本罪是从《全国人民代表大会常务委员会关于惩治虚开、伪造和非法出售增值税专用发票犯罪的决定》第3条的规定，吸收改为刑法的具体规定的。1979年刑法没有非法出售增值税专用发票罪的规定。

非法出售增值税专用发票罪的构成要件是：

1. 主体要件

犯罪主体为一般主体，既包括单位，也包括自然人。这里所说的单位和自然人，既可以是增值税一般纳税人，也可以是非增值税一般纳税人。税务机关及其工作人员故意违反法律、法规的规定，非法出售的，也可以成为本罪的主体。

2. 客体要件

本罪侵犯的客体是国家对增值税专用发票的管理制度。增值税专用发票由国家税务机关依照规定发售，只发售给增值税的一般纳税人，而且只收取工本费。其他单位和个人均无权出售，否则就是对国家增值税专用发票管理制度的破坏，应当受到惩处。

3. 主观要件

主观方面由直接故意构成，并且具有营利的目的。间接故意和过失不构成本罪。

4. 客观要件

客观方面表现为违反国家发票管理法规，非法出售增值税专用发票的行为。"出售"，是指将增值税专用发票作为商品卖出的行为。本罪的行为对象是真的增值税专用发票。至于发票的来源对本罪的构成没有影响。

（三）实务疑难问题

1. 区分本罪与出售伪造的增值税专用发票罪的界限

二者的主要区别在于：犯罪对象不同。本罪的犯罪对象是真的增值税专用发票，而出售伪造的增值税专用发票罪的犯罪对象是假的增值税专用发票。

2. 盗窃、骗取增值税专用发票后又非法出售的行为如何定性

根据《刑法》第 210 条的规定，盗窃、骗取增值税专用发票的，应当分别以盗窃罪和诈骗罪定罪处罚。对于盗窃、骗取增值税专用发票后又非法出售的，应当按照牵连犯的处罚原则，从一重罪处罚。

（四）情节与量刑

依照《刑法》第 207 条的规定，犯非法出售增值税专用发票罪的，处 3 年以下有期徒刑、拘役或者管制，并处 2 万元以上 20 万元以下罚金；数量较大的，处 3 年以上 10 年以下有期徒刑，并处 5 万元以上 50 万元以下罚金；数量巨大的，处 10 年以上有期徒刑或者无期徒刑，并处 5 万元以上 50 万元以下罚金或者没收财产。

依照《刑法》第 211 条的规定，单位犯本罪的，对单位判处罚金，并对其直接负责的主管人员和其他直接责任人员，依照第 207 条的规定处罚。

司法机关在适用本条规定处罚时，应当注意以下问题：

认定和处理本罪具体应如何掌握“数量较大”“数量巨大”的问题。在最高人民法院尚未重新作出司法解释之前，仍可参照《增值税解释》的规定第 2 条第 2 款、第 3 款、第 4 款的规定来掌握，即按照伪造、出售伪造的增值税专用发票罪的定罪处罚标准执行。

量刑档次	对应情节	有关概念解释	附加刑的适用
三年以下有期徒刑、拘役或者管制	非法出售增值税专用发票的	目前尚无新的司法解释，可参照《增值税解释》第 2 条第 2 款：伪造或者出售伪造的增值税专用发票 25 份以上或者票面额（千元版以每份 1000 元，万元版以每份 1 万元计算，以此类推。下同）累计 10 万元以上的。	并处 2 万元以上 20 万元以下罚金

续表

量刑档次	对应情节	有关概念解释	附加刑的适用
三年以上十年以下有期徒刑	数量较大的	参照《增值税解释》第2条第3款：伪造或者出售伪造的增值税专用发票100份以上或者票面额累计50万元以上的，属于“数量较大”；具有下列情形之一的，属于“有其他严重情节”：(1)违法所得数额在1万元以上的；(2)伪造并出售伪造的增值税专用发票60份以上或者票面额累计30万元以上的；(3)造成严重后果或者具有其他严重情节的。	并处5万元以上50万元以下罚金
十年以上有期徒刑或者无期徒刑	数量巨大的	参照《增值税解释》第2条第4款：伪造或者出售伪造的增值税专用发票500份以上或者票面额累计250万元以上的，属于“数量巨大”；具有下列情形之一的，属于“有其他特别严重情节”：(1)违法所得数额在5万元以上的；(2)伪造并出售伪造的增值税专用发票300份以上或者票面额累计200万元以上的；(3)伪造或者出售伪造的增值税专用发票接近“数量巨大”并具有其他严重情节的；(4)造成特别严重后果或者具有其他特别严重情节的。	并处5万元以上50万元以下罚金或者没收财产
单位犯本条规定之罪的，对单位判处罚金，并对其直接负责的主管人员和其他直接责任人员按照上述标准定罪量刑。			

（五）法律链接

1. 最高人民法院关于适用《全国人民代表大会常务委员会关于惩治虚开、

伪造和非法出售增值税专用发票犯罪的决定》的若干问题的解释（法发〔1996〕30号　自1996年10月17日起施行）（节录）

二、根据《决定》第二条规定，伪造或者出售伪造的增值税专用发票的，构成伪造、出售伪造的增值税专用发票罪。

伪造或者出售伪造的增值税专用发票二十五份以上或者票面额（百元版以每份一百元，千元版以每份一千元，万元版以每份一万元计算，以此类推。下同）累计十万元以上的应当依法定罪处罚。

伪造或者出售伪造的增值税专用发票一百份以上或者票面额累计五十万元以上的，属于“数量较大”；具有下列情形之一的，属于“有其他严重情节”：（1）违法所得数额在一万元以上的；（2）伪造并出售伪造的增值税专用发票六十份以上或者票面额累计三十万元以上的；（3）造成严重后果或者具有其他严重情节的。

伪造或者出售伪造的增值税专用发票五百份以上或者票面额累计二百五十万元以上的，属于“数量巨大”；具有下列情形之一的，属于“有其他特别严重情节”：（1）违法所得数额在五万元以上的；（2）伪造并出售伪造的增值税专用发票三百份以上或者票面额累计二百万元以上的；（3）伪造或者出售伪造的增值税专用发票接近“数量巨大”并有其他严重情节的；（4）造成特别严重后果或者具有其他特别严重情节的。

伪造并出售同一宗增值税专用发票的，数量或者票面额不重复计算。

变造增值税专用发票的，按照伪造增值税专用发票行为处理。

三、根据《决定》第三条规定，非法出售增值税专用发票的，构成非法出售增值税专用发票罪。

非法出售增值税专用发票案件的定罪量刑数量标准按照本解释第二条第二、三、四款的规定执行。

九、非法购买增值税专用发票、购买伪造的增值税专用发票罪

（一）法律规定

第二百零八条　非法购买增值税专用发票或者购买伪造的增值

税专用发票的，处五年以下有期徒刑或者拘役，并处或者单处二万元以上二十万元以下罚金。

非法购买增值税专用发票或者购买伪造的增值税专用发票又虚开或者出售的，分别依照本法第二百零五条、第二百零六条、第二百零七条的规定定罪处罚。

第二百一十一条　单位犯本节第二百零一条、第二百零三条、第二百零四条、第二百零七条、第二百零八条、第二百零九条规定之罪的，对单位判处罚金，并对其直接负责的主管人员和其他直接责任人员，依照各该条的规定处罚。

（二）罪名详解

非法购买增值税专用发票、购买伪造的增值税专用发票罪，是指违反国家发票管理法规，非法购买增值税专用发票或者购买伪造的增值税专用发票的行为。

本罪是从《全国人民代表大会常务委员会关于惩治虚开、伪造和非法出售增值税专用发票犯罪的决定》第 4 条的规定，吸收改为刑法的具体规定的。1979 年刑法没有非法购买增值税专用发票、购买伪造的增值税专用发票罪的规定。

非法出售增值税专用发票罪的构成要件是：

1. 主体要件

犯罪主体为一般主体，既包括单位，也包括自然人。

2. 客体要件

本罪侵犯的客体是国家对增值税专用发票的管理制度。

3. 主观要件

主观方面由直接故意构成。间接故意和过失不构成本罪。如果是购买伪造的增值税专用发票的，还要以明知为条件，即行为人对购买的增值税发票系伪造的是明知的。如果购买的是伪造的增值税专用发票，而行为人是当作真的购买的，则属于非法购买增值税专用发票的行为。

4. 客观要件

客观方面表现为违反国家发票管理法规，非法购买增值税专用发票或者购买伪造的增值税专用发票的行为。依照国家有关规定，领购增值税专用发票需具备一定的条件，还须经税务机关认定，严禁自然人和单位私自购买增值税专用发票，否则就是非法购买。至于售票人的发票来源是否合法，不影响本罪的成立。

（三）实务疑难问题

1. 区分罪与非罪的界限

刑法对本罪没有起刑点的规定，但对于情节显著轻微，危害不大的，可不认为是犯罪。在没有新的司法解释之前，可参照《最高人民法院关于适用〈全国人民代表大会常务委员会关于惩治虚开、伪造和非法出售增值税专用发票犯罪的决定〉的若干问题的解释》的规定第 4 条第 2 款的规定来掌握，即非法购买增值税专用发票、购买伪造的增值税专用发票 25 份以上或者票面额累计 10 万元以上的，应当依法定罪处罚。

2. 本罪是选择性罪名

购买的既有真的增值税专用发票，也有假的增值税发票，定非法购买增值税专用发票、购买伪造的增值税专用发票罪；购买的是真的或者是假的增值税专用发票，则定非法购买增值税专用发票或者购买伪造的增值税专用发票罪。

（四）情节与量刑

依照《刑法》第 208 条第 1 款的规定，犯非法购买增值税专用发票、购买伪造的增值税专用发票罪的，处 5 年以下有期徒刑或者拘役，并处或者单处 2 万元以上 20 万元以下罚金。

依照本条第 2 款的规定，非法购买增值税专用发票或者购买伪造的增值税专用发票又虚开或者出售的，分别依照《刑法》第 205 条规定的虚开增值税专用发票、用于骗取出口退税、抵扣税款发票罪，第 206 条规定的伪造、出售伪造的增值税专用发票罪，第 207 条规定的非法出售增值税专用发票罪的规定定罪处罚。

依照《刑法》第 211 条的规定，单位犯本罪的，对单位判处罚金，并对其直接负责的主管人员和其他直接责任人员，依照第 208 条第 1 款的规定处罚。

司法机关在适用本条规定处罚时，应当注意：

行为人非法购买真伪两种增值税专用发票的，数量累计计算，但不实行数罪并罚。

（五）法律链接

1. 最高人民法院关于适用《全国人民代表大会常务委员会关于惩治虚开、伪造和非法出售增值税专用发票犯罪的决定》的若干问题的解释（法发〔1996〕30号　自1996年10月17日起施行）（节录）

四、根据《决定》第四条规定，非法购买增值税专用发票或者购买伪造的增值税专用发票的，构成非法购买增值税专用发票、伪造的增值税专用发票罪。

非法购买增值税专用发票或者购买伪造的增值税专用发票二十五份以上或者票面额累计十万元以上的，应当依法定罪处罚。

非法购买真、伪两种增值税专用发票的，数量累计计算，不实行数罪并罚。

2. 最高人民法院关于审理骗取出口退税刑事案件具体应用法律若干问题的解释（法释〔2002〕30号　自2002年9月23日起施行）（节录）

第一条　刑法第二百零四条规定的“假报出口”，是指以虚构已税货物出口事实为目的，具有下列情形之一的行为：

（三）虚开、伪造、非法购买增值税专用发票或者其他可以用于出口退税的发票；

……

十、非法制造、出售非法制造的用于骗取出口退税、抵扣税款发票罪

（一）法律规定

第二百零九条第一款　伪造、擅自制造或者出售伪造、擅自制造的可以用于骗取出口退税、抵扣税款的其他发票的，处三年以下有期徒刑、拘役或者管制，并处二万元以上二十万元以下罚金；数量巨大的，处三年以上七年以下有期徒刑，并处五万元以上五十万

元以下罚金；数量特别巨大的，处七年以上有期徒刑，并处五万元以上五十万元以下罚金或者没收财产。

第二百一十一条　单位犯本节第二百零一条、第二百零三条、第二百零四条、第二百零七条、第二百零八条、第二百零九条规定之罪的，对单位判处罚金，并对其直接负责的主管人员和其他直接责任人员，依照各该条的规定处罚。

2005年12月29日《全国人民代表大会常务委员会关于〈中华人民共和国刑法〉有关出口退税、抵扣税款的其他发票规定的解释》规定："全国人民代表大会常务委员会根据司法实践中遇到的情况，讨论了刑法规定的'出口退税、抵扣税款的其他发票'的含义问题，解释如下：

刑法规定的'出口退税、抵扣税款的其他发票'，是指除增值税专用发票以外的，具有出口退税、抵扣税款功能的收付款凭证或者完税凭证。"

（二）罪名详解

非法制造、出售非法制造的用于骗取出口退税、抵扣税款发票罪，是指违反国家发票管理法规，伪造、擅自制造或者出售伪造、擅自制造的可以用于骗取出口退税、抵扣税款的增值税专用发票以外的其他发票的行为。

本罪是从1995年《全国人民代表大会常务委员会关于惩治虚开、伪造和非法出售增值税专用发票犯罪的决定》第6条的规定，吸收改为刑法的具体规定的。1979年刑法没有非法制造、出售非法制造的用于骗取出口退税、抵扣税款发票罪的规定。

非法制造、出售非法制造的用于骗取出口退税、抵扣税款发票罪的构成要件是：

1. 主体要件

犯罪主体为一般主体，既包括单位，也包括自然人。

2. 客体要件

本罪侵犯的客体是国家对发票的管理制度。犯罪对象是可以用于骗取出口退税、抵扣税款的非增值税专用发票，如运输发票、废旧物品收购发票、农业产品收购发票等。

3. 主观要件

主观方面由直接故意构成，间接故意和过失不构成本罪。

4. 客观要件

客观方面表现为违反国家发票管理法规，伪造、擅自制造或者出售伪造、擅自制造的可以用于骗取出口退税、抵扣税款的增值税专用发票以外的其他发票的行为。根据全国人大常委会的解释，用于骗取“出口退税、抵扣税款的其他发票”，是指除增值税专用发票以外的，具有出口退税、抵扣税款功能的收付款凭证或者完税凭证。“擅自制造”，是指税务机关指定的印刷企业超出批准的范围私自加印发票的行为。其他单位和个人非法印制发票的，则属于“伪造”行为。

（三）实务疑难问题

1. 区分罪与非罪的界限

对于本罪，刑法没有起刑点的规定。但对于情节显著轻微、危害不大的，不应定罪处罚。按照《立案追诉标准（二）》第 65 条的规定，伪造、擅自制造或者出售伪造、擅自制造的可以用于骗取出口退税、抵扣税款的非增值税专用发票 50 份以上或者票面额累计在 20 万元以上的，应予立案追诉。

2. 区分本罪与虚开用于骗取出口退税、抵扣税款发票罪的界限

两者的犯罪行为不同。前者的行为表现为伪造、擅自制造、出售三种。后者的行为是“虚开”。“制造”与“虚开”的不同在于：前者是印制、生产发票本身，后者是在真发票上填开虚假金额。如果制造者同时又是虚开者，或者制造者与虚开者事前通谋的，在制造的与虚开的发票属于同一宗的情况下，应择一重罪定罪处罚；如不同宗，则应实行数罪并罚。

（四）情节与量刑

依照《刑法》第 209 条第 1 款的规定，犯非法制造、出售非法制造的用于骗取出口退税、抵扣税款发票罪的，处 3 年以下有期徒刑、拘役或者管制，并处 2 万元以上 20 万元以下罚金；数量巨大的，处 3 年以上 7 年以下有期徒刑，并处 5 万元以上 50 万元以下罚金；数量特别巨大的，处 7 年以上有期徒刑，并处 5 万元以上 50 万元以下罚金或者没收财产。

依照《刑法》第 211 条的规定，单位犯本罪的，对单位判处罚金，并对

其直接负责的主管人员和其他直接责任人员，依照第 209 条第 1 款的规定处罚。

司法机关在适用本条规定处罚时，应当注意以下问题：

认定和处理本罪具体应如何掌握起刑点、“数量巨大”和“数量特别巨大”的问题。在最高人民法院尚未重新作出司法解释之前，仍可参照《增值税解释》的规定来掌握。

量刑档次	对应情节	有关概念解释	附加刑的适用
三年以下有期徒刑、拘役或者管制	犯非法制造、出售非法制造的用于骗取出口退税、抵扣税款发票罪的	目前尚无新的司法解释，可参照《增值税解释》第 6 条第 2 款，“伪造、擅自制造或者出售伪造、擅自制造的可以用于骗取出口退税、抵扣税款的其他发票 50 份以上的，应当依法定罪处罚”及《立案追诉标准（二）》第 65 条“伪造、擅自制造或者出售伪造、擅自制造的可以用于骗取出口退税、抵扣税款的非增值税专用发票五十份以上或者票面额累计在二十万元以上的”。	并处 2 万元以上 20 万元以下罚金
三年以上七年以下有期徒刑	数量巨大的	参照《增值税解释》第 6 条第 2 款：伪造、擅自制造或者出售伪造、擅自制造的可以用于骗取出口退税、抵扣税款的其他发票 200 份以上的，属于“数量巨大”。	并处 5 万元以上 50 万元以下罚金
七年以上有期徒刑	数量特别巨大的	参照《增值税解释》第 6 条第 2 款：伪造、擅自制造或者出售伪造、擅自制造的可以用于骗取出口退税、抵扣税款的其他发票 1000 份以上的，属于“数量特别巨大”。	并处 5 万元以上 50 万元以下罚金或者没收财产
单位犯本条规定之罪的，对单位判处罚金，并对其直接负责的主管人员和其他直接责任人员按照上述标准定罪量刑。			

（五）法律链接

1. 全国人民代表大会常务委员会关于《中华人民共和国刑法》有关出口退税、抵扣税款的其他发票规定的解释（2005年12月29日第十届全国人民代表大会常务委员会第十九次会议通过　自2005年12月29日起施行）

全国人民代表大会常务委员会根据司法实践中遇到的情况，讨论了刑法规定的“出口退税、抵扣税款的其他发票”的含义问题，解释如下：

刑法规定的“出口退税、抵扣税款的其他发票”，是指除增值税专用发票以外的，具有出口退税、抵扣税款功能的收付款凭证或者完税凭证。

2. 最高人民法院关于适用《全国人民代表大会常务委员会关于惩治虚开、伪造和非法出售增值税专用发票犯罪的决定》的若干问题的解释（法发〔1996〕30号　自1996年10月17日起施行）（节录）

五、“用于骗取出口退税、抵扣税款的其他发票”是指可以用于申请出口退税、抵扣税款的非增值税专用发票，如运输发票、废旧物品收购发票、农业产品收购发票等。

六、根据《决定》第六条规定，伪造、擅自制造或者出售伪造、擅自制造的可以用于骗取出口退税、抵扣税款的其他发票的，构成非法制造专用发票罪或出售非法制造的专用发票罪。

伪造、擅自制造或者出售伪造、擅自制造的可以用于骗取出口退税、抵扣税款的其他发票五十份以上的，应当依法定罪处罚；伪造、擅自制造或者出售伪造、擅自制造的可以用于骗取出口退税、抵扣税款的其他发票二百份以上的，属于“数量巨大”；伪造、擅自制造或者出售伪造、擅自制造的可以用于骗取出口退税、抵扣税款的其他发票一千份以上的，属于“数量特别巨大”。

3. 最高人民法院关于审理骗取出口退税刑事案件具体应用法律若干问题的解释（法释〔2002〕30号　自2002年9月23日起施行）（节录）

第一条　刑法第二百零四条规定的“假报出口”，是指以虚构已税货物出口事实为目的，具有下列情形之一的行为：

（三）虚开、伪造、非法购买增值税专用发票或者其他可以用于出口退税的发票；

……

十一、非法制造、出售非法制造的发票罪

（一）法律规定

第二百零九条第二款　伪造、擅自制造或者出售伪造、擅自制造的前款规定以外的其他发票的，处二年以下有期徒刑、拘役或者管制，并处或者单处一万元以上五万元以下罚金；情节严重的，处二年以上七年以下有期徒刑，并处五万元以上五十万元以下罚金。

第二百一十一条　单位犯本节第二百零一条、第二百零三条、第二百零四条、第二百零七条、第二百零八条、第二百零九条规定之罪的，对单位判处罚金，并对其直接负责的主管人员和其他直接责任人员，依照各该条的规定处罚。

（二）罪名详解

非法制造、出售非法制造的发票罪，是指违反国家税收管理法规，伪造、擅自制造或者出售伪造、擅自制造的可以用于骗取出口退税、抵扣税款的发票以外的其他发票的行为。

本罪是从1995年《全国人民代表大会常务委员会关于惩治虚开、伪造和非法出售增值税专用发票犯罪的决定》第6条的规定，吸收改为刑法的具体规定的。1979年刑法没有非法制造、出售非法制造的发票罪的规定。

非法制造、出售非法制造的发票罪的构成要件是：

1. 主体要件

犯罪主体为一般主体，既包括单位，也包括自然人。

2. 客体要件

本罪侵犯的客体是国家对发票的管理制度。犯罪对象是除增值税专用发票、可以用于骗取出口退税、抵扣税款的发票之外其他所有发票。

3. 主观要件

主观方面由直接故意构成，间接故意和过失不构成本罪。

4. 客观要件

客观方面表现为违反国家发票管理法规，伪造、擅自制造或者出售伪造、

擅自制造的除增值税专用发票、可以用于骗取出口退税、抵扣税款的其他发票以外的其他发票的行为。“擅自制造”，是指税务机关指定的印刷企业超出批准的范围私自加印发票的行为。其他单位和个人非法印制发票的，则属于“伪造”行为。

（三）实务疑难问题

1. 区分罪与非罪的界限

对于本罪，刑法没有起刑点的规定。但对于情节显著轻微、危害不大的，不应定罪处罚。按照《立案追诉标准（二）》第 66 条的规定，伪造、擅自制造或者出售伪造、擅自制造的不具有骗取出口退税、抵扣税款功能的普通发票 100 份以上或者票面额累计在 40 万元以上的，应予立案追诉。

2. 区分本罪与非法制造、出售非法制造的用于骗取出口退税、抵扣税款发票罪的界限

两者的犯罪对象不同。后者的犯罪对象为可以用于骗取出口退税、抵扣税款的其他发票，而本罪的犯罪对象是普通发票。鉴于两者的犯罪危害也不一样，故处刑也有所不同。

（四）情节与量刑

依照《刑法》第 209 条第 2 款的规定，犯非法制造、出售非法制造的发票罪的，处 2 年以下有期徒刑、拘役或者管制，并处或者单处 1 万元以上 5 万元以下罚金；情节严重的，处 2 年以上 7 年以下有期徒刑，并处 5 万元以上 50 万元以下罚金。

依照《刑法》第 211 条的规定，单位犯本罪的，对单位判处罚金，并对其直接负责的主管人员和其他直接责任人员，依照第 209 条第 2 款的规定处罚。

量刑档次	对应情节	有关概念解释	附加刑的适用
二年以下有期徒刑、拘役或者管制	犯非法制造、出售非法制造的发票罪的	目前尚无司法解释，可参照《立案追诉标准（二）》第 66 条：“伪造、擅自制造或者出售伪造、擅自制造的不具有骗取出口退税、抵扣税款功能的普通发票 100 份以上或者票面额累计在 40 万元以上的，应予立案追诉。”	并处或者单处 1 万元以上 5 万元以下罚金

续表

量刑档次	对应情节	有关概念解释	附加刑的适用
二年以上七年以下有期徒刑	情节严重的	目前无司法解释，一般是指多次伪造、擅自制造或者多次出售伪造、擅自制造的不具有骗取出口退税、抵扣税款功能的普通发票，或数量较大等情况。	并处5万元以上50万元以下罚金
单位犯本条规定之罪的，对单位判处罚金，并对其直接负责的主管人员和其他直接责任人员按照上述标准定罪量刑。			

（五）法律链接

1. **最高人民法院、最高人民检察院、公安部、国家工商行政管理局关于依法查处盗窃、抢劫机动车案件的规定**（公通字〔1998〕31号　自1998年5月8日起施行）（节录）

六、非法出售机动车有关发票的，或者伪造、擅自制造或者出售伪造、擅自制造的机动车有关发票的，依照《刑法》第二百零九条的规定处罚。

2. **中华人民共和国发票管理办法**（1993年12月23日中华人民共和国财政部第6号公布　根据2010年12月20日《国务院关于修改〈中华人民共和国发票管理办法〉的决定》修订　根据2019年3月2日《国务院关于修改部分行政法规的决定》修正）（节录）

第三十八条　私自印制、伪造、变造发票，非法制造发票防伪专用品，伪造发票监制章的，由税务机关没收违法所得，没收、销毁作案工具和非法物品，并处一万元以上五万元以下的罚款；情节严重的，并处五万元以上五十万元以下的罚款；对印制发票的企业，可以并处吊销发票准印证；构成犯罪的，依法追究刑事责任。

前款规定的处罚，《中华人民共和国税收征收管理法》有规定的，依照其规定执行。

十二、非法出售用于骗取出口退税、抵扣税款发票罪

（一）法律规定

第二百零九条第一款　伪造、擅自制造或者出售伪造、擅自制造的可以用于骗取出口退税、抵扣税款的其他发票的，处三年以下有期徒刑、拘役或者管制，并处二万元以上二十万元以下罚金；数量巨大的，处三年以上七年以下有期徒刑，并处五万元以上五十万元以下罚金；数量特别巨大的，处七年以上有期徒刑，并处五万元以上五十万元以下罚金或者没收财产。

第三款　非法出售可以用于骗取出口退税、抵扣税款的其他发票的，依照第一款的规定处罚。

第二百一十一条　单位犯本节第二百零一条、第二百零三条、第二百零四条、第二百零七条、第二百零八条、第二百零九条规定之罪的，对单位判处罚金，并对其直接负责的主管人员和其他直接责任人员，依照各该条的规定处罚。

（二）罪名详解

非法出售用于骗取出口退税、抵扣税款发票罪，是指违反国家税收管理法规，非法出售可以用于骗取出口退税、抵扣税款发票的行为。

本罪是从1995年《全国人民代表大会常务委员会关于惩治虚开、伪造和非法出售增值税专用发票犯罪的决定》第6条的规定，吸收改为刑法的具体规定的。1979年刑法没有非法出售用于骗取出口退税、抵扣税款发票罪的规定。

非法出售用于骗取出口退税、抵扣税款发票罪的构成要件是：

1. 主体要件

犯罪主体为一般主体，既包括单位，也包括自然人。

2. 客体要件

本罪侵犯的客体是国家对发票的管理制度。

3. 主观要件

主观方面是出于故意，并且具有营利的目的。

4. 客观要件

客观方面表现为非法出售可以用于骗取出口退税、抵扣税款发票的行为。“出售”是指非法销售从各种途径得到的可以用于骗取出口退税、抵扣税款的增值税专用发票以外的其他发票的行为。按照全国人大常委会的解释，用于骗取“出口退税、抵扣税款的其他发票”，是指除增值税专用发票以外的，具有出口退税、抵扣税款功能的收付款凭证或者完税凭证。不论行为人发票的来源是否合法，都可以构成本罪。

（三）实务疑难问题

区分罪与非罪的界限

对于本罪，刑法没有起刑点的规定。但对于情节显著轻微、危害不大的，不应定罪处罚。按照《立案追诉标准（二）》第 67 条的规定，非法出售可以用于骗取出口退税、抵扣税款的非增值税专用发票 50 份以上或者票面额累计在 20 万元以上的，应予立案追诉。

（四）情节与量刑

依照《刑法》第 209 条第 3 款的规定，犯非法出售用于骗取出口退税、抵扣税款发票罪的，依照第 1 款的规定处罚，即处 3 年以下有期徒刑、拘役或者管制，并处 2 万元以上 20 万元以下罚金；数量巨大的，处 3 年以上 7 年以下有期徒刑，并处 5 万元以上 50 万元以下罚金；数量特别巨大的，处 7 年以上有期徒刑，并处 5 万元以上 50 万元以下罚金或者没收财产。

依照《刑法》第 211 条的规定，单位犯本罪的，对单位判处罚金，并对其直接负责的主管人员和其他直接责任人员，依照第 209 条第 1 款的规定处罚。

司法机关在适用本条规定处罚时，应当注意以下问题：

本罪的量刑依照非法制造、出售非法制造的用于骗取出口退税、抵扣税款发票罪的量刑标准执行。在最高人民法院尚未重新作出司法解释之前，仍可参照《增值税解释》的规定来掌握。

量刑档次	对应情节	有关概念解释	附加刑的适用
三年以下有期徒刑、拘役或者管制	犯非法出售用于骗取出口退税、抵扣税款发票罪的	目前尚无新的司法解释，可参照《增值税解释》第6条第2款："伪造、擅自制造或者出售伪造、擅自制造的可以用于骗取出口退税、抵扣税款的其他发票50份以上的，应当依法定罪处罚"及《立案追诉标准（二）》第65条"伪造、擅自制造或者出售伪造、擅自制造的可以用于骗取出口退税、抵扣税款的非增值税专用发票50份以上或者票面额累计在20万元以上的"。	并处2万元以上20万元以下罚金
三年以上七年以下有期徒刑	数量巨大的	参照《增值税解释》第6条第2款：伪造、擅自制造或者出售伪造、擅自制造的可以用于骗取出口退税、抵扣税款的其他发票200份以上的，属于"数量巨大"。	并处5万元以上50万元以下罚金
七年以上有期徒刑	数量特别巨大的	参照《增值税解释》第6条第2款：伪造、擅自制造或者出售伪造、擅自制造的可以用于骗取出口退税、抵扣税款的其他发票1000份以上的，属于"数量特别巨大"。	并处5万元以上50万元以下罚金或者没收财产
单位犯本条规定之罪的，对单位判处罚金，并对其直接负责的主管人员和其他直接责任人员按照上述标准定罪量刑。			

（五）法律链接

1. 全国人民代表大会常务委员会关于《中华人民共和国刑法》有关出口退税、抵扣税款的其他发票规定的解释（2005 年 12 月 29 日第十届全国人民代表大会常务委员会第十九次会议通过　自 2005 年 12 月 29 日起施行）

全国人民代表大会常务委员会根据司法实践中遇到的情况，讨论了刑法规定的“出口退税、抵扣税款的其他发票”的含义问题，解释如下：

刑法规定的“出口退税、抵扣税款的其他发票”，是指除增值税专用发票以外的，具有出口退税、抵扣税款功能的收付款凭证或者完税凭证。

2. 最高人民法院关于适用《全国人民代表大会常务委员会关于惩治虚开、伪造和非法出售增值税专用发票犯罪的决定》的若干问题的解释（法发〔1996〕30 号　自 1996 年 10 月 17 日起施行）（节录）

五、“用于骗取出口退税、抵扣税款的其他发票”是指可以用于申请出口退税、抵扣税款的非增值税专用发票，如运输发票、废旧物品收购发票、农业产品收购发票等。

六、根据《决定》第六条规定，伪造、擅自制造或者出售伪造、擅自制造的可以用于骗取出口退税、抵扣税款的其他发票的，构成非法制造专用发票罪或出售非法制造的专用发票罪。

伪造、擅自制造或者出售伪造、擅自制造的可以用于骗取出口退税、抵扣税款的其他发票五十份以上的，应当依法定罪处罚；伪造、擅自制造或者出售伪造、擅自制造的可以用于骗取出口退税、抵扣税款的其他发票二百份以上的，属于“数量巨大”；伪造、擅自制造或者出售伪造、擅自制造的可以用于骗取出口退税、抵扣税款的其他发票一千份以上的，属于“数量特别巨大”。

十三、非法出售发票罪

（一）法律规定

第二百零九条第二款　伪造、擅自制造或者出售伪造、擅自制造的前款规定以外的其他发票的，处二年以下有期徒刑、拘役或者管制，并处或者单处一万元以上五万元以下罚金；情节严重的，处

二年以上七年以下有期徒刑，并处五万元以上五十万元以下罚金。

第三款　非法出售可以用于骗取出口退税、抵扣税款的其他发票的，依照第一款的规定处罚。

第四款　非法出售第三款规定以外的其他发票的，依照第二款的规定处罚。

第二百一十一条　单位犯本节第二百零一条、第二百零三条、第二百零四条、第二百零七条、第二百零八条、第二百零九条规定之罪的，对单位判处罚金，并对其直接负责的主管人员和其他直接责任人员，依照各该条的规定处罚。

（二）罪名详解

非法出售发票罪，是指违反国家税收管理法规，非法出售除增值税专用发票、可以用于骗取出口退税、抵扣税款的发票以外的发票的行为。

本罪是从 1995 年《全国人民代表大会常务委员会关于惩治虚开、伪造和非法出售增值税专用发票犯罪的决定》第 6 条的规定，吸收改为刑法的具体规定的。1979 年刑法没有非法出售发票罪的规定。

非法出售发票罪的构成要件是：

1. 主体要件

犯罪主体为一般主体，既包括单位，也包括自然人。

2. 客体要件

本罪侵犯的客体是国家的发票管理制度。犯罪对象是除增值税专用发票、可以用于骗取出口退税、抵扣税款的发票以外的发票，即普通发票。普通发票虽然没有专用发票的功能，但如果被用于非法活动其危害性也是很大的。因此，对于非法出售的行为必须予以惩处。

3. 主观要件

主观方面由故意构成，并具有营利的目的。过失不构成本罪。

4. 客观要件

客观方面表现为非法出售除增值税专用发票、可以用于骗取出口退税、抵扣税款的发票以外的发票的行为。非法出售机动车有关发票的，或者伪造、擅自制造或者出售伪造、擅自制造的机动车有关发票的，依照本条规定处罚。

（三）实务疑难问题

1. 区分罪与非罪的界限

对于本罪，刑法没有起刑点的规定。但对于情节显著轻微、危害不大的，不应定罪处罚。按照《立案追诉标准（二）》第 68 条的规定，非法出售普通发票 100 份以上或者票面额累计在 40 万元以上的，应予立案追诉。

2. 区分本罪与非法出售用于骗取出口退税、抵扣税款发票罪的界限

两者的犯罪对象不同。后者的犯罪对象为可以用于骗取出口退税、抵扣税款的其他发票，而本罪的犯罪对象是普通发票。鉴于两者的犯罪危害也不一样，故处刑也有所不同。

（四）情节与量刑

依照《刑法》第 209 条第 4 款的规定，犯非法出售发票罪的，依照第 2 款的规定处罚，即处 2 年以下有期徒刑、拘役或者管制，并处或者单处 1 万元以上 5 万元以下罚金；情节严重的，处 2 年以上 7 年以下有期徒刑，并处 5 万元以上 50 万元以下罚金。

依照《刑法》第 211 条的规定，单位犯本罪的，对单位判处罚金，并对其直接负责的主管人员和其他直接责任人员，依照第 209 条第 2 款的规定处罚。

量刑档次	对应情节	有关概念解释	附加刑的适用
二年以下有期徒刑、拘役或者管制	犯非法出售发票罪的	目前尚无司法解释，可参照《最高人民检察院、公安部关于公安机关管辖的刑事案件立案追诉标准的规定（二）》第 66 条：“伪造、擅自制造或者出售伪造、擅自制造的不具有骗取出口退税、抵扣税款功能的普通发票 100 份以上或者票面额累计在 40 万元以上的，应予立案追诉。”	并处或者单处 1 万元以上 5 万元以下罚金

续表

量刑档次	对应情节	有关概念解释	附加刑的适用
二年以上七年以下有期徒刑	情节严重的	目前无司法解释，一般是指多次伪造、擅自制造或者多次出售伪造、擅自制造的不具有骗取出口退税、抵扣税款功能的普通发票，或数量较大等情况。	并处5万元以上50万元以下罚金
单位犯本条规定之罪的，对单位判处罚金，并对其直接负责的主管人员和其他直接责任人员按照上述标准定罪量刑。			

（五）法律链接

最高人民法院、最高人民检察院、公安部、国家工商行政管理局关于依法查处盗窃、抢劫机动车案件的规定（公通字〔1998〕31号　自1998年5月8日起施行）（节录）

六、非法出售机动车有关发票的，或者伪造、擅自制造或者出售伪造、擅自制造的机动车有关发票的，依照《刑法》第二百零九条的规定处罚。

十四、持有伪造的发票罪

（一）法律规定

第二百一十条之一[①]　**明知是伪造的发票而持有，数量较大的，处二年以下有期徒刑、拘役或者管制，并处罚金；数量巨大的，处二年以上七年以下有期徒刑，并处罚金。**

① 本条由2011年2月25日《刑法修正案（八）》第35条增加。

单位犯前款罪的，对单位判处罚金，并对其直接负责的主管人员和其他直接责任人员，依照前款的规定处罚。

（二）罪名详解

持有伪造的发票罪，是指明知是伪造的发票，而非法持有且数量较大的行为。

本罪是《刑法修正案（八）》第35条增设的罪名。

持有伪造的发票罪的构成要件是：

1. 主体要件

犯罪主体为一般主体，既包括单位，也包括自然人。

2. 客体要件

本罪侵犯的客体是国家对发票的管理制度，犯罪对象是发票。

发票是指单位和个人在购销商品、提供劳务或接受劳务、服务以及从事其他经营活动，开具、收取的收付凭证。发票分为普通发票、增值税专用发票和专业发票。普通发票，主要由营业税纳税人和增值税小规模纳税人使用，一般纳税人在不能开具增值税专用发票的情况下也可使用普通发票。普通发票由行业发票和专用发票组成。前者适用于某个行业和经营业务，如商业零售统一发票、商业批发统一发票、工业企业产品销售统一发票等；后者仅适用于某一经营项目，如广告费用结算发票，商品房销售发票等。增值税专用发票是专用于纳税人销售或者提供增值税应税项目的一种发票。专用发票既具有普通发票所具有的内涵，同时还具有比普通发票更特殊的作用。它不仅是记载商品销售额和增值税税额的财务收支凭证，而且是兼记销货方纳税义务和购货方进项税额的合法证明，是购货方据以抵扣税款的法定凭证，对增值税的计算起着关键性作用。发票是记录经营活动具有法律证明效力的原始证明，是维护公民和法人合法权益的保障，是加强财务会计管理，保护国家财产安全的重要手段，是税务稽查的重要依据，是维护社会经济秩序的重要工具。各类发票违法犯罪行为，不仅与偷税骗税有关，还与非法经营、贪污受贿、走私贩私等案件关系甚大。发票常常被经济领域的违法犯罪分子所利用，必须严格依法管理，严禁虚开、伪造和出售。非法持有伪造的发票，就可能使伪造的发票在社会上得以使用，从而危害社会经济秩序。为了从源头堵住伪造的发票造成的危害，不仅严禁伪造发票，还严禁非法持有伪造的发票，防止非法持有者利用伪造的发票进行其他违法犯罪活动。

3. 主观要件

主观方面由故意构成，即明知是伪造的发票而非法持有。过失不构成本罪。

4. 客观要件

客观方面表现为非法持有伪造的发票数量较大的行为。犯罪对象是伪造的各种发票。“伪造的发票”是指仿照发票的内容、专用纸、荧光油墨、形状、图案、色彩等，使用印制、复印、描绘等手段制造的假发票。从司法实践的情况来看，“伪造发票”主要是非法印制。“非法”是指违反法律、法规和国家的有关规定。“持有”是指对伪造的发票实际占有、携有、藏有或者以其他方式持有伪造的发票的行为。

按照法律规定，持有伪造的发票的行为，除需具备以上构成要件外，还必须达到“数量较大”的程度，才构成犯罪。根据《最高人民检察院、公安部关于公安机关管辖的刑事案件立案追诉标准的规定（二）的补充规定》第3条的规定，明知是伪造的发票而持有，具有下列情形之一的，应予立案追诉：（1）持有伪造的增值税专用发票50份以上或者票面额累计在20万元以上的，应予立案追诉；（2）持有伪造的可以用于骗取出口退税、抵扣税款的其他发票100份以上或者票面额累计在40万元以上的，应予立案追诉；（3）持有伪造的第（一）项、第（二）项规定以外的其他发票200份以上或者票面额累计在80万元以上的，应予立案追诉。

（三）实务疑难问题

1. 区分罪与非罪的界限

（1）本罪的行为人主观上必须是“明知”，包括明知必然和明知可能。如果行为人不知道是伪造的发票，而且根据具体情况也不可能知道是伪造的发票而持有的，不构成本罪；（2）持有伪造的发票数量不大的也不构成犯罪。同时还要综合考虑案件的社会危害性的大小，从犯罪情节等方面加以判断是否构成犯罪，是否应当追究刑事责任。

2. 本罪是“持有型”犯罪

持有伪造的发票的，行为人应当说清来源和用途。根据其交待的来源和用途可能构成其他犯罪的，应以构成的其他犯罪处理，如伪造增值税专用发票罪、非法出售发票罪等。持有伪造的发票行为被吸收到其他较重的罪名中，不必再单独定持有伪造的发票罪实行数罪并罚。

（四）情节与量刑

依照《刑法》第 210 条之一第 1 款的规定，犯持有伪造的发票罪的，处 2 年以下有期徒刑、拘役或者管制，并处罚金；数量巨大的，处 2 年以上 7 年以下有期徒刑，并处罚金。

依照本条第 2 款规定，单位犯本罪的，对单位判处罚金，并对其直接负责的主管人员和其他直接责任人员，依照前款的规定处罚。

司法机关在适用本条规定处罚时，应当注意以下问题：

注重铲除“买方市场”，从源头上遏制发票犯罪。对于购买、使用假发票实施逃避缴纳税款、骗税、行贿、洗钱、诈骗等行为，应当追究刑事责任的，要坚决依法追究。对于国家工作人员购买、使用假发票实施贪污、受贿、挪用公款等行为，应当追究刑事责任的，要依法从严惩处。

量刑档次	对应情节	有关概念解释	附加刑的适用
2 年以下有期徒刑、拘役或者管制	明知是伪造的发票而持有，数量较大的	目前尚无司法解释，可参照《最高人民检察院、公安部关于公安机关管辖的刑事案件立案追诉标准的规定（二）的补充规定》第 3 条的规定：（1）持有伪造的增值税专用发票 50 份以上或者票面额累计在 20 万元以上的；（2）持有伪造的可以用于骗取出口退税、抵扣税款的其他发票 100 份以上或者票面额累计在 40 万元以上的；（3）持有伪造的第（1）项、第（2）项规定以外的其他发票 200 份以上或者票面额累计在 80 万元以上的。	并处罚金
2 年以上 7 年以下有期徒刑	数量巨大的	目前尚无司法解释，可根据具体发票数量、票面额予以认定。	

续表

量刑档次	对应情节	有关概念解释	附加刑的适用
单位犯本条规定之罪的，对单位判处罚金，并对其直接负责的主管人员和其他直接责任人员按照上述标准定罪量刑。			

第七节　侵犯知识产权罪

一、假冒注册商标罪

（一）法律规定

第二百一十三条　未经注册商标所有人许可，在同一种商品上使用与其注册商标相同的商标，情节严重的，处三年以下有期徒刑或者拘役，并处或者单处罚金；情节特别严重的，处三年以上七年以下有期徒刑，并处罚金。

第二百二十条　单位犯本节第二百一十三条至第二百一十九条规定之罪的，对单位判处罚金，并对其直接负责的主管人员和其他直接责任人员，依照本节各该条的规定处罚。

（二）罪名详解

假冒注册商标罪，是指违反商标管理法规，未经注册商标所有人许可，在同一种商品上使用与其注册商标相同的商标，情节严重的行为。

本罪1979年《刑法》第127条作了规定。1997年《刑法》第213条对罪状作了修改，将本罪由空白罪状改为叙明罪状，明确了本罪的犯罪构成。

假冒注册商标罪的构成要件是：

1. 主体要件

本罪的犯罪主体为一般主体和单位，即自然人、法人或者其他组织。主要是企业、事业单位，包括国有企业、集体企业、“三资企业”、私营企业、合作企业，还有个体工商业者和其他个人。

2. 客体要件

本罪侵犯的客体是他人的注册商标专用权和国家的商标管理制度。犯罪对象是注册商标。

商标，是指自然人、法人或者其他组织对其生产、制造、加工、拣选或者经销的商品或者对其提供的服务项目所采用的，由文字、图形、字母、数字、声音、三维标志和颜色或者其组合构成的，能够将其商品或者提供的服务与他人的商品或者提供的服务区别开来的，具有显著特征的可视性标志。中国对商标专用权的取得采用注册原则，注册商标是经国家商标局核准注册的商标。根据《商标法》第3条的规定，注册商标包括商品商标、服务商标、集体商标和证明商标。商标是一种无形资产。商标专用权属于知识产权的范畴。在商品生产发达的国家里，商品生产者往往把商标特别是驰名商标作为参与市场竞争、赢得消费者、获得利润的重要手段。在我国在社会主义市场经济条件下，商标和商标专用权，对于促进生产者保证商品质量，维护商标信誉，保护消费者利益，鼓励正当竞争，促进社会主义市场经济的繁荣发展，具有重要的作用。

我国十分重视对注册商标专用权的保护。为了加强商标管理，保护商标专用权，国家通过立法建立了商标管理制度。其核心内容就是通过调整注册商标专用权的取得和使用过程中发生的各种经济关系，来确认和保护注册商标的专用权。《商标法》第4条规定：“自然人、法人或者其他组织在生产经营活动中，对其商品或者服务需要取得商标专用权的，应当向商标局申请商标注册。本法有关商品商标的规定，适用于服务商标。”第3条规定，“经商标局核准注册的商标为注册商标”；“商标注册人享有商标专用权，受法律保护”。在我国，商品生产者和经营者有权在商品上使用注册商标并享有注册商标的专用权。未经注册的商标没有专用权，不受法律保护。因此，假冒的商标必须是他人已经注册、取得专用权的商标。商标专用权属于工业产权的一种。我国先后于 1984 年 12 月和 1989 年 7 月加入了《保护工业产权巴黎公约》和《商标国际注册马德里协定》，我国已成为巴黎公约和马德里协定的成员国，承担了保护商标专用权的国际义务。根据该协定建立的商标国际注册体系，已成为世界上实现商标国际保护的最有效的途径之一。因此，假冒外国人和外国组织在我国注册的商标，也构成本罪。

传统的刑法理论认为，假冒注册商标罪所侵犯的客体是国家的商标管理制度。这从总的方面讲虽没有错，但不全面。因为商标专用权是一项重要的民事权利。假冒他人注册商标的犯罪行为，首先是对注册商标所有人的商标专用权的侵害，同时破坏了国家保护商标专用权所形成的法律关系，即商标管理制度，危害了商品生产者、经营者、消费者的合法利益和市场经济的发展秩序。

1979 年刑法设专条对假冒注册商标犯罪作了规定。但是，近些年来，随着经济体制改革的深化、对外开放的扩大和社会主义市场经济的发展，假冒注册商标的犯罪活动日益严重。一些企业、事业单位和个体工商业者，为了获取非法利润，不择手段，不仅假冒他人注册商标，而且大量伪造、擅自制造他人注册商标的标识或者销售伪造、擅自制造的注册商标标识尤其是名牌商品的商标标识，还有的销售明知是假冒注册商标的商品，坑害用户和消费者，毁坏名牌商品的声誉，严重破坏社会主义市场经济秩序。而 1979 年《刑法》第 127 条只有假冒注册商标一个罪；责任主体只限于工商企业，范围偏窄；且这种犯罪处刑为 3 年以下有期徒刑、拘役或者罚金，刑期偏低，不能适应当前同假冒注册商标犯罪作斗争的需要。为了完善立法，1993 年 2 月 22 日，第七届全国人大常委会第三十次会议通过了《关于惩治假冒注册商标犯罪的补充规定》，除保留了刑法规定的假冒注册商标罪外，还增设了销售假冒注册商标的商品罪和非法制造、销售非法制造的注册商标标识罪，进一步强化了惩治假冒注册商标犯罪和处罚商标侵权行为的力度。1997 年刑法将《关于惩治假冒注册商标犯罪的补充规定》的有关内容纳入刑法，为充分、有效地保护中外注册商标专用权提供了有效的法律保障。

3. 主观要件

本罪主观方面由故意构成，一般情况下，假冒他人注册商标罪的行为人都具有获利的目的，但依刑法规定“以营利为目的”不是假冒注册商标罪的构成要件，有些假冒注册商标的行为也可能是为了谋取某种利益、荣誉或者破坏他人商品的信誉等。不论是出于什么动机或目的，均不影响本罪的构成。如果确实不知道自己所使用的商标是他人已注册的商标，可以按一般的商标侵权行为，过失不构成本罪。

4. 客观要件

本罪客观方面表现为违反商标管理法规，未经注册商标所有人许可，在同一种商品上使用与其注册商标相同的商标，情节严重的行为。

因此，构成本罪在客观方面必须具备以下条件：

（1）行为人必须使用了注册商标所有人已经注册并依法取得商标专用权的商标。

（2）必须是未经注册商标所有人许可而使用其注册商标，这是本罪的本质特征。未经注册商标所有人许可包括以下具体情形：第一，行为人从未获得过注册商标所有人使用其注册商标的许可的；第二，行为人虽然曾经获得过注册商标所有人的使用许可，但在许可使用合同规定的使用期限已届满的；第三，行为人虽然曾经获得注册商标所有人的使用许可，但由于被许可人不能保证使用该商标的商品的质量等原因导致许可合同提前解除的；第四，行为人虽然获得了注册商标所有人的使用许可，但超越许可使用注册商标的商品范围或地域范围使用的。

（3）必须是在同一种商品上使用与注册商标所有人注册商标相同的商标。

第一，所谓同一种商品，是指同一品种的商品或者是完全相同的商品。我国颁布的《商标注册用商品和服务国际分类表》中，对所有商品按照类、组、种三个级次进行了详细分类，同一种商品就是指同一种目下所列举的商品。首先，“同一种商品”不包括类似、近似的商品。《关于惩治假冒注册商标犯罪的补充规定》颁布后，有的学者认为，“构成假冒商标罪，还必须是将假冒的商标使用在同一类商品或类似的商品上”。但《关于惩治假冒注册商标犯罪的补充规定》和刑法都没有把在类似商品上使用与其注册商标相同的商标这种行为规定为犯罪。根据《商标法》第 67 条第 1 款的规定，未经商标注册人的许可，在同一种商品，或者类似商品上使用与其注册商标相同或者近似的商标，虽然都是侵犯注册商标专用权的行为，但在类似商品上使用商标所有人的注册商标的仅属于违法行为，只应承担民事赔偿责任或者受行政处罚，不构成犯罪，不应追究行为人的刑事责任。这是考虑到“类似”“近似”

这一概念弹性较大，在司法实践中很难掌握，为防止刑罚范围的随意扩大，故未将其纳入刑事犯罪的范围。其次，根据2011年1月10日最高人民法院、最高人民检察院、公安部联合制定、公布的《关于办理侵犯知识产权刑事案件适用法律若干问题的意见》，“名称相同的商品以及名称不同但指同一事物的商品，可以认定为同一种商品”。认定“同一种商品”，应当在权利人注册商标核定使用的商品和行为人实际生产销售的商品之间进行比较；“名称”，是指国家工商行政管理总局商标局在商标注册工作中对商品使用的名称，通常即《商标注册用商品和服务国际分类表》中规定的商品名称；“名称不同但指同一事物的商品”，是指在功能、用途、主要原料、消费对象、销售渠道等方面相同或者基本相同，相关公众一般认为是同一种事物的商品。例如，饺子和水饺、汤圆和元宵等，名称不同，但在功能、用途、主要原料、消费对象、销售渠道等方面均相同，仅仅是因为地域文化或风俗习惯等方面的差异，叫法不同而已，相关公众一般认为是同一事物，应当认定为属于同一种商品。

第二，法律规定的在同一种商品上使用“与其注册商标相同的商标”，按照《最高人民法院、最高人民检察院关于办理侵犯知识产权刑事案件具体应用法律若干问题的解释》(以下简称《知识产权解释》)，是指与被假冒的注册商标完全相同，或者与被假冒的注册商标在视觉上基本无差别，足以对公众产生误导的商标。根据《最高人民法院、最高人民检察院、公安部关于办理侵犯知识产权刑事案件适用法律若干问题的意见》(以下简称《知识产权意见》)第6条规定，具有下列情形之一的，可以认定为“与其注册商标相同的商标”：①改变注册商标的字体、字母大小写或者文字横竖排列，与注册商标之间仅有细微差别的；②改变注册商标的文字、字母、数字等之间的距离、不影响体现注册商标显著特征的；③改变注册商标颜色的；④其他与注册商标在视觉上基本无差别、足以对公众产生误导的商标。

第三，根据《知识产权解释》第8条的规定，法律规定的在同一种商品上“使用”与他人相同的商标，是指将注册商标或者假冒的注册商标用于商品、商品包装或者容器以及商品说明书、商品交易文书，或者将注册商标或者假冒的注册商标用于广告宣传、展览以及其他商业活动等行为。

(4) 本罪属于情节犯，按照法律规定，假冒他人注册商标的行为，除需具备以上构成要件外，还必须达到“情节严重”的程度，才构成犯罪。《知识产权解释》明确规定：所谓情节严重，是指具有下列情形之一的行为：①非法经营数额在 5 万元以上或者违法所得数额在 3 万元以上的；②假冒两种以上注册商标，非法经营数额在 3 万元以上或者违法所得数额在 2 万元以上的；③其他情节严重的情形。“非法经营数额”，是指“行为人在实施侵犯知识产权行为过程中，制造、储存、运输、销售侵权产品的价值”。具体计算方法视不同情况有三种：对已销售的侵权产品的价值，按照实际销售的价格计算，而不能按被假冒的商品即真品的价格计算；对制造、储存、运输和未销售的侵权产品的价值，按照标价或者已经查清的侵权产品的实际销售平均价格计算；侵权产品没有标价或者无法查清其实际销售价格的，按照被侵权产品的市场中间价格计算。按照《知识产权意见》的规定，在计算制造、储存、运输和未销售的假冒注册商标侵权产品价值时，对于已经制作完成但尚未附着（含加贴）或者尚未全部附着（含加贴）假冒注册商标标识的产品，如果有确实、充分证据证明该产品将假冒他人注册商标，其价值计入非法经营数额。

（三）实务疑难问题

1. 罪与非罪的认定

按照《刑法》第 213 条的规定，假冒注册商标所有人注册商标的行为，情节是否严重，是区分罪与非罪、违法与犯罪的关键。如果违法所得数额不大，同时也不具备其他严重情节，则属于一般商标侵权的违法行为，则不构成犯罪。

2. 注意区分假冒商标与假冒装潢

假冒装潢是指用线条、色彩、图案以及文字等来假冒他人装潢和包装，达到以假乱真，蒙骗消费者的目的。假冒装潢也会误导消费者，损害消费者利益。事实上，商标和装潢本身是存在较大区别的，商标是用来区别不同的生产者和经营者的；而装潢只是商品包装上的装饰，目的在于说明、美化商品，吸引顾客购买。因此，假冒装潢与假冒商标是有本质区别的，对于假冒装潢行为，不应当按假冒注册商标罪论处。当然，对于那些情节特别恶劣，社会影响极坏，给社会造成严重危害性后果的假冒装潢行为，可以适用刑法的相关条款进行处罚。

3. 注意本罪与生产、销售伪劣产品罪的区别

生产、销售伪劣产品罪，是指生产者、销售者故意在产品中掺杂、掺假，以次充好或者以不合格产品冒充合格产品，销售金额在 5 万元以上的行为。

生产、销售伪劣产品的犯罪分子，有时为了能够顺利地销售伪劣产品，也存在着冒用名牌产品的注册商标的行为，因此，本罪往往与生产、销售伪劣产品罪存在相互交叉的情形。

严格区分两者的界限，应当注意以下两点：

一是两者侵犯的客体不同。假冒注册商标罪侵犯的客体是他人对注册商标的专有权和国家对商标的管理制度；生产、销售伪劣商品罪侵犯的客体是国家对生产、销售商品的质量监督管理制度和消费者的合法权益。

二是两者在客观方面所表现的行为方式不同。假冒注册商标罪在客观方面主要表现为违反国家商标管理法规，未经注册商标专有权人许可，在同一种商品上使用与其注册商标相同的商标；而生产、销售伪劣商品罪的行为主要表现为违反国家有关产品质量、安全、监督管理法规，生产或销售危害消费者利益、破坏社会主义经济秩序的伪劣商品。

另外，假冒注册商标罪所生产的假冒产品，可能针对其产品的性能看是合格的，也可能本身就是伪劣产品。如果行为人用伪劣产品假冒他人注册商标进行生产、销售，就会同时构成假冒注册商标罪与生产、销售伪劣产品罪，属于目的行为与手段行为的牵连犯罪，应从一重罪处罚。

4. 利用互联网假冒注册商标构成犯罪的，应依法追究刑事责任

为了维护社会主义市场经济秩序和社会管理秩序，根据2009年12月28日《全国人民代表大会常务委员会关于维护互联网安全的决定》第3条第（三）项的规定，利用互联网侵犯他人知识产权构成犯罪的，依照刑法有关规定追究刑事责任。

5. 商标专用权的保护范围还包括服务商标、集体商标和证明商标

1993年2月22日第七届全国人大常委会第三十次会议通过的《关于修改〈中华人民共和国商标法〉的决定》，将过去只保护商品商标，扩大到同时还保护服务商标。服务商标不同于商品商标，它不是作为有形的商品提供给买主，而是作为某种商业性质的服务项目提供给顾客，如商品售后提供的修理服务，民航为旅客提供的空中服务等。这些不同公司、企业提供这类服务也需要有不同的标记把它们区别开来，通过服务商标注册来保护服务行业的正当竞争，反对不正当竞争；我国参加的一些国际条约也规定，对外国企业在我国申请注册的服务商标承担保护的义务。由于服务项目在现代化社会中已经商品化，广义上也是一种商品。因此，《商标法》第4条规定“自然人、法

人或者其他组织在生产经营活动中，对其商品或者服务需要取得商标专用权的，应当向商标局申请商标注册。本法有关商品商标的规定，适用于服务商标”。因此，对他人注册服务商标专用权的侵害，情节严重的，同样构成犯罪。

2001年第九届全国人大常委会第二十四次会议通过的《关于修改〈中华人民共和国商标法〉的决定》，又将集体商标、证明商标纳入了商标专用权的保护范围。集体商标，是指以团体、协会或者其他组织名义注册，供该组织成员在商事活动中使用，以表明使用者在该组织中的成员资格的标志。证明商标，是指由对某种商品或者服务具有监督能力的组织所控制，而由该组织以外的单位或者个人使用于其商品或者服务，用以证明该商品或者服务的原产地、原料、制造方法、质量或者其他特定品质的标志。

6. 注意一罪与数罪的区分

如果行为人实施假冒注册商标犯罪，又销售该假冒注册商标的商品，构成犯罪的，属于牵连犯（手段牵连），应按从一重处罚，即依照《刑法》第213条的规定，以假冒注册商标罪定罪处罚，不实行数罪并罚。如果行为人实施了假冒注册商标犯罪，又销售明知是他人的假冒注册商标的商品，构成犯罪的，则属于实质的数罪，应当实行数罪并罚。

7. 行政执法部门调取、收集证据的效力和法院委托鉴定问题

行政执法部门依法收集、调取、制作的物证、书证、视听资料、检验报告、鉴定结论、勘验笔录、现场笔录，经公安机关、人民检察院审查，人民法院庭审质证确认，可以作为刑事证据使用。

人民法院在办理侵犯知识产权刑事案件时，对于需要鉴定的事项，应当委托国家认可的有鉴定资质的鉴定机构进行鉴定，并对鉴定结论进行审查，听取权利人、被告人对鉴定结论的意见，可以要求鉴定机构作出相应说明。

8. 侵犯知识产权罪的共犯的认定

行为人明知他人实施侵犯知识产权犯罪，而为其提供贷款、资金、账号、发票、证明、许可证件，或者提供生产、经营场所或运输、储存、代理进出口等便利条件、帮助的，或者为其提供生产、制造侵权产品的主要原材料、辅助材料、半成品、包装材料、机械设备、标签标识、生产技术、配方等帮助，或者提供互联网接入、服务器托管、网络存储空间、通讯传输通道、代收费、费用结算等服务的，均应以侵犯知识产权犯罪的共犯论处。

当前，侵犯知识产权犯罪在一些地方出现了家族式经营，具有规模化、组织化的特征。有的为直接实施侵犯知识产权犯罪的人员提供各种便利条件或者进行各种帮助。他们虽然没有直接参与侵犯知识产权的犯罪活动，但由于他们主观上具有共同侵权的犯罪故意，客观上又实施了提供便利条件或者进行帮助的行为，属于侵犯知识产权的共同犯罪，应按处理共犯的原则处罚。

9. 知识产权犯罪自诉案件及其证据收集

被害人有证据证明的侵犯知识产权刑事案件，直接向人民法院起诉的，人民法院应当依法受理。人民法院依法受理侵犯知识产权刑事自诉案件，对于当事人因客观原因不能取得的证据，在提起自诉时能够提供有关线索，申请人民法院调取的，人民法院应当依法调取。

（四）情节与量刑

依照《刑法》第 213 条的规定，犯假冒注册商标罪的，处 3 年以下有期徒刑或者拘役，并处或者单处罚金；情节特别严重的，处 3 年以上 7 年以下有期徒刑，并处罚金。

依照《刑法》第 220 条的规定，单位犯本罪的，对单位判处罚金，并对其直接负责的主管人员和其他直接责任人员，依照第 213 条的规定处罚。

司法机关在适用上述规定对本罪犯罪人进行处罚时，应当注意以下问题：

1. 根据《知识产权解释》的规定，假冒注册商标罪“情节特别严重”，是指具有下列情形之一的行为：（1）非法经营数额在 25 万元以上或者违法所得数额在 15 万元以上的；（2）假冒两种以上注册商标，非法经营数额在 15 万元以上或者违法所得在 10 万元以上的；（3）其他情节特别严重的情形。

2. 正确掌握罚金刑的适用。我国刑法没有明文规定罚金的数额，在具体适用罚金刑时，应当注意掌握罚金的尺度。对于一般的假冒注册商标罪，罚金是作为一种选择性的刑罚，既可以判处罚金，也可以不判处罚金；既可以并处罚金，也可以单处罚金。对于情节特别严重的假冒注册商标罪，应在判处有期徒刑的同时，并处罚金。根据《最高人民法院、最高人民检察院关于办理侵犯知识产权刑事案件具体应用法律若干问题的解释（二）》（以下简称《知识产权解释（二）》）的规定，对于犯假冒注册商标罪的，人民法院应当综合考虑犯罪的违法所得、非法经营数额、给权利人造成的损失、社会危害性等情节，依法判处罚金。罚金数额一般在违法所得的 1 倍以上 5 倍以下，或者按照非法经营数额的50%以上1倍以下确定。

3. 累计计算数额问题。依照《知识产权解释》第12条第2款的规定，多次实施侵犯知识产权行为，未经行政处理或者刑事处罚的，非法经营数额、违法所得数额或者销售金额应累计计算。

两年内多次实施侵犯知识产权违法行为，未经行政处理，累计数额构成犯罪的，应当依法定罪处罚。实施侵犯知识产权犯罪行为的追诉期限，适用刑法有关规定，不受两年的限制。

4. 一罪与数罪的问题。行为人实施侵犯知识产权犯罪，同时构成生产、销售伪劣商品犯罪的，有的情形属于牵连犯，但也有的情形属于一个行为触犯数个罪名的“想象竞合犯”，均应当从一重罪处断，即依照侵犯知识产权犯罪与生产、销售伪劣商品犯罪中处罚较重的规定定罪处罚。

5. 单位实施《刑法》第213条至第219条的行为，应当按照《知识产权解释》和《知识产权解释（二）》规定的相应个人犯罪的定罪量刑标准执行。

（五）法律链接

1. 中华人民共和国商标法（1982年8月23日第五届全国人民代表大会常务委员会第二十四次会议通过　根据1993年2月22日第七届全国人民代表大会常务委员会第三十次会议《关于修改〈中华人民共和国商标法〉的决定》第一次修正　根据2001年10月27日第九届全国人民代表大会常务委员会第二十四次会议《关于修改〈中华人民共和国商标法〉的决定》第二次修正　根据2013年8月30日第十二届全国人民代表大会常务委员会第四次会议《关于修改〈中华人民共和国商标法〉的决定》第三次修正　根据2019年4月23日第十三届全国人民代表大会常务委员会第十次会议《关于修改〈中华人民共和国建筑法〉等八部法律的决定》第四次修正）（节录）

第六十七条第一款　未经商标注册人许可，在同一种商品上使用与其注册商标相同的商标，构成犯罪的，除赔偿被侵权人的损失外，依法追究刑事责任。

2. 最高人民法院、最高人民检察院关于办理侵犯知识产权刑事案件具体应用法律若干问题的解释（法释〔2004〕19号　自2004年12月22日起施行）（节录）

第一条　未经注册商标所有人许可，在同一种商品上使用与其注册商标相同的商标，具有下列情形之一的，属于刑法第二百一十三条规定的“情节严重”，应当以假冒注册商标罪判处三年以下有期徒刑或者拘役，并处或者单处罚金：

（一）非法经营数额在五万元以上或者违法所得数额在三万元以上的；

（二）假冒两种以上注册商标，非法经营数额在三万元以上或者违法所得数额在二万元以上的；

（三）其他情节严重的情形。

具有下列情形之一的，属于刑法第二百一十三条规定的“情节特别严重”，应当以假冒注册商标罪判处三年以上七年以下有期徒刑，并处罚金：

（一）非法经营数额在二十五万元以上或者违法所得数额在十五万元以上的；

（二）假冒两种以上注册商标，非法经营数额在十五万元以上或者违法所得数额在十万元以上的；

（三）其他情节特别严重的情形。

第八条　刑法第二百一十三条规定的“相同的商标”，是指与被假冒的注册商标完全相同，或者与被假冒的注册商标在视觉上基本无差别、足以对公众产生误导的商标。

刑法第二百一十三条规定的“使用”，是指将注册商标或者假冒的注册商标用于商品、商品包装或者容器以及产品说明书、商品交易文书，或者将注册商标或者假冒的注册商标用于广告宣传、展览以及其他商业活动等行为。

第十二条　本解释所称“非法经营数额”，是指行为人在实施侵犯知识产权行为过程中，制造、储存、运输、销售侵权产品的价值。已销售的侵权产品的价值，按照实际销售的价格计算。制造、储存、运输和未销售的侵权产品的价值，按照标价或者已经查清的侵权产品的实际销售平均价格计算。侵权产品没有标价或者无法查清其实际销售价格的，按照被侵权产品的市场中间价格计算。

多次实施侵犯知识产权行为，未经行政处理或者刑事处罚的，非法经营数额、违法所得数额或者销售金额累计计算。

第十三条　实施刑法第二百一十三条规定的假冒注册商标犯罪，又销售该假冒注册商标的商品，构成犯罪的，应当依照刑法第二百一十三条的规定，以假冒注册商标罪定罪处罚。

实施刑法第二百一十三条规定的假冒注册商标犯罪，又销售明知是他人的假冒注册商标的商品，构成犯罪的，应当实行数罪并罚。

第十五条 单位实施刑法第二百一十三条至第二百一十九条规定的行为，按照本解释规定的相应个人犯罪的定罪量刑标准的三倍定罪量刑。

第十六条 明知他人实施侵犯知识产权犯罪，而为其提供贷款、资金、账号、发票、证明、许可证件，或者提供生产、经营场所或者运输、储存、代理进出口等便利条件、帮助的，以侵犯知识产权犯罪的共犯论处。

3. 最高人民法院、最高人民检察院关于办理侵犯知识产权刑事案件具体应用法律若干问题的解释（二）[①]（法释〔2007〕6号 自2007年4月5日起施行）（节录）

第三条 侵犯知识产权犯罪，符合刑法规定的缓刑条件的，依法适用缓刑。有下列情形之一的，一般不适用缓刑：

（一）因侵犯知识产权被刑事处罚或者行政处罚后，再次侵犯知识产权构成犯罪的；

（二）不具有悔罪表现的；

（三）拒不交出违法所得的；

（四）其他不宜适用缓刑的情形。

第四条 对于侵犯知识产权犯罪的，人民法院应当综合考虑犯罪的违法所得、非法经营数额、给权利人造成的损失、社会危害性等情节，依法判处罚金。罚金数额一般在违法所得的一倍以上五倍以下，或者按照非法经营数额的百分之五十以上一倍以下确定。

第五条 被害人有证据证明的侵犯知识产权刑事案件，直接向人民法院起诉的，人民法院应当依法受理；严重危害社会秩序和国家利益的侵犯知识产权刑事案件，由人民检察院依法提起公诉。

第六条 单位实施刑法第二百一十三条至第二百一十九条规定的行为，按照《最高人民法院、最高人民检察院关于办理侵犯知识产权刑事案件具体应用法律若干问题的解释》和本解释规定的相应个人犯罪的定罪量刑标准定罪处罚。

---

① 本解释规定的侵犯知识产权罪不适用缓刑的条件、罚金的判处、自诉及公诉、单位犯罪定罪标准等内容适用于本节所有的知识产权犯罪，后文不再重复列举。

4. 最高人民法院、最高人民检察院、公安部关于办理侵犯知识产权刑事案件适用法律若干问题的意见（法发〔2011〕3号　自2011年1月10日起施行）（节录）

二、关于办理侵犯知识产权刑事案件中行政执法部门收集、调取证据的效力问题

行政执法部门依法收集、调取、制作的物证、书证、视听资料、检验报告、鉴定结论、勘验笔录、现场笔录，经公安机关、人民检察院审查，人民法院庭审质证确认，可以作为刑事证据使用。

行政执法部门制作的证人证言、当事人陈述等调查笔录，公安机关认为有必要作为刑事证据使用的，应当依法重新收集、制作。

三、关于办理侵犯知识产权刑事案件的抽样取证问题和委托鉴定问题

公安机关在办理侵犯知识产权刑事案件时，可以根据工作需要抽样取证，或者商请同级行政执法部门、有关检验机构协助抽样取证。法律、法规对抽样机构或者抽样方法有规定的，应当委托规定的机构并按照规定方法抽取样品。

公安机关、人民检察院、人民法院在办理侵犯知识产权刑事案件时，对于需要鉴定的事项，应当委托国家认可的有鉴定资质的鉴定机构进行鉴定。

公安机关、人民检察院、人民法院应当对鉴定结论进行审查，听取权利人、犯罪嫌疑人、被告人对鉴定结论的意见，可以要求鉴定机构作出相应说明。

四、关于侵犯知识产权犯罪自诉案件的证据收集问题

人民法院依法受理侵犯知识产权刑事自诉案件，对于当事人因客观原因不能取得的证据，在提起自诉时能够提供有关线索，申请人民法院调取的，人民法院应当依法调取。

五、关于刑法第二百一十三条规定的“同一种商品”的认定问题

名称相同的商品以及名称不同但指同一事物的商品，可以认定为“同一种商品”。“名称”是指国家工商行政管理总局商标局在商标注册工作中对商品使用的名称，通常即《商标注册用商品和服务国际分类》中规定的商品名称。“名称不同但指同一事物的商品”是指在功能、用途、主要原料、消费对象、销售渠道等方面相同或者基本相同，相关公众一般认为是同一种事物的商品。

认定“同一种商品”，应当在权利人注册商标核定使用的商品和行为人实

际生产销售的商品之间进行比较。

六、关于刑法第二百一十三条规定的“与其注册商标相同的商标”的认定问题

具有下列情形之一，可以认定为“与其注册商标相同的商标”：

（一）改变注册商标的字体、字母大小写或者文字横竖排列，与注册商标之间仅有细微差别的；

（二）改变注册商标的文字、字母、数字等之间的间距，不影响体现注册商标显著特征的；

（三）改变注册商标颜色的；

（四）其他与注册商标在视觉上基本无差别、足以对公众产生误导的商标。

七、关于尚未附着或者尚未全部附着假冒注册商标标识的侵权产品价值是否计入非法经营数额的问题

在计算制造、储存、运输和未销售的假冒注册商标侵权产品价值时，对于已经制作完成但尚未附着（含加贴）或者尚未全部附着（含加贴）假冒注册商标标识的产品，如果有确实、充分证据证明该产品将假冒他人注册商标，其价值计入非法经营数额。

十四、关于多次实施侵犯知识产权行为累计计算数额问题

依照《最高人民法院、最高人民检察院关于办理侵犯知识产权刑事案件具体应用法律若干问题的解释》第十二条第二款的规定，多次实施侵犯知识产权行为，未经行政处理或者刑事处罚的，非法经营数额、违法所得数额或者销售金额累计计算。

二年内多次实施侵犯知识产权违法行为，未经行政处理，累计数额构成犯罪的，应当依法定罪处罚。实施侵犯知识产权犯罪行为的追诉期限，适用刑法的有关规定，不受前述二年的限制。

十五、关于为他人实施侵犯知识产权犯罪提供原材料、机械设备等行为的定性问题

明知他人实施侵犯知识产权犯罪，而为其提供生产、制造侵权产品的主要原材料、辅助材料、半成品、包装材料、机械设备、标签标识、生产技术、配方等帮助，或者提供互联网接入、服务器托管、网络存储空间、通讯传输通道、代收费、费用结算等服务的，以侵犯知识产权犯罪的共犯论处。

十六、关于侵犯知识产权犯罪竞合的处理问题

行为人实施侵犯知识产权犯罪，同时构成生产、销售伪劣商品犯罪的，依照侵犯知识产权犯罪与生产、销售伪劣商品犯罪中处罚较重的规定定罪处罚。

5. 最高人民法院刑事审判第二庭关于集体商标是否属于我国刑法的保护范围问题的复函（〔2009〕刑二函字第28号　自2009年4月10日起施行）

公安部经济犯罪侦查局：

贵局公经知产（2009）29号《关于就一起涉嫌假冒注册商标案征求意见的函》收悉。经研究，答复如下：

一、我国《商标法》第三条规定："经商标局核准注册的商标为注册商标，包括商品商标、服务商标和集体商标、证明商标；商标注册人享有商标专用权，受法律保护。"因此，刑法第二百一十三条至二百一十五条所规定的"注册商标"应当涵盖"集体商标"。

二、商标标识中注明了自己的注册商标的同时，又使用了他人注册为集体商标的地理名称，可以认定为刑法规定的"相同的商标"。根据贵局提供的材料，山西省清徐县溢美源醋业有限公司在其生产的食用醋的商标上用大号字体在显著位置上清晰地标明"镇江香（陈）醋"，说明其已经使用了与江苏省镇江市醋业协会所注册的"镇江香（陈）醋"集体商标相同的商标。而且，山西省清徐县溢美源醋业有限公司还在其商标标识上注明了江苏省镇江市丹阳市某香醋厂的厂名厂址和QS标志，也说明其实施假冒注册"镇江香（陈）醋"集体商标的行为。

综上，山西省清徐县溢美源醋业有限公司的行为涉嫌触犯刑法第二百一十三条至二百一十五条的规定。

以上意见，供参考。

6. 最高人民法院、最高人民检察院关于办理非法生产、销售烟草专卖品等刑事案件具体应用法律若干问题的解释（法释〔2010〕7号　自2010年3月26日起施行）（节录）

第一条第二款　未经卷烟、雪茄烟等烟草专卖品注册商标所有人许可，在卷烟、雪茄烟等烟草专卖品上使用与其注册商标相同的商标，情节严重的，依照刑法第二百一十三条的规定，以假冒注册商标罪定罪处罚。

二、销售假冒注册商标的商品罪

（一）法律规定

第二百一十四条　销售明知是假冒注册商标的商品，销售金额数额较大的，处三年以下有期徒刑或者拘役，并处或者单处罚金；销售金额数额巨大的，处三年以上七年以下有期徒刑，并处罚金。

（二）罪名详解

销售假冒注册商标的商品罪，是指销售明知是假冒注册商标的商品，销售金额数额较大的行为。

1979年刑法没有销售假冒注册商标的商品罪的规定。本罪是从1993年《全国人民代表大会常务委员会关于惩治假冒注册商标犯罪的补充规定》第1条第2款的规定，吸收改为刑法的具体规定的。1997年刑法规定的销售假冒注册商标的商品罪与《全国人民代表大会常务委员会关于惩治假冒注册商标犯罪的补充规定》相比，一个重要变化就是将《全国人民代表大会常务委员会关于惩治假冒注册商标犯罪的补充规定》中的“违法所得数额”改为了“销售金额数额”，改变了数额计算方法和标准。

销售假冒注册商标的商品罪的构成要件是：

1. 主体要件

本罪的犯罪主体为一般主体和单位，即自然人、法人或者其他组织。主要是企业、事业单位，包括国有企业、集体企业、“三资企业”、私营企业、合作企业，还有个体工商业者和其他个人。

2. 客体要件

本罪侵犯的客体是他人的注册商标专用权和国家的商标管理制度。从形式上看，这种行为并没有直接侵犯他人的商标专用权。然而，行为人之所以要销售明知是假冒他人注册商标的商品，主要目的是企图使自己的商品能够以假充真销售出去。实际上，这种犯罪行为不仅损害了消费者的利益，而且造成了对注册商标专用权的侵害。因此，不仅要“堵源”，而且要“截流”。为了有力地打击商品流通领域假冒注册商标的犯罪，刑法增设了这一新罪名。

3. 主观要件

本罪主观方面由故意构成，即行为人明知是假冒注册商标的商品而故意销售给他人。按照《知识产权解释》第 9 条的规定，具有下列情形之一的，应当认定为“明知”：（1）知道自己销售的商品上的注册商标被涂改、调换或者覆盖的；（2）因销售假冒注册商标的商品受到行政处罚或者承担过民事责任，又销售同一种假冒注册商标的商品的；（3）伪造、涂改商标注册人授权文件或者知道该文件被伪造、涂改的；（4）其他知道或者应当知道是假冒注册商标的商品的情形。过失不构成本罪。

4. 客观要件

本罪客观方面表现为销售明知是假冒注册商标的商品的行为。

假冒注册商标的商品的特点是：在销售的商品上未经他人许可使用了与他人注册商标相同的商标（如果经许可使用他人注册商标的，则必须在使用该注册商标的商品上，标明被许可人的名称和商品产地），所销售的商品与商标专用权人的商品属于同一种商品。这种假冒注册商标的商品，应当是他人所生产、提供的，而不是销售者自己所生产的。如果行为人在自己生产、加工的商品上，使用与他人对同一种商品注册商标相同的商标，又拿到市场上销售，构成犯罪的，则应按假冒注册商标罪处理。“销售”，是指卖出货物的行为，包括零售、批发、直销、代销等。按照立法精神，构成本罪必须以把假冒注册商标的商品销售出去为条件。“销售金额”，是指销售假冒注册商标的商品后所得和应得的全部违法收入。

按照法律规定，销售假冒注册商标商品的行为，除需具备以上构成要件外，还必须是“销售金额数额较大的”，才构成犯罪。按照《知识产权解释》，销售金额在 5 万元以上的，属于数额较大。

如果销售金额尚未达“数额较大”的要求，或者尚未来得及销售，但查明一定数额的货值金额时，依法成立犯罪未遂。

（三）实务疑难问题

1. 罪与非罪的认定

《商标法》第 57 条第（三）项把“销售侵犯注册商标专用权的商品的”行为，作为侵犯注册商标专用权的行为之一。按照刑法的规定，销售假冒注册商标商品的行为，销售金额数额较小的，属民事侵权行为，应当由有关工商行政管理部门依照《商标法》第 60 条的规定处理。

2. 划清一罪与数罪的界限

对于既假冒他人注册商标，又故意销售假冒注册商标的商品，构成犯罪的，属于牵连犯，应当以假冒注册商标罪定罪处罚，不实行数罪并罚。如果行为人既实施假冒注册商标犯罪，又销售明知是他人的假冒注册商标的商品，构成犯罪的，则属实质的数罪，应当实行数罪并罚。

3. 正确处理尚未销售或者部分销售案件的定罪量刑问题

按照《知识产权意见》的规定，行为人销售明知是假冒注册商标的商品，具有下列情形之一的，依照《刑法》第 214 条的规定，以销售假冒注册商标的商品罪（未遂）定罪处罚：（1）假冒注册商标的商品尚未销售，货值金额在 15 万元以上的；（2）假冒注册商标的商品部分销售，已销售金额不满 5 万元，但与尚未销售的假冒注册商标的商品的货值金额合计在 15 万元以上的。假冒注册商标的商品尚未销售，货值金额分别达到 15 万元以上不满 25 万元、25 万元以上的，分别依照《刑法》第 214 条规定的各法定刑幅度定罪处罚。销售金额和未销售货值金额分别达到不同的法定刑幅度或者均达到同一法定刑幅度的，在处罚较重的法定刑或者同一法定刑幅度内酌情从重处罚。

4. 认定销售假冒注册商标的商品罪应当注意的其他问题

具体内容参见本书关于假冒注册商标罪中（三）7、8、9 的叙述。

（四）情节与量刑

依照《刑法》第 214 条的规定，犯销售假冒注册商标的商品罪的，处 3 年以下有期徒刑或者拘役，并处或者单处罚金；销售数额巨大的，处 3 年以上 7 年以下有期徒刑，并处罚金。

依照《刑法》第 220 条的规定，单位犯本罪的，对单位判处罚金，并对其直接负责的主管人员和其他直接责任人员，依照第 214 条的规定处罚。

司法机关在适用上述规定对本罪犯罪人进行处罚时，应当注意：

1. 根据《知识产权意见》第 8 条第 3 款的规定，销售金额和未销售货值金额分别达到不同的法定刑幅度或者均达到同一法定刑幅度的，在处罚较重的法定刑或者同一法定刑幅度内酌情从重处罚。由于在现实中部分销售与尚未销售并存是销售假冒注册商标的商品罪案的常态，常常会导致如果按照销售金额或者货值金额进行量刑时，两者处于不同的法定刑幅度，从而导致难以适从的困惑。该款规定明确了在这种情形下择一重的从重处罚的处理原则，在一定程度上兼顾了既遂状态下的已售的销售金额与未遂状态下尚未销售的货值金额对量刑的影响。

2. 适用上述规定对本罪犯罪人进行处罚时应当注意的其他问题，具体内容参见本书关于假冒注册商标罪中（五）2、3、4、5的叙述。

（五）法律链接

1. **中华人民共和国商标法**（1982年8月23日第五届全国人民代表大会常务委员会第二十四次会议通过　根据1993年2月22日第七届全国人民代表大会常务委员会第三十次会议《关于修改〈中华人民共和国商标法〉的决定》第一次修正　根据2001年10月27日第九届全国人民代表大会常务委员会第二十四次会议《关于修改〈中华人民共和国商标法〉的决定》第二次修正　根据2013年8月30日第十二届全国人民代表大会常务委员会第四次会议《关于修改〈中华人民共和国商标法〉的决定》第三次修正　根据2019年4月23日第十三届全国人民代表大会常务委员会第十次会议《关于修改〈中华人民共和国建筑法〉等八部法律的决定》第四次修正）（节录）

第六十七条第三款　销售明知是假冒注册商标的商品，构成犯罪的，除赔偿被侵权人的损失外，依法追究刑事责任。

2. **最高人民法院、最高人民检察院关于办理侵犯知识产权刑事案件具体应用法律若干问题的解释**（法释〔2004〕19号　自2004年12月22日起施行）（节录）

第二条　销售明知是假冒注册商标的商品，销售金额在五万元以上的，属于刑法第二百一十四条规定的“数额较大”，应当以销售假冒注册商标的商品罪判处三年以下有期徒刑或者拘役，并处或者单处罚金。

销售金额在二十五万元以上的，属于刑法第二百一十四条规定的“数额巨大”，应当以销售假冒注册商标的商品罪判处三年以上七年以下有期徒刑，并处罚金。

第九条　刑法第二百一十四条规定的“销售金额”，是指销售假冒注册商标的商品后所得和应得的全部违法收入。

具有下列情形之一的，应当认定为属于刑法第二百一十四条规定的“明知”：

（一）知道自己销售的商品上的注册商标被涂改、调换或者覆盖的；

（二）因销售假冒注册商标的商品受到过行政处罚或者承担过民事责任、又销售同一种假冒注册商标的商品的；

（三）伪造、涂改商标注册人授权文件或者知道该文件被伪造、涂改的；

（四）其他知道或者应当知道是假冒注册商标的商品的情形。

第十二条 本解释所称“非法经营数额”，是指行为人在实施侵犯知识产权行为过程中，制造、储存、运输、销售侵权产品的价值。已销售的侵权产品的价值，按照实际销售的价格计算。制造、储存、运输和未销售的侵权产品的价值，按照标价或者已经查清的侵权产品的实际销售平均价格计算。侵权产品没有标价或者无法查清其实际销售价格的，按照被侵权产品的市场中间价格计算。

多次实施侵犯知识产权行为，未经行政处理或者刑事处罚的，非法经营数额、违法所得数额或者销售金额累计计算。

3. 最高人民法院、最高人民检察院、公安部关于办理侵犯知识产权刑事案件适用法律若干问题的意见（法发〔2011〕3号　自2011年1月10日起施行）（节录）

八、关于销售假冒注册商标的商品犯罪案件中尚未销售或者部分销售情形的定罪量刑问题

销售明知是假冒注册商标的商品，具有下列情形之一的，依照刑法第二百一十四条的规定，以销售假冒注册商标的商品罪（未遂）定罪处罚：

（一）假冒注册商标的商品尚未销售，货值金额在十五万元以上的；

（二）假冒注册商标的商品部分销售，已销售金额不满五万元，但与尚未销售的假冒注册商标的商品的货值金额合计在十五万元以上的。

假冒注册商标的商品尚未销售，货值金额分别达到十五万元以上不满二十五万元、二十五万元以上的，分别依照刑法第二百一十四条规定的各法定刑幅度定罪处罚。

销售金额和未销售货值金额分别达到不同的法定刑幅度或者均达到同一法定刑幅度的，在处罚较重的法定刑或者同一法定刑幅度内酌情从重处罚。

4. 最高人民法院、最高人民检察院关于办理非法生产、销售烟草专卖品等刑事案件具体应用法律若干问题的解释（法释〔2010〕7号　自2010年3

月26日起施行）（节录）

第一条第三款 销售明知是假冒他人注册商标的卷烟、雪茄烟等烟草专卖品，销售金额较大的，依照刑法第二百一十四条的规定，以销售假冒注册商标的商品罪定罪处罚。

三、非法制造、销售非法制造的注册商标标识罪

（一）法律规定

第二百一十五条 伪造、擅自制造他人注册商标标识或者销售伪造、擅自制造的注册商标标识，情节严重的，处三年以下有期徒刑、拘役或者管制，并处或者单处罚金；情节特别严重的，处三年以上七年以下有期徒刑，并处罚金。

（二）罪名详解

非法制造、销售非法制造的注册商标标识罪，是指伪造、擅自制造他人注册商标标识，或者销售伪造、擅自制造的注册商标标识，情节严重的行为。

本罪是从《全国人民代表大会常务委员会关于惩治假冒注册商标犯罪的补充规定》第2条的规定，吸收改为刑法的具体规定的。1979年刑法没有非法制造、销售非法制造的注册商标标识罪的规定。

非法制造、销售非法制造的注册商标标识罪的构成要件是：

1. 主体要件

本罪的犯罪主体为一般主体，自然人和企业、事业单位均可构成本罪的主体。

2. 客体要件

本罪侵犯的客体是他人的注册商标专用权和国家的商标管理制度。犯罪对象是他人的注册商标标识。商标标识，是商标专用权的物质载体，通常是指构成商标的文字、字母、图形或者由文字与图形组合而成的商标图样。商标标识代表着商品的质量和信誉，是一种无形资产。任何单位和个人，未经商标所有人许可、授权或者转让，不得非法制造他人注册的商标标识。所以，非法制造或者销售他人非法制造的注册商标标识的行为，实质上也是一种侵

犯商标专用权的行为。

3. 主观要件

本罪的主观方面由故意构成，即明知是他人的注册商标标识而非法制造或者销售，并且一般具有营利的目的。但法律并未规定以营利为目的是构成本罪在主观方面的必备要件。

4. 客观要件

客观方面表现为伪造、擅自制造他人注册商标标识，或者销售伪造、擅自制造的他人注册商标标识的行为。“伪造”，是指仿造他人注册商标的文字、字母、图形或者图样进行的非法制造注册商标标识的行为；“擅自制造”，是指具备印制商标标识资格的企业，超过注册商标所有人授予的权限，在印制商标标识企业与注册商标所有人的商标印制合同规定的印数之外，又私自超量印制商标标识，从中牟利的行为。前者，商标标识是假的；后者，商标标识是真的。“销售伪造、擅自制造的注册商标标识”，是指以获取非法利润为目的，故意销售伪造、擅自制造的注册商标标识的行为；“销售”，指批发、零售和内部销售。这里包括非法制造注册商标标识和非法销售注册商标标识两种行为。由于制造和销售两种行为在实践中有紧密的联系，制造的目的一般是为了销售，但也有的销售者并不一定是制造者，或者制造了并未销售出去。因此，法律只要求行为人实施了其中一种行为就构成本罪；同时实施两种行为的，也不实行数罪并罚，但量刑时可作为情节予以考虑。

按照刑法的规定，非法制造、销售非法制造的注册商标标识的行为，除需具备以上构成要件外，还必须达到“情节严重”的程度才构成犯罪。按照《知识产权解释》，具有下列情形之一的，属于“情节严重”：（1）伪造、擅自制造或者销售伪造、擅自制造的注册商标标识数量在2万件以上，或者非法经营数额在5万元以上，或者违法所得数额在3万元以上的；（2）伪造、擅自制造或者销售伪造、擅自制造两种以上注册商标标识数量在1万件以上，或者非法经营数额在3万元以上，或者违法所得数额在2万元以上的；（3）其他情节严重的情形。

（三）实务疑难问题

1. 罪与非罪的认定

《商标法》第57条第（四）项把“伪造、擅自制造他人注册商标标识或者销售伪造、擅自制造的注册商标标识的”行为，作为侵犯注册商标专用权的行为之一。根据法律规定，非法制造或者销售非法制造的注册商标标识的行为，情节不严重的，则不构成犯罪，属于《商标法》第60条规定的民事侵权行为，应当由有关工商行政管理部门处理。

2. 正确处理尚未销售或者部分销售案件的定罪量刑问题

按照《知识产权意见》的规定，行为人销售他人伪造、擅自制造的注册商标标识，具有下列情形之一的，依照《刑法》第215条的规定，以销售非法制造的注册商标标识罪（未遂）定罪处罚：（1）尚未销售他人伪造、擅自制造的注册商标标识数量在6万件以上的；（2）尚未销售他人伪造、擅自制造的两种以上注册商标标识数量在3万件以上的；（3）部分销售他人伪造、擅自制造的注册商标标识，已销售标识数量不满2万件，但与尚未销售标识数量合计在6万件以上的；（4）部分销售他人伪造、擅自制造的两种以上注册商标标识，已销售标识数量不满1万件，但与尚未销售标识数量合计在3万件以上的。

3. 认定非法制造、销售非法制造的注册商标标识罪应当注意的其他问题

具体内容参见本书关于假冒注册商标罪中（三）7、8、9的叙述。

（四）情节与量刑

依照《刑法》第215条的规定，犯非法制造、销售非法制造的注册商标标识罪的，处3年以下有期徒刑、拘役或者管制，并处或者单处罚金；情节特别严重的，处3年以上7年以下有期徒刑，并处罚金。

依照《刑法》第220条的规定，单位犯本罪的，对单位判处罚金，并对其直接负责的主管人员和其他直接责任人员，依照第215条的规定处罚。

（五）法律链接

1. 中华人民共和国商标法（1982年8月23日第五届全国人民代表大会常务委员会第二十四议通过　根据1993年2月22日第七届全国人民代表大会常务委员会第三十次会议《关于修改〈中华人民共和国商标法〉的决定》第一次修正　根据2001年10月27日第九届全国人民代表大会常务委员会第二十四次会议《关于修改〈中华人民共和国商标法〉的决定》第二次修正　根据2013年8月30日第十二届全国人民代表大会常务委员会第四次会议

《关于修改〈中华人民共和国商标法〉的决定》第三次修正　根据2019年4月23日第十三届全国人民代表大会常务委员会第十次会议《关于修改〈中华人民共和国建筑法〉等八部法律的决定》第四次修正）（节录）

第六十七条第二款　伪造、擅自制造他人注册商标标识或者销售伪造、擅自制造的注册商标标识，构成犯罪的，除赔偿被侵权人的损失外，依法追究刑事责任。

2. 最高人民法院、最高人民检察院关于办理侵犯知识产权刑事案件具体应用法律若干问题的解释（法释〔2004〕19号　自2004年12月22日起施行）（节录）

第三条　伪造、擅自制造他人注册商标标识或者销售伪造、擅自制造的注册商标标识，具有下列情形之一的，属于刑法第二百一十五条规定的“情节严重”，应当以非法制造、销售非法制造的注册商标标识罪判处三年以下有期徒刑、拘役或者管制，并处或者单处罚金：

（一）伪造、擅自制造或者销售伪造、擅自制造的注册商标标识数量在二万件以上，或者非法经营数额在五万元以上，或者违法所得数额在三万元以上的；

（二）伪造、擅自制造或者销售伪造、擅自制造两种以上注册商标标识数量在一万件以上，或者非法经营数额在三万元以上，或者违法所得数额在二万元以上的；

（三）其他情节严重的情形。

具有下列情形之一的，属于刑法第二百一十五条规定的“情节特别严重”，应当以非法制造、销售非法制造的注册商标标识罪判处三年以上七年以下有期徒刑，并处罚金：

（一）伪造、擅自制造或者销售伪造、擅自制造的注册商标标识数量在十万件以上，或者非法经营数额在二十五万元以上，或者违法所得数额在十五万元以上的；

（二）伪造、擅自制造或者销售伪造、擅自制造两种以上注册商标标识数量在五万件以上，或者非法经营数额在十五万元以上，或者违法所得数额在十万元以上的；

（三）其他情节特别严重的情形。

第十二条　本解释所称“非法经营数额”，是指行为人在实施侵犯知识产权行为过程中，制造、储存、运输、销售侵权产品的价值。已销售的侵权产品的价值，按照实际销售的价格计算。制造、储存、运输和未销售的侵权产品的价值，按照标价或者已经查清的侵权产品的实际销售平均价格计算。侵权产品没有标价或者无法查清其实际销售价格的，按照被侵权产品的市场中间价格计算。

多次实施侵犯知识产权行为，未经行政处理或者刑事处罚的，非法经营数额、违法所得数额或者销售金额累计计算。

本解释第三条所规定的“件”，是指标有完整商标图样的一份标识。

3. **最高人民法院、最高人民检察院、公安部关于办理侵犯知识产权刑事案件适用法律若干问题的意见**（法发〔2011〕3号　自2011年1月10日起施行）（节录）

九、关于销售他人非法制造的注册商标标识犯罪案件中尚未销售或者部分销售情形的定罪问题

销售他人伪造、擅自制造的注册商标标识，具有下列情形之一的，依照刑法第二百一十五条的规定，以销售非法制造的注册商标标识罪（未遂）定罪处罚：

（一）尚未销售他人伪造、擅自制造的注册商标标识数量在六万件以上的；

（二）尚未销售他人伪造、擅自制造的两种以上注册商标标识数量在三万件以上的；

（三）部分销售他人伪造、擅自制造的注册商标标识，已销售标识数量不满二万件，但与尚未销售标识数量合计在六万件以上的；

（四）部分销售他人伪造、擅自制造的两种以上注册商标标识，已销售标识数量不满一万件，但与尚未销售标识数量合计在三万件以上的。

4. **最高人民法院、最高人民检察院关于办理非法生产、销售烟草专卖品等刑事案件具体应用法律若干问题的解释**（法释〔2010〕7号　自2010年3月26日起施行）（节录）

第一条第四款　伪造、擅自制造他人卷烟、雪茄烟注册商标标识或者销售伪造、擅自制造的卷烟、雪茄烟注册商标标识，情节严重的，依照刑法第二百一十五条的规定，以非法制造、销售非法制造的注册商标标识罪定罪处罚。

四、假冒专利罪

(一) 法律规定

第二百一十六条　假冒他人专利，情节严重的，处三年以下有期徒刑或者拘役，并处或者单处罚金。

(二) 罪名详解

假冒专利罪，是指以获取非法利益为目的，违反国家专利管理法规，在法律规定的专利有效期限内，假冒他人或者单位被授予的专利，侵犯他人或者单位的专利权益，情节严重的行为。

1979年《刑法》分则和单行刑法中都没有假冒专利罪的规定。为了加强对专利权的保护，维护专利权人的合法利益，1984年的《专利法》第63条规定："假冒他人专利的，依照本法第六十条的规定处理；情节严重的，对直接责任的人员比照刑法第一百二十七条的规定追究刑事责任。"为此，最高人民法院于1985年2月16日在《关于开展专利审判工作的几个问题的通知》中规定，"假冒他人专利，情节严重的，对直接责任人员比照刑法第一百二十七条的规定，以假冒他人专利罪处罚"。1997年修订刑法时，将司法解释的这一规定吸纳为刑法的具体条文，并增设了假冒专利罪。

假冒专利罪的构成要件是：

1. 主体要件

本罪的犯罪主体为一般主体和单位。可以是公民个人，也可以是企业、事业单位。这有利于从整体上惩治假冒他人专利犯罪。

2. 客体要件

本罪侵犯的客体是他人的专利权和国家的专利管理制度。犯罪对象是专利权。

《民法通则》第95条规定："公民、法人依法取得的专利权受法律保护。"所谓专利权，是指专利权人（专利权的所有人和持有人）在法律规定的有效期限内，依法对于自己取得的发明创造，包括发明、实用新型和外观设计所享有的专有权或者独占权。"发明"，是指对产品、方法或者其改进所提出的新的技术方案；“实用新型”，是指对产品的形状、构造或者其结合所提出的适于实用的新的技术方案；“外观设计”，是指对产品的形状、图案或者其结合以及色彩与形状、图案的结合所作出的富有美感并适于工业应用的新设计。为了保护发明创造的专利权，鼓励发明创造，有利于发明创造的推广应用，促进科学技术进步和创新，国家对授予专利权的条件，专利的申请，专利申请的审查和批准，专利权的期限、终止和无效，专利实施的强制许可和专利权的保护等建立了一套完整的专利管理制度。专利权属于工业产权的一种。1993 年 9 月，中国政府向世界知识产权组织递交了《专利合作条约》的加入书。从 1994 年 1 月起，我国成为专利合作条约成员国，承担了保护专利权的国际义务。实施专利管理的机关是中华人民共和国知识产权局和地方的知识产权局。假冒他人专利的行为，首先侵犯了专利权人的专利权，同时也破坏了国家的专利管理制度，必须依法予以惩处。

3. 主观要件

本罪主观方面由直接故意构成，并且具有非法获利的目的。间接故意和过失不构成本罪。

4. 客观要件

本罪客观方面表现为违反国家专利管理法规，在法律规定的专利有效期限内，假冒他人被授予的专利，侵犯他人专利权益的行为。

违反国家专利管理法规，主要是指违反 2008 年 12 月 27 日经第十一届全国人大常委会第六次会议第三次修正通过的专利法和 2010 年 1 月 9 日《国务院关于修改〈中华人民共和国专利法实施细则〉的决定》第二次修订的专利法实施细则。专利有效期限，按照《专利法》第 42 条的规定，发明专利权的期限为 20 年，实用新型专利权和外观设计专利权的期限为 10 年，均自申请日起计算。如上所述，专利权人在专利有效期限内享有对专利的专有权或者独占权。发明专利权和实用新型专利权被授予后，除法律另有规定的以外，任何单位或者个人未经专利权人许可，不得为生产经营目的制造、使用、销售其专利产品，或者使用其专利方法以及使用、销售依照该专利方法直接获得的产品。外观设计专利权被授予后，任何单位或者个人未经专利权人许可，不得为生产经营目的制造、销售其外观设计专利产品。假冒专利的实质是用自己的产品冒充他人享有专利权的专利产品。从司法实践来看，假冒他人专利的行为主要有两种形式：一种是未经专利权人许可，为生产经营目的而非法制造、使用或者销售其专利产品或者使用其专利方法；另一种是未经专利权人同意，在其制造、使用或者出售的产品上，标注、缀附或者在与该产品有关的广告中冒用专利权人的姓名、专利名称、专利号或者专利权人的其他专利标记。这里讲的“他人”，既指自然人，也包括单位。按照《知识产权解释》的规定，实施下列行为之一的，属于《刑法》第216条规定的假冒他人专利的行为：（1）未经许可，在其制造或者销售的产品、产品的包装上标注他人专利号的；（2）未经许可，在广告或者其他宣传材料中使用他人的专利号，使人将所涉及的技术误认为是他人专利技术的；（3）未经许可，在合同中使用他人的专利号，使人将合同涉及的技术误认为是他人专利技术的；（4）伪造或者变造他人的专利证书、专利文件或者专利申请文件的。

根据法律规定，假冒他人专利的行为，除需具备以上构成要件外，还必须达到“情节严重”的程度，才构成犯罪。所谓情节严重，按照《知识产权解释》，是指具有下列情形之一的行为：（1）非法经营数额在20万元以上或者违法所得数额在10万元以上的；（2）给专利权人造成直接经济损失50万元以上的；（3）假冒两项以上他人专利，非法经营数额在10万元以上或者违法所得数额在5万元以上的；（4）其他情节严重的情形。

（三）实务疑难问题

1. 罪与非罪的认定

按照刑法的规定，假冒他人专利的行为，情节不严重的，属一般假冒专利的侵权行为，应当依照《专利法》第60条的规定处理。

2. 注意本罪与假冒注册商标罪的区别

专利权和商标专用权都是重要的知识产权。两者的区别主要是：本罪侵犯的客体是他人的专利权和国家的专利管理制度，假冒注册商标罪侵犯的客体是他人的商标专用权和国家的商标管理制度；本罪在客观方面表现为未经专利权人许可，在非专利产品或者包装上标注专利权人的专利标记或者专利号，假冒注册商标罪则是未经注册商标所有人许可，在同一种商品上使用与他人注册商标相同的商标。如果生产、销售假冒注册商标产品的同时侵犯了产品的外观设计专利权的，属于假冒注册商标罪和假冒专利罪的想象竞合犯，应从一重罪判处。

3. 认定假冒专利罪应当注意的其他问题

具体内容参见本书关于假冒注册商标罪中（三）7、8、9的叙述。

（四）情节与量刑

依照《刑法》第216条的规定，犯假冒专利罪的，处3年以下有期徒刑或者拘役，并处或者单处罚金。

依照《刑法》第220条的规定，单位犯本罪的，对单位判处罚金，并对其直接负责的主管人员和其他直接责任人员，依照第216条的规定处罚。

司法机关在适用上述规定对本罪犯罪人进行处罚时应当注意的问题，具体内容参见本书关于假冒注册商标罪中（五）2、3、4、5的叙述。

（五）法律链接

1. 中华人民共和国专利法（1984年3月12日第六届全国人民代表大会常务委员会第四次会议通过　根据1992年9月4日第七届全国人民代表大会常务委员会第二十七次会议《关于修改〈中华人民共和国专利法〉的决定》第一次修正　根据2000年8月25日第九届全国人民代表大会常务委员会第十七次会议《关于修改〈中华人民共和国专利法〉的决定》第二次修正　根据2008年12月27日第十一届全国人民代表大会常务委员会第六次会议《关于修改〈中华人民共和国专利法〉的决定》第三次修正）（节录）

第六十三条　假冒专利的，除依法承担民事责任外，由管理专利工作的部门责令改正并予公告，没收违法所得，可以并处违法所得四倍以下的罚款；没有违法所得的，可以处二十万元以下的罚款；构成犯罪的，依法追究刑事责任。

2. 最高人民法院、最高人民检察院关于办理侵犯知识产权刑事案件具体应用法律若干问题的解释（法释〔2004〕19号　自2004年12月22日起施行）（节录）

第四条　假冒他人专利，具有下列情形之一的，属于刑法第二百一十六条规定的“情节严重”，应当以假冒专利罪判处三年以下有期徒刑或者拘役，并处或者单处罚金：

（一）非法经营数额在二十万元以上或者违法所得数额在十万元以上的；

（二）给专利权人造成直接经济损失五十万元以上的；

（三）假冒两项以上他人专利，非法经营数额在十万元以上或者违法所得数额在五万元以上的；

（四）其他情节严重的情形。

第十条 实施下列行为之一的，属于刑法第二百一十六条规定的“假冒他人专利”的行为：

（一）未经许可，在其制造或者销售的产品、产品的包装上标注他人专利号的；

（二）未经许可，在广告或者其他宣传材料中使用他人的专利号，使人将所涉及的技术误认为是他人专利技术的；

（三）未经许可，在合同中使用他人的专利号，使人将合同涉及的技术误认为是他人专利技术的；

（四）伪造或者变造他人的专利证书、专利文件或者专利申请文件的。

第十二条 本解释所称“非法经营数额”，是指行为人在实施侵犯知识产权行为过程中，制造、储存、运输、销售侵权产品的价值。已销售的侵权产品的价值，按照实际销售的价格计算。制造、储存、运输和未销售的侵权产品的价值，按照标价或者已经查清的侵权产品的实际销售平均价格计算。侵权产品没有标价或者无法查清其实际销售价格的，按照被侵权产品的市场中间价格计算。

多次实施侵犯知识产权行为，未经行政处理或者刑事处罚的，非法经营数额、违法所得数额或者销售金额累计计算。

五、侵犯著作权罪

（一）法律规定

第二百一十七条 以营利为目的，有下列侵犯著作权情形之一，违法所得数额较大或者有其他严重情节的，处三年以下有期徒刑或者拘役，并处或者单处罚金；违法所得数额巨大或者有其他特别严重情节的，处三年以上七年以下有期徒刑，并处罚金：

（一）未经著作权人许可，复制发行其文字作品、音乐、电影、电视、录像作品、计算机软件及其他作品的；

（二）出版他人享有专有出版权的图书的；

（三）未经录音录像制作者许可，复制发行其制作的录音录像的；

（四）制作、出售假冒他人署名的美术作品的。

（二）罪名详解

侵犯著作权罪，是指以营利为目的，未经著作权人许可，复制发行其文字作品、音乐、电影、电视、录像作品、计算机软件及其他作品，或者出版他人享有专有出版权的图书，或者未经录音录像制作者许可，复制发行其制作的录音录像，或者制作、出售假冒他人署名的美术作品，违法所得数额较大或者有其他严重情节的行为。

本罪是从《全国人民代表大会常务委员会关于惩治侵犯著作权的犯罪的决定》第1条的规定，吸收改为刑法的具体规定的。1979年刑法没有侵犯著作权罪的规定。

侵犯著作权罪的构成要件是：

1. 主体要件

本罪的犯罪主体为一般主体和单位。可以是公民个人，也可以是企业、事业单位。

2. 客体要件

本罪侵犯的客体是著作权人的著作权和与著作权相关的权益以及国家的著作权管理制度。

著作权是指作者对其创作的文学、艺术和科学作品所享有的占有、使用、收益、处分的专有权利，是重要的民事权利。我国十分重视对著作权的保护。虽起步较晚，但发展迅速。在1986年制定的《民法通则》中，知识产权第一次在我国民事基本法中加以规定，并首次确认公民、法人享有著作权。接着，1990年制定了《著作权法》，并陆续颁布了一系列配套法规和一些版权管理行政法规，基本上完成了我国著作权保护的立法工作，使我国著作权保护纳入法制化的轨道。2001年10月27日，第九届全国人大常委会第二十四次会议通过了《关于修改〈中华人民共和国著作权法〉的决定》，使我国的著作权法律制度进一步完善。1992年和1993年，我国还先后加入了《保护文学和艺术作品伯尔尼公约》《世界版权公约》和《保护录音制品制作者防止未经许可复制其录音制品公约》等国际著作权条约，并与美国签订了《中美关于保护知识产权的谅解备忘录》，基本上实现了版权国内保护和国际保护的接轨。《著作权法》颁布以来，通过行政手段和司法手段，制裁侵权行为，维护权利人的合法权益，取得了明显成效。

但是，我国著作权保护的立法还不够完善，主要表现在对侵权行为只规定了民事责任和行政责任，没有规定刑事责任，因而对侵犯著作权构成犯罪的行为不能给予有力的打击。为了惩治侵犯著作权和与著作权有关的权益的犯罪，1994 年 7 月 5 日，全国人大常委会审议通过了《关于惩治侵犯著作权的犯罪的决定》。这是为完善著作权立法采取的重要措施，是我国有关知识产权刑法保护的又一个重要法律。1997 年修订刑法时将《关于惩治侵犯著作权的犯罪的决定》第 1 条规定的侵犯著作权罪纳入刑法，对于保护作者和与著作权有关的权利人的合法权益，加强对文化市场的管理，惩治严重侵犯著作权的犯罪行为，维护我国的国际声誉，都具有重要的意义。

根据 2010 年 2 月 26 日第十一届全国人大常委会第十三次会议《关于修改〈中华人民共和国著作权法〉的决定》第二次修正的著作权法的规定，著作权人包括作者和其他依照本法享有著作权的公民、法人或者其他组织。著作权包括下列人身权和财产权：(1) 发表权，即决定作品是否公之于众的权利；(2) 署名权，即表明作者身份，在作品上署名的权利；(3) 修改权，即修改或者授权他人修改作品的权利；(4) 保护作品完整权，即保护作品不受歪曲、篡改的权利；(5) 复制权，即以印刷、复印、拓印、录音、录像、翻录、翻拍等方式将作品制作一份或者多份的权利；(6) 发行权，即以出售或者赠与方式向公众提供作品的原件或者复制件的权利；(7) 出租权，即有偿许可他人临时使用电影作品和以类似摄制电影的方法创作的作品、计算机软件的权利，计算机软件不是出租的主要标的的除外；(8) 展览权，即公开陈列美术作品、摄影作品的原件或者复制件的权利；(9) 表演权，即公开表演作品，以及用各种手段公开播送作品的表演的权利；(10) 放映权，即通过放映机、幻灯机等技术设备公开再现美术、摄影、电影和以类似摄制电影的方法创作的作品等的权利；(11) 广播权，即以无线方式公开广播或者传播作品，以有线传播或者转播的方式向公众传播广播的作品，以及通过扩音器或者其他传送符号、声音、图像的类似工具向公众传播广播的作品的权利；(12) 信息网络传播权，即以有线或者无线的方式向公众提供作品，使公众可以在其个人选定的时间和地点获得作品的权利；（13）摄制权，即以摄制电影或者以类似摄制电影的方法将作品固定在载体上的权利；（14）改编权，即改变作品，创作出具有独创性的新作品的权利；（15）翻译权，即将作品从一种语言文字转换成另一种语言文字的权利；（16）汇编权，即将作品或者作品的片段通过选择或者编排，汇集成新作品的权利；（17）应当由著作权人享有的其他权利。著作权人可以许可他人行使第10条第1款第（五）项至第（一十七）项规定的权利，并依照约定或者本法有关规定获得报酬。著作权人可以全部或者部分转让第10条第1款第（五）项至第（十七）项规定的权利，并依照约定或者本法有关规定获得报酬。

本罪侵犯的客体主要是著作权，但不限于著作权，还包括与著作权相关的权益，如专有出版权、姓名权等。

按照法律规定，著作权属于作者。"作者"，是指创作作品的公民；由法人或者其他组织主持，代表法人或者其他组织意志创作，并由法人或者其他组织承担责任的作品，法人或者其他组织视为作者。

本罪的犯罪对象为作品。所谓作品，是指以一定形式创作的文学、艺术和自然科学、社会科学、工程技术等作品。这些形式包括：（1）文字作品；（2）口述作品；（3）音乐、戏剧、曲艺、舞蹈、杂技艺术作品；（4）美术、建筑作品；（5）摄影作品；（6）电影作品和以类似摄制电影的方法创作的作品；（7）工程设计图、产品设计图、地图、示意图等图形作品和模型作品；（8）计算机软件；（9）法律、行政法规规定的其他作品。法律规定，中国公民、法人或者其他组织的作品，不论是否发表，均依照著作权法享有著作权。外国人、无国籍人的作品，根据其作者所属国或者经常居住地国同中国签订的协议或者共同参加的国际条约享有的著作权，受著作权法保护。外国人、无国籍人的作品首先在中国境内出版的，依照著作权法享有著作权。未与中国签订协议或者共同参加国际条约的国家的作者以及无国籍人的作品首次在中国参加的国际条约的成员国出版的，或者在成员国和非成员国同时出版的，受著作权法保护。

但我国只对合法的著作权给予刑事保护，对下列作品则不受刑事保护：（1）依法禁止出版、传播的作品，包括内容淫秽、反动的作品。（2）超过保护期限的作品。根据著作权法的规定，公民的作品，其发表权、使用权和获得报酬权的保护期为作者终身及其死亡后50年，截止于作者死亡后第50年的 12 月 31 日；如果是合作作品，截止于最后死亡的作者死亡后第 50 年的 12 月 31 日。法人或者其他组织的作品、著作权（署名权除外）由法人或者其他组织享有的职务作品，其发表权、使用权和获得报酬权的保护期为 50 年，截止于作品首次发表后第 50 年的 12 月 31 日。但作品自创作完成后 50 年内未发表的，法律不再保护。电影作品和以类似摄制电影的方法创作的作品、摄影作品，其发表权、《著作权法》第 10 条第 1 款第（五）项至第（十七）项规定的权利的保护期为 50 年，截止于作品首次发表后第 50 年的 12 月 31 日，但作品自创作完成后 50 年内未发表的，法律不再保护。总之，超过保护期的作品进入社会，即成为公众作品。（3）依法应当由民事、行政法律规范调整的侵权行为。严重侵犯著作权的犯罪行为，破坏著作权的管理制度，不仅侵犯作者的著作权和与著作权有关的权益，妨碍科学文化事业的发展，而且影响对外科学文化的交流与合作以及经济贸易的发展，必须给予刑事制裁。

3. 主观要件

主观方面是由故意构成，并且具有营利的目的。因此，“以营利为目的”，是构成本罪在主观方面必须具备的要件。按照《知识产权意见》的规定，除销售外，具有下列情形之一的，应认定为“以营利为目的”：（1）以在他人作品中刊登收费广告、捆绑第三方作品等方式直接或者间接收取费用的；（2）通过信息网络传播他人作品，或者利用他人上传的侵权作品，在网站或者网页上提供刊登收费广告服务，直接或者间接收取费用的；（3）以会员制方式通过信息网络传播他人作品，收取会员注册费或者其他费用的；（4）其他利用他人作品牟利的情形。如果行为人是出于教学、科研或者观赏的目的而复制他人的作品或者音像制品，没有将它作为商品进入流通领域，这种行为虽然也是侵权行为，但由于其主观上不是以营利为目的，因而不构成犯罪。间接故意和过失不构成本罪。

4. 客观要件

本罪的客观方面表现为违反我国著作权法规，侵犯下列著作权的行为：（1）未经著作权人许可，复制发行其文字作品、音乐、电影、电视、录像作品、计算机软件及其他作品的。“未经著作权人许可”，是指没有得到著作权人授权或者伪造、涂改著作权人授权许可文件或者超出授权许可范围的情形。[①] 这是因为，当前伪造、涂改授权许可的情况十分严重，已经造成了很大损失。软件的销售实际上就是软件著作权人对软件使用的许可行为，伪造、涂改授权许可文件在严重侵犯软件著作权人权利的同时，也欺骗了意在使用正版软件的用户，尤其是在假冒软件产品出现质量问题时将会造成不可估量的损失（如承担重大责任的政府部门、银行、铁路、医院等），扰乱了正常的市场秩序和社会秩序，具有严重的社会危害性。因此，司法解释将伪造、涂改著作权人授权许可文件的行为规定在《刑法》第 217 条的“未经著作权人许可”之内。在司法实践中，“未经著作权人许可”，一般应当依据著作权人或者其授权的代理人、著作权集体管理组织、国家著作权行政管理部门指定的著作权认证机构出具的涉案作品版权认证文书，或者证明出版者、复制发行者伪造、涂改授权许可文件或者超出授权许可范围的证据，结合其他证据综合予以认定。在涉案作品种类众多且权利人分散的案件中，上述证据确实难以一一取得，但有证据证明涉案复制品系非法出版、复制发行的，且出版者、复制发行者不能提供获得著作权人许可的相关证明材料的，可以认定为“未经著作权人许可”。但是，非法复制品的著作权不受我国著作权法保护，有证据证明权利人放弃权利、涉案作品或者著作权保护期限已经届满的除外。（2）出版他人享有专有出版权的图书的。（3）未经录音录像制作者许可，复制发行其制作的录音录像的。随着信息产业的飞速发展和盗版行为的日益猖獗，未经著作权人许可，在网络上复制和发行盗版软件的行为，即在线盗版非常突出。为了有效打击这种盗版行为，《知识产权解释》特别规定：“通过信息网络向公众传播他人文字作品、音乐、电影、电视、录像作品、计算机软件及其他作品的行为，应当视为刑法第二百一十七条规定的‘复制发行’。”（4）制作、出售假冒他人署名的美术作品的。法律只要求行为人具有其中一种行为即构成本罪；具有两种或者两种以上行为的，也只以一罪处罚，不实行数罪并罚，但可作为量刑的具体情节予以考虑。

根据刑法的规定，侵犯著作权的行为，除需具备以上构成要件外，只有达到“违法所得数额较大或者有其他严重情节的”，才构成犯罪。按照《知识

---

① 《最高人民法院、最高人民检察院关于办理侵犯知识产权刑事案件具体应用法律若干问题的解释》第 11 条。

产权解释》的规定，实施《刑法》第 217 条所列侵犯著作权行为之一，违法所得数额在 3 万元以上的，属于“违法所得数额较大”。具有下列情形之一的，属于“有其他严重情节”：(1) 非法经营数额在 5 万元以上的；(2) 未经著作权人许可，复制发行其文字作品、音乐、电影、电视、录像作品、计算机软件及其他作品，复制品数量合计在 1000 张（份）以上的；(3) 其他严重情节的情形。

应当指出的是，上述规定，与最高人民法院于 1998 年制定的《关于审理非法出版物刑事案件具体应用法律若干问题的解释》规定的定罪量刑标准作了较大幅度的调整，即违法所得数额由 5 万元降到 3 万元，非法经营数额由 20 万元降为 5 万元，以有利于提高惩治侵犯著作权犯罪的力度。这是由于知识产权犯罪具有隐蔽性强、科技含量高、智能化程度高的特点。同时，降低知识产权犯罪刑事制裁标准是我国加入 WTO《工作组报告书》的承诺。针对目前盗版等侵犯著作权的现象十分严重的情况，为了进一步加大知识产权刑事司法保护的力度，充分发挥刑罚惩治和预防知识产权犯罪的功能，推动创新型国家建设，《最高人民法院最高人民检察院关于办理侵犯知识产权刑事案件具体应用法律若干问题的解释（二）》（以下简称《知识产权解释（二）》）再次降低了侵犯著作权罪的定罪标准，将复制品数量合计在 1000 张（份）以上，改为 500 张（份）以上，表明了司法机关对侵犯著作权犯罪严厉惩处的态度。

（三）实务疑难问题

1. 罪与非罪的认定

在指导思想上应当明确，运用刑法手段惩罚侵犯著作权的犯罪行为是十分必要的，但用刑法惩治的面要适当，应当突出打击的重点，对侵犯著作权的一般行为可不追究刑事责任。首先，从立法上看，主要限于《刑法》第 217 条规定的四种危害严重的侵犯著作权的行为，如非法复制、出售、出租著作权作品或者制品，进口或者出口侵权复制品的行为，规定为犯罪。对于社会危害性较小，如未经著作权人或者广播电台、电视台的许可播放其作品或者播放电视节目的；未经著作权人许可，公开发表其作品的；剽窃、抄袭他人作品的；其他侵犯著作权以及与著作权有关的权益的行为，则没有规定为犯罪。其次，从主观上看，行为人是否具有营利的目的；凡是不以营利为目的，即使实施了《刑法》第 217 条所列举的四种行为，也不构成本罪。最后，从数额和情节上看，行为人虽然具有《刑法》第 217 条所列的四种侵权行为，如果违法所得数额不大或者不具有其他严重情节的，属违法行为，应当分别依照第二次修正的《著作权法》第 47 条和第 48 条的规定，追究其民事责任，而不能追究其刑事责任。

2. 注意本罪与制作、贩卖、传播淫秽物品犯罪的区别

两者的区别在于：一是侵犯的客体不同。本罪侵犯的客体是著作权人的著作权和与著作权相关的权益以及国家的著作权管理制度。传播淫秽物品犯罪侵犯的客体是社会主义道德风尚和国家对文化娱乐制品市场的管理制度。二是犯罪对象不同。本罪的犯罪对象是受法律保护的他人依法享有著作权的作品，传播淫秽物品犯罪的犯罪对象则是法律所禁止的淫秽物品。

3. 划清一罪与数罪的界限

行为人实施侵犯著作权犯罪，又销售该侵权复制品，构成犯罪的，属牵连犯罪（手段牵连），应当以侵犯著作权罪定罪处罚，不实行数罪并罚。如果行为人既实施侵犯著作权犯罪，又销售明知是他人的侵权复制品，构成犯罪的，则属实质性的数罪，应当实行数罪并罚。

4. 正确理解“复制发行”的含义

《刑法》第 217 条第（一）项中规定的“复制发行”，是指行为人以营利为目的，未经著作权人许可而实施的复制、发行或者既复制又发行其文字作品、音乐、电影、电视、录像作品、计算机软件和其他作品的行为。同时，按照《知识产权解释（二）》，侵权产品的持有人通过广告、征订等方式推销侵权产品的，也属于“发行”的行为。按照《知识产权意见》，“发行”，包括总发行、批发、零售、通过信息网络传播以及出租、展销等活动。非法出版、复制、发行他人作品，侵犯著作权构成犯罪的，按照侵犯著作权罪定罪处罚，不认定为非法经营罪等其他犯罪。

5. 复制发行录音录像制品的定罪量刑数量标准，应当与复制发行文字等作品相同

《知识产权解释》公布施行后，部分高级人民法院和省级人民检察院就办理侵犯著作权刑事案件中涉及录音录像制品的数量标准，是否适用上述解释第 5 条第（二）项规定的数量标准问题向最高人民法院、最高人民检察院请示。为此，最高人民法院、最高人民检察院于 2005 年 10 月 13 日作出了《关

于办理侵犯著作权刑事案件中涉及录音录像制品中有关问题的批复》，明确规定，以营利为目的，未经录音录像制作者许可，复制发行其制作的录音录像制品的行为，复制品的数量标准，分别适用《知识产权解释》第5条第1款第（二）项、第2款第（二）项的规定。即以营利为目的，未经著作权人许可，复制发行其文字作品、音乐、电影、电视、录像作品、计算机软件及其他作品，复制品数量合计在1000张（份）以上的，属于“有其他严重情节”；合计在5000张（份）以上的，属于“有其他特别严重情节”。作出上述批复是基于以下考虑：首先，经第二次修正的我国《著作权法》第40条至第42条规定了“与著作权有关的权利”，即邻接权，其中包括“录音录像制作者权”。《刑法》第217条第（三）项就把“未经录音录像制作者许可，复制发行其制作的录音录像”的行为，列为侵犯著作权的四种行为之一。对录音录像制品在法律上的保护，应当与《刑法》第217条第（一）项规定的“未经著作权人许可，复制发行其文字作品、音乐、电影、电视、录像作品、计算机软件及其他作品”一样，实行同等的法律保护。其次，录音录像制品虽然在著作权领域不同于音乐、影视等作品，但录音录像制品与文字作品等相比较，在产品的表现形式或者载体上具有相同属性或者类似性，多以磁带、录像带、CD、VCD、DVD光盘等形式出现，都属于知识产权刑事保护的对象。

应当指出的是，由于《知识产权解释（二）》第1条对侵犯著作权罪定罪量刑的数量标准作了修改，因而涉及录音录像制品的数量标准，应相应适用新司法解释的规定，即复制品数量合计在500张（份）以上的，属于“有其他严重情节”；复制品数量合计在2500张（份）以上的，属于“有其他特别严重情节”，从而明显降低了涉及录音录像制品中侵犯著作权犯罪的定罪量刑的数量标准。

6. 认定侵犯著作权罪应当注意的其他问题

具体内容参见本书关于假冒注册商标罪中（三）7、8、9的叙述。

（四）情节与量刑

依照《刑法》第217条的规定，犯侵犯著作权罪的，处3年以下有期徒刑或者拘役，并处或者单处罚金；违法所得数额巨大或者有其他特别严重情节的，处3年以上7年以下有期徒刑，并处罚金。

依照《刑法》第220条的规定，单位犯本罪的，对单位判处罚金，并对其直接负责的主管人员和其他直接责任人员，依照第217条的规定处罚。

司法机关在适用上述规定对本罪犯罪人进行处罚时，应当注意以下问题：

1. 根据《知识产权解释》和《知识产权解释（二）》的规定，以营利为目的，实施《刑法》第217条所列侵犯著作权行为之一，违法所得在3万元以上的，属于“违法所得数额较大”。具有下列情形之一的，属于“有其他严重情节”：（1）非法经营数额在5万元以上的；（2）未经著作权人许可，复制发行其文字作品、音乐、电影、电视、录像作品、计算机软件及其他作品，复制品数量合计在500张（份）以上的，应当处3年以下有期徒刑或者拘役，并处或者单处罚金。违法所得数额在15万元以上，属于“违法所得数额巨大”。具有下列情形之一的，属于“有其他特别严重情节”：（1）非法经营数额在25万元以上的；（2）未经著作权人许可，复制发行其文字作品、音乐、电影、电视、录像作品、计算机软件及其他作品，复制品数量合计在2500张（份）以上的；（3）其他特别严重情节的情形，应当以侵犯著作权罪，判处3年以上7年以下有期徒刑，并处罚金。同1999年最高人民法院相关司法解释相比较，违法所得由20万元以上降到15万元以上，非法经营数额由100万元以上降到25万元以上。

2. 按照《知识产权意见》的规定，以营利为目的，未经著作权人许可，通过信息网络向公众传播他人文字作品、音乐、电影、电视、美术、摄影、录像作品、录音录像制品、计算机软件及其他作品，具有下列情形之一的，属于《刑法》第217条规定的“其他严重情节”：（1）非法经营数额在5万元以上的；（2）传播他人作品的数量合计在500件（部）以上的；（3）传播他人作品的实际被点击数达到5万次以上的；（4）以会员制方式传播他人作品，注册会员达到1000人以上的；（5）数额或者数量虽未达到第（一）项至第（四）项规定的标准，但分别达到其中两项以上标准一半以上的；（6）其他严重情节的情形。

实施《知识产权意见》第13条第1款规定的行为，数额或者数量达到前款第（一）项至第（五）项规定标准5倍以上的，属于《刑法》第217条规定的“其他特别严重情节”。

3. 适用上述规定对本罪犯罪人进行处罚时应当注意的其他问题，具体内容参见本书关于假冒注册商标罪中（五）2、3、4、5的叙述。

（五）法律链接

1. **中华人民共和国著作权法**（1990 年 9 月 7 日第七届全国人民代表大会常务委员会第十五次会议通过　根据 2001 年 10 月 27 日第九届全国人民代表大会常务委员会第二十四次会议《关于修改〈中华人民共和国著作权法〉的决定》第一次修正　根据 2010 年 2 月 26 日第十一届全国人民代表大会常务委员会第十三次会议《关于修改〈中华人民共和国著作权法〉的决定》第二次修正　自 2010 年 4 月 1 日起施行）（节录）

第四十八条　有下列侵权行为的，应当根据情况，承担停止侵害、消除影响、赔礼道歉、赔偿损失等民事责任；同时损害公共利益的，可以由著作权行政管理部门责令停止侵权行为，没收违法所得，没收、销毁侵权复制品，并可处以罚款；情节严重的，著作权行政管理部门还可以没收主要用于制作侵权复制品的材料、工具、设备等；构成犯罪的，依法追究刑事责任：

（一）未经著作权人许可，复制、发行、表演、放映、广播、汇编、通过信息网络向公众传播其作品的，本法另有规定的除外；

（二）出版他人享有专有出版权的图书的；

（三）未经表演者许可，复制、发行录有其表演的录音录像制品，或者通过信息网络向公众传播其表演的，本法另有规定的除外；

（四）未经录音录像制作者许可，复制、发行、通过信息网络向公众传播其制作的录音录像制品的，本法另有规定的除外；

（五）未经许可，播放或者复制广播、电视的，本法另有规定的除外；

（六）未经著作权人或者与著作权有关的权利人许可，故意避开或者破坏权利人为其作品、录音录像制品等采取的保护著作权或者与著作权有关的权利的技术措施的，法律、行政法规另有规定的除外；

（七）未经著作权人或者与著作权有关的权利人许可，故意删除或者改变作品、录音录像制品等的权利管理电子信息的，法律、行政法规另有规定的除外；

（八）制作、出售假冒他人署名的作品的。

2. **最高人民法院、最高人民检察院关于办理侵犯知识产权刑事案件具体应用法律若干问题的解释**（法释〔2004〕19 号　自 2004 年 12 月 22 日起施行）（节录）

第五条　以营利为目的，实施刑法第二百一十七条所列侵犯著作权行为之一，违法所得数额在三万元以上的，属于“违法所得数额较大”；具有下列情形之一的，属于“有其他严重情节”，应当以侵犯著作权罪判处三年以下有期徒刑或者拘役，并处或者单处罚金：

（一）非法经营数额在五万元以上的；

（二）未经著作权人许可，复制发行其文字作品、音乐、电影、电视、录像作品、计算机软件及其他作品，复制品数量合计在一千张（份）以上的；

（三）其他严重情节的情形。

以营利为目的，实施刑法第二百一十七条所列侵犯著作权行为之一，违法所得数额在十五万元以上的，属于“违法所得数额巨大”；具有下列情形之一的，属于“有其他特别严重情节”，应当以侵犯著作权罪判处三年以上七年以下有期徒刑，并处罚金：

（一）非法经营数额在二十五万元以上的；

（二）未经著作权人许可，复制发行其文字作品、音乐、电影、电视、录像作品、计算机软件及其他作品，复制品数量合计在五千张（份）以上的；

（三）其他特别严重情节的情形。

第十一条 以刊登收费广告等方式直接或者间接收取费用的情形，属于刑法第二百一十七条规定的“以营利为目的”。

刑法第二百一十七条规定的“未经著作权人许可”，是指没有得到著作权人授权或者伪造、涂改著作权人授权许可文件或者超出授权许可范围的情形。

通过信息网络向公众传播他人文字作品、音乐、电影、电视、录像作品、计算机软件及其他作品的行为，应当视为刑法第二百一十七条规定的“复制发行”。

第十二条 本解释所称“非法经营数额”，是指行为人在实施侵犯知识产权行为过程中，制造、储存、运输、销售侵权产品的价值。已销售的侵权产品的价值，按照实际销售的价格计算。制造、储存、运输和未销售的侵权产品的价值，按照标价或者已经查清的侵权产品的实际销售平均价格计算。侵权产品没有标价或者无法查清其实际销售价格的，按照被侵权产品的市场中间价格计算。

多次实施侵犯知识产权行为，未经行政处理或者刑事处罚的，非法经营数额、违法所得数额或者销售金额累计计算。

3. 最高人民法院、最高人民检察院、公安部关于办理侵犯知识产权刑事

案件适用法律若干问题的意见（法发〔2011〕3号　自2011年1月10日起施行）（节录）

十、关于侵犯著作权犯罪案件“以营利为目的”的认定问题

除销售外，具有下列情形之一的，可以认定为“以营利为目的”：

（一）以在他人作品中刊登收费广告、捆绑第三方作品等方式直接或者间接收取费用的；

（二）通过信息网络传播他人作品，或者利用他人上传的侵权作品，在网站或者网页上提供刊登收费广告服务，直接或者间接收取费用的；

（三）以会员制方式通过信息网络传播他人作品，收取会员注册费或者其他费用的；

（四）其他利用他人作品牟利的情形。

十一、关于侵犯著作权犯罪案件“未经著作权人许可”的认定问题

“未经著作权人许可”一般应当依据著作权人或者其授权的代理人、著作权集体管理组织、国家著作权行政管理部门指定的著作权认证机构出具的涉案作品版权认证文书，或者证明出版者、复制发行者伪造、涂改授权许可文件或者超出授权许可范围的证据，结合其他证据综合予以认定。

在涉案作品种类众多且权利人分散的案件中，上述证据确实难以一一取得，但有证据证明涉案复制品系非法出版、复制发行的，且出版者、复制发行者不能提供获得著作权人许可的相关证明材料的，可以认定为“未经著作权人许可”。但是，有证据证明权利人放弃权利、涉案作品的著作权不受我国著作权法保护，或者著作权保护期限已经届满的除外。

十二、关于刑法第二百一十七条规定的“发行”的认定及相关问题

“发行”，包括总发行、批发、零售、通过信息网络传播以及出租、展销等活动。

非法出版、复制、发行他人作品，侵犯著作权构成犯罪的，按照侵犯著作权罪定罪处罚，不认定为非法经营罪等其他犯罪。

十三、关于通过信息网络传播侵权作品行为的定罪处罚标准问题

以营利为目的，未经著作权人许可，通过信息网络向公众传播他人文字作品、音乐、电影、电视、美术、摄影、录像作品、录音录像制品、计算机软件及其他作品，具有下列情形之一的，属于刑法第二百一十七条规定的“其他严重情节”：

（一）非法经营数额在五万元以上的；

（二）传播他人作品的数量合计在五百件（部）以上的；

（三）传播他人作品的实际被点击数达到五万次以上的；

（四）以会员制方式传播他人作品，注册会员达到一千人以上的；

（五）数额或者数量虽未达到第（一）项至第（四）项规定标准，但分别达到其中两项以上标准一半以上的；

（六）其他严重情节的情形。

实施前款规定的行为，数额或者数量达到前款第（一）项至第（五）项规定标准五倍以上的，属于刑法第二百一十七条规定的“其他特别严重情节”。

4. 最高人民检察院、公安部关于公安机关管辖的刑事案件立案追诉标准的规定（一）（公通字〔2008〕36 号　自 2008 年 6 月 25 日起施行）（节录）

第二十六条　［侵犯著作权案（刑法第二百七十一条）］以营利为目的，未经著作权人许可，复制发行其文字作品、音乐、电影、电视、录像作品、计算机软件及其他作品，或者出版他人享有专有出版权的图书，或者未经录音、录像制作者许可，复制发行其制作的录音、录像，或者制作、出售假冒他人署名的美术作品，涉嫌下列情形之一的，应予立案追诉：

（一）违法所得数额三万元以上的；

（二）非法经营数额五万元以上的；

（三）未经著作权人许可，复制发行其文字作品、音乐、电影、电视、录像作品、计算机软件及其他作品，复制品数量合计五百张（份）以上的；

（四）未经录音录像制作者许可，复制发行其制作的录音录像制品，复制品数量合计五百张（份）以上的；

（五）其他情节严重的情形。

以刊登收费广告等方式直接或者间接收取费用的情形，属于本条规定的“以营利为目的”。

本条规定的“未经著作权人许可”，是指没有得到著作权人授权或者伪造、涂改著作权人授权许可文件或者超出授权许可范围的情形。

本条规定的“复制发行”，包括复制、发行或者既复制又发行的行为。

通过信息网络向公众传播他人文字作品、音乐、电影、电视、录像作品、计算机软件及其他作品，或者通过信息网络传播他人制作的录音录像制品的行为，应当视为本条规定的“复制发行”。

侵权产品的持有人通过广告、征订等方式推销侵权产品的，属于本条规定的“发行”。

本条规定的“非法经营数额”，是指行为人在实施侵犯知识产权行为过程中，制造、储存、运输、销售侵权产品的价值。已销售的侵权产品的价值，按照实际销售的价格计算。制造、储存、运输和未销售的侵权产品的价值，按照标价或者已经查清的侵权产品的实际销售平均价格计算。侵权产品没有标价或者无法查清其实际销售价格的，按照被侵权产品的市场中间价格计算。

六、销售侵权复制品罪

（一）法律规定

第二百一十八条　以营利为目的，销售明知是本法第二百一十七条规定的侵权复制品，违法所得数额巨大的，处三年以下有期徒刑或者拘役，并处或者单处罚金。

（二）罪名详解

销售侵权复制品罪，是指以营利为目的，销售明知是《刑法》第217条所规定的侵权复制品，违法所得数额巨大的行为。

1979年刑法没有销售侵权复制品罪的规定。本罪是从《全国人民代表大会常务委员会关于惩治侵犯著作权的犯罪的决定》第2条的规定，吸收改为刑法的具体规定的。

销售侵权复制品罪的构成要件是：

1. 主体要件

本罪的犯罪主体为一般主体和单位，即自然人、法人或者其他组织。需要注意的是，本罪主体应该是指侵权复制品制作者以外的其他自然人或单位。如果是侵权复制品制作者自己实施销售行为的，构成侵权著作权罪而非本罪。当然销售侵权复制品的行为人也可能与制作侵权复制品的行为人共同构成侵犯著作权罪而非本罪。

2. 客体要件

本罪侵犯的客体是著作权人的著作权和国家著作权管理制度，这与侵犯著作权罪侵犯的客体是相同的。两者的不同之处在于，本罪的侵权具有间接性，即对他人著作权和与著作权有关权益的侵犯是由非法复制、出版或者其他制作行为直接造成的，行为人的销售行为只不过是前述直接侵权行为的延续，危害性比侵犯著作权罪相对要小些。

3. 主观要件

本罪主观方面由直接故意构成，即明知是侵权复制品而予以销售，并且具有营利的目的。因此，“以营利为目的”，是构成本罪在主观方面必须具备的要件。认定是否明知，不能仅凭被告人的口供，而应当根据案件事实、证据予以综合分析、判断。

4. 客观要件

本罪客观方面表现为销售明知是《刑法》第 217 条规定的侵权复制品的行为。即销售明知是未经著作权人许可，复制发行其文字作品、音乐、电影、电视、录像作品、计算机软件及其他作品；或者未经录音、录像制作者许可，复制发行其制作的录音录像的行为。

按照法律规定，销售侵权复制品的行为，除需具备以上构成要件外，只有达到“违法所得数额巨大”的，才构成犯罪。根据《最高人民法院关于审理非法出版物刑事案件具体应用法律若干问题的解释》，销售明知是《刑法》第 218 条所规定的侵权复制品，个人违法所得数额在 10 万元以上的，属于“违法所得数额巨大”。这是因为，1997 年修订刑法时，考虑到销售侵权复制品的行为的社会危害性要小于侵犯著作权的行为，因此，构成犯罪数额的标准，也由原来《关于惩治侵犯著作权的犯罪的决定》规定的“数额较大”，修改为“数额巨大”。从立法原意来看，《刑法》第 218 条的规定与其他侵犯知识产权犯罪的规定是有区别的，即只有违法所得“数额巨大”，而不是“数额较大”时才构成犯罪。《知识产权解释》仍维持上述司法解释的规定，没有变动。

（三）实务疑难问题

1. 罪与非罪的认定

按照法律规定，销售侵权复制品的行为，违法所得数额达不到巨大的，属违法行为，应当依照《著作权法》第 47 条和第 48 条的规定，追究其侵权的民事责任。

2. 注意本罪与侵犯著作权罪的区别

二者的区别在于：第一，主体要件不同。销售侵权复制品罪的主体只能是侵权复制品制作者以外的其他自然人或单位，侵犯著作权罪的主体一般是制作者，有时可能是与制作者通谋的发行者或销售者。第二，犯罪客观方面不同。销售侵权复制品罪在客观方面表现为销售侵权复制品且违法所得数额巨大的行为；侵犯著作权罪则表现为可以是复制发行或出版，也可以是制作、出售，且违法所得数额较大或有其他严重情节的行为。在实践中，行为人如果实施侵犯著作权或与著作权有关权益的行为构成犯罪，又销售其制作的侵权复制品而且违法所得数额巨大的，对其只以侵犯著作权罪论处，而不能再认定销售侵权复制品罪而实行数罪并罚；如果行为人销售的侵权复制品并非其本人制作的侵权复制品，则应以侵犯著作权罪和销售侵权复制品罪数罪并罚；如果销售侵权复制品的行为人事先与侵犯著作权罪的行为人通谋的，对其应以侵犯著作权罪的共犯论处。

3. 划清一罪与数罪的界限

根据《最高人民法院关于审理非法出版物刑事案件具体应用法律若干问题的解释》的规定，制作、复制《刑法》第 217 条所规定的侵权复制品，又销售该侵权复制品，违法所得数额巨大或者有其他严重情节的，属牵连犯罪（手段牵连），应当以侵犯著作权罪定罪处罚，不实行数罪并罚。制作、复制《刑法》第 217 条规定的侵权复制品，构成犯罪，又销售明知是他人的侵权复制品，构成犯罪的，则属实质的数罪，应当实行数罪并罚。

4. 认定销售侵权复制品罪应当注意的其他问题

具体内容参见本书关于假冒注册商标罪中（三）7、8、9 的叙述。

（四）情节与量刑

依照《刑法》第 218 条的规定，犯销售侵权复制品罪的，处 3 年以下有期徒刑或者拘役，并处或者单处罚金。

依照《刑法》第 220 条的规定，单位犯本罪的，对单位判处罚金，并对其直接负责的主管人员和其他直接责任人员，依照第 218 条的规定处罚。

司法机关在适用上述规定对本罪犯罪人进行处罚时应当注意的问题，具体内容参见本书关于假冒注册商标罪中（五）2、3、4、5 的叙述。

（五）法律链接

最高人民法院、最高人民检察院关于办理侵犯知识产权刑事案件具体应用法律若干问题的解释（法释〔2004〕19号　自2004年12月22日起施行）（节录）

第六条　以营利为目的，实施刑法第二百一十八条规定的行为，违法所得数额在十万元以上的，属于“违法所得数额巨大”，应当以销售侵权复制品罪判处三年以下有期徒刑或者拘役，并处或者单处罚金。

第十四条　实施刑法第二百一十七条规定的侵犯著作权犯罪，又销售该侵权复制品，构成犯罪的，应当依照刑法第二百一十七条的规定，以侵犯著作权罪定罪处罚。

实施刑法第二百一十七条规定的侵犯著作权犯罪，又销售明知是他人的侵权复制品，构成犯罪的，应当实行数罪并罚。

七、侵犯商业秘密罪

（一）法律规定

第二百一十九条　有下列侵犯商业秘密行为之一，给商业秘密的权利人造成重大损失的，处三年以下有期徒刑或者拘役，并处或者单处罚金；造成特别严重后果的，处三年以上七年以下有期徒刑，并处罚金：

（一）以盗窃、利诱、胁迫或者其他不正当手段获取权利人的商业秘密的；

（二）披露、使用或者允许他人使用以前项手段获取的权利人的商业秘密的；

（三）违反约定或者违反权利人有关保守商业秘密的要求，披露、使用或者允许他人使用其所掌握的商业秘密的。

明知或者应知前款所列行为，获取、使用或者披露他人的商业秘密的，以侵犯商业秘密论。

本条所称商业秘密，是指不为公众所知悉，能为权利人带来经

济利益，具有实用性并经权利人采取保密措施的技术信息和经营信息。

本条所称权利人，是指商业秘密的所有人和经商业秘密所有人许可的商业秘密使用人。

（二）罪名详解

侵犯商业秘密罪，是指采取不正当手段，获取、披露、使用或者允许他人使用权利人的商业秘密，给商业秘密权利人造成重大损失的行为。

本罪是1997年刑法增设的罪名，1979年刑法和单行刑法均没有规定此罪名。

侵犯商业秘密罪的构成要件是：

1. 主体要件

本罪的犯罪主体为一般主体，自然人和单位均可构成本罪的主体。司法实践中一般是合同约定负有保密义务的当事人和本公司、企业知悉或者掌握商业秘密的人。

2. 客体要件

本罪侵犯的客体是国家对商业秘密权利人的无形资产专有权和社会主义市场的管理秩序。犯罪对象是权利人的商业秘密。

“商业秘密”，是指不为公众所知悉，能为权利人带来经济利益，具有实用性并经权利人采取保密措施的技术信息和经营信息。“不为公众所知悉”，是指该信息是不能从公开渠道直接获取的。“能为权利人带来经济利益、具有实用性”，是指该信息具有确定的可应用性，能为权利人带来现实的或者潜在的经济利益或者竞争优势。“权利人采取保密措施”，包括订立保密协议、建立保密制度和采取其他合理的保密措施。“技术信息”，是指技术配方、技术诀窍、技术流程等信息。“经营信息”，是指有关经营的重大决策、与自己往来的客户的情况等信息。“权利人”，是指商业秘密的所有权人和经商业秘密的所有人许可的商业秘密使用人。“商业秘密使用人”，是指与商业秘密所有人签订商业秘密使用许可合同的人。

因此，商业秘密具有以下特征：（1）它是一种技术信息和经营信息；（2）不为公众所知悉；（3）能为权利人带来经济利益；（4）具有实用性；（5）经权利人采取了保密措施。在当今高度工业化的现代社会，技术信息和经营信息能给权利人带来经济利益，是生产者、经营者的无形资产。企业生产经营者要想在激烈的市场竞争中立于不败之地，就必须努力开发和保守商业秘密。商业秘密一旦被泄露或者被他人盗用，就会给商业秘密的权利人造成重大损失。在社会主义市场经济条件下，随着我国经济体制改革和科技体制改革的深化，商业秘密作为一项知识产权，在各种生产和贸易中正发挥着越来越重要的作用，急需从法律上加以规范和保护。1993 年 9 月 2 日，第八届全国人大常委会第三次会议通过的《反不正当竞争法》第 10 条和第 25 条将侵犯商业秘密的行为规定为不正当竞争行为，并给予行政处罚，但侵权人只承担民事责任。1997 年刑法将侵犯商业秘密的行为规定为犯罪，从而加大了对侵犯商业秘密行为的惩治力度。这是国家为加强对知识产权的保护而采取的重要措施。

3. 主观要件

本罪主观方面由故意构成，包括直接故意和间接故意。过失不构成本罪。侵犯商业秘密的动机可能是各种各样的，有的是为了牟取非法利益；有的是为了挤垮对手；有的是为了报复竞争对手，等等。但动机不影响本罪的成立。

4. 客观要件

本罪客观方面表现为侵犯商业秘密，给商业秘密的权利人造成重大损失的行为。

具体表现为以下三种行为：（1）以盗窃、利诱、胁迫或者其他不正当手段获取权利人的商业秘密。“盗窃”，指秘密窃取；“利诱”，指物质引诱；“胁迫”，指精神强制；“其他不正当手段”，指骗取、收买等。（2）披露、使用或者允许他人使用以盗窃、利诱、胁迫或者其他不正当手段获取的权利人的商业秘密。“披露”，指以各种不同方式将商业秘密告知第三者或者公之于众；“使用或者允许他人使用”，指利用非法获取的商业秘密谋取利益；或者允许他人利用商业秘密谋取利益。（3）违反约定或者违反权利人有关保守商业秘密的要求，披露、使用或者允许他人使用其所掌握的商业秘密。法律只要求行为人具有其中一种行为就构成本罪；具有两种或者两种以上行为仍为一罪，不实行并罚，但量刑时可作为情节予以考虑。

依据法律规定，侵犯商业秘密的行为，除需具备以上构成要件外，还必须给权利人“造成重大损失”的，才构成犯罪。这说明，本罪在犯罪形态上属结果犯。按照《知识产权解释》，实施《刑法》第 219 条规定的行为之一，给商业秘密的权利人造成损失数额在50万元以上的，属于“给商业秘密的权利人造成重大损失”。

（三）实务疑难问题

1. 罪与非罪的认定

侵犯商业秘密的行为，如果没有给权利人造成重大损失，则属《反不正当竞争法》第9条规定的违法行为（即侵权行为），应当依照该法第21条的规定，由监督检查部门责令侵权人停止违法行为，没收违反所得，处10万元以上100万元以下的罚款；情节严重的，处50万元以上500万元以下的罚款。

2. 注意本罪与侵犯国家秘密犯罪的区别

刑法规定了三种侵犯国家秘密的犯罪，即《刑法》第111条的为境外窃取、刺探、收买、非法提供国家秘密、情报罪，第282条第1款的非法获取国家秘密罪和第398条第1款的故意泄露国家秘密罪（不包括第2款的过失泄露国家秘密罪）。

本罪与上述三种侵犯国家秘密的犯罪的区别，主要在于犯罪对象不同：前者侵犯的是他人的即商业秘密的权利人的商业秘密，后者侵犯的则是国家秘密。按照2010年4月29日第十一届全国人大常委会第十四次会议修订的《保守国家秘密法》第2条的规定：“国家秘密是关系国家安全和利益，依照法定程序确定，在一定时间内只限一定范围的人员知悉的事项。”国家秘密的范围，根据该法第9条的规定，包括国家事务的重大决策中的秘密事项；国防建设和武装力量活动中的秘密事项；外交和外事活动中的秘密事项以及对外承担保密义务的秘密事项；国民经济和社会发展中的秘密事项；和维护国家安全活动和追查刑事犯罪中的秘密事项。其中第（五）项“科学技术中的秘密事项”，也属于国家秘密的范围，如果侵犯这种技术成果，“就可能同时触犯侵犯商业秘密罪和侵犯国家秘密的有关犯罪”。“这种情况属于法规竞合，按照特别法优于普通法的原则处理”，即按侵犯国家秘密的有关犯罪处理。①

① 王作富主编：《刑法分则实务研究》（第4版）（中），中国方正出版社2010年版，第721—722页。

3. 掌握侵犯商业秘密罪的适用范围

根据《刑法》第219条第2款的规定，第三人虽然没有直接实施上述侵犯商业秘密的行为，也不属于非法获取商业秘密的直接责任人员，但是如果他明知或者应当知道他人实施上述侵犯商业秘密的行为，仍然从他人处获取、使用商业秘密，或者披露他人的商业秘密的，应当以侵犯商业秘密罪论处。

4. 慎重处理侵犯商业秘密犯罪的案件

由于司法实践中受理这类案件较少，经验不多，商业秘密的界定比较困难，给商业秘密权利人造成重大损失的计算范围和计算方法目前尚无定论，需要进一步调查研究和论证。

5. 认定侵犯商业秘密罪应当注意的其他问题

具体内容参见本书关于假冒注册商标罪中（三）7、8、9的叙述。

（四）情节与量刑

依照《刑法》第219条的规定，犯侵犯商业秘密罪的，处3年以下有期徒刑或者拘役，并处或者单处罚金；造成特别严重后果的，处3年以上7年以下有期徒刑，并处罚金。

依照《刑法》第220条的规定，单位犯本罪的，对单位判处罚金，并对其直接负责的主管人员和其他直接责任人员，依照第219条的规定处罚。

司法机关在适用《刑法》第219条、第220条规定处罚时，应当注意以下问题：

1. “造成特别严重后果”，是本罪的加重处罚情节。按照《知识产权解释》的规定，给商业秘密权利人造成损失数额在250万元以上的，属于刑法第219条规定的“造成特别严重后果”，应当以侵犯商业秘密罪判处3年以上7年以下有期徒刑，并处罚金。

2. 适用上述规定对本罪犯罪人进行处罚时应当注意的其他问题，具体内容参见本书关于假冒注册商标罪中（五）2、3、4、5的叙述。

（五）法律链接

最高人民法院、最高人民检察院关于办理侵犯知识产权刑事案件具体应用法律若干问题的解释（法释〔2004〕19号　自2004年12月22日起施行）

（节录）

第七条 实施刑法第二百一十九条规定的行为之一，给商业秘密的权利人造成损失数额在五十万元以上的，属于"给商业秘密的权利人造成重大损失"，应当以侵犯商业秘密罪判处三年以下有期徒刑或者拘役，并处或者单处罚金。

给商业秘密的权利人造成损失数额在二百五十万元以上的，属于刑法第二百一十九条规定的"造成特别严重后果"，应当以侵犯商业秘密罪判处三年以上七年以下有期徒刑，并处罚金。

第八节 扰乱市场秩序罪

一、损害商业信誉、商品声誉罪

（一）法律规定

第二百二十一条　捏造并散布虚伪事实，损害他人的商业信誉、商品声誉，给他人造成重大损失或者有其他严重情节的，处二年以下有期徒刑或者拘役，并处或者单处罚金。

第二百三十一条　单位犯本节第二百二十一条至第二百三十条规定之罪的，对单位判处罚金，并对其直接负责的主管人员和其他直接责任人员，依照本节各该条的规定处罚。

（二）罪名详解

损害商业信誉、商品声誉罪，是指捏造并散布虚伪事实，损害他人的商业信誉、商品声誉，给他人造成重大损失或者有其他严重情节的行为。

本罪系1997年刑法修订时增设的罪名。

损害商业信誉、商品声誉罪的构成要件是：

1. 主体要件

犯罪主体为一般主体，包括单位和自然人。

2. 客体要件

本罪侵犯的客体是经营者的商业信誉权、商品声誉权和市场的公平竞争秩序。

“商业信誉”，是指经营者在商业活动中的信用程度和名誉。包括社会公众对该经营者的资信状况、商业道德、技术水平、经济实力等方面的积极评价。“商品声誉”，是指企业投放市场的商品在质量、品牌、风格等方面的可信赖程度和知名度。经营者的商业信誉、商品声誉，不仅关系到经营者在市场上的形象，而且直接关系到其经济利益，影响其市场竞争力的高低。所以，对于侵犯经营者商业信誉、商品声誉的行为，国家通过将其入罪的方式对此类行为进行打击。

3. 主观要件

主观方面是故意，且具有损害他人商业信誉、商品声誉的目的。动机可能是多种多样的，如泄愤、排挤竞争对手等，但动机不影响本罪的成立。

4. 客观要件

客观方面表现为捏造并散布虚伪的事实，损害他人的商业信誉、商品声誉，给他人造成重大损失或者有其他严重情节的行为。

“捏造”，是指无中生有，凭空捏造虚假事实的行为；“散布”，是指以各种方式在公众中宣传、扩散其捏造的虚假事实的行为。既可以是口头的，也可以是书面的，还可以是通过新闻媒介等，捏造与散布行为必须同时具备才构成本罪。实践中，这种不正当竞争行为是多种多样的，常见的有：造谣中伤，诋毁竞争对手；歪曲事实，损害竞争对手形象；含沙射影，贬低他人商品，标榜自己商品，等等。只要是捏造并散布了损害他人商业信誉、商品声誉的行为，并造成了他人的重大损失或者有其他严重情节的，就构成本罪。应当明确，捏造并散布虚伪事实，损害他人商品信誉、商品声誉的行为，必须是针对特定的人或者单位实施的。当然，并不一定非要指名道姓，只要从捏造的虚伪的事实中能够推断出被损害的人或者单位是谁，就可以构成本罪。

“重大损失”，一般应是因商业信誉、商品声誉受损而产生的直接经济损失，直接经济损失应当既包括有形的、可直接计算的财产损失，如因产品被退回所造成的收入减少，也包括无形的、需加以评估的财产损失，如企业信誉价值的降低，不能将直接经济损失只理解为可以直接计算的损失，而忽略了需通过评估加以测算的损失。但对于被害人为了恢复受到损失的商业信誉和商品声誉所投入的资金（如广告费用等）或者为制止不法侵害事件而扩大的开支（如诉讼费用）等间接损失，不应认定为损害商业信誉、商品声誉所造成的损失，一般只在量刑或者附带民事诉讼赔偿时酌情加以考虑。

（三）实务疑难问题

1. 罪与非罪的界限

损害他人商业信誉、商品声誉的行为必须给他人造成重大损失或者有其他严重情节的，才构成犯罪。按照《立案追诉标准规定（二）》第 74 条的规定，捏造并散布虚伪事实，损害他人的商业信誉、商品声誉，涉嫌下列情形之一的，应予立案追诉：（1）给他人造成直接经济损失数额在 50 万元以上的；（2）虽未达到上述数额标准，但具有下列情形之一的：①利用互联网或者其他媒体公开损害他人商业信誉、商品声誉的；②造成公司、企业等单位停业、停产 6 个月以上，或者破产的；（3）其他给他人造成重大损失或者有其他严重情节的情形。

2. 故意损害他人商业信誉、商品声誉行为和过失损害他人商业信誉、商品声誉行为的区别

前者是以损害他人商业信誉、商品声誉为目的，后者则不具有这一目的，只是道听途说，以讹传讹，不负责任地讲一些损害他人商业信誉、商品声誉的话，甚至向有关部门、新闻单位反映了内容失实的情况，等等。这种行为虽然客观上也损害了他人的商业信誉、商品声誉，但由于其不具有损害他人商业信誉、商品声誉的目的，因此不构成犯罪。

（四）情节与量刑

依照《刑法》第 221 条的规定，犯损害商业信誉、商品声誉罪的，处 2 年以下有期徒刑或者拘役，并处或者单处罚金。

依照《刑法》第 231 条的规定，单位犯本罪的，对单位判处罚金，并对其直接负责的主管人员和其他直接责任人员，依照第 221 条的规定处罚。

二、虚假广告罪

（一）法律规定

第二百二十二条 广告主、广告经营者、广告发布者违反国家规定，利用广告对商品或者服务作虚假宣传，情节严重的，处二年以下有期徒刑或者拘役，并处或者单处罚金。

第二百三十一条 单位犯本节第二百二十一条至第二百三十条规定之罪的，对单位判处罚金，并对其直接负责的主管人员和其他直接责任人员，依照本节各该条的规定处罚。

（二）罪名详解

虚假广告罪，是指广告主、广告经营者、广告发布者违反国家规定，利用广告对商品或者服务作虚假宣传，情节严重的行为。

本罪是1997年刑法修订时增设的罪名。1994年《广告法》[①] 第37条规定，制作、发布虚假广告，情节严重、构成犯罪的，应当负刑事责任。1997年刑法修订时将广告法的这一规定吸收改为刑法的具体规定。

虚假广告罪的构成要件是：

1. 主体要件

犯罪主体为广告主、广告经营者和广告发布者。根据广告法的规定，“广告主”，是指为推销商品或者提供服务，自行或者委托他人设计、制作、发布广告的自然人、法人或其他组织；“广告经营者”，是指接受委托提供广告设计、制作、代理服务的自然人、法人或者其他组织；“广告发布者”，是指为广告主或者广告主委托的广告经营者发布广告的自然人、法人或者其他组织。

2. 客体要件

本罪侵犯的客体是国家对广告经营的管理制度。犯罪对象是商业广告。根据广告法的规定，“广告”，是指商品经营者或者服务提供者承担费用，通过一定媒介和形式直接或者间接地介绍自己所推销的商品或者所提供的服务

---

① 2018年10月26日被修正。

的商业活动。它是宣传、推销产品的有效方法。但是，一些不法的广告主、广告经营者、广告发布者为了牟取非法利润，违反国家规定，故意制作、发布虚假广告，欺骗和误导广大消费者，严重损害消费者的利益，损害了正当的商品交易活动和公平的市场竞争，破坏了广告经营的管理制度。

3. 主观要件

主观方面由故意构成。行为人必须是明知是虚假广告而作宣传的才构成本罪。过失不构成本罪。犯罪动机可能是为了推销滞销产品，也可能是谋取其他经济利益。但动机不同，不影响本罪的成立。

4. 客观要件

客观方面表现为违反国家规定，利用广告对于商品或者服务作虚假宣传的行为。“违反国家规定”，是指违反全国人大及其常委会制定的有关广告管理的法律和决定，国务院制定的有关广告管理的行政法规、规定的行政措施、发布的决定和命令。《广告法》第4条规定：“广告不得含有虚假或者引人误解的内容，不得欺骗、误导消费者。”《反不正当竞争法》第8条第1款也规定：“经营者不得对其商品的性能、功能、销售状况、用户评价、曾获荣誉作虚假或者引人误解的商业宣传，欺骗、误导消费者。”显然，本罪是违反上述法律规定的。“虚假宣传”，是指隐瞒商品和服务的真相，对商品的性能、产地、用途、质量、价格、生产者、有效期限、允诺，或者对服务的内容、形式、质量、价格、允诺等内容大肆吹嘘，欺骗和误导消费者的行为。比如，将假冒伪劣商品宣传为名牌产品；虚构商品的获奖、取得专利等事实做广告宣传；捏造商品性能、用途等。

虚假广告的行为必须达到“情节严重”的程度，才构成犯罪。所谓“情节严重”，司法实践中，一般是指多次作虚假广告的，曾因作虚假广告宣传受到行政处罚又作虚假广告的等情形。

（三）实务疑难问题

1. 罪与非罪的界限

司法实践中，广告的制作、宣传等方面有时会存在某些夸大或者某些失实的地方，但不一定构成犯罪。按照《立案追诉标准规定（二）》第75条的规定，广告主、广告经营者、广告发布者违反国家规定，利用广告对商品或者服务作虚假宣传，涉嫌下列情形之一的，应予立案追诉：（1）违法所得数额在十万元以上的；(2) 给单个消费者造成直接经济损失数额在五万元以上的，或者给多个消费者造成直接经济损失数额累计在20万元以上的；(3) 假借预防、控制突发事件的名义，利用广告作虚假宣传，致使多人上当受骗，违法所得数额在3万元以上的；(4) 虽未达到上述数额标准，但两年内因利用广告作虚假宣传，受过行政处罚二次以上，又利用广告作虚假宣传的；(5) 造成人身伤残的；(6) 其他情节严重的情形。

2. 一罪与数罪的认定

司法实践中，有些虚假广告是在销售伪劣商品过程中制作、发布的，利用虚假广告作虚假宣传只是销售伪劣商品的一种手段。例如，利用虚假广告宣传销售假药、劣药、不符合安全标准的食品、不符合标准的医用器材、不符合卫生标准的化妆品等。在这种情况下，行为人既触犯了虚假广告罪，又触犯了销售伪劣商品类犯罪，依照处理牵连犯的原则，应以其中较重的罪定罪处罚。

（四）情节与量刑

依照《刑法》第222条的规定，犯虚假广告罪的，处2年以下有期徒刑或者拘役，并处或者单处罚金。

依照《刑法》第231条的规定，单位犯本罪的，对单位判处罚金，并对其直接负责的主管人员和其他直接责任人员，依照第222条的规定处罚。

（五）法律链接

1. 最高人民法院、最高人民检察院关于办理妨害预防、控制突发传染病疫情等灾害的刑事案件具体应用法律若干问题的解释（法释〔2003〕8号　自2003年5月15日起施行）（节录）

第五条　广告主、广告经营者、广告发布者违反国家规定，假借预防、控制突发传染病疫情等灾害的名义，利用广告对所推销的商品或者服务作虚假宣传，致使多人上当受骗，违法所得数额较大或者有其他严重情节的，依照刑法第二百二十二条的规定，以虚假广告罪定罪处罚。

2. 最高人民法院关于审理非法集资刑事案件具体应用法律若干问题的解释（法释〔2010〕18号　自2011年1月4日起施行）（节录）

第八条　广告经营者、广告发布者违反国家规定，利用广告为非法集资活动相关的商品或者服务作虚假宣传，具有下列情形之一的，依照刑法第二百二十二条的规定，以虚假广告罪定罪处罚：

（一）违法所得数额在十万元以上的；

（二）造成严重危害后果或者恶劣社会影响的；

（三）二年内利用广告作虚假宣传，受过行政处罚二次以上的；

（四）其他情节严重的情形。

明知他人从事欺诈发行股票、债券，非法吸收公众存款，擅自发行股票、债券，集资诈骗或者组织、领导传销活动等集资犯罪活动，为其提供广告等宣传的，以相关犯罪的共犯论处。

三、串通投标罪

（一）法律规定

第二百二十三条　投标人相互串通投标报价，损害招标人或者其他投标人利益，情节严重的，处三年以下有期徒刑或者拘役，并处或者单处罚金。

投标人与招标人串通投标，损害国家、集体、公民的合法利益的，依照前款的规定处罚。

第二百三十一条　单位犯本节第二百二十一条至第二百三十条规定之罪的，对单位判处罚金，并对其直接负责的主管人员和其他直接责任人员，依照本节各该条的规定处罚。

（二）罪名详解

串通投标罪，是指投标人相互串通投标报价，损害招标人或者其他投标人利益，或者投标人与招标人串通投标，损害国家、集体、公民的合法权益，情节严重的行为。

本罪在1979年刑法和单行刑法中均没有规定，1997年刑法修订时增设。

串通投标罪的构成要件是：

1. 主体要件

犯罪主体为特殊主体，即招标人和投标人。单位可以构成本罪的主体。

2. 客体要件

本罪侵犯的客体是投标市场秩序。在承包建筑工程或承买大宗商品时，承包人或者买主按照招标公告的标准和条件提出价格，填具标单，叫投标。而公布标准和条件，提出价格，招人承包或者承买，叫招标。招标与投标是市场经济条件下一种常用的竞争方式。这项制度在我国建筑工程等领域普遍推行。但是，有的不法投标人相互串通投标报价，共同排挤其他投标人；有的投标人与招标人相互勾结，以排挤竞争对手。上述行为，违背了公平公正竞争原则，严重扰乱了市场管理秩序，损害了招标人或者其他投标人以及国家、集体、公民的合法权益，应当给予刑事处罚。

3. 主观要件

主观方面是故意。行为人的动机可能是多种多样的，但动机不影响本罪的成立。

4. 客观要件

客观方面表现为投标人相互串通投标报价，损害招标人或者其他投标人的利益或者投标人与招标人串通投标，损害国家、集体、公民利益的行为。

"投标人"，是指在投标竞争活动中，决定并影响投标报价的参与人；"相互串通投标报价"，是指在投标过程中，暗中商量好抬高或者压低标价等行为；"损害招标人或者其他投标人利益"，是指由于投标人相互串通投标报价而使招标人无法达到最佳的竞标结果或者其他投标人无法在公平竞争的条件下参与投标竞争而受到损害的情况；"投标人与招标人串通投标，损害国家、集体、公民的合法利益的"，是指投标人与招标人在招标过程中相互勾结、影响、破坏和干扰招标秩序，使国家、集体、公民的合法利益受到严重损害的行为。如投标人通过非法手段买通招标人提前获得报价条件和信息；招标人审查评比投标申请时，优先让与其勾结的投标者中标等。

串通投标的行为，必须达到"情节严重"的程度，才构成犯罪。在司法实践中，"情节严重"一般是指由于串通投标报价，而使招标人无法达到最佳的竞标结果或者其他投标人无法在公平竞争的条件下，参与竞争投标而受到损害的；造成招标投标工作严重混乱的；使招标人蒙受重大损失的等情形。

（三）实务疑难问题

司法实践中，认定罪与非罪，关键在于情节是否严重。投标人相互串通投标报价，损害招标人或者其他投标人的利益，或者投标者与招标者串通投标，损害国家、集体、公民的合法权益，如果情节不严重的，属于违法行为，不构成犯罪。按照《立案追诉标准规定（二）》第 76 条的规定，投标人相互串通投标报价，或者投标人与招标人串通投标，涉嫌下列情形之一的，应予立案追诉：（1）损害招标人、投标人或者国家、集体、公民的合法利益，造成直接经济损失数额在 50 万元以上的；（2）违法所得数额在 10 万元以上的；（3）中标项目金额在 200 万元以上的；（4）采取威胁、欺骗或者贿赂等非法手段的；（5）虽未达到上述数额标准，但两年内因串通投标，受过行政处罚 2 次以上，又串通投标的；（6）其他情节严重的情形。

（四）情节与量刑

依照《刑法》第 223 条的规定，犯串通投标罪的，处 3 年以下有期徒刑或者拘役，并处或者单处罚金。

依照《刑法》第 231 条的规定，单位犯本罪的，对单位判处罚金，并对其直接负责的主管人员和其他直接责任人员，依照第 223 条的规定处罚。

司法机关在适用《刑法》第 223 条、第 231 条的规定处罚时，应当注意以下问题：

1. 在适用刑罚时，要注意在判处自由刑的同时，一并判处罚金刑，或者单独适用罚金刑。也就是说，不管主刑如何判处，都不能不判处罚金刑。

2. 本罪只有两个以上的主体，即投标人相互串通报价，或者招标人和投标人串通投标，共同实施犯罪才能完成，属于必要的共犯。如何确定各自在共同犯罪中的地位、作用、应负的责任，要根据案件的具体情况，依照《刑法》总则关于共同犯罪的原则处罚。

四、合同诈骗罪

（一）法律规定

第二百二十四条　有下列情形之一，以非法占有为目的，在签订、履行合同过程中，骗取对方当事人财物，数额较大的，处三年以下有期徒刑或者拘役，并处或者单处罚金；数额巨大或者有其他

严重情节的，处三年以上十年以下有期徒刑，并处罚金；数额特别巨大或者有其他特别严重情节的，处十年以上有期徒刑或者无期徒刑，并处罚金或者没收财产：

（一）以虚构的单位或者冒用他人名义签订合同的；

（二）以伪造、变造、作废的票据或者其他虚假的产权证明作担保的；

（三）没有实际履行能力，以先履行小额合同或者部分履行合同的方法，诱骗对方当事人继续签订和履行合同的；

（四）收受对方当事人给付的货物、货款、预付款或者担保财产后逃匿的；

（五）以其他方法骗取对方当事人财物的。

第二百三十一条　单位犯本节第二百二十一条至第二百三十条规定之罪的，对单位判处罚金，并对其直接负责的主管人员和其他直接责任人员，依照本节各该条的规定处罚。

（二）罪名详解

合同诈骗罪，是指以非法占有为目的，在签订、履行合同过程中，骗取对方当事人财物，数额较大的行为。

本罪是1997年刑法修订时增设的罪名。之前对于利用经济合同进行诈骗，是按照诈骗罪定罪处刑的。鉴于这类犯罪比较严重，又不同于普通的诈骗罪，所以1997年刑法修订时将它单独作了规定。

合同诈骗罪的构成要件是：

1. 主体要件

犯罪主体为一般主体，自然人和单位均可构成本罪的主体。

2. 客体要件

本罪侵犯的客体是经济合同管理秩序和公私财物的所有权。“合同”，主要是指经济合同，即法人之间为实现一定的目的依法达成的具有权利义务内容的协议。其形式包括口头合同与书面合同。民法通则规定，签订、履行合同必须遵循自愿、公平、等价有偿、诚实信用的原则。但是，一些不法分子以非法占有他人财物为目的，与他人签订经济合同，骗取他人的钱财，不仅侵害了经济合同管理秩序，扰乱了市场经济秩序，也侵害了他人的财产权益，具有严重的社会危害性，应当受到刑事处罚。

如何界定合同诈骗罪中“合同”的范围？第一，关于合同类型。合同诈骗罪规定于《刑法》分则第三章“破坏社会主义市场经济秩序罪”之第八节“扰乱市场经济秩序罪”中，因而合同诈骗罪中的“合同”，必须能够体现一定的市场秩序。与市场秩序无关的以及主要不受市场调整的各种“合同”“协议”，通常情况下不应视为合同诈骗罪中的“合同”。第二，关于合同形式。根据合同法的规定，除法律、法规有明确规定之外，合同的订立既可以采用书面形式，也可以采用口头形式或其他形式。口头合同与书面合同均为合法有效合同。在界定合同诈骗罪的合同范围时，不应拘泥于合同的形式，在有证据证明确实存在合同关系的情况下，即便是口头合同，只要发生在生产经营领域，侵犯了市场经济秩序的，同样应当以合同诈骗罪定罪处罚。

3. 主观要件

主观方面由故意构成，并且具有非法占有公私财物的目的。这里所说的以非法占有为目的，既包括意图本人对非法所得的占有，也包括意图为单位或者第三人对非法所得的占有。

4. 客观要件

客观方面表现为在签订、履行合同过程中，骗取对方当事人财物，数额较大的行为。根据《刑法》第224条的规定，合同诈骗包括以下五种行为：（1）以虚构的单位或者冒用他人的名义签订合同的。即以凭空捏造出来的单位的名义或者未经他人授权或同意以他人名义签订合同的。（2）以伪造、变造、作废的票据或者其他虚假的产权证明作担保的。合同担保，是签订合同的当事人，根据法律规定或者双方约定，为保证合同的履行而设定的一种权利与义务关系，是减少合同风险和保障合同履行的常规做法。犯罪分子为了取得对方当事人的信任，往往以伪造、变造、作废的票据或者其他虚假的产权证明作担保，以达到利用合同，骗取钱财的目的。“票据”，是指汇票、本票和支票等金融票据；“其他虚假的产权证明”，是指证明其对某些本不享有权利的财产享有权利的证明文件，如虚假的土地使用证、房屋所有权证以及其他虚假的动产、不动产权属的“证明文件”等。（3）没有实际履行能力，以先履行小额合同或者部分履行合同的方法，诱骗对方当事人继续签订和履行合同的。这是诈骗犯罪分子一种惯用的伎俩。履行小额合同或者部分履行合同，往往使对方当事人对其履约能力和诚意信以为真，进而与之签订标的额更大的合同。犯罪分子以此为诱饵就可以比较容易地取得对方的信任，达到诈骗钱财的目的。（4）收受对方当事人给付的货物、货款、预付款或者担保财产后逃匿的。这种行为是一种比较典型的合同诈骗。行为人根本不想履行合同，只要签订了合同，对方当事人给付了货物、货款、预付款或者担保财产，其犯罪目的就已实现，然后便逃跑、隐藏、躲避。（5）以其他方法骗取对方当事人财物的。这是一个概括性规定。由于合同诈骗犯罪的手段是多种多样的，法律上不可能穷尽，有必要规定这样一个弹性款项，便于司法机关具体掌握，使犯罪分子难以逃脱法律的制裁。司法实践中主要有以下情况：收受当事人给付的货物、货款、预付款或者担保财产后，无正当理由既不履行合同义务又不退还，用于违法活动；用于挥霍，致使无法返还，等等。

（三）实务疑难问题

1. 罪与非罪的界限

合同诈骗的行为，必须达到“数额较大”的程度，才构成犯罪。按照《立案追诉标准规定（二）》第 77 条的规定，以非法占有为目的，在签订、履行合同过程中，骗取对方当事人的财物，数额在 2 万元以上的，应予立案追诉。

2. 合同诈骗罪与合同纠纷的区别

区分二者的关键在于行为人主观上是否具有非法占有对方当事人财物的目的，客观上是否利用经济合同实施骗取对方当事人数额较大的财物的行为。合同纠纷往往是合同当事人具有一定的履约能力和担保，只是由于客观上的某些原因，虽经多方努力仍不能履行合同而使对方当事人遭受严重损失所产生的纠纷。造成纠纷的当事人并无占有他人财物的故意。因此，不能把这种纠纷当作合同诈骗罪来处理。

3. 合同诈骗罪与合同诈欺行为的区别

合同诈欺行为，是指签订合同的一方当事人弄虚作假，诱使对方当事人在违背其真实意思表示的情况下，签订合同的行为。二者的区别在于：主观目的不同。前者是以诈骗钱财为目的，后者主观上虽有诈欺的故意，但不具有非法占有他人财物的目的，其目的是为了进行经营，并借以创造履约能力。对于民事欺诈行为引起的纠纷，可通过民事诉讼的方式解决。

4. 合同诈骗罪与夸大履约能力骗签合同行为的区别

合同诈骗罪，行为人往往不具有履约能力，并且具有非法占有他人财物的目的。而夸大履约能力签订合同，行为人虽具有一定的履约能力，但故意夸大自己的履约能力，目的只是使对方当事人信任自己，并与之签订合同。所签的合同应当说是真实的，签订合同后行为人也能积极履行合同，并不具有非法占有他人财物的目的。即使经过努力仍不能全部履行合同，给对方造成经济损失，但有归还所欠财物意图的，就不能按照合同诈骗罪处理。

5. 合同诈骗罪与“借鸡生蛋”的区别

前者是想永久地占有对方当事人财物，后者不过是因一时资金困难，企图临时占用他人财物用于自己的某种临时用途，在短期内还会予以偿还。“借鸡生蛋”的行为人与他人签订合同的目的，既不想履行合同，也不想长期占有，而是应急解决一时困难。只要能在短时间里偿还并赔偿损失，就可不以合同诈骗罪论处。

6. 合同诈骗罪与诈骗罪的关系

刑法上的合同诈骗罪与诈骗罪属于法条竞合，是特别法与一般法的竞合关系。区别合同诈骗罪与诈骗罪，最关键的一点即合同诈骗罪是一种利用合同进行诈骗的犯罪，诈骗行为发生在合同的签订、履行过程中，诈骗行为往往伴随着合同的签订、履行。合同诈骗罪作为特殊的诈骗犯罪在诈骗方法和对象上有其特定性。一是，合同诈骗罪表现为“利用合同”进行诈骗，也就是说诈骗行为必须是发生在合同的签订、履行过程中，而不能是这之前或之后；二是，合同诈骗罪的行为人非法占有的财物应当是与合同签订、履行有关的财物，如合同标的物、定金、预付款、担保财产、贷款等。

（四）情节与量刑

依照《刑法》第 224 条的规定，犯合同诈骗罪的，处 3 年以下有期徒刑或者拘役，并处或者单处罚金；数额巨大或者有其他严重情节的，处 3 年以上 10 年以下有期徒刑，并处罚金；数额特别巨大或者有其他特别严重情节的，处 10 年以上有期徒刑或者无期徒刑，并处罚金或者没收财产。

依照《刑法》第 231 条的规定，单位犯本罪的，对单位判处罚金，并对其直接负责的主管人员和其他直接责任人员，依照第 224 条的规定处罚。

司法机关在适用《刑法》第 224 条的规定处罚时，应当注意以下问题：

1. “数额巨大或者有其他严重情节的”“数额特别巨大或者有其他特别严重情节的”是判处较重刑罚的条件。

何谓数额较大、数额巨大、数额特别巨大、其他严重情节、其他特别严重情节，有待于最高人民法院作出司法解释。司法实践中，对于利用合同进行诈骗的，因其情况复杂，在数额标准上应适当高于普通诈骗罪的数额标准。“其他严重情节”，一般是指手段恶劣，动机卑鄙，或者给对方造成严重经济损失的等情形。“其他特别严重情节”，一般是指给对方当事人造成特别严重的经济损失的；造成企业破产等特别严重后果的等情形。

2. 诈骗数额应当以行为人实际骗取的数额认定。合同标的数额可以作为量刑情节予以考虑。行为人利用合同多次进行诈骗或者连续进行诈骗，用后次诈骗的款项归还前次诈骗款项的，应按最后实际诈骗数额计算，上述情节可作为量刑情节予以考虑。

3. 依照《最高人民法院关于常见犯罪的量刑指导意见（二）（试行)》的规定，构成合同诈骗罪，达到数额较大起点的，可以在1年以下有期徒刑、拘役幅度内确定量刑起点；达到数额巨大起点或者有其他严重情节的，可以在3年至4年有期徒刑幅度内确定量刑起点；达到数额特别巨大起点或者有其他特别严重情节的，可以在10年至12年有期徒刑幅度内确定量刑起点，依法应当判处无期徒刑的除外。在量刑起点的基础上，可以根据合同诈骗数额等其他影响犯罪构成的犯罪事实增加刑罚量，确定基准刑。

五、组织、领导传销活动罪

（一）法律规定

第二百二十四条之一[①] **组织、领导以推销商品、提供服务等经营活动为名，要求参加者以缴纳费用或者购买商品、服务等方式获得加入资格，并按照一定顺序组成层级，直接或者间接以发展人员的数量作为计酬或者返利依据，引诱、胁迫参加者继续发展他人参加，骗取财物，扰乱经济社会秩序的传销活动的，处五年以下有期**

① 本条系根据2009年2月28日公布的《刑法修正案（七)》增加。

徒刑或者拘役，并处罚金；情节严重的，处五年以上有期徒刑，并处罚金。

第二百三十一条　单位犯本节第二百二十一条至第二百三十条规定之罪的，对单位判处罚金，并对其直接负责的主管人员和其他直接责任人员，依照本节各该条的规定处罚。

（二）罪名详解

组织、领导传销活动罪，是指行为人组织、领导以推销商品、提供服务等经营活动为名，要求参加者以缴纳费用或者购买商品、服务等方式获得加入资格，并按照一定的顺序组成层级，直接或者间接以发展人员的数量作为计酬或者返利依据，引诱、胁迫参加者继续发展他人参加，骗取财物，扰乱经济社会秩序的传销活动的行为。

本罪是 2009 年 2 月 28 日第十一届全国人大常委会第七次会议通过的《刑法修正案（七）》第 4 条增设的罪名。

组织、领导传销活动罪的构成要件是：

1. 主体要件

犯罪主体是传销活动的组织者、领导者。根据《刑法》第 231 条的规定，单位也可以构成本罪的主体。组织者，是指倡导、发起、策划、指挥、招揽、引诱、胁迫、安排传销活动的人或者单位。领导者，是指在传销活动中起统帅、决策、指挥、策划作用的人或者单位。组织者、领导者具有一定的共同性，如都可能是策划者、指挥者。一般来说，在传销网络建立前实施策划、指挥等行为的，属于组织行为；传销组织建立后实施该类行为的，属于领导行为；传销组织成立前后均实施了上述行为的，则属于组织、领导行为。对组织、领导者的认定应以其在传销活动中的地位、作用为依据。组织者并不限于策划、发起人。对于传销组织成立后积极加入其中，并在传销活动中起组织作用的，也可以认定为组织者。

2. 客体要件

本罪侵犯的是复杂客体，主要侵犯经济管理秩序，也侵犯公民的财产权利和社会管理秩序。《刑法修正案（七）》将本罪规定在《刑法》分则第三章第八节“扰乱市场秩序罪”之中，正说明了这一点。行为人是以推销商品、提供服务等经营活动为名进行的，实际上并无合法的经营活动。在传销过程中，往往实行价格欺诈、推销伪劣产品、走私物品，牟取暴利，从而严重扰乱市场经济秩序。同时，行为人以“拉人头”、收取“入门费”等方式骗取财物，直接被害人是那些被引诱、胁迫参加传销活动的群众。骗取财物是组织、领导传销活动罪的本质特征。因此，本罪侵害的客体还有公民的财产权利。在传销活动中，一些行为人利用传销进行邪教、帮会、迷信活动，严重影响社会稳定。因此，本罪侵犯的客体还包括社会管理秩序。《刑法修正案（七）》施行前，这类案件在司法实践中一般按非法经营罪来处理。《刑法修正案（七）》对组织、领导传销活动的行为作了专门规定，从而为惩治这类犯罪活动提供了明确的法律依据。

3. 主观要件

主观方面只能由故意构成，并且具有非法牟利的目的。行为人明知自己组织、领导传销活动为国家法律所禁止，但却通过组织、领导传销活动，达到骗取钱财，牟取非法利益的目的。

4. 客观要件

客观方面表现为组织、领导传销活动的行为。

根据2005年11月1日施行的国务院《禁止传销条例》第7条的规定，下列行为属于传销行为：（1）组织者或者经营者通过发展人员，要求被发展人员发展其他人员加入，对发展的人员以其直接或者间接滚动发展的人员数量为依据计算和给付报酬（包括物质奖励和其他经济利益，下同），牟取非法利益的；（2）组织者或者经营者通过发展人员，要求被发展人员交纳费用或者以认购商品等方式变相交纳费用，取得加入或者发展其他人员加入的资格，牟取非法利益的；（3）组织者或者经营者通过发展人员，要求被发展人员发展其他人员加入，形成上下线关系，并以下线的销售业绩为依据计算和给付上线报酬，牟取非法利益的。《刑法》第224条之一，基本包括了这三种形式的传销行为和本质特征，明确规定本罪处罚的是传销行为的组织、领导行为。

（三）实务疑难问题

1. 传销与直销的区别。直销是企业的一种常见的合法的营销方式，传销则是法律所禁止的违法行为。

2. 组织、领导者与一般参与者的区分。传销活动往往涉及的人数众多，刑法要惩处的只限于组织者、领导者，不能扩大打击面而追究一般参与者的刑事责任。

3. 罪与非罪的界限。按照《立案追诉标准规定（二）》第78条的规定，涉嫌组织、领导的传销活动人员在30人以上且层级在3级以上的，应予立案追诉。

（四）情节与量刑

依照《刑法》第224条之一的规定，犯组织、领导传销活动罪的，处5年以下有期徒刑或者拘役，并处罚金；情节严重的，处5年以上有期徒刑，并处罚金。

依照《刑法》第231条的规定，单位犯本罪的，对单位判处罚金，并对其直接负责的主管人员和其他直接责任人员，依照第224条之一的规定处罚。

司法机关在适用《刑法》第224条之一的规定处罚时，应当注意以下问题：

1. “情节严重”，是本罪的加重处罚情节，司法实践中，一般是指组织、领导的传销活动人数庞大的；涉案金额巨大的；引诱、胁迫群众参与传销情节恶劣的；造成恶劣社会影响或者严重后果的等情形。

2. 如果行为人组织、领导传销活动同时构成其他犯罪的，如生产、销售伪劣产品罪、非法集资罪、非法拘禁罪等，则依照处罚较重的规定定罪处罚。

（五）法律链接

最高人民法院、最高人民检察院、公安部关于办理组织领导传销活动刑事案件适用法律若干问题的意见（公通字〔2013〕37号　自2013年11月14日起施行）（节录）

一、关于传销组织层级及人数的认定问题

以推销商品、提供服务等经营活动为名，要求参加者以缴纳费用或者购买商品、服务等方式获得加入资格，并按照一定顺序组成层级，直接或者间接以发展人员的数量作为计酬或者返利依据，引诱、胁迫参加者继续发展他人参加，骗取财物，扰乱经济社会秩序的传销组织，其组织内部参与传销活动人员在三十人以上且层级在三级以上的，应当对组织者、领导者追究刑事责任。

组织、领导多个传销组织，单个或者多个组织中的层级已达三级以上的，可将在各个组织中发展的人数合并计算。

组织者、领导者形式上脱离原传销组织后，继续从原传销组织获取报酬或者返利的，原传销组织在其脱离后发展人员的层级数和人数，应当计算为其发展的层级数和人数。

办理组织、领导传销活动刑事案件中，确因客观条件的限制无法逐一收集参与传销活动人员的言词证据的，可以结合依法收集并查证属实的缴纳、支付费用及计酬、返利记录，视听资料，传销人员关系图，银行账户交易记录，互联网电子数据，鉴定意见等证据，综合认定参与传销的人数、层级数等犯罪事实。

二、关于传销活动有关人员的认定和处理问题

下列人员可以认定为传销活动的组织者、领导者：

（一）在传销活动中起发起、策划、操纵作用的人员；

（二）在传销活动中承担管理、协调等职责的人员；

（三）在传销活动中承担宣传、培训等职责的人员；

（四）曾因组织、领导传销活动受过刑事处罚，或者一年以内因组织、领导传销活动受过行政处罚，又直接或者间接发展参与传销活动人员在十五人以上且层级在三级以上的人员；

（五）其他对传销活动的实施、传销组织的建立、扩大等起关键作用的人员。

以单位名义实施组织、领导传销活动犯罪的，对于受单位指派，仅从事劳务性工作的人员，一般不予追究刑事责任。

三、关于“骗取财物”的认定问题

传销活动的组织者、领导者采取编造、歪曲国家政策，虚构、夸大经营、投资、服务项目及盈利前景，掩饰计酬、返利真实来源或者其他欺诈手段，实施刑法第二百二十四条之一规定的行为，从参与传销活动人员缴纳的费用或者购买商品、服务的费用中非法获利的，应当认定为骗取财物。参与传销活动人员是否认为被骗，不影响骗取财物的认定。

四、关于“情节严重”的认定问题

对符合本意见第一条第一款规定的传销组织的组织者、领导者，具有下列情形之一的，应当认定为刑法第二百二十四条之一规定的“情节严重”：

（一）组织、领导的参与传销活动人员累计达一百二十人以上的；

（二）直接或者间接收取参与传销活动人员缴纳的传销资金数额累计达二百五十万元以上的；

（三）曾因组织、领导传销活动受过刑事处罚，或者一年以内因组织、领导传销活动受过行政处罚，又直接或者间接发展参与传销活动人员累计达六十人以上的；

（四）造成参与传销活动人员精神失常、自杀等严重后果的；

（五）造成其他严重后果或者恶劣社会影响的。

五、关于“团队计酬”行为的处理问题

传销活动的组织者或者领导者通过发展人员，要求传销活动的被发展人员发展其他人员加入，形成上下线关系，并以下线的销售业绩为依据计算和给付上线报酬，牟取非法利益的，是“团队计酬”式传销活动。

以销售商品为目的、以销售业绩为计酬依据的单纯的“团队计酬”式传销活动，不作为犯罪处理。形式上采取“团队计酬”方式，但实质上属于“以发展人员的数量作为计酬或者返利依据”的传销活动，应当依照刑法第二百二十四条之一的规定，以组织、领导传销活动罪定罪处罚。

六、关于罪名的适用问题

以非法占有为目的，组织、领导传销活动，同时构成组织、领导传销活动罪和集资诈骗罪的，依照处罚较重的规定定罪处罚。

犯组织、领导传销活动罪，并实施故意伤害、非法拘禁、敲诈勒索、妨害公务、聚众扰乱社会秩序、聚众冲击国家机关、聚众扰乱公共场所秩序、交通秩序等行为，构成犯罪的，依照数罪并罚的规定处罚。

七、其他问题

本意见所称“以上”、“以内”，包括本数。

本意见所称“层级”和“级”，系指组织者、领导者与参与传销活动人员之间的上下线关系层次，而非组织者、领导者在传销组织中的身份等级。

对传销组织内部人数和层级数的计算，以及对组织者、领导者直接或者间接发展参与传销活动人员人数和层级数的计算，包括组织者、领导者本人及其本层级在内。

六、非法经营罪

（一）法律规定

第二百二十五条[①] 违反国家规定，有下列非法经营行为之一，扰乱市场秩序，情节严重的，处五年以下有期徒刑或者拘役，并处或者单处违法所得一倍以上五倍以下罚金；情节特别严重的，处五年以上有期徒刑，并处违法所得一倍以上五倍以下罚金或者没收财产：

（一）未经许可经营法律、行政法规规定的专营、专卖物品或者其他限制买卖的物品的；

（二）买卖进出口许可证、进出口原产地证明以及其他法律、行政法规规定的经营许可证或者批准文件的；

（三）未经国家有关主管部门批准非法经营证券、期货、保险业务的，或者非法从事资金支付结算业务的；

（四）其他严重扰乱市场秩序的非法经营行为。

第二百三十一条 单位犯本节第二百二十一条至第二百三十条规定之罪的，对单位判处罚金，并对其直接负责的主管人员和其他直接责任人员，依照本节各该条的规定处罚。

（二）罪名详解

非法经营罪，是指违反国家规定，非法经营，扰乱市场秩序，情节严重的行为。

本罪是1997年刑法修订时增设的罪名。在1997年刑法修订以前，对非法经营的犯罪行为一般是按照投机倒把罪处理的。鉴于在司法实践中投机倒把罪逐渐形成了一个“口袋罪”，1997年修订刑法时，对投机倒把罪作了分

---

① 1999年12月25日公布的《刑法修正案》在《刑法》第225条增加1项“未经国家有关主管部门批准，非法经营证券、期货或者保险业务的”，作为第（三）项，原第（三）项改为第（四）项；2009年2月28日公布的《刑法修正案（七）》又对《刑法》第225条第（三）项进行了修改。

解，将非法经营的行为单独作了规定。

非法经营罪的构成要件是：

1. 主体要件

犯罪主体为一般主体，自然人和单位均可构成本罪的主体。

2. 客体要件

本罪侵犯的客体是市场管理秩序。市场管理秩序是国家通过法律、法规加以规范的稳定、有序的经济状态，是保证市场经济健康发展的必要条件。如果破坏了这种稳定、有序的市场秩序，不仅直接侵犯了国家对市场的管理制度，而且会影响市场经济的健康运行。1997年刑法施行后，针对市场管理中出现的新情况、新问题，立法机关又对本条作了两次修改。1999年《刑法修正案》增加了“非法经营证券、期货或者保险业务”的规定；2010年《刑法修正案（七）》针对“地下钱庄”猖獗，又增加了“非法从事资金支付结算业务”的规定，对于这种非法经营的行为应当予以刑事制裁。因此，本罪的犯罪对象是市场管理秩序，如专营、专卖物品或者其他限制买卖的物品；进出口许可证、进出口原产地证明以及其他法律、法规规定的经营许可证、批准文件；证券、期货、保险业务和资金支付结算业务等。为了维护正常的市场秩序，对于上述种种扰乱市场秩序的非法经营的行为，给予刑事规制，是完全必要的。

3. 主观要件

主观方面由故意构成，即行为人明知其行为会扰乱市场秩序而进行非法经营。

4. 客观要件

客观方面表现为违反国家规定，非法经营，扰乱市场秩序，情节严重的行为。违反国家规定，是指违反法律、行政法规及其规定的行政措施、发布的决定和命令。具体包括以下四种行为：

（1）未经许可经营法律、行政法规规定的专营、专卖物品或者其他限制买卖的物品的。“专营、专卖物品”，是指法律、行政法规规定由专门机构经营的物品，如食盐、烟草等；“其他限制买卖的物品”，是指国家在一定时期实行限制性经营的物品，如化肥、农药等。这类物品不是固定不变的，随着国家经济的发展，也会有所变化。根据2002年8月23日施行的《最高人民法院、最高人民检察院关于办理非法生产、销售、使用禁止在饲料和动物饮用水中使用的药品等刑事案件具体应用法律若干问题的解释》第1条的规定，未取得药品生产、经营许可证件和批准文号，非法生产、销售盐酸克仑特罗等禁止在饲料和动物饮用水中使用的药品，扰乱药品市场秩序，情节严重的，应当依照《刑法》第225条第（一）项的规定，以非法经营罪追究刑事责任。

（2）买卖进出口许可证、进出口原产地证明以及其他法律、行政法规规定的经营许可证或者批准文件的。“进出口许可证”，是指国家许可对外贸易经营者进出口某种货物和技术的证明。“进出口原产地证明”，是指在国际贸易中，对某一特定产品的原产地进行确认的证明文件。“其他法律、行政法规规定的经营许可证或者批准文件”，是指法律、行政法规规定的所有的经营许可证或者批准文件，如矿产开采、森林采伐、野生动物狩猎等许可证。

（3）未经国家有关主管部门批准，非法经营证券、期货或者保险业务的，或者非法从事资金支付结算业务的。“非法经营证券、期货或者保险业务”，主要是指未经有关主管部门批准，擅自开展证券或者期货经纪业务；从事证券、期货咨询公司、投资服务公司擅自超越经营范围从事证券、期货业务；未经授权进行保险代理业务，保险经纪人超越经营范围从事保险业务，等等。“非法从事资金支付结算业务”，主要是指不具有法定的从事资金支付结算业务资格的“地下钱庄”，非法为他人办理资金支付结算业务和外币兑换业务。

（4）其他严重扰乱市场秩序的非法经营行为。如垄断货源、哄抬物价、囤积居奇、倒卖外汇、金银及其制品；倒卖国家禁止或者限制进口的废弃物；非法从事彩票交易、倒卖汽油品、特定许可证、执照、有伤风化的物品；非法买卖国家重点保护的珍贵野生动物、珍稀植物、国家统一收购的矿产品，非法生产、经营烟花爆竹等。按照1998年12月23日施行的《最高人民法院关于审理非法出版物刑事案件具体应用法律若干问题的解释》（以下简称《非法出版物解释》）的规定，违反国家规定，出版、印刷、复制、发行该《非法出版物解释》第1条至第10条规定以外的其他严重危害社会秩序和扰乱市场秩序的非法出版物，情节严重的，或者非法从事出版物的出版、印刷、复制、发行业务，严重扰乱市场秩序，情节特别严重，构成犯罪的，依照或者可以依照《刑法》第225条第（三）项的规定，以非法经营罪定罪处罚。最高人民法院于2000年5月12日公布的《关于审理扰乱电信市场管理秩序案件具体应用法律若干问题的解释》第1条规定：“违反国家规定，采取租用国际专线、私设转接设备或者其他方法，擅自经营国际电信业务或者涉港澳台电信业务进行营利活动，扰乱电信市场管理秩序，情节严重的，依照刑法第二百二十五条第（四）项的规定，以非法经营罪定罪处罚。”2003 年 4 月 22 日，《最高人民法院、最高人民检察院、公安部办理非法经营国际电信业务犯罪案件联席会议纪要》补充规定，对于未取得国际电信业务（含涉港澳台电信业务，下同）经营许可证而经营，或被终止国际电信业务经营资格后继续经营，应认定为“擅自经营国际电信业务或者涉港澳台电信业务”；情节严重的，应按上述规定以非法经营罪追究刑事责任。“其他方法”，是指在边境地区私自架设跨境通信线路；利用互联网跨境传送 IP 话音并设立转接设备，将国际话务转接至我境内公用电话网或转接至其他国家或地区；在境内以租用、托管、代维等方式设立转接平台；私自设置国际通信出入口等方法。按照 2012 年 9 月 6 日施行的《最高人民法院、最高人民检察院、公安部、国家安全监督管理总局关于依法加强对涉嫌犯罪的非法生产经营烟花爆竹行为的刑事责任追究的通知》第 1 条的规定，非法生产、经营烟花爆竹及相关行为构成非法经营罪的，应当依照《刑法》第 225 条的规定定罪处罚。2018 年 12 月 1 日施行的两高《关于办理妨害信用卡管理刑事案件具体应用法律若干问题的解释》（以下简称《妨害信用卡解释》）第 12 条第 1 款规定：“违反国家规定，使用销售点终端机具（POS 机）等方法，以虚构交易、虚开价格、现金退货等方式向信用卡持卡人直接支付现金，情节严重的，应当依据刑法第二百二十五条的规定，以非法经营罪定罪处罚。”非法经营罪的构成未规定要以牟利为目的。信用卡套现构成非法经营罪必须具备以下条件：一是行为违反国家规定；二是利用 POS 机虚构交易等方法；三是向信用卡持卡人直接支付现金；四是行为达到情节严重的程度。而行为人是否以牟利为目的，以及是否最终牟取到了利益都不影响本罪的成立。

非法经营的行为，必须达到“情节严重”的程度，才构成犯罪。司法实践中，“情节严重”一般应以非法经营额和非法获利额为基础并综合考虑其他情节加以认定。如进行非法经营活动经行政处罚仍不悔改的；非法经营造成严重后果的；利用职权从事非法经营造成恶劣政治影响的等情形。

（三）实务疑难问题

1. 罪与非罪的界限

在市场经营活动中，违反国家规定进行非法经营，情节不严重的，属于一般违法行为，应当由国家工商管理机关依法予以行政处罚。按照《立案追诉标准规定（二）》第79条的规定，违反国家规定，进行非法经营活动，扰乱市场秩序，涉嫌下列情形之一的，应予立案追诉：

（1）违反国家有关盐业管理规定，非法生产、储运、销售食盐，扰乱市场秩序，具有下列情形之一的：①非法经营食盐数量在20吨以上的；②曾因非法经营食盐行为受过二次以上行政处罚又非法经营食盐，数量在10吨以上的。

（2）违反国家烟草专卖管理法律法规，未经烟草专卖行政主管部门许可，无烟草专卖生产企业许可证、烟草专卖批发企业许可证、特种烟草专卖经营企业许可证、烟草专卖零售许可证等许可证明，非法经营烟草专卖品，具有下列情形之一的：①非法经营数额在5万元以上，或者违法所得数额在2万元以上的；②非法经营卷烟20万支以上的；③曾因非法经营烟草专卖品3年内受过2次以上行政处罚，又非法经营烟草专卖品且数额在3万元以上的。

（3）未经国家有关主管部门批准，非法经营证券、期货、保险业务，或者非法从事资金支付结算业务，具有下列情形之一的：①非法经营证券、期货、保险业务，数额在30万元以上的；②非法从事资金支付结算业务，数额在200万元以上的；③违反国家规定，使用销售点终端机具（POS机）等方法，以虚构交易、虚开价格、现金退货等方式向信用卡持卡人直接支付现金，数额在100万元以上的，或者造成金融机构资金20万元以上逾期未还的，或者造成金融机构经济损失10万元以上的；④违法所得数额在5万元以上的。

（4）非法经营外汇，具有下列情形之一的：①在外汇指定银行和中国外汇交易中心及其分中心以外买卖外汇，数额在20万美元以上的，或者违法所得数额在5万元以上的；②公司、企业或者其他单位违反有关外贸代理业务的规定，采用非法手段，或者明知是伪造、变造的凭证、商业单据，为他人向外汇指定银行骗购外汇，数额在500万美元以上或者违法所得数额在50万元以上的；③居间介绍骗购外汇，数额在100万美元以上或者违法所得数额在10万元以上的。

（5）出版、印刷、复制、发行严重危害社会秩序和扰乱市场秩序的非法出版物，具有下列情形之一的：①个人非法经营数额在5万元以上的，单位非法经营数额在15万元以上的；②个人违法所得数额在2万元以上的，单位违法所得数额在5万元以上的；③个人非法经营报纸5000份或者期刊5000

本或者图书 2000 册或者音像制品、电子出版物 500 张（盒）以上的，单位非法经营报纸 15000 份或者期刊 15000 本或者图书 5000 册或者音像制品、电子出版物 1500 张（盒）以上的；④虽未达到上述数额标准，但具有下列情形之一的：a. 两年内因出版、印刷、复制、发行非法出版物受过行政处罚二次以上的，又出版、印刷、复制、发行非法出版物的；b. 因出版、印刷、复制、发行非法出版物造成恶劣社会影响或者其他严重后果的。

（6）非法从事出版物的出版、印刷、复制、发行业务，严重扰乱市场秩序，具有下列情形之一的：①个人非法经营数额在 15 万元以上的，单位非法经营数额在 50 万元以上的；②个人违法所得数额在 5 万元以上的，单位违法所得数额在 15 万元以上的；③个人非法经营报纸 15000 份或者期刊 15000 本或者图书 5000 册或者音像制品、电子出版物 1500 张（盒）以上的，单位非法经营报纸 5 万份或者期刊五万本或者图书 15000 册或者音像制品、电子出版物 5000 张（盒）以上的；④虽未达到上述数额标准，两年内因非法从事出版物的出版、印刷、复制、发行业务受过行政处罚二次以上的，又非法从事出版物的出版、印刷、复制、发行业务的。

（7）采取租用国际专线、私设转接设备或者其他方法，擅自经营国际电信业务或者涉港澳台电信业务进行营利活动，扰乱电信市场管理秩序，具有下列情形之一的：①经营去话业务数额在 100 万元以上的；②经营来话业务造成电信资费损失数额在 100 万元以上的；③虽未达到上述数额标准，但具有下列情形之一的：a. 两年内因非法经营国际电信业务或者涉港澳台电信业务行为受过行政处罚二次以上，又非法经营国际电信业务或者涉港澳台电信业务的；b. 因非法经营国际电信业务或者涉港澳台电信业务行为造成其他严重后果的。

（8）从事其他非法经营活动，具有下列情形之一的：①个人非法经营数额在 5 万元以上，或者违法所得数额在 1 万元以上的；②单位非法经营数额在 50 万元以上，或者违法所得数额在 10 万元以上的；③虽未达到上述数额标准，但两年内因同种非法经营行为受过二次以上行政处罚，又进行同种非法经营行为的；④其他情节严重的情形。

2. 严格适用刑法规定，防止本罪适用范围扩大化

本罪列为第三章第八节“扰乱市场秩序罪”之中，侵犯的客体是“市场管理秩序”。因此，依照本罪处理的应当是发生在生产、流通领域中严重违反

国家法律、行政法规，扰乱市场管理秩序，并具有严重社会危害性的行为。1997年刑法施行以来，非法经营罪确有扩大化的趋势。关键是对《刑法》第225条第（四）项“其他严重扰乱市场秩序的非法经营行为”（简称“其他行为”）应当如何正确认定。目前，学术界对“其他行为”的理解有两种观点。一种观点认为，“其他行为”的具体内容，应通过立法或者司法解释逐一加以明确；未予明确的，应依照“法无明文规定不为罪”的原则不予认定。从我国立法和司法实践来看，何种行为可以认定为“其他行为”，都是通过另外的立法或者司法解释加以具体明确，以防止该法律规定被滥用。另一种观点认为，“其他行为”作为非法经营罪的“兜底”条款，是因为法律不能对这类行为作穷尽式的罗列，故只要严重扰乱市场秩序就可以认定为非法经营罪。本书同意第一种观点。凡不属于严重扰乱市场管理秩序的行为，如通过“讨债公司”追讨赌债或者“地下钱庄”返还赌债的行为，性质上不是发生在生产、流通领域的行为，就不属于“其他行为”，不构成非法经营罪。

3. 本罪与生产、销售伪劣产品罪的区别

生产、销售伪劣烟、盐等商品构成犯罪的行为，既构成生产、销售伪劣商品犯罪，同时，由于烟、盐等属于国家法律、行政法规规定的专营、专卖物品，所以又构成非法经营罪。对此，根据刑法理论关于想象竞合犯择一重罪处罚的原则，应按照具体犯罪行为可能判处的具体刑罚的轻重，选择可能被判处较重刑罚的犯罪定罪处罚。

（四）情节与量刑

依照《刑法》第225条的规定，犯非法经营罪的，处5年以下有期徒刑或者拘役，并处或者单处违法所得1倍以上5倍以下罚金；情节特别严重的，处5年以上有期徒刑，并处违法所得1倍以上5倍以下罚金或者没收财产。

依照《刑法》第231条的规定，单位犯本罪的，对单位判处罚金，并对其直接负责的主管人员和其他直接责任人员，依照第225条的规定处罚。

司法机关在适用《刑法》第225条、第231条规定处罚时，应当注意以下问题：

1. “情节特别严重”，是本罪的加重处罚情节。司法实践中，一般是指非法经营数额或者非法获利数额特别巨大的；造成特别严重后果的；造成十分恶劣影响的；对国民经济和社会安定造成严重破坏的等情形。

2. 注重适用财产刑。刑法明确规定本罪的罚金数额为违法所得1倍以上5倍以下，体现了在经济上予以重罚的立法精神。因此，司法机关要注意并处或者单处财产刑，从经济上制裁这类犯罪分子。

3. 根据《全国人民代表大会常务委员会关于惩治骗购外汇、逃汇和非法买卖外汇犯罪的决定》第4条第1款的规定，在国家规定的交易场所以外非法买卖外汇，扰乱市场秩序，情节严重的，依照《刑法》第225条的规定，以非法经营罪定罪处罚。

4. 根据《最高人民法院、最高人民检察院关于办理妨害预防、控制突发传染病疫情等灾害刑事案件具体应用法律若干问题的解释》，违反国家在预防、控制突发传染病疫情等灾害期间有关市场经营、价格管理等规定，哄抬物价、牟取暴利，严重扰乱市场秩序，违法所得数额较大或者有其他严重情节的，依照《刑法》第225条第（四）项的规定，以非法经营罪定罪，从重处罚。

5. 按照《最高人民法院、最高人民检察院、公安部办理非法经营国际电信业务犯罪案件联席会议纪要》的意见，获得国际电信业务经营许可的经营者（含涉港澳台电信业务经营者）明知他人非法从事国际电信业务，仍违反国家规定，采取出租、合作、授权等手段，为他人提供经营和技术条件，利用现有设备或另设国际话务转接设备并从中营利，情节严重的，应以非法经营罪的共犯追究刑事责任。

6. 根据《最高人民法院、最高人民检察院关于办理扰乱无线电通讯管理秩序等刑事案件适用法律若干问题的解释》第4条的规定，非法生产、销售"黑广播""伪基站"、无线电干扰器等无线电设备，具有下列情形之一的，应当认定为刑法第225条规定的"情节严重"：

（1）非法生产、销售无线电设备三套以上的；

（2）非法经营数额五万元以上的；

（3）其他情节严重的情形。

实施前款规定的行为，数量或者数额达到前款第一项、第二项规定标准五倍以上，或者具有其他情节特别严重的情形的，应当认定为《刑法》第225条规定的"情节特别严重"。

在非法生产、销售无线电设备窝点查扣的零件，以组装完成的套数以及能够组装的套数认定；无法组装为成套设备的，每三套广播信号调制器（激励器）认定为一套“黑广播”设备，每三块主板认定为一套“伪基站”设备。

（五）法律链接

1. 全国人大常委会关于惩治骗购外汇、逃汇和非法买卖外汇犯罪的决定（1998年12月29日第九届全国人民代表大会常务委员会第六次会议通过　自1998年12月29日起施行）（节录）

第四条　在国家规定的交易场所以外非法买卖外汇，扰乱市场秩序，情节严重的，依照刑法第二百二十五条的规定定罪处罚。

单位犯前款罪的，依照刑法第二百三十一条的规定处罚。

2. 最高人民法院关于审理骗购外汇、非法买卖外汇刑事案件具体应用法律若干问题的解释（法释〔1998〕20号　自1998年9月1日起施行）（节录）

第三条　在外汇指定银行和中国外汇交易中心及其分中心以外买卖外汇，扰乱金融市场秩序，具有下列情形之一的，按照刑法第二百二十五条第（三）项的规定定罪处罚：

（一）非法买卖外汇二十万美元以上的；

（二）违法所得五万元人民币以上的。

第四条　公司、企业或者其他单位，违反有关外贸代理业务的规定，采用非法手段、或者明知是伪造、变造的凭证、商业单据，为他人向外汇指定银行骗购外汇，数额在五百万美元以上或者违法所得五十万元人民币以上的，按照刑法第二百二十五条第（三）项的规定定罪处罚。

居间介绍骗购外汇一百万美元以上或者违法所得十万元人民币以上的，按照刑法第二百二十五条第（三）项的规定定罪处罚。

第六条　实施本解释规定的行为，同时触犯二个以上罪名的，择一重罪从重处罚。

3. 最高人民法院、最高人民检察院、公安部办理骗汇、逃汇犯罪案件联席会议纪要（公通字〔1999〕39号　自1999年3月16日起施行）（节录）

二、全国人大常委会《关于惩治骗购外汇、逃汇和非法买卖外汇犯罪的决定》（以下简称《决定》）公布施行后发生的犯罪行为，应当依照《决定》办理；对于《决定》公布施行前发生的公布后尚未处理或者正在处理的行为，依照修订后的刑法第十二条第一款规定的原则办理。

最高人民法院1998年8月28日发布的《关于审理骗购外汇、非法买卖外汇刑事案件具体应用法律若干问题的解释》（以下简称《解释》），是对具体应用修订后的刑法有关问题的司法解释，适用于依照修订后的刑法判处的案件。各执法部门对于《解释》应当准确理解，严格执行。

《解释》第四条规定："公司、企业或者其他单位，违反有关外贸代理业务的规定，采用非法手段、或者明知是伪造、变造的凭证、商业单据，为他人向外汇指定银行骗购外汇，数额在五百万美元以上或者违法所得五十万元人民币以上的，按照刑法第二百二十五条第（三）项的规定定罪处罚；居间介绍骗购外汇一百万美元以上或者违法所得十万元人民币以上的，按照刑法第二百二十五条第（三）项的规定定罪处罚。"上述所称"采用非法手段"，是指有国家批准的进出口经营权的外贸代理企业在经营代理进口业务时，不按国家经济主管部门有关规定履行职责，放任被代理方自带客户、自带货源、自带汇票、自行报关，在不见进口产品、不见供货货主、不见外商的情况下代理进口业务，或者采取法律、行政法规和部门规章禁止的其他手段代理进口业务。

认定《解释》第四条所称的"明知"，要结合案件的具体情节予以综合考虑，不能仅仅因为行为人不供述就不予认定。报关行为先于签订外贸代理协议的，或者委托方提供的购汇凭证明显与真实凭证、商业单据不符的，应当认定为明知。

《解释》第四条所称"居间介绍骗购外汇"，是指收取他人人民币、以虚假购汇凭证委托外贸公司、企业骗购外汇，获取非法收益的行为。

4. 最高人民法院关于审理非法集资刑事案件具体应用法律若干问题的解释（法释〔2010〕18号　自2011年1月4日起施行）（节录）

第七条　违反国家规定，未经依法核准擅自发行基金份额募集基金，情节严重的，依照刑法第二百二十五条的规定，以非法经营罪定罪处罚。

5. 最高人民法院、最高人民检察院、公安部、国家烟草专卖局关于办理假冒伪劣烟草制品等刑事案件适用法律问题座谈会纪要（商检会〔2003〕4号　自2003年12月23日起施行）（节录）

三、关于非法经营烟草制品行为适用法律问题

未经烟草专卖行政主管部门许可，无生产许可证、批发许可证、零售许可证，而生产、批发、零售烟草制品，具有下列情形之一的，依照刑法第二百二十五条的规定定罪处罚：

1. 个人非法经营数额在五万元以上的，或者违法所得数额在一万元以上的；

2. 单位非法经营数额在五十万元以上的，或者违法所得数额在十万元以上的；

3. 曾因非法经营烟草制品行为受过二次以上行政处罚又非法经营的，非法经营数额在二万元以上的。

四、关于共犯问题

知道或者应当知道他人实施本《纪要》第一条至第三条规定的犯罪行为，仍实施下列行为之一的，应认定为共犯，依法追究刑事责任：

1. 直接参与生产、销售假冒伪劣烟草制品或者销售假冒烟用注册商标的烟草制品或者直接参与非法经营烟草制品并在其中起主要作用的；

2. 提供房屋、场地、设备、车辆、贷款、资金、账号、发票、证明、技术等设施和条件，用于帮助生产、销售、储存、运输假冒伪劣烟草制品、非法经营烟草制品的；

3. 运输假冒伪劣烟草制品的。

上述人员中有检举他人犯罪经查证属实，或者提供重要线索，有立功表现的，可以从轻或减轻处罚；有重大立功表现的，可以减轻或者免除处罚。

五、国家机关工作人员参与实施本《纪要》第一条至第三条规定的犯罪行为的处罚问题

根据《最高人民法院、最高人民检察院关于办理生产、销售伪劣商品刑事案件具体应用法律若干问题的解释》的规定，国家机关工作人员参与实施本《纪要》第一条至第三条规定的犯罪行为的，从重处罚。

六、关于一罪与数罪问题

行为人的犯罪行为同时构成生产、销售伪劣产品罪、销售假冒注册商标的商品罪、非法经营罪等罪的，依照处罚较重的规定定罪处罚。

6. 最高人民法院、最高人民检察院关于办理非法生产、销售烟草专卖品等刑事案件具体应用法律若干问题的解释（法释〔2010〕7号 自2010年3月26日起施行）（节录）

第三条 非法经营烟草专卖品，具有下列情形之一的，应当认定为刑法第二百二十五条规定的“情节严重”：

（一）非法经营数额在五万元以上的，或者违法所得数额在二万元以

上的；

（二）非法经营卷烟二十万支以上的；

（三）曾因非法经营烟草专卖品三年内受过二次以上行政处罚，又非法经营烟草专卖品且数额在三万元以上的。

具有下列情形之一的，应当认定为刑法第二百二十五条规定的“情节特别严重”：

（一）非法经营数额在二十五万元以上，或者违法所得数额在十万元以上的；

（二）非法经营卷烟一百万支以上的。

第四条 非法经营烟草专卖品，能够查清销售或者购买价格的，按照其销售或者购买的价格计算非法经营数额。无法查清销售或者购买价格的，按照下列方法计算非法经营数额：

（一）查获的卷烟、雪茄烟的价格，有品牌的，按照该品牌卷烟、雪茄烟的查获地省级烟草专卖行政主管部门出具的零售价格计算；无品牌的，按照查获地省级烟草专卖行政主管部门出具的上年度卷烟平均零售价格计算；

（二）查获的复烤烟叶、烟叶的价格按照查获地省级烟草专卖行政主管部门出具的上年度烤烟调拨平均基准价格计算；

（三）烟丝的价格按照第（二）项规定价格计算标准的一点五倍计算；

（四）卷烟辅料的价格，有品牌的，按照该品牌辅料的查获地省级烟草专卖行政主管部门出具的价格计算；无品牌的，按照查获地省级烟草专卖行政主管部门出具的上年度烟草行业生产卷烟所需该类卷烟辅料的平均价格计算；

（五）非法生产、销售、购买烟草专用机械的价格按照国务院烟草专卖行政主管部门下发的全国烟草专用机械产品指导价格目录进行计算；目录中没有该烟草专用机械的，按照省级以上烟草专卖行政主管部门出具的目录中同类烟草专用机械的平均价格计算。

7. 最高人民法院、最高人民检察院关于办理妨害信用卡管理刑事案件具体应用法律若干问题的解释（法释〔2018〕19号　自2018年12月1日起施行）（节录）

第十二条 违反国家规定，使用销售点终端机具（POS机）等方法，以虚构交易、虚开价格、现金退货等方式向信用卡持卡人直接支付现金，情节严重的，应当依据刑法第二百二十五条的规定，以非法经营罪定罪处罚。

实施前款行为，数额在一百万元以上的，或者造成金融机构资金二十万元以上逾期未还的，或者造成金融机构经济损失十万元以上的，应当认定为刑法第二百二十五条规定的“情节严重”；数额在五百万元以上的，或者造成金融机构资金一百万元以上逾期未还的，或者造成金融机构经济损失五十万元以上的，应当认定为刑法第二百二十五条规定的“情节特别严重”。

持卡人以非法占有为目的，采用上述方式恶意透支，应当追究刑事责任的，依照刑法第一百九十六条的规定，以信用卡诈骗罪定罪处罚。

第十三条　单位犯本解释规定的行为，适用本解释规定的相应自然人犯罪的定罪量刑标准。

8. 最高人民法院关于审理破坏野生动物资源刑事案件具体应用法律若干问题的解释（法释〔2000〕37号　自2000年12月11日起施行）（节录）

第九条　伪造、变造、买卖国家机关颁发的野生动物允许进出口证明书、特许猎捕证、狩猎证、驯养繁殖许可证等公文、证件构成犯罪的，依照刑法第二百八十条第一款的规定以伪造、变造、买卖国家机关公文、证件罪定罪处罚。

实施上述行为构成犯罪，同时构成刑法第二百二十五条第二项规定的非法经营罪的，依照处罚较重的规定定罪处罚。

9. 最高人民法院关于审理破坏森林资源刑事案件具体应用法律若干问题的解释（法释〔2000〕36号　自2000年12月11日起施行）（节录）

第十三条　对于伪造、变造、买卖林木采伐许可证、木材运输证件，森林、林木、林地权属证书，占用或者征用林地审核同意书、育林基金等缴费收据以及其他国家机关批准的林业证件构成犯罪的，依照刑法第二百八十条第一款的规定，以伪造、变造、买卖国家机关公文、证件罪定罪处罚。

对于买卖允许进出口证明书等经营许可证明，同时触犯刑法第二百二十五条、第二百八十条规定之罪的，依照处罚较重的规定定罪处罚。

10. 最高人民法院关于审理非法出版物刑事案件具体应用法律若干问题的解释（法释〔1998〕30号　自1998年12月23日起施行）（节录）

第十一条　违反国家规定，出版、印刷、复制、发行本解释第一条至第十条规定以外的其他严重危害社会秩序和扰乱市场秩序的非法出版物，情节严重的，依照刑法第二百二十五条第（三）项的规定，以非法经营罪定罪处罚。

第十二条 个人实施本解释第十一条规定的行为，具有下列情形之一的，属于非法经营行为“情节严重”：

（一）经营数额在五万元至十万元以上的；

（二）违法所得数额在二万元至三万元以上的；

（三）经营报纸五千份或者期刊五千本或者图书二千册或者音像制品、电子出版物五百张（盒）以上的。

具有下列情形之一的，属于非法经营行为“情节特别严重”：

（一）经营数额在十五万元至三十万元以上的；

（二）违法所得数额在五万元至十万元以上的；

（三）经营报纸一万五千份或者期刊一万五千本或者图书五千册或者音像制品、电子出版物一千五百张（盒）以上的。

第十三条 单位实施本解释第十一条规定的行为，具有下列情形之一的，属于非法经营行为“情节严重”：

（一）经营数额在十五万元至三十万元以上的；

（二）违法所得数额在五万元至十万元以上的；

（三）经营报纸一万五千份或者期刊一万五千本或者图书五千册或者音像制品、电子出版物一千五百张（盒）以上的。

具有下列情形之一的，属于非法经营行为“情节特别严重”：

（一）经营数额在五十万元至一百万元以上的；

（二）违法所得数额在十五万元至三十万元以上的；

（三）经营报纸五万份或者期刊五万本或者图书一万五千册或者音像制品、电子出版物五千张（盒）以上的。

第十四条 实施本解释第十一条规定的行为，经营数额、违法所得数额或者经营数量接近非法经营行为“情节严重”、“情节特别严重”的数额、数量起点标准，并具有下列情形之一的，可以认定为非法经营行为“情节严重”、“情节特别严重”：

（一）两年内因出版、印刷、复制、发行非法出版物受过行政处罚两次以上的；

（二）因出版、印刷、复制、发行非法出版物造成恶劣社会影响或者其他严重后果的。

第十五条 非法从事出版物的出版、印刷、复制、发行业务，严重扰乱市场秩序，情节特别严重，构成犯罪的，可以依照刑法第二百二十五条第（三）项的规定，以非法经营罪定罪处罚。

第十六条　出版单位与他人事前通谋，向其出售、出租或者以其他形式转让该出版单位的名称、书号、刊号、版号，他人实施本解释第二条、第四条、第八条、第九条、第十条、第十一条规定的行为，构成犯罪的，对该出版单位应当以共犯论处。

第十七条　本解释所称"经营数额"，是指以非法出版物的定价数额乘以行为人经营的非法出版物数量所得的数额。

本解释所称"违法所得数额"，是指获利数额。

非法出版物没有定价或者以境外货币定价的，其单价数额应当按照行为人实际出售的价格认定。

11. 最高人民法院、最高人民检察院、公安部、国家安全部关于依法办理非法生产、销售、使用"伪基站"设备案件的意见（公通字〔2014〕13 号自 2014 年 3 月 14 日起施行）（节录）

一、准确认定行为性质

（一）非法生产、销售"伪基站"设备，具有以下情形之一的，依照《刑法》第二百二十五条的规定，以非法经营罪追究刑事责任：

1. 个人非法生产、销售"伪基站"设备三套以上，或者非法经营数额五万元以上，或者违法所得数额二万元以上的；

2. 单位非法生产、销售"伪基站"设备十套以上，或者非法经营数额十五万元以上，或者违法所得数额五万元以上的；

3. 虽未达到上述数额标准，但两年内曾因非法生产、销售"伪基站"设备受过两次以上行政处罚，又非法生产、销售"伪基站"设备的。

实施前款规定的行为，数量、数额达到前款规定的数量、数额五倍以上的，应当认定为《刑法》第二百二十五条规定的"情节特别严重"。

非法生产、销售"伪基站"设备，经鉴定为专用间谍器材的，依照《刑法》第二百八十三条的规定，以非法生产、销售间谍专用器材罪追究刑事责任；同时构成非法经营罪的，以非法经营罪追究刑事责任。

（二）非法使用"伪基站"设备干扰公用电信网络信号，危害公共安全的，依照《刑法》第一百二十四条第一款的规定，以破坏公用电信设施罪追究刑事责任；同时构成虚假广告罪、非法获取公民个人信息罪、破坏计算机信息系统罪、扰乱无线电通讯管理秩序罪的，依照处罚较重的规定追究刑事责任。

除法律、司法解释另有规定外，利用“伪基站”设备实施诈骗等其他犯罪行为，同时构成破坏公用电信设施罪的，依照处罚较重的规定追究刑事责任。

（三）明知他人实施非法生产、销售“伪基站”设备，或者非法使用“伪基站”设备干扰公用电信网络信号等犯罪，为其提供资金、场所、技术、设备等帮助的，以共同犯罪论处。

（四）对于非法使用“伪基站”设备扰乱公共秩序，侵犯他人人身权利、财产权利，情节较轻，尚不构成犯罪，但构成违反治安管理行为的，依法予以治安管理处罚。

二、严格贯彻宽严相济刑事政策

对犯罪嫌疑人、被告人的处理，应当结合其主观恶性大小、行为危害程度以及在案件中所起的作用等因素，切实做到区别对待。对组织指挥、实施非法生产、销售、使用“伪基站”设备的首要分子、积极参加的犯罪分子，以及曾因非法生产、销售、使用“伪基站”设备受到行政处罚或者刑事处罚，又实施非法生产、销售、使用“伪基站”设备的犯罪分子，应当作为打击重点依法予以严惩；对具有自首、立功、从犯等法定情节的犯罪分子，可以依法从宽处理。对情节显著轻微、危害不大的，依法不作为犯罪处理。

12. 最高人民法院、最高人民检察院、公安部、国家安全监管总局关于依法加强对涉嫌犯罪的非法生产经营烟花爆竹行为刑事责任追究的通知（安监总管三〔2012〕116号　自2012年9月6日起施行）（节录）

一、非法生产、经营烟花爆竹及相关行为涉及非法制造、买卖、运输、邮寄、储存黑火药、烟火药，构成非法制造、买卖、运输、邮寄、储存爆炸物罪的，应当依照刑法第一百二十五条的规定定罪处罚；非法生产、经营烟花爆竹及相关行为涉及生产、销售伪劣产品或不符合安全标准产品，构成生产、销售伪劣产品罪或生产、销售不符合安全标准产品罪的，应当依照刑法第一百四十条、第一百四十六条的规定定罪处罚；非法生产、经营烟花爆竹及相关行为构成非法经营罪的，应当依照刑法第二百二十五条的规定定罪处罚。上述非法生产经营烟花爆竹行为的定罪量刑和立案追诉标准，分别按照

《枪支解释》（法释〔2009〕18号）、《最高人民法院最高人民检察院关于办理生产、销售伪劣商品刑事案件具体应用法律若干问题的解释》（法释〔2001〕10号）、《最高人民检察院、公安部关于公安机关管辖的刑事案件立案追诉标准的规定（一）》（公通字〔2008〕36号）、《最高人民检察院、公安部关于公安机关管辖的刑事案件立案追诉标准的规定（二）》（公通字〔2010〕23号）等有关规定执行。

13. 最高人民法院关于审理扰乱电信市场管理秩序案件具体应用法律若干问题的解释（法释〔2000〕12号　自2000年5月24日起施行）

为依法惩处扰乱电信市场管理秩序的犯罪活动，根据刑法的有关规定，现就审理这类案件具体应用法律的若干问题解释如下：

第一条　违反国家规定，采取租用国际专线、私设转接设备或者其他方法，擅自经营国际电信业务或者涉港澳台电信业务进行营利活动，扰乱电信市场管理秩序，情节严重的，依照刑法第二百二十五条第（四）项的规定，以非法经营罪定罪处罚。

第二条　实施本解释第一条规定的行为，具有下列情形之一的，属于非法经营行为“情节严重”：

（一）经营去话业务数额在一百万元以上的；

（二）经营来话业务造成电信资费损失数额在一百万元以上的。

具有下列情形之一的，属于非法经营行为“情节特别严重”：

（一）经营去话业务数额在五百万元以上的；

（二）经营来话业务造成电信资费损失数额在五百万元以上的。

第三条　实施本解释第一条规定的行为，经营数额或者造成电信资费损失数额接近非法经营行为“情节严重”、“情节特别严重”的数额起点标准，并具有下列情形之一的，可以分别认定为非法经营行为“情节严重”、“情节特别严重”：

（一）两年内因非法经营国际电信业务或者涉港澳台电信业务行为受过行政处罚两次以上的；

（二）因非法经营国际电信业务或者涉港澳台电信业务行为造成其他严重后果的。

第四条　单位实施本解释第一条规定的行为构成犯罪的，对单位判处罚金，并对其直接负责的主管人员和其他直接责任人员，依照本解释第二条、

第三条的规定处罚。

第五条 违反国家规定，擅自设置、使用无线电台（站），或者擅自占用频率，非法经营国际电信业务或者涉港澳台电信业务进行营利活动，同时构成非法经营罪和刑法第二百八十八条规定的扰乱无线电通讯管理秩序罪的，依照处罚较重的规定定罪处罚。

第六条 国有电信企业的工作人员，由于严重不负责任或者滥用职权，造成国有电信企业破产或者严重损失，致使国家利益遭受重大损失的，依照刑法第一百六十八条的规定定罪处罚。

第七条 将电信卡非法充值后使用，造成电信资费损失数额较大的，依照刑法第二百六十四条的规定，以盗窃罪定罪处罚。

第八条 盗用他人公共信息网络上网账号、密码上网，造成他人电信资费损失数额较大的，依照刑法第二百六十四条的规定，以盗窃罪定罪处罚。

第九条 以虚假、冒用的身份证件办理入网手续并使用移动电话，造成电信资费损失数额较大的，依照刑法第二百六十六条的规定，以诈骗罪定罪处罚。

第十条 本解释所称“经营去话业务数额”，是指以行为人非法经营国际电信业务或者涉港澳台电信业务的总时长（分钟数）乘以行为人每分钟收取的用户使用费所得的数额。

本解释所称“电信资费损失数额”，是指以行为人非法经营国际电信业务或者涉港澳台电信业务的总时长（分钟数）乘以在合法电信业务中我国应当得到的每分钟国际结算价格所得的数额。

14. 最高人民检察院关于非法经营国际或港澳台地区电信业务行为法律适用问题的批复（高检发释字〔2002〕1号 自2002年2月11日起施行）

福建省人民检察院：

你院《关于如何适用刑法第二百二十五条第（四）项规定的请示》（闽检〔2000〕65号）收悉。经研究，批复如下：

违反《中华人民共和国电信条例》规定，采取租用电信国际专线、私设转接设备或者其他方法，擅自经营国际或者香港特别行政区、澳门特别行政区和台湾地区电信业务进行营利活动，扰乱电信市场管理秩序，情节严重的，应当依照《刑法》第二百二十五条第（四）项的规定，以非法经营罪追究刑事责任。

15. 最高人民法院、最高人民检察院、公安部办理非法经营国际电信业务犯罪案件联席会议纪要（公通字〔2002〕29 号　自 2003 年 4 月 22 日起施行）

非法经营国际电信业务，不仅扰乱国际电信市场的管理秩序，造成国家电信资费的巨大损失，而且严重危害国家信息安全。

2000 年 5 月 12 日最高人民法院《关于审理扰乱电信市场管理秩序案件具体应用法律若干问题的解释》（以下简称《解释》）、2001 年 4 月 18 日最高人民检察院、公安部《关于经济犯罪案件追诉标准的规定》、2002 年 2 月 6 日最高人民检察院《关于非法经营国际或港澳台地区电信业务行为法律适用问题的批复》先后发布实施，为公安、司法机关运用法律武器准确、及时打击此类犯罪发挥了重要作用。自 2002 年 9 月 17 日开始，各级公安机关在全国范围内开展了打击非法经营国际电信业务的专项行动。由于非法经营国际电信业务犯罪活动的情况比较复杂，专业性、技术性很强，犯罪手段不断翻新，出现了一些新情况、新问题，如电信运营商与其他企业或个人互相勾结，共同实施非法经营行为；非法经营行为人使用新的技术手段进行犯罪等。为准确、统一适用法律，保障专项行动的深入开展，依法查处非法经营国际电信业务的犯罪活动，2002 年 11 月 20 日，最高人民法院、最高人民检察院、公安部、信息产业部等部门在北京召开联席会议，共同研究打击非法经营国际电信业务犯罪工作中的法律适用问题，对有些问题取得了一致认识。会议纪要如下：

一、各级公安机关、人民检察院、人民法院在办理非法经营国际电信业务犯罪案件中，要从维护国家信息安全、维护电信市场管理秩序和保障国家电信收入的高度认识打击非法经营国际电信业务犯罪活动的重要意义，积极参加专项行动，各司其职，相互配合，加强协调，加快办案进度。

二、《解释》第一条规定："违反国家规定，采取租用国际专线、私设转接设备或者其他方法，擅自经营国际电信业务或者涉港澳台电信业务进行营利活动，扰乱电信市场管理秩序，情节严重的，依照刑法第二百二十五条第（四）项的规定，以非法经营罪定罪处罚。"对于未取得国际电信业务（含涉港澳台电信业务，下同）经营许可证而经营，或被终止国际电信业务经营资格后继续经营，应认定为"擅自经营国际电信业务或者涉港澳台电信业务"；情节严重的，应按上述规定以非法经营罪追究刑事责任。

《解释》第一条所称"其他方法"，是指在边境地区私自架设跨境通信线路；利用互联网跨境传送 IP 话音并设立转接设备，将国际话务转接至我境内公用电话网或转接至其他国家或地区；在境内以租用、托管、代维等方式设立转接平台；私自设置国际通信出入口等方法。

三、获得国际电信业务经营许可的经营者（含涉港澳台电信业务经营者）明知他人非法从事国际电信业务，仍违反国家规定，采取出租、合作、授权等手段，为他人提供经营和技术条件，利用现有设备或另设国际话务转接设备并从中营利，情节严重的，应以非法经营罪的共犯追究刑事责任。

四、公安机关侦查非法经营国际电信业务犯罪案件，要及时全面收集和固定犯罪证据，抓紧缉捕犯罪嫌疑人。人民检察院、人民法院对正在办理的非法经营国际电信业务犯罪案件，只要基本犯罪事实清楚，基本证据确实、充分，应当依法及时起诉、审判。主犯在逃，但在案的其他犯罪嫌疑人、被告人实施犯罪的基本证据确实充分的，可以依法先行处理。

五、坚持“惩办与宽大相结合”的刑事政策。对非法经营国际电信业务共同犯罪的主犯，以及与犯罪分子相勾结的国家工作人员，应依法从严惩处。对具有自首、立功或者其他法定从轻、减轻情节的，应依法从轻、减轻处理。

六、各地在办理非法经营国际电信业务犯罪案件中遇到的有关问题，以及侦查、起诉、审判的信息要及时向各自上级主管机关报告。上级机关要加强对案件的督办、检查、指导和协调工作。

16. 信息产业部、公安部、国家工商行政管理总局关于严厉打击非法经营国际电信业务违法犯罪活动的通告（信部联电〔2002〕528号　自2002年11月6日起施行）

非法经营国际电信业务违法犯罪活动，严重扰乱我国国际电信业务市场的正常秩序，给国家通信安全和社会安定造成极大危害，使国家及合法经营的电信企业蒙受巨大经济损失。为了清理整顿国际电信业务市场，保证国家通信安全和社会安定，保障国家和合法经营电信企业利益，维护国际电信业务市场的正常秩序，刑事执法和行政执法部门对非法经营国际电信业务的违法犯罪活动实施了集中打击，极大地震慑了犯罪分子。为了加大打击非法经营国际电信业务违法犯罪活动力度，现通告如下：

一、信息产业部、公安部、国家工商行政管理总局依据《中华人民共和国刑法》、《中华人民共和国电信条例》、《最高人民法院关于审理扰乱电信业务市场管理秩序案件具体应用法律若干问题的解释》、《最高人民检察院、公安部关于经济犯罪案件追诉标准的规定》以及其他有关法律法规，依法对非法经营国际电信业务的违法犯罪活动实施查处。对情节严重构成犯罪的，将移送司法机关依法追究刑事责任。

二、在中华人民共和国境内，未经国家行政主管部门批准，未取得国际电信业务经营资格的任何组织或者个人不得以任何方式从事国际电信业务经营活动。否则，一律视为非法经营国际电信业务。

三、合法电信业务经营者不得为非法国际电信业务经营者提供接入服务。在查处打击非法经营国际电信业务工作中，各地基础电信运营企业有责任和义务通过管理制度、技术措施积极开展工作，主动调查线索，发现非法经营国际电信业务情况的，应立即报告当地通信管理局，并应积极配合有关部门开展查处工作，如实提供相关的证据材料。

四、鼓励各类电信业务经营者以及其他组织和个人主动检举、揭发非法经营国际电信业务行为和非法经营者。各省、自治区、直辖市通信管理局和公安厅（局）将相继公布举报电话、通信地址和电子信箱地址。

17. 最高人民检察院法律政策研究室关于1998年4月18日以前的传销或者变相传销行为如何处理的答复（〔2003〕高检研发第7号　自2003年3月21日起施行）

湖南省人民检察院研究室：

你院《关于1998年4月18日以前情节严重或特别严重的非法传销行为是否以非法经营罪定罪处罚问题的请示》（湘检发公请字〔2002〕02号）收悉。经研究，答复如下：

对1998年4月18日国务院发布《关于禁止传销经营活动的通知》以前的传销或者变相传销行为，不宜以非法经营罪追究刑事责任。行为人在传销或者变相传销活动中实施销售假冒伪劣产品、诈骗、非法集资、虚报注册资本、偷税等行为，构成犯罪的，应当依照刑法的相关规定追究刑事责任。

18. 最高人民法院、最高人民检察院、公安部、中国证券监督管理委员会关于整治非法证券活动有关问题的通知（证监发〔2008〕1号　自2008年1月2日起施行）（节录）

二、明确法律政策界限，依法打击非法证券活动

（三）关于非法经营证券业务的责任追究。任何单位和个人经营证券业务，必须经证监会批准。未经批准的，属于非法经营证券业务，应予以取缔；

涉嫌犯罪的，依照《刑法》第二百二十五条之规定，以非法经营罪追究刑事责任。对于中介机构非法代理买卖非上市公司股票，涉嫌犯罪的，应当依照《刑法》第二百二十五条之规定，以非法经营罪追究刑事责任；所代理的非上市公司涉嫌擅自发行股票，构成犯罪的，应当依照《刑法》第一百七十九条之规定，以擅自发行股票罪追究刑事责任。非上市公司和中介机构共谋擅自发行股票，构成犯罪的，以擅自发行股票罪的共犯论处。未构成犯罪的，依照《证券法》和有关法律的规定给予行政处罚。

19. 最高人民法院关于个人违法建房出售行为如何适用法律问题的答复①（法〔2010〕395号　自2010年11月1日起施行）

贵州省高级人民法院：

你院《关于个人违法建房出售行为如何适用法律的请示》（〔2010〕黔高法研请字第2号）收悉。经研究，并征求相关部门意见，答复如下：

一、你院请示的在农村宅基地、责任田上违法建房出售如何处理的问题，涉及面广，法律、政策性强。据了解，有关部门正在研究制定政策意见和处理办法，在相关文件出台前，不宜以犯罪追究有关人员的刑事责任。

二、从来函反映的情况看，此类案件在你省部分地区发案较多。案件处理更应当十分慎重。要积极争取在党委统一领导下，有效协调有关方面，切实做好案件处理的善后工作，确保法律效果与社会效果的有机统一。

三、办理案件中，发现负有监管职责的国家机关工作人员有渎职、受贿等涉嫌违法犯罪的，要依法移交相关部门处理；发现有关部门在履行监管职责方面存在问题的，要结合案件处理，提出司法建议，促进完善社会管理。

此复。

20. 最高人民检察院关于办理非法经营食盐刑事案件具体应用法律若干问题的解释（高检发释字〔2002〕6号　自2002年09月13日起施行）（节录）

第一条　违反国家有关盐业管理规定，非法生产、储运、销售食盐，扰乱市场秩序，情节严重的，应当依照刑法第二百二十五条的规定，以非法经

① 2011年2月16日《最高人民法院印发〈关于个人违反建房行为如何适用法律问题的答复〉的通知》（法〔2011〕37号）指出：“鉴于贵州省高级人民法院请示的问题法律、政策性强，且有一定代表性，现将《答复》印发给你们，望根据《答复》精神，结合审判工作实际，依法妥善处理好相关案件。执行中若遇到新的重要问题，请及时层报最高人民法院。”

营罪追究刑事责任。

第二条　非法经营食盐，具有下列情形之一的，应当依法追究刑事责任：

（一）非法经营食盐数量在二十吨以上的；

（二）曾因非法经营食盐行为受过二次以上行政处罚又非法经营食盐，数量在十吨以上的。

第三条　非法经营食盐行为未经处理的，其非法经营的数量累计计算；行为人非法经营行为是否盈利，不影响犯罪的构成。

第四条　以非碘盐充当碘盐或者以工业用盐等非食盐充当食盐进行非法经营，同时构成非法经营罪和生产、销售伪劣产品罪、生产、销售不符合卫生标准的食品罪、生产、销售有毒、有害食品罪等其他犯罪的，依照处罚较重的规定追究刑事责任。

第五条　以暴力、威胁方法阻碍行政执法人员依法行使盐业管理职务的，依照刑法第二百七十七条的规定，以妨害公务罪追究刑事责任；其非法经营行为已构成犯罪的，依照数罪并罚的规定追究刑事责任。

21. 最高人民法院、最高人民检察院关于办理妨害预防、控制突发传染病疫情等灾害的刑事案件具体应用法律若干问题的解释（法释〔2003〕8号　自2003年5月15日起施行）（节录）

第六条　违反国家在预防、控制突发传染病疫情等灾害期间有关市场经营、价格管理等规定，哄抬物价、牟取暴利，严重扰乱市场秩序，违法所得数额较大或者有其他严重情节的，依照刑法第二百二十五条第（四）项的规定，以非法经营罪定罪，依法从重处罚。

22. 最高人民法院、最高人民检察院关于办理非法生产、销售、使用禁止在饲料和动物饮用水中使用的药品等刑事案件具体应用法律若干问题的解释（法释〔2002〕26号　2002年8月23日起施行）（节录）

第一条　未取得药品生产、经营许可证件和批准文号，非法生产、销售盐酸克仑特罗等禁止在饲料和动物饮用水中使用的药品，扰乱药品市场秩序，情节严重的，依照刑法第二百二十五条第（一）项的规定，以非法经营罪追究刑事责任。

第二条　在生产、销售的饲料中添加盐酸克仑特罗等禁止在饲料和动物饮用水中使用的药品，或者销售明知是添加有该类药品的饲料，情节严重的，依照刑法第二百二十五条第（四）项的规定，以非法经营罪追究刑事责任。

第五条 实施本解释规定的行为，同时触犯刑法规定的两种以上犯罪的，依照处罚较重的规定追究刑事责任。

23. **最高人民法院、最高人民检察院关于办理危害食品安全刑事案件适用法律若干问题的解释**（法释〔2013〕12号 自2013年5月4日起施行）（节录）

第十一条 以提供给他人生产、销售食品为目的，违反国家规定，生产、销售国家禁止用于食品生产、销售的非食品原料，情节严重的，依照刑法第二百二十五条的规定以非法经营罪定罪处罚。

违反国家规定，生产、销售国家禁止生产、销售、使用的农药、兽药，饲料、饲料添加剂，或者饲料原料、饲料添加剂原料，情节严重的，依照前款的规定定罪处罚。

实施前两款行为，同时又构成生产、销售伪劣产品罪，生产、销售伪劣农药、兽药罪等其他犯罪的，依照处罚较重的规定定罪处罚。

第十二条 违反国家规定，私设生猪屠宰厂（场），从事生猪屠宰、销售等经营活动，情节严重的，依照刑法第二百二十五条的规定以非法经营罪定罪处罚。

实施前款行为，同时又构成生产、销售不符合安全标准的食品罪，生产、销售有毒、有害食品罪等其他犯罪的，依照处罚较重的规定定罪处罚。

24. **最高人民法院、最高人民检察院关于办理危害药品安全刑事案件适用法律若干问题的解释**（法释〔2014〕14号 自2014年12月1日起施行）（节录）

第七条 违反国家药品管理法律法规，未取得或者使用伪造、变造的药品经营许可证，非法经营药品，情节严重的，依照刑法第二百二十五条的规定以非法经营罪定罪处罚。

以提供给他人生产、销售药品为目的，违反国家规定，生产、销售不符合药用要求的非药品原料、辅料，情节严重的，依照刑法第二百二十五条的规定以非法经营罪定罪处罚。

实施前两款行为，非法经营数额在十万元以上，或者违法所得数额在五万元以上的，应当认定为刑法第二百二十五条规定的"情节严重"；非法经营数额在五十万元以上，或者违法所得数额在二十五万元以上的，应当认定为刑法第二百二十五条规定的"情节特别严重"。

实施本条第二款行为，同时又构成生产、销售伪劣产品罪、以危险方法危害公共安全罪等犯罪的，依照处罚较重的规定定罪处罚。

第十三条 单位犯本解释规定之罪的，对单位判处罚金，并对直接负责的主管人员和其他直接责任人员，依照本解释规定的自然人犯罪的定罪量刑标准处罚。

25. 最高人民法院、最高人民检察院、公安部、农业部、食品药品监管总局关于进一步加强麻黄草管理严厉打击非法买卖麻黄草等违法犯罪活动的通知（公通字〔2013〕16号 自2013年5月21日起施行）（节录）

三、依法查处非法采挖、买卖麻黄草等犯罪行为

各地人民法院、人民检察院、公安机关要依法查处非法采挖、买卖麻黄草等犯罪行为，区别情形予以处罚：

（四）违反国家规定采挖、销售、收购麻黄草，没有证据证明以制造毒品或者走私、非法买卖制毒物品为目的，依照刑法第二百二十五条的规定构成犯罪的，以非法经营罪定罪处罚。

26. 最高人民法院、最高人民检察院关于办理利用信息网络实施诽谤等刑事案件适用法律若干问题的解释（法释〔2013〕21号 自2013年9月10日起施行）（节录）

第七条 违反国家规定，以营利为目的，通过信息网络有偿提供删除信息服务，或者明知是虚假信息，通过信息网络有偿提供发布信息等服务，扰乱市场秩序，具有下列情形之一的，属于非法经营行为"情节严重"，依照刑法第二百二十五条第（四）项的规定，以非法经营罪定罪处罚：

（一）个人非法经营数额在五万元以上，或者违法所得数额在二万元以上的；

（二）单位非法经营数额在十五万元以上，或者违法所得数额在五万元以上的。

实施前款规定的行为，数额达到前款规定的数额五倍以上的，应当认定为刑法第二百二十五条规定的"情节特别严重"。

第八条 明知他人利用信息网络实施诽谤、寻衅滋事、敲诈勒索、非法经营等犯罪，为其提供资金、场所、技术支持等帮助的，以共同犯罪论处。

第十条 本解释所称信息网络，包括以计算机、电视机、固定电话机、移动电话机等电子设备为终端的计算机互联网、广播电视网、固定通信网、移动通信网等信息网络，以及向公众开放的局域网络。

27. 最高人民法院、最高人民检察院关于办理赌博刑事案件具体应用法律若干问题的解释（法释〔2005〕3号　自2005年5月13日起施行）（节录）

第六条　未经国家批准擅自发行、销售彩票，构成犯罪的，依照刑法第二百二十五条第（四）项的规定，以非法经营罪定罪处罚。

28. 最高人民法院、最高人民检察院、公安部关于办理利用赌博机开设赌场案件适用法律若干问题的意见（公通字〔2014〕17号　自2014年3月26日起施行）（节录）

四、关于生产、销售赌博机的定罪量刑标准

以提供给他人开设赌场为目的，违反国家规定，非法生产、销售具有退币、退分、退钢珠等赌博功能的电子游戏设施设备或者其专用软件，情节严重的，依照刑法第二百二十五条的规定，以非法经营罪定罪处罚。

实施前款规定的行为，具有下列情形之一的，属于非法经营行为“情节严重”：

（一）个人非法经营数额在五万元以上，或者违法所得数额在一万元以上的；

（二）单位非法经营数额在五十万元以上，或者违法所得数额在十万元以上的；

（三）虽未达到上述数额标准，但两年内因非法生产、销售赌博机行为受过二次以上行政处罚，又进行同种非法经营行为的；

（四）其他情节严重的情形。

具有下列情形之一的，属于非法经营行为“情节特别严重”：

（一）个人非法经营数额在二十五万元以上，或者违法所得数额在五万元以上的；

（二）单位非法经营数额在二百五十万元以上，或者违法所得数额在五十万元以上的。

六、关于赌博机的认定

对于涉案的赌博机，公安机关应当采取拍照、摄像等方式及时固定证据，并予以认定。对于是否属于赌博机难以确定的，司法机关可以委托地市级以上公安机关出具检验报告。司法机关根据检验报告，并结合案件具体情况作出认定。必要时，人民法院可以依法通知检验人员出庭作出说明。

29. 最高人民法院、最高人民检察院关于办理扰乱无线电通讯管理秩序等刑事案件适用法律若干问题的解释（法释〔2017〕11号　自2017年7月1日起施行）（节录）

第四条　非法生产、销售“黑广播”“伪基站”、无线电干扰器等无线电设备，具有下列情形之一的，应当认定为刑法第二百二十五条规定的“情节严重”：

（一）非法生产、销售无线电设备三套以上的；

（二）非法经营数额五万元以上的；

（三）其他情节严重的情形。

实施前款规定的行为，数量或者数额达到第一项、第二项规定标准五倍以上，或者具有其他情节特别严重的情形的，应当认定为刑法第二百二十五条规定的“情节特别严重”。

在非法生产、销售无线电设备窝点查扣的零件，以组装完成的套数以及能够组装的套数认定；无法组装为成套设备的，每三套广播信号调制器（激励器）认定为一套“黑广播”设备，每三块主板认定为一套“伪基站”设备。

第五条　单位犯本解释规定之罪的，对单位判处罚金，并对直接负责的主管人员和其他直接责任人员，依照本解释规定的自然人犯罪的定罪量刑标准定罪处罚。

第九条　对案件所涉的有关专门性问题难以确定的，依据司法鉴定机构出具的鉴定意见，或者下列机构出具的报告，结合其他证据作出认定：

（一）省级以上无线电管理机构、省级无线电管理机构依法设立的派出机构、地市级以上广播电视主管部门就是否系“伪基站”“黑广播”出具的报告；

（二）省级以上广播电视主管部门及其指定的检测机构就“黑广播”功率、覆盖范围出具的报告；

（三）省级以上航空、铁路、船舶等主管部门就是否干扰导航、通信等出具的报告。

对移动终端用户受影响的情况，可以依据相关通信运营商出具的证明，结合被告人供述、终端用户证言等证据作出认定。

七、强迫交易罪

（一）法律规定

第二百二十六条[①] **以暴力、威胁手段，实施下列行为之一，情节严重的，处三年以下有期徒刑或者拘役，并处或者单处罚金；情节特别严重的，处三年以上七年以下有期徒刑，并处罚金：**

（一）强买强卖商品的；

（二）强迫他人提供或者接受服务的；

（三）强迫他人参与或者退出投标、拍卖的；

（四）强迫他人转让或者收购公司、企业的股份、债券或者其他资产的；

（五）强迫他人参与或者退出特定的经营活动的。

第二百三十一条　单位犯本节第二百二十一条至第二百三十条规定之罪的，对单位判处罚金，并对其直接负责的主管人员和其他直接责任人员，依照本节各该条的规定处罚。

（二）罪名详解

强迫交易罪，是指以暴力、威胁手段强买强卖商品，强迫他人提供服务或者强迫他人接受服务，强迫他人参与或者退出招标、拍卖，强迫他人转让或者收购公司、企业的股份、债券或者其他资产，强迫他人参与或者退出特定的经营活动，情节严重的行为。

本罪是 1997 年刑法修订时增设的罪名。1997 年刑法修订以前，对这种犯罪一般是按照投机倒把罪处理的。

强迫交易罪的构成要件是：

---

① 本条系根据 2011 年 2 月 25 日公布的《刑法修正案（八）》修改。原条文为“以暴力、威胁手段强买强卖商品、强迫他人提供服务或者强迫他人接受服务，情节严重的，处三年以下有期徒刑或者拘役，并处或者单处罚金。”

1. 主体要件

犯罪主体为一般主体，包括自然人和单位。

2. 客体要件

本罪侵犯的客体是正常的市场商品交易秩序。市场交易秩序应当是在公平、自由、平等的原则下进行的。买卖双方应是基于自由意志进行等价有偿的交易活动。但本罪的行为人却使用暴力、威胁手段强买强卖，强迫他人提供服务或者强迫他人接受服务等。这不仅破坏了市场交易的基本准则，而且侵害了交易对方的合法权益。《刑法修正案（八）》针对市场交易中出现的新情况、新问题，对刑法原规定作了修改：一是补充了三种新的犯罪形式，将强迫他人参与或者退出投标、拍卖，强迫他人转让或者收购公司、企业股份、债券或者其他资产，强迫他人参与或者退出特定的经营活动，具体列举增加规定为犯罪。二是增加了一个量刑档次，加大了处罚力度，法定最高刑由 3 年有期徒刑提高到 7 年有期徒刑。从而有利于维护市场的交易秩序，保护交易双方的合法权益。

3. 主观要件

主观方面由故意构成。

4. 客观要件

客观方面表现为以暴力、威胁手段强迫交易的五种行为，即强买强卖商品，强迫他人提供服务或者强迫他人接受服务，强迫他人参与或者退出招标、拍卖，强迫他人转让或者收购公司、企业的股份、债券或者其他资产，强迫他人参与或者退出特定的经营活动的行为。

“暴力”，是指对交易相对方身体实行强制和打击的行为；“威胁”，是指对交易相对方实行精神强制的行为；“强买强卖”，是指不顾对方意愿，以暴力、威胁手段强行买进或者强行卖出的行为；“强迫他人提供服务”，是指用暴力、威胁手段强迫服务业的经营者为自己提供某种服务的行为；“强迫他人接受服务”，是指服务业的经营者强迫消费者接受服务的行为。“强迫他人参与或者退出投标、拍卖”，是指招标人、拍卖人为了高价招标或低价中标，拍出标的或取得拍卖标的，强迫他人参与投标、拍卖活动或者退出投标、拍卖活动；“强行高价转让或者收购公司、企业的股份、债券或者其他资产”，是指强行高价转让、低价收购或者强迫他人转让其不愿意转让、收购的股份、债券或者其他资产。

强迫交易的行为，必须达到“情节严重”的程度，才构成犯罪。所谓“情节严重”，在司法实践中，一般是指多次强迫交易的；强迫交易数额巨大的；以强迫交易手段推销伪劣产品的；造成被强迫者人身伤害等后果的；造成恶劣影响或者其他严重后果的等情形。

（三）实务疑难问题

强迫交易的行为，如果情节不严重的，属一般违法行为，应当由公安机关或工商行政部门给予行政处罚。

（四）情节与量刑

依照《刑法》第226条的规定，犯强迫交易罪的，处3年以下有期徒刑或者拘役，并处或者单处罚金；情节特别严重的，处3年以上7年以下有期徒刑，并处罚金。

依照《刑法》第231条的规定，单位犯本罪的，对单位判处罚金，并对其直接负责的主管人员和其他直接责任人员，依照第226条的规定处罚。

八、伪造、倒卖伪造的有价票证罪

（一）法律规定

第二百二十七条第一款　伪造或者倒卖伪造的车票、船票、邮票或者其他有价票证，数额较大的，处二年以下有期徒刑、拘役或者管制，并处或者单处票证价额一倍以上五倍以下罚金；数额巨大的，处二年以上七年以下有期徒刑，并处票证价额一倍以上五倍以下罚金。

第二百三十一条　单位犯本节第二百二十一条至第二百三十条规定之罪的，对单位判处罚金，并对其直接负责的主管人员和其他直接责任人员，依照本节各该条的规定处罚。

（二）罪名详解

伪造、倒卖伪造的有价票证罪，是指伪造或者倒卖伪造的车票、船票、邮票或者其他有价票证，数额较大的行为。

1979 年《刑法》第 124 条只有伪造有价票证罪的规定，1997 年刑法修订时对罪状作了修改，罪名也相应地改为伪造、倒卖伪造的有价票证罪。

伪造、倒卖伪造的有价票证罪的构成要件是：

1. 主体要件

犯罪主体为一般主体，包括自然人和单位。大多是票贩子。

2. 客体要件

本罪侵害的客体是有价票证的管理秩序。犯罪对象是伪造的车票、船票、邮票等有价票证。“其他有价票证”，是指飞机票、货票、油票等有价票证。

3. 主观要件

主观方面是故意，一般具有营利目的。不过，1997 年刑法修订时取消了 1979 年《刑法》第 124 条规定的以营利为目的这一要件，是否以营利为目的不再是本罪的构成要件。

4. 客观要件

客观方面表现为伪造、倒卖伪造的有价票证，数额较大的行为。“伪造”，是指非法印制、制作、变造有价票证的行为；“倒卖”，是指按低价大量买入，然后高价卖出的行为。

（三）实务疑难问题

1. 罪与非罪的界限。伪造或倒卖伪造的车票、船票、邮票或者其他有价票证必须达到数额较大的程度，才构成犯罪。根据《立案追诉标准规定（一）》第 29 条的规定，伪造或者倒卖伪造的车票、船票、邮票或者其他有价票证，涉嫌下列情形之一的，应予立案追诉：（1）车票、船票票面数额累计 2000 元以上，或者数量累计 50 张以上的；（2）邮票票面数额累计 5000 元以上，或者数量累计 1000 枚以上的；（3）其他有价票证价额累计 5000 元以上，或者数量累计 100 张以上的；（4）非法获利累计 1000 元以上的；（5）其他数额较大的情形。

2. 选择性罪名的适用。行为人只要实施了伪造有价票证或者倒卖伪造的有价票证其中一种行为就构成本罪，实施了两种行为的，仍为一罪，不实行并罚。

3. 本罪与伪造、变造国家有价证券罪的区别。两者在犯罪的客观方面都是伪造行为。区别在于犯罪对象不同。前者是有价票证，后者则是国家有价证券，如国库券、金融债券等。

4.《最高人民法院关于对变造、倒卖变造邮票行为如何适用法律问题的解释》规定，“对变造或者倒卖变造的邮票数额较大的，应当依照刑法第二百二十七条第一款的规定定罪处罚”。该司法解释把“伪造、倒卖伪造的有价票证”中的“伪造”行为，扩大解释为包括变造行为在内。

（四）情节与量刑

依照《刑法》第227条第1款的规定，犯伪造、倒卖伪造的有价票证罪的，处2年以下有期徒刑、拘役或者管制，并处或者单处票证价额1倍以上5倍以下罚金；数额巨大的，处2年以上7年以下有期徒刑，并处票证价额1倍以上5倍以下罚金。

依照《刑法》第231条的规定，单位犯本罪的，对单位判处罚金，并对其直接负责的主管人员和其他直接责任人员，依照第227条第1款的规定处罚。

九、倒卖车票、船票罪

（一）法律规定

第二百二十七条第二款　倒卖车票、船票，情节严重的，处三年以下有期徒刑、拘役或者管制，并处或者单处票证价额一倍以上五倍以下罚金。

第二百三十一条　单位犯本节第二百二十一条至第二百三十条规定之罪的，对单位判处罚金，并对其直接负责的主管人员和其他直接责任人员，依照本节各该条的规定处罚。

（二）罪名详解

倒卖车票、船票罪，是指倒卖车票、船票，情节严重的行为。

本罪是1997年刑法修订时增设的罪名，1979年刑法和单行刑法均没有规定此罪名。在1997年刑法修订以前，对这种犯罪通常按照投机倒把罪处理。

倒卖车票、船票罪的构成要件是：

1. 主体要件

犯罪主体为一般主体，包括自然人和单位。通常为票贩子。

2. 客体要件

本罪侵犯的客体是国家对车票、船票的管理秩序。车票主要是指火车票、长途汽车票。船票主要是指客船票。

3. 主观要件

主观方面是故意，且一般具有营利的目的，不过否具有营利的目的不是构成本罪在主观方面的要件。

4. 客观要件

客观方面表现为倒卖车票、船票的行为。“倒卖”，是指大量购入车票、船票后再高价出售的行为。

倒卖车票、船票的行为，必须达到“情节严重”的程度，才构成犯罪。所谓“情节严重”，在司法实践中，一般是指倒卖车票、船票面额较大或者获利数额较大的，倒卖车票、船票屡教不改的等情形。根据《最高人民法院关于审理倒卖车票刑事案件有关问题的解释》（以下简称《倒卖车票解释》），高价、变相加价倒卖车票或者倒卖坐席、卧铺签字号及订购车票凭证，票面数额在5000元以上，或者非法获利数额在2000元以上的，构成《刑法》第227条第2款规定的“倒卖车票情节严重”。

（三）实务疑难问题

司法实践中，对于既有伪造车票、船票的行为，又倒卖了真的车票、船票的，应定伪造有价票证罪和倒卖车票、船票罪，实行并罚。

（四）情节与量刑

依照《刑法》第227条第2款的规定，犯倒卖车票、船票罪的，处3年以下有期徒刑、拘役或者管制，并处或者单处票证价额1倍以上5倍以下罚金。

依照《刑法》第231条的规定，单位犯本罪的，对单位判处罚金，并对其直接负责的主管人员和其他直接责任人员，依照第227条第2款的规定处罚。

根据《倒卖车票解释》的规定，对于铁路职工倒卖车票或者与其他人员勾结倒卖车票；组织倒卖车票的首要分子；曾因倒卖车票受过治安处罚两次以上或者被劳动教养一次以上[①]，两年内又倒卖车票，构成倒卖车票罪的，从重处罚。

（五）法律链接

最高人民法院关于审理倒卖车票刑事案件有关问题的解释（法释〔1999〕17号　自1999年9月14日起施行）

为依法惩处倒卖车票的犯罪活动，根据刑法的有关规定，现就审理倒卖车票刑事案件的有关问题解释如下：

第一条　高价、变相加价倒卖车票或者倒卖坐席、卧铺签字号及订购车票凭证，票面数额在五千元以上，或者非法获利数额在二千元以上的，构成刑法第二百二十七条第二款规定的“倒卖车票情节严重”。

第二条　对于铁路职工倒卖车票或者与其他人员勾结倒卖车票；组织倒卖车票的首要分子；曾因倒卖车票受过治安处罚两次以上或者被劳动教养1次以上，两年内又倒卖车票，构成倒卖车票罪的，依法从重处罚。

十、非法转让、倒卖土地使用权罪

（一）法律规定

第二百二十八条　**以牟利为目的，违反土地管理法规，非法转让、倒卖土地使用权，情节严重的，处三年以下有期徒刑或者拘役，并处或者单处非法转让、倒卖土地使用权价额百分之五以上百分之二十以下罚金；情节特别严重的，处三年以上七年以下有期徒刑，并处非法转让、倒卖土地使用权价额百分之五以上百分之二十以下罚金。**

第二百三十一条　**单位犯本节第二百二十一条至第二百三十条规定之罪的，对单位判处罚金，并对其直接负责的主管人员和其他**

① 2013年12月28日，第十二届全国人民代表大会第六次会议通过《全国人民代表大会常务委员会关于废止有关劳动教养法律规定的决定》废止了劳动教养制度。

直接责任人员，依照本节各该条的规定处罚。

《全国人民代表大会常务委员会关于〈华人民共和国刑法〉第二百二十八条、第三百四十二条、第四百一十条的解释》[①] 规定，刑法第二百二十八条、第三百四十二条、第四百一十条规定的“违反土地管理法规”，是指违反土地管理法、森林法、草原法等法律以及有关行政法规中关于土地管理的规定。

（二）罪名详解

非法转让、倒卖土地使用权罪，是指以牟利为目的，违反土地管理法规，非法转让、倒卖土地使用权，情节严重的行为。

本罪是 1997 年《刑法》修订时增设的罪名。

非法转让、倒卖土地使用权罪的构成要件是：

1. 主体要件

犯罪主体为一般主体，包括单位和自然人。

2. 客体要件

本罪侵犯的客体是国家的土地管理秩序和土地使用权。我国实行土地的社会主义公有制，土地所有权属于国家和集体，但国家允许土地使用权依法转让。如果违反土地管理法规，非法转让、倒卖土地使用权的，则会对国家的土地管理制度造成破坏。

3. 主观要件

主观方面是故意，并且以牟利为目的。

4. 客观要件

客观方面表现为违反土地管理法规，非法转让、倒卖土地使用权的行为。根据《全国人民代表大会常务委员会关于〈中华人民共和国刑法〉第二百二十八条、第三百四十二条、第四百一十条的解释》，“违反土地管理法规”，是指违反土地管理法、森林法、草原法等法律以及有关行政法规中关于土地管理的规定。土地管理法主要是指《中华人民共和国土地管理法》及其实施条例等；“非法转让土地使用权”，是指未经国家主管部门批准，私自将土地使

① 2009 年 8 月 27 日第十一届全国人民代表大会常务委员会第十次会议《关于修改部分法律的决定》对本解释进行了修正。

用权转让给他人使用的行为；“非法倒卖土地使用权”，是指将自己使用的土地或者低价征用的土地转手卖给他人进行牟利的行为。

非法转让、倒卖土地使用权的行为，必须达到“情节严重”的程度，才构成犯罪。所谓“情节严重”，根据2000年6月22日施行的《最高人民法院关于审理破坏土地资源刑事案件具体应用法律若干问题的解释》（以下简称《审理破坏土地资源刑事案件解释》）第1条的规定，是指具有下列情形之一的行为：非法转让、倒卖基本农田5亩以上的；非法转让、倒卖基本农田以外的耕地10亩以上的；非法转让、倒卖其他土地20亩以上的；非法获利50万元以上的；非法转让、倒卖土地接近上述数量标准并具有其他恶劣情节的，如曾因非法转让、倒卖土地使用权受过行政处罚或者造成严重后果等。

（三）实务疑难问题

司法实践中，转让、倒卖土地使用权的行为如果情节不严重的，属于一般违法行为，应当由土地行政部门给予行政处罚。如果以土地入股，压低土地价格损害国家利益的，则构成徇私舞弊低价折股、出售国有资产罪。

（四）情节与量刑

依照《刑法》第228条的规定，犯非法转让、倒卖土地使用权罪的，处3年以下有期徒刑或者拘役，并处或者单处非法转让、倒卖土地使用权价额5%以上20%以下罚金；情节特别严重的，处3年以上7年以下有期徒刑，并处非法转让、倒卖土地使用权价额5%以上20%以下罚金。

依照《刑法》第231条的规定，单位犯本罪的，对单位判处罚金，并对其直接负责的主管人员和其他直接责任人员，依照第228条的规定处罚。在适用《刑法》第228条的规定处罚时应当注意以下问题：

1. “情节特别严重”，根据《审理破坏土地资源刑事案件解释》第2条的规定，是指具有下列情形之一的行为：非法转让、倒卖基本农田10亩以上的；非法转让、倒卖基本农田以外的耕地20亩以上的；非法转让、倒卖其他土地40亩以上的；非法获利100万元以上的；非法转让、倒卖土地接近上述数量标准并具有其他恶劣情节，如造成严重后果等。

2. 多次实施非法转让、倒卖土地使用权的行为依法应当追诉的，或者1年内多次实施非法转让、倒卖土地使用权的行为未经处理的，按照累计的数量、数额处罚。

（五）法律链接

最高人民法院关于审理破坏土地资源刑事案件具体应用法律若干问题的解释（法释〔2000〕14号　自2000年6月22日起施行）（节录）

为依法惩处破坏土地资源犯罪活动，根据刑法的有关规定，现就审理这类案件具体应用法律的若干问题解释如下：

第一条　以牟利为目的，违反土地管理法规，非法转让、倒卖土地使用权，具有下列情形之一的，属于非法转让、倒卖土地使用权"情节严重"，依照刑法第二百二十八条的规定，以非法转让、倒卖土地使用权罪定罪处罚：

（一）非法转让、倒卖基本农田五亩以上的；

（二）非法转让、倒卖基本农田以外的耕地十亩以上的；

（三）非法转让、倒卖其他土地二十亩以上的；

（四）非法获利五十万元以上的；

（五）非法转让、倒卖土地接近上述数量标准并具有其他恶劣情节的，如曾因非法转让、倒卖土地使用权受过行政处罚或者造成严重后果等。

第二条　实施第一条规定的行为，具有下列情形之一的，属于非法转让、倒卖土地使用权"情节特别严重"：

（一）非法转让、倒卖基本农田十亩以上的；

（二）非法转让、倒卖基本农田以外的耕地二十亩以上的；

（三）非法转让、倒卖其他土地四十亩以上的；

（四）非法获利一百万元以上的；

（五）非法转让、倒卖土地接近上述数量标准并具有其他恶劣情节，如造成严重后果等。

第八条　单位犯非法转让、倒卖土地使用权罪、非法占有耕地罪的定罪量刑标准，依照本解释第一条、第二条、第三条的规定执行。

第九条　多次实施本解释规定的行为依法应当追诉的，或者一年内多次实施本解释规定的行为未经处理的，按照累计的数量、数额处罚。

十一、提供虚假证明文件罪

（一）法律规定

第二百二十九条第一款　承担资产评估、验资、验证、会计、审计、法律服务等职责的中介组织的人员故意提供虚假证明文件，情节严重的，处五年以下有期徒刑或者拘役，并处罚金。

第二款　前款规定的人员，索取他人财物或者非法收受他人财物，犯前款罪的，处五年以上十年以下有期徒刑，并处罚金。

第二百三十一条　单位犯本节第二百二十一条至第二百三十条规定之罪的，对单位判处罚金，并对其直接负责的主管人员和其他直接责任人员，依照本节各该条的规定处罚。

（二）罪名详解

提供虚假证明文件罪，是指承担资产评估、验资、验证、会计、审计、法律服务等职责的中介组织的人员，故意提供虚假证明文件，情节严重的行为。

本罪是1997年刑法修订时，从《全国人民代表大会常务委员会关于惩治违反公司法的犯罪的决定》第6条的规定吸收改为刑法的具体规定的。

提供虚假证明文件罪的构成要件是：

1. 主体要件

犯罪主体为特殊主体。即承担资产评估、验资、验证、会计、审计、法律服务等职责的中介组织的人员。具体是指依法成立的资产评估事务所、公证处、审计师事务所、会计师事务所、律师事务所等中介机构中具有国家认可的专业资格的负有职责的专业从业人员。具体来说，“承担资产评估人员”，是指资产评估师和其他承担资产评估职责的人员；“承担验资职责的人员”，是指注册会计师和其他承担验资职责的人员；“承担会计职责的人员”，主要是指依法取得注册会计师资格的人员；“承担审计职责的人员”，是指审计师和其他承担审计职责的人员；“法律服务人员”，主要是指律师事务所的律师、公证处的公证员、仲裁委员会的仲裁员等人员。

2. 客体要件

本罪侵犯的客体是正常的国家中介服务市场的管理秩序。

承担资产评估、验资、验证、会计、审计、法律服务等职责的中介组织人员，在社会经济生活中具有重要的鉴证服务和监督职责。如果他们提供虚假的证明文件，就会导致一些没有达到有限公司注册资本最低限额的公司可以成立，或者严重破坏公司的财务会计制度，从而严重扰乱正常的国家中介服务市场管理秩序。

3. 主观要件

主观方面是故意，包括直接故意和间接故意。动机可能是多种多样的，但动机不影响本罪的成立。过失不构成本罪。

4. 客观要件

客观方面表现为提供虚假的资产评估证明、验资证明、验证证明、会计证明、审计证明或者法律建议书等证明文件，情节严重的行为。随着市场经济的发展，承担资产评估等中介组织日益发挥着重要的作用。“故意提供虚假证明文件”，是指故意提供伪造的或者内容不实的证明文件，包括有关资料、报表、数据和各种结果、结论方面的报告和材料等。

提供虚假证明文件行为，必须达到“情节严重”的程度，才构成犯罪。司法实践中，“情节严重”一般是指故意提供虚假证明文件手段比较恶劣的，虚假的内容比较大的，造成的经济损失比较大等情形。

（三）实务疑难问题

1. 罪与非罪的认定

中介组织人员提供虚假证明文件，必须达到情节严重的程度，才构成犯罪，如果情节不严重的，属于一般违法行为，应当由有关行政主管部门给予行政处罚。根据《最高人民法院、最高人民检察院关于办理环境污染刑事案件适用法律若干问题的解释》第 9 条的规定，环境影响评价机构或其人员，故意提供虚假环境影响评价文件，情节严重的，或者严重不负责任，出具的环境影响评价文件存在重大失实，造成严重后果的，应当依照《刑法》第 229 条、第 231 条的规定，以提供虚假证明文件罪或者出具证明文件重大失实罪定罪处罚。

2. 本罪与违规披露、不披露重要信息罪的区别

如果有关公司、企业与承担资产评估、验资、验证、会计、审计、法律服务等职责的中介组织人员串通，由中介组织人员提供虚假的证明文件，而后公司、企业又根据该证明文件向股东和社会公众提供虚假财会报告或者披露虚假信息的，此时有关公司、企业和中介组织人员本有共同犯罪关系，但鉴于立法已专门规定了提供虚假证明文件罪，故该公司、企业和中介组织人员，应分别以违规披露、不披露重要信息罪和提供虚假证明文件罪论处。

（四）情节与量刑

依照《刑法》第229条第1款、第2款的规定，犯提供虚假证明文件罪的，处5年以下有期徒刑或者拘役，并处罚金。承担资产评估、验资、验证、会计、审计、法律服务等职责的中介组织的人员，索取他人财物或者非法收受他人财物，犯本罪的，处5年以上10年以下有期徒刑，并处罚金。

依照《刑法》第231条的规定，单位犯本罪的，对单位判处罚金，并对其直接负责的主管人员和其他直接责任人员，依照第229条第1款、第2款的规定处罚。司法机关在适用《刑法》第229条第1款、第2款的规定处罚时，应当注意，依照《刑法》第229条第2款的规定，对于承担资产评估、验资、验证、会计、审计、法律服务等职责的中介组织的人员，索取他人财物或者非法收受他人财物而故意提供虚假证明文件的，应以本罪定罪，不再单定受贿罪或者公司、企业人员受贿罪。一般来说，因受贿而为他人谋利益又构成其他犯罪的，应当实行数罪并罚。但由于刑法对因受贿而犯本罪的，单独规定了刑罚，因而不必再实行并罚。

依照《最高人民法院、最高人民检察院关于办理药品、医疗器械注册申请材料造假刑事案件适用法律若干问题的解释》（以下简称《办理药品、医疗器械注册申请材料造假刑事案件解释》）的规定，适用《刑法》第229条第1款、第2款规定办理药品、医疗器械注册申请材料造假刑事案件时，应注意以下问题：

1. 药物非临床研究机构、药物临床试验机构、合同研究组织的工作人员，故意提供虚假的药物非临床研究报告、药物临床试验报告以及相关材料的，

应当认定为《刑法》第229条规定的“故意提供虚假证明文件”。具有下列情形之一的，应当认定为第229条规定的“情节严重”，以提供虚假证明文件罪处5年以下有期徒刑或者拘役，并处罚金：（1）在药物非临床研究或者药物临床试验过程中故意使用虚假试验用药品的；（2）瞒报与药物临床试验用药品相关的严重不良事件的；（3）故意损毁原始药物非临床研究数据或者药物临床试验数据的；（4）编造受试动物信息、受试者信息、主要试验过程记录、研究数据、检测数据等药物非临床研究数据或者药物临床试验数据，影响药品安全性、有效性评价结果的；（5）曾因在申请药品、医疗器械注册过程中提供虚假证明材料受过刑事处罚或者2年内受过行政处罚，又提供虚假证明材料的；（6）其他情节严重的情形。

实施上述行为，索取或者非法收受他人财物的，应当依照《刑法》第229条第2款规定，以提供虚假证明文件罪处5年以上10年以下有期徒刑，并处罚金，同时构成提供虚假证明文件罪和受贿罪、非国家工作人员受贿罪的，依照处罚较重的规定定罪处罚。

2. 药品注册申请单位的工作人员指使药物非临床研究机构、药物临床试验机构、合同研究组织的工作人员提供《办理药品、医疗器械注册申请造假刑事案件解释》第1条第2款规定的虚假药物非临床研究报告、药物临床试验报告及相关材料的，以提供虚假证明文件罪的共同犯罪论处。药品注册申请单位的工作人员和药物非临床研究机构、药物临床试验机构、合同研究组织的工作人员共同实施前述行为，骗取药品批准证明文件生产、销售药品，同时构成提供虚假证明文件罪和生产、销售假药罪的，依照处罚较重的规定定罪处罚。

关于如何认定“指使”，《办理药品、医疗器械注册申请造假刑事案件解释》规定了两种情形，一是明知有关机构、组织不具备相应条件或者能力，仍委托其进行药物非临床研究、药物临床试验的，二是支付的价款明显异于正常费用的。但有相反证据的除外。

3. 在医疗器械注册申请中，故意提供、使用虚假的医疗器械临床试验报告及相关材料的，参照适用上述规定。

（五）法律链接

1. 最高人民法院、最高人民检察院关于办理妨害信用卡管理刑事案件具

体应用法律若干问题的解释（法释〔2018〕19号　自2018年12月1日起施行）（节录）

第四条第二款　承担资产评估、验资、验证、会计、审计、法律服务等职责的中介组织或其人员，为信用卡申请人提供虚假的财产状况、收入、职务等资信证明材料，应当追究刑事责任的，依照刑法第二百二十九条的规定，分别以提供虚假证明文件罪和出具证明文件重大失实罪定罪处罚。

2. **最高人民法院、最高人民检察院关于办理环境污染刑事案件适用法律若干问题的解释**（法释〔2016〕29号　自2017年1月1日起施行）（节录）

第九条　环境影响评价机构或其人员，故意提供虚假环境影响评价文件，情节严重的，或者严重不负责任，出具的环境影响评价文件存在重大失实，造成严重后果的，应当依照刑法第二百二十九条、第二百三十一条的规定，以提供虚假证明文件罪或者出具证明文件重大失实罪定罪处罚。

3. **最高人民法院、最高人民检察院关于办理药品、医疗器械注册申请材料造假刑事案件适用法律若干问题的解释**（法释〔2017〕15号　自2017年9月1日起施行）（节录）

第一条　药物非临床研究机构、药物临床试验机构、合同研究组织的工作人员，故意提供虚假的药物非临床研究报告、药物临床试验报告以及相关材料的，应当认定为刑法第二百二十九条规定的“故意提供虚假证明文件”。

实施前款规定的行为，具有下列情形之一的，应当认定为刑法第二百二十九条规定的“情节严重”，以提供虚假证明文件罪处五年以下有期徒刑或者拘役，并处罚金：

（一）在药物非临床研究或者药物临床试验过程中故意使用虚假试验用药品的；

（二）瞒报与药物临床试验用药品相关的严重不良事件的；

（三）故意损毁原始药物非临床研究数据或者药物临床试验数据的；

（四）编造受试动物信息、受试者信息、主要试验过程记录、研究数据、检测数据等药物非临床研究数据或者药物临床试验数据，影响药品安全性、有效性评价结果的；

（五）曾因在申请药品、医疗器械注册过程中提供虚假证明材料受过刑事处罚或者二年内受过行政处罚，又提供虚假证明材料的；

（六）其他情节严重的情形。

第二条　实施本解释第一条规定的行为，索取或者非法收受他人财物的，应当依照刑法第二百二十九条第二款规定，以提供虚假证明文件罪处五年以上十年以下有期徒刑，并处罚金；同时构成提供虚假证明文件罪和受贿罪、非国家工作人员受贿罪的，依照处罚较重的规定定罪处罚。

第四条　药品注册申请单位的工作人员指使药物非临床研究机构、药物临床试验机构、合同研究组织的工作人员提供本解释第一条第二款规定的虚假药物非临床研究报告、药物临床试验报告及相关材料的，以提供虚假证明文件罪的共同犯罪论处。

具有下列情形之一的，可以认定为前款规定的“指使”，但有相反证据的除外：

（一）明知有关机构、组织不具备相应条件或者能力，仍委托其进行药物非临床研究、药物临床试验的；

（二）支付的价款明显异于正常费用的。

药品注册申请单位的工作人员和药物非临床研究机构、药物临床试验机构、合同研究组织的工作人员共同实施第一款规定的行为，骗取药品批准证明文件生产、销售药品，同时构成提供虚假证明文件罪和生产、销售假药罪的，依照处罚较重的规定定罪处罚。

第五条　在医疗器械注册申请中，故意提供、使用虚假的医疗器械临床试验报告及相关材料的，参照适用本解释第一条至第四条规定。

第六条　单位犯本解释第一条至第五条规定之罪的，对单位判处罚金，并依照本解释规定的相应自然人犯罪的定罪量刑标准对直接负责的主管人员和其他直接责任人员定罪处罚。

第八条　对是否属于虚假的药物非临床研究报告、药物或者医疗器械临床试验报告及相关材料，是否影响药品或者医疗器械安全性、有效性评价结果，以及是否属于严重不良事件等专门性问题难以确定的，可以根据国家药品监督管理部门设置或者指定的药品、医疗器械审评等机构出具的意见，结合其他证据作出认定。

第九条　本解释所称“合同研究组织”，是指受药品或者医疗器械注册申请单位、药物非临床研究机构、药物或者医疗器械临床试验机构的委托，从事试验方案设计、数据统计、分析测试、监查稽查等与非临床研究或者临床试验相关活动的单位。

十二、出具证明文件重大失实罪

（一）法律规定

第二百二十九条第一款　承担资产评估、验资、验证、会计、审计、法律服务等职责的中介组织的人员故意提供虚假证明文件，情节严重的，处五年以下有期徒刑或者拘役，并处罚金。

第三款　第一款规定的人员，严重不负责任，出具的证明文件有重大失实，造成严重后果的，处三年以下有期徒刑或者拘役，并处或者单处罚金。

第二百三十一条　单位犯本节第二百二十一条至第二百三十条规定之罪的，对单位判处罚金，并对其直接负责的主管人员和其他直接责任人员，依照本节各该条的规定处罚。

（二）罪名详解

出具证明文件重大失实罪，是指承担资产评估、验资、验证、会计、审计、法律服务等职责的中介组织的人员，严重不负责任，出具的证明文件有重大失实，造成严重后果的行为。

本罪是1997年刑法修订时增设的罪名，1979年刑法和单行刑法均没有规定此罪名。

出具证明文件重大失实罪的构成要件是：

1. 主体要件

犯罪主体为特殊主体，即承担资产评估、验资、验证、会计、审计和法律服务等职责的中介组织的人员。

2. 客体要件

本罪侵犯的客体是公司管理秩序。

3. 主观要件

主观方面是过失，即行为人是由于工作严重不负责任而出具了重大失实的证明文件。

4. 客观方面

客观方面表现为承担资产评估、验资、验证、会计、审计、法律服务职责的中介组织的人员，严重不负责任，出具的证明文件有重大失实，造成严重后果的行为。“出具的文件有重大失实”，是指所出具的证明文件在内容上存在重大的不符合实际的错误或者内容虚假。“造成严重后果”，司法实践中，一般是指给国家、集体和公民个人造成严重损失的；在社会上产生特别恶劣影响的等情形。

（三）实务疑难问题

1. 罪与非罪的界限。按照《立案追诉标准规定（二）》第 82 条的规定，“承担资产评估、验资、验证、会计、审计、法律服务等职责的中介组织的人员严重不负责任，出具的证明文件有重大失实，涉嫌下列情形之一的，应予立案追诉：（1）给国家、公众或者其他投资者造成直接经济损失数额在 100 万元以上的；（2）其他造成严重后果的情形。”

2. 本罪与提供虚假证明文件罪的区别。前者行为人主观上是出于过失，是由于工作严重不负责任造成的；后者则是出于故意，是明知故犯的行为。前者必须是造成严重后果的才构成犯罪，后者情节严重的就可以构成犯罪。

（四）情节与量刑

依照《刑法》第 229 条第 3 款的规定，犯出具证明文件重大失实罪的，处 3 年以下有期徒刑或者拘役，并处或者单处罚金。

依照《刑法》第 231 条的规定，单位犯本罪的，对单位判处罚金，并对其直接负责的主管人员和其他直接责任人员，依照第 229 条第 3 款的规定处罚。

（五）法律链接

1. 最高人民检察院关于公证员出具公证书有重大失实行为如何适用法律问题的批复（高检发释字〔2009〕1 号　自 2009 年 1 月 15 日起施行）

甘肃省人民检察院：

你院《关于公证员出具证明文件重大失实是否构成犯罪的请示》（甘检发研〔2008〕17 号）收悉。经研究，批复如下：

《中华人民共和国公证法》施行以后，公证员在履行公证职责过程中，严重不负责任，出具的公证书有重大失实，造成严重后果的，依照刑法第二百二十九条第三款的规定，以出具证明文件重大失实罪追究刑事责任。

2. 最高人民法院、最高人民检察院关于办理妨害信用卡管理刑事案件具体应用法律若干问题的解释（法释〔2018〕19 号　自 2018 年 12 月 1 日起施行）（节录）

第四条第二款　承担资产评估、验资、验证、会计、审计、法律服务等职责的中介组织或其人员，为信用卡申请人提供虚假的财产状况、收入、职务等资信证明材料，应当追究刑事责任的，依照刑法第二百二十九条的规定，分别以提供虚假证明文件罪和出具证明文件重大失实罪定罪处罚。

十三、逃避商检罪

（一）法律规定

第二百三十条　违反进出口商品检验法的规定，逃避商品检验，将必须经商检机构检验的进口商品未报经检验而擅自销售、使用，或者将必须经商检机构检验的出口商品未报经检验合格而擅自出口，情节严重的，处三年以下有期徒刑或者拘役，并处或者单处罚金。

第二百三十一条　单位犯本节第二百二十一条至第二百三十条规定之罪的，对单位判处罚金，并对其直接负责的主管人员和其他直接责任人员，依照本节各该条的规定处罚。

（二）罪名详解

逃避商检罪，是指违反进出口商品检验法的规定，逃避商品检验，将必须经商检机构检验的进口商品未报经检验而擅自销售、使用，或者将必须经商检机构检验的出口商品未报经检验合格而擅自出口，情节严重的行为。

本罪是 1997 年刑法修订时增设的罪名。1989 年《进出口商品检验法》[①] 第 26 条规定，对逃避商检行为的，比照玩忽职守罪追究刑事责任。1997 年刑

① 本法已于 2002 年、2013、2018 年四次修正。

法修订时将这一规定吸收改为刑法的具体规定。

逃避商检罪的构成要件是：

1. 主体要件

犯罪主体为从事商品进出口业务的自然人和单位。即指应当向商检机构报检的进出口商品的发货人和收货人。

2. 客体要件

本罪侵犯的客体是国家对进出口商品检验的管理秩序。犯罪对象是《商检机构实施检验的进出口商品种类表》中的商品和其他法律、法规规定必须经商检机构检验的进出口商品。如食品安全法、进出口商品检验法等列出的进出口商品。

3. 主观要件

主观方面是故意。过失不构成本罪。

4. 客观要件

客观方面表现为违反进出口商品检验法的规定，逃避商品检验，将必须经商品检验机构检验的进口商品未报经检验而擅自销售、使用，或者将必须经商检机构检验的出口商品未报经检验合格而擅自出口的行为。“未报经检验而擅自销售、使用”，是指将进口商品未报经商检机构检验就自行将商品在境内销售、使用的行为。“未报经检验合格而擅自出口”，是指没有经商检机构检验合格而擅自出口的行为。商检机构，是指国家商检局在省、自治区、直辖市以及进出口商品的口岸、集散地设立的进出口商品检验局及其分支机构。

逃避商检的行为，必须达到情节严重的程度，才构成犯罪。按照《立案追诉标准规定（二）》第 83 条的规定，“违反进出口商品检验法的规定，逃避商品检验，将必须经商检机构检验的进口商品未报经检验而擅自销售、使用，或者将必须经商检机构检验的出口商品未报经检验合格而擅自出口，涉嫌下列情形之一的，应予立案追诉：（1）给国家、单位或者个人造成直接经济损失数额在 50 万元以上的；（2）逃避商检的进出口货物货值金额在 300 万元以上的；（3）导致病疫流行、灾害事故的；（4）多次逃避商检的；（5）引起国际经济贸易纠纷，严重影响国家对外贸易关系，或者严重损害国家声誉的；（6）其他情节严重的情形。”

（三）实务疑难问题

司法实践中，要查明进出口商品是否属于必须经商检机构检验的商品。如果查明不是必须依法进行商检的商品，一般不构成本罪。根据我国《进出口商品检验法》第5条的规定，商检机构对列入目录的进出口商品实施检验。其中，符合国家规定的免予检验条件的，由收货人或者发货人申请，经国家商检部门审查批准，可以免予检验。另外，逃避商检的行为，如果情节不严重的，属于一般违法行为，应当由商检行政部门给予行政处罚。

（四）情节与量刑

依照《刑法》第230条的规定，犯逃避商检罪的，处3年以下有期徒刑或者拘役，并处或者单处罚金。

依照《刑法》第231条的规定，单位犯本罪的，对单位判处罚金，并对其直接负责的主管人员和其他直接责任人员，依照第230条的规定处罚。

（五）法律链接

1. **《中华人民共和国进出口商品检验法》**（1989年2月21日第七届全国人民代表大会常务委员会第六次会议通过　根据2002年4月28日第九届全国人民代表大会常务委员会第二十七次会议《关于修改〈中华人民共和国进出口商品检验法〉的决定》第一次修正　根据2013年6月29日第十二届全国人民代表大会常务委员会第三次会议《关于修改〈中华人民共和国文物保护法〉等十二部法律的决定》第二次修正　根据2018年4月27日第十三届全国人民代表大会常务委员会第二次会议《关于修改〈中华人民共和国国境卫生检疫法〉等六部法律的决定》第三次修正　根据2018年12月29日第十三届全国人民代表大会常务委员会第七次会议《关于修改〈中华人民共和国产品质量法〉等五部法律的决定》第四次修正）

第五条　列入目录的进出口商品，由商检机构实施检验。

前款规定的进口商品未经检验的，不准销售、使用；前款规定的出口商品未经检验合格的，不准出口。

本条第一款规定的进出口商品，其中符合国家规定的免予检验条件的，由收货人或者发货人申请，经国家商检部门审查批准，可以免予检验。

2. 最高人民检察院、公安部关于公安机关管辖的刑事案件立案追诉标准的规定（二）的通知（公通字〔2010〕23号 自2010年5月7日起施行）

第八十二条 ［出具证明文件重大失实案（刑法第二百二十九条第三款）］承担资产评估、验资、验证、会计、审计、法律服务等职责的中介组织的人员严重不负责任，出具的证明文件有重大失实，涉嫌下列情形之一的，应予立案追诉：

（一）给国家、公众或者其他投资者造成直接经济损失数额在一百万元以上的；

（二）其他造成严重后果的情形。

第四章　侵犯公民人身权利、民主权利罪

一、故意杀人罪

（一）法律规定

第二百三十二条　故意杀人的，处死刑、无期徒刑或者10年以上有期徒刑；情节较轻的，处3年以上10年以下有期徒刑。

（二）罪名详解

故意杀人罪，是指故意非法剥夺他人生命的行为。

本罪是侵犯公民人身权利罪中最严重的犯罪，1979年《刑法》第132条对本条作了规定。

故意杀人罪的构成要件是：

1. 主体要件

本罪主体为一般主体。故意杀人罪是严重侵犯人身权利和破坏社会秩序的犯罪，依照《刑法》第17条第2款的规定，已满14周岁并具有刑事责任能力的自然人，都可以成为故意杀人罪的主体。

2. 客体要件

本罪侵犯的客体是他人的生命权利。犯罪对象是人的生命。任何公民的生命都受到法律的保护，不允许非法侵犯。人的生命，自胎儿从母体分离出来能够独立进行呼吸开始，这是生命起始的标志。传统观点以人的心脏不可逆转地停止跳动（即心跳、脉搏和呼吸停止）为死亡标准。现在，美、英、法等一些国家都采纳了“脑死亡”说，认为全脑（包括大脑、小脑、脑干）

的全部功能不可恢复地完全丧失，即丧失意识和活动能力，对外界刺激无反应，才是死亡的标志，并在法律上作出了规定。但大多数国家包括我国在内，仍以心脏停止跳动（包括停止呼吸），作为生命结束的标志。

3. 主观要件

本罪主观方面必须具有杀人的故意，包括直接故意和间接故意。杀人的动机多种多样：有的出于报复，有的出于贪财，有的出于奸情等等。动机不影响故意杀人罪的成立，但是在量刑时可予以适当考虑。

4. 客观要件

本罪客观方面表现为非法剥夺他人生命的行为。这种行为一般表现为作为，个别表现为不作为。但后者只有那些对防止他人死亡结果的发生负有特定义务的人（如医生，婴儿、幼儿的父母），不履行自己的义务才能构成。剥夺他人生命的方法、手段多种多样，如刀砍、棒打、手掐、绳勒、枪杀、投毒、爆炸、火焚、触电等，也有利用化学药品、放射性物质等方法杀人的。方法、手段均不影响本罪的成立。剥夺他人生命的行为必须是非法的。司法工作人员依法执行死刑命令的行为、正当防卫的行为，都是合法的，不构成本罪。

（三）实务疑难问题

1. 罪与非罪的认定

司法实践中，要注意不以犯罪处理的以下情形：

（1）故意杀人罪的犯罪对象是人，但是指他人，杀害自己的行为不能认定为犯罪。因此，二人以上相互约定共同自杀的相约自杀行为，其中没有强制或者诱骗因素，不具备故意杀人罪的特征，其中一人自杀身亡，其他人自杀未得逞的，未得逞的一方不能作为犯罪处理。

（2）因正当行为或者依法执行死刑命令的行为剥夺他人生命的，不能认定是犯罪。

2. 直接故意杀人与间接故意杀人的区分

这两种故意的共同点是都明知自己的行为会发生他人死亡的结果。不同点有二：第一，直接故意杀人有明确的杀人目的，对其行为会引起被害人死亡的结果，抱着希望的态度；而间接故意杀人，对被害人是死是活，并不积极追求，而是听之任之，采取放任的态度。第二，直接故意杀人有未遂，间接故意杀人则不存在未遂问题，正如过失犯罪不存在未遂一样。

3. 帮助他人自杀行为的认定和处罚

经他人主动要求或者征得他人同意而剥夺其生命的行为，是否构成犯罪及应否承担刑事责任，刑法学界和司法实践中有不同看法。主张“安乐死”的观点认为，这种行为不构成犯罪，不应追究行为人的刑事责任。本书认为，“安乐死”的法律责任问题应当通过立法来解决。在立法未予解决之前，这种行为在性质上属于剥夺他人生命权利的行为，符合故意杀人罪的特征，应认定构成故意杀人罪，原则上应追究行为人的刑事责任，但量刑时可从轻、减轻或者免除处罚。

4. 自杀与“逼人自杀”“诱骗他人自杀”行为的区分

自杀是自己剥夺自己生命的行为，法律没有规定自杀者的刑事责任。但是，以下两种情况的自杀行为，应分别视不同情况处理：

（1）认定故意杀人罪要坚持主客观相一致的原则，不能只看行为后果，要根据行为人主观上是否具有杀人的故意来认定。如果行为人主观上没有杀人故意，只是在客观上实施了某些刑法分则规定的犯罪行为，如暴力干涉婚姻自由、强奸、虐待等，引起被害人自杀的，不应认定为故意杀人罪，可以根据刑法分则的有关规定，以该犯罪行为定罪，将致人死亡这一后果作为该罪量刑情节，依法予以处罚。

（2）如果行为人主观上确有杀人故意，并凭借权势或者采取暴力、威吓等卑劣手段逼人自杀，或者利用封建迷信手段诱骗他人自杀的，则应认定故意杀人罪。这种情况实际上是“借刀杀人”，即借被害人之手达到杀害被害人的目的。

5. “大义灭亲”的法律责任

我国法律不承认“家法”，司法权一律由国家的司法机关行使。自己的亲属如果有违法犯罪行为，应当向公安、司法机关和有关单位检举，由国家司法机关依法处理。法律不允许任何人以任何理由私自处死他人，包括有违法犯罪行为的自己的亲属。为了维护法律的严肃性和法制的统一，对于这种“大义灭亲”的行为，应按故意杀人罪追究刑事责任，但量刑时可以从轻或者减轻处罚。

6. 故意杀人罪与抢劫罪的区分

《最高人民法院关于抢劫过程中故意杀人案件如何定罪问题的批复》明确了故意杀人罪与抢劫罪的区分：（1）行为人为劫取财物而预谋故意杀人，或者在劫取财物过程中，为制服被害人反抗而故意杀人的，以抢劫罪定罪处罚。(2) 行为人实施抢劫后，为灭口而故意杀人的，以抢劫罪和故意杀人罪定罪，实行数罪并罚。即故意杀人是抢劫的手段行为时，以抢劫罪定罪处罚。故意杀人与抢劫是两个故意支配下实施的两个独立行为时，定故意杀人罪和抢劫罪，实施数罪并罚。

7. 故意杀人罪与放火罪、爆炸罪等危害公共安全犯罪的区分

放火罪、爆炸罪、投放危险物质罪等罪行的基本特征是危害公共安全，即不特定多数人的生命、健康和财产安全。如果上述放火、爆炸、投放危险物质等危害公共安全的行为针对的是特定人的生命，而没有危及公共安全的，应当以故意杀人罪定罪处罚。

8. 已满 14 周岁不满 16 周岁的人承担刑事责任范围问题

根据《全国人民代表大会常务委员会法制工作委员会关于已满十四周岁不满十六周岁的人承担刑事责任范围问题的答复意见》，《刑法》第 17 条第 2 款规定的八种犯罪，是指具体犯罪行为而不是具体罪名。对于《刑法》第 17 条中规定的“犯故意杀人、故意伤害致人重伤或者死亡”，是指只要故意实施了杀人、伤害行为并且造成了致人重伤、死亡后果的，都应负刑事责任。而不是指只有犯故意杀人罪、故意伤害罪的，才负刑事责任，绑架撕票的，不负刑事责任。对司法实践中出现的已满 14 周岁不满 16 周岁的人绑架人质后杀害被绑架人，拐卖妇女、儿童而故意造成被拐卖妇女、儿童重伤或死亡的行为，依据刑法是应当追究其刑事责任的。

根据《最高人民法院关于审理未成年人刑事案件具体应用法律若干问题的解释》第 10 条的规定，已满 14 周岁不满 16 周岁的人盗窃、诈骗、抢夺他人财物，为窝藏赃物、抗拒抓捕或者毁灭罪证，当场使用暴力，故意伤害致人重伤或者死亡，或者故意杀人的，应当分别以故意伤害罪或者故意杀人罪定罪处罚。

9. 刑法另有规定的，应当依照规定执行

(1) 根据《刑法》第 234 条之一第 2 款[①]的规定，“未经本人同意摘取其器官，或者摘取不满十八周岁的人的器官，或者强迫、欺骗他人捐献器官的”，应当以故意伤害罪或故意杀人罪定罪处罚。

---

① 本条经 2011 年 2 月 25 日《刑法修正案（八）》第 37 条增加。

（2）根据《刑法》第238条的规定，“非法拘禁他人或者以其他方法非法剥夺他人人身自由的，使用暴力致人死亡的”，应当以故意杀人罪定罪处罚。

（3）根据《刑法》第247条的规定，“司法工作人员对犯罪嫌疑人、被告人实行刑讯逼供或者使用暴力逼取证人证言”，致人死亡的，应当以故意杀人罪定罪从重处罚；

（4）根据《刑法》第248条的规定，“监狱、拘留所、看守所等监管机构的监管人员对被监管人员进行殴打或者体罚虐待”，致人死亡的，应当以故意杀人罪定罪从重处罚。

（5）根据《刑法》第289条的规定，“聚众‘打砸抢’”，致人死亡的，应当以故意杀人罪定罪处罚。

（6）根据《刑法》第292条的规定，聚众斗殴，致人死亡的，应当以故意杀人罪定罪处罚。

（7）根据《最高人民法院、最高人民检察院关于办理妨害预防、控制突发传染病疫情等灾害的刑事案件具体应用法律若干问题的解释》规定，在预防、控制突发性传染病疫情等灾害期间，聚众“打砸抢”，致人死亡的，应当以故意杀人罪定罪从重处罚。

（四）情节与量刑

依照《刑法》第232条的规定，犯故意杀人罪的，处死刑、无期徒刑或者10年以上有期徒刑；情节较轻的，处3年以上10年以下有期徒刑。

司法机关在适用时，应当注意以下问题：

1. 故意杀人是非法剥夺他人生命的严重犯罪。在法定刑顺序上，是由重到轻排列，而不是由轻到重排列。但故意杀人的情况很复杂，因此，刑法规定了两种不同情节的法定刑，要正确理解和适用。“情节较轻”，司法实践中一般是指防卫过当致人死亡的；出于义愤杀人的；因受被害人的长期迫害而杀人的；溺婴的等情形。

2. 严格掌握故意杀人罪死刑适用标准。《刑法》第48条对死刑适用标准作出明确规定：“死刑只适用于罪行极其严重的犯罪分子”。故意杀人历来是打击的重点，对这种犯罪原则上应依法从严惩处。但是，“保留死刑，严格控制和慎重适用死刑”是我国一贯的刑事政策，必须保证这一重要刑事政策适用的连续性和稳定性，要以最严格的标准和最审慎的态度，确保死刑只适用于极少数罪行极其严重的犯罪分子，保证更有利、更准确地依法惩治严重刑事犯罪。对于故意杀人犯罪案件是否适用死刑，要综合分析，区别对待，依法慎重决定。

（1）注意区分案件性质。对下列严重危害社会治安和严重影响人民群众安全感的犯罪，应当体现从严惩处的原则，依法判处被告人重刑直至死刑立即执行。如：暴力恐怖犯罪、黑社会性质组织犯罪、恶势力犯罪以及其他严重暴力犯罪中故意杀人的首要分子；雇凶杀人的；冒充军警、执法人员杀人等等。但是，对于其中具有法定从轻处罚情节的，也要注意依法从宽处罚。

对于因婚姻家庭、邻里纠纷以及山林、水流、田地纠纷等民间矛盾激化引发的故意杀人案件，在适用死刑时要特别慎重。如：被害人一方有明显过错或者对矛盾激化负有直接责任的；被告人有法定从轻处罚情节的；被告人积极赔偿被害人经济损失、真诚悔罪的；被害方谅解的等等。除犯罪情节特别恶劣、犯罪后果特别严重、人身危险性极大的被告人外，一般可考虑不判处死刑立即执行。

（2）注重区分犯罪情节。对于犯罪情节特别恶劣，又无从轻处罚情节的被告人，可以依法判处死刑立即执行。如：暴力抗拒执法而杀害执法人员的；以特别残忍的手段杀人的；持枪杀人的；实施其他犯罪后杀人灭口的；杀人后为掩盖罪行或者出于其他卑劣动机分尸、碎尸、焚尸灭迹的等等。

（3）注重区分犯罪后果。故意杀人罪的直接后果主要是致人死亡，但也要考虑对社会治安的影响等其他后果。对于被害人有明显过错，或者有其他从轻情节可以对被告人从宽处罚的，即使造成了死亡的后果，一般也可不判处死刑立即执行。故意杀人未遂的，一般不判处被告人死刑。对于防卫过当致人死亡的，应当减轻或者免除处罚。虽不构成正当防卫，但带有防卫性质的故意杀人，即使造成了被害人死亡的结果，也不判处被告人死刑。

（4）注重区分被告人的主观恶性及其人身危险性。要从被告人的犯罪动机、犯罪预谋、犯罪过程中的具体情节以及被害人的过错等方面综合判断被告人的主观恶性。在直接故意杀人与间接故意杀人案件中，被告人的主观恶性程度是不同的，在处刑上也应有所区别。

对于犯罪动机卑劣而预谋杀人的，或者性情残暴动辄肆意杀人的被告人，可以依法判处死刑立即执行。对于坦白主要犯罪事实并对定案证据的收集有重要作用的；犯罪后自动归案但尚不构成自首的；被告人亲属协助司法机关抓获被告人后，被告人对自己的罪行供认不讳的；被告人及其亲属积极赔偿被害方经济损失并取得被害方谅解的；刚满18周岁或已满70周岁以上的人犯罪且情节不是特别恶劣的等等，一般可不判处死刑立即执行。

要从被告人有无前科及平时表现、犯罪后的悔罪情况等方面综合判断被告人的人身危险性。对于累犯中前罪系暴力犯罪，或者曾因暴力犯罪被判重刑后又犯故意杀人罪的；杀人后毫无悔罪表现的等等，如果没有法定从轻处罚情节，一般可依法判处死刑立即执行。对于犯罪后积极抢救被害人、减轻危害后果或者防止危害后果扩大的；虽具有累犯等法定从重处罚情节，但前罪较轻，或者同时具有自首等法定、酌定从轻情节，经综合考虑不是必须判处死刑立即执行的等等，一般可不判处被告人死刑立即执行。

3. 从严掌握故意杀人案件共同犯罪的死刑适用。对于故意杀人共同犯罪案件的死刑适用，总的要求是要充分考虑各被告人在共同犯罪中的地位和作用、犯罪后果、被告人的主观恶性和人身危险性等情况，正确认定各被告人的罪责并适用刑罚。一案中有多名主犯的，要在主犯中区分出罪责最为严重者和较为严重者。

（1）对于共同致一人死亡，依法应当判处被告人死刑立即执行的，原则上只判处一名被告人死刑立即执行。罪行极其严重的主犯因有立功、自首等法定从轻处罚情节而依法不判处死刑立即执行的，也不能对罪行相对较轻的主犯判处死刑立即执行。

（2）对于被告人地位、作用相当，罪责相对分散，或者罪责确实难以分清的，一般不判处被告人死刑立即执行。确需判处被告人死刑立即执行的，要充分考虑被告人在主观恶性和人身危险性等方面的不同，审慎决定。

（3）对于家庭成员共同犯罪案件，适用死刑要特别慎重，应尽量避免判处同一家庭两名以上成员死刑立即执行。

（4）对于有同案犯在逃的案件，要分清罪责，慎重决定对在案的被告人判处死刑立即执行。

（5）雇凶犯罪作为一种共同犯罪，其社会危害性比一般共同犯罪更大，应当依法从严惩处。雇凶者作为犯罪的“造意者”，其对案件的发生负有直接和更主要的责任，只有依法严惩雇凶者，才能有效遏制犯罪。但在具体量刑时，也要根据案件的不同情况，区别对待。

对于雇凶者与受雇者共同直接实施故意杀人犯罪行为的，应认定雇凶者为罪行最严重的主犯；雇凶者没有直接实施故意杀人犯罪行为，但参与了共同犯罪的策划，实施了具体组织、指挥行为的，对雇凶者也应认定为罪行最严重的主犯；雇凶者只是笼统提出犯意，没有实施具体组织、指挥行为，积极实施犯罪行为的受雇者可认定为罪行最严重的主犯；雇凶者雇佣未成年人实施故意杀人犯罪的，雇凶者为罪行最严重的主犯；对于多名受雇者地位、作用相当，责任相对分散，或者责任难以分清的，雇凶者应对全案负责，应认定雇凶者为罪行最严重的主犯。

受雇者明显超出雇凶者授意范围，实施故意杀人犯罪，因行为过限，造成更严重危害后果的，应当以实际实施的行为承担刑事责任。

对于雇凶杀人只致一人死亡的案件，一般不宜同时判处雇凶者与受雇者死刑立即执行。对于案情特别重大，后果特别严重，确需判处两名以上被告人死刑立即执行的，要严格区分多名受雇者的地位、作用，根据其罪责和犯罪情节，一般可对雇凶者和其中罪行最严重的受雇者判处死刑立即执行。

4. 正确处理故意杀人案件被告人有自首、立功情节的死刑适用：

（1）自首和立功是刑法明确规定的、司法实践中适用较多的两种法定从轻或者减轻处罚情节。对于具备这两种情节之一的，一般都应依法从轻处罚。对于具有自首、立功情节，同时又有累犯、前科等法定、酌定从重处罚情节的，要综合分析从重因素和从轻因素哪方面更突出一些，依法体现宽严相济的基本刑事政策。

（2）对于被告人未自首，但被告人亲属协助抓获被告人，或者提供被告人犯罪的主要证据对定案起到重要作用等情况的，应作为酌定从宽情节，予以充分考虑。

（3）对于具有犯罪后果特别严重、犯罪动机特别卑劣或者被告人为规避法律而自首等情形的，对被告人是否从轻处罚，要从严掌握。

（4）对于该判处死刑的被告人具有立功表现的，是否从轻处罚，应当以该立功是否足以抵罪为标准。被告人确有重大立功表现的，一般应当考虑从轻处罚；被告人有一般立功表现，经综合考虑足以从轻的，也可以考虑对被告人从轻处罚；被告人亲属为使被告人得到从轻处罚，检举、揭发他人犯罪或者协助司法机关抓捕其他犯罪嫌疑人的，虽不能视为被告人立功，也可以作为酌定从宽情节考虑。对于黑社会性质组织犯罪的首要分子、犯罪集团的首要分子、毒品犯罪的上线等，犯罪主体的特殊性决定了其有可能掌握他人较多的犯罪线索，即使其检举揭发与其犯罪有关联的人或者事构成重大立功的，从轻处罚也要从严掌握。如果被告人罪行极其严重，只有一般立功表现，经综合考虑不足以从轻的，可不予从轻处罚。

5. 正确把握故意杀人案件民事赔偿与死刑适用的关系。根据司法实践经验，处理这类案件应注意以下问题：

（1）对于因婚姻家庭、邻里纠纷等民间矛盾激化引发，侵害对象特定的故意杀人案件，如果被告人积极履行赔偿义务，获得被害方的谅解或者没有引发强烈社会反响的，可以依法从宽判处。对于那些严重危害社会治安的故意杀人案件，被告人积极赔偿，得到被害方谅解的，依法从宽判处应当特别慎重。

（2）要特别重视对故意杀人死刑案件的民事调解工作。一、二审法院要进一步加大调解力度，尽可能地促使当事人在一审达成调解协议。一审调解不成的，二审法院仍然要做更多更细致的工作，将调解工作贯穿案件审理始终，避免因民事部分没有妥善处理而影响量刑。对于依法可以不判处被告人死刑的案件，要最大限度地促成双方当事人达成赔偿协议，取得被害方谅解。对于具有法定从轻情节，被害人有明显过错等依法不应当判处被告人死刑的案件，也不能因为被害方不接受赔偿或者达不成调解协议而判处被告人死刑。对于因具有赔偿等情节而不判处死刑的，应当在裁判文书中充分阐明法院裁判（如被告人积极认罪、真诚悔罪、获得被害方谅解等），争取更好的社会效果。

（3）要注意依法保护被害方的合法权益。被告人的犯罪行为造成被害人经济损失的，要依法判决被告人承担民事赔偿责任，不能因为判处被告人死刑而该赔的不赔。对于那些因被告人没有赔偿能力而得不到赔偿的，要通过国家救助制度，解决被害方因被告人的犯罪行为造成的暂时的生活、医疗困难，安抚被害人及其亲属，促进社会和谐。

6. 贯彻人权保障原则，树立人权保障观念。2004 年 3 月，《宪法修正案》第一次将“国家尊重和保障人权”载入宪法，这对在刑事立法和刑事司法中正确理解和适用法律具有特别重大的意义。2012 年 3 月 14 日，第十一届全国人大五次会议通过的《关于修改〈中华人民共和国刑事诉讼法〉的决定》，又将“尊重和保障人权”写入素有“小宪法”之称的《刑事诉讼法》（第 2 条），同样具有重大意义。我国是具有五千年历史的国家，受传统法律文化的影响，

“杀人偿命”这种原始报应观念和“死刑万能”的思想在我国根深蒂固。我们应当从贯彻宽严相济的基本刑事政策，“保留死刑，严格控制和慎重适用死刑”的刑事政策和人权保障原则的高度，理性地、全面地看待死刑问题。生命权是公民的基本人权。死刑是剥夺犯罪分子生命的最严厉的刑罚方法。人死不能再生，人民法院对死刑的适用必须慎之又慎。对于故意杀人的犯罪分子一定要依法严惩，该判处死刑的坚决判处死刑，但必须坚持刑法规定的死刑适用标准和死刑的刑事政策。司法实践证明，死刑对震慑和预防犯罪有一定功能，但绝不是治理犯罪的万能工具。预防和减少犯罪的发生，最根本的还要靠社会经济的发展，靠社会治安的综合治理。

7.1997 年 12 月 23 日最高人民法院通过的《关于对故意伤害、盗窃等严重破坏社会秩序的犯罪分子能否附加剥夺政治权利问题的批复》对本罪附加刑适用作出如下规定：根据《刑法》第 56 条规定，对于故意杀人、强奸、放火、爆炸、投毒、抢劫等严重破坏社会秩序的犯罪分子，可以附加剥夺政治权利。

8. 规范化量刑。《最高人民法院关于常见犯罪的量刑指导意见》对故意杀人罪的量刑并未作出规定，这主要是由于《量刑指导意见》主要是针对基层法院常见的 15 个罪名作出的规定，而故意杀人罪的管辖权在中级人民法院，该罪法定最高刑是死刑，关系被告人的生命，故为慎重起见，暂未作出规定。在有关规定出台前，司法人员应当根据犯罪事实、犯罪性质、犯罪情节和社会危害程度，依照刑法和有关司法解释的规定判处刑罚。

（五）法律链接

1. 最高人民法院、最高人民检察院关于办理寻衅滋事刑事案件适用法律若干问题的解释（法释〔2013〕18 号　自 2013 年 7 月 22 日起施行）（节录）

第七条　实施寻衅滋事行为，同时符合寻衅滋事罪和故意杀人罪、故意伤害罪、故意毁坏财物罪、敲诈勒索罪、抢夺罪、抢劫罪等罪的构成要件的，依照处罚较重的犯罪定罪处罚。

2. 最高人民法院研究室关于对参加聚众斗殴受重伤或者死亡的人及其家属提出的民事赔偿请求能否予以支持问题的答复（法研〔2004〕179 号　自 2004 年 11 月 11 日起施行）

江苏省高级人民法院：

你院苏高法〔2004〕296 号《关于对聚众斗殴案件中受伤或死亡的当事人

及其家属提出的民事赔偿请求能否予以支持问题的请示》收悉。经研究，答复如下：

根据《刑法》第二百九十二条第一款的规定，聚众斗殴的参加者，无论是否首要分子，均明知自己的行为有可能产生伤害他人以及自己被他人的行为伤害的后果，其仍然参加聚众斗殴的，应当自行承担相应的刑事和民事责任。根据《刑法》第二百九十二条第二款的规定，对于参加聚众斗殴，造成他人重伤或者死亡的，行为性质发生变化，应认定为故意伤害罪或者故意杀人罪。聚众斗殴中受重伤或者死亡的人，既是故意伤害罪或者故意杀人罪的受害人，又是聚众斗殴犯罪的行为人。对于参加聚众斗殴受重伤或者死亡的人或其家属提出的民事赔偿请求，依法应予支持，并适用混合过错责任原则。

3. 最高人民法院、最高人民检察院关于办理妨害预防、控制突发传染病疫情等灾害的刑事案件具体应用法律若干问题的解释（法释〔2003〕8 号　自 2003 年 5 月 15 日起施行）（节录）

第九条　在预防、控制突发传染病疫情等灾害期间，聚众“打砸抢”，致人伤残、死亡的，依照刑法第二百八十九条、第二百三十四条、第二百三十二条的规定，以故意伤害罪或者故意杀人罪定罪，依法从重处罚。对毁坏或者抢走公私财物的首要分子，依照刑法第二百八十九条、第二百六十三条的规定，以抢劫罪定罪，依法从重处罚。

4. 最高人民法院关于审理偷税抗税刑事案件具体应用法律若干问题的解释（法释〔2002〕33 号　自 2002 年 11 月 7 日起施行）（节录）

第六条　实施抗税行为致人重伤、死亡，构成故意伤害罪、故意杀人罪的，分别依照刑法第二百三十四条第二款、第二百三十二条的规定定罪处罚。

与纳税人或者扣缴义务人共同实施抗税行为的，以抗税罪的共犯依法处罚。

5.《最高人民法院、最高人民检察院关于办理组织、利用邪教组织破坏法律实施等刑事案件适用法律若干问题的解释》（法释〔2017〕3 号　2017 年 2 月 1 日起施行）

第十一条　组织、利用邪教组织，制造、散布迷信邪说，组织、策划、煽动、胁迫、教唆、帮助其成员或者他人实施自杀、自伤的，依照刑法第二百三十二条、第二百三十四条的规定，以故意杀人罪或者故意伤害罪定罪处罚。

6. 最高人民法院关于审理交通肇事刑事案件具体应用法律若干问题的解释（法释〔2000〕33号　自2000年11月21日起施行）（节录）

第六条　行为人在交通肇事后为逃避法律追究，将被害人带离事故现场后隐藏或者遗弃，致使被害人无法得到救助而死亡或者严重残疾的，应当分别依照刑法第二百三十二条、第二百三十四条第二款的规定，以故意杀人罪或者故意伤害罪定罪处罚。

7. 最高人民法院关于对设置圈套诱骗他人参赌又向索还钱财的受骗者施以暴力或暴力威胁的行为应如何定罪问题的批复（法复〔1995〕8号　自1995年11月6日起施行）

贵州省高级人民法院：

你院“关于设置圈套诱骗他人参赌，当参赌者要求退还所输钱财时，设赌者以暴力相威胁，甚至将参赌者打伤、杀伤并将钱财带走的行为如何定性”的请示收悉。经研究，答复如下：

行为人设置圈套诱骗他人参赌获取钱财，属赌博行为，构成犯罪的，应当以赌博罪定罪处罚。参赌者识破骗局要求退还所输钱财，设赌者又使用暴力或者以暴力相威胁，拒绝退还的，应以赌博罪从重处罚；致参赌者伤害或者死亡的，应以赌博罪和故意伤害罪或者故意杀人罪，依法实行数罪并罚。

8. 最高人民法院、最高人民检察院关于办理危害生产安全刑事案件适用法律若干问题的解释（法释〔2015〕22号　自2015年12月16日起施行）（节录）

第十条　在安全事故发生后，直接负责的主管人员和其他直接责任人员故意阻挠开展抢救，导致人员死亡或者重伤，或者为了逃避法律追究，对被害人进行隐藏、遗弃，致使被害人因无法得到救助而死亡或者重度残疾的，分别依照刑法第二百三十二条、第二百三十四条的规定，以故意杀人罪或者故意伤害罪定罪处罚。

9. 最高人民法院、最高人民检察院、公安部、司法部、国家卫生和计划生育委员会关于依法惩处涉医违法犯罪维护正常医疗秩序的意见（法发〔2014〕5号　自2014年4月22日起施行）（节录）

二、严格依法惩处涉医违法犯罪

（一）在医疗机构内殴打医务人员或者故意伤害医务人员身体、故意损毁公私财物，尚未造成严重后果的，分别依照《治安管理处罚法》第四十三条、

第四十九条的规定处罚；故意杀害医务人员，或者故意伤害医务人员造成轻伤以上严重后果，或者随意殴打医务人员情节恶劣、任意损毁公私财物情节严重，构成故意杀人罪、故意伤害罪、故意毁坏财物罪、寻衅滋事罪的，依照刑法的有关规定定罪处罚。

10. 最高人民法院、最高人民检察院、公安部、司法部印发关于依法惩治性侵害未成年人犯罪的意见（法发〔2013〕12号　自2013年10月23日起施行）（节录）

三、准确适用法律

22. 实施猥亵儿童犯罪，造成儿童轻伤以上后果，同时符合刑法第二百三十四条或者第二百三十二条的规定，构成故意伤害罪、故意杀人罪的，依照处罚较重的规定定罪处罚。

对已满十四周岁的未成年男性实施猥亵，造成被害人轻伤以上后果，符合刑法第二百三十四条或者第二百三十二条规定的，以故意伤害罪或者故意杀人罪定罪处罚。

11. 最高人民法院关于《全国法院维护农村稳定刑事审判工作座谈会纪要》（法〔1999〕217号　自1999年10月27日起施行）（节录）

二、会议在认真学习《决定》和“上海会议”文件的基础上，结合执行刑法、刑事诉讼法的审判实践，对审理农村中犯罪案件、农民犯罪案件中的一些重要问题进行了研究、讨论。一致认为，对于故意杀人、故意伤害、抢劫、强奸、绑架等严重危害农村社会治安的暴力犯罪以及带有黑社会性质的团伙犯罪，一定要继续坚持从重从快严厉打击的方针。要根据当地社会治安的特点，将经常性“严打”和集中打击、专项斗争结合起来，始终保持“严打”的高压态势，有效地遏制严重刑事犯罪活动蔓延的势头，尽一切努力维护好农村社会治安的稳定。同时，对正确适用法律，处理好农村常见多发案件，全面、正确掌握党的刑事政策，取得了一致意见：

（一）关于故意杀人、故意伤害案件

要准确把握故意杀人犯罪适用死刑的标准。对故意杀人犯罪是否判处死刑，不仅要看是否造成了被害人死亡结果，还要综合考虑案件的全部情况。对于因婚姻家庭、邻里纠纷等民间矛盾激化引发的故意杀人犯罪，适用死刑一定要十分慎重，应当与发生在社会上的严重危害社会治安的其他故意杀人犯罪案件有所区别。对于被害人一方有明显过错或对矛盾激化负有直接责任，或者被告人有法定从轻处罚情节的，一般不应判处死刑立即执行。

要注意严格区分故意杀人罪与故意伤害罪的界限。在直接故意杀人与间接故意杀人案件中，犯罪人的主观恶性程度是不同的，在处刑上也应有所区别。间接故意杀人与故意伤害致人死亡，虽然都造成了死亡后果，但行为人故意的性质和内容是截然不同的。不注意区分犯罪的性质和故意的内容，只要有死亡后果就判处死刑的做法是错误的，这在今后的工作中，应当予以纠正。对于故意伤害致人死亡，手段特别残忍，情节特别恶劣的，才可以判处死刑。

12. 最高人民法院关于贯彻宽严相济刑事政策的若干意见（法发〔2010〕9号　自2010年2月8日起施行）（节录）

二、准确把握和正确适用依法从“严”的政策要求

7. 贯彻宽严相济刑事政策，必须毫不动摇地坚持依法严惩严重刑事犯罪的方针。对于危害国家安全犯罪、恐怖组织犯罪、邪教组织犯罪、黑社会性质组织犯罪、恶势力犯罪、故意危害公共安全犯罪等严重危害国家政权稳固和社会治安的犯罪，故意杀人、故意伤害致人死亡、强奸、绑架、拐卖妇女儿童、抢劫、重大抢夺、重大盗窃等严重暴力犯罪和严重影响人民群众安全感的犯罪，走私、贩卖、运输、制造毒品等毒害人民健康的犯罪，要作为严惩的重点，依法从重处罚。尤其对于极端仇视国家和社会，以不特定人为侵害对象，所犯罪行特别严重的犯罪分子，该重判的要坚决依法重判，该判处死刑的要坚决依法判处死刑。

四、准确把握和正确适用宽严“相济”的政策要求

34. 对于因犯故意杀人、爆炸、抢劫、强奸、绑架等暴力犯罪，致人死亡或严重残疾而被判处死刑缓期二年执行或无期徒刑的罪犯，要严格控制减刑的频度和每次减刑的幅度，要保证其相对较长的实际服刑期限，维护公平正义，确保改造效果。

五、完善贯彻宽严相济刑事政策的工作机制

43. 对减刑、假释案件，要采取开庭审理与书面审理相结合的方式。对于职务犯罪案件，尤其是原为县处级以上领导干部罪犯的减刑、假释案件，要一律开庭审理。对于故意杀人、抢劫、故意伤害等严重危害社会治安的暴力犯罪分子，有组织犯罪案件中的首要分子和其他主犯以及其他重大、有影响案件罪犯的减刑、假释，原则上也要开庭审理。书面审理的案件，拟裁定减

刑、假释的，要在羁押场所公示拟减刑、假释人员名单，接受其他在押罪犯的广泛监督。

13. 最高人民法院、最高人民检察院、公安部、司法部关于依法办理家庭暴力犯罪案件的意见（法发〔2015〕4号　自2015年3月2日起施行）（节录）

三、定罪处罚

16. 依法准确定罪处罚。对故意杀人、故意伤害、强奸、猥亵儿童、非法拘禁、侮辱、暴力干涉婚姻自由、虐待、遗弃等侵害公民人身权利的家庭暴力犯罪，应当根据犯罪的事实、性质、情节和对社会的危害程度，严格依照刑法的有关规定判处。对于同一行为同时触犯多个罪名的，依照处罚较重的规定定罪处罚。

17. 准确区分虐待犯罪致人重伤、死亡与故意伤害、故意杀人犯罪致人重伤、死亡的界限，要根据被告人的主观故意、所实施的暴力手段与方式、是否立即或者直接造成被害人伤亡后果等进行综合判断。对于被告人主观上不具有侵害被害人健康或者剥夺被害人生命的故意，而是出于追求被害人肉体和精神上的痛苦，长期或者多次实施虐待行为，逐渐造成被害人身体损害，过失导致被害人重伤或者死亡的；或者因虐待致使被害人不堪忍受而自残、自杀，导致重伤或者死亡的，属于刑法第二百六十条第二款规定的虐待“致使被害人重伤、死亡”，应当以虐待罪定罪处罚。对于被告人虽然实施家庭暴力呈现出经常性、持续性、反复性的特点，但其主观上具有希望或者放任被害人重伤或者死亡的故意，持凶器实施暴力，暴力手段残忍，暴力程度较强，直接或者立即造成被害人重伤或者死亡的，应当以故意伤害罪或者故意杀人罪定罪处罚。

准确区分遗弃罪与故意杀人罪的界限，要根据被告人的主观故意、所实施行为的时间与地点、是否立即造成被害人死亡，以及被害人对被告人的依赖程度等进行综合判断。对于只是为了逃避扶养义务，并不希望或者放任被害人死亡，将生活不能自理的被害人弃置在福利院、医院、派出所等单位或者广场、车站等行人较多的场所，希望被害人得到他人救助的，一般以遗弃罪定罪处罚。对于希望或者放任被害人死亡，不履行必要的扶养义务，致使被害人因缺乏生活照料而死亡，或者将生活不能自理的被害人带至荒山野岭等人迹罕至的场所扔弃，使被害人难以得到他人救助的，应当以故意杀人罪定罪处罚。

20. 充分考虑案件中的防卫因素和过错责任。对于长期遭受家庭暴力后，在激愤、恐惧状态下为了防止再次遭受家庭暴力，或者为了摆脱家庭暴力而故意杀害、伤害施暴人，被告人的行为具有防卫因素，施暴人在案件起因上具有明显过错或者直接责任的，可以酌情从宽处罚。对于因遭受严重家庭暴力，身体、精神受到重大损害而故意杀害施暴人；或者因不堪忍受长期家庭暴力而故意杀害施暴人，犯罪情节不是特别恶劣，手段不是特别残忍的，可以认定为刑法第二百三十二条规定的故意杀人"情节较轻"。在服刑期间确有悔改表现的，可以根据其家庭情况，依法放宽减刑的幅度，缩短减刑的起始时间与间隔时间；符合假释条件的，应当假释。被杀害施暴人的近亲属表示谅解的，在量刑、减刑、假释时应当予以充分考虑。

二、过失致人死亡罪

（一）法律规定

第二百三十三条　过失致人死亡的，处三年以上七年以下有期徒刑；情节较轻的，处三年以下有期徒刑。本法另有规定的，依照规定。

（二）罪名详解

过失致人死亡罪，是指由于过失而致人死亡的行为。本罪在1979年《刑法》第133条作了规定，但罪名为"过失杀人罪"。根据1997年《刑法》第233条的规定，罪名改为"过失致人死亡罪"。

过失致人死亡罪的构成要件是：

1. 主体要件

本罪主体为一般主体，即凡年满16周岁并具有刑事责任能力的自然人，都可以构成过失致人死亡罪的主体。

2. 客体要件

本罪侵犯的客体是公民的生命权利。

3. 主观要件

本罪主观方面只能由过失构成，包括疏忽大意的过失和过于自信的过失。

前者是指应当预见自己的行为可能发生被害人死亡的结果，由于疏忽大意而没有预见；后者是指已经预见而轻信能够避免，以致发生被害人死亡的结果。过失致人死亡罪的本质特征在于：行为人既没有伤害的故意，也没有杀人的故意，只是由于疏忽大意或者过于自信，才造成被害人死亡结果的发生。如药剂师因粗心误将毒药卖给病人致被害人死亡的，就是疏忽大意构成的过失致人死亡罪。

4. 客观要件

本罪的客观方面表现为因过失而致人死亡的行为。这就要求查明过失行为与死亡结果之间是否存在着刑法上的因果关系，这是确定过失犯罪承担刑事责任的客观基础。过失致人死亡罪只有造成他人死亡结果发生的，才构成犯罪。所以，过失致人死亡罪不存在犯罪未遂。

（三）实务疑难问题

1. 本罪与故意杀人罪的区分

这两种犯罪在客观上都造成了被害人死亡的结果，但两者在主观方面的内容却完全不同：故意杀人，是行为人明知自己的行为会发生非法剥夺他人生命的结果，并且希望或者放任这种结果的发生；而过失致人死亡，行为人则对造成他人死亡的结果，既不希望其发生，也不采取听之任之的放任态度。这是两者的根本区别。

在司法实践中，过于自信的过失致人死亡同间接故意杀人有时难以区分。它们的共同点是：都预见到自己的行为可能发生被害人死亡的结果，并且都不希望这种结果的发生。区分两者的关键，在于查明行为人对死亡结果的发生是轻信可以避免，还是抱着放任的态度。当然，轻信也应当有根据。因此，应当围绕行为人的预见能力和对死亡结果发生所持的心理态度，进行深入调查和全面分析研究以作出正确判断。

2. 过失致人死亡与意外事件的区分

司法实践中，疏忽大意的过失致人死亡与意外事件有时也难以区分。二者的共同点是：行为人的行为引起了被害人死亡结果的发生，但都没有预见。区分两者的关键，在于查明行为人在当时情况下是否应该预见。行为人在客观上虽然造成了他人死亡的结果，但不是出于疏忽大意的过失，而是由于不能预见的原因引起的，则属于刑法上的意外事件，行为人不应对此承担刑事责任。如果行为人应当预见，但由于疏忽大意而没有预见，以致发生了死亡结果的，则属于过失致人死亡。

3. 刑法另有规定的致人死亡的情形

《刑法》第 233 条规定："本法另有规定的，依照规定。"这是指过失致人死亡，除本条的一般性规定外，对于刑法规定的其他犯罪中过失致人死亡的情况，按照特别规定优于一般规定的原则，对于刑法另有特殊规定的，应当一律适用特殊规定。据此，对《刑法》第 115 条第 2 款规定的失火、过失决水、过失投放危险物质、过失爆炸等致人死亡的，第 133 条规定的交通肇事致人死亡的，第 134 条第 1 款规定的重大责任事故致人死亡的，第 135 条规定的重大劳动安全事故致人死亡的，第 138 条规定的教育设施重大安全事故致人死亡的，都不能按照《刑法》第 233 条的一般规定处罚，而应当按照上述各条的专门规定定罪处罚。

（四）情节与量刑

依照《刑法》第 233 条规定，犯过失致人死亡罪的，处 3 年以上 7 年以下有期徒刑；情节较轻的，处 3 年以下有期徒刑。

1. 司法机关应当注意本罪虽然是过失犯罪，但造成被害人死亡的严重后果，在法定刑顺序上，仍采用故意杀人罪的立法例，同样是由重到轻排列。

2. 规范化量刑。《最高人民法院关于常见犯罪的量刑指导意见》对过失致人死亡罪的量刑并未作出规定，这主要是由于此类案件在司法实践中的发案率不高，最高司法机关还未能总结出一套比较完整的量刑规范化方案，有待于在总结经验的基础上再作出详细的规定。在此之前，司法人员应当根据犯罪的事实、性质、情节和对于社会的危害程度，依照刑法和有关司法解释的规定判处刑罚。

三、故意伤害罪

（一）法律规定

第二百三十四条　故意伤害他人身体的，处三年以下有期徒刑、拘役或者管制。

犯前款罪，致人重伤的，处三年以上十年以下有期徒刑；致人死亡或者以特别残忍手段致人重伤造成严重残疾的，处十年以上有期徒刑、无期徒刑或者死刑。本法另有规定的，依照规定。

（二）罪名详解

故意伤害罪，是指故意非法损害他人身体健康的行为。1979 年《刑法》第 134 条第 1 款对本罪作了规定。

故意伤害罪的构成要件是：

1. 主体要件

本罪主体为一般主体，即凡年满 16 周岁并具有刑事责任能力的自然人，都可以成为故意伤害罪的主体。依照《刑法》第 17 条第 2 款的规定，已满 14 周岁不满 16 周岁的人，故意伤害致人重伤或者死亡的，应当负刑事责任。

2. 客体要件

本罪侵犯的客体是他人的身体健康。这是故意伤害罪区别于其他侵犯公民人身权利罪的本质特征。所谓损害他人的身体健康，主要是指损害人体组织的完整或者破坏人体器官的正常功能。如果不是对他人的身体健康造成损害，而是损害他人的人格、名誉或者非法限制他人的人身自由，则不构成本罪，而构成其他罪，如侮辱罪、诽谤罪、非法拘禁罪、绑架罪等。

由于故意伤害罪侵犯的客体是他人的身体健康，因此，故意伤害自己身体健康的，一般不构成犯罪。但是，如果军人在战时为了逃避执行军事义务而自伤身体的，应按《刑法》第 434 条规定的战时自伤罪论处；如果诬陷他人而自伤身体的，应按《刑法》第 243 条规定的诬告陷害罪论处。他人的身体不包括可以摘除的假肢、假牙等，但是无法摘除的人工骨骼等也应认定是身体的一部分。

3. 主观要件

本罪主观方面由故意构成，包括直接故意和间接故意。犯罪动机可能各种各样，但动机不影响本罪成立。

应当指出，在故意伤害致人死亡的情况下，行为人对伤害的主观要件是故意，但对于死亡结果的主观要件却是过失，刑法理论称之为结果加重犯。在认定故意伤害致人死亡的时候，不仅要查明行为人对伤害的故意，还应当查明行为人对死亡结果的过失。在单独犯罪的情况下，行为人基于伤害故意实施了伤害行为但造成他人死亡的，只要死亡结果是伤害行为造成的，可以认定行为人对于死亡结果主观上具有过失。在十分明确地教唆或者帮助他人实施故意伤害的情况下，他人的故意伤害行为出现致人死亡结果的，教唆者或者帮助者应当对死亡结果承担刑事责任，但如果他人实施了故意杀人的行为，则属于实行过限，教唆者或者帮助者只承担故意伤害罪的刑事责任。在共同实行犯中同样如此。

4. 客观要件

本罪的客观方面表现为非法损害他人身体健康的行为。这种行为必须是非法的。正当防卫、紧急避险致非法侵害人以伤害的行为，因治疗需要经病人同意的截肢等行为，是合法的、对社会有益的行为，依照法律规定，不构成犯罪。故意伤害的手段多种多样，伤害的结果，可能是轻伤、重伤，也可能是致人死亡。根据《刑法》第 95 条的解释，重伤，是指使人肢体残废或者毁人容貌，使人丧失听觉、视觉或者其他器官机能，以及其他对于人身健康有重大伤害的情形。轻伤，是指物理、化学和生物等各种外界因素作用于人体，造成组织、器官结构的一定程度的损害或者部分功能障碍，尚不构成重伤，又不属轻微伤害的损伤情形。这是区分重伤害与轻伤害的法律依据。

司法实践中，具体区分重伤和轻伤，情况复杂，涉及医学专业知识，需要进行法医学鉴定，这是认定是否构成重伤的科学依据和重要证据。我国刑法对重伤只作了概括性的原则规定。长期以来，由于鉴定人对刑法关于重伤的规定理解不同，往往造成鉴定结论中意见分歧，甚至在同一案件中出现将重伤评定为轻伤，或者将轻伤评定为重伤的现象，对定罪量刑影响很大。为统一法医学评定重伤的科学标准，最高人民法院、最高人民检察院、公安部、国家安全部、司法部于 2013 年 8 月 30 日联合发布了《人体损伤程度鉴定标准》，为伤情鉴定提供了科学依据。2016 年 4 月 18 日最高人民法院、最高人民检察院、公安部、国家安全部、司法部又联合发布了《人体损伤致残程度分级》，自 2017 年 1 月 1 日起施行，今后，司法鉴定机构和司法鉴定人进行人体损伤致残程度鉴定统一适用《人体损伤致残程度分级》。从司法实践的经验看，对确定伤情的轻重即损伤程度，是按受伤时法医鉴定或者医院诊断时的情况认定，还是按治疗后的情况认定，有不同的意见。我们认为，正确认定伤情，必须坚持实事求是的科学原则，具体伤情具体分析。一般应依据人体损伤当时的伤情及其损伤的后果认定，但有的属于内伤，一时难于确诊，需要经过一段时间才能暴露；有的在受伤时伤情似乎很重，但经治疗后可以痊愈，不会有后遗症；有的则可能治疗后伤情恶化，甚至导致死亡或者终身残疾。因此，确定伤情的轻重应以受伤时的情况为主，结合治疗后的情况，全面分析，合理认定。

（三）实务疑难问题

1. 罪与非罪的认定

主要是划清故意伤害与一般打架斗殴造成轻微伤害的界限。伤害，是指造成人身器质性的或者功能性的损害。打架斗殴，只是造成人体的痛苦，并不损伤人身健康或者伤害情节显著轻微，属于侵犯人身权利的一般违法行为，可视情况按《治安管理处罚法》第 43 条的有关规定，给予治安处罚。

2. 故意重伤与故意杀人未遂的区分

区分两者关键在于查明主观故意的内容。故意重伤，是行为人只想重伤他人的身体，使其健康受到严重损害，并无剥夺他人生命的目的；而故意杀人未遂和既遂一样，都预见到自己的行为会剥夺他人的生命，并且希望这种结果的发生。杀人未遂，只是由于行为人意志以外的原因而没有造成被害人死亡结果的发生。因此，两者的犯罪性质完全不同。

3. 故意伤害致死与直接故意杀人的区分

故意伤害致死，是犯罪分子只有伤害故意，致人死亡系过失所致。在这种情况下，行为人应当对超出他伤害故意的死亡后果承担相应的责任。故意伤害致死与直接故意杀人的共同点是：客观上都实施了针对被害人身体健康的危害行为，造成了被害人死亡的后果，主观上都有犯罪故意。但两者故意的内容不同：前者是伤害故意，后者是杀人故意。因此，分清这两种犯罪，关键在于查明行为人是否具有非法剥夺他人生命的故意。在此基础上，根据不同情况分别处理：

（1）明显具有杀人故意，实施了杀人行为，造成死亡结果的，应按故意杀人定罪。其中，杀人未遂，只造成伤害结果的，按故意杀人的未遂犯处罚。

（2）明显只有伤害故意，实施了伤害行为，造成伤害结果的，应按故意伤害定罪。其中，致人死亡的，按故意伤害罪（致人死亡）处罚。

（3）凡因打架斗殴或者群众之间因民事纠纷引起械斗而致人死亡的，除行为人有明显的杀人故意，应按故意杀人定罪外，一般可按故意伤害罪（致人死亡）处罚。因为打架斗殴双方都是出于主动，而且处于互殴的运动状态，一时情急、失手，就可能造成对方死亡。

（4）对有些案情复杂，是故意杀人还是故意伤害致死一时难以区分，内部分歧意见很大的，为了慎重起见，可以按故意伤害罪（致人死亡）论处。

4. 故意伤害致死与间接故意杀人的区分

两者的区别主要在于故意的内容不同。间接故意杀人，是明知自己的行为会造成他人死亡的结果，并且放任这种结果的发生；而故意伤害致人死亡，故意的内容只是损害他人身体健康，对死亡结果的发生既不希望、也不放任，而是一种过失的心理状态。对于无故寻衅，动辄用刀子捅人的突发性案件，如何认定其犯罪性质，在刑法学界和司法实践中都有不同的看法。我们认为，凡突然持械行凶的，虽然并不像预谋杀人那样有明显的杀人目的，但其特点是不计后果，不顾被害人死活。在这种情况下，一般可按其实际造成的结果定罪。如果被害人没有死亡，可按故意伤害论处；如果被害人死亡，则可按间接故意杀人论处。因为，不论犯罪行为在客观上造成的是死亡的结果还是伤害的结果，都在行为人的犯意之内。这样，就把行为人主观上对会发生的后果的放任，同客观上造成的实际后果统一了起来，体现了在认定犯罪上主客观相一致的原则。如果间接故意杀人和故意伤害致死的界限确实难以分清的，可按故意伤害致死认定。

5. 故意伤害致死与过失致人死亡的区分

司法实践中，两者有时也容易混淆。因为两者在客观方面都造成被害人死亡的结果；主观方面都没有杀人的动机和目的，也不希望或者放任死亡结果的发生，在致人死亡后果上均属过失。但根本区别在于：故意伤害致死虽然无杀人的故意，但有伤害的故意；而过失致人死亡既无杀人的故意，也无伤害的故意。因此，区别故意伤害致死与过失致人死亡，关键是要查明行为人有无伤害的故意。

6. 判断故意伤害罪与故意杀人罪的具体因素

区分故意杀人罪与故意伤害罪的重点，是查明故意的内容以确定行为的性质。司法实践中，应结合具体案情，从犯罪的起因，使用的犯罪工具，打击的部位，打击的力度，犯罪的时间、地点、环境，行为人对被害人是否有抢救的意愿或者行为，有无预谋犯罪，以及行为人与被害人之间的关系等方面加以综合分析、判断。

7. 刑法另有规定的，应当依照规定执行

(1) 根据《刑法》第 234 条之一第 2 款[①]的规定，“未经本人同意摘取其器官，或者摘取不满十八周岁的人的器官，或者强迫、欺骗他人捐献器官的”，应当以故意伤害罪（或故意杀人罪）定罪处罚。

(2) 根据《刑法》第 238 条的规定，“非法拘禁他人或者以其他方法非法剥夺他人人身自由的，使用暴力致人伤残的”，应当以故意伤害罪定罪处罚。

(3) 根据《刑法》第 247 条的规定，“司法工作人员对犯罪嫌疑人、被告人实行刑讯逼供或者使用暴力逼取证人证言，致人伤残的”，应当以故意伤害罪定罪从重处罚。

(4) 根据《刑法》第 248 条的规定，“监狱、拘留所、看守所等监管机构的监管人员对被监管人员进行殴打或者体罚虐待，致人伤残的”，应当以故意伤害罪定罪从重处罚。

(5) 根据《刑法》第 289 条的规定，“聚众‘打砸抢’，致人伤残的”，应当以故意伤害罪定罪处罚。

(6) 根据《刑法》第 292 条的规定，“聚众斗殴，致人重伤的”，应当以故意伤害罪定罪处罚。

(7) 根据《刑法》第 333 条的规定，“非法组织他人出卖血液，对他人造成伤害的”，应当以故意伤害罪定罪处罚。

(8) 根据《最高人民法院、最高人民检察院关于办理妨害预防、控制突发传染病疫情等灾害的刑事案件具体应用法律若干问题的解释》规定，在预防、控制突发性传染病疫情等灾害期间，聚众“打砸抢”，致人伤残的，应当以故意伤害罪定罪从重处罚。

（四）情节与量刑

依照《刑法》第 234 条规定，犯故意伤害罪的，处三年以下有期徒刑、拘役或者管制；致人重伤的，处三年以上十年以下有期徒刑；致人死亡或者以特别残忍手段致人重伤造成严重残疾的，处十年以上有期徒刑、无期徒刑或者死刑。

司法机关在适用时，应当注意以下问题：

---

① 本条经 2011 年 2 月 25 日《刑法修正案（八）》第 37 条增加。

1.《刑法》第 234 条第 1 款是关于故意伤害他人身体致人轻伤的处刑规定，应当分别不同情况，妥善处理：

（1）对伤情程度介于轻、重伤边缘的案件，在处罚时要慎重。轻伤中伤情重的，可按《刑法》第 234 条第 1 款的规定从重处罚；重伤中伤情轻的，可按同条第 2 款的规定从轻处罚。

（2）犯故意伤害罪情节轻微，不需要判处刑罚的，依照《刑法》第 37 条的规定，可以免予刑事处罚；需要赔偿损失或者作其他处理的，按该条的规定办理。

2. 本条第 2 款是关于故意伤害他人身体致人重伤或者死亡的处刑规定，应当正确理解和适用：

（1）按照第 2 款的规定，故意伤害致人重伤的，一般应当处 3 年以上 10 年以下有期徒刑；只有具有致人死亡或者以特别残忍手段致人重伤造成严重残疾的严重后果的，才应当处 10 年以上有期徒刑、无期徒刑或者死刑。所谓特别残忍手段，是指采取朝人面部泼镪水、用刀划破面部等方法严重毁人容貌，挖人眼睛、砍掉手脚、剜掉髌骨等特别残忍手段，造成他人严重残疾的行为，不是指一般重伤。“要准确把握致人重伤造成‘严重残疾’的标准”，可以参照 2014 年 9 月 3 日国家质量监督检验检疫总局、国家标准化管理委员会颁布的《劳动能力鉴定职工工伤与职业病致残等级》（GB/T16180－2014），“严重残疾”，是指被害人身体器官大部缺损、器官明显畸形、身体器官有中等功能障碍、造成严重并发症等情形之一的。残疾程度可分为一般残疾（十至七级）、严重残疾（六至三级）、特别严重残疾（二至一级），六级以上视为“严重残疾”。在有关司法解释出台以前，可统一参照上述鉴定标准确定残疾等级。

（2）严格掌握故意伤害罪死刑适用的标准。按照本条第 2 款的规定，故意伤害致人死亡或者以特别残忍的手段致人重伤造成严重残疾的，法定最高刑为死刑。相对于故意杀人犯罪而言，故意伤害犯罪的社会危害性和被告人的主观恶性程度不同，适用死刑应当比故意杀人犯罪更加慎重，标准更加严格。首先，故意伤害罪和故意杀人罪虽然法定最高刑都有死刑，但在犯罪性质上是不同的：一个是损害他人身体健康的犯罪，一个是剥夺他人生命的犯罪。其次，犯罪性质上的这种区别，反映在法定刑的排列上，故意杀人罪所处刑罚是由重到轻排列，故意伤害罪所处刑罚则是由轻到重排列。再次，在法定刑的形式上，采用的是相对确定的法定刑，即处10年以上有期徒刑、无期徒刑或者死刑，而不是绝对确定的法定刑。最后，致人死亡或者致人重伤造成严重残疾的原因和具体情节比较复杂，彼此有时差别很大。最高人民法院《全国法院维护农村稳定刑事审判工作座谈会纪要》指出，故意伤害致人死亡和间接故意杀人，虽然都造成了死亡的后果，“但行为人故意的性质和内容是截然不同的。不注意区分犯罪的性质和故意的内容，只要有死亡后果就判处死刑的做法是错误的，这在今后的工作中，应当予以纠正”。

对故意伤害致人死亡的被告人决定是否适用死刑立即执行时，要将严重危害社会治安的案件与民间纠纷引发的案件有所区别；将手段特别残忍、情节特别恶劣的与手段、情节一般的有所区别；将预谋犯罪与激情犯罪有所区别，等等。

对于下列故意伤害致人死亡的被告人，如果没有从轻情节，可以适用死刑立即执行。如暴力恐怖犯罪、黑社会性质组织犯罪、恶势力犯罪以及其他严重暴力犯罪中故意伤害他人的首要分子；起组织、策划作用或者为主实施伤害行为罪行最严重的主犯；聚众“打砸抢”伤害致人死亡的首要分子；动机卑劣而预谋伤害致人死亡的，等等。

对于故意伤害致人死亡的被告人，如果具有下列情形，一般不判处死刑立即执行。如因婚姻家庭、邻里纠纷以及山林、水流、田地纠纷等民间矛盾激化引发的；被害人有过错，或者对引发案件负有直接责任的；犯罪手段、情节一般的；被告人犯罪后积极救治被害人，或者积极赔偿被害方经济损失并真诚悔罪的；被告人作案时刚满18周岁或者已满75周岁（刑法第49条第2款规定：“审判的时候已满七十五周岁的人，不适用死刑，但以特别残忍手段致人死亡的除外。”）且情节不是特别恶劣的；其他经综合考虑所有量刑情节可不判处死刑立即执行的，等等。

以特别残忍手段致人重伤造成严重残疾的故意伤害案件，适用死刑时应当更加严格把握，并不是只要达到“严重残疾”的程度就必须判处被告人死刑，还要根据致人“严重残疾”的具体情况，综合考虑犯罪情节和危害后果来决定刑罚。故意伤害致人重伤造成严重残疾，只有犯罪手段特别残忍，后果特别严重的，才能考虑适用死刑（包括死缓）。

对于以特别残忍手段造成被害人重伤致特别严重残疾的被告人，可以适用死刑立即执行。但对于那些使用硫酸等化学物质严重毁容，或者采取砍掉手脚等极其残忍手段致使被害人承受极度肉体、精神痛苦的，虽未达到特别严重残疾的程度，但犯罪情节特别恶劣，造成被害人四级以上严重残疾程度的，也可以适用死刑立即执行。

（3）关于故意伤害共同犯罪的死刑适用、故意伤害案件被告人有自首、立功情节的死刑适用、正确把握故意伤害案件民事赔偿与死刑适用的关系、贯彻人权保障原则等问题，可以参照故意杀人罪中相关问题的阐述。

（4）正确理解《刑法》第234条第2款的立法精神。1996年在修订1979年《刑法》时，为了减少死刑的罪种，最高人民法院刑法修改小组和许多学者主张不再保留故意伤害罪的死刑，主要考虑如果故意伤害罪有了死刑，在量刑上就很难与故意杀人罪相区别，势必会扩大死刑的适用范围。所以在全国人大常委会法制工作委员会起草的《刑法修正案（征求意见稿）》中，曾一度取消了故意伤害罪的死刑。后来，有的部门和学者认为，如果取消故意伤害罪的死刑，当遇到社会上时有发生的用镪水严重毁人容貌、挖掉双眼、砍断手脚等致人重伤造成严重残疾的案件，如果不判处死刑，群众很难接受。立法机关最终采纳了这一意见，因而在《刑法》第234条第2款作了明确规定，意图从立法上严格限制故意伤害罪死刑的适用。

3.《刑法》第234条第2款规定："本法另有规定的，依照规定。"这是指为实施其他犯罪伤害他人，而刑法分则其他条文中专门规定有"致人重伤的"，根据特别规定优于一般规定的原则，应当依照该条文的专门规定定罪处刑，不再适用本条第2款的一般规定。例如，放火、决水、爆炸、投放危险物质致人重伤的，按《刑法》第115条第1款定罪处刑；强奸妇女或者奸淫幼女致人重伤的，按《刑法》第236条第3款定罪处刑；非法拘禁致人重伤的，按《刑法》第238条第2款定罪处刑；抢劫致人重伤的，按《刑法》第263条定罪处刑，等等。

4.对严重破坏社会秩序的故意伤害犯罪，犯罪分子主观恶性较深、犯罪情节恶劣、罪行严重的，可以依法附加剥夺政治权利。但根据最高人民法院的解释，"除刑法规定'应当'附加剥夺政治权利外，对未成年罪犯一般不判处附加剥夺政治权利"。①

5.依法妥善处理损害赔偿问题。在故意伤害案件的刑事诉讼过程中，被

① 《最高人民法院关于审理未成年人刑事案件具体应用法律若干问题的解释》。

害人要求被告人赔偿因故意伤害犯罪造成的物质损失（即经济损失）时，人民法院应当依照2018年10月26日全国人大通过的《关于修改〈中华人民共和国刑事诉讼法〉的决定》第三次修正的《刑事诉讼法》第101条、第102条、第103条的规定，按照刑事附带民事诉讼处理。

为了完善附带民事诉讼程序，从立法上加强对被害人的保护，2012年修正后的刑事诉讼法增加了以下规定：（1）被害人死亡或者丧失行为能力的，被害人的法定代理人、近亲属有权提起附带民事诉讼，从而增加了提起附带民事诉讼的主体，这是从保护被害人权益角度作出的新规定。（2）人民法院在必要的时候，可以采取保全措施，查封、扣押或者冻结被告人的财产。附带民事诉讼原告人或者人民检察院可以申请人民法院采取保全措施。人民法院采取保全措施，适用民事诉讼法的有关规定。（3）人民法院审理附带民事诉讼案件，可以进行调解，或者根据物质损失情况作出判决、裁定。

为了贯彻执行2012年修正后的刑事诉讼法，2012年12月20日，最高人民法院公布了《关于适用〈中华人民共和国刑事诉讼法〉的解释》（以下简称《刑事诉讼法解释》）。该解释第6章对附带民事诉讼的范围、依法负有赔偿责任人的范围、采取保全措施、赔偿损失的范围、数额和量刑等，作了进一步具体明确的规定。

（1）关于附带民事诉讼的范围

《刑事诉讼法解释》第138条、第139条和第144条分别规定，①被害人因人身权利受到犯罪侵犯或者财物被犯罪分子毁坏而遭受物质损失的，有权在刑事诉讼过程中提起附带民事诉讼。②被害人或者其法定代理人、近亲属仅对部分共同侵害人提起附带民事诉讼的，人民法院应当告知其可以对其他共同侵害人，包括没有被追究刑事责任的共同侵害人，一并提起附带民事诉讼，但共同犯罪案件中同案犯在逃的除外。③因受到犯罪侵犯，提起附带民事诉讼或者单独提起民事诉讼要求赔偿精神损失的，人民法院不予受理。④被告人非法占有、处置被害人财产的，应当依法予以追缴或者责令退赔。被害人提起附带民事诉讼的，人民法院不予受理。追缴、退赔的情况，可以作为量刑情节考虑。

（2）关于依法负有赔偿责任人员的范围

《刑事诉讼法解释》第143条规定，依法负有赔偿责任的人包括：①刑事被告人以及未被追究刑事责任的其他共同侵害人；②刑事被告人的监护人；

③死刑罪犯的遗产继承人；④共同犯罪案件中，案件审结前死亡的被告人的遗产继承人；⑤对被害人的物质损失依法应当承担赔偿责任的其他单位和个人。附带民事诉讼被告人的亲友自愿代为赔偿的，应当准许。

（3）关于采取保全措施

《刑事诉讼法解释》第152条规定，人民法院对可能因被告人的行为或者其他原因，使附带民事判决难以执行的案件，根据附带民事诉讼原告人的申请，可以裁定采取保全措施，查封、扣押或者冻结被告人的财产；附带民事诉讼原告人未提出申请的，必要时，人民法院也可以采取保全措施。有权提起附带民事诉讼的人因情况紧急，不立即申请保全将会使其合法权益受到难以弥补的损害的，可以在提起附带民事诉讼前，向被保全财产所在地、被申请人居住地或者对案件有管辖权的人民法院申请采取保全措施。申请人在人民法院受理刑事案件后15日内未提起附带民事诉讼的，人民法院应当解除保全措施。人民法院采取保全措施，适用《民事诉讼法》第100条至第105条的有关规定，但《民事诉讼法》第101条第3款的规定除外。[①]

（4）关于赔偿损失的范围、数额

《刑事诉讼法解释》第155条规定，对附带民事诉讼作出判决，应当根据犯罪行为造成的物质损失，结合案件具体情况，确定被告人应当赔偿的数额。犯罪行为造成被害人人身损害的，应当赔偿医疗费、护理费、交通费等为治疗和康复支付的合理费用；以及因误工减少的收入。造成被害人残疾的，还应当赔偿残疾生活辅助具费等费用；造成被害人死亡的，还应当赔偿丧葬费等费用。

附带民事诉讼当事人就民事赔偿问题达成调解、和解协议的，赔偿范围、数额不受上述规定的限制。

（5）关于量刑

《刑事诉讼法解释》第157条规定，审理刑事附带民事诉讼案件，人民法院应当结合被告人赔偿被害人物质损失的情况认定其悔罪表现，并在量刑时予以考虑。

未成年刑事被告人因自己的犯罪行为给被害人造成物质损失，有个人财

① 根据2017年6月27日第十二届全国人大常委会第二十八次会议《关于修改〈中华人民共和国民事诉讼法〉和〈中华人民共和国行政诉讼法〉的决定》第三次修正的民事诉讼法第九章“保全和先予执行”中关于保全措施的规定。

产的，应当由本人承担民事赔偿责任，不足部分由监护人予以赔偿，但单位担任监护人的除外。

被告人对被害人物质损害的赔偿情况，可以作为酌定量刑情节予以考虑。

6. 规范化量刑。《最高人民法院关于常见犯罪的量刑指导意见》对故意伤害罪的量刑作了规定：（1）构成故意伤害罪的，可以根据下列不同情形在相应的幅度内确定量刑起点：①故意伤害致1人轻伤的，可以在2年以下有期徒刑、拘役幅度内确定量刑起点。②故意伤害致1人重伤的，可以在3年至5年有期徒刑幅度内确定量刑起点。③以特别残忍手段故意伤害致1人重伤，造成六级严重残疾的，可以在10年至13年有期徒刑幅度内确定量刑起点。依法应当判处无期徒刑以上刑罚的除外。（2）在量刑起点的基础上，可以根据伤害后果、伤残等级、手段残忍程度等其他影响犯罪构成的犯罪事实增加刑罚量，确定基准刑。故意伤害致人轻伤的，伤残程度可在确定量刑起点时考虑，或者作为调节基准刑的量刑情节。

（五）法律链接

1. 最高人民法院、最高人民检察院关于办理寻衅滋事刑事案件适用法律若干问题的解释（法释〔2013〕18号　自2013年7月22日起施行）（节录）

第七条　实施寻衅滋事行为，同时符合寻衅滋事罪和故意杀人罪、故意伤害罪、故意毁坏财物罪、敲诈勒索罪、抢夺罪、抢劫罪等罪的构成要件的，依照处罚较重的犯罪定罪处罚。

2. 最高人民法院研究室关于对参加聚众斗殴受重伤或者死亡的人及其家属提出的民事赔偿请求能否予以支持问题的答复（法研〔2004〕179号　自2004年11月11日施行）

江苏省高级人民法院：

你院苏高法〔2004〕296号《关于对聚众斗殴案件中受伤或死亡的当事人及其家属提出的民事赔偿请求能否予以支持问题的请示》收悉。经研究，答复如下：

根据《刑法》第二百九十二条第一款的规定，聚众斗殴的参加者，无论是否首要分子，均明知自己的行为有可能产生伤害他人以及自己被他人的行为伤害的后果，其仍然参加聚众斗殴的，应当自行承担相应的刑事和民事责任。根据《刑法》第二百九十二条第二款的规定，对于参加聚众斗殴，造成他人重伤或者死亡的，行为性质发生变化，应认定为故意伤害罪或者故意杀人罪。聚众斗殴中受重伤或者死亡的人，既是故意伤害罪或者故意杀人罪的受害人，又是聚众斗殴犯罪的行为人。对于参加聚众斗殴受重伤或者死亡的人或其家属提出的民事赔偿请求，依法应予支持，并适用混合过错责任原则。

3. 最高人民法院、最高人民检察院关于办理妨害预防、控制突发传染病疫情等灾害的刑事案件具体应用法律若干问题的解释（法释〔2003〕8号　自2003年5月15日起施行）（节录）

第九条　在预防、控制突发传染病疫情等灾害期间，聚众“打砸抢”，致人伤残、死亡的，依照刑法第二百八十九条、第二百三十四条、第二百三十二条的规定，以故意伤害罪或者故意杀人罪定罪，依法从重处罚。对毁坏或者抢走公私财物的首要分子，依照刑法第二百八十九条、第二百六十三条的规定，以抢劫罪定罪，依法从重处罚。

4. 最高人民法院关于审理偷税抗税刑事案件具体应用法律若干问题的解释（法释〔2002〕33号　自2002年11月7日起施行）（节录）

第六条　实施抗税行为致人重伤、死亡，构成故意伤害罪、故意杀人罪的，分别依照刑法第二百三十四条第二款、第二百三十二条的规定定罪处罚。

与纳税人或者扣缴义务人共同实施抗税行为的，以抗税罪的共犯依法处罚。

5. 最高人民法院关于审理交通肇事刑事案件具体应用法律若干问题的解释（法释〔2000〕33号　自2000年11月21日起施行）（节录）

第六条　行为人在交通肇事后为逃避法律追究，将被害人带离事故现场后隐藏或者遗弃，致使被害人无法得到救助而死亡或者严重残疾的，应当分别依照刑法第二百三十二条、第二百三十四条第二款的规定，以故意杀人罪或者故意伤害罪定罪处罚。

6. 最高人民法院关于对设置圈套诱骗他人参赌又向索还钱财的受骗者施以暴力或暴力威胁的行为应如何定罪问题的批复（法复〔1995〕8号　自1995年11月6日起施行）

贵州省高级人民法院：

你院“关于设置圈套诱骗他人参赌，当参赌者要求退还所输钱财时，设赌者以暴力相威胁，甚至将参赌者打伤、杀伤并将钱财带走的行为如何定性”的请示收悉。经研究，答复如下：

行为人设置圈套诱骗他人参赌获取钱财，属赌博行为，构成犯罪的，应当以赌博罪定罪处罚。参赌者识破骗局要求退还所输钱财，设赌者又使用暴力或者以暴力相威胁，拒绝退还的，应以赌博罪从重处罚；致参赌者伤害或者死亡的，应以赌博罪和故意伤害罪或者故意杀人罪，依法实行数罪并罚。

7. 最高人民法院、最高人民检察院关于办理危害生产安全刑事案件适用法律若干问题的解释（法释〔2015〕22号　自2015年12月16日起施行）（节录）

第十条　在安全事故发生后，直接负责的主管人员和其他直接责任人员故意阻挠开展抢救，导致人员死亡或者重伤，或者为了逃避法律追究，对被害人进行隐藏、遗弃，致使被害人因无法得到救助而死亡或者重度残疾的，分别依照刑法第二百三十二条、第二百三十四条的规定，以故意杀人罪或者故意伤害罪定罪处罚。

8. 最高人民法院、最高人民检察院、公安部、司法部、国家卫生和计划生育委员会关于依法惩处涉医违法犯罪维护正常医疗秩序的意见（法发〔2014〕5号　自2014年4月22日起施行）（节录）

二、严格依法惩处涉医违法犯罪

（一）在医疗机构内殴打医务人员或者故意伤害医务人员身体、故意损毁公私财物，尚未造成严重后果的，分别依照治安管理处罚法第四十三条、第四十九条的规定处罚；故意杀害医务人员，或者故意伤害医务人员造成轻伤以上严重后果，或者随意殴打医务人员情节恶劣、任意损毁公私财物情节严重，构成故意杀人罪、故意伤害罪、故意毁坏财物罪、寻衅滋事罪的，依照刑法的有关规定定罪处罚。

9. 最高人民检察院关于强迫借贷行为适用法律问题的批复（自2014年4月17日起施行）

广东省人民检察院：

你院《关于强迫借贷案件法律适用的请示》（粤检发研字〔2014〕9号）收悉。经研究，批复如下：

以暴力、胁迫手段强迫他人借贷，属于刑法第二百二十六条第二项规定的“强迫他人提供或者接受服务”，情节严重的，以强迫交易罪追究刑事责任；同时构成故意伤害罪等其他犯罪的，依照处罚较重的规定定罪处罚。以非法占有为目的，以借贷为名采用暴力、胁迫手段获取他人财物，符合刑法

第二百六十三条或者第二百七十四条规定的，以抢劫罪或者敲诈勒索罪追究刑事责任。

10. 最高人民法院、最高人民检察院、公安部、司法部印发关于依法惩治性侵害未成年人犯罪的意见（法发〔2013〕12号　自2013年10月23日起施行）（节录）

三、准确适用法律

22. 实施猥亵儿童犯罪，造成儿童轻伤以上后果，同时符合刑法第二百三十四条或者第二百三十二条的规定，构成故意伤害罪、故意杀人罪的，依照处罚较重的规定定罪处罚。对已满十四周岁的未成年男性实施猥亵，造成被害人轻伤以上后果，符合刑法第二百三十四条或者第二百三十二条规定的，以故意伤害罪或者故意杀人罪定罪处罚。

11. 最高人民法院关于全国法院维护农村稳定刑事审判工作座谈会纪要（法〔1999〕217号　自1999年10月27日起施行）（节录）

二、会议在认真学习《决定》和“上海会议”文件的基础上，结合执行刑法、刑事诉讼法的审判实践，对审理农村中犯罪案件、农民犯罪案件中的一些重要问题进行了研究、讨论。一致认为，对于故意杀人、故意伤害、抢劫、强奸、绑架等严重危害农村社会治安的暴力犯罪以及带有黑社会性质的团伙犯罪，一定要继续坚持从重从快严厉打击的方针。要根据当地社会治安的特点，将经常性“严打”和集中打击、专项斗争结合起来，始终保持“严打”的高压态势，有效地遏制严重刑事犯罪活动蔓延的势头，尽一切努力维护好农村社会治安的稳定。同时，对正确适用法律，处理好农村常见多发案件，全面、正确掌握党的刑事政策，取得了一致意见：

（一）关于故意杀人、故意伤害案件

要准确把握故意杀人犯罪适用死刑的标准。对故意杀人犯罪是否判处死刑，不仅要看是否造成了被害人死亡结果，还要综合考虑案件的全部情况。对于因婚姻家庭、邻里纠纷等民间矛盾激化引发的故意杀人犯罪，适用死刑一定要十分慎重，应当与发生在社会上的严重危害社会治安的其他故意杀人犯罪案件有所区别。对于被害人一方有明显过错或对矛盾激化负有直接责任，或者被告人有法定从轻处罚情节的，一般不应判处死刑立即执行。

要注意严格区分故意杀人罪与故意伤害罪的界限。在直接故意杀人与间接故意杀人案件中，犯罪人的主观恶性程度是不同的，在处刑上也应有所区别。间接故意杀人与故意伤害致人死亡，虽然都造成了死亡后果，但行为人故意的性质和内容是截然不同的。不注意区分犯罪的性质和故意的内容，只要有死亡后果就判处死刑的做法是错误的，这在今后的工作中，应当予以纠正。对于故意伤害致人死亡，手段特别残忍，情节特别恶劣的，才可以判处死刑。

12. 最高人民法院关于贯彻宽严相济刑事政策的若干意见（法发〔2010〕9号　自2010年2月8日起施行）（节录）

二、准确把握和正确适用依法从“严”的政策要求

7. 贯彻宽严相济刑事政策，必须毫不动摇地坚持依法严惩严重刑事犯罪的方针。对于危害国家安全犯罪、恐怖组织犯罪、邪教组织犯罪、黑社会性质组织犯罪、恶势力犯罪、故意危害公共安全犯罪等严重危害国家政权稳固和社会治安的犯罪，故意杀人、故意伤害致人死亡、强奸、绑架、拐卖妇女儿童、抢劫、重大抢夺、重大盗窃等严重暴力犯罪和严重影响人民群众安全感的犯罪，走私、贩卖、运输、制造毒品等毒害人民健康的犯罪，要作为严惩的重点，依法从重处罚。尤其对于极端仇视国家和社会，以不特定人为侵害对象，所犯罪行特别严重的犯罪分子，该重判的要坚决依法重判，该判处死刑的要坚决依法判处死刑。

四、准确把握和正确适用宽严“相济”的政策要求

34. 对于因犯故意杀人、爆炸、抢劫、强奸、绑架等暴力犯罪，致人死亡或严重残疾而被判处死刑缓期二年执行或无期徒刑的罪犯，要严格控制减刑的频度和每次减刑的幅度，要保证其相对较长的实际服刑期限，维护公平正义，确保改造效果。

五、完善贯彻宽严相济刑事政策的工作机制

43. 对减刑、假释案件，要采取开庭审理与书面审理相结合的方式。对于职务犯罪案件，尤其是原为县处级以上领导干部罪犯的减刑、假释案件，要一律开庭审理。对于故意杀人、抢劫、故意伤害等严重危害社会治安的暴力犯罪分子，有组织犯罪案件中的首要分子和其他主犯以及其他重大、有影响案件罪犯的减刑、假释，原则上也要开庭审理。书面审理的案件，拟裁定减刑、假释的，要在羁押场所公示拟减刑、假释人员名单，接受其他在押罪犯的广泛监督。

13. 最高人民法院、最高人民检察院、公安部、司法部关于依法办理家庭暴力犯罪案件的意见（法发〔2015〕4号　自2015年3月2日起施行）（节录）

三、定罪处罚

16. 依法准确定罪处罚。对故意杀人、故意伤害、强奸、猥亵儿童、非法拘禁、侮辱、暴力干涉婚姻自由、虐待、遗弃等侵害公民人身权利的家庭暴力犯罪，应当根据犯罪的事实、性质、情节和对社会的危害程度，严格依照刑法的有关规定判处。对于同一行为同时触犯多个罪名的，依照处罚较重的规定定罪处罚。

17. 准确区分虐待犯罪致人重伤、死亡与故意伤害、故意杀人犯罪致人重伤、死亡的界限，要根据被告人的主观故意、所实施的暴力手段与方式、是否立即或者直接造成被害人伤亡后果等进行综合判断。对于被告人主观上不具有侵害被害人健康或者剥夺被害人生命的故意，而是出于追求被害人肉体和精神上的痛苦，长期或者多次实施虐待行为，逐渐造成被害人身体损害，过失导致被害人重伤或者死亡的；或者因虐待致使被害人不堪忍受而自残、自杀，导致重伤或者死亡的，属于刑法第二百六十条第二款规定的虐待“致使被害人重伤、死亡”，应当以虐待罪定罪处罚。对于被告人虽然实施家庭暴力呈现出经常性、持续性、反复性的特点，但其主观上具有希望或者放任被害人重伤或者死亡的故意，持凶器实施暴力，暴力手段残忍，暴力程度较强，直接或者立即造成被害人重伤或者死亡的，应当以故意伤害罪或者故意杀人罪定罪处罚。

20. 充分考虑案件中的防卫因素和过错责任。对于长期遭受家庭暴力后，在激愤、恐惧状态下为了防止再次遭受家庭暴力，或者为了摆脱家庭暴力而故意杀害、伤害施暴人，被告人的行为具有防卫因素，施暴人在案件起因上具有明显过错或者直接责任的，可以酌情从宽处罚。

14. 最高人民法院关于对故意伤害、盗窃等严重破坏社会秩序的犯罪分子能否附加剥夺政治权利问题的批复（法释〔1997〕11号　自1998年1月13日起施行）

福建省高级人民法院：

你院《关于对故意伤害、盗窃（重大）等犯罪分子被判处有期徒刑的，能否附加剥夺政治权利的请示》收悉。经研究，答复如下：

根据刑法第五十六条规定，对于故意杀人、强奸放火、爆炸、投毒、抢劫等严重破坏社会秩序的犯罪分子，可以附加剥夺政治权利。对故意伤害、盗窃等其他严重破坏社会秩序的犯罪，犯罪分子主观恶性较深、犯罪情节恶劣、罪行严重的，也可以依法附加剥夺政治权利。

四、组织出卖人体器官罪

（一）法律规定

第二百三十四条之一[①] 组织他人出卖人体器官的，处五年以下有期徒刑，并处罚金；情节严重的，处五年以上有期徒刑，并处罚金或者没收财产。

未经本人同意摘取其器官，或者摘取不满十八周岁的人的器官，或者强迫、欺骗他人捐献器官的，依照本法第二百三十四条、第二百三十二条的规定定罪处罚。

违背本人生前意愿摘取其尸体器官，或者本人生前未表示同意，违反国家规定，违背其近亲属意愿摘取其尸体器官的，依照本法第三百零二条的规定定罪处罚。

（二）罪名详解

组织出卖人体器官罪，是指以领导、策划、指挥、招募、雇用、控制等方式，组织他人出卖人体器官的行为。本罪是《刑法修正案（八）》第37条第1款增设的罪名。

组织出卖人体器官罪的构成要件是：

1. 主体要件

本罪主体为一般主体，凡年满16周岁并具有刑事责任能力的自然人，均可构成组织出卖人体器官罪的主体，但必须是在非法出卖人体器官行为中起领导、策划、指挥、招募、雇用、控制作用的组织者。有论者认为，本罪的

---

① 本条经2011年2月25日《刑法修正案（八）》第30条增加，罪名系根据《最高人民法院、最高人民检察院关于执行〈中华人民共和国刑法〉确定罪名的补充规定（五）》（法释〔2011〕10号）确定。

主体“既包括各种合法或者非法的单位，也包括自然人”。但单位犯罪是由法律来设定的。由于刑法并未设定本罪为单位犯罪，按照罪刑法定原则，单位（包括各种合法和非法的单位）不构成本罪主体。

2. 客体要件

本罪侵犯的客体是公民的生命、健康权利。犯罪对象为人体器官，如心脏、肺脏、肾脏、肝脏、胰腺等器官。

随着医学领域高科技的运用和器官移植手术的迅速发展，器官受体与供体之间矛盾十分突出。据媒体报道，我国每年大约有150万人需要器官移植，但仅有1万人能够得到器官移植。器官移植供体不足可以说是一个世界性的问题，我国尤显突出。由于缺乏可供移植的人体器官，导致器官买卖黑市的存在，出现了大量的“人体器官买卖中介”，甚至公开在网上叫卖。上述现象的出现，与我国法律缺失有关。过去，有关出卖人体器官的行为由行政法律关系来调整。2007年5月1日，国务院颁布了《人体器官移植条例》，规定任何组织或者个人不得以任何形式买卖人体器官，不得从事与买卖人体器官有关的活动；人体器官捐献应当遵循自愿、无偿的原则，公民享有捐献或者不捐献其人体器官的权利；任何组织或者个人不得强迫、欺骗或者利诱他人捐献人体器官。为了认真贯彻这一条例，卫生部于2009年12月28日下发了《关于规范活体器官移植的若干规定》，进一步明确了活体器官移植的对象仅限于配偶、直系血亲或者三代以内旁系血亲、养父母和养子女、继父母与继子女之间的关系；并规定从事活体器官移植的医疗机构，应当要求申请活体器官移植的捐献人与接受人提供相关材料。但实际执行很不理想，不仅出现从事人体器官买卖的非法分子为患者办理整套假手续、假证明、假证件的现象，而且出现欺骗他人捐献器官，甚至出现了未经本人同意强行摘取他人器官的犯罪行为。由于出卖人体器官的行为严重侵害了公民的生命、健康权利，扰乱了社会管理秩序，社会危害严重，群众反映强烈，因而改由刑事法律关系来调整，以加大对组织出卖人体器官行为的惩处力度，从而填补了立法上的空白。

3. 主观要件

本罪主观方面由直接故意构成，即行为人明知是组织他人出卖人体器官而依然为之。明知，包括确切知道和有可能知道。司法实践中，一般具有营利的目的。但法律并未明确规定以营利为目的是构成本罪在主观上必备的要件。因此，不是以营利为目的组织出卖他人人体器官的行为也构成本罪。犯罪动机可能是多种多样的，但动机不影响本罪的成立。

4. 客观要件

本罪客观方面表现为组织他人出卖人体器官的行为。首先，行为人必须实施了“组织行为”。目前，非法的人体器官移植已由早期“供体”与“受体”直接联系交易，发展到由“黑市中介”控制整个非法的人体器官市场的供应。这是因为组织出卖人体器官的行为需要多人参与才能完成。如，有的需要采取欺骗、利诱甚至强迫手段，寻找“捐献者”（供体）；有的要为捐献者提供生活起居、营养保障和医学检查；有的要联系需求方（受体）；有的怕“供体”反悔需派人监管、看管等等。这就需要有人组织、指挥、协调。所谓“组织行为”，就是指以领导、策划、指挥、招募、雇用、控制他人出卖人体器官的行为。其次，行为人必须实施了“出卖行为”，即有出卖他人人体器官的行为。“他人”是指捐献者，实际上就是受害人。这种行为不仅违背了人体器官捐献坚持的自愿、无偿的原则，而且违反了人类基本的伦理道德，把人体器官变成“商品”，任意买卖，理所当然为法律所禁止。

但对“出卖”一词不宜作广义的理解。一般意义上，“出卖”包括出卖，也包括“收买”。但在“组织出卖人体器官罪”中，我们认为，按照立法精神，应当只包括出卖，不包括收买的行为在内。这是考虑到由于器官受体与供体数量相差悬殊，而受体又急需某一人体器官的移植，否则危及健康甚至生命，因而不惜采取一切方法和手段，包括在黑市购买人体器官，以获得供体。如果将“出卖”一词作广义理解，包括收买行为在内，势必会扩大打击面。

（三）实务疑难问题

1. 罪与非罪的认定

违反国务院《人体器官移植条例》的行为，属违法行为，应按该条例规定的行政处罚或者行政处理手段来解决。

2. 刑法另有特别规定的，应当依照规定

《刑法》第 234 条之一第 2 款规定：未经本人同意摘取其器官，或者摘取不满 18 周岁的人的器官，或者强迫、欺骗他人捐献器官的，依照故意伤害罪、故意杀人罪的规定定罪处罚；第 3 款规定：违背本人生前意愿摘取其尸体器官，或者本人生前未表示同意，违反国家规定，违背其近亲属意愿摘取其尸体器官的，依照《刑法》第 302 条的盗窃、侮辱尸体罪定罪处罚。

违背他人意愿摘取器官是对器官提供者自主决定权的侵犯，这种自主决定权包括提供者的知情同意权、拒绝权、临时放弃权等。由于提供者并未同意摘取自己的器官或者同意无效，所以这种摘取行为侵害了提供者的身体健康权甚至生命权。对此，要注意如下几点：

（1）只有完全行为能力人才可以作出自主决定。无行为能力人、限制行为能力人无权决定，其监护人、法定代理人也无权代理处分。

（2）不满 18 周岁者的处分行为是无效的，未成年人由于心智发育并不完全，他可能并不理解器官摘除的真正后果，因此摘取不满 18 周岁的人的器官，即便未成年人同意，这种同意也是无效的，摘取行为构成故意伤害罪或故意杀人罪。同样，未成年人的监护人、法定代理人的代理处分行为也是无效的。

（3）强迫、欺骗他人捐献器官的行为不能认定为本罪。强迫是指使用暴力、胁迫或其他方法足以压制一般人的反抗，使他人器官被迫摘除，如采用麻醉手段摘除他人器官。欺骗是指虚构事实、隐瞒真相，使他人陷入认识错误，进而处分自己的器官，这种处分行为是无效的，比如医师不履行告知义务，谎称器官病变需要摘除。对上述行为不能再认定为组织出卖人体器官罪，应根据具体情况分别认定为故意伤害罪或者故意杀人罪。违背他人意愿摘取器官是构成故意杀人罪还是故意伤害罪，关键看摘取人是否具有剥夺他人生命的故意。如果摘除他人的重要器官足以导致他人死亡，则一般应认定为故意杀人罪，如摘除他人的心脏、全部的肝脏等；再如行为人摘取他人器官后将其抛弃在隐蔽地带使他人无法发现，或者摘取器官后未进行有效的医疗处理，也可构成故意杀人罪。

（4）对于非法摘取死者器官的行为，若受害者本人生前明确表示拒绝捐献器官，而其他人在其死后将其尸体器官摘取的，成立盗窃尸体罪。若死者本人生前未明示是否愿意捐献器官的，近亲属有权决定是否捐献死者器官，倘若近亲属也未曾表示是否捐献器官，摘取死者器官的行为就侵犯了遗属的尊严，亦构成盗窃、侮辱尸体罪。

（四）情节与量刑

依照《刑法》第 234 条之一规定，犯组织他人出卖人体器官罪的，处 5 年以下有期徒刑，并处罚金；情节严重的，处 5 年以上有期徒刑，并处罚金或者没收财产。

司法机关在适用时，应当注意以下问题：

1. “情节严重”是本罪的加重处罚情节。所谓情节严重，司法实践中，一般是指多次（3 次以上）组织他人出卖人体器官的；组织多人（3 人以上）出卖人体器官的；组织他人出卖人体器官获利数额较大的；组织出卖人体器官造成严重后果的等等。

2.《刑法修正案（八）》出台前，司法实践中对组织他人出卖人体器官的行为，大多按非法经营罪来处理。但两罪在法律上存在重大差别。《刑法》第 225 条规定了四种非法经营的行为，前三种显然不适用，只能适用第（四）项“其他严重扰乱市场秩序的非法经营行为”。组织出卖他人人体器官的行为一般虽具有营利的目的，但这种行为侵犯的客体是他人的人身健康和生命的权利，而不是市场经营秩序，按非法经营罪处理实际上是在法律缺失的情况下不得已而为之。《刑法修正案（八）》颁布后，根据罪刑法定原则，就不能再按非法经营罪来定罪处罚了。

3. 关于规范化量刑。《最高人民法院关于常见犯罪的量刑指导意见》对组织出卖人体器官罪的量刑并未有作出规定，这主要是由于此类案件在司法实践中的发案率不高，最高司法机关还未能总结出一套比较完整的量刑规范化方案，有待于在总结经验的基础上再作出详细的规定。在有关规定出台前，司法人员应当根据犯罪的事实、犯罪的性质、情节和对于社会的危害程度，依照刑法和有关司法解释的规定判处刑罚。

五、过失致人重伤罪

（一）法律规定

第二百三十五条　过失伤害他人致人重伤的，处三年以以下有期徒刑或者拘役。本法另有规定的，依照规定。

（二）罪名详解

过失致人重伤罪，是指过失伤害他人身体，致人重伤的行为。

1979年《刑法》第135条对本罪作了规定，但实践中的罪名为“过失重伤罪”。1997年《刑法》第235条对罪状虽然未作修改，但在确定罪名时，考虑到已将“过失杀人罪”改为“过失致人死亡罪”，因而也将“过失重伤罪”相应改为“过失致人重伤罪”。

过失致人重伤罪的构成要件是：

1. 主体要件

本罪主体为一般主体，即凡年满16周岁并具有刑事责任能力的自然人，都可以构成过失致人重伤罪的主体。根据《刑法》第17条第2款的规定，已满14周岁不满16周岁的未成年人过失致人重伤的行为，不应当负刑事责任，但应责令他的家长或者监护人加以管教；在必要的时候，也可以由政府收容教养。

2. 客体要件

本罪侵犯的客体是公民的健康权利。

3. 主观要件

本罪主观方面只能由过失构成，包括疏忽大意的过失和过于自信的过失。

4. 客观要件

本罪客观方面表现为给他人身体造成重伤的行为。因此，应当在专业鉴定的基础上，参照《人体损伤程度鉴定标准》，正确认定伤害的结果是否符合《刑法》第95条规定的重伤标准。只有因过失行为造成重伤结果的，才构成犯罪；如果没有达到重伤的程度，则不构成犯罪。

（三）实务疑难问题

1. 罪与非罪的界限

区分过失致人重伤罪与意外事件，一是要查明行为人主观上有无罪过，这是问题的关键所在；二是在确认行为人的过失行为已造成重伤结果的情况下，还要进一步查明行为人的过失行为与重伤结果之间有无刑法上的因果关系。如果经过调查，根据行为人的认识能力，行为时的具体时间、地点和条件，证明致人重伤是由于行为人不能预见的原因引起的，则属于刑法上的意外事件，行为人不负刑事责任。

2. 过失致人重伤罪与故意伤害罪的区分

过失致人重伤罪与故意伤害罪在侵犯的客体和客观方面的表现都是相同的。区别主要有两点：（1）罪过的形式不同。一个是过失，一个是故意，这是最本质的区别。（2）对行为结果的要求不同。故意伤害罪，不论行为的结果是轻伤还是重伤，都构成犯罪；而过失致人重伤罪，法律不仅要求行为必须造成了实际的伤害结果，而且这种伤害只有达到重伤的程度才构成犯罪，如果过失致人轻伤，则不构成犯罪，只承担民事赔偿责任。

3. 过失致人重伤罪与过失致人死亡罪的区分

过失致人重伤罪与过失致人死亡罪的区别主要在于过失行为所造成的结果不同。前者是致人重伤，后者是致人死亡，所以，法定刑的轻重也不相同。

4. 刑法另有规定的致人重伤的情形

《刑法》第235条规定："本法另有规定的，依照规定。"这是指过失致人重伤，除本条的一般性规定外，对于刑法规定的其他犯罪中过失致人重伤的情况，按照特别规定优于一般规定的原则，对于刑法另有特殊规定的，应当一律适用特殊规定。据此，对《刑法》第115条第2款规定的失火、过失决水、过失投放危险物质、过失爆炸等致人重伤的，第133条规定的交通肇事致人重伤的，第134条第1款规定的重大责任事故致人重伤的，第135条规定的重大劳动安全事故致人重伤的，第138条规定的教育设施重大安全事故致人重伤的，都不能按照《刑法》第235条的一般规定处罚，而应当按照上述各条的专门规定定罪处罚。

（四）情节与量刑

依照《刑法》第235条规定，犯过失致人重伤罪的，处三年以下有期徒刑或者拘役。

司法机关在适用时，应当注意以下问题：

1. 司法机关在处理过失致人重伤案件时，应当按照有关民事法律规定和最高人民法院的司法解释，妥善处理民事赔偿问题。但所赔偿的损失必须是由于过失重伤行为而直接造成的经济损失。

2. 规范化量刑。《最高人民法院关于常见犯罪的量刑指导意见》对过失致人重伤的量刑并未有作出规定，这主要是由于此类案件在司法实践中的发案率不高，最高司法机关还未能总结出一套比较完整的量刑规范化方案，有待于在总结经验的基础上再作出详细的规定。在此之前，司法人员应当根据犯罪的事实、犯罪的性质、情节和对于社会的危害程度，依照刑法和有关司法解释的规定判处刑罚。

六、强奸罪

（一）法律规定

第二百三十六条　以暴力、胁迫或者其他手段强奸妇女的，处三年以上十年以下有期徒刑。

奸淫不满十四周岁的幼女的，以强奸论，从重处罚。

强奸妇女、奸淫幼女，有下列情形之一的，处十年以上有期徒刑、无期徒刑或者死刑：

（一）强奸妇女、奸淫幼女情节恶劣的；

（二）强奸妇女、奸淫幼女多人的；

（三）在公共场所当众强奸妇女的；

（四）二人以上轮奸的；

（五）致使被害人重伤、死亡或者造成其他严重后果的。

（二）罪名详解

强奸罪，是指违背妇女意志，使用暴力、胁迫或者其他手段，强行与妇女发生性交，或者同不满 14 周岁的幼女发生性关系的行为。

本罪 1979 年《刑法》第 139 条作了规定。1997 年《最高人民法院关于执行〈中华人民共和国刑法〉确定罪名的规定》，将 1997 年《刑法》第 236 条确定为强奸罪和奸淫幼女罪两个罪名。2002 年《最高人民法院、最高人民检察院关于执行〈中华人民共和国刑法〉确定罪名的补充规定》，将《刑法》第 236 条第 2 款的行为确定为强奸罪，并取消了奸淫幼女罪的罪名。2015 年《刑法修正案（九）》取消了《刑法》第 360 条第 2 款规定的嫖宿幼女罪，自此，适格主体与幼女发生性关系的行为均为强奸罪。

强奸罪的构成要件是：

1. 主体要件

本罪主体为年满14周岁的男子。但是，根据我国刑法和婚姻法的规定以及我国国情，丈夫强行与自己的妻子发生性行为，属于道德范畴的问题，不能成为强奸罪的主体。妇女教唆或者帮助男子强奸其他妇女的，可以构成强奸罪的共犯。

2. 客体要件

本罪侵犯的客体是妇女性的不可侵犯的权利或者幼女的身心健康。这里所说的妇女，是指能够正常表达自己意志、年满18周岁的成年妇女和14周岁以上不满18周岁的少女；还包括不满14周岁的幼女，这是一种特殊形式的强奸犯罪。在刑法学界，有一种观点认为，强奸罪侵犯的客体，是“妇女的身心健康、人格和名誉”，这是值得探讨的。这种提法不能揭示出强奸罪的实质内容和本质特征，不能从侵犯的客体上把强奸罪同其他侵犯人身权利的犯罪，如故意伤害罪、侮辱罪、诽谤罪区别开来。

3. 主观要件

本罪主观方面由直接故意构成，并且具有强行奸淫的目的。间接故意和过失不构成本罪。

4. 客观要件

本罪客观方面表现为以暴力、胁迫或者其他使妇女不能抗拒、不敢抗拒、不知抗拒的手段，违背妇女意志，强行与妇女发生性交的行为。这是强奸罪的基本特征。

“暴力”，是指对被害妇女的人身进行殴打、捆绑、堵嘴、卡脖子、按倒等危害人身安全和人身自由，使妇女不能抗拒的手段。“胁迫”，是指对被害妇女进行威胁、恫吓，达到精神上的强制，使妇女不敢抗拒的手段。如手持凶器威吓，扬言行凶报复、揭发隐私、毁坏名誉、加害亲属等手段相威胁，利用封建迷信进行恐吓、欺骗，利用教养关系、从属关系、职务权力以及使被害妇女处于孤立无援的环境进行挟持、迫害等，迫使妇女忍辱屈从、不敢抗拒。“其他手段”，是指利用暴力、胁迫以外的，使被害妇女不知抗拒或者无法抗拒的手段。如利用妇女患重病或者熟睡之机进行奸淫，利用醉酒、药物麻醉、药物刺激等方法对妇女进行奸淫，利用或者假冒治病对妇女进行奸淫，等等。总之，是否违背妇女意志，是认定强奸罪的关键；而确认是否违背妇女意志，又必须把使用暴力、胁迫或者其他手段联系起来加以考虑，否则，是否违背妇女意志就失去了客观依据。但是，不能把“妇女能抗拒而不抗拒，或者不作真正的抗拒”，作为构成强奸罪的基本特征，它只是判断是否违背妇女意志的客观条件之一。这是因为，不少犯罪分子对作案的时间、地点、周围环境等客观条件都进行了选择，以便对被害妇女实行精神强制，削弱以至消除被害妇女的反抗意志和反抗能力，使被害妇女处于不敢反抗、不能反抗的境地。对妇女未作反抗或者反抗表示不明显的，要通观全案，具体分析，精心区别；否则，苛求于被害妇女，就可能造成轻纵犯罪分子的结果。认定是否违背妇女意志，也不能以被害妇女作风好坏来划分。有的妇女虽与他人有不正当的两性关系，但她的性的不可侵犯的权利仍应受到法律保护。如果行为人用暴力或者胁迫手段强行与生活作风不好的妇女发生性行为的，仍应以强奸罪论处。

奸淫幼女的，由于幼女的身心发育尚未成熟，缺乏辨别和反抗的能力，因此，一般来说，不论行为人采用什么手段，也不论被害幼女是否同意或者是否抗拒，只要与幼女发生了性行为，就构成犯罪。而且考虑到幼女的生理特点，只要行为人的生殖器官与幼女的生殖器官接触，即视为强奸既遂。这是国家对幼女的特殊保护。

（三）实务疑难问题

1. 罪与非罪的认定

司法实践中，要注意不以犯罪处理的以下情形：

（1）要把强奸与通奸区别开来。通奸，是指有配偶的男女双方之间或者已有配偶的一方与他人之间，自愿发生不正当两性关系的行为。这种行为是不道德的，但同强奸罪有本质的区别，因为它没有违背妇女的意志。在司法实践中，有的妇女与人通奸，一旦翻脸，关系恶化，或者事情暴露后，怕丢面子，或者为了推卸责任，嫁祸于人，便谎称是“强奸”。因此，处理时要特别谨慎。一是对于半推半就情况下发生的两性关系，要对双方平时的关系如何，性行为是在什么环境和什么情况下发生的，事情发生后女方的态度怎样，在什么情况下告发的等事实和情节，认真审查清楚，进行全面分析，以判明是否确实违背了妇女的意志，然后再确定案件的性质。如果没有证据证明确实违背妇女意志的，一般不宜按强奸罪论处，如果确实违背妇女意志的，则应以强奸罪论处；二是要注意案件性质的变化。如果第一次发生性行为，女方不同意，但事后并未告发，后来女方又多次自愿与男方发生性行为，有的还发展成恋爱关系或者通奸关系的，由于妇女的意志发生了变化，案件的性质也相应发生了变化，一般不宜以强奸罪论处；三是男女双方原来虽有通奸关系，但是女方由于某种原因已不同意继续保持不正当的两性关系，坚决拒绝男方的纠缠。在这种情况下，如果男方使用暴力或者败坏名誉等胁迫手段，强行与女方发生性行为的，则应以强奸罪论处；四是行为人强奸妇女后，以此为把柄挟制被害妇女，或者利用各种手段对被害妇女实施精神上的威胁，迫使其继续忍辱屈从的，仍应以强奸罪论处。

（2）要把利用特定关系和职权强奸妇女同基于互相利用发生性行为区别开来。对利用教养关系、从属关系，或者利用职权与妇女发生性行为的，不能一概视为强奸，要作具体分析。如果行为人利用其与被害妇女之间的特定关系，如养父或者生父以打骂、虐待、克扣生活费或者断绝生活供给，迫使养女或者生女容忍其奸淫的；或者行为人利用职权，乘人之危，逼迫从奸的，都属于违背妇女意志，构成强奸罪。如果行为人利用招工、分房等职权相引诱、讲条件，女方为了牟取私利，不惜以肉体相许，而与其发生性行为的，实质上是互相利用，各有所图，不应定为强奸罪。

2. 正确认定与女精神病患者发生性交行为的案件性质

近几年来，司法机关受理的强奸案件中，受害者是精神病患者的逐渐增多。刑法对如何处理强奸精神病人的问题没有明文规定，因而在司法实践中认识颇不一致，影响正确定罪量刑。我们认为，处理这类案件，女方是否确系精神病患者以及病情的轻重，行为人是否明知女方是精神病患者，是两个关键性的事实。因此，司法机关首先要对被害人进行司法精神病学鉴定，并通过法庭调查、辩论、质证，在查清事实的基础上，分别不同情况，认定案件的性质：

（1）行为人明知（包括明知必然和明知可能）妇女是不能正确表达自己意志的精神病患者而与之发生性行为的，不论行为人采取什么手段，被害人是否同意，有无反抗，均应视为违背妇女意志，以强奸罪论处。

（2）行为人与患有间歇性精神病的妇女在妇女未发病期间发生的性行为，妇女本人同意的，不构成强奸罪。

（3）行为人与尚未完全丧失辨认或者控制自己行为能力的精神病妇女，或者精神病已基本痊愈的妇女，在女方自愿情况下发生性行为的，不能以强奸罪论处。

（4）行为人确实不知道妇女是青春型精神病患者（俗称“花疯子”），将女方的挑逗、追逐等病态反映，误认为是作风、品质不好，在女方的勾引下与之发生性行为的，一般不宜以强奸罪论处。

3．正确认定与女痴呆症患者发生性交行为的案件性质

“痴呆”，即精神发育不全（又称智力发育不全），属于精神疾病的一种。我国对精神发育不全患者，按照智能障碍的严重程度，大体分为三类：白痴，为重度智能缺损；痴愚，为中度智能缺损；愚鲁（鲁钝），为轻度智能缺损。前两类的共同特征是：不能正确表达意志，不能明辨是非，甚至生活不能自理。后一类（愚鲁）的特征是：理解、推理和判断事物的能力较差，不善于辨别是非，但有一定的意志能力，能独立自理生活，从事简单的劳动。

司法机关处理这类案件，首先要对被害人进行司法精神病学鉴定，并进行审核和调查，以确认被害人是否精神发育不全以及精神发育不全的程度，以便区别不同情况，正确认定案件性质：

（1）行为人明知妇女是不能真正表达自己意志的痴呆症患者（白痴或者痴愚），而非法与其发生性行为的，不论行为人采取什么手段，被害人是否同意，均视为违背妇女意志，应以强奸罪论处。

（2）行为人与轻度女痴呆症患者（愚鲁）谈恋爱期间，在女方自愿情况下发生性行为的，不应以犯罪论处。

（3）行为人确实不知道妇女是程度较轻的痴呆症患者，并在女方主动要求下与之发生性行为的，一般也不宜以犯罪论处。

4．认真研究、妥善处理奸淫幼女案件中的特殊问题

奸淫幼女是一种严重的犯罪，依照刑法规定，应坚决予以严惩。同时，又要看到目前这类案件出现的一些新情况、新问题。比如，奸淫幼女的罪犯大多是青少年，其中18岁以下的未成年人占一半以上；被害幼女年龄大多在10周岁以上。因此，同不满14周岁的幼女发生性行为的，是否一律构成强奸罪，在刑法学界和司法实践中，有不同的认识。对此，1984年《最高人民法院、最高人民检察院、公安部关于当前办理强奸案件中具体应用法律的若干问题的解答》（以下简称《解答》）中规定：“在办理奸淫幼女案件中出现的特殊问题，要具体分析，并总结经验，求得正确处理。”

根据刑法和参照上述《解答》的规定，结合司法实践，对奸淫幼女案件

中的以下几种情况，可以分别作出不同的处理：

（1）已满 14 周岁不满 16 周岁的未成年人，与不满 14 周岁的幼女交往密切，双方自愿发生性行为的；或者因受某些不良影响，与幼女发生性行为，情节显著轻微，危害不大的，依照《刑法》第 13 条的规定，可不认定为犯罪，责成家长和学校严加管教。早在 1957 年 4 月 30 日，最高人民法院审判委员会通过的《1955 年以来奸淫幼女案件检查总结》就曾经指出：对奸淫幼女的未成年犯，“情节轻微的可以免予刑事处分；对年幼无知的男童，不应追究刑事责任，但应责令他的家长或者监护人加以管教”。2006 年 1 月 11 日，《最高人民法院关于审理未成年人刑事案件具体应用法律若干问题的解释》规定：“已满十四周岁不满十六周岁的人偶尔与幼女发生性行为，情节轻微、未造成严重后果的，不认为是犯罪。”对情节和后果的判断，应综合考虑行为人与幼女是否存在恋爱关系，以及对于幼女的身心影响等因素综合判断；对于行为人采取利诱、欺骗甚至强制手段与幼女发生性关系的，或者导致幼女怀孕流产、严重伤害幼女身心健康等后果的，一般不宜认定为“情节轻微、未造成严重后果”。

（2）男青少年与染有淫乱习性（指主动地与多名男性发生两性关系）的幼女发生性行为，情节显著轻微，危害不大的，可不以犯罪论处，建议公安机关作其他处理。如有一个 12 岁的幼女，身高 1.75 米，体重 140 斤，生理发育早熟，体态相貌都似女青年。由于其母生活作风不好，本人又曾被犯罪分子强奸，后逐渐走向堕落，经常在外留宿，主动勾搭男青少年，谎称自己 18 岁甚至 24 岁。由于她身高体壮，使一些男青少年信以为真，真心实意与她“交朋友”。她经常在“交朋友”的幌子下，与男青少年乱搞两性关系。据幼女自己交代，她曾与 30 多人发生过两性关系，已查明的有 27 人，最大的 33 岁，最小的 16 岁。像这种情况，对行为人就不宜按强奸罪处理。为了防止染有淫乱习性的幼女进一步堕落和引诱他人犯罪，应责令其家长或者监护人严加管教，或者建议公安机关送工读学校教育。

（3）未婚男青少年与发育较早、貌似成人、虚报年龄的已满 12 周岁不满 14 岁的幼女，在谈恋爱和交往过程中，或者在确实不知道幼女真实年龄的情况下，双方自愿发生性行为的，可不以强奸罪论处，但应特别严格掌握。早在《最高人民法院 1955 年以来奸淫幼女案件检查总结》中就曾指出：“至于个别幼女虽未 14 周岁，但身心发育早熟，确系自愿与人发生性行为的，法院对被告人酌情从轻或减轻处理。如果男方年龄也很轻，双方确系在恋爱中自愿发生性行为的，则不追究刑事责任。”针对司法实践中，被告人提出不明知对方不满 14 周岁的辩解，2013 年 10 月 23 日《最高人民法院、最高人民检察院、公安部、司法部关于依法惩治性侵害未成年人犯罪的意见》对判断“明知”作出明确规定：①知道或者应当知道对方是不满十四周岁的幼女，而实施奸淫等性侵害行为的，应当认定行为人“明知”对方是幼女。②对于不满十二周岁的被害人实施奸淫等性侵害行为的，应当认定行为人“明知”对方是幼女。③对于已满十二周岁不满十四周岁的被害人，从其身体发育状况、言谈举止、衣着特征、生活作息规律等观察可能是幼女，而实施奸淫等性侵害行为的，应当认定行为人“明知”对方是幼女。根据上述规定，第一，与不满 12 周岁的被害人发生性关系的，一般应当认定行为人明知对方是幼女。通过对大量审结案例进行统计分析，发现 12 周岁以下幼女基本都处在接受小学教育阶段，社会关系简单，外在幼女特征相对较为明显；即使极个别幼女身体发育早于同龄人，但一般人从言谈举止、生活作息规律等其他方面通常也足以观察其可能是幼女。第二，考虑到已满 12 周岁不满 14 周岁年龄段的幼女，其身心发育特点与已满 14 周岁的未成年少女较为接近，因此要从被害人的身体发育状况、言谈举止、衣着特征等观察可能是幼女，而实施奸淫等性侵害行为的，也应认定行为人“明知”。对于已满 12 周岁的幼女实施奸淫等性侵行为的，如无极其特殊的例外情况，一般均应当认定行为人明知被害人是幼女。这里的极其特殊的例外情况，具体可从三个方面把握：一是客观上被害人身体发育状况、言谈举止、衣着、生活作息规定等特征确实接近成年人；二是必须确有证据或者合理依据证明行为人根本不可能知道被害人是幼女；三是行为人已经足够谨慎行事，仍然对幼女年龄产生了误认，即使其他正常人处在行为人的场合，也难以避免这种错误判断。相反，如果行为人采取引诱、欺骗等方式，或者根本不考虑被害人是否是幼女，而甘冒风险对被害人进行奸淫等性侵害的，一般都应当认定行为人明知被害人是幼女，以实现对幼女的特殊保护，堵上惩治犯罪的漏洞。

5. 正确理解取消“奸淫幼女罪”

1997 年《最高人民法院关于执行〈中华人民共和国刑法〉确定罪名的规定》，将 1997 年《刑法》第 236 条确定为强奸罪和奸淫幼女罪两个罪名。审判实践对“强奸罪”和“奸淫幼女罪”这两个罪名的适用，反映比较突出的两个问题：一是《刑法》第 17 条规定，已满 14 周岁不满 16 周岁的人只对强奸罪负刑事责任，而没有规定奸淫幼女罪的刑事责任。由于奸淫幼女罪的犯罪情节、危害后果都更严重，社会影响也更恶劣，不会因处于特殊年龄阶段就不追究刑事责任，这也不符合《刑法》第 236 条第 2 款“奸淫不满十四周岁的幼女的，以强奸论，从重处罚”的立法本意。二是对既实施了强奸行为又实施了奸淫幼女行为的，是以强奸罪定罪，从重处罚，还是分别定罪，实行数罪并罚，刑法理论界、司法实务部门争议颇多。考虑到《刑法》第 236 条第 2 款规定的是“奸淫不满十四周岁的幼女的，以强奸论，从重处罚”，奸淫幼女行为同强奸行为本质上是相同的，其主要区别仅在于被害妇女的年龄及具体行为方式。2002 年《最高人民法院、最高人民检察院关于执行〈中华人民共和国刑法〉确定罪名的补充规定》，取消了《最高人民法院关于适用〈中华人民共和国刑法〉确定罪名的规定》中对《刑法》第 236 条第 2 款确定为“奸淫幼女罪”的罪名，只规定一个强奸罪。今后，对奸淫幼女构成犯罪的，应当一律定为强奸罪；对已满 14 周岁不满 16 周岁的人，与幼女发生性关系构成犯罪的，依照《刑法》第 17 条、第 236 条第 2 款的规定，也应以强奸罪定罪处罚。

6. 轮奸不是单一的罪名

《刑法》第 236 条第 3 款第（四）项将“二人以上轮奸的”，作为强奸罪情节严重的情形之一，可以处 10 年以上有期徒刑、无期徒刑或者死刑。这说明，轮奸妇女和幼女属加重（结果加重）处罚的情节，而不是一个单一的罪名。在刑法学界，有一种观点认为，轮奸“有其独立的特征或特殊的构成要件，另立罪名比较合适”，这是不正确的。轮奸除其社会危害性比单独实施的强奸犯罪要大以外，其本身并不具有强奸罪构成要件以外的“特殊的构成要件”。因此，作为罪名，仍应定为强奸罪，而不能定为“轮奸妇女罪”“轮奸幼女罪”或者“轮奸罪”。

7. 罪数认定问题

先将被害妇女杀死，然后奸尸的，应按故意杀人罪处理。奸尸行为只能作为量刑时考虑的一个情节，不能定为故意杀人和强奸两个罪。强奸罪侵犯的客体是妇女的性的不可侵犯的权利。奸尸时，被害妇女已经死亡，客观上已不存在这样的侵害。

8. 正确理解《刑法修正案（九）》取消嫖宿幼女罪

嫖宿幼女罪，是指嫖宿不满 14 周岁幼女的行为。嫖宿是指以支付金钱或者其他财物为代价，与卖淫女发生性交或者从事其他性淫乱活动的行为。1979 年刑法没有规定本罪。1991 年《全国人民代表大会常务委员会关于严禁卖淫嫖娼的决定》第 5 条第 2 款曾规定："嫖宿不满十四岁的幼女的，依照刑法关于强奸罪的规定处罚。" 1997 年修改刑法时，同年 3 月 1 日八届全国人大五次会议印发的刑法修订草案中，嫖宿幼女的行为仍按强奸定罪。但 3 月 13 日大会主席团通过的草案则将嫖宿幼女的行为单独定罪。当时主要考虑要从法律上明确嫖宿幼女行为人的刑事责任，严厉打击这种犯罪，以 5 年有期徒刑作为起刑点，在刑法分则各罪中属于较高的，体现了对幼女的特殊保护。同时考虑到，强奸罪中的幼女是纯粹的受害者，而嫖宿幼女罪中的幼女则具有卖淫的目的。鉴于这种区别，1997 年修订刑法时将嫖宿幼女的行为单独确定了罪名。

嫖宿幼女罪的设立初衷是严惩嫖宿幼女的行为，并将起点刑设置为 5 年有期徒刑，高于普通强奸罪的 3 年有期徒刑。但是，该罪的存废问题，在理论界和司法实践中却饱受争议，主要考虑：一是根据强奸罪的规定，只要与幼女发生性关系，不论是否采用暴力、胁迫等手段，不论幼女是否同意，均构成强奸罪。这是基于幼女身心发育不成熟、尚不具备性决定能力的现实情况规定的，充分体现了法律对幼女性权利的绝对保护。但是，嫖宿幼女罪的规定，又间接承认了幼女可以"卖淫"、具备性自主能力，这不仅不符合幼女身心发育状况，更与强奸罪的规定存在逻辑矛盾。二是认定嫖宿幼女罪，就认可了幼女"卖淫女"的身份，这一标签是对幼女的极大侮辱。司法实践中，许多此类案件的被害人和家长对该罪名都非常不满，社会各界特别是妇联、未成年人保护组织等部门也对该罪名普遍不认可。该罪名的存在和认定，对幼女进行了不当的道德评判，往往容易给幼女及其家庭带来严重的精神伤害，背离了文明国家对儿童保护的初衷。三是嫖宿幼女罪的起点刑虽然不低，但最高刑期为 15 年有期徒刑，而强奸罪最高可判死刑。该罪名的存在为犯罪分子辩解提供了渠道，被人称作是犯罪分子的保护伞。

2015 年 8 月 29 日，第十二届全国人大常委会第十六次会议表决通过《刑法修正案（九）》，嫖宿幼女罪在表决稿中被删除，修改后的刑法修正案将在 2015 年 11 月 1 日起施行，从此，嫖宿幼女的行为将视同奸淫幼女的行为，一律以强奸罪定罪，从重处罚。

（四）情节与量刑

依照《刑法》第236条第1、2款规定，犯强奸罪的，处3年以上10年以下有期徒刑。奸淫不满14周岁的幼女的，以强奸论，从重处罚。

依照第3款规定，强奸妇女、奸淫幼女，有下列情形之一的，处10年以上有期徒刑、无期徒刑或者死刑：（一）强奸妇女、奸淫幼女情节恶劣的（二）强奸妇女、奸淫幼女多人的；（三）在公共场所当众强奸妇女的；（四）2人以上轮奸的；（五）致使被害人重伤、死亡或者造成其他严重后果的。

司法机关在适用时，应当注意以下问题：

1. 正确理解和适用《刑法》第236条第1款的规定。使用暴力是强奸犯罪的基本特征之一。如果行为人在强奸过程中对被害妇女只有一般殴打、卡脖子等行为，不具有《刑法》第236条第3款规定的情形的，应当按第1款的规定处刑。

2. 行为人既实施了强奸妇女行为又实施了奸淫幼女行为的，应当依照《刑法》第236条的规定，以强奸罪，从重处罚，不实行数罪并罚。

3. 正确理解和适用《刑法》第236条第3款的规定。行为人具有《刑法》第236条第3款规定的情形之一的，应当处10年以上有期徒刑、无期徒刑或者死刑。“强奸妇女多人”，是指强奸妇女3人以上（含3人）。“轮奸”，是指2男以上，在一段时间对同一妇女强行奸淫的行为。“致使被害人重伤、死亡”，是指在强奸妇女过程中，因使用暴力而直接导致被害人性器官严重损伤，或者造成其他严重伤害，甚至当场死亡或者经治疗无效而死亡。在这种情况下，只能定强奸一个罪，按《刑法》第236条第3款的规定处罚，而不能定为强奸罪和故意杀人罪或者故意伤害罪，按数罪并罚原则处罚。既然强奸罪的构成是以使用暴力或者胁迫为客观要件，那么，在实施强奸过程中，就可能会给被害妇女造成伤害或者死亡的后果，它已包括在强奸犯罪行为之中。但是，如果行为人出于报复、灭口、逃跑等动机，在实施强奸行为以后，又将被害妇女伤害或者杀害的，则应分别定为强奸罪、故意伤害罪或者故意杀人罪，按数罪并罚原则处罚。因为，在这种情况下，行为人主观方面不仅有强奸的故意，而且有伤害或者杀人的故意；客观方面不仅有强奸的行为，而且有伤害或者杀人的行为。这与在强奸过程中直接导致被害妇女伤害或者死亡，在主、客观方面都是不一样的。

4. 严格掌握强奸罪死刑适用标准。“保留死刑，严格控制和慎重适用死刑”是我国一贯的刑事政策，必须保证这一重要刑事政策适用的连续性和稳定性，要以最严格的标准和最审慎的态度，确保死刑只适用于极少数罪行极其严重的犯罪分子，保证更有利、更准确的依法惩治严重刑事犯罪。《刑法》第236条第3款规定了5种可以适用死刑的加重情节或结果。通过对已经生效案件的总结，我们发现强奸案件的死刑主要适用于该款第（五）项“致使被害人重伤、死亡或者造成其他严重后果”之情形。对于以暴力手段或程度相当的非暴力手段造成被害人死亡，或造成被害人重伤导致严重残疾，或造成其他严重后果并且情节特别恶劣的强奸案件，可以考虑适用死刑。而对于不符合第（五）项规定情形的其他强奸案件是否适用死刑，则要以该款第（二）项“强奸妇女、奸淫幼女多人”为基准，结合该款第（一）、（四）、（五）项，进行“数量加情节”的综合分析，全面考察被告人的犯罪次数、犯罪手段、犯罪对象、犯罪情节以及被告人的主观恶性、人身危险性等因素，兼顾案件处理的法律效果和社会效果，综合评判，慎重适用。

5. 1997年12月23日《最高人民法院关于对故意伤害、盗窃等严重破坏社会秩序的犯罪分子能否附加剥夺政治权利问题的批复》对本罪附加刑适用作出如下规定：根据《刑法》第56条规定，对于故意杀人、强奸、放火、爆炸、投毒、抢劫等严重破坏社会秩序的犯罪分子，可以附加剥夺政治权利。

6. 规范化量刑。《最高人民法院关于常见犯罪的量刑指导意见》对强奸罪的规定是：（1）构成强奸罪的，可以根据下列不同情形在相应的幅度内确定量刑起点：①强奸妇女1人的，可以在3年至6年有期徒刑幅度内确定量刑起点。奸淫幼女1人的，可以在4年至7年有期徒刑幅度内确定量刑起点。②有下列情形之一的，可以在10年至13年有期徒刑幅度内确定量刑起点：强奸妇女、奸淫幼女情节恶劣的；强奸妇女、奸淫幼女3人的；在公共场所当众强奸妇女的；2人以上轮奸妇女的；强奸致被害人重伤或者造成其他严重后果的。依法应当判处无期徒刑以上刑罚的除外。（2）在量刑起点的基础上，可以根据强奸妇女、奸淫幼女情节恶劣程度、强奸人数、致人伤害后果等其他影响犯罪构成的犯罪事实增加刑罚量，确定基准刑。强奸多人多次的，以强奸人数作为增加刑罚量的事实，强奸次数作为调节基准刑的量刑情节。

（五）法律链接

1. 最高人民法院、最高人民检察院、公安部、司法部印发关于依法惩治性侵害未成年人犯罪的意见（法发〔2013〕12号　自2013年10月23日起施行）

为依法惩治性侵害未成年人犯罪，保护未成年人合法权益，根据刑法、刑事诉讼法和未成年人保护法等法律和司法解释的规定，结合司法实践经验，制定本意见。

一、基本要求

1. 本意见所称性侵害未成年人犯罪，包括刑法第二百三十六条、第二百三十七条、第三百五十八条、第三百五十九条、第三百六十条第二款规定的针对未成年人实施的强奸罪，强制猥亵、侮辱妇女罪，猥亵儿童罪，组织卖淫罪，强迫卖淫罪，引诱、容留、介绍卖淫罪，引诱幼女卖淫罪，嫖宿幼女罪等。

2. 对于性侵害未成年人犯罪，应当依法从严惩治。

3. 办理性侵害未成年人犯罪案件，应当充分考虑未成年被害人身心发育尚未成熟、易受伤害等特点，贯彻特殊、优先保护原则，切实保障未成年人的合法权益。

4. 对于未成年人实施性侵害未成年人犯罪的，应当坚持双向保护原则，在依法保护未成年被害人的合法权益时，也要依法保护未成年犯罪嫌疑人、未成年被告人的合法权益。

5. 办理性侵害未成年人犯罪案件，对于涉及未成年被害人、未成年犯罪嫌疑人和未成年被告人的身份信息及可能推断出其身份信息的资料和涉及性侵害的细节等内容，审判人员、检察人员、侦查人员、律师及其他诉讼参与人应当予以保密。

对外公开的诉讼文书，不得披露未成年被害人的身份信息及可能推断出其身份信息的其他资料，对性侵害的事实注意以适当的方式叙述。

6. 性侵害未成年人犯罪案件，应当由熟悉未成年人身心特点的审判人员、检察人员、侦查人员办理，未成年被害人系女性的，应当有女性工作人员参与。

人民法院、人民检察院、公安机关设有办理未成年人刑事案件专门工作机构或者专门工作小组的，可以优先由专门工作机构或者专门工作小组办理性侵害未成年人犯罪案件。

7. 各级人民法院、人民检察院、公安机关和司法行政机关应当加强与民政、教育、妇联、共青团等部门及未成年人保护组织的联系和协作，共同做好性侵害未成年人犯罪预防和未成年被害人的心理安抚、疏导工作，从有利于未成年人身心健康的角度，对其给予必要的帮助。

8. 上级人民法院、人民检察院、公安机关和司法行政机关应当加强对下指导和业务培训。各级人民法院、人民检察院、公安机关和司法行政机关要增强对未成年人予以特殊、优先保护的司法理念，完善工作机制，提高办案能力和水平。

二、办案程序要求

9. 对未成年人负有监护、教育、训练、救助、看护、医疗等特殊职责的人员（以下简称“负有特殊职责的人员”）以及其他公民和单位，发现未成年人受到性侵害的，有权利也有义务向公安机关、人民检察院、人民法院报案或者举报。

10. 公安机关接到未成年人被性侵害的报案、控告、举报，应当及时受理，迅速进行审查。经审查，符合立案条件的，应当立即立案侦查。

公安机关发现可能有未成年人被性侵害或者接报相关线索的，无论案件是否属于本单位管辖，都应当及时采取制止违法犯罪行为、保护被害人、保护现场等紧急措施，必要时，应当通报有关部门对被害人予以临时安置、救助。

11. 人民检察院认为公安机关应当立案侦查而不立案侦查的，或者被害人及其法定代理人、对未成年人负有特殊职责的人员据此向人民检察院提出异议的，人民检察院应当要求公安机关说明不立案的理由。人民检察院认为不立案理由不成立的，应当通知公安机关立案，公安机关接到通知后应当立案。

12. 公安机关侦查未成年人被性侵害案件，应当依照法定程序，及时、全面收集固定证据。及时对性侵害犯罪现场进行勘查，对未成年被害人、犯罪嫌疑人进行人身检查，提取体液、毛发、被害人和犯罪嫌疑人指甲内的残留物等生物样本，指纹、足迹、鞋印等痕迹，衣物、纽扣等物品；及时提取住宿登记表等书证，现场监控录像等视听资料；及时收集被害人陈述、证人证言和犯罪嫌疑人供述等证据。

13. 办案人员到未成年被害人及其亲属、未成年证人所在学校、单位、居住地调查取证的，应当避免驾驶警车、穿着制服或者采取其他可能暴露被害人身份、影响被害人名誉、隐私的方式。

14. 询问未成年被害人，审判人员、检察人员、侦查人员和律师应当坚持不伤害原则，选择未成年人住所或者其他让未成年人心理上感到安全的场所进行，并通知其法定代理人到场。无法通知、法定代理人不能到场或者法定代理人是性侵害犯罪嫌疑人、被告人的，也可以通知未成年被害人的其他成年亲属或者所在学校、居住地基层组织、未成年人保护组织的代表等有关人员到场，并将相关情况记录在案。

询问未成年被害人，应当考虑其身心特点，采取和缓的方式进行。对与性侵害犯罪有关的事实应当进行全面询问，以一次询问为原则，尽可能避免反复询问。

15. 人民法院、人民检察院办理性侵害未成年人案件，应当及时告知未成年被害人及其法定代理人或者近亲属有权委托诉讼代理人，并告知其如果经济困难，可以向法律援助机构申请法律援助。对需要申请法律援助的，应当帮助其申请法律援助。法律援助机构应当及时指派熟悉未成年人身心特点的律师为其提供法律帮助。

16. 人民法院、人民检察院、公安机关办理性侵害未成年人犯罪案件，除有碍案件办理的情形外，应当将案件进展情况、案件处理结果及时告知被害人及其法定代理人，并对有关情况予以说明。

17. 人民法院确定性侵害未成年人犯罪案件开庭日期后，应当将开庭的时间、地点通知未成年被害人及其法定代理人。未成年被害人的法定代理人可以陪同或者代表未成年被害人参加法庭审理，陈述意见，法定代理人是性侵害犯罪被告人的除外。

18. 人民法院开庭审理性侵害未成年人犯罪案件，未成年被害人、证人确有必要出庭的，应当根据案件情况采取不暴露外貌、真实声音等保护措施。有条件的，可以采取视频等方式播放未成年人的陈述、证言，播放视频亦应采取保护措施。

三、准确适用法律

19. 知道或者应当知道对方是不满十四周岁的幼女，而实施奸淫等性侵害行为的，应当认定行为人“明知”对方是幼女。

对于不满十二周岁的被害人实施奸淫等性侵害行为的，应当认定行为人“明知”对方是幼女。

对于已满十二周岁不满十四周岁的被害人，从其身体发育状况、言谈举止、衣着特征、生活作息规律等观察可能是幼女，而实施奸淫等性侵害行为的，应当认定行为人“明知”对方是幼女。

20. 以金钱财物等方式引诱幼女与自己发生性关系的；知道或者应当知道幼女被他人强迫卖淫而仍与其发生性关系的，均以强奸罪论处。

21. 对幼女负有特殊职责的人员与幼女发生性关系的，以强奸罪论处。

对已满十四周岁的未成年女性负有特殊职责的人员，利用其优势地位或者被害人孤立无援的境地，迫使未成年被害人就范，而与其发生性关系的，以强奸罪定罪处罚。

22. 实施猥亵儿童犯罪，造成儿童轻伤以上后果，同时符合刑法第二百三十四条或者第二百三十二条的规定，构成故意伤害罪、故意杀人罪的，依照处罚较重的规定定罪处罚。

对已满十四周岁的未成年男性实施猥亵，造成被害人轻伤以上后果，符合刑法第二百三十四条或者第二百三十二条规定的，以故意伤害罪或者故意杀人罪定罪处罚。

23. 在校园、游泳馆、儿童游乐场等公共场所对未成年人实施强奸、猥亵犯罪，只要有其他多人在场，不论在场人员是否实际看到，均可以依照刑法第二百三十六条第三款、第二百三十七条的规定，认定为在公共场所“当众”强奸妇女，强制猥亵、侮辱妇女，猥亵儿童。

24. 介绍、帮助他人奸淫幼女、猥亵儿童的，以强奸罪、猥亵儿童罪的共犯论处。

25. 针对未成年人实施强奸、猥亵犯罪的，应当从重处罚，具有下列情形之一的，更要依法从严惩处：

（1）对未成年人负有特殊职责的人员、与未成年人有共同家庭生活关系的人员、国家工作人员或者冒充国家工作人员，实施强奸、猥亵犯罪的；

（2）进入未成年人住所、学生集体宿舍实施强奸、猥亵犯罪的；

（3）采取暴力、胁迫、麻醉等强制手段实施奸淫幼女、猥亵儿童犯罪的；

（4）对不满十二周岁的儿童、农村留守儿童、严重残疾或者精神智力发育迟滞的未成年人，实施强奸、猥亵犯罪的；

（5）猥亵多名未成年人，或者多次实施强奸、猥亵犯罪的；

（6）造成未成年被害人轻伤、怀孕、感染性病等后果的；

（7）有强奸、猥亵犯罪前科劣迹的。

26. 组织、强迫、引诱、容留、介绍未成年人卖淫构成犯罪的，应当从重处罚。强迫幼女卖淫、引诱幼女卖淫的，应当分别按照刑法第三百五十八条第一款第（二）项、第三百五十九条第二款的规定定罪处罚。

对未成年人负有特殊职责的人员、与未成年人有共同家庭生活关系的人员、国家工作人员，实施组织、强迫、引诱、容留、介绍未成年人卖淫等性侵害犯罪的，更要依法从严惩处。

27. 已满十四周岁不满十六周岁的人偶尔与幼女发生性关系，情节轻微、未造成严重后果的，不认为是犯罪。

四、其他事项

28. 对于强奸未成年人的成年犯罪分子判处刑罚时，一般不适用缓刑。

对于性侵害未成年人的犯罪分子确定是否适用缓刑，人民法院、人民检察院可以委托犯罪分子居住地的社区矫正机构，就对其宣告缓刑对所居住社区是否有重大不良影响进行调查。受委托的社区矫正机构应当及时组织调查，在规定的期限内将调查评估意见提交委托机关。

对于判处刑罚同时宣告缓刑的，可以根据犯罪情况，同时宣告禁止令，禁止犯罪分子在缓刑考验期内从事与未成年人有关的工作、活动，禁止其进入中小学校区、幼儿园园区及其他未成年人集中的场所，确因本人就学、居住等原因，经执行机关批准的除外。

29. 外国人在我国领域内实施强奸、猥亵未成年人等犯罪的，应当依法判处，在判处刑罚时，可以独立适用或者附加适用驱逐出境。对于尚不构成犯罪但构成违反治安管理行为的，或者因实施性侵害未成年人犯罪不适宜在中国境内继续停留居留的，公安机关可以依法适用限期出境或者驱逐出境。

30. 对于判决已生效的强奸、猥亵未成年人犯罪案件，人民法院在依法保护被害人隐私的前提下，可以在互联网公布相关裁判文书，未成年人犯罪的除外。

31. 对于未成年人因被性侵害而造成的人身损害，为进行康复治疗所支付的医疗费、护理费、交通费、误工费等合理费用，未成年被害人及其法定代理人、近亲属提出赔偿请求的，人民法院依法予以支持。

32. 未成年人在幼儿园、学校或者其他教育机构学习生活期间被性侵害而造成人身损害，被害人及其法定代理人、近亲属据此向人民法院起诉要求上述单位承担赔偿责任的，人民法院依法予以支持。

33. 未成年人受到监护人性侵害，其他具有监护资格的人员、民政部门等有关单位和组织向人民法院提出申请，要求撤销监护人资格，另行指定监护人的，人民法院依法予以支持。

34. 对未成年被害人因性侵害犯罪而造成人身损害，不能及时获得有效赔偿，生活困难的，各级人民法院、人民检察院、公安机关可会同有关部门，优先考虑予以司法救助。

2. 最高人民法院关于全国法院维护农村稳定刑事审判工作座谈会纪要（法〔1999〕217号　自1999年10月27日起施行）（节录）

二、会议在认真学习《决定》和“上海会议”文件的基础上，结合执行刑法、刑事诉讼法的审判实践，对审理农村中犯罪案件、农民犯罪案件中的一些重要问题进行了研究、讨论。一致认为，对于故意杀人、故意伤害、抢劫、强奸、绑架等严重危害农村社会治安的暴力犯罪以及带有黑社会性质的团伙犯罪，一定要继续坚持从重从快严厉打击的方针。要根据当地社会治安的特点，将经常性“严打”和集中打击、专项斗争结合起来，始终保持“严打”的高压态势，有效地遏制严重刑事犯罪活动蔓延的势头，尽一切努力维护好农村社会治安的稳定。

3. 最高人民法院关于贯彻宽严相济刑事政策的若干意见（法发〔2010〕9号　自2010年2月8日起施行）（节录）

二、准确把握和正确适用依法从“严”的政策要求

7. 贯彻宽严相济刑事政策，必须毫不动摇地坚持依法严惩严重刑事犯罪的方针。对于危害国家安全犯罪、恐怖组织犯罪、邪教组织犯罪、黑社会性质组织犯罪、恶势力犯罪、故意危害公共安全犯罪等严重危害国家政权稳固和社会治安的犯罪，故意杀人、故意伤害致人死亡、强奸、绑架、拐卖妇女儿童、抢劫、重大抢夺、重大盗窃等严重暴力犯罪和严重影响人民群众安全感的犯罪，走私、贩卖、运输、制造毒品等毒害人民健康的犯罪，要作为严惩的重点，依法从重处罚。尤其对于极端仇视国家和社会，以不特定人为侵害对象，所犯罪行特别严重的犯罪分子，该重判的要坚决依法重判，该判处死刑的要坚决依法判处死刑。

四、准确把握和正确适用宽严"相济"的政策要求

34. 对于因犯故意杀人、爆炸、抢劫、强奸、绑架等暴力犯罪，致人死亡或严重残疾而被判处死刑缓期二年执行或无期徒刑的罪犯，要严格控制减刑的频度和每次减刑的幅度，要保证其相对较长的实际服刑期限，维护公平正义，确保改造效果。

4. 最高人民法院、最高人民检察院、公安部、司法部关于依法办理家庭暴力犯罪案件的意见（法发〔2015〕4号　自2015年3月2日起施行）（节录）

三、定罪处罚

16. 依法准确定罪处罚。对故意杀人、故意伤害、强奸、猥亵儿童、非法拘禁、侮辱、暴力干涉婚姻自由、虐待、遗弃等侵害公民人身权利的家庭暴力犯罪，应当根据犯罪的事实、性质、情节和对社会的危害程度，严格依照刑法的有关规定判处。对于同一行为同时触犯多个罪名的，依照处罚较重的规定定罪处罚。

七、强制猥亵、侮辱罪

（一）法律规定

第二百三十七条[①]　**以暴力、胁迫或者其他方法强制猥亵他人或者侮辱妇女的，处五年以下有期徒刑或者拘役。**

聚众或者在公共场所当众犯前款罪的，或者有其他恶劣情节的，处五年以上有期徒刑。

（二）罪名详解

强制猥亵、侮辱罪，是指以暴力、胁迫或者其他方法，强制猥亵他人或者侮辱妇女的行为。

---

① 1997年《刑法》第237条规定："以暴力、胁迫或者其他方法强制猥亵妇女或者侮辱妇女的，处五年以下有期徒刑或者拘役。聚众或者在公共场所当众犯前款罪的，处五年以上有期徒刑。"

本条经2015年8月29日《刑法修正案（九）》第13条修改，根据2015年10月30日《最高人民法院、最高人民检察院关于执行〈中华人民共和国刑法〉确定罪名的补充规定（六）》的规定，该条罪名由强制猥亵、侮辱妇女罪，修改为强制猥亵、侮辱罪。

本罪是从1979年《刑法》第160条规定的流氓罪分解出来而成为单一罪名的。1997年刑法颁布后，因犯罪对象设定为妇女，故罪名是强制猥亵、侮辱妇女罪。2015年通过的《刑法修正案（九）》将强制猥亵行为的对象扩大致他人，故罪名相应变更为强制猥亵、侮辱罪。

强制猥亵、侮辱罪的构成要件是：

1. 主体要件

本罪主体为一般主体，即年满16周岁并具有刑事责任能力的自然人，均可以成为本罪的主体。

2. 客体要件

本罪侵犯的客体是他人的人格和名誉。强制猥亵罪的犯罪对象是他人，包括已满14周岁的男人和女人；强制侮辱罪的犯罪对象是妇女，包括已满14周岁不满18周岁的少女。

3. 主观要件

本罪主观方面由直接故意构成，并且具有获得性刺激和性满足的目的，但不包括出于奸淫的目的，否则属于强奸罪（可能未遂）。间接故意和过失不构成本罪。

4. 客观要件

本罪客观方面表现为使用暴力、胁迫或者其他方法，强制猥亵他人或者侮辱妇女的行为。“暴力”，是指对被害人进行殴打、伤害等危及被害人人身安全和人身自由，使被害人不能反抗的行为。“胁迫”，是指对被害人进行威胁、恐吓等精神上的强制，以杀害被害人、揭发隐私、毁坏名誉、加害亲属等相威胁，利用职权、从属关系、教养关系和他人孤立无援的境地相胁迫等手段，使被害人不敢反抗的行为。“其他方法”，是指除暴力、胁迫以外的使被害人不知抗拒、无法抗拒的行为。如利用他人患病、熟睡或者假借看病、醉酒、麻醉后进行猥亵、侮辱等。“强制猥亵他人”，是指违背他人意愿，以抠摸、搂抱、鸡奸、手淫等淫秽下流手段，猥亵他人的行为。“强制侮辱妇女”，是指故意向妇女显露生殖器或者用生殖器顶擦妇女身体，追逐、堵截妇女，偷剪妇女发辫、衣服，向妇女身上泼洒腐蚀物、涂抹污物等手段，侮辱妇女的行为。按照法律规定，行为人只要具有强制猥亵他人或者侮辱妇女其中一种行为就构成本罪，具有两种行为的仍为一罪，不实行并罚。

（三）实务疑难问题

1. 罪与非罪的认定

要将强制猥亵、侮辱的行为与一般猥亵、侮辱的行为区别开来。只有情节比较严重的，才能作为犯罪处理；情节一般的，例如：多次发送淫秽、侮辱信息的；偷窥、偷拍、窃听、散布个人隐私的；猥亵他人或者在公共场所故意裸露身体，情节恶劣的；猥亵智力残疾人、精神病人或者不满 14 周岁的幼女的等等，因不具有强制性，则属于一般违法行为，应当分别依照《治安管理处罚法》第 42 条第（五）、（六）项和第 44 条的规定，给予治安处罚。

2. 本罪与强奸罪的区分

关键在于查明行为人主观上是否具有奸淫的目的，客观上是否实施了奸淫行为。

3. 强制侮辱妇女与侮辱罪的区分

两者的相同之处在于均实施了侮辱行为，不同之处主要在于：第一，主观故意内容不同。强制侮辱妇女主观方面出于满足个人下流淫欲的目的，而侮辱罪以毁坏他人名誉为目的。第二，强制侮辱妇女不要求公然针对特定人实施，而侮辱罪则必须是公然地针对特定的人实施。第三，犯罪对象不同。强制侮辱妇女的犯罪对象只能是妇女，且年满 14 周岁以上，而侮辱罪的对象不限于妇女。

4. 正确理解《刑法修正案（九）》对犯罪对象的修改

1997 年刑法将强奸罪和强制猥亵、侮辱妇女罪的犯罪对象均限定为妇女，导致男性被同性性侵的行为很难被追究刑事责任。有些地方法院此前对此类行为以故意伤害罪定罪处罚，但是严格来说，行为人的主观方面并不具有伤害他人的故意；另一方面，如果该行为未能造成被害人轻伤以上后果的，则无法认定故意伤害罪。《刑法修正案（九）》据此将强制猥亵罪的对象扩大至 14 周岁以上的男性，加强了对男性受害人的保护。

（四）情节与量刑

依照《刑法》第 237 条第 1 款规定，犯强制猥亵、侮辱罪的，处 5 年以下有期徒刑或者拘役。

依照本条第 2 款规定，聚众或者在公共场所当众犯前款罪的，或者有其他恶劣情节的，处5年以上有期徒刑。

司法机关在适用时，应当注意以下问题：

1. 正确适用强制猥亵罪。根据《刑法修正案（九）》的规定，强制猥亵的犯罪对象从妇女扩大到14周岁以上的他人，即年满14周岁的男性被强制猥亵的，可以强制猥亵罪定罪处罚。

2. 正确适用加重处罚情节。根据《刑法修正案（九）》的规定，除聚众或在公共场所当众强制猥亵、侮辱以外，具有其他恶劣情节的，也可以适用加重处罚情节。如，教师利用其身份对在校学生多人实施猥亵或者多次实施猥亵的，造成严重后果，社会影响恶劣的。

3. 规范化量刑。《最高人民法院关于常见犯罪的量刑指导意见》对强制猥亵、侮辱罪的量刑并未有作出规定，这主要是由于此类案件在司法实践中的发案率不高，最高司法机关还未能总结出一套比较完整的量刑规范化方案，有待于在总结经验的基础上再作出详细的规定。在此之前，司法人员应当根据犯罪的事实、犯罪的性质、情节和对于社会的危害程度，依照刑法和有关司法解释的规定判处刑罚。

八、猥亵儿童罪

（一）法律规定

第二百三十七条　以暴力、胁迫或者其他方法强制猥亵他人或者侮辱妇女的，处五年以下有期徒刑或者拘役。

聚众或者在公共场所当众犯前款罪的，或者有其他恶劣情节的，处五年以上有期徒刑。

猥亵儿童的，依照前两款规定从重处罚。

（二）罪名详解

猥亵儿童罪，是指猥亵不满14周岁儿童的行为。

本罪与强制猥亵、侮辱罪同样是从1979年《刑法》第160条规定的流氓罪分解出来而成为单一罪名的。2015年《刑法修正案（九）》将强制猥亵、侮辱罪的加重处罚情节增加“有其他恶劣情节的”，根据《刑法》第237条第3

款的规定，加重处罚情节同样适用于猥亵儿童罪。

猥亵儿童罪的构成要件是：

1. 主体要件

本罪主体为一般主体，即年满16周岁并具有刑事责任能力的自然人，均可以成为本罪的主体。

2. 客体要件

本罪侵犯的客体是儿童的人格、名誉和身心健康。犯罪对象是儿童，包括男童和女童。参照最高人民法院对儿童的年龄界限所作的解释，“儿童”，是指不满14周岁的人。不满14周岁的儿童，生理和心理发育都不成熟，受到国家的特殊保护。猥亵儿童，必然会摧残儿童的身心健康，影响儿童的正常发育和健康成长。

3. 主观要件

本罪主观方面由直接故意构成，并且具有获得性刺激、性满足的目的。间接故意和过失不构成本罪。

4. 客观要件

本罪客观方面表现为以淫秽下流的方法猥亵儿童的行为。从司法实践看，猥亵儿童的方法主要有：抠摸、搂抱、鸡奸、让儿童为其口淫、手淫等。由于儿童对性的认识和辨别能力很差，法律并不要求行为人实施了暴力、胁迫或者其他方法。不论儿童是否同意，也不论儿童是否进行了反抗，只要对儿童实施了猥亵的行为，就构成本罪。

（三）实务疑难问题

1. 猥亵儿童罪与奸淫幼女行为的区别

两者区别的关键在于查明行为人主观上是否具有奸淫的目的，客观上是否实施了奸淫的行为。所以，如果出于奸淫的目的而对不满14周岁的幼女实施猥亵的，成立奸淫幼女的强奸罪（可能是未遂）而不再定本罪。但如果出于奸淫目的而对不满14周岁的幼童实施猥亵的或者奸淫不满14周岁的男童的，则成立本罪。

2. 猥亵儿童罪与强制猥亵行为的区别

两者的共同点都是实施了猥亵行为，不同点在于：一是强制性要求不同。猥亵儿童不要求强制性，强制猥亵要求必须采用暴力、胁迫或者其他方法，强制性是题中之意。二是行为对象不同。猥亵儿童的对象是儿童，即不满14周岁的幼童。强制猥亵行为的对象是已满14周岁的人，包括男人和女人。三是处罚基准点不同。因猥亵儿童与奸淫幼女均是对幼儿身心的损害，因此法律规定了更为严格的刑事责任，均予以从重处罚。

（四）情节与量刑

依照《刑法》第237条规定，犯强制猥亵、侮辱罪的，处5年以下有期徒刑或者拘役。

聚众或者在公共场所当众犯前款罪的，或者有其他恶劣情节的，处5年以上有期徒刑。

猥亵儿童的，依照前两款规定从重处罚。

司法机关在适用时，应当注意以下问题：

1. 注意区分猥亵儿童罪与一般亲昵儿童的行为。两者区分的关键是行为人的主观意图不同，基于该意图实施的行为也有所区别。猥亵儿童罪是基于下流淫欲，对被害儿童性器官或者敏感部位实施的抠摸、搂抱或鸡奸、让儿童为其口淫、手淫等行为，该行为一般是不为当地普通民众所接受的。

2. 根据《刑法》第237条第3款的规定，猥亵儿童的，依照强制猥亵、侮辱罪的规定从重处罚。关于从重幅度，我们认为，可以参照《最高人民法院关于常见犯罪的量刑指导意见》（以下简称《量刑指导意见》）中奸淫幼女行为与强奸行为的从重处罚幅度来具体量刑。

3. 正确理解猥亵儿童的加重处罚情节。根据《刑法修正案（九）》的规定，除聚众或者在公共场合猥亵儿童的，具有其他恶劣情节的，也可以从重处罚。如猥亵多人、多次猥亵儿童、猥亵致被害人重伤、死亡等情节。

4. 规范化量刑。《量刑指导意见》对猥亵儿童罪的量刑并未作出规定，这主要是由于此类案件在司法实践中的发案率不高，最高司法机关还未能总结出一套比较完整的量刑规范化方案，有待于在总结经验的基础上再作出详细的规定。在此之前，司法人员应当根据犯罪的事实、性质、情节和对于社会的危害程度，依照刑法和有关司法解释的规定判处刑罚。

（五）法律链接

1. 最高人民法院、最高人民检察院、公安部、司法部印发关于依法办理家庭暴力犯罪案件的意见（法发〔2015〕4号　自2015年3月2日起施行）（节录）

三、定罪处罚

16. 依法准确定罪处罚。对故意杀人、故意伤害、强奸、猥亵儿童、非法拘禁、侮辱、暴力干涉婚姻自由、虐待、遗弃等侵害公民人身权利的家庭暴力犯罪，应当根据犯罪的事实、犯罪的性质、情节和对社会的危害程度，严格依照刑法的有关规定判处。对于同一行为同时触犯多个罪名的，依照处罚较重的规定定罪处罚。

2. 最高人民法院、最高人民检察院、公安部、司法部印发关于依法惩治性侵害未成年人犯罪的意见（法发〔2013〕12号　自2013年10月23日起施行）（节录）

三、正确适用法律

22. 实施猥亵儿童犯罪，造成儿童轻伤以上后果，同时符合刑法第二百三十四条或者第二百三十二条的规定，构成故意伤害罪、故意杀人罪的，依照处罚较重的规定定罪处罚。

23. 在校园、游泳馆、儿童游乐场等公共场所对未成年人实施强奸、猥亵犯罪，只要有其他多人在场，不论在场人员是否实际看到，均可以依照刑法第二百三十六条第三款、第二百三十七条的规定，认定为在公共场所“当众”强奸妇女，强制猥亵、侮辱妇女，猥亵儿童。

24. 介绍、帮助他人奸淫幼女、猥亵儿童的，以强奸罪、猥亵儿童罪的共犯论处。

25. 针对未成年人实施强奸、猥亵犯罪的，应当从重处罚，具有下列情形之一的，更要依法从严惩处：

（1）对未成年人负有特殊职责的人员、与未成年人有共同家庭生活关系的人员、国家工作人员或者冒充国家工作人员，实施强奸、猥亵犯罪的；

（2）进入未成年人住所、学生集体宿舍实施强奸、猥亵犯罪的；

（3）采取暴力、胁迫、麻醉等强制手段实施奸淫幼女、猥亵儿童犯罪的；

（4）对不满十二周岁的儿童、农村留守儿童、严重残疾或者精神智力发育迟滞的未成年人，实施强奸、猥亵犯罪的；

（5）猥亵多名未成年人，或者多次实施强奸、猥亵犯罪的；

（6）造成未成年被害人轻伤、怀孕、感染性病等后果的；

（7）有强奸、猥亵犯罪前科劣迹的。

九、非法拘禁罪

（一）法律规定

第二百三十八条　非法拘禁他人或者以其他方法非法剥夺他人人身自由的，处三年以下有期徒刑、拘役、管制或者剥夺政治权利。具有殴打、侮辱情节的，从重处罚。

犯前款罪，致人重伤的，处三年以上十年以下有期徒刑；致人死亡的，处十年以上有期徒刑。使用暴力致人伤残、死亡的，依照本法第二百三十四条、第二百三十二条的规定定罪处罚。

为索取债务非法扣押、拘禁他人的，依照前两款的规定处罚。

国家机关工作人员利用职权犯前 3 款罪的，依照前 3 款的规定从重处罚。

（二）罪名详解

非法拘禁罪，是指以非法拘留、禁闭或者其他方法，非法剥夺他人人身自由权利的行为。本罪 1979 年《刑法》第 143 条作了规定。

非法拘禁罪的构成要件是：

1. 主体要件

本罪主体为一般主体。凡年满 16 周岁并具有刑事责任能力的人，都能成为本罪主体。

2. 客体要件

本罪侵犯的客体是公民的人身自由权利。人身自由是公民重要的人身权利。非法拘禁他人是严重侵犯公民人身自由权利的行为。

3. 主观要件

本罪主观方面由故意构成，并且以非法剥夺他人人身自由为目的。犯罪动机可能是多种多样的，如挟嫌报复、耍特权、逼取口供等。但动机不影响本罪的成立，量刑时可作为一个情节来考虑。

4. 客观要件

本罪客观方面表现为非法对被害人的身体进行强制，使被害人失去行动自由的行为。由于这种行为本身就是一种违法犯罪行为，法律并不要求有其他危害的后果。犯罪手段是多种多样的，如非法拘留、强行禁闭、隔离审查，等等。拘禁必须是非法的。司法机关依法对犯罪嫌疑人、被告人采取的拘传、取保候审、监视居住等强制措施；对有证据证明有犯罪事实，可能判处徒刑以上刑罚的犯罪嫌疑人、被告人，采取取保候审、监视居住等方法，尚不足以防止发生社会危害性而认为有逮捕必要予以逮捕的；公安机关对于现行犯或者重大嫌疑分子先行拘留的；任何公民对于正在实行犯罪或者在犯罪后及时被发觉的，通缉在案的，越狱逃跑的，正在被追捕的，可以立即扭送司法机关处理。这些限制人身自由的行为，都是合法的，不能认为是非法拘禁的行为。但是，司法工作人员如果滥用职权，非法拘禁他人；或者公民以某种理由为借口私设公堂，非法拘禁他人，则是侵犯他人人身自由权利的行为。

（三）实务疑难问题

1. 罪与非罪的认定

司法实践中，要注意不以犯罪处理的以下情形：

（1）本罪与错拘错捕的界限。司法工作人员依照法定程序拘留或者逮捕了犯罪嫌疑人或者被告人，后经查明无罪，立即予以释放，这种情况属于错拘错捕，不能认为是非法拘禁。但是，如果已经检察机关或者人民法院依法决定解除强制措施，有关执法人员仍拒不释放或者拖延释放的，则应视为非法拘禁的行为。

（2）本罪与一般拘禁行为的界限。根据2005年12月29日《最高人民检察院关于渎职侵权犯罪案件立案标准的规定》，国家机关工作人员利用职权非法拘禁，涉嫌下列情形之一的，应予立案：非法剥夺他人人身自由24小时以上的；非法剥夺他人人身自由，并使用械具或者捆绑等恶劣手段，或者实施殴打、侮辱、虐待行为的；非法拘禁，造成被拘禁人轻伤、重伤、死亡的；非法拘禁，情节严重，导致被拘禁人自杀、自残造成重伤、死亡或者精神失常的；非法拘禁3人以上的；司法工作人员对明知是没有违法犯罪事实的人而非法拘禁的；其他非法拘禁应予追究刑事责任的情形。如果非法拘禁行为情节显著轻微，危害不大的，则不构成犯罪。

2. 一罪与数罪的区分

如果在非法拘禁过程中，故意使用暴力致人伤残或者死亡的，则应依照刑法的有关规定实行数罪并罚。如果非法拘禁的行为同其他犯罪行为之间存在着牵连关系，如用非法拘禁的方法故意使被害人冻饿而死，就同时触犯了非法拘禁和故意杀人两个罪名，则应当按照处理牵连犯的原则，择一重罪处罚，不必实行并罚。

3. 本罪在犯罪形态上属持续犯，追诉时效从行为实施终了之日起计算。尚在追诉时效之内的“人次”应累计计算。

（四）情节与量刑

依照《刑法》第 238 条第 1 款规定，犯非法拘禁罪的，处 3 年以下有期徒刑、拘役、管制或者剥夺政治权利。具有殴打、侮辱情节的，从重处罚。

依照本条第 2 款规定，犯本罪，致人重伤的，处 3 年以上 10 年以下有期徒刑；致人死亡的，处 10 年以上有期徒刑。使用暴力致人伤残、死亡的，依照《刑法》第 234 条、第 232 条的规定定罚处罚。

依照本条第 3 款规定，为索取债务非法扣押、拘禁他人的，依照前两款的规定处罚。

依照本条第 4 款规定，国家机关工作人员利用职权犯前 3 款罪的，依照前 3 款的规定从重处罚。

司法机关在适用时，应当注意以下问题：

1. 非法拘禁他人，且具有殴打、侮辱情节的，从重处罚，是指在《刑法》第 238 条第 1 款规定的法定刑幅度内从重处罚。

2. 依照该条第 2 款的规定，因非法拘禁致人重伤、死亡的，仍应定非法拘禁罪，分别处 3 年以上 10 年以下有期徒刑或者处 10 年以上有期徒刑。但是，如果使用暴力致人伤残或者死亡的，则应分别定故意伤害（重伤）罪或者故意杀人罪，依照《刑法》第 234 条第 2 款或者第 232 条的规定处罚。

3. 依照该条第 3 款的规定，为索取债务非法扣押、拘禁他人的，定非法拘禁罪，依照该条第 1 款的规定处罚；非法拘禁致人重伤、死亡的，或者使用暴力致人伤残、死亡的，依照第 2 款的规定定罪处罚。

4. 根据《最高人民法院关于对为索取法律不予保护的债务非法拘禁他人行为如何定罪问题的解释》的规定，行为人为索取高利贷、赌债等法律不予保护的债务，非法扣押、拘禁他人的，也应依照《刑法》第238条的规定，以非法拘禁罪定罪处罚。

5. 国家机关工作人员，是指在国家立法机关、行政机关、审判机关、检察机关和军事机关等依法从事公务的人员。他们利用职权非法拘禁他人，或者致人重伤、死亡，性质恶劣，影响很坏，理应根据不同情况，分别依照该条第1、2款或者第3款的规定从重处罚。

6. 规范化量刑。《最高人民法院关于常见犯罪的量刑指导意见》对非法拘禁罪的规定是：（1）构成非法拘禁罪的，可以根据下列不同情形在相应的幅度内确定量刑起点：①犯罪情节一般的，可以在1年以下有期徒刑、拘役幅度内确定量刑起点。②致1人重伤的，可以在3年至5年有期徒刑幅度内确定量刑起点。③致1人死亡的，可以在10年至13年有期徒刑幅度内确定量刑起点。（2）在量刑起点的基础上，可以根据非法拘禁人数、拘禁时间、致人伤亡后果等其他影响犯罪构成的犯罪事实增加刑罚量，确定基准刑。非法拘禁多人多次的，以非法拘禁人数作为增加刑罚量的事实，非法拘禁次数作为调节基准刑的量刑情节。（3）有下列情节之一的，可以增加基准刑的10%～20%：①具有殴打、侮辱情节的；②国家机关工作人员利用职权非法扣押、拘禁他人的。

（五）法律链接

1. 中华人民共和国反间谍法（2014年11月1日第十二届全国人民代表大会常务委员会第十一次会议通过）（节录）

第三十七条 国家安全机关工作人员滥用职权、玩忽职守、徇私舞弊，构成犯罪的，或者有非法拘禁、刑讯逼供、暴力取证、违反规定泄露国家秘密、商业秘密和个人隐私等行为，构成犯罪的，依法追究刑事责任。

2. 中华人民共和国国家赔偿法（1994年5月12日第八届全国人民代表大会常务委员会第七次会议通过　根据2010年4月29日第十一届全国人民代表大会常务委员会第十四次会议《关于修改〈中华人民共和国国家赔偿法〉的决定》第一次修正　根据2012年10月26日第十一届全国人民代表大会常务委员会第二十九次会议《关于修改〈中华人民共和国国家赔偿法〉的决定》

第二次修正）（节录）

第三条　行政机关及其工作人员在行使行政职权时有下列侵犯人身权情形之一的，受害人有取得赔偿的权利：

（二）非法拘禁或者以其他方法非法剥夺公民人身自由的。

3. **中华人民共和国民事诉讼法**（1991 年 4 月 9 日第七届全国人民代表大会第四次会议通过　根据 2007 年 10 月 28 日第十届全国人民代表大会常务委员会第三十次会议《关于修改〈中华人民共和国民事诉讼法〉的决定》第一次修正　根据 2012 年 8 月 31 日第十一届全国人民代表大会常务委员会第二十八次会议《关于修改〈中华人民共和国民事诉讼法〉的决定》第二次修正　根据 2017 年 6 月 27 日第十二届全国人民代表大会常务委员会第二十八次会议《关于修改〈中华人民共和国民事诉讼法〉和〈中华人民共和国行政诉讼法〉的决定》第三次修正）（节录）

第一百一十七条　采取对妨害民事诉讼的强制措施必须由人民法院决定。任何单位和个人采取非法拘禁他人或者非法私自扣押他人财产追索债务的，应当依法追究刑事责任，或者予以拘留、罚款。

4. **中华人民共和国刑事诉讼法**（1979 年 7 月 1 日第五届全国人民代表大会第二次会议通过　根据 1996 年 3 月 17 日第八届全国人民代表大会第四次会议《关于修改〈中华人民共和国刑事诉讼法〉的决定》第一次修正　根据 2012 年 3 月 14 日第十一届全国人民代表大会第五次会议《关于修改〈中华人民共和国刑事诉讼法〉的决定》第二次修正　根据 2018 年 10 月 26 日第十三届全国人民代表大会常务委员会第六次会议《关于修改〈中华人民共和国刑事诉讼法〉的决定》第三次修正）（节录）

第十九条　刑事案件的侦查由公安机关进行，法律另有规定的除外。

人民检察院在对诉讼活动实行法律监督中发现的司法工作人员利用职权实施的非法拘禁、刑讯逼供、非法搜查等侵犯公民权利、损害司法公正的犯罪，可以由人民检察院立案侦查。对于公安机关管辖的国家机关工作人员利用职权实施的重大犯罪案件，需要由人民检察院直接受理的时候，经省级以上人民检察院决定，可以由人民检察院立案侦查。

自诉案件，由人民法院直接受理。

5. **最高人民法院、最高人民检察院、公安部、司法部、国家卫生和计划生育委员会关于依法惩处涉医违法犯罪维护正常医疗秩序的意见**（法发

〔2014〕5号　自2014年4月22日起施行）（节录）

二、严格依法惩处涉医违法犯罪

（三）以不准离开工作场所等方式非法限制医务人员人身自由的，依照《治安管理处罚法》第四十条的规定处罚；构成非法拘禁罪的，依照刑法的有关规定定罪处罚。

6. 最高人民法院、最高人民检察院、公安部关于办理组织领导传销活动刑事案件适用法律若干问题的意见（公通字〔2013〕37号　自2013年11月14起施行）（节录）

六、关于罪名的适用问题

犯组织、领导传销活动罪，并实施故意伤害、非法拘禁、敲诈勒索、妨害公务、聚众扰乱社会秩序、聚众冲击国家机关、聚众扰乱公共场所秩序、交通秩序等行为，构成犯罪的，依照数罪并罚的规定处罚。

7. 最高人民法院、最高人民检察院、公安部、国家安全部、司法部关于对司法工作人员在诉讼活动中的渎职行为加强法律监督的若干规定（试行）（高检会〔2010〕4号　自2010年7月26日起施行）（节录）

第三条　司法工作人员在诉讼活动中具有下列情形之一的，可以认定为司法工作人员具有涉嫌渎职的行为，人民检察院应当调查核实：

（二）非法拘禁他人或者以其他方法非法剥夺他人人身自由的；……

8. 最高人民检察院关于人民检察院直接受理立案侦查的渎职侵权重特大案件标准（试行）（高检发〔2001〕13号　自2002年1月1日起施行）（节录）

三十四、国家机关工作人员利用职权实施的非法拘禁案

（一）重大案件

1. 致人重伤或者精神失常的；

2. 明知是人大代表而非法拘禁的，或者明知是无辜的人而非法拘禁的；

3. 非法拘禁持续时间超过一个月，或者一次非法拘禁十人以上的。

（二）特大案件

非法拘禁致人死亡的。

9. 最高人民法院关于对为索取法律不予保护的债务，非法拘禁他人行为如何定罪问题的解释（法释〔2000〕19号　自2000年7月19日起施行）

为了正确适用刑法，现就为索取高利贷、赌债等法律不予保护的债务，

非法拘禁他人行为如何定罪问题解释如下：

行为人为索取高利贷、赌债等法律不予保护的债务，非法扣押、拘禁他人的，依照刑法第二百三十八条的规定定罪处罚。

10. **最高人民法院、最高人民检察院、公安部、司法部关于依法办理家庭暴力犯罪案件的意见**（法发〔2015〕4号　自2015年3月2日起施行）（节录）

三、定罪处罚

16. 依法准确定罪处罚。对故意杀人、故意伤害、强奸、猥亵儿童、非法拘禁、侮辱、暴力干涉婚姻自由、虐待、遗弃等侵害公民人身权利的家庭暴力犯罪，应当根据犯罪的事实、性质、情节和对社会的危害程度，严格依照刑法的有关规定判处。对于同一行为同时触犯多个罪名的，依照处罚较重的规定定罪处罚。

十、绑架罪

（一）法律规定

第二百三十九条[①]　**以勒索财物为目的绑架他人的，或者绑架他人作为人质的，处十年以上有期徒刑或者无期徒刑，并处罚金或者没收财产；情节较轻的，处五年以上十年以下有期徒刑，并处罚金。**

犯前款罪，杀害被绑架人的，或者故意伤害被绑架人，致人重伤、死亡的，处无期徒刑或者死刑，并处没收财产。

以勒索财物为目的偷盗婴幼儿的，依照前两款的规定处罚。

---

① 本条经2009年2月28日《刑法修正案（七）》第6条修改，经2015年8月29日《刑法修正案（九）》第14条修改。

1997年《刑法》第239条规定："以勒索财物为目的绑架他人的，或者绑架他人作为人质的，处十年以上有期徒刑，并处罚金或者没收财产；致使被绑架人死亡或者杀害被绑架人的，处死刑，并处没收财产。以勒索财物为目的偷盗婴幼儿的，依照前款的规定处罚。"

《刑法修正案（七）》第6条修改为："以勒索财物为目的绑架他人的，或者绑架他人作为人质的，处十年以上有期徒刑或者无期徒刑，并处罚金或者没收财产；情节较轻的，处五年以上十年以下有期徒刑，并处罚金。犯前款罪，致使被绑架人死亡或者杀害被绑架人的，处死刑，并处没收财产。以勒索财物为目的偷盗婴幼儿的，依照前两款的规定处罚。"

（二）罪名详解

绑架罪，是指以勒索财物或者扣押人质为目的，使用暴力、胁迫或者其他方法，绑架他人的行为。

1979 年刑法没有规定此罪名。《全国人民代表大会常务委员会关于严惩拐卖、绑架妇女、儿童的犯罪分子的决定》（以下简称《严惩拐卖决定》）第 2 条第 3 款规定了“绑架勒索罪”。1997 年修订刑法时对罪状作了修改和补充，因而将罪名相应地改为“绑架罪”。

绑架罪的构成要件是：

1. 主体要件

本罪主体为一般主体，凡年满 16 周岁并具有刑事责任能力的人，都能成为本罪主体。

关于已满 14 周岁不满 16 周岁的人对本罪是否应负刑事责任的问题，有论者认为，由于这种犯罪的“危害性特别大，凡是年满 14 岁并具有责任能力的人，均可构成”。我们认为，《刑法》第 17 条第 2 款规定的八种犯罪，是指具体犯罪行为而不是具体罪名。按照罪刑法定原则和《刑法》第 17 条第 2 款的规定，已满 14 周岁不满 16 周岁的人，如果仅参加了绑架的行为，但未参与杀害、伤害被绑架人，没有实施《刑法》第 17 条第 2 款规定的故意杀人、故意伤害致人重伤或者死亡行为，该未成年人对这种绑架行为不负刑事责任，但应责令他的家长或者监护人加以管教；在必要的时候，也可以由政府收容教养。如果在绑架过程中实施了杀害或者伤害（致人重伤或死亡）被绑架人的，则应按故意杀人罪、故意伤害罪追究其刑事责任。

2. 客体要件

本罪侵犯的客体是他人的人身权利。因为行为人以暴力、胁迫等手段对他人实施绑架，直接危害被绑架人的生命健康。在司法实践中，行为人常常以杀害被绑架者相威胁，迫使其家属交付赎金；在绑架过程中，被害人往往受虐待、重伤甚至惨遭杀害；还有的将被害人杀害后再勒索财物。立法者将绑架他人的行为放在侵犯公民人身权利、民主权利罪这一章之中，表明强调的也是对公民人身权利的保护。这种犯罪实际上就是旧社会甚为猖獗的“绑票”行为，新中国成立后已经绝迹，近些年来又重新出现，并有发展的趋势，对社会危害极大。为了有力惩治这种犯罪，刑法将绑架行为单立为罪名。犯罪对象是“他人”。“他人”既包括妇女、儿童，也包括妇女、儿童以外的人。

3. 主观要件

本罪主观方面由直接故意构成，并且具有勒索财物或者扣押人质的目的。“以勒索财物为目的绑架他人”，是指采用暴力、胁迫或者麻醉的方法，强行将他人劫持，以杀害、杀伤或者不归还人质相要挟，勒令与人质有关的亲友，在一定期限内交出一定财物，“以钱赎人”。这里的“财物”应从广义上理解，不局限于钱财，也包括其他财产性利益。“绑架他人作为人质”，是指出于政治性目的、逃避追捕或者要求司法机关释放罪犯等其他目的，劫持他人作为人质。

4. 客观要件

本罪客观方面表现为使用暴力、胁迫或者其他方法，绑架他人的行为。“暴力”，是指行为人直接对被害人进行捆绑、堵嘴、蒙眼、装麻袋等人身强制或者对被害人进行伤害、殴打等人身攻击手段。“胁迫”，是指对被害人实行精神强制，或者对被害人及其家属以实施暴力相威胁。“其他方法”，是指除暴力、胁迫以外的方法，如利用药物、醉酒等方法使被害人处于昏睡、昏迷状态等。这三种犯罪手段的共同特征，是使被害人处于不能反抗或者不敢反抗的境地，将被害人非法绑架离开其住所或者所在地，并置于行为人的直接控制之下，使其失去行动自由的行为。法律只要求行为人具有绑架他人其中一种手段就构成本罪。

（三）实务疑难问题

1. 本罪与拐卖妇女、儿童罪中绑架妇女、儿童的区分

这两种犯罪尽管在犯罪手段上都使用了暴力、胁迫或者其他方法，但有明显区别：一是犯罪目的不同。前者以勒索被绑架人的财物、扣押人质为目的，后者以出卖被绑架的妇女、儿童为目的。二是犯罪对象不同。前者绑架的对象是指包括妇女、儿童在内的一切人，后者则仅指妇女和儿童。

2. 本罪与非法拘禁罪的区分

近几年来，社会上出现了因债权债务关系引起的“人质型”侵犯公民人身权利的案件，即以强行扣押“人质”的方式，胁迫他人履行一定行为为目的的违法犯罪行为。“一定行为为目的”，实践中大多是追索债款，要求“以钱换人”。这种行为从形式上看与《刑法》第239条第1款规定的以勒索财物

为目的的绑架行为很相似，但实质上有很大区别：第一，犯罪目的不同。前者以勒索财物为目的，后者以逼索债务为目的，以扣押“人质”作为讨还债务的手段。第二，犯罪对象不同。前者被绑架的人自身完全无过错，而后者被绑架的“人质”大多自身有过错（如欠债不还），甚至有诈骗等违法犯罪行为，也有的纯属无辜。因此，《刑法》第 238 条第 3 款明确规定，“为索取债务非法扣押、拘禁他人的”，依照非法拘禁罪的规定处罚。

3. 本罪与抢劫罪的区别

两者的共同点均有采取暴力、胁迫手段获取财物的行为方式和行为目的。不同点主要在于：第一，法律保护的侧重点不同。绑架罪规定在侵犯公民人身权利、民主权利罪中，法律更多关注的是对被绑架人人身安全受到侵犯；抢劫罪规定在侵犯财产罪中，法律更多关注的是对财产权利的侵犯。第二，主观方面不完全相同。绑架罪可能出于勒索他人财物，也可能出于其他非经济目的等重大不法要求；抢劫罪一般是出于非法占有他人财物的故意。第三，行为手段不完全相同。绑架罪以杀害、伤害被绑架人等方式向被绑架人的亲属、单位或者其他组织，索要赎金或者实现不法要求，获取财物一般不具有“当场性”；抢劫罪通常是在同一时间、地点实施暴力等手段劫取财物，获取财物一般是“当场的”。

当绑架行为与抢劫行为的实施过程存在重合时，根据《最高人民法院关于审理抢劫、抢夺刑事案件适用法律若干问题的意见》，绑架过程中又当场劫取被害人随身携带财物的，同时触犯绑架罪和抢劫罪两罪名，应择一重罪定罪处罚。

4. 正确认定偷盗婴幼儿的犯罪性质

对于偷盗婴幼儿的案件，应当按偷盗婴幼儿的目的不同，分别定罪。根据《刑法》第 239 条第 2 款的规定，以勒索财物为目的，偷盗婴幼儿的，应当以绑架罪定罪，并依照《刑法》第 239 条第 1 款的规定处罚；根据《刑法》第 240 条第 1 款第（六）项的规定，以出卖为目的，偷盗婴幼儿的，则应当以拐卖儿童罪定罪，并依照《刑法》第 240 条第 1 款的规定处罚；如果出于收养、抚养等目的偷盗婴幼儿的，则成立《刑法》第 262 条的拐骗儿童罪；如果出于索要债务的目的偷盗婴幼儿的，则成立《刑法》第 238 条的非法拘禁罪。

5. 划清一罪与数罪的界限

在司法实践中，对于以勒索财物为目的绑架他人，将被害人杀害后勒索财物的行为，是定一个罪还是定两个罪，在 1997 年刑法颁布前，认识和做法都不一致。一种意见主张定绑架勒索一个罪。理由是：被告人在绑架他人之后实施杀人的行为，属于“撕票”行为，可作为绑架勒索罪中“情节特别严重”的行为予以从重处罚。另一种意见主张定绑架勒索和故意杀人两个罪，实行并罚。理由是：“撕票”是指行为人勒索财物未逞后杀害“人质”的行为。而在勒索财物之前就杀害了“人质”，杀人是为了灭口。被告人实施的杀人行为与绑架勒索行为，如同在抢劫过程中行为人为灭口又将被害人杀害一样，是出于两个故意，触犯了两个罪名，故应定两个罪。且《最高人民法院、最高人民检察院关于执行〈全国人民代表大会常务委员会关于严惩拐卖、绑架妇女、儿童的犯罪分子的决定〉的若干问题的解答》中，只规定了绑架勒索罪在客观方面是使用暴力、胁迫或者麻醉方法，劫持他人的行为，而不包括杀害被绑架人的行为在内。我们赞同前一种观点。第一，行为人绑架他人的目的虽是为了勒索财物，但这种犯罪侵犯的不仅是被害人的财产权利，而且首先侵犯的是被害人的人身权利，包括健康和生命权利，所以台湾刑法又称此种犯罪为“掳人勒赎”罪。第二，使用暴力、胁迫的手段绑架他人是本罪在客观方面的重要特征。使用暴力、胁迫手段所造成的后果，就包括在绑架“人质”过程中可能导致“人质”死亡，或者出于灭口等动机将“人质”杀害在内，所以这种犯罪的人身危险性很大。第三，本罪在主观方面是故意。但这种故意属概括的故意，既包括勒索财物的故意，也包括杀害“人质”的故意，而不仅仅是勒索财物的故意。概括故意的犯罪对象是不确定的，它只要求行为人对犯罪的事实有概括的认识就可以构成故意犯罪，并不要求行为人明确犯罪结果发生在什么对象上。第四，鉴于绑架罪的社会危害性很大，因此法定刑很重，起刑点就是 10 年以上，“情节特别严重的”则处死刑。将“人质”绑架并加以杀害，就属“情节特别严重”的情形之一。至于是在勒索财物以前还是在勒索财物未逞之后将“人质”杀害，属于犯罪的具体情节，并不影响犯罪性质的认定。所以，不能以行为人“撕票”前后杀害“人质”，作为认定一罪与数罪的标准。上述讨论虽然发生在 1997 年刑法修订前，适用的是《严惩拐卖决定》，但理据是一样的。1997 年刑法已将“情节特别严重”具体改为“致使被绑架人死亡或者杀害被绑架人的”，《刑法修正案（九）》又修改为“杀害被绑架人，或者故意伤害被绑架人，致人重伤、死亡的”，两者规定虽有一定变化，但均明确了在绑架过程中杀害被绑架人的，只能定绑架一个罪，不能定绑架和故意杀人两个罪，实行并罚。

6. 正确掌握本罪的既遂标准

绑架罪的既遂，应以行为人是否将被害人劫持并实际控制为标准。即行为人只要实施了绑架他人的行为，就构成绑架罪的既遂，而不是以勒索的财物是否到手或者其他目的是否达到为标准。如果由于被害人的反抗或者他人及时进行解救等客观方面的原因，使绑架没有得逞，因而未能实际控制被害人的，则构成绑架罪的未遂。

（四）情节与量刑

依照《刑法》第239条第1款规定，犯绑架罪的，处10年以上有期徒刑或者无期徒刑，并处罚金或者没收财产；情节较轻的，处5年以上10年以下有期徒刑，并处罚金。

依照本条第2款规定，犯本罪，杀害被绑架人的，或者故意伤害被绑架人，致人重伤、死亡的，处无期徒刑或者死刑，并处没收财产。

依照本条第3款规定，以勒索财物为目的偷盗婴幼儿的，依照前两款的规定处罚。

司法机关在适用时，应当注意以下问题：

1.《刑法修正案（七）》降低了本罪的法定最低刑。绑架罪属于严重侵犯公民人身权利的犯罪。按照刑法原来的规定，起刑点就是10年。但绑架罪的情况很复杂，有的往往以杀害被绑架人相威胁，迫使其家属交出赎金；在绑架过程中，被害人常常受虐待；有的甚至“撕票”（将被害人杀害）后再勒索财物；但也有的绑架完就后悔了，还主动放人。而1997年刑法对本罪设定的刑罚只有两个档次，刑罚档次太少，不能完全适应处理这类案件的实际需要，因而《刑法修正案（七）》决定增加一个刑罚档次：“情节较轻的，处五年以上十年以下有期徒刑，并处罚金。”从而将本罪的量刑档次由两个改为三个，法定最低刑由10年改为5年。

2.《刑法修正案（九）》修改了本罪的绝对确定法定刑。1997年《刑法》第239条第2款规定“致使被绑架人死亡或者杀被绑架人的”处死刑，是刑法条文中少有的绝对确定法定刑。即只要存在绑架过程中对被绑架人使用暴力或者进行虐待等导致被绑架人死亡，以及被绑架人在绑架过程中自杀身亡等“致使被害人死亡”的后果，或者在劫持被绑架人后，由于勒索财物或者其他目的没有实现以及其他原因，故意“杀害被绑架人的”，一律判处死刑。如此规定虽然体现了立法机关对于此类绑架行为从严惩处的态度，但是司法实践中却存在一些局限性。如，对于以特别残忍手段致使被绑架人重伤造成严重残疾的，因不满足致被害人死亡的规定，无法适用死刑；绑架被害人后既未使用暴力或虐待被害人，也没有故意杀害被绑架人，仅因捆绑的特殊体位导致被害人死亡的，或者被害人自身存在心脏病受惊吓而死，因符合法律规定，则只能判处死刑。因此，立法机关在《刑法修正案（九）》中对该条第2款作出修改，增加“致人重伤的”情节，法定刑也由单一的死刑改为“无期徒刑或者死刑”，增加了法条适用的灵活性，适应了司法实践需求。

3. 关于绑架罪的死刑适用问题。参照故意杀人、故意伤害罪中死刑适用标准，根据绑架罪的有关规定，杀害被绑架人或者以特别残忍手段致被绑架人重伤造成特别严重残疾的，可以依法考虑适用死刑。对于其他绑架行为是否适用死刑，要综合考虑案件性质、犯罪起因、动机、目的、手段等情节，以及犯罪后果，被告人的主观恶性和人身危险性等因素全面分析，综合判断。

4. 慎重处理已满14周岁不满16周岁的未成年人参与绑架应否和如何负刑事责任的问题。有的学者认为，绑架犯罪的社会危害性很大，凡年满14周岁并具有刑事责任能力的人均可构成。我们认为，这种观点违反了罪刑法定原则。按照《刑法》第17条第2款的规定，已满14周岁不满16周岁的人，只对故意杀人等八种犯罪负刑事责任。根据《最高人民法院关于审理未成年人刑事案件具体应用法律若干问题的解释》的规定，“已满十四周岁不满十六周岁的人实施刑法第十七条第二款规定以外的行为，如果同时触犯了刑法第十七条第二款规定的，应当依照刑法第十七条第二款的规定确定罪名，定罪处罚。”这一司法解释的精神是：已满14周岁不满16周岁的人，如果仅仅参与了绑架，而没有参与杀害、伤害被绑架人，即没有实施《刑法》第17条第2款规定的故意杀人、故意伤害致人重伤或者死亡行为的，按照罪刑法定原则，未成年人对绑架行为不负刑事责任。但是，如果未成年人在绑架过程中参与了“撕票”，即参与实施了杀害、伤害（致被害人重伤或者死亡）被绑架人的行为，则应当按故意杀人罪、故意伤害罪追究其刑事责任。

5. 对未成年犯罪的处罚，为了贯彻“教育为主、惩罚为辅”的原则，按照上述司法解释的规定，“未成年人犯罪只有罪行极其严重的，才可以适用无期徒刑。对已满十四周岁不满十六周岁的人犯罪一般不判处无期徒刑”。

6. 规范化量刑。《最高人民法院关于常见犯罪的量刑指导意见》（以下简称《量刑指导意见》）对绑架罪的量刑并未作出规定，这主要是由于《量刑指导意见》主要是针对基层法院常见的 15 个罪名作出的规定，而绑架罪的法定最高刑是死刑，关系被告人的生命，故为慎重起见，暂未作出规定。在有关规定出台前，司法人员应当根据犯罪事实、犯罪性质、情节和社会危害程度，依照刑法和有关司法解释的规定判处刑罚。

（五）法律链接

1. 最高人民法院、最高人民检察院关于办理敲诈勒索刑事案件适用法律若干问题的解释（法释〔2013〕10 号　自 2013 年 4 月 27 日起施行）（节录）

第一条　敲诈勒索公私财物价值二千元至五千元以上、三万元至十万元以上、三十万元至五十万元以上的，应当分别认定为刑法第二百七十四条规定的“数额较大”、“数额巨大”、“数额特别巨大”。

各省、自治区、直辖市高级人民法院、人民检察院可以根据本地区经济发展状况和社会治安状况，在前款规定的数额幅度内，共同研究确定本地区执行的具体数额标准，报最高人民法院、最高人民检察院批准。

第二条　敲诈勒索公私财物，具有下列情形之一的，“数额较大”的标准可以按照本解释第一条规定标准的百分之五十确定：

（四）以将要实施放火、爆炸等危害公共安全犯罪或者故意杀人、绑架等严重侵犯公民人身权利犯罪相威胁敲诈勒索的。

2. 最高人民法院关于办理减刑、假释案件具体应用法律若干问题的规定（法释〔2016〕23 号　自 2017 年 1 月 1 日起施行）（节录）

第二十五条　对累犯以及因故意杀人、强奸、抢劫、绑架、放火、爆炸、投放危险物质或者有组织的暴力性犯罪被判处十年以上有期徒刑、无期徒刑的罪犯，不得假释。

因前款情形和犯罪被判处死刑缓期执行的罪犯，被减为无期徒刑、有期徒刑后，也不得假释。

3. 最高人民法院关于死刑缓期执行限制减刑案件审理程序若干问题的规定（法释〔2011〕8号　自2011年5月1日起施行）（节录）

第一条　根据刑法第五十条第二款的规定，对被判处死刑缓期执行的累犯以及因故意杀人、强奸、抢劫、绑架、放火、爆炸、投放危险物质或者有组织的暴力性犯罪被判处死刑缓期执行的犯罪分子，人民法院根据犯罪情节、人身危险性等情况，可以在作出裁判的同时决定对其限制减刑。

4. 最高人民法关于充分发挥刑事审判职能作用深入推进社会矛盾化解的若干意见（法发〔2010〕63号　自2010年12月31日起施行）（节录）

二、准确把握宽严相济刑事政策

6. 继续坚持依法严惩严重刑事犯罪的方针。对危害国家安全犯罪、恐怖犯罪、黑社会性质组织犯罪以及爆炸、杀人、抢劫、绑架、毒品等严重危害社会治安、严重影响人民群众安全感的犯罪，始终保持高压态势，依法从严打击。对以农村留守妇女、儿童、老人及社会弱势群体为侵害对象，人民群众深恶痛绝的犯罪，坚决依法严惩。

5. 最高人民法院关于贯彻宽严相济刑事政策的若干意见（法发〔2010〕9号　自2010年2月8日起施行）（节录）

二、准确把握和正确适用依法从“严”的政策要求

7. 贯彻宽严相济刑事政策，必须毫不动摇地坚持依法严惩严重刑事犯罪的方针。对于危害国家安全犯罪、恐怖组织犯罪、邪教组织犯罪、黑社会性质组织犯罪、恶势力犯罪、故意危害公共安全犯罪等严重危害国家政权稳固和社会治安的犯罪，故意杀人、故意伤害致人死亡、强奸、绑架、拐卖妇女儿童、抢劫、重大抢夺、重大盗窃等严重暴力犯罪和严重影响人民群众安全感的犯罪，走私、贩卖、运输、制造毒品等毒害人民健康的犯罪，要作为严惩的重点，依法从重处罚。尤其对于极端仇视国家和社会，以不特定人为侵害对象，所犯罪行特别严重的犯罪分子，该重判的要坚决依法重判，该判处死刑的要坚决依法判处死刑。

四、准确把握和正确适用宽严“相济”的政策要求

对于因犯故意杀人、爆炸、抢劫、强奸、绑架等暴力犯罪，致人死亡或严重残疾而被判处死刑缓期二年执行或无期徒刑的罪犯，要严格控制减刑的频度和每次减刑的幅度，要保证其相对较长的实际服刑期限，维护公平正义，确保改造效果。

6. 最高人民法院关于审理抢劫、抢夺刑事案件适用法律若干问题的意见（法发〔2005〕8号　自2005年7月16日起施行）（节录）

九、关于抢劫罪与相似犯罪的界限

3. 抢劫罪与绑架罪的界限

绑架罪是侵害他人人身自由权利的犯罪，其与抢劫罪的区别在于：第一，主观方面不尽相同。抢劫罪中，行为人一般出于非法占有他人财物的故意实施抢劫行为，绑架罪中，行为人既可能为勒索他人财物而实施绑架行为，也可能出于其他非经济目的实施绑架行为；第二，行为手段不尽相同。抢劫罪表现为行为人劫取财物一般应在同一时间、同一地点，具有“当场性”，绑架罪表现为行为人以杀害、伤害等方式向被绑架人的亲属或其他人或单位发出威胁，索取赎金或提出其他非法要求，劫取财物一般不具有“当场性”。

绑架过程中又当场劫取被害人随身携带财物的，同时触犯绑架罪和抢劫罪两罪名，应择一重罪定罪处罚。

7. 最高人民法院关于对在绑架过程中以暴力、胁迫等手段当场劫取被害人财物的行为如何适用法律问题的答复（法函〔2001〕68号　自2001年11月8日起施行）

福建省高级人民法院：

你院闽高法〔2001〕128号《关于在绑架过程中实施暴力或以暴力相威胁当场劫取被害人财物的行为如何适用法律问题的请示》收悉。经研究，答复如下：

行为人在绑架过程中，又以暴力、胁迫等手段当场劫取被害人财物，构成犯罪的，择一重罪处罚。

8. 全国人民代表大会常务委员会法制工作委员会关于已满十四周岁不满十六周岁的人承担刑事责任范围问题的答复意见（法工委复字〔2002〕12号　自2002年7月24日起施行）

最高人民检察院：

关于你单位4月8日来函收悉，经研究，现答复如下：

刑法第十七条第二款规定的八种犯罪，是指具体犯罪行为而不是具体罪名。对于刑法第十七条中规定的“犯故意杀人、故意伤害致人重伤或者死亡”，是指只要故意实施了杀人、伤害行为并且造成了致人重伤、死亡后果的，都应负刑事责任。而不是指只有犯故意杀人罪、故意伤害罪的，才负刑事责任，绑架撕票的，不负刑事责任。对司法实践中出现的已满十四周岁不满十六周岁的人绑架人质后杀害被绑架人、拐卖妇女、儿童而故意造成被拐卖妇女、儿童重伤或死亡的行为，依据刑法是应当追究其刑事责任的。

十一、拐卖妇女、儿童罪

（一）法律规定

第二百四十条　拐卖妇女、儿童的，处五年以上十年以下有期徒刑，并处罚金；有下列情形之一的，处十年以上有期徒刑或者无期徒刑；情节特别严重的，处死刑，并处没收财产：

（一）拐卖妇女、儿童集团的首要分子；

（二）拐卖妇女、儿童三人以上的；

（三）奸淫被拐卖的妇女的；

（四）诱骗、强迫被拐卖的妇女卖淫或者将被拐卖的妇女卖给他人迫使其卖淫的；

（五）以出卖为目的，使用暴力、胁迫或者麻醉方法绑架妇女、儿童的；

（六）以出卖为目的，偷盗婴幼儿的；

（七）造成被拐卖的妇女、儿童或者其亲属重伤、死亡或者其他严重后果的；

（八）将妇女、儿童卖往境外的。

拐卖妇女、儿童是指以出卖为目的，有拐骗、绑架、收买、贩卖、接送、中转妇女、儿童的行为之一的。

（二）罪名详解

拐卖妇女、儿童罪，是指以出卖为目的，拐骗、绑架、收买、贩卖、接送或者中转妇女、儿童的行为。本罪是选择性罪名，可分解为拐卖妇女罪和拐卖儿童罪。

1979 年《刑法》第 141 条只有拐卖人口罪的规定。1997 年修订刑法时，将《全国人民代表大会常务委员会关于严惩拐卖、绑架妇女、儿童的犯罪分子的决定》第1条拐卖妇女、儿童罪和第2条绑架妇女、儿童罪的规定，吸收改为拐卖妇女、儿童罪。

拐卖妇女、儿童罪的构成要件是：

1. 主体要件

本罪主体为一般主体。凡年满16周岁并具有刑事责任能力的自然人，都可以成为本罪的主体。

2. 客体要件

本罪侵犯的客体是他人的人身自由权利。犯罪对象是妇女、儿童。“妇女”，既包括具有中国国籍的妇女，也包括具有外国国籍和无国籍的妇女。“儿童”，是指不满14周岁的人。拐卖已满14周岁男性的行为不成立本罪，符合其他犯罪构成的，可按照其他犯罪论处。目前，拐卖妇女儿童的犯罪活动十分猖獗。为此，国务院制定了《中国反对拐卖妇女儿童行动计划（2008—2012）》《中国反对拐卖人口行动计划（2013—2020年）》，依法加大了打击力度。但由于种种原因，近年来，拐卖妇女、儿童犯罪在部分地区有上升的势头，且未得到有效遏制。据某地调查，拐卖妇女、儿童犯罪呈现出以下新动向：由“散兵游勇”向职业化、集团化发展；由“引诱哄骗”向暴力化、智能化发展；由“特定人群”向低龄化、多元化发展；由“传统地带”向复杂化、国际化发展。[①] 这种犯罪严重侵犯了被拐卖妇女、儿童的人身自由权利，摧残了妇女、儿童的身心健康，致使许多家庭骨肉分离，甚至家破人亡，严重危害社会和谐稳定。司法机关应当认真总结经验，依法及时惩处拐卖妇女、儿童犯罪，以维护人民群众的切身利益，确保社会的和谐稳定。

3. 主观要件

本罪主观方面由直接故意构成，并且具有出卖被拐卖的妇女、儿童的目的。只要是基于出卖的目的而拐卖妇女、儿童，即使没有卖成，或者实际上没有得到钱财就被查获，也不影响本罪的成立。出卖的动机是获利还是其他，不影响本罪的成立。

4. 客观要件

本罪客观方面表现为拐骗、绑架、收买、贩卖、接送或者中转妇女、儿

---

① 贾富彬、孙红卫：《山东德州：拐卖妇女儿童犯罪现新动向》，载《检察日报》2011年6月8日第8版。

童的行为。“拐骗”，是指以出卖为目的，采用欺骗、利诱等手段，将妇女、儿童置于行为人支配之下的行为。“绑架”，是指以暴力、胁迫或者麻醉的方法，劫持妇女、儿童的行为。“收买”，是指为了再转手出卖而从拐卖、绑架妇女、儿童的犯罪分子手中买来被害妇女、儿童的行为，与《刑法》第241条规定的收买被拐卖的妇女、儿童的行为是不同的。“贩卖”，是指将被拐卖的妇女、儿童卖给他人的行为。“接送”和“中转”，是指以出卖为目的，为被拐卖的妇女、儿童迎来送往、中转接待的行为。法律只要求行为人具有上述六种行为中的一种行为，就构成本罪；具有两种或者两种以上行为的，仍定一罪，不实行数罪并罚，量刑时可作参考。从司法实践看，拐卖妇女、儿童的犯罪行为情况比较复杂，有多种形式。有的是单人作案，更多的是共同犯罪（包括犯罪集团）。他们在拐骗地和卖出地建有“联络点”和“销售点”，在拐骗、绑架、接送、中转、出卖等环节都有具体分工。有的犯罪集团设有中转站、窝藏点，拐卖过程中有“二道贩子”“三道贩子”。不论贩卖人口的犯罪行为采取什么形式，犯罪分子参与了哪一个犯罪环节，只要是介入合谋，参与拐骗、绑架、收买、贩卖、接送、中转妇女、儿童的犯罪行为的，都是共同犯罪。根据案件的具体情况和犯罪分子各自的罪行，要分别按犯罪集团的成员或者一般共同犯罪论处。

（三）实务疑难问题

1. 罪与非罪的认定

（1）借介绍婚姻索取钱财的违法行为，不成立拐卖妇女罪。有的受妇女本人或者他人之托，把妇女带到外地为其介绍婚姻，借以索取财物的，属于违法行为，不构成犯罪。这种行为与拐卖妇女的犯罪行为，虽然都具有牟利的目的，但是，牟利的内容、方法、手段及其产生的后果都是不同的。前者“介绍婚姻”，妇女是自愿的，没有违背妇女的意志，行为人也没有采取欺骗或者胁迫手段；后者是行为人以欺骗、利诱或者胁迫手段实施拐骗、贩卖行为，完全违背妇女的意志。

（2）区分妇女自愿外流与拐卖妇女罪。有的妇女因自然灾害等原因，外流到他乡，与他人结婚。征得妇女同意，即使收受了对方的财物，也不能认定拐卖妇女罪。可见，查明行为是否违背妇女意志、有无诱骗手段，是区分拐卖妇女、儿童罪与非罪的客观标志。

2. 拐卖妇女罪与诈骗罪的区分

这两种犯罪尽管都具有图财的目的，手段也都是骗，但各自所侵犯的客体不同。前者是侵犯人身权利的犯罪，后者是侵犯财产权利的犯罪。在一般情况下，这两种犯罪是容易区别的。但在贩卖妇女与骗取他人钱财的犯罪行为同时出现、互相交错的情况下，就要透过现象，揭示犯罪的实质，正确认定犯罪性质。以介绍婚姻为名，采取非法扣押身份证件、限制人身自由等方式，或者利用妇女人地生疏、语言不通、孤立无援等境况，违背妇女意志，将其出卖给他人的，应当以拐卖妇女罪追究刑事责任。以介绍婚姻为名，与被介绍妇女串通骗取他人钱财，数额较大的，应当以诈骗罪追究刑事责任。对于妇女被拐骗后，在犯罪分子的胁迫或者利诱下共同进行诈骗的，应酌情减轻或者免除处罚。

3. 借送养之名出卖亲生子女与民间送养行为的区分

按照2010年3月15日《最高人民法院、最高人民检察院、公安部、司法部关于依法惩治拐卖妇女儿童犯罪的意见》(以下简称《惩治拐卖妇女儿童犯罪意见》)，区分两者的关键在于行为人是否具有非法获利的目的。应当通过审查将子女“送”人的背景和原因、有无收取钱财及收取钱财的多少、对方是否具有抚养目的及有无抚养能力等事实，综合判断行为人是否具有非法获利的目的。具有下列情形之一的，可以认定属于出卖亲生子女，应当以拐卖妇女、儿童罪论处：(1) 将生育作为非法获利手段，生育后即出卖子女的；(2) 明知对方不具有抚养目的，或者根本不考虑对方是否具有抚养目的，为收取钱财将子女“送”给他人的；(3) 为收取明显不属于“营养费”“感谢费”的巨额钱财将子女“送”给他人的；(4) 其他足以反映行为人具有非法获利目的的“送养”行为的。

不是出于非法获利目的，而是迫于生活困难，或者受重男轻女思想影响，私自将没有独立生活能力的子女送给他人抚养，包括收取少量“营养费”“感谢费”的，属于民间送养行为，不能以拐卖妇女、儿童罪论处。对私自送养导致子女身心健康受到严重伤害，或者具有其他恶劣情节，符合遗弃罪特征的，可以遗弃罪论处；情节显著轻微危害不大的，可由公安机关依法予以行政处罚。

4. 以下行为应分别以拐卖妇女罪、拐卖儿童罪或者拐卖妇女、儿童罪论处：

(1) 以出卖为目的强抢儿童，或者捡拾儿童后予以出卖，符合《刑法》

第 240 条第 2 款规定的，应当以拐卖儿童罪论处。

（2）以抚养为目的偷盗婴幼儿或者拐骗儿童，之后予以出卖的，以拐卖儿童罪论处。以非法获利为目的，出卖亲生子女的，应当以拐卖妇女、儿童罪论处。

（3）将妇女拐卖给有关场所，致使被拐卖的妇女被迫卖淫或者从事其他色情服务的，以拐卖妇女罪论处。有关场所的经营管理人员事前与拐卖妇女的犯罪人通谋的，对该经营管理人员以拐卖妇女罪的共犯论处；同时构成拐卖妇女罪和组织卖淫罪，择一重罪论处。

（4）医疗机构、社会福利机构等单位的工作人员以非法获利为目的，将所诊疗、护理、抚养的儿童贩卖给他人的，以拐卖儿童罪论处。

（5）《刑法》第 241 条第 5 款规定，收买被拐卖的妇女、儿童又出卖的，依照拐卖妇女、儿童罪处罚。

5. 划清一罪与数罪的界限

（1）行为人在拐卖妇女（包括幼女）过程中又奸淫被害人的，应按拐卖妇女罪从重处罚，不实行数罪并罚。《刑法》第 240 条第 1 款第（三）项规定的“奸淫被拐卖的妇女的”，是指拐卖妇女的犯罪分子在拐卖过程中，与被害妇女发生性关系的行为。不论行为人对被害妇女是否使用了暴力或者胁迫手段，也不论被害妇女是否有反抗行为，都应将奸淫被拐卖妇女的行为作为拐卖妇女罪的情节从重处罚，既不能定强奸罪，也不能定强奸、拐卖妇女两个罪，实行并罚。对被拐卖的妇女、儿童故意进行杀害、伤害的，则应当按拐卖妇女、儿童罪与故意杀人罪或者故意伤害罪并罚。

（2）拐卖妇女、儿童，又对被拐卖的妇女、儿童实施故意杀害、伤害、猥亵、侮辱等行为，构成其他犯罪的，依照数罪并罚的规定处罚。

（3）拐卖妇女、儿童或者收买被拐卖的妇女、儿童，又组织、教唆被拐卖、收买的妇女、儿童进行犯罪的，以拐卖妇女、儿童罪或者收买被拐卖的妇女、儿童罪与其所组织、教唆的犯罪数罪并罚。

（4）拐卖妇女、儿童或者收买被拐卖的妇女、儿童，又组织、教唆被拐卖、收买的未成年妇女、儿童进行盗窃、诈骗、抢夺、敲诈勒索等违反治安管理活动的，以拐卖妇女、儿童罪或者收买被拐卖的妇女、儿童罪与组织未成年人进行违反治安管理活动罪数罪并罚。

6. 正确认定共同犯罪

拐卖妇女、儿童犯罪多为共同犯罪，要根据共同犯罪理论，结合案件具体情况，正确加以认定。按照《惩治拐卖妇女儿童犯罪意见》：

（1）明知他人拐卖妇女、儿童，仍然向其提供被拐卖妇女、儿童的健康证明、出生证明或者其他帮助的，以拐卖妇女、儿童罪的共犯论处。明知他人收买被拐卖的妇女、儿童，仍然向其提供被收买妇女、儿童的户籍证明、出生证明或者其他帮助的，以收买被拐买的妇女、儿童罪的共犯论处；但是，收买人未被追究刑事责任的除外。认定是否“明知”，应当根据证人证言、犯罪嫌疑人、被告人及其同案人供述和辩解，结合提供帮助的人次，以及是否明显违反相关规章制度、工作流程等，予以综合判断。

（2）明知他人系拐卖儿童的“人贩子”，仍然利用从事诊疗、福利救助等工作的便利或者了解被拐卖方情况的条件，居间介绍的，以拐卖儿童罪的共犯论处。

（3）对于拐卖妇女、儿童犯罪的共犯，应当根据各被告人在共同犯罪中的分工、地位、作用，参与拐卖的人数、次数，以及分赃数额等，准确区分主从犯。对于组织、领导、指挥拐卖妇女、儿童的某一个或者某几个犯罪环节，或者积极参与实施拐骗、绑架、收买、贩卖、接送、中转妇女、儿童等犯罪行为，起主要作用的，应当认定为主犯。对于仅提供被拐卖妇女儿童信息或者相关证明文件，或者进行居间介绍，起辅助或者次要作用，没有获利或者获利较少的，一般可认定为从犯。对于各被告人在共同犯罪中的地位、作用区别不明显的，也可以不区分主从犯。

7. 本罪的既遂标准

拐卖妇女、儿童罪的既遂，应以行为人是否实施了拐骗、绑架、收买、贩卖、接送、中转妇女、儿童其中一种行为为标准，而不以被拐卖的妇女、儿童已经出卖为标准。

8. 涉外犯罪问题

本罪适用属地管辖原则。本罪的犯罪对象妇女、儿童既包括本国的妇女、儿童，也包括外国籍和无国籍的妇女、儿童。目前，拐卖外国妇女、儿童的案件呈上升的趋势，应进一步加大对跨国、跨境拐卖妇女、儿童犯罪的惩治力度。加强双边或者多边“反拐”国际交流与合作，加强对被跨国、跨境拐卖的妇女、儿童的救助工作。依照我国缔结或者参加的国际条约的规定，积极行使所享有的权利，履行所承担的义务，及时请求或者提供各项司法协助，有效遏制跨国、跨境拐卖妇女、儿童犯罪。被拐卖的外国妇女没有身份证明的，不影响对犯罪分子的定罪处罚。

外国人或者无国籍人拐卖外国妇女到我国境内被查获的，应当根据《刑法》第6条的规定，适用我国刑法定罪处罚。

（四）情节与量刑

依照《刑法》第240条第1款规定，犯拐卖妇女、儿童罪的，处5年以上10年以下有期徒刑，并处罚金；有下列情形之一的，处10年以上有期徒刑或者无期徒刑，并处罚金或者没收财产；情节特别严重的，处死刑，并处没收财产：（1）拐卖妇女、儿童集团的首要分子；（2）拐卖妇女、儿童三人以上的；（3）奸淫被拐卖的妇女的；（4）诱骗、强迫被拐卖的妇女卖淫或者将被拐卖的妇女卖给他人迫使其卖淫的；（5）以出卖为目的，使用暴力、胁迫或者麻醉方法绑架妇女、儿童的；（6）以出卖为目的，偷盗婴幼儿的；（7）造成被拐卖的妇女、儿童或者其亲属重伤、死亡或者其他严重后果的；（8）将妇女、儿童卖往境外的。

司法机关在适用时，应当注意以下问题：

1. 正确理解《刑法》第240条第1款第（七）项规定的情节。“造成被拐卖的妇女、儿童或者其亲属重伤、死亡或者其他严重后果的”，是指由于犯罪分子拐卖妇女、儿童的行为，直接、间接造成被拐卖的妇女、儿童或者其亲属重伤、死亡或者其他严重后果的。例如，由于犯罪分子采取拘禁、捆绑、虐待等手段，致使被害人重伤、死亡或者造成其他严重后果的；由于犯罪分子的拐卖行为和拐卖中的侮辱、殴打等行为引起被害人或者其亲属自杀、精神失常或者其他严重后果的等等。此外，根据《最高人民法院关于审理拐卖妇女儿童犯罪案件具体应用法律若干问题的解释》（以下简称《拐卖妇女儿童解释》）第1条的规定，对婴幼儿采取欺骗、利诱等手段使其脱离监护人或者看护人的，视为《刑法》第240条第1款第（六）项规定的“偷盗婴幼儿”。根据《拐卖妇女儿童解释》第9条的规定，《刑法》第240条、第241条规定的儿童，是指不满14周岁的人。其中，不满1周岁的为婴儿，1周岁以上不满6周岁的为幼儿。

2. 把握打击的重点。对于拐卖妇女、儿童犯罪集团的首要分子，情节严重的主犯、累犯，偷盗婴幼儿、强抢儿童情节严重，将妇女、儿童卖往境外情节严重，拐卖妇女、儿童多人多次，造成伤亡后果，或者具有其他严重情节的，依法从重处罚，情节特别严重的，依法判处死刑。

3. 严格掌握适用死刑的条件。《刑法》第 240 条第 1 款规定，拐卖妇女、儿童，情节特别严重的，处死刑，并处没收财产。法律没有具体规定“情节特别严重”的行为。从立法原意看，是指《刑法》第 240 条第 1 款所列 8 种情形中特别严重的情节。司法机关在具体执行中，不应在这 8 种情形之外扩大范围。同时，由于对拐卖妇女、儿童情节特别严重的行为，立法上采用的是绝对确定的法定刑，而且是处死刑。因此，司法机关在适用“情节特别严重”处罚时，应当采取十分慎重的态度，严格掌握适用死刑的条件。

4. 正确贯彻刑事政策和刑法的基本原则，保证办案效果。拐卖妇女、儿童犯罪往往涉及多人、多个环节，要根据宽严相济刑事政策和罪责刑相适应的刑法基本原则，综合考虑犯罪分子在共同犯罪中的地位、作用及人身危险性的大小，依法准确量刑。对于犯罪集团的首要分子、组织策划者、多次参与者、拐卖多人者或者具有累犯等从严、从重处罚情节的，必须重点打击，坚决依法严惩。对于罪行严重，依法应当判处重刑乃至死刑的，坚决依法判处。

拐卖妇女、儿童，并对被拐卖的妇女、儿童实施故意杀害、伤害、猥亵、侮辱等行为，数罪并罚决定执行的刑罚应当依法体现从严。

5. 注意体现政策，做到区别对待。《惩治拐卖妇女儿童犯罪意见》规定：

（1）多名家庭成员或者亲友共同参与出卖亲生子女，或者“买人为妻”“买人为子”构成收买被拐卖的妇女、儿童罪的，一般应当在综合考察犯意提起、各行为人在犯罪中所起作用等情节的基础上，依法追究其中罪责较重者的刑事责任。对于其他情节显著轻微危害不大，不认为是犯罪的，依法不追究刑事责任，必要时可以由公安机关予以行政处罚。

（2）具有从犯、自首、立功等法定从宽处罚情节的，依法从轻、减轻或者免除处罚。对被拐卖的妇女、儿童没有实施摧残、虐待等违法犯罪行为，或者能够协助解救被拐卖的妇女、儿童，或者具有其他酌定从宽处罚情节的，可以依法酌情从轻处罚。

（3）同时具有从严和从宽处罚情节的，要在综合考察拐卖妇女、儿童的手段，拐卖妇女、儿童或者收买被拐卖妇女、儿童的人次、危害后果以及被告人主观恶性、人身危险性等因素的基础上，结合当地此类犯罪发案情况和社会治安状况，决定对被告人总体从严或者从宽处罚。

6. 对于拐卖妇女、儿童的犯罪分子，应当注重依法适用财产刑，并切实加大执行力度，以强化刑罚的特殊预防与一般预防效果。

7. 规范化量刑。《最高人民法院关于常见犯罪的量刑指导意见》对拐卖妇女、儿童罪的量刑并未作出规定，这主要是因为拐卖妇女、儿童罪中通常涉及人员众多，最高司法机关尚未总结出成熟的量刑意见。在有关规定出台前，司法人员应当根据犯罪事实、犯罪性质、情节和社会危害程度，依照刑法和有关司法解释的规定判处刑罚。

（五）法律链接

1. 最高人民法院关于审理拐卖妇女案件适用法律有关问题的解释（法释〔2000〕1号　自2000年1月25日起施行）

为依法惩治拐卖妇女的犯罪行为，根据刑法和刑事诉讼法的有关规定，现就审理拐卖妇女案件具体适用法律的有关问题解释如下：

第一条　刑法第二百四十条规定的拐卖妇女罪中的“妇女”，既包括具有中国国籍的妇女，也包括具有外国国籍和无国籍的妇女。被拐卖的外国妇女没有身份证明的，不影响对犯罪分子的定罪处罚。

第二条　外国人或者无国籍人拐卖外国妇女到我国境内被查获的，应当根据刑法第六条的规定，适用我国刑法定罪处罚。

第三条　对于外国籍被告人身份无法查明或者其国籍国拒绝提供有关身份证明，人民检察院根据刑事诉讼法第一百二十八条第二款的规定起诉的案件，人民法院应当依法受理。

2. 最高人民法院、最高人民检察院、公安部、司法部关于依法惩治拐卖妇女儿童犯罪的意见（法发〔2010〕7号　自2010年3月15日起施行）

为加大对妇女、儿童合法权益的司法保护力度，贯彻落实《中国反对拐卖妇女儿童行动计划（2008—2012）》，根据刑法、刑事诉讼法等相关法律及司法解释的规定，最高人民法院、最高人民检察院、公安部、司法部就依法惩治拐卖妇女、儿童犯罪提出如下意见：

一、总体要求

1. 依法加大打击力度，确保社会和谐稳定。自1991年全国范围内开展打击拐卖妇女、儿童犯罪专项行动以来，侦破并依法处理了一大批拐卖妇女、儿童犯罪案件，犯罪分子受到依法严惩。2008年，全国法院共审结拐卖妇女、儿童犯罪案件1353件，比2007年上升9.91%；判决发生法律效力的犯罪分子2161人，同比增长11.05%，其中，被判处五年以上有期徒刑、无期徒刑至死刑的1319人，同比增长10.1%，重刑率为61.04%，高出同期全部刑事案件重刑率45.27个百分点。2009年，全国法院共审结拐卖妇女、儿童犯罪案件1636件，比2008年上升20.9%；判决发生法律效力的犯罪分子2413人，同比增长11.7%，其中被判处五年以上有期徒刑、无期徒刑至死刑的1475人，同比增长11.83%。

但是，必须清醒地认识到，由于种种原因，近年来，拐卖妇女、儿童犯罪在部分地区有所上升的势头仍未得到有效遏制。此类犯罪严重侵犯被拐卖妇女、儿童的人身权利，致使许多家庭骨肉分离，甚至家破人亡，严重危害社会和谐稳定。人民法院、人民检察院、公安机关、司法行政机关应当从维护人民群众切身利益、确保社会和谐稳定的大局出发，进一步依法加大打击力度，坚决有效遏制拐卖妇女、儿童犯罪的上升势头。

2. 注重协作配合，形成有效合力。人民法院、人民检察院、公安机关应当各司其职，各负其责，相互支持，相互配合，共同提高案件办理的质量与效率，保证办案的法律效果与社会效果的统一；司法行政机关应当切实做好有关案件的法律援助工作，维护当事人的合法权益。各地司法机关要统一思想认识，进一步加强涉案地域协调和部门配合，努力形成依法严惩拐卖妇女、儿童犯罪的整体合力。

3. 正确贯彻政策，保证办案效果。拐卖妇女、儿童犯罪往往涉及多人、多个环节，要根据宽严相济刑事政策和罪责刑相适应的刑法基本原则，综合考虑犯罪分子在共同犯罪中的地位、作用及人身危险性的大小，依法准确量刑。对于犯罪集团的首要分子、组织策划者、多次参与者、拐卖多人者或者具有累犯等从严、从重处罚情节的，必须重点打击，坚决依法严惩。对于罪行严重，依法应当判处重刑乃至死刑的，坚决依法判处。要注重铲除“买方市场”，从源头上遏制拐卖妇女、儿童犯罪。对于收买被拐卖的妇女、儿童，依法应当追究刑事责任的，坚决依法追究。同时，对于具有从宽处罚情节的，要在综合考虑犯罪事实、性质、情节和危害程度的基础上，依法从宽，体现政策，以分化瓦解犯罪，鼓励犯罪人悔过自新。

二、管辖

4. 拐卖妇女、儿童犯罪案件依法由犯罪地的司法机关管辖。拐卖妇女、儿童犯罪的犯罪地包括拐出地、中转地、拐入地以及拐卖活动的途经地。如果由犯罪嫌疑人、被告人居住地的司法机关管辖更为适宜的，可以由犯罪嫌疑人、被告人居住地的司法机关管辖。

5. 几个地区的司法机关都有权管辖的，一般由最先受理的司法机关管辖。犯罪嫌疑人、被告人或者被拐卖的妇女、儿童人数较多，涉及多个犯罪地的，可以移送主要犯罪地或者主要犯罪嫌疑人、被告人居住地的司法机关管辖。

6. 相对固定的多名犯罪嫌疑人、被告人分别在拐出地、中转地、拐入地实施某一环节的犯罪行为，犯罪所跨地域较广，全案集中管辖有困难的，可以由拐出地、中转地、拐入地的司法机关对不同犯罪分子分别实施的拐出、中转和拐入犯罪行为分别管辖。

7. 对管辖权发生争议的，争议各方应当本着有利于迅速查清犯罪事实，及时解救被拐卖的妇女、儿童，以及便于起诉、审判的原则，在法定期间内尽快协商解决；协商不成的，报请共同的上级机关确定管辖。

正在侦查中的案件发生管辖权争议的，在上级机关作出管辖决定前，受案机关不得停止侦查工作。

三、立案

8. 具有下列情形之一，经审查，符合管辖规定的，公安机关应当立即以刑事案件立案，迅速开展侦查工作：

（1）接到拐卖妇女、儿童的报案、控告、举报的；

（2）接到儿童失踪或者已满十四周岁不满十八周岁的妇女失踪报案的；

（3）接到已满十八周岁的妇女失踪，可能被拐卖的报案的；

（4）发现流浪、乞讨的儿童可能系被拐卖的；

（5）发现有收买被拐卖妇女、儿童行为，依法应当追究刑事责任的；

（6）表明可能有拐卖妇女、儿童犯罪事实发生的其他情形的。

9. 公安机关在工作中发现犯罪嫌疑人或者被拐卖的妇女、儿童，不论案件是否属于自己管辖，都应当首先采取紧急措施。经审查，属于自己管辖的，依法立案侦查；不属于自己管辖的，及时移送有管辖权的公安机关处理。

10. 人民检察院要加强对拐卖妇女、儿童犯罪案件的立案监督，确保有案必立、有案必查。

四、证据

11. 公安机关应当依照法定程序，全面收集能够证实犯罪嫌疑人有罪或者无罪、犯罪情节轻重的各种证据。

要特别重视收集、固定买卖妇女、儿童犯罪行为交易环节中钱款的存取证明、犯罪嫌疑人的通话清单、乘坐交通工具往来有关地方的票证、被拐卖儿童的DNA鉴定结论、有关监控录像、电子信息等客观性证据。

取证工作应当及时，防止时过境迁，难以弥补。

12. 公安机关应当高度重视并进一步加强DNA数据库的建设和完善。对失踪儿童的父母，或者疑似被拐卖的儿童，应当及时采集血样进行检验，通过全国DNA数据库，为查获犯罪，帮助被拐卖的儿童及时回归家庭提供科学依据。

13. 拐卖妇女、儿童犯罪所涉地区的办案单位应当加强协作配合。需要到异地调查取证的，相关司法机关应当密切配合；需要进一步补充查证的，应当积极支持。

五、定性

14. 犯罪嫌疑人、被告人参与拐卖妇女、儿童犯罪活动的多个环节，只有部分环节的犯罪事实查证清楚、证据确实、充分的，可以对该环节的犯罪事实依法予以认定。

15. 以出卖为目的强抢儿童，或者捡拾儿童后予以出卖，符合刑法第二百四十条第二款规定的，应当以拐卖儿童罪论处。

以抚养为目的偷盗婴幼儿或者拐骗儿童，之后予以出卖的，以拐卖儿童罪论处。

16. 以非法获利为目的，出卖亲生子女的，应当以拐卖妇女、儿童罪论处。

17. 要严格区分借送养之名出卖亲生子女与民间送养行为的界限。区分的关键在于行为人是否具有非法获利的目的。应当通过审查将子女“送”人的背景和原因、有无收取钱财及收取钱财的多少、对方是否具有抚养目的及有无抚养能力等事实，综合判断行为人是否具有非法获利的目的。

具有下列情形之一的，可以认定属于出卖亲生子女，应当以拐卖妇女、儿童罪论处：

（1）将生育作为非法获利手段，生育后即出卖子女的；

（2）明知对方不具有抚养目的，或者根本不考虑对方是否具有抚养目的，为收取钱财将子女“送”给他人的；

（3）为收取明显不属于“营养费”“感谢费”的巨额钱财将子女“送”给他人的；

（4）其他足以反映行为人具有非法获利目的的“送养”行为的。

不是出于非法获利目的，而是迫于生活困难，或者受重男轻女思想影响，私自将没有独立生活能力的子女送给他人抚养，包括收取少量“营养费”、“感谢费”的，属于民间送养行为，不能以拐卖妇女、儿童罪论处。对私自送养导致子女身心健康受到严重损害，或者具有其他恶劣情节，符合遗弃罪特征的，可以遗弃罪论处；情节显著轻微危害不大的，可由公安机关依法予以行政处罚。

18. 将妇女拐卖给有关场所，致使被拐卖的妇女被迫卖淫或者从事其他色情服务的，以拐卖妇女罪论处。

有关场所的经营管理人员事前与拐卖妇女的犯罪人通谋的，对该经营管理人员以拐卖妇女罪的共犯论处；同时构成拐卖妇女罪和组织卖淫罪的，择一重罪论处。

19. 医疗机构、社会福利机构等单位的工作人员以非法获利为目的，将所诊疗、护理、抚养的儿童贩卖给他人的，以拐卖儿童罪论处。

20. 明知是被拐卖的妇女、儿童而收买，具有下列情形之一的，以收买被拐卖的妇女、儿童罪论处；同时构成其他犯罪的，依照数罪并罚的规定处罚：

（1）收买被拐卖的妇女后，违背被收买妇女的意愿，阻碍其返回原居住地的；

（2）阻碍对被收买妇女、儿童进行解救的；

（3）非法剥夺、限制被收买妇女、儿童的人身自由，情节严重，或者对被收买妇女、儿童有强奸、伤害、侮辱、虐待等行为的；

（4）所收买的妇女、儿童被解救后又再次收买，或者收买多名被拐卖的妇女、儿童的；

（5）组织、诱骗、强迫被收买的妇女、儿童从事乞讨、苦役，或者盗窃、传销、卖淫等违法犯罪活动的；

（6）造成被收买妇女、儿童或者其亲属重伤、死亡以及其他严重后果的；

（7）具有其他严重情节的。

被追诉前主动向公安机关报案或者向有关单位反映，愿意让被收买妇女返回原居住地，或者将被收买儿童送回其家庭，或者将被收买妇女、儿童交给公安、民政、妇联等机关、组织，没有其他严重情节的，可以不追究刑事责任。

六、共同犯罪

21. 明知他人拐卖妇女、儿童，仍然向其提供被拐卖妇女、儿童的健康证明、出生证明或者其他帮助的，以拐卖妇女、儿童罪的共犯论处。

明知他人收买被拐卖的妇女、儿童，仍然向其提供被收买妇女、儿童的户籍证明、出生证明或者其他帮助的，以收买被拐卖的妇女、儿童罪的共犯论处，但是，收买人未被追究刑事责任的除外。

认定是否“明知”，应当根据证人证言、犯罪嫌疑人、被告人及其同案人供述和辩解，结合提供帮助的人次，以及是否明显违反相关规章制度、工作流程等，予以综合判断。

22. 明知他人系拐卖儿童的“人贩子”，仍然利用从事诊疗、福利救助等工作的便利或者了解被拐卖方情况的条件，居间介绍的，以拐卖儿童罪的共犯论处。

23. 对于拐卖妇女、儿童犯罪的共犯，应当根据各被告人在共同犯罪中的分工、地位、作用，参与拐卖的人数、次数，以及分赃数额等，准确区分主从犯。

对于组织、领导、指挥拐卖妇女、儿童的某一个或者某几个犯罪环节，或者积极参与实施拐骗、绑架、收买、贩卖、接送、中转妇女、儿童等犯罪行为，起主要作用的，应当认定为主犯。

对于仅提供被拐卖妇女、儿童信息或者相关证明文件，或者进行居间介绍，起辅助或者次要作用，没有获利或者获利较少的，一般可认定为从犯。

对于各被告人在共同犯罪中的地位、作用区别不明显的，可以不区分主从犯。

七、一罪与数罪

24. 拐卖妇女、儿童，又奸淫被拐卖的妇女、儿童，或者诱骗、强迫被拐卖的妇女、儿童卖淫的，以拐卖妇女、儿童罪处罚。

25. 拐卖妇女、儿童，又对被拐卖的妇女、儿童实施故意杀害、伤害、猥亵、侮辱等行为，构成其他犯罪的，依照数罪并罚的规定处罚。

26. 拐卖妇女、儿童或者收买被拐卖的妇女、儿童，又组织、教唆被拐卖、收买的妇女、儿童进行犯罪的，以拐卖妇女、儿童罪或者收买被拐卖的妇女、儿童罪与其所组织、教唆的罪数罪并罚。

27. 拐卖妇女、儿童或者收买被拐卖的妇女、儿童，又组织、教唆被拐卖、收买的未成年妇女、儿童进行盗窃、诈骗、抢夺、敲诈勒索等违反治安管理活动的，以拐卖妇女、儿童罪或者收买被拐卖的妇女、儿童罪与组织未成年人进行违反治安管理活动罪数罪并罚。

八、刑罚适用

28. 对于拐卖妇女、儿童犯罪集团的首要分子，情节严重的主犯，累犯，偷盗婴幼儿、强抢儿童情节严重，将妇女、儿童卖往境外情节严重，拐卖妇女、儿童多人多次、造成伤亡后果，或者具有其他严重情节的，依法从重处罚；情节特别严重的，依法判处死刑。

拐卖妇女、儿童，并对被拐卖的妇女、儿童实施故意杀害、伤害、猥亵、侮辱等行为，数罪并罚决定执行的刑罚应当依法体现从严。

29. 对于拐卖妇女、儿童的犯罪分子，应当注重依法适用财产刑，并切实加大执行力度，以强化刑罚的特殊预防与一般预防效果。

30. 犯收买被拐卖的妇女、儿童罪，对被收买妇女、儿童实施违法犯罪活动或者将其作为牟利工具的，处罚时应当依法体现从严。

收买被拐卖的妇女、儿童，对被收买妇女、儿童没有实施摧残、虐待行为或者与其已形成稳定的婚姻家庭关系，但仍应依法追究刑事责任的，一般应当从轻处罚；符合缓刑条件的，可以依法适用缓刑。

收买被拐卖的妇女、儿童，犯罪情节轻微的，可以依法免予刑事处罚。

31. 多名家庭成员或者亲友共同参与出卖亲生子女，或者“买人为妻”、“买人为子”构成收买被拐卖的妇女、儿童罪的，一般应当在综合考察犯意提起、各行为人在犯罪中所起作用等情节的基础上，依法追究其中罪责较重者的刑事责任。对于其他情节显著轻微危害不大，不认为是犯罪的，依法不追究刑事责任；必要时可以由公安机关予以行政处罚。

32. 具有从犯、自首、立功等法定从宽处罚情节的，依法从轻、减轻或者免除处罚。

对被拐卖的妇女、儿童没有实施摧残、虐待等违法犯罪行为，或者能够协助解救被拐卖的妇女、儿童，或者具有其他酌定从宽处罚情节的，可以依法酌情从轻处罚。

33. 同时具有从严和从宽处罚情节的，要在综合考察拐卖妇女、儿童的手段、拐卖妇女、儿童或者收买被拐卖妇女、儿童的人次、危害后果以及被告人主观恶性、人身危险性等因素的基础上，结合当地此类犯罪发案情况和社会治安状况，决定对被告人总体从严或者从宽处罚。

九、涉外犯罪

34. 要进一步加大对跨国、跨境拐卖妇女、儿童犯罪的打击力度。加强双边或者多边"反拐"国际交流与合作，加强对被跨国、跨境拐卖的妇女、儿童的救助工作。依照我国缔结或者参加的国际条约的规定，积极行使所享有的权利，履行所承担的义务，及时请求或者提供各项司法协助，有效遏制跨国、跨境拐卖妇女、儿童犯罪。

3. 最高人民法院、最高人民检察院、公安部、民政部、司法部、全国妇联关于打击拐卖妇女儿童犯罪有关问题的通知（公通字〔2000〕26号　自2010年3月15日起施行）

各省、自治区、直辖市高级人民法院，人民检察院，公安厅、局，民政厅、局，司法厅、局，妇联：

近年来，一些地方拐卖妇女、儿童犯罪活动猖獗，并呈发展蔓延之势，犯罪团伙组织日趋严密，犯罪手段更加隐蔽、狡猾、残忍，盗抢儿童、强迫被拐卖的妇女卖淫的案件突出，因拐卖妇女、儿童引起的伤害、杀人、强奸等恶性案件逐年增多，危害日益严重。拐卖妇女、儿童犯罪严重侵犯被拐卖的妇女、儿童的人身权利，致使许多家庭骨肉分离、家破人亡，并由此引发一系列社会问题，直接影响社会稳定。为有效遏制此类犯罪的上升势头，切实保护妇女、儿童的合法权益，维护社会稳定，今年上半年将在全国范围内开展"打击人贩子、解救被拐卖妇女儿童"专项斗争（以下简称《打拐》专项斗争）。为搞好这次"打拐"专项斗争，依法惩处拐卖妇女、儿童的犯罪分子，解救被拐卖的妇女、儿童，现就有关问题通知如下：

一、切实提高对开展"打拐"专项斗争重要性的认识，加强组织领导和协作配合。开展"打拐"专项斗争，是贯彻全心全意为人民服务的宗旨，保护公民合法权益，解除人民群众疾苦的一项"民心工程"、"爱心工程"。做好这项工作，有利于提高党和政府在人民群众中的威信，树立良好的形象。各级政法机关及有关部门和组织一定要充分认识拐卖妇女、儿童犯罪的严重性和危害性，充分认识开展"打拐"专项斗争的重大意义，将这项工作作为维护社会稳定的大事来抓。有关部门和组织要高度重视，切实加强组织领导，充分发挥本部门的职能作用，协同作战，坚决杜绝地方保护主义。公安机关、人民检察院、人民法院要依法及时侦查、逮捕、起诉、审判拐卖妇女、儿童的犯罪分子，解救被拐卖的妇女、儿童；司法行政机关要做好宣传教育、协查、收监和法律援助工作；民政部门要做好对被拐卖妇女和儿童的救济工作，及查找不到父母的儿童的收养工作；妇联等组织要维护妇女、儿童的合法权益，协助有关部门做好宣传、解救、安置工作。各有关部门、组织应当加强联系和沟通，相互支持，密切配合，共同做好打击人贩子、解救被拐卖的妇女、儿童的各项工作，确保“打拐”专项斗争取得预期效果。

二、大力敦促犯罪分子投案自首，坦白交待罪行，揭发犯罪，争取从宽处理。要采取多种形式，广泛宣传刑法关于自首、立功等从宽处理的刑事政策。各地还可选择一些因主动投案自首或者有立功表现而给予从轻、减轻、免除处罚的典型案件，公开宣传报道，敦促在逃的犯罪分子尽快投案自首，坦白交待罪行，检举、揭发他人的犯罪行为，提供破案线索，争取从宽处理。要做好对犯罪分子家属、亲友的政策宣传工作，动员他们规劝、陪同有拐卖妇女、儿童犯罪行为的亲友投案自首，或者将犯罪嫌疑人送往司法机关投案。对窝藏、包庇犯罪分子，阻碍解救、妨害公务，构成犯罪的，要依法追究刑事责任。监狱、看守所等监管部门要对在押人员加大宣传攻势，鼓励坦白、检举、揭发拐卖妇女儿童犯罪行为。对于投案自首、坦白交待罪行，有立功表现的犯罪嫌疑人、被告人，司法机关应当切实落实刑事政策，依法从轻、减轻处罚。对于自首的犯罪分子，犯罪较轻的，可以免除处罚；对有重大立功表现的犯罪分子，可以减轻或者免除处罚；对犯罪后自首又有重大立功表现的，应当减轻或者免除处罚。

三、深入开展法制宣传教育，广泛发动群众参与“打拐”专项斗争，防止发生阻碍解救事件。各级公安机关和司法行政机关要组织专门班子，制定宣传计划，充分利用广播、电视、报刊、网络等媒体和“148”法律服务热线等渠道，结合打击人贩子、处理买主、解救被拐卖的妇女儿童的典型案例，大张旗鼓地开展宣传教育活动。要大力宣传党和政府打击拐卖妇女、儿童犯罪的态度和决心，宣传拐卖妇女、儿童犯罪的严重危害，宣传国家禁止买卖妇女、儿童和惩处人贩子、买主的法律规定，宣传“打拐”专项斗争中涌现出的不怕牺牲、不辞劳苦打击人贩子和解救被拐卖的妇女、儿童的英雄模范事迹，形成宣传攻势，提高广大人民群众的法制观念，教育群众自觉守法。特别是在拐卖妇女、儿童以及收买被拐卖的妇女、儿童情况较严重的地区，要深入村村户户进行法制宣传教育，真正做到家喻户晓、人人皆知。要以案说法，使广大干部和群众能够认识到拐卖妇女、儿童，收买被拐卖的妇女、儿童，阻碍解救被拐卖的妇女、儿童都是违法犯罪行为，要受到法律制裁。在不通广播、电视的贫困、边远地区，要采取印发宣传材料、召开座谈会等多种形式进行宣传。

要广泛发动社会各界以及基层干部、群众，积极投入“打拐”专项斗争，主动配合、协助有关部门做好解救被拐卖妇女儿童的工作，号召群众检举和揭发拐卖、收买妇女儿童的犯罪行为，自觉同拐卖妇女、儿童犯罪活动作斗争。各地公安机关要设立“打拐”热线电话，接受群众举报，对提供重要犯罪线索、协助抓获重大犯罪嫌疑人的人员，要给予奖励。

四、正确适用法律，依法严厉打击拐卖妇女、儿童的犯罪活动。这次“打拐”专项斗争的重点是打击拐卖妇女、儿童的人贩子。凡是拐卖妇女、儿童的，不论是哪个环节，只要是以出卖为目的，有拐骗、绑架、收买、贩卖、接送、中转、窝藏妇女儿童的行为之一的，不论拐卖人数多少，是否获利，均应以拐卖妇女、儿童罪追究刑事责任。对收买被拐卖的妇女、儿童的，以及阻碍解救被拐卖妇女、儿童构成犯罪的，也要依法惩处。出卖亲生子女的，由公安机关依法没收非法所得，并处以罚款；以营利为目的，出卖不满十四周岁子女，情节恶劣的，借收养名义拐卖儿童的，以及出卖捡拾的儿童的，均应以拐卖儿童罪追究刑事责任。出卖十四周岁以上女性亲属或者其他不满十四周岁亲属的，以拐卖妇女、儿童罪追究刑事责任。

办案中，要正确区分罪与非罪、罪与罪的界限，特别是拐卖妇女罪与介绍婚姻收取钱物行为、拐卖儿童罪与收养中介行为、拐卖儿童罪与拐骗儿童罪，以及绑架儿童罪与拐卖儿童罪的界限，防止扩大打击面或者放纵犯罪。

五、各级政法机关和有关部门应当密切配合，形成合力，共同打好“打拐”专项斗争。公安机关应当组织专门力量，扎扎实实地做好侦查工作，全力侦破拐卖妇女、儿童犯罪案件，抓捕犯罪嫌疑人，并切实做好证据的收集工作，为起诉和审判打下坚实基础；人民检察院对公安机关提请逮捕和移送审查起诉的犯罪嫌疑人，应当依法及时批捕和提起公诉；人民法院对人民检察院提起公诉的案件，应当依法及时审判；监狱应当做好对罪犯收监执行和在押、在逃罪犯的协查工作。民政部门、妇联在工作中发现犯罪线索或者犯罪嫌疑人的，应当及时移交司法机关依法处理。

各级政法机关要全力以赴，提高办案效率，加快办案进度，力争在“打拐”专项斗争中逮捕一批、起诉一批、审判一批拐卖妇女儿童的犯罪嫌疑人和被告人，震慑犯罪。人民检察院对公安机关侦查终结、移送审查起诉的案件，人民法院对人民检察院提起公诉的案件，应当坚持基本事实清楚，基本证据确凿的原则，及时起诉、审判，防止久拖不决。同时要严格遵守法律规定的诉讼程序和时限要求，依法办案，严禁刑讯逼供，防止滥用强制措施，超期羁押。

拐入地、拐出地或中转地公安机关立案侦查的拐卖妇女、儿童案件，应当向同级人民检察院提请批准逮捕、移送审查起诉。对于有多次倒卖情形的拐卖妇女、儿童案件，无论行为人是第几道贩子，只要其犯罪行为已经查证属实的，就应当及时起诉、审判。对于其他犯罪线索，公安机关应当组织力量继续进行侦查。对同案犯在逃的，已抓获的犯罪嫌疑人、被告人的犯罪事实已经查清，并有确实、充分证据的，应当及时起诉、审判。一人犯数罪的，对其中主要罪行或某一罪行事实清楚，证据确实充分，而其他罪行一时难以查清的，可先对其已查清的主要罪行或某一罪行作出处理。

六、切实做好解救和善后安置工作，保护被拐卖妇女、儿童的合法权益。解救被拐卖的妇女、儿童，是人民政府和政法机关的重要职责。公安、司法行政、民政、妇联等有关部门和组织要明确责任，各司其职，相互配合，通力合作。解救工作要充分依靠当地党委、政府的支持，做好对基层干部和群众的说服教育工作，注意方式、方法，慎用警械、武器，避免激化矛盾，防止出现围攻执法人员、聚众阻碍解救等突发事件。

对于被拐卖的未成年女性、现役军人配偶、遭受摧残虐待、被强迫卖淫或者从事其他色情服务的妇女，以及本人要求解救的妇女，要立即解救。对于自愿继续留在现住地生活的成年女性，应尊重本人意愿，愿在现住地结婚且符合法定结婚条件的，应当依法办理结婚登记手续。被拐卖妇女与买主所生子女的抚养问题，可由双方协商解决或由人民法院裁决。对于遭受摧残虐待的、被强迫乞讨或从事违法犯罪活动的，以及本人要求解救的被拐卖儿童，应当立即解救。对于解救的被拐卖儿童，由其父母或者其他监护人户口所在地公安机关负责接回。

公安、民政、妇联等有关部门和组织应当密切配合，做好被解救妇女、儿童的善后安置工作。任何单位和个人不得歧视被拐卖的妇女、儿童。对被解救回的未成年人，其父母及其他监护人应当接收并认真履行抚养义务。拒绝接收，拒不履行抚养义务，构成犯罪的，以遗弃罪追究刑事责任。

七、进一步开展综合治理，预防拐卖妇女、儿童犯罪发生。各级政法机关和有关部门要通过“打拐”专项斗争，及时发现问题，总结经验教训，动员全社会的力量，开展群防群治，长抓不懈，从根本上预防拐卖妇女、儿童犯罪的发生。公安、民政等有关部门要严格执行户口管理、暂住人口、流动人口登记、婚姻登记、收养登记等各项法律、法规和规章制度，堵塞漏洞。妇联等组织要积极维护妇女、儿童的合法权益，对妇女进行宣传教育，帮助她们提高自身素质，不断增强防拐防骗意识和自我保护能力。

各地接到本通知后，应当立即部署贯彻执行。执行中遇到的问题，请及时分别报告最高人民法院、最高人民检察院、公安部、民政部、司法部、全国妇联。

4. 全国人大常委会关于严惩拐卖、绑架妇女、儿童的犯罪分子的决定

（1991 年 9 月 4 日第七届全国人民代表大会常务委员会第二十一次会议通过　1991 年 9 月 4 日中华人民共和国主席令第五十二号公布　根据 2009 年 8 月 27 日第十一届全国人民代表大会常务委员会第十次会议《关于修改部分法律的决定》修正）

为了严惩拐卖、绑架妇女儿童的犯罪分子，保护妇女、儿童的人身安全，维护社会治安秩序，对刑法有关规定作如下补充修改：

一、拐卖妇女、儿童的，处五年以上十年以下有期徒刑，并处一万元以下罚金；有下列情形之一的，处十年以上有期徒刑或者无期徒刑，并处一万元以下罚金或者没收财产；情节特别严重的，处死刑，并处没收财产：

（一）拐卖妇女、儿童集团的首要分子；

（二）拐卖妇女、儿童三人以上的；

（三）奸淫被拐卖的妇女的；

（四）诱骗、强迫被拐卖的妇女卖淫或者将被拐卖的妇女卖给他人迫使其卖淫的；

（五）造成被拐卖的妇女、儿童或者其亲属重伤、死亡或者其他严重后果的；

（六）将妇女、儿童卖往境外的。

拐卖妇女、儿童是指以出卖为目的，有拐骗、收买、贩卖、接送、中转妇女、儿童的行为之一的。

二、以出卖为目的，使用暴力、胁迫或者麻醉方法绑架妇女、儿童的，处十年以上有期徒刑或者无期徒刑，并处一万元以下罚金或者没收财产；情节特别严重的，处死刑，并处没收财产。

以出卖或者勒索财物为目的，偷盗婴幼儿的，依照本条第一款的规定处罚。

以勒索财物为目的绑架他人的，依照本条第一款的规定处罚。

三、严禁收买被拐卖、绑架的妇女、儿童。收买被拐卖、绑架的妇女、儿童的，处三年以下有期徒刑、拘役或者管制。

收买被拐卖、绑架的妇女，强行与其发生性关系的，依照刑法关于强奸罪的规定处罚。

收买被拐卖、绑架的妇女、儿童，非法剥夺、限制其人身自由或者有伤害、侮辱、虐待等犯罪行为的，依照刑法的有关规定处罚。

收买被拐卖、绑架的妇女、儿童，并有本条第二款、第三款规定的犯罪行为的，依照刑法关于数罪并罚的规定处罚。

收买被拐卖、绑架的妇女、儿童又出卖的，依照本决定第一条的规定处罚。

收买被拐卖、绑架的妇女、儿童，按照被买妇女的意愿，不阻碍其返回原居住地的，对被买儿童没有虐待行为，不阻碍对其进行解救的，可以不追究刑事责任。

四、任何个人或者组织不得阻碍对被拐卖、绑架的妇女、儿童的解救，并不得向被拐卖、绑架的妇女、儿童及其家属或者解救人索要收买妇女、儿童的费用和生活费用；对已经索取的收买妇女、儿童的费用和生活费用，予以追回。

以暴力、威胁方法阻碍国家工作人员解救被收买的妇女、儿童的，依照刑法第一百五十七条的规定处罚；协助转移、隐藏或者以其他方法阻碍国家工作人员解救被收买的妇女、儿童，未使用暴力、威胁方法的，依照治安管理处罚法的规定处罚。

聚众阻碍国家工作人员解救被收买的妇女、儿童的首要分子，处五年以下有期徒刑或者拘役；其他参与者，依照本条第二款的规定处罚。

五、各级人民政府对被拐卖、绑架的妇女、儿童负有解救职责，解救工作由公安机关会同有关部门负责执行。负有解救职责的国家工作人员接到被拐卖、绑架的妇女、儿童及其家属的解救要求或者接到其他人的举报，而对被拐卖、绑架的妇女、儿童不进行解救，造成严重后果的，依照刑法第一百八十七条的规定处罚；情节较轻的，予以行政处分。

负有解救职责的国家工作人员利用职务阻碍解救的，处二年以上七年以下有期徒刑；情节较轻的，处二年以下有期徒刑或者拘役。

六、拐卖、绑架妇女、儿童的非法所得予以没收。

罚没收入一律上缴国库。

七、本决定自公布之日起施行。

5. 最高人民法院关于全国法院维护农村稳定刑事审判工作座谈会纪要（法〔1999〕217号　自1999年10月27日起施行）（节录）

二、（六）关于拐卖妇女、儿童犯罪案件

要从严惩处拐卖妇女、儿童犯罪团伙的首要分子和以拐卖妇女、儿童为常业的“人贩子”。

要严格把握此类案件罪与非罪的界限。对于买卖至亲的案件，要区别对待：以贩卖牟利为目的“收养”子女的，应以拐卖儿童罪处理；对那些迫于生活困难、受重男轻女思想影响而出卖亲生子女或收养子女的，可不作为犯罪处理；对于出卖子女确属情节恶劣的，可按遗弃罪处罚；对于那些确属介绍婚姻，且被介绍的男女双方相互了解对方的基本情况，或者确属介绍收养，并经被收养人父母同意的，尽管介绍的人数较多，从中收取财物较多，也不应作犯罪处理。

6. 最高人民法院关于贯彻宽严相济刑事政策的若干意见（法发〔2010〕9号　自2010年2月8日起施行）（节录）

二、准确把握和正确适用依法从“严”的政策要求

7. 贯彻宽严相济刑事政策，必须毫不动摇地坚持依法严惩严重刑事犯罪的方针。对于危害国家安全犯罪、恐怖组织犯罪、邪教组织犯罪、黑社会性质组织犯罪、恶势力犯罪、故意危害公共安全犯罪等严重危害国家政权稳固和社会治安的犯罪，故意杀人、故意伤害致人死亡、强奸、绑架、拐卖妇女儿童、抢劫、重大抢夺、重大盗窃等严重暴力犯罪和严重影响人民群众安全

感的犯罪，走私、贩卖、运输、制造毒品等毒害人民健康的犯罪，要作为严惩的重点，依法从重处罚。尤其对于极端仇视国家和社会，以不特定人为侵害对象，所犯罪行特别严重的犯罪分子，该重判的要坚决依法重判，该判处死刑的要坚决依法判处死刑。

7. 最高人民法院关于审理拐卖妇女儿童犯罪案件具体应用法律若干问题的解释（法释〔2016〕28号　自2017年1月1日起施行）

为依法惩治拐卖妇女、儿童犯罪，切实保障妇女、儿童的合法权益，维护家庭和谐与社会稳定，根据刑法有关规定，结合司法实践，现就审理此类案件具体应用法律的若干问题解释如下：

第一条　对婴幼儿采取欺骗、利诱等手段使其脱离监护人或者看护人的，视为刑法第二百四十条第一款第（六）项规定的“偷盗婴幼儿”。

第二条　医疗机构、社会福利机构等单位的工作人员以非法获利为目的，将所诊疗、护理、抚养的儿童出卖给他人的，以拐卖儿童罪论处。

第三条　以介绍婚姻为名，采取非法扣押身份证件、限制人身自由等方式，或者利用妇女人地生疏、语言不通、孤立无援等境况，违背妇女意志，将其出卖给他人的，应当以拐卖妇女罪追究刑事责任。

以介绍婚姻为名，与被介绍妇女串通骗取他人钱财，数额较大的，应当以诈骗罪追究刑事责任。

第四条　在国家机关工作人员排查来历不明儿童或者进行解救时，将所收买的儿童藏匿、转移或者实施其他妨碍解救行为，经说服教育仍不配合的，属于刑法第二百四十一条第六款规定的“阻碍对其进行解救”。

第五条　收买被拐卖的妇女，业已形成稳定的婚姻家庭关系，解救时被买妇女自愿继续留在当地共同生活的，可以视为“按照被买妇女的意愿，不阻碍其返回原居住地”。

第六条　收买被拐卖的妇女、儿童后又组织、强迫卖淫或者组织乞讨、进行违反治安管理活动等构成其他犯罪的，依照数罪并罚的规定处罚。

第七条　收买被拐卖的妇女、儿童，又以暴力、威胁方法阻碍国家机关工作人员解救被收买的妇女、儿童，或者聚众阻碍国家机关工作人员解救被收买的妇女、儿童，构成妨害公务罪和聚众阻碍解救被收买的妇女、儿童罪的，依照数罪并罚的规定处罚。

第八条　出于结婚目的收买被拐卖的妇女，或者出于抚养目的收买被拐卖的儿童，涉及多名家庭成员、亲友参与的，对其中起主要作用的人员应当依法追究刑事责任。

第九条 刑法第二百四十条、第二百四十一条规定的儿童，是指不满十四周岁的人。其中，不满一周岁的为婴儿，一周岁以上不满六周岁的为幼儿。

第十条 本解释自 2017 年 1 月 1 日起施行。

十二、收买被拐卖的妇女、儿童罪

（一）法律规定

第二百四十一条　收买被拐卖的妇女、儿童的，处三年以下有期徒刑、拘役或者管制。

收买被拐卖的妇女，强行与其发生性关系的，依照本法第二百三十六条的规定定罪处罚。

收买被拐卖的妇女、儿童，非法剥夺、限制其人身自由或者有伤害、侮辱等犯罪行为的，依照本法的有关规定定罪处罚。

收买被拐卖的妇女、儿童，并有第二款、第三款规定的犯罪行为的，依照数罪并罚的规定处罚。

收买被拐卖的妇女、儿童又出卖的，依照本法第二百四十条的规定定罪处罚。

收买被拐卖的妇女、儿童，对被买儿童没有虐待行为，不阻碍对其进行解救的，可以从轻处罚；按照被买妇女的意愿，不阻碍其返回原居住地的，可以从轻或者减轻处罚。[①]

（二）罪名详解

收买被拐卖的妇女、儿童罪，是指不以出卖为目的，收买被拐卖的妇女、儿童的行为。

---

① 《刑法》第 241 条第 6 款经 2015 年 8 月 29 日《刑法修正案（九）》第 15 条修改。1997 年《刑法》的规定是：“收买被拐卖的妇女、儿童，按照被买妇女的意愿，不阻碍其返回原居住地的，对被买儿童没有虐待行为，不阻碍对其进行解救的，可以不追究刑事责任。”

1979 年刑法没有收买被拐卖的妇女、儿童罪的规定。1991 年《全国人民代表大会常务委员会关于严惩拐卖、绑架妇女、儿童的犯罪分子的决定》第 3 条将收买被拐卖的妇女、儿童的行为规定为犯罪。1997 年修订刑法时，将上述规定吸收改为刑法的具体规定。

收买被拐卖的妇女、儿童罪的构成要件是：

1. 主体要件

本罪主体为一般主体。凡年满 16 周岁并具有刑事责任能力的自然人，都可以成为本罪的主体。

2. 客体要件

本罪侵犯的客体是被害妇女、儿童的人身自由权利和人格尊严。犯罪对象是被拐卖的妇女和儿童。“妇女”，既包括具有中国国籍的妇女，也包括具有外国国籍和无国籍的妇女。“儿童”，是指不满 14 周岁的人。被拐卖的妇女、儿童没有身份证明文件的，不影响对行为人的定罪处罚。收买已满 14 周岁男性的，不成立本罪。收买被拐卖的妇女、儿童的行为不仅严重侵犯了妇女、儿童的人身权利和身心健康，而且直接助长了拐卖妇女、儿童的犯罪活动。1979 年《刑法》第 141 条对拐卖人口的犯罪虽然作了专条规定，但对收买被拐卖妇女、儿童的行为没有规定应追究其刑事责任。这是拐卖妇女、儿童的犯罪活动之所以不能遏止的一个重要原因。为了进一步完善立法，刑法将这种行为明确规定为犯罪，对有效地惩治拐卖妇女、儿童的犯罪活动，是十分必要的。因此，在惩治拐卖妇女、儿童犯罪活动中，要注意铲除“买方市场”，从源头上遏制拐卖妇女、儿童犯罪。

3. 主观要件

本罪主观方面由直接故意构成，即明知是被拐卖的妇女、儿童而予以收买。实践中只要行为人有充分条件应当知道或者可能知道收买的妇女、儿童是被拐卖的，就应认定主观上“明知”。过失不构成犯罪。收买的目的是结婚、赠予他人还是收养等等，并不影响本罪的成立。

4. 客观要件

本罪客观方面表现为以钱物收买被拐卖的妇女、儿童，并对被害人实施人身控制的行为。不论被收买人是否同意，只要实施了收买行为并对被拐卖的妇女、儿童实施人身控制的，就符合本罪客观要件。

按照 2010 年 3 月 15 日《惩治拐卖妇女儿童犯罪意见》，明知是被拐卖的妇女、儿童而收买，具有下列情形之一的，以收买被拐卖的妇女、儿童罪论处；同时构成其他犯罪的，依照数罪并罚的规定处罚：（1）收买被拐卖的妇女后，违背被收买妇女的意愿，阻碍其返回原居住地的；（2）阻碍对被收买妇女、儿童进行解救的；（3）非法剥夺、限制被收买妇女、儿童的人身自由，情节严重，或者对被收买妇女、儿童有强奸、伤害、侮辱、虐待等行为的；（4）所收买的妇女、儿童被解救后又再次收买，或者收买多名被拐卖的妇女、儿童的；（5）组织、诱骗、强迫被收买的妇女、儿童从事乞讨、苦役，或者盗窃、传销、卖淫等违法犯罪活动的；（6）造成被收买妇女、儿童或者其亲属重伤、死亡以及其他严重后果的；（7）具有其他严重情节的。

（三）实务疑难问题

1. 本罪与拐卖妇女、儿童罪的区分

拐卖妇女、儿童罪的行为方式中有收买行为，该种收买行为与本罪的收买行为不同之处在于：一是主观目的不同。前者的目的是为了出卖，后者不具有出卖目的。如果以出卖为目的收买的，则成立拐卖妇女、儿童罪。二是犯罪对象不同。前者的对象是妇女、儿童，不限定必须是被贩卖的妇女、儿童，而后者的对象仅是被贩卖的妇女、儿童，且行为人明知收买的是被贩卖的妇女、儿童。收买他人亲生子女的，不成立本罪；如果收买者尽到一切注意义务仍无法得知收买的是被贩卖的妇女、儿童的，同样不成立本罪。根据本条第 5 款规定，行为人不是以出卖为目的，收买被拐卖的妇女、儿童后，出于其他原因，又将妇女、儿童出卖的，则应以拐卖妇女、儿童罪论处。

2. 本罪的罪数形态

（1）司法实践中，收买者对于被收买的妇女、儿童往往实施其他犯罪，如对被收买的妇女、儿童限制人身自由，进行伤害、强奸、威胁等行为。根据本条第 2、3、4 款的规定，收买被拐卖的妇女、儿童，并有强行与被害妇女发生性关系，或者非法剥夺、限制人身自由，或者伤害、侮辱等犯罪行为的，则应当定收买被拐卖的妇女、儿童罪和强奸罪，或者非法拘禁罪、故意伤害罪、侮辱罪，实行并罚。

（2）收买被拐卖的妇女，又将其绑架勒索其家人钱财的，应当以收买被拐卖的妇女罪和绑架罪，实行并罚。

（3）按照《惩治拐卖妇女儿童犯罪意见》规定，收买被拐卖的妇女、儿童，又组织、教唆被拐卖、收买的妇女、儿童进行犯罪的，以收买被拐卖的妇女、儿童罪与其所组织、教唆的罪数罪并罚。

收买被拐卖的妇女、儿童，又组织、教唆被拐卖、收买的未成年妇女、儿童进行盗窃、诈骗、抢夺、敲诈勒索等违反治安管理活动的，以收买被拐卖的妇女、儿童罪与组织未成年人进行违反治安管理活动罪数罪并罚。

（4）根据《拐卖妇女儿童解释》第 6 条和第 7 条的规定，收买被拐卖的妇女、儿童后又组织、强迫卖淫或者组织乞讨、进行违反治安管理活动等构成其他犯罪的，依照数罪并罚的规定处罚。收买被拐卖的妇女、儿童，又以暴力、威胁方法阻碍国家机关工作人员解救被收买的妇女、儿童，或者聚众阻碍国家机关工作人员解救被收买的妇女、儿童，构成妨害公务罪和聚众阻碍解救被收买的妇女、儿童罪的，依照数罪并罚的规定处罚。

（5）按照《全国人民代表大会常务委员会法制工作委员会关于已满十四周岁不满十六周岁的人承担刑事责任范围问题的答复意见》，已满 14 周岁不满 16 周岁的人不成立本罪主体，但是强奸被拐卖的妇女、儿童或者故意造成被拐卖的妇女、儿童重伤、死亡的，则构成强奸罪，故意伤害罪和故意杀人罪。

3. 正确认定共同犯罪

收买被拐卖的妇女、儿童犯罪涉及共同犯罪的，根据共同犯罪理论，结合案件具体情况，按照《惩治拐卖妇女儿童犯罪意见》规定，正确加以认定：

（1）明知他人收买被拐卖的妇女、儿童，仍然向其提供被收买妇女、儿童的户籍证明、出生证明或者其他帮助的，以收买被拐买的妇女、儿童罪的共犯论处；但是，收买人未被追究刑事责任的除外。认定是否“明知”，应当根据证人证言、犯罪嫌疑人、被告人及其同案人供述和辩解，结合提供帮助的人次，以及是否明显违反相关规章制度、工作流程等，予以综合判断。

（2）共同参与了收买被拐卖的妇女、儿童犯罪行为的（例如，有些收买行为是全体家庭成员或者亲友共同商量决定的），一般应当在综合考察犯意提起、各行为人在犯罪中所起作用等情节的基础上，依法追究其中罪责较重者的刑事责任。对于其他情节显著轻微危害不大，不认为是犯罪的，依法不追究刑事责任，必要时可以由公安机关予以行政处罚。对此，《拐卖妇女儿童解释》第 8 条也明确规定：出于结婚目的收买被拐卖的妇女，或者出于抚养目的收买被拐卖的儿童，涉及多名家庭成员、亲友参与的，对其中起主要作用的人员应当依法追究刑事责任。

（四）情节与量刑

依照《刑法》第 241 条第 1 款规定，犯收买被拐卖的妇女、儿童罪的，处 3 年以下有期徒刑，拘役或者管制。依照本条第 6 款规定，收买被拐卖的妇女、儿童，对被买儿童没有虐待行为，不阻碍对其进行解救的，可以从轻处罚；按照被买妇女的意愿，不阻碍其返回原居住地的，可以从轻或者减轻处罚。

司法机关在适用时，应当注意以下问题：

1. 按照《意见》规定，要注重铲除“买方市场”，从源头上遏制拐卖妇女、儿童犯罪。对于收买被拐卖的妇女、儿童，依法应当追究刑事责任的，坚决依法追究。同时，对于具有从宽处罚情节的，要在综合考虑犯罪事实、性质、情节和危害程度的基础上，依法从宽，体现政策，以分化瓦解犯罪，鼓励犯罪人悔过自新。

犯收买被拐卖的妇女、儿童罪，对被收买妇女、儿童实施违法犯罪活动或者将其作为牟利工具的，处罚时应当依法体现从严。

2.《刑法修正案（九）》对特定条件下的从宽条件进行了修改。《刑法修正案（九）》对本条第 6 款作出修改，规定了对收买人在特定条件下予以从宽处罚。1997 年《刑法》的该条规定特定条件下对收买人不以犯罪论处，但鉴于目前拐卖妇女、儿童的犯罪形势依然严峻，对收买妇女、儿童的买方市场要加大惩治力度的实践需求，修正案取消了此前的规定，对收买被拐卖的妇女、儿童的行为一律定罪处刑；同时，考虑到妇女和儿童的自我保护能力不同，侧重对儿童的保护，针对犯罪对象不同，提出不同的从宽处罚条件，以此来敦促收买人善待被收买的妇女、儿童，以更好地保障被害人的权益。根据法条规定，收买儿童的行为人“没有虐待行为”和“不阻碍对其进行解决”的，即一方面对被买儿童没有打骂、体罚、冻饿、禁闭等精神和肉体方面的摧残行为；另一方面对于国家机关、被害人亲属进行解救时，未采取任何方法阻碍解救工作的，可以从轻处罚。根据《拐卖妇女儿童解释》第 4 条的规定，在国家机关工作人员排查来历不明儿童或者进行解救时，将所收买的儿童藏匿、转移或者实施其他妨碍解救行为，经说服教育仍不配合的，属于《刑法》第 241 条第 6 款规定的“阻碍对其进行解救”。收买妇女的行为人

“按照被买妇女的意愿，不阻碍其返回原居住地的”，即根据被买妇女的要求，为其提供路费或交通工具，允许其返回被拐卖前的居住地的，可以从轻或减轻处罚。这里的居住地可以是妇女被拐卖前居住的地方，也可以是妇女要求返回的亲属家。如果被拐妇女自愿留在当地，经查证属实的，也应视为本条规定的情形。有关部门在解救被拐卖的妇女时，也要注意遵照被拐卖妇女的意愿。根据2000年3月20日最高人民法院、最高人民检察院、公安部、民政部、司法部、全国妇联联合发布的《关于打击拐卖妇女儿童犯罪有关问题的通知》规定，对于自愿留在现生活地生活的成年女性应尊重其本人意愿，愿在现住地结婚且符合法定结婚条件的应当依法办理结婚登记手续。依照本条规定，对上述行为可以从轻或减轻处罚。根据《拐卖妇女儿童解释》第5条的规定，收买被拐卖的妇女，业已形成稳定的婚姻家庭关系，解救时被买妇女自愿继续留在当地共同生活的，可以视为“按照被买妇女的意愿，不阻碍其返回原居住地”。

3. 规范化量刑。《最高人民法院关于常见犯罪的量刑指导意见》对收买被拐卖的妇女、儿童罪的量刑并未作出规定，这主要是因为收买被拐卖的妇女、儿童罪与拐卖妇女、儿童罪相关联，最高司法机关尚未总结出成熟的量刑意见。在有关规定出台前，司法人员应当根据犯罪事实、犯罪性质、情节和社会危害程度，依照刑法和有关司法解释的规定判处刑罚。

（五）法律链接

1. 最高人民法院、最高人民检察院、公安部、司法部关于依法惩治拐卖妇女儿童犯罪的意见（法发〔2010〕7号 自2010年3月15日起施行）（节录）

为加大对妇女、儿童合法权益的司法保护力度，贯彻落实《中国反对拐卖妇女儿童行动计划（2008—2012)》，根据刑法、刑事诉讼法等相关法律及司法解释的规定，最高人民法院、最高人民检察院、公安部、司法部就依法惩治拐卖妇女、儿童犯罪提出如下意见：

一、总体要求

1. 依法加大打击力度，确保社会和谐稳定。自1991年全国范围内开展打击拐卖妇女、儿童犯罪专项行动以来，侦破并依法处理了一大批拐卖妇女、儿童犯罪案件，犯罪分子受到依法严惩。2008年，全国法院共审结拐卖妇女、儿童犯罪案件1353件，比2007年上升9.91%；判决发生法律效力的犯罪分子 2161 人，同比增长 11.05%，其中，被判处五年以上有期徒刑、无期徒刑至死刑的 1319 人，同比增长 10.1%，重刑率为 61.04%，高出同期全部刑事案件重刑率 45.27 个百分点。2009 年，全国法院共审结拐卖妇女、儿童犯罪案件 1636 件，比 2008 年上升 20.9%；判决发生法律效力的犯罪分子 2413 人，同比增长 11.7%，其中被判处五年以上有期徒刑、无期徒刑至死刑的 1475 人，同比增长 11.83%。

但是，必须清醒地认识到，由于种种原因，近年来，拐卖妇女、儿童犯罪在部分地区有所上升的势头仍未得到有效遏制。此类犯罪严重侵犯被拐卖妇女、儿童的人身权利，致使许多家庭骨肉分离，甚至家破人亡，严重危害社会和谐稳定。人民法院、人民检察院、公安机关、司法行政机关应当从维护人民群众切身利益、确保社会和谐稳定的大局出发，进一步依法加大打击力度，坚决有效遏制拐卖妇女、儿童犯罪的上升势头。

2. 注重协作配合，形成有效合力。人民法院、人民检察院、公安机关应当各司其职，各负其责，相互支持，相互配合，共同提高案件办理的质量与效率，保证办案的法律效果与社会效果的统一；司法行政机关应当切实做好有关案件的法律援助工作，维护当事人的合法权益。各地司法机关要统一思想认识，进一步加强涉案地域协调和部门配合，努力形成依法严惩拐卖妇女、儿童犯罪的整体合力。

3. 正确贯彻政策，保证办案效果。要注重铲除“买方市场”，从源头上遏制拐卖妇女、儿童犯罪。对于收买被拐卖的妇女、儿童，依法应当追究刑事责任的，坚决依法追究。同时，对于具有从宽处罚情节的，要在综合考虑犯罪事实、性质、情节和危害程度的基础上，依法从宽，体现政策，以分化瓦解犯罪，鼓励犯罪人悔过自新。

五、定性

20. 明知是被拐卖的妇女、儿童而收买，具有下列情形之一的，以收买被拐卖的妇女、儿童罪论处；同时构成其他犯罪的，依照数罪并罚的规定处罚：

（1）收买被拐卖的妇女后，违背被收买妇女的意愿，阻碍其返回原居住地的；

（2）阻碍对被收买妇女、儿童进行解救的；

（3）非法剥夺、限制被收买妇女、儿童的人身自由，情节严重，或者对被收买妇女、儿童有强奸、伤害、侮辱、虐待等行为的；

（4）所收买的妇女、儿童被解救后又再次收买，或者收买多名被拐卖的妇女、儿童的；

（5）组织、诱骗、强迫被收买的妇女、儿童从事乞讨、苦役，或者盗窃、传销、卖淫等违法犯罪活动的；

（6）造成被收买妇女、儿童或者其亲属重伤、死亡以及其他严重后果的；

（7）具有其他严重情节的。

被追诉前主动向公安机关报案或者向有关单位反映，愿意让被收买妇女返回原居住地，或者将被收买儿童送回其家庭，或者将被收买妇女、儿童交给公安、民政、妇联等机关、组织，没有其他严重情节的，可以不追究刑事责任。

六、共同犯罪

21. 明知他人收买被拐卖的妇女、儿童，仍然向其提供被收买妇女、儿童的户籍证明、出生证明或者其他帮助的，以收买被拐卖的妇女、儿童罪的共犯论处，但是，收买人未被追究刑事责任的除外。

认定是否“明知”，应当根据证人证言、犯罪嫌疑人、被告人及其同案人供述和辩解，结合提供帮助的人次，以及是否明显违反相关规章制度、工作流程等，予以综合判断。

七、一罪与数罪

26. 拐卖妇女、儿童或者收买被拐卖的妇女、儿童，又组织、教唆被拐卖、收买的妇女、儿童进行犯罪的，以拐卖妇女、儿童罪或者收买被拐卖的妇女、儿童罪与其所组织、教唆的罪数罪并罚。

27. 拐卖妇女、儿童或者收买被拐卖的妇女、儿童，又组织、教唆被拐卖、收买的未成年妇女、儿童进行盗窃、诈骗、抢夺、敲诈勒索等违反治安管理活动的，以拐卖妇女、儿童罪或者收买被拐卖的妇女、儿童罪与组织未成年人进行违反治安管理活动罪数罪并罚。

八、刑罚适用

30. 犯收买被拐卖的妇女、儿童罪，对被收买妇女、儿童实施违法犯罪活动或者将其作为牟利工具的，处罚时应当依法体现从严。

收买被拐卖的妇女、儿童，对被收买妇女、儿童没有实施摧残、虐待行为或者与其已形成稳定的婚姻家庭关系，但仍应依法追究刑事责任的，一般应当从轻处罚；符合缓刑条件的，可以依法适用缓刑。

收买被拐卖的妇女、儿童，犯罪情节轻微的，可以依法免予刑事处罚。

31. 多名家庭成员或者亲友共同参与出卖亲生子女，或者“买人为妻”、“买人为子”构成收买被拐卖的妇女、儿童罪的，一般应当在综合考察犯意提起、各行为人在犯罪中所起作用等情节的基础上，依法追究其中罪责较重者的刑事责任。对于其他情节显著轻微危害不大，不认为是犯罪的，依法不追究刑事责任；必要时可以由公安机关予以行政处罚。

32. 具有从犯、自首、立功等法定从宽处罚情节的，依法从轻、减轻或者免除处罚。

对被拐卖的妇女、儿童没有实施摧残、虐待等违法犯罪行为，或者能够协助解救被拐卖的妇女、儿童，或者具有其他酌定从宽处罚情节的，可以依法酌情从轻处罚。

33. 同时具有从严和从宽处罚情节的，要在综合考察拐卖妇女、儿童的手段、拐卖妇女、儿童或者收买被拐卖妇女、儿童的人次、危害后果以及被告人主观恶性、人身危险性等因素的基础上，结合当地此类犯罪发案情况和社会治安状况，决定对被告人总体从严或者从宽处罚。

2. 最高人民法院、最高人民检察院、公安部、民政部、司法部、全国妇联关于打击拐卖妇女儿童犯罪有关问题的通知（公通字〔2000〕26号　自2010年3月15日起施行）（节录）

六、切实做好解救和善后安置工作，保护被拐卖妇女、儿童的合法权益。解救被拐卖的妇女、儿童，是人民政府和政法机关的重要职责。公安、司法行政、民政、妇联等有关部门和组织要明确责任，各司其职，相互配合，通力合作。解救工作要充分依靠当地党委、政府的支持，做好对基层干部和群众的说服教育工作，注意方式、方法，慎用警械、武器，避免激化矛盾，防止出现围攻执法人员、聚众阻碍解救等突发事件。

对于被拐卖的未成年女性、现役军人配偶、遭受摧残虐待、被强迫卖淫或者从事其他色情服务的妇女，以及本人要求解救的妇女，要立即解救。对于自愿继续留在现住地生活的成年女性，应尊重本人意愿，愿在现住地结婚且符合法定结婚条件的，应当依法办理结婚登记手续。被拐卖妇女与买主所生子女的抚养问题，可由双方协商解决或由人民法院裁决。对于遭受摧残虐待的、被强迫乞讨或从事违法犯罪活动的，以及本人要求解救的被拐卖儿童，应当立即解救。对于解救的被拐卖儿童，由其父母或者其他监护人户口所在地公安机关负责接回。

公安、民政、妇联等有关部门和组织应当密切配合，做好被解救妇女、儿童的善后安置工作。任何单位和个人不得歧视被拐卖的妇女、儿童。对被解救回的未成年人，其父母及其他监护人应当接收并认真履行抚养义务。拒绝接收，拒不履行抚养义务，构成犯罪的，以遗弃罪追究刑事责任。

3. 全国人民代表大会常务委员会法制工作委员会关于已满十四周岁不满十六周岁的人承担刑事责任范围问题的答复意见（法工委复字〔2002〕12号自2002年7月24日起施行）

最高人民检察院：

关于你单位4月8日来函收悉，经研究，现答复如下：

刑法第17条第2款规定的八种犯罪，是指具体犯罪行为而不是具体罪名。对于刑法第17条中规定的“犯故意杀人、故意伤害致人重伤或者死亡”，是指只要故意实施了杀人、伤害行为并且造成了致人重伤、死亡后果的，都应负刑事责任。而不是指只有犯故意杀人罪、故意伤害罪的，才负刑事责任，绑架撕票的，不负刑事责任。对司法实践中出现的已满十四周岁不满十六周岁的人绑架人质后杀害被绑架人、拐卖妇女、儿童而故意造成被拐卖妇女、儿童重伤或死亡的行为，依据刑法是应当追究其刑事责任的。

十三、聚众阻碍被收买的妇女、儿童罪

（一）法律规定

第二百四十二条　以暴力、威胁方法阻碍国家机关工作人员解救被收买的妇女、儿童的，依照本法第二百七十七条的规定定罪处罚。

聚众阻碍国家机关工作人员解救被收买的妇女、儿童的首要分子，处五年以下有期徒刑或者拘役；其他参与者使用暴力、胁迫方法的，依照前款的规定处罚。

（二）罪名详解

聚众阻碍解救被收买的妇女、儿童罪，是指纠集多人，阻碍国家机关工

作人员解救被收买的妇女、儿童的行为。

1979 年刑法没有聚众阻碍解救被收买的妇女、儿童罪的规定。本罪是将《全国人民代表大会常务委员会关于严惩拐卖、绑架妇女、儿童的犯罪分子的决定》第 4 条第 3 款的规定，吸收改为刑法的具体规定的。

聚众阻碍解救被收买的妇女、儿童罪的构成要件是：

1. 主体要件

本罪主体是特殊主体，只限于聚众阻碍国家机关工作人员解救被收买的妇女、儿童的首要分子；其他参与者不构成本罪的主体。首要分子可能是一个人，也可能是几个人。

2. 客体要件

本罪侵犯的客体是被收买的妇女、儿童的人身自由权利和人格尊严，以及国家机关工作人员的正常公务活动。本罪的犯罪对象是正在执行解救被收买的妇女、儿童公务的国家机关工作人员。

收买被拐卖的妇女（包括具有外国国籍和无国籍的妇女）、儿童是严重侵犯公民人身自由权利的行为。法律规定任何个人或者组织不得以各种形式阻碍对被拐卖的妇女、儿童进行解救，并不得向被收买的、拐卖的妇女、儿童及其家属或者解救人索要收买妇女、儿童的费用和生活费用。但在现实社会生活中，解救被收买的妇女、儿童的行动往往遇到来自各方面的阻力。一些收买妇女、儿童的人及其亲属、朋友、农村基层干部采取各种形式进行阻挠，甚至围攻、殴打前去解救的国家机关工作人员。对于这种妨碍执行公务的行为必须依法追究刑事责任。但《刑法》第 277 条规定，对妨碍国家机关工作人员依法执行职务的，只处 3 年以下有期徒刑、拘役、管制或者罚金，且客观方面必须具备以暴力、威胁的方法阻碍执行公务为要件。而实践中聚众阻碍解救被收买的妇女、儿童的为首者，主要是进行策划、组织、煽动，一般并不直接采用暴力、威胁的方法，难以适用《刑法》第 277 条。为了有力惩治聚众阻碍解救被收买的妇女、儿童的犯罪行为，刑法设专条作了规定。

3. 主观要件

本罪主观方面由直接故意构成。间接故意和过失不构成本罪。

4. 客观要件

本罪客观方面表现为聚众阻碍国家机关工作人员执行解救公务的行为。“聚众”，是指组织、纠集、策划、指挥三人以上聚集在一起。“阻碍”，是指阻止、妨碍，既可以采取直接打击、暴力威胁等方法，也可以采取设置障碍、纠缠谩骂等非暴力方法。法律并不要求行为人必须实施了暴力、威胁的方法，只要实施了聚众阻碍解救被收买的妇女、儿童的行为就构成犯罪。

（三）实务疑难问题

1. 本罪与妨害公务罪的区分

《刑法》第 277 条规定的妨害公务罪，是指以暴力、威胁的方法，阻碍国家机关工作人员、人大代表、红十字会工作人员依法执行职务、履行职责的行为，或者故意阻碍国家安全机关、公安机关依法执行国家安全工作任务，造成严重后果的行为。

聚众阻碍解决救被收买的妇女、儿童罪与妨害公务罪在犯罪对象和行为方式上存在一定重合。两者区别主要在于：第一，犯罪对象不完全相同。本罪的犯罪对象是解救被收买的妇女、儿童的国家机关工作人员，范围较特定；妨害公务罪的对象范围更普遍，可以是任何国家机关执行公务的人员。第二，行为方式不完全相同。本罪表现为聚众阻碍，至于是否使用暴力在所不问；妨害公务罪一般是使用暴力、胁迫等手段，如果阻碍国家安全机关、公安机关依法执行国家安全工作任务，造成严重后果的，未使用暴力、胁迫方法的，也成立妨害公务罪。第三，处罚的对象不同。本罪处罚的是聚众的首要分子，非首要分子不成立本罪，但是使用暴力、威胁方法阻碍的，成立妨害公务罪，妨害公务罪则未进行限制。第四，主观故意不同。本罪的主观故意是阻碍解救被收买的妇女、儿童，侧重的是保护被拐卖的妇女、儿童的人身自由和人格尊严；妨害公务罪只要求明知是国家机关工作人员在执行公务即可，侧重保护的是国家机关、人民代表大会和红十字会的公务活动。

2. 本罪与不解救被拐卖、绑架妇女、儿童罪的区分

《刑法》第 416 条规定的不解救被拐卖、绑架妇女、儿童罪，是指对被拐卖、绑架的妇女、儿童负有解救职责的国家机关工作人员，接到被拐卖、绑架的妇女、儿童及其家属的解救要求或者接到其他人的举报，而对被拐卖、绑架的妇女、儿童不进行解救，造成严重后果的行为。

聚众阻碍解救被拐卖的妇女、儿童罪与不解救被拐卖、绑架的妇女、儿童罪的区别在于：第一，两者侵犯的客体不同。本罪侵犯的是被拐卖妇女、儿童的人身自由和人格尊严，以及国家机关工作人员的正常公务活动；不解

救被拐卖、绑架的妇女、儿童罪侵犯的是国家对被拐卖、绑架妇女、儿童的正常解救活动。第二，两者的行为方式不同。本罪以积极的作为方式体现，即聚众阻碍；不解救被拐卖、绑架的妇女、儿童罪是以不作为的方式体现，即接到被拐卖、绑架的妇女、儿童及其亲属的解救要求或者接到他人的举报，应当进行解救而不进行解救，造成严重后果的行为。第三，犯罪主体不同。本罪是聚众的首要分子；不解救被拐卖、绑架的妇女、儿童罪的主体是负有解救职责的国家机关工作人员。第四，犯罪主观故意不同。本罪是由直接故意构成；不解救被拐卖、绑架的妇女、儿童罪的主观方面司法实践中多为间接故意。

（四）情节与量刑

依照《刑法》第 242 条第 2 款规定，聚众阻碍国家机关工作人员解救被收买的妇女、儿童的首要分子，处 5 年以下有期徒刑或者拘役；其他参与者使用暴力、威胁方法的，依照前款的规定处罚，即处 3 年以下有期徒刑、拘役、管制或者罚金。

司法机关在适用时，应当注意以下问题：

1. 对聚众阻碍国家机关工作人员解救被收买的妇女、儿童的首要分子，处 5 年以下有期徒刑或者拘役。

2. 其他参与者使用暴力、威胁方法阻碍国家机关工作人员解救被收买的妇女、儿童的，根据《刑法》第 242 条第 1 款的规定，则应当依照《刑法》第 277 条的规定，以妨碍公务罪定罪处罚。

3. 规范化量刑。《最高人民法院关于常见犯罪的量刑指导意见》对聚众阻碍解救被拐卖的妇女、儿童罪并未作出规定，这主要是因为实践中此类案件发生的不多，最高司法机关尚未总结出成熟的量刑意见。在有关规定出台前，司法人员应当根据犯罪事实、犯罪性质、情节和社会危害程度，依照刑法和有关司法解释的规定判处刑罚。

（五）法律链接

最高人民法院、最高人民检察院、公安部、民政部、司法部、全国妇联关于打击拐卖妇女儿童犯罪有关问题的通知（公通字〔2000〕26 号　自 2010 年 3 月 15 日起施行）（节录）

六、切实做好解救和善后安置工作，保护被拐卖妇女、儿童的合法权益。

解救被拐卖的妇女、儿童，是人民政府和政法机关的重要职责。公安、司法行政、民政、妇联等有关部门和组织要明确责任，各司其职，相互配合，通力合作。解救工作要充分依靠当地党委、政府的支持，做好对基层干部和群众的说服教育工作，注意方式、方法，慎用警械、武器，避免激化矛盾，防止出现围攻执法人员、聚众阻碍解救等突发事件。

十四、诬告陷害罪

（一）法律规定

第二百四十三条　捏造事实诬告陷害他人，意图使他人受刑事追究，情节严重的，处三年以下有期徒刑、拘役或者管制；造成严重后果的，处三年以上十年以下有期徒刑。

国家机关工作人员犯前款罪的，从重处罚。

不是有意诬陷，而是错告，或者检举失实的，不适用前两款的规定。

（二）罪名详解

诬告陷害罪，是指捏造犯罪事实，向国家机关或者有关单位作虚假告发，意图使他人受刑事追究的行为。

本罪1979年《刑法》第138条作了规定，1997年《刑法》第243条对罪状作了补充和修改。

诬告陷害罪的构成要件是：

1. 主体要件

本罪主体为一般主体。凡年满16周岁、具有刑事责任能力的人，均可构成本罪的主体。国家机关工作人员犯本罪的，从重处罚。

2. 客体要件

本罪侵犯的客体是他人的人身权利和司法机关的正常活动。长期的司法实践证明，由于这种犯罪是行为人企图假手司法机关实现其诬陷无辜的目的，这就不仅侵犯了公民的人身权利，使无辜者的名誉受到损害，而且可能出现冤假错案，造成错捕、错判甚至错杀的严重后果，干扰司法机关的正常活动，破坏司法机关的威信。我国宪法把禁止诬告规定为宪法原则，庄严宣布：中华人民共和国公民的人格尊严不受侵犯。禁止用任何方法对公民进行诬告陷害。从而为我们同诬告陷害的犯罪行为作斗争，提供了重要的法律武器。

3. 主观要件

本罪主观方面由直接故意构成，并且具有诬陷的目的。诬陷他人的动机可能是多种多样的：有的是挟嫌报复、栽赃陷害、发泄私愤；有的是名利熏心、嫉贤妒能、邀功请赏；有的是居心叵测、排除异己、取而代之；有的是自己犯了错误，为了洗刷自己、摆脱困境，嫁祸于人，等等。尽管行为人诬陷的动机不同，但目的都是为使他人受到刑事追究。不具有这种目的，就不构成诬告陷害罪。至于被诬陷的人实际上是否受到刑事处分，不影响本罪的成立。

4. 客观要件

本罪客观方面表现为捏造他人犯罪事实，向国家机关或者有关单位作虚假告发的行为，这是诬告陷害罪的本质特征。首先，要有捏造犯罪事实的行为。因为只有捏造犯罪的事实，才有可能对被诬陷者追究刑事责任。如果行为人没有捏造他人犯罪的事实，而是捏造一般的事实，则不构成本罪。其次，必须向国家机关或者有关单位作了虚假告发，这是构成诬告陷害罪的前提条件。行为人虽有捏造他人犯罪事实的行为，如果没有进行告发，其诬陷的目的就无法实现，因而也不构成诬陷罪。告发的形式很多，有书面的，有口头的；有署名的，有匿名的；可以投信告发，也可以当面告发；可以向司法机关告发，也可以向有关单位告发。不论采用哪种形式告发，只要是实施了告发的，就可能构成诬告陷害罪。再次，告发必须有特定的对象，这个特定的对象就是“他人”。捏造告发自己犯罪的，不成立本罪。所谓他人，是指自然人，而不是法人。这里的自然人并不要求具有刑事责任能力，捏造诬告不具有法定年龄或者刑事责任能力的人犯罪的，同样可以引发刑事侦查活动，对被捏造者的名誉也造成了损害，也可以成立本罪。如果捏造陷害的对象是单位，但是该事实可能导致对自然人进行刑事追诉的，如陷害私营企业、外商独资企业等，也可以成立本罪。被诬陷者可以是国家工作人员，也可以是一般群众，还可以是犯罪嫌疑人、被告人和正在服刑的罪犯。法律对所有公民的人身权利都给予保护。被诬陷的特定对象必须明确，一般是有名有姓的，但并非要以指名道姓作为先决条件。如果通过告发的事实可以明显地看出行为人是在诬陷谁，即使没有点名，也应以诬陷论罪；如果行为人只是泛泛地捏造了某种犯罪事实，而没有对任何人进行指控的，则不构成诬告陷害罪。因为没有特定对象的告发，不可能引起刑事追诉，自然也就谈不到对公民人身权利的侵害。

按照法律规定，诬告陷害的行为，必须达到“情节严重的”程度才构成犯罪。所谓情节严重，司法实践中，主要是指捏造的犯罪事实情节严重，诬陷手段恶劣，严重影响了司法机关的正常活动或者在社会上造成了恶劣影响等情形。

（三）实务疑难问题

1. 罪与非罪的认定

司法实践中，要注意不以犯罪处理的以下情形：

（1）诬告与错告的界限

《刑法》第 243 条第 3 款规定：“不是有意诬陷，而是错告，或者检举失实的，不适用前两款的规定。”我国宪法规定，中华人民共和国公民对于任何国家机关和国家工作人员的违法失职行为，有向有关国家机关提出申诉、控告或者检举的权利，但是不得捏造或者歪曲事实进行诬告陷害。这就把诬告与错告在性质上清楚地区别开来了。诬告与错告，在主观方面有着质的不同：前者是故意捏造事实，作虚假告发，属于犯罪行为；后者则是由于情况不明，或者认识片面而在控告、检举中发生差错。由此可见，是否具有诬陷的故意，是区分诬告与错告的最基本的标志。

（2）诬告陷害犯罪与一般诬告陷害行为的界限

两者的相似点是，都具有捏造事实、诬陷好人的特征。但是，从诬陷的内容和目的上看，又各不相同，要认真加以区别。一般诬陷行为捏造的事实，仅限于犯错误的事实，其目的只是使他人受到某种行政纪律处分。因此，从性质上讲，一个是犯罪，一个是违法。对一般诬陷行为，可根据不同情节和后果，分别给予批评教育或者党纪政纪处分。

2. 诬告陷害罪与诽谤罪的区分

《刑法》第 246 条规定，捏造事实诽谤他人，情节严重的，构成诽谤罪。诬告陷害罪与诽谤罪在客观方面都有捏造事实的行为，两者的区别主要在于：第一，主观目的不同。诬告陷害罪的目的是使他人受刑事处罚；诽谤罪的目的是贬低他人人格，破坏他人名誉。第二，捏造事实的内容不同。诬告陷害罪捏造的是他人的犯罪事实；诽谤罪捏造的事实不局限于犯罪事实，只要足以损害他人人格、名誉即可。第三，行为方式不同。诬告陷害罪要有向公安、司法机关或者有关国家机关告发的行为；诽谤罪只要公开扩散即可。第四，诬告陷害罪属于国家公诉案件；诽谤罪属于自诉案件，但是严重危害社会秩序和国家利益的除外。

3. 诬告陷害罪与报复陷害罪的区分

《刑法》第 254 条规定，国家机关工作人员滥用职权、假公济私，对控告人、申诉人、批评人、举报人实行报复陷害的，构成报复陷害罪。两者的区别比较明显：第一，犯罪对象不同。诬告陷害罪的犯罪对象是除自己以外的自然人，没有限定具体身份；报复陷害罪的犯罪对象仅限于控告人、申诉人、批评人和举报人等特殊群体。第二，行为方式不同。诬告陷害罪表现为捏造犯罪事实并予以告发；报复陷害罪责是滥用职权、假公济私进行报复陷害。第三，犯罪主体不同。诬告陷害罪的主体是一般主体，年满 16 周岁具有刑事责任能力的人均可成立该罪。国家机关工作人员实施本罪的，从重处罚。报复陷害罪的主体仅限于国家机关工作人员。第四，犯罪目的不同。诬告陷害罪的目的是使他人受刑事追究，报复陷害罪的目的是他人受到陷害。

如果司法工作人员捏造事实对控告人、申诉人、批评人、举报人进行陷害的，其行为属于诬告陷害罪和报复陷害罪的想象竞合，应当以较重的诬告陷害罪定罪。

4. 诬告陷害罪与伪证罪的区分

《刑法》第 305 条规定，在刑事诉讼中，证人、鉴定人、记录人、翻译人对与案件有重要关系的情节，故意作虚假证明、鉴定、记录、翻译，意图陷害他人或者隐匿罪证的，构成伪证罪。

诬告陷害罪与伪证罪均有提供虚假事实陷害他人使其遭受刑事追究的意图，区别主要在于：第一，犯罪主体不同。诬告陷害罪是一般主体，伪证罪的主体只限于刑事诉讼活动中的证人、鉴定人、记录人和翻译人等特殊主体。第二，存在的时空范围不同。诬告陷害罪通常发生在刑事诉讼活动之前，其目的是引发刑事诉讼活动，以对被诬陷人追究刑事责任。伪证罪发生在刑事诉讼活动中，证人、鉴定人、记录人和翻译人参与的刑事诉讼环节。第三，接受告发的机关不同。诬告陷害罪的告发单位只要足以引起刑事追究即可；

伪证罪则是正在参与刑事诉讼的主体机关。第四，主观目的不完全相同。诬告陷害罪的目的是使他人受到刑事追究，伪证罪的目的是陷害他人，使他人受到刑事追究，或者隐匿罪证包庇罪犯。第五，行为方式不同。诬告陷害罪是捏造事实予以告发，伪证罪是证人、鉴定人、记录人和翻译人在其参与刑事诉讼的环节，对与案件有重要关系的情节作虚假行为。

（四）情节与量刑

依照《刑法》第243条第1款规定，犯诬告陷害罪的，处3年以下有期徒刑、拘役或者管制；造成严重后果的，处3年以上10年以下有期徒刑。依照本条第2款规定，国家机关工作人员犯前款罪的，从重处罚。

司法机关在适用时，应当注意以下问题：

1. 严格按照刑法规定的法定刑量刑。1979年《刑法》第138条第1款对诬告陷害罪只规定了量刑原则，即“参照所诬陷的罪行的性质、情节、后果和量刑标准给予刑事处分”，而没有具体规定相应的刑罚种类和量刑幅度，不便于在司法实践中正确理解和适用。1997年修订刑法时，总结了经验，对诬告陷害罪规定了独立的法定刑，司法机关应当严格依照法律规定正确适用。

2. 正确理解和掌握国家机关工作人员的范围。国家机关工作人员不同于国家工作人员。按照《刑法》第93条第1款的规定，国家机关工作人员，是指在国家权力机关、行政机关、审判机关、检察机关和军事机关等国家机关中依法从事公务的人员，不包括该条第2款规定的“准国家工作人员”在内。国家机关工作人员由于所处的地位和掌握的权力，如果捏造事实诬告陷害他人，对被害人的合法权益和国家司法机关的正常活动造成更大的损害，因此，国家机关工作人员诬告陷害的，从重处罚。

3. 规范化量刑。《最高人民法院关于常见犯罪的量刑指导意见》对诬告陷害罪的量刑并未作出规定，这主要是由于诬告陷害罪在司法实践中并不常见，最高司法机关尚未总结出一套成熟的量刑标准。在有关规定出台前，司法人员应当根据犯罪事实、性质、情节和社会危害程度，依照刑法和有关司法解释的规定判处刑罚。

（五）法律链接

1. 最高人民法院、最高人民检察院、公安部、国家安全部、司法部关于对司法工作人员在诉讼活动中的渎职行为加强法律监督的若干规定（试行）（高检会〔2010〕4号　自2010年7月26日起施行）（节录）

第十条　人民检察院对司法工作人员在诉讼活动中的涉嫌渎职行为调查完毕后，应当制作调查报告，根据已经查明的情况提出处理意见，报检察长决定后作出处理。

（五）对于举报人、控告人捏造事实诬告陷害，意图使司法工作人员受刑事追究，情节严重的，依法追究刑事责任。调查人员与举报人、控告人恶意串通，诬告陷害司法工作人员的，一并追究相关法律责任。

2. 最高人民检察院要案线索备案、初查的规定（高检发〔1995〕17号　自1995年10月6日起施行）（节录）

第十一条　对要案线索进行初查后，应当分别情况，作出处理：（四）属诬告陷害的，应依法追究或移送有关机关追究诬告陷害人的责任。

十五、强迫劳动罪

（一）法律规定

第二百四十四条[①]　**以暴力、威胁或者限制人身自由的方法强迫他人劳动的，处三年以下有期徒刑或者拘役，并处罚金；情节严重的，处三年以上十年以下有期徒刑，并处罚金。**

明知他人实施前款行为，为其招募、运送人员或者有其他协助强迫他人劳动行为的，依照前款的规定处罚。

单位犯前两款罪的，对单位判处罚金，并对其直接负责的主管人员和其他直接责任人员，依照第一款的规定处罚。

---

① 本条经2011年2月25日《刑法修正案（八）》第38条修改。

1997年《刑法》第244条的规定："用人单位违反劳动管理法规，以限制人身自由的方法强迫职工劳动，情节严重的，对直接责任人员，处三年以下有期徒刑或者拘役，并处罚金或者单处罚金。"

（二）罪名详解

强迫劳动罪，是指以暴力、胁迫或者限制人身自由的方法，强迫他人劳动的行为。

本罪是1997年刑法增设的罪名，原罪名为“强迫职工劳动罪”。《刑法修正案（八）》将强迫劳动的对象由“职工”改为“他人”，因而罪名也相应作了修改。1979年刑法和单行刑法均没有规定此罪名。

强迫劳动罪的构成要件是：

1. 主体要件

本罪主体为一般主体，单位和自然人均可构成。作为自然人必须是年满16周岁，且具有刑事责任能力的人。

2. 客体要件

本罪侵犯的客体是公民的人身权利和我国的劳动管理制度。

我国宪法规定，公民的人身自由不受侵犯；公民有劳动的权利和义务。1994年7月5日颁布的劳动法和相关法律、法规规定了劳动者享有平等就业和选择职业的权利，取得劳动报酬、休息休假的权利，获得劳动安全卫生保护、享受社会保险和福利待遇等权利。我国政府一贯反对强迫劳动的行为。《刑法》原第244条规定：“用人单位违反劳动管理法规，以限制人身自由方法强迫职工劳动，情节严重的，对直接责任人员，处三年以下有期徒刑或者拘役，并处或者单处罚金。”但近年来在山西等地黑煤窑、黑砖窑中发生的对劳动者进行“奴役”的强迫劳动事件令人震惊，促使立法部门反思，并决定对《刑法》第244条进行修改。这是基于两方面的需要：一是完善刑事立法的需要。《刑法》原第244条规定的犯罪主体范围过窄，仅限于“用人单位”，犯罪对象限于与用人单位建立劳动合同关系的“职工”，一些无证、无照经营者通过非法招工、用工而发生的强迫劳动行为，就得不到应有的惩处；法定刑也过低，等等。二是兑现国际承诺的需要。2009年12月26日，第十一届全国人大常委会第十二次会议决定加入第五十五届联合国大会于2000年11月通过的《联合国打击跨国有组织犯罪公约关于预防、禁止和惩治贩运人口特别是妇女和儿童行为的补充议定书》（以下简称《议定书》），要求“各缔约国均应采取必要的立法和其他措施，将本议定书第3条所列故意行为规定为刑事犯罪。”这些故意行为包括：为剥削目的而通过暴力威胁，或使用暴力手段，或通过其他形式的胁迫，通过诱拐、欺诈、欺骗、滥用权利或滥用脆弱境况，或通过授受酬金或利益取得对另一人有控制权的某人的同意等手段，招募、运送、转移、窝藏或接收人员，从而强迫劳动或服务，奴役或类似奴役、劳役等行为。通过修改，《刑法修正案（八）》第38条取消了“用人单位”，将强迫劳动的对象由“职工”改为“他人”；增加了“以暴力、威胁”作为强迫劳动的手段之一；删除了“情节严重”是构成本罪必须具备的要件，从而降低了入罪门槛；量刑由一个档次增加为两个档次，法定最高刑由3年提高到10年；并将明知他人实施强迫劳动行为，而“为其招募、运送人员或者有其他协助强迫他人劳动”的行为，规定为犯罪；单位犯罪由“单罚制”改为“双罚制”，从定罪到量刑作了全面修正，加大了对强迫劳动行为的惩处力度。这一立法体现了党和政府对所有劳动者劳动权利的保护，使我国的劳动管理制度得到进一步完善。

3．主观要件

本罪主观方面由故意构成，过失不构成本罪。犯罪动机大多是为了通过强迫劳动获取高额利润，但动机不影响犯罪的成立。

4．客观要件

本罪分为两种类型，直接强迫劳动的客观方面表现为以暴力、威胁或者限制人身自由的方法，强迫他人劳动的行为。协助强迫劳动的客观方面表现为明知他人以暴力、威胁或者限制人身自由的方法强迫他人劳动，而为其招募、运送人员或者有其他协助强迫他人劳动的行为。

“暴力”是指对劳动者实施殴打、捆绑、伤害等危及人身安全的行为。“威胁”是指对劳动者以加害人身甚至家属，没收押金、集资款，揭露隐私等相要挟，进行精神强制的行为。“限制人身自由”，是指以限制离厂、回家、监视出入或者其他人身自由受到限制的行为。“他人”是指自然人，包括：成年人和未成年人；依据劳动法和劳动合同法建立劳动合同关系的劳动者和未建立劳动合同关系的家庭雇工、非法用工等劳动者。需要说明的是，监狱强迫犯人劳动，属于执行刑罚的合法行为，一般不构成本罪；企事业单位不违反劳动管理制度规定的前提下，严格执行劳动纪律的行为，也不构成本罪。但是如果违反相关法律规定，强迫他人从事超强度、超体力、超时间的劳动，则可以构成本罪（单位犯罪）。

“招募”是指通过合法或者非法途径，招聘、募集人员的行为，通常是以合法就业岗位、优越工资待遇等为手段诱骗被害人。“运送”是指利用各种交通工具运输人员。“其他协助行为”是指除招募、运送以外的，转移、接收、藏匿等行为。协助强迫劳动的行为人必须明知他人实施强迫劳动的行为，这里的明知包括“明知必然”和“明知可能”。

（三）实务疑难问题

1. 本罪的犯罪形态为“行为犯”

按照《刑法》原第 244 条的规定，强迫职工劳动的行为，只有达到“情节严重”的程度才构成犯罪。《刑法修正案（八）》降低了入罪门槛，删除了“情节严重”的规定，因而本罪在犯罪形态上属于“行为犯”。但并非只要具有强迫劳动的行为就构成犯罪。根据《刑法》第 13 条“但书”的规定，综合全案考虑，如果认定强迫劳动的行为“情节显著轻微危害不大，不认为是犯罪”的，也可以不入罪。

2. 本罪的罪数形态

因强迫他人劳动构成本罪，在实施强迫他人劳动过程中，又有非法拘禁、故意伤害、故意杀人等行为，并构成犯罪的，则应当实行数罪并罚。

（四）情节与量刑

依照《刑法》第 244 条第 1 款规定，犯强迫劳动罪的，处 3 年以下有期徒刑或者拘役，并处罚金；情节严重的，处 3 年以上 10 年以下有期徒刑，并处罚金。

依照本条第 2 款规定，明知他人实施以暴力、威胁或者限制人身自由的方法强迫他人劳动的行为，为其招募、运送人员或者有其他协助强迫他人劳动行为的，依照前款的规定处罚。

依照本条第 3 款规定，单位犯本罪的，对单位判处罚金，并对其直接负责的主管人员和其他直接责任人员，依照第 1 款的规定处罚。

司法机关在适用时，应当注意以下问题：

1. 强迫劳动罪的客观方面包含了暴力、胁迫和限制人身自由的行为，上述暴力、胁迫和限制人身自由作为强迫劳动的手段行为，一般不另作犯罪处理。本条规定的“情节严重”一般是指强迫多人劳动，强迫长时间劳动，强迫未成年人劳动，以不人道的方法对待被强迫劳动者等等。如果在强迫劳动过程中使用暴力造成被害人重伤、死亡的，则应当以强迫劳动罪和故意伤害罪、故意杀人罪，实行并罚。

2. 本案犯罪主体包括单位，单位既可以成为直接强迫劳动的主体，也可以成为协助强迫劳动的主体。单位犯罪的实行双罚制，既对单位处以罚金，同时对直接负责的主管人员和直接责任人员依照法律规定处罚。

3. 规范化量刑。《最高人民法院关于常见犯罪的量刑指导意见》对强迫劳动罪的量刑并未作出规定，这主要是由于强迫劳动罪在司法实践中并不常见，最高司法机关尚未总结出一套成熟的量刑标准。在有关规定出台前，司法人员应当根据犯罪事实、犯罪性质、情节和社会危害程度，依照刑法和有关司法解释的规定判处刑罚。

（五）法律链接

最高人民检察院、公安部关于公安机关管辖的刑事案件立案追诉标准的规定（一）（公通字〔2008〕36号　自2008年6月25日起施行）（节录）

第三十一条　［强迫职工劳动案（刑法第二百四十四条）］用人单位违反劳动管理法规，以限制人身自由方法强迫职工劳动，涉嫌下列情形之一的，应予立案追诉：

（一）强迫他人劳动，造成人员伤亡或者患职业病的；

（二）采用殴打、胁迫、扣发工资、扣留身份证件等手段限制人身自由，强迫他人劳动的；

（三）强迫妇女从事井下劳动、国家规定的第四级体力劳动强度的劳动或者其他禁忌从事的劳动，或者强迫处于经期、孕期和哺乳期妇女从事国家规定的第三级体力劳动强度以上的劳动或者其他禁忌从事的劳动的；

（四）强迫已满十六周岁未满十八周岁的未成年人从事国家规定的第四级体力劳动强度的劳动，或者从事高空、井下劳动，或者在爆炸性、易燃性、放射性、毒害性等危险环境下从事劳动的；

（五）其他情节严重的情形。

十六、雇用童工从事危重劳动罪

（一）法律规定

第二百四十四条之一[①] **违反劳动管理法规，雇用未满十六周岁的未成年人从事超强度体力劳动的，或者从事高空、井下作业的，或者在爆炸性、易燃性、放射性、毒害性等危险环境下从事劳动，情节严重的，对直接责任人员，处三年以下有期徒刑或者拘役，并处罚金；情节特别严重的，处三年以上七年以下有期徒刑，并处罚金。**

有前款行为，造成事故，又构成其他犯罪的，依照数罪并罚的规定处罚。

（二）罪名详解

雇用童工从事危重劳动罪，是指违反劳动管理法规，雇用未满16周岁的未成年人从事超强度体力劳动，或者高空、井下作业，或者在爆炸性、易燃性、放射性、毒害性等危险环境下从事劳动，情节严重的行为。

本罪是《刑法修正案（四）》增设的罪名，1979年刑法和1997年刑法均没有规定此罪名。

雇用童工从事危重劳动罪的构成要件是：

1. 主体要件

本罪主体为一般主体。既可以由单位构成，也可以由自然人构成。但这里讲的单位犯罪是指实行“单罚制”的单位犯罪，实践中大多为企业，所以法律规定，只追究“直接责任人员”的刑事责任，包括直接负责的主管人员和其他直接责任人员。自然人包括个体户、农户、城镇居民等。

2. 客体要件

本罪侵犯的客体是未成年人的身心健康和国家的劳动管理秩序。犯罪对象是童工。

---

① 本条经2002年12月28日《刑法修正案（四）》第4条增加。

“童工”是指未满16周岁，与单位或者个人发生劳动关系，从事有经济收入的劳动或者从事个体劳动的少年儿童。我国劳动法将未成年人分为未成年工和童工两种。“未成年工”，是指年满16周岁未满18周岁的劳动者。由于未成年人正处在生长发育时期，人体器官尚未定型，在身体结构和生理结构上与成年人具有不同的特征。因此，我国劳动法明确规定，国家对未成年工实行特殊劳动保护的原则，在就业年龄、工种、工作时间、劳动强度等方面给予了特殊保护。如规定就业最低年龄为16周岁；不得安排未成年工从事矿山井下、有毒有害、国家规定的第四级体力劳动强度的劳动和其他禁忌从事的劳动等。

同时，国家明令禁止使用童工。《劳动法》第15条规定，禁止用人单位招用未满16周岁的未成年人。经修订于2002年10月1日以364号国务院令发布的《禁止使用童工规定》明确规定，国家机关、社会团体、企事业单位、民办非企业单位或者个体工商户均不得招用不满16周岁的未成年人。招用不满16周岁的未成年人，为“使用童工”，并规定了非法招用童工应负的法律责任。因此，非法招收和使用童工是一种严重的违法行为。

近年来，有些企业为谋取非法利益，雇用未成年人从事劳动的违法行为比较突出，有的企业甚至雇用童工从事超强度的体力劳动，或者从事高空、井下作业，或者在危险环境下从事劳动，严重危害未成年人的身心健康，有的甚至造成未成年人的死亡，社会危害性严重。所以，为了保护未成年人的合法权益，惩治危害未成年人身心健康的行为，对刑法作出相应补充，是完全必要的。

3. 主观要件

本罪主观方面由故意构成，包括直接故意和间接故意。过失不构成本罪。主观方面必须明知雇用的是不满16周岁的未成年人。按照法律规定，雇用童工从事危重劳动的行为，必须达到“情节严重”的程度才能构成犯罪。所谓情节严重，在司法实践中一般是指多人、多次非法雇用童工从事法律禁止性的劳动；长时间非法雇用童工从事法律禁止性的劳动；造成危害后果，影响未满16周岁未成年人的身心健康和正常发育等等。

4. 客观要件

本罪客观方面表现为违反劳动管理法规，雇用未满16周岁的未成年人从事超强度体力劳动，或者高空、井下作业，或者在爆炸性、易燃性、放射性、毒害性等危险环境下从事劳动，情节严重的行为。

“违反劳动管理法规”，是构成本罪的前提条件。所谓违反劳动管理法规，是指违反具有法典意义的劳动法、劳动行政法规。劳动法是国家制定的调整劳动关系以及与劳动关系密切联系的一些关系的法律规范，还包括为调整劳动关系以及与劳动关系密切联系的一些关系而制定的单行劳动法规等。

“雇用”，一般是指行为人和童工之间形成一定的劳动关系，不仅包括支付货币作为报酬，也可以使用其他物质利益作为报酬（如包吃包住）。雇用关系的形成并不要求双方有明确的书面合同，只要形成事实上的劳动关系即可。

雇用童工构成犯罪的，客观方面具体表现形式有三种：（1）从事“超强度体力劳动的”。这是指劳动强度超过劳动者正常体能承受程度的体力劳动。国家劳动保护部门关于劳动强度有专门的规定和测算依据，具体参照“强迫劳动罪”中附录的“体力劳动强度分级”标准。当然，一个人的体质不同、年龄不同、成长发育程度不同，所能承受的体力劳动强度也不相同。1994 年 12 月 9 日原劳动部发布的《未成年工特殊保护规定》对于已满 16 周岁不满 18 周岁的未成年工从事的体力劳动强度做了限制性规定，如不得要求未成年人连续负重每小时在 6 次以上并每次超过 20 公斤，间断负重每次超过 25 公斤的作业……对于患有某种疾病或者具有某些生理缺陷（非残疾型）的已满 16 周岁的未成年人，用人单位不得安排其从事《体力劳动强度分级》国家标准中第 3 级以上体力劳动强度的作业。在具体的司法实践中，由于童工的年龄跨度很大，雇用童工从事劳动的情况也很复杂，因此要结合具体案情，考虑童工的年龄、身体发育状况、承受能力、从事劳动的性质等做出综合评判。

（2）从事“高空、井下作业”。高空作业是指在距离地面有一定高度的空间进行的作业，如修建高楼大厦、搭建电线电信网络、高空玻璃墙体美容师等职业均存在高空作业。国家标准局 1984 年 1 月 1 日起实施的《高处作业分级》对高空作业做了详细规定。根据原劳动部发布的《未成年工特殊保护规定》第 3 条的规定，用人单位不得安排已满 16 周岁的未成年工从事《高处作业分级》国家标准中第 2 级以上的高处作业。第 4 条规定未成年工患有某种疾病或具有某种生理缺陷（非残疾型）时，用人单位不得安排其从事（高处作业分级）国家标准中第 1 级以上的高处作业。参照这一规定，雇用不满 16 周岁的未成年人从事（高处作业分级）中第 2 级以上的高处作业；雇用不满 16 周岁且患有某种疾病或具有某种生理缺陷（非残疾型）的未成年人从事

（高处作业分级）中第1级以上的高处作业，就可以认定为从事高空作业。

“井下作业”是指在矿井、油水井下作业，通常劳动强度大，环境艰苦，具有较大的危险。原劳动部发布的《未成年工特殊保护规定》第3条明确规定，用人单位不得安排已满16周岁的未成年工从事矿山井下的作业。对于未满16周岁的未成年人来说，更不应该让其从事井下作业。

（3）“在爆炸性、易燃性、放射性、毒害性等危险环境下”从事劳动。行为人只要具有三种行为中的一种行为就构成本罪。在“爆炸性”危险环境下劳动，是指从事具有爆炸性能、能够引起爆炸的各种用于爆破、杀伤的物质的劳动，如炸弹、手榴弹、地雷、雷管、导火索、炸药，以及各种固体、液体、气体易爆物品等。在“易燃性”危险环境下劳动，是指从事各种很容易引起燃烧的化学物品、液剂等劳动，如汽油、液化石油、酒精、丙酮、橡胶水等。在“放射性”危险环境下劳动，是指从事含有能自发放射出穿透力很强的放射性化学元素和其他各种具有放射性能，并对人体或者牲畜能够造成严重损害的物质的劳动，如铀、钴、镭等。在“毒害性”危险环境下劳动，是指从事含有能致人死亡的毒质的有机物或者无机物的劳动，如砒霜、敌敌畏、氰化钾、西梅脱、1059剧毒农药、毒气等。此外，行为人雇用不满16周岁的未成年人在类似的危险环境下从事劳动的，比如严重的粉尘环境、极端低温或高温环境下从事劳动，也可以成立本罪。

（三）实务疑难问题

1. 非法雇用童工与合法招用童工的区分

我国法律规定，文艺、体育单位经未成年人的监护人同意，可以招用不满16周岁的专业文艺工作者、运动员，学校、其他教育机构以及职业培训机关按照国家规定组织未满16周岁的未成年人进行不影响其人身安全的身心健康的教育实践活动、职业技能培训劳动的，不属于非法使用童工。用人单位应当保障被招用的不满16周岁的未成年人的身心健康，保障其接受义务教育的权利。

2. 罪与非罪的区分

雇用童工无疑是一种严重违法行为，但同时又要看到，童工的情况比较复杂，有的属于家庭困难，出于养家糊口的需要，经本人或者家长自愿而从事劳动。在立法过程中，全国人大常委会根据有关部门的建议，对本罪增加了“违反劳动管理法规”和“情节严重”的限制性条件，并对本罪罪状的表述采取了列举的方式，体现了慎重的立法精神。因此，在司法实践中，处理这类案件同样应当采取慎重的态度，根据案件具体情况，严格区分罪与非罪、违法与犯罪的界限。参照《立案追诉标准（一）》第 32 条，违反劳动管理法规，雇用未满 16 周岁的未成年人从事国家规定的第四级体力劳动强度的劳动，或者从事高空、井下劳动，或者在爆炸性、易燃性、放射性、毒害性等危险环境下从事劳动，涉嫌下列情形之一的，应予立案追诉：（1）造成未满 16 周岁的未成年人伤亡或者对其身体健康造成严重危害的；（2）雇用未满 16 周岁的未成年人 3 人以上的；（3）以强迫、欺骗等手段雇用未满 16 周岁的未成年人从事危重劳动的；（4）其他情节严重的情形。对情节不严重、不构成犯罪的违法行为，可由劳动行政部门给予行政处理或者行政处罚。

3. 准确确定罪名

对于《刑法修正案（四）》第 4 条的规定应当如何确定罪名，在刑法学界和立法、司法实务部门有各种不同看法。有的主张定为“非法雇用未成年人罪”，有的主张定为“违法雇用未成年人劳动罪”，还有的主张定为“非法雇用童工罪”等等。我们认为，上述罪名虽比较简洁、概括，但存在两个问题：一是无法区分违法与犯罪的界限。非法雇用童工本身就是一种违法行为，但并非犯罪行为。第一种意见还混淆了未成年工与童工的界限；二是没有突出本罪在客观方面的行为特征，即雇用未满 16 周岁的未成年人从事超强度体力劳动，高空、井下作业或者在危险环境下劳动。将本罪确定为“雇用童工从事危重劳动罪”，符合确定罪名要求明确的原则，能够反映本条规定的罪状的基本内容和犯罪的本质特征，有利于区分违法与犯罪的界限。

4. 雇用童工从事危重劳动罪与强迫劳动罪的区分

两罪均违反了劳动管理法规，区别主要在于：第一，犯罪对象不同。前者的犯罪对象是童工，即不满 16 周岁的未成年人；后者的对象没有特殊限制。第二，犯罪手段不同。前者是与童工形成雇用关系，通常以支付报酬的方式让童工从事一定劳动；后者采取的是暴力、胁迫或者限制人身自由的方式，以及明知他人强迫劳动，而为其招募、运送人员或有其他协助行为。第三，从事的劳动不完全相同。前者从事的劳动具有特殊性，具体是超强度体力劳动、高空井下作业、易燃性、爆炸性、放射性、毒害性等危险环境下作业；后者对从事的劳动没有特别限制。第四，入罪情节不同。前者要求情节严重的构成犯罪，后者在入罪条件上没有情节要求。第五，犯罪主体不同。前者是自然人，单位实施相关行为的仅处罚直接负责的主管人员和其他直接责任人员；后者是自然人和单位，单位犯罪的对单位判处罚金，并对直接负责的主观人员和其他直接责任人员进行处罚。

5. 本罪的罪数形态

因雇用童工从事危重劳动构成本罪，在从业过程中造成事故并构成其他犯罪的，则应当实行数罪并罚。这里的其他犯罪主要是指《刑法》第134条、第135条等有关安全生产事故方面的犯罪。

（四）情节与量刑

依照《刑法》第244条之一第1款规定，犯雇用童工从事危重劳动罪的，对直接责任人员，处3年以下有期徒刑或者拘役，并处罚金；情节特别严重的，处3年以上7年以下有期徒刑，并处罚金。

依照本条第2款规定，有该条第1款行为，造成事故，又构成其他犯罪的，依照数罪并罚的规定处罚。

司法机关在适用时，应当注意以下问题：

1. 雇用童工从事危重劳动罪，虽然行为方式中不包含暴力、胁迫或者限制人身自由的方式，但是童工本身对于特殊环境下作业的危险性也有一定认知，因此实践中通常会伴随一些强迫、体罚或者欺骗行为。如果强迫、体罚程度尚未超出一般容忍程度的，仅以雇用童工从事危重劳动一罪处罚；如果雇用童工期间，采用暴力、胁迫或者限制人身自由等方法强迫童工劳动，强迫行为可能构成故意伤害、故意杀人、强迫劳动等犯罪，进而与雇用童工从事危重劳动罪形成牵连关系，则应从一重罪处罚。

2. 规范化量刑。《最高人民法院关于常见犯罪的量刑指导意见》对雇用童工从事危重劳动罪的量刑并未作出规定，这主要是由于本罪系《刑法修正案（四）》新增加的罪名，最高司法机关尚未总结出一套成熟的量刑标准。在有关规定出台前，司法人员应当根据犯罪事实、性质、情节和社会危害程度，依照刑法和有关司法解释的规定判处刑罚。

（五）法律链接

1. 中华人民共和国劳动法（1994年7月5日第八届全国人民代表大会常

务委员会第八次会议通过　根据 2009 年 8 月 27 日第十一届全国人民代表大会常务委员会第十次会议《关于修改部分法律的决定》第一次修正　根据 2018 年 12 月 29 日第十三届全国人民代表大会常务委员会第七次会议《关于修改〈中华人民共和国劳动法〉等七部法律的决定》第二次修正）（节录）

第五十八条　国家对女职工和未成年工实行特殊劳动保护。

未成年工是指年满十六周岁未满十八周岁的劳动者。

第六十四条　不得安排未成年工从事矿山井下、有毒有害、国家规定的第四级体力劳动强度的劳动和其他禁忌从事的劳动。

第六十五条　用人单位应当对未成年工定期进行健康检查。

2. **中华人民共和国未成年人保护法**（1991 年 9 月 4 日第七届全国人民代表大会常务委员会第二十一次会议通过　2006 年 12 月 29 日第十届全国人民代表大会常务委员会第二十五次会议修订　根据 2012 年 10 月 26 日第十一届全国人民代表大会常务委员会第二十九次会议《关于修改〈中华人民共和国未成年人保护法〉的决定》修正）（节录）

第三十八条　任何组织或者个人不得招用未满十六周岁的未成年人，国家另有规定的除外。

任何组织或者个人按照国家有关规定招用已满十六周岁未满十八周岁的未成年人的，应当执行国家在工种、劳动时间、劳动强度和保护措施等方面的规定，不得安排其从事过重、有毒、有害等危害未成年人身心健康的劳动或者危险作业。

第六十八条　非法招用未满十六周岁的未成年人，或者招用已满十六周岁的未成年人从事过重、有毒、有害等危害未成年人身心健康的劳动或者危险作业的，由劳动保障部门责令改正，处以罚款；情节严重的，由工商行政管理部门吊销营业执照。

3. **关于禁止和立即行动消除最有害的童工形式公约**（自 2000 年 11 月 19 日起施行）

国际劳工组织大会一九九九年六月十七日通过生效：按照第 10（3）条的规定，于 2000 年 11 月 19 日生效。

国际劳工组织大会，经国际劳工局理事会召集，于 1999 年 6 月 1 日在日内瓦举行其第 87 届会议，并考虑到需要为禁止和消除最有害的童工形式—国家和国际行动包括国际合作和支援在内的主要优先重点—通过新的文书，以便补充依然是童工问题之基本文书的1973年《准予就业最低年龄公约和建议书》，并考虑到免费基础教育的重要性和需要使用关儿童脱离所有此类工作以及为其提供康复和与社会结合，同时解决其家庭需求问题，有效消除最有害的童工形式要求有立即和综合的行动。并忆及国际劳工大会于1996年在其第83届会议上通过的关于消除童工问题的决议，认识到，童工问题在很大程度上是由于贫困造成的，以及长期的解决需要有能导致社会进步，特别是导致缓和贫困和普及教育的持续经济增长，并忆及联合国大会于1989年11月20日通过的《儿童权利公约》，并忆及国际劳工大会于1989年在其第86届会议上通过的《国际劳工组织关于工作中基本原则和权利宣言及其后续措施》并忆及最有害的童工形式中的某些形式已被包括在其他国际文书之中，特别是1930年强迫劳动公约和联合国的1956年废止奴隶制、奴隶贩卖类似奴隶制的制度与习俗补充公约。并决定就有关童工问题—本届会议议程的第四个项目—通过若干通过，并确定这些建议须采用一项国际公约的形态，于一九九九年六月十七日通过以下公约，引用时可称之为1999年消除最有害的童工形式公约。

第一条 凡批准本公约的成员国须采取立即和有效的措施，以保证将禁止和消除最有害的童工形式作为一项紧迫事务。

第二条 就本公约而言，“儿童”一词适用于18岁以下的所有人员。

第三条 就本公约而言，“最有害的童工形式”这一表达方式包括：

（a）所有形式的奴隶制或是类似奴隶制的做法，如出售和贩卖儿童、债务劳役和奴役，以及强迫或强制劳动，包括强迫或强制招募儿童，用于武装冲突；

（b）使用、招收或提供儿童卖淫、生产色情制品或进行色情表演；

（c）使用、招收或提供儿童从事非法活动，特别是生产和非法买卖有关国际条约中确定的麻醉品；

（d）其性质或是在其中从事工作的环境，可能损害儿童的健康、安全或道德的工作。

第四条 1. 在同有关雇主组织和工人组织磋商之后，国家法律或条例或是主管当局在考虑有关国际标准特别是1999年最有害的童工形式建议书中第3和4款的情况下，须确定第3条（4）提到的工作类型。

2. 主管当局在同有关雇主组织和工人组织磋商之后，须查明所确定的工作类型之存在。

3. 根据本条第1款确定的工作类型一览表，须同有关雇主组织和工人组织磋商，进行定期审查并视需要进行修订。

第五条 各成员国在同雇主组织和工人组织磋商之后，须建立或指定适宜机制，监督落实本公约规定的实施。

第六条 1. 各成员国须制定和实施将消除最有害的童工形式作为优先重点的行动计划。

2. 制定和实施此类行动计划，须同有关政府机构以及雇主组织和工人组织磋商，凡适宜时，考虑其他有关群体的意见。

第七条 1. 各成员国须采取所有必要措施，包括规定和执行刑事制裁，或是凡适宜时，其他制裁，以保证有效实施和执行落实本公约的规定。

2. 考虑到教育在消除童工现象中的重要性，各成员国须采取有效的和有时限的措施，以便：

(a) 防止雇用儿童从事最有害的童工形式的工作；

(b) 为儿童脱离最有害的童工形式工作，以及为其康复和与社会结合，提供必要和适宜的直接支援；

(c) 保证脱离了最有害的童工形式工作的所有儿童，能享受免费基础教育，以及凡可能和适宜时，接受职业培训；

(d) 查明和接触处于特殊危险境地的儿童；

(e) 考虑女孩的特殊情况。

3. 各成员国指定主管当局，负责实施落实本公约的规定。

第八条 各成员国须采取适宜步骤，通过加强合作和支援，包括支持社会与经济发展、缓和分困与普及教育，在落实本公约条款方面相互支援。

第九条 本公约的正式批准书须送请国际劳工局长登记。

第十条 1. 本公约仅对其批准书已经局长登记的国际劳工组织成员国有约束力。

2. 本公约自两个成员国的批准书已经局长登记之日起12个月后生效。

3. 此后，对于任何成员国，本公约应自其批准书已经登记之日起12个月生效。

第十一条 1. 凡批准本公约的成员国，自本公约初次生效之日起满10年后可向国际劳工局长通知解约，并请其登记。此项解约通知书自登记之日起满一年后始得生效。

2. 凡批准本公约的成员国，在前款所述10年期满年的一年内未行使本条所规定的解约权利者，即须再遵守10年，此后每当10年期满，得依本条的规定通知解约。

第十二条 1. 国际劳工局长须将国际劳工组织各成员国所送达的一切批准书和解约通知书的登记情况，通知本组织的全体成员国。

2. 局长在将所送达的第二份批准书的登记通知本组织全体成员国时，须提醒本组织各成员国注意本公约开始生效的日期。

第十三条 国际劳工局长须将他按照以上各条规定所登记的一切批准书和解约通知书的详细情况，按照《联合国宪章》第102条的规定，送请联合国秘书长进行登记。

第十四条 国际劳工局理事会在必要时，须将本公约的实施情况向大会提出报告，并审查应否将本公约的全部或部分修订问题列入大会议程。

第十五条 1. 如大会通过新公约对本公约作全部或部分修订时，除新公约另有规定外，应：

(a) 如新修订公约生效和当其生效之时，成员国对于修订公约的批准，不需按照上述第11条的规定，依法即为对本公约的立即解约；

(b) 自新修订公约生效之日起，本公约即停止接受成员国的批准。

2. 对于已批准本公约而未批准修订公约的成员国，本公约以其现有的形式和内容，在任何情况下仍然有效。

第十六条 本公约的英文本和法文本同等为准。

4. 国务院禁止使用童工规定（2002年10月1日中华人民共和国国务院令第346号公布　自2002年12月1日起施行）

第一条 为保护未成年人的身心健康，促进义务教育制度的实施，维护未成年人的合法权益，根据《宪法》和《劳动法》、《未成年人保护法》，制定本规定。

第二条 国家机关、社会团体、企业事业单位、民办非企业单位或者个体工商户（以下统称用人单位）均不得招用不满十六周岁的未成年人（招用不满十六周岁的未成年人，以下统称使用童工）。

禁止任何单位或者个人为不满十六周岁的未成年人介绍就业。

禁止不满十六周岁的未成年人开业从事个体经营活动。

第三条 不满十六周岁的未成年人的父母或者其他监护人应当保护其身心健康，保障其接受义务教育的权利，不得允许其被用人单位非法招用。

不满十六周岁的未成年人的父母或者其他监护人允许其被用人单位非法招用的，所在地的乡（镇）人民政府、城市街道办事处以及村民委员会、居民委员会应当给予批评教育。

第四条 用人单位招用人员时，必须核查被招用人员的身份证；对不满十六周岁的未成年人，一律不得录用。用人单位录用人员的录用登记、核查材料应当妥善保管。

第五条 县级以上各级人民政府劳动保障行政部门负责本规定执行情况的监督检查。

县级以上各级人民政府公安、工商行政管理、教育、卫生等行政部门在各自职责范围内对本规定的执行情况进行监督检查，并对劳动保障行政部门的监督检查给予配合。

工会、共青团、妇联等群众组织应当依法维护未成年人的合法权益。

任何单位或者个人发现使用童工的，均有权向县级以上人民政府劳动保障行政部门举报。

第六条 用人单位使用童工的，由劳动保障行政部门按照每使用一名童工每月处五千元罚款的标准给予处罚；在使用有毒物品的作业场所使用童工的，按照《使用有毒物品作业场所劳动保护条例》规定的罚款幅度，或者按照每使用一名童工每月处五千元罚款的标准，从重处罚。劳动保障行政部门并应当责令用人单位限期将童工送回原居住地交其父母或者其他监护人，所需交通和食宿费用全部由用人单位承担。

用人单位经劳动保障行政部门依照前款规定责令限期改正，逾期仍不将童工送交其父母或者其他监护人的，从责令限期改正之日起，由劳动保障行政部门按照每使用一名童工每月处一万元罚款的标准处罚，并由工商行政管理部门吊销其营业执照或者由民政部门撤销民办非企业单位登记；用人单位是国家机关、事业单位的，由有关单位依法对直接负责的主管人员和其他直接责任人员给予降级或者撤职的行政处分或者纪律处分。

第七条 单位或者个人为不满十六周岁的未成年人介绍就业的，由劳动保障行政部门按照每介绍一人处五千元罚款的标准给予处罚；职业中介机构为不满十六周岁的未成年人介绍就业的，并由劳动保障行政部门吊销其职业介绍许可证。

第八条 用人单位未按照本规定第四条的规定保存录用登记材料，或者伪造录用登记材料的，由劳动保障行政部门处一万元的罚款。

第九条 无营业执照、被依法吊销营业执照的单位以及未依法登记、备案的单位使用童工或者介绍童工就业的，依照本规定第六条、第七条、第八条规定的标准加一倍罚款，该非法单位由有关的行政主管部门予以取缔。

第十条 童工患病或者受伤的，用人单位应当负责送到医疗机构治疗，并负担治疗期间的全部医疗和生活费用。

童工伤残或者死亡的，用人单位由工商行政管理部门吊销营业执照或者由民政部门撤销民办非企业单位登记；用人单位是国家机关、事业单位的，由有关单位依法对直接负责的主管人员和其他直接责任人员给予降级或者撤职的行政处分或者纪律处分；用人单位还应当一次性地对伤残的童工、死亡童工的直系亲属给予赔偿，赔偿金额按照国家工伤保险的有关规定计算。

第十一条 拐骗童工，强迫童工劳动，使用童工从事高空、井下、放射性、高毒、易燃易爆以及国家规定的第四级体力劳动强度的劳动，使用不满14周岁的童工，或者造成童工死亡或者严重伤残的，依照刑法关于拐卖儿童罪、强迫劳动罪或者其他罪的规定，依法追究刑事责任。

第十二条 国家行政机关工作人员有下列行为之一的，依法给予记大过或者降级的行政处分；情节严重的，依法给予撤职或者开除的行政处分；构成犯罪的，依照刑法关于滥用职权罪、玩忽职守罪或者其他罪的规定，依法追究刑事责任：

（一）劳动保障等有关部门工作人员在禁止使用童工的监督检查工作中发现使用童工的情况，不予制止、纠正、查处的；

（二）公安机关的人民警察违反规定发放身份证或者在身份证上登录虚假出生年月的；

（三）工商行政管理部门工作人员发现申请人是不满十六周岁的未成年人，仍然为其从事个体经营发放营业执照的。

第十三条 文艺、体育单位经未成年人的父母或者其他监护人同意，可以招用不满十六周岁的专业文艺工作者、运动员。用人单位应当保障被招用的不满十六周岁的未成年人的身心健康，保障其接受义务教育的权利。文艺、体育单位招用不满十六周岁的专业文艺工作者、运动员的办法，由国务院劳动保障行政部门会同国务院文化、体育行政部门制定。

学校、其他教育机构以及职业培训机构按照国家有关规定组织不满16周岁的未成年人进行不影响其人身安全和身心健康的教育实践劳动、职业技能培训劳动，不属于使用童工。

第十四条　本规定自2002年12月1日起施行。1991年4月15日国务院发布的《禁止使用童工规定》同时废止。

5. **未成年工特殊保护规定**（劳部发〔1994〕498号　自1995年1月1日起施行）

第一条　为维护未成年工的合法权益，保护其在生产劳动中的健康，根据《中华人民共和国劳动法》的有关规定，制定本规定。

第二条　未成年工是指年满十六周岁，未满十八周岁的劳动者。

未成年工的特殊保护是针对未成年工处于生长发育期的特点，以及接受义务教育的需要，采取的特殊劳动保护措施。

第三条　用人单位不得安排未成年工从事以下范围的劳动：

（一）《生产性粉尘作业危害程度分级》国家标准中第一级以上的接尘作业；

（二）《有毒作业分级》国家标准中第一级以上的有毒作业；

（三）《高处作业分级》国家标准中第二级以上的高处作业；

（四）《冷水作业分级》国家标准中第二级以上的冷水作业；

（五）《高温作业分级》国家标准中第三级以上的高温作业；

（六）《低温作业分级》国家标准中第三级以上的低温作业；

（七）《体力劳动强度分级》国家标准中第四级体力劳动强度的作业；

（八）矿山井下及矿山地面采石作业；

（九）森林业中的伐木、流放及守林作业；

（十）工作场所接触放射性物质的作业；

（十一）有易燃易爆、化学性烧伤和热烧伤等危险性大的作业；

（十二）地质勘探和资源勘探的野外作业；

（十三）潜水、涵洞、涵道作业和海拔三千米以上的高原作业（不包括世居高原者）；

（十四）连续负重每小时在六次以上并每次超过二十公斤，间断负重每次超过二十五公斤的作业；

（十五）使用凿岩机、捣固机、气镐、气铲、铆钉机、电锤的作业；

（十六）工作中需要长时间保持低头、弯腰、上举、下蹲等强迫体位和动作频率每分钟在五十次以上的流水线作业；

（十七）锅炉司炉。

第四条 未成年工患有某种疾病或具有某些生理缺陷（非残疾型）时，用人单位不得安排其从事以下范围的劳动：

（一）《高处作业分级》国家标准中第一级以上的高处作业；

（二）《低温作业分级》国家标准中第二级以上的低温作业；

（三）《高温作业分级》国家标准中第二级以上的高温作业；

（四）《体力劳动强度分级》国家标准中第三级以上体力劳动强度的作业；

（五）接触铅、苯、汞、甲醛、二硫化碳等易引起过敏反应的作业。

第五条 患有某种疾病或具有某些生理缺陷（非残疾型）的未成年工，是指有以下一种或一种以上情况者：

（一）心血管系统

1. 先天性心脏病；

2. 克山病；

3. 收缩期或舒张期二级以上心脏杂音。

（二）呼吸系统

1. 中度以上气管炎或支气管哮喘；

2. 呼吸音明显减弱；

3. 各类结核病；

4. 体弱儿，呼吸道反复感染者。

（三）消化系统

1. 各类肝炎；

2. 肝、脾肿大；

3. 胃、十二指肠溃疡；

4. 各种消化道疝。

（四）泌尿系统

1. 急、慢性肾炎；

2. 泌尿系感染。

（五）内分泌系统

1. 甲状腺机能亢进；

2. 中度以上糖尿病。

（六）精神神经系统

1. 智力明显低下；

2. 精神忧郁或狂暴。

（七）肌肉、骨骼运动系统

1. 身高和体重低于同龄人标准；

2. 一个及一个以上肢体存在明显功能障碍；

3. 躯干四分之一以上部位活动受限，包括强直或不能旋转。

（八）其它

1. 结核性胸膜炎；

2. 各类重度关节炎；

3. 血吸虫病；

4. 严重贫血，其血色素每升低于九十五克（＜9.5g/dL）。

第六条　用人单位应按下列要求对未成年工定期进行健康检查：

（一）安排工作岗位之前；

（二）工作满一年；

（三）年满十八周岁，距前一次的体检时间已超过半年。

第七条　未成年工的健康检查，应按本规定所附《未成年工健康检查表》列出的项目进行。

第八条　用人单位应根据未成年工的健康检查结果安排其从事适合的劳动，对不能胜任原劳动岗位的，应根据医务部门的证明，予以减轻劳动量或安排其他劳动。

第九条　对未成年工的使用和特殊保护实行登记制度。

（一）用人单位招收使用未成年工，除符合一般用工要求外，还须向所在地的县级以上劳动行政部门办理登记。劳动行政部门根据《未成年工健康检查表》、《未成年工登记表》，核发《未成年工登记证》。

（二）各级劳动行政部门须按本规定第三、四、五、七条的有关规定，审核体检情况和拟安排的劳动范围。

（三）未成年工须持《未成年工登记证》上岗。

（四）《未成年工登记证》由国务院劳动行政部门统一印制。

第十条 未成年工上岗前用人单位应对其进行有关的职业安全卫生教育、培训以及未成年工体检和登记，由用人单位统一办理和承担费用。

第十一条 县级以上劳动行政部门对用人单位执行本规定的情况进行监督检查，对违犯本规定的行为依照有关法规进行处罚。

各级工会组织对本规定的执行情况进行监督。

第十二条 省、自治区、直辖市劳动行政部门可以根据本规定制定实施办法。

第十三条 本规定自一九九五年一月一日起施行。

6. **使用有毒物品作业场所劳动保护条例**（2002 年 5 月 12 日中华人民共和国国务院令第 352 号公布　自 2002 年 5 月 12 日起施行）（节录）

第七条 禁止使用童工。

用人单位不得安排未成年人和孕期、哺乳期的女职工从事使用有毒物品的作业。

7. **高处作业分级**（GB 3608—83　自 1984 年 5 月 1 日起施行）

本标准为高处作业的基础标准，是高处作业时，采取劳动安全防护措施和加强劳动安全科学管理的依据。

本标准适用于各种高处作业。

1　基本定义

1.1　高处作业

凡在坠落高度基准面 2 米以上（含 2 米）有可能坠落的高处进行的作业，均称为高处作业。

1.2　坠落高度基准面

通过最低坠落着落点的水平面，称为坠落高度基准面。

1.3　最低坠落着落点

在作业位置可能坠落到的最低点，称为该作业位置的最低坠落着落点。

其可能坠落范围半径 R，根据高度 h 不同分别是：当高度 h 为 2 米至 5 米时，半为 2 米；当高度 h 为 5 米以上至 15 米时，半径 R 为 3 米；当高度 h 为 15 米以上至 30 米时，半径 R 为 4 米；当高度 h 为 30 米以上时，半径 R 为 5 米。高度 h 为作业位置至其底部的垂直距离。

1.4 高处作业高度

作业区各作业位置至相应坠落高度基准面之间的垂直距离中的最大值，称为该作业区的高处作业高度。

2 高处作业的级别

2.1 高处作业高度在 2 米至 5 米时，称为一级高处作业。

2.2 高处作业高度在 5 米以上至 15 米时，称为二级高处作业。

2.3 高处作业高度在 15 米以上至 30 米时，称为三级高处作业。

2.4 高处作业高度在 30 米以上时，称为特级高处作业。

3 高处作业的种类和特殊高处作业的类别

3.1 高处作业的种类分为一般高处作业和特殊高处作业两种。

3.2 特殊高处作业包括以下几个类别：

3.2.1 在阵风风力六级（风速 10.8 米每秒）以上的情况下进行的高处作业，称为强风高处作业。

3.2.2 在高温或低温环境下进行的高处作业，称为异温高处作业。

3.2.3 降雪时进行的高处作业，称为雪天高处作业。

3.2.4 降雨时进行的高处作业，称为雨天高处作业。

3.2.5 室外完全采用人工照明时进行的高处作业，称为夜间高处作业。

3.2.6 在接近或接触带电体条件下进行的高处作业，统称为带电高处作业。

3.2.7 在无立足点或无牢靠立足点的条件下，进行的高处作业，统称为悬空高处作业。

3.2.8 对突然发生的各种灾害事故，进行抢救的高处作业，称为抢救高处作业。

3.3 一般高处作业系指除特殊高处作业以外的高处作业。

4 标记

高处作业的分级以级别、类别和种类标记。一般高处作业标记时，写明级别和种类；特殊高处作业标记时，写明级别和类别，种类可省略不写。

例 1：三级，一般高处作业（略）

例 2：一级，强风高处作业（略）

例 3：二级，异温、悬空高处作业（略）

十七、非法搜查罪

（一）法律规定

第二百四十五条　非法搜查他人身体、住宅，或者非法侵入他人住宅的，处三年以下有期徒刑或者拘役。

司法工作人员滥用职权，犯前款罪的，从重处罚。

（二）罪名详解

非法搜查罪，是指非法地对他人的身体或者住宅进行搜查的行为。本罪1979年《刑法》第144条作了规定。

非法搜查罪的构成要件是：

1. 主体要件

本罪主体主要为一般主体；但司法工作人员也可以构成本罪的主体（即特殊主体）。

2. 客体要件

本罪侵犯的客体是他人的人身权利和住宅不受侵犯的权利。公民的人身和住宅安全受宪法保护。《宪法》第37条规定，公民的人身自由不受侵犯，禁止非法搜查公民的身体。第39条规定，公民的住宅不受侵犯，禁止非法搜查公民的住宅。

3. 主观要件

本罪主观方面只能由直接故意构成。间接故意和过失不构成本罪。

4. 客观要件

本罪客观方面表现为非法地对他人的身体或者住宅进行搜查的行为。《刑事诉讼法》第136条对“搜查”作了专门规定：“为了收集犯罪证据、查获犯罪嫌疑人，侦查人员可以对犯罪嫌疑人以及可能隐藏罪犯或者犯罪证据的人的身体、物品、住处和其他有关的地方进行搜查。”搜查必须严格依照法律规定的程序进行，如必须向被搜查人出示搜查证；搜查时应当有被搜查人或者他的家属，邻居或者其他见证人在场；搜查妇女的身体，应当由女工作人员进行等。这种搜查是合法的，经被搜查人同意的搜查，也是合法的。非法搜查他人身体、住宅的行为包括两种情形：一种是无权进行搜查的机关、单位、团体的工作人员或者个人，非法地对他人的身体或者住宅进行搜查；另一种是有权进行搜查的国家机关工作人员滥用职权，擅自决定非法对他人的人身、住宅进行搜查，或者搜查违反法律规定的程序。犯罪对象仅限于他人的人身和住宅。行为人只要实施了非法地对他人的人身或者住宅进行搜查其中一种行为，就构成本罪；具有两种行为的，仍为一罪，不实行并罚。

（三）实务疑难问题

1. 罪与非罪的认定

《刑法》第 245 条虽然没有规定“情节恶劣”“情节严重”的限制性条件，但是参照《最高人民检察院关于渎职侵权犯罪案件立案标准的规定》，国家机关工作人员利用职权非法搜查，涉嫌下列情形之一的，应予立案：（1）非法搜查他人身体、住宅，并实施殴打、侮辱等行为的；（2）非法搜查，情节严重，导致被搜查人或者其近亲属自杀、自残造成重伤、死亡，或者精神失常的；（3）非法搜查，造成财物严重损坏的；（4）非法搜查 3 人（户）次以上的；（5）司法工作人员对明知是与涉嫌犯罪无关的人身、住宅非法搜查的；（6）其他非法搜查应予追究刑事责任的。

根据司法实践经验，对于一般非法搜查他人的身体或者住宅的行为，属侵犯人身权利的违法行为，应当依照《治安管理处罚法》第 40 条第（三）项的规定，给予治安处罚，即处 10 日以上 15 日以下拘留，并处 500 元以上 1000 元以下罚款；情节较轻的，处 5 日以上 10 日以下拘留，并处 200 元以上 500 元以下罚款或者警告。

2. 正确界定“住宅”的范围

参照最高人民法院有关“入户抢劫”的解释，非法搜查他人的“住宅”，是指非法进入他人生活的与外界相对隔离的住所，包括封闭的院落、牧民的帐篷、渔民作为家庭生活场所的渔船、歌厅业主的住处、为生活租用的房屋等。

3. 非法搜查与合法搜查中错误行为的区分

侦查人员在合法搜查过程中没有严格依照刑事诉讼法的规定程序进行搜查的，例如没有出示搜查证、没有邀请见证人等行为，属于合法搜查中的错误行为。

4. 本罪与以非法搜查为手段的其他犯罪的区分

如果非法搜查不是目的，而是实施其他犯罪的手段行为，如抢劫时搜身、盗窃时在住宅内翻找财物等行为，应以目的行为吸收手段行为，从一重处罚，通常是按照目的行为定罪，如定抢劫罪、盗窃罪。如果后者尚未构成犯罪，如非法搜查后窃取少量财物，尚未达到盗窃罪的定罪标准的，则可以非法搜查罪定罪处罚，而把盗窃行为作为一个量刑情节予以考虑。

5. 非法搜查罪的罪数形态

实施非法搜查犯罪行为，往往伴随其他非法犯罪行为，如对被搜查人进行殴打、侮辱，因搜查而毁坏他人财物等等。如果符合牵连犯、吸收犯或者想象竞合犯的，按照相关处罚原则处理；其他基于两种犯意实施两种犯罪行为的，如非法搜查又实施强奸、猥亵的，非法搜查又实施盗窃的，则应当对行为人实行数罪并罚。

（四）情节与量刑

依照《刑法》第245条第1款规定，犯非法搜查罪的，处3年以下有期徒刑或者拘役。

依照本条第2款规定，司法工作人员滥用职权，犯本罪的，从重处罚。

司法机关在适用时，应当注意以下问题：

1. 正确理解本条第2款的规定。这里的“司法工作人员”，按照《刑法》第94条的规定，是指有侦查、检察、审判和监管职责的工作人员。“滥用职权”是指司法工作人员超越职权或者违背职责规定行使职权，非法搜查他人身体、住宅的行为。这种行为的社会危害性比一般公民要大，所以法律规定要依法予以从重处罚。

2. 规范化量刑。《最高人民法院关于常见犯罪的量刑指导意见》对非法搜查罪的量刑并未作出规定，这主要是由于非法搜查罪在司法实践中并不常见，最高司法机关尚未总结出一套成熟的量刑标准。在有关规定出台前，司法人员应当根据犯罪事实、性质、情节和社会危害程度，依照刑法和有关司法解释的规定判处刑罚。

（五）法律链接

1. 中华人民共和国刑事诉讼法（1979年7月1日第五届全国人民代表

大会第二次会议通过　根据1996年3月17日第八届全国人民代表大会第四次会议《关于修改〈中华人民共和国刑事诉讼法〉的决定》第一次修正　根据2012年3月14日第十一届全国人民代表大会第五次会议《关于修改〈中华人民共和国刑事诉讼法〉的决定》第二次修正　根据2018年10月26日第十三届全国人民代表大会常务委员会第六次会议《关于修改〈中华人民共和国刑事诉讼法〉的决定》第三次修正　自2018年10月26日起施行）（节录）

第十九条　刑事案件的侦查由公安机关进行，法律另有规定的除外。

人民检察院在对诉讼活动实行法律监督中发现的司法工作人员利用职权实施的非法拘禁、刑讯逼供、非法搜查等侵犯公民权利、损害司法公正的犯罪，可以由人民检察院立案侦查。对于公安机关管辖的国家机关工作人员利用职权实施的重大犯罪案件，需要由人民检察院直接受理的时候，经省级以上人民检察院决定，可以由人民检察院立案侦查。

自诉案件，由人民法院直接受理。

2. 最高人民法院、最高人民检察院、公安部、国家安全部、司法部关于对司法工作人员在诉讼活动中的渎职行为加强法律监督的若干规定（试行）（高检会〔2010〕4号　自2010年7月26日起施行）（节录）

第三条　司法工作人员在诉讼活动中具有下列情形之一的，可以认定为司法工作人员具有涉嫌渎职的行为，人民检察院应当调查核实：

（三）非法搜查他人身体、住宅，或者非法侵入他人住宅的；

3. 最高人民检察院关于人民检察院直接受理立案侦查的渎职侵权重特大案件标准（试行）（高检发〔2001〕13号　自2002年1月1日起施行）（节录）

三十五、国家机关工作人员利用职权实施的非法搜查案件

（一）重大案件

1. 五次以上或者一次对五人（户）以上非法搜查的；

2. 引起被搜查人精神失常的。

（二）特大案件

1. 七次以上或者一次对七人（户）以上非法搜查的；

2. 引起被搜查人自杀的。

4. 最高人民法院行政审判庭关于公安机关未具法定立案搜查手续对公民进行住宅人身搜查被搜查人提起诉讼人民法院可否按行政案件受理问题的电

话答复（自1991年6月18日起施行）

四川省高级人民法院：

你院川法研〔1991〕22号请示收悉。经研究，同意请示中第一种意见。公安机关在侦破刑事案件中，对公民的住宅、人身进行搜查，属于刑事侦查措施。对于刑事侦查措施不服提起诉讼的，不属于行政诉讼调整范围。如果公安机关在采取上述措施时违反法定程序，可以向该公安机关或其上级机关及有关部门反映解决，人民法院不应作为行政案件受理。

附：四川省高级人民法院

关于公安机关未具法定立案搜查手续对公民进行住宅人身搜查，被搜查人提起诉讼人民法院可否按行政案件受理的请示

（川法研〔1991〕22号）

最高人民法院：

我省有的公安机关主要的是公安派出所，接到群众和单位被盗的报案后，没有立案，也未具有合法搜查手续，在没有掌握任何证据的情况下，即对作案怀疑对象的住宅、人身进行搜查。被搜查人以公安机关非法搜查侵犯住宅、人身权利为由向法院提起诉讼，要求公安机关恢复名誉，消除影响。对此类诉讼，法院可否按行政案件受理，我们在讨论中有两种意见：

第一种意见认为，这种搜查住宅、人身的行为，虽不符法定手续，但仍属刑事侦查措施，不属行政诉讼法调整的范围，应告知被搜查人向其上级公安机关反映解决，或向检察机关提出控告，人民法院不应按行政案件受理。

第二种意见认为，刑事侦查措施应当按照刑事诉讼法的规定采取，公安机关既未依法立案，又未具备合法搜查手续，即对公民的住宅、人身进行搜查，侵犯了公民的人身权利，根据《行政诉讼法》第十一条第八项的规定，行政机关及其工作人员在执行职务中侵犯了公民的人身权、财产权，应属行政案件的受案范围，人民法院应按行政案件受理。在判决方式上，可宣告公安机关搜查违反刑事诉讼法的规定，造成对公民名誉权的损害，责令公安机关赔礼道歉，恢复名誉，消除影响。如果搜查中造成公民人身伤害和财产损失的，应按行政侵权赔偿一并审理。

我们倾向于第一种意见，当否，请批复。

5. **中华人民共和国治安管理处罚法**（2005 年 8 月 28 日第十届全国人民代表大会常务委员会第十七次会议通过　根据 2012 年 10 月 26 日第十一届全国人民代表大会常务委员会第二十九次会议《关于修改〈中华人民共和国治安管理处罚法〉的决定》修正）（节录）

第四十条　有下列行为之一的，处十日以上十五日以下拘留，并处五百元以上一千元以下罚款；情节较轻的，处五日以上十日以下拘留，并处二百元以上五百元以下罚款：

（一）组织、胁迫、诱骗不满十六周岁的人或者残疾人进行恐怖、残忍表演的；

（二）以暴力、威胁或者其他手段强迫他人劳动的；

（三）非法限制他人人身自由、非法侵入他人住宅或者非法搜查他人身体的。

十八、非法侵入住宅罪

（一）法律规定

第二百四十五条　非法搜查他人身体、住宅，或者非法侵入他人住宅的，处三年以下有期徒刑或者拘役。

司法工作人员滥用职权，犯前款罪的，从重处罚。

（二）罪名详解

非法侵入住宅罪，是指未经法定机关批准或者未经住宅主人同意，非法强行侵入他人住宅的行为。本罪 1979 年《刑法》第 144 条作了规定。

非法侵入住宅罪的构成要件是：

1. 主体要件

本罪主体既可以由一般主体构成，也可以由特殊主体（司法工作人员）构成。

2. 客体要件

本罪侵犯的客体是他人的住宅不受侵犯的权利。公民的住宅安全受《宪法》保护。《宪法》第 39 条规定，公民的住宅不受侵犯。禁止非法侵入公民的住宅。

3. 主观要件

本罪主观方面由直接故意构成。间接故意和过失不构成本罪。

4. 客观要件

本罪客观方面表现为未经法定机关批准或者未经住宅主人同意，非法侵入他人住宅，或者经要求退出而拒不退出的行为。根据《刑事诉讼法》的规定，公安机关、国家安全机关、人民检察院和人民法院，为了执行搜查、拘留、逮捕等任务，依照法律规定的程序而进入他人住宅的行为是合法的。消防队员为灭火，未经住宅主人同意破门而入的，系紧急避险，同样阻却违法性。这里讲的“非法”，是指两种情形：一种是未经主人同意强行闯入；另一种是经主人同意进入他人住宅后，主人又要求其退出而拒不退出。如果是司法工作人员依法执行职务进入他人住宅或者是事先征得主人同意后进入他人住宅，则不属非法侵入他人住宅。

（三）实务疑难问题

1. 罪与非罪的认定

区分罪与非罪，关键看情节是否严重。根据《刑法》第 13 条“但书”的规定，只有严重妨碍了他人居住安全与生活安宁的非法侵入住宅行为，才构成本罪。司法实践经验表明，对于一般非法侵入他人住宅的行为，属侵犯人身权利的违法行为，应当依照《治安管理处罚法》第 40 条第（三）项的规定，给予治安处罚，即处 10 日以上 15 日以下拘留，并处 500 元以上 1000 元以下罚款。情节较轻的，处 5 日以上 10 日以下拘留，并处 200 元以上 500 元以下罚款。

2. 正确界定“住宅”的范围

参照最高人民法院有关“入户抢劫”的解释，非法侵入他人的“住宅”，是指非法进入他人生活的与外界相对隔离的住所，包括封闭的院落、牧民的帐篷、渔民作为家庭生活场所的渔船、歌厅业主的住处、为生活租用的房屋等。这里的“住宅”是指他人的住宅，即行为人不在住宅内单独或者共同居住或生活。如果将住宅出租的，住宅的所有权虽未发生改变，但居住权和使用权已经移交，住宅主人未经居住者和使用者的允许而进入住宅的，同样构成本罪。根据法律规定，这里的“住宅”既可以是有人居住的“住宅”，也应当包括无人居住的“住宅”。

非法侵入商场柜台、机关办公场所等地，不能构成非法侵入住宅罪，非法侵入这些地方如果构成其他犯罪，可按其他犯罪定罪处罚，如寻衅滋事罪、聚众扰乱公共场所秩序罪。

3. 本罪与以非法侵入住宅为手段的其他犯罪的区分

如果非法侵入住宅不是目的，而是实施其他犯罪的手段行为，如入户抢劫、入户盗窃、入户强奸等行为，应以目的行为吸收手段行为，从一重处罚，通常是按照目的行为定罪，如定抢劫罪、盗窃罪、强奸罪。如果后者尚未构成犯罪，如非法侵入住宅后窃取少量财物，尚未达到盗窃罪的定罪标准的，则可以非法侵入住宅罪定罪处罚，而把盗窃行为作为量刑情节予以考虑。

4. 非法侵入住宅罪与非法搜查罪的区分

两者都侵犯了他人的人身安全和隐私权，区别主要在于：第一，犯罪对象不同。非法侵入住宅罪的对象是他人的住宅；非法搜查罪的对象是他人的人身和住宅。第二，非法侵入住宅罪的犯罪形态有作为形式和不作为形式（经主人要求拒不退出），非法搜查罪只能是作为形式。

5. 本罪的犯罪形态

非法侵入住宅罪根据进入住宅是否经由主人同意或法律授权，其犯罪形态有以下两种：

第一，作为形态，即未经法律授权或者住宅主人允许而进入住宅的，该犯罪是行为犯，只要侵入他人住宅即构成本罪，侵入时间的长短可作为量刑情节考虑。

第二，不作为形态，即有权进入住宅后，经住宅主人要求退出而拒不退出的，这是继续犯，此时需要给行为人一定的时间退出住宅。如果行为人持续在住宅内滞留而拒不退出的，才能构成本罪。这里“要求退出”，应当是明示的；若仅仅以暗示的方式要求退出，行为人没有退出的，不构成拒不退出，也就不能构成本罪。

（四）情节与量刑

依照《刑法》第 245 条第 1 款规定，犯非法侵入住宅的，处 3 年以下有期徒刑或者拘役。

依照本条第 2 款规定，司法工作人员滥用职权，犯本罪的，从重处罚。

司法机关在适用时，应当注意以下问题：

1. 正确理解本条第 2 款的规定。这里的“司法工作人员”，按照《刑法》第 94 条的规定，是指有侦查、检察、审判和监管职责的工作人员。“滥用职权”是指司法工作人员超越职权或者违背职责规定行使职权，非法侵入他人住宅的行为。这种行为的社会危害性比一般公民要大，所以法律规定要依法予以从重处罚。

2. 规范化量刑。《最高人民法院关于常见犯罪的量刑指导意见》对非法侵入住宅罪的量刑并未作出规定，这主要是由于非法侵入住宅罪在司法实践中并不常见，最高司法机关尚未总结出一套成熟的量刑标准。在有关规定出台前，司法人员应当根据犯罪事实、犯罪性质、情节和社会危害程度，依照刑法和有关司法解释的规定判处刑罚。

（五）法律链接

1. 最高人民法院关于适用中华人民共和国刑事诉讼法的解释（法释〔2012〕21 号　自 2013 年 1 月 1 日起施行）（节录）

第一条　人民法院直接受理的自诉案件包括：

（二）人民检察院没有提起公诉，被害人有证据证明的轻微刑事案件：

2. 非法侵入住宅案（刑法第二百四十五条规定的）；

2. 最高人民法院、最高人民检察院、公安部、国家安全部、司法部关于对司法工作人员在诉讼活动中的渎职行为加强法律监督的若干规定（试行）（高检会〔2010〕4 号　自 2010 年 7 月 26 日起施行）（节录）

第三条　司法工作人员在诉讼活动中具有下列情形之一的，可以认定为司法工作人员具有涉嫌渎职的行为，人民检察院应当调查核实：

（三）非法搜查他人身体、住宅，或者非法侵入他人住宅的；

十九、侮辱罪

（一）法律规定

第二百四十六条[①] **以暴力或者其他方法公然侮辱他人或者捏造事实诽谤他人，情节严重的，处三年以下有期徒刑、拘役、管制或者剥夺政治权利。**

前款罪，告诉的才处理，但是严重危害社会秩序和国家利益的除外。

通过信息网络实施第一款规定的行为，被害人向人民法院告诉，但提供证据确有困难的，人民法院可以要求公安机关提供协助。

（二）罪名详解

侮辱罪，是指以暴力或者其他方法，公然贬低、损害他人人格，破坏他人名誉，情节严重的行为。

本罪1979年《刑法》第145条作了规定，1997年《刑法》第246条对罪状作了补充和修改。

侮辱罪的构成要件是：

1. 主体要件

本罪主体为一般主体。凡年满16周岁并具有刑事责任能力的人，均可构成本罪的主体。

2. 客体要件

本罪侵犯的客体是他人的人格和名誉。人身权利是我国公民的基本权利之一。人身权利通常还包括与人身相联系的人格尊严在内。尊重他人的人格和名誉，是每一个公民应有的社会主义道德品质和必须遵循的共同生活准则。1982年宪法设专条增写了“中华人民共和国公民的人格尊严不受侵犯。禁止用任何方法对公民进行侮辱、诽谤和诬告陷害”。这说明，我国公民的人格尊严受到法律的严格保护，对于保护公民的人身权利不受侵犯，具有重要的

---

① 本条第3款是由2015年8月29日《刑法修正案（九）》第16条增加的。

意义。

3. 主观要件

本罪主观方面由直接故意构成，并且具有贬低、损害他人人格、破坏他人名誉的个人目的。间接故意和过失不构成本罪。

4. 客观要件

本罪客观方面表现为以暴力或者其他方法公然侮辱他人的行为。

首先，要有侮辱他人的行为。侮辱的方式很多，主要有三种：（1）暴力行为侮辱。即对被害人施以暴力或者以暴力相威胁，使其人格、名誉受到损害。但这里讲的暴力，仅指作为侮辱的手段而言。如，强行剪掉别人头发，强行往别人身上涂抹粪便等等。如果行为人有伤害他人身体健康的故意，则应以故意伤害罪论处。（2）言语侮辱。即以言语对被害人进行嘲笑、辱骂。如口头散布他人的生活隐私、生理缺陷等等。（3）文字侮辱。即以文字、漫画等形式对被害人进行侮辱。目前，在网络上公然发表对他人不利的言论，情节严重的，也属于文字侮辱。其次，侮辱他人的行为必须是公然进行的，是在不特定多数人面前进行的，但被害人不一定在场。侮辱行为不要求发生在公共场合，只要不特定多数人可能知悉，即使事实上没有知悉的，也不影响本罪的成立。如果仅是针对被害人进行侮辱，没有第三人在场，第三人也不可能知悉的，则不成立本罪。再次，侮辱还必须是针对特定的人实施的，不论是否当着被害人的面。特定的人可以是一个人，也可以是几个人，但必须是具体的。具体并不要求点名道姓，只要通过一定的描述或者指征，使了解情况的人一看就知道是针对某人的，就应视为有特定对象的侮辱。本罪的犯罪对象只能是自然人，侮辱法人以及其他团体、组织，不构成本罪。死者不能成为本罪的对象，但是表面是侮辱死者，实际上侮辱死者亲属的，也可以成立本罪。

（三）实务疑难问题

1. 合法行为与侮辱行为的区分

实践中，正常合法的舆论监督、举报行为和善意的批评行为，都会有一些内容涉及被监督对象、举报对象、批评对象的错误或工作失误，可能对其在生活和工作中的评价造成一定不良影响。但是，上述合法行为是遵循一定的法律、法规或者组织内部规定实施的，行为人主观上没有贬低人格、破坏声誉的目的，也不存在过错，不能认定为本罪。

2. 民事侵权侮辱行为与侮辱罪的区分

民事侵权侮辱行为与侮辱罪虽然都有一定的侮辱行为，但两者的区别主要在于：第一，行为对象不完全相同。侮辱罪的对象仅限于自然人，但民事侵权侮辱行为的对象可能是法人。《民法通则》规定“法人享有名誉权”，侮辱法人名誉的不能成立侮辱罪。第二，行为的危害程度不同。侮辱罪的危害程度需达到“情节严重”，而民事侵权侮辱行为仅限于“造成一定影响”。第三，行为人主观过错要求不同。侮辱罪的行为人主观上必须具有直接故意，且有贬低他人人格、破坏他人声誉的目的；而民事侵权侮辱行为人主观上可以是故意，也可以是过失。只要行为人有过错，客观上造成对他人人格、声誉的损害后果，就应承担侵权行为责任。

3. 正确界定罪与非罪

按照刑法规定，构成侮辱罪，除需具备前述讨论的构成要件外，还必须达到“情节严重”的程度，才构成犯罪。所谓情节严重，一般是指手段恶劣、后果严重的情形。例如，强令被害人当众爬过自己胯下或者做其他严重有损人格的侮辱动作；当众向被害人身上泼粪便；给被害人抹黑脸、挂破鞋并强拉去示众；多次用极为低级下流的言辞进行羞辱，致使被害人受到严重刺激而精神失常或者自杀等等。

因此，情节是否严重，是区分侮辱罪的罪与非罪的关键。对于情节不严重的侮辱行为，属于侵犯人身权利的一般违法行为，应当依照《治安管理处罚法》第 42 条第（二）项的规定，给予治安处罚，即处 5 日以下拘留或者 500 元以下罚款；情节较重的，处 5 日以上 10 日以下拘留，可以并处 500 元以下罚款。

4. 本罪与强制猥亵、侮辱罪的区分

侮辱罪与强制猥亵、侮辱罪一般不宜混淆，但是如果是使用暴力手段、公然针对妇女的行为，则需要对二者进行区分。区分二者主要在于犯罪目的不同：前者是以败坏他人人格、名誉为目的，后者则具有性刺激、性满足的目的。

5. 本罪与侮辱国旗、国徽罪的区分

根据《刑法》第 299 条规定，在公众场合故意以焚烧、毁损、涂划、玷污、践踏等方式侮辱中华人民共和国国旗、国徽的，构成侮辱国旗、国徽罪。

侮辱罪与侮辱国旗、国徽罪均有公然实施的方式，两者区别主要在于：第一，犯罪对象不同。侮辱罪的犯罪对象是自然人；侮辱国旗、国徽罪的犯罪对象是中华人民共和国的国旗、国徽。第二，行为方式不同。侮辱罪的行为方式不特定，只要实施了贬低他人人格、破坏他人名誉的行为即可；侮辱国旗、国徽罪是以焚烧、毁损、涂划、玷污、践踏等方式侮辱国旗、国徽的行为。第三，行为人主观目的不同。侮辱罪的行为人主观上只能是直接故意，且具有贬低他人人格、破坏他人名誉的目的；侮辱国旗、国徽罪的行为人主观上存在故意即可，行为目的和动机不影响犯罪成立。第四，立案标准不同。侮辱罪要求“情节严重”才能构罪；侮辱国旗、国徽罪未提该要求。

6. 侮辱罪中一罪与数罪的认定

侮辱罪可以以暴力方法实施，这里的暴力仅限于为使他人人格尊严和名誉受到损害而采取的强制手段，不包括对犯罪对象的伤害和杀害行为。如果行为人在侮辱他人过程中故意伤害或者杀害被害人的，则应当以故意伤害罪、故意杀人罪定罪处罚，不再认定侮辱罪。

（四）情节与量刑

依照《刑法》第 246 条第 1 款规定，犯侮辱罪的，处 3 年以下有期徒刑、拘役、管制或者剥夺政治权利。

依照本条第 2 款规定，本罪告诉的才处理，但是严重危害社会秩序和国家利益的除外。

依照本条第 3 款规定，通过信息网络实施第 1 款规定的行为，被害人向人民法院告诉，但提供证据确有困难的，人民法院可以要求公安机关提供协助。

司法机关在适用时，应当注意以下问题：

1. 根据本条第 1 款规定，情节严重的才构成犯罪，情节一般的可以依照《治安管理处罚法》处理。

2. 根据本条第 2 款和第 3 款规定，本罪属于自诉罪名，被害人提起告诉的，法院才能受理，除非是严重危害社会秩序和国家利益的行为。对于利用信息网络实施本罪的行为，被害人告诉后，提起证据确有困难的，人民法院可以要求公安机关提供协助。

3. 规范化量刑。《最高人民法院关于常见犯罪的量刑指导意见》对侮辱罪的量刑并未作出规定，这是由于侮辱罪主要是告诉才处理，司法实践中并不常见，最高司法机关尚未总结出一套成熟的量刑标准。在有关规定出台前，司法人员应当根据犯罪事实、犯罪性质、情节和社会危害程度，依照刑法和有关司法解释的规定判处刑罚。

（五）法律链接

1. 最高人民法院、最高人民检察院、公安部、司法部、国家卫生和计划生育委员会关于依法惩处涉医违法犯罪维护正常医疗秩序的意见（法发〔2014〕5号　自2014年4月22日起施行）（节录）

二、严格依法惩处涉医违法犯罪

（四）公然侮辱、恐吓医务人员的，依照《治安管理处罚法》第42条的规定处罚；采取暴力或者其他方法公然侮辱、恐吓医务人员情节严重（恶劣），构成侮辱罪、寻衅滋事罪的，依照刑法的有关规定定罪处罚。

2. 最高人民法院关于审理非法出版物刑事案件具体应用法律若干问题的解释（法释〔1998〕30号　自1998年12月23日起施行）（节录）

第六条　在出版物中公然侮辱他人或者捏造事实诽谤他人，情节严重的，依照刑法第二百四十六条的规定，分别以侮辱罪或者诽谤罪定罪处罚。

3. 最高人民法院、最高人民检察院、公安部、司法部关于依法办理家庭暴力犯罪案件的意见（法发〔2015〕4号　自2015年3月2日起施行）（节录）

二、案件受理

9. 通过代为告诉充分保障被害人自诉权。对于家庭暴力犯罪自诉案件，被害人无法告诉或者不能亲自告诉的，其法定代理人、近亲属可以告诉或者代为告诉；被害人是无行为能力人、限制行为能力人，其法定代理人、近亲属没有告诉或者代为告诉的，人民检察院可以告诉；侮辱、暴力干涉婚姻自由等告诉才处理的案件，被害人因受强制、威吓无法告诉的，人民检察院也可以告诉。人民法院对告诉或者代为告诉的，应当依法受理。

三、定罪处罚

16. 依法准确定罪处罚。对故意杀人、故意伤害、强奸、猥亵儿童、非法拘禁、侮辱、暴力干涉婚姻自由、虐待、遗弃等侵害公民人身权利的家庭暴力犯罪，应当根据犯罪的事实、犯罪的性质、情节和对社会的危害程度，严格依照刑法的有关规定判处。对于同一行为同时触犯多个罪名的，依照处罚较重的规定定罪处罚。

17. 依法惩处虐待犯罪。采取殴打、冻饿、强迫过度劳动、限制人身自由、恐吓、侮辱、谩骂等手段，对家庭成员的身体和精神进行摧残、折磨，是实践中较为多发的虐待性质的家庭暴力。根据司法实践，具有虐待持续时间较长、次数较多；虐待手段残忍；虐待造成被害人轻微伤或者患较严重疾病；对未成年人、老年人、残疾人、孕妇、哺乳期妇女、重病患者实施较为严重的虐待行为等情形，属于刑法第二百六十条第一款规定的虐待“情节恶劣”，应当依法以虐待罪定罪处罚。

4. **最高人民法院、最高人民检察院、公安部、司法部关于依法惩治拐卖妇女儿童犯罪的意见**（法发〔2010〕7 号　自 2010 年 3 月 15 日起施行）（节录）

20. 明知是被拐卖的妇女、儿童而收买，具有下列情形之一的，以收买被拐卖的妇女、儿童罪论处；同时构成其他犯罪的，依照数罪并罚的规定处罚：

(3) 非法剥夺、限制被收买妇女、儿童的人身自由，情节严重，或者对被收买妇女、儿童有强奸、伤害、侮辱、虐待等行为的；

25. 拐卖妇女、儿童，又对被拐卖的妇女、儿童实施故意杀害、伤害、猥亵、侮辱等行为，构成其他犯罪的，依照数罪并罚的规定处罚。

28. 对于拐卖妇女、儿童犯罪集团的首要分子，情节严重的主犯，累犯，偷盗婴幼儿、强抢儿童情节严重，将妇女、儿童卖往境外情节严重，拐卖妇女、儿童多人多次、造成伤亡后果，或者具有其他严重情节的，依法从重处罚；情节特别严重的，依法判处死刑。

拐卖妇女、儿童，并对被拐卖的妇女、儿童实施故意杀害、伤害、猥亵、侮辱等行为，数罪并罚决定执行的刑罚应当依法体现从严。

5. **全国人民代表大会常务委员会关于维护互联网安全的决定**（2000 年 12 月 28 日第九届全国人民代表大会常务委员会第十九次会议通过　根据 2009 年 8 月 27 日第十一届全国人民代表大会常务委员会第十次会议《关于修改部分法律的决定》修正）（节录）

四、为了保护个人、法人和其他组织的人身、财产等合法权利，对有下列行为之一，构成犯罪的，依照刑法有关规定追究刑事责任：

（一）利用互联网侮辱他人或者捏造事实诽谤他人；

6. 公安部关于严格依法办理侮辱诽谤案件的通知（自 2009 年 4 月 3 日起施行）

各省、自治区、直辖市公安厅、局，新疆生产建设兵团公安局：

多年来，各级公安机关依照《刑法》、《治安管理处罚法》的有关规定，查处了一批侮辱、诽谤案件，为保护公民的人格尊严和名誉，维护社会治安秩序作出了贡献。但是，少数地方公安机关在办理侮辱、诽谤案件过程中，不能严格、准确依法办案，引起了新闻媒体和社会各界的广泛关注，产生了不良的社会影响，损害了公安机关形象和执法公信力。为严格依法办理侮辱、诽谤案件，规范执法行为，提高办案质量，保护公民合法权益，现就有关问题通知如下：

一、切实提高对严格依法办理侮辱、诽谤案件重要意义的认识。一些地方公安机关不能正确办理侮辱、诽谤案件，直接原因是对有关法律理解不当、定性不准，深层次的原因是对新形势下人民内部矛盾缺乏清醒的认识。各级公安机关要清醒地认识到，随着国家民主法制建设的不断推进，人民群众的法制意识和政治参与意识不断增强，一些群众从不同角度提出批评、建议，是行使民主权利的表现。部分群众对一些社会消极现象发牢骚、吐怨气，甚至发表一些偏激言论，在所难免。如果将群众的批评、牢骚以及一些偏激言论视作侮辱、诽谤，使用刑罚或治安处罚的方式解决，不仅于法无据，而且可能激化矛盾，甚至被别有用心的人利用，借机攻击我国的社会制度和司法制度，影响党和政府的形象。各级公安机关要从维护社会和谐稳定的大局出发，深刻认识严格准确、依法办理好侮辱、诽谤案件的重要意义，始终坚持党的事业至上、人民利益至上、宪法法律至上，按照“最大限度地增加和谐因素，最大限度地减少不和谐因素”的要求，切实做到严格、公正、文明执法，努力化解矛盾，避免因执法不当而引发新的不安定因素。

二、准确把握侮辱、诽谤公诉案件的管辖范围及基本要件。根据《刑法》第二百四十六条的规定，侮辱、诽谤案件一般属于自诉案件，应当由公民个人自行向人民法院提起诉讼，只有在侮辱、诽谤行为“严重危害社会秩序和国家利益”时，公安机关才能按照公诉程序立案侦查。公安机关在依照公诉程序办理侮辱、诽谤刑事案件时，必须准确把握犯罪构成要件。对于不具备“严重危害社会秩序和国家利益”这一基本要件的，公安机关不得作为公诉案件管辖。对于具有下列情形之一的侮辱、诽谤行为，应当认定为“严重危害社会秩序和国家利益”，以侮辱罪、诽谤罪立案侦查，作为公诉案件办理：（一）因侮辱、诽谤行为导致群体性事件，严重影响社会秩序的；（二）因侮辱、诽谤外交使节、来访的外国国家元首、政府首脑等人员，造成恶劣国际影响的；（三）因侮辱、诽谤行为给国家利益造成严重危害的其他情形。公安机关在接到公民对侮辱、诽谤行为的报案、控告或者举报后，首先要认真审查，判明是否属于公安机关管辖。对于符合上述情形，但通过公诉可能对国家利益和国家形象造成更大损害的，可以通过其他方式予以处理。对于经过审查认为不属于上述情形但涉嫌犯罪的侮辱、诽谤案件，公安机关应当问明情况，制作笔录，并将案件材料移交有管辖权的人民法院，同时向当事人说明此类案件依照法律规定属于自诉案件，不属公安机关管辖，告知其到人民法院自行提起诉讼。公安机关在立案前的审查过程中，不得对有关人员和财产采取强制性措施。对于不构成犯罪但违反《治安管理处罚法》的，要通过治安调解，最大限度地化解矛盾和纠纷；对于调解不成的，应依法给予治安管理处罚。公安机关在办理侮辱、诽谤案件时，要深入细致，辨法析理，努力争取让违法犯罪行为人和被侵害人心悦诚服地接受处理结果，化消极因素为积极因素，取得法律效果和社会效果的统一。

三、切实加强对办理侮辱、诽谤案件的执法监督。对于侮辱、诽谤案件，公安机关经过审查，认为具有严重危害社会秩序和国家利益的情形，需要追究刑事责任的，应当报经上一级公安机关同意后立案侦查。立案后需要采取强制措施的，应当在采取强制措施前报经上一级公安机关同意。对于可能引起较大社会影响的侮辱、诽谤治安案件，在作出行政拘留处罚决定前，应当报经上一级公安机关同意。对于不按照规定报告上级公安机关，或者不服从上级公安机关命令，违反规定对应当自诉的和不构成犯罪的侮辱、诽谤案件立案侦查的，要严肃追究有关责任人员和主管人员的相应责任。

四、高度重视办理侮辱、诽谤案件的舆论引导。公安机关办理侮辱、诽谤案件，在准确把握法律界限，严格依法办案的同时，要保持高度的政治敏感性。对可能引起社会炒作的，要提前做好应对准备。舆论引导要注意把握好时机，信息发布要做到准确、权威，避免引发不安定因素，影响案件正确处理。

各地接到本通知后，要认真贯彻落实，并立即向党委、政府汇报，争取党委、政府的理解和支持。执行中遇到的问题，请及时报部。

二十、诽谤罪

（一）法律规定

第二百四十六条[①]　**以暴力或者其他方法公然侮辱他人或者捏造事实诽谤他人，情节严重的，处三年以下有期徒刑、拘役、管制或者剥夺政治权利。**

前款罪，告诉的才处理，但是严重危害社会秩序和国家利益的除外。

通过信息网络实施第一款规定的行为，被害人向人民法院告诉，但提供证据确有困难的，人民法院可以要求公安机关提供协助。

（二）罪名详解

诽谤罪，是指故意捏造并散布某些虚构的事实，足以损害他人人格，破坏他人名誉，情节严重的行为。

本罪1979年《刑法》第145条作了规定，1997年《刑法》第246条对罪状作了补充和修改。

诽谤罪的构成要件是：

1. 主体要件

本罪主体为一般主体。凡年满16周岁并具有刑事责任能力的自然人，均可构成本罪的主体。单位不能成为本罪主体。

2. 客体要件

本罪侵犯的客体是公民的人格权、名誉权。这里的公民是指他人，既包括本国公民，也包括外国公民。

3. 主观要件

本罪主观方面由直接故意构成，并且具有贬低、损害他人人格、破坏他人名誉的目的。间接故意和过失不构成本罪。

---

① 本条第3款是由2015年8月29日《刑法修正案（九）》第16条增加的。

4. 客观要件

本罪客观方面表现为捏造并散布某种虚构的事实，足以损害他人人格、名誉的行为。首先，要有捏造某种事实的行为。就是说，诽谤他人的内容完全是捏造和虚构的。如果散布的不是凭空捏造的而是客观存在的事实，即使有损他人的人格、名誉，也不构成本罪。其次，要有散布捏造事实的行为。所谓散布，就是扩散。散布的方式基本上有两种：一种是言语。即故意捏造事实，并散布足以损害他人人格、名誉的言论；另一种是文字。即用图画、报刊、书信等方法，故意捏造事实并散布足以损害他人人格和名誉的行为。再次，诽谤必须是针对特定的人进行的，但不一定要指名道姓，只要从诽谤的内容中知道被害人是谁，就可以构成诽谤罪。如果行为人散布的事实没有特定的对象，不可能损害他人的人格、名誉，就不能以诽谤罪论处。如果散布虚假的事实，但并不可能损害他人的人格、名誉，或无损于他人的人格、名誉，则不构成诽谤罪。

（三）实务疑难问题

1. 合法行为与诽谤行为的区分

实践中，正常合法的舆论监督、举报行为和善意的批评行为，都会有一些内容涉及被监督对象、举报对象、批评对象的错误或工作失误，可能对其在生活和工作中的评价造成一定不良影响。但是，上述合法行为是遵循一定的法律、法规或者组织内部规定实施的，行为人主观上没有贬低人格、破坏声誉的目的，客观上也没有实施诽谤行为，不能认定本罪。

2. 民事侵权诽谤行为与侮辱罪的区分

《最高人民法院关于贯彻执行〈中华人民共和国民法通则〉若干问题的意见（试行）》第140条规定：以书面、口头等形式宣扬他人的隐私，或者捏造事实公然丑化他人人格，以及用侮辱、诽谤等方式损害他人名誉，造成一定影响的，应当认定为侵害公民名誉权的行为。以书面、口头等形式诋毁、诽谤法人名誉，给法人造成损害的，应当认定为侵害法人名誉权的行为。

民事侵权诽谤行为与诽谤罪虽然都有一定的诽谤行为，但两者的区别主要在于：第一，行为对象不完全相同。诽谤罪的对象仅限于自然人，但民事侵权诽谤行为的对象可能是法人。《民法通则》规定“法人享有名誉权”，诽谤法人名誉的不能成立诽谤罪。第二，行为方式不完全相同。诽谤罪散布的必须是捏造的虚假的事实，散布真实的事实有损他人名誉的，不成立诽谤罪；民事侵权诽谤行为主要是公开宣扬了法律禁止公开的内容，公开将有损他人名誉和人格，即使所述内容是真实的，也构成民事侵权行为。第三，行为的危害程度不同。诽谤罪的危害程度需达到“情节严重”，而民事侵权诽谤行为仅限于“造成一定影响”。第四，行为人主观过错要求不同。诽谤罪的行为人主观上必须具有直接故意，且有贬低他人人格、破坏他人声誉的目的；而民事侵权诽谤行为人主观上可以是故意，也可以是过失。只要行为人有过错，客观上造成对他人人格、声誉的损害后果，就应承担侵权行为责任。

3. 罪与非罪的区分

按照我国刑法规定，构成诽谤罪，除需具备以上构成要件外，还必须达到“情节严重”的程度，才构成犯罪。所谓情节严重，司法实践中一般是指手段十分恶劣的，引起被害人精神失常或者自杀等严重后果的，在社会上造成很坏影响的等等。因此，情节是否严重，是区分诽谤罪的罪与非罪界限的关键。对于情节不严重的一般诽谤行为，属于侵犯人身权利的违法行为，应当依照《治安管理处罚法》第42条第（三）项的规定给予治安处罚，即处5日以下拘留或者500元以下罚款；情节严重的，处5日以上10日以下拘留，可以并处500元以下罚款。如果行为人将虚假事实误认为是真实事实加以扩散，或者把某种虚假事实进行扩散但没有损害他人名誉的目的，也不能构成诽谤罪。

4. 本罪与侮辱罪的区分

这两种犯罪所侵犯的客体相同，都是损害他人的人格和名誉，主观上都有侵害他人人格和损害他人名誉的目的。不同之处主要在于：第一，行为方式不完全相同。诽谤罪必须是捏造虚构的事实并有意加以散布；侮辱罪不一定用捏造事实的方式进行，如果公然散布的是真实的事实，如将他人偷情的事实公之于众，造成行为对象名誉和人格受损，情节严重的，可以构成侮辱罪。第二，手段方式不完全相同。诽谤罪不存在暴力手段，通常是以文字、图画等方式公然散布。侮辱罪存在以暴力手段进行侮辱的，如强行脱去衣物等。第三，是否当面不完全相同。诽谤罪通常是当众或者向第三者散布的；侮辱罪往往是当着被害人的面进行的。

5. 本罪与诬告陷害罪的区分

这两种犯罪都是针对特定对象，采用捏造事实的手段实施的犯罪行为。它们之间的区别主要在于：第一，所捏造的事实内容不同。诬告陷害罪捏造的是犯罪的事实；诽谤罪捏造的是足以损害他人人格、名誉的事实。第二，从行为方式看，诬告陷害罪是向政府机关和有关部门告发；诽谤罪则是当众或者向第三者散布。第三，在主观方面，诬告陷害罪是意图使他人受刑事追究；诽谤罪则是意图损害他人的人格、名誉。第四，从追诉方式来看，诬告陷害罪是公诉案件，诽谤罪通常是自诉案件，除非严重危害社会秩序和影响国家利益。

6. 利用信息网络实施诽谤的相关问题

针对目前信息网络的快速发展，利用信息网络实施诽谤犯罪时有发生，为更好地处理相关刑事案件适用法律的问题，2013 年 9 月 10 日最高人民法院、最高人民检察院联合发布的《关于办理利用信息网络实施诽谤等刑事案件适用法律若干问题的解释》（以下简称《诽谤解释》），明确了诽谤罪的界定、情节严重的认定和共同犯罪等问题，对于净化网络环境具有重要意义。

（1）“信息网络”的范围

《诽谤解释》第 10 条规定，本解释所称信息网络，包括以计算机、电视机、固定电话机、移动电话机等电子设备为终端的计算机互联网、广播电视网、固定通信网、移动通信网等信息网络，以及向公众开放的局域网络。

（2）利用信息网络“捏造事实诽谤他人”是指具有下列情形：①捏造损害他人名誉的事实，在信息网络上散布，或者组织、指使人员在信息网络上散布的；②将信息网络上涉及他人的原始信息内容篡改为损害他人名誉的事实，在信息网络上散布，或者组织、指使人员在信息网络上散布的；③明知是捏造的损害他人名誉的事实，在信息网络上散布，情节恶劣的，以“捏造事实诽谤他人”论。

（3）利用信息网络诽谤他人，“情节严重”是指具有下列情形：①同一诽谤信息实际被点击、浏览次数达到五千次以上，或者被转发次数达到五百次以上的；②造成被害人或者其近亲属精神失常、自残、自杀等严重后果的；③二年内曾因诽谤受过行政处罚，又诽谤他人的；④其他情节严重的情形。

（4）利用信息网络诽谤他人，“严重危害社会秩序和国家利益”是指具有下列情形：①引发群体性事件的；②引发公共秩序混乱的；③引发民族、宗教冲突的；④诽谤多人，造成恶劣社会影响的；⑤损害国家形象，严重危害国家利益的；⑥造成恶劣国际影响的；⑦其他严重危害社会秩序和国家利益的情形。

（5）诽谤信息被点击、浏览、转发次数可以累计计算。《诽谤解释》第4条规定，一年内多次实施利用信息网络诽谤他人行为未经处理，诽谤信息实际被点击、浏览、转发次数累计计算构成犯罪的，应当依法定罪处罚。

（6）信息网络诽谤犯罪的共同犯罪问题

《诽谤解释》第8条规定，明知他人利用信息网络实施诽谤等犯罪，为其提供资金、场所、技术支持等帮助的，以共同犯罪论处。

（7）利用信息网络诽谤同时构成其他犯罪的如何处理

《诽谤解释》第9条规定，利用信息网络实施诽谤等犯罪，同时又构成《刑法》第221条规定的损害商业信誉、商品声誉罪，第278条规定的煽动暴力抗拒法律实施罪，第291之一规定的编造、故意传播虚假恐怖信息罪等犯罪的，依照处罚较重的规定定罪处罚。

（四）情节与量刑

依照《刑法》第246条第1款规定，犯诽谤罪的，处3年以下有期徒刑、拘役、管制或者剥夺政治权利。

依照本条第2款规定，本罪告诉的才处理，但是严重危害社会秩序和国家利益的除外。

依照本条第3款规定，通过信息网络实施第一款规定的行为，被害人向人民法院告诉，但提供证据确有困难的，人民法院可以要求公安机关提供协助。

司法机关在适用时，应当注意以下问题：

1. 根据本条第1款规定，情节严重的才构成犯罪，情节一般的可以依照《治安管理处罚法》处理。

2. 根据本条第2款和第3款规定，本罪属于自诉罪名，被害人提起告诉的，法院才能受理，除非是严重危害社会秩序和国家利益的行为。对于利用信息网络实施本罪的行为，被害人告诉后，提起证据确有困难的，人民法院可以要求公安机关提供帮助。

3. 规范化量刑。《最高人民法院关于常见犯罪的量刑指导意见》对诽谤罪的量刑并未作出规定，这主要是由于诽谤罪主要是告诉才处理，司法实践中并不常见，最高司法机关尚未总结出一套成熟的量刑标准。在有关规定出台前，司法人员应当根据犯罪事实、性质、情节和社会危害程度，依照刑法和有关司法解释的规定判处刑罚。

（五）法律链接

1. **最高人民法院关于审理非法出版物刑事案件具体应用法律若干问题的解释**（法释〔1998〕30号　自1998年12月23日起施行）（节录）

第六条　在出版物中公然侮辱他人或者捏造事实诽谤他人，情节严重的，依照刑法第二百四十六条的规定，分别以侮辱罪或者诽谤罪定罪处罚。

2. **中华人民共和国刑事诉讼法**（1979年7月1日第五届全国人民代表大会第二次会议通过　根据1996年3月17日第八届全国人民代表大会第四次会议《关于修改〈中华人民共和国刑事诉讼法〉的决定》第一次修正　根据2012年3月14日第十一届全国人民代表大会第五次会议《关于修改〈中华人民共和国刑事诉讼法〉的决定》第二次修正　根据2018年10月26日第十三届全国人民代表大会常务委员会第六次会议《关于修改〈中华人民共和国刑事诉讼法〉的决定》第三次修正）（节录）

第一百九十九条　在法庭审判过程中，如果诉讼参与人或者旁听人员违反法庭秩序，审判长应当警告制止。对不听制止的，可以强行带出法庭；情节严重的，处以一千元以下的罚款或者十五日以下的拘留。罚款、拘留必须经院长批准。被处罚人对罚款、拘留的决定不服的，可以向上一级人民法院申请复议。复议期间不停止执行。

对聚众哄闹、冲击法庭或者侮辱、诽谤、威胁、殴打司法工作人员或者诉讼参与人，严重扰乱法庭秩序，构成犯罪的，依法追究刑事责任。

3. **全国人民代表大会常务委员会关于维护互联网安全的决定**（2000年12月28日第九届全国人民代表大会常务委员会第十九次会议通过　根据2009年8月27日第十一届全国人民代表大会常务委员会第十次会议《关于修改部分法律的决定》修正）（节录）

四、为了保护个人、法人和其他组织的人身、财产等合法权利，对有下列行为之一，构成犯罪的，依照刑法有关规定追究刑事责任：

（一）利用互联网侮辱他人或者捏造事实诽谤他人；

4. 最高人民法院、最高人民检察院关于办理利用信息网络实施诽谤等刑事案件适用法律若干问题的解释（法释〔2013〕21号　自2013年9月10日起施行）（节录）

为保护公民、法人和其他组织的合法权益，维护社会秩序，根据《中华人民共和国刑法》、《全国人民代表大会常务委员会关于维护互联网安全的决定》等规定，对办理利用信息网络实施诽谤、寻衅滋事、敲诈勒索、非法经营等刑事案件适用法律的若干问题解释如下：

第一条　具有下列情形之一的，应当认定为刑法第二百四十六条第一款规定的“捏造事实诽谤他人”：

（一）捏造损害他人名誉的事实，在信息网络上散布，或者组织、指使人员在信息网络上散布的；

（二）将信息网络上涉及他人的原始信息内容篡改为损害他人名誉的事实，在信息网络上散布，或者组织、指使人员在信息网络上散布的；

明知是捏造的损害他人名誉的事实，在信息网络上散布，情节恶劣的，以“捏造事实诽谤他人”论。

第二条　利用信息网络诽谤他人，具有下列情形之一的，应当认定为刑法第二百四十六条第一款规定的“情节严重”：

（一）同一诽谤信息实际被点击、浏览次数达到五千次以上，或者被转发次数达到五百次以上的；

（二）造成被害人或者其近亲属精神失常、自残、自杀等严重后果的；

（三）二年内曾因诽谤受过行政处罚，又诽谤他人的；

（四）其他情节严重的情形。

第三条　利用信息网络诽谤他人，具有下列情形之一的，应当认定为刑法第二百四十六条第二款规定的“严重危害社会秩序和国家利益”：

（一）引发群体性事件的；

（二）引发公共秩序混乱的；

（三）引发民族、宗教冲突的；

（四）诽谤多人，造成恶劣社会影响的；

（五）损害国家形象，严重危害国家利益的；

（六）造成恶劣国际影响的；

（七）其他严重危害社会秩序和国家利益的情形。

第四条 一年内多次实施利用信息网络诽谤他人行为未经处理，诽谤信息实际被点击、浏览、转发次数累计计算构成犯罪的，应当依法定罪处罚。

第八条 明知他人利用信息网络实施诽谤、寻衅滋事、敲诈勒索、非法经营等犯罪，为其提供资金、场所、技术支持等帮助的，以共同犯罪论处。

第九条 利用信息网络实施诽谤、寻衅滋事、敲诈勒索、非法经营犯罪，同时又构成刑法第二百二十一条规定的损害商业信誉、商品声誉罪，第二百七十八条规定的煽动暴力抗拒法律实施罪，第二百九十一条之一规定的编造、故意传播虚假恐怖信息罪等犯罪的，依照处罚较重的规定定罪处罚。

第十条 本解释所称信息网络，包括以计算机、电视机、固定电话机、移动电话机等电子设备为终端的计算机互联网、广播电视网、固定通信网、移动通信网等信息网络，以及向公众开放的局域网络。

5. 公安部关于严格依法办理侮辱诽谤案件的通知（自2009年4月3日起施行）

各省、自治区、直辖市公安厅、局，新疆生产建设兵团公安局：

多年来，各级公安机关依照《刑法》、《治安管理处罚法》的有关规定，查处了一批侮辱、诽谤案件，为保护公民的人格尊严和名誉，维护社会治安秩序作出了贡献。但是，少数地方公安机关在办理侮辱、诽谤案件过程中，不能严格、准确依法办案，引起了新闻媒体和社会各界的广泛关注，产生了不良的社会影响，损害了公安机关形象和执法公信力。为严格依法办理侮辱、诽谤案件，规范执法行为，提高办案质量，保护公民合法权益，现就有关问题通知如下：

一、切实提高对严格依法办理侮辱、诽谤案件重要意义的认识。一些地方公安机关不能正确办理侮辱、诽谤案件，直接原因是对有关法律理解不当、定性不准，深层次的原因是对新形势下人民内部矛盾缺乏清醒的认识。各级公安机关要清醒地认识到，随着国家民主法制建设的不断推进，人民群众的法制意识和政治参与意识不断增强，一些群众从不同角度提出批评、建议，是行使民主权利的表现。部分群众对一些社会消极现象发牢骚、吐怨气，甚至发表一些偏激言论，在所难免。如果将群众的批评、牢骚以及一些偏激言论视作侮辱、诽谤，使用刑罚或治安处罚的方式解决，不仅于法无据，而且可能激化矛盾，甚至被别有用心的人利用，借机攻击我国的社会制度和司法制度，影响党和政府的形象。各级公安机关要从维护社会和谐稳定的大局出发，深刻认识严格准确、依法办理好侮辱、诽谤案件的重要意义，始终坚持党的事业至上、人民利益至上、宪法法律至上，按照“最大限度地增加和谐因素，最大限度地减少不和谐因素”的要求，切实做到严格、公正、文明执法，努力化解矛盾，避免因执法不当而引发新的不安定因素。

二、准确把握侮辱、诽谤公诉案件的管辖范围及基本要件。根据《刑法》第二百四十六条的规定，侮辱、诽谤案件一般属于自诉案件，应当由公民个人自行向人民法院提起诉讼，只有在侮辱、诽谤行为“严重危害社会秩序和国家利益”时，公安机关才能按照公诉程序立案侦查。公安机关在依照公诉程序办理侮辱、诽谤刑事案件时，必须准确把握犯罪构成要件。对于不具备“严重危害社会秩序和国家利益”这一基本要件的，公安机关不得作为公诉案件管辖。对于具有下列情形之一的侮辱、诽谤行为，应当认定为“严重危害社会秩序和国家利益”，以侮辱罪、诽谤罪立案侦查，作为公诉案件办理：（一）因侮辱、诽谤行为导致群体性事件，严重影响社会秩序的；（二）因侮辱、诽谤外交使节、来访的外国国家元首、政府首脑等人员，造成恶劣国际影响的；（三）因侮辱、诽谤行为给国家利益造成严重危害的其他情形。公安机关在接到公民对侮辱、诽谤行为的报案、控告或者举报后，首先要认真审查，判明是否属于公安机关管辖。对于符合上述情形，但通过公诉可能对国家利益和国家形象造成更大损害的，可以通过其他方式予以处理。对于经过审查认为不属于上述情形但涉嫌犯罪的侮辱、诽谤案件，公安机关应当问明情况，制作笔录，并将案件材料移交有管辖权的人民法院，同时向当事人说明此类案件依照法律规定属于自诉案件，不属公安机关管辖，告知其到人民法院自行提起诉讼。公安机关在立案前的审查过程中，不得对有关人员和财产采取强制性措施。对于不构成犯罪但违反《治安管理处罚法》的，要通过治安调解，最大限度地化解矛盾和纠纷；对于调解不成的，应依法给予治安管理处罚。公安机关在办理侮辱、诽谤案件时，要深入细致，辨法析理，努力争取让违法犯罪行为人和被侵害人心悦诚服地接受处理结果，化消极因素为积极因素，取得法律效果和社会效果的统一。

三、切实加强对办理侮辱、诽谤案件的执法监督。对于侮辱、诽谤案件，公安机关经过审查，认为具有严重危害社会秩序和国家利益的情形，需要追究刑事责任的，应当报经上一级公安机关同意后立案侦查。立案后需要采取强制措施的，应当在采取强制措施前报经上一级公安机关同意。对于可能引起较大社会影响的侮辱、诽谤治安案件，在作出行政拘留处罚决定前，应当报经上一级公安机关同意。对于不按照规定报告上级公安机关，或者不服从上级公安机关命令，违反规定对应当自诉的和不构成犯罪的侮辱、诽谤案件立案侦查的，要严肃追究有关责任人员和主管人员的相应责任。

四、高度重视办理侮辱、诽谤案件的舆论引导。公安机关办理侮辱、诽谤案件，在准确把握法律界限，严格依法办案的同时，要保持高度的政治敏感性。对可能引起社会炒作的，要提前做好应对准备。舆论引导要注意把握好时机，信息发布要做到准确、权威，避免引发不安定因素，影响案件正确处理。

各地接到本通知后，要认真贯彻落实，并立即向党委、政府汇报，争取党委、政府的理解和支持。执行中遇到的问题，请及时报部。

二十一、刑讯逼供罪

（一）法律规定

第二百四十七条　司法工作人员对犯罪嫌疑人、被告人实行刑讯逼供或者使用暴力逼取证人证言的，处三年以下有期徒刑或者拘役。致人伤残、死亡的，依照本法第二百三十四条、第二百三十二条的规定定罪从重处罚。

（二）罪名详解

刑讯逼供罪，是指司法工作人员对犯罪嫌疑人或者被告人使用肉刑或者变相肉刑，逼取口供的行为。

本罪1979年《刑法》第136条作了规定，1997年《刑法》第246条对罪状进行了部分修改。

刑讯逼供罪的构成要件是：

1. 主体要件

本罪主体为特殊主体，即司法工作人员。

根据《刑法》第94条的解释，司法工作人员是指有侦查、检察、审判、监管职责的工作人员，包括公安机关和国家安全机关的侦查人员、检察机关的检察人员、审判机关的审判人员和监狱的监管人员。按照 1986 年 7 月 10 日《全国人大常委会法制工作委员会、最高人民法院、最高人民检察院、司法部关于劳教工作干警适用刑法关于司法工作人员规定的通知》的规定，“劳教工作干警担负着对劳教人员的管理、教育、改造工作，可适用刑法关于司法工作人员的规定”。如果劳教工作干警对被讯问的劳教人员刑讯逼供的，也可以成为本罪的主体。非司法工作人员，如机关、事业单位内部保卫人员，农村各级治保干部怀疑他人犯罪，私设公堂，刑讯逼供的，不能以刑讯逼供罪论处，但与司法工作人员共同刑讯逼供的，可以成立刑讯逼供罪的共犯。非司法工作人员刑讯逼供的行为构成其他犯罪的，可按刑法分则有关条款的规定处罚。例如，构成故意伤害罪的，按《刑法》第 234 条规定处罚；构成非法拘禁罪的，按《刑法》第 238 条规定处罚。

2. 客体要件

本罪侵犯的客体是公民的人身权利和司法机关的正常活动。犯罪对象是犯罪嫌疑人和被告人。根据《刑事诉讼法》的有关规定，“犯罪嫌疑人和被告人”是指在刑事诉讼中，被指控有犯罪行为而被司法机关依法追究刑事责任的人。公诉案件中，向人民法院提起公诉前称为犯罪嫌疑人，向人民法院提起公诉后人民法院判决前称为被告人；自诉案件中，人民法院判决前称为被告人。但是，本罪中的“犯罪嫌疑人”不能完全等同于刑事诉讼中的“犯罪嫌疑人”，只要司法机关工作人员将相关人员作为犯罪嫌疑人对待并实施刑讯逼供的，就可以成为本罪的犯罪对象。刑讯逼供的对象是否犯罪，不影响本罪的成立。

刑讯逼供是野蛮的、封建的审讯方法。在我国长达数千年的封建社会里，刑讯逼供曾经是公开的合法的审讯方式。正如马克思所指出的，和中世纪刑律的内容连在一起的诉讼形式一定是拷问。

我国是社会主义国家。实事求是，重证据，重调查研究，不轻信口供，是中国共产党和人民政府的一贯政策，是社会主义司法制度的重要特征，是辩证唯物主义的思想路线在司法工作中的体现。早在抗日战争时期，毛泽东同志在《论政策》一文中就明确指出：“对任何犯人，应坚决废止肉刑，重证据而不轻信口供。”刑讯逼供是一种封建恶习，在思想方法上是主观主义、形而上学的反映，同社会主义司法制度的性质是水火不相容的。但由于刑讯逼供有其深刻的社会历史根源和思想根源，流毒一直很深很广。司法实践证明，刑讯逼供不仅使被审讯的人在肉体上、精神上遭受摧残和折磨，而且往往是造成冤假错案的重要原因之一。因此，加强同刑讯逼供的犯罪行为作斗争，对于保障公民的人身权利和司法机关的正常活动，具有重要的意义。

证据在刑事诉讼中具有举足轻重的地位。1996 年《刑事诉讼法》在总则部分虽然对“证据”作了专章规定，但一共才八个条文，内容过于简单。鉴于刑讯逼供的现象在一定范围内还存在，法学界和司法界强烈呼吁制定刑事证据法，至少应制定包括非法证据排除规则在内的刑事证据规则。为此，最高人民法院在《人民法院第二个五年改革纲要（2004—2008)》中提出，“改革刑事证据制度，制定刑事证据规则，依法排除用刑讯逼供等非法方法获得的言辞证据”；《人民法院第三个五年改革纲要（2009—2013)》又重申要“完善刑事证据制度，制定刑事证据审查规则，统一证据采信标准”，从法律上进一步遏制刑讯逼供和冤假错案的发生。

2005 年、2010 年先后发生在湖北和河南的轰动全国的佘祥林案件和赵作海案件，就是因刑讯逼供导致的典型的冤错案件，险遭错杀，个中的教训值得深刻吸取。这些冤错案件的发生只是一种现象，对深层次的原因进行剖析，除了说明“无罪推定”“疑罪从无”等司法理念尚未确立以外，还说明在诉讼制度保障上存在很大缺陷。为此，中央从司法和立法两方面采取了重大措施。经过深入调查研究，最高人民法院、最高人民检察院、公安部、国家安全部和司法部于 2010 年 6 月 13 日联合制定、公布了《关于办理死刑案件审查判断证据若干问题的规定》和《关于办理刑事案件排除非法证据若干问题的规定》(以下简称《两个证据规定》)。《两个证据规定》不仅规定了非法证据的内涵和外延，还对审查和排除非法证据的程序、证明责任等问题进行了具体规定：“采用刑讯逼供等非法手段取得的犯罪嫌疑人、被告人供述和采用暴力、威胁等非法手段取得的证人证言、被害人陈述，属于非法言词证据”；“经依法确认的非法言词证据，应当予以排除，不能作为定案的根据”；“对被告人审判前供述的合法性，公诉人不提供证据加以证明，或者已提供的证据不够确实、充分的，该供述不能作为定案的根据”。《两个证据规定》要求司法工作人员牢固树立惩罚犯罪与保障人权并重、实体法与程序法并重的观念，维护司法公正，确保办理的每一起刑事案件都经得起法律和历史的检验。《两个证据规定》的出台，对于完善我国刑事诉讼制度，遏制刑讯逼供现象，提高司法水平，推进社会主义法治建设具有十分重要的意义。

2012年3月14日，经十一届全国人大第五次会议第二次修正的《刑事诉讼法》首次将“不得强迫任何人证实自己有罪”的原则写进《刑事诉讼法》，在第50条规定，“严禁刑诉逼供和以威胁、引诱、欺骗以及其他非法方法收集证据，不得强迫任何人证实自己有罪”。制定了非法证据排除规则，第54条、第58条分别规定：“采用刑讯逼供等非法方法收集的犯罪嫌疑人、被告人供述和采用暴力、威胁等非法方法收集的证人证言、被害人陈述，应当予以排除。收集物证、书证不符合法定程序，可能严重影响司法公正的，应当予以补证或者作出合理解释；不能补正或者作出合理解释的，对该证据予以排除。”“对于经过法庭审理，确认或者不能排除存在本法第54条规定的以非法方法收集证据情形的，对有关证据应当予以排除。”并在第53条对“证据确实、充分”的证明标准应当具备的条件加以解释，将“综合全案证据，对所认定事实已排除合理怀疑”纳入其中，等等。2012年修正的《刑事诉讼法》已于2013年1月1日生效施行，必将进一步推进我国刑事诉讼制度的民主化、法治化和科学化，从制度上遏制刑讯逼供现象的发生。2015年2月4日公布的《最高人民法院关于全面深化人民法院改革的意见——人民法院第四个五年改革纲要（2014—2018）》对于“强化人权司法保障机制，完善对限制人身自由司法措施和侦查手段的司法监督，加强对刑讯逼供和非法取证的源头预防，健全冤假错案的有效防范、及时纠正机制”再次进行了重申。

3. 主观要件

本罪主观方面由故意构成，并且具有逼取口供的目的；不具有这种特定目的的，不构成本罪。犯罪的动机可能是多种多样的：为了邀功领赏、取得领导信任、挟嫌报复、急于结案等等。但动机如何，是否实际逼出口供，均不影响本罪的成立。

4. 客观要件

本罪客观方面表现为对犯罪嫌疑人、被告人使用肉刑或者变相肉刑逼取口供的行为。“使用肉刑”是指对犯罪嫌疑人、被告人采取捆绑、吊打、非法使用刑具等恶劣手段逼取口供的行为；“变相肉刑”是指对犯罪嫌疑人、被告人采取长时间的晒、冻、饿、烤等手段，或者不让休息的“车轮战”“疲劳战”的审讯方法，使之遭受肉体痛苦和精神折磨逼取口供的行为。在司法实践中，“使用肉刑”和“变相肉刑”这两种方法经常交错使用，以更有效地达到逼取口供的目的。“逼取口供”是指强迫犯罪嫌疑人、被告人作出某种供述，可以是口头供述也可以是书面陈述。这里的“口供”并不限于有罪供述。没有使用肉刑或者变相肉刑逼取口供的引供、诱供、指供等，不能成立本罪；使用肉刑或者变相肉刑但没有逼取口供的行为，也不能成立本罪。

（三）实务疑难问题

1. 罪与非罪的区分

（1）刑讯逼供的违法行为与刑讯逼供罪

《刑法》第 247 条对刑讯逼供罪的构成虽未加情节上的限制，但不能认为行为人只要具有刑讯逼供的行为就一律构成犯罪。根据《刑法》总则第 13 条“但书”的规定，如果认定行为人刑讯逼供的行为“情节显著轻微危害不大的，不认为是犯罪”，则不构成犯罪。

参照 2006 年 7 月 26 日《最高人民检察院关于渎职侵权犯罪案件立案标准的规定》，涉嫌下列情形之一的，应予立案：①以殴打、捆绑、违法使用戒具等恶劣手段逼取口供的；②以较长时间冻、饿、晒、烤等手段逼取口供，严重损害犯罪嫌疑人、被告人身体健康的；③刑讯逼供造成犯罪嫌疑人、被告人轻伤、重伤、死亡的；④刑讯逼供，情节严重，导致犯罪嫌疑人、被告人自杀、自残造成重伤、死亡或者精神失常的；⑤刑讯逼供，造成错案的；⑥刑讯逼供三人次以上的；⑦纵容、授意、指使、强迫他人刑讯逼供，具有上述情形之一的；⑧其他刑讯逼供应予追究刑事责任的情形。

（2）刑讯逼供罪与引供、诱供、指名问供

刑讯逼供罪是指使用肉刑或者变相肉刑逼取口供的行为。引供、诱供和指名问供也是不正当获取口供的方式，但没有使用肉刑或者变相肉刑。

2. 本罪与故意伤害罪的区分

刑讯逼供行为往往给被害人的身体造成某种损害，严重的还可能致人伤残甚至死亡，与故意伤害罪的结果具有一定的相似性。两者的区别主要在于：第一，犯罪目的不同。刑讯逼供罪的目的是逼取犯罪嫌疑人、被告人的口供，故意伤害罪的目的是故意伤害他人的身体健康。第二，犯罪对象不同。刑讯逼供罪的犯罪对象是犯罪嫌疑人、被告人等特定对象，故意伤害罪的犯罪对象不特定。第三，犯罪主体不同。刑讯逼供罪的犯罪主体是司法工作人员，故意伤害罪的主体不特定。第四，是否职务行为不同。刑讯逼供罪是行为人在行使职权的过程中实施的，故意伤害罪没有特殊规定。《刑法》第 247 条规定，刑讯逼供，致人伤残、死亡的，依照《刑法》第 234 条、第 232 条的故意伤害罪或故意杀人罪定罪，从重处罚。

3. 本罪与非法拘禁罪的区分

刑讯逼供罪与非法拘禁罪都限制了他人人身自由，侵犯了公民的人身权利，两者的区别主要在于：第一，犯罪对象不同。前者的犯罪对象是特定的，即进入刑事诉讼视野的犯罪嫌疑人和被告人；后者的对象不特定。第二，行为方式不同。前者表现为使用肉刑或者变相肉刑逼取口供的行为，后者是通过非法居留、禁闭或者其他方法限制人身自由的行为。第三，侵犯的客体不同。前者侵犯的是复杂客体，既侵犯了公民的人身权利，也侵犯了司法机关的正常活动，后者则只是侵犯了公民的人身自由。第四，犯罪目的不同。前者有逼取口供的目的，后者没有特殊要求。第五，犯罪主体不同。前者为特殊主体，即司法工作人员，后者是一般主体。司法工作人员以非法拘禁的方式刑讯逼供的，应当以刑讯逼供罪定罪处罚，非法拘禁作为量刑情节予以考虑。非司法工作人员非法拘禁刑讯逼供的，应当以非法拘禁罪定罪处罚。如果没有使用暴力致人重伤、死亡的，依照非法拘禁罪的结果加重情节处罚；使用暴力致人伤残、死亡的，依照《刑法》第 234 条、第 232 条以故意伤害罪或者故意杀人罪定罪处罚。

（四）情节与量刑

依照《刑法》第 247 条规定，犯刑讯逼供罪的，处 3 年以下有期徒刑或者拘役。致人伤残、死亡的，依照《刑法》第 234 条、第 232 条的故意伤害罪、故意杀人罪定罪从重处罚。

司法机关在适用时，应当注意以下问题：

1. 刑讯逼供致人轻伤的，依照《刑法》第 247 条规定的刑讯逼供罪的法定刑处罚。

2. 刑讯逼供致人伤残，即致人重伤、残疾的，则应当依照《刑法》第 234 条规定的故意伤害罪定罪，并按照第 2 款致人重伤或者以特别残忍手段致人重伤造成严重残疾的法定刑从重处罚。这是因为，刑讯逼供罪的量刑幅度与一般故意伤害罪（即轻伤）基本一样，如果造成致人重伤、残疾的严重后果，仍按《刑法》第 247 条处刑，显然失之过轻，所以法律规定应按故意重伤从重处罚。需要指出的是，本罪中的“伤残”比《刑法》第234条第2款中的“严重残疾”范围要宽，如果适用该条款处罚，必须同时具备“手段特别残忍”和“致人重伤造成严重残疾”两个条件。如果情节特别严重的，也可以适用死刑。

3. 刑讯逼供致人死亡的，应分析行为人对于死亡的心理态度。如果对死亡结果是过失心理态度，应依照《刑法》第234条第2款规定的故意伤害（致人死亡）罪定罪处罚；如果是希望或者放任的心理态度，则应当依照《刑法》第232条规定的故意杀人罪定罪，并在法定刑的幅度内从重处罚。

4. 规范化量刑。《最高人民法院关于常见犯罪的量刑指导意见》对刑讯逼供罪的量刑并未作出规定，这主要是由于刑讯逼供罪在司法实践中并不常见，最高司法机关尚未总结出一套成熟的量刑标准。在有关规定出台前，司法人员应当根据犯罪事实、犯罪性质、情节和社会危害程度，依照刑法和有关司法解释的规定判处刑罚。

（五）法律链接

1. 中华人民共和国刑事诉讼法（1979年7月1日第五届全国人民代表大会第二次会议通过　根据1996年3月17日第八届全国人民代表大会第四次会议《关于修改〈中华人民共和国刑事诉讼法〉的决定》第一次修正　根据2012年3月14日第十一届全国人民代表大会第五次会议《关于修改〈中华人民共和国刑事诉讼法〉的决定》第二次修正　根据2018年10月26日第十三届全国人民代表大会常务委员会第六次会议《关于修改〈中华人民共和国刑事诉讼法〉的决定》第三次修正　自2018年10月26日起施行）（节录）

第十九条　刑事案件的侦查由公安机关进行，法律另有规定的除外。

人民检察院在对诉讼活动实行法律监督中发现的司法工作人员利用职权实施的非法拘禁、刑讯逼供、非法搜查等侵犯公民权利、损害司法公正的犯罪，可以由人民检察院立案侦查。对于公安机关管辖的国家机关工作人员利用职权实施的重大犯罪案件，需要由人民检察院直接受理的时候，经省级以上人民检察院决定，可以由人民检察院立案侦查。

自诉案件，由人民法院直接受理。

2. 最高人民法院关于适用中华人民共和国刑事诉讼法的解释（法释〔2012〕21号　自2013年1月1日起施行）（节录）

第八十条　对被告人供述和辩解应当着重审查以下内容：

……

（四）被告人的供述有无以刑讯逼供等非法方法收集的情形；

……

3. 人民检察院刑事诉讼规则（试行）（高检发释字〔2012〕2号　自2013年1月1日起施行）（节录）

第八条　人民检察院立案侦查贪污贿赂犯罪、国家工作人员的渎职犯罪、国家机关工作人员利用职权实施的非法拘禁、刑讯逼供、报复陷害、非法搜查的侵犯公民人身权利的犯罪以及侵犯公民民主权利的犯罪案件。

国家机关工作人员利用职权实施的侵犯公民人身权利和民主权利的犯罪案件包括：

……

（三）刑讯逼供案（刑法第247条）；

……

4. 中华人民共和国反间谍法（2014年11月1日第十二届全国人民代表大会常务委员会第十一次会议通过）（节录）

第三十七条　国家安全机关工作人员滥用职权、玩忽职守、徇私舞弊，构成犯罪的，或者有非法拘禁、刑讯逼供、暴力取证、违反规定泄露国家秘密、商业秘密和个人隐私等行为，构成犯罪的，依法追究刑事责任。

5. 最高人民法院、最高人民检察院、公安部等关于对司法工作人员在诉讼活动中的渎职行为加强法律监督的若干规定（试行）（高检会〔2010〕4号　自2010年7月26日起施行）（节录）

第三条　司法工作人员在诉讼活动中具有下列情形之一的，可以认定为司法工作人员具有涉嫌渎职的行为，人民检察院应当调查核实：

……

（四）对犯罪嫌疑人、被告人实行刑讯逼供或者使用暴力逼取证人证言，或者以暴力、威胁、贿买等方法阻止证人作证或者指使他人作伪证的，或者帮助当事人毁灭、伪造证据的；

……

6. 最高人民检察院关于人民检察院直接受理立案侦查的渎职侵权重特大案件标准（试行）（高检发〔2001〕13号　自2002年1月1日起施行）（节录）

三十六、刑讯逼供案

（一）重大案件

1. 致人重伤或者精神失常的；

2. 五次以上或者对五人以上刑迅逼供的；

3. 造成冤、假、错案的。

（二）特大案件

1. 致人死亡的；

2. 七次以上或者对七人以上刑迅逼供的；

3. 致使无辜的人被判处十年以上有期徒刑、无期徒刑、死刑的。

7. 最高人民法院、最高人民检察院、公安部等关于办理刑事案件排除非法证据若干问题的规定（法发〔2010〕20号　自2010年7月1日起施行）

为规范司法行为，促进司法公正，根据刑事诉讼法和相关司法解释，结合人民法院、人民检察院、公安机关、国家安全机关和司法行政机关办理刑事案件工作实际，制定本规定。

第一条　采用刑讯逼供等非法手段取得的犯罪嫌疑人、被告人供述和采用暴力、威胁等非法手段取得的证人证言、被害人陈述，属于非法言词证据。

第二条　经依法确认的非法言词证据，应当予以排除，不能作为定案的根据。

第三条　人民检察院在审查批准逮捕、审查起诉中，对于非法言词证据应当依法予以排除，不能作为批准逮捕、提起公诉的根据。

第四条　起诉书副本送达后开庭审判前，被告人提出其审判前供述是非法取得的，应当向人民法院提交书面意见。被告人书写确有困难的，可以口头告诉，由人民法院工作人员或者其辩护人作出笔录，并由被告人签名或者捺指印。

人民法院应当将被告人的书面意见或者告诉笔录复印件在开庭前交人民检察院。

第五条　被告人及其辩护人在开庭审理前或者庭审中，提出被告人审判前供述是非法取得的，法庭在公诉人宣读起诉书之后，应当先行当庭调查。

法庭辩论结束前，被告人及其辩护人提出被告人审判前供述是非法取得的，法庭也应当进行调查。

第六条　被告人及其辩护人提出被告人审判前供述是非法取得的，法庭应当要求其提供涉嫌非法取证的人员、时间、地点、方式、内容等相关线索或者证据。

第七条　经审查，法庭对被告人审判前供述取得的合法性有疑问的，公诉人应当向法庭提供讯问笔录、原始的讯问过程录音录像或者其他证据，提请法庭通知讯问时其他在场人员或者其他证人出庭作证，仍不能排除刑讯逼供嫌疑的，提请法庭通知讯问人员出庭作证，对该供述取得的合法性予以证明。公诉人当庭不能举证的，可以根据《刑事诉讼法》第 165 条的规定，建议法庭延期审理。

经依法通知，讯问人员或者其他人员应当出庭作证。

公诉人提交加盖公章的说明材料，未经有关讯问人员签名或者盖章的，不能作为证明取证合法性的证据。

控辩双方可以就被告人审判前供述取得的合法性问题进行质证、辩论。

第八条　法庭对于控辩双方提供的证据有疑问的，可以宣布休庭，对证据进行调查核实。必要时，可以通知检察人员、辩护人到场。

第九条　庭审中，公诉人为提供新的证据需要补充侦查，建议延期审理的，法庭应当同意。

被告人及其辩护人申请通知讯问人员、讯问时其他在场人员或者其他证人到庭，法庭认为有必要的，可以宣布延期审理。

第十条　经法庭审查，具有下列情形之一的，被告人审判前供述可以当庭宣读、质证：

（一）被告人及其辩护人未提供非法取证的相关线索或者证据的；

（二）被告人及其辩护人已提供非法取证的相关线索或者证据，法庭对被告人审判前供述取得的合法性没有疑问的；

（三）公诉人提供的证据确实、充分，能够排除被告人审判前供述属非法取得的。

对于当庭宣读的被告人审判前供述，应当结合被告人当庭供述以及其他证据确定能否作为定案的根据。

第十一条　对被告人审判前供述的合法性，公诉人不提供证据加以证明，或者已提供的证据不够确实、充分的，该供述不能作为定案的根据。

第十二条　对于被告人及其辩护人提出的被告人审判前供述是非法取得

的意见，第一审人民法院没有审查，并以被告人审判前供述作为定案根据的，第二审人民法院应当对被告人审判前供述取得的合法性进行审查。检察人员不提供证据加以证明，或者已提供的证据不够确实、充分的，被告人该供述不能作为定案的根据。

第十三条 庭审中，检察人员、被告人及其辩护人提出未到庭证人的书面证言、未到庭被害人的书面陈述是非法取得的，举证方应当对其取证的合法性予以证明。

对前款所述证据，法庭应当参照本规定有关规定进行调查。

第十四条 物证、书证的取得明显违反法律规定，可能影响公正审判的，应当予以补正或者作出合理解释，否则，该物证、书证不能作为定案的根据。

第十五条 本规定自二〇一〇年七月一日起施行。

8. **中华人民共和国治安管理处罚法**（2005 年 8 月 28 日第十届全国人民代表大会常务委员会第十七次会议通过　根据 2012 年 10 月 26 日第十一届全国人民代表大会常务委员会第二十九次会议《关于修改〈中华人民共和国治安管理处罚法〉的决定》修正）（节录）

第七十九条 公安机关及其人民警察对治安案件的调查，应当依法进行。严禁刑讯逼供或者采用威胁、引诱、欺骗等非法手段收集证据。

以非法手段收集的证据不得作为处罚的根据。

二十二、暴力取证罪

（一）法律规定

第二百四十七条　司法工作人员对犯罪嫌疑人、被告人实行刑讯逼供或者使用暴力逼取证人证言的，处三年以下有期徒刑或者拘役。致人伤残、死亡的，依照本法第二百三十四条、第二百三十二条的规定定罪从重处罚。

（二）罪名详解

暴力取证罪，是指司法工作人员使用暴力逼取证人证言的行为。

本罪是 1997 年刑法增设的罪名，1979 年刑法和单行刑法均没有规定此罪名。

暴力取证罪的构成要件是：

1. 主体要件

本罪主体为特殊主体，即司法工作人员。按照《刑法》第 94 条的规定，司法工作人员是指负有侦查、检察、审判和监管职责的工作人员。非司法工作人员不能构成本罪的主体，但与司法工作人员共同实施暴力取证的，可以成为本罪共犯。

2. 客体要件

本罪侵犯的客体是公民的人身权利和司法机关的正常活动。犯罪对象为“证人”。

“证人”是指在刑事诉讼中，与案件无直接利害关系，向司法机关提供自己所知道的案件情况的人。司法机关对于不知道案件情况的人或者虽然知道案件情况但拒绝作证的人，使用暴力逼取证言的，也应视为“证人”。司法机关将生理上、精神上有缺陷或者年幼、不能辨别是非、不能正确表达的人作为刑事诉讼的证人，使用暴力逼取证言的，也应视为本罪中的“证人”。

1979 年刑法没有规定暴力取证罪，但从司法实践的情况看，确有少数司法工作人员，在侦查过程中，为了取得证人证言，不惜采用暴力手段逼迫证人作证或者提供证言。这种行为不仅严重侵犯了公民的人身权利，而且严重扰乱了司法机关的正常活动，损害了司法机关的声誉。为此，新刑事诉讼法不仅确立了“不得强迫任何人证实自己有罪”的原则，而且明确规定，“采用暴力、威胁等非法方法收集的证人证言、被害人陈述，应当予以排除”。为了保证证人的合法权利，刑法增设此罪名。

3. 主观要件

本罪主观方面由故意构成，并且具有逼取证人证言的目的。逼取证人证言的动机可能是各种各样的，但动机不影响本罪的成立。

4. 客观要件

本罪客观方面表现为对证人使用暴力手段逼取证人证言的行为。

根据《最高人民检察院关于渎职侵权犯罪案件立案标准的规定》，本罪中的“暴力”是狭义的“暴力”，即使用具有一定强度的有形力针对被害人的人身健康，如殴打、捆绑、吊悬等手段和方法。如果不是针对被害人的人身，而是对其进行精神上的强制、胁迫、恫吓或者采用虐待或变相肉刑的方式逼取证言的，都不是本罪中的“暴力”。关于暴力的程度，根据《刑法》第247条的规定，构成本罪的是造成被害人轻伤以下的暴力。如果造成被害人伤残、死亡的，则应当依照故意伤害罪、故意杀人罪定罪。

证人证言是指证人就自己知道的案件情况向司法机关所作的陈述，是证据的一种。凡是对查明案情有意义的事实都可以作为证人证言的内容。法律要求证人应当如实地向法庭陈述他所知道的事实。使用暴力是否逼取到证言，证人是否证实犯罪事实，或者有无做出施暴者期望得到的证言，不影响本罪的成立。

（三）实务疑难问题

1. 罪与非罪的区分

（1）暴力取证的违法行为与暴力取证罪

刑法对本罪的成立没有情节严重与否的限定，但这并不等于说，司法工作人员只要实施了暴力取证行为的，就一律要治罪。是否治罪，主要取决于暴力取证行为对社会危害的程度的轻重及危害后果的大小。一般的逼取证言行为往往是由于司法工作人员法律观念差，业务水平低，办案缺乏方法所引起的，如果危害后果不大，情节轻微的，不宜以本罪论处，一般可以酌情给予行政、纪律上的处分。

参照2006年7月26日《最高人民检察院关于渎职侵权犯罪案件立案标准的规定》，涉嫌下列情形之一的，应予立案：①以殴打、捆绑、违法使用械具等恶劣手段逼取证人证言的；②暴力取证造成证人轻伤、重伤、死亡的；③暴力取证，情节严重，导致证人自杀、自残造成重伤、死亡或者精神失常的；④暴力取证，造成错案的；⑤暴力取证三人次以上的；⑥纵容、授意、指使、强迫他人暴力取证，具有上述情形之一的；⑦其他暴力取证应予追究刑事责任的情形。

（2）暴力取证罪与引诱证人作证的行为

暴力取证罪是指使用暴力逼取证人证言的行为；引诱证人作证是不正当获取证人证言的方式，但没有使用暴力。对于引诱证人作证的轻微行为，可以酌情给予行政、纪律处分，构成其他犯罪的，则依照其他犯罪定罪处罚。

2. 暴力取证罪与刑讯逼供罪的区分

暴力取证罪与刑讯逼供罪都侵犯了公民的人身权利和国家司法机关的正

常活动，主体都是司法工作人员，客观方面有使用暴力手段的可能。两者的区别主要在于：第一，犯罪对象不同。前者的犯罪对象是刑事诉讼中的证人，后者则是犯罪嫌疑人和被告人。第二，犯罪手段不完全相同。前者表现为使用暴力的方法逼取证言，后者则表现为使用肉刑或者变相肉刑的方法逼取口供。第三，故意的内容不同。前者具有逼取适合需要的证人证言的目的，后者则具有逼取犯罪嫌疑人、被告人口供的目的。

3. 暴力取证罪与妨害作证罪的区分

根据《刑法》第 307 条规定，以暴力、胁迫、贿买等方法阻止证人作证或者指使他人作伪证的，构成妨害作证罪。

暴力取证罪与妨害作证罪的犯罪对象均是证人，行为方式都有暴力，主观方面都有获取一定证言的目的。两者的区别主要在于：第一，行为方式不同。前者的手段行为仅限于暴力，以精神胁迫或者变相肉刑的方式逼取证言的不构成本罪。后者的行为方式可以是暴力、胁迫、贿买等多种方法。第二，主观目的不完全相同。前者具有逼取证人作证的目的，证人是否作证，是否做出暴力者想要的证言，不影响本罪成立。后者的目的是阻止证人作证或者指使他人作伪证，意图影响司法公正。第三，侵犯的法益不同。前者侵犯的是证人的人身权利和司法机关的正常活动。后者侵犯的是司法活动的客观公正性。第四，犯罪主体不同。前者的主体是司法工作人员，后者的主体则没有限定。

4. 暴力取证罪与伪证罪的区分

根据《刑法》第 305 条规定，在刑事诉讼中，证人、鉴定人、记录人、翻译人对与案件有重要关系的情节，故意作虚假证明、鉴定、记录、翻译，意图陷害他人或者隐匿罪证的，构成伪证罪。

暴力取证罪与伪证罪一般情况下不易混淆，但是当使用暴力逼取证人提供伪证从而影响司法公正时，就需要对二者进行区分。二者的区别主要在于：第一，犯罪主体不同。前者的主体是司法工作人员，包括侦查、检察、审判和监管人员。后者的主体是刑事诉讼中的证人、鉴定人、翻译人、记录人等特殊群体。第二，行为方式不同。前者是对证人使用暴力逼取证言，是否得到证言、证言是否真实不影响本罪成立。后者是作虚假的证明、鉴定、记录、翻译。第三，犯罪对象不同。前者是证人，通常理解为刑事诉讼中的证言。后者是与案件有重要关系的情节。第四，主观意图不同。前者目的是获取证言，后者是陷害他人或者隐匿罪证。

5. 暴力取证罪中罪数形态的认定

《刑法》第247条的规定，暴力取证致人伤残、死亡的，分别依照《刑法》第234条和第232条的故意伤害罪与故意杀人罪定罪并从重处罚。因此，依照该条的立法精神，如果暴力取证致人重伤、死亡的，只需要直接以故意伤害罪、故意杀人罪进行定罪，而无须再以本罪与故意伤害罪、故意杀人罪数罪并罚。

（四）情节与量刑

依照《刑法》第247条规定，犯暴力取证的，处3年以下有期徒刑或者拘役。致人伤残、死亡的，依照《刑法》第234条、第232条的故意伤害罪、故意杀人罪定罪从重处罚。

司法机关在适用时，应当注意以下问题：

1. 暴力取证致人轻伤的，依照《刑法》第247条规定的暴力取证罪的法定刑处罚。

2. 暴力取证致人伤残，即致人重伤、残疾的，则应当依照《刑法》第234条规定的故意伤害罪定罪，并按照第2款致人重伤或者以特别残忍手段致人重伤造成严重残疾的法定刑从重处罚。这是因为，暴力取证罪的量刑幅度与一般故意伤害罪（即轻伤）基本一样，如果造成致人重伤、残疾的严重后果，仍按《刑法》第247条处刑，显然失之过轻，所以法律规定应按故意重伤从重处罚。

3. 暴力取证致人死亡的，应分析行为人对于死亡的心理态度。如果对死亡结果是过失心理态度，应依照《刑法》第234条第2款规定的故意伤害（致人死亡）罪定罪处罚；如果是希望或者放任的心理态度，则应当依照《刑法》第232条规定的故意杀人罪定罪，并在法定刑的幅度内从重处罚。

4. 规范化量刑。《最高人民法院关于常见犯罪的量刑指导意见》对暴力取证罪的量刑并未作出规定，这主要是由于暴力取证罪在司法实践中并不常见，最高司法机关尚未总结出一套成熟的量刑标准。在有关规定出台前，司法人员应当根据犯罪事实、性质、情节和社会危害程度，依照刑法和有关司法解释的规定判处刑罚。

（五）法律链接

1. **中华人民共和国反间谍法**（2014年11月1日第十二届全国人民代表大会常务委员会第十一次会议通过）（节录）

第三十七条　国家安全机关工作人员滥用职权、玩忽职守、徇私舞弊，构成犯罪的，或者有非法拘禁、刑讯逼供、暴力取证、违反规定泄露国家秘密、商业秘密和个人隐私等行为，构成犯罪的，依法追究刑事责任。

2. **最高人民法院、最高人民检察院、公安部等关于对司法工作人员在诉讼活动中的渎职行为加强法律监督的若干规定（试行）**（高检会〔2010〕4号　自2010年7月26日起施行）（节录）

第三条　司法工作人员在诉讼活动中具有下列情形之一的，可以认定为司法工作人员具有涉嫌渎职的行为，人民检察院应当调查核实：

……

（四）对犯罪嫌疑人、被告人实行刑讯逼供或者使用暴力逼取证人证言，或者以暴力、威胁、贿买等方法阻止证人作证或者指使他人作伪证的，或者帮助当事人毁灭、伪造证据的；

……

3. **最高人民检察院关于人民检察院直接受理立案侦查的渎职侵权重特大案件标准（试行）**（高检发〔2001〕13号　自2002年1月1日起施行）（节录）

三十七、暴力取证案

（一）重大案件

1. 致人重伤或者精神失常的；

2. 五次以上或者对五人以上暴力取证的。

（二）特大案件

1. 致人死亡的；

2. 七次以上或者对七人以上暴力取证的。

4. **最高人民法院、最高人民检察院、公安部等关于办理刑事案件排除非法证据若干问题的规定**（法发〔2010〕20号　自2010年7月1日起施行）

为规范司法行为，促进司法公正，根据刑事诉讼法和相关司法解释，结合人民法院、人民检察院、公安机关、国家安全机关和司法行政机关办理刑事案件工作实际，制定本规定。

第一条 采用刑讯逼供等非法手段取得的犯罪嫌疑人、被告人供述和采用暴力、威胁等非法手段取得的证人证言、被害人陈述，属于非法言词证据。

第二条 经依法确认的非法言词证据，应当予以排除，不能作为定案的根据。

第三条 人民检察院在审查批准逮捕、审查起诉中，对于非法言词证据应当依法予以排除，不能作为批准逮捕、提起公诉的根据。

第四条 起诉书副本送达后开庭审判前，被告人提出其审判前供述是非法取得的，应当向人民法院提交书面意见。被告人书写确有困难的，可以口头告诉，由人民法院工作人员或者其辩护人作出笔录，并由被告人签名或者捺指印。

人民法院应当将被告人的书面意见或者告诉笔录复印件在开庭前交人民检察院。

第五条 被告人及其辩护人在开庭审理前或者庭审中，提出被告人审判前供述是非法取得的，法庭在公诉人宣读起诉书之后，应当先行当庭调查。

法庭辩论结束前，被告人及其辩护人提出被告人审判前供述是非法取得的，法庭也应当进行调查。

第六条 被告人及其辩护人提出被告人审判前供述是非法取得的，法庭应当要求其提供涉嫌非法取证的人员、时间、地点、方式、内容等相关线索或者证据。

第七条 经审查，法庭对被告人审判前供述取得的合法性有疑问的，公诉人应当向法庭提供讯问笔录、原始的讯问过程录音录像或者其他证据，提请法庭通知讯问时其他在场人员或者其他证人出庭作证，仍不能排除刑讯逼供嫌疑的，提请法庭通知讯问人员出庭作证，对该供述取得的合法性予以证明。公诉人当庭不能举证的，可以根据刑事诉讼法第 165 条的规定，建议法庭延期审理。

经依法通知，讯问人员或者其他人员应当出庭作证。

公诉人提交加盖公章的说明材料，未经有关讯问人员签名或者盖章的，不能作为证明取证合法性的证据。

控辩双方可以就被告人审判前供述取得的合法性问题进行质证、辩论。

第八条 法庭对于控辩双方提供的证据有疑问的，可以宣布休庭，对证据进行调查核实。必要时，可以通知检察人员、辩护人到场。

第九条　庭审中，公诉人为提供新的证据需要补充侦查，建议延期审理的，法庭应当同意。

被告人及其辩护人申请通知讯问人员、讯问时其他在场人员或者其他证人到庭，法庭认为有必要的，可以宣布延期审理。

第十条　经法庭审查，具有下列情形之一的，被告人审判前供述可以当庭宣读、质证：

（一）被告人及其辩护人未提供非法取证的相关线索或者证据的；

（二）被告人及其辩护人已提供非法取证的相关线索或者证据，法庭对被告人审判前供述取得的合法性没有疑问的；

（三）公诉人提供的证据确实、充分，能够排除被告人审判前供述属非法取得的。

对于当庭宣读的被告人审判前供述，应当结合被告人当庭供述以及其他证据确定能否作为定案的根据。

第十一条　对被告人审判前供述的合法性，公诉人不提供证据加以证明，或者已提供的证据不够确实、充分的，该供述不能作为定案的根据。

第十二条　对于被告人及其辩护人提出的被告人审判前供述是非法取得的意见，第一审人民法院没有审查，并以被告人审判前供述作为定案根据的，第二审人民法院应当在审判前对被告人供述取得的合法性进行审查。检察人员不提供证据加以证明，或者已提供的证据不够确实、充分的，被告人该供述不能作为定案的根据。

第十三条　庭审中，检察人员、被告人及其辩护人提出未到庭证人的书面证言、未到庭被害人的书面陈述是非法取得的，举证方应当对其取证的合法性予以证明。

对前款所述证据，法庭应当参照本规定有关规定进行调查。

第十四条　物证、书证的取得明显违反法律规定，可能影响公正审判的，应当予以补正或者作出合理解释，否则，该物证、书证不能作为定案的根据。

第十五条　本规定自二〇一〇年七月一日起施行。

二十三、虐待被监管人罪

（一）法律规定

第二百四十八条　监狱、拘留所、看守所等监管机构的监管人员对被监管人进行殴打或者体罚虐待，情节严重的，处三年以下有期徒刑或者拘役；情节特别严重的，处三年以上十年以下有期徒刑。致人伤残、死亡的，依照本法第二百三十四条、第二百三十二条的规定定罪从重处罚。

监管人员指使被监管人殴打或者体罚虐待其他被监管人的，依照前款的规定处罚。

（二）罪名详解

虐待被监管人罪是指监管机构的监管人员违反国家监管法规，对被监管人进行殴打或体罚虐待，或者指使被监管人员殴打或体罚虐待其他被监管人，情节严重的行为。

本罪是从1979年刑法分则第八章渎职罪中第189条转移过来的。

虐待被监管人罪的构成要件是：

1. 主体要件

本罪主体为特殊主体，即监管人员。

“监管人员”，是指在监狱、未成年犯管教所、拘留所、看守所、拘役所、戒毒所等监管机构中行使监管职责的工作人员。其他不负有监管职责的司法工作人员不能构成本罪的主体。劳教制度在我国已经执行半个多世纪，因其存在侵犯人权等弊端，2013年12月28日，全国人大常委会通过《关于废止有关劳动教养法律规定的决定》。根据该决定，劳教制度废止后，对正在被依法执行劳教的人员，解除劳动教养，剩余期限不再执行。

2. 客体要件

本罪侵犯的客体是复杂客体，既侵犯了被监管人的人身权利，也侵犯了监管机构的正常活动。

1979年刑法将本罪列为渎职方面的犯罪，侵犯的直接客体是监管机构的正常活动。2012年修正的《监狱法》第2条第1款和第4条明确规定："监狱是国家的刑罚执行机关"，"监狱对罪犯应当依法监管"；第7条第1款规定："罪犯的人格不受侮辱，其人身安全、合法财产和辩护、申诉、控告、检举以及其他未被依法剥夺或者限制的权利不受侵犯。"1997年修订刑法时立法者认为，虐待被监管人员的行为不仅违反了监管法规，更重要的是侵犯了被监管人员的人身权利。因此，本罪在性质上属于侵犯公民人身权利方面的犯罪。犯罪对象是被监管人。"被监管人"，是指依法被限制人身自由的人，包括已经判决的在押罪犯，已被羁押尚未判决的犯罪嫌疑人或者被告人，也包括受到行政拘留或者司法拘留的人员，以及其他依法被监管的人员。未被依法监管的人员不能成为本罪的犯罪对象。监管机构是指依法监管罪犯、犯罪嫌疑人、被告人的机构，包括监狱、未成年犯管教所、看守所和拘留所。

3. 主观要件

本罪主观方面由直接故意构成。即行为人明知其殴打或者体罚虐待被监管人的行为违反监管法规，出于各种动机依然为之。间接故意和过失不构成本罪。

4. 客观要件

本罪客观方面表现为违反国家监管法规，对被监管人进行殴打或体罚虐待，或者指使被监管人殴打、体罚虐待其他被监管人的行为。

监管是指国家监管机关根据监管法规，对被监管人实行教育和改造的监禁和管理，是国家司法管理活动的重要组成部分。监管法规主要是指《监狱法》及其他法律、条例中有关监管的规定。违反国家监管法规，是指违反监狱法和其他有关的监管规定。"殴打"是指造成被监管人肉体上的暂时痛苦的行为。"体罚虐待"是指对被监管人实行肉体上的摧残和精神上的折磨，如捆绑、滥用戒具、任意禁闭、冻饿、罚跪、强迫从事长时间超负荷体力劳动、凌辱人格等等。行为人直接殴打、体罚虐待行为，或者利用被监管人殴打、体罚虐待其他被监管人的，均可以成立本罪。行为人默许被监管人殴打、体罚虐待其他被监管人的，亦应视为"指使被监管人殴打或体罚虐待其他被监管人"的行为。对被监管的女性实施性虐待，同时触犯强奸犯、强制猥亵罪的，属于想象竞合犯，应从一重处罚。《监狱法》第3条规定，监狱对罪犯实行惩罚和改造相结合、教育和劳动相结合的原则，将罪犯改造成为守法公民。第14条明确规定，监狱的人民警察不得体罚、虐待罪犯；侮辱罪犯的人格；

殴打或者纵容他人殴打罪犯。应当指出，违反国家监管法规，是构成本罪在客观方面必须具备的前提条件。因为，监管人员对被监管人依法进行监管，包括对违反监管法规的被监管人使用戒具或者禁闭，是依法执行职务的正常行为，不属体罚虐待的行为。《监狱法》第45条规定，罪犯有脱逃、使用暴力或者其他危险行为需要采取防范措施的，可以使用戒具。第58条规定，罪犯有聚众哄闹监狱，扰乱正常秩序；辱骂或者殴打人民警察；欺压其他罪犯等破坏监管秩序的，可以给予警告、记过或者禁闭。

按照刑法规定，体罚虐待被监管人的行为，除需符合以上构成要件外，还必须达到“情节严重”的程度，才构成犯罪。所谓情节严重，司法实践中一般是指一贯体罚虐待被监管人，屡教不改的；体罚虐待被监管人多人、多次，影响很坏的；指使、纵容“牢头狱霸”体罚虐待其他被监管人的；因体罚虐待致使被监管人精神失常或者造成重伤的严重后果的；手段恶劣，采用酷刑摧残身体、野蛮凌辱的等等。

（三）实务疑难问题

1. 合法监管与虐待被监管人罪的区分

根据《监狱法》及相关监管法规的规定，监管人员对被监管人依法进行监管，包括对违反监管法规的被监管人使用戒具或者禁闭，是依法执行职务的正常行为。《监狱法》第45条规定，罪犯有脱逃、使用暴力或者其他危险行为需要采取防范措施的，可以使用戒具。第58条规定，罪犯有聚众哄闹监狱，扰乱正常秩序；辱骂或者殴打人民警察；欺压其他罪犯等破坏监管秩序的，可以给予警告、记过或者禁闭。上述合法监管行为是依照相关法规，正当履行职务的行为，不属于体罚虐待的行为。

2. 监管中的错误行为与虐待被监管人罪的区分

监管人员依照相关法规正当履行监管职责过程中，由于工作错误而滥用戒具或者禁闭，对被监管人的人身权利造成一定侵害。但因行为人主观上没有犯罪故意，不能以虐待被监管人罪定罪，但可根据具体情节，由主管部门给予必要的行政处分。

3. 罪与非罪的区分

根据《刑法》第248条规定，虐待被监管人，情节严重的才构成本罪。对于情节一般的殴打、体罚，如监管人员一时感情用事，对被监管人扇几个耳光、踹一脚，并未造成严重后果的，可以给予批评教育或者由主管部门给予行政处分，而不作为犯罪处理。《监狱法》第14条第2款规定，监狱的人民警察有第1款所列九种行为（包括体罚虐待罪犯），尚未构成犯罪的，应当予以行政处分。[①]

4. 虐待被监管人罪与刑讯逼供罪的区分

虐待被监管人罪与刑讯逼供罪在犯罪构成上较为相似，两者均侵犯了他人的人身权利和司法机关的正常活动，客观方面均实施了殴打或者其他使他人感受到肉体痛苦、精神痛苦的方法，主观方面均为故意，如果造成被害人伤残、死亡的，均以故意伤害罪、故意杀人罪定罪从重处罚。两者的区别主要在于：第一，犯罪对象不同。前者的犯罪对象是被监管人员，除犯罪嫌疑人、被告人，还包括罪犯、被行政拘留人员等其他依法被监管人员，后者的犯罪对象是犯罪嫌疑人、被告人。第二，具体行为方式不同。前者是直接实施殴打、体罚虐待或者指使被监管人殴打、体罚虐待的方式，后者是以使用肉刑或者变相肉刑。第三，主观故意内容不同。前者是基于各种动机而体罚虐待被监管人，后者只是为了取得犯罪嫌疑人或者被告人的口供。第四，主体范围不完全相同。前者的主体范围小，一般是司法工作人员中的监管人员，后者则是司法工作人员。

5. 虐待被监管人罪与破坏监管秩序罪的区分

根据《刑法》第315条规定，依法被关押的罪犯，有殴打监管人员，组织其他被监管人员破坏监管秩序，聚众闹事、扰乱正常监管秩序，殴打、体罚或者指使他人殴打、体罚其他被监管人的破坏监管秩序行为之一，情节严重的，构成破坏监管秩序罪。

虐待被监管人罪与破坏监管秩序罪一般不宜混淆，但是监管人员指使被监管人体罚、虐待其他被监管人时，实施体罚、虐待的被监管人是构成虐待被监管人罪还是破坏监管秩序罪则需要讨论。我们认为，《刑法》第248条之

---

① 参照《最高人民检察院关于渎职侵权犯罪案件立案标准的规定》，监狱、拘留所、看守所等监管机构的监管人员涉嫌下列情形之一的，应予立案：（1）以殴打、捆绑、违法使用械具等恶劣手段虐待被监管人的；（2）以较长时间冻、饿、晒、烤等手段虐待被监管人，严重损害其身体健康的；（3）虐待造成被监管人轻伤、重伤、死亡的；（4）虐待被监管人情节严重，导致被监管人自杀、自残造成重伤、死亡，或者精神失常的；（5）殴打或者体罚虐待三人次以上的；（6）指使被监管人殴打、体罚虐待其他被监管人、具有上述情形之一的；（7）其他情节严重的情形。

所以规定第2款，是为了堵塞监管人员逃避法律制裁的漏洞。此时，受指使实施体罚、虐待的被监管人员实际为监管人员实施犯罪的工具，监管人员和实施体罚、虐待的被监管人员成立共同犯罪，前者为正犯，后者为共犯，均应以虐待被监管人罪定罪处罚。需要指出的是，由于前者与后者之间存在监管与被监管的关系，对受监管人员指使而实施体罚、虐待的被监管人员不应轻易认定为犯罪。

（四）情节与量刑

依照《刑法》第248条第1款规定，犯虐待被监管人罪的，处3年以下有期徒刑或者拘役。情节特别严重的，处3年以上10年以下有期徒刑。致人伤残、死亡的，依照《刑法》第234条、第232条的故意伤害罪、故意杀人罪定罪从重处罚。

依照《刑法》第248条第2款规定，监管人员指使被监管人员实施虐待被监管人罪的，依照前款的规定处罚。

司法机关在适用时，应当注意以下问题：

1. 虐待被监管人致人轻伤的，依照《刑法》第248条规定的虐待被监管人罪的法定刑处罚。

2. 虐待被监管人致人伤残，即致人重伤、残疾的，则应当依照《刑法》第234条规定的故意伤害罪定罪，并按照第2款的规定从重处罚。

3. 虐待被监管人致人死亡，如果对死亡结果是过失的，应当依照《刑法》第234条第2款规定的故意伤害致人死亡的规定从重处罚。如果对死亡结果是故意的，应当依照《刑法》第232条规定的故意杀人罪定罪从重处罚。如果在虐待被监管人过程中，又产生杀人故意杀害被监管人员的，则以虐待被监管人罪与故意杀人罪定罪，实行数罪并罚。

4. 规范化量刑。《最高人民法院关于常见犯罪的量刑指导意见》对虐待被监管人罪的量刑并未作出规定，这主要是由于虐待被监管人罪在司法实践中并不常见，最高司法机关尚未总结出一套成熟的量刑标准。在有关规定出台前，司法人员应当根据犯罪事实、性质、情节和社会危害程度，依照刑法和有关司法解释的规定判处刑罚。

（五）法律链接

1. 最高人民检察院关于强制隔离戒毒所工作人员能否成为虐待被监管人罪主体问题的批复（高检法释字〔2015〕2号　自2015年2月15日起施行）

河北省人民检察院：

你院冀检呈字〔2014〕46号《关于强制隔离戒毒所工作人员能否成为刑法第二百四十八条虐待被监管人罪主体的请示》收悉。经研究，批复如下：

根据有关法律规定，强制隔离戒毒所是对符合特定条件的吸毒成瘾人员限制人身自由，进行强制隔离戒毒的监管机构，其履行监管职责的工作人员属于刑法第二百四十八条规定的监管人员。

对于强制隔离戒毒所监管人员殴打或者体罚虐待戒毒人员，或者指使戒毒人员殴打、体罚虐待其他戒毒人员，情节严重的，应当适用刑法第二百四十八条的规定，以虐待被监管人罪追究刑事责任；造成戒毒人员伤残、死亡后果的，应当依照刑法第二百三十四条、第二百三十二条的规定，以故意伤害罪、故意杀人罪从重处罚。

此复。

2. 最高人民检察院关于人民检察院直接受理立案侦查的渎职侵权重特大案件标准（试行）（高检发〔2001〕13号　自2002年1月1日起施行）（节录）

三十八、虐待被监管人案

（一）重大案件

1. 致使被监管人重伤或者精神失常的；

2. 对被监管人五人以上或五次以上实施虐待的。

（二）特大案件

1. 致使被监管人死亡的；

2. 对被监管人七人以上或七次以上实施虐待的。

3. 最高人民检察院关于监所检察工作若干问题的规定（高检发〔2001〕16号　自2001年9月3日起施行）（节录）

二、监所检察的职责和工作重点

3. 人民检察院监所检察部门的主要职责是：（1）对监狱（包括未成年犯管教所，下同）、看守所、拘役所执行刑罚活动是否合法实行监督。（2）对监狱、看守所、拘役所、劳动教养机关管理教育罪犯、劳教人员的活动是否合法实行监督，对公安机关管理教育监外罪犯的活动实行监督。（3）对刑罚执行和监管改造中发生的虐待被监管人案、私放在押人员案、失职致使在押人员脱逃案、徇私舞弊减刑、假释、暂予监外执行案（以下称“四种案件”）进行立案侦查。

4. **最高人民法院、最高人民检察院、公安部等关于对司法工作人员在诉讼活动中的渎职行为加强法律监督的若干规定（试行）**（高检会〔2010〕4号 自2010年7月26日起施行）（节录）

第三条 司法工作人员在诉讼活动中具有下列情形之一的，可以认定为司法工作人员具有涉嫌渎职的行为，人民检察院应当调查核实：

……

（十）对被监管人进行殴打或者体罚虐待或者指使被监管人殴打、体罚虐待其他被监管人的；

……

5. **全国人大法工委、最高法院、最高检察院、司法部关于劳教工作干警适用刑法关于司法工作人员规定的通知**（法工委发文〔1986〕32号 自1986年7月10日起施行）

各省、自治区、直辖市高级人民法院、人民检察院、司法厅（局）：

近几年，有些司法机关在处理劳教工作干警体罚虐待劳教人员的犯罪案件时，对劳教工作干警是否适用刑法关于司法工作人员的规定有不同认识，影响对案件的处理。根据实际情况和需要，经研究认为：劳教工作干警担负着对劳教人员的管理、教育、改造工作，可适用刑法关于司法工作人员的规定。劳教工作干警违反监管法规，体罚虐待劳教人员，情节严重的，依照《刑法》第一百八十九条的规定处理。

过去对这类案件已经过处理，与本通知规定不符的，不再变更。

6. **最高人民检察院关于受监管机关正式聘用或委托履行监管职务的人员能否成为体罚虐待人犯罪和私放罪犯罪主体的批复**（高检发研字〔1994〕1号 自1994年1月10日起施行）

四川省人民检察院：

你院川检（研）〔1992〕8号《关于在监管场所从事监管工作的非国家工作人员是否构成体罚、虐待人犯罪和私放罪犯罪主体的请示》收悉。经研究，我们认为，根据刑法第八十四条和第一百八十九条、第一百九十条的规定，受监管机关正式聘用或委托实际履行监管职务的人员是有监管人犯职务的人员。上述人员违反监管法规，体罚、虐待被监管人犯，情节严重的，或者私放罪犯的，应分别以体罚、虐待人犯罪或私放罪犯罪追究刑事责任。

二十四、煽动民族仇恨、民族歧视罪

（一）法律规定

第二百四十九条　煽动民族仇恨、民族歧视，情节严重的，处三年以下有期徒刑、拘役、管制或者剥夺政治权利；情节特别严重的，处三年以上十年以下有期徒刑。

（二）罪名详解

煽动民族仇恨、民族歧视罪，是指以各种蛊惑人心的方法，公开煽动民族仇恨、民族歧视，情节严重的行为。

本罪是1997年刑法增设的罪名，1979年刑法和单行刑法均没有规定此罪名。

煽动民族仇恨、民族歧视罪的构成要件是：

1. 主体要件

本罪主体为一般主体。凡年满16周岁并具有刑事责任能力的人，均可构成本罪的主体。

2. 客体要件

本罪侵犯的客体是中华民族的团结。中华人民共和国是全国各族人民共同缔造的统一的多民族的国家，有56个民族。在旧中国，历代反动统治者实行的是“以夷制夷”的民族压迫、民族歧视政策。中国共产党一贯坚持各民族一律平等，反对民族压迫和民族歧视。新中国成立后，废除了几千年来的民族压迫、民族歧视制度，开辟了各民族平等团结的新纪元。我国《宪法》第4条规定：“中华人民共和国各民族一律平等。国家保障各少数民族的合法的权利和利益，维护和发展各民族的平等、团结、互助关系。禁止对任何民族的歧视和压迫，禁止破坏民族团结和制造民族分裂的行为。”民族平等是民族团结的基础，而民族团结是实现民族平等的保证。煽动民族仇恨、民族分裂，正是对民族平等和民族团结关系的破坏。

3. 主观要件

本罪主观方面由直接故意构成，并具有破坏民族团结的目的。间接故意和过失不构成本罪。

4. 客观要件

本罪客观方面表现为以各种蛊惑人心的方法，公开煽动民族仇恨、民族歧视的行为。

煽动民族仇恨是指以激起民族之间的仇恨为目的，利用各民族的来源、历史和风俗习惯的不同，煽起民族之间的相互敌对、仇恨，损害民族平等地位的行为。煽动民族歧视是指以激起民族之间的歧视为目的，利用各民族的来源、历史和风俗习惯的不同，煽起民族之间的相互排斥、限制，损害民族平等地位的行为。公开煽动的方法可以是各种各样的，如书写、张贴、散发标语、传单，印刷、出版、散发非法刊物，录制、播放录音、录像，发表演讲、呼喊口号等等。本罪属于行为犯。行为人只要实施了煽动民族仇恨、民族歧视的行为，情节严重的，就构成本罪，至于被煽动者是否进行了破坏民族团结的行为，不影响本罪的成立。

按照法律规定，煽动民族仇恨、民族歧视的行为，必须达到“情节严重”的程度，才构成犯罪。所谓情节严重，司法实践中一般是指使用侮辱、造谣等手段进行煽动的；多次进行煽动，屡教不改的；造成严重后果或者影响恶劣等等。

（三）实务疑难问题

1. 罪与非罪的划分

煽动民族仇恨、民族歧视的行为，如果情节较轻的，属于违法行为，不构成犯罪，不应追究行为人的刑事责任；对于不明真相的其他参与者，一般也不应当以犯罪论处，必要时可以根据《治安管理处罚法》第 47 条的规定，处以十日以上十五日以下拘留，可以并处一千元以下罚款。

2. 煽动民族仇恨、民族歧视罪与煽动分裂国家罪、煽动颠覆国家政权罪的区分

根据《刑法》第 103 条第 2 款的规定，煽动分裂国家罪是指进行宣传煽动分裂国家、破坏国家统一的行为。根据《刑法》第 105 条第 2 款的规定，

煽动颠覆国家政权罪，是指以造谣、诽谤或者其他方式煽动颠覆国家政权，推翻社会主义制度的行为。本罪与后两种犯罪在客观方面都采用了煽动的方法，但有重要区别。一是侵犯的客体不同。前者侵犯的是各民族的团结，后者侵犯的是国家的安全。二是主观方面的内容不同。前者具有破坏民族团结的目的，后者则具有分裂国家或者颠覆国家政权的目的。三是犯罪主体不完全相同。这三种犯罪都属一般主体，但后两种犯罪的主体可以是窃据党政军大权的野心家、阴谋家或者是反动的民族分裂主义者以及敌对政治势力的代表人物。

3. 本罪与以煽动民族仇恨、民族歧视为手段的其他犯罪的区分

如果煽动民族仇恨、民族歧视不是目的，而是实施其他犯罪的手段行为，如通过煽动民族仇恨、民族歧视，组织、领导黑社会性质组织罪，教唆他人实施故意杀人、放火、爆炸等危害公共安全的犯罪，应以目的行为吸收手段行为，从一重处罚，通常是按照目的行为定罪，如定组织、领导、参加黑社会性质组织罪、故意杀人罪、放火罪、爆炸罪等等。

（四）情节与量刑

依照《刑法》第249条规定，犯煽动民族仇恨、民族歧视罪的，处3年以下有期徒刑、拘役、管制或者剥夺政治权利；情节特别严重的，处3年以上10年以下有期徒刑。

司法机关在适用时，应当注意以下问题：

1. 煽动民族仇恨、民族歧视，情节一般的，一般不作为犯罪处理，可依照《治安管理处罚法》的相关规定，处十日以上十五日以下拘留，可以并处一千元以下罚款。

2. 煽动民族仇恨、民族歧视，情节严重的，处3年以下有期徒刑、拘役、管制或者剥夺政治权利。

3. 煽动民族仇恨、民族歧视，情节特别严重的，处3年以上10年以下有期徒刑。“情节特别严重”一般是指煽动手段特别恶劣，长期进行煽动，引起民族纠纷、冲突或者民族地区骚乱后果特别严重或者影响特别恶劣，等等。

4. 规范化量刑。《最高人民法院关于常见犯罪的量刑指导意见》对煽动民族仇恨、民族歧视罪的量刑并未作出规定，这主要是由于该罪在司法实践中并不常见，最高司法机关尚未总结出一套成熟的量刑标准。在有关规定出台

前，司法人员应当根据犯罪事实、犯罪性质、情节和社会危害程度，依照刑法和有关司法解释的规定判处刑罚。

（五）法律链接

1. 中华人民共和国邮政法（1986 年 12 月 2 日第六届全国人民代表大会常务委员会第十八次会议通过　2009 年 4 月 24 日第十一届全国人民代表大会常务委员会第八次会议修订　根据 2012 年 10 月 26 日第十一届全国人民代表大会常务委员会第二十九次会议《关于修改〈中华人民共和国邮政法〉的决定》第一次修正　根据 2015 年 4 月 24 日第十二届全国人民代表大会常务委员会第十四次会议《关于修改〈中华人民共和国义务教育法〉等五部法律的决定》第二次修正）（节录）

第三十七条　任何单位和个人不得利用邮件寄递含有下列内容的物品：

……

（四）煽动民族仇恨、民族歧视，破坏民族团结的；

……

2. 最高人民法院关于审理破坏广播电视设施等刑事案件具体应用法律若干问题的解释（法释〔2011〕13 号　自 2011 年 6 月 13 日起施行）（节录）

第七条　实施破坏广播电视设施犯罪，并利用广播电视设施实施煽动分裂国家、煽动颠覆国家政权、煽动民族仇恨、民族歧视或者宣扬邪教等行为，同时构成其他犯罪的，依照处罚较重的规定定罪处罚。

3. 最高人民法院、最高人民检察院、公安部、司法部关于办理恐怖活动和极端主义犯罪案件适用法律若干问题的意见（高检会〔2018〕1 号　自 2018 年 3 月 16 日起施行）

为了依法惩治恐怖活动和极端主义犯罪，维护国家安全、社会稳定，保障人民群众生命财产安全，根据《中华人民共和国刑法》《中华人民共和国刑事诉讼法》《中华人民共和国反恐怖主义法》等法律规定，结合司法实践，制定本意见。

一、准确认定犯罪

（一）具有下列情形之一的，应当认定为刑法第一百二十条规定的“组织、领导恐怖活动组织”，以组织、领导恐怖组织罪定罪处罚：

1. 发起、建立恐怖活动组织的；

2. 恐怖活动组织成立后，对组织及其日常运行负责决策、指挥、管理的；

3. 恐怖活动组织成立后，组织、策划、指挥该组织成员进行恐怖活动的；

4. 其他组织、领导恐怖活动组织的情形。

具有下列情形之一的，应当认定为刑法第一百二十条规定的“积极参加”，以参加恐怖组织罪定罪处罚：

1. 纠集他人共同参加恐怖活动组织的；

2. 多次参加恐怖活动组织的；

3. 曾因参加恐怖活动组织、实施恐怖活动被追究刑事责任或者二年内受过行政处罚，又参加恐怖活动组织的；

4. 在恐怖活动组织中实施恐怖活动且作用突出的；

5. 在恐怖活动组织中积极协助组织、领导者实施组织、领导行为的；

6. 其他积极参加恐怖活动组织的情形。

参加恐怖活动组织，但不具有前两款规定情形的，应当认定为刑法第一百二十条规定的“其他参加”，以参加恐怖组织罪定罪处罚。

犯刑法第一百二十条规定的犯罪，又实施杀人、放火、爆炸、绑架、抢劫等犯罪的，依照数罪并罚的规定定罪处罚。

（二）具有下列情形之一的，依照刑法第一百二十条之一的规定，以帮助恐怖活动罪定罪处罚：

1. 以募捐、变卖房产、转移资金等方式为恐怖活动组织、实施恐怖活动的个人、恐怖活动培训筹集、提供经费，或者提供器材、设备、交通工具、武器装备等物资，或者提供其他物质便利的；

2. 以宣传、招收、介绍、输送等方式为恐怖活动组织、实施恐怖活动、恐怖活动培训招募人员的；

3. 以帮助非法出入境，或者为非法出入境提供中介服务、中转运送、停留住宿、伪造身份证明材料等便利，或者充当向导、帮助探查偷越国（边）境路线等方式，为恐怖活动组织、实施恐怖活动、恐怖活动培训运送人员的；

4. 其他资助恐怖活动组织、实施恐怖活动的个人、恐怖活动培训，或者为恐怖活动组织、实施恐怖活动、恐怖活动培训招募、运送人员的情形。

实施恐怖活动的个人，包括已经实施恐怖活动的个人，也包括准备实施、正在实施恐怖活动的个人。包括在我国领域内实施恐怖活动的个人，也包括在我国领域外实施恐怖活动的个人。包括我国公民，也包括外国公民和无国籍人。

帮助恐怖活动罪的主观故意，应当根据案件具体情况，结合行为人的具体行为、认知能力、一贯表现和职业等综合认定。

明知是恐怖活动犯罪所得及其产生的收益，为掩饰、隐瞒其来源和性质，而提供资金账户，协助将财产转换为现金、金融票据、有价证券，通过转账或者其他结算方式协助资金转移，协助将资金汇往境外的，以洗钱罪定罪处罚。事先通谋的，以相关恐怖活动犯罪的共同犯罪论处。

（三）具有下列情形之一的，依照刑法第一百二十条之二的规定，以准备实施恐怖活动罪定罪处罚：

1. 为实施恐怖活动制造、购买、储存、运输凶器，易燃易爆、易制爆品，腐蚀性、放射性、传染性、毒害性物品等危险物品，或者其他工具的；

2. 以当面传授、开办培训班、组建训练营、开办论坛、组织收听收看音频视频资料等方式，或者利用网站、网页、论坛、博客、微博客、网盘、即时通信、通讯群组、聊天室等网络平台、网络应用服务组织恐怖活动培训的，或者积极参加恐怖活动心理体能培训，传授、学习犯罪技能方法或者进行恐怖活动训练的；

3. 为实施恐怖活动，通过拨打电话、发送短信、电子邮件等方式，或者利用网站、网页、论坛、博客、微博客、网盘、即时通信、通讯群组、聊天室等网络平台、网络应用服务与境外恐怖活动组织、人员联络的；

4. 为实施恐怖活动出入境或者组织、策划、煽动、拉拢他人出入境的；

5. 为实施恐怖活动进行策划或者其他准备的情形。

（四）实施下列行为之一，宣扬恐怖主义、极端主义或者煽动实施恐怖活动的，依照刑法第一百二十条之三的规定，以宣扬恐怖主义、极端主义、煽动实施恐怖活动罪定罪处罚：

1. 编写、出版、印刷、复制、发行、散发、播放载有宣扬恐怖主义、极端主义内容的图书、报刊、文稿、图片或者音频视频资料的；

2. 设计、生产、制作、销售、租赁、运输、托运、寄递、散发、展示带有宣扬恐怖主义、极端主义内容的标识、标志、服饰、旗帜、徽章、器物、纪念品等物品的；

3. 利用网站、网页、论坛、博客、微博客、网盘、即时通信、通讯群组、聊天室等网络平台、网络应用服务等登载、张贴、复制、发送、播放、演示载有恐怖主义、极端主义内容的图书、报刊、文稿、图片或者音频视频资料的；

4. 网站、网页、论坛、博客、微博客、网盘、即时通信、通讯群组，聊天室等网络平台、网络应用服务的建立、开办、经营、管理者，明知他人利用网络平台、网络应用服务散布、宣扬恐怖主义、极端主义内容，经相关行政主管部门处罚后仍允许或者放任他人发布的；

5. 利用教经、讲经、解经、学经、婚礼、葬礼、纪念、聚会和文体活动等宣扬恐怖主义、极端主义、煽动实施恐怖活动的；

6. 其他宣扬恐怖主义、极端主义、煽动实施恐怖活动的行为。

（五）利用极端主义，实施下列行为之一的，依照刑法第一百二十条之四的规定，以利用极端主义破坏法律实施罪定罪处罚：

1. 煽动、胁迫群众以宗教仪式取代结婚、离婚登记，或者干涉婚姻自由的；

2. 煽动、胁迫群众破坏国家法律确立的司法制度实施的；

3. 煽动、胁迫群众干涉未成年人接受义务教育，或者破坏学校教育制度、国家教育考试制度等国家法律规定的教育制度的；

4. 煽动、胁迫群众抵制人民政府依法管理，或者阻碍国家机关工作人员依法执行职务的；

5. 煽动、胁迫群众损毁居民身份证、居民户口簿等国家法定证件以及人民币的；

6. 煽动、胁迫群众驱赶其他民族、有其他信仰的人员离开居住地，或者干涉他人生活和生产经营的；

7. 其他煽动、胁迫群众破坏国家法律制度实施的行为。

（六）具有下列情形之一的，依照刑法第一百二十条之五的规定，以强制穿戴宣扬恐怖主义、极端主义服饰、标志罪定罪处罚：

1. 以暴力、胁迫等方式强制他人在公共场所穿着、佩戴宣扬恐怖主义、极端主义服饰的；

2. 以暴力、胁迫等方式强制他人在公共场所穿着、佩戴含有恐怖主义、极端主义的文字、符号、图形、口号、徽章的服饰、标志的；

3. 其他强制他人穿戴宣扬恐怖主义、极端主义服饰、标志的情形。

（七）明知是载有宣扬恐怖主义、极端主义内容的图书、报刊、文稿、图片、音频视频资料、服饰、标志或者其他物品而非法持有，达到下列数量标准之一的，依照刑法第一百二十条之六的规定，以非法持有宣扬恐怖主义、极端主义物品罪定罪处罚：

1. 图书、刊物二十册以上，或者电子图书、刊物五册以上的；

2. 报纸一百份（张）以上，或者电子报纸二十份（张）以上的；

3. 文稿、图片一百篇（张）以上，或者电子文稿、图片二十篇（张）以上，或者电子文档五十万字符以上的；

4. 录音带、录像带等音像制品二十个以上，或者电子音频视频资料五个以上，或者电子音频视频资料二十分钟以上的；

5. 服饰、标志二十件以上的。

非法持有宣扬恐怖主义、极端主义的物品，虽未达到前款规定的数量标准，但具有多次持有，持有多类物品，造成严重后果或者恶劣社会影响，曾因实施恐怖活动、极端主义违法犯罪被追究刑事责任或者二年内受过行政处罚等情形之一的，也可以定罪处罚。

多次非法持有宣扬恐怖主义、极端主义的物品，未经处理的，数量应当累计计算。非法持有宣扬恐怖主义、极端主义的物品，涉及不同种类或者形式的，可以根据本条规定的不同数量标准的相应比例折算后累计计算。

非法持有宣扬恐怖主义、极端主义物品罪主观故意中的“明知”，应当根据案件具体情况，以行为人实施的客观行为为基础，结合其一贯表现，具体行为、程度、手段、事后态度，以及年龄、认知和受教育程度、所从事的职业等综合审查判断。

具有下列情形之一，行为人不能做出合理解释的，可以认定其“明知”，但有证据证明确属被蒙骗的除外：

1. 曾因实施恐怖活动、极端主义违法犯罪被追究刑事责任，或者二年内受过行政处罚，或者被责令改正后又实施的；

2. 在执法人员检查时，有逃跑、丢弃携带物品或者逃避、抗拒检查等行为，在其携带、藏匿或者丢弃的物品中查获宣扬恐怖主义、极端主义的物品的；

3. 采用伪装、隐匿、暗语、手势、代号等隐蔽方式制作、散发、持有宣扬恐怖主义、极端主义的物品的；

4. 以虚假身份、地址或者其他虚假方式办理托运，寄递手续，在托运、寄递的物品中查获宣扬恐怖主义、极端主义的物品的；

5. 有其他证据足以证明行为人应当知道的情形。

（八）犯刑法第一百二十条规定的犯罪，同时构成刑法第一百二十条之一至之六规定的犯罪的，依照处罚较重的规定定罪处罚。

犯刑法第一百二十条之一至之六规定的犯罪，同时构成其他犯罪的，依照处罚较重的规定定罪处罚。

（九）恐怖主义、极端主义，恐怖活动，恐怖活动组织，根据《中华人民共和国反恐怖主义法》等法律法规认定。

二、正确适用程序

（一）组织、领导、参加恐怖组织罪，帮助恐怖活动罪，准备实施恐怖活动罪，宣扬恐怖主义、煽动实施恐怖活动罪，强制穿戴宣扬恐怖主义服饰、标志罪，非法持有宣扬恐怖主义物品罪的第一审刑事案件由中级人民法院管辖；宣扬极端主义罪，利用极端主义破坏法律实施罪，强制穿戴宣扬极端主义服饰、标志罪，非法持有宣扬极端主义物品罪的第一审刑事案件由基层人民法院管辖。高级人民法院可以根据级别管辖的规定，结合本地区社会治安状况、案件数量等情况，决定实行相对集中管辖，指定辖区内特定的中级人民法院集中审理恐怖活动和极端主义犯罪第一审刑事案件，或者指定辖区内特定的基层人民法院集中审理极端主义犯罪第一审刑事案件，并将指定法院名单报最高人民法院备案。

（二）国家反恐怖主义工作领导机构对恐怖活动组织和恐怖活动人员作出认定并予以公告的，人民法院可以在办案中根据公告直接认定。国家反恐怖主义工作领导机构没有公告的，人民法院应当严格依照《中华人民共和国反恐怖主义法》有关恐怖活动组织和恐怖活动人员的定义认定，必要时，可以商地市级以上公安机关出具意见作为参考。

（三）宣扬恐怖主义、极端主义的图书、音频视频资料，服饰、标志或者其他物品的认定，应当根据《中华人民共和国反恐怖主义法》有关恐怖主义、极端主义的规定，从其记载的内容、外观特征等分析判断。公安机关应当对涉案物品全面审查并逐一标注或者摘录，提出审读意见，与扣押、移交物品清单及涉案物品原件一并移送人民检察院审查。人民检察院、人民法院可以结合在案证据、案件情况、办案经验等综合审查判断。

（四）恐怖活动和极端主义犯罪案件初查过程中收集提取的电子数据，以及通过网络在线提取的电子数据，可以作为证据使用。对于原始存储介质位于境外或者远程计算机信息系统上的恐怖活动和极端主义犯罪电子数据，可以通过网络在线提取。必要时，可以对远程计算机信息系统进行网络远程勘验。立案后，经设区的市一级以上公安机关负责人批准，可以采取技术侦查措施。对于恐怖活动和极端主义犯罪电子数据量大或者提取时间长等需要冻结的，经县级以上公安机关负责人或者检察长批准，可以进行冻结。对于电子数据涉及的专门性问题难以确定的，由具备资格的司法鉴定机构出具鉴定意见，或者由公安部指定的机构出具报告。

三、完善工作机制

（一）人民法院、人民检察院和公安机关办理恐怖活动和极端主义犯罪案件，应当互相配合，互相制约，确保法律有效执行。对于主要犯罪事实、关键证据和法律适用等可能产生分歧或者重大、疑难、复杂的恐怖活动和极端主义犯罪案件，公安机关商请听取有管辖权的人民检察院意见和建议的，人民检察院可以提出意见和建议。

（二）恐怖活动和极端主义犯罪案件一般由犯罪地公安机关管辖，犯罪嫌疑人居住地公安机关管辖更为适宜的，也可以由犯罪嫌疑人居住地公安机关管辖。移送案件应当一案一卷，将案件卷宗、提取物证和扣押物品等全部随案移交。移送案件的公安机关应当指派专人配合接收案件的公安机关开展后续案件办理工作。

（三）人民法院、人民检察院和公安机关办理恐怖活动和极端主义犯罪案件，应当坚持对涉案人员区别对待，实行教育转化。对被教唆、胁迫、引诱参与恐怖活动、极端主义活动，或者参与恐怖活动、极端主义活动情节轻微，尚不构成犯罪的人员，公安机关应当组织有关部门、村民委员会、居民委员会、所在单位、就读学校、家庭和监护人对其进行帮教。对被判处有期徒刑以上刑罚的恐怖活动罪犯和极端主义罪犯，服刑地的中级人民法院应当根据其社会危险性评估结果和安置教育建议，在其刑满释放前作出是否安置教育的决定。人民检察院依法对安置教育进行监督，对于实施安置教育过程中存在违法行为的，应当及时提出纠正意见或者检察建议。

4. 全国人大常委会关于维护互联网安全的决定（2000年12月28日第九届全国人民代表大会常务委员会第十九次会议通过　根据2009年8月27日第十一届全国人民代表大会常务委员会第十次会议《关于修改部分法律的决定》修正）（节录）

二、为了维护国家安全和社会稳定，对有下列行为之一，构成犯罪的，依照刑法有关规定追究刑事责任：

……

（三）利用互联网煽动民族仇恨、民族歧视，破坏民族团结；

……

5. 中华人民共和国治安管理处罚法（2005年8月28日第十届全国人民代表大会常务委员会第十七次会议通过　根据2012年10月26日第十一届全国人民代表大会常务委员会第二十九次会议《关于修改〈中华人民共和国治安管理处罚法〉的决定》修正）（节录）

第四十七条　煽动民族仇恨、民族歧视，或者在出版物、计算机信息网络中刊载民族歧视、侮辱内容的，处十日以上十五日以下拘留，可以并处一千元以下罚款。

二十五、出版歧视、侮辱少数民族作品罪

（一）法律规定

第二百五十条　在出版物中刊载歧视、侮辱少数民族的内容，情节恶劣，造成严重后果的，对直接责任人员，处三年以下有期徒刑、拘役或者管制。

（二）罪名详解

出版歧视、侮辱少数民族作品罪是指在出版物中刊载歧视、侮辱少数民族的内容，情节恶劣，造成严重后果的行为。

本罪是1997年刑法增设的罪名，1979年刑法和单行刑法均没有规定此罪名。

出版歧视、侮辱少数民族作品罪的构成要件是：

1. 主体要件

本罪主体为特殊主体，即在出版物中刊载歧视、侮辱少数民族的内容的直接责任人员，包括作者、责任编辑、录制、摄制人员和其他对刊载上述内容负有直接责任的人员。

2. 客体要件

本罪侵犯的客体是我国各民族平等、团结、互助的关系和少数民族的权利。

我国是多民族的国家。平等、团结、互助的社会主义民族关系已经确立，并将继续加强。《宪法》明确规定，在维护民族团结的斗争中，要反对大民族主义，主要是大汉族主义。国家保障各少数民族的合法权利和利益，维护和发展各民族的平等、团结、互助关系，禁止对任何民族的歧视和压迫。但是，近几年来一些人在出版的书籍、刊物、音像或者影视作品中刊载歧视、侮辱少数民族的内容，损害了民族关系和民族感情。为了惩治这种行为，刑法增设了此罪名。

3. 主观要件

本罪主观方面由故意构成，包括直接故意和间接故意。过失不构成本罪。

4. 客观要件

本罪客观方面表现为在出版物中刊载歧视、侮辱少数民族的内容的行为。“出版物”是指编印的报纸、杂志、图书、画册和制作的音像制品、影视作品和电子出版物等。“刊载”是指在出版物中登载、转载。“歧视、侮辱少数民族”是指针对少数民族的来源、历史、风俗习惯等，对少数民族进行贬低、讥讽、蔑视、羞辱等。

按照法律规定，出版歧视、侮辱少数民族作品的行为，必须是情节恶劣，并造成严重后果的，才构成犯罪。所谓情节恶劣，司法实践中一般是指刊载的内容严重歪曲历史，甚至制造谣言的；或者十分污秽、卑鄙、恶毒，严重伤害少数民族群众的感情和自尊心的；发行数量大，影响范围广的；多次刊载，屡教不改的等情形。所谓造成严重后果，主要是指造成恶劣的政治影响，引起民族纠纷、民族骚乱等后果。

（三）实务疑难问题

1. 出版歧视、侮辱少数民族作品罪的罪与非罪

（1）出版歧视、侮辱少数民族某个特定人物的作品，因犯罪对象非针对少数民族整体，不符合本罪。构成其他犯罪的，如侮辱罪、诽谤罪，则以其他犯罪定罪处罚。

（2）出版歧视、侮辱少数民族作品的行为，如果情节不恶劣，并且尚未造成严重后果的，则属违法行为，不应追究行为人的刑事责任。

2. 出版歧视、侮辱少数民族作品罪与侮辱罪的区分

这两种犯罪在犯罪手段上有相似之处，且都属故意犯罪，区别主要在于：第一，犯罪客体不同。前者侵犯的是我国各民族平等、团结、互助的关系和少数民族的权利，后者侵犯的是他人的人身权利。第二，客观方面不同。前者是在出版物中刊载歧视、侮辱少数民族的内容，情节恶劣，造成严重后果的行为。后者是使用暴力或者其他方法，公然贬低他人人格、破坏他人名誉，情节严重的行为。第三，犯罪对象不同。前者为不特定的少数民族，后者为特定的公民个人。第四，犯罪主体不同。前者的主体可以是个人，也可以是单位，单位犯罪的对直接责任人员进行定罪处罚。后者的主体是自然人。第五，主观方面不同。前者由故意构成，包括直接故意和间接故意。后者只能由直接故意构成，其主观上具有贬低他人人格、破坏他人名誉的目的。

3. 出版歧视、侮辱少数民族作品罪与煽动民族仇恨、民族歧视罪的区分

煽动民族仇恨、民族歧视可以通过出版歧视、侮辱少数民族的作品来实现，两者的区别主要在于：第一，犯罪客观方面不完全相同。煽动民族仇恨、民族歧视罪可以通过多种方式实施，包括出版歧视、侮辱少数民族作品。第二，犯罪主体不同。前者的主体可以是单位也可以是自然人，后者的主体只能是自然人。第三，犯罪目的不同。前者一般是出于民族偏见、取笑或者猎奇的目的，后者则是出于激起民族之间的仇恨、歧视的目的。如果以出版歧视、侮辱少数民族作品实现煽动民族仇恨、民族歧视的目的，如果犯罪主体是自然人，应当以煽动民族仇恨、民族歧视罪定罪处罚；如果犯罪主体是单位，对直接责任人员可以出版歧视、侮辱少数民族作品罪定罪处罚。

（四）情节与量刑

依照《刑法》第250条规定，犯出版歧视、侮辱少数民族作品罪的，处3年以下有期徒刑、拘役或者管制。

司法机关在适用时，应当注意以下问题：

1. 出版歧视、侮辱少数民族作品行为，情节一般的，没有造成严重后果的，不作为犯罪处理。

2. 出版歧视、侮辱少数民族作品，情节恶劣，造成严重后果的，对直接责任人员，处3年以下有期徒刑、拘役或者管制，对其他参与人员不以犯罪处理。

3. 规范化量刑。《最高人民法院关于常见犯罪的量刑指导意见》对出版歧视、侮辱少数民族作品罪的量刑并未作出规定，这主要是由于该罪在司法实践中并不常见，最高司法机关尚未总结出一套成熟的量刑标准。在有关规定出台前，司法人员应当根据犯罪事实、性质、情节和社会危害程度，依照刑法和有关司法解释的规定判处刑罚。

（五）法律链接

1. 最高人民法院关于审理非法出版物刑事案件具体应用法律若干问题的解释（法释〔1998〕30号　自1998年12月23日起施行）（节录）

第七条　出版刊载歧视、侮辱少数民族内容的作品，情节恶劣，造成严重后果的，依照刑法第二百五十条的规定，以出版歧视、侮辱少数民族作品罪定罪处罚。

2. 中共中央宣传部、中共中央统战部等关于对涉及伊斯兰教的出版物加强管理的通知（自1993年10月19日起施行）

一个时期以来，一些出版单位陆续发表和出版了一批有关伊斯兰教的文章和图书。其中不少是有价值的，对宣传马克思主义宗教观和党的宗教政策，对引导读者正确认识宗教问题、了解宗教知识起到了积极作用。但是在这类出版物的出版过程中也存在着一些问题。有些单位或个人违反国家的有关规定，未经同意擅自翻印并向社会公开发行宣传有关伊斯兰教教义的各类经书、典籍；极少数出版单位甚至违反党和国家的民族宗教政策，出版、发表歪曲、辱骂、诬蔑伊斯兰教的图书和文章，无视少数民族风俗习惯，严重伤害了信教群众的宗教感情，引起了他们的不满，损害了社会的安定团结。

正确对待和处理民族、宗教问题，是我国社会主义建设事业中一个重要课题，是建设有中国特色社会主义的一个重要内容。认真贯彻党和国家的民族、宗教政策，维护宪法确定的公民宗教信仰自由的权利，尊重少数民族的风俗习惯，加强对信教群众和宗教界人士的爱国主义教育，对于维护社会稳定、增进民族团结、促进祖国统一、加快社会主义现代化建设，都有着不容忽视的重要意义。为了加强对涉及伊斯兰教的出版物的管理，根据《中共中央、国务院关于进一步做好宗教工作若干问题的通知》（中发〔1991〕6 号）的精神，现就有关事项通知如下：

一、所有的出版单位都必须切实贯彻执行党的民族宗教政策，维护宪法确定的公民宗教信仰自由的权利，维护民族团结和社会安定，不得在出版物中有违背党和国家的政策、法律、损害公民宗教信仰自由的权利，伤害信教群众的宗教感情和少数民族的风俗习惯的内容。

二、供伊斯兰教内部使用的经书、典籍和阐释伊斯兰教经典、教义、教规等印制品，由伊斯兰教团体根据需要提出申请，须经省、自治区、直辖市以上人民政府宗教事务部门审批，并报同级政府新闻出版局备案、办理内部准印手续；同时，这类出版物只能在经政府批准开放的清真寺内发放、流通。若数量较大，须报经国务院宗教事务局审批，并报新闻出版署备案。非宗教团体、个人一律不得印制、出版、发行。违反上述规定，按非法出版活动处理。

为研究我国古代文化和开展对外文化交流的特殊需要而正式出版有关伊斯兰教的经书或典籍，需经新闻出版署会商国务院宗教事务局审批，并指定有关专业出版社安排出版。

三、凡涉及研究和评价伊斯兰教的出版物（包括消息和文章），要坚持马克思主义的宗教观，以党和国家的有关宗教政策和法律为准绳。对伊斯兰教的历史、人物、事件、教义、教规以及对经书、典籍等进行专业学术研究，考证的图书、工具书，属于学术著作，由各地人民出版社及中央有关的社会科学专业出版社安排出版；对于这一类的学术文章，中央有关社会科学专业期刊可以发表。但这类图书和文章中凡涉及敏感问题（如论及现行宗教政策、外交政策和涉及少数民族宗教信仰、禁忌、风俗习惯等问题），出版单位须报请上级主管部门审核批准。必要时应征询省级以上伊斯兰教协会或省以上人民政府宗教事务部门的意见。

四、对以伊斯兰教的经书、典籍或教义、教规等为基础进行加工、编写的通俗读物，或以所谓传闻、轶事为根据而编撰的有关宗教和少数民族风俗习惯的通俗读物，特别是海外的此类出版物（包括音像制品），原则上不得安排出版。如确有需要安排公开出版的，要着重考虑书稿内容是否有利于贯彻党和国家的宗教政策、民族政策，并经省级政府宗教事务部门和新闻出版局审核同意（中央单位的出版社须经主管单位审核同意）后，报新闻出版署审批。有关伊斯兰教的连环画、画册（像）不得安排出版。

五、非国家定点的书刊印刷企业一律不得承接印制任何有关伊斯兰教的出版物。

六、任何发行单位不得发行非正式出版单位出版的有关伊斯兰教的书、报、刊及音像制品。凡正式出版单位出版的有关伊斯兰教的出版物，应严格按照规定的发行方式、发行对象办理。

七、上述有关伊斯兰教的图书、音像制品一律不得协作出版或代印（复录）、代发。

八、凡违反上述有关规定的出版单位，由省级新闻出版局或新闻出版署分别给予行政处罚；对违反上述规定，造成出版物内容违背党的民族宗教政策并在社会上产生严重不良影响的出版单位，新闻出版署可给予停业整顿直至撤销登记的处罚；触犯法律的，交由司法部门追究法律责任。

二十六、非法剥夺公民宗教信仰自由罪

（一）法律规定

第二百五十一条　国家机关工作人员非法剥夺公民的宗教信仰自由和侵犯少数民族风俗习惯，情节严重的，处二年以下有期徒刑或者拘役。

（二）罪名详解

非法剥夺公民宗教信仰自由罪，是指国家机关工作人员非法剥夺公民的宗教信仰自由，情节严重的行为。

本罪1979年《刑法》第147条作了规定。

非法剥夺公民宗教信仰自由罪的构成要件是：

1. 主体要件

本罪主体为特殊主体，即国家机关工作人员。

按照《刑法》第93条第1款的规定，国家机关工作人员，是指在国家权力机关、行政机关、司法机关和军事机关等机关中依法从事公务的人员。国家机关工作人员应当模范地遵守和执行国家的宗教政策。其中有些国家机关工作人员还专门从事宗教事务工作，如果他们对国家的宗教政策非法进行干涉、破坏，则会造成很坏的影响和更严重的后果。因此，将本罪的犯罪主体限定为国家机关工作人员，是十分正确的。非国家机关工作人员不构成本罪。

2. 客体要件

本罪侵犯的客体是公民宗教信仰自由的权利。宗教信仰自由是我国公民的一项基本权利。《宪法》第36条第1、2款明确规定："中华人民共和国公民有宗教信仰自由。任何国家机关、社会团体和个人不得强制公民信仰宗教或者不信仰宗教，不得歧视信仰宗教的公民和不信仰宗教的公民。"这是公民在法律面前一律平等的原则在宗教信仰自由问题上的具体体现。宗教信仰自由的含义包括每个公民既有信仰宗教的自由，也有不信仰宗教的自由；有信仰这种宗教的自由，也有信仰那种宗教的自由；在同一宗教里，有信仰这个教派的自由，也有信仰那个教派的自由；有过去不信教、现在信教的自由，也有过去信教、现在不信教的自由。

3. 主观要件

本罪主观方面由故意构成，即明知剥夺他人宗教信仰自由是非法的而故意为之。过失不构成本罪。

4. 客观要件

本罪客观方面表现为非法剥夺公民宗教信仰自由的行为。"非法剥夺"是指以强制等方法剥夺他人宗教信仰自由的行为。剥夺的方法可以是多种多样的，如非法干涉公民正常的宗教活动；强迫教徒退教或者改变信仰；强迫公民信教或者信仰同一宗教的某一教派；非法封闭或者捣毁合法的宗教场所、设施等等。

按照法律规定，非法剥夺公民宗教信仰自由的行为，除必须具备以上构成要件外，还必须达到"情节严重"的程度，才构成犯罪。所谓情节严重，司法实践中一般是指非法剥夺公民宗教信仰自由手段恶劣，后果严重，政治影响很坏的情形等等。

（三）实务疑难问题

1. 正当的宗教信仰与封建迷信的区分

宗教是社会意识形态的一种表现，我国宪法规定公民有宗教信仰自由，国家法律也保障公民的宗教信仰自由。封建迷信是利用人们的无知，通过装神弄鬼、画符念咒等骗术实施的骗人行为。取缔封建迷信的行为不属于侵犯宗教信仰自由的行为。

2. 正常的宗教活动与利用宗教从事非法活动的区分

《宪法》第36条第3款规定："国家保护正常的宗教活动。任何人不得利用宗教进行破坏社会秩序、损害公民身体健康、妨碍国家教育制度的活动。"所谓"正常的宗教活动"，是指有公开的合法组织和正式的教义，按照一定教规，在宗教场所内进行的宗教活动。因此，宗教信仰自由必须以不危害国家利益和不违反国家法律为前提。在司法实践中，要注意划清宗教信仰问题与政治信仰问题的界限；正常的宗教活动与利用宗教进行破坏活动的界限；宗教活动与封建迷信的界限；宗教团体与反动会道门（如一贯道、华龙会）的界限。如果利用宗教信仰自由从事违法犯罪活动，则不受国家法律保护。

3. 本罪与一般违法行为的区分

如果国家机关工作人员由于工作方法简单粗暴或者政策水平有限，对正当的宗教活动进行一定的干涉，侵犯了公民的宗教信仰自由的，因行为人主观上不具有非法剥夺他人宗教信仰自由的目的，则不能以本罪论处。

4. 本罪的罪与非罪

非法剥夺公民宗教信仰自由的行为，如果情节不严重的，则不构成犯罪，不能追究行为人的刑事责任。

5. 本罪与煽动民族仇恨、民族歧视罪的区别

非法剥夺公民宗教信仰自由可以成为煽动民族仇恨、民族歧视的一种手段，两者主观方面都是故意。区别主要在于：第一，侵犯的客体不同。前者侵犯的是公民宗教信仰自由的权利，后者侵犯的是中华民族的团结，各民族之间平等、互助的关系。第二，客观方面的表现不同。前者是以强制等手段非法剥夺公民宗教信仰自由的行为。后者是以各种蛊惑人心的方法，公开煽

动民族仇恨、民族歧视的行为。第三，犯罪主体不同。前者是国家机关工作人员，是特殊主体。后者是一般主体。第四，主观方面不同。前者是故意，明知侵犯了公民的宗教信仰自由而为之。后者由直接故意构成，并具有破坏民族团结的目的，间接故意和过失均不构成该罪。

（四）情节与量刑

依照《刑法》第 251 条规定，犯非法剥夺公民宗教信仰自由罪的，处 2 年以下有期徒刑或者拘役。

司法机关在适用时，应当注意以下问题：

1. 国家机关工作人员是本罪的主体，非国家机关工作人员除非与国家机关工作人员是本罪的共犯，否则不能认定本罪。

2. 非法剥夺公民宗教信仰自由，情节严重的，构成本罪。情节一般的，不作为犯罪处理。

3. 规范化量刑。《最高人民法院关于常见犯罪的量刑指导意见》对非法剥夺公民宗教信仰自由罪的量刑并未作出规定，这主要是由于该罪在司法实践中并不常见，最高司法机关尚未总结出一套成熟的量刑标准。在有关规定出台前，司法人员应当根据犯罪事实、性质、情节和社会危害程度，依照刑法和有关司法解释的规定判处刑罚。

（五）法律链接

1. 最高人民法院关于审理非法出版物刑事案件具体应用法律若干问题的解释（法释〔1998〕30 号　自 1998 年 12 月 23 日起施行）（节录）

第七条　出版刊载歧视、侮辱少数民族内容的作品，情节恶劣，造成严重后果的，依照刑法第二百五十条的规定，以出版歧视、侮辱少数民族作品罪定罪处罚。

2. 中华人民共和国民族区域自治法（1984 年 5 月 31 日第六届全国人民代表大会第二次会议通过　根据 2001 年 2 月 28 日第九届全国人民代表大会常务委员会第二十次会议《关于修改〈中华人民共和国民族区域自治法〉的决定》修正）（节录）

第十一条　民族自治地方的自治机关保障各民族公民有宗教信仰自由。

任何国家机关、社会团体和个人不得强制公民信仰宗教或者不信仰宗教，不得歧视信仰宗教的公民和不信仰宗教的公民。

国家保护正常的宗教活动。

任何人不得利用宗教进行破坏社会秩序、损害公民身体健康、妨碍国家教育制度的活动。

宗教团体和宗教事务不受外国势力的支配。

3. **中华人民共和国国家安全法**（2015 年 7 月 1 日中华人民共和国第十二届全国人民代表大会常务委员会第十五次会议通过）（节录）

第二十七条 国家依法保护公民宗教信仰自由和正常宗教活动，坚持宗教独立自主自办的原则，防范、制止和依法惩治利用宗教名义进行危害国家安全的违法犯罪活动，反对境外势力干涉境内宗教事务，维护正常宗教活动秩序。

国家依法取缔邪教组织，防范、制止和依法惩治邪教违法犯罪活动。

4. **中华人民共和国反恐怖主义法**（2015 年 12 月 27 日第十二届全国人民代表大会常务委员会第十八次会议通过　根据 2018 年 4 月 27 日第十三届全国人民代表大会常务委员会第二次会议《关于修改〈中华人民共和国国境卫生检疫法〉等六部法律的决定》修正）（节录）

第六条 反恐怖主义工作应当依法进行，尊重和保障人权，维护公民和组织的合法权益。

在反恐怖主义工作中，应当尊重公民的宗教信仰自由和民族风俗习惯，禁止任何基于地域、民族、宗教等理由的歧视性做法。

5. **全国人民代表大会常务委员会关于取缔邪教组织、防范和惩治邪教活动的决定**（1999 年 10 月 30 日第九届全国人民代表大会常务委员会第十二次会议通过）

为了维护社会稳定，保护人民利益，保障改革开放和社会主义现代化建设的顺利进行，必须取缔邪教组织、防范和惩治邪教活动。根据宪法和有关法律，特作如下决定：

一、坚决依法取缔邪教组织，严厉惩治邪教组织的各种犯罪活动。邪教组织冒用宗教、气功或者其他名义，采用各种手段扰乱社会秩序，危害人民群众生命财产安全和经济发展，必须依法取缔，坚决惩治。人民法院、人民检察院和公安、国家安全、司法行政机关要各司其职，共同做好这项工作。对组织和利用邪教组织破坏国家法律、行政法规实施，聚众闹事，扰乱社会秩序，以迷信邪说蒙骗他人，致人死亡，或者奸淫妇女、诈骗财物等犯罪活动，依法予以严惩。

二、坚持教育与惩罚相结合，团结、教育绝大多数被蒙骗的群众，依法严惩极少数犯罪分子。在依法处理邪教组织的工作中，要把不明真相参与邪教活动的人同组织和利用邪教组织进行非法活动、蓄意破坏社会稳定的犯罪分子区别开来。对受蒙骗的群众不予追究。对构成犯罪的组织者、策划者、指挥者和骨干分子，坚决依法追究刑事责任；对于自首或者有立功表现的，可以依法从轻、减轻或者免除处罚。

三、在全体公民中深入持久地开展宪法和法律的宣传教育，普及科学文化知识。依法取缔邪教组织，惩治邪教活动，有利于保护正常的宗教活动和公民的宗教信仰自由。要使广大人民群众充分认识邪教组织严重危害人类、危害社会的实质，自觉反对和抵制邪教组织的影响，进一步增强法制观念，遵守国家法律。

四、防范和惩治邪教活动，要动员和组织全社会的力量，进行综合治理。各级人民政府和司法机关应当认真落实责任制，把严防邪教组织的滋生和蔓延，防范和惩治邪教活动作为一项重要任务长期坚持下去，维护社会稳定。

二十七、侵犯少数民族风俗习惯罪

（一）法律规定

第二百五十一条　国家机关工作人员非法剥夺公民的宗教信仰自由和侵犯少数民族风俗习惯，情节严重的，处二年以下有期徒刑或者拘役。

（二）罪名详解

侵犯少数民族风俗习惯罪，是指国家机关工作人员以强制手段，非法干涉、破坏少数民族风俗习惯或者强迫少数民族改变风俗习惯，情节严重的行为。

本罪 1979 年《刑法》第 147 条作了规定。

侵犯少数民族风俗习惯罪的构成要件是：

1. 主体要件

本罪主体为国家机关工作人员。按照《刑法》第 93 条第 1 款的规定，国家机关工作人员，是指在国家权力机关、行政机关、司法机关和军事机关等机关中依法从事公务的人员。非国家工作人员不构成本罪。

2. 客体要件

本罪侵犯的客体是我国少数民族保持自己风俗习惯自由的权利。本罪的犯罪对象是少数民族的风俗习惯。所谓“少数民族风俗习惯”是指我国各少数民族在长期的历史过程中形成的具有本民族特色的风俗民情、伦理道德、生活习惯等，如婚丧、节庆、生产、饮食、居住等方面的喜好、风气、习俗和禁忌等等。尊重少数民族的风俗习惯，是国家民族政策的一项重要内容，受到国家法律的保护。我国《宪法》第 4 条第 4 款规定：“各民族都有使用和发展自己的语言文字的自由，都有保持或者改革自己的风俗习惯的自由。”

3. 主观要件

本罪主观方面由故意构成。过失不构成本罪。

4. 客观要件

本罪客观方面表现为以强制手段，非法干涉、破坏少数民族风俗习惯或者迫使少数民族改变风俗习惯的行为。强制手段可以是暴力的，也可以是非暴力的（如精神上的胁迫）。这种行为一般表现为两种形式：一种是以强制手段干涉、破坏少数民族公民按照自己的风俗习惯举行的正当活动，另一种是以强制手段改变少数民族的风俗习惯。

需要强调的是，第一，侵犯少数民族风俗习惯的客观行为必须具有强制性，如果是以宣传教育、说服劝导的方法，促使少数民族自愿放弃或改革一些落后的风俗习惯的，不能构成本罪。第二，侵犯少数民族风俗习惯的行为，必须具有非法性。如果对少数民族风俗习惯的干涉是有合法依据的，则不成立本罪。第三，侵犯的是少数民族的风俗习惯，如果侵犯的是少数民族个别人的习惯或者是汉族的风俗习惯的，也不成立本罪。

按照法律规定，侵犯少数民族风俗习惯的行为，除必须具备以上构成要件外，还必须达到“情节严重”的程度，才构成犯罪。所谓“情节严重”，司法实践中一般是指侵犯少数民族风俗习惯手段恶劣，后果严重，影响很坏的情形等等。

（三）实务疑难问题

1. 本罪与一般违法行为的区分

如果国家机关工作人员由于工作方法简单粗暴或者政策水平有限，对少数民族的风俗习惯缺乏了解，致使处理具体问题时引起一些少数民族群众的不满，因行为人主观上不具有侵犯少数民族风俗习惯的目的，不能成立本罪，可以酌情给予行政处罚或者进行批评教育。

2. 本罪的罪与非罪

（1）认定侵犯少数民族风俗习惯罪应当注意划清罪与非罪的界限。侵犯少数民族风俗习惯的行为，如果情节不严重的，则不构成犯罪，不能成立本罪。

（2）本罪的犯罪主体只能是国家机关工作人员。非国家机关工作人员，如果与国家机关工作人员构成本罪共犯的，可以本罪论处，否则不能成立本罪。

3. 本罪与煽动民族仇恨、民族歧视罪的区别

两罪都侵犯了我国民族之间的平等、团结、互助的关系，主观方面都是故意，而且侵犯少数民族风俗习惯的行为可以成为煽动民族仇恨、民族歧视的方式。两者的区别主要在于：第一，犯罪主体不同。前者的犯罪主体是国家机关工作人员，后者的犯罪主体是自然人。第二，行为方式不同。前者是以强制手段，非法干涉、破坏少数民族风俗习惯或者迫使少数民族改变风俗习惯的行为。后者是以各种蛊惑人心的方法，公开煽动民族仇恨、民族歧视的行为。第三，犯罪对象不同。前者的犯罪对象是少数民族的风俗习惯，侵犯汉民族风俗习惯的不成立本罪。后者的犯罪对象不具有特定性，煽动汉民族对少数民族歧视、仇恨，或者煽动少数民族歧视、仇恨汉民族，均可构成犯罪。

4. 本罪与非法剥夺公民宗教信仰自由罪的区别

少数民族的宗教信仰也可纳入广义的“风俗习惯”中，非法剥夺的行为也属于侵犯的一种表现，主观方面均为故意。两者的区别在于：第一，犯罪客体不同。前者侵犯的是少数民族保持自己风俗习惯自由的权利，后者侵犯的是公民宗教信仰自由的权利。第二，犯罪对象不同。前者侵犯的是少数民族的风俗习惯，侵犯汉民族风俗习惯的不成立本罪。后者的犯罪对象是公民。

第三，具体行为方式不同。前者以强制手段，非法干涉、破坏少数民族风俗习惯或者迫使少数民族改变风俗习惯的行为。后者以强制等方法非法剥夺公民宗教信仰自由的行为。

（四）情节与量刑

依照《刑法》第 251 条规定，犯侵犯少数民族风俗习惯罪的，处 2 年以下有期徒刑或者拘役。

司法机关在适用时，应当注意以下问题：

1. 国家机关工作人员是本罪的主体，非国家机关工作人员除非与国家机关工作人员是本罪的共犯，否则不能认定本罪。

2. 侵犯少数民族风俗习惯，情节严重的，构成本罪。情节一般的，不作为犯罪处理。

3. 规范化量刑。《最高人民法院关于常见犯罪的量刑指导意见》对侵犯少数民族风俗习惯罪的量刑并未作出规定，这主要是由于该罪在司法实践中并不常见，最高司法机关尚未总结出一套成熟的量刑标准。在有关规定出台前，司法人员应当根据犯罪事实、犯罪性质、情节和社会危害程度，依照刑法和有关司法解释的规定判处刑罚。

二十八、侵犯通信自由罪

（一）法律规定

第二百五十二条　隐匿、毁弃或者非法开拆他人信件，侵犯公民通信自由权利，情节严重的，处一年以下有期徒刑或者拘役。

（二）罪名详解

侵犯通信自由罪，是指隐匿、毁弃或者非法开拆他人信件，情节严重的行为。

本罪 1979 年《刑法》第 149 条作了规定。

侵犯通信自由罪的构成要件是：

1. 主体要件

本罪主体为一般主体，凡年满 16 周岁并具有刑事责任能力的人，均可以成为本罪的主体。

2. 客体要件

本罪侵犯的客体是公民的通信自由和通信秘密的权利。通信自由是指公民享有的正当通信自由的权利。通信秘密是指公民为自己的信件保守秘密，不受非法干涉和侵犯的权利。通信自由是公民的一项基本权利，受宪法和法律的严格保护。《宪法》第 40 条规定："中华人民共和国公民的通信自由和通信秘密受法律的保护。除因国家安全或者追查刑事犯罪的需要，由公安机关或者检察机关依照法律规定的程序对通信进行检查外，任何组织或者个人不得以任何理由侵犯公民的通信自由和通信秘密。"这里讲的"依照法律规定的程序"，是指 2012 年修正的《刑事诉讼法》第 141 条规定的程序，即"侦查人员认为需要扣押犯罪嫌疑人的邮件、电报的时候，经公安机关或者人民检察院批准，即可通知邮电机关将有关的邮件、电报检交扣押。不需要继续扣押的时候，应即通知邮电机关。"犯罪对象为公民的信件，即信函和明信片，包括电报、电子邮件，寄件人或者收件人有一方是公民的信件，他人已经收悉的信件也可以成为本罪的犯罪对象。但是，邮包、汇款通知单，企业、事业单位、机关、团体之间的来往公函，不能成为本罪的对象。

3. 主观要件

本罪主观方面由故意构成，即行为人明知是他人的信件仍予隐匿、毁弃或者非法开拆。犯罪动机可能是各种各样的：有的是为了从信中窃看他人的隐私；有的是为了报复；有的是为了窃取某种证件等等。动机不影响本罪的成立。过失不构成本罪。如果误收、误拆他人信件，因主观要件不符合，不能成立本罪；如果误收、误拆他人信件不予退还，侵犯他人通信自由权利的，则应视情节轻重，分别给以治安处罚或者以侵犯通信自由罪论处。

4. 客观要件

本罪客观方面表现为隐匿、毁弃或者非法开拆他人信件的行为。

"隐匿"是指将他人投寄的信件秘密地隐藏起来，使收件人无法查收的行为。"毁弃"是指将他人投寄的信件撕毁、烧毁、丢弃，使收件人无法查收的行为。"非法开拆"是指违反国家有关规定，未经投寄人或者收件人同意，私自开拆他人信件的行为。非法开拆他人信件，拆信人并不阅看信件内容，使他人的信件内容被公开暴露的，也是侵犯公民通信秘密的行为。这些行为必须具有非法性。侦查人员经公安机关、国家安全机关或者人民检察院批准依法扣押、检查犯罪嫌疑人、被告人的信件的行为，是合法行为，不构成犯罪。行为人只要实施了隐匿、毁弃、非法开拆他人信件其中一种行为就构成本罪，实施了两种或者两种以上行为的，仍定一罪，不实行并罚。

按照法律规定，侵犯通信自由的行为，除必须具备以上构成要件外，还必须达到“情节严重”的程度，才构成犯罪。所谓“情节严重”，司法实践中，一般是指多次、经常实施隐匿、毁弃、非法开拆他人信件的；隐匿、毁弃、非法开拆他人信件数量较大的；造成的后果严重的情形等等。

（三）实务疑难问题

1. 合法职务行为与本罪的区别

根据我国《宪法》和《邮政法》的规定，“公民的通信自由和通信秘密受法律保护。除因国家安全或者追查刑事犯罪的需要，由公安机关、国家安全机关或者检察机关依照法律规定的程序对通信进行检查外，任何组织或者个人不得以任何理由侵犯公民的通信自由和通信秘密。除法律另有规定外，任何组织或者个人不得检查、扣留邮件、汇款。”因此，公安机关、国家安全机关和检察机关基于国家安全或者追查刑事犯罪的需要，依照法定程序对通信进行检查的，是合法行为。如果个别司法人员假公济私，以国家机关的名义或工作需要，利用职务便利扣押、检查他人信件的行为，情节严重的，应认定为侵犯通信自由罪。

2. 本罪的罪与非罪

（1）行为人无意中遗失、积压、毁弃他人信件，或者误把他人信件当作自己的信件开拆的行为，因不具有故意的主观要件，不能成立犯罪。但是开拆后拒不退还，或虽已退还，但造成他人的通信秘密暴露于众或者泄露他人通信秘密，情节严重的，可以本罪定罪处罚。

（2）根据《刑法》第 252 条规定，侵犯通信自由的行为，如果情节不严重，则不构成犯罪，不能追究行为人的刑事责任，可以依照《治安管理处罚法》第 48 条的规定，处以五日以下拘留或者 500 元以下罚款。

根据《人民检察院直接受理的侵犯公民民主权利人身权利和渎职案件立

案标准的规定》第10条的规定，侵犯公民通信自由案，隐匿、毁弃或者非法开拆他人信件，侵犯公民通信自由权利，具有下列情形之一的，应予以立案：①隐匿、毁弃或者非法开拆他人信件，次数较多或者数量较大的；②隐匿、毁弃或者非法开拆他人信件，致使他人工作、生活受到严重妨害或身体、精神受到严重损害的；③非法开拆他人信件、涂改信中内容，或者张扬他人隐私、侮辱他人人格、破坏他人名誉的；④隐匿、毁弃或者非法开拆他人信件，造成其他严重后果的。在新的司法解释颁行之前，上述标准具有一定的参考意义。

3. 侵犯通信自由罪的罪数形态

参照《最高人民检察院关于非邮电工作人员非法开拆他人信件并从中窃取财物案件定性问题的批复》（高检法发字（1989）第02号）的规定：

（1）非邮电工作人员非法开拆他人信件，侵犯公民通信自由权利，情节严重，并从中窃取少量财物，或者窃取汇款、汇款支票，骗取汇兑款数额不大的，依照刑法关于侵犯公民通信自由罪的规定，从重处罚。

（2）非邮电工作人员非法开拆他人信件，侵犯公民通信自由权利，情节严重，并从中窃取财物数额较大的，应按照重罪吸收轻罪的原则，依照刑法关于盗窃罪的规定从重处罚。

（3）非邮电工作人员非法开拆他人信件，侵犯公民通信自由权利，情节严重，并从中窃取汇票或汇款支票，冒名骗取汇兑款数额较大的，应依照刑法关于侵犯公民通信自由罪和诈骗罪的规定，依法实行数罪并罚。

虽然本批复因刑法已作出相关规定而失效，但批复的内容还是具有参考价值的。

4. 本罪与盗窃、抢夺、毁灭国家机关公文罪的区分

根据《刑法》第280条规定，盗窃、抢夺、毁灭国家机关的公文、证件、印章的，构成盗窃、抢夺、毁灭国家机关公文印章罪。

如果行为人基于个人目的，隐匿、毁弃、非法开拆他人信件，其内容是国家机关公文的，按照特别法优于一般法的原则，对该行为应当以盗窃、抢夺、毁灭国家机关公文罪定罪处罚。

（四）情节与量刑

依照《刑法》第252条的规定，犯侵犯通信自由罪的，处1年以下有期

徒刑或者拘役。

司法机关在适用时，应当注意以下问题：

1. 对于侵犯通信自由，情节一般的行为，可以按照《治安管理处罚法》给予治安处罚。情节严重的，以本罪处罚。

2. 本罪属于公诉案件，但是根据《最高人民法院关于适用〈中华人民共和国刑事诉讼法〉的解释》第 1 条第（二）项的规定，人民检察院没有提起公诉，被害人有证据证明的轻微侵犯通信自由的刑事案件，被害人可以直接向人民法院起诉。

3. 规范化量刑。《最高人民法院关于常见犯罪的量刑指导意见》对侵犯通信自由罪的量刑并未作出规定，这主要是由于本罪在司法实践中并不常见，最高司法机关尚未总结出一套成熟的量刑标准。在有关规定出台前，司法人员应当根据犯罪事实、性质、情节和社会危害程度，依照刑法和有关司法解释的规定判处刑罚。

（五）法律链接

1. **中华人民共和国邮政法**（1986 年 12 月 2 日第六届全国人民代表大会常务委员会第十八次会议通过　2009 年 4 月 24 日第十一届全国人民代表大会常务委员会第八次会议修订　根据 2012 年 10 月 26 日第十一届全国人民代表大会常务委员会第二十九次会议《关于修改〈中华人民共和国邮政法〉的决定》第一次修正　根据 2015 年 4 月 24 日第十二届全国人民代表大会常务委员会第十四次会议《关于修改〈中华人民共和国义务教育法〉等五部法律的决定》第二次修正）（节录）

第三条　公民的通信自由和通信秘密受法律保护。除因国家安全或者追查刑事犯罪的需要，由公安机关、国家安全机关或者检察机关依照法律规定的程序对通信进行检查外，任何组织或者个人不得以任何理由侵犯公民的通信自由和通信秘密。

除法律另有规定外，任何组织或者个人不得检查、扣留邮件、汇款。

第三十五条　任何单位和个人不得私自开拆、隐匿、毁弃他人邮件。

除法律另有规定外，邮政企业及其从业人员不得向任何单位或者个人泄露用户使用邮政服务的信息。

第七十一条　冒领、私自开拆、隐匿、毁弃或者非法检查他人邮件、快件，尚不构成犯罪的，依法给予治安管理处罚。

2. **最高人民法院关于适用中华人民共和国刑事诉讼法的解释**（法释〔2012〕21号　自2013年1月1日起施行）（节录）

第一条　人民法院直接受理的自诉案件包括：

（二）人民检察院没有提起公诉，被害人有证据证明的轻微刑事案件：

3. 侵犯通信自由案（刑法第二百五十二条规定的）；

本项规定的案件，被害人直接向人民法院起诉的，人民法院应当依法受理。对其中证据不足、可以由公安机关受理的，或者认为对被告人可能判处三年有期徒刑以上刑罚的，应当告知被害人向公安机关报案，或者移送公安机关立案侦查。

3. **中华人民共和国禁毒法**（2007年12月29日第十届全国人民代表大会常务委员会第三十一次会议通过）（节录）

第四十六条　戒毒人员的亲属和所在单位或者就读学校的工作人员，可以按照有关规定探访戒毒人员。戒毒人员经强制隔离戒毒场所批准，可以外出探视配偶、直系亲属。

强制隔离戒毒场所管理人员应当对强制隔离戒毒场所以外的人员交给戒毒人员的物品和邮件进行检查，防止夹带毒品。在检查邮件时，应当依法保护戒毒人员的通信自由和通信秘密。

4. **全国人大常委会关于维护互联网安全的决定**（2000年12月28日第九届全国人民代表大会常务委员会第十九次会议通过　根据2009年8月27日第十一届全国人民代表大会常务委员会第十次会议《关于修改部分法律的决定》修正）（节录）

四、为了保护个人、法人和其他组织的人身、财产等合法权利，对有下列行为之一，构成犯罪的，依照刑法有关规定追究刑事责任：

（一）利用互联网侮辱他人或者捏造事实诽谤他人；

（二）非法截获、篡改、删除他人电子邮件或者其他数据资料，侵犯公民通信自由和通信秘密；

（三）利用互联网进行盗窃、诈骗、敲诈勒索。

5. **中华人民共和国治安管理处罚法**（2005年8月28日第十届全国人民代表大会常务委员会第十七次会议通过　根据2012年10月26日第十一届全国人民代表大会常务委员会第二十九次会议《关于修改〈中华人民共和国治

安管理处罚法〉的决定》修正）（节录）

第四十八条 冒领、隐匿、毁弃、私自开拆或者非法检查他人邮件的，处五日以下拘留或者五百元以下罚款。

6. **中华人民共和国邮政法实施细则**（1990年11月12日中华人民共和国国务院令第65号公布 自1990年11月12日起施行）（节录）

第七条 邮政企业应当为用户提供迅速、准确、安全、方便的邮政服务，保障用户使用邮政的合法权益。

任何单位或者个人均负有保护通信自由、通信秘密和邮件安全的责任；任何单位或者个人不得利用邮政业务进行法律、法规和政策所禁止的活动。

除因国家安全或者追查刑事犯罪需要，由公安机关、国家安全机关或者检察机关依法对通信进行检查外，邮件在运输、传递过程中，任何单位或者个人不得以任何理由检查、扣留。

第八条 因国家安全或者追查刑事犯罪需要，公安机关、国家安全机关、检察机关检查、扣留邮件、冻结汇款、储蓄存款时，必须依法向相关县或者县级以上的邮政企业、邮电管理局出具相应的检查、扣留、冻结通知书，并开列邮件、汇款、储蓄存款的具体节目，办理检查、扣留、冻结手续后，由邮政企业指派专人负责拣出，逐件登记后办理交接手续；对于不需要继续检查、扣留、冻结或者查明与案件无关的邮件、汇款、储蓄存款，应当及时退还邮政企业。邮件、汇款、储蓄存款在检查、扣留、冻结期间造成丢失、损毁的，由相关的公安机关、国家安全机关、检察机关负责赔偿。

第九条 人民法院、检察机关依法没收国内邮件、汇款、储蓄存款时，必须出具法律文书，向相关县或者县级以上邮政企业、邮电管理局办理手续。没收进出口国际邮递物品应当由海关作出决定，并办理手续。

7. **最高人民法院、最高人民检察院、公安部、邮电部关于加强查处破坏邮政通信案件工作的通知**（〔1983〕邮政联字934号 自1983年11月17日起施行）

各省、市、自治区高级人民法院、人民检察院、公安厅（局）、邮电管理局：

近几年来，特别是党的十一届三中全会以来，我国邮政事业有了很大发展，国内国际的邮政通信业务量有较大幅度的上升。各级公、检、法机关和邮电部门，为确保邮政通信安全，相互密切配合，做了大量的工作。但是，当前邮政通信遭受破坏的情况仍相当严重，尤其是邮电工作人员利用职务之便，私拆、隐匿、毁弃邮件、电报，盗窃包裹，贪污汇兑款、报刊款、营收款等违法犯罪案件不断发生，破坏了邮电工作的正常进行，侵犯了公民的通信自由，使国家和人民的财产遭受重大损失，甚至在国际上造成不良政治影响，严重损害了人民邮电信誉。造成这种情况的主要原因是：在一些邮电职工中十年内乱的流毒没有肃清，加上受到资本主义腐朽思想的影响和侵蚀；同时，不少单位政治思想工作薄弱，企业管理不善，制度松弛，缺乏严密的业务检查和必要的安全防范措施；对有些违法犯罪分子，该处分的没有处分，该追究刑事责任的没有追究刑事责任，处理不严，打击不力。

为了确保国内国际邮政通信的安全，除各级邮电部门必须坚持“人民邮电为人民”的方向，采取有力措施，加强企业管理，不断提高通信质量外，各级公、检、法机关和邮电部门，一定要认真地贯彻中共中央关于严厉打击刑事犯罪和严重经济犯罪活动的指示精神，加强查处破坏邮政通信案件的工作，对破坏邮政通信的犯罪活动予以严厉打击。为此，特作如下通知：

一、关于案件的报告和处理问题

凡邮电工作人员利用职务之便有下列违法犯罪行为的，均应及时报告上级邮电保卫部门；其中已构成犯罪，依法应当追究刑事责任的，同时报告当地人民检察机关：

1. 私拆、隐匿、毁弃邮件、电报，或者从邮件中窃取现金、外币、票证、物品、各种业务合同，以及隐匿、毁弃用户报刊数量较多的。

2. 贪污、冒领用户汇兑款、报刊款和贪污汇兑资金、邮电营收款的。

凡邮电局、所被盗窃，邮件、现金被抢劫，收寄或利用邮运工具夹运走私品、易燃易爆等禁寄物品因而造成严重后果的案件，应及时报告上级邮电保卫部门，并同时报告当地公安机关。

对于破坏邮政通信的案件应当抓紧破案。一般案件，邮电保卫部门应在公安或检察机关的指导下及时追查破案。没有保卫组织的单位，由本单位领导负责组织力量追查，必要时上级邮电部门参加指导。属于公安或检察机关立案侦查的案件，邮电部门要积极配合。跨省（市、区）的案件，以发案所在地为主，由有关省（市、区）邮电部门协同公安或检察机关破案。

邮电工作人员破坏邮政通信的案件，情节恶劣、后果严重、已经构成犯罪的，由司法机关依法追究刑事责任，从严惩处；情节显著轻微、危害不大，不需要追究刑事责任的，由邮电主管部门予以行政处分，或者由公安机关依照《治安管理处罚条例》有关条款予以处罚。对于包庇纵容犯罪的有关人员，必须严肃处理；属于触犯《刑法》的，要依法追究刑事责任。

二、关于查处破坏邮政通信案件工作中需要注意的几个问题

1. 私拆、隐匿、毁弃邮件、电报等破坏邮政通信的案件，是违法犯罪行为。因此，对这种案件的定性、处理或量刑，必须重视对邮政通信的破坏所造成的社会危害后果，不能仅以数量多少处理。

2. 邮电工作人员利用职务上的便利，从邮件中窃取财物，情节恶劣、后果严重的，应依照《刑法》第 191 条第 2 款的规定从重处罚。

3. 邮电工作人员由于玩忽职守，致使公共财产、国家和人民利益遭受重大损失的，应依照《刑法》第 187 条的规定予以处罚。

4. 应由犯罪分子退赔的财物，必须限期退赔。其中属于用户的，由邮电部门负责归还用户，并将归还的收据作为证据入卷存档；除此之外，按照有关规定上缴国库。

各级公、检、法机关和邮电部门，要密切配合，通力协作，并结合本地区的实际情况，制订具体措施。要贯彻“综合治理”的方针，既要依法严厉打击犯罪活动，又要加强安全防范措施并对邮电职工加强遵纪守法教育，预防新的犯罪。要注意调查研究，总结经验，把查处破坏邮政通信案件的工作切实抓好，严厉打击违法犯罪活动，确保邮政通信安全，为社会主义现代化建设的顺利进行作出应有的贡献。

二十九、私自开拆、隐匿、毁弃邮件、电报罪

（一）法律规定

第二百五十三条　邮政工作人员私自开拆或者隐匿、毁弃邮件、电报的，处二年以下有期徒刑或者拘役。

犯前款罪而窃取财物的，依照本法第二百六十四条的规定定罪从重处罚。

（二）罪名详解

私自开拆、隐匿、毁弃邮件、电报罪是指邮政工作人员利用职务上的便利，私自开拆或者隐匿、毁弃他人邮件、电报的行为。

本罪是从1979年刑法分则第八章渎职罪中第191条转移过来的。

私自隐匿、隐匿、毁弃邮件、电报罪的构成要件是：

1. 主体要件

本罪主体为特殊主体，即邮政工作人员。包括国家邮政事业部门的营业员、发行员、分拣员、投递员、接发员、押运员，以及受邮政部门委托的代办员、分邮员。只有这些负有与邮件、电报直接有联系职责的特定工作人员，才能构成本罪的主体；非邮政工作人员，不能构成本罪的主体；承接类似服务的快递公司人员、货运公司人员不能成为本罪的主体。邮政工作人员不是利用职务之便，私自开拆、隐匿、毁弃邮件、电报，构成犯罪的，可以按照《刑法》第252条规定的侵犯通信自由罪论处；机关收发室的收发员、值班室人员、快递公司人员、货运公司人员利用工作便利，私自开拆或者隐匿、毁弃他人邮件、电报，构成犯罪的，可以按照侵犯通信自由罪论处。

2. 客体要件

本罪侵犯的客体是复杂客体。主要侵犯公民的民主权利，同时也侵犯了邮政事业单位的正常活动。1979年刑法将本罪列为渎职方面的犯罪，侵犯的直接客体是国家邮政事业单位的正常活动。1997年修订刑法时认为，本罪的主体大多是从事社会服务工作的人员，并非是从事公务的国家工作人员，这些人员私自开拆或者隐匿、毁弃邮件、电报的行为，主要是侵犯公民的通讯自由权利。因此，本罪在性质上属于侵犯公民自由权利方面的犯罪。

3. 主观要件

本罪主观方面由直接故意构成。间接故意和过失不构成本罪。由于疏忽大意而将邮件、电报误拆、丢失，或者由于管理不善导致邮件、电报积压，都属于过失，不构成本罪。如果使公共财产、国家和人民利益造成重大损失的，可以玩忽职守罪论处。

4. 客观要件

本罪客观方面表现为利用职务上的便利，私自开拆或者隐匿、毁弃他人邮件、电报的行为。

“利用职务上的便利”是指邮政工作人员利用营业、分拣、接发、押运、投递等职务所赋予的职务条件，进行违反职责的犯罪活动。

本罪的犯罪对象是邮件和电报。“邮件”是指通过邮政企业寄递的信件（信函、明信片）、印刷品、邮包、报刊、汇款通知等。“电报”是指明码电报、密码电报，也包括传真。私拆、隐匿、毁弃是实施妨害邮电通讯行为的三种方式。“私拆”是指传递中的邮件、电报，未经寄件人或者收件人同意而擅自予以开拆。“隐匿”是指将邮件、电报非法截留、收藏而不向收件人递交。“毁弃”是指将邮件、电报撕毁、湮灭、抛弃，致使收件人无法查收。按照法律规定，行为人只要实施了私拆、隐匿、毁弃邮件、电报其中一种行为，就构成本罪；实施两种或者两种以上行为的，也只定一罪，不实行并罚，但量刑时可作参考。

（三）实务疑难问题

1. 合法行为与犯罪行为的界限

新《刑事诉讼法》第 143 条第 1 款规定：“侦查人员认为需要扣押犯罪嫌疑人的邮件、电报的时候，经公安机关或者人民检察院批准，即可通知邮电机关将有关的邮件、电报检交扣押。”第 2 款规定：“不需要继续扣押的时候，应即通知邮电机关。”因此，邮政工作人员根据这一条款的规定，按照公安机关或者检察机关的通知，将犯罪嫌疑人的邮件、电报予以检交扣押，属于执行职务的合法行为。这同利用职务上的便利，非法开拆他人邮件、电报的行为，在性质上是完全不同的。

2. 本罪的罪与非罪

（1）邮政工作人员，因疏忽大意的过失行为而误拆、遗失邮件、包裹的，不构成本罪。情节不严重的，可由主管机关给予批评教育或者行政处分。如果使公共财产、国家和人民利益造成重大损失的，可以玩忽职守罪论处。

（2）从司法实践看，私自开拆、隐匿、毁弃邮件、电报的行为，如果情节轻微、危害不大，没有造成严重后果的，属于一般违法行为，可由有关主管部门酌情给予行政纪律处分，不宜作为犯罪处理。

1989 年《最高人民检察院关于人民检察院直接受理的侵犯公民民主权利人身权利和渎职案件立案标准的规定》中规定“妨害邮电通讯案”是指邮电工作人员利用职务上的便利，私自开拆或者隐匿、毁弃他人邮件、电报，具有下列情形之一的，应予立案：①私拆或者隐匿、毁弃邮件、电报、次数较多或数量较大的；②私拆或者隐匿、毁弃邮件、从中窃取财物的；③私拆或者隐匿、毁弃邮件、电报，给国家、集体利益以及公民合法权益造成严重后果的；④私拆或者隐匿、毁弃邮件、电报，造成其他危害后果的。本规定虽因刑法的修订而无效，但在新的司法解释颁行之前，还是具有一定的参考价值。因此，对于私拆或者隐匿、毁弃邮件、电报次数较多、数量较大的；私拆或者隐匿、毁弃邮件、电报，并从中窃取财物的；私拆或者隐匿、毁弃邮件、电报虽然次数不多、数量不大，但给国家利益和公民的合法权益造成严重损害的，则构成私自开拆、隐匿、毁弃邮件、电报罪，应当依法追究行为人的刑事责任。

3. 本罪与侵犯通信自由罪的区分

两者都侵犯了公民的通信自由，犯罪手段、犯罪对象和主观方面均有相同之处。两者的区别主要在于：第一，犯罪对象不完全相同。前者为邮件、电报。“邮件”是指通过邮政企业寄递的信件、印刷品、邮包、汇款通知、报刊等，范围比信件要广；后者限于公民的信件。第二，犯罪的客观方面不完全相同。前者必须以利用职务上的便利为要件；后者则与行为人的职务无关。第三，犯罪主体不同。前者为特殊主体，即邮政工作人员；后者为一般主体。第四，构成犯罪的要求不同。前者不以情节严重为构成要件；后者则必须是情节严重的才构成犯罪。

（四）情节与量刑

依照《刑法》第 253 条第 1 款规定，犯私自开拆、隐匿、毁弃邮件、电报罪的，处 2 年以下有期徒刑或者拘役。

依照《刑法》第 253 条第 2 款规定，犯前款罪而窃取财物的，依照第 264 条的盗窃罪定罪从重处罚。

司法机关在适用时，应当注意以下问题：

1. 司法实践一般掌握，私自开拆、隐匿、毁弃邮件、电报，情节轻微、危害不大，没有造成严重后果的，不以犯罪处理，可由主管部门酌情给予行政纪律处分或者批评教育。

2. 司法机关适用本条第2款的规定处罚时，应当注意，必须是行为人在实施私自开拆、隐匿、毁弃邮件、电报行为的同时，又从邮件中窃取财物，构成犯罪的行为，才应当定盗窃罪，在法定刑的幅度内从重处罚。本款是专门针对邮政工作人员利用职务之便窃取财物行为的特别规定，对邮政工作人员的范围不可进行类推解释。

3. 规范化量刑。《最高人民法院关于常见犯罪的量刑指导意见》对私自开拆、隐匿、毁弃邮件、电报罪的量刑并未作出规定，这主要是由于本罪在司法实践中并不常见，最高司法机关尚未总结出一套成熟的量刑标准。在有关规定出台前，司法人员应当根据犯罪事实、性质、情节和社会危害程度，依照刑法和有关司法解释的规定判处刑罚。

（五）法律链接

1. 中华人民共和国邮政法（1986年12月2日第六届全国人民代表大会常务委员会第十八次会议通过　2009年4月24日第十一届全国人民代表大会常务委员会第八次会议修订　根据2012年10月26日第十一届全国人民代表大会常务委员会第二十九次会议《关于修改〈中华人民共和国邮政法〉的决定》第一次修正　根据2015年4月24日第十二届全国人民代表大会常务委员会第十四次会议《关于修改〈中华人民共和国义务教育法〉等五部法律的决定》第二次修正）（节录）

第三条　公民的通信自由和通信秘密受法律保护。除因国家安全或者追查刑事犯罪的需要，由公安机关、国家安全机关或者检察机关依照法律规定的程序对通信进行检查外，任何组织或者个人不得以任何理由侵犯公民的通信自由和通信秘密。

除法律另有规定外，任何组织或者个人不得检查、扣留邮件、汇款。

第三十五条　任何单位和个人不得私自开拆、隐匿、毁弃他人邮件。

除法律另有规定外，邮政企业及其从业人员不得向任何单位或者个人泄露用户使用邮政服务的信息。

第七十一条　冒领、私自开拆、隐匿、毁弃或者非法检查他人邮件、快件，尚不构成犯罪的，依法给予治安管理处罚。

2. 最高人民检察院关于部分罪案审查逮捕证据参考标准（试行）（高检侦监发〔2003〕107号　自2003年11月27日起施行）（节录）

二、盗窃罪案审查逮捕证据参考标准

盗窃罪是指触犯《刑法》第264条的规定，以非法占有为目的，秘密窃取公私财物，数额较大或者多次盗穷公私财物的行为。其他以盗窃罪定罪处罚的有：（1）盗窃信用卡并使用的；（2）盗窃增值税专用发票或者可以用于骗取出口退税、抵扣税款的其他发票的；（3）以牟利为目的，盗接他人通信线路、复制他人电信码号或者明知是盗接、复制的电信设备、设施而使用的；（4）邮政工作人员私自开拆邮件、电报，盗窃财物的；（5）利用计算机盗窃的；（6）单位有关人员为谋取单位利益组织实施盗窃行为，情节严重的；（7）将电信卡非法充值后使用，造成电信资费损失数额较大的，盗用他人密码上网，造成他人电信资费损失数额较大的。

对提请批捕的盗窃案件，应当注意从以下几个方面审查证据：

（一）有证据证明发生了盗窃犯罪事实。

重点审查：

4. 缴获的被私自开拆的邮件、电报、被盗的财物实物或照片等证明发生邮政工作人员私自开拆邮件、电报，盗窃财物的行为的证据。

3. 中华人民共和国治安管理处罚法（2005年8月28日第十届全国人民代表大会常务委员会第十七次会议通过　根据2012年10月26日第十一届全国人民代表大会常务委员会第二十九次会议《关于修改〈中华人民共和国治安管理处罚法〉的决定》修正）（节录）

第四十八条　冒领、隐匿、毁弃、私自开拆或者非法检查他人邮件的，处五日以下拘留或者五百元以下罚款。

4. 中华人民共和国邮政法实施细则（1990年11月12日中华人民共和国国务院令第65号公布　自1990年11月12日起施行）（节录）

第七条　邮政企业应当为用户提供迅速、准确、安全、方便的邮政服务，保障用户使用邮政的合法权益。

任何单位或者个人均负有保护通信自由、通信秘密和邮件安全的责任；任何单位或者个人不得利用邮政业务进行法律、法规和政策所禁止的活动。

除因国家安全或者追查刑事犯罪需要，由公安机关、国家安全机关或者检察机关依法对通信进行检查外，邮件在运输、传递过程中，任何单位或者个人不得以任何理由检查、扣留。

第八条 因国家安全或者追查刑事犯罪需要，公安机关、国家安全机关、检察机关检查、扣留邮件、冻结汇款、储蓄存款时，必须依法向相关县或者县级以上的邮政企业、邮电管理局出具相应的检查、扣留、冻结通知书，并开列邮件、汇款、储蓄存款的具体节目，办理检查、扣留、冻结手续后，由邮政企业指派专人负责拣出，逐件登记后办理交接手续；对于不需要继续检查、扣留、冻结或者查明与案件无关的邮件、汇款、储蓄存款，应当及时退还邮政企业。邮件、汇款、储蓄存款在检查、扣留、冻结期间造成丢失、损毁的，由相关的公安机关、国家安全机关、检察机关负责赔偿。

第九条 人民法院、检察机关依法没收国内邮件、汇款、储蓄存款时，必须出具法律文书，向相关县或者县级以上邮政企业、邮电管理局办理手续。没收进出口国际邮递物品应当由海关作出决定，并办理手续。

第五十八条 邮政工作人员隐匿、毁弃、私拆、盗窃邮件，贪污、冒领用户款项的，邮政企业应当追回赃款赃物，可以并处罚款，还可以根据情节轻重，给予行政处分。具体办法由邮电部规定。

5. **最高人民法院、最高人民检察院、公安部、邮电部关于加强查处破坏邮政通信案件工作的通知**（〔1983〕邮政联字934号　自1983年11月17日起施行）

各省、市、自治区高级人民法院、人民检察院、公安厅（局）、邮电管理局：

近几年来，特别是党的十一届三中全会以来，我国邮政事业有了很大发展，国内国际的邮政通信业务量有较大幅度的上升。各级公、检、法机关和邮电部门，为确保邮政通信安全，相互密切配合，做了大量的工作。但是，当前邮政通信遭受破坏的情况仍相当严重，尤其是邮电工作人员利用职务之便，私拆、隐匿、毁弃邮件、电报，盗窃包裹，贪污汇兑款、报刊款、营收款等违法犯罪案件不断发生，破坏了邮电工作的正常进行，侵犯了公民的通信自由，使国家和人民的财产遭受重大损失，甚至在国际上造成不良政治影响，严重损害了人民邮电信誉。造成这种情况的主要原因是：在一些邮电职工中十年内乱的流毒没有肃清，加上受到资本主义腐朽思想的影响和侵蚀；同时，不少单位政治思想工作薄弱，企业管理不善，制度松弛，缺乏严密的业务检查和必要的安全防范措施；对有些违法犯罪分子，该处分的没有处分，该追究刑事责任的没有追究刑事责任，处理不严，打击不力。

为了确保国内国际邮政通信的安全，除各级邮电部门必须坚持“人民邮电为人民”的方向，采取有力措施，加强企业管理，不断提高通信质量外，各级公、检、法机关和邮电部门，一定要认真地贯彻中共中央关于严厉打击刑事犯罪和严重经济犯罪活动的指示精神，加强查处破坏邮政通信案件的工作，对破坏邮政通信的犯罪活动予以严厉打击。为此，特作如下通知：

一、关于案件的报告和处理问题

凡邮电工作人员利用职务之便有下列违法犯罪行为的，均应及时报告上级邮电保卫部门；其中已构成犯罪，依法应当追究刑事责任的，同时报告当地人民检察机关：

1. 私拆、隐匿、毁弃邮件、电报，或者从邮件中窃取现金、外币、票证、物品、各种业务合同，以及隐匿、毁弃用户报刊数量较多的。

2. 贪污、冒领用户汇兑款、报刊款和贪污汇兑资金、邮电营收款的。

凡邮电局、所被盗窃，邮件、现金被抢劫，收寄或利用邮运工具夹运走私品、易燃易爆等禁寄物品因而造成严重后果的案件，应及时报告上级邮电保卫部门，并同时报告当地公安机关。

对于破坏邮政通信的案件应当抓紧破案。一般案件，邮电保卫部门应在公安或检察机关的指导下及时追查破案。没有保卫组织的单位，由本单位领导负责组织力量追查，必要时上级邮电部门参加指导。属于公安或检察机关立案侦查的案件，邮电部门要积极配合。跨省（市、区）的案件，以发案所在地为主，由有关省（市、区）邮电部门协同公安或检察机关破案。

邮电工作人员破坏邮政通信的案件，情节恶劣、后果严重、已经构成犯罪的，由司法机关依法追究刑事责任，从严惩处；情节显著轻微、危害不大，不需要追究刑事责任的，由邮电主管部门予以行政处分，或者由公安机关依照《治安管理处罚条例》有关条款予以处罚。对于包庇纵容犯罪的有关人员，必须严肃处理；属于触犯《刑法》的，要依法追究刑事责任。

二、关于查处破坏邮政通信案件工作中需要注意的几个问题

1. 私拆、隐匿、毁弃邮件、电报等破坏邮政通信的案件，是违法犯罪行为。因此，对这种案件的定性、处理或量刑，必须重视对邮政通信的破坏所造成的社会危害后果，不能仅以数量多少处理。

2. 邮电工作人员利用职务上的便利，从邮件中窃取财物，情节恶劣、后

果严重的，应依照《刑法》第一百九十一条第二款的规定从重处罚。

3. 邮电工作人员由于玩忽职守，致使公共财产、国家和人民利益遭受重大损失的，应依照《刑法》第一百八十七条的规定予以处罚。

4. 应由犯罪分子退赔的财物，必须限期退赔。其中属于用户的，由邮电部门负责归还用户，并将归还的收据作为证据入卷存档；除此之外，按照有关规定上缴国库。

各级公、检、法机关和邮电部门，要密切配合，通力协作，并结合本地区的实际情况，制订具体措施。要贯彻“综合治理”的方针，既要依法严厉打击犯罪活动，又要加强安全防范措施并对邮电职工加强遵纪守法教育，预防新的犯罪。要注意调查研究，总结经验，把查处破坏邮政通信案件的工作切实抓好，严厉打击违法犯罪活动，确保邮政通信安全，为社会主义现代化建设的顺利进行作出应有的贡献。

三十、侵犯公民个人信息罪

（一）法律规定

第二百五十三条之一[①]第一款　违反国家有关规定，向他人出售或者提供公民个人信息，情节严重的，处三年以下有期徒刑或者拘役，并处或者单处罚金；情节特别严重的，处3年以上7年以下有期徒刑，并处罚金。

第二款　违法国家有关规定，将在履行职责或者提供服务过程中获得的公民个人信息，出售或者提供给他人的，依照前款的规定

---

① 本条为2009年2月28日《刑法修正案（七）》第7条增加，2015年8月29日《刑法修正案（九）》第17条修改。

《刑法修正案（七）》第7条的规定是：

第1款 国家机关或者金融、电信、交通、教育、医疗等单位的工作人员，违反国家规定，将本单位在履行职责或者提供服务过程中获得的公民个人信息，出售或者非法提供给他人，情节严重的，处三年以下有期徒刑或者拘役，并处或者单处罚金。

第2款 窃取或者以其他方法获取上述信息，情节严重的，依照前款的规定处罚。

第3款 单位犯前两款罪的，对单位判处罚金，并对其直接负责的主管人员和其他直接责任人员，依照各该款的规定处罚。

从重处罚。

第三款　窃取或者以其他方法非法获取公民个人信息的，依照第一款的规定处罚。

第四款　单位犯前三款罪的，对单位判处罚金，并对其直接负责的主管人员和其他直接责任人员，依照各该款的规定处罚。

（二）罪名详解

侵犯公民个人信息罪，是指违法国家有关规定，向他人出售或者非法提供公民个人信息，情节严重的行为。

本罪是《刑法修正案（七）》第7条增设的罪名，又经《刑法修正案（九）》第17条进行修改。

出售、非法提供公民个人信息罪的构成要件是：

1. 主体要件

本罪主体是一般主体，既可以是单位，也可以是自然人。

根据自然人的身份不同，本罪量刑也有所区别：（1）对于非因履行职责或者提供服务而获得公民个人信息的普通自然人，实施本罪的，依照本条第一款的规定处罚。（2）对于因履行职责或者提供服务而获得公民个人信息的特殊单位的工作人员，如国家机关工作人员、金融、电信、交通、教育、医疗、快递等单位的工作人员，实施本罪的，依照本条第一款的规定从重处罚。如此体现了立法者对于违背职业规范和职业道德的犯罪行为从严惩处的态度。2009年《刑法修正案（七）》对本条第2款的主体范围以列举的方式点出，虽然可以明确主体范围，但在应对具体犯罪时缺乏灵活性，惩治力度不够。为此，2015年《刑法修正案（九）》对本款作出修改，扩大了主体范围，并加重了处罚。（3）对于公民以窃取或者以其他方法非法获取公民个人信息的，依照本条第一款的规定到处罚。

单位也可以成为本罪的主体，单位犯罪的实行双罚制。根据本条第4款的规定，单位犯本罪的，对单位判处罚金，并对直接负责的主管人员和其他直接责任人员，依照前款规定处罚，即对于普通单位的主管人员和其他直接责任人员实施的犯罪行为，依照本条第1款的规定处罚；对于特殊单位的主管人员和其他直接责任人员实施的犯罪行为，依照本条第2款的规定处罚。

2. 客体要件

本罪侵犯的客体是公民个人信息的安全和自由。

近年来，随着社会特别是网络技术的发展，我国公民个人信息被滥用的问题日趋严重，社会上不仅出现了大量兜售公民个人信息的现象，而且形成了一个新的产业，对公民的人身、财产安全和个人隐私构成严重威胁。为了保护公民个人信息的安全，《刑法修正案（七）》将侵犯公民信息安全、情节严重的行为增订为犯罪，用刑法手段维护公民的信息安全，从而填补了立法上的空白，不仅对保护公民的人身安全和财产安全，而且对预防利用公民个人信息实施诈骗、洗钱等犯罪活动，加强社会管理秩序和社会经济秩序都具有十分重要的意义。2012 年以来，公安部门在全国先后开展数次打击侵害公民个人信息犯罪专项行动，破获一大批出售、非法提供公民个人信息犯罪案件，查获被盗取的各类公民个人信息数十亿条，涉及金融、电信、公安、交通、教育、医疗、国土、工商、房产、物业、保险、快递等多个部门和行业，这类非法行为不仅侵犯了公民权利，而且容易引发其他严重的犯罪行为，因此，加大对此类行为的惩处力度已经成为社会的一致要求和共识。为进一步从源头上打击和遏制此类犯罪行为，《刑法修正案（九）》在听取各方面意见的基础上，对本罪作出修改，严密了公民个人信息保护的法网。

3. 主观要件

本罪主观方面由故意构成，包括直接故意和间接故意；过失不构成本罪。犯罪动机一般是为了获利，但动机不影响犯罪的成立。

4. 客观要件

本罪客观方面表现为违反国家有关规定，向他人出售或者非法提供公民个人信息，情节严重的行为；也包括为以窃取或者其他方法非法获取公民个人信息的行为。

“违法国家有关规定”，是指违反了有关法律、行政法规、规章等国家层面涉及公民个人信息管理方面的规定。如《居民身份证法》第 13 条第 2 款规定：“有关单位及其工作人员对履行职责或者提供服务过程中获得的居民身份证记载的公民个人信息，应当予以保密。”此外，旅游法、护照法、社会保障法、统计法等法律也有关于公民个人信息保护的相关规定。

“公民个人信息”，是指有关公民个人身份的一切信息，包括：姓名、性别、民族、年龄、职业、职务、学历、婚姻状况、宗教、专业职称、工作经历、家庭住址、电话号码、手机号码、身份证号码、账号、信用卡号码、财产状况、密码、血型、指纹、病历、电子邮件、信仰等。

“出售”，是指出于商业目的，将自己掌握的公民个人信息出卖给他人。“非法提供”，是指违反国家有关规定，将自己掌握的公民个人信息提供给他人的行为。这里的他人既可以是单位，也包括自然人。如果是为了提高行政效率或者维护国家安全，基于侦查、起诉、审判工作需要等，而向政府有关部门、司法机关等提供公民个人信息，则属合法提供。

本条第3款中的“窃取”，指秘密窃取；“其他方法”，指除“窃取”以外的其他方法，如收买、欺骗、强取等。“非法获取”，指违反国家有关法律规定获取公民个人信息。

按照法律规定，出售、非法提供公民个人信息的行为，必须达到“情节严重”的程度才构成犯罪。所谓情节严重，司法实践中，一般是指出售或者向他人非法提供公民个人信息数量大、获利多；多次（指三次以上）出售或者多次非法提供公民个人信息；给被害人人身造成严重伤害或者财产造成重大损失；公民个人的正常生活受到严重影响，等等。

依照本条第3款和第1款的规定，非法获取公民个人信息的行为，也必须“情节严重的”，才能成立本罪。所谓情节严重，司法实践中一般是指非法获取公民个人信息数量大，非法获取公民个人信息手段恶劣，给被害人的人身造成严重危害或者财产遭受重大损失等情形。

（三）实务疑难问题

1. 合法提供公民个人信息的行为与本罪区分

根据《刑法》第253条之一的规定，构成出售、非法提供公民个人信息罪的前提，是违法国家有关规定而出售或者非法提供。如果依照相关规定应当提供的行为，则不能认定本罪。如《刑事诉讼法》第52条规定：“人民法院、人民检察院和公安机关有权向有关单位和个人收集、调取证据。有关单位和个人应当如实提供证据。”因此，人民法院、人民检察和公安机关基于办理刑事案件的需要向证人调取证据时，证人将自己知道的有关刑事案件的公民的个人信息提供给相关单位的，不能认定本罪。

2. 本罪的罪与非罪

根据《刑法》第253条之一的规定，构成本罪应当达到“情节严重”的程度，一般是指大量出售公民个人信息的，多次出售公民个人信息的，出售公民个人信息获利数额较大的，公民个人信息被他人使用后给公民造成经济上的重大损失或者严重影响到公民个人的正常生活等情况。出售、非法提供公民个人信息的行为，如果情节不严重，如系初犯，出售或者非法提供公民个人信息数量不大、获利不多等，则属违法行为，不构成犯罪，可通过行政手段来解决。如《居民身份证法》第 19 条规定："国家机关或者金融、电信、交通、教育、医疗等单位的工作人员泄露在履行职责或者提供服务过程中获得的居民身份证记载的公民个人信息，构成犯罪的，依法追究刑事责任；尚不构成犯罪的，由公安机关处十日以上十五日以下拘留，并处五千元罚款，有违法所得的，没收违法所得。单位有前款行为，构成犯罪的，依法追究刑事责任；尚不构成犯罪的，由公安机关对其直接负责的主管人员和其他直接责任人员，处十日以上十五日以下拘留，并处十万元以上五十万元以下罚款，有违法所得的，没收违法所得。有前两款行为，对他人造成损害的，依法承担民事责任。"

本条第 3 款的行为，也必须是情节严重的，才依法追究刑事责任。行为人虽有非法获取公民个人信息的行为，但如果获取的信息数量不大，给被害人造成的危害不大，达不到"情节严重"程度的，则属违法行为，不构成犯罪，可通过行政手段来解决。

3. 本罪与他罪的区分

（1）本罪与窃取、收买或者非法提供他人信用卡信息资料罪

《刑法》第 177 条之一第 2 款规定：窃取、收买或者非法提供他人信用卡信息资料的，依照前款规定处罚。第 3 款规定：银行或者其他金融机构的工作人员利用职务上的便利，犯第 2 款罪的，从重处罚。

本罪与上述规定的"非法提供他人信用卡信息资料"在犯罪对象和客观方面均有重合。如果行为人非法提供的是他人信用卡信息资料，则该行为符合上述两个罪名的犯罪构成要件，属于想象竞合犯，应当从一重处罚。从法定刑来看，《刑法》第 177 条的规定重于第 253 条的规定，应当以窃取、收买或者非法提供他人信用卡信息资料罪定罪处罚。

（2）本罪与为境外非法提供国家机密罪、故意泄露国家秘密罪

根据《刑法》第 111 条规定，为境外的机构、组织、人员非法提供国家秘密或者情报的，构成为境外非法提供国家秘密罪。

根据《刑法》第398条规定，国家机关工作人员违反保守国家秘密法的规定，故意泄露国家秘密，情节严重的，构成故意泄露国家秘密罪。非国家机关工作人员犯前款罪的，依照前款的规定酌情处罚。

本罪与上述两个罪名通常不易混淆，但是如果出售、非法提供的公民个人信息中包含国家秘密的，则涉及罪与罪的区分。当行为人对国家秘密有认识，仍向境外组织、机构、人员出售、非法提供的，按照想象竞合犯的处罚原则从一重处罚，应当以《刑法》第111条的规定定罪处罚。当行为人对国家秘密有认识，出售、非法提供给境内组织、机构、个人的，其行为同时触犯本罪与故意泄露国家秘密罪，按照想象竞合犯的处罚原则，应当以故意泄露国家秘密罪定罪处罚。如果行为人对公民个人信息中包含的国家秘密不知也不可能知道的，则只能以本罪定罪处罚。

（3）本罪与盗窃罪的区分

本条第3款非法获取公民个人信息行为，与盗窃罪在主观方面和犯罪手段方面相似，区别主要在于：第一，侵犯的客体不同。前者侵犯的是公民个人信息安全和自由，后者侵犯的是公私财物的所有权。第二，犯罪对象不同。前者的犯罪对象是公民个人信息，后者的犯罪对象是公私财物。第三，客观方面的表现不完全相同。前者的犯罪手段除窃取外，还有其他非法方法，如欺骗、收买、强取等等，后者则只有窃取的方法。

（4）本罪与非法获取国家秘密罪的区分

根据《刑法》第282条规定，以窃取、刺探、收买方法，非法获取国家秘密的，构成非法获取国家秘密罪。

本条第三款非法获取公民个人信息行为，与非法获取国家秘密罪通常不易混淆，但当非法获取的公民个人信息中包含国家秘密时，就涉及两罪的区分。区别两者的关键在于，非法获取的行为人是否知道获取的是国家秘密，如果行为人明知是国家秘密的，则以非法获取国家秘密罪定罪处罚；如果行为人不知是国家秘密，也不可能知道是国家秘密的，则以非法获取公民个人信息罪定罪处罚。另外，非法获取国家秘密罪的主体只能是自然人，如果单位在非法获取个人信息的过程中获取国家秘密的，则应当依照非法获取个人信息罪处罚。

（5）本罪与窃取、收买他人信用卡信息罪的区分

根据《刑法》第177条之一第2款和第3款规定，窃取、收买他人信用

卡信息资料的，构成窃取、收买信息卡信息罪。

本条第三款非法获取公民个人信息行为，与窃取、收买他人信用卡信息罪在犯罪手段、犯罪对象方面均存在重合。当行为人以窃取、收买的手段收取公民个人信息，而公民个人信息就是公民的信用卡信息时，根据特定法优于一般法的规定和法条竞合的处罚原则，均应以窃取、收买他人信用卡信息罪定罪处罚。如果行为人以其他行为方式非法获取他人信用卡信息的，则应当以侵犯公民个人信息罪定罪处罚。此外，窃取、收买他人信用卡信息罪的主体只能是自然人，如果单位实施本罪的，对单位及其主管人员和其他直接责任人员则应当以侵犯公民个人信息罪定罪处罚。

4. 本罪的罪数问题

（1）以非法方法获取公民个人信息，如果非法方法又构成其他犯罪的，如《刑法》第252条规定的侵犯通信自由罪，第253条规定的私自开拆、隐匿、毁弃邮件、电报罪，第284条规定的非法使用窃听、窃照专用器材罪，第285条规定的非法侵入计算机信息系统罪，则符合手段行为与目的行为的牵连犯，依照牵连犯处罚原则从一重处罚，法律另有规定的除外。

（2）非法获取公民个人信息，利用公民个人信息实施其他犯罪行为，构成犯罪的，应当数罪并罚。如非法调查公司获取公民个人信息，利用相关信息进行诈骗犯罪的，应当以侵犯公民个人信息和诈骗罪，实行数罪并罚。

（3）以出售为目的非法获取公民个人信息，或者非法获取公民个人信息后又出售或者非法提供给他人的，同时触犯本条第1款和第3款的规定，但因两种行为均定侵犯公民个人信息罪，故对行为人只定侵犯公民个人信息罪一罪。

（四）情节与量刑

依照《刑法》第253条之一第1款规定，犯侵犯公民个人信息罪的，处3年以下有期徒刑或者拘役，并处或者单处罚金。情节特别严重的，处3年以上7年以下有期徒刑，并处罚金。

依照本条第2款规定，将在履行职责或者提供服务过程中获得的公民个人信息，出售或者提供给他人的，依照前款的规定从重处罚。

依照本条第3款规定，窃取或者以其他方法非法获取公民个人信息的，依照第一款的规定处罚。

依照本条第 4 款规定，单位犯前三款罪的，对单位判处罚金，并对其直接负责的主管人员和其他直接责任人员，依照各该款的规定处罚。

司法机关在适用时，应当注意以下问题：

1. 本条第 1 款针对的普通自然人违反国家有关规定，出售或者非法提供公民个人信息的行为。本款不问信息来源，只要实施本罪行为符合犯罪的，就应当以犯罪定罪处罚。如此规定，有利于打击倒卖公民个人信息的违法行为，切断出售、非法提供公民个人信息的黑色产业链。

2. 本条第 2 款针对在履行职责和提供服务过程中获得个人信息而予以出售、非法提供的行为。本款扩大了主体范围，任何在履行职责和提供服务过程中能够获得公民个人信息的主体都可以成为本罪主体；加重了处罚程度，构成本罪犯罪行为的，依照前款规定从重处罚，体现了从严惩处的态度。

3. 本条第 3 款针对自然人非法获取公民个人信息的行为。虽然法条没有规定“情节严重”，但是按照第 1 款的规定，该行为需达到情节严重的，才能构成犯罪。对于情节一般，尚未造成严重后果的，可予以治安管理处罚或者行政处罚。

4. 本条第 4 款针对单位犯罪，单位犯罪实施双罚制，除对单位判处罚金，单位的主管人员和其他直接责任人员，符合第 1 款规定的依照该款规定处罚；符合第 2 款规定的，依照第 1 款规定从重处罚。

具体情节与量刑的对应情况，列表格如下：

量刑档次	对应情节
三年以下有期徒刑或者拘役，并处或者单处罚金	(1) 违反国家有关规定，向他人出售、提供公民个人信息，情节严重的；(2) 窃取或者以其他方法非法获取公民个人信息的。
三年以上七年以下有期徒刑，并处罚金	上述行为，情节特别严重的
依照第 1 款规定从重处罚	违反国家有关规定，将在履行职责或者提供服务过程中获得的公民个人信息，出售或者非法提供个他人的，
对单位判处罚金，并对其直接负责的主管人员和其他直接责任人员，依照各该款的规定处罚	单位犯前款罪的

（五）法规链接

1. **中华人民共和国居民身份证法**（2003年6月28日第十届全国人民代表大会常务委员会第三次会议通过　2003年6月28日中华人民共和国主席令第四号公布　根据2011年10月29日第十一届全国人民代表大会常务委员会第二十三次会议《关于修改〈中华人民共和国居民身份证法〉的决定》修正）（节录）

第十三条　公民从事有关活动，需要证明身份的，有权使用居民身份证证明身份，有关单位及其工作人员不得拒绝。

有关单位及其工作人员对履行职责或者提供服务过程中获得的居民身份证记载的公民个人信息，应当予以保密。

第二十条　人民警察有下列行为之一的，根据情节轻重，依法给予行政处分；构成犯罪的，依法追究刑事责任：

（五）泄露因制作、发放、查验、扣押居民身份证而知悉的公民个人信息，侵害公民合法权益的。

2. **中华人民共和国护照法**（2006年4月29日中华人民共和国第十届全国人民代表大会常务委员会第二十一次会议通过）（节录）

第十二条　护照具备视读与机读两种功能。

护照的防伪性能参照国际技术标准制定。

护照签发机关及其工作人员对因制作、签发护照而知悉的公民个人信息，应当予以保密。

第二十条　护照签发机关工作人员在办理护照过程中有下列行为之一的，依法给予行政处分；构成犯罪的，依法追究刑事责任：

（五）泄露因制作、签发护照而知悉的公民个人信息，侵害公民合法权益的。

3. **中华人民共和国反洗钱法**（2006年10月31日中华人民共和国第十届全国人民代表大会常务委员会第二十四次会议通过）（节录）

第五条　对依法履行反洗钱职责或者义务获得的客户身份资料和交易信息，应当予以保密；非依法律规定，不得向任何单位和个人提供。

反洗钱行政主管部门和其他依法负有反洗钱监督管理职责的部门、机构履行反洗钱职责获得的客户身份资料和交易信息，只能用于反洗钱行政调查。

司法机关依照本法获得的客户身份资料和交易信息，只能用于反洗钱刑事诉讼。

4. **中华人民共和国商业银行法**（1995年5月10日第八届全国人民代表大会常务委员会第十三次会议通过　根据2003年12月27日第十届全国人民代表大会常务委员会第六次会议《关于修改〈中华人民共和国商业银行法〉的决定》第一次修正　根据2015年8月29日第十二届全国人民代表大会常务委员会第十六次会议《关于修改〈中华人民共和国商业银行法〉的决定》第二次修正）（节录）

第二十九条　商业银行办理个人储蓄存款业务，应当遵循存款自愿、取款自由、存款有息、为存款人保密的原则。

对个人储蓄存款，商业银行有权拒绝任何单位或者个人查询、冻结、扣划，但法律另有规定的除外。

第三十条　对单位存款，商业银行有权拒绝任何单位或者个人查询，但法律、行政法规另有规定的除外；有权拒绝任何单位或者个人冻结、扣划，但法律另有规定的除外。

5. **中华人民共和国消费者权益保护法**（1993年10月31日第八届全国人民代表大会常务委员会第四次会议通过　根据2009年8月27日第十一届全国人民代表大会常务委员会第十次会议《关于修改部分法律的决定》第一次修正　根据2013年10月25日第十二届全国人民代表大会常务委员会第五次会议《关于修改〈中华人民共和国消费者权益保护法〉的决定》第二次修正）（节录）

第十四条　消费者在购买、使用商品和接受服务时，享有人格尊严、民族风俗习惯得到尊重的权利，享有个人信息依法得到保护的权利。

第二十九条　经营者收集、使用消费者个人信息，应当遵循合法、正当、必要的原则，明示收集、使用信息的目的、方式和范围，并经消费者同意。经营者收集、使用消费者个人信息，应当公开其收集、使用规则，不得违反法律、法规的规定和双方的约定收集、使用信息。

经营者及其工作人员对收集的消费者个人信息必须严格保密，不得泄露、出售或者非法向他人提供。经营者应当采取技术措施和其他必要措施，确保信息安全，防止消费者个人信息泄露、丢失。在发生或者可能发生信息泄露、丢失的情况时，应当立即采取补救措施。

经营者未经消费者同意或者请求，或者消费者明确表示拒绝的，不得向其发送商业性信息。

第五十条 经营者侵害消费者的人格尊严、侵犯消费者人身自由或者侵害消费者个人信息依法得到保护的权利的，应当停止侵害、恢复名誉、消除影响、赔礼道歉，并赔偿损失。

6. **中华人民共和国旅游法**（2013 年 4 月 25 日第十二届全国人民代表大会常务委员会第二次会议通过　根据 2016 年 11 月 7 日第十二届全国人民代表大会常务委员会第二十四次会议《关于修改〈中华人民共和国对外贸易法〉等十二部法律的决定》第一次修正　根据 2018 年 10 月 26 日第十三届全国人民代表大会常务委员会第六次会议《关于修改〈中华人民共和国野生动物保护法〉等十五部法律的决定》第二次修正）（节录）

第五十二条 旅游经营者对其在经营活动中知悉的旅游者个人信息，应当予以保密。

第八十六条 旅游主管部门和有关部门依法实施监督检查，其监督检查人员不得少于二人，并应当出示合法证件。监督检查人员少于二人或者未出示合法证件的，被检查单位和个人有权拒绝。

监督检查人员对在监督检查中知悉的被检查单位的商业秘密和个人信息应当依法保密。

7. **中华人民共和国出境入境管理法**（2012 年 6 月 30 日中华人民共和国第十一届全国人民代表大会常务委员会第二十七次会议通过）（节录）

第八十五条 履行出境入境管理职责的工作人员，有下列行为之一的，依法给予处分：

（三）泄露在出境入境管理工作中知悉的个人信息，侵害当事人合法权益的。

8. **中华人民共和国社会保险法**（2010 年 10 月 28 日第十一届全国人民代表大会常务委员会第十七次会议通过　根据 2018 年 12 月 29 日第十三届全国人民代表大会常务委员会第七次会议《关于修改〈中华人民共和国社会保险法〉的决定》修正）（节录）

第九十二条 社会保险行政部门和其他有关行政部门、社会保险经办机构、社会保险费征收机构及其工作人员泄露用人单位和个人信息的，对直接负责的主管人员和其他直接责任人员依法给予处分；给用人单位或者个人造成损失的，应当承担赔偿责任。

9. 中华人民共和国统计法（1983 年 12 月 8 日第六届全国人民代表大会常务委员会第三次会议通过　根据 1996 年 5 月 15 日　第八届全国人民代表大会常务委员会第十九次会议《关于修改〈中华人民共和国统计法〉的决定》修正　2009 年 6 月 27 日第十一届全国人民代表大会常务委员会第九次会议修订）（节录）

第九条　统计机构和统计人员对在统计工作中知悉的国家秘密、商业秘密和个人信息，应当予以保密。

10. 最高人民法院关于审理利用信息网络侵害人身权益民事纠纷案件适用法律若干问题的规定（法释〔2014〕11 号　自 2014 年 10 月 10 日起施行）（节录）

第十二条　网络用户或者网络服务提供者利用网络公开自然人基因信息、病历资料、健康检查资料、犯罪记录、家庭住址、私人活动等个人隐私和其他个人信息，造成他人损害，被侵权人请求其承担侵权责任的，人民法院应予支持。但下列情形除外：

（一）经自然人书面同意且在约定范围内公开；

（二）为促进社会公共利益且在必要范围内；

（三）学校、科研机构等基于公共利益为学术研究或者统计的目的，经自然人书面同意，且公开的方式不足以识别特定自然人；

（四）自然人自行在网络上公开的信息或者其他已合法公开的个人信息；

（五）以合法渠道获取的个人信息；

（六）法律或者行政法规另有规定。

网络用户或者网络服务提供者以违反社会公共利益、社会公德的方式公开前款第四项、第五项规定的个人信息，或者公开该信息侵害权利人值得保护的重大利益，权利人请求网络用户或者网络服务提供者承担侵权责任的，人民法院应予支持。

国家机关行使职权公开个人信息的，不适用本条规定。

11. 最高人民法院、最高人民检察院、公安部关于依法惩处侵害公民个人信息犯罪活动的通知（公通字〔2013〕12 号　自 2013 年 4 月 23 日起施行）

各省、自治区、直辖市高级人民法院，人民检察院，公安厅、局，新疆维吾尔自治区高级人民法院生产建设兵团分院，新疆生产建设兵团人民检察院、公安局：

近年来，随着我国经济快速发展和信息网络的广泛普及，侵害公民个人信息的违法犯罪日益突出，互联网上非法买卖公民个人信息泛滥，由此滋生的电信诈骗、网络诈骗、敲诈勒索、绑架和非法讨债等犯罪屡打不绝，社会危害严重，群众反响强烈。为有效遏制、惩治侵害公民个人信息犯罪，切实保障广大人民群众的个人信息安全和合法权益，促进社会协调发展，维护社会稳定，现就有关事项通知如下：

一、切实提高认识，坚决打击侵害公民个人信息犯罪活动。当前，一些犯罪分子为追求不法利益，利用互联网大肆倒卖公民个人信息，已逐渐形成庞大"地下产业"和黑色利益链。买卖的公民个人信息包括户籍、银行、电信开户资料等，涉及公民个人生活的方方面面。部分国家机关和金融、电信、交通、教育、医疗以及物业公司、房产中介、保险、快递等企事业单位的一些工作人员，将在履行职责或者提供服务过程中获取的公民个人信息出售、非法提供给他人。获取信息的中间商在互联网上建立数据平台，大肆出售信息谋取暴利。非法调查公司根据这些信息从事非法讨债、诈骗和敲诈勒索等违法犯罪活动。此类犯罪不仅危害公民的信息安全，而且极易引发多种犯罪，成为电信诈骗、网络诈骗以及滋扰型"软暴力"等信息犯罪的根源，甚至与绑架、敲诈勒索、暴力追债等犯罪活动相结合，影响人们群众的安全感，威胁社会和谐稳定。各级公安机关、人民检察院、人民法院务必清醒认识此类犯罪的严重危害，以对党和人民高度负责的精神，统一思想，提高认识，精心组织，周密部署，依法惩处侵害公民个人信息犯罪活动。

二、正确适用法律，实现法律效果与社会效果的有机统一。侵害公民个人信息犯罪是新型犯罪，各级公安机关、人民检察院、人民法院要从切实保护公民个人信息安全和维护社会和谐稳定的高度，借鉴以往的成功判例，综合考虑出售、非法提供或非法获取个人信息的次数、数量、手段和牟利数额、造成的损害后果等因素，依法加大打击力度，确保取得良好的法律效果和社会效果。出售、非法提供公民个人信息罪的犯罪主体，除国家机关或金融、电信、交通、医疗单位的工作人员之外，还包括在履行职责或者提供服务过程中获得公民个人信息的商业、房地产业等服务业中其他企事业单位的工作人员。公民个人信息包括公民的姓名、年龄、有效证件号码、婚姻状况、工作单位、学历、履历、家庭住址、电话号码等能够识别公民个人身份或者涉及公民个人隐私的信息、数据资料。对于在履行职责或者提供服务过程中，将获得的公民个人信息出售或者非法提供给他人，被他人用以实施犯罪，造成受害人人身伤害或者死亡，或者造成重大经济损失、恶劣社会影响的，或者出售、非法提供公民个人信息数量较大，或者违法所得数额较大的，均应当依法以非法出售、非法提供公民个人信息罪追究刑事责任。对于窃取或者以购买等方法非法获取公民个人信息数量较大，或者违法所得数额较大，或者造成其他严重后果的，应当依法以非法获取公民个人信息罪追究刑事责任。对使用非法获取的个人信息，实施其他犯罪行为，构成数罪的，应当依法予以并罚。单位实施侵害公民个人信息罪的，应当追究直接负责的主管人员和其他直接责任人员的刑事责任。要依法加大对财产刑的适用力度，剥夺犯罪分子非法获利和再次犯罪的资本。

三、加强协作配合，确保执法司法及时高效。侵害公民个人信息犯罪网络覆盖面大，关系错综复杂。犯罪行为发生地、犯罪结果发生地、犯罪分子所在地等往往不在一地。同时，由于犯罪行为大多依托互联网、移动电子设备，通过即时通讯工具、电子邮件等多种方式实施，调查取证难度很大、各级公安机关、人民检察院、人民法院要在分工负责、依法高效履行职责的基础上，进一步加强沟通协调，通力配合，密切协作，保证立案、侦查、批捕、审查起诉、审判等各个环节顺利进行。对查获的及时立案侦查，及时移送审查起诉。对于几个公安机关都有权管辖的案件，由最初受理的公安机关管辖。必要时，可以由主要犯罪地的公安机关管辖。对管辖不明确或者有争议的刑事案件，可以由公安机关协商。协商不成的，由共同上级公安机关指定管辖。对于指定管辖的案件，需要逮捕犯罪嫌疑人的，由被指定管辖的公安机关提请同级人民检察院审查批准；需要提起公诉的，由该公安机关移送同级人民检察院审查决定；认为应当由上级人民检察院或者同级其他人民检察院起诉的，应当将案件移交有管辖权的人民检察院；人民检察院认为需要依照刑事诉讼法的规定指定审判管辖的，应当协商同级人民法院办理指定管辖有关事宜。在办理侵害公民个人信息犯罪案件的过程中，对于疑难、复杂案件，人民检察院可以适时派员会同公安机关共同就证据收集等方面进行研究和沟通协调。人民检察院对于公安机关提请批准逮捕、移送审查起诉的相关案件，符合批捕、起诉条件的，要依法尽快予以批捕、起诉；对于确需补充侦查的，要制作具体、详细的补充侦查提纲。人民法院要加强审判力量，准确定性，

实施前款规定的行为，具有下列情形之一的，应当认定为刑法第二百五十三条之一第一款规定的“情节特别严重”：

（一）造成被害人死亡、重伤、精神失常或者被绑架等严重后果的；

（二）造成重大经济损失或者恶劣社会影响的；

（三）数量或者数额达到前款第三项至第八项规定标准十倍以上的；

（四）其他情节特别严重的情形。

第六条 为合法经营活动而非法购买、收受本解释第五条第一款第三项、第四项规定以外的公民个人信息，具有下列情形之一的，应当认定为刑法第二百五十三条之一规定的“情节严重”：

（一）利用非法购买、收受的公民个人信息获利五万元以上的；

（二）曾因侵犯公民个人信息受过刑事处罚或者二年内受过行政处罚，又非法购买、收受公民个人信息的；

（三）其他情节严重的情形。

实施前款规定的行为，将购买、收受的公民个人信息非法出售或者提供的，定罪量刑标准适用本解释第五条的规定。

第七条 单位犯刑法第二百五十三条之一规定之罪的，依照本解释规定的相应自然人犯罪的定罪量刑标准，对直接负责的主管人员和其他直接责任人员定罪处罚，并对单位判处罚金。

第八条 设立用于实施非法获取、出售或者提供公民个人信息违法犯罪活动的网站、通讯群组，情节严重的，应当依照刑法第二百八十七条之一的规定，以非法利用信息网络罪定罪处罚；同时构成侵犯公民个人信息罪的，依照侵犯公民个人信息罪定罪处罚。

第九条 网络服务提供者拒不履行法律、行政法规规定的信息网络安全管理义务，经监管部门责令采取改正措施而拒不改正，致使用户的公民个人信息泄露，造成严重后果的，应当依照刑法第二百八十六条之一的规定，以拒不履行信息网络安全管理义务罪定罪处罚。

第十条 实施侵犯公民个人信息犯罪，不属于“情节特别严重”，行为人系初犯，全部退赃，并确有悔罪表现的，可以认定为情节轻微，不起诉或者免予刑事处罚；确有必要判处刑罚的，应当从宽处罚。

第十一条 非法获取公民个人信息后又出售或者提供的，公民个人信息的条数不重复计算。

向不同单位或者个人分别出售、提供同一公民个人信息的，公民个人信息的条数累计计算。

对批量公民个人信息的条数，根据查获的数量直接认定，但是有证据证明信息不真实或者重复的除外。

第十二条　对于侵犯公民个人信息犯罪，应当综合考虑犯罪的危害程度、犯罪的违法所得数额以及被告人的前科情况、认罪悔罪态度等，依法判处罚金。罚金数额一般在违法所得的一倍以上五倍以下。

第十三条　本解释自2017年6月1日起施行。

三十一、报复陷害罪

（一）法律规定

第二百五十四条　国家机关工作人员滥用职权、假公济私，对控告人、申诉人、批评人、举报人实行报复陷害的，处二年以下有期徒刑或者拘役；情节严重的，处二年以上七年以下有期徒刑。

（二）罪名详解

报复陷害罪是指国家机关工作人员滥用职权、假公济私，对控告人、申诉人、批评人、举报人实行报复陷害的行为。

本罪1979年《刑法》第146条作了规定。

报复陷害罪的构成要件是：

1. 主体要件

本罪主体为特殊主体，是国家机关工作人员，即《刑法》第93条第1款规定的“国家机关中从事公务的人员”；否则，行为人不可能滥用职权、假公济私。非国家机关工作人员对上述四种人实行报复陷害的，应根据其报复行为的性质，侵犯的客体，构成什么罪，就按什么罪处理。

2. 客体要件

本罪侵犯的客体是公民的民主权利，即公民的控告权、申诉权、批评监督权和国家机关的正常活动。犯罪对象为控告人、申诉人、批评人、举报人。需要指出的是，这里的控告人、申诉人、批评人、举报人并不限于对国家机关工作人员进行控告、申诉、批评、举报的人。

控告权、申诉权和批评监督权，是我国公民享有的重要的民主权利之一，受到国家法律的严格保护。《宪法》第 41 条第 1、2 款规定：“中华人民共和国公民对于任何国家机关和国家工作人员，有提出批评和建议的权利；对于任何国家机关和国家工作人员的违法失职行为，有向有关国家机关提出申诉、控告或者检举的权利，但是不得捏造或者歪曲事实进行诬告陷害。对于公民的申诉、控告或者检举，……任何人不得压制和打击报复。”报复陷害罪就是对公民上述民主权利的严重侵犯。

3. 主观要件

本罪主观方面由直接故意构成，并且具有报复陷害他人的目的。间接故意和过失不构成本罪。

4. 客观要件

本罪客观方面表现为滥用职权、假公济私，对控告人、申诉人、批评人、举报人实行打击报复陷害的行为。

实施打击报复是构成本罪的前提条件，没有这种打击报复的行为，就不可能构成报复陷害罪。同时，这种犯罪又是国家机关工作人员滥用职权实行的。如果国家机关工作人员虽然对他人实行报复，但并没有利用职权，则不构成本罪。报复陷害的手段是各种各样的，如利用种种借口进行降职、降级、调离岗位等等，但手段不影响本罪的成立。

（三）实务疑难问题

1. 工作中的错误行为与本罪

国家机关工作人员如果没有报复陷害的目的，而是由于政策水平不高，工作方式简单粗暴，对控告人、申诉人、批评人、举报人处理不当，致使其遭受损失的，属于工作上的错误行为，不构成犯罪。

2. 一般打击报复行为与本罪

《刑法》第 254 条虽然没有提到“情节严重”，但是根据《刑法》第 13 条“但书”的规定，情节显著轻微，危害不大的，不作为犯罪处理。有的国家机关工作人员虽滥用职权、假公济私，对上述四种人实行打击报复，但情节显著轻微，危害不大的，属于一般违法行为，可予以批评教育，或者建议有关单位给予相应的行政纪律处分，但不构成犯罪。

参照《最高人民检察院关于渎职侵权犯罪案件立案标准的规定》，行为人涉嫌下列情形之一的，应予立案：（1）报复陷害，情节严重，导致控告人、申诉人、批评人、举报人或者其近亲属自杀、自残造成重伤、死亡或者精神失常的；（2）致使控告人、申诉人、批评人、举报人或者其近亲属的其他合法权利受到严重损害的；（3）其他报复陷害应予追究刑事责任的情形。

3. 本罪与诬告陷害罪的区分

这两种犯罪都侵犯了公民的人身权利、民主权利和国家机关的正常活动，主观上都具有陷害他人的故意。两者的区别主要在于：第一，犯罪主体不同。前者由国家机关工作人员构成，后者则可以是达到刑事责任年龄的任何公民。第二，犯罪目的不同。前者以报复陷害他人为目的，后者则是意图使他人受刑事处分。第三，犯罪手段不同。前者实施犯罪必须以利用职务、滥用职权为先决条件，后者并不要求必须利用职权。第四，陷害的对象不同。前者的受害人只限于控告人、申诉人、批评人、举报人这四种人，后者的受害人可以是任何公民，包括罪犯。

如果国家机关工作人员滥用职权、假公济私，捏造事实对控告人、申诉人、批评人、举报人进行陷害的，其行为属于诬告陷害罪和报复陷害罪的想象竞合，应当以较重的诬告陷害罪定罪。

4. 本罪与打击报复证人罪的区分

根据《刑法》第 308 条规定，对证人进行打击报复的，构成打击报复证人罪。

本罪与打击报复证人罪都侵犯了国家机关的正常活动，主观方面均有报复的意图，客观上有报复的行为方式。两者的区别主要在于：第一，犯罪主体不同。前者的主体是国家机关工作人员，后者是一般主体。第二，犯罪对象不同。前者仅限于控告人、申诉人、批评人、举报人这四种人，后者的对象仅限于证人。第三，主观方面不同。前者是出于报复陷害的目的，后者是出于打击报复证人的目的。第四，客观方面不同。前者是滥用职权、假公济私进行报复陷害，后者是对证人进行打击报复，并不要求利用职权。

5. 本罪与滥用职权罪的区分

根据《刑法》第 397 条规定，国家机关工作人员滥用职权，致使公共财产、国家和人民利益遭受重大损失的，构成滥用职权罪。

本罪与滥用职权罪都存在滥用职权，两者的区别主要在于：第一，侵犯的客体不同。前者是复杂客体，既侵犯了公民的人身权利、民主权利，也妨碍了国家机关的正常管理活动；后者侵犯的是国家机关的正常管理活动。第二，客观方面不同。前者是滥用职权、假公济私，对控告人、申诉人、批评人、举报人进行报复陷害的行为；后者是滥用职权，导致公共财产、国家和人民利益遭受重大损失的行为。第三，主观方面不同。前者主观上由直接故意构成，并具有报复陷害的目的；后者主观上由故意构成，既可以是直接故意，也可以是间接故意，即明知滥用职权的行为会造成公共财产、国家和人民的利益遭受重大损失的结果，而希望或者放任这种结果的发生。

6. 报复陷害罪的共同犯罪问题

报复陷害罪的主体是特殊主体，只有国家机关工作人员才能成为本罪的正犯，非国家机关工作人员不能成为本罪的正犯，但对国家机关工作人员实行报复陷害提供帮助、进行教唆的，则可以成为本罪的共犯。

7. 报复陷害罪的罪数问题

国家机关工作人员进行报复陷害的过程中，往往伴随着其他对公民人身权利的侵犯，存在一个行为触犯多个罪名的问题。如报复陷害罪与非法拘禁罪，报复陷害罪与虐待被监管人罪等等。对于此类情况，应当按照想象竞合犯的处断原则，从一重罪处罚。

行为人在实施打击报复过程中，基于其他的主观故意又实施了其他侵害被害人的犯罪行为，上述行为均分别构成犯罪的，应当依法实行数罪并罚。

（四）情节与量刑

依照《刑法》第254条规定，犯报复陷害罪的，处2年以下有期徒刑或者拘役；情节严重的，处2年以上7年以下有期徒刑。

司法机关在适用时，应当注意以下问题：

1. 国家机关工作人员报复陷害，情节一般，危害不大的，不作为犯罪处理。参照《最高人民检察院关于渎职侵权犯罪案件立案标准的规定》，行为人涉嫌下列情形之一的，应予立案：（1）报复陷害，情节严重，导致控告人、申诉人、批评人、举报人或者其近亲属自杀、自残造成重伤、死亡或者精神失常的；（2）致使控告人、申诉人、批评人、举报人或者其近亲属的其他合法权利受到严重损害的；（3）其他报复陷害应予追究刑事责任的情形。

2. 规范化量刑。《最高人民法院关于常见犯罪的量刑指导意见》对报复陷害罪的量刑并未作出规定，这主要是由于本罪在司法实践中并不常见，最高司法机关尚未总结出一套成熟的量刑标准。在有关规定出台前，司法人员应当根据犯罪事实、性质、情节和社会危害程度，依照刑法和有关司法解释的规定判处刑罚。

（五）法律链接

1. 人民检察院刑事诉讼规则（试行）（高检发释字〔2012〕2号　自2013年1月1日起施行）（节录）

第八条　人民检察院立案侦查贪污贿赂犯罪、国家工作人员的渎职犯罪、国家机关工作人员利用职权实施的非法拘禁、刑讯逼供、报复陷害、非法搜查的侵犯公民人身权利的犯罪以及侵犯公民民主权利的犯罪案件。

国家机关工作人员利用职权实施的侵犯公民人身权利和民主权利的犯罪案件包括：

（六）报复陷害案（刑法第二百五十四条）；

2. 中华人民共和国刑事诉讼法（1979年7月1日第五届全国人民代表大会第二次会议通过　根据1996年3月17日第八届全国人民代表大会第四次会议《关于修改〈中华人民共和国刑事诉讼法〉的决定》第一次修正　根据2012年3月14日第十一届全国人民代表大会第五次会议《关于修改〈中华人民共和国刑事诉讼法〉的决定》第二次修正　根据2018年10月26日第十三届全国人民代表大会常务委员会第六次会议《关于修改〈中华人民共和国刑事诉讼法〉的决定》第三次修正）（节录）

第十八条　刑事案件的侦查由公安机关进行，法律另有规定的除外。

贪污贿赂犯罪，国家工作人员的渎职犯罪，国家机关工作人员利用职权实施的非法拘禁、刑讯逼供、报复陷害、非法搜查的侵犯公民人身权利的犯罪以及侵犯公民民主权利的犯罪，由人民检察院立案侦查。对于国家机关工作人员利用职权实施的其他重大的犯罪案件，需要由人民检察院直接受理的时候，经省级以上人民检察院决定，可以由人民检察院立案侦查。

自诉案件，由人民法院直接受理。

3. 最高人民检察院关于人民检察院直接受理立案侦查的渎职侵权重特大案件标准（试行）（高检发〔2001〕13号　自2002年1月1日施行）（节录）

三十九、报复陷害案

（一）重大案件

1. 致人精神失常的；

2. 致人其他合法权益受到损害，后果严重的。

（二）特大案件

1. 致人自杀死亡的；

2. 后果特别严重，影响特别恶劣的。

4. **最高人民检察院关于保护公民举报权利的规定**（高检发〔1991〕21号自1991年5月13日起施行）

第一条 为保障公民依法行使控告、检举的权利，维护举报人的合法权益，促进廉政建设，根据《中华人民共和国宪法》第四十一条和《中华人民共和国刑法》第一百三十一条、第一百四十六条的规定，制定本规定。

第二条 公民依法向各级检察机关举报机关、团体、企业、事业单位和国家工作人员违法犯罪行为，其人身权利、民主权利和其他合法权益应受到法律的保护。

第三条 检察机关受理公民举报和查处举报案件，必须严格保密。

1. 受理举报应在固定场所进行，专人接谈，无关人员不得接待、旁听和询问。

2. 举报信件的收发、拆阅、登记、转办、保管和当面或电话举报的接待、接听、记录、录音等工作，应建立健全责任制，严防泄露或遗失举报材料。

3. 对举报人的姓名、工作单位、家庭住址等有关情况及举报的内容必须严格保密，举报材料不准私自摘抄和复制。

4. 严禁将举报材料和举报人的有关情况透露或转给被举报单位、被举报人。向被举报单位或被举报人调查情况时，不得出示举报材料原件或复印件。

5. 任何单位和个人不得追查举报人，对匿名举报除侦查工作需要外，不准鉴定笔迹。

6. 向举报人核查情况时，应在做好保密工作、不暴露举报人身份的情况下进行。

7. 在宣传报道和对举报有功人员的奖励工作中，除征得举报人的同意外，不得公开举报人的姓名、单位。

第四条 对违反上述第三条保密规定的责任人员，要根据情节和后果给予严肃处理，构成犯罪的，依法追究刑事责任。

第五条　任何单位和个人不得以任何借口对公民的举报，进行阻拦、压制、刁难或打击报复。

第六条　以各种借口和手段侵害举报人及其亲属、假想举报人的合法权益的，按打击报复论处。

第七条　对打击报复举报人的案件应认真受理，经调查确属打击报复的，视情节轻重，区别性质，分别做出处理：

1. 国家工作人员滥用职权、假公济私，对举报人实行报复陷害构成犯罪的，应依法立案侦查，追究责任人的刑事责任。

2. 以各种形式打击报复举报人不构成犯罪的，应向其所在单位的上一级主管部门提出检察建议，严肃处理。

第八条　确因受打击报复而造成人身伤害及名誉、财产、经济损失的，举报人可依法要求赔偿，或向人民法院起诉，请求损害赔偿。

第九条　公民应据实举报，凡捏造事实、制造伪证，利用举报诬告陷害他人构成犯罪的，依法追究刑事责任。

由于对事实了解不全面而发生误告、错告等检举失实的，不适用前款规定。

第十条　港澳同胞、台湾同胞、华侨和外国人因举报国家机关和国家工作人员违法犯罪行为而被打击报复的，适用本规定。

第十一条　各省、自治区、直辖市人民检察院可以根据实际情况制定实施本规定的细则。

第十二条　本规定自公布之日起施行。

三十二、打击报复会计、统计人员罪

（一）法律规定

第二百五十五条　公司、企业、事业单位、机关、团体的领导人，对依法履行职责、抵制违反会计法、统计法行为的会计、统计人员实行打击报复，情节恶劣的，处三年以下有期徒刑或者拘役。

（二）罪名详解

打击报复会计、统计人员罪是指公司、企业、事业单位、机关、团体的领导人员，对依法履行职责，抵制违反会计法、统计法行为的会计、统计人员实行打击报复，情节恶劣的行为。

本罪是1997年刑法增设的罪名，1979年刑法和单行刑法均无此罪名。

打击报复会计、统计人员罪的构成要件是：

1. 主体要件

本罪主体为特殊主体，即公司、企业、事业单位、机关、团体的领导人员。不属于上述领导人员，打击报复会计人员、统计人员的行为不构成本罪。

2. 客体要件

本罪侵犯的客体是公民的人身权利和国家的会计、统计制度，属复杂客体，但主要侵犯的是公民的人身权利。犯罪对象是依法履行职责的会计人员和统计人员。

按照会计法的规定，企业、事业单位、机关、团体、军队根据会计业务的需要设置会计机构，或者在有关机构中设会计人员并指定会计主管人员。会计人员的主要职责是依法办理会计事务，进行会计核算，实行会计监督。按照统计法的规定，各级人民政府、各部门和企事业组织，根据统计任务的需要，设置统计机构和统计人员。统计人员的主要职责是依法对国民经济和社会发展情况进行统计调查，提供统计资料，进行统计分析，实行统计监督。

3. 主观要件

本罪主观方面由直接故意构成，即明知会计、统计人员是依法履行职责而予以打击报复。间接故意和过失不构成本罪。

4. 客观要件

本罪客观方面表现为对依法履行职责、抵制违反会计法、统计法行为的会计、统计人员实行打击报复的行为。

违反会计法的行为主要是指伪造、变造、故意毁灭会计凭证、会计账簿、会计报表和其他会计资料；利用虚假的会计凭证、会计账簿、会计报表和其他会计资料偷税或者损害国家利益、社会利益；对不真实、不合法的原始凭证予以受理；对违反国家统一的财政制度、财务制度规定的收支不向上级主管单位行政领导提出书面报告等行为。违反统计法的行为主要是指虚报、瞒报统计资料；伪造、篡改统计资料；拒报或者屡次拒报统计资料等行为。为了保障会计人员、统计人员依法行使职权，法律规定各地方、各部门、各单位的行政领导人领导会计机构、会计人员执行会计法，保障会计人员的职权不受侵犯，任何人不得对会计人员打击报复；统计机构和统计人员依照统计法的规定独立行使统计调查、统计报告、统计监督的职权，不受侵犯。统计人员有权要求有关单位和人员依照国家规定，提供资料；检查统计资料的准确性，要求改正不确实的统计资料；揭发和检举统计调查工作中的违反国家法律和破坏国家计划的行为。对于违反会计法、统计法的行为，会计人员、统计人员有权利也有义务依法进行抵制。因抵制而对会计人员、统计人员打击报复的手段是多种多样的，如调动工作、撤换职务、强行辞退，克扣工资、奖金等等。法律只要求行为人具有对依法履行职责、抵制违反会计法、统计法行为的会计人员或者统计人员其中一种行为就构成本罪；具有两种行为的也不实行并罚，量刑时可作参考。

按照法律规定，打击报复会计、统计人员罪除必须具备以上构成要件外，还必须是“情节恶劣的”，才构成犯罪。所谓情节恶劣，司法实践中，一般是指打击报复手段恶劣的；对多人进行打击报复的；屡教不改，多次进行打击报复的；打击报复致使会计、统计人员不敢依法履行职责的；打击报复致使会计、统计人员精神失常，造成严重后果的等情形。

（三）实务疑难问题

1. 工作中的错误行为与本罪

公司、企业、事业单位、机关、团体的领导人如果没有打击报复的目的，而是由于政策水平不高，工作方式简单粗暴，对未按照其要求进行工作的会计、统计人员处理不当，致使其遭受一定损失的，因不具有主观故意，故不能认定为犯罪。

2. 一般打击报复行为与本罪

《刑法》第 255 条明确规定，打击报复会计、统计人员，必须情节恶劣的，才能构成犯罪。所谓情节恶劣，司法实践中，一般是指打击报复手段恶劣的；对多人进行打击报复的；屡教不改，多次进行打击报复的；打击报复致使会计、统计人员不敢依法履行职责的；打击报复致使会计、统计人员精神失常，造成严重后果的等情形。对于打击报复会计、统计人员，情节一般的，可予以批评教育，或者建议有关单位给予相应的行政纪律处分，但不构成犯罪。

3. 本罪与报复陷害罪的区分

两罪主观方面都具有报复的目的，客观方面都采用了报复的手段，区别主要在于：第一，犯罪主体不同。前者是公司、企业、事业单位、机关、团体的领导人，其中既有国家机关工作人员，也有非国家机关工作人员，后者是国家机关工作人员，不受是否是“领导人”的限制。第二，犯罪对象不同。前者是依法履行职责、抵制违反会计法、统计法的会计人员和统计人员，后者是控告人、申诉人、批评人、举报人。第三，是否利用职权不同。前者通常情况下是相关领导人利用了职权进行打击报复，但刑法条文并没有明确规定，即不利用职权进行打击报复的，也可以成立本罪。后者则必须是滥用职权、假公济私，如果实施了打击报复的行为但没有滥用职权，则不成立报复陷害罪。

4. 本罪与打击报复证人罪的区分

根据《刑法》第 308 条规定，对证人进行打击报复的，构成打击报复证人罪。

两者主观上都具有打击报复的意图，客观上都采取了报复的手段，区别主要在于：第一，犯罪客体不同。前者是复杂客体，既侵犯了公民的人身权利，也破坏了国家的会计、统计制度，后者侵犯的是司法机关的正常活动。第二，犯罪主体不同。前者是公司、企业、事业单位、机关、团体的领导人，后者是一般主体。第三，犯罪对象不同。前者是依法履行职责、抵制违反会计法、统计法的会计人员和统计人员，后者是诉讼法中的证人。第四，是否利用职权不同。前者通常是相关主体利用职权实施的打击报复行为，后者对此并无特殊规定。

（四）情节与量刑

依照《刑法》第 255 条规定，犯打击报复会计、统计人员罪的，处 3 年以下有期徒刑或者拘役。

司法机关在适用时，应当注意以下问题：

1. 打击报复会计、统计人员，必须情节恶劣的，才能构成犯罪，对于情节一般，危害后果不大的，不作为犯罪处理。

2. 规范化量刑。《最高人民法院关于常见犯罪的量刑指导意见》对打击报复会计、统计人员罪的量刑并未作出规定，这主要是由于本罪在司法实践中并不常见，最高司法机关尚未总结出一套成熟的量刑标准。在有关规定出台前，司法人员应当根据犯罪事实、性质、情节和社会危害程度，依照刑法和有关司法解释的规定判处刑罚。

（五）法律链接

1. **中华人民共和国会计法**（1985 年 1 月 21 日第六届全国人民代表大会常务委员会第九次会议通过　根据 1993 年 12 月 29 日第八届全国人民代表大会常务委员会第五次会议《关于修改〈中华人民共和国会计法〉的决定》第一次修正　1999 年 10 月 31 日第九届全国人民代表大会常务委员会第十二次会议修订　根据 2017 年 11 月 4 日第十二届全国人民代表大会常务委员会第三十次会议《关于修改〈中华人民共和国会计法〉等十一部法律的决定》第二次修正）（节录）

第四十六条　单位负责人对依法履行职责、抵制违反本法规定行为的会计人员以降级、撤职、调离工作岗位、解聘或者开除等方式实行打击报复，构成犯罪的，依法追究刑事责任；尚不构成犯罪的，由其所在单位或者有关单位依法给予行政处分。对受打击报复的会计人员，应当恢复其名誉和原有职务、级别。

2. **中华人民共和国统计法**（1983 年 12 月 8 日第六届全国人民代表大会常务委员会第三次会议通过　根据 1996 年 5 月 15 日第八届全国人民代表大会常务委员会第十九次会议《关于修改〈中华人民共和国统计法〉的决定》修正　2009 年 6 月 27 日第十一届全国人民代表大会常务委员会第九次会议修订）（节录）

第三十七条　地方人民政府、政府统计机构或者有关部门、单位的负责人有下列行为之一的，由任免机关或者监察机关依法给予处分，并由县级以上人民政府统计机构予以通报：

（一）自行修改统计资料、编造虚假统计数据的；

（二）要求统计机构、统计人员或者其他机构、人员伪造、篡改统计资料的；

（三）对依法履行职责或者拒绝、抵制统计违法行为的统计人员打击报复的；

（四）对本地方、本部门、本单位发生的严重统计违法行为失察的。

三十三、破坏选举罪

（一）法律规定

第二百五十六条　在选举各级人民代表大会代表和国家机关领导人员时，以暴力、威胁、欺骗、贿赂、伪造选举文件、虚报选举票数等手段破坏选举或者妨害选民和代表自由行使选举权和被选举权，情节严重的，处三年以下有期徒刑、拘役或者剥夺政治权利。

（二）罪名详解

破坏选举罪是指在选举各级人民代表大会代表和国家机关领导人员时，以暴力、威胁、欺骗、贿赂、伪造选举文件、虚报选举票数等手段，破坏选举或者妨害选民和代表自由行使选举权和被选举权，情节严重的行为。

本罪1979年《刑法》第142条作了规定，1997年《刑法》第256条对罪状作了修改。

破坏选举罪的构成要件是：

1. 主体要件

本罪主体为一般主体，既可以是有选举权与被选举权的公民，也可以是无选举权与被选举权的公民，还可以是选举工作人员，如虚报选举票数只有选举工作人员有条件实施。

2. 客体要件

本罪侵犯的客体是公民的民主权利和国家的选举制度。

选举权与被选举权是宪法赋予公民的重要的基本权利。人民代表大会制度是国家的根本政治制度。宪法规定，全国人民代表大会和地方各级人民代表大会都由民主选举产生；国家行政机关、审判机关、检察机关都由人民代表大会产生。选举各级人民代表大会代表和各级国家机关领导人员，是人民当家作主、参与管理国家事务的民主权利，受到国家法律的保护。

3. 主观要件

本罪主观方面由直接故意构成，并具有破坏选举的目的。破坏选举的动机可以是各种各样的，但动机不影响本罪的成立。间接故意和过失不构成本罪。

4. 客观要件

本罪客观方面表现为在选举各级人民代表大会代表和国家机关领导人员时，以暴力、威胁、欺骗、贿赂、伪造选举文件、虚报选举票数等手段，破坏选举或者妨害选民和代表自由行使选举权和被选举权的行为。

首先，破坏选举的活动必须是依法选举各级人民代表大会代表和国家机关领导人员的选举活动，包括选民登记、提出候选人、投票选举、补选、罢免等整个选举活动。其次，破坏选举的手段必须是暴力、威胁、欺骗、贿赂、伪造选举文件、虚报选举票数等。“暴力”是指对选民、各级人民代表大会代表、候选人、选举工作人员等进行殴打、捆绑等人身伤害，或者以暴力破坏选举场所，使选举工作无法进行。“威胁”是指以杀害、伤害、破坏名誉、毁坏财产等进行要挟，迫使选民、各级人民代表大会代表、候选人、选举工作人员不能自由行使选举权和被选举权，或者在选举工作中不能正常履行职责。“欺骗”是指编造严重不符合事实的情况或者捏造对选举有重大影响的事实，并加以散布、宣传，扰乱正常的选举活动。“贿赂”是指用金钱或者其他物质利益收买选民、人民代表、候选人、选举工作人员，使他们违反自己的真实意愿参加选举或者在选举工作中进行舞弊活动。“伪造选举文件”是指伪造选民证、选票等文件。“虚报选举票数”是指选举工作人员对统计出来的选票数、赞成票数、反对票数进行虚报、假报（多报或少报）。按照法律规定，行为人只要实施了上述行为中的一种行为，就构成本罪；实施两种或者两种以上的行为，也不实行数罪并罚。再次，破坏选举的行为必须造成了破坏选举的正常进行或者妨害选民和代表自由行使选举权和被选举权的后果。

按照法律规定，破坏选举的行为，除必须具备上述构成要件外，还必须达到“情节严重”的程度，才构成犯罪。所谓情节严重，司法实践中一般是指破坏选举手段恶劣，后果严重或者造成很坏社会影响等情形。

（三）实务疑难问题

1. 正常的反映意见、申诉行为与本罪

《选举法》第 28 条规定：“对于公布的选民名单有不同意见的，可以在选民名单公布之日起五日内向选举委员会提出申诉。选举委员会对申诉意见，应在三日内作出处理决定。申诉人如果对处理决定不服，可以在选举日的五日以前向人民法院起诉，人民法院应在选举日以前作出判决。人民法院的判决为最后决定。”在选举中，选民和代表有权对被提名、推荐的候选人发表意见和看法，在选举小组讨论上有权提出批评和异议，这是正当行使选举权的行为，不能将此种申诉行为认为是破坏选举的行为。

2. 本罪的罪与非罪

按照法律规定，破坏选举的行为，情节是否严重，是区分罪与非罪的关键。对于破坏选举或者妨害选民和代表自由行使选举权和被选举权的行为，如果情节不严重的，属一般违法行为，应当依照《全国人民代表大会和地方各级人民代表大会选举法》第 57 条的规定，给予必要的行政处分，或者依照《治安管理处罚法》第 23 条的规定，给予治安管理处罚。

2005 年《最高人民检察院关于渎职侵权犯罪案件立案标准的规定》指出：国家机关工作人员利用职权破坏选举，涉嫌下列情形之一的，应予立案：

（1）以暴力、威胁、欺骗、贿赂等手段，妨害选民、各级人民代表大会代表自由行使选举权和被选举权，致使选举无法正常进行，或者选举无效，或者选举结果不真实的；

（2）以暴力破坏选举场所或者选举设备，致使选举无法正常进行的；

（3）伪造选民证、选票等选举文件，虚报选举票数，产生不真实的选举结果或者强行宣布合法选举无效、非法选举有效的；

（4）聚众冲击选举场所或者故意扰乱选举场所秩序，使选举工作无法进行的；

（5）其他情节严重的情形。

对于非国家机关工作人员破坏选举，情节严重标准可参照上述规定执行。

（四）情节与量刑

依照《刑法》第 256 条规定，犯破坏选举罪的，处 3 年以下有期徒刑、拘役或者剥夺政治权利。

司法机关在适用时，应当注意以下问题：

1. 本罪有特定的作案时间，即选举各级人民大会代表和国家机关领导人员时，如果不是在此时间内进行破坏行为的，不能成立本罪。如果不是针对上述人员进行的破坏选举活动，如团体的选举、公司的选举的，同样不能成立本罪。

2. 村民委员会是村民自我管理、自我教育、自我服务的基层群众性自治组织，既不属于我国的一级由人民代表选举组成的权力机关，也不属于国家行政机关。村民委员会成员不属于国家机关领导人员或人民代表大会代表。因此破坏村民委员会选举的行为，不能成立本罪，构成其他犯罪的，可以其他犯罪定罪。

3. 规范化量刑。《最高人民法院关于常见犯罪的量刑指导意见》对破坏选举罪的量刑并未作出规定，这主要是由于本罪在司法实践中并不常见，最高司法机关尚未总结出一套成熟的量刑标准。在有关规定出台前，司法人员应当根据犯罪事实、性质、情节和社会危害程度，依照刑法和有关司法解释的规定判处刑罚。

（五）法律链接

1. 中华人民共和国全国人民代表大会和地方各级人民代表大会选举法

（1979 年 7 月 1 日第五届全国人民代表大会第二次会议通过　根据 1982 年 12 月 10 日第五届全国人民代表大会第五次会议《关于修改〈中华人民共和国全国人民代表大会和地方各级人民代表大会选举法〉的若干规定的决议》第一次修正　根据 1986 年 12 月 2 日第六届全国人民代表大会常务委员会第十八次会议《关于修改〈中华人民共和国全国人民代表大会和地方各级人民代表大会选举法〉的决定》第二次修正　根据 1995 年 2 月 28 日第八届全国人民代表大会常务委员会第十二次会议《关于修改〈中华人民共和国全国人民代表大会和地方各级人民代表大会选举法〉的决定》第三次修正　根据 2004 年 10 月 27 日第十届全国人民代表大会常务委员会第十二次会议《关于修改〈中华人民共和国全国人民代表大会和地方各级人民代表大会选举法〉的决定》第四次修正　根据 2010 年 3 月 14 日第十一届全国人民代表大会第三次会议《关于修改〈中华人民共和国全国人民代表大会和地方各级人民代表大会选举

法〉的决定》第五次修正　根据2015年8月29日第十二届全国人民代表大会常务委员会第十六次会议《关于修改〈中华人民共和国地方各级人民代表大会和地方各级人民政府组织法〉、〈中华人民共和国全国人民代表大会和地方各级人民代表大会选举法〉、〈中华人民共和国全国人民代表大会和地方各级人民代表大会代表法〉的决定》第六次修正）（节录）

第五十七条　为保障选民和代表自由行使选举权和被选举权，对有下列行为之一，破坏选举，违反治安管理规定的，依法给予治安管理处罚；构成犯罪的，依法追究刑事责任：

（一）以金钱或者其他财物贿赂选民或者代表，妨害选民和代表自由行使选举权和被选举权的；

（二）以暴力、威胁、欺骗或者其他非法手段妨害选民和代表自由行使选举权和被选举权的；

（三）伪造选举文件、虚报选举票数或者有其他违法行为的；

（四）对于控告、检举选举中违法行为的人，或者对于提出要求罢免代表的人进行压制、报复的。

国家工作人员有前款所列行为的，还应当依法给予行政处分。

以本条第一款所列违法行为当选的，其当选无效。

第五十八条　主持选举的机构发现有破坏选举的行为或者收到对破坏选举行为的举报，应当及时依法调查处理；需要追究法律责任的，及时移送有关机关予以处理。

2. 人民检察院刑事诉讼规则（试行）（高检发释字〔2012〕2号　自2013年1月1日起施行）（节录）

第八条　人民检察院立案侦查贪污贿赂犯罪、国家工作人员的渎职犯罪、国家机关工作人员利用职权实施的非法拘禁、刑讯逼供、报复陷害、非法搜查的侵犯公民人身权利的犯罪以及侵犯公民民主权利的犯罪案件。

国家机关工作人员利用职权实施的侵犯公民人身权利和民主权利的犯罪案件包括：

（七）破坏选举案（刑法第二百五十六条）。

3. 最高人民检察院关于人民检察院直接受理立案侦查的渎职侵权重特大案件标准（试行）（高检发〔2001〕13号　自2002年1月1日起施行）（节录）

四十、国家机关工作人员利用职权实施的破坏选举案

（一）重大案件

1. 导致乡镇选举无法进行或者选举无效的；

2. 实施破坏选举行为，取得县级领导职务或者人大代表资格的。

（二）特大案件

1. 导致县级以上选举无法进行或者选举无效的；

2. 实施破坏选举行为，取得市级以上领导职务或者人大代表资格的。

三十四、暴力干涉婚姻自由罪

（一）法律规定

第二百五十七条　以暴力干涉他人婚姻自由的，处二年以下有期徒刑或者拘役。

犯前款罪，致使被害人死亡的，处二年以上七年以下有期徒刑。

第一款罪，告诉的才处理。

（二）罪名详解

暴力干涉婚姻自由罪是指以暴力手段，干涉他人结婚和离婚自由的行为。

本罪1979年《刑法》第179条作了规定。

暴力干涉婚姻自由罪的构成要件是：

1. 主体要件

本罪主体为一般主体，年满16周岁且具有刑事责任能力的自然人都可以成为本罪的主体，司法实践中主要为父母、子女、兄弟、丈夫、族人、奸夫、情妇、干部等，其中以父母干涉子女婚姻自由，子女干涉丧偶父母再婚为多数。

2. 客体要件

本罪侵犯的客体是他人的婚姻自由。

婚姻自由是我国《宪法》赋予公民的一项基本民主权利，是我国《婚姻法》的一项基本原则，是社会主义婚姻制度的一个重要特征。《宪法》第49条第4款规定："禁止破坏婚姻自由。"所谓婚姻自由，是指男女双方缔结或者解除婚姻关系，在不违背国家法律的前提下，有权按照本人的意愿，自主地决定自己的婚姻问题，不受任何人的强制和干涉。婚姻自由包括结婚自由和离婚自由两个方面。结婚自由，就是结婚必须出于男女双方完全自愿，不许一方对他方加以强迫或者任何第三者包括父母在内加以干涉，也不受家庭出身、社会地位、个人资历、职业、财产状况等差别的限制。离婚自由，就是夫妻感情确已破裂，不能继续维持夫妻关系，男女双方或者任何一方可以向婚姻登记机关或者人民法院提出解除婚姻关系的请求，这种请求应当受到法律保护。从法律上切实保障公民特别是妇女的结婚自由和离婚自由，对于巩固社会主义婚姻家庭制度，具有重要的意义。

3. 主观要件

本罪主观方面只能是直接故意。犯罪的动机则是各种各样的：父母的干涉大多是为了“门当户对”或者多得彩礼；族人的干涉大多是为了维护本族的旧礼教；奸夫的干涉多是为了长期保持通奸关系等等。动机不影响罪名的成立。

4. 客观要件

本罪客观方面表现为暴力干涉他人婚姻自由的行为。所谓“暴力”是指用捆绑、殴打、禁闭、强抢等对人身实施打击和强制的行为。暴力干涉他人婚姻自由的主要表现形式是：强迫对方与自己结婚；强迫被干涉者与他人结婚或者不准被干涉者与他人结婚；强迫被干涉者与他人离婚或者不准被干涉者与他人离婚；强迫对方与自己离婚。如果行为人没有暴力干涉的行为，不构成犯罪；行为人以暴力相威胁进行干涉的行为，也不成立本罪。

（三）实务疑难问题

1. 正确认定案件性质

由于干涉婚姻自由的案件情况比较复杂，司法机关在处理具体案件时，应当根据立法的基本精神，深入调查研究，对暴力干涉作全面的理解，不能只从形式上看有了暴力行为就认定是犯罪，而应当把暴力手段的具体性质和危害程度，以及其他情况结合起来考虑。如果暴力行为对被干涉者的人身侵害程度显著轻微，或者暴力手段不足以使被干涉者争取婚姻自由的斗争受到严重挫折，或者是对被干涉者的结婚、离婚自由威胁不大的，一般不宜作为犯罪处理。特别是要查明暴力行为与危害结果之间是否存在着刑法上的因果关系，以便实事求是地作出正确的结论。

2. 严格划清暴力干涉与非暴力干涉的界限

对于以非暴力手段，如赶出家门、中断供给、断绝关系或者以自杀相威胁等干涉他人的婚姻自由的行为，不构成暴力干涉婚姻自由罪。

3. 本罪的罪数问题

（1）以暴力手段干涉婚姻自由，暴力手段又构成其他犯罪的，如非法拘禁罪、故意伤害罪，应当按照牵连犯的处断原则从一重处罚。

（2）在暴力干涉婚姻自由的过程中，基于其他目的实施的暴力行为，触犯其他罪名的，则应当数罪并罚。

（3）本条第 2 款规定"暴力干涉婚姻自由致人死亡的"是指暴力干涉婚姻自由过失致人死亡，或者导致被害人自杀身亡的。如果以故意杀人的手段来干涉婚姻自由，故意杀人的暴力程度已经超出本罪的"暴力"程度，构成独立的犯罪，应当以故意杀人罪定罪处罚。如果行为人除故意杀人行为之外，还实施了其他暴力干涉婚姻自由行为的，则应当实行数罪并罚。

4. 按照本条第 3 款的规定，对于以暴力干涉他人婚姻自由，没有引起被害人死亡的，"告诉的才处理"。根据《刑法》第 98 条的规定，如果被害人因受强制、威吓无法告诉的，人民检察院和被害人的近亲属也可以告诉。即使被干涉者提出了控告，但随后又要求撤销案件的，也应当准予撤销。

5. 对于抢婚案件，应具体分析，区别处理：

（1）某些少数民族有抢婚的风俗，这是结婚的一种方式，因不具有社会危害性，不能成立本罪。

（2）如果因对方拒绝求婚，而纠集众人强行将对方劫持到家中，强迫对方结婚的，则应当认定本罪。如果暴力手段构成非法拘禁罪的，则从一重处罚。

（3）如果因女方拒绝求婚，而将对方劫持到自己家中，强行与之发生性关系的，欲造成既成事实的，则构成强奸罪。

（四）情节与量刑

依照《刑法》第 257 条第 1 款规定，犯暴力干涉婚姻罪，处 2 年以下有期徒刑或者拘役。

依照第 2 款规定，犯暴力干涉婚姻自由罪，致被害人死亡的，处 2 年以上 7 年以下有期徒刑。

依照第3款规定，第1款罪，告诉才处理。

司法机关在适用时，应当注意以下问题：

1. 行为人使用暴力手段干涉婚姻自由的，才能成立本罪。如果没有使用暴力手段，或者以使用暴力手段相威胁，或者使用极其轻微暴力手段的，不能构成本罪。

2. 暴力干涉婚姻自由，未致被害人死亡的是自诉案件，暴力干涉婚姻自由致被害人死亡的，系公诉案件。

3. 规范化量刑。《最高人民法院关于常见犯罪的量刑指导意见》对暴力干涉婚姻自由罪的量刑并未作出规定，这主要是由于本罪在司法实践中多为自诉案件，进入司法程序的并不常见，最高司法机关尚未总结出一套成熟的量刑标准。在有关规定出台前，司法人员应当根据犯罪事实、性质、情节和社会危害程度，依照刑法和有关司法解释的规定判处刑罚。

（五）法律链接

1. 最高人民法院、最高人民检察院、公安部、司法部关于依法办理家庭暴力犯罪案件的意见（法发〔2015〕4号　自2015年3月2日起施行）（节录）

16. 依法准确定罪处罚。对故意杀人、故意伤害、强奸、猥亵儿童、非法拘禁、侮辱、暴力干涉婚姻自由、虐待、遗弃等侵害公民人身权利的家庭暴力犯罪，应当根据犯罪的事实、犯罪的性质、情节和对社会的危害程度，严格依照刑法的有关规定判处。对于同一行为同时触犯多个罪名的，依照处罚较重的规定定罪处罚。

2. 最高人民法院关于适用中华人民共和国刑事诉讼法的解释（法释〔2012〕21号　自2013年1月1日起施行）（节录）

第一条　人民法院直接受理的自诉案件包括：

（一）告诉才处理的案件：

1. 侮辱、诽谤案（刑法第二百四十六条规定的，但严重危害社会秩序和国家利益的除外）；

2. 暴力干涉婚姻自由案（刑法第二百五十七条第一款规定的）；

3. 虐待案（刑法第二百六十条第一款规定的）；

4. 侵占案（刑法第二百七十条规定的）。

三十五、重婚罪

（一）法律规定

第二百五十八条　有配偶而重婚的，或者明知他人有配后而与之结婚的，处二年以下有期徒刑或者拘役。

（二）罪名详解

重婚罪是指自己有配偶而与他人结婚，或者明知他人有配偶而与之结婚的行为。

本罪在1979年《刑法》第180条作了规定。

重婚罪的构成要件是：

1. 主体要件

本罪主体为一般主体。司法实践中主要是两种人：一种是已有配偶的人；一种是自己虽然没有配偶，但明知对方已有配偶又与之结婚的人。如果双方均无配偶，则不构成重婚罪。

2. 客体要件

本罪侵犯的客体是社会主义婚姻家庭制度中的一夫一妻制。一夫一妻制是以一男一女结为夫妻的婚姻形式。一夫一妻制是我国婚姻法的一项基本原则。《婚姻法》第2条规定："实行婚姻自由、一夫一妻、男女平等的婚姻制度。"为了保证这一原则的贯彻执行，婚姻法在总则中规定禁止重婚。禁止有配偶者与他人同居。按照婚姻法的规定，重婚是婚姻无效的情形之一。这说明，法律严格禁止违背一夫一妻制原则的婚姻形式。按照这一原则，在我国，一个男人只能有一个妻子，一个女人只能有一个丈夫，无论男女都不允许同时有两个或者两个以上的配偶。如果已有配偶的人，又非法和第三者结婚，这就构成了重婚。所以，重婚行为直接破坏我国社会主义婚姻家庭制度的一夫一妻制的原则。它不仅使合法的婚姻关系的一方或者双方权益遭到破坏，而且败坏社会道德风尚，对人们的思想起着腐蚀的作用。因此，我国刑法把重婚规定为犯罪，予以法律制裁，是十分必要的。

3. 主观要件

本罪主观方面由直接故意构成。如果有配偶的一方隐瞒了事实真相，使无配偶的一方受骗上当而与之结婚的，这种婚姻也是重婚，但对无配偶而上当受骗的一方不能以重婚罪论处。

4. 客观要件

本罪客观方面表现为有配偶而重婚，或者明知他人有配偶而与之结婚的行为。

所谓有配偶而重婚，是指自己已结婚，在双方的婚姻关系没有依法解除或者在对方没有死亡的时候，又与他人登记结婚的行为。所谓明知他人有配偶而与之结婚，是指自己虽然没有结婚，但是明知对方已经结婚而与其登记结婚的行为。这两种行为，都构成重婚罪。

（三）实务疑难问题

1. 注意重婚与通奸的区分

通奸是指男女双方或者一方已有配偶的人之间暗中发生不正当两性关系的行为。这种行为是违反社会主义道德的，但根据刑法规定不构成犯罪，可视具体情况由所在单位组织予以批评教育，或者给予党团、行政纪律处分。

2. 注意事实上的重婚与同居、临时姘居关系的区分

由于重婚罪的主要特征是男女一方或者双方已有配偶的人之间非法建立夫妻关系的行为，《婚姻法》第 3 条不仅规定禁止重婚，而且规定“禁止有配偶者与他人同居”。根据 2001 年 12 月 27 日《最高人民法院关于适用〈中华人民共和国婚姻法〉若干问题的解释（一）》第 2 条的解释，《婚姻法》第 3 条、第 32 条、第 46 条规定的“有配偶者与他人同居”的情形，是指有配偶者与婚外异性，不以夫妻名义，持续、稳定地共同居住。如果男女双方虽然同居，但不是“持续、稳定地共同居住”，而是随时可以自由拆散的，则只是临时姘居关系，是单纯的非法同居，不能认为是重婚。在现实生活中，有的虽未登记结婚或者举行结婚仪式，而两人确是以夫妻关系共同生活，即以夫妻关系相对待，群众也公认的，则应认为是事实上的重婚。对于事实上的重婚，1994 年 12 月 14 日，最高人民法院在《关于〈婚姻登记管理条例〉施行后发生的以夫妻名义非法同居的重婚案件是否以重婚罪定罪处罚的批复》中，明确规定：“新的《婚姻登记管理条例》发布施行后，有配偶的人与他人以夫妻名义同居生

活的，或者明知他人有配偶而与之以夫妻名义同居生活的，仍应按重婚罪定罪处罚。”2003 年 8 月 8 日，《婚姻登记管理条例》经修订后，国务院重新颁布了《婚姻登记条例》，决定自 2003 年 10 月 1 日起施行。但上述“批复”仍可参照执行。

3. 司法实践中注意掌握政策

人民法院处理重婚案件总的政策精神是：1950 年《婚姻法》颁布以前的重婚，一般不再追究；1950 年《婚姻法》实施以后的重婚，必须坚持一夫一妻制的原则，区别不同情况，严肃处理。在处理具体案件时，既要维护法律的严肃性，又要从实际出发，根据婚姻基础、婚后感情好坏、重婚的原因、重婚时间长短、有无子女和子女利益等情况全面加以考虑，依法处理：（1）对于那些因喜新厌旧、玩弄异性、好逸恶劳、贪图享受、骗取财物或者“传宗接代”想法而重婚的，除解除其非法婚姻关系外，还应依法追究其刑事责任。（2）对于有些农村妇女因严重自然灾害、生活困难等原因，外出与他人重婚或者同居的，应向其严肃指出，重婚是违法犯罪行为，但一般可不以重婚罪论处。（3）对有的妇女由于反抗包办、买卖婚姻；或者一贯受虐待，没有建立夫妻感情，坚决要求离婚，不但得不到支持，反而遭受迫害，而与他人重婚的，也不应以重婚罪论处。

4. 对特殊原因形成的涉台婚姻关系不以重婚对待

如上所述，我国法律严格禁止重婚、纳妾的行为。但涉台婚姻案件有其特殊性。由于夫妻双方在大陆分离后未办理离婚手续又分别在台湾地区或者大陆再婚或者与他人以夫妻名义长期共同生活，形成事实上的夫妻关系的，应当根据《婚姻法》确立的“一夫一妻”的原则，对原婚姻关系视为已经消灭，而维持后来的婚姻关系。早在 1988 年，最高人民法院原副院长马原在最高人民法院举行的首次新闻发布会上就明确指出：“对这种由于特殊原因形成的婚姻关系，我们不以重婚对待。当事人不告诉，人民法院不主动干预；如果其中一方当事人提出与其配偶离婚的，人民法院应当按照离婚案件受理。”

5. 确定重婚罪的同时要解除非法婚姻关系

人民法院对构成重婚罪的被告人，在依法追究其刑事责任的同时，对犯重婚罪而形成的非法婚姻关系，应当宣告予以解除。

6. 重婚罪属于公诉与自诉交叉的案件

根据《最高人民法院关于适用〈中华人民共和国刑事诉讼法〉的解释》

第1条的规定，被害人有证据证明的重婚案件，人民检察院没有提起公诉的，被害人可以直接向法院提起诉讼，法院应当受理。

（四）情节与量刑

依照《刑法》第258条规定，犯重婚罪的，处2年以下有期徒刑或者拘役。

司法机关在适用时，应当注意以下问题：

1. 这里的“重婚”既包括登记婚也包括事实婚。

2. 无配偶者与有配偶者结婚的，只有“明知”对方有配偶而与之结婚的，才能构成重婚罪；如果其是被欺骗，确实不知道对方有配偶的，不能成立本罪。

3. 规范化量刑。《最高人民法院关于常见犯罪的量刑指导意见》对重婚罪的量刑并未作出规定，这主要是由于本罪在司法实践中并不常见，最高司法机关尚未总结出一套成熟的量刑标准。在有关规定出台前，司法人员应当根据犯罪事实、性质、情节和社会危害程度，依照刑法和有关司法解释的规定判处刑罚。

（五）法律链接

1. **中华人民共和国婚姻法**（1980年9月10日第五届全国人民代表大会第三次会议通过　根据2001年4月28日第九届全国人民代表大会常务委员会第二十一次会议《关于修改〈中华人民共和国婚姻法〉的决定》修正）（节录）

第二条　实行婚姻自由、一夫一妻、男女平等的婚姻制度。

保护妇女、儿童和老人的合法权益。

实行计划生育。

第三条　禁止包办、买卖婚姻和其他干涉婚姻自由的行为。禁止借婚姻索取财物。

禁止重婚。禁止有配偶者与他人同居。禁止家庭暴力。禁止家庭成员间的虐待和遗弃。

第十条　有下列情形之一的，婚姻无效：

（一）重婚的；

（二）有禁止结婚的亲属关系的；

（三）婚前患有医学上认为不应当结婚的疾病，婚后尚未治愈的；

（四）未到法定婚龄的。

第三十二条　男女一方要求离婚的，可由有关部门进行调解或直接向人民法院提出离婚诉讼。

人民法院审理离婚案件，应当进行调解；如感情确已破裂，调解无效，应准予离婚。

有下列情形之一，调解无效的，应准予离婚：

（一）重婚或有配偶者与他人同居的；

（二）实施家庭暴力或虐待、遗弃家庭成员的；

（三）有赌博、吸毒等恶习屡教不改的；

（四）因感情不和分居满二年的；

（五）其他导致夫妻感情破裂的情形。

一方被宣告失踪，另一方提出离婚诉讼的，应准予离婚。

第四十五条　对重婚的，对实施家庭暴力或虐待、遗弃家庭成员构成犯罪的，依法追究刑事责任。受害人可以依照《刑事诉讼法》的有关规定，向人民法院自诉；公安机关应当依法侦查，人民检察院应当依法提起公诉。

2. 最高人民法院关于适用中华人民共和国刑事诉讼法的解释（法释〔2012〕21号　自2013年1月1日起施行）（节录）

第一条　人民法院直接受理的自诉案件包括：

（二）人民检察院没有提起公诉，被害人有证据证明的轻微刑事案件：

4. 重婚案（刑法第二百五十八条规定的）；

本项规定的案件，被害人直接向人民法院起诉的，人民法院应当依法受理。对其中证据不足、可以由公安机关受理的，或者认为对被告人可能判处三年有期徒刑以上刑罚的，应当告知被害人向公安机关报案，或者移送公安机关立案侦查。

3. 最高人民法院关于婚姻登记管理条例施行后发生的以夫妻名义非法同居的重婚案件是否以重婚罪定罪处罚的批复（法复〔1994〕10号　自1994年12月14日起施行）（已失效，但可供参考）

四川省高级人民法院：

你院川高法〔1994〕135号《〈婚姻登记管理条例〉施行前后发生的事实上的重婚关系是否按重婚罪处理的请示》收悉。经研究，答复如下：

新的《婚姻登记管理条例》（1994 年 1 月 12 日国务院批准，1994 年 2 月 1 日民政部发布）发布施行后，有配偶的人与他人以夫妻名义同居生活的，或者明知他人有配偶而与之以夫妻名义同居生活的，仍应按重婚罪定罪处罚。

4. 最高人民法院研究室关于重婚案件中受骗的一方当事人能否作为被害人向法院提起诉讼问题的电话答复（自 1992 年 11 月 7 日起施行）

广东省高级人民法院：

你院《关于重婚案件中受骗的一方当事人能否作为被害人向法院提起诉讼问题的请示》收阅。经研究，答复如下：

基本同意你院的第二种意见，即：重婚案件中的被害人，既包括重婚者在原合法婚姻关系中的配偶，也包括后来受欺骗而与重婚者结婚的人。鉴于受骗一方当事人在主观上不具有重婚的故意，因此，根据你院《请示》中介绍的案情，陈若容可以作为本案的被害人。根据最高人民法院、最高人民检察院 1983 年 7 月 26 日《关于重婚案件管辖问题的通知》中关于“由被害人提出控告的重婚案件……由人民法院直接受理”的规定，陈若容可以作为自诉人，直接向人民法院提起诉讼。

附：

广东省高级人民法院
关于重婚案件中受骗的一方当事人能否作为
被害人向法院提起诉讼问题的请示

（粤高法明传〔1992〕145 号）

最高人民法院：

我院受理广州市中级人民法院请示的何冠林重婚一案中，遇到以下问题：何冠林（男，34 岁，工人）于 1982 年 9 月与陈丽琦登记结婚，已生育一子。1989 年 3 月何冠林认识女青年陈若容（女，37 岁，工人）后，便隐瞒自己已结婚的事实，与陈若容恋爱。何冠林为达到与陈结婚的目的，使用涂改户口本及伪造证明等手段，于 1991 年 9 月 3 日骗得陈若容与其到街道办事处登记结婚。同年 10 月 10 日，陈若容到何冠林住处找何，何不在，其妻陈丽琦出来招呼陈，陈若容才知何冠林是有妇之夫。为此，陈若容向广州市白云区法院提起诉讼，诉何冠林犯重婚罪。

对陈若容被骗与何冠林结婚，陈若容是否属于重婚案件的被害人，可否作为自诉人向法院提起诉讼，因法律无明文规定，我院有两种意见：

一种意见认为：何冠林欺骗陈若容与其重婚，作为重婚这一行为，是何与陈构成的，只不过何是故意隐瞒真实情况和欺骗陈，而陈虽不知道，但确实在客观上构成了重婚主体之一。所以陈若容不是起诉重婚的主体，只能是被起诉的主体。起诉主体应是陈丽琦（即何冠林的配偶）。由于陈若容重婚不是“明知”，依法可不追究其刑事责任。本案应由检察院起诉。

另一种意见认为：何冠林已有配偶，又以欺骗手段，骗取陈若容与其结婚，其行为已构成重婚罪，依法应追究其刑事责任。陈若容是在受骗的情况下与何冠林结婚的，应属被害人。因为从审判实践看，刑事诉讼中的被害人，是指正当权利或合法权益遭受犯罪或其他不法行为侵犯的人。从刑事诉讼的立法精神来看，重婚案件中的被害人，既指重婚者的配偶，也包括后来受欺骗、胁迫而与重婚者结婚的人。何冠林的行为侵犯了陈若容的合法权益，所以，陈应是本案的被害人。根据最高人民法院、最高人民检察院 1983 年 7 月 26 日《关于重婚案件管辖问题的通知》规定，“由被害人提出控告的重婚案件……由人民法院直接受理。”陈若容是本案的被害人，可作为自诉人直接向法院提起诉讼。

我们倾向第一种意见，当否，请复示。

5. 最高人民法院研究室关于重婚案件的被告人长期外逃法院能否中止审理和是否受追诉时效限制问题的电话答复（自 1989 年 8 月 16 日起施行）

陕西省高级人民法院：

你院陕高法研〔1989〕35 号《关于重婚案件的被告人长期外逃法院能否中止审理和是否受追诉时效限制问题的请示》收悉。经研究，答复如下：

同意你院意见，即胡应亭诉焦有枝、赵炳信重婚一案，在人民法院对焦有枝采取取保候审的强制措施后，焦有枝潜逃并和赵炳信一直在外流窜，下落不明的情况下，可参照最高人民法院法（研）复〔1988〕29 号《关于刑事案件取保候审的被告人在法院审理期间潜逃应宣告中止审理的批复》的规定，中止审理，俟被告人追捕归案后，再恢复审理。关于追诉时效问题，根据刑法第七十七条的规定，对焦有枝追究刑事责任不受追诉期限的限制。对于赵炳信，只要他同焦有枝的非法婚姻关系不解除，他们的重婚犯罪行为就处于一种继续状态，根据刑法第七十八条的规定，人民法院随时都可以对他追究刑事责任。此外，如果公安机关已对赵炳信发布了通缉令，也可以根据刑法第七十七条的规定，对他追究刑事责任，不受追诉期限的限制。

附：

陕西省高级人民法院
关于重婚案件的被告人长期外逃法院能否中止
审理和是否受追诉时效限制问题的请示

（陕高法研〔1989〕35号）

最高人民法院：

西安市中级人民法院就自诉人胡应亭诉焦有枝、赵炳信重婚一案能否中止审理及追诉时效问题请示我院。

该案的案情是：自诉人胡应亭（男，47岁，镇安县人）1969年同焦有枝（女，40岁，镇安县人）结婚，1983年胡应亭因拐卖人口罪被判刑劳改后，焦有枝曾提出离婚诉讼，因故未离。后焦有枝与赵炳信（男，40岁，长安县人）在长安县斗门乡骗得申请结婚登记介绍信一张，于1983年12月29日在长安县引镇乡登记结婚。此后二人长期在外流窜。胡应亭于1985年以赵炳信、焦有枝犯重婚罪向长安县法院起诉。长安县人民法院经审查，根据刑法第一百八十条之规定，认为赵炳信、焦有枝的行为均构成重婚罪，决定对赵炳信依法逮捕，对焦有枝取保候审。但赵炳信一直在外流窜不归，下落不明，逮捕无法实施。焦有枝也在取保候审后逃跑不归。致长期不能结案，自诉人胡应亭又坚持不撤诉。这种情况的案件在其他法院也有。对这种情况的案件能否中止审理？经查最高人民法院法（研）复〔1988〕29号《关于刑事案件取保候审的被告人在法院审理期间潜逃应宣告中止审理的批复》规定："刑事案件取保候审的被告人在法院审理期间潜逃，人民法院应决定中止审理，俟被告人追捕归案后，再恢复审理。"我们意见，对这种情况的案件，也可参照上述最高法院批复的规定中止审理，俟被告人追捕归案后，再恢复审理。关于追诉时效问题，我们意见，根据刑法第七十七条"在人民法院、人民检察院、公安机关采取强制措施以后，逃避侦查或者审判的，不受追诉期限的限制"的规定，除对被告人焦有枝追究刑事责任不受追诉期限的限制外，被告人赵炳信在决定逮捕之前已在外流窜，可以由受理法院通知执行逮捕的公安机关发布通缉令缉拿，通缉令发布即可视为对其采取了强制措施，对其追究刑事责任亦可不受追诉时效期限的限制。

以上意见妥否，请予批示。

6. **最高人民法院副院长马原关于人民法院处理涉台民事案件的几个法律问题**（法（办）发〔1988〕18号 自1989年8月9日起施行）（节录）

今天，我在最高人民法院举行的第一次新闻发布会上，谈谈人民法院处理涉台民事案件的几个法律问题。大家知道，自从台湾当局放宽去台人员回大陆探亲的限制以来，去台人员和台胞回大陆探亲、旅游的越来越多，诉讼到人民法院的民事案件也逐渐增多。如何处理好这些案件，是海峡两岸人民和司法工作者都很关心的问题。

一、关于婚姻问题

一些去台人员，由于夫妻长期隔离在海峡两岸，家庭发生了变异：有的单方在大陆依法办理了离婚手续；有的一方或者双方已经再婚，或者长期与他人以夫妻的名义同居生活，生育了子女，等等。对这种由于特殊的历史原因造成的婚姻纠纷，我们将充分考虑海峡两岸人民长期分离的实际情况，从有利于稳定婚姻家庭关系的现状出发，根据我国《婚姻法》一夫一妻制的基本原则，妥善处理。这类案件有以下几种情况：

第一，对已经人民法院判决离婚的案件，不论是单方诉讼还是双方诉讼，也不论对方是否接到判决书，法院的判决都是有效的。如果双方均未再婚，现在请求恢复夫妻关系的，人民法院可以用裁定注销原来的判决，宣告婚姻关系恢复。但经判决离婚后，一方或者双方又另行结婚的，如果其再婚的配偶已经离婚或者已经死亡，现在双方要求恢复夫妻关系的，应当到有关婚姻登记机关重新办理结婚登记手续；如果再婚配偶还健在，必须在办理离婚手续后，才可以与原配偶重新结婚。我们认为，这样实事求是地处理海峡两岸由于长期隔离而造成的特殊婚姻关系，是符合各方当事人的利益的。

第二，对双方分离以后未办理离婚手续，大陆一方又与他人结婚，或者长期与他人以夫妻关系同居生活的，我们原则上承认这种婚姻关系。现去台一方回来，大陆一方为与原配偶恢复关系，提出与再婚配偶离婚的，是否准予离婚，人民法院应当依照《中华人民共和国婚姻法》第二十五条关于“人民法院审理离婚案件，应当进行调解；如感情确已破裂，调解无效，应准予离婚”的规定处理。如果认定感情尚未破裂的，则判决不准离婚。去台一方回大陆定居后，向人民法院提出要求与在台的配偶离婚的，人民法院应当受理，并根据《婚姻法》的规定，作出是否准予离婚的判决。

第三，对于双方分离后未办理离婚手续，一方或者双方分别在大陆和台湾再婚的，对这种由于特殊原因形成的婚姻关系，我们不以重婚对待。当事人不告诉，人民法院不主动干预，如果其中一方当事人提出与其配偶离婚的，人民法院应当按照离婚案件受理。

七、关于诉讼时效问题

为了保护去台人员和台胞的合法权益，我们在适用诉讼时效方面，对涉台民事案件作了特别规定。根据《中华人民共和国民法通则》的规定，从权利被侵害之日起超过二十年，权利人才向人民法院提起诉讼的，人民法院不予保护。由于涉及去台人员和台湾同胞的案件，许多已经超过二十年了，因此，对去台人员和台湾同胞的诉讼时效期间问题，根据《民法通则》第一百三十七条的规定，人民法院可以作为特殊情况予以适当延长。

7. **最高人民法院研究室关于军事法院判处的重婚案件其非法婚姻部分由谁判决问题的电话答复**（自1980年11月27日起施行）

中国人民解放军军事法院：

你院《关于军事法院判处的重婚案件其非法婚姻部分由谁判决的请示》收悉，现答复如下：

非法婚姻是构成重婚罪的前提，法院在判决重婚案件的同时，判决书中应一并写明解除非法婚姻，这不属于刑事诉讼附带民事诉讼的问题。

兰州军区空军军事法院判处林文远重婚时，未宣告解除林与鲁菊荣的非法婚姻关系，我们认为，林以不法手段骗取与鲁的结婚证是无效的，从判决生效之日起，林与鲁的非法婚姻从法律上说已当然解除。兰州军区空军军事法院应将林文远重婚罪的判决书副本送达关系人鲁菊荣，可补充向鲁宣告，她与林的非法婚姻关系已解除，宣告事项在送达证上记明归档备查。

附：

中国人民解放军军事法院
关于军事法院判处的重婚案件其非法婚姻部分
由谁判决的请示

（〔80〕政法字第25号）

最高人民法院：

空军航空兵第6师16团政治处主任林文远，于1969年与福建省莆田县盐场职工医院护士林美金结婚，1979年采取欺骗手段，又在陕西长安县与西安风雷仪表厂女工鲁菊荣结婚。兰州军区空军军事法院于1979年7月28日，以重婚罪判处林文远有期徒刑二年。由于军事法院判处的重婚案件，其非法婚姻部分由谁判决不明确，对林与鲁非法婚姻部分的判决，福建莆田县、陕西长安县、林犯部队所在地的甘肃临洮县三地人民法院均不予受理，致使林与鲁的非法婚姻至今没有解除，空军军事法院请示我院如何解决。

军队其他单位，也遇到过这个问题。

鉴于军事法院没有设立民事审判机构，也没有民事审判任务，如将非法婚姻作为刑事附带民事诉讼判处，又不符合《刑事诉讼法》第五十三条的规定。根据一些单位以往的经验，即便军事法院作了判决，也难以保证判决的执行。为此，我们建议：军事法院判处的重婚案件，其非法婚姻的一方为非军队人员者，由非军队人员一方所在地人民法院判决；如果非法婚姻的双方都是军队人员，由军事法院办理。以上意见当否，请批示。

8. **最高人民法院关于贯彻执行民事政策几个问题的意见**（自 1963 年 8 月 28 日起施行）（节录）

二、关于婚姻家庭纠纷方面的问题

（二）重婚问题

重婚是有配偶的男女，未曾办理离婚的法律手续，又与他人登记结婚的，或者虽未登记，而实际上已构成重婚的。重婚是违法行为，必须严肃处理。原则上应当维持原配夫妻关系，宣布重婚关系无效。对于重婚行为应根据重婚的原因、情节和后果予以适当处理。

凡是由于严重的自然灾害确实因生活困难而与他人重婚的，可以不按重婚罪论处，但应进行批评教育。对于婚姻问题的解决。原则上应维持原来的婚姻关系。在具体处理案件时，既要维护法律的严肃性，也要从实际出发，根据婚姻基础、感情好坏、重婚时间长短、有无子女等全面加以考虑，妥善处理。对那种原来夫妻感情还好，并有恢复和好可能的，应尽量作好调解工作，争取与原夫和好。如果原来夫妻感情不好，女方坚决不愿回去的，或者外出重婚的时间长，与后夫感情很好，而且已生儿育女的，经动员教育无效，可以说服原夫调解或判决离婚。无论离与不离，均应做好思想教育工作，不要简单强制女方回原夫家，女方同意回去的，也应作好家庭和群众工作，消除舆论障碍和女方的思想顾虑。同时，要防止侵犯人权和抢婚械斗事件的发生。

对重婚纳妾或者好逸恶劳，贪图享受，重婚骗财屡教不改的分子，应给予适当的刑事处分，并解除其非法婚姻关系。

9. 最高人民法院关于重婚纳妾几点意见的复函（法行字第 6544 号　自 1953 年 9 月 8 日起施行）

最高人民法院西南分院：

1953 年 7 月 7 日同三（53）字第 7 号报告提出对重婚纳妾的几点处理意见，我们的认识如下：

一、来文第一问题的一二三四各项，都可依据本年 3 月 22 日《人民日报》所载法制委员会“有关婚姻问题的若干解答”的第一答来处理，如女方已提出离婚，经下级法院判决离婚，在上诉中双方又在外和好请求撤销原法院判决，可由诉讼人到法院成立和解或调解记明笔录，和解或调解成立后，原法院的判决当然不再发生效力，上诉审法院应将和解或调解结果通知原判决法院。

女方（妻或妾）要求其夫与另一女方离婚，或男方要求与女方（妻或妾）离婚，仍可依据法制委员会解答的第一答下半段办理，即“如果女方没有这样要求，就仍应让他们保持原来共同生活的关系。男方提出离婚时人民法院可根据保护妇女和子女利益精神结合具体情况处理之。”我们理解这一条解答的精神，妻或妾本人要求离婚，应判准离婚。如妻或妾本人没有这样（离婚）要求，就不应判决离婚。为了保护妇女、子女利益、男方要求与女方（妻或妾）离婚，以及妻或妾要求其夫与另一女方离婚，一般不应准许。

二、来文第二个问题：实际就包括以下两个问题。重婚纳妾的行为，是否一律予以刑事处分？重婚纳妾如属于刑事范围究应从何时起算？我院最近答复华东分院的意见是这样：《婚姻法》第二条规定，禁止重婚纳妾，故自《婚姻法》颁布日起重婚纳妾即为违法行为，属于刑事范围，至于重婚纳妾者属于刑事范围，究应从贯彻《婚姻法》运动月后起算？抑应从《婚姻法》颁布日起算？就上述法制委员会解答的第三答：“《婚姻法》施行后一子顶两门娶二妻，或为传后代而再娶一妻，都是重婚。都是违反《婚姻法》的，是否能准许的”来看，仍应从《婚姻法》颁布之日起算。在处理具体案件时，可视案件情节轻重影响大小，酌予较轻而不同程度的刑事处分（包括缓刑和训诫）。

附：

最高人民法院西南分院关于对重婚纳妾的几点处理意见的请示

最高人民法院：

我们近来在处理婚姻案件中，对于有些重婚纳妾问题，很难掌握，特提出我们的初步意见如下：

一、《婚姻法》施行前的重婚纳妾，对于女方（妻或妾）应如何处理？《婚姻法》施行前的重婚纳妾，是旧社会遗留下来的问题，这种非法婚姻的关系，将随着社会经济文化的发展和人民思想觉悟的提高而逐步消灭，因此，对于这类情形，应该分别作如下的处理：

（一）当事人未提出离婚者，法院不要主动去干涉他们，强迫他们离婚。如果女方（妻或妾）只提出其他合法的请求（如扶养生活，抚育子女）而不愿离婚者，只要他们能够和平共居，不妨碍生产，一般只处理其所请求的部分，不判决离婚。

（二）女方（妻或妾）提出与男方离婚者，应根据一夫一妻制的原则，准予离婚。如女方已提出离婚，在一审审理中又请求撤回诉讼者，一般应准予撤回如已经下级法院判决离婚，在上诉中双方又在外和好，请求撤销原判决法院的判决者，只要他们能够和平共居，不妨碍生产，上诉法院可予调解不离，调解成立后原判决法院的判决当然不再发生效力，同时上诉法院亦可根据当事人的请求，将调解结果通知原判决法院撤销或变更原判决。

（三）女方（妻或妾）要求其夫与另一女方离婚者，一般根据一夫一妻制的原则，按照具体情况，酌离其一，不能肯定一律离“大”或离“小”，要看谁应合与谁应离为准。但在个别情形，经过认真地调解说服，妻妾双方均仍坚决不离，甚至有的情愿做“挂名夫妻”，对于男方毫无其他的要求，如果硬性判离，即可能发生意外；有的女方无劳动能力，坚决不愿离婚，而男方经济上又很困难，无法负担女方的生活费，如果妻妾共处，尚可勉强够用，一旦判离，女方生活即将无法维持，在这种情况下，亦可暂时不予判离，等待女方觉悟提高或生活有出路，自行提出离婚的要求时，再行处理。

（四）男方要求与女方（妻或妾）离婚者，参照前款办法办理。

二、《婚姻法》施行后贯彻《婚姻法》运动月以前的重婚纳妾行为，是否一律不予刑事处分，对于男女双方违法的婚姻关系应如何处理？封建婚姻制度是几千年来根深蒂固存在于人们思想意识中的旧习惯，由于我们在贯彻

《婚姻法》运动月以前对于《婚姻法》的宣传教育不够普遍深入，因而对于《婚姻法》施行后贯彻《婚姻法》运动月以前的重婚姻纳妾行为，经过深刻地揭发，批判和教育后，一般只要他决心改正错误，就不必再予以刑事处分。但这只是一般的原则，处理时还要根据具体情况，灵活掌握，不要机械地拘泥于贯彻《婚姻法》运动月的时间界限，对于个别重婚纳妾的情节十分恶劣者（例如，一贯玩弄妇女，屡犯不改，而有重婚纳妾的行为，经受害人向法院请求予以处分），自亦可结合其历史条件经济地位等，酌量处以轻微的刑事处分至于《婚姻法》施行后贯彻《婚姻法》运动月以前的重婚纳妾，其男女双方违法的婚姻关系，仍应按照《婚姻法》施行前重婚纳妾处理办法的精神处理。

以上各点，当否，请迅予指示。

三十六、破坏军婚罪

（一）法律规定

第二百五十九条　明知是现役军人的配偶而与之同居或者结婚的，处三年以下有期徒刑或者拘役。

利用职权、从属关系，以胁迫手段奸淫现役军人的妻子的，依照本法第二百三十六条的规定定罪处罚。

（二）罪名详解

破坏军婚罪是指明知他人是现役军人的配偶而与之同居或者结婚的行为。本罪在1979年《刑法》第181条作了规定。

破坏军婚罪的构成要件是：

1. 主体要件

本罪主体为一般主体，既可以是男子，也可以是女子。

2. 客体要件

本罪侵犯的客体是现役军人的婚姻家庭关系。所谓现役军人，根据《刑法》第450条所作的解释，是指正在中国人民解放军服役的现役军官、文职干部、士兵及具有军籍的学员和中国人民武装警察部队服役的现役警官、文职干部、士兵及具有军籍的学员。凡属复员退伍军人、转业军人和在军事机关或者武警部队工作而没有军籍的工作人员，以及因犯罪被判刑在执行刑罚期间仍保留军籍的罪犯，都不是现役军人。人民解放军是人民民主专政的柱石，担负着保卫祖国安全和社会主义现代化建设的重任。为了解除军人的后顾之忧，保持和发扬我军的坚强战斗意志，对军人的婚姻予以特殊保护，是非常必要的。

3. 主观要件

本罪主观方面由直接故意构成，即明知对方是现役军人的配偶而与之同居或者结婚。如果由于军人的配偶隐瞒了事实真相，致使他人受骗而与之同居或者结婚的，则不构成破坏军婚罪。

4. 客观要件

本罪客观方面表现为与现役军人的配偶同居或者结婚的行为。

所谓现役军人的“配偶”是指与现役军人已经结婚，包括已在政府登记结婚尚未同居的人，而不包括与军人仅有“婚约”关系的“未婚妻”或者“未婚夫”以及有恋爱关系的人。

所谓与现役军人的配偶“同居”是指“有配偶者与婚外异性不以夫妻名义，持续、稳定地共同生活”。这种关系以不正当的两性关系为基础，还往往有经济上和其他生活方面的特殊关系，因而不同于一般的通奸关系。

所谓与现役军人的配偶“结婚”是指与军人配偶采取欺骗手段正式向政府登记结婚，或者虽然没有履行结婚登记，但以夫妻关系共同生活的事实婚姻行为。

（三）实务疑难问题

1. 人民法院处理破坏军人婚姻案件时，对于不构成犯罪的一般违法行为，可以建议其所在单位予以批评教育或者给予党团、行政纪律处分。对于这种违法行为，如果军人或者军人所在部队领导机关向人民法院起诉、控告时，也不要简单地以“不构成犯罪”为理由，推出了之，而应当注意做好各方面的工作，再转交有关单位妥善处理。

2. 依照《刑法》第 259 条第 2 款的规定，行为人利用职权、从属关系，以胁迫手段奸淫现役军人的妻子的，则应当依照《刑法》第 236 条规定的强奸罪定罪处罚。这是 1997 年刑法对破坏军婚罪所作的重要补充规定，体现了国家对现役军人婚姻关系的特殊法律保护，对于稳定军心，巩固国防，树立良好的社会风气，有十分重要的意义。构成本款规定的强奸罪，必须具备以下三个条件：(1) 行为人必须是利用职权、从属关系。如企事业单位领导利用其负责人事调动、工资分配的权力，利用上下级领导与被领导之间的关系等。(2) 必须使用了胁迫手段。所谓胁迫是指行为人对现役军人的妻子进行威胁、恫吓，迫使其同意与自己发生两性关系。如以辞退、开除、揭发现役军人妻子的隐私相威胁，利用现役军人的妻子孤立无援的环境相胁迫等。(3) 奸淫的对象只能是现役军人的妻子。

3. 根据《刑法》第 259 条规定，现役军人的配偶与他人同居或者结婚的，不能成立破坏军婚罪。但是该行为符合《刑法》第 258 条重婚罪的，可以重婚罪定罪处罚。

(四) 情节与量刑

依照《刑法》第 259 条第 1 款规定，犯破坏军婚罪的，处 3 年以下有期徒刑或者拘役。

依照第 2 款规定，利用职权、从属关系，以胁迫手段奸淫现役军人的妻子的，依照本法第 236 条强奸罪的规定定罪处罚。

司法机关在适用时，应当注意以下问题：

1. 相较于《刑法》第 258 条规定的重婚罪，破坏军婚罪对于与现役军人的配偶同居的事实也认定为犯罪行为，体现了对军婚的特殊保护。

2. 破坏军婚罪的犯罪主体只能是明知是现役军人的配偶而与之同居或者结婚的人，如果不知道对方是现役军人的配偶或者受欺骗不知道对方结婚的，不能认定为本罪。

3. 与他人同居或结婚的现役军人的配偶，不能成立本罪，其行为符合重婚罪构成要件的，可以重婚罪定罪处罚。

4. 规范化量刑。《最高人民法院关于常见犯罪的量刑指导意见》对破坏军婚罪的量刑并未作出规定，这主要是由于本罪在司法实践中并不常见，最高司法机关尚未总结出一套成熟的量刑标准。在有关规定出台前，司法人员应当根据犯罪事实、犯罪性质、情节和社会危害程度，依照刑法和有关司法解释的规定判处刑罚。

（五）法律链接

最高人民法院关于破坏军人婚姻罪的四个案件的通知（法〔研〕发〔1985〕16号　自1985年7月18日起施行）

全国地方各级人民法院，各级军事法院、各级铁路运输法院：

近年来，不少人民法院反映，在处理破坏军人婚姻案件时，对如何具体应用刑法第一百八十一条的规定在理解上不够明确，遇到一些困难。现将我院审判委员会第二百二十七次会议讨论通过的关于破坏军人婚姻罪的四个案例印发给你们，供参照办理。

附：关于破坏军人婚姻罪的四个案例

案例一　徐旭清破坏军人婚姻案

自诉人曹桂书，男，三十九岁，中国人民解放军驻青海省格尔木八九二〇七部队军医。

被告人徐旭清，男，二十八岁，原在湖南省株洲市塑料八厂工作，后调到市人防办公室石峰山服务部任采购员。

自诉人曹桂书与孙蔚芸（女，三十六岁，湖南省株洲市塑料八厂出纳员），一九七四年二月建立恋爱关系，同年十月二十七日结婚，婚后感情尚好。一九七六年一月，孙生一男孩。后因家庭琐事，夫妻发生过争吵。

被告人徐旭清与孙蔚芸原在塑料八厂同一班组工作。一九八〇年四月，徐、孙先后调到本厂供销股工作。孙因不熟悉业务，常向徐咨询，两人关系日渐密切，并一起看电影、逛马路。一九八一年初，孙蔚芸从原住地搬到建宁新村16栋104号居住后，两人来往更为频繁。二月的一天，孙打电话让徐帮助买煤，又留徐在家里午休，主动与徐发生两性关系。此后，徐经常到孙的宿舍，给孙买煤、买米、买菜、做饭等，帮助孙料理家务事。两人多次发生两性关系，致孙怀孕堕胎。七月，孙骑自行车不慎摔伤，就把徐叫到家中住了多日。邻居都以为他俩是夫妻，有的人问孙："他是小曹吗?"孙默认；有的人问徐："你姓曹吗?"徐答："是"。同年九月，徐与孙一起到武汉市，以旅行结婚的名义，在江汉区团结旅社同居两夜。十月初，曹、孙在上海市孙的母亲家探亲期间，孙多次吵闹，要与曹离婚，拒绝与曹同居，并独自返回株洲市。十一月二十二日，曹带着五岁男孩从上海到株洲市。当曹到建宁新村16栋104号找孙时，群众对曹说："她丈夫天天在家，怎么会是你呢?"

后群众向曹揭发了徐、孙同居的事实。十二月二日，曹桂书向株洲市东区人民法院自诉。

一九八二年二月六日，湖南省株洲市东区人民法院审理认定，被告人徐旭清明知孙蔚芸是现役军人之妻而与之同居，已构成破坏军人婚姻罪。依照刑法第一百八十一条的规定，对被告人徐旭清予以刑事处罚。徐没有提出上诉。

按：被告人徐旭清与现役军人的配偶同居，原审人民法院认定其行为构成破坏军人婚姻罪，依照刑法第一百八十一条的规定予以判处，是正确的。

案例二　宋印生破坏军人婚姻案

自诉人李富廷，男，三十一岁，中国人民解放军五七三七一部队某中队技术员。

被告人宋印生，男，四十一岁，北京市珐琅厂工人。

自诉人李富廷于一九七七年与杨淑婷（女，二十九岁，北京市珐琅厂工人）恋爱，一九七九年四月办理结婚登记，同年十月举行结婚仪式。

被告人宋印生与杨淑婷从一九七六年三、四月间在同一组工作，逐渐产生暧昧关系。一九七九年六月某日，宋印生与杨淑婷在天坛公园发生了两性关系。此后，宋多次到杨的家中奸宿。宋印生之妻察觉后，曾到珐琅厂找杨吵闹。一九八〇年十二月宋妻病逝。此后，宋多次到杨家奸宿，曾被杨母遇见，并到该厂告发。该厂领导对宋、杨进行教育，但宋并不悔改。一九八二年十一月六日，宋在杨家夜宿。自诉人李富廷从外地回京，七日清晨五时到家敲门。杨将宋藏在床下，开门后叫李到外边去打洗脸水，趁机将宋放走。一九八三年八月二日，杨到延庆县李富廷的住处休探亲假。事先宋、杨约好在杨休假期间二人在一起住三、四天。八月十三日，杨以治病为名，从延庆县返回北京找宋。次日，宋、杨一起乘火车到山西大同，在宋的妹妹家中姘居，共住六天，发生两性关系三次。二人共同生活，游览名胜，如同夫妻。八月二十日，宋、杨回到北京。当天，李富廷从延庆县来到北京找杨，在天安门前116路公共汽车站巧遇宋、杨二人。八月二十二日，李富廷向北京市崇文区人民法院自诉。

北京市崇文区人民法院审理认定，被告人宋印生明知杨淑婷是现役军人的配偶而与之长期通奸，并将杨带到外地同居，已构成破坏军人婚姻罪。一九八三年十一月三十日，依照刑法第一百八十一条的规定，判处被告人宋印生有期徒刑二年。

按：被告人宋印生与现役军人的配偶长期通奸，经教育不改，并将女方带到外地姘居，共同生活，如同夫妻。原审人民法院认定宋印生的行为构成破坏军人婚姻罪，依照刑法第一百八十一条的规定予以判处，是正确的。

案例三　熊贤辉破坏军人婚姻案

自诉人陈春声，男，二十九岁，中国人民解放军福州军区三二三四七部队后勤处军械助理员。

被告人熊贤辉，男，二十四岁，湖南省常德市东效供销社营业员。

被告人熊贤辉于一九七九年三月在常德市东效供销社任副食柜营业员。同年八月，自诉人之妻严若枝（二十七岁，常德市东效供销社营业员）由该社棉布柜调到副食柜工作。熊、严同柜工作后，熊见严和其他男女职工常开玩笑、打打闹闹，就主动与严接近。一次，严和同柜的青年赵××（男）、李××（女）嬉戏打闹，熊帮赵将严按倒在地，乘机摸严的身上，严没有反感。同年十二月，熊问严："你结婚后为什么没有生小孩，是不是爱人有病?"严说："不知道。"熊说："那就是种不好，我给你配种。"严表示："要得。"有一天上班后严要熊帮助她修理收音机（未坏）。熊借口独自在严的宿舍修理收音机，有所不便，要严去作伴。熊到严的宿舍后，主动与严发生两性关系。此后，熊经常秘密进入严的宿舍与严发生两性关系。为了避免被他人发觉，从一九八〇年三月起，熊拿了严的房门钥匙，自己开门潜入，熊在严的宿舍过夜约十次（熊承认六次），还有时两人发生两性关系后熊即离去。后来，二人转移到常德行署第一招待所旁的小屋、常德市水运公司仓库后面的厕所等偏僻地方多次发生两性关系。熊先后给严饭票十余斤、连衣裙一件、工作服一件、棉鞋一双。严先后给熊二十五元钱、一双袜子、的确良布和涤纶布各一块。严把二百元存折交给熊，要熊帮她买自行车。一九八〇年六月一日至三十日，自诉人陈春声来常德市探亲期间，熊继续与严在上述地点通奸，并对严进行挑拨说："你莫理他（指自诉人），不要同他睡，快些离婚。""你同他离了就同我结婚"，"你故意找他的岔子，要闹就狠些闹。"熊还帮助严起草离婚申请书。严在熊的挑拨下，多次借故与陈吵闹扭打，先后三次将脏水、温开水泼在陈的身上，甚至将陈的饭碗甩在地上，不许他吃饭。有一天晚上，陈跟着严回到娘家，严将陈哄出门外。陈探亲一个月，严与陈同宿只有五夜，还吵着要离婚。严的这些行为，引起陈的怀疑。他借探亲假期已满要回部队为由，隐居在其兄家中，对严暗地进行观察。严因与熊通奸怀孕，于七月二日前往石门县蒙泉区医院作了人工流产，七月三日返回常德。当晚八时许，熊与严在常德市水运公司仓库后面幽会时，被陈当场抓获。熊、严同时停职反省，交代了上述事实。

一九八〇年七月七日，陈春声向常德市人民法院自诉。市法院审理认定，被告人熊贤辉与现役军人之妻通奸，情节恶劣，但不构成破坏军人婚姻罪。一九八〇年十二月二十日裁定，驳回自诉。陈春声不服，提出上诉。常德地区中级人民法院裁定，维持一审法院的裁定。

常德市东效供销社对熊贤辉和严若枝，均给予开除留用一年的处分。

按：被告人熊贤辉明知严若枝是现役军人的配偶而与长期通奸，并挑拨、唆使女方与军人离婚，以便与他结婚。其行为破坏了军人的婚姻家庭，造成军人夫妻关系破裂的严重后果，已构成破坏军人婚姻罪。由于过去在审判实践中对属于这种情况的案件可否适用刑法第一百八十一条在理解上不够明确，当时未予定罪的，现在不必重新追究刑事责任。今后在办理破坏军人婚姻案件中遇到类似情况的，应当适用刑法第一百八十一条的规定予以判处。

案例四　赵松祥破坏军人婚姻案

自诉人陆占全，男，三十五岁，中国人民解放军五一一六部队军医。

被告人赵松祥，男，三十五岁，内蒙古包头市第二建筑公司劳资科副科长。

自诉人陆占全与马玉兰（女，三十五岁，内蒙古包头市第二建筑公司卫生所医生），原是包头市医专学校同学，毕业后建立恋爱关系，一九七七年元旦结婚，婚后感情尚好。

被告人赵松祥从一九七八年二月起，与现役军人陆占全之妻马玉兰通奸，起初每个月一、二次，后来日渐频繁，每星期就有两、三次和马在一起住宿，持续三年之久。一九七八年四月以来，马向陆提出离婚。并拒收陆从部队寄给她的钱和物。经建筑公司和部队派人多次调解，马仍坚持离婚。一九八一年六月七日上午十时许，陆占全从外地回家，发现院门反锁着，就从邻院越墙进屋。这时，赵松祥已躲进里屋，马玉兰正在穿衣裳。马借口屋里闷热，要陆一起到院里谈谈。出去后，马提出去饭馆吃饭，途中借口取粮票，回家将赵放走。陆在胡同里与赵相遇，随即返家，与马发生口角。同年六月十二日，陆占全向包头市东河区人民法院自诉。

东河区人民法院审理认定：赵松祥与现役军人之妻马玉兰长期通奸，后果严重，影响极坏，但不构成破坏军人婚姻罪，于一九八一年八月十五日裁定，驳回自诉。陆占全不服，提出上诉。包头市中级人民法院于一九八二年九月十三日裁定，驳回上诉，维持一审法院的裁定。并建议主管单位给赵松祥、马玉兰党纪、政纪处分。

赵松祥受到了开除党籍、撤销行政职务的处分。

按：被告人赵松祥明知马玉兰是现役军人的配偶而与之长期通奸，破坏军人的婚姻家庭，造成军人夫妻关系破裂的严重后果，已构成破坏军人婚姻罪。由于过去在审判实践中对属于这种情况的案件可否适用刑法第一百八十一条在理解上不够明确，当时未予定罪的，现在不必重新追究刑事责任。今后在办理破坏军人婚姻案件中遇到类似情况的，应当适用刑法第一百八十一条的规定予以判处。

三十七、虐待罪

（一）法律规定

第二百六十条[①] **虐待家庭成员，情节恶劣的，处二年以下有期徒刑、拘役或者管制。**

犯前款罪，致使被害人重伤、死亡的，处二年以上七年以下有期徒刑。

第一款罪，告诉的才处理，但被害人没有能力告诉，或者因受到强制、威吓无法告诉的除外。

（二）罪名详解

虐待罪，是指对共同生活的家庭成员，经常以打骂、冻饿、禁闭、有病不给治疗、强迫从事过度劳动等各种方法，从肉体上和精神上肆意进行摧残迫害，情节恶劣的行为。

---

① 本条第3款是由2015年8月29日《刑法修正案（九）》第18条修改的。1997年刑法关于本条第3款的内容是：“第一款罪，告诉的才处理。”

本罪1979年《刑法》第182条作了规定，2015年《刑法修正案（九）》作了修改。

虐待罪的构成要件是：

1. 主体要件

本罪主体必须与被害人之间具有一定的血亲关系、婚姻关系、收养关系，而且必须是在一个家庭内共同生活的成员。如夫妻、父母、子女（包括继父母、养子女）、祖父母、兄弟、姐妹等。非家庭成员的虐待行为，不能构成虐待罪。

2. 客体要件

本罪侵犯的客体是家庭成员间的平等权利，同时也侵犯了受害人的人身权利。

男女平等是我国《宪法》和《婚姻法》确定的一项基本原则，是社会主义婚姻家庭制度区别于一切剥削阶级婚姻家庭制度的根本标志。《宪法》第48条第1款和第49条第4款分别规定："中华人民共和国妇女在政治的、经济的、文化的、社会的和家庭的生活等各方面享有同男子平等的权利。""禁止虐待老人、妇女和儿童"。《婚姻法》第2条和第3条分别规定：实行"男女平等"，"保护妇女、儿童和老人的合法权益"，"禁止家庭暴力。禁止家庭成员间的虐待和遗弃。"虐待家庭成员的犯罪行为，是家长制、男尊女卑、漠视子女利益的封建残余思想和资产阶级利己主义思想在家庭关系中的反映。这种犯罪行为不仅破坏了家庭成员间的民主平等的关系，而且直接侵犯了被害人的人身权利，使其身心健康遭受摧残，生命健康遭受严重威胁，对其他家庭成员特别是青少年子女产生恶劣的影响。因此，对虐待家庭成员，情节恶劣的行为予以刑事制裁，是完全必要的。

3. 主观要件

本罪主观方面由直接故意构成，即行为人有意识地对被害人进行肉体上、精神上的折磨和摧残。行为人实施虐待的动机是各种各样的。例如，为了逼使妻子或丈夫离婚而故意虐待妻子或丈夫；为了减少个人经济负担而虐待父母、子女；为了达到奸淫养女甚至亲生女儿的目的，以虐待逼其就范，或者因目的未达到而以虐待进行报复；因妻子生女孩而受到公婆或者丈夫虐待，等等。

4. 客观要件

本罪客观方面表现为各种虐待的行为。

虐待的方式是很多的：有的是肉体折磨，如捆绑、殴打、冻饿等；有的是精神摧残，如侮辱、讽刺、限制行动自由等。2001 年修正后的《婚姻法》设专章（第五章）对实施家庭暴力或者虐待家庭成员的救助措施和法律责任作了专门规定。所谓家庭暴力，是指行为人以殴打、捆绑、残害、强行限制人身自由或者其他手段，给其家庭成员的身体、精神等方面造成一定伤害后果的行为。但虐待行为必须是经常的、一贯的，并且情节恶劣，才能构成犯罪。持续性、经常性的家庭暴力，构成虐待。因此，不能把家庭成员之间偶尔发生打架、吵骂的行为，视为虐待。

根据法律规定，虐待行为除需具备以上构成要件外，还必须达到“情节恶劣”的程度才构成犯罪。所谓情节恶劣，司法实践中一般是指虐待手段凶狠残忍的；对年老、年幼、患重病或者残废而不能独立生活的人实行虐待的；虐待动机卑鄙的；长期进行虐待的；先后虐待多人的等情形。

（三）实务疑难问题

1. 本罪的罪与非罪

（1）一般家庭纠纷与虐待罪

虐待行为是经常给共同生活的家庭成员造成肉体上或者精神上痛苦的行为，必须是经常的、一贯的，并且情节恶劣，才能构成犯罪。持续性、经常性的家庭暴力，构成虐待。家庭成员之间偶尔发生打架、吵骂的行为，是一般的家庭纠纷，不能作为虐待处理。

（2）一般的虐待行为与虐待罪

虐待行为情节恶劣的，才能构成虐待罪。司法实践中，判断情节恶劣，主要可以从几个方面来考察：第一，虐待对象。对年老、年幼、患重病或者残废而不能独立生活的人实行虐待的，可以认定为情节恶劣。第二，虐待动机。为了逼使妻子或丈夫离婚而故意虐待妻子或丈夫；为了减少个人经济负担而虐待父母、子女；为了达到奸淫养女甚至亲生女儿的目的，以虐待逼其就范，或者因目的未达到而以虐待进行报复；因妻子生女孩而受到公婆或者丈夫虐待的，可以认定为情节恶劣。第三，虐待手段。虐待手段凶狠残忍，如采用针扎、开水烫、电击、皮带抽等手段的，可以认定为情节恶劣。第四，虐待行为持续时间。长期进行虐待的，可以认定为情节恶劣。第五，虐待频率。虽然虐待时间不长，但频繁多次虐待的，也可以认定为情节恶劣。第六，造成的后果。因虐待造成严重后果的，如致使被害人身体残疾、虐待致死、精神分裂、自杀身亡的，可以认定为情节恶劣。

对于虐待行为情节不恶劣、后果不严重的，应当采用批评教育的方式解决。尤其是父母对子女教育方法不当，简单粗暴，甚至打骂，但其主观上不是有意识地对子女进行摧残、折磨，所以不能视为虐待而追究其刑事责任。但如果被虐待人要求处理的，可以依照《治安管理处罚法》第 45 条的规定，给予治安处罚，即处 5 日以下拘留或者警告。

2. 虐待致人重伤、死亡与故意伤害、故意杀人罪的区分

《刑法》第 260 条第 2 款规定了虐待致人重伤、死亡的情节及法律后果。虐待行为对被害人的肉体和精神造成折磨摧残，该手段行为和行为后果与故意伤害罪、故意杀人罪存在重合，区别主要在于：第一，主观故意内容不同。虐待罪的故意内容，是使被虐待者肉体上、精神上受摧残和折磨，行为人并不想直接造成被害人伤害或者死亡的结果；被害人所以致伤、致死，是由于长期受虐待的结果。如果行为人在虐待过程中又故意对被害人加以伤害或者杀害的，那就不仅仅构成了虐待罪，而且构成了故意伤害罪或者故意杀人罪；第二，手段行为特点不同。从犯罪形态看，虐待行为属连续犯罪，具有经常性、一贯性，这是引起被害人致伤、致死的原因，一次虐待行为不足以构成虐待罪，更不足以造成被害人伤害、死亡结果的发生；而故意伤害罪、故意杀人罪一次行为即可构成。第三，行为人与被害人之间的关系不同。虐待罪的行为人与被害人之间要具有一定的亲缘关系，不具有亲缘关系的人实施虐待行为的，不能成立虐待罪。故意伤害罪、故意杀人罪则没有限定。

3. 正确适用“告诉才处理”的原则

由于虐待罪是在家庭成员间发生的，虐待者与被虐待者之间有亲属关系，又是生活在同一个家庭中，被虐待者在经济上需要依靠虐待者；或者家庭其他成员中还有老幼需要虐待者扶养。在这种情况下，被虐待者往往只要求虐待者改正错误，使自己的处境得到适当改善，并不希望对被虐待者判刑。因此，《刑法》第 260 条第 3 款规定，构成虐待罪而没有致人重伤、死亡的，“告诉的才处理”。这就是说，只有被害人向司法机关控告的，才予以处理；控告后要求撤诉的，也应予准许。虐待致被害人重伤、死亡的，不在此限。

但是，对于被害人没有能力告诉，或者因受到强制、威吓无法告诉的，自诉案件则转为公诉案件，由检察机关提起公诉。《刑法修正案（九）》规定了“告诉才处理”的例外情形，旨在对有告诉意愿，但没有能力或条件告诉的人，予以特殊保护。需要指出的是，本款规定的例外情形，与《刑法》第98条规定的“代为告诉”不同。本款规定的例外情形下，虐待案件由自诉案件转为公诉案件；《刑法》第98条规定的仍然是自诉案件，只是在被害人无法告诉的，由人民检察院或近亲属代为告诉，被害人仍然可以撤诉。

（四）情节与量刑

依照《刑法》第260条第1款规定，犯虐待罪的，处2年以下有期徒刑、拘役或者管制。

依照本条第2款规定，犯前款罪，致使被害人重伤、死亡的，处二年以上七年以下有期徒刑。

依照本条第3款规定，第一款罪，告诉的才处理，但被害人没有能力告诉，或者因受到强制、威吓无法告诉的除外。

司法机关在适用时，应当注意以下问题：

1. 根据本条第1款规定，情节恶劣的才构成犯罪，情节一般的可以依照《治安管理处罚法》处理。

2. 根据本条第3款规定，虐待家庭成员，没有致人重伤、死亡的案件，属于自诉案件，但是被害人没有能力告诉，或者因受到强制、威吓无法告诉的案件则是公诉案件。

3. 规范化量刑。《最高人民法院关于常见犯罪的量刑指导意见》对虐待罪的量刑并未作出规定，这是由于虐待罪主要是告诉才处理，司法实践中并不常见，最高司法机关尚未总结出一套成熟的量刑标准。在有关规定出台前，司法人员应当根据犯罪事实、犯罪性质、情节和社会危害程度，依照刑法和有关司法解释的规定判处刑罚。

（五）法律链接

1. **中华人民共和国人口与计划生育法**（2001年12月29日第九届全国人民代表大会常务委员会第二十五次会议通过　根据2015年12月27日第十二届全国人民代表大会常务委员会第十八次会议《关于修改〈中华人民共和国

人口与计划生育法〉的决定》修正)(节录)

第二十二条 禁止歧视、虐待生育女婴的妇女和不育的妇女。

禁止歧视、虐待、遗弃女婴。

2. **中华人民共和国老年人权益保障法**(1996年8月29日第八届全国人民代表大会常务委员会第二十一次会议通过 根据2009年8月27日第十一届全国人民代表大会常务委员会第十次会议《关于修改部分法律的决定》第一次修正 2012年12月28日第十一届全国人民代表大会常务委员会第三十次会议修订 根据2015年4月24日第十二届全国人民代表大会常务委员会第十四次会议《关于修改〈中华人民共和国电力法〉等六部法律的决定》第二次修正 根据2018年12月29日第十三届全国人民代表大会常务委员会第七次会议《关于修改〈中华人民共和国劳动法〉等七部法律的决定》第三次修正)(节录)

第三条 国家保障老年人依法享有的权益。

老年人有从国家和社会获得物质帮助的权利,有享受社会服务和社会优待的权利,有参与社会发展和共享发展成果的权利。

禁止歧视、侮辱、虐待或者遗弃老年人。

第七十五条 干涉老年人婚姻自由,对老年人负有赡养义务、扶养义务而拒绝赡养、扶养,虐待老年人或者对老年人实施家庭暴力的,由有关单位给予批评教育;构成违反治安管理行为的,依法给予治安管理处罚;构成犯罪的,依法追究刑事责任。

3. **最高人民法院、最高人民检察院、公安部、司法部关于依法办理家庭暴力犯罪案件的意见**(法发〔2015〕4号 自2015年3月2日起施行)(节录)

发生在家庭成员之间,以及具有监护、扶养、寄养、同居等关系的共同生活人员之间的家庭暴力犯罪,严重侵害公民人身权利,破坏家庭关系,影响社会和谐稳定。人民法院、人民检察院、公安机关、司法行政机关应当严格履行职责,充分运用法律,积极预防和有效惩治各种家庭暴力犯罪,切实保障人权,维护社会秩序。为此,根据刑法、刑事诉讼法、婚姻法、未成年人保护法、老年人权益保障法、妇女权益保障法等法律,结合司法实践经验,制定本意见。

一、基本原则

1. 依法及时、有效干预。针对家庭暴力持续反复发生,不断恶化升级的特点，人民法院、人民检察院、公安机关、司法行政机关对已发现的家庭暴力，应当依法采取及时、有效的措施，进行妥善处理，不能以家庭暴力发生在家庭成员之间，或者属于家务事为由而置之不理，互相推诿。

2. 保护被害人安全和隐私。办理家庭暴力犯罪案件，应当首先保护被害人的安全。通过对被害人进行紧急救治、临时安置，以及对施暴人采取刑事强制措施、判处刑罚、宣告禁止令等措施，制止家庭暴力并防止再次发生，消除家庭暴力的现实侵害和潜在危险。对与案件有关的个人隐私，应当保密，但法律有特别规定的除外。

3. 尊重被害人意愿。办理家庭暴力犯罪案件，既要严格依法进行，也要尊重被害人的意愿。在立案、采取刑事强制措施、提起公诉、判处刑罚、减刑、假释时，应当充分听取被害人意见，在法律规定的范围内作出合情、合理的处理。对法律规定可以调解、和解的案件，应当在当事人双方自愿的基础上进行调解、和解。

4. 对未成年人、老年人、残疾人、孕妇、哺乳期妇女、重病患者特殊保护。办理家庭暴力犯罪案件，应当根据法律规定和案件情况，通过代为告诉、法律援助等措施，加大对未成年人、老年人、残疾人、孕妇、哺乳期妇女、重病患者的司法保护力度，切实保障他们的合法权益。

二、案件受理

5. 积极报案、控告和举报。依照刑事诉讼法第108条第1款“任何单位和个人发现有犯罪事实或者犯罪嫌疑人，有权利也有义务向公安机关、人民检察院或者人民法院报案或者举报”的规定，家庭暴力被害人及其亲属、朋友、邻居、同事，以及村（居）委会、人民调解委员会、妇联、共青团、残联、医院、学校、幼儿园等单位、组织，发现家庭暴力，有权利也有义务及时向公安机关、人民检察院、人民法院报案、控告或者举报。

公安机关、人民检察院、人民法院对于报案人、控告人和举报人不愿意公开自己的姓名和报案、控告、举报行为的，应当为其保守秘密，保护报案人、控告人和举报人的安全。

6. 迅速审查、立案和转处。公安机关、人民检察院、人民法院接到家庭暴力的报案、控告或者举报后，应当立即问明案件的初步情况，制作笔录，迅速进行审查，按照刑事诉讼法关于立案的规定，根据自己的管辖范围，决定是否立案。对于符合立案条件的，要及时立案。对于可能构成犯罪但不属于自己管辖的，应当移送主管机关处理，并且通知报案人、控告人或者举报人；对于不属于自己管辖而又必须采取紧急措施的，应当先采取紧急措施，然后移送主管机关。

经审查，对于家庭暴力行为尚未构成犯罪，但属于违反治安管理行为的，应当将案件移送公安机关，依照治安管理处罚法的规定进行处理，同时告知被害人可以向人民调解委员会提出申请，或者向人民法院提起民事诉讼，要求施暴人承担停止侵害、赔礼道歉、赔偿损失等民事责任。

7. 注意发现犯罪案件。公安机关在处理人身伤害、虐待、遗弃等行政案件过程中，人民法院在审理婚姻家庭、继承、侵权责任纠纷等民事案件过程中，应当注意发现可能涉及的家庭暴力犯罪。一旦发现家庭暴力犯罪线索，公安机关应当将案件转为刑事案件办理，人民法院应当将案件移送公安机关；属于自诉案件的，公安机关、人民法院应当告知被害人提起自诉。

8. 尊重被害人的程序选择权。对于被害人有证据证明的轻微家庭暴力犯罪案件，在立案审查时，应当尊重被害人选择公诉或者自诉的权利。被害人要求公安机关处理的，公安机关应当依法立案、侦查。在侦查过程中，被害人不再要求公安机关处理或者要求转为自诉案件的，应当告知被害人向公安机关提交书面申请。经审查确系被害人自愿提出的，公安机关应当依法撤销案件。被害人就这类案件向人民法院提起自诉的，人民法院应当依法受理。

9. 通过代为告诉充分保障被害人自诉权。对于家庭暴力犯罪自诉案件，被害人无法告诉或者不能亲自告诉的，其法定代理人、近亲属可以告诉或者代为告诉；被害人是无行为能力人、限制行为能力人，其法定代理人、近亲属没有告诉或者代为告诉的，人民检察院可以告诉；侮辱、暴力干涉婚姻自由等告诉才处理的案件，被害人因受强制、威吓无法告诉的，人民检察院也可以告诉。人民法院对告诉或者代为告诉的，应当依法受理。

10. 切实加强立案监督。人民检察院要切实加强对家庭暴力犯罪案件的立案监督，发现公安机关应当立案而不立案的，或者被害人及其法定代理人、近亲属，有关单位、组织就公安机关不予立案向人民检察院提出异议的，人民检察院应当要求公安机关说明不立案的理由。人民检察院认为不立案理由不成立的，应当通知公安机关立案，公安机关接到通知后应当立案；认为不立案理由成立的，应当将理由告知提出异议的被害人及其法定代理人、近亲属或者有关单位、组织。

11. 及时、全面收集证据。公安机关在办理家庭暴力案件时，要充分、全面地收集、固定证据，除了收集现场的物证、被害人陈述、证人证言等证据外，还应当注意及时向村（居）委会、人民调解委员会、妇联、共青团、残联、医院、学校、幼儿园等单位、组织的工作人员，以及被害人的亲属、邻居等收集涉及家庭暴力的处理记录、病历、照片、视频等证据。

12. 妥善救治、安置被害人。人民法院、人民检察院、公安机关等负有保护公民人身安全职责的单位和组织，对因家庭暴力受到严重伤害需要紧急救治的被害人，应当立即协助联系医疗机构救治；对面临家庭暴力严重威胁，或者处于无人照料等危险状态，需要临时安置的被害人或者相关未成年人，应当通知并协助有关部门进行安置。

13. 依法采取强制措施。人民法院、人民检察院、公安机关对实施家庭暴力的犯罪嫌疑人、被告人，符合拘留、逮捕条件的，可以依法拘留、逮捕；没有采取拘留、逮捕措施的，应当通过走访、打电话等方式与被害人或者其法定代理人、近亲属联系，了解被害人的人身安全状况。对于犯罪嫌疑人、被告人再次实施家庭暴力的，应当根据情况，依法采取必要的强制措施。

人民法院、人民检察院、公安机关决定对实施家庭暴力的犯罪嫌疑人、被告人取保候审的，为了确保被害人及其子女和特定亲属的安全，可以依照刑事诉讼法第 69 条第 2 款的规定，责令犯罪嫌疑人、被告人不得再次实施家庭暴力；不得侵扰被害人的生活、工作、学习；不得进行酗酒、赌博等活动；经被害人申请且有必要的，责令不得接近被害人及其未成年子女。

14. 加强自诉案件举证指导。家庭暴力犯罪案件具有案发周期较长、证据难以保存，被害人处于相对弱势、举证能力有限，相关事实难以认定等特点。有些特点在自诉案件中表现得更为突出。因此，人民法院在审理家庭暴力自诉案件时，对于因当事人举证能力不足等原因，难以达到法律规定的证据要求的，应当及时对当事人进行举证指导，告知需要收集的证据及收集证据的方法。对于因客观原因不能取得的证据，当事人申请人民法院调取的，人民法院应当认真审查，认为确有必要的，应当调取。

15. 加大对被害人的法律援助力度。人民检察院自收到移送审查起诉的案件材料之日起三日内，人民法院自受理案件之日起三日内，应当告知被害人及其法定代理人或者近亲属有权委托诉讼代理人，如果经济困难，可以向法律援助机构申请法律援助；对于被害人是未成年人、老年人、重病患者或者残疾人等，因经济困难没有委托诉讼代理人的，人民检察院、人民法院应当帮助其申请法律援助。

法律援助机构应当依法为符合条件的被害人提供法律援助，指派熟悉反家庭暴力法律法规的律师办理案件。

三、定罪处罚

16. 依法准确定罪处罚。对故意杀人、故意伤害、强奸、猥亵儿童、非法拘禁、侮辱、暴力干涉婚姻自由、虐待、遗弃等侵害公民人身权利的家庭暴力犯罪，应当根据犯罪的事实、犯罪的性质、情节和对社会的危害程度，严格依照刑法的有关规定判处。对于同一行为同时触犯多个罪名的，依照处罚较重的规定定罪处罚。

17. 依法惩处虐待犯罪。采取殴打、冻饿、强迫过度劳动、限制人身自由、恐吓、侮辱、谩骂等手段，对家庭成员的身体和精神进行摧残、折磨，是实践中较为多发的虐待性质的家庭暴力。根据司法实践，具有虐待持续时间较长、次数较多；虐待手段残忍；虐待造成被害人轻微伤或者患较严重疾病；对未成年人、老年人、残疾人、孕妇、哺乳期妇女、重病患者实施较为严重的虐待行为等情形，属于刑法第二百六十条第一款规定的虐待“情节恶劣”，应当依法以虐待罪定罪处罚。

准确区分虐待犯罪致人重伤、死亡与故意伤害、故意杀人犯罪致人重伤、死亡的界限，要根据被告人的主观故意、所实施的暴力手段与方式、是否立即或者直接造成被害人伤亡后果等进行综合判断。对于被告人主观上不具有侵害被害人健康或者剥夺被害人生命的故意，而是出于追求被害人肉体和精神上的痛苦，长期或者多次实施虐待行为，逐渐造成被害人身体损害，过失导致被害人重伤或者死亡的；或者因虐待致使被害人不堪忍受而自残、自杀，导致重伤或者死亡的，属于刑法第二百六十条第二款规定的虐待“致使被害人重伤、死亡”，应当以虐待罪定罪处罚。对于被告人虽然实施家庭暴力呈现出经常性、持续性、反复性的特点，但其主观上具有希望或者放任被害人重伤或者死亡的故意，持凶器实施暴力，暴力手段残忍，暴力程度较强，直接或者立即造成被害人重伤或者死亡的，应当以故意伤害罪或者故意杀人罪定罪处罚。

18. 切实贯彻宽严相济刑事政策。对于实施家庭暴力构成犯罪的，应当根据罪刑法定、罪刑相适应原则，兼顾维护家庭稳定、尊重被害人意愿等因素综合考虑，宽严并用，区别对待。根据司法实践，对于实施家庭暴力手段残忍或者造成严重后果；出于恶意侵占财产等卑劣动机实施家庭暴力；因酗酒、吸毒、赌博等恶习而长期或者多次实施家庭暴力；曾因实施家庭暴力受到刑事处罚、行政处罚；或者具有其他恶劣情形的，可以酌情从重处罚。对于实施家庭暴力犯罪情节较轻，或者被告人真诚悔罪，获得被害人谅解，从轻处罚有利于被扶养人的，可以酌情从轻处罚；对于情节轻微不需要判处刑罚的，人民检察院可以不起诉，人民法院可以判处免予刑事处罚。

对于实施家庭暴力情节显著轻微危害不大不构成犯罪的，应当撤销案件、不起诉，或者宣告无罪。

人民法院、人民检察院、公安机关应当充分运用训诫，责令施暴人保证不再实施家庭暴力，或者向被害人赔礼道歉、赔偿损失等非刑罚处罚措施，加强对施暴人的教育与惩戒。

19. 准确认定对家庭暴力的正当防卫。为了使本人或者他人的人身权利免受不法侵害，对正在进行的家庭暴力采取制止行为，只要符合刑法规定的条件，就应当依法认定为正当防卫，不负刑事责任。防卫行为造成施暴人重伤、死亡，且明显超过必要限度，属于防卫过当，应当负刑事责任，但是应当减轻或者免除处罚。

认定防卫行为是否“明显超过必要限度”，应当以足以制止并使防卫人免受家庭暴力不法侵害的需要为标准，根据施暴人正在实施家庭暴力的严重程度、手段的残忍程度，防卫人所处的环境、面临的危险程度、采取的制止暴力的手段、造成施暴人重大损害的程度，以及既往家庭暴力的严重程度等进行综合判断。

20. 充分考虑案件中的防卫因素和过错责任。对于长期遭受家庭暴力后，在激愤、恐惧状态下为了防止再次遭受家庭暴力，或者为了摆脱家庭暴力而故意杀害、伤害施暴人，被告人的行为具有防卫因素，施暴人在案件起因上具有明显过错或者直接责任的，可以酌情从宽处罚。对于因遭受严重家庭暴力，身体、精神受到重大损害而故意杀害施暴人；或者因不堪忍受长期家庭暴力而故意杀害施暴人，犯罪情节不是特别恶劣，手段不是特别残忍的，可以认定为刑法第二百三十二条规定的故意杀人“情节较轻”。在服刑期间确有悔改表现的，可以根据其家庭情况，依法放宽减刑的幅度，缩短减刑的起始时间与间隔时间；符合假释条件的，应当假释。被杀害施暴人的近亲属表示谅解的，在量刑、减刑、假释时应当予以充分考虑。

四、其他措施

21. 充分运用禁止令措施。人民法院对实施家庭暴力构成犯罪被判处管制或者宣告缓刑的犯罪分子，为了确保被害人及其子女和特定亲属的人身安全，可以依照刑法第三十八条第二款、第七十二条第二款的规定，同时禁止犯罪分子再次实施家庭暴力，侵扰被害人的生活、工作、学习，进行酗酒、赌博等活动；经被害人申请且有必要的，禁止接近被害人及其未成年子女。

22. 告知申请撤销施暴人的监护资格。人民法院、人民检察院、公安机关对于监护人实施家庭暴力，严重侵害被监护人合法权益的，在必要时可以告知被监护人及其他有监护资格的人员、单位，向人民法院提出申请，要求撤销监护人资格，依法另行指定监护人。

23. 充分运用人身安全保护措施。人民法院为了保护被害人的人身安全，避免其再次受到家庭暴力的侵害，可以根据申请，依照民事诉讼法等法律的相关规定，作出禁止施暴人再次实施家庭暴力、禁止接近被害人、迁出被害人的住所等内容的裁定。对于施暴人违反裁定的行为，如对被害人进行威胁、恐吓、殴打、伤害、杀害，或者未经被害人同意拒不迁出住所的，人民法院可以根据情节轻重予以罚款、拘留；构成犯罪的，应当依法追究刑事责任。

24. 充分运用社区矫正措施。社区矫正机构对因实施家庭暴力构成犯罪被判处管制、宣告缓刑、假释或者暂予监外执行的犯罪分子，应当依法开展家庭暴力行为矫治，通过制定有针对性的监管、教育和帮助措施，矫正犯罪分子的施暴心理和行为恶习。

25. 加强反家庭暴力宣传教育。人民法院、人民检察院、公安机关、司法行政机关应当结合本部门工作职责，通过以案说法、社区普法、针对重点对象法制教育等多种形式，开展反家庭暴力宣传教育活动，有效预防家庭暴力，促进平等、和睦、文明的家庭关系，维护社会和谐、稳定。

4. 最高人民法院、最高人民检察院、公安部、民政部关于依法处理监护人侵害未成年人权益行为若干问题的意见（法发〔2014〕24 号　自 2015 年 1 月 1 日起施行）（节录）

1. 本意见所称监护侵害行为，是指父母或者其他监护人（以下简称监护人）性侵害、出卖、遗弃、虐待、暴力伤害未成年人，教唆、利用未成年人实施违法犯罪行为，胁迫、诱骗、利用未成年人乞讨，以及不履行监护职责严重危害未成年人身心健康等行为。

14. 监护侵害行为可能构成虐待罪的，公安机关应当告知未成年人及其近亲属有权告诉或者代为告诉，并通报所在地同级人民检察院。

35. 被申请人有下列情形之一的，人民法院可以判决撤销其监护人资格：

（一）性侵害、出卖、遗弃、虐待、暴力伤害未成年人，严重损害未成年人身心健康的；

40. 人民法院经审理认为申请人确有悔改表现并且适宜担任监护人的，可以判决恢复其监护人资格，原指定监护人的监护人资格终止。

申请人具有下列情形之一的，一般不得判决恢复其监护人资格：

（一）性侵害、出卖未成年人的；

（二）虐待、遗弃未成年人六个月以上、多次遗弃未成年人，并且造成重伤以上严重后果的；

（三）因监护侵害行为被判处五年有期徒刑以上刑罚的。

5. **最高人民法院关于适用中华人民共和国刑事诉讼法的解释**（法释〔2012〕21号　自2013年1月1日起施行）（节录）

第一条　人民法院直接受理的自诉案件包括：

（一）告诉才处理的案件：

3. 虐待案（刑法第二百六十条第一款规定的）；

6. **中华人民共和国治安管理处罚法**（2005年8月28日第十届全国人民代表大会常务委员会第十七次会议通过　根据2012年10月26日第十一届全国人民代表大会常务委员会第二十九次会议《关于修改〈中华人民共和国治安管理处罚法〉的决定》修正）（节录）

第四十五条　有下列行为之一的，处五日以下拘留或者警告：

（一）虐待家庭成员，被虐待人要求处理的；

（二）遗弃没有独立生活能力的被扶养人的。

7. **最高人民法院、最高人民检察院、公安部、司法部关于依法惩治拐卖妇女儿童犯罪的意见**（法发〔2010〕7号　自2010年3月15日起施行）（节录）

20. 明知是被拐卖的妇女、儿童而收买，具有下列情形之一的，以收买被拐卖的妇女、儿童罪论处；同时构成其他犯罪的，依照数罪并罚的规定处罚：

（3）非法剥夺、限制被收买妇女、儿童的人身自由，情节严重，或者对被收买妇女、儿童有强奸、伤害、侮辱、虐待等行为的；

30. 犯收买被拐卖的妇女、儿童罪，对被收买妇女、儿童实施违法犯罪活动或者将其作为牟利工具的，处罚时应当依法体现从严。

收买被拐卖的妇女、儿童，对被收买妇女、儿童没有实施摧残、虐待行为或者与其已形成稳定的婚姻家庭关系，但仍应依法追究刑事责任的，一般应当从轻处罚；符合缓刑条件的，可以依法适用缓刑。

收买被拐卖的妇女、儿童，犯罪情节轻微的，可以依法免予刑事处罚。

32. 具有从犯、自首、立功等法定从宽处罚情节的，依法从轻、减轻或者免除处罚。

对被拐卖的妇女、儿童没有实施摧残、虐待等违法犯罪行为，或者能够协助解救被拐卖的妇女、儿童，或者具有其他酌定从宽处罚情节的，可以依法酌情从轻处罚。

8. 最高人民法院关于适用《中华人民共和国婚姻法》若干问题的解释（一）（法释〔2001〕30号　自2001年12月27日起施行）（节录）

第一条　《婚姻法》第三条、第三十二条、第四十三条、第四十五条、第四十六条所称的“家庭暴力”，是指行为人以殴打、捆绑、残害、强行限制人身自由或者其他手段，给其家庭成员的身体、精神等方面造成一定伤害后果的行为。持续性、经常性的家庭暴力，构成虐待。

9. 中华人民共和国婚姻法（1980年9月10日第五届全国人民代表大会第三次会议通过　根据2001年4月28日第九届全国人民代表大会常务委员会第二十一次会议《关于修改〈中华人民共和国婚姻法〉的决定》修正）（节录）

第二十七条　继父母与继子女间，不得虐待或歧视。

继父或继母和受其抚养教育的继子女间的权利和义务，适用本法对父母子女关系的有关规定。

第三十二条　男女一方要求离婚的，可由有关部门进行调解或直接向人民法院提出离婚诉讼。

人民法院审理离婚案件，应当进行调解；如感情确已破裂，调解无效，应准予离婚。

有下列情形之一，调解无效的，应准予离婚：

（一）重婚或有配偶者与他人同居的；

（二）实施家庭暴力或虐待、遗弃家庭成员的；

（三）有赌博、吸毒等恶习屡教不改的；

（四）因感情不和分居满二年的；

（五）其他导致夫妻感情破裂的情形。

一方被宣告失踪，另一方提出离婚诉讼的，应准予离婚。

第四十三条 实施家庭暴力或虐待家庭成员，受害人有权提出请求，居民委员会、村民委员会以及所在单位应当予以劝阻、调解。

对正在实施的家庭暴力，受害人有权提出请求，居民委员会、村民委员会应当予以劝阻；公安机关应当予以制止。

实施家庭暴力或虐待家庭成员，受害人提出请求的，公安机关应当依照治安管理处罚的法律规定予以行政处罚。

第四十五条 对重婚的，对实施家庭暴力或虐待、遗弃家庭成员构成犯罪的，依法追究刑事责任。受害人可以依照刑事诉讼法的有关规定，向人民法院自诉；公安机关应当依法侦查，人民检察院应当依法提起公诉。

10. 全国人大常委会关于严惩拐卖、绑架妇女、儿童的犯罪分子的决定

（1991 年 9 月 4 日第七届全国人民代表大会常务委员会第二十一次会议通过 根据 2009 年 8 月 27 日中华人民共和国主席令第十八号第十一届全国人民代表大会常务委员会第十次会议《关于修改部分法律的决定》修正）（节录）（已被修订，修订内容与摘录内容无关）

三、严禁收买被拐卖、绑架的妇女、儿童。收买被拐卖、绑架的妇女、儿童的，处三年以下有期徒刑、拘役或者管制。

收买被拐卖、绑架的妇女，强行与其发生性关系的，依照刑法关于强奸罪的规定处罚。

收买被拐卖、绑架的妇女、儿童，非法剥夺、限制其人身自由或者有伤害、侮辱、虐待等犯罪行为的，依照刑法的有关规定处罚。

收买被拐卖、绑架的妇女、儿童，并有本条第二款、第三款规定的犯罪行为的，依照刑法关于数罪并罚的规定处罚。

收买被拐卖、绑架的妇女、儿童又出卖的，依照本决定第一条的规定处罚。

收买被拐卖、绑架的妇女、儿童，按照被买妇女的意愿，不阻碍其返回原居住地的，对被买儿童没有虐待行为，不阻碍对其进行解救的，可以不追究刑事责任。

三十八、虐待被监护、看护人罪

（一）法律规定

第二百六十条之一[①] 对未成年人、老年人、患病的人、残疾人等负有监护、看护职责的人虐待被监护、看护的人，情节恶劣的，处三年以下有期徒刑或者拘役。

单位犯前款罪的，对单位判处罚金，并对其直接负责的主管人员和其他直接责任人员，依照前款的规定处罚。

有第一款行为，同时构成其他犯罪的，依照处罚较重的规定定罪处罚。

（二）罪名详解

虐待被监护、看护人罪，是指对被监护、看护的人，经常以打骂、冻饿、禁闭、有病不给治疗、强迫从事过度劳动等各种方法，从肉体上和精神上肆意进行摧残迫害，情节恶劣的行为。

本罪经2015年《刑法修正案（九）》第19条增加。

虐待被监护、看护人罪的构成要件是：

1. 主体要件

本罪主体必须是对被害人负有看护、监护职责的人，如幼儿园教师对在园幼儿、养老院的工作人员对在院老人，医生、护士及医院护工对看护的病人等都负有看护、监护职责。这种职责通常是基于合同、雇佣关系等产生，也可以是口头约定或者基于志愿服务产生。不具有看护、监护职责的人的虐待行为，不能成立本罪。单位和自然人均可成立本罪主体。单位犯罪的实行双罚制，对单位判处罚金，并对其直接负责的主管人员和其他直接责任人员进行定罪处罚。

2. 客体要件

本罪侵犯的客体是被监护、看护人的人身权利和监护、看护职责。

---

① 本条是由2015年8月29日《刑法修正案（九）》第19条增加的。

我国1997年刑法仅规定了家庭成员之间的虐待犯罪，以及虐待被监管人、虐待部属、虐待俘虏等特殊的虐待犯罪，但是对其他的虐待行为却没有进行规范。司法实践中，对于尚未造成轻伤以上结果的此类行为如何处理，做法不一。有的以寻衅滋事、侮辱罪等定罪处理，有的则以不作为犯罪处理，如此不仅不利于有效打击此类行为，更不利于对未成年人、老年人、患病的人、残疾人等特殊群体的合法权益切实进行保护。针对近年来媒体多次报道的幼儿园教师虐待幼儿、养老院员工虐待老人等恶性事件，《刑法修正案(九)》在广泛征求各方面意见的基础上，增加了本罪。

3. 主观要件

本罪主观方面由直接故意构成，即行为人有意识地对被监护、看护的被害人进行肉体上、精神上的折磨和摧残。行为人实施虐待的动机是各种各样的，但动机不影响定罪。

4. 客观要件

本罪客观方面表现为各种虐待的行为。虐待的方式是很多的：有的是肉体折磨，如捆绑、殴打、冻饿等；有的是精神摧残，如侮辱、讽刺、限制行动自由等。虐待行为必须是经常的、一贯的，并且情节恶劣，才能构成犯罪。偶尔一次的打骂、冻饿，不能作为犯罪处理。犯罪对象是需要看护、监护的人，如未成年人、老年人、残疾人、患病的人，等等。

根据法律规定，虐待被监护、看护人行为除需具备以上构成要件外，还必须达到“情节恶劣”的程度才构成犯罪。所谓情节恶劣，司法实践中一般是指虐待手段凶狠残忍的；虐待动机卑鄙的；长期进行虐待的；先后虐待多人的等情形。

（三）实务疑难问题

1. 本罪的罪与非罪

（1）一般的批评、抱怨与本罪

负有监护、看护职责的人看护、监护的都是行动不便或身心尚未健全的人，看护、监护人在照看过程中难免会有一些不满情绪的流露，对于监护、看护人的轻微批评或者抱怨，不能作为本罪处理。

（2）一般的虐待行为与虐待罪

虐待行为情节恶劣的，才能构成虐待被监护、看护人罪。司法实践中，判断情节恶劣，主要可以从虐待对象、虐待动机、虐待手段、虐待时间、虐待次数、虐待后果等方面进行考察。对于虐待行为情节不恶劣、后果不严重的，应当采用批评教育的方式解决，违反治安管理处罚法的，可以依照治安管理处罚法进行处罚。

2. 正确理解本条第3款的规定

本条第3款规定："有第一款行为，同时构成其他犯罪的，依照处罚较重的规定定罪处罚。"行为人实施虐待行为，往往导致被害人重伤、死亡的后果，按照本款的规定，应当按照过失致人重伤罪、过失致人死亡罪定罪处罚。如果行为人在实施虐待行为过程中，有意图的实施故意伤害、故意杀人行为的，应当根据情况以故意伤害罪、故意杀人罪定罪处罚，或与本罪数罪并罚。

（四）情节与量刑

依照《刑法》第260条之一第1款规定，犯虐待被监护、看护人罪的，处3年以下有期徒刑或者拘役。

依照本条第2款规定，单位犯前款罪的，对单位判处罚金，并对其直接负责的主管人员和其他直接责任人员，依照前款的规定处罚。

依照本条第3款规定，有第1款行为，同时构成其他犯罪的，依照处罚较重的规定定罪处罚。

司法机关在适用时，应当注意以下问题：

1. 根据本条第1款规定，情节恶劣的才构成犯罪，情节一般的不作为犯罪处理。

2. 根据本条第2款规定，单位犯本罪的也要达到情节恶劣的程度，单位犯罪的实行双罚制，对单位判处罚金，并对其直接负责的主管人员和其他直接责任人员依照第1款的规定处罚。

3. 规范化量刑。《最高人民法院关于常见犯罪的量刑指导意见》对虐待被监护、看护人罪的量刑并未作出规定，这主要是由于本罪经《刑法修正案（九）》增加，司法实践中并不常见，最高司法机关尚未总结出一套成熟的量刑标准。在有关规定出台前，司法人员应当根据犯罪事实、犯罪性质、情节和社会危害程度，依照刑法和有关司法解释的规定判处刑罚。

（五）法律链接

1. **中华人民共和国未成年人保护法**（1991 年 9 月 4 日第七届全国人民代表大会常务委员会第二十一次会议通过　2006 年 12 月 29 日第十届全国人民代表大会常务委员会第二十五次会议修订　根据 2012 年 10 月 26 日第十一届全国人民代表大会常务委员会第二十九次会议《关于修改〈中华人民共和国未成年人保护法〉的决定》修正）（节录）

第二条　本法所称未成年人是指未满十八周岁的公民。

第十条　父母或者其他监护人应当创造良好、和睦的家庭环境，依法履行对未成年人的监护职责和抚养义务。

禁止对未成年人实施家庭暴力，禁止虐待、遗弃未成年人，禁止溺婴和其他残害婴儿的行为，不得歧视女性未成年人或者有残疾的未成年人。

第四十一条　禁止拐卖、绑架、虐待未成年人，禁止对未成年人实施性侵害。

禁止胁迫、诱骗、利用未成年人乞讨或者组织未成年人进行有害其身心健康的表演等活动。

第四十三条　县级以上人民政府及其民政部门应当根据需要设立救助场所，对流浪乞讨等生活无着未成年人实施救助，承担临时监护责任；公安部门或者其他有关部门应当护送流浪乞讨或者离家出走的未成年人到救助场所，由救助场所予以救助和妥善照顾，并及时通知其父母或者其他监护人领回。

对孤儿、无法查明其父母或者其他监护人的以及其他生活无着的未成年人，由民政部门设立的儿童福利机构收留抚养。

未成年人救助机构、儿童福利机构及其工作人员应当依法履行职责，不得虐待、歧视未成年人；不得在办理收留抚养工作中牟取利益。

第六十二条　父母或者其他监护人不依法履行监护职责，或者侵害未成年人合法权益的，由其所在单位或者居民委员会、村民委员会予以劝诫、制止；构成违反治安管理行为的，由公安机关依法给予行政处罚。

第六十三条　学校、幼儿园、托儿所侵害未成年人合法权益的，由教育行政部门或者其他有关部门责令改正；情节严重的，对直接负责的主管人员和其他直接责任人员依法给予处分。

学校、幼儿园、托儿所教职员工对未成年人实施体罚、变相体罚或者其他侮辱人格行为的，由其所在单位或者上级机关责令改正；情节严重的，依法给予处分。

第七十条 未成年人救助机构、儿童福利机构及其工作人员不依法履行对未成年人的救助保护职责，或者虐待、歧视未成年人，或者在办理收留抚养工作中牟取利益的，由主管部门责令改正，依法给予行政处分。

2. **中华人民共和国精神卫生法**（2012年10月26日第十一届全国人民代表大会常务委员会第二十九次会议通过　根据2018年4月27日第十三届全国人民代表大会常务委员会第二次会议《关于修改〈中华人民共和国国境卫生检疫法〉等六部法律的决定》修正）（节录）

第五条 全社会应当尊重、理解、关爱精神障碍患者。

任何组织或者个人不得歧视、侮辱、虐待精神障碍患者，不得非法限制精神障碍患者的人身自由。

新闻报道和文学艺术作品等不得含有歧视、侮辱精神障碍患者的内容。

第九条 精神障碍患者的监护人应当履行监护职责，维护精神障碍患者的合法权益。

禁止对精神障碍患者实施家庭暴力，禁止遗弃精神障碍患者。

第七十八条 违反本法规定，有下列情形之一，给精神障碍患者或者其他公民造成人身、财产或者其他损害的，依法承担赔偿责任：

（一）将非精神障碍患者故意作为精神障碍患者送入医疗机构治疗的；

（二）精神障碍患者的监护人遗弃患者，或者有不履行监护职责的其他情形的；

（三）歧视、侮辱、虐待精神障碍患者，侵害患者的人格尊严、人身安全的；

（四）非法限制精神障碍患者人身自由的；

（五）其他侵害精神障碍患者合法权益的情形。

3. **中华人民共和国残疾人保障法**（1990年12月28日第七届全国人民代表大会常务委员会第十七次会议通过　2008年4月24日第十一届全国人民代表大会常务委员会第二次会议修订　根据2018年10月26日第十三届全国人民代表大会常务委员会第六次会议《关于修改〈中华人民共和国野生动物保护法〉等十五部法律的决定》修正）（节录）

第二条 残疾人是指在心理、生理、人体结构上，某种组织、功能丧失或者不正常，全部或者部分丧失以正常方式从事某种活动能力的人。

残疾人包括视力残疾、听力残疾、言语残疾、肢体残疾、智力残疾、精神残疾、多重残疾和其他残疾的人。

残疾标准由国务院规定。

第九条　残疾人的扶养人必须对残疾人履行扶养义务。

残疾人的监护人必须履行监护职责，尊重被监护人的意愿，维护被监护人的合法权益。

残疾人的亲属、监护人应当鼓励和帮助残疾人增强自立能力。

禁止对残疾人实施家庭暴力，禁止虐待、遗弃残疾人。

4. 最高人民法院、最高人民检察院、公安部、民政部关于依法处理监护人侵害未成年人权益行为若干问题的意见（法发〔2014〕24号　自2015年1月1日起施行）

为切实维护未成年人合法权益，加强未成年人行政保护和司法保护工作，确保未成年人得到妥善监护照料，根据民法通则、民事诉讼法、未成年人保护法等法律规定，现就处理监护人侵害未成年人权益行为（以下简称监护侵害行为）的有关工作制定本意见。

一、一般规定

1. 本意见所称监护侵害行为，是指父母或者其他监护人（以下简称监护人）性侵害、出卖、遗弃、虐待、暴力伤害未成年人，教唆、利用未成年人实施违法犯罪行为，胁迫、诱骗、利用未成年人乞讨，以及不履行监护职责严重危害未成年人身心健康等行为。

2. 处理监护侵害行为，应当遵循未成年人最大利益原则，充分考虑未成年人身心特点和人格尊严，给予未成年人特殊、优先保护。

3. 对于监护侵害行为，任何组织和个人都有权劝阻、制止或者举报。

公安机关应当采取措施，及时制止在工作中发现以及单位、个人举报的监护侵害行为，情况紧急时将未成年人带离监护人。

民政部门应当设立未成年人救助保护机构（包括救助管理站、未成年人救助保护中心），对因受到监护侵害进入机构的未成年人承担临时监护责任，必要时向人民法院申请撤销监护人资格。

人民法院应当依法受理人身安全保护裁定申请和撤销监护人资格案件并作出裁判。

人民检察院对公安机关、人民法院处理监护侵害行为的工作依法实行法律监督。

人民法院、人民检察院、公安机关设有办理未成年人案件专门工作机构的，应当优先由专门工作机构办理监护侵害案件。

4. 人民法院、人民检察院、公安机关、民政部门应当充分履行职责，加强指导和培训，提高保护未成年人的能力和水平；加强沟通协作，建立信息共享机制，实现未成年人行政保护和司法保护的有效衔接。

5. 人民法院、人民检察院、公安机关、民政部门应当加强与妇儿工委、教育部门、卫生部门、共青团、妇联、关工委、未成年人住所地村（居）民委员会等的联系和协作，积极引导、鼓励、支持法律服务机构、社会工作服务机构、公益慈善组织和志愿者等社会力量，共同做好受监护侵害的未成年人的保护工作。

二、报告和处置

6. 学校、医院、村（居）民委员会、社会工作服务机构等单位及其工作人员，发现未成年人受到监护侵害的，应当及时向公安机关报案或者举报。

其他单位及其工作人员、个人发现未成年人受到监护侵害的，也应当及时向公安机关报案或者举报。

7. 公安机关接到涉及监护侵害行为的报案、举报后，应当立即出警处置，制止正在发生的侵害行为并迅速进行调查。符合刑事立案条件的，应当立即立案侦查。

8. 公安机关在办理监护侵害案件时，应当依照法定程序，及时、全面收集固定证据，保证办案质量。

询问未成年人，应当考虑未成年人的身心特点，采取和缓的方式进行，防止造成进一步伤害。

未成年人有其他监护人的，应当通知其他监护人到场。其他监护人无法通知或者未能到场的，可以通知未成年人的其他成年亲属、所在学校、村（居）民委员会、未成年人保护组织的代表以及专业社会工作者等到场。

9. 监护人的监护侵害行为构成违反治安管理行为的，公安机关应当依法给予治安管理处罚，但情节特别轻微不予治安管理处罚的，应当给予批评教育并通报当地村（居）民委员会；构成犯罪的，依法追究刑事责任。

10. 对于疑似患有精神障碍的监护人，已实施危害未成年人安全的行为或者有危害未成年人安全危险的，其近亲属、所在单位、当地公安机关应当立即采取措施予以制止，并将其送往医疗机构进行精神障碍诊断。

11. 公安机关在出警过程中，发现未成年人身体受到严重伤害、面临严重人身安全威胁或者处于无人照料等危险状态的，应当将其带离实施监护侵害行为的监护人，就近护送至其他监护人、亲属、村（居）民委员会或者未成年人救助保护机构，并办理书面交接手续。未成年人有表达能力的，应当就护送地点征求未成年人意见。

负责接收未成年人的单位和人员（以下简称临时照料人）应当对未成年人予以临时紧急庇护和短期生活照料，保护未成年人的人身安全，不得侵害未成年人合法权益。

公安机关应当书面告知临时照料人有权依法向人民法院申请人身安全保护裁定和撤销监护人资格。

12. 对身体受到严重伤害需要医疗的未成年人，公安机关应当先行送医救治，同时通知其他有监护资格的亲属照料，或者通知当地未成年人救助保护机构开展后续救助工作。

监护人应当依法承担医疗救治费用。其他亲属和未成年人救助保护机构等垫付医疗救治费用的，有权向监护人追偿。

13. 公安机关将受监护侵害的未成年人护送至未成年人救助保护机构的，应当在五个工作日内提供案件侦办查处情况说明。

14. 监护侵害行为可能构成虐待罪的，公安机关应当告知未成年人及其近亲属有权告诉或者代为告诉，并通报所在地同级人民检察院。

未成年人及其近亲属没有告诉的，由人民检察院起诉。

三、临时安置和人身安全保护裁定

15. 未成年人救助保护机构应当接收公安机关护送来的受监护侵害的未成年人，履行临时监护责任。

未成年人救助保护机构履行临时监护责任一般不超过一年。

16. 未成年人救助保护机构可以采取家庭寄养、自愿助养、机构代养或者委托政府指定的寄宿学校安置等方式，对未成年人进行临时照料，并为未成年人提供心理疏导、情感抚慰等服务。

未成年人因临时监护需要转学、异地入学接受义务教育的，教育行政部门应当予以保障。

17. 未成年人的其他监护人、近亲属要求照料未成年人的，经公安机关或者村（居）民委员会确认其身份后，未成年人救助保护机构可以将未成年人交由其照料，终止临时监护。

关系密切的其他亲属、朋友要求照料未成年人的，经未成年人父、母所在单位或者村（居）民委员会同意，未成年人救助保护机构可以将未成年人交由其照料，终止临时监护。

未成年人救助保护机构将未成年人送交亲友临时照料的，应当办理书面交接手续，并书面告知临时照料人有权依法向人民法院申请人身安全保护裁定和撤销监护人资格。

18. 未成年人救助保护机构可以组织社会工作服务机构等社会力量，对监护人开展监护指导、心理疏导等教育辅导工作，并对未成年人的家庭基本情况、监护情况、监护人悔过情况、未成年人身心健康状况以及未成年人意愿等进行调查评估。监护人接受教育辅导及后续表现情况应当作为调查评估报告的重要内容。

有关单位和个人应当配合调查评估工作的开展。

19. 未成年人救助保护机构应当与公安机关、村（居）民委员会、学校以及未成年人亲属等进行会商，根据案件侦办查处情况说明、调查评估报告和监护人接受教育辅导等情况，并征求有表达能力的未成年人意见，形成会商结论。

经会商认为本意见第 11 条第 1 款规定的危险状态已消除，监护人能够正确履行监护职责的，未成年人救助保护机构应当及时通知监护人领回未成年人。监护人应当在三日内领回未成年人并办理书面交接手续。会商形成结论前，未成年人救助保护机构不得将未成年人交由监护人领回。

经会商认为监护侵害行为属于本意见第 35 条规定情形的，未成年人救助保护机构应当向人民法院申请撤销监护人资格。

20. 未成年人救助保护机构通知监护人领回未成年人的，应当将相关情况通报未成年人所在学校、辖区公安派出所、村（居）民委员会，并告知其对通报内容负有保密义务。

21. 监护人领回未成年人的，未成年人救助保护机构应当指导村（居）民委员会对监护人的监护情况进行随访，开展教育辅导工作。

未成年人救助保护机构也可以组织社会工作服务机构等社会力量，开展前款工作。

22. 未成年人救助保护机构或者其他临时照料人可以根据需要，在诉讼前向未成年人住所地、监护人住所地或者侵害行为地人民法院申请人身安全保护裁定。

未成年人救助保护机构或者其他临时照料人也可以在诉讼中向人民法院申请人身安全保护裁定。

23. 人民法院接受人身安全保护裁定申请后，应当按照民事诉讼法第一百条、第一百零一条、第一百零二条的规定作出裁定。经审查认为存在侵害未成年人人身安全危险的，应当作出人身安全保护裁定。

人民法院接受诉讼前人身安全保护裁定申请后，应当在四十八小时内作出裁定。接受诉讼中人身安全保护裁定申请，情况紧急的，也应当在四十八小时内作出裁定。人身安全保护裁定应当立即执行。

24. 人身安全保护裁定可以包括下列内容中的一项或者多项：

（一）禁止被申请人暴力伤害、威胁未成年人及其临时照料人；

（二）禁止被申请人跟踪、骚扰、接触未成年人及其临时照料人；

（三）责令被申请人迁出未成年人住所；

（四）保护未成年人及其临时照料人人身安全的其他措施。

25. 被申请人拒不履行人身安全保护裁定，危及未成年人及其临时照料人人身安全或者扰乱未成年人救助保护机构工作秩序的，未成年人、未成年人救助保护机构或者其他临时照料人有权向公安机关报告，由公安机关依法处理。

被申请人有其他拒不履行人身安全保护裁定行为的，未成年人、未成年人救助保护机构或者其他临时照料人有权向人民法院报告，人民法院根据民事诉讼法第一百一十一条、第一百一十五条、第一百一十六条的规定，视情节轻重处以罚款、拘留；构成犯罪的，依法追究刑事责任。

26. 当事人对人身安全保护裁定不服的，可以申请复议一次。复议期间不停止裁定的执行。

四、申请撤销监护人资格诉讼

27. 下列单位和人员（以下简称有关单位和人员）有权向人民法院申请撤销监护人资格：

（一）未成年人的其他监护人，祖父母、外祖父母、兄、姐，关系密切的其他亲属、朋友；

（二）未成年人住所地的村（居）民委员会，未成年人父、母所在单位；

（三）民政部门及其设立的未成年人救助保护机构；

（四）共青团、妇联、关工委、学校等团体和单位。

申请撤销监护人资格，一般由前款中负责临时照料未成年人的单位和人员提出，也可以由前款中其他单位和人员提出。

28. 有关单位和人员向人民法院申请撤销监护人资格的，应当提交相关证据。

有包含未成年人基本情况、监护存在问题、监护人悔过情况、监护人接受教育辅导情况、未成年人身心健康状况以及未成年人意愿等内容的调查评估报告的，应当一并提交。

29. 有关单位和人员向公安机关、人民检察院申请出具相关案件证明材料的，公安机关、人民检察院应当提供证明案件事实的基本材料或者书面说明。

30. 监护人因监护侵害行为被提起公诉的案件，人民检察院应当书面告知未成年人及其临时照料人有权依法申请撤销监护人资格。

对于监护侵害行为符合本意见第35条规定情形而相关单位和人员没有提起诉讼的，人民检察院应当书面建议当地民政部门或者未成年人救助保护机构向人民法院申请撤销监护人资格。

31. 申请撤销监护人资格案件，由未成人住所地、监护人住所地或者侵害行为地基层人民法院管辖。

人民法院受理撤销监护人资格案件，不收取诉讼费用。

五、撤销监护人资格案件审理和判后安置

32. 人民法院审理撤销监护人资格案件，比照民事诉讼法规定的特别程序进行，在一个月内审理结案。有特殊情况需要延长的，由本院院长批准。

33. 人民法院应当全面审查调查评估报告等证据材料，听取被申请人、有表达能力的未成年人以及村（居）民委员会、学校、邻居等的意见。

34. 人民法院根据案件需要可以聘请适当的社会人士对未成年人进行社会观护，并可以引入心理疏导和测评机制，组织专业社会工作者、儿童心理问题专家等专业人员参与诉讼，为未成年人和被申请人提供心理辅导和测评服务。

35. 被申请人有下列情形之一的，人民法院可以判决撤销其监护人资格：

（一）性侵害、出卖、遗弃、虐待、暴力伤害未成年人，严重损害未成年人身心健康的；

（二）将未成年人置于无人监管和照看的状态，导致未成年人面临死亡或者严重伤害危险，经教育不改的；

（三）拒不履行监护职责长达六个月以上，导致未成年人流离失所或者生活无着的；

（四）有吸毒、赌博、长期酗酒等恶习无法正确履行监护职责或者因服刑等原因无法履行监护职责，且拒绝将监护职责部分或者全部委托给他人，致使未成年人处于困境或者危险状态的；

（五）胁迫、诱骗、利用未成年人乞讨，经公安机关和未成年人救助保护机构等部门三次以上批评教育拒不改正，严重影响未成年人正常生活和学习的；

（六）教唆、利用未成年人实施违法犯罪行为，情节恶劣的；

（七）有其他严重侵害未成年人合法权益行为的。

36. 判决撤销监护人资格，未成年人有其他监护人的，应当由其他监护人承担监护职责。其他监护人应当采取措施避免未成年人继续受到侵害。

没有其他监护人的，人民法院根据最有利于未成年人的原则，在民法通则第十六条第二款、第四款规定的人员和单位中指定监护人。指定个人担任监护人的，应当综合考虑其意愿、品行、身体状况、经济条件、与未成年人的生活情感联系以及有表达能力的未成年人的意愿等。

没有合适人员和其他单位担任监护人的，人民法院应当指定民政部门担任监护人，由其所属儿童福利机构收留抚养。

37. 判决不撤销监护人资格的，人民法院可以根据需要走访未成年人及其家庭，也可以向当地民政部门、辖区公安派出所、村（居）民委员会、共青团、妇联、未成年人所在学校、监护人所在单位等发出司法建议，加强对未成年人的保护和对监护人的监督指导。

38. 被撤销监护人资格的侵害人，自监护人资格被撤销之日起三个月至一年内，可以书面向人民法院申请恢复监护人资格，并应当提交相关证据。

人民法院应当将前款内容书面告知侵害人和其他监护人、指定监护人。

39. 人民法院审理申请恢复监护人资格案件，按照变更监护关系的案件审理程序进行。

人民法院应当征求未成年人现任监护人和有表达能力的未成年人的意见，并可以委托申请人住所地的未成年人救助保护机构或者其他未成年人保护组织，对申请人监护意愿、悔改表现、监护能力、身心状况、工作生活情况等进行调查，形成调查评估报告。

申请人正在服刑或者接受社区矫正的，人民法院应当征求刑罚执行机关或者社区矫正机构的意见。

40. 人民法院经审理认为申请人确有悔改表现并且适宜担任监护人的，可以判决恢复其监护人资格，原指定监护人的监护人资格终止。

申请人具有下列情形之一的，一般不得判决恢复其监护人资格：

（一）性侵害、出卖未成年人的；

（二）虐待、遗弃未成年人六个月以上、多次遗弃未成年人，并且造成重伤以上严重后果的；

（三）因监护侵害行为被判处五年有期徒刑以上刑罚的。

41. 撤销监护人资格诉讼终结后六个月内，未成年人及其现任监护人可以向人民法院申请人身安全保护裁定。

42. 被撤销监护人资格的父、母应当继续负担未成年人的抚养费用和因监护侵害行为产生的各项费用。相关单位和人员起诉的，人民法院应予支持。

43. 民政部门应当根据有关规定，将符合条件的受监护侵害的未成年人纳入社会救助和相关保障范围。

44. 民政部门担任监护人的，承担抚养职责的儿童福利机构可以送养未成年人。

送养未成年人应当在人民法院作出撤销监护人资格判决一年后进行。侵害人有本意见第40条第2款规定情形的，不受一年后送养的限制。

三十九、遗弃罪

（一）法律规定

第二百六十一条　对于年老、年幼、患病或者其他没有独立生活能力的人，负有扶养义务而拒绝扶养，情节恶劣的，处五年以下

有期徒刑、拘役或者管制。

（二）罪名详解

遗弃罪，是指对于年老、年幼、患病或者其他没有独立生活能力的人，负有扶养义务而拒绝扶养，情节恶劣的行为。

本罪1979年《刑法》第183条作了规定。

遗弃罪的构成要件是：

1. 主体要件

本罪主体必须是法律上对被遗弃者负有扶养义务的人；如果在法律上不负有扶养义务而拒绝扶养的，不能认为是遗弃。

2. 客体要件

本罪侵犯的客体是法律所规定的扶养义务。根据2001年修正后的《婚姻法》的规定，“夫妻有互相扶养的义务”；“父母对子女有抚养教育的义务；子女对父母有赡养扶助的义务”；“不直接抚养非婚生子女的生父或生母，应当负担子女的生活费和教育费，直至子女能独立生活为止”；“养父母和养子女间的权利和义务，适用本法对父母子女关系的有关规定”；“继父或继母和受其抚养教育的继子女间的权利和义务，适用本法对父母子女关系的有关规定”；“有负担能力的祖父母、外祖父母，对于父母已经死亡或者父母无力抚养的未成年的孙子女、外孙子女，有抚养的义务。有负担能力的孙子女、外孙子女，对于子女已经死亡或者子女无力赡养的祖父母、外祖父母，有赡养的义务”；“有负担能力的兄、姐，对于父母已经死亡或父母无力抚养的未成年的弟、妹，有抚养的义务。由兄、姐扶养长大的有负担能力的弟、妹，对于缺乏劳动能力又缺乏生活来源的兄、姐，有扶养的义务”；“离婚后，父母对于子女仍有抚养和教育的权利和义务”；“离婚后，一方抚养的子女，另一方应负担必要的生活费和教育费的一部或全部”，等等。2018年修订后的《妇女权益保障法》第38条规定，“禁止溺、弃、残害女婴”，“禁止虐待、遗弃病、残妇女和老年妇女”。《未成年人保护法》第10条第2款规定，“禁止虐待、遗弃未成年人，禁止溺婴和其他残害婴儿的行为。”《残疾人保障法》第9条第1款、第4款规定，“残疾人的法定扶养人必须对残疾人履行扶养义务”；“禁止虐待和遗弃残疾人”。

3. 主观要件

本罪主观方面由故意构成，即行为人是为了达到某种卑鄙目的而故意不履行扶养义务的。例如，为了自己生活过得更加富裕、舒适而拒不扶养父母；借口已离婚而不扶养子女，等等。如果是出于过失或者扶养人自己也处于生活困境，则不构成遗弃罪。

4. 客观要件

本罪客观方面表现为对没有独立生活能力或者不能独立生活的家庭成员，有扶养义务而拒绝扶养的行为。这种行为的表现形式是不作为。被遗弃的必须是年老、年幼、患病或者其他没有独立生活能力或者不能独立生活的人。这些人的情况虽然各不相同，但共同的特点是没有独立生活的能力，如果没有其他人的扶养，就无法生活下去。因此，对于具有独立生活能力的人不予扶养的，不能以遗弃罪论处；否则，就会养成一些人的寄生依赖思想，对社会没有好处。

根据法律规定，遗弃行为除需具备以上构成要件外，还必须达到“情节恶劣”的程度，才构成犯罪。所谓情节恶劣，司法实践中一般是指由于遗弃而使被害人走投无路，被迫自杀的；被害人因生活无着流离失所的；在遗弃中又有打骂、虐待行为的；遗弃的动机极其卑鄙的；被告人屡教不改的等情形。

（三）实务疑难问题

1. 一般遗弃行为与本罪

一般遗弃行为是指情节并不恶劣，后果也不严重的行为，虽不构成犯罪，不能追究行为人的刑事责任，但也是违法的、不道德的，应给予批评教育或者党团、行政纪律处分。遗弃没有独立生活能力的被扶养人的，可以依照《治安管理处罚法》第45条的规定，给予治安处罚，即处5日以下拘留或者警告。

2. 遗弃婴儿或者出卖亲生子女的处理

根据1998年修改的《收养法》第31条第2款的规定，遗弃婴儿的，由公安部门处以罚款；构成犯罪的，依法追究刑事责任。因此，遗弃婴儿的行为构成犯罪的，应按遗弃罪定罪处罚。根据该法第31条第3款的规定，出卖亲生子女的，由公安部门没收非法所得，并处以罚款；构成犯罪的，依法追究刑事责任。具体而言，行为人若具有非法获利的目的出卖亲生子女的，应以拐卖儿童罪论处；否则对于出卖亲生子女的，应适用《刑法》第 261 条，按遗弃罪定罪处罚。

3. 遗弃罪与虐待罪的区分

两者主观方面都是故意，通常都发生在家庭成员之间，区别主要在于：第一，犯罪主体不同。前者是法律上负有扶养义务的人，后者可以是任何家庭成员。第二，犯罪对象不完全相同。前者只限于年老、年幼、患病或者不能独立生活的人，后者可以是任何家庭成员。第三，客观方面的表现不同。前者主要是不作为，即有扶养义务而拒绝扶养；后者则主要表现是作为，即以打骂、冻饿、禁闭、强迫从事过度劳动等各种方法，从肉体上和精神上进行摧残迫害的行为。第四，主观内容不同。前者是拒绝履行法律规定的扶养义务，后者则是给被害人制造精神或肉体上的痛苦。

4. 遗弃罪与故意杀人罪的区分

遗弃罪与故意杀人罪通常不易混淆，但是当遗弃行为导致被害人死亡时，就需要对二者进行区分。根据 2015 年《最高人民法院、最高人民检察院、公安部、司法部关于依法办理家庭暴力犯罪案件的意见》（以下简称《办理家庭暴力犯罪案件意见》）的规定，准确区分二者，要根据被告人的主观故意、所实施行为的时间与地点、是否立即造成被害人死亡，以及被害人对被告人的依赖程度等进行综合判断。对于只是为了逃避扶养义务，并不希望或者放任被害人死亡，将生活不能自理的被害人弃置在福利院、医院、派出所等单位或者广场、车站等行人较多的场所，希望被害人得到他人救助的，一般以遗弃罪定罪处罚。对于希望或者放任被害人死亡，不履行必要的扶养义务，致使被害人因缺乏生活照料而死亡，或者将生活不能自理的被害人带至荒山野岭等人迹罕至的场所扔弃，使被害人难以得到他人救助的，应当以故意杀人罪定罪处罚。

（四）情节与量刑

依照《刑法》第 261 条规定，犯遗弃罪的，处 5 年以下有期徒刑、拘役或者管制。

司法机关在适用时，应当注意以下问题：

1. 根据本条规定，情节恶劣的才构成犯罪，情节一般的可以《治安管理处罚法》处理。

2. 遗弃罪是公诉案件，但是根据《最高人民法院关于适用〈中华人民共和国刑事诉讼法〉的解释》第 1 条的规定，对于检察院没有提起公诉，被害人有证据证明的轻微遗弃案件，被害人向人民法院提起诉讼的，人民法院应当受理。对于其中证据不足、可以由公安机关受理，或者被告人可能被判处三年有期徒刑以上刑罚的，应当告知被害人向公安机关报案，或者移送公安机关立案侦查。

3. 规范化量刑。《最高人民法院关于常见犯罪的量刑指导意见》对遗弃罪的量刑并未作出规定，这主要是由于本罪在司法实践中并不常见，最高司法机关尚未总结出一套成熟的量刑标准。在有关规定出台前，司法人员应当根据犯罪事实、犯罪性质、情节和社会危害程度，依照刑法和有关司法解释的规定判处刑罚。

（五）法律链接

1. 中华人民共和国人口与计划生育法（2001 年 12 月 29 日第九届全国人民代表大会常务委员会第二十五次会议通过　根据 2015 年 12 月 27 日第十二届全国人民代表大会常务委员会第十八次会议《关于修改〈中华人民共和国人口与计划生育法〉的决定》修正）（节录）

第二十二条　禁止歧视、虐待生育女婴的妇女和不育的妇女。

禁止歧视、虐待、遗弃女婴。

2. 中华人民共和国老年人权益保障法（1996 年 8 月 29 日第八届全国人民代表大会常务委员会第二十一次会议通过　根据 2009 年 8 月 27 日第十一届全国人民代表大会常务委员会第十次会议《关于修改部分法律的决定》第一次修正　2012 年 12 月 28 日第十一届全国人民代表大会常务委员会第三十次会议修订　根据 2015 年 4 月 24 日第十二届全国人民代表大会常务委员会第十四次会议《关于修改〈中华人民共和国电力法〉等六部法律的决定》第二次修正　根据 2018 年 12 月 29 日第十三届全国人民代表大会常务委员会第七次会议《关于修改〈中华人民共和国劳动法〉等七部法律的决定》第三次修正）（节录）

第三条　国家保障老年人依法享有的权益。

老年人有从国家和社会获得物质帮助的权利，有享受社会服务和社会优待的权利，有参与社会发展和共享发展成果的权利。

禁止歧视、侮辱、虐待或者遗弃老年人。

第七十五条　干涉老年人婚姻自由，对老年人负有赡养义务、扶养义务而拒绝赡养、扶养，虐待老年人或者对老年人实施家庭暴力的，由有关单位给予批评教育；构成违反治安管理行为的，依法给予治安管理处罚；构成犯罪的，依法追究刑事责任。

3. 中华人民共和国未成年人保护法（1991 年 9 月 4 日第七届全国人民代表大会常务委员会第二十一次会议通过　2006 年 12 月 29 日第十届全国人民代表大会常务委员会第二十五次会议修订　根据 2012 年 10 月 26 日第十一届全国人民代表大会常务委员会第二十九次会议《关于修改〈中华人民共和国未成年人保护法〉的决定》修正）（节录）

第十条　父母或者其他监护人应当创造良好、和睦的家庭环境，依法履行对未成年人的监护职责和抚养义务。

禁止对未成年人实施家庭暴力，禁止虐待、遗弃未成年人，禁止溺婴和其他残害婴儿的行为，不得歧视女性未成年人或者有残疾的未成年人。

4. 中华人民共和国妇女权益保障法（1992 年 4 月 3 日第七届全国人民代表大会第五次会议通过　根据 2005 年 8 月 28 日第十届全国人民代表大会常务委员会第十七次会议《关于修改〈中华人民共和国妇女权益保障法〉的决定》第一次修正　根据 2018 年 10 月 26 日第十三届全国人民代表大会常务委员会第六次会议《关于修改〈中华人民共和国野生动物保护法〉等十五部法律的决定》第二次修正）（节录）

第三十八条　妇女的生命健康权不受侵犯。禁止溺、弃、残害女婴；禁止歧视、虐待生育女婴的妇女和不育的妇女；禁止用迷信、暴力等手段残害妇女；禁止虐待、遗弃病、残妇女和老年妇女。

5. 最高人民法院、最高人民检察院、公安部、司法部关于依法办理家庭暴力犯罪案件的意见（法发〔2015〕4 号　自 2015 年 3 月 2 日起施行）（节录）

发生在家庭成员之间，以及具有监护、扶养、寄养、同居等关系的共同生活人员之间的家庭暴力犯罪，严重侵害公民人身权利，破坏家庭关系，影响社会和谐稳定。人民法院、人民检察院、公安机关、司法行政机关应当严格履行职责，充分运用法律，积极预防和有效惩治各种家庭暴力犯罪，切实保障人权，维护社会秩序。为此，根据刑法、刑事诉讼法、《婚姻法》、未成年人保护法、老年人权益保障法、妇女权益保障法等法律，结合司法实践经验，制定本意见。

一、基本原则

1. 依法及时、有效干预。针对家庭暴力持续反复发生，不断恶化升级的特点，人民法院、人民检察院、公安机关、司法行政机关对已发现的家庭暴力，应当依法采取及时、有效的措施，进行妥善处理，不能以家庭暴力发生在家庭成员之间，或者属于家务事为由而置之不理，互相推诿。

2. 保护被害人安全和隐私。办理家庭暴力犯罪案件，应当首先保护被害人的安全。通过对被害人进行紧急救治、临时安置，以及对施暴人采取刑事强制措施、判处刑罚、宣告禁止令等措施，制止家庭暴力并防止再次发生，消除家庭暴力的现实侵害和潜在危险。对与案件有关的个人隐私，应当保密，但法律有特别规定的除外。

3. 尊重被害人意愿。办理家庭暴力犯罪案件，既要严格依法进行，也要尊重被害人的意愿。在立案、采取刑事强制措施、提起公诉、判处刑罚、减刑、假释时，应当充分听取被害人意见，在法律规定的范围内作出合情、合理的处理。对法律规定可以调解、和解的案件，应当在当事人双方自愿的基础上进行调解、和解。

4. 对未成年人、老年人、残疾人、孕妇、哺乳期妇女、重病患者特殊保护。办理家庭暴力犯罪案件，应当根据法律规定和案件情况，通过代为告诉、法律援助等措施，加大对未成年人、老年人、残疾人、孕妇、哺乳期妇女、重病患者的司法保护力度，切实保障他们的合法权益。

二、案件受理

5. 积极报案、控告和举报。依照刑事诉讼法第一百零八条第一款“任何单位和个人发现有犯罪事实或者犯罪嫌疑人，有权利也有义务向公安机关、人民检察院或者人民法院报案或者举报”的规定，家庭暴力被害人及其亲属、朋友、邻居、同事，以及村（居）委会、人民调解委员会、妇联、共青团、残联、医院、学校、幼儿园等单位、组织，发现家庭暴力，有权利也有义务及时向公安机关、人民检察院、人民法院报案、控告或者举报。

公安机关、人民检察院、人民法院对于报案人、控告人和举报人不愿意公开自己的姓名和报案、控告、举报行为的，应当为其保守秘密，保护报案人、控告人和举报人的安全。

6. 迅速审查、立案和转处。公安机关、人民检察院、人民法院接到家庭暴力的报案、控告或者举报后，应当立即问明案件的初步情况，制作笔录，迅速进行审查，按照刑事诉讼法关于立案的规定，根据自己的管辖范围，决定是否立案。对于符合立案条件的，要及时立案。对于可能构成犯罪但不属于自己管辖的，应当移送主管机关处理，并且通知报案人、控告人或者举报人；对于不属于自己管辖而又必须采取紧急措施的，应当先采取紧急措施，然后移送主管机关。

经审查，对于家庭暴力行为尚未构成犯罪，但属于违反治安管理行为的，应当将案件移送公安机关，依照治安管理处罚法的规定进行处理，同时告知被害人可以向人民调解委员会提出申请，或者向人民法院提起民事诉讼，要求施暴人承担停止侵害、赔礼道歉、赔偿损失等民事责任。

7. 注意发现犯罪案件。公安机关在处理人身伤害、虐待、遗弃等行政案件过程中，人民法院在审理婚姻家庭、继承、侵权责任纠纷等民事案件过程中，应当注意发现可能涉及的家庭暴力犯罪。一旦发现家庭暴力犯罪线索，公安机关应当将案件转为刑事案件办理，人民法院应当将案件移送公安机关；属于自诉案件的，公安机关、人民法院应当告知被害人提起自诉。

8. 尊重被害人的程序选择权。对于被害人有证据证明的轻微家庭暴力犯罪案件，在立案审查时，应当尊重被害人选择公诉或者自诉的权利。被害人要求公安机关处理的，公安机关应当依法立案、侦查。在侦查过程中，被害人不再要求公安机关处理或者要求转为自诉案件的，应当告知被害人向公安机关提交书面申请。经审查确系被害人自愿提出的，公安机关应当依法撤销案件。被害人就这类案件向人民法院提起自诉的，人民法院应当依法受理。

9. 通过代为告诉充分保障被害人自诉权。对于家庭暴力犯罪自诉案件，被害人无法告诉或者不能亲自告诉的，其法定代理人、近亲属可以告诉或者代为告诉；被害人是无行为能力人、限制行为能力人，其法定代理人、近亲属没有告诉或者代为告诉的，人民检察院可以告诉；侮辱、暴力干涉婚姻自由等告诉才处理的案件，被害人因受强制、威吓无法告诉的，人民检察院也可以告诉。人民法院对告诉或者代为告诉的，应当依法受理。

10. 切实加强立案监督。人民检察院要切实加强对家庭暴力犯罪案件的立案监督，发现公安机关应当立案而不立案的，或者被害人及其法定代理人、近亲属，有关单位、组织就公安机关不予立案向人民检察院提出异议的，人民检察院应当要求公安机关说明不立案的理由。人民检察院认为不立案理由不成立的，应当通知公安机关立案，公安机关接到通知后应当立案；认为不立案理由成立的，应当将理由告知提出异议的被害人及其法定代理人、近亲属或者有关单位、组织。

11. 及时、全面收集证据。公安机关在办理家庭暴力案件时，要充分、全面地收集、固定证据，除了收集现场的物证、被害人陈述、证人证言等证据外，还应当注意及时向村（居）委会、人民调解委员会、妇联、共青团、残联、医院、学校、幼儿园等单位、组织的工作人员，以及被害人的亲属、邻居等收集涉及家庭暴力的处理记录、病历、照片、视频等证据。

12. 妥善救治、安置被害人。人民法院、人民检察院、公安机关等负有保护公民人身安全职责的单位和组织，对因家庭暴力受到严重伤害需要紧急救治的被害人，应当立即协助联系医疗机构救治；对面临家庭暴力严重威胁，或者处于无人照料等危险状态，需要临时安置的被害人或者相关未成年人，应当通知并协助有关部门进行安置。

13. 依法采取强制措施。人民法院、人民检察院、公安机关对实施家庭暴力的犯罪嫌疑人、被告人，符合拘留、逮捕条件的，可以依法拘留、逮捕；没有采取拘留、逮捕措施的，应当通过走访、打电话等方式与被害人或者其法定代理人、近亲属联系，了解被害人的人身安全状况。对于犯罪嫌疑人、被告人再次实施家庭暴力的，应当根据情况，依法采取必要的强制措施。

人民法院、人民检察院、公安机关决定对实施家庭暴力的犯罪嫌疑人、被告人取保候审的，为了确保被害人及其子女和特定亲属的安全，可以依照刑事诉讼法第六十九条第二款的规定，责令犯罪嫌疑人、被告人不得再次实施家庭暴力；不得侵扰被害人的生活、工作、学习；不得进行酗酒、赌博等活动；经被害人申请且有必要的，责令不得接近被害人及其未成年子女。

14. 加强自诉案件举证指导。家庭暴力犯罪案件具有案发周期较长、证据难以保存，被害人处于相对弱势、举证能力有限，相关事实难以认定等特点。有些特点在自诉案件中表现得更为突出。因此，人民法院在审理家庭暴力自诉案件时，对于因当事人举证能力不足等原因，难以达到法律规定的证据要求的，应当及时对当事人进行举证指导，告知需要收集的证据及收集证据的方法。对于因客观原因不能取得的证据，当事人申请人民法院调取的，人民法院应当认真审查，认为确有必要的，应当调取。

15. 加大对被害人的法律援助力度。人民检察院自收到移送审查起诉的案件材料之日起三日内，人民法院自受理案件之日起三日内，应当告知被害人及其法定代理人或者近亲属有权委托诉讼代理人，如果经济困难，可以向法律援助机构申请法律援助；对于被害人是未成年人、老年人、重病患者或者残疾人等，因经济困难没有委托诉讼代理人的，人民检察院、人民法院应当帮助其申请法律援助。

法律援助机构应当依法为符合条件的被害人提供法律援助，指派熟悉反家庭暴力法律法规的律师办理案件。

三、定罪处罚

16. 依法准确定罪处罚。对故意杀人、故意伤害、强奸、猥亵儿童、非法拘禁、侮辱、暴力干涉婚姻自由、虐待、遗弃等侵害公民人身权利的家庭暴力犯罪，应当根据犯罪的事实、犯罪的性质、情节和对社会的危害程度，严格依照刑法的有关规定判处。对于同一行为同时触犯多个罪名的，依照处罚较重的规定定罪处罚。

17. 依法惩处遗弃犯罪。负有扶养义务且有扶养能力的人，拒绝扶养年幼、年老、患病或者其他没有独立生活能力的家庭成员，是危害严重的遗弃性质的家庭暴力。根据司法实践，具有对被害人长期不予照顾、不提供生活来源；驱赶、逼迫被害人离家，致使被害人流离失所或者生存困难；遗弃患严重疾病或者生活不能自理的被害人；遗弃致使被害人身体严重损害或者造成其他严重后果等情形，属于刑法第二百六十一条规定的遗弃“情节恶劣”，应当依法以遗弃罪定罪处罚。

准确区分遗弃罪与故意杀人罪的界限，要根据被告人的主观故意、所实施行为的时间与地点、是否立即造成被害人死亡，以及被害人对被告人的依赖程度等进行综合判断。对于只是为了逃避扶养义务，并不希望或者放任被害人死亡，将生活不能自理的被害人弃置在福利院、医院、派出所等单位或者广场、车站等行人较多的场所，希望被害人得到他人救助的，一般以遗弃罪定罪处罚。对于希望或者放任被害人死亡，不履行必要的扶养义务，致使被害人因缺乏生活照料而死亡，或者将生活不能自理的被害人带至荒山野岭等人迹罕至的场所扔弃，使被害人难以得到他人救助的，应当以故意杀人罪定罪处罚。

18. 切实贯彻宽严相济刑事政策。对于实施家庭暴力构成犯罪的，应当根据罪刑法定、罪刑相适应原则，兼顾维护家庭稳定、尊重被害人意愿等因素综合考虑，宽严并用，区别对待。根据司法实践，对于实施家庭暴力手段残忍或者造成严重后果；出于恶意侵占财产等卑劣动机实施家庭暴力；因酗酒、吸毒、赌博等恶习而长期或者多次实施家庭暴力；曾因实施家庭暴力受到刑事处罚、行政处罚；或者具有其他恶劣情形的，可以酌情从重处罚。对于实施家庭暴力犯罪情节较轻，或者被告人真诚悔罪，获得被害人谅解，从轻处罚有利于被扶养人的，可以酌情从轻处罚；对于情节轻微不需要判处刑罚的，人民检察院可以不起诉，人民法院可以判处免予刑事处罚。

对于实施家庭暴力情节显著轻微危害不大不构成犯罪的，应当撤销案件、不起诉，或者宣告无罪。

人民法院、人民检察院、公安机关应当充分运用训诫，责令施暴人保证不再实施家庭暴力，或者向被害人赔礼道歉、赔偿损失等非刑罚处罚措施，加强对施暴人的教育与惩戒。

19. 准确认定对家庭暴力的正当防卫。为了使本人或者他人的人身权利免受不法侵害，对正在进行的家庭暴力采取制止行为，只要符合刑法规定的条件，就应当依法认定为正当防卫，不负刑事责任。防卫行为造成施暴人重伤、死亡，且明显超过必要限度，属于防卫过当，应当负刑事责任，但是应当减轻或者免除处罚。

认定防卫行为是否“明显超过必要限度”，应当以足以制止并使防卫人免受家庭暴力不法侵害的需要为标准，根据施暴人正在实施家庭暴力的严重程度、手段的残忍程度，防卫人所处的环境、面临的危险程度、采取的制止暴力的手段、造成施暴人重大损害的程度，以及既往家庭暴力的严重程度等进行综合判断。

20. 充分考虑案件中的防卫因素和过错责任。对于长期遭受家庭暴力后，在激愤、恐惧状态下为了防止再次遭受家庭暴力，或者为了摆脱家庭暴力而故意杀害、伤害施暴人，被告人的行为具有防卫因素，施暴人在案件起因上具有明显过错或者直接责任的，可以酌情从宽处罚。对于因遭受严重家庭暴力，身体、精神受到重大损害而故意杀害施暴人；或者因不堪忍受长期家庭暴力而故意杀害施暴人，犯罪情节不是特别恶劣，手段不是特别残忍的，可以认定为刑法第二百三十二条规定的故意杀人“情节较轻”。在服刑期间确有悔改表现的，可以根据其家庭情况，依法放宽减刑的幅度，缩短减刑的起始时间与间隔时间；符合假释条件的，应当假释。被杀害施暴人的近亲属表示谅解的，在量刑、减刑、假释时应当予以充分考虑。

四、其他措施

21. 充分运用禁止令措施。人民法院对实施家庭暴力构成犯罪被判处管制或者宣告缓刑的犯罪分子，为了确保被害人及其子女和特定亲属的人身安全，可以依照刑法第三十八条第二款、第七十二条第二款的规定，同时禁止犯罪分子再次实施家庭暴力，侵扰被害人的生活、工作、学习，进行酗酒、赌博等活动；经被害人申请且有必要的，禁止接近被害人及其未成年子女。

22. 告知申请撤销施暴人的监护资格。人民法院、人民检察院、公安机关对于监护人实施家庭暴力，严重侵害被监护人合法权益的，在必要时可以告知被监护人及其他有监护资格的人员、单位，向人民法院提出申请，要求撤销监护人资格，依法另行指定监护人。

23. 充分运用人身安全保护措施。人民法院为了保护被害人的人身安全，避免其再次受到家庭暴力的侵害，可以根据申请，依照民事诉讼法等法律的相关规定，作出禁止施暴人再次实施家庭暴力、禁止接近被害人、迁出被害人的住所等内容的裁定。对于施暴人违反裁定的行为，如对被害人进行威胁、恐吓、殴打、伤害、杀害，或者未经被害人同意拒不迁出住所的，人民法院可以根据情节轻重予以罚款、拘留；构成犯罪的，应当依法追究刑事责任。

24. 充分运用社区矫正措施。社区矫正机构对因实施家庭暴力构成犯罪被判处管制、宣告缓刑、假释或者暂予监外执行的犯罪分子，应当依法开展家庭暴力行为矫治，通过制定有针对性的监管、教育和帮助措施，矫正犯罪分子的施暴心理和行为恶习。

25. 加强反家庭暴力宣传教育。人民法院、人民检察院、公安机关、司法行政机关应当结合本部门工作职责，通过以案说法、社区普法、针对重点对象法制教育等多种形式，开展反家庭暴力宣传教育活动，有效预防家庭暴力，促进平等、和睦、文明的家庭关系，维护社会和谐、稳定。

6. 最高人民法院、最高人民检察院、公安部、民政部关于依法处理监护人侵害未成年人权益行为若干问题的意见（法发〔2014〕24 号　自 2015 年 1

月1日起施行）（节录）

1. 本意见所称监护侵害行为，是指父母或者其他监护人（以下简称监护人）性侵害、出卖、遗弃、虐待、暴力伤害未成年人，教唆、利用未成年人实施违法犯罪行为，胁迫、诱骗、利用未成年人乞讨，以及不履行监护职责严重危害未成年人身心健康等行为。

14. 监护侵害行为可能构成虐待罪的，公安机关应当告知未成年人及其近亲属有权告诉或者代为告诉，并通报所在地同级人民检察院。

35. 被申请人有下列情形之一的，人民法院可以判决撤销其监护人资格：

（一）性侵害、出卖、遗弃、虐待、暴力伤害未成年人，严重损害未成年人身心健康的；

40. 人民法院经审理认为申请人确有悔改表现并且适宜担任监护人的，可以判决恢复其监护人资格，原指定监护人的监护人资格终止。

申请人具有下列情形之一的，一般不得判决恢复其监护人资格：

（一）性侵害、出卖未成年人的；

（二）虐待、遗弃未成年人六个月以上、多次遗弃未成年人，并且造成重伤以上严重后果的；

（三）因监护侵害行为被判处五年有期徒刑以上刑罚的。

7. 最高人民法院关于适用《中华人民共和国刑事诉讼法》的解释（法释〔2012〕21号　自2013年1月1日起施行）（节录）

第一条　人民法院直接受理的自诉案件包括：

（二）人民检察院没有提起公诉，被害人有证据证明的轻微刑事案件：

5. 遗弃案（刑法第二百六十一条规定的）；

本项规定的案件，被害人直接向人民法院起诉的，人民法院应当依法受理。对其中证据不足、可以由公安机关受理的，或者认为对被告人可能判处三年有期徒刑以上刑罚的，应当告知被害人向公安机关报案，或者移送公安机关立案侦查。

8. 中华人民共和国治安管理处罚法（2005年8月28日第十届全国人民代表大会常务委员会第十七次会议通过　根据2012年10月26日第十一届全国人民代表大会常务委员会第二十九次会议《关于修改〈中华人民共和国治安管理处罚法〉的决定》修正）（节录）

第四十五条　有下列行为之一的，处五日以下拘留或者警告：

（一）虐待家庭成员，被虐待人要求处理的；

（二）遗弃没有独立生活能力的被扶养人的。

9. **中华人民共和国精神卫生法**（2012年10月26日第十一届全国人民代表大会常务委员会第二十九次会议通过　根据2018年4月27日第十三届全国人民代表大会常务委员会第二次会议《关于修改〈中华人民共和国国境卫生检疫法〉等六部法律的决定》修正）（节录）

第九条　精神障碍患者的监护人应当履行监护职责，维护精神障碍患者的合法权益。

禁止对精神障碍患者实施家庭暴力，禁止遗弃精神障碍患者。

10. **中华人民共和国残疾人保障法**（1990年12月28日第七届全国人民代表大会常务委员会第十七次会议通过　2008年4月24日第十一届全国人民代表大会常务委员会第二次会议修订　根据2018年10月26日第十三届全国人民代表大会常务委员会第六次会议《关于修改〈中华人民共和国野生动物保护法〉等十五部法律的决定》修正）（节录）

第九条　残疾人的扶养人必须对残疾人履行扶养义务。

残疾人的监护人必须履行监护职责，尊重被监护人的意愿，维护被监护人的合法权益。

残疾人的亲属、监护人应当鼓励和帮助残疾人增强自立能力。

禁止对残疾人实施家庭暴力，禁止虐待、遗弃残疾人。

11. **中华人民共和国婚姻法**（1980年9月10日第五届全国人民代表大会第三次会议通过　根据2001年4月28日第九届全国人民代表大会常务委员会第二十一次会议《关于修改〈中华人民共和国婚姻法〉的决定》修正）（节录）

第三条　禁止包办、买卖婚姻和其他干涉婚姻自由的行为。禁止借婚姻索取财物。

禁止重婚。禁止有配偶者与他人同居。禁止家庭暴力。禁止家庭成员间的虐待和遗弃。

第二十七条　继父母与继子女间，不得虐待或歧视。

继父或继母和受其抚养教育的继子女间的权利和义务，适用本法对父母子女关系的有关规定。

第四十四条　对遗弃家庭成员，受害人有权提出请求，居民委员会、村民委员会以及所在单位应当予以劝阻、调解。

对遗弃家庭成员，受害人提出请求的，人民法院应当依法作出支付扶养费、抚养费、赡养费的判决。

第四十五条 对重婚的，对实施家庭暴力或虐待、遗弃家庭成员构成犯罪的，依法追究刑事责任。受害人可以依照刑事诉讼法的有关规定，向人民法院自诉；公安机关应当依法侦查，人民检察院应当依法提起公诉。

四十、拐骗儿童罪

（一）法律规定

第二百六十二条 拐骗不满十四周岁的未成年人，脱离家庭或者监护人的，处五年以下有期徒刑或者拘役。

（二）罪名详解

拐骗儿童罪，是指用蒙骗、利诱或者其他方法，使不满 14 周岁的未成年人脱离家庭或者监护人的行为。

本罪 1979 年《刑法》第 184 条作了规定。

拐骗儿童罪的构成要件是：

1. 主体要件

本罪主体为一般主体。凡年满 16 周岁并具有刑事责任能力的自然人，都可以成为本罪的主体。

2. 客体要件

本罪侵犯的客体是他人的家庭关系和儿童的身心健康。拐骗的对象是不满 14 周岁的未成年人。拐骗已满 14 周岁的人不构成本罪，符合拐卖妇女罪的可以拐卖妇女罪定罪。

“儿童”，是指不满 14 周岁的未成年人。由于儿童的身心发育尚未成熟，对周围事物缺乏判断能力和自我保护能力，因此，《宪法》和《婚姻法》《未成年人保护法》《收养法》都强调对儿童应当加以特殊保护。《宪法》规定，儿童受国家保护。《婚姻法》规定，保护儿童的合法权益，父母有管教和保护未成年子女的权利和义务。拐骗儿童的行为，不仅给受害儿童的父母造成精神上的极大痛苦，而且使儿童失去父母的爱护和家庭温暖，严重损害儿童的身心健康。因此，同拐骗儿童的犯罪行为作斗争，对于保护社会主义家庭关系，保护下一代的健康成长，是十分重要的。

3. 主观要件

本罪主观方面由直接故意构成。其目的一般是为了自己收养，也有的是供自己使唤，而不是为了营利。间接故意和过失不构成本罪。

4. 客观要件

本罪客观方面表现为采用蒙骗、利诱或者其他方法，使男、女儿童脱离家庭或者监护人的行为。

“家庭”，是指儿童与其父母（包括生父母、养父母、继父母）或者其他亲属共同生活的处所。“监护人”，是指依法对儿童的人身、财产和其他合法权益负有监督和保护责任的人。按照《中华人民共和国民法总则》第27条的规定，父母是未成年子女的监护人。未成年人的父母已经死亡或者没有监护能力的，由下列有监护能力的人按顺序担任监护人：（1）祖父母、外祖父母（2）兄、姐；（3）其他愿意担任监护人的个人或者组织，但是须经未成年人住所地的居民委员会、村民委员会或者民政部门同意。司法实践中，使儿童脱离家庭或者监护人的方式有三种：一是以食品、玩具、娱乐等为诱饵，进行哄骗、诱惑，直接将儿童拐走。二是对家长或者监护人进行蒙骗而将儿童拐走。常见的是以当保姆为名，待取得主人信任后，乘机将婴幼儿拐走；或者冒充儿童的亲属，从幼儿园、托儿所将儿童骗走等。三是以偷盗手段，将婴幼儿抱走。但不论采用哪种拐骗手段，只要使儿童脱离了家庭或者监护人，就构成本罪。

（三）实务疑难问题

1. 本罪与拐卖儿童罪的区分

拐卖儿童罪，是指以出卖为目的，拐骗、绑架、收买、贩卖、接送或者中转儿童的行为。本罪与拐卖儿童罪的犯罪对象都是不满14周岁的儿童，客观上都使用了欺骗的手段。两者的区别主要在于：第一，侵犯的客体不同。前者侵犯的主要是他人的家庭关系，后者侵犯的则是公民的人身自由权利。第二，主观目的不同。前者大多是为了收养，后者则是为了贩卖。拐骗儿童后产生出卖意图的，应当以拐骗儿童罪和拐卖儿童罪，实行数罪并罚。

2. 本罪与绑架罪的区分

绑架罪，是指以勒索财物为目的绑架他人，或者绑架他人作为人质的行为。《刑法》第239条第3款规定，以勒索财物为目的偷盗婴幼儿的，以绑架罪定罪处罚。本罪与绑架罪的区别主要在于：第一，侵犯的客体不同。前者侵犯的主要是他人的家庭关系，后者侵犯的是公民的人身自由权利和财产权利；第二，犯罪目的不同。前者大多是为了收养，后者则是为了勒索财物；第三，犯罪手段不同。前者是拐骗，后者则对婴幼儿使用了偷盗的方法，实质是一种绑架行为。拐骗儿童后产生绑架勒索意图的，应当以拐骗儿童罪和绑架罪，实行数罪并罚。

（四）情节与量刑

依照《刑法》第262条规定，犯拐骗儿童罪的，处5年以下有期徒刑或者拘役。

司法机关在适用时，应当注意以下问题：

1. 从刑法规定来看，本罪是行为犯，只要行为人实施拐骗行为，使不满14周岁的未成年人脱离家庭或者监护人的，即构成既遂。

2. 规范化量刑。《最高人民法院关于常见犯罪的量刑指导意见》对拐骗儿童的量刑并未作出规定，这主要是因为本罪在司法实践中并不常见，最高司法机关尚未总结出成熟的量刑意见。在有关规定出台前，司法人员应当根据犯罪事实、犯罪性质、情节和社会危害程度，依照刑法和有关司法解释的规定判处刑罚。

（五）法律链接

1. 最高人民法院、最高人民检察院、公安部、司法部关于依法惩治拐卖妇女儿童犯罪的意见（法发〔2010〕7号　自2010年3月15日起施行）（节录）

15. 以出卖为目的强抢儿童，或者捡拾儿童后予以出卖，符合刑法第二百四十条第二款规定的，应当以拐卖儿童罪论处。

以抚养为目的偷盗婴幼儿或者拐骗儿童，之后予以出卖的，以拐卖儿童罪论处。

2. 最高人民法院、最高人民检察院、公安部、民政部、司法部、全国妇联关于打击拐卖妇女儿童犯罪有关问题的通知（公通字〔2000〕26号　自2000年3月20日起施行）（节录）

四、正确适用法律，依法严厉打击拐卖妇女、儿童的犯罪活动。这次“打拐”专项斗争的重点是打击拐卖妇女、儿童的人贩子。凡是拐卖妇女、儿童的，不论是哪个环节，只要是以出卖为目的，有拐骗、绑架、收买、贩卖、接送、中转、窝藏妇女、儿童的行为之一的，不论拐卖人数多少，是否获利，均应以拐卖妇女、儿童罪追究刑事责任。对收买被拐卖的妇女、儿童的，以及阻碍解救被拐卖妇女、儿童构成犯罪的，也要依法惩处。出卖亲生子女的，由公安机关依法没收非法所得，并处以罚款；以营利为目的，出卖不满十四周岁子女，情节恶劣的，借收养名义拐卖儿童的，以及出卖捡拾的儿童的，均应以拐卖儿童罪追究刑事责任。出卖十四周岁以上女性亲属或者其他不满十四周岁亲属的，以拐卖妇女、儿童罪追究刑事责任。

办案中，要正确区分罪与非罪、罪与罪的界限，特别是拐卖妇女罪与介绍婚姻收取钱物行为、拐卖儿童罪与收养中介行为、拐卖儿童罪与拐骗儿童罪，以及绑架儿童罪与拐卖儿童罪的界限，防止扩大打击面或者放纵犯罪。

四十一、组织残疾人、儿童乞讨罪

（一）法律规定

第二百六十二条之一[①]　**以暴力、胁迫手段组织残疾人或者不满十四周岁的未成年人乞讨的，处三年以下有期徒刑或者拘役，并处罚金；情节严重的，处三年以上七年以下有期徒刑，并处罚金。**

（二）罪名详解

组织残疾人、儿童乞讨罪，是指以暴力、胁迫手段，组织残疾人或者未满14周岁的未成年人在公共场所进行乞讨，侵害残疾人、儿童的身心健康和合法权益，危害社会治安秩序的行为。

---

① 本条为2006年6月29日《刑法修正案（六）》第17条增加。

本罪是《刑法修正案（六）》第 17 条增设的罪名。

组织残疾人、儿童乞讨罪的构成要件是：

1. 主体要件

本罪主体为一般主体。凡年满 16 周岁并具有刑事责任能力的自然人，都可以成为本罪的主体。

2. 客体要件

本罪侵犯的客体是残疾人、儿童的身心健康及其合法权益和社会治安管理秩序。本罪侵犯的是复杂客体，但主要侵犯的是残疾人、儿童的人身权利和其他合法权利。犯罪对象是残疾人、儿童。

“残疾人”，是指在心理、生理、人体结构上，某种组织、功能丧失或者不正常，全部或者部分丧失以正常方式从事某种活动能力的人。残疾人包括视力残疾、听力残疾、言语残疾、肢体残疾、智力残疾、精神残疾、多重残疾和其他残疾的人。残疾标准由国务院规定。“儿童”，是指不满 14 周岁的未成年人。《刑法修正案（六）》增设此种犯罪主要是基于以下考虑：

（1）维护残疾人、儿童的人身权利和其他合法权利，履行国际义务的需要。残疾人、儿童是社会的弱势群体。他们之中一些人被幕后的“黑手”操纵，充当乞讨牟利的工具，为了博得社会更多的同情，甚至不惜故意恶化残疾儿童的伤口，严重侵犯了残疾人、儿童的人格尊严、身心健康和人身自由。《残疾人保障法》第 3 条规定：“残疾人在政治、经济、文化、社会和家庭生活等方面享有同其他公民平等的权利。残疾人的公民权利和人格尊严受法律保护。禁止基于残疾的歧视。禁止侮辱、侵害残疾人。禁止通过大众传播媒介或者其他方式贬低损害残疾人人格。”《预防未成年人犯罪法》第 29 条规定：“任何人不得教唆、胁迫、引诱未成年人实施本法规定的不良行为，或者为未成年人实施不良行为提供条件。”而该法第 14 条规定的“不良行为”中，就有“强行向他人索要财物”的行为。根据上述法律规定的精神，包括未成年人父母、法定监护人在内的任何人，都不得指使、利用未成年人从事乞讨活动。

我国已批准加入的联合国《儿童权利公约》第 19 条也明确规定：“1. 缔约国应采取一切适当的立法、行政、社会和教育措施，保护儿童在受父母、法定监护人或者其他任何负责照管儿童的人的照料时，不致受到任何形式的身心摧残、伤害或凌辱，忽视或照料不周，虐待或剥削，包括性侵犯。2. 这类保护性措施应酌情包括采取有效程序以建立社会方案，向儿童和负责照管儿童的人提供必要的支助，采取其他预防形式，查明、报告、查询、调查、处理和追究前述的虐待儿童事件，以及在适当时进行司法干预。”作为签约国，我国政府理应承担国际义务，采取相应措施。《刑法修正案（六）》的出台，就是对以强迫儿童进行乞讨的形式虐待儿童的行为，“进行司法干预”的具体体现。

（2）维护社会治安秩序的需要。当前，流浪乞讨已成为影响社会治安的一个突出问题。纵观世界各国，流浪乞讨是一个世界性的社会问题。我国正处于社会主义初级阶段，处于经济转轨、社会转型这一特殊历史时期，流浪乞讨问题不可避免。值得注意的是，近年来，经济发达的大中城市流浪乞讨人员急剧增多，有的形成丐帮势力。他们操纵、雇用、诱骗、教唆、胁迫、利用残疾人、儿童在公共场所（包括交通要道）进行乞讨，自己从中聚敛钱财，严重扰乱城市社会治安秩序。乞讨职业化已成为日益严重的社会问题，成为影响社会治安的新隐患，应当依法予以惩治。

（3）与有关法律相协调、衔接的需要。我国有关法律对利用他人和残疾人进行乞讨的行为作出了规定。例如，《治安管理处罚法》第 41 条第 1 款规定：“胁迫、诱骗或者利用他人乞讨的，处十日以上十五日以下拘留，可以并处一千元以下罚款。”第 2 款规定：“反复纠缠、强行讨要或者以其他滋扰他人的方式乞讨的，处五日以下拘留或者警告。”但这只属于对违反治安管理行为（即一般违法行为）的行政处罚。《残疾人保障法》第 67 条虽进一步规定：“违反本法规定，侵害残疾人的合法权益，其他法律、法规规定行政处罚的，从其规定；造成财产损失或者其他损害的，依法承担民事责任；构成犯罪的，依法追究刑事责任。”但因现行刑法没有利用残疾人进行乞讨如何处罚的规定，因而也无法利用这一附属刑法的规定追究行为人的刑事责任。《刑法修正案（六）》第 17 条增设此罪，则较好地解决了刑法与相关法律保持协调、衔接的问题。

3. 主观要件

本罪主观方面由直接故意构成，一般具有牟利的目的。间接故意和过失不构成本罪。

4. 客观要件

本罪客观方面表现为以暴力、胁迫手段，组织残疾人或者不满 14 周岁的未成年人进行乞讨的行为。

“暴力”，是指对被组织的乞讨人员进行殴打、捆绑、拘禁等危害人身安全和限制人身自由的行为。“胁迫”，是指对被组织的乞讨人员进行威胁、恫吓的行为。威胁可以是口头的，也可以是举动。如扬言进行报复、揭发隐私、毁坏财产、破坏名誉、手持凶器威吓等进行要挟，以达到精神上强制的目的。“组织”，是指通过招募、雇用、强迫、引诱、拐骗、容留等方法，将流浪在社会上的残疾人、儿童组织起来，在公共场所进行乞讨。“招募”，是指在社会上物色对象，网罗、招收残疾人、儿童；“雇用”，是指用金钱收罗残疾人、儿童从事乞讨活动；“强迫”，是指对本不想乞讨的残疾人、儿童，用精神威胁、肉体折磨等方法，逼使其从事乞讨活动；“引诱”，是指用诱惑的方法，促使残疾人、儿童进行乞讨；“拐骗”，是指用蒙骗、哄骗、引诱等方法，使男女儿童脱离家庭或者监护人的行为；“容留”，是指为流浪在社会上的残疾人、儿童提供聚居的场所。应当强调指出的是，采用暴力、胁迫手段违背残疾人、儿童的意志，组织残疾人、儿童进行乞讨，是构成本罪在客观方面两个必备的条件，必须同时具备，缺一不可。如果行为人对残疾人或者儿童没有采用暴力、胁迫的手段，而是采用诱骗等其他方法，组织残疾人、儿童乞讨，则不构成本罪；如果行为人虽对残疾人、儿童采用了暴力、胁迫的手段，迫使其乞讨，但针对的是特定的个人，而不是组织多人，也不构成本罪。

（三）实务疑难问题

1. 本罪的罪与非罪

根据刑法规定，是否构成组织残疾人、儿童乞讨罪，关键在于行为人对残疾人、儿童是否采取了暴力、胁迫的手段，对进行乞讨的残疾人、儿童是否有“组织”的行为。如果没有，则属于一般违法行为，应当按照《治安管理处罚法》第41条的规定，给予治安处罚。

2. 本罪的罪数问题

如果行为人在以暴力、胁迫手段组织残疾人、儿童乞讨过程中，实施了非法拘禁、故意伤害、拐骗、拐卖、猥亵儿童的行为，构成犯罪的，则应当实行数罪并罚。

3. 本罪属选择性罪名（对象选择）

行为人只要实施了以暴力、胁迫手段组织残疾人或者儿童进行乞讨其中一种行为，就构成本罪；既组织残疾人，又组织儿童乞讨的，仍为一罪，不实行并罚，量刑时可作参考。

4. 本罪在犯罪形态上属行为犯

行为人只要实施了以暴力、胁迫手段组织残疾人或者儿童进行乞讨的行为，就构成本罪；法律没有对本罪提出“情节”“数额”“后果”等方面的要求。

（四）情节与量刑

依照《刑法》第 262 条之一规定，犯组织残疾人、儿童乞讨罪的，处 3 年以下有期徒刑或者拘役，并处罚金；情节严重的，处 3 年以上 7 年以下有期徒刑，并处罚金。

司法机关在适用时，应当注意以下问题：

1. 处罚的对象，仅限于以暴力、胁迫手段组织残疾人、儿童进行乞讨的组织者，包括幕后操纵者、指挥者和具体执行者。对于一般参与乞讨的人员不能以犯罪论处，他们实际上也是受害者。

2. “情节严重”，是本罪的加重处罚情节，司法实践中，一般是指多次（三次以上）组织残疾人、儿童进行乞讨的；组织众多残疾人、儿童进行乞讨，严重扰乱社会治安的；屡教不改，长时间组织残疾人、儿童进行乞讨，在社会上造成恶劣影响的等情形。

3. 规范化量刑。《最高人民法院关于常见犯罪的量刑指导意见》对组织残疾人、儿童乞讨罪的量刑并未作出规定，这主要是因为本罪在司法实践中并不常见，最高司法机关尚未总结出成熟的量刑意见。在有关规定出台前，司法人员应当根据犯罪事实、犯罪性质、情节和社会危害程度，依照刑法和有关司法解释的规定判处刑罚。

（五）法律链接

1. 最高人民法院、最高人民检察院、公安部、民政部关于依法处理监护人侵害未成年人权益行为若干问题的意见（法发〔2014〕24 号　自 2015 年 1 月 1 日起施行）（节录）

1. 本意见所称监护侵害行为，是指父母或者其他监护人（以下简称监护人）性侵害、出卖、遗弃、虐待、暴力伤害未成年人，教唆、利用未成年人实施违法犯罪行为，胁迫、诱骗、利用未成年人乞讨，以及不履行监护职责严重危害未成年人身心健康等行为。

35. 被申请人有下列情形之一的，人民法院可以判决撤销其监护人资格：

（五）胁迫、诱骗、利用未成年人乞讨，经公安机关和未成年人救助保护机构等部门三次以上批评教育拒不改正，严重影响未成年人正常生活和学习的；

2. **中华人民共和国未成年人保护法**（1991 年 9 月 4 日第七届全国人民代表大会常务委员会第二十一次会议通过　2006 年 12 月 29 日第十届全国人民代表大会常务委员会第二十五次会议修订　根据 2012 年 10 月 26 日第十一届全国人民代表大会常务委员会第二十九次会议《关于修改〈中华人民共和国未成年人保护法〉的决定》修正）（节录）

第四十一条　禁止拐卖、绑架、虐待未成年人，禁止对未成年人实施性侵害。

禁止胁迫、诱骗、利用未成年人乞讨或者组织未成年人进行有害其身心健康的表演等活动。

第七十一条　胁迫、诱骗、利用未成年人乞讨或者组织未成年人进行有害其身心健康的表演等活动的，由公安机关依法给予行政处罚。

3. **中华人民共和国治安管理处罚法**（2005 年 8 月 28 日第十届全国人民代表大会常务委员会第十七次会议通过　根据 2012 年 10 月 26 日第十一届全国人民代表大会常务委员会第二十九次会议《关于修改〈中华人民共和国治安管理处罚法〉的决定》修正）（节录）

第四十一条　胁迫、诱骗或者利用他人乞讨的，处十日以上十五日以下拘留，可以并处一千元以下罚款。

反复纠缠、强行讨要或者以其他滋扰他人的方式乞讨的，处五日以下拘留或者警告。

四十二、组织未成年人进行违反治安管理活动罪

（一）法律规定

第二百六十二条之二[①] **组织未成年人进行盗窃、诈骗、抢夺、敲诈勒索等违反治安管理活动的，处三年以下有期徒刑或者拘役，并处罚金；情节严重的，处三年以上七年以下有期徒刑，并处罚金。**

（二）罪名详解

组织未成年人进行违反治安管理活动罪，是指组织未成年人进行盗窃、诈骗、抢夺、敲诈勒索等违反治安管理活动的行为。

本罪是《刑法修正案（七）》第 8 条增设的罪名。

组织未成年人进行违反治安管理活动罪的构成要件是：

1. 主体要件

本罪主体为一般主体。凡年满 16 周岁、具有刑事责任能力的人，都可以成为本罪的主体。司法实践中多为成年人；本罪的主体可以是一人，也可以是多人，但必须是组织未成年人进行违反治安管理活动的“组织者”，防止扩大打击面。单位不构成本罪。

2. 客体要件

本罪侵犯的客体是未成年人的身心健康和社会治安管理秩序，属双重客体。但侵犯的主要客体是未成年人的身心健康，次要客体是社会治安管理秩序。犯罪对象是未成年人。按照《未成年人保护法》的规定，“未成年人是指不满十八周岁的公民”。

我国不满 18 周岁的人达 3 亿多，他们的健康成长关系着我们明天的事业。近年来，社会上的一些不法分子利用未成年人生理、心理发育尚未成熟，辨别是非和自我控制能力差，以及一些未成年人精神空虚、物质缺乏之机，通过诱骗、胁迫甚至暴力手段，组织辍学未成年人、在校学生或者社会流浪少年，对在校学生实施抢夺、敲诈勒索、伤害等活动；在大型商贸区、繁华

---

① 本条为 2009 年 2 月 28 日《刑法修正案（七）》第 8 条增加。

地带实施盗窃、扒窃、抢夺等活动。这些违法犯罪活动在某些大中城市十分猖獗。一些大的违法犯罪团伙，分工明确，组织纪律严密，还分配一定任务，制定了赏罚制度。这些违法犯罪活动不仅扰乱了当地的社会治安秩序，更重要的是剥夺了这些未成年人的受教育权、健康权，使他们逐渐走上了犯罪的道路，毁掉了他们的一生!

《刑法修正案（六)》虽然规定了“组织残疾人、儿童乞讨罪”，但对组织未成年人进行盗窃、抢夺等违反治安管理活动的行为没有进行规制。如果仅仅给予治安处罚，这种惩罚力度与其社会危害性明显不相适应，也不足以震慑这类犯罪。《刑法修正案（七)》的出台，填补了立法上的空白。正如皮艺军教授在接受记者采访时所说的：“这次刑法修改不再把未成年人当成处罚的对象，而是把组织未成年人犯罪的这些成年人当成处罚对象，未成年人被当成了一个保护的主体，这意味着立法观念上的转变。”这是继《刑法修正案（六)》增设组织残疾人、儿童乞讨罪之后，保护未成年人合法权益的又一重要立法，对保护未成年人身心健康和维护社会治安秩序，具有十分重要的意义。

3. 主观要件

本罪主观方面由故意构成，包括直接故意和间接故意；过失不构成本罪。司法实践中，犯本罪一般都以牟利为目的，但法律并未明确规定以牟利为目的是构成本罪在主观方面的必备要件。因此，行为人出于其他目的，如扰乱社会秩序等也可以构成本罪。鉴于本罪侵犯的客体是未成年人的身心健康和社会治安管理秩序，不明确规定“以牟利为目的”，更有利于认定犯罪，及时惩处这类犯罪活动，保护未成年人的合法权益。

4. 客观要件

本罪客观方面表现为组织未成年人进行盗窃、诈骗、抢夺、敲诈勒索等违反治安管理活动的行为。

首先，必须实施了“组织行为”。但本罪的组织行为，不是《刑法》第 26 条第 3 款规定的犯罪集团中起组织、领导作用的行为和《刑法》第 290 条、第 291 条规定的聚众扰乱社会秩序和公共场所秩序的首要分子起组织、策划、指挥作用的行为，而是单独构成犯罪的一种实行行为。司法实践中，通常表现为行为人实施了组织、策划和指挥未成年人进行违反治安管理活动的行为。其次，被组织的对象必须是未成年人，包括身体残疾和智力发育不正常的未成年人。再次，必须是组织未成年人进行了违反治安管理活动。按照《治安管理处罚法》的规定，所谓违反治安管理活动，是指进行了扰乱公共秩序，妨害公共安全，侵犯人身权利、财产权利，妨害社会管理等活动，依照刑法尚不够刑事处罚的行为。《刑法修正案（七）》列举了盗窃、诈骗、抢夺、敲诈勒索四种常见的典型的违反治安管理的行为，但并未穷尽，因而加了一个“等”字，说明在适用范围上并不限于以上四种行为。

（三）实务疑难问题

1. 本罪的罪与非罪

根据法律规定，本罪属于行为犯，只要行为人实施了组织未成年人进行盗窃、诈骗、抢夺、敲诈勒索等违反治安管理活动的行为，就构成犯罪，不需要其他情节和要件。但是，根据《刑法》第13条的规定，如果认定行为人“情节显著轻微危害不大的”，则不构成犯罪。司法实践中，通常考察组织的手段、对象人数、进行违法活动的次数、数额及其他情节等等，来判断情节是否显著轻微。此外，本罪在客观方面要求行为人具有组织未成年人进行违反治安管理活动的“组织行为”，不具备这种组织行为的不构成犯罪。一般只要组织三名以上未成年人进行违反治安管理活动，就构成本罪。

2. 本罪的罪数问题

对于行为人组织未成年人进行乞讨，又组织未成年人进行盗窃等违反治安管理活动的，是否构成数罪问题，我们认为，如果是同一个组织行为，属于想象竞合犯，应当按照处罚较重的一个罪处罚，不实行数罪并罚，否则违反了不得对同一行为进行重复评价的原则。如果行为人先后分别组织不同未成年人进行乞讨或者进行违反治安管理活动，事实上存在两个独立的组织行为的，则构成数罪，应当实行并罚。

3. 本罪与非法拘禁、故意伤害、拐骗儿童等相关犯罪的认定问题

行为人通过暴力、胁迫、诱骗、教唆等手段，在组织未成年人实施违反治安管理活动过程中，对这些未成年人进行非法拘禁、故意伤害等行为，应当如何处理的问题。我们认为，这些行为属“同一组织行为”，如果尚不构成犯罪，可按组织未成年人进行违反治安管理活动罪处理；如果已构成犯罪，则属想象的数罪，不是实际的数罪，不适用数罪并罚原则，而应当按照想象竞合犯，从一重罪处断，即按其中法定刑最重的一个罪处罚。

4. 本罪与盗窃、诈骗、抢夺、敲诈勒索等罪的区分

本罪的适用应排除间接正犯与教唆犯的情形，即组织未成年人实施的盗窃、诈骗、抢夺、敲诈勒索等活动本身并不符合盗窃罪、诈骗罪、抢夺罪、敲诈勒索罪的犯罪构成，仅为“违反治安管理活动的行为”。如果所组织实施的盗窃等行为已经符合盗窃等犯罪构成，则对组织者不能以本罪论处，而应以间接正犯或者教唆犯原理来处理。具体而言：若所利用的未成年人未满16周岁，则所利用的未成年人实为其盗窃、诈骗、抢夺、敲诈勒索等犯罪行为的工具，依间接正犯原理，对组织者直接认定为具体的盗窃罪、抢夺罪等；若所利用的未成年人已满16周岁，则所利用的未成年人本人也应对盗窃、抢夺等承担刑事责任，此时组织者实属教唆犯，且为教唆未成年人犯罪，应从重处罚。

（四）情节与量刑

依照《刑法》第262条之二规定，犯组织未成年人进行违反治安管理活动罪的，处3年以下有期徒刑或者拘役，并处罚金；情节严重的，处3年以上7年以下有期徒刑，并处罚金。

司法机关在适用时，应当注意以下问题：

1. 处罚的对象，仅限于对未成年人进行盗窃、诈骗、抢夺、敲诈勒索等违反治安管理活动进行组织的组织者。对于实施违反治安管理活动的未成年人，不能以本罪论处，其行为违反《治安管理处罚法》的，依照《治安管理处罚法》处罚；其行为违反刑法构成盗窃罪、诈骗罪、抢夺罪、敲诈勒索罪等，则依照刑法进行处罚。

2. 本条规定的“情节严重”是加重处罚情节，司法实践中，一般是指多次、大量组织未成年人进行违反治安管理活动，给社会造成恶劣影响的；长期以暴力、胁迫等手段组织未成年人进行违反治安管理活动，给未成年人的身心健康造成严重危害的；因组织未成年人进行违反治安管理活动给当地社会治安秩序造成严重后果的等情形。

3. 规范化量刑。《最高人民法院关于常见犯罪的量刑指导意见》对组织未成年人进行违反治安管理活动罪的量刑并未作出规定，这主要是因为本罪在司法实践中并不常见，最高司法机关尚未总结出成熟的量刑意见。在有关规定出台前，司法人员应当根据犯罪事实、犯罪性质、情节和社会危害程度，依照刑法和有关司法解释的规定判处刑罚。

（五）法律链接

1. 最高人民法院、最高人民检察院、公安部、司法部关于依法惩治拐卖妇女儿童犯罪的意见（法发〔2010〕7号　自2010年3月15日起施行）（节录）

27. 拐卖妇女、儿童或者收买被拐卖的妇女、儿童，又组织、教唆被拐卖、收买的未成年妇女、儿童进行盗窃、诈骗、抢夺、敲诈勒索等违反治安管理活动的，以拐卖妇女、儿童罪或者收买被拐卖的妇女、儿童罪与组织未成年人进行违反治安管理活动罪数罪并罚。

2. 中华人民共和国未成年人保护法（1991年9月4日第七届全国人民代表大会常务委员会第二十一次会议通过　2006年12月29日第十届全国人民代表大会常务委员会第二十五次会议修订　根据2012年10月26日第十一届全国人民代表大会常务委员会第二十九次会议《关于修改〈中华人民共和国未成年人保护法〉的决定》修正）（节录）

第二条　本法所称未成年人是指未满十八周岁的公民。

3. 中华人民共和国治安管理处罚法（2005年8月28日第十届全国人民代表大会常务委员会第十七次会议通过　根据2012年10月26日第十一届全国人民代表大会常务委员会第二十九次会议《关于修改〈中华人民共和国治安管理处罚法〉的决定》修正）（节录）

第二条　扰乱公共秩序，妨害公共安全，侵犯人身权利、财产权利，妨害社会管理，具有社会危害性，依照《中华人民共和国刑法》的规定构成犯罪的，依法追究刑事责任；尚不够刑事处罚的，由公安机关依照本法给予治安管理处罚。

第十二条　已满十四周岁不满十八周岁的人违反治安管理的，从轻或者减轻处罚；不满十四周岁的人违反治安管理的，不予处罚，但是应当责令其监护人严加管教。

第二十一条　违反治安管理行为人有下列情形之一，依照本法应当给予行政拘留处罚的，不执行行政拘留处罚：

（一）已满十四周岁不满十六周岁的；

（二）已满十六周岁不满十八周岁，初次违反治安管理的；

（三）七十周岁以上的；

（四）怀孕或者哺乳自己不满一周岁婴儿的。

第四十九条 盗窃、诈骗、哄抢、抢夺、敲诈勒索或者故意损毁公私财物的，处五日以上十日以下拘留，可以并处五百元以下罚款；情节较重的，处十日以上十五日以下拘留，可以并处一千元以下罚款。

4. **中华人民共和国预防未成年人犯罪法**（1999 年 6 月 28 日第九届全国人民代表大会常务委员会第十次会议通过 根据 2012 年 10 月 26 日第十一届全国人民代表大会常务委员会第二十九次会议《关于修改〈中华人民共和国预防未成年人犯罪法〉的决定》修正）（节录）

第二十九条 任何人不得教唆、胁迫、引诱未成年人实施本法规定的不良行为，或者为未成年人实施不良行为提供条件。

第四十二条 未成年人发现任何人对自己或者对其他未成年人实施本法第三章规定不得实施的行为或者犯罪行为，可以通过所在学校、其父母或者其他监护人向公安机关或者政府有关主管部门报告，也可以自己向上述机关报告。受理报告的机关应当及时依法查处。

第五十六条 教唆、胁迫、引诱未成年人实施本法规定的不良行为、严重不良行为，或者为未成年人实施不良行为、严重不良行为提供条件，构成违反治安管理行为的，由公安机关依法予以治安处罚；构成犯罪的，依法追究刑事责任。

新编
刑法罪名精释

第3卷

XIN BIAN XING FA ZUI MING JING SHI

主　编◎周　峰

中国法制出版社
CHINA LEGAL PUBLISHING HOUSE

总目录

·第一卷·

·第二卷·

·第三卷·

·第四卷·

目　录

（第三卷）

第五章　侵犯财产罪

一、抢劫罪

（一）法律规定

第二百六十三条　以暴力、胁迫或者其他方法抢劫公私财物的，处三年以上十年以下有期徒刑，并处罚金；有下列情形之一的，处十年以上有期徒刑、无期徒刑或者死刑，并处罚金或者没收财产：

（一）入户抢劫的；

（二）在公共交通工具上抢劫的；

（三）抢劫银行或者其他金融机构的；

（四）多次抢劫或者抢劫数额巨大的；

（五）抢劫致人重伤、死亡的；

（六）冒充军警人员抢劫的：

（七）持枪抢劫的；

（八）抢劫军用物资或者抢险、救灾、救济物资的。

第二百六十七条第二款　携带凶器抢夺的，依照本法第二百六十三条的规定定罪处罚。

第二百六十九条　犯盗窃、诈骗、抢夺罪，为窝藏赃物、抗拒抓捕或者毁灭罪证而当场使用暴力或者以暴力相威胁的，依照本法第二百六十三条的规定定罪处罚。

第二百八十九条　聚众“打砸抢”，致人伤残、死亡的，依照本法第二百三十四条、第二百三十二条的规定定罪处罚。毁坏或者抢走公私财物的，除判令退赔外，对首要分子，依照本法第二百六十

三条的规定定罪处罚。

（二）罪名详解

抢劫罪，是指以非法占有为目的，当场使用暴力、胁迫或者其他方法，强行立即夺取公私财物的行为。

本罪1979年《刑法》第150条作了规定，1997年刑法对原条文作了修改，但罪名未改。

1997年刑法修订后，最高人民法院于2001年1月发布了《关于审理抢劫案件具体应用法律若干问题的解释》（下简称《抢劫解释》），于2005年7月发布了《关于审理抢劫、抢夺刑事案件适用法律问题的意见》（下简称《两抢意见》），又于2016年1月印发了《关于审理抢劫刑事案件适用法律若干问题的指导意见》（下简称《抢劫指导意见》），对抢劫案件的法律适用作出了规范。

抢劫罪的构成要件是：

1. 主体要件

犯罪主体为一般主体。根据《刑法》第17条第2款的规定，凡年满14周岁并具有刑事责任能力的自然人，均可构成本罪的主体。

2. 主观要件

主观方面只能由直接故意构成，且故意的内容必须以非法占有公私财物为目的。

3. 客体要件

本罪侵犯的客体为复杂客体，即不仅侵犯了公私财产的所有权，同时也侵犯了被害人的人身权利。因此，抢劫罪被认为是最严重的侵犯财产的犯罪。

侵犯双重客体，是构成抢劫罪的一个必备要件，也是本罪区别于其他侵犯财产犯罪和一般侵犯人身权利犯罪的重要标志。由于抢劫罪的最终目的是为了抢劫财物，侵犯人身权利只是实现犯罪目的而使用的一种手段，所以，刑法将其归入侵犯财产罪一章中。

侵犯的对象为公私财物。因抢劫罪具有当场取得财物的特征，所以，被侵犯的公私财物一般表现为动产形式，不动产的财物不能成为抢劫罪的对象。但如果行为人将不动产财物的一部分强行分离后抢走，则被分离部分已成为动产，应当构成抢劫罪。

当前，抢劫犯罪仍呈多发态势，并出现一些新情况、新特点：一是重大、恶性抢劫案件频发，以杀人甚至“灭门”等残忍手段实施抢劫，在一个地方多次结伙抢劫，入户抢劫，抢劫中实施强奸等暴力犯罪时有发生。二是抢劫案件的被告人大多为无业人员、流动人员，尤其是经济发达地区，这一特征更为明显。三是以特定从业人员为目标实施的抢劫，如针对出租车司机、非法营运的机动车辆驾驶员、娱乐从业人员、农村留守妇女、儿童以及老人实施的抢劫有增多趋势。四是“麻醉”抢劫、飞车抢夺等犯罪在一些地区仍然突出。因此，对抢劫犯罪必须依法严惩。

4. 客观要件

客观方面表现为对公私财物的所有者、保管者或者守护者当场使用暴力、胁迫或者其他对人身实行强制的方法，立即抢走财物或者迫使被害人立即交出财物的行为。

“暴力”，是指行为人对被害人身体实施袭击或者使用其他强暴手段，如殴打、伤害、捆绑、禁闭等，足以危及被害人身体健康或者生命安全，致使被害人不能抗拒，被其当即抢走财物，或者被迫立即交出财物。这种暴力是行为人为了排除被害人的抵抗，从而可以抢掠财物而故意实施的。“胁迫”，是指行为人以立即实施暴力相威胁，实行精神强制，使被害人产生恐惧而不敢抗拒，被迫当场交出财物或者任其立即劫取财物。这种胁迫，一般是针对被害人的，有的也可以是针对在场的被害人亲属或者其他有关人员的。这种胁迫，通常是以明确的语言、示意或者动作进行威胁，其特点：一是当面向被害人发出；二是以立即实施暴力相威胁；三是当场抢劫财物；四是如遇反抗，会立即转为暴力劫取财物。“其他方法”，是指除了暴力或者胁迫方法之外，对被害人采取诸如用酒灌醉、用药物麻醉、麻痹等方法，使被害人不知抗拒或者丧失反抗能力，而当场劫取其财物。认定犯罪行为是否构成了抢劫罪，应以行为人非法占有财物的当场是否实际使用了暴力、胁迫或者其他方法为标准。这是抢劫罪区别于本章中其他侵犯财产犯罪的本质特征。

（三）实务疑难问题

1. 划清罪与非罪的界限

在一般情况下，凡是以非法占有为目的，用暴力、胁迫或者其他方法强行立即夺取公私财物的行为，就具备了抢劫罪的基本特征，构成了抢劫罪。

下列情形下，可不以犯罪处理

(1) 对已满 14 周岁未满 16 周岁的未成年人使用轻微暴力劫夺少量财物的。2006 年 1 月 11 日公布的《最高人民法院关于审理未成年人刑事案件具体应用法律若干问题的解释》，对已满 14 周岁未满 16 周岁的人使用轻微暴力劫夺少量财物的行为如何处理作明确规定。第 7 条第 1 款规定：已满 14 周岁未满 16 周岁的人使用轻微暴力或者威胁，强行索要其他未成年人随身携带的生活、学习用品或者钱财数量不大，且未造成被害人轻微伤以上或者不敢正常到校学习、生活等危害后果的，不认为是犯罪。第 2 款规定：已满 16 周岁不满 18 周岁的人具有前款规定情形的，一般也不认为是犯罪。

(2) 情节显著轻微的。根据《刑法》第 13 条的规定，某些情节显著轻微危害不大的行为，如偶尔进行恶作剧式的抢劫，行为很有节制，数额极其有限，强索少量财物，抢吃少量食品等，属于违法行为，尚不构成抢劫罪。

2. 划清本罪与民事、家庭、婚姻纠纷的界限

由于借贷或者其他财产纠纷而强行扣留对方财物，用以抵债抵物或者索还欠款欠物的，因为不是以非法占有他人财物为目的，属于讨债索物手段不当的行为，应当查明情况，妥善处理，不构成抢劫罪。如果债权人在讨债过程中所采取的暴力或者其他手段，侵害了公民的人身权利，导致对方人身伤害、死亡或者其他严重后果，构成犯罪的，应分别以故意伤害罪、故意杀人罪等侵犯公民人身权利罪定罪处罚。对于情节显著轻微危害不大的，一般不以犯罪论处。但是，如果暴力或胁迫取得的财物明显超过债务数额的，债权人是以偿还债务为名，对债务人实施“恶意抢劫”；或者第三人帮助债权人对债务人实施“恶意抢劫”，对抢劫人也应以抢劫罪定罪处罚。所谓“恶意抢劫”，是指债权人对债务人实施“抢劫”的目的不仅仅是索讨债务，还具有故意伤害或非法占有债务人其他财产的目的；或者为了达到伤害债务人的目的，以索要债款为名，对债务人实施暴力抢劫行为等。

因为婚姻家庭纠纷一方抢回彩礼、陪嫁物或者强行分割并拿走家庭共有财产的，即使抢回、拿走的份额多了，也还是民事、家庭、婚姻纠纷中处理方法不当的问题，不具有非法侵占他人财物的目的，不构成抢劫罪。

3. 正确认定抢劫罪的既遂与未遂

抢劫犯罪有没有未遂？如何判定抢劫的未遂？这在司法实践中是有争议的。一种观点认为，没抢到钱就是未遂。第二种意见认为，抢劫罪侵犯的是

复杂客体，既侵犯财产权利又侵犯人身权利，因此，不能单纯地以是否抢到钱为标准来判断抢劫罪的既遂、未遂问题。

本书支持第二种观点。因为如果行为人没有抢到钱，但却致被害人重伤或者死亡，定未遂，明显不合情理，也不符合法理。《两抢意见》明确规定，抢劫行为具备劫取财物或者造成他人轻伤以上后果两者之一的，均属抢劫既遂。而抢劫未遂的唯一条件就是：既未劫取财物，又未造成他人轻伤以上伤害后果的。

对抢劫未遂的犯罪如何追究刑事责任？这不能一概而论。要具体情况具体分析。实践中，大致有以下几种情况：

（1）一般的抢劫犯罪。依照《刑法》第263条的规定，其基准刑为3年以上、10年以下有期徒刑，然后根据未遂犯罪处罚原则从轻或者减轻处罚。

（2）入户抢劫、在公共交通工具上抢劫、抢劫银行或者其他金融机构、冒充军警人员抢劫、持枪抢劫、抢劫军用物资或者抢险、救灾、救济物资的，其基准刑为10年有期徒刑以上刑罚。如果属于抢劫未遂的情况，在确定基准刑后，再根据未遂犯罪处罚原则从轻或者减轻处罚。

（3）多次抢劫的。行为人实施抢劫行为三次以上的，就属于多次抢劫。这里的三次，包括未遂的情况。即使多次抢劫均属未遂的犯罪状态，也应认定为多次抢劫。对多次抢劫具有未遂情节的，也是在10年有期徒刑以上刑罚确定基准刑后再根据未遂犯罪处罚从轻或者减轻处罚。这里要注意的是，如果有三次以上既遂，再有未遂情况的，只能在10年有期徒刑以上的刑罚幅度内从轻处罚，不能减轻处罚为10年有期徒刑以下的刑罚。未遂处罚原则只适用于未遂的这次抢劫行为，而不适用于全案。例如：某人抢劫五次，其中既遂四次，未遂一次，那么，在量刑时，即使不去考虑未遂的这次，也应判处10年有期徒刑以上的刑罚。如果以其中一次未遂为由将全案刑罚定为10年有期徒刑以下刑罚，就属于量刑不当。只有既遂在三次以下，加上未遂才属于多次抢劫的情况下，量刑时才可以考虑按照未遂犯处罚原则，将刑罚减轻处罚致10年有期徒刑以下。

（4）抢劫数额巨大。抢劫数额以实际抢劫到的财物数额为依据。对以数额巨大的财物为明确目标，由于意志以外的原因，未能抢到财物或实际抢得的财物数额不大的，应同时认定“抢劫数额巨大”和犯罪未遂的情节，根据刑法有关规定，结合未遂犯的处理原则量刑。

（5）抢劫致人重伤、死亡的，不存在未遂问题。《两抢意见》明确指出，《刑法》第263条规定的八种加重处罚情节中，除“抢劫致人重伤、死亡的”这一结果加重情节之外，其余七种加重处罚情节同样存在既遂、未遂问题。其中属于抢劫未遂的，应当根据刑法关于加重情节的法定刑规定，结合未遂犯的处罚原则量刑。

4. 关于抢劫罪数的认定

（1）对于盗窃过程中为防止被害人发觉，而对被害人实施暴力的行为，应如何定罪处罚?

在盗窃过程中，非法占有公私财物之前，为防止被财物所有人或者保管人察觉，当场使用暴力或以暴力相威胁。一方面由于盗窃行为未完成，行为人秘密窃取公私财物的目的尚未实现，属于盗窃未遂；另一方面，行为人使用暴力的动机既有抗拒抓捕的性质，也有排除妨害的性质。对于这种行为是直接适用《刑法》第263条以抢劫罪定罪处罚，还是适用《刑法》第269条的规定按转化型抢劫犯罪处理，还是认定为盗窃罪与故意伤害罪、故意杀人罪实行数罪并罚?

本书观点：行为人在实施盗窃过程中被发现等情况的发生，完全属于意志以外的原因，行为人必然意识到其已不可能继续通过秘密窃取方法达到非法占有他人财物的目的，此时无论其选择逃跑还是改变犯罪手段以继续实现非法占有他人财物的目的，其实施的前期行为业已构成盗窃未遂。如果行为人为了排除被害人的反抗转而对被害人实施暴力或以暴力相威胁，从而达到非法强行占有他人财物的目的，则属于犯意转化，其后续行为完全符合《刑法》第263条典型的抢劫罪的构成要件，而不宜认定为转化的抢劫罪。因此，无须以盗窃罪（未遂）和抢劫罪数罪并罚，而应适用吸收犯的处罚原则，即既遂行为吸收未遂行为，重罪吸收轻罪，以抢劫罪定罪处罚。

（2）法定加重处罚情节又构成其他犯罪的，是否实行数罪并罚?

《刑法》第263条规定的八种法定加重处罚情节中，入户抢劫行为同时还构成非法侵入住宅罪，抢劫致人重伤、死亡的，可能还构成故意杀人罪、故意伤害罪、过失致人死亡罪、过失致人重伤罪，冒充军警人员抢劫的可能还构成招摇撞骗罪、冒充军人招摇撞骗罪，持枪抢劫的，可能还构成非法持有抢劫罪等，但这属于竞合犯，以抢劫罪吸收相关犯罪即可，不必另行定罪。

（3）故意伤害、强奸等暴力犯罪后又当场劫取被害人财物的，如何定罪?

行为人实施伤害、强奸等犯罪行为，在被害人不敢反抗、不能反抗的情况下，劫取或者索取被害人财物的，应当以故意伤害罪、强奸罪与抢劫罪实行数罪并罚。因为，被告人在实施伤害、强奸犯罪时的一系列暴力行为，已经对被害人造成了巨大的精神恐惧。此时，被告人向被害人索要财物，被害人是基于相信被告人有继续实施暴力行为的能力和可能性的前提下，才被迫交出财物。表面上，故意伤害、强奸犯罪的暴力行为已经结束，但是，暴力行为所形成的对被害人的威慑并未结束，甚至基于伤害、强奸犯罪过程中被告人实施暴力的原因，被害人完全不能预料如果不给予财物，被告人是否还会实施暴力。因此，本质上，行为人是以故意伤害、强奸行为对被害人造成的侵害和压制为胁迫，当场获取财物，并且这种当场胁迫行为与被害人被迫当场交出财物之间存在事实上的因果关系，符合抢劫罪“当场性”的要求，构成抢劫罪。抢劫罪评价的是被告人另起犯意之后的胁迫行为，而非之前的故意伤害、强奸暴力行为，故不存在重复评价的问题。

5. 正确认定转化型抢劫

《刑法》第 269 条规定，犯盗窃、诈骗、抢夺罪，为窝藏赃物、抗拒抓捕或者毁灭罪证当场使用暴力或者以暴力相威胁的，依照本法第 263 条的规定定罪处罚。这就是刑法关于转化型抢劫的规定。

（1）转化型抢劫的成立条件

①犯“盗窃、诈骗、抢夺罪”。指行为人有实施盗窃、诈骗、抢夺的故意，并已经着手实施。如行为人在行为之前就有以使用暴力或者暴力相威胁的方法非法占有公私财物的直接故意，则不存在转化问题。行为人的盗窃、诈骗、抢夺行为是否属于既遂，所盗窃、诈骗、抢夺的财物是否达到“数额较大”，不是“犯盗窃、诈骗、抢夺罪”的必备条件。但盗窃、诈骗、抢夺财物数额明显较小的，未造成致人轻微伤以上后果的，不认定为转化型抢劫。但是所涉财物数额明显低于“数额较大”的标准，又不具有《两抢意见》第 5 条所列五种情节之一的，不构成抢劫罪。这五种情形是：盗窃、诈骗、抢夺接近“数额较大”标准的；入户或在公共交通工具上盗窃、诈骗、抢夺后在户外或交通工具外实施上述行为的；使用暴力致人轻微伤以上后果的；使用凶器或以凶器相威胁的；具有其他严重情节的。

②为窝藏赃物、抗拒抓捕或者毁灭罪证。这是行为人构成转化型抢劫的主观条件。所谓“窝藏赃物”，是指为保护已经到手的赃物不被追回，也即转

移、隐匿盗窃、诈骗、抢夺所得到的公私财物的行为。所谓“抓捕”，既包括司法机关依法对犯罪分子采取的拘留、逮捕等强制措施，也包括公民（含被害人）的抓获、扭送等。所谓“毁灭罪证”，是指犯罪分子为逃避罪责，湮灭作案现场遗留的痕迹、物品以及销毁可以证明其罪行的各种证据，包括杀害被害人以灭口。如果行为人不是出于上述目的而实施暴力或以暴力相威胁，就不能按转化型抢劫罪论处。例如，行为人是在实施盗窃、诈骗、抢夺过程中，由于受到被害人的抵抗，为排除障碍当场取得财物而使用暴力或以暴力相威胁的，则应当直接适用第263条定罪处罚。又如，行为人在完成盗窃、诈骗、抢夺罪后，出于报复、灭口的动机伤害、杀害被害人的，应以故意伤害、故意杀人罪，与盗窃罪、诈骗罪或抢夺罪并罚。

对于盗窃过程中为防止被害人发觉，而对被害人实施暴力的行为，应直接适用《刑法》第263条的规定以抢劫罪定罪处罚。

③“当场使用暴力或者以暴力相威胁”。“当场”，是指盗窃、诈骗、抢夺的现场，以及行为人刚离开现场即被他人发现并追捕的情形。如果犯罪分子在逃离现场时被人发现，在受到追捕或者围堵的情况下使用暴力的，也应认定为当场使用暴力。盗窃、诈骗、抢夺行为已经实行终了，行为人离开现场一段时间和距离后才被发现，对追捕人员使用暴力或以暴力威胁的，不以抢劫罪定罪量刑；如果暴力行为构成其他犯罪的，依刑法的相关规定定罪处罚，前期行为如果构成盗窃、诈骗、抢夺罪的，则依法实行数罪并罚。

“使用暴力和以暴力相威胁”，是指犯罪分子对被害人或者抓捕人故意实施撞击、殴打、伤害等具有一定强度的危及人体健康和生命安全的行为，或以立即实施这种暴力相威胁。如果暴力强度很小，情节显著轻微，或者无加害他人的意图，只是以摆脱的方式逃脱抓捕，并未造成严重后果的，可不认为是使用暴力，不以抢劫罪论处。也就是说，要将摆脱行为与主动采取暴力或暴力相威胁的行为区别开来，并对暴力程度不明显的摆脱行为提高入罪门槛，即以造成轻伤以上后果为依据。《抢劫指导意见》对此明确规定，对于以摆脱的方式逃脱抓捕，暴力强度较小，未造成轻伤以上后果的，可不认定为“使用暴力”，不以抢劫罪论处。

（2）转化型抢劫是否可构成加重处罚情节的问题

入户或者在公共交通工具上盗窃、诈骗、抢夺后，为了窝藏赃物、抗拒抓捕或者毁灭罪证，在户内和公共交通工具内当场使用暴力或者以暴力相威胁的，构成“入户抢劫”“在公共交通工具上抢劫”。理由如下：①符合犯罪构成的基本理论。是否在户内或者公共交通工具上盗窃，不是转化型抢劫罪的成立条件。对于在“户内”“公共交通工具上”盗窃，为窝藏赃物、抗拒抓捕或者毁灭罪证并在“户内”“在公共交通工具上”当场使用暴力的，认定为“入户抢劫”“在公共交通工具上抢劫”，既没有违背抢劫加重犯的构成理论，也没有违反“禁止重复评价”原则。②符合司法解释的规定。《抢劫解释》1条第2款规定，“对于入户盗窃，因被发现而当场使用暴力或者以暴力相威胁的行为，应当认定为入户抢劫”。据此，行为人入户盗窃、抢夺、诈骗，无论是否已得逞，也无论其实施暴力或者以暴力相威胁是为了劫取财物还是为了窝藏赃物、抗拒抓捕或者毁灭罪证，都应当认定为“入户抢劫”。《抢劫指导意见》也规定，入户或者在公共交通工具上盗窃、诈骗、抢夺后，为了窝藏赃物、抗拒抓捕或者毁灭罪证，在户内或者公共交通工具上当场使用暴力或者以暴力相威胁的，构成“入户抢劫”或者“在公共交通工具上抢劫”。

但是，如果行为人无加害他人的意图，暴力程度不大，只是为了挣脱抓捕而推推撞撞的，未造成致人轻微伤以上后果的，一般不宜认定为入户抢劫或者在公共交通工具上抢劫。如果暴力或者暴力相威胁发生在户外和公共交通工具外的，不宜认定为入户抢劫和在公共交通工具上抢劫。

转化为抢劫罪之后，转化前犯罪行为的财物数额、对象和使用暴力的程度和后果，均应成为抢劫罪的量刑情节。如盗窃财物后为抗拒抓捕而当场使用暴力致抓捕人死亡的行为，应当认定为抢劫致人死亡。

（3）转化型抢劫的共同犯罪

二人以上共同实施盗窃、诈骗、抢夺犯罪，其中部分行为人为窝藏赃物、抗拒抓捕或者毁灭罪证而当场使用暴力或者以暴力相威胁，其余同案犯是否转化为抢劫罪的问题。这也是司法实践中困惑较多的问题。焦点在于全案转化还是仅实施暴力行为或者以暴力相威胁的人转化？《抢劫指导意见》规定，两人以上共同实施盗窃、诈骗、抢夺犯罪，其中部分行为人为窝藏赃物、抗拒抓捕或者毁灭罪证而当场使用暴力或者以暴力相威胁的，对于其余行为人是否以抢劫罪共犯论处，主要看其对实施暴力或者以暴力相威胁的行为人是否形成共同犯意、提供帮助。基于一定意思联络，对实施暴力或者以暴力相威胁的行为人提供帮助或实际成为帮凶的，可以抢劫共犯论处。这样规定，一是强调共同犯罪转化的，须以行为人的共同转化意愿为前提，二是避免了客观归罪，即一人使用暴力，其他共同盗窃、诈骗、抢夺行为人未必一律转化为抢劫。

（4）未成年人转化型抢劫的特别规定

《最高人民法院关于审理未成年人刑事案件具体应用法律若干问题的解释》第 10 条规定，已满 14 周岁不满 16 周岁的人盗窃、诈骗、抢夺他人财物，为窝藏赃物、抗拒抓捕或者毁灭罪证，当场使用暴力，故意伤害致人重伤或者死亡，或者故意杀人的，应当分别以故意伤害罪或者故意杀人罪定罪处罚。已满 16 周岁不满 18 周岁的人犯盗窃、诈骗、抢夺罪，为窝藏赃物、抗拒抓捕或者毁灭罪证而当场使用暴力或者以暴力相威胁的，应当依照《刑法》第 269 条的规定定罪处罚；情节轻微的，可不以抢劫罪定罪处罚。据此，应当明确：

①已满 14 周岁不满 16 周岁的人，不适用转化型抢劫的法律规定。转化型抢劫的前提是犯盗窃、诈骗、抢夺罪，而根据《刑法》第 17 条第 2 款的规定，已满 14 周岁不满 16 周岁的人，犯故意杀人、故意伤害致人重伤或者死亡、强奸、抢劫、贩卖毒品、放火、爆炸、投毒罪的，应负刑事责任，而实施盗窃、诈骗、抢夺行为，是不负刑事责任的。因前提不存在，故转化抢劫也不存在。如果已满 14 周岁不满 16 周岁的人当场使用暴力，故意伤害致人重伤或者死亡，或者故意杀人的，应当分别以故意伤害罪或者故意杀人罪定罪处罚。

②已满 16 周岁不满 18 周岁，适用转化型抢劫的法律规定。因为《刑法》第 17 条第 1 款规定，已满 16 周岁的人犯罪，应当负刑事责任。因此，其实施犯盗窃、诈骗、抢夺罪，为窝藏赃物、抗拒抓捕或者毁灭罪证而当场使用暴力或者以暴力相威胁的，应当依照《刑法》第 269 条的规定定罪处罚。

③已满 16 周岁不满 18 周岁的人实施转化型抢劫，也不是一律都要追究刑事责任，情节轻微的，可不以抢劫罪定罪处罚。

（5）转化型抢劫的前提行为即盗窃、诈骗、抢夺行为，不应包括预备行为

行为人具有实施盗窃、诈骗、抢夺犯罪的前提条件，这是构成转化型抢劫罪的先决条件。没有盗窃、诈骗、抢夺行为的发生，就谈不上犯罪的转化问题。因为《刑法》第 269 条规定的是“为窝藏赃物、抗拒抓捕或者毁灭罪

证而当场使用暴力或者以暴力相威胁的，依照本法第 263 条的规定定罪处罚”，既然是在窝藏赃物、毁灭罪证、抗拒抓捕阶段，就说明行为人已经着手实施上述犯罪行为。因此，《刑法》第 269 条中规定的转化型抢劫中的盗窃、诈骗、抢夺行为，不应包括预备行为，只有已经着手实施的行为才具备向抢劫罪转化的条件。

6. 正确认定“携带凶器抢夺”

《刑法》第 267 条第 2 款规定，携带凶器抢夺的，依照本法第 263 条的规定定罪处罚。如何认定“携带凶器抢夺”，主要有几个争议：（1）凶器的范围如何确定？（2）携带凶器抢夺是否需要以出示凶器为必要条件？（3）携带并非国家禁止的器械，是否必须以用于抢夺犯罪为必要条件？

本书观点：根据《刑法》第 267 条规定，携带凶器抢夺的，依照抢劫罪定罪处罚。《抢劫解释》规定，“携带凶器抢夺”是指行为人随身携带枪支、爆炸物、管制刀具等国家禁止个人携带的器械进行抢夺或者为了实施犯罪而携带其他器械进行抢夺的行为。《两抢意见》也对“携带凶器抢夺”问题进行了解释：行为人随身携带国家禁止个人携带的器械以外的其他器械抢夺，但有证据证明该器械确实不是为了实施犯罪准备的，不以抢劫罪定罪；行为人将随身携带凶器有意加以显示、能为被害人察觉到的，直接适用《刑法》第 263 条的规定定罪处罚；行为人携带凶器抢夺后，在逃跑过程中为窝藏赃物、抗拒抓捕或者毁灭罪证而当场使用暴力或者以暴力相威胁的，适用《刑法》第 267 条第 2 款的规定定罪处罚。

“携带凶器抢夺”以抢劫罪定罪处罚，是刑法的一个特别规定。其立法本意，应当理解为为了实施抢夺而携带凶器。立法者认为，携带凶器抢夺，表明行为人具有以暴力或以暴力相威胁劫取他人财物的心理准备和主观故意，并已实施了暴力的预备行为，严重危及他人的人身安全，具有比抢夺罪更大的社会危害性，因此，应当以抢劫罪定罪处罚。

适用“携带凶器抢劫”条款时，应注意以下几点：

（1）行为人随身携带枪支、爆炸物、管制刀具等国家禁止个人携带的器械进行抢夺的行为，由于携带国家禁止个人携带的器械本身就是一种违法行为，在一定程度上也可以反映行为人的犯罪倾向，因此，携带这些器械实施抢夺行为的，应当认定为“携带凶器抢夺”，以抢劫罪定罪处罚。但是，如果携带枪支抢夺的，因是法定的以抢劫论，而本身行为不是典型的抢劫，因此，不再以持枪抢劫罪论。

（2）携带并非国家管制的其他器械（如砖头、菜刀等）进行抢夺的行为，对这种行为的认定不能一概而论，而应当从行为人携带器械的主观目的方面进行分析。只有对行为人为了实施犯罪而携带其他器械进行抢夺的行为，才能认定为抢劫罪。因为在这种情况下，这些器械本身虽然不能反映出违法性，但实施犯罪的意图反映了其“凶器”的本性。即使最终未能使用，也符合刑法规定的“携带凶器抢夺”的特征。但是，如果行为人携带其他器械的本意不是为了实施犯罪，也并未借助（如显示、使用）所携带的器械进行抢夺的，只能依照抢夺罪的有关规定定罪处罚。

（3）携带并非国家管制的其他器械，不以携带该器械为抢夺犯罪为必要条件，只要行为人携带器械的目的是为了犯罪，如行凶、寻衅滋事等，而在此过程中实施抢夺行为的，就应以抢劫罪定罪处罚。如果有证据证明该器械确实不是为了实施犯罪准备的，如行为人为生活刚从商店购得菜刀，在回家路上临时起意实施抢夺犯罪的，则不以抢劫罪定罪。

（4）携带凶器抢夺是不以出示凶器为必要条件。如果行为人将随身携带凶器有意加以显示、能为被害人察觉到的，表明其主观上具有以暴力相威胁劫取他人财物的故意，客观上实施了以暴力相威胁劫取他人财物的行为，符合抢劫罪的特征，应直接适用《刑法》第263条的规定定罪处罚，不必先适用《刑法》第267条第2款后转用第263条。

（5）行为人携带凶器抢夺后，在逃跑过程中为窝藏赃物、抗拒抓捕或者毁灭罪证而当场使用暴力或者以暴力相威胁的，适用《刑法》第267条第2款的规定定罪处罚。

（6）关于凶器的范围。凡是随身携带枪支、爆炸物、管制刀具等国家禁止个人携带的器械的，一律认定为携带凶器。而除此之外，并非国家禁止个人携带的器械的，要从两方面分析。一是从主观方面进行分析，看行为人是否将所带器械用于实施犯罪；二是从客观方面进行分析，看该器械是否足以对公民人身造成危害，即是否会可能产生致人轻伤以上伤害或者致人死亡的结果。如菜刀、榔头、砖块等既可以是生活、生产工具，也可以是凶器，如果不是用于对人身攻击，则可能是生活用品、普通工具。而行为人为了怕被认出而使用的头套、手套等，因这些工具显然对人身不具有危险性，将这些工具视为凶器显然既不符合行为人的主观内容，也不符合客观实际。

7. 划清本罪与绑架罪的界限

（1）抢劫罪与绑架罪在构成要件方面的区别

本罪与绑架罪在犯罪手段、犯罪客体等方面都较为相似。主要区别：一是主观方面故意的内容不完全相同。前者以非法占有他人财物为目的，后者有的以勒索财物为目的，有的以扣押人质或者满足非法要求为目的。二是犯罪的手段不尽相同。前者当场使用暴力、胁迫或者其他方法将财物劫走；后者则以暴力、胁迫或者其他方法劫持他人，而后向被绑架人的亲属勒索财物或者向有关方面提出非法要求。区分两者的关键在于是否“当场”。《两抢意见》第9条对两罪的界限认定作出了具体规定，即：抢劫罪表现为行为人劫取财物一般应在同一时间、同一地点，具有“当场性”；绑架罪表现为行为人以杀害、伤害等方式向被绑架人的亲属或其他人或单位发出威胁，索取赎金或提出其他非法要求，劫取财物一般不具有“当场性”。绑架过程中又当场劫取被害人随身携带财物的，同时触犯绑架罪和抢劫罪两罪名，应择一重罪定罪处罚。

（2）绑架过程中又当场劫取被害人随身携带财物的，如何适用择一重罪定罪处罚？

绑架过程中又当场劫取被害人随身携带财物的，包括汽车、首饰、现金、信用卡等，此时，行为人的行为同时触犯绑架罪和抢劫罪两罪名。该如何处理？司法解释规定比较原则，应择一重罪定罪处罚。司法实践中经常发生两种情况：

①一种情况是行为人因抢劫未达到目的而又劫持被害人，勒索被害人及其亲友的财物。因行为人先后产生两个犯罪故意，实施了使用暴力劫财和劫持或拘禁被害人、勒索被害人或其亲友的财物等两个犯罪行为，对其分别认定为抢劫罪和绑架罪，实行数罪并罚。

②另一种情况是行为人在绑架过程中劫取被绑架人的随身携带的钱物。这种情况不宜以抢劫罪和绑架罪实行数罪并罚，应分别情况，以绑架罪或抢劫罪中的一个重罪定罪处罚。理由是：绑架罪是继续犯，行为人为非法占有他人财物而以暴力、胁迫劫持被绑架人的行为是一个持续过程，从而使被绑架人处于持续性的精神和身体强制的状态中。暴力劫持或拘禁被绑架人构成绑架罪的客观要件。如果把实质上的一个暴力劫持或拘禁行为既用作绑架罪的构成要件，又重复用作抢劫罪当场劫取他人财物的客观要件，有违“禁止

重复评价”原则。在构成要件发生竞合的情况下，择一重罪处罚是适当的。

③如何确定抢劫罪、绑架罪何罪重，何罪轻？一般地说，罪重与罪轻的比较，应依照刑法规定的法定刑幅度，通过先比较法定最高刑，在法定最高刑相同的情况下再比较法定最低刑的方法予以确定。对抢劫罪与绑架罪而言，比较可从致人死亡和没有致人死亡两种情况入手。A. 致人死亡的，刑法对绑架罪配置了绝对死刑条款，也就是说，绑架致人死亡或者杀害被绑架人的量刑，没有选择余地，只有死刑（当然也包括死缓），而抢劫罪致人死亡的，其法定最高刑为死刑，但还有无期徒刑、十年以上有期徒刑的刑罚选择。因此，在被害人死亡的情况下，绑架罪重于抢劫罪，因此，行为人在绑架过程中劫取被绑架人的随身携带的钱物并致人死亡的，以绑架罪一罪从重处罚。B. 没有致人死亡的。也分两种情况。一种情况是，如果定抢劫罪，具有《刑法》第 263 条规定的八种加重情节的，法定最高刑为死刑，而绑架罪是无期徒刑，此时，应以抢劫罪定罪并从重处罚。另一种情况是，如果定抢劫罪，不具有八种法定加重情节的，最高刑为十年有期徒刑，而绑架罪的最高刑为无期徒刑，此时，应以绑架罪定罪处罚。C.《刑法修正案（七）》对绑架罪的法定刑进行了修改，增加了“情节较轻的，处五年以上十年以下有期徒刑，并处罚金”的内容。“情节较轻”主要是指，绑架人质后没有对人质进行人身伤害又主动释放的；主观恶性不大、勒索小额财物的。在这种情况下的绑架，其法定刑为五年以上，十年以下有期徒刑，此时行为人如果又当场劫取被绑架人随身携带财物，所劫取财物数量与勒索财物数量相加不到抢劫数额巨大的，抢劫罪的法定刑为三年以上十年以下有期徒刑。此时，应以绑架罪定罪处罚；所劫取财物数量与勒索财物数量相加达到抢劫数额巨大的，以抢劫罪处罚，法定刑为十年有期徒刑以上刑罚，此时，应以抢劫罪定罪处罚。

8. 抢劫罪与抢夺罪的界限

抢劫罪与抢夺罪的区别主要有：（1）主体不同。抢劫罪的犯罪主体的刑事责任年龄为年满 14 周岁，抢夺罪的主体的刑事责任年龄为年满 16 周岁。（2）犯罪对象不同。抢劫罪侵犯的对象具有双重性，既侵犯公私财产，又侵犯他人的人身。抢夺罪侵犯的对象具有单一性，它只侵犯公私财产，不针对人身。如果针对人身的，就转化为抢劫犯罪。（3）犯罪客观方面不同。抢劫的犯罪手段是暴力、胁迫或者其他手段，没有数额方面的限制，只要抢到钱或者致人轻伤以上后果就构成既遂。抢夺罪是乘人不备，且在定罪上有数额较大的限制，不到数额较大标准的，不定罪。

9. 正确认定飞车抢夺

驾驶摩托车等机动车及非机动车抢夺他人财物（俗称“飞车抢夺”）的案件频繁发生，是当前社会治安的一个突出问题。这类案件往往具有结伙作案、多次作案、在公共场所如车站、广场、街头公然作案的特征，社会影响恶劣，严重影响了人民群众的安全感，必须依法从严打击。但是，司法实践中经常发生行为人在抢夺过程中出于放任的故意导致他人伤亡的，如何定性争议较大，尤其是驾驶机动车、非机动车抢夺的案件，如何定性，一直困惑着司法实践。为此，《两抢意见》规定，对于驾驶机动车、非机动车（以下简称“驾驶车辆”）夺取他人财物的，一般以抢夺罪从重处罚。但具有下列情形之一，应当以抢劫罪定罪处罚：（1）驾驶车辆，逼挤、撞击或强行逼倒他人以排除他人反抗，乘机夺取财物的；（2）驾驶车辆强抢财物时，因被害人不放手而采取强拉硬拽方法劫取财物的；（3）行为人明知其驾驶车辆强行夺取他人财物的手段会造成他人伤亡的后果，仍然强行夺取并放任造成财物持有人轻伤以上后果的。《最高人民法院、最高人民检察院关于办理抢夺刑事案件适用法律若干问题的解释》（下简称《抢夺解释》）第6条规定，驾驶机动车、非机动车夺取他人财物，具有下列情形之一的，应当以抢劫罪定罪处罚：（1）夺取他人财物时因被害人不放手而强行夺取的；（2）驾驶车辆逼挤、撞击或者强行逼倒他人夺取财物的；（3）明知会致人伤亡仍然强行夺取并放任造成财物持有人轻伤以上后果的。上述《抢夺解释》和《两抢意见》规定的精神是完全一致的。实践中，应当注意：

（1）准确定性。对飞抢夺案件，要注意准确定性，不能将已经构成抢劫罪的案件“降格”认定为抢夺案件处理，也不能将抢夺案件“拔高”认定为抢劫案件。行为人在飞车抢夺过程中明知强行夺取他人财物会造成人身伤害的后果，但仍然实施抢夺的，这时的暴力并不是抢夺罪中对他人财物而实施的暴力，而是同时针对受害人人身安全的、足以抑制对方反抗的暴力，已成为劫取他人财物的手段，其行为符合抢劫罪的特征，应以抢劫罪定罪处罚；对于其中致人重伤或者死亡，情节极其恶劣的，可依法判处重刑直至判处死刑。

（2）并非所有的飞车抢夺行为都是抢劫性质。实践中，行为人驾驶机动车、非机动车夺取他人财物的，一般以抢夺罪从重处罚。但具有《抢夺解释》

和《两抢意见》规定的情形之一，应当以抢劫罪定罪处罚。

(3) 正确认定行为人“明知”其驾驶车辆强行夺取他人财物的手段会造成他人人身伤亡的后果，仍然强行夺取并放任财物持有人轻伤以上后果的。可以根据以下因素来认定行为人是否“明知”：(1) 行为人所驾驶车辆的速度。行驶中的车辆对被害人人身存在潜在的威胁，速度越快导致被害人伤亡的可能性就越大。(2) 被害人的状态。一般而言，被害人本人若驾驶车辆尤其是以较快的速度驾驶车辆，则飞车抢夺对其人身安全造成威胁的可能较之其步行或者静止要大。(3) 被害人人身与财物的结合程度。行为人抢夺与被害人人身结合紧密的财物，如被害人佩戴的首饰、斜挎的包，则由于财物与被害人的依附性，使得飞车抢夺行为不仅指向财物而且威胁到被害人的人身安全，应当认定为抢劫。

10. 划清抢劫罪与寻衅滋事罪的界限

司法实践中，抢劫罪与寻衅滋事罪中的强拿硬要行为较容易混淆。但两罪仍有本质区别，应当按照两罪的构成要件，遵循主客观相一致的原则，正确把握行为的特征，准确界定两罪的界限。《两抢意见》第9条对这两种行为从主、客观两方面做了区分：寻衅滋事中，行为人主观上还具有逞强好胜和通过强拿硬要来填补其精神空虚等目的，抢劫罪中，行为人一般只具有非法占有他人财物的目的；前者行为人客观上一般不以严重侵犯他人人身权利的方法强拿硬要财物，而后者行为人则以暴力、胁迫等方式作为劫取他人财物的手段。

对于未成年人以轻微暴力或以实施暴力相威胁的方法强抢少量财物的行为，一般不宜以抢劫罪定罪处罚，其行为符合寻衅滋事罪特征的，可以寻衅滋事罪定罪处罚。

11. 划清抢劫罪与敲诈勒索罪的界限

敲诈勒索罪，是指以非法占有为目的，对被害人使用威胁或者要挟的方法，强索公私财物的行为。抢劫罪与敲诈勒索罪的区分主要表现在行为人采用的威胁方式上和索取财物的时间上，主要包括以下几个方面：

(1) 威胁的当场性与非当场性不同。敲诈勒索罪威胁所要采取的行为可以是当场实施，也可以是扬言在过后实施；而抢劫罪威胁所要采取的行为只能是当场实施。敲诈勒索罪威胁的形式既可以是当面进行，也可以是采用书面、电话或者第三人转达的形式完成；而抢劫罪的威胁形式只能是针对被害人当面进行。敲诈勒索罪对被害人财物的占有可以是当场进行，也可以是过后取得；而抢劫罪对被害人财物的占有只能是当场进行。

（2）威胁的内容和形式不同。敲诈勒索罪在对被害人的威胁内容和形式上，一般不会造成被害人对自己生命或者健康有极大的恐惧感；而抢劫罪对被害人的威胁内容和形式，可以使被害人立即感到对自己生命或者健康造成了极大的威慑性。敲诈勒索罪的行为人在制造胁迫行为时，一般不会突然表现出犯罪的凶狠与残暴性；而抢劫罪的行为人在对被害人进行威胁时大都是在短时间内反映出犯罪行为的凶狠与残暴性。敲诈勒索罪的威胁内容除了对被害人进行人身、健康的伤害等威胁外，还包括对被害人采用揭发隐私、设置困难或侵犯财产等要挟相威胁；而抢劫罪的威胁内容仅包括对被害人生命、健康的暴力威胁。

在司法实践中，以下几种情况，貌似抢劫行为而实质上应当定敲诈勒索罪，而不应当定抢劫罪：

①行为人要求被害人当场交出财物，如果被害人不当场交出，行为人就会在过后对被害人采取暴力行为。②行为人虽然当场对被害人使用了暴力，但行为人是要求被害人在过后的某一时间或若干时间内交出财物。③行为人当场威胁，要求被害人在以后的某一时间或若干时间内交出财物，如果被害人到时不能交出财物，行为人就将对被害人使用暴力。④行为人通过电话、书信或第三人转达，威胁被告人必须在规定的时间内交出财物，否则就要对被害人采取暴力。

但有的情况下抢劫人虽然没有当场获得财物，但其使用的暴力或威胁手段处于持续状态的，也应当视为抢劫行为。

12. 划清本罪与抢劫枪支、弹药、爆炸物罪的界限

二者的主要区别在于：（1）犯罪对象不同。前者的犯罪对象是除枪支、弹药、爆炸物以外的其他公私财物；后者的犯罪对象是枪支、弹药、爆炸物。（2）侵犯的客体不尽相同。前者侵犯的客体是公私财产所有权，后者侵犯的客体是社会的公共安全。

13. 划清本罪与其他相似犯罪的界限

（1）冒充正在执行公务的人民警察、联防人员，以抓卖淫嫖娼、赌博等违法行为为名非法占有财物的行为定性。行为人冒充正在执行公务的人民警察“抓赌”“抓嫖”，没收赌资或者罚款的行为，构成犯罪的，以招摇撞骗罪

从重处罚；在实施上述行为中使用暴力或者暴力威胁的，以抢劫罪定罪处罚。行为人冒充治安联防队员“抓赌”“抓嫖”、没收赌资或者罚款的行为，构成犯罪的，以敲诈勒索罪定罪处罚；在实施上述行为中使用暴力或者暴力威胁的，以抢劫罪定罪处罚。

（2）以暴力、胁迫手段索取超出正常交易价钱、费用的钱财的行为定性。从事正常商品买卖、交易或者劳动服务的人，以暴力、胁迫手段迫使他人交出与合理价钱、费用相差不大的钱物，情节严重的，以强迫交易罪定罪处罚；以非法占有为目的，以买卖、交易、服务为幌子采用暴力、胁迫手段迫使他人交出与合理价钱、费用相差悬殊的钱物的，以抢劫罪定罪处刑。在具体认定时，既要考虑超出合理价钱、费用的绝对数额，还要考虑超出合理价钱、费用的比例，加以综合判断。

14. 划清本罪与强迫交易罪的界限

两者的客观方面都表现为使用暴力、威胁手段，但侵犯的客体不同，后者侵犯的是正常的市场交易秩序，前者侵犯的是公私财产的所有权和被害人的人身权利；主体特征不同：后罪主体包括自然人和单位，前罪主体只限于自然人；使用暴力的程度不同：后罪使用的暴力只包括轻微暴力。例如，出租车驾驶员在正常营运过程中，采用不足以危及乘客的身体健康或者生命安全的手段（如语言威胁、强行搜身等），向乘客索取与合理价格相差悬殊的高额出租车服务费，情节严重的，其行为构成强迫交易罪，不构成抢劫罪。

《最高人民检察院关于强迫借贷行为适用法律问题的批复》指出：以暴力、胁迫手段强迫他人借贷，属于《刑法》第 226 条第（2）项规定的“强迫他人提供或者接受服务”，情节严重的，以强迫交易罪追究刑事责任；同时构成故意伤害罪等其他犯罪的，依照处罚较重的规定定罪处罚。以非法占有为目的，以借贷为名采用暴力、胁迫手段获取他人财物，符合《刑法》第 263 条或者第 274 条规定的，以抢劫罪或者敲诈勒索罪追究刑事责任。

15. 正确理解《刑法》第 289 条的规定

《刑法》第 289 条规定，聚众“打砸抢”，致人伤残、死亡的，依照本法第 234 条、第 232 条的规定定罪处罚。毁坏或者抢走公私财物的，除判令退赔外，对首要分子，依照本法第 263 条的规定定罪处罚。

对聚众“打砸抢”行为，以抢劫罪定罪处罚的，必须具备以下条件：

（1）行为人必须具有聚众打砸抢的行为；

（2）行为人的主观故意内容是打砸抢，其犯罪目的并不以非法占有为目的；

（3）首要分子或者参与者实施了毁坏财物或者抢走财物的行为；

（4）处罚的对象是首要分子，而不是所有参与人员；

（5）以抢劫罪定罪处罚，必须援引本条后再转引《刑法》第 263 条，也即说，并不是行为人的行为直接构成抢劫罪，而是法律拟制以抢劫罪定罪处罚。法院判决中，还必须判决退赔。这也是与一般抢劫犯罪案件不同的地方。

16. 抢劫犯罪几种特殊情形的处理

（1）抢劫赌资、犯罪所得的赃款赃物的定性

根据《两抢意见》第 7 条第 2 款规定的。抢劫赌资、犯罪所得的赃款赃物的，以抢劫罪定罪，但行为人仅以其所输赌资或所赢赌债为抢劫对象，一般不以抢劫罪定罪处罚。构成其他犯罪的，依照刑法的相关规定处罚。《最高人民法院关于审理掩饰、隐瞒犯罪所得、犯罪所得收益刑事案件适用法律若干问题的解释》第 6 条规定，对犯罪所得及其产生的收益实施盗窃、抢劫、诈骗、抢夺等行为，构成犯罪的，分别以盗窃罪、抢劫罪、诈骗罪、抢夺罪等定罪处罚。

实践中，有观点认为，对于赌资、赃物等物品，因为其来源具有不法性或犯罪性，属于不受法律保护的物品，不能成为抢劫罪的对象，否则就是保护了从事违法、犯罪活动的人的权益。

本书观点：不是属于行为人合法所有、持有的财产，行为人通过暴力或暴力威胁的手段而获得的，有可能构成抢劫罪。赌资、赃物属于“持有或占有的来源具有不法性或犯罪性”的财物，但法律并不因此就允许其他行为人以严重危害社会的方法任意地占有该财物。虽然赌资、赃物在法律意义上不属于被抢劫人所有，其所有权应属于国家或其他合法所有人，但所有权权属的改变应当依照一定法定的程序进行。在这种既有状态未改变之前，任何人在没有法律依据的情况下无权擅自改变。行为人以暴力、威胁方式改变赌资和赃物等的权属状态，严重侵害了他人人身、财产权益，仍符合抢劫罪的本质特征。因此，赌资、赃物等物品，可以成为抢劫罪的对象。

赌博活动是一种违法活动，赌博参与者的赌资依法应予没收，在法律意义上属于国家所有。但是对于仅以所输赌资或所赢赌债为抢劫对象的，行为人主观上对于所输赌资或所赢赌债的性质毕竟不像抢劫罪中对于“他人财物”

的性质那样认识的清晰和明确，一般可以不以抢劫罪定罪处罚。当然，在此过程中，对他人构成人身伤害或者非法拘禁等其他犯罪的，可以依照故意伤害罪或非法拘禁罪等罪名定罪处罚。

（2）抢劫家庭成员或者近亲属财物的定性

《两抢意见》第 7 条第 3 款规定，为个人使用，以暴力、胁迫等手段取得家庭成员或者近亲属财产的，一般不以抢劫罪定罪处罚，构成其他犯罪的，依照刑法的相关规定处罚。教唆或者伙同他人采取暴力、胁迫等手段劫取家庭成员或近亲属财产的，可以抢劫罪定罪处罚。

这样规定的理由是：①家庭和亲属间的财产关系附属于血亲关系，家庭成员和近亲属对于家庭财产享有一定的共同管理、使用的权利。其性质与抢劫罪中“他人财物”有一定的区别。②从刑事政策上考虑，一般说来，家庭成员或近亲属间的财产秩序由家庭内部维持，更有利于社会程序的稳定。③符合相关司法解释的精神。最高人民法院《关于审理盗窃案件具体应用法律若干问题的解释》[①] 第 1 条规定：“偷拿自己家的财物或者近亲属的财物，一般可不按犯罪处理；对确有追究刑事责任必要的，处罚时也应与在社会上作案的有所区别。”参照上述规定，对于出于个人使用的目的，以暴力、胁迫等手段取得家庭成员或近亲属财产的，一般可不以抢劫罪定罪处罚。但是，如果构成伤害、非法拘禁等侵害人身权益的犯罪的，则不因其具有亲属关系而阻却刑事责任，应以相应的罪名定罪处罚。④教唆或者伙同他人采取暴力、胁迫等手段劫取家庭成员或近亲属财产的，可以抢劫罪定罪处罚。此时，社会危害性明显增大，不同于一般的抢劫家庭成员或近亲属财产。但在处罚时也应与社会上作案的有所区别。

（3）关于掩饰、隐瞒抢劫所得、抢劫所得收益行为的定性

根据《最高人民法院关于审理掩饰、隐瞒犯罪所得、犯罪所得收益刑事案件适用法律若干问题的解释》第 5 条规定，事前与盗窃、抢劫、诈骗、抢夺等犯罪分子通谋，掩饰、隐瞒犯罪所得及其产生的收益的，以盗窃、抢劫、诈骗、抢夺等犯罪的共犯论处。

---

① 制定《两抢意见》时参考了该解释。该解释现已失效，被《最高人民法院、最高人民检察院关于办理盗窃刑事案件适用法律若干问题的解释》（法释〔2013〕8 号）取代。但该解释第 8 条仍然规定，偷拿家庭成员或者近亲属的财物，获得谅解的，一般可不认为是犯罪；追究刑事责任的，应当酌情从宽。

根据《最高人民法院、最高人民检察院关于办理与盗窃、抢劫、诈骗、抢夺机动车相关刑事案件具体应用法律若干问题的解释》第4条规定，事前与抢劫机动车的犯罪分子通谋，实施掩饰、隐瞒犯罪所得、犯罪所得收益行为的，以抢劫罪的共犯论处。这些行为包括：①买卖、介绍买卖、典当、拍卖、抵押或者用其抵债的；②拆解、拼装或者组装的；③修改发动机号、车辆识别代号的；④更改车身颜色或者车辆外形的；⑤提供或者出售机动车来历凭证、整车合格证、号牌以及有关机动车的其他证明和凭证的；⑥提供或者出售伪造、变造的机动车来历凭证、整车合格证、号牌以及有关机动车的其他证明和凭证的。⑦伪造、变造、买卖机动车行驶证、登记证书；⑧国家机关工作人员滥用职权，明知是登记手续不全或者不符合规定的机动车而办理登记手续的、指使他人为明知是登记手续不全或者不符合规定的机动车办理登记手续的、违规或者指使他人违规更改、调换车辆档案的、其他滥用职权的行为、明知是抢劫的机动车而办理登记手续的。

当然，这是司法解释的特别规定，属于强调性规定。实际上，事前与抢劫犯罪分子通谋，实施掩饰、隐瞒犯罪所得、犯罪所得收益行为的，均应以抢劫罪的共犯论处。

认定掩饰、隐瞒犯罪所得行为人是否与抢劫等上游犯罪分子通谋，一般从以下几个方面把握：①从主观上分析判断，一看其是否明知上游犯罪人实施犯罪行为。如果有证据证明掩饰、隐瞒行为实施人误认为上游犯罪所得是正常所得，那么，掩饰、隐瞒行为人虽然客观上起到了帮助上游犯罪人的后果，但因缺乏主观要件而不能对其定罪；二看明知上游犯罪人犯罪的时间，如果上游犯罪既遂后才知道上游犯罪行为的，自然不能认定为与上游犯罪人通谋，如果事先知道（包括事中知道）上游犯罪行为，且在客观上实施了协助上游犯罪人完成上游犯罪行为的，就可以认定为与上游犯罪人通谋。②从客观上分析判断，即其实施的掩饰、隐瞒行为是在上游犯罪完成后还是在上游犯罪实施前或者实施过程中。如果掩饰、隐瞒行为是在上游犯罪完成后才介入的，则结合掩饰、隐瞒行为人主观是否存在事先通谋问题进行综合判断。如果掩饰、隐瞒行为，在事先、事中就起到了对上游犯罪参与、配合、协助作用，那么，就可以认定其掩饰、隐瞒的故意产生于上游犯罪实施前或实施中。

司法实践中，经常碰到掩饰、隐瞒行为人事先并未与上游犯罪人通谋，而是在上游犯罪尚未完成时介入，但其并未直接参与上游犯罪，而是以掩饰、隐瞒的方式协助上游犯罪人完成犯的情况。这种情形下，亦应当以共同犯罪处理。

实践中需要注意的是，如果盗窃、抢劫、抢夺等犯罪，由于行为人未成年等原因而致这些行为具有违法性，只是缺乏有责性，但掩饰、隐瞒行为人事先通谋、事中介入，则因其掩饰、隐瞒行为也具有违法性，因而与盗窃、抢劫、抢夺等犯罪行为人在违法层面成立共同犯罪，盗窃、抢劫、抢夺等犯罪行为人只是由于缺乏有责性而不可罚，但掩饰、隐瞒行为人如果具有责任，则依然成立共犯。

（4）对聚众以暴力手段抢走被依法扣押或查处财物的行为如何定性

应当根据情况分别认定：

①拒不执行法院判决、裁定罪。聚众以暴力手段抢走被依法扣押或查处财物的行为是发生在审判执行程序中，被执行人拒绝执行法院已经发生法律效力的判决或裁定，故意阻挠法院执行，甚至将被执行的财物采用暴力手段夺回等，情节严重构成犯罪，一般应当按照《刑法》第 313 条规定以拒不执行法院判决、裁定罪处罚。这里抢夺或者抢走财物的行为是指被执行人抢走被司法机关依法查处或扣押的原被自己占有的财物，行为人主观上不具有非法占有他人财物的故意，因而不能以抢劫罪或抢夺罪处罚，应当认定为妨害司法的行为。行为人采用了暴力手段进行抢劫，但行为人主观上的目的是妨害法院依法执行判决，不是非法占有他人财物，所以应当定拒不执行法院判决、裁定罪。

②妨害公务罪。如果聚众以暴力手段抢走被依法扣押或查处财物的行为是发生在行政执法过程中，被执行人拒绝履行行政法律法规规定的行为，阻碍行政人员依法执行职务，采用暴力手段将被依法查处或者扣押的财物抢走，其主观目的是对行政执法部门的抵触和反抗，行为人主观上不具有非法占有他人财物的故意，而是为了夺回被行政执法机关依法查处原被自己占有的财物，因而不能以抢劫罪或抢夺罪处罚，应当依照《刑法》第 277 条规定的妨害公务罪处罚。原因在于行为人主观上是为了抢走自己被行政机关依法查处的财物，不是为了非法占有他人财物，不应当以财产犯罪论处。由于行为人采用的手段是暴力或者以暴力相威胁，行为的内容或最终目标是阻碍国家机关工作人员依法执行职务，并且该行为是发生在国家工作人员依法执行职务

的过程中，所以应当以妨害公务罪处罚。

③抢劫罪或者聚众哄抢罪。如果聚众以暴力手段抢走被依法扣押或查处财物的行为虽然是发生在司法执行或行政执法过程中，但抢夺或抢劫的行为人不是被执行人或者与被执行人无关，则必须根据具体情况来定：

如果行为人的目的是为了非法占有财物采用了暴力手段进行抢劫，应当以抢劫罪处罚；虽然没有采用暴力手段，但聚众将财物抢走，哄抢数额较大或者有其他严重情节的，应当以聚众哄抢罪处罚。

④数额并罚的情形。在聚众以暴力手段抢走被依法扣押或查处财物的过程中，如果行为人又实施了故意伤害行为或故意毁坏财物的行为，情节严重构成犯罪的，应当分别对故意伤害行为或故意毁坏财物行为进行定罪量刑，与拒不执行法院判决、裁定罪或妨害公务罪实行数罪并罚。

（5）采用暴力手段销毁欠款凭证的行为可否定抢劫罪

债务人为消灭债务，对债权人采用暴力、胁迫手段销毁或者强行索回欠款凭证的行为应当如何认定处罚，理论和实践中都有不同的看法。一种观点认为，债务人对债权人采用暴力手段销毁或者强行索回欠款凭证的行为，属于民事债务关系中发生的侵权行为，应当以民事纠纷处理；另一种观点认为，采用暴力手段销毁或者强行索回欠款凭证的行为，不仅侵犯了公民的财产权利，同时还侵犯了公民的人身权利，符合抢劫犯罪的构成特征，应当按照抢劫罪处罚；还有一种观点认为，用暴力或者胁迫手段销毁或者索回欠款凭证的行为，与明目张胆的抢劫行为应有所区别，可以按照抢夺罪处罚。

本书观点：采用暴力、胁迫手段销毁或者强行索回欠款凭证的行为，是债务人基于消灭债务所产生的非法动机，无论从民事或刑事的角度出发，都是违法的。对这种行为如何定性，应当根据案件的事实过程进行判断。

①对于行为人之间对债权债务关系本身就存在纠纷的情况，即使债务人采用了一些非法手段将原有欠款凭证销毁或者强行取回的行为，也不宜以刑事犯罪论处。当然，如果债务人在行为过程中采用暴力手段将对方伤害，构成故意伤害罪的，则另当别论。

②对于行为人之间的债权债务关系是清楚的，双方之间不存在纠纷问题，而是债务人出于非法占有的目的，企图采用暴力、胁迫手段将原有欠款凭证销毁或者强行取回，以达到消灭债务的，应当以抢劫罪论处。刑法中的抢劫

罪所侵犯的客体，不是指某种实物性财产，而是包括公私财产的所有权。欠款凭证虽然只是一张纸，但所代表的是一定的财产，同时也是一定财产所有权的证明凭证，是债权人向债务人主张自己的财产权利的唯一凭证，丧失了这一凭证，就意味着债权人可能会丧失自己应当享有的财产权。因此，在债权债务关系上，欠款凭证就相当于凭证上所标明的财产额的价值。抢走了这种凭证，也就相当于抢走了等价值的财产。因此，以非法占有为目的，采用暴力、胁迫等手段将原有欠款凭证销毁或者强行取回、企图消灭债务的行为，应当以抢劫罪论处。

（6）对用关闭他人的方法劫夺财物的行为如何定罪

第一种意见认为应当定抢劫罪；第二种意见认为应当定抢夺罪；第三种意见认为应当定非法拘禁罪。

本书观点：同意第一种意见。

①抢劫罪、抢夺罪属于刑法分则规定的侵犯财产罪，非法拘禁罪属于刑法分则规定的侵犯公民人身权利、民主权利罪。

②非法拘禁罪与抢劫罪、抢夺罪的主要区别如下：一是侵犯的客体不同，非法拘禁罪侵犯的客体主要是人身自由权利；而抢劫罪、抢夺罪侵犯的客体则主要是公民的财产权利，其中抢劫罪侵犯的客体还包括公民的人身权利。二是犯罪目的不同，非法拘禁罪的犯罪目的是在一定时间内限制或剥夺他人人身自由权；而抢劫罪、抢夺罪的主要目的在于非法占有公私财产。

③抢劫罪和抢夺罪也既有联系又有区别。其相同点主要在于：二者在主观方面都是以非法占有公私财物为目的，犯罪对象都是公私财产，主体都为一般主体。不同之处主要在于各自的犯罪手段、行为方式不同：抢劫罪的行为人主要是采用暴力、胁迫或者其他方法，使被害人失去反抗的能力而夺取财物或者迫使其交出财物，如通过将被害人灌醉酒或使用麻醉药等手段控制其反抗。认定抢劫罪的关键是看该手段是否已使被害人丧失了抗拒他人劫取自己财物的意志自由和行动自由。抢夺是趁他人不备而公然夺取他人财物，在抢夺的条件下，被害人没有失去行动自由和夺回自己财物的能力，只是因为犯罪行动迅速使被害人来不及夺回自己的财物。

从上述关于非法拘禁罪、抢劫罪、抢夺罪的构成分析看，以劫夺财物而强行将被害人关闭、扣押的行为，符合《刑法》第263条规定的以“其他方法抢劫公私财物”的行为，应当以抢劫罪定罪处罚。

（7）对用酒将他人灌醉后劫取其财物的行为如何定罪

用酒将他人灌醉后劫取其财物的行为如何定罪？一种意见认为应当定盗窃罪，理由是行为人窃取财物的手段是采取秘密窃取的方式；另一种意见认为应当定抢劫罪，理由是行为人虽然没有使用暴力或者以暴力相威胁，但采用将他人灌醉酒后实施盗窃的行为实际上是从精神上对他人进行控制的行为，应当视为抢劫罪行为方式中的“其他方法”，符合抢劫罪的构成要件。

所谓抢劫罪，是指以非法占有公私财物为目的，对财物所有人、保管人或其他在场人当场使用暴力、胁迫或其他方法，迫使其立即交出财物或者将财物强行夺走的行为。抢劫罪的行为方式主要表现为使用暴力、胁迫或者其他方法将他人财物立即夺走的行为。抢劫罪中“其他方法”的内容和范围。是指除暴力、胁迫以外的其他对人身的强制方法，它的主要构成特征是：（1）行为人所采用的这种方法具有足以导致被害人失去反抗能力的结果发生，如采用麻醉、催眠术、触电、药物、酒精使其陷于昏迷状态等，致使被害人失去反抗的知觉。（2）行为人主观上具有采用“其他方法”窃取他人财物的故意，即行为人希望通过采取上述行为方法来达到自己窃取他人财物的目的，并且决意将这种行为付诸实行。只要具备上述两个条件，无论行为人是否公开使用了暴力手段，都可以认定为抢劫。

但是，如果行为人与被害人喝酒时，行为人没有非法占有的故意，而是见被害人醉酒后才产生非法占有的故意，从被害人得取得财物的，其行为应认定为盗窃。

（四）情节与量刑

依照《刑法》第263条规定，犯抢劫罪的，处3年以上10年以下有期徒刑，并处罚金；有下列情形之一的，处10年以上有期徒刑、无期徒刑或者死刑，并处罚金或者没收财产：（1）入户抢劫的；（2）在公共交通工具上抢劫的；（3）抢劫银行或者其他金融机构的；（4）多次抢劫或者抢劫数额巨大的；（5）抢劫致人重伤、死亡的；（6）冒充军警人员抢劫的；（7）持枪抢劫的；（8）抢劫军用物资或者抢险、救灾、救济物资的。

具体情节与量刑的对应情况，列表格如下：

<table>
<tr><th>量刑档次</th><th>对应情节</th><th>有关概念解释</th><th>备注</th></tr>
<tr><td>三年以上十年以下有期徒刑，并处罚金</td><td>构成抢劫犯罪</td><td>以暴力、胁迫或者其他方法抢劫公私财物的，即构成抢劫罪</td><td rowspan="2">1. 构成基本犯罪的，必须并处单处罚金。
2. 具有法定加重处罚情节，判处有期徒刑的，只能并处罚金。判处无期徒刑的，可以判处没收财产。判处死刑的，必须没收财产。</td></tr>
<tr><td>十年以上有期徒刑、无期徒刑或者死刑，并处罚金或者没收财产</td><td>（1）入户抢劫的；
（2）在公共交通工具上抢劫的；
（3）抢劫银行或者其他金融机构的；
（4）多次抢劫或者抢劫数额巨大的；
（5）抢劫致人重伤、死亡的；
（6）冒充军警人员抢劫的；
（7）持枪抢劫的；
（8）抢劫军用物资或者抢险、救灾、救济物资的</td><td>详见下文分析</td></tr>
</table>

司法机关在适用本条规定处罚时，应当注意以下问题：

1. 注意财产刑的适用

根据《刑法》第263条的规定，从上述规定可以看出，法律对本罪的量刑规定了两个档次。在适用第一档刑罚即三年以上十年以下有期徒刑时，必须并处罚金；在适用第二档刑罚时，应当注意在判处主刑的同时，要么并处罚金，要么并处没收财产。根据《全国法院维护农村稳定刑事审判工作座谈会纪要》规定，凡法律规定并处罚金或者没收财产的，均应当依法并处。被告人的执行能力不能作为是否判处财产刑的依据。确实无法执行或不能执行的，可以依法执行终结或者减免。对法律规定主刑有死刑、无期徒刑和有期徒刑，同时并处没收财产或罚金的，如决定判处死刑，只能并处没收财产；判处无期徒刑的，可以并处没收财产，也可以并处罚金；判处有期徒刑的，只能并处罚金。《抢劫指导意见》则进一步明确规定，判处无期徒刑以上刑罚的，一般应并处没收财产。据此，抢劫犯罪财产刑的适用应当明确三点，一是判处有期徒刑的，应当而且只能并处适用罚金；二是判处死刑的，应当而且只能适用并处没收财产；三是判处无期徒刑的，一般应当并处没收财产。

2. 正确认定“入户抢劫”

（1）明确司法解释和司法文件对“入户抢劫”的相关规定

关于“入户”中“户”的概念，早在1999年10月27日的《全国法院维护农村稳定刑事审判工作座谈会纪要》（以下简称《纪要》）中就有规定。该《纪要》称，“入户盗窃”中的“户”，是指家庭及其成员与外界相对隔离的生活场所，包括封闭的院落、为家庭生活租用的房屋、牧民的帐篷以及渔民作为家庭生活场所的渔船等。集生活、经营于一体的处所，在经营时间内一般不视为“户”。之后，《抢劫解释》《两抢意见》《抢劫指导意见》均对入户抢劫作了有关规定。

《抢劫解释》第1条规定，“入户抢劫”，是指为实施抢劫行为而进入他人生活的与外界相对隔离的住所，包括封闭的院落、牧民的帐篷、渔民作为家庭生活场所的渔船、为生活租用的房屋等进行抢劫的行为。对于入户盗窃，因被发现而当场使用暴力或者以暴力相威胁的行为，应当认定为入户抢劫。

司法实践中，对“户”的范围、“入户”目的与“入户抢劫”的关系以及“入户盗窃”后转化为“入户抢劫”的认定，遇到了新情况、新问题，且存在争议，《两抢意见》基于这些情况，明确了“认定入户抢劫”的应当注意的三个问题：一是“户”的范围。“户”在这里是指住所，其特征表现为供他人家庭生活和与外界相对隔离两个方面，前者为功能特征，后者为场所特征。一般情况下，集体宿舍、旅店宾馆、临时搭建工棚等不应认定为“户”，但在特定情况下，如果确实具有上述两个特征的，也可以认定为“户”。二是“入户”目的的非法性。进入他人住所须以实施抢劫等犯罪为目的。抢劫行为虽然发生在户内，但行为人不以实施抢劫等犯罪为目的进入他人住所，而是在户内临时起意实施抢劫的，不属于“入户抢劫”。三是暴力或者暴力胁迫行为必须发生在户内。入户实施盗窃被发现，行为人为窝藏赃物、抗拒抓捕或者毁灭罪证而当场使用暴力或者以暴力相威胁的，如果暴力或者暴力胁迫行为发生在户内，可以认定为“入户抢劫”；如果发生在户外，不能认定为“入户抢劫”。

经过多年的司法实践，围绕“入户抢劫”有两个问题比较突出，一是对于入户目的的非法性存有争议，即入户抢劫中的入户，如何理解，是否一定要以抢劫等犯罪为目的的入户？二是对于“前店后宅”或者“店宅共用”营业外时间用于家居生活的场所可否认定为“户”？针对第一个问题，《抢劫指导意见》规定，认定“入户抢劫”，要注重审查行为人“入户”的目的，将“入户抢劫”与“在户内抢劫”区别开来。以侵害户内人员的人身、财产为目的，入户后实施抢劫，包括入户实施盗窃、诈骗等犯罪而转化为抢劫的，应当认定为“入户抢劫”。因访友办事等原因经户内人员允许入户后，临时起意实施抢劫，或者临时起意实施盗窃、诈骗等犯罪而转化为抢劫的，不应认定为“入户抢劫”。针对第二个问题，即“前店后宅”或者“店宅共用”的情况下，如何认定是否“户”的问题。《抢劫指导意见》规定，对于部分时间从事经营、部分时间用于生活起居的场所，行为人在非营业时间强行入内抢劫或者以购物等为名骗开房门入内抢劫的，应认定为“入户抢劫”。对于部分用于经营、部分用于生活且之间有明确隔离的场所，行为人进入生活场所实施抢劫的，应认定为“入户抢劫”；如场所之间没有明确隔离，行为人在营业时间入内实施抢劫的，不认定为“入户抢劫”，但在非营业时间入内实施抢劫的，应认定为“入户抢劫”。

（2）正确理顺司法解释、司法文件之间关于“入户抢劫”规定的关系，处理好此类案件的定性

①关于“户”的概念。《抢劫解释》对户的概念规定得应该是比较明确的。《两抢意见》只是进一步解释和明确了“户”的范围，《抢劫指导意见》则根据司法实践的需要，对“前店后宅”或者“店宅共用”是否属于“户”从方法论上给了明确的认定规则。概括地说，《抢劫解释》解决了户的“概念”问题，《两抢意见》阐明了“户”的功能特征和场所特征，并以举例的方式，明确集体宿舍、旅店宾馆、临时搭建工棚在不具有户的功能特征和场所特征的情况下，应排除在“户”的范围之外。《抢劫指导意见》则在总结司法实践经验的基础上，以规范性文件的形式确认司法实践中的做法，以便各级法院审理此类案件时有据可依。因此，三者之间的关系是递进式的补充和完善。

②关于“入户目的”。《抢劫解释》解释为为实施抢劫行为而“入户”，《两抢意见》则规定为以实施抢劫等犯罪为目的而“入户”，《抢劫指导意见》则将“入户”扩大为以侵害户内人员的人身、财产为目的。抢劫行为发生在户内，这一点，上述司法解释和司法文件的规定是一致的。但行为人入户时的主观内容，三者之间是递进式的补充和完善关系，特别是《抢劫指导意

见》，从更加注重保护公民的人身安全和住宅安全出发，改变了《两抢意见》将“入户抢劫”中的“入户”限定于抢劫等犯罪目的的规定，扩大为“以侵害户内人员的人身、财产为目的”。换言之，即使不以犯罪为目的，而只是出于一般违法为目的，只要是“以侵害户内人员的人身、财产为目的”而入户，而后实施抢劫的，均可认定为入户抢劫。这样规定，有利于更有力地保护公民的住宅安全，更严厉地打击入户抢劫犯罪。

③关于在户内盗窃转化为抢劫的问题。《抢劫解释》规定，对于入户盗窃，因被发现而当场使用暴力或者以暴力相威胁的应当认定为入户抢劫。这从根本上解决了学界关于仅转化为抢劫还是转化为入户抢劫的争议，也满足了司法实践中存在的困惑。但对于入户盗窃转化为入户抢劫的暴力发生在何地没有作明确规定。《两抢意见》明确规定，暴力或者暴力胁迫行为必须发生在户内。入户实施盗窃被发现，行为人为窝藏赃物、抗拒抓捕或者毁灭罪证而当场使用暴力或者以暴力相威胁的，如果暴力或者暴力胁迫行为发生在户内，可以认定为“入户抢劫”；如果发生在户外，不能认定为“入户抢劫”。

（3）司法实践中应该注意的问题

①正确理解“户”的范围。对“入户”不能仅理解为进入住宅房间或者室内。对于抢劫独门独院居民住宅的，只要行为人进入了住宅院内，也应视为“入户抢劫”。

应当把握“户”的典型性特征，只有实际封闭的、用作家庭成员日常生活、居住的场所，才能认定为“户”。在“户”有些抢劫行为发生的场所特征模棱两可、户的特征并不典型，如侵入户主尚未入住、正在装修的私人住宅，固定值班人员长期居住的单位门卫室，以及即将或正在关门的前店后宅式房屋等场所抢劫装修工人、值班人员或商铺店主的财物，对于此类非典型或有争议的“入户”劫财行为，一般不宜认定入户抢劫。

②注意区分入户的非法性和侵害性。入户进行非法活动，临时起意在户内抢劫的，并非都认定为“入户抢劫”。如经“户”内人中同意，“入户”卖淫嫖娼、赌博，临时起意抢劫的，不能认定为“入户抢劫”。只有以侵害户内人员的人身、财产为目的，入户后实施抢劫，包括入户实施盗窃、诈骗等犯罪而转化为抢劫的，才应当认定为“入户抢劫”。

行为人虽然经过主人同意进入，但在主人要求其退出时，拒不退出，并临时起意抢劫的，应当认定为“入户抢劫”。

③正确理解和掌握入户盗窃转化为抢劫的暴力发生场所。《抢劫解释》明确了使用暴力或者以暴力相威胁必须是“当场的”，《两抢意见》明确规定，暴力或者暴力胁迫行为必须发生在户内，如果发生在户外，不能认定为“入户抢劫”。但是司法实践中，不能简单地把户内和户外人为地割裂开来。行为人非法侵入他人户内实施抢劫，包括在户内盗窃、诈骗而转化为抢劫，受害人逃出户外，行为人为窝藏赃物、抗拒抓捕或者毁灭罪证而在户外继续实施暴力的，应认定为户外暴力行为是户内的延伸，因此，仍然应认定为“入户抢劫。”

④关于在居民住户中对第三人实施抢劫的问题如何认定？有观点认为，在一般情况下，对在居民住户中的特定第三人实施抢劫的行为，一般不认为是“入户抢劫”。本书观点：只要是入户，且被抢之人是经户内人员同意入户的，那么，行为人对户内之人实施抢劫就应当认定为入户抢劫。刑法关于入户抢劫的规定，主要在于保护公民的人身安全和住宅安全，而没有限制被抢对象。如同在公共交通工具上抢劫，对无票乘车者实施抢劫的，也应当认定为“在公共交通工具上抢劫。”当然，如果户内没有人员，而其他人员入户实施违法犯罪活动，如入户盗窃，行为人入户对盗窃者实施抢劫的，则因该盗窃者没有入户的正当性理由而不受“户”的保护，因而不能认定为“入户抢劫”。

3. 正确认定“在公共交通工具上抢劫”

（1）明确司法解释和司法文件对“在公共交通工具上抢劫”的相关规定

关于“在公共交通工具上抢劫”，《抢劫解释》《两抢意见》《抢劫指导意见》均有规定。《抢劫解释》第2条规定，《刑法》第263条第（二）项规定的“在公共交通工具上抢劫”，既包括在从事旅客运输的各种公共汽车，大、中型出租车，火车，船只，飞机等正在运营中的机动公共交通工具上对旅客、司售、乘务人员实施的抢劫，也包括对运行途中的机动公共交通工具加以拦截后，对公共交通工具上的人员实施的抢劫。《两抢意见》则对未运营中的大、中型公共交通工具上针对司售、乘务人员抢劫，或者在小型出租车上抢劫是否属于“在公共交通工具上抢劫”作了明确的补充规定，认为：在未运营中的大、中型公共交通工具上针对司售、乘务人员抢劫的，或者在小型出租车上抢劫的，不属于“在公共交通工具上抢劫。而《抢劫指导意见》明确了公共交通工具的最基本特征，即“公共交通工具承载的旅客具有不特定多数人的特点”，并且在前两者基础上又补充了如下内容：一是扩大了公共交通工具的范围，将地铁、轻轨纳入了公共交通工具的范围，以便于将其与一般意义上的火车相区别，解决司法实践中因此而存在的困惑。二是将不具有营运执照但实际从事旅客运输的大、中型交通工具纳入了公共交通工具的范围。这样规定，主要考虑，运输运营者的无证运营行为虽然违法，但乘客的人身财产安全仍然应该受到充分的保护，针对不特定多数人的抢劫犯罪行为仍然应该依法受到惩罚。三是规定接送职工的单位班车、接送师生的校车等大、中型交通工具，视为“公共交通工具”。司法实践中，对此类交通工具是否属于“公共交通工具”存在争议，主要原因是这些班车、校车不具有营业特征。经研究认为，这些班车、校车虽然不向社会开放，但车上人员仍然属于乘客的性质，车辆仍然属于运送旅客的车辆；乘坐人员虽然相对固定，但仍然具有不特定多数人的特征。特别是接送师生的校车，车上人身财产安全必须得到最大程度的保护的观念，已经广泛地被全社会认同。四是明确规定，以暴力、胁迫或者麻醉等手段对公共交通工具上的特定人员实施抢劫的，一般应认定为“在公共交通工具上抢劫”。实践中，此类抢劫是否属于在公共交通工具上抢劫是有争议的。《抢劫指导意见》作此规定，主要是考虑到，虽然其抢劫的具体对象是特定的，但抢劫的地点位于公共交通工具上，其对不特定多数人的人身、财产的危害性依然存在，并且该抢劫犯罪行为对处于运输状态的公共交通工具带来的危害是现实的，极易危害到公共安全。

（2）关于小型出租车是否属于公共交通工具的问题[①]

在司法实践中，存在争论较大的问题，是针对小型出租汽车的人员进行的抢劫是否应当适用本项规定。实践中存在不同的意见：一种意见认为，出租车属于用于公共交通的工具，如果在出租车上实施抢劫行为，对公共安全具有严重的危害性，应当适用《刑法》第 263 条第 2 项加重处罚；另一种意见认为，出租车不属于《刑法》第 263 条第 2 项规定的“公共交通工具”，因

---

① 2000 年 11 月 28 日，最高人民法院刑二庭召开审判长会议，对在小型出租汽车上抢劫是否属于“在公共交通工具上抢劫”的问题，此问题进行了研究，纪要如下：实践中发生在小型出租汽车上的抢劫犯罪案件，大多是犯罪分子以租乘为名，骗司机将出租车开到偏僻无人的地方后，针对司机行抢，或者同时抢劫司机驾驶的出租汽车。这种抢劫犯罪不是针对众多乘客实施的，因此，不同于威胁众多乘客人身、财产安全的“在公共交通工具上抢劫”犯罪案件，故不能根据《刑法》第 263 条第（二）项规定，认定为“在公共交通工具上抢劫”。参见：最高人民法院刑事审判第一、二、三、四、五庭：《中国刑事审判指导案例（侵犯财产罪）》，法律出版社 2012 年版，第 681 页。

此在出租车上实施的抢劫行为，应按普通抢劫罪定性，不应该适用加重条款处罚。我们认为，按理而言，小型出租汽车虽然载客量较小，但同样是向不特定的个人或者多人提供交通运输服务，具有与其他大中型公共交通工具同样的特征和功能。汽车载客量的大小不应成为是否属于公共交通工具的判断标准。但是，如果我们从刑法的立法本意方面进行考察，刑法规定本项的立法目的，主要是为了严厉打击“车匪路霸”欺辱旅客、抢劫财物，严重扰乱运输秩序的犯罪活动，以保护旅客旅途中的人身和财产安全。从“车匪路霸”实施犯罪的一般特点来看，主要是集中在火车、长途公共汽车、旅游出租汽车、轮船等旅客众多的大中型公共交通工具上，而且侵犯的是不特定的多数旅客的人身、财产安全，社会影响十分恶劣。实践中在小型出租汽车上发生的抢劫案件虽然也不少，但如果排除抢劫出租汽车本身这类案件，大多是抢劫出租汽车司机个人的财物，价值数额一般不大，受害人范围较窄，不符合“在公共交通工具上抢劫”的立法本意。因此，对在小型出租汽车上的抢劫行为不能认定为“在公共交通工具上抢劫”。当然，不适用本项规定，并不是就完全排除了对在小型出租汽车上实施的抢劫行为判处重刑的可能。对于抢劫小型出租汽车的，可以依照抢劫数额巨大的规定论处；对于抢劫致司机重伤、死亡的等，完全可以依照立法本意的相关规定，判处10年以上有期徒刑、无期徒刑或者死刑。

（3）认定“在公共交通工具上抢劫”的应注意的问题

认定“在公共交通工具上抢劫”时，应当注意以下四个问题：一是“公共交通工具”的范围，既不能扩大，也不能缩小，应严格按照《抢劫解释》《两抢意见》《抢劫指导意见》掌握。二是被“公共交通工具”必须处于正在运营中的状态。在未运营中的大、中型公共交通工具上针对司售、乘务人员抢劫的，不能认定为“在公共交通工具上抢劫”。三是正确理解“公共交通工具”具有从事旅客运输的功能特征。是否具有营运执照、车辆所有者是否赚取利润等都不是认定“公共交通工具”的依据。因此，在不具有商业营运执照但实际从事旅客运输功能的大、中型交通工具上实施抢劫的，在单位内部班车、校车等非商业营运的车辆上实施抢劫的，均应认定为“在公共交通工具上抢劫”。四是对抢劫对象的把握，不能局限于乘客，而应包括“公共交通工具”上的所有人员。只要是在运营状态下的公共交通工具上，无论是否针对特定人员还是针对不特定人员，都应认定为“在公共交通工具上抢劫”。

对于在飞行中的航空器上使用暴力实施抢劫犯罪，同时危及公共安全的，属于观念上的竞合现象，应该根据“从一重罪处断”的处理原则定罪量刑。

4. 正确认定“抢劫银行或者其他金融机构”

(1)“银行或者其他金融机构”的范围

“银行”，既包括国家银行，也包括民营银行和外国在我国境内设立的银行。“其他金融机构”，是指银行以外的依法从事货币资金的融通和信用的机构，如证券公司、保险公司、信托投资公司、金融租赁公司、企业集团财务公司等。按照上述解释，

(2)“抢劫银行或者其他金融机构”的概念

根据《抢劫解释》第3条规定，“抢劫银行或者其他金融机构”，是指抢劫银行或者其他金融机构的经营资金、有价证券和客户的资金等。抢劫正在使用中的银行或者其他金融机构的运钞车的，视为“抢劫银行或者其他金融机构”。

实践中，要注意将在银行内抢劫和抢劫银行区分开来。不是所有发生在银行内的抢劫都能认定为抢劫银行的。对正在银行或者其他金融机构等待办理业务的客户实施抢劫的，不属于“抢劫银行或者其他金融机构”，但如果客户的现金已经（或者正在）递交银行或者其他金融机构的工作人员，以抢劫银行或者其他金融机构论。

另外，如果抢劫的运钞车，不是在运钞的使用过程中，行为人目的也不是抢劫运钞车中的经营资金等，而仅仅是抢劫运钞车本身，即抢劫车辆之外并无抢劫经营资金等目的的，不宜认定为抢劫金融机构。

5. 正确认定“多次抢劫”

(1)“多次抢劫”的含义

“多次抢劫”之所以成为加重处罚情节，是因为行为人出于非法占有他人财物的目的，一而再、再而三地以暴力或者暴力相威胁的方法劫取财物，显示了行为人具有较深的主观恶性和社会危害性，理应相应承担加重的刑罚。“多次”起点的确定，既要反映社会生活中一般人的认识观念，也要与刑法其他条文中的多次的含义保持连贯性、一致性。因此，《两抢意见》规定，“多次抢劫”，是指抢劫三次以上。根据刑法的体系解释，即《刑法》第99条的规定，刑法所称以上、以下、以内，包括本数。因此，抢劫多次指抢劫三次以上，包括抢劫三次。

（2）“多次抢劫”的认定

根据《两抢意见》第3条的规定，对于“多次抢劫”的认定，应以行为人实施的每一次抢劫行为均已构成犯罪为前提，综合考虑犯罪故意的产生，犯罪行为实施的时间、地点等因素，客观分析、认定。对于行为人基于一个犯意实施犯罪的，如在同一地点、时间对在场的多人实施抢劫的；或者基于同一犯意在同一地点实施连续抢劫犯罪的，如在同一地点连续地对途经此地的多人进行抢劫的；或者在一次犯罪中对一栋居民楼房中的几户居民连续实施入户抢劫的，应从犯罪故意的单复数、犯罪时间的连续性和地点的相近性三个因素综合判断，一般应认定为一次犯罪。

（3）多次抢劫预备、未遂行为，能否成立“多次抢劫”？从司法实践情况看，抢劫未遂行为一般也被计入抢劫次数。主要理由在于，“多次抢劫”以严惩惯犯为旨趣，对于多次抢劫预备行为，由于行为人尚未着手实行犯罪，惯犯特征并不明显，况且多次抢劫的起点刑为十年有期徒刑以上的重刑，故不宜将社会危害性并非十分严重的多次抢劫预备行为纳入其中。抢劫未遂行为则有所不同，行为人已将犯罪意志转化为实行行为，开始直接侵害犯罪客体，只是由于犯罪分子意志以外的原因才未能得逞，行为人的惯犯特性可谓已经充分显露；加之考虑构成“入户抢劫”和“在公共交通工具上抢劫”等相同的情节加重犯，均未要求抢劫行为达成既遂状态，因此，目前实践中的做法也未见不妥。

6. 正确认定“抢劫数额巨大”

（1）“抢劫数额巨大”的起点

根据《抢劫解释》第4条规定，“抢劫数额巨大”的认定标准，可以参照各地确定的盗窃数额巨大的标准来认定。根据《最高人民法院、最高人民检察院关于办理盗窃刑事案件适用法律若干问题的解释》（以下简称《盗窃解释》）第1条规定，“数额巨大”的起点为3万元至10万元以上，具体标准由各省、自治区、直辖市高级人民法院、人民检察院根据本地区经济发展状况，并考虑社会治安状况，在3万元至10万元的数额幅度内，确定本地区执行的具体数额标准，报最高人民法院、最高人民检察院批准。

（2）关于抢劫犯罪数额的计算问题

①抢劫数额的计算依据。根据《抢劫指导意见》规定，抢劫数额以实际抢劫到的财物数额为依据。

②抢劫数额巨大的未遂问题。司法实践中表明，行为人以数额巨大的财物为抢劫目标但实际未能抢劫到巨大数额财物的抢劫案件，法院基本一律以实际抢劫到的财物为数额依据，而不考虑行为人主观故意的内容，因而有可能轻纵犯罪。为此，《抢劫指导意见》规定：对以数额巨大的财物为明确目标，由于意志以外的原因，未能抢到财物或实际抢得的财物数额不大的，应同时认定“抢劫数额巨大”和犯罪未遂的情节，根据刑法有关规定，结合未遂犯的处理原则量刑。这样规定，既体现了抢劫数额是重要量刑情节，但不是唯一情节的原则，又体现了定罪量刑必须主客观相结合的原则，从而解决了司法实践中出现的以数额巨大的财物为抢劫目标但实际未能抢劫到巨大数额财物的抢劫案件，一律以实际抢劫到的财物为数额依据的可能轻纵犯罪的做法。

③抢劫信用卡数额的确定。根据《两抢意见》，抢劫信用卡后使用、消费的，其实际使用、消费的数额为抢劫数额；抢劫信用卡后未实际使用、消费的，不计数额，根据情节轻重量刑。所抢信用卡数额巨大，但未实际使用、消费或者实际使用、消费的数额未达到巨大标准的，不适用“抢劫数额巨大”的法定刑。《抢劫指导意见》在此基础上，针对未使用、消费部分，《指导意见》补充规定，由于行为人意志以外的原因无法实际使用、消费的部分，虽不计入抢劫数额，但应作为量刑情节考虑。这一规定，使得抢劫信用卡犯罪的惩处体系更加完备。即根据三种不同情况分别作不同的处理。一是卡内余额全部被消费、使用的，以其消费、使用金额为抢劫数额；二是卡内余额部分消费和使用的，对未消费、使用部分不计入抢劫数额，作为量刑情节考虑；三是抢劫信用卡后未消费和使用的，不计数额，根据情节轻重量刑。

另外，抢劫信用卡构成抢劫犯罪不以使用、消费为前提条件。因为抢劫罪侵犯双重客体，既侵害公私财产权益，又公害公民人身权益，因此，抢劫对象价值的大小，一般不影响抢劫罪的构成及既遂形态。

抢劫信用卡使用、消费的，对其使用、消费行为不另定其他犯罪。原因是行为人使用、消费信用卡的数额作为抢劫犯罪的数额，其使用、消费信用卡的行为可纳入抢劫罪的评价范围，不再另行以他罪评价。

④由于银行业的繁荣、快速发展以及互联网的普及，银行转账或者电子支付、手机银行等支付平台完全可能成为抢劫犯罪分子获取抢劫财物的手段，针对这一新情况，《指导意见》规定：通过银行转账或者电子支付、手机银行

等支付平台获取抢劫财物的，以行为人实际获取的财物为抢劫数额。

⑤劫取机动车辆作为犯罪工具或者逃跑的如何处理?《两抢意见》规定，为抢劫其他财物，劫取机动车辆当作犯罪工具或者逃跑工具使用的，被劫取机动车辆的价值计入抢劫数额；为实施抢劫以外的其他犯罪劫取机动车辆的，以抢劫罪和实施的其他犯罪实行数罪并罚。

司法实践中，行为人为抢劫其他财物，劫取非机动车如电动自行车、自行车当作犯罪工具或者逃跑工具使用的，被劫取非机动车的价值计入抢劫数额；为实施抢劫以外的其他犯罪劫取非机动车的，以抢劫罪和实施的其他犯罪实行数罪并罚。

⑥抢劫存折、机动车辆的数额计算，参照执行《盗窃解释》的相关规定。

⑦抢劫违禁品如何计算数额?《两抢意见》规定：以毒品、假币、淫秽物品等违禁品为对象，实施抢劫的，以抢劫罪定罪；抢劫的违禁品数量作为量刑情节予以考虑。抢劫违禁品后又以违禁品实施其他犯罪的，应以抢劫罪与具体实施的其他犯罪实行数罪并罚。对此规定的理解，其一，违禁品可以成为抢劫罪的犯罪对象。司法实践中，对于毒品、假币、淫秽物品等法律禁止私人持有、占有的物品能否成为抢劫犯罪的对象有一定的争议。有的观点认为，对于法律禁止普通公民拥有的物品，公民不拥有所有权。违禁品既然是法律所禁止的东西，当然也就不具有财物性，不属于“他人财物”的范畴，不能成为抢劫罪的对象。本书认为，抢劫罪的对象并不仅仅是指他人的合法财产，他人违法持有、占有的、在法律意义上属于国家所有的违禁品，本质上仍然属于“他人财物”的范畴，也应属于抢劫罪的对象。应该注意的是，抢劫罪中的“他人财物”是相对于行为人而言的，且范围不限于具体的个人物品，也包括单位、集体和国家的物品。无论行为人是否明知该物品的所有权属关系，只要其主观上明知该物品不属于自己所有或合法持有，以暴力或暴力威胁的方法非法占有，就符合抢劫罪的特征。《全国部分法院审理毒品犯罪案件工作座谈会纪要》(大连会议纪要）对抢劫毒品的行为明确规定以抢劫罪定罪，但不计犯罪数额，根据情节轻重予以定罪量刑。其二，抢劫违禁品的量刑以情节为依据，不以数额为依据。由于违禁品不具有合法的流通性，不易认定其具有经济价值，对于行为人以抢劫罪定罪，难以认定具体的抢劫数额，因此，一般不应适用“抢劫数额巨大”的条款。但是，行为人抢劫违禁品的数量在一定程度上反映了其主观恶性的深浅以及客观危害性的大小，

因此，抢劫的违禁品数量作为量刑情节予以考虑。抢劫违禁品后又以违禁品实施其他犯罪的，如贩卖毒品、出售假币、贩卖淫秽物品牟利的，应以抢劫罪与具体实施的其他犯罪实行数罪并罚。

⑧抢劫珍贵文物的如何计算抢劫数额？对此，关于抢劫方面的司法解释、规范性文件都没有涉及。《盗窃解释》第 9 条规定，盗窃国有馆藏一般文物、三级文物、二级以上文物的，应当分别认定为《刑法》第 264 条规定的“数额较大”“数额巨大”“数额特别巨大”。盗窃多件不同等级国有馆藏文物的，三件同级文物可以视为一件高一级文物。盗窃民间收藏的文物的，根据本解释第 4 条第 1 款第 1 项的规定认定盗窃数额。第 4 条第 1 项规定。被盗财物有有效价格证明的，根据有效价格证明认定；无有效价格证明，或者根据价格证明认定盗窃数额明显不合理的，应当按照有关规定委托估价机构估价。因此，抢劫珍贵文物的，应当参照盗窃文物的计算方法来确定抢劫数额。

需要说明的是，根据《最高人民法院、最高人民检察院关于办理妨害文物管理等刑事案件适用法律若干问题的解释》第 13 条规定，五件同级文物视为一件高一级文物，但是价值明显不相当的除外。此解释后于《盗窃解释》，因此，文物的折抵方法应当按照本解释进行。

7. 正确认定“抢劫致人重伤、死亡”

(1) 关于“抢劫致人重伤、死亡”的概念

“抢劫致人重伤、死亡”是指行为人实施抢劫时，因其抢劫行为致被害人重伤、死亡的。

(2) 关于“抢劫致人重伤、死亡”的主观内容

既包括故意伤害、杀害被害人，又包括过失伤害、杀害被害人。法律之所以规定致人重伤、死亡，而没有规定伤害、杀害被害人，就是因为本条款规定的是结果加重犯罪，故意必须符合结果加重犯的条件。结果加重犯罪，是指法律规定的一个犯罪行为（基本犯罪），由于发生了严重结果而加重其法定刑的情况。通说认为，结果加重犯中，行为人对结果的产生包括故意和过失的内容。就故意方面，既包括直接故意，也包括间接故意。也就是说，抢劫过程中致人重伤、死亡，包括故意伤害致人重伤、死亡，也包括为抢财物不顾他人死活间接故意杀人，还包括直接故意杀人致人死亡的。因为主观内容不管是直接故意、间接故意还是过失，但造成重伤、死亡的结果，都是抢劫暴力犯罪的一种结果，是抢劫罪的组成部分。另外，从抢劫的暴力行为的

程度分析，是为排除妨碍，针对的是他人的身体，即健康或生命权利，这在抢劫犯罪的实施过程中是很难区分层次的；就行为性质而言，一般亦难以区分是直接故意杀人，还是间接故意杀人；是间接故意杀人，还是故意伤害致人死亡；是直接对财物所有人还是对其他在场人行凶，只有当实际危害结果发生以后，才能确定其暴力所造成的危害程度，即致人轻伤、重伤抑或死亡。而致人重伤或死亡的危害后果。如，在实施抢劫财物行为过程中，因使用暴力，如殴打、伤害、捆绑、禁闭等而致人重伤的，应当认定为抢劫致人重伤，致人死亡的，应当认定为抢劫致人死亡。

（3）关于“抢劫致人重伤、死亡”结果发生的时间范围

2001 年 5 月《最高人民法院关于抢劫过程中故意杀人案件如何定罪问题的批复》指出：行为人为劫取财物而预谋故意杀人或者在劫取财物过程中，为制服被害人反抗而故意杀人的，以抢劫罪定罪处罚。对于在实施抢劫后，为逃避罪责杀人灭口，又将被害人杀害的，则应当分别定故意杀人和抢劫两个罪，实行并罚。

该批复解决了抢劫致人死亡的时间范围和定罪问题。①凡是在劫取财物过程中，为制服被害人反抗而故意杀人的，均以抢劫罪定罪处罚。对在抢劫财物过程中致人死亡的案件，只定一个抢劫罪，符合抢劫罪的犯罪构成和基本特征。如果对此类行为定抢劫罪、杀人罪两个罪，其杀人行为实际是实施抢劫行为的使用暴力部分。单独定罪，抢劫罪的犯罪构成已不完全；抢劫行为如果仅只抢得少量财物，又很难判处重刑。这样一来，“图财害命”这种抢劫杀人犯罪的本质特征就不能通过正确的定罪量刑得到揭示。这种既不符合法律规定，也不符合司法实际的分别定罪处刑的方法显然是不可取的。因此，凡在实施抢劫财物行为过程中，因使用暴力，如殴打、伤害、捆绑、禁闭等行为而致人死亡的，或者直接使用暴力将人杀死的，应定抢劫罪一罪。②在劫取财物前杀人的，如果其故意内容就是为了杀害被害人而劫取财物的，则应定抢劫一罪。如果行为人不是为了劫取财物而是因其他原因杀害被害人，杀人行为实施终了后，行为人临时起意取走被害人财物的，则应定故意杀人罪、盗窃罪，实行数罪并罚。③劫取财物后杀人，如果在劫取财物前就有杀人预谋，只是劫取财物后才实施杀人行为的，则仍然应该只定抢劫一罪。如果劫取财物前并无杀人预谋，但劫取财物为为灭口而故意杀人的，则以抢劫罪和故意杀人罪定罪，实行数罪并罚。

（4）正确界定抢劫行为与抢劫对象死亡结果之间的因果关系

①通说观点。对于不是典型的对被害人实施伤害、杀害行为，但被害人死亡的，如何认定抢劫行为与抢劫对象重伤、死亡后果之间的因果关系？通说认为，抢劫行为必须与被害人死亡结果之间具备因果关系不中断的条件下，即肯定抢劫对象的死亡与抢劫犯罪行为人的行为有刑法上的因果关系情况下，才能认定抢劫致人死亡情节成立。本书同意通说观点。这是认定抢劫致人死亡的关键。刑法意义上的因果关系，既要考虑行为与结果之间本身具有的引起与被引起的原因关系（条件关系），又要考虑设立此项犯罪的立法初衷。抢劫致人死亡中，抢劫行为与被害人死亡结果之间的因果关系具有特殊性。这种因果关系不限于直接、必然因果关系，也包括间接、偶然因果关系。②正确理解抢劫致人死亡中的“致”。这里的“致”是招致、引起（后果）的含义，没有局限于直接造成。因此抢劫致人死亡，既可以解释为抢劫行为造成被害人死亡，也可以解释为因抢劫而招致被害人死亡。③抢劫行为必须与“死亡”之间存在不中断的直接因果关系。在抢劫中杀害被害人或过失致人死亡，抢劫行为与死亡结果之间具有直接、必然的因果关系，毫无疑问应当认定为抢劫致人死亡。在抢劫过程中，虽然抢劫行为并非直接导致被害人死亡，被害人死亡由多种因素造成，但抢劫行为是引起被害人死亡的主要原因，或者抢劫行为与死亡结果仅仅存在偶然因果关系，只要因果关系没有中断，仍然可以认定为抢劫致人死亡。反之，如果抢劫行为发生之后，由于其他因素的介入，严重导致被害人死亡，即抢劫行为与死亡结果的因果关系中断，则不应认定抢劫致人死亡。如被害人被抢劫后，离开现场，在回家路上因车祸而死亡，或者被害人回家后认为被抢劫而自杀的，都因因果关系的中断，而不能认定为抢劫致人死亡。相反，如果在抢劫过程中，被害人为逃避抢劫在逃跑过程而跌下河流而淹死或者穿过马路被车压死的，则应当认定为抢劫致人死亡。

（5）关于转化刑抢劫而致人重伤、死亡的定罪

为抗拒抓捕而当场使用暴力或者以暴力相威胁，是盗窃罪转化为抢劫罪的条件，在盗窃罪、诈骗罪、抢夺罪转化为抢劫罪之后，盗窃的财物数额、对象和使用暴力的程度和后果，均应成为抢劫罪的量刑情节。也就是说，为抗拒抓捕而当场使用暴力致抓捕人重伤、死亡的行为，应当认定为《刑法》第 263 条规定的抢劫致人重伤、死亡。

8. 正确认定“冒充军警人员抢劫”

《抢劫解释》和《两抢意见》均未对“冒充军警人员抢劫”作出过规定。司法实践中，冒充军警人员抢劫的案件却时有发生，如何认定行为人的行为是否属于“冒充军警人员抢劫”，各地做法不统一，理论界也未能达成一致的学识观点。有的采取严格说，即只要行为人宣称自己是军警人员而实施抢劫的，一律认定为“冒充军警人员抢劫”。有的采取被害人感受说，即是否认定为“冒充军警人员抢劫”，以被害人是否充分地感受到行为人实施抢劫时的身份是军警人员为标准。《指导意见》规定了一个比较客观、操作性较强的综合判断标准（常人判断标准），即：认定“冒充军警人员抢劫”，要注重对行为人是否穿着军警制服、携带枪支、是否出示军警证件等情节进行综合审查，判断是否足以使他人误以为是军警人员。对于行为人仅穿着类似军警的服装或仅以言语宣称系军警人员但未携带枪支、也未出示军警证件而实施抢劫的，要结合抢劫地点、时间、暴力或威胁的具体情形，依照常人判断标准，确定是否认定为“冒充军警人员抢劫”。

行为人冒充军警人员抢劫时所持枪支如果不属于枪支管理法规定的枪支范围，而是利用假枪冒充军警人员的，不影响“冒充军警人员抢劫”的认定。如果持有真枪支冒充军警人员抢劫的，不能同时认定为“持枪抢劫”和“冒充军警人员抢劫”。因为此时行为人的持枪行为，是作为冒充军警人员行为的一个组成部分的。

对于军人冒充警察或者警察冒充军人的，应当认定为“冒充军警人员抢劫”。

一些学者提出，既然“冒充军警人员抢劫”作为法定加重处罚情节，真正的军警人员实施抢劫更要作为法定加重处罚情节。针对这一争议，《指导意见》依照刑法条文的本质含义，规定：军警人员利用自身的真实身份实施抢劫的，不认定为“冒充军警人员抢劫”，应依法从重处罚。

“军警人员”，是指现役军人、武装警察、公安和国家安全机关的公安民警，以及人民法院、人民检察院、监狱等部门的司法警察，不包括其他执法人员或者司法人员。

9. 正确认定“持枪抢劫”

“持枪抢劫”，是指行为人使用枪支或者向被害人显示持有、佩带的枪支进行抢劫的行为。①关于持枪。持枪包括使用枪支和向被害人显示持有、佩带的枪支两种情况。使用枪支指在抢劫时用枪支制服被害人，不一定要开枪。这里的携带，应当是显性携带。只要行为人抢劫时携带抢劫，无论行为人是否实际使用了枪支，均应当认定为持枪抢劫。向被害人显示持有、佩带的枪支进行抢劫的行为，虽然在客观危害上要小于实际使用枪支进行抢劫的行为，但是对被害人起到的精神威胁、恐吓作用是相当大的，社会影响同样十分恶劣，因此，应当列入“持枪抢劫”的范围。如果行为人并未实际持有枪支，而是口头上表示有枪，或者虽然随身藏有枪支，但未持在手中，也未向被害人显示的，均不能认定符合这一情形。②关于携带枪支进行抢夺的定性。根据《刑法》第 267 条第 2 款规定，携带凶器抢夺的，依照第 263 条的规定定罪处罚。因此，携带枪支进行抢夺，但显示枪支，在此情形下，携带枪支抢夺应当以抢劫罪定罪处罚。但是，不能再将此情形再认定为“持枪抢劫”。如果向被害人显示持有、佩带的枪支进行抢夺的，则认定为“持枪抢劫”。③关于枪支的范围。行为人所持有的枪支，应当是属于枪支管理法规定的枪支范围。对于使用仿真枪支进行抢劫的，虽然仿真枪支在客观上起到了对被害人进行精神强制的作用，但仿真枪支毕竟不是“真枪实弹”，行为人在客观上不可能借助枪支对被害人造成实际的人身伤害，其危害性要远远小于使用真枪因此，不能适用本项情形规定。同理，行为人使用已经不具有射发子弹功能的废弃枪支进行抢劫的，也不能适用本项情形规定。

10. 正确认定“抢劫军用物资或者抢险、救灾、救济物资”

（1）关于“军用物资”。①这里的“军用物资”不同于枪支、弹药、爆炸物。抢劫抢劫弹药枪支、弹药、爆炸物的，依照《刑法》第 127 条第 2 款规定，以抢劫枪支、弹药、爆炸物定罪处罚。②这里的“军用物资”，是指除武器装备以外的，供军事上使用的其他物品，如军用被服、粮秣、油料、建筑材料、药品等。包括正在使用的和储存备用的军事物资。③这里的“军用物资”不包括已确定报废的军事物资在内，因为已报废的军事物资不能直接形成部队的战斗力。④这里的“军用物资”不包括公安警察的警用物资在内，但是武警部队的警用物资除外，因为武警部队在我国属于军队性质。

（2）“抢险、救灾、救济物资”，是指抢险、救灾、救济用途已经明确的物资，包括正处于保管、运输或者使用当中的。如果是抢劫曾经用于抢险、救灾、救济方面工作，但已不再属于这种特定性质的物资，则不能认定符合本项情形。

（3）对于抢劫军用物资或者抢险、救灾、救济物资的行为，必须查明行为人是否明知而实施；如果行为人事前或者事中并不知道其所抢劫的物资属于这种特定性质的，也不能适用本项情形的规定。但是，如果误将军用物资当作抢险、救灾、救济物资或者误将抢险、救灾、救济物资当成军用物资抢劫，仍然适用“抢劫军用物资或者抢险、救灾、救济物资”的规定。

11. 注重法律和司法解释、司法文件对抢劫犯罪从重处罚特别规定的运用

虽然刑法本身只规定了八种加重处罚情节，未对从重处罚作特别规定。但由于抢劫犯罪危害的严重性，在一些特定情形下，有关法律、司法解释、司法文件还是对抢劫犯罪的从重处罚作了特别规定的，司法实践中应当严格遵循。

（1）《中华人民共和国铁路法》第 65 条第 1 款规定，在列车内，抢劫旅客财物，伤害旅客的，依照刑法有关规定从重处罚。

（2）《抢劫指导意见》第 1 条规定，对于多次结伙抢劫，针对农村留守妇女、儿童及老人等弱势群体实施抢劫，在抢劫中实施强奸等暴力犯罪的，要在法律规定的量刑幅度内从重判处。

（3）《抢劫指导意见》第 2 条规定，军警人员利用自身的真实身份实施抢劫的，不认定为“冒充军警人员抢劫”，应依法从重处罚。

（4）《最高人民法院、最高人民检察院关于办理妨害预防、控制突发传染病疫情等灾害的刑事案件具体应用法律若干问题的解释》第 9 条规定，在预防、控制突发传染病疫情等灾害期间，聚众“打砸抢”，致人伤残、死亡的，依照《刑法》第 289 条、第 234 条、第 232 条的规定，以故意伤害罪或者故意杀人罪定罪，依法从重处罚。对毁坏或者抢走公私财物的首要分子，依照《刑法》第 289 条、第 263 条的规定，以抢劫罪定罪，依法从重处罚。

12. 累犯等情节的适用

根据《刑法》第 65 条第 1 款的规定，对累犯应当从重处罚。但是，如何从重，从重的力度如何掌握，在实务中，有时有一定的随意性。针对抢劫犯罪的具体情况，《指导意见》对累犯的从重处罚，制定了三个适用原则。

（1）综合考虑原则。抢劫犯罪被告人具有累犯情节的，适用刑罚时要综合考虑犯罪的情节和后果，所犯前后罪的性质、间隔时间及判刑轻重等情况，决定从重处罚的力度。

（2）考察前罪犯罪性质原则。对于前罪系抢劫等严重暴力犯罪的累犯，

应当依法加大从重处罚的力度。对于虽不构成累犯，但具有抢劫犯罪前科的，一般不适用减轻处罚和缓刑。

（3）累犯对死刑适用的作用有限原则。对于可能判处死刑的罪犯具有累犯情节的也应慎重，不能只要是累犯就一律判处死刑立即执行；被告人同时具有累犯和法定从宽处罚情节的，判处死刑立即执行应当综合考虑，从严掌握。

13. 正确处理共同犯罪案件

司法实践中，共同抢劫犯罪的案件数量非常多，新情况、新问题也不少，为进一步加强对这方面的审判指导，同时也可供审理其他案件的共同犯罪借鉴，《抢劫指导意见》根据刑法关于共同犯罪的有关规定，结合司法实践经验，在主从犯的区分，对同是主犯及同是从犯的罪责区分、刑罚适用以及共同抢劫只致一人死亡的死刑适用作了详细的规定。

（1）主从犯的区分。《抢劫指导意见》指出，审理抢劫共同犯罪案件，应当充分考虑共同犯罪的情节及后果、共同犯罪人在抢劫中的作用以及被告人的主观恶性、人身危险性等情节，做到准确认定主从犯，分清罪责，以责定刑，罚当其罪。实务中，审判人员要依照刑法关于主从犯的规定，依照《指导意见》提供的方法论，准确区分主从犯。

另外，《指导意见》还根据共同犯罪中有同案被告人在脱逃中如何区分罪责及如何量刑作了规定，指出：应当根据现有证据尽量分清在押犯与在逃犯的罪责，对在押犯应按其罪责处刑。罪责确实难以分清，或者不排除在押犯的罪责可能轻于在逃犯的，对在押犯适用刑罚应当留有余地，判处死刑立即执行要格外慎重。

（2）对同是主犯及同是从犯的罪责区分、刑罚适用。《指导意见》针对抢劫案件常常出现一案有两名以上主犯或者从犯，而实务中不太注意再作细分罪责的实际情况，规定了如何更加细分罪责的内容。一案中有两名以上主犯的，要从犯罪提意、预谋、准备、行为实施、赃物处理等方面区分出罪责最大者和较大者。对于一案有两名以上从犯的，要在从犯中区分出罪责相对更轻者和较轻者。

对于从犯的处罚，《刑法》第 27 条规定，应当从轻、减轻或者免除处罚，但是根据《指导意见》，抢劫犯罪侵犯人身、财产，社会危害相对其他侵财型案件更大的实际，要求根据案件的具体事实、从犯的罪责，确定从轻还是减轻处罚。也就是说，对抢劫案件的从犯，一般情况下不适用免除处罚。只有具有自首、立功或者未成年人且初次抢劫等情节的从犯，才可以依法免除处罚。这样规定，更加限缩了法官自由裁量权的空间，特别是避免了法官随意对抢劫犯罪从犯适用免除处罚的可能性。

（3）共同致一人死亡案件如何适用死刑?《指导意见》确立了一般只判处一名主犯死刑的原则，即：除犯罪手段特别残忍、情节及后果特别严重、社会影响特别恶劣、严重危害社会治安的外，一般只对共同抢劫犯罪中作用最突出、罪行最严重的那名主犯判处死刑立即执行。罪行最严重的主犯如因系未成年人而不适用死刑，或者因具有自首、立功等法定从宽处罚情节而不判处死刑立即执行的，不能不加区别地对其他主犯判处死刑立即执行。

14. 正确理解和适用抢劫案件附带民事赔偿的处理原则

抢劫案件的被告人积极赔偿并获被害人或家属谅解的，能否在量刑上有所体现。这是司法实践中争议比较多的一个问题。对此，主要从三个方面考虑。（1）坚持将抢劫犯罪的民事赔偿区别于其他刑事案件民事赔偿原则。抢劫犯罪一般是对社会上不特定人员的犯罪，犯罪性质严重，社会危害性大，民事赔偿对于量刑所起的作用应当有别于其他刑事案件，尤其应当有别于因民间纠纷引发的刑事案件。（2）坚持人民法院一般不主动做调解工作原则。这是由抢劫犯罪的性质和社会危害性所决定的，也体现法院审理抢劫案件始终保持严厉打击的高压态势。当然，也不反对被告人与被害方自动达成民事赔偿协议。（3）坚持民事赔偿对量刑的影响有限原则。虽然说具体到每个抢劫案件，还是有特定的被害人的。对这些具体案件特定被害人，能否及时进行救治、经济损失能否得到必要补偿、精神伤害能否得到抚慰，都是有意义的。而被告人的民事赔偿情况，确实也能反映出被告人主观恶性和人身危险程度的高低，体现出其认罪、悔罪态度，故在特定条件下，亦可作为量刑考虑情节。但是，在最终决定从轻与否以及从轻处罚的力度时，不能脱离被告人的犯罪事实、犯罪性质、犯罪情节、犯罪后果以及对裁判的预判和评价。特别是对罪行极其严重、社会危害极大的案件，不能简单地依据被告人的民事赔偿情况或者被害人及其亲属对被告人的谅解决定量刑的轻重，更不能因此而决定是否判处死刑，要绝对杜绝“花钱买命”的现象。根据以上理由，《指导意见》规定：要妥善处理抢劫案件附带民事赔偿工作。审理抢劫刑事案件，一般情况下人民法院不主动开展附带民事调解工作。但是，对于犯罪情节不是特别恶劣或者被害方生活、医疗陷入困境，被告人与被害方自行达成民事赔偿和解协议的，民事赔偿情况可作为评价被告人悔罪态度的依据之一，在量刑上酌情予以考虑。

15. 关于量刑规范化问题

最高人民法院《关于常见犯罪的量刑指导意见》对抢劫罪的量刑作了如下规定：

（1）构成抢劫罪的，可以根据下列不同情形在相应的幅度内确定量刑起点：

①抢劫一次的，可以在3年至6年有期徒刑幅度内确定量刑起点。

②有下列情形之一的，可以在10年至13年有期徒刑幅度内确定量刑起点；入户抢劫的；在公共交通工具上抢劫的；抢劫银行或者其他金融机构的；抢劫三次或者抢劫数额达到巨大起点的；抢劫致1人重伤的；冒充军警人员抢劫的：持枪抢劫的；抢劫军用物资或者抢险、救灾、救济物资的。依法应当判处有期徒刑以上刑罚的除外。

（2）在量刑起点的基础上，可以根据抢劫情节严重程度、抢劫次数、数额、致人伤害后果等其他影响犯罪构成的犯罪事实增加刑罚量，确定基准刑。

（3）实践中，需要注意的是：其一，对于同时具有《刑法》第263条规定的八种加重处罚情形中两种以上情形的，一般以危害较重的一种作为基本犯罪构成事实，其他情形作为增加刑罚量的事实，在量刑起点的基础上增加刑罚量确定基准刑。例如，对于多次抢劫、致一人重伤、抢劫数额巨大的案件，一般以危害较重的抢劫致人重伤的情形作为基本犯罪构成事实，用来确定量刑起点，多次抢劫、抢劫数额巨大的事实，作为增加刑罚量的事实，在量刑起点的基础上增加刑罚量，确定基准刑。其二，对于具有八种加重处罚情形的，量刑时要特别注重定性分析，综合全案犯罪事实和情节，依法应当判处无期徒刑以上刑罚的，可依法直接判处，不再适用《量刑指导意见》。

16. 关于抢劫案件的无期徒刑、死刑适用问题

抢劫是严重侵犯公民人身权利和财产权利，严重危害社会治安的犯罪。对抢劫刑事案件适用死刑，应当继续贯彻执行“保留死刑，严格控制和慎重适用死刑”的刑事政策，对于手段极其残忍，情节、后果极其严重的抢劫犯罪分子，要依法严惩。在决定适用死刑时，要综合考虑抢劫犯罪的动机、目的、手段、后果以及被告人的主观恶性、人身危险性等因素，并结合考虑案

发当地的治安状况及犯罪行为对人民群众安全感的影响，确保刑事判决实现法律效果和社会效果的统一；同时，必须以最严格的标准和最审慎的态度，确保死刑只适用于极少数罪行极其严重的抢劫犯罪分子。对被判处死刑缓期二年执行的抢劫犯罪分子，根据罪犯等情况，可以同时决定对其限制判刑。一直以来，死刑问题问题是个相当敏感的问题。《抢劫指导意见》第一次以公开文件的形式，对抢劫犯罪如何适用无期徒刑以上刑罚和适用死刑的范围作了严格限定。

（1）明确判处无期徒刑以上刑罚的适用范围。《刑法》第263条规定具有八种情形之一的，量刑幅度为10年以上有期徒刑、无期徒刑或者死刑，跨度很大，法官自由裁量的空间也较大。法定刑的可选择性和法官较大的自由裁量权是一柄双刃剑，运用得当，可以限制和减少死刑的适用；运用失当，也可以扩大死刑的适用。从这个角度讲，也应当注意慎用死刑。为此，《指导意见》依照罪责刑相适应的原则，在刑法规定的量刑框架内，参照量刑规范化的方法，根据“严格控制仅具有一种法定加重情节的无期徒刑以上刑罚适用”的思路，细化了判处无期徒刑以上刑罚的适用条件，从而防止了量刑上的随意性。《指导意见》规定：具有下列情形之一的，可以判处无期徒刑以上刑罚：①抢劫致三人以上重伤，或者致人重伤造成严重残疾的：②在抢劫过程中故意杀害他人，或者故意伤害他人，致人死亡的；③具有除“抢劫致人重伤、死亡”外的两种以上加重处罚情节，或者抢劫次数特别多、抢劫数额特别巨大的。

根据《抢劫指导意见》规定，除以上三种情形外，均不能判处无期徒刑以上刑罚，更不能判处死刑。明确地说，就是，仅具有入户抢劫，或者在公共交通工具上抢劫，或者抢劫银行或者其他金融机构，或者冒充军警人员抢劫，或者持枪抢劫，或者抢劫军用物资或者抢险、救灾、救济物资中的一种情节的，《抢劫指导意见》是排除适用无期徒刑以上刑罚的。

需要说明的是，刑法条文和以往的司法解释、规范性司法文件均未出现过“抢劫次数特别多”“抢劫数额特别巨大”的用词。我们认为，“抢劫数额特别巨大”，可以参考盗窃罪数额巨大的认定标准来确定。而抢劫次数特别多，则没有参考依据，可根据具体案件的具体情况确定。但是，有一点是明确的，次数特别多，指的是非常多而不是一般多，比如几十次。各地在如何认定抢劫数额特别巨大、抢劫次数特别多的问题上，可加强总结，待条件成熟时，可由最高人民法院统一规定具体认定标准。

（2）严格限制死刑适用范围。抢劫罪如何适用死刑，一直是有争议的。但是，司法实践中已经形成比较成熟的做法是，在一般情况下，“没有人命就不判死刑”。我们认为，这一经验值得总结，但是不能反过来说，有人命就必须判处死刑。在广泛征求意见，充分总结经验的基础上，《指导意见》对抢劫案件的死刑适用提出了非常严格的标准。其主要内容体现在三个方面：①具有抢劫致人死亡情节为抢劫案件适用死刑的重点，但并非凡是具有致人死亡的一律判处死刑。《指导意见》规定，为劫取财物而预谋故意杀人，或者在劫取财物过程中为制服被害人反抗、抗拒抓捕而杀害被害人，且被告人无法定从宽处罚情节的，可依法判处死刑立即执行。对具有自首、立功等法定从轻处罚情节的，判处死刑立即执行应当慎重。对于采取故意杀人以外的其他手段实施抢劫并致人死亡的案件，要从犯罪的动机、预谋、实行行为等方面分析被告人主观恶性的大小，并从有无前科及平时表现、认罪悔罪情况等方面判断被告人的人身危险程度，不能不加区别，仅以出现被害人死亡的后果，一律判处死刑立即执行。②对具有抢劫致人重伤情节的案件适用死刑，除非有特殊情节，否则一般不适用死刑。《指导意见》规定，抢劫致人重伤案件适用死刑，应当更加慎重、更加严格，除非具有采取极其残忍的手段造成被害人严重残疾等特别恶劣的情节或者造成特别严重后果的，一般不判处死刑立即执行。司法实务中，要避免简单以重伤人数决定是否适用死刑的做法，坚持以“具有采取极其残忍的手段造成被害人严重残疾等特别恶劣的情节或者造成特别严重后果”为抢劫致人重伤案件适用死刑的条件。③对不具有“抢劫致人重伤、死亡”情节的抢劫案件，一般排除死刑适用。不能简单以法定加重处罚情节的种数或者抢劫数额、抢劫次数作为适用死刑的条件。据此，《指导意见》规定，具有《刑法》第 263 条规定的“抢劫致人重伤、死亡”以外其他七种加重处罚情节，且犯罪情节特别恶劣、危害后果特别严重的，可依法判处死刑立即执行。认定“情节特别恶劣、危害后果特别严重”，应当从严掌握，适用死刑必须非常慎重、非常严格。要根据抢劫的次数及数额、抢劫对人身的损害、对公共安全的危害等情况，结合被告人的主观恶性及人身危险程度综合考虑。仅具有规定的七种加重处罚情节之一的，认定为“情节特别恶劣、危害后果特别严重”要特别慎重。即使具有多个加重处罚情节的，也不能不加区别，一律判处死刑立即执行。

（五）法规链接

1. **中华人民共和国铁路法**（1990 年 9 月 7 日第七届全国人民代表大会常务委员会第十五次会议通过　根据 2009 年 8 月 27 日第十一届全国人民代表大会常务委员会第十次会议《关于修改部分法律的决定》第一次修正　根据 2015 年 4 月 24 日第十二届全国人民代表大会常务委员会第十四次会议《关于修改〈中华人民共和国义务教育法〉等五部法律的决定》第二次修正）（节录）

第六十五条　在列车内，抢劫旅客财物，伤害旅客的，依照刑法有关规定从重处罚。

在列车内，寻衅滋事，侮辱妇女，情节恶劣的，依照刑法有关规定追究刑事责任；敲诈勒索旅客财物的，依照刑法有关规定追究刑事责任。

2. **最高人民法院关于审理抢劫刑事案件适用法律若干问题的指导意见**（法发〔2016〕2 号　自 2016 年 1 月 6 日起施行）

抢劫犯罪是多发性的侵犯财产和侵犯公民人身权利的犯罪。1997 年刑法修订后，最高人民法院先后发布了《关于审理抢劫案件具体应用法律若干问题的解释》（以下简称《抢劫解释》）和《关于审理抢劫、抢夺刑事案件适用法律问题的意见》（以下简称《两抢意见》），对抢劫案件的法律适用作出了规范，发挥了重要的指导作用。但是，抢劫犯罪案件的情况越来越复杂，各级法院在审判过程中不断遇到新情况、新问题。为统一适用法律，根据刑法和司法解释的规定，结合近年来人民法院审理抢劫案件的经验，现对审理抢劫犯罪案件中较为突出的几个法律适用问题和刑事政策把握问题提出如下指导意见：

一、关于审理抢劫刑事案件的基本要求

坚持贯彻宽严相济刑事政策。对于多次结伙抢劫，针对农村留守妇女、儿童及老人等弱势群体实施抢劫，在抢劫中实施强奸等暴力犯罪的，要在法律规定的量刑幅度内从重判处。

对于罪行严重或者具有累犯情节的抢劫犯罪分子，减刑、假释时应当从严掌握，严格控制减刑的幅度和频度。对因家庭成员就医等特定原因初次实施抢劫，主观恶性和犯罪情节相对较轻的，要与多次抢劫以及为了挥霍、赌博、吸毒等实施抢劫的案件在量刑上有所区分。对于犯罪情节较轻，或者具有法定、酌定从轻、减轻处罚情节的，坚持依法从宽处理。

确保案件审判质量。审理抢劫刑事案件，要严格遵守证据裁判原则，确保事实清楚，证据确实、充分。特别是对因抢劫可能判处死刑的案件，更要切实贯彻执行刑事诉讼法及相关司法解释、司法文件，严格依法审查判断和运用证据，坚决防止冤错案件的发生。

对抢劫刑事案件适用死刑，应当坚持“保留死刑，严格控制和慎重适用死刑”的刑事政策，以最严格的标准和最审慎的态度，确保死刑只适用于极少数罪行极其严重的犯罪分子。对被判处死刑缓期二年执行的抢劫犯罪分子，根据犯罪情节等情况，可以同时决定对其限制减刑。

二、关于抢劫犯罪部分加重处罚情节的认定

1. 认定“入户抢劫”，要注重审查行为人“入户”的目的，将“入户抢劫”与“在户内抢劫”区别开来。以侵害户内人员的人身、财产为目的，入户后实施抢劫，包括入户实施盗窃、诈骗等犯罪而转化为抢劫的，应当认定为“入户抢劫”。因访友办事等原因经户内人员允许入户后，临时起意实施抢劫，或者临时起意实施盗窃、诈骗等犯罪而转化为抢劫的，不应认定为“入户抢劫”。

对于部分时间从事经营、部分时间用于生活起居的场所，行为人在非营业时间强行入内抢劫或者以购物等为名骗开房门入内抢劫的，应认定为“入户抢劫”。对于部分用于经营、部分用于生活且之间有明确隔离的场所，行为人进入生活场所实施抢劫的，应认定为“入户抢劫”；如场所之间没有明确隔离，行为人在营业时间入内实施抢劫的，不认定为“入户抢劫”，但在非营业时间入内实施抢劫的，应认定为“入户抢劫”。

2. “公共交通工具”，包括从事旅客运输的各种公共汽车，大、中型出租车，火车，地铁，轻轨，轮船，飞机等，不含小型出租车。对于虽不具有商业营运执照，但实际从事旅客运输的大、中型交通工具，可认定为“公共交通工具”。接送职工的单位班车、接送师生的校车等大、中型交通工具，视为“公共交通工具”。

“在公共交通工具上抢劫”，既包括在处于运营状态的公共交通工具上对旅客及司售、乘务人员实施抢劫，也包括拦截运营途中的公共交通工具对旅客及司售、乘务人员实施抢劫，但不包括在未运营的公共交通工具上针对司售、乘务人员实施抢劫。以暴力、胁迫或者麻醉等手段对公共交通工具上的特定人员实施抢劫的，一般应认定为“在公共交通工具上抢劫”。

3. 认定“抢劫数额巨大”，参照各地认定盗窃罪数额巨大的标准执行。抢劫数额以实际抢劫到的财物数额为依据。对以数额巨大的财物为明确目标，由于意志以外的原因，未能抢到财物或实际抢得的财物数额不大的，应同时认定“抢劫数额巨大”和犯罪未遂的情节，根据刑法有关规定，结合未遂犯的处理原则量刑。

根据《两抢意见》第六条第一款规定，抢劫信用卡后使用、消费的，以行为人实际使用、消费的数额为抢劫数额。由于行为人意志以外的原因无法实际使用、消费的部分，虽不计入抢劫数额，但应作为量刑情节考虑。通过银行转账或者电子支付、手机银行等支付平台获取抢劫财物的，以行为人实际获取的财物为抢劫数额。

4. 认定“冒充军警人员抢劫”，要注重对行为人是否穿着军警制服、携带枪支、是否出示军警证件等情节进行综合审查，判断是否足以使他人误以为是军警人员。对于行为人仅穿着类似军警的服装或仅以言语宣称系军警人员但未携带枪支、也未出示军警证件而实施抢劫的，要结合抢劫地点、时间、暴力或威胁的具体情形，依照常人判断标准，确定是否认定为“冒充军警人员抢劫”。

军警人员利用自身的真实身份实施抢劫的，不认定为“冒充军警人员抢劫”，应依法从重处罚。

三、关于转化型抢劫犯罪的认定

根据刑法第二百六十九条的规定，“犯盗窃、诈骗、抢夺罪，为窝藏赃物、抗拒抓捕或者毁灭罪证而当场使用暴力或者以暴力相威胁的”，依照抢劫罪定罪处罚。“犯盗窃、诈骗、抢夺罪”，主要是指行为人已经着手实施盗窃、诈骗、抢夺行为，一般不考察盗窃、诈骗、抢夺行为是否既遂。但是所涉财物数额明显低于“数额较大”的标准，又不具有《两抢意见》第五条所列五种情节之一的，不构成抢劫罪。“当场”是指在盗窃、诈骗、抢夺的现场以及行为人刚离开现场即被他人发现并抓捕的情形。

对于以摆脱的方式逃脱抓捕，暴力强度较小，未造成轻伤以上后果的，可不认定为“使用暴力”，不以抢劫罪论处。

入户或者在公共交通工具上盗窃、诈骗、抢夺后，为了窝藏赃物、抗拒抓捕或者毁灭罪证，在户内或者公共交通工具上当场使用暴力或者以暴力相威胁的，构成“入户抢劫”或者“在公共交通工具上抢劫”。

两人以上共同实施盗窃、诈骗、抢夺犯罪，其中部分行为人为窝藏赃物、抗拒抓捕或者毁灭罪证而当场使用暴力或者以暴力相威胁的，对于其余行为人是否以抢劫罪共犯论处，主要看其对实施暴力或者以暴力相威胁的行为人是否形成共同犯意、提供帮助。基于一定意思联络，对实施暴力或者以暴力相威胁的行为人提供帮助或实际成为帮凶的，可以抢劫共犯论处。

四、具有法定八种加重处罚情节的刑罚适用

1. 根据刑法第二百六十三条的规定，具有“抢劫致人重伤、死亡”等八种法定加重处罚情节的，处十年以上有期徒刑、无期徒刑或者死刑，并处罚金或者没收财产。应当根据抢劫的次数及数额、抢劫对人身的损害、对社会治安的危害等情况，结合被告人的主观恶性及人身危险程度，并根据量刑规范化的有关规定，确定具体的刑罚。判处无期徒刑以上刑罚的，一般应并处没收财产。

2. 具有下列情形之一的，可以判处无期徒刑以上刑罚：

（1）抢劫致三人以上重伤，或者致人重伤造成严重残疾的；

（2）在抢劫过程中故意杀害他人，或者故意伤害他人，致人死亡的；

（3）具有除“抢劫致人重伤、死亡”外的两种以上加重处罚情节，或者抢劫次数特别多、抢劫数额特别巨大的。

3. 为劫取财物而预谋故意杀人，或者在劫取财物过程中为制服被害人反抗、抗拒抓捕而杀害被害人，且被告人无法定从宽处罚情节的，可依法判处死刑立即执行。对具有自首、立功等法定从轻处罚情节的，判处死刑立即执行应当慎重。对于采取故意杀人以外的其他手段实施抢劫并致人死亡的案件，要从犯罪的动机、预谋、实行行为等方面分析被告人主观恶性的大小，并从有无前科及平时表现、认罪悔罪情况等方面判断被告人的人身危险程度，不能不加区别，仅以出现被害人死亡的后果，一律判处死刑立即执行。

4. 抢劫致人重伤案件适用死刑，应当更加慎重、更加严格，除非具有采取极其残忍的手段造成被害人严重残疾等特别恶劣的情节或者造成特别严重后果的，一般不判处死刑立即执行。

5. 具有刑法第二百六十三条规定的“抢劫致人重伤、死亡”以外其他七种加重处罚情节，且犯罪情节特别恶劣、危害后果特别严重的，可依法判处死刑立即执行。认定“情节特别恶劣、危害后果特别严重”，应当从严掌握，适用死刑必须非常慎重、非常严格。

五、抢劫共同犯罪的刑罚适用

1. 审理抢劫共同犯罪案件，应当充分考虑共同犯罪的情节及后果、共同犯罪人在抢劫中的作用以及被告人的主观恶性、人身危险性等情节，做到准确认定主从犯，分清罪责，以责定刑，罚当其罪。一案中有两名以上主犯的，要从犯罪提意、预谋、准备、行为实施、赃物处理等方面区分出罪责最大者和较大者；有两名以上从犯的，要在从犯中区分出罪责相对更轻者和较轻者。对从犯的处罚，要根据案件的具体事实、从犯的罪责，确定从轻还是减轻处罚。对具有自首、立功或者未成年人且初次抢劫等情节的从犯，可以依法免除处罚。

2. 对于共同抢劫致一人死亡的案件，依法应当判处死刑的，除犯罪手段特别残忍、情节及后果特别严重、社会影响特别恶劣、严重危害社会治安的外，一般只对共同抢劫犯罪中作用最突出、罪行最严重的那名主犯判处死刑立即执行。罪行最严重的主犯如因系未成年人而不适用死刑，或者因具有自首、立功等法定从宽处罚情节而不判处死刑立即执行的，不能不加区别地对其他主犯判处死刑立即执行。

3. 在抢劫共同犯罪案件中，有同案犯在逃的，应当根据现有证据尽量分清在押犯与在逃犯的罪责，对在押犯应按其罪责处刑。罪责确实难以分清，或者不排除在押犯的罪责可能轻于在逃犯的，对在押犯适用刑罚应当留有余地，判处死刑立即执行要格外慎重。

六、累犯等情节的适用

根据刑法第六十五条第一款的规定，对累犯应当从重处罚。抢劫犯罪被告人具有累犯情节的，适用刑罚时要综合考虑犯罪的情节和后果，所犯前后罪的性质、间隔时间及判刑轻重等情况，决定从重处罚的力度。对于前罪系抢劫等严重暴力犯罪的累犯，应当依法加大从重处罚的力度。对于虽不构成累犯，但具有抢劫犯罪前科的，一般不适用减轻处罚和缓刑。对于可能判处死刑的罪犯具有累犯情节的也应慎重，不能只要是累犯就一律判处死刑立即执行；被告人同时具有累犯和法定从宽处罚情节的，判处死刑立即执行应当综合考虑，从严掌握。

七、关于抢劫案件附带民事赔偿的处理原则

要妥善处理抢劫案件附带民事赔偿工作。审理抢劫刑事案件，一般情况下人民法院不主动开展附带民事调解工作。但是，对于犯罪情节不是特别恶劣或者被害方生活、医疗陷入困境，被告人与被害方自行达成民事赔偿和解协议的，民事赔偿情况可作为评价被告人悔罪态度的依据之一，在量刑上酌情予以考虑。

3. 最高人民法院关于审理抢劫案件具体应用法律若干问题的解释（法释〔2000〕35号　自2000年11月28日起施行）

为依法惩处抢劫犯罪活动，根据刑法的有关规定，现就审理抢劫案件具体应用法律的若干问题解释如下：

第一条　刑法第二百六十三条第（一）项规定的“入户抢劫”，是指为实施抢劫行为而进入他人生活的与外界相对隔离的住所，包括封闭的院落、牧民的帐篷、渔民作为家庭生活场所的渔船、为生活租用的房屋等进行抢劫的行为。

对于入户盗窃，因被发现而当场使用暴力或者以暴力相威胁的行为，应当认定为入户抢劫。

第二条　刑法第二百六十三条第（二）项规定的“在公共交通工具上抢劫”，既包括在从事旅客运输的各种公共汽车，大、中型出租车，火车，船只，飞机等正在运营中的机动公共交通工具上对旅客、司售、乘务人员实施的抢劫，也包括对运行途中的机动公共交通工具加以拦截后，对公共交通工具上的人员实施的抢劫。

第三条　刑法第二百六十三条第（三）项规定的“抢劫银行或者其他金融机构”，是指抢劫银行或者其他金融机构的经营资金、有价证券和客户的资金等。

抢劫正在使用中的银行或者其他金融机构的运钞车的，视为“抢劫银行或者其他金融机构”。

第四条　刑法第二百六十三条第（四）项规定的“抢劫数额巨大”的认定标准，参照各地确定的盗窃罪数额巨大的认定标准执行。

第五条　刑法第二百六十三条第（七）项规定的“持枪抢劫”，是指行为人使用枪支或者向被害人显示持有、佩带的枪支进行抢劫的行为。“枪支”的概念和范围，适用《中华人民共和国枪支管理法》的规定。

第六条　刑法第二百六十七条第二款规定的“携带凶器抢夺”，是指行为人随身携带枪支、爆炸物、管制刀具等国家禁止个人携带的器械进行抢夺或者为了实施犯罪而携带其他器械进行抢夺的行为。

4. 最高人民法院关于审理抢劫、抢夺刑事案件适用法律若干问题的意见

（法发〔2005〕8号　自2005年7月16日起施行）

抢劫、抢夺是多发性的侵犯财产犯罪。1997年刑法修订后，为了更好地指导审判工作，最高人民法院先后发布了《关于审理抢劫案件具体应用法律若干问题的解释》（以下简称《抢劫解释》）和《关于审理抢夺刑事案件具体应用法律若干问题的解释》（以下简称《抢夺解释》）。但是，抢劫、抢夺犯罪案件的情况比较复杂，各地法院在审判过程中仍然遇到了不少新情况、新问题。为准确、统一适用法律，现对审理抢劫、抢夺犯罪案件中较为突出的几个法律适用问题，提出意见如下：

一、关于"入户抢劫"的认定

根据《抢劫解释》第一条规定，认定"入户抢劫"时，应当注意以下三个问题：一是"户"的范围。"户"在这里是指住所，其特征表现为供他人家庭生活和与外界相对隔离两个方面，前者为功能特征，后者为场所特征。一般情况下，集体宿舍、旅店宾馆、临时搭建工棚等不应认定为"户"，但在特定情况下，如果确实具有上述两个特征的，也可以认定为"户"。二是"入户"目的的非法性。进入他人住所须以实施抢劫等犯罪为目的。抢劫行为虽然发生在户内，但行为人不以实施抢劫等犯罪为目的进入他人住所，而是在户内临时起意实施抢劫的，不属于"入户抢劫"。三是暴力或者暴力胁迫行为必须发生在户内。入户实施盗窃被发现，行为人为窝藏赃物、抗拒抓捕或者毁灭罪证而当场使用暴力或者以暴力相威胁的，如果暴力或者暴力胁迫行为发生在户内，可以认定为"入户抢劫"；如果发生在户外，不能认定为"入户抢劫"。

二、关于"在公共交通工具上抢劫"的认定

公共交通工具承载的旅客具有不特定多数人的特点。根据《抢劫解释》第二条规定，"在公共交通工具上抢劫"主要是指在从事旅客运输的各种公共汽车、大、中型出租车、火车、船只、飞机等正在运营中的机动公共交通工具上对旅客、司售、乘务人员实施的抢劫。在未运营中的大、中型公共交通工具上针对司售、乘务人员抢劫的，或者在小型出租车上抢劫的，不属于"在公共交通工具上抢劫"。

三、关于"多次抢劫"的认定

刑法第二百六十三条第（四）项中的"多次抢劫"是指抢劫三次以上。

对于“多次”的认定，应以行为人实施的每一次抢劫行为均已构成犯罪为前提，综合考虑犯罪故意的产生、犯罪行为实施的时间、地点等因素，客观分析、认定。对于行为人基于一个犯意实施犯罪的，如在同一地点同时对在场的多人实施抢劫的；或基于同一犯意在同一地点实施连续抢劫犯罪的，如在同一地点连续地对途经此地的多人进行抢劫的；或在一次犯罪中对一栋居民楼房中的几户居民连续实施入户抢劫的，一般应认定为一次犯罪。

四、关于“携带凶器抢夺”的认定

《抢劫解释》第六条规定，“携带凶器抢夺”，是指行为人随身携带枪支、爆炸物、管制刀具等国家禁止个人携带的器械进行抢夺或者为了实施犯罪而携带其他器械进行抢夺的行为。行为人随身携带国家禁止个人携带的器械以外的其他器械抢夺，但有证据证明该器械确实不是为了实施犯罪准备的，不以抢劫罪定罪；行为人将随身携带凶器有意加以显示、能为被害人察觉到的，直接适用刑法第二百六十三条的规定定罪处罚；行为人携带凶器抢夺后，在逃跑过程中为窝藏赃物、抗拒抓捕或者毁灭罪证而当场使用暴力或者以暴力相威胁的，适用刑法第二百六十七条第二款的规定定罪处罚。

五、关于转化抢劫的认定

行为人实施盗窃、诈骗、抢夺行为，未达到“数额较大”，为窝藏赃物、抗拒抓捕或者毁灭罪证当场使用暴力或者以暴力相威胁，情节较轻、危害不大的，一般不以犯罪论处；但具有下列情节之一的，可依照刑法第二百六十九条的规定，以抢劫罪定罪处罚：

（1）盗窃、诈骗、抢夺接近“数额较大”标准的；

（2）入户或在公共交通工具上盗窃、诈骗、抢夺后在户外或交通工具外实施上述行为的；

（3）使用暴力致人轻微伤以上后果的；

（4）使用凶器或以凶器相威胁的；

（5）具有其他严重情节的。

六、关于抢劫犯罪数额的计算

抢劫信用卡后使用、消费的，其实际使用、消费的数额为抢劫数额；抢劫信用卡后未实际使用、消费的，不计数额，根据情节轻重量刑。所抢信用卡数额巨大，但未实际使用、消费或者实际使用、消费的数额未达到巨大标准的，不适用“抢劫数额巨大”的法定刑。

为抢劫其他财物，劫取机动车辆当作犯罪工具或者逃跑工具使用的，被劫取机动车辆的价值计入抢劫数额；为实施抢劫以外的其他犯罪劫取机动车辆的，以抢劫罪和实施的其他犯罪实行数罪并罚。

抢劫存折、机动车辆的数额计算，参照执行《关于审理盗窃案件具体应用法律若干问题的解释》的相关规定。

七、关于抢劫特定财物行为的定性

以毒品、假币、淫秽物品等违禁品为对象，实施抢劫的，以抢劫罪定罪；抢劫的违禁品数量作为量刑情节予以考虑。抢劫违禁品后又以违禁品实施其他犯罪的，应以抢劫罪与具体实施的其他犯罪实行数罪并罚。

抢劫赌资、犯罪所得的赃款赃物的，以抢劫罪定罪，但行为人仅以其所输赌资或所赢赌债为抢劫对象，一般不以抢劫罪定罪处罚。构成其他犯罪的，依照刑法的相关规定处罚。

为个人使用，以暴力、胁迫等手段取得家庭成员或近亲属财产的，一般不以抢劫罪定罪处罚，构成其他犯罪的，依照刑法的相关规定处理；教唆或者伙同他人采取暴力、胁迫等手段劫取家庭成员或近亲属财产的，可以抢劫罪定罪处罚。

八、关于抢劫罪数的认定

行为人实施伤害、强奸等犯罪行为，在被害人未失去知觉，利用被害人不能反抗、不敢反抗的处境，临时起意劫取他人财物的，应以此前所实施的具体犯罪与抢劫罪实行数罪并罚；在被害人失去知觉或者没有发觉的情形下，以及实施故意杀人犯罪行为之后，临时起意拿走他人财物的，应以此前所实施的具体犯罪与盗窃罪实行数罪并罚。

九、关于抢劫罪与相似犯罪的界限

1. 冒充正在执行公务的人民警察、联防人员，以抓卖淫嫖娼、赌博等违法行为为名非法占有财物的行为定性

行为人冒充正在执行公务的人民警察“抓赌”、“抓嫖”，没收赌资或者罚款的行为，构成犯罪的，以招摇撞骗罪从重处罚；在实施上述行为中使用暴力或者暴力威胁的，以抢劫罪定罪处罚。行为人冒充治安联防队员“抓赌”、“抓嫖”、没收赌资或者罚款的行为，构成犯罪的，以敲诈勒索罪定罪处罚；在实施上述行为中使用暴力或者暴力威胁的，以抢劫罪定罪处罚。

2. 以暴力、胁迫手段索取超出正常交易价钱、费用的钱财的行为定性

从事正常商品买卖、交易或者劳动服务的人，以暴力、胁迫手段迫使他人交出与合理价钱、费用相差不大钱物，情节严重的，以强迫交易罪定罪处罚；以非法占有为目的，以买卖、交易、服务为幌子采用暴力、胁迫手段迫使他人交出与合理价钱、费用相差悬殊的钱物的，以抢劫罪定罪处刑。在具体认定时，既要考虑超出合理价钱、费用的绝对数额，还要考虑超出合理价钱、费用的比例，加以综合判断。

3. 抢劫罪与绑架罪的界限

绑架罪是侵害他人人身自由权利的犯罪，其与抢劫罪的区别在于：第一，主观方面不尽相同。抢劫罪中，行为人一般出于非法占有他人财物的故意实施抢劫行为，绑架罪中，行为人既可能为勒索他人财物而实施绑架行为，也可能出于其它非经济目的实施绑架行为；第二，行为手段不尽相同。抢劫罪表现为行为人劫取财物一般应在同一时间、同一地点，具有“当场性”；绑架罪表现为行为人以杀害、伤害等方式向被绑架人的亲属或其他人或单位发出威胁，索取赎金或提出其他非法要求，劫取财物一般不具有“当场性”。

绑架过程中又当场劫取被害人随身携带财物的，同时触犯绑架罪和抢劫罪两罪名，应择一重罪定罪处罚。

4. 抢劫罪与寻衅滋事罪的界限

寻衅滋事罪是严重扰乱社会秩序的犯罪，行为人实施寻衅滋事的行为时，客观上也可能表现为强拿硬要公私财物的特征。这种强拿硬要的行为与抢劫罪的区别在于：前者行为人主观上还具有逞强好胜和通过强拿硬要来填补其精神空虚等目的，后者行为人一般只具有非法占有他人财物的目的；前者行为人客观上一般不以严重侵犯他人人身权利的方法强拿硬要财物，而后者行为人则以暴力、胁迫等方式作为劫取他人财物的手段。司法实践中，对于未成年人使用或威胁使用轻微暴力强抢少量财物的行为，一般不宜以抢劫罪定罪处罚。其行为符合寻衅滋事罪特征的，可以寻衅滋事罪定罪处罚。

5. 抢劫罪与故意伤害罪的界限

行为人为索取债务，使用暴力、暴力威胁等手段的，一般不以抢劫罪定罪处罚。构成故意伤害等其他犯罪的，依照刑法第二百三十四条等规定处罚。

十、抢劫罪的既遂、未遂的认定

抢劫罪侵犯的是复杂客体，既侵犯财产权利又侵犯人身权利，具备劫取

财物或者造成他人轻伤以上后果两者之一的，均属抢劫既遂；既未劫取财物，又未造成他人人身伤害后果的，属抢劫未遂。据此，刑法第二百六十三条规定的八种处罚情节中除“抢劫致人重伤、死亡的”这一结果加重情节之外，其余七种处罚情节同样存在既遂、未遂问题，其中属抢劫未遂的，应当根据刑法关于加重情节的法定刑规定，结合未遂犯的处理原则量刑。

十一、驾驶机动车、非机动车夺取他人财物行为的定性

对于驾驶机动车、非机动车（以下简称“驾驶车辆”）夺取他人财物的，一般以抢夺罪从重处罚。但具有下列情形之一，应当以抢劫罪定罪处罚：

（1）驾驶车辆，逼挤、撞击或强行逼倒他人以排除他人反抗，乘机夺取财物的；

（2）驾驶车辆强抢财物时，因被害人不放手而采取强拉硬拽方法劫取财物的；

（3）行为人明知其驾驶车辆强行夺取他人财物的手段会造成他人伤亡的后果，仍然强行夺取并放任造成财物持有人轻伤以上后果的。

5. 最高人民法院关于抢劫过程中故意杀人案件如何定罪问题的批复（法释〔2001〕16号　自2001年5月26日起施行）

上海市高级人民法院：

你院沪高法〔2000〕117号《关于抢劫过程中故意杀人案件定性问题的请示》收悉。经研究，答复如下：

行为人为劫取财物而预谋故意杀人，或者在劫取财物过程中，为制服被害人反抗而故意杀人的，以抢劫罪定罪处罚。

行为人实施抢劫后，为灭口而故意杀人的，以抢劫罪和故意杀人罪定罪，实行数罪并罚。

6. 最高人民法院关于对故意伤害、盗窃等严重破坏社会秩序的犯罪分子能否附加剥夺政治权利问题的批复（法释〔1997〕11号　自1998年1月13日起起施行）

福建省高级人民法院：

你院《关于对故意伤害、盗窃（重大）等犯罪分子被判处有期徒刑的，能否附加剥夺政治权利的请示》收悉。经研究，答复如下：

根据刑法第五十六条规定，对于故意杀人、强奸放火、爆炸、投毒、抢劫等严重破坏社会秩序的犯罪分子，可以附加剥夺政治权利。对故意伤害、

盗窃等其他严重破坏社会秩序的犯罪，犯罪分子主观恶性较深、犯罪情节恶劣、罪行严重的，也可以依法附加剥夺政治权利。

7. **最高人民法院关于审理掩饰、隐瞒犯罪所得、犯罪所得收益刑事案件适用法律若干问题的解释**（法释〔2015〕11号　自2015年6月1日起施行）（节录）

第五条　事前与盗窃、抢劫、诈骗、抢夺等犯罪分子通谋，掩饰、隐瞒犯罪所得及其产生的收益的，以盗窃、抢劫、诈骗、抢夺等犯罪的共犯论处。

第六条　对犯罪所得及其产生的收益实施盗窃、抢劫、诈骗、抢夺等行为，构成犯罪的，分别以盗窃罪、抢劫罪、诈骗罪、抢夺罪等定罪处罚。

8. **最高人民法院、最高人民检察院关于办理抢夺刑事案件适用法律若干问题的解释**（法释〔2013〕25号　自2013年11月18日起施行）（节录）

第六条　驾驶机动车、非机动车夺取他人财物，具有下列情形之一的，应当以抢劫罪定罪处罚：

（一）夺取他人财物时因被害人不放手而强行夺取的；

（二）驾驶车辆逼挤、撞击或者强行逼倒他人夺取财物的；

（三）明知会致人伤亡仍然强行夺取并放任造成财物持有人轻伤以上后果的。

9. **最高人民法院、最高人民检察院关于办理寻衅滋事刑事案件适用法律若干问题的解释**（法释〔2013〕18号　自2013年7月22日起施行）（节录）

第七条　实施寻衅滋事行为，同时符合寻衅滋事罪和故意杀人罪、故意伤害罪、故意毁坏财物罪、敲诈勒索罪、抢夺罪、抢劫罪等罪的构成要件的，依照处罚较重的犯罪定罪处罚。

10. **最高人民法院、最高人民检察院关于办理妨害预防、控制突发传染病疫情等灾害的刑事案件具体应用法律若干问题的解释**（法释〔2003〕8号　自2003年5月15日起施行）（节录）

第九条　在预防、控制突发传染病疫情等灾害期间，聚众“打砸抢”，致人伤残、死亡的，依照刑法第二百八十九条、第二百三十四条、第二百三十二条的规定，以故意伤害罪或者故意杀人罪定罪，依法从重处罚。对毁坏或者抢走公私财物的首要分子，依照刑法第二百八十九条、第二百六十三条的规定，以抢劫罪定罪，依法从重处罚。

11. 最高人民法院、最高人民检察院关于办理与盗窃、抢劫、诈骗、抢夺机动车相关刑事案件具体应用法律若干问题的解释（法释〔2007〕11号　自2007年5月11日起施行）（节录）

第四条　实施本解释第一条、第二条、第三条第一款或者第三款规定的行为，事前与盗窃、抢劫、诈骗、抢夺机动车的犯罪分子通谋的，以盗窃罪、抢劫罪、诈骗罪、抢夺罪的共犯论处。

12. 最高人民法院关于审理未成年人刑事案件具体应用法律若干问题的解释（法释〔2006〕1号　自2006年1月23日起施行）（节录）

第五条　已满十四周岁不满十六周岁的人实施刑法第十七条第二款规定以外的行为，如果同时触犯了刑法第十七条第二款规定的，应当依照刑法第十七条第二款的规定确定罪名，定罪处罚。

第七条　已满十四周岁不满十六周岁的人使用轻微暴力或者威胁，强行索要其他未成年人随身携带的生活、学习用品或者钱财数量不大，且未造成被害人轻微伤以上或者不敢正常到校学习、生活等危害后果的，不认为是犯罪。

已满十六周岁不满十八周岁的人具有前款规定情形的，一般也不认为是犯罪。

第八条　已满十六周岁不满十八周岁的人出于以大欺小、以强凌弱或者寻求精神刺激，随意殴打其他未成年人、多次对其他未成年人强拿硬要或者任意损毁公私财物，扰乱学校及其他公共场所秩序，情节严重的，以寻衅滋事罪定罪处罚。

第十条　已满十四周岁不满十六周岁的人盗窃、诈骗、抢夺他人财物，为窝藏赃物、抗拒抓捕或者毁灭罪证，当场使用暴力，故意伤害致人重伤或者死亡，或者故意杀人的，应当分别以故意伤害罪或者故意杀人罪定罪处罚。

已满十六周岁不满十八周岁的人犯盗窃、诈骗、抢夺罪，为窝藏赃物、抗拒抓捕或者毁灭罪证而当场使用暴力或者以暴力相威胁的，应当依照刑法第二百六十九条的规定定罪处罚；情节轻微的，可不以抢劫罪定罪处罚。

13. 最高人民法院研究室关于对非法占有强迫他人卖血所得款物案件如何定性问题的意见函（自1995年10月23日起施行）

最高人民检察院研究室：

你室送来的《关于征求对非法占有强迫他人卖血所得款物案件定性意见的函》已收悉。经研究，我们认为，被告人以非法占有为目的，强迫被害人卖血后占有卖血所得款物的行为，构成抢劫罪；其间实施的非法剥夺被害人人身自由的行为，应作为抢劫罪从重处罚的情节予以考虑。

以上意见，仅供参考。

14. 最高人民检察院关于强迫借贷行为适用法律问题的批复（自 2014 年 4 月 17 日起施行）

广东省人民检察院：

你院《关于强迫借贷案件法律适用的请示》（粤检发研字〔2014〕9 号）收悉。经研究，批复如下：

以暴力、胁迫手段强迫他人借贷，属于刑法第二百二十六条第二项规定的“强迫他人提供或者接受服务”，情节严重的，以强迫交易罪追究刑事责任；同时构成故意伤害罪等其他犯罪的，依照处罚较重的规定定罪处罚。以非法占有为目的，以借贷为名采用暴力、胁迫手段获取他人财物，符合刑法第二百六十三条或者第二百七十四条规定的，以抢劫罪或者敲诈勒索罪追究刑事责任。

15. 最高人民检察院关于相对刑事责任年龄的人承担刑事责任范围有关问题的答复（〔2003〕高检研发第 13 号　自 2003 年 4 月 18 日起施行）

四川省人民检察院研究室：

你院关于相对刑事责任年龄的人承担刑事责任范围问题的请示（川检发办〔2002〕47 号）收悉。经研究，答复如下：

一、相对刑事责任年龄的人实施了刑法第十七条第二款规定的行为，应当追究刑事责任的，其罪名应当根据所触犯的刑法分则具体条文认定。对于绑架后杀害被绑架人的，其罪名应认定为绑架罪。

二、相对刑事责任年龄的人实施了刑法第二百六十九条规定的行为的，应当依照刑法第二百六十三条的规定，以抢劫罪追究刑事责任。但对情节显著轻微，危害不大的，可根据刑法第十三条的规定，不予追究刑事责任。

二、盗窃罪

（一）法律规定

第二百六十四条[①] 盗窃公私财物，数额较大或者多次盗窃、入户盗窃、携带凶器盗窃、扒窃的，处三年以下有期徒刑、拘役或者管制，并处或者单处罚金；数额巨大或者有其他严重情节的，处三年以上十年以下有期徒刑，并处罚金；数额特别巨大或者有其他特别严重情节的，处十年以上有期徒刑或者无期徒刑，并处罚金或者没收财产。

第二百六十五条 以牟利为目的，盗接他人通信线路、复制他人电信码号或者明知是盗接、复制的电信设备、设施而使用的，依照本法第二百六十四条的规定定罪处罚。

第一百九十六条（第三款） 盗窃信用卡并使用的，依照本法第二百六十四条的规定定罪处罚。

第二百一十条 盗窃增值税专用发票或者可以用于骗取出口退税、抵扣税款的其他发票的，依照本法第二百六十四条的规定定罪处罚。

第二百五十三条 邮政工作人员私自开拆或者隐匿、毁弃邮件、电报的，处二年以下有期徒刑或者拘役。

犯前款罪而窃取财物的，依照本法第二百六十四条的规定定罪从重处罚。

第二百八十七条 利用计算机实施金融诈骗、盗窃、贪污、挪用公款、窃取国家秘密或者其他犯罪的，依照本法有关规定定罪

---

① 本条经2011年2月25日《刑法修正案（八）》第39条修改。

1997年《刑法》第264条规定："盗窃公私财物，数额较大或者多次盗窃的，处三年以下有期徒刑、拘役或者管制，并处或者单处罚金；数额巨大或者有其他严重情节的，处三年以上十年以下有期徒刑，并处罚金；数额特别巨大或者有其他特别严重情节的，处十年以上有期徒刑或者无期徒刑，并处罚金或者没收财产；有下列情形之一的，处无期徒刑或者死刑，并处没收财产：

（一）盗窃金融机构，数额特别巨大的；

（二）盗窃珍贵文物，情节严重的。"

处罚。

（二）罪名详解

盗窃罪，是指以非法占有为目的，秘密窃取公私财物，数额较大或者多次窃取的行为。

本罪在1979年《刑法》第151条和第152条作了规定。1997年刑法对罪状作了修改，对本罪设专条作了规定，并取消了惯窃罪这一罪名。《刑法修正案（八）》第39条对盗窃的成立条件及标准作了进一步修改完善，增加了“入户盗窃、携带凶器盗窃、扒窃”，同时取消了“盗窃金融机构，数额特别巨大的”“盗窃珍贵文物，情节严重的”这两项加重处罚条件，并取消了盗窃罪的死刑。

盗窃罪的构成要件是：

1. 主体要件

本罪主体为一般主体，即凡年满16周岁并具有刑事责任能力的自然人，都可以构成盗窃罪的主体。

2. 客体要件

本罪侵犯的客体是公私财产的占有权。犯罪对象是国家、集体、公民个人占有的财物。财物本身必须是人们能够控制或者占有的，具有一定经济价值的物品或表示财物的所有权凭证。一般是动产，也可以是不动产上可与之分离的附属物；既包括有形财产，也包括如电力、煤气、天然气等具有经济价值的无形财产，还包括存单、债券、提单等有价证券。根据《刑法》第265条规定，通信线路、电信码号和电信设备、设施也可以成为盗窃罪的侵犯对象。

3. 主观要件

本罪主观方面只能由直接故意构成，并且具有非法占有他人财物的目的。不以非法占有为目的而毁坏财物或者盗窃财物后归还的行为均不能认定为盗窃罪。

4. 客观要件

本罪的客观方面包括两个方面，一是表现为秘密窃取公私财物的行为。秘密窃取，是指行为人主观上自认为采取不会被财物的占有者（包括所有者、保管者或者经手者）发觉的方法，暗中窃取其财物的行为。秘密窃取是盗窃罪在客观方面的重要特征，是盗窃罪区别于其他侵犯财产罪的主要标志。二是表现为数额+情节的限制要件。《刑法修正案（八）》总结了司法实践经验，对《刑法》第264条盗窃罪的罪状作了修改，将原规定的“盗窃公私财物，数额较大或者多次盗窃的”，补充了“入户盗窃、携带凶器盗窃、扒窃的”几种盗窃方式。盗窃公私财物数额较大是盗窃行为构成犯罪的基本要件。如果盗窃的财物数额较小，一般应当依照治安管理处罚法的规定给予行政处罚。但对于一些特定的盗窃行为，即使达不到数额较大的条件，由于其行为本身的社会危害性，也构成盗窃罪。具体地说，盗窃行为具有如下情形之一的，即可认为符合盗窃罪构成的客观要件：

——达到数额较大。根据《盗窃解释》第1条规定，认定盗窃“数额较大”的起点为1000元至3000元以上；“数额巨大”的起点为3万元至10万元以上；“数额特别巨大”的起点为30万元至50万元以上。各省、自治区、直辖市高级人民法院、人民检察院可根据本地区经济发展状况，并考虑社会治安状况，在上述规定的数额幅度内，确定本地区执行的“数额较大”“数额巨大”“数额特别巨大”的具体数额标准，报最高人民法院、最高人民检察院批准。在跨地区运行的公共交通工具上盗窃，盗窃地点无法查证的，盗窃数额是否达到“数额较大”“数额巨大”“数额特别巨大”，应当根据受理案件所在地省、自治区、直辖市高级人民法院、人民检察院确定的有关数额标准认定。根据《盗窃解释》第2条规定，盗窃公私财物，具有下列情形之一的，“数额较大”的标准可以按照《盗窃解释》第1条规定标准的50%确定：（1）曾因盗窃受过刑事处罚的；（2）一年内曾因盗窃受过行政处罚的；（3）组织、控制未成年人盗窃的；（4）自然灾害、事故灾害、社会安全事件等突发事件期间，在事件发生地盗窃的；（5）盗窃残疾人、孤寡老人、丧失劳动能力人的财物的；（6）在医院盗窃病人或者其亲友财物的；（7）盗窃救灾、抢险、防汛、优抚、扶贫、移民、救济款物的；（8）因盗窃造成严重后果的。

——多次盗窃。根据《盗窃解释》第3条第1款规定，二年内盗窃三次以上的，应当认定为“多次盗窃”。

——入户盗窃。根据《盗窃解释》第3条第2款规定，非法进入供他人家庭生活，与外界相对隔离的住所盗窃的，应当认定为“入户盗窃”。

——携带凶器盗窃。根据《盗窃解释》第3条第3款规定，携带枪支、爆炸物、管制刀具等国家禁止个人携带的器械盗窃，或者为了实施违法犯罪携带其他足以危害他人人身安全的器械盗窃的，应当认定为“携带凶器盗窃”。

——扒窃。根据《盗窃解释》第3条第4款规定，在公共场所或者公共交通工具上盗窃他人随身携带的财物的，应当认定为“扒窃”。

（三）实务疑难问题

1. 罪与非罪的认定

司法实践中，要注意不以犯罪处理的以下情形：

（1）盗窃数额不到数额较大标准。一般盗窃案件中，盗窃数额较大是构成盗窃罪的主要要件。因此，对于盗窃数额没有达到较大标准，如果没有多次盗窃、入户盗窃、携带凶器盗窃、扒窃的情节，也没有《盗窃解释》第1条规定的依照数额较大50%计算构成犯罪数额情形的，一般不能以盗窃罪论处。

（2）盗窃数额虽达到数额较大标准，但具有特定情节的。根据《盗窃解释》第7条规定，盗窃公私财物虽已达到数额较大，行为人认罪、悔罪，退赃、退赔，且具有下列情形之一，情节轻微的，也可以不作犯罪处理或者可以免予刑事处罚：具有法定从宽处罚情节的；没有参与分赃或者获赃较少且不是主犯的；被害人谅解的；其他情节轻微、危害不大的。

（3）偷拿家庭成员或者近亲属财物的。根据《盗窃解释》第8条规定，偷拿家庭成员或者近亲属的财物，获得谅解的，一般可不认为是犯罪；追究刑事责任的，应当酌情从宽。

（4）未成年人盗窃具有法定情形的。根据《最高人民法院关于审理未成年人刑事案件具体应用法律若干问题的解释》第9条第1款规定，已满16周岁不满18周岁的人实施盗窃行为未超过三次，盗窃数额虽已达到“数额较大”标准，但案发后能如实供述全部盗窃事实并积极退赃，且具有下列情形之一的，可以认定为“情节显著轻微危害不大”，不认为是犯罪：①系又聋又哑的人或者盲人；②在共同盗窃中起次要或者辅助作用，或者被胁迫；③具有其他轻微情节的。该条第2款规定，已满16周岁不满18周岁的人盗窃未遂或者中止的，可不认为是犯罪。

（5）为游乐，偶尔偷开汽车，情节轻微的。行为人偷开汽车的，情况比较复杂，不宜一律以盗窃罪定罪处罚。《盗窃解释》第10条第（三）项规定：

为实施其他犯罪，偷开机动车作为犯罪工具使用后非法占有车辆，或者将车辆遗弃导致丢失的，以盗窃罪和其他犯罪数罪并罚；将车辆送回未造成丢失的，按照其所实施的其他犯罪从重处罚。司法实践中，对偷开汽车，以非法占有为目的，变卖或者留用的，应定为盗窃罪，为进行其他犯罪活动，偷开汽车当犯罪工具使用的，可以按其实施的犯罪从重处罚；在偷开汽车中因过失撞死、撞伤他人或者撞坏了车辆，又构成其他罪的，应按交通肇事罪与他罪并罚；为游乐，多次偷开汽车，并将汽车遗弃，严重扰乱工作、生产秩序，造成严重损失的，可以按破坏生产经营罪论处。为游乐，偶尔偷开汽车，情节轻微的，可以不认为是犯罪，应当责令赔偿损失。

2. 既遂与未遂的区分

盗窃犯罪是数额犯，也是结果犯，因此，在一般情况下，未窃得财物的，不以犯罪处理，也不存在盗窃未遂的问题。但是，在下列情况下，就存在盗窃既遂、未遂的认定问题。

（1）以数额巨大、特别巨大财物为盗窃目标，由于意志以外原因未窃得财物的。在这种情况下，应当根据刑法关于盗窃数额巨大的量刑规定和犯罪未遂的处理原则，以盗窃罪（未遂）从轻、减轻或者免予处罚。正因为如此，《盗窃解释》第 12 条规定，盗窃未遂，具有下列情形之一的，应当依法追究刑事责任：①以数额巨大的财物为盗窃目标的；②以珍贵文物为盗窃目标的；③其他情节严重的情形。盗窃罪既有既遂，又有未遂，分别达到不同量刑幅度的，依照处罚较重的规定处罚；达到同一量刑幅度的，以盗窃罪既遂处罚。

（2）入户盗窃、携带凶器盗窃、扒窃等特定盗窃犯罪是否存在犯罪未遂的问题。《刑法修正案（八）》将入户盗窃、携带凶器盗窃和扒窃增加规定为犯罪，体现了刑法对人民群众人身、财产安全的切实关注和严格保护，为打击盗窃犯罪提供了更有力的法律武器。因此，有别于一般的盗窃罪的是，这三类犯罪的社会危害性不仅体现在盗窃对象上，而且还体现在盗窃行为方式所体现的对公民人身安全、对社会秩序的侵害上。司法实践中，在《刑法修正案（八）》前，这三类盗窃行为，虽然严重危害到广大人民群众的财产安全，并对群众人身安全形成威胁一些盗窃行为，具有严重的社会危害性，但往往由于案犯一次作案案值达不到定罪标准无法对其定罪处罚，只能作治安处罚，打击力度不够，难以形成有效震慑，也影响了民警和群众与扒窃犯罪作斗争的积极性，导致案犯有恃无恐，屡打不绝。因此，《刑法修正案（八）》

规定，这三种盗窃行为，不论数额多少，均可以作为罪定罪处罚。但在新的司法实践中，有的行为人在实施这三种盗窃行为时，在未窃得财物进即被抓获，是否能够认定为盗窃未遂？根据全国人民代表大会常务委员会法制工作委员会《对最高人民法院办公厅〈关于被告人何珍才盗窃案征求意见的函〉的意见》，《刑法修正案（八）》增加入户盗窃、携带凶器盗窃、扒窃等三类特定的盗窃犯罪，是考虑到这三类盗窃行为本身的社会危害性较大，构成犯罪不受“数额较大”的限制。在司法实践中，对于入户盗窃被当场抓获的，在量刑上应根据个案的实际社会危害去掌握，不宜一律以未遂从轻处罚。换句话说，只要行为人实施了入户盗窃、携带凶器盗窃、扒窃的行为，即使因为被抓获而实际未窃得财物，一般也不以盗窃未窃处理。

（3）关于盗窃油气的未遂问题。最高人民法院最高人民检察院公安部于2018年9月28日印发了《关于办理盗窃油气、破坏油气设备等刑事案件适用法律若干问题的意见》（以下简称《盗窃油气意见》）。该意见第2条专门对盗窃油气未遂作了规定，即：着手实施盗窃油气行为，由于意志以外的原因未得逞，具有下列情形之一的，以盗窃罪（未遂）追究刑事责任：①以数额巨大的油气为盗窃目标的；②已将油气装入包装物或者运输工具，达到“数额较大”标准三倍以上的；③携带盗油卡子、手摇钻、电钻、电焊枪等切割、打孔、撬砸、拆卸工具的；④其他情节严重的情形。对此，应当明确：这一规定符合认定未遂的基本理论。盗窃油气人员在盗窃油气的过程中当场被抓获的，因为还没有将油气运离现场，只能认定为盗窃未遂。具体认定中，应当注意：

——以数额巨大的油气为盗窃目标的。这是针对盗窃油气未遂重申了《盗窃解释》第12条第1款第1项的规定。司法适用中，对于是否以数额巨大的油气为盗窃目标，一般应当根据包装物或者运输工具的容量，结合犯罪嫌疑人、被告人供述和辩解等作出准确判断。

——已经装入包装物或者运输工具的油气数额达到“数额较大”标准三倍以上的。这主要针对的是当场抓获，但无法证明行为人以数额巨大的油气为盗窃目标的情况。这种情况下，行为人已经将大量油气装载到自己的油气运输包装物或者运输工具上，其危害性已经达到应当予以刑事处罚的程度。因此，《盗窃油气意见》设置了一个“三倍标准”（也即“3000元至9000元”），达到该标准以上的，应当以盗窃罪未遂定罪处罚。

——携带盗油卡子、手摇钻、电钻、电焊枪等切割、打孔、撬砸、拆卸工具的。这主要针对的是具有较大危险性的盗窃油气人员和盗窃油气惯犯，其携带专门工具，往往实际盗窃油气的数额很大。因此，即使查获的盗窃油气的数额未达到“数额巨大”或者“数额较大三倍以上”标准，但也应认定其盗窃未遂行为属于情节严重，依法应当追究刑事责任。

需要注意的是，有观点认为，盗窃油气人员在盗窃油气的过程中当场被抓获的，已经从油气设备中盗出的油气应属于盗窃既遂。我们不同意这一观点。主要理由如下：其一，脱离油气设备但尚未运离现场的油气，很难被理解为“已经失控”。其二，当前对油气设备的防范设施已经比较完善，除了传统的实体防范、巡逻防范外，更重要的是技术防范。对于虽然没有围墙、金属栅栏等实体防范措施，但是一旦有盗窃油气行为，摄像头等设备能即时发现并随即采取控制措施的，也不好理解为“已经失控”。其三，实践中盗窃油气的行为样态比较复杂，如果一律将正在盗窃、尚未运离现场的行为均视为盗窃既遂，难免造成扩大刑事打击面，或者导致打击不准的问题。

3. 正确理解和掌握特定形式犯罪以盗窃罪论处的规定

《刑法》第265条关于“以牟利为目的，盗接他人通信线路，复制他人电信码号或者明知是盗接、复制的电信设备、设施而使用的，依照本法第二百六十四条的规定定罪处罚”的规定，并不是对盗窃罪的概念及其犯罪构成的修订，而是将这一特定形式的犯罪规定按盗窃罪论处。这一特定形式的犯罪，在客观方面表现为具有盗接他人通信线路、复制他人电信码号或者明知是盗接、复制的电信设备、设施而使用的行为。（1）具体表现形式：①偷接他人电话线路，即非法与他人电话线路相连接，无偿偷打电话，损害他人利益；②盗用他人移动电话码号，进行非法并机；③明知自己正在使用的电话或者移动电话，是盗接在他人电话线路上或者是复制了他人的移动电话码号的伪机而继续使用。（2）适用这一条规定时应当注意：①牟利是指行为人的主观目的，至于客观上是否牟到了利，不影响犯罪的成立；②主观上必须是明知，即是直接故意实施的，如果行为人不是明知而使用的，则不能认定构成盗窃罪；③根据“依照本法第二百六十四条的规定定罪处罚”的规定，并非行为人只要实施了本条规定的行为即构成犯罪，而应当以其行为所具有的社会危害性达到了《刑法》第264条所规定的相当程度为犯罪构成的必备要件。

4. 注意区分此罪与彼罪、一罪与数罪

（1）盗窃广播电视设施、公用电信设施价值数额不大的，但是危害公共安全已构成破坏广播电视设施、公用电信设施罪的，应当依照《刑法》第124条的规定定罪处罚；构成两种犯罪的，应当择一重罪处罚。

（2）盗窃使用中的电力设备，同时构成盗窃罪和破坏电力设备罪的，择一重罪处罚。

（3）为盗窃其他财物，偷开机动车作为犯罪工具使用后非法占有车辆，或者将车辆遗弃导致丢失的，被盗车辆的价值计入盗窃数额；为实施其他犯罪，偷开机动车作为犯罪工具使用后非法占有车辆，或者将车辆遗弃导致丢失的，以盗窃罪和其他犯罪数罪并罚；将车辆送回未造成丢失的，按照其所实施的其他犯罪从重处罚。

（4）采用破坏性手段盗窃公私财物，造成其他财物损毁的，以盗窃罪从重处罚；同时构成盗窃罪和其他犯罪的，择一重罪从重处罚；实施盗窃犯罪后，为掩盖罪行或者报复等，故意毁坏其他财物构成犯罪的，以盗窃罪和构成的其他犯罪数罪并罚；盗窃行为未构成犯罪，但损毁财物构成其他犯罪的，以其他犯罪定罪处罚。

（5）以盗窃交通设施的方法破坏交通设施的。其盗窃的是正在使用中的关系到交通运输安全的交通设施，不仅侵犯了财产关系，而且严重危害了交通运输的安全。因此，应当以破坏交通设施罪定罪处罚；而盗窃罪所窃取的只是一般的公私财物，包括尚未投入使用的交通设施，但这种盗窃行为并不影响交通运输的安全，它所侵犯的客体只是公私财产关系。因此，应当以盗窃罪定罪处罚。

（6）盗窃技术成果等商业秘密构成犯罪的，按照《刑法》第219条规定的侵犯商业秘密罪定罪处罚。

（7）破坏森林资源的行为可否按盗窃罪论处？2000年11月17日最高人民法院通过的《关于审理破坏森林资源刑事案件具体应用法律若干问题的解释》对破坏森林资源以盗窃罪论处进行了规定。根据该解释第9条、第15条的规定，将国家、集体、他人所有并已经伐倒的树木窃为己有，以及偷砍他人房前屋后、自留地种植的零星树木，数额较大的，依照《刑法》第264条的规定，以盗窃罪定罪处罚；非法实施采种、采脂、挖笋、掘根、剥树皮等行为，牟取经济利益数额较大的，依照《刑法》第264条的规定，以盗窃罪定罪处罚，同时构成其他犯罪的，依照处罚较重的规定定罪处罚。

（8）注意区别盗窃罪与职务侵占罪、贪污罪。盗窃罪与职务侵占罪、贪污罪，在主体范围上是不同的。在司法实践中，对于机关、事业单位、公司、企业或者其他单位的工作人员侵占本单位财物数额较大的行为，究竟是盗窃罪还是职务侵占罪，应根据行为人是否利用了职务上的便利来认定。所谓职务上的便利就是自己职务范围内的主管、管理单位财物的便利或因执行职务而经手公司、企业财物的便利。由于贪污罪、职务侵占罪的行为方式包括“窃取”的方式，因而在司法实践中容易与盗窃罪产生混淆。特别是有关国家丁作人员与无身份者利用秘密窃取的方式共同攫取公有财产时，盗窃罪与贪污罪、职务侵占罪的界限就更容易混淆。根据《刑法》第 382 条规定，与国家工作人员或者受国家机关、国有公司、企业、事业单位、人民团体委托管理、经营国有财产的人员相勾结，伙同贪污的，以共犯论处。2000 年 6 月 30 日最高人民法院发布的《关于审理贪污、职务侵占案件如何认定共同犯罪几个问题的解释》对贪污、职务侵占共同犯罪如何定罪处罚作了如下规定：①行为人与国家工作人员勾结，利用国家工作人员的职务便利，共同侵吞、窃取、骗取或者以其他手段非法占有公共财物的，以贪污罪共犯论处。②行为人与公司、企业或者其他单位的人员勾结，利用公司、企业或者其他单位人员的职务便利，共同将该单位财物非法占为己有，数额较大的，以职务侵占罪共犯论处。③公司、企业或者其他单位中，不具有国家工作人员身份的人与国家工作人员勾结，分别利用各自的职务便利，共同将本单位财物非法占为己有的，按照主犯的犯罪性质定罪。

（9）注意盗窃罪与侵占罪的区别。《刑法》第 270 条第 1 款规定，将代为保管的他人财物非法占为己有，数额较大，拒不退还的，处 2 年以下有期徒刑、拘役或者罚金；数额巨大或者有其他严重情节的，处 2 年以上 5 年以下有期徒刑，并处罚金。该条第 2 款规定，将他人的遗忘物或者埋藏物非法占为己有，数额较大，拒不交出的，依照前款的规定处罚。据此，盗窃罪与侵占罪的区别主要有两点。一是犯罪对象不同。侵占罪的对象是行为人代为保管的财物，也就是说被害人是自愿将财物交由行为人保管，侵占行为人是在自己已经控制了财物的情况下，又非法占有该财物，而盗窃罪的失主是不愿意将财物交给行为人的。二是犯罪成立时间不同。盗窃罪自取得财物时犯罪即已成立，而侵占罪则不能以取得财物为犯罪成立时间，须取得财物后拒不能退还或者拒不交出的，才成立犯罪。涉及侵占罪与盗窃罪的界限的另一种情况是，受托保管他人已加封的财物，行为人拆封后将其中的全部或部分财物非法占为己有的，这种情况如何定性？我们认为，应当把加封的财物看做一个整体，因此，行为人将提箱整体或其一部分内容非法据为己有，都是侵占。

5. 刑法另有规定的，应当依照规定执行

（1）根据《刑法》第 196 条第 3 款的规定，对于"盗窃信用卡并使用的"，应当以盗窃罪论处；（2）根据《刑法》第 210 条第 1 款的规定，对于"盗窃增值税专用发票或者可以用于骗取出口退税、抵扣税款的其他发票的"，应当以盗窃罪论处。（3）根据《刑法》第 253 条规定，邮政工作人员私自开拆或者隐匿、毁弃邮件、电报，而窃取财物的，应当以盗窃罪定罪，从重处罚。（4）根据《刑法》第 287 条利用计算机实施盗窃的，应当以盗窃罪定罪处罚。

6. 盗窃数额的确定

根据《盗窃解释》第 4 条规定，盗窃的数额，按照下列方法认定：（1）被盗财物有有效价格证明的，根据有效价格证明认定；无有效价格证明，或者根据价格证明认定盗窃数额明显不合理的，应当按照有关规定委托估价机构估价；（2）盗窃外币的，按照盗窃时中国外汇交易中心或者中国人民银行授权机构公布的人民币对该货币的中间价折合成人民币计算；中国外汇交易中心或者中国人民银行授权机构未公布汇率中间价的外币，按照盗窃时境内银行人民币对该货币的中间价折算成人民币，或者该货币在境内银行、国际外汇市场对美元汇率，与人民币对美元汇率中间价进行套算；（3）盗窃电力、燃气、自来水等财物，盗窃数量能够查实的，按照查实的数量计算盗窃数额；盗窃数量无法查实的，以盗窃前 6 个月月均正常用量减去盗窃后计量仪表显示的月均用量推算盗窃数额；盗窃前正常使用不足 6 个月的，按照正常使用期间的月均用量减去盗窃后计量仪表显示的月均用量推算盗窃数额；（4）明知是盗接他人通信线路、复制他人电信码号的电信设备、设施而使用的，按照合法用户为其支付的费用认定盗窃数额；无法直接确认的，以合法用户的电信设备、设施被盗接、复制后的月缴费额减去被盗接、复制前 6 个月的月均电话费推算盗窃数额；合法用户使用电信设备、设施不足 6 个月的，按照实际使用的月均电话费推算盗窃数额；（5）盗接他人通信线路、复制他人电信码号出售的，按照销赃数额认定盗窃数额。盗窃行为给失主造成的损失大于盗窃数额的，损失数额可以作为量刑情节考虑。

根据《盗窃解释》第5条规定，盗窃有价支付凭证、有价证券、有价票证的，按照下列方法认定盗窃数额：（1）盗窃不记名、不挂失的有价支付凭证、有价证券、有价票证的，应当按票面数额和盗窃时应得的孳息、奖金或者奖品等可得收益一并计算盗窃数额；（2）盗窃记名的有价支付凭证、有价证券、有价票证，已经兑现的，按照兑现部分的财物价值计算盗窃数额；没有兑现，但失主无法通过挂失、补领、补办手续等方式避免损失的，按照给失主造成的实际损失计算盗窃数额。

关于盗窃文物，虽然《盗窃解释》第9条有规定，但是，自2016年1月1日起施行的《文物解释》又专门作了特别规定，因此，其数额计算应当依照该《文物解释》的相关规定处理。（1）《文物解释》第2条规定，盗窃一般文物、三级文物、二级以上文物的，应当分别认定为《刑法》第264条规定的“数额较大”“数额巨大”“数额特别巨大”。盗窃文物，无法确定文物等级，或者按照文物等级定罪量刑明显过轻或者过重的，按照盗窃的文物价值定罪量刑。（2）《文物解释》第8条第3款规定，采用破坏性手段盗窃古文化遗址、古墓葬以外的古建筑、石窟寺、石刻、壁画、近代现代重要史迹和代表性建筑等其他不可移动文物的，依照《刑法》第264条的规定，以盗窃罪追究刑事责任。（3）《文物解释》第12条第1款规定，针对不可移动文物整体实施走私、盗窃、倒卖等行为的，根据所属不可移动文物的等级，依照相应的规定定罪量刑：①尚未被确定为文物保护单位的不可移动文物，适用一般文物的定罪量刑标准；②市、县级文物保护单位，适用三级文物的定罪量刑标准；③全国重点文物保护单位、省级文物保护单位，适用二级以上文物的定罪量刑标准。（4）《文物解释》第12条第2款规定，针对不可移动文物中的建筑构件、壁画、雕塑、石刻等实施走私、盗窃、倒卖等行为的，根据建筑构件、壁画、雕塑、石刻等文物本身的等级或者价值，依照本相应的规定定罪量刑。建筑构件、壁画、雕塑、石刻等所属不可移动文物的等级，应当作为量刑情节予以考虑。（5）案件涉及不同等级的文物的，按照高级别文物的量刑幅度量刑；有多件同级文物的，五件同级文物视为一件高一级文物，但是价值明显不相当的除外。《盗窃解释》规定三件同级文物视为一件高一级文物。因此，应当以《文物解释》为准。（6）根据《文物解释》第14条规定，依照文物价值定罪量刑的，根据涉案文物的有效价格证明认定文物价值；无有效价格证明，或者根据价格证明认定明显不合理的，根据销赃数额认定，或者结合本解释第15条规定的鉴定意见、报告认定。（7）根据《文物解释》第17条规定，走私、盗窃、损毁、倒卖、盗掘或者非法转让具有科学价值的古脊椎动物化石、古人类化石的，依照刑法和《文物解释》的有关规定定罪量刑。

根据《全国人民代表大会常务委员会关于〈中华人民共和国刑法〉有关文物的规定适用于具有科学价值的古脊椎动物化石、古人类化石的解释》：刑法有关文物的规定，适用于具有科学价值的古脊椎动物化石、古人类化石。①

司法实践中，对行为人主观上想盗窃的数额与实际所窃得财物的数额有差异的如何认定？（1）如果行为人主观上具有盗窃他人财物的故意，客观上实施盗窃他人财物的行为，而盗窃实际所得财物小于或大于盗窃目的或盗窃行为所指向的盗窃对象的数额，应当以盗窃实际所得数额来认定。（2）如果行为人主观上具有盗窃数额较大财物的故意，客观上实施了窃取财物的行为，但由于行为人意志以外的原因，致使原有盗窃目的或盗窃行为没有达到，所得财物数额较小，一般可以认定为“情节显著轻微危害不大”，不以盗窃罪论处。（3）如果行为人主观上具有盗窃数额巨大或者特别巨大财物的故意，客观上实施了窃取财物的行为，但由于行为人意志以外的原因，致使原有盗窃目的或盗窃行为没有达到，所得财物数额较小而又不属于“情节显著轻微危害不大”，应当构成盗窃罪，根据主观故意内容和未遂情节进行综合考虑量刑。（4）如果行为人主观上具有盗窃的故意，但对于盗窃的数额多少没有具体指向，而是随意窃取，如实践中的小偷小摸惯窃行为，行为人在客观上实施了窃取财物的行为，但行为人实际上窃得的财物或者实际盗取的财物数额较小，达不到构成盗窃罪的犯罪标准，不应当认定为犯罪，一般应当按照《治安管理处罚法》的规定处理。

在不同地区盗窃的，如何确定盗窃数额的量刑标准？在我国，由于各地

---

① 2005年12月29日第十届全国人民代表大会常务委员会第十九次会议通过《全国人民代表大会常务委员会关于〈中华人民共和国刑法〉有关文物的规定适用于具有科学价值的古脊椎动物化石、古人类化石的解释》：全国人民代表大会常务委员会根据司法实践中遇到的情况，讨论了关于走私、盗窃、损毁、倒卖或者非法转让具有科学价值的古脊椎动物化石、古人类化石的行为适用刑法有关规定的问题，解释如下：刑法有关文物的规定，适用于具有科学价值的古脊椎动物化石、古人类化石。

经济发展水平不平衡，最高司法机关在统一规定盗窃犯罪定罪数额标准的同时，又授权各省、自治区、直辖市司法机关根据本地区经济发展状况，并考虑社会治安状况，确定本地区执行的盗窃罪数额标准。由于不同的地区经济发展状况不同，构成盗窃罪的最低数额标准就会存在差异。行为人在同一数额标准地区实施多次盗窃行为，对认定盗窃数额的标准不存在问题。但如果行为人在不同数额标准地区实施多次盗窃行为时，如何掌握定罪数额标准，在司法实践中就难以把握。根据有关司法解释以及审判实践中的具体做法，对在不同数额标准地区实施多次盗窃行为，其定罪量刑的数额标准应当遵循以下原则：（1）犯罪地与审判地不一致时，应当按照犯罪地的数额标准定罪。因为犯罪的本质特征是行为的社会危害性，衡量行为的社会危害性不能脱离特定的犯罪环境。（2）在不同数额标准地区多次实施盗窃行为，应采取就高不就低的原则，即只能按照高标准地区的数额标准。如累计数额达到低标准地区数额标准，但未达到高标准地区数额标准，应当认为没有达到某一数额标准。虽然达到低标准地区数额巨大（特别巨大）的标准，但未达到高标准地区数额巨大（特别巨大）的标准，而只达到高标准地区数额较大（巨大）的标准，应当认定达到数额较大（巨大）的标准。同时都达到高、低地区数额特别巨大标准时，也应当按高标准地区数额标准确定。（3）在犯罪发生地进行审判的，同时行为人在其他标准地区多次实施盗窃行为，无论审判地是低标准地区还是高标准地区，均应按照审判地标准确定盗窃数额是否达到数额较大、数额巨大、数额特别巨大。

7. 盗窃罪“其他严重情节”“其他特别严重情节”的认定

根据《盗窃解释》第 6 条的规定，盗窃公私财物，具有本解释第 2 条第（三）项至第（八）项规定情形之一，或者入户盗窃、携带凶器盗窃，数额达到本解释第一条规定的“数额巨大”“数额特别巨大”百分之五十的，可以分别认定为《刑法》第 264 条规定的“其他严重情节”或者“其他特别严重情节”。司法解释关于“其他严重情节”或者“其他特别严重情节”的规定，相比于《最高人民法院关于审理盗窃案件具体应用法律若干问题的解释》[①]（下简称“前解释”）而言，要求更加严格，认定“其他严重情节”或者“其他特别严重情节”的门槛更高了。一是数额要求提高，从“前解释”规定的达到“数额较大”或者“数额巨大”的起点提高为达到《盗窃解释》规定的“数额巨大”“数额特别巨大”的50%。二是情节有变化，“前解释”规定达到数额要求后，应当具备下列情形之一：（1）犯罪集团的首要分子或者共同犯罪中情节严重的主犯；（2）盗窃金融机构的；（3）流窜作案危害严重的；（4）累犯；（5）导致被害人死亡、精神失常或者其他严重后果的；（6）盗窃救灾、抢险、防汛、优抚、扶贫、移民、救济、医疗款物，造成严重后果的；（7）盗窃生产资料，严重影响生产的；（8）造成其他重大损失的。而《盗窃解释》则调整了相关情节的规定，即应当具有《盗窃解释》第2条第（三）项至第（八）项规定情形之一（组织、控制未成年人盗窃的；自然灾害、事故灾害、社会安全事件等突发事件期间，在事件发生地盗窃的；盗窃残疾人、孤寡老人、丧失劳动能力人的财物的；在医院盗窃病人或者其亲友财物的；盗窃救灾、抢险、防汛、优抚、扶贫、移民、救济款物的；因盗窃造成严重后果的；或者入户盗窃、携带凶器盗窃的）。

8. “多次盗窃”“入户盗窃”“携带凶器盗窃”“扒窃”行为的界定

所谓“多次盗窃”，是指行为人的盗窃数额虽未达到较大起点，但是由于行为人一贯或多次实施盗窃、屡教不改的行为；是构成盗窃罪的一个重要标准。根据《盗窃解释》第3条第1款的规定，二年内盗窃三次以上的，应当认定为“多次盗窃”。实践中，要注意，有小偷小摸恶习，多次偷拿公私财物，情节显著轻微的，不以多次盗窃论。由此可见，“多次盗窃”的含义是特定的，它受三个方面的限制：（1）时间的限制，即在两年内进行总体计算次数；（2）次数的限制，即必须达到3次以上；（3）排除性限制，即将经常发生、危害性不大、情节显著轻微的小偷小摸行为排除在外。可见，对“多次

---

① 《最高人民法院关于审理盗窃案件具体应用法律若干问题的解释》第六条第（三）项规定，盗窃数额达到“数额较大”或者“数额巨大”的起点，并具有下列情形之一的，可以分别认定为“其他严重情节”或者“其他特别严重情节”：1. 犯罪集团的首要分子或者共同犯罪中情节严重的主犯；2. 盗窃金融机构的；3. 流窜作案危害严重的；4. 累犯；5. 导致被害人死亡、精神失常或者其他严重后果的；6. 盗窃救灾、抢险、防汛、优抚、扶贫、移民、救济、医疗款物，造成严重后果的；7. 盗窃生产资料，严重影响生产的；8. 造成其他重大损失的。

盗窃”的法律范围在适用时必须严格遵守，不能作出任意性的解释。

根据《盗窃解释》第 3 条第 2 款规定，非法进入供他人家庭生活，与外界相对隔离的住所盗窃的，应当认定为“入户盗窃”。因此，“入户盗窃”，是指为实施盗窃而进入他人生活的与外界相对隔离的住所，包括封闭的院落、牧民的帐篷、渔民作为家庭生活场所的渔船、为生活而租用的房屋等进行盗窃的行为。认定“入户”要注意以下几点：一是“户”应理解为居民住所。其特征表现为供他人家庭生活和与外界相对隔离两个方面，前者为功能特征，后者为场所特征，但不包括其他场所，如单位的办公楼、学校、公共娱乐场所、集体宿舍、旅店宾馆、临时搭建的工棚等。二是对“入户”不能仅理解为进入住宅房间或者室内，对于进入独门独院居民住宅盗窃的，只要行为人进入了住宅院内，也应视为“入户盗窃”。进入他人家庭居所盗窃，影响群众最基本的安全感，而且这类案件的案犯大都会撬门破窗等手段，多属于惯犯或职业犯，因此应当严厉打击。

根据《盗窃解释》第 3 条第 3 款规定，携带枪支、爆炸物、管制刀具等国家禁止个人携带的器械盗窃，或者为了实施违法犯罪携带其他足以危害他人人身安全的器械盗窃的，应当认定为“携带凶器盗窃”。携带凶器盗窃，不仅侵犯了公私财物的所有权，而且对被害人的人身也构成了潜在威胁。行为人携带凶器盗窃，往往有恃无恐，一旦被发现或者被抓捕时，则使用凶器进行反抗。这种行为以暴力为后盾，不仅侵犯他人的财产，而且对他人的人身形成严重威胁，应当予以刑事处罚。需要特别指出的是，刑法在盗窃罪里规定的“携带凶器盗窃”，是指行为人携带凶器进行盗窃而未使用的情况，如果行为人在携带凶器盗窃时，为窝藏赃物、抗拒抓捕或者毁灭罪证而当场使用凶器施暴或者威胁的，根据《刑法》第 269 条的规定，应当以抢劫罪定罪处罚。

根据《盗窃解释》第 3 条第 4 款规定，在公共场所或者公共交通工具上盗窃他人随身携带的财物的，应当认定为“扒窃”。扒窃行为直接接触公民人身，往往发生在大庭广众之下，严重影响群众的安全感，社会危害性很大，必须以盗窃罪定罪处罚。

9. 单位盗窃如何适用法律问题

对单位盗窃能否定罪处罚，刑法学界和司法实务部门有两种不同观点。一种观点认为，单位有关人员为谋取本单位利益组织实施盗窃行为，情节严重的，应当依照《刑法》第 264 条规定以盗窃罪追究直接责任人员刑事责任。

另一种观点认为，根据罪刑法定原则，对于单位组织实施的盗窃行为不能追究单位或者其主管人员、直接责任人员的刑事责任。

根据《全国人民代表大会常务委员会关于〈中华人民共和国刑法〉第三十条的解释》，公司、企业、事业单位、机关、团体等单位实施刑法规定的危害社会的行为，刑法分则和其他法律规定未规定追究单位的刑事责任的，对组织、策划、实施该危害社会行为的人依法追究刑事责任。①

根据《文物解释》第 11 条第 2 款规定，公司、企业、事业单位、机关、团体等单位实施盗窃文物，故意损毁文物、名胜古迹，过失损毁文物，盗掘古文化遗址、古墓葬等行为的，依照本解释规定的相应定罪量刑标准，追究组织者、策划者、实施者的刑事责任。

10. 慎重处理网络盗窃案件

伴随着互联网在我国的迅速发展，包括盗窃在内的网络犯罪在司法实践中已经出现。网络犯罪是指通过互联网实施的犯罪。网络信息、信息主体在犯罪活动中被利用或者被侵害，是构成网络犯罪的实质条件。

和其他经济发达国家相比较，我国的网络犯罪还处于初发阶段。在网络环境下，虚拟空间里的行为是否是刑法意义上的行为，虚拟空间里的财产是否是刑法意义上的财产，能否成为侵犯财产罪的犯罪对象；网络盗窃中电子证据的效力如何认定；网络盗窃的数额如何认定，这些实体和程序问题，在法学界和司法实务部门都有争议。在这种情况下，人民法院处理网络盗窃案件，应当持十分慎重的态度，并注意不断总结审判经验，既要坚持犯罪构成，又要考虑网络犯罪的特点。我们的具体意见是：

（1）关于网络虚拟财产的刑法保护问题。随着我国经济建设和网络建设的飞速发展，网络盗窃等犯罪将呈增长态势。"网络虚拟财产"，一般是指网民、游戏玩家在网络游戏账号中积累的"货币""装备""宠物"等"财产"。这些所谓的装备以及如腾讯 Q 币、新浪 U 币等虚拟货币，实际是以特定形式

---

① 2014 年 4 月 24 日第十二届全国人民代表大会常务委员会第八次会议通过《全国人民代表大会常务委员会关于〈中华人民共和国刑法〉第三十条的解释》：全国人民代表大会常务委员根据司法实践中遇到的情况，讨论了刑法第三十条的含义及公司、企业、事业单位、机关、团体等单位实施刑法规定的危害社会的行为，法律未规定追究单位的刑事责任的，如何适用刑法有关规定的问题，解释如下：公司、企业、事业单位、机关、团体等单位实施刑法规定的危害社会的行为，刑法分则和其他法律规定未规定追究单位的刑事责任的，对组织、策划、实施该危害社会行为的人依法追究刑事责任。

表现出来的一组数据，这些数据一旦脱离特定的网络游戏环境，将失去其意义。但它是游戏玩家投入了时间、金钱、精力积累取得，故在某种程度上被认为是一种劳动所得。特别对玩家来说，它具有使用价值，且可以转让。因此，它还具有交换价值，能够体现为现实中的一定财产价值。所以虚拟财产具备了商品的一般属性，寻求法律保护是合理的。

近年来，随着互联网用户的激增，少数不法分子利用互联网大肆进行盗窃、诈骗等侵犯网络虚拟财产的犯罪，给公私财产造成很大的损失。这种犯罪手段往往较为隐蔽，不易查获，其社会危害性也较大，需要动用刑法手段进行惩处。2000 年 12 月 28 日《全国人民代表大会常务委员会关于维护互联网安全的决定》第 4 条就明确规定："为了保护个人、法人和其他组织的人身、财产等合法权利，对有下列行为之一，构成犯罪的，依照刑法有关规定追究刑事责任：……（三）利用互联网进行盗窃、诈骗、敲诈勒索。"行为人通过用木马程序或者远程控制的方式盗取玩家账号、密码，利用系统漏洞，在本机植入木马或者远程控制工具进行盗号活动，在网吧等公共上网场所直接窥探他人的游戏账号、密码，利用"外挂"传播木马程序，窃取对方游戏账号、密码并非法利用；欺诈销售网络游戏装备等手段，对刑法所保护的客体造成危害构成犯罪的，如使被害人（公民、法人和其他组织）的实际财产或者财产利益受到侵害的，应当受到刑罚处罚。

（2）关于虚拟财产数额计算问题。这是目前司法实践中最为棘手的一个问题。虚拟财产应当估价。实践中已有的虚拟财产价值计算方法主要有以下几种：①根据被害人投入游戏的实际费用计算被盗虚拟财产价值。按此计算方法，如果盗窃相同物品，不同案件之间必将出现巨大差别，有损法律公正。②以行业交易惯例所定价格具体确定虚拟财产价值。这种玩家之间的离线交易具有明显的无序性和不稳定性特征，交易价格可变性很大，从而导致价格与价值背离，亦不足取。③以网络游戏开发商直接销售虚拟财产时的自定价格作为确定被盗虚拟财产的价值依据。这种以游戏开发商所确定的价格作为虚拟财产的价值确定标准亦欠妥当，但可以作为认定被盗虚拟财产价值的参考因素。④通过社会必要劳动时间计算被盗虚拟财产价值。这种计算方法以得到政府相关部门的支持、认同为必要，而且能否及时出台是个问题。综上，由于网络虚拟财产估价的复杂性，目前在司法实践中还是只能由法官根据个案的具体情况，结合有关法律和司法解释规定进行合理的认定。即秘密窃取网络环境中的虚拟财产，根据法律和司法解释的规定，构成盗窃罪的，应当按虚拟财产在现实生活中对应的实际财产遭受损失的数额确定盗窃数额。虚拟财产在现实生活中对应的财产数额，可以参考该虚拟财产在现实生活中的实际交易价格来确定。

（四）情节与量刑

依照《刑法》第264条规定，犯盗窃罪的，处3年以下有期徒刑、拘役或者管制，并处或者单处罚金；数额巨大或者有其他严重情节的，处3年以上10年以下有期徒刑，并处罚金；数额特别巨大或者有其他特别严重情节的，处10年以上有期徒刑或者无期徒刑，并处罚金或者没收财产。依照《刑法》第265条规定，以牟利为目的，盗接他人通信线路、复制他人电信码号或者明知是盗接、复制的电信设备、设施而使用的，依照第264条的规定定罪处罚。

具体情节与量刑的对应情况，列表格如下：

量刑档次	对应情节	有关概念解释	附加刑的适用
三年以下有期徒刑、拘役或者管制，并处或者单处罚金	1. 数额较大； 2. 多次盗窃； 3. 入户盗窃； 4. 携带凶器盗窃； 5. 扒窃。	1. “数额较大”的起点为1000元至3000元以上。盗窃国有馆藏一般文物的，应当认定“数额较大”。 2. 二年内盗窃三次以上的，应当认定为“多次盗窃”。 3. 非法进入供他人家庭生活，与外界相对隔离的住所盗窃的，应当认定为“入户盗窃”。 4. 携带枪支、爆炸物、管制刀具等国家禁止个人携带的器械盗窃，或者为了实施违法犯罪携带其他足以危害他人人身安全的器械盗窃的，应当认定为“携带凶器盗窃”。 5. 在公共场所或者公共交通工具上盗窃他人随身携带的财物的，应当认定为“扒窃”。	1. 罚金应当在1000元以上盗窃数额的2倍以下判处罚金，没有盗窃数额或者盗窃数额无法计算的，应当在1000元以上10万元以下判处罚金。 2. 判处无期徒刑的，可以并处没收财产，也可以并处罚金；判处有期徒刑的，只能并处罚金。①

① 《全国法院维护农村稳定刑事审判工作座谈会纪要》（法〔1999〕217号）规定，对法律规定主刑有死刑、无期徒刑和有期徒刑，同时并处没收财产或罚金的，如决定判处死刑，只能并处没收财产；判处无期徒刑的，可以并处没收财产，也可以并处罚金；判处有期徒刑的，只能并处罚金。

续表

<table>
<tr><th>量刑档次</th><th>对应情节</th><th>有关概念解释</th><th>附加刑的适用</th></tr>
<tr><td>三年以上十年以下有期徒刑，并处罚金</td><td>1. 数额巨大；
2. 有其他严重情节的。</td><td>1. “数额巨大”的起点为3万元至10万元以上。
2. 盗窃国有馆藏三级文物的，应当认定“数额巨大”。盗窃三件国有馆藏一般文物的，视为一件国有馆藏三级文物。
3. 盗窃公私财物，具有下列情形之一，或者入户盗窃、携带凶器盗窃，数额达到“数额巨大”百分之五十的，可以认定为“其他严重情节”：（1）组织、控制未成年人盗窃的；（2）自然灾害、事故灾害、社会安全事件等突发事件期间，在事件发生地盗窃的；（3）盗窃残疾人、孤寡老人、丧失劳动能力人的财物的；（4）在医院盗窃病人或者其亲友财物的；（5）盗窃救灾、抢险、防汛、优抚、扶贫、移民、救济款物的；（6）因盗窃造成严重后果的。</td><td rowspan="2">3. 对于盗窃犯罪严重破坏社会秩序，犯罪分子主观恶性较深、犯罪情节恶劣、罪行严重的，可以依法附加剥夺政治权利。</td></tr>
<tr><td>十年以上有期徒刑或者无期徒刑，并处罚金或者没收财产</td><td>1. 数额特别巨大；
2. 有其他特别严重情节。</td><td>1. “数额特别巨大”的起点为30万元至50万元以上。
2. 盗窃国有馆藏二级以上文物的，应当认定“数额特别巨大”。盗窃三件国有馆藏三级文物的，视为一件国有馆藏二级文物。
3. 盗窃公私财物，具有下列情形之一，或者入户盗窃、携带凶器盗窃，数额达到“数额特别巨大”百分之五十的，可以认定为“其他特别严重情节”：（1）组织、控制未成年人盗窃的；（2）自然灾害、事故灾害、社会安全事件等突发事件期间，在事件发生地盗窃的；（3）盗窃残疾人、孤寡老人、丧失劳动能力人的财物的；（4）在医院盗窃病人或者其亲友财物的；（5）盗窃救灾、抢险、防汛、优抚、扶贫、移民、救济款物的；（6）因盗窃造成严重后果的。</td></tr>
</table>

续表

量刑档次	对应情节	有关概念解释	附加刑的适用
单处罚金①	犯罪情节较轻，适用单处罚金不致再危害社会并具有下列情形之一的： 1. 偶犯或者初犯； 2. 自首或者有立功表现； 3. 犯罪时不满十八周岁； 4. 犯罪预备、中止或者未遂； 5. 被胁迫参加犯罪的； 6. 全部退赃并有悔罪表现的； 7. 其他可以依法单处罚金的情形。		

司法机关在适用上述规定处罚时，应当注意以下问题：

1.《刑法修正案（八）》已经取消了盗窃罪的死刑规定，因此，盗窃罪的法定最高刑是无期徒刑。

2. 根据《盗窃解释》第14条规定，因犯盗窃罪，依法判处罚金刑的，应当在1000元以上盗窃数额的2倍以下判处罚金；没有盗窃数额或者盗窃数额无法计算的，应当在1000元以上10万元以下判处罚金。

3. 1997年12月23日最高人民法院通过的《关于对故意伤害、盗窃等严重破坏社会秩序的犯罪分子能否附加剥夺政治权利问题的批复》对盗窃犯可否附加剥夺政治权利作了如下规定：根据《刑法》第56条规定，对于故意杀人、强奸、放火、爆炸、投毒、抢劫等严重破坏社会秩序的犯罪分子，可以附加剥夺政治权利。对故意伤害、盗窃等其他严重破坏社会秩序的犯罪，犯罪分子主观恶性较深、犯罪情节恶劣、罪行严重的，也可以依法附加剥夺政治权利。

4. 正确处理盗接他人通信线路和非法复制移动电话码号案件。由于以牟利为目的，盗接他人通信线路、复制他人电信码号出售或者明知是盗接、复

① 《最高人民法院关于适用财产刑若干问题的规定》（法释〔2000〕45号）（自2000年12月19日起施行）第四条规定：犯罪情节较轻，适用单处罚金不致再危害社会并具有下列情形之一的，可以依法单处罚金：（1）偶犯或者初犯；（2）自首或者有立功表现；（3）犯罪时不满十八周岁；（4）犯罪预备、中止或者未遂；（5）被胁迫参加犯罪的；（6）全部退赃并有悔罪表现的；（7）其他可以依法单处罚金的情形。

制的电信设备、设施而使用的这种犯罪行为有其特殊性，所以，在依照《刑法》第 264 条规定具体量刑时，应当以行为人的犯罪行为使被害人遭受的直接实际损失数额大小来对应不同档次的量刑幅度。比如，行为人盗接他人通信线路的行为，使被害人的电话费用实际损失数额达到了较大，就应当在“三年以下有期徒刑、拘役或者管制，并处或者单处罚金”这一量刑幅度内，正确裁量刑罚；其他依此类推。

5. 正确处理盗窃油气案件。根据《最高人民法院、最高人民检察院关于办理盗窃油气、破坏油气设备等刑事案件具体应用法律若干问题的解释》，盗窃油气或者正在使用中的油气设备，构成犯罪，但未危害公共安全的，依照《刑法》第 264 条的规定，以盗窃罪定罪处罚；盗窃油气，数额巨大但尚未运离现场的，以盗窃未遂定罪处罚；为他人盗窃油气而偷开油气井、油气管道等油气设备阀门排放油气或者提供其他帮助的，以盗窃罪的共犯定罪处罚。盗窃油气同时构成盗窃罪和破坏易燃易爆设备罪的，依照刑法处罚较重的规定定罪处罚。

6. 根据《最高人民法院、最高人民检察院关于办理与盗窃、抢劫、诈骗、抢夺机动车相关刑事案件具体应用法律若干问题的解释》第 4 条的规定，实施本解释第 1 条、第 2 条、第 3 条第 1 款或者第 3 款规定的行为，事前与盗窃机动车辆的犯罪分子通谋的，以盗窃罪的共犯论处。

7. 正确处理盗窃数额与量刑其他情节的关系。数额是盗窃罪定罪量刑的主要依据，但并非唯一依据。除了《刑法》第 264 条规定的多次盗窃、入户盗窃、携带凶器盗窃、扒窃等情形外，司法实践中还存在不以数额为唯一依据的情况。例如，对于亲属间盗窃的案件，因犯罪对象具有特殊性，在定罪量刑时应综合考虑盗窃的次数、与被盗亲属关系远近、给被盗亲属造成的损失及案发后的反应等情况，决定是否以及如何处罚。

8、规范化量刑。最高人民法院《关于常见犯罪的量刑指导意见》对盗窃罪的量刑作了如下规定：（1）构成盗窃罪的，可以根据下列不同情形在相应的幅度内确定量刑起点：①达到数额较大起点的，2 年内 3 次盗窃的，入户盗窃的，携带凶器盗窃的，或者扒窃的，可以在 1 年以下有期徒刑、拘役幅度内确定量刑起点。②达到数额巨大起点或者有其他严重情节的，可以在 3 年到 4 年有期徒刑幅度内确定量刑起点。③达到数额特别巨大起点或者有其他特别严重情节的，可以在 10 年至 12 年有期徒刑幅度内确定量刑起点。依法应当判处无期徒刑的除外。（2）在量刑起点的基础上，可以根据盗窃数额、次数、手段等其他影响犯罪构成的犯罪事实增加刑罚量，确定基准刑。多次盗窃，数额达到较大以上的，以盗窃数额确定量刑起点，盗窃次数可作为调节基准刑的量刑情节；数额未达到较大的，以盗窃次数确定量刑起点，超过三次的次数作为增加刑罚量的事实。

（五）法规链接

1. 最高人民法院、最高人民检察院关于办理盗窃刑事案件适用法律若干问题的解释（法释〔2013〕8号　自2013年4月4日起施行）

为依法惩治盗窃犯罪活动，保护公私财产，根据《中华人民共和国刑法》、《中华人民共和国刑事诉讼法》的有关规定，现就办理盗窃刑事案件适用法律的若干问题解释如下：

第一条　盗窃公私财物价值一千元至三千元以上、三万元至十万元以上、三十万元至五十万元以上的，应当分别认定为刑法第二百六十四条规定的"数额较大"、"数额巨大"、"数额特别巨大"。

各省、自治区、直辖市高级人民法院、人民检察院可以根据本地区经济发展状况，并考虑社会治安状况，在前款规定的数额幅度内，确定本地区执行的具体数额标准，报最高人民法院、最高人民检察院批准。

在跨地区运行的公共交通工具上盗窃，盗窃地点无法查证的，盗窃数额是否达到"数额较大"、"数额巨大"、"数额特别巨大"，应当根据受理案件所在地省、自治区、直辖市高级人民法院、人民检察院确定的有关数额标准认定。

盗窃毒品等违禁品，应当按照盗窃罪处理的，根据情节轻重量刑。

第二条　盗窃公私财物，具有下列情形之一的，"数额较大"的标准可以按照前条规定标准的百分之五十确定：

（一）曾因盗窃受过刑事处罚的；

（二）一年内曾因盗窃受过行政处罚的；

（三）组织、控制未成年人盗窃的；

（四）自然灾害、事故灾害、社会安全事件等突发事件期间，在事件发生地盗窃的；

（五）盗窃残疾人、孤寡老人、丧失劳动能力人的财物的；

（六）在医院盗窃病人或者其亲友财物的；

（七）盗窃救灾、抢险、防汛、优抚、扶贫、移民、救济款物的；

（八）因盗窃造成严重后果的。

第三条　二年内盗窃三次以上的，应当认定为“多次盗窃”。

非法进入供他人家庭生活，与外界相对隔离的住所盗窃的，应当认定为“入户盗窃”。

携带枪支、爆炸物、管制刀具等国家禁止个人携带的器械盗窃，或者为了实施违法犯罪携带其他足以危害他人人身安全的器械盗窃的，应当认定为“携带凶器盗窃”。

在公共场所或者公共交通工具上盗窃他人随身携带的财物的，应当认定为“扒窃”。

第四条　盗窃的数额，按照下列方法认定：

（一）被盗财物有有效价格证明的，根据有效价格证明认定；无有效价格证明，或者根据价格证明认定盗窃数额明显不合理的，应当按照有关规定委托估价机构估价；

（二）盗窃外币的，按照盗窃时中国外汇交易中心或者中国人民银行授权机构公布的人民币对该货币的中间价折合成人民币计算；中国外汇交易中心或者中国人民银行授权机构未公布汇率中间价的外币，按照盗窃时境内银行人民币对该货币的中间价折算成人民币，或者该货币在境内银行、国际外汇市场对美元汇率，与人民币对美元汇率中间价进行套算；

（三）盗窃电力、燃气、自来水等财物，盗窃数量能够查实的，按照查实的数量计算盗窃数额；盗窃数量无法查实的，以盗窃前六个月月均正常用量减去盗窃后计量仪表显示的月均用量推算盗窃数额；盗窃前正常使用不足六个月的，按照正常使用期间的月均用量减去盗窃后计量仪表显示的月均用量推算盗窃数额；

（四）明知是盗接他人通信线路、复制他人电信码号的电信设备、设施而使用的，按照合法用户为其支付的费用认定盗窃数额；无法直接确认的，以合法用户的电信设备、设施被盗接、复制后的月缴费额减去被盗接、复制前六个月的月均电话费推算盗窃数额；合法用户使用电信设备、设施不足六个月的，按照实际使用的月均电话费推算盗窃数额；

（五）盗接他人通信线路、复制他人电信码号出售的，按照销赃数额认定盗窃数额。

盗窃行为给失主造成的损失大于盗窃数额的，损失数额可以作为量刑情节考虑。

第五条　盗窃有价支付凭证、有价证券、有价票证的，按照下列方法认定盗窃数额：

（一）盗窃不记名、不挂失的有价支付凭证、有价证券、有价票证的，应当按票面数额和盗窃时应得的孳息、奖金或者奖品等可得收益一并计算盗窃数额；

（二）盗窃记名的有价支付凭证、有价证券、有价票证，已经兑现的，按照兑现部分的财物价值计算盗窃数额；没有兑现，但失主无法通过挂失、补领、补办手续等方式避免损失的，按照给失主造成的实际损失计算盗窃数额。

第六条　盗窃公私财物，具有本解释第二条第三项至第八项规定情形之一，或者入户盗窃、携带凶器盗窃，数额达到本解释第一条规定的“数额巨大”、“数额特别巨大”百分之五十的，可以分别认定为刑法第二百六十四条规定的“其他严重情节”或者“其他特别严重情节”。

第七条　盗窃公私财物数额较大，行为人认罪、悔罪，退赃、退赔，且具有下列情形之一，情节轻微的，可以不起诉或者免予刑事处罚；必要时，由有关部门予以行政处罚：

（一）具有法定从宽处罚情节的；

（二）没有参与分赃或者获赃较少且不是主犯的；

（三）被害人谅解的；

（四）其他情节轻微、危害不大的。

第八条　偷拿家庭成员或者近亲属的财物，获得谅解的，一般可不认为是犯罪；追究刑事责任的，应当酌情从宽。

第九条　盗窃国有馆藏一般文物、三级文物、二级以上文物的，应当分别认定为刑法第二百六十四条规定的“数额较大”、“数额巨大”、“数额特别巨大”。

盗窃多件不同等级国有馆藏文物的，三件同级文物可以视为一件高一级文物。

盗窃民间收藏的文物的，根据本解释第四条第一款第一项的规定认定盗窃数额。

第十条 偷开他人机动车的，按照下列规定处理：

（一）偷开机动车，导致车辆丢失的，以盗窃罪定罪处罚；

（二）为盗窃其他财物，偷开机动车作为犯罪工具使用后非法占有车辆，或者将车辆遗弃导致丢失的，被盗车辆的价值计入盗窃数额；

（三）为实施其他犯罪，偷开机动车作为犯罪工具使用后非法占有车辆，或者将车辆遗弃导致丢失的，以盗窃罪和其他犯罪数罪并罚；将车辆送回未造成丢失的，按照其所实施的其他犯罪从重处罚。

第十一条 盗窃公私财物并造成财物损毁的，按照下列规定处理：

（一）采用破坏性手段盗窃公私财物，造成其他财物损毁的，以盗窃罪从重处罚；同时构成盗窃罪和其他犯罪的，择一重罪从重处罚；

（二）实施盗窃犯罪后，为掩盖罪行或者报复等，故意毁坏其他财物构成犯罪的，以盗窃罪和构成的其他犯罪数罪并罚；

（三）盗窃行为未构成犯罪，但损毁财物构成其他犯罪的，以其他犯罪定罪处罚。

第十二条 盗窃未遂，具有下列情形之一的，应当依法追究刑事责任：

（一）以数额巨大的财物为盗窃目标的；

（二）以珍贵文物为盗窃目标的；

（三）其他情节严重的情形。

盗窃既有既遂，又有未遂，分别达到不同量刑幅度的，依照处罚较重的规定处罚；达到同一量刑幅度的，以盗窃罪既遂处罚。

第十三条 单位组织、指使盗窃，符合刑法第二百六十四条及本解释有关规定的，以盗窃罪追究组织者、指使者、直接实施者的刑事责任。

第十四条 因犯盗窃罪，依法判处罚金刑的，应当在一千元以上盗窃数额的二倍以下判处罚金；没有盗窃数额或者盗窃数额无法计算的，应当在一千元以上十万元以下判处罚金。

第十五条 本解释发布实施后，《最高人民法院关于审理盗窃案件具体应用法律若干问题的解释》（法释〔1998〕4号）同时废止；之前发布的司法解释和规范性文件与本解释不一致的，以本解释为准。

2. 最高人民法院研究室关于在审理盗窃案件中有关适用法律问题的答复（法研〔2010〕48号 自2010年3月15日起施行）

青海省高级人民法院：

你院青刑再字〔2009〕7号《关于在审理盗窃案件中有关适用法律问题的请示报告》收悉。经研究，同意你院审判委员会的第二种意见，即可按审判监督程序审理，加重原审被告人刑罚。理由如下：

1. 判决生效后追回的被盗物品与原判认定的被盗物品属于同一次盗窃行为所得，原审判决却仅涉及部分被盗物品，故可以认定事实不清、适用法律不当为由启动审判监督程序。

2. 本案属于检察院提出抗诉的案件，加重刑罚不受上诉不加刑的限制。

3. 最高人民法院、最高人民检察院关于办理与盗窃、抢劫、诈骗、抢夺机动车相关刑事案件具体应用法律若干问题的解释（法释〔2007〕11号 自2007年5月11日起施行）（节录）

为依法惩治与盗窃、抢劫、诈骗、抢夺机动车相关的犯罪活动，根据刑法、刑事诉讼法等有关法律的规定，现对办理这类案件具体应用法律的若干问题解释如下：

第四条 实施本解释第一条、第二条、第三条第一款或者第三款规定的行为，事前与盗窃、抢劫、诈骗、抢夺机动车的犯罪分子通谋的，以盗窃罪、抢劫罪、诈骗罪、抢夺罪的共犯论处。

4. 最高人民法院关于审理抢劫刑事案件适用法律若干问题的指导意见（法发〔2016〕2号 自2016年1月6日起施行）（节录）

根据刑法第二百六十九条的规定，“犯盗窃、诈骗、抢夺罪，为窝藏赃物、抗拒抓捕或者毁灭罪证而当场使用暴力或者以暴力相威胁的”，依照抢劫罪定罪处罚。“犯盗窃、诈骗、抢夺罪”，主要是指行为人已经着手实施盗窃、诈骗、抢夺行为，一般不考察盗窃、诈骗、抢夺行为是否既遂。但是所涉财物数额明显低于“数额较大”的标准，又不具有《最高人民法院关于审理抢劫、抢夺刑事案件适用法律若干问题的意见》第五条所列五种情节之一的，不构成抢劫罪。“当场”是指在盗窃、诈骗、抢夺的现场以及行为人刚离开现场即被他人发现并抓捕的情形。

对于以摆脱的方式逃脱抓捕，暴力强度较小，未造成轻伤以上后果的，可不认定为“使用暴力”，不以抢劫罪论处。

入户或者在公共交通工具上盗窃、诈骗、抢夺后，为了窝藏赃物、抗拒抓捕或者毁灭罪证，在户内或者公共交通工具上当场使用暴力或者以暴力相威胁的，构成“入户抢劫”或者“在公共交通工具上抢劫”。

两人以上共同实施盗窃、诈骗、抢夺犯罪，其中部分行为人为窝藏赃物、抗拒抓捕或者毁灭罪证而当场使用暴力或者以暴力相威胁的，对于其余行为人是否以抢劫罪共犯论处，主要看其对实施暴力或者以暴力相威胁的行为人是否形成共同犯意、提供帮助。基于一定意思联络，对实施暴力或者以暴力相威胁的行为人提供帮助或实际成为帮凶的，可以抢劫共犯论处。

5.《最高人民法院关于审理抢劫、抢夺刑事案件适用法律若干问题的意见》（法发〔2005〕8号　自2005年7月16日起施行）（节录）

五、关于转化抢劫的认定

行为人实施盗窃、诈骗、抢夺行为，未达到“数额较大”，为窝藏赃物、抗拒抓捕或者毁灭罪证当场使用暴力或者以暴力相威胁，情节较轻、危害不大的，一般不以犯罪论处；但具有下列情节之一的，可依照刑法第二百六十九条的规定，以抢劫罪定罪处罚：

（1）盗窃、诈骗、抢夺接近“数额较大”标准的；

（2）入户或在公共交通工具上盗窃、诈骗、抢夺后在户外或交通工具外实施上述行为的；

（3）使用暴力致人轻微伤以上后果的；

（4）使用凶器或以凶器相威胁的；

（5）具有其他严重情节的。

6.最高人民法院、最高人民检察院关于办理盗窃油气、破坏油气设备等刑事案件具体应用法律若干问题的解释（法释〔2007〕3号　自2007年1月19日起施行）（节录）

第三条　盗窃油气或者正在使用的油气设备，构成犯罪，但未危害公共安全的，依照刑法第二百六十四条的规定，以盗窃罪定罪处罚。

盗窃油气，数额巨大但尚未运离现场的，以盗窃未遂定罪处罚。

为他人盗窃油气而偷开油气井、油气管道等油气设备阀门排放油气或者提供其他帮助的，以盗窃罪的共犯定罪处罚。

第四条　盗窃油气同时构成盗窃罪和破坏易燃易爆设备罪的，依照刑法处罚较重的规定定罪处罚。

第五条　明知是盗窃犯罪所得的油气或者油气设备，而予以窝藏、转移、收购、加工、代为销售或者以其他方法掩饰、隐瞒的，依照刑法第三百一十二条的规定定罪处罚。

实施前款规定的犯罪行为，事前通谋的，以盗窃犯罪的共犯定罪处罚。

第八条　本解释所称的“油气”，是指石油、天然气。其中，石油包括原油、成品油；天然气包括煤层气。

本解释所称“油气设备”，是指用于石油、天然气生产、储存、运输等易燃易爆设备。

7. 最高人民检察院关于单位有关人员组织实施盗窃行为如何适用法律问题的批复（高检发释字〔2002〕5号　自2002年8月13日起施行）

各省、自治区、直辖市人民检察院，军事检察院，新疆生产建设兵团人民检察院：

近来，一些省人民检察院就单位有关人员为谋取单位利益组织实施盗窃行为如何适用法律问题向我院请示。根据刑法有关规定，现批复如下：

单位有关人员为谋取单位利益组织实施盗窃行为，情节严重的，应当依照刑法第二百六十四条的规定以盗窃罪追究直接责任人员的刑事责任。

8. 最高人民法院关于对故意伤害、盗窃等严重破坏社会秩序的犯罪分子能否附加剥夺政治权利问题的批复（法释〔1997〕11号　自1998年1月13日起施行）

福建省高级人民法院：

你院《关于对故意伤害、盗窃（重大）等犯罪分子被判处有期徒刑的，能否附加剥夺政治权利的请示》收悉。经研究，答复如下：

根据刑法第五十六条规定，对于故意杀人、强奸放火、爆炸、投毒、抢劫等严重破坏社会秩序的犯罪分子，可以附加剥夺政治权利。对故意伤害、盗窃等其他严重破坏社会秩序的犯罪，犯罪分子主观恶性较深、犯罪情节恶劣、罪行严重的，也可以依法附加剥夺政治权利。

9. 最高人民法院关于审理未成年人刑事案件具体应用法律若干问题的解释（法释〔2006〕1号　自2006年1月23日起施行）（节录）

第九条　已满十六周岁不满十八周岁的人实施盗窃行为未超过三次，盗窃数额虽已达到“数额较大”标准，但案发后能如实供述全部盗窃事实并积极退赃，且具有下列情形之一的，可以认定为“情节显著轻微危害不大”，不认为是犯罪：

（一）系又聋又哑的人或者盲人；

（二）在共同盗窃中起次要或者辅助作用，或者被胁迫；

（三）具有其他轻微情节的。

已满十六周岁不满十八周岁的人盗窃未遂或者中止的，可不认为是犯罪。

已满十六周岁不满十八周岁的人盗窃自己家庭或者近亲属财物，或者盗窃其他亲属财物但其他亲属要求不予追究的，可不按犯罪处理。

第十条 已满十四周岁不满十六周岁的人盗窃、诈骗、抢夺他人财物，为窝藏赃物、抗拒抓捕或者毁灭罪证，当场使用暴力，故意伤害致人重伤或者死亡，或者故意杀人的，应当分别以故意伤害罪或者故意杀人罪定罪处罚。

已满十六周岁不满十八周岁的人犯盗窃、诈骗、抢夺罪，为窝藏赃物、抗拒抓捕或者毁灭罪证而当场使用暴力或者以暴力相威胁的，应当依照刑法第二百六十九条的规定定罪处罚；情节轻微的，可不以抢劫罪定罪处罚。

10. 最高人民法院《关于审理破坏电力设备刑事案件具体应用法律若干问题的解释》（法释〔2007〕15号　2007年8月21日起施行）（节录）

第三条 盗窃电力设备，危害公共安全，但不构成盗窃罪的，以破坏电力设备罪定罪处罚；同时构成盗窃罪和破坏电力设备罪的，依照刑法处罚较重的规定定罪处罚。

盗窃电力设备，没有危及公共安全，但应当追究刑事责任的，可以根据案件的不同情况，按照盗窃罪等犯罪处理。

11. 最高人民法院关于审理破坏森林资源刑事案件具体应用法律若干问题的解释（法释〔2000〕36号　自2000年12月11日起施行）（节录）

第九条 将国家、集体、他人所有并已经伐倒的树木窃为己有，以及偷砍他人房前屋后、自留地种植的零星树木，数额较大的，依照刑法第二百六十四条的规定，以盗窃罪定罪处罚。

第十五条 非法实施采种、采脂、挖笋、掘根、剥树皮等行为，牟取经济利益数额较大的，依照刑法第二百六十四条的规定，以盗窃罪定罪处罚。同时构成其他犯罪的，依照处罚较重的规定定罪处罚。

12. 《全国法院维护农村稳定刑事审判工作座谈会纪要》（法〔1999〕217号　自1999年12月27日起施行）（节录）

要重点打击的是：盗窃农业生产资料和承包经营的山林、果林、鱼塘产品等严重影响和破坏农村经济发展的犯罪；盗窃农民生活资料，严重影响农民生活和社会稳定的犯罪；结伙盗窃、盗窃集团和盗、运、销一条龙的犯罪；盗窃铁路、油田、重点工程物资的犯罪等。

对盗窃集团的首要分子、盗窃惯犯、累犯、盗窃活动造成特别严重后果的，要依法从严惩处。对于盗窃牛、马、骡、拖拉机等生产经营工具或者生产资料的，应当依法从重处罚。对盗窃犯罪的初犯、未成年犯，或者确因生活困难而实施盗窃犯罪，或积极退赃、赔偿损失的，应当注意体现政策，酌情从轻处罚。其中，具备判处管制、单处罚金或者宣告缓刑条件的，应区分不同情况尽可能适用管制、罚金或者缓刑。

13. 《全国部分法院审理毒品犯罪案件工作座谈会纪要》（法〔2008〕324号　自2008年12月1日施行）（节录）

盗窃、抢夺、抢劫毒品的，应当分别以盗窃罪、抢夺罪或者抢劫罪定罪，但不计犯罪数额，根据情节轻重予以定罪量刑。盗窃、抢夺、抢劫毒品后又实施其他毒品犯罪的，对盗窃罪、抢夺罪、抢劫罪和所犯的具体毒品犯罪分别定罪，依法数罪并罚。走私毒品，又走私其他物品构成犯罪的，以走私毒品罪和其所犯的其他走私罪分别定罪，依法数罪并罚。

14. 《最高人民法院关于贯彻宽严相济刑事政策的若干意见》（法发〔2010〕9号　自2010年2月8日起施行）（节录）

贯彻宽严相济刑事政策，必须毫不动摇地坚持依法严惩严重刑事犯罪的方针。对于危害国家安全犯罪、恐怖组织犯罪、邪教组织犯罪、黑社会性质组织犯罪、恶势力犯罪、故意危害公共安全犯罪等严重危害国家政权稳固和社会治安的犯罪，故意杀人、故意伤害致人死亡、强奸、绑架、拐卖妇女儿童、抢劫、重大抢夺、重大盗窃等严重暴力犯罪和严重影响人民群众安全感的犯罪，走私、贩卖、运输、制造毒品等毒害人民健康的犯罪，要作为严惩的重点，依法从重处罚。尤其对于极端仇视国家和社会，以不特定人为侵害对象，所犯罪行特别严重的犯罪分子，该重判的要坚决依法重判，该判处死刑的要坚决依法判处死刑。

15. 《最高人民法院关于审理掩饰、隐瞒犯罪所得、犯罪所得收益刑事案件适用法律若干问题的解释》（法释〔2015〕11号　自2015年6月1日起施行）（节录）

第五条　事前与盗窃、抢劫、诈骗、抢夺等犯罪分子通谋，掩饰、隐瞒犯罪所得及其产生的收益的，以盗窃、抢劫、诈骗、抢夺等犯罪的共犯论处。

第六条 对犯罪所得及其产生的收益实施盗窃、抢劫、诈骗、抢夺等行为，构成犯罪的，分别以盗窃罪、抢劫罪、诈骗罪、抢夺罪等定罪处罚。

16.《最高人民法院研究室关于盗用他人长话帐号如何定性问题的复函》（自1991年9月14日起施行）

公安部法制司：

你司8月16日函询我们对盗用他人长话帐号行为的定性意见。经研究，我们认为，这类案件一般来说符合盗窃罪的特征。但是，由于这类案件情况比较复杂，是否都追究刑事责任，还要具体案件具体分析。

以上意见，供参考。

附：《公安部法制司关于盗用他人长话帐号案件如何定性的函》

最高人民法院研究室：

最近安徽省公安厅就一起盗用他人长话帐号案件如何定性问题请示我部。基本案情如下：被告人葛春生，男，26岁，劳改释放人员，现无业。葛春生从一朋友处知道被害人年经宝的长话帐号。1991年1月至6月间，葛春生用此帐号多次给香港的妻子打长途电话，用去被害人电话费6 000余元。

安徽省公安厅对此案有两种看法：一是认为构成盗窃罪；二是认为构成诈骗罪。经研究我们倾向于第一种意见。因为第一，所谓诈骗的行为是指被告人采用欺骗的手法使帐号所有人产生错觉，而主动提供其使用，是受骗上当的结果。这是盗窃罪与诈骗罪的主要区别。而此案中的被告人并未向邮电局提供假帐号，或者采用欺诈方法占有他人财物，而是采用盗用他人帐号的方法实施犯罪，实际被侵害的对象是帐号被盗用的人，因此不构成诈骗罪；第二，被告人的行为基本符合盗窃罪的特征，有占有他人财产的故意，客观上使被害人遭受了损失，并有秘密窃取的行为，此案与其他盗窃案不同的是行为方式上有一些不同，所以可以考虑按盗窃罪来处理。此案系实际执法中遇到的新情况，定性问题我们也拿不准，故送你院征求意见，望尽快答复。

17. 中华人民共和国军事设施保护法（1990年2月23日第七届全国人民代表大会常务委员会第十二次会议通过　根据2009年8月27日第十一届全国人民代表大会常务委员会第十次会议《关于修改部分法律的决定》第一次修正　根据2014年6月27日第十二届全国人民代表大会常务委员会第九次会议《关于修改〈中华人民共和国军事设施保护法〉的决定》第二次修正）

（节录）

第四十六条　有下列行为之一，构成犯罪的，依法追究刑事责任：

（一）破坏军事设施的；

（二）盗窃、抢夺、抢劫军事设施的装备、物资、器材的；

（三）泄露军事设施秘密的，或者为境外的机构、组织、人员窃取、刺探、收买、非法提供军事设施秘密的；

（四）破坏军用无线电固定设施电磁环境，干扰军用无线电通讯，情节严重的；

（五）其他扰乱军事禁区、军事管理区管理秩序和危害军事设施安全的行为，情节严重的。

18. **最高人民法院、最高人民检察院关于办理妨害文物管理等刑事案件适用法律若干问题的解释**（法释〔2015〕23号　自2016年1月1日起施行）（节录）

第二条　盗窃一般文物、三级文物、二级以上文物的，应当分别认定为刑法第二百六十四条规定的“数额较大”“数额巨大”“数额特别巨大”。

盗窃文物，无法确定文物等级，或者按照文物等级定罪量刑明显过轻或者过重的，按照盗窃的文物价值定罪量刑。

第八条　刑法第三百二十八条第一款规定的“古文化遗址、古墓葬”包括水下古文化遗址、古墓葬。“古文化遗址、古墓葬”不以公布为不可移动文物的古文化遗址、古墓葬为限。

实施盗掘行为，已损害古文化遗址、古墓葬的历史、艺术、科学价值的，应当认定为盗掘古文化遗址、古墓葬罪既遂。

采用破坏性手段盗窃古文化遗址、古墓葬以外的古建筑、石窟寺、石刻、壁画、近代现代重要史迹和代表性建筑等其他不可移动文物的，依照刑法第二百六十四条的规定，以盗窃罪追究刑事责任。

第九条　明知是盗窃文物、盗掘古文化遗址、古墓葬等犯罪所获取的三级以上文物，而予以窝藏、转移、收购、加工、代为销售或者以其他方法掩饰、隐瞒的，依照刑法第三百一十二条的规定，以掩饰、隐瞒犯罪所得罪追究刑事责任。

实施前款规定的行为，事先通谋的，以共同犯罪论处。

第十一条　单位实施走私文物、倒卖文物等行为，构成犯罪的，依照本解释规定的相应自然人犯罪的定罪量刑标准，对直接负责的主管人员和其他直接责任人员定罪处罚，并对单位判处罚金。

公司、企业、事业单位、机关、团体等单位实施盗窃文物，故意损毁文物、名胜古迹，过失损毁文物，盗掘古文化遗址、古墓葬等行为的，依照本解释规定的相应定罪量刑标准，追究组织者、策划者、实施者的刑事责任。

第十二条 针对不可移动文物整体实施走私、盗窃、倒卖等行为的，根据所属不可移动文物的等级，依照本解释第一条、第二条、第六条的规定定罪量刑：

（一）尚未被确定为文物保护单位的不可移动文物，适用一般文物的定罪量刑标准；

（二）市、县级文物保护单位，适用三级文物的定罪量刑标准；

（三）全国重点文物保护单位、省级文物保护单位，适用二级以上文物的定罪量刑标准。

针对不可移动文物中的建筑构件、壁画、雕塑、石刻等实施走私、盗窃、倒卖等行为的，根据建筑构件、壁画、雕塑、石刻等文物本身的等级或者价值，依照本解释第一条、第二条、第六条的规定定罪量刑。建筑构件、壁画、雕塑、石刻等所属不可移动文物的等级，应当作为量刑情节予以考虑。

第十三条 案件涉及不同等级的文物的，按照高级别文物的量刑幅度量刑；有多件同级文物的，五件同级文物视为一件高一级文物，但是价值明显不相当的除外。

第十四条 依照文物价值定罪量刑的，根据涉案文物的有效价格证明认定文物价值；无有效价格证明，或者根据价格证明认定明显不合理的，根据销赃数额认定，或者结合本解释第十五条规定的鉴定意见、报告认定。

第十五条 在行为人实施有关行为前，文物行政部门已对涉案文物及其等级作出认定的，可以直接对有关案件事实作出认定。

对案件涉及的有关文物鉴定、价值认定等专门性问题难以确定的，由司法鉴定机构出具鉴定意见，或者由国务院文物行政部门指定的机构出具报告。其中，对于文物价值，也可以由有关价格认证机构作出价格认证并出具报告。

第十六条 实施本解释第一条、第二条、第六条至第九条规定的行为，虽已达到应当追究刑事责任的标准，但行为人系初犯，积极退回或者协助追回文物，未造成文物损毁，并确有悔罪表现的，可以认定为犯罪情节轻微，不起诉或者免予刑事处罚。

实施本解释第三条至第五条规定的行为，虽已达到应当追究刑事责任的标准，但行为人系初犯，积极赔偿损失，并确有悔罪表现的，可以认定为犯罪情节轻微，不起诉或者免予刑事处罚。

第十七条　走私、盗窃、损毁、倒卖、盗掘或者非法转让具有科学价值的古脊椎动物化石、古人类化石的，依照刑法和本解释的有关规定定罪量刑。

第十八条　本解释自 2016 年 1 月 1 日起施行。本解释公布施行后，《最高人民法院、最高人民检察院关于办理盗窃、盗掘、非法经营和走私文物的案件具体应用法律的若干问题的解释》（法（研）发〔1987〕32 号）同时废止；之前发布的司法解释与本解释不一致的，以本解释为准。

三、诈骗罪

（一）法律规定

第二百六十六条　诈骗公私财物，数额较大的，处三年以下有期徒刑、拘役或者管制，并处或者单处罚金；数额巨大或者有其他严重情节的，处三年以上十年以下有期徒刑，并处罚金；数额特别巨大或者有其他特别严重情节的，处十年以上有期徒刑或者无期徒刑，并处罚金或者没收财产。本法另有规定的，依照规定。

第三百条第三款　组织和利用会道门、邪教组织或者利用迷信奸淫妇女、诈骗财物的，分别依照本法第二百三十六条、第二百六十六条的规定定罪处罚。

（二）罪名详解

诈骗罪，是指以非法占有为目的，采用虚构事实或者隐瞒真相的方法，骗取数额较大的公私财物的行为。

本罪 1979 年《刑法》第 151 条、第 152 条作了规定，1997 年刑法对本罪设专条作了规定，并取消了惯骗罪这一罪名。同时，刑法将许多原来以诈骗罪定罪处罚的犯罪行为从诈骗罪中分离出去，如《刑法》第三章第五节的金融诈骗罪，该节中的全部罪名，包括集资诈骗罪、贷款诈骗罪、票据诈骗罪、金融凭证诈骗因、信用证诈骗罪、信用卡诈骗罪、有价证券诈骗罪、保险，又如《刑法》第224条的合同诈骗罪等，都是从原来的诈骗罪中分离出去的。

诈骗罪的构成要件是：

1. 主体要件

犯罪主体为一般主体。凡年满16周岁且具有刑事责任能力的自然人，都可以成为本罪的主体。但单位不能成为诈骗罪的主体。

2. 主观要件

主观方面只能由直接故意构成，并且具有非法占有公私财物的目的。过失不构成本罪。

3. 客体要件

本罪侵犯的客体是公私财物的所有权。犯罪对象仅限于公私财物，而不是骗取其他的非法利益。

有些犯罪从表现形式上看，虽然也是使用某些欺骗手段，甚至也追求某些非法经济利益，但因其侵犯的客体不是或者不限于公私财物所有权，所以，其犯罪不属于侵犯财产罪中的诈骗罪。例如，使用伪造、变造的信用证或者附随的单据、文件，或者使用作废的信用证，或者骗取信用证，或者以其他方法进行信用证诈骗活动的，属于金融诈骗方面的犯罪；为了蒙混过关，伪造国家机关公文、证件，组织、运送他人偷越国（边）境，从中取利的，则属于妨害社会管理秩序方面的犯罪。

4. 客观要件

本罪的客观要件包括两个方面，一是行为人使用骗术，即虚构事实或者隐瞒真相的方法，使财物所有人、管理人信以为真，“自愿地”交出财物的行为。二是必须达到“数额较大”的程度，才构成犯罪。

（1）“虚构事实”，是指捏造不存在的事实，骗取被害人的信任，从而“自愿地”交出财物。这种虚构的事实，既可以是全部的虚构，也可以是部分的虚构。“隐瞒真相”，是指故意对被害人掩盖客观存在的某一事实，以哄骗被害人，使其“自愿地”交出财物。而这种“自愿”实际上是受行为人的欺骗而上当所致，并非出自被害人的真正意愿。采用欺骗的方法骗取他人的财物，是诈骗罪区别于抢劫罪、抢夺罪、盗窃罪、敲诈勒索罪的本质特征。诈骗公私财物数额较大，是构成本罪的必备要件。

（2）根据刑法规定，诈骗公私财物的行为，除需符合以上构成要件外，还必须达到“数额较大”的程度，才构成犯罪。按照《诈骗解释》，诈骗公私财物价值3000元至1万元以上，应当认定为“数额较大”。

（三）实务疑难问题

1. 罪与非罪的认定

司法实践中，要注意不以犯罪处理的以下情形：

（1）诈骗数额不到数额较大标准的。对于诈骗公私财物数额较小，危害不大的行为，不能以诈骗罪论处。刑法对本罪的构成条件以数额较大为唯一标准，因此，不论诈骗情节严重程度以及造成的危害后果有多种，只要数额没有达到较大的标准，都不能以诈骗罪论处。另外，刑法已经取消了惯骗罪，因此，不能再对虽有多次诈骗行为，但诈骗数额尚未达到较大的行为人，以诈骗罪定罪处罚。

（2）不具有非法占有目的的行为。对于以代人购物为名，取走货款，未买到物品，又擅自挪用该货款，且拖欠不还的行为，应当查明其真实目的，正确判断其是否具有非法占有的意图。如能判明其确是想代人购物，因故未能买到，暂时挪用后仍打算归还的，则不能以诈骗罪论处。

（3）正确区分民事经济纠纷与诈骗犯罪。民事经济纠纷与诈骗罪最大的区别在于：①是否虚构事实；②是否有非法占有的目的。既不能将普通的民事经济纠纷认定为诈骗犯罪，亦不能将构成诈骗罪的行为作民事经济纠纷处理。

（4）诈骗数额虽达到数额较大标准，但具有特定情节的。根据《诈骗解释》第3条规定，诈骗公私财物虽已达到本解释第1条规定的“数额较大”的标准，但具有下列情形之一，且行为人认罪、悔罪的，可以根据《刑法》第37条、《刑事诉讼法》第142条的规定不起诉或者免予刑事处罚：①具有法定从宽处罚情节的；②一审宣判前全部退赃、退赔的；③没有参与分赃或者获赃较少且不是主犯的；④被害人谅解的；⑤其他情节轻微、危害不大的。根据《诈骗解释》第4条的规定，诈骗近亲属的财物，近亲属谅解的，一般可不按犯罪处理。诈骗近亲属的财物，确有追究刑事责任必要的，具体处理也应酌情从宽。

2. 既遂与未遂的区分

诈骗犯罪是数额犯，也是结果犯，因此，在一般情况下，未实际骗得财物的，不以犯罪处理，也不存在诈骗未遂的问题。但是以数额巨大、特别巨大财物为诈骗目标，由于意志以外原因未实际骗得财物的。在这种情况下，应当根据刑法关于诈骗数额巨大的量刑规定和犯罪未遂的处理原则，以诈骗罪（未遂）从轻、减轻或者免予处罚。正因为如此，《诈骗解释》第5条第1款规定，诈骗未遂，以数额巨大的财物为诈骗目标的，或者具有其他严重情节的，应当定罪处罚。

3. 划清本罪与其他罪的界限

（1）划清本罪与盗窃罪的界限。一般情况下，这两种犯罪是易于区分的。但对于以秘密窃取的手段取得支票、提货单、入库单等有价票证、证券后，又冒领货物、款项的行为，究竟应当认定为本罪还是盗窃罪，在司法实践中，却易发生混淆。一般而言，对于盗窃的支票、提货单、入库单等，如果是已经加盖了公章或者签名，并在有效期内凭该单据就可以直接提取财物的，应当认定为构成盗窃罪。因为这类票证本身已经包含了实际价值，盗窃得手就等于已经窃取了该财物的价值，至于窃取后的冒领行为，只是实现已经窃取到手价值的一种手段，应当视为盗窃行为的延续。对于行为人窃取的这些票证、证券，如果是已经过期、作废或者是欠缺必要的法律手续的，因为无法代表该财物的实际价值，即仅仅持有还不能直接取得该财物，所以即使窃取到手这些票证、证券，也不能认定为构成盗窃罪。如果行为人窃取这类票证后，对之加以变造或者伪造、冒用他人印章、签名等，用以骗取货物、款项的，应当视为伪造有价证券、票证、印章的犯罪，属于诈骗罪的牵连行为，应当以本罪处罚。

（2）划清本罪与生产、销售伪劣产品罪的界限。两者都是故意犯罪，都有掺假掺杂、以假充真的欺骗行为，主要的区别是：①犯罪目的不同。本罪是以非法占有为目的，而生产、销售伪劣产品罪是以获取非法利润为目的。②侵犯客体不同。本罪侵犯的客体是公私财产所有权，而生产、销售伪劣产品罪主要侵犯的是国家对产品质量的监督管理制度以及消费者的合法权益。③欺骗手段的性质不同。本罪往往没有所说的货物，货物与其实际具有的价值相差极大，如用价格极低的玻璃瓶灌自来水冒充白酒出售等，行为人完全是以工商业交易活动的形式无偿非法占有他人财物，而生产、销售伪劣产品罪是为了获取非法利润，决定了其掺杂、掺假、以假充真、以次充好的欺骗手段中，必定有次货、假货或者不合格的货物存在，如以纯化纤织品冒充纯手织品等。

(3) 划清本罪与组织、领导传销活动罪的界限。“拉人头”、收取“入门费”式的传销活动也具有诈骗性质，过去司法实践中也有按诈骗罪处理的，但由于《刑法》第 224 条之一将这种行为定为组织、领导传销活动罪，应适用此特别规定，不再定诈骗罪。

(4) 划清诈骗罪与敲诈勒索罪的区分

诈骗罪与敲诈勒索罪在客观上有一定的相似性，即从形式上看都是被害人主动将财物交付给犯罪人的。但两者交付财物的原因是不同的。诈骗罪是被害人基于认识错误自愿交付财物的，而敲诈勒索罪是被害人基于恐惧心理被迫交付财物。可见是否自愿交付财物是这两类犯罪区分的重要标准。

(5) 划清诈骗罪与招摇撞骗罪的区分

诈骗罪与招摇撞骗罪在犯罪手段上都是骗，但两者侵犯的直接客体不同，具体行为特征亦不同。招摇撞骗罪必须是以冒充国家机关工作人员身份来行骗，而诈骗罪无此限制，可以是采用任何虚构事实或隐瞒真相的方式来实施。

(6) 正确认定利用赌博实施诈骗的犯罪

1995 年 11 月 6 日，最高人民法院在《关于对设置圈套诱骗他人参赌又向索还钱财的受骗者施以暴力威胁的行为应如何定罪问题的批复》(以下简称《诱骗批复》)中指出：“行为人设置圈套诱骗他人参赌获取钱财，属赌博行为，构成犯罪的，应以赌博罪定罪处罚。”司法实践中，根据欺诈行为在犯罪过程中的地位和作用不同，可以将利用赌博骗取钱财的犯罪行为分为圈套型赌博犯罪和赌博型诈骗犯罪。圈套型赌博犯罪，即《批复》中规定的犯罪类型，是指通过采用设置圈套的方式诱骗他人参赌的犯罪，行为人实施犯罪的目的在于通过赌博进行营利，虽然行为人在赌博过程中采用了一些欺诈的行为，但是该欺诈行为是为了诱骗他人参赌，保证赌博的顺利进行而实施的，赌博的输赢主要还是靠行为人掌握的娴熟的赌博技巧，并且结合运气来完成的，行为人并不能够必然的控制赌博输赢，对于此种类型的犯罪行为应当以赌博罪定罪处罚；而赌博型诈骗犯罪又称为“诈赌”犯罪，其与圈套型赌博犯罪相同之处在于行为人在赌博过程中也采用了欺诈的手段，但是二者有着本质的区别，在赌博型诈骗犯罪中，行为人在主观上是以非法占有为目的的，客观上采用了欺诈的手段弄虚作假，支配、控制赌局的输赢，单方面确定赌博胜败的结果，使被害人基于错误认识，误认为自己运气不佳而“自愿”交付财物给行为人，此种行为属于以赌博之名，行诈骗之实的行为，实质上符合诈骗罪的构成要件。

（7）划清本罪与伪造货币罪的界限

根据《最高人民法院关于审理伪造货币等案件具体应用法律若干问题的解释（二）》第5条规定，以使用为目的，伪造停止流通的货币，不构成伪造货币罪，以本罪定罪处罚。

（8）划清本罪与骗购外汇罪的界限

①侵犯的客体不同。骗购外汇罪侵犯的是国家外汇管理制度；诈骗罪侵犯的是公私财产的所有权。

②行为方式不同。骗购外汇罪是以国家货币即人民币在国家指定银行，以伪造、变造或者使用伪造、变造的有关单位、部门签发的核准件等凭证和单据，非法购买外汇，必须付出人民币购入外汇；而诈骗罪则可以采用任何弄虚作假的欺骗手段，没有任何实际的财产、钱款付出，或者仅以小量财产、钱款付出，而骗得单位、自然人较大数额的财物。

③犯罪主体不同。骗购外汇罪的犯罪主体既可以是自然人，也可以是单位；而诈骗罪的犯罪主体只能是自然人。

（9）诈骗罪与金融诈骗罪竞合的处理

基于对象和犯罪手段的特殊性，1997年刑法修改时，将利用信用卡、信用证等进行诈骗的行为分离出来，并置于刑法分则第三章“破坏社会主义市场经济秩序罪”中的第五节“金融诈骗罪”一节内。理论上一般认为金融诈骗罪与普通诈骗罪之间是法条竞合关系，是特别法条与普通法条的竞合，在法律适用上应当根据特别法优于普通法的原则。但是在行为人利用金融手段诈骗没有达到犯罪立案的标准但达到诈骗罪的犯罪数额时，应当如何处理？一种观点认为这种情况下，虽然不能以金融诈骗罪追究刑事责任，但完全可以按普通诈骗罪处理。因为金融诈骗罪本质上属于诈骗罪。如果对这种情形不予追究，就违犯了罪刑法定原则。本书认为，《刑法》第266条规定“本法另有规定的，依照规定”表明诈骗罪与其他诈骗罪竞合的方法只能是特别法优于普通法，而不能是重罪优于轻罪。因此，对于这种情形只能做无罪处理。

4. 诈骗罪的犯罪数额如何确定

一般来说，诈骗罪中的数额应是犯罪所得数额，即行为人通过实施诈骗行为而实际取得的财物数额。多数诈骗罪的案件中，犯罪人实际骗取的数额与被害人的损失数额是一致的。但在有的案件中，两者可能并不一致。如在实践中，有的犯罪人以次品冒充真品将物品卖给被害人时，犯罪人需要交付次品，这样犯罪人骗取的数额与被害人的实际损失数额就不一致了。那么，在这种情况下，以哪种数额作为定罪数额呢？一种观点认为，诈骗罪的犯罪数额是指行为人骗取财物的数额，即不扣除犯罪成本。另一种观点则认为，诈骗罪的定罪数额应当是受害人的实际损失数额，即扣除犯罪成本。本书观点是：诈骗罪的犯罪数额应当以行为人实际骗取的数额作为定罪数额，而不能扣除犯罪成本。《诈骗解释》及《全国法院审理金融犯罪案件工作座谈会纪要》等司法解释均规定诈骗罪的犯罪数额以行为人实际骗取的数额计算。另外，要注意：（1）要将犯罪分子的犯罪成本与其诈骗后归还的款项区分开来。多次进行诈骗，并以后次诈骗财物归还前次诈骗财务的，计算诈骗数额时，应将已归还的数额扣除，按实际未归还的数额认定。（2）诈骗公私财物后所产生的孳息、收益等违法所得不应计入诈骗所得额之中。因为定罪量刑是以犯罪时的行为及结果为准，而孳息、收益等违法所得则是在行为人诈骗行为完成后产生的，属于事后的结果。（3）不应该将对行为人非法占有他人财物或者侵犯他人财产性利益之行为的惩罚性费用（如滞纳金、罚款、惩罚性赔偿金等）计算到犯罪数额中，因为这些费用本来就是对行为人之非法行为的否定性评价，与刑事法评价有平行关系，不宜再被刑事法评价。（4）在未遂数额与既遂数额并存的场合，两种数额不能简单相加或折算。《诈骗解释》第6条规定：诈骗既有既遂，又有未遂，分别达到不同量刑幅度的，依照处罚较重的规定处罚；达到同一量刑幅度的，以诈骗罪既遂处罚。这一解释对于诈骗罪中既遂与未遂并存时，基本上采用了择重规则来计算犯罪数额。

5. 财产性利益同样能否成为诈骗罪的犯罪对象？

财产性利益是指具有一定物质内容的、直接体现为某种经济利益的权利和利益。如养路费、通行费等各种规费属于一种财产性利益。财产性利益能否成为诈骗罪的对象？这在学界是有一定争议的，但多数学者认为诈骗罪的对象应该包括财产性利益。本书同意这一观点。理由如下：其一，虽然从形式上看，行为人诈骗的并非具体的财物本身，但财产性利益具有财产价值，甚至可以转化为现金或其他财物，因此这种行为实质上也是对他人财产权的侵犯。如以欺骗的手段免除债务，与以诈骗的方法取得他人财物并无本质上的不同。其二，有关司法解释对此进行了明确。最高人民法院 2002 年 4 月 10 日《关于审理非法生产、买卖武装部队车辆号牌等刑事案件具体应用法律若干问题的解释》第 3 条第 2 款的规定："使用伪造、变造、盗窃的武装部队车辆号牌，骗免养路费、通行费等各种规费，数额较大的，依照诈骗罪的规定定罪处罚。"该司法解释明确规定养路费、通行费等财产性利益可以成为诈骗罪的犯罪对象。其三，刑法规定诈骗罪的犯罪对象是财物。但是，从解释的角度来看，财产性利益完全可以被解释为包含于财物之中。从内在逻辑看，诈骗财产性利益行为的危害性与诈骗他人财物的危害性相当，被害人同样会受到经济损失。从公民预期心理看，将财产性利益解释为财物的范围，不违背国民的预测可能性。

6. 刑法另有规定的，应当依照有关规定执行

（1）《刑法》第 266 条规定的诈骗罪，属于普通诈骗犯罪。本条关于"本法另有规定的"，是指有关金融诈骗犯罪的规定。因此，对刑法已经设立新的罪名的行为，就不能再按照本条规定的诈骗罪论处，即使诈骗罪的法定刑高于新设立的罪名的法定刑，也不能依照诈骗罪论处。因为《刑法》第 266 条规定"本法另有规定的，依照规定"表明诈骗罪与其他诈骗罪竞合的方法只能是特别法优于普通法，而不能是重罪优于轻罪。（2）根据《刑法》第 210 条第 2 款的规定，对于"使用欺骗手段骗取增值税专用发票或者可以用于骗取出口退税、抵扣税款的其他发票的"，应当以诈骗罪定罪处罚。（3）根据《刑法》第 300 条第 3 款的规定，对于组织和利用会道门、邪教组织或者利用迷信诈骗财物的，应当以诈骗罪定罪处罚。

7. 慎重处理网络诈骗案件

关于网络虚拟财产的刑法保护问题、虚拟财产的数额计算问题等，参见本书盗窃罪部分的相关内容。

（四）情节与量刑

依照《刑法》第 266 条规定，犯诈骗罪的，处 3 年以下有期徒刑、拘役或者管制，并处或者单处罚金；数额巨大或者有其他严重情节的，处 3 年以上 10 年以下有期徒刑，并处罚金；数额特别巨大或者有其他特别严重情节的，处 10 年以上有期徒刑或者无期徒刑，并处罚金或者没收财产。本法另有规定的，依照规定。

具体情节与量刑的对应情况，列表格如下：

<table>
<tr><th>量刑档次</th><th>对应情节</th><th>有关概念解释</th><th>附加刑的适用</th></tr>
<tr><td>三年以下有期徒刑、拘役或者管制，并处或者单处罚金</td><td>数额较大</td><td>1．“数额较大”的起点为1000元至3000元以上。</td><td rowspan="2">1．人民法院应当根据犯罪情节，如违法所得数额、造成损失的大小等，并综合考虑犯罪分子缴纳罚金的能力，依法判处罚金。罚金的最低数额不能少于一千元。①</td></tr>
<tr><td>三年以上十年以下有期徒刑，并处罚金</td><td>1．数额巨大；
2．有其他严重情节的。</td><td>1．“数额巨大”的起点为3万元至10万元以上。
2．诈骗数额接近“数额巨大”的标准，并具有下列情形之一或者属于诈骗集团首要分子的，应当认定为有“其他严重情节”：（1）通过发送短信、拨打电话或者利用互联网、广播电视、报刊杂志等发布虚假信息，对不特定多数人实施诈骗的；（2）诈骗救灾、抢险、防汛、优抚、扶贫、移民、救济、医疗款物的；（3）以赈灾募捐名义实施诈骗的；（4）诈骗残疾人、老年人或者丧失劳动能力人的财物的；（5）造成被害人自杀、精神失常或者其他严重后果的。</td></tr>
</table>

① 《最高人民法院关于适用财产刑若干问题的规定》（法释〔2000〕45号）（自2000年12月19日起施行）第2条规定：人民法院应当根据犯罪情节，如违法所得数额、造成损失的大小等，并综合考虑犯罪分子缴纳罚金的能力，依法判处罚金。刑法没有明确规定罚金数额标准的，罚金的最低数额不能少于一千元。

续表

量刑档次	对应情节	有关概念解释	附加刑的适用
十年以上有期徒刑或者无期徒刑，并处罚金或者没收财产	1. 数额特别巨大； 2. 有其他特别严重情节。	1. 数额特别巨大”的起点为50万元以上。 2. 诈骗数额接近“数额特别巨大”的标准，并具有下列情形之一或者属于诈骗集团首要分子的，应当认定为有“其他特别严重情节”：（1）通过发送短信、拨打电话或者利用互联网、广播电视、报刊杂志等发布虚假信息，对不特定多数人实施诈骗的；（2）诈骗救灾、抢险、防汛、优抚、扶贫、移民、救济、医疗款物的；（3）以赈灾募捐名义实施诈骗的；（4）诈骗残疾人、老年人或者丧失劳动能力人的财物的；（5）造成被害人自杀、精神失常或者其他严重后果的。	2. 判处无期徒刑的，可以并处没收财产，也可以并处罚金；判处有期徒刑的，只能并处罚金。②
单处罚金①	犯罪情节较轻，适用单处罚金不致再危害社会并具有下列情形之一的： 1. 偶犯或者初犯； 2. 自首或者有立功表现； 3. 犯罪时不满十八周岁； 4. 犯罪预备、中止或者未遂； 5. 被胁迫参加犯罪的； 6. 全部退赃并有悔罪表现的； 7. 其他可以依法单处罚金的情形。		

① 《最高人民法院关于适用财产刑若干问题的规定》（法释〔2000〕45号）（自2000年12月19日起施行）第4条规定：犯罪情节较轻，适用单处罚金不致再危害社会并具有下列情形之一的，可以依法单处罚金：（1）偶犯或者初犯；（2）自首或者有立功表现；（3）犯罪时不满十八周岁；（4）犯罪预备、中止或者未遂；（5）被胁迫参加犯罪的；（6）全部退赃并有悔罪表现的；（7）其他可以依法单处罚金的情形。

② 《全国法院维护农村稳定刑事审判工作座谈会纪要》（法〔1999〕217号）规定，对法律规定主刑有死刑、无期徒刑和有期徒刑，同时并处没收财产或罚金的，如决定判处死刑，只能并处没收财产；判处无期徒刑的，可以并处没收财产，也可以并处罚金；判处有期徒刑的，只能并处罚金。

司法机关在适用本条规定处罚时，应当注意以下问题：

1. 关于“数额巨大”“数额特别巨大”的认定。根据《诈骗解释》第 1 条的规定，诈骗公私财物价值在 3 万元至 10 万元以上、50 万元以上的，应当分别认定为《刑法》第 266 条规定的“数额巨大”“数额特别巨大”。各省、自治区、直辖市高级人民法院、人民检察院可以结合本地区经济社会发展状况，在前款规定的数额幅度内，共同研究确定本地区执行的具体数额标准，报最高人民法院、最高人民检察院备案。

2. 关于酌情从严惩处的规定和“其他严重情节”“其他特别严重情节”的认定。根据《诈骗解释》第 2 条的规定，诈骗公私财物达到本解释第 1 条规定的数额标准，具有下列情形之一的，可以依照《刑法》第 266 条的规定酌情从严惩处：（1）通过发送短信、拨打电话或者利用互联网、广播电视、报刊杂志等发布虚假信息，对不特定多数人实施诈骗的；（2）诈骗救灾、抢险、防汛、优抚、扶贫、移民、救济、医疗款物的；（3）以赈灾募捐名义实施诈骗的；（4）诈骗残疾人、老年人或者丧失劳动能力人的财物的；（5）造成被害人自杀、精神失常或者其他严重后果的。诈骗数额接近本解释第 1 条规定的“数额巨大”“数额特别巨大”的标准，并具有前款规定的情形之一或者属于诈骗集团首要分子的，应当分别认定为《刑法》第 266 条规定的“其他严重情节”“其他特别严重情节”。

3. 关于免予刑事处罚的规定和诈骗近亲属财物的处理。诈骗公私财物虽已达到《诈骗解释》第 1 条规定的“数额较大”的标准，但具有下列情形之一，且行为人认罪、悔罪的，可以根据《刑法》第 37 条、《刑事诉讼法》第 173 条的规定不起诉或者免予刑事处罚：（1）具有法定从宽处罚情节的；（2）一审宣判前全部退赃、退赔的；（3）没有参与分赃或者获赃较少且不是主犯的；（4）被害人谅解的；（5）其他情节轻微、危害不大的。诈骗近亲属的财物，近亲属谅解的，一般可不按犯罪处理。诈骗近亲属的财物，确有追究刑事责任必要的，具体处理也应酌情从宽。

4. 关于诈骗具有其他严重情节的认定。

利用发送短信、拨打电话、互联网等电信技术手段对不特定多数人实施诈骗，诈骗数额难以查证，但具有下列情形之一的，应当认定为《刑法》第 266 条规定的“其他严重情节”，以诈骗罪（未遂）定罪处罚：（1）发送诈骗信息5000条以上的；（2）拨打诈骗电话500人次以上的；（3）诈骗手段恶劣、危害严重的。实施前款规定行为，数量达到前款第（1）、（2）项规定标准10倍以上的，或者诈骗手段特别恶劣、危害特别严重的，应当认定为《刑法》第266条规定的“其他特别严重情节”，以诈骗罪（未遂）定罪处罚。

诈骗既有既遂，又有未遂，分别达到不同量刑幅度的，依照处罚较重的规定处罚；达到同一量刑幅度的，以诈骗罪既遂处罚。

5. 诈骗共犯的认定。明知他人实施诈骗犯罪，为其提供信用卡、手机卡、通讯工具、通讯传输通道、网络技术支持、费用结算等帮助的，以共同犯罪论处。

6. 数罪并罚的处理。冒充国家机关工作人员进行诈骗，同时构成诈骗罪和招摇撞骗罪的，依照处罚较重的规定定罪处罚。

7. 诈骗财物的依法追缴。行为人已将诈骗财物用于清偿债务或者转让给他人，具有下列情形之一的，应当依法追缴：（1）对方明知是诈骗财物而收取的；（2）对方无偿取得诈骗财物的；（3）对方以明显低于市场的价格取得诈骗财物的；（4）对方取得诈骗财物系源于非法债务或者违法犯罪活动的。他人善意取得诈骗财物的，不予追缴。

8. 根据《最高人民法院、最高人民检察院关于办理妨害预防、控制突发传染病疫情等灾害的刑事案件具体应用法律若干问题的解释》第7条规定，在预防、控制突发传染病疫情等灾害期间，假借研究、生产或者销售用于预防、控制突发传染病疫情等灾害用品的名义，诈骗公私财物数额较大的，以诈骗罪定罪，从重处罚。

9. 根据《最高人民法院、最高人民检察院关于办理与盗窃、抢劫、诈骗、抢夺机动车相关刑事案件具体应用法律若干问题的解释》第4条的规定，实施本解释第1条、第2条、第3条第1款或者第3款规定的行为，事前与诈骗机动车辆的犯罪分子通谋的，以诈骗罪的共犯论处。

10. 规范化量刑。最高人民法院《关于常见犯罪的量刑指导意见》对诈骗罪的量刑作了如下规定：（1）构成诈骗罪的，可以根据下列不同情形在相应的幅度内确定量刑起点：①达到数额较大起点的，可以在一年以下有期徒刑、拘役幅度内确定量刑起点。②达到数额巨大起点或者有其别严重情节的，可以在三年到四年有期徒刑幅度内确定量刑起点。③达到数额特别巨大起点或者有其他特别严重情节的，可以在十年至十二年有期徒刑幅度内确定量刑起点。依法应当判处无期徒刑的除外。（2）在量刑起点的基础上，可以根据诈骗数额等其他影响犯罪构成的犯罪事实增加刑罚量，确定基准刑。

（五）法规链接

1. 全国人民代表大会常务委员会关于《中华人民共和国刑法》第二百六十六条的解释（2014年4月24日第十二届全国人民代表大会常务委员会第八次会议通过　自2014年4月24日起施行）

全国人民代表大会常务委员会根据司法实践中遇到的情况，讨论了刑法第二百六十六条的含义及骗取养老、医疗、工伤、失业、生育等社会保险金或者其他社会保障待遇的行为如何适用刑法有关规定的问题，解释如下：

以欺诈、伪造证明材料或者其他手段骗取养老、医疗、工伤、失业、生育等社会保险金或者其他社会保障待遇的，属于刑法第二百六十六条规定的诈骗公私财物的行为。

2. 最高人民法院、最高人民检察院关于办理诈骗刑事案件具体应用法律若干问题的解释（法释〔2011〕7号　自2011年4月8日起施行）

为依法惩治诈骗犯罪活动，保护公私财产所有权，根据刑法、刑事诉讼法有关规定，结合司法实践的需要，现就办理诈骗刑事案件具体应用法律的若干问题解释如下：

第一条　诈骗公私财物价值三千元至一万元以上、三万元至十万元以上、五十万元以上的，应当分别认定为刑法第二百六十六条规定的"数额较大"、"数额巨大"、"数额特别巨大"。

各省、自治区、直辖市高级人民法院、人民检察院可以结合本地区经济社会发展状况，在前款规定的数额幅度内，共同研究确定本地区执行的具体数额标准，报最高人民法院、最高人民检察院备案。

第二条　诈骗公私财物达到本解释第一条规定的数额标准，具有下列情形之一的，可以依照刑法第二百六十六条的规定酌情从严惩处：

（一）通过发送短信、拨打电话或者利用互联网、广播电视、报刊杂志等发布虚假信息，对不特定多数人实施诈骗的；

（二）诈骗救灾、抢险、防汛、优抚、扶贫、移民、救济、医疗款物的；

（三）以赈灾募捐名义实施诈骗的；

（四）诈骗残疾人、老年人或者丧失劳动能力人的财物的；

（五）造成被害人自杀、精神失常或者其他严重后果的。

诈骗数额接近本解释第一条规定的“数额巨大”、“数额特别巨大”的标准，并具有前款规定的情形之一或者属于诈骗集团首要分子的，应当分别认定为刑法第二百六十六条规定的“其他严重情节”、“其他特别严重情节”。

第三条 诈骗公私财物虽已达到本解释第一条规定的“数额较大”的标准，但具有下列情形之一，且行为人认罪、悔罪的，可以根据刑法第三十七条、刑事诉讼法第一百四十二条的规定不起诉或者免予刑事处罚：

（一）具有法定从宽处罚情节的；

（二）一审宣判前全部退赃、退赔的；

（三）没有参与分赃或者获赃较少且不是主犯的；

（四）被害人谅解的；

（五）其他情节轻微、危害不大的。

第四条 诈骗近亲属的财物，近亲属谅解的，一般可不按犯罪处理。

诈骗近亲属的财物，确有追究刑事责任必要的，具体处理也应酌情从宽。

第五条 诈骗未遂，以数额巨大的财物为诈骗目标的，或者具有其他严重情节的，应当定罪处罚。

利用发送短信、拨打电话、互联网等电信技术手段对不特定多数人实施诈骗，诈骗数额难以查证，但具有下列情形之一的，应当认定为刑法第二百六十六条规定的“其他严重情节”，以诈骗罪（未遂）定罪处罚：

（一）发送诈骗信息五千条以上的；

（二）拨打诈骗电话五百人次以上的；

（三）诈骗手段恶劣、危害严重的。

实施前款规定行为，数量达到前款第（一）、（二）项规定标准十倍以上的，或者诈骗手段特别恶劣、危害特别严重的，应当认定为刑法第二百六十六条规定的“其他特别严重情节”，以诈骗罪（未遂）定罪处罚。

第六条 诈骗既有既遂，又有未遂，分别达到不同量刑幅度的，依照处罚较重的规定处罚；达到同一量刑幅度的，以诈骗罪既遂处罚。

第七条 明知他人实施诈骗犯罪，为其提供信用卡、手机卡、通讯工具、通讯传输通道、网络技术支持、费用结算等帮助的，以共同犯罪论处。

第八条 冒充国家机关工作人员进行诈骗，同时构成诈骗罪和招摇撞骗罪的，依照处罚较重的规定定罪处罚。

第九条 案发后查封、扣押、冻结在案的诈骗财物及其孳息，权属明确的，应当发还被害人；权属不明确的，可按被骗款物占查封、扣押、冻结在案的财物及其孳息总额的比例发还被害人，但已获退赔的应予扣除。

第十条 行为人已将诈骗财物用于清偿债务或者转让给他人，具有下列情形之一的，应当依法追缴：

（一）对方明知是诈骗财物而收取的；

（二）对方无偿取得诈骗财物的；

（三）对方以明显低于市场的价格取得诈骗财物的；

（四）对方取得诈骗财物系源于非法债务或者违法犯罪活动的。

他人善意取得诈骗财物的，不予追缴。

第十一条 以前发布的司法解释与本解释不一致的，以本解释为准。

3. 最高人民法院、最高人民检察院关于办理与盗窃、抢劫、诈骗、抢夺机动车相关刑事案件具体应用法律若干问题的解释（法释〔2007〕11号 自2007年5月11日起施行）

为依法惩治与盗窃、抢劫、诈骗、抢夺机动车相关的犯罪活动，根据刑法、刑事诉讼法等有关法律的规定，现对办理这类案件具体应用法律的若干问题解释如下：

第一条 明知是盗窃、抢劫、诈骗、抢夺的机动车，实施下列行为之一的，依照刑法第三百一十二条的规定，以掩饰、隐瞒犯罪所得、犯罪所得收益罪定罪，处三年以下有期徒刑、拘役或者管制，并处或者单处罚金：

（一）买卖、介绍买卖、典当、拍卖、抵押或者用其抵债的；

（二）拆解、拼装或者组装的；

（三）修改发动机号、车辆识别代号的；

（四）更改车身颜色或者车辆外形的；

（五）提供或者出售机动车来历凭证、整车合格证、号牌以及有关机动车的其他证明和凭证的；

（六）提供或者出售伪造、变造的机动车来历凭证、整车合格证、号牌以及有关机动车的其他证明和凭证的。

实施第一款规定的行为涉及盗窃、抢劫、诈骗、抢夺的机动车五辆以上或者价值总额达到五十万元以上的，属于刑法第三百一十二条规定的“情节严重”，处三年以上七年以下有期徒刑，并处罚金。

第二条 伪造、变造、买卖机动车行驶证、登记证书，累计三本以上的，依照刑法第二百八十条第一款的规定，以伪造、变造、买卖国家机关证件罪定罪，处三年以下有期徒刑、拘役、管制或者剥夺政治权利。

伪造、变造、买卖机动车行驶证、登记证书，累计达到第一款规定数量标准五倍以上的，属于刑法第二百八十条第一款规定中的“情节严重”，处三年以上十年以下有期徒刑。

第三条 国家机关工作人员滥用职权，有下列情形之一，致使盗窃、抢劫、诈骗、抢夺的机动车被办理登记手续，数量达到三辆以上或者价值总额达到三十万元以上的，依照刑法第三百九十七条第一款的规定，以滥用职权罪定罪，处三年以下有期徒刑或者拘役：

（一）明知是登记手续不全或者不符合规定的机动车而办理登记手续的；

（二）指使他人为明知是登记手续不全或者不符合规定的机动车办理登记手续的；

（三）违规或者指使他人违规更改、调换车辆档案的；

（四）其他滥用职权的行为。

国家机关工作人员疏于审查或者审查不严，致使盗窃、抢劫、诈骗、抢夺的机动车被办理登记手续，数量达到五辆以上或者价值总额达到五十万元以上的，依照刑法第三百九十七条第一款的规定，以玩忽职守罪定罪，处三年以下有期徒刑或者拘役。

国家机关工作人员实施前两款规定的行为，致使盗窃、抢劫、诈骗、抢夺的机动车被办理登记手续，分别达到前两款规定数量、数额标准五倍以上的，或者明知是盗窃、抢劫、诈骗、抢夺的机动车而办理登记手续的，属于刑法第三百九十七条第一款规定的“情节特别严重”，处三年以上七年以下有期徒刑。

国家机关工作人员徇私舞弊，实施上述行为，构成犯罪的，依照刑法第三百九十七条第二款的规定定罪处罚。

第四条 实施本解释第一条、第二条、第三条第一款或者第三款规定的行为，事前与盗窃、抢劫、诈骗、抢夺机动车的犯罪分子通谋的，以盗窃罪、抢劫罪、诈骗罪、抢夺罪的共犯论处。

第五条 对跨地区实施的涉及同一机动车的盗窃、抢劫、诈骗、抢夺以及掩饰、隐瞒犯罪所得、犯罪所得收益行为，有关公安机关可以依照法律和有关规定一并立案侦查，需要提请批准逮捕、移送审查起诉、提起公诉的，由该公安机关所在地的同级人民检察院、人民法院受理。

第六条　行为人实施本解释第一条、第三条第三款规定的行为，涉及的机动车有下列情形之一的，应当认定行为人主观上属于上述条款所称“明知”：

（一）没有合法有效的来历凭证；

（二）发动机号、车辆识别代号有明显更改痕迹，没有合法证明的。

4. 最高人民法院关于审理抢劫、抢夺刑事案件适用法律若干问题的意见（法发〔2005〕8号　自2005年7月16日起施行）（节录）

五、关于转化抢劫的认定

行为人实施盗窃、诈骗、抢夺行为，未达到“数额较大”，为窝藏赃物、抗拒抓捕或者毁灭罪证当场使用暴力或者以暴力相威胁，情节较轻、危害不大的，一般不以犯罪论处；但具有下列情节之一的，可依照刑法第二百六十九条的规定，以抢劫罪定罪处罚：

（1）盗窃、诈骗、抢夺接近“数额较大”标准的；

（2）入户或在公共交通工具上盗窃、诈骗、抢夺后在户外或交通工具外实施上述行为的；

（3）使用暴力致人轻微伤以上后果的；

（4）使用凶器或以凶器相威胁的；

（5）具有其他严重情节的。

5. 最高人民法院关于审理抢劫刑事案件适用法律若干问题的指导意见（法发〔2016〕2号　自2016年1月6日起施行）（节录）

二、关于抢劫犯罪部分加重处罚情节的认定

1. 认定“入户抢劫”，要注重审查行为人“入户”的目的，将“入户抢劫”与“在户内抢劫”区别开来。以侵害户内人员的人身、财产为目的，入户后实施抢劫，包括入户实施盗窃、诈骗等犯罪而转化为抢劫的，应当认定为“入户抢劫”。因访友办事等原因经户内人员允许入户后，临时起意实施抢劫，或者临时起意实施盗窃、诈骗等犯罪而转化为抢劫的，不应认定为“入户抢劫”。

三、关于转化型抢劫犯罪的认定

根据刑法第二百六十九条的规定，“犯盗窃、诈骗、抢夺罪，为窝藏赃物、抗拒抓捕或者毁灭罪证而当场使用暴力或者以暴力相威胁的”，依照抢劫罪定罪处罚。“犯盗窃、诈骗、抢夺罪”，主要是指行为人已经着手实施盗窃、诈骗、抢夺行为，一般不考察盗窃、诈骗、抢夺行为是否既遂。但是所涉财物数额明显低于“数额较大”的标准，又不具有《两抢意见》（指《最高人民法院关于审理抢劫、抢夺刑事案件适用法律若干问题的意见》）第五条所列五种情节之一的，不构成抢劫罪。“当场”是指在盗窃、诈骗、抢夺的现场以及行为人刚离开现场即被他人发现并抓捕的情形。

对于以摆脱的方式逃脱抓捕，暴力强度较小，未造成轻伤以上后果的，可不认定为“使用暴力”，不以抢劫罪论处。

入户或者在公共交通工具上盗窃、诈骗、抢夺后，为了窝藏赃物、抗拒抓捕或者毁灭罪证，在户内或者公共交通工具上当场使用暴力或者以暴力相威胁的，构成“入户抢劫”或者“在公共交通工具上抢劫”。

两人以上共同实施盗窃、诈骗、抢夺犯罪，其中部分行为人为窝藏赃物、抗拒抓捕或者毁灭罪证而当场使用暴力或者以暴力相威胁的，对于其余行为人是否以抢劫罪共犯论处，主要看其对实施暴力或者以暴力相威胁的行为人是否形成共同犯意、提供帮助。基于一定意思联络，对实施暴力或者以暴力相威胁的行为人提供帮助或实际成为帮凶的，可以抢劫共犯论处。

6. 最高人民法院关于审理伪造货币等案件具体应用法律若干问题的解释(二)（法释〔2010〕14号　自2010年11月3日起施行）（节录）

第五条　以使用为目的，伪造停止流通的货币，或者使用伪造的停止流通的货币的，依照刑法第二百六十六条的规定，以诈骗罪定罪处罚。

7. 最高人民法院关于审理扰乱电信市场管理秩序案件具体应用法律若干问题的解释（法释〔2000〕12号　自2000年5月24日起施行）（节录）

第九条　以虚假、冒用的身份证件办理入网手续并使用移动电话，造成电信资费损失数额较大的，依照刑法第二百六十六条的规定，以诈骗罪定罪处罚。

8. 最高人民法院、最高人民检察院关于办理妨害预防、控制突发传染病疫情等灾害的刑事案件具体应用法律若干问题的解释（法释〔2003〕8号　自2003年5月15日起施行）（节录）

第七条　在预防、控制突发传染病疫情等灾害期间，假借研制、生产或者销售用于预防、控制突发传染病疫情等灾害用品的名义，诈骗公私财物数额较大的，依照刑法有关诈骗罪的规定定罪，依法从重处罚。

第十七条　人民法院、人民检察院办理有关妨害预防、控制突发传染病疫情等灾害的刑事案件，对于有自首、立功等悔罪表现的，依法从轻、减轻、免除处罚或者依法作出不起诉决定。

第十八条　本解释所称“突发传染病疫情等灾害”，是指突然发生，造成或者可能造成社会公众健康严重损害的重大传染病疫情、群体性不明原因疾病以及其他严重影响公众健康的灾害。

9. 高人民法院、最高人民检察院、公安部、国家安全部关于依法办理非法生产销售使用“伪基站”设备案件的意见（公通字〔2014〕13号　自2014年3月1日起施行）（节录）

除法律、司法解释另有规定外，利用“伪基站”设备实施诈骗等其他犯罪行为，同时构成破坏公用电信设施罪的，依照处罚较重的规定追究刑事责任。

10. 最高人民法院研究室关于申付强诈骗案如何认定诈骗数额问题的电话答复（自1991年4月23日起施行）

河南省高级人民法院：

你院豫法（研）请〔1991〕15号《关于申付强诈骗案如何认定诈骗数额的请示》收悉。经研究，答复如下：

同意你院的倾向性意见。即在具体认定诈骗犯罪数额时，应把案发前已被追回的被骗款额扣除，按最后实际诈骗所得数额计算。但在处罚时，对于这种情况应当作为从重情节予以考虑。

附：河南省高级人民法院关于申付强诈骗案如何认定诈骗数额的请示（豫法（研）请〔1991〕15号）

最高人民法院：

最近，濮阳市中级法院就申付强诈骗案诈骗数额如何认定问题向我院请示。

被告人申付强以欺骗手段，于1987年10月与江苏省新沂县酒厂签订了价值为106200元的各类曲酒合同。案发前，新沂县酒厂追回曲酒价值61086.24元，下余45113.76元已无法追回。

对此案，我院审委会有两种意见：一种意见认为，对申付强的诈骗数额，可把案发前被追回的6万余元扣除并作为从重情节在量刑时予以考虑，按下余的4万5千余元的数额予以认定；另一种意见认为，申付强已将价值10万余元的曲酒诈骗到手，诈骗数额应按合同总标的计算，属数额巨大，被追回的6万余元可作为从轻情节在量刑时予以考虑。

我们倾向于第一种意见。

当否，请批示。

11. 中华人民共和国促进科技成果转化法（1996年5月15日第八届全国人民代表大会常务委员会第十九次会议通过　根据2015年8月29日第十二届全国人民代表大会常务委员会第十六次会议《关于修改〈中华人民共和国促进科技成果转化法〉的决定》修正）（节录）

第四十七条　违反本法规定，在科技成果转化活动中弄虚作假，采取欺骗手段，骗取奖励和荣誉称号、诈骗钱财、非法牟利的，由政府有关部门依照管理职责责令改正，取消该奖励和荣誉称号，没收违法所得，并处以罚款。给他人造成经济损失的，依法承担民事赔偿责任。构成犯罪的，依法追究刑事责任。

12. 最高人民法院、最高人民检察院、公安部、关于办理电信网络诈骗等刑事案件适用法律若干问题的意见（法发〔2016〕32号　自2016年12月19日起施行）

为依法惩治电信网络诈骗等犯罪活动，保护公民、法人和其他组织的合法权益，维护社会秩序，根据《中华人民共和国刑法》《中华人民共和国刑事诉讼法》等法律和有关司法解释的规定，结合工作实际，制定本意见。

一、总体要求

近年来，利用通讯工具、互联网等技术手段实施的电信网络诈骗犯罪活动持续高发，侵犯公民个人信息，扰乱无线电通讯管理秩序，掩饰、隐瞒犯罪所得、犯罪所得收益等上下游关联犯罪不断蔓延。此类犯罪严重侵害人民群众财产安全和其他合法权益，严重干扰电信网络秩序，严重破坏社会诚信，严重影响人民群众安全感和社会和谐稳定，社会危害性大，人民群众反映强烈。

人民法院、人民检察院、公安机关要针对电信网络诈骗等犯罪的特点，坚持全链条全方位打击，坚持依法从严从快惩处，坚持最大力度最大限度追赃挽损，进一步健全工作机制，加强协作配合，坚决有效遏制电信网络诈骗等犯罪活动，努力实现法律效果和社会效果的高度统一。

二、依法严惩电信网络诈骗犯罪

（一）根据《最高人民法院、最高人民检察院关于办理诈骗刑事案件具体应用法律若干问题的解释》第1条的规定，利用电信网络技术手段实施诈骗，诈骗公私财物价值三千元以上、三万元以上、五十万元以上的，应当分别认定为刑法第二百六十六条规定的“数额较大”“数额巨大”“数额特别巨大”。

二年内多次实施电信网络诈骗未经处理，诈骗数额累计计算构成犯罪的，应当依法定罪处罚。

（二）实施电信网络诈骗犯罪，达到相应数额标准，具有下列情形之一的，酌情从重处罚：

1. 造成被害人或其近亲属自杀、死亡或者精神失常等严重后果的；

2. 冒充司法机关等国家机关工作人员实施诈骗的；

3. 组织、指挥电信网络诈骗犯罪团伙的；

4. 在境外实施电信网络诈骗的；

5. 曾因电信网络诈骗犯罪受过刑事处罚或者二年内曾因电信网络诈骗受过行政处罚的；

6. 诈骗残疾人、老年人、未成年人、在校学生、丧失劳动能力人的财物，或者诈骗重病患者及其亲属财物的；

7. 诈骗救灾、抢险、防汛、优抚、扶贫、移民、救济、医疗等款物的；

8. 以赈灾、募捐等社会公益、慈善名义实施诈骗的；

9. 利用电话追呼系统等技术手段严重干扰公安机关等部门工作的；

10. 利用“钓鱼网站”链接、“木马”程序链接、网络渗透等隐蔽技术手段实施诈骗的。

（三）实施电信网络诈骗犯罪，诈骗数额接近“数额巨大”“数额特别巨大”的标准，具有前述第（二）条规定的情形之一的，应当分别认定为刑法第二百六十六条规定的“其他严重情节”“其他特别严重情节”。

上述规定的“接近”，一般应掌握在相应数额标准的百分之八十以上。

（四）实施电信网络诈骗犯罪，犯罪嫌疑人、被告人实际骗得财物的，以诈骗罪（既遂）定罪处罚。诈骗数额难以查证，但具有下列情形之一的，应当认定为刑法第二百六十六条规定的“其他严重情节”，以诈骗罪（未遂）定罪处罚：

1. 发送诈骗信息五千条以上的，或者拨打诈骗电话五百人次以上的；

2. 在互联网上发布诈骗信息，页面浏览量累计五千次以上的。

具有上述情形，数量达到相应标准十倍以上的，应当认定为刑法第二百六十六条规定的“其他特别严重情节”，以诈骗罪（未遂）定罪处罚。

上述“拨打诈骗电话”，包括拨出诈骗电话和接听被害人回拨电话。反复拨打、接听同一电话号码，以及反复向同一被害人发送诈骗信息的，拨打、接听电话次数、发送信息条数累计计算。

因犯罪嫌疑人、被告人故意隐匿、毁灭证据等原因，致拨打电话次数、发送信息条数的证据难以收集的，可以根据经查证属实的日拨打人次数、日发送信息条数，结合犯罪嫌疑人、被告人实施犯罪的时间、犯罪嫌疑人、被告人的供述等相关证据，综合予以认定。

（五）电信网络诈骗既有既遂，又有未遂，分别达到不同量刑幅度的，依照处罚较重的规定处罚；达到同一量刑幅度的，以诈骗罪既遂处罚。

（六）对实施电信网络诈骗犯罪的被告人裁量刑罚，在确定量刑起点、基准刑时，一般应就高选择。确定宣告刑时，应当综合全案事实情节，准确把握从重、从轻量刑情节的调节幅度，保证罪责刑相适应。

（七）对实施电信网络诈骗犯罪的被告人，应当严格控制适用缓刑的范围，严格掌握适用缓刑的条件。

（八）对实施电信网络诈骗犯罪的被告人，应当更加注重依法适用财产刑，加大经济上的惩罚力度，最大限度剥夺被告人再犯的能力。

三、全面惩处关联犯罪

（一）在实施电信网络诈骗活动中，非法使用“伪基站”“黑广播”，干扰无线电通讯秩序，符合刑法第二百八十八条规定的，以扰乱无线电通讯管理秩序罪追究刑事责任。同时构成诈骗罪的，依照处罚较重的规定定罪处罚。

（二）违反国家有关规定，向他人出售或者提供公民个人信息，窃取或者以其他方法非法获取公民个人信息，符合刑法第二百五十三条之一规定的，以侵犯公民个人信息罪追究刑事责任。

使用非法获取的公民个人信息，实施电信网络诈骗犯罪行为，构成数罪的，应当依法予以并罚。

（三）冒充国家机关工作人员实施电信网络诈骗犯罪，同时构成诈骗罪和招摇撞骗罪的，依照处罚较重的规定定罪处罚。

（四）非法持有他人信用卡，没有证据证明从事电信网络诈骗犯罪活动，符合刑法第一百七十七条之一第一款第（二）项规定的，以妨害信用卡管理罪追究刑事责任。

（五）明知是电信网络诈骗犯罪所得及其产生的收益，以下列方式之一予以转账、套现、取现的，依照刑法第三百一十二条第一款的规定，以掩饰、隐瞒犯罪所得、犯罪所得收益罪追究刑事责任。但有证据证明确实不知道的除外：

1. 通过使用销售点终端机具（POS 机）刷卡套现等非法途径，协助转换或者转移财物的；

2. 帮助他人将巨额现金散存于多个银行账户，或在不同银行账户之间频繁划转的；

3. 多次使用或者使用多个非本人身份证明开设的信用卡、资金支付结算账户或者多次采用遮蔽摄像头、伪装等异常手段，帮助他人转账、套现、取现的；

4. 为他人提供非本人身份证明开设的信用卡、资金支付结算账户后，又帮助他人转账、套现、取现的；

5. 以明显异于市场的价格，通过手机充值、交易游戏点卡等方式套现的。

实施上述行为，事前通谋的，以共同犯罪论处。

实施上述行为，电信网络诈骗犯罪嫌疑人尚未到案或案件尚未依法裁判，但现有证据足以证明该犯罪行为确实存在的，不影响掩饰、隐瞒犯罪所得、犯罪所得收益罪的认定。

实施上述行为，同时构成其他犯罪的，依照处罚较重的规定定罪处罚。法律和司法解释另有规定的除外。

（六）网络服务提供者不履行法律、行政法规规定的信息网络安全管理义务，经监管部门责令采取改正措施而拒不改正，致使诈骗信息大量传播，或者用户信息泄露造成严重后果的，依照刑法第二百八十六条之一的规定，以拒不履行信息网络安全管理义务罪追究刑事责任。同时构成诈骗罪的，依照处罚较重的规定定罪处罚。

（七）实施刑法第二百八十七条之一、第二百八十七条之二规定之行为，构成非法利用信息网络罪、帮助信息网络犯罪活动罪，同时构成诈骗罪的，依照处罚较重的规定定罪处罚。

（八）金融机构、网络服务提供者、电信业务经营者等在经营活动中，违反国家有关规定，被电信网络诈骗犯罪分子利用，使他人遭受财产损失的，依法承担相应责任。构成犯罪的，依法追究刑事责任。

四、准确认定共同犯罪与主观故意

（一）三人以上为实施电信网络诈骗犯罪而组成的较为固定的犯罪组织，应依法认定为诈骗犯罪集团。对组织、领导犯罪集团的首要分子，按照集团所犯的全部罪行处罚。对犯罪集团中组织、指挥、策划者和骨干分子依法从严惩处。

对犯罪集团中起次要、辅助作用的从犯，特别是在规定期限内投案自首、积极协助抓获主犯、积极协助追赃的，依法从轻或减轻处罚。

对犯罪集团首要分子以外的主犯，应当按照其所参与的或者组织、指挥的全部犯罪处罚。全部犯罪包括能够查明具体诈骗数额的事实和能够查明发送诈骗信息条数、拨打诈骗电话人次数、诈骗信息网页浏览次数的事实。

（二）多人共同实施电信网络诈骗，犯罪嫌疑人、被告人应对其参与期间该诈骗团伙实施的全部诈骗行为承担责任。在其所参与的犯罪环节中起主要作用的，可以认定为主犯；起次要作用的，可以认定为从犯。

上述规定的“参与期间”，从犯罪嫌疑人、被告人着手实施诈骗行为开始起算。

（三）明知他人实施电信网络诈骗犯罪，具有下列情形之一的，以共同犯罪论处，但法律和司法解释另有规定的除外：

1. 提供信用卡、资金支付结算账户、手机卡、通讯工具的；

2. 非法获取、出售、提供公民个人信息的；

3. 制作、销售、提供“木马”程序和“钓鱼软件”等恶意程序的；

4. 提供“伪基站”设备或相关服务的；

5. 提供互联网接入、服务器托管、网络存储、通讯传输等技术支持，或者提供支付结算等帮助的；

6. 在提供改号软件、通话线路等技术服务时，发现主叫号码被修改为国内党政机关、司法机关、公共服务部门号码，或者境外用户改为境内号码，仍提供服务的；

7. 提供资金、场所、交通、生活保障等帮助的；

8. 帮助转移诈骗犯罪所得及其产生的收益，套现、取现的。

上述规定的“明知他人实施电信网络诈骗犯罪”，应当结合被告人的认知能力，既往经历，行为次数和手段，与他人关系，获利情况，是否曾因电信网络诈骗受过处罚，是否故意规避调查等主客观因素进行综合分析认定。

（四）负责招募他人实施电信网络诈骗犯罪活动，或者制作、提供诈骗方案、术语清单、语音包、信息等的，以诈骗共同犯罪论处。

（五）部分犯罪嫌疑人在逃，但不影响对已到案共同犯罪嫌疑人、被告人的犯罪事实认定的，可以依法先行追究已到案共同犯罪嫌疑人、被告人的刑事责任。

五、依法确定案件管辖

（一）电信网络诈骗犯罪案件一般由犯罪地公安机关立案侦查，如果由犯罪嫌疑人居住地公安机关立案侦查更为适宜的，可以由犯罪嫌疑人居住地公安机关立案侦查。犯罪地包括犯罪行为发生地和犯罪结果发生地。

“犯罪行为发生地”包括用于电信网络诈骗犯罪的网站服务器所在地，网站建立者、管理者所在地，被侵害的计算机信息系统或其管理者所在地，犯罪嫌疑人、被害人使用的计算机信息系统所在地，诈骗电话、短信息、电子邮件等的拨打地、发送地、到达地、接受地，以及诈骗行为持续发生的实施地、预备地、开始地、途经地、结束地。

“犯罪结果发生地”包括被害人被骗时所在地，以及诈骗所得财物的实际取得地、藏匿地、转移地、使用地、销售地等。

（二）电信网络诈骗最初发现地公安机关侦办的案件，诈骗数额当时未达到“数额较大”标准，但后续累计达到“数额较大”标准，可由最初发现地公安机关立案侦查。

（三）具有下列情形之一的，有关公安机关可以在其职责范围内并案侦查：

1. 一人犯数罪的；

2. 共同犯罪的；

3. 共同犯罪的犯罪嫌疑人还实施其他犯罪的；

4. 多个犯罪嫌疑人实施的犯罪存在直接关联，并案处理有利于查明案件事实的。

（四）对因网络交易、技术支持、资金支付结算等关系形成多层级链条、跨区域的电信网络诈骗等犯罪案件，可由共同上级公安机关按照有利于查清犯罪事实、有利于诉讼的原则，指定有关公安机关立案侦查。

（五）多个公安机关都有权立案侦查的电信网络诈骗等犯罪案件，由最初受理的公安机关或者主要犯罪地公安机关立案侦查。有争议的，按照有利于查清犯罪事实、有利于诉讼的原则，协商解决。经协商无法达成一致的，由共同上级公安机关指定有关公安机关立案侦查。

（六）在境外实施的电信网络诈骗等犯罪案件，可由公安部按照有利于查清犯罪事实、有利于诉讼的原则，指定有关公安机关立案侦查。

（七）公安机关立案、并案侦查，或因有争议，由共同上级公安机关指定立案侦查的案件，需要提请批准逮捕、移送审查起诉、提起公诉的，由该公安机关所在地的人民检察院、人民法院受理。

对重大疑难复杂案件和境外案件，公安机关应在指定立案侦查前，向同级人民检察院、人民法院通报。

（八）已确定管辖的电信诈骗共同犯罪案件，在逃的犯罪嫌疑人归案后，一般由原管辖的公安机关、人民检察院、人民法院管辖。

六、证据的收集和审查判断

（一）办理电信网络诈骗案件，确因被害人人数众多等客观条件的限制，无法逐一收集被害人陈述的，可以结合已收集的被害人陈述，以及经查证属实的银行账户交易记录、第三方支付结算账户交易记录、通话记录、电子数据等证据，综合认定被害人人数及诈骗资金数额等犯罪事实。

（二）公安机关采取技术侦查措施收集的案件证明材料，作为证据使用的，应当随案移送批准采取技术侦查措施的法律文书和所收集的证据材料，并对其来源等作出书面说明。

（三）依照国际条约、刑事司法协助、互助协议或平等互助原则，请求证据材料所在地司法机关收集，或通过国际警务合作机制、国际刑警组织启动合作取证程序收集的境外证据材料，经查证属实，可以作为定案的依据。公安机关应对其来源、提取人、提取时间或者提供人、提供时间以及保管移交的过程等作出说明。

对其他来自境外的证据材料，应当对其来源、提供人、提供时间以及提取人、提取时间进行审查。能够证明案件事实且符合刑事诉讼法规定的，可以作为证据使用。

七、涉案财物的处理

（一）公安机关侦办电信网络诈骗案件，应当随案移送涉案赃款赃物，并附清单。人民检察院提起公诉时，应一并移交受理案件的人民法院，同时就涉案赃款赃物的处理提出意见。

（二）涉案银行账户或者涉案第三方支付账户内的款项，对权属明确的被害人的合法财产，应当及时返还。确因客观原因无法查实全部被害人，但有证据证明该账户系用于电信网络诈骗犯罪，且被告人无法说明款项合法来源的，根据刑法第六十四条的规定，应认定为违法所得，予以追缴。

（三）被告人已将诈骗财物用于清偿债务或者转让给他人，具有下列情形之一的，应当依法追缴：

1. 对方明知是诈骗财物而收取的；

2. 对方无偿取得诈骗财物的；

3. 对方以明显低于市场的价格取得诈骗财物的；

4. 对方取得诈骗财物系源于非法债务或者违法犯罪活动的。

他人善意取得诈骗财物的，不予追缴。

四、抢夺罪

（一）法律规定

第二百六十七条[①] **抢夺公私财物，数额较大的，或者多次抢夺的，处三年以下有期徒刑、拘役或者管制，并处或者单处罚金；数额巨大或者有其他严重情节的，处三年以上十年以下有期徒刑，并处罚金；数额特别巨大或者有其他特别严重情节的，处十年以上有期徒刑或者无期徒刑，并处罚金或者没收财产。**

携带凶器抢夺的，依照刑法第二百六十三条的规定定罪处罚。

（二）罪名详解

抢夺罪，是指以非法占有为目的，乘人不备，公然夺取数额较大的公私

---

① 本条经2015年8月29日《刑法修正案（九）》第20条修改。

1997年《刑法》第267条规定："抢夺公私财物，数额较大的，处三年以下有期徒刑、拘役或者管制，并处或者单处罚金；数额巨大或者有其他严重情节的，处三年以上十年以下有期徒刑，并处罚金；数额特别巨大或者有其他特别严重情节的，处十年以上有期徒刑或者无期徒刑，并处罚金或者没收财产。

携带凶器抢夺的，依照本法第二百六十三条的规定定罪处罚。"

财物的行为。本罪 1979 年《刑法》第 151 条、第 152 条作了规定，1997 年《刑法》对本罪设专条作了规定。《刑法修正案（九）》第 20 条对抢夺罪的成立条件及标准作了进一步修改完善，增加了“多次抢夺”的规定。

抢夺罪的构成要件是：

1. 主体要件

本罪主体为一般主体，即年满 16 周岁并具有刑事责任能力的自然人，都可以构成本罪。

2. 客体要件

本罪侵犯的客体是公私财产的所有权。犯罪对象仅限于有形的、动产的公私财物。但是，如果行为人所抢夺的对象是刑法分则中明确规定的特定物品，如枪支、弹药、爆炸物或者公文、证件、印章等，虽然作案的手段是相同的，但因犯罪目的、动机、对象、客体的不同，所以犯罪性质也不相同，不能按抢夺罪论处。

3. 主观要件

本罪主观方面只能由直接故意构成，且故意的内容是以非法占有公私财物为目的。过失不构成本罪。

4. 客观要件

本罪的客观方面包括两个方面，一是表现为乘人不备，公然夺取公私财物的行为。所谓公然夺取，是指行为人当着公私财物所有人、管理人或者其他人的面，乘其不防备，将公私财物夺了就跑，据为己有或者给第三人所有；也有的采取可以使被害人立即发现的方式，公开把财物抢走，但不使用暴力或者以暴力相威胁。这是抢夺罪区别于其他侵犯财产犯罪的本质特征。二是表现为数额+情节的限制要件。《刑法修正案（九）》总结了司法实践经验，对《刑法》第 267 条抢夺罪的罪状作了修改，将原规定的“抢夺公私财物，数额较大的”，补充了“多次抢夺的”。抢夺公私财物数额较大是抢夺行为构成犯罪的基本要件。如果抢夺的财物数额较小，一般应当依照《治安管理处罚法》的规定给予行政处罚。但对于一些特定的抢夺行为，即使达不到数额较大的条件，由于其行为本身的社会危害性，也构成抢夺罪。具体地说，抢夺行为具有如下情形之一的，即可认为符合盗窃罪构成的客观要件：

——达到数额较大。根据《抢夺解释》第 1 条规定，认定抢夺“数额较大”的起点为 1000 至 3000 元以上；“数额巨大”的起点为 3 万元至 8 万元以上；“数额特别巨大”的起点为20万元至40万元以上。各省、自治区、直辖市高级人民法院、人民检察院可根据本地区经济发展状况，并考虑社会治安状况，在上述规定的数额幅度内，确定本地区执行的“数额较大”“数额巨大”“数额特别巨大”的具体数额标准，报最高人民法院、最高人民检察院批准。根据法律规定，抢夺公私财物的行为，除需具备以上构成要件外，还必须达到“数额较大”的程度，才构成犯罪。

——达到数额较大标准的50%，且具有法定情形的。根据《抢夺解释》第2条规定，抢夺公私财物，具有下列情形之一的，“数额较大”的标准按照前条规定标准的50%确定：(1) 曾因抢劫、抢夺或者聚众哄抢受过刑事处罚的；(2) 1年内曾因抢夺或者哄抢受过行政处罚的；(3) 1年内抢夺3次以上的；(4) 驾驶机动车、非机动车抢夺的；(5) 组织、控制未成年人抢夺的；(6) 抢夺老年人、未成年人、孕妇、携带婴幼儿的人、残疾人、丧失劳动能力人的财物的；(7) 在医院抢夺病人或者其亲友财物的；(8) 抢夺救灾、抢险、防汛、优抚、扶贫、移民、救济款物的；(9) 自然灾害、事故灾害、社会安全事件等突发事件期间，在事件发生地抢夺的；(10) 导致他人轻伤或者精神失常等严重后果的。需要说明的是，根据《抢夺解释》规定，《刑法修正案（九）》新增加的关于“多次抢夺”的构成要件，《抢夺解释》中关于多次抢夺的规定与《刑法修正案（九）》冲突，因而应当以《刑法修正案（九）》为准。

——多次抢夺的。《最高人民法院、最高人民检察院关于办理盗窃刑事案件适用法律若干问题的解释》对多次盗窃的解释第3条第1款规定，二年内盗窃三次以上的，应当认定为“多次盗窃”。目前，关于抢夺犯罪中多次抢夺如何认定还没有规定，能否适用盗窃罪的有关解释，还待新的解释出台。但《抢夺解释》第2条第（三）项规定的一年内抢夺3次以上是肯定可以认定为多次抢夺的。多次盗窃的认定方法可以参照适用。

另外，根据《国家林业局、公安部关于森林和陆生野生动物刑事案件管辖及立案标准》的规定，抢夺国家重点保护陆生野生动物或其制品的案件，不需要数额较大或者多次抢夺的条件，只要抢夺国家重点保护陆生野生动物或其制品，即达到刑事立案条件。

（三）实务疑难问题

1. 罪与非罪的认定

司法实践中，要注意不以犯罪处理的以下情形：

（1）抢夺数额不到数额较大标准。一般抢夺案件中，抢夺数额较大是构成抢夺罪的主要要件。因此，对于抢夺数额没有达到较大标准，也没有《抢夺解释》第 2 条规定的十个依照数额较大 50%计算构成犯罪数额情形，也不属于多次抢夺的，一般不能以抢夺罪论处。

（2）抢夺数额虽达到数额较大标准，但具有特定情节的。根据《抢夺解释》第 5 条规定，抢夺公私财物数额较大，但未造成他人轻伤以上伤害，行为人系初犯，认罪、悔罪，退赃、退赔，且具有下列情形之一的，可以认定为犯罪情节轻微，不起诉或者免予刑事处罚；必要时，由有关部门依法予以行政处罚：①具有法定从宽处罚情节的；②没有参与分赃或者获赃较少，且不是主犯的；③被害人谅解的；④其他情节轻微、危害不大的。

需要明确的是，是否达到数额较大，是认定抢夺行为是否构成犯罪的主要标准，但不是唯一标准。根据《抢夺解释》第 33 条第（一）、（二）项的规定，抢夺公私财物，导致他人重伤、自杀的，不论抢夺财物数额多少，一律以抢夺罪“有其他严重情节”论处，判处三年以上十年以下有期徒刑，并处罚金。根据具有下列情形之一的，应当认定为《刑法》第 267 条规定的“其他严重情节”：根据《抢夺解释》第 4 条第（一）项的规定，抢夺公私财物，导致他人死亡的，不论抢夺财物数额多少，一律以抢夺罪“有其他特别严重情节”论处，判处十年以上十年有期徒刑或者无期徒刑，并处罚金或者没收财产。

2. 既遂与未遂的区分

抢夺犯罪是数额犯，也是结果犯，因此，在一般情况下，未劫夺得财物的，不以犯罪处理，也不存在抢夺未遂的问题。但是，以数额巨大、特别巨大财物为抢夺目标，由于意志以外原因未窃得财物的。在这种情况下，应当根据刑法关于盗窃数额巨大的量刑规定和犯罪未遂的处理原则，以抢夺罪（未遂）从轻、减轻或者免予处罚。抢夺既有既遂，又有未遂，分别达到不同量刑幅度的，依照处罚较重的规定处罚；达到同一量刑幅度的，以抢夺罪既遂处罚。

3. 划清本罪与抢劫罪的界限

两者虽然都是“抢”，犯罪的目的也相同，但有着本质的区别：（1）侵犯的客体不同。抢夺罪侵犯的是单一客体，即公私财产的所有权，而抢劫罪则是双重客体，即不仅侵犯了公私财产的所有权，还侵犯了被害人的人身权利。（2）实施犯罪的方法、手段不同。抢夺罪不使用暴力，而使用强力，并作用于被抢夺的财物，而抢劫罪则是使用暴力，并施加于被害人，强制其身体，以排除被害人的抵抗。（3）抢夺罪以“数额较大”为构成要件，而抢劫罪则不以数额较大为构成要件。（4）是犯罪主体不尽相同。抢夺罪的主体是年满16周岁以上的人，而抢劫罪的主体则可以是年满14周岁的人。

司法实践中，区分抢夺罪与抢劫罪的关键，是要分清行为人获取财物时是否实施了侵犯他人人身的行为。根据司法实践，对所涉飞车抢夺的定性，特别要注意抢夺罪和抢劫罪定性问题：

（1）对于抢夺财物中因用力过猛，无意中造成被害人轻伤的，应按抢夺罪从重处罚；若造成被害人重伤甚至死亡的，就不仅仅是抢夺问题，而是抢夺与过失致人重伤或者过失致人死亡的牵连。行为人既构成抢夺罪，致人重伤的应当依照具有“其他严重情节”论处，致人死亡的，应当依照具有“其他特别严重情节”论处，也构成过失重伤或过失杀人罪处罚，但应择一重罪处罚。根据《刑法》第235条规定，过失致人重伤罪的法定刑幅度为3年以下有期徒刑，根据《刑法》第233条规定，过失致人死亡的，处3年以上7年以下有期徒刑，而抢夺罪具有“其他严重情节的”，处3年以上10年以下有期徒刑，并罚金，具有“其他特别严重情节的”，处10年以上有期徒刑或者无期徒刑，并处罚金或者没收财产。相比之下，显然抢夺罪的量刑更重，因此，应当依照抢夺罪定罪处罚。

（2）根据《抢夺解释》第6条规定，驾驶机动车、非机动车夺取他人财物，具有下列情形之一的，应当以抢劫罪定罪处罚：①夺取他人财物时因被害人不放手而强行夺取的；②驾驶车辆逼挤、撞击或者强行逼倒他人夺取财物的；③明知会致人伤亡仍然强行夺取并放任造成财物持有人轻伤以上后果的。

3. 划清本罪与抢夺枪支、弹药、爆炸物罪和抢夺国家机关公文、证件、印章罪的界限

抢夺罪虽然与后两种犯罪的客观行为表现形式一样，都是抢夺，但在犯

罪对象以及侵犯客体方面存在着明显区别。对于抢夺特定物品对象的行为，只要刑法规定了单独的罪名，就不能再以抢夺罪论处。

4. 注意本罪转化为抢劫罪的法定条件

（1）犯本罪，为窝藏赃物、抗拒抓捕或者毁灭罪证而当场使用暴力或者以暴力相威胁的，应当依照《刑法》第 263 条规定的抢劫罪定罪处罚。根据最高人民法院《关于审理抢劫刑事案件适用法律若干问题的指导意见》规定，犯“盗窃、诈骗、抢夺罪”，主要是指行为人已经着手实施盗窃、诈骗、抢夺行为，一般不考察盗窃、诈骗、抢夺行为是否既遂。但是所涉财物数额明显低于“数额较大”的标准，又不具有《最高人民法院关于审理抢劫、抢夺刑事案件适用法律若干问题的意见》第 5 条所列五种情节之一的，不构成抢劫罪。“当场”是指在盗窃、诈骗、抢夺的现场以及行为人刚离开现场即被他人发现并抓捕的情形。对于以摆脱的方式逃脱抓捕，暴力强度较小，未造成轻伤以上后果的，可不认定为“使用暴力”，不以抢劫罪论处。入户或者在公共交通工具上盗窃、诈骗、抢夺后，为了窝藏赃物、抗拒抓捕或者毁灭罪证，在户内或者公共交通工具上当场使用暴力或者以暴力相威胁的，构成“入户抢劫”或者“在公共交通工具上抢劫”。两人以上共同实施盗窃、诈骗、抢夺犯罪，其中部分行为人为窝藏赃物、抗拒抓捕或者毁灭罪证而当场使用暴力或者以暴力相威胁的，对于其余行为人是否以抢劫罪共犯论处，主要看其对实施暴力或者以暴力相威胁的行为人是否形成共同犯意、提供帮助。基于一定意思联络，对实施暴力或者以暴力相威胁的行为人提供帮助或实际成为帮凶的，可以抢劫共犯论处。

（2）携带凶器并有意加以显示而进行抢夺的，应当依照《刑法》第 263 条规定的抢劫罪定罪处罚。根据《抢劫解释》第 6 条的规定，“携带凶器”，是指在实施抢夺行为时，随身携带枪支、爆炸物、管制刀具等国家禁止个人非法携带的器械进行抢夺或者为了实施犯罪而携带其他器械进行抢夺。《最高人民法院关于审理抢劫、抢夺刑事案件适用法律若干问题的意见》进一步指出：行为人随身携带国家禁止个人携带的器械以外的其他器械抢夺，但有证据证明该器械确实不是为了实施犯罪准备的，不以抢劫罪定罪；行为人将随身携带凶器有意加以显示、能为被害人察觉到的，直接适用《刑法》第 263 条的规定定罪处罚。

5. 抢夺数额的确定

《盗窃解释》第 4 条对盗窃数额的确定方法作了明确规定。司法实践中，对于抢夺、抢劫等侵犯财产权利的犯罪，数额计算一般都参照盗窃犯罪的数额计算方法。

6. 抢夺罪的“其他严重情节”和“其他特别严重情节”的认定

根据《抢夺解释》第 3 条规定，抢夺公私财物，具有下列情形之一的，应当认定为《刑法》第 267 条规定的“其他严重情节”：(1) 导致他人重伤的；(2) 导致他人自杀人；(3) 具有本解释第 2 条第（三）项至第（十）项规定的情形之一，数额达到“数额巨大”50%的。这第三项至第十项的情形，具体是指：一年内抢夺三次以上的；驾驶机动车、非机动车抢夺的；组织、控制未成年人抢夺的；抢夺老年人、未成年人、孕妇、携带婴幼儿的人、残疾人、丧失劳动能力人的财物的；在医院抢夺病人或者其亲友财物的；抢夺救灾、抢险、防汛、优抚、扶贫、移民、救济款物的；自然灾害、事故灾害、社会安全事件等突发事件期间，在事件发生地抢夺的；导致他人轻伤或者精神失常等严重后果的。特别是注意的是，抢夺行为具有导致他人重伤和导致他人自杀情形的，不需要数额条件，直接以具有“其他严重情节论处”。

根据《抢夺解释》第 4 条规定，抢夺公私财物，具有下列情形之一的，应当认定为《刑法》第 267 条规定的“其他严重情节”：(1) 导致他人死亡的；(2) 具有本解释第 2 条第三项至第十项规定的情形之一，数额达到“数额巨大”50%的。特别是注意的是，抢夺行为具有导致他人死亡情形的，不需要数额条件，直接以具有“其他严重情节论处”。实践中，要将导致他人死亡和导致他人自杀区分开来。导致他人死亡是指抢夺行为直接导致他人死亡，而导致他人自杀一般是指被害人事后自杀。在抢劫犯罪现场，如果被害人为了反抗抢夺而以死抗争，行为人依然实施抢夺行为的，应当认定为抢夺导致他人死亡，而不应认定为抢夺导致他人自杀。

（四）情节与量刑

依照《刑法》第 267 条规定，抢夺数额较大或者多次抢夺的，处 3 年以下有期徒刑、拘役或者管制，并处或者单处罚金；数额巨大或者有其他严重情节的，处 3 年以上 10 年以下有期徒刑，并处罚金；数额特别巨大或者有其他特别严重情节的，处 10 年以上有期徒刑或者无期徒刑，并处罚金或者没收财产。

依照本条第 2 款规定，携带凶器抢夺的，依照《刑法》第 263 条的规定定罪处罚。

具体情节与量刑的对应情况，列表格如下：

量刑档次	对应情节	有关概念解释	附加刑的适用
三年以下有期徒刑、拘役或者管制，并处或者单处罚金	1. 数额较大； 2. 多次抢夺。	1. “数额较大”的起点为 1000 元至 3000 元以上。 2. 抢夺公私财物，具有下列情形之一的，“数额较大”的标准按照前列标准的 50%确定：（1）曾因抢劫、抢夺或者聚众哄抢受过刑事处罚的；（2）一年内曾因抢夺或者哄抢受过行政处罚的；（3）一年内抢夺三次以上的；（4）驾驶机动车、非机动车抢夺的；（5）组织、控制未成年人抢夺的；（6）抢夺老年人、未成年人、孕妇、携带婴幼儿的人、残疾人、丧失劳动能力人的财物的；（7）在医院抢夺病人或者其亲友财物的；（8）抢夺救灾、抢险、防汛、优抚、扶贫、移民、救济款物的；（9）自然灾害、事故灾害、社会安全事件等突发事件期间，在事件发生地抢夺的；（10）导致他人轻伤或者精神失常等严重后果的。 3. 多次抢夺的，不需要数额条件。	1. 判处无期徒刑的，可以并处没收财产，也可以并处罚金；判处有期徒刑的，只能并处罚金。①

① 《全国法院维护农村稳定刑事审判工作座谈会纪要》（法〔1999〕217 号）规定，对法律规定主刑有死刑、无期徒刑和有期徒刑，同时并处没收财产或罚金的，如决定判处死刑，只能并处没收财产；判处无期徒刑的，可以并处没收财产，也可以并处罚金；判处有期徒刑的，只能并处罚金。

续表

量刑档次	对应情节	有关概念解释	附加刑的适用
三年以上十年以下有期徒刑，并处罚金	1. 数额巨大； 2. 有其他严重情节的。	1. “数额巨大”的起点为 3 万元至 8 万元以上。 2. 抢夺公私财物，具有下列情形之一的，应当认定为“其他严重情节”：（1）导致他人重伤的；（2）导致他人自杀的；（3）具有《抢夺解释》第 2 条第（三）项至第（十）项规定的情形之一，数额达到《抢夺解释》第 1 条规定的“数额巨大”50%的。	
十年以上有期徒刑或者无期徒刑，并处罚金或者没收财产	1. 数额特别巨大； 2. 有其他特别严重情节。	1. “数额特别巨大”的起点为 20 万元至 40 万元以上。 2. 抢夺公私财物，具有下列情形之一，应当认定为“其他特别严重情节”：（1）导致他人死亡的；（2）具有《抢夺解释》第 2 条第（三）项至第（十）规定的情形之一，数额达到《抢夺解释》第 1 条规定的“数额特别巨大”50%的。	

司法机关在适用本条规定处罚时，应当注意以下问题：

1. 严格执行本罪的“数额巨大”“数额特别巨大”的标准。“数额巨大”“数额特别巨大”是本罪的加重处罚情节。按照《抢夺解释》第 1 条的规定：抢夺公私财物价值人民币 3 万元至 8 万元以上的，为“数额巨大”；抢夺公私财物价值人民币 20 万元至 40 万元以上的，为“数额特别巨大”。我国幅员辽阔，各省、自治区、直辖市之间，以及各省、自治区、直辖市内不同地区之间的经济发展状况、社会治安状况差异较大，对抢夺罪的数额标准也不应规定得绝对划一。为此，《抢夺解释》规定各省、自治区、直辖市高级人民法院、人民检察院可以在《抢夺解释》第 1 条规定的数额幅度内，分别确定本地区执行的具体数额标准，并报最高人民法院、最高人民法院检察院批准。

2. 掌握从轻处罚的情节。按照《抢夺解释》第 5 条规定，抢夺公私财物数额较大，但未造成他人轻伤以上伤害，行为人系初犯，认罪、悔罪，退赃、退赔，且具有下列情形之一的，可以认定为犯罪情节轻微，不起诉或者免予刑事处罚；必要时，由有关部门依法予以行政处罚：（1）具有法定从宽处罚情节的；（2）没有参与分赃或者获赃较少，且不是主犯的；（3）被害人谅解的；（4）其他情节轻微、危害不大的。这些抢夺行为已经构成犯罪，但行为体现的犯罪人的主观恶性相对较小，根据主客观相统一的刑法适用原则，对这些社会危害性比较轻微的犯罪行为，可以认为不需要判处刑罚。如果情节显著轻微的，也可以不作犯罪处理。

3. 根据《最高人民法院、最高人民检察院关于办理与盗窃、抢劫、诈骗、抢夺机动车相关刑事案件具体应用法律若干问题的解释》第 4 条的规定，实施本解释第 1 条、第 2 条、第 3 条第 1 款或者第 3 款规定的行为，事前与盗窃、抢劫、诈骗、抢夺机动车的犯罪分子通谋的，以盗窃罪、抢劫罪、诈骗罪、抢夺罪的共犯论处。该解释第 1 条规定：明知是盗窃、抢劫、诈骗、抢夺的机动车，实施下列行为之一的，依照《刑法》第 312 条的规定，以掩饰、隐瞒犯罪所得、犯罪所得收益罪定罪，处三年以下有期徒刑、拘役或者管制，并处或者单处罚金：（1）买卖、介绍买卖、典当、拍卖、抵押或者用其抵债的；（2）拆解、拼装或者组装的；（3）修改发动机号、车辆识别代号的；（4）更改车身颜色或者车辆外形的；（5）提供或者出售机动车来历凭证、整车合格证、号牌以及有机动车的其他证明和凭证的；（6）提供或者出售伪造、变造的机动车来历凭证、整车合格证、号牌以及有关机动车的其他证明和凭证的。该解释第 2 条规定：伪造、变造、买卖机动车行驶证、登记证书，累计三本以上的，依照《刑法》第 280 第 1 款的规定，以伪造、变造、买卖国家机关证件罪定罪，处三年以下有期徒刑、拘役、管制或者剥夺政治权利。伪造、变造、买卖机动车行驶证、登记证书，累计达到第一款规定数量标准五倍以上的，属于《刑法》第 280 条第 1 款规定中的“情节严重”，处三年以上十年以下有期徒刑。该解释第 3 条第 1 款规定，国家机关工作人员滥用职权，有下列情形之一，致使盗窃、抢劫、诈骗、抢夺的机动车被办理登记手续，数量达到三辆以上或者价值总额达到三十万元以上的，依照《刑法》第 397 条第 1 款的规定，以滥用职权罪定罪，处三年以下有期徒刑或者拘役：（1）明知是登记手续不全或者不符合规定的机动车而办理登记手续的；（2）指使他人为明知是登记手续不全或者不符合规定的机动车办理登记手续的；（3）违规或者指使他人违规更改、调换车辆档案的；（4）其他滥用职权的行为。该解释第 3 条第 3 款规定，国家机关工作人员实施前两款规定的行为，致使盗窃、抢劫、诈骗、抢夺的机动车被办理登记手续，分别达到前两款规定数量、数额标准五倍以上的，或者明知是盗窃、抢劫、诈骗、抢夺的机动车而办理登记手续的，属于《刑法》第397条第1款规定的“情节特别严重”，处三年以上七年以下有期徒刑。

4. 关于驾驶机动车、非机动车抢夺犯罪的从重处罚。《最高人民法院关于审理抢劫、抢夺刑事案件适用法律若干问题的意见》规定，对于驾驶机动车、非机动车夺取他人财物的，一般以抢夺罪从重处罚。同时规定了应当以抢劫罪定罪处罚的情形。即（1）驾驶车辆，逼挤、撞击或强行逼倒他人以排除他人反抗，乘机夺取财物的；（2）驾驶车辆强抢财物时，因被害人不放手而采取强拉硬拽方法劫取财物的；（3）行为人明知其驾驶车辆强行夺取他人财物的手段会造成他人伤亡的后果，仍然强行夺取并放任造成财物持有人轻伤以上后果的。《抢夺解释》第6条规定，再次规定：驾驶机动车、非机动车夺取他人财物，具有下列情形之一的，应当以抢劫罪定罪处罚：（1）夺取他人财物时因被害人不放手而强行夺取的；（2）驾驶车辆逼挤、撞击或者强行逼倒他人夺取财物的；（3）明知会致人伤亡仍然强行夺取并放任造成财物持有人轻伤以上后果的。上述两个规定的内容实质是一致的。

5. 规范化量刑。最高人民法院《关于常见犯罪的量刑指导意见》对抢夺罪的量刑作了如下规定：（1）构成抢夺罪的，可以根据下列不同情形在相应的幅度内确定量刑起点：①达到数额较大起点的，可以在一年以下有期徒刑、拘役幅度内确定量刑起点。②达到数额巨大起点或者有其他严重情节的，可以在三年到四年有期徒刑幅度内确定量刑起点。③达到数额特别巨大起点或者有其他特别严重情节的，可以在十年至十二年有期徒刑幅度内确定量刑起点。依法应当判处无期徒刑的除外。（2）在量刑起点的基础上，可以根据抢夺数额等其他影响犯罪构成的犯罪事实增加刑罚量，确定基准刑。

6. 抢夺罪中的“其他严重情节”与抢夺“数额巨大”并存或者“其他特别严重情节”与抢夺“数额特别巨大”并存时，或者具有多个“其他严重情节”“其他特别严重情节”的，该如何量刑？在这种情况下，原则上应以“抢夺数额巨大”“抢夺数额特别巨大”作为确定量刑基准的事实依据，“其他严重情节”“其他特别严重情节”一般应用来增加刑罚量的依据。这主要是因为抢夺犯罪属于财产性犯罪，其社会危害性主要在犯罪数额上，犯罪数额是反映抢夺罪社会危害性的主要标尺之一。有意见提出，抢夺导致他人重伤、死亡的，其社会危害性重于犯罪数额，应当将“导致他人重伤”“导致他人死亡”作为基本犯罪构成事实用来确定量刑起点。本书认为，根据刑法规定，抢夺罪“其他严重情节”中的“导致他人重伤”情节，“其他特别严重情节”中的“导致他人死亡情节”，应理解为过失致人重伤、过失致人死亡。行为人抢夺数额特别巨大，且导致被害人死亡的，构成抢夺罪（在第三个法定刑幅度内量刑）与过失致人死亡罪的想象竞合犯罪，应从一重罪论处。由于数额特别巨大的抢夺罪的法定刑重于过失致人死亡罪的法定刑，故应以抢夺罪定罪量刑。据此可以看出，数额特别巨大的抢夺罪的社会危害性一般要重于过失致人死亡罪，同理，数额巨大的抢夺罪的社会危害性一般也要重于过失致人重伤罪。以抢夺“数额巨大”“数额特别巨大”作为确定量刑起点的事实依据较为合理。

（五）法规链接

1. 最高人民法院、最高人民检察院关于办理抢夺刑事案件适用法律若干问题的解释（法释〔2013〕25号　自2013年11月18日起施行）

为依法惩治抢夺犯罪，保护公私财产，根据《中华人民共和国刑法》的有关规定，现就办理此类刑事案件适用法律的若干问题解释如下：

第一条　抢夺公私财物价值一千元至三千元以上、三万元至八万元以上、二十万元至四十万元以上的，应当分别认定为刑法第二百六十七条规定的“数额较大”“数额巨大”“数额特别巨大”。

各省、自治区、直辖市高级人民法院、人民检察院可以根据本地区经济发展状况，并考虑社会治安状况，在前款规定的数额幅度内，确定本地区执行的具体数额标准，报最高人民法院、最高人民检察院批准。

第二条　抢夺公私财物，具有下列情形之一的，“数额较大”的标准按照前条规定标准的百分之五十确定：

（一）曾因抢劫、抢夺或者聚众哄抢受过刑事处罚的；

（二）一年内曾因抢夺或者哄抢受过行政处罚的；

（三）一年内抢夺三次以上的；

（四）驾驶机动车、非机动车抢夺的；

（五）组织、控制未成年人抢夺的；

（六）抢夺老年人、未成年人、孕妇、携带婴幼儿的人、残疾人、丧失劳动能力人的财物的；

（七）在医院抢夺病人或者其亲友财物的；

（八）抢夺救灾、抢险、防汛、优抚、扶贫、移民、救济款物的；

（九）自然灾害、事故灾害、社会安全事件等突发事件期间，在事件发生地抢夺的；

（十）导致他人轻伤或者精神失常等严重后果的。

第三条　抢夺公私财物，具有下列情形之一的，应当认定为刑法第二百六十七条规定的“其他严重情节”：

（一）导致他人重伤的；

（二）导致他人自杀的；

（三）具有本解释第二条第三项至第十项规定的情形之一，数额达到本解释第一条规定的“数额巨大”百分之五十的。

第四条　抢夺公私财物，具有下列情形之一的，应当认定为刑法第二百六十七条规定的“其他特别严重情节”：

（一）导致他人死亡的；

（二）具有本解释第二条第三项至第十项规定的情形之一，数额达到本解释第一条规定的“数额特别巨大”百分之五十的。

第五条　抢夺公私财物数额较大，但未造成他人轻伤以上伤害，行为人系初犯，认罪、悔罪，退赃、退赔，且具有下列情形之一的，可以认定为犯罪情节轻微，不起诉或者免予刑事处罚；必要时，由有关部门依法予以行政处罚：

（一）具有法定从宽处罚情节的；

（二）没有参与分赃或者获赃较少，且不是主犯的；

（三）被害人谅解的；

（四）其他情节轻微、危害不大的。

第六条　驾驶机动车、非机动车夺取他人财物，具有下列情形之一的，应当以抢劫罪定罪处罚：

（一）夺取他人财物时因被害人不放手而强行夺取的；

（二）驾驶车辆逼挤、撞击或者强行逼倒他人夺取财物的；

（三）明知会致人伤亡仍然强行夺取并放任造成财物持有人轻伤以上后果的。

第七条　本解释公布施行后，《最高人民法院关于审理抢夺刑事案件具体应用法律若干问题的解释》（法释〔2002〕18号）同时废止；之前发布的司法解释和规范性文件与本解释不一致的，以本解释为准。

2. 最高人民法院、最高人民检察院关于办理与盗窃、抢劫、诈骗、抢夺机动车相关刑事案件具体应用法律若干问题的解释（法释〔2007〕11号　自2007年5月11日起施行）（节录）

第四条　实施本解释第一条、第二条、第三条第一款或者第三款规定的行为，事前与盗窃、抢劫、诈骗、抢夺机动车的犯罪分子通谋的，以盗窃罪、抢劫罪、诈骗罪、抢夺罪的共犯论处。

3. 最高人民法院关于审理抢劫、抢夺刑事案件适用法律若干问题的意见（法发〔2005〕8号　自2005年7月16日起施行）（节录）

四、关于“携带凶器抢夺”的认定

《抢劫解释》第6条规定，“携带凶器抢夺”，是指行为人随身携带枪支、爆炸物、管制刀具等国家禁止个人携带的器械进行抢夺或者为了实施犯罪而携带其他器械进行抢夺的行为。行为人随身携带国家禁止个人携带的器械以外的其他器械抢夺，但有证据证明该器械确实不是为了实施犯罪准备的，不以抢劫罪定罪；行为人将随身携带凶器有意加以显示、能为被害人察觉到的，直接适用刑法第二百六十三条的规定定罪处罚；行为人携带凶器抢夺后，在逃跑过程中为窝藏赃物、抗拒抓捕或者毁灭罪证而当场使用暴力或者以暴力相威胁的，适用刑法第二百六十七条第二款的规定定罪处罚。

五、关于转化抢劫的认定

行为人实施盗窃、诈骗、抢夺行为，未达到“数额较大”，为窝藏赃物、抗拒抓捕或者毁灭罪证当场使用暴力或者以暴力相威胁，情节较轻、危害不大的，一般不以犯罪论处；但具有下列情节之一的，可依照刑法第二百六十九条的规定，以抢劫罪定罪处罚；

（1）盗窃、诈骗、抢夺接近“数额较大”标准的；

（2）入户或在公共交通工具上盗窃、诈骗、抢夺后在户外或交通工具外实施上述行为的；

（3）使用暴力致人轻微伤以上后果的；

（4）使用凶器或以凶器相威胁的；

（5）具有其他严重情节的。

十一、驾驶机动车、非机动车夺取他人财物行为的定性

对于驾驶机动车、非机动车（以下简称“驾驶车辆”）夺取他人财物的，一般以抢夺罪从重处罚。但具有下列情形之一，应当以抢劫罪定罪处罚：

（1）驾驶车辆，逼挤、撞击或强行逼倒他人以排除他人反抗，乘机夺取财物的；

（2）驾驶车辆强抢财物时，因被害人不放手而采取强拉硬拽方法劫取财物的；

（3）行为人明知其驾驶车辆强行夺取他人财物的手段会造成他人伤亡的后果，仍然强行夺取并放任造成财物持有人轻伤以上后果的。

4. 最高人民法院关于审理抢劫刑事案件适用法律若干问题的指导意见（法发〔2016〕2号　自2016年1月6日起施行）（节录）

根据刑法第二百六十九条的规定，“犯盗窃、诈骗、抢夺罪，为窝藏赃物、抗拒抓捕或者毁灭罪证而当场使用暴力或者以暴力相威胁的”，依照抢劫罪定罪处罚。“犯盗窃、诈骗、抢夺罪”，主要是指行为人已经着手实施盗窃、诈骗、抢夺行为，一般不考察盗窃、诈骗、抢夺行为是否既遂。但是所涉财物数额明显低于“数额较大”的标准，又不具有《最高人民法院关于审理抢劫、抢夺刑事案件适用法律若干问题的意见》第五条所列五种情节之一的，不构成抢劫罪。“当场”是指在盗窃、诈骗、抢夺的现场以及行为人刚离开现场即被他人发现并抓捕的情形。

对于以摆脱的方式逃脱抓捕，暴力强度较小，未造成轻伤以上后果的，可不认定为“使用暴力”，不以抢劫罪论处。

入户或者在公共交通工具上盗窃、诈骗、抢夺后，为了窝藏赃物、抗拒抓捕或者毁灭罪证，在户内或者公共交通工具上当场使用暴力或者以暴力相威胁的，构成“入户抢劫”或者“在公共交通工具上抢劫”。

两人以上共同实施盗窃、诈骗、抢夺犯罪，其中部分行为人为窝藏赃物、抗拒抓捕或者毁灭罪证而当场使用暴力或者以暴力相威胁的，对于其余行为人是否以抢劫罪共犯论处，主要看其对实施暴力或者以暴力相威胁的行为人是否形成共同犯意、提供帮助。基于一定意思联络，对实施暴力或者以暴力相威胁的行为人提供帮助或实际成为帮凶的，可以抢劫共犯论处。

5. 最高人民法院关于审理掩饰、隐瞒犯罪所得、犯罪所得收益刑事案件适用法律若干问题的解释（法释〔2015〕11号　自2015年6月1日起施行）（节录）

第五条　事前与盗窃、抢劫、诈骗、抢夺等犯罪分子通谋，掩饰、隐瞒犯罪所得及其产生的收益的，以盗窃、抢劫、诈骗、抢夺等犯罪的共犯论处。

第六条 对犯罪所得及其产生的收益实施盗窃、抢劫、诈骗、抢夺等行为，构成犯罪的，分别以盗窃罪、抢劫罪、诈骗罪、抢夺罪等定罪处罚。

6. 最高人民法院、最高人民检察院关于办理寻衅滋事刑事案件适用法律若干问题的解释（法释〔2013〕18号 自2013年7月22日起施行）（节录）

第七条 实施寻衅滋事行为，同时符合寻衅滋事罪和故意杀人罪、故意伤害罪、故意毁坏财物罪、敲诈勒索罪、抢夺罪、抢劫罪等罪的构成要件的，依照处罚较重的犯罪定罪处罚。

7. 最高人民法院关于贯彻宽严相济刑事政策的若干意见（法发〔2010〕9号 自2010年2月8日起施行）（节录）

贯彻宽严相济刑事政策，必须毫不动摇地坚持依法严惩严重刑事犯罪的方针。对于危害国家安全犯罪、恐怖组织犯罪、邪教组织犯罪、黑社会性质组织犯罪、恶势力犯罪、故意危害公共安全犯罪等严重危害国家政权稳固和社会治安的犯罪，故意杀人、故意伤害致人死亡、强奸、绑架、拐卖妇女儿童、抢劫、重大抢夺、重大盗窃等严重暴力犯罪和严重影响人民群众安全感的犯罪，走私、贩卖、运输、制造毒品等毒害人民健康的犯罪，要作为严惩的重点，依法从重处罚。尤其对于极端仇视国家和社会，以不特定人为侵害对象，所犯罪行特别严重的犯罪分子，该重判的要坚决依法重判，该判处死刑的要坚决依法判处死刑。

8. 全国部分法院审理毒品犯罪案件工作座谈会纪要（法〔2008〕324号 自2008年12月1日起施行）（节录）

盗窃、抢夺、抢劫毒品的，应当分别以盗窃罪、抢夺罪或者抢劫罪定罪，但不计犯罪数额，根据情节轻重予以定罪量刑。盗窃、抢夺、抢劫毒品后又实施其他毒品犯罪的，对盗窃罪、抢夺罪、抢劫罪和所犯的具体毒品犯罪分别定罪，依法数罪并罚。走私毒品，又走私其他物品构成犯罪的，以走私毒品罪和其所犯的其他走私罪分别定罪，依法数罪并罚。

9. 最高人民法院关于审理未成年人刑事案件具体应用法律若干问题的解释（法释〔2006〕1号 自2006年1月23日起施行）（节录）

第十条 已满十四周岁不满十六周岁的人盗窃、诈骗、抢夺他人财物，为窝藏赃物、抗拒抓捕或者毁灭罪证，当场使用暴力，故意伤害致人重伤或者死亡，或者故意杀人的，应当分别以故意伤害罪或者故意杀人罪定罪处罚。

已满十六周岁不满十八周岁的人犯盗窃、诈骗、抢夺罪，为窝藏赃物、抗拒抓捕或者毁灭罪证而当场使用暴力或者以暴力相威胁的，应当依照刑法第二百六十九条的规定定罪处罚；情节轻微的，可不以抢劫罪定罪处罚。

10. 中华人民共和国军事设施保护法（1990年2月23日第七届全国人民代表大会常务委员会第十二次会议通过　根据2009年8月27日第十一届全国人民代表大会常务委员会第十次会议《关于修改部分法律的决定》第一次修正　根据2014年6月27日第十二届全国人民代表大会常务委员会第九次会议《关于修改〈中华人民共和国军事设施保护法〉的决定》第二次修正）（节录）

第四十六条　有下列行为之一，构成犯罪的，依法追究刑事责任：

（一）破坏军事设施的；

（二）盗窃、抢夺、抢劫军事设施的装备、物资、器材的；

（三）泄露军事设施秘密的，或者为境外的机构、组织、人员窃取、刺探、收买、非法提供军事设施秘密的；

（四）破坏军用无线电固定设施电磁环境，干扰军用无线电通讯，情节严重的；

（五）其他扰乱军事禁区、军事管理区管理秩序和危害军事设施安全的行为，情节严重的。

11. 中华人民共和国渔业法（1986年1月20日第六届全国人民代表大会常务委员会第十四次会议通过　根据2000年10月31日第九届全国人民代表大会常务委员会第十八次会议《关于修改〈中华人民共和国渔业法〉的决定》第一次修正　根据2004年8月28日第十届全国人民代表大会常务委员会第十一次会议《关于修改〈中华人民共和国渔业法〉的决定》第二次修正　根据2009年8月27日第十一届全国人民代表大会常务委员会第十次会议《关于修改部分法律的决定》第三次修正　根据2013年12月28日第十二届全国人民代表大会常务委员会第六次会议《关于修改〈中华人民共和国海洋环境保护法〉等七部法律的决定》第四次修正）（节录）

第三十九条　偷捕、抢夺他人养殖的水产品的，或者破坏他人养殖水体、养殖设施的，责令改正，可以处二万元以下的罚款；造成他人损失的，依法承担赔偿责任；构成犯罪的，依法追究刑事责任。

12. 中华人民共和国矿产资源法（1986年3月19日第六届全国人民代表大会常务委员会第十五次会议通过　根据1996年8月29日第八届全国人民

代表大会常务委员会第二十一次会议《关于修改〈中华人民共和国矿产资源法〉的决定》修正）（节录）

第四十一条 盗窃、抢夺矿山企业和勘查单位的矿产品和其他财物的，破坏采矿、勘查设施的，扰乱矿区和勘查作业区的生产秩序、工作秩序的，分别依照刑法有关规定追究刑事责任；情节显著轻微的，依照治安管理处罚条例有关规定予以处罚。

五、聚众哄抢罪

（一）法律规定

第二百六十八条 聚众哄抢公私财物，数额较大或者有其他严重情节的，对首要分子和积极参加的，处三年以下有期徒刑、拘役或者管制，并处罚金；数额巨大或者有其他特别严重情节的，处三年以上十年以下有期徒刑，并处罚金。

（二）罪名详解

聚众哄抢罪，是指以非法占有为目的，聚集多人，采用哄闹、滋扰等方法，公然抢走公私财物，数额较大或者有其他严重情节的行为。

本罪 1979 年刑法没有规定，1990 年 9 月 7 日颁布的《铁路法》第 64 条规定，对于“聚众哄抢铁路运输物资的”，以抢夺罪论处。《铁路法》[①] 第 64 条第 1 款规定：“聚众哄抢铁路运输物资的，对首要分子和骨干分子依照《刑法》第 151 条或者第 152 条的规定追究刑事责任”[②]。1. 聚众哄抢铁路运输物资的，对首要分子和骨干分子应当以抢夺罪，依照《刑法》第 151 条或者第 152 条的规定追究刑事责任，一般应从重处罚。犯罪分子如果在哄抢铁路运输物资过程中使用暴力或者以暴力相威胁，或者为窝藏赃物、抗拒逮捕、毁灭

---

① 《铁路法》于 1990 年 9 月 7 日第七届全国人民代表大会常务委员会第十五次会议通过，并于 2009 年 8 月 27 日第一次修正，2015 年 4 月 24 日第二次修正。

② 1979 年《刑法》第 151 条：盗窃、诈骗、抢夺公私财物数额较大的，处五年以下有期徒刑、拘役或者管制。第 152 条：惯窃、惯骗或者盗窃、诈骗、抢夺公私财物数额巨大的，处五年以上十年以下有期徒刑；情节特别严重的，处十年以上有期徒刑或者无期徒刑，可以并处没收财产。

罪证而当场使用暴力或者以暴力相威胁的，应当以抢劫罪论处，从重处罚。2. 上述犯罪中的“首要分子”，是指在聚众哄抢铁路运输物资的犯罪中，起组织、策划、指挥作用的犯罪分子；“骨干分子”，是指在聚众哄抢铁路运输物资的犯罪中，除首要分子之外，其他起主要作用的犯罪分子，如带头哄抢铁路运输物资的，哄抢铁路运输物资数量较大的犯罪分子等。1997 年刑法增设了此罪名，不再以抢夺罪或者抢劫罪论处。

聚众哄抢罪的构成要件是：

1. 主体要件

犯罪主体为哄抢公私财物的首要分子和积极参加者。“首要分子”，一般是指在聚众哄抢犯罪中起组织、策划、指挥等主要作用的犯罪分子；“积极参加的”，一般是指在聚众哄抢中表现积极，对造成哄抢公私财物的危害后果起骨干和带头作用，哄抢财物较多的犯罪分子。对多数的一般参与者，刑法没有将其作为犯罪主体规定，主要是考虑到他们是在不明真相的情况下参加的，或者是由于某种原因追随他人进行的。对这些一般参与人员可以通过行政处罚和思想教育解决。①

2. 主观要件

主观方面由直接故意构成，并且故意的内容是以非法占有公私财物为主要目的。

3. 客体要件

本罪侵犯的客体是复杂客体，即不仅侵犯了公私财物的所有权，而且侵犯了社会的正常管理秩序，但主要侵犯的是公私财物的所有权。侵犯的对象仅限于有形的、动产的公私财物。

4. 客观要件

客观方面表现为聚集、纠合多人，采用哄闹、滋扰等方法，一哄而起地公然抢走公私财物，数额较大或者有其他严重情节的行为。包括两个方面，缺一不可。

（1）聚众哄抢。“聚众”是这种犯罪的组织形式。“聚众性”和“公然性”是聚众哄抢罪在客观方面的显著特征。“聚众性”，是指实际实施哄抢行为的

---

① 王爱立主编：《中华人民共和国刑法解读（第四版）》，中国法制出版社 2015 年 10 月第 4 版，第 624 页。

人一般至少在三人以上，多则几十人、上百人，甚至上千人；“公然性”，是指行为人当着公私财物的合法所有者、保管者或者守护者的面，公开地将财物抢走。

（2）数额较大或有其他严重情节。“数额较大或者有其他严重情节的”，是构成本罪在客观方面必须择一具备的要件。根据法律规定，聚众哄抢的行为，除需符合以上构成要件外，还必须达到“数额较大或者有其他严重情节”的，才构成犯罪，二者必具其一。何谓“数额较大”或者“有其他严重情节”，有待司法机关作出解释。在司法解释出台前，各省高院可以根据本地的社会治安形势和经济发展情况作出一个相对明确的规定。由于本罪是聚众刑犯罪，一般情况下，数额高于盗窃等可以单人实施犯罪的数额。而其他严重情节，也可以参照盗窃罪、抢夺罪的其他严重情节。

（三）实务疑难问题

1. 罪与非罪的认定

本罪的认定应当注意两个方面，一是行为本身是否构成，即是否达到数额较大或者有其他严重情节的，哄抢行为情节一般，哄抢财物数额较小的，属于一般违法行为，不能以聚众哄抢罪论处；二是行为人是否为适格主体。法律规定只对首要分子和积极参加者以犯罪处理，而对于一般参与者，不以犯罪处理。

2. 划清本罪与抢劫罪的界限

（1）犯罪主体不同。前者是特殊主体；而后者是一般主体，已满 14 周岁的人也可以成为抢劫罪的主体。（2）客观方面表现不同。前者是必要共犯，即至少三人以上才能实施，且实施过程中暴力特征不明显；而后者可以由单个人进行，且实施犯罪过程中大多数表现为暴力特征。两者最本质的区别在于：抢劫罪的手段行为表现为对财物的所有者、保管者或守护者当场使用暴力、胁迫或者其他方法，立即抢走财物或者迫使其交出财物的行为，其手段的基本特征表现为使财物的所有者、保管者、守护者不敢反抗，不能反抗或者不知反抗而获取财物；而聚众哄抢罪的客观方表现为利用“哄闹”、“骚扰”，一哄而上地抢占财物。它与抢劫罪的本质区别在于其抢占行为的非暴力性。虽然在某些聚众哄抢犯罪活动中可能伴随着哄抢参与者企图排除公私财物所有者、守护者、保管者的制止而采用推搡等武力行为，但这种武力行为不是哄抢人所要采用的必要手段，只不过是在哄抢时希望借此获取财物。这与抢劫罪使用的暴力手段具有本质的区别：抢劫罪使用暴力手段的目的是明确的，有预谋的；而聚众哄抢行为的本质在于使公私财物的所有人、保管人、看护人手足无措、无法阻止，从而形成有利的哄抢局面趁机抢走财物，不像抢劫罪那样以暴力或者暴力相威胁为后盾而抢占财物。但是对于在聚众哄抢过程中公开使用暴力，企图排除财物所有人、保管人、守护人的反抗以强占财物的，并由于其暴力行为而促成大批公私财物被哄抢，对其中使用暴力手段的行为人应以抢劫罪追究刑事责任。

3. 划清本罪与抢夺罪的区别

（1）犯罪主体不同。前者是特殊主体，即只能由实施聚众哄抢犯罪行为的首要分子和积极参加者构成；而后者则是一般主体。（2）侵犯的客体不同。前者是复杂客体，不仅侵犯了公私财产所有权，而且妨害了社会管理秩序；而后者则是单一客体，只是侵犯了公私财产所有权。（3）客观方面不同。表现在三个方面。一是聚众哄抢罪必须要求是聚众进行哄抢，即在人数上有所限制，必须是三人以上实施，事实上往往会更多；而抢夺罪对人数没有限制，可以由一个人实施，也可以由多人共同实施。二是行为方式上，聚众哄抢原因是侧重于“哄”字，即以“哄”闹、“哄”吵为手段一哄而上进行抢占；而抢夺罪侧重于“夺”字，往往表现为公然夺取，一夺就跑，且通常表现为乘人不备。三是客观后果上，由于聚众哄抢罪参与人员众多，往往所抢得的财物数额巨大，所造成的损失严重，而抢夺罪则不一定具有此种后果。

4. 划清本罪与聚众“打砸抢”行为的区别

1979 年刑法中，聚众“打砸抢”本是一个独立的罪名，1997 年修订刑法时取消的独立罪名的规定，但仍在第 289 条作了提示性规定：聚众“打砸抢”，致人伤残、死亡的，依照本法第 234 条、232 条规定处罚。抢走公私财物的，除判令退赔外，对首要分子，依照本法第 263 条的规定定罪处罚。因此，聚众“打砸抢”行为构成犯罪的，分别依照故意伤害罪、故意杀人罪、抢劫罪定罪处罚。聚众哄抢罪与聚众“打砸抢”行为，二者的共同点在于聚众众人，但聚众哄抢罪一般只是聚众多人抢夺公私财物，一般不使用暴力手段，即使使用轻微暴力手段，也不针对人身。但聚众“打砸抢”行为则是聚众多人又打又砸又抢，是一种破坏性更为强烈的严重犯罪，暴力色彩极为明显。

（四）情节与量刑

依照《刑法》第 268 条规定，犯聚众哄抢罪的，对首要分子和积极参加的，处 3 年以下有期徒刑、拘役或者管制，并处罚金；数额巨大或者有其他特别严重情节的，处 3 年以上 10 年以下有期徒刑，并处罚金。

具体情节与量刑的对应情况，列表格如下：

量刑档次	对应情节	有关概念解释	备注
三年以下有期徒刑、拘役或者管制，并处罚金	1. 数额较大 2. 其他严重情节	1. “数额较大”的起点一般参照盗窃罪、抢夺罪的数额。 2. 其他严重情节的认定，参照盗窃罪、抢夺罪的有关规定。如（1）曾因聚众哄抢受过刑事处罚的；（2）一年内曾因哄抢受过行政处罚的；（3）一年内聚众哄抢三次以上的；（4）组织、控制未成年人哄抢的；（5）聚众哄抢救灾、抢险、防汛、优抚、扶贫、移民、救济款物的；（6）自然灾害、事故灾害、社会安全事件等突发事件期间，在事件发生地聚众哄抢的；（7）导致他人轻伤或者精神失常等严重后果的。	本罪只处罚首要分子和其他积极参加人员
三年以上十年以下有期徒刑，并处罚金	1. 数额巨大 2. 有其他特别严重情节的	1. “数额巨大”的起点一般参照盗窃罪、抢夺罪的数额。 2. 聚众哄抢，具有下列情形之一的，可以认定为“其他严重情节”（1）导致他人重伤的；（2）导致他人自杀的；（3）具有其他严重情节，数额接近巨大的。	

司法机关在适用本条时，应当注意下列问题：

1. 严格执行本罪的处罚范围。按照刑法规定，本罪只处罚首要分子和积极参加者，对一般参加者不进行刑事处罚。我国刑法对聚众刑犯罪有四种处罚方法，一是对所有的参加者都做入罪处理，但在量刑档次做出轻重区分。例如《刑法》第 104 条武装叛乱、暴乱罪规定：“组织、策划、实施武装叛乱或者武装暴乱的，对首要分子或者罪行重大的，处无期徒刑或者十年以上有期徒刑；对积极参加的，处三年以上十年以下有期徒刑；对其他参加的，处三年以下有期徒刑、拘役、管制或者剥夺政治权利。”在此，所有的聚众参与者都是犯罪主体。二是对部分参与者做入罪处理，并对入罪的参与者做量刑上的区分。例如《刑法》第 290 条聚众扰乱社会秩序罪规定：“聚众扰乱社会秩序，情节严重，致使工作、生产、营业和教学、科研无法进行，造成严重损失的，对首要分子，处三年以上七年以下有期徒刑；对其他积极参加的，处三年以下有期徒刑、拘役、管制或者剥夺政治权利。”在此，仅有首要分子和积极参加者需要承担刑事责任，其他参与者不是犯罪主体。三是仅将首要分子做入罪处理，如《刑法》第 291 条聚众扰乱公共场所秩序、交通秩序罪规定：“聚众扰乱车站……，情节严重的，对首要分子，处五年以下有期徒刑、拘役或者管制。”在此情况下，仅有首要分子是犯罪主体，其他参与者不属于犯罪主体。四是对部分参与者做入罪处理，但对入罪的参与者在量刑上不作区分，而是由司法人员根据犯罪分子在犯罪中所起的地位、作用和具体犯罪情节、后果进行处罚。聚众哄抢罪就属于第四种类型。

2. 聚众哄抢罪中的“其他严重情节”与聚众哄抢“数额较大”并存或者“其他特别严重情节”与聚众哄抢“数额巨大”并存时，或者具有多个“其他严重情节”“其他特别严重情节”的，该如何量刑？在这种情况下，原则上应以“聚众哄抢数额较大”“聚众哄抢数额巨大”作为确定量刑基准的事实依据，“其他严重情节”“其他特别严重情节”一般应用来增加刑罚量的依据。这主要是因为聚众哄抢犯罪属于财产刑犯罪，其社会危害性主要在犯罪数额上，犯罪数额是反映聚众哄抢罪社会危害性的主要标尺之一。有意见提出，聚众哄抢导致他人重伤、死亡的，其社会危害性重于犯罪数额，应当将“导致他人重伤”“导致他人死亡”作为基本犯罪构成事实用来确定量刑起点。本书认为，根据刑法规定，聚众哄抢罪“其他严重情节”中的“导致他人重伤”情节，“其他特别严重情节”中的“导致他人死亡情节”，应理解为过失致人重伤、过失致人死亡。行为人聚众哄抢数额巨大，且导致被害人死亡的，构成聚众哄抢罪（在第二个法定刑幅度内量刑）与过失致人死亡罪的想象竞合犯罪，应从一重罪论处。由于数额巨大的聚众哄抢罪的法定刑重于过失致人死亡罪的法定刑，故应以聚众哄抢罪定罪量刑。据此可以看出，数额巨大的聚众哄抢罪的社会危害性一般要重于过失致人死亡罪，同理，数额较大的聚众哄抢罪的社会危害性一般也要重于过失致人重伤罪。以抢夺“数额较大”“数额巨大”作为确定量刑起点的事实依据较为合理。

3. 正确认定“其他严重情节”。这里的其他严重情节，不应仅理解为是首要分子和积极参加者人人行为所具备的某种严重情形，而应当理解为整个哄抢犯罪活动所具备或造成的其他严重情形。聚众哄抢的首要分子或者积极参加者可能并不具备某些严重情节，但是整个哄抢行为所造成的可能是极其严重的，如造成社会程序的大范围混乱。对于哄抢行为的整体后果，应当视为首要分子和积极参加者构成犯罪的“其他严重情节。”

4. 正确认定首要分子和积极参加者。聚众哄抢罪中对于首要分子的认定，应主要从其在整个哄抢活动中所起的作用出发进行认定。凡是有鼓励、煽动、组织、策划、指挥、倡议进行哄抢等行为的人员，可以认定为首要分子；没有上述行为，则一般不宜以首要分子论处。对于积极参加者，则要准确把握和理解“积极”二字，不能把所有参加行为均认定为积极参加。通常“积极”行为可以通过某些不同于多数一般、普通参加者的特征相对表现出来，如抢得财物较多、带头哄抢、想方设法消除哄抢的阻碍物（如砸门锁、捅开大门、推开阻拦人员）等。

5. 关于规范化量刑。最高人民法院《关于常见犯罪的量刑指导意见》对聚众哄抢罪的量刑并未有作出规定，这主要是由于此案案件在司法实践中的发案率不高，最高司法机关还未能总结出一套比较完整的量刑规范化方案，有待于在总结经验的基础上再作出详细的规定。在此之前，各高级法院可以根据各地的社会治安状况、经济发展状况等因素，制定适合本省、自治区、直辖市实际情况的量刑规范化标准。在有关规定出台前，司法人员应当根据犯罪的事实、犯罪的性质、情节和对于社会的危害程度，依照刑法和有关司法解释的规定判处刑罚。

（五）法规链接

1. **中华人民共和国铁路法**（1990 年 9 月 7 日第七届全国人民代表大会常务委员会第十五次会议通过　2009 年 8 月 27 日第一次修正　2015 年 4 月 24 日第二次修正）（节录）

第六十四条　聚众哄抢铁路运输物资的，对首要分子和骨干分子依照刑法有关规定追究刑事责任。

铁路职工与其他人员勾结犯前款罪的，从重处罚。

2. 最高人民法院关于审理破坏森林资源刑事案件具体应用法律若干问题的解释（法释〔2000〕36号　自2000年12月11日起施行）（节录）

第十四条　聚众哄抢林木五立方米以上的，属于聚众哄抢“数额较大”；聚众哄抢林木二十立方米以上的，属于聚众哄抢“数额巨大”，对首要分子和积极参加的，依照刑法第二百六十八条的规定，以聚众哄抢罪定罪处罚。

六、侵占罪

（一）法律规定

第二百七十条　将代为保管的他人财物非法占为己有，数额较大，拒不退还的，处二年以下有期徒刑、拘役或者罚金；数额巨大或者有其他严重情节的，处二年以上五年以下有期徒刑，并处罚金。

将他人的遗忘物或者埋藏物非法占为己有，数额较大，拒不交出的，依照前款的规定处罚。

本条罪，告诉的才处理。

（二）罪名详解

侵占罪，是指以非法占有为目的，将代为保管的他人财物或者他人的遗忘物、埋藏物占为己有，数额较大且拒不退还或者拒不交出的行为。

本罪1979年刑法没有规定，司法实践中对这类犯罪行为一般是适用法律类推认定为侵占财产罪（或者侵占他人财产罪）、侵占他人遗忘财物罪。1997年刑法在取消法律类推制度的同时，增设了此罪名。

侵占罪的构成要件是：

1. 主体要件

犯罪主体为一般主体，即年满16周岁且具有刑事责任能力的自然人。

2. 主观要件

本罪的主观方面由直接故意构成，即明知自己占有的财物为他人合法所有，自己有义务将该财物交还他人，但故意拒不退还或者拒不交出。故意的内容是以非法占有为目的。“本罪最大的特点是‘变合法持有为非法所有…。”[①] 这是构成侵占罪的前提条件。“合法持有”，是指以合法的方式取得对他人财物暂时的占有权。

3. 客体要件

本罪侵犯的客体是公私的财产所有权。侵犯的对象必须是代为保管的他人财物或者是他人的遗忘物、埋藏物。“他人”，是仅指自然人，抑或也包括单位？理论界有不同认识。我们认为，1997年刑法所以增设此罪名，就是意图涵盖司法实践中遇到的所有侵害公私财物的行为，理应包括单位在内。“遗忘物”，是指本应携带因遗忘而没有带走的财物。遗忘物不同于遗失物，前者一般是刚刚遗忘，随即想起的财物，遗忘者还记得财物被遗忘的具体地点与时间，拾得者一般也知道失主是谁。而遗失物一般为失主大意丢失的财物，一般失主不知道财物丢失的具体时间与地点，且失去财物的时间相对较长，拾得者一般也不知道失主具体是谁。虽然遗忘物的所有权可能是国家或者单位的，但遗忘者的遗忘行为却属于个人行为，遗忘者应当承担赔偿遗忘物的责任。“埋藏物”，是指为隐藏而埋于地下的财物。一般而言，国家或者单位不存在埋藏物。虽然有些公共财物可能由于某种特殊原因需要埋于地下，但绝不是单纯为了隐藏，所以，这类财物不属于埋藏物。埋藏物不同于地下的文物。文物一般属于国家所有，文物不属于本罪侵犯的对象。

4. 客观要件

本罪客观方面表现为将他人委托自己代为保管的财物，或者拾得的他人的遗忘物，或者发掘出的他人的埋藏物非法占为己有，数额较大且拒不退还或者拒不交出的行为。具体地说，下列同时具备下列要件：

（1）将他人委托自己代为保管的财物或者他人的遗忘物或者埋藏物非法占为己有。不宜“将代为保管的他人财物”，仅仅作字面的理解，还应当包括司法实践中发生的代购物品、代售物品、代转财物或者代收财物等行为在内。这里所说的代为保管或者拾得遗忘物，必须是通过正当、善意、合法的手段，持有他人的财物的行为，这是构成本罪的重要前提，也是本罪区别于其他犯罪的重要特征。如果不是通过正当、善意、合法的手段持有该财物即持有财

---

① 参见高铭暄、马克昌主编：《刑法学》（第二版），北京大学出版社、高等教育出版社2005年版，第569页。

物具有非法性，则不可能构成本罪。

（2）数额较大。

（3）拒不退还或者拒不交出。

（4）财物所有人向法院提出控告。

（三）实务疑难问题

1. 划清罪与非罪的界限。

虽然具有侵占行为，但下列情况下，仍然不构成侵占罪。

（1）侵占他人财物，未达到数额较大的。数额较大的标准，目前尚无司法解释，但一般情况下，不能低于盗窃罪、诈骗罪的犯罪构成数额。如上海市规定，侵占罪数额较大的标准为2万元以上20万元以下。20万元以上的属于数额巨大。如果数额较小，即使拒不退还或者拒不交出，也不构成犯罪，可按民事纠纷处理。

（2）财物所有人请求归还后即退还的。这里对退还的时间也是有要求的，不能太宽也不能太严，也没有财物所有人请求次数的限制。财物所有人无论是通过自己或者委托他人请求行为人退还，甚至通过报警的形式经过民警出面退还的，都不能认定为“拒不退还”的。财物所有人向法院提起诉讼的前提必须是行为人具有拒不退还的行为，不然，法院应裁定不予受理或者驳回起诉。在财物所有人起诉后，法院作出宣判前，如果行为人退还，起诉人愿意接受退还并撤回诉讼的，人民法院应当在查明撤诉行为确系自愿、合法的前提下，作出准予撤诉的裁定。在这种情况下，对行为人也不以犯罪处理。

（3）侵占遗失物的，不构成侵占罪。刑法只规定侵占遗忘物，而没有规定侵占遗失物。本书观点是：遗忘物不包括遗失物。《刑法》第270条中的“遗忘物”与《中华人民共和国民法通则》（以下简称《民法通则》）第79条第2款规定的“遗失物”是有区别的。这里所指的“遗忘物”，主要是针对行为人合法占有的他人遗忘的财产，如他人存放在自己家中的钱财、他人委托代为保管的财物等，即行为人对这些财物的占有或持有不是非法的，是在合法占有或持有后才出现的他人遗忘的情况。而对他人“遗失物”的占有不存在合法的问题，因为《民法通则》明确规定，拾得遗失物，当归还失主。这说明“遗失物”的所有权不是拾得人所有，而是遗失人所有，拾得人占有遗失人的财物没有法律上的根据，是不合法的，这就将“遗失物”与《刑法》

第 270 条规定的“合法持有的他人遗忘物”明显区别开来。所以，《刑法》第 270 条中的“遗忘物”不应当包括遗失物。按照《民法通则》的规定，拾得遗失物，应当归还失主，由民事法律关系来调整，而侵占遗忘物，则应当追究刑事责任。

2. 正确认定拒不退还或者拒不交出的行为。

在具体认定时，应当区分不同情况：

（1）如果当保管物的委托人、遗忘物的遗忘者、埋藏物的埋藏者或者他们的代理人、继承人向行为人明确提出交还主张，并且举有证据证明该财物属于其合法所有时，行为人无视证据，公然加以明确拒绝的，即应认定为拒不退还或者拒不交出的行为；

（2）如果行为人在财物所有人明确提出交还主张时，虽承认了其主张并答应交还，但在其后又擅自处理了该财物，致使无法实际交还的，也应认定为属于拒不退还或者拒不交出的行为；

（3）如果行为人虽有非法侵占的行为，但最终还是退还或者交出了其侵占的财物，则不能视为构成本罪；

（4）如果行为人在合法所有者明确提出交还主张之前，已经处理了该财物，事后也承认并答应赔偿的，则不能以犯罪论处。

3. 划清本罪与盗窃罪的界限。

侵占罪与盗窃罪的区别，主要表现在以下几个方面：一是行为人非法占有的行为目的有区别。盗窃罪的非法占有目的发生于盗窃行为实施之前，即先有犯罪目的然后才采取盗窃行为；而侵占罪的非法占有目的一般发生在行为人首先取得对他人财产的合法占有行为后，再将原来的合法占有行为转化为非法占有行为。二是犯罪的行为方式不同。犯盗窃罪的行为人采取的是秘密窃取的方法，财物所有权人一般也不知道自己的财物被谁占有，没有要求非法占有人进行退还的前提条件；而侵占罪的行为人所采用的行为方式则是将原先已经合法持有的他人财物转变为非法占有，相对于盗窃罪来说，其行为方式较为缓和，且财物所有权人也知道自己财物的去向，具有索回财物的目标，据此，法律才规定侵占罪的行为人必须具有“拒不退还”这一情节时才构成犯罪。三是犯罪对象不同。盗窃罪侵犯的对象是不特定的，包括一切公私财物；而侵占罪的犯罪对象是特定的，即合法取得的代为保管的他人财物，包括动产和不动产。四是告诉的形式不同。盗窃罪属于国家必须依法予以追诉的案件，只要行为人实施了犯罪，无论是否有被害人或者相关人提起诉讼，司法机关都必须主动追究犯罪；而侵占罪则属于告诉才处理的犯罪，如果没有被害人或者被害单位的告诉，司法机关一般不主动追究犯罪。

4. 拾得他人信用卡拒不归还的行为是否构成侵占罪?

从刑法的规定看，侵占罪有三种表现形式：（1）侵占代为保管的他人财物；（2）侵占他人遗忘物；（3）侵占他人埋藏物。所谓遗忘物，是指非出于占有人或所有人之本意，偶然失去其占有之动产。遗忘物中之“物”，一般是指可进行交易，价值和价格都明显之物。如果非法占有人不归还原所有人，就实际上取得了对这部分财产所有权的使用、支配和占有权，如果再拒不归还，就构成了侵占行为。但信用卡不是具有明显财产价值和价格的遗忘物，因为虽然拾到了信用卡，但只要捡拾人不去查询或使用，信用卡的价值就不会实现，原持卡人也不会丧失对这部分财产的所有权。所以，信用卡不应当包括在侵占罪的“遗忘物”之中。同时，信用卡的原合法所有人还可以去发卡部门申请办理挂失。在经发卡机构确认后，即可使财产重新回到原持卡人手中，捡拾人即便是拒不退还该信用卡给原合法持有人，对原合法持有人的财产权益也不会构成威胁。所以，拾得信用卡拒不退还，不构成侵占罪。如果冒用信用卡去取款、消费的，则构成信用卡诈骗罪。

5. 侵占违禁品是否构成侵占罪?

对于侵占代为保管的他人所持有的违禁品，如毒品、枪支、弹药、走私物资等，如果行为人的代为保管行为已经构成刑法典上所规定的其他罪名，应当以触犯的具体罪名追究刑事责任。如，侵占代为保管的枪支，其代为保管行为已经构成非法持有枪支罪，因而应当以非法持有枪支罪处罚。如果代为保管行为尚未构成其他犯罪，则应当将违禁品予以没收，而不应当以侵占罪追究刑事责任。虽然司法实践中，盗窃、抢劫违禁品如毒品的，可以以抢劫罪定罪处罚，但因为盗窃、抢劫案是公诉案件。而侵占案是自诉案件，必须有自诉人。而违禁品的持有人一般情况下不能成为违禁品的合法持有人，也就不能对违禁品主张所有权或者持有权，因而没有自诉权。依照《刑法》第 64 条关于“违禁品应当予以没收”的规定，对此类违禁品，只能予以没收。

6. 侵占赃物是否构成侵占罪

司法实践中经常遇到如何对侵占犯罪所得的赃物或其他非法活动所得赃

物定性的问题，是构成犯罪，还是不构成犯罪，其中涉及的主要问题就是赃物能否成为犯罪对象。而与犯罪对象相联系的主要是两个问题：一是赃物是否受法律保护；二是赃物是有主财产还是无主财产。首先，对于赃物是否受到刑法保护的问题，公民私人所有的财产是合法的不是非法的，是不可侵犯的，因为刑法对于非法所得财物的保护不是保护其非法行为，而是为了保护社会关系和社会秩序的稳定，保护所有社会财富免受非法侵犯。所以，赃物属于非法所得，这只是相对非法取得这些财产的人来说是非法的，但这些财物并非是无主财产，还要由国家主管机关依法追缴，返还原主或者没收归公。而对赃物的真正所有权人即财产的原所有权人来说，这些物品的占有是合法的。刑法所要保护的并非赃物，而是赃物本身所隐含的合法性。因此，这些财物本来就是属于国家、集体和个人的合法所有财物，原所有人仍然对这些财物具有所有权。非法占有这些财物，实质上还是侵犯了国家、集体或者公民个人的合法财产所有权。所以，诸如抢劫赌场上的赌资、盗窃贪污所得的赃款，诈骗贩运中的走私货物等，同样构成侵犯财产罪。如果行为人将交付其保管的这些赃款赃物非法占为己有，数额较大，拒不退还的，仍构成侵占罪。对非法侵占赃物行为进行处罚时，应当注意两种情况：一是行为人明知是赃物而代为保管，并予以侵占而拒不退还时，行为人的代为保管行为构成掩饰、隐瞒犯罪所得罪，而拒不退还则构成侵占罪，应当择一重罪处罚，而掩饰、隐瞒犯罪所得罪是公诉案件，不必受侵占罪“告诉才处理”规定的限制。二是不知是赃物而代为保管，继而进行侵占拒不退还的，应当以侵占罪论处。

7. 故意拖欠他人应得款是否构成侵占罪

故意拖欠他人所得款在实践中比较常见，有的属于借款债务纠纷，有的是经济往来中所产生的债务纠纷。一般来说，因债权债务纠纷而出现的故意拖欠他人所得款情况，大多属于民事经济纠纷，不涉及刑事犯罪问题。只有少数确实是为了达到非法占有的目的，采用不正当的手段将他人钱财占为己有的行为，并且达到了一定的数额标准，才能以犯罪论处。对于因借款行为而故意拖欠他人款项，由于债权债务关系明确，债权人与债务人之间对钱财的所有权关系不存在争议。如果债务人故意拖欠债权人款项，债权人可以通过向法院起诉，由法院查明事实后判决债务人偿还，债权人在债务人不自觉履行法院判决时还可以申请法院强制执行。因此，类似拖欠款项问题一般不会涉及刑事犯罪追究责任问题。对于经济往来中所产生的债务纠纷，情况就比较复杂。有的债权债务关系由经济合同作了规定，合同双方当事人按照经济合同执行，双方之间所发生的债务纠纷往往也是比较明确的。即使有争议的地方，也可以通过向法院起诉来判决解决。但在有的情况下，经济往来中的当事人各方可能对经济利益的分配不是十分明确，对经济往来中款项的支付不是十分清楚，可能会出现其中一方多占有他方的应得款项或者合法财产的情形。对于类似情况，如果情节严重，有的可能构成刑事犯罪。但也必须根据具体情况来定。如果在经济交往中一方当事人利用经济合同或其他形式，采用欺诈的手段骗取对方钱财，而主观上又具有非法占有的目的，则应当认定为诈骗行为，以合同诈骗罪或诈骗罪追究其刑事责任。如果在经营过程中，共同的经营人隐瞒了经营所得款项，将他人应得款项非法占为已有，情节严重的，应当以侵占罪论处。但是必须注意查明行为人主观上是否确实具有非法占有他人应得财物的目的。如果行为人明知他人应得财物属于他人依法享有的合法财产，而故意将他人钱财非法占为已有的，数额较大且拒不退还的，应当以侵占罪处罚。查清行为人的主观故意是认定本罪的关键。

8. 划清本罪与职务侵占罪的界限

侵占罪的主体是一般主体，职务侵占罪的主体则要求是“公司、企业或其他单位的人员”，因此，明确行为人的身份是区分两罪的关键。如：雇员利用职务之便将个体工商户的财产非法占为已有的，因不符合职务侵占罪“公司、企业或其他单位的人员”的主体要件，其将代为保管的雇主的财物非法占为已有，数额较大，拒不退还的，其行为构成侵占罪。

9. 正确认定数额巨大或者有其他严重情节。

根据刑法规定，数额巨大或者有其他严重情节的，应当处二年以上五年以下有期徒刑，并处罚金。这里的数额巨大，可参照盗窃罪、诈骗罪的数额巨大。这里的其他严重情节，指侵占犯罪造成的社会危害而言，如造成被侵占人自残、自杀，被侵占人因财物被侵占而造成重大财物损失等等。

10. 本罪属于自诉案件范围，即实行“不告不理”原则。

司法实践中，有的按公诉案件处理，是违反法律规定的。根据《刑法》第 270 条第 1 款和《刑法》第 87 条的规定，对于侵占他人财物数额较大构成犯罪的，其追诉期限为 5 年；对于侵占他人财物数额巨大或者情节严重的，其追诉期限为 10 年。追诉期限应从被害人知道其财物被行为人侵占之日起开始计算。

（四）情节与量刑

依照《刑法》第270条第1款规定，犯侵占罪的，处2年以下有期徒刑、拘役或者罚金；数额巨大或者有其他严重情节的，处2年以上5年以下有期徒刑，并处罚金。依照本条第2款规定，将他人的遗忘物或者埋藏物非法占为己有，数额较大，拒不交出的，依照前款的规定处罚。依照本条第3款规定，本条罪，告诉的才处理。

具体情节与量刑的对应情况，列表格如下：

量刑档次	对应情节	有关概念解释	备注
二年以下有期徒刑、拘役或者罚金	数额较大	1. “数额较大”的起点一般参照盗窃罪、抢夺罪的数额。 2. 本罪必须以行为人拒不退还为构罪条件。	1. 犯本罪，数额较大的，只能单处罚金，而不能并处。数额巨大或者有其他严重情节的，则必须并处罚金。 2. 犯本罪的，告诉的才处理。
二年以上五年以下有期徒刑，并处罚金	1. 数额巨大； 2. 有其他严重情节的。	1. “数额巨大”的起点一般参照盗窃罪、抢夺罪的数额。 2. 犯侵占罪，具有下列情形之一的，可以认定为“其他严重情节”（1）导致他人重伤的；（2）导致他人自杀的；（3）具有其他严重情节，数额接近巨大的，等。 3. 本罪即使数额巨大或者具有其他严重情节的，仍然必须以行为人拒不退还为构罪条件。	

1. 要注意本罪的罚金刑的运用问题。根据《刑法》第270条第1款的规定，犯侵占罪的，处2年以下有期徒刑、拘役或者罚金。因此，根据犯罪事实、犯罪的性质、情节和对于社会的危害程度，判处刑罚，可以在2年以下有期徒刑、拘役或者罚金三种刑罚中选择一种，即罚金刑在行为属于基本犯罪构成的情况下只能单独适用，而不能作为附加刑附加适用。但是，根据《刑法》第270条第2款的规定，侵占数额巨大或者有其他严重情节的，处2年以上5年以下有期徒刑，并处罚金。此时，罚金刑只能作为附加时适用，并且应当并处罚金，而不是可以并处罚金。

2. 侵占罪中的“其他严重情节”与侵占“数额巨大”并存的，该如何量刑？在这种情况下，原则上应以“侵占数额巨大”作为确定量刑基准的事实依据，“其他严重情节”，一般应用来增加刑罚量的依据。这主要是因为侵占犯罪属于财产刑犯罪，其社会危害性主要在犯罪数额上，犯罪数额是反映侵占罪社会危害性的主要标尺之一。

3. 关于规范化量刑。最高人民法院《关于常见犯罪的量刑指导意见》对侵占罪的量刑并未有作出规定，这主要是由于此类案件在司法实践中的发案率不高，最高司法机关还未能总结出一套比较完整的量刑规范化方案，有待于在总结经验的基础上再作出详细的规定。在此之前，各高级法院可以根据各地的社会治安状况、经济发展状况等因素，制定适合本省、自治区、直辖市实际情况的量刑规范化标准。在有关规定出台前，司法人员应当根据犯罪的事实、犯罪的性质、情节和对于社会的危害程度，依照刑法和有关司法解释的规定判处刑罚。

七、职务侵占罪

（一）法律规定

第二百七十一条　公司、企业或者其他单位的人员，利用职务上的便利，将本单位财物非法占为己有，数额较大的，处五年以下有期徒刑或者拘役；数额巨大的，处五年以上有期徒刑，可以并处没收财产。

国有公司、企业或者其他国有单位中从事公务的人员和国有公司、企业或者其他国有单位委派到非国有公司、企业以及其他单位从事公务的人员有前款行为的，依照本法第三百八十二条、第三百八十三条的规定定罪处罚。

（二）罪名详解

职务侵占罪，是指公司、企业或者其他单位的人员利用职务上的便利，将本单位财物占为己有，数额较大的行为。

1979 年刑法只规定了贪污罪，未规定职务侵占罪。1988 年《全国人大常委会关于惩治贪污贿赂罪的补充规定》将贪污罪的犯罪主体规定为“国家工作人员、集体经济组织工作人员或者其他经手、管理公共财物的人员”。1993年12月全国人大常委会第五次会议通过了公司法。在公司法执行过程中，有的公司董事、监事或者职工利用职务便利或者工作上的便利，侵占本公司财物，侵犯了公司的财产权和公司股东的合法权益，破坏了社会主义市场经济的健康发展。为此，1995年2月28日第八届全国人大常委会第十二次会议通过的《关于惩治违反公司法的犯罪的决定》第10条，对公司董事、监事或者职工侵占公司财物的行为规定了侵占罪，对刑法予以补充。1997年修订刑法时，将贪污罪的主体规定为国家工作人员，将非国家工作人员的公司、企业或者其他单位的人员，侵占本单位财物的，规定为职务侵占罪。在刑罚上对国家工作人员犯贪污罪规定了更重的刑罚。

职务侵占罪的构成要件是：

1. 主体要件

本罪的主体为特殊主体，即公司、企业或者其他单位的人员才能构成。有两类人员实施本条第1款行为的，依照贪污罪定罪处罚。一是国有公司、企业或者其他国有单位中从事公务的人员，二是国有公司、企业或者其他国有单位委派到非国有公司、企业以及其他单位从事公务的人员。

根据《最高人民法院关于在国有资本控股、参股的股份有限公司中从事管理工作的人员利用职务便利非法占有本公司财物如何定罪问题的批复》的规定，在国有资本控股、参股的股份有限公司中从事管理工作的人员，除受国家机关、国有公司、企业、事业单位委派从事公务的以外，不属于国家工作人员。对其利用职务上的便利，将本单位财物非法占为己有，数额较大的，应当依照《刑法》第271条第1款的规定，以职务侵占罪定罪处罚。职务侵占罪的主体不限于单位的正式员工，单位中的临时工，如果利用职务便利侵占本单位财物的行为同样构成职务侵占罪。

没有单位职务的人员与具有单位职务的人员共同利用单位人员的职务之便，将单位财物非法占有，其行为如何定性，主要看行为的最主要特征。行为人与公司、企业或者其他单位的人员勾结，利用公司、企业或者其他单位人员的职务便利，共同将该单位财物非法占为己有，数额较大的，以职务侵占罪共犯论处。

2. 主观要件

本罪的主观方面由故意构成，且故意的内容具有将本单位财物非法占为己有的目的。

3. 客体要件

本罪侵犯的客体是公私财产的所有权。因为公司、企业或者其他单位，既可能是集体性质的，也可能是私人所有的。侵犯的对象必须是行为人所在单位的合法财物。行为人所在单位依法负有保管、运输等义务以及享有使用、占有等权利的非本单位的财物，应以本单位财物论。

4. 客观要件

本罪的客观方面表现为利用职务上的便利，将本单位财物非法占为己有，数额较大的行为。利用职务上的便利是构成本罪的要件之一。所谓“利用职务上的便利”，一般是指行为人利用自己在本单位所具有的一定职务，如董事、监事、经理、会计等，并因这种职务所产生的方便条件，即管理、经手本单位财物的便利。对于不是利用职务上的便利，而是利用工作上的便利，侵占本单位财物的行为，不能认定构成本罪。侵占财物实质上就是将财物非法占为己有，实践中一般表现为侵吞、盗窃、骗取等非法手段。

根据法律规定，职务侵占的行为，除需符合以上构成要件外，还必须达到“数额较大”的程度，才构成犯罪。对于数额较大，最高人民法院 1995 年 12 月 25 日作出的《关于办理违反公司法受贿、侵占、挪用等刑事案件适用法律若干问题的解释》第 2 条第 3 款的规定加以认定，即侵占本单位财物在 5000 元至 2 万元以上的，属于“数额较大”。之后，1997 年刑法修订后公布。但最高人民法院并未有新的司法机关替代。因此，司法实践中一直是参照适用的。后该解释于 2013 年 1 月 8 日开始被明确废止。① 废止的理由是依据已经废止，即《全国人民代表大会常务委员会关于惩治违反公司法的犯罪的决定》已经的内容被 1997 年《刑法》所替代。但是，由于一段时间并没有新的司法解释，该解释仍被参照价值。但是，2016 年 4 月 18 日，《最高人民法院、最高人民检察院关于办理贪污贿赂刑事案件适用法律若干问题的解释》（法释

---

① 该解释已被《最高人民法院关于废止 1980 年 1 月 1 日至 1997 年 6 月 30 日期间发布的部分司法解释和司法解释性质文件（第九批）的决定》（发布日期：2013 年 1 月 14 日，实施日期：2013 年 1 月 18 日）废止。

〔2016〕9号）开始实施，该解释第11条规定，《刑法》第271条规定的职务侵占罪中的“数额较大”“数额巨大”的数额起点，按照本解释关于受贿罪、贪污罪相对应的数额标准规定的2倍、5倍执行。该解释第1条第1款规定，贪污或者受贿数额在3万元以上不满20万元的，应当认定为《刑法》第383条第1款规定的“数额较大”；第2条第1款规定，贪污或者受贿数额在20万元以上不满300万元的，应当认定为《刑法》第383条第1款规定的“数额巨大”。据此，职务侵占罪的数额较大起点应为6万元，数额巨大的起点应为60万元。

（二）实务疑难问题

1. 划清罪与非罪的界限

根据《刑法》第271条第1款的规定，职务侵占罪必须达到数额较大。这是区分职务侵占行为罪与非罪的唯一客观标准。凡是侵占财物未达到数额6万元的，一律不能以职务侵占罪定罪处罚。但是，不能反过来说，凡是侵占财物达到数额6万元的，一律以侵占罪定罪处罚。《刑法》第13条的“但书”规定同样适用于侵占罪，即侵占财物达到数额较大，但情节显著轻微危害不大的，不认为是犯罪。如：侵占财物虽已达到数额较大，但行为人认罪、悔罪，退赃、退赔，且具有下列情形之一，情节轻微的，也可以不作犯罪处理或者可以免予刑事处罚：具有法定从宽处罚情节的；没有参与分赃或者获赃较少且不是主犯的；被害单位表示谅解的；其他情节轻微、危害不大的。

2. 正确区分职务侵占罪与贪污罪

两者在犯罪构成要件中，主观上都体现为故意，都具有非法占有的目的，且都是利用职务之便。主要区分：

（1）犯罪主体不同。职务侵占罪的犯罪主体为公司、企业或者其他单位的人员，而贪污罪的主体是国家工作人员，受国家机关、国有公司、企业、事业单位、人民团体委托管理、经营国有财产的人员。国有公司、企业或者其他国有单位中从事公务的人员，以及国有公司、企业或者其他国有单位委派到非国有公司、企业以及其他单位从事公务的人员也属于国家工作人员。根据《刑法》第93条规定，国家工作人员，是指国家机关中从事公务的人员。国有公司、企业、事业单位、人民团体中从事公务的人员和国家机关、国有公司、企业、事业单位委派到非国有公司、企业、事业单位、社会团体从事公务的人员，以及其他依照法律从事公务的人员，以国家工作人员论。根据《最高人民法院关于在国有资本控股、参股的股份有限公司中从事管理工作的人员利用职务便利非法占有本公司财物如何定罪问题的批复》的规定，在国有资本控股、参股的股份有限公司中从事管理工作的人员，除受国家机关、国有公司、企业、事业单位委派从事公务的以外，不属于国家工作人员。对其利用职务上的便利，将本单位财物非法占为己有，数额较大的，应当依照《刑法》第 271 条第 1 款的规定，以职务侵占罪定罪处罚。

（2）犯罪所侵犯的客体不同。本罪侵犯的客体是公司、企业或者其他单位的财物所有权，侵犯的对象必须是行为人所在单位的合法财物。而贪污罪侵犯的客体是国有资产的所有权和国家公务的廉洁。

（3）职务的性质不同。职务侵占罪中的"职务"着重于业务活动的非个人性，即业务活动的单位性，而非国家性。非国有单位中的非国家派遣、委托的工作人员以及国有单位中的非国家工作人员、非国家委托的工作人员都不具有业务活动的国家属性。贪污罪中国家工作人员的职务活动往往具有国家公务的性质。

（4）对犯罪构成的数额要求不同。贪污罪一般以 3 万元为构成犯罪的起点，如果具有严重而职务侵占罪则以 6 万元为构成犯罪的起点。

3. 划清本罪与盗窃罪的界限

这两种犯罪在非法将财物占为己有的某些具体方法上可能有相同之处，但两者存在着本质的区别：一是前者的主体必须是公司、企业或者其他单位的人员；而后者的主体则是一般主体。二是前者必须是利用职务上的便利；而后者则不是利用职务上的便利，这是两罪之间的最大区别。三是侵犯的对象的范围不同。前者侵占的财物必须是本单位的合法财物；而后者则可以是窃取本单位以外的财物。四是前者必须以数额较大为构成要件，而后者则不仅可以由数额较大构成，多次盗窃、入户盗窃、携带凶器盗窃、扒窃，均没有数额限制。

4. 关于村民小组长和非国家工作人员利用职务上的便利非法占有公共财物或者本单位财物如何定罪处罚问题

根据最高人民法院 1999 年 6 月 18 日通过的《关于村民小组组长利用职务便利非法占有公共财物行为如何定性问题的批复》的规定，对村民小组组长利用职务上的便利，将村民小组集体财产非法占为己有，数额较大的行为，应当依照《刑法》第 271 条第 1 款的规定，以职务侵占罪定罪处罚。根据最高人民法院 2001 年 5 月 22 日通过的《关于在国有资本控股、参股的股份有限公司中从事管理工作的人员利用职务便利非法占有本公司财物如何定罪问题的批复》的规定，在国有资本控股、参股的股份有限公司中从事管理工作的人员，除受国家机关、国有公司、企业、事业单位委派从事公务的以外，不属于国家工作人员。对其利用职务上的便利，将本单位财物非法占为己有，数额较大的，应当依照《刑法》第 271 条第 1 款的规定，以职务侵占罪定罪处罚。

5. 对共同利用特定身份进行盗窃、侵占单位财物的行为如何处罚？

对于此类案件的定性，司法实务部门和理论界有不同的观点：一种观点认为，犯罪的性质是由主犯的犯罪特征所决定的。如果共同犯罪中主犯构成职务侵占罪，同案犯中不具有职务侵占罪主体身份的从犯，也应以职务罪的共犯论处；如果主犯构成盗窃罪，同案犯中的具有特定身份的人不论是否利用职务上的便利，也应以盗窃罪的共犯论处。另一种观点认为，犯罪性质应由特定身份者的行为所决定。具有特定身份的人利用职务上的便利窃取单位财物，应定职务侵占罪，其他无特定身份者的从犯也应按职务侵占罪的共犯论处。还有一种观点认为，特定身份者与无特定身份者共同盗窃单位财物，特定身份者利用了职务便利应定职务侵占罪；而无特定身份者由于没有这种特定职务便利，不应当定职务侵占罪，应定盗窃罪。为此，2000 年 6 月 30 日最高人民法院发布的《关于审理贪污、职务侵占案件如何认定共同犯罪几个问题的解释》对贪污、职务侵占共同犯罪如何定罪处罚作了如下规定：行为人与公司、企业或者其他单位的人员勾结，利用公司、企业或者其他单位人员的职务便利，共同将该单位财物非法占为己有，数额较大的，以职务侵占罪共犯论处。公司、企业或者其他单位中，不具有国家工作人员身份的人与国家工作人员勾结，分别利用各自的职务便利，共同将本单位财物非法占为己有的，按照主犯的犯罪性质定罪。

6. 单位值班巡逻人趁机盗走单位财物的行为如何定罪？

值班巡逻人趁机盗走仓库财物的行为到底是一般盗窃行为，还是贪污行为、职务侵占行为？司法实践中对此认识还不统一。如以下一案：某机械厂（国有企业）传达室保卫人员周某在值班夜巡时，发现本厂五金仓库既未关电，也没有锁门，知道是仓库的值班保管员林某在离岗时忘记了给仓库大门上锁和关灯。周某顿起盗窃的邪念，便推门进入仓库，用自行车分多次拖走电机、电线等物，价值5万余元。

对于本案的处理，主要有以下几种分歧意见：一种意见认为周某的行为构成职务侵占罪；另一种意见认为周某的行为应定贪污罪；还有一种意见认为周某的行为构成盗窃罪。

上述案例中涉及的主要问题是职务侵占罪、贪污罪和盗窃罪的界限问题。职务侵占罪是指公司、企业或者其他单位的人员利用职务上的便利，将本单位财物非法占为已有，数额较大的行为；贪污罪是指国家工作人员利用职务上的便利，侵吞、窃取、骗取或者以其他手段非法占有公共财物的行为；盗窃罪是指以非法占有为目的，秘密窃取公私财物，数额较大的行为。在职务侵占罪、贪污罪和盗窃罪三个罪名中，前两种犯罪的成立条件，都必须是行为人具有利用职务上的便利的条件，如果不具有利用职务上的便利这一条件，就不构成该罪。那么，巡逻人员趁保管值班人员职务过失没有锁门的机会，盗走仓库财物的行为是否存在利用职务上的便利呢？

本书观点：所谓利用职务上的便利，应当是指行为人利用本人在本单位所担任的职务范围内的权力，即利用自己主管、管理、经手本单位财物的便利。而上述案件中的周某不是负责五金仓库保管的人员，而是负责对工厂安全进行巡逻的人员，对仓库财物的管理和支配显然不具有职务上的直接权力。因此，周某利用仓库保管人员忘记锁门之机，进入仓库，在深夜无人之际，暗中窃取公共财物，其行为性质属于盗窃，不是直接利用职务上的便利，符合盗窃罪的构成特征。由于周某盗窃数额较大，应当以盗窃罪处罚。

7. 职务侵占罪与侵占罪如何区分？

职务侵占罪和侵占罪的共同点在于两者都是以财物为对象的犯罪，都侵犯了他人财物的所有权，主观上都具有非法占有的目的，客观上都具有非法占有自己原本已经持有的他人财物的特点。但两者的区别是明显的：

（1）犯罪主体不同。职务侵占罪的犯罪主体只能是公司、企业或其他单位中主管、管理、经手的本公司、企业或单位财物的人员；而侵占罪的主体是任何持有他人财物的人。

（2）犯罪对象不同。职务侵占罪的犯罪对象只能是行为人主管、管理、经手的本公司、企业或单位的财物；而侵占罪的犯罪对象包括范围较广，所有具有所有权关系的财产几乎都可以成为侵占罪的犯罪对象。

（3）客观表现形式不同。职务侵占罪的行为方式主要是利用主管、管理、经手的本公司、企业或单位财物的职务上的便利，将其数额较大的财物据为己有的行为，并且只要实施了非法占有即构成犯罪；而侵占罪在行为方式上表现为将数额较大的他人财物占为己有拒不退还或交出的行为，并且拒不退还或交出是犯罪成立的必要条件。

（四）情节与量刑

依照《刑法》第 271 条规定，犯职务侵占罪的，处 5 年以下有期徒刑或者拘役；数额巨大的，处 5 年以上有期徒刑，可以并处没收财产。

具体情节与量刑的对应情况，列表格如下：

<table>
<tr><th>量刑档次</th><th>对应情节</th><th>有关概念解释</th><th>备注</th></tr>
<tr><td>五年以下有期徒刑、拘役</td><td>数额较大</td><td>“数额较大”的起点为六万元</td><td rowspan="2">1. 犯本罪，数额较大的，不能并处或者单处财产刑。
2. 犯本罪，数额巨大的，可以并处没收财产，但是不能并处罚金。并处没收财产时，不能没收全部财产，而只能没收部分财产。法院判决时应当明确没收财产的数额。</td></tr>
<tr><td>五年以上有期徒刑，可以并处没收财产</td><td>数额巨大</td><td>“数额巨大”的起点为六十万</td></tr>
</table>

司法机关在适用本条规定处罚时，应当注意以下问题：

1. “数额巨大”是本罪的加重处罚情节，也是唯一加重处罚的理由。如果职务侵占的数额未达到巨大，其他情节再恶劣、后果再严重、社会危害再大，也不能对行为人加重处罚，而只能在法定刑幅度内从重处罚。

2. 根据《最高人民法院、最高人民检察院关于办理妨害预防、控制突发传染病疫情等灾害的刑事案件具体应用法律若干问题的解释》，侵占用于预防、控制突发传染病疫情等灾害的款物，构成犯罪的，依照《刑法》第 271 条的规定，以职务侵占罪，从重处罚。

3. 规范化量刑。最高人民法院《关于常见犯罪的量刑指导意见》对职务侵占罪的量刑作了如下规定：

（1）构成职务侵占罪的，可以根据下列不同情形在相应的幅度内确定量刑起点：

①达到数额较大起点的，可以在 2 年以下有期徒刑、拘役幅度内确定量刑起点。

②达到数额巨大起点的，可以在 5 年至 6 年有期徒刑幅度内确定量刑起点。

（2）在量刑起点的基础上，可以根据职务侵占数额等其他影响犯罪构成的犯罪事实增加刑罚量，确定基准刑。

4. 职务侵占罪的财产刑与其他侵财型犯罪的财产刑不同。刑法分则第五章规定的诸多侵犯财产罪，除依法对罪犯判处无期徒刑的可以并处没收财产外，判处有期徒刑的只能并处或单处罚金型。但是，职务侵占罪的财产刑不是罚金，而是没收财产，且没收财产适用的前提是职务侵占数额巨大。在职务侵占数额较大的情况下，不能并处没收财产刑。即使职务侵占数额巨大的，刑法也只是规定可以并处没收财产，而不是必须没收财产。《最高人民法院关于适用财产刑若干问题的规定》第 1 条规定，刑法规定“可以并处”没收财产或者罚金的犯罪，人民法院应当根据案件具体情况及犯罪分子的财产状况，决定是否适用财产刑。

（五）法规链接

1. 最高人民法院关于村民小组组长利用职务便利非法占有公共财物行为如何定性问题的批复（法释〔1999〕12 号　自 1999 年 7 月 3 日起施行）

四川省高级人民法院：

你院川高法〔一九九八〕二百二十四号《关于村民小组组长利用职务便利侵吞公共财物如何定性的问题的请示》收悉。经研究，答复如下：

对村民小组组长利用职务上的便利，将村民小组集体财产非法占为己有，数额较大的行为，应当依照刑法第二百七十一条第一款的规定，以职务侵占罪定罪处罚。

2. 最高人民法院关于审理贪污、职务侵占案件如何认定共同犯罪几个问题的解释（法释〔2000〕15 号　自 2000 年 7 月 8 日起施行）（节录）

第二条　行为人与公司、企业或者其他单位的人员勾结，利用公司、企业或者其他单位人员的职务便利，共同将该单位财物非法占为己有，数额较大的，以职务侵占罪共犯论处。

第三条　公司、企业或者其他单位中，不具有国家工作人员身份的人与国家工作人员勾结，分别利用各自的职务便利，共同将本单位财物非法占为己有的，按照主犯的犯罪性质定罪。

3. 最高人民法院关于在国有资本控股、参股的股份有限公司中从事管理工作的人员利用职务便利非法占有本公司财物如何定罪问题的批复（法释〔2001〕17号　自2001年5月26日起施行）

重庆市高级人民法院：

你院渝高法明传〔2000〕38号《关于在股份有限公司中从事管理工作的人员侵占本公司财物如何定性的请示》收悉。经研究，答复如下：

在国有资本控股、参股的股份有限公司中从事管理工作的人员，除受国家机关、国有公司、企业、事业单位委派从事公务的以外，不属于国家工作人员。对其利用职务上的便利，将本单位财物非法占为己有，数额较大的，应当依照刑法第二百七十一条第一款的规定，以职务侵占罪定罪处罚。

4. 公安部经侦局关于对非法占有他人股权是否构成职务侵占罪问题的工作意见（自2005年6月24日起施行）

近年来，许多地方公安机关就公司股东之间或者被委托人采用非法手段侵占股权，是否涉嫌职务侵占罪问题请示我局。对此问题，我局多次召开座谈会并分别征求了高检、高法及人大法工委刑法室等有关部门的意见。近日，最高人民法院刑事审判第二庭书面答复我局：对于公司股东之间或者被委托人利用职务便利，非法占有公司股东股权的行为，如果能够认定行为人主观上具有非法占有他人财物的目的，则可对其利用职务便利，非法占有公司管理中的股东股权的行为以职务侵占罪论处。

现予网上公布，供各地公安机关办理类似案件时借鉴参考。

5. 公安部经济犯罪侦查局关于宗教活动场所工作人员能否构成职务侵占或挪用资金犯罪主体的批复（公经〔2004〕643号　自2004年4月30日起施行）

山西省公安厅经侦总队：

你总队晋公经〔2004〕034号《关于净贤能否构成职务侵占罪或挪用资金罪主体的请示》收悉。经研究，并征求国家宗教事务局意见，批复如下：

根据《宗教活动场所管理条例》（国务院令第145号令）等有关规定，宗教活动场所属于《刑法》第271条和第272条所规定的“其他单位”的范围。宗教活动场所的财产属于公共财产或信教公民共有财产，受法律保护，任何组织和个人不得侵占、哄抢、私分和非法处分宗教团体、宗教活动场所的合法财产。宗教活动场所的管理人员利用职务之便，侵占或挪用宗教活动场所公共财产的，可以构成职务侵占罪或挪用资金罪。

此复。

6. 最高人民法院、最高人民检察院关于办理妨害预防、控制突发传染病疫情等灾害的刑事案件具体应用法律若干问题的解释（法释〔2003〕8号　自2003年5月15日起施行）（节录）

第十四条　贪污、侵占用于预防、控制突发传染病疫情等灾害的款物或者挪用归个人使用，构成犯罪的，分别依照刑法第三百八十二条、第三百八十三条、第二百七十一条、第三百八十四条、第二百七十四条的规定，以贪污罪、侵占罪、挪用公款罪、挪用资金罪定罪，依法从重处罚。

挪用用于预防、控制突发传染病疫情等灾害的救灾、优抚、救济等款物，构成犯罪的，对直接责任人员，依照刑法第二百七十三条的规定，以挪用特定款物罪定罪处罚。

第十七条　人民法院、人民检察院办理有关妨害预防、控制突发传染病疫情等灾害的刑事案件，对于有自首、立功等悔罪表现的，依法从轻、减轻、免除处罚或者依法作出不起诉决定。

第十八条　本解释所称“突发传染病疫情等灾害”，是指突然发生，造成或者可能造成社会公众健康严重损害的重大传染病疫情、群体性不明原因疾病以及其他严重影响公众健康的灾害。

7. 最高人民法院、最高人民检察院关于办理贪污贿赂刑事案件适用法律若干问题的解释（法释〔2016〕9号　自2016年4月18日起施行）（节录）

第一条　贪污或者受贿数额在三万元以上不满二十万元的，应当认定为刑法第三百八十三条第一款规定的“数额较大”，依法判处三年以下有期徒刑或者拘役，并处罚金。

贪污数额在一万元以上不满三万元，具有下列情形之一的，应当认定为刑法第三百八十三条第一款规定的“其他较重情节”，依法判处三年以下有期徒刑或者拘役，并处罚金：

（一）贪污救灾、抢险、防汛、优抚、扶贫、移民、救济、防疫、社会捐助等特定款物的；

（二）曾因贪污、受贿、挪用公款受过党纪、行政处分的；

（三）曾因故意犯罪受过刑事追究的；

（四）赃款赃物用于非法活动的；

（五）拒不交待赃款赃物去向或者拒不配合追缴工作，致使无法追缴的；

（六）造成恶劣影响或者其他严重后果的。

受贿数额在一万元以上不满三万元，具有前款第二项至第六项规定的情形之一，或者具有下列情形之一的，应当认定为刑法第三百八十三条第一款规定的“其他较重情节”，依法判处三年以下有期徒刑或者拘役，并处罚金：

（一）多次索贿的；

（二）为他人谋取不正当利益，致使公共财产、国家和人民利益遭受损失的；

（三）为他人谋取职务提拔、调整的。

第二条 贪污或者受贿数额在二十万元以上不满三百万元的，应当认定为刑法第三百八十三条第一款规定的“数额巨大”，依法判处三年以上十年以下有期徒刑，并处罚金或者没收财产。

贪污数额在十万元以上不满二十万元，具有本解释第一条第二款规定的情形之一的，应当认定为刑法第三百八十三条第一款规定的“其他严重情节”，依法判处三年以上十年以下有期徒刑，并处罚金或者没收财产。

受贿数额在十万元以上不满二十万元，具有本解释第一条第三款规定的情形之一的，应当认定为刑法第三百八十三条第一款规定的“其他严重情节”，依法判处三年以上十年以下有期徒刑，并处罚金或者没收财产。

第三条 贪污或者受贿数额在三百万元以上的，应当认定为刑法第三百八十三条第一款规定的“数额特别巨大”，依法判处十年以上有期徒刑、无期徒刑或者死刑，并处罚金或者没收财产。

贪污数额在一百五十万元以上不满三百万元，具有本解释第一条第二款规定的情形之一的，应当认定为刑法第三百八十三条第一款规定的“其他特别严重情节”，依法判处十年以上有期徒刑、无期徒刑或者死刑，并处罚金或者没收财产。

受贿数额在一百五十万元以上不满三百万元，具有本解释第一条第三款规定的情形之一的，应当认定为刑法第三百八十三条第一款规定的“其他特别严重情节”，依法判处十年以上有期徒刑、无期徒刑或者死刑，并处罚金或者没收财产。

第十一条　刑法第一百六十三条规定的非国家工作人员受贿罪、第二百七十一条规定的职务侵占罪中的“数额较大”“数额巨大”的数额起点，按照本解释关于受贿罪、贪污罪相对应的数额标准规定的二倍、五倍执行。

刑法第二百七十二条规定的挪用资金罪中的“数额较大”“数额巨大”以及“进行非法活动”情形的数额起点，按照本解释关于挪用公款罪“数额较大”“情节严重”以及“进行非法活动”的数额标准规定的二倍执行。

刑法第一百六十四条第一款规定的对非国家工作人员行贿罪中的“数额较大”“数额巨大”的数额起点，按照本解释第七条、第八条第一款关于行贿罪的数额标准规定的二倍执行。

八、挪用资金罪

（一）法律规定

第二百七十二条　公司、企业或者其他单位的工作人员，利用职务上的便利，挪用本单位资金归个人使用或者借贷给他人，数额较大、超过三个月未还的，或者虽未超过三个月，但数额较大、进行营利活动的，或者进行非法活动的，处三年以下有期徒刑或者拘役；挪用本单位资金数额巨大的，或者数额较大不退还的，处三年以上十年以下有期徒刑。

国有公司、企业或者其他国有单位中从事公务的人员和国有公司、企业或者其他国有单位委派到非国有公司、企业以及其他单位从事公务的人员有前款行为的，依照本法第三百八十四条的规定定罪处罚。

（二）罪名详解

挪用资金罪，是指非国有的公司、企业或者其他单位中的非国家工作人员，利用职务上的便利，挪用本单位资金，具有下列情形之一的：

（1）归个人使用或者借贷给他人，数额较大，超过3个月未还的；

（2）归个人使用或者借贷给他人，虽然未超过3个月，但数额较大，进行营利活动的；

（3）归个人使用或者借贷给他人，进行非法活动的。

（4）挪用本单位资金数额巨大的，或者数额较大不退还的。

1979 年刑法没有规定此罪名，也未规定挪用公款罪。为了保障国家工作人员的廉洁性，防止国有资产流失，严厉惩治贪污腐败行为，1988 年《全国人民代表大会常务委员会关于惩治贪污贿赂罪的补充规定》规定了挪用公款罪，犯罪主体限定在“国家工作人员、集体经济组织工作人员或者其他经手、管理公共财物的人员”，并规定挪用公款数额较大不退还的，以贪污论处。随着改革开放和市场经济体制的建立和发展，我国对非国有财产的保护也日益重视，1995 年《全国人民代表大会常务委员会关于惩治违反公司法的犯罪的决定》，该决定第 11 条对非国家工作人员的公司董事、监事或者职工利用职务之便挪用资金的犯罪对刑法作了补充规定。1997 年修订刑法时，除规定国家工作人员挪用公款罪外，对非国家工作人员的公司、企业或者其他单位的工作人员挪用本单位资金的犯罪作了规定。

挪用资金罪的构成要件是：

1. 主体要件

犯罪主体为特殊主体，即非国有公司、企业或者其他单位中的非国家工作人员。

根据最高人民法院 2000 年 2 月 13 日通过的《关于对受委托管理、经营国有财产人员挪用国有资金行为如何定罪问题的批复》，“受国家机关、国有公司、企业、事业单位、人民团体委托，管理、经营国有财产的非国家工作人员”，也可以成为本罪的主体。非本单位的工作人员不能构成本罪的主体。国家工作人员以及依法以国家工作人员论的人员，如果实施了挪用本单位资金的行为，则应依照《刑法》第 384 条规定的“挪用公款罪”定罪处罚。

需要说明的是，对村民委员会成员的主体身份问题应当有个明确的认识。首先，村民委员会成员不是刑法意义上的国家工作人员。村民委员会成员只有在协助人民政府执行公务过程中利用职务上的便利实施犯罪行为的，才可以适用刑法关于国家工作人员的规定。其次，村民委员会属于《刑法》第 272 条第 1 款规定的“其他单位”，村民委员会成员利用职务上的便利，挪用本单位资金归个人使用或者借贷给他人，构成犯罪的，应当适用《刑法》第 272 条第 1 款，以挪用资金罪追究刑事责任。

2. 主观要件

本罪的主观方面只能由直接故意构成，即明知是本单位资金而挪用，目的是非法暂时取得本单位资金的使用权，一般是准备以后归还的。不归还的，作为加重处罚情节。

3. 客体要件

本罪侵犯的客体是公私财产的所有权。侵犯的对象是本单位的资金。

根据最高人民检察院2000年10月9日发布的《关于挪用尚未注册成立公司资金的行为适用法律问题的批复》，“准备设立的公司在银行开设的临时账户上的资金”，属于本单位的资金。资金一般是以货币形态表现的，既有人民币、外币，又可以股票、国库券、债券等有价证券的形式存在，因而，这些有价证券也可以成为本罪侵犯的对象。

4. 客观要件

客观方面表现为行为人实施了挪用本单位资金的行为，即行为人利用职务上的便利，擅自动用本单位资金归个人使用或者借贷给他人的行为。“挪用本单位资金”，是指公司、企业或者其他单位的工作人员利用其经手、主管本单位的资金的便利条件，私自将本单位的资金挪作自己使用或者借贷给其他人使用的行为。客观方面必须同时具备下列两个条件：

（1）必须是行为人利用职务之便。这主要是指行为人利用在本单位中所担任的职务上的便利，如经手、管理或者主管单位的资金等。如果行为人不是利用职务之便，而是利用秘密窃取的方法获取，即使事后归还，也是盗窃行为。

（2）必须是实施了法定的四种情形之一的行为。根据《刑法》第272条第2款规定的，客观方面包括以下四种情形：①归个人使用或者借贷给他人，数额较大，超过3个月未还的；②归个人使用或者借贷给他人，虽然未超过3个月，但数额较大，进行营利活动的；③归个人使用或者借贷给他人，进行非法活动的。④挪用本单位资金数额巨大的，或者数额较大不退还的。

根据最高人民法院2000年6月30日通过的《关于如何理解刑法第二百七十二条规定的“挪用本单位资金归个人使用或者借贷给他人”问题的批复》指出：“公司、企业或者其他单位的非国家工作人员，利用职务上的便利，挪用本单位资金归本人或者其他自然人使用，或者挪用人以个人名义将所挪用的资金借给其他自然人和单位，构成犯罪的，应当依照刑法第二百七十二条第一款的规定定罪处罚。”因此，“挪用本单位资金归个人使用或者借贷给他人”，是指“挪用本单位资金归本人或者其他自然人使用，或者挪用人以个人名义将所挪用的资金借给其他自然人和单位”。这种挪用行为可分为三种情况：①挪用资金归个人使用或者借贷给他人，数额较大，超过 3 个月未还的。这种情况构成本罪必须同时具备三个条件：一是数额较大；二是挪用时间超过 3 个月；三是尚未归还。②挪用资金虽未超过 3 个月，但数额较大、进行营利活动的。在这种情况中，没有挪用时间长短的限制，但数额较大和进行营利活动则是必备要件。所谓“进行营利活动”，一般是指进行合法的营利活动，不包括非法的营利活动。无论是否归还，只要是挪用数额较大的资金进行了营利活动，就可构成本罪。如果发现时已归还，一般也不影响本罪的成立，只是在具体量刑时予以酌情考虑。③挪用资金用于进行非法活动的。包括挪用资金归个人或者他人用于进行非法活动的，如挪用资金进行走私、赌博、嫖娼等活动。这种情形既没有还与不还的条件，只要是挪用资金用于进行非法活动的，即构成本罪。以上“超期未还型”“营利活动型”和“非法活动型”是构成本罪的三种不同情形，只要行为人利用职务之便，实施了上述三种情形之一的行为，即可构成挪用资金罪。

需要说明的是，根据《刑法》第 272 条第 1 款规定，挪用本单位资金数额巨大，或者数额较大不退还的，作为法定加重处罚情节，在 3 年以上 10 年以下有期徒刑的幅度内判处刑罚。

（三）实务疑难问题

1. 划清罪与非罪的界限

根据《最高人民法院最高人民检察院关于办理贪污贿赂刑事案件适用法律若干问题的解释法释》（下简称《贪污贿赂解释》）第 11 条第 2 款规定，挪用资金罪中的“数额较大”“数额巨大”以及“进行非法活动”情形的数额起点，按照该解释关于挪用公款罪“数额较大”“情节严重”以及“进行非法活动”的数额标准规定的 2 倍执行。根据《贪污贿赂解释》第 5 条规定，挪用公款归个人使用，进行非法活动，数额在 3 万元以上的，应当以挪用公款罪追究刑事责任；根据《贪污贿赂解释》第 6 条规定，挪用公款归个人使用，进行营利活动或者超过 3 个月未还，数额在 5 万元以上的，应当认定为挪用公款数额较大。据此，挪用资金归个人使用，进行非法活动的数额起点为 6

万元，挪用资金归个人使用，进行营利活动或者超过 3 个月未还，数额较大的起点为 10 万元。

因此，虽然具有挪用资金行为，但下列情况下，仍然不构成挪用资金罪。（1）挪用资金，未达到数额较大即 10 万元起点标准的。（2）挪用资金进行营利活动，数额未达到较大标准即 10 万元的。（3）挪用资金进行非法活动，数额未达到司法解释规定的 6 万元起点标准的。（4）挪用资金虽然达到数额较大标准，但仅仅是归个人使用或者借贷给他人，没有进行非法活动，也没有进行营利活动，且在 3 个月内归还的。（5）挪用资金不是归个人使用或者借贷给他人的，而是借给其他公司、企业或者其他单位，产生的利益归行为人所在公司、企业或者其他单位的。实践中需要注意的是，挪用资金借贷给私营企业，就如何处理？最高人民法院在《关于审理挪用公款案件具体应用法律若干问题的解释》第 1 条第 2 款规定："挪用公款给私有公司、私有企业使用的，属于挪用公款归个人使用。"但是，虽然民营经济的发展，私营企业已经不限于私有公司、私有企业，许多企业虽属民营，但已经是股份有限公司，有的甚至成了上市公司。因此，只有企业财产完全属于个人所有的私有企业、私有公司，才能视为个人。对那些企业、公司的董事长、总经理都无权随意处置财产的企业，即使是民营企业，也不能视作个人。

2. 关于挪用资金数额巨大的认定

根据《贪污贿赂解释》第 11 条第 2 款规定，挪用资金罪中的"数额巨大"的数额起点，按照该解释关于挪用公款罪"情节严重"的数额标准规定的 2 倍执行。

根据《贪污贿赂解释》第 5 条规定，挪用公款归个人使用，进行非法活动，具有下列情况之一的，应当认定为挪用公款情节严重：（1）挪用公款数额在 100 万元以上的；（2）挪用救灾、抢险、防汛、优抚、扶贫、移民、救济特定款物，数额在 50 万元以上不满 100 万元的；（3）挪用公款不退还，数额在 50 万元以上不满 100 万元的；（4）其他严重的情节。

根据《贪污贿赂解释》第 6 条规定，挪用公款归个人使用，进行营利活动或者超过 3 个月未还，具有下列情形之一的，应当认定为挪用公款情节严重：（1）挪用公款数额在 200 万元以上的；（2）挪用救灾、抢险、防汛、优抚、扶贫、移民、救济特定款物，数额在 100 万元以上不满 200 万元的；（3）挪用公款不退还，数额在 100 万元以上不满 200 万元的；（4）其他严重的情节。

根据《贪污贿赂解释》的上述规定，挪用资金数额巨大的起点包括下列情形：（1）挪用资金归个人使用，进行非法活动的，起点数额在200万元以上的；（2）挪用资金归个人使用，进行营利活动或者超过3个月未归还的，起点数额在400万元以上。

挪用资金数额巨大的，不受是否在3个月内归还的限制，只要行为了挪用的资金达到数额巨大的，均应以挪用资金罪在3年以上10年以下有期徒刑幅度内处罚。

3. 划清本罪与挪用公款罪的界限

两罪的不同点在于：

（1）主体不同。挪用公款的犯罪主体是国家工作人员，而挪用资金罪的犯罪主体是公司、企业或者其他单位的工作人员。

根据《刑法》第272条第2款的规定，国有公司、企业或者其他国有单位中从事公务的人员和国有公司、企业或者其他国有单位委派到非国有公司、企业以及其他单位从事公务的人员，利用职务上的便利挪用本单位资金的，则应当依照《刑法》第384条规定的挪用公款罪定罪处罚。

根据最高人民法院2000年2月13日通过的《关于对受委托管理、经营国有财产人员挪用国有资金行为如何定罪问题的批复》的规定，“对于受国家机关、国有公司、企业、事业单位、人民团体委托，管理、经营国有财产的非国家工作人员，利用职务上的便利，挪用国有资金归个人使用构成犯罪的，应当依照刑法第二百七十二条第一款的规定定罪处罚。”

（2）犯罪客体、对象不同。挪用公款罪的客体是国有资产的所有权，犯罪对象既包括国有资产，也包括国有公司、企业或者其他国有单位委派到非国有公司、企业以及其他单位从事公务的人员利用职务上便利挪用的本单位资金。

4. 划清本罪与侵占罪的界限

（1）侵犯的客体不完全相同。虽然两罪都侵犯了公私财产的所有权，但前者只是侵犯了资金的占有权、使用权和收益权，未侵犯处分权；而后者则侵犯了财产所有权的全部权能。

（2）主观方面的目的不同。前者的目的只是暂时挪用资金，准备以后归还；而后者的目的是将财物非法占为己有，并不准备归还。从某种意义上讲，行为人有无将本单位财产非法占为己有的目的，是本罪与侵占罪的实质区别。

（3）犯罪手段不同，在一般情况下，行为人有无非法占有的目的，可以从其犯罪手段上表现出来。前者一般不采用掩盖本单位资金被挪用的手段，而后者往往为了不被发现，要采取伪造单据、作虚假平账、销毁账目等财务手段，以掩盖侵占的事实。

5. 挪用资金罪与职务侵占罪的区分

职务侵占行为与挪用本单位资金的行为都以本单位的财物为对象，都是利用本人职务上的便利，主观上都具有故意，犯罪的主体都是公司、企业或其他单位的人员，因而具有许多相似之处。但二者仍然具有较大区别：

（1）犯罪对象不同。职务侵占罪的犯罪对象既包括资金又包括财物；而挪用资金罪仅指资金。

（2）客观表现形式不同。职务侵占罪表现为利用职务上的便利，采用侵吞、盗窃、骗取等手段非法占有本单位数额较大的财物的行为；而挪用资金罪则表现为利用职务上的便利，挪用本单位资金归个人使用或借贷给他人，数额较大、超过 3 个月未还的，或者虽未超过 3 个月，但数额较大、进行营利活动的，或者进行非法活动的行为。

（3）犯罪目的不同。前者是出于非法占有的目的，而后者仅出于挪用的目的。在以下情形下应当特别注重行为人主观目的的审查。①案发前未将挪用的单位资金归还，行为人辩称其只是为了挪用，并非不还的，如何处理？要看是否有证据证明行为人具有归还的主观意图。如果无任何证据证明行为人不是出于暂时挪用的目的而占有本单位资金，则应当认定行为人具有非法占有的目的，应以职务侵占罪论处。如果有证据证明行为人挪用本单位资金是出于暂时挪用的目的，但在案发时仍未归还，或者又挪作他用，拒不退还被挪用的本单位资金，但行为人并没有非法占有的目的，不应以职务侵占罪论处，而只能以挪用资金罪定罪处罚。这样处理，符合《刑法》第 272 条第 1 款关于“挪用本单位资金数额较大不退还的，处 3 年以上 10 年以下有期徒刑”的规定。

②如果行为人挪用资金时想归还，但在归还前产生了占为己有的意图，且实际上已经占有该资金的，如何处理？我们认为，这种情况符合转化犯的情形，客观上行为人利用职务行为实际控制了该财产，是一种特殊的占有形式；主观上行为人不想归还的目的确实已经转化为非法占有的目的。因此，应当以职务侵占罪处罚。

6. 对私营企业主挪用企业资金的行为如何定性

对私营企业主挪用私营企业资金如何处理，理论上有不同的观点：一种观点认为，私营企业主挪用私营企业资金不能以挪用资金罪处罚；另一种观点认为，私营企业主挪用私营企业资金的行为与其他挪用资金犯罪一样具有社会危害性，应当以挪用资金罪处罚。

本书观点：应当看私营企业的性质而定。根据《公司法》的有关规定，私营企业的组织形式有独资企业与合伙企业两种形式，独资企业是企业主一人投资、一人经营、独享收益的经济组织。在这类企业中，企业资产与企业主个人财产之间没有严格的界限，法人人格与企业主人格同一，企业不具有独立的团体意志，因此，对这类企业理所当然地应当认定为个人企业。合伙企业是指在中国境内设立的由各合伙人通过订立合伙协议，共同出资、合伙经营、共担风险、共享收益，并对合伙企业债务承担无限连带责任的营利性团体。合伙企业也不同于个人合伙，个人合伙是契约性的，而合伙企业中团体性占主导地位，在合伙企业成立后，企业已具备了相对独立的财产利益，合伙企业与其他企业一样享有法律赋予的各项权利并承担相应的义务。所以，对合伙企业的刑法地位应以单位进行认定。

由此可见，我国私营企业的刑法地位应当分为两种情形：一种是个人的形式，如独资企业，另一种是单位形式，如合伙企业、有限责任公司。在私营企业的上述两种组织形式中，由于独资企业在刑法地位上等同于个人，企业主对企业财产具有完全的支配权，企业主挪用企业资金等于挪用自己的资金，不存在构成犯罪的问题。但对于独资企业聘用的工作人员，如会计、出纳或者其他管理人员挪用企业资金，情节严重的仍然构成挪用资金罪。在合伙企业和公司中，由于其刑法地位等同于单位，企业董事、经理与企业一般职员一样同属于单位工作人员，无论是企业董事、经理或者其他管理人员，只要是挪用企业资金情节严重的，都应以挪用资金罪追究其刑事责任。

7. 行为人在其承包、租赁的企业中挪用资金的行为如何定性?

对于公司、企业或者其他单位以外的人员承包、租赁企业进行经营并挪用单位资金，是否构成挪用资金罪。我们认为，承包者、租赁者在承包、租赁企业之前虽然不属于公司、企业或者其他单位的职员，但是在承包、租赁之后，依据承包、租赁合同，他们享有对企业生产、经营活动的组织、领导、监督和管理的权力，在承包、租赁期间，当然属于法律拟定的该单位人员，只要他们在承包、租赁期间实施了挪用资金行为，又符合《刑法》规定的其他条件的，就应当以挪用资金罪处罚。

（四）情节与量刑

依照《刑法》第 272 条规定，犯挪用资金罪的，处 3 年以下有期徒刑或者拘役；挪用本单位资金数额巨大的，或者数额较大不退还的，处 3 年以上 10 年以下有期徒刑。

具体情节与量刑的对应情况，列表格如下：

<table>
<tr><th>量刑档次</th><th>对应情节</th><th>有关概念解释</th><th>备注</th></tr>
<tr><td>三年以下有期徒刑、拘役</td><td>挪用资金数额较大</td><td>1. 挪用资金“数额较大”的起点为 10 万元；
2. 挪用资金进行非法活动的构成起点为 6 万元。</td><td rowspan="2">犯本罪，没有财产刑。</td></tr>
<tr><td>三年以上十年以下有期徒刑</td><td>1. 挪用资金数额巨大；
2. 挪用资金数额较大不退还。</td><td>挪用资金数额巨大包括：1. 归个人使用，进行非法活动数额达到在 200 万元以上的；2. 归个人使用，进行营利活动或者超过三个月未归还，数额达到 400 万元以上。</td></tr>
</table>

司法机关在适用本条规定处罚时，应当注意以下问题：

1. 根据《最高人民法院、最高人民检察院关于办理妨害预防、控制突发传染病疫情等灾害的刑事案件具体应用法律若干问题的解释》，挪用用于预防、控制突发传染病疫情等灾害的款物归个人使用，构成犯罪的，依照《刑法》第 272 条的规定，以挪用资金罪定罪，从重处罚。

2. 正确认定挪用资金数额较大不退还。这里的不退还，是指案发后仍未退还或者无法退还。不退还包括尚未退还和无法退还两种情况。尚未退还指的是行为人应当退还、可以退还，但还未退还。无法退还是指案发后行为人已经无力退还。如果案发时已经退还的，不能认为是不退还。要注意将不退还与一开始挪用资金时就不想退还区别开来。不退还属于挪用资金罪的加重处罚情节，而不想退还则是职务侵占罪的主观状况，因此，不想退还的，应当以职务侵占罪定罪处罚。

3. 关于规范化量刑。最高人民法院《关于常见犯罪的量刑指导意见》对挪用资金罪的量刑并未有作出规定，这主要是由于此案案件在司法实践中的发案率不高，最高司法机关还未能总结出一套比较完整的量刑规范化方案，有待于在总结经验的基础上再作出详细的规定。在此之前，各高级法院可以根据各地的社会治安状况、经济发展状况等因素，制定适合本省、自治区、直辖市实际情况的量刑规范化标准。在有关规定出台前，司法人员应当根据犯罪的事实、犯罪的性质、情节和对于社会的危害程度，依照刑法和有关司法解释的规定判处刑罚。

4. 挪用资金罪，由于刑法没有规定单处或者并处财产刑，因此，不能因该罪属于侵犯财产罪性质，就想当然地对被告附加适用财产刑。

（五）法规链接

1. 全国人民代表大会常务委员会法制工作委员会刑法室关于挪用资金罪有关问题的答复（法工委刑发〔2004〕第28号　自2004年9月8日起施行）

公安部经济犯罪侦查局：

你局2004年7月19日（公经〔2004〕141号）来函收悉，经研究，答复如下：

刑法第二百七十二条规定的挪用资金罪中的“归个人使用”与刑法第三百八十四条规定的挪用公款罪中的“归个人使用”的含义基本相同。1997年修改刑法时，针对当时挪用资金中比较突出的情况，在规定“归个人使用时”的同时，进一步明确了“借贷给他人”属于挪用资金罪的一种表现形式。

2. 公安部经济犯罪侦查局关于对挪用资金罪中“归个人使用”有关问题的批复（公经〔2004〕1455号　自2004年9月8日起施行）

湖北省公安厅经侦总队：

你总队《关于对贺平等人行为是否涉嫌挪用单位资金罪进行认定的请示》（厅经侦〔2004〕67号）收悉。经研究并征求全国人大法工委刑法室的意见，现答复如下：

《中华人民共和国刑法》第二百七十二条规定的挪用资金罪中的“归个人使用”与《中华人民共和国刑法》第三百八十四条规定的挪用公款罪中的“归个人使用”的含义基本相同。在理解时，可以参照2002年4月28日第九届全国人民代表大会常务委员会第二十七次会议通过的全国人大常委会关于《中华人民共和国刑法》第三百八十四条第一款的解释。

3. 公安部经济犯罪侦查局关于宗教活动场所工作人员能否构成职务侵占或挪用资金犯罪主体的批复（公经〔2004〕643号　自2004年4月30日起施行）

山西省公安厅经侦总队：

你总队晋公经〔2004〕034号《关于净贤能否构成职务侵占罪或挪用资金罪主体的请示》收悉。经研究，并征求国家宗教事务局意见，批复如下：

根据《宗教活动场所管理条例》（国务院令第145号令）等有关规定，宗教活动场所属于《刑法》第271条和第272条所规定的“其他单位”的范围。宗教活动场所的财产属于公共财产或信教公民共有财产，受法律保护，任何组织和个人不得侵占、哄抢、私分和非法处分宗教团体、宗教活动场所的合法财产。宗教活动场所的管理人员利用职务之便，侵占或挪用宗教活动场所公共财产的，可以构成职务侵占罪或挪用资金罪。

4. 公安部经济犯罪侦查局关于对挪用资金罪有关问题请示的答复（公经〔2002〕1604号　自2002年12月24日起施行）

山东省公安厅经侦总队：

你总队《关于对〈刑法〉第272条“挪用本单位资金”的规定应如何理解的请示》（鲁公经〔2002〕713号）收悉。经研究，现答复如下：

对于在经济往来中所涉及的暂收、预收、暂存其他单位或个人的款项、物品，或者对方支付的货款、交付的货物等，如接收人已以单位名义履行接收手续的，所接收的财、物应视为该单位资产。

5. 最高人民法院、最高人民检察院关于办理国家出资企业中职务犯罪案件具体应用法律若干问题的意见（法发〔2010〕49号　自2010年12月26日起施行）（节录）

一、关于国家出资企业工作人员在改制过程中隐匿公司、企业财产归个人持股的改制后公司、企业所有的行为的处理

国家工作人员或者受国家机关、国有公司、企业、事业单位、人民团体委托管理、经营国有财产的人员利用职务上的便利，在国家出资企业改制过程中故意通过低估资产、隐瞒债权、虚设债务、虚构产权交易等方式隐匿公司、企业财产，转为本人持有股份的改制后公司、企业所有，应当依法追究

刑事责任的，依照刑法第三百八十二条、第三百八十三条的规定，以贪污罪定罪处罚。贪污数额一般应当以所隐匿财产全额计算；改制后公司、企业仍有国有股份的，按股份比例扣除归于国有的部分。

所隐匿财产在改制过程中已为行为人实际控制，或者国家出资企业改制已经完成的，以犯罪既遂处理。

第一款规定以外的人员实施该款行为的，依照刑法第二百七十一条的规定，以职务侵占罪定罪处罚；第一款规定以外的人员与第一款规定的人员共同实施该款行为的，以贪污罪的共犯论处。

在企业改制过程中未采取低估资产、隐瞒债权、虚设债务、虚构产权交易等方式故意隐匿公司、企业财产的，一般不应当认定为贪污；造成国有资产重大损失，依法构成刑法第一百六十八条或者第一百六十九条规定的犯罪的，依照该规定定罪处罚。

三、关于国家出资企业工作人员使用改制公司、企业的资金担保个人贷款，用于购买改制公司、企业股份的行为的处理

国家出资企业的工作人员在公司、企业改制过程中为购买公司、企业股份，利用职务上的便利，将公司、企业的资金或者金融凭证、有价证券等用于个人贷款担保的，依照刑法第二百七十二条或者第三百八十四条的规定．以挪用资金罪或者挪用公款罪定罪处罚。

行为人在改制前的国家出资企业持有股份的，不影响挪用数额的认定，但量刑时应当酌情考虑。

经有关主管部门批准或者按照有关政策规定，国家出资企业的工作人员为购买改制公司、企业股份实施前款行为的，可以视具体情况不作为犯罪处理。

五、关于改制前后主体身份发生变化的犯罪的处理

国家工作人员在国家出资企业改制前利用职务上的便利实施犯罪，在其不再具有国家工作人员身份后又实施同种行为，依法构成不同犯罪的，应当分别定罪，实行数罪并罚。

国家工作人员利用职务上的便利，在国家出资企业改制过程中隐匿公司、企业财产，在其不再具有国家工作人员身份后将所隐匿财产据为己有的，依照刑法第三百八十二条、第三百八十三条的规定，以贪污罪定罪处罚。

国家工作人员在国家出资企业改制过程中利用职务上的便利为请托人谋

取利益，事先约定在其不再具有国家工作人员身份后收受请托人财物，或者在身份变化前后连续收受请托人财物的，依照刑法第三百八十五条、第三百八十六条的规定，以受贿罪定罪处罚。

八、关于宽严相济刑事政策的具体贯彻

办理国家出资企业中的职务犯罪案件时，要综合考虑历史条件、企业发展、职工就业、社会稳定等因素，注意具体情况具体分析，严格把握犯罪与一般违规行为的区分界限。对于主观恶意明显、社会危害严重、群众反映强烈的严重犯罪，要坚决依法从严惩处；对于特定历史条件下、为了顺利完成企业改制而实施的违反国家政策法律规定的行为，行为人无主观恶意或者主观恶意不明显，情节较轻，危害不大的，可以不作为犯罪处理。

对于国家出资企业中的职务犯罪，要加大经济上的惩罚力度，充分重视财产刑的适用和执行，最大限度地挽回国家和人民利益遭受的损失。不能退赃的，在决定刑罚时，应当作为重要情节予以考虑。

6. 最高人民法院研究室关于挪用退休职工社会养老金行为如何适用法律问题的复函（法研〔2004〕102 号　自 2004 年 7 月 9 日施行）

公安部经济犯罪侦查局：

你局公经〔2004〕916 号《关于挪用退休职工社会养老保险金是否属于挪用特定款物罪事》收悉。经研究，提供如下意见供参考：

退休职工养老保险金不属于我国刑法中的救灾、抢险、防汛、优抚、扶贫、移民、救济等特定款物的任何一种。因此，对于挪用退休职工养老保险金的行为，构成犯罪时，不能以挪用特定款物罪追究刑事责任，而应当按照行为人身份的不同，分别以挪用资金罪或者挪用公款罪追究刑事责任。

7. 最高人民检察院关于挪用尚未注册成立公司资金的行为适用法律问题的批复（高检发研字〔2000〕19 号　自 2000 年 10 月 9 日施行）

江苏省人民检察院：

你院苏检发研字〔1999〕第 8 号《关于挪用尚未注册成立的公司资金能否构成挪用资金罪的请示》收悉。经研究，批复如下：

筹建公司的工作人员在公司登记注册前，利用职务上的便利，挪用准备设立的公司在银行开设的临时账户上的资金，归个人使用或者借贷给他人，数额较大、超过三个月未还的，或者虽未超过三个月，但数额较大、进行营利活动的，或者进行非法活动的，应当根据刑法第二百七十二条的规定，追究刑事责任。

8. **最高人民法院、最高人民检察院关于办理贪污贿赂刑事案件适用法律若干问题的解释法释**（法释〔2016〕9号　自2016年4月18日起施行）（节录）

第五条　挪用公款归个人使用，进行非法活动，数额在三万元以上的，应当依照刑法第三百八十四条的规定以挪用公款罪追究刑事责任；数额在三百万元以上的，应当认定为刑法第三百八十四条第一款规定的“数额巨大”。具有下列情形之一的，应当认定为刑法第三百八十四条第一款规定的“情节严重”：

（一）挪用公款数额在一百万元以上的；

（二）挪用救灾、抢险、防汛、优抚、扶贫、移民、救济特定款物，数额在五十万元以上不满一百万元的；

（三）挪用公款不退还，数额在五十万元以上不满一百万元的；

（四）其他严重的情节。

第六条　挪用公款归个人使用，进行营利活动或者超过三个月未还，数额在五万元以上的，应当认定为刑法第三百八十四条第一款规定的“数额较大”；数额在五百万元以上的，应当认定为刑法第三百八十四条第一款规定的“数额巨大”。具有下列情形之一的，应当认定为刑法第三百八十四条第一款规定的“情节严重”：

（一）挪用公款数额在二百万元以上的；

（二）挪用救灾、抢险、防汛、优抚、扶贫、移民、救济特定款物，数额在一百万元以上不满二百万元的；

（三）挪用公款不退还，数额在一百万元以上不满二百万元的；

（四）其他严重的情节。

第十一条　刑法第一百六十三条规定的非国家工作人员受贿罪、第二百七十一条规定的职务侵占罪中的“数额较大”“数额巨大”的数额起点，按照本解释关于受贿罪、贪污罪相对应的数额标准规定的二倍、五倍执行。

刑法第二百七十二条规定的挪用资金罪中的“数额较大”“数额巨大”以及“进行非法活动”情形的数额起点，按照本解释关于挪用公款罪“数额较大”“情节严重”以及“进行非法活动”的数额标准规定的二倍执行。

刑法第一百六十四条第一款规定的对非国家工作人员行贿罪中的“数额较大”“数额巨大”的数额起点，按照本解释第七条、第八条第一款关于行贿罪的数额标准规定的二倍执行。

9. 最高人民法院关于如何理解刑法第二百七十二条规定的"挪用本单位资金归个人使用或者借贷给他人"问题的批复（法释〔2000〕22号　自2000年7月27日起施行）

新疆维吾尔自治区高级人民法院：

你院新高法〔1998〕193号《关于对刑法第二百七十二条"挪用本单位资金归个人使用或者借贷给他人"的规定应如何理解的请示》收悉。经研究，答复如下：

公司、企业或者其他单位的非国家工作人员，利用职务上的便利，挪用本单位资金归本人或者其他自然人使用，或者挪用人以个人名义将所挪用的资金借给其他自然人和单位，构成犯罪的，应当依照刑法第二百七十二条第一款的规定定罪处罚。

10. 最高人民法院关于对受委托管理、经营国有财产人员挪用国有资金行为如何定罪问题的批复（法释〔2000〕5号　自2000年2月24日起施行）

江苏省高级人民法院：

你院苏高法〔1999〕94号《关于受委托管理、经营国有财产的人员能否作为挪用公款罪主体问题的请示》收悉。经研究，答复如下：

对于受国家机关、国有公司、企业、事业单位、人民团体委托，管理、经营国有财产的非国家工作人员，利用职务上的便利，挪用国有资金归个人使用构成犯罪的，应当依照刑法第二百七十二条第一款的规定定罪处罚。

11. 最高人民法院、最高人民检察院关于办理妨害预防、控制突发传染病疫情等灾害的刑事案件具体应用法律若干问题的解释（法释〔2003〕8号　自2003年5月15日起施行）（节录）

第十四条　贪污、侵占用于预防、控制突发传染病疫情等灾害的款物或者挪用归个人使用，构成犯罪的，分别依照刑法第三百八十二条、第三百八十三条、第二百七十一条、第三百八十四条、第二百七十二条的规定，以贪污罪、侵占罪、挪用公款罪、挪用资金罪定罪，依法从重处罚。

挪用用于预防、控制突发传染病疫情等灾害的救灾、优抚、救济等款物，构成犯罪的，对直接责任人员，依照刑法第二百七十三条的规定，以挪用特定款物罪定罪处罚。

第十七条　人民法院、人民检察院办理有关妨害预防、控制突发传染病疫情等灾害的刑事案件，对于有自首、立功等悔罪表现的，依法从轻、减轻、免除处罚或者依法作出不起诉决定。

第十八条 本解释所称“突发传染病疫情等灾害”，是指突然发生，造成或者可能造成社会公众健康严重损害的重大传染病疫情、群体性不明原因疾病以及其他严重影响公众健康的灾害。

九、挪用特定款物罪

（一）法律规定

第二百七十三条 挪用用于救灾、抢险、防汛、优抚、扶贫、移民、救济款物，情节严重，致使国家和人民群众利益遭受重大损害的，对直接责任人员，处三年以下有期徒刑或者拘役；情节特别严重的，处三年以上七年以下有期徒刑。

（二）罪名详解

挪用特定款物罪，是指违反国家规定的关于特定款物专用的财经管理制度，挪用有关用于救灾、抢险、防汛、优抚、扶贫、移民、救济的款物，情节严重，致使国家和人民群众利益遭受重大损害的行为。

本罪1979年《刑法》第126条作了规定，1997年刑法修订时，根据司法实践出现的新情况、新问题，对罪状作了修改，将挪用款物的对象增加规定了扶贫、移民款物，并将其从原破坏社会主义经济秩序罪移入侵犯财产罪。

挪用特定款物罪的构成要件是：

1. 主体要件

犯罪主体为特殊主体，即保管、分配和使用特定款物的直接责任人员，包括对挪用行为我有责任的主管人员、直接实施挪用行为的人员，如会计人员、款物的发放人员、指使挪用的有关人员等。

根据《刑法》第273条规定，本罪的犯罪主体只能是对挪用行为负有责任的主管人员、直接实施挪用行为人的员。但并未规定直接责任人员所属单位的性质，也即国家机关、国有公司、国有企业、非国有公司、非国有企业、其他单位，只要经手、管理特定款物的单位，经手人、管理人如果实施将特定款物挪作其他公用的行为，都可成为搬用特定款物罪的犯罪主体。

2. 主观要件

本罪的主观方面只能是故意，即明知是有关用于救灾、抢险、防汛、优抚、扶贫、移民、救济等专项款物而故意挪作他用。过失不构成本罪。

3. 客体要件

本罪侵犯的客体是复杂客体，既侵犯了国家规定的关于特定款物专用的财经管理制度，又侵犯了公共财产的使用权。侵犯的对象，只能是专门用于救灾、抢险、防汛、优抚、扶贫、移民、救济的特定款物，其中扶贫和移民的特定款物是1997年刑法新增加的内容。上述特定款物，既包括用于上述用途的由国家预算安排的民政事业经费，也包括临时调拨的专项款物，还包括其他由国家、集体或者人民群众募捐的用于上述用途的特定款物等。根据国家的有关规定，救灾款应重点用于灾情严重地区自力无法克服生活困难的灾民，不得平均分配和发放。抢险、防汛款用于购买抢险、防汛的物资、通讯器材、设备和其他有关开支。优抚款主要用于烈属、军属、残废军人等的抚恤、生活补助，以及疗养、安置等。救济款主要用于农村中由集体供给、补助后生活仍有困难的五保户、贫困户的生活救济；城镇居民中无依无靠、无生活来源的孤老、残、幼和无固定职业、无固定收入的贫困户的生活救济；无依无靠、无生活来源的散居归侨、外侨以及其他人员的生活困难救济等。为了救灾、抢险、防汛、优抚、扶贫、移民、救济等方面的需要，国家临时调拨、募捐或者用上述专款购置的食品、被服、药品、器材设备以及其他物资，也属于作为本罪对象的特定专用物资。特定款物不得挪作他用，也不得混用。需要特别注意的是，挪用的对象必须是救灾、抢险、防汛、优抚、扶贫、移民、救济工作等七项款物，挪用其他款物的，即使是国家规定的特定专用款物，如教育经费、科研经费等，也不构成本罪。

所谓“救灾款物”，是指国家拨给遭受自然灾害地区的专项资金和物资；所谓“扶贫款物”是指用于扶贫的专项资金和物资。所谓“抢险款物”，是指国家拨给因自然灾害而出现危险情形需要抢救的专项资金和物资。所谓“防汛款物”，是指国家拨给防备水灾和汛潮的专项资金和物资；所谓“优抚款物”，是指国家拨给用于优待和抚恤优抚对象的专项资金和物资。所谓“救济款物”，是指国家用于社会救济和自然灾害救济的专项资金和物资。所谓“移民款物”，是指国家拨付的用于移民安置的专项资金和物资。

4. 客观要件

客观方面表现为擅自将特定用于有关救灾、抢险、防汛、优抚、扶贫、移民、救济等专项款物挪作他用，情节严重，致使国家和人民群众的利益遭受重大损害的行为。客观方面的表现包括下列内容：

（1）具有挪用行为即擅自将特定用于有关救灾、抢险、防汛、优抚、扶贫、移民、救济等专项款物挪作他用。“挪用”，是指未经合法批准，行为人利用特定的职权，将自己经管的上述款物，非法调拨、使用于其他方面，如用于搞经济开发项目、炒房地产、购置小轿车等违反专款专用的行为[①]。这里的挪用，仅指挪作其他公用，不包括归个人使用或者借贷给他人。挪用公款或者单位资金归个人使用或者借贷给他人的，以挪用公款罪或挪用资金罪从重处罚。

（2）情节严重，致使国家和人民群众利益遭受重大损害。根据法律规定，挪用特定款物的行为，除需具备以上犯罪构成要件外，还必须是情节严重，给人民群众利益造成重大损害的，才构成犯罪。“情节严重”，司法实践中，一般是指挪用特定款物数额大，次数多，影响恶劣，挪用特别重要紧急款物等等。致使国家和人民群众利益遭受重大损害，包括挪用行为给抢险、救灾工作带来重大困难和损失，致使灾情扩大，给恢复生产和自救带来影响，造成群众逃荒、传染疾病、死亡等情形。“情节严重”和“重大损害”必须同时具备，才能构成本罪。之所以不仅要求“情节严重”，还要求有“重大损害”的结果才追究刑事责任，是由于本罪的挪用行为与贪污罪、挪用公款罪、盗窃罪、诈骗罪中获取财物行为的性质毕竟不同，行为人没有非法占有的目的。

（三）实务疑难问题

1. 划清罪与非罪的界限

挪用特定款物，只有达到情节严重，致使国家和人民群众利益遭受重大损害的，才构成犯罪。对于一般的挪用行为，则不能按犯罪处理，可予以行

---

① 这方面，有法规、规章明确规定。如：1962 年 3 月原内务部、财政部联合颁布的《抚恤、救济事业费管理使用办法》规定，对特定款物不得挪作他用。1984 年 7 月 6 日民政部、财政部发布的《民政事业费使用管理办法》，对救灾、救济、优抚等费用的使用原则、使用范围、预算管理、财务管理、财务监督等方面重新作了规定。对特定款物的使用、发放，必须严格按照该管理办法进行，否则，挪用上述特定款物的，可能构成本罪。

政和纪律处罚。下列情形下不构成挪用特定款物罪：（1）挪用数额较小，情节显著轻微的；（2）虽然挪用本身情节严重，但尚未给国家和人民群众造成重大损失的；（3）仅造成重大损失，但并非挪用“情节严重”的。

2. 划清本罪与挪用资金罪的界限

（1）侵犯的对象不同。挪用特定款物罪犯罪对象是有关特定的用于救灾、抢险、防汛、优抚、扶贫、移民、救济的专项款物；挪用资金罪犯罪对象是本单位的资金。

（2）挪用的用途不同。挪用特定款物罪是挪用特定款物作其他公用，如果挪用特定款物归个人使用，应定挪用公款罪，从重处罚；后者是挪用后归自己或他人使用。

（3）犯罪的客观方面表现不同。挪用特定款物黑曜石要求情节严重，致使国家和人民群众遭受重大损失，而挪用资金罪并不要求造成损失，只要数额达到较大即可。

3. 划清本罪与挪用公款罪的界限

挪用公款罪是指国家工作人员利用职务上的便利，挪用公款归个人使用，进行非法活动，或者挪用公款数额较大，超过三个月未还的行为。挪用特定款物罪是指挪用救灾、抢险、防汛、优抚、扶贫、移民、救济款物，情节严重，致使国家和人民群众利益遭受重大损失的行为。两罪的共同特点都是客观行为上表现为“挪用”，但在其他方面仍有很多不同。

（1）犯罪主体不同。挪用公款的犯罪主体是特殊主体，指国家工作人员和以国家工作人员论的人员。挪用特定款物罪的主体是经手、管理特定款物的工作人员，也就是对特定款物有调拨、保管、分配、使用的直接责任人员。

（2）犯罪目的不同。挪用公款罪的目的是为了个人使用或者为他人进行非法活动、营利活动；挪用特定款物罪的目的是为了单位另行使用。将特定款物用于改建楼堂馆所等。如将特定款物归个人使用，按第 384 条 2 款挪用公款罪从重处罚。

（3）犯罪客体和对象不同。挪用公款罪侵犯的客体是复杂客体，主要是国家工作人员的职务廉洁性，其次是侵犯了国家对公共财产的使用、处分权；挪用特定款物罪侵犯的客体是国家财经管理制度及国家对特定款物的管理权。挪用特定款物罪的犯罪对象是特定的，是用于救灾、抢险、防汛、扶贫、优抚、移民、救济的款物，这些特定款物必须专用，既可以是钱，也可以是物。

而挪用公款罪的犯罪对象是公款，仅限于货币资金，既包括国家和劳动群众集体所有的货款资金，也包括由国家和集体管理使用，储存等私人所有的货币。不包括物资。从款的角度看，挪用公款罪的对象范围大于挪用特定款物罪。

（4）犯罪的客观方面不同。挪用公款罪表现为行为人利用职务上的便利，实施了挪用公款数额较大的行为；挪用特定款物罪表现为行为人将自己保管或经手的特定款物，未经批准，擅自调拨，用于其他方面。

（5）犯罪的刑罚不同。挪用公款罪处罚分为三个档次，犯本罪处 5 年以下有期徒刑；情节严重的，处 5 年以上有期徒刑；挪用公款数额巨大不退还的，处 10 年以上有期徒刑，或无期徒刑。挪用特定款物罪，必须是情节严重，致使国家和人民群众利益遭受重大损失的才构成犯罪，情节严重主要是数额较大，挪用特别重要紧急的上述款物，造成极坏的影响。对直接责任人员，处 3 年以下有期徒刑或者拘役，情节特别严重的，处 3 年以上 7 年以下有期徒刑。

4. 几类非典型的挪用特定款物的认定

（1）关于特定款物之间互相调剂如何处理的问题。在特定款物管理、使用工作中，有时存在互相调剂使用的问题。如，民政工作中，不但存在救灾费、救济费、抚恤费相互之间替代调剂的情况，而且存在着国家特定款项与其他民政事业调剂使用的现象。这种调剂是否属于挪用性质，回答是肯定的。不但不能拿救灾、救济、抚恤款等特定款物去冲抵其他民政事业开支，而且也不能在特定款物之间随意进行调剂。上述调剂行为本质上都属于挪用行为，违反了国家关于上述款项“专款专用”的规定。但鉴于这种调剂行为是在民政事业费内部进行的调剂行为，具体情况较为复杂，对这些行为不以犯罪论处为妥。

（2）境外救灾捐赠资金物资使用中的挪用问题。白 1980 年起，我国对国际救灾援助政策发生变化，欢迎并接受国际社会向我灾区提供人道性质的援助。境外捐赠的救灾款物，无论通过何种途径，办理了何种接受手续，都属于国家所有的救灾特定款物，不得挪用。其用途由国家规定。来不及等待上级主管部门答复的，也应将款物按国内拨款的救灾款物使用范围使用。按照 1991 年 10 月 15 日民政部《关于安排使用境外捐赠资金存关事宜的通知》规定：如果境外捐赠资金已有明确意向，而这些资金使用意向与我国有关部门规定的资金用途不符时，可以与捐赠方协商解决。如捐赠方坚持某一使用意向，也可以允许。如一些外援捐赠后，执意要将其捐赠的款物用于某一特定项目，如修某段公路，建某所学校，在某地区设所医院等。这种情况下，如果政府方面协商后同意捐赠者的意愿，则其意愿成为法定特定用途，擅自改变上述特定用途，将受捐赠的款物挪为他用，是非法的挪用行为。但对境外捐赠的救灾资金，如果捐赠方无明确意向或其意向与我国有关部门关于救灾款物的使用规定相符合，行为人擅自改变救灾款的救灾扶贫用途，则其行为是挪用特定款物违法行为。如果情节严重，且致使国家和人民群众利益遭受重大损害的，可以挪用特定款物罪定罪处罚。

（3）关于长效、大件救灾物资的挪用问题。接受捐赠的各类汽车，无论何种车辆，灾情处理阶段过后，都可以归于当地民政部门作为工作车辆，用于非救灾用途的其他民政事业，不存在挪用问题，对于电动机、发电机等机电设备类，以及水上交通工具、排水设备等长效救灾物资，按照民政部《关于救灾物资接收、分发、使用、管理的规定》："救灾物资应及时收回，暂以地（市）为单位，登记造册，妥善保管，做好建立救灾物资储备仓库的准备。"如果将这类物资不按规定回收，不作为救灾储备物资，而是改作其它公共用途，其性质属于挪用，但鉴于其行为特点，不宜作为挪用犯罪处理。

5．对挪用特定款物给外单位使用的行为如何定性

根据《刑法》第 384 条第 2 款的规定：挪用用于救灾、抢险、防汛、优抚、扶贫、移民、救济款物归个人使用的，应以挪用公款罪从重处罚。从本规定中可以看出，有一部分挪用特定款物的用途，是将该款物用于其他公共事务，而不是归行为人个人使用。那么这里的其他公共事务，是仅指本单位内部的公共事务，还是也包括外单位的公共事务？也就是说，对挪用的特定款物是否仅限于本单位内部使用？对于挪用特定款物的用途不能仅限于本单位使用，同时也应包括给外单位使用的情形。如果行为人以个人名义或者私自以单位名义将特定款物挪给外单位使用的，不论使用特定款物的单位是私有单位或是国有、集体单位，均应认定是挪用特定款物归个人使用，以挪用公款罪定罪处罚。因为行为人以个人名义或者私自以单位名义将特定款物挪给外单位使用时，其行为性质已发生了变化，不是单位行为，而是个人行为，应当认为是行为人先将特定款物挪用归个人使用，然后由个人处分给外单位使用，因而应当认定是挪用特定款物归个人使用。

6．关于本罪的犯罪主体问题

单位是否可成为犯罪主体？刑法没有明文规定单位是挪用特定款物罪的

犯罪主体，但表述犯罪主体时却用了单位犯罪条款中处罚自然人的表述方法，即对直接责任人员定罪处罚。因此，关于本罪的犯罪主体有两种观点，一种观点认为，本罪应当认定为自然人犯罪，而不应当认定为单位犯罪，只应对直接责任人员予以处罚，其中的直接责任人员不属于单位犯罪的被追诉主体①。另一种观点认为，挪用特定款物罪的挪用只限于由有关单位改变专用款物用途的情形②，即挪用特定款物罪体现的是“单位的意志”，是“为了单位的利益”。本书观点：按照刑法理论通行的观点，挪用特定款物罪的犯罪主体是经手前述7种款物的国家工作人员，从而排除了单位犯罪主体。主要理由就是单位作为犯罪主体必须是法律明文规定的。如果挪用特定款物行为确实是由单位作出的决定，根据《全国人民代表大会常务委员会关于〈中华人民共和国刑法〉第三十条的解释》，公司、企业、事业单位、机关、团体等单位实施刑法规定的危害社会的行为，刑法分则和其他法律规定未规定追究单位的刑事责任的，对组织、策划、实施该危害社会行为的人依法追究刑事责任。③

（四）情节与量刑

依照《刑法》第273条规定，犯挪用特定款物罪的，对直接责任人员，处3年以下有期徒刑或者拘役；情节特别严重的，处3年以上7年以下有期徒刑。

司法机关在适用本条规定处罚时，应当注意以下问题：

1. 正确认定挪用特定款物罪的情节严重，致使国家和人民群众利益遭受重大损失以及情节特别严重。

司法实践中，情节严重，一般是指下列情形之一：（1）挪用特定款物数额大；（2）挪用特定款物次数多；（3）挪用特定款物影响恶劣；（4）挪用特定款物用于挥霍浪费和高消费性开支的；（5）挪用特别重要的紧急款物，如

---

① 参见刘根菊、史立梅：《单位犯罪被追诉者之确定》，载《法学研究》1999年第6期。

② 参见张明楷著：《刑法学》，法律出版社2011年7月第4版，第910页。

③ 2014年4月24日第十二届全国人民代表大会常务委员会第八次会议通过《全国人民代表大会常务委员会关于〈中华人民共和国刑法〉第三十条的解释》：全国人民代表大会常务委员根据司法实践中遇到的情况，讨论了刑法第三十条的含义及公司、企业、事业单位、机关、团体等单位实施刑法规定的危害社会的行为，法律未规定追究单位的刑事责任的，如何适用刑法有关规定的问题，解释如下：公司、企业、事业单位、机关、团体等单位实施刑法规定的危害社会的行为，刑法分则和其他法律规定未规定追究单位的刑事责任的，对组织、策划、实施该危害社会行为的人依法追究刑事责任。

①挪用的抚恤事业费系残废抚恤费、烈军属生活补助费。②挪用的救济费系孤老残幼社会救济费、无生活来源的散居归侨、外侨及其他人员的生活困难补助费、儿童福利院经费。③挪用的救灾款是自然灾害救灾款。④挪用的救灾物资，系食品、药品、医疗器械、生活必需品。⑤挪用外援款物的等。

造成“重大损害”一般是指严重影响当时当地的救灾、抢险、防汛、优抚、扶贫、移民救济工作，直接导致民政对象的人身伤亡、房屋倒塌、财产损失、牲畜伤亡，以及直接导致大面积粮田病虫害现象，救灾抢险工作不能及时进行而引发的其他直接物质损失。

情节特别严重，是相对于“情节严重，致使国家和人民群众利益遭受重大损害”而言的，并非仅仅相对于情节严重。是情节与危害后果的综合结果。如：（1）挪用特定款物数额特别巨大的；（2）挪用特定款物造成国家和人民群众直接经济损失数额特别巨大的；（3）挪用特定款物造成人民群众的生产、生活特别严重困难的；（4）挪用特定款物对国家声誉造成特别严重的损害，或者造成极其恶劣社会影响的；（5）其他致使国家和人民群众利益遭受特别重大损害的情形。

2. 根据《最高人民法院、最高人民检察院关于办理妨害预防、控制突发传染病疫情等灾害的刑事案件具体应用法律若干问题的解释》，挪用用于预防、控制突发传染病疫情等灾害的救灾、优抚、救济等款物，构成犯罪的，对直接责任人员，依照《刑法》第273条的规定，以挪用特定款物罪定罪处罚。

3. 关于量刑规范化问题。最高人民法院《关于常见犯罪的量刑指导意见》对挪用特定款物罪的量刑并未有作出规定，这主要是由于此案案件在司法实践中的发案率不高，最高司法机关还未能总结出一套比较完整的量刑规范化方案，有待于在总结经验的基础上再作出详细的规定。在此之前，各高级法院可以根据各地的社会治安状况、经济发展状况等因素，制定适合本省、自治区、直辖市实际情况的量刑规范化标准。在有关规定出台前，司法人员应当根据犯罪的事实、犯罪的性质、情节和对于社会的危害程度，依照刑法和有关司法解释的规定判处刑罚。

（五）法规链接

1. 最高人民法院研究室关于挪用退休职工社会养老金行为如何适用法律问题的复函（法研〔2004〕102 号　自 2004 年 7 月 9 日施行）

公安部经济犯罪侦查局：

你局公经〔2004〕916 号《关于挪用退休职工社会养老保险金是否属于挪用特定款物罪事》收悉。经研究，提供如下意见供参考：

退休职工养老保险金不属于我国刑法中的救灾、抢险、防汛、优抚、扶贫、移民、救济等特定款物的任何一种。因此，对于挪用退休职工养老保险金的行为，构成犯罪时，不能以挪用特定款物罪追究刑事责任，而应当按照行为人身份的不同，分别以挪用资金罪或者挪用公款罪追究刑事责任。

2. 最高人民法院、最高人民检察院关于办理妨害预防、控制突发传染病疫情等灾害的刑事案件具体应用法律若干问题的解释（法释〔2003〕8 号　自 2003 年 5 月 15 日起施行）（节录）

第十四条　贪污、侵占用于预防、控制突发传染病疫情等灾害的款物或者挪用归个人使用，构成犯罪的，分别依照刑法第三百八十二条、第三百八十三条、第二百七十一条、第三百八十四条、第二百七十二条的规定，以贪污罪、侵占罪、挪用公款罪、挪用资金罪定罪，依法从重处罚。

挪用用于预防、控制突发传染病疫情等灾害的救灾、优抚、救济等款物，构成犯罪的，对直接责任人员，依照刑法第二百七十三条的规定，以挪用特定款物罪定罪处罚。

第十七条　人民法院、人民检察院办理有关妨害预防、控制突发传染病疫情等灾害的刑事案件，对于有自首、立功等悔罪表现的，依法从轻、减轻、免除处罚或者依法作出不起诉决定。

第十八条　本解释所称“突发传染病疫情等灾害”，是指突然发生，造成或者可能造成社会公众健康严重损害的重大传染病疫情、群体性不明原因疾病以及其他严重影响公众健康的灾害。

3. 最高人民检察院关于挪用失业保险基金和下岗职工基本生活保障资金的行为适用法律问题的批复（高检发释字〔2003〕1号　自2003年1月30日起施行）

辽宁省人民检察院：

你院辽检发研字（2002）9号《关于挪用职工失业保险金和下岗职工生活保障金是否属于挪用特定款物的请示》收悉。经研究，批复如下：

挪用失业保险基金和下岗职工基本生活保障资金属于挪用救济款物。挪用失业保险基金和下岗职工基本生活保障资金，情节严重，致使国家和人民群众利益遭受重大损害的，对直接责任人员，应当依照刑法第二百七十三条的规定，以挪用特定款物罪追究刑事责任；国家工作人员利用职务上的便利，挪用失业保险基金和下岗职工基本生活保障资金归个人使用，构成犯罪的，应当依照刑法第三百八十四条的规定，以挪用公款罪追究刑事责任。

4. 最高人民法院研究室《关于挪用民族贸易和民族用品生产贷款利息补贴行为如何定性问题的复函》（法研〔2003〕16号　自2003年2月24日起施行）

公安部经济犯罪侦查局：

你局公经〔2002〕1176号《关于征求对“贷款优惠息”性质认定意见的函》收悉。经研究，提出如下意见供参考：

中国人民银行给予中国农业银行发放民族贸易和民族用品生产贷款的利息补贴，不属于刑法第二百七十三条规定的特定款物。

5. 中华人民共和国抗旱条例（2009年2月26日中华人民共和国国务院令第552号公布　2009年2月26日起施行）（节录）

第五十九条　截留、挤占、挪用、私分抗旱经费的，依照有关财政违法行为处罚处分等法律、行政法规的规定处罚；构成犯罪的，依法追究刑事责任。

6. 财政部关于印发《大中型水库移民后期扶持基金项目资金管理办法》的通知（财农〔2017〕128号 自2017年10月13日起施行）

第十五条　项目资金使用中存在弄虚作假或截留、挤占、挪用等财政违法行为的，对相关单位及个人，按照《中华人民共和国预算法》、《财政违法行为处罚处分条例》进行处罚，情节严重的追究法律责任。

各级财政部门、移民管理机构等有关单位及其工作人员在项目资金分配、使用过程中，存在违反规定分配或使用资金，以及其他滥用职权、玩忽职守、徇私舞弊等违法违纪行为的，按照《中华人民共和国预算法》《中华人民共和国公务员法》《中华人民共和国监察法》《财政违法行为处罚处分条例》《大中型水利水电工程建设征地补偿和移民安置条例》和《违反大中型水库移民后期扶持基金征收使用管理规定责任追究办法》等法律法规规定追究相应责任；涉嫌犯罪的，移送司法机关处理。

7. **中华人民共和国防洪法**（1997 年 8 月 29 日第八届全国人民代表大会常务委员会第二十七次会议通过　根据 2009 年 8 月 27 日第十一届全国人民代表大会常务委员会第十次会议《关于修改部分法律的决定》第一次修正　根据 2015 年 4 月 24 日第十二届全国人民代表大会常务委员会第十四次会议《关于修改〈中华人民共和国港口法〉等七部法律的决定》第二次修正　根据 2016 年 7 月 2 日第十二届全国人民代表大会常务委员会第二十一次会议《关于修改〈中华人民共和国节约能源法〉等六部法律的决定》第三次修正）（节录）

第五十二条　任何单位和个人不得截留、挪用防洪、救灾资金和物资。

各级人民政府审计机关应当加强对防洪、救灾资金使用情况的审计监督。

第六十二条　截留、挪用防洪、救灾资金和物资，构成犯罪的，依法追究刑事责任；尚不构成犯罪的，给予行政处分。

8. **中华人民共和国防震减灾法**（1997 年 12 月 29 日第八届全国人民代表大会常务委员会第二十九次会议通过　2008 年 12 月 27 日第十一届全国人民代表大会常务委员会第六次会议修订）（节录）

第七十七条　禁止侵占、截留、挪用地震应急救援、地震灾后过渡性安置和恢复重建的资金、物资。

第九十条　侵占、截留、挪用地震应急救援、地震灾后过渡性安置或者地震灾后恢复重建的资金、物资的，由财政部门、审计机关在各自职责范围内，责令改正，追回被侵占、截留、挪用的资金、物资；有违法所得的，没收违法所得；对单位给予警告或者通报批评；对直接负责的主管人员和其他直接责任人员，依法给予处分。

9. **中华人民共和国水法**（1988 年 1 月 21 日第六届全国人民代表大会常务委员会第二十四次会议通过　2002 年 8 月 29 日第九届全国人民代表大会常务委员会第二十九次会议修订　根据 2009 年 8 月 27 日第十一届全国人民代表大会常务委员会第十次会议《关于修改部分法律的决定》第一次修正　根据 2016 年 7 月 2 日第十二届全国人民代表大会常务委员会第二十一次会议

《关于修改〈中华人民共和国节约能源法〉等六部法律的决定》第二次修正）（节录）

第七十三条　侵占、盗窃或者抢夺防汛物资，防洪排涝、农田水利、水文监测和测量以及其他水工程设备和器材，贪污或者挪用国家救灾、抢险、防汛、移民安置和补偿及其他水利建设款物，构成犯罪的，依照刑法的有关规定追究刑事责任。

十、敲诈勒索罪

（一）法律规定

第二百七十四条[①]　**敲诈勒索公私财物，数额较大或者多次敲诈勒索的，处三年以下有期徒刑、拘役或者管制，并处或者单处罚金；数额巨大或者有其他严重情节的，处三年以上十年以下有期徒刑，并处罚金；数额特别巨大或者有其他特别严重情节的，处十年以上有期徒刑，并处罚金。**

（二）罪名详解

敲诈勒索罪，是指以非法占有为目的，对被害人实施威胁或者要挟的方法，强行索取数额较大的公私财物的行为。

本罪1979年《刑法》第154条作了规定，1997年刑法对原条文作了修改，增加了“数额较大”这一犯罪构成要件。1997年刑法实施后，敲诈勒索犯罪方面出现了一些新的情况。一些地方的黑社会组织和恶势力团伙，把敲诈勒索行为他为他们称霸一方，欺压、残害群众的经常性手段。他们敲诈勒索的具体方法也多是以明确的暴力相威胁。这些犯罪行为严重侵犯了人民群众的人身财产权益，破坏了社会稳定。1997年《刑法》第274条的规定在一定程度上已不能完全适应打击现实中敲诈勒索犯罪的需要。一是单纯以数额

---

① 本条经2011年2月25日《刑法修正案（八）》第40条修改。1997年《刑法》第274条规定：“敲诈勒索公私财物，数额较大的，处三年以下有期徒刑、拘役或者管制；数额巨大或者有其他严重情节的，处三年以上十年以下有期徒刑。”

为依据的入罪门槛不够科学。二是未规定财产刑，不能在经济上打击犯罪分子。三是敲诈勒索数额特别巨大或者情节特别严重的，最高十年有期徒刑的法定刑偏轻。有关部门和专家学者多次提出修改完善敲诈勒索罪的建议[①]。因此，《刑法修正案（八）》第 40 条对原条文又作了修改，增加了多次敲诈勒索构成犯罪的规定，增设了第三个量刑档次，增加规定了财产刑，但罪名未改。

敲诈勒索罪的构成要件是：

1. 主体要件

本罪的犯罪主体为一般主体，即年满 16 周岁并具有刑事责任能力的人，都可以成为本罪的主体。

2. 主观要件

本罪的主观方面由直接故意构成，并且具有非法占有公私财物的目的。

3. 客体要件

本罪侵犯的客体是公私财产的所有权，有时也同时侵犯被害人的人身权利或者其他权益。但这种对人身权利的侵犯是使用威胁、要挟手段的结果。侵犯的对象可以是各种具有经济价值的财物或者是能给行为人带来一定利益的物品，包括动产、不动产，有形财产和无形财产，或者是将能给行为人带来一定利益，或者是可以兑现的各种票证、单据，如提单、债券等。

4. 客观方面

本罪的客观方面表现为对被害人实施威胁或者要挟的方法，迫使其当场或者限期交出较大数额的公私财物或者多次实施敲诈勒索的行为。（1）行为方式上是实施威胁或者要挟。从威胁或者要挟的方式上看，是多种多样的：有口头的、书面的；有明示的，也有暗示的；有的直接当面向当事人提出，也有的通过第三人转达，等等。从内容上看，有对被害人及其亲属以杀、伤相威胁的；有以揭发、张扬被害人的违法行为、隐私进行要挟的；有以毁坏被害人及其亲属的财物相威胁的；还有以凭借、利用某种权势损害被害人切身利益进行要挟的，等等。从取得他人财物的时间上看，既可以是迫使被害人当场交出，也可以是限期交出。总之，行为人是通过对被害人实行精神强制，使其产生恐惧、害怕心理，不得已而交出公私财物。（2）从行为后果看，必须达到数额较大或者多次敲诈勒索。

---

① 参见王爱立主编：《中华人民共和国刑法解读》，中国法制出版社 2015 年版，第 632—633 页。

——关于数额较大。根据《最高人民法院、最高人民检察院关于办理敲诈勒索刑事案件适用法律若干问题的解释》（以下简称《敲诈解释》）的规定，数额较大的认定分两种情况。一是一般情节下的数额较大标准。根据《敲诈解释》第1条规定，敲诈勒索公私财物价值二千元至五千元以上、应当认定为《刑法》第274规定的“数额较大”。同时，各省、自治区、直辖市高级人民法院、人民检察院可以根据本地区经济发展状况和社会治安状况，在这一数额幅度内，共同研究确定本地区执行的具体数额标准，报最高人民法院、最高人民检察院批准。二是根据《敲诈解释》第2条规定，敲诈勒索公私财物，具有下列情形之一的，“数额较大”的标准可以按照本解释第1条规定标准的百分之五十确定：（1）曾因敲诈勒索受过刑事处罚的；（2）一年内曾因敲诈勒索受过行政处罚的；（3）对未成年人、残疾人、老年人或者丧失劳动能力人敲诈勒索的；（4）以将要实施放火、爆炸等危害公共安全犯罪或者故意杀人、绑架等严重侵犯公民人身权利犯罪相威胁敲诈勒索的；（5）以黑恶势力名义敲诈勒索的；（6）利用或者冒充国家机关工作人员、军人、新闻工作者等特殊身份敲诈勒索的；（7）造成其他严重后果的。

——多次敲诈勒索。根据以往的司法解释，多次一般是指三次以上。但多少时间段内的三次以上可以认定为多次？以往一般是按照刑事追诉时效内计算次数。根据《敲诈解释》第3条的规定，二年内敲诈勒索三次以上的，应当认定为《刑法》第274条规定的“多次敲诈勒索”。因此，司法实务中应当注意对于勒索财物数额虽未达到较大，但次数达到三次以上的行为，应当认定为构成敲诈勒索罪。

（三）实务疑难问题

1. 罪与非罪的认定

司法实践中，要注意不以犯罪处理的以下情形：

（1）敲诈勒索数额不到数额较大标准。一般敲诈勒索案件中，敲诈勒索数额较大是构成敲诈勒索罪的主要要件。因此，对于敲诈勒索数额没有达到较大标准，如果没有多次敲诈勒索的情节，也没有《敲诈解释》第2条规定的依照数额较大50%计算构成犯罪数额的七种情形的，一般不能以敲诈勒索罪论处。对勒索财物数额较小的行为，按照一般违法行为处理。

（2）敲诈勒索数额虽达到数额较大标准，但具有特定情节的。根据《敲诈解释》第5条规定，敲诈勒索数额较大，行为人认罪、悔罪，退赃、退赔，且具有下列情形之一，可以认定为犯罪情节轻微，不起诉或者免予处罚，由有关部门依法予以行政处罚：①具有法定从宽处罚情节的；②没有参与分赃或者获赃较少且不是主犯的；③被害人谅解的；④其他情节轻微、危害不大的。

（3）敲诈勒索近亲属财物，获得谅解的。根据《敲诈解释》第6条第1款规定，敲诈勒索近亲属财物，获得谅解的。一般不认为是犯罪；认定为犯罪的，应当酌情从宽。

（4）被害人对敲诈勒索的发生存在过错的，敲诈勒索情节显著轻微的。根据《敲诈解释》第6条第2款规定，被害人过错程度和案件其他情况，可以对行为人酌情从宽处理；情节显著轻微危害不大的，不认为是犯罪。

（5）对在讨回合法债务的过程中，使用了带有某种威胁性的言辞、举动的行为，也不能以敲诈勒索罪论处。

2. 既遂与未遂的区分

敲诈勒索犯罪是数额犯，也是结果犯，因此，在一般情况下，未敲诈勒索得财物的，不以犯罪处理，也不存在敲诈勒索未遂的问题。但是，在下列情况下，就存在敲诈勒索既遂、未遂的认定问题。

（1）以数额巨大、特别巨大财物为敲诈勒索目标，由于意志以外原因未敲诈勒索得财物的。在这种情况下，应当根据刑法关于敲诈勒索数额巨大、特别巨大的量刑规定和犯罪未遂的处理原则，以敲诈勒索罪（未遂）从轻、减轻或者免予处罚。敲诈勒索既有既遂，又有未遂，分别达到不同量刑幅度的，依照处罚较重的规定处罚；达到同一量刑幅度的，以盗窃罪既遂处罚。

（2）多次敲诈勒索是否存在犯罪未遂的问题。《刑法修正案（八）》将多次敲诈勒索增加规定为犯罪，体现了刑法对人民群众人身、财产安全的切实关注和严格保护，为打击敲诈勒索犯罪提供了更有力的法律武器。因此，有别于一般的敲诈勒索罪的是，多次敲诈勒索构成犯罪的社会危害性不仅体现在敲诈勒索对财物的侵犯上，而且还体现在多次敲诈勒索行为所体现的对社会秩序甚至对公民人身安全的侵害上。司法实践中，在《刑法修正案（八）》前，多次敲诈勒索行为，虽然严重危害到广大人民群众的财产安全，并对群众人身安全形成威胁一些盗窃行为，具有严重的社会危害性，但往往由于案犯一次作案案值达不到定罪标准无法对其定罪处罚，只能作治安处罚，打击力度不够，难以形成有效震慑，也影响了民警和群众与扒窃犯罪作斗争的积极性，导致案犯有恃无恐，屡打不绝。因此，《刑法修正案（八）》规定，多次敲诈勒索的，不论数额多少，均可以作为罪定罪处罚。因此，多次敲诈勒索的，一般不存在未遂问题，但其中的某次甚至其中的数次存在敲诈勒索未遂情节的，在量刑时应予考虑。

3. 划清本罪与抢劫罪的界限

抢劫罪与敲诈勒索罪都是侵犯财产类型的犯罪，从犯罪客体来看，不仅都侵犯了他人财物的所有权关系，同时还侵犯了公民的人身权利。从主观方面来看，两者具有相同的犯罪目的，即都具有非法占有公私财物的目的。两者的主要区别在于：（1）在威胁的内容、方式、程度和时限上有所不同。抢劫罪的威胁，是当场直接向被害人发出的，都是直接侵犯他人生命、健康的暴力威胁，如以杀害、伤害相威胁；敲诈勒索罪的威胁，既可以采用直接的暴力威胁，也可以通过毁人名誉、设置障碍、揭发隐私等相威胁，既可以是当面对被害人公开实行，也可以是采用其他形式，如利用书信、通信设备或者通过第三人的转告作出。（2）威胁索取的利益不同。抢劫罪索取的利益只能是财物，而且绝大多数是动产；而敲诈勒索罪索取的利益可以是财物，包括动产和不动产，也可以是非财物性利益，如迫使他人无偿提供劳务等。（3）威胁的后果不同。抢劫罪中的威胁，是为了使被害人当场受到精神强制，使其完全丧失反抗的意志，逼迫被害人当场交出财物，遇有抵抗时立即施加暴力。而敲诈勒索罪中的威胁手段，是为了使被害人产生恐惧感和压迫感，但是并没有达到使被害人不能反抗的地步，被害人在决定是否交付财物上尚有考虑、选择的余地。敲诈勒索罪比抢劫罪虽然威胁的内容要广，但是程度稍轻，时限稍缓，使被害人有个回旋的余地。

4. 划清本罪与强迫交易罪的界限

两者在行为方式上有许多相似之处，但有严格区别：犯罪主体不同，本罪只能由自然人构成，强迫交易罪还可以由单位构成；主观方面不同，本罪行为人是以占有他人财物为目的，与受害人不存在交易关系，强迫交易罪以存在交易为前提，目的是通过不公平的交易谋取非法经济利益。《最高人民检察院关于强迫借贷行为适用法律问题的批复》指出：以暴力、胁迫手段强迫他人借贷，属于《刑法》第 226 条第 2 项规定的“强迫他人提供或者接受服务”，情节严重的，以强迫交易罪追究刑事责任；以非法占有为目的，以借贷为名采用暴力、胁迫手段获取他人财物，符合《刑法》第263条或者第274条规定的，以抢劫罪或者敲诈勒索罪追究刑事责任。

5. 划清本罪与绑架罪的区分

敲诈勒索罪与绑架罪具有许多相似之处，在主观上都是以非法占有为目的，都有勒索财物的行为，都同时侵犯了公私财产所有权和公民的人身权利。两者的主要区别是：（1）侵犯的客体不同。敲诈勒索罪侵犯的客体主要是公私财产的所有权，其次才是人身权；而绑架罪侵犯的主要客体则是公民的人身权利，其次才是公私财产所有权，因而在刑法分类上属于侵犯公民人身权利罪。（2）客观方面的表现不同：①敲诈勒索罪以敲诈数额较大的公私财物为主要方式，或者多次敲诈勒索为客观表现，但不实施绑架行为；绑架罪则主要是通过绑架人质的手段逼迫他人交出财物。②敲诈勒索罪的威胁手段是采用轻微的暴力或者非暴力，对于被威胁者来说压力相对较轻；而绑架罪则是以杀害、伤害人质相威胁，具有加害的现实性和紧迫性，对于被威胁者来说压力较大。③敲诈勒索罪是直接从被害人手中取得财物，而绑架罪则是从被绑架的人质亲友或所在组织处取得财物。

6. 划清本罪与诈骗罪的界限

两者在主观上都是以非法占有为目的。区别是：（1）侵犯的客体不同。诈骗罪仅侵犯他人财产所有权，而敲诈勒索罪不仅侵犯财产所有权，还侵犯公民的人身安全。（2）客观方面不同。①诈骗罪是采用虚构事实或者隐瞒事实真相的欺骗方法，使受害人陷于错误，敲诈勒索罪的威胁手段是采用轻微的暴力或者非暴力，使受害人害怕；②诈骗罪中被害人交出财物是“自愿”的，而敲诈勒索罪中的被害人交出财物是不自愿的，是被迫的，如，根据最高人民法院《关于审理抢劫、抢夺刑事案件适用法律若干问题的意见》规定，行为人冒充治安联防队员“抓赌”“抓嫖”“没收赌资”或者罚款的行为，构成犯罪的，以敲诈勒索罪定罪处罚。其原因就在于赌博者、嫖娼者交出财物都是不自愿、被迫的；③构成犯罪的后果要求不同。诈骗罪构成犯罪必须达到数额较大，而敲诈勒索罪除了数额较大外，多次敲诈勒索的也可以构成犯罪。

7. 划清本罪与组织未成年人进行违反治安管理活动罪的界限

《刑法》第262条之二规定，组织未成年人进行盗窃、诈骗、抢夺、敲诈勒索等违反治安管理活动的，处3年以下有期徒刑或者拘役，并处罚金；情节严重的，处 3 年以上 7 年以下有期徒刑，并处罚金。1979 年《刑法》和 1997 年修订后的刑法均无组织未成年人进行违反治安管理活动罪的规定，2009 年 2 月 28 日的《刑法修正案（七）》增加了此规定。组织未成年人进行违反治安管理活动罪与敲诈勒索罪的区别在于：（1）敲诈勒索罪是行为人自己实施敲诈勒索行为，而组织未成年人进行违反治安管理活动罪的行为人本身并没有实施敲诈勒索行为。（2）构成敲诈勒索罪，必须达到数额较大或者多次敲诈勒索，但构成组织未成年人进行违反治安管理活动罪中的敲诈勒索，则不必达到数额较大或者多次敲诈勒索。（3）敲诈勒索罪是行为本身已经构成犯罪，而组织未成年人进行违反治安管理活动罪中的敲诈勒索，未必构成犯罪或者敲诈勒索的具体实施人因年龄不满 16 周岁而不成为犯罪主体。实践中应当注意，未成年人实施的敲诈勒索行为如果已经达到犯罪程度，如数额达到较大或者多次敲诈的，对已满 16 周岁的未成年人，应当以敲诈勒索罪定罪并从轻或者减轻处罚，对组织者应当以敲诈勒索罪的共犯、主犯追究刑事责任，并根据利用未成年人实施犯罪的一般处罚原则从重处罚。

8. 注重对敲诈勒索犯罪提供帮助的共犯的处罚

根据《敲诈解释》第 7 条规定，明知他人实施敲诈勒索犯罪，为其提供信用卡、手机卡、通讯工具、通讯传输通道、网络技术支持等帮助的，以共同犯罪论处。

（四）情节与量刑

依照《刑法》第 274 条规定，犯敲诈勒索罪的，处 3 年以下有期徒刑、拘役或者管制，并处或者单处罚金；数额巨大或者有其他严重情节的，处 3 年以上 10 年以下有期徒刑，并处罚金；数额特别巨大或者有其他特别严重情节的，处 10 年以上有期徒刑，并处罚金。

具体情节与量刑的对应情况，列表格如下：

<table>
<tr><th>量刑档次</th><th>对应情节</th><th>有关概念解释</th><th>备注</th></tr>
<tr><td>三年以下有期徒刑、拘役或者管制，并处或者单处罚金</td><td>1. 数额较大；
2. 多次敲诈勒索。</td><td>1. “数额较大”的起点为 2000—5000 元；
2. “多次敲诈勒索”：指 2 年内敲诈勒索 3 次以上。</td><td rowspan="3">1. 犯本罪，判处刑罚时，必须判处罚金。根据《敲诈解释》第 8 条规定，对犯敲诈勒索罪的被告人，应当在二千元以上、敲诈勒索数额的二倍以下判处罚金；被告人没有获得财物的，应当在二千元以上十万元以下判处罚金。</td></tr>
<tr><td>三年以上十年以下有期徒刑，并处罚金</td><td>1. 数额巨大；
2. 有其他严重情节。</td><td>1. “数额巨大”的起点为 3 万－10 万元以上；
2. 有其他严重情节是指数额达到“数额巨大”80%以上，并且具有以下情形之一的：(1) 对未成年人、残疾人、老年人或者丧失劳动能力人敲诈勒索的；(2) 以将要实施放火、爆炸等危害公共安全犯罪或者故意杀人、绑架等严重侵犯公民人身权利犯罪相威胁敲诈勒索的；(3) 以黑恶势力名义敲诈勒索的；(4) 利用或者冒充国家机关工作人员、军人、新闻工作者等特殊身份敲诈勒索的；(5) 造成其他严重后果的。</td></tr>
<tr><td>十年以上有期徒刑，并处罚金</td><td>1. 数额特别巨大；
2. 有其他特辑严重情节。</td><td>1. “数额特别巨大”的起点为 30 万—50 万元；
2. 有其他特别严重情节是指数额达到“数额特别巨大”80%以上，并且具有以下情形之一的：(1) 对未成年人、残疾人、老年人或者丧失劳动能力人敲诈勒索的；(2) 以将要实施放火、爆炸等危害公共安全犯罪或者故意杀人、绑架等严重侵犯公民人身权利犯罪相威胁敲诈勒索的；(3) 以黑恶势力名义敲诈勒索的；(4) 利用或者冒充国家机关工作人员、军人、新闻工作者等特殊身份敲诈勒索的；(5) 造成其他严重后果的。</td></tr>
</table>

司法机关在适用本条规定处罚时，应当注意以下问题：

1. 正确认定“数额巨大”“数额特别巨大”

这是本罪的加重处罚情节。根据《敲诈解释》的规定，“数额巨大”，以 3 万元至 10 万元为起点，“数额特别巨大”，以 30 万元至 50 万元为起点。各省、自治区、直辖市高级人民法院、人民检察院可以根据本地区实际情况，在上述数额幅度内，共同研究确定本地区执行的敲诈勒索罪“数额巨大”“数额特别巨大”的具体数额标准，报最高人民法院、最高人民检察院批准。

2. 正确认定“有其他严重情节”“有其他特别严重情节”

“其他严重情节”是指数额达到“数额巨大”80%以上，并且具有以下情形之一的：（1）对未成年人、残疾人、老年人或者丧失劳动能力人敲诈勒索的；（2）以将要实施放火、爆炸等危害公共安全犯罪或者故意杀人、绑架等严重侵犯公民人身权利犯罪相威胁敲诈勒索的；（3）以黑恶势力名义敲诈勒索的；（4）利用或者冒充国家机关工作人员、军人、新闻工作者等特殊身份敲诈勒索的；（5）造成其他严重后果的。

“其他特别严重情节”是指数额达到“数额特别巨大”80%以上，并且具有以下情形之一的：（1）对未成年人、残疾人、老年人或者丧失劳动能力人敲诈勒索的；（2）以将要实施放火、爆炸等危害公共安全犯罪或者故意杀人、绑架等严重侵犯公民人身权利犯罪相威胁敲诈勒索的；（3）以黑恶势力名义敲诈勒索的；（4）利用或者冒充国家机关工作人员、军人、新闻工作者等特殊身份敲诈勒索的；（5）造成其他严重后果的。

根据以上规定，在司法实践中要注意：（1）“其他严重情节”“其他特别严重情节”依然有数额上的要求，即分别要达到“数额巨大”“数额特别巨大”的80%。如果数额未达到相应要求的，则不能认定为其他严重情节”“其他特别严重情节”。（2）《敲诈解释》第2条第（七）项规定的造成其他严重后果的，应当严格控制适用范围，不能随意认定。实践中，一般是指以下情形：①导致他人精神失常；②导致他人重伤的；③导致他人自杀的；④具有其他严重情节。有的地方以考虑犯罪分子是否是累犯或者惯犯，是否是共同犯罪的首要分子或者黑社会性质组织、恶势力团伙的组织领导者，敲诈勒索手段是否恶劣等情节为依据判断行为人敲诈勒索犯罪是否具有“其他严重情节”“其他特别严重情节”，虽然有一定的合理性，但与《敲诈解释》的规定不符，因而是违背罪刑法定原则的。

3. 敲诈勒索罪中的“其他严重情节”与“数额巨大”并存或者“其他特别严重情节”与敲诈勒索“数额特别巨大”并存时，或者具有多个“其他严重情节”“其他特别严重情节”的，该如何量刑？

在这种情况下，原则上应以“敲诈勒索数额巨大”“敲诈勒索数额特别巨大”作为确定量刑基准的事实依据，“其他严重情节”“其他特别严重情节”一般应用来增加刑罚量的依据。这主要是因为敲诈勒索犯罪属于财产刑犯罪，其社会危害性主要在犯罪数额上，犯罪数额是反映敲诈勒索罪社会危害性的主要标尺之一。

4. 规范化量刑。最高人民法院《关于常见犯罪的量刑指导意见》对敲诈勒索罪的量刑作了如下规定：

（1）构成敲诈勒索罪的，可以根据下列不同情形在相应的幅度内确定量刑起点：

①达到数额较大起点的，或者两年内三次敲诈勒索的，可以在一年以下有期徒刑、拘役幅度内确定量刑起点。

②达到数额巨大起点或者有其他严重情节的，可以在三年至五年有期徒刑幅度内确定量刑起点。

③达到数额特别巨大起点或者有其他特别严重情节的，可以在十年至十二年有期徒刑幅度内确定量刑起点。

（2）在量刑起点的基础上，可以根据敲诈勒索数额、手段等其他影响犯罪构成的犯罪事实增加刑罚量，确定基准刑。

多次敲诈勒索，数额达到较大以上的，以敲诈勒索数额确定量刑起点，敲诈勒索次数可作为调节基准刑的量刑情节；数额未达到较大的，以敲诈勒索次数确定量刑起点，超过三次的次数作为增加刑罚量的事实。

（五）法规链接

1. 最高人民法院、最高人民检察院关于办理敲诈勒索刑事案件适用法律若干问题的解释（法释〔2013〕10号　自2013年4月27日起施行）

为依法惩治敲诈勒索犯罪，保护公私财产权利，根据《中华人民共和国刑法》、《中华人民共和国刑事诉讼法》的有关规定，现就办理敲诈勒索刑事案件适用法律的若干问题解释如下：

第一条　敲诈勒索公私财物价值二千元至五千元以上、三万元至十万元以上、三十万元至五十万元以上的，应当分别认定为刑法第二百七十四条规定的“数额较大”、“数额巨大”、“数额特别巨大”。

各省、自治区、直辖市高级人民法院、人民检察院可以根据本地区经济发展状况和社会治安状况，在前款规定的数额幅度内，共同研究确定本地区执行的具体数额标准，报最高人民法院、最高人民检察院批准。

第二条　敲诈勒索公私财物，具有下列情形之一的，“数额较大”的标准可以按照本解释第一条规定标准的百分之五十确定：

（一）曾因敲诈勒索受过刑事处罚的；

（二）一年内曾因敲诈勒索受过行政处罚的；

（三）对未成年人、残疾人、老年人或者丧失劳动能力人敲诈勒索的；

（四）以将要实施放火、爆炸等危害公共安全犯罪或者故意杀人、绑架等严重侵犯公民人身权利犯罪相威胁敲诈勒索的；

（五）以黑恶势力名义敲诈勒索的；

（六）利用或者冒充国家机关工作人员、军人、新闻工作者等特殊身份敲诈勒索的；

（七）造成其他严重后果的。

第三条　二年内敲诈勒索三次以上的，应当认定为刑法第二百七十四条规定的“多次敲诈勒索”。

第四条　敲诈勒索公私财物，具有本解释第二条第三项至第七项规定的情形之一，数额达到本解释第一条规定的“数额巨大”、“数额特别巨大”百分之八十的，可以分别认定为刑法第二百七十四条规定的“其他严重情节”、“其他特别严重情节”。

第五条　敲诈勒索数额较大，行为人认罪、悔罪，退赃、退赔，并具有下列情形之一的，可以认定为犯罪情节轻微，不起诉或者免予刑事处罚，由有关部门依法予以行政处罚：

（一）具有法定从宽处罚情节的；

（二）没有参与分赃或者获赃较少且不是主犯的；

（三）被害人谅解的；

（四）其他情节轻微、危害不大的。

第六条　敲诈勒索近亲属的财物，获得谅解的，一般不认为是犯罪；认定为犯罪的，应当酌情从宽处理。

被害人对敲诈勒索的发生存在过错的，根据被害人过错程度和案件其他情况，可以对行为人酌情从宽处理；情节显著轻微危害不大的，不认为是犯罪。

第七条　明知他人实施敲诈勒索犯罪，为其提供信用卡、手机卡、通讯工具、通讯传输通道、网络技术支持等帮助的，以共同犯罪论处。

第八条 对犯敲诈勒索罪的被告人，应当在二千元以上、敲诈勒索数额的二倍以下判处罚金；被告人没有获得财物的，应当在二千元以上十万元以下判处罚金。

第九条 本解释公布施行后，《最高人民法院关于敲诈勒索罪数额认定标准问题的规定》（法释〔2000〕11号）同时废止；此前发布的司法解释与本解释不一致的，以本解释为准。

2. **中华人民共和国铁路法**（1990年9月7日第七届全国人民代表大会常务委员会第十五次会议通过 根据2009年8月27日第十一届全国人民代表大会常务委员会第十次会议《关于修改部分法律的决定》第一次修正 根据2015年4月24日第十二届全国人民代表大会常务委员会第十四次会议《关于修改〈中华人民共和国义务教育法〉等五部法律的决定》第二次修正）（节录）

第六十五条 在列车内，抢劫旅客财物，伤害旅客的，依照刑法有关规定从重处罚。

在列车内，寻衅滋事，侮辱妇女，情节恶劣的，依照刑法有关规定追究刑事责任；敲诈勒索旅客财物的，依照刑法有关规定追究刑事责任。

3. **最高人民法院、最高人民检察院、公安部、司法部、国家卫生和计划生育委员会关于依法惩处涉医违法犯罪维护正常医疗秩序的意见**（法发〔2014〕5号 自2014年4月22日起施行）（节录）

对于故意扩大事态，教唆他人实施针对医疗机构或者医务人员的违法犯罪行为，或者以受他人委托处理医疗纠纷为名实施敲诈勒索、寻衅滋事等行为的，依照治安管理处罚法和刑法的有关规定从严惩处。

4. **最高人民检察院关于强迫借贷行为适用法律问题的批复**（高检发释字〔2014〕1号 自2014年4月17日起施行）

广东省人民检察院：

你院《关于强迫借贷案件法律适用的请示》（粤检发研字〔2014〕9号）收悉。经研究，批复如下：

以暴力、胁迫手段强迫他人借贷，属于刑法第二百二十六条第二项规定的“强迫他人提供或者接受服务”，情节严重的，以强迫交易罪追究刑事责任；同时构成故意伤害罪等其他犯罪的，依照处罚较重的规定定罪处罚。以非法占有为目的，以借贷为名采用暴力、胁迫手段获取他人财物，符合刑法

第二百六十三条或者第二百七十四条规定的，以抢劫罪或者敲诈勒索罪追究刑事责任。

5. 最高人民法院、最高人民检察院、公安部关于办理组织领导传销活动刑事案件适用法律若干问题的意见（公通字〔2013〕37号　自2013年11月14日起施行）（节录）

六、关于罪名的适用问题

以非法占有为目的，组织、领导传销活动，同时构成组织、领导传销活动罪和集资诈骗罪的，依照处罚较重的规定定罪处罚。

犯组织、领导传销活动罪，并实施故意伤害、非法拘禁、敲诈勒索、妨害公务、聚众扰乱社会秩序、聚众冲击国家机关、聚众扰乱公共场所秩序、交通秩序等行为，构成犯罪的，依照数罪并罚的规定处罚。

6. 最高人民法院、最高人民检察院关于办理利用信息网络实施诽谤等刑事案件适用法律若干问题的解释（法释〔2013〕21号　自2013年9月10日起施行）（节录）

第六条　以在信息网络上发布、删除等方式处理网络信息为由，威胁、要挟他人，索取公私财物，数额较大，或者多次实施上述行为的，依照刑法第二百七十四条的规定，以敲诈勒索罪定罪处罚。

第八条　明知他人利用信息网络实施诽谤、寻衅滋事、敲诈勒索、非法经营等犯罪，为其提供资金、场所、技术支持等帮助的，以共同犯罪论处。

第九条　利用信息网络实施诽谤、寻衅滋事、敲诈勒索、非法经营犯罪，同时又构成刑法第二百二十一条规定的损害商业信誉、商品声誉罪，第二百七十八条规定的煽动暴力抗拒法律实施罪，第二百九十一条之一规定的编造、故意传播虚假恐怖信息罪等犯罪的，依照处罚较重的规定定罪处罚。

7. 最高人民法院、最高人民检察院关于办理寻衅滋事刑事案件适用法律若干问题的解释（法释〔2013〕18号　自2013年7月22日起施行）（节录）

第七条　实施寻衅滋事行为，同时符合寻衅滋事罪和故意杀人罪、故意伤害罪、故意毁坏财物罪、敲诈勒索罪、抢夺罪、抢劫罪等罪的构成要件的，依照处罚较重的犯罪定罪处罚。

8. 最高人民法院、最高人民检察院、公安部、司法部关于依法惩治拐卖妇女儿童犯罪的意见（法发〔2010〕7号　自2010年3月15日起施行）（节录）

27. 拐卖妇女、儿童或者收买被拐卖的妇女、儿童，又组织、教唆被拐卖、收买的未成年妇女、儿童进行盗窃、诈骗、抢夺、敲诈勒索等违反治安管理活动的，以拐卖妇女、儿童罪或者收买被拐卖的妇女、儿童罪与组织未成年人进行违反治安管理活动罪数罪并罚。

9. 最高人民法院关于审理抢劫、抢夺刑事案件适用法律若干问题的意见（法发〔2005〕8号　自2005年7月16日起施行）（节录）

九、关于抢劫罪与相似犯罪的界限

1. 冒充正在执行公务的人民警察、联防人员，以抓卖淫嫖娼、赌博等违法行为为名非法占有财物的行为定性

行为人冒充正在执行公务的人民警察“抓赌”、“抓嫖”，没收赌资或者罚款的行为，构成犯罪的，以招摇撞骗罪从重处罚；在实施上述行为中使用暴力或者暴力威胁的，以抢劫罪定罪处罚。行为人冒充治安联防队员“抓赌”、“抓嫖”、没收赌资或者罚款的行为，构成犯罪的，以敲诈勒索罪定罪处罚；在实施上述行为中使用暴力或者暴力威胁的，以抢劫罪定罪处罚。

10. 最高人民法院关于审理黑社会性质组织犯罪的案件具体应用法律若干问题的解释（法释〔2000〕42号　自2000年12月10日起施行）（节录）

第一条　刑法第二百九十四条规定的“黑社会性质的组织”，一般应具备以下特征：

（一）组织结构比较紧密，人数较多，有比较明确的组织者、领导者，骨干成员基本固定，有较为严格的组织纪律；

（二）通过违法犯罪活动或者其他手段获取经济利益，具有一定的经济实力；

（三）通过贿赂、威胁等手段，引诱、逼迫国家工作人员参加黑社会性质组织活动，或者为其提供非法保护；

（四）在一定区域或者行业范围内，以暴力、威胁、滋扰等手段，大肆进行敲诈勒索、欺行霸市、聚众斗殴、寻衅滋事、故意伤害等违法犯罪活动，严重破坏经济、社会生活秩序。

十一、故意毁坏财物罪

（一）法律规定

第二百七十五条　故意毁坏公私财物，数额较大或者有其他严

重情节的，处三年以下有期徒刑、拘役或者罚金；数额巨大或者有其他特别严重情节的，处三年以上七年以下有期徒刑。

（二）罪名详解

故意毁坏财物罪，是指故意非法毁灭或者损坏公私财物，数额较大或者情节严重的行为。

本罪1979年《刑法》第156条作了规定，1997年刑法修订时，根据司法实践情况对故意毁坏财物进行了修改补充，将原来规定的“情节严重”修改为“数额较大或者有其他严重情节”，同时增加了一档刑，提高了刑罚，以加大对毁坏公私财物犯罪的惩治力度。

故意毁坏财物罪的构成要件是：

1. 主体要件

本罪的主体是一般主体，凡达到刑事责任年龄且具备刑事责任能力的自然人均能构成本罪。

2. 主观要件

本罪在主观方面表现为故意，并且具有毁坏公私财物的目的，但没有非法占有他人财物的目的。这是侵犯财产罪中毁财型犯罪与其他贪利型犯罪的根本区别。犯罪动机各种各样，一般是出于个人报复或嫉妒等心理。

3. 客体要件

本罪侵犯的客体是公私财物的所有权。犯罪对象可以是各种形式的公私财物，包括生产资料、生活资料；动产、不动产等等。既可以是国家、集体所有的财物，也可以是个人所有的财物。但如果行为人故意毁坏的是刑法另有规定的特定财物，侵犯了其他犯罪客体的，则应按照刑法有关规定论处。

4. 客观要件

本罪在客观方面表现为毁灭或者损坏公私财物数额较大或者有其他严重情节的行为。客观要件体现在两个方面：

（1）行为人必须实施了毁灭或者损坏财物的行为。毁灭，是指用焚烧、摔砸等方法使物品全部丧失其价值或使用价值；损坏，是指使物品部分丧失其价值或使用价值。毁坏公私财物的方法，有多种多样。但是，如果行为人使用放火、决水、投毒、爆炸等危险方法破坏公私财物，危害公共安全的，应当以危害公共安全罪中的有关犯罪论处。

（2）故意毁坏公私财物必须达到数额较大或有其他严重情节的才构成犯罪。何谓数额较大，何谓其他严重情节，目前没有司法解释。实践中掌握较难，各地不一。有的将毁坏公私财物千余元定罪科刑，有的将数千元定罪科刑，有的将数万元定罪科刑，还有的甚至数千元至数万元也未定罪科刑。我国幅员辽阔、经济发展参差不齐，但考虑其社会危害性可参照危害相近的犯罪确定数额较大。由于《立案追诉标准（一）》第33条规定，故意毁坏公私财物，涉嫌下列情形之一的，应予立案追诉：①造成公私财物损失五千元以上的；②毁坏公私财物三次以上的；③纠集三人以上公然毁坏公私财物的；④其他情节严重的情形。目前可作审判工作中参照适用。其他情节严重的情形，在司法实践中，一般包括：①毁坏重要物品损失严重的；②毁坏手段特别恶劣的；③毁坏急需物品引起严重后果的；④动机卑鄙企图嫁祸于人的；⑤毁坏救灾、抢险、防汛、救济、优抚、国防、战时支前、中小学校、医院、鳏寡孤独财物的等等。

（三）实务疑难问题

1. 罪与非罪的认定

司法实践中，要注意不以犯罪处理的以下情形：

（1）故意毁坏公私财物，情节较轻，仅属于一般违反治安管理的行为。数额较大是本罪的主要构成要件。因此，如果故意毁坏财物的数额较小，且犯罪情节也不严重，则不能构成本罪；如果数额已经达到了较大，即使犯罪情节不严重，也应当按本罪论处。在实际生活中，非法强拆、偷拆他人房屋、故意划损他人机动车辆的事件时有发生。从法理上而言，这类行为如果在价值数额上达到了刑法规定的“数额较大”标准，或者划损机动车辆数量较多，达到情节严重标准的，都应当以故意毁坏财物罪论处。

（2）毁坏私人财物达到数额较大，但尚未到数额巨大，案发后积极赔偿，被害人表示谅解的，可认定为《刑法》第13条规定的“情节显著轻微危害不大”的情形，作无罪处理。

（3）过失毁坏公私财物，除刑法特别规定的如失火、过失决水、过失爆炸以及过失破坏交通工具、交通设备、易燃易爆设备、广播电视、电信设施等犯罪，需按有关条文追究刑事责任外，毁损一般财物的，不构成犯罪。造成损失的，可通过民事赔偿解决

（4）毁坏下列状态下的财物，不构成毁坏财物罪。①自己所有的财物的。行为人对自己所有的财物有处置权。除非其毁坏的手段如放火触犯了其他犯罪，否则不以犯罪处理。②无主物和已放弃所有权的物品，由于不在我国民事法律保护的范围之内，因此对之加以毁坏不能视为违反刑法的规定。

2. 既遂与未遂

故意毁坏财物罪既遂与未遂的标准应是看行为人对财物是否造成了实际的损害，而且这种实际的损害是否达到了数额较大或情节严重的程度。如果行为人意图毁坏某一物品，但只是对该物品的皮毛造成了一点损害，并不影响该物品的价值和使用价值，应认定为故意毁坏财物罪未遂。犯罪既遂后把毁坏的财物修复的，可以作为量刑情节考虑，但不能改变犯罪的性质和犯罪既遂的形态。

3. 注意毁坏特定财物的定性

故意毁坏财物罪与危害公共安全罪不同。毁坏财物罪与放火、决水、爆炸、破坏交通运输工具、破坏交通设备、破坏易燃易爆设备。破坏通讯设施等均有联系又有区别。他们的相似之处在于都实施了毁坏公私财物的行为。区别在于：一是主观要件不同，故意毁坏财物罪不论出于何动机目的，只能由故意构成，后者既可是故意，也可是过失。二是侵犯的对象不同，毁坏财物罪侵犯的对象仅限于财物，包括有形财物，也包括无形利益，而危害公共安全罪则既侵犯群众的人身，虽然大都不是直接以人身为目标，但其危害结果都是危害公共安全，进而可能使不特定的人的生命、健康受到损害。三是构成犯罪的要件不同，前者系后果罪且后果须达一定程度，而危害公共安全罪只要实施了危害公共安全的行为，便可构成犯罪。他们之间的最大区别在于是否危害或足以危害公共安全，即：不特定多数人的生命、健康或公私财物的安全。

同样，破坏武器装备、军事设施、军事通信罪，侵犯的是国防利益，因此，应按照相关罪名定罪处罚。

4. 划清本罪与非法采矿罪的界限

根据《矿产资源法》第 39 条至第 41 条的规定，对于未经许可擅自采矿的；超越批准的矿区范围采矿的行为；以及拒不停止开采，造成矿产资源破坏的；破坏采矿、勘查设施的，应当按照《刑法》第 343 条第 1 款规定的非法采矿罪追究刑事责任，而不应当按照故意毁坏财物罪定罪处罚。

5. 寻衅滋事罪与故意毁坏财物罪

寻衅滋事罪与故意毁坏财物罪的界限。寻衅滋事罪也可能表现为“任意损毁”公私财物。两者区别在于：（1）侵犯的客体不同。寻衅滋事罪侵犯的客体是社会公共秩序；而故意毁坏财物罪侵犯的是公私财产所有权。（2）犯罪的主观方面不同。寻衅滋事罪的行为人常常是出于卖弄淫威、逗乐开心、争强逞能、寻求刺激等变态心理而“任意损毁”公私财物，损毁财物不是其犯罪目的。犯罪行为通常没有确定的犯罪目标，表现在犯罪对象选择上的任意性。因此，即使行为人的行为只毁坏了价值较小的公私财物，但只要造成了严重的不良社会影响，也足以寻衅滋事罪。而故意毁坏财物罪的目的就是损毁公私财物，犯罪行为通常是由某种现实原因造成的。行为人可能是出于对财物所有人的打击报复、或嫉妒心理或其他类似有针对性的心理态度，使所有人的财产受到损失就是其犯罪目的。在这里犯罪的故意分成两个方面，一方面是针对特定所有人的财物犯罪的故意；另一方面是对财物进行毁坏的故意。且“数额较大或有其他严重情节”才构成犯罪。当然，两者也可能发生竞合关系。如果行为人以任意损毁公私财物的方式实施寻衅滋事的犯重罪，其毁坏的公司财物价值巨大，就属于想象竞合。对此，应按处理想象竞合的原则从一重罪处断。

6. 故意毁坏财物罪与盗窃罪的竞合与牵连问题

故意毁坏财物罪有时会与盗窃罪发生想象竞合的情况，即一个犯罪行为既触犯了盗窃罪，又触犯了故意毁坏财物罪，此时应按想象竞合犯从一重处断的原则处罚，由于盗窃罪的法定刑比故意毁坏财物罪的法定刑高，所以应定为盗窃罪。故意毁坏财物罪与盗窃罪还存在牵连的情况，如为盗窃而毁坏价值超过起点数额的被害人的门，这就涉及盗窃罪与故意毁坏财物罪的牵连问题。牵连犯的处罚原则也是从一处断，所以该行为应定为盗窃罪。《盗窃解释》第11条规定：盗窃公私财物并造成财物损毁的，按照下列规定处理：（1）采用破坏性手段盗窃公私财物，造成其他财物损毁的，以盗窃罪从重处罚；同时构成盗窃罪和其他犯罪的，择一重罪从重处罚；（2）实施盗窃犯罪后，为掩盖罪行或者报复等，故意毁坏其他财物构成犯罪的，以盗窃罪和构成的其他犯罪数罪并罚；（3）盗窃行为未构成犯罪，但损毁财物构成其他犯罪的，以其他犯罪定罪处罚。

7. 划清故意毁坏财物罪与抢劫罪的区别

两者共性都是暴力，用公开手段，抢走或毁坏公私财物。区别在于：

（1）目的不同。前者往往出于报复、泄愤、嫉妒、怀恨、栽赃、陷害或毁坏他人名誉、给他人造成负面影响或出于对工作、待遇不满等复杂动机目的，后者是以占有他人财物为目的。（2）侵犯的客体有区别，前者为单一客体而后者是复杂客体。（3）客观要件不同。前者是公开或秘密手段造成财物毁损的后果，而后者采取暴力、胁迫、欺骗、职务便利占有公私财物，同时也可能造成财物毁损或人身伤亡。需要注意的是，在抢劫过程中毁坏物品时，发生抢劫罪与故意毁坏财物罪的竞合与牵连。如抢劫过程中遇被害人将被抢的东西弄坏、抢劫银行过程中毁坏银行的监视器等也应按想象竞合犯与牵连犯的处罚原则从一处断，因为抢劫罪的法定刑比故意毁坏财物罪的法定刑高，所以应按抢劫罪定罪量刑。

8. 划清故意毁坏财物罪与破坏生产经营罪的界限

破坏生产经营罪与故意毁坏财物罪的区分标准主要在于行为对象和犯罪目的不同。破坏生产经营罪的实行行为是毁坏机器设备、残害耕畜或者以其他方法破坏生产经营的行为，因此，本罪的行为对象是机器设备及耕畜等生产经营资料。目的是让生产经营无法正常进行。而故意毁坏财物罪的行为对象就是一般财物，既不是刑法特别条款规定的特定物，也不是用于生产经营的财物，其犯罪目的就是毁灭、损毁财物本身，让财物失去其使用价值。

实践中也完全可能存在二者竞合的情形。例如，行为人以毁坏财物的手段破坏他人的生产经营，给他人造成重大的经济损失。在这种情形下，行为人在客观上既有破坏生产经营的行为，又有毁坏财物的行为，在主观上对这些危害结果均持故意的态度，因此既构成破坏生产经营罪，也构成故意毁坏财物罪，属于想象竞合犯，应择一重罪处理。

9. 明确故意毁坏财物罪中“财物”的概念

“财物”，包括有形的或者无形的动产、不动产以及附属物，其中有形财产是指人的感官能够感觉到的实物。对故意毁坏财物罪中的“财物”能否包括无形财产的问题，目前立法和司法解释均没有明确规定。本书认为，本罪中的财物，应理解为包括各种形式的财物。这种广义的理解既符合法律对社会财产权保护的原则，又为不断出现的新类型财产权不受侵犯提供保障，且符合刑法原则和立法精神：（1）随着现代科技的进步和发展，某些无形财产，如电力、煤气、股权等逐渐进入人们的普通生活，尤其是在股票及其代表的无形权利与有形财产具有可转让、继承、赠与、质押等相同特征的情况下，这些具有经济价值并为人们所支配和管理的财物应当纳入刑法保护的范畴则。(2)刑法规定的故意毁坏财物罪，其侵犯的对象既可以是国家、集体所有的财物，也可以是个人所有的财物。《刑法》第92条明确规定，公民私人所有的财产，指下列财产：①公民的合法收入、储蓄、房屋和其他生活资料；②依法归个人、家庭所有的生产资料；③个体户和私营企业的合法财产；④依法归个人所有的股份、股票、债券和其他财产。因此，代表无形财产权的股票作为故意毁坏财物罪中的“财物”认定，于法有据。(3)《盗窃解释》已将电力、煤气、天然气等无形财产作为盗窃犯罪中的“财物”予以规定。

10. 正确认定财物的价值

故意毁坏财物是否构成犯罪，“数额较大”是主要要件。“其他严重情节”大多也是以数额为基础的，没有完全脱离数额的“其他严重”情节。因此，正确认定被毁坏财物的价值，对认定行为是否构成犯罪，如果构成犯罪，在哪个罪刑单位量刑，都是有重要意义的。而目前法律、司法解释均没有规定如何认定故意毁坏财物罪的财物计算方法。但是，《盗窃解释》第4条、第5条规定了盗窃数额的认定方法[①]，故意毁坏财物罪与盗窃罪同为侵犯财产类的犯罪，因此应参照上述司法解释计算本案的犯罪数额。

---

① 该解释第4条规定，盗窃的数额，按照下列方法认定：(1)被盗财物有有效价格证明的，根据有效价格证明认定；无有效价格证明，或者根据价格证明认定盗窃数额明显不合理的，应当按照有关规定委托估价机构估价；(2)盗窃外币的，按照盗窃时中国外汇交易中心或者中国人民银行授权机构公布的人民币对该货币的中间价折合成人民币计算；中国外汇交易中心或者中国人民银行授权机构未公布汇率中间价的外币，按照盗窃时境内银行人民币对该货币的中间价折算成人民币，或者该货币在境内银行、国际外汇市场对美元汇率，与人民币对美元汇率中间价进行套算；(3)盗窃电力、燃气、自来水等财物，盗窃数量能够查实的，按照查实的数量计算盗窃数额；盗窃数量无法查实的，以盗窃前六个月月均正常用量减去盗窃后计量仪表显示的月均用量推算盗窃数额；盗窃前正常使用不足六个月的，按照正常使用期间的月均用量减去盗窃后计量仪表显示的月均用量推算盗窃数额；(4)明知是盗接他人通信线路、复制他人电信码号的电信设备、设施而使用的，按照合法用户为其支付的费用认定盗窃数额；无法直接确认的，以合法用户的电信设备、设施被盗接、复制后的月缴费额减去被盗接、复制前六个月的月均电话费推算盗窃数额；合法用户使用电信设备、设施不足六个月的，按照实际使用的月均电话费推算盗窃数额；(5)盗接他人通信线路、复制他人电信码号出售的，按照销赃数额认定盗窃数额。盗窃行为给失主造成的损失大于盗窃数额的，损失数额可以作为量刑情节考虑。该解释第5条规定，盗窃有价支付凭证、有价证券、有价票证的，按照下列方法认定盗窃数额：(1)盗窃不记名、不挂失的有价支付凭证、有价证券、有价票证的，应当按票面数额和盗窃时应得的孳息、奖金或者奖品等可得收益一并计算盗窃数额；(2)盗窃记名的有价支付凭证、有价证券、有价票证，已经兑现的，按照兑现部分的财物价值计算盗窃数额；没有兑现，但失主无法通过挂失、补领、补办手续等方式避免损失的，按照给失主造成的实际损失计算盗窃数额。

司法实践中，还有采用低价方式抛售被害人股票的方式毁坏财物的行为，如本罪“参考案例”一的“朱建勇故意毁坏财物案”，所毁坏财物的对象就是股票。而股票不同于一般财物，既有即时行情、当日最高价、当日最低价，也有平均价、成交价、收盘价，等等，而且其价格呈不断波动状态。对以股票为犯罪对象的故意毁坏他人财物行为，如何计算损失数额，目前法律和司法解释都未明确规定。已经失效的《最高人民法院关于审理盗窃案件具体应用法律若干问题的解释》[①] 第5条规定，盗窃股票的，数额“按被盗当日证券交易所公布的该种股票成交的平均价格计算。”本书观点，该解释虽然因有新的解释而失效，但其计算股票价值的方法还是可以参照适用的。

（四）情节与量刑

依照《刑法》第275条规定，犯故意毁坏财物罪的，处3年以下有期徒刑、拘役或者罚金；数额巨大或者有其他特别严重情节的，处3年以上7年以下有期徒刑。

具体情节与量刑的对应情况，列表格如下：

<table>
<tr><th>量刑档次</th><th>对应情节</th><th>有关概念解释</th><th>备注</th></tr>
<tr><td>三年以下有期徒刑、拘役或者罚金</td><td>1. 数额较大；
2. 有其他严重情节。</td><td>“数额较大”“有其他严重情节”，可以参照的起点可以参照《立案追诉标准（一）》规定的立案条件。</td><td rowspan="2">犯本罪，数额较大或者有其他严重情节的，只能单处罚金，而不能并处。数额巨大或者有其他特别严重情节的，不能判处罚金刑。</td></tr>
<tr><td>三年以上七年以下有期徒刑，并处罚金</td><td>1. 数额巨大；
2. 有其他特别严重情节的。</td><td>1. “数额巨大”的起点目前没有司法解释，各省可以根据本省情况作出相应规定。
2. “其他特别严重情节”，一般是在“严重情节”的基础上数额的增加或者情节恶劣程度的增加上。</td></tr>
</table>

司法机关在适用本条规定处罚时，应当注意以下问题：

① 指法释〔1998〕4号司法解释，现已失效。该解释第五条第（二）项第1目规定：股票按被盗当日证券交易所公布的该种股票成效的平均价格计算。

1. 正确认定数额巨大和其他特别严重情节

根据《刑法》第275条规定，故意毁坏财物数额巨大或者有其他特别严重情节是提高对行为人刑罚量的前提。如何认定，在相关司法解释出台前，可由各高院根据当地情况作出相应规定。如：《河南省高级人民法院、河南省人民检察院、河南省公安厅关于刑法有关条款中犯罪数额、情节规定的座谈纪要》规定，《刑法》第275条规定的故意毁坏财物罪，故意毁坏公私财物导致直接经济损失5万元以上的，属于“数额巨大”。具有下列情形之一的，属于“其他特别严重情节”：（1）毁坏公私财物10次以上的；（2）纠集30人以上公然毁坏公私财物的；（3）其他情节特别严重的情形。

一般说来，特别严重情节。是指在“情节严重的”基础上。数额有较大上升的，或因毁坏公私财物造成严重后果的等，所谓造成严重后果是指影响到基本生活、生产、经营的正常进行或导致人员严重疾病死亡的。

另外，在地震、洪涝等灾区和战争状态下实施毁坏财物构成犯罪的行为，也应认定为其他特别严重情节的行为。

2. 故意毁坏财物罪中的“其他严重情节”与“数额较大”并存或者“其他特别严重情节”与“数额巨大”并存时，或者具有多个“其他严重情节”“其他特别严重情节”的，该如何量刑？

在这种情况下，原则上应以“数额较大”“数额巨大”作为确定量刑基准的事实依据，“其他严重情节”“其他特别严重情节”一般应用来增加刑罚量的依据。这主要是因为故意毁坏财物犯罪属于财产刑犯罪，其社会危害性主要在犯罪数额上，犯罪数额是反映敲诈勒索罪社会危害性的主要标尺之一。

3. 要注意本罪的罚金刑的运用问题

根据《刑法》第275条的规定，犯故意毁坏财物罪的，处3年以下有期徒刑、拘役或者罚金。因此，根据犯罪事实、犯罪的性质、情节和对于社会的危害程度，判处刑罚，可以在2年以下有期徒刑、拘役或者罚金3种刑罚中选择一种，即罚金刑在行为属于基本犯罪构成的情况下只能单独适用，而不能作为附加刑附加适用。但是，故意毁坏财物数额巨大或者有其他特别严重情节的，处3年以上7年以下有期徒刑。没有财产刑。

4. 关于规范化量刑

最高人民法院《关于常见犯罪的量刑指导意见》对故意毁坏罪的量刑并未有作出规定，这主要是由于此类案件在司法实践中的发案率不高，最高司法机关还未能总结出一套比较完整的量刑规范化方案，有待于在总结经验的基础上再作出详细的规定。在此之前，各高级法院可以根据各地的社会治安状况、经济发展状况等因素，制定适合本省、自治区、直辖市实际情况的量刑规范化标准。在有关规定出台前，司法人员应当根据犯罪的事实、犯罪的性质、情节和对于社会的危害程度，依照刑法和有关司法解释的规定判处刑罚。

十二、破坏生产经营罪

（一）法律规定

第二百七十六条 由于泄愤报复或者其他个人目的，毁坏机器设备、残害耕畜或者以其他方法破坏生产经营的，处三年以下有期徒刑、拘役或者管制；情节严重的，处三年以上七年以下有期徒刑。

（二）罪名详解

破坏生产经营罪，是指行为人由于泄愤报复或其他个人目的，毁坏机器设备、残害耕畜或者以其他方法破坏生产经营。

本罪是从1979年《刑法》第125条规定的破坏集体生产罪演变而来的，1997年刑法对原条文修改后，从原破坏社会主义经济秩序罪中移入侵犯财产罪。主要原因是，随着改革开庭的逐步深化，我国由计划经济向市场经济过渡，各种经营主体形式多样，1979年刑法规定的破坏集体生产罪应当及时调整。

破坏生产经营罪的构成要件是：

1. 主体要件

本罪的犯罪主体为一般主体，即年满16周岁且具有刑事责任能力的人。

2. 主观要件

本罪的主观方面由直接故意构成，并且具有泄愤报复或者其他个人的目的。“泄愤报复”，是指由于嫉妒、奸情、私欲等得不到满足；或者受到组织、领导的批评而产生抵触情绪；或者对工作安排心怀不满等原因而寻求报复。此处的“其他个人目的”，必须与泄愤、报复的目的具有同质性，一般是指出于个人恩怨而产生的不正当的心理追求，如憎恨、厌恶、不满等。产生的原因有多种多样，如因受到领导或他人的批评而产生不满；自己的要求没有得到满足而产生不满；与他人发生冲突而心生不满；厌烦工作而产生不满等等。行为人只要出于泄愤、报复或与泄愤、报复具有同质性的其他个人目的，故意给生产经营造成较大破坏的，即构成本罪。

3. 客体要件

本罪侵犯的客体是国家、集体或者个人生产经营的正常活动和公私财产利益。包括在生产、流通、交换、分配各环节中的各种正常的生产经营活动。侵犯的对象，一是生产，二是经营。就生产来说，该罪破坏的是与生产正常活动有着直接联系的，并且是正在使用的各种设备和工具。如果是毁坏闲置不用的生产设备或者用具，或者是非生产性的设备和用具，均不构成本罪。所谓“经营”，是指维持一种营业状态。在我国经济改革早期，经济产业主要是农业（第一产业）和工业（第二产业），经济活动主要表现为生产活动。然而，随着经济改革的深入，第三产业如商业、服务业、金融业等蓬勃发展。这些产业活动已经无法用生产来形容，大多是一种营业活动。在解释破坏生产经营罪的“生产经营”时，不应抱守主观解释，而应坚持客观解释，对刑法进行当代的、合时宜的解释。因此，在市场经济发展的今天，经济活动不仅仅是指工农业生产，也包括许许多多的经营活动。顺应形势，本罪的生产经营，不是指生产性经营，而是既包括生产活动，也包括经营活动。

构成本罪中的生产经营，具有下列特征：（1）本罪的生产经营并不要求一定是营利性的生产经营，而只需要该生产经营活动具有经济利益性质即可。因为，现代多元价值观社会条件下，有的生产经营并非以营利为目的，而是以公益为目的，但同样蕴含经济利益。如公立医院的业务活动，虽不以营利为日的，但是共业务本身能以经济价值来衡量，患者住院需要费用，政府经营医院需要核算成本，因此公立医院的业务活动蕴含经济利益，属于经营活动。破坏这种经营活动，也会构成破坏生产经营罪。（2）生产经营必有具有合法性。非法的生产经营活动由于不具有合法性，破坏这些经营活动，即使造成了重大经济损失，也不构成破坏生产经营罪。造成财物损失，具有社会危害性的，应当以其他犯罪处理，如毁坏财物罪。基于此，破坏生产经营罪保护的生产经营不能严重违背法秩序，不能有严重的反社会性，不能是严重犯罪活动。例如，非法制造毒品的地下工厂、非法制造枪支弹药的地下工厂、强迫儿童劳动的“黑煤窑”，由于严重违背法秩序，难以为社会所容忍，具有强烈的反社会性，均属于严重犯罪活动，不应受破坏生产经营罪的保护。

4. 客观要件

本罪在客观方面表现为毁坏机器设备、残害耕畜或者以其他方法破坏生产经营的行为。破坏的对象必须是用于生产经营活动和与生产经营活动有密切联系的生产资料、生产工具、生产对象和生产工艺等。破坏的方法是各种各样的，除了传统的破坏机器设备、残害耕畜、毁坏种子、禾苗、未成熟的果实、切断电源等方法外，还包括使用现代的破坏方法，如干扰生产控制系统的指令、讯号、向电脑释放病毒，改变科学配方或工艺流程，导致生产劣质产品或废品的行为。只要行为人故意实施的行为，足以使生产经营活动遭到干扰破坏，甚至无法进行，或者使已经进行的生产归于失败，即构成本罪。这里所说的“其他方法”，是指除本条所列方法以外的破坏生产经营的其他任何方法，如破坏锅炉、切断电源或者供料线；颠倒生产操作程序；破坏农业排灌设备；毁坏种子、禾苗，等等。

破坏生产经营罪的客观方面实际上还有个情节要件。虽然刑法条文没有规定情节要件，但该罪并不是行为犯，而仍然有一定的情节要求。如造成一定的经济损失，造成恶劣的影响等。根据《立案追诉标准（一）》第 34 条规定，由于泄愤报复或者其他个人目的，毁坏机器设备、残害耕畜或者以其他方法破坏生产经营，涉嫌下列情形之一的，应予立案追诉：（1）造成公私财物损失 5000 元以上的；（2）破坏生产经营 3 次以上的；（3）纠集 3 人以上公然破坏生产经营的；（4）其他破坏生产经营应予追究刑事责任的情形。

（三）实务疑难问题

1. 划清罪与非罪的界限

行为人虽然实施了破坏生产经营的行为，但下列情况下，一般不以破坏生产经营罪追究刑事责任，也就是说，并非破坏生产经营的行为不分情况一律构成犯罪。按照《立案追诉标准（一）》的规定，破坏生产经营的行为，涉嫌下列情形之一的，应予立案追诉：造成公私财物损失 5000 元以上的，破坏生产经营 3 次以上的；纠集 3 人以上公然破坏生产经营的；其他破坏生产经营应予追究刑事责任的情形。另外，如果行为人既非故意也非过失，而是由于设备条件或者技术水平的限制导致危害结果的发生，应当认定是技术事故，不能以本罪论处。

2. 划清本罪与重大责任事故罪的界限

如果行为人没有破坏生产经营的主观故意，而是由于过失导致重大事故的发生，造成严重后果的，应当依照《刑法》第 134 条关于重大责任事故罪的规定定罪处罚。两者的主要区别在于主观方面和侵犯的客体不同。前者是出于故意，而后者则是基于过失；前者侵犯的是国家、集体或者个人生产经营的正常活动以及公私财产利益，而后者侵犯的则是厂矿、企业、事业单位的生产安全。

3. 划清本罪与放火罪、决水罪、爆炸罪、投放危险物质罪和以危险方法危害公共安全罪的界限

后几种犯罪的方法有可能被用于破坏生产经营，这样也就同时触犯了后几种罪名，属于牵连犯罪。由于后几种犯罪重于破坏生产经营罪，所以，一般应当以后几种罪论处。

4. 划清本罪与生产、销售伪劣农药、兽药、化肥、种子罪的界限

两者虽然在危害结果、侵犯的客体等方面有相似相近之处，但有原则区别：(1) 犯罪目的不同。前者是为了泄愤报复或者其他个人目的；后者则是为了非法牟利。(2) 犯罪手段不同。前者采取的是毁坏机器设备、残害牲畜或者其他方法；后者则是采取生产、销售伪劣农药、兽药、化肥、种子的方式。(3) 犯罪客体不完全相同。虽然两者都破坏了生产，但前者还侵犯了公私财产所有权；后者则侵犯了国家对农用生产资料馈量的监督管理制度。

在司法实践中，经常出现有的行为人为了发泄私愤，采取使用伪劣农药、兽药、化肥、种子的方法破坏特定对象的生产经营，并且使生产遭受了损失，甚至是特别重大的损失。这种情况下由于其犯罪对象特定，犯罪目的特定，一般应定破坏生产经营罪。

5. 本罪与故意损坏财物罪的界限

两者在行为上有相似之处，因为行为人通过毁坏机器设备、残害耕畜破坏生产经营的同时，必然毁坏公私财物，尽管如此，两者仍有本质区别，应当注意区分：(1) 主观的目的不同。本罪采用毁坏机器设备、残害耕畜等手段，虽然会造成财物的毁坏，但这不是行为人的目的，行为人的目的是通过上述手段来毁坏生产经营，进而达到自己泄愤报复或者其他个人的不法目的。毁坏机器设备、残害耕畜等仅仅是实现其目的的手段；而后罪其目的就是将

公私财物加以毁坏，使其部分甚或全部丧失价值或使用价值。(2) 所侵害的对象不同。本罪的对象是特定的财物，即与生活经营活动直接相关的已经投入使用的机器设备、服役期间的耕畜等。而正是通过这些直接关系到生产经营活动的财物的毁坏进而实现破坏生产经营的意图。倘若与生产经营无关，如在仓库中备用或闲置不用的财物，即使是机器设备，亦不能成为本罪对象，但可以构成故意破坏财物罪的对象，后者还包括生活资料。(3) 直接客体不同。本罪所侵害的是国有的、集体的以及个人的生产经营工常活动；而后者则是公私财物的所有权。

（四）情节与量刑

依照《刑法》第 276 条规定，犯破坏生产经营罪的，处 3 年以下有期徒刑、拘役或者管制；情节严重的，处 3 年以上 7 年以下有期徒刑。

具体情节与量刑的对应情况，列表格如下：

量刑档次	对应情节	有关概念解释	备注
三年以下有期徒刑、拘役或者管制	构成犯罪	构成条件没有相应的司法解释，但有相应的立案标准，在审判工作中可参照适用该立案标准。	犯本罪，不能并处或者单处财产刑。
三年以上七年以下有期徒刑	情节严重		

司法机关在适用本条规定处罚时，应当注意以下问题：

1. 正确把握本罪的构成标准

对本罪的构成标准，目前没有司法解释，可参照适用《立案追诉标准(一)》。

2. 正确认定本罪的“情节严重”

本罪的情节严重，一般是在前述立案标准上量的显著增加而显示出质的加重。目前，没有相应的司法解释，由法院根据案件的实际情况正确把握，但应把握量的显著增加而导致质的明显加重。有的高级人民法院制定了相应的详细标准。如《四川省高级人民法院关于刑法部分条款数额执行标准和情节认定标准的意见》规定：《刑法》第276条规定的“由于泄愤报复或者其他个人目的，毁坏机器设备、残害耕畜或者以其他方法破坏生产经营的”行为，造成直接财产损失在5000元以上的，应当定罪处罚。

“情节严重”，是指具有下列情形之一的：

（1）破坏生产经营造成直接财产损失5万元以上的；

（2）破坏重要机器设备造成严重后果的；

（3）犯罪动机、手段恶劣，造成极坏的社会影响的；

（4）造成生产、经营停顿，给生产、经营带来的间接经济损失重大的。

3. 关于规范化量刑

最高人民法院《关于常见犯罪的量刑指导意见》对破坏生产经营罪的量刑并未有作出规定，这主要是由于此类案件在司法实践中的发案率不高，最高司法机关还未能总结出一套比较完整的量刑规范化方案，有待于在总结经验的基础上再作出详细的规定。在此之前，各高级法院可以根据各地的社会治安状况、经济发展状况等因素，制定适合本省、自治区、直辖市实际情况的量刑规范化标准。在有关规定出台前，司法人员应当根据犯罪的事实、犯罪的性质、情节和对于社会的危害程度，依照刑法和有关司法解释的规定判处刑罚。

十三、拒不支付劳动报酬罪

（一）法律规定

第二百七十六条之一[①] **以转移财产、逃匿等方法逃避支付劳动者的劳动报酬或者有能力支付而不支付劳动者的劳动报酬，数额较大，经政府有关部门责令支付仍不支付的，处三年以下有期徒刑或者拘役，并处或者单处罚金；造成严重后果的，处三年以上七年以下有期徒刑，并处罚金。**

单位犯前款罪的，对单位判处罚金，并对其直接负责的主管人

① 1979年刑法没有此规定，1997年刑法修订时也无此规定。本条由2011年2月25日《刑法修正案（八）》第41条增订。

员和其他直接责任人员，依照前款的规定处罚。

有前两款行为，尚未造成严重后果，在提起公诉前支付劳动者的劳动报酬，并依法承担相应赔偿责任的，可以减轻或者免除处罚。

（二）罪名详解

拒不支付劳动报酬罪，是指以转移财产、逃匿等方法，有能力支付而不支付劳动者的劳动报酬，数额较大，经政府有关部门责令支付仍不支付的行为。

本罪是《刑法修正案（八）》增设的罪名。主要原因是由于在实践中，拖欠劳动者报酬一直是劳动争议的突出问题，涉及劳动报酬的争议一直高居各类劳动争议的榜首。拖欠工资在农民式中显得尤其突出，以欠薪逃匿行为最为恶劣。而劳动者报酬关乎劳动者的生存等基本人权和家庭和睦，关乎社会稳定。拖欠劳动者报酬严重侵犯劳动者的合法权益，破坏了社会主义市场经济秩序，也成为影响社会稳定的重要因素。立法机关经过深入调查研究，反复论证的基础上，综合各方面意见，《刑法修正案（八）》在第 276 条后增加一条，作为第 276 条之一。

拒不支付劳动报酬罪的构成要件是：

1. 主体要件

本罪的犯罪主体为一般主体。即任何实施了拒不支付劳动者劳动报酬行为的自然人或者单位。单位包括具备合法经营资格的用人单位和不具备合法经营资格的用人单位。

2. 主观要件

本罪的主观方面只能由直接故意构成，间接故意和过失不构成本罪。

3. 客体要件

本罪侵犯的客体是劳动者的财产所有权。犯罪对象是“劳动者的劳动报酬”。

根据最高人民法院于 2013 年 1 月 16 日公布的《关于审理拒不支付劳动报酬刑事案件适用法律若干问题的解释》（下简称《报酬解释》）第 1 条规定，劳动者依照《中华人民共和国劳动法》和《中华人民共和国劳动合同法》等法律的规定应得的劳动报酬，包括工资、奖金、津贴、补贴、延长工作时间的工资报酬及特殊情况下支付的工资等，应当认定为《刑法》第 276 条之一第 1 款规定的“劳动者的劳动报酬”。也就是说，这里的“劳动报酬”，主要是“工资”，但不限于“工资”。关于“工资”，劳动部 1995 年 8 月 4 日《关于贯彻执行〈中华人民共和国劳动法〉若干问题的意见》规定：“劳动法中的‘工资’是指用人单位依据国家有关规定或者劳动合同的约定，以货币形式直接支付给本单位劳动者的劳动报酬，一般包括计时工资、计件工资、资金、津贴和补贴、延长工作时间的工作报酬以及特殊情况下支付的工资等。‘工资’是劳动者劳动收入的主要组成部分。劳动者的以下劳动收入不属于工资范围：（1）单位支付给劳动者个人的社会保险福利费用，如丧葬抚恤救济费、生活困难补助费、计划生育补贴等；（2）劳动保护方面的费用，如用人单位支付给劳动者的工作服、触到剂、清凉饮料费用等；（3）按规定未列入工作总额的各种劳动报酬及其他劳动收入，如根据国家规定发放的创造发明奖、国家星火奖、自然科学奖、科学技术进步奖、合理化建议和技术改进奖、中华技能大奖等，以及稿费、讲课费、翻译费等。”

而对于劳务报酬，因其非基于劳动关系产生，属于普通民事法律关系调整的范畴，不属于本罪的犯罪对象。立法规定拒不支付劳动报酬罪，是为了强化处于相对弱势地位的劳动者的保护，对平等民事主体之间的劳务报酬纠纷，应通过民事程序解决。

4. 客观要件

本罪客观方面表现为行为人以转移财产、逃匿等方法，逃避支付劳动者的劳动报酬，或者有能力支付而不支付劳动者的劳动报酬，数额较大，并经政府有关部门责令支付仍不支付的行为。具体地说，客观方面由下列要件组成，而且必须齐全，缺一不可。

（1）以转移财产、逃匿等方法，逃避支付劳动者的劳动报酬，或者有能力支付而不支付劳动者的劳动报酬。

——逃避支付劳动者的劳动报酬。“转移财产”和“逃匿”，是“逃避支付”最为常见的客观表现形式，但应当不限于这两种。“转移财产”，是指行为人将其财产隐藏，不为劳动者知晓；或者以恶意清偿等方式转移、处分财产；或者虚构债务、虚假破产、倒闭，造成无力支付劳动报酬的假象，以便向劳动者表明其无经济能力支付劳动报酬；“逃匿”，是指雇主故意避而不见索取劳动报酬的劳动者，甚至抛弃工厂、企业逃离当地，藏匿他处，以达到不支付劳动报酬的目的。根据《报酬解释》第 2 条规定，以逃避支付劳动者的劳动报酬为目的，具有下列情形之一的，应当认定为《刑法》第 276 条之一第 1 款规定的“以转移财产、逃匿等方法逃避支付劳动者的劳动报酬”：①隐匿财产、恶意清偿、虚构债务、虚假破产、虚假倒闭或者以其他方法转移、处分财产的；②逃跑、藏匿的；③隐匿、销毁或者篡改账目、职工名册、工资支付记录、考勤记录等与劳动报酬相关的材料的；④以其他方法逃避支付劳动报酬的。

——有能力支付而不支付。是指雇主本有经济能力而故意长期拖欠劳动者的劳动报酬。

（2）拒不支付的劳动报酬达到“数额较大”。

根据《报酬解释》第 3 条规定，具有下列情形之一的，应当认定为《刑法》第 276 条之一第 1 款规定的“数额较大”：①拒不支付 1 名劳动者 3 个月以上的劳动报酬且数额在 5000 元至 2 万元以上的；②拒不支付 10 名以上劳动者的劳动报酬且数额累计在 3 万元至 10 万元以上的。

司法解释只规定了数额较大的一个幅度，主要是由于各地经济发展水平不一致，因此，各省、自治区、直辖市高级人民法院可以根据本地区经济社会发展状况，在前款规定的数额幅度内，研究确定本地区执行的具体数额标准，报最高人民法院备案。

《报酬解释》对数额较大的规定采用“期限＋数额”或者“人数＋数额”的模式，以贯彻宽严相济刑事政策的要求，防止打击面过宽，刑法介入过度。

（3）经政府有关部门责令支付仍不支付。

我国刑法虽然规定了拒不支付劳动报酬罪，但追究行为人的刑事责任不是目的，促使行为人支付劳动报酬才是最终目的。因此，首先应当让现有的劳动争议解决机制充分发挥行政程序简便、快捷的长处和作用，使劳动者尽早拿到劳动报酬。我国《劳动法》《劳动合同法》以及《劳动保障监察条例》等都明确规定，对不支付劳动者报酬的行为，由政府有关部门责令其支付。因此，本罪的构成要件之一是“经政府有关部门责令支付仍不支付”。关于“经政府有关部门责令支付仍不支付”的认定。根据《报酬解释》第 4 条第 1 款规定，经人力资源社会保障部门或者政府其他有关部门依法以限期整改指令书、行政处理决定书等文书责令支付劳动者的劳动报酬后，在指定的期限内仍不支付的，应当认定为《刑法》第 276 条之一第 1 款规定的“经政府有关部门责令支付仍不支付”，但有证据证明行为人有正当理由未知悉责令支付或者未及时支付劳动报酬的除外。鉴于司法实践中，以转移财产、逃匿等方法拒不支付劳动报酬的行为，容易引发群体性事件，政府部门如何责令支付，困扰具体办案部门，各地普遍建议对此予以明确。为此，《报酬解释》第 4 条第 2 款规定，行为人逃匿，无法将责令支付文书送交其本人、同住成年家属或者所在单位负责收件的人的，如果有关部门已通过在行为人的住所地、生产经营场所等地张贴责令支付文书等方式责令支付，并采用拍照、录像等方式记录的，应当视为“经政府有关部门责令支付”。

虽经政府有关部门责令支付后，经过多长时间才属于“仍不支付”的情形？司法实践中，可能会出现经政府有关部门责令支付后，但在一定时间内行为人仍没有实际；履行支付或者仅仅支付一部分劳动报酬的情况。对此，一般应掌握在责令支付规定时间或者劳资双方约定时间期满后即可立案查处。

这里的政府有关部门，一般是指县级以上政府劳动行政部门，即劳动和社会保障部门。《劳动法》明确了劳动行政部门在劳动工作中的地位和职责，即国务院劳动行政部门主管全国的劳动工作，县级以上地方人民政府劳动行政部门主管本行政区域内的劳动工作。这里的“责令支付仍不支付”，是指经政府劳动部门责令支付一次仍没有支付的责令权。

（三）实务疑难问题

1. 划清罪与非罪的界限

对于以下不支付劳动报酬的情形不应认定为构成犯罪：

（1）行为人主观上没有恶意拖欠劳动报酬的故意，只是资金因为客观方面原因一时周转不灵，或者经营困难、企业濒临倒闭造成支付困难或者无法支付，没有存在有能力支付而不支付的。对于这种情形，无论拖欠的劳动报酬数额有多大，是否已经引发负面影响的“讨薪事件”“群体性事件”，都不能以本罪论处。

另外，行为人虽然实施了转移财产或者逃匿的行为，但支付了劳动者的劳动报酬的，不构成本罪。

行为人向劳动者支付了基本工资，但因合同内容不明确，在资金、津贴、补贴的支付方面产生纠纷的，不宜以本罪论处。如果法院裁判应当支付，行为人仍不支付的，宜认定为拒不执行判决、裁定罪。

（2）不支付的劳动报酬尚未达到“数额较大”的。对此，劳动者可以依照法定程序提起劳动仲裁或者民事诉讼，也不能以本罪论处。

(3) 尚未经过“经政府有关部门责令支付”程序，或者“经政府有关部门责令支付”后在规定的时间内支付的，均不能以本罪论处。

(4) 虽然拒不支付劳动者的劳动报酬，“经政府有关部门责令支付”仍不支付，也达到数额较大，但尚未造成严重后果，在刑事立案前支付劳动者的劳动报酬，并依法承担相应赔偿责任的，可以认定为“情节显著轻微危害不大”，不认为是犯罪。对此，《报酬解释》第 6 条也作了明确规定。

2. 正确界定本罪的犯罪主体范围

本罪的犯罪主体情况比较复杂。一般来说，具备用工主体资格的单位或者个人才存在与劳动者签订劳动合同从而产生支付劳动报酬义务。劳动者也是依据《中华人民共和国劳动法》和《中华人民共和国劳动合同法》等法律的规定取得应得的劳动报酬。但是，司法实践中，也有些单位和个人，虽然不具备用工主体资格，但却违法用工。在这种情况下，劳动者的劳动报酬也应当得到保护。因此，《报酬解释》第 7 条规定：不具备用工主体资格的单位或者个人，违法用工且拒不支付劳动者的劳动报酬，数额较大，经政府有关部门责令支付仍不支付的，应当依照《刑法》第 276 条之一的规定，以拒不支付劳动报酬罪追究刑事责任。

实践中，有的用人单位名义管理人和实际控制人相分离，即单位的实质性事务由实际控制人决定。根据《报酬解释》第 8 条的规定，用人单位的实际控制人实施拒不支付劳动报酬行为，构成犯罪的，应当依照《刑法》第 276 条之一的规定追究刑事责任。

根据《刑法》第 276 条之一的规定，单位犯罪本罪的应当依法追究刑事责任。根据《报酬解释》第 9 条规定，单位犯本罪的，对单位判处罚金，并对其直接负责的主管人员和其他直接责任人员，依照前款的规定处罚。

2. 审慎认定“有支付能力而不支付”

不能仅以劳资双方的一面之词加以简单认定，必要时，应当请有关审计、财会核算部门进行审查，根据其审查结论作出认定。

（四）情节与量刑

依照《刑法》第 276 条之一第 1 款规定，犯拒不支付劳动报酬罪的，处 3 年以下有期徒刑或者拘役，并处或者单处罚金；造成严重后果的，处 3 年以上7年以下有期徒刑，并处罚金。

依照本条第2款规定，单位犯本罪的，对单位判处罚金，并对其直接负责的主管人员和其他直接责任人员，依照前款的规定处罚。

依照本条第3款规定，有前两款行为，尚未造成严重后果，在提起公诉前支付劳动者的劳动报酬，并依法承担相应赔偿责任的，可以减轻或者免除处罚。

具体情节与量刑的对应情况，列表格如下：

量刑档次	对应情节	有关概念解释	备注
三年以下有期徒刑、拘役，并处或者单处罚金	数额较大，经政府有关部门责令仍不支付的	数额较大指：1. 拒不支付1名劳动者3个月以上的劳动报酬且数额在5000元至2万元以上的；2. 拒不支付10名以上劳动者的劳动报酬且数额累计在3万元至10万元以上的。	犯本罪，除单处罚金外，必须并处罚金，也可以单处罚金。
三年以上七年以下有期徒刑，并处罚金	造成严重后果的	造成严重后果指：1. 造成劳动者或者其被赡养人、被扶养人、被抚养人的基本生活受到严重影响、重大疾病无法及时医治或者失学的；2. 对要求支付劳动报酬的劳动者使用暴力或者进行暴力威胁的；3. 造成其他严重后果的。	

司法机关在适用本条规定处罚时，应注意以下问题：

1. 关于“造成严重后果的”认定。“造成严重后果”，是本罪的加重处罚情节。根据刑法原理，结果加重犯的成立以符合基本犯罪构成为前提。因而《报酬解释》第5条特别规定，拒不支付劳动者的劳动报酬，符合《报酬解释》第3条的规定，并具有下列情形之一的，应当认定为《刑法》第276条之一第1款规定的“造成严重后果”：（1）造成劳动者或者其被赡养人、被扶养人、被抚养人的基本生活受到严重影响、重大疾病无法及时医治或者失学的；（2）对要求支付劳动报酬的劳动者使用暴力或者进行暴力威胁的；（3）造成其他严重后果的。

2. 关于从宽处罚的规定。

（1）《刑法》第276条之一第3款规定，拒不支付劳动报酬的行为，尚未造成严重后果，在提起公诉前支付了劳动者的劳动报酬，并依法承担相应赔偿责任的，可以减轻或者免除处罚。

（2）在一审宣判前支付劳动者的劳动报酬，并依法承担相应赔偿责任的，可以从轻处罚。

（3）对于免除刑事处罚的，可以根据案件的不同情况，予以训诫、责令具结悔过或者赔礼道歉。

（4）拒不支付劳动者的劳动报酬，造成严重后果，但在宣判前支付了劳动者的劳动报酬，并依法承担相应赔偿责任的，可以酌情从宽处罚。

3. 单位拒不支付劳动报酬，构成犯罪的，依照《报酬解释》规定的相应个人犯罪的定罪量刑标准，对直接负责的主管人员和其他直接责任人员定罪处罚，并对单位判处罚金。

4. 关于规范化量刑。最高人民法院《关于常见犯罪的量刑指导意见》对拒不支付劳动报酬罪的量刑并未有作出规定，这主要是由于此类案件在司法实践中的发案率不高，最高司法机关还未能总结出一套比较完整的量刑规范化方案，有待于在总结经验的基础上再作出详细的规定。在此之前，各高级法院可以根据各地的社会治安状况、经济发展状况等因素，制定适合本省、自治区、直辖市实际情况的量刑规范化标准。在有关规定出台前，司法人员应当根据犯罪的事实、犯罪的性质、情节和对于社会的危害程度，依照刑法和有关司法解释的规定判处刑罚。

（五）法规链接

1. 最高人民法院关于审理拒不支付劳动报酬刑事案件适用法律若干问题的解释（法释〔2013〕3号　自2013年1月23日起施行）

为依法惩治拒不支付劳动报酬犯罪，维护劳动者的合法权益，根据《中华人民共和国刑法》有关规定，现就办理此类刑事案件适用法律的若干问题解释如下：

第一条　劳动者依照《中华人民共和国劳动法》和《中华人民共和国劳动合同法》等法律的规定应得的劳动报酬，包括工资、奖金、津贴、补贴、延长工作时间的工资报酬及特殊情况下支付的工资等，应当认定为刑法第二百七十六条之一第一款规定的“劳动者的劳动报酬”。

第二条　以逃避支付劳动者的劳动报酬为目的，具有下列情形之一的，应当认定为刑法第二百七十六条之一第一款规定的“以转移财产、逃匿等方法逃避支付劳动者的劳动报酬”：

（一）隐匿财产、恶意清偿、虚构债务、虚假破产、虚假倒闭或者以其他方法转移、处分财产的；

（二）逃跑、藏匿的；

（三）隐匿、销毁或者篡改账目、职工名册、工资支付记录、考勤记录等与劳动报酬相关的材料的；

（四）以其他方法逃避支付劳动报酬的。

第三条　具有下列情形之一的，应当认定为刑法第二百七十六条之一第一款规定的“数额较大”：

（一）拒不支付一名劳动者三个月以上的劳动报酬且数额在五千元至二万元以上的；

（二）拒不支付十名以上劳动者的劳动报酬且数额累计在三万元至十万元以上的。

各省、自治区、直辖市高级人民法院可以根据本地区经济社会发展状况，在前款规定的数额幅度内，研究确定本地区执行的具体数额标准，报最高人民法院备案。

第四条　经人力资源社会保障部门或者政府其他有关部门依法以限期整改指令书、行政处理决定书等文书责令支付劳动者的劳动报酬后，在指定的期限内仍不支付的，应当认定为刑法第二百七十六条之一第一款规定的“经政府有关部门责令支付仍不支付”，但有证据证明行为人有正当理由未知悉责令支付或者未及时支付劳动报酬的除外。

行为人逃匿，无法将责令支付文书送交其本人、同住成年家属或者所在单位负责收件的人的，如果有关部门已通过在行为人的住所地、生产经营场所等地张贴责令支付文书等方式责令支付，并采用拍照、录像等方式记录的，应当视为“经政府有关部门责令支付”。

第五条　拒不支付劳动者的劳动报酬，符合本解释第三条的规定，并具有下列情形之一的，应当认定为刑法第二百七十六条之一第一款规定的“造成严重后果”：

（一）造成劳动者或者其被赡养人、被扶养人、被抚养人的基本生活受到严重影响、重大疾病无法及时医治或者失学的；

（二）对要求支付劳动报酬的劳动者使用暴力或者进行暴力威胁的；

（三）造成其他严重后果的。

第六条　拒不支付劳动者的劳动报酬，尚未造成严重后果，在刑事立案前支付劳动者的劳动报酬，并依法承担相应赔偿责任的，可以认定为情节显著轻微危害不大，不认为是犯罪；在提起公诉前支付劳动者的劳动报酬，并依法承担相应赔偿责任的，可以减轻或者免除刑事处罚；在一审宣判前支付劳动者的劳动报酬，并依法承担相应赔偿责任的，可以从轻处罚。

对于免除刑事处罚的，可以根据案件的不同情况，予以训诫、责令具结悔过或者赔礼道歉。

拒不支付劳动者的劳动报酬，造成严重后果，但在宣判前支付劳动者的劳动报酬，并依法承担相应赔偿责任的，可以酌情从宽处罚。

第七条　不具备用工主体资格的单位或者个人，违法用工且拒不支付劳动者的劳动报酬，数额较大，经政府有关部门责令支付仍不支付的，应当依照刑法第二百七十六条之一的规定，以拒不支付劳动报酬罪追究刑事责任。

第八条　用人单位的实际控制人实施拒不支付劳动报酬行为，构成犯罪的，应当依照刑法第二百七十六条之一的规定追究刑事责任。

第九条　单位拒不支付劳动报酬，构成犯罪的，依照本解释规定的相应个人犯罪的定罪量刑标准，对直接负责的主管人员和其他直接责任人员定罪处罚，并对单位判处罚金。

2. 最高人民法院、最高人民检察院、人力资源和社会保障部、公安部关于加强涉嫌拒不支付劳动报酬犯罪案件查处衔接工作的通知（人社部发〔2014〕100号　自2014年12月23日起施行）

各省、自治区、直辖市高级人民法院、人民检察院、人力资源社会保障厅（局）、公安厅（局），新疆维吾尔自治区高级人民法院生产建设兵团分院，新疆生产建设兵团人民检察院、人力资源社会保障局、公安局：

为贯彻执行《中华人民共和国刑法》和《最高人民法院关于审理拒不支付劳动报酬刑事案件适用法律若干问题的解释》（法释〔2013〕3号）关于拒不支付劳动报酬罪的相关规定，进一步完善人力资源社会保障行政执法和刑事司法衔接制度，加大对拒不支付劳动报酬犯罪行为的打击力度，切实维护劳动者合法权益，根据《行政执法机关移送涉嫌犯罪案件的规定》（国务院2001年第310号令）及有关规定，现就进一步做好涉嫌拒不支付劳动报酬犯罪案件查处衔接工作通知如下：

一、切实加强涉嫌拒不支付劳动报酬违法犯罪案件查处工作

（一）由于行为人逃匿导致工资账册等证据材料无法调取或用人单位在规定的时间内未提供有关工资支付等相关证据材料的，人力资源社会保障部门应及时对劳动者进行调查询问并制作询问笔录，同时应积极收集可证明劳动用工、欠薪数额等事实的相关证据，依据劳动者提供的工资数额及其他有关证据认定事实。调查询问过程一般要录音录像。

（二）行为人拖欠劳动者劳动报酬后，人力资源社会保障部门通过书面、电话、短信等能够确认其收悉的方式，通知其在指定的时间内到指定的地点配合解决问题，但其在指定的时间内未到指定的地点配合解决问题或明确表示拒不支付劳动报酬的，视为刑法第二百七十六条之一第一款规定的"以逃匿方法逃避支付劳动者的劳动报酬"。但是，行为人有证据证明因自然灾害、突发重大疾病等非人力所能抗拒的原因造成其无法在指定的时间内到指定的地点配合解决问题的除外。

（三）企业将工程或业务分包、转包给不具备用工主体资格的单位或个人，该单位或个人违法招用劳动者不支付劳动报酬的，人力资源社会保障部门应向具备用工主体资格的企业下达限期整改指令书或行政处罚决定书，责令该企业限期支付劳动者劳动报酬。对于该企业有充足证据证明已向不具备用工主体资格的单位或个人支付了劳动者全部的劳动报酬，该单位或个人仍未向劳动者支付的，应向不具备用工主体资格的单位或个人下达限期整改指令书或行政处理决定书，并要求企业监督该单位或个人向劳动者发放到位。

（四）经人力资源社会保障部门调查核实，行为人拖欠劳动者劳动报酬事实清楚、证据确凿、数额较大的，应及时下达责令支付文书。对于行为人逃匿，无法将责令支付文书送交其同住成年家属或所在单位负责收件人的，人力资源社会保障部门可以在行为人住所地、办公地、生产经营场所、建筑施工项目所在地等地张贴责令支付文书，并采用拍照、录像等方式予以记录，相关影像资料应当纳入案卷。

二、切实规范涉嫌拒不支付劳动报酬犯罪案件移送工作

（一）人力资源社会保障部门向公安机关移送涉嫌拒不支付劳动报酬犯罪案件应按照《行政执法机关移送涉嫌犯罪案件的规定》的要求，履行相关手续，并制作《涉嫌犯罪案件移送书》，在规定的期限内将案件移送公安机关。

移送的案件卷宗中应当附有以下材料：

1. 涉嫌犯罪案件移送书；

2. 涉嫌拒不支付劳动报酬犯罪案件调查报告；

3. 涉嫌犯罪案件移送审批表；

4. 限期整改指令书或行政处理决定书等执法文书及送达证明材料；

5. 劳动者本人或劳动者委托代理人调查询问笔录；

6. 拖欠劳动者劳动报酬的单位或个人的基本信息；

7. 涉案的书证、物证等有关涉嫌拒不支付劳动报酬的证据材料。

人力资源社会保障部门向公安机关移送涉嫌犯罪案件应当移送与案件相关的全部材料，同时应将案件移送书及有关材料目录抄送同级人民检察院。在移送涉嫌犯罪案件时已经作出行政处罚决定的，应当将行政处罚决定书一并抄送公安机关、人民检察院。

（二）公安机关收到人力资源社会保障部门移送的涉嫌犯罪案件，应当在涉嫌犯罪案件移送书回执上签字，对移送材料不全的，可通报人力资源社会保障部门按上述规定补充移送。受理后认为不属于本机关管辖的，应当及时转送有管辖权的机关，并书面告知移送案件的人力资源社会保障部门。对受理的案件，公安机关应当及时审查，依法作出立案或者不予立案的决定，并书面通知人力资源社会保障部门，同时抄送人民检察院。公安机关立案后决定撤销案件的，应当书面通知人力资源社会保障部门，同时抄送人民检察院。公安机关作出不立案决定或者撤销案件的，应当同时将案卷材料退回人力资源社会保障部门，并书面说明理由。

（三）人力资源社会保障部门对于公安机关不接受移送的涉嫌犯罪案件或者已受理的案件未依法及时作出立案或不立案决定的，可以建议人民检察院依法进行立案监督。对公安机关受理后作出不予立案决定的，可在接到不予立案通知书后 3 日内向作出决定的公安机关提请复议，也可以建议人民检察院依法进行立案监督。

（四）人民检察院发现人力资源社会保障部门对应当移送公安机关的涉嫌拒不支付劳动报酬犯罪案件不移送或者逾期不移送的，应当督促移送。人力资源社会保障部门接到人民检察院提出移送涉嫌犯罪案件的书面意见后，应当及时移送案件。人民检察院发现相关部门拒不移送案件和拒不立案行为中存在职务犯罪线索的，应当认真审查，依法处理。

三、切实完善劳动保障监察行政执法与刑事司法衔接机制

（一）人力资源社会保障部门在依法查处涉嫌拒不支付劳动报酬犯罪案件过程中，对案情复杂、性质难以认定的案件可就犯罪标准、证据固定等问题向公安机关或人民检察院咨询；对跨区域犯罪、涉及人员众多、社会影响较大的案件，人力资源社会保障部门通报公安机关的，公安机关应依法及时处置。

（二）对于涉嫌拒不支付劳动报酬犯罪案件，公安机关、人民检察院、人民法院在侦查、审查起诉和审判期间提请人力资源社会保障部门协助的，人力资源社会保障部门应当予以配合。

（三）在办理拒不支付劳动报酬犯罪案件过程中，各级人民法院、人民检察院、人力资源社会保障部门、公安机关要加强联动配合，建立拒不支付劳动报酬犯罪案件移送的联席会议制度，定期互相通报案件办理情况，及时了解案件信息，研究解决查处拒不支付劳动报酬犯罪案件衔接工作中存在的问题，进一步完善监察行政执法与刑事司法衔接工作机制，切实发挥刑法打击拒不支付劳动报酬犯罪行为的有效作用。

3. 最高人民法院、最高人民检察院、人力资源和社会保障部、公安部关于加强对拒不支付劳动报酬案件查处工作的通知（人社部发〔2012〕3号　自2012年1月14日起施行）

各省、自治区、直辖市高级人民法院、人民检察院、人力资源社会保障厅（局）、公安厅（局），新疆维吾尔自治区高级人民法院生产建设兵团分院，新疆生产建设兵团人民检察院、人力资源社会保障局、公安局：

为贯彻执行《中华人民共和国刑法修正案（八）》关于拒不支付劳动报酬罪的规定，完善劳动保障监察执法与刑事司法衔接制度，加大对拒不支付劳动报酬、侵害劳动者权益行为的打击力度，切实维护劳动者合法权益和社会公平正义，根据《中华人民共和国刑法》、《中华人民共和国刑事诉讼法》、《行政执法机关移送涉嫌犯罪案件的规定》等法律法规的有关规定，现就进一步加强涉及拒不支付劳动报酬案件查处和司法移送工作通知如下：

一、统一思想认识，高度重视拒不支付劳动报酬案件依法查处和司法移送工作，严惩劳动保障领域违法犯罪行为

当前，个别企业和个人有的有能力支付而不支付劳动者劳动报酬，有的通过转移财产、逃匿等方法逃避支付劳动者的劳动报酬，致使一些劳动者生

活陷入困境，甚至引发群体性事件，严重侵害了劳动者的合法权益，影响社会和谐稳定。依法惩治拒不支付劳动报酬违法犯罪行为，保护劳动者合法权益，对于化解社会矛盾，保障社会和谐稳定，促进公平正义具有重要作用。建立劳动保障监察执法与刑事司法衔接工作制度是依法履行职责、捍卫劳动者合法权益的重要保证，是依法严厉打击拒不支付劳动报酬违法犯罪行为的必然要求。各级人民法院、人民检察院、人力资源社会保障部门、公安机关要进一步统一思想，高度重视，充分认识此类违法犯罪活动的严重性、危害性，增强政治责任感，密切分工协作，依法移送和查处拒不支付劳动报酬涉嫌犯罪案件，及时查办一批典型案件，有力打击拒不支付劳动报酬的犯罪行为，维护法律权威，保障劳动者的合法权益，促进劳动关系和谐稳定与社会公平正义。

二、切实履行职责，依法查处拒不支付劳动报酬违法犯罪案件

人力资源社会保障部门、公安机关、人民检察院、人民法院要按照有关规定，认真做好拒不支付劳动报酬行为涉嫌犯罪案件的调查、移交、侦办、审查批捕、审查起诉和审判，尽可能提高办案效率，并及时将有关情况进行通报。

人力资源社会保障部门要依法对用人单位遵守劳动保障法律、法规和规章的情况进行监督检查，通过各种检查方式监督用人单位劳动报酬支付情况，依法受理拖欠劳动报酬的举报、投诉。经调查，对违法事实清楚、证据确凿的，应当依法及时责令用人单位向劳动者支付劳动报酬。行为人逃匿的，人力资源社会保障部门可以在行为人住所地、办公地点、生产经营场所或者建筑施工项目所在地张贴责令支付的文书，或者采取将责令支付的文书送交其单位管理人员及近亲属等适当方式。对涉嫌犯罪的案件，应按照《行政执法机关移送涉嫌犯罪案件的规定》的要求，核实案情向本部门负责人报告并经同意后制作《涉嫌犯罪案件移送书》，在规定期限内将案件向同级公安机关移送，并抄送同级人民检察院备案。

公安机关对人力资源社会保障部门移送涉嫌犯罪的拒不支付劳动报酬案件，应依法及时审查决定是否立案。认为有犯罪事实，需要追究刑事责任的，依法立案，并及时查明犯罪事实，正确运用法律惩罚犯罪，保障劳动者的合法权益不受侵害。

人民检察院要依法及时做好此类案件的立案监督、审查批捕、审查起诉

等检察工作，对工作中发现的职务犯罪线索应当认真审查，依法处理。

人民法院要依法及时受理、审理各类拖欠劳动报酬纠纷，对其中构成犯罪的，要坚决依法追究刑事责任。

公安机关、人民检察院、人民法院在案件审查过程中，可以告知劳动者有提起刑事附带民事诉讼的权利。

对不依法移送或者不依法办理涉嫌拒不支付劳动报酬犯罪案件的国家工作人员，要依法追究行政纪律责任；构成犯罪的，要依法追究刑事责任。

三、加强协调配合，做好拒不支付劳动报酬案件移送工作

人力资源社会保障部门向公安机关移送涉嫌犯罪案件，应当附有《涉嫌犯罪案件移送书》、涉嫌拒不支付劳动报酬犯罪案件调查报告、涉案的有关书证、物证及其他有关涉嫌犯罪的材料。在移送案件时已经作出行政处罚决定的，应当将行政处罚决定书一并抄送公安机关、人民检察院；未作出行政处罚决定的，原则上应当在公安机关决定不予立案或者撤销案件、人民检察院作出不起诉决定、人民法院作出无罪判决或者免予刑事处罚后，再决定是否给予行政处罚。

公安机关对人力资源社会保障部门移送的涉嫌拒不支付劳动报酬犯罪案件，应当予以受理，并在涉嫌犯罪案件移送书回执上签字。对于不属于本部门管辖的，应在受理后二十四小时内转送有管辖权的部门，并书面告知移送案件的人力资源社会保障部门。

公安机关作出立案或者不立案决定，应当在作出决定之日起三日内书面告知移送案件的人力资源社会保障部门。决定不立案的，应当同时退回案卷材料，并书面说明不立案的理由。

人力资源社会保障部门对于公安机关不予立案的决定有异议的，可以自接到通知后三日内向作出不予立案的公安机关提出复议，也可以建议检察机关依法进行立案监督。

在涉案人员众多、涉嫌跨区域犯罪、社会影响较大或涉嫌犯罪行为人故意销毁会计账簿、转移财产、逃匿、暴力抗拒执法等紧急情形下，人力资源社会保障部门应当及时通报公安机关，公安机关应当依法及时处置。

上级人力资源社会保障部门和公安机关应当对下级人力资源社会保障部门和公安机关执行本通知的情况进行督促检查，定期抽查案件查办情况，及时纠正案件移送工作中的问题和错误。

四、建立沟通机制，确保劳动保障监察执法与刑事司法工作有效衔接

在办理拒不支付劳动报酬案件的过程中，各级人力资源社会保障部门和人民法院、人民检察院、公安机关要加强沟通协调、通力合作，形成打击合力。各级人力资源社会保障部门要与当地人民法院、人民检察院、公安机关建立拒不支付劳动报酬案件移送的联系机制，加强联动配合，确保工作衔接顺畅，案件查处及时有力。要定期组织召开联席会议，互通查处违法犯罪行为以及劳动保障监察执法与刑事司法衔接工作的有关情况，研究解决衔接工作中存在的问题，提出加强衔接工作的措施，切实打击拒不支付劳动报酬的犯罪行为。要健全信息通报制度，通过简报、会议、网络等多种形式实现信息共享，推动劳动保障监察执法与刑事司法衔接工作深入开展。

五、加大宣传力度，及时公布拒不支付劳动报酬案件查处结果

各地要通过广播、电视、报刊、网络等多种渠道向社会广泛宣传拒不支付劳动报酬违法犯罪行为的危害，大力宣传依法打击拒不支付劳动报酬违法犯罪行为的决心。要支持新闻媒体开展舆论监督，畅通信息交流渠道，认真调查处理新闻媒体报道的拒不支付劳动报酬行为，做好相关案件的宣传报道和舆论引导工作，并依法将查处的严重违法犯罪案件向社会公布，达到惩处违法犯罪行为、震慑犯罪分子的目的。

附件：

1. 涉嫌犯罪案件移送书（略）

2. 不立案决定提请复议书（略）

3. 立案监督建议书（略）

第六章　妨害社会管理秩序罪

第一节　扰乱公共秩序罪

一、妨害公务罪

（一）法律规定

第二百七十七条　以暴力、威胁方法阻碍国家机关工作人员依法执行职务的，处三年以下有期徒刑、拘役、管制或者罚金。

以暴力、威胁方法阻碍全国人民代表大会和地方各级人民代表大会代表依法执行代表职务的，依照前款的规定处罚。

在自然灾害和突发事件中，以暴力、威胁方法阻碍红十字会工作人员依法履行职责的，依照第一款的规定处罚。

故意阻碍国家安全机关、公安机关依法执行国家安全工作任务，未使用暴力、威胁方法，造成严重后果的，依照第一款的规定处罚。

暴力袭击正在依法执行职务的人民警察的，依照第一款的规定从重处罚。

（二）罪名详解

妨害公务罪，是指以暴力、威胁方法阻碍国家机关工作人员或者其他履行公职人员依法执行职务，造成严重后果的行为。

本罪 1979 年《刑法》第 157 条作了规定，1997 年《刑法》第 277 条对罪状作了修改和补充，将“拒不执行人民法院已经发生法律效力的判决、裁定的”情形单独入罪，并增加了第2款、第3款、第4款规定。2015年11月1日起施行的《刑法修正案（九）》增加了第5款规定。

妨害公务罪的构成要件是：

1. 主体要件

犯罪主体为一般主体，即已满16周岁，具有刑事责任能力的自然人均可成为本罪的主体，单位不能构成本罪。2007年8月30日《最高人民法院、最高人民检察院、公安部关于依法严肃查处拒不执行判决、裁定和暴力抗拒法院执行犯罪行为有关问题的通知》指出，负有执行人民法院判决、裁定义务的单位直接负责的主管人员和其他直接责任人员，为了本单位的利益，实施相关暴力抗拒执行的行为的，以妨害公务罪论处。据此，负有执行人民法院判决、裁定义务的单位直接负责的主管人员和其他直接责任人员，为了本单位利益，实施下列暴力抗拒执行的行为，即聚众哄闹、冲击执行现场，围困、扣押、殴打执行人员，致使执行工作无法进行的；毁损、抢夺执行案件材料、执行公务车辆和其他执行器械、执行人员服装以及执行公务证件，造成严重后果的；其他以暴力、威胁方法妨害或者抗拒执行，致使执行工作无法进行的，对该单位直接负责的主管人员和其他直接责任人员，可以妨害公务罪论处。

2. 客体要件

本罪侵犯的客体是国家机关、人民代表大会和红十字会的公务活动。这里的“公务活动”，是指国家机关工作人员、人民代表大会代表、红十字会工作人员依照法律、法规的规定所进行的职务活动。妨害公务罪的犯罪对象包括以下几个方面的工作人员：

（1）各级国家机关，包括国家主席、各级人民代表大会及其常务委员会、国务院和地方各级人民政府以及他们所属的各级行政机关、各级人民法院、各级人民检察院、国家中央军事委员会从事公务的人员。

（2）依法履行代表职责期间的各级人民代表大会代表，即各级人大代表参加各级人大会议并审议政府工作报告、选举各级国家机关领导、提出议案和参加同级人大常委会组织的视察活动等。

（3）中国红十字会工作人员，其职责是根据我国《红十字会法》第11条的规定所开展的各项工作。

（4）在中国共产党各级机关中从事公务的人员。

（5）在各级政治协商会议中从事公务的人员。

（6）由法律授权或由国家机关委托的不具有国家工作人员身份的从事公务的人员。

（7）根据2000年4月24日发布的《最高人民检察院关于以暴力威胁方法阻碍事业编制人员依法执行行政职务是否可对侵害人以妨害公务罪论处的批复》的规定，对于以暴力、威胁方法阻碍国有事业单位人员依照法律、行政法规的规定执行行政执法职务的，或者以暴力、威胁方法阻碍国家机关中受委托从事行政执法活动的事业编制人员执行行政执法职务的，可以对侵害人以妨害公务罪追究刑事责任。

“正在执行职务或者履行职责”，是指已经着手执行职务或者履行职责，尚未结束之前。此处的“职务行为”必须具有合法性，如何认定合法性应当从以下三个方面考察：第一，执行公务的内容应当合法。公务内容的合法性主要表现在：作出公务活动是为了国家和社会的需要，而不是个别机关或个人滥用职权、假公济私的违法活动；执行公务不能无根据地造成对他人合法权益的损害，如果在执行中必须要对有关单位或个人的利益造成损害，那这种损害也必须是出于履行法律职责的需要；公务行为的履行应当符合实际和考虑公平、合理的原则，不能强制性地命令或者强制性地规定他人从事事实上不可能完成的事务。第二，执行公务活动的形式应当合法。执行公务必须依据一定的程序进行。第三，公务执行者的身份应当合法。公务执行者的身份是否合法主要是指该公务执行者是否具有执行这种公务的权限。在具体执行活动中，还应看执行者是否存在实施该公务行为的具体职务权限。如果虽是上述七类人员，但所从事的活动不是依法正在进行的职务或者职责范围内的活动，不构成本罪。超越职权范围的活动，或者滥用职权侵犯国家和群众利益的活动，受到他人阻止的，亦不构成本罪。

3. 主观要件

主观方面只能由故意构成。即必须是明知对方系正在依法执行职务的国家机关工作人员、人大代表，或者正在依法履行职责的红十字会工作人员，而故意对其实施暴力或者威胁，或者明知国家安全机关、公安机关正在依法执行国家安全工作任务，而故意加以阻挠、妨害。如果行为人不知对方正在依法执行职务或者履行职责，加以阻挠的，不构成犯罪。

4. 客观要件

客观方面主要表现为以暴力或者威胁的方法阻碍国家机关工作人员、人大代表、红十字会工作人员依法执行职务或者履行职责的行为。具体表现为以下情形：

（1）以暴力或者威胁的方法阻碍国家机关工作人员依法执行职务。“暴力”，是指对正在依法执行职务的国家机关工作人员的身体实行打击或者强制，如捆绑、殴打、伤害等；“威胁”主要是指以杀害、伤害、毁坏财产、损坏名誉等进行精神上的恐吓。如果行为人不是采取上述暴力、威胁的方法，而是以一般的争吵、纠缠等方法，给执行职务或履行职责造成一定的影响，一般不以妨害公务罪论处，可视情况，给予行政或者治安处罚。

（2）以暴力或者威胁的方法阻碍人民代表大会代表依法执行代表职务。

（3）在自然灾害和突发性事件中，以暴力或者威胁的方法阻碍红十字会工作人员依法履行职责。所谓自然灾害，是指由于自然力的破坏作用而发生的致使人的生命、财产遭受重大损害或者危险的情况，如地震、洪水、山崩等；突发性事件，是指由于人为的因素而发生的严重危及不特定多数人生命、健康的紧急状态，如战争、动乱等。

（4）故意阻碍国家安全机关、公安机关的工作人员依法执行国家安全工作任务。即使未使用暴力、威胁的方法，只要造成严重后果的，也构成本罪。“依法执行国家安全工作任务”，是指国家安全机关、公安机关依照法律规定的程序查处危害国家安全行为的工作任务；“造成严重后果”，主要是指国家安全机关、公安机关执行国家安全工作任务受到严重妨害，如犯罪嫌疑人逃跑、侦查线索中断、犯罪证据灭失、赃款赃物转移，严重妨害对危害国家安全犯罪案件的侦破，或者造成严重的政治影响等情形。

（5）暴力袭击正在依法执行职务的人民警察。本罪第五款规定的是暴力袭击行为，其对象必须是正在依法执行职务的人民警察，如果行为人实施的不是暴力袭击行为，而是威胁、辱骂等其他行为，构成一般妨害公务罪的，可依照本罪第一款的规定处罚。

（三）实务疑难问题

1. 罪与非罪的认定

在司法实践中，注意要把群众中由于对某些管理措施不理解而出现的发牢骚、谩骂，与国家机关工作人员争吵、拉扯等行为同本罪加以区别；要把有正当理由的人，在要求有关部门解决问题时，因情绪激动而与国家机关工作人员发生冲突、顶撞的行为同本罪加以区别。因为上述行为虽然会影响国家机关工作人员顺利执行公务，但行为人并不是故意使国家机关工作人员不能执行公务，所以不构成犯罪。

2. 既遂与未遂的区分

《刑法》第 277 条第 1 款、第 2 款、第 3 款、第 5 款规定的是行为犯，只要行为人实施了以暴力、威胁方法阻碍国家机关工作人员、人大代表、红十字会工作人员依法执行职务或者履行职责的行为，即构成本罪，不要求后果。但《刑法》第 277 条第 4 款规定的行为，即阻碍国家安全机关、公安机关依法执行国家安全工作任务未使用暴力、威胁方法的，则必须要“造成严重后果的”方可构成犯罪。

3. 划清本罪与其他罪的界限

（1）本罪与分裂国家罪、武装叛乱、暴乱罪、颠覆国家政权罪等危害国家安全罪的界限

本罪与上述罪均危害了国家利益，会对国家正常管理活动造成干扰和破坏，二者在行为方式、行为指向上有一些交叉，主体都是一般主体，主观方面都是出自故意，二者的区别主要在于：

犯罪的直接客体不同。前者侵害的主要客体是国家的正常管理活动；后者则是国家安全。

犯罪的客观方面不同。前者的行为往往指向某个具体的正在依法执行公务的国家机关工作人员或红十字会工作人员；后者的行为则指向整个国家政权，就具体的侵害对象而言，通常具有随机性和不确定性。前者通常以暴力、威胁方法实施，后者则不限于此，以和平演变等方式危害国家政权、破坏国家统一的，也构成犯罪（武装叛乱、暴力罪除外）。

犯罪的主观方面不同。这是二者最本质、最关键的区别。前者在主观方面既可以表现为直接故意也可以表现为间接故意，行为人通常有妨害公务执行的目的，但不限于此；后者则只能出自直接故意，且行为人必须具有危害国家安全的目的。在实践中，会遇有危害国家安全的犯罪分子以暴力、威胁方法妨害、抗拒国家机关工作人员或红十字会工作人员依法执行公务的情形，这是妨害公务罪与分裂国家罪、武装叛乱、暴力罪、颠覆国家政权罪等罪的

竞合犯，应按照重法优于轻法的原则，以后者论处。

（2）本罪与聚众阻碍解救被收买的妇女、儿童罪的界限

犯罪的主要客体不同。前者是妨害社会管理秩序罪，侵害的主要客体是国家的正常管理活动，后者则属于侵犯公民人身权利罪，侵害的主要客体是被拐卖、收买的妇女、儿童的人身自由权。

犯罪的客体要件不同。前者通常表现为以暴力、威胁方法阻碍国家机关工作人员依法执行职务或红十字会工作人员依法履行职责的行为，聚众不聚众均无不可；后者则只能是以聚众方式阻碍国家机关工作人员解救被收买的妇女、儿童的行为，至于犯罪方法，则不以暴力、威胁为必要，以非强制手段进行的，也可构成犯罪。对于少数人（3 人以下）以暴力、威胁方法阻碍国家机关工作人员解救被收买的妇女、儿童的，应依照《刑法》第 242 条第 1 款和第 277 条第 1 款的规定，以妨害公务罪论处。

犯罪的主体不同。前者的主体是一般主体，任何具备刑事责任能力的自然人均可构成该罪；后者则是特殊主体，只有在聚众阻碍解救被收买的妇女、儿童的活动中起组织、策划、指挥作用的首要分子才能成为其主体。对于其他参与阻碍活动的，若未使用暴力、威胁方法，应依法不认定为犯罪；如使用暴力、威胁方法的，则应以妨害公务罪论处。

（四）情节与量刑

依照《刑法》第 277 条规定，犯妨害公务罪的，处 3 年以下有期徒刑、拘役、管制或者罚金。

《最高人民法院关于常见犯罪的量刑指导意见》对妨害公务罪的量刑作了如下规定：

1. 构成妨害公务罪的，可以在 2 年以下有期徒刑、拘役幅度内确定量刑起点。

2. 在量刑起点的基础上，可以根据妨害公务造成的后果、犯罪情节严重程度等其他影响犯罪构成的犯罪事实增加刑罚量，确定基准刑。

3. 暴力袭击正在依法执行职务的人民警察的，可以增加基准刑的 10%～30%。

《最高人民法院新增十个罪名的量刑指导意见（试行）》对妨害公务罪的量刑作了如下补充规定：

1. 构成妨害公务犯罪的，可在六个月至一年有期徒刑幅度内确定量刑

起点。

2. 在确定量刑起点的基础上，可根据妨害公务次数、致人伤害后果等犯罪事实和情节增加刑罚量确定基准刑。有下列情形之一的，可增加相应的刑罚量：

(1) 每增加 1 人轻微伤，增加 2 个月至 3 个月刑期；

(2) 每增加 1 人轻伤，增加 3 个月至 6 个月刑期；

3. 有下列情节之一的，可增加基准刑的 10%～30%：

(1) 煽动群众阻碍依法执行职务、履行职责的；

(2) 持械妨害公务的；

(3) 烧毁警用、公务车辆的。

4. 执行公务行为不规范的，可以减少基准刑的 10%～30%。

司法机关在适用《刑法》第 277 条规定处罚时，应当注意以下问题：

1. 对于以暴力阻碍国家机关工作人员、人大代表、红十字会工作人员依法执行职务或者履行职责，造成执行职务或履行职责人员重伤或者死亡的，应按处理牵连犯的原则，以故意伤害罪或者故意杀人罪处罚；致人轻伤的，可按本罪从重处罚。

2. 根据 2012 年 11 月 20 日起施行的《最高人民法院关于审理破坏草原资源刑事案件应用法律若干问题的解释》第 4 条第 1 款的规定，以暴力、威胁方法阻碍草原监督检查人员依法执行职务，构成犯罪的，依照《刑法》第 277 条的规定，以妨害公务罪追究刑事责任。

（五）法律链接

1. 最高人民法院、最高人民检察院、公安部关于依法严肃查处拒不执行判决裁定和暴力抗拒法院执行犯罪行为有关问题的通知（法发〔2007〕29 号 2007 年 8 月 30 日发布）（节录）

各省、自治区、直辖市高级人民法院、人民检察院、公安厅（局），新疆维吾尔自治区高级人民法院生产建设兵团分院，新疆生产建设兵团人民检察院、公安局：

近年来，在人民法院强制执行生效法律文书过程中，一些地方单位、企业和个人拒不执行或以暴力手段抗拒人民法院执行的事件时有发生且呈逐年上升的势头。这种违法犯罪行为性质恶劣，社会危害大，严重影响了法律的尊严和执法机关的权威，已经引起了党中央的高度重视。中央政法委在《关于切实解决人民法院执行难问题的通知》（政法〔2005〕52号文件）中，特别提出公、检、法机关应当统一执法思想，加强协作配合，完善法律制度，依法严厉打击暴力抗拒法院执行的犯罪行为。为贯彻中央政法委指示精神，加大对拒不执行判决、裁定和暴力抗拒执行犯罪行为的惩处力度，依据《中华人民共和国刑法》、《中华人民共和国刑事诉讼法》、全国人大常委会《关于〈中华人民共和国刑法〉第三百一十三条的解释》等规定，现就有关问题通知如下：

二、对下列暴力抗拒执行的行为，依照刑法第二百七十七条的规定，以妨害公务罪论处。

（一）聚众哄闹、冲击执行现场，围困、扣押、殴打执行人员，致使执行工作无法进行的；

（二）毁损、抢夺执行案件材料、执行公务车辆和其他执行器械、执行人员服装以及执行公务证件，造成严重后果的；

（三）其他以暴力、威胁方法妨害或者抗拒执行，致使执行工作无法进行的。

三、负有执行人民法院判决、裁定义务的单位直接负责的主管人员和其他直接责任人员，为了本单位的利益实施本《通知》第一条、第二条所列行为之一的，对该主管人员和其他直接责任人员，依照刑法第三百一十三条和第二百七十七条的规定，分别以拒不执行判决、裁定罪和妨害公务罪论处。

2. 最高人民法院、最高人民检察院关于办理妨害预防、控制突发传染病疫情等灾害的刑事案件具体应用法律若干问题的解释（法释〔2003〕8号　自2003年5月15日起施行）（节录）

第八条　以暴力、威胁方法阻碍国家机关工作人员、红十字会工作人员依法履行为防治突发传染病疫情等灾害而采取的防疫、检疫、强制隔离、隔离治疗等预防、控制措施的，依照刑法第二百七十七条第一款、第三款的规定，以妨害公务罪定罪处罚。

3. 最高人民检察院关于以暴力威胁方法阻碍事业编制人员依法执行行政执法职务是否可对侵害人以妨害公务罪论处的批复（高检发释字〔2000〕2号　2000年4月24日发布）

重庆市人民检察院：

你院《关于以暴力、威胁方法阻碍事业编制人员行政执法活动是否可以对侵害人适用妨害公务罪的请示》收悉。经研究，批复如下：

对于以暴力、威胁方法阻碍国有事业单位人员依照法律、行政法规的规定执行行政执法职务的，或者以暴力、威胁方法阻碍国家机关中受委托从事行政执法活动的事业编制人员执行行政执法职务的，可以对侵害人以妨害公务罪追究刑事责任。

此复。

4. **最高人民法院、最高人民检察院、公安部、国家工商行政管理局关于依法查处盗窃、抢劫机动车案件的规定**（公通字〔1998〕31号　1998年5月8日发布）（节录）

一、司法机关依法查处盗窃、抢劫机动车案件，任何单位和个人都应当予以协助。以暴力、威胁方法阻碍司法工作人员依法办案的，依照《刑法》第二百七十七条第一款的规定处罚。

5. **最高人民法院关于审理破坏草原资源刑事案件应用法律若干问题的解释**（法释〔2012〕15号　自2012年11月22日起施行）（节录）

第四条　以暴力、威胁方法阻碍草原监督检查人员依法执行职务，构成犯罪的，依照刑法第二百七十七条的规定，以妨害公务罪追究刑事责任。

煽动群众暴力抗拒草原法律、行政法规实施，构成犯罪的，依照刑法第二百七十八条的规定，以煽动暴力抗拒法律实施罪追究刑事责任。

6. **中华人民共和国反间谍法**（2014年11月1日第十二届全国人民代表大会常务委员会第十一次会议通过）（节录）

第三十条　以暴力、威胁方法阻碍国家安全机关依法执行任务的，依法追究刑事责任。

故意阻碍国家安全机关依法执行任务，未使用暴力、威胁方法，造成严重后果的，依法追究刑事责任；情节较轻的，由国家安全机关处十五日以下行政拘留。

7. **最高人民法院、最高人民检察院关于办理环境污染刑事案件适用法律若干问题的解释**（法释〔2016〕29号　自2017年1月1日起施行）（节录）

第四条　实施刑法第三百三十八条、第三百三十九条规定的犯罪行为，具有下列情形之一的，应当从重处罚：

（一）阻挠环境监督检查或者突发环境事件调查，尚不构成妨害公务等犯罪的；

（二）在医院、学校、居民区等人口集中地区及其附近，违反国家规定排放、倾倒、处置有放射性的废物、含传染病病原体的废物、有毒物质或者其他有害物质的；

（三）在重污染天气预警期间、突发环境事件处置期间或者被责令限期整改期间，违反国家规定排放、倾倒、处置有放射性的废物、含传染病病原体的废物、有毒物质或者其他有害物质的；

（四）具有危险废物经营许可证的企业违反国家规定排放、倾倒、处置有放射性的废物、含传染病病原体的废物、有毒物质或者其他有害物质的。

8. **最高人民法院、最高人民检察院、公安部关于办理醉酒驾驶机动车刑事案件适用法律若干问题的意见**（法发〔2013〕15号　自2013年12月18日起施行）（节录）

三、醉酒驾驶机动车，以暴力、威胁方法阻碍公安机关依法检查，又构成妨害公务罪等其他犯罪的，依照数罪并罚的规定处罚。

9. **最高人民法院、最高人民检察院关于办理非法生产、销售烟草专卖品等刑事案件具体应用法律若干问题的解释**（法释〔2010〕7号　自2010年3月26日起施行）（节录）

第八条　以暴力、威胁方法阻碍烟草专卖执法人员依法执行职务，构成犯罪的，以妨害公务罪追究刑事责任。

煽动群众暴力抗拒烟草专卖法律实施，构成犯罪的，以煽动暴力抗拒法律实施罪追究刑事责任。

二、煽动暴力抗拒法律实施罪

（一）法律规定

第二百七十八条　煽动群众暴力抗拒国家法律、行政法规实施的，处三年以下有期徒刑、拘役、管制或者剥夺政治权利；造成严重后果的，处三年以上七年以下有期徒刑。

（二）罪名详解

煽动暴力抗拒法律实施罪，是指煽动群众暴力抗拒国家法律、行政法规实施的行为。

本罪是从1979年《刑法》第102条①的规定，吸收改为刑法的具体规定的，是对原反革命宣传煽动罪的分解。

煽动暴力抗拒法律实施罪的构成要件是：

1. 主体要件

本罪的犯罪主体为一般主体。

2. 客体要件

本罪侵犯的客体是国家的法律秩序。依法治国是我国的基本治国方略。国家依照法律治理国家，管理社会，如果煽动群众暴力抗拒国家法律、行政法规的实施，必然破坏国家的法律秩序，影响社会的稳定。

3. 主观要件

主观方面由故意构成，即故意煽动群众使用暴力抗拒法律实施，如煽动群众使用暴力抗拒国家集会游行示威法的实施等。过失不构成本罪。

4. 客观要件

客观方面表现为，在群众本无暴力抗拒法律、行政法规实施的意思，或者虽有抗拒法律、行政法规实施的意思但尚未着手实行的情况下，行为人实施煽动行为，使群众产生或者坚定暴力抗拒法律、行政法规实施的意思。“煽动”，是指故意用语言、文字等方式公然诱惑、鼓动群众，煽动行为必须具有公然性，即在不特定人、多数人共见共闻或可见可闻的情形下从事煽动。煽动的方式是多种多样的，如标语、传单、发表演讲、发送书信等。煽动的内容必须是暴力抗拒国家法律、行政法规的实施。“暴力抗拒国家法律、行政法规的实施”，是指以杀害、伤害执法人员或者进行物质破坏等暴力手段，抗拒国家法律、行政法规的执行。这里的“国家法律”，是指全国人民代表大会及其常委会通过的法律和法律性文件；“行政法规”，是指国务院的行政法规。

（三）实务疑难问题

1. 罪与非罪的认定

本罪是行为犯。行为人只要实施了煽动行为，就构成本罪。至于群众是

---

① 第一百零二条　以反革命为目的，进行下列行为之一的，处五年以下有期徒刑、拘役、管制或者剥夺政治权利；首要分子或者其他罪恶重大的，处五年以上有期徒刑：

（一）煽动群众抗拒、破坏国家法律、法令实施的；

（二）以反革命标语、传单或者其他方法宣传煽动推翻无产阶级专政的政权和社会主义制度的。

否听信，是否造成了实际危害后果，不影响本罪的成立。

2. 划清本罪与其他罪的界限

划清本罪与煽动分裂国家罪、煽动颠覆国家政权罪、煽动军人逃离部队罪的界限。关键是犯罪目的和煽动的内容不同。前者是以阻碍某项国家法律、行政法规实施为目的，煽动群众使用暴力抗拒该项法律、法规的实施；后者则是以分裂国家、颠覆国家政权为目的，煽动推翻人民民主专政的政权和社会主义制度或者以使军人逃离部队为目的。

（四）情节与量刑

依照《刑法》第 278 条规定，犯煽动暴力抗拒法律实施罪的，处 3 年以下有期徒刑、拘役、管制或者剥夺政治权利；造成严重后果的，处 3 年以上 7 年以下有期徒刑。

《刑法》第 278 条规定的“造成严重后果”，是加重处罚情节，司法实践中，一般是指由于煽动行为，导致群众错误听信，使用暴力抗拒国家法律实施的；或者由于煽动行为，造成工作、生产、教学、科研活动不能正常进行的；以及由于煽动行为造成了十分恶劣的社会影响的等情形。

根据《最高人民法院关于审理破坏草原资源刑事案件应用法律若干问题的解释》第 4 条第 2 款的规定，煽动群众暴力抗拒草原法律、行政法规实施，构成犯罪的，依照《刑法》第 278 条的规定，以煽动暴力抗拒法律实施罪追究刑事责任。

（五）法律链接

最高人民法院关于审理破坏草原资源刑事案件应用法律若干问题的解释

（法释〔2012〕15 号　自 2012 年 11 月 22 日起施行）

第四条　以暴力、威胁方法阻碍草原监督检查人员依法执行职务，构成犯罪的，依照刑法第二百七十七条的规定，以妨害公务罪追究刑事责任。

煽动群众暴力抗拒草原法律、行政法规实施，构成犯罪的，依照刑法第二百七十八条的规定，以煽动暴力抗拒法律实施罪追究刑事责任。

三、招摇撞骗罪

（一）法律规定

第二百七十九条　冒充国家机关工作人员招摇撞骗的，处三年以下有期徒刑、拘役、管制或者剥夺政治权利；情节严重的，处三年以上十年以下有期徒刑。

冒充人民警察招摇撞骗的，依照前款的规定从重处罚。

（二）罪名详解

招摇撞骗罪，是指冒充国家机关工作人员进行招摇撞骗活动，损害国家机关的形象、威信和正常活动，扰乱社会公共秩序的行为。

本罪 1979 年《刑法》第 166 条作了规定，1997 年《刑法》第 279 条对罪状作了修改。

招摇撞骗罪的构成要件是：

1. 主体要件

犯罪主体为一般主体，既可以是普通公民，也可以是国家机关工作人员。单位不能构成本罪。但在实践中，也不能排除行为人秉承单位的意志冒充国家机关工作人员招摇撞骗的情况存在，对此，可对单位直接负责的主管人员和其他直接责任人员以招摇撞骗罪定罪处罚。

2. 客体要件

本罪侵犯的客体是国家机关的形象、威信和社会正常管理秩序。国家机关工作人员代表国家机关对社会依法进行管理，冒充国家机关工作人员招摇撞骗，必然损害国家机关的形象、威信，同时，也必然扰乱国家对社会的正常管理活动。

3. 主观要件

主观方面由故意构成，并具有谋取非法利益的目的，如骗取某种荣誉称号、政治待遇、职位、学位、经济待遇、城市户口以及钱财等情形。

4. 客观要件

客观方面表现为冒充国家机关工作人员进行招摇撞骗活动。

首先，行为人必须实施了“冒充国家机关工作人员”的行为。“冒充国家机关工作人员”是指不具有特定的国家机关工作人员的身份或职务的人员，对外假称其具有国家机关工作人员的身份或职务并以此身份或职务进行活动。主要包括两种情形，一是非国家机关工作人员假冒国家机关工作人员的身份、职位，例如，工人、农民、无业人员以及在国家机关工作但不具有国家机关工作人员身份的工勤人员，或者曾经具有国家机关工作人员身份但因退休、辞职、被开除等原因不再具有国家机关工作人员身份的人员，冒充某种国家机关工作人员的身份。二是某一国家机关工作人员冒用其他国家机关工作人员的身份、职位的行为。例如，工商行政管理机关工作人员冒充人民警察等。行为人冒充的对象必须是国家机关工作人员，如果冒充的是非国家机关工作人员，如高干子弟、港商、华侨、烈士子女、劳动模范等骗取非法利益的，不构成本罪。关于冒充国家机关工作人员的方式，既有明示的方式，如对外宣称假冒的国家机关工作人员的身份或职务，也可采用默示的方式，如对他人误认其为国家机关工作人员“将计就计”趁机冒充。

关于被冒充的“国家机关工作人员”这一概念的内涵，按照《刑法》第93条第1款的规定，是指“国家机关中从事公务的人员”；所谓“国家机关”，按照我国《宪法》的有关规定，是指各级国家权力机关，即全国与地方各级人民代表大会及其常务委员会；各级行政机关，即国务院及其所属的各部委、直属机构和地方各级人民政府及其所属的厅、局、科、处等机构；各级监察委员会；各级人民法院；各级人民检察院；国家主席；国家中央军事委员会。此外，行为人冒充中国共产党的各级机关工作人员、各级人民政治协商会议工作人员的，由于各级党的机关和各级政协机关均具有国家机关的性质，在我国的现实生活中具有巨大的影响，冒充党的机关工作人员和政协机关工作人员进行招摇撞骗活动有相当的社会危害性，应以招摇撞骗罪论处。

“招摇撞骗”，是指行为人以假冒的国家机关工作人员的身份进行炫耀，利用人们对国家机关工作人员的信任，以骗取非法利益。进行招摇撞骗一般都是在多处多次进行这种招摇撞骗活动。招摇撞骗所造成的结果也是多方面的，不单是可能造成财物损失，还可能骗取地位、荣誉，或其他非法利益，影响或者破坏国家机关的信誉和正常活动。

（三）实务疑难问题

1. 罪与非罪的认定

在司法实践中，要注意两种情形：一是行为人冒充的不是国家机关工作人员，而是诸如高干子弟等谋取不法利益的，不构成本罪。二是招摇撞骗情节显著轻微危害不大的，不以犯罪论处。例如为了住宿或者购买车、船票等而冒充国家机关工作人员；为了达到与他人结婚的目的，谎称自己是国家机关工作人员等，虽然也有招摇撞骗的行为，但一般不以犯罪论处。

2. 划清本罪与其他罪的界限

本罪与诈骗罪的界限

冒充国家机关工作人员招摇撞骗，客观上也是采用欺骗手段，而且谋取的非法利益也可能是财物，容易与诈骗罪混淆。从犯罪构成特征上看，两罪的区别主要是：（1）犯罪手段不同。招摇撞骗罪所采取的手段必须是冒充国家机关工作人员。诈骗罪则无此限制，行为人只要采取虚构事实、隐瞒真相的方法，就符合诈骗罪的手段要求。（2）犯罪目的不同。招摇撞骗罪中行为人的目的是骗取非法利益，其内容既包括骗取财物又包括骗取其他非法利益。诈骗罪中行为人以非法占有他人财物为目的，不包括其他非法利益。（3）犯罪形态不同。招摇撞骗罪是行为犯，并无骗取财物数额的限制。诈骗罪是数额犯，刑法要求诈骗数额较大的，才构成诈骗罪。如果行为人冒充国家机关工作人员是为了骗取财物，同时构成诈骗罪与招摇撞骗罪的，根据《最高人民法院、最高人民检察院关于办理诈骗刑事案件具体应用法律若干问题的解释》第 8 条之规定，应依照处罚较重的规定定罪处罚。即按诈骗罪处罚重时定诈骗罪，如果按招摇撞骗罪处罚重时就定招摇撞骗罪。

冒充某机关的主要领导人，意图奸淫妇女的，由于冒充行为与奸淫妇女的行为之间没有客观的必然联系，因此不能认定为招摇撞骗罪。至于是否构成强奸罪，则应考察其奸淫妇女的行为是否违背妇女意志。

（四）情节与量刑

依照《刑法》第 279 条第 1 款规定，犯招摇撞骗罪的，处 3 年以下有期徒刑、拘役、管制或者剥夺政治权利；情节严重的，处 3 年以上 10 年以下有期徒刑。

依照本条第2款规定，冒充人民警察招摇撞骗的，依照前款的规定从重处罚。

关于规范化量刑。《最高人民法院关于常见犯罪的量刑指导意见》对招摇撞骗罪的量刑并未作出规定，这主要是由于此类案件在司法实践中的发案率不高，最高司法机关还未能总结出一套比较完整的量刑规范化方案，有待于在总结经验的基础上再作出详细的规定。在此之前，各高级法院可以根据各地的社会治安状况、经济发展状况等因素，制定适合本省、自治区、直辖市实际情况的量刑规范化标准。在有关规定出台前，司法人员应当根据犯罪的事实、性质、情节和对社会的危害程度，依照刑法和有关司法解释的规定判处刑罚。

对于本条第1款规定的"情节严重"，一般是指多次冒充国家机关工作人员招摇撞骗的；招摇撞骗造成恶劣社会影响，严重损害国家机关形象和威信的；造成被骗人精神失常、自杀等严重后果的等情形。

对于本条第2款规定的从重处罚，是指对冒充人民警察招摇撞骗，情节一般的，在3年以下有期徒刑、拘役、管制或者剥夺政治权利的量刑幅度内，处以较重的刑罚；情节严重的，在3年以上10年以下有期徒刑的量刑幅度内，处以较重的刑罚。刑法之所以规定对冒充人民警察招摇撞骗的要从重处罚，主要是考虑到人民警察肩负着维护国家安全，维护社会治安秩序，保护公民的人身和财产安全的职责，国家法律赋予其各种带强制性的特殊权力，而且与社会治安和人民群众的生活秩序有着特别密切的联系。冒充人民警察招摇撞骗，既损害了人民警察的形象和威信，又严重损害了人民群众和社会的利益，必须予以严厉惩处。

（五）法律链接

1. 最高人民法院关于审理抢劫、抢夺刑事案件适用法律若干问题的意见（法发〔2005〕8号 2005年6月8日发布）（节录）

九、关于抢劫罪与相似犯罪的界限

1. 冒充正在执行公务的人民警察、联防人员，以抓卖淫嫖娼、赌博等违法行为为名非法占有财物的行为定性

行为人冒充正在执行公务的人民警察"抓赌"、"抓嫖"，没收赌资或者罚款的行为，构成犯罪的，以招摇撞骗罪从重处罚；在实施上述行为中使用暴

力或者暴力威胁的，以抢劫罪定罪处罚。行为人冒充治安联防队员“抓赌”、“抓嫖”、没收赌资或者罚款的行为，构成犯罪的，以敲诈勒索罪定罪处罚；在实施上述行为中使用暴力或者暴力威胁的，以抢劫罪定罪处罚。

2. 最高人民法院、最高人民检察院关于办理诈骗刑事案件具体应用法律若干问题的解释（法释〔2011〕7号　自2011年4月8日起施行）（节录）

第八条　冒充国家机关工作人员进行诈骗，同时构成诈骗罪和招摇撞骗罪的，依照处罚较重的规定定罪处罚。

3. 中华人民共和国治安管理处罚法（2005年8月28日第十届全国人民代表大会常务委员会第十七次会议通过　根据2012年10月26日第十一届全国人民代表大会常务委员会第二十九次会议《关于修改〈中华人民共和国治安管理处罚法〉的决定》修正）（节录）

第五十一条　冒充国家机关工作人员或者以其他虚假身份招摇撞骗的，处五日以上十日以下拘留，可以并处五百元以下罚款；情节较轻的，处五日以下拘留或者五百元以下罚款。

冒充军警人员招摇撞骗的，从重处罚。

四、伪造、变造、买卖国家机关公文、证件、印章罪

（一）法律规定

第二百八十条第一款　伪造、变造、买卖或者盗窃、抢夺、毁灭国家机关的公文、证件、印章的，处三年以下有期徒刑、拘役、管制或者剥夺政治权利，并处罚金；情节严重的，处三年以上十年以下有期徒刑，并处罚金。

（二）罪名详解

伪造、变造、买卖国家机关公文、证件、印章罪，是指伪造、变造、买卖国家机关公文、证件、印章的行为。

本罪是从1979年《刑法》第167条的规定，吸收改为刑法的具体规定的。1979年刑法规定的是伪造、变造公文、证件、印章罪。

伪造、变造、买卖国家机关公文、证件、印章罪的构成要件是：

1. 主体要件

犯罪主体为一般主体。

2. 客体要件

本罪侵犯的客体是国家机关对公文、证件、印章的正常管理活动及其信誉。公文、证件、印章作为国家机关行使职权、管理社会的重要凭证和手段证明，是社会活动中取得他人信任的一种主要形式。任何伪造、变造、买卖国家机关公文、证件、印章的行为，都会影响其正常管理活动，损害他们的声誉，从而破坏社会管理秩序。侵犯的对象仅限于国家机关的公文、证件、印章。“国家机关”，是指各级国家权力机关、党政机关、监察机关、司法机关、军事机关；“公文”，是指国家机关在其职权范围内，以其名义制作的用以指示工作、处理问题或者联系事务的各种书面文件，如决定、命令、决议、指示、通知、报告、信函、电文等；“证件”，是指国家机关制作颁发的用以证明身份、权利义务关系或者有关事实的凭证，主要包括证件、证书等；“印章”，是指刻有国家机关组织名称的公章或者国家机关用以表示某种特殊用途的专用章。用于国家机关公务活动的私人印鉴、图章也应视为公务印章。

3. 主观要件

主观方面为故意，即明知是国家机关制作或者应由国家机关制作的公文、证件、印章，而故意伪造、买卖，或者明知是国家机关制作的真实的公文、证件、印章而故意变造。过失不构成本罪。行为人的犯罪动机可能是多种多样的，有的是为了谋利，有的是为实施其他犯罪作准备等，但动机不影响本罪的成立。

4. 客观要件

客观方面表现为实施了伪造、变造、买卖国家机关公文、证件、印章的行为。“伪造”，是指无制作权的人，冒用名义，非法制作国家机关公文、证件、印章的行为；“变造”，是指对真实的公文、证件、印章进行加工，改变其非本质内容的行为，如果改变了公文、证件、印章的本质部分，则应认定为“伪造”；“买卖”，是指以金钱为交换条件，非法购买或者销售国家机关公文、证件、印章的行为。实施上述行为之一的，即可成立本罪；同时实施上述行为的，也只认定为一罪，不实行数罪并罚。

（三）实务疑难问题

1. 罪与非罪的认定

本罪的犯罪对象是国家机关的公文、证件、印章。我国刑法没有规定伪造、变造、买卖私人文书、印章罪，也没有规定变造、买卖公司、企业、事业单位、人民团体公文、证件罪。因此，伪造、变造、买卖私人文书、印章的行为，变造、买卖公司、企业、事业单位、人民团体公文、证件的行为，不构成本罪，也不构成独立的犯罪。如果行为人实施上述行为是为进行其他犯罪作准备，犯什么罪就按什么罪处理。

本罪成立的前提，是该公文、证件、印章有真实的机关存在。如果虚构机关之名伪造公文、证件、印章的，则不构成伪造公文、证件、印章罪。如果行为人利用这种手段实施诈骗或招摇撞骗的，犯什么罪就定什么罪。

2. 划清本罪与其他罪的界限

伪造、变造、买卖国家机关公文、证件、印章进行其他犯罪活动，如伪造证件，骗取数额较大的财物；有配偶的人伪造国家机关的印章制作假证明，骗取结婚登记而重婚的等，属于牵连犯，应按处理牵连犯的原则，从一重罪处罚。

3. 对使用伪造、变造、买卖的国家机关的公文、证件、印章的行为定性

《刑法》第280条只规定了伪造、变造、买卖国家机关的公文、证件、印章罪，没有规定对使用伪造、变造、买卖的国家机关的公文、证件、印章的行为如何处罚。但是在实践中，使用伪造、变造、买卖的国家机关的公文、证件、印章的行为却时有发生。对于这种行为应当如何处理，我们认为应当按如下情况分别进行处理：（1）如果行为人自己伪造、变造国家机关的公文、证件、印章然后又使用的，构成伪造、变造国家机关公文、证件、印章罪。（2）如果行为人不明真相而使用了他人伪造、变造、买卖的国家机关公文、证件、印章的，不构成犯罪。（3）如果行为人明知是伪造、变造、买卖的国家机关公文、证件、印章而非法使用，本人又没有参与伪造、变造、买卖的，也不构成伪造、变造、买卖国家机关公文、证件、印章罪；其行为构成其他罪的，按其构成的罪处理。（4）如果行为人非法使用伪造、变造、买卖的国家机关公文、证件、印章，事前有通谋的，按伪造、变造、买卖国家机关公文、证件、印章罪的共犯论处。

如果行为人不知买卖的是伪造、变造的国家机关公文、证件、印章而误以为是真的，则属于认识错误，构成买卖国家机关公文、证件、印章罪。如果行为人知道购买的是伪造、变造的国家机关公文、证件、印章，如出于收藏等合法目的，不构成犯罪；如出于其他目的，构成什么罪就定什么罪。如果行为人知道是伪造、变造的国家机关公文、证件、印章而出卖的，构成买卖国家机关公文、证件、印章罪。

（四）情节与量刑

依照《刑法》第 280 条第 1 款规定，犯伪造、变造、买卖国家机关公文、证件、印章罪的，处 3 年以下有期徒刑、拘役、管制或者剥夺政治权利，并处罚金；情节严重的，处 3 年以上 10 年以下有期徒刑，并处罚金。

本罪中的“情节严重”，是加重处罚情节，司法实践中，一般是指多次或者大量伪造、变造、买卖国家机关公文、证件、印章的；伪造、变造、买卖国家机关重要的公文、证件、印章的；造成恶劣政治影响或者重大经济损失的；动机、目的十分恶劣，如出于打击报复或者诬陷他人的；等等。

根据《最高人民法院、最高人民检察院关于办理与盗窃、抢劫、诈骗、抢夺机动车相关刑事案件具体应用法律若干问题的解释》第 2 条的规定，伪造、变造、买卖机动车行驶证、登记证书，累计 3 本以上的，依照《刑法》第 280 条第 1 款的规定，以伪造、变造、买卖国家机关证件罪定罪，处 3 年以下有期徒刑、拘役、管制或者剥夺政治权利。伪造、变造、买卖机动车行驶证、登记证书，累计达到上述规定数量标准 5 倍以上的，属于《刑法》第 280 条第 1 款规定中的“情节严重”，处 3 年以上 10 年以下有期徒刑。

根据 1998 年 8 月 28 日出台的《最高人民法院关于审理骗购外汇、非法买卖外汇刑事案件具体应用法律若干问题的解释》第 2 条、第 6 条、第 7 条、第 8 条的规定，伪造、变造、买卖海关签发的报关单、进口证明、外汇管理机关的核准件等凭证或者购买伪造、变造的上述凭证的，按照《刑法》第 280 条第 1 款的规定，以伪造、变造、买卖国家机关公文、证件罪定罪处罚。同时触犯两个以上罪名的，择一重罪从重处罚。

根据 2000 年 11 月 17 日出台的《最高人民法院关于审理破坏森林资源刑事案件具体应用法律若干问题的解释》第 13 条的规定，伪造、变造、买卖林木采伐许可证，木材运输证件，森林、林木、林地权属证书，占用或者征用林地审核同意书，育林基金等缴费收据以及其他国家机关批准的林业证构成犯罪的，依照《刑法》第280条第1款的规定，以伪造、变造、买卖国家机关公文、证件罪定罪处罚。对于买卖允许进出口证明书等经营许可证明，同时触犯《刑法》第225条、第280条规定之罪的，依照处罚较重的规定定罪处罚。

根据2000年11月17日出台的《最高人民法院关于审理破坏野生动物资源刑事案件具体应用法律若干问题的解释》第9条的规定，伪造、变造、买卖国家机关颁发的野生动物允许进出口证明书、特许猎捕证、狩猎证、驯养繁殖许可证等公文、证件构成犯罪的，依照《刑法》第280条第1款的规定以伪造、变造、买卖国家机关公文、证件罪定罪处罚。实施上述行为构成犯罪，同时构成《刑法》第225条第2项规定的非法经营罪的，依照处罚较重的规定定罪处罚。

（五）法律链接

1. 全国人民代表大会常务委员会关于惩治骗购外汇、逃汇和非法买卖外汇犯罪的决定（1998年12月29日发布）（节录）

二、买卖伪造、变造的海关签发的报关单、进口证明、外汇管理部门核准件等凭证和单据或者国家机关的其他公文、证件、印章的，依照刑法第二百八十条的规定定罪处罚。

2. 最高人民法院、最高人民检察院关于办理与盗窃、抢劫、诈骗、抢夺机动车相关刑事案件具体应用法律若干问题的解释（法释〔2007〕11号　自2007年5月11日起施行）（节录）

第二条　伪造、变造、买卖机动车行驶证、登记证书，累计三本以上的，依照刑法第二百八十条第一款的规定，以伪造、变造、买卖国家机关证件罪定罪，处三年以下有期徒刑、拘役、管制或者剥夺政治权利。

伪造、变造、买卖机动车行驶证、登记证书，累计达到第一款规定数量标准五倍以上的，属于刑法第二百八十条第一款规定中的“情节严重”，处三年以上十年以下有期徒刑。

3. 最高人民法院关于审理骗购外汇、非法买卖外汇刑事案件具体应用法律若干问题的解释（法释〔1998〕20号　自1998年9月1日起施行）（节录）

第二条　伪造、变造、买卖海关签发的报关单、进口证明、外汇管理机关的核准件等凭证或者购买伪造、变造的上述凭证的，按照刑法第二百八十条第一款的规定定罪处罚。

4. 最高人民法院关于审理破坏森林资源刑事案件具体应用法律若干问题的解释（法释〔2000〕36号　自2000年12月11日起施行）（节录）

第十三条　对于伪造、变造、买卖林木采伐许可证、木材运输证件，森林、林木、林地权属证书，占用或者征用林地审核同意书、育林基金等缴费收据以及其他国家机关批准的林业证件构成犯罪的，依照刑法第二百八十条第一款的规定，以伪造、变造、买卖国家机关公文、证件罪定罪处罚。

对于买卖允许进出口证明书等经营许可证明，同时触犯刑法第二百二十五条、第二百八十条规定之罪的，依照处罚较重的规定定罪处罚。

5. 最高人民法院关于审理破坏野生动物资源刑事案件具体应用法律若干问题的解释（法释〔2000〕37号　自2000年12月11日起施行）（节录）

第九条　伪造、变造、买卖国家机关颁发的野生动物允许进出口证明书、特许猎捕证、狩猎证、驯养繁殖许可证等公文、证件构成犯罪的，依照刑法第二百八十条第一款的规定以伪造、变造、买卖国家机关公文、证件罪定罪处罚。

实施上述行为构成犯罪，同时构成刑法第二百二十五条第二项规定的非法经营罪的，依照处罚较重的规定定罪处罚。

6. 最高人民法院研究室《关于伪造、变造、买卖民用机动车号牌行为能否以伪造、变造、买卖国家机关证件罪定罪处罚问题的请示》的答复（法研〔2009〕68号　2009年1月1日发布）

最近，广东省委政法委要求我院就伪造、变造、买卖民用机动车号牌的行为能否以伪造、变造、买卖国家机关证件罪定罪处罚的问题提出处理意见。我院审判委员会研究时有两种不同意见。多数意见认为不应以伪造、变造、买卖国家机关证件罪定罪处罚。少数意见认为机动车号牌属于国家机关证件，对于伪造、变造、买卖民用机动车号牌且情节严重的行为，可以伪造、变造、买卖国家机关证件罪追究刑事责任。经请示，最高法院研究室作出答复，同意我院审委会多数人意见，伪造、变造、买卖民用机动车号牌行为不能以伪造、变造、买卖国家机关证件罪定罪处罚。最高法院研究室答复全文如下：

“你院粤高法〔2009〕108号《关于伪造、变造、买卖民用机动车号牌行为能否以伪造、变造、买卖国家机关证件罪定罪处罚问题的请示》收悉。经研究，答复如下：

同意你院审委会讨论中的多数人意见，伪造、变造、买卖民用机动车号牌行为不能以伪造、变造、买卖国家机关证件罪定罪处罚。你院所请示问题的关键在于能否将机动车号牌认定为国家机关证件，从当前我国刑法的规定看，不能将机动车号牌认定为国家机关证件。理由在于：

一、《刑法》第 280 条第 1 款规定了伪造、变造、买卖国家机关公文、证件、印章罪，第 281 条规定了非法生产、买卖警用装备罪，将警用车辆号牌归属于警察专用标志，属于警用装备的范围。从这一点分析，证件与车辆号牌不具有同一性。如果具有同一性，《刑法》第 280 条中的证件就包括了警用车辆号牌，也就没有必要在第 281 条中单独明确列举警用车辆号牌了。同样的道理适用于刑法第 375 条的规定（刑法第 375 条第 1 款规定了伪造、变造、买卖武装部队公文、证件、印章罪、盗窃、抢夺武装部队公文、证件、印章罪，第 2 款规定了非法生产、买卖军用标志罪，而军用标志包括武装部队车辆号牌）。刑法规定非法生产、买卖警用装备罪和非法生产、买卖军用标志罪，明确对警用车辆号牌和军用车辆号牌进行保护，目的在于维护警用、军用标志性物品的专用权，而不是将警用和军用车辆号牌作为国家机关证件来保护。如果将机动车号牌认定为证件，那么非法买卖警用机动车号牌的行为，是认定为非法买卖国家机关证件罪还是非法买卖警用装备罪？这会导致刑法适用的混乱。

二、从刑罚处罚上看，如果将机动车号牌认定为国家机关证件，那么非法买卖的机动车号牌如果分别属于人民警察车辆号牌、武装部队车辆号牌、普通机动车号牌，同样一个行为就会得到不同的处理结果：对于前两者，根据《刑法》第 281 条、第 375 条第 2 款的规定，情节严重的，分别构成非法买卖警用装备罪、非法买卖军用标志罪，法定刑为三年以下有期徒刑、拘役或者管制，并处或者单处罚金。对于非法买卖民用机动车号牌，根据《刑法》第 280 条第 1 款的规定，不论情节是否严重，均构成买卖国家机关证件罪，情节一般的，处三年以下有期徒刑、拘役、管制或者剥夺政治权利；情节严重的，处三年以上十年以下有期徒刑。可见，将机动车号牌认定为证件，将使对非法买卖普通机动车号牌的刑罚处罚重于对非法买卖人民警察、武装部队车辆号牌的刑罚处罚，这显失公平，也有悖立法本意。”

7. **中华人民共和国生物两用品及相关设备和技术出口管制条例**（2002年10月14日中华人民共和国国务院令第365号发布）（节录）

第十九条　伪造、变造或者买卖生物两用品及相关设备和技术出口许可证件的，依照刑法关于非法经营罪或者伪造、变造、买卖国家机关公文、证件、印章罪的规定，依法追究刑事责任；尚不够刑事处罚的，依照海关法的有关规定处罚；国务院外经贸主管部门并可以撤销其对外贸易经营许可。

8. **互联网上网服务营业场所管理条例**（2002年9月29日中华人民共和国国务院令第363号公布　根据2011年1月8日《国务院关于废止和修改部分行政法规的决定》第一次修订　根据2016年2月6日《国务院关于修改部分行政法规的决定》第二次修订　根据2019年3月24日《国务院关于修改部分行政法规的决定》修正）（节录）

第二十九条　互联网上网服务营业场所经营单位违反本条例的规定，涂改、出租、出借或者以其他方式转让《网络文化经营许可证》，触犯刑律的，依照刑法关于伪造、变造、买卖国家机关公文、证件、印章罪的规定，依法追究刑事责任；尚不够刑事处罚的，由文化行政部门吊销《网络文化经营许可证》，没收违法所得；违法经营额5000元以上的，并处违法经营额2倍以上5倍以下的罚款；违法经营额不足5000元的，并处5000元以上1万元以下的罚款。

9. **中华人民共和国导弹及相关物项和技术出口管制条例**（2002年8月22日中华人民共和国国务院令第361号公布）（节录）

第十九条　伪造、变造或者买卖导弹相关物项和技术出口许可证件的，依照刑法关于非法经营罪或者伪造、变造、买卖国家机关公文、证件、印章罪的规定，依法追究刑事责任；尚不够刑事处罚的，依照海关法的有关规定处罚；国务院外经贸主管部门并可以撤销其对外贸易经营许可。

10. **中华人民共和国技术进出口管理条例**（2001年12月10日中华人民共和国国务院令第331号公布　根据2011年1月8日《国务院关于废止和修改部分行政法规的决定》修订　根据2019年3月2日《国务院关于修改部分行政法规的决定》修正）（节录）

第四十六条　伪造、变造或者买卖技术进出口许可证或者技术进出口合同登记证的，依照刑法关于非法经营罪或者伪造、变造、买卖国家机关公文、证件、印章罪的规定，依法追究刑事责任；尚不够刑事处罚的，依照海关法的有关规定处罚；国务院外经贸主管部门并可以撤销其对外贸易经营许可。

11. **中华人民共和国货物进出口管理条例**（2002年1月1日 中华人民共和国国务院令第332号公布）（节录）

第六十六条 伪造、变造或者买卖货物进出口配额证明、批准文件、许可证或者自动进口许可证明的，依照刑法关于非法经营罪或者伪造、变造、买卖国家机关公文、证件、印章罪的规定，依法追究刑事责任；尚不够刑事处罚的，依照海关法的有关规定处罚；国务院外经贸主管部门并可以撤销其对外贸易经营许可。

五、盗窃、抢夺、毁灭国家机关公文、证件、印章罪

（一）法律规定

第二百八十条第一款 伪造、变造、买卖或者盗窃、抢夺、毁灭国家机关的公文、证件、印章的，处三年以下有期徒刑、拘役、管制或者剥夺政治权利，并处罚金；情节严重的，处三年以上十年以下有期徒刑，并处罚金。

（二）罪名详解

盗窃、抢夺、毁灭国家机关公文、证件、印章罪，是指盗窃、抢夺、毁灭国家机关公文、证件、印章的行为。

本罪是从1979年《刑法》第167条中分离出来的。

盗窃、抢夺、毁灭国家机关公文、证件、印章罪的构成要件是：

1. 主体要件

犯罪主体为一般主体。

2. 客体要件

本罪侵犯的客体与伪造、变造、买卖国家机关公文、证件、印章罪相同，即为国家机关对公文、证件、印章的正常管理活动及其信誉。

3. 主观要件

主观方面为故意，即明知是国家机关的公文、证件、印章，而故意盗窃、抢夺或者毁灭。过失不构成本罪。

4. 客观要件

在客观方面表现为盗窃、抢夺、毁灭国家机关公文、证件、印章的行为。“盗窃”，是指秘密窃取国家机关公文、证件、印章的行为；“抢夺”，是指趁保管或者经手人员不备的情况下，公然非法夺取国家机关公文、证件、印章的行为；“毁灭”，是指以烧毁、撕烂、砸碎或者其他方法，故意损毁国家机关公文、证件、印章，使其失去效用或者不能正常使用的行为。

（三）实务疑难问题

本罪是选择性罪名，实施盗窃、抢夺、毁灭三行为之一的，构成一罪，实施数行为的也构成一罪，均按行为确定罪名。

（四）情节与量刑

依照《刑法》第280条第1款规定，犯盗窃、抢夺、毁灭国家机关公文、证件、印章罪的，处3年以下有期徒刑、拘役、管制或者剥夺政治权利，并处罚金；情节严重的，处3年以上10年以下有期徒刑，并处罚金。

该款规定的“情节严重”，是本罪的加重处罚情节，司法实践中，一般是指多次或者大量盗窃、抢夺、毁灭国家机关公文、证件、印章的；盗窃、抢夺、毁灭国家机关重要的公文、证件、印章的；造成恶劣政治影响或者重大经济损失的；盗窃、抢夺、毁灭国家机关公文、证件、印章进行其他违法犯罪活动的等情形。

（五）法律链接

中华人民共和国治安管理处罚法（2005年8月28日第十届全国人民代表大会常务委员会第十七次会议通过　根据2012年10月26日第十一届全国人民代表大会常务委员会第二十九次会议《关于修改〈中华人民共和国治安管理处罚法〉的决定》修正）（节录）

第五十二条　有下列行为之一的，处十日以上十五日以下拘留，可以并处一千元以下罚款；情节较轻的，处五日以上十日以下拘留，可以并处五百元以下罚款：

（一）伪造、变造或者买卖国家机关、人民团体、企业、事业单位或者其他组织的公文、证件、证明文件、印章的；

（二）买卖或者使用伪造、变造的国家机关、人民团体、企业、事业单位或者其他组织的公文、证件、证明文件的；

（三）伪造、变造、倒卖车票、船票、航空客票、文艺演出票、体育比赛入场券或者其他有价票证、凭证的；

（四）伪造、变造船舶户牌，买卖或者使用伪造、变造的船舶户牌，或者涂改船舶发动机号码的。

六、伪造公司、企业、事业单位、人民团体印章罪

（一）法律规定

第二百八十条第二款　伪造公司、企业、事业单位、人民团体的印章的，处三年以下有期徒刑、拘役、管制或者剥夺政治权利，并处罚金。

（二）罪名详解

伪造公司、企业、事业单位、人民团体印章罪，是指没有制作权限的人，擅自伪造公司、企业、事业单位、人民团体印章的行为。

本罪是从1979年《刑法》第167条的规定，吸收改为刑法的具体规定的。1979年刑法规定的是伪造、变造或者盗窃、抢夺、毁灭公文、证件、印章罪。

伪造公司、企业、事业单位、人民团体印章罪的构成要件是：

1. 主体要件

犯罪主体为一般主体。

2. 客体要件

本罪侵犯的客体是公司、企业、事业单位、人民团体印章的信誉和上述单位的正常活动。犯罪对象是公司、企业、事业单位、人民团体的印章，这里的公司、企业，包括国有公司、企业，集体性质的公司、企业以及私营和中外合资、中外合作的公司、企业。事业单位与人民团体，也没有所有制的限定。“印章”，是指公司、企业、事业单位、人民团体刻制的以文字、图记表明主体同一性的公章、专用章，它是公司、企业、事业单位、人民团体行

使管理本单位事务、对外进行活动和承担法律后果的符号和标记。

3. 主观要件

主观方面只能由直接故意构成。间接故意和过失不构成本罪。

4. 客观要件

客观方面表现为伪造公司、企业、事业单位、人民团体印章的行为。“伪造”，是指无制作权的人，冒用名义，非法制作公司、企业、事业单位、人民团体的印章的行为。

（三）实务疑难问题

罪与非罪的认定

公司、企业、事业单位、人民团体的文件、证件、印章与国家机关的不同，因此刑法只规定了伪造印章的行为构成犯罪。如果行为人实施了变造、盗窃公司、企业、事业单位、人民团体的文件、证件、印章的行为，不构成本罪。

根据2001年7月3日公布的《最高人民法院、最高人民检察院关于办理伪造、贩卖伪造的高等院校学历、学位证明刑事案件如何适用法律问题的解释》的规定，伪造高等院校印章制作学历、学位证明的行为，依照《刑法》第280条第2款的规定，以伪造事业单位印章罪定罪处罚。明知是伪造高等院校印章制作的学历、学位证明而贩卖的，以伪造事业单位印章罪的共犯论处。

（四）情节与量刑

依照《刑法》第280条第2款规定，犯伪造公司、企业、事业单位、人民团体印章罪的，处3年以下有期徒刑、拘役、管制或者剥夺政治权利，并处罚金。

（五）法律链接

1. 最高人民法院、最高人民检察院关于办理伪造、贩卖伪造的高等院校学历、学位证明刑事案件如何适用法律问题的解释（法释〔2001〕22号　自2001年7月5日起施行）

为依法惩处伪造、贩卖伪造的高等院校学历、学位证明的犯罪活动，现就办理这类案件适用法律的有关问题解释如下：

对于伪造高等院校印章制作学历、学位证明的行为，应当依照刑法第二百八十条第二款的规定，以伪造事业单位印章罪定罪处罚。

明知是伪造高等院校印章制作的学历、学位证明而贩卖的，以伪造事业单位印章罪的共犯论处。

2. **最高人民法院、最高人民检察院关于办理妨害信用卡管理刑事案件具体应用法律若干问题的解释**（法释〔2018〕19 号　自 2018 年 12 月 1 日起施行）（节录）

第四条第一款　为信用卡申请人制作、提供虚假的财产状况、收入、职务等资信证明材料，涉及伪造、变造、买卖国家机关公文、证件、印章，或者涉及伪造公司、企业、事业单位、人民团体印章，应当追究刑事责任的，依照刑法第二百八十条的规定，分别以伪造、变造、买卖国家机关公文、证件、印章罪和伪造公司、企业、事业单位、人民团体印章罪定罪处罚。

七、伪造、变造、买卖身份证件罪

（一）法律规定

第二百八十条第三款　伪造、变造、买卖居民身份证、护照、社会保障卡、驾驶证等依法可以用于证明身份的证件的，处三年以下有期徒刑、拘役、管制或者剥夺政治权利，并处罚金；情节严重的，处三年以上七年以下有期徒刑，并处罚金。

（二）罪名详解

伪造、变造、买卖身份证件罪，是指伪造、变造、买卖居民身份证、护照、社会保障卡、驾驶证等身份证件的行为。1997 年刑法规定了伪造、变造居民身份证罪，2015 年 11 月 1 日起施行的《刑法修正案（九）》对《刑法》第 280 条第 3 款的规定作了修改补充。①

---

① 修改前的第 280 条第 3 款为：“伪造、变造居民身份证的，处三年以下有期徒刑、拘役、管制或者剥夺政治权利；情节严重的，处三年以上七年以下有期徒刑。”

伪造、变造、买卖身份证件罪的构成要件是：

1. 主体要件

犯罪主体为一般主体。不仅包括普通的公民，即使是国家机关工作人员，如果其不是负责居民身份证、护照、驾驶证、社会保障卡制作的人非法制作，或者虽然是负责居民身份证、护照、驾驶证、社会保障卡制作的人，故意制作虚假的居民身份证、护照、驾驶证、社会保障卡的，也构成本罪。

2. 客体要件

本罪侵犯的客体是国家对居民各种身份证件的管理制度。随着经济社会的发展，公民在越来越多的经济社会活动中需要以居民身份证等身份证明文件证明身份。同时，为了加强社会管理，保障公民人身财产安全，电信、网络、金融、寄递、铁路、航空运输、医疗、教育、住宿等多种行业逐渐需要实行实名制管理。同时，随着身份证明应用越来越广泛，实践中身份证件作假的情况也日渐增多。一方面，伪造、变造、买卖居民身份证、护照、社会保障卡、驾驶证等依法可以用于证明身份的证件的行为，为不法分子使用伪造、变造的或者盗用他人的身份证件提供了便利。另一方面，使用伪造、变造的或者盗用他人身份证件的行为，也为不法分子伪造、变造、买卖相关身份证件的行为提供了市场需求和驱动力。造假者和用假者形成非法的利益链条，危害身份证件管理秩序，进而使得相关以实名制为基础的社会管理制度难以落实。

本罪的犯罪行为侵害的对象，是居民身份证、护照、社会保障卡、驾驶证等依法可以用于证明身份的证件。其中，居民身份证是具有中华人民共和国国籍并定居在中国境内的居民的有效证件，由公安机关依照居民身份证法制作、发放，因其信息直接来源于全国人口基本信息库，信息真实可靠，携带方便，运用最为广泛，是专门供公民在参与各项社会事务和社会活动时用于证明身份的证件。护照是由公民国籍所在国发给公民的能在国外证明自己身份的证件，是公民出入本国国境口岸和到国外旅行、居留时的必备证件。此处的护照，既包括中国公民依法申领的由中国有关主管部门发放的护照，也包括外国人持有的相关国家主管部门发放的护照。社会保障卡是社会保障主管部门依照规定向社会保障对象发放的拥有多种功能的证件。社会保障卡以公民身份号码为统一的信息标识，公民持卡可以进行医疗保险个人账户结算，领取社会保险金，享受其他社会保险待遇等。社会保障卡既是公民享受社会保障待遇的权利凭证，同时也具有社会保障权利人身份证明的属性。驾驶证是指机动车驾驶证，是由道路交通管理部门依照道路交通安全法发放的，用于证明持证人具有相应驾驶资格的凭证。驾驶证也是采用全国统一的公民身份号码作为身份识别标识，在社会生活中，驾驶证除了作为驾驶资格的证明外，在与交通管理有关的很多场合也被作为身份证明加以使用。

3. 主观要件

主观上只能由故意构成，犯罪动机是多种多样的，有的是为了谋利，有的是为了逃避打击，有的是为了进行其他违法犯罪活动，等等。不论出于何种动机，不影响本罪的成立。

4. 客观要件

客观上实施了伪造、变造、买卖居民身份证、护照、社会保障卡、驾驶证等依法可以用于证明身份的证件的行为。其中，“伪造”是指制作虚假的居民身份证等依法可以用于证明身份的证据；“变造”是指对真的证件进行改制，变更其原有真实内容的行为；“买卖”是指为了某种目的，非法购买或者销售这些证件的行为，买卖的既可以是真证，也可以是伪造、变造的假证。

（三）实务疑难问题

罪与非罪的认定

在实际生活中，还有一些被单位或者个人在一定范围、领域内使用，实际起到证明身份作用的证件，如各种会员卡、会员证、上岗证等，这些证件虽然具有一定的身份识别作用，但与刑法所列举的身份证、护照、社会保障卡、驾驶证这四类证件不具有同质性，在权威性、统一性、持证人的广泛性等方面与上述四类证件不具有相当性，一般不宜认定为本罪中的“依法可以用于证明身份的证件”。当然，对证件的范围严格掌握并非对伪造、变造、买卖这四类证件之外的其他证件的行为不能够依法处理。实际上其中多数行为可以根据《刑法》第280条第1款、第2款的规定，以伪造、变造、买卖国家机关证件、印章罪，伪造公司、企业、事业单位、人民团体印章罪追究。

（四）情节与量刑

依照《刑法》第280条第3款规定，犯伪造、变造、买卖身份证件罪的，处3年以下有期徒刑、拘役、管制或者剥夺政治权利，并处罚金；情节严重的，处3年以上7年以下有期徒刑，并处罚金。

该款规定的“情节严重”，是本罪的加重处罚情节，司法实践中，一般是指伪造、变造、买卖证件的次数多、数量大的；非法牟利或者给他人造成的经济损失数额大的；因他人使用伪造、变造的居民身份证进行犯罪活动造成严重后果的等情形。

（五）法律链接

1. **中华人民共和国居民身份证法**（2003年6月28日第十届全国人民代表大会常务委员会第三次会议通过　根据2011年10月29日第十一届全国人民代表大会常务委员会第二十三次会议《关于修改〈中华人民共和国居民身份证法〉的决定》修正）（节录）

第十六条　有下列行为之一的，由公安机关给予警告，并处二百元以下罚款，有违法所得的，没收违法所得：

（一）使用虚假证明材料骗领居民身份证的；

（二）出租、出借、转让居民身份证的；

（三）非法扣押他人居民身份证的。

第十七条　有下列行为之一的，由公安机关处二百元以上一千元以下罚款，或者处十日以下拘留，有违法所得的，没收违法所得：

（一）冒用他人居民身份证或者使用骗领的居民身份证的；

（二）购买、出售、使用伪造、变造的居民身份证的。

伪造、变造的居民身份证和骗领的居民身份证，由公安机关予以收缴。

第十八条　伪造、变造居民身份证的，依法追究刑事责任。

有本法第十六条、第十七条所列行为之一，从事犯罪活动的，依法追究刑事责任。

2. **中华人民共和国出境入境管理法**（2012年6月30日第十一届全国人民代表大会常务委员会第二十七次会议通过）（节录）

第十四条　定居国外的中国公民在中国境内办理金融、教育、医疗、交通、电信、社会保险、财产登记等事务需要提供身份证明的，可以凭本人的护照证明其身份。

3. **中华人民共和国护照法**（2006 年 4 月 29 日第十届全国人民代表大会常务委员会第二十一次会议通过）（节录）

第二条 中华人民共和国护照是中华人民共和国公民出入国境和在国外证明国籍和身份的证件。

任何组织或者个人不得伪造、变造、转让、故意损毁或者非法扣押护照。

第十八条 为他人提供伪造、变造的护照，或者出售护照的，依法追究刑事责任；尚不够刑事处罚的，由公安机关没收违法所得，处十日以上十五日以下拘留，并处二千元以上五千元以下罚款；非法护照及其印制设备由公安机关收缴。

八、使用虚假身份证件、盗用身份证件罪

（一）法律规定

第二百八十条之一　在依照国家规定应当提供身份证明的活动中，使用伪造、变造的或者盗用他人的居民身份证、护照、社会保障卡、驾驶证等依法可以用于证明身份的证件，情节严重的，处拘役或者管制，并处或者单处罚金。

有前款行为，同时构成其他犯罪的，依照处罚较重的规定定罪处罚。

（二）罪名详解

使用虚假身份证件、盗用身份证件罪，是指在依照国家规定应当提供真实身份的活动中，使用伪造、变造的居民身份证、护照、社会保障卡、驾驶证等虚假身份证件或者盗用他人真实的居民身份证、护照、社会保障卡、驾驶证等身份证件的行为。本罪是 2015 年 11 月 1 日起施行的《刑法修正案（九）》增加的罪名。

使用虚假身份证件、盗用身份证件罪的构成要件是：

1. 主体要件

本罪的主体为一般主体。

2. 客体要件

本罪侵害的客体是身份证件管理秩序，及居民身份证、护照、驾驶证、社会保障卡等身份证件所体现的社会诚实信用秩序。良好的诚信体系是经济社会正常运转的前提和保障，使用伪造、变造的或者盗用他人身份证件的行为，危害身份证件管理秩序，进而使得相关以实名制为基础的社会管理制度难以落实。

3. 主观要件

本罪的主观方面是故意，至于行为人出于何种动机不影响本罪成立。包括两种情形：一种是行为人明知这些身份证件是伪造、变造的或者可能是变造、伪造的，仍然予以使用。另一种是行为人明知是他人的身份证件，仍然盗用他人名义予以使用。

4. 客观要件

本罪在客观方面表现为，在依照国家规定应当提供身份证明的活动中，实施了使用伪造、变造的或者盗用他人的居民身份证、护照、社会保障卡、驾驶证等依法可以用于证明身份的证件的行为。

这里“依照国家规定应当提供身份证明”中的“国家规定”，是指全国人民代表大会及其常务委员会制定的法律和决定，国务院制定的行政法规、规定的行政措施、发布的决定和命令。例如《居民身份证法》第 14 条规定，公民在常住户口登记项目变更、兵役登记、婚姻登记、收养登记、申请办理出境手续等事项中，应当出示居民身份证证明身份。依法未取得居民身份证的公民可以使用国家规定的其他证明方式证明身份。

这里的“伪造、变造”与《刑法》第 280 条中的含义相同，不再赘述。这里的“盗用”是指盗用他人名义、使用他人的居民身份证、护照、社会保障卡、驾驶证等依法可以用于证明身份的证件的行为。盗用的一般是他人真实的身份证件，包括捡到他人的身份证件后冒用，购买他人的身份证件后冒用，也包括盗窃他人的身份证件后冒用等。实际生活中，还有一些是经过身份证件持有人本人同意或者与其串通，冒用证件所有人名义从事相关经济社会活动的情况，这种行为因为不存在盗用本人名义的情况，因而不属于本款规定的“盗用”。

（三）实务疑难问题

1. 罪与非罪的认定

只有“情节严重”的才能构成本罪，情节一般，危害不大的，不作为犯罪处理。具体可视情况依照相关法律法规的规定处理。这里的“情节严重”，主要是指使用伪造、变造的或者盗用的次数多、数量大；非法牟利数额大；严重扰乱相关事项的管理秩序；严重损害第三人的人身或者财产权益等。

在正常经济社会活动中需要证明自己身份时，使用虚假身份证件或者盗用他人名义以冒充他人身份的，如果不属于“依照国家规定应当提供身份证明”的情形，则不构成本罪。但可能违反治安管理处罚法和相关证件管理或者行政管理事项的法律法规，应区别不同情况，予以治安管理处罚或者其他行政处罚。

2. 划清本罪与其他罪的界限

(1) 本罪与诈骗罪、洗钱罪、非法经营罪等的界限

从实践中的情况看，使用伪造、变造的或者盗用他人身份证件的行为，往往与诈骗、洗钱、非法经营等违法犯罪行为相联系，很多情况下，本罪规定的行为往往是行为人实施相关犯罪的手段，行为人的行为同时符合本罪规定的犯罪和相关犯罪。这种情况下，根据《刑法》第 280 条之一第 2 款的规定，“有前款行为，同时构成其他犯罪的，依照处罚较重的规定定罪处罚”。例如，行为人使用伪造、变造的或者盗用他人的社会保障卡、居民身份证来骗取养老、医疗、工伤、失业、生育等社会保险金或者其他社会保障待遇的，行为人的行为构成使用虚假身份证件、盗用身份证件罪，又构成诈骗罪的，应当择一重罪定罪处罚。

(2) 本罪与伪造、变造、买卖身份证件罪的界限

本罪属于伪造、变造、买卖身份证件罪的下游犯罪，因为现实中有可以使用的市场存在，所以会滋生伪造、变造、买卖的行为。

两罪的关键区别在于客观方面不同，本罪在客观方面表现为使用伪造、变造的或者盗用他人的居民身份证、护照、社会保障卡、驾驶证等身份证件的行为；而伪造、变造、买卖身份证件罪在客观方面表现为伪造、变造、买卖居民身份证、护照、社会保障卡、驾驶证等依法可以用于证明身份的证件的行为。如果行为人为了使用而伪造、变造、买卖居民身份证、护照、社会

保障卡、驾驶证等身份证件的，既构成本罪，又构成伪造、变造、买卖身份证件罪，属于牵连行为，应当按照牵连犯的处断原则，从一重罪论处。

（四）情节与量刑

根据《刑法》第280条之一第1款的规定，犯使用虚假身份证件、盗用身份证件罪，情节严重的，处拘役或者管制，并处或者单处罚金。

（五）法律链接

1. 全国人民代表大会常务委员会关于《中华人民共和国刑法》第二百六十六条的解释（2014年4月24日第十二届全国人民代表大会常务委员会第八次会议通过）

全国人民代表大会常务委员会根据司法实践中遇到的情况，讨论了刑法第二百六十六条的含义及骗取养老、医疗、工伤、失业、生育等社会保险金或者其他社会保障待遇的行为如何适用刑法有关规定的问题，解释如下：

以欺诈、伪造证明材料或者其他手段骗取养老、医疗、工伤、失业、生育等社会保险金或者其他社会保障待遇的，属于刑法第二百六十六条规定的诈骗公私财物的行为。

2. 中华人民共和国出境入境管理法（2012年6月30日第十一届全国人民代表大会常务委员会第二十七次会议通过）（节录）

第十一条 中国公民出境入境，应当向出入境边防检查机关交验本人的护照或者其他旅行证件等出境入境证件，履行规定的手续，经查验准许，方可出境入境。

具备条件的口岸，出入境边防检查机关应当为中国公民出境入境提供专用通道等便利措施。

3. 中华人民共和国反洗钱法（2006年10月31日第十届全国人民代表大会常务委员会第二十四次会议通过）（节录）

第十六条 金融机构应当按照规定建立客户身份识别制度。

金融机构在与客户建立业务关系或者为客户提供规定金额以上的现金汇款、现钞兑换、票据兑付等一次性金融服务时，应当要求客户出示真实有效的身份证件或者其他身份证明文件，进行核对并登记。

客户由他人代理办理业务的，金融机构应当同时对代理人和被代理人的身份证件或者其他身份证明文件进行核对并登记。

与客户建立人身保险、信托等业务关系，合同的受益人不是客户本人的，金融机构还应当对受益人的身份证件或者其他身份证明文件进行核对并登记。

金融机构不得为身份不明的客户提供服务或者与其进行交易，不得为客户开立匿名账户或者假名账户。

金融机构对先前获得的客户身份资料的真实性、有效性或者完整性有疑问的，应当重新识别客户身份。

任何单位和个人在与金融机构建立业务关系或者要求金融机构为其提供一次性金融服务时，都应当提供真实有效的身份证件或者其他身份证明文件。

4. **危险化学品安全管理条例**（2002 年 1 月 26 日中华人民共和国国务院令第 344 号公布　2011 年 2 月 16 日国务院第 144 次常务会议修订通过　根据 2013 年 12 月 7 日《国务院关于修改部分行政法规的决定》修订）（节录）

第三十九条　申请取得剧毒化学品购买许可证，申请人应当向所在地县级人民政府公安机关提交下列材料：

（一）营业执照或者法人证书（登记证书）的复印件；

（二）拟购买的剧毒化学品品种、数量的说明；

（三）购买剧毒化学品用途的说明；

（四）经办人的身份证明。

县级人民政府公安机关应当自收到前款规定的材料之日起 3 日内，作出批准或者不予批准的决定。予以批准的，颁发剧毒化学品购买许可证；不予批准的，书面通知申请人并说明理由。

剧毒化学品购买许可证管理办法由国务院公安部门制定。

5. **易制毒化学品管理条例**（2005 年 8 月 17 日国务院第 102 次常务会议通过　自 2005 年 11 月 1 日起施行　根据 2014 年 7 月 29 日《国务院关于修改部分行政法规的决定》第一次修订　根据 2016 年 2 月 6 日《国务院关于修改部分行政法规的决定》第二次修订　根据 2018 年 9 月 18 日《国务院关于修改部分行政法规的决定》修正）（节录）

第十八条　经营单位销售第一类易制毒化学品时，应当查验购买许可证和经办人的身份证明。对委托代购的，还应当查验购买人持有的委托文书。

经营单位在查验无误、留存上述证明材料的复印件后，方可出售第一类易制毒化学品；发现可疑情况的，应当立即向当地公安机关报告。

九、非法生产、买卖警用装备罪

（一）法律规定

第二百八十一条　非法生产、买卖人民警察制式服装、车辆号牌等专用标志、警械，情节严重的，处三年以下有期徒刑、拘役或者管制，并处或者单处罚金。

单位犯前款罪的，对单位判处罚金，并对其直接负责的主管人员和其他直接责任人员，依照前款的规定处罚。

（二）罪名详解

非法生产、买卖警用装备罪，是指非法生产、买卖人民警察制式服装、车辆号牌等专用标志、警械，情节严重的行为。

本罪是1997年刑法增设的罪名，1979年刑法和单行刑法均没有规定此罪名。

非法生产、买卖警用装备罪的构成要件是：

1. 主体要件

犯罪主体为一般主体，单位也可以构成本罪的主体。

2. 客体要件

本罪侵犯的客体是人民警察制式服装、车辆号牌等专用标志、警械的管理制度。人民警察制式服装、车辆号牌等专用标志、警械，是为适应人民警察职责的严肃性、权威性和强制性，保证人民警察依法执行职务的需要而专门制作的。为此，国家对人民警察制式服装、车辆号牌等专用标志、警械的生产、买卖和使用等都作了严格的规定。一些不法分子为牟取不法利益，非法制造、买卖警用装备，不仅损害了人民警察的威信和声誉，而且严重侵犯了人民警察制式服装、车辆号牌等专用标志、警械的管理秩序。因此，必须予以惩处。

非法生产、买卖警用装备罪的犯罪对象是警用装备。所谓警用装备，是指用于装备人民警察的制式服装、专用标志、警械等。具体包括：（1）制式服装，即人民警察执行公务时应当着装穿戴的具有特定标志的服装。我国现行人民警察的制式服装为九九式，包括常服、长短袖制式服、执勤服和多功能服四种，以及服装的附属物，包括帽徽、领带、领花、胸徽、领带夹、纽扣等。作为人民警察具有象征性的物品，必须是具有特定的标志，才能认为属于警用装备范畴的制式服装。如果不具有特定的表示人民警察标志的物品，就不能视为人民警察的制式服装，如武警部队或公安机关购买的一般日用鞋袜、棉衣、手套、无特定标志的衬衣等，不应当视为人民警察的制式服装，行为人生产这类服装不构成本罪。（2）专用标志，是指人民警察在履行公务过程中所具有的特定象征物，主要包括两大类：第一类是帽徽、领花、警衔、胸徽、警号等标志，这类标志一般与人民警察的制式服装配合使用，但不属于制式服装范围，因为帽徽、领花、警衔、胸徽、警号等警用标志一般并不与服装同时生产，如果将其列入服装范围，就很难从犯罪对象上认定；第二类是人民警察在执行公务时使用各种设备的标志，如警车牌照、警灯、报警装置等。（3）警械。警械是人民警察用于执行公务使用的武器或其他防暴工具。1996 年 1 月国务院发布的《人民警察使用警械和武器条例》第 3 条将“警械”定义为：本条例所称警械，是指人民警察按照规定装备的警棍、催泪弹、高压水枪、特种防暴枪、手铐、脚镣、警绳等警用器械；所称武器，是指人民警察按照规定装备的枪支、弹药等致命性警用武器。

3. 主观要件

主观方面由故意构成，即行为人明知自己无权生产、买卖警用装备或者生产、买卖警用装备是非法的而仍予生产、买卖。动机一般是为了谋利，有的是为了实施其他违法犯罪活动。

4. 客观要件

客观方面表现为非法生产、买卖人民警察制式服装、车辆号牌等专用标志、警械的行为。“非法生产”，是指无生产权的单位或者个人擅自制造人民警察制式服装、车辆号牌等专用标志、警械，或者虽有生产权，但超过有关部门的订货数量制造的行为；“非法买卖”，是指无经营、使用权的单位或者个人，擅自销售、购买人民警察制式服装、车辆号牌等专用标志、警械，或者有权销售的单位、个人向无权购买者销售的行为。

（三）实务疑难问题

罪与非罪的认定

要注意划清本罪与一般违法行为的界限。构成本罪除需具备以上构成要件外，必须达到“情节严重”的程度。如果生产、买卖警用装备情节一般，例如，行为人出于好奇的心理购买警服穿用的，则不能按犯罪处理。

（四）情节与量刑

依照《刑法》第 281 条第 1 款规定，犯非法生产、买卖警用装备罪的，处 3 年以下有期徒刑、拘役或者管制，并处或者单处罚金。

依照本条第 2 款规定，单位犯本罪的，对单位判处罚金，并对其直接负责的主管人员和其他直接责任人员，依照前款的规定处罚。

（五）法律链接

中华人民共和国人民警察法（1995 年 2 月 28 日第八届全国人民代表大会常务委员会第十二次会议通过　根据 2012 年 10 月 26 日第十一届全国人民代表大会常务委员会第二十九次会议《关于修改〈中华人民共和国人民警察法〉的决定》修正）（节录）

第三十六条　人民警察的警用标志、制式服装和警械，由国务院公安部门统一监制，会同其他有关国家机关管理，其他个人和组织不得非法制造、贩卖。

人民警察的警用标志、制式服装、警械、证件为人民警察专用，其他个人和组织不得持有和使用。

违反前两款规定的，没收非法制造、贩卖、持有、使用的人民警察警用标志、制式服装、警械、证件，由公安机关处十五日以下拘留或者警告，可以并处违法所得五倍以下的罚款；构成犯罪的，依法追究刑事责任。

十、非法获取国家秘密罪

（一）法律规定

第二百八十二条第一款　以窃取、刺探、收买方法，非法获取国家秘密的，处三年以下有期徒刑、拘役、管制或者剥夺政治权利；情节严重的，处三年以上七年以下有期徒刑。

（二）罪名详解

非法获取国家秘密罪，是指以窃取、刺探、收买方法，非法获取国家秘密的行为。

本罪是1997年刑法增设的罪名，1979年刑法和单行刑法均没有规定此罪名。

非法获取国家秘密罪的构成要件是：

1. 主体要件

犯罪主体为一般主体。

2. 客体要件

本罪侵犯的客体是国家的保密制度。国家秘密直接关系国家的安全和人民的利益。非法获取国家秘密的行为，危害国家安全和利益，破坏国家的保密制度，具有很大的社会危害性，必须依法予以惩处。

犯罪对象是国家秘密。“国家秘密”，是指关系国家安全和利益，依照法定程序确定，在一定时间内只限一定范围的人知悉的事项。根据《保守国家秘密法》的有关规定，国家秘密包括下列秘密事项：（1）国家事务的重大决策中的秘密事项；（2）国防建设和武装力量活动中的秘密事项；（3）外交和外事活动中的秘密事项以及对外承担保密义务的事项；（4）国民经济和社会发展中的秘密事项；（5）科学技术中的秘密事项；（6）维护国家安全活动和追查刑事犯罪中的秘密事项；（7）其他经国家保密工作部门确定应当保守的国家秘密事项。不符合上述规定的，不属于国家秘密。政党的秘密事项中符合上述规定的，属于国家秘密。国家秘密的密级分为“绝密”“机密”“秘密”三级。“绝密”是最重要的国家秘密，泄露会使国家的安全和利益遭受特别严重的损害；“机密”是重要的国家秘密，泄露会使国家的安全和利益遭受严重的损害；“秘密”是一般的国家秘密，泄露会使国家的安全和利益遭受损害。

3. 主观要件

主观方面是由故意构成，即行为人明知自己不应知悉该国家秘密，仍采用窃取、刺探、收买的方法，非法获取国家秘密。其犯罪动机多种多样，有的是为了物质利益，有的是为了名誉地位，不管动机如何，都不影响本罪的成立。

4. 客观要件

客观方面表现为以窃取、刺探、收买方法，非法获取国家秘密的行为。

“窃取”，是指以秘密盗窃的方法，非法取得国家秘密的行为，包括直接窃取国家秘密文件，利用计算机窃取国家秘密，采用照相机、摄像机偷拍国家秘密等方法；“刺探”，是指行为人暗中对掌握国家秘密的人，通过各种途径和手段，探听、侦察、了解国家秘密的行为；“收买”，是指行为人用金钱、物质等有偿方法，向掌握国家秘密的人交换国家秘密的行为。

（三）实务疑难问题

划清本罪与其他罪的界限

注意划清本罪与为境外窃取、刺探、收买、非法提供国家秘密、情报罪的界限。如果行为人窃取、刺探、收买情报是为了提供给境外的机构、组织、人员的，应当以为境外窃取、刺探、收买、非法提供国家秘密、情报罪定罪处罚；如果是出于其他目的的，则应以本罪处罚。由于所非法获取的国家秘密泄露、扩散，而被境外的机构、组织、个人知悉、取得的，只要行为人对此不是故意的，仍应定非法获取国家秘密罪。

（四）情节与量刑

依照《刑法》第282条第1款规定，犯非法获取国家秘密罪的，处3年以下有期徒刑、拘役、管制或者剥夺政治权利；情节严重的，处3年以上7年以下有期徒刑。

该款规定的“情节严重”，是本罪的加重处罚情节，司法实践中，一般是指非法获取国家绝密级秘密的；非法获取国家秘密导致泄露、扩散，造成严重后果的；非法获取大量国家秘密的等情形。

（五）法律链接

1. 中华人民共和国保守国家秘密法（1988年9月5日第七届全国人民代表大会常务委员会第三次会议通过　2010年4月29日第十一届全国人民代表大会常务委员会第十四次会议修订）（节录）

第九条　下列涉及国家安全和利益的事项，泄露后可能损害国家在政治、经济、国防、外交等领域的安全和利益的，应当确定为国家秘密：

（一）国家事务重大决策中的秘密事项；

（二）国防建设和武装力量活动中的秘密事项；

（三）外交和外事活动中的秘密事项以及对外承担保密义务的秘密事项；

（四）国民经济和社会发展中的秘密事项；

（五）科学技术中的秘密事项；

（六）维护国家安全活动和追查刑事犯罪中的秘密事项；

（七）经国家保密行政管理部门确定的其他秘密事项。

政党的秘密事项中符合前款规定的，属于国家秘密。

第十条 国家秘密的密级分为绝密、机密、秘密三级。

绝密级国家秘密是最重要的国家秘密，泄露会使国家安全和利益遭受特别严重的损害；机密级国家秘密是重要的国家秘密，泄露会使国家安全和利益遭受严重的损害；秘密级国家秘密是一般的国家秘密，泄露会使国家安全和利益遭受损害。

2. **中华人民共和国反间谍法**（2014年11月1日第十二届全国人民代表大会常务委员会第十一次会议通过）（节录）

第三十二条 对非法持有属于国家秘密的文件、资料和其他物品的，以及非法持有、使用专用间谍器材的，国家安全机关可以依法对其人身、物品、住处和其他有关的地方进行搜查；对其非法持有的属于国家秘密的文件、资料和其他物品，以及非法持有、使用的专用间谍器材予以没收。非法持有属于国家秘密的文件、资料和其他物品，构成犯罪的，依法追究刑事责任；尚不构成犯罪的，由国家安全机关予以警告或者处十五日以下行政拘留。

十一、非法持有国家绝密、机密文件、资料、物品罪

（一）法律规定

第二百八十二条第二款 非法持有属于国家绝密、机密的文件、资料或者其他物品，拒不说明来源与用途的，处三年以下有期徒刑、拘役或者管制。

（二）罪名详解

非法持有国家绝密、机密文件、资料、物品罪，是指非法持有属于国家绝密、机密的文件、资料或者其他物品，拒不说明来源与用途的行为。

本罪是1997年刑法增设的罪名，1979年刑法和单行刑法均没有规定此罪名。

非法持有国家绝密、机密文件、资料、物品罪的构成要件是：

1. 主体要件

犯罪主体为一般主体，既可以是不应知悉某项国家秘密的人员，也可以是可以知悉某项国家秘密的人员但未经办理手续而私自携带、存放属于该项秘密的人员。

2. 客体要件

本罪侵犯的客体是国家的保密制度。《反间谍法》第24条规定，任何个人和组织都不得非法持有属于国家秘密的文件、资料和其他物品。行为人违反国家规定，非法持有属于国家秘密的文件、资料或者其他物品，拒不说明来源与用途的行为，是对国家保密工作秩序的严重破坏，危害国家、人民利益，必须予以刑罚处罚。

犯罪对象是属于国家绝密、机密的文件、资料或者其他物品。根据《保守国家秘密法》的规定，国家秘密的秘级分为“绝密”“机密”“秘密”三级。“属于国家绝密、机密的文件、资料”，是指依照法定程序确定并且标明为绝密、机密两个密级的文字材料、图纸等；属于国家绝密、机密的“其他物品”，是指依照法定程序被确定为国家绝密、机密的物品，如确定为国家绝密、机密的先进设备、高科技产品、军工产品以及设计、加工、生产的样品、图形等。

3. 主观要件

主观方面由故意构成，即行为人明知自己无权持有属于国家绝密、机密文件、资料或者其他物品，但为了达到某种目的而持有，并在有权机关责令其说明来源与用途时拒不说明。

4. 客观要件

客观方面表现为非法持有国家绝密、机密文件、资料、物品，且拒不说明来源与用途的行为。首先，行为人具有非法持有属于国家绝密、机密的文件、资料或其他物品的行为；其次，行为人具有拒不说明来源与用途的行为。只有上述两行为的相互结合，才能构成本罪。

本罪是行为犯，不要求以发生严重后果为构成要件。

（三）实务疑难问题

划清本罪与其他罪的界限

注意划清本罪与非法获取国家秘密罪的界限。两者在侵犯的客体、主体、主观方面都有相同或者相似之处，其主要区别是：前者的犯罪对象仅限于属于国家绝密、机密的文件、资料或者其他物品，而后者的犯罪对象则包括任何一级的国家秘密；前者的行为方式是非法持有且拒不说明来源与用途，后者的行为方式则是以窃取、刺探、收买的方法非法获取。如果行为人以窃取、刺探、收买的方法非法获取属于国家绝密、机密的文件、资料或者其他物品后，又非法持有且拒不说明来源与用途的，应以非法获取国家秘密罪一罪处理。

（四）情节与量刑

依照《刑法》第 282 条第 2 款规定，犯非法持有国家绝密、机密文件、资料、物品罪的，处 3 年以下有期徒刑、拘役或者管制。

（五）法律链接

中华人民共和国反间谍法（2014 年 11 月 1 日第十二届全国人民代表大会常务委员会第十一次会议通过）（节录）

第三十二条 对非法持有属于国家秘密的文件、资料和其他物品的，以及非法持有、使用专用间谍器材的，国家安全机关可以依法对其人身、物品、住处和其他有关的地方进行搜查；对其非法持有的属于国家秘密的文件、资料和其他物品，以及非法持有、使用的专用间谍器材予以没收。非法持有属于国家秘密的文件、资料和其他物品，构成犯罪的，依法追究刑事责任；尚不构成犯罪的，由国家安全机关予以警告或者处十五日以下行政拘留。

十二、非法生产、销售专用间谍器材、窃听、窃照专用器材罪

（一）法律规定

第二百八十三条　非法生产、销售专用间谍器材或者窃听、窃照专用器材的，处三年以下有期徒刑、拘役或者管制，并处或者单处罚金；情节严重的，处三年以上七年以下有期徒刑，并处罚金。

单位犯前款罪的，对单位判处罚金，并对其直接负责的主管人员和其他直接责任人员，依照前款的规定处罚。

（二）罪名详解

非法生产、销售专用间谍器材、窃听、窃照专用器材罪，是指非法生产、销售专用间谍器材或者窃听、窃照专用器材的行为。

本罪是1997年刑法增设的罪名，1979年刑法和单行刑法均没有规定此罪名。2015年11月1日起施行的《刑法修正案（九）》对本罪进行了修改，将原来规定的非法生产、销售“窃听、窃照等专用间谍器材”修改为生产、销售“专用间谍器材或者窃听、窃照等专用器材”，并完善了法定刑配置，提高了本罪的法定刑，将法定最高刑由3年有期徒刑提高到7年有期徒刑，增加了罚金刑，并增加了第二款关于单位犯罪的规定。①

非法生产、销售专用间谍器材、窃听、窃照专用器材罪的构成要件是：

1. 主体要件

犯罪主体为一般主体。单位可以成为本罪的犯罪主体。

2. 客体要件

本罪侵犯的客体是国家对间谍专用器材、窃听、窃照专用器材的生产、销售等管理制度。《反间谍法》第25条规定，任何个人和组织都不得非法持有、使用间谍活动特殊需要的专用间谍器材。但近年来，在政治、经济和社

① 《刑法》原第283条：非法生产、销售窃听、窃照等专用间谍器材的，处三年以下有期徒刑、拘役或者管制。

会生活中，采用非法手段窃取、刺探政治、经济情报和个人隐私的情况时有发生，非法生产、销售专用间谍器材的违法犯罪活动也越来越严重。为了对专用间谍器材的生产、销售进行严格和有效的管理，维护正常的社会、生产和生活秩序，刑法将生产、销售专用间谍器材的行为规定为犯罪是非常必要的。此外，随着电子信息技术的不断发展，不法分子利用窃听、窃照专用器材从事违法犯罪活动的情况更为严重，窃听、窃照专用器材的生产、销售、非法使用者之间甚至形成了违法犯罪利益链条。密拍密录、跟踪定位等窃听、窃照专用器材功能越来越强、种类繁多、市场庞大，严重扰乱社会秩序，社会危害后果严重，因而《刑法修正案（九）》将原来规定的非法生产、销售“窃听、窃照等专用间谍器材”修改为生产、销售“专用间谍器材或者窃听、窃照等专用器材”。

犯罪对象是专用间谍器材及窃听、窃照专用器材。“专用间谍器材”是指专门用于实施间谍活动的工具。对于间谍专用器材的范围，原《国家安全法实施细则》第20条有明确规定，虽然原国家安全法已经修改为反间谍法，但反间谍法关于“任何个人和组织都不得非法持有、使用间谍活动特殊需要的专用间谍器材”的规定，以及对非法持有、使用专用间谍器材的处理的规定，与原国家安全法的规定是一致的。因此，在新的修订后的实施细则出台前，司法实践中认定间谍专用器材的范围，仍应参照原国家安全法实施细则的相关规定，即，间谍专用器材的范围是指用于间谍活动特殊需要的下列器材：（1）暗藏式窃听、窃照器材；（2）突发式收发报机、一次性密码本、密写工具；（3）用于获取情报的电子监听、截收器材；（4）其他专用间谍器材。本罪中的“窃听、窃照专用器材”，是指具有窃听、窃照功能，并专门用于窃听、窃照的器材，如专用于窃听、窃照的窃听器、微型录音机、微型照相机等。所谓“窃听”，是指使用专用器材、设备，在当事人未察觉、不知晓或无法防范的情况下，偷听其谈话或者通话以及其他活动的行为；所谓“窃照”，是指使用专用器材、设备，对窃照对象的形象或者活动进行的秘密拍照摄录活动。

3. 主观要件

主观方面由故意构成，即行为人明知自己非法生产、销售专用间谍器材或者窃听、窃照等专用器材的行为会侵害国家对专用间谍器材、窃听、窃照等专用器材的管理秩序，却希望或者放任危害结果的发生。犯罪动机不影响本罪的成立。

4. 客观要件

客观方面表现为非法生产、销售专用间谍器材或者窃听、窃照等专用器材的行为。“非法生产、销售”，是指无权生产、销售专用间谍器材或者窃听、窃照等专用器材的单位和个人，违反国家规定，以营利为目的，擅自制造、销售上述器材的行为，以及虽有生产、销售权但违反主管部门的规定和下达的指标而超范围、超指标生产和违反规定进行销售的行为。

（三）情节与量刑

根据《刑法》第283条的规定，犯非法生产、销售专用间谍器材、窃听、窃照专用器材罪的，处3年以下有期徒刑、拘役或者管制，并处或者单处罚金；情节严重的，处3年以上7年以下有期徒刑，并处罚金。

本罪的“情节严重”，主要可从非法生产、销售的间谍专用器材以及窃听、窃照专用器材的数量；谋取的非法利益的数额；生产、销售的间谍专用器材以及窃听窃照专用器材流入社会的数量；因他人非法使用而对国家安全利益、社会公共利益、公民合法权益造成的实际损害等情节综合考量。

对于单位犯非法生产、销售专用间谍器材、窃听、窃照专用器材罪的，采取双罚制，即对单位判处罚金，并对单位的直接负责的主管人员和其他直接责任人员，按照第1款对个人犯本罪的处刑规定处罚。对于单位判处罚金的数额，法律未作具体规定，司法实践中可由司法机关根据案件的具体情况，本着罪责刑相适应的原则依法确定。

十三、非法使用窃听、窃照专用器材罪

（一）法律规定

第二百八十四条　非法使用窃听、窃照专用器材，造成严重后果的，处二年以下有期徒刑、拘役或者管制。

（二）罪名详解

非法使用窃听、窃照专用器材罪，是指非法使用窃听、窃照专用器材，

造成严重后果的行为。

本罪是1997年刑法增设的罪名，1979年刑法和单行刑法均没有规定此罪名。

非法使用窃听、窃照专用器材罪的构成要件是：

1. 主体要件

犯罪主体为一般主体。

2. 客体要件

本罪侵犯的客体是国家对窃听、窃照专用器材的使用管理制度。国家为了维护正常的社会公共生活秩序，对用于侦查工作的窃听、窃照专用器材的使用作了非常严格的限制。但在现实生活中，一些人出于政治、经济和其他目的，非法使用窃听、窃照专用器材，刺探他人的经营信息甚至个人隐私等，用于非法的或者不正当的竞争，或者为了实现其他个人目的，给单位和公民的正常工作、生活带来不利影响，扰乱了正常的生产和生活秩序，有的造成了严重后果，必须予以刑事处罚。

3. 主观要件

主观方面由故意构成。在司法实践中，行为人实施窃听、窃照行为，一般是出于某种非法目的，也有的是出于好奇。不论出于何种动机、目的，都不影响本罪的成立。

4. 客观要件

客观方面表现为非法使用窃听、窃照专用器材，造成严重后果的行为。此处的“非法使用”，是指违反国家规定使用窃听、窃照专用器材，包括无权使用的人使用和有权的人违反规定使用。构成本罪，还要求“造成严重后果”。所谓造成严重后果，主要是指由于非法使用窃听、窃照专用器材，造成他人自杀、精神失常；引起杀人、伤害等犯罪发生；使被窃听、窃照单位的经济情报、信息泄露，造成重大经济损失等情形。

（三）实务疑难问题

1. 罪与非罪的认定

构成本罪必须具备非法使用窃听、窃照专用器材和造成严重后果两个条件。如果行为人使用普通照相机、录音机或者使用窃听、窃照以外的方法获取他人的隐私或者秘密的，不构成本罪；虽然使用了窃听、窃照专用器材，但未造成严重后果的，也不构成本罪。

2. 划清本罪与其他罪的界限

划清本罪与侵犯商业秘密罪、非法获取国家秘密罪的界限

两者的主要区别是：前者是用窃听、窃照专用器材，主要获取他人隐私，要求造成严重后果；后者的犯罪手段则多种多样，不限于使用窃听、窃照专用器材，而且侵犯的对象分别是商业秘密和国家秘密，非法获取国家秘密罪不要求造成严重后果。如果行为人使用窃听、窃照专用器材获取他人的商业秘密、国家秘密，同时构成本罪与侵犯商业秘密罪、非法获取国家秘密罪的，属于想象竞合犯，应当按照处理想象竞合犯的原则，从一重罪处罚。

（四）情节与量刑

依照《刑法》第 284 条规定，犯非法使用窃听、窃照专用器材罪的，处 2 年以下有期徒刑、拘役或者管制。

十四、组织考试作弊罪

（一）法律规定

第二百八十四条之一第一款、第二款　在法律规定的国家考试中，组织作弊的，处三年以下有期徒刑或者拘役，并处或者单处罚金；情节严重的，处三年以上七年以下有期徒刑，并处罚金。

为他人实施前款犯罪提供作弊器材或者其他帮助的，依照前款的规定处罚。

（二）罪名详解

组织考试作弊罪，是指在法律规定的国家考试中，组织作弊或者帮助他人组织作弊的行为。本罪是《刑法修正案（九）》新增加的罪名，在 1979 年刑法和单行刑法均没有规定此罪名。

组织考试作弊罪的构成要件是：

1. 主体要件

本罪的主体为一般主体，本罪仅处罚组织考生作弊的组织者，不处罚参

与作弊的考生。

2. 客体要件

本罪所侵犯的客体为复杂客体，包括国家对考试组织的管理秩序和他人公平参与考试的权利。考试作弊行为破坏考试制度和人才选拔制度，妨碍公平竞争，破坏社会诚信，败坏社会风气，同时还会诱发其他违法犯罪行为，具有较为严重的社会危害性。

3. 主观要件

本罪的主观方面为故意，即明知自己组织考生进行舞弊的行为会损害国家的考试管理秩序及他人公平参与考试的权利，但希望或放任这种危害结果的发生。

4. 客观要件

本罪的客观方面表现为在法律规定的国家考试中组织作弊的行为。

“组织作弊”，即组织、指挥、策划进行考试作弊，既包括构成犯罪集团的情况，也包括比较松散的犯罪团伙，还可以是个人组织他人进行作弊的情况；组织者可以是一个人，也可以是多人；可以有比较严密的组织结构，也可以是为了进行一次考试作弊行为临时纠集在一起；既包括组织一个考场内的考生作弊的简单形态，也包括组织大范围的集体作弊的复杂情形。“作弊”是指在考试中弄虚作假的行为，具体作弊方式花样很多，需要结合考试的具体情况确定。对于考试作弊，在相关考试的规定中一般都有明确的认定规定，如《国家教育考试违规处理办法》第6条规定，在国家教育考试中作弊包括：（1）携带与考试内容相关的材料或者存储有与考试内容相关资料的电子设备参加考试的；（2）抄袭或者协助他人抄袭试题答案或者与考试内容相关的资料的；（3）抢夺、窃取他人试卷、答卷或者胁迫他人为自己抄袭提供方便的；（4）携带具有发送或者接受信息功能的设备的；（5）由他人冒名代替参加考试的；（6）故意销毁试卷、答卷或者考试材料的；（7）在答卷上填写与本人身份不符的姓名、考号等信息的；（8）传、接物品或者交换试卷、答卷、草稿纸的；（9）其他以不正当手段获得或者试图获得试题答案、考试成绩的行为。

“法律规定的国家考试”，根据《最高人民法院、最高人民检察院关于办理组织考试作弊等刑事案件适用法律若干问题的解释》的规定，是指全国人民代表大会及其常务委员会制定的法律所规定的考试。根据有关法律规定，下列考试属于“法律规定的国家考试”：（1）普通高等学校招生考试、研究生招生考试、高等教育自学考试、成人高等学校招生考试等国家教育考试；（2）中央和地方公务员录用考试；（3）国家统一法律职业资格考试、国家教师资格考试、注册会计师全国统一考试、会计专业技术资格考试、资产评估师资格考试、医师资格考试、执业药师职业资格考试、注册建筑师考试、建造师执业资格考试等专业技术资格考试；（4）其他依照法律由中央或者地方主管部门以及行业组织的国家考试。前款规定的考试涉及的特殊类型招生、特殊技能测试、面试等考试，属于“法律规定的国家考试”。此外，需要注意的是，此处的国家考试并不要求是“统一由国家一级组织的考试”。有些法律规定的考试，依照规定不是由国家一级统一组织，而是由地方根据法律规定组织实施，这些考试也属于“法律规定的国家考试”，如公务员录用考试，既包括国家统一组织的招录中央机关及其直属机构公务员的考试，也包括各省市等地方组织的录用地方各级机关公务员的考试。再如高考既有全国统一考试，也有各省依照法律规定组织的考试。

（三）实务疑难问题

1. 罪与非罪的认定

本罪所涉及的考试必须是法律所规定的相关国家考试。在非法律规定的相关考试中，组织作弊、帮助他人组织作弊的，均不构成本罪。

2. 既遂与未遂的区分

组织考试作弊罪属行为犯，行为人只要实施了在法律规定的国家考试中，组织作弊或者帮助他人组织考试作弊的行为即可成立犯罪既遂，并不要求出现国家正常的考试秩序、考生公平竞争的权利受到实际侵害的结果，即不以实际损害结果的发生为既遂标准。

（四）情节与量刑

根据《刑法》第 284 条之一的规定，犯组织考试作弊罪的，处 3 年以下有期徒刑或者拘役，并处或者单处罚金；情节严重的，处 3 年以上 7 年以下有期徒刑，并处罚金。

需要注意的是，根据《刑法》第 284 条之一第 2 款的规定，为他人实施组织考试作弊犯罪提供作弊器材或者其他帮助的，依照前款的规定处罚。此处规定的帮助行为主要分为两大类：一是提供作弊器材。互联网和无线考试作弊器材是高科技作弊的关键环节，通过互联网，试题和答案得以大面积传播；有了无线考试作弊器，试题和答案才得以在考场内网顺利传递。从功能上看，作弊器材的作用就是将考场内的试题传出去或将答案发送给考生，相应地，相关器材包括密拍、发送和接收设备三大类。密拍设备日益小型化，伪装也更加先进，如纽扣式数码相机、眼镜式和手表式密拍设备等。二是提供其他帮助。包括进行无线作弊器材使用培训，窃取、出售考生信息，以及作弊网站的设立与维护等。

（五）法律链接

最高人民法院、最高人民检察院关于办理组织考试作弊等刑事案件适用法律若干问题的解释（法释〔2019〕13号　自2019年9月4日起施行）

为依法惩治组织考试作弊、非法出售、提供试题、答案、代替考试等犯罪，维护考试公平与秩序，根据《中华人民共和国刑法》《中华人民共和国刑事诉讼法》的规定，现就办理此类刑事案件适用法律的若干问题解释如下：

第一条　刑法第二百八十四条之一规定的“法律规定的国家考试”，仅限于全国人民代表大会及其常务委员会制定的法律所规定的考试。

根据有关法律规定，下列考试属于“法律规定的国家考试”：

（一）普通高等学校招生考试、研究生招生考试、高等教育自学考试、成人高等学校招生考试等国家教育考试；

（二）中央和地方公务员录用考试；

（三）国家统一法律职业资格考试、国家教师资格考试、注册会计师全国统一考试、会计专业技术资格考试、资产评估师资格考试、医师资格考试、执业药师职业资格考试、注册建筑师考试、建造师执业资格考试等专业技术资格考试；

（四）其他依照法律由中央或者地方主管部门以及行业组织的国家考试。

前款规定的考试涉及的特殊类型招生、特殊技能测试、面试等考试，属于“法律规定的国家考试”。

第二条　在法律规定的国家考试中，组织作弊，具有下列情形之一的，应当认定为刑法第二百八十四条之一第一款规定的“情节严重”：

（一）在普通高等学校招生考试、研究生招生考试、公务员录用考试中组织考试作弊的；

（二）导致考试推迟、取消或者启用备用试题的；

（三）考试工作人员组织考试作弊的；

（四）组织考生跨省、自治区、直辖市作弊的；

（五）多次组织考试作弊的；

（六）组织三十人次以上作弊的；

（七）提供作弊器材五十件以上的；

（八）违法所得三十万元以上的；

（九）其他情节严重的情形。

第三条　具有避开或者突破考场防范作弊的安全管理措施，获取、记录、传递、接收、存储考试试题、答案等功能的程序、工具，以及专门设计用于作弊的程序、工具，应当认定为刑法第二百八十四条之一第二款规定的“作弊器材”。

对于是否属于刑法第二百八十四条之一第二款规定的“作弊器材”难以确定的，依据省级以上公安机关或者考试主管部门出具的报告，结合其他证据作出认定；涉及专用间谍器材、窃听、窃照专用器材、“伪基站”等器材的，依照相关规定作出认定。

第四条　组织考试作弊，在考试开始之前被查获，但已经非法获取考试试题、答案或者具有其他严重扰乱考试秩序情形的，应当认定为组织考试作弊罪既遂。

第五条　为实施考试作弊行为，非法出售或者提供法律规定的国家考试的试题、答案，具有下列情形之一的，应当认定为刑法第二百八十四条之一第三款规定的“情节严重”：

（一）非法出售或者提供普通高等学校招生考试、研究生招生考试、公务员录用考试的试题、答案的；

（二）导致考试推迟、取消或者启用备用试题的；

（三）考试工作人员非法出售或者提供试题、答案的；

（四）多次非法出售或者提供试题、答案的；

（五）向三十人次以上非法出售或者提供试题、答案的；

（六）违法所得三十万元以上的；

（七）其他情节严重的情形。

第六条　为实施考试作弊行为，向他人非法出售或者提供法律规定的国家考试的试题、答案，试题不完整或者答案与标准答案不完全一致的，不影响非法出售、提供试题、答案罪的认定。

第七条 代替他人或者让他人代替自己参加法律规定的国家考试的，应当依照刑法第二百八十四条之一第四款的规定，以代替考试罪定罪处罚。

对于行为人犯罪情节较轻，确有悔罪表现，综合考虑行为人替考情况以及考试类型等因素，认为符合缓刑适用条件的，可以宣告缓刑；犯罪情节轻微的，可以不起诉或者免予刑事处罚；情节显著轻微危害不大的，不以犯罪论处。

第八条 单位实施组织考试作弊、非法出售、提供试题、答案等行为的，依照本解释规定的相应定罪量刑标准，追究组织者、策划者、实施者的刑事责任。

第九条 以窃取、刺探、收买方法非法获取法律规定的国家考试的试题、答案，又组织考试作弊或者非法出售、提供试题、答案，分别符合刑法第二百八十二条和刑法第二百八十四条之一规定的，以非法获取国家秘密罪和组织考试作弊罪或者非法出售、提供试题、答案罪数罪并罚。

第十条 在法律规定的国家考试以外的其他考试中，组织作弊，为他人组织作弊提供作弊器材或者其他帮助，或者非法出售、提供试题、答案，符合非法获取国家秘密罪、非法生产、销售窃听、窃照专用器材罪、非法使用窃听、窃照专用器材罪、非法利用信息网络罪、扰乱无线电通讯管理秩序罪等犯罪构成要件的，依法追究刑事责任。

第十一条 设立用于实施考试作弊的网站、通讯群组或者发布有关考试作弊的信息，情节严重的，应当依照刑法第二百八十七条之一的规定，以非法利用信息网络罪定罪处罚；同时构成组织考试作弊罪、非法出售、提供试题、答案罪、非法获取国家秘密罪等其他犯罪的，依照处罚较重的规定定罪处罚。

第十二条 对于实施本解释规定的犯罪被判处刑罚的，可以根据犯罪情况和预防再犯罪的需要，依法宣告职业禁止；被判处管制、宣告缓刑的，可以根据犯罪情况，依法宣告禁止令。

第十三条 对于实施本解释规定的行为构成犯罪的，应当综合考虑犯罪的危害程度、违法所得数额以及被告人的前科情况、认罪悔罪态度等，依法判处罚金。

第十四条 本解释自2019年9月4日起施行

十五、非法出售、提供试题、答案罪

（一）法律规定

第二百八十四条之一第三款　为实施考试作弊行为，向他人非法出售或者提供第一款规定的考试的试题、答案的，依照第一款的规定处罚。

（二）罪名详解

非法出售、提供试题、答案罪是指为实施考试作弊行为，向他人非法出售或者提供法律规定的国家考试的试题、答案的行为。本罪是《刑法修正案（九）》新增加的罪名，1979 年刑法和单行刑法均没有规定此罪名。

非法出售、提供试题、答案罪的构成要件是：

1. 主体要件

本罪的主体为一般主体。

2. 客体要件

本罪所侵犯的客体为复杂客体，包括国家对考试组织的管理秩序和他人公平参与考试的权利。

3. 主观要件

本罪的主观方面为故意，即明知自己提供的是法律规定的国家考试的试题、答案，犯罪目的在于实施考试作弊行为。

4. 客观要件

本罪的客观方面表现为，向他人非法出售或者提供法律规定的国家考试的试题、答案的行为。

首先，行为人实施的是非法出售或者提供行为，行为人可以以谋利为目的，向他人提供试题和答案，与他人进行金钱交易，也可以不以谋利为目的，出于其他目的，向他人提供试题和答案。行为人提供试题、答案的对象不限于组织作弊的团伙或个人，也包括参加考试的人员及其亲友，这一点不同于第 284 条之一第 2 款规定的为组织考试作弊提供器材的犯罪。

其次，必须是《刑法》第 284 条之一所规定的“法律规定的国家考试”。

最后，行为人提供的必须是试题、答案，行为人可以是出售或提供试题、答案，也可以是既出售或提供试题，也出售或提供答案。

（三）实务疑难问题

划清本罪与其他罪的界限

由于法律规定的国家考试的试题、答案，多属于国家秘密，向他人出售、提供这些试题、答案，属于泄露国家秘密的行为。此时就需要区分非法出售、提供试题、答案罪与故意泄露国家秘密罪的界限。

在客体上，本罪侵犯的是国家的考试管理秩序以及考生公平参加考试的权利，故意泄露国家秘密罪侵犯的是国家的保密制度；客观方面，本罪表现为向他人非法出售、提供的行为即可，故意泄露国家秘密罪表现为口头的、书面的，或提供给他人阅读，或非法复制或窃取后送给他人等，且需达到情节严重的要求；主体上，本罪为一般主体，故意泄露国家秘密罪的主体主要是国家机关工作人员，但非国家机关工作人员也可构成；主观方面，两者均为故意，但本罪是为了实施考试作弊行为，而故意泄露国家秘密罪对动机、目的未作要求。

如果行为人为了实施考试作弊行为，向他人出售或提供属于国家秘密的试题、答案，情节严重的，既构成本罪，也构成故意泄露国家秘密罪，属于想象竞合犯，应当从一重处断。如未达到情节严重，如出售、提供属于国家秘密级的一项试题、答案的，应以本罪论处。如果行为人并非为了实施考试作弊行为的目的，而是出于炫耀，以显示自己消息灵通等目的，向他人提供属于国家秘密的试题、答案，且情节严重的，应当认定为故意泄露国家秘密罪，未达到情节严重的，不构成犯罪。如果行为人向他人非法出售属于国家秘密的试题、答案进行谋利的，可以推定行为人主观上有为实施考试作弊的目的。

（四）情节与量刑

根据《刑法》第 284 条之一第 1 款的规定，犯非法出售、提供试题、答案罪的，处 3 年以下有期徒刑或者拘役，并处或者单处罚金；情节严重的，处 3 年以上 7 年以下有期徒刑，并处罚金。

十六、代替考试罪

（一）法律规定

第二百八十四条之一第四款　代替他人或者让他人代替自己参加第一款规定的考试的，处拘役或者管制，并处或者单处罚金。

（二）罪名详解

代替考试罪，是指代替他人或者让他人代替自己参加法律规定的国家考试的行为，即替考行为。本罪是《刑法修正案（九）》新增加的罪名，1979 年刑法和单行刑法均没有规定此罪名。从维护社会诚信，惩治失信、背信行为的角度，对代替他人或者让他人代替自己参加考试的，作为犯罪加以处理是必要和可行的。

代替考试罪的构成要件是：

1. 主体要件

本罪的主体为一般主体。具体而言，本罪主体包括两种人，一是应试者；二是替考者，即平常所说的“枪手”。被组织起来进行作弊的替考者虽不能成为第 284 条之一第 1 款组织考试作弊罪的犯罪主体，但是能够成为本罪的犯罪主体。

2. 客体要件

本罪所侵犯的客体为复杂客体，包括国家对考试组织的管理秩序和他人公平参与考试的权利。

3. 主观要件

本罪的主观方面为故意。

4. 客观要件

本罪的客观方面表现为代替他人或者让他人代替自己参加法律所规定的国家考试的行为。“代替他人”，是指冒名顶替应当参加考试的人去参加考试；“让他人代替自己”，是指指使他人冒名顶替自己去参加自己应当参加的考试。对于“法律规定的国家考试”的理解，应把握两个方面：一是所涉考试必须是法律作出明确规定的，即全国人民代表大会及其常务委员会制定的法律中规定的考试，不包括其他国家规定中涉及的考试。二是国家考试并不要求是“统一由国家一级组织的考试”，有些法律规定的考试，依照规定不是由国家一级统一组织，而是由地方根据法律规定组织实施的，这些考试也属于“法律规定的国家考试”。例如，研究生入学考试属于法律规定的国家考试，在此类考试中代替他人参加考试的与被替代考试的，均构成代替考试罪。

（三）实务疑难问题

罪与非罪的认定

代替考试罪中的“考试”必须是《刑法》第 284 条之一第 1 款中所规定的法律规定的相关国家考试。对于在其他考试中作弊的行为，不以犯罪论处。

（四）情节与量刑

根据《刑法》第 284 条之一第 4 款的规定，犯代替考试罪的，处拘役或者管制，并处或者单处罚金。

十七、非法侵入计算机信息系统罪

（一）法律规定

第二百八十五条第一款　违反国家规定，侵入国家事务、国防建设、尖端科学技术领域的计算机信息系统的，处三年以下有期徒刑或者拘役。

（二）罪名详解

非法侵入计算机信息系统罪，是指违反国家规定，侵入国家事务、国防建设、尖端科学技术领域的计算机信息系统的行为。本罪是 1997 年刑法增设的罪名，1979 年刑法和单行刑法均没有规定此罪名。

非法侵入计算机信息系统罪的构成要件是：

1. 主体要件

犯罪主体为一般主体，《刑法修正案（九）》增加了单位作为本罪的犯罪主体。

2. 客体要件

本罪侵犯的客体是国家事务、国防建设、尖端科学技术领域计算机信息系统的安全。

“计算机信息系统”，依照《最高人民法院、最高人民检察院关于办理危害计算机信息系统安全刑事案件应用法律若干问题的解释》（简称《解释》）的规定，是指具备自动处理数据功能的系统，包括计算机、网络设备、通信设备、自动化控制设备等。其中，网络设备是指路由器、交换机等组成的用于连接网络的设备；通信设备包括手机、通信基站等用于提供通信服务的设备；自动化控制设备是指在工业中用于实施自动化控制的设备，如电力系统中的监测设备、制造业中的流水线控制设备等。本罪侵入的计算机信息系统只限于国家事务、国防建设、尖端科学技术领域。国家事务、国防建设和尖端科学技术领域的计算机信息系统传输、处理、存储着大量有关国家事务、国防建设、尖端科学技术的绝密、机密资料和数据信息。如果这一信息系统被非法侵入，则存储在其中的国家事务、国防建设、尖端科学技术秘密便会被浏览、泄露，甚至可能被删除、修改、窃取，从而给国家事务、国防建设和尖端科学技术的研究应用造成重大损失。

3. 主观要件

主观方面由故意构成。行为人必须是明知是国家事务、国防建设、尖端科学技术领域的计算机信息系统而故意侵入。如果是在操作计算机时无意间进入上述信息系统一经发现后立即退出，不构成本罪。行为人侵入的目的和动机多种多样，有的是为了窃取信息、秘密，有的是出于好奇，不管动机和目的如何，均不影响本罪的成立。

4. 客观要件

客观方面表现为违反国家规定，侵入国家事务、国防建设、尖端科学技术领域计算机信息系统。

“违反国家规定”，是指违反国家有关保护计算机安全的有关规定，目前主要是指违反计算机信息系统安全保护条例规定；“侵入”，是指未取得国家有关主管部门合法授权或者批准，通过计算机终端访问国家重要计算机信息系统或者进行数据截收的行为。在司法实践中，通常表现为行为人采用破译、窃取、刺探、骗取电脑安全密码的手段，操作计算机侵入国家事务、国防建设、尖端科学技术领域的计算机信息系统。

（三）实务疑难问题

1. 罪与非罪的认定

本罪的设立是出于对国家事务、国防建设、尖端科学技术领域的计算机信息系统的特殊保护。只有侵入这些领域的计算机信息系统，才构成本罪。对侵入其他领域计算机信息系统的行为，不能依照本罪定罪处罚。

2. 既遂与未遂的区分

本罪属于行为犯，行为人只要实施了侵入国家事务、国防建设、尖端科学技术领域计算机信息系统的行为，就构成本罪，并不要求实际危害后果的发生。如果行为人侵入这些领域的计算机信息系统之后，又窃取了系统中储存的绝密资料和数据或者输入计算机病毒，则又构成非法获取国家秘密罪和破坏计算机信息系统罪，应当按照处理牵连犯的原则，从一重罪处罚。

3. 关于国家事务、国防建设、尖端科学技术领域的计算机信息系统的认定

考虑到危害计算机信息系统安全犯罪案件的司法认定专业性强，《解释》第 10 条规定，对于是否属于《刑法》第 285 条、第 286 条规定的“国家事务、国防建设、尖端科学技术领域的计算机信息系统”“专门用于侵入、非法控制计算机信息系统的程序、工具”“计算机病毒等破坏性程序”难以认定的，应当委托省级以上负责计算机信息系统安全保护管理工作的部门检验。司法机关根据检验结论，并结合案件具体情况认定。实践中，检验部门包括公安、国家安全、保密等部门。

（四）情节与量刑

依照《刑法》第 285 条第 1 款规定，犯非法侵入计算机信息系统罪的，处 3 年以下有期徒刑或者拘役。

根据《刑法》第 285 条第 4 款的规定，单位犯本罪的，对单位判处罚金，并对其直接负责的主管人员和其他直接责任人员，依照各该款的规定处罚。根据本款规定，本罪构成相应的单位犯罪，采取“双罚制”，既要对单位判处罚金，又要追究单位直接负责的主管人员和其他直接责任人员的刑事责任。

（五）法律链接

1. 全国人民代表大会常务委员会关于维护互联网安全的决定（2000年12月28日第九届全国人民代表大会常务委员会第十九次会议通过　根据2009年8月27日第十一届全国人民代表大会常务委员会第十次会议《关于修改部分法律的决定》修正）

我国的互联网，在国家大力倡导和积极推动下，在经济建设和各项事业中得到日益广泛的应用，使人们的生产、工作、学习和生活方式已经开始并将继续发生深刻的变化，对于加快我国国民经济、科学技术的发展和社会服务信息化进程具有重要作用。同时，如何保障互联网的运行安全和信息安全问题已经引起全社会的普遍关注。为了兴利除弊，促进我国互联网的健康发展，维护国家安全和社会公共利益，保护个人、法人和其他组织的合法权益，特作如下决定：

一、为了保障互联网的运行安全，对有下列行为之一，构成犯罪的，依照刑法有关规定追究刑事责任：

（一）侵入国家事务、国防建设、尖端科学技术领域的计算机信息系统；

（二）故意制作、传播计算机病毒等破坏性程序，攻击计算机系统及通信网络，致使计算机系统及通信网络遭受损害；

（三）违反国家规定，擅自中断计算机网络或者通信服务，造成计算机网络或者通信系统不能正常运行。

二、为了维护国家安全和社会稳定，对有下列行为之一，构成犯罪的，依照刑法有关规定追究刑事责任：

（一）利用互联网造谣、诽谤或者发表、传播其他有害信息，煽动颠覆国家政权、推翻社会主义制度，或者煽动分裂国家、破坏国家统一；

（二）通过互联网窃取、泄露国家秘密、情报或者军事秘密；

（三）利用互联网煽动民族仇恨、民族歧视，破坏民族团结；

（四）利用互联网组织邪教组织、联络邪教组织成员，破坏国家法律、行政法规实施。

三、为了维护社会主义市场经济秩序和社会管理秩序，对有下列行为之一，构成犯罪的，依照刑法有关规定追究刑事责任：

（一）利用互联网销售伪劣产品或者对商品、服务作虚假宣传；

（二）利用互联网损害他人商业信誉和商品声誉；

（三）利用互联网侵犯他人知识产权；

（四）利用互联网编造并传播影响证券、期货交易或者其他扰乱金融秩序的虚假信息；

（五）在互联网上建立淫秽网站、网页，提供淫秽站点链接服务，或者传播淫秽书刊、影片、音像、图片。

四、为了保护个人、法人和其他组织的人身、财产等合法权利，对有下列行为之一，构成犯罪的，依照刑法有关规定追究刑事责任：

（一）利用互联网侮辱他人或者捏造事实诽谤他人；

（二）非法截获、篡改、删除他人电子邮件或者其他数据资料，侵犯公民通信自由和通信秘密；

（三）利用互联网进行盗窃、诈骗、敲诈勒索。

五、利用互联网实施本决定第一条、第二条、第三条、第四条所列行为以外的其他行为，构成犯罪的，依照刑法有关规定追究刑事责任。

六、利用互联网实施违法行为，违反社会治安管理，尚不构成犯罪的，由公安机关依照《治安管理处罚法》予以处罚；违反其他法律、行政法规，尚不构成犯罪的，由有关行政管理部门依法给予行政处罚；对直接负责的主管人员和其他直接责任人员，依法给予行政处分或者纪律处分。

利用互联网侵犯他人合法权益，构成民事侵权的，依法承担民事责任。

七、各级人民政府及有关部门要采取积极措施，在促进互联网的应用和网络技术的普及过程中，重视和支持对网络安全技术的研究和开发，增强网络的安全防护能力。有关主管部门要加强对互联网的运行安全和信息安全的宣传教育，依法实施有效的监督管理，防范和制止利用互联网进行的各种违法活动，为互联网的健康发展创造良好的社会环境。从事互联网业务的单位要依法开展活动，发现互联网上出现违法犯罪行为和有害信息时，要采取措施，停止传输有害信息，并及时向有关机关报告。任何单位和个人在利用互联网时，都要遵纪守法，抵制各种违法犯罪行为和有害信息。人民法院、人民检察院、公安机关、国家安全机关要各司其职，密切配合，依法严厉打击利用互联网实施的各种犯罪活动。要动员全社会的力量，依靠全社会的共同努力，保障互联网的运行安全与信息安全，促进社会主义精神文明和物质文明建设。

2. 最高人民法院、最高人民检察院关于办理危害计算机信息系统安全刑事案件应用法律若干问题的解释（法释〔2011〕19号　自2011年9月1日起施行）

为依法惩治危害计算机信息系统安全的犯罪活动，根据《中华人民共和国刑法》、《全国人民代表大会常务委员会关于维护互联网安全的决定》的规定，现就办理这类刑事案件应用法律的若干问题解释如下：

第一条　非法获取计算机信息系统数据或者非法控制计算机信息系统，具有下列情形之一的，应当认定为刑法第二百八十五条第二款规定的“情节严重”：

（一）获取支付结算、证券交易、期货交易等网络金融服务的身份认证信息十组以上的；

（二）获取第（一）项以外的身份认证信息五百组以上的；

（三）非法控制计算机信息系统二十台以上的；

（四）违法所得五千元以上或者造成经济损失一万元以上的；

（五）其他情节严重的情形。

实施前款规定行为，具有下列情形之一的，应当认定为《刑法》第二百八十五条第二款规定的“情节特别严重”：

（一）数量或者数额达到前款第（一）项至第（四）项规定标准五倍以上的；

（二）其他情节特别严重的情形。

明知是他人非法控制的计算机信息系统，而对该计算机信息系统的控制权加以利用的，依照前两款的规定定罪处罚。

第二条　具有下列情形之一的程序、工具，应当认定为刑法第二百八十五条第三款规定的“专门用于侵入、非法控制计算机信息系统的程序、工具”：

（一）具有避开或者突破计算机信息系统安全保护措施，未经授权或者超越授权获取计算机信息系统数据的功能的；

（二）具有避开或者突破计算机信息系统安全保护措施，未经授权或者超越授权对计算机信息系统实施控制的功能的；

（三）其他专门设计用于侵入、非法控制计算机信息系统、非法获取计算机信息系统数据的程序、工具。

第三条　提供侵入、非法控制计算机信息系统的程序、工具，具有下列情形之一的，应当认定为刑法第二百八十五条第三款规定的“情节严重”：

（一）提供能够用于非法获取支付结算、证券交易、期货交易等网络金融服务身份认证信息的专门性程序、工具五人次以上的；

（二）提供第（一）项以外的专门用于侵入、非法控制计算机信息系统的程序、工具二十人次以上的；

（三）明知他人实施非法获取支付结算、证券交易、期货交易等网络金融服务身份认证信息的违法犯罪行为而为其提供程序、工具五人次以上的；

（四）明知他人实施第（三）项以外的侵入、非法控制计算机信息系统的违法犯罪行为而为其提供程序、工具二十人次以上的；

（五）违法所得五千元以上或者造成经济损失一万元以上的；

（六）其他情节严重的情形。

实施前款规定行为，具有下列情形之一的，应当认定为提供侵入、非法控制计算机信息系统的程序、工具“情节特别严重”：

（一）数量或者数额达到前款第（一）项至第（五）项规定标准五倍以上的；

（二）其他情节特别严重的情形。

第四条 破坏计算机信息系统功能、数据或者应用程序，具有下列情形之一的，应当认定为刑法第二百八十六条第一款和第二款规定的“后果严重”：

（一）造成十台以上计算机信息系统的主要软件或者硬件不能正常运行的；

（二）对二十台以上计算机信息系统中存储、处理或者传输的数据进行删除、修改、增加操作的；

（三）违法所得五千元以上或者造成经济损失一万元以上的；

（四）造成为一百台以上计算机信息系统提供域名解析、身份认证、计费等基础服务或者为一万以上用户提供服务的计算机信息系统不能正常运行累计一小时以上的；

（五）造成其他严重后果的。

实施前款规定行为，具有下列情形之一的，应当认定为破坏计算机信息系统“后果特别严重”：

（一）数量或者数额达到前款第（一）项至第（三）项规定标准五倍以上的；

（二）造成为五百台以上计算机信息系统提供域名解析、身份认证、计费等基础服务或者为五万以上用户提供服务的计算机信息系统不能正常运行累计一小时以上的；

（三）破坏国家机关或者金融、电信、交通、教育、医疗、能源等领域提供公共服务的计算机信息系统的功能、数据或者应用程序，致使生产、生活受到严重影响或者造成恶劣社会影响的；

（四）造成其他特别严重后果的。

第五条　具有下列情形之一的程序，应当认定为刑法第二百八十六条第三款规定的“计算机病毒等破坏性程序”：

（一）能够通过网络、存储介质、文件等媒介，将自身的部分、全部或者变种进行复制、传播，并破坏计算机系统功能、数据或者应用程序的；

（二）能够在预先设定条件下自动触发，并破坏计算机系统功能、数据或者应用程序的；

（三）其他专门设计用于破坏计算机系统功能、数据或者应用程序的程序。

第六条　故意制作、传播计算机病毒等破坏性程序，影响计算机系统正常运行，具有下列情形之一的，应当认定为刑法第二百八十六条第三款规定的“后果严重”：

（一）制作、提供、传输第五条第（一）项规定的程序，导致该程序通过网络、存储介质、文件等媒介传播的；

（二）造成二十台以上计算机系统被植入第五条第（二）、（三）项规定的程序的；

（三）提供计算机病毒等破坏性程序十人次以上的；

（四）违法所得五千元以上或者造成经济损失一万元以上的；

（五）造成其他严重后果的。

实施前款规定行为，具有下列情形之一的，应当认定为破坏计算机信息系统“后果特别严重”：

（一）制作、提供、传输第五条第（一）项规定的程序，导致该程序通过网络、存储介质、文件等媒介传播，致使生产、生活受到严重影响或者造成恶劣社会影响的；

（二）数量或者数额达到前款第（二）项至第（四）项规定标准五倍以

上的；

（三）造成其他特别严重后果的。

第七条 明知是非法获取计算机信息系统数据犯罪所获取的数据、非法控制计算机信息系统犯罪所获取的计算机信息系统控制权，而予以转移、收购、代为销售或者以其他方法掩饰、隐瞒，违法所得五千元以上的，应当依照刑法第三百一十二条第一款的规定，以掩饰、隐瞒犯罪所得罪定罪处罚。

实施前款规定行为，违法所得五万元以上的，应当认定为刑法第三百一十二条第一款规定的“情节严重”。

单位实施第一款规定行为的，定罪量刑标准依照第一款、第二款的规定执行。

第八条 以单位名义或者单位形式实施危害计算机信息系统安全犯罪，达到本解释规定的定罪量刑标准的，应当依照刑法第二百八十五条、第二百八十六条的规定追究直接负责的主管人员和其他直接责任人员的刑事责任。

第九条 明知他人实施刑法第二百八十五条、第二百八十六条规定的行为，具有下列情形之一的，应当认定为共同犯罪，依照刑法第二百八十五条、第二百八十六条的规定处罚：

（一）为其提供用于破坏计算机信息系统功能、数据或者应用程序的程序、工具，违法所得五千元以上或者提供十人次以上的；

（二）为其提供互联网接入、服务器托管、网络存储空间、通讯传输通道、费用结算、交易服务、广告服务、技术培训、技术支持等帮助，违法所得五千元以上的；

（三）通过委托推广软件、投放广告等方式向其提供资金五千元以上的。

实施前款规定行为，数量或者数额达到前款规定标准五倍以上的，应当认定为刑法第二百八十五条、第二百八十六条规定的“情节特别严重”或者“后果特别严重”。

第十条 对于是否属于刑法第二百八十五条、第二百八十六条规定的“国家事务、国防建设、尖端科学技术领域的计算机信息系统”、“专门用于侵入、非法控制计算机信息系统的程序、工具”、“计算机病毒等破坏性程序”难以确定的，应当委托省级以上负责计算机信息系统安全保护管理工作的部门检验。司法机关根据检验结论，并结合案件具体情况认定。

第十一条 本解释所称“计算机信息系统”和“计算机系统”，是指具备自动处理数据功能的系统，包括计算机、网络设备、通信设备、自动化控制设备等。

本解释所称“身份认证信息”，是指用于确认用户在计算机信息系统上操作权限的数据，包括账号、口令、密码、数字证书等。

本解释所称“经济损失”，包括危害计算机信息系统犯罪行为给用户直接造成的经济损失，以及用户为恢复数据、功能而支出的必要费用。

3. **最高人民法院关于审理危害军事通信刑事案件具体应用法律若干问题的解释**（法释〔2007〕13号 自2007年6月29日起施行）（节录）

第六条 破坏、过失损坏军事通信，并造成公用电信设施损毁，危害公共安全，同时构成刑法第一百二十四条和第三百六十九条规定的犯罪的，依照处罚较重的规定定罪处罚。

盗窃军事通信线路、设备，不构成盗窃罪，但破坏军事通信的，依照刑法第三百六十九条第一款的规定定罪处罚；同时构成刑法第一百二十四条、第二百六十四条和第三百六十九条第一款规定的犯罪的，依照处罚较重的规定定罪处罚。

违反国家规定，侵入国防建设、尖端科学技术领域的军事通信计算机信息系统，尚未对军事通信造成破坏的，依照刑法第二百八十五条的规定定罪处罚；对军事通信造成破坏，同时构成刑法第二百八十五条、第二百八十六条、第三百六十九条第一款规定的犯罪的，依照处罚较重的规定定罪处罚。

违反国家规定，擅自设置、使用无线电台、站，或者擅自占用频率，经责令停止使用后拒不停止使用，干扰无线电通讯正常进行，构成犯罪的，依照刑法第二百八十八条的规定定罪处罚；造成军事通信中断或者严重障碍，同时构成刑法第二百八十八条、第三百六十九条第一款规定的犯罪的，依照处罚较重的规定定罪处罚。

4. **中华人民共和国计算机信息系统安全保护条例**（1994年2月18日中华人民共和国国务院令第147号发布 根据2011年1月8日《国务院关于废止和修改部分行政法规的决定》修订）

第一章 总 则

第一条 为了保护计算机信息系统的安全，促进计算机的应用和发展，保障社会主义现代化建设的顺利进行，制定本条例。

第二条 本条例所称的计算机信息系统，是指由计算机及其相关的和配套的设备、设施（含网络）构成的，按照一定的应用目标和规则对信息进行采集、加工、存储、传输、检索等处理的人机系统。

第三条 计算机信息系统的安全保护，应当保障计算机及其相关的和配套的设备、设施（含网络）的安全，运行环境的安全，保障信息的安全，保障计算机功能的正常发挥，以维护计算机信息系统的安全运行。

第四条 计算机信息系统的安全保护工作，重点维护国家事务、经济建设、国防建设、尖端科学技术等重要领域的计算机信息系统的安全。

第五条 中华人民共和国境内的计算机信息系统的安全保护，适用本条例。

未联网的微型计算机的安全保护办法，另行制定。

第六条 公安部主管全国计算机信息系统安全保护工作。

国家安全部、国家保密局和国务院其他有关部门，在国务院规定的职责范围内做好计算机信息系统安全保护的有关工作。

第七条 任何组织或者个人，不得利用计算机信息系统从事危害国家利益、集体利益和公民合法利益的活动，不得危害计算机信息系统的安全。

第二章　安全保护制度

第八条 计算机信息系统的建设和应用，应当遵守法律、行政法规和国家其他有关规定。

第九条 计算机信息系统实行安全等级保护。安全等级的划分标准和安全等级保护的具体办法，由公安部会同有关部门制定。

第十条 计算机机房应当符合国家标准和国家有关规定。

在计算机机房附近施工，不得危害计算机信息系统的安全。

第十一条 进行国际联网的计算机信息系统，由计算机信息系统的使用单位报省级以上人民政府公安机关备案。

第十二条 运输、携带、邮寄计算机信息媒体进出境的，应当如实向海关申报。

第十三条 计算机信息系统的使用单位应当建立健全安全管理制度，负责本单位计算机信息系统的安全保护工作。

第十四条 对计算机信息系统中发生的案件，有关使用单位应当在 24 小时内向当地县级以上人民政府公安机关报告。

第十五条　对计算机病毒和危害社会公共安全的其他有害数据的防治研究工作，由公安部归口管理。

第十六条　国家对计算机信息系统安全专用产品的销售实行许可证制度。具体办法由公安部会同有关部门制定。

第三章　安全监督

第十七条　公安机关对计算机信息系统安全保护工作行使下列监督职权：

（一）监督、检查、指导计算机信息系统安全保护工作；

（二）查处危害计算机信息系统安全的违法犯罪案件；

（三）履行计算机信息系统安全保护工作的其他监督职责。

第十八条　公安机关发现影响计算机信息系统安全的隐患时，应当及时通知使用单位采取安全保护措施。

第十九条　公安部在紧急情况下，可以就涉及计算机信息系统安全的特定事项发布专项通令。

第四章　法律责任

第二十条　违反本条例的规定，有下列行为之一的，由公安机关处以警告或者停机整顿：

（一）违反计算机信息系统安全等级保护制度，危害计算机信息系统安全的；

（二）违反计算机信息系统国际联网备案制度的；

（三）不按照规定时间报告计算机信息系统中发生的案件的；

（四）接到公安机关要求改进安全状况的通知后，在限期内拒不改进的；

（五）有危害计算机信息系统安全的其他行为的。

第二十一条　计算机机房不符合国家标准和国家其他有关规定的，或者在计算机机房附近施工危害计算机信息系统安全的，由公安机关会同有关单位进行处理。

第二十二条　运输、携带、邮寄计算机信息媒体进出境，不如实向海关申报的，由海关依照《中华人民共和国海关法》和本条例以及其他有关法律、法规的规定处理。

第二十三条 故意输入计算机病毒以及其他有害数据危害计算机信息系统安全的，或者未经许可出售计算机信息系统安全专用产品的，由公安机关处以警告或者对个人处以5000元以下的罚款、对单位处以1.5万元以下的罚款；有违法所得的，除予以没收外，可以处以违法所得1至3倍的罚款。

第二十四条 违反本条例的规定，构成违反治安管理行为的，依照《中华人民共和国治安管理处罚法》的有关规定处罚；构成犯罪的，依法追究刑事责任。

第二十五条 任何组织或者个人违反本条例的规定，给国家、集体或者他人财产造成损失的，应当依法承担民事责任。

第二十六条 当事人对公安机关依照本条例所作出的具体行政行为不服的，可以依法申请行政复议或者提起行政诉讼。

第二十七条 执行本条例的国家公务员利用职权，索取、收受贿赂或者有其他违法、失职行为，构成犯罪的，依法追究刑事责任；尚不构成犯罪的，给予行政处分。

第五章 附 则

第二十八条 本条例下列用语的含义：

计算机病毒，是指编制或者在计算机程序中插入的破坏计算机功能或者毁坏数据，影响计算机使用，并能自我复制的一组计算机指令或者程序代码。

计算机信息系统安全专用产品，是指用于保护计算机信息系统安全的专用硬件和软件产品。

第二十九条 军队的计算机信息系统安全保护工作，按照军队的有关法规执行。

第三十条 公安部可以根据本条例制定实施办法。

第三十一条 本条例自发布之日起施行。

5. **中华人民共和国治安管理处罚法**（2005年8月28日第十届全国人民代表大会常务委员会第十七次会议通过 根据2012年10月26日第十一届全国人民代表大会常务委员会第二十九次会议《关于修改〈中华人民共和国治安管理处罚法〉的决定》修正）（节录）

第二十九条 有下列行为之一的，处五日以下拘留；情节较重的，处五日以上十日以下拘留：

（一）违反国家规定，侵入计算机信息系统，造成危害的；

（二）违反国家规定，对计算机信息系统功能进行删除、修改、增加、干扰，造成计算机信息系统不能正常运行的；

（三）违反国家规定，对计算机信息系统中存储、处理、传输的数据和应用程序进行删除、修改、增加的；

（四）故意制作、传播计算机病毒等破坏性程序，影响计算机信息系统正常运行的。

十八、非法获取计算机信息系统数据、非法控制计算机信息系统罪

（一）法律规定

第二百八十五条第二款　违反国家规定，侵入前款规定以外的计算机信息系统或者采用其他技术手段，获取该计算机信息系统中存储、处理或者传输的数据，或者对该计算机信息系统实施非法控制，情节严重的，处三年以下有期徒刑或者拘役，并处或者单处罚金；情节特别严重的，处三年以上七年以下有期徒刑，并处罚金。

（二）罪名详解

非法获取计算机信息系统数据、非法控制计算机信息系统罪，是指违反国家规定，侵入《刑法》第285条第1款规定以外的计算机信息系统或者采用其他技术手段，获取该计算机信息系统中存储、处理或者传输的数据，或者对该计算机信息系统实施非法控制，情节严重的行为。本罪是《刑法修正案（七）》增设的罪名。

非法获取计算机信息系统数据、非法控制计算机信息系统罪的构成要件是：

1. 主体要件

犯罪主体为一般主体，《刑法修正案（九）》增加了单位作为本罪的犯罪主体。

2. 客体要件

本罪侵犯的客体是国家事务、国防建设、尖端科学技术领域以外的普通计算机信息系统的安全。

当前，我国计算机网络安全形势十分严峻。一是计算机系统被植入病毒、木马程序，后门、天窗等破坏性程序的案件大幅增加，给网络安全带来极大隐患；二是犯罪人员由专业技术人员向普通人群蔓延；三是计算机病毒与木马程序等恶意代码相结合，以计算机病毒携带木马程序、间谍软件进行大规模传播来非法获取他人账号、身份认证信息，进而侵入他人计算机信息系统窃取计算机信息系统数据，或者对计算机信息系统进行远程控制的案件增长迅猛。1997 年《刑法》第 285 条仅对非法侵入国家事务、国防建设、尖端科学技术领域的计算机信息系统的行为作了规定，而由于大多数攻击侵入的是普通的计算机系统和网站，无法适用该条规定予以打击。实践中只有待行为人侵入系统实施后续违法犯罪活动时，才能根据其所实施的具体行为追究其责任。但网上违法犯罪活动一旦实施完毕，证据就很难获取，事后查处往往不能获取足够证据。从非法侵入他人计算机信息系统的目的看，绝大多数都是为了窃取他人计算机信息系统中的信息倒卖牟利，或者对他人计算机实施非法控制以组建“僵尸网络”，进而操纵向被控制的计算机大量发送垃圾邮件或者实施网上攻击牟利。采用非法手段侵入普通计算机信息系统，非法获取计算机信息系统数据或者非法控制计算机信息系统的行为，对国家信息网络的安全造成严重威胁，严重扰乱了社会管理秩序，并对公民、法人和其他组织的合法权益构成威胁，有必要予以刑事打击。

3. 主观要件

主观方面由故意构成，以非法获取计算机信息系统数据或者对计算机信息系统实施非法控制为目的。本罪行为往往具有营利性，但构成本罪不以营利为目的要件。

4. 客观要件

客观方面表现为违反国家规定侵入普通计算机信息系统或者采用其他技术手段，获取计算机信息系统数据或者对计算机信息系统实施非法控制，情节严重的行为。

具体表现为以下两种行为方式：（1）非法“侵入计算机信息系统”，实施“获取该计算机信息系统中存储、处理或者传输的数据，或者对该计算机信息系统实施非法控制”。常见的方式是利用他人网上认证信息进入计算机信息系统，或者在计算机系统中植入木马、后门程序，获取该计算机信息；系统中存储、处理或者传输的信息数据，或者对计算机信息系统实施非法控制。所谓“非法控制”，比较常见的是行为人利用网站漏洞将木马植入网站上，在用户访问网站时利用客户端漏洞将木马移植到用户计算机上，或在互联网上传播捆绑有木马的程序或文件。当用户连接到互联网上时，该程序就会通知黑客，来报告 IP 地址以及预先设定的端口。黑客在收到这些信息后，再利用这个潜伏在其中的程序，就可以任意地修改他人的计算机的参数设定、复制文件、窥视他人硬盘中的内容等，从而达到控制他人计算机的目的。利用各种特洛伊木马程序、后门程序和黑客自己编写的导致缓冲区溢出的程序进行攻击，前者可使黑客非法获得对用户机器的完全控制权；后者可使黑客获得超级用户的权限，从而拥有对整个网络的绝对控制权。（2）“利用其他技术手段”非法获取数据或者控制计算机信息系统。所谓“利用其他技术手段”，主要是指假冒或者设立虚假网站，或者利用网关欺骗技术，行为人并不需要进入他人的计算机信息系统就可获取其他计算机处理、传输的数据信息。所谓“假冒”网站一般是指冒充国家机关、金融系统已经建立的网站；所谓“设立”虚假网站，一般是指以国家机关、金融系统的名义建立并不存在的网站。所谓“网关欺骗”技术，就是通过 ARP 欺骗技术建立假网关，让被它欺骗的个人电脑向假网关发送数据，而不是通过正常的路由器上网，使所有发送的数据都要先经过假网关中转一次。这样，就可以窃取到被它欺骗的计算机系统数据。假冒、设立虚假网站或者利用网关欺骗等行为欺骗性很大，不明真相的互联网用户在点击登录网站，处理、传输数据时，这些数据就被他人非法获取。

本罪名规定的行为方式有几种，包括：侵入国家事务、国防建设、尖端科学技术领域以外的计算机信息系统的行为；获取国家事务、国防建设、尖端科学技术领域以外的计算机信息系统中存储、处理或者传输的数据的行为；非法控制国家事务、国防建设、尖端科学技术领域以外的计算机信息系统的行为。上述几种行为方式是并列的行为方式，行为人无论采用其中哪一种行为方式，只要情节严重，都可以构成本罪，而不需要具备各种行为方式才构成犯罪。如果行为人既侵入计算机信息系统，同时又获取计算机信息系统数据，应当按照牵连犯的处理原则，从一重罪处罚。

（三）实务疑难问题

1. 罪与非罪的认定

本罪是情节犯，只有“情节严重”的才构成犯罪。根据2011年9月1日起施行的《最高人民法院、最高人民检察院关于办理危害计算机系统安全刑事案件应用法律若干问题的解释》（以下简称《解释》）第1条的规定，具有下列情形之一的，应当认定为“情节严重”：（1）获取支付结算、证券交易、期货交易等网络金融服务的身份认证信息10组以上的；（2）获取第（1）项以外的身份认证信息500组以上的；（3）非法控制计算机信息系统20台以上的；（4）违法所得5000元以上或者造成经济损失1万元以上的；（5）其他情节严重的情形。其中，根据《解释》第11条的规定，“计算机信息系统”，是指具备自动处理数据功能的系统，包括计算机、网络设备、通信设备、自动化控制设备等；“身份认证信息”，是指用于确认用户在计算机信息系统上操作权限的数据，包括账号、口令、密码、数字证书等；“经济损失”，包括危害计算机信息系统犯罪行为给用户直接造成的经济损失，以及用户为恢复数据、功能而支出的必要费用。

2. 明知是他人非法控制的计算机信息系统，而对该计算机信息系统的控制权加以利用行为的处理

明知是他人非法控制的计算机信息系统，而对该计算机信息系统的控制权加以利用，使得该计算机信息系统继续处于被控制状态，实际上是对该计算机信息系统实施控制，根据《解释》第1条第3款的规定，此种行为应以非法控制计算机信息系统罪定罪处罚，具体定罪量刑标准与其他非法控制计算机信息系统犯罪相同。

3. 掩饰、隐瞒计算机信息系统数据、控制权行为的定性

危害计算机信息系统安全犯罪活动的一个重要特点是分工细化。在非法获取计算机信息系统数据活动中，制作非法获取数据的程序、传播用于非法获取数据的程序、非法获取数据、获取数据后销赃获利、使用数据等行为通常由不同人员实施。由于行为人之间事前无通谋，欠缺共同犯罪故意，难以依据共同犯罪予以打击，以至于收购、代为销售或者以其他方法掩饰、隐瞒计算机信息系统数据、控制权的行为泛滥，甚至形成了大规模的网上交易平台。为此，《解释》第7条规定，明知是非法获取计算机信息系统数据犯罪所

获取的数据、非法控制计算机信息系统犯罪所获取的计算机信息系统控制权，而予以转移、收购、代为销售或者以其他方法掩饰、隐瞒，违法所得 15000 元以上的，应当依照《刑法》第 312 条的规定，以掩饰、隐瞒犯罪所得罪定罪处罚。违法所得 5 万元以上的，应当认定为《刑法》第 312 条规定的“情节严重”。其主要理由是：（1）掩饰、隐瞒犯罪所得罪的对象不限于赃物，而是包括除《刑法》第 191 条规定的洗钱罪的上游犯罪以外的所有犯罪的犯罪所得及其产生的收益；（2）计算机信息系统数据、控制权是一种无形物，属于“犯罪所得”的范畴；（3）客观实际需要。当前掩饰、隐瞒计算机信息系统数据、控制权的现象十分突出，不予以打击将无法切断危害计算机信息系统安全犯罪的利益链条，难以切实保障计算机信息系统安全。

4. 划清本罪与非法侵入计算机信息系统罪的界限

两罪区分的关键在于犯罪对象不同。前者针对普通计算机信息系统；后者仅限于国家事务、国防建设、尖端科学技术领域的计算机信息系统。此外，两罪在具体行为方式、入罪门槛上也有所不同。前者不仅要求实施非法侵入等技术手段，还要求获取计算机信息系统数据或者对计算机信息系统进行控制，后者只要求实施非法侵入的行为；前者定罪要求情节严重，后者无此要求。

5. 划清本罪与破坏计算机信息系统罪的界限

从立法的本意出发，区分非法控制计算机信息系统罪与破坏计算机信息系统罪的关键，从犯罪的主观方面而言，破坏计算机信息系统罪是以对目标计算机系统的功能或者其中的数据进行破坏，以达成侵犯他人利益或获取不法利益的目的；而控制计算机信息系统罪中，被控制的计算机系统对于犯罪行为人并没有直接的价值，其非但不会对傀儡机本身进行破坏，其主观上更加希望傀儡机能够正常运行，成为破坏目标计算机后行为的有效工具。从犯罪客观方面而言，受控制的傀儡机在断开网络连接的状态下与未受控计算机并无显著差别，而被破坏的计算机要么在使用功能上，要么在用户数据的完整性上受到了实质性的破坏。

（四）情节与量刑

依照《刑法》第 285 条第 2 款规定，犯非法获取计算机信息系统数据、非法控制计算机信息系统罪的，处 3 年以下有期徒刑或者拘役，并处或者单处罚金；情节特别严重的，处3年以上7年以下有期徒刑，并处罚金。

关于“情节特别严重”的认定，根据《解释》第1条第2款的规定，具有下列情形之一的，应当认定为《刑法》第285条第2款规定的“情节特别严重”：（1）数量或者数额达到《解释》规定的“情节严重”标准的5倍以上的；（2）其他情节特别严重的情形。

根据《刑法》第285条第4款的规定，单位犯本罪的，对单位判处罚金，并对其直接负责的主管人员和其他直接责任人员，依照各该款的规定处罚。

十九、提供侵入、非法控制计算机信息系统程序、工具罪

（一）法律规定

第二百八十五条第三款　提供专门用于侵入、非法控制计算机信息系统的程序、工具，或者明知他人实施侵入、非法控制计算机信息系统的违法犯罪行为而为其提供程序、工具，情节严重的，依照前款的规定处罚。

（二）罪名详解

提供侵入、非法控制计算机信息系统程序、工具罪，是指提供专门用于侵入、非法控制计算机信息系统的程序、工具，或者明知他人实施侵入、非法控制计算机信息系统的违法犯罪行为而为其提供程序、工具，情节严重的行为。本罪是《刑法修正案（七）》增设的罪名。

提供侵入、非法控制计算机信息系统程序、工具罪的构成要件是：

1. 主体要件

犯罪主体为一般主体，《刑法修正案（九）》增加了单位作为本罪的犯罪主体。

2. 客体要件

本罪侵犯的客体是计算机信息系统的安全。制作用于侵入、非法控制计算机信息系统的程序、工具对计算机知识的要求较高，一般人不具备这样的能力。因此，他们不得不转向具有专业技术知识的人员寻求、获取这类程序或工具以实施违法犯罪活动。目前，非法侵入和窃取信息活动之所以在网上

泛滥，重要原因之一就是有人专门制作、提供用于实施非法侵入计算机系统的程序、工具，大大降低了网络犯罪的技术门槛，使得几乎不需要专门知识即可实施高科技犯罪。因此，有必要将此类行为规定为犯罪予以刑事打击。

3. 主观要件

主观方面由故意构成。行为人提供侵入、非法控制计算机信息系统程序、工具的方式和动机是不同的，有的人可能是明知被提供人违法犯罪而希望其实施犯罪给予提供；而有的提供者虽然明知被提供人是用于违法或者犯罪活动，但提供程序和工具时是处于一种放任的态度。因此，间接故意形式在本罪中是可能存在的。

4. 客观要件

客观方面表现为提供专门用于侵入、非法控制计算机信息系统的程序、工具，或者明知他人实施侵入、非法控制计算机信息系统的违法犯罪行为而为其提供程序、工具，情节严重的行为。

"专门用于侵入、非法控制计算机信息系统的程序、工具"，根据《解释》第2条的规定包括：（1）具有避开或者突破计算机信息系统安全保护措施，未经授权或者超越授权获取计算机信息系统数据的功能的；（2）具有避开或者突破计算机信息系统安全保护措施，未经授权或者超越授权对计算机信息系统实施控制的功能的；（3）其他专门设计用于侵入、非法控制计算机信息系统、非法获取计算机信息系统数据的程序、工具。"提供"，是向他人供给，既包括出于营利目的的有偿供给，如网上销售，也包括不以营利为目的的免费供给，如将程序贴在网上供网民免费下载；既包括向特定对象提供，也包括向不特定的社会公众提供。

（三）实务疑难问题

1. 罪与非罪的认定

本罪为情节犯，只有情节严重的才构成犯罪。根据《解释》第3条的规定，具有下列情形之一的，应当认定为"情节严重"：（1）提供能够用于非法获取支付结算、证券交易、期货交易等网络金融服务身份认证信息的专门性程序、工具5人次以上的；（2）提供第（1）项以外的专门用于侵入、非法控制计算机信息系统的程序、工具20人次以上的；（3）明知他人实施非法获取支付结算、证券交易、期货交易等网络金融服务身份认证信息的违法犯罪行为而为其提供程序、工具5人次以上的；（4）明知他人实施第（3）项以外的侵入、非法控制计算机信息系统的违法犯罪行为而为其提供程序、工具20人次以上的；（5）违法所得5000元以上或者造成经济损失1万元以上的；（6）其他情节严重的情形。

2.“专门用于侵入、非法控制计算机信息系统的程序、工具”的理解和认定

“专门用于侵入、非法控制计算机信息系统”，是指行为人所提供的程序、工具只能用于实施非法侵入、非法控制计算机信息系统的用途。其区别于一般的程序、工具之处在于此类程序、工具专门用于违法犯罪目的，而不包括那些既可以用于违法犯罪目的又可以用于合法目的的“中性程序”。因此，“专门”是对程序、工具本身的用途非法性来进行限定的。实践中，具体认定“专门用于侵入、非法控制计算机信息系统的程序、工具”时需要注意把握以下几点：（1）程序、工具本身具有获取计算机信息系统数据，控制计算机信息系统的功能。“专门用于侵入、非法控制计算机信息系统的程序、工具”，既包括专门用于侵入、非法控制计算机信息系统的程序、工具，也包括通过侵入计算机信息系统而非法获取数据的专门性程序、工具。（2）程序、工具本身具有避开或者突破计算机信息系统安全保护措施的功能。一些“中性”商用程序也可以用于远程控制计算机信息系统，很多商用用户运用这种远程控制程序以远程维护计算机信息系统。“专门”程序区别于“中性”商用远程控制程序的主要特征在于其具有避开或者突破计算机信息系统安全保护措施的特征，如自动停止杀毒软件的功能、自动卸载杀毒软件功能等，在互联网上广泛销售的所谓“免杀”木马程序即属于此种类型的木马程序。（3）程序、工具获取数据和控制功能，在设计上即能在未经授权或者超越授权的状态下得以实现，而“中性”程序、工具不具备在未经授权或超越授权的情况下自动获取数据或者控制他人计算机信息系统的功能。

（四）情节与量刑

依照《刑法》第285条第3款规定，犯提供侵入、非法控制计算机信息系统程序、工具罪的，依照前款的规定处罚，即处3年以下有期徒刑或者拘役，并处或者单处罚金。《刑法》第285条第3款仅规定“情节严重的，依照前款的规定处罚”，但是考虑到“前款”，即关于非法获取计算机信息系统数

据、非法控制计算机信息系统罪的规定中有“情节特别严重”的处罚规定，故本罪也应有加重情节的处罚。关于“情节特别严重”的认定。根据《解释》第3条第2款的规定，具有下列情形之一的，应当认定为《刑法》第285条第3款规定的“情节特别严重”：（1）数量或者数额达到《解释》规定的“情节严重”标准的5倍以上的；（2）其他情节特别严重的情形。

根据《刑法》第285条第4款的规定，单位犯本罪的，对单位判处罚金，并对其直接负责的主管人员和其他直接责任人员，依照各该款的规定处罚。

二十、破坏计算机信息系统罪

（一）法律规定

第二百八十六条　违反国家规定，对计算机信息系统功能进行删除、修改、增加、干扰，造成计算机信息系统不能正常运行，后果严重的，处五年以下有期徒刑或者拘役；后果特别严重的，处五年以上有期徒刑。

违反国家规定，对计算机信息系统中存储、处理或者传输的数据和应用程序进行删除、修改、增加的操作，后果严重的，依照前款的规定处罚。

故意制作、传播计算机病毒等破坏性程序，影响计算机系统正常运行，后果严重的，依照第一款的规定处罚。

单位犯前三款罪的，对单位判处罚金，并对其直接负责的主管人员和其他直接责任人员，依照第一款的规定处罚。

（二）罪名详解

破坏计算机信息系统罪，是指违反国家规定，对计算机信息系统功能和信息系统中存储、处理、传输的数据和应用程序进行破坏，造成计算机信息系统不能正常运行，后果严重的行为。本罪是1997年刑法增设的罪名，1979年刑法和单行刑法均没有规定此罪名。

破坏计算机信息系统罪的构成要件是：

1. 主体要件

犯罪主体为一般主体，《刑法修正案（九）》增加了单位作为本罪的犯罪主体。

2. 客体要件

本罪侵犯的客体是计算机信息系统安全。犯罪对象为计算机信息系统功能和计算机信息中存储、处理、传输的数据和应用程序。

“计算机信息系统功能”，是指在计算机中，按照一定的应用目标和规则对信息进行采集、加工、存储、传输、检索的功用和能力；“计算机信息系统中存储、处理或者传输的数据”，是指在计算机信息系统中实际处理的一切文字、符号、声音、图像等内容有意义的组合；“应用程序”，是指用户使用数据库的一种方式，是用户按数据库授予的子模式的逻辑结构，书写对数据库操作和运算的程序。计算机软件、信息数据、应用程序是计算机系统正常运行的关键所在，而且计算机软件的研制与开发应用成本昂贵，需要投入大量科学技术和人力物力；信息数据库的建立也需要长时间的日积月累和繁杂的手工操作劳动，是当代信息社会中的一笔重要而珍贵的无形财富。对计算机信息系统的破坏，往往会危害到国家政府机关的行政管理，工商企业、金融界的经营，社会公共服务设施的正常运行等，给社会造成重大的损失。同时，也会给计算机用户造成巨大的财产损失。

3. 主观要件

主观方面只能由直接故意构成，即行为人明知非法侵入特定的计算机信息系统的行为，会破坏该信息系统功能和信息系统中存储、处理、传输的数据和应用程序，造成计算机信息系统不能正常运行的后果，仍然为之。犯罪动机可能是多种多样的，有的是为了显示自己在计算机程序设计上的高超才能；有的是为了泄私愤、图报复；有的是为了谋取非法利益。不论何种动机，均不影响本罪的成立。间接故意和过失行为不构成本罪。例如有的行为人在操作计算机时，由于疏忽或者技术不熟练误将计算机内存储的数据资料删除，或者误将带有病毒的软盘输入计算机，结果破坏了计算机信息系统的，不构成本罪。

4. 客观要件

《刑法》第 286 条规定的破坏计算机信息系统罪的罪状采用的是并列选择的行为方式，即破坏计算机信息系统功能，破坏计算机数据和应用程序，制作、传播计算机病毒等破坏性程序且造成严重后果的行为。这些行为方式只要具备其中之一，就可以成立破坏计算机信息系统罪。

所谓违反国家规定，破坏计算机信息系统功能，是指对计算机系统功能进行删除、修改、增加、干扰。“违反国家规定”，是指违反国家关于保护计算机安全的有关规定，包括《关于维护互联网安全的决定》《计算机信息系统安全保护条例》《计算机信息网络国际联网管理暂行规定》《计算机信息网络国际联网出入信道管理办法》《中国公用计算机互联网国际联网管理办法》《专用网与公用网的暂行规定》等。这里的“删除”，是指将原有的计算机信息系统功能删去，使之不能正常运转。“修改”和“增加”，是指对原有的计算机信息系统功能进行增加或者变换，致使原有的功能受到影响或者破坏，无法正常运行。“干扰”是指人为地发射一种强大的扰乱信号，用以干扰正常的操作状态或使用中的信号，使之不能正常工作或信号不能被正常输出或接收。

所谓破坏计算机数据和应用程序，是指对计算机信息系统中存储、处理或者传输的数据和应用程序进行删除、修改和增加。这里的“数据”，是指计算机输入、输出和以某种方式处理的信息。“应用程序”，是指在计算机程序设计中，为某些原因编写的具有特定用途的程序。这些被破坏的数据和应用程序必须是处在“存储、处理或传输”的状态，否则不能构成本罪。

所谓制作、传播计算机病毒等破坏性程序，是指故意制作、传播损坏数据、程序或破坏计算机系统安全的任何程序。主要的破坏性程序是计算机病毒。“计算机病毒等破坏性程序”，根据《解释》第 5 条的规定，包括：(1) 能够通过网络、存储介质、文件等媒介，将自身的部分、全部或者变种进行复制、传播，并破坏计算机系统功能、数据或者应用程序的；(2) 能够在预先设定条件下自动触发，并破坏计算机系统功能、数据或者应用程序的；(3) 其他专门设计用于破坏计算机系统功能、数据或者应用程序的程序。破坏性计算机程序的种类是很多的，如“特洛伊木马”“逻辑炸弹”“野龟”等。所谓“制作”，是指利用各种计算机语言编写、设计、开发病毒程序或者改编病毒程序。所谓“传播”，是指针对特定对象或不特定对象的扩散。扩散的方式可以是多种多样的，如采用私自安装、复制或在网络上公布并免费提供的方式等。

上述行为必须达到“后果严重”的程度才构成犯罪。后果不严重的，不构成犯罪。所谓后果严重，根据《解释》第 6 条第 1 款的规定，是指以下情形：（1）制作、提供、传输能够在预先设定条件下自动触发，并破坏计算机系统功能、数据或者应用程序的程序，导致该程序通过网络、存储介质、文件等媒介传播的；（2）造成 20 台以上计算机的系统被植入前述程序之外的其他破坏性程序的；（3）提供计算机病毒等破坏性程序 10 人次以上的；（4）违法所得 5000 元以上或者造成经济损失 1 万元以上的；（5）造成其他严重后果的。

（三）实务疑难问题

1. 罪与非罪的认定

本罪是采用非暴力手段，即技术手段对计算机软件进行破坏的犯罪。如采用暴力手段即物理手段对计算机硬件进行破坏的，虽然也同时破坏了计算机的信息系统，但应以故意毁坏财物罪定罪处罚。

2. 划清本罪与其他罪的界限

本罪是以计算机为对象的犯罪。如果行为人将计算机作为工具，通过删除、修改、增加计算机内存储的数据等方式进行诈骗、盗窃、贪污、挪用公款、窃取国家秘密等犯罪的，根据《刑法》第 287 条的规定，应分别以诈骗、盗窃、贪污、挪用公款、窃取国家秘密罪定罪处罚。

根据《最高人民法院、最高人民检察院关于办理环境污染刑事案件适用法律若干问题的解释》第 10 条的规定，违反国家规定，针对环境质量监测系统实施下列行为，或者强令、指使、授意他人实施下列行为的，应当依照《刑法》第 286 条的规定，以破坏计算机信息系统罪论处：（1）修改参数或者监测数据的；（2）干扰采样，致使监测数据严重失真的；（3）其他破坏环境质量监测系统的行为。

重点排污单位篡改、伪造自动监测数据或者干扰自动监测设施，排放化学需氧量、氨氮、二氧化硫、氮氧化物等污染物，同时构成污染环境罪和破坏计算机信息系统罪的，依照处罚较重的规定定罪处罚。

（四）情节与量刑

依照《刑法》第 286 条规定，犯破坏计算机信息系统罪的，处 5 年以下有期徒刑或者拘役；后果特别严重的，处 5 年以上有期徒刑。

本罪为结果加重犯，后果特别严重的，应当加重处罚。“后果特别严重”的具体认定，依照《解释》第4条第2款、第6条第2款的规定，一般掌握在“后果严重”标准的5倍以上。

根据《刑法》第286条第4款的规定，单位犯前三款罪的，对单位判处罚金，并对其直接负责的主管人员和其他直接责任人员，依照第1款的规定处罚。

（五）法律链接

1. 最高人民法院、最高人民检察院、公安部、国家安全部关于依法办理非法生产销售使用“伪基站”设备案件的意见（公通字〔2014〕13号　2014年3月14日发布）（节录）

（二）非法使用“伪基站”设备干扰公用电信网络信号，危害公共安全的，依照《刑法》第一百二十四条第一款的规定，以破坏公用电信设施罪追究刑事责任；同时构成虚假广告罪、非法获取公民个人信息罪、破坏计算机信息系统罪、扰乱无线电通讯管理秩序罪的，依照处罚较重的规定追究刑事责任。

2. 最高人民法院、最高人民检察院关于办理环境污染刑事案件适用法律若干问题的解释（法释〔2016〕29号　自2017年1月1日起施行）（节录）

第十条　违反国家规定，针对环境质量监测系统实施下列行为，或者强令、指使、授意他人实施下列行为的，应当依照刑法第二百八十六条的规定，以破坏计算机信息系统罪论处：

（一）修改参数或者监测数据的；

（二）干扰采样，致使监测数据严重失真的；

（三）其他破坏环境质量监测系统的行为。

重点排污单位篡改、伪造自动监测数据或者干扰自动监测设施，排放化学需氧量、氨氮、二氧化硫、氮氧化物等污染物，同时构成污染环境罪和破坏计算机信息系统罪的，依照处罚较重的规定定罪处罚。

从事环境监测设施维护、运营的人员实施或者参与实施篡改、伪造自动监测数据、干扰自动监测设施、破坏环境质量监测系统等行为的，应当从重处罚。

二十一、拒不履行信息网络安全管理义务罪

（一）法律规定

第二百八十六条之一　网络服务提供者不履行法律、行政法规规定的信息网络安全管理义务，经监管部门责令采取改正措施而拒不改正，有下列情形之一的，处三年以下有期徒刑、拘役或者管制，并处或者单处罚金：

（一）致使违法信息大量传播的；

（二）致使用户信息泄露，造成严重后果的；

（三）致使刑事案件证据灭失，情节严重的；

（四）有其他严重情节的。

单位犯前款罪的，对单位判处罚金，并对其直接负责的主管人员和其他直接责任人员，依照前款的规定处罚。

有前两款行为，同时构成其他犯罪的，依照处罚较重的规定定罪处罚。

（二）罪名详解

拒不履行信息网络安全管理义务罪，是指网络服务提供者不履行法律、行政法规规定的信息网络安全管理义务，经监管部门责令采取改正措施而拒不改正，致使违法信息大量传播，或用户信息泄露并造成严重后果，或刑事案件证据灭失情节严重，或有其他严重情节的行为。本罪是《刑法修正案（九）》新增加的罪名。

拒不履行信息网络安全管理义务罪的构成要件是：

1. 主体要件

犯罪主体为特殊主体，即年满16周岁具有刑事责任能力的网络服务提供者，单位也可构成本罪。网络服务提供者，包括通过计算机互联网、广播电视网、固定通信网、移动通信网等信息网络，向公众提供网络服务的机构和个人。根据其提供的服务内容，可分为互联网接入服务提供者和互联网内容服务提供者。其中，互联网接入服务提供者为终端用户提供专线、拨号上网

或者其他接入互联网的服务，包括物理网络提供商和网络接口提供商；互联网内容服务提供者向用户提供新闻、信息、资料、音视频等内容服务，如新浪、搜狐、163 等国内知名互联网企业就是典型的互联网内容提供商。此外，按照服务对象和提供的信息的不同，还可以进一步分为网上媒体运营商、数据库运营商、信息咨询商和信息发布代理商等。

2. 客体要件

本罪侵犯的客体是有关国家网络安全的管理制度。随着信息技术的快速发展和在经济社会生活中的广泛应用，网络在给人们生活带来巨大便利的同时，安全问题也日益突出。实践中，一些互联网服务提供者不履行网络安全管理义务，有的对违法信息不采取屏蔽过滤措施、不审核查验接入网站主体资格，为不法分子利用网络实施违法犯罪提供了条件；有的网络服务提供者不按照规定对网上信息内容和网络日志信息记录进行备份和留存，使得相关证据缺失，影响公安机关依法查处网络违法犯罪。还有的网络服务商非法为他人提供反侦查技术，如 VPN 代理（隐匿上网记录和登录 IP）、电话透传服务（修改或者冒用任何电话号码）等，使不法分子借以逃避追究和取证，有的甚至造成严重的危害后果。为此，《刑法修正案（九）》增加了本罪，以促使网络服务提供者切实履行安全管理义务，保障网络安全和网络服务业的健康有序发展。

3. 主观要件

本罪在主观方面只能由故意构成，过失不构成本罪。

4. 客观要件

本罪在客观方面需要具备三个条件：

（1）行为人不履行法律、行政法规规定的信息网络安全管理义务。司法实践中认定行为人是否有不履行相关安全管理义务的行为时，需要结合相关法律、行政法规关于安全管理义务的具体规定和要求认定。这方面的法律、行政法规主要有《全国人民代表大会常务委员会关于加强网络信息保护的决定》《互联网信息服务管理办法》《计算机信息网络国际联网安全保护管理办法》《电信条例》等。根据这些法律、行政法规的规定，网络服务提供者的安全管理义务主要有：①落实信息网络安全管理制度和安全保护技术措施。互联网服务提供者应当建立相应的管理制度，包括网站安全保障制度、信息安全保密管理制度、用户信息安全管理制度等。②及时发现、处置违法信息。

③网络服务提供者在提供服务过程中，应当对网上信息和网络日志信息记录进行备份和留存。

（2）行为人经监管部门责令改正而拒不改正。这里的监管部门是指依据法律、行政法规的规定对网络服务提供者负有监督管理职责的各个部门。由于信息网络安全涉及面较广，相关监管部门也涉及各个领域，除公安部门、电信管理机构外，新闻、出版、教育、卫生、药品监督管理、工商行政管理、国家安全等有关主管部门，在各自职责范围内依法对互联网信息内容实施监督管理。这里的"责令采取改正措施"应当是上述负有监督管理职责的部门，根据相关网络服务提供者在安全管理方面存在的问题，依法提出的改正错误、堵塞漏洞、加强防范等要求，即责令的主体、责令的方式和程序，都要有法律、行政法规的依据，符合依法行政的要求。

（3）行为人拒不改正的行为导致特定危害后果的发生。"拒不改正"是指明知而故意加以拒绝，实践中认定网络服务提供者是否"拒不改正"，应当考虑以下因素：网络服务提供者是否收到监管部门提出的责令采取改正措施的要求；相关责令整改要求是否明确、具体；网络服务提供者对监管部门提出的采取改正措施的要求，在主观上是否具有拖延或者拒绝执行的故意；网络服务提供者是否具有依照监管部门提出的要求，采取相应改正措施的能力。网络服务提供者拒不采取改正措施，导致了下列危害后果发生的，才能追究其刑事责任：①致使违法信息大量传播。违法信息是指其内容违反相关法律法规规定的信息。例如电信条例规定，"违法信息"是指含有反对宪法所确定的基本原则；危害国家安全，泄露国家秘密，颠覆国家政权，破坏国家统一；损害国家荣誉和利益；煽动民族仇恨、民族歧视，破坏民族团结；破坏国家宗教政策，宣扬邪教和封建迷信；散布谣言，扰乱社会秩序，破坏社会稳定；散布淫秽、色情、赌博、暴力、凶杀、恐怖或者教唆犯罪；侮辱或者诽谤他人，侵害他人合法权益；含有法律、行政法规禁止的其他内容等的信息。认定违法信息大量传播，主要可根据违法信息的数量、被转载的次数、受众的人数以及传播的具体渠道等因素综合考量。②致使用户信息泄露，造成严重后果的。这里的"用户信息"主要包括三类：一是关于用户基本情况信息，如网络服务提供者在服务的过程中收集的个人用户的姓名、出生日期、身份证件号码、住址、电话号码等，以及企业用户商业信息等。二是用户的行为类信息，如用户购买服务或者产品的记录，与企业的联络记录，用户的消费行为、偏好、生活方式等相关信息。三是与用户行为相关的，反映和影响用户行为和心理的相关信息，包括用户的满意度、忠诚度、对产品或服务的偏好、竞争对手行为等。上述用户信息有的涉及公民个人隐私，有的属于企业商业秘密，根据相关法律、行政法规的规定，网络服务提供者应当对其收集或者保存的用户信息采取保护措施，防止信息的泄露。“造成严重后果”包括：导致用户遭到人身伤害、名誉受到严重损害、受到较大经济损失、正常生活或者生产经营受到严重影响等。③致使刑事案件证据灭失，情节严重的。此处主要是指网络服务提供者未按照要求保存用户信息或者采取其他安全防卫措施，导致相关刑事追诉活动因为重要证据灭失而遭受严重障碍。这里的“情节严重”，主要可以根据所涉及的案件的重大程度、灭失的证据的重要性、证据灭失是否可以补救、对刑事追诉活动的影响等因素综合考量。

（三）实务疑难问题

根据《最高人民法院、最高人民检察院关于办理侵犯公民个人信息刑事案件适用法律若干问题的解释》第 9 条的规定，网络服务提供者拒不履行法律、行政法规规定的信息网络安全管理义务，经监管部门责令采取改正措施而拒不改正，致使用户的公民个人信息泄露，造成严重后果的，应当依照《刑法》第 286 条之一的规定，以拒不履行信息网络安全管理义务罪定罪处罚。

划清本罪与其他罪的界限

司法实践中，网络服务提供者拒不履行安全管理义务的行为，根据其具体情况还可能构成刑法规定的其他犯罪，如《刑法》第 120 条之三规定的宣扬恐怖主义、极端主义的犯罪，第 364 条规定的传播淫秽物品罪，第 398 条规定的故意或者过失泄露国家秘密罪，第 307 条规定的帮助毁灭、伪造证据罪，第 311 条规定的拒绝提供间谍犯罪、恐怖主义、极端主义犯罪证据罪等。根据《刑法》第 286 条之一第 3 款规定，“有前两款行为，同时构成其他犯罪的，依照处罚较重的规定定罪处罚”，即从一重罪定罪处罚。

（四）情节与量刑

根据《刑法》第 286 条之一第 1 款规定，犯拒不履行信息网络安全管理义务罪的，处 3 年以下有期徒刑、拘役或者管制，并处或者单处罚金；根据

《刑法》第286条之一第2款规定，单位犯前款罪的，对单位判处罚金，并对其直接负责的主管人员和其他直接责任人员，依照前款的规定处罚。

（五）法律链接

1. **最高人民法院、最高人民检察院关于办理侵犯公民个人信息刑事案件适用法律若干问题的解释**（法释〔2017〕10号　自2017年6月1日起施行）（节录）

第九条　网络服务提供者拒不履行法律、行政法规规定的信息网络安全管理义务，经监管部门责令采取改正措施而拒不改正，致使用户的公民个人信息泄露，造成严重后果的，应当依照刑法第二百八十六条之一的规定，以拒不履行信息网络安全管理义务罪定罪处罚。

2. **中华人民共和国电信条例**（2000年9月25日中华人民共和国国务院令第291号公布　根据2014年7月29日《国务院关于修改部分行政法规的决定》第一次修订　根据2016年2月6日《国务院关于修改部分行政法规的决定》第二次修订）（节录）

第一章　总　　则

第一条　为了规范电信市场秩序，维护电信用户和电信业务经营者的合法权益，保障电信网络和信息的安全，促进电信业的健康发展，制定本条例。

第二条　在中华人民共和国境内从事电信活动或者与电信有关的活动，必须遵守本条例。

本条例所称电信，是指利用有线、无线的电磁系统或者光电系统，传送、发射或者接收语音、文字、数据、图像以及其他任何形式信息的活动。

第三条　国务院信息产业主管部门依照本条例的规定对全国电信业实施监督管理。

省、自治区、直辖市电信管理机构在国务院信息产业主管部门的领导下，依照本条例的规定对本行政区域内的电信业实施监督管理。

第四条　电信监督管理遵循政企分开、破除垄断、鼓励竞争、促进发展和公开、公平、公正的原则。

电信业务经营者应当依法经营，遵守商业道德，接受依法实施的监督检查。

第五条　电信业务经营者应当为电信用户提供迅速、准确、安全、方便和价格合理的电信服务。

第六条　电信网络和信息的安全受法律保护。任何组织或者个人不得利用电信网络从事危害国家安全、社会公共利益或者他人合法权益的活动。

第五章　电信安全

第五十六条　任何组织或者个人不得利用电信网络制作、复制、发布、传播含有下列内容的信息：

（一）反对宪法所确定的基本原则的；

（二）危害国家安全，泄露国家秘密，颠覆国家政权，破坏国家统一的；

（三）损害国家荣誉和利益的；

（四）煽动民族仇恨、民族歧视，破坏民族团结的；

（五）破坏国家宗教政策，宣扬邪教和封建迷信的；

（六）散布谣言，扰乱社会秩序，破坏社会稳定的；

（七）散布淫秽、色情、赌博、暴力、凶杀、恐怖或者教唆犯罪的；

（八）侮辱或者诽谤他人，侵害他人合法权益的；

（九）含有法律、行政法规禁止的其他内容的。

第五十七条　任何组织或者个人不得有下列危害电信网络安全和信息安全的行为：

（一）对电信网的功能或者存储、处理、传输的数据和应用程序进行删除或者修改；

（二）利用电信网从事窃取或者破坏他人信息、损害他人合法权益的活动；

（三）故意制作、复制、传播计算机病毒或者以其他方式攻击他人电信网络等电信设施；

（四）危害电信网络安全和信息安全的其他行为。

第五十八条　任何组织或者个人不得有下列扰乱电信市场秩序的行为：

（一）采取租用电信国际专线、私设转接设备或者其他方法，擅自经营国际或者香港特别行政区、澳门特别行政区和台湾地区电信业务；

（二）盗接他人电信线路，复制他人电信码号，使用明知是盗接、复制的电信设施或者码号；

（三）伪造、变造电话卡及其他各种电信服务有价凭证；

（四）以虚假、冒用的身份证件办理入网手续并使用移动电话。

第五十九条 电信业务经营者应当按照国家有关电信安全的规定，建立健全内部安全保障制度，实行安全保障责任制。

第六十条 电信业务经营者在电信网络的设计、建设和运行中，应当做到与国家安全和电信网络安全的需求同步规划，同步建设，同步运行。

第六十一条 在公共信息服务中，电信业务经营者发现电信网络中传输的信息明显属于本条例第五十六条所列内容的，应当立即停止传输，保存有关记录，并向国家有关机关报告。

第六十二条 使用电信网络传输信息的内容及其后果由电信用户负责。

电信用户使用电信网络传输的信息属于国家秘密信息的，必须依照保守国家秘密法的规定采取保密措施。

第六十三条 在发生重大自然灾害等紧急情况下，经国务院批准，国务院信息产业主管部门可以调用各种电信设施，确保重要通信畅通。

第六十四条 在中华人民共和国境内从事国际通信业务，必须通过国务院信息产业主管部门批准设立的国际通信出入口局进行。

我国内地与香港特别行政区、澳门特别行政区和台湾地区之间的通信，参照前款规定办理。

第六十五条 电信用户依法使用电信的自由和通信秘密受法律保护。除因国家安全或者追查刑事犯罪的需要，由公安机关、国家安全机关或者人民检察院依照法律规定的程序对电信内容进行检查外，任何组织或者个人不得以任何理由对电信内容进行检查。

电信业务经营者及其工作人员不得擅自向他人提供电信用户使用电信网络所传输信息的内容。

第六章　罚　　则

第六十六条 违反本条例第五十六条、第五十七条的规定，构成犯罪的，依法追究刑事责任；尚不构成犯罪的，由公安机关、国家安全机关依照有关法律、行政法规的规定予以处罚。

第六十七条 有本条例第五十八条第（二）、（三）、（四）项所列行为之一，扰乱电信市场秩序，构成犯罪的，依法追究刑事责任；尚不构成犯罪的，由国务院信息产业主管部门或者省、自治区、直辖市电信管理机构依据职权责令改正，没收违法所得，处违法所得三倍以上五倍以下罚款；没有违法所得或者违法所得不足一万元的，处一万元以上十万元以下罚款。

2. **互联网信息服务管理办法**（2000 年 9 月 25 日中华人民共和国国务院第 292 号公布　根据 2011 年 1 月 8 日《国务院关于废止和修改部分行政法规的决定》修订）

第一条　为了规范互联网信息服务活动，促进互联网信息服务健康有序发展，制定本办法。

第二条　在中华人民共和国境内从事互联网信息服务活动，必须遵守本办法。

本办法所称互联网信息服务，是指通过互联网向上网用户提供信息的服务活动。

第三条　互联网信息服务分为经营性和非经营性两类。

经营性互联网信息服务，是指通过互联网向上网用户有偿提供信息或者网页制作等服务活动。

非经营性互联网信息服务，是指通过互联网向上网用户无偿提供具有公开性、共享性信息的服务活动。

第四条　国家对经营性互联网信息服务实行许可制度；对非经营性互联网信息服务实行备案制度。

未取得许可或者未履行备案手续的，不得从事互联网信息服务。

第五条　从事新闻、出版、教育、医疗保健、药品和医疗器械等互联网信息服务，依照法律、行政法规以及国家有关规定须经有关主管部门审核同意的，在申请经营许可或者履行备案手续前，应当依法经有关主管部门审核同意。

第六条　从事经营性互联网信息服务，除应当符合《中华人民共和国电信条例》规定的要求外，还应当具备下列条件：

（一）有业务发展计划及相关技术方案；

（二）有健全的网络与信息安全保障措施，包括网站安全保障措施、信息安全保密管理制度、用户信息安全管理制度；

（三）服务项目属于本办法第五条规定范围的，已取得有关主管部门同意的文件。

第七条 从事经营性互联网信息服务，应当向省、自治区、直辖市电信管理机构或者国务院信息产业主管部门申请办理互联网信息服务增值电信业务经营许可证（以下简称经营许可证）。

省、自治区、直辖市电信管理机构或者国务院信息产业主管部门应当自收到申请之日起六十日内审查完毕，作出批准或者不予批准的决定。予以批准的，颁发经营许可证；不予批准的，应当书面通知申请人并说明理由。

申请人取得经营许可证后，应当持经营许可证向企业登记机关办理登记手续。

第八条 从事非经营性互联网信息服务，应当向省、自治区、直辖市电信管理机构或者国务院信息产业主管部门办理备案手续。办理备案时，应当提交下列材料：

（一）主办单位和网站负责人的基本情况；

（二）网站网址和服务项目；

（三）服务项目属于本办法第五条规定范围的，已取得有关主管部门的同意文件。

省、自治区、直辖市电信管理机构对备案材料齐全的，应当予以备案并编号。

第九条 从事互联网信息服务，拟开办电子公告服务的，应当在申请经营性互联网信息服务许可或者办理非经营性互联网信息服务备案时，按照国家有关规定提出专项申请或者专项备案。

第十条 省、自治区、直辖市电信管理机构和国务院信息产业主管部门应当公布取得经营许可证或者已履行备案手续的互联网信息服务提供者名单。

第十一条 互联网信息服务提供者应当按照经许可或者备案的项目提供服务，不得超出经许可或者备案的项目提供服务。

非经营性互联网信息服务提供者不得从事有偿服务。

互联网信息服务提供者变更服务项目、网站网址等事项的，应当提前三十日向原审核、发证或者备案机关办理变更手续。

第十二条 互联网信息服务提供者应当在其网站主页的显著位置标明其经营许可证编号或者备案编号。

第十三条 互联网信息服务提供者应当向上网用户提供良好的服务，并保证所提供的信息内容合法。

第十四条　从事新闻、出版以及电子公告等服务项目的互联网信息服务提供者，应当记录提供的信息内容及其发布时间、互联网地址或者域名；互联网接入服务提供者应当记录上网用户的上网时间、用户账号、互联网地址或者域名、主叫电话号码等信息。

互联网信息服务提供者和互联网接入服务提供者的记录备份应当保存六十日，并在国家有关机关依法查询时，予以提供。

第十五条　互联网信息服务提供者不得制作、复制、发布、传播含有下列内容的信息：

（一）反对宪法所确定的基本原则的；

（二）危害国家安全，泄露国家秘密，颠覆国家政权，破坏国家统一的；

（三）损害国家荣誉和利益的；

（四）煽动民族仇恨、民族歧视，破坏民族团结的；

（五）破坏国家宗教政策，宣扬邪教和封建迷信的；

（六）散布谣言，扰乱社会秩序，破坏社会稳定的；

（七）散布淫秽、色情、赌博、暴力、凶杀、恐怖或者教唆犯罪的；

（八）侮辱或者诽谤他人，侵害他人合法权益的；

（九）含有法律、行政法规禁止的其他内容的。

第十六条　互联网信息服务提供者发现其网站传输的信息明显属于本办法第十五条所列内容之一的，应当立即停止传输，保存有关记录，并向国家有关机关报告。

第十七条　经营性互联网信息服务提供者申请在境内境外上市或者同外商合资、合作，应当事先经国务院信息产业主管部门审查同意；其中，外商投资的比例应当符合有关法律、行政法规的规定。

第十八条　国务院信息产业主管部门和省、自治区、直辖市电信管理机构，依法对互联网信息服务实施监督管理。

新闻、出版、教育、卫生、药品监督管理、工商行政管理和公安、国家安全等有关主管部门，在各自职责范围内依法对互联网信息内容实施监督管理。

第十九条　违反本办法的规定，未取得经营许可证，擅自从事经营性互联网信息服务，或者超出许可的项目提供服务的，由省、自治区、直辖市电信管理机构责令限期改正，有违法所得的，没收违法所得，处违法所得三倍以上五倍以下的罚款；没有违法所得或者违法所得不足五万元的，处十万元以上一百万元以下的罚款；情节严重的，责令关闭网站。

违反本办法的规定，未履行备案手续，擅自从事非经营性互联网信息服务，或者超出备案的项目提供服务的，由省、自治区、直辖市电信管理机构责令限期改正；拒不改正的，责令关闭网站。

第二十条 制作、复制、发布、传播本办法第十五条所列内容之一的信息，构成犯罪的，依法追究刑事责任；尚不构成犯罪的，由公安机关、国家安全机关依照《中华人民共和国治安管理处罚法》《计算机信息网络国际联网安全保护管理办法》等有关法律、行政法规的规定予以处罚；对经营性互联网信息服务提供者，并由发证机关责令停业整顿直至吊销经营许可证，通知企业登记机关；对非经营性互联网信息服务提供者，并由备案机关责令暂时关闭网站直至关闭网站。

第二十一条 未履行本办法第十四条规定的义务的，由省、自治区、直辖市电信管理机构责令改正；情节严重的，责令停业整顿或者暂时关闭网站。

第二十二条 违反本办法的规定，未在其网站主页上标明其经营许可证编号或者备案编号的，由省、自治区、直辖市电信管理机构责令改正，处5000元以上5万元以下的罚款。

第二十三条 违反本办法第十六条规定的义务的，由省、自治区、直辖市电信管理机构责令改正；情节严重的，对经营性互联网信息服务提供者，并由发证机关吊销经营许可证，对非经营性互联网信息服务提供者，并由备案机关责令关闭网站。

第二十四条 互联网信息服务提供者在其业务活动中，违反其他法律、法规的，由新闻、出版、教育、卫生、药品监督管理和工商行政管理等有关主管部门依照有关法律、法规的规定处罚。

第二十五条 电信管理机构和其他有关主管部门及其工作人员，玩忽职守、滥用职权、徇私舞弊，疏于对互联网信息服务的监督管理，造成严重后果，构成犯罪的，依法追究刑事责任；尚不构成犯罪的，对直接负责的主管人员和其他直接责任人员依法给予降级、撤职直至开除的行政处分。

第二十六条 在本办法公布前从事互联网信息服务的，应当自本办法公布之日起60日内依照本办法的有关规定补办有关手续。

第二十七条 本办法自公布之日起施行。

3. 计算机信息网络国际联网安全保护管理办法（1997年12月16日中华人民共和国公安部令第38号发布　根据2011年1月8日《国务院关于废止和修改部分行政法规的决定》修订）

第一章　总　　则

第一条　为了加强对计算机信息网络国际联网的安全保护，维护公共秩序和社会稳定，根据《中华人民共和国计算机信息系统安全保护条例》、《中华人民共和国计算机信息网络国际联网管理暂行规定》和其他法律、行政法规的规定，制定本办法。

第二条　中华人民共和国境内的计算机信息网络国际联网安全保护管理，适用本办法。

第三条　公安部计算机管理监察机构负责计算机信息网络国际联网的安全保护管理工作。

公安机关计算机管理监察机构应当保护计算机信息网络国际联网的公共安全，维护从事国际联网业务的单位和个人的合法权益和公众利益。

第四条　任何单位和个人不得利用国际联网危害国家安全、泄露国家秘密，不得侵犯国家的、社会的、集体的利益和公民的合法权益，不得从事违法犯罪活动。

第五条　任何单位和个人不得利用国际联网制作、复制、查阅和传播下列信息：

（一）煽动抗拒、破坏宪法和法律、行政法规实施的；

（二）煽动颠覆国家政权、推翻社会主义制度的；

（三）煽动分裂国家、破坏国家统一的；

（四）煽动民族仇恨、民族歧视，破坏民族团结的；

（五）捏造或者歪曲事实，散布谣言，扰乱社会秩序的；

（六）宣扬封建迷信、淫秽、色情、赌博、暴力、凶杀、恐怖，教唆犯罪的；

（七）公然侮辱他人或者捏造事实诽谤他人的；

（八）损害国家机关信誉的；

（九）其他违反宪法和法律、行政法规的。

第六条　任何单位和个人不得从事下列危害计算机信息网络安全的活动：

（一）未经允许，进入计算机信息网络或者使用计算机信息网络资源的；

（二）未经允许，对计算机信息网络功能进行删除、修改或者增加的；

（三）未经允许，对计算机信息网络中存储、处理或者传输的数据和应用程序进行删除、修改或者增加的；

（四）故意制作、传播计算机病毒等破坏性程序的；

（五）其他危害计算机信息网络安全的。

第七条 用户的通信自由和通信秘密受法律保护。任何单位和个人不得违反法律规定，利用国际联网侵犯用户的通信自由和通信秘密。

第二章 安全保护责任

第八条 从事国际联网业务的单位和个人应当接受公安机关的安全监督、检查和指导，如实向公安机关提供有关安全保护的信息、资料及数据文件，协助公安机关查处通过国际联网的计算机信息网络的违法犯罪行为。

第九条 国际出入口信道提供单位、互联单位的主管部门或者主管单位，应当依照法律和国家有关规定负责国际出入口信道、所属互联网络的安全保护管理工作。

第十条 互联单位、接入单位及使用计算机信息网络国际联网的法人和其他组织应当履行下列安全保护职责：

（一）负责本网络的安全保护管理工作，建立健全安全保护管理制度；

（二）落实安全保护技术措施，保障本网络的运行安全和信息安全；

（三）负责对本网络用户的安全教育和培训；

（四）对委托发布信息的单位和个人进行登记，并对所提供的信息内容按照本办法第五条进行审核；

（五）建立计算机信息网络电子公告系统的用户登记和信息管理制度；

（六）发现有本办法第四条、第五条、第六条、第七条所列情形之一的，应当保留有关原始记录，并在二十四小时内向当地公安机关报告；

（七）按照国家有关规定，删除本网络中含有本办法第五条内容的地址、目录或者关闭服务器。

第十一条 用户在接入单位办理入网手续时，应当填写用户备案表。备案表由公安部监制。

第十二条 互联单位、接入单位、使用计算机信息网络国际联网的法人和其他组织（包括跨省、自治区、直辖市联网的单位和所属的分支机构），应当自网络正式联通之日起三十日内，到所在地的省、自治区、直辖市人民政府公安机关指定的受理机关办理备案手续。

前款所列单位应当负责将接入本网络的接入单位和用户情况报当地公安机关备案，并及时报告本网络中接入单位和用户的变更情况。

第十三条 使用公用账号的注册者应当加强对公用账号的管理，建立账号使用登记制度。用户账号不得转借、转让。

第十四条 涉及国家事务、经济建设、国防建设、尖端科学技术等重要领域的单位办理备案手续时，应当出具其行政主管部门的审批证明。

前款所列单位的计算机信息网络与国际联网，应当采取相应的安全保护措施。

第三章 安全监督

第十五条 省、自治区、直辖市公安厅（局），地（市）、县（市）公安局，应当有相应机构负责国际联网的安全保护管理工作。

第十六条 公安机关计算机管理监察机构应当掌握互联单位、接入单位和用户的备案情况，建立备案档案，进行备案统计，并按照国家有关规定逐级上报。

第十七条 公安机关计算机管理监察机构应当督促互联单位、接入单位及有关用户建立健全安全保护管理制度。监督、检查网络安全保护管理以及技术措施的落实情况。

公安机关计算机管理监察机构在组织安全检查时，有关单位应当派人参加。公安机关计算机管理监察机构对安全检查发现的问题，应当提出改进意见，作出详细记录，存档备查。

第十八条 公安机关计算机管理监察机构发现含有本办法第五条所列内容的地址、目录或者服务器时，应当通知有关单位关闭或者删除。

第十九条 公安机关计算机管理监察机构应当负责追踪和查处通过计算机信息网络的违法行为和针对计算机信息网络的犯罪案件，对违反本办法第四条、第七条规定的违法犯罪行为，应当按照国家有关规定移送有关部门或者司法机关处理。

第四章 法律责任

第二十条 违反法律、行政法规，有本办法第五条、第六条所列行为之一的，由公安机关给予警告，有违法所得的，没收违法所得，对个人可以并处五千元以下的罚款，对单位可以并处一万五千元以下的罚款；情节严重的，并可以给予六个月以内停止联网、停机整顿的处罚，必要时可以建议原发证、审批机构吊销经营许可证或者取消联网资格；构成违反治安管理行为的，依照治安管理处罚法的规定处罚；构成犯罪的，依法追究刑事责任。

第二十一条 有下列行为之一的，由公安机关责令限期改正，给予警告，有违法所得的，没收违法所得；在规定的限期内未改正的，对单位的主管负责人员和其他直接责任人员可以并处五千元以下的罚款，对单位可以并处一万五千元以下的罚款；情节严重的，并可以给予六个月以内的停止联网、停机整顿的处罚，必要时可以建议原发证、审批机构吊销经营许可证或者取消联网资格。

（一）未建立安全保护管理制度的；

（二）未采取安全技术保护措施的；

（三）未对网络用户进行安全教育和培训的；

（四）未提供安全保护管理所需信息、资料及数据文件，或者所提供内容不真实的；

（五）对委托其发布的信息内容未进行审核或者对委托单位和个人未进行登记的；

（六）未建立电子公告系统的用户登记和信息管理制度的；

（七）未按照国家有关规定，删除网络地址、目录或者关闭服务器的；

（八）未建立公用账号使用登记制度的；

（九）转借、转让用户账号的。

第二十二条 违反本办法第四条、第七条规定的，依照有关法律、法规予以处罚。

第二十三条 违反本办法第十一条、第十二条规定，不履行备案职责的，由公安机关给予警告或者停机整顿不超过六个月的处罚。

第五章　附　　则

第二十四条　与香港特别行政区和台湾、澳门地区联网的计算机信息网络的安全保护管理，参照本办法执行。

第二十五条　本办法自1997年12月30日起施行。

二十二、非法利用信息网络罪

（一）法律规定

第二百八十七条之一　利用信息网络实施下列行为之一，情节严重的，处三年以下有期徒刑或者拘役，并处或者单处罚金：

（一）设立用于实施诈骗、传授犯罪方法、制作或者销售违禁物品、管制物品等违法犯罪活动的网站、通讯群组的；

（二）发布有关制作或者销售毒品、枪支、淫秽物品等违禁物品、管制物品或者其他违法犯罪信息的；

（三）为实施诈骗等违法犯罪活动发布信息的。

单位犯前款罪的，对单位判处罚金，并对其直接负责的主管人员和其他直接责任人员，依照第一款的规定处罚。

有前两款行为，同时构成其他犯罪的，依照处罚较重的规定定罪处罚。

（二）罪名详解

非法利用信息网络罪，是指利用信息网络设立用于实施诈骗、传授犯罪方法、制作或者销售违禁物品、管制物品等违法犯罪活动的网站、通讯群组，或发布有关制作或者销售毒品、枪支、淫秽物品等违禁物品、管制物品或者其他违法犯罪信息，情节严重的行为。本罪是《刑法修正案（九）》新增加的罪名。

非法利用信息网络罪的构成要件是：

1. 主体要件

本罪主体为一般主体，单位也可成为本罪的主体。

2. 客体要件

本罪侵犯的客体是有关国家网络安全的管理制度。由于互联网犯罪的跨地域性，行为人很容易在短时间内组织不特定人共同实施违法犯罪，或者针对不特定人群实施违法犯罪行为。大量案件仅能查实行为人在网络上实施联络或者其他活动，对于分布在不同地点的人员、在网络下实际实施的各种危害行为，很难一一查实、查全；同时，网络犯罪的被害人往往也分布比较分散，对被害人及其被害的具体情况，也难以一一查证属实。为此，需要将刑法规制的环节前移，以适应惩治犯罪的需要，《刑法修正案（九）》增设了本罪。

3. 主观要件

本罪在主观方面只能由故意构成，过失不构成本罪。

4. 客观要件

本罪在客观方面表现为利用信息网络实施以下三类行为：

（1）设立用于实施诈骗、传授犯罪方法、制作或者销售违禁物品、管制物品等违法犯罪活动的网站、通讯群组。“网站”是其设立者或者维护者制作的用于展示特定内容的相关网页的集合，便于使用者在其上发布信息或者获取信息；“通讯群组”是网上供具有相同需求的人群集合在一起进行交流的平台和工具，如QQ、微信等。行为人设立网站、通讯群组的目的是用于实施违法犯罪活动。如果行为人是出于发布合法信息，从事正常的社交或者网络经营行为等目的设立网站、通讯群组，事后被他人用于从事违法犯罪行为的，不属于本项规定的设立用于违法犯罪活动的网站、通讯群组。当然，如果行为人事后知道他人利用其设立的网站、通讯群组从事违法犯罪活动，而为其提供技术支持的，可以适用《刑法》第287条之二关于帮助实施网络犯罪的规定追究刑事责任。行为人设立违法犯罪网站、通讯群组，主要是从事诈骗、传授犯罪方法、制作或者销售违禁物品、管制物品，但并不限于法律明确列举的这几类违法犯罪活动。司法实践中如果行为人设立网站是为了实施其他违法犯罪行为的，也可以构成本罪。为实施诈骗而设立网站和通讯群组，是实践中最为常见的一种犯罪情形，如设立“钓鱼网站”，通过钓鱼网站窃取、记录用户网上银行账号、密码等数据，进而用于诈骗、窃取用户网银资金等。

（2）发布有关制作或者销售毒品、枪支、淫秽物品等违禁物品、管制物品或者其他违法犯罪信息。这里的违法犯罪信息主要是指制作、销售毒品、枪支、淫秽物品等违禁物品、管制物品的信息，但不限于这些信息，即还包括“其他违法犯罪信息”。实践中比较常见的发布“其他违法犯罪信息”的行为，有发布招嫖、销售假证、假发票、赌博、传销的信息等。

（3）为实施诈骗等违法犯罪活动发布信息。这里行为人发布的信息，从表面上看往往不具有违法性，但行为人发布信息的目的，是吸引他人关注，借以实施诈骗等违法犯罪活动，相关信息只是其从事犯罪的幌子。例如通过发布低价机票、旅游产品、保健品等商品信息，吸引他人购买，进而实施诈骗、传销等违法犯罪行为。司法实践中，办案部门在查办具体案件时，应当依据掌握的线索，尽力查明行为人线下实际实施的各种犯罪行为。对经过深入细致查证，有足够证据证明行为人实施了诈骗等犯罪的，应当依照刑法诈骗罪等规定定罪处罚。如果经过深入工作，因为证据等原因，确实难以按照诈骗等犯罪追究的，可以根据本条规定，针对其所实际实施的为实施诈骗等犯罪而发布信息的行为，依法追究刑事责任。

（三）实务疑难问题

根据《最高人民法院、最高人民检察院关于办理侵犯公民个人信息刑事案件适用法律若干问题的解释》第 8 条规定，设立用于实施非法获取、出售或者提供公民个人信息违法犯罪活动的网站、通讯群组，情节严重的，应当依照《刑法》第 287 条之一的规定，以非法利用信息网络罪定罪处罚；同时构成侵犯公民个人信息罪的，依照侵犯公民个人信息罪定罪处罚。

根据《最高人民法院、最高人民检察院关于办理组织、强迫、引诱、容留、介绍卖淫刑事案件适用法律若干问题的解释》第 8 条第 2 款规定，利用信息网络发布招嫖违法信息，情节严重的，依照《刑法》第 287 条之一的规定，以非法利用信息网络罪定罪处罚。同时构成介绍卖淫罪的，依照处罚较重的规定定罪处罚。

1. 罪与非罪的认定

本罪的构成要求必须达到“情节严重”，关于“情节严重”的具体认定，可以结合行为人所发布信息的具体内容、数量、扩散范围、获取非法利益的数额、受害人的多少、造成的社会影响等因素综合考量。

2. 划清本罪与其他罪的界限

本罪只要求行为人实施了前述规定的行为，达到情节严重的程度，即构成犯罪，并不要求行为人实际上已实现了其具体的犯罪目的。如果行为人设立网站、发布信息，并且实际实施了相关的犯罪行为，则还可能构成相关犯罪，如设立销售毒品的网站，发布销售毒品的信息，并且实际销售了毒品，则还构成贩卖毒品罪。这种情况下，其设立销售毒品网站的行为成为其实施贩毒活动的途径或手段，根据《刑法》第 287 条之一第 3 款的规定，应当依照处罚较重的规定定罪处罚，即择一重罪论处。

（四）情节与量刑

根据《刑法》第 287 条之一第 1 款的规定，犯非法利用信息网络罪的，处三年以下有期徒刑或者拘役，并处或者单处罚金。根据《刑法》第 287 条之一第 2 款的规定，单位犯本罪的，对单位判处罚金，并对其直接负责的主管人员和其他直接责任人员，依照《刑法》第 287 条之一第 1 款的规定定罪处罚。

（五）法律链接

1. 最高人民法院、最高人民检察院关于办理侵犯公民个人信息刑事案件适用法律若干问题的解释（法释〔2017〕10 号　自 2017 年 6 月 1 日起施行）（节录）

第八条　设立用于实施非法获取、出售或者提供公民个人信息违法犯罪活动的网站、通讯群组，情节严重的，应当依照刑法第二百八十七条之一的规定，以非法利用信息网络罪定罪处罚；同时构成侵犯公民个人信息罪的，依照侵犯公民个人信息罪定罪处罚。

2. 最高人民法院、最高人民检察院关于办理组织、强迫、引诱、容留、介绍卖淫刑事案件适用法律若干问题的解释（法释〔2017〕13 号　自 2017 年 7 月 25 日起施行）（节录）

第八条第二款　利用信息网络发布招嫖违法信息，情节严重的，依照刑法第二百八十七条之一的规定，以非法利用信息网络罪定罪处罚。同时构成介绍卖淫罪的，依照处罚较重的规定定罪处罚。

3. 最高人民法院、最高人民检察院关于办理诈骗刑事案件具体应用法律若干问题的解释（法释〔2011〕7 号　自 2011 年 4 月 8 日起施行）（节录）

第五条　诈骗未遂，以数额巨大的财物为诈骗目标的，或者具有其他严重情节的，应当定罪处罚。

利用发送短信、拨打电话、互联网等电信技术手段对不特定多数人实施诈骗，诈骗数额难以查证，但具有下列情形之一的，应当认定为刑法第二百六十六条规定的“其他严重情节”，以诈骗罪（未遂）定罪处罚：

（一）发送诈骗信息五千条以上的；

（二）拨打诈骗电话五百人次以上的；

（三）诈骗手段恶劣、危害严重的。

实施前款规定行为，数量达到前款第（一）、（二）项规定标准十倍以上的，或者诈骗手段特别恶劣、危害特别严重的，应当认定为刑法第二百六十六条规定的“其他特别严重情节”，以诈骗罪（未遂）定罪处罚。

二十三、帮助信息网络犯罪活动罪

（一）法律规定

第二百八十七条之二　明知他人利用信息网络实施犯罪，为其犯罪提供互联网接入、服务器托管、网络存储、通讯传输等技术支持，或者提供广告推广、支付结算等帮助，情节严重的，处三年以下有期徒刑或者拘役，并处或者单处罚金。

单位犯前款罪的，对单位判处罚金，并对其直接负责的主管人员和其他直接责任人员，依照第一款的规定处罚。

有前两款行为，同时构成其他犯罪的，依照处罚较重的规定定罪处罚。

（二）罪名详解

帮助信息网络犯罪活动罪是指明知他人利用信息网络实施犯罪，为其犯罪提供互联网接入、服务器托管、网络存储、通讯传输等技术支持，或者提供广告推广、支付结算等帮助，情节严重的行为。本罪是《刑法修正案（九）》新增加的罪名。

帮助信息网络犯罪活动罪的构成要件是：

1. 主体要件

本罪主体为一般主体，单位也可成为本罪的主体。

2. 客体要件

本罪侵犯的客体是有关国家网络安全的管理制度。随着互联网技术的快速发展和在经济社会生活各领域的广泛应用，信息网络已经成为信息传递交流的主要方式和社会经济生活的重要平台。与信息网络快速发展相伴随，一些犯罪分子利用信息网络实施犯罪的情况也日益严重。网络自身的特性决定网络环境下的共同犯罪具有不同于传统共同犯罪的特性。在传统犯罪中，一个人通常只能是单个人或者少数人的共犯；而在网络犯罪中，一个人往往能够成为很多人的共犯。从犯罪的组织结构看，网络犯罪的帮助行为相较于传统的帮助行为，其对于完成犯罪起着越来越大的决定性作用，社会危害性凸显。以互联网为纽带，分工配合实施犯罪的方式，大大降低了网络犯罪的门槛和成本。这种情况下，一方面，要求抓获所有接受帮助行为的实行犯并查清相关情况，在司法实践中不具有可操作性；另一方面，可能存在所有的实行行为均未达到入罪标准，但帮助犯由于为数以万计的实行行为提供了帮助，其行为性质反而更重的情况，对帮助犯更有惩罚的必要。

3. 主观要件

本罪在主观方面只能由故意构成，过失不构成本罪。

4. 客观要件

本罪在客观方面要求具备两个条件：

（1）行为人主观上明知他人利用网络实施犯罪。司法实践中，认定行为人主观上是否“明知”，可以结合其对他人所实际从事活动的认知情况，之间往来、联络的情况，收取费用的情况等证据，综合审查判断。例如《最高人民法院、最高人民检察院、公安部关于办理网络赌博犯罪案件适用法律若干问题的意见》规定，行为人收到行政主管机关书面等方式的告知后，仍然实施帮助行为的；为赌博网站提供互联网接入、服务器托管、网络存储空间、通讯传输通道、投放广告、软件开发、技术支持、资金支付结算等服务，收取服务费明显异常的；在执法人员调查时，通过销毁、修改数据、账本等方式故意规避调查或者向犯罪嫌疑人通风报信的以及其他有证据证明行为人明知的行为的，即可认定行为人符合“明知”的主观条件。

（2）行为人实施了帮助他人利用信息网络实施犯罪的行为。帮助行为主要有以下几种具体形式：

一是为他人实施网络犯罪提供互联网接入、服务器托管、网络存储、通讯传输等技术支持。其中，“互联网接入”是指为他人提供访问互联网或者在互联网发布信息的通路。这一规定主要针对互联网接入服务提供商，如果其明知他人利用其接入服务实施犯罪，仍继续让对方使用，情节严重的，构成本罪。“服务器托管”是指将服务器及相关设备托管到具有专门数据中心的机房。“网络存储”通常是指通过网络存储、管理数据的载体空间，如常用的百度网盘、QQ 中转站等。“通讯传输”是指用户之间传输信息的通路。比如电信诈骗犯罪中犯罪分子常用的 VOIP 电话，这种技术能将语音信号经技术处理后通过互联网传输出去。另一种常用的通讯传输通道是 VPN（虚拟专用网络），该技术能在公用网络上建立专用网络，进行加密通讯。

二是为他人利用信息网络实施犯罪提供广告推广。这里的广告推广包括两种情况，一种是为利用网络实施犯罪的人做广告，拉客户。另一种情况是为他人设立的犯罪网站拉广告客户，帮助该犯罪网站获得广告收入，以支持犯罪网站的运营。

三是为他人利用信息网络实施犯罪提供支付结算帮助。由于网络自身的特点，网络犯罪行为人要最终获得犯罪收益，往往需要借助第三方支付等各种网络支付结算服务提供者，以完成收款、转账、取现等活动。实践中甚至有一些人员，专门为网络诈骗集团提供收付款、转账、结算、现金提取服务等帮助。

（三）实务疑难问题

1. 罪与非罪的认定

本罪要求行为人实施前述行为，“情节严重”的才构成犯罪。对情节严重的认定，主要可结合行为人所帮助的具体网络犯罪的性质、危害后果，其帮助行为在相关网络犯罪中起到的实际作用，帮助行为非法获利的数额等情况综合考量。

2. 划清本罪与其他罪的界限

行为人为他人实施网络犯罪提供帮助的行为，可能构成相关犯罪的共犯；同时，技术支持、广告推广或者支付结算等帮助行为，还可能构成《刑法》第 285 条提供侵入、非法控制计算机信息系统程序、工具罪以及第 191 条洗钱罪等其他犯罪。根据《刑法》第287条之二第3款的规定，构成非法提供信息网络技术支持罪，同时构成其他犯罪的，依照处罚较重的规定定罪处罚，即按照从一重罪论处的原则处理。

（四）情节与量刑

根据《刑法》第287条之二第1款的规定，犯帮助信息网络犯罪活动罪的，处3年以下有期徒刑或者拘役，并处或者单处罚金。根据《刑法》第287条之二第2款的规定，单位犯本罪的，对单位判处罚金，并对其直接负责的主管人员和其他直接责任人员，依照《刑法》第287条之二第1款的规定定罪处罚。

（五）法律链接

最高人民法院、最高人民检察院、公安部关于办理网络赌博犯罪案件适用法律若干问题的意见（公通字〔2010〕40号　2010年8月31日发布）（节录）

二、关于网上开设赌场共同犯罪的认定和处罚

明知是赌博网站，而为其提供下列服务或者帮助的，属于开设赌场罪的共同犯罪，依照刑法第三百零三条第二款的规定处罚：

（一）为赌博网站提供互联网接入、服务器托管、网络存储空间、通讯传输通道、投放广告、发展会员、软件开发、技术支持等服务，收取服务费数额在二万元以上的；

（二）为赌博网站提供资金支付结算服务，收取服务费数额在一万元以上或者帮助收取赌资二十万元以上的；

（三）为十个以上赌博网站投放与网址、赔率等信息有关的广告或者为赌博网站投放广告累计一百条以上的。

实施前款规定的行为，数量或者数额达到前款规定标准五倍以上的，应当认定为刑法第三百零三条第二款规定的“情节严重”。

实施本条第一款规定的行为，具有下列情形之一的，应当认定行为人“明知”，但是有证据证明确实不知道的除外：

（一）收到行政主管机关书面等方式的告知后，仍然实施上述行为的；

（二）为赌博网站提供互联网接入、服务器托管、网络存储空间、通讯传输通道、投放广告、软件开发、技术支持、资金支付结算等服务，收取服务

费明显异常的；

（三）在执法人员调查时，通过销毁、修改数据、账本等方式故意规避调查或者向犯罪嫌疑人通风报信的；

（四）其他有证据证明行为人明知的。

如果有开设赌场的犯罪嫌疑人尚未到案，但是不影响对已到案共同犯罪嫌疑人、被告人的犯罪事实认定的，可以依法对已到案者定罪处罚。

二十四、扰乱无线电通讯管理秩序罪

（一）法律规定

第二百八十八条　违反国家规定，擅自设置、使用无线电台（站），或者擅自使用无线电频率，干扰无线电通讯秩序，情节严重的，处三年以下有期徒刑、拘役或者管制，并处或者单处罚金；情节特别严重的，处三年以上七年以下有期徒刑，并处罚金。

单位犯前款罪的，对单位判处罚金，并对其直接负责的主管人员和其他直接责任人员，依照前款的规定处罚。

（二）罪名详解

扰乱无线电通讯管理秩序罪，是指违反国家规定，擅自设置、使用无线电台（站），或者擅自使用无线电频率，干扰无线电通讯秩序，情节严重的行为。本罪是1997年刑法增设的罪名①，1979年刑法和单行刑法均没有规定此罪名。《刑法修正案（九）》对本罪作了修改，取消了原来规定的“经责令停止使用后拒不停止使用”的规定，降低了构成犯罪的门槛，将原来规定的“造成严重后果”改为“情节严重”，并增加了一档刑罚，对情节特别严重的，处三年以上七年以下有期徒刑，并处罚金。

---

① 1997年《刑法》第288条　违反国家规定，擅自设置、使用无线电台（站），或者擅自占用频率，经责令停止使用后拒不停止使用，干扰无线电通讯正常进行，造成严重后果的，处三年以下有期徒刑、拘役或者管制，并处或者单处罚金。

单位犯前款罪的，对单位判处罚金，并对其直接负责的主管人员和其他直接责任人员，依照前款的规定处罚。

扰乱无线电通讯管理秩序罪的构成要件是：

1. 主体要件

犯罪主体为一般主体。单位也能成为本罪的主体。

2. 客体要件

本罪侵犯的客体是国家对无线电通讯的管理制度。为了维护无线电通讯秩序，加强无线电频谱资源的管理，保证无线电通讯的正常进行，我国制定了专门的《无线电管理条例》。该条例对在我国境内设置、使用无线电台（站）以及无线电频谱资源的管理、使用等，都作出了明确、具体的规定。近年来，无线电通讯的广泛应用极大地便利了生产经营活动和人们的日常生活，但也使得无线电频率资源日益紧张，无线电电磁环境日益复杂。实际生活中，违反规定擅自设置、使用无线电（台）站，干扰无线电通讯活动正常进行的行为也日益增多，有的甚至造成严重后果。

3. 主观要件

主观方面由故意构成，即行为人明知自己没有取得合法的设置、使用无线电台（站）或者频率的资格，仍擅自设置、使用无线电台（站），或者擅自使用无线电频率。

4. 客观要件

客观方面表现为违反国家规定，擅自设置、使用无线电台（站），或者擅自使用无线电频率，干扰无线电通讯秩序，情节严重的行为。(1) 违反国家规定，擅自设置、使用无线电台（站），或者擅自使用无线电频率。“违反国家规定”，是指违反国家对无线电的管理规定，目前主要是指《无线电管理条例》的有关规定。“擅自设置、使用无线电台（站）”，是指行为人违反国家关于无线电台（站）的设置和使用的管理规定，未提出书面申请、未办理设台（站）的审批手续或者未领取电台执照而设置、使用无线电台（站）的行为。(2)“擅自使用无线电频率”，是指违反国家有关无线电使用的管理规定，未经批准获得使用权而使用无线电频率的行为。根据无线电管理条例的规定，国家无线电管理机构对于无线电频率实行统一划分和分配。行为人擅自使用无线电频率，包括行为人无线电台站本身属于未经批准而设置的；也包括行为人无线电台站虽经依法批准设立，但在使用过程中，违反国家有关无线电使用的管理规定，擅自改变主管部门为其指配的频率而非法使用其他频率的等情形。(3) 干扰无线电通讯正常进行，情节严重的。主要是指干扰重要无线电通信系统的接收，造成重大误解或者信息遗漏的；干扰无线电导航或者其他安全业务的正常进行，造成人身伤亡或者重大经济损失的；干扰按照规划开展的无线电广播电视业务，严重损害、阻碍或多次阻断广播电视的接收的等。

根据《最高人民法院、最高人民检察院关于办理扰乱无线电通讯管理秩序等刑事案件适用法律若干问题的解释》（以下简称《无线电解释》）第 1 条的规定，具有下列情形之一的，应当认定为《刑法》第 288 条第 1 款规定的“擅自设置、使用无线电台（站），或者擅自使用无线电频率，干扰无线电通讯秩序”：

（1）未经批准设置无线电广播电台（以下简称“黑广播”），非法使用广播电视专用频段的频率的；

（2）未经批准设置通信基站（以下简称“伪基站”），强行向不特定用户发送信息，非法使用公众移动通信频率的；

（3）未经批准使用卫星无线电频率的；

（4）非法设置、使用无线电干扰器的；

（5）其他擅自设置、使用无线电台（站），或者擅自使用无线电频率，干扰无线电通讯秩序的情形。

根据《无线电解释》第 2 条的规定，违反国家规定，擅自设置、使用无线电台（站），或者擅自使用无线电频率，干扰无线电通讯秩序，具有下列情形之一的，应当认定为《刑法》第 288 条第 1 款规定的“情节严重”：

（1）影响航天器、航空器、铁路机车、船舶专用无线电导航、遇险救助和安全通信等涉及公共安全的无线电频率正常使用的；

（2）自然灾害、事故灾难、公共卫生事件、社会安全事件等突发事件期间，在事件发生地使用“黑广播”“伪基站”的；

（3）举办国家或者省级重大活动期间，在活动场所及周边使用“黑广播”“伪基站”的；

（4）同时使用 3 个以上“黑广播”“伪基站”的；

（5）“黑广播”的实测发射功率 500 瓦以上，或者覆盖范围 10 公里以上的；

（6）使用“伪基站”发送诈骗、赌博、招嫖、木马病毒、钓鱼网站链接等违法犯罪信息，数量在 5000 条以上，或者销毁发送数量等记录的；

（7）雇佣、指使未成年人、残疾人等特定人员使用“伪基站”的；

（8）违法所得3万元以上的；

（9）曾因扰乱无线电通讯管理秩序受过刑事处罚，或者2年内曾因扰乱无线电通讯管理秩序受过行政处罚，又实施《刑法》第288条规定的行为的；

（10）其他情节严重的情形。

（三）实务疑难问题

划清本罪与其他罪的界限

根据2000年5月12日公布的《最高人民法院关于审理扰乱电信市场管理秩序案件具体应用法律若干问题的解释》第5条的规定，违反国家规定擅自设置、使用无线电台（站），或者擅自占用频率，非法经营国际电信业务或者涉港、澳、台电信业务进行营利活动，同时构成非法经营罪和本罪的，依照处罚较重的规定定罪处罚。

（四）情节与量刑

依照《刑法》第288条第1款规定，犯扰乱无线电通讯管理秩序罪的，处3年以下有期徒刑、拘役或者管制，并处或者单处罚金。情节特别严重的，处3年以上7年以下有期徒刑，并处罚金。根据《无线电解释》第3条的规定，此处的“情节特别严重”是指：

（1）影响航天器、航空器、铁路机车、船舶专用无线电导航、遇险救助和安全通信等涉及公共安全的无线电频率正常使用，危及公共安全的；

（2）造成公共秩序混乱等严重后果的；

（3）自然灾害、事故灾难、公共卫生事件和社会安全事件等突发事件期间，在事件发生地使用“黑广播”“伪基站”，造成严重影响的；

（4）对国家或者省级重大活动造成严重影响的；

（5）同时使用10个以上“黑广播”“伪基站”的；

（6）“黑广播”的实测发射功率3000瓦以上，或者覆盖范围20公里以上的；

（7）违法所得15万元以上的；

（8）其他情节特别严重的情形。

依照《刑法》第288条第2款规定，单位犯本罪的，对单位判处罚金，并对其直接负责的主管人员和其他直接责任人员，依照第288条第1款的规定处罚。

（五）法律链接

1. 最高人民法院、最高人民检察院关于办理扰乱无线电通讯管理秩序等刑事案件适用法律若干问题的解释（法释〔2017〕11号　自2017年7月1日起施行）（节录）

第一条　具有下列情形之一的，应当认定为刑法第二百八十八条第一款规定的“擅自设置、使用无线电台（站），或者擅自使用无线电频率，干扰无线电通讯秩序”：

（一）未经批准设置无线电广播电台（以下简称“黑广播”），非法使用广播电视专用频段的频率的；

（二）未经批准设置通信基站（以下简称“伪基站”），强行向不特定用户发送信息，非法使用公众移动通信频率的；

（三）未经批准使用卫星无线电频率的；

（四）非法设置、使用无线电干扰器的；

（五）其他擅自设置、使用无线电台（站），或者擅自使用无线电频率，干扰无线电通讯秩序的情形。

第二条　违反国家规定，擅自设置、使用无线电台（站），或者擅自使用无线电频率，干扰无线电通讯秩序，具有下列情形之一的，应当认定为刑法第二百八十八条第一款规定的“情节严重”：

（一）影响航天器、航空器、铁路机车、船舶专用无线电导航、遇险救助和安全通信等涉及公共安全的无线电频率正常使用的；

（二）自然灾害、事故灾难、公共卫生事件、社会安全事件等突发事件期间，在事件发生地使用“黑广播”“伪基站”的；

（三）举办国家或者省级重大活动期间，在活动场所及周边使用“黑广播”“伪基站”的；

（四）同时使用三个以上“黑广播”“伪基站”的；

（五）“黑广播”的实测发射功率五百瓦以上，或者覆盖范围十公里以上的；

（六）使用“伪基站”发送诈骗、赌博、招嫖、木马病毒、钓鱼网站链接等违法犯罪信息，数量在五千条以上，或者销毁发送数量等记录的；

（七）雇佣、指使未成年人、残疾人等特定人员使用“伪基站”的；

（八）违法所得三万元以上的；

（九）曾因扰乱无线电通讯管理秩序受过刑事处罚，或者二年内曾因扰乱无线电通讯管理秩序受过行政处罚，又实施刑法第二百八十八条规定的行为的；

（十）其他情节严重的情形。

第三条 违反国家规定，擅自设置、使用无线电台（站），或者擅自使用无线电频率，干扰无线电通讯秩序，具有下列情形之一的，应当认定为刑法第二百八十八条第一款规定的“情节特别严重”：

（一）影响航天器、航空器、铁路机车、船舶专用无线电导航、遇险救助和安全通信等涉及公共安全的无线电频率正常使用，危及公共安全的；

（二）造成公共秩序混乱等严重后果的；

（三）自然灾害、事故灾难、公共卫生事件和社会安全事件等突发事件期间，在事件发生地使用“黑广播”“伪基站”，造成严重影响的；

（四）对国家或者省级重大活动造成严重影响的；

（五）同时使用十个以上“黑广播”“伪基站”的；

（六）“黑广播”的实测发射功率三千瓦以上，或者覆盖范围二十公里以上的；

（七）违法所得十五万元以上的；

（八）其他情节特别严重的情形。

2. **最高人民法院关于审理扰乱电信市场管理秩序案件具体应用法律若干问题的解释**（法释〔2000〕12号　自2000年5月24日起施行）（节录）

第五条 违反国家规定，擅自设置、使用无线电台（站），或者擅自占用频率，非法经营国际电信业务或者涉港澳台电信业务进行营利活动，同时构成非法经营罪和刑法第二百八十八条规定的扰乱无线电通讯管理秩序罪的，依照处罚较重的规定定罪处罚。

3. **中华人民共和国无线电管理条例**（1993年9月11日中华人民共和国国务院、中华人民共和国中央军事委员会令第128号发布　2016年11月11日中华人民共和国国务院、中华人民共和国中央军事委员会令第672号修订）（节录）

第十五条 取得无线电频率使用许可，应当符合下列条件：

（一）所申请的无线电频率符合无线电频率划分和使用规定，有明确具体的用途；

（二）使用无线电频率的技术方案可行；

（三）有相应的专业技术人员；

（四）对依法使用的其他无线电频率不会产生有害干扰。

第二十八条　除本条例第二十九条规定的业余无线电台外，设置、使用无线电台（站），应当符合下列条件：

（一）有可用的无线电频率；

（二）所使用的无线电发射设备依法取得无线电发射设备型号核准证且符合国家规定的产品质量要求；

（三）有熟悉无线电管理规定、具备相关业务技能的人员；

（四）有明确具体的用途，且技术方案可行；

（五）有能够保证无线电台（站）正常使用的电磁环境，拟设置的无线电台（站）对依法使用的其他无线电台（站）不会产生有害干扰。

申请设置、使用空间无线电台，除应当符合前款规定的条件外，还应当有可利用的卫星无线电频率和卫星轨道资源。

第二十九条　申请设置、使用业余无线电台的，应当熟悉无线电管理规定，具有相应的操作技术能力，所使用的无线电发射设备应当符合国家标准和国家无线电管理的有关规定。

第三十五条　建设固定台址的无线电台（站）的选址，应当符合城乡规划的要求，避开影响其功能发挥的建筑物、设施等。地方人民政府制定、修改城乡规划，安排可能影响大型无线电台（站）功能发挥的建设项目的，应当考虑其功能发挥的需要，并征求所在地无线电管理机构和军队电磁频谱管理机构的意见。

设置大型无线电台（站）、地面公众移动通信基站，其台址布局规划应当符合资源共享和电磁环境保护的要求。

第三十六条　船舶、航空器、铁路机车（含动车组列车，下同）设置、使用制式无线电台应当符合国家有关规定，由国务院有关部门的无线电管理机构颁发无线电台执照；需要使用无线电台识别码的，同时核发无线电台识别码。国务院有关部门应当将制式无线电台执照及无线电台识别码的核发情况定期通报国家无线电管理机构。

船舶、航空器、铁路机车设置、使用非制式无线电台的管理办法，由国家无线电管理机构会同国务院有关部门制定。

第三十七条 遇有危及国家安全、公共安全、生命财产安全的紧急情况或者为了保障重大社会活动的特殊需要，可以不经批准临时设置、使用无线电台（站），但是应当及时向无线电台（站）所在地无线电管理机构报告，并在紧急情况消除或者重大社会活动结束后及时关闭。

第三十八条 无线电台（站）应当按照无线电台执照规定的许可事项和条件设置、使用；变更许可事项的，应当向作出许可决定的无线电管理机构办理变更手续。

无线电台（站）终止使用的，应当及时向作出许可决定的无线电管理机构办理注销手续，交回无线电台执照，拆除无线电台（站）及天线等附属设备。

第三十九条 使用无线电台（站）的单位或者个人应当对无线电台（站）进行定期维护，保证其性能指标符合国家标准和国家无线电管理的有关规定，避免对其他依法设置、使用的无线电台（站）产生有害干扰。

第四十条 使用无线电台（站）的单位或者个人应当遵守国家环境保护的规定，采取必要措施防止无线电波发射产生的电磁辐射污染环境。

第四十一条 使用无线电台（站）的单位或者个人不得故意收发无线电台执照许可事项之外的无线电信号，不得传播、公布或者利用无意接收的信息。

业余无线电台只能用于相互通信、技术研究和自我训练，并在业余业务或者卫星业余业务专用频率范围内收发信号，但是参与重大自然灾害等突发事件应急处置的除外。

4. **中华人民共和国治安管理处罚法**（2005年8月28日第十届全国人民代表大会常务委员会第十七次会议通过　根据2012年10月26日第十一届全国人民代表大会常务委员会第二十九次会议《关于修改〈中华人民共和国治安管理处罚法〉的决定》修正）（节录）

第二十八条 违反国家规定，故意干扰无线电业务正常进行的，或者对正常运行的无线电台（站）产生有害干扰，经有关主管部门指出后，拒不采取有效措施消除的，处五日以上十日以下拘留；情节严重的，处十日以上十五日以下拘留。

二十五、聚众扰乱社会秩序罪

（一）法律规定

第二百九十条第一款　聚众扰乱社会秩序，情节严重，致使工作、生产、营业和教学、科研、医疗无法进行，造成严重损失的，对首要分子，处三年以上七年以下有期徒刑；对其他积极参加的，处三年以下有期徒刑、拘役、管制或者剥夺政治权利。

（二）罪名详解

聚众扰乱社会秩序罪，是指聚众扰乱社会秩序，情节严重，致使工作、生产、营业和教学、科研、医疗无法进行，造成严重损失的行为。本罪1979年《刑法》第158条作了规定，1997年刑法在此基础上进行了修改，规定了该罪；《刑法修正案（九）》对本罪又进行了修改，将致使“工作、生产、营业和教学、科研”无法进行，修改为致使“工作、生产、营业和教学、科研、医疗”无法进行。这是针对当前扰乱医疗单位案件多发的实际情况，增加的一个明确法律适用的规定。

聚众扰乱社会秩序罪的构成要件是：

1. 主体要件

犯罪主体为一般主体，但并非所有参与扰乱社会秩序的人都构成本罪，构成本罪的只能是扰乱社会秩序的首要分子和其他积极参加者。“首要分子”，是指在聚众扰乱社会秩序犯罪中起策划、组织、领导作用的犯罪分子；“其他积极参加的”，是指在扰乱社会秩序犯罪中积极、主动参加或者起重要作用的犯罪分子。

2. 客体要件

本罪侵犯的客体是社会秩序，即正常的工作、生产、营业和教学、科研、医疗秩序。

3. 主观要件

主观方面由故意构成。行为人往往企图通过这种扰乱活动，制造事端，给机关、企业、事业单位和人民团体施加压力，以实现自己某种无理的要求或者借机发泄不满情绪。过失不构成本罪。

4. 客观要件

在客观方面表现为聚众扰乱社会秩序，情节严重，致使工作、生产、营业和教学、科研、医疗无法进行，造成严重损失的行为。“聚众扰乱社会秩序”，是指在首要分子的煽动、策划下，纠集多人共同扰乱党政机关、企业、事业单位和人民团体的工作、生产、营业和教学、科研、医疗秩序，如聚众侵入、占领党政机关、企业、事业单位和人民团体的工作场所，封闭其出入通道，进行纠缠、哄闹、辱骂等；“情节严重”，主要是指扰乱的时间长，纠集的人数多，扰乱重要的工作、生产、营业和教学、科研、医疗秩序，造成的影响恶劣等；“造成严重损失”，主要是指公私财物或者经济建设、教学科研、医疗等受到严重的损失和破坏等。“情节严重”“致使工作、生产、营业和教学、科研、医疗无法进行”和“造成严重损失”都是构成本罪的要件，缺一不可。《刑法修正案（九）》对本条的修改并不是增加新的犯罪情形，只是对刑法原有规定作进一步明确规定。这样规定，有利于增强法律的针对性，提高对扰乱医疗秩序犯罪的震慑力。

（三）实务疑难问题

1. 罪与非罪的认定

应注意划清本罪与一般扰乱社会秩序违法行为的界限。两者在表现形式上可能相同，都扰乱了正常的工作、生产、营业和教学、科研、医疗秩序。主要区别在于是否情节严重、是否造成严重损失以及是否属于首要分子和积极参加者。如果情节一般，没有造成严重损失的，或者属于普通参加者，不构成本罪。

2. 划清本罪与其他罪的界限

划清本罪与妨害公务罪的界限。两者的主要区别是：（1）前者侵害的是机关、企事业单位和人民团体，后者侵害的是国家机关工作人员；（2）前者是聚众进行，后者可以是单个人进行；（3）前者不限于暴力、威胁的方法，后者则要求采用暴力、威胁的方法。

3. 划清一罪与数罪的界限

行为人在实施扰乱社会秩序的犯罪过程中，如果在犯罪手段或者犯罪结果上又触犯了其他罪名的，应按照处理牵连犯的原则，择一重罪处罚；如果独立构成故意杀人、故意伤害、抢劫、故意毁坏财物等犯罪的，应与聚众扰乱社会秩序罪并罚。

（四）情节与量刑

依照《刑法》第290条第1款规定，聚众扰乱社会秩序的，对首要分子，处3年以上7年以下有期徒刑；对其他积极参加的，处3年以下有期徒刑、拘役、管制或者剥夺政治权利。

（五）法律链接

1. **最高人民法院、最高人民检察院、公安部、司法部、国家卫生和计划生育委员会关于依法惩处涉医违法犯罪维护正常医疗秩序的意见**（法发〔2014〕5号　2014年4月22日发布）（节录）

（二）在医疗机构私设灵堂、摆放花圈、焚烧纸钱、悬挂横幅、堵塞大门或者以其他方式扰乱医疗秩序，尚未造成严重损失，经劝说、警告无效的，要依法驱散，对拒不服从的人员要依法带离现场，依照治安管理处罚法第二十三条的规定处罚；聚众实施的，对首要分子和其他积极参加者依法予以治安处罚；造成严重损失或者扰乱其他公共秩序情节严重，构成寻衅滋事罪、聚众扰乱社会秩序罪、聚众扰乱公共场所秩序、交通秩序罪的，依照刑法的有关规定定罪处罚。

在医疗机构的病房、抢救室、重症监护室等场所及医疗机构的公共开放区域违规停放尸体，影响医疗秩序，经劝说、警告无效的，依照治安管理处罚法第六十五条的规定处罚；严重扰乱医疗秩序或者其他公共秩序，构成犯罪的，依照前款的规定定罪处罚。

2. **中华人民共和国治安管理处罚法**（2005年8月28日第十届全国人民代表大会常务委员会第十七次会议通过　根据2012年10月26日第十一届全国人民代表大会常务委员会第二十九次会议《关于修改〈中华人民共和国治安管理处罚法〉的决定》修正）（节录）

第二十三条　有下列行为之一的，处警告或者二百元以下罚款；情节较重的，处五日以上十日以下拘留，可以并处五百元以下罚款：

（一）扰乱机关、团体、企业、事业单位秩序，致使工作、生产、营业、医疗、教学、科研不能正常进行，尚未造成严重损失的；

（二）扰乱车站、港口、码头、机场、商场、公园、展览馆或者其他公共场所秩序的；

（三）扰乱公共汽车、电车、火车、船舶、航空器或者其他公共交通工具上的秩序的；

（四）非法拦截或者强登、扒乘机动车、船舶、航空器以及其他交通工具，影响交通工具正常行驶的；

（五）破坏依法进行的选举秩序的。

聚众实施前款行为的，对首要分子处十日以上十五日以下拘留，可以并处一千元以下罚款。

二十六、聚众冲击国家机关罪

（一）法律规定

第二百九十条第二款　聚众冲击国家机关，致使国家机关工作无法进行，造成严重损失的，对首要分子，处五年以上十年以下有期徒刑；对其他积极参加的，处五年以下有期徒刑、拘役、管制或者剥夺政治权利。

（二）罪名详解

聚众冲击国家机关罪，是指聚众冲击国家机关，致使国家机关工作无法进行，造成严重损失的行为。本罪是1997年刑法增设的罪名，1979年刑法和单行刑法均没有规定此罪名。

聚众冲击国家机关罪的构成要件是：

1. 主体要件

本罪的犯罪主体为一般主体。根据刑法规定，并非所有参加冲击国家机关的人都构成本罪，构成犯罪的只是聚众冲击国家机关的首要分子和其他积极参加者。

2. 客体要件

本罪侵犯的客体是国家机关的正常工作秩序。犯罪对象是国家机关，即各级国家权力机关、党政机关、监察机关、司法机关和军事机关，但是，如果军事机关属于军事禁区或者军事管理区，应按《刑法》第371条的规定定罪处罚。

3. 主观要件

主观方面由故意构成。过失不构成本罪。

4. 客观要件

在客观方面表现为聚众冲击国家机关，致使国家机关工作无法进行，造成严重损失的行为。“聚众冲击国家机关”，是指聚集多人强行冲入国家机关的行为；“致使国家机关工作无法进行”，是指国家机关及其工作人员行使管理职权、执行职务的活动，因受到冲击而被迫中断或者停止；“造成严重损失”，主要是指妨害国家机关重要公务活动的；政治影响恶劣的；致使国家机关长时间无法行使管理职权；严重影响工作秩序的；给国家、集体和个人造成严重损失的等情形。

（三）实务疑难问题

划清本罪与其他罪的界限

注意划清本罪与聚众扰乱社会秩序罪的界限。两者之间的主要区别：（1）侵犯的客体不同。前者侵犯的是国家机关的正常工作秩序，后者侵犯的是社会秩序。（2）犯罪对象不同。前者是国家机关，后者还包括企业、事业单位和人民团体。（3）客观方面不同。前者是聚众冲击国家机关，致使国家机关工作无法进行，造成严重损失的行为；后者则是聚众扰乱社会秩序，致使工作、生产、营业和教学、科研无法进行，造成严重损失的行为。行为人如果采用冲闯、强行进入、占据国家机关或者堵塞国家机关通道的方法扰乱社会秩序的，则应当以聚众冲击国家机关罪论处。

（四）情节与量刑

依照《刑法》第290条第2款规定，犯聚众冲击国家机关罪的，对首要分子，处5年以上10年以下有期徒刑；对其他积极参加的，处5年以下有期徒刑、拘役、管制或者剥夺政治权利。

（五）法律链接

中华人民共和国集会游行示威法（1989年10月31日第七届全国人民代表

大会常务委员会第十次会议通过　根据2009年8月27日第十一届全国人民代表大会常务委员会第十次会议《关于修改部分法律的决定》修正）（节录）

第二十九条　举行集会、游行、示威，有犯罪行为的，依照刑法有关规定追究刑事责任。

携带武器、管制刀具或者爆炸物的，依照刑法有关规定追究刑事责任。

未依照本法规定申请或者申请未获许可，或者未按照主管机关许可的起止时间、地点、路线进行，又拒不服从解散命令，严重破坏社会秩序的，对集会、游行、示威的负责人和直接责任人员依照刑法有关规定追究刑事责任。

包围、冲击国家机关，致使国家机关的公务活动或者国事活动不能正常进行的，对集会、游行、示威的负责人和直接责任人员依照刑法有关规定追究刑事责任。

占领公共场所、拦截车辆行人或者聚众堵塞交通，严重破坏公共场所秩序、交通秩序的，对集会、游行、示威的负责人和直接责任人员依照刑法有关规定追究刑事责任。

二十七、扰乱国家机关工作秩序罪

（一）法律规定

第二百九十条第三款　多次扰乱国家机关工作秩序，经行政处罚后仍不改正，造成严重后果的，处三年以下有期徒刑、拘役或者管制。

（二）罪名详解

扰乱国家机关工作秩序罪，是指多次扰乱国家机关工作秩序，经行政处罚后仍不改正，造成严重后果的行为。

扰乱国家机关工作秩序罪的构成要件是：

1. 主体要件

本罪的犯罪主体为一般主体。

2. 客体要件

本罪侵犯的客体是国家机关的正常工作秩序。犯罪对象是国家机关。

3. 主观要件

主观方面由故意构成。过失不构成本罪。

4. 客观要件

本罪在客观方面表现为多次扰乱国家机关工作秩序，经行政处罚后仍不改正，造成严重后果的行为。本罪客观方面需要同时具备三个条件：(1) 多次扰乱国家机关工作秩序。此处是指行为人没有采取聚集众人的方式，而是个人以各种极端方式多次冲击、扰乱国家机关工作秩序。(2) 经行政处罚后仍不改正，对于行政处罚的次数没有限制，一次即可。(3) 造成严重后果。

（三）实务疑难问题

划清本罪与其他罪的界限

司法实践中主要应注意本罪与聚众冲击国家机关罪的区分。两罪侵犯的客体都是国家机关的正常工作秩序，在客观方面的行为方式、手段也多有类似，但两罪最主要的区别在于：1. 犯罪主体不同。本罪的犯罪主体为一般主体，个人即可实施本罪，而聚众冲击国家机关罪系聚众型犯罪，个人无法单独实施该罪的行为，且只有首要分子和其他积极参加者才能成为犯罪主体。2. 客观方面表现不同。本罪在客观方面表现为多次扰乱国家机关工作秩序，经行政处罚后仍不改正，造成严重后果的行为。而聚众冲击国家机关罪在客观方面表现为聚众冲击国家机关，致使国家机关工作无法进行，造成严重损失的行为，并不要求经过行政处罚。

（四）情节与量刑

依照《刑法》第 290 条第 3 款的规定，犯扰乱国家机关工作秩序罪的，处 3 年以下有期徒刑、拘役或者管制。

二十八、组织、资助非法聚集罪

（一）法律规定

第二百九十条第四款　多次组织、资助他人非法聚集，扰乱社会秩序，情节严重的，依照前款的规定处罚。

（二）罪名详解

组织、资助非法聚集罪，是指多次组织、资助他人非法聚集，扰乱社会秩序，情节严重的行为。

组织、资助非法聚集罪的构成要件是：

1. 主体要件

本罪的犯罪主体为一般主体。

2. 客体要件

本罪侵犯的客体是社会秩序，即正常的工作、生产、营业和教学、科研、医疗秩序等。

3. 主观要件

主观方面由故意构成。过失不构成本罪。

4. 客观要件

本罪在客观方面表现为多次组织、资助他人非法聚集，扰乱社会秩序，情节严重的行为。其中“组织”是指策划、指挥、协调非法聚集活动的行为。“资助”是指筹集、提供活动经费、物资以及其他物质便利的行为。“非法聚集”，是指未经批准在公共场所集会、集结的行为。本罪规定的扰乱社会秩序，是指造成社会秩序混乱，致使工作、生产、营业和教学、科研、医疗等活动受到严重干扰，甚至无法进行的情况。例如致使机场、车站、码头、商场、影剧院、运动场馆等人员密集场所秩序混乱，影响航空器、列车、船舶等大型客运交通工具正常运行的，致使国家机关、学校、医院、厂矿企业等单位的工作、生产、经营、教学、科研、医疗等活动中断等。

（三）情节与量刑

依照《刑法》第 290 条第 3 款、第 4 款的规定，犯组织、资助非法聚集罪的，处 3 年以下有期徒刑、拘役或者管制。

二十九、聚众扰乱公共场所秩序、交通秩序罪

（一）法律规定

第二百九十一条　聚众扰乱车站、码头、民用航空站、商场、公园、影剧院、展览会、运动场或者其他公共场所秩序，聚众堵塞交通或者破坏交通秩序，抗拒、阻碍国家治安管理工作人员依法执行职务，情节严重的，对首要分子，处五年以下有期徒刑、拘役或者管制。

（二）罪名详解

聚众扰乱公共场所秩序、交通秩序罪，是指聚众扰乱车站、码头、民用航空站、商场、公园、影剧院、展览会、运动场或者其他公共场所秩序，聚众堵塞交通或者破坏交通秩序，抗拒、阻碍国家治安管理工作人员依法执行职务，情节严重的行为。1979年《刑法》第159条对本罪作了规定。

聚众扰乱公共场所秩序、交通秩序罪的构成要件是：

1. 主体要件

犯罪主体只能是聚众扰乱公共场所秩序、交通秩序的首要分子，即在聚众扰乱公共场所秩序、交通秩序犯罪活动中起组织、策划、指挥作用的人。

2. 客体要件

本罪侵犯的客体是公共场所秩序或者交通秩序。“公共场所秩序”，是指保证公众安全顺利地出入、使用公共场所所规定的公共行为规则；“公共场所”，是指具有公共性的特点，对外开放，能为不特定的多数人随意出入、停留、使用的场所，主要有车站、码头、民用航空站、商场、公园、影剧院、展览会、运动场等；本罪中的“其他公共场所”，主要是指礼堂、公共食堂、游泳池、浴池、农村集市等；“交通秩序”，是指交通工具与行人在交通线路上安全顺利通行的规则。

3. 主观要件

主观方面是出于故意。行为人往往企图通过这种扰乱活动，制造事端，给有关部门施加压力，以满足某些无理要求或者借机发泄不满情绪。过失不

构成本罪。

4. 客观要件

客观方面表现为聚众扰乱公共场所秩序或者交通秩序，抗拒、阻碍国家治安管理工作人员依法执行职务的行为。具体表现为以下两种行为：（1）聚众扰乱公共场所秩序或者聚众堵塞交通、破坏交通秩序。“聚众扰乱”公共场所秩序，是指纠集多人以各种方法对公共场所秩序进行干扰和捣乱，主要是故意在公共场所聚众起哄闹事；“聚众堵塞交通、破坏交通秩序”，是指纠集多人堵塞交通使车辆、行人不能通过，或者故意违反交通规则，破坏正常的交通秩序，影响顺利通行和通行安全的行为。（2）抗拒、阻碍国家治安管理工作人员依法执行职务，即抗拒、阻碍治安民警、交通民警和其他依法执行治安管理职务的工作人员依法维护公共场所秩序或者交通秩序的行为。上述两种行为都是构成本罪的要件，缺一不可。

（三）实务疑难问题

1. 罪与非罪的认定

根据法律规定，聚众扰乱公共场所秩序的行为，必须达到“情节严重”的程度，才构成犯罪。所谓情节严重，司法实践中一般是指聚众扰乱公共场所秩序、交通秩序人数多或者时间长的；造成人员伤亡或者公私财物重大损失的；影响或者行为手段恶劣的等情形。聚众扰乱公共场所秩序、交通秩序罪与违反治安管理的扰乱公共场所秩序、交通秩序行为表现相同，主要区别在于是否情节严重和是否属于首要分子。如果情节较轻或者属于一般参与者，不构成犯罪。

2. 划清本罪与其他罪的界限

划清本罪与聚众扰乱社会秩序罪的界限

两者主观方面都是故意，动机都是制造事端，给有关单位施加压力，以满足某些无理要求或者借机发泄不满情绪；客观方面都是聚众进行，有扰乱社会秩序的行为。两者的主要区别是犯罪的地点和侵犯的客体不同。前者发生在公共场所或者交通要道，侵犯的是公共场所秩序或者交通秩序；后者发生在党政机关、企业、事业单位和人民团体，侵犯的是正常的工作、生产、营业和教学、科研、医疗秩序。

（四）情节与量刑

依照《刑法》第291条规定，犯聚众扰乱公共场所秩序、交通秩序罪的，对首要分子，处5年以下有期徒刑、拘役或者管制。

（五）法律链接

中华人民共和国集会游行示威法（1989年10月31日第七届全国人民代表大会常务委员会第十次会议通过　1989年10月31日中华人民共和国主席令第二十号公布　根据2009年8月27日第十一届全国人民代表大会常务委员会第十次会议《关于修改部分法律的决定》修正）

第二十九条　举行集会、游行、示威，有犯罪行为的，依照刑法有关规定追究刑事责任。

携带武器、管制刀具或者爆炸物的，依照刑法有关规定追究刑事责任。

未依照本法规定申请或者申请未获许可，或者未按照主管机关许可的起止时间、地点、路线进行，又拒不服从解散命令，严重破坏社会秩序的，对集会、游行、示威的负责人和直接责任人员依照刑法有关规定追究刑事责任。

包围、冲击国家机关，致使国家机关的公务活动或者国事活动不能正常进行的，对集会、游行、示威的负责人和直接责任人员依照刑法有关规定追究刑事责任。

占领公共场所、拦截车辆行人或者聚众堵塞交通，严重破坏公共场所秩序、交通秩序的，对集会、游行、示威的负责人和直接责任人员依照刑法有关规定追究刑事责任。

三十、投放虚假危险物质罪

（一）法律规定

第二百九十一条之一第一款　投放虚假的爆炸性、毒害性、放射性、传染病病原体等物质，或者编造爆炸威胁、生化威胁、放射威胁等恐怖信息，或者明知是编造的恐怖信息而故意传播，严重扰乱社会秩序的，处五年以下有期徒刑、拘役或者管制；造成严重后

果的，处五年以上有期徒刑。

（二）罪名详解

投放虚假危险物质罪，是指投放虚假的爆炸性、毒害性、放射性、传染病病原体等物质，严重扰乱社会秩序的行为。本罪是《刑法修正案（三）》第8条增设的罪名。

投放虚假危险物质罪的构成要件是：

1. 主体要件

犯罪主体为一般主体。单位不能构成本罪。

2. 客体要件

本罪侵犯的客体是社会管理秩序。

3. 主观要件

主观方面由故意构成。动机可能多种多样，但不影响犯罪成立。

4. 客观要件

客观方面表现为投放了虚假的爆炸性、毒害性、放射性、传染病病原体等物质，严重扰乱社会秩序的行为。“9·11”事件以后，有的人出于各种目的，向机关、团体、企业、事业单位或者个人以及向公共场所或者公共交通工具投放虚假的毒害性、放射性、传染病病原体等物质，造成公众心理恐慌，严重扰乱社会秩序。为惩治这类犯罪行动，《刑法修正案（三）》第8条增设了此罪名。行为人如果投放了真实的爆炸性、毒害性、放射性、传染病病原体等物质，则危害了公共安全，应以投放危险物质罪定罪处罚。

投放，是指放置、丢弃在公共场所、交通工具或者其他位置，或者向有关单位或者个人邮寄。严重扰乱社会秩序，是指造成社会公众的心理恐慌，严重扰乱正常的生产、生活、工作和教学、科研、医疗秩序。

（三）情节与量刑

依照《刑法》第291条之一的规定，犯投放虚假危险物质罪的，处5年以下有期徒刑、拘役或者管制；造成严重后果的，处5年以上有期徒刑。

（四）法律链接

中华人民共和国治安管理处罚法（2005年8月28日第十届全国人民代表

大会常务委员会第十七次会议通过　根据2012年10月26日第十一届全国人民代表大会常务委员会第二十九次会议《关于修改〈中华人民共和国治安管理处罚法〉的决定》修正）（节录）

第二十五条　有下列行为之一的，处五日以上十日以下拘留，可以并处五百元以下罚款；情节较轻的，处五日以下拘留或者五百元以下罚款：

（一）散布谣言，谎报险情、疫情、警情或者以其他方法故意扰乱公共秩序的；

（二）投放虚假的爆炸性、毒害性、放射性、腐蚀性物质或者传染病病原体等危险物质扰乱公共秩序的；

（三）扬言实施放火、爆炸、投放危险物质扰乱公共秩序的。

三十一、编造、故意传播虚假恐怖信息罪

（一）法律规定

第二百九十一条之一第一款　投放虚假的爆炸性、毒害性、放射性、传染病病原体等物质，或者编造爆炸威胁、生化威胁、放射威胁等恐怖信息，或者明知是编造的恐怖信息而故意传播，严重扰乱社会秩序的，处五年以下有期徒刑、拘役或者管制；造成严重后果的，处五年以上有期徒刑。

（二）罪名详解

编造、故意传播虚假恐怖信息罪，是指编造爆炸威胁、生化威胁、放射威胁等恐怖信息，或者明知是编造的恐怖信息而故意传播，严重扰乱社会秩序的行为。本罪是《刑法修正案（三）》第8条增设的罪名。

编造、故意传播虚假恐怖信息罪的构成要件是：

1. 主体要件

犯罪主体为一般主体。单位不能成为本罪的犯罪主体。

2. 客体要件

本罪侵犯的客体是社会管理秩序。编造、故意传播虚假恐怖信息，其社会危害性主要表现为：在社会上造成一种恐怖气氛，引起社会秩序的混乱。

“9·11”事件以后，有的人出于各种目的，故意编造爆炸威胁、炭疽菌威胁等恐怖信息，制造恐怖气氛，这种投放假炭疽菌病毒的行为虽然不能造成炭疽病的传播，但会造成一定范围内的恐慌，严重扰乱社会秩序，特别是在恐怖分子投放真的炭疽菌的情况下，这种投放假炭疽菌的行为，会使人们难辨真假，危害更大，应当予以刑事处罚。为了惩治犯罪，《刑法修正案（三）》第8条增设了此罪名。

3. 主观要件

主观方面由故意构成，过失不构成本罪。

4. 客观要件

客观方面包括两种情形：一是故意编造爆炸威胁、生化威胁、放射威胁等恐怖信息；二是明知是编造的恐怖信息而故意传播。只要实施这两种行为中的一种，严重扰乱社会秩序的，就构成本罪。本罪是选择性罪名，如果行为人只实施编造或者故意传播虚假恐怖信息行为之一的，即只定为编造虚假恐怖信息罪或者故意传播虚假恐怖信息罪；如果行为人先编造虚假恐怖信息，而后又故意传播的，也只定编造、故意传播虚假恐怖信息罪一罪，不能数罪并罚。

关于“恐怖信息”的范围，《最高人民法院关于审理编造、故意传播虚假恐怖信息刑事案件适用法律若干问题的解释》（以下简称《解释》）作了进一步的细化。根据该解释，虚假恐怖信息包括以发生爆炸威胁、生化威胁、放射威胁、劫持航空器威胁、重大灾情、重大疫情等严重威胁公共安全的事件为内容，可能引起社会恐慌或者公共安全危机的不真实信息。

关于“严重扰乱社会秩序”的具体认定，《解释》中作了明确列举，即致使机场、车站、码头、商场、影剧院、运动场馆等人员密集场所秩序混乱，或者采取紧急疏散措施的；影响航空器、列车、船舶等大型客运交通工具正常运行的；致使国家机关、学校、医院、厂矿企业等单位的工作、生产、经营、教学、科研、医疗等活动中断的；造成行政村或者社区居民生活秩序严重混乱的；致使公安、武警、消防、卫生检疫等职能部门采取紧急应对措施的；其他严重扰乱社会秩序的。

（三）实务疑难问题

1. 罪与非罪的认定

注意划清故意传播虚假恐怖信息与谎报恐怖险情的界限。司法实践中，对一般公民听到某个恐怖信息后，因难以分清信息真伪，又主动告知其他人或者打电话报警，经事后查实是虚假恐怖信息的，因行为人对传播虚假恐怖信息并非出于故意，不构成犯罪。

2. 划清本罪与其他罪的界限

本罪与投放虚假危险物质罪的界限。本罪与后罪在犯罪客体、主观方面有相同或类似之处。两罪的区别是：

（1）主观故意的内容不同。本罪的主观故意内容为明知编造、传播的是虚假恐怖信息而仍决意为之；投放虚假危险物质罪的主观故意内容表现为明知是虚假的危险物质而决意投放。（2）两罪的行为方式不同。本罪表现为编造爆炸威胁、生化威胁、放射威胁等恐怖信息，或者故意传播编造的恐怖信息；后罪的行为方式表现为投放虚假的爆炸性、毒害性、放射性、传染病病原体等危险物质。如果行为人投放虚假的爆炸性、毒害性、放射性、传染病病原体等危险物质后，再编造成为恐怖信息传播出去，后面的编造并传播行为乃为前面的投放虚假危险物质的自然结果，属事后不可罚行为，应以投放虚假危险物质罪定罪处罚。但是，行为人投放虚假危险物质之后，不是进行编造恐怖信息或者传播，而是编造另外的虚假恐怖信息或者传播编造的另外虚假恐怖信息，由于后行为与前行为并不存在必要的按一罪处罚的关系，两行为分别构成犯罪的，应以本罪与后罪实行并罚。

（四）情节与量刑

依照《刑法》第 291 条之一的规定，犯编造、故意传播虚假恐怖信息罪的，处 5 年以下有期徒刑、拘役或者管制；造成严重后果的，处 5 年以上有期徒刑。该条规定的“造成严重后果的”，是本罪的加重处罚情节，根据《解释》第 4 条的规定，“造成严重后果”是指具有下列情形之一的：（1）造成 3 人以上轻伤或者 1 人以上重伤的；（2）造成直接经济损失 50 万元以上的；（3）造成县级以上区域范围居民生活秩序严重混乱的；（4）妨碍国家重大活动进行的；（5）造成其他严重后果的。

根据《最高人民法院、最高人民检察院关于办理妨害预防、控制突发传染病疫情等灾害的刑事案件具体应用法律若干问题的解释》，编造与突发传染病疫情等灾害有关的恐怖信息，或者明知是编造的此类恐怖信息而故意传播，严重扰乱社会秩序的，依照《刑法》第 291 条之一的规定，以编造、故意传播虚假恐怖信息罪定罪处罚。

（五）法律链接

1. 最高人民法院关于审理编造、故意传播虚假恐怖信息刑事案件适用法律若干问题的解释（法释〔2013〕24 号　自 2013 年 9 月 30 日起施行）（节录）

第一条　编造恐怖信息，传播或者放任传播，严重扰乱社会秩序的，依照刑法第二百九十一条之一的规定，应认定为编造虚假恐怖信息罪。

明知是他人编造的恐怖信息而故意传播，严重扰乱社会秩序的，依照刑法第二百九十一条之一的规定，应认定为故意传播虚假恐怖信息罪。

第二条　编造、故意传播虚假恐怖信息，具有下列情形之一的，应当认定为刑法第二百九十一条之一的“严重扰乱社会秩序”：

（一）致使机场、车站、码头、商场、影剧院、运动场馆等人员密集场所秩序混乱，或者采取紧急疏散措施的；

（二）影响航空器、列车、船舶等大型客运交通工具正常运行的；

（三）致使国家机关、学校、医院、厂矿企业等单位的工作、生产、经营、教学、科研等活动中断的；

（四）造成行政村或者社区居民生活秩序严重混乱的；

（五）致使公安、武警、消防、卫生检疫等职能部门采取紧急应对措施的；

（六）其他严重扰乱社会秩序的。

第三条　编造、故意传播虚假恐怖信息，严重扰乱社会秩序，具有下列情形之一的，应当依照刑法第二百九十一条之一的规定，在五年以下有期徒刑范围内酌情从重处罚：

（一）致使航班备降或返航；或者致使列车、船舶等大型客运交通工具中断运行的；

（二）多次编造、故意传播虚假恐怖信息的；

（三）造成直接经济损失二十万元以上的；

（四）造成乡镇、街道区域范围居民生活秩序严重混乱的；

（五）具有其他酌情从重处罚情节的。

第四条　编造、故意传播虚假恐怖信息，严重扰乱社会秩序，具有下列情形之一的，应当认定为刑法第二百九十一条之一的“造成严重后果”，处五年以上有期徒刑：

（一）造成三人以上轻伤或者一人以上重伤的；

（二）造成直接经济损失五十万元以上的；

（三）造成县级以上区域范围居民生活秩序严重混乱的；

（四）妨碍国家重大活动进行的；

（五）造成其他严重后果的。

第五条　编造、故意传播虚假恐怖信息，严重扰乱社会秩序，同时又构成其他犯罪的，择一重罪处罚。

第六条　本解释所称的“虚假恐怖信息”是指以发生爆炸威胁、生化威胁、放射威胁、劫持航空器威胁、重大灾情、重大疫情等严重威胁公共安全的事件为内容，可能引起社会恐慌或者公共安全危机的不真实信息。

2. **最高人民法院、最高人民检察院关于办理妨害预防、控制突发传染病疫情等灾害的刑事案件具体应用法律若干问题的解释**（法释〔2003〕8号　自2003年5月15日起施行）（节录）

第十条　编造与突发传染病疫情等灾害有关的恐怖信息，或者明知是编造的此类恐怖信息而故意传播，严重扰乱社会秩序的，依照刑法第二百九十一条之一的规定，以编造、故意传播虚假恐怖信息罪定罪处罚。

利用突发传染病疫情等灾害，制造、传播谣言，煽动分裂国家、破坏国家统一，或者煽动颠覆国家政权、推翻社会主义制度的，依照刑法第一百零三条第二款、第一百零五条第二款的规定，以煽动分裂国家罪或者煽动颠覆国家政权罪定罪处罚。

3. **最高人民检察院关于依法严厉打击编造、故意传播虚假恐怖信息威胁民航飞行安全犯罪活动的通知**（高检发侦监字〔2013〕5号　2013年5月31日发布）

各省、自治区、直辖市人民检察院，军事检察院，新疆生产建设兵团人民检察院：

近期，我国接连发生多起编造虚假恐怖信息威胁民航飞行安全的犯罪案件，造成了多架次航班备降、返航或延迟起飞，严重影响了民航运输正常秩序，对人民群众生命财产安全造成严重威胁。各级检察机关要充分发挥职能作用，坚决依法从重从快严厉打击此类犯罪，维护民航运营秩序，保障民航飞行安全，保护人民群众生命财产安全。现就有关问题通知如下：

一、充分发挥检察职能作用，坚决严厉打击编造、故意传播虚假恐怖信息威胁民航飞行安全犯罪。此类犯罪对民航运输正常秩序和广大乘客的生命财产安全影响巨大，社会反响强烈。各级检察机关要充分认识这类犯罪的严重社会危害性，充分发挥检察职能，加大打击力度。要加强与公安机关的沟通，及时派员介入侦查活动，对收集证据、适用法律提出意见。符合批捕、起诉条件的，要从重从快批捕、起诉。同时，加强与公安机关、人民法院的协调配合，及时研究解决办案中遇到的问题，形成打击犯罪的合力。

二、准确把握犯罪构成要件，确保从重打击。根据刑法第二百九十一条之一的有关规定，编造虚假恐怖信息并向特定对象散布，严重扰乱社会秩序的，即构成编造虚假恐怖信息罪。编造虚假恐怖信息以后向不特定对象散布，严重扰乱社会秩序的，构成编造、故意传播虚假恐怖信息罪。对于编造、故意传播虚假恐怖信息，引起公众恐慌，或者致使航班无法正常起降，破坏民航正常运输秩序的，应当认定为“严重扰乱社会秩序”。工作中，要准确把握犯罪构成要件，依法引导取证，加强法律监督，防止打击不力。

三、加强舆论宣传和引导工作。突出对此类犯罪危害及其所负法律后果的宣传，使人民群众充分认识到编造、故意传播虚假恐怖信息威胁民航飞行安全行为对社会造成的严重危害，实施该行为可能面临的法律后果。宣传报道要适度，减少对犯罪细节的报道，避免引发效仿。要通过宣传有效震慑犯罪分子，争取人民群众的支持，有效遏制此类犯罪的多发势头。

各地办理此类案件的情况，实行一案一报，批捕、决定起诉后要及时层报最高人民检察院。

三十二、编造、故意传播虚假信息罪

（一）法律规定

第二百九十一条之一第二款　编造虚假的险情、疫情、灾情、

警情，在信息网络或者其他媒体上传播，或者明知是上述虚假信息，故意在信息网络或者其他媒体上传播，严重扰乱社会秩序的，处3年以下有期徒刑、拘役或者管制；造成严重后果的，处3年以上7年以下有期徒刑。

（二）罪名详解

编造、故意传播虚假信息罪，是指编造虚假的险情、疫情、灾情、警情，在信息网络或者其他媒体上传播，或者明知是上述虚假信息，故意在信息网络或者其他媒体上传播，严重扰乱社会秩序的行为。本罪是《刑法修正案（九）》新增加的罪名。

编造、故意传播虚假信息罪的构成要件是：

1. 主体要件

犯罪主体为一般主体。单位不能成为本罪的犯罪主体。

2. 客体要件

本罪侵犯的客体是社会管理秩序。随着信息技术的快速发展，尤其是微博、微信等自媒体的兴起，极大改变了原来的信息传播渠道和方式。网络传播信息速度快、范围广、影响大，利用信息网络散布虚假消息，其危害也会成倍放大，轻则损害他人人格和名誉，重则造成人民群众生命财产损失、引发公众恐慌和社会秩序混乱甚至影响社会稳定，为此，《刑法修正案（九）》增设了本罪。

3. 主观要件

主观方面由故意构成，过失不构成本罪。实践中，有的行为人出于吸引他人关注的动机而编造虚假信息，有的是为了恶意中伤、诽谤他人或者单位，还有的是出于经济目的而编造虚假信息。何种动机通常并不影响本罪的成立。

4. 客观要件

本罪在客观方面表现为编造虚假的险情、疫情、灾情、警情，在信息网络或者其他媒体上传播，或者明知是上述虚假信息，故意在信息网络或者其他媒体上传播，严重扰乱社会秩序的行为。其中，虚假信息的范围包括险情、疫情、灾情、警情。“险情”包括突发可能造成重大人员伤亡或者财产损失的情况以及其他危险情况，“疫情”包括疫病尤其是传染病的发生、发展等情况，“灾情”包括火灾、水灾、地质灾害等灾害情况，“警情”包括有违法犯罪行为发生需要出警等情况。行为方式上包括编造虚假信息后传播和明知是虚假信息故意传播两种情况。所谓“编造”是指出于各种目的故意虚构并不存在的险情、疫情、灾情、警情的情况。“传播”虚假信息，是对编造的虚假信息在信息网络上发布、转发、转帖，在其他媒体上登载、刊发等情况。传播方式为在信息网络或者其他媒体发布或者传播。

构成本罪需要达到“严重扰乱社会秩序”的程度，“严重扰乱社会秩序”是指造成社会秩序严重混乱，致使工作、生产、营业和教学、科研、医疗等活动受到严重干扰甚至无法进行的情况。

（三）实务疑难问题

罪与非罪的认定

实践中，应注意区分明知是虚构或者编造的信息而传播和因为误听、误信而传播的界限。有的情况下，信息真伪确实难以辨别，行为人主观上认为是真实的信息而传播；有的时候还存在被传播的信息开始被辟谣，事后被证实为真的情况。只有故意编造并且将自己编造的相关信息在网络或其他媒体上传播的行为，以及明知道是他人编造的信息而故意在网络或其他媒体上传播的，才构成犯罪。确实不知相关信息为谣言而误传播的，不构成犯罪。

（四）情节与量刑

依照《刑法》第 291 条之一第 2 款的规定，犯编造、故意传播虚假信息罪的，处 3 年以下有期徒刑、拘役或者管制；造成严重后果的，处 3 年以上 7 年以下有期徒刑。

三十三、聚众斗殴罪

（一）法律规定

第二百九十二条　聚众斗殴的，对首要分子和其他积极参加的，处三年以下有期徒刑、拘役或者管制；有下列情形之一的，对首要分子和其他积极参加的，处三年以上十年以下有期徒刑：

（一）多次聚众斗殴的；

（二）聚众斗殴人数多，规模大，社会影响恶劣的；

（三）在公共场所或者交通要道聚众斗殴，造成社会秩序严重混乱的；

（四）持械聚众斗殴的。

聚众斗殴，致人重伤、死亡的，依照本法第二百三十四条、第二百三十二条的规定定罪处罚。

（二）罪名详解

聚众斗殴罪，是指为了私仇、争霸一方或者其他不正当目的，纠集多人成帮结伙地互相进行殴斗的行为。本罪是从1979年《刑法》第160条的规定，吸收改为1997年刑法的具体规定的。1979年刑法只有流氓罪的规定。本罪是对流氓罪的分解。

聚众斗殴罪的构成要件是：

1．主体要件

犯罪主体为聚众斗殴的首要分子和积极参加者。“首要分子”，是指聚众斗殴的组织者、指挥者、策划者；“积极参加者”，是指除首要分子以外其他在斗殴中发挥重要作用或者直接致死、致伤他人者。参与斗殴态度一般或者尾随参与，且在斗殴中作用不大者不构成本罪。

2．客体要件

本罪侵犯的客体是社会公共秩序。所谓公共秩序，是指人们在社会公共生活中应当遵守的共同准则，不应简单地理解为公共场所的秩序。司法实践中，聚众斗殴行为较多地发生在公共场所，往往同时造成对公私财产和公民人身权利的侵犯，但其侵犯的主要不是特定的个人或者特定的公私财物，而是由于行为人公然藐视法纪和社会公德，公然向社会挑战，破坏公共秩序。这是一种严重危害社会治安，威胁人们生命、健康、财产安全的犯罪，历来是刑法打击的重点。

3．主观要件

主观方面为直接故意。一般是出于为了争霸一方抢占地盘，或为了报复他人，或为了寻求刺激等公然藐视国家法纪和社会公德的犯罪动机。过失不构成本罪。

4. 客观要件

客观方面表现为聚众斗殴的行为。“聚众”，是指纠集多人，拉帮结伙；“斗殴”，是指双方互相厮打。在司法实践中，“聚众斗殴”大多表现为不法集团或者团伙之间出于报复、争霸一方等动机，成帮结伙地打群架、互相殴斗的行为。斗殴的双方都可以构成本罪。这种大规模或者持械进行的殴斗，不仅参加人数多，而且双方事先通常都有一定准备，带有刀枪棍棒等凶器，极易造成一方或双方的人身伤亡，甚至会造成周围无辜群众的伤亡或财产损失。

（三）实务疑难问题

罪与非罪的认定

本罪属于行为犯。只要实施了聚众斗殴的行为，首要分子和积极参加者即构成本罪。但是情节显著轻微，危害不大的，则不应按犯罪处理。

此外，应注意将本罪与因民事纠纷、邻里纠纷而互相斗殴或者结伙械斗的行为区别开来。二者在互相殴斗的形式上很相似，但有本质的区别。后者一般是事出有因，不具有争霸一方、报复他人、寻求刺激等犯罪动机，其行为没有对社会公共秩序构成威胁，所以不能以本罪定罪。

（四）情节与量刑

依照《刑法》第 292 条第 1 款规定，犯聚众斗殴罪的，对首要分子和其他积极参加的，处 3 年以下有期徒刑、拘役或者管制；有下列情形之一的，对首要分子和其他积极参加的，处 3 年以上 10 年以下有期徒刑：1. 多次聚众斗殴的；2. 聚众斗殴人数多，规模大，社会影响恶劣的；3. 在公共场所或者交通要道聚众斗殴，造成社会秩序严重混乱的；4. 持械聚众斗殴的。其中，“持械聚众斗殴”主要是指参加聚众斗殴的人员使用棍棒、刀具以及各种枪支、武器进行斗殴。根据当前司法实践中的通行观念，持械聚众斗殴中的“持械”，是指参加聚众斗殴的人员使用器械或者为斗殴携带器械但实际未使用的情形。这里的“器械”只是各种枪支、刀具、棍棒、砖块等足以致人伤亡的工具。该情形包括为斗殴而准备器械或者持器械参与斗殴，也包括在实施过程中临时获得器械并持器械进行斗殴。利用车辆撞击聚众斗殴一方的人可以认定为“持械聚众斗殴”，因为已经发动的车辆具有速度快、冲力大、破坏性强的特点，在聚众斗殴中以操控方式作为斗殴行凶的工具，其作用等同于传统的棍棒类器械。

规范化量刑。《最高人民法院关于常见犯罪的量刑指导意见》对聚众斗殴罪的量刑作了如下规定：

1. 构成聚众斗殴罪的，可以根据下列不同情形在相应的幅度内确定量刑起点：

（1）犯罪情节一般的，可以在2年以下有期徒刑、拘役幅度内确定量刑起点。

（2）有下列情形之一的，可以在3年至5年有期徒刑幅度内确定量刑起点：聚众斗殴3次的；聚众斗殴人数多，规模大，社会影响恶劣的；在公共场所或者交通要道聚众斗殴，造成社会秩序严重混乱的；持械聚众斗殴的。

2. 在量刑起点的基础上，可以根据聚众斗殴人数、次数、手段严重程度等其他影响犯罪构成的犯罪事实增加刑罚量，确定基准刑。

《新增十个罪名的量刑指导意见（试行）》对聚众斗殴罪的量刑作了如下补充规定：

1. 构成聚众斗殴犯罪的，可根据下列不同情形在相应的幅度内确定量刑起点：

（1）犯罪情节一般的，可在6个月至1年6个月有期徒刑幅度内确定量刑起点。

（2）聚众斗殴3次的；聚众斗殴人数多，规模大，社会影响恶劣的；在公共场所或者交通要道聚众斗殴，造成社会秩序严重混乱的；或者持械聚众斗殴的，可在3年至4年有期徒刑幅度内确定量刑起点。

2. 在确定量刑起点的基础上，可根据聚众斗殴人数、次数、伤害后果等犯罪事实和情节增加刑罚量确定基准刑。有下列情形之一的，可增加相应的刑罚量：

（1）每增加1人轻微伤，增加2个月至3个月刑期；

（2）每增加1人轻伤，增加3个月至6个月刑期；

（3）每增加聚众斗殴1次，增加6个月至9个月刑期。

3. 有下列情节之一的，可增加基准刑的10%—30%：

（1）带有黑社会性质或地方恶势力性质的；

（2）组织未成年人聚众斗殴的。

根据《刑法》第292条第2款的规定，如果在聚众斗殴中致人重伤、死亡的，则不能再按本罪处罚，而应当依照《刑法》第234条、第232条规定的故意伤害罪或者故意杀人罪定罪处罚。

（五）法律链接

中华人民共和国治安管理处罚法（2005年8月28日第十届全国人民代表大会常务委员会第十七次会议通过　根据2012年10月26日第十一届全国人民代表大会常务委员会第二十九次会议《关于修改〈中华人民共和国治安管理处罚法〉的决定》修正）（节录）

第二十六条　有下列行为之一的，处五日以上十日以下拘留，可以并处五百元以下罚款；情节较重的，处十日以上十五日以下拘留，可以并处一千元以下罚款：

（一）结伙斗殴的；

（二）追逐、拦截他人的；

（三）强拿硬要或者任意损毁、占用公私财物的；

（四）其他寻衅滋事行为。

三十四、寻衅滋事罪

（一）法律规定

第二百九十三条　有下列寻衅滋事行为之一，破坏社会秩序的，处五年以下有期徒刑、拘役或者管制：

（一）随意殴打他人，情节恶劣的；

（二）追逐、拦截、辱骂、恐吓他人，情节恶劣的；

（三）强拿硬要或者任意损毁、占用公私财物，情节严重的；

（四）在公共场所起哄闹事，造成公共场所秩序严重混乱的。

纠集他人多次实施前款行为，严重破坏社会秩序的，处五年以上十年以下有期徒刑，可以并处罚金。

（二）罪名详解

寻衅滋事罪，是指在公共场所无事生非，起哄闹事，随意殴打、追逐、拦截、辱骂、恐吓他人，强拿硬要，任意损毁、占用公私财物，破坏公共秩序，情节恶劣或者情节严重、后果严重的行为。

本罪是从1979年《刑法》第160条的规定，吸收改为1997年刑法的具体规定的。1979年刑法只有流氓罪的规定，本罪是对流氓罪的分解。《刑法修正案（八）》在原规定的第2项寻衅滋事行为中增加了“恐吓”他人的行为，并增加了对纠集他人多次实施寻衅滋事行为的处罚规定。①

寻衅滋事罪的构成要件是：

1. 主体要件

本罪的犯罪主体为一般主体。

2. 客体要件

本罪侵犯的客体是社会公共秩序。

3. 主观要件

本罪在主观方面由故意构成。犯罪动机有的是为了逞强争霸，显示威风；有的是为了发泄不满情绪，报复社会；有的是为了开心取乐，寻求精神刺激，获取某种精神上的满足。过失不构成本罪。

4. 客观要件

本罪在客观方面表现为寻衅滋事，情节恶劣或者后果严重的行为。根据《最高人民法院、最高人民检察院关于办理寻衅滋事刑事案件适用法律若干问题的解释》（以下简称《解释》）第1条的规定，“寻衅滋事”，是指行为人为寻求刺激、发泄情绪、逞强耍横等，无事生非，或者因日常生活中的偶发矛盾纠纷，借故生非，在公共场所肆意挑衅，起哄捣乱，进行破坏骚扰的行为。具体表现为以下四种行为：

---

① 《刑法》原第293条为：“有下列寻衅滋事行为之一，破坏社会秩序的，处五年以下有期徒刑、拘役或者管制：

（一）随意殴打他人，情节恶劣的；

（二）追逐、拦截、辱骂他人，情节恶劣的；

（三）强拿硬要或者任意损毁、占用公私财物，情节严重的；

（四）在公共场所起哄闹事，造成公共场所秩序严重混乱的。”

（1）随意殴打他人，情节恶劣的。“随意殴打他人”，是指出于耍威风、取乐等不健康目的，无故、无理殴打相识或者素不相识的人；“情节恶劣”，根据《解释》第 2 条的规定，是指：致 1 人以上轻伤或者 2 人以上轻微伤的；引起他人精神失常、自杀等严重后果的；多次随意殴打他人的；持凶器随意殴打他人的；随意殴打精神病人、残疾人、流浪乞讨人员、老年人、孕妇、未成年人，造成恶劣社会影响的；在公共场所随意殴打他人，造成公共场所秩序严重混乱的以及其他情节恶劣的情形。

（2）追逐、拦截、辱骂、恐吓他人，情节恶劣的。“追逐、拦截、辱骂”他人，是指出于取乐、寻求精神刺激等不健康的目的，无故、无理追赶、拦挡、侮辱、谩骂他人，往往表现为追逐、拦截、辱骂妇女；“恐吓”他人，是指以要挟的话语或者手段威胁、吓唬他人，恐吓的方式、内容可以多种多样，只要足以使被害人产生心理恐惧、恐慌的，都属于本罪规定的“恐吓”。“情节恶劣”，根据《解释》第 3 条的规定，是指：多次追逐、拦截、辱骂、恐吓他人，造成恶劣社会影响的；持凶器追逐、拦截、辱骂、恐吓他人的；追逐、拦截、辱骂、恐吓精神病人、残疾人、流浪乞讨人员、老年人、孕妇、未成年人，造成恶劣社会影响的；引起他人精神失常、自杀等严重后果的；严重影响他人的工作、生活、生产、经营的以及其他情节恶劣的情形。

（3）强拿硬要或任意损毁、占用公私财物，情节严重的。“强拿硬要或任意损毁、占用公私财物”，是指以蛮不讲理的手段，强行索要市场、商店的商品以及他人的财物，或者随心所欲损坏、毁灭公私财物；“情节严重”，根据《解释》第 4 条的规定，是指：强拿硬要公私财物价值 1000 元以上，或者任意损毁、占用公私财物价值 2000 元以上的；多次强拿硬要或者任意损毁、占用公私财物，造成恶劣社会影响的；强拿硬要或者任意损毁、占用精神病人、残疾人、流浪乞讨人员、老年人、孕妇、未成年人的财物，造成恶劣社会影响的；引起他人精神失常、自杀等严重后果的；严重影响他人的工作、生活、生产、经营的以及其他情节严重的情形。

（4）在公共场所起哄闹事，造成公共场所秩序严重混乱的。“在公共场所起哄闹事”，是指出于取乐、寻求精神刺激等不健康的目的，在公共场所无事生非，制造事端，扰乱公共场所秩序的。“造成公共场所秩序严重混乱的”，根据《解释》第 5 条的规定，应当根据公共场所的性质、公共活动的重要程度、公共场所的人数、起哄闹事的时间、公共场所受影响的范围与程度等因素，综合判断是否“造成公共场所秩序严重混乱”。

（三）实务疑难问题

1. 罪与非罪的认定

行为人寻衅滋事只有具备了《刑法》第293条列举的四种寻衅滋事行为之一，才可构成本罪。实施这四种行为以外的其他寻衅滋事行为，不能按本罪处理。而且即使是实施了四种法定的行为，也必须是分别达到“情节恶劣”“情节严重”“造成公共场所秩序严重混乱”的程度，才能构成犯罪。对于未达到上述规定程度的一般寻衅滋事行为，不能以犯罪论处。

一些公民因民事纠纷或个人恩怨在公共场所殴打、辱骂他人，在路上拦截、追逐他人，或为索要债务而强行拿走、毁坏、占有他人财物等行为，虽然在行为方式上与寻衅滋事犯罪相似，但都是事出有因，没有无事生非、寻衅滋事的动机，一般不能作为本罪处理。如果行为人殴打他人致伤，损毁他人财物数额较大，公然辱骂他人情节严重的，则可以分别按伤害罪、故意毁坏财物罪或者侮辱罪定罪处罚。

2. 划清本罪与其他罪的界限

（1）划清本罪与聚众扰乱社会秩序罪、聚众扰乱公共场所秩序、交通秩序罪的界限

犯寻衅滋事罪有时也会造成交通堵塞、公共场所混乱，甚至会造成国家机关、企业、事业单位、人民团体停工、停产，学校停课等后果，在形式上与聚众扰乱社会秩序罪、聚众扰乱公共场所秩序、交通秩序罪基本相同。它们之间的主要区别在于：本罪的行为人多是无事生非，肆意挑起事端，具有耍个人威风，寻求精神刺激的动机；而扰乱社会秩序罪、聚众扰乱公共场所秩序、交通秩序罪，行为人往往是要达到某种个人目的，用聚众闹事的方式要挟政府，施加压力，没有寻衅滋事的动机。

（2）划清本罪与强迫交易罪的界限

两者的客观方面都可能表现为强买强卖等行为，但侵犯的客体不同：前者主要侵犯的是社会管理秩序，后者侵犯的是正常的市场交易秩序；行为人主观目的不同：前者是为了寻欢取乐，无事生非，后者是为了牟取非法的经济利益；主体特征不同：强迫交易罪主体包括自然人和单位，而寻衅滋事罪主体只限于自然人。

(3) 划清本罪与抢劫罪、敲诈勒索罪的界限

寻衅滋事罪中的“强拿硬要或者任意损毁、占用公私财物，情节严重的”行为，与抢劫行为和敲诈勒索行为虽然具有许多相似之处，但仍然表现出很多不同之处，主要区别是：①侵犯的客体不同。寻衅滋事罪侵犯的客体是正常的社会秩序；而敲诈勒索罪、抢劫罪侵犯的客体是公私财产权。②行为人的主观目的不同。区分寻衅滋事罪与抢劫罪、敲诈勒索罪的界限，主要是看行为人的犯罪动机。一般来说，寻衅滋事罪的行为人在强拿硬要他人财物时，都带有一种寻求精神刺激的流氓动机，并且寻衅滋事罪中的强拿硬要所针对的对象都是数额或价值较小的财产，而且不只是一次而是多次，从中反映出来的主要特性在于行为人是出于一种无聊的心理态度，这与抢劫罪和敲诈勒索罪的行为是专门追逐财产利益形成了明显的区别。

(四) 情节与量刑

依照《刑法》第 293 条规定，犯寻衅滋事罪的，处 5 年以下有期徒刑、拘役或者管制。纠集他人多次实施寻衅滋事行为，严重破坏社会秩序的，处 5 年以上 10 年以下有期徒刑，可以并处罚金。该条第 2 款规定的加重处罚情节，即“纠集他人多次实施前款行为，严重破坏社会秩序”，主要是为了打击以结伙或者集团形式犯寻衅滋事罪的首要分子。“纠集”是指有目的地将他人联合、召集在一起；“多次”，一般是指 3 次以上；“严重破坏社会秩序”，是指造成公共场所秩序的混乱和所在地区的治安秩序紧张，影响到人民群众的正常生活和工作秩序。

《最高人民法院关于实施修订后的〈关于常见犯罪的量刑指导意见〉》规定：

1. 构成寻衅滋事罪的，可以根据下列不同情形在相应的幅度内确定量刑起点：

(1) 寻衅滋事 1 次的，可以在 3 年以下有期徒刑、拘役幅度内确定量刑起点。

(2) 纠集他人 3 次寻衅滋事（每次都构成犯罪），严重破坏社会秩序的，可以在 5 年至 7 年有期徒刑幅度内确定量刑起点。

2. 在量刑起点的基础上，可以根据寻衅滋事次数、伤害后果、强拿硬要他人财物或任意损毁、占用公私财物数额等其他影响犯罪构成的犯罪事实增

加刑罚量，确定基准刑。

最高人民法院发布的《新增十个罪名的量刑指导意见（试行）》对寻衅滋事罪的量刑作了如下补充规定：

1. 构成寻衅滋事犯罪的，可在 6 个月至 1 年 6 个月有期徒刑幅度内确定量刑起点。

2. 在确定量刑起点的基础上，可根据寻衅滋事次数、犯罪情节的严重程度增加刑罚量确定基准刑。有下列情形之一的，可增加相应的刑罚量：

（1）每增加 1 人轻微伤，可增加 2 个月至 3 个月刑期；

（2）每增加 1 人轻伤，可增加 3 个月至 6 个月刑期；

（3）每增加寻衅滋事 1 次，可增加 6 个月至 9 个月刑期。

3. 有下列情节之一的，可增加基准刑的 10%～30%：

（1）在预防、控制突发传染病疫情等灾害期间寻衅滋事的；

（2）持械进行寻衅滋事的；

（3）带有黑社会性质或地方恶势力性质的。

根据《最高人民法院、最高人民检察院关于办理妨害预防、控制突发传染病疫情等灾害的刑事案件具体应用法律若干问题的解释》，在预防、控制突发传染病疫情等灾害期间，强拿硬要或者任意损毁、占用公私财物情节严重，或者在公共场所起哄闹事，造成公共场所秩序严重混乱的，依照《刑法》第 293 条的规定，以寻衅滋事罪定罪，从重处罚。

（五）法律链接

1. 最高人民法院、最高人民检察院关于办理寻衅滋事刑事案件适用法律若干问题的解释（法释〔2013〕18 号　自 2013 年 7 月 22 日起施行）

为依法惩治寻衅滋事犯罪，维护社会秩序，根据《中华人民共和国刑法》的有关规定，现就办理寻衅滋事刑事案件适用法律的若干问题解释如下：

第一条　行为人为寻求刺激、发泄情绪、逞强耍横等，无事生非，实施刑法第二百九十三条规定的行为的，应当认定为“寻衅滋事”。

行为人因日常生活中的偶发矛盾纠纷，借故生非，实施刑法第二百九十三条规定的行为的，应当认定为“寻衅滋事”，但矛盾系由被害人故意引发或者被害人对矛盾激化负有主要责任的除外。

行为人因婚恋、家庭、邻里、债务等纠纷，实施殴打、辱骂、恐吓他人或者损毁、占用他人财物等行为的，一般不认定为“寻衅滋事”，但经有关部门批评制止或者处理处罚后，继续实施前列行为，破坏社会秩序的除外。

第二条 随意殴打他人，破坏社会秩序，具有下列情形之一的，应当认定为刑法第二百九十三条第一款第一项规定的“情节恶劣”：

（一）致一人以上轻伤或者二人以上轻微伤的；

（二）引起他人精神失常、自杀等严重后果的；

（三）多次随意殴打他人的；

（四）持凶器随意殴打他人的；

（五）随意殴打精神病人、残疾人、流浪乞讨人员、老年人、孕妇、未成年人，造成恶劣社会影响的；

（六）在公共场所随意殴打他人，造成公共场所秩序严重混乱的；

（七）其他情节恶劣的情形。

第三条 追逐、拦截、辱骂、恐吓他人，破坏社会秩序，具有下列情形之一的，应当认定为刑法第二百九十三条第一款第二项规定的“情节恶劣”：

（一）多次追逐、拦截、辱骂、恐吓他人，造成恶劣社会影响的；

（二）持凶器追逐、拦截、辱骂、恐吓他人的；

（三）追逐、拦截、辱骂、恐吓精神病人、残疾人、流浪乞讨人员、老年人、孕妇、未成年人，造成恶劣社会影响的；

（四）引起他人精神失常、自杀等严重后果的；

（五）严重影响他人的工作、生活、生产、经营的；

（六）其他情节恶劣的情形。

第四条 强拿硬要或者任意损毁、占用公私财物，破坏社会秩序，具有下列情形之一的，应当认定为刑法第二百九十三条第一款第三项规定的“情节严重”：

（一）强拿硬要公私财物价值一千元以上，或者任意损毁、占用公私财物价值二千元以上的；

（二）多次强拿硬要或者任意损毁、占用公私财物，造成恶劣社会影响的；

（三）强拿硬要或者任意损毁、占用精神病人、残疾人、流浪乞讨人员、老年人、孕妇、未成年人的财物，造成恶劣社会影响的；

（四）引起他人精神失常、自杀等严重后果的；

（五）严重影响他人的工作、生活、生产、经营的；

（六）其他情节严重的情形。

第五条　在车站、码头、机场、医院、商场、公园、影剧院、展览会、运动场或者其他公共场所起哄闹事，应当根据公共场所的性质、公共活动的重要程度、公共场所的人数、起哄闹事的时间、公共场所受影响的范围与程度等因素，综合判断是否“造成公共场所秩序严重混乱”。

第六条　纠集他人三次以上实施寻衅滋事犯罪，未经处理的，应当依照刑法第二百九十三条第二款的规定处罚。

第七条　实施寻衅滋事行为，同时符合寻衅滋事罪和故意杀人罪、故意伤害罪、故意毁坏财物罪、敲诈勒索罪、抢夺罪、抢劫罪等罪的构成要件的，依照处罚较重的犯罪定罪处罚。

第八条　行为人认罪、悔罪，积极赔偿被害人损失或者取得被害人谅解的，可以从轻处罚；犯罪情节轻微的，可以不起诉或者免予刑事处罚。

2. 最高人民法院、最高人民检察院关于办理妨害预防、控制突发传染病疫情等灾害的刑事案件具体应用法律若干问题的解释（法释〔2003〕8号　自2003年5月15日起施行）（节录）

第十一条　在预防、控制突发传染病疫情等灾害期间，强拿硬要或者任意损毁、占用公私财物情节严重，或者在公共场所起哄闹事，造成公共场所秩序严重混乱的，依照刑法第二百九十三条的规定，以寻衅滋事罪定罪，依法从重处罚。

3. 最高人民法院关于审理抢劫、抢夺刑事案件适用法律若干问题的意见（法发〔2005〕8号　2005年6月8日公布）（节录）

九、关于抢劫罪与相似犯罪的界限

4. 抢劫罪与寻衅滋事罪的界限

寻衅滋事罪是严重扰乱社会秩序的犯罪，行为人实施寻衅滋事的行为时，客观上也可能表现为强拿硬要公私财物的特征。这种强拿硬要的行为与抢劫罪的区别在于：前者行为人主观上还具有逞强好胜和通过强拿硬要来填补其精神空虚等目的，后者行为人一般只具有非法占有他人财物的目的；前者行为人客观上一般不以严重侵犯他人人身权利的方法强拿硬要财物，而后者行为人则以暴力、胁迫等方式作为劫取他人财物的手段。司法实践中，对于未成年人使用或威胁使用轻微暴力强抢少量财物的行为，一般不宜以抢劫罪定罪处罚。其行为符合寻衅滋事罪特征的，可以寻衅滋事罪定罪处罚。

4. 最高人民法院关于审理未成年人刑事案件具体应用法律若干问题的解释（法释〔2006〕1号　自2006年1月23日起施行）（节录）

第八条　已满十六周岁不满十八周岁的人出于以大欺小、以强凌弱或者寻求精神刺激，随意殴打其他未成年人、多次对其他未成年人强拿硬要或者任意损毁公私财物，扰乱学校及其他公共场所秩序，情节严重的，以寻衅滋事罪定罪处罚。

5. 最高人民法院、最高人民检察院关于办理利用信息网络实施诽谤等刑事案件适用法律若干问题的解释（法释〔2013〕21号　自2013年9月10日起施行）（节录）

第五条　利用信息网络辱骂、恐吓他人，情节恶劣，破坏社会秩序的，依照刑法第二百九十三条第一款第（二）项的规定，以寻衅滋事罪定罪处罚。

编造虚假信息，或者明知是编造的虚假信息，在信息网络上散布，或者组织、指使人员在信息网络上散布，起哄闹事，造成公共秩序严重混乱的，依照刑法第二百九十三条第一款第（四）项的规定，以寻衅滋事罪定罪处罚。

三十五、组织、领导、参加黑社会性质组织罪

（一）法律规定

第二百九十四条第一款　组织、领导黑社会性质的组织的，处七年以上有期徒刑，并处没收财产；积极参加的，处三年以上七年以下有期徒刑，可以并处罚金或者没收财产；其他参加的，处三年以下有期徒刑、拘役、管制或者剥夺政治权利，可以并处罚金。

第二百九十四条第五款　黑社会性质的组织应当同时具备以下特征：

（一）形成较稳定的犯罪组织，人数较多，有明确的组织者、领导者，骨干成员基本固定；

（二）有组织地通过违法犯罪活动或者其他手段获取经济利益，具有一定的经济实力，以支持该组织的活动；

（三）以暴力、威胁或者其他手段，有组织地多次进行违法犯罪活动，为非作恶，欺压、残害群众；

（四）通过实施违法犯罪活动，或者利用国家工作人员的包庇或者纵容，称霸一方，在一定区域或者行业内，形成非法控制或者重大影响，严重破坏经济、社会生活秩序。

（二）罪名详解

组织、领导、参加黑社会性质组织罪，是指组织、领导或者参加以暴力、威胁或者其他手段，有组织地进行违法犯罪活动，称霸一方，为非作恶，欺压、残害群众，严重破坏经济、社会生活秩序的黑社会性质的组织的行为。

本罪是1997年刑法增设的罪名，1979年刑法和单行刑法均没有规定此罪名。《刑法修正案（八）》对黑社会性质组织的组织者、领导者与积极参加者的法定刑设置进行了区分，提高了组织者、领导者的法定刑幅度，相应降低了积极参加者的法定刑幅度，并增设了财产刑的规定。同时将立法解释规定的黑社会性质组织的认定标准写入刑法条文。①

组织、领导、参加黑社会性质组织罪的构成要件是：

1. 主体要件

犯罪主体为一般主体，即黑社会性质组织的组织者、领导者和参加者。

2. 客体要件

本罪侵犯的客体是经济、社会生活秩序。黑社会犯罪是国际上最为严重的犯罪之一，是有组织犯罪最为典型的一种形式。这些黑社会组织贩卖毒品、走私军火、绑架人质、拐卖妇女、设赌场、开妓院，进行各种犯罪活动，聚敛巨额财富，并收买官员，操纵选举，控制地方政权，影响国家政策制定、实施，社会危害极为严重。在我国，虽然明显的、典型的黑社会组织还没有出现，但是带有黑社会性质的犯罪组织已经出现并且日趋严重。他们横行乡里，称霸一方，为非作歹，欺压、残害群众，无恶不作，有的甚至具有暴力武装，拥有相当庞大的资产，操纵一定行业和区域的经济，控制乡村政权。

---

① 《刑法》原第294条第1款为："组织、领导和积极参加以暴力、威胁或者其他手段，有组织地进行违法犯罪活动，称霸一方，为非作恶，欺压、残害群众，严重破坏经济、社会生活秩序的黑社会性质的组织的，处三年以上十年以下有期徒刑；其他参加的，处三年以下有期徒刑、拘役、管制或者剥夺政治权利。"第3款为："犯前两款罪又有其他犯罪行为的，依照数罪并罚的规定处罚。"

这种黑社会性质的组织，是一种对社会危害极为严重的犯罪组织，它的产生和存在，对我国的经济和社会生活秩序均构成极大威胁，必须坚决予以惩处，使其消灭在萌芽状态。

3. 主观要件

主观方面由直接故意构成。一般是出于攫取金钱、权力或者为了称霸一方等目的，而组织、领导黑社会性质组织。在认定黑社会性质组织的成员时，并不要求其主观上认为自己参加的是黑社会性质组织，只要其知道或者应当知道该组织具有一定规模，且是以实施违法犯罪为主要活动的，即可认定。

4. 客观要件

客观方面表现为组织、领导黑社会性质组织和参加黑社会性质组织的行为。所谓黑社会性质组织，是指以暴力、威胁或者其他手段，有组织地进行违法犯罪活动，称霸一方，为非作恶，欺压、残害群众，严重破坏经济、社会生活秩序的违法犯罪组织。

“组织”黑社会性质组织，是指倡导、发起、策划、安排、建立黑社会性质组织的行为；“领导”黑社会性质组织，是指在黑社会性质组织中处于领导地位，对该组织的活动进行策划、决策、指挥、协调的行为；“参加”黑社会性质组织，是指加入黑社会性质组织，成为其成员的行为。

根据《刑法》第 294 条第 5 款的规定，“黑社会性质的组织”应当同时具备“组织特征”“经济特征”“行为特征”和“危害性特征”四个特征。

（1）“组织特征”，即形成较稳定的犯罪组织，人数较多，有明确的组织者、领导者，骨干成员基本固定。这是黑社会性质组织的组织特征，可以从三个方面理解：

①具有稳定性，即黑社会性质组织不是一个松散的临时纠合体，而是一个较长时期有组织地从事违法犯罪活动的稳定的犯罪组织。根据《全国部分法院审理黑社会性质组织犯罪案件工作座谈会纪要》（以下简称《纪要二》）的规定，黑社会性质组织存续时间的起点，可以根据涉案犯罪组织举行成立仪式或者进行类似活动的时间来认定。没有前述活动的，可以根据足以反映其初步形成核心利益或强势地位的重大事件发生时间进行审查判断。没有明显标志性事件的，也可以根据涉案犯罪组织为维护、扩大组织势力、实力、影响、经济基础或按照组织惯例、纪律、活动规约而首次实施有组织的犯罪活动的时间进行审查判断。存在、发展时间明显过短、犯罪活动尚不突出的，

一般不应认定为黑社会性质组织。

②人数较多。《纪要二》明确规定，黑社会性质组织应当具有一定规模，人数较多，组织成员一般在10人以上。其中，既包括已有充分证据证明但尚未归案的组织成员，也包括虽有参加黑社会性质组织的行为但因尚未达到刑事责任年龄或因其他法定情形而未被起诉，或者根据具体情节不作为犯罪处理的组织成员。

③有明确的组织者、领导者，骨干成员基本固定，并有比较明确的层级和职责分工，一般有三种类型的组织成员，即组织者、领导者与积极参加者、一般参加者（也即“其他参加者”）。根据《最高人民法院、最高人民检察院、公安部办理黑社会性质组织犯罪案件座谈会纪要》（以下简称《纪要一》）的规定，组织者、领导者，是指黑社会性质组织的发起者、创建者，或者在组织中实际处于领导地位，对整个组织及其运行、活动起着决策、指挥、协调、管理作用的犯罪分子，既包括通过一定形式产生的有明确职务、称谓的组织者、领导者，也包括在黑社会性质组织中被公认的事实上的组织者、领导者；积极参加者，是指接受黑社会性质组织的领导和管理，多次积极参与黑社会性质组织的违法犯罪活动，或者积极参与较严重的黑社会性质组织的犯罪活动且作用突出，以及其他在组织中起重要作用的犯罪分子，如具体主管黑社会性质组织的财务、人员管理等事项的犯罪分子；其他参加者，是指除上述组织成员之外，其他接受黑社会性质组织的领导和管理的犯罪分子。《纪要二》补充规定了“骨干成员”的含义，即指直接听命于组织者、领导者，并多次指挥或积极参与实施有组织的违法犯罪活动或者其他长时间在犯罪组织中起重要作用的犯罪分子，属于积极参加者的一部分。

对于黑社会性质组织的组织纪律、活动规约，应当结合制定、形成相关纪律、规约的目的与意图来进行审查判断。凡是为了增强实施违法犯罪活动的组织性、隐蔽性而制定或者自发形成，并用以明确组织内部人员管理、职责分工、行为规范、利益分配、行动准则等事项的成文或不成文的规定、约定，均可认定为黑社会性质组织的组织纪律、活动规约。

对于参加黑社会性质组织，没有实施其他违法犯罪活动，或者受蒙蔽、威胁参加黑社会性质组织，情节轻微的，可以不作为犯罪处理。对于参加黑社会性质组织后仅参与少量情节轻微的违法活动的，也可以不作为犯罪处理。《纪要二》明确规定，以下人员不属于黑社会性质组织的成员：第一，主观上没有加入黑社会性质组织的意愿，受雇到黑社会性质组织开办的公司、企业、社团工作，未参与或者仅参与少量黑社会性质组织的违法犯罪活动的人员；第二，因临时被纠集、雇佣或受蒙蔽为黑社会性质组织实施违法犯罪活动或者提供帮助、支持、服务的人员；第三，为维护或扩大自身利益而临时雇佣、收买、利用黑社会性质组织实施违法犯罪活动的人员。上述人员构成其他犯罪的，按照具体犯罪处理。

（2）“经济特征”，即有组织地通过违法犯罪活动或者其他手段获取经济利益，具有一定的经济实力，以支持该组织的活动。黑社会性质组织尽管违法犯罪活动范围较广，但以追求经济利益为其基本目标，因此，具有一定甚至相当的经济实力。根据《纪要二》的规定，“一定的经济实力”，是指黑社会性质组织在形成、发展过程中获取的，足以支持该组织运行、发展以及实施违法犯罪活动的经济利益。包括：①有组织地通过违法犯罪活动或其他不正当手段聚敛的资产；②有组织地通过合法的生产、经营活动获取的资产；③组织成员以及其他单位、个人资助黑社会性质组织的资产。通过上述方式获取的经济利益，即使是由部分组织成员个人掌控，也应计入黑社会性质组织的“经济实力”。“经济实力”的具体标准在20万～50万元幅度内。

黑社会性质组织的敛财方式也具有多样性。实践中，黑社会性质组织不仅会通过实施赌博、敲诈、贩毒等违法犯罪活动攫取经济利益，而且还往往会通过开办公司、企业等方式“以商养黑”“以黑护商”。因此，无论其财产是通过非法手段聚敛，还是通过合法的方式获取，只要将其中部分或全部用于违法犯罪活动或者维系犯罪组织的生存、发展即可。“用于违法犯罪活动或者维系犯罪组织的生存、发展”，一般是指购买作案工具、提供作案经费，为受伤、死亡的组织成员提供医疗费、丧葬费，为组织成员及其家属提供工资、奖励、福利、生活费用，为组织寻求非法保护以及其他与实施有组织的违法犯罪活动有关的费用支出等。是否将所获经济利益全部或部分用于违法犯罪活动或者维系犯罪组织的生存、发展，是认定经济特征的重要依据。无论获利后的分配与使用形式如何变化，只要在客观上能够起到豢养组织成员、维护组织稳定、壮大组织势力的作用即可认定。

（3）“行为特征”，即暴力性、胁迫性和有组织性，这是黑社会性质组织行为方式的主要特征，但有时也会采取一些“其他手段”。根据《纪要一》的规定，“其他手段”主要包括：以暴力、威胁为基础，在利用组织势力和影响已对他人形成心理强制或威慑的情况下，进行所谓的“谈判”“协商”“调解”；滋扰、哄闹、聚众等其他干扰、破坏正常经济、社会生活秩序的非暴力手段。

黑社会性质组织实施的违法犯罪活动包括非暴力性的违法犯罪活动，但暴力或以暴力相威胁始终是黑社会性质组织实施违法犯罪活动的基本手段，并随时可能付诸实施。因此，在黑社会性质组织所实施的违法犯罪活动中，一般应有一部分能够较明显地体现出暴力或以暴力相威胁的基本特征。否则，定性时应当特别慎重。根据《纪要一》的规定，“黑社会性质组织实施的违法犯罪活动”主要包括以下情形：由组织者、领导者直接组织、策划、指挥、参与实施的违法犯罪活动；由组织成员以组织名义实施，并得到组织者、领导者认可或者默许的违法犯罪活动；多名组织成员为逞强争霸、插手纠纷、报复他人、替人行凶、非法敛财而共同实施，并得到组织者、领导者认可或者默许的违法犯罪活动；组织成员为组织争夺势力范围、排除竞争对手、确立强势地位、谋取经济利益、维护非法权威或者按照组织的纪律、惯例、共同遵守的约定而实施的违法犯罪活动；由黑社会性质组织实施的其他违法犯罪活动。《纪要二》补充规定，属于上述规定的五种情形之一的，一般应当认定为黑社会性质组织实施的违法犯罪活动，但确与维护和扩大组织势力、实力、影响、经济基础无任何关联，亦不是按照组织惯例、纪律、活动规约而实施，则应作为组织成员个人的违法犯罪活动处理。此外，组织者、领导者明知组织成员曾多次实施起因、性质类似的违法犯罪活动，但并未明确予以禁止的，如果该类行为对扩大组织影响起到一定作用，可以视为是按照组织惯例实施的违法犯罪活动。

（4）“危害性特征”（非法控制性特征），即称霸一方，在一定区域或者行业内，形成非法控制或者重大影响，从而严重破坏经济、社会生活秩序，是黑社会性质组织的本质特征，也是黑社会性质组织区别于一般犯罪集团的关键所在。根据《纪要一》的规定，“一定区域”的区域大小具有相对性，且黑社会性质组织非法控制和影响的对象并不是区域本身，而是在一定区域中生活的人，以及该区域内的经济、社会生活秩序。因此，不能简单地要求“一定区域”必须达到某一特定的空间范围，而应当根据具体案情，并结合黑社会性质组织对经济、社会生活秩序的危害程度加以综合分析判断。《纪要二》补充规定，“一定区域”，应当具备一定空间范围，并承载一定的社会功能，既包括一定数量的自然人共同居住、生活的区域，如乡镇、街道、较大的村庄等，也包括承载一定生产、经营或社会公共服务功能的区域，如矿山、工地、市场、车站、码头等。对此，应当结合一定地域范围内的人口数量、流量、经济规模等因素综合评判。如果涉案犯罪组织的控制和影响仅存在于一座酒店、一处娱乐会所等空间范围有限的场所或者人口数量、流量、经济规模较小的其他区域，则一般不能视为是对“一定区域”的控制和影响。

“一定行业”，是指在一定区域内存在的同类生产、经营活动。黑社会性质组织所控制和影响的行业，既包括合法行业，也包括黄、赌、毒等非法行业。这些行业一般涉及生产、流通、交换、消费等一个或多个市场环节。

根据《纪要一》的规定，通过实施违法犯罪活动，或者利用国家工作人员的包庇、纵容，称霸一方，并具有以下情形之一的，可认定为“在一定区域或者行业内，形成非法控制或者重大影响，严重破坏经济、社会生活秩序”：对在一定区域内生活或者在一定行业内从事生产、经营的群众形成心理强制、威慑，致使合法利益受损的群众不敢举报、控告的；对一定行业的生产、经营形成垄断，或者对涉及一定行业的准入、经营、竞争等经济活动形成重要影响的；插手民间纠纷、经济纠纷，在相关区域或者行业内造成严重影响的；干扰、破坏他人正常生产、经营、生活，并在相关区域或者行业内造成严重影响的；干扰、破坏公司、企业、事业单位及社会团体的正常生产、经营、工作秩序，在相关区域、行业内造成严重影响，或者致使其不能正常生产、经营、工作的；多次干扰、破坏国家机关、行业管理部门以及村委会、居委会等基层群众自治组织的工作秩序，或者致使上述单位、组织的职能不能正常行使的；利用组织的势力、影响，使组织成员获取政治地位，或者在党政机关、基层群众自治组织中担任一定职务的；其他形成非法控制或者重大影响，严重破坏经济、社会生活秩序的情形。《纪要二》补充说明，其中第1种情形中的“致使合法利益受损的群众不敢举报、控告的”，是指致使多名合法利益遭受犯罪或者严重违法活动侵害的群众不敢通过正当途径维护权益；第2种情形中的“形成垄断”，是指可以操控、左右、决定与一定行业相关的准入、退出、经营、竞争等经济活动。“形成重要影响”，是指对与一定行业相关的准入、退出、经营、竞争等经济活动具有较大的干预和影响能力，或者具有在该行业内占有较大市场份额、通过违法犯罪活动或以其他不正当手段在该行业内敛财数额巨大（最低数额标准由各高院根据本地情况在20万～

50万元的幅度内自行划定)、给该行业内从事生产、经营活动的其他单位、组织、个人造成直接经济损失100万元以上等情节之一；第3、4、5种情形中的“造成严重影响”，是指具有致人重伤或致多人轻伤、通过违法犯罪活动或以其他不正当手段敛财数额巨大（数额标准同上)、造成直接经济损失100万元以上、多次引发群体性事件或引发大规模群体性事件等情节之一；第6种情形中的“多次干扰、破坏国家机关、行业管理部门以及村委会、居委会等基层群众自治组织的工作秩序”，包括以拉拢、收买、威胁等手段多次得到国家机关工作人员包庇或纵容，或者多次对前述单位、组织中正常履行职务的工作人员进行打击、报复的情形；第7种情形中的“获取政治地位”，是指当选各级人大代表、政协委员。“担任一定职务”，是指在各级党政机关及其职能部门、基层群众自治组织中担任具有组织、领导、监督、管理职权的职务。

以上四个特征，一般情况下应同时具备，才构成黑社会性质组织犯罪，缺一不可。“四个特征”中其他构成要素均已具备，仅在成员人数、经济实力规模方面未达到司法解释的一般性要求，但已较为接近，且在非法控制特征（危害性特征）方面同时具有《纪要一》相关规定中的多种情形，其中至少有一种情形已明显超出认定标准的，也可以认定为黑社会性质组织。

本罪是选择性罪名，只要行为人实施组织、领导、参加黑社会性质组织行为之一的，即成立本罪；同时实施其中两种以上行为的，仍以一罪论处，不实行数罪并罚。

（三）实务疑难问题

1. 黑社会性质组织与“恶势力”团伙的界限

“恶势力”是指经常纠集在一起，以暴力、威胁或其他手段，在一定区域或者行业内多次实施违法犯罪活动，为非作恶，扰乱经济、社会生活秩序，造成较为恶劣的社会影响，但尚未形成黑社会性质组织的犯罪团伙。“恶势力”一般为三人以上，纠集者、骨干成员相对固定，违法犯罪活动一般表现为敲诈勒索、强迫交易、欺行霸市、聚众斗殴、寻衅滋事、非法拘禁、故意伤害、抢劫、抢夺或者黄、赌、毒等。“恶势力”是黑社会性质组织的雏形，有的最终发展成了黑社会性质组织。二者主要的区别在于组织化程度的高低、经济实力的强弱、有无追求和实现对社会的非法控制等方面。

2. 黑社会性质组织与邪教组织的界限

“邪教组织”，是指冒用宗教的名义或者教旨建立的，不受国家法律承认和保护的非法组织。与合法的宗教团体相比较，因其无固定组织名称、活动场所、经典和信仰，其发展教徒、筹集活动经费、传教方式、传教内容、教旨学说是反社会的、反道德的，是邪恶的，故称之为邪教组织。近年来，世界上出现许多这类组织，鼓吹世界末日，或者趁机宣扬迷信，如我国的“法轮功”组织、日本的奥姆真理教、美国的人民圣殿教、法国的金莲骑士教、韩国的月亮教，等等。邪教组织与黑社会性质组织有时在界限划分上不是很明显，许多黑社会性质组织内部都信仰某种教义或供奉某种“神灵”，因而换一个角度看可能又是邪教组织。但是两者还是可以从概念上区分的：邪教组织利用某种宗教的教义，或冒用某种宗教的名义，或独创单独的教义，通过欺骗人们，以引起人们产生非正常的信仰，以此作为其组织的精神力量，形成凝聚力；而黑社会性质组织则不要求具有这一特征，而往往形成其凝聚力的是对不正当经济利益的追求。与邪教组织相比，黑社会性质组织更具组织性、暴力性，因而反社会倾向、社会危害性更为严重。

3. 黑社会性质组织与恐怖组织的界限

刑法在规定组织、领导、参加黑社会性质组织罪的同时，还规定了组织、领导、参加恐怖组织罪。可见，这两种组织并不是同一个概念。从两者的特征来看，有很多的相通之处：同属于犯罪组织的范畴，在组织性、行为方式上有相同之处，黑社会性质组织可以为了逃避惩戒而对政府官员和司法人员进行暗杀、恫吓等恐怖活动，恐怖组织可以通过从事恐怖活动而筹集资金；甚至两者可能合而为一。其区别在于：

（1）两者的基本目的不同。黑社会性质组织主要是为了追求经济利益，所实施的各种违法犯罪活动的最终目的还是实现经济利益；而恐怖组织则主要是为了政治目的，即使其从事经济活动，也不是单纯追求经济利益，而是为实现政治目的奠定基础。

（2）两者进行违法犯罪活动所采取的手段和通常所涉足的违法犯罪领域不同。黑社会性质组织进行违法犯罪活动所采取的手段较多，包括暴力、威胁、欺骗、腐蚀等各种手段，所涉足的违法犯罪领域较广，包括走私、贩毒、洗钱、诈骗、敲诈勒索、贩运军火、非法移民、组织卖淫、开设赌场、收取“保护费”甚至抢劫、杀人、伤害等各种违法犯罪活动；恐怖组织的犯罪手段较为单一，多采取暴力或以暴力相威胁，所犯的罪行多为爆炸、放火、投毒、劫持、绑架、杀人等会引起公众普遍恐惧感的犯罪。

4. 黑社会性质组织与普通犯罪集团的界限

《刑法》第26条第2款规定："三人以上为共同实施犯罪而组成的较为固定的犯罪组织，是犯罪集团。"从广义上讲，犯罪集团包括黑社会性质组织。

黑社会性质组织与普通犯罪集团都属于犯罪组织，有组织性是其共同特性。具体来说，两者在组织结构上，成员都比较固定，内部存在着领导与被领导的关系，都具有一定的稳定性，各犯罪人也都是为在较长时间内多次实施犯罪活动而结合在一起，等等。

两者的区别主要表现在以下几个方面：

（1）组织、领导、参加黑社会性质组织的行为本身即成立犯罪，而不要求此组织事实上从事了某种犯罪活动；但是组织、领导、参加普通犯罪集团的行为并不成立犯罪，不能以此为依据追究组织者、领导者和参加者的刑事责任。

（2）犯罪目的不同。黑社会性质组织实施犯罪的基本目的是追求经济利益，而普通犯罪集团的犯罪目的则多种多样，除了追求经济利益之外，还可以是寻求刺激、满足私欲。

（3）组织严密程度、纪律约束不同。黑社会性质组织比普通犯罪集团有更强的组织性，纪律更为严格，结构更加严密，宗旨更加明确。

（4）势力范围不同。黑社会性质组织通常"称霸一方"，往往有公开的固定的势力范围，在一定时期、一定程度上能和政府相对抗；而普通犯罪集团通常秘密活动，没有势力范围。

（5）犯罪手段和涉足犯罪的领域不同。黑社会性质组织的犯罪手段很多，除了使用暴力以外，还可以采用欺骗、威胁、腐蚀等手段，当然暴力手段是最基本的，当其他手段不能达到目的时，通常就会诉诸暴力。黑社会性质组织所实施的犯罪更是多种多样，可谓是"无恶不作"，因此具有更为巨大的社会危害性。而普通犯罪集团的犯罪手段单一，往往根据所实施的具体犯罪来确定一种犯罪手段，而且通常它们所实施的犯罪也只是一种，比如常见的盗窃集团、诈骗集团、抢劫集团等，都只是固定地实施某一种具体的犯罪。

（四）情节与量刑

依照《刑法》第 294 条第 1 款规定，组织、领导黑社会性质的组织的，处 7 年以上有期徒刑，并处没收财产；积极参加的，处 3 年以上 7 年以下有期徒刑，可以并处罚金或者没收财产；其他参加的，处 3 年以下有期徒刑、拘役、管制或者剥夺政治权利，可以并处罚金。

在司法实践中，应当注意根据黑社会性质组织成员在共同犯罪中所居的不同地位和所起的作用，正确定罪处罚。黑社会性质组织的组织者、领导者，应当对黑社会性质组织所犯的全部罪行承担刑事责任。对于在黑社会性质组织形成、发展过程中已经退出的组织者、领导者，或者在加入黑社会性质组织之后逐步发展成为组织者、领导者的犯罪分子，应对其本人参与及其实际担任组织者、领导者期间该组织所犯的全部罪行承担刑事责任。

对于黑社会性质组织和组织、领导、参加黑社会性质组织的犯罪分子通过各种手段聚敛的财物及其收益，以及用于犯罪的工具，应当依法追缴、没收。对于黑社会性质组织的组织者、领导者，依法应当并处没收财产。黑社会性质组织敛财数额特别巨大，但因犯罪分子转移、隐匿、毁灭证据或者拒不交代涉案财产来源、性质，导致违法所得以及其他应当追缴的财产难以准确查清和追缴的，对于组织者、领导者以及为该组织转移、隐匿资产的积极参加者可以并处没收个人全部财产。对于确属骨干成员的积极参加者一般应当并处罚金或者没收财产。对于其他积极参加者和一般参加者，应当根据所参与实施违法犯罪活动的次数、性质、地位、作用、违法所得数额以及造成损失的数额等情节，依法决定财产刑的适用。

（五）法律链接

1. 最高人民法院关于审理黑社会性质组织犯罪的案件具体应用法律若干问题的解释（法释〔2000〕42 号　自 2000 年 12 月 10 日起施行）

为依法惩治黑社会性质组织的犯罪活动，根据刑法有关规定，现就审理黑社会性质组织的犯罪案件具体应用法律的若干问题解释如下：

第一条　刑法第二百九十四条规定的“黑社会性质的组织”，一般应具备以下特征：

（一）组织结构比较紧密，人数较多，有比较明确的组织者、领导者，骨干成员基本固定，有较为严格的组织纪律；

（二）通过违法犯罪活动或者其他手段获取经济利益，具有一定的经济实力；

（三）通过贿赂、威胁等手段，引诱、逼迫国家工作人员参加黑社会性质组织活动，或者为其提供非法保护；

（四）在一定区域或者行业范围内，以暴力、威胁、滋扰等手段，大肆进行敲诈勒索、欺行霸市、聚众斗殴、寻衅滋事、故意伤害等违法犯罪活动，严重破坏经济、社会生活秩序。

第二条　刑法第二百九十四条第二款规定的“发展组织成员”，是指将境内、外人员吸收为该黑社会组织成员的行为。对黑社会组织成员进行内部调整等行为，可视为“发展组织成员”。

港、澳、台黑社会组织到内地发展组织成员的，适用刑法第二百九十四条第二款的规定定罪处罚。

第三条　组织、领导、参加黑社会性质的组织又有其他犯罪行为的，根据刑法第二百九十四条第三款的规定，依照数罪并罚的规定处罚；对于黑社会性质组织的组织者、领导者，应当按照其所组织、领导的黑社会性质组织所犯的全部罪行处罚；对于黑社会性质组织的参加者，应当按照其所参与的犯罪处罚。

对于参加黑社会性质的组织，没有实施其他违法犯罪活动的，或者受蒙蔽、胁迫参加黑社会性质的组织，情节轻微的，可以不作为犯罪处理。

第四条　国家机关工作人员组织、领导、参加黑社会性质组织的，从重处罚。

第五条　刑法第二百九十四条第四款规定的“包庇”，是指国家机关工作人员为使黑社会性质组织及其成员逃避查禁，而通风报信，隐匿、毁灭、伪造证据，阻止他人作证、检举揭发，指使他人作伪证，帮助逃匿，或者阻挠其他国家机关工作人员依法查禁等行为。

刑法第二百九十四条第四款规定的“纵容”，是指国家机关工作人员不依法履行职责，放纵黑社会性质组织进行违法犯罪活动的行为。

第六条　国家机关工作人员包庇、纵容黑社会性质的组织，有下列情形之一的，属于刑法第二百九十四条第四款规定的“情节严重”：

（一）包庇、纵容黑社会性质组织跨境实施违法犯罪活动的；

（二）包庇、纵容境外黑社会组织在境内实施违法犯罪活动的；

（三）多次实施包庇、纵容行为的；

（四）致使某一区域或者行业的经济、社会生活秩序遭受黑社会性质组织特别严重破坏的；

（五）致使黑社会性质组织的组织者、领导者逃匿，或者致使对黑社会性质组织的查禁工作严重受阻的；

（六）具有其他严重情节的。

第七条 对黑社会性质组织和组织、领导、参加黑社会性质组织的犯罪分子聚敛的财物及其收益，以及用于犯罪的工具等，应当依法追缴、没收。

2. 最高人民法院、最高人民检察院、公安部办理黑社会性质组织犯罪案件座谈会纪要（法〔2009〕382号 2009年12月9日发布）

为正确理解和适用刑法、立法解释、司法解释关于黑社会性质组织犯罪的规定，依法及时、准确、有力地惩治黑社会性质组织犯罪，最高人民法院、最高人民检察院、公安部于2009年7月15日在北京召开了办理黑社会性质组织犯罪案件座谈会。会议总结了各级人民法院、人民检察院和公安机关办理黑社会性质组织犯罪案件所取得的经验，分析了当前依法严惩黑社会性质组织犯罪面临的严峻形势，研究了办理黑社会性质组织犯罪案件遇到的适用法律问题，就人民法院、人民检察院和公安机关正确适用法律，严厉打击黑社会性质组织犯罪形成了具体意见。会议纪要如下：

一、与会同志一致认为，自2006年初全国开展打黑除恶专项斗争以来，各级人民法院、人民检察院和公安机关依法履行各自职责，密切配合，惩治了一批黑社会性质组织犯罪分子，遏制了黑社会性质组织犯罪高发的势头，为维护社会稳定，构建社会主义和谐社会做出了重要贡献。但是，在我国，黑社会性质组织犯罪仍处于活跃期，犯罪的破坏性不断加大，犯罪分子逃避法律制裁的行为方式不断变换，向政治领域的渗透日益明显，对人民群众的生命、财产安全，对经济、社会生活秩序和基层政权建设都构成了严重威胁。因此，严厉打击黑社会性质组织犯罪，遏制并最大限度地减少黑社会性质组织犯罪案件的发生，是当前乃至今后相当长一个时期政法机关的重要任务。为此，各级人民法院、人民检察院和公安机关必须坚持做好以下几方面工作：

首先，要切实提高对打击黑社会性质组织犯罪重要性的认识。依法严惩黑社会性质组织犯罪，不仅是保障民生、维护稳定的迫切需要，而且事关政权安危，容不得丝毫懈怠。各级人民法院、人民检察院和公安机关要充分认识这项工作的重要性、紧迫性、复杂性、艰巨性和长期性，在思想上始终与党中央的决策保持高度一致，坚决克服麻痹、松懈情绪，把依法打击黑社会性质组织犯罪，实现社会治安的持续稳定作为一项重要任务常抓不懈。

其次，要严格坚持法定标准，切实贯彻落实宽严相济的刑事政策。各级人民法院、人民检察院和公安机关要严格依照刑法、刑事诉讼法及有关法律解释的规定办理案件，确保认定的事实清楚，据以定案的证据确实、充分，黑社会性质组织的认定准确无误。既要防止将已构成黑社会性质组织犯罪的案件“降格”处理，也不能因为强调严厉打击而将不构成此类犯罪的共同犯罪案件“拔高”认定。要严格贯彻落实宽严相济的刑事政策，对黑社会性质组织的组织者、领导者及其他骨干成员要依法从严惩处；对犯罪情节较轻的其他参加人员以及初犯、偶犯、未成年犯，要依法从轻、减轻处罚，以分化、瓦解犯罪分子，减少社会对抗、促进社会和谐，取得法律效果和社会效果的统一。

第三，要充分发挥各自的职能作用，密切配合，相互支持，有效形成打击合力。各级人民法院、人民检察院和公安机关要积极总结和交流工作经验，不断统一执法思想，共同加强长效机制建设。为了及时、有效地打击黑社会性质组织犯罪，公安机关在办案中要紧紧围绕法律规定的黑社会性质组织的“四个特征”，严格按照刑事诉讼法及有关规定全面收集、固定证据，严禁刑讯逼供、滥用强制措施和超期羁押，对重要犯罪嫌疑人的审讯以及重要取证活动要全程录音、录像。人民检察院不仅要把好批捕、起诉关，还要加强对看守所监管活动的检查监督，防止串供、翻供、订立攻守同盟、搞假立功等情况的发生。人民法院要严格审查事实、证据，不断强化程序意识，全面提高审判工作质量和效率。

第四，要严惩“保护伞”，采取多种措施深入推进打黑除恶工作。黑社会性质组织之所以能在一些地方坐大成势，与个别国家工作人员的包庇、纵容有着直接关系。各级人民法院、人民检察院和公安机关要把查处“保护伞”与办理涉黑案件有机地结合起来，与反腐败工作紧密地结合起来，与纪检、监察部门做好衔接配合，加大打击力度，确保实现“除恶务尽”的目标。打击黑社会性质组织犯罪是一项复杂的系统工程，各级人民法院、人民检察院和公安机关在办理好案件的同时，还要通过积极参与社会治安综合治理、加强法制宣传、广泛发动群众等多种手段，从源头上有效防控此类犯罪。

二、会议认为，自1997年刑法增设黑社会性质组织犯罪的规定以来，全国人大常委会、最高人民法院分别作出了《关于〈中华人民共和国刑法〉第二百九十四条第一款的解释》（以下简称《立法解释》）、《关于审理黑社会性质组织犯罪的案件具体应用法律若干问题的解释》（以下简称《司法解释》），对于指导司法实践发挥了重要作用。但由于黑社会性质组织犯罪的构成要件和所涉及的法律关系较为复杂，在办案过程中对法律规定的理解还不尽相同。为了进一步统一司法标准，会议就实践中争议较大的问题进行了深入研讨，并取得了一致意见：

（一）关于黑社会性质组织的认定

黑社会性质组织必须同时具备《立法解释》中规定的“组织特征”、“经济特征”、“行为特征”和“危害性特征”。由于实践中许多黑社会性质组织并非这“四个特征”都很明显，因此，在具体认定时，应根据立法本意，认真审查、分析黑社会性质组织“四个特征”相互间的内在联系，准确评价涉案犯罪组织所造成的社会危害，确保不枉不纵。

1. 关于组织特征。黑社会性质组织不仅有明确的组织者、领导者，骨干成员基本固定，而且组织结构较为稳定，并有比较明确的层级和职责分工。

当前，一些黑社会性质组织为了增强隐蔽性，往往采取各种手段制造“人员频繁更替、组织结构松散”的假象。因此，在办案时，要特别注意审查组织者、领导者，以及对组织运行、活动起着突出作用的积极参加者等骨干成员是否基本固定、联系是否紧密，不要被其组织形式的表象所左右。

关于组织者、领导者、积极参加者和其他参加者的认定。组织者、领导者，是指黑社会性质组织的发起者、创建者，或者在组织中实际处于领导地位，对整个组织及其运行、活动起着决策、指挥、协调、管理作用的犯罪分子，既包括通过一定形式产生的有明确职务、称谓的组织者、领导者，也包括在黑社会性质组织中被公认的事实上的组织者、领导者；积极参加者，是指接受黑社会性质组织的领导和管理，多次积极参与黑社会性质组织的违法犯罪活动，或者积极参与较严重的黑社会性质组织的犯罪活动且作用突出，以及其他在组织中起重要作用的犯罪分子，如具体主管黑社会性质组织的财务、人员管理等事项的犯罪分子；其他参加者，是指除上述组织成员之外，其他接受黑社会性质组织的领导和管理的犯罪分子。根据《司法解释》第三条第二款的规定，对于参加黑社会性质的组织，没有实施其他违法犯罪活动的，或者受蒙蔽、胁迫参加黑社会性质的组织，情节轻微的，可以不作为犯罪处理。

关于黑社会性质组织成员的主观明知问题。在认定黑社会性质组织的成员时，并不要求其主观上认为自己参加的是黑社会性质组织，只要其知道或者应当知道该组织具有一定规模，且是以实施违法犯罪为主要活动的，即可认定。

对于黑社会性质组织存在时间、成员人数及组织纪律等问题的把握。黑社会性质组织一般在短时间内难以形成，而且成员人数较多，但鉴于普通犯罪集团、“恶势力”团伙向黑社会性质组织发展是一个渐进的过程，没有明显的性质转变的节点，故对黑社会性质组织存在时间、成员人数问题不宜作出“一刀切”的规定。对于那些已存在一定时间，且成员人数较多的犯罪组织，在定性时要根据其是否已具备一定的经济实力，是否已在一定区域或行业内形成非法控制或重大影响等情况综合分析判断。此外在通常情况下，黑社会性质组织为了维护自身的安全和稳定，一般会有一些约定俗成的纪律、规约，有些甚至还有明确的规定。因此，具有一定的组织纪律、活动规约，也是认定黑社会性质组织特征时的重要参考依据。

2. 关于经济特征。一定的经济实力是黑社会性质组织坐大成势，称霸一方的基础。由于不同地区的经济发展水平、不同行业的利润空间均存在很大差异，加之黑社会性质组织存在、发展的时间也各有不同，因此，在办案时不能一般性地要求黑社会性质组织所具有的经济实力必须达到特定规模或特定数额。此外，黑社会性质组织的敛财方式也具有多样性。实践中，黑社会性质组织不仅会通过实施赌博、敲诈、贩毒等违法犯罪活动攫取经济利益，而且还往往会通过开办公司、企业等方式“以商养黑”、“以黑护商”。因此，无论其财产是通过非法手段聚敛，还是通过合法的方式获取，只要将其中部分或全部用于违法犯罪活动或者维系犯罪组织的生存、发展即可。

“用于违法犯罪活动或者维系犯罪组织的生存、发展”，一般是指购买作案工具、提供作案经费，为受伤、死亡的组织成员提供医疗费、丧葬费，为组织成员及其家属提供工资、奖励、福利、生活费用，为组织寻求非法保护以及其他与实施有组织的违法犯罪活动有关的费用支出等。

3. 关于行为特征。暴力性、胁迫性和有组织性是黑社会性质组织行为方式的主要特征，但有时也会采取一些“其他手段”。

根据司法实践经验，《立法解释》中规定的“其他手段”主要包括：以暴力、威胁为基础，在利用组织势力和影响已对他人形成心理强制或威慑的情况下，进行所谓的“谈判”、“协商”、“调解”；滋扰、哄闹、聚众等其他干扰、破坏正常经济、社会生活秩序的非暴力手段。

“黑社会性质组织实施的违法犯罪活动”主要包括以下情形：由组织者、领导者直接组织、策划、指挥、参与实施的违法犯罪活动；由组织成员以组织名义实施，并得到组织者、领导者认可或者默许的违法犯罪活动；多名组织成员为逞强争霸、插手纠纷、报复他人、替人行凶、非法敛财而共同实施，并得到组织者、领导者认可或者默许的违法犯罪活动；组织成员为组织争夺势力范围、排除竞争对手、确立强势地位、谋取经济利益、维护非法权威或者按照组织的纪律、惯例、共同遵守的约定而实施的违法犯罪活动；由黑社会性质组织实施的其他违法犯罪活动。

会议认为，在办案时还应准确理解《立法解释》中关于“多次进行违法犯罪活动”的规定。黑社会性质组织实施犯罪活动过程中，往往伴随着大量的违法活动，对此均应作为黑社会性质组织的违法犯罪事实予以认定。但如果仅实施了违法活动，而没有实施犯罪活动的，则不能认定为黑社会性质组织。此外，“多次进行违法犯罪活动”只是认定黑社会性质组织的必要条件之一，最终能否认定为黑社会性质组织，还要结合危害性特征来加以判断。即使有些案件中的违法犯罪活动已符合“多次”的标准，但根据其性质和严重程度，尚不足以形成非法控制或者重大影响的，也不能认定为黑社会性质组织。

4. 关于危害性特征。称霸一方，在一定区域或者行业内，形成非法控制或者重大影响，从而严重破坏经济、社会生活秩序，是黑社会性质组织的本质特征，也是黑社会性质组织区别于一般犯罪集团的关键所在。

对于“一定区域”的理解和把握。区域的大小具有相对性，且黑社会性质组织非法控制和影响的对象并不是区域本身，而是在一定区域中生活的人，以及该区域内的经济、社会生活秩序。因此，不能简单地要求“一定区域”必须达到某一特定的空间范围，而应当根据具体案情，并结合黑社会性质组织对经济、社会生活秩序的危害程度加以综合分析判断。

对于“一定行业”的理解和把握。黑社会性质组织所控制和影响的行业，既包括合法行业，也包括黄、赌、毒等非法行业。这些行业一般涉及生产、流通、交换、消费等一个或多个市场环节。

通过实施违法犯罪活动，或者利用国家工作人员的包庇、纵容，称霸一方，并具有以下情形之一的，可认定为“在一定区域或者行业内，形成非法控制或者重大影响，严重破坏经济、社会生活秩序”：对在一定区域内生活或者在一定行业内从事生产、经营的群众形成心理强制、威慑，致使合法利益受损的群众不敢举报、控告的；对一定行业的生产、经营形成垄断，或者对涉及一定行业的准入、经营、竞争等经济活动形成重要影响的；插手民间纠纷、经济纠纷，在相关区域或者行业内造成严重影响的；干扰、破坏他人正常生产、经营、生活，并在相关区域或者行业内造成严重影响的；干扰、破坏公司、企业、事业单位及社会团体的正常生产、经营、工作秩序，在相关区域、行业内造成严重影响，或者致使其不能正常生产、经营、工作的；多次干扰、破坏国家机关、行业管理部门以及村委会、居委会等基层群众自治组织的工作秩序，或者致使上述单位、组织的职能不能正常行使的；利用组织的势力、影响，使组织成员获取政治地位，或者在党政机关、基层群众自治组织中担任一定职务的；其他形成非法控制或者重大影响，严重破坏经济、社会生活秩序的情形。

（二）关于办理黑社会性质组织犯罪案件的其他问题

1. 关于包庇、纵容黑社会性质组织罪主观要件的认定。本罪主观方面要求必须是出于故意，过失不能构成本罪。会议认为，只要行为人知道或者应当知道是从事违法犯罪活动的组织，仍对该组织及其成员予以包庇，或者纵容其实施违法犯罪活动，即可认定本罪。至于行为人是否明知该组织系黑社会性质组织，不影响本罪的成立。

2. 关于黑社会性质组织成员的刑事责任。对黑社会性质组织的组织者、领导者，应根据法律规定和本纪要中关于“黑社会性质组织实施的违法犯罪活动”的规定，按照该组织所犯的全部罪行承担刑事责任。组织者、领导者对于具体犯罪所承担的刑事责任，应当根据其在该起犯罪中的具体地位、作用来确定。对黑社会性质组织中的积极参加者和其他参加者，应按照其所参与的犯罪，根据其在具体犯罪中的地位和作用，依照罪责刑相适应的原则，确定应承担的刑事责任。

3. 关于涉黑犯罪财物及其收益的认定和处置。在办案时，要依法运用查封、扣押、冻结、追缴、没收等手段，彻底摧毁黑社会性质组织的经济基础，防止其死灰复燃。对于涉黑犯罪财物及其收益以及犯罪工具，均应按照刑法第六十四条和《司法解释》第七条的规定予以追缴、没收。黑社会性质组织及其成员通过犯罪活动聚敛的财物及其收益，是指在黑社会性质组织的形成、发展过程中，该组织及组织成员通过违法犯罪活动或其他不正当手段聚敛的全部财物、财产性权益及其孳息、收益。在办案工作中，应认真审查涉案财产的来源、性质，对被告人及其他单位、个人的合法财产应依法予以保护。

4. 关于认定黑社会性质组织犯罪的证据要求。办理涉黑案件同样应当坚持案件“事实清楚，证据确实、充分”的法定证明标准。但应当注意的是，“事实清楚”是指能够对定罪量刑产生影响的事实必须清楚，而不是指整个案件的所有事实和情节都要一一查证属实；“证据确实、充分”是指能够据以定罪量刑的证据确实、充分，而不是指案件中所涉全部问题的证据都要达到确实、充分的程度。对此，一定要准确理解和把握，不要纠缠那些不影响定罪量刑的枝节问题。比如，在可以认定某犯罪组织已将所获经济利益部分用于组织活动的情况下，即使此部分款项的具体数额难以全部查实，也不影响定案。

5. 关于黑社会性质组织成员的立功问题。积极参加者、其他参加者配合司法机关查办案件，有提供线索、帮助收集证据或者其他协助行为，并对侦破黑社会性质组织犯罪案件起到一定作用的，即使依法不能认定立功，一般也应酌情对其从轻处罚。组织者、领导者检举揭发与该黑社会性质组织及其违法犯罪活动有关联的其他犯罪线索，即使依法构成立功或者重大立功，在量刑时也应从严掌握。

6. 关于对“恶势力”团伙的认定和处理。“恶势力”是黑社会性质组织的雏形，有的最终发展成为了黑社会性质组织。因此，及时严惩“恶势力”团伙犯罪，是遏制黑社会性质组织滋生，防止违法犯罪活动造成更大社会危害的有效途径。

会议认为，“恶势力”是指经常纠集在一起，以暴力、威胁或其他手段，在一定区域或者行业内多次实施违法犯罪活动，为非作恶，扰乱经济、社会生活秩序，造成较为恶劣的社会影响，但尚未形成黑社会性质组织的犯罪团伙。“恶势力”一般为三人以上，纠集者、骨干成员相对固定，违法犯罪活动一般表现为敲诈勒索、强迫交易、欺行霸市、聚众斗殴、寻衅滋事、非法拘禁、故意伤害、抢劫、抢夺或者黄、赌、毒等。各级人民法院、人民检察院和公安机关在办案时应根据本纪要的精神，结合组织化程度的高低、经济实力的强弱、有无追求和实现对社会的非法控制等特征，对黑社会性质组织与“恶势力”团伙加以正确区分。同时，还要本着实事求是的态度，正确理解和把握“打早打小”方针。在准确查明“恶势力”团伙具体违法犯罪事实的基础上，构成什么罪，就按什么罪处理，并充分运用刑法总则关于共同犯罪的规定，依法惩处。对符合犯罪集团特征的，要按照犯罪集团处理，以切实加大对“恶势力”团伙依法惩处的力度。

7. 关于视听资料的收集、使用。公安机关在侦查时要特别重视对涉黑犯罪视听资料的收集。对于那些能够证明涉案犯罪组织具备黑社会性质组织的“四个特征”及其实施的具体违法犯罪活动的录音、录像资料，要及时提取、固定、移送。通过特殊侦查措施获取的视听资料，在移送审查起诉时，公安机关对证据的来源、提取经过应予说明。

8. 庭审时应注意的有关问题。为确保庭审效果，人民法院在开庭审理涉黑案件之前，应认真做好庭审预案。法庭调查时，除必须传唤共同被告人同时到庭质证外，对各被告人应当分别讯问，以防止被告人当庭串供或者不敢如实供述、作证。对于诉讼参与人、旁听人员破坏法庭秩序、干扰法庭审理的，法庭应按照刑事诉讼法及有关司法解释的规定及时作出处理。构成犯罪的，应当依法追究刑事责任。

3. 全国部分法院审理黑社会性质组织犯罪案件工作座谈会纪要（法〔2015〕291号　2015年10月13日发布）

为深入贯彻党的十八大和十八届三中、四中全会以及习近平总书记系列重要讲话精神，认真落实全国继续推进打黑除恶专项斗争电视电话会议和《中央政法委员会关于继续推进打黑除恶专项斗争的意见》的总体部署，进一步加强黑社会性质组织犯罪案件的审判工作，最高人民法院于2015年9月17日在广西壮族自治区北海市组织召开了全国部分法院审理黑社会性质组织犯罪案件工作座谈会。全国20个省、自治区、直辖市高级人民法院和部分中级人民法院、基层人民法院的主管副院长、刑事审判庭负责同志参加了此次会议。

会议传达、学习了中央关于不断深化打黑除恶专项斗争的有关文件、领导讲话和周强院长对会议所作的重要批示，最高人民法院副院长南英同志作了重要讲话。会议就如何加强打黑除恶审判工作进行了经验交流，并对当前审判工作中存在的新情况、新问题进行了全面、系统的归纳整理，对如何进一步明确和统一司法标准进行了深入研讨。会议认为，2009年印发的《最高人民法院、最高人民检察院、公安部办理黑社会性质组织犯罪案件座谈会纪要》（以下简称：2009年《座谈会纪要》）对于指导审判实践发挥了重要作用。由于黑社会性质组织犯罪始终处于不断发展变化之中，且刑法、刑事诉讼法的相关规定均有修改，因此，对于一些实践中反映较为突出，但2009年《座谈会纪要》未作规定或者有关规定尚需进一步细化和完善的问题，确有必要及时加以研究解决。经过与会代表的认真研究，会议就人民法院审理黑社会性质组织犯罪案件时遇到的部分政策把握及具体应用法律问题形成了共识。同时，与会代表也一致认为，本次会议所取得的成果是对2009年《座谈会纪要》的继承与发展，原有内容审判时仍应遵照执行；内容有所补充的，审判时应结合执行。纪要如下。

一、准确把握形势、任务，坚定不移地在法治轨道上深入推进打黑除恶专项斗争

（一）毫不动摇地贯彻依法严惩方针

会议认为，受国内国际多种因素影响，我国黑社会性质组织犯罪活跃、多发的基本态势在短期内不会改变。此类犯罪组织化程度较高，又与各种社会治安问题相互交织，破坏力成倍增加，严重威胁人民群众的生命、财产安全。而且，黑社会性质组织还具有极强的向经济领域、政治领域渗透的能力，严重侵蚀维系社会和谐稳定的根基。各级人民法院必须切实增强政治意识、大局意识、忧患意识和责任意识，进一步提高思想认识，充分发挥审判职能作用，继续深入推进打黑除恶专项斗争，在严格把握黑社会性质组织认定标准的基础上始终保持对于此类犯罪的严惩高压态势。对于黑社会性质组织犯罪分子要依法加大资格刑、财产刑的适用力度，有效运用刑法中关于禁止令的规定，严格把握减刑、假释适用条件，全方位、全过程地体现从严惩处的精神。

（二）认真贯彻落实宽严相济刑事政策

审理黑社会性质组织犯罪案件应当认真贯彻落实宽严相济刑事政策。要依照法律规定，根据具体的犯罪事实、情节以及人身危险性、主观恶性、认罪悔罪态度等因素充分体现刑罚的个别化。同时要防止片面强调从宽或者从

严，切实做到区别对待，宽严有据，罚当其罪。对于黑社会性质组织的组织者、领导者、骨干成员及其“保护伞”，要依法从严惩处。根据所犯具体罪行的严重程度，依法应当判处重刑的要坚决判处重刑。确属罪行极其严重，依法应当判处死刑的，也必须坚决判处。对于不属于骨干成员的积极参加者以及一般参加者，确有自首、立功等法定情节的，要依法从轻、减轻或免除处罚；具有初犯、偶犯等酌定情节的，要依法酌情从宽处理。对于一般参加者，虽然参与实施了少量的违法犯罪活动，但系未成年人或是只起次要、辅助作用的，应当依法从宽处理。符合缓刑条件的，可以适用缓刑。

（三）正确把握“打早打小”与“打准打实”的关系

“打早打小”，是指各级政法机关必须依照法律规定对有可能发展成为黑社会性质组织的犯罪集团、“恶势力”团伙及早打击，绝不能允许其坐大成势，而不应被理解为对尚处于低级形态的犯罪组织可以不加区分地一律按照黑社会性质组织处理。“打准打实”，就是要求审判时应当本着实事求是的态度，在准确查明事实的基础上，构成什么罪，就按什么罪判处刑罚。对于不符合黑社会性质组织认定标准的，应当根据案件事实依照刑法中的相关条款处理，从而把法律规定落到实处。由于黑社会性质组织的形成、发展一般都会经历一个从小到大、由“恶”到“黑”的渐进过程，因此，“打早打小”不仅是政法机关依法惩治黑恶势力犯罪的一贯方针，而且是将黑社会性质组织及时消灭于雏形或萌芽状态，防止其社会危害进一步扩大的有效手段。而“打准打实”既是刑事审判维护公平正义的必然要求，也是确保打黑除恶工作实现预期目标的基本前提。只有打得准，才能有效摧毁黑社会性质组织；只有打得实，才能最大限度地体现惩治力度。“打早打小”和“打准打实”是分别从惩治策略、审判原则的角度对打黑除恶工作提出的要求，各级人民法院对于二者关系的理解不能简单化、片面化，要严格坚持依法办案原则，准确认定黑社会性质组织，既不能“降格”，也不能“拔高”，切实防止以“打早打小”替代“打准打实”。

（四）依法加大惩处“保护伞”的力度

个别国家机关工作人员的包庇、纵容，不仅会对黑社会性质组织的滋生、蔓延起到推波助澜的作用，而且会使此类犯罪的社会危害进一步加大。各级人民法院应当充分认识“保护伞”的严重危害，将依法惩处“保护伞”作为深化打黑除恶工作的重点环节和深入开展反腐败斗争的重要内容，正确运用刑法的有关规定，有效加大对于“保护伞”的惩处力度。同时，各级人民法院还应当全面发挥职能作用，对于审判工作中发现的涉及“保护伞”的线索，应当及时转往有关部门查处，确保实现“除恶务尽”的目标。

（五）严格依照法律履行审判职能

《中华人民共和国刑法修正案（八）》的颁布实施以及刑事诉讼法的再次修正，不仅进一步完善了惩处黑恶势力犯罪的相关法律规定，同时也对办理黑社会性质组织犯罪案件提出了更为严格的要求。面对新的形势和任务，各级人民法院应当以审判为中心，进一步增强程序意识和权利保障意识，严格按照法定程序独立行使审判职权，并要坚持罪刑法定、疑罪从无、证据裁判原则，依法排除非法证据，通过充分发挥庭审功能和有效运用证据审查判断规则，切实把好事实、证据与法律适用关，以令人信服的裁判说理来实现审判工作法律效果与社会效果的有机统一。同时，还应当继续加强、完善与公安、检察等机关的配合协作，保证各项长效工作机制运行更为顺畅。

二、关于黑社会性质组织的认定

（一）认定组织特征的问题

黑社会性质组织存续时间的起点，可以根据涉案犯罪组织举行成立仪式或者进行类似活动的时间来认定。没有前述活动的，可以根据足以反映其初步形成核心利益或强势地位的重大事件发生时间进行审查判断。没有明显标志性事件的，也可以根据涉案犯罪组织为维护、扩大组织势力、实力、影响、经济基础或按照组织惯例、纪律、活动规约而首次实施有组织的犯罪活动的时间进行审查判断。存在、发展时间明显过短、犯罪活动尚不突出的，一般不应认定为黑社会性质组织。

黑社会性质组织应当具有一定规模，人数较多，组织成员一般在十人以上。其中，既包括已有充分证据证明但尚未归案的组织成员，也包括虽有参加黑社会性质组织的行为但因尚未达到刑事责任年龄或因其他法定情形而未被起诉，或者根据具体情节不作为犯罪处理的组织成员。

黑社会性质组织应有明确的组织者、领导者，骨干成员基本固定，并有比较明确的层级和职责分工，一般有四种类型的组织成员，即：组织者、领导者与积极参加者、一般参加者（也即“其他参加者”）。骨干成员，是指直接听命于组织者、领导者，并多次指挥或积极参与实施有组织的违法犯罪活动或者其他长时间在犯罪组织中起重要作用的犯罪分子，属于积极参加者的一部分。

对于黑社会性质组织的组织纪律、活动规约，应当结合制定、形成相关纪律、规约的目的与意图来进行审查判断。凡是为了增强实施违法犯罪活动的组织性、隐蔽性而制定或者自发形成，并用以明确组织内部人员管理、职责分工、行为规范、利益分配、行动准则等事项的成文或不成文的规定、约定，均可认定为黑社会性质组织的组织纪律、活动规约。

对于参加黑社会性质组织，没有实施其他违法犯罪活动，或者受蒙蔽、威胁参加黑社会性质组织，情节轻微的，可以不作为犯罪处理。对于参加黑社会性质组织后仅参与少量情节轻微的违法活动的，也可以不作为犯罪处理。

以下人员不属于黑社会性质组织的成员：1. 主观上没有加入黑社会性质组织的意愿，受雇到黑社会性质组织开办的公司、企业、社团工作，未参与或者仅参与少量黑社会性质组织的违法犯罪活动的人员；2. 因临时被纠集、雇佣或受蒙蔽为黑社会性质组织实施违法犯罪活动或者提供帮助、支持、服务的人员；3. 为维护或扩大自身利益而临时雇佣、收买、利用黑社会性质组织实施违法犯罪活动的人员。上述人员构成其他犯罪的，按照具体犯罪处理。

对于被起诉的组织成员主要为未成年人的案件，定性时应当结合“四个特征”审慎把握。

（二）认定经济特征的问题

“一定的经济实力”，是指黑社会性质组织在形成、发展过程中获取的，足以支持该组织运行、发展以及实施违法犯罪活动的经济利益。包括：1. 有组织地通过违法犯罪活动或其他不正当手段聚敛的资产；2. 有组织地通过合法的生产、经营活动获取的资产；3. 组织成员以及其他单位、个人资助黑社会性质组织的资产。通过上述方式获取的经济利益，即使是由部分组织成员个人掌控，也应计入黑社会性质组织的“经济实力”。

各高级人民法院可以根据本地区的实际情况，对黑社会性质组织所应具有的“经济实力”在二十万～五十万元幅度内，自行划定一般掌握的最低数额标准。

是否将所获经济利益全部或部分用于违法犯罪活动或者维系犯罪组织的生存、发展，是认定经济特征的重要依据。无论获利后的分配与使用形式如何变化，只要在客观上能够起到豢养组织成员、维护组织稳定、壮大组织势力的作用即可认定。

（三）认定行为特征的问题

涉案犯罪组织仅触犯少量具体罪名的，是否应认定为黑社会性质组织要结合组织特征、经济特征和非法控制特征（危害性特征）综合判断，严格把握。

黑社会性质组织实施的违法犯罪活动包括非暴力性的违法犯罪活动，但暴力或以暴力相威胁始终是黑社会性质组织实施违法犯罪活动的基本手段，并随时可能付诸实施。因此，在黑社会性质组织所实施的违法犯罪活动中，一般应有一部分能够较明显地体现出暴力或以暴力相威胁的基本特征。否则，定性时应当特别慎重。

属于2009年《座谈会纪要》规定的五种情形之一的，一般应当认定为黑社会性质组织实施的违法犯罪活动，但确与维护和扩大组织势力、实力、影响、经济基础无任何关联，亦不是按照组织惯例、纪律、活动规约而实施，则应作为组织成员个人的违法犯罪活动处理。

组织者、领导者明知组织成员曾多次实施起因、性质类似的违法犯罪活动，但并未明确予以禁止的，如果该类行为对扩大组织影响起到一定作用，可以视为是按照组织惯例实施的违法犯罪活动。

（四）认定非法控制特征（危害性特征）的问题

黑社会性质组织所控制和影响的“一定区域”，应当具备一定空间范围，并承载一定的社会功能。既包括一定数量的自然人共同居住、生活的区域，如乡镇、街道、较大的村庄等，也包括承载一定生产、经营或社会公共服务功能的区域，如矿山、工地、市场、车站、码头等。对此，应当结合一定地域范围内的人口数量、流量、经济规模等因素综合评判。如果涉案犯罪组织的控制和影响仅存在于一座酒店、一处娱乐会所等空间范围有限的场所或者人口数量、流量、经济规模较小的其他区域，则一般不能视为是对“一定区域”的控制和影响。

黑社会性质组织所控制和影响的“一定行业”，是指在一定区域内存在的同类生产、经营活动。黑社会性质组织通过多次有组织地实施违法犯罪活动，对黄、赌、毒等非法行业形成非法控制或重大影响的，同样符合非法控制特征（危害性特征）的要求。

2009年《座谈会纪要》明确了可以认定为“在一定区域或者行业内，形成非法控制或者重大影响，严重破坏经济、社会生活秩序”的八种情形，适用时应当注意以下问题：第 1 种情形中的“致使合法利益受损的群众不敢举报、控告的”，是指致使多名合法利益遭受犯罪或者严重违法活动侵害的群众不敢通过正当途径维护权益；第 2 种情形中的“形成垄断”，是指可以操控、左右、决定与一定行业相关的准入、退出、经营、竞争等经济活动。“形成重要影响”，是指对与一定行业相关的准入、退出、经营、竞争等经济活动具有较大的干预和影响能力，或者具有在该行业内占有较大市场份额、通过违法犯罪活动或以其他不正当手段在该行业内敛财数额巨大（最低数额标准由各高院根据本地情况在二十万～五十万元的幅度内自行划定）、给该行业内从事生产、经营活动的其他单位、组织、个人造成直接经济损失一百万元以上等情节之一；第 3、4、5 种情形中的“造成严重影响”，是指具有致人重伤或致多人轻伤、通过违法犯罪活动或以其他不正当手段敛财数额巨大（数额标准同上）、造成直接经济损失一百万元以上、多次引发群体性事件或引发大规模群体性事件等情节之一；第 6 种情形中的“多次干扰、破坏国家机关、行业管理部门以及村委会、居委会等基层群众自治组织的工作秩序”，包括以拉拢、收买、威胁等手段多次得到国家机关工作人员包庇或纵容，或者多次对前述单位、组织中正常履行职务的工作人员进行打击、报复的情形；第 7 种情形中的“获取政治地位”，是指当选各级人大代表、政协委员。“担任一定职务”，是指在各级党政机关及其职能部门、基层群众自治组织中担任具有组织、领导、监督、管理职权的职务。

根据实践经验，在黑社会性质组织犯罪案件中，2009 年《座谈会纪要》规定的八种情形一般不会单独存在，往往是两种以上的情形同时并存、相互交织，从而严重破坏经济、社会生活秩序。审判时，应当充分认识这一特点，准确认定该特征。

“四个特征”中其他构成要素均已具备，仅在成员人数、经济实力规模方面未达到本纪要提出的一般性要求，但已较为接近，且在非法控制特征（危害性特征）方面同时具有 2009 年《座谈会纪要》相关规定中的多种情形，其中至少有一种情形已明显超出认定标准的，也可以认定为黑社会性质组织。

三、关于刑事责任和刑罚适用

（一）已退出或者新接任的组织者、领导者的刑事责任问题

对于在黑社会性质组织形成、发展过程中已经退出的组织者、领导者，或者在加入黑社会性质组织之后逐步发展成为组织者、领导者的犯罪分子，

应对其本人参与及其实际担任组织者、领导者期间该组织所犯的全部罪行承担刑事责任。

（二）量刑情节的运用问题

黑社会性质组织的成员虽不具有自首情节，但到案后能够如实供述自己罪行，并具有以下情形之一的，一般应当适用《刑法》第六十七条第三款的规定予以从轻处罚：1. 如实交代大部分尚未被掌握的同种犯罪事实；2. 如实交代尚未被掌握的较重的同种犯罪事实；3. 如实交代犯罪事实，并对收集定案证据、查明案件事实有重要作用的。

积极参加者、一般参加者配合司法机关查办案件，有提供线索、帮助收集证据或者其他协助行为，并在侦破黑社会性质组织犯罪案件、认定黑社会性质组织及其主要成员、追缴黑社会性质组织违法所得、查处“保护伞”等方面起到较大作用的，即使依法不能认定立功，一般也应酌情对其从轻处罚。

组织者、领导者、骨干成员以及“保护伞”协助抓获同案中其他重要的组织成员，或者骨干成员能够检举揭发其他犯罪案件中罪行同样严重的犯罪分子，原则上依法应予从轻或者减轻处罚。组织者、领导者检举揭发与该黑社会性质组织及其违法犯罪活动有关联的其他犯罪线索，如果在是否认定立功的问题上存在事实、证据或法律适用方面的争议，应当严格把握。依法应认定为立功或者重大立功的，在决定是否从宽处罚、如何从宽处罚时，应当根据罪责刑相一致原则从严掌握。可能导致全案量刑明显失衡的，不予从宽处罚。

审理黑社会性质组织犯罪案件，应当通过判处和执行民事赔偿以及积极开展司法救助来最大限度地弥补被害人及其亲属的损失。被害人及其亲属确有特殊困难，需要接受被认定为黑社会性质组织成员的被告人赔偿并因此表示谅解的，量刑时应当特别慎重。不仅应当查明谅解是否确属真实意思表示以及赔偿款项与黑社会性质组织违法所得有无关联，而且在决定是否从宽处罚、如何从宽处罚时，也应当从严掌握。可能导致全案量刑明显失衡的，不予从宽处罚。

（三）附加剥夺政治权利的适用问题

对于黑社会性质组织的组织者、领导者，可以适用《刑法》第五十六条第一款的规定附加剥夺政治权利。对于因犯参加黑社会性质组织罪被判处五年以上有期徒刑的积极参加者，也可以适用该规定附加剥夺政治权利。

（四）财产刑的适用问题

对于黑社会性质组织的组织者、领导者，依法应当并处没收财产。黑社会性质组织敛财数额特别巨大，但因犯罪分子转移、隐匿、毁灭证据或者拒不交代涉案财产来源、性质，导致违法所得以及其他应当追缴的财产难以准确查清和追缴的，对于组织者、领导者以及为该组织转移、隐匿资产的积极参加者可以并处没收个人全部财产。对于确属骨干成员的积极参加者一般应当并处罚金或者没收财产。对于其他积极参加者和一般参加者，应当根据所参与实施违法犯罪活动的次数、性质、地位、作用、违法所得数额以及造成损失的数额等情节，依法决定财产刑的适用。

四、关于审判程序和证据审查

（一）分案审理问题

为便宜诉讼，提高审判效率，防止因法庭审理过于拖延而损害当事人的合法权益，对于被告人人数众多，合并审理难以保证庭审质量和庭审效率的黑社会性质组织犯罪案件，可分案进行审理。分案应当遵循有利于案件顺利审判、有利于查明案件事实、有利于公正定罪量刑的基本原则，确保有效质证、事实统一、准确定罪、均衡量刑。对于被作为组织者、领导者、积极参加者起诉的被告人，以及黑社会性质组织重大犯罪的共同作案人，分案审理影响庭审调查的，一般不宜分案审理。

（二）证明标准和证据运用问题

办理黑社会性质组织犯罪案件应当坚持“事实清楚，证据确实、充分”的法定证明标准。黑社会性质组织犯罪案件侦查取证难度大，“四个特征”往往难以通过实物证据来加以证明。审判时，应当严格依照刑事诉讼法及有关司法解释的规定对相关证据进行审查与认定。在确保被告人供述、证人证言、被害人陈述等言词证据取证合法、内容真实，且综合全案证据，已排除合理怀疑的情况下，同样可以认定案件事实。

（三）法庭举证、质证问题

审理黑社会性质组织犯罪案件时，合议庭应当按照刑事诉讼法及有关司法解释的规定有效引导控辩双方举证、质证。不得因为案件事实复杂、证据繁多，而不当限制控辩双方就证据问题进行交叉询问、相互辩论的权利。庭审时，应当根据案件事实繁简、被告人认罪态度等采取适当的举证、质证方式，突出重点；对黑社会性质组织的“四个特征”应单独举证、质证。为减少重复举证、质证，提高审判效率，庭审中可以先就认定具体违法犯罪事实的证据进行举证、质证。对认定黑社会性质组织行为特征的证据进行举证、质证时，之前已经宣读、出示过的证据，可以在归纳、概括之后简要征询控辩双方意见。对于认定组织特征、经济特征、非法控制特征（危害性特征）的证据，举证、质证时一般不宜采取前述方式。

（四）对出庭证人、鉴定人、被害人的保护问题

人民法院受理黑社会性质组织犯罪案件后，应当及时了解在侦查、审查起诉阶段有无对证人、鉴定人、被害人采取保护措施的情况，确保相关保护措施在审判阶段能够紧密衔接。开庭审理时，证人、鉴定人、被害人因出庭作证，本人或其近亲属的人身安全面临危险的，应当采取不暴露外貌、真实声音等出庭作证措施。必要时，可以进行物理隔离，以音频、视频传送的方式作证，并对声音、图像进行技术处理。有必要禁止特定人员接触证人、鉴定人、被害人及其近亲属的，以及需要对证人、鉴定人、被害人及其近亲属的人身和住宅采取专门性保护措施的，应当及时与检察机关、公安机关协调，确保保护措施及时执行到位。依法决定不公开证人、鉴定人、被害人真实姓名、住址和工作单位等个人信息的，应当在开庭前核实其身份。证人、鉴定人签署的如实作证保证书应当列入审判副卷，不得对外公开。

五、关于黑社会性质组织犯罪案件审判工作相关问题

（一）涉案财产的处置问题

审理黑社会性质组织犯罪案件时，对于依法查封、冻结、扣押的涉案财产，应当全面审查证明财产来源、性质、用途、权属及价值大小的有关证据，调查财产的权属情况以及是否属于违法所得或者依法应当追缴的其他财物。属于下列情形的，依法应当予以追缴、没收：1. 黑社会性质组织形成、发展过程中，该组织及其组织成员通过违法犯罪活动或其他不正当手段聚敛的财产及其孳息、收益，以及合法获取的财产中实际用于支持该组织存在、发展和实施违法犯罪活动的部分；2. 其他单位、个人为支持黑社会性质组织存在、发展以及实施违法犯罪活动而资助或提供的财产；3. 组织成员通过个人实施的违法犯罪活动所聚敛的财产及其孳息、收益，以及供个人犯罪所用的本人财物；4. 黑社会性质组织及其组织成员个人非法持有的违禁品；5. 依法应当追缴的其他涉案财物。

（二）发挥庭审功能问题

黑社会性质组织犯罪案件开庭前，应当按照重大案件的审判要求做好从物质保障到人员配备等各方面的庭审准备，并制定详细的庭审预案和庭审提纲。同时，还要充分发挥庭前会议了解情况、听取意见的应有作用，提前了解控辩双方的主要意见，及时解决可能影响庭审顺利进行的程序性问题。对于庭前会议中出示的证据材料，控辩双方无异议的，庭审举证、质证时可以简化。庭审过程中，合议庭应当针对争议焦点和关键的事实、证据问题，有效引导控辩双方进行法庭调查与法庭辩论。庭审时，还应当全程录音录像，相关音视频资料应当存卷备查。

三十六、入境发展黑社会组织罪

（一）法律规定

第二百九十四条第二款　境外的黑社会组织的人员到中华人民共和国境内发展组织成员的，处三年以上十年以下有期徒刑。

（二）罪名详解

入境发展黑社会组织罪，是指境外的黑社会组织的人员到中华人民共和国境内发展组织成员的行为。本罪是 1997 年刑法增设的罪名，1979 年刑法和单行刑法均没有规定此罪名。

入境发展黑社会组织罪的构成要件是：

1. 主体要件

犯罪主体为特殊主体，即只能是境外的黑社会组织的人员。至于该人员是境外黑社会组织的组织者、领导者还是一般参与者，是境外居民还是境内居民，不影响本罪的成立。

2. 客体要件

本罪侵犯的客体是社会治安管理秩序。近年来，境外黑社会组织成员入境进行违法犯罪活动的现象不断发生，对社会危害很大。

3. 主观要件

主观方面由故意构成，即行为人为了发展、壮大自己所在的黑社会组织而通过各种手段发展组织成员。

4. 客观要件

客观方面表现为境外的黑社会组织的人员到我国境内发展组织成员的行为。“境外的黑社会组织”，是指被境外国家和地区确定为黑社会的组织，它的组织结构已形成完整的黑社会体系，有组织名称和稳定的、众多的成员，组织内部等级森严，纪律严密而残酷，资金财产雄厚，经济来源稳定，从事多种严重犯罪，并建有自己的武装力量，建立了广泛的国际联系，实现了犯罪的跨地域性。“境外的黑社会组织”，既包括外国的黑社会组织，也包括我国台湾、香港、澳门地区的黑社会组织。如意大利的“黑手党”、美国的“3K党”、我国香港地区的“新义安”等黑社会组织。我国境内还没有出现类似国际上的典型的黑社会组织，故刑法规定本罪的主体是境外的黑社会组织成员。如果行为人不属于境外的黑社会组织成员而谎称是其成员，到我国境内发展黑社会成员，对行为人不能依本罪论处，但按照组织黑社会性质组织罪定罪量刑。“到中华人民共和国境内发展组织成员”，是指境外的黑社会组织通过引诱、拉拢、腐蚀、强迫、威胁、暴力、贿赂等手段，在我国境内，将境内、外人员吸收为该黑社会组织成员的行为。根据 2000 年 12 月 4 日《最高人民法院关于审理黑社会性质组织犯罪的案件具体应用法律若干问题的解释》第 2 条的规定，对黑社会组织成员进行内部调整等行为，也可视为“发展组织成员”。

（三）实务疑难问题

注意划清一罪与数罪的界限。行为人只要具有入境发展黑社会组织成员的行为，就构成本罪。如果发展组织成员后，又实施了其他犯罪活动的，则应当依照《刑法》第 294 条第 4 款的规定，实行数罪并罚。

（四）情节与量刑

依照《刑法》第 294 条第 2 款规定，犯入境发展黑社会组织罪的，处 3 年以上 10 年以下有期徒刑。依照本条第 4 款规定，犯入境发展黑社会组织罪又有其他犯罪行为的，依照数罪并罚的规定处罚。

三十七、包庇、纵容黑社会性质组织罪

（一）法律规定

第二百九十四条第三款　国家机关工作人员包庇黑社会性质的组织，或者纵容黑社会性质的组织进行违法犯罪活动的，处五年以下有期徒刑；情节严重的，处五年以上有期徒刑。

（二）罪名详解

包庇、纵容黑社会性质组织罪，是指国家机关工作人员包庇黑社会性质的组织，或者纵容黑社会性质的组织进行违法犯罪活动的行为。本罪是1997年刑法增设的罪名，1979年刑法和单行刑法均没有规定此罪名。《刑法修正案（八）》提高了本罪的法定刑幅度，并通过对前后款的次序调整，明确犯本罪又有其他犯罪行为的，应当数罪并罚。①

包庇、纵容黑社会性质组织罪的构成要件是：

1. 主体要件

本罪的犯罪主体是国家机关工作人员，即在国家各级党政机关、权力机关、司法机关和军事机关中依法从事公务的人员。

2. 客体要件

本罪侵犯的客体是司法机关同黑社会犯罪作斗争的正常活动。

3. 主观要件

根据《纪要一》的规定，本罪主观方面要求必须是出于故意，过失不能构成本罪。只要行为人知道或者应当知道是从事违法犯罪活动的组织，仍对该组织及其成员予以包庇，或者纵容其实施违法犯罪活动，即可认定本罪。至于行为人是否明知该组织系黑社会性质组织，不影响本罪的成立。

---

① 《刑法》原第294条第3款为：“犯前两款罪又有其他犯罪行为的，依照数罪并罚的规定处罚。”

《刑法》原第294条第4款为：“国家机关工作人员包庇黑社会性质的组织，或者纵容黑社会性质的组织进行违法犯罪活动的，处三年以下有期徒刑、拘役或者剥夺政治权利；情节严重的，处三年以上十年以下有期徒刑。”

4. 客观要件

客观方面表现为包庇黑社会性质的组织，或者纵容黑社会性质的组织进行违法犯罪活动的行为。“包庇”，是指国家机关工作人员为使黑社会性质组织及其成员逃避查禁而通风报信，隐匿、毁灭、伪造证据，阻止他人作证、检举揭发，指使他人作伪证，帮助逃匿，或者阻挠其他国家机关工作人员依法查禁等行为；“纵容”，是指国家机关工作人员不依法履行职责，放纵黑社会性质组织进行违法犯罪活动的行为。

（三）情节与量刑

依照《刑法》第294条第3款规定，犯包庇、纵容黑社会性质组织罪的，处5年以下有期徒刑；情节严重的，处5年以上有期徒刑。

依照本条第4款规定，犯包庇、纵容黑社会性质组织罪又有其他犯罪行为的，依照数罪并罚的规定处罚。

该条第3款规定的“情节严重”，是本罪的加重处罚情节。具体是指有下列情形之一的行为：（1）包庇、纵容黑社会性质组织跨境实施违法犯罪活动的；（2）包庇、纵容境外黑社会组织在境内实施违法犯罪活动的；（3）多次实施包庇、纵容行为的；（4）致使某一区域或者行业的经济、社会生活秩序遭受黑社会性质组织特别严重破坏的；（5）致使黑社会性质组织的组织者、领导者逃匿，或者致使对黑社会性质组织的查禁工作严重受阻的；（6）具有其他严重情节的。

三十八、传授犯罪方法罪

（一）法律规定

第二百九十五条　传授犯罪方法的，处五年以下有期徒刑、拘役或者管制；情节严重的，处五年以上十年以下有期徒刑；情节特别严重的，处十年以上有期徒刑或者无期徒刑。

（二）罪名详解

传授犯罪方法罪，是指用语言、文字、动作或者其他方法，将实施犯罪的具体做法、经验传授给他人的行为。本罪是从 1983 年 9 月 2 日全国人民代表大会常务委员会第二次会议通过的《关于严惩严重危害社会治安的犯罪分子的决定》第 2 条的规定，吸收改为刑法的具体规定的。1979 年刑法没有传授犯罪方法罪的规定。《刑法修正案（八）》对本罪的法定刑规定进行了调整，取消了死刑，降低和缩小了“情节严重”“情节特别严重”的法定刑幅度。①

传授犯罪方法罪的构成要件是：

1. 主体要件

犯罪主体为一般主体。在实践中，多为具有犯罪经验和技能的人，尤其是惯犯、累犯，包括在押的罪犯。

2. 客体要件

本罪侵犯的客体是社会管理秩序。

3. 主观要件

主观方面由故意构成。过失不构成本罪。

4. 客观要件

客观方面表现为传授犯罪方法的行为。“犯罪方法”，主要是指犯罪的技能与经验，包括犯罪的手段、步骤、反侦查方法等；“传授犯罪方法”，是指以语言、文字、动作、图像或者其他方法，故意将实施某种犯罪的具体方法、技能、经验传授给他人的行为。传授犯罪方法的方式是多种多样的，可以是口头传授，也可以是书面传授；可以采取公开的方式传授，也可以采取秘密的方式传授；可以用语言、动作传授，即“言传”，也可以是实施犯罪活动传授，即“身教”；既可以传授一种犯罪方法，也可以传授多种犯罪方法。

（三）实务疑难问题

1. 既遂与未遂的区分

本罪属于行为犯。只要行为人实施了传授犯罪方法的行为，就可构成本罪。至于行为人是否教唆被传授人实施犯罪，被传授人是否实施了传授人所传授的犯罪方法，是否已经造成了实际的危害结果，都不影响本罪的成立。

---

① 《刑法》原第 295 条为：“传授犯罪方法的，处五年以下有期徒刑、拘役或者管制；情节严重的，处五年以上有期徒刑；情节特别严重的，处无期徒刑或者死刑。”

2. 划清本罪与其他罪的界限

从犯罪的客观表现形式上看，传授犯罪方法罪与教唆犯罪具有极其相似的一面。二者的主要区别是：

（1）犯罪客体不同。传授犯罪方法罪作为独立的犯罪，有其特定的和统一的直接客体，即社会管理秩序；而教唆犯罪不是独立的罪名，没有特定的、统一的直接客体，它取决于被教唆者所犯之罪侵犯的客体。

（2）客观方面不同。首先，传授犯罪方法罪在客观方面表现为把犯罪方法传授给他人的“传授”过程，即教给被传授人怎样实施某种犯罪的行为；而教唆犯罪在客观方面则表现为故意地引起他人产生实施犯罪的意图的行为，亦即要被教唆人去实施犯罪的行为，并不要求教唆人具体传授犯罪方法。其次，二者虽然都可以表现为用人体动作进行，但是，传授犯罪方法罪的传授行为可以是现场直接实施某种犯罪的行为；而教唆犯罪时通过人体动作教唆，采用打手势、使眼神等就可以达到犯罪目的，不一定需要直接实施犯罪行为。例如，传授人用现场扒窃作案的方式向他人传授扒窃方法时，如果传授人用真实的现场扒窃作案进行传授，又符合盗窃罪的构成要件，属于刑法上的想象的数罪，应当构成传授犯罪方法罪而不是盗窃罪。

（3）犯罪主体有所不同。构成传授犯罪方法罪，行为人必须达到完全刑事责任年龄规定的条件，也就是说，已满 14 周岁不满 16 周岁传授犯罪方法的不负刑事责任；而对于教唆犯罪来说，根据《刑法》第 29 条的规定，已满 14 周岁不满 16 周岁的人，在教唆他人实施了《刑法》第 17 条第 2 款规定的“故意杀人、故意伤害致人重伤或者死亡、强奸、抢劫、贩卖毒品、放火、爆炸、投毒罪”的，也构成教唆犯罪的主体。

（4）主观方面不同。一是二者故意的具体形式有所不同：传授犯罪方法罪如前所述只能由直接故意构成，而教唆犯罪则既可以由直接故意构成，也可以由间接故意构成。二是二者的故意内容不同：传授犯罪方法罪的故意内容是把犯罪方法传授给他人，而教唆犯罪的故意内容则是激起本无犯意的人产生并实行犯罪意图。

（四）情节与量刑

依照《刑法》第 295 条规定，犯传授犯罪方法罪的，处 5 年以下有期徒刑、拘役或者管制；情节严重的，处 5 年以上 10 年以下有期徒刑；情节特别严重的，处 10 年以上有期徒刑或者无期徒刑。

三十九、非法集会、游行、示威罪

（一）法律规定

第二百九十六条　举行集会、游行、示威，未依照法律规定申请或者申请未获许可，或者未按照主管机关许可的起止时间、地点、路线进行，又拒不服从解散命令，严重破坏社会秩序的，对集会、游行、示威的负责人和直接责任人员，处五年以下有期徒刑、拘役、管制或者剥夺政治权利。

（二）罪名详解

非法集会、游行、示威罪，是指举行集会、游行、示威，未依照法律规定申请或者申请未获许可，或者未按照主管机关许可的起止时间、地点、路线进行，又拒不服从解散命令，严重破坏社会秩序的行为。本罪是 1997 年刑法增设的罪名，1979 年刑法和单行刑法均没有规定此罪名。

非法集会、游行、示威罪的构成要件是：

1. 主体要件

犯罪主体为集会、游行、示威的负责人和直接责任人员。这里的“负责人”，根据集会游行示威法的规定，是指符合法定条件，为了保证这类活动有组织、有计划地进行，并明确代表全体参加人利益的人；“直接责任人员”，是指在非法的集会、游行、示威过程中具体实施了严重破坏社会秩序行为的人。

2. 客体要件

本罪侵犯的客体是集会、游行、示威的管理秩序。

3. 主观要件

主观方面由故意构成。过失不构成本罪。

4. 客观要件

客观方面实施了不按照集会游行示威法的规定申请或者申请未获许可，或者未按照主管机关许可的起止时间、地点、路线进行，又拒不服从解散命令，严重破坏社会秩序的行为。具体表现为以下两种行为：（1）未按照集会游行示威法的规定申请或者申请未获许可而举行集会、游行、示威，又拒不服从解散命令。“集会”，是指聚众于露天公共场所，发表意见、表达意愿的活动；“游行”，是指在公共道路、露天公共场所列队行进，表达共同意愿的活动；“示威”，是指在露天公共场所、公共道路上以集会、游行、静坐等方式，表达要求、抗议或者支持、声援等共同意愿的活动。（2）集会、游行、示威未按照主管机关许可的起止时间、地点、路线进行，又拒不服从解散命令。根据刑法规定，实施上述两种行为，必须达到“严重破坏社会秩序”的程度，才构成犯罪。所谓严重破坏社会秩序，是指扰乱社会秩序，造成社会秩序混乱，使生产、工作、生活和教学、科研无法正常进行的行为。例如，致使国家机关、企业、事业单位和人民团体的工作无法正常进行的；致使工厂、企业生产停工的；致使教学和科研停顿的；造成交通瘫痪的等情形。

（三）实务疑难问题

1. 罪与非罪的认定

虽有非法举行集会、游行、示威的行为，但没有拒不服从解散命令或者造成严重破坏社会秩序后果的，不构成犯罪。部分人服从解散命令、部分人不服从解散命令的，对于服从解散命令的人，包括负责人，不能认定为犯罪。对于一般参加非法举行的集会、游行、示威的人员，不宜追究刑事责任。

2. 划清本罪与其他罪的界限

本罪与聚众扰乱社会秩序罪、聚众冲击国家机关罪、聚众扰乱公共场所秩序、交通秩序罪都具有聚众性，都可能发生在公共场所，都会造成严重破坏社会秩序的后果，其主要区别在于：前者是以非法举行集会、游行、示威为前提的。在非法举行集会、游行、示威的过程中，伴有扰乱工作、生产、营业和教学、科研秩序或者公共场所秩序、交通秩序的，应视为本罪的扰乱社会秩序的情况；聚众进行不具有集会、游行、示威性质的活动，扰乱工作、生产、营业和教学、科研秩序或者公共场所秩序、交通秩序的，则应当依照刑法其他的有关规定定罪处罚。

（四）情节与量刑

依照《刑法》第 296 条规定，犯非法集会、游行、示威罪的，对集会、游行、示威的负责人和直接责任人员，处 5 年以下有期徒刑、拘役、管制或者剥夺政治权利。

（五）法律链接

中华人民共和国治安管理处罚法（2005年8月28日第十届全国人民代表大会常务委员会第十七次会议通过 根据2012年10月26日第十一届全国人民代表大会常务委员会第二十九次会议《关于修改〈中华人民共和国治安管理处罚法〉的决定》修正）（节录）

第五十五条 煽动、策划非法集会、游行、示威，不听劝阻的，处十日以上十五日以下拘留。

四十、非法携带武器、管制刀具、爆炸物参加集会、游行、示威罪

（一）法律规定

第二百九十七条 违反法律规定，携带武器、管制刀具或者爆炸物参加集会、游行、示威的，处三年以下有期徒刑、拘役、管制或者剥夺政治权利。

（二）罪名详解

非法携带武器、管制刀具、爆炸物参加集会、游行、示威罪，是指违反法律规定，携带武器、管制刀具或者爆炸物参加集会、游行、示威的行为。本罪是1997年刑法增设的罪名，1979年刑法和单行刑法均没有规定此罪名。

非法携带武器、管制刀具、爆炸物参加集会、游行、示威罪的构成要件是：

1. 主体要件

犯罪主体为一般主体。

2. 客体要件

本罪侵犯的客体是集会、游行、示威的安全和秩序。

3. 主观要件

主观方面由故意构成，即明知是武器、管制刀具、爆炸物仍携带参加集

会、游行、示威。至于动机如何，不影响本罪成立。过失不构成本罪。

4. 客观要件

客观方面表现为违反法律规定，携带武器、管制刀具或者爆炸物参加集会、游行、示威的行为。“违反法律规定”，是指违反《集会游行示威法》第5条关于“集会、游行、示威应当和平地进行，不得携带武器、管制刀具和爆炸物，不得使用暴力或者煽动使用暴力”的规定。“武器”，是指直接可用于杀伤人体的发火器械及弹药；“管制刀具”，是指国家法律、法规规定限定特定人员配置，用于特定范围和特殊用途，禁止民间私自生产、运输、贩卖、购买、持有的刀具。根据公安部门的规定，管制刀具主要包括匕首、三棱刀、带有自锁装置的弹簧刀以及其他相类似的单刃、双刃刀和三棱尖刀等。“爆炸物”，是指具有爆发力和破坏性，可以瞬间造成人畜伤亡、物品毁坏的危险物品。本罪中的“携带”，既包括随身藏带，也包括利用他人身体、容器、运输工具夹带武器、管制刀具或者爆炸物。只要违反法律规定，携带武器、管制刀具或者爆炸物参加集会、游行、示威的，无论行为人对这些物品是非法持有还是合法持有，均构成本罪。

（三）实务疑难问题

划清本罪与其他罪的界限

注意划清本罪与非法持有、私藏枪支、弹药罪的界限。后者在客观上表现为没有合法依据，持有、私自藏匿枪支、弹药的行为；前者仅限于在集会、游行、示威中非法携带，无论行为人对武器是合法持有还是非法持有。如果行为人非法持有、私藏枪支、弹药同时又携带参加集会、游行、示威的，则应当依法实行数罪并罚。

（四）情节与量刑

依照《刑法》第297条规定，犯非法携带武器、管制刀具、爆炸物参加集会、游行、示威罪的，处3年以下有期徒刑、拘役、管制或者剥夺政治权利。

四十一、破坏集会、游行、示威罪

（一）法律规定

第二百九十八条　扰乱、冲击或者以其他方法破坏依法举行的集会、游行、示威，造成公共秩序混乱的，处五年以下有期徒刑、拘役、管制或者剥夺政治权利。

（二）罪名详解

破坏集会、游行、示威罪，是指扰乱、冲击或者以其他方法破坏依法举行的集会、游行、示威，造成公共秩序混乱的行为。本罪是 1997 年刑法增设的罪名，1979 年刑法和单行刑法均没有规定此罪名。

破坏集会、游行、示威罪的构成要件是：

1. 主体要件

犯罪主体为一般主体。

2. 客体要件

本罪侵犯的客体是社会管理秩序和公民依法享有集会、游行、示威的权利。犯罪对象是依法举行的集会、游行、示威。“依法举行的集会、游行、示威”，是指依照集会游行示威法规定提出申请并获得许可、按照主管部门许可的起止时间、地点、路线进行的集会、游行、示威。对非法举行的集会、游行、示威进行扰乱、冲击的，不构成本罪。

3. 主观要件

主观方面由故意构成。过失不构成本罪。

4. 客观要件

客观方面表现为扰乱、冲击或者以其他方法破坏依法举行的集会、游行、示威，造成公共秩序混乱的行为。具体表现为两个方面：一是破坏依法举行的集会、游行、示威。“破坏”，是指采用扰乱、冲击或者以其他方法进行捣乱，致使依法举行的集会、游行、示威不能正常进行；“扰乱”，是指针对集会、游行、示威起哄、闹事，破坏其正常秩序的行为；“冲击”，主要是指冲散、冲入依法举行的集会、游行、示威队伍，使集会、游行、示威不能正常进行的行为；“其他方法”，是指扰乱、冲击方法以外的破坏依法举行的集会、游行、示威的方法，如堵塞集会、游行、示威队伍行进、停留的通道、场所等。二是造成公共秩序混乱。这主要是指造成集会、游行、示威行经地或举行地的场所秩序或交通秩序混乱的；使依法举行的集会、游行、示威无法进行的；因之发生骚乱或者打、砸、抢事件的；等等。

（三）实务疑难问题

根据《最高人民检察院、公安部关于公安机关管辖的刑事案件立案追诉标准的规定（一）》第 40 条规定，扰乱、冲击或者以其他方法破坏依法举行的集会、游行、示威，造成公共秩序严重混乱的，应予立案追诉。

（四）情节与量刑

依照《刑法》第 298 条规定，犯破坏集会、游行、示威罪的，处 5 年以下有期徒刑、拘役、管制或者剥夺政治权利。

四十二、侮辱国旗、国徽罪

（一）法律规定

第二百九十九条第一款　在公共场合，故意以焚烧、毁损、涂划、玷污、践踏等方式侮辱中华人民共和国国旗、国徽的，处三年以下有期徒刑、拘役、管制或者剥夺政治权利。[①]

（二）罪名详解

侮辱国旗、国徽罪，是指在公众场合故意以焚烧、毁损、涂划、玷污、践踏等方式，侮辱中华人民共和国国旗、国徽的行为。本罪是从 1990 年 6 月 28 日第七届全国人民代表大会常务委员会第十四次会议通过的《关于惩治侮辱中华人民共和国国旗国徽罪的决定》的规定，吸收改为刑法的具体规定的。1979 年刑法没有侮辱国旗、国徽罪的规定。

① 本款内容根据 2017 年 11 月 4 日通过的《刑法修正案（十）》修正。

侮辱国旗、国徽罪的构成要件是：

1. 主体要件

犯罪主体为一般主体。

2. 客体要件

本罪侵犯的客体是国家对国旗、国徽的使用及管理制度和国家的尊严。国旗、国徽是国家的象征，代表着国家的主权和尊严。《国旗法》和《国徽法》都明确规定，一切组织和公民都应当尊重和爱护国旗、国徽。因此，尊重和爱护国旗、国徽是法律赋予公民的神圣义务。对我国国旗、国徽的侮辱，是对国家尊严和人民爱国感情的损害，必须予以惩处。本罪侵犯的对象是中华人民共和国的国旗、国徽，不包括外国的国旗、国徽。关于中华人民共和国的国旗、国徽，要以《国旗法》《国旗制法说明》《国徽法》《国徽制法说明》规定的规格为标准。对于侮辱不合规格的或者自制的国旗、国徽的，不构成本罪。

3. 主观要件

主观方面由故意构成，即行为人在主观上必须有侮辱国旗、国徽的故意。过失不构成本罪。至于行为人动机是为了发泄不满，还是为了出风头、炫耀，均不影响本罪成立。

4. 客观要件

客观方面表现为在公共场合，故意以焚烧、毁损、涂划、玷污、践踏等方式，侮辱中华人民共和国国旗、国徽的行为。

“公众场合”，一是指根据国旗法、国徽法规定悬挂国旗、国徽的公共场所或者中央机关所在地；二是指人群聚集的公共场所。如果发生在非公共场合，不构成本罪。“焚烧”，是指放火燃烧国旗、国徽的行为。“毁损”，是指撕毁、砸毁或者以其他方式使国旗、国徽受到毁坏、损坏的行为。“涂划”，是指用笔墨、颜料等在国旗、国徽上涂画的行为。“玷污”，是指用唾沫、粪便等玷污国旗、国徽的行为。“践踏”，是指将国旗、国徽放在脚下、车轮下等处进行踩踏、碾压的行为。侮辱国旗、国徽的行为不止上述五种，实施其他侮辱行为、情节严重的，也可构成本罪。

（三）实务疑难问题

罪与非罪的认定

侮辱国旗、国徽的行为，如果行为情节显著轻微，如因个人利益受到国家机关的不当侵犯，为表示不满，弄污了国旗，经教育及时改正，更换了新的国旗的，不构成本罪。

（四）情节与量刑

依照《刑法》第 299 条第 1 款规定，犯侮辱国旗、国徽罪的，处 3 年以下有期徒刑、拘役、管制或者剥夺政治权利。

四十三、侮辱国歌罪

（一）法律规定

第二百九十九条第二款　在公共场合，故意篡改中华人民共和国国歌歌词、曲谱，以歪曲、贬损方式奏唱国歌，或者以其他方式侮辱国歌，情节严重的，依照前款的规定处罚。[①]

（二）罪名详解

侮辱国歌罪，是指在公共场合，故意篡改中华人民共和国国歌歌词、曲谱，以歪曲、贬损方式奏唱国歌，或者以其他方式侮辱国歌，情节严重的行为。

侮辱国歌罪的构成要件是：

1. 主体要件

犯罪主体为一般主体，凡达到法定刑事责任年龄且具有刑事责任能力的自然人均能构成本罪的主体。这里的自然人既包括中国人，也包括外国人或无国籍人。

2. 客体要件

本罪侵犯的客体是国家对国歌的使用及管理制度。为了惩治侮辱国歌的犯罪行为，切实维护国歌奏唱、使用的严肃性和国家尊严，《刑法修正案（十）》增加了本罪名。《中华人民共和国国歌法》第 2 条规定：“中华人民共和国国歌是《义勇军进行曲》。第 14 条规定：“县级以上各级人民政府及其有

① 本款内容根据 2017 年 11 月 4 日通过的《刑法修正案（十）》增加。

关部门在各自职责范围内，对国歌的奏唱、播放和使用进行监督管理。”《国歌法》还就应当奏唱和不应当奏唱国歌的场合、奏唱时的姿势和举止作了明确规定。由此可见，国家对国歌的管理，是通过授权县级以上各级人民政府及其有关部门而依法进行的，任何人和组织所从事的侮辱国歌的行为，均系妨害国家对国歌的管理制度的行为。

本罪侵犯的对象只限于中国人民共和国国歌，侮辱外国的国歌不构成本罪。

3. 主观要件

主观方面由故意构成，行为人在主观上必须有侮辱国歌的直接故意，即行为人明知其在公共场合实施侮辱国歌行为的性质、后果，并希望通过其行为达到使国歌当众受辱、损害国家尊严的目的。间接故意和过失不构成本罪。如果行为人不是故意篡改国歌的歌词和曲谱，而是忘了歌词或非故意唱错了歌词，或者唱走了调，这样的行为不应该被追责。

4. 客观要件

客观方面表现为在公共场合，故意篡改中华人民共和国国歌歌词、曲谱，以歪曲、贬损方式奏唱国歌，或者以其他方式侮辱国歌，情节严重的行为。所谓篡改，是指将国歌的歌词和曲谱肆意修改，从而改变了国歌的原貌；歪曲、贬损，是指采取极其不严肃的方式奏唱国歌，以达到其侮辱国歌的目的。上述行为必须发生在公共场合。所谓公共场合，通常是指处在人群经常聚集、供公众使用或服务于大众的活动场所，如学校、电影院、商场、广场、火车站等。本罪的侮辱行为要求必须带有公然性，即明目张胆地在众人在场或能够使多人知晓的情况下进行侮辱。否则，即使行为人实施了侮辱国歌的行为但不具有公然性，如在深夜行为人在某一公共场合实施了侮辱国歌的行为，但当时根本就无人知晓，这种行为不构成本罪。此外，侮辱行为必须达到“情节严重”的程度才构成本罪。“情节严重”应从行为人的侮辱动机、手段、场合、次数等方面加以考量。

（三）实务疑难问题

罪与非罪的认定

侮辱国歌的行为，如果情节显著轻微的，不构成本罪，可由公安机关依照治安管理处罚法的规定进行处罚。构成本罪必须是侮辱国歌情节严重的行为。

（四）情节与量刑

根据《刑法》第 299 条第 2 款规定，犯侮辱国歌罪的，处 3 年以下有期徒刑、拘役、管制或者剥夺政治权利。

（五）法律链接

1. **《中华人民共和国国歌法》**（2017 年 9 月 1 日第十二届全国人民代表大会常务委员会第二十九次会议通过）

第十五条 在公共场合，故意篡改国歌歌词、曲谱，以歪曲、贬损方式奏唱国歌，或者以其他方式侮辱国歌的，由公安机关处以警告或者十五日以下拘留；构成犯罪的，依法追究刑事责任。

2. **《中华人民共和国刑法修正案（十）》**（2017 年 11 月 4 日第十二届全国人民代表大会常务委员会第三十次会议通过）

为了惩治侮辱国歌的犯罪行为，切实维护国歌奏唱、使用的严肃性和国家尊严，在刑法第二百九十九条中增加一款作为第二款，将该条修改为：

“在公共场合，故意以焚烧、毁损、涂划、玷污、践踏等方式侮辱中华人民共和国国旗、国徽的，处三年以下有期徒刑、拘役、管制或者剥夺政治权利。

“在公共场合，故意篡改中华人民共和国国歌歌词、曲谱，以歪曲、贬损方式奏唱国歌，或者以其他方式侮辱国歌，情节严重的，依照前款的规定处罚。”

本修正案自公布之日起施行。

四十四、组织、利用会道门、邪教组织、利用迷信破坏法律实施罪

（一）法律规定

第三百条第一款 **组织、利用会道门、邪教组织或者利用迷信破坏国家法律、行政法规实施的，处三年以上七年以下有期徒刑，**

并处罚金；情节特别严重的，处七年以上有期徒刑或者无期徒刑，并处罚金或者没收财产；情节较轻的，处三年以下有期徒刑、拘役、管制或者剥夺政治权利，并处或者单处罚金。

（二）罪名详解

组织、利用会道门、邪教组织、利用迷信破坏法律实施罪，是指组织和利用会道门、邪教组织或者利用迷信活动破坏国家法律、行政法规实施的行为。本罪是从 1979 年《刑法》第 99 条的规定，吸收改为刑法的具体规定的。1979 年刑法规定了组织利用会道门、利用封建迷信进行反革命活动罪。《刑法修正案（九）》对本罪进行了修改，增加了一档情节较轻的，处 3 年以下有期徒刑、拘役、管制或者剥夺政治权利，并处或者单处罚金的规定，将法定最高刑由 15 年有期徒刑提高到无期徒刑，并增加了罚金刑和没收财产刑。

组织、利用会道门、邪教组织、利用迷信破坏法律实施罪的构成要件是：

1. 主体要件

犯罪主体为一般主体。根据《最高人民法院、最高人民检察院关于办理组织、利用邪教组织破坏法律实施等刑事案件适用法律若干问题的解释》（以下简称《组织、利用邪教组织解释》）的规定，对于受蒙蔽、胁迫参加邪教组织并已退出和不再参加邪教组织活动的人员，可以不作为犯罪处理。行为人能够真诚悔罪，明确表示退出邪教组织、不再从事邪教活动的，可以不起诉或者免予刑事处罚。

2. 客体要件

本罪侵犯的客体是国家法律的实施秩序。国家确定了宗教信仰自由政策并予以保护，但是会道门、邪教组织不是进行正常的宗教活动，而是宣扬异端邪说、封建迷信，扰乱人们的思想，鼓动人们采取错误行动破坏国家的法律、行政法规的实施，动摇社会的法律秩序，严重影响人们的正常生活和生产的工作秩序。新中国成立后，立即宣布取缔一切反动会道门，在我国这些会道门和邪教组织曾一度销声匿迹，但近年来又死灰复燃，一些不法分子利用宗教信仰自由政策和一些人的迷信思想成立或恢复会道门或邪教组织，以邪说蛊惑人心，甚至进行犯罪活动，破坏国家的法律实施。

3. 主观要件

主观方面表现为故意。

4. 客观要件

客观方面表现为组织和利用会道门、邪教组织或者利用迷信破坏国家法律、行政法规实施的行为。“会道门”是“会门”和“道门”等封建迷信活动组织的总称，主要指一贯道、九宫道、青帮、红门、哥老会、绿林道等封建迷信组织。它的组织名称多不固定，信仰杂乱且没有固定的经典，不受法律的承认和保护。“邪教组织”是冒用宗教、气功或者以其他名义建立，神化、鼓吹首要分子，利用制造、散布迷信邪说等手段蛊惑、蒙骗他人，发展、控制成员，危害社会的非法组织。“迷信”即人们在认识事物水平低下的情况下，对于自然界、社会现象缺少正确的理解和认识而产生的盲目信仰、崇拜某种自然力量、虚构的鬼神等认识，本罪中的“利用迷信”即包括了利用人们的错误认识和利用迷信活动。

本罪在客观方面具体表现为两种方式：（1）组织、利用会道门、邪教组织破坏国家法律、行政法规实施。此种形式主要表现为通过发起成立会道门、邪教组织或者恢复已查禁的会道门、邪教组织，发展门徒，招收会员进行下列活动：一是大肆传播迷信反动思想、攻击我国宪法确立的国家制度，散布“地球将毁灭”“人类将遭受大劫难”等谣言，蒙骗控制大量群众，干预行政、司法、教育等工作，动摇我国法治秩序。二是进行非法宗教迷信活动，搞所谓“寻主”“升天”活动，蛊惑群众放弃工作、生产、学习，煽动群众抗拒政府实施法律。（2）利用迷信破坏国家法律、行政法规实施。此种形式通常表现为利用占卜、算命、看阴阳风水、做道场等形式，散布迷信谣言，制造混乱，蛊惑群众破坏国家法律实施。组织会道门、邪教组织、利用迷信进行破坏活动，三者在扰乱社会秩序、蛊惑人心、蒙骗群众破坏国家法律、行政法规的实施等方面是相同的。它们的区别在于，利用会道门和邪教组织进行破坏活动，虽然利用封建迷信（经过宗教伪装的封建迷信）手段，但表现为有一定的组织形式，必须借助宗教形式；而利用迷信进行破坏活动，没有组织形式，通常是一个人或几个人进行。

根据《组织、利用邪教组织解释》第2条的规定，组织、利用邪教组织，破坏国家法律、行政法规实施，具有下列情形之一的，构成本罪：

（1）建立邪教组织，或者邪教组织被取缔后又恢复、另行建立邪教组织的；

（2）聚众包围、冲击、强占、哄闹国家机关、企业事业单位或者公共场所、宗教活动场所，扰乱社会秩序的；

（3）非法举行集会、游行、示威，扰乱社会秩序的；

（4）使用暴力、胁迫或者以其他方法强迫他人加入或者阻止他人退出邪教组织的；

（5）组织、煽动、蒙骗成员或者他人不履行法定义务的；

（6）使用“伪基站”“黑广播”等无线电台（站）或者无线电频率宣扬邪教的；

（7）曾因从事邪教活动被追究刑事责任或者2年内受过行政处罚，又从事邪教活动的；

（8）发展邪教组织成员50人以上的；

（9）敛取钱财或者造成经济损失100万元以上的；

（10）以货币为载体宣扬邪教，数量在500张（枚）以上的；

（11）制作、传播邪教宣传品，达到下列数量标准之一的：

①传单、喷图、图片、标语、报纸1000份（张）以上的；

②书籍、刊物250册以上的；

③录音带、录像带等音像制品250盒（张）以上的；

④标识、标志物250件以上的；

⑤光盘、U盘、储存卡、移动硬盘等移动存储介质100个以上的；

⑥横幅、条幅50条（个）以上的。

（12）利用通讯信息网络宣扬邪教，具有下列情形之一的：

①制作、传播宣扬邪教的电子图片、文章200张（篇）以上，电子书籍、刊物、音视频50册（个）以上，或者电子文档500万字符以上、电子音视频250分钟以上的；

②编发信息、拨打电话1000条（次）以上的；

③利用在线人数累计达到1000以上的聊天室，或者利用群组成员、关注人员等账号数累计1000以上的通讯群组、微信、微博等社交网络宣扬邪教的；

④邪教信息实际被点击、浏览数达到5000次以上的。

（13）其他情节严重的情形。

（三）实务疑难问题

1. 制作、传播邪教宣传品，或者利用通讯信息网络宣扬邪教等行为的司法认定

根据《组织、利用邪教组织解释》第 5 条的规定，为了传播而持有、携带，或者传播过程中被当场查获，邪教宣传品数量达到本解释第 2 条至第 4 条规定的有关标准的，按照下列情形分别处理：

（1）邪教宣传品是行为人制作的，以犯罪既遂处理；

（2）邪教宣传品不是行为人制作，尚未传播的，以犯罪预备处理；

（3）邪教宣传品不是行为人制作，传播过程中被查获的，以犯罪未遂处理；

（4）邪教宣传品不是行为人制作，部分已经传播出去的，以犯罪既遂处理，对于没有传播的部分，可以在量刑时酌情考虑。

根据《组织、利用邪教组织解释》第 6 条的规定，多次制作、传播邪教宣传品或者利用通讯信息网络宣扬邪教，未经处理的，数量或者数额累计计算。制作、传播邪教宣传品，或者利用通讯信息网络宣扬邪教，涉及不同种类或者形式的，可以根据本解释规定的不同数量标准的相应比例折算后累计计算。

2. 组织、利用邪教组织犯罪中的数罪的认定

根据《组织、利用邪教组织解释》第 10 条至 14 条的规定，组织、利用邪教组织破坏国家法律、行政法规实施过程中，又有煽动分裂国家、煽动颠覆国家政权或者侮辱、诽谤他人等犯罪行为的，依照数罪并罚的规定定罪处罚。

组织、利用邪教组织，制造、散布迷信邪说，组织、策划、煽动、胁迫、教唆、帮助其成员或者他人实施自杀、自伤的，依照《刑法》第 232 条、第 234 条的规定，以故意杀人罪或者故意伤害罪定罪处罚。

邪教组织人员以自焚、自爆或者其他危险方法危害公共安全的，依照《刑法》第 114 条、第 115 条的规定，以放火罪、爆炸罪、以危险方法危害公共安全罪等定罪处罚。

明知他人组织、利用邪教组织实施犯罪，而为其提供经费、场地、技术、工具、食宿、接送等便利条件或者帮助的，以共同犯罪论处。

对于犯组织、利用邪教组织破坏法律实施罪、组织、利用邪教组织致人重伤、死亡罪，严重破坏社会秩序的犯罪分子，根据《刑法》第 56 条的规定，可以附加剥夺政治权利。

3. 划清本罪与组织、利用会道门、邪教组织、利用迷信致人死亡罪的界限

两者都是组织、利用会道门、邪教组织、利用迷信进行犯罪活动，但前罪主观上以破坏法律实施为目的，但不以致人死亡为条件；后罪以致人死亡为条件，不以破坏法律实施为目的。行为人破坏法律实施，同时造成致人伤残后果的，应认定为组织、利用会道门、邪教组织、利用迷信破坏法律实施罪。

根据《组织、利用邪教组织解释》第 7 条的规定，组织、利用邪教组织，制造、散布迷信邪说，蒙骗成员或者他人绝食、自虐等，或者蒙骗病人不接受正常治疗，致人重伤、死亡的，应当认定为《刑法》第 300 条第 2 款规定的组织、利用邪教组织“蒙骗他人，致人重伤、死亡”。

（四）情节与量刑

依照《刑法》第 300 条第 1 款规定，犯组织、利用会道门、邪教组织或者利用迷信破坏国家法律、行政法规实施罪的，处 3 年以上 7 年以下有期徒刑，并处罚金；情节特别严重的，处 7 年以上有期徒刑或者无期徒刑，并处罚金或者没收财产；情节较轻的，处 3 年以下有期徒刑、拘役、管制或者剥夺政治权利，并处或者单处罚金。

该条第 1 款规定的“情节特别严重”，是本罪的加重处罚情节，根据《组织、利用邪教组织解释》第 3 条的规定，是指组织、利用邪教组织，破坏国家法律、行政法规实施，具有下列情形之一的：

1. 实施本解释第 2 条第 1 项至第 7 项规定的行为，社会危害特别严重的；

2. 实施本解释第 2 条第 8 项至第 12 项规定的行为，数量或者数额达到第 2 条规定相应标准 5 倍以上的；

3. 其他情节特别严重的情形。

该条第 1 款规定的“情节较轻的”，根据《组织、利用邪教组织解释》第 4 条的规定，是指组织、利用邪教组织，破坏国家法律、行政法规实施，具有下列情形之一的：

1. 实施本解释第 2 条第 1 项至第 7 项规定的行为，社会危害较轻的；

2. 实施本解释第 2 条第 8 项至第 12 项规定的行为，数量或者数额达到相应标准五分之一以上的；

3. 其他情节较轻的情形。

根据《组织、利用邪教组织解释》第 8 条的规定，实施本解释第 2 条至第 5 条规定的行为，具有下列情形之一的，从重处罚：

1. 与境外机构、组织、人员勾结，从事邪教活动的；

2. 跨省、自治区、直辖市建立邪教组织机构、发展成员或者组织邪教活动的；

3. 在重要公共场所、监管场所或者国家重大节日、重大活动期间聚集滋事，公开进行邪教活动的；

4. 邪教组织被取缔后，或者被认定为邪教组织后，仍然聚集滋事，公开进行邪教活动的；

5. 国家工作人员从事邪教活动的；

6. 向未成年人宣扬邪教的；

7. 在学校或者其他教育培训机构宣扬邪教的。

根据《组织、利用邪教组织解释》第 9 条的规定，组织、利用邪教组织破坏国家法律、行政法规实施，符合本解释第 4 条规定情形，但行为人能够真诚悔罪，明确表示退出邪教组织、不再从事邪教活动的，可以不起诉或者免予刑事处罚。其中，行为人系受蒙蔽、胁迫参加邪教组织的，可以不作为犯罪处理。

组织、利用邪教组织破坏国家法律、行政法规实施，行为人在一审判决前能够真诚悔罪，明确表示退出邪教组织、不再从事邪教活动的，分别依照下列规定处理：

1. 符合本解释第 2 条规定情形的，可以认定为刑法第 300 条第 1 款规定的“情节较轻”；

2. 符合本解释第 3 条规定情形的，可以不认定为刑法第 300 条第 1 款规定的“情节特别严重”，处 3 年以上 7 年以下有期徒刑，并处罚金。

（五）法律链接

1. 全国人民代表大会常务委员会关于取缔邪教组织、防范和惩治邪教活

动的决定（1999年10月30日第九届全国人民代表大会常务委员会第十二次会议通过）

为了维护社会稳定，保护人民利益，保障改革开放和社会主义现代化建设的顺利进行，必须取缔邪教组织、防范和惩治邪教活动。根据宪法和有关法律，特作如下决定：

一、坚决依法取缔邪教组织，严厉惩治邪教组织的各种犯罪活动。邪教组织冒用宗教、气功或者其他名义，采用各种手段扰乱社会秩序，危害人民群众生命财产安全和经济发展，必须依法取缔，坚决惩治。人民法院、人民检察院和公安、国家安全、司法行政机关要各司其职，共同做好这项工作。对组织和利用邪教组织破坏国家法律、行政法规实施，聚众闹事，扰乱社会秩序，以迷信邪说蒙骗他人，致人死亡，或者奸淫妇女、诈骗财物等犯罪活动，依法予以严惩。

二、坚持教育与惩罚相结合，团结、教育绝大多数被蒙骗的群众，依法严惩极少数犯罪分子。在依法处理邪教组织的工作中，要把不明真相参与邪教活动的人同组织和利用邪教组织进行非法活动、蓄意破坏社会稳定的犯罪分子区别开来。对受蒙骗的群众不予追究。对构成犯罪的组织者、策划者、指挥者和骨干分子，坚决依法追究刑事责任；对于自首或者有立功表现的，可以依法从轻、减轻或者免除处罚。

三、在全体公民中深入持久地开展宪法和法律的宣传教育，普及科学文化知识。依法取缔邪教组织，惩治邪教活动，有利于保护正常的宗教活动和公民的宗教信仰自由。要使广大人民群众充分认识邪教组织严重危害人类、危害社会的实质，自觉反对和抵制邪教组织的影响，进一步增强法制观念，遵守国家法律。

四、防范和惩治邪教活动，要动员和组织全社会的力量，进行综合治理。各级人民政府和司法机关应当认真落实责任制，把严防邪教组织的滋生和蔓延，防范和惩治邪教活动作为一项重要任务长期坚持下去，维护社会稳定。

2. **最高人民法院、最高人民检察院关于办理组织、利用邪教组织破坏法律实施等刑事案件适用法律若干问题的解释**（法释〔2017〕3号　自2017年2月1日起施行）

为依法惩治组织、利用邪教组织破坏法律实施等犯罪活动，根据《中华人民共和国刑法》《中华人民共和国刑事诉讼法》有关规定，现就办理此类刑事案件适用法律的若干问题解释如下：

第一条 冒用宗教、气功或者以其他名义建立，神化、鼓吹首要分子，利用制造、散布迷信邪说等手段蛊惑、蒙骗他人，发展、控制成员，危害社会的非法组织，应当认定为刑法第三百条规定的“邪教组织”。

第二条 组织、利用邪教组织，破坏国家法律、行政法规实施，具有下列情形之一的，应当依照刑法第三百条第一款的规定，处三年以上七年以下有期徒刑，并处罚金：

（一）建立邪教组织，或者邪教组织被取缔后又恢复、另行建立邪教组织的；

（二）聚众包围、冲击、强占、哄闹国家机关、企业事业单位或者公共场所、宗教活动场所，扰乱社会秩序的；

（三）非法举行集会、游行、示威，扰乱社会秩序的；

（四）使用暴力、胁迫或者以其他方法强迫他人加入或者阻止他人退出邪教组织的；

（五）组织、煽动、蒙骗成员或者他人不履行法定义务的；

（六）使用“伪基站”“黑广播”等无线电台（站）或者无线电频率宣扬邪教的；

（七）曾因从事邪教活动被追究刑事责任或者二年内受过行政处罚，又从事邪教活动的；

（八）发展邪教组织成员五十人以上的；

（九）敛取钱财或者造成经济损失一百万元以上的；

（十）以货币为载体宣扬邪教，数量在五百张（枚）以上的；

（十一）制作、传播邪教宣传品，达到下列数量标准之一的：

1. 传单、喷图、图片、标语、报纸一千份（张）以上的；

2. 书籍、刊物二百五十册以上的；

3. 录音带、录像带等音像制品二百五十盒（张）以上的；

4. 标识、标志物二百五十件以上的；

5. 光盘、U 盘、储存卡、移动硬盘等移动存储介质一百个以上的；

6. 横幅、条幅五十条（个）以上的。

（十二）利用通讯信息网络宣扬邪教，具有下列情形之一的：

1. 制作、传播宣扬邪教的电子图片、文章二百张（篇）以上，电子书籍、刊物、音视频五十册（个）以上，或者电子文档五百万字符以上、电子音视频二百五十分钟以上的；

2. 编发信息、拨打电话一千条（次）以上的；

3. 利用在线人数累计达到一千以上的聊天室，或者利用群组成员、关注人员等账号数累计一千以上的通讯群组、微信、微博等社交网络宣扬邪教的；

4. 邪教信息实际被点击、浏览数达到五千次以上的。

（十三）其他情节严重的情形。

第三条　组织、利用邪教组织，破坏国家法律、行政法规实施，具有下列情形之一的，应当认定为刑法第三百条第一款规定的“情节特别严重”，处七年以上有期徒刑或者无期徒刑，并处罚金或者没收财产：

（一）实施本解释第二条第一项至第七项规定的行为，社会危害特别严重的；

（二）实施本解释第二条第八项至第十二项规定的行为，数量或者数额达到第二条规定相应标准五倍以上的；

（三）其他情节特别严重的情形。

第四条　组织、利用邪教组织，破坏国家法律、行政法规实施，具有下列情形之一的，应当认定为刑法第三百条第一款规定的“情节较轻”，处三年以下有期徒刑、拘役、管制或者剥夺政治权利，并处或者单处罚金：

（一）实施本解释第二条第一项至第七项规定的行为，社会危害较轻的；

（二）实施本解释第二条第八项至第十二项规定的行为，数量或者数额达到相应标准五分之一以上的；

（三）其他情节较轻的情形。

第五条　为了传播而持有、携带，或者传播过程中被当场查获，邪教宣传品数量达到本解释第二条至第四条规定的有关标准的，按照下列情形分别处理：

（一）邪教宣传品是行为人制作的，以犯罪既遂处理；

（二）邪教宣传品不是行为人制作，尚未传播的，以犯罪预备处理；

（三）邪教宣传品不是行为人制作，传播过程中被查获的，以犯罪未遂处理；

（四）邪教宣传品不是行为人制作，部分已经传播出去的，以犯罪既遂处理，对于没有传播的部分，可以在量刑时酌情考虑。

第六条　多次制作、传播邪教宣传品或者利用通讯信息网络宣扬邪教，未经处理的，数量或者数额累计计算。

制作、传播邪教宣传品，或者利用通讯信息网络宣扬邪教，涉及不同种类或者形式的，可以根据本解释规定的不同数量标准的相应比例折算后累计计算。

第七条　组织、利用邪教组织，制造、散布迷信邪说，蒙骗成员或者他人绝食、自虐等，或者蒙骗病人不接受正常治疗，致人重伤、死亡的，应当认定为刑法第三百条第二款规定的组织、利用邪教组织“蒙骗他人，致人重伤、死亡”。

组织、利用邪教组织蒙骗他人，致一人以上死亡或者三人以上重伤的，处三年以上七年以下有期徒刑，并处罚金。

组织、利用邪教组织蒙骗他人，具有下列情形之一的，处七年以上有期徒刑或者无期徒刑，并处罚金或者没收财产：

（一）造成三人以上死亡的；

（二）造成九人以上重伤的；

（三）其他情节特别严重的情形。

组织、利用邪教组织蒙骗他人，致人重伤的，处三年以下有期徒刑、拘役、管制或者剥夺政治权利，并处或者单处罚金。

第八条　实施本解释第二条至第五条规定的行为，具有下列情形之一的，从重处罚：

（一）与境外机构、组织、人员勾结，从事邪教活动的；

（二）跨省、自治区、直辖市建立邪教组织机构、发展成员或者组织邪教活动的；

（三）在重要公共场所、监管场所或者国家重大节日、重大活动期间聚集滋事，公开进行邪教活动的；

（四）邪教组织被取缔后，或者被认定为邪教组织后，仍然聚集滋事，公开进行邪教活动的；

（五）国家工作人员从事邪教活动的；

（六）向未成年人宣扬邪教的；

（七）在学校或者其他教育培训机构宣扬邪教的。

第九条　组织、利用邪教组织破坏国家法律、行政法规实施，符合本解释第四条规定情形，但行为人能够真诚悔罪，明确表示退出邪教组织、不再从事邪教活动的，可以不起诉或者免予刑事处罚。其中，行为人系受蒙蔽、胁迫参加邪教组织的，可以不作为犯罪处理。

组织、利用邪教组织破坏国家法律、行政法规实施，行为人在一审判决前能够真诚悔罪，明确表示退出邪教组织、不再从事邪教活动的，分别依照下列规定处理：

（一）符合本解释第二条规定情形的，可以认定为刑法第三百条第一款规定的“情节较轻”；

（二）符合本解释第三条规定情形的，可以不认定为刑法第三百条第一款规定的“情节特别严重”，处三年以上七年以下有期徒刑，并处罚金。

第十条　组织、利用邪教组织破坏国家法律、行政法规实施过程中，又有煽动分裂国家、煽动颠覆国家政权或者侮辱、诽谤他人等犯罪行为的，依照数罪并罚的规定定罪处罚。

第十一条　组织、利用邪教组织，制造、散布迷信邪说，组织、策划、煽动、胁迫、教唆、帮助其成员或者他人实施自杀、自伤的，依照刑法第二百三十二条、第二百三十四条的规定，以故意杀人罪或者故意伤害罪定罪处罚。

第十二条　邪教组织人员以自焚、自爆或者其他危险方法危害公共安全的，依照刑法第一百一十四条、第一百一十五条的规定，以放火罪、爆炸罪、以危险方法危害公共安全罪等定罪处罚。

第十三条　明知他人组织、利用邪教组织实施犯罪，而为其提供经费、场地、技术、工具、食宿、接送等便利条件或者帮助的，以共同犯罪论处。

第十四条　对于犯组织、利用邪教组织破坏法律实施罪、组织、利用邪教组织致人重伤、死亡罪，严重破坏社会秩序的犯罪分子，根据刑法第五十六条的规定，可以附加剥夺政治权利。

第十五条　对涉案物品是否属于邪教宣传品难以确定的，可以委托地市级以上公安机关出具认定意见。

第十六条　本解释自 2017 年 2 月 1 日起施行。《最高人民法院、最高人民检察院关于办理组织和利用邪教组织犯罪案件具体应用法律若干问题的解释》（法释〔1999〕18 号），《最高人民法院、最高人民检察院关于办理组织和利用邪教组织犯罪案件具体应用法律若干问题的解释（二）》（法释〔2001〕19 号），以及《最高人民法院、最高人民检察院关于办理组织和利用邪教组织犯罪案件具体应用法律若干问题的解答》(法发〔2002〕7号)同时废止。

3. **中华人民共和国治安管理处罚法**(2005年8月28日第十届全国人民代表大会常务委员会第十七次会议通过　根据2012年10月26日第十一届全国人民代表大会常务委员会第二十九次会议《关于修改〈中华人民共和国治安管理处罚法〉的决定》修正)(节录)

第二十七条　有下列行为之一的，处十日以上十五日以下拘留，可以并处一千元以下罚款；情节较轻的，处五日以上十日以下拘留，可以并处五百元以下罚款：

(一)组织、教唆、胁迫、诱骗、煽动他人从事邪教、会道门活动或者利用邪教、会道门、迷信活动，扰乱社会秩序、损害他人身体健康的；

(二)冒用宗教、气功名义进行扰乱社会秩序、损害他人身体健康活动的。

四十五、组织、利用会道门、邪教组织、利用迷信致人重伤、死亡罪

(一)法律规定

第三百条第二款　组织、利用会道门、邪教组织或者利用迷信蒙骗他人，致人重伤、死亡的，依照前款的规定处罚。

(二)罪名详解

组织、利用会道门、邪教组织、利用迷信致人死亡罪，是指组织和利用会道门、邪教组织或者利用迷信蒙骗他人，致人死亡的行为。本罪是从1979年《刑法》第165条的规定，吸收改为刑法的具体规定的。

组织、利用会道门、邪教组织、利用迷信致人死亡罪的构成要件是：

1. 主体要件

犯罪主体为一般主体。

2. 客体要件

本罪侵犯的客体是社会管理秩序和公民的生命权利。

3. 主观要件

主观方面既可能是间接故意，也可能是过失。

4. 客观要件

客观方面表现为组织和利用会道门、邪教组织或者利用迷信蒙骗他人，致人死亡的行为。这里所说的“组织和利用会道门、邪教组织或者利用迷信蒙骗他人”，主要是指组织和利用会道门、邪教组织、迷信活动宣传散布异端邪说，愚弄、欺骗他人，如散布“世界末日来临”“死后可以升天”等；或者利用迷信进行所谓的诊治活动等。“致人死亡”，主要是指他人因受会道门、邪教组织或者迷信的蒙骗，进行绝食、自焚等自杀性行为导致死亡的，或者利用迷信的方式给人“治病”导致被害人死亡的，或者组织病人进行正常治疗，致人死亡的，等等。根据相关司法解释的规定，“组织和利用邪教组织蒙骗他人，致人死亡”，是指组织和利用邪教组织制造、散布迷信邪说，蒙骗其成员或者其他人实施绝食、自残、自虐等行为，或者阻止病人进行正常治疗，致人死亡的情形。

（三）实务疑难问题

划清本罪与故意杀人罪、故意伤害罪的界限

对于组织和利用会道门、邪教组织或者利用迷信，制造、散布迷信邪说，指使、胁迫其成员或者其他人实施自杀、自残行为的，应当以故意杀人罪或者故意伤害罪定罪处罚；如果是蒙骗其成员或者其他人实施自杀行为的，应当以组织、利用会道门、邪教组织、利用迷信致人死亡罪定罪处罚。前者是“指使、胁迫”，表明行为人对被害人死亡结果抱希望的直接故意态度；后者是“蒙骗”，表明行为人对被害人死亡结果持过失或者间接故意的心理态度。如果行为人对死亡结果的发生持希望的心理态度，则应按照故意杀人罪定罪处罚。

（四）情节与量刑

依照《刑法》第 300 条第 2 款规定，犯组织、利用会道门、邪教组织、利用迷信致人死亡罪的，依照前款的规定处罚，即处 3 年以上 7 年以下有期徒刑，并处罚金；情节特别严重的，处 7 年以上有期徒刑或者无期徒刑，并处罚金或者没收财产；情节较轻的，处 3 年以下有期徒刑、拘役、管制或者剥夺政治权利，并处或者单处罚金。

根据《最高人民法院、最高人民检察院关于办理组织、利用邪教组织破坏法律实施等刑事案件适用法律若干问题的解释》第 7 条的规定，具有下列情形之一的，属于“情节特别严重”：

1. 造成 3 人以上死亡的；

2. 造成 9 人以上重伤的；

3. 其他情节特别严重的情形。

具有下列情形之一的，属于“情节较轻”：组织、利用邪教组织蒙骗他人，致人重伤的。

（五）法律链接

最高人民法院、最高人民检察院关于办理组织、利用邪教组织破坏法律实施等刑事案件适用法律若干问题的解释（法释〔2017〕3 号　自 2017 年 2 月 1 日起施行）（节录）

第七条　组织、利用邪教组织，制造、散布迷信邪说，蒙骗成员或者他人绝食、自虐等，或者蒙骗病人不接受正常治疗，致人重伤、死亡的，应当认定为刑法第三百条第二款规定的组织、利用邪教组织“蒙骗他人，致人重伤、死亡”。

组织、利用邪教组织蒙骗他人，致一人以上死亡或者三人以上重伤的，处三年以上七年以下有期徒刑，并处罚金。

组织、利用邪教组织蒙骗他人，具有下列情形之一的，处七年以上有期徒刑或者无期徒刑，并处罚金或者没收财产：

（一）造成三人以上死亡的；

（二）造成九人以上重伤的；

（三）其他情节特别严重的情形。

组织、利用邪教组织蒙骗他人，致人重伤的，处三年以下有期徒刑、拘役、管制或者剥夺政治权利，并处或者单处罚金。

四十六、聚众淫乱罪

（一）法律规定

第三百零一条第一款　聚众进行淫乱活动的，对首要分子或者多次参加的，处五年以下有期徒刑、拘役或者管制。

（二）罪名详解

聚众淫乱罪，是指聚众进行淫乱活动或者多次参加聚众淫乱活动的行为。本罪是从1979年《刑法》第160条的规定，吸收改为刑法的具体规定的。1979年刑法规定的是流氓罪，本罪是对流氓罪的分解。

聚众淫乱罪的构成要件是：

1. 主体要件

犯罪主体为一般主体，在本罪中是指聚众淫乱活动的首要分子和多次参加者。“首要分子”，是指在聚众淫乱活动中起组织、策划、指挥作用的犯罪分子；“多次参加的”，是指3次或3次以上参加聚众淫乱活动的人。

2. 客体要件

本罪侵犯的客体是社会公共秩序和社会风化。男女多人自愿在一起性交或者进行性变态的行为，严重败坏了社会风气，是一种蔑视社会道德、伤风败俗的犯罪行为。

3. 主观要件

主观方面由故意构成。目的是寻求感官刺激，满足自己的淫乱需求。

4. 客观要件

客观方面表现为聚众进行淫乱活动的行为。“聚众”，是指在首要分子的组织、指挥、策划下，纠集多人聚集在一起进行淫乱活动。这里的“多人”，既可以是男性多人，也可以是女性多人，还可以是男女混杂多人。“淫乱”，主要是指聚集男女多人在一起进行性交，即群奸群宿，也包括进行其他性变态行为，如鸡奸等。

（三）实务疑难问题

罪与非罪的认定

构成本罪的只能是聚众淫乱活动的首要分子和多次参加者。对于偶尔参加的，或者虽有淫乱活动但未聚众进行的，不构成犯罪。

（四）情节与量刑

依照《刑法》第 301 条第 1 款规定，犯聚众淫乱罪的，处 5 年以下有期徒刑、拘役或者管制。

四十七、引诱未成年人聚众淫乱罪

（一）法律规定

第三百零一条第二款　引诱未成年人参加聚众淫乱活动的，依照前款的规定从重处罚。

（二）罪名详解

引诱未成年人聚众淫乱罪，是指引诱未成年人参加聚众淫乱活动的行为。本罪是从 1979 年《刑法》第 160 条的规定，吸收改为刑法的具体规定的。1979 年刑法规定的是流氓罪，本罪是对流氓罪的分解。

引诱未成年人聚众淫乱罪的构成要件是：

1. 主体要件

犯罪主体为一般主体。

2. 客体要件

本罪侵犯的客体是社会公共秩序。犯罪对象是未成年人。“未成年人”，是指不满 18 周岁的未成年男女。刑法之所以这样规定，主要是因为未成年人身心发育尚不成熟，判别是非能力差，正确的性道德观、人生观尚未形成，引诱未成年人参加淫乱活动，极易使未成年人在思想上受到腐蚀，严重影响未成年人的健康成长。因此，有必要从法律上给予特殊的保护。

3. 主观要件

主观方面是由故意构成，过失不构成本罪。行为人必须明知引诱对象是未成年人，才能构成本罪。对于行为人所引诱的个别未成年人发育早熟、貌似成年或者本人隐瞒实际年龄，行为人确实不知道其真实年龄而误加引诱的，由于行为人主观上缺乏犯罪的故意，不构成本罪。构成其他罪的，按其他罪处罚。对于无法具体判断行为人是否知道所引诱的是未成年人，但从整个刑事案件看，可以判断行为人主观上应当知道是未成年人而加以引诱，可以认定行为人已经明知对方是未成年人，应当按照本罪论处。

4. 客观要件

客观方面表现为引诱未成年人参加聚众淫乱活动的行为；“引诱”，是指通过语言、表演、示范、观看录像等手段，诱惑未成年的男女参加淫乱活动的行为。在司法实践中，往往是通过传播淫秽物品、宣讲性体验、性感受甚至直接进行性表演等方法进行拉拢、腐蚀、引诱未成年人参加淫乱活动。

（三）量刑与情节

依照《刑法》第 301 条第 2 款规定，犯引诱未成年人聚众淫乱罪的，依照第 301 条第 1 款的规定（即处 5 年以下有期徒刑、拘役或者管制）从重处罚。

四十八、盗窃、侮辱、故意毁坏尸体、尸骨、骨灰罪

（一）法律规定

第三百零二条　盗窃、侮辱、故意毁坏尸体、尸骨、骨灰的，处三年以下有期徒刑、拘役或者管制。

（二）罪名详解

盗窃、侮辱、故意毁坏尸体、尸骨、骨灰罪，是指盗窃、侮辱、故意毁坏尸体、尸骨、骨灰的行为。本罪是 1997 年刑法增设的罪名，1979 年刑法和单行刑法均没有规定此罪名。《刑法修正案（九）》对本罪作了两处修改：一是在犯罪对象中增加了尸骨、骨灰；二是增加了故意毁坏的行为。

盗窃、侮辱、故意毁坏尸体、尸骨、骨灰罪的构成要件是：

1. 主体要件

犯罪主体为一般主体。

2. 客体要件

本罪侵犯的客体是社会风化。盗窃、侮辱尸体一向被人们视为对死者的亵渎，是对我国善良民族习惯和传统的侵犯。不仅严重伤害社会风化，而且容易引起群众之间的矛盾，酿成大的冲突，具有较大的社会危害性，必须给予刑事处罚。近年来，一些违法犯罪分子采取不法手段，盗取他人尸骨、骨灰，利用人们对已故亲人怀念、敬仰之情和崇敬祖先的观念，或威胁利诱，敲诈钱财，牟取非法利益，或毁损侮辱，泄愤报复，在社会上造成了极坏的影响，诱发了新的不安定因素。尸骨、骨灰在人们心目中分量同尸体一样重要，是人们祭奠亡灵、寄托哀思的重要对象，理应受到法律的保护。犯罪对象是尸体、尸骨、骨灰。“尸体”是指人死亡后遗留的躯体，尚未死亡的被害人的身体，不是尸体。“尸骨”是指人死后留下的遗骨。“骨灰”是指人的尸体焚烧后骨骼化成的灰。

3. 主观要件

主观方面由故意构成，并且分别具有非法占有的目的和侮辱、玷污、毁坏尸体、尸骨、骨灰的目的。犯罪动机是多种多样的，有的是为了出卖，有的是出于迷信结所谓的“阴亲”，有的是为了泄愤报复，等等。但动机不影响本罪的成立。过失不构成本罪。

4. 客观要件

客观方面表现为盗窃、侮辱、故意毁坏尸体、尸骨、骨灰的行为。“盗窃”，是指行为人以秘密的方式，将尸体、尸骨、骨灰从原位移走，置于自己的控制之下，如从墓地、停尸房或其他场所秘密窃取尸体、尸骨、骨灰等。“侮辱”，是指对尸体、尸骨、骨灰进行猥亵、鞭打、遗弃、奸淫等凌辱行为。这里的侮辱行为应当是直接针对尸体、尸骨、骨灰实施的，如果只是以书面、文字或言辞等侮辱贬损死者名誉的，不应适用本罪。“故意毁坏”，主要是指对尸体、尸骨、骨灰予以物理上或者化学性的损伤或破坏，既包括对整个尸体、尸骨、骨灰的毁损或破坏，也包括对尸体、尸骨、骨灰一部分的损坏，如肢解、割裂或非法解剖尸体，损毁死者的面容，抛撒骨灰等。行为人只要实施了上述行为中的一种行为，就构成本罪；实施了两种行为的，仍为一罪，不实行并罚。

（三）实务疑难问题

罪与非罪的认定

判断是否构成辱、故意毁坏尸体的犯罪，主要是看行为人主观上是否有侮辱、故意毁坏尸体的故意，如医务人员、司法工作人员因履行职责依法对尸体进行解剖，殡仪馆工作人员按照规定火化尸体等，主观上没有侮辱、故意毁坏尸体的故意，不能认定为犯罪。

（四）法律链接

中华人民共和国治安管理处罚法（2005 年 8 月 28 日第十届全国人民代表大会常务委员会第十七次会议通过　根据 2012 年 10 月 26 日第十一届全国人民代表大会常务委员会第二十九次会议《关于修改〈中华人民共和国治安管理处罚法〉的决定》修正）（节录）

第六十五条　有下列行为之一的，处五日以上十日以下拘留；情节严重的，处十日以上十五日以下拘留，可以并处一千元以下罚款：

（一）故意破坏、污损他人坟墓或者毁坏、丢弃他人尸骨、骨灰的；

（二）在公共场所停放尸体或者因停放尸体影响他人正常生活、工作秩序，不听劝阻的。

四十九、赌博罪

（一）法律规定

第三百零三条第一款　以营利为目的，聚众赌博或者以赌博为业的，处三年以下有期徒刑、拘役或者管制，并处罚金。

（二）罪名详解

赌博罪，是指以营利为目的，聚众赌博或者以赌博为业的行为。1979 年《刑法》第 168 条对本罪作了规定，1997 年《刑法》第 303 条对赌博罪的罪状作了补充。《刑法修正案（六）》第 18 条第 2 款将“开设赌场”的行为从赌博罪中分离出来，设立独立犯罪。[①]

赌博罪的构成要件是：

1. 主体要件

犯罪主体为一般主体。应当注意的是，尽管《刑法》第7条第1款规定："中华人民共和国公民在中华人民共和国领域外犯本法规定之罪的，适用本法，但是按本法规定的最高刑为三年以下有期徒刑的，可以不予追究。"《刑法》第303条第1款规定的赌博罪的最高法定刑为3年，依法可以不予追究。但是，可以不予追究不等于不能追究，一般情况下不予追究不等于在任何情况下都不予追究。为了保护我国的利益，《最高人民法院、最高人民检察院关于办理赌博刑事案件具体应用法律若干问题的解释》（以下简称《解释》）规定："中华人民共和国公民在我国领域外周边地区聚众赌博、开设赌场，以吸引中华人民共和国公民为主要客源，构成赌博罪的，可以依照刑法规定追究刑事责任。"这种情况下追究刑事责任，以"我国领域外周边地区"以及"以吸引中华人民共和国公民为主要客源"为条件。"我国领域外周边地区"，主要是指与我国领土主要是陆地接壤的国家和地区。

2. 客体要件

本罪侵犯的客体是社会管理秩序和社会风尚。赌博不仅危害社会秩序，影响工作、生产和生活，而且还往往诱发其他犯罪，对社会危害很大，必须予以打击。

3. 主观要件

主观方面由故意构成，并且具有营利的目的。即行为人聚众赌博、以赌博为业，是为了获取数额较大的金钱或者其他财物，而不是为了消遣、娱乐。行为人获取财物的方式，主要包括以下几种情况：（1）抽头渔利，即组织、招引他人赌博，从他人赌博赢取的财物中按照一定比例，抽取费用；（2）直接参赌获利；（3）组织中国公民赴境外赌博，从中获取回扣、介绍费等。以营利为目的，并不要求行为人一定要赢得钱财，只要是为了获取钱财，即使实际上没有赢钱甚至输了钱，也不影响本罪的成立。过失不构成本罪。

---

① 《刑法》原第303条为："以营利为目的，聚众赌博、开设赌场或者以赌博为业的，处三年以下有期徒刑、拘役或者管制，并处罚金。"

4. 客观要件

客观方面表现为聚众赌博或者以赌博为业的行为。“聚众赌博”，是指为赌博提供赌场、赌具，组织、招引他人参加赌博，本人从中抽头渔利的行为。这种人俗称“赌头”。赌头可能参与赌博，也可能不参与赌博，可能是一人，也可能是多人（3人以上），均不影响犯罪的成立。“以赌博为业”，是指以赌博为常业，即以赌博所得为其生活或者挥霍的主要来源的行为。这种人俗称“赌棍”。赌棍有的无正当职业，专事赌博；有的有业不就，主要从事赌博；有的虽有正当职业，但以赌博为兼业，赌博输赢的数额大大超过其正当收入的数额。按照法律规定，行为人只要具备聚众赌博或者以赌博为业两种行为之一的，即可构成本罪。

（三）实务疑难问题

1. 罪与非罪的认定

划清犯罪与一般赌博违法行为的界限。两者的主要区别是行为人主观上是否以营利为目的，客观上是否具有聚众赌博或者以赌博为业的行为。根据《解释》的规定，以营利为目的，有下列情形之一的，属于《刑法》第303条规定的“聚众赌博”：（1）组织3人以上赌博，抽头渔利数额累计达到5000元以上的；（2）组织3人以上赌博，赌资数额累计达到5万元以上的；（3）组织3人以上赌博，参赌人数累计达到20人以上的；（4）组织中华人民共和国公民10人以上赴境外赌博，从中收取回扣、介绍费的。不以营利为目的，进行带有少量财物输赢的娱乐活动，以及提供棋牌室等娱乐场所只收取正常的场所和服务费用的经营行为等，不以赌博论处。

2. 设置圈套欺骗他人参赌获取钱财行为的定性

设置圈套欺骗他人参赌获取钱财的，一般属于赌博行为，构成犯罪的，以赌博罪定罪处罚。参赌者识破骗局要求退还所输钱财时，设赌者又使用暴力或者以暴力相威胁，拒绝退还的，应以本罪从重处罚；致参赌者伤害或者死亡的，应以本罪和故意伤害罪、故意杀人罪，依法实行数罪并罚。但是对于明显具有诈骗目的和欺骗手段，骗取他人数额巨大的行为，也可以诈骗罪定罪处罚。

3. 抢赌资行为的定性

如果没有参加赌博的人，使用暴力或者胁迫的方法抢赌场的，或者参赌者使用暴力抢劫他人赌资、有预谋抢劫赌场的，均应以抢劫罪处罚。如果参赌者仅以其所输赌资为抢劫对象，不宜按抢劫罪定罪处罚。构成赌博、故意伤害等其他犯罪的，依照刑法的相关规定处罚。

4. 正确认定赌博罪的共犯

典型的赌博罪共犯，是指两人以上共同故意实施聚众赌博等赌博犯罪行为。行为人明知他人实施赌博犯罪行为，而为其提供资金、计算机网络、通讯、费用结算等直接帮助的，也应以赌博罪的共犯论处。这种情况下，行为人明知他人实施赌博犯罪，主观上已经存在与赌博犯罪分子沟通的故意，客观上实施了帮助行为，直接促使了赌博犯罪的发生和发展，是赌博犯罪不可缺少的组成部分，因而，构成赌博罪的共犯。

（四）情节与量刑

依照《刑法》第 303 条第 1 款规定，犯赌博罪的，处 3 年以下有期徒刑、拘役或者管制，并处罚金。

根据《解释》第 5 条的规定，实施赌博犯罪，有下列情形之一的，依照《刑法》第 303 条的规定从重处罚：（1）具有国家工作人员身份的；（2）组织国家工作人员赴境外赌博的；（3）组织未成年人参与赌博，或者开设赌场吸引未成年人参与赌博的。

根据《解释》第 8 条的规定，赌博犯罪中用作赌注的款物、换取筹码的款物和通过赌博赢取的款物属于赌资。通过计算机网络实施赌博犯罪的，赌资数额可以按照在计算机网络上投注或者赢取的点数乘以每一点实际代表的金额认定。赌资应当依法予以追缴；赌博用具、赌博违法所得以及赌博犯罪分子所有的专门用于赌博的资金、交通工具、通讯工具等，应当依法予以没收。

（五）法律链接

1. 最高人民法院、最高人民检察院关于办理赌博刑事案件具体应用法律若干问题的解释（法释〔2005〕3 号　自 2005 年 5 月 13 日起施行）

为依法惩治赌博犯罪活动，根据刑法的有关规定，现就办理赌博刑事案件具体应用法律的若干问题解释如下：

第一条　以营利为目的，有下列情形之一的，属于刑法第三百零三条规定的“聚众赌博”：

（一）组织三人以上赌博，抽头渔利数额累计达到五千元以上的；

（二）组织三人以上赌博，赌资数额累计达到五万元以上的；

（三）组织三人以上赌博，参赌人数累计达到二十人以上的；

（四）组织中华人民共和国公民十人以上赴境外赌博，从中收取回扣、介绍费的。

第二条　以营利为目的，在计算机网络上建立赌博网站，或者为赌博网站担任代理，接受投注的，属于刑法第三百零三条规定的“开设赌场”。

第三条　中华人民共和国公民在我国领域外周边地区聚众赌博、开设赌场，以吸引中华人民共和国公民为主要客源，构成赌博罪的，可以依照刑法规定追究刑事责任。

第四条　明知他人实施赌博犯罪活动，而为其提供资金、计算机网络、通讯、费用结算等直接帮助的，以赌博罪的共犯论处。

第五条　实施赌博犯罪，有下列情形之一的，依照刑法第三百零三条的规定从重处罚：

（一）具有国家工作人员身份的；

（二）组织国家工作人员赴境外赌博的；

（三）组织未成年人参与赌博，或者开设赌场吸引未成年人参与赌博的。

第六条　未经国家批准擅自发行、销售彩票，构成犯罪的，依照刑法第二百二十五条第（四）项的规定，以非法经营罪定罪处罚。

第七条　通过赌博或者为国家工作人员赌博提供资金的形式实施行贿、受贿行为，构成犯罪的，依照刑法关于贿赂犯罪的规定定罪处罚。

第八条　赌博犯罪中用作赌注的款物、换取筹码的款物和通过赌博赢取的款物属于赌资。通过计算机网络实施赌博犯罪的，赌资数额可以按照在计算机网络上投注或者赢取的点数乘以每一点实际代表的金额认定。

赌资应当依法予以追缴；赌博用具、赌博违法所得以及赌博犯罪分子所有的专门用于赌博的资金、交通工具、通讯工具等，应当依法予以没收。

第九条　不以营利为目的，进行带有少量财物输赢的娱乐活动，以及提供棋牌室等娱乐场所只收取正常的场所和服务费用的经营行为等，不以赌博论处。

2. 最高人民法院关于对设置圈套诱骗他人参赌又向索还钱财的受骗者施以暴力或暴力威胁的行为应如何定罪问题的批复（法复〔1995〕8号 1995年11月6日发布）

贵州省高级人民法院：

你院“关于设置圈套诱骗他人参赌，当参赌者要求退还所输钱财时，设赌者以暴力相威胁，甚至将参赌者打伤、杀伤并将钱财带走的行为如何定性”的请示收悉。经研究，答复如下：

行为人设置圈套诱骗他人参赌获取钱财，属赌博行为，构成犯罪的，应当以赌博罪定罪处罚。参赌者识破骗局要求退还所输钱财，设赌者又使用暴力或者以暴力相威胁，拒绝退还的，应以赌博罪从重处罚；致参赌者伤害或者死亡的，应以赌博罪和故意伤害罪或者故意杀人罪，依法实行数罪并罚。

3. 中华人民共和国治安管理处罚法（2005年8月28日第十届全国人民代表大会常务委员会第十七次会议通过 根据2012年10月26日第十一届全国人民代表大会常务委员会第二十九次会议《关于修改〈中华人民共和国治安管理处罚法〉的决定》修正）（节录）

第七十条 以营利为目的，为赌博提供条件的，或者参与赌博赌资较大的，处五日以下拘留或者五百元以下罚款；情节严重的，处十日以上十五日以下拘留，并处五百元以上三千元以下罚款。

五十、开设赌场罪

（一）法律规定

第三百零三条第二款 开设赌场的，处三年以下有期徒刑、拘役或者管制，并处罚金；情节严重的，处三年以上十年以下有期徒刑，并处罚金。

（二）罪名详解

开设赌场罪，是指为赌博提供场所、设定赌博方式、提供赌具、筹码、资金等组织赌博的行为。开设赌场罪是《刑法修正案（六）》第18条第2款增设的罪名。

开设赌场罪的构成要件是：

1. 主体要件

犯罪主体为一般主体。单位不能成为本罪的主体，对于实践中以单位名义开设赌场，从中营利的，如合伙型、合资型的酒店、洗浴中心、桑拿馆等，应对负有法律责任的主管人员和直接责任人员进行处罚。

2. 客体要件

本罪侵犯的客体是社会管理秩序和社会风尚。开设赌场由于吸引他人前去赌博，参赌人数多，赌资数额大，赌场的收入更加丰厚，社会危害性比一般的赌博犯罪更大，必须予以严厉打击。所以《刑法修正案（六）》将“开设赌场”的行为从赌博犯罪行为中分立出来，作为一种单独的犯罪加以规定，并将法定最高刑从原来的 3 年有期徒刑提高到 10 年。

3. 主观要件

主观方面由故意构成，即行为人主观上对于提供赌博场所或者开设赌博网站、担任代理是明知的。尽管本罪并不以行为人营利为构成要件，但行为人主观上一般都有营利的目的。

4. 客观要件

客观方面表现为为赌博提供场所、设定赌博方式、提供赌具、筹码、资金等组织赌博的行为。传统的赌博场所一般是房屋、场馆等，赌具、筹码也都是看得见、摸得着的实物，如纸牌、麻将、骰子等。在网络高速发展的今天，赌博已经发展到可通过网络等虚拟场所进行的方式。中文赌博网站主要设在境外，在境内设立分级代理。从网站内容和运营方式看，赌博网站与传统赌场很相似，赌博网站的每一级代理，均全权代表赌博网站与赌客发生业务关系。投注、资金交割只需轻点鼠标瞬间即可完成，使赌博更加快捷、方便。因此，《最高人民法院、最高人民检察院关于办理赌博刑事案件具体应用法律若干问题的解释》第 2 条规定，在计算机网络上建立赌博网站，或者为赌博网站担任代理，接受投注的，属于“开设赌场”。网络赌博主要形式有百家乐、21 点、老虎机、押大小、赌球赌马、轮盘赌、六合彩等，多通过与国际赌博公司联网，提供境外赌场实况、进行网络投注、信用卡交割赌资等方法进行，可实现境内外同步操作。

（三）实务疑难问题

1. 网上开设赌场犯罪的认定

从网络赌博现状分析，中文赌博网站主要设在我国台湾地区、香港地区、东南亚和美国等地，大陆设立的赌博网站数量较少，绝大多数是担任国外网站的代理，包括总代理、一级代理、二级代理等。司法实践中，只要查明行为人建立了赌博网站，或者为赌博网站担任代理，接受赌客投注的，无论其发展的赌客数量有多少，赌客投注的次数有多少，资金有多大，即可认定属于开设赌场。根据《最高人民法院、最高人民检察院、公安部关于办理网络赌博犯罪案件适用法律若干问题的意见》（简称《网络赌博意见》）第1条第1款的规定，利用互联网、移动通讯终端等传输赌博视频、数据，组织赌博活动，具有下列情形之一的，应当认定为“开设赌场”的行为，依法追究刑事责任：（1）建立赌博网站并接受投注的；（2）建立赌博网站并提供给他人组织赌博的；（3）为赌博网站担任代理并接受投注的；（4）参与赌博网站利润分成的。

关于网上开设赌场共犯的认定。根据《网络赌博意见》第2条的规定，明知是赌博网站，而为其提供下列服务或者帮助的，属于开设赌场罪的共同犯罪：（1）为赌博网站提供互联网接入、服务器托管、网络存储空间、通讯传输通道、投放广告、发展会员、软件开发、技术支持等服务，收取服务费数额在2万元以上的；（2）为赌博网站提供资金支付结算服务，收取服务费数额在1万元以上或者帮助收取赌资20万元以上的；（3）为10个以上赌博网站投放与网址、赔率等信息有关的广告或者为赌博网站投放广告累计100条以上的。是否具有主观明知，可以通过收取服务费是否明显异常、有关部门告知后是否仍然实施帮助行为、执法人员调查时有无故意规避调查或者通风报信等情节来进行认定。

关于网上开设赌场主观上行为人“明知”的认定。按照《网络赌博意见》第2条第3款的规定，实施本条第1款规定的行为，具有下列情形之一的，应当认定行为人“明知”，但是有证据证明确实不知道的除外：（1）收到行政主管机关书面等方式的告知后，仍然实施上述行为的；（2）为赌博网站提供互联网接入、服务器托管、网络存储空间、通讯传输通道、投放广告、软件开发、技术支持、资金支付结算等服务，收取服务费明显异常的；（3）在执法人员调查时，通过销毁、修改数据、账本等方式故意规避调查或者向犯罪嫌疑人通风报信的；（4）其他有证据证明行为人明知的。

关于网络赌博犯罪的参赌人数、赌资数额和网站代理的认定。按照《网络赌博意见》第 3 条的规定，赌博网站的会员账号数可以认定为参赌人数，如果查实一个账号多人使用或者多个账号一人使用的，应当按照实际使用的人数计算参赌人数。赌资数额可以按照在网络上投注或者赢取的点数乘以每一点实际代表的金额认定。对于将资金直接或间接兑换为虚拟货币、游戏道具等虚拟物品，并用其作为筹码投注的，赌资数额按照购买该虚拟物品所需资金数额或者实际支付资金数额认定。对于开设赌场犯罪中用于接收、流转赌资的银行账户内的资金，犯罪嫌疑人、被告人不能说明合法来源的，可以认定为赌资。向该银行账户转入、转出资金的银行账户数量可以认定为参赌人数。如果查实一个账户多人使用或多个账户一人使用的，应当按照实际使用的人数计算参赌人数。

在网络赌博犯罪中，赌博网站的代理人所实施的赌博犯罪行为一般都是"开设赌场"的行为，为了顺利开展赌博犯罪活动，赌博网站的代理人通常要组织相关人员共同完成赌博犯罪活动，对于那些在赌博犯罪团伙中，对从事开设赌场的犯罪起着直接的、必不可少的作用的人员应当依法追究刑事责任；对于那些对开设赌场犯罪无足轻重的人员可以不追究刑事责任。例如，受赌博犯罪组织者雇佣，为犯罪分子提供后勤保障的服务人员或者偶尔几次为赌博犯罪分子提供帮助的人员等对开设赌场犯罪无足轻重的人员，情节显著轻微的，一般不追究其刑事责任。

2. 关于利用赌博机组织赌博的司法认定

根据《最高人民法院、最高人民检察院、公安部关于办理利用赌博机开设赌场案件适用法律若干问题的意见》（以下简称《赌博机意见》），设置具有退币、退分、退钢珠等赌博功能的电子游戏设施设备，并以现金、有价证券等贵重款物作为奖品，或者以回购奖品方式给予他人现金、有价证券等贵重款物（以下简称设置赌博机）组织赌博活动的，应当认定为《刑法》第 303 条第 2 款规定的"开设赌场"行为。但对受雇佣为赌场从事接送参赌人员、望风看场、发牌坐庄、兑换筹码等活动的人员，除参与赌场利润分成或者领取高额固定工资的以外，一般不追究刑事责任，可由公安机关依法给予治安管理处罚。对设置游戏机，单次换取少量奖品的娱乐活动，不以违法犯罪论处。

关于利用赌博机开设赌场的定罪处罚标准。根据《赌博机意见》的规定，设置赌博机组织赌博活动，具有下列情形之一的，应当认定为开设赌场罪：(1) 设置赌博机 10 台以上的；(2) 设置赌博机 2 台以上，容留未成年人赌博的；(3) 在中小学校附近设置赌博机 2 台以上的；(4) 违法所得累计达到 5000 元以上的；(5) 赌资数额累计达到 5 万元以上的；(6) 参赌人数累计达到 20 人以上的；(7) 因设置赌博机被行政处罚后，两年内再设置赌博机 5 台以上的；(8) 因赌博、开设赌场犯罪被刑事处罚后，五年内再设置赌博机 5 台以上的；(9) 其他应当追究刑事责任的情形。

其中，可同时供多人使用的赌博机，台数按照能够独立供一人进行赌博活动的操作基本单元的数量认定。在两个以上地点设置赌博机，赌博机的数量、违法所得、赌资数额、参赌人数等均合并计算。

关于利用赌博机开设赌场的共犯的认定。根据《赌博机意见》的规定，具有下列情形之一的，以共犯论处：(1) 提供赌博机、资金、场地、技术支持、资金结算服务的；(2) 受雇参与赌场经营管理并分成的；(3) 为开设赌场者组织客源，收取回扣、手续费的；(4) 参与赌场管理并领取高额固定工资的；(5) 提供其他直接帮助的。

3. 划清本罪与其他罪的界限

开设赌场罪与赌博罪中聚众赌博行为的区分

赌博罪是指以营利为目的，聚众赌博或者以赌博为业的行为。与原《刑法》第 303 条相比较，修订后的《刑法》是将原赌博罪中开设赌场的行为从赌博罪中分离出来，设立了独立的罪名，以加大对开设赌场行为的打击力度。在行为性质、犯罪侵犯的客体、犯罪目的等方面，开设赌场罪与原《刑法》规定的赌博罪并没有发生多大变化。二者的区别主要表现在：(1) 从参与人员上加以区分。聚众赌博中的参与人员一般具有稳定性，即经常都是相互熟悉的一群人之间进行赌博；而开设赌场中的参与人员一般不一定具有稳定性，很多参与赌博的人并不一定与开设赌场的人认识熟悉。(2) 从公开程度上加以区分。聚众赌博因为是一群人之间的赌博行为，所以一般不会对社会上公开，在社会上知晓的范围不会很大；而开设赌场则可能扩散到较大的知晓范围。(3) 从有无经营目的上加以区分。聚众赌博是直接通过赌博获取非法利益，不具有经营的目的；而开设赌场则是利用赌博来进行经营，通过经营间接获取赌博利润。(4) 从专门化程度上加以区分。由于开设赌场是一种经营形式，所以需要具备经营上的专业化程度，在赌博工具、赌博场所等方面都有所讲究；而聚众赌博则不一定具备这些条件，有的可能长期聚众赌博，但赌博的条件却非常简陋。(5) 从规模上加以区分。由于聚众赌博人员的稳定性、非经营性，所以一般来说，聚众赌博的规模都要远远小于开设赌场的规模。

（四）情节与量刑

依照《刑法》第 303 条第 2 款规定，犯开设赌场罪的，处 3 年以下有期徒刑、拘役或者管制，并处罚金；情节严重的，处 3 年以上 10 年以下有期徒刑，并处罚金。

该款规定的“情节严重”，是本罪的加重处罚情节。属于网上开设赌场的，依照《网络赌博意见》第 1 条第 2 款的规定，具有下列情形之一的，应当认定为“情节严重”：1. 抽头渔利数额累计达到 3 万元以上的；2. 赌资数额累计达到 30 万元以上的；3. 参赌人数累计达到 120 人以上的；4. 建立赌博网站后通过提供给他人组织赌博，违法所得数额在 3 万元以上的；5. 参与赌博网站利润分成，违法所得数额在 3 万元以上的；6. 为赌博网站招募下级代理，由下级代理接受投注的；7. 招揽未成年人参与网络赌博的；8. 其他情节严重的情形。不属于网上开设赌场的，可以参照上述规定并结合案件的具体情况进行认定。

属于设置赌博机组织赌博活动，依照《赌博机意见》的规定，具有下列情形之一的，应当认定为“情节严重”：1. 数量或者数额达到第 2 条第 1 款第（一）项至第（六）项规定标准 6 倍以上的；2. 因设置赌博机被行政处罚后，2 年内再设置赌博机 30 台以上的；3. 因赌博、开设赌场犯罪被刑事处罚后，5 年内再设置赌博机 30 台以上的；4. 其他情节严重的情形。

五十一、故意延误投递邮件罪

（一）法律规定

第三百零四条　邮政工作人员严重不负责任，故意延误投递邮

件，致使公共财产、国家和人民利益遭受重大损失的，处二年以下有期徒刑或者拘役。

（二）罪名详解

故意延误投递邮件罪，是指邮政工作人员严重不负责任，故意延误投递邮件，致使公共财产、国家和人民利益遭受重大损失的行为。本罪是1997年刑法增设的罪名，1979年刑法和单行刑法均没有规定此罪名。

故意延误投递邮件罪的构成要件是：

1. 主体要件

犯罪主体为邮政工作人员，即邮政企业及其分支机构的营业员、投递员、押运员和其他从事邮政工作的人员。其他人员，如一般单位收发室人员故意延误邮件投递的，不构成本罪。

2. 客体要件

本罪侵犯的客体是国家邮政管理秩序。

3. 主观要件

主观方面由故意构成，即明知是应当按期投递的邮件，有条件投递而故意不投递或者延误投递。过失不构成本罪。

4. 客观要件

客观方面表现为严重不负责任，故意延误投递邮件，致使公共财产、国家和人民利益遭受重大损失的行为。具体表现为三个方面：一是邮政工作人员严重不负责任，即不依法履行或者不正确履行应尽的职责，情节严重的行为。二是故意延误投递邮件，即邮政工作人员故意拖延、耽误邮件的分发、递送，没有按照国务院邮政主管部门规定的时限投交邮件。本罪中的“邮件”，是指通过邮政企业及其分支机构寄送、递交的信件、电报、传真、印刷品、邮包、汇款通知、报刊杂志等。三是致使公共财产、国家和人民利益遭受重大损失，即因为邮件投递延误，影响国家重大事务或者有关单位的重要工作的；造成重大经济损失的；造成其他严重后果的。

（三）情节与量刑

依照《刑法》第304条规定，犯故意延误投递邮件罪的，处2年以下有期徒刑或者拘役。

第二节　妨害司法罪

一、伪证罪

（一）法律规定

第三百零五条　在刑事诉讼中，证人、鉴定人、记录人、翻译人对与案件有重要关系的情节，故意作虚假证明、鉴定、记录、翻译，意图陷害他人或者隐匿罪证的，处三年以下有期徒刑或者拘役；情节严重的，处三年以上七年以下有期徒刑。

（二）罪名详解

伪证罪，是指在刑事诉讼中，证人、鉴定人、记录人、翻译人对与案件有重要关系的情节，故意作虚假证明、鉴定、记录、翻译，意图陷害他人或者隐匿罪证的行为。本罪1979年《刑法》第148条作了规定。

伪证罪的构成要件是：

1. 主体要件

犯罪主体为特殊主体，包括证人、鉴定人、记录人、翻译人。这四种主体以外的人不能单独构成伪证罪的主体。证人，是指知道案件情况，并向司法机关作出陈述的人；鉴定人，是指应司法机关的指定，对案件中的某些专门性问题进行鉴定，并作出鉴定结论的人；记录人，是指在司法机关对案件进行侦查、起诉和审判的过程中，为调查、搜查、询问证人、被害人或者审讯被告人担任文字记录的人；翻译人，是指在刑事诉讼中，受司法机关指派或者聘请担任外国语、民族语或哑语翻译的人。本条规定中的鉴定人、记录人、翻译人均指聘用人员。如果是司法工作人员担任鉴定、记录、翻译任务且对与案件有重要关系的情节，故意作虚假鉴定、记录、翻译、意图陷害他人或者隐匿罪证，则应以徇私枉法罪定罪处罚。

2. 客体要件

本罪侵犯的客体是司法机关的正常活动。

3. 主观要件

主观方面由直接故意构成，即明知自己作虚假证明、鉴定、记录、翻译会使他人受到不应有的刑事处罚或者使犯罪人逃避法律制裁，却希望这种结果发生。行为人的犯罪目的是希望通过伪证行为陷害他人或者包庇罪犯。所谓陷害他人，是指对犯罪嫌疑人或者被告人在重要案情上增加、夸大犯罪事实，使其受到不应有的刑罚处罚。所谓包庇罪犯，是指违背事实，作出对犯罪嫌疑人或者被告人有利的证明、鉴定、记录或翻译。伪证罪的动机多种多样，如出于亲友关系试图帮助犯罪人逃避法律制裁，或因接受犯罪人或其亲属的贿赂而作伪证，或因受到他人的威胁、要挟而作伪证，或为报复、泄愤而作伪证。无论动机如何，不影响本罪的成立。间接故意和过失不构成本罪。

4. 客观要件

客观方面表现为在刑事诉讼中，对于与案件有重要关系的情节，作虚假的证明、鉴定、记录、翻译，意图陷害他人或者隐匿罪证的行为。

（1）行为人实施了法定的伪证行为。伪证行为包括证人的虚假证明行为、鉴定人的虚假鉴定行为、记录人的虚假记录行为和翻译人的虚假翻译行为。证人的虚假证明行为，在实践中，有两种情况：一是出于陷害他人的目的，无中生有，捏造他人犯罪的虚假事实，或者为别人捏造的虚假犯罪事实作证，意图证明该虚假事实为真实；二是出于包庇犯罪分子的目的，隐匿犯罪证据，或者故意对司法机关隐瞒所知道的犯罪事实。虚假鉴定，即鉴定人对有关鉴定材料，本应作出此种鉴定意见，却故意作出他种鉴定意见，使本来无辜的人受到追诉，或者使本来有罪的人逃避刑事追究等。虚假记录，即记录人员对调查、搜查、询问证人、被害人、审讯犯罪嫌疑人、开庭笔录等刑事诉讼环节的情况故意不作真实记录，作无中生有的记录，或者故意作歪曲真相的、与真实情况不符的笔录，以使无辜的人受到追究或者使有罪的人逃避追究。虚假翻译，即在刑事诉讼过程中承担翻译任务的人员，在对不通晓当地通用语言的外国人、少数民族人或者聋哑人等有关诉讼参与人的陈述等进行翻译时，故意作与陈述人真实意思相反的翻译，或者对重要的情况故意不译、漏译等，以歪曲案件的事实真相，使无辜的人受到追究，或者使犯罪人逃避追究。

（2）伪证行为必须发生在刑事诉讼过程中。刑事诉讼是指对刑事案件的侦查、起诉、审判活动。如果伪证行为发生在犯罪嫌疑人归案之前或者审判、脱逃之后则不构成伪证罪而构成包庇罪。

（3）必须是“对与案件有重要关系的情节”作伪证。所谓与案件有重要关系的情节，是指对于行为是否构成犯罪、犯罪的性质或者罪行的轻重有重大影响的情节，也就是能够影响定罪量刑的情节，包括犯罪主体的年龄与精神状态、犯罪的故意或者过失、危害行为、特定的犯罪目的、时间、地点、手段，以及法律明确规定的从轻、减轻、免除处罚和从重处罚的情节，还包括法律没有明确规定而由司法机关在办理案件的过程中具体掌握的酌定情节，如犯罪的动机、目的、被告人一贯表现、认罪态度，等等。

（三）实务疑难问题

1. 罪与非罪的认定

如果证人由于对案情了解不全面或者记忆不清楚作了与事实不符的证明；鉴定人由于业务水平低，作出错误的鉴定结论；记录人由于业务能力差和理解问题出现错记、漏记；翻译人由于未听清讲话内容造成错译、漏译的，由于他们主观上没有罪过，因而都不构成伪证罪。如果行为人对与案件关系不重要的情节作了虚假的证明、鉴定、记录、翻译，因客观上达不到陷害他人、包庇罪犯的目的，也不构成伪证罪。

2. 划清本罪与其他罪的界限

（1）划清本罪与诬告陷害罪的界限

两罪的区别表现在：①主体不同。前者是特殊主体，后者是一般主体。②行为发生的阶段不同。前者发生在刑事诉讼过程中，后者的犯罪发生在诉讼开始以前。③犯罪目的不同。前者的犯罪目的包括陷害他人和包庇罪犯两种，而后者的犯罪目的只有陷害一种。

（2）划清本罪与提供虚假证明文件罪的界限

前者在客观方面也表现为提供虚假证明的行为，但这种虚假证明是作为诉讼证据而向司法机关提供的，提供者是证人、鉴定人、记录人、翻译人等特定人员，主观上是意图陷害他人或者隐匿罪证，侵害的是司法机关的正常活动。后者行为人提供的是资产评估、验资、验证、会计、审计、法律服务等方面的虚假证明文件，提供者是承担资产评估、验资、验证、会计、审计、法律服务的中介组织人员，主观上可能是出于哥们义气、朋友关系或者为了获取其他不正当利益，侵犯的客体是正常的市场经济秩序。

（四）情节与量刑

依照《刑法》第305条规定，犯伪证罪的，处3年以下有期徒刑或者拘役；情节严重的，处3年以上7年以下有期徒刑。

该条中的“情节严重”，是本罪的加重处罚情节。司法实践中，一般是指因伪证导致被害人被无辜定罪或判处了重刑的，或者导致有罪的人被无罪释放的等情形。

（五）法律链接

中华人民共和国刑事诉讼法（1979年7月1日第五届全国人民代表大会第二次会议通过　根据1996年3月17日第八届全国人民代表大会第四次会议《关于修改〈中华人民共和国刑事诉讼法〉的决定》第一次修正　根据2012年3月14日第十一届全国人民代表大会第五次会议《关于修改〈中华人民共和国刑事诉讼法〉的决定》第二次修正　根据2018年10月26日第十三届全国人民代表大会常务委员会第六次会议《关于修改〈中华人民共和国刑事诉讼法〉的决定》第三次修正）（节录）

第四十四条　辩护人或者其他任何人，不得帮助犯罪嫌疑人、被告人隐匿、毁灭、伪造证据或者串供，不得威胁、引诱证人作伪证以及进行其他干扰司法机关诉讼活动的行为。

违反前款规定的，应当依法追究法律责任，辩护人涉嫌犯罪的，应当由办理辩护人所承办案件的侦查机关以外的侦查机关办理。辩护人是律师的，应当及时通知其所在的律师事务所或者所属的律师协会。

第六十一条　证人证言必须在法庭上经过公诉人、被害人和被告人、辩护人双方质证并且查实以后，才能作为定案的根据。法庭查明证人有意作伪证或者隐匿罪证的时候，应当依法处理。

二、辩护人、诉讼代理人毁灭证据、伪造证据、妨害作证罪

（一）法律规定

第三百零六条　在刑事诉讼中，辩护人、诉讼代理人毁灭、伪造证据，帮助当事人毁灭、伪造证据，威胁、引诱证人违背事实改变证言或者作伪证的，处三年以下有期徒刑或者拘役；情节严重的，处三年以上七年以下有期徒刑。

辩护人、诉讼代理人提供、出示、引用的证人证言或者其他证据失实，不是有意伪造的，不属于伪造证据。

（二）罪名详解

辩护人、诉讼代理人毁灭证据、伪造证据、妨害作证罪，是指在刑事诉讼中，辩护人或诉讼代理人毁灭、伪造证据，帮助当事人毁灭、伪造证据，威胁、引诱证人作伪证以及进行其他干扰司法机关诉讼活动的行为。本罪是1997年刑法增设的罪名，1979年刑法和单行刑法均没有规定此罪名。

辩护人、诉讼代理人毁灭证据、伪造证据、妨害作证罪的构成要件是：

1. 主体要件

犯罪主体为特殊主体，限于辩护人和诉讼代理人。“辩护人”，是指在刑事诉讼中，包括在侦查、起诉、审判阶段，犯罪嫌疑人、被告人委托的或者由人民法院指定的为犯罪嫌疑人、被告人提供法律帮助的人。其职责是根据事实和法律，向司法机关提出证明犯罪嫌疑人、被告人无罪、罪轻或者减轻、免除处罚的事实或材料，以保证案件的正确处理。辩护人既可以是律师，也可以是犯罪嫌疑人、被告人委托的不具有律师身份的其他公民，如人民团体或者被告人所在单位推荐的人，被告人的监护人、亲友。“诉讼代理人”，是指公诉案件的被害人及其法定代理人或者近亲属、自诉案件的自诉人及其法定代理人委托代为参加诉讼的人，以及附带民事诉讼的当事人及其法定代理人委托代为参加诉讼的人。其职责主要是根据事实和法律，为保护被害人的合法利益，追究犯罪提供材料和意见。担任诉讼代理人的人员范围与辩护人的范围相同。

2. 客体要件

本罪侵犯的客体是国家司法机关的正常刑事诉讼活动。2012 年修正的《律师法》第 3 条第 1 款规定："律师执业必须遵守宪法和法律，恪守律师职业道德和执业纪律。"《刑事诉讼法》第 44 条规定："辩护人或者其他任何人，不得帮助犯罪嫌疑人、被告人隐匿、毁灭、伪造证据或者串供，不得威胁、引诱证人作伪证以及进行其他干扰司法机关诉讼活动的行为。违反前款规定的，应当依法追究法律责任……""被告人有权获得辩护"，是宪法规定的一项原则，辩护制度是刑事诉讼的一项重要制度。改革开放以来，随着我国民主法制建设的不断发展，律师担任辩护人、诉讼代理人参与刑事诉讼活动的日益增多，对保障犯罪嫌疑人、被告人的合法权利，起了重要作用。但也有的辩护人、诉讼代理人在办案过程中，严重违背法律规定和执业道德、执业纪律，毁灭、伪造证据，帮助当事人毁灭、伪造证据，威胁、引诱证人作伪证，严重妨害了司法机关正常的诉讼活动。因此，刑法增设本罪以预防和惩治这种行为。

3. 主观要件

主观方面由直接故意构成。其动机可能是包庇犯罪嫌疑人、被告人，或者是陷害犯罪嫌疑人、被告人。

4. 客观要件

客观方面表现为以下三种行为：（1）辩护人或者诉讼代理人毁灭、伪造证据；（2）辩护人、诉讼代理人帮助当事人毁灭、伪造证据；（3）辩护人、诉讼代理人威胁、引诱证人违背事实改变证言或者作伪证。"毁灭证据"，是指使证据完全消灭或者完全丧失证据的作用，如烧毁足以证明犯罪的书证、物证，清除犯罪现场的血迹，等等。"伪造证据"，是指制造虚假的证据，如制造虚假的书证、物证或者视听资料，等等。"威胁证人作伪证"，是指以暴力或者其他方法使证人因惧怕而作出虚假的证言。"引诱证人作伪证"，是指以金钱、物质或者其他利益诱使证人作虚假的证言。本罪属选择性罪名，按照法律规定，行为人只要实施了毁灭、伪造证据，或者帮助当事人毁灭、伪造证据，或者威胁、引诱证人违背事实改变证言或作伪证其中一种行为，就构成本罪；实施了两种以上行为的，仍为一罪，不实行并罚。

本罪在客观上表现为辩护人在刑事诉讼中实施了威胁、引诱证人违背事实改变证言或者作伪证的行为。只要辩护人在刑事诉讼中实施了上述行为即可构成犯罪。至于证人在威胁、引诱下改变了证言或者作了伪证，是否足以或者已经导致案件处理或者裁判错误，如是否已造成犯罪嫌疑人、被告人逃避刑事追究或者使无罪的人受到刑事追究等，不影响犯罪的成立。

（三）实务疑难问题

1. 罪与非罪的认定

在审判实践中，应注意严格区别与把握辩护人依法履行法定责任与妨害作证行为的界限。虽然豁免辩护人履行职责中一切不当行为的法律责任是不适当的，但不适当地扩大辩护人应负法律责任的范围，势必会限制、甚至变相剥夺辩护人行使辩护权利，从而妨害律师履行职务，影响刑事诉讼法任务与目的的实现。要结合个案的外部条件和辩护人的职责义务，判断辩护人是否存在“明知”的充分条件。

划清本罪与提供证据失实的界限。实践中，由于辩护人、诉讼代理人工作上的失误或者证人提供虚假证言，辩护人、诉讼代理人不知情而在刑事诉讼中向法庭提供、出示、引用的证人证言或者其他证据失实，不是有意伪造的，根据《刑法》第 306 条第 2 款的规定，不属于伪造证据，不构成犯罪。

2. 划清本罪与其他罪的界限

辩护人、诉讼代理人毁灭证据、伪造证据、妨害作证罪与包庇罪的界限

两罪在构成特征上具有相似之处，在主观方面都是出于故意，都具有包庇行为人逃避法律制裁的目的；在客观方面都表现为毁灭证据、伪造证据、妨害作证的行为；其犯罪行为的实施，都侵犯了司法机关的正常活动。两罪的区别主要表现在：

（1）犯罪主体不同。辩护人、诉讼代理人毁灭证据、伪造证据、妨害作证罪的主体是特殊主体，即只能是辩护人、诉讼代理人；而包庇罪的主体则是一般主体，只要达到刑事责任年龄、具有刑事责任能力、实施了作假证明包庇犯罪人的行为，都可以构成包庇罪的主体。

（2）犯罪对象不同。辩护人、诉讼代理人毁灭证据、伪造证据、妨害作证罪的犯罪对象是刑事证据；而包庇罪的犯罪对象则是犯罪的人。

（3）犯罪客观方面的表现形式不同。辩护人、诉讼代理人毁灭证据、伪造证据、妨害作证罪在客观方面表现为，在刑事诉讼中，辩护人、诉讼代理

人毁灭、伪造证据，帮助当事人毁灭、伪造证据，引诱证人违背事实改变证言或者作伪证的行为；而包庇罪在客观方面则表现为明知是犯罪的人而作假证明予以包庇的行为。

（四）情节与量刑

依照《刑法》第 306 条规定，犯辩护人、诉讼代理人毁灭证据、伪造证据、妨害作证罪的，处 3 年以下有期徒刑或者拘役；情节严重的，处 3 年以上 7 年以下有期徒刑。

该条第 1 款规定的“情节严重”，是本罪的加重处罚情节。司法实践中，一般是指行为人的犯罪手段恶劣，严重妨害了刑事诉讼的正常进行，或者使有罪的人逃避了刑事追究，或者使无罪的人受到了刑事追究。

（五）法律链接

中华人民共和国律师法（1996 年 5 月 15 日第八届全国人民代表大会常务委员会第十九次会议通过　根据 2001 年 12 月 29 日第九届全国人民代表大会常务委员会第二十五次会议《关于修改〈中华人民共和国律师法〉的决定》第一次修正　2007 年 10 月 28 日第十届全国人民代表大会常务委员会第三十次会议修订　根据 2012 年 10 月 26 日第十一届全国人民代表大会常务委员会第二十九次会议《关于修改〈中华人民共和国律师法〉的决定》第二次修正　根据 2017 年 9 月 1 日第十二届全国人民代表大会常务委员会第二十九次会议《关于修改〈中华人民共和国法官法〉等八部法律的决定》第三次修正）（节录）

第四十九条　律师有下列行为之一的，由设区的市级或者直辖市的区人民政府司法行政部门给予停止执业六个月以上一年以下的处罚，可以处五万元以下的罚款；有违法所得的，没收违法所得；情节严重的，由省、自治区、直辖市人民政府司法行政部门吊销其律师执业证书；构成犯罪的，依法追究刑事责任：

（一）违反规定会见法官、检察官、仲裁员以及其他有关工作人员，或者以其他不正当方式影响依法办理案件的；

（二）向法官、检察官、仲裁员以及其他有关工作人员行贿，介绍贿赂或者指使、诱导当事人行贿的；

（三）向司法行政部门提供虚假材料或者有其他弄虚作假行为的；

（四）故意提供虚假证据或者威胁、利诱他人提供虚假证据，妨碍对方当事人合法取得证据的；

（五）接受对方当事人财物或者其他利益，与对方当事人或者第三人恶意串通，侵害委托人权益的；

（六）扰乱法庭、仲裁庭秩序，干扰诉讼、仲裁活动的正常进行的；

（七）煽动、教唆当事人采取扰乱公共秩序、危害公共安全等非法手段解决争议的；

（八）发表危害国家安全、恶意诽谤他人、严重扰乱法庭秩序的言论的；

（九）泄露国家秘密的。

律师因故意犯罪受到刑事处罚的，由省、自治区、直辖市人民政府司法行政部门吊销其律师执业证书。

三、妨害作证罪

（一）法律规定

第三百零七条第一款　以暴力、威胁、贿买等方法阻止证人作证或者指使他人作伪证的，处三年以下有期徒刑或者拘役；情节严重的，处三年以上七年以下有期徒刑。

（二）罪名详解

妨害作证罪，是指以暴力、威胁、贿买等方法阻止证人作证，或者指使、贿买、胁迫他人作伪证的行为。本罪是1997年刑法增设的罪名，1979年刑法和单行刑法均没有规定此罪名。

妨害作证罪的构成要件是：

1. 主体要件

犯罪主体为一般主体。在司法实践中主要是与案件有利害关系的人，如犯罪嫌疑人、被告人的亲戚、朋友；或者民事、行政案件中的当事人等。如果是犯罪嫌疑人、被告人本身采取非法手段妨害作证的，也构成本罪。

2. 客体要件

本罪侵犯的客体是司法机关的正常的诉讼活动。司法机关的诉讼活动主要包括公安机关对刑事案件的侦查活动，检察机关对刑事案件的侦查、起诉活动，审判机关对刑事、民事、行政等案件的审判活动。

3. 主观要件

主观方面是故意，即意图通过种种非法手段使证人不能作证、不敢作证、不愿作证，或者使证人或者其他人作伪证。

4. 客观要件

客观方面表现为在诉讼过程中或者诉讼过程之外，以暴力、威胁、贿买等方法阻止证人作证或者指使、贿买、胁迫他人作伪证的行为。因此，本罪的行为可以分为两类：一类是以各种非法手段阻止证人依法作证；另一类是以各种非法手段使人作伪证，既包括使了解案件情况的证人向司法机关作虚假的证明，也包括使不了解案件情况的人假称了解案件情况向司法机关作虚假的证明。非法手段各种各样。首先是暴力，如对证人施以绑架、拘禁，使证人因人身自由受到剥夺而无法向司法机关提供证言。“暴力”，是指致人轻伤以下程度的暴力。如因实施暴力致人重伤、死亡的，应以故意伤害罪、故意杀人罪定罪处罚。其次是威胁，即对证人以暴力威胁或者以其他损害证人利益的方法进行要挟，如声言如果作证就要对证人或者证人的亲属施加暴力，或者揭发其隐私等，使证人不敢向司法机关作证。最后是贿买，所谓贿买，就是给证人以一定的金钱、财物或者其他利益，或者向证人许诺给其一定的金钱、财物或其他利益，使证人因贪图钱财而不愿向司法机关作证或者作伪证。“等”，即指除了暴力、威胁、贿买以外的其他阻止证人作证或者让其作伪证的方法，如唆使等。

（三）实务疑难问题

1. 划清本罪与非法拘禁罪的界限

阻止证人作证的方法中包括了暴力方法，而暴力方法中包括了非法剥夺他人的人身自由。因此，如果行为人采取剥夺证人人身自由的方法阻止证人作证的，既构成了妨害作证罪，又同时构成了非法拘禁罪，应当按照处理想象竞合犯的原则，按其中较重的罪处罚。

2. 划清本罪与伪证罪的界限

证人对与案件有重要关系的情节，故意作虚假证明的，构成伪证罪。如果该证人作伪证是行为人指使的，行为人本应构成伪证罪的共犯（教唆伪证），但由于刑法已将这种情况单独作了规定，因此，对指使证人作伪证的，就不再以伪证罪的共犯论处，而应直接定为妨害作证罪。

（四）情节与量刑

依照《刑法》第 307 条第 1 款规定，犯妨害作证罪的，处 3 年以下有期徒刑或者拘役；情节严重的，处 3 年以上 7 年以下有期徒刑。依照本条第 3 款规定，司法工作人员犯本罪的，从重处罚。

该条第 1 款规定的“情节严重”，是本罪的加重处罚情节，司法实践中，一般是指因妨害作证造成了严重后果的情形，如导致冤、假、错案发生，或严重妨害司法机关正常诉讼活动的；手段特别恶劣的；经批评教育后仍继续实施妨害行为的等情形。

该条第 3 款规定，司法工作人员犯本罪的，从重处罚。这里的司法工作人员，是指具有侦查、检察、审判、监管职责的工作人员。由于他们有职务上、工作上的便利，犯本罪更易得逞，而且会造成更加恶劣的影响，所以对犯本罪的司法工作人员从重处罚，是完全必要的。

辩护人、诉讼代理人在刑事案件非诉讼阶段或者民事、行政案件中；辩护人、诉讼代理人之外的人在刑事、民事、行政案件中，实施妨害作证、毁灭证据、伪造证据行为的，依照《刑法》第 307 条的规定，以妨害作证罪，帮助毁灭、伪造证据罪定罪处罚。

四、帮助毁灭、伪造证据罪

（一）法律规定

第三百零七条第二款　帮助当事人毁灭、伪造证据，情节严重的，处三年以下有期徒刑或者拘役。

（二）罪名详解

帮助毁灭、伪造证据罪，是指帮助当事人毁灭、伪造证据，情节严重的行为。本罪是1997年刑法增设的罪名，1979年刑法和单行刑法均没有规定此罪名。

帮助毁灭、伪造证据罪的构成要件是：

1. 主体要件

犯罪主体为一般主体，但在刑事诉讼中不包括辩护人、诉讼代理人。因为《刑法》第306条规定了在刑事诉讼中，辩护人、诉讼代理人帮助当事人毁灭、伪造证据的行为。

2. 客体要件

本罪侵犯的客体是司法机关正常的诉讼活动。证据是证明案件真实情况的事实，无论在刑事诉讼还是民事、行政诉讼中，证据对于司法机关正确认定案件事实起到了决定性的作用。但是，如果证据被毁灭，或者出现伪造的证据，就会使司法机关难以作出公正的裁判或者作出错误的裁判。因此，帮助当事人毁灭、伪造证据，必然妨害了司法机关的正常司法活动。

3. 主观要件

主观方面由故意构成。犯罪动机多种多样，但动机不影响本罪的成立。

4. 客观要件

客观方面表现为帮助当事人毁灭、伪造证据，情节严重的行为。“帮助当事人毁灭、伪造证据”，是指与当事人共谋，共同毁灭、伪造证据，或者受当事人指使为当事人毁灭、伪造证据提供帮助的行为。“当事人”，既包括刑事案件中的自诉人、被告人、被害人，也包括民事、行政等案件中的原告、被告、第三人等。“毁灭”证据，是指使证据从物质形态上消失，如将书证烧毁、将物证抛入大海，等等；“伪造”证据，包括两种情况：一种是“无中生有”，即凭空捏造出证据，另一种是“改头换面”，即对原来真实的证据加以改造，使证据的证明方向发生改变。

根据法律规定，帮助毁灭、伪造证据的行为，除需符合以上构成要件外，还必须达到“情节严重”的程度，才构成犯罪。“情节严重”，司法实践中，一般是指帮助毁灭、伪造重要证据、关键证据的；多次（3次以上）帮助当事人或者帮助多个当事人（3人以上）毁灭、伪造证据的；帮助当事人毁灭、伪造证据引起严重后果等情形。

（三）实务疑难问题

1. 帮助毁灭、伪造证据罪与妨害作证罪的界限

两罪具有相似之处：两罪的主体都是一般主体；在主观方面都是出于直接故意；在客观方面，两罪的行为是发生在诉讼活动进行过程之中和诉讼提起之前；其犯罪行为的实施，都对司法机关的正常诉讼活动造成了侵害。两者之间的主要区别是：

（1）犯罪对象不同。帮助毁灭、伪造证据罪的犯罪对象是诉讼活动中的当事人；而妨害作证罪的犯罪对象则是诉讼活动中依法作证的证人。

（2）犯罪客观方面的表现形式不同。帮助毁灭、伪造证据罪在客观方面的表现形式是为当事人毁灭、伪造证据出谋划策或者提供各种便利条件；而妨害作证罪在客观方面则表现为以暴力、威胁、贿买等手段阻止证人作证或者指使他人作伪证的行为。

2. 划清本罪与伪证罪的界限

二者的区别在于：（1）前者不限于刑事诉讼；后者则必须发生在刑事诉讼中。（2）前者的主体是一般主体；而后者的主体是特殊主体，即证人、鉴定人、记录人、翻译人。（3）前者只是帮助当事人毁灭、伪造证据；而后者表现为对与案件有重要关系的情节，故意作虚假证明。

（四）情节与量刑

依照《刑法》第 307 条第 2 款规定，犯帮助毁灭、伪造证据罪的，处3 年以下有期徒刑或者拘役。依照本条第 3 款规定，司法工作人员犯本罪的，从重处罚。

五、虚假诉讼罪

（一）法律规定

第三百零七条之一　以捏造的事实提起民事诉讼，妨害司法秩序或者严重侵害他人合法权益的，处三年以下有期徒刑、拘役或者

管制，并处或者单处罚金；情节严重的，处三年以上七年以下有期徒刑，并处罚金。

单位犯前款罪的，对单位判处罚金，并对其直接负责的主管人员和其他直接责任人员，依照前款的规定处罚。

有第一款行为，非法占有他人财产或者逃避合法债务，又构成其他犯罪的，依照处罚较重的规定定罪从重处罚。

司法工作人员利用职权，与他人共同实施前三款行为的，从重处罚；同时构成其他犯罪的，依照处罚较重的规定定罪从重处罚。

（二）罪名详解

虚假诉讼罪是指，以捏造的事实提起民事诉讼，妨害司法秩序或者严重侵害他人合法权益的行为。本罪是《刑法修正案（九）》新增加的罪名。

虚假诉讼罪的构成要件是：

1. 主体要件

本罪的主体是一般主体，包括个人和单位。

2. 客体要件

本罪侵犯的客体是国家司法秩序和他人的财产权等合法权益。近年来，司法实践中出现了虚假诉讼的情况，一些个人和单位捏造虚假的事实，向人民法院提起借贷、房屋买卖、离婚析产、继承、商标侵权、破产等诉讼，骗取人民法院裁判文书以实现各种非法目的。虚假诉讼行为妨害正常的司法秩序，侵犯他人合法权益，具有严重的社会危害性。

3. 主观要件

本罪的主观方面是故意，行为人具有提起虚假的民事诉讼，欺骗国家司法机关，通过获得司法机关的裁判文书实现其非法目的的主观故意。从具体目的来看，可以分为两类：一类是骗财类虚假诉讼，企图通过诉讼侵占他人财产或者逃避合法债务。另一类是出于谋财以外的其他目的的虚假诉讼。

4. 客观要件

根据刑法规定，构成虚假诉讼犯罪在客观方面必须具备以下条件：其一，以捏造的事实提起民事诉讼。提起民事诉讼，是指依照民事诉讼法的规定向法院提起诉讼。“捏造的事实”，是指凭空编造的不存在的事实，如根本不存在的债权债务关系、从未发生过的商标侵权行为等。如果民事纠纷客观存在，行为人对具体数额、期限等事实作夸大、隐瞒或虚假陈述的，不属于这里的“捏造”。“以捏造的事实提起民事诉讼”，是指通过伪造书证、物证、恶意串通、指使证人作假证言等手段，以凭空捏造的根本不存在的事实为基础，向法院提出诉讼请求，要求法院作出裁判。根据《最高人民法院、最高人民检察院关于办理虚假诉讼刑事案件适用法律若干问题的解释》（以下简称《解释》）第1条的规定，采取伪造证据、虚假陈述等手段，实施下列行为之一，捏造民事法律关系，虚构民事纠纷，向人民法院提起民事诉讼的，应当认定为“以捏造的事实提起民事诉讼”：（1）与夫妻一方恶意串通，捏造夫妻共同债务的；（2）与他人恶意串通，捏造债权债务关系和以物抵债协议的；（3）与公司、企业的法定代表人、董事、监事、经理或者其他管理人员恶意串通，捏造公司、企业债务或者担保义务的；（4）捏造知识产权侵权关系或者不正当竞争关系的；（5）在破产案件审理过程中申报捏造的债权的；（6）与被执行人恶意串通，捏造债权或者对查封、扣押、冻结财产的优先权、担保物权的；（7）单方或者与他人恶意串通，捏造身份、合同、侵权、继承等民事法律关系的其他行为。此外，隐瞒债务已经全部清偿的事实，向人民法院提起民事诉讼，要求他人履行债务的；向人民法院申请执行基于捏造的事实作出的仲裁裁决、公证债权文书，或者在民事执行过程中以捏造的事实对执行标的提出异议、申请参与执行财产分配的，均属于“以捏造的事实提起民事诉讼”。

其二，妨害司法秩序或者严重侵害他人合法权益。这是构成本罪的结果条件。“妨害司法秩序”是指对国家司法机关进行审判活动、履行法定职责的正常秩序造成妨害，包括导致司法机关作出错误判决造成司法权威和司法公信力的损害，也包括提起虚假诉讼占用了司法资源，影响了司法机关的正常司法活动等。“严重侵害他人合法权益”，是指虚假诉讼活动给被害人的财产权等合法权益造成严重损害。例如，司法机关执行错误判决或者因行为人提起诉讼采取保全措施造成被害人财产的严重损失，被害人一定数额的合法债权得不到及时清偿等。只要虚假诉讼行为妨害司法秩序或者严重侵害他人合法权益，就可以构成本罪，并不一定要求诉讼程序已经完结，司法机关已经实际完成了裁判文书制作、送达，裁判文书完全符合行为人的意愿等。根据《解释》第2条的规定，以捏造的事实提起民事诉讼，有下列情形之一的，应当认定为“妨害司法秩序或者严重侵害他人合法权益”：（1）致使人民法院基于捏造的事实采取财产保全或者行为保全措施的；（2）致使人民法院开庭审理，干扰正常司法活动的；（3）致使人民法院基于捏造的事实作出裁判文书、制作财产分配方案，或者立案执行基于捏造的事实作出的仲裁裁决、公证债权文书的；（4）多次以捏造的事实提起民事诉讼的；（5）曾因以捏造的事实提起民事诉讼被采取民事诉讼强制措施或者受过刑事追究的；（6）其他妨害司法秩序或者严重侵害他人合法权益的情形。

（三）实务疑难问题

1. 罪与非罪的认定

本罪规定的是以凭空捏造的事实提起民事诉讼，妨害司法秩序或者严重侵害他人合法权益的犯罪。对于提起诉讼的基本事实是真实的，但在一些证据材料上弄虚作假，企图欺骗司法机关，获取有利于自己的裁判的行为，不适用本条规定。

2. 犯虚假诉讼罪同时构成其他犯罪时如何处理

以骗取财物为目的的虚假诉讼行为，在构成虚假诉讼罪的同时，往往还构成刑法规定的其他侵财类犯罪，或者可能同时构成拒不执行判决、裁定罪，根据《刑法》第307条之一第3款和《解释》第4条的规定，应“依照处罚较重的规定定罪从重处罚”，即从一重罪从重处罚。首先，要比较本罪规定的刑罚和刑法其他条文规定的刑罚，适用处刑较重的条文。本罪和刑法有关诈骗罪、贪污罪、职务侵占罪、拒不执行判决、裁定罪等犯罪的条文，规定了多个量刑幅度，对此，在适用时要根据案件事实和规定，确定适用于某一犯罪的具体量刑幅度，再进行比较选择处罚较重的规定定罪。同时，还要根据确定适用的规定和量刑幅度从重处罚。这样规定体现了对虚假诉讼行为从严惩处的精神。

3. 司法工作人员利用职权实施虚假诉讼行为如何处理

实践中，在有的虚假诉讼案件中，一些司法工作人员与当事人勾结，通过其职务行为或者影响力，为虚假诉讼目的的达成创造条件，有的甚至直接参与作出裁判。根据《刑法》第307条之一第4款和《解释》第5条的规定，司法工作人员利用职权，与他人共同实施虚假诉讼行为，在构成虚假诉讼罪的同时，可能还构成民事枉法裁判罪，滥用职权罪，执行判决、裁定滥用职权罪等犯罪，应当依照处罚较重的规定定罪从重处罚。

（四）情节与量刑

根据《刑法》第 307 条之一的规定，犯虚假诉讼罪的，处 3 年以下有期徒刑、拘役或者管制，并处或者单处罚金；情节严重的，处 3 年以上 7 年以下有期徒刑，并处罚金。单位犯前款罪的，对单位判处罚金，并对其直接负责的主管人员和其他直接责任人员，依照前款的规定处罚。根据《解释》第 9 条的规定，实施本罪行为，未达到情节严重的标准，行为人系初犯，在民事诉讼过程中自愿具结悔过，接受人民法院处理决定，积极退赃、退赔的，可以认定为犯罪情节轻微，不起诉或者免予刑事处罚；确有必要判处刑罚的，可以从宽处罚。但司法工作人员利用职权，与他人共同实施本罪行为的，对司法工作人员不适用该规定。

根据《解释》第 3 条的规定，以捏造的事实提起民事诉讼，有下列情形之一的，应当认定为本罪的“情节严重”：（1）有《解释》第 2 条第 1 项情形，造成他人经济损失 100 万元以上的；（2）有《解释》第 2 条第 2 项至第 4 项情形之一，严重干扰正常司法活动或者严重损害司法公信力的；（3）致使义务人自动履行生效裁判文书确定的财产给付义务或者人民法院强制执行财产权益，数额达到 100 万元以上的；（4）致使他人债权无法实现，数额达到 100 万元以上的；（5）非法占有他人财产，数额达到 10 万元以上的；（6）致使他人因为不执行人民法院基于捏造的事实作出的判决、裁定，被采取刑事拘留、逮捕措施或者受到刑事追究的；（7）其他情节严重的情形。

六、打击报复证人罪

（一）法律规定

第三百零八条　对证人进行打击报复的，处三年以下有期徒刑或者拘役；情节严重的，处三年以上七年以下有期徒刑。

（二）罪名详解

打击报复证人罪，是指对证人进行打击报复的行为。本罪是 1997 年刑法增设的罪名，1979年刑法和单行刑法均没有规定此罪名。

打击报复证人罪的构成要件是：

1. 主体要件

犯罪主体为一般主体，通常是案件的当事人和其他有关人员。

2. 客体要件

本罪侵犯的客体是复杂客体，既侵犯了司法机关的正常诉讼活动，又侵犯了证人的人身权利和其他权利。证人证言是诉讼中的重要证据，如果缺少证人证言，就会影响对案件的公正审理。对证人进行打击报复的行为，将使证人不敢作证、不愿作证，必然影响司法机关对案件的处理。同时，对证人进行打击报复，必然侵犯证人的人身权利、民主权利和其他权利。

3. 主观要件

主观方面由故意构成。动机是报复，即对证人因作出对自己或者与自己有关的他人不利的证言的报复。

4. 客观要件

客观方面表现为对证人进行打击报复的行为。证人是知道案件真实情况并进行作证的人，包括刑事、民事、行政案件中的证人。“证人”，应当是指知道案情并具有辨别是非和正确表达能力的自然人，但不应当包括被害人、被告人、鉴定人等其他诉讼参与人。在共同犯罪场合，如果共同犯罪人互相质证的犯罪事实是共同犯罪事实，那么犯罪人质证时的发言就不是证言，仍是被告人供述，因此也就不符合证人身份。在此情况下，对共同犯罪人打击报复，就不能定打击报复证人罪，但可以将这种报复行为作为对犯罪分子从重处罚的情节。如果因报复行为造成其他严重后果构成犯罪的，应当实行数罪并罚。如果共同犯罪人是就共同犯罪事实以外其他共同犯罪人的其他犯罪行为进行作证，那么作证的共同犯罪人就具备了证人资格，对之打击报复的，应以打击报复证人罪论处。对证人进行打击报复可以表现为多种形式，如对证人进行殴打、侮辱、诽谤，利用职务对证人进行降级、降职、停薪，等等。

（三）实务疑难问题

1. 罪与非罪的认定

构成打击报复证人罪，必须严重损害证人的合法权益，如经常辱骂、殴打，等等。如果虽然实施了对证人的打击报复，但情节显著轻微的，可不以犯罪论处，如偶尔的轻微的辱骂、殴打等。

2. 划清本罪与其他罪的界限

（1）划清本罪与故意伤害罪的界限。如果采取伤害证人的办法打击报复，要区分伤害的程度。如果造成轻伤，仍然定打击报复证人罪；如果造成重伤，则应当以故意伤害（致人重伤）罪论处。

（2）划清本罪与侮辱罪的界限。如果采取侮辱的手段打击报复证人，因打击报复证人的法定刑较重，故应定打击报复证人罪。

（四）情节与量刑

依照《刑法》第 308 条规定，犯打击报复证人罪的，处 3 年以下有期徒刑或者拘役；情节严重的，处 3 年以上 7 年以下有期徒刑。该条的“情节严重”，是本罪的加重处罚情节，司法实践中，一般是指对证人多次进行打击报复的；打击报复行为给证人造成身心严重痛苦的；打击报复的手段恶劣的；打击报复行为造成严重后果或者恶劣社会影响的等情形。

七、泄露不应公开的案件信息罪

（一）法律规定

第三百零八条之一第一款　司法工作人员、辩护人、诉讼代理人或者其他诉讼参与人，泄露依法不公开审理的案件中不应当公开的信息，造成信息公开传播或者其他严重后果的，处三年以下有期徒刑、拘役或者管制，并处或者单处罚金。

（二）罪名详解

泄露不应公开的案件信息罪是指，司法工作人员、辩护人、诉讼代理人或者其他诉讼参与人，泄露依法不公开审理的案件中不应当公开的信息，造成信息公开传播或者其他严重后果的行为。本罪是《刑法修正案（九）》新增加的罪名。

泄露不应公开的案件信息罪的构成要件是：

1. 主体要件

本罪的主体是司法工作人员、辩护人、诉讼代理人或者其他诉讼参与人，即参与不公开审理的案件诉讼活动，知悉不应当公开的案件信息的人。“司法工作人员”，在刑事诉讼中，包括侦查人员、检察人员、审判人员和有监管职责的人员；在民事诉讼、行政诉讼中主要是审判人员。“辩护人”，是指在刑事诉讼中接受犯罪嫌疑人、被告人的委托或者法律援助机构的指派，为犯罪嫌疑人、被告人提供法律帮助的人，包括律师，人民团体或者犯罪嫌疑人、被告人所在单位推荐的人和犯罪嫌疑人、被告人的监护人、亲友。“诉讼代理人”，是指接受刑事公诉案件被告人及其法定代理人或者近亲属、自诉案件自诉人及其法定代理人、刑事附带民事诉讼案件当事人及其法定代理人、民事诉讼案件当事人及其法定代理人、行政诉讼案件当事人及其法定代理人的委托，代为参加诉讼和提供法律帮助的人，包括律师、基层法律服务工作者、当事人的近亲属或者工作人员、当事人所在社区、单位以及有关社会团体推荐的公民等。“其他诉讼参与人”，是指除司法工作人员、辩护人、诉讼代理人之外其他参加诉讼的人员，包括证人、鉴定人、出庭的有专门知识的人、记录人、翻译人等。

2. 客体要件

本罪侵犯的客体是国家司法秩序和他人的隐私权等合法权益。

3. 主观要件

本罪的主观方面包括故意和过失，即故意泄露和过失泄露案件信息都可能构成本罪。

4. 客观要件

构成本罪在客观方面必须具备以下条件：一是泄露依法不公开审理的案件中不应当公开的信息。依法不公开审理的案件，是指依照刑事诉讼法，应当不公开审理或者经当事人提出申请，人民法院决定不公开审理的案件。不应当公开的信息，是指公开以后可能对国家安全和利益、当事人受法律保护的隐私权、商业秘密造成损害，以及对涉案未成年人的身心健康造成不利影响的信息。包括案件涉及的国家秘密、个人隐私、商业秘密本身，也包括其他与案件有关不宜为诉讼参与人以外人员知悉的信息。对于未成年人犯罪案件，未成年犯罪嫌疑人、被告人的姓名、住所、照片、图像以及可能推断出该未成年人的资料，都属于不应当公开的信息。由于行为人的故意或者过失，造成不应当知悉有关案件信息的人员知悉有关案件信息的，即属于泄露该信息的行为。二是造成信息公开传播或者其他严重后果。这是构成本罪的结果条件。信息公开传播是指信息在一定数量的公众中广泛传播。信息的公开传播使对不公开审理制度所保护的法益的损害扩大，是严重的危害后果。“其他严重后果”是指信息公开传播以外的其他严重的危害后果，如造成被害人不堪受辱而自杀，造成审判活动被干扰导致无法顺利进行等。

（三）实务疑难问题

行为人泄露不公开审理案件中的国家秘密的，同时构成本罪和《刑法》第 398 条规定的故意或者过失泄露国家秘密罪的，根据《刑法》第 308 条之一第 2 款的规定，应当依照《刑法》第 398 条的规定定罪处罚。

（四）情节与量刑

根据《刑法》第 308 条之一第 1 款的规定，犯泄露不应公开的案件信息罪的，处 3 年以下有期徒刑、拘役或者管制，并处或者单处罚金。

（五）法律链接

1. **中华人民共和国刑事诉讼法**（1979 年 7 月 1 日第五届全国人民代表大会第二次会议通过　根据 1996 年 3 月 17 日第八届全国人民代表大会第四次会议《关于修改〈中华人民共和国刑事诉讼法〉的决定》第一次修正　根据 2012 年 3 月 14 日第十一届全国人民代表大会第五次会议《关于修改〈中华人民共和国刑事诉讼法〉的决定》第二次修正　根据 2018 年 10 月 26 日第十三届全国人民代表大会常务委员会第六次会议《关于修改〈中华人民共和国刑事诉讼法〉的决定》第三次修正）（节录）

第一百八十八条　人民法院审判第一审案件应当公开进行。但是有关国家秘密或者个人隐私的案件，不公开审理；涉及商业秘密的案件，当事人申请不公开审理的，可以不公开审理。

不公开审理的案件，应当当庭宣布不公开审理的理由。

第二百八十五条　审判的时候被告人不满十八周岁的案件，不公开审理。但是，经未成年被告人及其法定代理人同意，未成年被告人所在学校和未成年人保护组织可以派代表到场。

2. **中华人民共和国民事诉讼法**（1991 年 4 月 9 日第七届全国人民代表大会第四次会议通过　根据 2007 年 10 月 28 日第十届全国人民代表大会常务委员会第三十次会议《关于修改〈中华人民共和国民事诉讼法〉的决定》第一次修正　根据 2012 年 8 月 31 日第十一届全国人民代表大会常务委员会第二十八次会议《关于修改〈中华人民共和国民事诉讼法〉的决定》第二次修正　根据 2017 年 6 月 27 日第十二届全国人民代表大会常务委员会第二十八次会议《关于修改〈中华人民共和国民事诉讼法〉和〈中华人民共和国行政诉讼法〉的决定》第三次修正）（节录）

第一百三十四条　人民法院审理民事案件，除涉及国家秘密、个人隐私或者法律另有规定的以外，应当公开进行。

离婚案件，涉及商业秘密的案件，当事人申请不公开审理的，可以不公开审理。

3. **中华人民共和国行政诉讼法**（1989 年 4 月 4 日第七届全国人民代表大会第二次会议通过　根据 2014 年 11 月 1 日第十二届全国人民代表大会常务委员会第十一次会议《关于修改〈中华人民共和国行政诉讼法〉的决定》第一次修正　根据 2017 年 6 月 27 日第十二届全国人民代表大会常务委员会第二十八次会议《关于修改〈中华人民共和国民事诉讼法〉和〈中华人民共和国行政诉讼法〉的决定》第二次修正）（节录）

第五十四条　人民法院公开审理行政案件，但涉及国家秘密、个人隐私和法律另有规定的除外。

涉及商业秘密的案件，当事人申请不公开审理的，可以不公开审理。

4. **中华人民共和国未成年人保护法**（1991 年 9 月 4 日第七届全国人民代表大会常务委员会第二十一次会议通过　2006 年 12 月 29 日第十届全国人民代表大会常务委员会第二十五次会议修订　根据 2012 年 10 月 26 日第十一届全国人民代表大会常务委员会第二十九次会议《关于修改〈中华人民共和国未成年人保护法〉的决定》修正）

第五十八条　对未成年人犯罪案件，新闻报道、影视节目、公开出版物、网络等不得披露该未成年人的姓名、住所、照片、图像以及可能推断出该未成年人的资料。

5. **中华人民共和国律师法**（1996 年 5 月 15 日第八届全国人民代表大会常务委员会第十九次会议通过　根据 2001 年 12 月 29 日第九届全国人民代表

大会常务委员会第二十五次会议《关于修改〈中华人民共和国律师法〉的决定》第一次修正　2007年10月28日第十届全国人民代表大会常务委员会第三十次会议修订　根据2012年10月26日第十一届全国人民代表大会常务委员会第二十九次会议《关于修改〈中华人民共和国律师法〉的决定》第二次修正　根据2017年9月1日第十二届全国人民代表大会常务委员会第二十九次会议《关于修改〈中华人民共和国法官法〉等八部法律的决定》第三次修正）

第三十八条　律师应当保守在执业活动中知悉的国家秘密、商业秘密，不得泄露当事人的隐私。

律师对在执业活动中知悉的委托人和其他人不愿泄露的有关情况和信息，应当予以保密。但是，委托人或者其他人准备或者正在实施危害国家安全、公共安全以及严重危害他人人身安全的犯罪事实和信息除外。

6. 最高人民法院、最高人民检察院、公安部、司法部关于依法惩治性侵害未成年人犯罪的意见（法发〔2013〕12号　2013年10月23日发布）

5. 办理性侵害未成年人犯罪案件，对于涉及未成年被害人、未成年犯罪嫌疑人和未成年被告人的身份信息及可能推断出其身份信息的资料和涉及性侵害的细节等内容，审判人员、检察人员、侦查人员、律师及其他诉讼参与人应当予以保密。

对外公开的诉讼文书，不得披露未成年被害人的身份信息及可能推断出其身份信息的其他资料，对性侵害的事实注意以适当的方式叙述。

八、披露、报道不应公开的案件信息罪

（一）法律规定

第三百零八条之一第三款　**公开披露、报道第一款规定的案件信息，情节严重的，依照第一款的规定处罚。**

第四款　**单位犯前款罪的，对单位判处罚金，并对其直接负责的主管人员和其他直接责任人员，依照第一款的规定处罚。**

（二）罪名详解

披露、报道不应公开的案件信息罪是指，公开披露、报道依法不公开审

理的案件中不应当公开的信息，情节严重的行为。

披露、报道不应公开的案件信息罪的构成要件是：

1. 主体要件

本罪的主体为一般主体，单位也可以成为本罪的主体。

2. 客体要件

本罪侵犯的客体是国家司法秩序和有关当事人的合法权益。有的个人和媒体、网站等单位，虽然不是泄露不公开审理的案件信息的行为人，但通过各种渠道获得不公开审理的案件信息后，公开披露、报道，甚至大肆炒作，有的造成严重后果，对司法秩序和有关当事人的合法权益造成严重危害。

3. 主观要件

本罪的主观方面是故意，即明知是依法不公开审理的案件中不应当公开的信息，而故意予以披露、报道。

4. 客观要件

本罪在客观方面表现为，公开披露、报道依法不公开审理的案件中不应当公开的信息，情节严重的行为。“公开披露”是指通过各种途径向他人和公众发布有关案件信息。“报道”主要是指报刊、广播、电视、网站等媒体向公众公开传播有关案件信息。“情节严重”，主要是指造成信息大量公开传播，为公众所知悉给司法秩序和当事人合法权益造成严重损害，以及其他与此类似的严重后果。

（三）情节与量刑

根据《刑法》第308条之一第3款和第1款的规定，犯披露、报道不应公开的案件信息罪的，处三年以下有期徒刑、拘役或者管制，并处或者单处罚金。单位犯前款罪的，对单位判处罚金，并对其直接负责的主管人员和其他直接责任人员，处三年以下有期徒刑、拘役或者管制，并处或者单处罚金。

（四）法律链接

1. 中华人民共和国刑事诉讼法（1979年7月1日第五届全国人民代表大会第二次会议通过　根据1996年3月17日第八届全国人民代表大会第四次会议《关于修改〈中华人民共和国刑事诉讼法〉的决定》第一次修正　根据2012年3月14日第十一届全国人民代表大会第五次会议《关于修改〈中华人

民共和国刑事诉讼法〉的决定》第二次修正　根据2018年10月26日第十三届全国人民代表大会常务委员会第六次会议《关于修改〈中华人民共和国刑事诉讼法〉的决定》第三次修正）（节录）

第一百八十八条　人民法院审判第一审案件应当公开进行。但是有关国家秘密或者个人隐私的案件，不公开审理；涉及商业秘密的案件，当事人申请不公开审理的，可以不公开审理。

不公开审理的案件，应当当庭宣布不公开审理的理由。

第二百八十五条　审判的时候被告人不满十八周岁的案件，不公开审理。但是，经未成年被告人及其法定代理人同意，未成年被告人所在学校和未成年人保护组织可以派代表到场。

2. **中华人民共和国民事诉讼法**（1991年4月9日第七届全国人民代表大会第四次会议通过　根据2007年10月28日第十届全国人民代表大会常务委员会第三十次会议《关于修改〈中华人民共和国民事诉讼法〉的决定》第一次修正　根据2012年8月31日第十一届全国人民代表大会常务委员会第二十八次会议《关于修改〈中华人民共和国民事诉讼法〉的决定》第二次修正　根据2017年6月27日第十二届全国人民代表大会常务委员会第二十八次会议《关于修改〈中华人民共和国民事诉讼法〉和〈中华人民共和国行政诉讼法〉的决定》第三次修正）（节录）

第一百三十四条　人民法院审理民事案件，除涉及国家秘密、个人隐私或者法律另有规定的以外，应当公开进行。

离婚案件，涉及商业秘密的案件，当事人申请不公开审理的，可以不公开审理。

3. **中华人民共和国行政诉讼法**（1989年4月4日第七届全国人民代表大会第二次会议通过　根据2014年11月1日第十二届全国人民代表大会常务委员会第十一次会议《关于修改〈中华人民共和国行政诉讼法〉的决定》第一次修正　根据2017年6月27日第十二届全国人民代表大会常务委员会第二十八次会议《关于修改〈中华人民共和国民事诉讼法〉和〈中华人民共和国行政诉讼法〉的决定》第二次修正）（节录）

第五十四条　人民法院公开审理行政案件，但涉及国家秘密、个人隐私和法律另有规定的除外。

涉及商业秘密的案件，当事人申请不公开审理的，可以不公开审理。

4. **中华人民共和国未成年人保护法**（1991 年 9 月 4 日第七届全国人民代表大会常务委员会第二十一次会议通过　2006 年 12 月 29 日第十届全国人民代表大会常务委员会第二十五次会议修订　根据 2012 年 10 月 26 日第十一届全国人民代表大会常务委员会第二十九次会议《关于修改〈中华人民共和国未成年人保护法〉的决定》修正）

第五十八条　对未成年人犯罪案件，新闻报道、影视节目、公开出版物、网络等不得披露该未成年人的姓名、住所、照片、图像以及可能推断出该未成年人的资料。

5. **中华人民共和国律师法**（1996 年 5 月 15 日第八届全国人民代表大会常务委员会第十九次会议通过　根据 2001 年 12 月 29 日第九届全国人民代表大会常务委员会第二十五次会议《关于修改〈中华人民共和国律师法〉的决定》第一次修正　2007 年 10 月 28 日第十届全国人民代表大会常务委员会第三十次会议修订　根据 2012 年 10 月 26 日第十一届全国人民代表大会常务委员会第二十九次会议《关于修改〈中华人民共和国律师法〉的决定》第二次修正　根据 2017 年 9 月 1 日第十二届全国人民代表大会常务委员会第二十九次会议《关于修改〈中华人民共和国法官法〉等八部法律的决定》第三次修正）

第三十八条　律师应当保守在执业活动中知悉的国家秘密、商业秘密，不得泄露当事人的隐私。

律师对在执业活动中知悉的委托人和其他人不愿泄露的有关情况和信息，应当予以保密。但是，委托人或者其他人准备或者正在实施危害国家安全、公共安全以及严重危害他人人身安全的犯罪事实和信息除外。

6. **最高人民法院、最高人民检察院、公安部、司法部关于依法惩治性侵害未成年人犯罪的意见**（法发〔2013〕12 号　2013 年 10 月 23 日发布）

5. 办理性侵害未成年人犯罪案件，对于涉及未成年被害人、未成年犯罪嫌疑人和未成年被告人的身份信息及可能推断出其身份信息的资料和涉及性侵害的细节等内容，审判人员、检察人员、侦查人员、律师及其他诉讼参与人应当予以保密。

对外公开的诉讼文书，不得披露未成年被害人的身份信息及可能推断出其身份信息的其他资料，对性侵害的事实注意以适当的方式叙述。

九、扰乱法庭秩序罪

（一）法律规定

第三百零九条　有下列扰乱法庭秩序情形之一的，处三年以下有期徒刑、拘役、管制或者罚金：

（一）聚众哄闹、冲击法庭的；

（二）殴打司法工作人员或者诉讼参与人的；

（三）侮辱、诽谤、威胁司法工作人员或者诉讼参与人，不听法庭制止，严重扰乱法庭秩序的；

（四）有毁坏法庭设施，抢夺、损毁诉讼文书、证据等扰乱法庭秩序行为，情节严重的。

（二）罪名详解

扰乱法庭秩序罪，是指聚众哄闹、冲击法庭，或者在法庭上殴打、侮辱、诽谤、威胁司法工作人员或者诉讼参与人，或者毁坏法庭设施，抢夺、损毁诉讼文书、证据等严重扰乱法庭秩序的行为。本罪是1997年刑法增设的罪名，1979年刑法和单行刑法均没有规定此罪名。《刑法修正案（九）》对本罪进行了修改①，增加规定了多种扰乱法庭秩序的犯罪行为，并对原条文的表述进行了完善：一是增加了殴打诉讼参与人的行为；二是增加了侮辱、诽谤、威胁司法工作人员或者诉讼参与人的行为；三是增加了毁坏法庭设施，抢夺诉讼文书、证据等行为。

扰乱法庭秩序罪的构成要件是：

1. 主体要件

犯罪主体为一般主体，主要是参加法庭审判活动的人员，包括当事人、辩护人、诉讼代理人、鉴定人等，也包括法庭上的旁听人员和非法进入法庭的人员。

---

① 1997年《刑法》第309条聚众哄闹、冲击法庭，或者殴打司法工作人员，严重扰乱法庭秩序的，处三年以下有期徒刑、拘役、管制或者罚金。

2. 客体要件

本罪侵犯的客体是人民法院庭审活动的正常秩序。法庭，是人民法院行使国家审判权，审理案件，进行诉讼活动的场所，是极其庄严的地方，必须有良好的秩序。严重扰乱法庭秩序的行为，是一种藐视国家法律权威的行为，严重破坏了司法活动的正常进行，必须予以惩处。

3. 主观要件

主观方面由故意构成，即行为人明知自己的行为会严重扰乱法庭秩序，而希望或者放任这种后果的发生。根据法律规定，扰乱法庭秩序的行为，除需符合以上构成要件外，还必须达到“严重扰乱法庭秩序”的程度，才构成犯罪。在司法实践中，“严重扰乱法庭秩序”，一般是指法庭秩序严重混乱，案件无法继续正常审理，或者案件审理被迫中断等情形。

4. 客观要件

客观方面表现为四种扰乱法庭秩序的行为。

(1) 在法庭上聚众哄闹，冲击法庭的。“聚众哄闹”，是指聚集多人在法庭内外起哄、喧闹，干扰审判活动的正常进行；“冲击法庭”，是指未被法庭允许参加庭审活动和旁听的人员强行冲进法庭或者在法庭进行破坏等行为。

(2) 殴打司法工作人员或者诉讼参与人的。“殴打司法工作人员”，既包括殴打正在法庭上执行公务的审判人员、法警、书记员，也包括殴打其他当事人、辩护或者代理律师等诉讼参与人。

(3) 侮辱、诽谤、威胁司法工作人员或者诉讼参与人，不听法庭制止，严重扰乱法庭秩序的。“侮辱”是指公然诋毁他人人格，破坏他人名誉的行为。“诽谤”是指故意捏造事实，损害他人人格和名誉的行为。“威胁”是指以作出对他人人身、名誉或者社会公共利益不利的行为进行胁迫的行为。根据刑法的规定，实施侮辱、诽谤、威胁司法工作人员或者诉讼参与人的行为，且不听法庭制止，严重扰乱法庭秩序的，才构成本罪。“严重扰乱法庭秩序”是指对法庭审判活动的正常进行造成严重妨害，致使审判活动难以进行或者无法进行。

(4) 有毁坏法庭设施，抢夺、损毁诉讼文书、证据等扰乱法庭秩序行为，情节严重的。法庭设施是公共财产，也是人民法院审判活动的重要物质保障，诉讼文书、证据则是诉讼活动中重要的文件材料。故意打砸、损坏法庭设施以发泄不满，抢夺、损毁诉讼文书、证据等行为，都是实践中常见的损害司法权威，妨害诉讼活动正常进行的扰乱法庭秩序的行为。

（三）实务疑难问题

罪与非罪的认定

刑法对本罪未规定对聚众哄闹、冲击法庭的只对首要分子进行处罚，但在司法实践中，应当主要对首要分子和在犯罪中起主要作用的人员进行处罚，对于被裹挟参与了哄闹、冲击法庭行为，情节显著轻微的人员，可以不作犯罪处理。

（四）情节与量刑

根据《刑法》第 309 条的规定，犯扰乱法庭秩序罪的，处 3 年以下有期徒刑、拘役、管制或者罚金。

（五）法律链接

1. **中华人民共和国刑事诉讼法**（1979 年 7 月 1 日第五届全国人民代表大会第二次会议通过　根据 1996 年 3 月 17 日第八届全国人民代表大会第四次会议《关于修改〈中华人民共和国刑事诉讼法〉的决定》第一次修正　根据 2012 年 3 月 14 日第十一届全国人民代表大会第五次会议《关于修改〈中华人民共和国刑事诉讼法〉的决定》第二次修正　根据 2018 年 10 月 26 日第十三届全国人民代表大会常务委员会第六次会议《关于修改〈中华人民共和国刑事诉讼法〉的决定》第三次修正）（节录）

第一百九十九条　在法庭审判过程中，如果诉讼参与人或者旁听人员违反法庭秩序，审判长应当警告制止。对不听制止的，可以强行带出法庭；情节严重的，处以一千元以下的罚款或者十五日以下的拘留。罚款、拘留必须经院长批准。被处罚人对罚款、拘留的决定不服的，可以向上一级人民法院申请复议。复议期间不停止执行。

对聚众哄闹、冲击法庭或者侮辱、诽谤、威胁、殴打司法工作人员或者诉讼参与人，严重扰乱法庭秩序，构成犯罪的，依法追究刑事责任。

2. **中华人民共和国民事诉讼法**（1991 年 4 月 9 日第七届全国人民代表大会第四次会议通过　根据 2007 年 10 月 28 日第十届全国人民代表大会常务委员会第三十次会议《关于修改〈中华人民共和国民事诉讼法〉的决定》第一

次修正　根据2012年8月31日第十一届全国人民代表大会常务委员会第二十八次会议《关于修改〈中华人民共和国民事诉讼法〉的决定》第二次修正　根据2017年6月27日第十二届全国人民代表大会常务委员会第二十八次会议《关于修改〈中华人民共和国民事诉讼法〉和〈中华人民共和国行政诉讼法〉的决定》第三次修正）（节录）

第一百一十条　诉讼参与人和其他人应当遵守法庭规则。

人民法院对违反法庭规则的人，可以予以训诫，责令退出法庭或者予以罚款、拘留。

人民法院对哄闹、冲击法庭，侮辱、诽谤、威胁、殴打审判人员，严重扰乱法庭秩序的人，依法追究刑事责任；情节较轻的，予以罚款、拘留。

十、窝藏、包庇罪

（一）法律规定

第三百一十条　明知是犯罪的人而为其提供隐藏处所、财物，帮助其逃匿或者作假证明包庇的，处三年以下有期徒刑、拘役或者管制；情节严重的，处三年以上十年以下有期徒刑。

犯前款罪，事前通谋的，以共同犯罪论处。

（二）罪名详解

窝藏、包庇罪，是指明知是犯罪的人而为其提供隐藏处所、财物，帮助其逃匿或者作假证明包庇的行为。本罪1979年《刑法》第162条作了规定，1997年《刑法》第310条对罪状作了修改。

窝藏、包庇罪的构成要件是：

1. 主体要件

犯罪主体为一般主体，在实践中多为犯罪人亲属、朋友等。犯罪人本人不能成为本罪的主体，共同犯罪人相互之间也不能成为本罪的主体。

2. 客体要件

本罪侵犯的客体是司法机关对罪犯的刑事追诉和刑罚执行活动。窝藏、包庇行为客观上帮助犯罪分子逃避司法机关的侦查、起诉、审判、执行，给司法机关对犯罪分子的侦查、起诉、审判、执行活动造成障碍或者根本无法进行。窝藏、包庇的对象是犯罪人，不受其所犯之罪的性质、应判刑罚的种类的限制。作为窝藏、包庇罪对象的犯罪人包括判决前的犯罪嫌疑人和判决后的犯罪人。判决前的犯罪嫌疑人包括犯罪后尚未被司法机关发现的，已被司法机关发现但尚未采取强制措施的，或者虽已决定采取强制措施但尚未执行的，已被执行强制措施但尚未判决的。

3. 主观要件

主观方面由故意构成，即明知对方是犯罪人而故意加以窝藏、包庇。所谓明知，既包括行为人肯定对方必然是犯罪人，也包括只认识到对方可能是犯罪人。如果确实不知对方是犯罪人，因受欺骗而为其提供了一定的处所或者帮助其逃往他处，则不构成本罪。

4. 客观要件

客观方面表现为为犯罪人提供隐藏处所、财物，帮助其逃匿，或者作假证明包庇的行为。包括两个方面：（1）为犯罪人提供隐藏处所、财物，帮助犯罪人逃匿。比如，将犯罪人隐匿于家中、山洞、地窖等处，使其不被司法机关发现；为犯罪人指示逃跑的路线、方向；为犯罪人提供躲藏的地址；为犯罪人提供钱财、衣物、食物和其他物品，使犯罪人在逃跑过程中不为生活所困，以利于犯罪人长期躲避。此外，司法实践中还有诸如为犯罪人提供介绍信、通行证等能证明其身份的文件，或者为犯罪人通风报信、出谋划策等帮助其逃避的行为。以上这些帮助犯罪人隐藏、逃匿的方式，行为人往往同时使用，如既资助犯罪人钱物，又为其指明逃跑的路线、方向，提供去外地躲藏的地址等，而且在同一案件中，行为人往往既为犯罪人提供隐藏处所，又采用上述方法帮助犯罪人外逃、藏匿。根据《刑法》第 362 条之规定，对于旅馆业、饮食服务业、文化娱乐业、出租汽车业等单位的人员，在公安机关查处卖淫、嫖娼活动时，为犯罪分子通风报信，情节严重的，以包庇罪定罪处罚。国家机关工作人员在查禁案件时，以通风报信等手段帮助犯罪分子逃避刑事处罚，可构成帮助犯罪分子逃避处罚罪。（2）作假证明包庇犯罪人。此种行为方式主要是通过伪造（变造）证据、隐藏证据、毁灭证据的方式对犯罪人进行包庇，包括：隐藏、毁灭物证、书证；制造虚伪的证人证言，如使证人不予作证或者使其作虚伪的证言，或假冒证人作虚伪的证言，或指使假冒证人作虚伪证言；制造虚伪的被害人陈述，如收买、威胁被害人不告发犯罪或者推翻控告，假冒被害人作虚伪陈述，指使他人假冒被害人作虚伪陈述；制造虚伪的被告人供述，如使犯罪人作虚伪供述，假冒犯罪人作虚伪供述，指使他人假冒犯罪人作虚伪供述；指使、收买、威胁鉴定人作虚伪的鉴定结论；伪造犯罪现场，等等。本条罪名为选择性罪名，不论行为人实施了窝藏及包庇两种行为，还是仅实施了其中一种行为，仍为一罪，不实行数罪并罚。

《最高人民法院、最高人民检察院关于办理组织、强迫、引诱、容留、介绍卖淫刑事案件适用法律若干问题的解释》第 14 条规定："根据刑法第三百六十二条、第三百一十条的规定，旅馆业、饮食服务业、文化娱乐业、出租汽车业等单位的人员，在公安机关查处卖淫、嫖娼活动时，为违法犯罪分子通风报信，情节严重的，以包庇罪定罪处罚。事前与犯罪分子通谋的，以共同犯罪论处。"

（三）实务疑难问题

1. 罪与非罪的认定

对于没有为犯罪的人提供隐藏处所或者财物，或以作假证明方式掩盖罪行，而仅仅是消极地不予检举揭发的，除刑法另有特别规定的以外，不能以犯罪论处。

2. 窝藏、包庇罪与事前通谋共同犯罪中的窝藏、包庇行为的区分

从犯罪的形式上看，窝藏、包庇罪的行为与事前通谋共同犯罪中的窝藏、包庇行为在对犯罪分子予以庇护、帮助逃避法律制裁这一方面的主观目的和客观表现形式上基本是一致的。但是，如果上升到共同犯罪理论上，二者则有根本的区别。窝藏、包庇罪的行为人是仅就帮助犯罪分子逃避法律制裁这一角度来看，其主观上是故意的，而对于被窝藏、包庇人所实施的犯罪行为来看，窝藏者或包庇者并没有共同的犯罪故意。而事前通谋共同犯罪中的窝藏、包庇行为，不仅行为人具有窝藏、包庇犯罪行为人的故意，而且对于被窝藏、包庇人犯所从事的犯罪行为也具有主观上的明知和罪过。这就是窝藏、包庇罪与事前通谋共同犯罪中的窝藏、包庇行为的根本区别，也是实践中区分窝藏、包庇罪与事前通谋共同犯罪中的窝藏、包庇行为的基本界限。

3. 划清本罪与其他罪的界限

（1）划清本罪与伪证罪的界限

证人、鉴定人、记录人、翻译人为隐匿罪证，对与案件有重要关系的情

节故意作虚假证明、鉴定、记录、翻译，广义上也是一种包庇行为。但由于法律已对此专设罪名，就不再按包庇罪处理，而应按伪证罪处理。伪证罪与包庇罪的区别有：①侵犯的客体不同。前者侵犯的是司法机关同犯罪分子作斗争的正常活动，而后者所侵犯的则是复杂客体，包括公民的人身权利以及司法机关同犯罪分子作斗争的正常活动。②包庇的对象不同。前者包庇的对象既可以是未经逮捕、审判而潜逃的犯罪分子，也可以是正在服刑而脱逃的犯罪分子，而后者包庇的对象只能是未决犯。③包庇的内容不同。前者所掩盖的既可以是犯罪分子的全部犯罪事实，也可以是犯罪分子的主要罪行，而后者则是为犯罪分子掩盖与案件有重要关系的情节。④犯罪的时间不同。前者既可以发生在犯罪分子被逮捕、关押之前，也可以发生在服刑之后，而后者只能发生在判决以前的侦查、起诉、审判过程中。⑤犯罪的主体不同。前者的主体可以是任何一个具备刑事责任能力的人，而后者的主体只能是证人、鉴定人、记录人、翻译人。

（2）划清本罪与辩护人、诉讼代理人毁灭证据、伪造证据、妨害作证罪的界限

二者的区别主要在于犯罪主体不同。前者的主体是一般主体，后者的主体是特殊主体。凡是辩护人、诉讼代理人实施包庇行为的都不再按包庇罪处理。此外，两罪在客观方面的表现不尽相同。前者在客观上只能是包庇犯罪人，而后者在客观上不限于包庇犯罪人。

（3）划清本罪与帮助毁灭、伪造证据罪的界限

尽管这两种犯罪在犯罪主体和主观方面相同，在侵犯的客体和犯罪的客观方面也存在着相互包容、交叉的关系，但两者有区别，主要在于：①犯罪对象不完全相同。前者仅指“犯罪的人”；后者则为“当事人”，既包括刑事案件的自诉人、被告人、受害人，也包括民事、行政案件的原告、被告、第三人，范围更宽。②客观方面的表现形式不完全相同。前者表现为犯罪人提供隐蔽处所、财物，帮助其逃逸或者作假证明的行为；后者表现为帮助当事人毁灭证据或者伪造证据，情节严重的行为。如果行为人同样是采取帮助当事人（被告人）毁灭证据，在这种情况下，区分两罪的关键，就在于行为人是否向司法机关作假证明。

（4）划清本罪与徇私枉法罪的界限

两罪具有相似之处：两罪在主观方面都是故意犯罪；犯罪主体有交叉，

即包庇罪的主体也可能是司法工作人员；在客观方面都可以表现为包庇犯罪的行为；其行为都对司法机关的正常活动构成侵犯。二者的主要区别是：①犯罪对象不同。包庇罪的犯罪对象是犯罪分子；而徇私枉法罪的犯罪对象则是刑事诉讼活动的当事人，既可能是犯罪分子、犯罪嫌疑人，也可能是无辜的公民。②客观方面的表现形式不同。包庇罪在客观方面表现为给明知是犯罪的人作虚假证明予以包庇的行为；而徇私枉法罪在客观方面则表现为徇私枉法、徇情枉法，对明知是无罪的人而使其受追诉、对明知是有罪的人而故意包庇不使其受追诉，或者在刑事审判活动中故意违背事实和法律作枉法裁判的行为。同时，包庇罪在客观方面仅仅表现为包庇犯罪分子的行为；而徇私枉法罪在客观方面则既可以是包庇犯罪分子，使犯罪分子不受追诉或者使重罪者得到轻判，也可以使无辜者受到刑事追诉或者使罪轻者得到重判。③犯罪主体的范围不同。包庇罪的主体是一般主体，即任何达到刑事责任年龄、具有刑事责任能力的自然人，只要实施了包庇行为，都可以成为包庇罪的主体；而徇私枉法罪的主体则是特殊主体，即只有司法工作人员才能构成徇私枉法罪。可见，包庇行为的实施不涉及利用行为人的职务之便的问题；而徇私枉法行为的实施，则须利用行为人自己直接办理或者主管案件的便利条件。

（5）划清本罪与帮助犯罪分子逃避处罚罪的界限

两罪具有相似之处：在主观方面都是出于故意，都具有帮助犯罪分子逃避处罚的目的；在客观行为方面都对司法机关的正常活动构成了侵犯。两罪的不同之处在于：①客观方面表现形式不同。包庇罪在客观方面主要表现为给明知是犯罪的人作虚假证明予以包庇的行为；而帮助犯罪分子逃避处罚罪在客观方面则表现为向犯罪分子通风报信，提供便利，帮助犯罪分子逃避处罚的行为。②犯罪主体不同。包庇罪的主体是一般主体，凡是达到刑事责任年龄、具有刑事责任能力的自然人，都可以构成包庇罪的主体；而帮助犯罪分子逃避处罚罪的主体则是特殊主体，即只能是负有查禁犯罪活动职责的国家机关工作人员。

（四）情节与量刑

依照《刑法》第 310 条第 1 款的规定，犯窝藏、包庇罪的，处 3 年以下有期徒刑、拘役或者管制；情节严重的，处 3 年以上 10 年以下有期徒刑。

司法机关在适用《刑法》第310条规定处罚时，应当注意以下问题：第一，该款规定的“情节严重”，是本罪的加重处罚情节，在司法实践中，一般是指窝藏、包庇的对象是危害严重的犯罪分子，如重大的危害国家安全的犯罪分子，严重危害社会治安的犯罪分子，严重破坏经济的犯罪分子；窝藏、包庇犯罪分子的人数较多的；窝藏、包庇犯罪分子的时间较长，致使犯罪分子长期逍遥法外的；多次（3次以上）窝藏、包庇犯罪分子的等情形。第二，依照该条第2款的规定，犯第1款之罪，事前通谋的，以共犯论处。

十一、拒绝提供间谍犯罪、恐怖主义犯罪、极端主义犯罪证据罪

（一）法律规定

第三百一十一条　明知他人有间谍犯罪或者恐怖主义、极端主义犯罪行为，在司法机关向其调查有关情况、收集有关证据时，拒绝提供，情节严重的，处三年以下有期徒刑、拘役或者管制。

（二）罪名详解

拒绝提供间谍犯罪、恐怖主义犯罪、极端主义犯罪证据罪，是指明知他人有间谍犯罪、恐怖主义犯罪、极端主义犯罪行为，在司法机关向其调查有关情况、收集有关证据时拒绝提供，情节严重的行为。本罪是1997年刑法增设的罪名，1979年刑法和单行刑法均没有规定此罪名。《刑法修正案（九）》对本罪进行了修改，一是扩大了本条的适用范围，增加了明知他人有恐怖主义、极端主义犯罪行为而拒绝提供证据的犯罪；二是相应将“国家安全机关”改为“司法机关”。

拒绝提供间谍犯罪、恐怖主义犯罪、极端主义犯罪证据罪的构成要件是：

1. 主体要件

犯罪主体为一般主体，凡是年满16周岁、具备刑事责任能力的人都可以构成本罪的主体。

2. 客体要件

本罪侵犯的客体是司法机关对间谍犯罪、恐怖主义犯罪、极端主义犯罪

的侦查活动。间谍犯罪是一种严重危害国家安全的犯罪。间谍与反间谍一直是国家之间的一种激烈的斗争方式。为了维护国家安全，各国的国家安全机关都积极开展反间谍工作。为了稳、准、狠地打击间谍活动，必须收集到充分、确实的证据。这一方面要靠国家安全机关的专门工作，另一方面也要靠广大公民的积极协助配合。如果知道间谍犯罪情况和掌握有关证据的人拒绝向国家安全机关提供，必然妨碍国家安全机关对间谍犯罪的侦破。近年来，恐怖主义、极端主义已成为影响世界和平与发展的重要因素，在这一背景下，针对我国的暴力恐怖活动和宗教极端事件呈多发、频发态势，对国家安全、政治稳定、经济社会发展、民族团结和人民生命安全构成了严重威胁。为有效打击恐怖主义、极端主义犯罪行为，需要了解情况的人和有关组织在司法机关向其调查取证时提供所知悉的情况和证据，不得以各种借口拒绝。

3. 主观要件

主观方面由故意构成，即明知他人间谍犯罪、恐怖主义犯罪、极端主义犯罪的情况，掌握他人间谍犯罪、恐怖主义犯罪、极端主义犯罪的证据而故意不予提供。动机各种各样，有的是为了包庇他人，有的则是怕遭到报复，但动机不影响本罪的成立。“间谍犯罪行为”，主要是指《反间谍法》第38条规定的构成犯罪的间谍行为，包括：(1)间谍组织及其代理人实施或者指使、资助他人实施，或者境内外机构、组织、个人与其相勾结实施的危害中华人民共和国国家安全的活动；(2)参加间谍组织或者接受间谍组织及其代理人的任务的；(3)间谍组织及其代理人以外的其他境外机构、组织、个人实施或者指使、资助他人实施，或者境内机构、组织、个人与其相勾结实施的窃取、刺探、收买或者非法提供国家秘密或者情报，或者策动、引诱、收买国家工作人员叛变的活动；(4)为敌人指示攻击目标的；(5)进行其他间谍活动的。“恐怖主义犯罪行为”，主要是指通过暴力、破坏、恐吓等手段，制造社会恐慌、危害公共安全、侵犯人身财产等犯罪行为，包括组织、策划、实施放火、爆炸、杀人、绑架等造成或者意图造成人员伤亡、重大财产损失、公共设施毁坏、社会秩序混乱等严重社会危害的活动的；组织、领导、参加恐怖活动组织的；为恐怖活动组织或者人员提供信息、资金、物资设备或者技术、场所等支持、协助、便利的；宣扬恐怖主义或者煽动实施恐怖活动的等。“极端主义犯罪行为”，主要是指以歪曲宗教教义或者其他方法煽动仇恨、煽动歧视、崇尚暴力等极端主义，构成犯罪的行为，包括宣扬极端主义或者利用极端主义煽动、胁迫群众破坏国家法律确立的婚姻、司法、教育、社会管理等制度实施等犯罪行为。

4. 客观要件

客观方面表现为拒绝向司法机关提供有关间谍犯罪、恐怖主义犯罪、极端主义犯罪的情况和证据的行为。根据反间谍法的规定，国家安全机关是反间谍的主管机关。这里的“司法机关”，主要是指负有侦查、检察、审判职责的机关，即国家安全机关、公安机关、人民检察院、人民法院。“调查有关情况”，主要是指司法机关调查了解间谍犯罪或者恐怖主义、极端主义犯罪及其有关情况，不仅包括间谍犯罪或者恐怖主义、极端主义犯罪行为本身的情况，还包括参加犯罪活动的人、线索以及方法、手段、时间、地点等情况。这种调查既包括立案前的一般调查，也包括立案后的调查询问。“收集有关证据”，主要是指侦查人员根据刑事诉讼法所规定的侦查程序收集有关间谍犯罪或者恐怖主义、极端主义犯罪的证据材料，既包括能够证明间谍犯罪或者恐怖主义、极端主义犯罪真实情况的证人证言，也包括有关书证、物证，如犯罪活动的工具、密写信、活动方案、组织名单等，以及视听资料、电子数据等。“拒绝提供”，包括拒绝向司法机关讲述其了解的相关情况，拒绝向司法机关提交有关证据。

构成本罪必须达到“情节严重”的程度，即拒绝提供间谍犯罪或者恐怖主义、极端主义犯罪有关情况、证据的行为，必须是情节严重的才能构成本罪。“情节严重”，包括行为人在司法机关要求提供证据时进行暴力抗拒的；或者行为人拒不提供证据手段恶劣的；或者由于行为人的不配合而延误对间谍犯罪、恐怖主义、极端主义犯罪案件的侦破，致使犯罪分子逃避法律追究或致使国家安全、利益遭受损害的；或者妨害了司法机关执行维护国家安全任务等情形。如果行为人虽然实施了拒绝提供证据的行为，但没有影响到司法机关的正常活动，没有造成危害国家安全或恐怖活动，没有使犯罪分子逃避法律制裁等严重后果的，则不构成本罪。

（三）实务疑难问题

划清本罪与窝藏、包庇罪的界限。拒绝提供间谍犯罪证据的行为人可能是出于包庇的意图。在这种情况下，拒绝提供间谍犯罪证据的行为也是一种包庇行为。但是，这种包庇行为是一种不作为，而包庇罪的行为只限于积极的作为，不包括消极的不作为在内。

（四）情节与量刑

根据《刑法》第311条的规定，犯拒绝提供间谍犯罪、恐怖主义犯罪、极端主义犯罪证据罪的，处3年以下有期徒刑、拘役或者管制。

（五）法律链接

中华人民共和国反间谍法（2014年11月1日第十二届全国人民代表大会常务委员会第十一次会议通过）（节录）

第二十二条 在国家安全机关调查了解有关间谍行为的情况、收集有关证据时，有关组织和个人应当如实提供，不得拒绝。

第二十九条 明知他人有间谍犯罪行为，在国家安全机关向其调查有关情况、收集有关证据时，拒绝提供的，由其所在单位或者上级主管部门予以处分，或者由国家安全机关处十五日以下行政拘留；构成犯罪的，依法追究刑事责任。

第三十八条 本法所称间谍行为，是指下列行为：

（一）间谍组织及其代理人实施或者指使、资助他人实施，或者境内外机构、组织、个人与其相勾结实施的危害中华人民共和国国家安全的活动；

（二）参加间谍组织或者接受间谍组织及其代理人的任务的；

（三）间谍组织及其代理人以外的其他境外机构、组织、个人实施或者指使、资助他人实施，或者境内机构、组织、个人与其相勾结实施的窃取、刺探、收买或者非法提供国家秘密或者情报，或者策动、引诱、收买国家工作人员叛变的活动；

（四）为敌人指示攻击目标的；

（五）进行其他间谍活动的。

十二、掩饰、隐瞒犯罪所得、犯罪所得收益罪

（一）法律规定

第三百一十二条 明知是犯罪所得及其产生的收益而予以窝藏、

转移、收购、代为销售或者以其他方法掩饰、隐瞒的，处三年以下有期徒刑、拘役或者管制，并处或者单处罚金；情节严重的，处三年以上七年以下有期徒刑，并处罚金。

单位犯前款罪的，对单位判处罚金，并对其直接负责的主管人员和其他直接责任人员，依照前款的规定处罚。

（二）罪名详解

掩饰、隐瞒犯罪所得、犯罪所得收益罪，是指明知是犯罪所得及其产生的收益而予以窝藏、转移、收购、代为销售或者以其他方法掩饰、隐瞒的行为。1979 年《刑法》第 172 条规定了窝赃、销赃罪。1997 年《刑法》第 312 条增加了转移、收购赃物的行为，罪名相应改为窝藏、转移、收购、销售赃物罪。2006 年 6 月 29 日《刑法修正案（六）》第 19 条对《刑法》第 312 条的罪状和法定刑均作了修改，因而罪名也相应作了修改。2009 年 2 月 28 日《刑法修正案（七）》第 10 条又增加了一款单位犯罪的规定。[①]

掩饰、隐瞒犯罪所得、犯罪所得收益罪的构成要件是：

1. 主体要件

犯罪主体为一般主体，单位可以成为本罪的主体。

2. 客体要件

本罪侵犯的客体主要是司法机关对刑事犯罪进行追究的活动。掩饰、隐瞒犯罪所得、犯罪所得收益行为对司法的妨害主要体现在该行为给公安、检察、审判等司法机关以犯罪所得为线索查处和破获上游犯罪的活动，以及以犯罪所得为证据证明上游犯罪事实的活动都制造了极大的困难，妨害了刑事侦查、起诉、审判活动的正常进行。掩饰、隐瞒犯罪所得、犯罪所得收益罪的行为人替上游犯罪人窝藏、转移、收购或销售赃物，人为地制造障碍、设置困难，使司法机关难以及时查获案件，并且可能因证据缺乏而难以对犯罪分子正确定罪量刑，刑事司法活动无法正常进行，其本质是为上游犯罪人逃避法律制裁创造了有利条件，直接或者间接地帮助了犯罪人，对打击犯罪产生十分不利的影响。

---

① 《刑法》原第 312 条为：“明知是犯罪所得的赃物而予以窝藏、转移、收购或者代为销售的，处三年以下有期徒刑、拘役或者管制，并处或者单处罚金。”

本罪的行为对象是“犯罪所得及其产生的收益”，即上游犯罪行为人通过实施犯罪活动所获得的一切物。只要是犯罪所得之物，均可以成为本罪的犯罪所得。既包括金条、首饰、机动车、笔记本电脑等普通财物，也包括客观上经济价值不大或无法简单衡量其价值的物品，如非法获取国家秘密罪中的国家秘密，伪造、变造、买卖国家机关公文、证件、印章罪中的国家机关公文、证件、印章，等等。犯罪所得既可以是有体物，也可以是无体物，财产性利益完全可以作为收购或代为销售的对象。关于上游犯罪的范围问题。其范围既包括财产犯罪、经济犯罪，也包括其他可能获得财物的一切犯罪。上游犯罪包括万象，受其自身性质的限制，某些上游犯罪不可能有犯罪所得，如丢失枪支不报罪，重大飞行事故罪、危险驾驶罪，不涉及任何财物，也不可能通过犯罪行为从他人处获得金钱等任何利益，当然也就不存在掩饰、隐瞒犯罪所得的问题。过失犯罪不可能存在犯罪所得及其产生的收益。过失犯罪构成后，如果行为人又实施取得财物行为的，这种行为也往往又构成了其他独立的故意犯罪，因而这些财物也不属于先前过失犯罪所得的财物。

3. 主观要件

主观方面是故意，即行为人明知自己窝藏、转移、收购、代为销售或者以其他方法掩饰、隐瞒的是犯罪所得或者犯罪所得产生的收益。关于“明知的内容”，对于犯罪所得，行为人只要认识到是某种犯罪所取得的财物即可，无须知道犯罪所得的具体种类、数量等详细情况；只要认识到上游犯罪是犯罪就够了，不要求很清楚地知道具体是哪一种犯罪、行为人和被害人是谁、实施的具体时间和情节如何，等等。明知既包括明知肯定是赃物，也包括明知可能是赃物。明知肯定是赃物，即对赃物性质的确定性认识，是指行为人根据有关事项，判断出自己所掩饰、隐瞒的肯定是犯罪所得及其产生的收益，不会是其他性质的财物，这种认识可能是由他人明确告诉，也可能是行为人自己耳闻目睹，还可能是根据财物的品种、数量、价格、特点交易手续、售物人的表现等情况自我确定，最终事实上确认赃物、赃款的不法性。明知可能是赃物，即对赃物性质的可能性认识，是指行为人根据有关事项，认识到赃物的来源不清，可能是犯罪所得及其产生的收益，但又不能充分地肯定其为赃物。

《最高人民法院关于审理洗钱等刑事案件具体应用法律若干问题的解释》中对洗钱罪和掩饰、隐瞒犯罪所得、犯罪所得收益罪的“明知”作出了具体的规定，认为应当结合被告人的认知能力，接触他人犯罪所得及其收益的情况，犯罪所得及其收益的种类、数额，犯罪所得及其收益的转换、转移方式以及被告人的供述等主、客观因素进行认定。具有下列情形之一的，可以认定被告人明知系犯罪所得及其收益，但有证据证明确实不知道的除外：（1）知道他人从事犯罪活动，协助转换或者转移财物的；（2）没有正当理由，通过非法途径协助转换或者转移财物的；（3）没有正当理由，以明显低于市场的价格收购财物的；（4）没有正当理由，协助转换或者转移财物，收取明显高于市场的“手续费”的；（5）没有正当理由，协助他人将巨额现金散存于多个银行账户或者在不同银行账户之间频繁划转的；（6）协助近亲属或者其他关系密切的人转换或者转移与其职业或者财产状况明显不符的财物的；（7）其他可以认定行为人明知的情形。

4. 客观要件

客观方面表现为“窝藏、转移、收购、代为销售或者以其他方法掩饰、隐瞒”的行为。（1）窝藏是指接受上游犯罪行为人的委托藏匿和保管犯罪所得，使司法机关不能或难以发现犯罪所得的行为。开始不知道是犯罪所得而加以受领，后来在保管过程中知道了是犯罪所得，却继续为其保管的行为，也是窝藏。窝藏是一种典型的隐瞒，是以作为的方式来实现对犯罪所得的隐瞒，单纯的知情不举不能认定为窝藏。（2）转移是指改变赃物存放地的行为。从空间位置上看，转移赃物包括从上游犯罪既遂后的隐藏地向窝赃地的转移以及从一个窝赃地向另一个窝赃地的转移。行为人可以自己转移，也可以同上游犯罪行为人一起转移，还可以通过指挥毫不知情的第三人搬运、转移。（3）收购，即购买，收购的形式主要是买卖，但也不局限于买卖，只要是提供代价而取得即可。（4）“代为销售”，是指行为人代犯罪分子出售犯罪所得的行为，“代为销售”与“收购”不同，它是替犯罪分子销售犯罪所得，中间过程中并没有以自有资金取得对犯罪所得的所有权，“代为销售”既可以表现为行为人以卖主身份替上游犯罪人销售犯罪所得的行为，同时应包括在犯罪分子与购赃人之间进行居间介绍的行为。（5）“其他方法”。根据《最高人民法院关于审理掩饰、隐瞒犯罪所得、犯罪所得收益刑事案件适用法律若干问题的解释》的规定，“明知是犯罪所得机及其产生的利益而采取窝藏、转移、收购、代为销售以外的方法，如居间介绍买卖，收受，持有，使用，加工，提供资金账户，协助将财务转换成现金、金融票据、有价证券，协助将资金转移、汇往境外等，应当认定为刑法第三百一十二条规定的'其他方法"。关于“其他方法”的认定，必须坚持以下几点：一是行为人的目的是掩饰、隐瞒上游犯罪人的犯罪所得及其收益；二是所认定的方法与窝藏、转移、收购和代为销售在罪质上具有相似性；三是这些方法在客观上扰乱了司法秩序，妨害了司法机关对上游犯罪行为的追究。

根据《最高人民法院关于审理掩饰、隐瞒犯罪所得、犯罪所得收益刑事案件适用法律若干问题的解释》第1条的规定，具有下列五种情形之一的，构成本罪：(1) 掩饰、隐瞒犯罪所得及其产生的收益价值三千元至一万元以上的；(2) 一年内曾因掩饰、隐瞒犯罪所得及其产生的收益行为受过行政处罚，又实施掩饰、隐瞒犯罪所得及其产生的收益行为的；(3) 掩饰、隐瞒的犯罪所得系电力设备、交通设施、广播电视设施、公用电信设施、军事设施或者救灾、抢险、防汛、优抚、扶贫、移民、救济款物的；(4) 掩饰、隐瞒行为致使上游犯罪无法及时查处，并造成公私财物损失无法挽回的；(5) 实施其他掩饰、隐瞒犯罪所得及其产生的收益行为，妨害司法机关对上游犯罪进行追究的。此外，根据《最高人民法院、最高人民检察院关于办理危害计算机信息系统安全刑事案件应用法律若干问题的解释》第7条的规定，明知是非法获取计算机信息系统数据犯罪所获取的数据、非法控制计算机信息系统犯罪所获取的计算机信息系统控制权，而予以转移、收购、代为销售或者以其他方法掩饰、隐瞒，违法所得五千元以上的，构成本罪。依照《全国人民代表大会常务委员会关于〈中华人民共和国刑法〉第三百四十一条、第三百一十二条的解释》，明知是非法狩猎的野生动物而收购，数量达到五十只以上的，构成本罪。

(三) 实务疑难问题

1. 罪与非罪的认定

对于确实不知道也不可能知道是犯罪所得或者犯罪所得产生的收益而予以收藏、移动、收购、销售的，不能认定为犯罪；至于犯罪人将自己的犯罪所得或者收益予以隐藏、转移、销售或者以其他方法掩饰、隐瞒的，掩饰、隐瞒行为被前罪所吸收，不再以本罪论处。

2. 违禁品能否成为犯罪所得

一般不将违禁品作为普通赃物对待，主要理由有二：一是刑法对掩饰、隐瞒违禁品的行为，一般有专门的条文规定，如窝藏毒品罪、私藏枪支罪，按照特别法优于一般法的原则，应当适用特别规定；二是司法实践以及群众一般观念中，违禁品与一般的赃款、赃物是有质的区别的，一般的赃款、赃物，除非有证据证明是赃款、赃物，否则，持有人可以拥有合法的使用权，而违禁品不同，除非法律特别授权的组织和人员，否则持有违禁品本身就是违法甚至犯罪行为。因此，对违禁品进行掩饰、隐瞒的行为，如果我国刑法中有相关的规定将其列为独立的罪名，应以这种独立的犯罪定罪处罚，如果没有规定，则应当具体问题具体分析，某些禁止公民随意持有的物品也可能成为掩饰、隐瞒犯罪所得、犯罪所得收益罪的犯罪对象。最典型的例子是收购非法狩猎的野生动物的行为。全国人大常委会于 2014 年 4 月公布的《关于〈中华人民共和国刑法〉第三百四十一条、第三百一十二条的解释》规定：知道或应当知道是国家重点保护的珍贵、濒危野生动物及其制品，为食用或者其他目的而非法购买的，属于《刑法》第 341 条第 1 款规定的非法收购国家重点保护的珍贵、濒危野生动物及其制品的行为。知道或者应当知道是《刑法》第 341 条第 2 款规定的非法狩猎的野生动物而购买的，属于《刑法》第 312 条第 1 款规定的明知是犯罪所得而收购的行为。非法收购国家重点保护的珍贵、濒危野生动物及其制品的行为，有单独的罪名来规制，而对于非法狩猎的普通野生动物，则可以成为掩饰、隐瞒犯罪所得、犯罪所得收益罪的对象。

3.“犯罪所得”必须以上游犯罪成立为前提

如果上游犯罪的行为没有达到司法解释所要求的数额，不符合犯罪构成的要求，上游犯罪不成立，则不能认定犯罪所得。如果数人单独盗窃均未达到盗窃罪所要求的“数额较大”的标准，但收购者总共收购的数额超过盗窃罪“数额较大”的起点，在单个上游行为不构成犯罪的情况下，不能认定下游构成掩饰、隐瞒犯罪所得罪。不管在何种情况下，都要坚守上游犯罪必须是犯罪行为，才可能追究下游掩饰、隐瞒行为的责任。根据《最高人民法院关于审理洗钱等刑事案件具体应用法律若干问题的解释》第 4 条的规定，掩饰、隐瞒犯罪所得、犯罪所得收益罪，应当以上游犯罪事实成立为认定前提。上游犯罪尚未依法裁判，但查证属实的，不影响掩饰、隐瞒犯罪所得、犯罪所得收益罪的审判。上游犯罪事实可以确认，因行为人死亡等原因依法不予追究刑事责任的，不影响掩饰、隐瞒犯罪所得、犯罪所得收益罪的认定。

4. 划清本罪与其他罪的界限

（1）划清本罪与洗钱罪的界限

本罪与洗钱罪虽然有诸多相似之处，但两罪的区别也显而易见，两者的区别主要表现在以下几个方面：

①侵害的法益不同。本罪侵害的法益，主要是司法机关追查犯罪和追缴赃物的正常活动，同时，部分掩饰、隐瞒犯罪所得及其收益的犯罪还侵犯了公私财产权益。而洗钱行为通常表现为通过金融机构和金融手段将非法财物转换成表面上看似合法的财物，在这个过程中犯罪行为首先侵害了国家正常的金融秩序，同时也会给司法机关的正常活动造成阻碍。

②犯罪对象有区别。本罪的对象包括所有犯罪所得的赃物，而洗钱罪的上游犯罪仅限于法条规定的七种特定犯罪，其行为对象也仅限于特定七种上游犯罪所得及其收益。本罪对象的外延明显大于洗钱罪对象的外延，两者存在着包含与被包含的关系。

③行为方式不尽相同。《刑法》第 191 条对洗钱罪的行为方式作出了明确规定，包括“提供资金账户”“协助将财产转换为现金、金融票据、有价证券”“通过转账或者其他结算方式协助资金转移”“协助将资金汇往境外”四种具体行为方式，以及“以其他方式掩饰、隐瞒犯罪所得及其收益的来源和性质”的兜底规定。而本罪的行为方式包括“窝藏”“转移”“收购”“代为销售”和“以其他方法进行掩饰、隐瞒”。

④主观明知的内容不同。洗钱罪的“明知”要求行为人确知或知道自己所掩饰、隐瞒的可能是七种上游犯罪的赃物。而本罪则只要求行为人对赃物的性质具有“明知”，并不要求行为人具体明知是何种犯罪所得的赃物，不要求行为人明知本犯是谁、被害人是谁等。

（2）划清本罪与窝藏、转移、隐瞒毒品、毒赃罪的界限

两罪在客观方面都有替犯罪分子窝藏、转移犯罪赃物的行为，主观方面都出于故意。它们的不同之处主要体现在以下几个方面：

①侵犯的法益不同。本罪侵犯的法益是司法机关追查犯罪和追缴赃物的正常活动，而窝藏、转移、隐瞒毒品、毒赃罪侵犯的法益则是国家惩治毒品犯罪的正常活动。

②犯罪对象不完全相同。本罪的犯罪对象是本犯从事一切刑事犯罪活动所得的财物及其财产性利益，即所有犯罪所得的赃物，而窝藏、转移、隐瞒

毒品、毒赃罪的对象仅限于毒品以及犯罪分子通过毒品犯罪活动所得的财物。

③行为表现方式不完全相同。本罪客观方面表现为对犯罪所得及其收益进行窝藏、转移、收购、代为销售以及其他掩饰、隐瞒行为，窝藏、转移、隐瞒毒品、毒赃罪客观方面表现为窝藏、转移、隐瞒毒品和毒品犯罪所得的赃物的行为。

④主观方面的认识要素不同。两罪在主观方面都是出于故意，但是在掩饰、隐瞒犯罪所得、犯罪所得收益罪中行为人只要明知自己窝藏、转移、收购、代为销售的是他人犯罪所得及其收益即可成立故意，而在窝藏、转移、隐瞒毒品、毒赃罪中，行为人还必须明知犯罪对象是毒品犯罪分子的毒品或者进行毒品犯罪所得的赃物。

⑤犯罪主体不同。掩饰、隐瞒犯罪所得、犯罪所得收益罪的主体是自然人和单位，而窝藏、转移、隐瞒毒品、毒赃罪的犯罪主体是自然人。

（3）划清本罪与窝藏、包庇罪的界限

两罪同属妨害司法罪的范畴，因而具有诸多共同点：两罪均妨害了司法机关正常的司法活动，在客观方面都包括“窝藏”这一行为方式，主观上都要求是故意犯罪，而且都有明知的特殊规定。两罪在司法实践中容易混淆，因此，有必要将两罪予以区分，二者的区别主要有以下几点：

①侵犯的直接法益不同。两罪虽然都规定在“妨害司法罪”一节中，均妨害了司法机关正常的司法活动，但在侵犯法益的具体内容方面存在差异。掩饰、隐瞒犯罪所得、犯罪所得收益罪侵犯的客体是司法机关顺利追缴赃物与从事刑事侦查、起诉、审判的正常活动秩序。而窝藏、包庇罪侵犯的客体是国家司法机关的刑事追诉、刑罚执行活动。

②犯罪对象不同。掩饰、隐瞒犯罪所得、犯罪所得收益罪的犯罪对象是他人的犯罪所得及其产生的收益；而窝藏、包庇罪的犯罪对象则是犯罪的人。

③行为方式不同。掩饰、隐瞒犯罪所得、犯罪所得收益罪的行为方式是对犯罪所得及其收益实施窝藏、转移、收购、代为销售以及其他掩饰、隐瞒行为；而窝藏、包庇罪的行为方式包括：窝藏行为即隐匿犯罪人，提供隐藏处所、提供财物、帮助逃匿等，和包庇行为即作假证明包庇、为犯罪分子掩盖罪行，或者开脱、减轻罪责，如提供虚假的出生证明或“替人顶罪”的情形等。

④主观方面不同。掩饰、隐瞒犯罪所得、犯罪所得收益罪的行为人主观

方面一般具有牟取非法利益、帮助犯罪人逃避法律制裁的目的；窝藏、包庇罪主观方面一般是出于为犯罪人掩盖罪行，使其逃避刑事制裁，主观并不具备牟取非法利益的目的。

⑤犯罪主体不同。掩饰、隐瞒犯罪所得、犯罪所得收益罪的犯罪主体可以是单位，但窝藏、包庇罪的犯罪主体只能是个人。

（四）情节与量刑

根据《刑法》第312条的规定，犯掩饰、隐瞒犯罪所得、犯罪所得收益罪的，处3年以下有期徒刑、拘役或者管制，并处或者单处罚金；情节严重的，处3年以上7年以下有期徒刑，并处罚金。单位犯前款罪的，对单位判处罚金，并对其直接负责的主管人员和其他直接责任人员，依照前款的规定处罚。

根据《最高人民法院关于审理掩饰、隐瞒犯罪所得、犯罪所得收益刑事案件适用法律若干问题的解释》第3条的规定，掩饰、隐瞒犯罪所得及其产生的收益，具有下列情形之一的，应当认定为“情节严重”：1. 掩饰、隐瞒犯罪所得及其产生的收益价值总额达到10万元以上的；2. 掩饰、隐瞒犯罪所得及其产生的收益10次以上，或者3次以上且价值总额达到5万元以上的；3. 掩饰、隐瞒的犯罪所得系电力设备、交通设施、广播电视设施、公用电信设施、军事设施或者救灾、抢险、防汛、优抚、扶贫、移民、救济款物，价值总额达到5万元以上的；4. 掩饰、隐瞒行为致使上游犯罪无法及时查处，并造成公私财物重大损失无法挽回或其他严重后果的；5. 实施其他掩饰、隐瞒犯罪所得及其产生的收益行为，严重妨害司法机关对上游犯罪予以追究的。

最高人民法院关于实施修订后的《关于常见犯罪的量刑指导意见》规定：

1. 构成掩饰、隐瞒犯罪所得、犯罪所得收益罪的，可以根据下列不同情形在相应的幅度内确定量刑起点：（1）犯罪情节一般的，可以在1年以下有期徒刑、拘役幅度内确定量刑起点。（2）情节严重的，可以在3年至4年有期徒刑幅度内确定量刑起点。

2. 在量刑起点的基础上，可以根据犯罪数额等其他影响犯罪构成的犯罪事实增加刑罚量，确定基准刑。

最高人民法院《新增十个罪名的量刑指导意见（试行）》对掩饰、隐瞒犯罪所得、犯罪所得收益犯罪的量刑作了如下补充规定：

1. 构成掩饰、隐瞒犯罪所得、犯罪所得收益犯罪的，可根据下列不同情形在相应的幅度内确定量刑起点：（1）犯罪情节一般的，可在拘役至6个月有期徒刑幅度内确定量刑起点。（2）涉及盗窃、抢劫、诈骗、抢夺的机动车5辆或者价值50万元以上的；或者情节严重的，可在3年至4年有期徒刑幅度内确定量刑起点。

2. 在确定量刑起点的基础上，可根据犯罪数额、次数和其他犯罪情节的严重程度增加刑罚量确定基准刑。

3. 有下列情节之一的，可增加基准刑的10%～30%：（1）掩饰、隐瞒犯罪所得的救灾、抢险、防汛、优抚、救济、医疗款物及其收益的；（2）以两个罪名并列定罪处罚的。

（五）法律链接

1. 最高人民法院关于审理掩饰、隐瞒犯罪所得、犯罪所得收益刑事案件适用法律若干问题的解释（法释〔2015〕11号　自2015年6月1日起施行）

为依法惩治掩饰、隐瞒犯罪所得、犯罪所得收益犯罪活动，根据刑法有关规定，结合人民法院刑事审判工作实际，现就审理此类案件具体适用法律的若干问题解释如下：

第一条　明知是犯罪所得及其产生的收益而予以窝藏、转移、收购、代为销售或者以其他方法掩饰、隐瞒，具有下列情形之一的，应当依照刑法第三百一十二条第一款的规定，以掩饰、隐瞒犯罪所得、犯罪所得收益罪定罪处罚：

（一）掩饰、隐瞒犯罪所得及其产生的收益价值三千元至一万元以上的；

（二）一年内曾因掩饰、隐瞒犯罪所得及其产生的收益行为受过行政处罚，又实施掩饰、隐瞒犯罪所得及其产生的收益行为的；

（三）掩饰、隐瞒的犯罪所得系电力设备、交通设施、广播电视设施、公用电信设施、军事设施或者救灾、抢险、防汛、优抚、扶贫、移民、救济款物的；

（四）掩饰、隐瞒行为致使上游犯罪无法及时查处，并造成公私财物损失无法挽回的；

（五）实施其他掩饰、隐瞒犯罪所得及其产生的收益行为，妨害司法机关对上游犯罪进行追究的。

各省、自治区、直辖市高级人民法院可以根据本地区经济社会发展状况，并考虑社会治安状况，在本条第一款第（一）项规定的数额幅度内，确定本地执行的具体数额标准，报最高人民法院备案。

司法解释对掩饰、隐瞒涉及计算机信息系统数据、计算机信息系统控制权的犯罪所得及其产生的收益行为构成犯罪已有规定的，审理此类案件依照该规定。

依照全国人民代表大会常务委员会《关于〈中华人民共和国刑法〉第三百四十一条、第三百一十二条的解释》，明知是非法狩猎的野生动物而收购，数量达到五十只以上的，以掩饰、隐瞒犯罪所得罪定罪处罚。

第二条 掩饰、隐瞒犯罪所得及其产生的收益行为符合本解释第一条的规定，认罪、悔罪并退赃、退赔，且具有下列情形之一的，可以认定为犯罪情节轻微，免予刑事处罚：

（一）具有法定从宽处罚情节的；

（二）为近亲属掩饰、隐瞒犯罪所得及其产生的收益，且系初犯、偶犯的；

（三）有其他情节轻微情形的。

行为人为自用而掩饰、隐瞒犯罪所得，财物价值刚达到本解释第一条第一款第（一）项规定的标准，认罪、悔罪并退赃、退赔的，一般可不认为是犯罪；依法追究刑事责任的，应当酌情从宽。

第三条 掩饰、隐瞒犯罪所得及其产生的收益，具有下列情形之一的，应当认定为刑法第三百一十二条第一款规定的“情节严重”：

（一）掩饰、隐瞒犯罪所得及其产生的收益价值总额达到十万元以上的；

（二）掩饰、隐瞒犯罪所得及其产生的收益十次以上，或者三次以上且价值总额达到五万元以上的；

（三）掩饰、隐瞒的犯罪所得系电力设备、交通设施、广播电视设施、公用电信设施、军事设施或者救灾、抢险、防汛、优抚、扶贫、移民、救济款物，价值总额达到五万元以上的；

（四）掩饰、隐瞒行为致使上游犯罪无法及时查处，并造成公私财物重大损失无法挽回或其他严重后果的；

（五）实施其他掩饰、隐瞒犯罪所得及其产生的收益行为，严重妨害司法机关对上游犯罪予以追究的。

司法解释对掩饰、隐瞒涉及机动车、计算机信息系统数据、计算机信息系统控制权的犯罪所得及其产生的收益行为认定“情节严重”已有规定的，审理此类案件依照该规定。

第四条　掩饰、隐瞒犯罪所得及其产生的收益的数额，应当以实施掩饰、隐瞒行为时为准。收购或者代为销售财物的价格高于其实际价值的，以收购或者代为销售的价格计算。

多次实施掩饰、隐瞒犯罪所得及其产生的收益行为，未经行政处罚，依法应当追诉的，犯罪所得、犯罪所得收益的数额应当累计计算。

第五条　事前与盗窃、抢劫、诈骗、抢夺等犯罪分子通谋，掩饰、隐瞒犯罪所得及其产生的收益的，以盗窃、抢劫、诈骗、抢夺等犯罪的共犯论处。

第六条　对犯罪所得及其产生的收益实施盗窃、抢劫、诈骗、抢夺等行为，构成犯罪的，分别以盗窃罪、抢劫罪、诈骗罪、抢夺罪等定罪处罚。

第七条　明知是犯罪所得及其产生的收益而予以掩饰、隐瞒，构成刑法第三百一十二条规定的犯罪，同时构成其他犯罪的，依照处罚较重的规定定罪处罚。

第八条　认定掩饰、隐瞒犯罪所得、犯罪所得收益罪，以上游犯罪事实成立为前提。上游犯罪尚未依法裁判，但查证属实的，不影响掩饰、隐瞒犯罪所得、犯罪所得收益罪的认定。

上游犯罪事实经查证属实，但因行为人未达到刑事责任年龄等原因依法不予追究刑事责任的，不影响掩饰、隐瞒犯罪所得、犯罪所得收益罪的认定。

第九条　盗用单位名义实施掩饰、隐瞒犯罪所得及其产生的收益行为，违法所得由行为人私分的，依照刑法和司法解释有关自然人犯罪的规定定罪处罚。

第十条　通过犯罪直接得到的赃款、赃物，应当认定为刑法第三百一十二条规定的“犯罪所得”。上游犯罪的行为人对犯罪所得进行处理后得到的孳息、租金等，应当认定为刑法第三百一十二条规定的“犯罪所得产生的收益”。

明知是犯罪所得及其产生的收益而采取窝藏、转移、收购、代为销售以外的方法，如居间介绍买卖，收受，持有，使用，加工，提供资金账户，协助将财物转换为现金、金融票据、有价证券，协助将资金转移、汇往境外等，应当认定为刑法第三百一十二条规定的“其他方法”。

第十一条 掩饰、隐瞒犯罪所得、犯罪所得收益罪是选择性罪名，审理此类案件，应当根据具体犯罪行为及其指向的对象，确定适用的罪名。

2. 全国人民代表大会常务委员会《关于〈中华人民共和国刑法〉第三百四十一条、第三百一十二条的解释》（2014 年 4 月 24 日第十二届全国人民代表大会常务委员会第八次会议通过）

全国人民代表大会常务委员会根据司法实践中遇到的情况，讨论了刑法第三百四十一条第一款规定的非法收购国家重点保护的珍贵、濒危野生动物及其制品的含义和收购刑法第三百四十一条第二款规定的非法狩猎的野生动物如何适用刑法有关规定的问题，解释如下：

知道或应当知道是国家重点保护的珍贵、濒危野生动物及其制品，为食用或者其他目的而非法购买的，属于刑法第三百四十一条第一款规定的非法收购国家重点保护的珍贵、濒危野生动物及其制品的行为。

知道或者应当知道是刑法第三百四十一条第二款规定的非法狩猎的野生动物而购买的，属于刑法第三百一十二条第一款规定的明知是犯罪所得而收购的行为。

3. 最高人民法院关于审理洗钱等刑事案件具体应用法律若干问题的解释（法释〔2009〕15 号　自 2009 年 11 月 11 日起施行）（节录）

第一条 刑法第一百九十一条、第三百一十二条规定的“明知”，应当结合被告人的认知能力，接触他人犯罪所得及其收益的情况，犯罪所得及其收益的种类、数额，犯罪所得及其收益的转换、转移方式以及被告人的供述等主、客观因素进行认定。

具有下列情形之一的，可以认定被告人明知系犯罪所得及其收益，但有证据证明确实不知道的除外：

（一）知道他人从事犯罪活动，协助转换或者转移财物的；

（二）没有正当理由，通过非法途径协助转换或者转移财物的；

（三）没有正当理由，以明显低于市场的价格收购财物的；

（四）没有正当理由，协助转换或者转移财物，收取明显高于市场的“手续费”的；

（五）没有正当理由，协助他人将巨额现金散存于多个银行账户或者在不同银行账户之间频繁划转的；

（六）协助近亲属或者其他关系密切的人转换或者转移与其职业或者财产状况明显不符的财物的；

（七）其他可以认定行为人明知的情形。

被告人将刑法第一百九十一条规定的某一上游犯罪的犯罪所得及其收益误认为刑法第一百九十一条规定的上游犯罪范围内的其他犯罪所得及其收益的，不影响刑法第一百九十一条规定的“明知”的认定。

第三条　明知是犯罪所得及其产生的收益而予以掩饰、隐瞒，构成刑法第三百一十二条规定的犯罪，同时又构成刑法第一百九十一条或者第三百四十九条规定的犯罪的，依照处罚较重的规定定罪处罚。

第四条　刑法第一百九十一条、第三百一十二条、第三百四十九条规定的犯罪，应当以上游犯罪事实成立为认定前提。上游犯罪尚未依法裁判，但查证属实的，不影响刑法第一百九十一条、第三百一十二条、第三百四十九条规定的犯罪的审判。

上游犯罪事实可以确认，因行为人死亡等原因依法不予追究刑事责任的，不影响刑法第一百九十一条、第三百一十二条、第三百四十九条规定的犯罪的认定。

上游犯罪事实可以确认，依法以其他罪名定罪处罚的，不影响刑法第一百九十一条、第三百一十二条、第三百四十九条规定的犯罪的认定。

本条所称“上游犯罪”，是指产生刑法第一百九十一条、第三百一十二条、第三百四十九条规定的犯罪所得及其收益的各种犯罪行为。

4. 最高人民法院、最高人民检察院关于办理危害计算机信息系统安全刑事案件应用法律若干问题的解释（法释〔2011〕19号　自2011年9月1日起施行）（节录）

第七条　明知是非法获取计算机信息系统数据犯罪所获取的数据、非法控制计算机信息系统犯罪所获取的计算机信息系统控制权，而予以转移、收购、代为销售或者以其他方法掩饰、隐瞒，违法所得五千元以上的，应当依照刑法第三百一十二条第一款的规定，以掩饰、隐瞒犯罪所得罪定罪处罚。

实施前款规定行为，违法所得五万元以上的，应当认定为刑法第三百一十二条第一款规定的“情节严重”。

单位实施第一款规定行为的，定罪量刑标准依照第一款、第二款的规定执行。

5. 最高人民法院、最高人民检察院关于办理与盗窃、抢劫、诈骗、抢夺机动车相关刑事案件具体应用法律若干问题的解释（法释〔2007〕11号　自2007年5月11日起施行）（节录）

第一条　明知是盗窃、抢劫、诈骗、抢夺的机动车，实施下列行为之一的，依照刑法第三百一十二条的规定，以掩饰、隐瞒犯罪所得、犯罪所得收益罪定罪，处三年以下有期徒刑、拘役或者管制，并处或者单处罚金：

（一）买卖、介绍买卖、典当、拍卖、抵押或者用其抵债的；

（二）拆解、拼装或者组装的；

（三）修改发动机号、车辆识别代号的；

（四）更改车身颜色或者车辆外形的；

（五）提供或者出售机动车来历凭证、整车合格证、号牌以及有关机动车的其他证明和凭证的；

（六）提供或者出售伪造、变造的机动车来历凭证、整车合格证、号牌以及有关机动车的其他证明和凭证的。

实施第一款规定的行为涉及盗窃、抢劫、诈骗、抢夺的机动车五辆以上或者价值总额达到五十万元以上的，属于刑法第三百一十二条规定的"情节严重"，处三年以上七年以下有期徒刑，并处罚金。

6. 最高人民法院、最高人民检察院关于办理盗窃油气、破坏油气设备等刑事案件具体应用法律若干问题的解释（法释〔2007〕3号　自2007年1月19日起施行）（节录）

第五条　明知是盗窃犯罪所得的油气或者油气设备，而予以窝藏、转移、收购、加工、代为销售或者以其他方法掩饰、隐瞒的，依照刑法第三百一十二条的规定定罪处罚。

实施前款规定的犯罪行为，事前通谋的，以盗窃犯罪的共犯定罪处罚。

7. 最高人民法院、最高人民检察院、公安部、国家工商行政管理总局关于依法查处盗窃、抢劫机动车案件的规定（公通字〔1998〕31号　1998年5月8日公布）（节录）

二、明知是盗窃、抢劫所得机动车而予以窝藏、转移、收购或者代为销售的，依照《刑法》第三百一十二条的规定处罚。

对明知是盗窃、抢劫所得机动车而予以拆解、改装、拼装、典当、倒卖的，视为窝藏、转移、收购或者代为销售，依照《刑法》第三百一十二条的规定处罚。

三、国家指定的车辆交易市场、机动车经营企业（含典当、拍卖行）以及从事机动车修理、零部件销售企业的主管人员或者其他直接责任人员，明知是盗窃、抢劫的机动车而予以窝藏、转移、拆解、拼装、收购或者代为销售的，依照《刑法》第三百一十二条的规定处罚。单位组织实施上述行为的，由工商行政管理机关予以处罚。

8. 最高人民法院、最高人民检察院、公安部、国家烟草专卖局关于办理假冒伪劣烟草制品等刑事案件适用法律问题座谈会纪要（商检会〔2003〕4号　2003年12月23日公布）（节录）

七、关于窝藏、转移非法制售的烟草制品行为的定罪处罚问题

明知是非法制售的烟草制品而予以窝藏、转移的，依照刑法第三百一十二条的规定，以窝藏、转移赃物罪定罪处罚。

9. 最高人民法院　最高人民检察院关于办理非法采矿、破坏性采矿刑事案件适用法律若干问题的解释（法释〔2016〕25号　自2016年12月1日起施行）（节录）

第七条　明知是犯罪所得的矿产品及其产生的收益，而予以窝藏、转移、收购、代为销售或者以其他方法掩饰、隐瞒的，依照刑法第三百一十二条的规定，以掩饰、隐瞒犯罪所得、犯罪所得收益罪定罪处罚。

实施前款规定的犯罪行为，事前通谋的，以共同犯罪论处。

十三、拒不执行判决、裁定罪

（一）法律规定

第三百一十三条　对人民法院的判决、裁定有能力执行而拒不执行，情节严重的，处三年以下有期徒刑、拘役或者罚金；情节特别严重的，处三年以上七年以下有期徒刑，并处罚金。

单位犯前款罪的，对单位判处罚金，并对其直接负责的主管人员和其他直接责任人员，依照前款的规定处罚。

（二）罪名详解

拒不执行判决、裁定罪，是指对人民法院已经发生法律效力的判决、裁定有能力执行而拒不执行，情节严重的行为。本罪 1979 年《刑法》第 157 条作了规定。《刑法修正案（九）》对本罪作了两处修改：一是增加了一档法定刑，规定“情节特别严重的，处三年以上七年以下有期徒刑，并处罚金”，二是增加了一款，作为第 2 款，对单位犯罪及其处罚作了明确，规定“单位犯前款罪的，对单位判处罚金，并对其直接负责的主管人员和其他直接责任人员，依照前款的规定处罚”。①

拒不执行判决、裁定罪的构成要件是：

1. 主体要件

本罪是特殊主体，主要是指有义务执行人民法院判决、裁定的当事人。根据民事诉讼法的有关规定，对判决、裁定负有协助执行义务的个人和单位，也可以成为本罪的主体。单位可以成为本罪的主体。

2. 客体要件

本罪侵犯的客体是人民法院裁判的权威。犯罪对象，是人民法院依法作出的具有执行内容并已发生法律效力的判决、裁定。人民法院是国家的审判机关。判决、裁定是人民法院代表国家行使审判权的一种形式，是国家权力的象征。“判决”，是指人民法院就案件实体问题所作的处理决定；“裁定”，是人民法院在审理案件或者执行过程中，就案件的诉讼程序问题和部分实体问题所作的决定。“已发生法律效力”，是指已过法定期限没有上诉、抗诉的判决、裁定和终审的判决、裁定。裁判一经生效，就具有法律的强制力，有关单位和个人必须坚决执行。维护人民法院裁判的权威，就是维护法律的权威。但是，长期以来，经济生活中欠债不还的现象较为突出，有些债务人有能力还债而赖账不还，甚至经人民法院判决、裁定，仍采取转移财产等方式拒不履行法院判决、裁定所确定的义务。在人民法院依法强制执行生效法律文书过程中，一些地方单位、企业和个人拒不执行或者以暴力手段抗拒人民法院执行的事件时有发生，且呈逐年上升的趋势。这种违法犯罪行为性质恶

① 《刑法》原第 313 条：对人民法院的判决、裁定有能力执行而拒不执行，情节严重的，处三年以下有期徒刑、拘役或者罚金。

劣，社会危害大，严重影响了法律的尊严和司法机关的权威，妨害司法秩序，损害债权人的合法权益，扰乱社会主义市场经济健康发展。

2002年8月29日，第九届全国人大常委会第二十九次会议通过了《关于〈中华人民共和国刑法〉第三百一十三条的解释》（以下简称《立法解释》），对刑法第三百一十三条的含义作出了明确的解释，指出，“刑法第三百一十三条规定的‘人民法院的判决、裁定’，是指人民法院依法作出的具有执行内容并已发生法律效力的判决、裁定。人民法院为依法执行支付令、生效的调解书、仲裁裁决、公证债权文书等所作的裁定属于该条规定的裁定”。

3. 主观要件

主观方面由故意构成，且为直接故意，即行为人明知自己的行为会造成妨害法院裁判正常执行或者致使法院裁判不能执行的结果，并且希望这种结果的发生。行为人的动机多种多样，如逃避履行裁判确定的义务或者对法院裁判具有抵触情绪，等等。但动机不影响本罪的成立。

4. 客观要件

客观方面表现为对人民法院已经发生法律效力的判决、裁定，有能力执行却拒不执行，情节严重的行为。

构成本罪必须具备三个条件：

（1）有能力执行。“有能力执行”，是指根据查实的证据证明，负有执行人民法院判决、裁定义务的人有可供执行的财产或者具有履行特定行为义务的能力。

（2）拒不执行。一般有两种形式：一是以暴力抗拒执行，如围攻、殴打、拘禁执法人员，砸坏、毁损执行工具等，使执行活动无法进行。二是以非法秘密转移被执行财产的方法，拒不执行法律文书指令交付的财物。

（3）情节严重。拒不执行判决、裁定的行为在犯罪形态上属于情节犯，并非这种行为一经实施即构成犯罪，必须是情节严重的行为才能追究行为人的刑事责任。按照《立法解释》，有能力执行而拒不执行，情节严重的行为，是指具有下列情形之一的行为：①被执行人隐藏、转移、故意毁损财产或者无偿转让财产、以明显不合理的低价转让财产，致使判决、裁定无法执行的；②担保人或者被执行人隐藏、转移、故意毁损或者转让已向人民法院提供担保的财产，致使判决、裁定无法执行的；③协助执行义务人接到人民法院协助执行通知书后，拒不协助执行，致使判决、裁定无法执行的；④被执行人、担保人、协助执行义务人与国家机关工作人员通谋，利用国家机关工作人员的职权妨害执行，致使判决、裁定无法执行的；⑤其他有能力执行而拒不执行，情节严重的情形。根据《最高人民法院关于审理拒不执行判决、裁定刑事案件适用法律若干问题的解释》（以下简称《解释》）第 2 条的规定，“其他有能力执行而拒不执行，情节严重的情形”是指以下八种情形：①具有拒绝报告或者虚假报告财产情况、违反人民法院限制高消费及有关消费令等拒不执行行为，经采取罚款或者拘留等强制措施后仍拒不执行的；②伪造、毁灭有关被执行人履行能力的重要证据，以暴力、威胁、贿买方法阻止他人作证或者指使、贿买、胁迫他人作伪证，妨碍人民法院查明被执行人财产情况，致使判决、裁定无法执行的；③拒不交付法律文书指定交付的财物、票证或者拒不迁出房屋、退出土地，致使判决、裁定无法执行的；④与他人串通，通过虚假诉讼、虚假仲裁、虚假和解等方式妨害执行，致使判决、裁定无法执行的；⑤以暴力、威胁方法阻碍执行人员进入执行现场或者聚众哄闹、冲击执行现场，致使执行工作无法进行的；⑥对执行人员进行侮辱、围攻、扣押、殴打，致使执行工作无法进行的；⑦毁损、抢夺执行案件材料、执行公务车辆和其他执行器械、执行人员服装以及执行公务证件，致使执行工作无法进行的；⑧拒不执行法院判决、裁定，致使债权人遭受重大损失的。

（三）实务疑难问题

1. 罪与非罪的认定

根据《立法解释》的规定，不论被执行人实施何种逃避或者抗拒执行的行为，一旦出现“致使判决、裁定无法执行”的状态时，便可认定为“情节严重”，追究其刑事责任。“致使判决、裁定无法执行”是指债务人逃避或者抗拒执行的行为造成人民法院执行机构无法运用法律规定的执行措施，或者虽运用了法律规定的各种执行措施，但仍无法执行的情形。拒不执行判决、裁定罪所侵犯的法益主要是司法秩序和司法权威，故应当从影响人民法院执行工作的角度来理解“致使判决、裁定无法执行”，而不能从债权人是否最终实现债权角度来分析。对于债务人逃避或者抗拒执行的行为导致人民法院执行机构通过法定执行措施无法继续执行或者根本无法运用法定执行措施时，即使债权人通过再次起诉等途径最终实现了债权，也仍应认定出现了“致使判决、裁定无法执行”的结果，可以追究债务人的刑事责任。

构成拒不执行判决裁定罪必须是情节严重的行为，因此，拒不执行法院判决、裁定但情节轻微的，不能以犯罪论处；拒不执行判决、裁定罪必须是行为人有能力执行而拒不执行的行为。因此，如果行为人因没有能力执行而未能执行的，也不能以犯罪论处。

2. 划清一罪与数罪的界限

国家机关工作人员收受贿赂或者滥用职权，根据《立法解释》的规定，“被执行人、担保人、协助执行义务人与国家机关工作人员通谋，利用国家机关工作人员的职权妨害执行，致使判决、裁定无法执行的”，同时又构成《刑法》第385条、第397条规定之罪的，依照处罚较重的规定定罪处罚。

按照《立法解释》的规定，“被执行人、担保人、协助执行义务人与国家机关工作人员通谋，利用国家机关工作人员的职权妨害执行，致使判决、裁定无法执行的”，对国家机关工作人员以拒不执行判决、裁定罪的共犯追究刑事责任。

3. 划清本罪与其他罪的界限

划清本罪与妨害公务罪的界限。两罪具有相似之处：二者都妨害了国家机关的正常活动；都是故意犯罪，且都具有对抗国家机关的故意；在客观行为方式上具有相似之处，如以暴力、威胁方法阻碍法院的强制执行活动时，其客观表现形式与妨害公务罪完全相同。两罪之间的主要区别是：

（1）犯罪客体不同。妨害公务罪侵害的客体是法院之外的其他国家机关工作人员依法执行职务的正常活动；而拒不执行判决、裁定罪侵害的是法院判决、裁定的权威。

（2）客观表现行为方式不同。妨害公务罪必须是以暴力或威胁的方法才能构成，且侵害的对象必须是正在执行职务的国家工作人员；而拒不执行判决、裁定罪的构成，不要求必须有暴力、威胁的行为方法，只要是妨碍了法院判决、裁定的正常执行，情节严重的行为，即构成拒不执行判决、裁定罪。司法实践中，对于以暴力、威胁方法阻碍法院工作人员依法执行判决、裁定的，既构成拒不执行判决、裁定罪，同时也触犯妨害公务罪，这种情况属于法条竞合，应依照法条竞合的处理原则——特别法优于一般法的原则处理，定拒不执行判决、裁定罪；如果不是妨害判决、裁定的执行，而是以暴力、威胁方法阻碍法院工作人员执行其他职务活动，或者虽然是阻碍法院执行判决、裁定，但阻碍行为本身在客观上和行为人主观意志上都与某一判决、裁定的执行没有联系，则应定妨害公务罪。

（3）主观故意内容不同。妨害公务罪的故意内容是明知国家工作人员依法执行职务而以暴力、威胁方法进行阻挠，因此，一般只有直接故意才能构成该罪；而拒不执行判决、裁定罪的故意内容，是明知法院判决、裁定已发生法律效力而予以抗拒执行，其抗拒执行的方法既可以是作为的形式，也可以是不作为的形式，所以，拒不执行判决、裁定罪既可由直接故意构成，也可以由间接故意构成。

（四）情节与量刑

依照《刑法》第313条规定，犯拒不执行判决、裁定罪的，处3年以下有期徒刑、拘役或者罚金，情节特别严重的，处3年以上7年以下有期徒刑，并处罚金。单位犯前款罪的，对单位判处罚金，并对其直接负责的主管人员和其他直接责任人员，依照前款的规定处罚。

（五）法律链接

1. 全国人民代表大会常务委员会关于《中华人民共和国刑法》第三百一十三条的解释（2002年8月29日第九届全国人民代表大会常务委员会第二十九次会议通过）

全国人民代表大会常务委员会讨论了刑法第三百一十三条规定的“对人民法院的判决、裁定有能力执行而拒不执行，情节严重”的含义问题，解释如下：

刑法第三百一十三条规定的“人民法院的判决、裁定”，是指人民法院依法作出的具有执行内容并已发生法律效力的判决、裁定。人民法院为依法执行支付令、生效的调解书、仲裁裁决、公证债权文书等所作的裁定属于该条规定的裁定。

下列情形属于刑法第三百一十三条规定的“有能力执行而拒不执行，情节严重”的情形：

（一）被执行人隐藏、转移、故意毁损财产或者无偿转让财产、以明显不合理的低价转让财产，致使判决、裁定无法执行的；

（二）担保人或者被执行人隐藏、转移、故意毁损或者转让已向人民法院提供担保的财产，致使判决、裁定无法执行的；

（三）协助执行义务人接到人民法院协助执行通知书后，拒不协助执行，致使判决、裁定无法执行的；

（四）被执行人、担保人、协助执行义务人与国家机关工作人员通谋，利用国家机关工作人员的职权妨害执行，致使判决、裁定无法执行的；

（五）其他有能力执行而拒不执行，情节严重的情形。

国家机关工作人员有上述第四项行为的，以拒不执行判决、裁定罪的共犯追究刑事责任。国家机关工作人员收受贿赂或者滥用职权，有上述第四项行为的，同时又构成刑法第三百八十五条、第三百九十七条规定之罪的，依照处罚较重的规定定罪处罚。

2. **最高人民法院关于审理拒不执行判决、裁定刑事案件适用法律若干问题的解释**（法释〔2015〕16号　自2015年7月22日起施行）

为依法惩治拒不执行判决、裁定犯罪，确保人民法院判决、裁定依法执行，切实维护当事人合法权益，根据《中华人民共和国刑法》《中华人民共和国刑事诉讼法》《中华人民共和国民事诉讼法》等法律规定，就审理拒不执行判决、裁定刑事案件适用法律若干问题，解释如下：

第一条　被执行人、协助执行义务人、担保人等负有执行义务的人对人民法院的判决、裁定有能力执行而拒不执行，情节严重的，应当依照刑法第三百一十三条的规定，以拒不执行判决、裁定罪处罚。

第二条　负有执行义务的人有能力执行而实施下列行为之一的，应当认定为全国人民代表大会常务委员会关于刑法第三百一十三条的解释中规定的“其他有能力执行而拒不执行，情节严重的情形”：

（一）具有拒绝报告或者虚假报告财产情况、违反人民法院限制高消费及有关消费令等拒不执行行为，经采取罚款或者拘留等强制措施后仍拒不执行的；

（二）伪造、毁灭有关被执行人履行能力的重要证据，以暴力、威胁、贿买方法阻止他人作证或者指使、贿买、胁迫他人作伪证，妨碍人民法院查明被执行人财产情况，致使判决、裁定无法执行的；

（三）拒不交付法律文书指定交付的财物、票证或者拒不迁出房屋、退出土地，致使判决、裁定无法执行的；

（四）与他人串通，通过虚假诉讼、虚假仲裁、虚假和解等方式妨害执行，致使判决、裁定无法执行的；

（五）以暴力、威胁方法阻碍执行人员进入执行现场或者聚众哄闹、冲击执行现场，致使执行工作无法进行的；

（六）对执行人员进行侮辱、围攻、扣押、殴打，致使执行工作无法进行的；

（七）毁损、抢夺执行案件材料、执行公务车辆和其他执行器械、执行人员服装以及执行公务证件，致使执行工作无法进行的；

（八）拒不执行法院判决、裁定，致使债权人遭受重大损失的。

第三条 申请执行人有证据证明同时具有下列情形，人民法院认为符合刑事诉讼法第二百零四条第三项规定的，以自诉案件立案审理：

（一）负有执行义务的人拒不执行判决、裁定，侵犯了申请执行人的人身、财产权利，应当依法追究刑事责任的；

（二）申请执行人曾经提出控告，而公安机关或者人民检察院对负有执行义务的人不予追究刑事责任的。

第四条 本解释第三条规定的自诉案件，依照刑事诉讼法第二百零六条的规定，自诉人在宣告判决前，可以同被告人自行和解或者撤回自诉。

第五条 拒不执行判决、裁定刑事案件，一般由执行法院所在地人民法院管辖。

第六条 拒不执行判决、裁定的被告人在一审宣告判决前，履行全部或部分执行义务的，可以酌情从宽处罚。

第七条 拒不执行支付赡养费、扶养费、抚育费、抚恤金、医疗费用、劳动报酬等判决、裁定的，可以酌情从重处罚。

第八条 本解释自发布之日起施行。此前发布的司法解释和规范性文件与本解释不一致的，以本解释为准。

3. 最高人民法院、最高人民检察院、公安部关于依法严肃查处拒不执行判决裁定和暴力抗拒法院执行犯罪行为有关问题的通知（法发〔2007〕29号 2007年8月30日发布）

各省、自治区、直辖市高级人民法院、人民检察院、公安厅（局），新疆维吾尔自治区高级人民法院生产建设兵团分院，新疆生产建设兵团人民检察院、公安局：

近年来，在人民法院强制执行生效法律文书过程中，一些地方单位、企业和个人拒不执行或以暴力手段抗拒人民法院执行的事件时有发生且呈逐年上升的势头。这种违法犯罪行为性质恶劣，社会危害大，严重影响了法律的尊严和执法机关的权威，已经引起了党中央的高度重视。中央政法委在《关于切实解决人民法院执行难问题的通知》（政法〔2005〕52号文件）中，特别提出公、检、法机关应当统一执法思想，加强协作配合，完善法律制度，依法严厉打击暴力抗拒法院执行的犯罪行为。为贯彻中央政法委指示精神，加大对拒不执行判决、裁定和暴力抗拒执行犯罪行为的惩处力度，依据《中华人民共和国刑法》、《中华人民共和国刑事诉讼法》、全国人大常委会《关于〈中华人民共和国刑法〉第三百一十三条的解释》等规定，现就有关问题通知如下：

一、对下列拒不执行判决、裁定的行为，依照刑法第三百一十三条的规定，以拒不执行判决、裁定罪论处。

（一）被执行人隐藏、转移、故意毁损财产或者无偿转让财产、以明显不合理的低价转让财产，致使判决、裁定无法执行的；

（二）担保人或者被执行人隐藏、转移、故意毁损或者转让已向人民法院提供担保的财产，致使判决、裁定无法执行的；

（三）协助执行义务人接到人民法院协助执行通知书后，拒不协助执行，致使判决、裁定无法执行的；

（四）被执行人、担保人、协助执行义务人与国家机关工作人员通谋，利用国家机关工作人员的职权妨害执行，致使判决、裁定无法执行的；

（五）其他有能力执行而拒不执行，情节严重的情形。

二、对下列暴力抗拒执行的行为，依照刑法第二百七十七条的规定，以妨害公务罪论处。

（一）聚众哄闹、冲击执行现场，围困、扣押、殴打执行人员，致使执行工作无法进行的；

（二）毁损、抢夺执行案件材料、执行公务车辆和其他执行器械、执行人员服装以及执行公务证件，造成严重后果的；

（三）其他以暴力、威胁方法妨害或者抗拒执行，致使执行工作无法进行的。

三、负有执行人民法院判决、裁定义务的单位直接负责的主管人员和其他直接责任人员，为了本单位的利益实施本《通知》第一条、第二条所列行为之一的，对该主管人员和其他直接责任人员，依照刑法第三百一十三条和

第二百七十七条的规定，分别以拒不执行判决、裁定罪和妨害公务罪论处。

四、国家机关工作人员有本《通知》第一条第四项行为的，以拒不执行判决、裁定罪的共犯追究刑事责任。

国家机关工作人员收受贿赂或者滥用职权，有本《通知》第一条第四项行为的，同时又构成刑法第三百八十五条、第三百九十七条规定罪的，依照处罚较重的规定定罪处罚。

五、拒不执行判决、裁定案件由犯罪行为发生地的公安机关、人民检察院、人民法院管辖。如果由犯罪嫌疑人、被告人居住地的人民法院管辖更为适宜的，可以由犯罪嫌疑人、被告人居住地的公安机关、人民检察院、人民法院管辖。

六、以暴力、威胁方法妨害或者抗拒执行的，公安机关接到报警后，应当立即出警，依法处置。

七、人民法院在执行判决、裁定过程中，对拒不执行判决、裁定情节严重的人，可以先行司法拘留；拒不执行判决、裁定的行为人涉嫌犯罪的，应当将案件依法移送有管辖权的公安机关立案侦查。

八、人民法院、人民检察院和公安机关在办理拒不执行判决、裁定和妨害公务案件过程中，应当密切配合、加强协作。对于人民法院移送的涉嫌拒不执行判决、裁定罪和妨害公务罪的案件，公安机关应当及时立案侦查，检察机关应当及时提起公诉，人民法院应当及时审判。

在办理拒不执行判决、裁定和妨害公务案件过程中，应当根据案件的具体情况，正确区分罪与非罪的界限，认真贯彻“宽严相济”的刑事政策。

九、人民法院认为公安机关应当立案侦查而不立案侦查的，可提请人民检察院予以监督。人民检察院认为需要立案侦查的，应当要求公安机关说明不立案的理由。人民检察院认为公安机关不立案理由不能成立的，应当通知公安机关立案，公安机关接到通知后应当立案。

十、公安机关侦查终结后移送人民检察院审查起诉的拒不执行判决、裁定和妨害公务案件，人民检察院决定不起诉，公安机关认为不起诉决定有错误的，可以要求复议；如果意见不被接受，可以向上一级人民检察院提请复核。

十一、公安司法人员在办理拒不执行判决、裁定和妨害公务案件中，消极履行法定职责，造成严重后果的，应当依法依纪追究直接责任人责任直至追究刑事责任。

十二、本通知自印发之日起执行，执行中遇到的情况和问题，请分别报告最高人民法院、最高人民检察院、公安部。

十四、非法处置查封、扣押、冻结的财产罪

（一）法律规定

第三百一十四条　隐藏、转移、变卖、故意毁损已被司法机关查封、扣押、冻结的财产，情节严重的，处三年以下有期徒刑、拘役或者罚金。

（二）罪名详解

非法处置查封、扣押、冻结的财产罪，是指隐藏、转移、变卖、故意毁损已被司法机关查封、扣押、冻结的财产，情节严重的行为。本罪是1997年刑法增设的罪名，1979年刑法和单行刑法均没有规定此罪名。

非法处置查封、扣押、冻结的构成要件是：

1. 主体要件

本罪的犯罪主体为一般主体，主要是被查封、扣押、冻结的财产的所有人、保管人。其他人如果出于妨害司法机关的查封、扣押、冻结活动的意图实施上述行为的，也可以构成本罪的主体。

2. 客体要件

本罪侵犯的客体是司法机关的正常活动。司法机关查封、扣押、冻结财产的活动是司法机关在诉讼过程中，为了保证诉讼的正常进行，对有关的财产采取的保全措施。如果在司法机关对财产进行查封、扣押、冻结以后，隐藏、转移、变卖、故意毁损这些财产，不仅严重破坏国家司法机关的正常诉讼活动，而且可能导致司法机关的裁判无法得到执行，造成国家、集体或者公民个人财产损失。犯罪对象是被司法机关查封、扣押、冻结的财产。“查封”，是指司法机关对需要采取财产保全措施的财物清点后，加贴封条，就地封存或者移地封存。“扣押”，是指司法机关将需要采取财产保全措施的财物就地扣留或者送到一定的场所予以扣留。“冻结”，是指司法机关通知有关银行或者信用社等金融机构，不准被申请人提取或者处分其存款。

3. 主观要件

主观方面由故意构成，即明知财产已被司法机关查封、扣押、冻结，却故意予以隐藏、转移、变卖、毁损。过失不构成本罪。

4. 客观要件

客观方面表现为隐藏、转移、变卖、故意毁损已被司法机关查封、扣押、冻结的财产的行为。“隐藏”，是指将已被查封、扣押的财产就地隐蔽、收藏起来，使司法机关难以发现；“转移”，是指将已被司法机关查封、扣押、冻结的财产从一个处所转移到另一个处所；“变卖”，是指将司法机关查封、扣押的财产予以出卖；“毁损”，是指毁灭、损坏，使财产从物质形态上消失，或者失去或减少其价值。根据法律规定，非法处置查封、扣押、冻结的财产的行为，除需符合以上构成要件外，还必须达到“情节严重”的程度，才构成犯罪。

（三）实务疑难问题

1. 划清本罪与盗窃罪的界限

如果出于非法占有的目的，被查封、扣押、冻结的财产的所有人、保管人以外的其他人采取秘密手段窃取被司法机关查封、扣押的财产，数额较大或多次窃取的，无论该财产是否已被查封、扣押，都应以盗窃罪论处，不构成非法处置查封、扣押、冻结的财产罪。

2. 划清本罪与拒不执行判决、裁定罪的界限

拒不执行判决、裁定罪，是指有能力执行而拒不执行人民法院已经生效的判决、裁定的行为。拒不执行，包含以隐藏、转移、变卖、故意毁损将要被执行的财产的方法，抗拒法院裁判的执行。将要被执行的财产包括已经和尚未被司法机关查封、扣押、冻结的财产。在人民法院发出执行通知以后，隐藏、转移、变卖、毁损已被依法查封、扣押或者已被清点并责令其保管的财产，转移已被冻结的财产，致使判决、裁定无法执行的，应当认定为拒不执行判决、裁定罪。如果是在判决、裁定生效之前非法处置（隐藏、转移、变卖、故意毁损）已被司法机关查封、扣押、冻结的财产的，则构成非法处置、查封、扣押、冻结的财产罪。区分两罪的关键就在于行为人是否具有拒不执行法院裁判的目的。因为从构成要件上看，非法处置查封、扣押、冻结的财产罪不要求特殊目的，而拒不执行判决、裁定罪则必须具有拒不执行法

院裁判的目的。因此，如果在执行程序中负有执行生效裁判义务的人实施了此种行为，但并没有拒不执行法院生效裁判目的的，应当以非法处置查封、扣押、冻结的财产罪定罪；反之，如果行为人具有拒不执行法院生效裁判目的，因为该行为系作为拒不执行法院裁判的手段实施的，两罪法定刑相同，以拒不执行判决、裁定罪定罪更为适当。

（四）情节与量刑

依照《刑法》第 314 条的规定，犯非法处置查封、扣押、冻结的财产罪的，处 3 年以下有期徒刑、拘役或者罚金。

十五、破坏监管秩序罪

（一）法律规定

第三百一十五条　依法被关押的罪犯，有下列破坏监管秩序行为之一，情节严重的，处三年以下有期徒刑：

（一）殴打监管人员的；

（二）组织其他被监管人破坏监管秩序的；

（三）聚众闹事，扰乱正常监管秩序的；

（四）殴打、体罚或者指使他人殴打、体罚其他被监管人的。

（二）罪名详解

破坏监管秩序罪，是指依法被关押的罪犯，破坏监管秩序，情节严重的行为。本罪是 1997 年刑法增设的罪名，1979 年刑法和单行刑法均没有规定此罪名。

破坏监管秩序罪的构成要件是：

1. 主体要件

犯罪主体为特殊主体，即“依法被关押的罪犯”。所谓罪犯，是指经法院生效判决认定犯有罪行的人。在判决生效以后，根据判处的刑罚的不同，有的罪犯予以关押，有的罪犯则不予关押。破坏监管秩序罪的主体仅限于被关押的罪犯。在我国，承担执行刑罚、惩罚和改造罪犯的机关有三种：（1）监狱，即实行最严格管理，关押改造不宜从事监外活动的重大刑事犯的劳改场所。（2）少年犯管教所。即监管已满 14 周岁不满 18 周岁的少年罪犯的劳动场所。（3）看守所。主要是羁押未决犯的场所，罪犯在被交付执行刑罚前，剩余刑期在三个月以下的，由看守所代为执行。

2. 客体要件

本罪侵犯的客体是监狱的正常监押管理秩序，即监狱依照监狱法等有关监狱法规、管理规章制度对服刑罪犯进行惩罚、教育、改造的正常活动。良好的监管秩序，是对罪犯进行有效管理、改造的保障。破坏监管秩序的行为，必然会危害监狱的正常管理活动，妨害对罪犯的教育改造。

3. 主观要件

主观方面由故意构成，即明知自己的行为会破坏监管秩序，仍决意为之。过失不构成本罪。

4. 客观要件

客观方面表现为破坏监管秩序，情节严重的行为。《刑法》第 315 条规定了破坏监管秩序的四种行为方式：（1）殴打监管人员；（2）组织其他被监管人破坏监管秩序；（3）聚众闹事，扰乱正常监管秩序；（4）殴打、体罚或者指使他人殴打、体罚其他被监管人。《监狱法》第 58 条规定了八种破坏监管秩序的行为，即聚众哄闹监狱，扰乱正常秩序的；辱骂或者殴打人民警察的；欺压其他罪犯的；盗窃、赌博、打架斗殴、寻衅滋事的；有劳动能力拒不参加劳动或者消极怠工，经教育不改的；以自伤、自残手段逃避劳动的；在生产劳动中故意违反操作规程，或者有意损坏生产工具的；有违反监狱规定纪律的其他行为的。可见，刑法规定的破坏监管秩序的行为基本属于《监狱法》第 58 条规定的八种破坏监管秩序行为中的第一种、第二种、第三种行为。至于组织其他被监管人破坏监管秩序，处罚的是组织行为，被组织人的破坏监管秩序的行为，属于《监狱法》第 58 条规定的其他破坏监管秩序的行为，如拒不参加劳动、消极怠工，在生产劳动中故意违反操作规程，有意损坏生产工具的。因此，被组织者不构成本罪，只有组织者才构成本罪。

根据法律规定，破坏监管秩序的行为，必须达到“情节严重”的程度，才构成犯罪。所谓情节严重，在司法实践中，一般是指多次破坏监管秩序经监狱给予警告、记过或者禁闭后仍不悔改的；破坏监管秩序造成严重后果的，如因破坏监管秩序引起其他在押犯趁混乱之机脱逃，因欺压其他罪犯导致罪犯自杀、精神失常的等情形。如果情节不严重，根据《监狱法》第58条的规定，可由监狱给予警告、记过或者禁闭。

（三）实务疑难问题

1. 划清本罪与故意伤害罪的界限

破坏监管秩序的四种行为中有两种是侵犯他人身体健康的，即殴打监管人员，殴打、体罚或者指使他人殴打体罚其他被监管人。殴打、体罚一般是引起他人身体的疼痛、痛苦，但有时也会造成组织、器官结构的一定程度的损害或者部分功能障碍。如果殴打、体罚没有造成他人组织、器官结构的损害或者部分功能障碍的，只能定破坏监管秩序罪；如果因殴打造成了他人轻微伤害，达不到轻伤标准的，也只能定破坏监管秩序罪；如果因殴打、体罚造成他人器官、组织的损害或者部分功能障碍达到了轻伤标准的，既构成破坏监管秩序罪，又构成故意伤害罪（轻伤），属于想象竞合犯，应按处理想象竞合犯的原则，从一重罪处罚。

2. 划清本罪与寻衅滋事罪的界限

依照《刑法》第293条的规定，寻衅滋事的行为包括：随意殴打他人，情节恶劣的；在公共场所起哄闹事，造成公共场所秩序严重混乱等，这与破坏监管秩序罪中殴打他人，起哄闹事的行为有一定的相似性，但两者有区别：（1）场所不同。前者的行为是发生在社会上以及公共场所，而后者的行为则是发生在监狱内。（2）主体不同。前者主体是一般主体，而后者的主体则是特殊主体，限于被监管的罪犯。（3）侵犯对象不同。前者侵犯的对象是社会上的普通公民，而后者侵犯的对象则是监管人员以及其他被监管人员。（4）客体不同。前者侵犯的是社会公共秩序，而后者侵犯的则是监狱内的监管秩序。

3. 划清本罪与聚众扰乱社会秩序罪的界限

两者的区别主要表现在：（1）犯罪客体不同。前者侵犯的是社会秩序，是指工作、生产、营业和教学、科研秩序；后者仅指劳改机关的监管秩序。显然，两者存在种属关系。（2）犯罪地点不同。前者指工作、生产、营业和教学、科研场所及周围，后者限于专门性或临时性劳改的劳改场所。（3）犯罪行为方式不同。前者只能是聚众的形式，后者既可以是聚众的形式，也可以是单独的形式。（4）犯罪行为种类不同。前者泛指聚众扰乱社会秩序的行为，后者只限于《刑法》第315条规定的四种行为。显然，组织其他被监管人破坏监管秩序和“聚众闹事，扰乱正常监管秩序”的行为，属于一行为触犯数法条的法条竞合情形。就此而言，破坏监管秩序罪是特别法，聚众扰乱社会秩序罪是普通法。因此，按照特别法优于普通法的原则，宜定破坏监管秩序罪。(5) 犯罪主体不同。前者是一般主体，即达到刑事责任年龄，具备刑事责任能力的自然人均可构成本罪，后者是特殊主体，仅限于依法被关押的罪犯。

4. 划清本罪与虐待被监管人罪的界限

两者的区别主要表现在：(1) 犯罪客体不同。前者侵犯的客体是公民的人身权利和国家机关的正常活动，后者侵犯的客体是劳改机关的监管秩序。(2) 犯罪对象不同。尽管两者都是“被监管人”，但范围不同，前者仅限于“罪犯”，即已决犯，后者既包括“罪犯”，也包括“犯罪嫌疑人、被告人”，也就是说，既包括已决犯，也包括未决犯。(3) 犯罪主体不同。前者是特殊主体，仅指监狱、拘留所、看守所等监管机构的监管人员，后者是特殊主体，仅限于依法被关押的罪犯。(4) 犯罪主观目的不同。前者的目的是殴打或体罚虐待被监管人员，后者的最终目的是破坏监管秩序。

(四) 情节与量刑

依照《刑法》第315条的规定，犯破坏监管秩序罪的，处3年以下有期徒刑。

(五) 法律链接

中华人民共和国监狱法（1994年12月29日第八届全国人民代表大会常务委员会第十一次会议通过　根据2012年10月26日第十一届全国人民代表大会常务委员会第二十九次会议《关于修改〈中华人民共和国监狱法〉的决定》修正）（节录）

第十五条　人民法院对被判处死刑缓期二年执行、无期徒刑、有期徒刑的罪犯，应当将执行通知书、判决书送达羁押该罪犯的公安机关，公安机关应当自收到执行通知书、判决书之日起一个月内将该罪犯送交监狱执行刑罚。

罪犯在被交付执行刑罚前，剩余刑期在三个月以下的，由看守所代为执行。

第五十八条 罪犯有下列破坏监管秩序情形之一的，监狱可以给予警告、记过或者禁闭：

（一）聚众哄闹监狱，扰乱正常秩序的；

（二）辱骂或者殴打人民警察的；

（三）欺压其他罪犯的；

（四）偷窃、赌博、打架斗殴、寻衅滋事的；

（五）有劳动能力拒不参加劳动或者消极怠工，经教育不改的；

（六）以自伤、自残手段逃避劳动的；

（七）在生产劳动中故意违反操作规程，或者有意损坏生产工具的；

（八）有违反监规纪律的其他行为的。

依照前款规定对罪犯实行禁闭的期限为七天至十五天。

罪犯在服刑期间有第一款所列行为，构成犯罪的，依法追究刑事责任。

第七十四条 对未成年犯应当在未成年犯管教所执行刑罚。

第七十六条 未成年犯年满十八周岁时，剩余刑期不超过二年的，仍可以留在未成年犯管教所执行剩余刑期。

十六、脱逃罪

（一）法律规定

第三百一十六条第一款 依法被关押的罪犯、被告人、犯罪嫌疑人脱逃的，处五年以下有期徒刑或者拘役。

（二）罪名详解

脱逃罪，是指依法被关押的罪犯、被告人、犯罪嫌疑人脱逃监管的行为。本罪1979年《刑法》第161条第1款作了规定，1997年《刑法》第316条第1款对罪状作了修改。

脱逃罪的构成要件是：

1. 主体要件

犯罪主体为特殊主体，即罪犯、被告人、犯罪嫌疑人，这里的“罪犯”，是指已经法院判决，宣告有罪的人，即已决犯；“被告人”，是指人民检察院已经向人民法院起诉，控告其实施犯罪的人；“犯罪嫌疑人”，是指在公安机关（含国家安全机关）或者检察机关立案侦查期间被认为实施犯罪的人。

2. 客体要件

本罪侵犯的客体是监管机关对罪犯、被告人、犯罪嫌疑人的正常监管秩序。具体而言是指监管机关对上述三种人的强制监押。目前，我国的监管机关包括监狱、少年犯管教所、看守所等，这些机关都是通过剥夺人身自由的方式对犯罪人、被告人、犯罪嫌疑人实施管理，强制羁押是维持正常管理秩序的必要条件。而脱逃行为正是破坏了监管机关实施的强制羁押。

3. 主观要件

主观方面由故意构成，即行为人明知脱逃犯罪行为会造成破坏司法机关监管秩序的危害结果，并希望这种结果的发生。犯罪目的是希望通过实施脱逃犯罪行为从而非法逃避司法机关强制监押。

4. 客观要件

客观方面表现为从羁押场所脱逃的行为。脱逃可以分为暴力性脱逃与非暴力性脱逃两种。“暴力性脱逃”，是指使用暴力或者以暴力相威胁实施的脱逃，如伤害看守人员或者将看守人员捆绑起来。但是，如果使用了严重暴力，造成了他人重伤、死亡后果的，则应实行数罪并罚，或者按照较重的罪定罪处刑。“非暴力性脱逃”，是指未对看守人员使用暴力或者以暴力相威胁实施的脱逃，如趁看守人员不备而秘密脱逃的、破坏监狱设备或者戒具而脱逃的，等等。

（三）实务疑难问题

1. 罪与非罪的认定

对多次逃离监管区域又自动及时返回的，由于行为人主观上没有逃避监管的意图，客观上也没有追求和实现脱逃结果，因而这种行为不符合脱逃罪的基本特征，对其不应以脱逃罪处罚。

2. 既遂与未遂的区分

在司法实践中，对于脱逃罪既遂与未遂的标准，应当以监管所包括的两个基本因素：特定的监管场所和特定的监管人员控制，如果仅是脱离监管场所，没有脱离监管人员的控制，不能构成既遂，只有在既脱离了监管场所，又脱离了监管人员的控制时，才构成犯罪既遂。因为脱逃人的根本目的在于脱离监管机关的监督以非法获得人身自由。所以，区分脱逃罪既遂、未遂时应以构成该罪的基本特征为依据，区别不同情况对待：（1）只是逃出了监管场所，没有最终摆脱监管人员的控制，其脱逃目的并没有实现，不能认定为既遂；（2）摆脱了监管人员的控制，但没有逃出监管场所，行为人取得的人身自由可能只是短暂的，也不能认定为既遂；（3）行为人既逃离了监管人员的控制，也逃出了监管场所，这时，行为人事实上已获得了非法人身自由，即使以后被抓获，犯罪也已既遂；（4）押解途中行为人脱逃既遂、未遂的认定，也要看其是否逃离监管场所（此时表现为囚车或押解人指定范围等），并摆脱了监管人员的控制（如逃出监管人监控之外或躲藏起来没被发现）。

3. 划清本罪与其他罪的界限

（1）划清本罪与故意伤害罪、故意杀人罪的界限

依法被关押的罪犯、被告人、犯罪嫌疑人在脱逃时使用暴力的程度，应以致人轻伤为限。如果其暴力造成监管人员重伤、死亡的，则应按处理牵连犯的原则，从一重罪处罚，即以故意伤害罪或者故意杀人罪定罪处罚。

（2）划清本罪与战时临阵脱逃罪的界限

两罪的不同主要表现在：①犯罪客体不同。前者侵害的是参战部队的战斗力以及军人的军事义务，后者侵害的是公安、司法机关依法关押的活动与状态。②犯罪时间不同。前者仅限于“战时”，即国家宣布进行战争状态、部队受领作战任务或者遭敌突然袭击时，后者限于依法被关押的期间。③犯罪客观方面不同。前者表现为临阵脱逃行为，后者表现为摆脱依法关押状态的行为。④犯罪主体不同。前者主体是指直接担负作战任务的军人，后者主体是依法被关押的罪犯、被告人、犯罪嫌疑人。⑤犯罪主观方面不同。前者的目的是逃跑脱离部队，逃避参战，后者的目的是永远摆脱依法被关押的状态。

（四）情节与量刑

依照《刑法》第 316 条第 1 款的规定，犯脱逃罪的，处 5 年以下有期徒刑或者拘役。

在适用本款规定处罚时，应当注意将脱逃罪的处罚与原罪所判的刑罚，依照《刑法》第 71 条的规定实行数罪并罚，即一般采取限制加重的原则，决定执行的刑罚，而不是将脱逃罪所判处刑罚直接加在原来判处的刑罚之上，

实行合并相加。

（五）法律链接

公安部关于对被判处拘役的罪犯在执行期间回家问题的批复（公复字〔2001〕2号 2001年1月31日发布）

北京市公安局：

你局《关于加拿大籍罪犯秦典华在拘役期间回家问题的请示》（京公法字〔2001〕24号）收悉。现批复如下：

《刑法》第四十三条第二款规定，“在执行期间，被判处拘役的犯罪分子每月可以回家一至两天”。根据上述规定，是否准许被判处拘役的罪犯回家，应当根据其在服刑期间表现以及准许其回家是否会影响剩余刑期的继续执行等情况综合考虑，由负责执行的拘役所、看守所提出建议，报其所属的县级以上公安机关决定。被判处拘役的外国籍罪犯提出回家申请的，由地方级以上公安机关决定，并由决定机关将有关情况报上级公安机关备案。对于准许回家的，应当发给国家证明，告知其应当按时返回监管场所和不按时返回将要承担的法律责任，并将准许回家的决定送同级人民检察院。被判处拘役的罪犯在决定机关辖区内有固定住处的，可允许其回固定住处，没有固定住处的，可在决定机关为其指定的居所每月与其家人团聚一天至两天。拘役所、看守所根据被判处拘役的罪犯在服刑及回家期间表现，认为不宜继续准许其回家的，应当提出建议，报原决定机关决定。对于被判处拘役的罪犯在回家期间逃跑的，应当按照《刑法》第三百一十六条的规定以脱逃罪追究其刑事责任。

十七、劫夺被押解人员罪

（一）法律规定

第三百一十六条第二款　劫夺押解途中的罪犯、被告人、犯罪嫌疑人的，处三年以上七年以下有期徒刑；情节严重的，处七年以上有期徒刑。

（二）罪名详解

劫夺被押解人员罪，是指劫夺押解途中的罪犯、被告人、犯罪嫌疑人的行为。本罪是1997年刑法增设的罪名，1979年刑法和单行刑法均没有规定此罪名。

劫夺被押解人员罪的构成要件是：

1. 主体要件

犯罪主体为一般主体。实践中，多为依法被押解的罪犯、被告人、犯罪嫌疑人以外的人构成本罪，如被押解人的亲属、朋友。本身即是罪犯、被告人、犯罪嫌疑人的人，也有可能成立本罪。这是因为，尽管这些人员一般都处于被监管羁押的状态下，但也有些人，虽然其身份是罪犯、被告人、犯罪嫌疑人，但并没有被关押，如被宣判缓刑或单处剥夺政治权利的罪犯，或者被采取取保候审的犯罪嫌疑人等，都有可能出于亲情、朋友义气或其他方面的原因而劫夺被关押的人员，成为本罪的主体。

2. 客体要件

本罪侵犯的客体是司法机关押解罪犯、被告人、犯罪嫌疑人的正常活动。司法机关为了进行正常的刑事诉讼，如起诉、审判、执行等，将罪犯、被告人、犯罪嫌疑人由一个处所押往另一处所，以保证刑事诉讼活动的正常进行。劫夺被押解人员，必然会破坏正常的刑事诉讼活动。

3. 主观要件

主观方面由故意构成，即明知被押解的是罪犯、被告人、犯罪嫌疑人，仍加以劫夺。

4. 客观要件

客观方面表现为劫夺押解途中的罪犯、犯罪嫌疑人、被告人的行为。具体包括以下三个方面的内容：

（1）必须有劫夺的行为。行为人劫夺被押解人员行为的方式，具体可以包括以下几种：第一，采用趁押解人员不备的方式夺取被押解人员。行为人往往采取某些行为吸引司法工作人员的注意，然后，趁司法工作人员不备，实施将罪犯、被告人、犯罪嫌疑人摆脱司法工作人员羁押监禁状态的行为。第二，采用暴力或威胁的方法夺取被押解人员。刑法在规定本罪罪状时，使用了“劫夺”一词。而“劫夺”中的“劫”字，在法律语言中就是使用暴力、威胁或者其他方法强行劫取的意思。因此，劫夺被押解人员罪客观方面“劫夺”的行为方式中，当然地包括暴力的行为方式。所谓“暴力”的方式，就是指对司法工作人员不法行使强烈的有形力，使司法工作人员不得不放弃对罪犯、被告人、犯罪嫌疑人的羁押监管。暴力不仅包括直接施加于司法工作人员人身的暴力，也包括针对与其有关的工具、物体间接施加的暴力。例如，打砸司法工作人员押解被押解人使用的交通工具，朝其脚下猛掷石块等。除暴力的行为方式之外，威胁也是本罪客观方面一种重要的行为方式。所谓“威胁”，是指以使司法工作人员产生畏惧心理不依法执行押解任务为目的，以恶害相通告，迫使其放弃对罪犯、被告人、犯罪嫌疑人的羁押监管。威胁的内容、性质、通告的方法没有限制。

另外，除趁司法工作人员不备与暴力、威胁的行为方式外，本罪劫夺行为的实施，还可能是暴力、威胁之外的其他方法。这主要是指一些使押解人员不能还击或不知还击的强制手段。最典型的是采取药物、酒精使被害人暂时丧失自由意志，然后劫夺罪犯、被告人、犯罪嫌疑人。但是，如果行为人未采取劫夺手段，而是采取秘密的方法单纯放走被押解人使之逃走的，不能构成本罪客观方面所要求的劫夺。

（2）劫夺的对象必须是罪犯、被告人、犯罪嫌疑人。构成劫夺被押解人员罪，行为人客观方面劫夺的必须是罪犯、被告人、犯罪嫌疑人。如果劫夺的是被行政拘留的人等则不成立本罪，但可能构成他罪。如果劫夺的是被非法带走的人，不成立犯罪。另外，如果行为人劫夺的是未经司法机关采取正式的立案手续并使用强制措施而抓捕的人员，也不能成立本罪客观方面所要求的劫夺。

（3）劫夺行为必须发生在押解途中。劫夺被押解人员罪的犯罪行为，只能发生在押解途中。所谓“押解途中”，是指有关部门将罪犯、被告人、犯罪嫌疑人从一地押送到另一地的路途中。如果劫夺行为发生在监狱、劳改场所、看守所或人民检察院、人民法院等关押场所，则不能成立本罪。

（三）实务疑难问题

1. 关于一罪与数罪问题

在劫夺被押解人员的过程中，如果行为人实施了杀害、重伤押解人的行为的，又触犯了故意杀人罪、故意伤害罪。应当按照处理想象竞合犯的原则，从一重罪处罚。

2. 关于共犯问题

如果被押解人与行为人事前共谋，由行为人在押解途中劫夺的，被押解人可以构成脱逃罪，但不构成劫夺被押解人员罪。

3. 划清本罪与其他罪的界限

劫夺被押解人员罪与聚众持械劫狱罪的界限

两罪有相似之处，如二者都是故意犯罪，都具有使劫夺者逃避羁押、刑罚处罚的目的，客观上都实施劫夺行为。因此，在实践中两罪容易发生混淆，但两罪也存在以下区别：

（1）主体方面不同。尽管二者都是一般主体，但劫夺被押解人员罪既可以单个人实施，也可以是两人或聚众共同实施，而聚众持械劫狱罪只能是聚众实施，即必须达到三人以上。也就是说，从共同犯罪的角度来讲，前者是任意共同犯罪，而后者则是必要共同犯罪。

（2）客观方面的行为方式不同。聚众持械劫狱罪客观行为方面必须以“持械”的手段进行，而劫夺被押解人员罪则没有这一限制，既可以以持械的方式进行，也可以以威胁、乘人不备、欺骗或其他方式进行。

（3）行为地点和劫夺对象不同，劫夺被押解人员罪劫夺的只能是押解途中的罪犯、被告人、犯罪嫌疑人，而聚众持械劫狱罪只能是劫夺狱中的被监押人。当然，对这里的“狱”字应作广义理解，既包括监狱，也包括少管所，拘役所，看守所，执行死刑的现场，罪犯在外劳动、活动的场所等。

（四）情节与量刑

依照《刑法》第 316 条第 2 款的规定，犯劫夺被押解人员罪的，处 3 年以上 7 年以下有期徒刑；情节严重的，处 7 年以上有期徒刑。该款规定的“情节严重”，是本罪的加重处罚情节，司法实践中，一般是指劫夺重刑犯或者重大案件的被告人、犯罪嫌疑人；多人进行劫夺或者劫夺多人的；造成严重后果的等情形。

十八、组织越狱罪

（一）法律规定

第三百一十七条第一款　组织越狱的首要分子和积极参加的，处五年以上有期徒刑；其他参加的，处五年以下有期徒刑或者拘役。

（二）罪名详解

组织越狱罪，是指在押犯罪人、被告人、犯罪嫌疑人结伙使用暴力或者其他手段有组织、有计划地从羁押场所逃跑的行为。本罪1979年《刑法》第96条作了规定。1997年刑法保留了此罪名，但将其从1979年刑法的反革命罪一章移至妨害社会管理秩序罪一章之中。

组织越狱罪的构成要件是：

1. 主体要件

犯罪主体为特殊主体，即只能是被关押的罪犯、被告人和犯罪嫌疑人。组织越狱是共同犯罪的行为，一般是三人以上实施犯罪活动，否则就不称其为组织越狱。狱外人参与犯罪的，应按组织越狱罪的共犯论处。

2. 客体要件

本罪侵犯的客体是国家司法机关对罪犯、被告人、犯罪嫌疑人的监管秩序。具体是指监管机关对被监管人行使羁押、看管、教育、改造职能的活动。

3. 主观要件

主观方面由直接故意构成。犯罪目的是脱离监管机关的羁押，非法恢复人身自由。犯罪动机多种多样，但动机不影响本罪的成立。间接故意和过失不构成本罪。

4. 客观要件

客观方面表现为在首要分子的策划下，结伙有组织、有计划地从羁押场所逃跑的行为。“有组织、有计划”，是指在首要分子的组织、策划、指挥下，制订越狱方案，进行分工，经过周密准备，选择适当时机实施越狱行为。一般是组织在押犯采取非暴力的手段，如挖通监房的墙壁或者地道，集体秘密逃跑。因而不具有暴力性，或者只有比较轻微的暴力行为。

（三）实务疑难问题

1. 划清本罪与脱逃罪的界限

这两种犯罪在客观上都实施了脱离监管场所的行为，组织越狱行为从广义上说也是一种脱逃行为，但两者有区别，表现在：脱逃罪既可以单个人实施，也可以数人共同实施，在数人共同实施时，属于普通共同犯罪，不属于聚众犯罪；而组织越狱罪只能由多人聚众实施，在聚众实施的过程中有明显的首要分子，有明确的分工，有严密的组织。

2. 划清本罪与暴动越狱罪的界限

两者的区别主要表现在：（1）犯罪手段不同，前者只能是暴力手段，后者既可以是暴力手段，也可以采取秘密脱逃等非暴力手段。（2）犯罪主体不完全相同，尽管两者都是指依法被关押的犯罪嫌疑人、被告人、罪犯，但是，前者的参与者规模大、人数多，而后者并没有特别限制，其最低要求 3 人以上。可见，《刑法》第 317 条第 1 款与第 2 款存在法条竞合关系，第 1 款是普通法条，第 2 款是特别法条，依照竞合原则，应优先适用暴动越狱罪定罪量刑。

（四）情节与量刑

依照《刑法》第 317 条第 1 款的规定，犯组织越狱罪的，对首要分子和积极参加的，处 5 年以上有期徒刑；其他参加的，处 5 年以下有期徒刑或者拘役。司法机关在适用该规定处罚时，应当注意，组织越狱的行为社会危害性很大，必须依法严惩。同时，要区别是首要分子、积极参加者还是一般参加者，恰当量刑。“首要分子”，是指组织、策划、指挥越狱的犯罪分子。首要分子可以是一个人，也可以是几个人。“积极参加的”，是指虽不是首要分子，但是在组织越狱过程中表现积极，起主要作用的犯罪分子。“其他参加的”，是指在组织越狱犯罪中只是被动参加，起次要或者辅助作用的犯罪分子。

十九、暴动越狱罪

（一）法律规定

第三百一十七条第二款　暴动越狱或者聚众持械劫狱的首要分子和积极参加的，处十年以上有期徒刑或者无期徒刑；情节特别严重的，处死刑；其他参加的，处三年以上十年以下有期徒刑。

（二）罪名详解

暴动越狱罪，是指依法被关押的罪犯、被告人、犯罪嫌疑人，在首要分子的组织、策划、指挥下，有组织、有计划，采用暴动的形式脱离监管场所的行为。本罪是1997年刑法增设的罪名，是从1979年《刑法》第96条规定的“组织越狱罪”中分离出来的。

暴动越狱罪的构成要件是：

1. 主体要件

犯罪主体为特殊主体，即只能是依法被关押的罪犯、被告人、犯罪嫌疑人。

2. 客体要件

本罪侵犯的客体是复杂客体，既侵害了监管机关对罪犯、被告人、犯罪嫌疑人的合法羁押，又侵害了监管人员的人身权利。由于采用了武力暴动的方式以及使用武器等手段，就会危及监管人员的人身安全，造成监管人员被杀害、伤害等结果。

3. 主观要件

主观方面由直接故意构成。行为人的犯罪目的是使自己逃避继续关押。间接故意和过失不构成本罪。

4. 客观要件

暴动越狱罪在客观方面表现为依法被关押者相互勾结，有组织、有计划地采用暴动方式集体逃跑的行为。具体来说，在客观行为方式上必须包括以下三个方面的内容：

（1）聚众性。暴动越狱罪属于聚众犯罪，因此，必须具有聚众性的特点。

所谓“聚众性”，即指在首要分子的组织、策划、指挥下，较多的人共同实行越狱的行为。聚众的“众”，应至少是三人以上（包含三人），在聚众越狱的犯罪中，可能存在首要分子、积极参加的人员，此外，还可能存在一般参加甚至被胁迫参加的人员。因此，如果在越狱行为中，仅仅只有两人参加，则由于不具有本罪客观方面聚众性的要求，就不能构成暴动越狱罪。聚众性的暴动越狱往往在人员内部组织上是松散性的。虽然聚众越狱的犯罪人中可能存在首要分子与积极参加人员、一般参加人员的区分，但这种组织在整体上是不严密的，各类犯罪人之间的联系是松散的，甚至一些犯罪人之间根本没有联系。在暴动越狱中，首要分子的组织、策划、指挥行为是暂时性的，一旦越狱行为结束，各犯罪人之间便自动解散。很多情况下，甚至参与越狱行为犯罪的人数也处于非固定状态，除首要分子和积极参加者以外，其他参与聚众越狱犯罪的人员往往是在骚动的激发下盲目地附和与参与的，随时可能增加或减少。

（2）暴动性。所谓“暴动性”，是指多人聚集在一起使用枪械、棍棒等武器或者以其他武力方式对抗监管机关或监管人员的行为。暴动性应当具有多人性的特点，如果仅仅在越狱时个别人使用暴力，尚不足以对配备武装人员警戒的监所安全构成严重威胁的，不能称为是暴动。至于暴力手段则可能是多种多样的，既可以是殴打、杀害监管人员或者警卫人员，也可以是捣毁监门、围墙，破坏监管设施，抢夺枪支弹药，劫持监管人员作为人质，等等。

（3）强行越狱。所谓“强行越狱”，即以集体暴力的方式，强行摆脱监管人员的控制，大规模地从监狱中逃离的行为。

（三）实务疑难问题

1. 罪与非罪的认定

区分暴动越狱罪与非罪的界限，一般应当从以下几个方面掌握：（1）是否出于越狱的目的实施了逃脱的行为；（2）是否使用了暴力或参加了暴乱、武装冲突；（3）是否存在三人以上经组织、策划而实施的暴动越狱行为。此外，暴动越狱罪作为一种聚众犯罪，属于必要的共同犯罪，必然有三人以上的多人参加，而由于暴动越狱是一种情节十分严重的犯罪行为，因此，根据刑法的规定，不论是首要分子、积极参加者还是一般参与人员，一旦实施暴力越狱的行为，都应当构成犯罪。但在实践中，由于这种犯罪往往涉案人员众多，因此，对于一些不明真相，或受蒙蔽、欺骗、胁迫参加越狱的人员，如果情节显著轻微，没有造成严重后果的，一般应不以犯罪论处为宜。

2. 一罪与数罪问题

在暴动越狱案件中，行为人采用暴力的手段越狱，往往会同时发生抢夺监管人员的枪支弹药，打死、打伤监管人员，捣毁监门、围墙，破坏监管设施等情况。这时，行为人除构成暴动越狱罪之外，往往还可能同时成立抢夺枪支弹药罪、故意杀人罪、故意伤害罪或者故意毁坏财物罪等罪名。那么，对于这种情况是按一罪处理，还是实行数罪并罚呢？实际上，此时，行为人所采用的犯罪手段同时触犯了其他罪名，构成了刑法理论上的牵连犯，对于牵连犯，我国刑法学界的通说认为应当从一重罪处断，但在某些特定的情况下，刑法又作出特定的规定进行数罪并罚。在暴动越狱罪中，根据《刑法》第 317 条的规定，其法定刑最高为死刑。因此，可以认为，暴动越狱罪中的暴力手段的内容已经包括了上述抢夺枪支弹药，打死打伤监管人员，捣毁监门、围墙，破坏监管设施等情况。也就是说，对于这种构成牵连犯的情况，不需要进行数罪并罚，只要直接依照暴动越狱罪处罚即可。

（四）情节与量刑

依照《刑法》第 317 条第 2 款的规定，犯暴动越狱罪的，对首要分子和积极参加的，处 10 年以上有期徒刑或者无期徒刑；情节特别严重的，处死刑；其他参加的，处 3 年以上 10 年以下有期徒刑。

在适用《刑法》第 317 条第 2 款规定处罚时，应当注意划清首要分子、积极参加者、其他参加者，恰当量刑。“首要分子”，是指在暴动越狱犯罪中起组织、策划、指挥作用的犯罪分子；“积极参加的”，是指在暴动越狱过程中表现积极，起主要作用的犯罪分子。“其他参加的”，是指在暴动越狱犯罪中只是被动参加，起次要或者辅助作用的犯罪分子。按照法律规定，“情节特别严重的”，处死刑，这是绝对确定的法定刑，适用时要特别慎重，严格掌握适用死刑的条件。所谓情节特别严重，司法实践中，一般是指暴动越狱造成了极其严重的危害后果的，如致多人死、伤，众多被关押的罪犯、犯罪嫌疑人和被告人脱逃；抢夺监所的武器、弹药，占领监所与司法机关对峙的；扣押监管人员作为人质的；犯罪手段特别残忍的；社会影响特别恶劣的等情形。

二十、聚众持械劫狱罪

（一）法律规定

第三百一十七条第二款　暴动越狱或者聚众持械劫狱的首要分子和积极参加的，处十年以上有期徒刑或者无期徒刑；情节特别严重的，处死刑；其他参加的，处三年以上十年以下有期徒刑。

（二）罪名详解

聚众持械劫狱罪，是指关押场所以外的人聚集多人，有组织、有计划地持械劫夺被依法关押的罪犯、被告人、犯罪嫌疑人的行为。本罪1979年《刑法》第96条称为“聚众劫狱罪”，1997年《刑法》第317条第2款对罪状作了修改，因而罪名相应地改为“聚众持械劫狱罪”。

聚众持械劫狱罪的构成要件是：

1. 主体要件

犯罪主体为一般主体。依法被关押人以外的具有刑事责任能力的人，都可以成为本罪的主体。在押的罪犯、被告人、犯罪嫌疑人与聚众持械劫狱行为人通谋的，可构成脱逃罪、组织越狱罪、暴动越狱罪。

2. 客体要件

侵犯的客体是复杂客体，既侵犯了监管机关对罪犯、被告人、犯罪嫌疑人的合法羁押，又侵犯了监管人员的人身权利。由于采用了使用武器等手段，就会危及监管人员的人身安全，造成监管人员被杀害、伤害等结果。劫夺对象必须是被关押在监狱、看守所、少年犯管教所的罪犯、被告人、犯罪嫌疑人。如果劫夺押解途中的罪犯、被告人、犯罪嫌疑人，则不构成本罪。

3. 主观要件

主观方面由直接故意构成，行为人的目的，是把被依法关押者从监狱或者其他羁押场所劫夺出来，使之逃避继续关押。间接故意和过失不构成本罪。

4. 客观要件

客观方面表现为多人聚集在一起使用枪械等武器或者其他暴力方式劫夺被依法关押的罪犯、被告人、犯罪嫌疑人的行为。其特点，一是聚众性，即纠集了较多的人。二是持械，即持有武器或者其他具有杀伤力和破坏作用的器械，如刀、匕首、棍棒等。三是使用暴力劫夺。暴力手段主要包括：殴打、杀害监管人员或警卫人员，捣毁监门、围墙，破坏监狱设施，抢夺枪支、弹药，等等。

（三）实务疑难问题

1. 一罪与数罪问题

如果在聚众持械劫狱过程中又实施了杀害、伤害监管人员的行为的，由于杀人、伤害行为已包含于聚众持械劫狱的行为之中，属想象竞合犯，按照处理想象竞合犯的原则，应从一重罪处罚。而聚众持械劫狱罪重于故意杀人罪与故意伤害罪，所以只定聚众持械劫狱罪即可，不构成数罪。

2. 划清本罪与其他罪的界限

划清本罪与劫夺被押解人员罪的界限

两罪的区别表现在：（1）劫夺的对象和地点不同。劫夺被押解人员只能劫夺在押解途中的罪犯、被告人、犯罪嫌疑人；而聚众持械劫狱所劫夺的人员，只是被关押在监狱、看守所里的罪犯、被告人、犯罪嫌疑人。（2）劫夺的手段不同。劫夺被押解人员既可能使用武器，也可能不使用武器；而聚众持械劫狱，则必须使用武器。（3）劫夺被押解人员不一定聚众，也可能单个人或者几个人实施，而聚众持械劫狱则必然要求纠集较多的人实施。

（四）情节与量刑

依照《刑法》第 317 条第 2 款的规定，犯聚众持械劫狱罪的，对首要分子和积极参加的，处 10 年以上有期徒刑或者无期徒刑；情节特别严重的，处死刑；其他参加的，处 3 年以上 10 年以下有期徒刑。

本罪属严重的犯罪。法律根据被告人的身份（首要分子、积极参加的、其他参加的）和情节不同，规定了三个档次的量刑幅度，要注意区别对待，恰当量刑。对“情节特别严重的”，法律规定“处死刑”，而且采用的是绝对确定的法定刑。因此，适用时要特别慎重，严格掌握适用死刑的条件。所谓情节特别严重，在司法实践中，一般是指携带、使用武器、弹药劫狱，造成监管人员伤亡或者监所严重破坏的；攻占监管场所，劫走重要案犯或者致使大量被关押人员脱逃的等情形。

第三节　妨害国（边）境管理罪

一、组织他人偷越国（边）境罪

（一）法律规定

第三百一十八条　组织他人偷越国（边）境的，处二年以上七年以下有期徒刑，并处罚金；有下列情形之一的，处七年以上有期徒刑或者无期徒刑，并处罚金或者没收财产：

（一）组织他人偷越国（边）境集团的首要分子；

（二）多次组织他人偷越国（边）境或者组织他人偷越国（边）境人数众多的；

（三）造成被组织人重伤、死亡的；

（四）剥夺或者限制被组织人人身自由的；

（五）以暴力、威胁方法抗拒检查的；

（六）违法所得数额巨大的；

（七）有其他特别严重情节的。

犯前款罪，对被组织人有杀害、伤害、强奸、拐卖等犯罪行为，或者对检查人员有杀害、伤害等犯罪行为的，依照数罪并罚的规定处罚。

（二）罪名详解

组织他人偷越国（边）境罪，是指非法组织他人偷越国（边）境的行为。本罪是从《全国人民代表大会常务委员会关于严惩组织、运送他人偷越国（边）境犯罪的补充规定》第 1 条的规定，吸收改为刑法的具体规定的。1979 年刑法规定的是组织、运送他人偷越国（边）境罪。

组织他人偷越国（边）境罪的构成要件是：

1. 主体要件

犯罪主体为一般主体，既可以是中国人，也可以是外国人。按照《最高人民法院、最高人民检察院关于办理妨害国（边）境管理刑事案件应用法律若干问题的解释》（以下简称《解释》）第7条的规定，本罪只能由个人实施。针对司法实践中一些单位为了牟取非法利益，采取各种方式，组织他人偷越国（边）境，进行有组织的犯罪，形式上、名义上以单位的面貌出现，实质上是直接进行策划、指挥，应当追究有组织犯罪的个人，即直接负责的主管人员和其他直接责任人员的刑事责任。

2. 客体要件

本罪侵犯的客体是国家对国（边）境的正常管理秩序。"国境"，是指我国与外国的国界；"边境"，是指我国大陆与港、澳、台地区的交界。国家对国（边）境实行严格管理，这对维护国家的主权、安全和社会秩序的稳定是必不可少的。一些境内不法分子为牟取暴利，和境外黑社会势力等勾结，利用某些人向往、追求境外生活，出境谋生的思想，组织他们偷越国（边）境。这种行为严重扰乱国（边）境的正常管理秩序，影响社会秩序的稳定，在国际上也造成了恶劣影响，必须依法惩处。

3. 主观要件

主观方面只能由故意构成，而且一般具有牟利的目的，但不以牟利为构成要件。

4. 客观要件

客观方面表现为非法组织他人偷越国（边）境的行为。"组织他人偷越国（边）境"，根据2012年12月12日公布的《解释》的规定，是指领导、策划、指挥他人偷越国（边）境或者在首要分子指挥下，实施拉拢、引诱、介绍他人偷越国（边）境等行为。因此，"组织他人偷越国（边）境"的行为，主要有两种方式：一是领导、策划、指挥他人偷越国（边）境的行为；二是在首要分子的指挥下，实施拉拢、引诱、介绍他人偷越国（边）境的行为。认定第二种"组织"行为，必须是在首要分子指挥下，如果没有首要分子指挥实施上述行为的，不构成"组织"行为；行为方式主要限于拉拢、引诱、介绍等三种方式。由于组织他人偷越国（边）境犯罪环节较多，参与人员情况复杂，对于实施拉拢、引诱、介绍三种方式以外的其他一般协助行为，不宜认定为"组织"行为。

（三）实务疑难问题

1. 本罪的既遂与未遂

《解释》第1条第3款规定："以组织他人偷越国（边）境为目的，招募、拉拢、引诱、介绍、培训偷越国（边）境人员，策划、安排偷越国（边）境行为，在他人偷越国（边）境之前或者偷越国（边）境过程中被查获的，应当以组织他人偷越国（边）境罪（未遂）论处；具有刑法第三百一十八条第一款规定的情形之一的，应当在相应的法定刑幅度基础上，结合未遂犯的处罚原则量刑。"根据该条规定，组织他人偷越国（边）境的组织行为并非一经实施就认定为既遂。如果被组织者在偷越国境之前或者偷越国境过程中被查获的，应当认定组织者组织他人偷越国境罪未遂。"偷越国（边）境过程中"是指被组织者虽已经越过国（边）境，但尚未完成偷越行为，依然在偷越过程中。该过程在时间上具有持续性，即是持续不间断的；在空间上具有区域性，即虽以界划线，但还设置了一个整体管理的区域，是偷越国境不可绕道的部分。被组织者的偷越行为在时间上具有接续性，在空间上具有连接性，即被组织者依然在边境管理区域内，属于"偷越国（边）境过程中"。被组织者在此期间被查获，应当认定组织者组织他人偷越国境罪未遂。

2. 划清组织他人偷越国（边）境罪与运送他人偷越国（边）境罪的界限

两罪的犯罪主体都是一般主体，都是由自然人构成；犯罪行为的实施都对我国国（边）境的正常管理秩序造成了破坏。两罪的主要区别是：

（1）犯罪客观方面的表现形式不同。组织他人偷越国（边）境罪在客观方面主要表现为组织行为，即行为人以煽动、拉拢、诱使、串连等方式，有组织、有计划地安排他人偷越国（边）境的行为；而运送他人偷越国（边）境罪在客观方面主要表现为运送行为，即行为人以车船、航空器等交通工具，或者徒步带领等方式，将他人偷运出国（边）境的行为。如果运送他人偷越国（边）境的行为只是组织他人偷越国（边）境行为的继续，属于牵连犯，按照牵连犯原则处罚，定组织他人偷越国（边）境罪；如果组织、运送是两个相互独立的犯罪行为，且已分别构成两个罪，则应当对组织他人偷越国（边）境行为和运送他人偷越国（边）境行为两个行为分别定罪量刑，实行数罪并罚。

（2）直接故意的内容不同。虽然组织他人偷越国（边）境罪和运送他人偷越国（边）境罪在主观方面都是由故意构成，但构成直接故意的内容不同。前者是明知组织他人偷越国（边）境的行为会发生破坏国家对国（边）境的正常管理秩序的危害结果，但行为人仍然决意实施这一行为并希望这一危害结果发生；而后者是明知运送他人偷越国（边）境的行为会发生破坏国家对国（边）境的正常管理秩序的危害结果，但行为人仍然决意实施这一行为并希望这一危害结果的发生。也就是说，前罪在主观上是组织他人偷越国（边）境的故意，而后罪在主观上是运送他人偷越国（边）境的故意。

（四）情节与量刑

依照《刑法》第 318 条第 1 款的规定，犯组织他人偷越国（边）境罪的，处 2 年以上 7 年以下有期徒刑，并处罚金；有下列情形之一的，处 7 年以上有期徒刑或者无期徒刑，并处罚金或者没收财产：（1）组织他人偷越国（边）境集团的首要分子；（2）多次组织他人偷越国（边）境或者组织他人偷越国（边）境人数众多的；（3）造成被组织人重伤、死亡的；（4）剥夺或者限制被组织人人身自由的；（5）以暴力、威胁方法抗拒检查的；（6）违法所得数额巨大的；（7）有其他特别严重情节的。

在适用《刑法》第 318 条的规定处罚时，应当注意以下问题：

1. 关于该条第 1 款规定中“有下列情形之一的”，即特别严重情节的认定问题。（1）组织他人偷越国（边）境集团的首要分子，是指策划、领导、指挥、组织他人偷越国（边）境集团的犯罪分子。（2）多次组织他人偷越国（边）境，是指组织他人偷越国（边）境 3 次或者 3 次以上的；组织他人偷越国（边）境人数众多，根据《解释》的规定，一般是指组织他人偷越国（边）境人数在 10 人以上的。（3）造成被组织人重伤、死亡的，是指在组织偷越国（边）境过程中，由于运输工具出现故障等原因导致被组织人重伤、死亡或者导致被组织人自杀等情形的。（4）剥夺或者限制被组织人人身自由的，是指采取强制方法对被组织人人身自由进行剥夺或者限制的。（5）以暴力、威胁方法抗拒检查的，是指对边防、海关等依法执行检查任务的人员实施殴打、伤害、杀害等暴力行为或者以暴力相威胁，抗拒检查的。（6）违法所得数额巨大的，是指以牟利为目的组织他人偷越国（边）境，违法所得数额在 20 万元以上的。（7）有其他特别严重情节的，是指除以上六种情形以外，具有其他后果特别严重、手段特别残忍、影响特别恶劣等特别严重的情节，如组织他人偷越国（边）境后使被组织人遭受迫害、奴役等情形。

2. 根据《解释》第1条第3款的规定，以组织他人偷越国（边）境为目的，招募、拉拢、引诱、介绍、培训偷越国（边）境人员，策划、安排偷越国（边）境行为，在他人偷越国（边）境之前或者偷越国（边）境过程中被查获的，应当以组织他人偷越国（边）境罪（未遂）论处；具有《刑法》第318条第1款规定的情形之一的，应当在相应的法定刑幅度基础上，结合未遂犯的处罚原则量刑。

3. 依照该条第2款的规定，犯组织他人偷越国（边）境罪，又对被组织人有杀害、伤害、强奸、拐卖等犯罪行为，或者对检查人员有杀害、伤害等犯罪行为的，依照数罪并罚的规定处罚。

（五）法律链接

1. 最高人民法院、最高人民检察院关于办理妨害国（边）境管理刑事案件应用法律若干问题的解释（法释〔2012〕17号　自2012年12月20日起施行）

为依法惩处妨害国（边）境管理犯罪活动，维护国（边）境管理秩序，根据《中华人民共和国刑法》《中华人民共和国刑事诉讼法》的有关规定，现就办理这类案件应用法律的若干问题解释如下：

第一条　领导、策划、指挥他人偷越国（边）境或者在首要分子指挥下，实施拉拢、引诱、介绍他人偷越国（边）境等行为的，应当认定为刑法第三百一十八条规定的“组织他人偷越国（边）境”。

组织他人偷越国（边）境人数在十人以上的，应当认定为刑法第三百一十八条第一款第（二）项规定的“人数众多”；违法所得数额在二十万元以上的，应当认定为刑法第三百一十八条第一款第（六）项规定的“违法所得数额巨大”。

以组织他人偷越国（边）境为目的，招募、拉拢、引诱、介绍、培训偷越国（边）境人员，策划、安排偷越国（边）境行为，在他人偷越国（边）境之前或者偷越国（边）境过程中被查获的，应当以组织他人偷越国（边）境罪（未遂）论处；具有刑法第三百一十八条第一款规定的情形之一的，应当在相应的法定刑幅度基础上，结合未遂犯的处罚原则量刑。

第二条　为组织他人偷越国（边）境，编造出境事由、身份信息或者相关的境外关系证明的，应当认定为刑法第三百一十九条第一款规定的“弄虚作假”。

刑法第三百一十九条第一款规定的“出境证件”，包括护照或者代替护照使用的国际旅行证件，中华人民共和国海员证，中华人民共和国出入境通行证，中华人民共和国旅行证，中国公民往来香港、澳门、台湾地区证件，边境地区出入境通行证，签证、签注，出国（境）证明、名单，以及其他出境时需要查验的资料。

具有下列情形之一的，应当认定为刑法第三百一十九条第一款规定的“情节严重”：

（一）骗取出境证件五份以上的；

（二）非法收取费用三十万元以上的；

（三）明知是国家规定的不准出境的人员而为其骗取出境证件的；

（四）其他情节严重的情形。

第三条 刑法第三百二十条规定的“出入境证件”，包括本解释第二条第二款所列的证件以及其他入境时需要查验的资料。

具有下列情形之一的，应当认定为刑法第三百二十条规定的“情节严重”：

（一）为他人提供伪造、变造的出入境证件或者出售出入境证件五份以上的；

（二）非法收取费用三十万元以上的；

（三）明知是国家规定的不准出入境的人员而为其提供伪造、变造的出入境证件或者向其出售出入境证件的；

（四）其他情节严重的情形。

第四条 运送他人偷越国（边）境人数在十人以上的，应当认定为刑法第三百二十一条第一款第（一）项规定的“人数众多”；违法所得数额在二十万元以上的，应当认定为刑法第三百二十一条第一款第（三）项规定的“违法所得数额巨大”。

第五条 偷越国（边）境，具有下列情形之一的，应当认定为刑法第三百二十二条规定的“情节严重”：

（一）在境外实施损害国家利益行为的；

（二）偷越国（边）境三次以上或者三人以上结伙偷越国（边）境的；

（三）拉拢、引诱他人一起偷越国（边）境的；

（四）勾结境外组织、人员偷越国（边）境的；

（五）因偷越国（边）境被行政处罚后一年内又偷越国（边）境的；

（六）其他情节严重的情形。

第六条　具有下列情形之一的，应当认定为刑法第六章第三节规定的“偷越国（边）境”行为：

（一）没有出入境证件出入国（边）境或者逃避接受边防检查的；

（二）使用伪造、变造、无效的出入境证件出入国（边）境的；

（三）使用他人出入境证件出入国（边）境的；

（四）使用以虚假的出入境事由、隐瞒真实身份、冒用他人身份证件等方式骗取的出入境证件出入国（边）境的；

（五）采用其他方式非法出入国（边）境的。

第七条　以单位名义或者单位形式组织他人偷越国（边）境、为他人提供伪造、变造的出入境证件或者运送他人偷越国（边）境的，应当依照刑法第三百一十八条、第三百二十条、第三百二十一条的规定追究直接负责的主管人员和其他直接责任人员的刑事责任。

第八条　实施组织他人偷越国（边）境犯罪，同时构成骗取出境证件罪、提供伪造、变造的出入境证件罪、出售出入境证件罪、运送他人偷越国（边）境罪的，依照处罚较重的规定定罪处罚。

第九条　对跨地区实施的不同妨害国（边）境管理犯罪，符合并案处理要求，有关地方公安机关依照法律和相关规定一并立案侦查，需要提请批准逮捕、移送审查起诉、提起公诉的，由该公安机关所在地的同级人民检察院、人民法院依法受理。

第十条　本解释发布实施后，《最高人民法院关于审理组织、运送他人偷越国（边）境等刑事案件适用法律若干问题的解释》（法释〔2002〕3号）不再适用。

2. **中华人民共和国治安管理处罚法**（2005年8月28日第十届全国人民代表大会常务委员会第十七次会议通过　根据2012年10月26日第十一届全国人民代表大会常务委员会第二十九次会议《关于修改〈中华人民共和国治安管理处罚法〉的决定》修正）（节录）

第六十一条　协助组织或者运送他人偷越国（边）境的，处十日以上十五日以下拘留，并处一千元以上五千元以下罚款。

第六十二条 为偷越国（边）境人员提供条件的，处五日以上十日以下拘留，并处五百元以上二千元以下罚款。

偷越国（边）境的，处五日以下拘留或者五百元以下罚款。

二、骗取出境证件罪

（一）法律规定

第三百一十九条 以劳务输出、经贸往来或者其他名义，弄虚作假，骗取护照、签证等出境证件，为组织他人偷越国（边）境使用的，处三年以下有期徒刑，并处罚金；情节严重的，处三年以上十年以下有期徒刑，并处罚金。

单位犯前款罪的，对单位判处罚金，并对其直接负责的主管人员和其他直接责任人员，依照前款的规定处罚。

（二）罪名详解

骗取出境证件罪，是指以劳务输出、经贸往来或者其他名义，弄虚作假，骗取护照、签证等出境证件，为组织他人偷越国（边）境使用的行为。本罪是从《全国人民代表大会常务委员会关于严惩组织、运送他人偷越国（边）境犯罪的补充规定》第 2 条的规定，吸收改为刑法的具体规定的，1979 年刑法没有骗取出境证件罪的规定。

骗取出境证件罪的构成要件是：

1. 主体要件

犯罪主体为一般主体。依照《刑法》第 319 条第 2 款的规定，单位也可以成为本罪的主体。

2. 客体要件

侵犯的客体是出境管理秩序。犯罪对象是护照、签证等出境证件。所谓护照，是指一个主权国家发给本国公民出入境和在国外居留、旅行的身份证明及国籍证明。所谓签证，是指一个主权国家同意某国人出入或经过该国国境的一种许可证明。

3. 主观要件

主观方面由故意构成。骗取护照、签证等出境证件的目的，是为自己或者提供给别人，以便组织他人偷越国（边）境犯罪时使用。如果骗取出境证件是为了本人出国，不是为组织他人偷越国（边）境使用的，不构成本罪。

4. 客观要件

客观方面表现为以劳务输出、经贸往来或者其他名义，弄虚作假，骗取护照、签证等出境证件的行为。根据《最高人民法院、最高人民检察院关于办理妨害国（边）境管理刑事案件应用法律若干问题的解释》（以下简称《解释》）第2条第1款的规定，为组织他人偷越国（边）境，编造出境事由、身份信息或者相关的境外关系证明的，应当认定为“弄虚作假”。“出境证件”，包括护照或者代替护照使用的国际旅行证件，中华人民共和国海员证，中华人民共和国出入境通行证，中华人民共和国旅行证，中国公民往来香港、澳门、台湾地区证件，边境地区出入境通行证，签证、签注，出国（境）证明、名单，以及其他出境时需要查验的资料。

（三）实务疑难问题

根据《公安部关于妨害国（边）境管理犯罪案件立案标准及有关问题的通知》的规定，骗取出境证件案的立案标准为：

1. 以劳务输出、经贸往来或者其他名义弄虚作假、骗取护照、通行证、旅行证、海员证、签证（注）等出境证件（以下简称出境证件），为他人偷越国（边）境使用的，应当立案侦查。

2. 骗取出境证件，具有下列情形之一的，应当立为重大案件：（1）骗取出境证件5—19本（份、个）的；（2）为违法犯罪分子骗取出境证件的；（3）违法所得10万—20万元的；（4）有其他严重情节的。

3. 骗取出境证件，具有下列情形之一的，应当立为特别重大案件：（1）骗取出境证件20本（份、个）以上的；（2）违法所得20万元以上的；（3）有其他特别严重情节的。

（四）情节与量刑

依照《刑法》第319条第1款的规定，犯骗取出境证件罪的，处3年以下有期徒刑，并处罚金；情节严重的，处3年以上10年以下有期徒刑，并处罚金。依照本条第2款的规定，单位犯本罪的，对单位判处罚金，并对其直接负责的主管人员和其他直接责任人员，依照前款的规定处罚。

《刑法》第319条第1款规定的“情节严重”，是本罪的加重处罚情节。根据《解释》第2条第3款的规定，是指具有下列四种情形之一的行为：(1) 骗取出境证件5份以上的；(2) 非法收取费用30万元以上的；(3) 明知是国家规定的不准出境的人员而为其骗取出境证件的；(4) 其他情节严重的情形。

三、提供伪造、变造的出入境证件罪

（一）法律规定

第三百二十条　为他人提供伪造、变造的护照、签证等出入境证件，或者出售护照、签证等出入境证件的，处五年以下有期徒刑，并处罚金；情节严重的，处五年以上有期徒刑，并处罚金。

（二）罪名详解

提供伪造、变造的出入境证件罪，是指为他人提供伪造、变造的护照、签证等出入境证件的行为。本罪是从《全国人民代表大会常务委员会关于严惩组织、运送他人偷越国（边）境犯罪的补充规定》第3条的规定，吸收改为刑法的具体规定的，1979年刑法没有提供伪造、变造的出入境证件罪的规定。

提供伪造、变造的出入境证件罪的构成要件是：

1. 主体要件

犯罪主体为一般主体，只能由个人实施，按照《最高人民法院、最高人民检察院关于办理妨害国（边）境管理刑事案件应用法律若干问题的解释》（以下简称《解释》）第7条的规定，以单位名义或者单位形式为他人提供伪造、变造的出入境证件的，追究直接负责的主管人员和其他直接责任人员的刑事责任。

2. 客体要件

侵犯的客体是国家对出入境证件的管理秩序。犯罪对象是出入境证件，即我国国（边）境的出境、入境证件，包括护照或者代替护照使用的国际旅行证件，中华人民共和国海员证、中华人民共和国出入境通行证，中华人民共和国旅行证，中国公民往来香港、澳门、台湾地区证件，边境地区出入境通行证，签证、签注，出国（境）证明、名单以及其他入境、出境时需要查验的资料。

3. 主观要件

主观方面由故意构成，即行为人明知为他人提供的是伪造、变造的护照、签证等出入境证件是非法的，依然向他人提供。法律并未对犯罪目的作出特别规定，司法实践中大多具有营利目的。

4. 客观要件

客观方面表现为实施为他人提供伪造、变造的出入境证件的行为。这里的“提供”，包括有偿提供、无偿提供，实践中多为出于以牟利为目的的有偿提供；“伪造”，是指无权制作护照、签证等出入境证件的人非法仿造真的出入境证件；“变造”，是指在真的出入境证件上采用剪粘、挖补、揭层、涂改等方法予以加工、改造。本罪的行为特征是提供伪造、变造的出入境证件，只要行为人明知是伪造、变造的护照、签证等出入境证件仍提供给他人，就符合本罪的构成要件；至于该证件的来源和造成的后果如何，不影响本罪的成立。

（三）实务疑难问题

1. 提供伪造、变造的出入境证件罪与骗取出境证件罪的界限

两者都属于妨害国（边）境的犯罪，犯罪对象都涉及出境证件，其区别有以下两点：

（1）犯罪对象不同。提供伪造、变造的出入境证件罪对象是伪造、变造的出入境证件，骗取出境证件罪的对象是出境证件。作为提供伪造、变造的出入境证件罪犯罪对象的证件既有出境证件，也有入境证件，且证件本身并不是真实、合法、有效的，而是伪造、变造的；而作为骗取出境证件罪犯罪对象的证件则只是出境证件，且证件本身是真实、合法、有效的。

（2）行为特征不同。提供伪造、变造的出入境证件罪特征是“向他人提供”，至于行为人如何弄到伪造、变造的出入境证件的，与定罪无关；而骗取出境证件罪的行为特征是“骗取”，只有行为人弄虚作假，骗取出境证件的，

才构成犯罪。

2. 提供伪造、变造的出入境证件罪与伪造、变造、买卖国家机关公文、证件、印章罪的界限

提供伪造、变造的出入境证件罪与伪造、变造证件罪具有十分密切的关系，两罪的犯罪主体都是一般主体，犯罪对象都是证件，且该证件均系伪造、变造而来，从犯罪构成来看，两罪的区别主要体现在以下几个方面：

（1）犯罪客体不同。提供伪造、变造的出入境证件罪侵犯的同类客体是国家对国（边）境的正常管理秩序，直接客体是国家对出入境证件的管理活动；而伪造、变造证件罪侵犯的同类客体则是正常的公共秩序，直接客体是国家机关正常的管理活动和信誉。

（2）犯罪客观方面不同。提供伪造、变造的出入境证件罪表现为，行为人将伪造、变造的出入境证件有偿或者无偿地提供给他人的行为；而伪造、变造证件罪则表现为无权制作证件者制造假的证件，或者采用涂改、擦消、拼接等方法，对真实的证件进行改制，改变其真实内容的行为。

（3）犯罪对象的范围不同。提供伪造、变造的出入境证件罪的犯罪对象仅限于护照、签证等出入境证件；而伪造、变造证件罪的犯罪对象则除出入境证件外，还包括所有用以证明身份和权利义务关系或者其他有关事实的凭证。

（4）犯罪主观方面不同。尽管两罪均出自直接故意，但故意的内容不同。提供伪造、变造的出入境证件罪的行为人在主观方面是一种明知是伪造、变造的出入境证件而仍然提供给他人的心理态度；而伪造、变造证件罪的行为人在主观上则表现为一种明知证件不得伪造、变造，而仍然予以实施的心理态度。

如果行为人先伪造、变造出入境证件，然后将其提供给他人，对此应按牵连犯的处理原则从一重定罪处罚，以提供伪造、变造的出入境证件罪从重处罚。

（四）情节与量刑

依照《刑法》第 320 条的规定，犯提供伪造、变造的出入境证件罪的，处 5 年以下有期徒刑，并处罚金；情节严重的，处 5 年以上有期徒刑，并处罚金。

该条规定的“情节严重”，是本罪的加重处罚情节。根据《解释》第3条第2款的规定，是指具有下列四种情形之一的行为：（1）为他人提供伪造、变造的出入境证件或者出售出入境证件5份以上的；（2）非法收取费用30万元以上的；（3）明知是国家规定的不准出入境的人员而为其提供伪造、变造的出入境证件或者向其出售出入境证件的；（4）其他情节严重的情形的。

四、出售出入境证件罪

（一）法律规定

第三百二十条　为他人提供伪造、变造的护照、签证等出入境证件，或者出售护照、签证等出入境证件的，处五年以下有期徒刑，并处罚金；情节严重的，处五年以上有期徒刑，并处罚金。

（二）罪名详解

出售出入境证件罪，是指行为人以营利为目的，出售护照、签证等出入境证件的行为。本罪是从《全国人民代表大会常务委员会关于严惩组织、运送他人偷越国（边）境犯罪的补充规定》第3条的规定，吸收改为刑法的具体规定的。1979年刑法没有出售出入境证件罪的规定。

出售出入境证件罪的构成要件是：

1. 主体要件

犯罪主体为一般主体，只能由个人实施。

2. 客体要件

本罪侵犯的客体是国家对出入境证件的管理制度。犯罪对象是出入境证件。“出入境证件”，是指由公安部、外交部或者其他授权的有关机关，根据申请人的申请，审查核实后签发的允许其出入国（边）境的证明，如护照、签证或者其他的有效出入境证件。需要指出的是，作为犯罪对象的出入境证件，是指经国家有关部门批准发放的真实的证件，不包括伪造、变造的出入境证件在内。

3. 主观要件

主观方面表现为故意，并且具有营利的目的，即行为人明知是真的护照、签证等出入境证件，为了营利而予以出售。获利多少，不影响本罪的成立。如果行为人没有营利的目的，不构成本罪。

4. 客观要件

客观方面表现为实施出售护照、签证等出入境证件的行为。“出售”，是指以牟利为目的，向他人有偿提供出入境证件。包括先收集、购买后再卖出，也包括将自己的护照、签证、回乡证、返乡证等出入境证件卖出。本罪行为人出售的出入境证件必须是国家有权机关制发的真实的出入境证件。出卖伪造、变造的出入境证件，应当以提供伪造、变造的出入境证件罪定罪处罚。至于出售的出入境证件是否在有效期内，不影响本罪的成立。

（三）实务疑难问题

出售出入境证件罪与提供伪造、变造的出入境证件罪的界限

两者在犯罪构成上有不少共同点，如犯罪行为的实施，都破坏国家出入境证件的管理秩序；犯罪对象都包括护照、签证等出入境证件；犯罪主体都是一般主体，且只包括自然人，不能是单位；在主观方面都是出于故意。两者的主要区别是：

1. 犯罪客观方面的表现形式不同。出售出入境证件罪在客观方面表现为，违反出入境证件管理法规的规定，出售出入境证件的行为；而提供伪造、变造的出入境证件罪在客观上则表现为，将伪造、变造的出入境证件提供给他人的行为。出售行为显然是有偿的；而提供行为既可以是有偿的，也可以是无偿的。

2. 犯罪对象不同。两罪的犯罪对象尽管都是出入境证件，但出售出入境证件罪的犯罪对象是真实有效的出入境证件；而提供伪造、变造的出入境证件罪的犯罪对象则是伪造、变造的出境证件。如果行为人出售虚假的出入境证件，则应以提供伪造、变造的出入境证件罪论处，而不能以出售出入境证件罪论处。

3. 犯罪目的不同。由于犯罪目的不是提供伪造、变造的出入证件罪的必备构成要件，因而提供伪造、变造的出入境证件罪的成立，无须行为人具有某种特殊的目的；而出售出入境证件罪的成立则要求行为人在主观上必须具有营利的目的。否则，不能成立该罪。

（四）情节与量刑

依照《刑法》第320条的规定，犯出售出入境证件罪的，处5年以下有期徒刑，并处罚金；情节严重的，处5年以上有期徒刑，并处罚金。

该条规定的“情节严重”，是本罪的加重处罚情节，根据《最高人民法院、最高人民检察院关于办理妨害国（边）境管理刑事案件应用法律若干问题的解释》的规定，是指出售出入境证件5份以上的；非法收取费用30万元以上的；明知是国家规定的不准出入境的人员还向其出售出入境证件的；有其他严重情节的。

五、运送他人偷越国（边）境罪

（一）法律规定

第三百二十一条　运送他人偷越国（边）境的，处五年以下有期徒刑、拘役或者管制，并处罚金；有下列情形之一的，处五年以上十年以下有期徒刑，并处罚金：

（一）多次实施运送行为或者运送人数众多的；

（二）所使用的船只、车辆等交通工具不具备必要的安全条件，足以造成严重后果的；

（三）违法所得数额巨大的；

（四）有其他特别严重情节的。

在运送他人偷越国（边）境中造成被运送人重伤、死亡，或者以暴力、威胁方法抗拒检查的，处七年以上有期徒刑，并处罚金。

犯前两款罪，对被运送人有杀害、伤害、强奸、拐卖等犯罪行为，或者对检查人员有杀害、伤害等犯罪行为的，依照数罪并罚的规定处罚。

（二）罪名详解

运送他人偷越国（边）境罪，是指运送他人偷越国（边）境的行为。本罪是从《全国人民代表大会常务委员会关于严惩组织、运送他人偷越国（边）

境犯罪的补充规定》第4条的规定，吸收改为刑法的具体规定的，1979年刑法规定的是组织、运送他人偷越国（边）境罪。

运送他人偷越国（边）境罪的构成要件是：

1. 主体要件

犯罪主体为一般主体，既可以是中国人，也可以是外国人。本罪只能由个人实施。

2. 客体要件

本罪侵犯的客体是国家对国（边）境的正常管理秩序。“国境”，是指我国与外国的国界；“边境”，是指我国大陆与港、澳、台地区的交界。

3. 主观要件

主观方面只能由故意构成，而且一般具有牟利的目的，但不以牟利为构成要件。

4. 客观要件

客观方面表现为运送他人偷越国（边）境的行为。所谓运送他人偷越国（边）境，是指使用车、船等交通工具或者徒步带领，将他人非法送出或者接入国（边）境的行为。至于运送他人偷越国（边）境的数量是多人还是一人，不影响本罪的成立。

（三）实务疑难问题

运送他人偷越国（边）境罪与组织他人偷越国（边）境罪的界限

两者的主要区别在于客观方面不同。运送他人偷越国（边）境罪主要表现为为他人提供运输工具，并且将他人送出或送入国（边）境。组织他人偷越国（边）境罪表现为采取煽动、串连、拉拢、引诱、欺骗、强迫等手段，策划联络安排他人偷越国（边）境。区分两罪的关键在于判断行为是否具有组织性。根据《最高人民法院、最高人民检察院关于办理妨害国（边）境管理刑事案件应用法律若干问题的解释》（以下简称《解释》）第1条的规定，组织他人偷越边境罪的“组织”行为，主要有两种方式：一是领导、策划、指挥他人偷越边境的行为；二是在首要分子指挥下，实施拉拢、引诱、介绍他人偷越边境等行为。由于组织他人偷越边境犯罪环节较多，参与人员情况复杂，对于拉拢、引诱、介绍三种方式以外的其他协助行为，一般不宜认定为“组织”行为。明知他人组织他人偷越边境，而参与购买、联系、安排船只、汽车等交通工具，提供运输服务，将非法出境人员送至离境口岸、指引路线，甚至是积极对偷渡人员进行英语培训以应付通关的需要，转交与出境人员身份不符的虚假证件，安排食宿、送取机票等行为，均是为组织他人偷越边境提供帮助，且由于主观目的及行为缺乏组织性，不能认定为组织他人偷越边境罪的共同犯罪，而应认定为运送他人偷越边境罪。

在实践中，如果行为人既组织他人偷越国（边）境，又运送他人偷越国（边）境，而这些偷越国（边）境人员又不是同一批的，应定组织他人偷越国（边）境罪和运送他人偷越国（边）境罪两罪，二罪并罚。如果组织和运送的是同一批偷越国（边）境者，按组织他人偷越国（边）境罪定罪处罚。因为运送行为包含在组织行为之中。此外，对于明知对方是组织他人偷越国（边）境，但仍然接受其要求，为其运送偷越国（边）境人员的，应当以运送他人偷越国（边）境罪定罪处罚。

（四）情节与量刑

依照《刑法》第 321 条第 1 款的规定，犯运送他人偷越国（边）境罪的，处 5 年以下有期徒刑、拘役或者管制，并处罚金；有下列情形之一的，处5 年以上 10 年以下有期徒刑，并处罚金：(1) 多次实施运送行为或者运送人数众多的；(2) 所使用的船只、车辆等交通工具不具备必要的安全条件，足以造成严重后果的；(3) 违法所得数额巨大的；(4) 有其他特别严重情节的。

依照本条第 2 款的规定，在运送他人偷越国（边）境中造成被运送人重伤、死亡，或者以暴力、威胁方法抗拒检查的，处 7 年以上有期徒刑，并处罚金。

依照本条第 3 款的规定，犯前两款罪，对被运送人有杀害、伤害、强奸、拐卖等犯罪行为，或者对检查人员有杀害、伤害等犯罪行为的，依照数罪并罚的规定处罚。

司法机关在适用该条规定处罚时，应当注意以下问题：关于“有下列情形之一的”，即特别严重情节的认定问题。根据《刑法》第 321 条的规定，运送他人偷越国（边）境的特别严重情节的情形有：(1) 多次实施运送行为或者运送人数众多的。“多次”，是指三次或者三次以上实施运送行为的。这里的“人数众多”，根据《最高人民法院、最高人民检察院关于办理妨害国（边）境管理刑事案件应用法律若干问题的解释》的规定，是指运送他人偷越国（边）境人数在 10 人以上。（2）所使用的船只、车辆等交通工具不具备必要的安全条件，足以造成严重后果的，是指所使用的船只、车辆等交通工具不符合基本的安全条件，足以造成船只沉没、车辆倾覆事故的。（3）违法所得数额在 20 万元以上的，应认定为运送他人偷越国（边）境非法取得的财物数额巨大。（4）有其他特别严重情节的，是指除以上三种情形以外，具有造成国际影响十分恶劣等特别严重情节的，等等。

《刑法》第 321 条第 2 款规定的“在运送他人偷越国（边）境中造成被运送人重伤、死亡”，是指在运送他人偷越国（边）境中，因交通工具不具备必要的安全条件等各种原因，发生重伤、死亡事故，或者导致被运送人自伤、自杀等重伤、死亡后果的；“以暴力、威胁方法抗拒检查的”，是指对依法执行检查任务的边防、海关人员实施暴力或者威胁行为，抗拒检查的。

六、偷越国（边）境罪

（一）法律规定

第三百二十二条　违反国（边）境管理法规，偷越国（边）境，情节严重的，处一年以下有期徒刑、拘役或者管制，并处罚金；为参加恐怖活动组织、接受恐怖活动培训或者实施恐怖活动，偷越国（边）境的，处一年以上三年以下有期徒刑，并处罚金。

（二）罪名详解

偷越国（边）境罪，是指违反国（边）境管理法规，偷越国（边）境，情节严重的行为。本罪 1979 年《刑法》第 176 条和《全国人民代表大会常务委员会关于严惩组织、运送他人偷越国（边）境犯罪的补充规定》第 5 条均有规定，1997 年修订刑法时对罪状略微作了修改。《刑法修正案（九）》对本罪作了修改，对为参加恐怖活动组织、接受恐怖活动培训或者实施恐怖活动，偷越国（边）境的，提高了法定刑。

偷越国（边）境罪的构成要件是：

1. 主体要件

犯罪主体为一般主体，中国人和外国人均可构成。

2. 客体要件

本罪侵犯的客体是国家对国（边）境的正常管理秩序。为了维护国家主权、安全，维持良好的出入境管理秩序，我国政府制定了一系列出入境管理法规。任何违反规定，非法出入我国国（边）境的行为，都是不允许的，情节严重的要作为犯罪处理。

3. 主观要件

主观方面由故意构成，即行为人明知自己没有取得出入我国国（边）境的证件仍然偷越国（边）境。如果行为人不清楚是我国国（边）境而误入或者误出的，不构成本罪。

4. 客观要件

客观方面表现为违反国（边）境管理法规，偷越国（边）境的行为。“违反国（边）境管理法规”，是指违反我国关于出入境管理的法律、法规规定，主要是指违反出境入境管理法和中国公民因私事往来香港地区或者澳门地区的暂行管理办法、出境入境边防检查条例等法律、法规的规定。

“偷越国（边）境”，是指违反国（边）境管理法规，非法出入我国国（边）境的行为。根据《最高人民法院、最高人民检察院关于办理妨害国（边）境管理刑事案件应用法律若干问题的解释》（以下简称《解释》）第6条的规定，具有以下五种情形之一的，属于“偷越国（边）境”的行为：（1）没有出入境证件出入国（边）境或者逃避接受边防检查的；（2）使用伪造、变造、无效的出入境证件出入国（边）境的；（3）使用他人出入境证件出入国（边）境的；（4）使用以虚假的出入境事由、隐瞒真实身份、冒用他人身份证件等方式骗取的出入境证件出入国（边）境的；（5）采用其他方式非法出入国（边）境的。

依照法律规定，偷越国（边）境的行为，除需具备以上构成要件外，还必须达到“情节严重”的程度，才构成犯罪。根据《解释》第5条的规定，“情节严重”，是指具有下列情形之一的行为：（1）在境外实施损害国家利益行为的；（2）偷越国（边）境3次以上或者3人以上结伙偷越国（边）境的；（3）拉拢、引诱他人一起偷越国（边）境的；（4）勾结境外组织、人员偷越国（边）境的；（5）因偷越国（边）境被行政处罚后一年内又偷越国（边）境的；（6）其他情节严重的情形。

（三）实务疑难问题

1. 罪与非罪的认定

由于偷越国（边）境的情况比较复杂，一般应作为违法行为由公安机关给予治安处罚，只有情节严重的偷越国（边）境的行为，才能作为犯罪追究行为人的刑事责任。对于边境附近居民，为了探亲、访友、赶集、过境耕种，或者在边境地区误入误出的，以及听信他人谣言蛊惑而偷越国（边）境但情节一般的，均不宜按犯罪处理。

2. 划清本罪与其他罪的界限

偷越国（边）境罪与叛逃罪的界限

叛逃罪是指国家机关工作人员在履行公务期间，擅离岗位，叛逃境外或者在境外叛逃的行为；或者掌握国家秘密的国家工作人员叛逃境外或者在境外叛逃的行为。可见，叛逃罪的行为人在实施叛逃行为时，往往伴之以偷越国（边）境的行为，两罪的主要区别是：

（1）犯罪客体不同。偷越国（边）境罪侵犯的直接客体是国家对国（边）境的正常管理秩序；而叛逃罪侵犯的客体则是中华人民共和国的国家安全。

（2）客观方面的表现形式不同。偷越国（边）境罪在客观上表现为，违反国（边）境管理法规，偷越国（边）境的行为；叛逃罪在客观方面则表现为，国家机关工作人员在履行公务期间，擅离岗位，叛逃境外或者在境外叛逃的行为；或者掌握国家秘密的国家工作人员叛逃境外或者在境外叛逃的行为。

（3）犯罪主体不同。偷越国（边）境罪的犯罪主体是一般主体；而叛逃罪的犯罪主体则是特殊主体，即国家机关工作人员以及掌握国家秘密的其他国家工作人员。

（4）主观故意的内容不同。偷越国（边）境罪在主观方面表现为，行为人明知偷越国（边）境的行为是违法行为，会给国家对国（边）境的正常管理秩序造成破坏，而仍然希望这一危害社会的结果的发生；而叛逃罪直接故意的内容是，行为人明知自己是国家机关工作人员不应叛逃，而仍然故意为之。

（四）情节与量刑

依照《刑法》第 322 条的规定，犯偷越国（边）境罪的，处 1 年以下有期徒刑、拘役或者管制，并处罚金；为参加恐怖活动组织、接受恐怖活动培训或者实施恐怖活动，偷越国（边）境的，处 1 年以上 3 年以下有期徒刑，并处罚金。

近年来，随着恐怖主义、分裂主义和极端主义的日益猖獗，偷越国（边）境犯罪与恐怖活动犯罪的联系也越来越突出，对国（边）境管理带来一些新的情况和问题。司法实践表明，在我国一些地区，出境参加恐怖活动组织、接受恐怖活动培训、实施恐怖活动的人数不断增多，甚至出现国外或者境外恐怖组织向我国境内招募恐怖活动人员、进行恐怖主义宣传煽动、进行培训等情形。很多人在无法合法出入境的情况下，采用偷越国（边）境的方式，给国界和边境管控造成很大的压力。这些人员偷越国（边）境的目的与一般的偷越国（边）境有很大的不同，他们偷渡出去的目的是为实施参加恐怖活动组织或者进行恐怖活动等严重犯罪行为，这些行为比一般的偷越国（边）境行为具有更大的社会危害性，因此将法定最高刑提高到 3 年。

七、破坏界碑、界桩罪

（一）法律规定

第三百二十三条　故意破坏国家边境的界碑、界桩或者永久性测量标志的，处三年以下有期徒刑或者拘役。

（二）罪名详解

破坏界碑、界桩罪，是指明知是国家设立在边境上的界碑、界桩而故意加以破坏的行为。本罪 1979 年《刑法》第 175 条作了规定。

破坏界碑、界桩罪的构成要件是：

1. 主体要件

犯罪主体为一般主体。

2. 客体要件

本罪侵犯的客体是国家边境的正常秩序。犯罪对象是国家边境的界碑、界桩。“界碑、界桩”，是指我国政府与邻国按照条约规定或者历史上实际形成的管辖范围，在陆地接壤地区埋设的指示边境分界及其走向的标志物。界碑和界桩没有实质的区别，只是形状不同。

3. 主观要件

主观方面由故意构成，即明知是国家设立在边境上的界碑、界桩而故意予以破坏。如果行为人不知道是界碑、界桩而将其破坏的，不构成本罪。

4. 客观要件

客观方面表现为破坏国家边境的界碑、界桩的行为；“破坏”，是指将界碑、界桩砸毁、拆除、挖掉、盗走、移动或者改变原样，从而使其失去原有的意义和作用的行为。

（三）实务疑难问题

1. 划清本罪与故意毁坏财物罪的界限

本罪的犯罪对象是国家边境的界碑、界桩，是指示我国与邻国边境的分界及其走向的标志物，不是一般的公共财物。只有破坏这种标志物才构成本罪；否则，构成故意毁坏财物罪或者其他的犯罪。

2. 划清本罪与危害国家安全罪的界限

本罪是故意犯罪。至于犯罪动机则可能是多种多样的：有的是为了贪财；有的是为了泄愤；也有的是为了破坏国家领土完整。1979 年《刑法》第 175 条第 2 款曾规定，破坏界碑、界桩，“以叛国为目的的，按照反革命罪处罚”。1997 年修订刑法时删除了上述规定，且危害国家安全罪也并非均要求以叛国为目的。因此，即使破坏界碑、界桩的目的是破坏国家领土完整，也应当以破坏界碑、界桩罪定罪处罚。

（四）情节与量刑

依照《刑法》第 323 条的规定，犯破坏界碑、界桩罪的，处 3 年以下有期徒刑或者拘役。

八、破坏永久性测量标志罪

（一）法律规定

第三百二十三条　故意破坏国家边境的界碑、界桩或者永久性测量标志的，处三年以下有期徒刑或者拘役。

（二）罪名详解

破坏永久性测量标志罪，是指故意破坏国家设立的永久性测量标志的行为。本罪 1979 年《刑法》第 175 条作了规定。

破坏永久性测量标志罪的构成要件是：

1. 主体要件

本罪的犯罪主体为一般主体。

2. 客体要件

本罪侵犯的客体是国家对永久性测量标志的管理活动。犯罪对象是永久性测量标志。“永久性测量标志”，是指国家测绘单位在全国各地进行测绘工作所建立的地上、地下或者水上的各种测量标志物，包括各等级的三角点、导线点、军用控制点、重力点、天文点、水准点的木质觇标、钢质觇标和标石标志，地形测量、工程测量和形变测量的各种固定标志，等等。

3. 主观要件

主观方面是由故意构成，即明知是国家永久性测量标志而加以破坏。犯罪动机是多种多样的，但动机不影响本罪的成立。

4. 客观要件

客观方面表现为实施了破坏永久性测量标志的行为。破坏永久性测量标志的手段，有拔除、移动、毁坏等。不论采取什么手段，只要使永久性测量标志丧失原有的作用，即应视为破坏行为。

（三）实务疑难问题

罪与非罪的认定

要将本罪与一般破坏标志的行为区分开来。本罪的犯罪对象是永久性测量标志。如果行为人破坏的不是国家设立的永久性测量标志，如故意损毁或者擅自移动路牌、交通标志或者临时性测量标志，可以给予治安管理处罚，但不能以本罪论处。过失破坏永久性测量标志的行为，不构成本罪。

（四）情节与量刑

依照《刑法》第 323 条的规定，犯破坏永久性测量标志罪的，处 3 年以下有期徒刑或者拘役。

第四节　妨害文物管理罪

一、故意损毁文物罪

（一）法律规定

第三百二十四条第一款　故意损毁国家保护的珍贵文物或者被确定为全国重点文物保护单位、省级文物保护单位的文物的，处三年以下有期徒刑或者拘役，并处或者单处罚金；情节严重的，处三年以上十年以下有期徒刑，并处罚金。

（二）罪名详解

故意损毁文物罪，是指故意损毁国家保护的珍贵文物或者被确定为全国重点文物保护单位、省级文物保护单位的文物的行为。本罪是从 1979 年《刑法》第 174 条破坏珍贵文物、名胜古迹罪的规定，吸收改为刑法的具体规定的。

故意损毁文物罪的构成要件是：

1. 主体要件

本罪的犯罪主体为一般主体，只能由自然人构成，单位不能构成本罪的主体。

2. 客体要件

本罪侵犯的客体是国家文物管理制度。犯罪对象是国家保护的珍贵文物或者被确定为全国重点文物保护单位、省级文物保护单位的文物。“珍贵文物”，是指具有重大历史、科学、艺术价值的可移动性文物。根据《文物保护法》《文物保护法实施条例》和文化部颁布的《文物藏品定级标准》的规定，凡属一、二、三级的文物均是珍贵文物。珍贵文物包括：历史上各时代珍贵的艺术品、工艺美术品、重要的革命文献资料以及具有历史、艺术、科学价值的手稿、古旧图书资料；反映历史上各时代、各民族社会制度、社会生产、社会生活的代表性实物，如古钱币、古字画等。“全国重点文物保护单位、省级文物保护单位的文物”，是指由国务院、省、自治区、直辖市人民政府划定并公布的具有历史、艺术、科学价值的不可移动的文物，包括古文化遗址、古墓葬、古建筑、石窟寺庙、石刻；与重大历史事件、革命运动和著名人物有关的，具有重要纪念意义、教育意义和史料价值的建筑物、遗址等。

3. 主观要件

主观方面只能由故意构成，即明知是国家保护的珍贵文物或者被确定为全国重点文物保护单位、省级文物保护单位的文物而加以损毁。

4. 客观要件

客观方面表现为故意损毁国家保护的珍贵文物或者被确定为全国重点文物保护单位、省级文物保护单位的文物的行为。“损毁”，是指以捣毁、焚烧、污损、拆除、挖掘等行为，将国家保护的珍贵文物毁坏或者将全国重点文物保护单位、省级文物保护单位的文物破坏的行为。

（三）实务疑难问题

1. 罪与非罪的认定

构成本罪，必须是故意损毁的行为。如果行为人不是出于故意而是由于不可抗力的客观原因导致了文物毁损的，则不构成本罪。另外，还应注意被损毁的文物是否属于珍贵文物和国家、省级文物保护单位的文物。不是上述文物的，即使被损毁了，也不构成本罪。

2. 划清本罪与其他罪的界限

故意损毁文物同时又故意损毁名胜古迹的行为如何处罚？故意损毁名胜古迹罪与故意损毁文物罪同属于妨害文物管理罪，两者具有许多相似之处，如两者在行为方式上都采取“损毁”的方法，在主观方面都是出于故意，犯罪主体都是一般主体。两者的主要区别在于犯罪对象不同，故意损毁名胜古迹罪的犯罪对象是名胜古迹，而故意损毁文物罪的犯罪对象自然是文物。然而在实践中，名胜古迹往往与文物混淆在一起，难以完全分清，这主要是因为在一些名胜古迹中夹杂着许多文物，文物成为这些名胜古迹的一个重要组成部分。当行为人实施“毁损”行为时，其毁损的对象可能既是名胜古迹，同时又是文物，文物与名胜古迹同时遭到损坏。这种情况下，如果行为人在故意损毁名胜古迹的同时又故意损毁文物，该文物与所处的名胜古迹是一个有机联系、不可分割的整体，行为人故意损毁名胜古迹和故意损毁文物的行为属于同时实施的一行为，是一行为同时触犯了数罪名，应当按照想象竞合犯的处罚原则从一重罪处罚。如果行为人在同一名胜古迹中，既故意损毁了该名胜古迹，同时又故意损毁了名胜古迹中的文物，行为人实施的不是同一行为，而是分别实施的两个行为，名胜古迹与其中文物共同构成一个整体的国家名胜古迹保护区。由于行为人故意损毁名胜古迹和故意损毁文物之间存在相互牵连的关系，对该行为应当按照牵连犯的处罚原则，从一重罪处罚。如果行为人分别在同一名胜古迹中实施两个行为，一个是故意损毁名胜古迹的行为，另一个是故意损毁文物的行为，被损毁的名胜古迹和被损毁的文物都是相对的独立物。该文物虽然处于名胜古迹区域内，但该文物单独属于国家重点保护的文物。对于这种行为，应当分别按照故意损毁名胜古迹罪和故意损毁文物罪定罪量刑，实行数罪并罚。

（四）情节与量刑

依照《刑法》第 324 条第 1 款的规定，犯故意损毁文物罪的，处 3 年以下有期徒刑或者拘役，并处或者单处罚金；情节严重的，处 3 年以上 10 年以下有期徒刑，并处罚金。

（五）法律链接

1. 全国人民代表大会常务委员会关于《中华人民共和国刑法》有关文物的规定适用于具有科学价值的古脊椎动物化石、古人类化石的解释（2005 年 12 月 29 日第十届全国人民代表大会常务委员会第十九次会议通过）

全国人民代表大会常务委员会根据司法实践中遇到的情况，讨论了关于走私、盗窃、损毁、倒卖或者非法转让具有科学价值的古脊椎动物化石、古人类化石的行为适用刑法有关规定的问题，解释如下：

刑法有关文物的规定，适用于具有科学价值的古脊椎动物化石、古人类化石。

现予公告。

2. **中华人民共和国文物保护法**（1982 年 11 月 19 日第五届全国人民代表大会常务委员会第二十五次会议通过　根据 1991 年 6 月 29 日第七届全国人民代表大会常务委员会第二十次会议《关于修改〈中华人民共和国文物保护法〉第三十条、第三十一条的决定》第一次修正　2002 年 10 月 28 日第九届全国人民代表大会常务委员会第三十次会议修订　根据 2007 年 12 月 29 日第十届全国人民代表大会常务委员会第三十一次会议《关于修改〈中华人民共和国文物保护法〉的决定》第二次修正　根据 2013 年 6 月 29 日第十二届全国人民代表大会常务委员会第三次会议《关于修改〈中华人民共和国文物保护法〉等十二部法律的决定》第三次修正　根据 2015 年 4 月 24 日第十二届全国人民代表大会常务委员会第十四次会议《关于修改〈中华人民共和国文物保护法〉的决定》第四次修正　根据 2017 年 11 月 4 日第十二届全国人民代表大会常务委员会第三十次会议《关于修改〈中华人民共和国会计法〉等十一部法律的决定》第五次修正）（节录）

第二条　在中华人民共和国境内，下列文物受国家保护：

（一）具有历史、艺术、科学价值的古文化遗址、古墓葬、古建筑、石窟寺和石刻、壁画；

（二）与重大历史事件、革命运动或者著名人物有关的以及具有重要纪念意义、教育意义或者史料价值的近代现代重要史迹、实物、代表性建筑；

（三）历史上各时代珍贵的艺术品、工艺美术品；

（四）历史上各时代重要的文献资料以及具有历史、艺术、科学价值的手稿和图书资料等；

（五）反映历史上各时代、各民族社会制度、社会生产、社会生活的代表性实物。

文物认定的标准和办法由国务院文物行政部门制定，并报国务院批准。

具有科学价值的古脊椎动物化石和古人类化石同文物一样受国家保护。

第六十四条　违反本法规定，有下列行为之一，构成犯罪的，依法追究刑事责任：

（一）盗掘古文化遗址、古墓葬的；

（二）故意或者过失损毁国家保护的珍贵文物的；

（三）擅自将国有馆藏文物出售或者私自送给非国有单位或者个人的；

（四）将国家禁止出境的珍贵文物私自出售或者送给外国人的；

（五）以牟利为目的倒卖国家禁止经营的文物的；

（六）走私文物的；

（七）盗窃、哄抢、私分或者非法侵占国有文物的；

（八）应当追究刑事责任的其他妨害文物管理行为。

3. **中华人民共和国治安管理处罚法**（2005年8月28日第十届全国人民代表大会常务委员会第十七次会议通过　根据2012年10月26日第十一届全国人民代表大会常务委员会第二十九次会议《关于修改〈中华人民共和国治安管理处罚法〉的决定》修正）（节录）

第六十三条　有下列行为之一的，处警告或者二百元以下罚款；情节较重的，处五日以上十日以下拘留，并处二百元以上五百元以下罚款：

（一）刻划、涂污或者以其他方式故意损坏国家保护的文物、名胜古迹的；

（二）违反国家规定，在文物保护单位附近进行爆破、挖掘等活动，危及文物安全的。

二、故意损毁名胜古迹罪

（一）法律规定

第三百二十四条第二款　故意损毁国家保护的名胜古迹，情节严重的，处五年以下有期徒刑或者拘役，并处或者单处罚金。

（二）罪名详解

故意损毁名胜古迹罪，是指损毁国家保护的名胜古迹，情节严重的行为。本罪是从1979年《刑法》第174条破坏珍贵文物、名胜古迹罪中分解、修改吸收成为刑法的具体规定的。

故意损毁名胜古迹罪的构成要件是：

1. 主体要件

犯罪主体为一般主体。

2. 客体要件

本罪侵犯的客体是国家对名胜古迹的管理制度。犯罪对象是国家保护的名胜古迹，即受国家保护的名胜风景区和文物古迹区。对于纯属国家保护的名胜风景区、县级文物保护单位的文物古迹，以及受国家保护，尚未确定保护级别的文物古迹，都可以成为本罪的犯罪对象。

3. 主观要件

主观方面由故意构成，即明知是国家保护的名胜古迹而加以损毁。

4. 客观要件

客观方面表现为故意损毁国家保护的名胜古迹的行为。"损毁"是指拆改、捣毁、挖掘、焚烧、爆炸等行为。故意损毁名胜古迹的行为，必须达到"情节严重"的程度，才能构成本罪。所谓情节严重，主要是指多次损毁名胜古迹的、损毁名胜古迹手段恶劣的、造成严重后果的等情形。

（三）实务疑难问题

1. 罪与非罪的认定

在国家名胜风景区、文物古迹区，有的游客在名胜古迹上随意刻画，如刻上自己的名字等。这种行为，虽然对名胜古迹也有所损毁，但情节显著轻微，一般不认定为故意损毁名胜古迹罪。

2. 划清本罪与其他罪的界限

划清本罪与放火罪、爆炸罪的界限。利用放火、爆炸等方式破坏名胜古迹，危害公共安全的，应定为放火罪、爆炸罪。

（四）情节与量刑

依照《刑法》第324条第2款的规定，犯故意损毁名胜古迹罪的，处5年以下有期徒刑或者拘役，并处或者单处罚金。

三、过失损毁文物罪

（一）法律规定

第三百二十四条第三款　过失损毁国家保护的珍贵文物或者被确定为全国重点文物保护单位、省级文物保护单位的文物，造成严重后果的，处三年以下有期徒刑或者拘役。

（二）罪名详解

过失损毁文物罪，是指过失损毁国家保护的珍贵文物或者被确定为全国重点文物保护单位、省级文物保护单位的文物，造成严重后果的行为。本罪是1997年刑法增设的罪名，1979年刑法和单行刑法均没有规定此罪名。

过失损毁文物罪的构成要件是：

1. 主体要件

本罪的犯罪主体为一般主体。

2. 客体要件

本罪侵犯的客体是国家文物管理制度。犯罪对象是国家保护的珍贵文物或者被确定为全国重点文物保护单位、省级文物保护单位的文物。

3. 主观要件

主观方面只能是由过失构成，既可能是疏忽大意的过失，也可能是过于自信的过失。

4. 客观要件

客观方面表现为过失损毁国家保护的珍贵文物或者被确定为全国重点文物保护单位、省级文物保护单位的文物，造成严重后果的行为。这里所说的“损毁”，是指因过失而致使文物受到毁损。比如，因保管、管理不善，使文物遭受火灾；施工单位违反文物保护法规，违章施工，造成古建筑、古文化遗址、古墓葬等受到破坏。过失损毁文物，必须是造成严重后果的才构成本罪。这里所说的“严重后果”，是指客观上已经实际发生的后果，不包括可能发生的潜在的危险，如损毁的珍贵文物数量较大的；给被损坏的珍贵文物或者文物保护单位的文物造成无法弥补的严重损失的等情形。

（三）实务疑难问题

1. 罪与非罪的认定

构成本罪必须是造成严重后果的行为。过失损毁文物的行为虽然也造成了一定结果，但尚不属于严重后果，或者经及时补救，使危害后果大大缩小甚至恢复了原状，就不应以犯罪论处。

2. 划清本罪与其他罪的界限

（1）划清本罪与玩忽职守罪的界限

玩忽职守罪是国家机关工作人员在履行职责过程中，因工作严重不负责任，致使公共财产、国家和人民利益遭受重大损失的行为。二者的区别在于：①两者的犯罪主体不同。前者是一般主体，任何公民都可以构成；后者是特殊主体，只有国家机关工作人员才能构成。②两者的犯罪对象不同。前者是特定的犯罪对象，即国家保护的珍贵文物或者国家、省级重点文物保护单位的文物；后者损害的则是公共财产、国家和人民利益。在司法实践中，如果文物管理部门的国家机关工作人员因玩忽职守，致使国家保护的珍贵文物，国家、省级文物保护单位的文物受到严重损毁的，应按处理想象竞合犯的原则，从一重罪处罚，即情节严重的，按过失损毁文物罪定罪处罚；情节特别严重的，按照玩忽职守罪定罪处罚。

（2）划清本罪与失职造成珍贵文物损毁、流失罪的界限

失职造成珍贵文物损毁、流失罪，是指国家机关工作人员因严重不负责任，而造成珍贵文物损毁或者流失，后果严重的行为。二者的区别在于：①两者的客观表现不同。前者是在日常生活中因过失损毁文物；而后者是行为人在履行职责时，严重不负责任，不履行或者不正确履行职责，造成珍贵文物损毁或流失。②两者的犯罪主体不同。前者的主体是一般主体，而后者的主体是国家机关工作人员。

（四）情节与量刑

依照《刑法》第 324 条第 3 款规定，犯过失损毁文物罪的，处 3 年以下有期徒刑或者拘役。

四、非法向外国人出售、赠送珍贵文物罪

（一）法律规定

第三百二十五条　违反文物保护法规，将收藏的国家禁止出口的珍贵文物私自出售或者私自赠送给外国人的，处五年以下有期徒刑或者拘役，可以并处罚金。

单位犯前款罪的，对单位判处罚金，并对其直接负责的主管人员和其他直接责任人员，依照前款的规定处罚。

（二）罪名详解

非法向外国人出售、赠送珍贵文物罪，是指违反文物保护法规，将收藏的国家禁止出口的珍贵文物私自出售或者私自赠送给外国人的行为。本罪是1997年刑法增设的罪名，1979年刑法和单行刑法均没有规定此罪名。1990年修改的文物保护法曾规定对这种行为以走私罪论处。1997年修订刑法时将其纳入并作了有别于以走私罪论处的专门规定。

非法向外国人出售、赠送珍贵文物罪的构成要件是：

1. 主体要件

犯罪主体为一般主体，既可以是自然人，也可以是单位。这里所说的单位，主要是指国有的和非国有的博物馆、图书馆、纪念馆等单位。

2. 客体要件

本罪侵犯的客体是国家文物管理制度。我国《文物保护法》、国务院《货物进出口管理条例》等法律、法规、行政规章对于文物的经营和出口都有具体规定，严禁任何组织和个人向外国人出售、赠送珍贵文物。如果国家珍贵文物被卖给或赠给外国人，在很大程度上就可能会使该种珍贵文物流失到我国境外，给我国造成文化财产上的重大损失。因此，对于这种行为，应当给予刑事处罚。犯罪对象是“国家禁止出口的珍贵文物”。《文物保护法》规定，国有文物、非国有文物中的珍贵文物和国家规定禁止出境的其他文物原则上不得出境。

3. 主观要件

主观方面由故意构成，即明知是国家禁止出口的珍贵文物而私自出售或私自赠送给外国人。至于行为人的动机、目的，不影响本罪的成立。

4. 客观要件

客观方面表现为违反文物保护法规，将收藏的国家禁止出口的珍贵文物私自出售或者私自赠送给外国人的行为。“文物保护法规”，是指国家关于文物保护的法律、法规、行政规章，如《文物保护法》；“收藏”，包括受国家委托而保管，也包括个人所有的藏品。这里要说明的是，属于个人所有的文物，由于它不是一般财产，而是一个民族、一个国家的文化遗产，国家必须特殊保护，即使个人对其拥有所有权，也不能随意出售和赠予外国人；“私自”，是指未经国家有关部门许可而为；“出售”，是指将珍贵文物卖给外国人的行为；“赠送”，是指将珍贵文物无偿送给外国人的行为；“外国人”，是指无中国国籍的人，包括具有其他国家国籍的人和无国籍人。按照法律规定，行为人只要实施了将国家禁止出口的文物私自出售或者私自赠送给外国人其中一种行为就构成本罪；实施两种行为的，仍为一罪，不实行并罚。

（三）实务疑难问题

1. 罪与非罪的认定

本罪所说的私自出售、赠送的文物必须是国家禁止出口的文物。如果不是国家禁止出口的文物，只是将私人收藏的一般文物私自卖给、赠送外国人的，应由国家工商行政管理机关处以罚款，并可没收其文物和非法所得，但不应作为犯罪处理。

2. 划清本罪与其他罪的界限

划清本罪与走私罪的界限

《刑法》第151条第2款对走私国家禁止出口的文物的行为，单独规定为走私文物罪。1997年刑法修订前，对于向外国人出售、赠送国家禁止出口的珍贵文物的行为，也是以走私罪论处的。但是今后对这种行为不再适用走私文物罪的规定处罚，而应以非法向外国人出售、赠送珍贵文物罪定罪处罚。如果犯罪分子与外国人相勾结，以出售、赠送为名，行共同走私之实的，则应按走私罪的共犯论处。

（四）情节与量刑

依照《刑法》第 325 条第 1 款的规定，犯非法向外国人出售、赠送珍贵文物罪的，处 5 年以下有期徒刑或者拘役，可以并处罚金。依照本条第 2 款的规定，单位犯本罪的，对单位判处罚金，并对其直接负责的主管人员和其他直接责任人员，依照前款的规定处罚。

司法机关在适用本条规定处罚时应当注意，在对犯罪分子适用刑法的同时，对非法出售、赠送的珍贵文物应当予以没收，对非法所得应当予以追缴或者责令退赔。没收的文物和财物，一律上缴国库，不得挪用和自行处理。

五、倒卖文物罪

（一）法律规定

第三百二十六条　以牟利为目的，倒卖国家禁止经营的文物，情节严重的，处五年以下有期徒刑或者拘役，并处罚金；情节特别严重的，处五年以上十年以下有期徒刑，并处罚金。

单位犯前款罪的，对单位判处罚金，并对其直接负责的主管人员和其他直接责任人员，依照前款的规定处罚。

（二）罪名详解

倒卖文物罪，是指以牟利为目的，倒卖国家禁止经营的文物，情节严重的行为。本罪是 1997 年刑法增设的罪名，1979 年刑法和单行刑法均没有规定此罪名。但 1997 年刑法生效施行以前，司法实践中对于倒卖文物的行为，是按照投机倒把罪处理的。

倒卖文物罪的构成要件是：

1. 主体要件

犯罪主体为一般主体，包括自然人和单位。这里所说的单位既包括依法有权从事文物经营活动的单位，也包括无文物经营权的单位。

2. 客体要件

本罪侵犯的客体是国家文物管理制度。犯罪对象是国家禁止经营的文物。

既包括珍贵文物，也包括其他禁止经营的一般文物。根据文物保护法的规定，文物实行专营和管制。文物的购销统一由文化部门经营，不允许个人和未经批准的单位非法买卖文物。即使是国家批准的文物经营单位，也只能经营国家许可经营的文物，不允许经营禁止自由买卖的文物。至于馆藏文物、出土文物，一律禁止买卖。

3. 主观要件

主观方面由故意构成，并且具有牟利的目的。

4. 客观要件

客观方面表现为倒卖国家禁止经营的文物，情节严重的行为。“倒卖”，是指以牟利为目的，违反国家文物保护法规，倒手买卖文物的行为。可以是从私人手中收购文物后进行倒卖，也可以是从有关单位购买文物后进行倒卖。对倒卖，应当从整体上理解，泛指非法收购、贩运、转手卖出等一系列行为。行为人收购或者正在运输途中即被抓获，即使尚未出卖也构成本罪。

倒卖文物的行为必须达到“情节严重”的程度，才构成本罪。司法实践中，“情节严重”，一般是指倒卖文物数量较大或者次数较多的；造成文物流失无法追回等严重后果的；倒卖珍贵文物的；非法获利数额巨大的等情形。

（三）实务疑难问题

1. 罪与非罪的认定

构成本罪的行为，犯罪对象必须是“国家禁止经营的文物”。判断本罪行为需要查清经营者是否有经营权，是否经国家文物局、省级文物行政管理部门批准，是否已取得了工商行政管理部门的营业执照等。即使是有文物经营权的经营单位，也还要进一步查清所经营的文物是否为国家所禁止经营的文物。一、二级文物属于国家禁止买卖的文物，三级文物和某些一般文物一般属于国家限制买卖的文物。对于非法经营限制买卖的文物的，也可以构成本罪。反之，对于有权经营文物的单位在其登记的经营范围内依法从事经营活动，所经营的文物又不属于国家禁止经营的文物的，则不构成犯罪。

2. 划清本罪与其他罪的界限

倒卖文物罪与走私文物罪的区分

走私文物罪，是指违反海关法规，逃避海关监管，非法携带、运输、邮寄国家禁止出口的文物出入国（边）境的行为。倒卖文物罪与走私文物罪在犯罪主体、犯罪的客观方面都有相同之处。两者之间的主要区别是：（1）侵犯的客体不同。倒卖文物罪侵犯的客体是国家的文物管理制度；走私文物罪侵犯的客体是国家的对外贸易管制。（2）贩卖的范围不同。倒卖文物罪一般是指在国内非法出售文物；而走私文物罪是指将国内文物非法出口。（3）主观方面要求不同。倒卖文物罪的构成必须是“以牟利为目的”；而走私文物罪的构成不要求行为人主观上具有特定的犯罪目的。（4）处罚程度不同。刑法对走私文物罪的处罚比对倒卖文物罪的处罚要重，刑法规定走私文物罪最高法定刑为无期徒刑，而倒卖文物罪的最高法定刑为10年有期徒刑。

对于将文物在国内出售而运往国外的行为，如果行为人在国内非法贩卖国家禁止经营的文物，买方与卖方均协商在国内成交，双方在国内成交并货款两清，行为人与收买文物的人也没有事前关于运送走私的约定，虽然事后买方将文物走私出境，但与倒卖文物者无关，对于倒卖文物的行为人应当以倒卖文物罪处罚。如果行为人虽然是在国内非法贩卖国家禁止经营的文物，但行为人事前与购买人约定，要协助买方将文物偷运出境。由于行为人意志以外的原因，没能将文物运送出境即被查获归案。对于这种情况，行为既触犯了倒卖文物罪，同时又触犯了走私文物罪，倒卖文物行为与走私文物行为之间具有牵连关系，按照牵连犯的处罚原则从一重罪处罚，应当以走私文物罪（未遂）定罪处罚。如果行为人在出卖同一批文物过程中，既有在国内倒卖文物的行为，又有将文物走私出境的行为，应当将倒卖文物的行为与走私文物的行为，分别按照《刑法》第151条和第326条的规定定罪量刑，实行数罪并罚。

（四）情节与量刑

依照《刑法》第326条第1款的规定，犯倒卖文物罪的，处5年以下有期徒刑或者拘役，并处罚金；情节特别严重的，处5年以上10年以下有期徒刑，并处罚金。依照本条第2款的规定，单位犯本罪的，对单位判处罚金，并对其直接负责的主管人员和其他直接责任人员，依照前款的规定处罚。

“情节特别严重”，是本罪的加重处罚情节，在司法实践中，一般是指倒卖文物数量巨大的；获利数额特别巨大的；倒卖国家一、二级珍贵文物的；造成特别严重后果的等情形。

（五）法律链接

中华人民共和国文物保护法（1982 年 11 月 19 日第五届全国人民代表大会常务委员会第二十五次会议通过　根据 1991 年 6 月 29 日第七届全国人民代表大会常务委员会第二十次会议《关于修改〈中华人民共和国文物保护法〉第三十条、第三十一条的决定》第一次修正　2002 年 10 月 28 日第九届全国人民代表大会常务委员会第三十次会议修订　根据 2007 年 12 月 29 日第十届全国人民代表大会常务委员会第三十一次会议《关于修改〈中华人民共和国文物保护法〉的决定》第二次修正　根据 2013 年 6 月 29 日第十二届全国人民代表大会常务委员会第三次会议《关于修改〈中华人民共和国文物保护法〉等十二部法律的决定》第三次修正　根据 2015 年 4 月 24 日第十二届全国人民代表大会常务委员会第十四次会议《关于修改〈中华人民共和国文物保护法〉的决定》第四次修正　根据 2017 年 11 月 4 日第十二届全国人民代表大会常务委员会第三十次会议《关于修改〈中华人民共和国会计法〉等十一部法律的决定》第五次修正）（节录）

第五条　中华人民共和国境内地下、内水和领海中遗存的一切文物，属于国家所有。

古文化遗址、古墓葬、石窟寺属于国家所有。国家指定保护的纪念建筑物、古建筑、石刻、壁画、近代现代代表性建筑等不可移动文物，除国家另有规定的以外，属于国家所有。

国有不可移动文物的所有权不因其所依附的土地所有权或者使用权的改变而改变。

下列可移动文物，属于国家所有：

（一）中国境内出土的文物，国家另有规定的除外；

（二）国有文物收藏单位以及其他国家机关、部队和国有企业、事业组织等收藏、保管的文物；

（三）国家征集、购买的文物；

（四）公民、法人和其他组织捐赠给国家的文物；

（五）法律规定属于国家所有的其他文物。

属于国家所有的可移动文物的所有权不因其保管、收藏单位的终止或者变更而改变。

国有文物所有权受法律保护，不容侵犯。

第五十条 文物收藏单位以外的公民、法人和其他组织可以收藏通过下列方式取得的文物：

（一）依法继承或者接受赠与；

（二）从文物商店购买；

（三）从经营文物拍卖的拍卖企业购买；

（四）公民个人合法所有的文物相互交换或者依法转让；

（五）国家规定的其他合法方式。

文物收藏单位以外的公民、法人和其他组织收藏的前款文物可以依法流通。

第五十一条 公民、法人和其他组织不得买卖下列文物：

（一）国有文物，但是国家允许的除外；

（二）非国有馆藏珍贵文物；

（三）国有不可移动文物中的壁画、雕塑、建筑构件等，但是依法拆除的国有不可移动文物中的壁画、雕塑、建筑构件等不属于本法第二十条第四款规定的应由文物收藏单位收藏的除外；

……

六、非法出售、私赠文物藏品罪

（一）法律规定

第三百二十七条 违反文物保护法规，国有博物馆、图书馆等单位将国家保护的文物藏品出售或者私自送给非国有单位或者个人的，对单位判处罚金，并对其直接负责的主管人员和其他直接责任人员，处三年以下有期徒刑或者拘役。

（二）罪名详解

非法出售、私赠文物藏品罪，是指国有博物馆、图书馆等单位违反文物保护法规，将国家保护的文物藏品出售或者私自赠送给非国有单位或者个人的行为。本罪是1997年刑法增设的罪名，1979年刑法和单行刑法均没有规定此罪名。2002 年修订的文物保护法规定，擅自将馆藏文物出售或者私自送给非国有单位或者个人，构成犯罪的，依法追究刑事责任。

非法出售、私赠文物藏品罪的构成要件是：

1. 主体要件

犯罪主体为单位，自然人不能成为本罪的主体。这里所说的单位，主要是指国有的博物馆、图书馆、纪念馆、文物考古事业机构等单位。

2. 客体要件

本罪侵犯的客体是国家文物管理制度和国家的文物所有权。国家保护的文物藏品是国有文化财产。文物保护法规定，国有博物馆、图书馆和其他单位的文物藏品，禁止出卖。如果非法出售给非国有单位和个人，国家就会丧失对其所有权，从而使国家的文化财产遭到损失。

3. 主观要件

主观方面由故意构成。动机可能是出于牟利、送人情等。但动机如何，不影响本罪的成立。

4. 客观要件

客观方面表现为违反文物保护法规，将国家保护的文物藏品出售或者私自送给非国有单位或者个人的行为。“文物保护法规”，不仅指文物保护法等法律，还包括有关文物保护的行政法规、行政规章等。“文物藏品”，是指国有博物馆、图书馆等单位收藏的文物，包括一般文物和珍贵文物。《文物保护法》第 5 条，对属于国家所有的文物范围作出了明确规定，并规定国有文物所有权受法律保护，不容侵犯。禁止国有文物收藏单位将馆藏文物赠与、出租或出售给其他单位、个人。国有博物馆、图书馆对文物藏品只有保管权，没有所有权，无权将其出售和赠送给他人。“非国有单位”，是指国有单位以外的各种形式的企业、事业单位、社会团体和组织。按照法律规定，行为人只要实施了将国家保护的文物藏品出售或者私自送给非国有单位或者个人其中一种行为，就构成本罪；实施了两种行为的，仍为一罪，不实行并罚。

（三）实务疑难问题

划清本罪与其他罪的界限

非法出售、私赠文物藏品罪与倒卖文物罪的区分

两罪在犯罪对象和犯罪客观方面有相同或相近之处。两者的主要区别是：

1. 犯罪对象不同。倒卖文物罪的犯罪对象是国家禁止经营的文物，包括国有博物馆等单位收藏的珍贵文物和社会上流散的珍贵文物及其他国家禁止经营的文物；非法出售、私赠文物藏品罪的犯罪对象只限于国有博物馆、图书馆等单位收藏的珍贵文物。

2. 犯罪主体不同。倒卖文物罪的主体是一般主体，包括单位和个人；非法出售、私赠文物藏品罪的主体是特殊主体，只限于国有博物馆、图书馆等国有单位。

3. 主观方面不同。倒卖文物罪的行为人在主观上表现为故意，且具有非法牟利的目的；而非法出售、私赠文物藏品罪的行为人在主观上虽然也是故意，但不具有牟利的目的。

（四）情节与量刑

依照《刑法》第 327 条的规定，犯非法出售、私赠文物藏品罪的，对单位判处罚金，并对其直接负责的主管人员和其他直接责任人员，处 3 年以下有期徒刑或者拘役。

七、盗掘古文化遗址、古墓葬罪

（一）法律规定

第三百二十八条第一款　盗掘具有历史、艺术、科学价值的古文化遗址、古墓葬的，处三年以上十年以下有期徒刑，并处罚金；情节较轻的，处三年以下有期徒刑、拘役或者管制，并处罚金；有下列情形之一的，处十年以上有期徒刑或者无期徒刑，并处罚金或者没收财产：

（一）盗掘确定为全国重点文物保护单位和省级文物保护单位的古文化遗址、古墓葬的；

（二）盗掘古文化遗址、古墓葬集团的首要分子；

（三）多次盗掘古文化遗址、古墓葬的；

（四）盗掘古文化遗址、古墓葬，并盗窃珍贵文物或者造成珍贵文物严重破坏的。

（二）罪名详解

盗掘古文化遗址、古墓葬罪，是指盗掘具有历史、艺术、科学价值的古文化遗址、古墓葬的行为。本罪是从1991年6月29日第七届全国人大常委会第二十次会议通过的《关于惩治盗掘古文化遗址古墓葬犯罪的补充规定》，吸收修改为刑法的具体规定的。1979年刑法没有此罪的规定。《刑法修正案（八）》对本罪进行了修订，删除了原来法定刑中“死刑”的规定。

盗掘古文化遗址、古墓葬罪的构成要件是：

1. 主体要件

犯罪主体为一般主体，只能由自然人构成，单位不能构成本罪的主体。

2. 客体要件

本罪侵犯的是复杂客体，既侵犯了国家的文物管理制度，也侵犯了国家对古文化遗址、古墓葬的所有权。我国是拥有五千多年文明史的国家，古文化遗址、古墓葬极为丰富，有许多举世公认的稀世珍宝。这些财富属于国家所有，任何单位和个人非经国家主管部门批准不得私自掘取。自20世纪80年代中期以来，盗掘古文化遗址、古墓葬的犯罪活动十分猖獗，数以万计的古文化遗址、古墓葬遭到毁灭性的盗掘，令人触目惊心。

本罪的犯罪对象是古文化遗址、古墓葬。“古文化遗址”，是指清代和清代以前中华民族历史发展中由古代人类创造并留下的表明其文化发展水平的地区，包括石窟、地下城、古建筑等。“古墓葬”，是指清代和清代以前中华民族历史上建造并留下的墓穴及其有关设施，如黄帝陵墓。辛亥革命以后，与著名历史事件有关的遗址和纪念地、名人墓葬，如革命烈士墓等也视同古文化遗址、古墓葬，受国家保护。无论古代、近代的文化遗址、还是墓葬，必须是具有历史、艺术、科学价值的才能成为本罪的犯罪对象。

3. 主观要件

主观方面由故意构成，并具有非法占有古文化遗址、古墓葬中文物的目的。

4. 客观要件

客观方面表现为盗掘具有历史、艺术、科学价值的古文化遗址、古墓葬的行为。“盗掘”，是指未经国家文化主管部门批准私自挖掘的行为。这种行为可能是秘密进行的，也可能是明火执仗公开进行的。按照法律规定，行为人只要实施了盗掘古文化遗址或者古墓葬其中一种行为就构成本罪；实施了两种行为的仍为一罪，不实行并罚。

（三）实务疑难问题

1. 既遂与未遂的区分

本罪在犯罪形态上属行为犯而不是结果犯。因此，行为人只要实施了盗掘古文化遗址、古墓葬的行为，不论是否已盗得文物，即构成本罪的既遂。是否盗取了文物，盗取数量的多少，只是量刑时应当考虑的情节。

构成本罪不以被盗掘的古文化遗址、古墓葬是否已经被确定为全国或者省级文物保护单位为前提。从盗掘中所窃取的文物、被破坏的文物，也不以珍贵文物为限，即使是一般文物，也构成本罪。

2. 划清本罪与其他罪的界限

盗掘古文化遗址、古墓葬罪与故意损毁名胜古迹罪的区分

两罪具有许多相似之处，在行为方式上两者比较接近，如“盗掘”行为就可能是一种损毁行为；在犯罪对象上也可能彼此重合，如盗掘的古文化遗址、古墓葬可能是属于国家保护的名胜古迹内的古文化遗址或古墓葬，就会给名胜古迹造成事实上的破坏；犯罪的主观方面也可能都是出于故意；并且都属于妨害文物管理罪的处罚范围。

两罪的区别主要表现在：

（1）犯罪对象有区别。盗掘古文化遗址、古墓葬罪的犯罪对象是具有历史、艺术、科学价值的文化遗址或古墓葬；而故意损毁名胜古迹罪的犯罪对象是国家保护的名胜古迹。如果行为所触犯的犯罪对象有重合，就可能按照牵连犯或者想象竞合犯处罚。

（2）客观表现形式不同。盗掘古文化遗址、古墓葬行为主要采取的是挖掘、撬刨等手段掘取地下物品；而故意损毁名胜古迹的行为则主要是采用损毁的手段，如砸毁、拆除、焚烧、爆炸、涂污、刻画等方法，当然，挖掘也是损毁名胜古迹的一种方法。

（3）主观内容不同。盗掘古文化遗址、古墓葬罪的行为人在主观上是一种直接故意，要求行为人具有非法占有古文化遗址或古墓葬的目的；而故意损毁名胜古迹罪对行为是否具有特定的犯罪目的没有明确要求，其主观方面

包括直接故意和间接故意两种形式。

（4）对构成犯罪情节的要求程度不同。盗掘古文化遗址、古墓葬罪，刑法没有规定情节上的限制，只要行为人实施了盗掘古文化遗址、古墓葬的行为，符合《刑法》第13条规定的构成标准，就应当以犯罪论处；而故意损毁名胜古迹罪，刑法规定须以行为达到情节严重才能构成犯罪。

（四）情节与量刑

依照《刑法》第328条第1款的规定，犯盗掘古文化遗址、古墓葬罪的，处3年以上10年以下有期徒刑，并处罚金；情节较轻的，处3年以下有期徒刑、拘役或者管制，并处罚金；有下列情形之一的，处10年以上有期徒刑或者无期徒刑，并处罚金或者没收财产：1. 盗掘确定为全国重点文物保护单位和省级文物保护单位的古文化遗址、古墓葬的；2. 盗掘古文化遗址、古墓葬集团的首要分子；3. 多次盗掘古文化遗址、古墓葬的；4. 盗掘古文化遗址、古墓葬，并盗窃珍贵文物或者造成珍贵文物严重破坏的。

对于可以判处10年以上有期徒刑或者无期徒刑的四种情形：

1. 确定为全国重点文物保护单位和省级文物保护单位的古文化遗址、古墓葬具有极高的历史、艺术、科学价值，应受到特别重点的保护。被盗掘窃取的文物等级及其历史、艺术、科学价值应请专家鉴定。

2. 盗掘古文化遗址、古墓葬集团的首要分子，是指在盗掘古文化遗址、古墓葬的犯罪集团中起组织、策划、指挥作用的犯罪分子。对首要分子应作为打击重点，严厉惩处。

3. “多次”盗掘古文化遗址、古墓葬，是指3次以上。

（五）法律链接

1. 最高人民法院、最高人民检察院关于办理妨害文物管理等刑事案件适用法律若干问题的解释（法释〔2015〕23号　自2016年1月1日起施行）（节录）

第三条　全国重点文物保护单位、省级文物保护单位的本体，应当认定为刑法第三百二十四条第一款规定的“被确定为全国重点文物保护单位、省级文物保护单位的文物”。

故意损毁国家保护的珍贵文物或者被确定为全国重点文物保护单位、省级文物保护单位的文物，具有下列情形之一的，应当认定为刑法第三百二十四条第一款规定的“情节严重”：

（一）造成五件以上三级文物损毁的；

（二）造成二级以上文物损毁的；

（三）致使全国重点文物保护单位、省级文物保护单位的本体严重损毁或者灭失的；

（四）多次损毁或者损毁多处全国重点文物保护单位、省级文物保护单位的本体的；

（五）其他情节严重的情形。

实施前款规定的行为，拒不执行国家行政主管部门作出的停止侵害文物的行政决定或者命令的，酌情从重处罚。

第四条 风景名胜区的核心景区以及未被确定为全国重点文物保护单位、省级文物保护单位的古文化遗址、古墓葬、古建筑、石窟寺、石刻、壁画、近代现代重要史迹和代表性建筑等不可移动文物的本体，应当认定为刑法第三百二十四条第二款规定的“国家保护的名胜古迹”。

故意损毁国家保护的名胜古迹，具有下列情形之一的，应当认定为刑法第三百二十四条第二款规定的“情节严重”：

（一）致使名胜古迹严重损毁或者灭失的；

（二）多次损毁或者损毁多处名胜古迹的；

（三）其他情节严重的情形。

实施前款规定的行为，拒不执行国家行政主管部门作出的停止侵害文物的行政决定或者命令的，酌情从重处罚。

故意损毁风景名胜区内被确定为全国重点文物保护单位、省级文物保护单位的文物的，依照刑法第三百二十四条第一款和本解释第三条的规定定罪量刑。

第五条 过失损毁国家保护的珍贵文物或者被确定为全国重点文物保护单位、省级文物保护单位的文物，具有本解释第三条第二款第一项至第三项规定情形之一的，应当认定为刑法第三百二十四条第三款规定的“造成严重后果”。

第八条 刑法第三百二十八条第一款规定的“古文化遗址、古墓葬”包括水下古文化遗址、古墓葬。“古文化遗址、古墓葬”不以公布为不可移动文物的古文化遗址、古墓葬为限。

实施盗掘行为，已损害古文化遗址、古墓葬的历史、艺术、科学价值的，应当认定为盗掘古文化遗址、古墓葬罪既遂。

采用破坏性手段盗窃古文化遗址、古墓葬以外的古建筑、石窟寺、石刻、壁画、近代现代重要史迹和代表性建筑等其他不可移动文物的，依照刑法第二百六十四条的规定，以盗窃罪追究刑事责任。

第九条　明知是盗窃文物、盗掘古文化遗址、古墓葬等犯罪所获取的三级以上文物，而予以窝藏、转移、收购、加工、代为销售或者以其他方法掩饰、隐瞒的，依照刑法第三百一十二条的规定，以掩饰、隐瞒犯罪所得罪追究刑事责任。

实施前款规定的行为，事先通谋的，以共同犯罪论处。

第十一条　单位实施走私文物、倒卖文物等行为，构成犯罪的，依照本解释规定的相应自然人犯罪的定罪量刑标准，对直接负责的主管人员和其他直接责任人员定罪处罚，并对单位判处罚金。

公司、企业、事业单位、机关、团体等单位实施盗窃文物，故意损毁文物、名胜古迹，过失损毁文物，盗掘古文化遗址、古墓葬等行为的，依照本解释规定的相应定罪量刑标准，追究组织者、策划者、实施者的刑事责任。

第十五条　在行为人实施有关行为前，文物行政部门已对涉案文物及其等级作出认定的，可以直接对有关案件事实作出认定。

对案件涉及的有关文物鉴定、价值认定等专门性问题难以确定的，由司法鉴定机构出具鉴定意见，或者由国务院文物行政部门指定的机构出具报告。其中，对于文物价值，也可以由有关价格认证机构作出价格认证并出具报告。

2. **《中华人民共和国文物保护法》**（1982年11月19日第五届全国人民代表大会常务委员会第二十五次会议通过　根据1991年6月29日第七届全国人民代表大会常务委员会第二十次会议《关于修改〈中华人民共和国文物保护法〉第三十条、第三十一条的决定》第一次修正　2002年10月28日第九届全国人民代表大会常务委员会第三十次会议修订　根据2007年12月29日第十届全国人民代表大会常务委员会第三十一次会议《关于修改〈中华人民共和国文物保护法〉的决定》第二次修正　根据2013年6月29日第十二届全国人民代表大会常务委员会第三次会议《关于修改〈中华人民共和国文物保护法〉等十二部法律的决定》第三次修正　根据 2015 年 4 月 24 日第十二届全国人民代表大会常务委员会第十四次会议《关于修改〈中华人民共和国文物保护法〉的决定》第四次修正　根据 2017 年 11 月 4 日第十二届全国人民代表大会常务委员会第三十次会议《关于修改〈中华人民共和国会计法〉等十一部法律的决定》第五次修正）（节录）

第六十四条　违反本法规定，有下列行为之一，构成犯罪的，依法追究刑事责任：

（一）盗掘古文化遗址、古墓葬的；

（二）故意或者过失损毁国家保护的珍贵文物的；

（三）擅自将国有馆藏文物出售或者私自送给非国有单位或者个人的；

（四）将国家禁止出境的珍贵文物私自出售或者送给外国人的；

（五）以牟利为目的倒卖国家禁止经营的文物的；

（六）走私文物的；

（七）盗窃、哄抢、私分或者非法侵占国有文物的；

（八）应当追究刑事责任的其他妨害文物管理行为。

八、盗掘古人类化石、古脊椎动物化石罪

（一）法律规定

第三百二十八条第二款　盗掘国家保护的具有科学价值的古人类化石和古脊椎动物化石的，依照前款的规定处罚。

（二）罪名详解

盗掘古人类化石、古脊椎动物化石罪，是指盗掘国家保护的具有科学价值的古人类化石和古脊椎动物化石的行为。本罪是 1997 年刑法增设的罪名，1979 年刑法和单行刑法均没有规定此罪名。《刑法修正案（八）》对本罪进行了修订，删除了原第 328 条第 1 款法定刑中“死刑”的规定，该条第 2 款也取消了死刑的规定。

盗掘古人类化石、古脊椎动物化石罪的构成要件是：

1. 主体要件

犯罪主体为一般主体，只能由自然人构成，单位不能构成本罪的主体。

2. 客体要件

本罪侵犯的客体是国家对古化石的管理制度。犯罪对象是古人类化石、古脊椎动物化石。化石是古代生物的遗体、遗物或者遗迹埋藏在地下形成的石头似的物体和印迹。“古人类化石”，是指距今一万年以前的石化了的古人类遗骸或者遗迹，包括直立人，早期、晚期智人的遗骸等。“古脊椎动物化石”，是指距今一万年以前石化了的古脊椎动物的遗骸或者遗迹。古脊椎动物主要是指古爬行动物、哺乳动物等。古人类化石、古脊椎动物化石对人类发展史、自然科学的研究具有十分珍贵的价值。国家文物保护法规定，具有科学价值的古脊椎动物化石和古人类化石同文物一样受国家保护。

3. 主观要件

主观方面由故意构成，并具有非法占有古人类化石、古脊椎动物化石的目的。

4. 客观要件

客观方面表现为盗掘国家保护的具有科学价值的古人类化石和古脊椎动物化石的行为。“盗掘”，是指未经国家文化主管部门批准私自挖掘的行为。

（三）实务疑难问题

正确认定古化石的性质和价值

本罪的犯罪对象只限于古人类化石、古脊椎动物化石。而且这两种化石必须是具有科学价值，并受国家保护的化石。因此，对化石的性质、价值，应由有关主管部门进行鉴定。

（四）情节与量刑

依照《刑法》第328条第2款的规定，犯盗掘古人类化石、古脊椎动物化石罪的依照前款的规定处罚，即处3年以上10年以下有期徒刑，并处罚金；情节较轻的，处3年以下有期徒刑、拘役或者管制，并处罚金；有下列情形之一的，即盗掘国家、省级重点保护的古人类化石、古脊椎动物化石的；盗掘古人类化石、古脊椎动物化石集团的首要分子；多次盗掘古人类化石、古脊椎动物化石的；盗掘并盗窃古人类化石、古脊椎动物化石或者造成古人类化石、古脊椎动物化石严重破坏的，处10年以上有期徒刑或者无期徒刑，并处罚金或者没收财产。

九、抢夺、窃取国有档案罪

（一）法律规定

第三百二十九条第一款　抢夺、窃取国家所有的档案的，处五年以下有期徒刑或者拘役。

（二）罪名详解

抢夺、窃取国有档案罪，是指抢夺、窃取国家所有的档案的行为。本罪是1997年刑法增设的罪名，1979年《刑法》第100条反革命破坏罪中曾规定有抢劫国家档案的行为。

抢夺、窃取国有档案罪的构成要件是：

1. 主体要件

犯罪主体为一般主体，但只能由自然人构成，单位不能成为本罪的主体。

2. 客体要件

本罪侵犯的客体是国家的档案管理制度。犯罪对象是国有档案。根据《档案法》第2条的规定，档案是指过去和现在的国家机构、社会组织以及个人从事政治、军事、经济、科学、技术、文化、宗教等活动直接形成的对国家和社会有保存价值的各种文字、图表、声像等不同形式的历史记录。档案按所有者不同分为三种：国家所有的档案；集体所有的档案；个人所有的档案。国家所有的档案，是指国家享有所有权的有关国家政治、经济、军事、科学、技术、文化活动的档案，包括对国家和社会有保存价值的各种文字、图表、声像等不同形式的历史记录。这种档案是国家的重要财富，具有非常重要的价值。抢夺、窃取国家所有的档案的行为，严重危害了国家档案管理制度，所以修订刑法时将抢夺、窃取国有档案的行为规定为犯罪，予以刑事处罚。

3. 主观要件

主观方面由故意构成，一般具有非法占有国家所有的档案的目的。

4. 客观要件

客观方面表现为抢夺、窃取国家所有的档案的行为。“抢夺”，是指以非法占有为目的，当着档案管理人员的面，公然夺取国家所有的档案的行为；“窃取”，是指以非法占有为目的，采取自以为不会使档案管理人员发现的方法，秘密取得国家所有的档案的行为。按照法律规定，行为人只要实施了抢夺或者窃取国家所有的档案其中一种行为，就构成本罪；实施了两种行为的，仍为一罪，不实行并罚。

（三）实务疑难问题

1. 罪与非罪的认定

如果行为人抢夺或者窃取的不是国家所有而是集体或者个人所有的档案，则不构成犯罪。

2. 正确处理一罪与数罪的关系

国家所有的档案多属保密档案。在按规定向社会公布和开放之前，都不允许公布、流传和开放。而抢夺、窃取国家所有档案的行为人，目的大多是获取这种档案中的国家秘密，特别是有的犯罪分子抢夺国有档案的目的，是为境外的机构、组织、人员窃取、非法提供国家秘密。其行为既触犯了抢夺、窃取国有档案罪，又触犯了为境外窃取、非法提供国家秘密罪。对这种情况，《刑法》第329条第3款已作了规定：有抢夺、窃取国家所有的档案的行为，同时又构成本法规定的其他犯罪的，依照处罚较重的规定定罪处罚。因此，对上述情况，应依照为境外窃取、非法提供国家秘密罪定罪处罚。

（四）情节与量刑

依照《刑法》第329条第1款的规定，犯抢夺、窃取国有档案罪的，处5年以下有期徒刑或者拘役。依照本条第3款的规定，有抢夺、窃取国有档案行为，同时又构成本法规定的其他犯罪的，依照处罚较重的规定定罪处罚。

（五）法律链接

中华人民共和国档案法（1987年9月5日第六届全国人民代表大会常务委员会第二十二次会议通过　根据1996年7月5日第八届全国人民代表大会常务委员会第二十次会议《关于修改〈中华人民共和国档案法〉的决定》第

一次修正　根据2016年11月7日第十二届全国人民代表大会常务委员会第二十四次会议《关于修改〈中华人民共和国对外贸易法〉等十二部法律的决定》第二次修正）（节录）

第十七条　禁止出卖属于国家所有的档案。

国有企业事业单位资产转让时，转让有关档案的具体办法由国家档案行政管理部门制定。

档案复制件的交换、转让和出卖，按照国家规定办理。

第二十四条　下列行为之一的，由县级以上人民政府档案行政管理部门、有关主管部门对直接负责的主管人员或者其他直接责任人员依法给予行政处分；构成犯罪的，依法追究刑事责任：

（一）损毁、丢失属于国家所有的档案的；

（二）擅自提供、抄录、公布、销毁属于国家所有的档案的；

（三）涂改、伪造档案的；

（四）违反本法第十七条规定，擅自出卖或者转让属于国家所有的档案的；

（五）将档案卖给、赠送给外国人或者外国组织的；

（六）违反本法第十条、第十一条规定，不按规定归档或者不按期移交档案的；

（七）明知所保存的档案面临危险而不采取措施，造成档案损失的；

（八）档案工作人员玩忽职守，造成档案损失的。

在利用档案馆的档案中，有前款第一项、第二项、第三项违法行为的，由县级以上人民政府档案行政管理部门给予警告，可以并处罚款；造成损失的，责令赔偿损失。

企业事业组织或者个人有第一款第四项、第五项违法行为的，由县级以上人民政府档案行政管理部门给予警告，可以并处罚款；有违法所得的，没收违法所得；并可以依照本法第十六条的规定征购所出卖或者赠送的档案。

十、擅自出卖、转让国有档案罪

（一）法律规定

第三百二十九条第二款　违反档案法的规定，擅自出卖、转让国家所有的档案，情节严重的，处三年以下有期徒刑或者拘役。

（二）罪名详解

擅自出卖、转让国有档案罪，是指违反档案法的规定，擅自出卖、转让国有档案，情节严重的行为。本罪是1997年刑法增设的罪名，1979年刑法和单行刑法均没有规定此罪名。

擅自出卖、转让国有档案罪的构成要件是：

1. 主体要件

犯罪主体为特殊主体，即国有档案管理人员。只有这些人才具有擅自出卖、转让国有档案的条件。

2. 客体要件

本罪侵犯的客体是国家档案管理制度。犯罪对象是国家所有的档案。《档案法》第17条明确规定，禁止出卖属于国家所有的档案。档案复制件的交换、转让和出卖，按国家规定办理。但是，近年来，档案的特殊价值，也成为不法分子的猎取对象。他们为了赚钱牟利或者获得其他非法利益，擅自出卖、转让国家所有的档案，不仅严重破坏了档案管理制度，也直接威胁档案安全，对这种行为必须依法予以惩处。

3. 主观要件

主观方面由故意构成。犯罪动机可能是为了牟利或者获取其他非法利益，但动机如何，不影响本罪的成立。

4. 客观要件

客观方面表现为擅自出卖、转让国家所有的档案，情节严重的行为。“擅自出卖”，是指未经批准将国家所有的档案卖出牟利的行为；“转让”，是指未经批准将国家所有的档案无偿送给他人的行为。按照法律规定，行为人只要实施了出卖或者转让国家所有的档案其中一种行为，就构成本罪；实施了两种行为的，仍为一罪，不实行并罚。

根据法律规定，擅自出卖、转让国有档案的行为，必须达到“情节严重”的程度，才构成本罪。“情节严重”，在司法实践中，一般是指擅自出卖、转让的是国家政治、经济、军事等重要档案的；擅自出卖、转让具有文物性质的珍贵档案的；严重泄露国家秘密的；多次擅自出卖、转让国有档案或者擅自出卖、转让国有档案数量较大的等情形。

（三）实务疑难问题

1. 罪与非罪的认定

根据《档案法》第 16 条的规定，集体所有的或者个人所有的对国家和社会具有保存价值的或者应当保密的档案，档案所有者可以向国家档案馆出卖；向国家档案馆以外的任何单位或者个人出卖的，应当按照有关规定由县级以上人民政府档案行政管理部门批准。因此，依法出卖、转让集体或者个人所有的档案，不构成犯罪。

2. 划清本罪与其他罪的界限

根据《刑法》第 329 条第 3 款的规定，犯本罪同时又构成刑法规定的其他犯罪的，依照处罚较重的规定定罪处罚。例如，擅自出卖、转让国有档案，泄露国家秘密，情节特别严重的，可视行为人主观方面的具体情况，按照《刑法》第 398 条的规定，以故意泄露国家秘密罪或者过失泄露国家秘密罪定罪处罚。

（四）情节与量刑

依照《刑法》第 329 条第 2 款的规定，犯擅自出卖、转让国有档案罪的，处 3 年以下有期徒刑或者拘役。依照本条第 3 款的规定，有擅自出卖、转让国有档案行为，同时又构成本法规定的其他犯罪的，依照处罚较重的规定定罪处罚。

第五节　危害公共卫生罪

一、妨害传染病防治罪

（一）法律规定

第三百三十条　违反传染病防治法的规定，有下列情形之一，引起甲类传染病传播或者有传播严重危险的，处 3 年以下有期徒刑或者拘役；后果特别严重的，处 3 年以上 7 年以下有期徒刑：

（一）供水单位供应的饮用水不符合国家规定的卫生标准的；

（二）拒绝按照卫生防疫机构提出的卫生要求，对传染病病原体污染的污水、污物、粪便进行消毒处理的；

（三）准许或者纵容传染病病人、病原携带者和疑似传染病病人从事国务院卫生行政部门规定禁止从事的易使该传染病扩散的工作的；

（四）拒绝执行卫生防疫机构依照传染病防治法提出的预防、控制措施的。

单位犯前款罪的，对单位判处罚金，并对其直接负责的主管人员和其他直接责任人员，依照前款的规定处罚。

甲类传染病的范围，依照《中华人民共和国传染病防治法》和国务院有关规定确定。

（二）罪名详解

妨害传染病防治罪，是指违反传染病防治法的规定，引起甲类传染病传播或者有传播严重危险的行为。

妨害传染病防治罪的构成要件是：

1. 主体要件

本罪的主体为一般主体，即自然人和单位均可构成本罪。

2. 客体要件

本罪侵犯的客体是国家的传染病防治秩序。其可能是已经实际造成了危害后果，即引起甲类传染病传播，也可能是仅仅具有引起甲类传染病传播的严重危险。

3. 主观要件

本罪主观方面是过失，即应该预见自己的行为可能发生引起甲类传染病传播或者有传播严重危险的结果，因为疏忽大意而没有预见，或者已经预见但轻信能够避免。行为人可能对违反传染病防治法的行为是故意或者过失，这并不影响本罪的罪过性质，但行为人对该行为可能引起的后果或者严重危险是过失。

4. 客观要件

本罪的客观方面表现为刑法规定的引起甲类传染病传播或者有传播严重危险的四种行为：（1）供水单位供应的饮用水不符合国家规定的卫生标准的。（2）拒绝按照卫生防疫机构提出的卫生要求，对传染病病原体污染的污水、污物、粪便进行消毒处理的。（3）准许或者纵容传染病病人、病原携带者和疑似传染病病人从事国务院卫生行政部门规定禁止从事的易使该传染病扩散的工作的。（4）拒绝执行卫生防疫机构依照传染病防治法提出的预防、控制措施的。以上四种行为，必须是已经引起甲类传染病传播或者有传播严重危险，而甲类传染病的范围，依照《传染病防治法》和国务院有关规定确定。2013年修正的《传染病防治法》第3条规定，甲类传染病是指鼠疫和霍乱，如果引起的是其他传染病的传播或者有传播严重危险，则不构成本罪。

（三）实务疑难问题

1. 罪与非罪的认定

本罪要求行为人实施了法律规定的四种行为之一，并且引起了甲类传染病的传播或者有严重传播危险。行为人实施了违反传染病防治法的其他行为；或者实施了四种行为之一，但未引发甲类传染病的传播或者有严重传播危险，则仅构成一般违法，不构成犯罪。

2. 罪数形态的认定

妨害传染病防治罪在实际生活中往往与生产销售不符合安全标准的食品罪、生产销售不符合标准的医用器材罪及污染环境罪等发生法规竞合。例如，行为人违反传染病防治法的规定，向土地、水体、大气排放、倾倒或者处理含有甲类传染病病原体的废物、毒物，引起甲类传染病传播，严重污染环境的，行为人同时触犯了妨害传染病防治罪与污染环境罪两个罪名，构成法条竞合，根据法条竞合适用的一般原则，按照特别法条优于普通法条、重法优于轻法的原则，对行为人予以定罪量刑。

3. 本罪与以其他危险方法危害公共安全罪的区分

（1）主体方面，本罪的主体可以是单位或者个人，而以其他危险方法危害公共安全罪则只能由个人构成。

（2）客体方面，本罪侵犯的是国家的传染病防治秩序，而以其他危险方法危害公共安全罪侵害的是不特定多数人的公共安全。

（3）主观方面，本罪行为人对于甲类传染病传播或者传播的严重危险这两方面的危害结果的发生是出于过失的心理状态，如果行为人出于报复社会或其他动机，希望或者放任甲类传染病传播的，则构成以其他危险方法危害公共安全罪。

（4）客观方面，本罪要求行为人实施了《刑法》第 330 条第 1 款规定的四种行为之一，并且引起了甲类传染病的传播或者有严重传播危险。而以其他危险方法危害公共安全罪则只要求行为达到了足以危害公共安全的程度，对行为的具体表现形式没有要求。

实践中，要注意区分出于过于自信过失的妨害传染病防治罪和出于放任危害结果发生间接故意的以其他危险方法危害公共安全罪，二者行为人都预见到行为可能引起甲类传染病的传播或者有传播的严重危险，而且都不是积极追求、希望危害结果的发生，区分的关键在于：前者“预见”到结果发生的可能性，后者是“明知”结果发生的可能性；前者主观上希望危害结果不发生，结果的发生违背行为人的意志，后者对危害结果的发生是放任，结果的发生也不违背其主观意志。

（四）情节与量刑

依照《刑法》第 330 条第 1 款的规定，犯妨害传染病防治罪的，处 3 年以下有期徒刑或者拘役；后果特别严重的，处 3 年以上 7 年以下有期徒刑。一般来讲，“后果特别严重”是指具有以下几种情形之一：1. 造成甲类传染病暴发、流行而大面积传播的；2. 造成甲类传染病传播并致多人因感染甲类传染病而严重残疾、死亡的；3. 造成其他特别严重后果的。单位构成该罪，根据第 330 条第 2 款，对单位实施双罚制，即对单位判处罚金，并对直接负责的主管人员和其他直接责任人员依照前款规定处罚。

（五）法律链接

《中华人民共和国传染病防治法》（1989 年 2 月 21 日第七届全国人民代表大会常务委员会第六次会议通过　2004 年 8 月 28 日第十届全国人民代表大会常务委员会第十一次会议修订　根据 2013 年 6 月 29 日第十二届全国人民代表大会常务委员会第三次会议《关于修改〈中华人民共和国文物保护法〉等十二部法律的决定》修正）（节录）

第三条　本法规定的传染病分为甲类、乙类和丙类。

甲类传染病是指：鼠疫、霍乱。

乙类传染病是指：传染性非典型肺炎、艾滋病、病毒性肝炎、脊髓灰质炎、人感染高致病性禽流感、麻疹、流行性出血热、狂犬病、流行性乙型脑炎、登革热、炭疽、细菌性和阿米巴性痢疾、肺结核、伤寒和副伤寒、流行性脑脊髓膜炎、百日咳、白喉、新生儿破伤风、猩红热、布鲁氏菌病、淋病、梅毒、钩端螺旋体病、血吸虫病、疟疾。

丙类传染病是指：流行性感冒、流行性腮腺炎、风疹、急性出血性结膜炎、麻风病、流行性和地方性斑疹伤寒、黑热病、包虫病、丝虫病，除霍乱、细菌性和阿米巴性痢疾、伤寒和副伤寒以外的感染性腹泻病。

国务院卫生行政部门根据传染病暴发、流行情况和危害程度，可以决定增加、减少或者调整乙类、丙类传染病病种并予以公布。

二、传染病菌种、毒种扩散罪

（一）法律规定

第三百三十一条　从事实验、保藏、携带、运输传染病菌种、毒种的人员，违反国务院卫生行政部门的有关规定，造成传染病菌种、毒种扩散，后果严重的，处三年以下有期徒刑或者拘役；后果特别严重的，处三年以上七年以下有期徒刑。

（二）罪名详解

传染病菌种、毒种扩散罪，是指从事实验、保藏、携带、运输传染病菌种、毒种的人员，违反国务院卫生行政部门的有关规定，造成传染病菌种、毒种扩散，后果严重的行为。

传染病菌种、毒种扩散罪的构成要件是：

1. 主体要件

本罪的主体为特殊主体，即从事实验、保藏、携带、运输传染病菌种、毒种的具有刑事责任的人员，上述人员以外的主体不能构成本罪。

2. 客体要件

本罪侵犯的客体是国家对传染病菌种、毒种的管理制度和不特定多数人的生命健康权利。《传染病防治法》对传染病菌种、毒种的实验、保藏、携带、运输均作出了严格的管理规定，违反这些规定，既破坏了国家对传染病菌种、毒种的管理秩序，也可能造成传染病菌种、毒种的扩散，危及公共健康安全。本罪行为的对象只能是传染病菌种、毒种。《传染病防治法实施办法》第 16 条规定传染病的菌种、毒种分为三类：一类是鼠疫耶尔森氏菌、霍乱弧菌；天花病毒、艾滋病病毒；二类是布氏菌、炭疽菌、麻风杆菌、肝炎病毒、狂犬病毒、出血热病毒、登革热病毒；斑疹伤寒立克次体；三类是脑膜炎双球菌、链球菌、淋病双球菌、结核杆菌、百日咳嗜血杆菌、白喉棒状杆菌、沙门氏菌、志贺氏菌、破伤风梭状杆菌；钩端螺旋体、梅毒螺旋体；乙型脑炎病毒、脊髓灰质炎病毒、流感病毒、流行性腮腺炎病毒、麻疹病毒、风疹病毒。

3. 主观要件

本罪主观方面是过失，即应该预见自己的行为可能发生造成传染病菌种、毒种扩散的结果，因疏忽大意而没有预见，或者已经预见但轻信能够避免。当然，行为人对违反国务院卫生行政部门的有关规定的行为可能是故意或者过失，这并不影响本罪的罪过性质。

4. 客观要件

本罪的客观方面表现为违反国务院卫生行政部门的有关规定，造成传染病菌种、毒种扩散，后果严重的行为。首先，国家对传染病菌种、毒种的实验、保藏、携带、运输实行严格管理制度，违反国务院卫生行政部门的有关规定主要指违反《传染病防治法》《传染病防治法实施办法》等有关规定。其次，造成传染病菌种、毒种扩散是指传染病菌种、毒种脱离从事实验、保藏、携带、运输传染病菌种、毒种人员的控制，进入社会在一定区域内扩散、传播。最后，构成本罪还要求后果严重，一般是指具有以下几种情形之一的：（1）导致甲类和按甲类管理的传染病传播的；（2）导致乙类、丙类传染病流行、暴发的；（3）造成人员重伤或者死亡的；（4）严重影响正常的生产、生活秩序的；（5）其他造成严重后果的情形。

（三）实务疑难问题

1. 罪与非罪的认定

本罪要求造成传染病菌种、毒种扩散后果严重，如果未引起传染病菌种、毒种的扩散，或者虽引起扩散但未达到“后果严重”的程度，只构成一般的违法行为，不构成犯罪。根据《传染病防治法》第74条的规定，由县级以上地方人民政府卫生行政部门责令改正，通报批评，给予警告，已取得许可证的，可以依法暂扣或者吊销许可证；造成传染病传播、流行以及其他严重后果的，对负有责任的主管人员和其他直接责任人员，依法给予降级、撤职、开除的处分，并可以依法吊销有关责任人员的执业证书

2. 本罪与过失投放危险物质罪的区分

（1）主体方面，本罪是特殊主体，即从事实验、保藏、携带、运输传染病菌种、毒种的人员。而过失投放危险物质罪的主体是一般主体。从事实验、保藏、携带、运输传染病菌种、毒种人员之外的人，过失造成传染病菌种、毒种扩散后果严重的，应依照过失投放危险物质罪追究刑事责任。

（2）客体方面，本罪侵犯的是国家对传染病菌种、毒种的管理制度和不特定多数人的生命健康权利。而过失投放危险物质罪侵犯的是不特定多数人的公共安全。

（3）客观方面，本罪要求行为人实施违反国务院卫生行政部门的有关规定，造成传染病菌种、毒种扩散，后果严重的行为，这种危害行为往往与工作活动密不可分，是违反操作规程或者管理规定的工作行为，行为的对象是传染病菌种、毒种。而过失投放危险物质罪表现为过失投放毒害性、放射性、腐蚀性、传染病病原体等物质，危害公共安全的行为。

同时，本罪与过失投放危险物质罪之间存在竞合关系。实验、保藏、携

带、运输传染病菌种、毒种的人员，违反国务院卫生行政部门的有关规定，将传染病菌种、毒种的废弃物随意抛弃，造成传染病菌种、毒种扩散后果严重的，同时构成传染病菌种、毒种扩散罪和过失投放危险物质罪。鉴于传染病菌种、毒种扩散罪为特别法，过失投放危险物质罪为普通法，应按照传染病菌种、毒种扩散罪论处。

3. 本罪与危险物品肇事罪的区分

在 1997 年刑法修改前，传染病菌种、毒资扩散的行为是比照危险物品肇事罪来追究刑事责任的，两罪有一定的相似之处。而两罪的区别体现在：

（1）主体方面，本罪是特殊主体，即从事实验、保藏、携带、运输传染病菌种、毒种的人员。而危险物品肇事罪的主体是一般主体，主要是从事生产、储存、运输、使用危险物品的人。

（2）客体方面，本罪侵犯的是国家对传染病菌种、毒种的管理制度和不特定多数人的生命健康权利。而危险物品肇事罪侵犯的客体是不特定多数人的公共安全。

（3）客观方面，本罪要求行为人实施违反国务院卫生行政部门的有关规定，造成传染病菌种、毒种扩散，后果严重的行为，行为的对象是传染病菌种、毒种。而危险物品肇事罪侵犯的客观方面表现为违反爆炸性、易燃性、放射性、毒害性、腐蚀性物品的管理规定，在生产、储存、运输、使用中发生重大事故，造成严重后果的行为。行为的对象是爆炸性、易燃性、放射性、毒害性、腐蚀性物品。

（四）情节与量刑

依照《刑法》第 331 条的规定，从事实验、保藏、携带、运输传染病菌种、毒种的人员，违反国务院卫生行政部门的有关规定，造成传染病菌种、毒种扩散，后果严重的，处 3 年以下有期徒刑或者拘役；后果特别严重的，处 3 年以上 7 年以下有期徒刑。

（五）法律链接

《中华人民共和国传染病防治法实施办法》（1991 年 12 月 6 日中华人民共和国卫生部令第 17 号公布）（节录）

第十六条 传染病的菌（毒）种分为下列三类：

一类：鼠疫耶尔森氏菌、霍乱弧菌；天花病毒、艾滋病病毒；

二类：布氏菌、炭疽菌、麻风杆菌、肝炎病毒、狂犬病毒、出血热病毒、登革热病毒；斑疹伤寒立克次体；

三类：脑膜炎双球菌、链球菌、淋病双球菌、结核杆菌、百日咳嗜血杆菌、白喉棒状杆菌、沙门氏菌、志贺氏菌、破伤风梭状杆菌；钩端螺旋体、梅毒螺旋体；乙型脑炎病毒、脊髓灰质炎病毒、流感病毒、流行性腮腺炎病毒、麻疹病毒、风疹病毒。

国务院卫生行政部门可以根据情况增加或者减少菌（毒）种的种类。

三、妨害国境卫生检疫罪

（一）法律规定

第三百三十二条　违反国境卫生检疫规定，引起检疫传染病传播或者有传播严重危险的，处三年以下有期徒刑或者拘役，并处或者单处罚金。

单位犯前款罪的，对单位判处罚金，并对其直接负责的主管人员和其他直接责任人员，依照前款的规定处罚。

（二）罪名详解

妨害国境卫生检疫罪，是指违反国境卫生检疫规定，引起检疫传染病传播或者有传播严重危险的行为。

妨害国境卫生检疫罪的构成要件是：

1. 主体要件

本罪的主体为一般主体，既可以是中国人，也可以是外国人；既可以是自然人，也可以是单位。由于本罪的性质，主体一般是进出境人员以及有货物、车辆进出境的单位和个人。

2. 客体要件

本罪侵犯的客体是国境卫生检疫秩序。

3. 主观要件

本罪主观方面是过失，即应该预见自己违反国境卫生检疫的行为可能发生造成检疫传染病的传播或者有传播危险，由于疏忽大意没有预见，或者已经预见但轻信能够避免。当然，行为人对违反国境卫生检疫的行为可能是故意的。

4. 客观要件

本罪的客观方面表现为违反国境卫生检疫的规定，引起检疫传染病传播或者有传播严重危险的行为。首先，以违反国境卫生检疫规定为前提，《国境卫生检疫法》和《国境卫生检疫法实施细则》对出入境人员、交通工具的检疫作了具体规定。其次，必须引起检疫传染病的传播或者有传播的严重危险。根据《国境卫生检疫法》第 3 条的规定，检疫传染病，是指鼠疫、霍乱、黄热病以及国务院确定和公布的其他传染病。应当注意的是，检疫传染病不同于监测传染病，后者由国务院卫生行政部门确定和公布，引起监测传染病传播或者有严重传播危险的，不构成本罪。检疫传染病的传播是指引起他人感染上了检疫传染病，并且患者在社会上较为广泛的出现，一般认为，至少三人以上感染才视为传播。而传播严重危险是指虽然没有引起检疫传染病的传播，但具有造成检疫传染病传播的较大的现实可能性。

（三）实务疑难问题

1. 罪与非罪的认定

行为人违反国境卫生检疫规定，引起检疫传染病传播或者有传播严重危险的行为才构成本罪。如果行为人没有违反国境卫生检疫的规定，即使客观上造成检疫传染病的传播，也不构成本罪。如果行为人违反国境卫生检疫的行为并未引起检疫传染病的传播，也未引起检疫传染病传播的严重危险，亦不能构成本罪。此外，如果引起传播或者传播严重危险的不是检疫传染病，仍不构成本罪。

2. 本罪与妨害传染病防治罪的区分

两罪都是违反了有关传染病预防、防疫方面的规定，且都引起了传染病的传播或者有传播的严重危险，区别之处在于：

（1）客体方面，本罪侵犯的是国境卫生检疫秩序，妨害传染病防治罪侵犯的是国家的传染病防治秩序。

（2）客观方面，本罪要求行为人实施违反国境卫生检疫规定，引起检疫传染病传播或者有传播严重危险的行为，妨害传染病防治罪要求行为人实施违反传染病防治法的规定，引起甲类传染病传播或者有传播严重危险的行为。二者违反的规定和危害结果均不同，本罪引起检疫传染病的传播或传播严重危险，包括甲类传染病及黄热病、国务院确定和公布的其他传染病，而后者只限于引起甲类传染病的传播或者传播严重危险。

（四）情节与量刑

根据《刑法》第332条的规定，违反国境卫生检疫规定，引起检疫传染病传播或者有传播严重危险的，处3年以下有期徒刑或者拘役，并处或者单处罚金。单位犯前款罪的，对单位判处罚金，并对其直接负责的主管人员和其他直接责任人员，依照前款的规定处罚。

四、非法组织卖血罪

（一）法律规定

第三百三十三条第一款　非法组织他人出卖血液的，处五年以下有期徒刑，并处罚金……

（二）罪名详解

非法组织卖血罪，是指违反国家有关规定，组织他人出卖血液的行为。

非法组织卖血罪的构成要件是：

1. 主体要件

本罪的主体为一般主体，实践中表现为“血头”“血霸”，既可能是社会上的人，也可能是血站、医疗单位的工作人员。

2. 客体要件

本罪侵犯的客体是国家的采供血管理秩序。血液的采集、供应关系到献血者和输血者的身体健康和生命安全，国家对血液采集供应、血液采集机构、血源和用血等实行统一的管理制度。值得注意的是，本罪的行为对象是自愿卖血者，如果卖血者不是自愿的，则不构成本罪。

3. 主观要件

本罪主观方面是故意，实践中行为人一般具有营利的目的，但本罪的构成要件不以营利为条件。

4. 客观要件

本罪的客观方面表现为违反国家有关规定，组织他人出卖血液的行为。具体来讲，就是在组织他人卖血过程中实施了策划、指挥、领导的行为。实践中，这种“组织”行为往往表现为动员、串联、拉拢、雇佣、招募等形式。

（三）实务疑难问题

罪与非罪的认定

非法组织卖血的行为，本身就是具有严重社会危害性的行为，故条文中未规定诸如“情节严重”等要件。但这并不意味着只要实施了非法组织他人出卖血液的行为，不论情节和后果如何均构成犯罪。对于情节显著轻微危害不大，符合《刑法》第13条但书规定的，仍不以犯罪论。

（四）情节与量刑

根据《刑法》第333条第1款的规定，非法组织他人出卖血液的，处5年以下有期徒刑，并处罚金。

五、强迫卖血罪

（一）法律规定

第三百三十三条第一款　……以暴力、威胁方法强迫他人出卖血液的，处五年以上十年以下有期徒刑，并处罚金。

（二）罪名详解

强迫卖血罪，是指以暴力、威胁方法，强迫他人出卖血液的行为。

强迫卖血罪的构成要件是：

1. 主体要件

本罪的主体为一般主体，即达到刑事责任年龄具有刑事责任能力的自然人，均可构成本罪。

2. 客体要件

本罪侵犯的客体是国家采供血液的管理秩序和供血者的身体健康及人身自由。行为的对象是不愿意出卖血液的人。

3. 主观要件

本罪主观方面只能是故意，明知他人不愿意卖血，仍强迫他人出卖血液。至于犯罪动机如何，是为获取非法利益还是其他，不影响定罪。

4. 客观要件

本罪的客观方面表现为违背他人意志，以暴力、威胁方法，迫使不愿意出卖血液的人出卖血液的行为，往往表现为以殴打、捆绑、禁闭等方式强制他人卖血，或者以损害生命、健康、财产、泄露隐私、伤害亲人等相要挟，迫使他人违背意志卖血。

（三）实务疑难问题

1. 罪与非罪的认定

强迫卖血罪是具有严重社会危害性的行为，条文中亦未规定诸如“情节严重”等要件。但根据刑法的谦抑原则，对于情节显著轻微危害不大，符合《刑法》第 13 条但书规定的，不以犯罪论。

2. 强迫卖血罪和非法组织卖血罪的区分

强迫卖血罪和非法组织卖血罪均危害国家的采供血管理秩序，二者的主要区别是：客观方面，前者表现为以暴力、胁迫方法实施的强迫行为，犯罪的对象是非自愿卖血者，该罪不仅危害国家的采供血管理秩序，还侵犯了被迫卖血者的人身权利；后者表现为组织他人自愿出卖血液，犯罪的对象是自愿卖血者，并未侵犯卖血者的人身权利。

（四）情节与量刑

根据《刑法》第 333 条第 1 款的规定，以暴力、威胁方法强迫他人出卖血液的，处 5 年以上 10 年以下有期徒刑，并处罚金。

六、非法采集、供应血液、制作、供应血液制品罪

（一）法律规定

第三百三十四条第一款　非法采集、供应血液或者制作、供应血液制品，不符合国家规定的标准，足以危害人体健康的，处五年以下有期徒刑或者拘役，并处罚金；对人体健康造成严重危害的，处五年以上十年以下有期徒刑，并处罚金；造成特别严重后果的，处十年以上有期徒刑或者无期徒刑，并处罚金或者没收财产。

（二）罪名详解

非法采集、供应血液、制作、供应血液制品罪，是指非法采集、供应血液或者制作、供应血液制品，不符合国家规定的标准，足以危害人体健康的行为。本罪是选择性罪名，实践中应根据实际情况适用。

非法采集、供应血液、制作、供应血液制品罪的构成要件是：

1. 主体要件

本罪的主体为一般主体，即达到刑事责任年龄具有刑事责任能力的人，均可构成本罪。

2. 客体要件

本罪侵犯的客体是复杂客体，既侵犯了国家对血液的采集、供应和血液制品的制作、供应的管理制度，又侵犯了供血者、受血者的生命安全和身体健康。

3. 主观要件

本罪主观方面只能是故意，明知自己无权采集、制作、供应血液或者血液制品，或者采集、制作、供应的血液、血液制品不符合国家规定的标准，仍故意实施上述行为。实践中，行为人往往为牟取暴利而实施犯罪，但本罪的成立不以牟利为要件。

4. 客观要件

本罪的客观方面表现为非法采集、供应血液或者制作、供应血液制品，不符合国家规定的标准，足以危害人体健康的行为。所谓“非法采集、供应

血液或者制作、供应血液制品”，根据《最高人民法院、最高人民检察院关于办理非法采供血液等刑事案件具体应用法律若干问题的解释》（以下简称《解释》）第1条的规定，是指未经国家主管部门批准或者超过批准的业务范围，采集、供应血液或者制作、供应血液制品的。实践中包括非法私设血站采集、供应血液或者私设单采血站采集单采血浆，私设血液制品单位经营血液制品等。

本罪属危险犯，只要实施了不符合国家规定的标准，足以危害人体健康的行为，不要求造成实际的危害结果即构成本罪。《解释》第2条列举了“不符合国家规定的标准，足以危害人体健康”的几种情形，包括：采集、供应的血液含有艾滋病病毒、乙型肝炎病毒、丙型肝炎病毒、梅毒螺旋体等病原微生物的；制作、供应的血液制品含有艾滋病病毒、乙型肝炎病毒、丙型肝炎病毒、梅毒螺旋体等病原微生物，或者将含有上述病原微生物的血液用于制作血液制品的；使用不符合国家规定的药品、诊断试剂、卫生器材，或者重复使用一次性采血器材采集血液，造成传染病传播危险的；违反规定对献血者、供血浆者超量、频繁采集血液、血浆，足以危害人体健康的；其他不符合国家有关采集、供应血液或者制作、供应血液制品的规定标准，足以危害人体健康的。

（三）实务疑难问题

本罪与非法组织卖血罪的区分

二者的犯罪主体均为一般主体，主观方面均表现为故意，且均侵犯了国家对血液的采集、供应管制秩序，存在一定的相似性。区别主要体现在客观方面。首先，二者行为表现不同。非法采集、供应血液、制作、供应血液制品罪违反国家有关规定，非法采集供应血液或者制作、供应血液制品的行为；非法组织卖血罪表现为违反国家有关规定，组织他人出卖血液的行为。其次，二者在危害结果方面的要求不同。前者是危险犯，要求足以危害人体健康即构成犯罪；后者是行为犯，只要实施了非法组织他人出卖血液的行为即构成犯罪。最后，二者的犯罪对象不同，前者是血液及血液制品；后者仅涉及血液。

（四）情节与量刑

依照《刑法》第 334 条第 1 款的规定，非法采集、供应血液或者制作、供应血液制品，不符合国家规定的标准，足以危害人体健康的，处五年以下有期徒刑或者拘役，并处罚金；对人体健康造成严重危害的，处五年以上十年以下有期徒刑，并处罚金；造成特别严重后果的，处十年以上有期徒刑或者无期徒刑，并处罚金或者没收财产。

《解释》第 3 条列举了“对人体健康造成严重危害”的几种情形，包括：造成献血者、供血浆者、受血者感染乙型肝炎病毒、丙型肝炎病毒、梅毒螺旋体或者其他经血液传播的病原微生物的；造成献血者、供血浆者、受血者重度贫血、造血功能障碍或者其他器官组织损伤导致功能障碍等身体严重危害的；对人体健康造成其他严重危害的。

《解释》第 4 条列举了“造成特别严重后果”的几种情形，包括：因血液传播疾病导致人员死亡或者感染艾滋病病毒的；造成五人以上感染乙型肝炎病毒、丙型肝炎病毒、梅毒螺旋体或者其他经血液传播的病原微生物的；造成五人以上重度贫血、造血功能障碍或者其他器官组织损伤导致功能障碍等身体严重危害的；造成其他特别严重后果的。

（五）法律链接

1.《最高人民法院、最高人民检察院关于办理危害药品安全刑事案件适用法律若干问题的解释》（法释〔2014〕14 号　自 2014 年 12 月 1 日起施行）（节录）

第十条　实施生产、销售假药、劣药犯罪，同时构成生产、销售伪劣产品、侵犯知识产权、非法经营、非法行医、非法采供血等犯罪的，依照处罚较重的规定定罪处罚。

2. 最高人民法院、最高人民检察院关于办理非法采供血液等刑事案件具体应用法律若干问题的解释（法释〔2008〕12 号　自 2008 年 9 月 23 日起施行）

为保障公民的身体健康和生命安全，依法惩处非法采供血液等犯罪，根据刑法有关规定，现对办理此类刑事案件具体应用法律的若干问题解释如下：

第一条　对未经国家主管部门批准或者超过批准的业务范围，采集、供应血液或者制作、供应血液制品的，应认定为刑法第三百三十四条第一款规定的“非法采集、供应血液或者制作、供应血液制品”。

第二条 对非法采集、供应血液或者制作、供应血液制品，具有下列情形之一的，应认定为刑法第三百三十四条第一款规定的“不符合国家规定的标准，足以危害人体健康”，处五年以下有期徒刑或者拘役，并处罚金：

（一）采集、供应的血液含有艾滋病病毒、乙型肝炎病毒、丙型肝炎病毒、梅毒螺旋体等病原微生物的；

（二）制作、供应的血液制品含有艾滋病病毒、乙型肝炎病毒、丙型肝炎病毒、梅毒螺旋体等病原微生物，或者将含有上述病原微生物的血液用于制作血液制品的；

（三）使用不符合国家规定的药品、诊断试剂、卫生器材，或者重复使用一次性采血器材采集血液，造成传染病传播危险的；

（四）违反规定对献血者、供血浆者超量、频繁采集血液、血浆，足以危害人体健康的；

（五）其他不符合国家有关采集、供应血液或者制作、供应血液制品的规定标准，足以危害人体健康的。

第三条 对非法采集、供应血液或者制作、供应血液制品，具有下列情形之一的，应认定为刑法第三百三十四条第一款规定的“对人体健康造成严重危害”，处五年以上十年以下有期徒刑，并处罚金：

（一）造成献血者、供血浆者、受血者感染乙型肝炎病毒、丙型肝炎病毒、梅毒螺旋体或者其他经血液传播的病原微生物的；

（二）造成献血者、供血浆者、受血者重度贫血、造血功能障碍或者其他器官组织损伤导致功能障碍等身体严重危害的；

（三）对人体健康造成其他严重危害的。

第四条 对非法采集、供应血液或者制作、供应血液制品，具有下列情形之一的，应认定为刑法第三百三十四条第一款规定的“造成特别严重后果”，处十年以上有期徒刑或者无期徒刑，并处罚金或者没收财产：

（一）因血液传播疾病导致人员死亡或者感染艾滋病病毒的；

（二）造成五人以上感染乙型肝炎病毒、丙型肝炎病毒、梅毒螺旋体或者其他经血液传播的病原微生物的；

（三）造成五人以上重度贫血、造血功能障碍或者其他器官组织损伤导致功能障碍等身体严重危害的；

（四）造成其他特别严重后果的。

第五条　对经国家主管部门批准采集、供应血液或者制作、供应血液制品的部门，具有下列情形之一的，应认定为刑法第三百三十四条第二款规定的“不依照规定进行检测或者违背其他操作规定”：

（一）血站未用两个企业生产的试剂对艾滋病病毒抗体、乙型肝炎病毒表面抗原、丙型肝炎病毒抗体、梅毒抗体进行两次检测的；

（二）单采血浆站不依照规定对艾滋病病毒抗体、乙型肝炎病毒表面抗原、丙型肝炎病毒抗体、梅毒抗体进行检测的；

（三）血液制品生产企业在投料生产前未用主管部门批准和检定合格的试剂进行复检的；

（四）血站、单采血浆站和血液制品生产企业使用的诊断试剂没有生产单位名称、生产批准文号或者经检定不合格的；

（五）采供血机构在采集检验标本、采集血液和成分血分离时，使用没有生产单位名称、生产批准文号或者超过有效期的一次性注射器等采血器材的；

（六）不依照国家规定的标准和要求包装、储存、运输血液、原料血浆的；

（七）对国家规定检测项目结果呈阳性的血液未及时按照规定予以清除的；

（八）不具备相应资格的医务人员进行采血、检验操作的；

（九）对献血者、供血浆者超量、频繁采集血液、血浆的；

（十）采供血机构采集血液、血浆前，未对献血者或供血浆者进行身份识别，采集冒名顶替者、健康检查不合格者血液、血浆的；

（十一）血站擅自采集原料血浆，单采血浆站擅自采集临床用血或者向医疗机构供应原料血浆的；

（十二）重复使用一次性采血器材的；

（十三）其他不依照规定进行检测或者违背操作规定的。

第六条　对经国家主管部门批准采集、供应血液或者制作、供应血液制品的部门，不依照规定进行检测或者违背其他操作规定，具有下列情形之一的，应认定为刑法第三百三十四条第二款规定的“造成危害他人身体健康后果”，对单位判处罚金，并对其直接负责的主管人员和其他直接责任人员，处五年以下有期徒刑或者拘役：

（一）造成献血者、供血浆者、受血者感染艾滋病病毒、乙型肝炎病毒、丙型肝炎病毒、梅毒螺旋体或者其他经血液传播的病原微生物的；

（二）造成献血者、供血浆者、受血者重度贫血、造血功能障碍或者其他器官组织损伤导致功能障碍等身体严重危害的；

（三）造成其他危害他人身体健康后果的。

第七条 经国家主管部门批准的采供血机构和血液制品生产经营单位，应认定为刑法第三百三十四条第二款规定的“经国家主管部门批准采集、供应血液或者制作、供应血液制品的部门”。

第八条 本解释所称“血液”，是指全血、成分血和特殊血液成分。

本解释所称“血液制品”，是指各种人血浆蛋白制品。

本解释所称“采供血机构”，包括血液中心、中心血站、中心血库、脐带血造血干细胞库和国家卫生行政主管部门根据医学发展需要批准、设置的其他类型血库、单采血浆站。

七、采集、供应血液、制作、供应血液制品事故罪

（一）法律规定

第三百三十四条第二款 **经国家主管部门批准采集、供应血液或者制作、供应血液制品的部门，不依照规定进行检测或者违背其他操作规定，造成危害他人身体健康后果的，对单位判处罚金，并对其直接负责的主管人员和其他直接责任人员，处五年以下有期徒刑或者拘役。**

（二）罪名详解

采集、供应血液、制作、供应血液制品事故罪，是指经国家主管部门批准采集、供应血液或者制作、供应血液制品的部门，不依照规定进行检测或者违背其他操作规定，造成危害他人身体健康后果的行为。本罪是选择性罪名，实践中应根据实际情况适用。

采集、供应血液、制作、供应血液制品事故罪的构成要件是：

1. 主体要件

本罪的主体为经国家主管部门批准采集、供应血液或者制作、供应血液制品的部门，其他部门或者自然人不能构成本罪。根据《最高人民检察院、公安部关于公安机关管辖的刑事案件立案追诉标准的规定（一）》第 55 条第 2 款的规定，经国家主管部门批准的采供血机构和血液制品生产经营单位，属于本条规定的“经国家主管部门批准采集、供应血液或者制作、供应血液制品的部门”。采供血机构包括血液中心、中心血站、脐带血造血干细胞库和国家卫生行政主管部门根据医学发展需要批准、设置的其他类型血库、单采血浆站。

2. 客体要件

本罪侵犯的是复杂客体，既侵犯了国家对血液的采集、供应和血液制品的制作、供应的管理制度，又侵犯了受血者的生命安全和身体健康。

3. 主观要件

本罪主观方面只能是过失，包括疏忽大意的过失和过于自信的过失。这里的过失指的是对行为造成他人身体健康的后果存在过失，但对于自己行为违反有关规定则可能是明知的。

4. 客观要件

本罪的客观方面表现为在采集、供应血液或者制作、供应血液制品过程中，不按照规定进行检测或者违背其他操作规定，造成危害他人身体健康后果的行为。构成本罪应满足以下两方面要件：

首先，有不按照规定进行检测或者违背其他操作规定的行为，根据《最高人民检察院、公安部关于公安机关管辖的刑事案件立案追诉标准的规定（一）》第 55 条第 3 款的规定，该行为可以表现为如下情形之一，包括血站未用两个企业生产的试剂对艾滋病病毒抗体、乙型肝炎病毒表面抗原、丙型肝炎病毒抗体、梅毒抗体进行两次检测的；单采血浆站不依照规定对艾滋病病毒抗体、乙型肝炎病毒表面抗原、丙型肝炎病毒抗体、梅毒抗体进行检测的；血液制品生产企业在投料生产前未用主管部门批准和检定合格的试剂进行复检的；血站、单采血浆站和血液制品生产企业使用的诊断试剂没有生产单位名称、生产批准文号或者经检定不合格的；采供血机构在采集检验样本、采集血液和成分血分离时，使用没有生产单位名称、生产批准文号或者超过有效期的一次性注射器等采血器材的；不依照国家规定的标准和要求包装、储存、运输血液、原料血浆的；对国家规定检测项目结果呈阳性的血液未及时按照规定予以清除的；不具备相应资格的医务人员进行采血、检验操作的；对献血者、供血浆者超量、频繁采集血液、血浆的；采供血机构采集血液、血浆前，未对献血者或者供血浆者进行身份识别，采集冒名顶替者、健康检查不合格者血液、血浆的；血站擅自采集原料血浆，单采血浆站擅自采集临床用血或者向医疗机构供应原料血浆的；重复使用一次性采血器材的；其他不依照规定进行检测或者违背操作规定的。

其次，该行为实际造成了危害他人身体健康的后果，《最高人民检察院、公安部关于公安机关管辖的刑事案件立案追诉标准的规定（一）》第55条第1款列举了“造成危害他人身体健康后果”的几种情形，包括造成献血者、供血浆者、受血者感染艾滋病病毒、乙型肝炎病毒、丙型肝炎病毒、梅毒螺旋体或者其他经血液传播的病原微生物的；造成献血者、供血浆者、受血者重度贫血、造血功能障碍或者其他器官组织损伤导致功能障碍等身体严重危害的；其他造成危害他人身体健康后果的情形。本罪属结果犯，只有造成实际危害后果才构成犯罪。

（三）实务疑难问题

本罪与非法采集、供应血液、制作、供应血液制品罪的区分

本罪与非法采集、供应血液、制作、供应血液制品罪均以血液、血液制品为犯罪对象，客观上都实施了采集、供应血液、制作、供应血液制品的行为。二者的区别在于：

1. 主体方面，本罪的主体是特殊主体，即经国家主管部门批准采集、供应血液或者制作、供应血液制品的部门。而非法采集、供应血液、制作、供应血液制品罪是一般主体。

2. 主观方面，本罪属事故型犯罪，系过失。而非法采集、供应血液、制作、供应血液制品罪系故意犯罪。

3. 客观方面，本罪是结果犯，必须造成实际危害后果。而非法采集、供应血液，制作、供应血液制品罪是危险犯，只要有足以危害人体健康的危险即构成犯罪。

（四）情节与量刑

依照《刑法》第 334 条第 2 款的规定，经国家主管部门批准采集、供应血液或者制作、供应血液制品的部门，不依照规定进行检测或者违背其他操作规定，造成危害他人身体健康后果的，对单位判处罚金，并对其直接负责的主管人员和其他直接责任人员，处 5 年以下有期徒刑或者拘役。

（五）法律链接

《最高人民法院、最高人民检察院关于办理危害药品安全刑事案件适用法律若干问题的解释》（法释〔2014〕14 号　自 2014 年 12 月 1 日起施行）（节录）

第十条　实施生产、销售假药、劣药犯罪，同时构成生产、销售伪劣产品、侵犯知识产权、非法经营、非法行医、非法采供血等犯罪的，依照处罚较重的规定定罪处罚。

八、医疗事故罪

（一）法律规定

第三百三十五条　医务人员由于严重不负责任，造成就诊人死亡或者严重损害就诊人身体健康的，处三年以下有期徒刑或者拘役。

（二）罪名详解

医疗事故罪，是指医务人员严重不负责任，造成就诊人死亡或者严重损害就诊人身体健康的行为。本罪是 1997 年刑法增设的罪名，1979 年刑法和单行刑法均没有规定此罪名。

医疗事故罪的构成要件是：

1. 主体要件

犯罪主体为特殊主体，主要是医务人员，包括：（1）医疗防疫人员，如中医、西医、卫生防疫、寄生虫防治、地方病防治、职业病防治和妇幼保健人员；（2）药剂人员；（3）护理人员；（4）其他专业技术人员，如检验、理疗、病理、口腔、同位素、放射、营养技术等专业人员。此外，医疗单位中其他负有为保障公民的生命和健康权益而必须实施某种行为的特定义务，由于不履行或者不认真履行这种义务以致造成严重后果的人员，也可以构成本罪的主体，如急救中心救护车司机接到呼救后，无故不出车或者不及时出车，延误抢救时机，造成病人死亡的，也应依照本罪的规定追究刑事责任。

各级各类医疗机构中的其他工作人员，如党政干部、后勤服务人员，这些人在一般情况下不能成为医疗事故罪的主体。因为他们的职责是通过管理、服务等活动，为医疗机构的医疗、教学、科研、疾病预防活动服务。这与卫生技术人员明显不同，后者的职责是直接保障人民的身体健康和生命安全。但是，如果这些人行使的不是管理和服务职责，而是直接负有保障病人生命安全和身体健康的特定义务，此时他们的职责便与卫生技术人员的职责相同，因而可以成为医疗事故罪的主体，卫生部《关于〈医疗事故处理办法〉若干问题的说明》规定：因诊疗护理工作是群众性的活动，构成医疗事故的行为人，还应包括从事医疗管理、后勤服务等人员。这里就明确将从事管理、后勤服务的人员也列为医疗事故的主体。

2. 客体要件

侵犯的客体是就诊人的生命、健康权利和医疗单位的正常活动。根据《医疗事故处理条例》第2条的规定，医疗事故，是指医疗机构及其医务人员在医疗活动中，违反医疗卫生管理法律、行政法规、部门规章和诊疗护理规范、常规，过失造成患者人身损害的事故。

3. 主观要件

主观方面必须有诊疗护理工作中的过失。过失，是指行为人由于疏忽大意和过于自信的两种心理状态所造成的危害结果。过失与故意的属性根本不同，医疗事故属于过失，不是故意。此外，尚有因技术水平和经验不足造成的技术过失，与疏忽大意和过于自信的过失有所不同，在实践中有加以区别的必要。

疏忽大意过失，是指在医疗事故的发生中，根据行为人相应职称和岗位责任制要求，应当预见到和可以预见到自己的行为可能造成对病员的危害结果，因为疏忽大意而未能预见到；或对于危害病员生命、健康的不当做法，应当做到有效的防范，因为疏忽大意而未能做到，致使危害结果发生。例如，不执行或不正确执行规章制度和履行职责，对危重病员推诿、拒治；对病史采集、病员检查、处理漫不经心、马虎草率；或擅离职守；或遇到不能胜任的技术操作，既不请示，也不请人帮助，一味蛮干；或擅自做无指征和有禁忌症的手术与检查等，而造成了对病员的危害结果。

过于自信过失，是指行为人虽然预见到自己的行为可能给病员造成危害结果，但是轻信借助自己的技术、经验或有利的客观条件能够避免，因而导致了判断上和行为上的失误，致使对病员的危害结果发生。

4. 客观要件

客观方面表现为严重不负责任，造成就诊人死亡或者严重损害就诊人身体健康的行为。“严重不负责任”，是指在诊疗护理工作中严重违反法律、法规、规章和诊疗护理规范、常规。法律、法规、规章，是指与保障病人的生命、健康有关的诊疗护理方面的制度，如诊断、处方、麻醉、手术、输血、护理、化验、消毒、医嘱、查房等各个环节的规程、规则、守则、制度等。诊疗护理规范、常规，是指长期以来在诊疗护理实践中被公认的行之有效的操作习惯与惯例。违反法律、法规、规章和诊疗护理规范、常规，是构成本罪的前提条件。如果行为人没有违反法律、法规、规章和诊疗护理规范、常规，即使发生了病人死亡等严重后果的，也不能构成本罪。在实践中，违反法律、法规、规章和诊疗护理规范、常规的行为是各种各样的，包括诊断、用药、手术、麻醉、输血、护理等方面的违章行为。如在诊断时不认真不细致，把有病诊断为无病，把此病诊断为彼病，从而使病人失去治疗的时间、机会，造成严重后果。在用药方面，粗心大意，不认真核对，错把毒药或者非药物品当作治疗用药，导致病人死亡。在手术方面，由于马虎粗心，将不应切除的器官切除，或者将手术器械遗留在病人体内。在麻醉方面，违反麻醉禁忌或用药前不核对，用药量过大或误将其他药物当麻醉药使用，造成病人死亡。在输血方面，由于违反规章制度，查对不严格，给病人输入异型血液，导致病人死亡。在护理方面，如不按规定核对病人姓名而发错药、打错针，对一些需要特别护理的病人，如神志不清的患者，行动不能自理的患者，不采取必要的安全措施，致使发生严重事故，造成病人死亡、重伤等。上述各种各样的行为按照其表现形式可分为两类：一类是作为，一类是不作为。所谓作为，就是指医务人员实施诊疗护理的规章制度和常规所禁止的行为；所谓不作为，就是指医务人员本应履行应尽的职责而没有履行，如值班人员擅离职守，致使急诊的危重病人没有得到及时的抢救而死亡的等。

上述行为必须造成了就诊人死亡或者严重损害就诊人身体健康的后果，才构成犯罪。根据《医疗事故处理条例》第 4 条的规定，医疗事故分为四级：一级医疗事故是指造成患者死亡、重度残疾；二级医疗事故是指造成患者中度残疾、器官组织损伤导致严重功能障碍；三级医疗事故是指造成患者轻度残疾、器官组织损伤导致一般功能障碍；四级医疗事故是指造成患者明显人身损害的其他后果。因此，构成本罪，必须是达到一级医疗事故或者二级医疗事故。如果行为人虽然有违反法律、法规、规章和诊断护理规范、常规的行为，但仅造成三级和四级医疗事故的，不构成犯罪。

（三）实务疑难问题

1. 罪与非罪的认定

把医疗事故罪与一般医疗事故区别开来。构成医疗事故罪必须属于严重医疗事故，即一、二级医疗事故。如果虽然行为人在主观上有过失，客观上有违法、违规行为，也发生了一定的损害结果，但是这种损害结果较为轻微，未达到致就诊人死亡、重度和中度残疾或者严重功能障碍的程度，则不能构成医疗事故罪。

把医疗事故犯罪与医疗过程中发生的意外事故区别开来。后者是指在诊疗护理工作中，由于病情或者病人的体质特殊而发生了医务人员难以预料和防范的不良后果，导致病人死亡、残废或者功能障碍。由于对这种严重后果的发生医务人员主观上没有过失，行为人也没有违法、违规的行为，不良后果的发生是行为人无法预见和无法避免的，因而不构成医疗事故罪。

把医疗事故与医疗技术事故区别开来。后者是指医务人员因医疗技术水平不高、缺乏经验等造成的事故。医疗技术事故不是因为医务人员责任心不强、违反规章制度造成的，行为人主观上没有过失，因而这种因技术水平不高等原因造成事故的，不构成医疗事故罪。

2. 划清本罪与其他罪的界限

（1）划清医疗事故罪与重大责任事故罪的界限

两罪的主要区别是：①客观表现形式不同。医疗事故罪在客观方面表现为医务人员在诊疗护理工作中，由于严重不负责任，造成就诊人死亡、残废或者严重损害就诊人身体健康的行为；重大责任事故罪在客观方面表现为在生产、作业中违反有关安全管理的规定，因而发生重大伤亡事故或者造成其他严重后果的行为。②造成的后果不同。前罪的危害后果仅限于就诊人死亡或者严重损害就诊人身体健康；后罪的危害结果不仅包括人身的重大伤亡，还包括重大财产损失。③犯罪主体不同。前罪的主体是医务人员；后罪的主体是一般主体。

（2）划清医疗事故罪与过失致人死亡、过失致人重伤罪的界限

两罪的主要区别是：①客观表现形式不同。前罪在客观方面表现为医务人员在诊疗护理工作中，由于严重不负责任，造成就诊人死亡或者严重损害就诊人身体健康的行为；后二罪在客观方面分别表现为过失致人死亡的行为和过失致使他人受重伤的行为。从发生场合来看，前罪发生在诊疗护理工作中，表现为严重不负责任，违反规章制度和诊疗护理常规；后二罪一般不发生在诊疗护理过程中，与严重不负责任、违反规章制度和诊疗护理常规无关，行为人违反的是日常生活准则或习惯。②犯罪主体不同。前罪的主体是特殊主体，即医务人员；后二罪的主体是一般主体。

（四）情节与量刑

依照《刑法》第335条的规定，犯医疗事故罪的，处3年以下有期徒刑或者拘役。

（五）法律链接

中华人民共和国执业医师法（1998年6月26日第九届全国人民代表大会常务委员会第三次会议通过　根据2009年8月27日第十一届全国人民代表大会常务委员会第十次会议《关于修改部分法律的决定》修正）（节录）

第三十七条　医师在执业活动中，违反本法规定，有下列行为之一的，由县级以上人民政府卫生行政部门给予警告或者责令暂停六个月以上一年以下执业活动；情节严重的，吊销其执业证书；构成犯罪的，依法追究刑事责任：

（一）违反卫生行政规章制度或者技术操作规范，造成严重后果的；

（二）由于不负责任延误急危患者的抢救和诊治，造成严重后果的；

（三）造成医疗责任事故的；

（四）未经亲自诊查、调查，签署诊断、治疗、流行病学等证明文件或者有关出生、死亡等证明文件的；

（五）隐匿、伪造或者擅自销毁医学文书及有关资料的；

（六）使用未经批准使用的药品、消毒药剂和医疗器械的；

（七）不按照规定使用麻醉药品、医疗用毒性药品、精神药品和放射性药品的；

（八）未经患者或者其家属同意，对患者进行实验性临床医疗的；

（九）泄露患者隐私，造成严重后果的；

（十）利用职务之便，索取、非法收受患者财物或者牟取其他不正当利益的；

（十一）发生自然灾害、传染病流行、突发重大伤亡事故以及其他严重威胁人民生命健康的紧急情况时，不服从卫生行政部门调遣的；

（十二）发生医疗事故或者发现传染病疫情，患者涉嫌伤害事件或者非正常死亡，不按照规定报告的。

九、非法行医罪

（一）法律规定

第三百三十六条第一款　未取得医生执业资格的人非法行医，情节严重的，处三年以下有期徒刑、拘役或者管制，并处或者单处罚金；严重损害就诊人身体健康的，处三年以上十年以下有期徒刑，并处罚金；造成就诊人死亡的，处十年以上有期徒刑，并处罚金。

（二）罪名详解

非法行医罪，是指未取得医生执业资格的人非法行医，情节严重的行为。本罪是 1997 年刑法增设的罪名，1979 年刑法和单行刑法均没有规定此罪名。

非法行医罪的构成要件是：

1. 主体要件

犯罪主体为一般主体。既可以是一般的公民；也可以是虽然具有医疗技术，但尚未取得合法行医资格的人；还可以是具有行医资格，但不具有从事特定医疗业务资格的人。

2. 客体要件

本罪侵犯的客体是复杂客体，既侵犯了国家对医疗机构和医务从业人员的管理秩序，又侵犯了公民的身体健康权利。医疗行业是一种专业性很强的行业。医生肩负着治病救人、救死扶伤的重大责任。因此，国家对从事医生职业的人有着严格的要求。但是实践中，非法行医的现象相当严重。一些人不具备起码的医疗常识，却往往打着“祖传”等旗号，或游走民间，或设点开张，号称专治某病，利用许多人病急乱投医和贪图便宜、讳疾忌医、愚昧迷信等心理，进行引诱，骗取钱财。有的非法行医者由于无医疗常识、设备简陋或者缺乏应急措施，导致就诊人死亡或者身体健康受到严重损害。有的病人由于被耽误治疗时间，等到发现受骗上当时再到正规医院治疗，已为时过晚，无法医治，造成死亡或者终生残疾。

3. 主观要件

主观方面由故意构成，即明知自己不具备行医资格而从事医疗业务活动。对于造成就诊人重伤、死亡等严重后果，行为人则是过失或间接故意，即其应当预见非法行医行为有可能造成就诊人死亡、伤害的严重后果，因为疏忽大意而没有预见，或者已经预见而轻信能够避免，或者已经预见到可能发生上述后果而放任危害结果的发生。

4. 客观要件

根据《最高人民法院关于审理非法行医刑事案件具体应用法律若干问题的解释》第 1 条的规定，“未取得医生执业资格的人非法行医”是指：(1) 未取得或者以非法手段取得医师资格从事医疗活动的；(2) 被依法吊销医师执业证书期间从事医疗活动的；(3) 未取得乡村医生执业证书，从事乡村医疗活动的；(4) 家庭接生员实施家庭接生以外的医疗行为的。

非法行医的行为，必须达到“情节严重”的程度，才构成犯罪。按照《非法行医解释》第 2 条的规定，所谓情节严重，是指具有下列情形之一的行为：(1) 造成就诊人轻度残疾、器官组织损伤导致一般功能障碍的；(2) 造成甲类传染病传播、流行或者有传播、流行危险的；(3) 使用假药、劣药或不符合国家规定标准的卫生材料、医疗器械，足以严重危害人体健康的；(4) 非法行医被卫生行政部门行政处罚两次以后，再次非法行医的；(5) 其他情节严重的情形。

（三）实务疑难问题

1. 罪与非罪的认定

构成非法行医罪必须是情节严重的行为，如果情节较轻，属于一般违反国务院《医疗机构管理条例》的行为，如民间的一些“土医生”，利用一些具有一定医疗效果的偏方、秘方为群众偶尔治病的，不属于犯罪。

2. 划清本罪与其他罪的界限

（1）划清本罪与诈骗罪的界限

非法行医者主观上以营利为目的，通过行医收取就诊人钱财，其中一些医术不高者采取一定的欺骗手段，向就诊人收取高额的医药费用，客观上与诈骗钱财相似。但构成诈骗罪，必须纯粹以诈骗钱财为目的，行为人根本不懂医术，只是利用就诊人的愚昧、迷信，使用根本无治疗效果的手段，对病人进行所谓的治疗，借以骗取病人的钱财。根据《非法行医解释》第 5 条的规定，实施非法行医犯罪，同时构成生产、销售假药罪，生产、销售劣药罪，诈骗罪等其他犯罪的，依照刑法处罚较重的规定定罪处罚。

（2）划清本罪与医疗事故罪的界限

区分两者的关键在于前者的犯罪主体是没有取得合法执业资格的人；而后者的犯罪主体是具有合法医疗资格的医务人员。因此，在非法行医过程中产生的医疗事故，不能以医疗事故罪论处，而应当以非法行医罪的结果加重犯处罚。

3. 一罪与数罪问题

根据《刑法》第 336 条的规定，行为人因非法行医造成他人健康严重受损害或者造成就诊人死亡的，仍然以非法行医罪从重处罚。如果是利用医疗手段故意达到伤害他人身体或者杀害他人的，应当以非法行医罪和故意杀人罪、故意伤害罪实行数罪并罚；在非法行医过程中具有非法生产、销售假药、劣药行为的，凡构成生产、销售假药罪或生产、销售劣药罪的，也应当将非法行医罪和生产、销售假药罪或生产、销售劣药罪合并论罪，实行数罪并罚。

（四）情节与量刑

依照《刑法》第 336 条第 1 款的规定，犯非法行医罪的，处 3 年以下有期徒刑、拘役或者管制，并处或者单处罚金；严重损害就诊人身体健康的，处 3 年以上 10 年以下有期徒刑，并处罚金；造成就诊人死亡的，处 10 年以上有期徒刑，并处罚金。

该条规定的“严重损害就诊人身体健康”，是本罪的加重处罚情节，根据《非法行医解释》第 3 条规定，是指：（1）造成就诊人中度以上残疾、器官组织损伤导致严重功能障碍的；（2）造成 3 名以上就诊人轻度残疾、器官组织损伤导致一般功能障碍的。该条规定的“造成就诊人死亡”，根据《非法行医解释》第 4 条的规定，是指“非法行医行为系造成就诊人死亡的直接、主要原因的”。非法行医行为并非造成就诊人死亡的直接、主要原因的，可不认定为此处的“造成就诊人死亡”。但是，根据案件情况，可以认定为《刑法》第 336 条第 1 款规定的“情节严重”，即仍然构成非法行医罪。

（五）法律链接

1. 最高人民法院、最高人民检察院关于办理危害药品安全刑事案件适用法律若干问题的解释（法释〔2014〕14 号　自 2014 年 12 月 1 日起施行）（节录）

第十条　实施生产、销售假药、劣药犯罪，同时构成生产、销售伪劣产品、侵犯知识产权、非法经营、非法行医、非法采供血等犯罪的，依照处罚较重的规定定罪处罚。

2. 最高人民法院、最高人民检察院关于办理妨害预防、控制突发传染病疫情等灾害的刑事案件具体应用法律若干问题的解释（法释〔2003〕8 号　自 2003 年 5 月 15 日起施行）（节录）

第十二条　未取得医师执业资格非法行医，具有造成突发传染病病人、病原携带者、疑似突发传染病病人贻误诊治或者造成交叉感染等严重情节的，依照刑法第三百三十六条第一款的规定，以非法行医罪定罪，依法从重处罚。

3. 最高人民法院关于审理非法行医刑事案件具体应用法律若干问题的解释（法释〔2016〕27 号　自 2016 年 12 月 20 日起施行）

为依法惩处非法行医犯罪，保障公民身体健康和生命安全，根据刑法的有关规定，现对审理非法行医刑事案件具体应用法律的若干问题解释如下：

第一条　具有下列情形之一的，应认定为刑法第三百三十六条第一款规定的“未取得医生执业资格的人非法行医”：

（一）未取得或者以非法手段取得医师资格从事医疗活动的；

（二）被依法吊销医师执业证书期间从事医疗活动的；

（三）未取得乡村医生执业证书，从事乡村医疗活动的；

（四）家庭接生员实施家庭接生以外的医疗行为的。

第二条 具有下列情形之一的，应认定为刑法第三百三十六条第一款规定的“情节严重”：

（一）造成就诊人轻度残疾、器官组织损伤导致一般功能障碍的；

（二）造成甲类传染病传播、流行或者有传播、流行危险的；

（三）使用假药、劣药或不符合国家规定标准的卫生材料、医疗器械，足以严重危害人体健康的；

（四）非法行医被卫生行政部门行政处罚两次以后，再次非法行医的；

（五）其他情节严重的情形。

第三条 具有下列情形之一的，应认定为刑法第三百三十六条第一款规定的“严重损害就诊人身体健康”：

（一）造成就诊人中度以上残疾、器官组织损伤导致严重功能障碍的；

（二）造成三名以上就诊人轻度残疾、器官组织损伤导致一般功能障碍的。

第四条 非法行医行为系造成就诊人死亡的直接、主要原因的，应认定为刑法第三百三十六条第一款规定的“造成就诊人死亡”。

非法行医行为并非造成就诊人死亡的直接、主要原因的，可不认定为刑法第三百三十六条第一款规定的“造成就诊人死亡”。但是，根据案件情况，可以认定为刑法第三百三十六条第一款规定的“情节严重”。

第五条 实施非法行医犯罪，同时构成生产、销售假药罪，生产、销售劣药罪，诈骗罪等其他犯罪的，依照刑法处罚较重的规定定罪处罚。

第六条 本解释所称“医疗活动”“医疗行为”，参照《医疗机构管理条例实施细则》中的“诊疗活动”“医疗美容”认定。

本解释所称“轻度残疾、器官组织损伤导致一般功能障碍”“中度以上残疾、器官组织损伤导致严重功能障碍”，参照《医疗事故分级标准（试行）》认定。

十、非法进行节育手术罪

（一）法律规定

第三百三十六条第二款　未取得医生执业资格的人擅自为他人进行节育复通手术、假节育手术、终止妊娠手术或者摘取宫内节育器，情节严重的，处三年以下有期徒刑、拘役或者管制，并处或者单处罚金；严重损害就诊人身体健康的，处三年以上十年以下有期徒刑，并处罚金；造成就诊人死亡的，处十年以上有期徒刑，并处罚金。

（二）罪名详解

非法进行节育手术罪，是指未取得医生执业资格的人，擅自为他人进行节育复通手术、假节育手术、终止妊娠手术或者摘取宫内节育器，情节严重的行为。本罪是1997年刑法增设的罪名，1979年刑法和单行刑法均没有规定此罪名。

非法进行节育手术罪的构成要件是：

1. 主体要件

犯罪主体为未取得医生执业资格而非法行医的人员，即未取得《医疗机构执业许可证》的人。已取得医生执业资格的人实施了上述破坏计划生育行为的，则不构成本罪。

2. 客体要件

本罪侵犯的客体是国家的计划生育政策和计划生育人的身体健康。为了控制人口数量，提高人口素质，促进经济发展，我国制定了计划生育的基本国策。但由于封建思想中重男轻女、传宗接代、养儿防老等旧观念的影响，一些育龄夫妇特别是农村的育龄夫妇千方百计地逃避计划生育，多生、超生。一些江湖游医利用这种心理，明知自己没有必要的医疗卫生技术、设备和药品，却为牟取非法利益，擅自为节育妇女进行节育复通手术、假节育手术等手术。这种行为严重破坏了国家计划生育政策的执行，并且危害妇女的身体健康。

3. 主观要件

主观方面由故意构成，即行为人明知未取得医生执业资格，并且明知为他人进行的节育手术是非法的，却故意实施这种行为。

4. 客观要件

客观方面表现为未取得医生执业资格，擅自为他人进行节育复通手术、假节育手术、终止妊娠手术、摘取宫内节育器等手术，情节严重的行为。执业医师法规定，国家实行医师资格考试和医师执业注册制度。“未取得医生执业资格”，是指未通过医师资格考试，取得医师资格，并向所在地县级以上人民政府卫生行政部门申请注册。未经医师注册取得执业证书，不得从事医师执业活动。“擅自为他人进行节育复通手术”，是指未取得医师执业资格的人，为他人进行输卵（精）管复通手术的行为。“假节育手术”，是指为他人进行假节扎输卵（精）管手术的行为。“终止妊娠手术”，是指私自为孕妇进行手术，使母体内正在发育的胚胎停止发育的行为。“摘取宫内节育器”，是指替育龄妇女摘取为计划生育放置的避孕环等宫内节育器的行为。违法进行上述手术，往往造成计划外怀孕、生育，甚至造成女性胎儿引产、流产的后果。

非法进行节育手术的行为，必须达到“情节严重”的程度，才构成犯罪。所谓情节严重，在司法实践中，一般是指长时期或者多次为妇女进行上述手术造成妇女怀孕或者流产的，非法获利较多的；经行政处罚仍然非法从事破坏节育行为的；在局部范围造成性别失调的；在当地范围内造成恶劣影响的等情形。

（三）实务疑难问题

划清本罪与非法行医罪的界限

破坏节育的行为广义上也是一种非法行医的行为。为了突出保障计划生育政策的执行，刑法增设了破坏节育的犯罪。因此，凡是未取得医生执业资格的人，擅自为他人进行有关生育方面的医疗行为，不再以非法行医罪论处，而直接定非法进行节育手术罪。

（四）情节与量刑

依照《刑法》第 336 条第 2 款的规定，犯非法进行节育手术罪的，处 3 年以下有期徒刑、拘役或者管制，并处或者单处罚金；严重损害就诊人身体健康的，处3年以上10年以下有期徒刑，并处罚金；造成就诊人死亡的，处10年以上有期徒刑，并处罚金。

十一、妨害动植物防疫、检疫罪

（一）法律规定

第三百三十七条　违反有关动植物防疫、检疫的国家规定，引起重大动植物疫情的，或者有引起重大动植物疫情危险，情节严重的，处三年以下有期徒刑或者拘役，并处或者单处罚金。

单位犯前款罪的，对单位判处罚金，并对其直接负责的主管人员和其他直接责任人员，依照前款的规定处罚。

（二）罪名详解

妨害动植物防疫、检疫罪，是指违反有关动植物防疫、检疫的国家规定，引起重大动植物疫情的，或者有引起重大动植物疫情危险，情节严重的行为。本罪是1997年刑法增设的罪名，1979年刑法和单位刑法均没有规定此罪名。《刑法修正案（七）》对本条罪状作了修改，罪名也相应地由原来的“逃避动植物检疫罪”改为“妨害动植物防疫、检疫罪”。①

妨害动植物防疫、检疫罪的构成要件是：

1. 主体要件

犯罪主体包括自然人和单位，如从事动物饲养、屠宰、经营、隔离、运输以及动物产品生产、经营、加工、贮藏等活动的单位和个人，运输、携带、邮寄动植物、动植物产品或者其他检疫物进出境的人员（检疫物的所有人、代理人、承运人）或者单位。中国人和外国人均可构成本罪的主体。如果是动植物检疫机关的检疫人员严重不负责任，不执行或者不认真执行动植物检疫规定，以致引起重大动植物疫情，造成重大损失的，构成《刑法》第413条规定的动植物检疫失职罪，不构成本罪。

---

① 《刑法》原第337条第1款为：“违反进出境动植物检疫法的规定，逃避动植物检疫，引起重大动植物疫情的，处三年以下有期徒刑或者拘役，并处或者单处罚金。”

2. 客体要件

本罪侵犯的客体是国家对动植物防疫、检疫的管理制度。1991 年 10 月 30 日，全国人大常委会通过了进出境动植物检疫法，目的就在于严格进出境动植物的检疫管理，防止动物传染病、寄生虫病和植物危险性病、虫、杂草以及其他有害生物传出、传入我国国境，保护农林牧渔业的生产和人体健康。因此，如果违反进出境动植物检疫法的规定，就可能引起重大动植物疫情，给农业生产甚至人体健康带来严重危害。1997 年 7 月 3 日，全国人大常委会通过了动物防疫法，2007 年 8 月 30 日进行了修订。动物防疫是综合运用多种手段预防、控制、扑灭动物疫病，保障动物健康及其产品安全并进而保障人体健康的一项系统性工作。违反动物防疫法的规定，就可能导致动物疫病的传播、流行，给他人人身、财产造成损害。

3. 主观要件

主观方面由过失构成。但行为人对自己的行为违反动植物防疫、检疫的国家规定，是明知的，而对于行为可能引起重大动植物疫情的结果是持过失心态。

4. 客观要件

客观方面表现为违反有关动植物防疫、检疫的国家规定，引起重大动植物疫情，或者有引起重大动植物疫情危险，情节严重的行为。

所谓“违反有关动植物防疫、检疫的国家规定”，主要是指违反进出境动植物检疫法及动物防疫法的规定。《进出境动植物检疫法实施条例》第 2 条规定：下列各物，依照进出境动植物检疫法和本条例的规定实施检疫：（1）进境、出境、过境的动植物、动植物产品和其他检疫物；（2）装载动植物、动植物产品和其他检疫物的装载容器、包装物、铺垫材料；（3）来自动植物疫区的运输工具；（4）进境拆解的废旧船舶；（5）有关法律、行政法规、国际条约规定或者贸易合同约定应当实施进出境动植物检疫的其他货物物品。实践中，违反进出境动植物检疫规定，逃避动植物检疫的行为多种多样。例如，未报检或者未依法办理检疫审批手续；未经口岸动植物检疫机关许可，擅自将进境动植物、动植物产品或者其他检疫物卸离运输工具；擅自调离或者处理口岸动植物检疫机关指定的隔离场所中隔离检疫的动植物；报检的动植物、动植物产品或者其他检疫物与实际不符；擅自开拆过境动植物、动植物产品或者其他检疫物的包装；擅自将过境动植物、动植物产品或者其他检疫物卸离运输工具；擅自抛弃过境动物的尸体、排泄物、铺垫材料或者其他废弃物，等等。后者对动物疫病的预防，动物疫情的报告、通报和公布，动物疫病的控制和扑灭，动物和动物产品的检疫等作了具体规定。所谓重大动植物疫情，是指严重的动物传染病、寄生虫病的大规模爆发或流行，或植物危险性病、虫、杂草的大规模传播、滋生、蔓延，等等。

妨害动植物防疫、检疫的行为，必须达到“情节严重”的程度，才构成犯罪。情节严重，在司法实践中，一般是指虽未引起动植物病虫害大规模发生，但已产生了严重危险，且行为人多次违反国家有关动植物防疫、检疫的规定，或者弄虚作假逃避检查，或者不听劝阻抗拒检查等情形。

（三）实务疑难问题

1. 罪与非罪的认定

构成本罪，除了要有违反有关动植物防疫、检疫的国家规定的行为外，还必须引起重大动植物疫情的发生或者有引起重大动植物疫情危险且情节严重。如果行为人虽然有逃避动植物检疫等行为，但没有引起重大动植物疫情，或者虽有引起重大动植物疫情危险但情节轻微，则不构成犯罪。

2. 划清本罪与妨害国境卫生检疫罪的界限

二者的区别在于：（1）违反的法律不同。前者违反的是动植物防疫、检疫的国家规定；后者违反的是国境卫生检疫法。（2）检疫的对象不同。前者的检疫对象主要是动植物、动植物产品及其装载容器、包装物，来自动植物检疫区的运输工具，不包括人；后者的检疫对象包括人身及其所带物品，但不包括动植物及其产品。（3）引起的疫情种类不同。前者引起的疫情主要是动植物疫情，如口蹄疾、焦虫病、猪丹毒；后者引起的疫情是人体传染病，如鼠疫、霍乱、天花、黄热病等。（4）构成犯罪的结果要件不同。前者必须已经引起重大动植物疫情的结果，或者有引起重大动植物疫情的危险且情节严重，才构成犯罪；后者只要有引起检疫传染病传播的严重危险，就构成犯罪。

（四）情节与量刑

依照《刑法》第 337 条第 1 款的规定，犯妨害动植物防疫、检疫罪的，处 3 年以下有期徒刑或者拘役，并处或者单处罚金。依照本条第 2 款规定，单位犯本罪的，对单位判处罚金，并对其直接负责的主管人员和其他直接责任人员，依照前款的规定处罚。

（五）法律链接

中华人民共和国进出境动植物检疫法（1991 年 10 月 30 日第七届全国人民代表大会常务委员会第二十二次会议通过　根据 2009 年 8 月 27 日第十一届全国人民代表大会常务委员会第十次会议《关于修改部分法律的决定》修正）（节录）

第三十九条　违反本法规定，有下列行为之一的，由口岸动植物检疫机关处以罚款：

（一）未报检或者未依法办理检疫审批手续的；

（二）未经口岸动植物检疫机关许可擅自将进境动植物、动植物产品或者其他检疫物卸离运输工具或者运递的；

（三）擅自调离或者处理在口岸动植物检疫机关指定的隔离场所中隔离检疫的动植物的。

第四十一条　违反本法规定，擅自开拆过境动植物、动植物产品或者其他检疫物的包装的，擅自将过境动植物、动植物产品或者其他检疫物卸离运输工具的，擅自抛弃过境动物的尸体、排泄物、铺垫材料或者其他废弃物的，由动植物检疫机关处以罚款。

第四十二条　违反本法规定，引起重大动植物疫情的，依照刑法有关规定追究刑事责任。

新编

刑法罪名精释

第4卷

XIN BIAN XING FA ZUI MING JING SHI

主　编◎周　峰

中国法制出版社
CHINA LEGAL PUBLISHING HOUSE

总目录

·第一卷·

·第二卷·

·第三卷·

·第四卷·

目　录

（第四卷）

第六节　破坏环境资源保护罪

一、污染环境罪

（一）法律规定

第三百三十八条　违反国家规定，排放、倾倒或者处置有放射性的废物、含传染病病原体的废物、有毒物质或者其他有害物质，严重污染环境的，处三年以下有期徒刑或者拘役，并处或者单处罚金；后果特别严重的，处三年以上七年以下有期徒刑，并处罚金。

第三百四十六条　单位犯本节第三百三十八条至第三百四十五条规定之罪的，对单位判处罚金，并对其直接负责的主管人员和其他直接责任人员，依照本节各该条的规定处罚。

（二）罪名详解

污染环境罪，是指违反国家规定，排放、倾倒或者处置有放射性的废物、含传染病病原体的废物、有毒物质或者其他有害物质，严重污染环境的行为。本罪是1997年刑法增设的罪名，原罪名为重大环境污染事故罪。《刑法修正案（八）》将犯罪构成条件作了调整，因而罪名也相应作了修改。1979年刑法和单行刑法均没有规定此罪名。[①]

污染环境罪的构成要件是：

1. 主体要件

犯罪主体为一般主体，单位也可构成本罪的主体。

---

① 《刑法》原第338条为："违反国家规定，向土地、水体、大气排放、倾倒或者处置有放射性的废物、含传染病病原体的废物、有毒物质或者其他危险废物，造成重大环境污染事故，致使公私财产遭受重大损失或者人身伤亡的严重后果的，处三年以下有期徒刑或者拘役，并处或者单处罚金；后果特别严重的，处三年以上七年以下有期徒刑，并处罚金。"

2. 客体要件

本罪侵犯的客体是国家对危险废物的安全管理制度。污染环境罪的犯罪对象是有害物质。所谓危险废物，是指列入国家危险废物名录或者根据国家规定的危险废物鉴定标准和鉴定方法被确认为具有危险性特征的废物。包括有放射性的废物（如含有镭、钴等放射性元素的物质）、含传染病病原体的废物、有毒物质（如氰化钾等）或者其他对人体有害的物质（如易燃、易爆物品）等。这些废物同公共安全有着密切联系，如果处置不当，就可能发生重大事故，危害人民生命财产安全。根据《最高人民法院、最高人民检察院关于办理环境污染刑事案件适用法律若干问题的解释》（以下简称《解释》）第15条的规定，下列物质应当认定为“有毒物质”：（1）危险废物，是指列入国家危险废物名录，或者根据国家规定的危险废物鉴别标准和鉴别方法认定的，具有危险特性的废物；（2）《关于持久性有机污染物的斯德哥尔摩公约》附件所列物质；（3）含重金属的污染物；（4）其他具有毒性，可能污染环境的物质。

污染环境的行为造成的危害是极为严重的，它使人类赖以生存和发展的环境日益恶化，危害着人体健康、生命安全和生存条件，因此，对于那些不顾人民身体健康、生命安全，恣意污染危害环境，造成公私财产重大损失或者人身伤亡者，刑事惩罚是必不可少的手段。

3. 主观要件

主观方面由过失构成，即行为人对于违反国家环境保护法规，排放、倾倒或者处置危险废物是明知的，但对于由此造成的严重后果不是行为人所希望的。

4. 客观要件

客观方面表现为违反国家规定，排放、倾倒或者处置有放射性的废物、含传染病病原体的废物、有毒物质或者其他有害物质严重污染环境的行为。

构成本罪，首先必须有违反国家有关环境保护规定的行为。“违反国家规定”，是指违反国家有关环境保护的法律、法规的规定，如环境保护法、大气污染防治法、水污染防治法、海洋环境保护法等。

其次，必须实施了排放、倾倒或者处置危险废物的行为。“排放”，是指将法律所指的上述废物排入水体的行为，包括泵出、溢出、泄出、喷出等。“倾倒”，是指通过船舶、航空器、平台或者其他运载工具向水体处置危险废物。“处置”，是指以焚烧、填埋等方式处置危险废物。

再次，排放的废物、有毒、有害物质的行为必须严重污染环境。根据《解释》第 1 条的规定，具有下列情形之一的，应当认定为“严重污染环境”：（1）在饮用水水源一级保护区、自然保护区核心区排放、倾倒、处置有放射性的废物、含传染病病原体的废物、有毒物质的；（2）非法排放、倾倒、处置危险废物 3 吨以上的；（3）排放、倾倒、处置含铅、汞、镉、铬、砷、铊、锑的污染物，超过国家或者地方污染物排放标准 3 倍以上的；（4）排放、倾倒、处置含镍、铜、锌、银、钒、锰、钴的污染物，超过国家或者地方污染物排放标准 10 倍以上的；（5）通过暗管、渗井、渗坑、裂隙、溶洞、灌注等逃避监管的方式排放、倾倒、处置有放射性的废物、含传染病病原体的废物、有毒物质的；（6）2 年内曾因违反国家规定，排放、倾倒、处置有放射性的废物、含传染病病原体的废物、有毒物质受过两次以上行政处罚，又实施前列行为的；（7）重点排污单位篡改、伪造自动监测数据或者干扰自动监测设施，排放化学需氧量、氨氮、二氧化硫、氮氧化物等污染物的；（8）违法减少防治污染设施运行支出 100 万元以上的；（9）违法所得或者致使公私财产损失 30 万元以上的；（10）造成生态环境严重损害的；（11）致使乡镇以上集中式饮用水水源取水中断 12 小时以上的；（12）致使基本农田、防护林地、特种用途林地 5 亩以上，其他农用地 10 亩以上，其他土地 20 亩以上基本功能丧失或者遭受永久性破坏的；（13）致使森林或者其他林木死亡 50 立方米以上，或者幼树死亡 2500 株以上的；（14）致使疏散、转移群众 5000 人以上的；（15）致使 30 人以上中毒的；（16）致使 3 人以上轻伤、轻度残疾或者器官组织损伤导致一般功能障碍的；（17）致使 1 人以上重伤、中度残疾或者器官组织损伤导致严重功能障碍的；（18）其他严重污染环境的情形。

（三）实务疑难问题

1. 罪与非罪的认定

在违反国家规定，排放、倾倒或者处置有放射性的废物、含传染病病原体的废物、有毒物质或者其他有害物质的行为中，只有严重污染环境的行为，才构成犯罪。如果没有严重污染环境，不构成犯罪，不能追究行为人的刑事责任。

2. 划清本罪与其他罪的界限

（1）划清本罪与非法处置进口的固体废物罪、投放危险物质罪的界限

根据《解释》第 8 条的规定，违反国家规定，排放、倾倒、处置含有毒

害性、放射性、传染病病原体等物质的污染物，同时构成污染环境罪、非法处置进口的固体废物罪、投放危险物质罪等犯罪的，依照处罚较重的规定定罪处罚。

（2）划清本罪与妨害传染病防治罪的界限

参照《最高人民法院、最高人民检察院关于办理妨害预防、控制突发传染病疫情等灾害的刑事案件具体应用法律若干问题的解释》第 13 条的规定："违反传染病防治法等国家有关规定，向土地、水体、大气排放、倾倒或者处置含传染病病原体的废物、有毒物质或者其他危险废物，造成突发传染病传播等重大环境污染事故，致使公私财产遭受重大损失或者人身伤亡的严重后果的，依照刑法第三百三十八条的规定，以重大环境污染事故罪定罪处罚。"违反传染病防治法处置含传染病病原体、废物的行为，属于妨害传染病防治的行为，又因该行为的结果造成严重环境污染，构成污染环境罪。由于污染环境罪规定了罚金刑，刑罚比《刑法》第 330 条规定的妨害传染病防治罪重，因此应以污染环境罪定罪处罚。

（四）情节与量刑

依照《刑法》第 338 条的规定，犯污染环境罪的，处 3 年以下有期徒刑或者拘役，并处或者单处罚金；后果特别严重的，处 3 年以上 7 年以下有期徒刑，并处罚金。依照《刑法》第 346 条的规定，单位犯本罪的，对单位判处罚金，并对其直接负责的主管人员和其他直接责任人员，依照第 338 条的规定处罚。

根据《解释》第 3 条的规定，具有下列情形之一的，应当认定为"后果特别严重"：（1）致使县级以上城区集中式饮用水水源取水中断 12 小时以上的；（2）非法排放、倾倒、处置危险废物 100 吨以上的；（3）致使基本农田、防护林地、特种用途林地 15 亩以上，其他农用地 30 亩以上，其他土地 60 亩以上基本功能丧失或者遭受永久性破坏的；（4）致使森林或者其他林木死亡 150 立方米以上，或者幼树死亡 7500 株以上的；（5）致使公私财产损失 100 万元以上的；（6）造成生态环境特别严重损害的；（7）致使疏散、转移群众 15000 人以上的；（8）致使 100 人以上中毒的；（9）致使 10 人以上轻伤、轻度残疾或者器官组织损伤导致一般功能障碍的；（10）致使 3 人以上重伤、中度残疾或者器官组织损伤导致严重功能障碍的；（11）致使 1 人以上重伤、中度残疾或者器官组织损伤导致严重功能障碍，并致使5人以上轻伤、轻度残疾或者器官组织损伤导致一般功能障碍的；（12）致使1人以上死亡或者重度残疾的；（13）其他后果特别严重的情形。

根据《解释》第4条的规定，实施《刑法》第338条规定的行为，具有下列情形之一的，应当从重处罚：（1）阻挠环境监督检查或者突发环境事件调查，尚不构成妨害公务等犯罪的；（2）在医院、学校、居民区等人口集中地区及其附近，违反国家规定排放、倾倒、处置有放射性的废物、含传染病病原体的废物、有毒物质或者其他有害物质的；（3）在重污染天气预警期间、突发环境事件处置期间或者被责令限期整改期间，违反国家规定排放、倾倒、处置有放射性的废物、含传染病病原体的废物、有毒物质或者其他有害物质的；（4）具有危险废物经营许可证的企业违反国家规定排放、倾倒、处置有放射性的废物、含传染病病原体的废物、有毒物质或者其他有害物质的。

根据《解释》第5条的规定，实施《刑法》第338条规定的行为，刚达到应当追究刑事责任的标准，但行为人及时采取措施，防止损失扩大、消除污染，全部赔偿损失，积极修复生态环境，且系初犯，确有悔罪表现的，可以认定为情节轻微，不起诉或者免予刑事处罚；确有必要判处刑罚的，应当从宽处罚。

（五）法律链接

1. 最高人民法院　最高人民检察院关于办理环境污染刑事案件适用法律若干问题的解释（法释〔2016〕29号　自2017年1月1日起施行）

为依法惩治有关环境污染犯罪，根据《中华人民共和国刑法》《中华人民共和国刑事诉讼法》的有关规定，现就办理此类刑事案件适用法律的若干问题解释如下：

第一条　实施刑法第三百三十八条规定的行为，具有下列情形之一的，应当认定为“严重污染环境”：

（一）在饮用水水源一级保护区、自然保护区核心区排放、倾倒、处置有放射性的废物、含传染病病原体的废物、有毒物质的；

（二）非法排放、倾倒、处置危险废物三吨以上的；

（三）排放、倾倒、处置含铅、汞、镉、铬、砷、铊、锑的污染物，超过国家或者地方污染物排放标准三倍以上的；

（四）排放、倾倒、处置含镍、铜、锌、银、钒、锰、钴的污染物，超过国家或者地方污染物排放标准十倍以上的；

（五）通过暗管、渗井、渗坑、裂隙、溶洞、灌注等逃避监管的方式排放、倾倒、处置有放射性的废物、含传染病病原体的废物、有毒物质的；

（六）二年内曾因违反国家规定，排放、倾倒、处置有放射性的废物、含传染病病原体的废物、有毒物质受过两次以上行政处罚，又实施前列行为的；

（七）重点排污单位篡改、伪造自动监测数据或者干扰自动监测设施，排放化学需氧量、氨氮、二氧化硫、氮氧化物等污染物的；

（八）违法减少防治污染设施运行支出一百万元以上的；

（九）违法所得或者致使公私财产损失三十万元以上的；

（十）造成生态环境严重损害的；

（十一）致使乡镇以上集中式饮用水水源取水中断十二小时以上的；

（十二）致使基本农田、防护林地、特种用途林地五亩以上，其他农用地十亩以上，其他土地二十亩以上基本功能丧失或者遭受永久性破坏的；

（十三）致使森林或者其他林木死亡五十立方米以上，或者幼树死亡二千五百株以上的；

（十四）致使疏散、转移群众五千人以上的；

（十五）致使三十人以上中毒的；

（十六）致使三人以上轻伤、轻度残疾或者器官组织损伤导致一般功能障碍的；

（十七）致使一人以上重伤、中度残疾或者器官组织损伤导致严重功能障碍的；

（十八）其他严重污染环境的情形。

第二条 实施刑法第三百三十九条、第四百零八条规定的行为，致使公私财产损失三十万元以上，或者具有本解释第一条第十项至第十七项规定情形之一的，应当认定为“致使公私财产遭受重大损失或者严重危害人体健康”或者“致使公私财产遭受重大损失或者造成人身伤亡的严重后果”。

第三条 实施刑法第三百三十八条、第三百三十九条规定的行为，具有下列情形之一的，应当认定为“后果特别严重”：

（一）致使县级以上城区集中式饮用水水源取水中断十二小时以上的；

（二）非法排放、倾倒、处置危险废物一百吨以上的；

（三）致使基本农田、防护林地、特种用途林地十五亩以上，其他农用地三十亩以上，其他土地六十亩以上基本功能丧失或者遭受永久性破坏的；

（四）致使森林或者其他林木死亡一百五十立方米以上，或者幼树死亡七千五百株以上的；

（五）致使公私财产损失一百万元以上的；

（六）造成生态环境特别严重损害的；

（七）致使疏散、转移群众一万五千人以上的；

（八）致使一百人以上中毒的；

（九）致使十人以上轻伤、轻度残疾或者器官组织损伤导致一般功能障碍的；

（十）致使三人以上重伤、中度残疾或者器官组织损伤导致严重功能障碍的；

（十一）致使一人以上重伤、中度残疾或者器官组织损伤导致严重功能障碍，并致使五人以上轻伤、轻度残疾或者器官组织损伤导致一般功能障碍的；

（十二）致使一人以上死亡或者重度残疾的；

（十三）其他后果特别严重的情形。

第四条　实施刑法第三百三十八条、第三百三十九条规定的犯罪行为，具有下列情形之一的，应当从重处罚：

（一）阻挠环境监督检查或者突发环境事件调查，尚不构成妨害公务等犯罪的；

（二）在医院、学校、居民区等人口集中地区及其附近，违反国家规定排放、倾倒、处置有放射性的废物、含传染病病原体的废物、有毒物质或者其他有害物质的；

（三）在重污染天气预警期间、突发环境事件处置期间或者被责令限期整改期间，违反国家规定排放、倾倒、处置有放射性的废物、含传染病病原体的废物、有毒物质或者其他有害物质的；

（四）具有危险废物经营许可证的企业违反国家规定排放、倾倒、处置有放射性的废物、含传染病病原体的废物、有毒物质或者其他有害物质的。

第五条　实施刑法第三百三十八条、第三百三十九条规定的行为，刚达到应当追究刑事责任的标准，但行为人及时采取措施，防止损失扩大、消除污染，全部赔偿损失，积极修复生态环境，且系初犯，确有悔罪表现的，可以认定为情节轻微，不起诉或者免予刑事处罚；确有必要判处刑罚的，应当从宽处罚。

第六条 无危险废物经营许可证从事收集、贮存、利用、处置危险废物经营活动，严重污染环境的，按照污染环境罪定罪处罚；同时构成非法经营罪的，依照处罚较重的规定定罪处罚。

实施前款规定的行为，不具有超标排放污染物、非法倾倒污染物或者其他违法造成环境污染的情形的，可以认定为非法经营情节显著轻微危害不大，不认为是犯罪；构成生产、销售伪劣产品等其他犯罪的，以其他犯罪论处。

第七条 明知他人无危险废物经营许可证，向其提供或者委托其收集、贮存、利用、处置危险废物，严重污染环境的，以共同犯罪论处。

第八条 违反国家规定，排放、倾倒、处置含有毒害性、放射性、传染病病原体等物质的污染物，同时构成污染环境罪、非法处置进口的固体废物罪、投放危险物质罪等犯罪的，依照处罚较重的规定定罪处罚。

第九条 环境影响评价机构或其人员，故意提供虚假环境影响评价文件，情节严重的，或者严重不负责任，出具的环境影响评价文件存在重大失实，造成严重后果的，应当依照刑法第二百二十九条、第二百三十一条的规定，以提供虚假证明文件罪或者出具证明文件重大失实罪定罪处罚。

第十条 违反国家规定，针对环境质量监测系统实施下列行为，或者强令、指使、授意他人实施下列行为的，应当依照刑法第二百八十六条的规定，以破坏计算机信息系统罪论处：

（一）修改参数或者监测数据的；

（二）干扰采样，致使监测数据严重失真的；

（三）其他破坏环境质量监测系统的行为。

重点排污单位篡改、伪造自动监测数据或者干扰自动监测设施，排放化学需氧量、氨氮、二氧化硫、氮氧化物等污染物，同时构成污染环境罪和破坏计算机信息系统罪的，依照处罚较重的规定定罪处罚。

从事环境监测设施维护、运营的人员实施或者参与实施篡改、伪造自动监测数据、干扰自动监测设施、破坏环境质量监测系统等行为的，应当从重处罚。

第十一条 单位实施本解释规定的犯罪的，依照本解释规定的定罪量刑标准，对直接负责的主管人员和其他直接责任人员定罪处罚，并对单位判处罚金。

第十二条 环境保护主管部门及其所属监测机构在行政执法过程中收集

的监测数据，在刑事诉讼中可以作为证据使用。

公安机关单独或者会同环境保护主管部门，提取污染物样品进行检测获取的数据，在刑事诉讼中可以作为证据使用。

第十三条　对国家危险废物名录所列的废物，可以依据涉案物质的来源、产生过程、被告人供述、证人证言以及经批准或者备案的环境影响评价文件等证据，结合环境保护主管部门、公安机关等出具的书面意见作出认定。

对于危险废物的数量，可以综合被告人供述，涉案企业的生产工艺、物耗、能耗情况，以及经批准或者备案的环境影响评价文件等证据作出认定。

第十四条　对案件所涉的环境污染专门性问题难以确定的，依据司法鉴定机构出具的鉴定意见，或者国务院环境保护主管部门、公安部门指定的机构出具的报告，结合其他证据作出认定。

第十五条　下列物质应当认定为刑法第三百三十八条规定的“有毒物质”：

（一）危险废物，是指列入国家危险废物名录，或者根据国家规定的危险废物鉴别标准和鉴别方法认定的，具有危险特性的废物；

（二）《关于持久性有机污染物的斯德哥尔摩公约》附件所列物质；

（三）含重金属的污染物；

（四）其他具有毒性，可能污染环境的物质。

第十六条　无危险废物经营许可证，以营利为目的，从危险废物中提取物质作为原材料或者燃料，并具有超标排放污染物、非法倾倒污染物或者其他违法造成环境污染的情形的行为，应当认定为“非法处置危险废物”。

第十七条　本解释所称“二年内”，以第一次违法行为受到行政处罚的生效之日与又实施相应行为之日的时间间隔计算确定。

本解释所称“重点排污单位”，是指设区的市级以上人民政府环境保护主管部门依法确定的应当安装、使用污染物排放自动监测设备的重点监控企业及其他单位。

本解释所称“违法所得”，是指实施刑法第三百三十八条、第三百三十九条规定的行为所得和可得的全部违法收入。

本解释所称“公私财产损失”，包括实施刑法第三百三十八条、第三百三十九条规定的行为直接造成财产损毁、减少的实际价值，为防止污染扩大、消除污染而采取必要合理措施所产生的费用，以及处置突发环境事件的应急监测费用。

本解释所称“生态环境损害”，包括生态环境修复费用，生态环境修复期间服务功能的损失和生态环境功能永久性损害造成的损失，以及其他必要合理费用。

本解释所称“无危险废物经营许可证”，是指未取得危险废物经营许可证，或者超出危险废物经营许可证的经营范围。

第十八条 本解释自 2017 年 1 月 1 日起施行。本解释施行后，《最高人民法院、最高人民检察院关于办理环境污染刑事案件适用法律若干问题的解释》（法释〔2013〕15 号）同时废止；之前发布的司法解释与本解释不一致的，以本解释为准。

2. **最高人民法院、最高人民检察院关于办理妨害预防、控制突发传染病疫情等灾害的刑事案件具体应用法律若干问题的解释**（法释〔2003〕8 号 自 2003 年 5 月 15 日起施行）（节录）

第十三条 违反传染病防治法等国家有关规定，向土地、水体、大气排放、倾倒或者处置含传染病病原体的废物、有毒物质或者其他危险废物，造成突发传染病传播等重大环境污染事故，致使公私财产遭受重大损失或者人身伤亡的严重后果的，依照刑法第三百三十八条的规定，以重大环境污染事故罪定罪处罚。

二、非法处置进口的固体废物罪

（一）法律规定

第三百三十九条第一款 违反国家规定，将境外的固体废物进境倾倒、堆放、处置的，处五年以下有期徒刑或者拘役，并处罚金；造成重大环境污染事故，致使公私财产遭受重大损失或者严重危害人体健康的，处五年以上十年以下有期徒刑，并处罚金；后果特别严重的，处十年以上有期徒刑，并处罚金。

（二）罪名详解

非法处置进口的固体废物罪，是指违反国家规定，将我国境外的固体废物进境倾倒、堆放、处置，足以污染环境的行为。本罪是1997年刑法增设的罪名，1979年刑法和单行刑法均没有规定此罪名。

非法处置进口的固体废物罪的构成要件是：

1. 主体要件

犯罪主体为一般主体，单位也可构成本罪的主体。

2. 客体要件

本罪侵犯的客体是国家对进口固体废物的管理制度。犯罪对象是非法处置进口的固体废物。“固体废物”，是指在生产、生活或者其他活动中产生的丧失原有利用价值或者虽未丧失利用价值但被抛弃或者放弃的固态、半固态和置于容器中的气态的物品、物质以及法律、行政法规规定纳入固体废物管理的物品、物质。固体废物所引起的污染与大气污染、水污染和环境噪声污染一起，被称为“四大污染”或者“四大公害”。防治固体废物的污染已成为环境保护的一项重要任务。近些年来，一些发达国家常常以低廉的付出，向发展中国家转移危险废弃物，这是一种国际间的污染转嫁。我国法律坚决禁止这种转嫁行为。近几年，我国也发现了多起非法进口固体废物的事件，个别单位或者个人贪图眼前的经济利益，为谋取高额利润，违反国家规定，进口固体废弃物，严重危害了人民群众身体健康和国家经济的持续发展。对于这种严重危害社会的行为，应当依法予以惩治。

3. 主观要件

主观方面由故意构成，即明知是境外的固体废物，仍然违反国家规定，将其进境倾倒、堆放、处置。行为人虽然一般都具有牟取非法利益的目的，但该目的不是构成本罪在主观方面的必要要件。

4. 客观要件

客观方面表现为违反国家规定，将中国境外的固体废物进境倾倒、堆放、处置，足以污染环境的行为。“违反国家规定”，主要是指违反我国于2004年12月29日修订的固体废物污染环境防治法。该法规定：“禁止中国境外的固体废物进境倾倒、堆放、处置”，“国家禁止进口不能用作原料的固体废物；限制进口可以用作原料的固体废物”。“境外”，是指在我国国（边）境以外的国家和地区。“倾倒”，是指通过船舶、航空器、平台或者其他运载工具，向水体处置废弃物或者其他有害物质的行为。“堆放”，是指向土地直接弃置固体废物的行为。“处置”，是指将固体废物焚烧、填埋和用其他改变固体废物的物理、化学、生物特性的方法，达到减少已产生的固体废物数量、缩小固体废物体积、减少或者消除其危险成分的活动。按照法律规定，行为人只要实施了倾倒、堆放、处置进口的固体废物其中一种行为，就构成本罪；实施两种以上行为的，仍为一罪，不实行并罚。

（三）实务疑难问题

1. 罪与非罪的认定

进口的固体废物必须是可以用作原料并且已被列入国家公布的可以用作原料进口的固体废物目录，进口除此之外的其他固体废物的，不管其实际上能否用作原料，都不构成本罪。所以，根据有关法规的规定，未列入规定目录的固体废物不应当视为非法处置进口的固体废物罪和擅自进口固体废物罪的犯罪对象，对其行为也不应以非法处置进口的固体废物罪和擅自进口固体废物罪论处。

2. 既遂与未遂的区分

本罪属于行为犯。即只要行为人实施了将境外的固体废物进境倾倒、堆放、处置的行为，即构成犯罪既遂，并不要求有严重污染环境或者其他严重后果的发生。

3. 划清本罪与其他罪的界限

非法处置进口的固体废物罪与走私废物罪在犯罪对象、犯罪主体方面基本相同。两者的主要区别是：

（1）侵犯的客体不同。非法处置进口的固体废物罪侵犯的客体是国家有关固体废物污染防治的管理活动和管理制度，由妨害社会管理秩序罪加以规定；而走私废物罪侵犯的客体是国家的对外贸易管理制度，属于破坏社会主义市场经济秩序罪的范围。

（2）犯罪对象有区别。非法处置进口的固体废物罪的犯罪对象是指依法可以进口或限制进口的固体废物；而走私废物罪的犯罪对象是废物，除了固体废物外，还包括液态废物、气态废物等其他废物，同时也不受是否属于国家禁止进口或限制进口的废物的限制。

（3）客观表现形式不同。非法处置进口的固体废物罪在客观方面表现为违反国家规定，将境外的固体废物进境倾倒、堆放、处置的行为；而走私废物罪在客观方面则表现为违反海关法规，逃避海关监管、检查，将境外固体废物运输进境的行为。

（四）情节与量刑

依照《刑法》第 339 条第 1 款的规定，犯非法处置进口的固体废物罪的，处 5 年以下有期徒刑或者拘役，并处罚金；造成重大环境污染事故，致使公私财产遭受重大损失或者严重危害人体健康的，处 5 年以上 10 年以下有期徒刑，并处罚金；后果特别严重的，处 10 年以上有期徒刑，并处罚金。依照《刑法》第 346 条的规定，单位犯本罪的，对单位判处罚金，并对其直接负责的主管人员和其他直接责任人员，依照第 339 条第 1 款的规定处罚。

根据《最高人民法院、最高人民检察院关于办理环境污染刑事案件适用法律若干问题的解释》（以下简称《解释》）第 2 条的规定，具有下列情形之一的，应当认定为“致使公私财产遭受重大损失或者严重危害人体健康”：（1）致使公私财产损失 30 万元以上；（2）造成生态环境严重损害的；（3）致使乡镇以上集中式饮用水水源取水中断 12 小时以上的；（4）致使基本农田、防护林地、特种用途林地 5 亩以上，其他农用地 10 亩以上，其他土地 20 亩以上基本功能丧失或者遭受永久性破坏的；（5）致使森林或者其他林木死亡 50 立方米以上，或者幼树死亡 2500 株以上的；（6）致使疏散、转移群众 5000 人以上的；（7）致使 30 人以上中毒的；（8）致使 3 人以上轻伤、轻度残疾或者器官组织损伤导致一般功能障碍的；（9）致使 1 人以上重伤、中度残疾或者器官组织损伤导致严重功能障碍的。根据《解释》第 3 条的规定，本罪“后果特别严重”的认定标准与污染环境罪相同。

根据《解释》第 4 条的规定，实施《刑法》第 339 条规定的行为，具有下列情形之一的，应当从重处罚：（1）阻挠环境监督检查或者突发环境事件调查，尚不构成妨害公务等犯罪的；（2）在医院、学校、居民区等人口集中地区及其附近，违反国家规定排放、倾倒、处置有放射性的废物、含传染病病原体的废物、有毒物质或者其他有害物质的；（3）在重污染天气预警期间、突发环境事件处置期间或者被责令限期整改期间，违反国家规定排放、倾倒、处置有放射性的废物、含传染病病原体的废物、有毒物质或者其他有害物质的；（4）具有危险废物经营许可证的企业违反国家规定排放、倾倒、处置有放射性的废物、含传染病病原体的废物、有毒物质或者其他有害物质的。

根据《解释》第 5 条的规定，实施《刑法》第 339 条规定的行为，刚达到应当追究刑事责任的标准，但行为人及时采取措施，防止损失扩大、消除污染，全部赔偿损失，积极修复生态环境，且系初犯，确有悔罪表现的，可以认定为情节轻微，不起诉或者免予刑事处罚；确有必要判处刑罚的，应当从宽处罚。

三、擅自进口固体废物罪

（一）法律规定

第三百三十九条第二款　未经国务院有关主管部门许可，擅自进口固体废物用作原料，造成重大环境污染事故，致使公私财产遭受重大损失或者严重危害人体健康的，处五年以下有期徒刑或者拘役，并处罚金；后果特别严重的，处五年以上十年以下有期徒刑，并处罚金。

第三款　以原料利用为名，进口不能用作原料的固体废物、液态废物和气态废物的，依照本法第一百五十二条第二款、第三款的规定定罪处罚。

（二）罪名详解

擅自进口固体废物罪，是指未经国务院有关主管部门许可，擅自进口固体废物用作原料，造成重大环境污染事故，致使公私财产遭受重大损失或者严重危害人体健康的行为。本罪是1997年刑法增设的罪名，1979年刑法和单行刑法均没有规定此罪名。本罪经《刑法修正案（四）》修订。[①]

擅自进口固体废物罪的构成要件是：

1. 主体要件

犯罪主体为一般主体，自然人和单位均可构成本罪的主体，实践中多为具有进口废物用作原料进口权的单位或者个人。

2. 客体要件

本罪侵犯的客体是国家对进口固体废物的管理制度。犯罪对象是境外的

① 《刑法》原第339条第3款为：“以原料利用为名，进口不能用作原料的固体废物的，依照本法第一百五十五条的规定定罪处罚。”

固体废物。

3. 主观要件

主观方面由故意构成，即行为人明知自己未取得国务院有关主管部门许可，仍擅自进口固体废物。过失不构成本罪。

4. 客观要件

客观方面表现为未经国务院有关主管部门许可，擅自进口固体废物用作原料，造成重大环境污染事故，致使公私财产遭受重大损失或者严重危害人体健康的行为。关于能用作原料的固体废物的进口问题，根据我国固体废物污染环境防治法的规定，对可以用作原料的固体废物实行限制进口和自动许可进口应当分类进行管理。国务院环境保护行政主管部门会同国务院对外贸易主管部门、国务院经济综合宏观调控部门、海关总署、国务院质量监督检验检疫部门制定、调整并公布禁止进口、限制进口和自动许可进口的固体废物目录。禁止进口列入禁止进口目录的固体废物。进口列入限制进口目录的固体废物，应当经国务院环境保护行政主管部门会同国务院对外贸易主管部门审查许可。进口列入自动许可进口目录的固体废物，应当依法办理自动许可手续。

（三）实务疑难问题

1. 划清本罪与非法处置进口的固体废物罪的界限

二者在侵犯的客体、犯罪对象、主观方面、犯罪主体等方面基本相同，但在客观方面却有着重要的区别：前者属结果犯。擅自进口固体废物用作原料的行为，只有造成重大环境污染事故，致使公私财产遭受重大损失或者严重危害人体健康的才构成犯罪；后者则属于行为犯，只要实施了将中国境外的固体废物进境倾倒、堆放、处置的行为就构成犯罪。

2. 划清本罪与走私废物罪的界限

前者擅自进口的固体废物，可以用作原料，尚有利用价值，并未逃避海关监管，而是照章纳税，只是进口的固体废物应经国务院有关主管部门批准而未报经批准；而后者走私的固体废物、液态废物、气态废物不仅根本不能用作原料，且根本未获批准进口，入境时，还逃避海关监管，将这些废物走私入境。前者必须造成重大环境污染事故，致使公私财产遭受重大损失或严重危害人体健康的才构成犯罪；后者只要达到一定数量就可以追究刑事责任。

（四）情节与量刑

依照《刑法》第 339 条第 2 款的规定，犯擅自进口固体废物罪的，处 5 年以下有期徒刑或者拘役，并处罚金；后果特别严重的，处 5 年以上 10 年以下有期徒刑，并处罚金。依照本条第 3 款的规定，以原料利用为名，进口不能用作原料的固体废物、液态废物和气态废物的，依照《刑法》第 152 条第 2 款、第 3 款规定的走私废物罪定罪处罚。

依照《刑法》第 346 条的规定，单位犯本罪的，对单位判处罚金，并对其直接负责的主管人员和其他直接责任人员，依照第 339 条第 2 款的规定处罚。

四、非法捕捞水产品罪

（一）法律规定

第三百四十条　违反保护水产资源法规，在禁渔区、禁渔期或者使用禁用的工具、方法捕捞水产品，情节严重的，处三年以下有期徒刑、拘役、管制或者罚金。

（二）罪名详解

非法捕捞水产品罪，是指违反保护水产资源法规，在禁渔区、禁渔期或者使用禁用的工具、方法捕捞水产品，情节严重的行为。本罪 1979 年《刑法》第 129 条作了规定。

非法捕捞水产品罪的构成要件是：

1. 主体要件

本罪的犯罪主体为一般主体，自然人或者单位都可构成本罪的主体。

2. 客体要件

本罪侵犯的客体是国家对水产资源的管理活动。犯罪对象是水产品。“水产品”，是指自然野生的水产品，不包括人工养殖的水产品。

3. 主观要件

主观方面由故意构成。

4. 客观要件

客观方面表现为违反保护水产资源法规，在禁渔区、禁渔期或者使用禁用的工具、方法捕捞水产品，情节严重的行为。“保护水产资源法规”，是指国家有关对水产品保护的法律、法规，包括渔业法等有关规定。“禁渔区”，是指对某些重要鱼、虾、贝类的产卵场、越冬场和幼体索饵场划定的一定区域，在此区域内禁止全部作业或者限制作业种类。“禁渔期”，是指根据某些鱼类产卵或者成长的时间而规定的禁止全部作业或者限制作业的一定期限。“禁用的工具”，是指禁止使用的超过国家关于不同捕捞对象所分别规定的最小网眼尺寸的网具和其他禁止使用的破坏水产资源的捕捞方法。“禁用的方法”是指采用爆炸、放电、施毒等使水产品正常生长、繁殖受到损害的破坏性方法。

非法捕捞水产品的行为，必须达到“情节严重”的程度，才构成犯罪。所谓情节严重，在司法实践中，一般是指为首或者聚众捕捞水产品的；大量非法捕捞水产品的；多次（三次以上）捕捞水产品的；采用毁灭性捕捞方法，造成水资源重大损失的；非法捕捞国家重点保护的名贵或者稀有的水产品的；非法捕捞、暴力抗拒渔政管理的等情形。

（三）实务疑难问题

1. 罪与非罪的认定

《渔业法实施细则》第 19 条规定，因科学研究等特殊需要，在禁渔区、禁渔期捕捞，或者使用禁用的渔具、方法捕捞水产品，只要经过省级以上渔业行政主管部门的批准，就是合法行为。此外，非法捕捞水产品的行为，如果情节不严重的，则属违法行为，不能以犯罪论处。

2. 划清本罪与其他罪的界限

划清本罪与破坏生产经营罪的界限

本罪的犯罪对象是自然野生的水产品。如果非法捕捞的是他人人工养殖的水产品，则应当依照《刑法》第 276 条规定的破坏生产经营罪论处。

（四）情节与量刑

依照《刑法》第 340 条的规定，犯非法捕捞水产品罪的，处 3 年以下有期徒刑、拘役、管制或者罚金。依照《刑法》第 346 条的规定，单位犯本罪的，对单位判处罚金，并对其直接负责的主管人员和其他直接责任人员，依照第340条的规定处罚。

五、非法猎捕、杀害珍贵、濒危野生动物罪

（一）法律规定

第三百四十一条第一款　非法猎捕、杀害国家重点保护的珍贵、濒危野生动物的，或者非法收购、运输、出售国家重点保护的珍贵、濒危野生动物及其制品的，处五年以下有期徒刑或者拘役，并处罚金；情节严重的，处五年以上十年以下有期徒刑，并处罚金；情节特别严重的，处十年以上有期徒刑，并处罚金或者没收财产。

（二）罪名详解

非法猎捕、杀害珍贵、濒危野生动物罪，是指违反国家有关野生动物保护法规，猎捕、杀害国家重点保护的珍贵、濒危野生动物的行为。本罪是从1988年11月8日第七届全国人民代表大会常务委员会第四次会议通过的《关于惩治捕杀国家重点保护的珍贵、濒危野生动物犯罪的补充规定》，吸收改为刑法的具体规定的。1979年刑法没有非法猎捕、杀害珍贵、濒危野生动物罪的规定。

非法猎捕、杀害珍贵、濒危野生动物罪的构成要件是：

1. 主体要件

犯罪主体为一般主体，自然人和单位均可构成本罪的主体。

2. 客体要件

本罪侵害的客体是国家对野生动物资源的管理制度。犯罪对象是国家重点保护的珍贵、濒危野生动物。“珍贵、濒危野生动物”，主要指中国特产、稀有或者濒于灭绝的以及数量稀少、有灭绝危险的或者分布地域狭窄、有限的野生动物。按照《最高人民法院关于审理破坏野生动物资源刑事案件具体应用法律若干问题的解释》（以下简称《解释》）的规定，“珍贵、濒危野生动物”，包括列入国家重点保护野生动物名录的国家一、二级保护野生动物，列入《濒危野生动植物种国际贸易公约》附录一、附录二的野生动物以及驯养繁殖的上述物种。如大熊猫、东北虎，等等。野生动物是国家的宝贵资源，是自然生态系统的重要组成部分，是人们生产和生活中必不可少的物质资源。

保护野生动物资源对于维护生态平衡，具有重要的意义。我国是世界上拥有野生动物资源最多的国家之一，其中有许多珍贵的品种是我国独有的，还有一部分珍贵、濒于灭绝的野生动物。当生态系统中某种野生动物灭绝时，就会使生态系统失调，同时也给人类带来极大的损失。因此，保护野生动物资源就成为我们面临的一项重要任务。

3. 主观要件

主观方面由故意构成。犯罪动机可能是多种多样的，行为人在多数情况下是为了牟取暴利，也有的是为了自己食用。不论犯罪动机如何，均不影响本罪的成立。

4. 客观要件

客观方面表现为违反国家有关野生动物保护法规，猎捕、杀害珍贵、濒危野生动物的行为。“违反国家野生动物保护法规”，主要是指违反野生动物保护法和其他有关法规。“非法猎捕、杀害珍贵、濒危野生动物”，是指违反国家野生动物保护法，未取得特许猎捕证或者虽取得特许猎捕证，但未按特许猎捕证规定的种类、数量、地点等而捕猎、杀害国家野生动物的行为。国家重点保护的珍贵、濒危野生动物，依据野生动物保护法的规定，是禁止猎捕、杀害的。因科学研究、驯养繁殖、展览或者其他特殊情况需要捕捉、捕捞国家重点保护的野生动物的，须向有关野生动物行政主管部门申请特许猎捕证，并按照特许猎捕证规定的种类、数量、地点等进行捕杀。

（三）情节与量刑

依照《刑法》第 341 条第 1 款的规定，犯非法猎捕、杀害珍贵、濒危野生动物罪的，处 5 年以下有期徒刑或者拘役，并处罚金；情节严重的，处 5 年以上 10 年以下有期徒刑，并处罚金；情节特别严重的，处 10 年以上有期徒刑，并处罚金或者没收财产。依照《刑法》第 346 条的规定，单位犯本罪的，对单位判处罚金，并对其直接负责的主管人员和其他直接责任人员，依照第 341 条第 1 款的规定处罚。

关于“情节严重”和“情节特别严重”的认定标准，《解释》分两种情况作出了规定。一种是应当认定的情形，主要是根据该《解释》附表所列的野生动物的数量来认定。另一种是可以认定。《解释》第 4 条规定：非法猎捕、杀害珍贵、濒危野生动物构成犯罪，具有下列情形之一的，可以认定为“情节严重”；非法猎捕、杀害珍贵、濒危野生动物符合本解释第 3 条第 1 款的规定，并具有下列情形之一的，可以认定为“情节特别严重”：（1）犯罪集团的首要分子；（2）严重影响对野生动物的科研、养殖等工作顺利进行的；（3）以武装掩护方法实施犯罪的；（4）使用特种车、军用车等交通工具实施犯罪的；（5）造成其他重大损失的。

《解释》还规定，非法猎捕、杀害、收购、运输、出售《濒危野生动植物种国际贸易公约》附录一、附录二所列的非原产于我国的野生动物“情节严重”“情节特别严重”的认定标准，参照《解释》第 3 条、第 4 条以及附表所列与其同属的国家一、二级保护野生动物的认定标准执行；没有与其同属的国家一、二级保护野生动物的，参照与其同科的国家一、二级保护野生动物的认定标准执行。

犯本罪，又以暴力、威胁方法抗拒查处，构成其他犯罪的，依照数罪并罚的规定处罚。

（四）法律链接

1. 全国人民代表大会常务委员会关于《中华人民共和国刑法》第三百四十一条、第三百一十二条的解释（2014 年 4 月 24 日第十二届全国人民代表大会常务委员会第八次会议通过）

全国人民代表大会常务委员会根据司法实践中遇到的情况，讨论了刑法第三百四十一条第一款规定的非法收购国家重点保护的珍贵、濒危野生动物及其制品的含义和收购刑法第三百四十一条第二款规定的非法狩猎的野生动物如何适用刑法有关规定的问题，解释如下：

知道或者应当知道是国家重点保护的珍贵、濒危野生动物及其制品，为食用或者其他目的而非法购买的，属于刑法第三百四十一条第一款规定的非法收购国家重点保护的珍贵、濒危野生动物及其制品的行为。

知道或者应当知道是刑法第三百四十一条第二款规定的非法狩猎的野生动物而购买的，属于刑法第三百一十二条第一款规定的明知是犯罪所得而收购的行为。

2. 最高人民法院关于审理破坏野生动物资源刑事案件具体应用法律若干问题的解释（法释〔2000〕37 号　自 2000 年 12 月 11 日起施行）

为依法惩处破坏野生动物资源的犯罪活动，根据刑法的有关规定，现就审理这类案件具体应用法律的若干问题解释如下：

第一条　刑法第三百四十一条第一款规定的“珍贵、濒危野生动物”，包括列入国家重点保护野生动物名录的国家一、二级保护野生动物、列入《濒危野生动植物种国际贸易公约》附录一、附录二的野生动物以及驯养繁殖的上述物种。

第二条　刑法第三百四十一条第一款规定的“收购”，包括以营利、自用等为目的的购买行为；“运输”，包括采用携带、邮寄、利用他人、使用交通工具等方法进行运送的行为；“出售”，包括出卖和以营利为目的的加工利用行为。

第三条　非法猎捕、杀害、收购、运输、出售珍贵、濒危野生动物具有下列情形之一的，属于“情节严重”：

（一）达到本解释附表所列相应数量标准的；

（二）非法猎捕、杀害、收购、运输、出售不同种类的珍贵、濒危野生动物，其中两种以上分别达到附表所列“情节严重”数量标准一半以上的。

非法猎捕、杀害、收购、运输、出售珍贵、濒危野生动物具有下列情形之一的，属于“情节特别严重”：

（一）达到本解释附表所列相应数量标准的；

（二）非法猎捕、杀害、收购、运输、出售不同种类的珍贵、濒危野生动物，其中两种以上分别达到附表所列“情节特别严重”数量标准一半以上的。

第四条　非法猎捕、杀害、收购、运输、出售珍贵、濒危野生动物构成犯罪，具有下列情形之一的，可以认定为“情节严重”；非法猎捕、杀害、收购、运输、出售珍贵、濒危野生动物符合本解释第三条第一款的规定，并具有下列情形之一的，可以认定为“情节特别严重”：

（一）犯罪集团的首要分子；

（二）严重影响对野生动物的科研、养殖等工作顺利进行的；

（三）以武装掩护方法实施犯罪的；

（四）使用特种车、军用车等交通工具实施犯罪的；

（五）造成其他重大损失的。

第五条　非法收购、运输、出售珍贵、濒危野生动物制品具有下列情形之一的，属于“情节严重”：

（一）价值在十万元以上的；

（二）非法获利五万元以上的；

（三）具有其他严重情节的。

非法收购、运输、出售珍贵、濒危野生动物制品具有下列情形之一的，属于“情节特别严重”：

（一）价值在二十万元以上的；

（二）非法获利十万元以上的；

（三）具有其他特别严重情节的。

第六条 违反狩猎法规，在禁猎区、禁猎期或者使用禁用的工具、方法狩猎，具有下列情形之一的，属于非法狩猎“情节严重”：

（一）非法狩猎野生动物二十只以上的；

（二）违反狩猎法规，在禁猎区或者禁猎期使用禁用的工具、方法狩猎的；

（三）具有其他严重情节的。

第七条 使用爆炸、投毒、设置电网等危险方法破坏野生动物资源，构成非法猎捕、杀害珍贵、濒危野生动物罪或者非法狩猎罪，同时构成刑法第一百一十四条或者第一百一十五条规定之罪的，依照处罚较重的规定定罪处罚。

第八条 实施刑法第三百四十一条规定的犯罪，又以暴力、威胁方法抗拒查处，构成其他犯罪的，依照数罪并罚的规定处罚。

第九条 伪造、变造、买卖国家机关颁发的野生动物允许进出口证明书、特许猎捕证、狩猎证、驯养繁殖许可证等公文、证件构成犯罪的，依照刑法第二百八十条第一款的规定以伪造、变造、买卖国家机关公文、证件罪定罪处罚。

实施上述行为构成犯罪，同时构成刑法第二百二十五条第二项规定的非法经营罪的，依照处罚较重的规定定罪处罚。

第十条 非法猎捕、杀害、收购、运输、出售《濒危野生动植物种国际贸易公约》附录一、附录二所列的非原产于我国的野生动物“情节严重”、“情节特别严重”的认定标准，参照本解释第三条、第四条以及附表所列与其同属的国家一、二级保护野生动物的认定标准执行；没有与其同属的国家一、二级保护野生动物的，参照与其同科的国家一、二级保护野生动物的认定标准执行。

第十一条 珍贵、濒危野生动物制品的价值，依照国家野生动物保护主管部门的规定核定；核定价值低于实际交易价格的，以实际交易价格认定。

第十二条 单位犯刑法第三百四十一条规定之罪，定罪量刑标准依照本解释的有关规定执行。

附表：非法猎捕、杀害、收购、运输、出售珍贵、濒危野生动物刑事案件“情节严重”“情节特别严重”数量认定标准

中文名	拉丁文名	级别	情节严重	情节特别严重
蜂猴	*Nycticebus spp.*	Ⅰ	3	4
熊猴	*Macaca assamensis*	Ⅰ	2	3
台湾猴	*Macaca cyclopis*	Ⅰ	1	2
豚尾猴	*Macaca nemestrina*	Ⅰ	2	3
叶猴（所有种）	*Presbytis spp.*	Ⅰ	1	2
金丝猴（所有种）	*Rhinopithecus spp.*	Ⅰ		1
长臂猿（所有种）	*Hylobates spp.*	Ⅰ	1	2
马来熊	*Helarctos malayanus*	Ⅰ	2	3
大熊猫	*Ailuropoda melanoleuca*	Ⅰ		1
紫貂	*Martes zibellina*	Ⅰ	3	4
貂熊	*Gulo gulo*	Ⅰ	2	3
熊狸	*Arctictis binturong*	Ⅰ	1	2
云豹	*Neofelis nebulosa*	Ⅰ		1
豹	*Panthera pardus*	Ⅰ		1
雪豹	*Panthera uncia*	Ⅰ		1
虎	*Panthera tigris*	Ⅰ		1
亚洲象	*Elephas maximus*	Ⅰ		1
蒙古野驴	*Equus hemionus*	Ⅰ	2	3
西藏野驴	*Equus kiang*	Ⅰ	3	5
野马	*Equus przewalskii*	Ⅰ		1
野骆驼	*Camelus ferus*（=*bactrianus*）	Ⅰ	1	2
鼷鹿	*Tragulus javanicus*	Ⅰ	2	3
黑麂	*Muntiacus crinifrons*	Ⅰ	1	2
白唇鹿	*Cervus albirostris*	Ⅰ	1	2
坡鹿	*Cervus eldi*	Ⅰ	1	2
梅花鹿	*Cervus nippon*	Ⅰ	2	3
豚鹿	*cervus porcinus*	Ⅰ	2	3
麋鹿	*Elaphurus davidianus*	Ⅰ	1	2
野牛	*Bos gaurus*	Ⅰ	1	2
野牦牛	*Bos mutus*（=*grunniens*）	Ⅰ	2	3
普氏原羚	*Procapra przewalskii*	Ⅰ	1	2
藏羚	*Pantholops hodgsoni*	Ⅰ	2	3
高鼻羚羊	*Saiga tatarica*	Ⅰ		1
扭角羚	*Budorcas taxicolor*	Ⅰ	1	2
台湾鬣羚	*Capricornis crispus*	Ⅰ	2	3

续表

中文名	拉丁文名	级别	情节严重	情节特别严重
赤斑羚	*Naemorhedus cranbrooki*	Ⅰ	2	4
塔尔羊	*Hemitragus jemlahicus*	Ⅰ	2	4
北山羊	*Capra ibex*	Ⅰ	2	4
河狸	*Castor fiber*	Ⅰ	1	2
短尾信天翁	*Diomedea albatrus*	Ⅰ	2	4
白腹军舰鸟	*Fregata andrewsi*	Ⅰ	2	4
白鹳	*Ciconia ciconia*	Ⅰ	2	4
黑鹳	*Ciconia nigra*	Ⅰ	2	4
朱鹮	*Nipponia nippon*	Ⅰ		1
中华沙秋鸭	*Mergus squamatus*	Ⅰ	2	3
金雕	*Aquila chrysaetos*	Ⅰ	2	4
白肩雕	*Aquila heliaca*	Ⅰ	2	4
玉带海雕	*Haliaeetus leucoryphus*	Ⅰ	2	4
白尾海雕	*Haliaeetus albcilla*	Ⅰ	2	3
虎头海雕	*Haliaeetus pelagicus*	Ⅰ	2	4
拟兀鹫	*Pseudogyps bengalensis*	Ⅰ	2	4
胡兀鹫	*Gypaetus barbatus*	Ⅰ	2	4
细嘴松鸡	*Tetrao parvirostris*	Ⅰ	3	5
斑尾榛鸡	*Tetrastes sewerzowi*	Ⅰ	3	5
雉鹑	*Tetraophasis obscurus*	Ⅰ	3	5
四川山鹧鸪	*Arborophila rufipectus*	Ⅰ	3	5
海南山鹧鸪	*Arborophila ardens*	Ⅰ	3	5
黑头角雉	*Tragopan melanocephalus*	Ⅰ	2	3
红胸角雉	*Tragopan satyra*	Ⅰ	2	4
灰腹角雉	*Tragopan blythii*	Ⅰ	2	3
黄腹角雉	*Tragopan caboti*	Ⅰ	2	3
虹雉（所有种）	*Lophophorus spp.*	Ⅰ	2	4
褐马鸡	*Crossoptilon mantchuricum*	Ⅰ	2	3
蓝鹇	*Lophura swinhoii*	Ⅰ	2	3
黑颈长尾雉	*Syrmaticus humiae*	Ⅰ	2	4
白颈长尾雉	*Syrmaticus ewllioti*	Ⅰ	2	4
黑长尾雉	*Syrmaticus mikado*	Ⅰ	2	4
孔雀雉	*Polyplectron bicalcaratum*	Ⅰ	2	3
绿孔雀	*Pavo muticus*	Ⅰ	2	3
黑颈鹤	*Grus nigricollis*	Ⅰ	2	3
白头鹤	*Grus monacha*	Ⅰ	2	3

续表

中文名	拉丁文名	级别	情节严重	情节特别严重
丹顶鹤	*Grus japonensis*	Ⅰ	2	3
白鹤	*Grus leucogeranus*	Ⅰ	2	3
赤颈鹤	*Grus antigone*	Ⅰ	1	2
鸨（所有种）	*Otis spp.*	Ⅰ	4	6
遗鸥	*Larus relictus*	Ⅰ	2	4
四爪陆龟	*Testudo horsfieldi*	Ⅰ	4	8
蜥鳄	*Shinisaurus crocodilurus*	Ⅰ	2	4
巨蜥	*Varanus salvator*	Ⅰ	2	4
蟒	*Python molurus*	Ⅰ	2	4
扬子鳄	*Alligator sinensis*	Ⅰ	1	2
中华蛩蠊	*Galloisiana sinensis*	Ⅰ	3	6
金斑喙凤蝶	*Teinopalpus aureus*	Ⅰ	3	6
短尾猴	*Macaca arctoides*	Ⅱ	6	10
猕猴	*Macaca mulatta*	Ⅱ	6	10
藏酋猴	*Macaca thibetana*	Ⅱ	6	10
穿山甲	*Manis pentadactyla*	Ⅱ	8	16
豺	*Cuon alpinus*	Ⅱ	4	6
黑熊	*Selenarctos thibetanus*	Ⅱ	3	5
棕熊（包括马熊）	*Ursus arctos*（*U. a. pruinosus*）	Ⅱ	3	5
小熊猫	*Ailurus fulgens*	Ⅱ	3	5
石貂	*Martes foina*	Ⅱ	4	10
黄喉貂	*Martes flavigula*	Ⅱ	4	10
斑林狸	*Prionodon pardicolor*	Ⅱ	4	8
大灵猫	*Viverra zibetha*	Ⅱ	3	5
小灵猫	*Viverricula indica*	Ⅱ	4	8
草原斑猫	*Felis lybica*（=*silvestris*）	Ⅱ	4	8
荒漠猫	*Felis bieti*	Ⅱ	4	10
丛林猫	*Felis chaus*	Ⅱ	4	8
猞猁	*Felis lynx*	Ⅱ	2	3
兔狲	*Felis manul*	Ⅱ	3	5
金猫	*Felis temmincki*	Ⅱ	4	8
渔猫	*Felis viverrinus*	Ⅱ	4	8
麝（所有种）	*Moschus spp.*	Ⅱ	3	5
河麂	*Hydropotes inermis*	Ⅱ	4	8
马鹿（含白臀鹿）	*Cervus elaphus*（*C. e. macneilli*）	Ⅱ	4	6
水鹿	*Cervus unicolor*	Ⅱ	3	5

续表

中文名	拉丁文名	级别	情节严重	情节特别严重
驼鹿	*Alces alces*	Ⅱ	3	5
黄羊	*Procapra gutturosa*	Ⅱ	8	15
藏原羚	*Procapra picticaudata*	Ⅱ	4	8
鹅喉羚	*Gazella subgutturosa*	Ⅱ	4	8
羚	*Capricornis sumatraensis*	Ⅱ	3	4
斑羚	*Naemorhedus goral*	Ⅱ	4	8
岩羊	*Pseudois nayaur*	Ⅱ	4	8
盘羊	*Ovis ammon*	Ⅱ	3	5
海南兔	*Lepus peguensis hainanus*	Ⅱ	6	10
雪兔	*Lepus timidus*	Ⅱ	6	10
塔里木兔	*Lepus yarkandensis*	Ⅱ	20	40
巨松鼠	*Ratufa bicolor*	Ⅱ	6	10
角鸊鷉	*Podiceps auritus*	Ⅱ	6	10
赤颈鸊鷉	*Podiceps grisegena*	Ⅱ	6	8
鹈鹕（所有种）	*Pelecanus spp.*	Ⅱ	4	8
鲣鸟（所有种）	*Sula spp.*	Ⅱ	6	10
海鸬鹚	*Phalacrocorax pelagicus*	Ⅱ	4	8
黑颈鸬鹚	*Phalacrocorax niger*	Ⅱ	4	8
黄嘴白鹭	*Egretta eulophotes*	Ⅱ	6	10
岩鹭	*Egretta sacra*	Ⅱ	6	20
海南虎斑	*Gorsachius magnificus*	Ⅱ	6	10
小苇鳽	*Ixbrychus minutus*	Ⅱ	6	10
彩鹳	*Ibis leucocephalus*	Ⅱ	3	4
白鹮	*Threskiornis aethiopicus*	Ⅱ	4	8
黑鹮	*Pseudibis papillosa*	Ⅱ	4	8
彩鹮	*Plegadis falcinellus*	Ⅱ	4	8
白琵鹭	*Platalea leucorodia*	Ⅱ	4	8
黑脸琵鹭	*Platalea ninor*	Ⅱ	4	8
红胸黑雁	*Branta ruficollis*	Ⅱ	4	8
白额雁	*Anser albifrons*	Ⅱ	6	10
天鹅（所有种）	*Cygnus spp.*	Ⅱ	6	10
鸳鸯	*Aix galericulata*	Ⅱ	6	10
其他鹰类	(*Accipitridae*)	Ⅱ	4	8
隼科（所有种）	*Falconidae*	Ⅱ	6	10
黑琴鸡	*Lyrurus tetrix*	Ⅱ	4	8
柳雷鸟	*Lagopus lagopus*	Ⅱ	4	8

续表

中文名	拉丁文名	级别	情节严重	情节特别严重
岩雷鸟	*Lagopus mutus*	Ⅱ	6	10
镰翅鸡	*Falcipennis falcipennis*	Ⅱ	3	4
花尾榛鸡	*Tetrastes bonasia*	Ⅱ	10	20
雪鸡（所有种）	*Tetraogallus spp.*	Ⅱ	10	20
血雉	*Ithaginis cruentus*	Ⅱ	4	6
红腹角雉	*Tragopan temminckii*	Ⅱ	4	6
藏马鸡	*Crossoptilon crossoptilon*	Ⅱ	4	6
蓝马鸡	*Crossoptilon aurtum*	Ⅱ	4	10
黑鹇	*Lophura leucomelana*	Ⅱ	6	8
白鹇	*Lophura nycthemera*	Ⅱ	6	10
原鸡	*Gallus gallus*	Ⅱ	6	8
勺鸡	*Pucrasia macrolopha*	Ⅱ	6	8
白冠长尾雉	*Syrmaticus reevesii*	Ⅱ	4	6
锦鸡（所有种）	*Chrysolophus spp.*	Ⅱ	4	8
灰鹤	*Grus grus*	Ⅱ	4	8
沙丘鹤	*Grus canadensis*	Ⅱ	4	8
白枕鹤	*Grus vipio*	Ⅱ	4	8
蓑羽鹤	*Anthropoides virgo*	Ⅱ	6	10
长脚秧鸡	*Crex crex*	Ⅱ	6	10
姬田鸡	*Porzana parva*	Ⅱ	6	10
棕背田鸡	*Porzana bicolor*	Ⅱ	6	10
花田鸡	*Coturnicops noveboracensis*	Ⅱ	6	10
铜翅水雉	*Metopidius indicus*	Ⅱ	6	10
小杓鹬	*Numenius borealis*	Ⅱ	8	15
小青脚鹬	*Tringa guttifer*	Ⅱ	6	10
灰燕鸻	*Glareola lactea*	Ⅱ	6	10
小鸥	*Larus minutus*	Ⅱ	6	10
黑浮鸥	*Chidonias niger*	Ⅱ	6	10
黄嘴河燕鸥	*Sterna aurantia*	Ⅱ	6	10
黑嘴端凤头燕鸥	*Thalasseus zimmermanni*	Ⅱ	4	8
黑腹沙鸡	*Pterocles orientalis*	Ⅱ	4	8
绿鸠（所有种）	*Treron spp.*	Ⅱ	6	8
黑颏果鸠	*Ptilinopus leclancheri*	Ⅱ	6	10
皇鸠（所有种）	*Ducula spp.*	Ⅱ	6	10
斑尾林鸽	*Columba palumbus*	Ⅱ	6	10
鹃鸠（所有种）	*Macropygia spp.*	Ⅱ	6	10

续表

中文名	拉丁文名	级别	情节严重	情节特别严重
鹦鹉科（所有种）	*Psittacidae.*	Ⅱ	6	10
鸦鹃（所有种）	*Centropus spp.*	Ⅱ	6	10
鸮形目（所有种）	*STRIGIFORMES*	Ⅱ	6	10
灰喉针尾雨燕	*Hirundapus cochinchinensis*	Ⅱ	6	10
凤头雨燕	*Hemiprocne longipennis*	Ⅱ	6	10
橙胸咬鹃	*Harpactes oreskios*	Ⅱ	6	10
蓝耳翠鸟	*Alcedo meninting*	Ⅱ	6	10
鹳嘴翠鸟	*Pelargopsis capensis*	Ⅱ	6	10
黑胸蜂虎	*Merops leschenaulti*	Ⅱ	6	10
绿喉蜂虎	*Merops orientalis*	Ⅱ	6	10
犀鸟科（所有种）	*Bucertidae*	Ⅱ	4	8
白腹黑啄木鸟	*Dryocopus javensis*	Ⅱ	6	10
阔嘴鸟科（所有种）	*Eurylaimidae*	Ⅱ	6	10
八色鸫科（所有种）	*Pittidae*	Ⅱ	6	10
凹甲陆龟	*Manouria impressa*	Ⅱ	6	10
大壁虎	*Gekko gecko*	Ⅱ	10	20
虎纹蛙	*Rana tigrina*	Ⅱ	100	200
伟铗虮	*Atlasjapyx atlas*	Ⅱ	6	10
尖板曦箭蜓	*Heliogomphus retroflexus*	Ⅱ	6	10
宽纹北箭蜓	*Ophiogomphus spinicorne*	Ⅱ	6	10
中华缺翅虫	*Zorotypus sinensis*	Ⅱ	6	10
墨脱缺翅虫	*Zorotypus medoensis*	Ⅱ	6	10
拉步甲	*Carabus （Coptolabrus） lafossei*	Ⅱ	6	10
硕步甲	*Carabus （Apotopterus） davidi*	Ⅱ	6	10
彩臂金龟（所有种）	*Cheirotonus spp.*	Ⅱ	6	10
叉犀金龟	*Allomyrina davidis*	Ⅱ	6	10
双尾褐凤蝶	*Bhutanitis mansfieldi*	Ⅱ	6	10
三尾褐凤蝶	*Bhutanitis thaidina dongchuanensis*	Ⅱ	6	10
中华虎凤蝶	*Luehdorfia chinensis huashanensis*	Ⅱ	6	10
阿波罗绢蝶	*Parnassius apollo*	Ⅱ	6	10

3. 最高人民法院、最高人民检察院、国家林业局、公安部、海关总署关于破坏野生动物资源刑事案件中涉及的CITES附录Ⅰ和附录Ⅱ所列陆生野生动物制品价值核定问题的通知（林濒发〔2012〕239号　自2012年9月17日施行）

各省、自治区、直辖市高级人民法院、人民检察院、林业厅（局）、公安厅（局），解放军军事法院，解放军军事检察院，新疆维吾尔自治区高级人民法院生产建设兵团分院，新疆生产建设兵团人民检察院、林业局、公安局，海关总署广东分署，各直属海关：

我国是《濒危野生动植物种国际贸易公约》（CITES）缔约国，非原产我国的CITES附录Ⅰ和附录Ⅱ所列陆生野生动物已依法被分别核准为国家一级、二级保护野生动物。近年来，各地严格按照CITES和我国野生动物保护法律法规的规定，查获了大量非法收购、运输、出售和走私CITES附录Ⅰ、附录Ⅱ所列陆生野生动物及其制品案件。为确保依法办理上述案件，依据《陆生野生动物保护实施条例》第二十四条、《最高人民法院关于审理走私刑事案件具体应用法律若干问题的解释》（法释〔2000〕30号）第四条，以及《最高人民法院关于审理破坏野生动物资源刑事案件具体应用法律若干问题的解释》（法释〔2000〕37号）第十条和第十一条的有关规定，结合《林业部关于在野生动物案件中如何确定国家重点保护野生动物及其产品价值标准的通知》（林策通字〔1996〕8号），现将破坏野生动物资源案件中涉及的CITES附录Ⅰ和附录Ⅱ所列陆生野生动物制品的价值标准规定如下：

一、CITES附录Ⅰ、附录Ⅱ所列陆生野生动物制品的价值，参照与其同属的国家重点保护陆生野生动物的同类制品价值标准核定；没有与其同属的国家重点保护陆生野生动物的，参照与其同科的国家重点保护陆生野生动物的同类制品价值标准核定；没有与其同科的国家重点保护陆生野生动物的，参照与其同目的国家重点保护陆生野生动物的同类制品价值标准核定；没有与其同目的国家重点保护陆生野生动物的，参照与其同纲或者同门的国家重点保护陆生野生动物的同类制品价值标准核定。

二、同属、同科、同目、同纲或者同门中，如果存在多种不同保护级别的国家重点保护陆生野生动物的，应当参照该分类单元中相同保护级别的国家重点保护陆生野生动物的同类制品价值标准核定；如果存在多种相同保护级别的国家重点保护陆生野生动物的，应当参照该分类单元中价值标准最低的国家重点保护陆生野生动物的同类制品价值标准核定；如果 CITES 附录Ⅰ和附录Ⅱ所列陆生野生动物所处分类单元有多种国家重点保护陆生野生动物，但保护级别不同的，应当参照该分类单元中价值标准最低的国家重点保护陆生野生动物的同类制品价值标准核定；如果仅有一种国家重点保护陆生野生动物的，应当参照该种国家重点保护陆生野生动物的同类制品价值标准核定。

三、同一案件中缴获的同一动物个体的不同部分的价值总和，不得超过该种动物个体的价值。

四、核定价值低于非法贸易实际交易价格的，以非法贸易实际交易价格认定。

五、犀牛角、象牙等野生动物制品的价值，继续依照《国家林业局关于发布破坏野生动物资源刑事案中涉及走私的象牙及其制品价值标准的通知》（林濒发〔2001〕234 号），以及《国家林业局关于发布破坏野生动物资源刑事案件中涉及犀牛角价值标准的通知》（林护发〔2002〕130 号）的规定核定。

人民法院、人民检察院、公安、海关等办案单位可以依据上述价值标准，核定破坏野生动物资源刑事案件中涉及的 CITES 附录Ⅰ和附录Ⅱ所列陆生野生动物制品的价值。核定有困难的，县级以上林业主管部门、国家濒危物种进出口管理机构或其指定的鉴定单位应该协助。

特此通知。

六、非法收购、运输、出售珍贵、濒危野生动物、珍贵、濒危野生动物制品罪

（一）法律规定

第三百四十一条第一款　非法猎捕、杀害国家重点保护的珍贵、濒危野生动物的，或者非法收购、运输、出售国家重点保护的珍贵、濒危野生动物及其制品的，处五年以下有期徒刑或者拘役，并处罚金；情节严重的，处五年以上十年以下有期徒刑，并处罚金；情节特别严重的，处十年以上有期徒刑，并处罚金或者没收财产。

（二）罪名详解

非法收购、运输、出售珍贵、濒危野生动物、珍贵、濒危野生动物制品罪，是指违反国家有关野生动物保护法规，收购、运输、出售珍贵、濒危野生动物和珍贵、濒危野生动物制品的行为。本罪是1997年刑法增设的罪名，1979年刑法和单行刑法均没有规定此罪名。

非法收购、运输、出售珍贵、濒危野生动物、珍贵、濒危野生动物制品罪的构成要件是：

1. 主体要件

犯罪主体为一般主体，自然人和单位均可构成本罪的主体。

2. 客体要件

本罪侵害的客体是国家对野生动物资源的管理制度。犯罪对象是国家重点保护的珍贵、濒危的野生动物和珍贵、濒危野生动物制品。根据野生动物保护法的有关规定，“珍贵、濒危的野生动物”，主要是指中国特产、稀有或者濒于灭绝的以及数量稀少、有灭绝危险的或者分布地域狭窄有限的野生动物。按照《最高人民法院关于审理破坏野生动物资源刑事案件具体应用法律若干问题的解释》（以下简称《解释》）的规定，“珍贵、濒危野生动物”，包括列入国家重点保护野生动物名录的国家一、二级保护野生动物、列入《濒危野生动植物种国际贸易公约》附录一、附录二的野生动物以及驯养繁殖的上述物种。如大熊猫、东北虎，等等。“珍贵、濒危野生动物制品”，是指对捕杀的野生动物的皮、毛、角、骨、肉等进行加工，制作成成品或者半成品的物品。

3. 主观要件

主观方面由故意构成。即行为人明知所收购、运输、出售的是国家重点保护的珍贵、濒危野生动物、珍贵、濒危野生动物制品，但为了牟取暴利、食用或者其他目的，仍违反国家规定而为之。

4. 客观要件

客观方面表现为违反国家有关野生动物保护法规，收购、运输、出售珍贵、濒危野生动物或者珍贵、濒危野生动物制品的行为。“收购”，包括以营利、自用等为目的的购买行为。“运输”，包括采用携带、邮寄、利用他人、使用交通工具等方法进行运送的行为。“出售”，包括出卖和以营利为目的的加工利用行为。

（三）实务疑难问题

关于非法收购、出售的珍贵、濒危野生动物为人工繁殖的珍贵、濒危野生动物的定罪量刑问题

虽然司法解释规定驯养繁殖的珍贵、濒危野生动物属于非法收购、出售珍贵、濒危野生动物罪的对象，但人工繁殖的珍贵、濒危野生动物与纯粹野外自然生长的野生动物仍有较大的区别。保护珍贵、濒危野生动物是为了保持地球生物的多样性，维持生态环境的稳定，因为一旦地球物种的平衡被破坏，将使人类生存环境恶化，人类本身也将遭到巨大灾难。但人工驯养繁殖珍贵、濒危野生动物的行为对生态环境和物种的影响极其有限。因此，行为人非法收购、出售自己通过人工繁殖的珍贵野生动物，其行为的社会危害性明显小于非法收购、出售野外自然生长的珍贵野生动物，在量刑时应有所区别。

（四）情节与量刑

依照《刑法》第 341 条第 1 款的规定，犯非法收购、运输、出售珍贵、濒危野生动物、珍贵、濒危野生动物制品罪的，处 5 年以下有期徒刑或者拘役，并处罚金；情节严重的，处 5 年以上 10 年以下有期徒刑，并处罚金；情节特别严重的，处 10 年以上有期徒刑，并处罚金或者没收财产。依照《刑法》第 346 条的规定，单位犯本罪的，对单位判处罚金，并对其直接负责的主管人员和其他直接责任人员，依照第 341 条第 1 款的规定处罚。

关于非法收购、运输、出售珍贵、濒危野生动物罪“情节严重”“情节特别严重”的标准，《解释》分两种情况作出了规定。一种是应当认定的情况，主要是根据《解释》附表所列的野生动物的数量来认定。另一种是可以认定的情况。《解释》第 4 条第 1 款规定，非法收购、运输、出售珍贵、濒危野生动物构成犯罪，具有下列情形之一的，可以认定为“情节严重”：非法收购、运输、出售珍贵、濒危野生动物符合本解释第 3 条第 1 款的规定，并具有下列情形之一的，达到本解释附表所列相应数量标准的；非法猎捕、杀害、收购、运输、出售不同种类的珍贵、濒危野生动物，其中两种以上分别达到附表所列“情节严重”数量标准一半以上的。

可以认定为“情节特别严重”：（1）犯罪集团的首要分子；（2）严重影响对野生动物的科研、养殖等工作顺利进行的；（3）以武装掩护方法实施犯罪的；（4）使用特种车、军用车等交通工具实施犯罪的；（5）造成其他重大损失的。

根据《解释》的规定，非法收购、运输、出售珍贵、濒危野生动物制品具有下列情形之一的，属于“情节严重”：价值在10万元以上的；非法获利5万元以上的；具有其他严重情节的。具有下列情形之一的，属于“情节特别严重”：价值在20万元以上的；非法获利10万元以上的；具有其他特别严重情节的。按照《解释》的规定，珍贵、濒危野生动物制品的价值，依照国家野生动物保护主管部门的规定核定；核定价值低于实际交易价格的，以实施交易价格认定。

犯本罪，又以暴力、威胁方法抗拒查处，构成其他犯罪的，依照数罪并罚的规定处罚。珍贵、濒危野生动物制品的价值，依照国家野生动物保护主管部门的规定核定；核定价值低于实际交易价格的，以实际交易价格认定。

七、非法狩猎罪

（一）法律规定

第三百四十一条第二款　违反狩猎法规，在禁猎区、禁猎期或者使用禁用的工具、方法进行狩猎，破坏野生动物资源，情节严重的，处三年以下有期徒刑、拘役、管制或者罚金。

（二）罪名详解

非法狩猎罪，是指违反狩猎法规，在禁猎区、禁猎期或者使用禁用的工具、方法进行狩猎，破坏野生动物资源，情节严重的行为。本罪1979年《刑法》第130条作了规定。非法狩猎罪的构成要件是：

1. 主体要件

犯罪主体为一般主体，自然人或者单位都可构成本罪的主体。

2. 客体要件

本罪侵犯的客体是国家对野生动物资源的管理制度。犯罪对象是珍禽、珍兽或者其他野生动物资源。“珍禽、珍兽”，是指国内稀有、珍贵的飞禽和野兽。根据野生动物资源的珍贵程度，有关动物保护法规将野生动物分为三类，并分别规定了批准捕猎的权限。第一类包括金丝猴、大熊猫、虎、亚洲象、野牛、梅花鹿等38种和亚种，严禁猎捕。如需猎捕时，必须经过国家林业主管部门的批准。第二类包括蜂猴、白鹤、大小天鹅、鸳鸯、云豹等65种和亚种，禁止猎捕。如需猎捕时，必须经过省、自治区、直辖市林业主管部门的批准，并需报国家林业主管部门备案。第三类包括金鸡、穿山甲等47种和亚种，由省、自治区、直辖市根据资源情况，确定禁猎或者严格控制捕猎量。

3. 主观要件

主观方面由故意构成。过失不构成本罪。

4. 客观要件

客观方面表现为违反狩猎法规，在禁猎区、禁猎期或者使用禁用的工具、方法进行狩猎，破坏珍禽、珍兽或者其他野生动物资源，情节严重的行为。违反狩猎法规，主要是指违反野生动物保护法和有关法规。这是构成本罪的前提条件。“禁猎区”，是指国家对适宜野生动物栖息繁殖的地区，规定不准狩猎；需要保护自然环境的地区，包括城镇、工矿区、革命圣地、名胜古迹、风景旅游区等，也不准狩猎。“禁猎期”，是指根据野生动物的繁殖、肉食、皮毛成熟的季节，分别规定禁止猎捕的期限。“禁用的工具”，是指足以破坏野生动物资源，危害人畜安全，或者破坏森林、草原的工具。如地弓、地枪、军用武器、机动车辆等。“禁用的方法”，是指禁止使用的损害野生动物资源正常繁殖、生长的方法。如使用炸药、毒药、火攻、烟熏、掏窝、捡蛋等方法。

非法狩猎的行为，必须达到“情节严重”的程度，才构成犯罪。所谓情节严重，按照《最高人民法院关于审理破坏野生动物资源刑事案件具体应用法律若干问题的解释》的规定，违反狩猎法规，在禁猎区、禁猎期或者使用禁用的工具、方法狩猎，具有下列情形之一的，属于非法狩猎“情节严重”：（1）非法狩猎野生动物20只以上的；（2）违反狩猎法规，在禁猎区或者禁猎期使用禁用的工具、方法狩猎的；（3）具有其他严重情节的。

（三）实务疑难问题

划清本罪与其他罪的界限

划清本罪与非法猎捕、杀害珍贵、濒危野生动物罪的界限。两者主要在于犯罪对象不同：前者的犯罪对象包括除珍贵、濒危野生动物以外的其他野生动物，后者的犯罪对象只是珍贵、濒危野生动物。

（四）情节与量刑

依照《刑法》第341条第2款的规定，犯非法狩猎罪的，处3年以下有期徒刑、拘役、管制或者罚金。依照《刑法》第346条的规定，单位犯本罪的，对单位判处罚金，并对其直接负责的主管人员和其他直接责任人员，依照第341条第2款的规定处罚。

对于使用爆炸、投毒、设置电网等危险方法破坏野生动物资源，构成非法狩猎罪，同时构成《刑法》第114条或者第115条规定之罪的，依照处罚较重的规定定罪处罚。犯本罪，又以暴力、威胁方法抗拒查处，构成其他犯罪的，依照数罪并罚的规定处罚。

八、非法占用农用地罪

（一）法律规定

第三百四十二条　违反土地管理法规，非法占用耕地、林地等农用地，改变被占用土地用途，数量较大，造成耕地、林地等农用地大量毁坏的，处五年以下有期徒刑或者拘役，并处或者单处罚金。

（二）罪名详解

非法占用农用地罪，是指违反土地管理法规，非法占用耕地、林地、草原等农用地，改变被占用土地用途，数量较大，造成耕地、林地、草原等农用地大量毁坏的行为。本罪是1997年刑法增设的罪名，原罪名为“非法占用耕地罪”，1979年刑法和单行刑法均没有规定此罪名。《刑法修正案（二）》对

《刑法》第342条的罪状作了修改，因而罪名也相应作了修改。[①]

非法占用农用地罪的构成要件是：

1. 主体要件

犯罪主体为一般主体，自然人或者单位都可构成本罪。

2. 客体要件

本罪侵犯的客体是国家的土地管理制度。犯罪对象是耕地、林地、草原等农用地。根据土地管理法的规定，“农用地”，是指直接用于农业生产方面的土地，包括耕地、林地、草地、农田水利用地、养殖水面等。“草原”，是指天然草原和人工草地。天然草原包括草地、草山和草坡；人工草地包括改良草地和退耕还草地，但不包括城镇草地。根据土地管理法的规定，土地的所有权和使用权受法律保护，任何单位和个人都不得侵犯。《最高人民法院关于审理破坏草原资源刑事案件应用法律若干问题的解释》（以下简称《草原解释》）明确规定，违反草原法等土地管理法规，非法占用草原，改变被占用草原用途，数量较大，造成草原大量毁坏的，依照《刑法》第342条的规定，以非法占用农用地罪定罪处罚，从而为惩治破坏草原资源的犯罪活动提供了重要法律依据。

3. 主观要件

主观方面由故意构成，即行为人明知是耕地、林地、草原等农用地，但是为了出卖地皮谋利或者利用农用地建住房等目的，而非法占用耕地、林地、草原等农用地。行为人将农用地改作其他用途，不论其是为了谋取个人利益还是为单位、集体谋取利益，只要非法占用耕地、林地、草原等农用地，即改变被占用土地用途，数量较大，造成农用地大量毁坏的，就构成本罪。

4. 客观要件

客观方面表现为违反土地管理法规，非法占用耕地、林地、草原等农用地，改变被占用土地用途，数量较大，造成耕地、林地、草原等农用地大量毁坏的行为。按照全国人大常委会通过的《刑法》第342条有关“违反土地管理法规”含义问题所作的解释，“违反土地管理法规”，是指违反土地管理法、森林法、草原法等法律以及有关行政法规中关于土地管理的规定。“非法

---

① 《刑法》原第342条为：“违反土地管理法规，非法占用耕地改作他用，数量较大，造成耕地大量毁坏的，处五年以下有期徒刑或者拘役，并处或者单处罚金。”

占用耕地、林地等农用地，改变被占用土地用途”，是指行为人违反土地利用总体规划或者计划，未经批准或者骗取批准，擅自将耕地、林地、草原等农用地改为建设用地或者改作其他用途的情况。“造成耕地、林地等农用地大量毁坏”，是指由于将耕地、林地、草原等农用地改作其他用途，使得耕地、林地、草原等农用地被严重污染，种植层被破坏，无法再作农用地使用等情况。

非法占用农用地的行为，必须达到“数量较大”，造成耕地、林地、草原等农用地大量毁坏的，才构成犯罪。根据2000年6月19日发布的《最高人民法院关于审理破坏土地资源刑事案件具体应用法律若干问题的解释》的规定，非法占用农用地“数量较大”，是指非法占用基本农田5亩以上或者非法占用基本农田以外的耕地、林地等农用地10亩以上。“造成耕地、林地等农用地大量毁坏”，是指行为人非法占用耕地、林地等农用地建窑、建坟、建房、挖沙、采石、采矿、取土、堆放固体废弃物或者进行其他非农业建设，造成基本农田5亩以上或者基本农田以外的耕地、林地等农用地10亩以上种植条件严重毁坏或者严重污染。

根据《草原解释》第2条的规定，非法占用草原，改变被占用草原用途，数量在20亩以上的，或者曾因非法占用草原受过行政处罚，在三年内又非法占用草原，改变被占用草原用途，数量在10亩以上的，应当认定为《刑法》第342条规定的“数量较大”。非法占用草原，改变被占用草原用途，数量较大，具有下列情形之一的，应当认定为《刑法》第342条规定的“造成耕地、林地等农用地大量毁坏”：（1）开垦草原种植粮食作物、经济作物、林木的；（2）在草原上建窑、建房、修路、挖砂、采石、采矿、取土、剥取草皮的；（3）在草原上堆放或者排放废弃物，造成草原的原有植被严重毁坏或者严重污染的；（4）违反草原保护、建设、利用规划种植牧草和饲料作物，造成草原沙化或者水土严重流失的；（5）其他造成草原严重毁坏的情形。

（三）实务疑难问题

根据2005年12月20日《最高人民法院关于审理破坏林地资源刑事案件具体应用法律若干问题的解释》第1条的规定，违反土地管理法规，非法占用林地，改变被占用林地用途，在非法占用的林地上实施建窑、建坟、建房、挖沙、采石、采矿、取土、种植农作物、堆放或者排泄废物等行为或者进行其他非林业生产、建设，造成林地原有的植被或者林业种植条件严重毁坏或者严重污染，并具有下列情形之一的，属于《刑法》第342条的犯罪行为，应当以非法占用农用地罪判处5年以下有期徒刑或者拘役并处或者单处罚金：（1）非法占用并毁坏防护林地、特种用途林地数量分别或者合计达到5亩以上；（2）非法占用并毁坏其他林地数量达到10亩以上；（3）非法占用并毁坏本条第1项、第2项规定的林地，其中一项数量达到相应规定的数量标准的50%以上；（4）非法占用并毁坏本条第1项、第2项规定的林地，其中一项数量达到相应规定的数量标准的50%以上，且两项数量合计达到该项规定的数量标准。

（四）情节与量刑

依照《刑法》第342条的规定，犯非法占用农用地罪的，处5年以下有期徒刑或者拘役，并处或者单处罚金。依照《刑法》第346条的规定，单位犯本罪的，对单位判处罚金，并对其直接负责的主管人员和其他直接责任人员，依照第342条的规定处罚。

根据《草原解释》第6条的规定，多次实施破坏草原资源的违法犯罪行为，未经处理，应当依法追究刑事责任的，按照累计的数量、数额定罪处罚。

（五）法律链接

1. 最高人民法院关于审理破坏土地资源刑事案件具体应用法律若干问题的解释（法释〔2000〕14号　自2000年6月22日起施行）（节录）

为依法惩处破坏土地资源犯罪活动，根据刑法的有关规定，现就审理这类案件具体应用法律的若干问题解释如下：

第三条　违反土地管理法规，非法占用耕地改作他用，数量较大，造成耕地大量毁坏的，依照刑法第三百四十二条的规定，以非法占用耕地罪定罪处罚：

（一）非法占用耕地“数量较大”，是指非法占用基本农田五亩以上或者非法占用基本农田以外的耕地十亩以上。

（二）非法占用耕地“造成耕地大量毁坏”，是指行为人非法占用耕地建窑、建坟、建房、挖沙、采石、采矿、取土、堆放固体废弃物或者进行其他非农业建设，造成基本农田五亩以上或者基本农田以外的耕地十亩以上种植条件严重毁坏或者严重污染。

第八条　单位犯非法转让、倒卖土地使用权罪、非法占有耕地罪的定罪量刑标准，依照本解释第一条、第二条、第三条的规定执行。

第九条 多次实施本解释规定的行为依法应当追诉的，或者一年内多次实施本解释规定的行为未经处理的，按照累计的数量、数额处罚。

2. 最高人民法院关于审理破坏林地资源刑事案件具体应用法律若干问题的解释（法释〔2005〕15号 自2005年12月30日起施行）（节录）

为依法惩治破坏林地资源犯罪活动，根据《中华人民共和国刑法》及全国人民代表大会常务委员会《关于〈中华人民共和国刑法〉第二百二十八条、第三百四十二条、第四百一十条的解释》的有关规定，现就人民法院审理这类刑事案件具体应用法律的若干问题解释如下：

第一条 违反土地管理法规，非法占用林地，改变被占用林地用途，在非法占用的林地上实施建窑、建坟、建房、挖沙、采石、采矿、取土、种植农作物、堆放或排泄废弃物等行为或者进行其他非林业生产、建设，造成林地的原有植被或林业种植条件严重毁坏或者严重污染，并具有下列情形之一的，属于刑法第三百四十二条规定的犯罪行为，应当以非法占用农用地罪判处五年以下有期徒刑或者拘役，并处或者单处罚金：

（一）非法占用并毁坏防护林地、特种用途林地数量分别或者合计达到五亩以上；

（二）非法占用并毁坏其他林地数量达到十亩以上；

（三）非法占用并毁坏本条第（一）项、第（二）项规定的林地，数量分别达到相应规定的数量标准的百分之五十以上；

（四）非法占用并毁坏本条第（一）项、第（二）项规定的林地，其中一项数量达到相应规定的数量标准的百分之五十以上，且两项数量合计达到该项规定的数量标准。

第六条 单位实施破坏林地资源犯罪的，依照本解释规定的相关定罪量刑标准执行。

第七条 多次实施本解释规定的行为依法应当追诉且未经处理的，应当按照累计的数量、数额处罚。

3. 最高人民法院关于审理破坏草原资源刑事案件应用法律若干问题的解释（法释〔2012〕15号 自2012年11月22日开始施行）（节录）

为依法惩处破坏草原资源犯罪活动，依照《中华人民共和国刑法》的有关规定，现就审理此类刑事案件应用法律的若干问题解释如下：

第一条 违反草原法等土地管理法规，非法占用草原，改变被占用草原用途，数量较大，造成草原大量毁坏的，依照刑法第三百四十二条的规定，以非法占用农用地罪定罪处罚。

第二条 非法占用草原，改变被占用草原用途，数量在二十亩以上的，或者曾因非法占用草原受过行政处罚，在三年内又非法占用草原，改变被占用草原用途，数量在十亩以上的，应当认定为刑法第三百四十二条规定的“数量较大”。

非法占用草原，改变被占用草原用途，数量较大，具有下列情形之一的，应当认定为刑法第三百四十二条规定的“造成耕地、林地等农用地大量毁坏”：

（一）开垦草原种植粮食作物、经济作物、林木的；

（二）在草原上建窑、建房、修路、挖砂、采石、采矿、取土、剥取草皮的；

（三）在草原上堆放或者排放废弃物，造成草原的原有植被严重毁坏或者严重污染的；

（四）违反草原保护、建设、利用规划种植牧草和饲料作物，造成草原沙化或者水土严重流失的；

（五）其他造成草原严重毁坏的情形。

第五条 单位实施刑法第三百四十二条规定的行为，对单位判处罚金，并对其直接负责的主管人员和其他直接责任人员，依照本解释规定的定罪量刑标准定罪处罚。

第六条 多次实施破坏草原资源的违法犯罪行为，未经处理，应当依法追究刑事责任的，按照累计的数量、数额定罪处罚。

第七条 本解释所称“草原”，是指天然草原和人工草地，天然草原包括草地、草山和草坡，人工草地包括改良草地和退耕还草地，不包括城镇草地。

4. 最高人民法院关于个人违法建房出售行为如何适用法律问题的答复

（法〔2010〕395 号　2010 年 11 月 1 日发布）

贵州省高级人民法院：

你院《关于个人违法建房出售行为如何适用法律的请示》（〔2010〕黔高法研请字第 2 号）收悉。经研究，并征求相关部门意见，答复如下：

一、你院请示的在农村宅基地、责任田上违法建房出售如何处理的问题，涉及面广，法律、政策性强。据了解，有关部门正在研究制定政策意见和处理办法，在相关文件出台前，不宜以犯罪追究有关人员的刑事责任。

二、从来函反映的情况看，此类案件在你省部分地区发案较多。案件处理更应当十分慎重。要积极争取在党委统一领导下，有效协调有关方面，切实做好案件处理的善后工作，确保法律效果与社会效果的有机统一。

三、办理案件中，发现负有监管职责的国家机关工作人员有渎职、受贿等涉嫌违法犯罪的，要依法移交相关部门处理；发现有关部门在履行监管职责方面存在问题的，要结合案件处理，提出司法建议，促进完善社会管理。

此复。

九、非法采矿罪

（一）法律规定

第三百四十三条第一款　违反矿产资源法的规定，未取得采矿许可证擅自采矿，擅自进入国家规划矿区、对国民经济具有重要价值的矿区和他人矿区范围采矿，或者擅自开采国家规定实行保护性开采的特定矿种，情节严重的，处三年以下有期徒刑、拘役或者管制，并处或者单处罚金；情节特别严重的，处三年以上七年以下有期徒刑，并处罚金。

（二）罪名详解

非法采矿罪，是指违反矿产资源法的规定，未取得采矿许可证而擅自采矿，擅自进入国家规划矿区、对国民经济具有重要价值的矿区和他人矿区范围采矿，或者擅自开采国家规定实行保护性开采的特定矿种，情节严重的行为。本罪是 1997 年刑法增设的罪名，《刑法修正案（八）》对罪状作了修改。1979 年刑法和单行刑法均没有规定此罪名。①

① 《刑法》原第 343 条第 1 款为："违反矿产资源法的规定，未取得采矿许可证擅自采矿的，擅自进入国家规划矿区、对国民经济具有重要价值的矿区和他人矿区范围采矿的，擅自开采国家规定实行保护性开采的特定矿种，经责令停止开采后拒不停止开采，造成矿产资源破坏的，处三年以下有期徒刑、拘役或者管制，并处或者单处罚金；造成矿产资源严重破坏的，处三年以上七年以下有期徒刑，并处罚金。"

非法采矿罪的构成要件是：

1. 主体要件

本罪主体为一般主体，单位也可构成本罪的主体。

2. 客体要件

本罪侵犯的客体是国家对矿产资源的管理制度。犯罪对象是一切矿产资源。矿产资源是不可再生的资源。我国虽然从总量上说资源储量丰富，但人均拥有的矿产资源储量却十分有限，一些重要矿种的储量还不能满足经济建设发展的需要。因此，我们必须对矿产资源加倍珍惜，加强对矿产资源的开发利用和保护，促进矿业的健康发展。

3. 主观要件

主观方面由故意构成，即明知矿产资源法关于禁止无证、擅自开采矿产资源的规定，仍进行开采。犯罪动机一般是为了营利。

4. 客观要件

客观方面表现为违反矿产资源法的规定，未取得采矿许可证擅自采矿，擅自进入国家规划矿区、对国民经济具有重要价值的矿区和他人矿区范围采矿，或者擅自开采国家规定实行保护性开采的特定矿种，情节严重的行为。根据《最高人民法院、最高人民检察院关于办理非法采矿、破坏性采矿刑事案件适用法律若干问题的解释》（以下简称《解释》）第1条的规定，"违反矿产资源法的规定"是指违反《中华人民共和国矿产资源法》《中华人民共和国水法》等法律、行政法规有关矿产资源开发、利用、保护和管理的规定。

"未取得采矿许可证擅自采矿"，是指违反矿产资源法中关于从事采矿的企业或者个人必须取得采矿许可证的规定，未经主管机关审查批准，未取得采矿许可证，即未依法取得采矿权而开采矿产资源的行为。根据《解释》第2条的规定，具有下列五种情形之一的，属于"未取得采矿许可证"：（1）无许可证的；（2）许可证被注销、吊销、撤销的；（3）超越许可证规定的矿区范围或者开采范围的；（4）超出许可证规定的矿种的（共生、伴生矿种除外）；（5）其他未取得许可证的情形。

非法采矿的行为，必须达到"情节严重"的程度，才构成犯罪，应当依法追究行为人的刑事责任。如果情节较轻，则不应追究行为人的刑事责任，而应予以相应的行政处罚。根据《解释》第3条第1款的规定，实施非法采矿行为，具有下列情形之一的，应当认定为"情节严重"：（1）开采的矿产品价值或者造成矿产资源破坏的价值在十万元至三十万元以上的；（2）在国家规划矿区、对国民经济具有重要价值的矿区采矿，开采国家规定实行保护性开采的特定矿种，或者在禁采区、禁采期内采矿，开采的矿产品价值或者造成矿产资源破坏的价值在五万元至十五万元以上的；（3）二年内曾因非法采矿受过两次以上行政处罚，又实施非法采矿行为的；（4）造成生态环境严重损害的；（5）其他情节严重的情形。

（三）实务疑难问题

对于采挖河砂、海砂的行为如何定性的问题。根据《解释》第 4 条和第 5 条的规定，在河道管理范围内采砂，具有下列情形之一，同时符合《解释》第 2 条、第 3 条规定的，以非法采矿罪定罪处罚，或虽不具有《解释》第 3 条第 1 款规定的情形，但严重影响河势稳定，危害防洪安全的：（1）依据相关规定应当办理河道采砂许可证，未取得河道采砂许可证的；（2）依据相关规定应当办理河道采砂许可证和采矿许可证，既未取得河道采砂许可证，又未取得采矿许可证的。未取得海砂开采海域使用权证，且未取得采矿许可证，采挖海砂，符合《解释》第 2 条、第 3 条规定的，或虽不具有《解释》第 3 条第 1 款规定的情形，但造成海岸线严重破坏的，以非法采矿罪定罪处罚。

（四）情节与量刑

依照《刑法》第 343 条第 1 款的规定，犯非法采矿罪的，处 3 年以下有期徒刑、拘役或者管制，并处或者单处罚金；情节特别严重的，处 3 年以上 7 年以下有期徒刑，并处罚金。依照《刑法》第 346 条的规定，单位犯本罪的，对单位判处罚金，并对其直接负责的主管人员和其他直接责任人员，依照第 343 条第 1 款的规定处罚。

根据《解释》第 3 条第 2 款的规定，实施非法采矿行为，具有下列情形之一的，应当认定为《刑法》第 343 条第 1 款规定的“情节特别严重”：（1）数额达到前款第一项、第二项规定标准五倍以上的；（2）造成生态环境特别严重损害的；（3）其他情节特别严重的情形。

根据《解释》第 8 条的规定，对于多次非法采矿构成犯罪，依法应当追诉的，或者二年内多次非法采矿、破坏性采矿未经处理的，价值数额累计计算。

根据《解释》第 10 条、第 11 条的规定，实施非法采矿犯罪，不属于“情节特别严重”，行为人系初犯，全部退赃退赔，积极修复环境，并确有悔改表现的，可以认定为犯罪情节轻微，不起诉或者免予刑事处罚。对受雇佣为非法采矿犯罪提供劳务的人员，除参与利润分成或者领取高额固定工资的以外，一般不以犯罪论处，但曾因非法采矿、破坏性采矿受过处罚的除外。

（五）法律链接

1. 最高人民法院、最高人民检察院关于办理非法采矿、破坏性采矿刑事案件适用法律若干问题的解释（法释〔2016〕25 号　自 2016 年 12 月 1 日起施行）

为依法惩处非法采矿、破坏性采矿犯罪活动，根据《中华人民共和国刑法》《中华人民共和国刑事诉讼法》的有关规定，现就办理此类刑事案件适用法律的若干问题解释如下：

第一条　违反《中华人民共和国矿产资源法》《中华人民共和国水法》等法律、行政法规有关矿产资源开发、利用、保护和管理的规定的，应当认定为刑法第三百四十三条规定的“违反矿产资源法的规定”。

第二条　具有下列情形之一的，应当认定为刑法第三百四十三条第一款规定的“未取得采矿许可证”：

（一）无许可证的；

（二）许可证被注销、吊销、撤销的；

（三）超越许可证规定的矿区范围或者开采范围的；

（四）超出许可证规定的矿种的（共生、伴生矿种除外）；

（五）其他未取得许可证的情形。

第三条　实施非法采矿行为，具有下列情形之一的，应当认定为刑法第三百四十三条第一款规定的“情节严重”：

（一）开采的矿产品价值或者造成矿产资源破坏的价值在十万元至三十万元以上的；

（二）在国家规划矿区、对国民经济具有重要价值的矿区采矿，开采国家规定实行保护性开采的特定矿种，或者在禁采区、禁采期内采矿，开采的矿产品价值或者造成矿产资源破坏的价值在五万元至十五万元以上的；

（三）二年内曾因非法采矿受过两次以上行政处罚，又实施非法采矿行为的；

（四）造成生态环境严重损害的；

（五）其他情节严重的情形。

实施非法采矿行为，具有下列情形之一的，应当认定为刑法第三百四十三条第一款规定的“情节特别严重”：

（一）数额达到前款第一项、第二项规定标准五倍以上的；

（二）造成生态环境特别严重损害的；

（三）其他情节特别严重的情形。

第四条　在河道管理范围内采砂，具有下列情形之一，符合刑法第三百四十三条第一款和本解释第二条、第三条规定的，以非法采矿罪定罪处罚：

（一）依据相关规定应当办理河道采砂许可证，未取得河道采砂许可证的；

（二）依据相关规定应当办理河道采砂许可证和采矿许可证，既未取得河道采砂许可证，又未取得采矿许可证的。

实施前款规定行为，虽不具有本解释第三条第一款规定的情形，但严重影响河势稳定，危害防洪安全的，应当认定为刑法第三百四十三条第一款规定的“情节严重”。

第五条　未取得海砂开采海域使用权证，且未取得采矿许可证，采挖海砂，符合刑法第三百四十三条第一款和本解释第二条、第三条规定的，以非法采矿罪定罪处罚。

实施前款规定行为，虽不具有本解释第三条第一款规定的情形，但造成海岸线严重破坏的，应当认定为刑法第三百四十三条第一款规定的“情节严重”。

第六条　造成矿产资源破坏的价值在五十万元至一百万元以上，或者造成国家规划矿区、对国民经济具有重要价值的矿区和国家规定实行保护性开采的特定矿种资源破坏的价值在二十五万元至五十万元以上的，应当认定为刑法第三百四十三条第二款规定的“造成矿产资源严重破坏”。

第七条　明知是犯罪所得的矿产品及其产生的收益，而予以窝藏、转移、收购、代为销售或者以其他方法掩饰、隐瞒的，依照刑法第三百一十二条的规定，以掩饰、隐瞒犯罪所得、犯罪所得收益罪定罪处罚。

实施前款规定的犯罪行为，事前通谋的，以共同犯罪论处。

第八条　多次非法采矿、破坏性采矿构成犯罪，依法应当追诉的，或者二年内多次非法采矿、破坏性采矿未经处理的，价值数额累计计算。

第九条 单位犯刑法第三百四十三条规定之罪的，依照本解释规定的相应自然人犯罪的定罪量刑标准，对直接负责的主管人员和其他直接责任人员定罪处罚，并对单位判处罚金。

第十条 实施非法采矿犯罪，不属于“情节特别严重”，或者实施破坏性采矿犯罪，行为人系初犯，全部退赃退赔，积极修复环境，并确有悔改表现的，可以认定为犯罪情节轻微，不起诉或者免予刑事处罚。

第十一条 对受雇佣为非法采矿、破坏性采矿犯罪提供劳务的人员，除参与利润分成或者领取高额固定工资的以外，一般不以犯罪论处，但曾因非法采矿、破坏性采矿受过处罚的除外。

第十二条 对非法采矿、破坏性采矿犯罪的违法所得及其收益，应当依法追缴或者责令退赔。

对用于非法采矿、破坏性采矿犯罪的专门工具和供犯罪所用的本人财物，应当依法没收。

第十三条 非法开采的矿产品价值，根据销赃数额认定；无销赃数额，销赃数额难以查证，或者根据销赃数额认定明显不合理的，根据矿产品价格和数量认定。

矿产品价值难以确定的，依据下列机构出具的报告，结合其他证据作出认定：

（一）价格认证机构出具的报告；

（二）省级以上人民政府国土资源、水行政、海洋等主管部门出具的报告；

（三）国务院水行政主管部门在国家确定的重要江河、湖泊设立的流域管理机构出具的报告。

第十四条 对案件所涉的有关专门性问题难以确定的，依据下列机构出具的鉴定意见或者报告，结合其他证据作出认定：

（一）司法鉴定机构就生态环境损害出具的鉴定意见；

（二）省级以上人民政府国土资源主管部门就造成矿产资源破坏的价值、是否属于破坏性开采方法出具的报告；

（三）省级以上人民政府水行政主管部门或者国务院水行政主管部门在国家确定的重要江河、湖泊设立的流域管理机构就是否危害防洪安全出具的报告；

（四）省级以上人民政府海洋主管部门就是否造成海岸线严重破坏出具的报告。

第十五条　各省、自治区、直辖市高级人民法院、人民检察院，可以根据本地区实际情况，在本解释第三条、第六条规定的数额幅度内，确定本地区执行的具体数额标准，报最高人民法院、最高人民检察院备案。

第十六条　本解释自2016年12月1日起施行。本解释施行后，《最高人民法院关于审理非法采矿、破坏性采矿刑事案件具体应用法律若干问题的解释》（法释〔2003〕9号）同时废止。

2. 最高人民法院、最高人民检察院关于办理盗窃油气、破坏油气设备等刑事案件具体应用法律若干问题的解释（法释〔2007〕3号　自2007年1月19日起施行）（节录）

第六条　违反矿产资源法的规定，非法开采或者破坏性开采石油、天然气资源的，依照刑法第三百四十三条以及《最高人民法院关于审理非法采矿、破坏性采矿刑事案件具体应用法律若干问题的解释》的规定追究刑事责任。

3. 最高人民法院印发《关于进一步加强危害生产安全刑事案件审判工作的意见》的通知（法发〔2011〕20号　2011年12月30日发布）（节录）

违反安全生产管理规定，非法采矿、破坏性采矿或排放、倾倒、处置有害物质严重污染环境，造成重大伤亡事故或者其他严重后果，同时构成危害生产安全犯罪和破坏环境资源保护犯罪的，依照数罪并罚的规定处罚。

十、破坏性采矿罪

（一）法律规定

第三百四十三条第二款　违反矿产资源法的规定，采取破坏性的开采方法开采矿产资源，造成矿产资源严重破坏的，处五年以下有期徒刑或者拘役，并处罚金。

（二）罪名详解

破坏性采矿罪，是指违反矿产资源法的规定，采取破坏性的开采方法开采矿产资源，造成矿产资源严重破坏的行为。本罪是1997年刑法增设的罪名，1979年刑法和单行刑法均没有规定此罪名。

破坏性采矿罪的构成要件是：

1. 主体要件

犯罪主体为一般主体，单位也可构成本罪的主体。

2. 客体要件

本罪侵犯的客体是国家对矿产资源的管理制度。犯罪对象是矿产资源。矿产资源是我国重要的自然资源，是保障经济建设顺利进行的物质基础。因此，矿产资源法规定，矿产资源属于国家所有。国家保障矿产资源的合理开发利用，禁止任何单位或者个人用任何手段侵占或者破坏矿产资源。勘察矿产资源必须依法登记；开采矿产资源必须在被批准的矿区范围内作业，采取合理的开采顺序、开采方法和选矿工艺，禁止采取破坏性方法开采矿产资源。

3. 主观要件

主观方面由故意构成。过失不构成本罪。

4. 客观要件

客观方面表现为违反矿产资源法的规定，采取破坏性的开采方法开采矿产资源，造成矿产资源严重破坏的行为。破坏性采矿行为，必须“造成矿产资源严重破坏”，才构成犯罪。根据《最高人民法院、最高人民检察院关于办理非法采矿、破坏性采矿刑事案件适用法律若干问题的解释》（以下简称《解释》）第6条的规定，造成矿产资源破坏的价值在50万元至100万元以上，或者造成国家规划矿区、对国民经济具有重要价值的矿区和国家规定实行保护性开采的特定矿种资源破坏的价值在25万元至50万元以上的，应当认定为“造成矿产资源严重破坏”。

（三）实务疑难问题

划清本罪与非法采矿罪的界限

主要在于客观方面的表现不同：前者表现为违反矿产资源法的规定，采取破坏性的开采方法开采矿产资源，造成矿产资源严重破坏的行为；后者则表现为违反矿产资源法的规定，未取得采矿许可证擅自采矿；擅自进入国家规划矿区、对国民经济具有重要价值的矿区和他人矿区范围采矿；擅自开采国家规定实行保护性开采的特定矿种，情节严重的行为。

（四）情节与量刑

依照《刑法》第343条第2款的规定，犯破坏性采矿罪的，处5年以下有期徒刑或者拘役，并处罚金。依照《刑法》第346条的规定，单位犯本罪的，对单位判处罚金，并对其直接负责的主管人员和其他直接责任人员，依照第343条第2款的规定处罚。

根据《解释》第8条的规定，对于多次破坏性采矿构成犯罪，依法应当追诉的，或者2年内多次非法采矿、破坏性采矿未经处理的，价值数额累计计算。

根据《解释》第10条、第11条的规定，实施破坏性采矿犯罪，行为人系初犯，全部退赃退赔，积极修复环境，并确有悔改表现的，可以认定为犯罪情节轻微，不起诉或者免予刑事处罚。对受雇佣为破坏性采矿犯罪提供劳务的人员，除参与利润分成或者领取高额固定工资的以外，一般不以犯罪论处，但曾因非法采矿、破坏性采矿受过处罚的除外。

按照《最高人民法院、最高人民检察院关于办理盗窃油气、破坏油气设备等刑事案件具体应用法律若干问题的解释》，违反矿产资源法的规定，非法开采或者破坏性开采石油、天然气资源的，依照《刑法》第343条以及《解释》的规定追究刑事责任。

十一、非法采伐、毁坏国家重点保护植物罪

（一）法律规定

第三百四十四条　违反国家规定，非法采伐、毁坏珍贵树木或者国家重点保护的其他植物的，或者非法收购、运输、加工、出售珍贵树木或者国家重点保护的其他植物及其制品的，处三年以下有期徒刑、拘役或者管制，并处罚金；情节严重的，处三年以上七年以下有期徒刑，并处罚金。

（二）罪名详解

非法采伐、毁坏国家重点保护植物罪，是指违反国家规定，非法采伐、

毁坏珍贵树木或者国家重点保护的其他植物的行为。本罪是1997年刑法增设的罪名，原罪名为“非法采伐、毁坏珍贵树木罪。”《刑法修正案（四）》第6条对本罪的罪状作了补充修改，因而罪名也相应作了修改。[1]

非法采伐、毁坏国家重点保护植物罪的构成要件是：

1. 主体要件

本罪的犯罪主体为一般主体。自然人和单位均可构成本罪的主体。

2. 客体要件

本罪侵犯的客体是国家对林业资源的管理制度。犯罪对象是国家重点保护的植物，包括珍贵树木或者国家重点保护的其他植物。根据《最高人民法院关于审理破坏森林资源刑事案件具体应用法律若干问题的解释》（以下简称《解释》）的规定，“珍贵树木，包括由省级以上林业主管部门或者其他部门确定的具有重大历史纪念意义、科学研究价值或者年代久远的古树名木，国家禁止、限制出口的珍贵树木以及列入国家重点保护野生植物名录的树木。”“国家重点保护的其他植物”，是指除珍贵树木以外，国家重点保护的野生植物名录中所列的植物。其中，国家一级珍贵树木包括银杉、巨柏、银杏、水松、南方红豆杉、天目铁木等，国家二级珍贵树木包括红松、黄杉、白豆杉等。

3. 主观要件

主观方面由故意构成，即行为人明知其采伐、毁坏的是珍贵树木或者国家重点保护的其他植物，但为了牟取私利或者达到其他目的仍进行采伐、毁坏。犯罪动机并不影响本罪的成立。过失不构成本罪。

4. 客观要件

客观方面表现为违反国家规定，非法采伐、毁坏珍贵树木或者国家重点保护的其他植物的行为。“违反国家规定”，是指违反森林法和其他有关植物保护的国家法律、法规的规定的行为。根据森林法的规定，对国家保护的珍贵树木，任何单位或个人在未经省、自治区、直辖市林业主管部门批准，不得采伐和采集。“非法采伐”，是指没有取得采伐许可证而进行采伐或者违反许可证规定的面积、株数、树种进行采伐的行为。“毁坏”，是指行为人采用

---

① 《刑法》原第344条为：“违反森林法的规定，非法采伐、毁坏珍贵树木的，处三年以下有期徒刑、拘役或者管制，并处罚金；情节严重的，处三年以上七年以下有期徒刑，并处罚金。”

剥皮、砍枝、取脂使用等方式，使珍贵树木或者国家重点保护的其他植物死亡或者影响其正常生长的行为。

（三）实务疑难问题

《最高人民检察院、公安部关于公安机关管辖的刑事案件立案追诉标准的规定（一）》第70条规定，违反国家规定，非法采伐、毁坏珍贵树木或者国家重点保护的其他植物的，应予立案追诉。

本条和本规定第71条规定的"珍贵树木或者国家重点保护的其他植物"，包括由省级以上林业主管部门或者其他部门确定的具有重大历史纪念意义、科学研究价值或者年代久远的古树名木，国家禁止、限制出口的珍贵树木以及列入《国家重点保护野生植物名录》的树木或者其他植物。

（四）情节与量刑

依照《刑法》第344条的规定，犯非法采伐、毁坏国家重点保护植物罪的，处3年以下有期徒刑、拘役或者管制，并处罚金；情节严重的，处3年以上7年以下有期徒刑，并处罚金。

依照《刑法》第346条的规定，单位犯本罪的，对单位判处罚金，并对其直接负责的主管人员和其他直接责任人员，依照第344条的规定处罚。

《刑法》第344条中的"情节严重"，是本罪的加重处罚情节。依照《解释》的规定，是指具有下列情形之一的行为：（1）非法采伐珍贵树木2株以上或者毁坏珍贵树木致使珍贵树木死亡3株以上；（2）非法采伐珍贵树木2立方米以上的；（3）为首组织、策划、指挥非法采伐或者毁坏珍贵树木的；（4）其他情节严重的情形。

（五）法律链接

1. 最高人民法院关于审理破坏森林资源刑事案件具体应用法律若干问题的解释（法释〔2000〕36号　自2000年12月11日起施行）（节录）

第一条　刑法第三百四十四条规定的"珍贵树木"，包括由省级以上林业主管部门或者其他部门确定的具有重大历史纪念意义、科学研究价值或者年代久远的古树名木，国家禁止、限制出口的珍贵树木以及列入国家重点保护野生植物名录的树木。

第二条 具有下列情形之一的，属于非法采伐、毁坏珍贵树木行为“情节严重”：

（一）非法采伐珍贵树木二株以上或者毁坏珍贵树木致使珍贵树木死亡三株以上的；

（二）非法采伐珍贵树木二立方米以上的；

（三）为首组织、策划、指挥非法采伐或者毁坏珍贵树木的；

（四）其他情节严重的情形。

2. **中华人民共和国森林法**（1984 年 9 月 20 日第六届全国人民代表大会常务委员会第七次会议通过　根据 1998 年 4 月 29 日第九届全国人民代表大会常务委员会第二次会议《关于修改〈中华人民共和国森林法〉的决定》第一次修正　根据 2009 年 8 月 27 日第十一届全国人民代表大会常务委员会第十次会议《关于修改部分法律的决定》第二次修正）（节录）

第四十条 违反本法规定，非法采伐、毁坏珍贵树木的，依法追究刑事责任。

十二、非法收购、运输、加工、出售国家重点保护植物、国家重点保护植物制品罪

（一）法律规定

第三百四十四条　违反国家规定，非法采伐、毁坏珍贵树木或者国家重点保护的其他植物的，或者非法收购、运输、加工、出售珍贵树木或者国家重点保护的其他植物及其制品的，处三年以下有期徒刑、拘役或者管制，并处罚金；情节严重的，处三年以上七年以下有期徒刑，并处罚金。

（二）罪名详解

非法收购、运输、加工、出售国家重点保护植物、国家重点保护植物制品罪，是指违反国家规定，非法收购、运输、加工、出售珍贵树木或者国家重点保护的其他植物及其制品的行为。本罪是《刑法修正案（四）》增设的罪名。

非法收购、运输、加工、出售国家重点保护植物、国家重点保护植物制品罪的构成要件是：

1. 主体要件

本罪的犯罪主体为一般主体，自然人和单位均可以构成本罪的主体。

2. 客体要件

本罪侵犯的客体是国家对林业资源的管理制度。犯罪对象是珍贵树木或者国家重点保护的其他植物及其制品。根据《最高人民法院关于审理破坏森林资源刑事案件具体应用法律若干问题的解释》的规定，“珍贵树木”，包括由省级以上林业主管部门或者其他部门确定的具有重大历史纪念意义、科学研究价值或者年代久远的古树名木，国家禁止、限制出口的珍贵树木以及列入国家重点保护野生植物名录的树木。“国家重点保护的其他植物”，是指除珍贵树木以外，国家重点保护的野生植物名录中所列的其他植物。“珍贵树木或者国家重点保护的其他植物制品”，是指对非法采伐、毁坏的珍贵树木或者国家重点保护的其他植物进行加工，制作成的成品或者半成品。

3. 主观要件

主观方面由故意构成，即行为人明知是珍贵树木或者国家重点保护的其他植物及其制品，而违反国家规定，非法收购、运输、加工和出售。犯罪动机不影响本罪的成立。过失不构成本罪。

4. 客观要件

客观方面表现为违反国家规定，非法收购、运输、加工、出售珍贵树木或者国家重点保护的其他植物及其制品的行为。“违反国家规定”，是指违反森林法和其他有关植物保护的国家法律、法规的规定。“收购”，包括以营利、自用等为目的的购买行为；“运输”，包括采用携带、邮寄、利用他人、使用交通工具等方法进行运送的行为；“加工”，是指人为制作成品或者半成品的行为；“出售”，包括出卖和以营利为目的的加工利用行为。

（三）实务疑难问题

本罪属选择性罪名。行为人只要实施了非法收购、运输、加工、出售其中一种手段，或者收购、运输、加工、出售珍贵树木、珍贵植物及其制品中的一种，就构成本罪；实施了两种以上的行为，或者收购、运输、加工、出售的既有珍贵树木，又有珍贵植物及其制品，仍为一罪，不实行并罚，量刑时可作参考。

（四）情节与量刑

依照《刑法》第 344 条的规定，犯非法收购、运输、加工、出售国家重点保护植物、国家重点保护植物制品罪的，处 3 年以下有期徒刑、拘役或者管制，并处罚金；情节严重的，处 3 年以上 7 年以下有期徒刑，并处罚金。依照《刑法》第 346 条的规定，单位犯本罪的，对单位判处罚金，并对其直接负责的主管人员和其他直接责任人员，依照第 344 条的规定处罚。

第 344 条中的“情节严重”，是本罪的加重处罚情节，在司法实践中，可以从涉案珍贵树木或者国家重点保护的其他植物及其制品的价值、行业人获利数额等方面予以考虑。

十三、盗伐林木罪

（一）法律规定

第三百四十五条第一款　盗伐森林或者其他林木，数量较大的，处三年以下有期徒刑、拘役或者管制，并处或者单处罚金；数量巨大的，处三年以上七年以下有期徒刑，并处罚金；数量特别巨大的，处七年以上有期徒刑，并处罚金。

（二）罪名详解

盗伐林木罪，是指以非法占有为目的，盗伐森林或者其他林木，数量较大的行为。本罪 1979 年《刑法》第 128 条作了规定。

盗伐林木罪的构成要件是：

1. 主体要件

本罪的犯罪主体为一般主体，单位也可构成本罪的主体。

2. 客体要件

本罪侵犯的客体是国家对林业资源的管理制度。森林是我国的重要自然资源。国家对森林和其他林木实行特别的保护，对森林和其他林木的所有权、采伐作业、培育种植、分类经营管理活动和主管机关的职权，以及所有者和使用者的权利义务，均作出了明确的规定。任何盗伐森林或者其他林木的行为，都侵犯了国家对林业资源的管理制度，构成犯罪的，应当依法追究刑事责任。

3. 主观要件

主观方面由故意构成，并且具有以非法占有他人林木为目的。过失不构成本罪。

4. 客观要件

客观方面表现为以非法占有为目的，盗伐国家、集体所有或者他人依法所有的森林或者林木，数量较大的行为。森林法和其他有关法律、法规规定，对森林只能合理采伐。凡采伐林木都必须申请采伐林木许可证，不准进行计划外采伐和无证采伐。“盗伐”，是指未经国家林业行政管理部门批准，采取秘密手段采伐林木的行为。“森林”，根据森林法的规定，包括防护林、用材林、经济林、特种用途林。“其他林木”，是指城乡的道旁、村边的零星或者小片的集体林木。

盗伐林木的行为，必须达到“数量较大”的程度，才构成犯罪。按照《最高人民法院关于审理破坏森林资源刑事案件具体应用法律若干问题的解释》（以下简称《解释》）的规定，盗伐林木“数量较大”，以 2 至 5 立方米或者幼树 100 至 200 株为起点，并规定，以非法占有为目的，具有下列情形之一，数量较大的，以盗伐林木罪定罪处罚：（1）擅自砍伐国家、集体、他人所有或者他人承包经营管理的森林或者其他林木的；（2）擅自砍伐本单位或者本人承包经营管理的森林或者其他林木的；（3）在林木采伐许可证规定的地点以外采伐国家、集体、他人所有或者他人承包经营管理的森林或者其他林木的。

（三）实务疑难问题

1. 罪数问题

根据《解释》的规定，盗伐、滥伐珍贵树木，同时构成非法采伐、毁坏国家重点保护植物罪和盗伐林木罪、滥伐林木罪的，依照处罚较重的规定定罪处罚，即择一重罪处罚。

2. 划清本罪与其他罪的界限

（1）划清本罪与盗窃罪的界限

对于将国家、集体、他人所有并已经伐倒的树木窃为己有，以及偷砍他人房前屋后、自留地种植的零星树木，数额较大的行为，应当依照《刑法》第264条的规定，以盗窃罪定罪处罚。

应准确区分“盗挖”与“盗伐”。实践中，针对树木的窃取行为一般有三种情形：一是将栽于土地上的活体树木砍下后占为己有；二是将他人已经伐倒的树木，或将已经采挖离地的活体树木直接窃为己有；三是将栽于土地上的活体树木挖出后占为己有，保持树木的活体性。第一种情形是典型的“盗伐”，除了盗伐自留地的零星树木，都属于盗伐林木罪调整的范围。第二种情形《最高人民法院关于审理破坏森林资源刑事案件具体应用法律若干问题的解释》第9条已作明确规定，以盗窃罪定罪处罚。第三种情形与前两者不同，系“盗挖”。“盗伐”与“盗挖”存在明显的区别：一是行为方式不同。伐木，是用锯、斧等工具把树木弄断，实施“伐”的行为后，树木主干与其赖以生存的根部分离，根部留存于土中。而挖木，是用锄、铲、锹等工具把树木及其树根的主要部分从泥土中取出，将树整体与泥土分离。二是行为后果不同。“伐”后树木必然死亡，而“挖”的目的是移走栽种的树木。三是行为本质不同。“伐”的行为直接导致活立木的死亡，行为实施当场就对森林资源和生态环境造成破坏。而“挖”的行为虽然也可能由于采挖水平、后期环境、养护技术等因素最终导致树木死亡，造成与“伐”的行为类似的后果，但这种结果是非典型的，而且随着科技的迅猛发展，机械制造、林木养护水平日益提升，这种结果越来越少，所以“伐”与“挖”对林木资源和生态环境造成的影响存在本质的区别。盗挖行为毕竟未终结树木生命，尚未对生态环境造成无法挽救的后果，因此其行为危害最主要体现在侵害了树木所有人的财产所有权，应构成盗窃罪而非盗伐林木罪。

（2）划清本罪与滥伐林木罪的界限

两罪属于同类性质的犯罪，在犯罪构成的形式上也有许多相似之处，主要区别在于：

犯罪对象的属性有区别。盗伐林木的对象是盗伐人既无所有权也无采伐权的森林和其他林木；而滥伐林木的对象是滥伐人具有所有权或者采伐权的森林和其他林木。擅自砍伐属于国家、集体和他人自留山上的或他人经营管理的森林或者其他林木，或本人或他人依法承包经营管理的国家、集体所有的林木的，应定盗伐林木罪；如果砍伐的林木权属为自有林木，即本单位所有或管理的林木，如属于集体所有的林木、国家所有但由某国营林场管理的林木，以及本人所有的自留山上的林木，则构成滥伐林木罪。

违法前提不同。盗伐林木行为以侵犯他人财产所有权以及违反森林法规为前提，是没有采伐许可证的盗窃行为，而滥伐林木行为仅以违反森林法规为前提，客观行为包括有采伐许可证而不按照其规定要求的采伐行为，以及无证任意采伐具有所有权的森林或其他林木的行为。

（四）情节与量刑

依照《刑法》第 345 条第 1 款的规定，犯盗伐林木罪的，处 3 年以下有期徒刑、拘役或者管制，并处或者单处罚金；数量巨大的，处 3 年以上 7 年以下有期徒刑，并处罚金；数量特别巨大的，处 7 年以上有期徒刑，并处罚金。依照本条第 4 款的规定，盗伐国家级自然保护区内的森林或者其他林木的，从重处罚。依照《刑法》第 346 条的规定，单位犯本罪的，对单位判处罚金，并对其直接负责的主管人员和其他直接责任人员，依照第 345 条第 1 款、第 4 款的规定处罚。

关于“数量巨大”“数量特别巨大”的认定标准，应当依照《解释》确定的标准具体掌握。即盗伐林木“数量巨大”，以 20 至 50 立方米或者幼树 1000 至 2000 株为起点；盗伐林木“数量特别巨大”，以 100 至 200 立方米或者幼树 5000 至 1 万株为起点。

（五）法律链接

1. 最高人民法院关于审理破坏森林资源刑事案件具体应用法律若干问题的解释（法释〔2000〕36 号　自 2000 年 12 月 11 日起施行）（节录）

为依法惩处破坏森林资源的犯罪活动，根据刑法的有关规定，现就审理这类案件具体应用法律的若干问题解释如下：

第三条　以非法占有为目的，具有下列情形之一，数量较大的，依照刑法第三百四十五条第一款的规定，以盗伐林木罪定罪处罚：

（一）擅自砍伐国家、集体、他人所有或者他人承包经营管理的森林或者其他林木的；

（二）擅自砍伐本单位或者本人承包经营管理的森林或者其他林木的；

（三）在林木采伐许可证规定的地点以外采伐国家、集体、他人所有或者他人承包经营管理的森林或者其他林木的。

第四条 盗伐林木“数量较大”，以二至五立方米或者幼树一百至二百株为起点；盗伐林木“数量巨大”，以二十至五十立方米或者幼树一千至二千株为起点；盗伐林木“数量特别巨大”，以一百至二百立方米或者幼树五千至一万株为起点。

第五条 违反森林法的规定，具有下列情形之一，数量较大的，依照刑法第三百四十五条第二款的规定，以滥伐林木罪定罪处罚：

（一）未经林业行政主管部门及法律规定的其他主管部门批准并核发林木采伐许可证，或者虽持有林木采伐许可证，但违反林木采伐许可证规定的时间、数量、树种或者方式，任意采伐本单位所有或者本人所有的森林或者其他林木的；

（二）超过林木采伐许可证规定的数量采伐他人所有的森林或者其他林木的。

林木权属争议一方在林木权属确权之前，擅自砍伐森林或者其他林木，数量较大的，以滥伐林木罪论处。

第六条 滥伐林木“数量较大”，以十至二十立方米或者幼树五百至一千株为起点；滥伐林木“数量巨大”，以五十至一百立方米或者幼树二千五百至五千株为起点。

第七条 对于一年内多次盗伐、滥伐少量林木未经处罚的，累计其盗伐、滥伐林木的数量，构成犯罪的，依法追究刑事责任。

第八条 盗伐、滥伐珍贵树木，同时触犯刑法第三百四十四条、第三百四十五条规定的，依照处罚较重的规定定罪处罚。

第九条 将国家、集体、他人所有并已经伐倒的树木窃为己有，以及偷砍他人房前屋后、自留地种植的零星树木，数额较大的，依照刑法第二百六十四条的规定，以盗窃罪定罪处罚。

第十条 刑法第三百四十五条规定的“非法收购明知是盗伐、滥伐的林木”中的“明知”，是指知道或者应当知道。具有下列情形之一的，可以视为应当知道，但是有证据证明确属被蒙骗的除外：

（一）在非法的木材交易场所或者销售单位收购木材的；

（二）收购以明显低于市场价格出售的木材的；

（三）收购违反规定出售的木材的。

第十一条　具有下列情形之一的，属于在林区非法收购盗伐、滥伐的林木“情节严重”：

（一）非法收购盗伐、滥伐的林木二十立方米以上或者幼树一千株以上的；

（二）非法收购盗伐、滥伐的珍贵树木二立方米以上或者五株以上的；

（三）其他情节严重的情形。

具有下列情形之一的，属于在林区非法收购盗伐、滥伐的林木“情节特别严重”：

（一）非法收购盗伐、滥伐的林木一百立方米以上或者幼树五千株以上的；

（二）非法收购盗伐、滥伐的珍贵树木五立方米以上或者十株以上的；

（三）其他情节特别严重的情形。

第十六条　单位犯刑法第三百四十四条、第三百四十五条规定之罪，定罪量刑标准按照本解释的规定执行。

第十七条　本解释规定的林木数量以立木蓄积计算，计算方法为：原木材积除以该树种的出材率。

本解释所称“幼树”，是指胸径五厘米以下的树木。

滥伐林木的数量，应在伐区调查设计允许的误差额以上计算。

第十八条　盗伐、滥伐以生产竹材为主要目的的竹林的定罪量刑问题，有关省、自治区、直辖市高级人民法院可以参照上述规定的精神，规定本地区的具体标准，并报最高人民法院备案。

第十九条　各省、自治区、直辖市高级人民法院可以根据本地区的实际情况，在本解释第四条、第六条规定的数量幅度内，确定本地区执行的具体数量标准，并报最高人民法院备案。

2. 最高人民法院关于滥伐自己所有权的林木其林木应如何处理的问题的批复（法复〔1993〕5号　1993年7月24日发布）

吉林省高级人民法院：

你院《关于宋允焕滥伐的林木如何处理的请示》收悉。经研究，同意你院的第二种意见，即：属于个人所有的林木，也是国家森林资源的一部分。

被告人滥伐属于自己所有权的林木，构成滥伐林木罪的，其行为已违反国家保护森林法规，破坏了国家的森林资源，所滥伐的林木即不再是个人的合法财产，而应当作为犯罪分子违法所得的财物，依照刑法第六十条的规定予以追缴。

3. 最高人民法院关于在林木采伐许可证规定的地点以外采伐本单位或者本人所有的森林或者其他林木的行为如何适用法律问题的批复（法释〔2004〕3号　自2004年4月1日起施行）

各省、自治区、直辖市高级人民法院，解放军军事法院，新疆维吾尔自治区高级人民法院生产建设兵团分院：

最近，有的法院反映，关于在林木采伐许可证规定的地点以外采伐本单位或者本人所有的森林或者其他林木的行为适用法律问题不明确。经研究，批复如下：

违反森林法的规定，在林木采伐许可证规定的地点以外，采伐本单位或者本人所有的森林或者其他林木的，除农村居民采伐自留地和房前屋后个人所有的零星林木以外，属于《最高人民法院关于审理破坏森林资源刑事案件具体应用法律若干问题的解释》第五条第一款第（一）项“未经林业行政主管部门及法律规定的其他主管部门批准并核发林木采伐许可证”规定的情形，数量较大的，应当依照刑法第三百四十五条第二款的规定，以滥伐林木罪定罪处罚。

十四、滥伐林木罪

（一）法律规定

第三百四十五条第二款　违反森林法的规定，滥伐森林或者其他林木，数量较大的，处三年以下有期徒刑、拘役或者管制，并处或者单处罚金；数量巨大的，处三年以上七年以下有期徒刑，并处罚金。

（二）罪名详解

滥伐林木罪，是指违反森林法的规定，滥伐森林或者其他林木，数量较大的行为。本罪1979年《刑法》第128条作了规定。

滥伐林木罪的构成要件是：

1. 主体要件

本罪的犯罪主体为一般主体，单位也可构成本罪的主体。

2. 客体要件

本罪侵犯的客体是国家对林业资源的管理制度。

3. 主观要件

主观方面由故意构成。滥伐林木的目的可能是多种多样的，但不影响本罪的成立。

4. 客观要件

客观方面表现为违反森林法的规定，未经林业主管部门批准并颁发采伐许可证，或者虽持有许可证，但未按许可证的要求而任意采伐本单位所有或者经营管理的以及本人自有的林木，数量较大的行为。森林法和其他有关法律、法规规定，对森林只能合理采伐。凡采伐林木都必须申请采伐林木许可证，不准进行计划外采伐和无证采伐。“滥伐”，是指虽经国家林业管理部门批准进行采伐，但在采伐过程中不按照林业管理部门指定的采伐区域、采伐要求、采伐数量、质量和方式进行，而是任意乱砍滥伐或者超越采伐计划和采伐权限，擅自采伐林木的行为。

滥伐林木的行为，必须达到“数量较大”的程度，才构成犯罪。依照《最高人民法院关于审理破坏森林资源刑事案件具体应用法律若干问题的解释》（以下简称《解释》）的规定，滥伐林木“数量较大”，以10至20立方米或者幼树500至1000株为起点。并规定，违反森林法的规定，具有下列情形之一，数量较大的，依照《刑法》第345条第2款的规定，以滥伐林木罪定罪处罚：（1）未经林业行政主管部门及法律规定的其他主管部门批准并核发林木采伐许可证，或者虽持有林木采伐许可证，但违反林木采伐许可证规定的时间、数量、树种或者方式，任意采伐本单位所有或者本人所有的森林或者其他林木的；（2）超过林木采伐许可证规定的数量采伐他人所有的森林或者其他林木的。林木权属争议一方在林木权属确权之前，擅自砍伐森林或者其他林木，数量较大的，以滥伐林木罪论处。

（三）情节与量刑

依照《刑法》第345条第2款的规定，犯滥伐林木罪的，处3年以下有期徒刑、拘役或者管制，并处或者单处罚金；数量巨大的，处3年以上7年以下有期徒刑，并处罚金。依照本条第4款的规定，滥伐国家级自然保护区内的森林或者其他林木的，从重处罚。

依照《刑法》第346条的规定，单位犯本罪的，对单位判处罚金，并对其直接负责的主管人员和其他直接责任人员，依照第345条第2款、第4款的规定处罚。

“数量巨大”，是本罪的加重处罚情节。关于“数量巨大”的认定标准，依照《解释》的规定，应当以50至100立方米或者幼树2500至5000株为起点。

十五、非法收购、运输盗伐、滥伐的林木罪

（一）法律规定

第三百四十五条第三款、第四款　非法收购、运输明知是盗伐、滥伐的林木，情节严重的，处三年以下有期徒刑、拘役或者管制，并处或者单处罚金；情节特别严重的，处三年以上七年以下有期徒刑，并处罚金。

盗伐、滥伐国家级自然保护区内的森林或者其他林木的，从重处罚。

（二）罪名详解

非法收购、运输盗伐、滥伐的林木罪，是指非法收购、运输明知是盗伐、滥伐的林木，情节严重的行为。本罪是1997年刑法增设的罪名，原罪名为“非法收购盗伐、滥伐的林木罪”。《刑法修正案（四）》对本罪的罪状作了修

改，因而罪名也相应作了修改。①

非法收购、运输盗伐、滥伐的林木罪的构成要件是：

1. 主体要件

犯罪主体为一般主体，自然人或者单位都可构成本罪的主体。

2. 客体要件

本罪侵犯的客体是国家对林业资源的管理制度。犯罪对象是盗伐、滥伐的林木。行为人收购、运输盗伐、滥伐的林木的行为，在客观上助长了盗伐、滥伐林木犯罪活动的发展，应当依法追究刑事责任。

3. 主观要件

主观方面由故意构成，即明知是盗伐、滥伐的林木而予以收购、运输。过失不构成本罪。根据《最高人民法院关于审理破坏森林资源刑事案件具体应用法律若干问题的解释》（以下简称《解释》）第10条的规定，此处的“明知”，是指知道或者应当知道。具有下列情形之一的，可以视为应当知道，但是有证据证明确属被蒙骗的除外：（1）在非法的木材交易场所或者销售单位收购木材的；（2）收购以明显低于市场价格出售的木材的；（3）收购违反规定出售的木材的。

4. 客观要件

客观方面表现为非法收购、运输明知是盗伐、滥伐的林木，情节严重的行为。

非法收购、运输盗伐、滥伐的林木的行为，必须达到“情节严重”的程度，才构成犯罪。按照《解释》的规定，具有下列情形之一的，属于非法收购、运输盗伐、滥伐的林木“情节严重”的行为：（1）非法收购、运输盗伐、滥伐的林木20立方米以上或者幼树1000株以上的；（2）非法收购、运输盗伐、滥伐的珍贵树木2立方米以上或者5株以上的；（3）其他情节严重的情形。

（三）情节与量刑

依照《刑法》第345条第3款的规定，犯非法收购、运输盗伐、滥伐的

---

① 《刑法》原第345条第3款为：“以牟利为目的，在林区非法收购明知是盗伐、滥伐的林木，情节严重的，处三年以下有期徒刑、拘役或者管制，并处或者单处罚金；情节特别严重的，处三年以上七年以下有期徒刑，并处罚金。”

林木罪的，处3年以下有期徒刑、拘役或者管制，并处或者单处罚金；情节特别严重的，处3年以上7年以下有期徒刑，并处罚金。

依照《刑法》第346条的规定，单位犯本罪的，对单位判处罚金，并对其直接负责的主管人员和其他直接责任人员，依照第345条第3款的规定处罚。

“情节特别严重”，是本罪的加重处罚情节。按照《解释》的规定，具有下列情形之一的，属于非法收购、运输盗伐、滥伐的林木“情节特别严重”：(1) 非法收购、运输盗伐、滥伐的林木100立方米以上或者幼树5000株以上的；(2) 非法收购、运输盗伐、滥伐的珍贵树木5立方米以上或者10株以上的；(3) 其他情节特别严重的情形。

第七节　走私、贩卖、运输、制造毒品罪

一、走私、贩卖、运输、制造毒品罪

(一) 法律规定

第三百四十七条　走私、贩卖、运输、制造毒品，无论数量多少，都应当追究刑事责任，予以刑事处罚。

走私、贩卖、运输、制造毒品，有下列情形之一的，处十五年有期徒刑、无期徒刑或者死刑，并处没收财产：

(一) 走私、贩卖、运输、制造鸦片一千克以上、海洛因或者甲基苯丙胺五十克以上或者其他毒品数量大的；

(二) 走私、贩卖、运输、制造毒品集团的首要分子；

(三) 武装掩护走私、贩卖、运输、制造毒品的；

(四) 以暴力抗拒检查、拘留、逮捕，情节严重的；

(五) 参与有组织的国际贩毒活动的。

走私、贩卖、运输、制造鸦片二百克以上不满一千克、海洛因或者甲基苯丙胺十克以上不满五十克或者其他毒品数量较大的，处

七年以上有期徒刑，并处罚金。

走私、贩卖、运输、制造鸦片不满二百克、海洛因或者甲基苯丙胺不满十克或者其他少量毒品的，处三年以下有期徒刑、拘役或者管制，并处罚金；情节严重的，处三年以上七年以下有期徒刑，并处罚金。

单位犯第二款、第三款、第四款罪的，对单位判处罚金，并对其直接负责的主管人员和其他直接责任人员，依照各该款的规定处罚。

利用、教唆未成年人走私、贩卖、运输、制造毒品，或者向未成年人出售毒品的，从重处罚。

对多次走私、贩卖、运输、制造毒品，未经处理的，毒品数量累计计算。

（二）罪名详解

走私、贩卖、运输、制造毒品罪，是指走私、贩卖、运输、制造鸦片、海洛因、甲基苯丙胺（冰毒）、吗啡、大麻、可卡因和其他毒品的行为。本罪是从《全国人民代表大会常务委员会关于禁毒的决定》第 2 条的规定内容吸收改为刑法的具体规定的。1979 年《刑法》第 171 条只有制造、贩卖、运输毒品罪的规定。

走私、贩卖、运输、制造毒品罪的构成要件是：

1. 主体要件

本罪的犯罪主体为一般主体，自然人和单位均可构成本罪的主体。根据《刑法》第 17 条第 2 款的规定，已满 14 周岁不满 16 周岁、具有刑事责任能力的人，犯贩卖毒品罪的，应当负刑事责任。

2. 客体要件

本罪侵犯的客体是国家对毒品的管理制度，走私毒品的行为还侵犯了国家对外贸易管理制度。犯罪对象是毒品。所谓毒品，是指鸦片、海洛因、甲基苯丙胺（冰毒）、吗啡、大麻、可卡因以及国家规定管制的其他能够使人形成瘾癖的麻醉药品和精神药品。如杜冷丁、安纳咖、咖啡因等。

我国在历史上深受烟毒之害。新中国成立后，在短期内禁绝了烟毒。但自 20 世纪 80 年代以来，国际上贩毒活动猖獗，不断向我国渗透。进入 90 年代后，我国毒品犯罪呈直线上升之势，使我国原来已基本绝迹的贩毒、吸食毒品的现象在一些地区又死灰复燃，个别地区已出现蔓延的态势。这些毒品犯罪活动，极大地危害人民的身心健康，毒化社会风气，并诱发其他犯罪活动，严重危害社会治安。禁毒工作关系国家安危、民族兴衰和人民福祉，厉行禁毒是党和政府的一贯立场和坚决主张。

3. 主观要件

主观方面由故意（包括直接故意和间接故意）构成，即明知（包括明知必然和明知可能）是毒品而进行走私、贩卖、运输、制造。过失不构成本罪。

根据《最高人民法院、最高人民检察院、公安部办理毒品犯罪案件适用法律若干问题的意见》（以下简称《意见（一）》）的规定，走私、贩卖、运输、非法持有毒品主观故意中的“明知”，是指行为人知道或者应当知道所实施的行为是走私、贩卖、运输、非法持有毒品行为，并列举了八种具体情形。《全国部分法院审理毒品犯罪案件工作座谈会纪要》（以下简称《大连会议纪要》）进一步列举了可以认定被告人主观明知的具体情形，即具有下列情形之一，并且犯罪嫌疑人、被告人不能作出合理解释的，可以认定其“应当知道”，但有证据证明确属被蒙骗的除外：（1）执法人员在口岸、机场、车站、港口和其他检查站点查检时，要求行为人申报为他人携带的物品和其他疑似毒品物，并告知其法律责任，而行为人未如实申报，在其携带的物品中查获毒品的；（2）以伪报、藏匿、伪装等蒙蔽手段，逃避海关、边防等检查，在其携带、运输、邮寄的物品中查获毒品的；（3）执法人员检查时，有逃跑、丢弃携带物品或者逃避、抗拒检查等行为，在其携带或者丢弃的物品中查获毒品的；（4）体内或者贴身隐秘处藏匿毒品的；（5）为获取不同寻常的高额、不等值报酬为他人携带、运输物品，从中查获毒品的；（6）采用高度隐蔽的方式携带、运输物品，从中查获毒品的；（7）采用高度隐蔽的方式交接物品，明显违背合法物品惯常交接方式，从中查获毒品的；（8）行程路线故意绕开检查站点，在其携带、运输的物品中查获毒品的；（9）以虚假身份或者地址办理托运手续，在其托运的物品中查获毒品的；（10）有其他证据足以认定行为人应当知道的。

为了明确走私、非法买卖麻黄碱类复方制剂主观上的目的与明知，《最高人民法院、最高人民检察院、公安部关于办理走私、非法买卖麻黄碱类复方制剂等刑事案件适用法律若干问题的意见》（以下简称《意见（二）》）第5条规定，应当根据物证、书证、证人证言以及犯罪嫌疑人、被告人供述和辩解等在案证据，结合被告人的行为表现，重点考虑以下因素综合予以认定：（1）购买、销售麻黄碱类复方制剂的价格是否明显高于市场交易价格；（2）是否采用虚假信息、隐蔽手段运输、寄递、存储麻黄碱类复方制剂；（3）是否采用伪报、伪装、藏匿或者绕行进出境等手段逃避海关、边防等检查；（4）提供相关帮助行为获得的报酬是否合理；（5）此前是否实施过同类违法犯罪行为；（6）其他相关因素。

4. 客观要件

客观方面表现为走私、贩卖、运输、制造毒品的行为。"走私"，是指违反海关法规，非法运输、携带、邮寄国家禁止进出口的鸦片、海洛因、甲基苯丙胺、吗啡、大麻、可卡因等毒品进出国（边）境，逃避海关监督的行为。直接向走私人非法收购走私进口的毒品，或者在内海、领海、界河、界湖、运输、收购、贩卖毒品的，也属于走私毒品的行为。"贩卖"，是指在境内非法转手倒卖或者自行制造、自行销售毒品的行为。"运输"，是指明知是毒品而采用自身携带或者利用他人携带、使用交通工具非法运送，或者伪装后以合法形式交邮政、交通部门邮寄、托运毒品的行为。"制造"，是指非法从毒品原植物中提炼毒品，或者用化学合成方法加工、配制毒品，或者以改变毒品成分和效用为目的，用混合等物理方法加工、配制毒品的行为，如将甲基苯丙胺或者其他苯丙胺类毒品与其他毒品混合成麻古或者摇头丸。为便于隐蔽运输、销售、使用、欺骗购买者，或者为了增重，对毒品掺杂使假，添加或者去除其他非毒品物质，不属于制造毒品的行为。

根据《意见（二）》的规定，以加工、提炼制毒物品制造毒品为目的，购买麻黄碱类复方制剂，或者运输、携带、寄递麻黄碱类复方制剂进出境的，依照《刑法》第347条的规定，以制造毒品罪定罪处罚。以制造毒品为目的，利用麻黄碱类复方制剂加工、提炼制毒物品的，依照《刑法》第347条的规定，以制造毒品罪定罪处罚。所谓麻黄碱类复方制剂，是指含有《易制毒化学品管理条例》品种目录所列的麻黄碱（麻黄素）、伪麻黄碱（伪麻黄素）、消旋麻黄碱（消旋麻黄素）、去甲麻黄碱（去甲麻黄素）、甲基麻黄碱（甲基麻黄素）及其盐类，或者麻黄浸膏、麻黄浸膏粉等麻黄碱类物质的药品复方制剂。

（三）实务疑难问题

1. 关于本罪的罪名适用问题

根据《大连会议纪要》的规定，走私、贩卖、运输、制造毒品罪是选择性罪名，对同一宗毒品实施了两种以上犯罪行为并有相应确凿证据的，应当按照所实施的犯罪行为的性质并列确定罪名，毒品数量不重复计算，不实行数罪并罚。对同一宗毒品可能实施了两种以上犯罪行为，但相应证据只能认定其中一种或者几种行为，认定其他行为的证据不够确实充分的，则只按照依法能够认定的行为的性质定罪。如涉嫌为贩卖而运输毒品，认定贩卖的证据不够确实充分的，则只定运输毒品罪。对不同宗毒品分别实施了不同种犯罪行为的，应对不同行为并列确定罪名，累计毒品数量，不实行数罪并罚。对被告人一人走私、贩卖、运输、制造两种以上毒品的，不实行数罪并罚，量刑时可综合考虑毒品的种类、数量及危害，依法处理。

2. 居间介绍买卖毒品、代购毒品行为与居中倒卖毒品行为的界限

根据《大连会议纪要》的规定，有证据证明行为人不以牟利为目的，为他人代购仅用于吸食的毒品，毒品数量超过《刑法》第348条规定的最低数量标准的，对托购者、代购者应以非法持有毒品罪定罪外，代购者从中牟利，变相加价贩卖毒品的，对代购者应以贩卖毒品罪定罪。明知他人实施毒品犯罪而为其居间介绍、代购代卖的，无论是否牟利，都应以相关毒品犯罪的共犯论处。

根据《全国法院毒品犯罪审判工作座谈会纪要》（以下简称《武汉会议纪要》）的规定，行为人为吸毒者代购毒品，在运输过程中被查获，没有证据证明托购者、代购者是为了实施贩卖毒品等其他犯罪，毒品数量达到较大以上的，对托购者、代购者以运输毒品罪的共犯论处。行为人为他人代购仅用于吸食的毒品，在交通、食宿等必要开销之外收取“介绍费”“劳务费”，或者以贩卖为目的收取部分毒品作为酬劳的，应视为从中牟利，属于变相加价贩卖毒品，以贩卖毒品罪定罪处罚。

办理贩卖毒品案件，应当准确认定居间介绍买卖毒品行为，并与居中倒卖毒品行为相区别。居间介绍者在毒品交易中处于中间人地位，发挥介绍联络作用，通常与交易一方构成共同犯罪，但不以牟利为要件；居中倒卖者属于毒品交易主体，与前后环节的交易对象是上下家关系，直接参与毒品交易

并从中获利。居间介绍者受贩毒者委托，为其介绍联络购毒者的，与贩毒者构成贩卖毒品罪的共同犯罪；明知购毒者以贩卖为目的购买毒品，受委托为其介绍联络贩毒者的，与购毒者构成贩卖毒品罪的共同犯罪；受以吸食为目的的购毒者委托，为其介绍联络贩毒者，毒品数量达到《刑法》第348条规定的最低数量标准的，一般与购毒者构成非法持有毒品罪的共同犯罪；同时与贩毒者、购毒者共谋，联络促成双方交易的，通常认定与贩毒者构成贩卖毒品罪的共同犯罪。居间介绍者实施为毒品交易主体提供交易信息、介绍交易对象等帮助行为，对促成交易起次要、辅助作用的，应当认定为从犯；对于以居间介绍者的身份介入毒品交易，但在交易中超出居间介绍者的地位，对交易的发起和达成起重要作用的被告人，可以认定为主犯。

3. 划清毒品吸食与毒品犯罪的界限

吸毒者实施毒品犯罪是一个比较复杂的问题。处理这类案件在认定犯罪事实和确定罪名时应持慎重态度。《大连会议纪要》总结了司法实践经验，明确规定，吸毒者在购买、运输、存储毒品过程中被查获的，如没有证据证明其是为了实施贩卖等其他毒品犯罪行为，毒品数量未超过《刑法》第348条规定的最低数量标准的，一般不定罪处罚；查获毒品数量达到较大以上的，应以其实际实施的毒品犯罪行为定罪处罚。对于以贩养吸的被告人，其被查获的毒品数量应认定为其犯罪的数量，但量刑时应考虑被告人吸食毒品的情节，酌情处理；被告人购买了一定数量的毒品后，部分已被其吸食的，应当按能够证明的贩卖数量及查获的毒品数量认定其贩毒的数量，已被吸食部分不计入在内。

《武汉会议纪要》进一步明确，对于有吸毒情节的贩毒人员，一般应当按照其购买的毒品数量认定其贩卖毒品的数量，量刑时酌情考虑其吸食毒品的情节；购买的毒品数量无法查明的，按照能够证明的贩卖数量及查获的毒品数量认定其贩毒数量；确有证据证明其购买的部分毒品并非用于贩卖的，不应计入其贩毒数量。

4. 正确认定贩卖假毒品案件的性质

被告人并不知道是假毒品而当作真毒品贩卖获利的，这种情况刑法理论上称为“对象不能犯”，即被告人对犯罪对象（毒品）认识上的错误。这种认识上的错误并不影响被告人主观上具有贩卖毒品的故意，客观上实施了贩卖毒品的行为（即实行行为）。虽然这种行为达不到贩卖真毒品对社会造成的危害结果（危及他人的健康），但却对人们的健康造成现实的威胁。因此，对于行为人并不知道是假毒品而当作真毒品贩卖的案件，应当以贩卖毒品（未遂）罪定罪处罚。如果行为人把假毒品当作真毒品走私、运输、窝藏的，则应当以走私、运输毒品（未遂）罪和窝藏毒品（未遂）罪处罚。但是在处罚时，应根据其对象不能犯的实际情况，依法比照既遂犯从轻或者减轻处罚。

5. 关于毒品的含量和混合型、新类型毒品的处理

《意见（一）》中明确规定："可能判处死刑的毒品犯罪案件，毒品鉴定结论中应有含量鉴定的结论。"《大连会议纪要》也提出：对可能判处被告人死刑的毒品犯罪案件，应当作出毒品含量鉴定；对涉案毒品可能大量掺假，或者原成分复杂的新类型毒品的，也应当作出毒品含量鉴定。对于含有两种以上毒品成分的毒品混合物，应当进一步作成分鉴定，确定所含的不同毒品成分及比例。《武汉会议纪要》进一步明确，涉案毒品纯度明显低于同类毒品的正常纯度的，量刑时可以酌情考虑。

走私、贩卖、运输、制造、非法持有两种以上毒品的，可以将不同种类的毒品分别折算为海洛因的数量，以折算后累加的毒品总量作为量刑的根据。对于刑法、司法解释或者其他规范性文件明确规定了定罪量刑数量标准的毒品，应当按照该毒品与海洛因定罪量刑数量标准的比例进行折算后累加。对于刑法、司法解释及其他规范性文件没有规定定罪量刑数量标准，但《非法药物折算表》规定了与海洛因的折算比例的毒品，可以按照《非法药物折算表》折算为海洛因后进行累加。对于既未规定定罪量刑数量标准，又不具备折算条件的毒品，综合考虑其致瘾癖性、社会危害性、数量、纯度等因素依法量刑。在裁判文书中，应当客观表述涉案毒品的种类和数量，并综合认定为数量大、数量较大或者少量毒品等，不明确表述将不同种类毒品进行折算后累加的毒品总量。

对于未查获实物的甲基苯丙胺片剂（俗称"麻古"等）、MDMA 片剂（俗称"摇头丸"）等混合型毒品，可以根据在案证据证明的毒品粒数，参考本案或者本地区查获的同类毒品的平均重量计算出毒品数量。在裁判文书中，应当客观表述根据在案证据认定的毒品粒数。

6. 如何认定零星贩毒案件的数量和适用法律的问题

零星贩毒案件，是特指被告人多次少量贩卖鸦片、海洛因、甲基苯丙胺（冰毒）或者其他毒品的案件。根据《刑法》第 347 条第 7 款关于"对多次走

私、贩卖、运输、制造毒品，未经处理的，毒品数量累计计算”的规定，零星贩毒的，应累计计算其贩卖毒品的数量。所谓“未经处理”，是指未经司法机关的刑事处罚或者公安机关的行政处罚（即指公安机关对毒品违法行为依照治安管理处罚法给予的行政处罚）；其他国家行政机关给予的行政处分、处理，均不能视为已经处理过。

被告人贩卖零星毒品的数量达到了实际掌握的应判处死刑数量标准，且无法定从轻、减轻或者酌定从轻处罚情节，一般应当依法判处被告人死刑。但当定案的证据主要是被告人的供述或者吸毒人员提供的证言时，原则上不对被告人适用死刑立即执行。

（四）情节与量刑

依照《刑法》第 347 条第 2 款至 4 款的规定，走私、贩卖、运输、制造毒品，有下列情形之一的，处 15 年有期徒刑、无期徒刑或者死刑，并处没收财产：（1）走私、贩卖、运输、制造鸦片 1000 克以上、海洛因或者甲基苯丙胺 50 克以上或者其他毒品数量大的；（2）走私、贩卖、运输、制造毒品集团的首要分子；（3）武装掩护走私、贩卖、运输、制造毒品的；（4）以暴力抗拒检查、拘留、逮捕，情节严重的；（5）参与有组织的国际贩毒活动的。走私、贩卖、运输、制造鸦片 200 克以上不满 1000 克、海洛因或者甲基苯丙胺 10 克以上不满 50 克或者其他毒品数量较大的，处 7 年以上有期徒刑，并处罚金。走私、贩卖、运输、制造鸦片不满 200 克、海洛因或者甲基苯丙胺不满 10 克或者其他少量毒品的，处 3 年以下有期徒刑、拘役或者管制，并处罚金；情节严重的，处 3 年以上 7 年以下有期徒刑，并处罚金。有关“其他毒品数量大”“情节严重”“其他毒品数量较大”“其他少量毒品”的含义，相关司法解释均有具体规定，详见后文《走私、贩卖、运输、制造毒品罪情节与量刑对应表》。

依照本条第 5 款的规定，单位犯第 2 款、第 3 款、第 4 款罪的，对单位判处罚金，并对其直接负责的主管人员和其他直接责任人员，依照各该款的规定处罚。

依照本条第 6 款的规定，利用、教唆未成年人走私、贩卖、运输、制造毒品，或者向未成年人出售毒品的，从重处罚。

依照《刑法》第 356 条的规定，因走私、贩卖、运输、制造、非法持有毒品罪被判过刑，又犯本节之罪的，从重处罚。

1. 毒品犯罪的死刑适用问题

毒品数量是毒品犯罪案件量刑的重要情节，但不是唯一情节。对被告人量刑时，特别是在考虑是否适用死刑时，应当综合考虑毒品数量、犯罪情节、危害后果、被告人的主观恶性、人身危险性以及当地禁毒形势等各种因素，做到区别对待。

具有下列情形之一的，可以判处被告人死刑：（1）具有毒品犯罪集团首要分子、武装掩护毒品犯罪、暴力抗拒检查、拘留或者逮捕、参与有组织的国际贩毒活动等严重情节的；（2）毒品数量达到实际掌握的死刑数量标准，并具有毒品再犯、累犯，利用、教唆未成年人走私、贩卖、运输、制造毒品，或者向未成年人出售毒品等法定从重处罚情节的；（3）毒品数量达到实际掌握的死刑数量标准，并具有多次走私、贩卖、运输、制造毒品，向多人贩毒，在毒品犯罪中诱使、容留多人吸毒，在戒毒监管场所贩毒，国家工作人员利用职务便利实施毒品犯罪，或者职业犯、惯犯、主犯等情节的；（4）毒品数量达到实际掌握的死刑数量标准，并具有其他从重处罚情节的；（5）毒品数量超过实际掌握的死刑数量标准，且没有法定、酌定从轻处罚情节的。

毒品数量达到实际掌握的死刑数量标准，具有下列情形之一的，可以不判处被告人死刑立即执行：（1）具有自首、立功等法定从宽处罚情节的；（2）已查获的毒品数量未达到实际掌握的死刑数量标准，到案后坦白尚未被司法机关掌握的其他毒品犯罪，累计数量超过实际掌握的死刑数量标准的；（3）经鉴定毒品含量极低，掺假之后的数量才达到实际掌握的死刑数量标准的，或者有证据表明可能大量掺假但因故不能鉴定的；（4）因特情引诱毒品数量才达到实际掌握的死刑数量标准的；（5）以贩养吸的被告人，被查获的毒品数量刚达到实际掌握的死刑数量标准的；（6）毒品数量刚达到实际掌握的死刑数量标准，确属初次犯罪即被查获，未造成严重危害后果的；（7）共同犯罪毒品数量刚达到实际掌握的死刑数量标准，但各共同犯罪人作用相当，或者责任大小难以区分的；（8）家庭成员共同实施毒品犯罪，其中起主要作用的被告人已被判处死刑立即执行，其他被告人罪行相对较轻的；（9）其他不是必须判处死刑立即执行的。

2. 运输毒品案件的量刑

对于运输毒品犯罪，要注意重点打击指使、雇用他人运输毒品的犯罪分子和接应、接货的毒品所有者、买家或者卖家。对于运输毒品犯罪集团首要分子，组织、指使、雇用他人运输毒品的主犯或者毒枭、职业毒犯、毒品再犯，以及具有武装掩护、暴力抗拒检查、拘留或者逮捕、参与有组织的国际毒品犯罪、以运输毒品为业、多次运输毒品或者其他严重情节的，应当按照实际掌握的数量标准，从严惩处，依法应判处死刑的必须坚决判处死刑。

涉嫌为贩卖而自行运输毒品，由于认定贩卖毒品的证据不足，因而认定为运输毒品罪的，不同于单纯的受指使为他人运输毒品行为，其量刑标准应当与单纯的运输毒品行为有所区别。

对于受人指使、雇用参与运输毒品的被告人，应当综合考虑毒品数量、犯罪次数、犯罪的主动性和独立性、在共同犯罪中的地位作用、获利程度和方式及其主观恶性、人身危险性等因素，予以区别对待，慎重适用死刑。对于有证据证明确属受人指使、雇用运输毒品，又系初犯、偶犯的被告人，即使毒品数量超过实际掌握的死刑数量标准，也可以不判处死刑；尤其对于其中被动参与犯罪，从属性、辅助性较强，获利程度较低的被告人，一般不应当判处死刑。对于不能排除受人指使、雇用初次运输毒品的被告人，毒品数量超过实际掌握的死刑数量标准，但尚不属数量巨大的，一般也可以不判处死刑。

一案中有多人受雇运输毒品的，在决定死刑适用时，除各被告人运输毒品的数量外，还应结合其具体犯罪情节、参与犯罪程度、与雇用者关系的紧密性及其主观恶性、人身危险性等因素综合考虑，同时判处二人以上死刑要特别慎重。

3. 如何认定毒品犯罪中的共同犯罪及确定毒品犯罪中共犯的刑事责任问题

毒品犯罪中，共犯占有相当比例。这是因为毒品的走私、贩卖、运输、制造、窝藏等犯罪行为，如果由一名犯罪分子孤立进行，很难完成；对毒品犯罪的严厉打击，也迫使犯罪分子不得不组织起来，有分工地共同进行毒品犯罪活动，以逃避打击。

区分主犯和从犯，应当以各共同犯罪人在毒品共同犯罪中的地位和作用为根据。要从犯意提起、具体行为分工、出资和实际分得毒赃多少以及共犯之间相互关系等方面，比较各个共同犯罪人在共同犯罪中的地位和作用。在毒品共同犯罪中，为主出资者、毒品所有者或者起意、策划、纠集、组织、雇用、指使他人参与犯罪以及其他起主要作用的是主犯；起次要或者辅助作用的是从犯。受雇佣、受指使实施毒品犯罪的，应根据其在犯罪中实际发挥的作用具体认定为主犯或者从犯。

对于毒品犯罪集团的首要分子，应按集团毒品犯罪的总数量处罚；对一般共同犯罪的主犯，应按其所参与的或者组织、指挥的毒品犯罪数量处罚；对于从犯，应当按照其所参与的毒品犯罪的数量处罚。

对于贩卖毒品案件中的上下家，要结合其贩毒数量、次数及对象范围，犯罪的主动性，对促成交易所发挥的作用，犯罪行为的危害后果等因素，综合考虑其主观恶性和人身危险性，慎重、稳妥地决定死刑适用。对于买卖同宗毒品的上下家，涉案毒品数量刚超过实际掌握的死刑数量标准的，一般不能同时判处死刑；上家主动联络销售毒品，积极促成毒品交易的，通常可以判处上家死刑；下家积极筹资，主动向上家约购毒品，对促成毒品交易起更大作用的，可以考虑判处下家死刑。涉案毒品数量达到巨大以上的，也要综合上述因素决定死刑适用，同时判处上下家死刑符合罪刑相适应原则，并有利于全案量刑平衡的，可以依法判处。

两人以上同行运输毒品的，应当从是否明知他人带有毒品，有无共同运输毒品的意思联络，有无实施配合、掩护他人运输毒品的行为等方面综合审查认定是否构成共同犯罪。受雇于同一雇主同行运输毒品，但受雇者之间没有共同犯罪故意，或者虽然明知他人受雇运输毒品，但各自的运输行为相对独立，既没有实施配合、掩护他人运输毒品的行为，又分别按照各自运输的毒品数量领取报酬的，不应认定为共同犯罪。受雇于同一雇主分段运输同一宗毒品，但受雇者之间没有犯罪共谋的，也不应认定为共同犯罪。雇用他人运输毒品的雇主，及其他对受雇者起到一定组织、指挥作用的人员，与各受雇者分别构成运输毒品罪的共同犯罪，对运输的全部毒品数量承担刑事责任。

4. 如何正确认定和处理毒品再犯，对同时构成累犯和再犯的应如何适用法律的问题

《刑法》第356条规定："因走私、贩卖、运输、制造、非法持有毒品罪被判过刑，又犯本节规定之罪的，从重处罚。"这是刑法针对毒品犯罪分子再犯作出的特别规定，目的是严惩毒品犯罪。根据《大连会议纪要》的规定：只要因走私、贩卖、运输、制造、非法持有毒品罪被判过刑，不论是在刑罚执行完毕后，还是在缓刑、假释或者暂予监外执行期间，又犯《刑法》第六

章第七节规定的犯罪的，都是毒品再犯，应当从重处罚。因走私、贩卖、运输、制造、非法持有毒品罪被判刑的犯罪分子，在缓刑、假释或者暂予监外执行期间又犯《刑法》第六章第七节规定的犯罪的，应当在对其所犯新的毒品犯罪适用《刑法》第356条从重处罚的规定确定刑罚后，再依法数罪并罚。

5. 如何正确认定毒品犯罪被告人的立功，并把握从宽处罚尺度问题

共同犯罪中同案犯的基本情况，包括同案犯姓名、住址、体貌特征、联络方式等信息，属于被告人应当供述的范围。公安机关根据被告人供述抓获同案犯的，不应认定其有立功表现。被告人在公安机关抓获同案犯过程中确实起到协助作用的，如经被告人现场指认、辨认抓获了同案犯；被告人带领公安人员抓获了同案犯；被告人提供了不为有关机关掌握或者有关机关按照正常工作程序无法掌握的同案犯藏匿的线索，有关机关据此抓获了同案犯；被告人交代了与同案犯的联系方式，又按要求与对方联络，积极协助公安机关抓获了同案犯等，属于协助司法机关抓获同案犯，应认定为立功。

关于立功从宽处罚的把握，应以功是否足以抵罪为标准。在毒品共同犯罪案件中，毒枭、毒品犯罪集团首要分子、共同犯罪的主犯、职业毒犯、毒品惯犯等，由于掌握同案犯、从犯、马仔的犯罪情况和个人信息，被抓获后往往能协助抓捕同案犯，获得立功或者重大立功。对其是否从宽处罚以及从宽幅度的大小，应当主要看功是否足以抵罪，即应结合被告人罪行的严重程度、立功大小综合考虑。要充分注意毒品共同犯罪人以及上、下家之间的量刑平衡。对于毒枭等严重毒品犯罪分子立功的，从轻或者减轻处罚应当从严掌握。如果其罪行极其严重，只有一般立功表现，功不足以抵罪的，可不予从轻处罚；如果其检举、揭发的是其他犯罪案件中罪行同样严重的犯罪分子，或者协助抓获的是同案中的其他首要分子、主犯，功足以抵罪的，原则上可以从轻或者减轻处罚；如果协助抓获的只是同案中的从犯或者马仔，功不足以抵罪，或者从轻处罚后全案处刑明显失衡的，不予从轻处罚。相反，对于从犯、马仔立功，特别是协助抓获毒枭、首要分子、主犯的，应当从轻处罚，直至依法减轻或者免除处罚。

被告人亲属为了使被告人得到从轻处罚，检举、揭发他人犯罪或者协助司法机关抓捕其他犯罪人的，不能视为被告人立功。同监犯将本人或者他人尚未被司法机关掌握的犯罪事实告知被告人，由被告人检举揭发的，如经查证属实，虽可认定被告人立功，但是否从宽处罚、从宽幅度大小，应与通常

的立功有所区别。通过非法手段或者非法途径获取他人犯罪信息，如从国家工作人员处贿买他人犯罪信息，通过律师、看守人员等非法途径获取他人犯罪信息，由被告人检举揭发的，不能认定为立功，也不能作为酌情从轻处罚情节。

6. 有“特情介入”的毒品犯罪案件的处理问题

运用特情侦破案件，是打击毒品犯罪的一种手段。这些特情（俗称“耳目”）打入毒品犯罪分子内部，以经允许的行为，诱使他们犯罪。但实践中又出现了违规使用特情引诱的情况。由于特情引诱涉及在处刑中如何解决罪责刑问题，不能与普通毒品犯罪一样处理。

根据《大连会议纪要》的规定，对已持有毒品待售或者有证据证明已准备实施大宗毒品犯罪者，采取特情贴靠、接洽而破获的案件，不存在犯罪引诱，应当依法处理。

行为人本没有实施毒品犯罪的主观意图，而是在特情诱惑和促成下形成犯意，进而实施毒品犯罪的，属于“犯意引诱”。对因“犯意引诱”实施毒品犯罪的被告人，根据罪刑相适应原则，应当依法从轻处罚，无论涉案毒品数量多大，都不应判处死刑立即执行。行为人在特情既为其安排上线，又提供下线的双重引诱，即“双套引诱”下实施毒品犯罪的，处刑时可予以更大幅度的从宽处罚或者依法免予刑事处罚。

行为人本来只有实施数量较小的毒品犯罪的故意，在特情引诱下实施了数量较大甚至达到实际掌握的死刑数量标准的毒品犯罪的，属于“数量引诱”。对因“数量引诱”实施毒品犯罪的被告人，应当依法从轻处罚，即使毒品数量超过实际掌握的死刑数量标准，一般也不判处死刑立即执行。

对不能排除“犯意引诱”和“数量引诱”的案件，在考虑是否对被告人判处死刑立即执行时，要留有余地。

7. 规范化量刑

2017 年 4 月 1 日起实施的《最高人民法院关于常见犯罪的量刑指导意见》对走私、贩卖、运输、制造毒品罪的量刑作了如下规定：

（1）构成走私、贩卖、运输、制造毒品罪的，可以根据下列不同情形在相应的幅度内确定量刑起点：

①走私、贩卖、运输、制造鸦片 1000 克，海洛因、甲基苯丙胺 50 克或者其他毒品数量达到数量大起点的，量刑起点为 15 年有期徒刑。依法应当判

处无期徒刑以上刑罚的除外。

②走私、贩卖、运输、制造鸦片 200 克，海洛因、甲基苯丙胺 10 克或者其他毒品数量达到数量较大起点的，可以在 7 年至 8 年有期徒刑幅度内确定量刑起点。

③走私、贩卖、运输、制造鸦片不满 200 克，海洛因、甲基苯丙胺不满 10 克或者其他少量毒品的，可以在 3 年以下有期徒刑、拘役幅度内确定量刑起点；情节严重的，可以在 3 年至 4 年有期徒刑幅度内确定量刑起点。

（2）在量刑起点的基础上，可以根据毒品犯罪次数、人次、毒品数量等其他影响犯罪构成的犯罪事实增加刑罚量，确定基准刑。

（3）有下列情节之一的，可以增加基准刑的 10%～30%：①利用、教唆未成年人走私、贩卖、运输、制造毒品的；②向未成年人出售毒品的；③毒品再犯。

（4）有下列情节之一的，可以减少基准刑的 30%以下：①受雇运输毒品的；②毒品含量明显偏低的；③存在数量引诱情形的。

《人民法院量刑指导意见（试行）》对本罪的量刑作了如下规定：毒品犯罪的社会危害性主要体现在毒品数量方面，量刑时可以根据毒品数量在相应的法定刑幅度内确定基准刑。有其他犯罪情节的，可以根据犯罪情节的严重程度在相应的法定刑幅度内确定量刑起点和基准刑。

（1）走私、贩卖、运输、制造毒品犯罪情节一般的，可以分别在下列相应的幅度内确定量刑起点：

①走私、贩卖、运输、制造鸦片 1000 克，海洛因、甲基苯丙胺或者可卡因 50 克，吗啡或者二亚甲基双氧安非他明（MDMA）等苯丙胺类毒品（甲基苯丙胺除外）100 克，氯胺酮或者美沙酮 1000 克，三唑仑或者安眠酮 50 千克，咖啡因 200 千克或者其他毒品数量达到数量大起点的，量刑起点为 15 年有期徒刑。

②走私、贩卖、运输、制造鸦片 200 克，海洛因、甲基苯丙胺或者可卡因 10 克，吗啡或者二亚甲基双氧安非他明（MDMA）等苯丙胺类毒品（甲基苯丙胺除外）20 克，氯胺酮或者美沙酮 200 克，三唑仑或者安眠酮 10 千克，咖啡因 50 千克或者其他毒品数量达到数量较大起点的，量刑起点为 7 年有期徒刑。

③走私、贩卖、运输、制造鸦片 140 克，海洛因、甲基苯丙胺或者可卡

因7克，吗啡或者二亚甲基双氧安非他明（MDMA）等苯丙胺类毒品（甲基苯丙胺除外）14克，氯胺酮或者美沙酮140克，三唑仑或者安眠酮7000克，咖啡因35千克或者其他数量相当毒品的，量刑起点为3年有期徒刑。

④走私、贩卖、运输、制造鸦片40克，海洛因、甲基苯丙胺或者可卡因2克，吗啡或者二亚甲基双氧安非他明（MDMA）等苯丙胺类毒品（甲基苯丙胺除外）4克，氯胺酮或者美沙酮40克，三唑仑或者安眠酮2000克，咖啡因10千克或者其他数量相当毒品的，量刑起点为6个月有期徒刑。

（2）走私、贩卖、运输、制造毒品数量超过或者少于上述各档次数量标准的，可按照下列标准相应地增加或者减少刑罚量确定基准刑：

①海洛因、甲基苯丙胺或者可卡因10克以上不满50克的，每增加5克增加9个月刑期；7克以上不满10克的，每增加1克增加1年刑期；3克以上不满7克的，每增加1克增加6个月刑期；2克以下的，每减少1克减少3个月刑期。

②吗啡或者二亚甲基双氧安非他明（MDMA）等苯丙胺类毒品（甲基苯丙胺除外）20克以上不满100克的，每增加10克增加9个月刑期；14克以上不满20克的，每增加2克增加1年刑期；4克以上不满14克的，每增加2克增加6个月刑期；4克以下的，每减少2克减少3个月刑期。

③鸦片、氯胺酮或者美沙酮200克以上不满1000克的，每增加100克增加9个月刑期；140克以上不满200克的，每增加20克增加1年刑期；40克以上不满140克的，每增加20克增加6个月刑期；40克以下的，每减少20克减少3个月刑期。

④三唑仑或者安眠酮10千克以上不满50千克的，每增加5000克增加9个月刑期；7000克以上不满10千克的，每增加1000克增加1年刑期；2000克以上不满7000克的，每增加1000克增加6个月刑期；2000克以下的，每减少1000克减少3个月刑期。

⑤咖啡因50千克以上不满200千克的，每增加19千克增加9个月刑期；35千克以上不满50千克的，每增加5000克增加1年刑期；10千克以上不满35千克的，每增加5000克增加6个月刑期；10千克以下的，每减少5000克减少3个月刑期。

（3）有下列情形之一的，可以增加基准刑的10%～30%：①实施走私、贩卖、运输、制造毒品两种以上行为的；②组织、利用、教唆未成年人、孕妇、哺乳期妇女、患有严重疾病人员及其他特殊人群走私、贩卖、运输、制造毒品，或者向未成年人出售毒品的；③毒品再犯的。

（4）有下列情形之一的，可以酌情减少基准刑的30%～50%：①孕妇、哺乳期妇女、患有严重疾病人员及其他特殊人群被利用参与毒品犯罪的；②受雇运输毒品的；③毒品含量明显偏低的；④存在数量引诱情形的。

（五）法律链接

1. 最高人民法院关于审理毒品犯罪案件适用法律若干问题的解释（法释〔2016〕8号 自2016年4月11日起施行）

为依法惩治毒品犯罪，根据《中华人民共和国刑法》的有关规定，现就审理此类刑事案件适用法律的若干问题解释如下：

第一条 走私、贩卖、运输、制造、非法持有下列毒品，应当认定为刑法第三百四十七条第二款第一项、第三百四十八条规定的“其他毒品数量大”：

（一）可卡因五十克以上；

（二）3，4—亚甲二氧基甲基苯丙胺（MDMA）等苯丙胺类毒品（甲基苯丙胺除外）、吗啡一百克以上；

（三）芬太尼一百二十五克以上；

（四）甲卡西酮二百克以上；

（五）二氢埃托啡十毫克以上；

（六）哌替啶（度冷丁）二百五十克以上；

（七）氯胺酮五百克以上；

（八）美沙酮一千克以上；

（九）曲马多、γ—羟丁酸二千克以上；

（十）大麻油五千克、大麻脂十千克、大麻叶及大麻烟一百五十千克以上；

（十一）可待因、丁丙诺啡五千克以上；

（十二）三唑仑、安眠酮五十千克以上；

（十三）阿普唑仑、恰特草一百千克以上；

（十四）咖啡因、罂粟壳二百千克以上；

（十五）巴比妥、苯巴比妥、安钠咖、尼美西泮二百五十千克以上；

（十六）氯氮卓、艾司唑仑、地西泮、溴西泮五百千克以上；

（十七）上述毒品以外的其他毒品数量大的。

国家定点生产企业按照标准规格生产的麻醉药品或者精神药品被用于毒品犯罪的，根据药品中毒品成分的含量认定涉案毒品数量。

第二条 走私、贩卖、运输、制造、非法持有下列毒品，应当认定为刑法第三百四十七条第三款、第三百四十八条规定的“其他毒品数量较大”：

（一）可卡因十克以上不满五十克；

（二）3，4—亚甲二氧基甲基苯丙胺（MDMA）等苯丙胺类毒品（甲基苯丙胺除外）、吗啡二十克以上不满一百克；

（三）芬太尼二十五克以上不满一百二十五克；

（四）甲卡西酮四十克以上不满二百克；

（五）二氢埃托啡二毫克以上不满十毫克；

（六）哌替啶（度冷丁）五十克以上不满二百五十克；

（七）氯胺酮一百克以上不满五百克；

（八）美沙酮二百克以上不满一千克；

（九）曲马多、γ—羟丁酸四百克以上不满二千克；

（十）大麻油一千克以上不满五千克、大麻脂二千克以上不满十千克、大麻叶及大麻烟三十千克以上不满一百五十千克；

（十一）可待因、丁丙诺啡一千克以上不满五千克；

（十二）三唑仑、安眠酮十千克以上不满五十千克；

（十三）阿普唑仑、恰特草二十千克以上不满一百千克；

（十四）咖啡因、罂粟壳四十千克以上不满二百千克；

（十五）巴比妥、苯巴比妥、安钠咖、尼美西泮五十千克以上不满二百五十千克；

（十六）氯氮卓、艾司唑仑、地西泮、溴西泮一百千克以上不满五百千克；

（十七）上述毒品以外的其他毒品数量较大的。

第三条 在实施走私、贩卖、运输、制造毒品犯罪的过程中，携带枪支、弹药或者爆炸物用于掩护的，应当认定为刑法第三百四十七条第二款第三项规定的“武装掩护走私、贩卖、运输、制造毒品”。枪支、弹药、爆炸物种类的认定，依照相关司法解释的规定执行。

在实施走私、贩卖、运输、制造毒品犯罪的过程中，以暴力抗拒检查、拘留、逮捕，造成执法人员死亡、重伤、多人轻伤或者具有其他严重情节的，应当认定为刑法第三百四十七条第二款第四项规定的“以暴力抗拒检查、拘留、逮捕，情节严重”。

第四条　走私、贩卖、运输、制造毒品，具有下列情形之一的，应当认定为刑法第三百四十七条第四款规定的“情节严重”：

（一）向多人贩卖毒品或者多次走私、贩卖、运输、制造毒品的；

（二）在戒毒场所、监管场所贩卖毒品的；

（三）向在校学生贩卖毒品的；

（四）组织、利用残疾人、严重疾病患者、怀孕或者正在哺乳自己婴儿的妇女走私、贩卖、运输、制造毒品的；

（五）国家工作人员走私、贩卖、运输、制造毒品的；

（六）其他情节严重的情形。

第五条　非法持有毒品达到刑法第三百四十八条或者本解释第二条规定的“数量较大”标准，且具有下列情形之一的，应当认定为刑法第三百四十八条规定的“情节严重”：

（一）在戒毒场所、监管场所非法持有毒品的；

（二）利用、教唆未成年人非法持有毒品的；

（三）国家工作人员非法持有毒品的；

（四）其他情节严重的情形。

第六条　包庇走私、贩卖、运输、制造毒品的犯罪分子，具有下列情形之一的，应当认定为刑法第三百四十九条第一款规定的“情节严重”：

（一）被包庇的犯罪分子依法应当判处十五年有期徒刑以上刑罚的；

（二）包庇多名或者多次包庇走私、贩卖、运输、制造毒品的犯罪分子的；

（三）严重妨害司法机关对被包庇的犯罪分子实施的毒品犯罪进行追究的；

（四）其他情节严重的情形。

为走私、贩卖、运输、制造毒品的犯罪分子窝藏、转移、隐瞒毒品或者毒品犯罪所得的财物，具有下列情形之一的，应当认定为刑法第三百四十九条第一款规定的“情节严重”：

（一）为犯罪分子窝藏、转移、隐瞒毒品达到刑法第三百四十七条第二款第一项或者本解释第一条第一款规定的“数量大”标准的；

（二）为犯罪分子窝藏、转移、隐瞒毒品犯罪所得的财物价值达到五万元以上的；

（三）为多人或者多次为他人窝藏、转移、隐瞒毒品或者毒品犯罪所得的财物的；

（四）严重妨害司法机关对该犯罪分子实施的毒品犯罪进行追究的；

（五）其他情节严重的情形。

包庇走私、贩卖、运输、制造毒品的近亲属，或者为其窝藏、转移、隐瞒毒品或者毒品犯罪所得的财物，不具有本条前两款规定的“情节严重”情形，归案后认罪、悔罪、积极退赃，且系初犯、偶犯，犯罪情节轻微不需要判处刑罚的，可以免予刑事处罚。

第七条 违反国家规定，非法生产、买卖、运输制毒物品、走私制毒物品，达到下列数量标准的，应当认定为刑法第三百五十条第一款规定的“情节较重”：

（一）麻黄碱（麻黄素）、伪麻黄碱（伪麻黄素）、消旋麻黄碱（消旋麻黄素）一千克以上不满五千克；

（二）1—苯基—2—丙酮、1—苯基—2—溴—1—丙酮、3，4—亚甲基二氧苯基—2—丙酮、羟亚胺二千克以上不满十千克；

（三）3—氧—2—苯基丁腈、邻氯苯基环戊酮、去甲麻黄碱（去甲麻黄素）、甲基麻黄碱（甲基麻黄素）四千克以上不满二十千克；

（四）醋酸酐十千克以上不满五十千克；

（五）麻黄浸膏、麻黄浸膏粉、胡椒醛、黄樟素、黄樟油、异黄樟素、麦角酸、麦角胺、麦角新碱、苯乙酸二十千克以上不满一百千克；

（六）N—乙酰邻氨基苯酸、邻氨基苯甲酸、三氯甲烷、乙醚、哌啶五十千克以上不满二百五十千克；

（七）甲苯、丙酮、甲基乙基酮、高锰酸钾、硫酸、盐酸一百千克以上不满五百千克；

（八）其他制毒物品数量相当的。

违反国家规定，非法生产、买卖、运输制毒物品、走私制毒物品，达到前款规定的数量标准最低值的百分之五十，且具有下列情形之一的，应当认定为刑法第三百五十条第一款规定的“情节较重”：

（一）曾因非法生产、买卖、运输制毒物品、走私制毒物品受过刑事处罚的；

（二）二年内曾因非法生产、买卖、运输制毒物品、走私制毒物品受过行政处罚的；

（三）一次组织五人以上或者多次非法生产、买卖、运输制毒物品、走私制毒物品，或者在多个地点非法生产制毒物品的；

（四）利用、教唆未成年人非法生产、买卖、运输制毒物品、走私制毒物品的；

（五）国家工作人员非法生产、买卖、运输制毒物品、走私制毒物品的；

（六）严重影响群众正常生产、生活秩序的；

（七）其他情节较重的情形。

易制毒化学品生产、经营、购买、运输单位或者个人未办理许可证明或者备案证明，生产、销售、购买、运输易制毒化学品，确实用于合法生产、生活需要的，不以制毒物品犯罪论处。

第八条　违反国家规定，非法生产、买卖、运输制毒物品、走私制毒物品，具有下列情形之一的，应当认定为刑法第三百五十条第一款规定的“情节严重”：

（一）制毒物品数量在本解释第七条第一款规定的最高数量标准以上，不满最高数量标准五倍的；

（二）达到本解释第七条第一款规定的数量标准，且具有本解释第七条第二款第三项至第六项规定的情形之一的；

（三）其他情节严重的情形。

违反国家规定，非法生产、买卖、运输制毒物品、走私制毒物品，具有下列情形之一的，应当认定为刑法第三百五十条第一款规定的“情节特别严重”：

（一）制毒物品数量在本解释第七条第一款规定的最高数量标准五倍以上的；

（二）达到前款第一项规定的数量标准，且具有本解释第七条第二款第三项至第六项规定的情形之一的；

（三）其他情节特别严重的情形。

第九条 非法种植毒品原植物，具有下列情形之一的，应当认定为刑法第三百五十一条第一款第一项规定的“数量较大”：

（一）非法种植大麻五千株以上不满三万株的；

（二）非法种植罂粟二百平方米以上不满一千二百平方米、大麻二千平方米以上不满一万二千平方米，尚未出苗的；

（三）非法种植其他毒品原植物数量较大的。

非法种植毒品原植物，达到前款规定的最高数量标准的，应当认定为刑法第三百五十一条第二款规定的“数量大”。

第十条 非法买卖、运输、携带、持有未经灭活的毒品原植物种子或者幼苗，具有下列情形之一的，应当认定为刑法第三百五十二条规定的“数量较大”：

（一）罂粟种子五十克以上、罂粟幼苗五千株以上的；

（二）大麻种子五十千克以上、大麻幼苗五万株以上的；

（三）其他毒品原植物种子或者幼苗数量较大的。

第十一条 引诱、教唆、欺骗他人吸食、注射毒品，具有下列情形之一的，应当认定为刑法第三百五十三条第一款规定的“情节严重”：

（一）引诱、教唆、欺骗多人或者多次引诱、教唆、欺骗他人吸食、注射毒品的；

（二）对他人身体健康造成严重危害的；

（三）导致他人实施故意杀人、故意伤害、交通肇事等犯罪行为的；

（四）国家工作人员引诱、教唆、欺骗他人吸食、注射毒品的；

（五）其他情节严重的情形。

第十二条 容留他人吸食、注射毒品，具有下列情形之一的，应当依照刑法第三百五十四条的规定，以容留他人吸毒罪定罪处罚：

（一）一次容留多人吸食、注射毒品的；

（二）二年内多次容留他人吸食、注射毒品的；

（三）二年内曾因容留他人吸食、注射毒品受过行政处罚的；

（四）容留未成年人吸食、注射毒品的；

（五）以牟利为目的容留他人吸食、注射毒品的；

（六）容留他人吸食、注射毒品造成严重后果的；

（七）其他应当追究刑事责任的情形。

向他人贩卖毒品后又容留其吸食、注射毒品，或者容留他人吸食、注射毒品并向其贩卖毒品，符合前款规定的容留他人吸毒罪的定罪条件的，以贩卖毒品罪和容留他人吸毒罪数罪并罚。

容留近亲属吸食、注射毒品，情节显著轻微危害不大的，不作为犯罪处理；需要追究刑事责任的，可以酌情从宽处罚。

第十三条　依法从事生产、运输、管理、使用国家管制的麻醉药品、精神药品的人员，违反国家规定，向吸食、注射毒品的人提供国家规定管制的能够使人形成瘾癖的麻醉药品、精神药品，具有下列情形之一的，应当依照刑法第三百五十五条第一款的规定，以非法提供麻醉药品、精神药品罪定罪处罚：

（一）非法提供麻醉药品、精神药品达到刑法第三百四十七条第三款或者本解释第二条规定的“数量较大”标准最低值的百分之五十，不满“数量较大”标准的；

（二）二年内曾因非法提供麻醉药品、精神药品受过行政处罚的；

（三）向多人或者多次非法提供麻醉药品、精神药品的；

（四）向吸食、注射毒品的未成年人非法提供麻醉药品、精神药品的；

（五）非法提供麻醉药品、精神药品造成严重后果的；

（六）其他应当追究刑事责任的情形。

具有下列情形之一的，应当认定为刑法第三百五十五条第一款规定的“情节严重”：

（一）非法提供麻醉药品、精神药品达到刑法第三百四十七条第三款或者本解释第二条规定的“数量较大”标准的；

（二）非法提供麻醉药品、精神药品达到前款第一项规定的数量标准，且具有前款第三项至第五项规定的情形之一的；

（三）其他情节严重的情形。

第十四条　利用信息网络，设立用于实施传授制造毒品、非法生产制毒物品的方法，贩卖毒品，非法买卖制毒物品或者组织他人吸食、注射毒品等违法犯罪活动的网站、通讯群组，或者发布实施前述违法犯罪活动的信息，情节严重的，应当依照刑法第二百八十七条之一的规定，以非法利用信息网络罪定罪处罚。

实施刑法第二百八十七条之一、第二百八十七条之二规定的行为，同时构成贩卖毒品罪、非法买卖制毒物品罪、传授犯罪方法罪等犯罪的，依照处罚较重的规定定罪处罚。

第十五条 本解释自2016年4月11日起施行。《最高人民法院关于审理毒品案件定罪量刑标准有关问题的解释》（法释〔2000〕13号）同时废止；之前发布的司法解释和规范性文件与本解释不一致的，以本解释为准。

2. 全国部分法院审理毒品犯罪案件工作座谈会纪要（法〔2008〕324号自2008年12月1日起施行）

近年来，全国法院认真贯彻落实国家禁毒法律和政策，始终把打击毒品犯罪作为刑事审判工作的一项重要任务，依法严惩了一大批毒品犯罪分子，为净化社会环境，保护公民身心健康，维护社会和谐稳定作出了重要贡献。但是，由于国际国内各方面因素的影响，我国的禁毒形势仍然十分严峻。人民法院一定要从民族兴衰和国家安危的高度，深刻认识惩治毒品犯罪的极端重要性和紧迫性，认真贯彻执行刑法、刑事诉讼法和禁毒法的有关规定，坚持“预防为主，综合治理，禁种、禁制、禁贩、禁吸并举”的禁毒工作方针，贯彻宽严相济的刑事政策，充分发挥刑事审判职能，严厉打击严重毒品犯罪，积极参与禁毒人民战争和综合治理工作，有效遏制毒品犯罪发展蔓延的势头。

为了进一步加强毒品犯罪案件的审判工作，依法惩治毒品犯罪，最高人民法院于2008年9月23日至24日在辽宁省大连市召开了全国部分法院审理毒品犯罪案件工作座谈会。最高人民法院张军副院长出席座谈会并作讲话。座谈会在2000年在南宁市召开的“全国法院审理毒品犯罪案件工作座谈会”及其会议纪要、2004年在佛山市召开的“全国法院刑事审判工作座谈会”和2007年在南京市召开的“全国部分法院刑事审判工作座谈会”精神的基础上，根据最高人民法院统一行使死刑案件核准权后毒品犯罪法律适用出现的新情况，适应审理毒品案件尤其是毒品死刑案件的需要，对最高人民法院“关于全国法院审理毒品犯罪案件工作座谈会纪要”（即“南宁会议纪要”）、有关会议领导讲话和有关审理毒品犯罪案件规范性文件的相关内容进行了系统整理和归纳完善，同时认真总结了近年来全国法院审理毒品犯罪案件的经验，研究分析了审理毒品犯罪案件中遇到的新情况、新问题，对人民法院审理毒品犯罪案件尤其是毒品死刑案件具体应用法律的有关问题取得了共识。现纪要如下：

一、毒品案件的罪名确定和数量认定问题

刑法第三百四十七条规定的走私、贩卖、运输、制造毒品罪是选择性罪名，对同一宗毒品实施了两种以上犯罪行为并有相应确凿证据的，应当按照所实施的犯罪行为的性质并列确定罪名，毒品数量不重复计算，不实行数罪并罚。对同一宗毒品可能实施了两种以上犯罪行为，但相应证据只能认定其中一种或者几种行为，认定其他行为的证据不够确实充分的，则只按照依法能够认定的行为的性质定罪。如涉嫌为贩卖而运输毒品，认定贩卖的证据不够确实充分的，则只定运输毒品罪。对不同宗毒品分别实施了不同种犯罪行为的，应对不同行为并列确定罪名，累计毒品数量，不实行数罪并罚。对被告人一人走私、贩卖、运输、制造两种以上毒品的，不实行数罪并罚，量刑时可综合考虑毒品的种类、数量及危害，依法处理。

罪名不以行为实施的先后、毒品数量或者危害大小排列，一律以刑法条文规定的顺序表述。如对同一宗毒品制造后又走私的，以走私、制造毒品罪定罪。下级法院在判决中确定罪名不准确的，上级法院可以减少选择性罪名中的部分罪名或者改动罪名顺序，在不加重原判刑罚的情况下，也可以改变罪名，但不得增加罪名。

对于吸毒者实施的毒品犯罪，在认定犯罪事实和确定罪名时要慎重。吸毒者在购买、运输、存储毒品过程中被查获的，如没有证据证明其是为了实施贩卖等其他毒品犯罪行为，毒品数量未超过刑法第三百四十八条规定的最低数量标准的，一般不定罪处罚；查获毒品数量达到较大以上的，应以其实际实施的毒品犯罪行为定罪处罚。

对于以贩养吸的被告人，其被查获的毒品数量应认定为其犯罪的数量，但量刑时应考虑被告人吸食毒品的情节，酌情处理；被告人购买了一定数量的毒品后，部分已被其吸食的，应当按能够证明的贩卖数量及查获的毒品数量认定其贩毒的数量，已被吸食部分不计入在内。

有证据证明行为人不以牟利为目的，为他人代购仅用于吸食的毒品，毒品数量超过刑法第三百四十八条规定的最低数量标准的，对托购者、代购者应以非法持有毒品罪定罪。代购者从中牟利，变相加价贩卖毒品的，对代购者应以贩卖毒品罪定罪。明知他人实施毒品犯罪而为其居间介绍、代购代卖的，无论是否牟利，都应以相关毒品犯罪的共犯论处。

盗窃、抢夺、抢劫毒品的，应当分别以盗窃罪、抢夺罪或者抢劫罪定罪，但不计犯罪数额，根据情节轻重予以定罪量刑。盗窃、抢夺、抢劫毒品后又实施其他毒品犯罪的，对盗窃罪、抢夺罪、抢劫罪和所犯的具体毒品犯罪分别定罪，依法数罪并罚。走私毒品，又走私其他物品构成犯罪的，以走私毒品罪和其所犯的其他走私罪分别定罪，依法数罪并罚。

二、毒品犯罪的死刑适用问题

审理毒品犯罪案件，应当切实贯彻宽严相济的刑事政策，突出毒品犯罪的打击重点。必须依法严惩毒枭、职业毒犯、再犯、累犯、惯犯、主犯等主观恶性深、人身危险性大、危害严重的毒品犯罪分子，以及具有将毒品走私入境，多次、大量或者向多人贩卖，诱使多人吸毒，武装掩护、暴力抗拒检查、拘留或者逮捕，或者参与有组织的国际贩毒活动等情节的毒品犯罪分子。对其中罪行极其严重依法应当判处死刑的，必须坚决依法判处死刑。

毒品数量是毒品犯罪案件量刑的重要情节，但不是唯一情节。对被告人量刑时，特别是在考虑是否适用死刑时，应当综合考虑毒品数量、犯罪情节、危害后果、被告人的主观恶性、人身危险性以及当地禁毒形势等各种因素，做到区别对待。近期，审理毒品犯罪案件掌握的死刑数量标准，应当结合本地毒品犯罪的实际情况和依法惩治、预防毒品犯罪的需要，并参照最高人民法院复核的毒品死刑案件的典型案例，恰当把握。量刑既不能只片面考虑毒品数量，不考虑犯罪的其他情节，也不能只片面考虑其他情节，而忽视毒品数量。

对虽然已达到实际掌握的判处死刑的毒品数量标准，但是具有法定、酌定从宽处罚情节的被告人，可以不判处死刑；反之，对毒品数量接近实际掌握的判处死刑的数量标准，但具有从重处罚情节的被告人，也可以判处死刑。毒品数量达到实际掌握的死刑数量标准，既有从重处罚情节，又有从宽处罚情节的，应当综合考虑各方面因素决定刑罚，判处死刑立即执行应当慎重。

具有下列情形之一的，可以判处被告人死刑：（1）具有毒品犯罪集团首要分子、武装掩护毒品犯罪、暴力抗拒检查、拘留或者逮捕、参与有组织的国际贩毒活动等严重情节的；（2）毒品数量达到实际掌握的死刑数量标准，并具有毒品再犯、累犯，利用、教唆未成年人走私、贩卖、运输、制造毒品，或者向未成年人出售毒品等法定从重处罚情节的；（3）毒品数量达到实际掌握的死刑数量标准，并具有多次走私、贩卖、运输、制造毒品，向多人贩毒，在毒品犯罪中诱使、容留多人吸毒，在戒毒监管场所贩毒，国家工作人员利用职务便利实施毒品犯罪，或者职业犯、惯犯、主犯等情节的；（4）毒品数量达到实际掌握的死刑数量标准，并具有其他从重处罚情节的；（5）毒品数量超过实际掌握的死刑数量标准，且没有法定、酌定从轻处罚情节的。

毒品数量达到实际掌握的死刑数量标准，具有下列情形之一的，可以不判处被告人死刑立即执行：（1）具有自首、立功等法定从宽处罚情节的；（2）已查获的毒品数量未达到实际掌握的死刑数量标准，到案后坦白尚未被司法机关掌握的其他毒品犯罪，累计数量超过实际掌握的死刑数量标准的；（3）经鉴定毒品含量极低，掺假之后的数量才达到实际掌握的死刑数量标准的，或者有证据表明可能大量掺假但因故不能鉴定的；（4）因特情引诱毒品数量才达到实际掌握的死刑数量标准的；（5）以贩养吸的被告人，被查获的毒品数量刚达到实际掌握的死刑数量标准的；（6）毒品数量刚达到实际掌握的死刑数量标准，确属初次犯罪即被查获，未造成严重危害后果的；（7）共同犯罪毒品数量刚达到实际掌握的死刑数量标准，但各共同犯罪人作用相当，或者责任大小难以区分的；（8）家庭成员共同实施毒品犯罪，其中起主要作用的被告人已被判处死刑立即执行，其他被告人罪行相对较轻的；（9）其他不是必须判处死刑立即执行的。

有些毒品犯罪案件，往往由于毒品、毒资等证据已不存在，导致审查证据和认定事实困难。在处理这类案件时，只有被告人的口供与同案其他被告人供述吻合，并且完全排除诱供、逼供、串供等情形，被告人的口供与同案被告人的供述才可以作为定案的证据。仅有被告人口供与同案被告人供述作为定案证据的，对被告人判处死刑立即执行要特别慎重。

三、运输毒品罪的刑罚适用问题

对于运输毒品犯罪，要注意重点打击指使、雇佣他人运输毒品的犯罪分子和接应、接货的毒品所有者、买家或者卖家。对于运输毒品犯罪集团首要分子，组织、指使、雇佣他人运输毒品的主犯或者毒枭、职业毒犯、毒品再犯，以及具有武装掩护、暴力抗拒检查、拘留或者逮捕、参与有组织的国际毒品犯罪、以运输毒品为业、多次运输毒品或者其他严重情节的，应当按照刑法、有关司法解释和司法实践实际掌握的数量标准，从严惩处，依法应判处死刑的必须坚决判处死刑。

毒品犯罪中，单纯的运输毒品行为具有从属性、辅助性特点，且情况复杂多样。部分涉案人员系受指使、雇佣的贫民、边民或者无业人员，只是为了赚取少量运费而为他人运输毒品，他们不是毒品的所有者、买家或者卖家，与幕后的组织、指使、雇佣者相比，在整个毒品犯罪环节中处于从属、辅助和被支配地位，所起作用和主观恶性相对较小，社会危害性也相对较小。因此，对于运输毒品犯罪中的这部分人员，在量刑标准的把握上，应当与走私、贩卖、制造毒品和前述具有严重情节的运输毒品犯罪分子有所区别，不应单纯以涉案毒品数量的大小决定刑罚适用的轻重。

对有证据证明被告人确属受人指使、雇佣参与运输毒品犯罪，又系初犯、偶犯的，可以从轻处罚，即使毒品数量超过实际掌握的死刑数量标准，也可以不判处死刑立即执行。

毒品数量超过实际掌握的死刑数量标准，不能证明被告人系受人指使、雇佣参与运输毒品犯罪的，可以依法判处重刑直至死刑。

涉嫌为贩卖而自行运输毒品，由于认定贩卖毒品的证据不足，因而认定为运输毒品罪的，不同于单纯的受指使为他人运输毒品行为，其量刑标准应当与单纯的运输毒品行为有所区别。

四、制造毒品的认定与处罚问题

鉴于毒品犯罪分子制造毒品的手段复杂多样、不断翻新，采用物理方法加工、配制毒品的情况大量出现，有必要进一步准确界定制造毒品的行为、方法。制造毒品不仅包括非法用毒品原植物直接提炼和用化学方法加工、配制毒品的行为，也包括以改变毒品成分和效用为目的，用混合等物理方法加工、配制毒品的行为，如将甲基苯丙胺或者其他苯丙胺类毒品与其他毒品混合成麻古或者摇头丸。为便于隐蔽运输、销售、使用、欺骗购买者，或者为了增重，对毒品掺杂使假，添加或者去除其他非毒品物质，不属于制造毒品的行为。

已经制成毒品，达到实际掌握的死刑数量标准的，可以判处死刑；数量特别巨大的，应当判处死刑。已经制造出粗制毒品或者半成品的，以制造毒品罪的既遂论处。购进制造毒品的设备和原材料，开始着手制造毒品，但尚未制造出粗制毒品或者半成品的，以制造毒品罪的未遂论处。

五、毒品含量鉴定和混合型、新类型毒品案件处理问题

鉴于大量掺假毒品和成分复杂的新类型毒品不断出现，为做到罪刑相当、罚当其罪，保证毒品案件的审判质量，并考虑目前毒品鉴定的条件和现状，对可能判处被告人死刑的毒品犯罪案件，应当根据最高人民法院、最高人民

检察院、公安部2007年12月颁布的《办理毒品犯罪案件适用法律若干问题的意见》，作出毒品含量鉴定；对涉案毒品可能大量掺假或者系成分复杂的新类型毒品的，亦应当作出毒品含量鉴定。

对于含有二种以上毒品成分的毒品混合物，应进一步作成分鉴定，确定所含的不同毒品成分及比例。对于毒品中含有海洛因、甲基苯丙胺的，应以海洛因、甲基苯丙胺分别确定其毒品种类；不含海洛因、甲基苯丙胺的，应以其中毒性较大的毒品成分确定其毒品种类；如果毒性相当或者难以确定毒性大小的，以其中比例较大的毒品成分确定其毒品种类，并在量刑时综合考虑其他毒品成分、含量和全案所涉毒品数量。对于刑法、司法解释等已规定了量刑数量标准的毒品，按照刑法、司法解释等规定适用刑罚；对于刑法、司法解释等没有规定量刑数量标准的毒品，有条件折算为海洛因的，参照国家食品药品监督管理局制定的《非法药物折算表》，折算成海洛因的数量后适用刑罚。

对于国家管制的精神药品和麻醉药品，刑法、司法解释等尚未明确规定量刑数量标准，也不具备折算条件的，应由有关专业部门确定涉案毒品毒效的大小、有毒成分的多少、吸毒者对该毒品的依赖程度，综合考虑其致瘾癖性、戒断性、社会危害性等依法量刑。因条件限制不能确定的，可以参考涉案毒品非法交易的价格因素等，决定对被告人适用的刑罚，但一般不宜判处死刑立即执行。

六、特情介入案件的处理问题

运用特情侦破毒品案件，是依法打击毒品犯罪的有效手段。对特情介入侦破的毒品案件，要区别不同情形予以分别处理。

对已持有毒品待售或者有证据证明已准备实施大宗毒品犯罪者，采取特情贴靠、接洽而破获的案件，不存在犯罪引诱，应当依法处理。

行为人本没有实施毒品犯罪的主观意图，而是在特情诱惑和促成下形成犯意，进而实施毒品犯罪的，属于"犯意引诱"。对因"犯意引诱"实施毒品犯罪的被告人，根据罪刑相适应原则，应当依法从轻处罚，无论涉案毒品数量多大，都不应判处死刑立即执行。行为人在特情既为其安排上线，又提供下线的双重引诱，即"双套引诱"下实施毒品犯罪的，处刑时可予以更大幅度的从宽处罚或者依法免予刑事处罚。

行为人本来只有实施数量较小的毒品犯罪的故意，在特情引诱下实施了数量较大甚至达到实际掌握的死刑数量标准的毒品犯罪的，属于“数量引诱”。对因“数量引诱”实施毒品犯罪的被告人，应当依法从轻处罚，即使毒品数量超过实际掌握的死刑数量标准，一般也不判处死刑立即执行。

对不能排除“犯意引诱”和“数量引诱”的案件，在考虑是否对被告人判处死刑立即执行时，要留有余地。

对被告人受特情间接引诱实施毒品犯罪的，参照上述原则依法处理。

七、毒品案件的立功问题

共同犯罪中同案犯的基本情况，包括同案犯姓名、住址、体貌特征、联络方式等信息，属于被告人应当供述的范围。公安机关根据被告人供述抓获同案犯的，不应认定其有立功表现。被告人在公安机关抓获同案犯过程中确实起到协助作用的，例如，经被告人现场指认、辨认抓获了同案犯；被告人带领公安人员抓获了同案犯；被告人提供了不为有关机关掌握或者有关机关按照正常工作程序无法掌握的同案犯藏匿的线索，有关机关据此抓获了同案犯；被告人交代了与同案犯的联系方式，又按要求与对方联络，积极协助公安机关抓获了同案犯等，属于协助司法机关抓获同案犯，应认定为立功。

关于立功从宽处罚的把握，应以功是否足以抵罪为标准。在毒品共同犯罪案件中，毒枭、毒品犯罪集团首要分子、共同犯罪的主犯、职业毒犯、毒品惯犯等，由于掌握同案犯、从犯、马仔的犯罪情况和个人信息，被抓获后往往能协助抓捕同案犯，获得立功或者重大立功。对其是否从宽处罚以及从宽幅度的大小，应当主要看功是否足以抵罪，即应结合被告人罪行的严重程度、立功大小综合考虑。要充分注意毒品共同犯罪人以及上、下家之间的量刑平衡。对于毒枭等严重毒品犯罪分子立功的，从轻或者减轻处罚应当从严掌握。如果其罪行极其严重，只有一般立功表现，功不足以抵罪的，可不予从轻处罚；如果其检举、揭发的是其他犯罪案件中罪行同样严重的犯罪分子，或者协助抓获的是同案中的其他首要分子、主犯，功足以抵罪的，原则上可以从轻或者减轻处罚；如果协助抓获的只是同案中的从犯或者马仔，功不足以抵罪，或者从轻处罚后全案处刑明显失衡的，不予从轻处罚。相反，对于从犯、马仔立功，特别是协助抓获毒枭、首要分子、主犯的，应当从轻处罚，直至依法减轻或者免除处罚。

被告人亲属为了使被告人得到从轻处罚，检举、揭发他人犯罪或者协助司法机关抓捕其他犯罪人的，不能视为被告人立功。同监犯将本人或者他人尚未被司法机关掌握的犯罪事实告知被告人，由被告人检举揭发的，如经查证属实，虽可认定被告人立功，但是否从宽处罚、从宽幅度大小，应与通常的立功有所区别。通过非法手段或者非法途径获取他人犯罪信息，如从国家工作人员处贿买他人犯罪信息，通过律师、看守人员等非法途径获取他人犯罪信息，由被告人检举揭发的，不能认定为立功，也不能作为酌情从轻处罚情节。

八、毒品再犯问题

根据刑法第三百五十六条规定，只要因走私、贩卖、运输、制造、非法持有毒品罪被判过刑，不论是在刑罚执行完毕后，还是在缓刑、假释或者暂予监外执行期间，又犯刑法分则第六章第七节规定的犯罪的，都是毒品再犯，应当从重处罚。

因走私、贩卖、运输、制造、非法持有毒品罪被判刑的犯罪分子，在缓刑、假释或者暂予监外执行期间又犯刑法分则第六章第七节规定的犯罪的，应当在对其所犯新的毒品犯罪适用刑法第三百五十六条从重处罚的规定确定刑罚后，再依法数罪并罚。

对同时构成累犯和毒品再犯的被告人，应当同时引用刑法关于累犯和毒品再犯的条款从重处罚。

九、毒品案件的共同犯罪问题

毒品犯罪中，部分共同犯罪人未到案，如现有证据能够认定已到案被告人为共同犯罪，或者能够认定为主犯或者从犯的，应当依法认定。没有实施毒品犯罪的共同故意，仅在客观上为相互关联的毒品犯罪上下家，不构成共同犯罪，但为了诉讼便利可并案审理。审理毒品共同犯罪案件应当注意以下几个方面的问题：

一是要正确区分主犯和从犯。区分主犯和从犯，应当以各共同犯罪人在毒品共同犯罪中的地位和作用为根据。要从犯意提起、具体行为分工、出资和实际分得毒赃多少以及共犯之间相互关系等方面，比较各个共同犯罪人在共同犯罪中的地位和作用。在毒品共同犯罪中，为主出资者、毒品所有者或者起意、策划、纠集、组织、雇佣、指使他人参与犯罪以及其他起主要作用的是主犯；起次要或者辅助作用的是从犯。受雇佣、受指使实施毒品犯罪的，应根据其在犯罪中实际发挥的作用具体认定为主犯或者从犯。对于确有证据证明在共同犯罪中起次要或者辅助作用的，不能因为其他共同犯罪人未到案而不认定为从犯，甚至将其认定为主犯或者按主犯处罚。只要认定为从犯，无论主犯是否到案，均应依照刑法关于从犯的规定从轻、减轻或者免除处罚。

二是要正确认定共同犯罪案件中主犯和从犯的毒品犯罪数量。对于毒品犯罪集团的首要分子，应按集团毒品犯罪的总数量处罚；对一般共同犯罪的主犯，应按其所参与的或者组织、指挥的毒品犯罪数量处罚；对于从犯，应当按照其所参与的毒品犯罪的数量处罚。

三是要根据行为人在共同犯罪中的作用和罪责大小确定刑罚。不同案件不能简单类比，一个案件的从犯参与犯罪的毒品数量可能比另一案件的主犯参与犯罪的毒品数量大，但对这一案件从犯的处罚不是必然重于另一案件的主犯。共同犯罪中能分清主从犯的，不能因为涉案的毒品数量特别巨大，就不分主从犯而一律将被告人认定为主犯或者实际上都按主犯处罚，一律判处重刑甚至死刑。对于共同犯罪中有多个主犯或者共同犯罪人的，处罚上也应做到区别对待。应当全面考察各主犯或者共同犯罪人在共同犯罪中实际发挥作用的差别，主观恶性和人身危险性方面的差异，对罪责或者人身危险性更大的主犯或者共同犯罪人依法判处更重的刑罚。

十、主观明知的认定问题

毒品犯罪中，判断被告人对涉案毒品是否明知，不能仅凭被告人供述，而应当依据被告人实施毒品犯罪行为的过程、方式、毒品被查获时的情形等证据，结合被告人的年龄、阅历、智力等情况，进行综合分析判断。

具有下列情形之一，被告人不能做出合理解释的，可以认定其“明知”是毒品，但有证据证明确属被蒙骗的除外：（1）执法人员在口岸、机场、车站、港口和其他检查站点检查时，要求行为人申报为他人携带的物品和其他疑似毒品物，并告知其法律责任，而行为人未如实申报，在其携带的物品中查获毒品的；（2）以伪报、藏匿、伪装等蒙蔽手段，逃避海关、边防等检查，在其携带、运输、邮寄的物品中查获毒品的；（3）执法人员检查时，有逃跑、丢弃携带物品或者逃避、抗拒检查等行为，在其携带或者丢弃的物品中查获毒品的；（4）体内或者贴身隐秘处藏匿毒品的；（5）为获取不同寻常的高额、不等值报酬为他人携带、运输物品，从中查获毒品的；（6）采用高度隐蔽的方式携带、运输物品，从中查获毒品的；（7）采用高度隐蔽的方式交接物品，明显违背合法物品惯常交接方式，从中查获毒品的；（8）行程路线故意绕开检查站点，在其携带、运输的物品中查获毒品的；（9）以虚假身份或者地址办理托运手续，在其托运的物品中查获毒品的；（10）有其他证据足以认定行为人应当知道的。

十一、毒品案件的管辖问题

毒品犯罪的地域管辖，应当依照刑事诉讼法的有关规定，实行以犯罪地管辖为主、被告人居住地管辖为辅的原则。考虑到毒品犯罪的特殊性和毒品犯罪侦查体制，“犯罪地”不仅可以包括犯罪预谋地、毒资筹集地、交易进行地、运输途经地以及毒品生产地，也包括毒资、毒赃和毒品藏匿地、转移地、走私或者贩运毒品目的地等。“被告人居住地”，不仅包括被告人常住地和户籍所在地，也包括其临时居住地。

对于已进入审判程序的案件，被告人及其辩护人提出管辖异议，经审查异议成立的，或者受案法院发现没有管辖权，而案件由本院管辖更适宜的，受案法院应当报请与有管辖权的法院共同的上级法院依法指定本院管辖。

十二、特定人员参与毒品犯罪问题

近年来，一些毒品犯罪分子为了逃避打击，雇佣孕妇、哺乳期妇女、急性传染病人、残疾人或者未成年人等特定人员进行毒品犯罪活动，成为影响我国禁毒工作成效的突出问题。对利用、教唆特定人员进行毒品犯罪活动的组织、策划、指挥和教唆者，要依法严厉打击，该判处重刑直至死刑的，坚决依法判处重刑直至死刑。对于被利用、被诱骗参与毒品犯罪的特定人员，可以从宽处理。

要积极与检察机关、公安机关沟通协调，妥善解决涉及特定人员的案件管辖、强制措施、刑罚执行等问题。对因特殊情况依法不予羁押的，可以依法采取取保候审、监视居住等强制措施，并根据被告人具体情况和案情变化及时变更强制措施；对于被判处有期徒刑或者拘役的罪犯，符合刑事诉讼法第二百一十四条规定情形的，可以暂予监外执行。

十三、毒品案件财产刑的适用和执行问题

刑法对毒品犯罪规定了并处罚金或者没收财产刑，司法实践中应当依法充分适用。不仅要依法追缴被告人的违法所得及其收益，还要严格依法判处被告人罚金刑或者没收财产刑，不能因为被告人没有财产，或者其财产难以查清、难以分割或者难以执行，就不依法判处财产刑。

要采取有力措施，加大财产刑执行力度。要加强与公安机关、检察机关的协作，对毒品犯罪分子来源不明的巨额财产，依法及时采取查封、扣押、冻结等措施，防止犯罪分子及其亲属转移、隐匿、变卖或者洗钱，逃避依法追缴。要加强不同地区法院之间的相互协作配合。毒品犯罪分子的财产在异地的，第一审人民法院可以委托财产所在地人民法院代为执行。要落实和运用有关国际禁毒公约规定，充分利用国际刑警组织等渠道，最大限度地做好境外追赃工作。

3. 全国法院毒品犯罪审判工作座谈会纪要（法〔2015〕129号　自2015年5月18日起施行）

为深入学习习近平总书记等中央领导同志关于禁毒工作的重要指示批示精神，贯彻落实《中共中央国务院关于加强禁毒工作的意见》和全国禁毒工作会议精神，进一步统一思想认识，提高毒品犯罪审判工作水平，推动人民法院禁毒工作取得更大成效，最高人民法院于2014年12月11日至12日在湖北省武汉市召开了全国法院毒品犯罪审判工作座谈会。出席会议的有各省、自治区、直辖市高级人民法院、解放军军事法院和新疆维吾尔自治区高级人民法院生产建设兵团分院主管刑事审判工作的副院长、刑事审判庭庭长及部分中级人民法院主管刑事审判工作的副院长。最高人民法院副院长李少平出席会议并讲话。

会议传达学习了中央对禁毒工作的一系列重大决策部署，总结了近年来人民法院禁毒工作取得的成绩和存在的问题，分析了当前我国毒品犯罪的总体形势和主要特点，明确了继续依法从严惩处毒品犯罪的审判指导思想，研究了毒品犯罪审判中遇到的若干法律适用问题，并对当前和今后一个时期人民法院的禁毒工作作出具体安排部署。现纪要如下：

一、关于进一步加强人民法院禁毒工作的总体要求

禁毒工作关系国家安危、民族兴衰和人民福祉，厉行禁毒是党和政府的一贯立场和坚决主张。近年来，在党中央的高度重视和坚强领导下，各地区、各有关部门按照国家禁毒委员会的统一部署，深入开展禁毒人民战争，全面落实综合治理措施，有效遏制了毒品问题快速发展蔓延的势头，禁毒工作取得了阶段性成效。2014年6月，中央政治局常委会议、国务院常务会议分别听取禁毒工作专题汇报，习近平总书记、李克强总理分别对禁毒工作作出重要指示批示。中共中央、国务院首次印发了《关于加强禁毒工作的意见》，并下发了贯彻落实分工方案。国家禁毒委员会制定了《禁毒工作责任制》，并召开全国禁毒工作会议对全面加强禁毒工作作出部署。

依法审理毒品犯罪案件，积极参与禁毒工作是人民法院肩负的一项重要职责任务。长期以来，全国各级人民法院认真贯彻落实中央和国家禁毒委员会的决策部署，扎实履行刑事审判职责，坚持依法从严惩处毒品犯罪，大力加强禁毒法制建设，积极参与禁毒综合治理，各项工作均取得显著成效，为全面、深入推进禁毒工作提供了有力司法保障。同时，应当清醒地看到，受国际毒潮持续泛滥和国内多种因素影响，当前和今后一个时期，我国仍将处于毒品问题加速蔓延期、毒品犯罪高发多发期、毒品治理集中攻坚期，禁毒斗争形势严峻复杂，禁毒工作任务十分艰巨。加强禁毒工作，治理毒品问题，对深入推进平安中国、法治中国建设，维护国家长治久安，保障人民群众幸福安康，实现“两个一百年”奋斗目标和中华民族伟大复兴的中国梦，具有重要意义。各级人民法院要从维护重要战略机遇期国家安全和社会稳定的政治高度，充分认识毒品问题的严峻性、长期性和禁毒工作的艰巨性、复杂性，切实增强做好禁毒工作的责任感、使命感和紧迫感。要认真学习领会、坚决贯彻落实党中央对禁毒工作的一系列重大决策部署和全国禁毒工作会议精神，切实采取有力措施，进一步加强人民法院禁毒工作。

一是毫不动摇地坚持依法从严惩处毒品犯罪。充分发挥审判职能作用，依法运用刑罚惩治毒品犯罪，是治理毒品问题的重要手段，也是人民法院参与禁毒斗争的主要方式。面对严峻的毒品犯罪形势，各级人民法院要继续坚持依法从严惩处毒品犯罪的指导思想。要继续依法严惩走私、制造毒品和大宗贩卖毒品等源头性犯罪，严厉打击毒枭、职业毒犯、累犯、毒品再犯等主观恶性深、人身危险性大的毒品犯罪分子，该判处重刑和死刑的坚决依法判处。要加大对制毒物品犯罪、多次零包贩卖毒品、引诱、教唆、欺骗、强迫他人吸毒及非法持有毒品等犯罪的惩处力度，严惩向农村地区贩卖毒品及国家工作人员实施的毒品犯罪。要更加注重从经济上制裁毒品犯罪，依法追缴犯罪分子违法所得，充分适用罚金刑、没收财产刑并加大执行力度，依法从严惩处涉毒洗钱犯罪和为毒品犯罪提供资金的犯罪。要严厉打击因吸毒诱发的杀人、伤害、抢劫、以危险方法危害公共安全等次生犯罪。要规范和限制毒品犯罪的缓刑适用，从严把握毒品罪犯减刑条件，严格限制严重毒品罪犯假释，确保刑罚执行效果。同时，为全面发挥刑罚功能，也要贯彻好宽严相济刑事政策，突出打击重点，体现区别对待。对于罪行较轻，或者具有从犯、自首、立功、初犯等法定、酌定从宽处罚情节的毒品犯罪分子，根据罪刑相适应原则，依法给予从宽处罚，以分化瓦解毒品犯罪分子，预防和减少毒品犯罪。要牢牢把握案件质量这条生命线，既要考虑到毒品犯罪隐蔽性强、侦查取证难度大的现实情况，也要严格贯彻证据裁判原则，引导取证、举证工作围绕审判工作的要求展开，切实发挥每一级审判程序的职能作用，确保案件办理质量。对于拟判处被告人死刑的毒品犯罪案件，在证据质量上要始终坚持最高的标准和最严的要求。

二是深入推进毒品犯罪审判规范化建设。各级人民法院要结合审判工作实际，积极开展调查研究，不断总结经验，及时发现并解决审判中遇到的突出法律适用问题。各高、中级人民法院要加大审判指导力度，在做好毒品犯罪审判工作的同时，通过编发典型案例、召开工作座谈会等形式，不断提高辖区法院毒品犯罪审判工作水平。最高人民法院对于复核毒品犯罪死刑案件中发现的问题，要继续通过随案附函、集中通报、发布典型案例等形式，加强审判指导；对于毒品犯罪法律适用方面存在的突出问题，要适时制定司法解释或规范性文件，统一法律适用；对于需要与公安、检察机关共同解决的问题，要加强沟通、协调，必要时联合制发规范性文件；对于立法方面的问题，要继续提出相关立法建议，推动禁毒法律的修改完善。

三是不断完善毒品犯罪审判工作机制。各级人民法院要严格落实禁毒工作责任，按照《禁毒工作责任制》的要求和同级禁毒委员会的部署认真开展工作，将禁毒工作列入本单位整体工作规划，制定年度工作方案，抓好贯彻落实。要进一步加强专业审判机构建设，各高级人民法院要确定专门承担毒品犯罪审判指导任务的审判庭，毒品犯罪相对集中地区的高、中级人民法院可以根据当地实际和工作需要，探索确立专门承担毒品犯罪审判工作的合议庭或者审判庭。要建立健全业务学习、培训机制，通过举办业务培训班、组织交流研讨会等多种形式，不断提高毒品犯罪审判队伍专业化水平。要推动与相关职能部门建立禁毒长效合作机制，在中央层面和毒品犯罪集中地区建立公检法三机关打击毒品犯罪联席会议制度，探索建立重大毒品犯罪案件信息通报、反馈机制，提升打击毒品犯罪的合力。

四是加大参与禁毒综合治理工作力度。要充分利用有利时机集中开展禁毒宣传，最高人民法院和毒品犯罪高发地区的高级人民法院要将“6·26”国际禁毒日新闻发布会制度化，并利用网络、平面等媒体配合报道，向社会公众介绍人民法院毒品犯罪审判及禁毒综合治理工作情况，公布毒品犯罪典型案例。要加强日常禁毒法制宣传，充分利用审判资源优势，通过庭审直播、公开宣判、举办禁毒法制讲座、建立禁毒对象帮教制度、与社区、学校、团体建立禁毒协作机制等多种形式，广泛、深入地开展禁毒宣传教育活动。要突出宣传重点，紧紧围绕青少年群体和合成毒品滥用问题，有针对性地组织开展宣传教育工作，增强人民群众自觉抵制毒品的意识和能力。要延伸审判职能，针对毒品犯罪审判中发现的治安隐患和社会管理漏洞，及时向有关职能部门提出加强源头治理、强化日常管控的意见和建议，推动构建更为严密的禁毒防控体系。

二、关于毒品犯罪法律适用的若干具体问题

会议认为，2008年印发的《全国部分法院审理毒品犯罪案件工作座谈会纪要》（以下简称《大连会议纪要》）较好地解决了办理毒品犯罪案件面临的一些突出法律适用问题，其中大部分规定在当前的审判实践中仍有指导意义，应当继续参照执行。同时，随着毒品犯罪形势的发展变化，近年来出现了一些新情况、新问题，需要加以研究解决。与会代表对审判实践中反映较为突出，但《大连会议纪要》没有作出规定，或者规定不尽完善的毒品犯罪法律适用问题进行了认真研究讨论，就下列问题取得了共识。

（一）罪名认定问题

贩毒人员被抓获后，对于从其住所、车辆等处查获的毒品，一般均应认定为其贩卖的毒品。确有证据证明查获的毒品并非贩毒人员用于贩卖，其行为另构成非法持有毒品罪、窝藏毒品罪等其他犯罪的，依法定罪处罚。

吸毒者在购买、存储毒品过程中被查获，没有证据证明其是为了实施贩卖毒品等其他犯罪，毒品数量达到刑法第三百四十八条规定的最低数量标准的，以非法持有毒品罪定罪处罚。吸毒者在运输毒品过程中被查获，没有证据证明其是为了实施贩卖毒品等其他犯罪，毒品数量达到较大以上的，以运输毒品罪定罪处罚。

行为人为吸毒者代购毒品，在运输过程中被查获，没有证据证明托购者、代购者是为了实施贩卖毒品等其他犯罪，毒品数量达到较大以上的，对托购者、代购者以运输毒品罪的共犯论处。行为人为他人代购仅用于吸食的毒品，在交通、食宿等必要开销之外收取“介绍费”“劳务费”，或者以贩卖为目的收取部分毒品作为酬劳的，应视为从中牟利，属于变相加价贩卖毒品，以贩卖毒品罪定罪处罚。

购毒者接收贩毒者通过物流寄递方式交付的毒品，没有证据证明其是为了实施贩卖毒品等其他犯罪，毒品数量达到刑法第三百四十八条规定的最低数量标准的，一般以非法持有毒品罪定罪处罚。代收者明知是物流寄递的毒品而代购毒者接收，没有证据证明其与购毒者有实施贩卖、运输毒品等犯罪的共同故意，毒品数量达到刑法第三百四十八条规定的最低数量标准的，对代收者以非法持有毒品罪定罪处罚。

行为人利用信息网络贩卖毒品、在境内非法买卖用于制造毒品的原料或者配剂、传授制造毒品等犯罪的方法，构成贩卖毒品罪、非法买卖制毒物品罪、传授犯罪方法罪等犯罪的，依法定罪处罚。行为人开设网站、利用网络聊天室等组织他人共同吸毒，构成引诱、教唆、欺骗他人吸毒罪等犯罪的，依法定罪处罚。

（二）共同犯罪认定问题

办理贩卖毒品案件，应当准确认定居间介绍买卖毒品行为，并与居中倒卖毒品行为相区别。居间介绍者在毒品交易中处于中间人地位，发挥介绍联络作用，通常与交易一方构成共同犯罪，但不以牟利为要件；居中倒卖者属于毒品交易主体，与前后环节的交易对象是上下家关系，直接参与毒品交易并从中获利。居间介绍者受贩毒者委托，为其介绍联络购毒者的，与贩毒者构成贩卖毒品罪的共同犯罪；明知购毒者以贩卖为目的购买毒品，受委托为其介绍联络贩毒者的，与购毒者构成贩卖毒品罪的共同犯罪；受以吸食为目的的购毒者委托，为其介绍联络贩毒者，毒品数量达到刑法第三百四十八条规定的最低数量标准的，一般与购毒者构成非法持有毒品罪的共同犯罪；同时与贩毒者、购毒者共谋，联络促成双方交易的，通常认定与贩毒者构成贩卖毒品罪的共同犯罪。居间介绍者实施为毒品交易主体提供交易信息、介绍交易对象等帮助行为，对促成交易起次要、辅助作用的，应当认定为从犯；对于以居间介绍者的身份介入毒品交易，但在交易中超出居间介绍者的地位，对交易的发起和达成起重要作用的被告人，可以认定为主犯。

两人以上同行运输毒品的，应当从是否明知他人带有毒品，有无共同运输毒品的意思联络，有无实施配合、掩护他人运输毒品的行为等方面综合审查认定是否构成共同犯罪。受雇于同一雇主同行运输毒品，但受雇者之间没有共同犯罪故意，或者虽然明知他人受雇运输毒品，但各自的运输行为相对独立，既没有实施配合、掩护他人运输毒品的行为，又分别按照各自运输的毒品数量领取报酬的，不应认定为共同犯罪。受雇于同一雇主分段运输同一宗毒品，但受雇者之间没有犯罪共谋的，也不应认定为共同犯罪。雇用他人运输毒品的雇主，及其他对受雇者起到一定组织、指挥作用的人员，与各受雇者分别构成运输毒品罪的共同犯罪，对运输的全部毒品数量承担刑事责任。

（三）毒品数量认定问题

走私、贩卖、运输、制造、非法持有两种以上毒品的，可以将不同种类的毒品分别折算为海洛因的数量，以折算后累加的毒品总量作为量刑的根据。对于刑法、司法解释或者其他规范性文件明确规定了定罪量刑数量标准的毒品，应当按照该毒品与海洛因定罪量刑数量标准的比例进行折算后累加。对于刑法、司法解释及其他规范性文件没有规定定罪量刑数量标准，但《非法药物折算表》规定了与海洛因的折算比例的毒品，可以按照《非法药物折算表》折算为海洛因后进行累加。对于既未规定定罪量刑数量标准，又不具备折算条件的毒品，综合考虑其致瘾癖性、社会危害性、数量、纯度等因素依法量刑。在裁判文书中，应当客观表述涉案毒品的种类和数量，并综合认定为数量大、数量较大或者少量毒品等，不明确表述将不同种类毒品进行折算后累加的毒品总量。

对于未查获实物的甲基苯丙胺片剂（俗称“麻古”等）、MDMA 片剂（俗称“摇头丸”）等混合型毒品，可以根据在案证据证明的毒品粒数，参考本案或者本地区查获的同类毒品的平均重量计算出毒品数量。在裁判文书中，应当客观表述根据在案证据认定的毒品粒数。

对于有吸毒情节的贩毒人员，一般应当按照其购买的毒品数量认定其贩卖毒品的数量，量刑时酌情考虑其吸食毒品的情节；购买的毒品数量无法查明的，按照能够证明的贩卖数量及查获的毒品数量认定其贩毒数量；确有证据证明其购买的部分毒品并非用于贩卖的，不应计入其贩毒数量。

办理毒品犯罪案件，无论毒品纯度高低，一般均应将查证属实的毒品数量认定为毒品犯罪的数量，并据此确定适用的法定刑幅度，但司法解释另有规定或者为了隐蔽运输而临时改变毒品常规形态的除外。涉案毒品纯度明显低于同类毒品的正常纯度的，量刑时可以酌情考虑。

制造毒品案件中，毒品成品、半成品的数量应当全部认定为制造毒品的数量，对于无法再加工出成品、半成品的废液、废料则不应计入制造毒品的数量。对于废液、废料的认定，可以根据其毒品成分的含量、外观形态，结合被告人对制毒过程的供述等证据进行分析判断，必要时可以听取鉴定机构的意见。

（四）死刑适用问题

当前，我国毒品犯罪形势严峻，审判工作中应当继续坚持依法从严惩处毒品犯罪的指导思想，充分发挥死刑对于预防和惩治毒品犯罪的重要作用。要继续按照《大连会议纪要》的要求，突出打击重点，对罪行极其严重、依法应当判处死刑的被告人，坚决依法判处。同时，应当全面、准确贯彻宽严相济刑事政策，体现区别对待，做到罚当其罪，量刑时综合考虑毒品数量、犯罪性质、情节、危害后果、被告人的主观恶性、人身危险性及当地的禁毒形势等因素，严格审慎地决定死刑适用，确保死刑只适用于极少数罪行极其严重的犯罪分子。

1. 运输毒品犯罪的死刑适用

对于运输毒品犯罪，应当继续按照《大连会议纪要》的有关精神，重点打击运输毒品犯罪集团首要分子，组织、指使、雇用他人运输毒品的主犯或者毒枭、职业毒犯、毒品再犯，以及具有武装掩护运输毒品、以运输毒品为业、多次运输毒品等严重情节的被告人，对其中依法应当判处死刑的，坚决依法判处。

对于受人指使、雇用参与运输毒品的被告人，应当综合考虑毒品数量、犯罪次数、犯罪的主动性和独立性、在共同犯罪中的地位作用、获利程度和方式及其主观恶性、人身危险性等因素，予以区别对待，慎重适用死刑。对于有证据证明确属受人指使、雇用运输毒品，又系初犯、偶犯的被告人，即使毒品数量超过实际掌握的死刑数量标准，也可以不判处死刑；尤其对于其中被动参与犯罪，从属性、辅助性较强，获利程度较低的被告人，一般不应当判处死刑。对于不能排除受人指使、雇用初次运输毒品的被告人，毒品数量超过实际掌握的死刑数量标准，但尚不属数量巨大的，一般也可以不判处死刑。

一案中有多人受雇运输毒品的，在决定死刑适用时，除各被告人运输毒品的数量外，还应结合其具体犯罪情节、参与犯罪程度、与雇用者关系的紧密性及其主观恶性、人身危险性等因素综合考虑，同时判处二人以上死刑要特别慎重。

2. 毒品共同犯罪、上下家犯罪的死刑适用

毒品共同犯罪案件的死刑适用应当与该案的毒品数量、社会危害及被告人的犯罪情节、主观恶性、人身危险性相适应。涉案毒品数量刚超过实际掌握的死刑数量标准，依法应当适用死刑的，要尽量区分主犯间的罪责大小，一般只对其中罪责最大的一名主犯判处死刑；各共同犯罪人地位作用相当，或者罪责大小难以区分的，可以不判处被告人死刑；二名主犯的罪责均很突出，且均具有法定从重处罚情节的，也要尽可能比较其主观恶性、人身危险性方面的差异，判处二人死刑要特别慎重。涉案毒品数量达到巨大以上，二名以上主犯的罪责均很突出，或者罪责稍次的主犯具有法定、重大酌定从重处罚情节，判处二人以上死刑符合罪刑相适应原则，并有利于全案量刑平衡的，可以依法判处。

对于部分共同犯罪人未到案的案件，在案被告人与未到案共同犯罪人均属罪行极其严重，即使共同犯罪人到案也不影响对在案被告人适用死刑的，可以依法判处在案被告人死刑；在案被告人的罪行不足以判处死刑，或者共同犯罪人归案后全案只宜判处其一人死刑的，不能因为共同犯罪人未到案而对在案被告人适用死刑；在案被告人与未到案共同犯罪人的罪责大小难以准确认定，进而影响准确适用死刑的，不应对在案被告人判处死刑。

对于贩卖毒品案件中的上下家，要结合其贩毒数量、次数及对象范围，犯罪的主动性，对促成交易所发挥的作用，犯罪行为的危害后果等因素，综合考虑其主观恶性和人身危险性，慎重、稳妥地决定死刑适用。对于买卖同宗毒品的上下家，涉案毒品数量刚超过实际掌握的死刑数量标准的，一般不能同时判处死刑；上家主动联络销售毒品，积极促成毒品交易的，通常可以判处上家死刑；下家积极筹资，主动向上家约购毒品，对促成毒品交易起更大作用的，可以考虑判处下家死刑。涉案毒品数量达到巨大以上的，也要综合上述因素决定死刑适用，同时判处上下家死刑符合罪刑相适应原则，并有利于全案量刑平衡的，可以依法判处。

一案中有多名共同犯罪人、上下家针对同宗毒品实施犯罪的，可以综合运用上述毒品共同犯罪、上下家犯罪的死刑适用原则予以处理。

办理毒品犯罪案件，应当尽量将共同犯罪案件或者密切关联的上下游案件进行并案审理；因客观原因造成分案处理的，办案时应当及时了解关联案件的审理进展和处理结果，注重量刑平衡。

3. 新类型、混合型毒品犯罪的死刑适用

甲基苯丙胺片剂（俗称“麻古”等）是以甲基苯丙胺为主要毒品成分的混合型毒品，其甲基苯丙胺含量相对较低，危害性亦有所不同。为体现罚当其罪，甲基苯丙胺片剂的死刑数量标准一般可以按照甲基苯丙胺（冰毒）的2倍左右掌握，具体可以根据当地的毒品犯罪形势和涉案毒品含量等因素确定。

涉案毒品为氯胺酮（俗称“K粉”）的，结合毒品数量、犯罪性质、情节及危害后果等因素，对符合死刑适用条件的被告人可以依法判处死刑。综合考虑氯胺酮的致瘾癖性、滥用范围和危害性等因素，其死刑数量标准一般可以按照海洛因的10倍掌握。

涉案毒品为其他滥用范围和危害性相对较小的新类型、混合型毒品的，一般不宜判处被告人死刑。但对于司法解释、规范性文件明确规定了定罪量刑数量标准，且涉案毒品数量特别巨大，社会危害大，不判处死刑难以体现罚当其罪的，必要时可以判处被告人死刑。

（五）缓刑、财产刑适用及减刑、假释问题

对于毒品犯罪应当从严掌握缓刑适用条件。对于毒品再犯，一般不得适用缓刑。对于不能排除多次贩毒嫌疑的零包贩毒被告人，因认定构成贩卖毒品等犯罪的证据不足而认定为非法持有毒品罪的被告人，实施引诱、教唆、欺骗、强迫他人吸毒犯罪及制毒物品犯罪的被告人，应当严格限制缓刑适用。

办理毒品犯罪案件，应当依法追缴犯罪分子的违法所得，充分发挥财产刑的作用，切实加大对犯罪分子的经济制裁力度。对查封、扣押、冻结的涉案财物及其孳息，经查确属违法所得或者依法应当追缴的其他涉案财物的，如购毒款、供犯罪所用的本人财物、毒品犯罪所得的财物及其收益等，应当判决没收，但法律另有规定的除外。判处罚金刑时，应当结合毒品犯罪的性质、情节、危害后果及被告人的获利情况、经济状况等因素合理确定罚金数额。对于决定并处没收财产的毒品犯罪，判处被告人有期徒刑的，应当按照上述确定罚金数额的原则确定没收个人部分财产的数额；判处无期徒刑的，可以并处没收个人全部财产；判处死缓或者死刑的，应当并处没收个人全部财产。

对于具有毒枭、职业毒犯、累犯、毒品再犯等情节的毒品罪犯，应当从严掌握减刑条件，适当延长减刑起始时间、间隔时间，严格控制减刑幅度，延长实际执行刑期。对于刑法未禁止假释的前述毒品罪犯，应当严格掌握假释条件。

（六）累犯、毒品再犯问题

累犯、毒品再犯是法定从重处罚情节，即使本次毒品犯罪情节较轻，也要体现从严惩处的精神。尤其对于曾因实施严重暴力犯罪被判刑的累犯、刑满释放后短期内又实施毒品犯罪的再犯，以及在缓刑、假释、暂予监外执行期间又实施毒品犯罪的再犯，应当严格体现从重处罚。

对于因同一毒品犯罪前科同时构成累犯和毒品再犯的被告人，在裁判文书中应当同时引用刑法关于累犯和毒品再犯的条款，但在量刑时不得重复予以从重处罚。对于因不同犯罪前科同时构成累犯和毒品再犯的被告人，量刑时的从重处罚幅度一般应大于前述情形。

（七）非法贩卖麻醉药品、精神药品行为的定性问题

行为人向走私、贩卖毒品的犯罪分子或者吸食、注射毒品的人员贩卖国家规定管制的能够使人形成瘾癖的麻醉药品或者精神药品的，以贩卖毒品罪定罪处罚。

行为人出于医疗目的，违反有关药品管理的国家规定，非法贩卖上述麻醉药品或者精神药品，扰乱市场秩序，情节严重的，以非法经营罪定罪处罚。

4. 最高人民法院、最高人民检察院、公安部办理毒品犯罪案件适用法律若干问题的意见（公通字〔2007〕84号　自2007年12月18日起施行）

一、关于毒品犯罪案件的管辖问题

根据刑事诉讼法的规定，毒品犯罪案件的地域管辖，应当坚持以犯罪地管辖为主、被告人居住地管辖为辅的原则。

“犯罪地”包括犯罪预谋地，毒资筹集地，交易进行地，毒品生产地，毒资、毒赃和毒品的藏匿地、转移地，走私或者贩运毒品的目的地以及犯罪嫌疑人被抓获地等。

“被告人居住地”包括被告人常住地、户籍地及其临时居住地。

对怀孕、哺乳期妇女走私、贩卖、运输毒品案件，查获地公安机关认为移交其居住地管辖更有利于采取强制措施和查清犯罪事实的，可以报请共同的上级公安机关批准，移送犯罪嫌疑人居住地公安机关办理，查获地公安机关应继续配合。

公安机关对侦办跨区域毒品犯罪案件的管辖权有争议的，应本着有利于查清犯罪事实，有利于诉讼，有利于保障案件侦查安全的原则，认真协商解

决。经协商无法达成一致的，报共同的上级公安机关指定管辖。对即将侦查终结的跨省（自治区、直辖市）重大毒品案件，必要时可由公安部商最高人民法院和最高人民检察院指定管辖。

为保证及时结案，避免超期羁押，人民检察院对于公安机关移送审查起诉的案件，人民法院对于已进入审判程序的案件，被告人及其辩护人提出管辖异议或者办案单位发现没有管辖权的，受案人民检察院、人民法院经审可以依法报请上级人民检察院、人民法院指定管辖，不再自行移送有管辖权的人民检察院、人民法院。

二、关于毒品犯罪嫌疑人、被告人主观明知的认定问题

走私、贩卖、运输、非法持有毒品主观故意中的“明知”，是指行为人知道或者应当知道所实施的行为是走私、贩卖、运输、非法持有毒品行为。具有下列情形之一，并且犯罪嫌疑人、被告人不能做出合理解释的，可以认定其“应当知道”，但有证据证明确属被蒙骗的除外：

（一）执法人员在口岸、机场、车站、港口和其他检查站检查时，要求行为人申报为他人携带的物品和其他疑似毒品物，并告知其法律责任，而行为人未如实申报，在其所携带的物品内查获毒品的；

（二）以伪报、藏匿、伪装等蒙蔽手段逃避海关、边防等检查，在其携带、运输、邮寄的物品中查获毒品的；

（三）执法人员检查时，有逃跑、丢弃携带物品或逃避、抗拒检查等行为，在其携带或丢弃的物品中查获毒品的；

（四）体内藏匿毒品的；

（五）为获取不同寻常的高额或不等值的报酬而携带、运输毒品的；

（六）采用高度隐蔽的方式携带、运输毒品的；

（七）采用高度隐蔽的方式交接毒品，明显违背合法物品惯常交接方式的；

（八）其他有证据足以证明行为人应当知道的。

三、关于办理氯胺酮等毒品案件定罪量刑标准问题

（一）走私、贩卖、运输、制造、非法持有下列毒品，应当认定为刑法第三百四十七条第二款第（一）项、第三百四十八条规定的“其他毒品数量大”：

1. 二亚甲基双氧安非他明（MDMA）等苯丙胺类毒品（甲基苯丙胺除外）一百克以上；

2. 氯胺酮、美沙酮一千克以上；

3. 三唑仑、安眠酮五十千克以上；

4. 氯氮卓、艾司唑仑、地西泮、溴西泮五百千克以上；

5. 上述毒品以外的其他毒品数量大的。

（二）走私、贩卖、运输、制造、非法持有下列毒品，应当认定为刑法第三百四十七条第三款、第三百四十八条规定的“其他毒品数量较大”：

1. 二亚甲基双氧安非他明（MDMA）等苯丙胺类毒品（甲基苯丙胺除外）二十克以上不满一百克的；

2. 氯胺酮、美沙酮二百克以上不满一千克的；

3. 三唑仑、安眠酮十千克以上不满五十千克的；

4. 氯氮卓、艾司唑仑、地西泮、溴西泮一百千克以上不满五百千克的；

5. 上述毒品以外的其他毒品数量较大的。

（三）走私、贩卖、运输、制造下列毒品，应当认定为刑法第三百四十七条第四款规定的“其他少量毒品”：

1. 二亚甲基双氧安非他明（MDMA）等苯丙胺类毒品（甲基苯丙胺除外）不满二十克的；

2. 氯胺酮、美沙酮不满二百克的；

3. 三唑仑、安眠酮不满十千克的；

4. 氯氮卓、艾司唑仑、地西泮、溴西泮不满一百千克的；

5. 上述毒品以外的其他少量毒品的。

（四）上述毒品品种包括其盐和制剂。毒品鉴定结论中毒品品名的认定应当以国家食品药品监督管理局、公安部、卫生部最新发布的《麻醉药品品种目录》、《精神药品品种目录》为依据。

四、关于死刑案件的毒品含量鉴定问题

可能判处死刑的毒品犯罪案件，毒品鉴定结论中应有含量鉴定的结论。

5. 最高人民法院、最高人民检察院、公安部关于规范毒品名称表述若干问题的意见（法〔2014〕224 号　自 2014 年 8 月 20 日起施行）

为进一步规范毒品犯罪案件办理工作，现对毒品犯罪案件起诉意见书、起诉书、刑事判决书、刑事裁定书中的毒品名称表述问题提出如下规范意见。

一、规范毒品名称表述的基本原则

（一）毒品名称表述应当以毒品的化学名称为依据，并与刑法、司法解释及相关规范性文件中的毒品名称保持一致。刑法、司法解释等没有规定的，可以参照《麻醉药品品种目录》《精神药品品种目录》中的毒品名称进行表述。

（二）对于含有二种以上毒品成分的混合型毒品，应当根据其主要毒品成分和具体形态认定毒品种类、确定名称。混合型毒品中含有海洛因、甲基苯丙胺的，一般应当以海洛因、甲基苯丙胺确定其毒品种类；不含海洛因、甲基苯丙胺，或者海洛因、甲基苯丙胺的含量极低的，可以根据其中定罪量刑数量标准较低且所占比例较大的毒品成分确定其毒品种类。混合型毒品成分复杂的，可以用括号注明其中所含的一至二种其他毒品成分。

（三）为体现与犯罪嫌疑人、被告人供述的对应性，对于犯罪嫌疑人、被告人供述的毒品常见俗称，可以在文书中第一次表述该类毒品时用括号注明。

二、几类毒品的名称表述

（一）含甲基苯丙胺成分的毒品

1. 对于含甲基苯丙胺成分的晶体状毒品，应当统一表述为甲基苯丙胺（冰毒），在下文中再次出现时可以直接表述为甲基苯丙胺。

2. 对于以甲基苯丙胺为主要毒品成分的片剂状毒品，应当统一表述为甲基苯丙胺片剂。如果犯罪嫌疑人、被告人供述为“麻古”“麻果”或者其他俗称的，可以在文书中第一次表述该类毒品时用括号注明，如表述为甲基苯丙胺片剂（俗称“麻古”）等。

3. 对于含甲基苯丙胺成分的液体、固液混合物、粉末等，应当根据其毒品成分和具体形态进行表述，如表述为含甲基苯丙胺成分的液体、含甲基苯丙胺成分的粉末等。

（二）含氯胺酮成分的毒品

1. 对于含氯胺酮成分的粉末状毒品，应当统一表述为氯胺酮。如果犯罪嫌疑人、被告人供述为“K 粉”等俗称的，可以在文书中第一次表述该类毒品时用括号注明，如表述为氯胺酮（俗称“K 粉”）等。

2. 对于以氯胺酮为主要毒品成分的片剂状毒品，应当统一表述为氯胺酮片剂。

3. 对于含氯胺酮成分的液体、固液混合物等，应当根据其毒品成分和具体形态进行表述，如表述为含氯胺酮成分的液体、含氯胺酮成分的固液混合物等。

（三）含 MDMA 等成分的毒品

对于以 MDMA、MDA、MDEA 等致幻性苯丙胺类兴奋剂为主要毒品成分的丸状、片剂状毒品，应当根据其主要毒品成分的中文化学名称和具体形态进行表述，并在文书中第一次表述该类毒品时用括号注明下文中使用的英文缩写简称，如表述为3，4—亚甲二氧基甲基苯丙胺片剂（以下简称 MDMA 片剂）、3，4—亚甲二氧基苯丙胺片剂（以下简称 MDA 片剂）、3，4—亚甲二氧基乙基苯丙胺片剂（以下简称 MDEA 片剂）等。如果犯罪嫌疑人、被告人供述为“摇头丸”等俗称的，可以在文书中第一次表述该类毒品时用括号注明，如表述为3，4—亚甲二氧基甲基苯丙胺片剂（以下简称 MDMA 片剂，俗称“摇头丸”）等。

（四）“神仙水”类毒品

对于俗称“神仙水”的液体状毒品，应当根据其主要毒品成分和具体形态进行表述。毒品成分复杂的，可以用括号注明其中所含的一至二种其他毒品成分，如表述为含氯胺酮（咖啡因、地西泮等）成分的液体等。如果犯罪嫌疑人、被告人供述为“神仙水”等俗称的，可以在文书中第一次表述该类毒品时用括号注明，如表述为含氯胺酮（咖啡因、地西泮等）成分的液体（俗称“神仙水”）等。

（五）大麻类毒品

对于含四氢大麻酚、大麻二酚、大麻酚等天然大麻素类成分的毒品，应当根据其外形特征分别表述为大麻叶、大麻脂、大麻油或者大麻烟等。

6. 最高人民法院关于审理毒品案件定罪量刑标准有关问题的解释（法释〔2000〕13号　自2000年6月10日起施行）（本解释已失效，仅供参考）

为依法严惩毒品犯罪，根据刑法分则第六章第七节的规定，现就审理毒品案件定罪量刑标准有关问题解释如下：

第一条　走私、贩卖、运输、制造、非法持有下列毒品，应当认定为刑法第三百四十七条第二款第（一）项、第三百四十八条规定的“其他毒品数量大”：

（一）苯丙胺类毒品（甲基苯丙胺除外）一百克以上；

（二）大麻油五千克、大麻脂十千克、大麻叶及大麻烟一百五十千克以上；

（三）可卡因五十克以上；

（四）吗啡一百克以上；

（五）度冷丁（杜冷丁）二百五十克以上（针剂100mg/支规格的二千五百支以上，50mg/支规格的五千支以上；片剂25mg/片规格的一万片以上，50mg/片规格的五千片以上）；

（六）盐酸二氢埃托啡十毫克以上（针剂或者片剂20μg/支、片规格的五百支、片以上）；

（七）咖啡因二百千克以上；

（八）罂粟壳二百千克以上；

（九）上述毒品以外的其他毒品数量大的。

第二条 走私、贩卖、运输、制造、非法持有下列毒品，应当认定为刑法第三百四十七条第三款、第三百四十八条规定的“其他毒品数量较大”：

（一）苯丙胺类毒品（甲基苯丙胺除外）二十克以上不满一百克；

（二）大麻油一千克以上不满五千克，大麻脂二千克以上不满十千克，大麻叶及大麻烟三十千克以上不满一百五十千克；

（三）可卡因十克以上不满五十克；

（四）吗啡二十克以上不满一百克；

（五）度冷丁（杜冷丁）五十克以上不满二百五十克（针剂100mg/支规格的五百支以上不满二千五百支，50mg/支规格的一千支以上不满五千支；片剂25mg/片规格的二千片以上不满一万片，50mg/片规格的一千片以上不满五千片）；

（六）盐酸二氢埃托啡二毫克以上不满十毫克（针剂或者片剂20μg/支、片规格的一百支、片以上不满五百支、片）；

（七）咖啡因五十千克以上不满二百千克；

（八）罂粟壳五十千克以上不满二百千克；

（九）上述毒品以外的其他毒品数量较大的。

第三条 具有下列情形之一的，可以认定为刑法第三百四十七条第四款规定的“情节严重”：

（一）走私、贩卖、运输、制造鸦片一百四十克以上不满二百克、海洛因或者甲基苯丙胺七克以上不满十克或者其他数量相当毒品的；

（二）国家工作人员走私、制造、运输、贩卖毒品；

（三）在戒毒监管场所贩卖毒品的；

（四）向多人贩毒或者多次贩毒的；

（五）其他情节严重的行为。

第四条　违反国家规定，非法运输、携带进出境或在境内非法买卖醋酸酐、乙醚、三氯甲烷或者其他用于制造毒品的原料或者配剂达到下列数量标准的，依照刑法第三百五十条第一款的规定定罪处罚：

（一）麻黄碱、伪麻黄碱及其盐类和单方制剂五千克以上不满五十千克；麻黄浸膏、麻黄浸膏粉一百千克以上不满一千千克；

（二）醋酸酐、三氯甲烷二百千克以上不满二千千克；

（三）乙醚四百千克以上不满三千千克；

（四）上述原料或者配剂以外其他相当数量的用于制造毒品的原料或者配剂。

违反国家规定，非法运输、携带进出境或者在境内非法买卖用于制造毒品的原料或者配剂，超过前款所列数量标准的，应当认定为刑法第三百五十条第一款规定的"数量大"。

第五条　非法种植大麻五千株以上不满三万株，应当认定为刑法第三百五十一条第一款第（一）项规定的非法种植大麻"数量较大"；非法种植大麻三万株以上，应当认定为刑法第三百五十一条第二款规定的非法种植大麻"数量大"。

7. 最高人民法院研究室关于被告人对不同种毒品实施同一犯罪行为是否按比例折算成一种毒品予以累加后量刑的答复（法研〔2009〕146号　自2009年8月17日起施行）

四川省高级人民法院：

你院川高法〔2009〕390号《关于被告人对不同种毒品实施同一犯罪行为是否按比例折算成一种毒品予以累加后量刑的请示》收悉。经研究，答复如下：

根据《全国部分法院审理毒品犯罪案件工作座谈会纪要》的规定，对被告人一人走私、贩卖、运输、制造两种以上毒品的，不实行数罪并罚，量刑时可综合考虑毒品的种类、数量及危害，依法处理。故同意你院处理意见。

此复。

8. 最高人民法院、最高人民检察院、公安部关于办理走私、非法买卖麻黄碱类复方制剂等刑事案件适用法律若干问题的意见（法发〔2012〕12号 自2012年6月18日起施行）

为从源头上打击、遏制毒品犯罪，根据刑法等有关规定，结合司法实践，现就办理走私、非法买卖麻黄碱类复方制剂等刑事案件适用法律的若干问题，提出以下意见：

一、关于走私、非法买卖麻黄碱类复方制剂等行为的定性

以加工、提炼制毒物品制造毒品为目的，购买麻黄碱类复方制剂，或者运输、携带、寄递麻黄碱类复方制剂进出境的，依照刑法第三百四十七条的规定，以制造毒品罪定罪处罚。

以加工、提炼制毒物品为目的，购买麻黄碱类复方制剂，或者运输、携带、寄递麻黄碱类复方制剂进出境的，依照刑法第三百五十条第一款、第三款的规定，分别以非法买卖制毒物品罪、走私制毒物品罪定罪处罚。

将麻黄碱类复方制剂拆除包装、改变形态后进行走私或者非法买卖，或者明知是已拆除包装、改变形态的麻黄碱类复方制剂而进行走私或者非法买卖的，依照刑法第三百五十条第一款、第三款的规定，分别以走私制毒物品罪、非法买卖制毒物品罪定罪处罚。

非法买卖麻黄碱类复方制剂或者运输、携带、寄递麻黄碱类复方制剂进出境，没有证据证明系用于制造毒品或者走私、非法买卖制毒物品，或者未达到走私制毒物品罪、非法买卖制毒物品罪的定罪数量标准，构成非法经营罪、走私普通货物、物品罪等其他犯罪的，依法定罪处罚。

实施第一款、第二款规定的行为，同时构成其他犯罪的，依照处罚较重的规定定罪处罚。

二、关于利用麻黄碱类复方制剂加工、提炼制毒物品行为的定性

以制造毒品为目的，利用麻黄碱类复方制剂加工、提炼制毒物品的，依照刑法第三百四十七条的规定，以制造毒品罪定罪处罚。

以走私或者非法买卖为目的，利用麻黄碱类复方制剂加工、提炼制毒物品的，依照刑法第三百五十条第一款、第三款的规定，分别以走私制毒物品罪、非法买卖制毒物品罪定罪处罚。

三、关于共同犯罪的认定

明知他人利用麻黄碱类制毒物品制造毒品，向其提供麻黄碱类复方制剂，

为其利用麻黄碱类复方制剂加工、提炼制毒物品，或者为其获取、利用麻黄碱类复方制剂提供其他帮助的，以制造毒品罪的共犯论处。

明知他人走私或者非法买卖麻黄碱类制毒物品，向其提供麻黄碱类复方制剂，为其利用麻黄碱类复方制剂加工、提炼制毒物品，或者为其获取、利用麻黄碱类复方制剂提供其他帮助的，分别以走私制毒物品罪、非法买卖制毒物品罪的共犯论处。

四、关于犯罪预备、未遂的认定

实施本意见规定的行为，符合犯罪预备或者未遂情形的，依照法律规定处罚。

五、关于犯罪嫌疑人、被告人主观目的与明知的认定

对于本意见规定的犯罪嫌疑人、被告人的主观目的与明知，应当根据物证、书证、证人证言以及犯罪嫌疑人、被告人供述和辩解等在案证据，结合犯罪嫌疑人、被告人的行为表现，重点考虑以下因素综合予以认定：

1. 购买、销售麻黄碱类复方制剂的价格是否明显高于市场交易价格；

2. 是否采用虚假信息、隐蔽手段运输、寄递、存储麻黄碱类复方制剂；

3. 是否采用伪报、伪装、藏匿或者绕行进出境等手段逃避海关、边防等检查；

4. 提供相关帮助行为获得的报酬是否合理；

5. 此前是否实施过同类违法犯罪行为；

6. 其他相关因素。

六、关于制毒物品数量的认定

实施本意见规定的行为，以走私制毒物品罪、非法买卖制毒物品罪定罪处罚的，应当以涉案麻黄碱类复方制剂中麻黄碱类物质的含量作为涉案制毒物品的数量。

实施本意见规定的行为，以制造毒品罪定罪处罚的，应当将涉案麻黄碱类复方制剂所含的麻黄碱类物质可以制成的毒品数量作为量刑情节考虑。

多次实施本意见规定的行为未经处理的，涉案制毒物品的数量累计计算。

七、关于定罪量刑的数量标准

实施本意见规定的行为，以走私制毒物品罪、非法买卖制毒物品罪定罪处罚的，涉案麻黄碱类复方制剂所含的麻黄碱类物质应当达到以下数量标准：麻黄碱、伪麻黄碱、消旋麻黄碱及其盐类五千克以上不满五十千克；去甲麻

黄碱、甲基麻黄碱及其盐类十千克以上不满一百千克；麻黄浸膏、麻黄浸膏粉一百千克以上不满一千千克。达到上述数量标准上限的，认定为刑法第350条第1款规定的“数量大”。

实施本意见规定的行为，以制造毒品罪定罪处罚的，无论涉案麻黄碱类复方制剂所含的麻黄碱类物质数量多少，都应当追究刑事责任。

八、关于麻黄碱类复方制剂的范围

本意见所称麻黄碱类复方制剂是指含有《易制毒化学品管理条例》（国务院令第445号）品种目录所列的麻黄碱（麻黄素）、伪麻黄碱（伪麻黄素）、消旋麻黄碱（消旋麻黄素）、去甲麻黄碱（去甲麻黄素）、甲基麻黄碱（甲基麻黄素）及其盐类，或者麻黄浸膏、麻黄浸膏粉等麻黄碱类物质的药品复方制剂。

9. 最高人民法院、最高人民检察院、公安部、农业部、食品药品监管总局关于进一步加强麻黄草管理严厉打击非法买卖麻黄草等违法犯罪活动的通知（公通字〔2013〕16号　自2013年5月21日起施行）

各省、自治区、直辖市高级人民法院，人民检察院，公安厅、局，农业（农牧、畜牧）厅、局，食品药品监督管理局（药品监督管理局），解放军军事法院、军事检察院，新疆维吾尔自治区高级人民法院生产建设兵团分院，新疆生产建设兵团人民检察院、公安局、畜牧兽医局：

近年来，随着我国对麻黄碱类制毒物品及其复方制剂监管力度的不断加大，利用麻黄碱类制毒物品及其复方制剂制造冰毒的犯罪活动得到有效遏制。但是，利用麻黄草提取麻黄碱类制毒物品制造冰毒的问题日益凸显，麻黄草已成为目前国内加工制造冰毒的又一主要原料。2012年，全国共破获利用麻黄草提取麻黄碱类制毒物品制造冰毒案件46起、缴获麻黄草964.4吨，同比分别上升91.7%、115.5%。为进一步加强麻黄草管理，严厉打击非法买卖麻黄草等违法犯罪活动，根据《中华人民共和国刑法》、《国务院关于禁止采集和销售发菜制止滥挖甘草和麻黄草有关问题的通知》（国发〔2000〕13号）等相关规定，现就有关要求通知如下：

一、严格落实麻黄草采集、收购许可证制度

麻黄草的采集、收购实行严格的许可证制度，未经许可，任何单位和个人不得采集、收购麻黄草，麻黄草收购单位只能将麻黄草销售给药品生产企业。农牧主管部门要从严核发麻黄草采集证，统筹确定各地麻黄草采挖量，禁止任何单位和个人无证采挖麻黄草；严格监督采挖单位和个人凭采集证销售麻黄草；严格控制麻黄草采挖量，严禁无证或超量采挖麻黄草。食品药品监管部门要督促相关药品生产企业严格按照《药品生产质量管理规范（2010年修订）》规定，建立和完善药品质量管理体系，特别是建立麻黄草收购、产品加工和销售台账，并保存2年备查。

二、切实加强对麻黄草采挖、买卖和运输的监督检查

农牧主管部门要认真调查麻黄草资源的分布和储量，加强对麻黄草资源的监管；要严肃查处非法采挖麻黄草和伪造、倒卖、转让采集证行为，上述行为一经发现，一律按最高限处罚。食品药品监管部门要加强对药品生产、经营企业的监督检查，对违反《药品管理法》及相关规定生产、经营麻黄草及其制品的，要依法处理。公安机关要会同农牧主管等部门，加强对麻黄草运输活动的检查，在重点公路、出入省通道要部署力量进行查缉，对没有采集证或者收购证以及不能说明合法用途运输麻黄草的，一律依法扣押审查。

三、依法查处非法采挖、买卖麻黄草等犯罪行为

各地人民法院、人民检察院、公安机关要依法查处非法采挖、买卖麻黄草等犯罪行为，区别情形予以处罚：

（一）以制造毒品为目的，采挖、收购麻黄草的，依照刑法第三百四十七条的规定，以制造毒品罪定罪处罚。

（二）以提取麻黄碱类制毒物品后进行走私或者非法贩卖为目的，采挖、收购麻黄草，涉案麻黄草所含的麻黄碱类制毒物品达到相应定罪数量标准的，依照刑法第三百五十条第一款、第三款的规定，分别以走私制毒物品罪、非法买卖制毒物品罪定罪处罚。

（三）明知他人制造毒品或者走私、非法买卖制毒物品，向其提供麻黄草或者提供运输、储存麻黄草等帮助的，分别以制造毒品罪、走私制毒物品罪、非法买卖制毒物品罪的共犯论处。

（四）违反国家规定采挖、销售、收购麻黄草，没有证据证明以制造毒品或者走私、非法买卖制毒物品为目的，依照刑法第二百二十五条的规定构成犯罪的，以非法经营罪定罪处罚。

（五）实施以上行为，以制造毒品罪、走私制毒物品罪、非法买卖制毒物品罪定罪处罚的，涉案制毒物品的数量按照三百千克麻黄草折合一千克麻黄碱计算；以制造毒品罪定罪处罚的，无论涉案麻黄草数量多少，均应追究刑

事责任。

10. 最高人民法院研究室关于贩卖、运输经过取汁的罂粟壳废渣是否构成贩卖、运输毒品罪的答复（法研〔2010〕168号　自2010年9月27日起施行）

四川省高级人民法院：

你院川高法〔2010〕438号《关于被告人贩卖、运输经过取汁的罂粟壳废渣是否构成贩卖、运输毒品罪的请示》收悉。经研究，答复如下：

最高人民法院研究室认为，根据你院提供的情况，对本案被告人不宜以贩卖、运输毒品罪论处。主要考虑：（1）被告人贩卖、运输的是经过取汁的罂粟壳废渣，吗啡含量只有0.01%，含量极低，从技术和成本看，基本不可能用于提取吗啡；（2）国家对经过取汁的罂粟壳并无明文规定予以管制，实践中有关药厂也未按照管制药品对其进行相应处理；（3）无证据证明被告人购买、加工经过取汁的罂粟壳废渣是为了将其当作毒品出售，具有贩卖、运输毒品的故意。如果查明行为人有将罂粟壳废渣作为制售毒品原料予以利用的故意，可建议由公安机关予以治安处罚。

二、非法持有毒品罪

（一）法律规定

第三百四十八条　非法持有鸦片一千克以上、海洛因或者甲基苯丙胺五十克以上或者其他毒品数量大的，处七年以上有期徒刑或者无期徒刑，并处罚金；非法持有鸦片二百克以上不满一千克、海洛因或者甲基苯丙胺十克以上不满五十克或者其他毒品数量较大的，处三年以下有期徒刑、拘役或者管制，并处罚金；情节严重的，处三年以上七年以下有期徒刑，并处罚金。

（二）罪名详解

非法持有毒品罪，是指明知是鸦片、海洛因或者甲基苯丙胺或者其他毒品，而非法持有且数量较大的行为。本罪是从《全国人民代表大会常务委员会关于禁毒的决定》第3条的规定内容吸收改为刑法的具体规定的。1979年刑法没有非法持有毒品罪的规定。

非法持有毒品罪的构成要件是：

1. 主体要件

本罪的犯罪主体为一般主体。

2. 客体要件

本罪侵犯的客体是国家对毒品的管理制度和公民的健康权利。犯罪对象是毒品。毒品是违禁品，受国家严格的管理。任何单位或者个人未经国家主管部门批准，不得持有麻醉药品和精神药品。但在现实生活中，有些行为人非法持有毒品，从而使毒品有可能在社会上得以流传，危害人民健康；还有一些人为个人吸食、注射而非法持有较大数量的毒品，这不仅会严重损坏吸毒者的身体健康，而且有可能"以贩养吸"，既吸毒又贩毒，事实上这已成为一些吸毒者维持毒品来源的主要方法。因此，在对吸毒者不宜以犯罪论处的情况下，对非法持有较大数量毒品的人以犯罪论处，是很有必要的。从国际上看，联合国《1961 年麻醉品单一公约》第 36 条第 1 款第 1 项将"持有"毒品与"种植、生产、制造、贩卖、运输"毒品等行为并列，并要求各缔约国采取措施，对故意持有毒品且情节重大者处以适当的刑罚。不少国家根据这一公约的精神，通过专门立法或者修改刑法，单独规定了非法持有毒品罪。

3. 主观要件

主观方面由故意构成，即明知是毒品而非法持有。过失不构成本罪。只有在没有证据证明行为人非法持有毒品是为了实施本节其他毒品犯罪的情况下，才能认定为本罪。

4. 客观要件

客观方面表现为非法持有较大数量毒品的行为。"非法"，是指违反国家法律和主管部门的有关规定。"持有"，是指对毒品实际占有、携有、藏有或者其他方式持有毒品的行为。非法持有的毒品必须达到"数量较大"的程度，即鸦片 200 克以上、海洛因或者甲基苯丙胺 10 克以上或者其他毒品数量较大的，才构成犯罪。

（三）实务疑难问题

1. 划清本罪与其他毒品犯罪的界限

只有在非法持有毒品的人拒不说明毒品的来源，而司法机关根据已查获的证据，又不能认定非法持有较大数量的毒品是为了进行走私、贩卖、运输或者窝藏毒品犯罪的，才构成本罪。如果有证据证明行为人持有毒品是为了进行走私、贩卖、运输或者窝藏的，则应当以走私、贩卖、运输或者窝藏毒品罪论处。

根据《全国法院毒品犯罪审判工作座谈会纪要》(以下简称《武汉纪要》)的规定，贩毒人员被抓获后，对于从其住所、车辆等处查获的毒品，一般均应认定为其贩卖的毒品。确有证据证明查获的毒品并非贩毒人员用于贩卖，其行为另构成非法持有毒品罪、窝藏毒品罪等其他犯罪的，依法定罪处罚。

吸毒者在购买、存储毒品过程中被查获，没有证据证明其是为了实施贩卖毒品等其他犯罪，毒品数量达到《刑法》第348条规定的最低数量标准的，以非法持有毒品罪定罪处罚。

购毒者接收贩毒者通过物流寄递方式交付的毒品，没有证据证明其是为了实施贩卖毒品等其他犯罪，毒品数量达到《刑法》第348条规定的最低数量标准的，一般以非法持有毒品罪定罪处罚。代收者明知是物流寄递的毒品而代购毒者接收，没有证据证明其与购毒者有实施贩卖、运输毒品等犯罪的共同故意，毒品数量达到《刑法》第348条规定的最低数量标准的，对代收者以非法持有毒品罪定罪处罚。

2. 划清本罪与窝藏毒品罪的界限

从犯罪的客观表现形式上看，窝藏毒品的过程本身就是对毒品的持有过程，因为行为人窝藏毒品就必然要持有毒品。两罪的区别主要在于行为人的主观目的。从行为人的主观目的看，持有毒品的行为人如果是为了自己吸食或作其他使用而持有，应当以非法持有毒品罪论处；如果是为进行毒品犯罪的行为人窝藏毒品而持有，说明行为人持有毒品属于事先明知的行为，应当按照窝藏毒品罪处罚。但对于所窝藏的毒品本身是他人非法持有的毒品，不是走私、贩卖、运输、制造毒品的犯罪分子所有的毒品，行为人对其进行窝藏，由于毒品不是赃物，因而不构成掩饰、隐瞒犯罪所得、犯罪所得收益罪，只能以非法持有毒品罪论处。

(四) 情节与量刑

依照《刑法》第348条规定，非法持有鸦片1000克以上、海洛因或者甲基苯丙胺50克以上或者其他毒品数量大的，处7年以上有期徒刑或者无期徒刑，并处罚金；非法持有鸦片200克以上不满1000克、海洛因或者甲基苯丙胺 10 克以上不满 50 克或者其他毒品数量较大的，处 3 年以下有期徒刑、拘役或者管制，并处罚金；情节严重的，处 3 年以上 7 年以下有期徒刑，并处罚金。

根据《最高人民法院关于审理毒品犯罪案件适用法律若干问题的解释》的规定，非法持有下列毒品，应当认定为《刑法》第 348 条规定的“其他毒品数量大”：

（1）可卡因 50 克以上；（2）3，4—亚甲二氧基甲基苯丙胺（MDMA）等苯丙胺类毒品（甲基苯丙胺除外）、吗啡 100 克以上；（3）芬太尼 125 克以上；（4）甲卡西酮 200 克以上；（5）二氢埃托啡 10 毫克以上；（6）哌替啶（度冷丁）250 克以上；（7）氯胺酮 500 克以上；（8）美沙酮 1000 克以上；（9）曲马多、γ—羟丁酸 2000 克以上；（10）大麻油 5000 克、大麻脂 10 千克、大麻叶及大麻烟 150 千克以上；（11）可待因、丁丙诺啡 5000 克以上；（12）三唑仑、安眠酮 50 千克以上；（13）阿普唑仑、恰特草 100 千克以上；（14）咖啡因、罂粟壳 200 千克以上；（15）巴比妥、苯巴比妥、安钠咖、尼美西泮 250 千克以上；（16）氯氮卓、艾司唑仑、地西泮、溴西泮 500 千克以上；（17）上述毒品以外的其他毒品数量大的。

国家定点生产企业按照标准规格生产的麻醉药品或者精神药品被用于毒品犯罪的，根据药品中毒品成分的含量认定涉案毒品数量。

非法持有下列毒品，应当认定为《刑法》第 348 条规定的“其他毒品数量较大”：（1）可卡因 10 克以上不满 50 克；（2）3，4—亚甲二氧基甲基苯丙胺（MDMA）等苯丙胺类毒品（甲基苯丙胺除外）、吗啡 20 克以上不满 100 克；（3）芬太尼 25 克以上不满 125 克；（4）甲卡西酮 40 克以上不满 200 克；（5）二氢埃托啡 2 毫克以上不满 10 毫克；（6）哌替啶（度冷丁）50 克以上不满 250 克；（7）氯胺酮 100 克以上不满 500 克；（8）美沙酮 200 克以上不满 1000 克；（9）曲马多、γ—羟丁酸四百克以上不满 2000 克；（10）大麻油 1000 克以上不满 5000 克、大麻脂 2000 克以上不满 10 千克、大麻叶及大麻烟 30 千克以上不满 150 千克；（11）可待因、丁丙诺啡 1000 克以上不满 5000 克；（12）三唑仑、安眠酮 10 千克以上不满 50 千克；（13）阿普唑仑、恰特草 20 千克以上不满 100 千克；（14）咖啡因、罂粟壳 40 千克以上不满 200 千克；（15）巴比妥、苯巴比妥、安钠咖、尼美西泮 50 千克以上不满 250 千克；（16）氯氮卓、艾司唑仑、地西泮、溴西泮 100 千克以上不满 500 千克；（17）

上述毒品以外的其他毒品数量较大的。

根据《最高人民法院关于常见犯罪的量刑指导意见（二）（试行）》规定：

1. 构成非法持有毒品罪的，可以根据下列不同情形在相应的幅度内确定量刑起点：

（1）非法持有鸦片1000克、海洛因或者甲基苯丙胺50克或者其他毒品数量大的，可以在7年至9年有期徒刑幅度内确定量刑起点。依法应当判处无期徒刑的除外。

（2）非法持有毒品情节严重的，可以在3年至4年有期徒刑幅度内确定量刑起点。

（3）非法持有鸦片200克、海洛因或者甲基苯丙胺10克或者其他毒品数量较大的，可以在1年以下有期徒刑、拘役幅度内确定量刑起点。

2. 在量刑起点的基础上，可以根据毒品数量等其他影响犯罪构成的犯罪事实增加刑罚量，确定基准刑。

（五）法律链接

中华人民共和国治安管理处罚法（2005年8月28日第十届全国人民代表大会常务委员会第十七次会议通过　根据2012年10月26日第十一届全国人民代表大会常务委员会第二十九次会议《关于修改〈中华人民共和国治安管理处罚法〉的决定》修正）（节录）

第七十二条　有下列行为之一的，处十日以上十五日以下拘留，可以并处二千元以下罚款；情节较轻的，处五日以下拘留或者五百元以下罚款：

（一）非法持有鸦片不满二百克、海洛因或者甲基苯丙胺不满十克或者其他少量毒品的；

（二）向他人提供毒品的；

（三）吸食、注射毒品的；

（四）胁迫、欺骗医务人员开具麻醉药品、精神药品的。

三、包庇毒品犯罪分子罪

（一）法律规定

第三百四十九条　包庇走私、贩卖、运输、制造毒品的犯罪分子的，为犯罪分子窝藏、转移、隐瞒毒品或者犯罪所得的财物的，处三年以下有期徒刑、拘役或者管制；情节严重的，处三年以上十年以下有期徒刑。

缉毒人员或者其他国家机关工作人员掩护、包庇走私、贩卖、运输、制造毒品的犯罪分子的，依照前款的规定从重处罚。

犯前两款罪，事先通谋的，以走私、贩卖、运输、制造毒品罪的共犯论处。

（二）罪名详解

包庇毒品犯罪分子罪，是指明知是走私、贩卖、运输、制造毒品的犯罪分子，而向司法机关作假证明，掩盖其罪行，或者帮助其湮灭罪证，以使其逃避法律制裁的行为。本罪是从《全国人民代表大会常务委员会关于禁毒的决定》第4条的规定，吸收改为刑法的具体规定的。1979年刑法没有包庇毒品犯罪分子罪的规定。

包庇毒品犯罪分子罪的构成要件是：

1. 主体要件

本罪的犯罪主体为一般主体。

2. 客体要件

本罪侵犯的客体是国家对毒品的管理制度和国家的司法秩序。包庇的对象是特定的毒品犯罪分子，即走私、贩卖、运输、制造毒品的犯罪分子。

3. 主观要件

主观方面由故意构成，即明知是走私、贩卖、运输、制造毒品的犯罪分子而予以包庇。过失不构成犯罪。

4. 客观要件

客观方面表现为对走私、贩卖、运输、制造毒品的犯罪分子予以庇护的行为。

（三）实务疑难问题

划清本罪与包庇罪的界限

关键在于这两种犯罪包庇的对象不同。前者包庇的对象是特定的毒品犯罪分子，即已经实施了走私、贩卖、运输、制造毒品的犯罪行为；而后者的犯罪对象是除走私、贩卖、运输、制造毒品犯罪分子以外的其他刑事犯罪分子，包括非法持有毒品，走私、非法买卖制毒物品，非法种植毒品原植物，引诱、教唆、欺骗他人吸毒，强迫、容留他人吸毒等涉毒犯罪分子。

（四）情节与量刑

依照《刑法》第 349 条第 1 款规定，犯包庇毒品犯罪分子罪的，处 3 年以下有期徒刑、拘役或者管制；情节严重的，处 3 年以上 10 年以下有期徒刑。

依照《刑法》第 349 条第 2 款的规定，缉毒人员或者其他国家机关工作人员掩护、包庇走私、贩卖、运输、制造毒品的犯罪分子的，应当在《刑法》第 349 条第 1 款规定的法定刑幅度内，从重处罚。

依照《刑法》第 349 条第 3 款的规定，犯本罪，事先通谋的，以走私、贩卖、运输、制造毒品罪的共犯论处。

（五）法律链接

中华人民共和国禁毒法（2007 年 12 月 29 日第十届全国人民代表大会常务委员会第三十一次会议通过　自 2008 年 6 月 1 日起施行）（节录）

第六十条　有下列行为之一，构成犯罪的，依法追究刑事责任；尚不构成犯罪的，依法给予治安管理处罚：

（一）包庇走私、贩卖、运输、制造毒品的犯罪分子，以及为犯罪分子窝藏、转移、隐瞒毒品或者犯罪所得财物的；

（二）在公安机关查处毒品违法犯罪活动时为违法犯罪行为人通风报信的；

（三）阻碍依法进行毒品检查的；

（四）隐藏、转移、变卖或者损毁司法机关、行政执法机关依法扣押、查封、冻结的涉及毒品违法犯罪活动的财物的。

四、窝藏、转移、隐瞒毒品、毒赃罪

（一）法律规定

第三百四十九条第一款　包庇走私、贩卖、运输、制造毒品的犯罪分子的，为犯罪分子窝藏、转移、隐瞒毒品或者犯罪所得的财物的，处三年以下有期徒刑、拘役或者管制；情节严重的，处三年以上十年以下有期徒刑。

（二）罪名详解

窝藏、转移、隐瞒毒品、毒赃罪，是指明知是毒品或者毒品犯罪所得财物而为犯罪分子窝藏、转移、隐瞒毒品、毒赃的行为。本罪是从《全国人民代表大会常务委员会关于禁毒的决定》第 4 条的规定吸收改为刑法的具体规定的。1979 年刑法没有窝藏、转移、隐瞒毒品、毒赃罪的规定。

窝藏、转移、隐瞒毒品、毒赃罪的构成要件是：

1. 主体要件

本罪的犯罪主体为一般主体。

2. 客体要件

本罪侵犯的客体是国家对毒品的管理制度和国家的司法秩序。犯罪对象是毒品或者毒品犯罪所得的财物。

3. 主观要件

主观方面由故意构成，即明知是毒品或者毒品犯罪所得财物而予以窝藏、转移或者隐瞒。犯罪动机可能是多种多样的，但动机不影响本罪的成立。过失不构成本罪。

4. 客观要件

客观方面表现为为犯罪分子窝藏、转移、隐瞒毒品或者毒品犯罪所得财物的行为。所谓“窝藏”，是指将犯罪分子的毒品、毒赃藏在自己的住所或者其他隐蔽的场所，以逃避司法机关的追查。所谓“转移”，是指行为人将毒品犯罪分子的毒品或者犯罪所得的财物由甲处运往乙处，以抗拒司法机关对毒品或者犯罪所得的财物的追缴，帮助毒品犯罪分子逃避法律的制裁。所谓“隐瞒”，是指在司法机关询问调查有关毒品犯罪的情况时，行为人明知犯罪分子的毒品、毒赃藏在何处，但为了帮助毒品犯罪分子逃避惩罚，而有意隐瞒事情真相的行为。按照法律规定，行为人只要具有窝藏、转移、隐瞒毒品或者毒品犯罪所得财物其中一种行为，就构成本罪；具有两种或者两种以上行为的，仍为一罪，不实行数罪并罚。

（三）实务疑难问题

1. 罪与非罪的认定

行为人构成本罪，在主观上需明知所窝藏、转移、隐瞒的毒品或者财物是毒品犯罪分子的毒品、毒品犯罪所得的财物，如果行为人不知所窝藏、转移、隐瞒的毒品或者财物是毒品犯罪分子的毒品、毒品犯罪所得的财物，不能认定行为人构成窝藏、转移、隐瞒毒品、毒赃罪。在行为人不知自己为他人保存、运送、收藏、隐藏的是毒品、毒赃的情况下，不构成犯罪。

2. 划清本罪与其他罪的界限

（1）划清本罪与走私、贩卖、运输、制造毒品罪的界限

区分两罪，主要看行为人是否与构成走私、贩卖、运输、制造毒品罪的毒品犯罪分子有通谋，如果行为人与构成走私、贩卖、运输、制造毒品罪的毒品犯罪分子有通谋，窝藏、转移、隐瞒毒品、毒赃行为受走私、贩卖、运输、制造毒品的犯意支配，应认定行为人的行为构成窝藏、转移、隐瞒毒品、毒赃罪。如果行为人与构成走私、贩卖、运输、制造毒品罪的毒品犯罪分子事前没有通谋，应认定行为人不构成窝藏、转移、隐瞒毒品、毒赃罪。

（2）划清本罪与掩饰、隐瞒犯罪所得、犯罪所得收益罪的界限

两罪在主体、主观方面相同，犯罪手段也有些相似，关键在于犯罪对象不同：首先，前者为毒品或者毒品犯罪所得的财物；后者为其他犯罪（如盗窃、抢劫、诈骗等）所得的赃物。其次，客观方面的表现形式也不完全相同。后者除采取窝藏、转移赃物的手段外，还采取收购或者代为销售赃物的手段。如果行为人窝藏、转移、收购、代为销售或者以其他方法掩饰、隐瞒明知是毒品犯罪、黑社会性质的组织犯罪、恐怖活动犯罪、走私犯罪、贪污贿赂犯罪、破坏金融管理秩序犯罪、金融诈骗犯罪所得及其产生的收益，则构成《刑法》第312条规定的掩饰、隐瞒犯罪所得、犯罪所得收益罪。

（3）划清本罪与洗钱罪的界限

如果行为人通过提供资金账户，协助将财产转换为现金或者金融票据；通过转账或者其他结算方式将资金转移或者汇往境外等方法，以掩饰、隐瞒毒品犯罪的违法所得及其产生的收益的来源和性质的，则构成《刑法》第191条规定的洗钱罪。

（四）情节与量刑

依照《刑法》第349条第1款规定，犯窝藏、转移、隐瞒毒品、毒赃罪的，处3年以下有期徒刑、拘役或者管制；情节严重的，处3年以上10年以下有期徒刑。依照本条第3款规定，犯本罪，事先有通谋的，应当以走私、贩卖、运输、制造毒品罪的共犯论处。

五、非法生产、买卖、运输制毒物品、走私制毒物品罪

（一）法律规定

第三百五十条　违反国家规定，非法生产、买卖、运输醋酸酐、乙醚、三氯甲烷或者其他用于制造毒品的原料、配剂，或者携带上述物品进出境，情节较重的，处三年以下有期徒刑、拘役或者管制，并处罚金；情节严重的，处三年以上七年以下有期徒刑，并处罚金；情节特别严重的，处七年以上有期徒刑，并处罚金或者没收财产。

明知他人制造毒品而为其生产、买卖、运输前款规定的物品的，以制造毒品罪的共犯论处。

单位犯前两款罪的，对单位判处罚金，并对其直接负责的主管人员和其他直接责任人员，依照前两款的规定处罚。

（二）罪名详解

非法生产、买卖、运输制毒物品、走私制毒物品罪，是指违反国家规定，在境内非法生产、买卖、运输醋酸酐、乙醚、三氯甲烷或者其他用于制造毒品的原料、配剂，或者非法运输、携带上述物品进出国（边）境的行为。1979年刑法没有规定本罪名。1997年刑法从《全国人民代表大会常务委员会

关于禁毒的决定》第 4 条的规定，吸收改为原《刑法》第 350 条①的走私制毒物品罪和非法买卖制毒物品罪。《刑法修正案（九）》对本罪进行了两方面的修改，一是增加规定了非法生产、运输制毒物品的犯罪，二是修改了本罪的刑罚规定。将最高刑由 10 年有期徒刑提高至 15 年有期徒刑，并增加了并处没收财产的规定。因此，本罪罪名相应作了修改。

非法生产、买卖、运输制毒物品、走私制毒物品罪的构成要件是：

1. 主体要件

犯罪主体为一般主体，我国公民（包括台、港、澳同胞）、外国人、无国籍人和单位均可构成本罪的主体。

2. 客体要件

本罪侵犯的客体是国家对制毒物品的管理制度和国家对外贸易管理制度。犯罪对象为制毒物品，即醋酸酐、乙醚、三氯甲烷等用于制造毒品的原料、配剂，具体品种范围按照国家关于易制毒化学品管理的规定确定。它们是用于制造麻醉药品和精神药物的化学物品。这些化学物品既是生产、教学、科研和医疗上经常使用的物品，又是制造海洛因等毒品不可缺少的配料。因此，国家依照有关规定，对这些化学物品实行严格管理，严禁非法运输、携带出境。《联合国禁止非法贩运麻醉药品和精神药物公约》第 12 条对“经常用于非法制造麻醉药品或精神药物的物质”作了专门规定，要求缔约国采取认为适当的措施，防止在此公约中的附表一和附表二中所列的 12 种化学物品（其中包括醋酸酐和乙醚），被挪用于非法制造麻醉药品或精神药物，并应为此目的相互合作。

3. 主观要件

主观方面由故意构成，即明知是国家禁止运输、携带进出境的或者明知是国家管制的制毒物品而非法生产、买卖、运输或者携带进出境。过失不构成本罪。

按照《最高人民法院、最高人民检察院、公安部关于办理制毒物品犯罪案件适用法律若干问题的意见》（以下简称《意见》）的规定，有下列情形之

---

① 《刑法》原第 350 条第 1 款：“违反国家规定，非法运输、携带醋酸酐、乙醚、三氯甲烷或者其他用于制造毒品的原料或者配剂进出境的，或者违反国家规定，在境内非法买卖上述物品的，处三年以下有期徒刑、拘役或者管制，并处罚金；数量大的，处三年以上十年以下有期徒刑，并处罚金。”

一，且查获了易制毒化学品，结合犯罪嫌疑人、被告人的供述和其他证据，经综合审查判断，可以认定其“明知”是制毒物品而走私，但有证据证明确属被蒙骗的除外：（1）改变产品形状、包装或者使用虚假标签、商标等产品标志的；（2）以藏匿、夹带或者其他隐蔽方式运输、携带易制毒化学品逃避检查的；（3）抗拒检查或者在检查时丢弃货物逃跑的；（4）以伪报、藏匿、伪装等蒙蔽手段逃避海关、边防等检查的；（5）选择不设海关或者边防检查站的路段绕行出入境的；（6）以虚假身份、地址办理托运、邮寄手续的；（7）以其他方法隐瞒真相，逃避对易制毒化学品依法监管的。

4. 客观要件

客观方面表现为违反国家规定，在境内非法生产、买卖、运输醋酸酐、乙醚、三氯甲烷或者其他用于制造毒品的原料、配剂，或者非法运输、携带上述物品进出国（边）境的行为。

按照联合国有关公约和我国政府的有关规定，上述制毒物品不仅严禁非法运输、携带进出境，而且严禁在境内非法买卖。“非法”，是指除依照国家规定，经过法定审批手续准许在境内买卖上述制毒物品用于医药和工农业生产的原料外，都是非法买卖的行为，其中既包括经国家确定的有权买卖的单位违规、超量经营，也包括其他单位和个人未经批准进行这些制毒物品的买卖。卫生部、对外经济贸易部、公安部、海关总署为了消除境外生产毒品的化学物品来源，配合国际禁毒斗争，于1988年10月10日联合发布的《关于对三种特殊化学品实行出口准许证管理的通知》。该通知规定：醋酸酐、乙醚、三氯甲烷三种特殊化学品的出口，必须持有卫生部批准的特殊化学品出口准许证。对违反规定擅自出口和有走私违法行为的，由海关按《中华人民共和国海关法》处理，对触犯刑律的由公安部门查处并移交司法部门依法追究刑事责任。

按照《意见》的规定，违反国家规定，实施下列行为之一的，应认定为非法买卖制毒物品行为：（1）未经许可或者备案，擅自购买、销售易制毒化学品的；（2）超出许可证明或者备案证明的品种、数量范围购买、销售易制毒化学品的；（3）使用他人的或者伪造、变造、失效的许可证明或者备案证明购买、销售易制毒化学品的；（4）经营单位违反规定，向无购买许可证明、备案证明的单位、个人销售易制毒化学品的，或者明知购买者使用他人的或者伪造、变造、失效的购买许可证明、备案证明，向其销售易制毒化学品的；

（5）以其他方式非法买卖易制毒化学品的。

根据《最高人民法院关于审理毒品犯罪案件适用法律若干问题的解释》的规定，违反国家规定，非法生产、买卖、运输制毒物品、走私制毒物品，达到下列数量标准的，应当认定为刑法第350条第1款规定的“情节较重”：（1）麻黄碱（麻黄素）、伪麻黄碱（伪麻黄素）、消旋麻黄碱（消旋麻黄素）1000克以上不满5000克；（2）1—苯基—2—丙酮、1—苯基—2—溴—1—丙酮、3，4—亚甲基二氧苯基—2—丙酮、羟亚胺2000克以上不满10千克；（3）3—氧—2—苯基丁腈、邻氯苯基环戊酮、去甲麻黄碱（去甲麻黄素）、甲基麻黄碱（甲基麻黄素）4000克以上不满20千克；（4）醋酸酐10千克以上不满50千克；（5）麻黄浸膏、麻黄浸膏粉、胡椒醛、黄樟素、黄樟油、异黄樟素、麦角酸、麦角胺、麦角新碱、苯乙酸20千克以上不满100千克；（6）N—乙酰邻氨基苯酸、邻氨基苯甲酸、三氯甲烷、乙醚、哌啶50千克以上不满250千克；（7）甲苯、丙酮、甲基乙基酮、高锰酸钾、硫酸、盐酸100千克以上不满500千克；（8）其他制毒物品数量相当的。违反国家规定，非法生产、买卖、运输制毒物品、走私制毒物品，达到前款规定的数量标准最低值的50%，且具有下列情形之一的，应当认定为《刑法》第350条第1款规定的“情节较重”：（1）曾因非法生产、买卖、运输制毒物品、走私制毒物品受过刑事处罚的；（2）2年内曾因非法生产、买卖、运输制毒物品、走私制毒物品受过行政处罚的；（3）一次组织5人以上或者多次非法生产、买卖、运输制毒物品、走私制毒物品，或者在多个地点非法生产制毒物品的；（4）利用、教唆未成年人非法生产、买卖、运输制毒物品、走私制毒物品的；（5）国家工作人员非法生产、买卖、运输制毒物品、走私制毒物品的；（6）严重影响群众正常生产、生活秩序的；（7）其他情节较重的情形。

根据《最高人民法院、最高人民检察院、公安部关于办理走私、非法买卖麻黄碱类复方制剂等刑事案件适用法律若干问题的意见》（以下简称《麻黄碱类意见》）的规定，以非法买卖制毒物品、走私制毒物品罪定罪处罚的，涉案麻黄碱类复方制剂所含的麻黄碱类物质应当达到以下数量标准：麻黄碱、伪麻黄碱、消旋麻黄碱及其盐类5000克以上不满50千克；去甲麻黄碱、甲基麻黄碱及其盐类10千克以上不满100千克；麻黄浸膏、麻黄浸膏粉100千克以上不满1000千克。

根据《最高人民法院、最高人民检察院、公安部关于办理邻氯苯基环戊酮等三种制毒物品犯罪案件定罪量刑数量标准的通知》的规定，违反国家规定，非法运输、携带邻氯苯基环戊酮、1苯基2溴1丙酮或者3氧2苯基丁腈进出境，或者在境内非法买卖上述物品，达到下列数量标准的，依照《刑法》第350条第1款的规定，处3年以下有期徒刑、拘役或者管制，并处罚金：(1)邻氯苯基环戊酮20千克以上不满200千克；(2)1苯基2溴1丙酮、3氧2苯基丁腈15千克以上不满150千克。

（三）实务疑难问题

罪与非罪的认定

根据《意见》的规定，易制毒化学品生产、经营、使用单位或者个人未办理许可证明或者备案证明，购买、销售易制毒化学品，如果有证据证明确实用于合法生产、生活需要，依法能够办理只是未及时办理许可证明或者备案证明，且未造成严重社会危害的，可不以非法买卖制毒物品罪论处。

（四）情节与量刑

违反国家规定，非法运输、携带制毒物品进出境达到下列数量标准的，依照《刑法》第350条第1款的规定定罪处罚，即处3年以下有期徒刑，拘役或者管制，并处罚金：(1)1－苯基－2－丙酮5千克以上不满50千克；(2)3，4－亚甲基二氧苯基－2－丙酮、去甲麻黄素（去甲麻黄碱）、甲基麻黄素（甲基麻黄碱）、羟亚胺及其盐类10千克以上不满100千克；(3)胡椒醛、黄樟素、黄樟油、异黄樟素、麦角酸、麦角胺、麦角新碱、苯乙酸20千克以上不满200千克；(4)N乙酰邻氨基苯酸、邻氨基苯甲酸、哌啶150千克以上不满1500千克；(5)甲苯、丙酮、甲基乙基酮、高锰酸钾、硫酸、盐酸400千克以上不满4000千克；(6)其他用于制造毒品的原料或者配剂相当数量的。

按照《麻黄碱类意见》第6条的规定，实施走私、非法买卖麻黄碱类复方制剂的行为，以走私制毒物品罪、非法买卖制毒物品罪定罪处罚的，应当以涉案麻黄碱类复方制剂中麻黄碱类物质的含量作为涉案制毒物品的数量。以制造毒品罪定罪处罚的，应当将涉案麻黄碱类复方制剂所含的麻黄碱类物质可以制成的毒品数量作为量刑情节考虑。多次实施走私、非法买卖麻黄碱类复方制剂的行为未经处理的，涉案制毒物品的数量累计计算。

依照《刑法》第350条第2款的规定，行为人明知他人制造毒品而为其生产、买卖、运输制造毒品的原料、配剂的，不论是向境外人员还是向境内人员提供，都应以制造毒品罪的共犯论处。“明知”，是指行为人知道他人需要化学物品是用于制造毒品而仍向他人提供所需的化学物品。

为了走私制毒物品犯罪而采用生产、加工、提炼等方法非法制造易制毒化学品的，根据《刑法》第22条的规定，按照其制造易制毒化学品的不同目的，以走私制毒物品的预备行为论处。走私制毒物品行为同时构成其他犯罪的，依照处罚较重的规定定罪处罚。

依照《刑法》第350条第3款的规定，单位犯本罪的，实行“双罚制”，即对单位判处罚金，并对其直接负责的主管人员和其他直接责任人员，依照第1款规定的法定刑处罚。

（五）法律链接

1. 最高人民法院关于审理毒品犯罪案件适用法律若干问题的解释（法释〔2016〕8号　自2016年4月11日起施行）（节录）

第七条　违反国家规定，非法生产、买卖、运输制毒物品、走私制毒物品，达到下列数量标准的，应当认定为刑法第三百五十条第一款规定的“情节较重”：

（一）麻黄碱（麻黄素）、伪麻黄碱（伪麻黄素）、消旋麻黄碱（消旋麻黄素）一千克以上不满五千克；

（二）1-苯基-2-丙酮、1-苯基-2-溴-1-丙酮、3，4-亚甲基二氧苯基-2-丙酮、羟亚胺二千克以上不满十千克；

（三）3-氧-2-苯基丁腈、邻氯苯基环戊酮、去甲麻黄碱（去甲麻黄素）、甲基麻黄碱（甲基麻黄素）四千克以上不满二十千克；

（四）醋酸酐十千克以上不满五十千克；

（五）麻黄浸膏、麻黄浸膏粉、胡椒醛、黄樟素、黄樟油、异黄樟素、麦角酸、麦角胺、麦角新碱、苯乙酸二十千克以上不满一百千克；

（六）N-乙酰邻氨基苯酸、邻氨基苯甲酸、三氯甲烷、乙醚、哌啶五十千克以上不满二百五十千克；

（七）甲苯、丙酮、甲基乙基酮、高锰酸钾、硫酸、盐酸一百千克以上不满五百千克；

（八）其他制毒物品数量相当的。

违反国家规定，非法生产、买卖、运输制毒物品、走私制毒物品，达到前款规定的数量标准最低值的百分之五十，且具有下列情形之一的，应当认定为刑法第三百五十条第一款规定的“情节较重”：

（一）曾因非法生产、买卖、运输制毒物品、走私制毒物品受过刑事处罚的；

（二）二年内曾因非法生产、买卖、运输制毒物品、走私制毒物品受过行政处罚的；

（三）一次组织五人以上或者多次非法生产、买卖、运输制毒物品、走私制毒物品，或者在多个地点非法生产制毒物品的；

（四）利用、教唆未成年人非法生产、买卖、运输制毒物品、走私制毒物品的；

（五）国家工作人员非法生产、买卖、运输制毒物品、走私制毒物品的；

（六）严重影响群众正常生产、生活秩序的；

（七）其他情节较重的情形。

易制毒化学品生产、经营、购买、运输单位或者个人未办理许可证明或者备案证明，生产、销售、购买、运输易制毒化学品，确实用于合法生产、生活需要的，不以制毒物品犯罪论处。

第八条　违反国家规定，非法生产、买卖、运输制毒物品、走私制毒物品，具有下列情形之一的，应当认定为刑法第三百五十条第一款规定的“情节严重”：

（一）制毒物品数量在本解释第七条第一款规定的最高数量标准以上，不满最高数量标准五倍的；

（二）达到本解释第七条第一款规定的数量标准，且具有本解释第七条第二款第三项至第六项规定的情形之一的；

（三）其他情节严重的情形。

违反国家规定，非法生产、买卖、运输制毒物品、走私制毒物品，具有下列情形之一的，应当认定为刑法第三百五十条第一款规定的“情节特别严重”：

（一）制毒物品数量在本解释第七条第一款规定的最高数量标准五倍以上的；

（二）达到前款第一项规定的数量标准，且具有本解释第七条第二款第三项至第六项规定的情形之一的；

（三）其他情节特别严重的情形。

2. 最高人民法院、最高人民检察院、公安部关于办理制毒物品犯罪案件适用法律若干问题的意见（公通字〔2009〕33号　自2009年6月23日起施行）

为依法惩治走私制毒物品、非法买卖制毒物品犯罪活动，根据刑法有关规定，结合司法实践，现就办理制毒物品犯罪案件适用法律的若干问题制定如下意见：

一、关于制毒物品犯罪的认定

（一）本意见中的“制毒物品”，是指刑法第三百五十条第一款规定的醋酸酐、乙醚、三氯甲烷或者其他用于制造毒品的原料或者配剂，具体品种范围按照国家关于易制毒化学品管理的规定确定。

（二）违反国家规定，实施下列行为之一的，认定为刑法第三百五十条规定的非法买卖制毒物品行为：

1. 未经许可或者备案，擅自购买、销售易制毒化学品的；

2. 超出许可证明或者备案证明的品种、数量范围购买、销售易制毒化学品的；

3. 使用他人的或者伪造、变造、失效的许可证明或者备案证明购买、销售易制毒化学品的；

4. 经营单位违反规定，向无购买许可证明、备案证明的单位、个人销售易制毒化学品的，或者明知购买者使用他人的或者伪造、变造、失效的购买许可证明、备案证明，向其销售易制毒化学品的；

5. 以其他方式非法买卖易制毒化学品的。

（三）易制毒化学品生产、经营、使用单位或者个人未办理许可证明或者备案证明，购买、销售易制毒化学品，如果有证据证明确实用于合法生产、生活需要，依法能够办理只是未及时办理许可证明或者备案证明，且未造成严重社会危害的，可不以非法买卖制毒物品罪论处。

（四）为了制造毒品或者走私、非法买卖制毒物品犯罪而采用生产、加工、提炼等方法非法制造易制毒化学品的，根据刑法第二十二条的规定，按照其制造易制毒化学品的不同目的，分别以制造毒品、走私制毒物品、非法买卖制毒物品的预备行为论处。

（五）明知他人实施走私或者非法买卖制毒物品犯罪，而为其运输、储存、代理进出口或者以其他方式提供便利的，以走私或者非法买卖制毒物品罪的共犯论处。

（六）走私、非法买卖制毒物品行为同时构成其他犯罪的，依照处罚较重的规定定罪处罚。

二、关于制毒物品犯罪嫌疑人、被告人主观明知的认定

对于走私或者非法买卖制毒物品行为，有下列情形之一，且查获了易制毒化学品，结合犯罪嫌疑人、被告人的供述和其他证据，经综合审查判断，可以认定其“明知”是制毒物品而走私或者非法买卖，但有证据证明确属被蒙骗的除外：

1. 改变产品形状、包装或者使用虚假标签、商标等产品标志的；

2. 以藏匿、夹带或者其他隐蔽方式运输、携带易制毒化学品逃避检查的；

3. 抗拒检查或者在检查时丢弃货物逃跑的；

4. 以伪报、藏匿、伪装等蒙蔽手段逃避海关、边防等检查的；

5. 选择不设海关或者边防检查站的路段绕行出入境的；

6. 以虚假身份、地址办理托运、邮寄手续的；

7. 以其他方法隐瞒真相，逃避对易制毒化学品依法监管的。

三、关于制毒物品犯罪定罪量刑的数量标准

（一）违反国家规定，非法运输、携带制毒物品进出境或者在境内非法买卖制毒物品达到下列数量标准的，依照刑法第三百五十条第一款的规定，处三年以下有期徒刑、拘役或者管制，并处罚金：

1. 1-苯基-2-丙酮五千克以上不满五十千克；

2. 3，4-亚甲基二氧苯基-2-丙酮、去甲麻黄素（去甲麻黄碱）、甲基麻黄素（甲基麻黄碱）、羟亚胺及其盐类十千克以上不满一百千克；

3. 胡椒醛、黄樟素、黄樟油、异黄樟素、麦角酸、麦角胺、麦角新碱、苯乙酸二十千克以上不满二百千克；

4. N-乙酰邻氨基苯酸、邻氨基苯甲酸、哌啶一百五十千克以上不满一千五百千克；

5. 甲苯、丙酮、甲基乙基酮、高锰酸钾、硫酸、盐酸四百千克以上不满四千千克；

6. 其他用于制造毒品的原料或者配剂相当数量的。

（二）违反国家规定，非法买卖或者走私制毒物品，达到或者超过前款所列最高数量标准的，认定为刑法第三百五十条第一款规定的“数量大的”，处三年以上十年以下有期徒刑，并处罚金。

3. 最高人民法院、最高人民检察院、公安部关于办理邻氯苯基环戊酮等三种制毒物品犯罪案件定罪量刑数量标准的通知（公通字〔2014〕32号　自2014年9月5日起施行）

各省、自治区、直辖市高级人民法院，人民检察院，公安厅、局，解放军军事法院、军事检察院，新疆维吾尔自治区高级人民法院生产建设兵团分院，新疆生产建设兵团人民检察院、公安局：

近年来，随着制造合成毒品犯罪的迅速增长，制毒物品流入非法渠道形势严峻。利用邻氯苯基环戊酮合成羟亚胺进而制造氯胺酮，利用1-苯基-2-溴-1-丙酮（又名溴代苯丙酮、2-溴代苯丙酮、α-溴代苯丙酮等）合成麻黄素和利用3-氧-2-苯基丁腈（又名α-氰基苯丙酮、α-苯乙酰基乙腈、2-苯乙酰基乙腈等）合成1-苯基-2-丙酮进而制造甲基苯丙胺（冰毒）等犯罪尤为突出。2012年9月和2014年5月，国务院先后将邻氯苯基环戊酮、1-苯基-2-溴-1-丙酮和3-氧-2-苯基丁腈增列为第一类易制毒化学品管制。为遏制上述物品流入非法渠道被用于制造毒品，根据刑法和《最高人民法院关于审理毒品案件定罪量刑标准有关问题的解释》《最高人民法院、最高人民检察院、公安部关于办理制毒物品犯罪案件适用法律若干问题的意见》等相关规定，现就办理上述三种制毒物品犯罪案件的定罪量刑数量标准通知如下：

一、违反国家规定，非法运输、携带邻氯苯基环戊酮、1-苯基-2-溴-1-丙酮或者3-氧-2-苯基丁腈进出境，或者在境内非法买卖上述物品，达到下列数量标准的，依照刑法第三百五十条第一款的规定，处三年以下有期徒刑、拘役或者管制，并处罚金：

（一）邻氯苯基环戊酮二十千克以上不满二百千克；

（二）1-苯基-2-溴-1-丙酮、3-氧-2-苯基丁腈十五千克以上不满一百五十千克。

二、违反国家规定，实施上述行为，达到或者超过第一条所列最高数量标准的，应当认定为刑法第三百五十条第一款规定的“数量大”，处三年以上十年以下有期徒刑，并处罚金。

4. **易制毒化学品管理条例**（2005 年 8 月 26 日中华人民共和国国务院令第 445 号公布　根据 2014 年 7 月 29 日《国务院关于修改部分行政法规的决定》第一次修正　根据 2016 年 2 月 6 日《国务院关于修改部分行政法规的决定》第二次修正　根据 2018 年 9 月 18 日《国务院关于修改部分行政法规的决定》第三次修正）（节录）

第二条　国家对易制毒化学品的生产、经营、购买、运输和进口、出口实行分类管理和许可制度。

易制毒化学品分为三类。第一类是可以用于制毒的主要原料，第二类、第三类是可以用于制毒的化学配剂。易制毒化学品的具体分类和品种，由本条例附表列示。

易制毒化学品的分类和品种需要调整的，由国务院公安部门会同国务院食品药品监督管理部门、安全生产监督管理部门、商务主管部门、卫生主管部门和海关总署提出方案，报国务院批准。

省、自治区、直辖市人民政府认为有必要在本行政区域内调整分类或者增加本条例规定以外的品种的，应当向国务院公安部门提出，由国务院公安部门会同国务院有关行政主管部门提出方案，报国务院批准。

附表：

易制毒化学品的分类和品种目录

第一类

1. 1-苯基-2-丙酮

2. 3，4-亚甲基二氧苯基-2-丙酮

3. 胡椒醛

4. 黄樟素

5. 黄樟油

6. 异黄樟素

7. N-乙酰邻氨基苯酸

8. 邻氨基苯甲酸

9. 麦角酸*

10. 麦角胺*

11. 麦角新碱*

12. 麻黄素、伪麻黄素、消旋麻黄素、去甲麻黄素、甲基麻黄素、麻黄浸

膏、麻黄浸膏粉等麻黄素类物质*

第二类

1. 苯乙酸

2. 醋酸酐

3. 三氯甲烷

4. 乙醚

5. 哌啶

第三类

1. 甲苯

2. 丙酮

3. 甲基乙基酮

4. 高锰酸钾

5. 硫酸

6. 盐酸

说明：

一、第一类、第二类所列物质可能存在的盐类，也纳入管制。

二、带有*标记的品种为第一类中的药品类易制毒化学品，第一类中的药品类易制毒化学品包括原料药及其单方制剂。

5. 国务院办公厅关于同意将N-苯乙基-4-哌啶酮、4-苯胺基-N-苯乙基哌啶、N-甲基-1-苯基-1-氯-2-丙胺、溴素、1-苯基-1-丙酮列入易制毒化学品品种目录的函（国办函〔2017〕120号　自2017年11月6日起施行）

公安部、商务部、卫生计生委、海关总署、安全监管总局、食品药品监管总局：

根据《易制毒化学品管理条例》第二条的规定，国务院同意在《易制毒化学品管理条例》附表《易制毒化学品的分类和品种目录》中增列N-苯乙基-4-哌啶酮、4-苯胺基-N-苯乙基哌啶、N-甲基-1-苯基-1-氯-2-丙胺为第一类易制毒化学品，增列溴素、1-苯基-1-丙酮为第二类易制毒化学品。

六、非法种植毒品原植物罪

（一）法律规定

第三百五十一条　非法种植罂粟、大麻等毒品原植物的，一律强制铲除。有下列情形之一的，处五年以下有期徒刑、拘役或者管制，并处罚金：

（一）种植罂粟五百株以上不满三千株或者其他毒品原植物数量较大的；

（二）经公安机关处理后又种植的；

（三）抗拒铲除的。

非法种植罂粟三千株以上或者其他毒品原植物数量大的，处五年以上有期徒刑，并处罚金或者没收财产。

非法种植罂粟或者其他毒品原植物，在收获前自动铲除的，可以免除处罚。

（二）罪名详解

非法种植毒品原植物罪，是指明知是罂粟、大麻等毒品原植物而非法种植且数量较大，或者经公安机关处理后又种植，或者抗拒铲除的行为。本罪是从《全国人民代表大会常务委员会关于禁毒的决定》第6条的规定，吸收改为刑法的具体规定的。1979年刑法没有种植毒品原植物罪的规定。

非法种植毒品原植物罪的构成要件是：

1. 主体要件

本罪的犯罪主体为一般主体。

2. 客体要件

本罪侵犯的客体是国家对毒品原植物的管理制度。犯罪对象是毒品原植物。“毒品原植物”，是指能从中加工、提炼出毒品的原植物，如罂粟、大麻、古柯树等。毒品的原植物是毒品的主要来源。如罂粟的果实是生产鸦片、海洛因的原料。多数毒品特别是一些烈性毒品就是从毒品原植物中提炼或者加工制成的。所以，从某种意义上讲，种植毒品原植物是其他毒品犯罪的基础。

要惩治毒品犯罪，必须首先惩治种植毒品原植物的犯罪。当今世界上许多国家和地区的法律，都把非法种植罂粟、大麻等毒品原植物的行为规定为犯罪。过去，在我国种植毒品原植物只作为违法行为处理。近些年来，在国际毒品渗透的诱惑下，一些地方主要在我国西南、西北边远地区、偏僻农村，非法种植罂粟等毒品原植物的行为有所增加。依法惩治此类犯罪行为是十分必要的。

3. 主观要件

主观方面由故意构成，即明知是毒品原植物而非法种植，并且一般具有营利的目的，但法律没有作出明确规定。所以，无论行为人的目的是否为了营利，都不影响本罪的成立。

4. 客观要件

客观方面表现为违反国家有关规定，非法种植毒品原植物数量较大，或者经公安机关处理后又种植，或者抗拒铲除毒品原植物的行为。“种植”，是指播种、插栽、施肥、灌溉、割收津液和种子等行为。种植毒品原植物的行为必须是非法的。根据医疗、教学、科研的需要，卫生行政主管部门依照法律、行政法规的规定，可以指定特定的地方种植限定数量的毒品原植物，以生产麻醉药品。这种种植毒品原植物的行为是合法的，受法律保护。非法种植毒品原植物的行为还必须达到“数量较大”的程度，才构成犯罪；数量较小的，不构成犯罪，可由公安机关给予治安处罚。按照法律规定，种植罂粟500株为“数量较大”的起点。这是因为500株罂粟的果实一般可提炼100克鸦片，对社会造成的危害较大。“经公安机关处理后又种植”，是指行为人曾经种植毒品原植物，经公安机关发现强制铲除或者予以行政处罚后，仍不悔改，又非法种植毒品原植物，即使种植数量不大，也应以非法种植毒品原植物罪定罪处罚。“抗拒铲除”，是指行为人非法种植毒品原植物被公安机关发现后予以铲除或者强制其铲除而以暴力相对抗，拒绝铲除。即使种植数量不大，也应以非法种植毒品原植物罪定罪处罚。至于行为人种植毒品原植物后是否收割到鸦片，是自己种植还是雇用他人种植，不影响本罪的成立。

（三）实务疑难问题

以暴力方法抗拒铲除毒品原植物的罪数认定

对没有参与种植，但参与了抗拒铲除毒品原植物活动且抗拒方法是暴力或胁迫的，由于行为人缺乏构成非法种植毒品原植物罪的基本要件——种植毒品原植物的行为，同时也不具备抗拒铲除必须是种植者本人的条件，对其不能以非法种植毒品原植物罪论处，而应定妨害公务罪。因抗拒铲除而造成他人重伤、死亡的是妨害公务罪与故意伤害罪或者故意杀人罪想象竞合，应按重罪吸收轻罪的原则，以故意重伤罪或者故意杀人罪论处。

如果行为人实施了非法种植毒品原植物行为，为抗拒执法，而实施抗拒铲除行为的，未致人重伤、死亡的，仍按非法种植毒品原植物罪处罚。如果致人重伤、死亡的，种植数量未达到规定标准的或者不具有经公安机关处理后又种植的情形，则按照故意伤害罪或故意杀人罪定罪处罚；如果达到规定数量或者具有经公安机关处理后又种植的情形，则应当以故意伤害罪或故意杀人罪与非法种植毒品原植物罪数罪并罚。

（四）情节与量刑

依照《刑法》第 351 条规定，非法种植罂粟、大麻等毒品原植物的，一律强制铲除。有下列情形之一的，处 5 年以下有期徒刑、拘役或者管制，并处罚金：（1）种植罂粟 500 株以上不满 3000 株或者其他毒品原植物数量较大的；（2）经公安机关处理后又种植的；（3）抗拒铲除的。

非法种植罂粟 3000 株以上或者其他毒品原植物数量较大的，处 5 年以上有期徒刑，并处罚金或者没收财产。

非法种植罂粟或者其他毒品原植物，在收获前自动铲除的，可以免除处罚。

按照《 最高人民法院关于审理毒品犯罪案件适用法律若干问题的解释》第 9 条规定，非法种植大麻 5000 株以上不满 3 万株以及非法种植罂粟 200 平方米以上不满 1200 平方米、大麻 2000 平方米以上不满 1 万 2000 平方米，尚未出苗的，应当认定为《刑法》第 351 条第 1 款第 1 项规定的“数量较大”，处 5 年以下有期徒刑、拘役或者管制，并处罚金；非法种植毒品原植物，达到前款规定的最高数量标准的，应当认定为刑法第 351 条第 2 款规定的“数量大”，处 5 年以上有期徒刑，并处罚金或者没收财产。

具有经公安机关处理后又种植或者抗拒铲除情节的，非法种植罂粟即使不满 500 株或者其他毒品原植物数量较小的，也应按《刑法》第 351 条的规定追究行为人的刑事责任。

非法种植毒品原植物数量较大，又以其为原料制造加工提炼成鸦片等毒品的，则应当按照重罪吸收轻罪的原则，以制造毒品罪，从重处罚。

（五）法律链接

1. **最高人民法院关于审理毒品犯罪案件适用法律若干问题的解释**（法释〔2016〕8号　自2016年4月11日起施行）（节录）

第九条　非法种植毒品原植物，具有下列情形之一的，应当认定为刑法第三百五十一条第一款第一项规定的“数量较大”：

（一）非法种植大麻五千株以上不满三万株的；

（二）非法种植罂粟二百平方米以上不满一千二百平方米、大麻二千平方米以上不满一万二千平方米，尚未出苗的；

（三）非法种植其他毒品原植物数量较大的。

非法种植毒品原植物，达到前款规定的最高数量标准的，应当认定为刑法第三百五十一条第二款规定的“数量大”。

2. **中华人民共和国治安管理处罚法**（2005年8月28日第十届全国人民代表大会常务委员会第十七次会议通过　根据2012年10月26日第十一届全国人民代表大会常务委员会第二十九次会议《关于修改〈中华人民共和国治安管理处罚法〉的决定》修正）（节录）

第七十一条　有下列行为之一的，处十日以上十五日以下拘留，可以并处三千元以下罚款；情节较轻的，处五日以下拘留或者五百元以下罚款：

（一）非法种植罂粟不满五百株或者其他少量毒品原植物的；

（二）非法买卖、运输、携带、持有少量未经灭活的罂粟等毒品原植物种子或者幼苗的；

（三）非法运输、买卖、储存、使用少量罂粟壳的。

有前款第一项行为，在成熟前自行铲除的，不予处罚。

七、非法买卖、运输、携带、持有毒品原植物种子、幼苗罪

（一）法律规定

第三百五十二条　非法买卖、运输、携带、持有未经灭活的罂

粟等毒品原植物种子或者幼苗，数量较大的，处三年以下有期徒刑、拘役或者管制，并处或者单处罚金。

（二）罪名详解

非法买卖、运输、携带、持有毒品原植物种子、幼苗罪，是指违反国家有关规定，非法买卖、运输、携带、持有未经灭活的罂粟等毒品原植物种子或者幼苗，数量较大的行为。本罪是1997年刑法增设的罪名，1979年刑法和《全国人民代表大会常务委员会关于禁毒的决定》均没有规定此罪名。

非法买卖、运输、携带、持有毒品原植物种子、幼苗罪的构成要件是：

1. 主体要件

本罪的犯罪主体为一般主体，自然人和单位均可构成本罪的主体。

2. 客体要件

本罪侵犯的客体是国家对毒品原植物种子及其幼苗的管理制度。犯罪对象是未经灭活的罂粟等毒品原植物种子和幼苗。禁绝毒品必须堵住源头，要禁止非法种植罂粟等毒品原植物，就必须严格禁止非法买卖、运输、携带、持有未经灭活的毒品原植物种子或者幼苗的行为。

3. 主观要件

主观方面由故意构成，一般具有牟利的目的，但法律并未规定以牟利为目的是构成本罪在主观方面必须具备的要件，以利于惩处具有各种不同目的非法买卖、运输、携带、持有未经灭活的毒品原植物种子或者幼苗的行为。

4. 客观要件

客观方面表现为违反国家有关规定，非法买卖、运输、携带、持有未经灭活的罂粟等毒品原植物种子或者幼苗的行为。“非法买卖”，是指以金钱或者实物作价，非法购买或者出售未经灭活的毒品原植物种子或者幼苗。“非法运输”，是指将未经灭活的毒品原植物种子或者幼苗在国内或者在国（边）境非法运输。“非法携带”，是指违反国家有关规定，随身携带未经灭活的毒品原植物种子或者幼苗。“非法持有”，是指违反国家有关规定，私藏未经灭活的毒品原植物种子或者幼苗。“未经灭活的罂粟等毒品原植物种子”，是指没有经过物理、化学等方法杀灭植物生长细胞，还能继续繁殖、发芽的罂粟等毒品原植物种子。《联合国禁止非法贩运麻醉药品和精神药物公约》规定，对罂粟籽严格加以管制。按照法律规定，行为人只要具有非法买卖、运输、携带、持有未经灭活的毒品原植物种子或者幼苗其中一种行为，就构成本罪；具有两种或者两种以上行为的，仍为一罪，不实行并罚。按照法律规定，非法买卖、运输、携带、持有未经灭活的罂粟等毒品原植物种子或者幼苗的行为，必须是数量较大的，才构成犯罪。

（三）情节与量刑

依照《刑法》第352条规定，犯非法买卖、运输、携带、持有毒品原植物种子、幼苗罪的，处3年以下有期徒刑、拘役或者管制，并处或者单处罚金。

（四）法律链接

最高人民法院关于审理毒品犯罪案件适用法律若干问题的解释（法释〔2016〕8号　自2016年4月11日起施行）（节录）

第十条　非法买卖、运输、携带、持有未经灭活的毒品原植物种子或者幼苗，具有下列情形之一的，应当认定为刑法第三百五十二条规定的“数量较大”：

（一）罂粟种子五十克以上、罂粟幼苗五千株以上的；

（二）大麻种子五十千克以上、大麻幼苗五万株以上的；

（三）其他毒品原植物种子或者幼苗数量较大的。

八、引诱、教唆、欺骗他人吸毒罪

（一）法律规定

第三百五十三条第一款　引诱、教唆、欺骗他人吸食、注射毒品的，处三年以下有期徒刑、拘役或者管制，并处罚金；情节严重的，处三年以上七年以下有期徒刑，并处罚金。

（二）罪名详解

引诱、教唆、欺骗他人吸毒罪，是指以引诱、教唆、欺骗的方法，促使他人吸食、注射毒品的行为。本罪是从《全国人民代表大会常务委员会关于禁毒的决定》第7条的规定，吸收改为刑法的具体规定的。1979年刑法没有引诱、教唆、欺骗他人吸毒罪的规定。

引诱、教唆、欺骗他人吸毒罪的构成要件是：

1. 主体要件

本罪的犯罪主体为一般主体。

2. 客体要件

本罪侵犯的客体是国家对毒品的管理制度和公民的健康权利。犯罪对象是从未吸食、注射过毒品的人，或者曾吸食、注射过毒品但已戒除的人。吸食、注射毒品，损害人体健康，给社会、家庭带来一系列问题，并且诱发其他犯罪的发生，必须予以禁绝。在目前吸毒者当中，有些人就是由于受他人的引诱、教唆、欺骗而成为“瘾君子”的，其中相当一部分是青少年。要禁绝吸毒，就必须对引诱、教唆、欺骗他人吸毒的行为予以严厉打击。《联合国禁止非法贩运麻醉药品和精神药物公约》规定，各缔约国应采取可能的必要的措施，将以任何手段公开鼓吹或引诱他人去犯按照本条约确定的任何罪行或非法使用麻醉药品或精神药物的行为，确定为国内法中的刑事犯罪。参照这一规定，《全国人民代表大会常务委员会关于禁毒的决定》将引诱、教唆、欺骗他人吸食、注射毒品的行为规定为犯罪。

3. 主观要件

主观方面由故意构成，即有意使他人吸食和注射毒品。引诱、教唆、欺骗他人吸毒的动机各种各样：有的为贩毒而鼓动他人吸毒；有的为达到控制他人的目的；有的则是给政府查禁毒品的工作设置障碍，等等。但动机不影响本罪的成立。

4. 客观要件

客观方面表现为引诱、教唆、欺骗他人吸食、注射毒品的行为。“引诱”，是指以金钱、物质或者含有毒品的物品让他人吸食（如将毒品掺入香烟中给他人吸食），或者以向他人进行鼓动等方法，勾引、诱使、拉拢本无吸毒意愿的人吸食、注射毒品的行为。“教唆”，是指以宣扬吸毒后的“体验”、示范吸毒方法和劝说、授意、怂恿等其他方法，故意唆使他人产生吸毒的意图并进而吸食、注射毒品的行为。教唆的方法可以是口头的、书面的，也可以是示意性的动作。“欺骗”，是指用隐瞒事情真相或者制造假象等方法，使他人吸食、注射毒品的行为。如暗地里在药品中掺入毒品，供他人吸食或者使用，使其不知不觉地染上毒瘾。行为人只要实施了引诱、教唆、欺骗其中一种行为，就构成本罪。实施两种以上行为的，可以作为选择性罪名，按一罪处罚，不实行并罚。至于被引诱、教唆、欺骗的人吸食、注射毒品后是否成瘾，不影响本罪的成立。

（三）实务疑难问题

罪与非罪的认定

引诱、教唆、欺骗他人吸毒罪在主观方面要求行为人必须具有故意。因此，对于那些明显具有过失行为或因无意识行为引起他人吸毒的行为一般不以犯罪论处，如偶尔向他人谈起吸食毒品的快感，在某种场合对此津津乐道等，只要不是有意识地促使他人吸毒，都不能认为是犯罪。对于只是自己吸食、注射毒品，客观上对他人产生不良影响，结果引起了他人吸食、注射毒品的欲望和行动，不能以引诱、教唆、欺骗他人吸食、注射毒品罪定。

对于实践中遇到的，行为人见他人生病之后为了暂时减轻其痛苦，将毒品说成是止痛药促使他人吸食或注射而致使他人染上毒瘾，在这样的情况下应该具体问题具体分析：如果在当时情况下确实找不到必要的止痛办法，利用毒品减轻病人痛苦是唯一的选择，而且行为人采取这种办法在主观上并没有引诱、欺骗他人吸食毒品的故意，给病人吸食了毒品，导致他人染上毒瘾，不能以引诱、教唆、欺骗他人吸食、注射毒品罪认定；但如果行为人是借给他人止痛为由，以达到诱使他人吸食毒品的目的，由于行为人具有引诱、欺骗他人吸食毒品的故意，应当以引诱、教唆、欺骗他人吸食、注射毒品罪处罚。

（四）情节与量刑

依照《刑法》第353条第1款规定，犯引诱、教唆、欺骗他人吸毒罪的，处3年以下有期徒刑、拘役或者管制，处并处罚金；情节严重的，处3年以上7年以下有期徒刑，并处罚金。

依照本条第3款的规定，引诱、教唆、欺骗未成年人吸食、注射毒品的，从重处罚。

（五）法律链接

1. **中华人民共和国治安管理处罚法**（2005 年 8 月 28 日第十届全国人民代表大会常务委员会第十七次会议通过　根据 2012 年 10 月 26 日第十一届全国人民代表大会常务委员会第二十九次会议《关于修改〈中华人民共和国治安管理处罚法〉的决定》修正）（节录）

第七十三条　教唆、引诱、欺骗他人吸食、注射毒品的，处十日以上十五日以下拘留，并处五百元以上二千元以下罚款。

2. **最高人民法院关于审理毒品犯罪案件适用法律若干问题的解释**（法释〔2016〕8 号　自 2016 年 4 月 11 日起施行）（节录）

第十一条　引诱、教唆、欺骗他人吸食、注射毒品，具有下列情形之一的，应当认定为刑法第三百五十三条第一款规定的“情节严重”：

（一）引诱、教唆、欺骗多人或者多次引诱、教唆、欺骗他人吸食、注射毒品的；

（二）对他人身体健康造成严重危害的；

（三）导致他人实施故意杀人、故意伤害、交通肇事等犯罪行为的；

（四）国家工作人员引诱、教唆、欺骗他人吸食、注射毒品的；

（五）其他情节严重的情形。

九、强迫他人吸毒罪

（一）法律规定

第三百五十三条第二款　**强迫他人吸食、注射毒品的，处三年以上十年以下有期徒刑，并处罚金。**

第三款　**引诱、教唆、欺骗或者强迫未成年人吸食、注射毒品的，从重处罚。**

（二）罪名详解

强迫他人吸毒罪，是指违背他人意志，以暴力、威胁或者其他方法，迫使他人吸食、注射毒品的行为。本罪是从《全国人民代表大会常务委员会关于禁毒的决定》第7条第2款的规定，吸收改为刑法的具体规定的。1979年刑法没有强迫他人吸毒罪的规定。

强迫他人吸毒罪的构成要件是：

1. 主体要件

本罪的犯罪主体为一般主体。

2. 客体要件

本罪侵犯的客体是国家对毒品的管理制度和公民的健康权利。犯罪对象是不愿吸食、注射毒品的人。

3. 主观要件

主观方面由故意构成，即明知是毒品而强迫他人吸食、注射。如果行为人不知是毒品，或者不具有强迫他人吸食、注射毒品的故意，则不构成本罪。强迫他人吸食、注射毒品是否必须以营利为目的，刑法没有明确规定。从司法实践看，一般都具有营利的目的；也有的出于报复等其他个人目的。但目的不是构成本罪在主观方面的要件。

4. 客观要件

客观方面表现为违背他人意志，用暴力、威胁或者其他方法，迫使他人吸食、注射毒品的行为。这是强迫他人吸毒罪的本质特征，也是同其他毒品犯罪的根本区别。"暴力"，是指对不愿吸毒的人进行禁闭、殴打、捆绑、伤害等足以危及人身健康甚至生命安全的强制性手段，迫使其违心地吸食、注射毒品。"胁迫"，是指对不愿吸毒的人以立即实施暴力、实行精神强制等方法，迫使其违心地吸食、注射毒品。"其他方法"，是指利用他人处于醉酒状态或者熟睡之机等方法为其吸食、注射毒品。

（三）实务疑难问题

1. 划清本罪与贩卖毒品罪的界限

两罪侵犯的客体和犯罪对象不同。前者侵犯的是复杂客体，即国家对毒品的管理制度和公民的健康权利，犯罪对象是不愿吸食、注射毒品的人；后者侵犯的是单一客体，即国家对毒品的管理制度，犯罪对象是毒品。客观方面的表现不同。前者表现为以暴力、胁迫等手段，迫使他人吸食、注射毒品的行为；后者表现为非法转手倒卖毒品或者销售自制的毒品的行为。如果行为人既强迫他人吸食、注射毒品，又向其贩卖毒品的，则应以贩卖毒品罪论处。

2. 强迫他人吸食、注射毒品致人死亡行为与故意杀人罪的界限

强迫他人吸食、注射超量毒品，行为人能够认识到对被害人来说是危险的，可能致其死亡，但为了追求其他目的，对被害人的死亡采取放任态度，造成其死亡结果发生的，由于行为人主观上具有杀害他人的间接故意，应构成故意杀人罪。

以强迫他人吸食、注射毒品为手段，企图达到杀害他人的目的，以故意杀人罪论处。例如，行为人为了杀害他人，强迫他人吸食、注射超量的毒品，最终导致他人死亡的结果。这里，强迫他人吸食、注射毒品是行为人杀人的一种手段，而杀死他人是其所追求的目的。

暴力强迫他人吸食、注射常量或少于常量的毒品，却直接引起了被害人死亡。在这种情况下，行为人的强迫行为是故意实施的，而对行为引起的结果是过失的，属于结果加重犯，应以强迫他人吸食、注射毒品罪从重处罚。

（四）情节与量刑

依照《刑法》第 353 条第 2 款规定，犯强迫他人吸毒罪的，处 3 年以上 10 年以下有期徒刑，并处罚金。

依照本条第 3 款的规定，强迫未成年人吸食、注射毒品的，从重处罚。

（五）法律链接

1. 中华人民共和国禁毒法（2007 年 12 月 29 日第十届全国人民代表大会常务委员会第三十一次会议通过　自 2008 年 6 月 1 日起施行）（节录）

第六十一条　容留他人吸食、注射毒品或者介绍买卖毒品，构成犯罪的，依法追究刑事责任；尚不构成犯罪的，由公安机关处十日以上十五日以下拘留，可以并处三千元以下罚款；情节较轻的，处五日以下拘留或者五百元以下罚款。

2. 最高人民法院关于审理毒品犯罪案件适用法律若干问题的解释（法释〔2016〕8 号　自 2016 年 4 月 11 日起施行）（节录）

第十二条　容留他人吸食、注射毒品，具有下列情形之一的，应当依照刑法第三百五十四条的规定，以容留他人吸毒罪定罪处罚：

（一）一次容留多人吸食、注射毒品的；

（二）二年内多次容留他人吸食、注射毒品的；

（三）二年内曾因容留他人吸食、注射毒品受过行政处罚的；

（四）容留未成年人吸食、注射毒品的；

（五）以牟利为目的容留他人吸食、注射毒品的；

（六）容留他人吸食、注射毒品造成严重后果的；

（七）其他应当追究刑事责任的情形。

向他人贩卖毒品后又容留其吸食、注射毒品，或者容留他人吸食、注射毒品并向其贩卖毒品，符合前款规定的容留他人吸毒罪的定罪条件的，以贩卖毒品罪和容留他人吸毒罪数罪并罚。

容留近亲属吸食、注射毒品，情节显著轻微危害不大的，不作为犯罪处理；需要追究刑事责任的，可以酌情从宽处罚。

十、容留他人吸毒罪

（一）法律规定

第三百五十四条　容留他人吸食、注射毒品的，处三年以下有期徒刑、拘役或者管制，并处罚金。

（二）罪名详解

容留他人吸毒罪，是指为他人吸食、注射毒品提供场所的行为。1979 年刑法没有规定此罪名。《全国人民代表大会常务委员会关于禁毒的决定》第 9 条规定了“容留他人吸毒并出售毒品罪”，1997 年修订刑法时对罪状作了修改，因而将罪名相应地改为“容留他人吸毒罪”。

容留他人吸毒罪的构成要件是：

1. 主体要件

本罪的犯罪主体为一般主体。饭店、旅馆、咖啡厅、酒吧等营业性场所的经营、服务人员，如果利用这些场所的方便容留他人吸食、注射毒品，以此招揽生意的，也应依法追究其刑事责任。

2. 客体要件

本罪侵犯的客体是国家对毒品的管理制度和公民的健康权利。

3. 主观要件

主观方面由故意构成，并且一般具有牟取非法利益的目的。但法律并没有规定以牟取非法利益为目的是构成本罪在主观方面的要件。

容留他人吸毒罪的主观方面包括间接故意。立法原意旨在打击为他人吸食、注射毒品提供场所的行为，实质是处罚吸毒违法行为的“帮助犯”，以最大限度地遏制吸毒行为的发生。因此，容留他人吸毒罪的主观方面包括间接故意，这样的理解既不违反立法原意和刑法理论，也符合我国厉行禁毒的一贯立场和坚决主张。换言之，容留他人吸毒行为，既可以主动实施，也可以被动实施。

4. 客观要件

客观方面表现为容留他人吸食、注射毒品的行为。“容留”，是指行为人利用自己的住房或者其他场所，长期或者短期为他人吸食、注射毒品提供场所。

（三）实务疑难问题

罪与非罪的认定

容留他人吸食、注射毒品是犯罪的行为。如果行为人没有容留他人吸食、注射毒品，只是自己吸食、注射毒品的，则属违法行为，应当由公安机关给予治安处罚。容留他人吸食、注射毒品的人数和次数的多少，不是构成本罪的要件，不影响本罪的成立，但是应当作为量刑情节予以考虑。

依照《禁毒法》《治安管理处罚法》《旅馆业治安管理办法》的规定，旅馆经营者对于入住客人在房间内的吸毒行为，有义务予以制止或者向公安机关报告。如果旅馆经营者发现入住客人在房间内吸毒的，既未作制止，也未向公安机关报告，放任吸毒行为的继续发生，其行为客观上为他人吸食毒品提供了场所，达到入罪标准的，应以容留他人吸毒罪追究刑事责任。需要说明的是，虽然容留他人吸毒罪的主观方面包括间接故意，但并非对于所有放任型的容留他人吸毒行为都要追究刑事责任。在个案处理上，要根据案件的具体情况区别特征。例如，房主出租房屋后，偶然发现他人在房屋内吸食、注射毒品未予制止或者报案的，一般不成立本罪；行为人放任共同生活的家庭成员在自家住所吸食、注射毒品的，一般也不成立本罪。

（四）情节与量刑

依照《刑法》第354条规定，犯容留他人吸毒罪的，处3年以下有期徒刑、拘役或者管制，并处罚金。

根据《最高人民法院关于常见犯罪的量刑指导意见（二）（试行）》的规定：

1. 构成容留他人吸毒罪的，可以在1年以下有期徒刑、拘役幅度内确定量刑起点。

2. 在量刑起点的基础上，可以根据容留他人吸毒的人数、次数等其他影响犯罪构成的犯罪事实增加刑罚量，确定基准刑。

十一、非法提供麻醉药品、精神药品罪

（一）法律规定

第三百五十五条　依法从事生产、运输、管理、使用国家管制的麻醉药品、精神药品的人员，违反国家规定，向吸食、注射毒品的人提供国家规定管制的能够使人形成瘾癖的麻醉药品、精神药品的，处三年以下有期徒刑或者拘役，并处罚金；情节严重的，处三年以上七年以下有期徒刑，并处罚金。向走私、贩卖毒品的犯罪分子或者以牟利为目的，向吸食、注射毒品的人提供国家规定管制的能够使人形成瘾癖的麻醉药品、精神药品的，依照本法第三百四十七条的规定定罪处罚。

单位犯前款罪的，对单位判处罚金，并对其直接负责的主管人员和其他直接责任人员，依照前款的规定处罚。

（二）罪名详解

非法提供麻醉药品、精神药品罪，是指依法从事生产、运输、管理、使用国家管制的麻醉药品、精神药品的单位和人员，违反国家规定，向明知是吸食、注射毒品的人，提供国家规定管制的能够使人形成瘾癖的麻醉药品、

精神药品的行为。本罪是从《全国人民代表大会常务委员会关于禁毒的决定》第 10 条第 2 款的规定吸收改为刑法的具体规定的。1979 年刑法没有非法提供麻醉药品、精神药品罪的规定。

非法提供麻醉药品、精神药品罪的构成要件是：

1. 主体要件

本罪的犯罪主体为特殊主体，即依法从事生产、运输、管理、使用国家管制的麻醉药品和精神药品的单位和人员。“生产”，是指依照国家卫生行政主管部门的指定，种植用于提炼加工麻醉药品、精神药品的原植物，制造或者试制麻醉药品、精神药品的成品、半成品、制剂。“运输”，是指将国家规定管制的麻醉药品、精神药品的原植物、成品、半成品、制剂从一个地方到另一个地方的陆路、水路、空中运输，包括进出口过程中的运输。“管理”，是指国家规定管制的麻醉药品、精神药品的保管、批发、调拨、供应等。“使用”，是指有关单位和人员依照国家法律、行政法规规定，将麻醉药品和精神药品用于医疗、教学和科研工作。

2. 客体要件

本罪侵犯的客体是国家对麻醉药品、精神药品的管理制度。犯罪对象是麻醉药品和精神药品。“麻醉药品”，是指连续使用后易产生生理依赖性，能成瘾癖的药品。“精神药品”，是指直接作用于中枢神经系统，使之兴奋或者抑制，连续使用能产生依赖性的药品。国务院于 2005 年发布了《麻醉药品和精神药品管理条例》，对这两种药品的生产、运输、储存、发放、使用作了具体规定，国家食品药品监督管理总局、公安部、国家卫生和计划生育委员会具体规定了这两种药品的种类目录。麻醉药品和精神药品主要供医疗、教学、科研使用。国家卫生行政主管部门根据医疗、教学和科研工作的需要，依照法律、行政法规的规定，可以指定特定的制药厂，生产限定数量的麻醉药品、精神药品。但是，对这些药品必须实行严格的管制，以免移作他用，使人成瘾。

3. 主观要件

主观方面由直接故意构成，即明知该药品属于国家规定管制的麻醉药品和精神药品而违反国家规定，非法向明知是吸食、注射毒品的人提供。间接故意和过失不构成本罪。

4. 客观要件

客观方面表现为违反国家关于麻醉药品、精神药品的管理规定，向吸食、注射毒品的人非法提供国家规定管制的麻醉药品和精神药品的行为。“国家关于麻醉药品、精神药品的管理规定”，是指国家法律、行政法规关于麻醉药品和精神药品的管理规定。

（三）实务疑难问题

划清本罪与贩卖毒品罪的界限

本罪要求行为人提供毒品的对象，只能是吸食、注射毒品的人。如果行为人明知对方是毒品犯罪分子，而向其提供国家规定管制的麻醉药品和精神药品的，则应以贩卖毒品罪或者其他有关毒品犯罪的共犯论处。

以牟利为目的，向吸食、注射毒品的人提供国家规定管制的麻醉药品、精神药品的，鉴于其主观恶性和危害后果都与贩卖毒品的行为相同，应当依照《刑法》第 347 条的规定，即贩卖毒品罪处罚。

（四）情节与量刑

依照《刑法》第 355 条第 1 款规定，犯非法提供麻醉药品、精神药品罪的，处 3 年以下有期徒刑或者拘役，并处罚金；情节严重的，处 3 年以上 7 年以下有期徒刑，并处罚金。

依照本条第 2 款规定，单位犯本罪的，实行“双罚制”，即对单位判处罚金，并对其直接负责的主管人员和其他直接责任人员，依照前款规定的法定刑处罚。

（五）法律链接

1. 最高人民法院关于审理毒品犯罪案件适用法律若干问题的解释（法释〔2016〕8 号　自 2016 年 4 月 11 日起施行）（节录）

第十三条　依法从事生产、运输、管理、使用国家管制的麻醉药品、精神药品的人员，违反国家规定，向吸食、注射毒品的人提供国家规定管制的能够使人形成瘾癖的麻醉药品、精神药品，具有下列情形之一的，应当依照刑法第三百五十五条第一款的规定，以非法提供麻醉药品、精神药品罪定罪处罚：

（一）非法提供麻醉药品、精神药品达到刑法第三百四十七条第三款或者本解释第二条规定的“数量较大”标准最低值的百分之五十，不满“数量较大”标准的；

（二）二年内曾因非法提供麻醉药品、精神药品受过行政处罚的；

（三）向多人或者多次非法提供麻醉药品、精神药品的；

（四）向吸食、注射毒品的未成年人非法提供麻醉药品、精神药品的；

（五）非法提供麻醉药品、精神药品造成严重后果的；

（六）其他应当追究刑事责任的情形。

具有下列情形之一的，应当认定为刑法第三百五十五条第一款规定的“情节严重”：

（一）非法提供麻醉药品、精神药品达到刑法第三百四十七条第三款或者本解释第二条规定的“数量较大”标准的；

（二）非法提供麻醉药品、精神药品达到前款第一项规定的数量标准，且具有前款第三项至第五项规定的情形之一的；

（三）其他情节严重的情形。

2. 最高人民检察院法律政策研究室关于安定注射液是否属于刑法第三百五十五条规定的精神药品问题的答复（〔2002〕高检研发第23号　自2002年10月24日起施行）

福建省人民检察院研究室：

你院《关于安定注射液是否属于〈刑法〉第三百五十五条规定的精神药品的请示》（闽检〔2001〕6号）收悉。经研究并征求有关部门意见，答复如下：

根据《精神药品管理办法》等国家有关规定，“能够使人形成瘾癖”的精神药品，是指使用后能使人的中枢神经系统兴奋或者抑制连续使用能使人产生依赖性的药品。安定注射液属于刑法第三百五十五条第一款规定的“国家规定管制的能够使人形成瘾癖的”精神药品。鉴于安定注射液属于《精神药品管理办法》规定的第二类精神药品，医疗实践中使用较多，在处理此类案件时，应当慎重掌握罪与非罪的界限。对于明知他人是吸毒人员而多次向其出售安定注射液，或者贩卖安定注射液数量较大的，可以依法追究行为人的刑事责任。

3. **国家食品药品监督管理总局、公安部、国家卫生和计划生育委员会关于公布麻醉药品和精神药品品种目录的通知**（食药监药化监〔2013〕230号 自2014年1月1日起施行）

各省、自治区、直辖市食品药品监督管理局、公安厅（局）、卫生厅局（卫生计生委），新疆生产建设兵团食品药品监督管理局、公安局、卫生局：

根据《麻醉药品和精神药品管理条例》第三条规定，现公布《麻醉药品品种目录（2013年版）》和《精神药品品种目录（2013年版）》，自2014年1月1日起施行。

附件1：麻醉药品品种目录（2013年版）

序号	中文名	英文名	CAS号	备注
1	醋托啡	Acetorphine	25333—77—1	
2	乙酰阿法甲基芬太尼	Acetyl-alpha-methyl-fentanyl	101860—00—8	
3	醋美沙多	Acetylmethadol	509—74—0	
4	阿芬太尼	Alfentanil	71195—58—9	
5	烯丙罗定	Allylprodine	25384—17—2	
6	阿醋美沙多	Alphacetylmethadol	17199—58—5	
7	阿法美罗定	Alphameprodine	468—51—9	
8	阿法美沙多	Alphamethadol	17199—54—1	
9	阿法甲基芬太尼	Alpha-methylfentanyl	79704—88—4	
10	阿法甲基硫代芬太尼	Alpha-methylthiofenta-nyl	103963—66—2	
11	阿法罗定	Alphaprodine	77—20—3	
12	阿尼利定	Anileridine	144—14—9	
13	苄替啶	Benzethidine	3691—78—9	
14	苄吗啡	Benzylmorphine	36418—34—5	
15	倍醋美沙多	Betacetylmethadol	17199—59—6	
16	倍他羟基芬太尼	Beta-hydroxyfentanyl	78995—10—5	

续表

序号	中文名	英文名	CAS号	备注
17	倍他羟基－3－甲基芬太尼	Beta-hydroxy-3-methylfentanyl	78995—14—9	
18	倍他美罗定	Betameprodine	468—50—8	
19	倍他美沙多	Betamethadol	17199—55—2	
20	倍他罗定	Betaprodine	468—59—7	
21	贝齐米特	Bezitramide	15301—48—1	
22	大麻和大麻树脂与大麻浸膏和酊	Cannabis and Cannabis Resin and Extracts and Tinctures of Cannabis	8063—14—7 6465—30—1	
23	氯尼他秦	Clonitazene	3861—76—5	
24	古柯叶	Coca Leaf		
25	可卡因*	Cocaine	50—36—2	
26	可多克辛	Codoxime	7125—76—0	
27	罂粟浓缩物*	Concentrate of Poppy Straw		包括罂粟果提取物*，罂粟果提取物粉*
28	地索吗啡	Desomorphine	427—00—9	
29	右吗拉胺	Dextromoramide	357—56—2	
30	地恩丙胺	Diampromide	552—25—0	
31	二乙噻丁	Diethylthiambutene	86—14—6	
32	地芬诺辛	Difenoxin	28782—42—5	
33	二氢埃托啡*	Dihydroetorphine	14357—76—7	
34	双氢吗啡	Dihydromorphine	509—60—4	
35	地美沙多	Dimenoxadol	509—78—4	
36	地美庚醇	Dimepheptanol	545—90—4	
37	二甲噻丁	Dimethylthiambutene	524—84—5	
38	吗苯丁酯	Dioxaphetyl Butyrate	467—86—7	
39	地芬诺酯*	Diphenoxylate	915—30—0	

续表

序号	中文名	英文名	CAS 号	备注
40	地匹哌酮	Dipipanone	467—83—4	
41	羟蒂巴酚	Drotebanol	3176—03—2	
42	芽子碱	Ecgonine	481—37—8	
43	乙甲噻丁	Ethylmethylthiambutene	441—61—2	
44	依托尼秦	Etonitazene	911—65—9	
45	埃托啡	Etorphine	14521—96—1	
46	依托利定	Etoxeridine	469—82—9	
47	芬太尼*	Fentanyl	437—38—7	
48	呋替啶	Furethidine	2385—81—1	
49	海洛因	Heroin	561—27—3	
50	氢可酮*	Hydrocodone	125—29—1	
51	氢吗啡醇	Hydromorphinol	2183—56—4	
52	氢吗啡酮*	Hydromorphone	466—99—9	
53	羟哌替啶	Hydroxypethidine	468—56—4	
54	异美沙酮	Isomethadone	466—40—0	
55	凯托米酮	Ketobemidone	469—79—4	
56	左美沙芬	Levomethorphan	125—70—2	
57	左吗拉胺	Levomoramide	5666—11—5	
58	左芬啡烷	Levophenacylmorphan	10061—32—2	
59	左啡诺	Levorphanol	77—07—6	
60	美他佐辛	Metazocine	3734—52—9	
61	美沙酮*	Methadone	76—99—3	
62	美沙酮中间体	Methadone Intermediate	125—79—1	4—氰基—2—二甲氨基—4，4—二苯基丁烷
63	甲地索啡	Methyldesorphine	16008—36—9	

续表

序号	中文名	英文名	CAS号	备注
64	甲二氢吗啡	Methyldihydromorphine	509—56—8	
65	3—甲基芬太尼	3-Methylfentanyl	42045—86—3	
66	3—甲基硫代芬太尼	3-Methylthiofentanyl	86052—04—2	
67	美托酮	Metopon	143—52—2	
68	吗拉胺中间体	Moramide Intermediate	3626—55—9	2—甲基—3—吗啉基—1，1—二苯基丁酸
69	吗哌利定	Morpheridine	469—81—8	
70	吗啡*	Morphine	57—27—2	包括吗啡阿托品注射液*
71	吗啡甲溴化物	Morphine Methobromide	125—23—5	包括其他五价氮吗啡衍生物，特别包括吗啡—N—氧化物，其中一种是可待因—N—氧化物
72	吗啡—N—氧化物	Morphine-N-oxide	639—46—3	
73	1—甲基—4—苯基—4—哌啶丙酸酯	1-Methyl-4-phenyl-4-piperidinol propionate (ester)	13147—09—6	MPPP
74	麦罗啡	Myrophine	467—18—5	
75	尼可吗啡	Nicomorphine	639—48—5	
76	诺美沙多	Noracymethadol	1477—39—0	
77	去甲左啡诺	Norlevorphanol	1531—12—0	
78	去甲美沙酮	Normethadone	467—85—6	
79	去甲吗啡	Normorphine	466—97—7	
80	诺匹哌酮	Norpipanone	561—48—8	
81	阿片*	Opium	8008—60—4	包括复方樟脑酊*、阿桔片*

续表

序号	中文名	英文名	CAS号	备注
82	奥列巴文	Oripavine	467—04—9	
83	羟考酮*	Oxycodone	76—42—5	
84	羟吗啡酮	Oxymorphone	76—41—5	
85	对氟芬太尼	Para-fluorofentanyl	90736—23—5	
86	哌替啶*	Pethidine	57—42—1	
87	哌替啶中间体A	Pethidine Intermediate A	3627—62—1	4—氰基—1—甲基—4—苯基哌啶
88	哌替啶中间体B	Pethidine Intermediate B	77—17—8	4—苯基哌啶—4—羧酸乙酯
89	哌替啶中间体C	Pethidine Intermediate C	3627—48—3	1—甲基—4—苯基哌啶—4—羧酸
90	苯吗庚酮	Phenadoxone	467—84—5	
91	非那丙胺	Phenampromide	129—83—9	
92	非那佐辛	Phenazocine	127—35—5	
93	1—苯乙基—4—苯基—4—哌啶乙酸酯	1-Phenethyl-4-phenyl-4-piperidinol acetate (ester)	64—52—8	PEPAP
94	非诺啡烷	Phenomorphan	468—07—5	
95	苯哌利定	Phenoperidine	562—26—5	
96	匹米诺定	Piminodine	13495—09—5	
97	哌腈米特	Piritramide	302—41—0	
98	普罗庚嗪	Proheptazine	77—14—5	
99	丙哌利定	Properidine	561—76—2	
100	消旋甲啡烷	Racemethorphan	510—53—2	
101	消旋吗拉胺	Racemoramide	545—59—5	
102	消旋啡烷	Racemorphan	297—90—5	
103	瑞芬太尼*	Remifentanil	132875—61—7	
104	舒芬太尼*	Sufentanil	56030—54—7	

续表

序号	中文名	英文名	CAS号	备注
105	醋氢可酮	Thebacon	466—90—0	
106	蒂巴因*	Thebaine	115—37—7	
107	硫代芬太尼	Thiofentanyl	1165—22—6	
108	替利定	Tilidine	20380—58—9	
109	三甲利定	Trimeperidine	64—39—1	
110	醋氢可待因	Acetyldihydrocodeine	3861—72—1	
111	可待因*	Codeine	76—57—3	
112	右丙氧芬*	Dextropropoxyphene	469—62—5	
113	双氢可待因*	Dihydrocodeine	125—28—0	
114	乙基吗啡*	Ethylmorphine	76—58—4	
115	尼可待因	Nicocodine	3688—66—2	
116	烟氢可待因	Nicodicodine	808—24—2	
117	去甲可待因	Norcodeine	467—15—2	
118	福尔可定*	Pholcodine	509—67—1	
119	丙吡兰	Propiram	15686—91—6	
120	布桂嗪*	Bucinnazine		
121	罂粟壳*	Poppy Shell		

注：1. 上述品种包括其可能存在的盐和单方制剂（除非另有规定）。

2. 上述品种包括其可能存在的异构体、酯及醚（除非另有规定）。

3. 品种目录有*的麻醉药品为我国生产及使用的品种。

附件2：精神药品品种目录（2013年版）

第一类

序号	中文名	英文名	CAS号	备注
1	布苯丙胺	Brolamfetamine	64638—07—9	DOB
2	卡西酮	Cathinone	71031—15—7	
3	二乙基色胺	3-［2-（Diethylamino）ethyl］indole	7558—72—7	DET

续表

序号	中文名	英文名	CAS号	备注
4	二甲氧基安非他明	(±) -2, 5-Dimethoxy-alpha-methylphenethyl-amine	2801—68—5	DMA
5	(1, 2—二甲基庚基)羟基四氢甲基二苯吡喃	3- (1, 2-dimethylhep-tyl) -7, 8, 9, 10-tet-rahydro-6, 6, 9-trim-ethyl-6Hdibenzo (b, d) pyran-1-ol	32904—22—6	DMHP
6	二甲基色胺	3- [2- (Dimethylami-no) ethyl] indole	61—50—7	DMT
7	二甲氧基乙基安非他明	(±) -4-ethyl-2, 5-di-methoxy-α-methyl-phenethylamine	22139—65—7	DOET
8	乙环利定	Eticyclidine	2201—15—2	PCE
9	乙色胺	Etryptamine	2235—90—7	
10	羟芬胺	(±) -N- [alpha-meth-yl-3, 4- (methylened-ioxy) phenethyl] hy-droxylamine	74698—47—8	N—hydroxy MDA
11	麦角二乙胺	(+) -Lysergide	50—37—3	LSD
12	乙芬胺	(±) -N-ethyl-alpha-methyl-3, 4- (methyl-enedioxy) phenethyl-amine	82801—81—8	N—ethyl MDA
13	二亚甲基双氧安非他明	(±) -N, alpha-dime-thyl-3, 4- (methylene-dioxy) phenethylamine	42542—10—9	MDMA
14	麦司卡林	Mescaline	54—04—6	

续表

序号	中文名	英文名	CAS 号	备注
15	甲卡西酮	Methcathinone	5650－44－2（右旋体），49656－78－2（右旋体盐酸盐），112117－24－5（左旋体），66514－93－0（左旋体盐酸盐）	
16	甲米雷司	4-Methylaminorex	3568－94－3	
17	甲羟芬胺	5-methoxy-α-methyl-3，4-（methylenedioxy）phenethylamine	13674－05－0	MMDA
18	4－甲基硫基安非他明	4-Methylthioamfet-amine	14116－06－4	
19	六氢大麻酚	Parahexyl	117－51－1	
20	副甲氧基安非他明	P-methoxy-alpha-meth-ylphenethylamine	64－13－1	PMA
21	赛洛新	Psilocine	520－53－6	
22	赛洛西宾	Psilocybine	520－52－5	
23	咯环利定	Rolicyclidine	2201－39－0	PHP
24	二甲氧基甲苯异丙胺	2，5-Dimethoxy-alpha，4-dimethylphenethyl-amine	15588－95－1	STP
25	替苯丙胺	Tenamfetamine	4764－17－4	MDA
26	替诺环定	Tenocyclidine	21500－98－1	TCP
27	四氢大麻酚	Tetrahydrocannabinol		包括同分异构体及其立体化学变体
28	三甲氧基安非他明	（±）-3，4，5-Trime-thoxy-alpha-methyl-phenethylamine	1082－88－8	TMA

续表

序号	中文名	英文名	CAS号	备注
29	苯丙胺	Amfetamine	300—62—9	
30	氨奈普汀	Amineptine	57574—09—1	
31	2，5—二甲氧基—4—溴苯乙胺	4-Bromo-2，5-dimethoxyphenethylamine	66142—81—2	2—CB
32	右苯丙胺	Dexamfetamine	51—64—9	
33	屈大麻酚	Dronabinol	1972—08—3	δ—9—四氢大麻酚及其立体化学异构体
34	芬乙茶碱	Fenetylline	3736—08—1	
35	左苯丙胺	Levamfetamine	156—34—3	
36	左甲苯丙胺	Levomethamfetamine	33817—09—3	
37	甲氯喹酮	Mecloqualone	340—57—8	
38	去氧麻黄碱	Metamfetamine	537—46—2	
39	去氧麻黄碱外消旋体	Metamfetamine Racemate	7632—10—2	
40	甲喹酮	Methaqualone	72—44—6	
41	哌醋甲酯*	Methylphenidate	113—45—1	
42	苯环利定	Phencyclidine	77—10—1	PCP
43	芬美曲秦	Phenmetrazine	134—49—6	
44	司可巴比妥*	Secobarbital	76—73—3	
45	齐培丙醇	Zipeprol	34758—83—3	
46	安非拉酮	Amfepramone	90—84—6	
47	苄基哌嗪	Benzylpiperazine	2759—28—6	BZP
48	丁丙诺啡*	Buprenorphine	52485—79—7	
49	1—丁基—3—（1—萘甲酰基）吲哚	1-Butyl-3-（1-naphthoyl）indole	208987—48—8	JWH—073
50	恰特草	Catha edulis Forssk		Khat
51	2，5—二甲氧基—4—碘苯乙胺	2，5-Dimethoxy-4-iodophenethylamine	69587—11—7	2C—I

续表

序号	中文名	英文名	CAS号	备注
52	2，5－二甲氧基苯乙胺	2，5-Dimethoxyphenethylamine	3600－86－0	2C－H
53	二甲基安非他明	Dimethylamfetamine	4075－96－1	
54	依他喹酮	Etaqualone	7432－25－9	
55	（1－（5－氟戊基）－1H－吲哚－3－基）（2－碘苯基）甲酮	（1-（5-Fluoropentyl）-3-（2-iodobenzoyl）indole）	335161－03－0	AM－694
56	1－（5－氟戊基）－3－（1－萘甲酰基）－1H－吲哚	1-（5-Fluoropentyl）-3-（1-naphthoyl）indole	335161－24－5	AM－2201
57	γ－羟丁酸*	Gamma-hydroxybutyrate	591－81－1	GHB
58	氯胺酮*	Ketamine	6740－88－1	
59	马吲哚*	Mazindol	22232－71－9	
60	2－（2－甲氧基苯基）－1－（1－戊基－1H－吲哚－3－基）乙酮	2-（2-Methoxyphenyl）-1-（1-pentyl-1H-indol-3-yl）ethanone	864445－43－2	JWH－250
61	亚甲基二氧吡咯戊酮	Methylenedioxypyrovalerone	687603－66－3	MDPV
62	4－甲基乙卡西酮	4-Methylethcathinone	1225617－18－4	4－MEC
63	4－甲基甲卡西酮	4-Methylmethcathinone	5650－44－2	4－MMC
64	3，4－亚甲二氧基甲卡西酮	3，4-Methylenedioxy-N-methylcathinone	186028－79－5	Methylone
65	莫达非尼	Modafinil	68693－11－8	
66	1－戊基－3－（1－萘甲酰基）吲哚	1-Pentyl-3-（1-naphthoyl）indole	209414－07－3	JWH－018
67	他喷他多	Tapentadol	175591－23－8	
68	三唑仑*	Triazolam	28911－01－5	

第二类

序号	中文名	英文名	CAS 号	备注
1	异戊巴比妥*	Amobarbital	57—43—2	
2	布他比妥	Butalbital	77—26—9	
3	去甲伪麻黄碱	Cathine	492—39—7	
4	环己巴比妥	Cyclobarbital	52—31—3	
5	氟硝西泮	Flunitrazepam	1622—62—4	
6	格鲁米特*	Glutethimide	77—21—4	
7	喷他佐辛*	Pentazocine	55643—30—6	
8	戊巴比妥*	Pentobarbital	76—74—4	
9	阿普唑仑*	Alprazolam	28981—97—7	
10	阿米雷司	Aminorex	2207—50—3	
11	巴比妥*	Barbital	57—44—3	
12	苄非他明	Benzfetamine	156—08—1	
13	溴西泮	Bromazepam	1812—30—2	
14	溴替唑仑	Brotizolam	57801—81—7	
15	丁巴比妥	Butobarbital	77—28—1	
16	卡马西泮	Camazepam	36104—80—0	
17	氯氮卓	Chlordiazepoxide	58—25—3	
18	氯巴占	Clobazam	22316—47—8	
19	氯硝西泮*	Clonazepam	1622—61—3	
20	氯拉卓酸	Clorazepate	23887—31—2	
21	氯噻西泮	Clotiazepam	33671—46—4	
22	氯噁唑仑	Cloxazolam	24166—13—0	
23	地洛西泮	Delorazepam	2894—67—9	
24	地西泮*	Diazepam	439—14—5	
25	艾司唑仑*	Estazolam	29975—16—4	
26	乙氯维诺	Ethchlorvynol	113—18—8	
27	炔已蚁胺	Ethinamate	126—52—3	

续表

序号	中文名	英文名	CAS 号	备注
28	氯氟卓乙酯	Ethyl Loflazepate	29177—84—2	
29	乙非他明	Etilamfetamine	457—87—4	
30	芬坎法明	Fencamfamin	1209—98—9	
31	芬普雷司	Fenproporex	16397—28—7	
32	氟地西泮	Fludiazepam	3900—31—0	
33	氟西泮*	Flurazepam	17617—23—1	
34	哈拉西泮	Halazepam	23092—17—3	
35	卤沙唑仑	Haloxazolam	59128—97—1	
36	凯他唑仑	Ketazolam	27223—35—4	
37	利非他明	Lefetamine	7262—75—1	SPA
38	氯普唑仑	Loprazolam	61197—73—7	
39	劳拉西泮*	Lorazepam	846—49—1	
40	氯甲西泮	Lormetazepam	848—75—9	
41	美达西泮	Medazepam	2898—12—6	
42	美芬雷司	Mefenorex	17243—57—1	
43	甲丙氨酯*	Meprobamate	57—53—4	
44	美索卡	Mesocarb	34262—84—5	
45	甲苯巴比妥	Methylphenobarbital	115—38—8	
46	甲乙哌酮	Methyprylon	125—64—4	
47	咪达唑仑*	Midazolam	59467—70—8	
48	尼美西泮	Nimetazepam	2011—67—8	
49	硝西泮*	Nitrazepam	146—22—5	
50	去甲西泮	Nordazepam	1088—11—5	
51	奥沙西泮*	Oxazepam	604—75—1	

续表

序号	中文名	英文名	CAS号	备注
52	奥沙唑仑	Oxazolam	24143—17—7	
53	匹莫林*	Pemoline	2152—34—3	
54	苯甲曲秦	Phendimetrazine	634—03—7	
55	苯巴比妥*	Phenobarbital	50—06—6	
56	芬特明	Phentermine	122—09—8	
57	匹那西泮	Pinazepam	52463—83—9	
58	哌苯甲醇	Pipradrol	467—60—7	
59	普拉西泮	Prazepam	2955—38—6	
60	吡咯戊酮	Pyrovalerone	3563—49—3	
61	仲丁比妥	Secbutabarbital	125—40—6	
62	替马西泮	Temazepam	846—50—4	
63	四氢西泮	Tetrazepam	10379—14—3	
64	乙烯比妥	Vinylbital	2430—49—1	
65	唑吡坦*	Zolpidem	82626—48—0	
66	阿洛巴比妥	Allobarbital	58—15—1	
67	丁丙诺啡透皮贴剂*	Buprenorphine Transdermal patch		
68	布托啡诺及其注射剂*	Butorphanol and its injection	42408—82—2	
69	咖啡因*	Caffeine	58—08—2	
70	安钠咖*	Caffeine Sodium Benzoate		CNB
71	右旋芬氟拉明	Dexfenfluramine	3239—44—9	
72	地佐辛及其注射剂*	Dezocine and Its Injection	53648—55—8	
73	麦角胺咖啡因片*	Ergotamine and Caffeine Tablet	379—79—3	
74	芬氟拉明	Fenfluramine	458—24—2	
75	呋芬雷司	Furfennorex	3776—93—0	

续表

序号	中文名	英文名	CAS号	备注
76	纳布啡及其注射剂	Nalbuphine and its injection	20594—83—6	
77	氨酚氢可酮片*	Paracetamol and Hydrocodone Bitartrate Tablet		
78	丙己君	Propylhexedrine	101—40—6	
79	曲马多*	Tramadol	27203—92—5	
80	扎来普隆*	Zaleplon	151319—34—5	
81	佐匹克隆	Zopiclone	43200—80—2	

注：1. 上述品种包括其可能存在的盐和单方制剂（除非另有规定）。

2. 上述品种包括其可能存在的异构体（除非另有规定）。

3. 品种目录有*的精神药品为我国生产及使用的品种。

4. 非药用类麻醉药品和精神药品列管办法（公通字〔2015〕27号　自2015年9月24日起施行）（节录）

附表：非药用类麻醉药品和精神药品管制品种增补目录

序号	中文名	英文名	CAS号	备注
1	N—（2—甲氧基苄基）—2—（2，5—二甲氧基—4—溴苯基）乙胺	2-（4-Bromo-2，5-dimethoxyphenyl）-N-（2-methoxybenzyl）ethanamine	1026511—90—9	2C—B—NBOMe
2	2，5—二甲氧基—4—氯苯乙胺	4-Chloro-2，5-dimethoxyphenethylamine	88441—14—9	2C—C
3	N—（2—甲氧基苄基）—2—（2，5—二甲氧基—4—氯苯基）乙胺	2-（4-Chloro-2，5-dimethoxyphenyl）-N-（2-methoxybenzyl）ethanamine	1227608—02—7	2C—C—NBOMe
4	2，5—二甲氧基—4—甲基苯乙胺	4-Methyl-2，5-dimethoxyphenethylamine	24333—19—5	2C—D

续表

序号	中文名	英文名	CAS 号	备注
5	N—（2—甲氧基苄基）—2—（2，5—二甲氧基—4—甲基苯基）乙胺	2-（4-Methyl-2，5-dimethoxyphenyl）-N-（2-methoxybenzyl）ethanamine	1354632—02—2	2C—D—NBOMe
6	2，5—二甲氧基—4—乙基苯乙胺	4-Ethyl-2，5-dimethoxyphenethylamine	71539—34—9	2C—E
7	N—（2—甲氧基苄基）—2—（2，5—二甲氧基—4—碘苯基）乙胺	2-（4-Iodo-2，5-dimethoxyphenyl）-N-（2-methoxybenzyl）ethanamine	919797—19—6	2C—I—NBOMe
8	2，5—二甲氧基—4—丙基苯乙胺	4-Propyl-2，5-dimethoxyphenethylamine	207740—22—5	2C—P
9	2，5—二甲氧基—4—乙硫基苯乙胺	4-Ethylthio-2，5-dimethoxyphenethylamine	207740—24—7	2C—T—2
10	2，5—二甲氧基—4—异丙基硫基苯乙胺	4-Isopropylthio-2，5-dimethoxyphenethylamine	207740—25—8	2C—T—4
11	2，5—二甲氧基—4—丙硫基苯乙胺	4-Propylthio-2，5-dimethox-phenethylamine	207740—26—9	2C—T—7
12	2—氟苯丙胺	1-（2-Fluorophenyl）propan-2-amine	1716—60—5	2—FA
13	2—氟甲基苯丙胺	N-Methyl-1-（2-fluorophenyl）propan-2-amine	1017176—48—5	2—FMA
14	1—（2—苯并呋喃基）—N—甲基—2—丙胺	N-Methyl-1-（benzofuran-2-yl）propan-2-amine	806596—15—6	2—MAPB
15	3—氟苯丙胺	1-（3-Fluorophenyl）propan-2-amine	1626—71—7	3—FA
16	3—氟甲基苯丙胺	N-Methyl-1-（3-fluorophenyl）propan-2-amine	1182818—14—9	3—FMA
17	4—氯苯丙胺	1-（4-Chlorophenyl）propan-2-amine	64—12—0	4—CA

续表

序号	中文名	英文名	CAS号	备注
18	4—氟苯丙胺	1-（4-Fluorophenyl）propan-2-amine	459—02—9	4—FA
19	4—氟甲基苯丙胺	N-Methyl-1-（4-fluorophenyl）propan-2-amine	351—03—1	4—FMA
20	1—［5—（2，3—二氢苯并呋喃基）］—2—丙胺	1-（2，3-Dihydro-1-benzofuran-5-yl）propan-2-amine	152624—03—8	5—APDB
21	1—（5—苯并呋喃基）—N—甲基—2—丙胺	N-Methyl-1-（benzofuran-5-yl）propan-2-amine	1354631—77—8	5—MAPB
22	6—溴—3，4—亚甲二氧基甲基苯丙胺	N-Methyl-（6-bromo-3，4-methylenedioxyphenyl）propan-2-amine		6—Br—MDMA
23	6—氯—3，4—亚甲二氧基甲基苯丙胺	N-Methyl-（6-chloro-3，4-methylenedioxyphenyl）propan-2-amine	319920—71—3	6—Cl—MDMA
24	1—（2，5—二甲氧基—4—氯苯基）—2—丙胺	1-（4-Chloro-2，5-dimethoxyphenyl）propan-2-amine	123431—31—2	DOC
25	1—（2—噻吩基）—N—甲基—2—丙胺	N-Methyl-1-（thiophen-2-yl）propan-2-amine	801156—47—8	MPA
26	N—（1—氨甲酰基—2—甲基丙基）—1—（5—氟戊基）吲哚—3—甲酰胺	N-（1-Amino-3-methyl-1-oxobutan-2-yl）-1-（5-fluoropentyl）-1H-indole-3-carboxamide	1801338—26—0	5F—ABICA
27	N—（1—氨甲酰基—2—甲基丙基）—1—（5—氟戊基）吲唑—3—甲酰胺	N-（1-Amino-3-methyl-1-oxobutan-2-yl）-1-（5-fluoropentyl）-1H-indazole-3-carboxamide	1800101—60—3	5F—AB—PINACA

续表

序号	中文名	英文名	CAS号	备注
28	N—（1—氨甲酰基—2，2—二甲基丙基）—1—（5—氟戊基）吲哚—3—甲酰胺	N-（1-Amino-3，3-dimethyl-1-oxobutan-2-yl）-1-（5-fluoropentyl）-1H-indole-3-carboxamide	1801338—27—1	5F—ADBICA
29	N—（1—甲氧基羰基—2—甲基丙基）—1—（5—氟戊基）吲唑—3—甲酰胺	1-Methoxy-3-methyl-1-oxobutan-2-yl-1-（5-fluoropentyl）-1H-indazole-3-carboxamide	1715016—74—2	5F—AMB
30	N—（1—金刚烷基）—1—（5—氟戊基）吲唑—3—甲酰胺	N-（1-Adamantyl）-1-（5-fluoropentyl）-1H-indazole-3-carboxamide	1400742—13—3	5F—APINACA
31	1—（5—氟戊基）吲哚—3—甲酸—8—喹啉酯	Quinolin-8-yl 1-（5-fluoropentyl）-1H-indole-3-carboxylate	1400742—41—7	5F—PB—22
32	1—（5—氟戊基）—3—（2，2，3，3—四甲基环丙甲酰基）吲哚	[1-（5-Fluoropentyl）-1H-indol-3-yl]（2，2，3，3-tetramethylcyclopropyl）methanone	1364933—54—9	5F—UR—144
33	1—[2—（N—吗啉基）乙基]—3—（2，2，3，3—四甲基环丙甲酰基）吲哚	（1-（2-Morpholin-4-ylethyl）-1H-indol-3-yl）（2，2，3，3-tetramethylcyclopropyl）methanone	895155—26—7	A—796，260
34	1—（4—四氢吡喃基甲基）—3—（2，2，3，3—四甲基环丙甲酰基）吲哚	（1-（Tetrahydropyran-4-ylmethyl）-1H-indol-3-yl）（2，2，3，3-tetramethylcyclopropyl）methanone	895155—57—4	A—834，735
35	N—（1—氨甲酰基—2—甲基丙基）—1—（环己基甲基）吲唑—3—甲酰胺	N-（1-Amino-3-methyl-1-oxobutan-2-yl）-1-（cyclohexylmethyl）-1H-indazole-3-carboxamide	1185887—21—1	AB—CHMINACA

续表

序号	中文名	英文名	CAS号	备注
36	N—（1—氨甲酰基—2—甲基丙基）—1—（4—氟苄基）吲唑—3—甲酰胺	N-（1-Amino-3-methyl-1-oxobutan-2-yl）-1-（4-fluorobenzyl）-1H-indazole-3-carboxamide	1629062—56—1	AB—FUBINACA
37	N—（1—氨甲酰基—2—甲基丙基）—1—戊基吲唑—3—甲酰胺	N-（1-Amino-3-methyl-1-oxobutan-2-yl）-1-pe-ntyl-1H-indazole-3-carboxamide	1445583—20—9	AB—PINACA
38	N—（1—氨甲酰基—2，2—二甲基丙基）—1—戊基吲哚—3—甲酰胺	N-（1-Amino-3，3-dimethyl-1-oxobutan-2-yl）-1-pentyl-1H-indole-3-carboxamide	1445583—48—1	ADBICA
39	N—（1—氨甲酰基—2，2—二甲基丙基）—1—戊基吲唑—3—甲酰胺	N-（1-Amino-3，3-dimethyl-1-oxobutan-2-yl）-1-pentyl-1H-indazole-3-carboxamide	1633766—73—0	ADB—PINACA
40	1—［（N—甲基—2—哌啶基）甲基］—3—（1—萘甲酰基）吲哚	（1-（（1-Methylpiperidin-2-yl）methyl）-1H-indol-3-yl，（naphthalen-1-yl）methanone	137642—54—7	AM—1220
41	1—［（N—甲基—2—哌啶基）甲基］—3—（1—金刚烷基甲酰基）吲哚	（1-（（1-Methylpiperidin-2-yl）methyl）-1H-indol-3-yl）（adamantan—1—yl）methanone	335160—66—2	AM—1248
42	1—［（N—甲基—2—哌啶基）甲基］—3—（2—碘苯甲酰基）吲哚	(1-（(1-Methylpiperidin-2-yl）methyl）-1H-indol-3-yl）（2—iodophenyl）methanone	444912—75—8	AM—2233
43	N—（1—金刚烷基）—1—戊基吲哚—3—甲酰胺	N-（1-Adamantyl）-1-pentyl-1H-indole-3-carboxamide	1345973—50—3	APICA
44	N—（1—金刚烷基）—1—戊基吲唑—3—甲酰胺	N-（1-Adamantyl）-1-pentyl-1H-indazole-3-carboxamide	1345973—53—6	APINACA

续表

序号	中文名	英文名	CAS 号	备注
45	1—（1—萘甲酰基）—4—戊氧基萘	（4-Pentyloxynaphthalen-1-yl）（naphthalen-1-yl）methanone	432047—72—8	CB—13
46	N—（1—甲基—1—苯基乙基）—1—（4—四氢吡喃基甲基）吲唑—3—甲酰胺	N-（2-Phenylpropan-2-yl）-1-（tetrahydropyran-4-ylmethyl）-1H-indazole-3-carboxamide	1400742—50—8	CUMYL—THPINACA
47	1—（5—氟戊基）—3—（4—乙基—1—萘甲酰基）吲哚	（1-（5-Fluoropentyl）-1H-indol-3-yl）（4-ethylnaphthalen-1-yl）methanone	1364933—60—7	EAM—2201
48	1—（4—氟苄基）—3—（1—萘甲酰基）吲哚	（1-（4-Fluorobenzyl）-1H-indol-3-yl）（naphthalen-1-yl）methanone		FUB—JWH—018
49	1—（4—氟苄基）吲哚—3—甲酸—8—喹啉酯	Quinolin-8-yl 1-（4-fluorobenzyl）-1H-indole-3-carboxylate	1800098—36—5	FUB—PB—22
50	2—甲基—1—戊基—3—（1—萘甲酰基）吲哚	（2-Methyl-1-pentyl-1H-indol-3-yl）（naphthalen-1-yl）methanone	155471—10—6	JWH—007
51	2—甲基—1—丙基—3—（1—萘甲酰基）吲哚	（2-Methyl-1-propyl-1H-indol-3-yl）（naphthalen-1-yl）methanone	155471—08—2	JWH—015
52	1—己基—3—（1—萘甲酰基）吲哚	（1-Hexyl-1H-indol-3-yl）（naphthalen-1-yl）methanone	209414—08—4	JWH—019
53	1—戊基—3—（4—甲氧基—1—萘甲酰基）吲哚	（1-Pentyl-1H-indol-3-yl）（4-methoxynaphthalen-1-yl）methanone	210179—46—7	JWH—081
54	1—戊基—3—（4—甲基—1—萘甲酰基）吲哚	（1-Pentyl-1H-indol-3-yl）（4-methylnaphthalen-1-yl）methanone	619294—47—2	JWH—122

续表

序号	中文名	英文名	CAS 号	备注
55	1—戊基—3—（2—氯苯乙酰基）吲哚	2-（2-Chlorophenyl）-1-（1-pentyl-1H-indol-3-yl）ethanone	864445—54—5	JWH—203
56	1—戊基—3—（4—乙基—1—萘甲酰基）吲哚	（1-Pentyl-1H-indol-3-yl）（4-ethylnaphthalen-1-yl）methanone	824959—81—1	JWH—210
57	1—戊基—2—（2—甲基苯基）—4—（1—萘甲酰基）吡咯	（5-（2-Methylphenyl）-1-pentyl-1H-pyrrol-3-yl）（naphthalen-1-yl）methanone	914458—22—3	JWH—370
58	1—（5—氟戊基）—3—（4—甲基—1—萘甲酰基）吲哚	（1-（5-Fluoropentyl）-1H-indol-3-yl）（4-methylnaphthalen-1-yl）methanone	1354631—24—5	MAM—2201
59	N—（1—甲氧基羰基—2，2—二甲基丙基）—1—（环己基甲基）吲哚—3—甲酰胺	N-（1-Methoxy-3，3-dimethyl-1-oxobutan-2-yl）-1-（cyclohexylmethyl）-1H-indole-3-carboxamide	1715016—78—6	MDMB—CHMICA
60	N—（1—甲氧基羰基—2，2—二甲基丙基）—1—（4—氟苄基）吲唑—3—甲酰胺	N-（1-Methoxy-3，3-dimethyl-1-oxobutan-2-yl）-1-（4-fluorobenzyl）-1H-indazole-3-carboxamide	1715016—77—5	MDMB—FUBINACA
61	1—戊基吲哚—3—甲酸—8—喹啉酯	Quinolin-8-yl 1-pentyl-1H-indole-3-carboxylate	1400742—17—7	PB—22
62	N—（1—氨甲酰基—2—苯基乙基）—1—（5—氟戊基）吲唑—3—甲酰胺	N-（1-Amino-1-oxo-3-phenylpropan-2-yl）-1-（5-fluoropentyl）-1H-indazole-3-carboxamide		PX—2

续表

序号	中文名	英文名	CAS号	备注
63	1—戊基—3—（4—甲氧基苯甲酰基）吲哚	(1-Pentyl-1H-indol-3-yl)(4-methoxyphenyl) methanone	1345966—78—0	RCS—4
64	N—（1—金刚烷基）—1—（5—氟戊基）吲哚—3—甲酰胺	N-(1-Adamantyl)-1-(5-fluoropentyl)-1H-indole-3-carboxamide	1354631—26—7	STS—135
65	1—戊基—3—（2，2，3，3—四甲基环丙甲酰基）吲哚	(1-Pentyl-1H-indol-3-yl)(2，2，3，3-tetramethylcyclopropyl) methanone	1199943—44—6	UR—144
66	2—氟甲卡西酮	1-(2-Fluorophenyl)-2-methylaminopropan-1-one	1186137—35—8	2—FMC
67	2—甲基甲卡西酮	1-(2-Methylphenyl)-2-methylaminopropan-1-one	1246911—71—6	2—MMC
68	3，4—二甲基甲卡西酮	1-(3，4-Dimethylphenyl)-2-methylaminopropan-1-one	1082110—00—6	3，4—DMMC
69	3—氯甲卡西酮	1-(3-Chlorophenyl)-2-methylaminopropan-1-one	1049677—59—9	3—CMC
70	3—甲氧基甲卡西酮	1-(3-Methoxyphenyl)-2-methylaminopropan-1-one	882302—56—9	3—MeOMC
71	3—甲基甲卡西酮	1-(3-Methylphenyl)-2-methylaminopropan-1-one	1246911—86—3	3—MMC
72	4—溴甲卡西酮	1-(4-Bromophenyl)-2-methylaminopropan-1-one	486459—03—4	4—BMC
73	4—氯甲卡西酮	1-(4-Chlorophenyl)-2-methylaminopropan-1-one	1225843—86—6	4—CMC

续表

序号	中文名	英文名	CAS号	备注
74	4—氟甲卡西酮	1-（4-Fluorophenyl）-2-methylaminopropan-1-one	447—40—5	4—FMC
75	1—（4—氟苯基）—2—（N—吡咯烷基）—1—戊酮	1-（4-Fluorophenyl）-2-（1-pyrrolidinyl）pentan-1-one	850352—62—4	4—F—α—PVP
76	1—（4—甲基苯基）—2—甲氨基—1—丁酮	1-（4-Methylphenyl）-2-methylaminobutan-1-one	1337016—51—9	4—MeBP
77	1—（4—甲氧基苯基）—2—（N—吡咯烷基）—1—戊酮	1-（4-Methoxyphenyl）-2-（1-pyrrolidinyl）pentan-1-one	14979—97—6	4—MeO—α—PVP
78	1—苯基—2—甲氨基—1—丁酮	1-Phenyl-2-methylaminobutan-1-one	408332—79—6	Buphedrone
79	2—甲氨基—1—［3，4—（亚甲二氧基）苯基］—1—丁酮	1-（3，4-Methylenedioxyphenyl）-2-methylaminobutan-1-one	802575—11—7	Butylone
80	2—二甲氨基—1—［3，4—（亚甲二氧基）苯基］—1—丙酮	1-（3，4-Methylenedioxyphenyl）-2-dimethylaminopropan-1-one	765231—58—1	Dimethylone
81	乙卡西酮	1-Phenyl-2-ethylaminopropan-1-one	18259—37—5	Ethcathinone
82	3，4—亚甲二氧基乙卡西酮	1-（3，4-Methylenedioxyphenyl）-2-ethylaminopropan-1-one	1112937—64—0	Ethylone
83	1—［3，4—（亚甲二氧基）苯基］—2—（N—吡咯烷基）—1—丁酮	1-（3，4-Methylenedioxyphenyl）-2-（1-pyrrolidinyl）butan-1-one	784985—33—7	MDPBP

续表

序号	中文名	英文名	CAS号	备注
84	1—［3，4—（亚甲二氧基）苯基］—2—（N—吡咯烷基）—1—丙酮	1-（3，4-Methylenedioxyphenyl）-2-（1-pyrrolidinyl）propan-1-one	783241—66—7	MDPPP
85	4—甲氧基甲卡西酮	1-（4-Methoxyphenyl）-2-methylaminopropan-1-one	530—54—1	Methedrone
86	1—苯基—2—乙氨基—1—丁酮	1-Phenyl-2-ethylaminobutan-1-one	1354631—28—9	NEB
87	1—苯基—2—甲氨基—1—戊酮	1-Phenyl-2-methylaminopentan-1-one	879722—57—3	Pentedrone
88	1—苯基—2—（N—吡咯烷基）—1—丁酮	1-Phenyl-2-（1-pyrrolidinyl）butan-1-one	13415—82—2	α—PBP
89	1—苯基—2—（N—吡咯烷基）—1—己酮	1-Phenyl-2-（1-pyrrolidinyl）hexan-1-one	13415—86—6	α—PHP
90	1—苯基—2—（N—吡咯烷基）—1—庚酮	1-Phenyl-2-（1-pyrrolidinyl）heptan-1-one	13415—83—3	α—PHPP
91	1—苯基—2—（N—吡咯烷基）—1—戊酮	1-Phenyl-2-（1-pyrrolidinyl）pentan-1-one	14530—33—7	α—PVP
92	1—（2—噻吩基）—2—（N—吡咯烷基）—1—戊酮	1-（Thiophen-2-yl）-2-（1-pyrrolidinyl）pentan-1-one	1400742—66—6	α—PVT
93	2—（3—甲氧基苯基）—2—乙氨基环己酮	2-（3-Methoxyphenyl）-2-（ethylamino）cyclohexanone	1239943—76—0	MXE
94	乙基去甲氯胺酮	2-（2-Chlorophenyl）-2-（ethylamino）cyclohexanone	1354634—10—8	NENK
95	N，N—二烯丙基—5—甲氧基色胺	5-Methoxy-N，N-diallyltryptamine	928822—98—4	5—MeO—DALT

续表

序号	中文名	英文名	CAS号	备注
96	N，N—二异丙基—5—甲氧基色胺	5-Methoxy-N，N-diisopropyltryptamine	4021—34—5	5—MeO—DiPT
97	N，N—二甲基—5—甲氧基色胺	5-Methoxy-N，N-dimethyltryptamine	1019—45—0	5—MeO—DMT
98	N—甲基—N—异丙基—5—甲氧基色胺	5-Methoxy-N-isopropyl-N-methyltryptamine	96096—55—8	5—MeO—MiPT
99	α—甲基色胺	alpha-Methyltryptamine	299—26—3	AMT
100	1，4—二苄基哌嗪	1，4-Dibenzylpiperazine	1034—11—3	DBZP
101	1—（3—氯苯基）哌嗪	1-（3-Chlorophenyl）piperazine	6640—24—0	mCPP
102	1—（3—三氟甲基苯基）哌嗪	1-（3-Trifluoromethylphenyl）piperazine	15532—75—9	TFMPP
103	2—氨基茚满	2-Aminoindane	2975—41—9	2—AI
104	5，6—亚甲二氧基—2—氨基茚满	5，6-Methylenedioxy-2-aminoindane	132741—81—2	MDAI
105	2—二苯甲基哌啶	2-Diphenylmethylpiperidine	519—74—4	2—DPMP
106	3，4—二氯哌甲酯	Methyl 2-（3，4-dichlorophenyl）-2-（piperidin-2-yl）acetate	1400742—68—8	3，4—CTMP
107	乙酰芬太尼	N-（1-Phenethylpiperidin-4-yl）-N-phenylacetamide	3258—84—2	Acetylfentanyl
108	3，4—二氯—N—［(1—二甲氨基环己基）甲基］苯甲酰胺	3，4-Dichloro-N-（（1-(dimethylamino）cyclohexyl）methyl）benzamide	55154—30—8	AH—7921
109	丁酰芬太尼	N-（1-Phenethylpiperidin-4-yl）-N-phenylbutyramide	1169—70—6	Butyrylfentanyl

续表

序号	中文名	英文名	CAS 号	备注
110	哌乙酯	Ethyl 2-phenyl-2-（piperidin-2-yl）acetate	57413—43—1	Ethylphenidate
111	1—［1—（2—甲氧基苯基）—2—苯基乙基］哌啶	1-（1-（2-Methoxyphenyl）-2-phenylethyl）piperidine	127529—46—8	Methoxphenidine
112	芬纳西泮	7-Bromo-5-（2-chlorophenyl）-1，3-dihydro-2H-1，4-benzodiazepin-2-one	51753—57—2	Phenazepam
113	β—羟基硫代芬太尼	N-（1-（2-Hydroxy-2-（thiophen-2-yl）ethyl）piperidin-4-yl）-N-phenylpropanamide	1474—34—6	β—Hydroxythiofentanyl
114	4—氟丁酰芬太尼	N-（4-Fluorophenyl）-N-（1-phenethylpiperidin-4-yl）butyramide	244195—31—1	4—Fluorobutyrfentanyl
115	异丁酰芬太尼	N-（1-Phenethylpiperidin-4-yl）-N-phenylisobutyramide	119618—70—1	Isobutyrfentanyl
116	奥芬太尼	N-（2-Fluorophenyl）-2-methoxy-N-（1-phenethylpiperidin-4-yl）acetamide	101343—69—5	Ocfentanyl

注：上述品种包括其可能存在的盐类、旋光异构体及其盐类（另有规定的除外）。

第八节　组织、强迫、引诱、容留、介绍卖淫罪

一、组织卖淫罪

（一）法律规定

第三百五十八条第一款　组织、强迫他人卖淫的，处五年以上十年以下有期徒刑，并处罚金；情节严重的，处十年以上有期徒刑或者无期徒刑，并处罚金或者没收财产。

第二款　组织、强迫未成年人卖淫的，依照前款的规定从重处罚。

第三款　犯前两款罪，并有杀害、伤害、强奸、绑架等犯罪行为的，依照数罪并罚的规定处罚。

第三百六十一条　旅馆业、饮食服务业、文化娱乐业、出租汽车业等单位的人员，利用本单位的条件，组织、强迫、引诱、容留、介绍他人卖淫的，依照本法第三百五十八条、第三百五十九条的规定定罪处罚。

前款所列单位的主要负责人，犯前款罪的，从重处罚。

（二）罪名详解

组织卖淫罪，是指以招募、雇佣、强迫、引诱、容留等手段，管理或者控制多人从事卖淫的行为。本罪是从《全国人民代表大会常务委员会关于严禁卖淫嫖娼的决定》第1条的规定，吸收改为刑法的具体规定的。1979年刑法没有这一罪名。《刑法修正案（九）》对本罪作了四方面的修改：一是取消了本罪的死刑；二是将判处十年以上刑罚的具体列举的五项情形修改为“情节严重”；三是增加组织未成年人卖淫的，从重处罚的规定，进一步加强了对未成年人的保护；四是增加规定对组织他人卖淫的，并有杀害、伤害、强奸、

绑架等犯罪行为的，依照数罪并罚的规定处罚。[①]

组织卖淫罪的构成要件是：

1. 主体要件

犯罪主体为一般主体，但必须是卖淫活动的组织者，也就是那些开设卖淫场所的“老鸨”或者是以其他方式组织他人卖淫的人。这里所说的组织者，有的是犯罪集团的首要分子；有的是临时纠合在一起进行组织卖淫活动的不法分子；有的是纠集控制几个卖淫人员从事卖淫活动的个人。组织者可以是一个人，也可以是几个人，还可以是团伙，关键是看其在卖淫活动中是否起组织者的作用。协助组织者不能成为本罪的主体。作为卖淫的被组织者，除非其积极参与组织卖淫，否则，也不能成为本罪的主体。

根据《刑法》第 361 条的规定，旅馆业、饮食服务业、文化娱乐业、出租汽车业等单位的人员，利用本单位的条件，组织他人卖淫的，亦构成组织卖淫罪。且对前款所列单位的主要负责人，犯前款罪的，从重处罚。

2. 客体要件

本罪侵犯的客体是社会管理秩序以及社会风化，即在长期的社会生活过程中所形成的良好的、健康的社会风俗教化。具有强迫行为的组织卖淫活动，还侵犯了他人的人身权利。涉卖淫类刑事犯罪，侵犯的均是社会对“性”的管理秩序。婚姻法规定夫妻之间有忠诚的义务，对已婚人员的性行为有了约束，对婚外性行为有一定的制裁措施。但是，婚姻法的惩处也是在处理夫妻婚姻纠纷时在财产分割问题上给予惩罚。对婚外性行为以及无婚姻人员的性行为，刑法及治安处罚法一般不予惩处。并且，一般的婚外性行为，并不牵涉到国家法律管理的层面，因而法律并不干涉，而仅由道德干涉。但是，一旦婚外性行为严重侵犯了社会风化，严重侵犯了中国特色的社会主义道德风

---

① 《刑法》原第 358 条第 1 款、第 2 款　组织他人卖淫或者强迫他人卖淫的，处五年以上十年以下有期徒刑，并处罚金；有下列情形之一的，处十年以上有期徒刑或者无期徒刑，并处罚金或者没收财产：

（一）组织他人卖淫，情节严重的；

（二）强迫不满十四周岁的幼女卖淫的；

（三）强迫多人卖淫或者多次强迫他人卖淫的；

（四）强奸后迫使卖淫的；

（五）造成被强迫卖淫的人重伤、死亡或者其他严重后果的。

有前款所列情形之一，情节特别严重的，处无期徒刑或者死刑，并处没收财产。

尚，特别是他人介入婚外性行为，即为具有婚外性行为意愿的人提供市场时，就侵犯了国家对“性”的管理的底线。也就是说，我国法律虽然一般不惩罚个别的、隐秘的、当事者自愿的婚外性行为，但并不提倡这些婚外性行为，更是坚决反对为婚外性行为提供市场的行为。

犯罪对象多数为女性，也包括男性，但必须是多人，即三人以上，而不是一个人。近年来，随着卖淫嫖娼现象的发展蔓延，有组织的卖淫嫖娼活动愈演愈烈，严重危害了社会管理秩序，毒化了社会风气。

3. 主观要件

组织卖淫罪的主观方面表现为直接故意。过失不能成为本罪的主观要件。间接故意在一般情况下也不能成为本罪的主观要件。但在个别情况下，间接故意也可以成为组织卖淫的主观要件。如单位主要负责人，明知单位人员利用本单位条件实施组织卖淫犯罪，但却放任不管且配合提供本单位的条件。

营利性不是本罪成立必须的主观要件。虽然司法实践中大多数的组织卖淫是以营利为目的，但是确实也有行为人，其组织卖淫并无直接的获利目的，或者虽有组织行为但尚未盈利的。对此，只要符合组织卖淫罪的犯罪构成，则应当以组织卖淫罪定罪处罚，而不考虑其是否以营利为目的或者是否实际营利。

4. 客观要件

客观方面表现为组织他人卖淫的行为。传统认为，卖淫是指妇女为换取金钱等物质利益而与不特定的男性发生性关系的行为。随着社会的发展变迁，男性也存在为获取物质利益而与不特定的女性发生性关系的现象。而近年来，社会上出现了妇女为获取物质性利益，为男性提供口淫、肛交等单性器官接触的服务。“卖淫”的概念和范围也应当随着社会生活的变化而更新，故刑法意义上的“卖淫”是指不特定的异性之间或者同性之间以金钱、财物为媒介发生不正当性关系的行为，包括性交、肛交、口交等。《最高人民法院、最高人民检察院关于办理组织、强迫、引诱、容留、介绍卖淫刑事案件适用法律若干问题的解释》（以下简称《涉卖淫刑案解释》）第 1 条规定，以招募、雇佣、纠集等手段，管理或者控制他人卖淫，卖淫人员在 3 人以上的，应当认定为《刑法》第 358 条规定的“组织他人卖淫”。

组织卖淫者是否设置固定的卖淫场所、组织卖淫者人数多少、规模大小，不影响组织卖淫行为的认定。

据此，组织卖淫的本质特征在于管理或者控制多人进行卖淫，至于采取的手段是暴力的、胁迫的，还是非暴力的、非胁迫的性质，都不影响本罪的成立。本罪在客观方面包括以下四个方面：

（1）行为人实施了一定组织手段。组织他人卖淫的手段，有招募、雇佣、强迫、引诱、容留等。“招募”，是指在社会上物色对象，网罗、招收、聚集卖淫人员；“雇佣”，是指用金钱收买他人从事卖淫活动；“强迫”，是指违背他人意志，用精神威胁、肉体折磨、摧残等方法，强迫和逼使其卖淫；“引诱”，是指用欺骗和诱惑、勾引的方法，促使他人卖淫；“容留”，是指为卖淫者提供场所。

（2）行为人通过组织手段实现对卖淫人员的控制或者管理。所谓管理，是指行为人指挥卖淫人员、协调卖淫活动，对卖淫组织的人员、场所等进行有效配置，以实现安全、高效的组织卖淫活动。比如组织卖淫者按照一定的模式向嫖客推荐、介绍卖淫女，统一调度、安排卖淫女，并为卖淫活动提供卖淫场所、安排相关服务、保障人员，提供物质便利条件等。所谓控制，基本含义是卖淫活动在组织者掌握的范围内或者操纵下进行。这种“控制”一方面表现在对卖淫对象人身和财产的控制，使之服从、接受卖淫组织的统一安排，如统一管理卖淫人员的身份证件、规定作息时间、统一管理卖淫人员的收入等等。另一方面表现为对卖淫行为的控制，如指定固定的场所为卖淫场所，规定不同的卖淫行为不同的价格，收取固定的介绍费用等。

（3）应当具有一定的规模。组织卖淫罪的规模要件主要体现在被组织人员众多。历来司法解释对构成组织卖淫罪的卖淫人数都有要求，《涉卖淫刑案解释》进一步明确规定，组织卖淫罪中被组织人员的人数为三人以上。对于被组织人员未达到三人的，因不符合组织卖淫罪的组织要件，故按照其手段定罪。

（4）不需要固定的场所。从司法实践来看，这种犯罪主要有两种形式：一种是设置卖淫场所，如以发廊、按摩房、洗浴中心等为名设置或者变相设置卖淫场所；另一种是没有固定的场所，只是通过控制卖淫人员有组织地进行卖淫活动。随着网络的快速发展，也有通过网上聊天、建立微信群、QQ 群等方式组织卖淫的，不论哪种形式，只要实施了组织他人卖淫的行为，即构成本罪。

（三）实务疑难问题

1. 一罪与数罪

根据《刑法》第 358 条第 3 款及《涉卖淫刑案解释》第 7 条第 1 款的规定，犯组织、强迫卖淫罪，并有杀害、伤害、强奸、绑架等犯罪行为的，依照数罪并罚的规定处罚。协助组织卖淫行为人参与实施上述行为的，以共同犯罪论处。在组织卖淫活动中，往往有对被组织者实行非法拘禁、侮辱、伤害、强奸等行为，根据刑法规定应实行数罪并罚，按照该规定，虽然组织卖淫罪（强迫卖淫罪亦相同）取消了死刑，但行为人在组织卖淫的过程中实施杀害、伤害、强奸、绑架等犯罪行为，依法又构成故意杀人罪、故意伤害罪、强奸罪、绑架罪等犯罪，如果符合上述犯罪判处死刑的标准，仍然可以判处死刑。

根据《涉卖淫刑案解释》第 3 条的规定，在组织卖淫犯罪活动中，对被组织卖淫的人有引诱、容留、介绍卖淫行为的，依照处罚较重的规定定罪处罚。但是，对被组织卖淫的人以外的其他人有引诱、容留、介绍卖淫行为的，应当分别定罪，实行数罪并罚。

2. 如何认定“卖淫人员在三人以上”

“卖淫人员在三人以上”是指组织卖淫者在同一时间段内，管理、控制“三人以上”卖淫，而非累计达到三人以上。首先，组织他人卖淫的“组织性”在人数上要求达到多数，即，行为人组织的卖淫人员的人数必须达到三人及以上，在数量上实现由少变多，如果卖淫的人数没有达到三人，那么行为的“组织性”则无法体现。其次，组织他人卖淫的“组织性”在空间上要求具有稳定性，即，组织者与卖淫人员通过一定的管理或者控制手段形成相对稳定的团体，从而让卖淫人员处于有序状态下进行卖淫交易。再次，组织他人卖淫的“组织性”在时间上要求具有重合性，即，三人以上的卖淫人员在被管理或者控制的某个时间段必须存在交叉、重叠，也即，三人以上的卖淫人员必须是同时出现在一个时间段内，方能体现组织卖淫中的“组织性”。“时间上的重合”是“人数上多数”和“空间上稳定”有机结合的必要结合点。如果卖淫人员处于今天 A 来了又离开、明天 B 来了又离开，后天 C 来了又离开这样一种流动不定的状态，那么，稳定的卖淫团体难以形成，“组织性”也难以体现。

3. 组织卖淫罪与引诱、容留、介绍卖淫罪的区别

组织卖淫罪与引诱、容留、介绍卖淫罪在犯罪构成要件上具有诸多相似之处，在手段上有重合之处，均可以表现为引诱、容留和介绍行为。那么，对于实施了引诱、容留、介绍的行为人究竟构成何罪，主要可以从以下三方面进行区分：一是组织卖淫罪要求管理、控制卖淫人员的数量在三人以上。一般来说，只有被组织的人员达到三人以上的才能称之为组织，否则与一般的引诱、容留、介绍卖淫行为在社会危害性上难有本质区别。如果受引诱、容留、介绍卖淫的人数未达到三人的，则不符合组织卖淫罪的适用条件，应认定为引诱、容留、介绍卖淫罪。二是组织卖淫罪要求行为人对卖淫组织实现管理和控制，这是两罪区分的关键。所谓控制，就是说卖淫活动必须在组织者掌握的范围内或者操纵下进行。如果行为人只是简单地勾引、利诱他人从事卖淫活动、为他人卖淫活动提供场所、在卖淫者和嫖客之间牵线搭桥、沟通撮合，对卖淫人员、卖淫活动实际都不掌控，即使引诱、容留、介绍了多人从事卖淫活动，也不构成组织卖淫罪。三是两罪在引诱、容留、介绍行为的具体表现方式上存在差异。比如，容留卖淫罪中的容留是指行为人为他人卖淫提供场所或其他便利条件的行为，其强调的是便利性。而组织卖淫罪中的容留，是指容纳收留自愿卖淫者参加卖淫组织，或参加有组织的卖淫活动，其强调的是组织性。容留卖淫罪中的容留可以以不作为的形式出现，而组织卖淫罪中的容留行为，是一种作为的犯罪，一般不以不作为的形式出现，否则难以对卖淫者实现管理和控制。

在具体处罚上，在组织卖淫活动中，对被组织的人有引诱、容留、介绍卖淫行为的，依照处罚较重的规定处罚，不实行数罪并罚。一般情况下，组织卖淫罪的处罚重于引诱、容留、介绍卖淫罪，故一般按照组织卖淫罪进行处罚。但引诱的对象是不满十四周岁的幼女时，则存在引诱幼女卖淫罪重于组织卖淫罪的可能，应依照引诱幼女卖淫罪定罪处罚，组织卖淫行为作为犯罪情节考虑。

4. 如何认定松散型管理的组织卖淫行为与容留卖淫的区别

组织卖淫行为，尤其是以容留卖淫为手段的组织卖淫行为，与单纯的容留卖淫行为，最主要的区别在于行为人对卖淫人员的卖淫活动是否实施了管理、控制行为。组织卖淫行为的最主要行为特征是对卖淫活动实施了管理、控制行为，既包括如何将卖淫人员组织在一起的行为，也包括将卖淫人员组

织起来后如何管理、控制卖淫活动的行为，也包括容留等手段。但组织卖淫中的容留与单纯的容留卖淫是有质的区别的，组织卖淫中的容留，是为组织卖淫服务的，是作为组织卖淫的一种手段，而容留卖淫行为人对卖淫人员的卖淫活动既不管理，更不控制，而仅仅提供固定或者临时租借的场所以及流动场所，收取一定的场所费用甚至不收取任何费用，对卖淫人员在何时卖淫、向谁卖淫、如何收费等均不过问，至于卖淫人员的日常行为，更是卖淫人员自行安排。当然，组织卖淫行为必须具备一定规模要件。如果卖淫人员不到三人的，应当降格认定为容留卖淫。

在一般情况下，组织卖淫行为人是设置或者变相设置卖淫场所的，如以宾馆、洗浴中心、会所、发廊、旅店、饭店等为固定场所或者以经营宾馆、洗浴中心、会所等为名，行组织卖淫之实。但近些年来，面对严厉的“扫黄”活动，一些不法之徒采取动态管理方式，即不建立固定的卖淫窝点，而是利用现代化的交通与通信设施，指挥、控制着多人从事卖淫活动。这种动态管理模式，将组织卖淫行为化整为零，或者将分散的单个卖淫行为组织起来，既能扩大卖淫的范围，又便于逃避公安机关的追查。这类没有固定场所的组织卖淫行为，非常明显地体现了组织者的管理、控制行为，也应当认定为组织卖淫行为。

5. 组织卖淫罪与协助组织卖淫罪的区别

协助组织卖淫罪实际上是组织卖淫罪的帮助犯，两罪在犯罪主体、客体和主观方面基本一致，协助组织卖淫罪的成立也以存在组织卖淫罪为前提。

两罪区别主要体现予以下几方面：从行为性质看，协助组织卖淫罪的主体实施的是为组织他人卖淫活动提供方便、创造条件、排除障碍的帮助行为，主要有两方面内容，一方面是在组织他人卖淫的共同犯罪中起帮助作用的行为，如充当保镖、打手、管账人等；另一方面是为组织卖淫的人招募、运送人员或者有其他协助组织他人卖淫的行为，这两方面内容突出了协助性。而组织卖淫行为系能将卖淫人员及卖淫活动集合起来的行为，包括招聘、雇佣、引诱、容留、介绍等，突出了组织性。从行为对象看，组织卖淫罪的行为人其行为对象是卖淫人员，而协助组织卖淫罪的行为并非直接作用于卖淫人员，与卖淫人员之间也无直接的指挥、管理关系。因此，协助组织卖淫罪的行为人就是没有具体参与实施上述组织行为而只是在外围协助组织者实施主行为，提供物质上、体力上和精神上帮助的行为的人员。

（四）情节与量刑

根据《刑法》第358条第1款的规定，犯组织卖淫罪的，处5年以上10年以下有期徒刑，并处罚金；情节严重的，处10年以上有期徒刑或者无期徒刑，并处罚金或者没收财产。

根据《涉卖淫刑案解释》第2条的规定，组织他人卖淫，具有下列情形之一的，应当认定为刑法第358条第1款规定的“情节严重”：(1) 卖淫人员累计达10人以上的；(2) 卖淫人员中未成年人、孕妇、智障人员、患有严重性病的人累计达5人以上的；(3) 组织境外人员在境内卖淫或者组织境内人员出境卖淫的；(4) 非法获利人民币100万元以上的；(5) 造成被组织卖淫的人自残、自杀或者其他严重后果的；(6) 其他情节严重的情形。

（五）法律链接

1.《最高人民法院、最高人民检察院关于办理组织、强迫、引诱、容留、介绍卖淫刑事案件适用法律若干问题的解释》（法释〔2017〕13号 自2017年7月25日起施行）（节录）

第一条 以招募、雇佣、纠集等手段，管理或者控制他人卖淫，卖淫人员在三人以上的，应当认定为刑法第三百五十八条规定的“组织他人卖淫”。

组织卖淫者是否设置固定的卖淫场所、组织卖淫者人数多少、规模大小，不影响组织卖淫行为的认定。

第二条 组织他人卖淫，具有下列情形之一的，应当认定为刑法第三百五十八条第一款规定的“情节严重”：

（一）卖淫人员累计达十人以上的；

（二）卖淫人员中未成年人、孕妇、智障人员、患有严重性病的人累计达五人以上的；

（三）组织境外人员在境内卖淫或者组织境内人员出境卖淫的；

（四）非法获利人民币一百万元以上的；

（五）造成被组织卖淫的人自残、自杀或者其他严重后果的；

（六）其他情节严重的情形。

第六条 强迫他人卖淫，具有下列情形之一的，应当认定为刑法第三百五十八条第一款规定的“情节严重”：

（一）卖淫人员累计达五人以上的；

（二）卖淫人员中未成年人、孕妇、智障人员、患有严重性病的人累计达三人以上的；

（三）强迫不满十四周岁的幼女卖淫的；

（四）造成被强迫卖淫的人自残、自杀或者其他严重后果的；

（五）其他情节严重的情形。

行为人既有组织卖淫犯罪行为，又有强迫卖淫犯罪行为，且具有下列情形之一的，以组织、强迫卖淫“情节严重”论处：

（一）组织卖淫、强迫卖淫行为中具有本解释第二条、本条前款规定的“情节严重”情形之一的；

（二）卖淫人员累计达到本解释第二条第一、二项规定的组织卖淫“情节严重”人数标准的；

（三）非法获利数额相加达到本解释第二条第四项规定的组织卖淫“情节严重”数额标准的。

第七条　根据刑法第三百五十八条第三款的规定，犯组织、强迫卖淫罪，并有杀害、伤害、强奸、绑架等犯罪行为的，依照数罪并罚的规定处罚。协助组织卖淫行为人参与实施上述行为的，以共同犯罪论处。

根据刑法第三百五十八条第二款的规定，组织、强迫未成年人卖淫的，应当从重处罚。

第八条　引诱、容留、介绍他人卖淫，具有下列情形之一的，应当依照刑法第三百五十九条第一款的规定定罪处罚：

（一）引诱他人卖淫的；

（二）容留、介绍二人以上卖淫的；

（三）容留、介绍未成年人、孕妇、智障人员、患有严重性病的人卖淫的；

（四）一年内曾因引诱、容留、介绍卖淫行为被行政处罚，又实施容留、介绍卖淫行为的；

（五）非法获利人民币一万元以上的。

利用信息网络发布招嫖违法信息，情节严重的，依照刑法第二百八十七条之一的规定，以非法利用信息网络罪定罪处罚。同时构成介绍卖淫罪的，依照处罚较重的规定定罪处罚。

引诱、容留、介绍他人卖淫是否以营利为目的，不影响犯罪的成立。

引诱不满十四周岁的幼女卖淫的，依照刑法第三百五十九条第二款的规定，以引诱幼女卖淫罪定罪处罚。

被引诱卖淫的人员中既有不满十四周岁的幼女，又有其他人员的，分别以引诱幼女卖淫罪和引诱卖淫罪定罪，实行并罚。

第九条 引诱、容留、介绍他人卖淫，具有下列情形之一的，应当认定为刑法第三百五十九条第一款规定的“情节严重”：

（一）引诱五人以上或者引诱、容留、介绍十人以上卖淫的；

（二）引诱三人以上的未成年人、孕妇、智障人员、患有严重性病的人卖淫，或者引诱、容留、介绍五人以上该类人员卖淫的；

（三）非法获利人民币五万元以上的；

（四）其他情节严重的情形。

第十条 组织、强迫、引诱、容留、介绍他人卖淫的次数，作为酌定情节在量刑时考虑。

第十三条 犯组织、强迫、引诱、容留、介绍卖淫罪的，应当依法判处犯罪所得二倍以上的罚金。共同犯罪的，对各共同犯罪人合计判处的罚金应当在犯罪所得的二倍以上。

对犯组织、强迫卖淫罪被判处无期徒刑的，应当并处没收财产。

2. 最高人民法院、最高人民检察院、公安部、司法部关于依法惩治性侵害未成年人犯罪的意见（法发〔2013〕12号　自2013年10月23日起施行）（节录）

26. 组织、强迫、引诱、容留、介绍未成年人卖淫构成犯罪的，应当从重处罚。强迫幼女卖淫、引诱幼女卖淫的，应当分别按照刑法第三百五十八条第一款第（二）项、第三百五十九条第二款的规定定罪处罚。

对未成年人负有特殊职责的人员、与未成年人有共同家庭生活关系的人员、国家工作人员，实施组织、强迫、引诱、容留、介绍未成年人卖淫等性侵害犯罪的，更要依法从严惩处。

二、强迫卖淫罪

（一）法律规定

第三百五十八条第一款　组织、强迫他人卖淫的，处五年以上十年以下有期徒刑，并处罚金；情节严重的，处十年以上有期徒刑或者无期徒刑，并处罚金或者没收财产。

第二款　组织、强迫未成年人卖淫的，依照前款的规定从重处罚。

第三款　犯前两款罪，并有杀害、伤害、强奸、绑架等犯罪行为的，依照数罪并罚的规定处罚。

（二）罪名详解

强迫卖淫罪，是指以暴力、胁迫、虐待或者其他手段，迫使他人卖淫的行为。本罪1979年《刑法》第140条作了规定，罪名为“强迫妇女卖淫罪”。1997年修订刑法时对罪状作了修改，罪名相应地改为“强迫卖淫罪”。《刑法修正案（九）》对本罪作了四方面的修改，一是取消了本罪的死刑；二是将判处十年以上刑罚的具体列举的五项情形修改为“情节严重”；三是增加强迫未成年人卖淫的，从重处罚的规定，进一步加强了对未成年人的保护；四是增加规定对强迫他人卖淫的，并有杀害、伤害、强奸、绑架等犯罪行为的，依照数罪并罚的规定处罚。

强迫卖淫罪的构成要件是：

1. 主体要件

本罪的犯罪主体为一般主体。根据《刑法》第361条的规定，旅馆业、饮食服务业、文化娱乐业、出租汽车业等单位的人员，利用本单位的条件，强迫他人卖淫的，亦构成强迫卖淫罪。且对前款所列单位的主要负责人，犯前款罪的，从重处罚。

2. 客体要件

本罪侵犯的客体是社会主义道德风尚和公民的人身权利。强迫卖淫的行为不仅严重侵犯公民的人身自由权利和性自由权利，而且往往还造成被害人身体的伤害和精神上的巨大创伤，具有极大的社会危害性。犯罪对象为“他人”，包括男人和女人。强迫的对象可以是品行良好，从未有过卖淫历史的人，也可以是有过卖淫史，但已不再卖淫的人。

3. 主观要件

主观方面由直接故意构成。行为人一般是以营利为目的，但这并不是构成本罪在主观方面的必备要件。只要行为人实施了强迫卖淫的行为即构成本罪，而不论其动机、目的如何。

4. 客观要件

客观方面表现为违背他人意志，强迫他人卖淫的行为。这是本罪的本质特征，也是与引诱、容留、介绍卖淫行为的主要区别。因此，本罪客观方面包含三方面的内容，一是行为人采取的手段是暴力、胁迫或者其他手段；二是强迫卖淫本质上违背了被强迫卖淫者的意志；三是被强迫卖淫的人与行为人以外的人发生性关系，而且发生性关系属于卖淫性质，即与卖淫人员发生性关系的对方是嫖娼人员。这也是强迫卖淫罪与强奸罪最大的区别之所在。所谓强迫，是指以殴打、伤害、捆绑等暴力手段或者以暴力相威胁，以及其他手段，如以揭发隐私或者进行精神上的摧残、折磨等，迫使对方违背自己的意志进行卖淫。无论采取哪种手段，只要卖淫者不是出于自愿，而是在被逼迫下从事了卖淫活动，即构成强迫卖淫罪。

强迫卖淫的强迫性主要表现为以下情形：（1）在他人不愿意从事卖淫活动的情况下，使用强制手段迫使其从事卖淫活动；（2）他人虽然原本从事卖淫活动，但在他人不愿意继续从事卖淫活动的情况下，使用强制手段强迫其继续从事卖淫活动；（3）在卖淫者不愿意在某地从事卖淫活动或者为某人从事卖淫活动的情况下，使用强制手段在某地或为某人从事卖淫活动。因此，从事卖淫活动的卖淫者也可以成为强迫卖淫的对象。

（三）实务疑难问题

强迫卖淫罪与强奸罪的区别

强迫卖淫罪与强奸罪的区别主要体现在以下几个方面：

（1）两罪的主观内容不同。强迫卖淫罪在主观内容上具有获利性，包括具有营利性或者获取其他利益。但强奸罪的主观目的是满足性欲或者其他目的，一般不具有获利性，更不具有营利性。当然，在特定情况下，强奸犯罪分子也具有获利性。主要有两种情况。一是受他人所雇强奸某妇女，二是为了一定的经济利益或者其他目的，帮助他人实施强奸犯罪行为。（2）客观方面的区别。奸淫的内容不一样。强奸行为限于性交，如果对被害妇女实施其他流氓行为的，如抠摸、手淫，或者强迫被害妇女对行为人进行口交、肛交等非直接性交行为的，都不能以强奸罪定罪，而只能以强制猥亵罪定罪处罚。而强迫卖淫行为除迫使被害人与嫖客性交外，还包括迫使被害人与嫖客发生口交、肛交等虽然不是直接性交但属于进入式且容易传播性病的性行为。在强奸行为的情况下，被害妇女多是处于被动接受他人奸淫，而在强迫卖淫的情况下，被害妇女经常是主动去招引嫖客，与嫖客的性行为多在表象上是同意的。强奸犯罪中，与妇女发生性关系的行为人即强奸犯，对妇女违背自己的意志被奸淫的事实是明知的，而强迫卖淫犯罪中，嫖客通常并不知道为自己提供性服务的一方是被强迫的，与暴力实施者之间没有意思联络，而且嫖客本人也不需要实施暴力、胁迫等手段就能达到与被害妇女发生性关系的目的。（3）犯罪对象的区别。强奸罪的对象只限于妇女。而强迫卖淫罪的犯罪对象为“他人”，包括男人和女人。

强迫卖淫罪与强奸罪在大多数情况下是不难区分的。但是在强迫妇女卖淫与强奸罪帮助犯的情况下，两罪有时容易混淆。因此，应当结合行为人的目的等进行判断。强奸罪的帮助犯也会采用暴力、胁迫或者其他手段，目的是为强奸罪的亲手犯具体实施强奸行为时扫清障碍，如帮助他们对被害妇女捆绑、殴打等，其帮助的对象是特定的。帮助者一般也不以获取利益为目的。强奸行为的亲手犯一般也知道帮助犯的存在和帮助犯所实施的帮助行为。而强迫卖淫罪的强迫行为实施人，帮助的对象是不特定的，即不特定的嫖客，而且以获取利益为目的。嫖客既不知道强迫卖淫行为人的存在，也不知道强迫卖淫行为人对卖淫者所实施的暴力、胁迫等手段。

（四）情节与量刑

根据《刑法》第 358 条第 1 款的规定，犯强迫卖淫罪的，处 5 年以上 10 年以下有期徒刑，并处罚金；情节严重的，处 10 年以上有期徒刑或者无期徒刑，并处罚金或者没收财产。强迫未成年人卖淫的，依照前款的规定从重处罚。

根据《涉卖淫刑案解释》第 6 条的规定，强迫他人卖淫，具有下列情形之一的，应当认定为刑法第 358 条第 1 款规定的“情节严重”：（1）卖淫人员累计达 5 人以上的；（2）卖淫人员中未成年人、孕妇、智障人员、患有严重性病的人累计达 3 人以上的；（3）强迫不满 14 周岁的幼女卖淫的；（4）造成被强迫卖淫的人自残、自杀或者其他严重后果的；（5）其他情节严重的情形。行为人既有组织卖淫犯罪行为，又有强迫卖淫犯罪行为，且具有下列情形之一的，以组织、强迫卖淫“情节严重”论处：（1）组织卖淫、强迫卖淫行为中具有本解释第 2 条、本条前款规定的“情节严重”情形之一的；（2）卖淫人员累计达到本解释第 2 条第 1、2 项规定的组织卖淫“情节严重”人数标准的；（3）非法获利数额相加达到本解释第 2 条第 4 项规定的组织卖淫“情节严重”数额标准的。

（五）法律链接

《最高人民法院、最高人民检察院关于办理组织、强迫、引诱、容留、介绍卖淫刑事案件适用法律若干问题的解释》（法释〔2017〕13 号　自 2017 年 7 月 25 日起施行）（节录）

第六条　强迫他人卖淫，具有下列情形之一的，应当认定为刑法第三百五十八条第一款规定的“情节严重”：

（一）卖淫人员累计达五人以上的；

（二）卖淫人员中未成年人、孕妇、智障人员、患有严重性病的人累计达三人以上的；

（三）强迫不满十四周岁的幼女卖淫的；

（四）造成被强迫卖淫的人自残、自杀或者其他严重后果的；

（五）其他情节严重的情形。

行为人既有组织卖淫犯罪行为，又有强迫卖淫犯罪行为，且具有下列情形之一的，以组织、强迫卖淫“情节严重”论处：

（一）组织卖淫、强迫卖淫行为中具有本解释第二条、本条前款规定的“情节严重”情形之一的；

（二）卖淫人员累计达到本解释第二条第一、二项规定的组织卖淫“情节严重”人数标准的；

（三）非法获利数额相加达到本解释第二条第四项规定的组织卖淫“情节严重”数额标准的。

第七条　根据刑法第三百五十八条第三款的规定，犯组织、强迫卖淫罪，并有杀害、伤害、强奸、绑架等犯罪行为的，依照数罪并罚的规定处罚。协助组织卖淫行为人参与实施上述行为的，以共同犯罪论处。

根据刑法第三百五十八条第二款的规定，组织、强迫未成年人卖淫的，应当从重处罚。

第十条　组织、强迫、引诱、容留、介绍他人卖淫的次数，作为酌定情节在量刑时考虑。

第十三条　犯组织、强迫、引诱、容留、介绍卖淫罪的，应当依法判处犯罪所得二倍以上的罚金。共同犯罪的，对各共同犯罪人合计判处的罚金应当在犯罪所得的二倍以上。

对犯组织、强迫卖淫罪被判处无期徒刑的，应当并处没收财产。

三、协助组织卖淫罪

（一）法律规定

第三百五十八条第四款　**为组织卖淫的人招募、运送人员或者有其他协助组织他人卖淫行为的，处五年以下有期徒刑，并处罚金；情节严重的，处五年以上十年以下有期徒刑，并处罚金。**

（二）罪名详解

协助组织卖淫罪，是指在组织卖淫的共同犯罪中起帮助作用的行为。本罪是从《全国人民代表大会常务委员会关于严禁卖淫嫖娼的决定》第 1 条的规定，吸收改为刑法的具体规定的，1979 年刑法没有这一罪名。《刑法修正案（八）》修改了本罪的罪状，将“协助组织他人卖淫的”修改为“为组织卖淫的人招募、运送人员或者有其他协助组织他人卖淫行为的”。但《最高人民法院、最高人民检察院关于确定罪名的补充规定（五）》并未对罪名进行修改。

协助组织卖淫罪的构成要件是：

1. 主体要件

犯罪主体为一般主体。

2. 客体要件

本罪侵犯的客体是社会管理秩序以及社会风化，即在长期的社会生活过程中所形成的良好的、健康的社会风俗教化。一般情况下，协助组织卖淫罪只侵犯社会管理秩序，但有时也同时侵犯公民的人身自由，此时，侵犯的客体就是双重客体。但从构成要件这个意义上说，社会管理秩序才是协助组织卖淫罪的直接客体，人身自由只是协助组织卖淫罪可能会侵犯的客体。

本罪的犯罪对象是“他人”，而不限于“妇女”。“他人”既包括男人，也包括女人。

3. 主观要件

主观方面，行为人具有协助组织卖淫活动的犯罪故意。由于本罪的行为人与组织卖淫罪的行为人是共同实施的，因此从共同犯罪的意义上说，本罪的行为人也具有组织卖淫的故意。但是从构成本罪要件的角度讲，行为人对自己的行为具有协助组织卖淫的性质主观上是明知的。

4. 客观要件

客观方面表现为实施了协助组织行为。具体地说，就是实施了为组织卖淫犯罪分子招募、运送人员等行为或者充当保镖、打手、管账人等角色。主要有三种行为方式：（1）招募、运送。以招工为名，通过广告、互联网等方式，协助诱骗、招募妇女卖淫，但本身不参与组织卖淫活动；提供交通工具，为组织卖淫者接送、转移卖淫人员，只收取相应运输费用的。（2）充当保镖、打手、管账人等。充当保镖，看家护院，望风放哨；充当打手，协助强迫妇女卖淫，逼良为娼；为组织卖淫者充当管账人。（3）其他方法和行为。这是一种兜底规定，实践中主要包括：对卖淫人员进行所谓的“技术培训”，明知是组织卖淫场所而从事保洁员、收银员、保安员等工作，并有帮助行为的；为卖淫者安排住处；为组织卖淫者指示犯罪目标，提供犯罪工具，排除障碍；提供反调查信息等。

（三）实务疑难问题

1. 罪与非罪的认定

在查处组织卖淫案件时，公安机关往往不仅抓捕组织卖淫者和协助组织卖淫者，对一般协助卖淫行为性质不明显的人员也一并抓获。对此类人员应具体情况具体分析，不能一概而论地都予以定罪处罚。如果行为人协助卖淫行为性质明显的，不论其从事何种协助行为，均应以协助卖淫罪定罪处罚。但对协助卖淫行为性质不明显的，则不轻易定罪处罚。区分协助卖淫行为性质是否明显，主要看三个方面：一是从其工作场所来区分。如果是在隐蔽场所，非合法经营场所，则不存在协助行为性质不明显的问题，这是前提条件。行为人明知是非法场所，仍然实施协助行为，不能认定为协助性质不明显。因此，在会所、洗浴中心等合法经营场所，是认定协助行为性质不明显的首要条件。二是以从事工作性质来区分。充当保镖、打手、管账等工作的，从其平时工作中就应发现组织卖淫犯罪活动。而从事一般性的服务工作，如打扫卫生、迎宾、一般结账等一般性服务工作的，就不一定能在主观上具有协助组织卖淫的故意。三是从所获取的利益来区分。这是认定行为人与组织卖淫者关系密切程度的重要方法之一。仅领取正常的一般性薪酬的，与领取高额工资者，明显不同。上述三个方面结合起来，确定协助行为性质是否明显。在具有营业执照的会所、洗浴中心等经营场所从事一般服务工作，仅领取正常薪酬，协助组织卖淫行为性质不明显的，不认定为协助组织卖淫罪。

2. 划清本罪与其他罪的界限

（1）划清本罪与组织卖淫罪的界限

刑法单独规定了协助组织卖淫罪，表明这类行为有具体的罪状和单独的法定刑，应当确定为独立的罪名，适用单独的法定刑处罚，不再适用刑法关于从犯的处罚原则。因此，明知他人实施组织卖淫犯罪活动而帮助招募、运送人员或者有充当保镖、打手、管账人等协助组织他人卖淫行为的，以协助组织卖淫罪定罪处罚，不以组织卖淫罪的从犯论处。

（2）划清本罪与包庇罪的界限

旅游业、饮食服务业、文化娱乐业、出租汽车业等单位的人员，在公安机关查处卖淫、嫖娼活动时，为违法犯罪分子通风报信的，广义上也是一种包庇行为，但对这种“情节严重”的行为，根据《刑法》第362条规定，应按《刑法》第310条规定的包庇罪定罪处罚。二者的主要区别在于事前是否有同谋。如果事前有同谋的，应定为协助组织卖淫罪的共犯；如果事前没有同谋，而纯系在组织卖淫犯罪完成之后的一种帮助行为，则应定为包庇罪，而不能定协助组织卖淫罪。

（四）情节与量刑

依照《刑法》第358条第3款规定，犯协助组织卖淫罪的，处5年以下有期徒刑，并处罚金；情节严重的，处5年以上10年以下有期徒刑，并处罚金。

该款规定的“情节严重”，是本罪的加重处罚情节，根据《涉卖淫刑案解释》第5条的规定，协助组织他人卖淫，具有下列情形之一的，应当认定为《刑法》第358条第4款规定的“情节严重”：（1）招募、运送卖淫人员累计达10人以上的；（2）招募、运送的卖淫人员中未成年人、孕妇、智障人员、患有严重性病的人累计达5人以上的；（3）协助组织境外人员在境内卖淫或者协助组织境内人员出境卖淫的；（4）非法获利人民币50万元以上的；（5）造成被招募、运送或者被组织卖淫的人自残、自杀或者其他严重后果的；（6）其他情节严重的情形。

四、引诱、容留、介绍卖淫罪

（一）法律规定

第三百五十九条第一款　引诱、容留、介绍他人卖淫的，处五年以下有期徒刑、拘役或者管制，并处罚金；情节严重的，处五年以上有期徒刑，并处罚金。

第三百六十一条　旅馆业、饮食服务业、文化娱乐业、出租汽车业等单位的人员，利用本单位的条件，组织、强迫、引诱、容留、介绍他人卖淫的，依照本法第三百五十八条、第三百五十九条的规定定罪处罚。

前款所列单位的主要负责人，犯前款罪的，从重处罚。

（二）罪名详解

引诱、容留、介绍卖淫罪，是指以金钱、物质或者其他利益为手段，诱使他人卖淫，或者为他人卖淫提供场所，或者为卖淫的人与嫖客牵线搭桥的行为。1979年《刑法》第169条已有引诱、容留妇女卖淫罪的规定。《全国人民代表大会常务委员会关于严禁卖淫嫖娼的决定》第3条增加了“介绍他人卖淫”的行为。1997年修订刑法时将该条吸收改为刑法的具体规定，罪名相应地改为“引诱、容留、介绍卖淫罪”。

引诱、容留、介绍卖淫罪的构成要件是：

1. 主体要件

本罪的犯罪主体为一般主体。根据《刑法》第361条的规定，旅馆业、饮食服务业、文化娱乐业、出租汽车业等单位的人员，利用本单位的条件，引诱、容留、介绍他人卖淫的，亦构成本罪，且对前款所列单位的主要负责人，从重处罚。

2. 客体要件

本罪侵犯的客体是社会管理秩序以及社会风化，即在长期的社会生活过程中所形成的良好的、健康的社会风俗教化。犯罪对象既包括女人，也包括男人。

3. 主观要件

本罪的主观方面表现为故意，即行为人明知自己的行为对卖淫行为的滋生和卖淫活动的发生提供媒介性帮助，并希望或放任这种危害结果的发生，过失不能构成本罪。通常情况下，引诱、容留、介绍卖淫行为在主观上多出于直接故意，尤其是针对引诱和介绍卖淫行为，可以排除间接故意的可能性。但是，对于容留卖淫行为，存在间接故意的情形。是否具有营利的目的不是构成本罪在主观方面的必备要件。

4. 客观要件

客观方面表现为引诱、容留、介绍他人卖淫的行为。“引诱”是指行为人利用金钱、物质利益或非物质利益作诱饵，或者采取其他手段，拉拢、勾引、劝导、怂恿、诱惑、唆使他人从事卖淫活动的行为。“容留”，是指提供固定的或者不固定的、短期的或者长期的卖淫场所的行为。这里所说的“容留”，既包括在自己所有、管理、使用、经营的固定场所，如私人住宅、宾馆、饭店、餐厅、歌厅、理发店等场所容留卖淫、嫖娼人员从事卖淫嫖娼活动，也包括在流动场所，如汽车、轮船中容留他人卖淫、嫖娼。“介绍”，是指在卖淫者与嫖娼者之间进行引见、沟通、撮合，包括通过互联网发布卖淫信息，使卖淫嫖娼行为得以实现的行为，即所说的“拉皮条”。行为人只要实施了上述三种行为中的一种行为，即可构成本罪。因此，本罪属于选择性罪名。如果行为人同时实施了引诱、容留、介绍他人卖淫行为的，应定为引诱、容留、介绍卖淫罪，但不实行数罪并罚。如果行为人只实施了其中一种或两种行为的，则以其所实施的行为确定罪名。

根据《涉卖淫刑案解释》第 8 条的规定，引诱、容留、介绍他人卖淫，具有下列情形之一的，构成本罪：（1）引诱他人卖淫的；（2）容留、介绍2 人以上卖淫的；（3）容留、介绍未成年人、孕妇、智障人员、患有严重性病的人卖淫的；（4）1 年内曾因引诱、容留、介绍卖淫行为被行政处罚，又实施容留、介绍卖淫行为的；（5）非法获利人民币 1 万元以上的。

（三）实务疑难问题

1. 罪与非罪的认定

划清本罪与自愿卖淫行为的界限。引诱、容留、介绍卖淫的犯罪主体是卖淫者与嫖娼者以外的第三人。如果是卖淫者自己招揽生意或者相互介绍、容留卖淫的，则不构成本罪。

2. 划清本罪与组织卖淫罪、协助组织卖淫罪的界限

组织卖淫罪、协助组织卖淫罪，与本罪在犯罪的客体、客观方面、主观方面有相同或者相似之处。在组织、协助组织他人卖淫活动中，往往有引诱、容留等行为。但是，组织卖淫罪中的引诱、容留行为是以控制多人为基本特征的；协助组织他人卖淫的行为主要是在组织他人卖淫犯罪中起帮助作用的行为；而引诱、容留、介绍他人卖淫的行为，则表现为纯粹的引诱、容留、介绍他人卖淫的行为。

3. 介绍嫖娼行为如何处理

虽然在实践中，介绍卖淫和介绍嫖娼行为因其表现形式的多样性和复杂性，往往容易重叠和混淆，但不能因此而不加区分。为了卖淫人员或者组织、强迫、引诱、容留卖淫行为人的利益而介绍他人去嫖娼的，依法应当认定为介绍他人卖淫。仅仅知道卖淫窝点或联系方式等，而与卖淫方面的相关人员没有关联性，介绍他人去嫖娼的，属于介绍嫖娼，不应当认定为刑法意义上的介绍卖淫。区别介绍卖淫与介绍嫖娼的关键，在于介绍人主要是为了组织、强迫、引诱、容留卖淫行为人的利益或者卖淫人员的利益还是为了嫖娼人的非法需求。前者属于介绍卖淫，后者属于介绍嫖娼。

（四）情节与量刑

依照《刑法》第359条第1款规定，犯引诱、容留、介绍卖淫罪的，处5年以下有期徒刑、拘役或者管制，并处罚金；情节严重的，处5年以上有期徒刑，并处罚金。

根据《涉卖淫刑案解释》第9条的规定，引诱、容留、介绍他人卖淫，具有下列情形之一的，应当认定为《刑法》第359条第1款规定的“情节严重”：（1）引诱5人以上或者引诱、容留、介绍10人以上卖淫的；（2）引诱3人以上的未成年人、孕妇、智障人员、患有严重性病的人卖淫，或者引诱、容留、介绍5人以上该类人员卖淫的；（3）非法获利人民币5万元以上的；（4）其他情节严重的情形。

根据《最高人民法院关于常见犯罪的量刑指导意见（二）（试行）》规定：

1. 构成引诱、容留、介绍卖淫罪的，可以根据下列不同情形在相应的幅度内确定量刑起点：

（1）情节一般的，可以在2年以下有期徒刑、拘役幅度内确定量刑起点。

（2）情节严重的，可以在5年至7年有期徒刑幅度内确定量刑起点。

2. 在量刑起点基础上，可以根据引诱、容留、介绍卖淫的人数、次数等其他影响犯罪构成的犯罪事实增加刑罚量，确定基准刑。

3. 旅馆业、饮食服务业、文化娱乐业、出租汽车业等单位的主要负责人，利用本单位的条件，引诱、容留、介绍他人卖淫的，可以增加基准刑的10%～20%。

（五）法律链接

1. **中华人民共和国治安管理处罚法**（2005年8月28日第十届全国人民代表大会常务委员会第十七次会议通过　根据2012年10月26日第十一届全国人民代表大会常务委员会第二十九次会议《关于修改〈中华人民共和国治安管理处罚法〉的决定》修正）（节录）

第六十七条　引诱、容留、介绍他人卖淫的，处十日以上十五日以下拘留，可以并处五千元以下罚款；情节较轻的，处五日以下拘留或者五百元以下罚款。

2.《最高人民法院、最高人民检察院关于办理组织、强迫、引诱、容留、介绍卖淫刑事案件适用法律若干问题的解释》（法释〔2017〕13号　自2017年7月25日起施行）（节录）

第八条　引诱、容留、介绍他人卖淫，具有下列情形之一的，应当依照刑法第三百五十九条第一款的规定定罪处罚：

（一）引诱他人卖淫的；

（二）容留、介绍二人以上卖淫的；

（三）容留、介绍未成年人、孕妇、智障人员、患有严重性病的人卖淫的；

（四）一年内曾因引诱、容留、介绍卖淫行为被行政处罚，又实施容留、介绍卖淫行为的；

（五）非法获利人民币一万元以上的。

利用信息网络发布招嫖违法信息，情节严重的，依照刑法第二百八十七条之一的规定，以非法利用信息网络罪定罪处罚。同时构成介绍卖淫罪的，依照处罚较重的规定定罪处罚。

引诱、容留、介绍他人卖淫是否以营利为目的，不影响犯罪的成立。

引诱不满十四周岁的幼女卖淫的，依照刑法第三百五十九条第二款的规定，以引诱幼女卖淫罪定罪处罚。

被引诱卖淫的人员中既有不满十四周岁的幼女，又有其他人员的，分别以引诱幼女卖淫罪和引诱卖淫罪定罪，实行并罚。

第九条　引诱、容留、介绍他人卖淫，具有下列情形之一的，应当认定为刑法第三百五十九条第一款规定的“情节严重”：

（一）引诱五人以上或者引诱、容留、介绍十人以上卖淫的；

（二）引诱三人以上的未成年人、孕妇、智障人员、患有严重性病的人卖淫，或者引诱、容留、介绍五人以上该类人员卖淫的；

（三）非法获利人民币五万元以上的；

（四）其他情节严重的情形。

第十条　组织、强迫、引诱、容留、介绍他人卖淫的次数，作为酌定情节在量刑时考虑。

第十三条　犯组织、强迫、引诱、容留、介绍卖淫罪的，应当依法判处犯罪所得二倍以上的罚金。共同犯罪的，对各共同犯罪人合计判处的罚金应当在犯罪所得的二倍以上。

对犯组织、强迫卖淫罪被判处无期徒刑的，应当并处没收财产。

五、引诱幼女卖淫罪

（一）法律规定

第三百五十九条第二款　引诱不满十四周岁的幼女卖淫的，处五年以上有期徒刑，并处罚金。

（二）罪名详解

引诱幼女卖淫罪，是指引诱不满14周岁的幼女卖淫的行为。本罪是从《全国人民代表大会常务委员会关于严禁卖淫嫖娼的决定》第3条的规定，吸收改为刑法的具体规定的。1979年刑法没有这一罪名。

引诱幼女卖淫罪的构成要件是：

1. 主体要件

本罪的犯罪主体为一般主体。按照《刑法》第361条的规定，旅馆业、饮食服务业、文化娱乐业、出租汽车业等单位工作人员，也可以成为犯罪主体。

2. 客体要件

本罪侵犯的客体是复杂客体，不仅侵犯了社会治安管理秩序，而且侵犯了幼女的身心健康。犯罪对象是不满14周岁的幼女。引诱他人卖淫的行为严重危害社会治安管理秩序，而引诱幼女卖淫的行为不仅危害社会治安管理秩序，而且严重侵害了幼女的身心健康，具有很大的社会危害性。

行为对象是不满14周岁的幼女，不论幼女品行、身体健康状况和发育状况；引诱已满14周岁不满18周岁的未成年少女卖淫或引诱不满14周岁的男童卖淫的，均应认定引诱他人卖淫罪。

3. 主观要件

本罪的主观方面是故意，包括直接故意和间接故意，即要求行为人主观上须明知被引诱的对象是不满14周岁的幼女，过失不能构成本罪。关于“明知”的认定可以参照最高法、最高检、公安部、司法部四部门联合出台《关于依法惩治性侵害未成年人犯罪的意见》，该意见规定“知道或者应当知道对方是不满十四周岁的幼女，而实施奸淫等性侵害行为的，应当认定行为人‘明知’对方是幼女。对于不满十二周岁的被害人实施奸淫等性侵害行为的，应当认定行为人‘明知’对方是幼女。对于已满十二周岁不满十四周岁的被害人，从其身体发育状况、言谈举止、衣着特征、生活作息规律等观察可能是幼女，而实施奸淫等性侵害行为的，应当认定行为人‘明知’对方是幼女。”

4. 客观要件

客观方面表现为引诱幼女进行卖淫的行为。“引诱”，是指用金钱、物质或者其他方法诱使幼女卖淫的行为。本罪是行为犯，只要行为人主观上有引诱幼女卖淫的故意，客观上实施了引诱幼女卖淫行为，无须幼女在客观上与嫖客发生性关系或其他性行为。

（三）实务疑难问题

1. 引诱幼女卖淫罪与强迫卖淫罪（强迫幼女卖淫）的区别

在司法实践中，行为人为达到幼女卖淫的目的往往采取软硬兼施的手段，引诱与强迫的方法并用，或者先引诱后强迫，或者强迫过程中又威逼利诱，区别两罪的关键在于是否违背幼女的意志，引诱幼女卖淫并没有违背幼女的意志，是利用物质利益、非物质利益或者其他手段诱惑、暗示、怂恿方式促使幼女答应从事卖淫活动；强迫幼女卖淫行为违背了幼女的意志，采用暴力、胁迫或者其他方法迫使幼女卖淫。

2. 行为人既引诱他人卖淫，又引诱幼女卖淫的定罪问题

《涉卖淫刑案解释》第 8 条第 5 款规定，被引诱卖淫的人员中既有不满 14 周岁的幼女，又有其他人员的，分别以引诱幼女卖淫罪和引诱卖淫罪定罪，实行并罚。

有的容留妇女卖淫的犯罪分子未直接引诱幼女卖淫，也未与引诱幼女卖淫的犯罪分子事前通谋，而是引诱幼女卖淫的犯罪分子将幼女带到容留妇女卖淫的窝点，交给容留妇女卖淫的犯罪分子，由容留妇女卖淫的犯罪分子将幼女接收下来容留其卖淫，对此，《最高人民法院研究室关于容留不满十四周岁的幼女卖淫应如何定罪处罚问题的电话答复》中指出，对于这种情况应当以容留他人卖淫罪定罪处罚。

（四）情节与量刑

依照《刑法》第 359 条第 2 款规定，犯引诱幼女卖淫罪的，处 5 年以上有期徒刑，并处罚金。

在适用《刑法》第 359 条第 2 款规定处罚时，应当注意，引诱幼女卖淫并有引诱、容留、介绍他人卖淫行为的，应当实行数罪并罚。这是因为引诱幼女卖淫是引诱他人卖淫的一种特殊情形，刑法对此有特殊规定。其特殊性在于：一是犯罪对象不同；二是法定刑不同。如果将引诱幼女卖淫罪包括在引诱、容留、介绍他人卖淫罪之中予以处罚，就失去了本罪单独确定罪名的意义。

六、传播性病罪

（一）法律规定

第三百六十条　明知自己患有梅毒、淋病等严重性病卖淫、嫖娼的，处五年以下有期徒刑、拘役或者管制，并处罚金。

（二）罪名详解

传播性病罪，是指明知自己患有梅毒、淋病等严重性病而进行卖淫、嫖娼的行为。本罪是从《全国人民代表大会常务委员会关于严禁卖淫嫖娼的决定》第 5 条的规定，吸收改为刑法的具体规定的。1979 年刑法没有这一罪名。

传播性病罪的构成要件是：

1. 主体要件

犯罪主体为特殊主体，即已满 16 周岁，具有刑事责任能力，且患有严重性病的人才能构成本罪的主体。中国公民和外国人均可构成本罪主体。“严重性病”，主要是指梅毒、淋病。由于艾滋病也可以通过卖淫、嫖娼传播，而艾滋病比普通性病更严重、更难以治愈，因此艾滋病属于“严重性病”的范畴。至于其他严重性病的范围，应当在传染病防治法规定的范围和卫生部门作为性病监测的性病范围内从严掌握，不能将普通性病作为严重性病，防止扩大打击面。

2. 客体要件

本罪侵犯的客体是复杂客体，既破坏了社会主义道德风尚，又侵犯了公民的人身健康权利。卖淫、嫖娼行为，对社会治安和社会的良好风尚具有很大的破坏作用，是人所共知的。近些年来，曾经绝迹多年的性病死灰复燃，并在全国迅速蔓延，其主要原因是卖淫、嫖娼造成的。有的卖淫、嫖娼者明知自己患有严重性病却仍然进行卖淫、嫖娼，将性病传播给他人，严重损害了他人的身体健康。因此，对于这种行为应当按照犯罪处理。

3. 主观要件

主观方面由故意构成，即明知自己患有严重性病而仍然进行卖淫或者嫖娼。根据《涉卖淫刑案解释》第 11 条第 1 款的规定，具有下列情形之一的，应当认定为刑法第 360 条规定的“明知”：（1）有证据证明曾到医院或者其他医疗机构就医或者检查，被诊断为患有严重性病的；（2）根据本人的知识和经验，能够知道自己患有严重性病的；（3）通过其他方法能够证明行为人是“明知”的。如果行为人确实不知道自己患有严重性病而卖淫、嫖娼的，不构成本罪。

4. 客观要件

客观方面表现为在患有严重性病的情况下实施卖淫或者嫖娼的行为。本罪在犯罪形态上属于行为犯，只要行为人在明知自己患有严重性病的情况下，故意实施卖淫、嫖娼行为，即构成犯罪。至于实际是否已造成他人染上性病的结果，不影响本罪的成立。

（三）实务疑难问题

1. 罪与非罪的认定

构成本罪的传播严重性病的行为，必须是通过卖淫、嫖娼的途径传播的。如果行为人通过恋爱、婚姻、强奸等将性病传染给他人，或者将病菌通过衣裤、浴缸、毛巾等物传染给他人的，则不构成本罪。行为人故意通过卖淫、嫖娼以外的其他方式将严重性病传染给他人，符合故意伤害罪的构成要件的，可以认定为故意伤害罪。

2. 一罪与数罪的区分

组织、强迫、引诱、容留、介绍有性病的人卖淫的，其行为既触犯了组织、强迫、引诱、容留、介绍卖淫罪，又触犯了传播性病罪（共犯），但不实行并罚，只定组织、强迫、引诱、容留、介绍卖淫罪一罪，从重处罚。

3、划清传播性病罪与故意伤害罪的界限

两罪在一般情况下是容易区分开来的。虽然梅毒、淋病等严重性病也会给人以健康上的伤害，但从现代医学条件而言，梅毒、淋病等严重性病都是能够治愈的。而且，传播性病罪属于行为犯，而不是结果犯，被害人无论是否实际上被传染性病，都不影响传播性病罪的成立。因此，一般而言，传播性病行为对公民身体健康的危害后果可以为传播性病罪的罪质所涵括。

但是，根据《涉卖淫刑案解释》第 12 条的规定，行为人明知自己感染艾滋病病毒而卖淫、嫖娼，未发生他人感染艾滋病病毒的实际后果的，以传播性病罪定罪并从重处罚。行为人明知自己感染艾滋病病毒而卖淫、嫖娼，致使他人感染艾滋病病毒的，则以故意伤害罪定罪处罚。行为人明知自己感染艾滋病病毒，故意不采取防范措施而与他人发生性关系，致使他人感染艾滋病病毒的，也以故意伤害罪定罪处罚。

4. 划清传播性病罪与强奸罪的界限

行为人明知自己患有梅毒、淋病等严重性病而实施强奸犯罪时，其传播性病的行为是不能以传播性病罪定罪的。因为传播性病罪的行为方式仅限于卖淫嫖娼，非卖淫嫖娼方式，包括强奸、通奸等，均不是传播性病罪的行为方式。在此情况下，仅对所实施的强奸行为定罪处罚。但其通过强奸方式传播梅毒、淋病的行为可作为强奸的量刑情节予以考虑。

行为人明知自己感染艾滋病病毒而实施强奸犯罪的，如果未发生被害人感染艾滋病病毒的实际后果的，在这种情况下，行为人仅对其强奸行为负刑事责任。其传播艾滋病的行为因没有实际危害后果，不能以故意伤害罪定罪，也不能以传播性病罪定罪。如果致使被害人感染艾滋病病毒的，在这种情况下，其传播艾滋病病毒的行为虽然触犯了刑法关于故意伤害罪的规定，但却不必认定为强奸罪和故意伤害罪的想象竞合犯，而只需要认定构成强奸罪，并依照《刑法》第 236 条第 3 款第 5 项“致使被害人重伤、死亡或者造成其他严重后果”的规定处罚。

行为人明知自己感染艾滋病病毒而奸淫幼女的，也应当以强奸罪定罪并从重处罚。

（四）情节与量刑

依照《刑法》第 360 条第 1 款规定，犯传播性病罪的，处 5 年以下有期徒刑、拘役或者管制，并处罚金。

司法机关在适用《刑法》第 360 条第 1 款规定处罚时，应当注意：由于法律规定，对卖淫、嫖娼的要一律强制进行性病检查；对患有性病的要进行强制医疗。因此，被判处刑罚的人，如果性病在判决时仍未痊愈，按照 2012 年修正的《刑事诉讼法》第 254 条第 1 款第 1 项“有严重疾病需要保外就医”的规定，可以决定暂予监外执行；对符合经 2011 年《刑法修正案（八）》第 11 条修正的适用缓刑条件的人，可以判处缓刑，以利于对其进行强制医疗。

（五）法律链接

《最高人民法院、最高人民检察院关于办理组织、强迫、引诱、容留、介绍卖淫刑事案件适用法律若干问题的解释》（法释〔2017〕13 号　自 2017 年 7 月 25 日起施行）（节录）

第十一条　具有下列情形之一的，应当认定为刑法第三百六十条规定的“明知”：

（一）有证据证明曾到医院或者其他医疗机构就医或者检查，被诊断为患有严重性病的；

（二）根据本人的知识和经验，能够知道自己患有严重性病的；

（三）通过其他方法能够证明行为人是“明知”的。

传播性病行为是否实际造成他人患上严重性病的后果，不影响本罪的成立。

刑法第三百六十条规定所称的“严重性病”，包括梅毒、淋病等。其它性病是否认定为“严重性病”，应当根据《中华人民共和国传染病防治法》《性病防治管理办法》的规定，在国家卫生与计划生育委员会规定实行性病监测的性病范围内，依照其危害、特点与梅毒、淋病相当的原则，从严掌握。

第十二条　明知自己患有艾滋病或者感染艾滋病病毒而卖淫、嫖娼的，依照刑法第三百六十条的规定，以传播性病罪定罪，从重处罚。

具有下列情形之一，致使他人感染艾滋病病毒的，认定为刑法第九十五条第三项“其他对于人身健康有重大伤害”所指的“重伤”，依照刑法第二百三十四条第二款的规定，以故意伤害罪定罪处罚：

（一）明知自己感染艾滋病病毒而卖淫、嫖娼的；

（二）明知自己感染艾滋病病毒，故意不采取防范措施而与他人发生性关系的。

第九节　制作、贩卖、传播淫秽物品罪

一、制作、复制、出版、贩卖、传播淫秽物品牟利罪

（一）法律规定

第三百六十三条第一款　以牟利为目的，制作、复制、出版、贩卖、传播淫秽物品的，处三年以下有期徒刑、拘役或者管制，并处罚金；情节严重的，处三年以上十年以下有期徒刑，并处罚金；情节特别严重的，处十年以上有期徒刑或者无期徒刑，并处罚金或者没收财产。

第三百六十六条　单位犯本节第三百六十三条、第三百六十四条、第三百六十五条规定之罪的，对单位判处罚金，并对其直接负责的主管人员和其他直接责任人员，依照各该条的规定处罚。

（二）罪名详解

制作、复制、出版、贩卖、传播淫秽物品牟利罪，是指以牟利为目的，制作、复制、出版、贩卖、传播淫秽物品的行为。本罪是从《全国人民代表大会常务委员会关于惩治走私、制作、贩卖、传播淫秽物品的犯罪分子的决定》第 2 条的规定，吸收改为刑法的具体规定的。1979 年刑法只有制作、贩卖淫书、淫画罪。

制作、复制、出版、贩卖、传播淫秽物品牟利罪的构成要件是：

1. 主体要件

犯罪主体是一般主体，包括自然人和单位。

2. 客体要件

本罪侵犯的客体是社会主义道德风尚和国家对文化娱乐制品市场的管理制度。淫秽物品对人们的思想、道德风尚和社会治安具有极大的腐蚀和破坏作用。因此，国家在制定一系列行政规定，加强文化市场管理的同时，还需要通过刑罚手段来惩罚侵犯这种破坏文化管理制度和社会道德风尚的犯罪行为。本罪的犯罪对象是淫秽物品。根据《刑法》第367条的规定，淫秽物品，是指具体描绘性行为或者露骨宣扬色情的诲淫性的书刊、影片、录像带、录音带、图片及其他淫秽物品，包括具体描绘性行为或者露骨宣扬色情的诲淫性的视频文件、音频文件、电子刊物、图片、文章、短信息等互联网、移动通讯终端、电子信息和声讯台语言信息等。有关人体生理、医学知识的科学著作，电子信息和声讯台语言信息不是淫秽物品。包含有色情内容的有艺术价值的文学、艺术作品不视为淫秽物品。

3. 主观要件

主观方面均出于故意。即明知是淫秽物品而进行制作、复制、出版、贩卖、传播，并且必须以牟利为目的。至于行为人是否已经实际取得了利益，获利多少，并不影响本罪的成立，可作为量刑的情节加以考虑。

4. 客观要件

客观方面表现为制作、复制、出版、贩卖、传播淫秽物品的行为。“制作”，是指生产、录制、摄制、编写、译著、绘画、印刷、刻印、洗印等行为；“复制”，是指复印、拓印、翻印、翻拍、复写、复录、抄写等仿造行为；“出版”，是指编辑、印刷等行为；“贩卖”，是指发行、批发、零售、倒卖等行为；“传播”，是指播放、放映、出租、出借、承运、邮寄等行为。根据《最高人民法院关于审理非法出版物刑事案件具体应用法律若干问题的解释》（以下简称《解释》），以牟利为目的，实施《刑法》第363条第1款规定的行为，具有下列情形之一的，以制作、复制、出版、贩卖、传播淫秽物品牟利罪定罪处罚：（1）制作、复制、出版淫秽影碟、软件、录像带50至100张（盒）以上，淫秽音碟、录音带100至200张（盒）以上，淫秽扑克、书刊、画册100至200副（册）以上，淫秽照片、画片500至1000张以上的；（2）贩卖淫秽影碟、软件、录像带100至200张（盒）以上，淫秽音碟、录音带200至400张（盒）以上，淫秽扑克、书刊、画册200至400副（册）以上，淫秽照片、画片1000至2000张以上的；（3）向他人传播淫秽物品达200

至500人次以上，或者组织播放淫秽影、像达10至20场次以上的；（4）制作、复制、出版、贩卖、传播淫秽物品，获利5000至1万元以上的。

根据《最高人民法院、最高人民检察院关于办理利用互联网、移动通讯终端、声讯台制作、复制、出版、贩卖、传播淫秽电子信息刑事案件具体应用法律若干问题的解释（一）》（以下简称《“两高”解释》）第1条第1款的规定，以牟利为目的，利用互联网、移动通讯终端制作、复制、出版、贩卖、传播淫秽电子信息，具有下列情形之一的，依照《刑法》第363条第1款的规定，以制作、复制、出版、贩卖、传播淫秽物品牟利罪定罪处罚：（1）制作、复制、出版、贩卖、传播淫秽电影、表演、动画等视频文件20个以上的；（2）制作、复制、出版、贩卖、传播淫秽音频文件100个以上的；（3）制作、复制、出版、贩卖、传播淫秽电子刊物、图片、文章、短信息等200件以上的；（4）制作、复制、出版、贩卖、传播的淫秽电子信息，实际被点击数达到1万次以上的；（5）以会员制方式出版、贩卖、传播淫秽电子信息，注册会员达200人以上的；（6）利用淫秽电子信息收取广告费、会员注册费或者其他费用，违法所得1万元以上的；（7）数量或者数额虽未达到第（1）项至第（6）项规定标准，但分别达到其中两项以上标准一半以上的；（8）造成严重后果的。《最高人民法院、最高人民检察院关于办理利用互联网、移动通讯终端、声讯台制作、复制、出版、贩卖、传播淫秽电子信息刑事案件具体应用法律若干问题的解释（二）》第1条第2款降低了行为人制作、复制、出版、贩卖、传播含有不满14周岁未成年人的淫秽电子信息的定罪标准，即在《“两高”解释》的定罪量刑标准的基础上降低一半，体现了对未成年人的保护。《“两高”解释》第1条第2款同时规定，利用聊天室、论坛、即时通信软件、电子邮件等方式，实施第1款规定行为的，依照《刑法》第363条第1款的规定，以制作、复制、出版、贩卖、传播淫秽物品牟利罪定罪处罚。第5条第1款规定，以牟利为目的，通过声讯台传播淫秽语音信息，具有下列情形之一的，依照《刑法》第363条第1款的规定，对直接负责的主管人员和其他直接责任人员以传播淫秽物品牟利罪定罪处罚：（1）向100人次以上传播的；（2）违法所得1万元以上的；（3）造成严重后果的。

本罪属选择性罪名。制作、复制、出版、贩卖、传播淫秽物品的五种行为，分别是五种犯罪。行为人实施其中一种行为的，以该行为确定罪名；行为人同时实施其中几种行为的，应将所实施的行为并列为一个罪名，如既制作又贩卖、传播的，则只定制作、贩卖、传播淫秽物品牟利罪，不实行数罪并罚。

（三）实务疑难问题

划清本罪与走私淫秽物品罪的界限

本罪与走私淫秽物品罪的主要区别在于侵犯的客体不同。前者侵犯的客体是社会的管理制度和社会主义社会风尚；后者侵犯的客体主要是海关监管制度。如果行为人走私淫秽物品后以该宗淫秽物品为牟利贩卖、传播，这种行为属于走私淫秽物品罪的后续行为，不应当再定贩卖、传播淫秽物品牟利罪，而应当只定走私淫秽物品罪一罪。如果行为人走私的是这一批淫秽物品，为牟利贩卖、传播的是另一批淫秽物品，则应当定走私淫秽物品罪和贩卖、传播淫秽物品牟利罪，实行数罪并罚。

（四）情节与量刑

依照《刑法》第 363 条第 1 款规定，犯制作、复制、出版、贩卖、传播淫秽物品牟利罪的，处 3 年以下有期徒刑、拘役或者管制，并处罚金；情节严重的，处 3 年以上 10 年以下有期徒刑，并处罚金；情节特别严重的，处 10 年以上有期徒刑或者无期徒刑，并处罚金或者没收财产。

依照《刑法》第 366 条规定，单位犯本罪的，对单位判处罚金，并对其直接负责的主管人员和其他直接责任人员，依照第 363 条第 1 款规定处罚。

根据《解释》第 8 条第 2 款的规定，以牟利为目的，实施《刑法》第 363 条第 1 款规定的行为，具有下列情形之一的，应当认定为制作、复制、出版、贩卖、传播淫秽物品牟利罪"情节严重"：（1）制作、复制、出版淫秽影碟、软件、录像带 250 至 500 张（盒）以上，淫秽音碟、录音带 500 至 1000 张（盒）以上，淫秽扑克、书刊、画册 500 至 1000 副（册）以上，淫秽照片、画片 2500 至 5000 张以上的；（2）贩卖淫秽影碟、软件、录像带 500 至 1000 张（盒）以上，淫秽音碟、录音带 1000 至 2000 张（盒）以上，淫秽扑克、书刊、画册 1000 至 2000 副（册）以上，淫秽照片、画片 5000 至 1 万张以上的；（3）向他人传播淫秽物品达 1000 至 2000 人次以上，或者组织播放淫秽影、像达 50 至 100 场次以上的；（4）制作、复制、出版、贩卖、传播淫秽物品，获利 3 万至 5 万元以上的。

以牟利为目的，实施《刑法》第363条第1款规定的行为，其数量（数额）达到《解释》第8条第2款规定的数量（数额）5倍以上的，应当认定为制作、复制、出版、贩卖、传播淫秽物品牟利罪“情节特别严重”。

根据《“两高”解释》第2条的规定，数额达到第1条第1款第1项至第6项规定标准5倍以上的，应当认定为《刑法》第363条规定的“情节严重”；达到规定标准25倍以上的，应当认定为“情节特别严重”。第5条第2款规定，实施第1款规定行为，数量或者数额达到前款第1项至第2项规定标准5倍以上的，应当认定为《刑法》第363条第1款规定的“情节严重”；达到规定标准25倍以上的，应当认定为“情节特别严重”。

值得注意的是，《最高人民法院、最高人民检察院关于利用网络云盘制作、复制、贩卖、传播淫秽电子信息牟利行为定罪量刑问题的批复》规定，对于以牟利为目的，利用网络云盘制作、复制、贩卖、传播淫秽电子信息的行为，在追究刑事责任时，鉴于网络云盘的特点，不应单纯考虑制作、复制、贩卖、传播淫秽电子信息的数量，还应充分考虑传播范围、违法所得、行为人一贯表现以及淫秽电子信息、传播对象是否涉及未成年人等情节，综合评估社会危害性，恰当裁量刑罚，确保罪责刑相适应。也即，对于以牟利为目的，利用网络云盘制作、复制、贩卖、传播淫秽电子信息的行为，是否认定为“情节严重”“情节特别严重”，不能仅以司法解释规定的制作、复制、贩卖、传播淫秽电子信息的数量为标准。

（五）法律链接

1. 全国人民代表大会常务委员会关于维护互联网安全的决定（2000年12月28日第九届全国人民代表大会常务委员会第十九次会议通过　根据2009年8月27日第十一届全国人民代表大会常务委员会第十次会议《关于修改部分法律的决定》修正）（节录）

三、为了维护社会主义市场经济秩序和社会管理秩序，对有下列行为之一，构成犯罪的，依照刑法有关规定追究刑事责任：

（一）利用互联网销售伪劣产品或者对商品、服务作虚假宣传；

（二）利用互联网损害他人商业信誉和商品声誉；

（三）利用互联网侵犯他人知识产权；

（四）利用互联网编造并传播影响证券、期货交易或者其他扰乱金融秩序的虚假信息；

（五）在互联网上建立淫秽网站、网页，提供淫秽站点链接服务，或者传播淫秽书刊、影片、音像、图片。

2. 最高人民法院关于审理非法出版物刑事案件具体应用法律若干问题的解释（法释〔1998〕30号　自1998年12月23日起施行）（节录）

第八条　以牟利为目的，实施刑法第三百六十三条第一款规定的行为，具有下列情形之一的，以制作、复制、出版、贩卖、传播淫秽物品牟利罪定罪处罚：

（一）制作、复制、出版淫秽影碟、软件、录像带50至100张（盒）以上，淫秽音碟、录音带一百至二百张（盒）以上，淫秽扑克、书刊、画册一百至二百副（册）以上，淫秽照片、画片五百至一千张以上的；

（二）贩卖淫秽影碟、软件、录像带一百至二百张（盒）以上，淫秽音碟、录音带二百至四百张（盒）以上，淫秽扑克、书刊、画册二百至四百副（册）以上，淫秽照片、画片一千至二千张以上的；

（三）向他人传播淫秽物品达二百至五百人次以上，或者组织播放淫秽影、像达十至二十场次以上的；

（四）制作、复制、出版、贩卖、传播淫秽物品，获利五千至一万元以上的。

以牟利为目的，实施刑法第三百六十三条第一款规定的行为，具有下列情形之一的，应当认定为制作、复制、出版、贩卖、传播淫秽物品牟利罪“情节严重”：

（一）制作、复制、出版淫秽影碟、软件、录像带二百五十至五百张（盒）以上，淫秽音碟、录音带五百至一千张（盒）以上，淫秽扑克、书刊、画册五百至一千副（册）以上，淫秽照片、画片二千五百至五千张以上的；

（二）贩卖淫秽影碟、软件、录像带五百至一千张（盒）以上，淫秽音碟、录音带一千至二千张（盒）以上，淫秽扑克、书刊、画册一千至二千副（册）以上，淫秽照片、画片五千至一万张以上的；

（三）向他人传播淫秽物品达一千至二千人次以上，或者组织播放淫秽影、像达五十至一百场次以上的；

（四）制作、复制、出版、贩卖、传播淫秽物品，获利三万至五万元以上的。

以牟利为目的，实施刑法第三百六十三条第一款规定的行为，其数量（数额）达到前款规定的数量（数额）五倍以上的，应当认定为制作、复制、出版、贩卖、传播淫秽物品牟利罪“情节特别严重”。

第九条　为他人提供书号、刊号，出版淫秽书刊的，依照刑法第三百六十三条第二款的规定，以为他人提供书号出版淫秽书刊罪定罪处罚。

为他人提供版号，出版淫秽音像制品的，依照前款规定定罪处罚。

明知他人用于出版淫秽书刊而提供书号、刊号的，依照刑法第三百六十三条第一款的规定，以出版淫秽物品牟利罪定罪处罚。

第十条　向他人传播淫秽的书刊、影片、音像、图片等出版物达三百至六百人次以上或者造成恶劣社会影响的，属于“情节严重”，依照刑法第三百六十四条第一款的规定，以传播淫秽物品罪定罪处罚。

组织播放淫秽的电影、录像等音像制品达十五至三十场次以上或者造成恶劣社会影响的，依照刑法第三百六十四条第二款的规定，以组织播放淫秽音像制品罪定罪处罚。

第十一条　违反国家规定，出版、印刷、复制、发行本解释第一条至第十条规定以外的其他严重危害社会秩序和扰乱市场秩序的非法出版物，情节严重的，依照刑法第二百二十五条第（三）项的规定，以非法经营罪定罪处罚。

第十二条　个人实施本解释第十一条规定的行为，具有下列情形之一的，属于非法经营行为“情节严重”：

（一）经营数额在五万元至十万元以上的；

（二）违法所得数额在二万元至三万元以上的；

（三）经营报纸五千份或者期刊五千本或者图书二千册或者音像制品、电子出版物五千张（盒）以上的。

具有下列情形之一的，属于非法经营行为“情节特别严重”：

（一）经营数额在十五万元至三十万元以上的；

（二）违法所得数额在五万元至十万元以上的；

（三）经营报纸一万五千万份或者期刊一万五千万本或者图书五千册或者音像制品、电子出版物一千五百张（盒）以上的。

第十三条　单位实施本解释第十一条规定的行为，具有下列情形之一的，属于非法经营行为“情节严重”：

（一）经营数额在十五万元至三十万元以上的；

（二）违法所得数额在五万元至十万元以上的；

（三）经营报纸一万五千万份或者期刊一万五千万本或者图书五千册或者音像制品、电子出版物一千五百张（盒）以上的。

具有下列情形之一的，属于非法经营行为“情节特别严重”：

（一）经营数额在五十万元至一百万元以上的；

（二）违法所得数额在十五万元至三十万元以上的；

（三）经营报纸五万份或者期刊五万本或者图书一万五千万册或者音像制品、电子出版物五千张（盒）以上的。

第十四条　实施本解释第十一条规定的行为，经营数额、违法所得数额或者经营数量接近非法经营行为“情节严重”、“情节特别严重”的数额、数量起点标准，并具有下列情形之一的，可以认定为非法经营行为“情节严重”、“情节特别严重”：

（一）两年内因出版、印刷、复制、发行非法出版物受过行政处罚两次以上的；

（二）因出版、印刷、复制、发行非法出版物造成恶劣社会影响或者其他严重后果的。

第十五条　非法从事出版物的出版、印刷、复制、发行业务，严重扰乱市场秩序，情节特别严重，构成犯罪的，可以依照刑法第二百二十五条第（三）项的规定，以非法经营罪定罪处罚。

第十六条　出版单位与他人事前通谋，向其出售、出租或者以其他形式转让该出版单位的名称、书号、刊号、版号，他人实施本解释第二条、第四条、第八条、第九条、第十条、第十一条规定的行为，构成犯罪的，对该出版单位应当以共犯论处。

第十七条　本解释所称“经营数额”，是指以非法出版物的定价数额乘以行为人经营的非法出版物数量所得的数额。

本解释所称“违法所得数额”，是指获利数额。

非法出版物没有定价或者以境外货币定价的，其单价数额应当按照行为人实际出售的价格认定。

第十八条　各省、自治区、直辖市高级人民法院可以根据本地的情况和社会治安状况，在本解释第八条、第十条、第十二条、第十三条规定的有关数额、数量标准的幅度内，确定本地执行的具体标准，并报最高人民法院备案。

3. 最高人民法院、最高人民检察院关于办理利用互联网、移动通讯终端、声讯台制作、复制、出版、贩卖、传播淫秽电子信息刑事案件具体应用法律若干问题的解释（一）（法释〔2004〕11号 自2004年9月6日起施行）

为依法惩治利用互联网、移动通讯终端制作、复制、出版、贩卖、传播淫秽电子信息、通过声讯台传播淫秽语音信息等犯罪活动，维护公共网络、通讯的正常秩序，保障公众的合法权益，根据《中华人民共和国刑法》、《全国人民代表大会常务委员会关于维护互联网安全的决定》的规定，现对办理该类刑事案件具体应用法律的若干问题解释如下：

第一条 以牟利为目的，利用互联网、移动通讯终端制作、复制、出版、贩卖、传播淫秽电子信息，具有下列情形之一的，依照刑法第三百六十三条第一款的规定，以制作、复制、出版、贩卖、传播淫秽物品牟利罪定罪处罚：

（一）制作、复制、出版、贩卖、传播淫秽电影、表演、动画等视频文件二十个以上的；

（二）制作、复制、出版、贩卖、传播淫秽音频文件一百个以上的；

（三）制作、复制、出版、贩卖、传播淫秽电子刊物、图片、文章、短信息等二百件以上的；

（四）制作、复制、出版、贩卖、传播的淫秽电子信息，实际被点击数达到一万次以上的；

（五）以会员制方式出版、贩卖、传播淫秽电子信息，注册会员达二百人以上的；

（六）利用淫秽电子信息收取广告费、会员注册费或者其他费用，违法所得一万元以上的；

（七）数量或者数额虽未达到第（一）项至第（六）项规定标准，但分别达到其中两项以上标准一半以上的；

（八）造成严重后果的。

利用聊天室、论坛、即时通信软件、电子邮件等方式，实施第一款规定行为的，依照刑法第三百六十三条第一款的规定，以制作、复制、出版、贩卖、传播淫秽物品牟利罪定罪处罚。

第二条 实施第一条规定的行为，数量或者数额达到第一条第一款第

（一）项至第（六）项规定标准五倍以上的，应当认定为刑法第三百六十三条第一款规定的“情节严重”；达到规定标准二十五倍以上的，应当认定为“情节特别严重”。

第三条 不以牟利为目的，利用互联网或者移动通讯终端传播淫秽电子信息，具有下列情形之一的，依照刑法第三百六十四条第一款的规定，以传播淫秽物品罪定罪处罚：

（一）数量达到第一条第一款第（一）项至第（五）项规定标准二倍以上的；

（二）数量分别达到第一条第一款第（一）项至第（五）项两项以上标准的；

（三）造成严重后果的。

利用聊天室、论坛、即时通信软件、电子邮件等方式，实施第一款规定行为的，依照刑法第三百六十四条第一款的规定，以传播淫秽物品罪定罪处罚。

第四条 明知是淫秽电子信息而在自己所有、管理或者使用的网站或者网页上提供直接链接的，其数量标准根据所链接的淫秽电子信息的种类计算。

第五条 以牟利为目的，通过声讯台传播淫秽语音信息，具有下列情形之一的，依照刑法第三百六十三条第一款的规定，对直接负责的主管人员和其他直接责任人员以传播淫秽物品牟利罪定罪处罚：

（一）向一百人次以上传播的；

（二）违法所得一万元以上的；

（三）造成严重后果的。

实施前款规定行为，数量或者数额达到前款第（一）项至第（二）项规定标准五倍以上的，应当认定为刑法第三百六十三条第一款规定的“情节严重”；达到规定标准二十五倍以上的，应当认定为“情节特别严重”。

第六条 实施本解释前五条规定的犯罪，具有下列情形之一的，依照刑法第三百六十三条第一款、第三百六十四条第一款的规定从重处罚：

（一）制作、复制、出版、贩卖、传播具体描绘不满十八周岁未成年人性行为的淫秽电子信息的；

（二）明知是具体描绘不满十八周岁的未成年人性行为的淫秽电子信息而在自己所有、管理或者使用的网站或者网页上提供直接链接的；

（三）向不满十八周岁的未成年人贩卖、传播淫秽电子信息和语音信息的；

（四）通过使用破坏性程序、恶意代码修改用户计算机设置等方法，强制用户访问、下载淫秽电子信息的。

第七条　明知他人实施制作、复制、出版、贩卖、传播淫秽电子信息犯罪，为其提供互联网接入、服务器托管、网络存储空间、通讯传输通道、费用结算等帮助的，对直接负责的主管人员和其他直接责任人员，以共同犯罪论处。

第八条　利用互联网、移动通讯终端、声讯台贩卖、传播淫秽书刊、影片、录像带、录音带等以实物为载体的淫秽物品的，依照《最高人民法院关于审理非法出版物刑事案件具体应用法律若干问题的解释》的有关规定定罪处罚。

第九条　刑法第三百六十七条第一款规定的“其他淫秽物品”，包括具体描绘性行为或者露骨宣扬色情的诲淫性的视频文件、音频文件、电子刊物、图片、文章、短信息等互联网、移动通讯终端电子信息和声讯台语音信息。

有关人体生理、医学知识的电子信息和声讯台语音信息不是淫秽物品。包含色情内容的有艺术价值的电子文学、艺术作品不视为淫秽物品。

4. 最高人民法院、最高人民检察院关于办理利用互联网、移动通讯终端、声讯台制作、复制、出版、贩卖、传播淫秽电子信息刑事案件具体应用法律若干问题的解释（二）（法释〔2010〕3号　自2010年2月4日起施行）

为依法惩治利用互联网、移动通讯终端制作、复制、出版、贩卖、传播淫秽电子信息，通过声讯台传播淫秽语音信息等犯罪活动，维护社会秩序，保障公民权益，根据《中华人民共和国刑法》、《全国人民代表大会常务委员会关于维护互联网安全的决定》的规定，现对办理该类刑事案件具体应用法律的若干问题解释如下：

第一条　以牟利为目的，利用互联网、移动通讯终端制作、复制、出版、贩卖、传播淫秽电子信息的，依照《最高人民法院、最高人民检察院关于办理利用互联网、移动通讯终端、声讯台制作、复制、出版、贩卖、传播淫秽电子信息刑事案件具体应用法律若干问题的解释》第一条、第二条的规定定罪处罚。

以牟利为目的，利用互联网、移动通讯终端制作、复制、出版、贩卖、传播内容含有不满十四周岁未成年人的淫秽电子信息，具有下列情形之一的，依照刑法第三百六十三条第一款的规定，以制作、复制、出版、贩卖、传播淫秽物品牟利罪定罪处罚：

（一）制作、复制、出版、贩卖、传播淫秽电影、表演、动画等视频文件十个以上的；

（二）制作、复制、出版、贩卖、传播淫秽音频文件五十个以上的；

（三）制作、复制、出版、贩卖、传播淫秽电子刊物、图片、文章等一百件以上的；

（四）制作、复制、出版、贩卖、传播的淫秽电子信息，实际被点击数达到五千次以上的；

（五）以会员制方式出版、贩卖、传播淫秽电子信息，注册会员达一百人以上的；

（六）利用淫秽电子信息收取广告费、会员注册费或者其他费用，违法所得五千元以上的；

（七）数量或者数额虽未达到第（一）项至第（六）项规定标准，但分别达到其中两项以上标准一半以上的；

（八）造成严重后果的。

实施第二款规定的行为，数量或者数额达到第二款第（一）项至第（七）项规定标准五倍以上的，应当认定为刑法第三百六十三条第一款规定的“情节严重”；达到规定标准二十五倍以上的，应当认定为“情节特别严重”。

第二条 利用互联网、移动通讯终端传播淫秽电子信息的，依照《最高人民法院、最高人民检察院关于办理利用互联网、移动通讯终端、声讯台制作、复制、出版、贩卖、传播淫秽电子信息刑事案件具体应用法律若干问题的解释》第三条的规定定罪处罚。

利用互联网、移动通讯终端传播内容含有不满十四周岁未成年人的淫秽电子信息，具有下列情形之一的，依照刑法第三百六十四条第一款的规定，以传播淫秽物品罪定罪处罚：

（一）数量达到第一条第二款第（一）项至第（五）项规定标准二倍以上的；

（二）数量分别达到第一条第二款第（一）项至第（五）项两项以上标准的；

（三）造成严重后果的。

第三条 利用互联网建立主要用于传播淫秽电子信息的群组，成员达三十人以上或者造成严重后果的，对建立者、管理者和主要传播者，依照刑法第三百六十四条第一款的规定，以传播淫秽物品罪定罪处罚。

第四条 以牟利为目的，网站建立者、直接负责的管理者明知他人制作、复制、出版、贩卖、传播的是淫秽电子信息，允许或者放任他人在自己所有、管理的网站或者网页上发布，具有下列情形之一的，依照刑法第三百六十三条第一款的规定，以传播淫秽物品牟利罪定罪处罚：

（一）数量或者数额达到第一条第二款第（一）项至第（六）项规定标准五倍以上的；

（二）数量或者数额分别达到第一条第二款第（一）项至第（六）项两项以上标准二倍以上的；

（三）造成严重后果的。

实施前款规定的行为，数量或者数额达到第一条第二款第（一）项至第（七）项规定标准二十五倍以上的，应当认定为刑法第三百六十三条第一款规定的“情节严重”；达到规定标准一百倍以上的，应当认定为“情节特别严重”。

第五条 网站建立者、直接负责的管理者明知他人制作、复制、出版、贩卖、传播的是淫秽电子信息，允许或者放任他人在自己所有、管理的网站或者网页上发布，具有下列情形之一的，依照刑法第三百六十四条第一款的规定，以传播淫秽物品罪定罪处罚：

（一）数量达到第一条第二款第（一）项至第（五）项规定标准十倍以上的；

（二）数量分别达到第一条第二款第（一）项至第（五）项两项以上标准五倍以上的；

（三）造成严重后果的。

第六条 电信业务经营者、互联网信息服务提供者明知是淫秽网站，为其提供互联网接入、服务器托管、网络存储空间、通讯传输通道、代收费等服务，并收取服务费，具有下列情形之一的，对直接负责的主管人员和其他直接责任人员，依照刑法第三百六十三条第一款的规定，以传播淫秽物品牟利罪定罪处罚：

（一）为五个以上淫秽网站提供上述服务的；

（二）为淫秽网站提供互联网接入、服务器托管、网络存储空间、通讯传输通道等服务，收取服务费数额在二万元以上的；

（三）为淫秽网站提供代收费服务，收取服务费数额在五万元以上的；

（四）造成严重后果的。

实施前款规定的行为，数量或者数额达到前款第（一）项至第（三）项规定标准五倍以上的，应当认定为刑法第三百六十三条第一款规定的“情节严重”；达到规定标准二十五倍以上的，应当认定为“情节特别严重”。

第七条 明知是淫秽网站，以牟利为目的，通过投放广告等方式向其直接或者间接提供资金，或者提供费用结算服务，具有下列情形之一的，对直接负责的主管人员和其他直接责任人员，依照刑法第三百六十三条第一款的规定，以制作、复制、出版、贩卖、传播淫秽物品牟利罪的共同犯罪处罚：

（一）向十个以上淫秽网站投放广告或者以其他方式提供资金的；

（二）向淫秽网站投放广告二十条以上的；

（三）向十个以上淫秽网站提供费用结算服务的；

（四）以投放广告或者其他方式向淫秽网站提供资金数额在五万元以上的；

（五）为淫秽网站提供费用结算服务，收取服务费数额在二万元以上的；

（六）造成严重后果的。

实施前款规定的行为，数量或者数额达到前款第（一）项至第（五）项规定标准五倍以上的，应当认定为刑法第三百六十三条第一款规定的“情节严重”；达到规定标准二十五倍以上的，应当认定为“情节特别严重”。

第八条 实施第四条至第七条规定的行为，具有下列情形之一的，应当认定行为人“明知”，但是有证据证明确实不知道的除外：

（一）行政主管机关书面告知后仍然实施上述行为的；

（二）接到举报后不履行法定管理职责的；

（三）为淫秽网站提供互联网接入、服务器托管、网络存储空间、通讯传输通道、代收费、费用结算等服务，收取服务费明显高于市场价格的；

（四）向淫秽网站投放广告，广告点击率明显异常的；

（五）其他能够认定行为人明知的情形。

第九条 一年内多次实施制作、复制、出版、贩卖、传播淫秽电子信息行为未经处理，数量或者数额累计计算构成犯罪的，应当依法定罪处罚。

第十条　单位实施制作、复制、出版、贩卖、传播淫秽电子信息犯罪的，依照《中华人民共和国刑法》、《最高人民法院、最高人民检察院关于办理利用互联网、移动通讯终端、声讯台制作、复制、出版、贩卖、传播淫秽电子信息刑事案件具体应用法律若干问题的解释》和本解释规定的相应个人犯罪的定罪量刑标准，对直接负责的主管人员和其他直接责任人员定罪处罚，并对单位判处罚金。

第十一条　对于以牟利为目的，实施制作、复制、出版、贩卖、传播淫秽电子信息犯罪的，人民法院应当综合考虑犯罪的违法所得、社会危害性等情节，依法判处罚金或者没收财产。罚金数额一般在违法所得的一倍以上五倍以下。

第十二条　《最高人民法院、最高人民检察院关于办理利用互联网、移动通讯终端、声讯台制作、复制、出版、贩卖、传播淫秽电子信息刑事案件具体应用法律若干问题的解释》和本解释所称网站，是指可以通过互联网域名、IP 地址等方式访问的内容提供站点。

以制作、复制、出版、贩卖、传播淫秽电子信息为目的建立或者建立后主要从事制作、复制、出版、贩卖、传播淫秽电子信息活动的网站，为淫秽网站。

第十三条　以前发布的司法解释与本解释不一致的，以本解释为准。

5. 最高人民法院、最高人民检察院关于利用网络云盘制作、复制、贩卖、传播淫秽电子信息牟利行为定罪量刑问题的批复（法释〔2017〕19 号　自 2017 年 12 月 1 日起施行）

各省、自治区、直辖市高级人民法院、人民检察院，解放军军事法院、军事检察院，新疆维吾尔自治区高级人民法院生产建设兵团分院、新疆生产建设兵团人民检察院：

近来，部分高级人民法院、省级人民检察院就如何对利用网络云盘制作、复制、贩卖、传播淫秽电子信息牟利行为定罪量刑的问题提出请示。经研究，批复如下：

一、对于以牟利为目的，利用网络云盘制作、复制、贩卖、传播淫秽电子信息的行为，是否应当追究刑事责任，适用刑法和《最高人民法院、最高人民检察院关于办理利用互联网、移动通讯终端、声讯台制作、复制、出版、贩卖、传播淫秽电子信息刑事案件具体应用法律若干问题的解释》（法释

〔2004〕11号)、《最高人民法院、最高人民检察院关于办理利用互联网、移动通讯终端、声讯台制作、复制、出版、贩卖、传播淫秽电子信息刑事案件具体应用法律若干问题的解释（二）》（法释〔2010〕3号）的有关规定。

二、对于以牟利为目的，利用网络云盘制作、复制、贩卖、传播淫秽电子信息的行为，在追究刑事责任时，鉴于网络云盘的特点，不应单纯考虑制作、复制、贩卖、传播淫秽电子信息的数量，还应充分考虑传播范围、违法所得、行为人一贯表现以及淫秽电子信息、传播对象是否涉及未成年人等情节，综合评估社会危害性，恰当裁量刑罚，确保罪责刑相适应。

此复。

6. **中华人民共和国治安管理处罚法**（2005年8月28日第十届全国人民代表大会常务委员会第十七次会议通过　根据2012年10月26日第十一届全国人民代表大会常务委员会第二十九次会议《关于修改〈中华人民共和国治安管理处罚法〉的决定》修正）（节录）

第六十八条　制作、运输、复制、出售、出租淫秽的书刊、图片、影片、音像制品等淫秽物品或者利用计算机信息网络、电话以及其他通讯工具传播淫秽信息的，处十日以上十五日以下拘留，可以并处三千元以下罚款；情节较轻的，处五日以下拘留或者五百元以下罚款。

二、为他人提供书号出版淫秽书刊罪

（一）法律规定

第三百六十三条第二款　为他人提供书号，出版淫秽书刊的，处三年以下有期徒刑、拘役或者管制，并处或者单处罚金；明知他人用于出版淫秽书刊而提供书号的，依照前款的规定处罚。

（二）罪名详解

为他人提供书号出版淫秽书刊罪，是指向他人提供书号，致使淫秽书刊出版的行为。本罪是从《全国人民代表大会常务委员会关于惩治走私、制作、贩卖、传播淫秽物品的犯罪分子的决定》第2条第2款的规定，吸收改为刑法的具体规定的。1979年刑法没有规定此罪名。

为他人提供书号出版淫秽书刊罪的构成要件是：

1. 主体要件

犯罪主体可以是单位，也可以是自然人。由于一般人和单位不掌握书号，所以能够提供书号给他人的，主要是国家出版单位及其工作人员。非出版单位或者个人接受了出版单位或者工作人员提供的书号后，又将书号转手提供给他人出版淫秽书刊的，也可构成本罪。

2. 客体要件

本罪侵犯的客体是国家对书刊出版的管理活动和社会主义道德风尚。书号，包括期刊号，是国家为了对图书出版进行管理而设置的图书出版“许可证”，没有书号就不能出版图书。依照国家的有关规定，书号只能由出版机关自己使用。只有在协作出版的情况下，才允许出版机构将书号提供给他人。而协作出版国家是有专门规定的，其范围只限于学术著作、自然科学和工程技术方面的著作。协作出版的对象也只限于国家科研、教学单位、机关和国有企业事业单位，不能是集体和个人。协作出版的书稿也要经过出版社终审终校。如果违反上述规定，无论是以协作出版的名义，还是以其他名义向他人提供书号，都是违法的。由于行为人非法为他人提供书号的行为造成淫秽书刊的出版，又会毒化社会优良风尚，侵犯了社会治安管理秩序，应追究行为人的刑事责任。

本罪的犯罪对象是淫秽书刊，它与色情出版物不同。按照《新闻出版总署关于认定淫秽及色情出版物的暂行规定》，淫秽出版物是指在整体上宣扬淫秽行为，挑逗人们的性欲，足以导致普通人腐化堕落，而又没有艺术价值或者科学价值的出版物；而色情出版物是指在整体上不是淫秽的，但其中一部分有淫秽内容，对普通人特别是未成年人的身心健康有毒害，而缺乏艺术价值或者科学价值的出版物。提供书号出版色情出版物的，只是违法行为，不构成本罪。

3. 主观要件

主观方面由过失构成，即行为人提供书号后，对他人借此出版淫秽书刊的结果是一种过失的心态。行为人在其提供书号时，并不知道对方是用于出版淫秽书刊。但是，对于购买书号的人可能将书号用于出版淫秽书刊，行为人则是具有过失的。

4. 客观要件

客观方面表现为违反国家规定向他人提供书号的行为，即以合作出版的名义，向他人提供书号、期刊号，造成淫秽书刊出版的后果。这里所说的“他人”，主要是非出版单位或者个人。只要行为人实施了向他人提供书号的行为，并造成淫秽书刊借此书号出版的后果，不论其提供的是一个书号还是多个书号，也不论淫秽出版物的出版数量大小，都可以构成本罪。但是，如果行为人虽然向他人提供了书号，但该书号未被用于出版淫秽书刊，未造成淫秽书刊已经出版的后果，则行为人不构成犯罪。

（三）实务疑难问题

本罪与出版淫秽物品牟利罪的界限

两罪的区别在于：

1. 犯罪行为不同。为他人提供书号出版淫秽书刊罪在客观上要求的是行为人违规实施了为他人提供书号的行为，而致淫秽书刊出版；而出版淫秽物品牟利罪则表现为行为人实施具体的出版行为，或者是明知他人出版淫秽书刊而提供书号的行为。

2. 犯罪主体不同。为他人提供书号出版淫秽书刊罪的主体既包括单位，又包括自然人；而出版淫秽物品牟利罪则只能是出版单位。

3. 犯罪主观方面不同。为他人提供书号出版淫秽书刊罪是过失犯罪，虽然行为人提供书号的行为是故意的，但是却对他人将其提供的书号用以出版淫秽书刊持否定态度；而出版淫秽物品牟利罪是故意犯罪，行为人对危害结果的发生采取积极追求的心理态度，而且主观上还必须具有牟利的目的。

（四）情节与量刑

依照《刑法》第 363 条第 2 款规定，犯为他人提供书号出版淫秽书刊罪的，处 3 年以下有期徒刑、拘役或者管制，并处或者单处罚金；明知他人用于出版淫秽书刊而提供书号的，依照前款的规定处罚，即出版淫秽物品牟利罪的规定处罚。

依照《刑法》第 366 条的规定，单位犯本罪的，对单位判处罚金，并对其直接负责的主管人员和其他直接责任人员，依照《刑法》第 363 条第 2 款的规定处罚。这里所说的“单位”，具体说就是出版社、期刊社；“直接负责的主管人员”，主要是指提供书号的决策者；“其他直接责任人员”，是指除决策者之外的具体实施者。上述两种人员的范围应当从严掌握，避免扩大打击面。

三、传播淫秽物品罪

（一）法律规定

第三百六十四条第一款　传播淫秽的书刊、影片、音像、图片或者其他淫秽物品，情节严重的，处二年以下有期徒刑、拘役或者管制。

（二）罪名详解

传播淫秽物品罪，是指不以牟利为目的，传播淫秽的书刊、影片、音像、图片或者其他淫秽物品，情节严重的行为。本罪是从《全国人民代表大会常务委员会关于惩治走私、制作、贩卖、传播淫秽物品的犯罪分子的决定》第3条第2款的规定，吸收改为刑法的具体规定的。1979年刑法没有规定此罪名。

传播淫秽物品罪的构成要件是：

1. 主体要件

犯罪主体为一般主体，自然人和单位均可构成本罪的主体。

2. 客体要件

本罪侵犯的客体是社会主义道德风尚。

3. 主观要件

主观方面是出于故意，但不具有牟利的目的。

4. 客观要件

客观方面表现为传播淫秽的书刊、影片、音像、图片或者其他淫秽物品的行为。“传播”，主要指出借、播放、展示、赠送、散发、交换、讲解等行为，但这种行为必须是在公众中或者公共场所实施的。传播可以是公开的，也可以是秘密的。根据《“两高”解释》第3条的规定，不以牟利为目的，利用互联网或者移动通讯终端传播淫秽电子信息，具有下列情形之一的，依照《刑法》第364条第1款的规定，以传播淫秽物品罪定罪处罚：（1）数量达到

第1条第1款第1项至第5项规定标准2倍以上的；(2) 数量分别达到第1条第1款第1项至第5项两项以上标准的；(3) 造成严重后果的。该条第2款同时规定，利用聊天室、论坛、即时通信软件、电子邮件等方式，实施第1款规定行为的，依照《刑法》第364条第1款的规定，以传播淫秽物品罪定罪处罚。

传播淫秽物品的行为，必须达到“情节严重”的程度，才构成犯罪。根据《解释》第10条第1款的规定，向他人传播淫秽的书刊、影片、音像、图片等出版物达300至600人次以上或者造成恶劣社会影响的，属于“情节严重”。

（三）实务疑难问题

1. 罪与非罪的认定

本罪的社会危害性体现在淫秽物品在社会上传播，对社会道德风尚造成破坏。如果是在亲友之间、家庭成员之间传看、传抄淫秽音像、书刊的，或者传播的范围较小，观看的人数较少的，不构成犯罪。

2. 通过传播淫秽物品进行淫乱活动的定性

在实践中往往发生行为人传播淫秽物品后，又与他人聚众淫乱的情形。这种情况下，行为人既实施了传播淫秽物品的行为，又实施了聚众淫乱的行为，前一行为是后一行为的手段行为，因而同时触犯两个罪，但两个罪之间具有牵连关系，应按照处理牵连犯的原则从一重罪处断。比较两罪的法定刑，应以聚众淫乱罪论处。但是，行为人向他人传播淫秽物品后，他人使用淫秽物品进行聚众淫乱活动的，如果行为人对他人的行为缺乏认识，则行为人只触犯传播淫秽物品罪。

3. 划清本罪与其他罪的界限

(1) 划清本罪与传播淫秽物品牟利罪的界限

二者在客观方面都表现为传播淫秽物品的行为，在犯罪客体、犯罪主体方面也都相同。唯一区别在于犯罪目的不同。前者行为人主观上不具有牟利的目的，而后者，顾名思义，行为人是以牟利为目的的。

(2) 划清本罪与走私淫秽物品罪的界限

二者的区别主要表现在：①犯罪客体不同。传播淫秽物品罪侵犯的是社会管理秩序，主要是社会风尚；而走私淫秽物品罪侵犯的则是国家对进出口物品的管理秩序和社会风尚。②犯罪客观方面不同。传播淫秽物品罪在客观方面表现为，传播淫秽的书刊、影片、音像、图片或者其他淫秽物品，情节严重的行为；而走私淫秽物品罪在客观方面表现为，违反海关法规，逃避海关监管，非法运输、携带或者邮寄淫秽物品进出国（边）境的行为。传播淫秽物品罪的传播方式除了运输、携带、邮寄外，还包括出借、播放、展览等多种形式。③犯罪主观方面不同。传播淫秽物品罪在主观方面既包括直接故意，又包括间接故意，而且不具有牟利的目的；而走私淫秽物品罪在主观方面为直接故意，且具有牟利或传播的目的。

（四）情节与量刑

依照《刑法》第 364 条第 1 款规定，犯传播淫秽物品罪的，处 2 年以下有期徒刑、拘役或者管制。

依照本条第 4 款的规定，向不满 18 周岁的未成年人传播淫秽物品的，从重处罚。依照《刑法》第 366 条规定，单位犯本罪的，对单位判处罚金，并对其直接负责的主管人员和其他直接责任人员，依照第 364 条第 1 款、第 4 款规定处罚。

（五）法律链接

1. 最高人民法院、最高人民检察院关于办理利用互联网、移动通讯终端、声讯台制作、复制、出版、贩卖、传播淫秽电子信息刑事案件具体应用法律若干问题的解释（一）（法释〔2004〕11 号　自 2004 年 9 月 6 日起施行）（节录）

第三条　不以牟利为目的，利用互联网或者移动通讯终端传播淫秽电子信息，具有下列情形之一的，依照刑法第三百六十四条第一款的规定，以传播淫秽物品罪定罪处罚：

（一）数量达到第一条第一款第（一）项至第（五）项规定标准二倍以上的；

（二）数量分别达到第一条第一款第（一）项至第（五）项两项以上标准的；

（三）造成严重后果的。

利用聊天室、论坛、即时通信软件、电子邮件等方式，实施第一款规定行为的，依照刑法第三百六十四条第一款的规定，以传播淫秽物品罪定罪处罚。

2. **最高人民法院关于审理非法出版物刑事案件具体应用法律若干问题的解释**（法释〔1998〕30号　自1998年12月23日起施行）（节录）

第十条　向他人传播淫秽的书刊、影片、音像、图片等出版物达三百至六百人次以上或者造成恶劣社会影响的，属于“情节严重”，依照刑法第三百六十四条第一款的规定，以传播淫秽物品罪定罪处罚。

组织播放淫秽的电影、录像等音像制品达十五至三十场次以上或者造成恶劣社会影响的，依照刑法第三百六十四条第二款的规定，以组织播放淫秽音像制品罪定罪处罚。

3. **中华人民共和国治安管理处罚法**（2005年8月28日第十届全国人民代表大会常务委员会第十七次会议通过　根据2012年10月26日第十一届全国人民代表大会常务委员会第二十九次会议《关于修改〈中华人民共和国治安管理处罚法〉的决定》修正）（节录）

第六十九条　有下列行为之一的，处十日以上十五日以下拘留，并处五百元以上一千元以下罚款：

（一）组织播放淫秽音像的；

（二）组织或者进行淫秽表演的；

（三）参与聚众淫乱活动的。

明知他人从事前款活动，为其提供条件的，依照前款的规定处罚。

四、组织播放淫秽音像制品罪

（一）法律规定

第三百六十四条第二款　**组织播放淫秽的电影、录像等音像制品的，处三年以下有期徒刑、拘役或者管制，并处罚金；情节严重的，处三年以上十年以下有期徒刑，并处罚金。**

第三款　**制作、复制淫秽的电影、录像等音像制品组织播放的，依照第二款的规定从重处罚。**

第四款　**向不满十八周岁的未成年人传播淫秽物品的，从重**

处罚。

（二）罪名详解

组织播放淫秽音像制品罪，是指不以牟利为目的，组织播放淫秽的电影、录像等音像制品的行为。本罪是从《全国人民代表大会常务委员会关于惩治走私、制作、贩卖、传播淫秽物品的犯罪分子的决定》第3条第2款的规定，吸收改为刑法的具体规定的。1979年刑法没有规定此罪名。

组织播放淫秽音像制品罪的构成要件是：

1. 主体要件

犯罪主体为一般主体，包括单位和自然人。本罪属于组织犯，因此构成本罪的主体仅限于为首组织、策划、指挥播放和亲自操作播放的人员；不能把参与观看、收听的人员作为犯罪主体追究其刑事责任。对于那些虽未为首组织或亲自播放，甚至未参与观看，但明知他人要组织播放淫秽音像制品而提供物质帮助的人员，也可以视情况作为帮助犯追究其刑事责任。

2. 客体要件

本罪侵犯的客体是社会主义道德风尚。组织播放淫秽音像制品，是传播淫秽物品的一种具体形式。这种传播方式比其他的传播方式更直接、更形象，更有刺激性、腐蚀性，且传播对象往往面广人多，危害也更大，所以刑法将这种行为单独规定，并较之传播淫秽物品罪规定了更重的法定刑，体现了对这种犯罪从严惩处的立法精神。

3. 主观要件

主观方面是出于故意，但不以牟利为目的。

4. 客观要件

客观方面表现为组织播放淫秽的电影、录像、录音等音像制品的行为。“组织播放”，是指召集、安排多人播放、观看、收听。至于在什么场所播放，对构成本罪没有影响。但如果只对个别人播放，不构成犯罪。提供淫秽音像制品、播放工具、播放地点的行为，视具体情节，可以构成本罪的共犯。这里所说的淫秽的电影、录像等音像制品，包括淫秽影片、录像带、幻灯片、录音带、激光视盘、激光唱片、存储有淫秽内容的计算机软件等。

（三）实务疑难问题

1. 罪与非罪的认定

本罪的处罚对象是“组织播放者”，即在播放的起意、人员的召集、设备的提供等过程中起主要作用的人。至于一般的参与者和观看者，均不构成本罪。对于因审查不严等过失而播放了具有淫秽内容的音像制品的，也不能按本罪定罪处理。

2. 划清本罪与其他罪的界限

划清本罪与传播淫秽物品罪的界限

两罪都是使淫秽物品传播的行为，但存在以下区别：（1）组织播放淫秽音像制品罪的对象仅限于淫秽音像制品，而不包括淫秽书刊、图片等其他淫秽物品。传播淫秽物品罪的对象则包括所有的淫秽物品。（2）组织播放淫秽音像制品罪要求行为人有组织的行为，即有召集多人观看、收听的行为。传播淫秽物品罪只要求实施传播行为。（3）组织播放淫秽音像制品罪不要求行为达到严重的程度。传播淫秽物品的行为只有情节严重的才构成犯罪。

（四）情节与量刑

依照《刑法》第 364 条第 2 款规定，犯组织播放淫秽音像制品罪的，处 3 年以下有期徒刑、拘役或者管制，并处罚金；情节严重的，处 3 年以上 10 年以下有期徒刑，并处罚金。所谓“情节严重”，根据《解释》第 10 条第 2 款的规定，是指组织播放。淫秽的电影、录像等音像制品达 15 至 30 场次以上或者造成恶劣社会影响的。

依照本条第 3 款规定，制作、复制淫秽的电影、录像等音像制品组织播放的，依照第 2 款的规定从重处罚。依照本条第 4 款规定，向不满 18 周岁的未成年人传播淫秽物品的，从重处罚。

依照《刑法》第 366 条规定，单位犯本罪的，对单位判处罚金，并对其直接负责的主管人员和其他直接责任人员，依照第 364 条第 2 款、第 4 款的规定处罚。

五、组织淫秽表演罪

(一) 法律规定

第三百六十五条 组织进行淫秽表演的，处三年以下有期徒刑、拘役或者管制，并处罚金；情节严重的，处三年以上十年以下有期徒刑，并处罚金。

(二) 罪名详解

组织淫秽表演罪，是指组织诲淫性演出的行为。本罪是 1997 年刑法增设的罪名，1979 年刑法和单行刑法均没有规定此罪名。

组织淫秽表演罪的构成要件是：

1. 主体要件

犯罪主体是一般主体，包括自然人和单位。

2. 客体要件

本罪侵犯的客体是社会主义道德风尚。

3. 主观要件

主观方面是出于故意。犯罪动机可能是多种多样的，比如为了牟利，或者为了招揽生意，为商品做广告，等等。不论行为人主观动机如何，只要实施了组织淫秽表演的行为，即可构成本罪。

4. 客观要件

在客观方面表现为组织淫秽表演的行为。所谓淫秽表演，是指以上演舞蹈、戏剧等形式通过表演者直接的语言、动作等进行淫秽的形体展示、描绘性行为或宣扬色情淫荡形象从而达到刺激观众性欲，但却伤害普通善良人正常的性道德的诲淫性效果的演出活动。淫秽表演具有如下特征：(1) 内容的淫秽性。淫秽表演之所以妨害社会风化而为法律所禁止，就在于表演内容具有淫秽性，即通过表演向观众描绘性行为或者宣扬色情淫荡形象，刺激观众不健康的性欲。这是淫秽表演的本质特征。(2) 表演的动态性。既然是“表演”，就必须通过形体的动作来展示其内容，如舞蹈、戏剧、歌剧等。如果不具有这种动态因素而是纯静态的展示，则不能认定为淫秽表演。(3) 形式的多样性。不仅包括淫秽的形体展示，如裸舞等；而且还包括性交动作，如人的各种自然或非自然性交行为，人与动物的性交行为。

（三）实务疑难问题

1. 罪与非罪的认定

要划清淫秽表演与夹杂有一些色情内容的表演的区别。二者的主要区别在于：从内容上看，淫秽表演无所谓故事情节，整体上是淫秽内容。夹杂色情内容的表演，一般有表现的主题，有一定的故事情节，只是在表现某一剧情时有一些色情内容；从表现方式上看，淫秽表演是赤裸裸的表演性行为、暴露生殖器。而夹杂有淫秽内容的表演，在表现性行为时，往往比较含蓄，有所遮掩，不暴露性器官；从给人的感受上看，淫秽表演只带给人以性欲刺激，夹杂有色情内容的表演主要使观众感受全剧的主题，而不仅仅是获得情欲上的刺激。

2. 一罪与数罪

如果行为人组织淫秽表演是为了吸引嫖客，以达到组织卖淫的目的，则两行为之间存在着手段行为和目的行为的牵连关系。根据牵连犯从一重罪处断的原则，应当以组织卖淫罪论处。

3. 划清本罪与其他罪的界限

划清本罪与聚众淫乱罪的界限

两罪在客观方面有交叉，都可以包括淫乱的行为；在主观方面也都是出于故意。两者的区别在于：（1）犯罪行为方式有差异。组织淫秽表演罪的表演方式多种多样，除了淫乱的性交以外，还包括裸体舞、脱衣舞等；相比之下，聚众淫乱罪的行为方式则较为单一。（2）犯罪主体不同。组织淫秽表演罪只处罚淫秽表演的组织者，而对于淫秽表演者不以犯罪论；聚众淫乱罪处罚的则是首要分子或者多次参加者。（3）犯罪主观目的不同。组织淫秽表演罪的行为人组织淫秽表演的目的是让其他人（观众）观看、收听，而且行为人还往往具有牟利的目的；聚众淫乱罪的行为人则具有满足精神上空虚的目的。

在实践中，往往会出现行为人在聚众淫乱的过程中组织淫秽表演的情形。由于行为人组织淫秽表演的目的是挑逗观看者的性欲，而为随后或者同时进行的聚众淫乱营造氛围，所以此种情况应该认定为牵连犯，从一重罪处断。

行为人组织聚众淫乱活动的同时又组织他人进行观看的，此种情况下，行为人虽有两个犯意，但只符合组织淫秽表演罪的构成，因为，若将聚众淫乱的行为单独抽出，则组织淫乱表演罪中，仅有组织观众的行为无以成立犯罪，而即使没有组织观看的行为，则行为人已单独地构成聚众淫乱罪，结合两方面考虑，宜以组织淫秽表演罪定罪。

（四）情节与量刑

依照《刑法》第365条规定，犯组织淫秽表演罪的，处3年以下有期徒刑、拘役或者管制，并处罚金；情节严重的，处3年以上10年以下有期徒刑，并处罚金。

依照《刑法》第366条规定，单位犯本罪的，对单位判处罚金，并对其直接负责的主管人员和其他直接责任人员，依照第365条规定处罚。

“情节严重”是对本罪从重处罚的情节，司法实践中，一般是指多次组织淫秽表演的；以暴力、胁迫或者其他手段强迫他人进行淫秽表演的；社会影响极为恶劣的；观看人数多、表演时间长，表演内容极其淫荡的；在未成年人中传播，造成严重后果的等情形。

第七章　危害国防利益罪

一、阻碍军人执行职务罪

（一）法律规定

第三百六十八条　以暴力、威胁方法阻碍军人依法执行职务的，处三年以下有期徒刑、拘役、管制或者罚金。

故意阻碍武装部队军事行动，造成严重后果的，处五年以下有期徒刑或者拘役。

（二）罪名详解

阻碍军人执行职务罪，是指以暴力、威胁方法阻碍军人依法执行职务的行为。

本罪是1997年刑法增设的罪名，1979年刑法和单行刑法均没有规定此罪名。司法实践中，对于这种犯罪，是按照1979年《刑法》第157条妨害公务罪处理的。由于阻碍军人依法执行职务直接危害的是国防利益，因此，1997年修订刑法时，将这种行为单立为罪名。

阻碍军人执行职务罪的构成要件是：

1. 主体要件

犯罪主体为一般主体，既可以是非军人，也可以是军人。

2. 客体要件

本罪侵犯的客体是军人依法执行职务的活动。“军人依法执行职务”，是指军人根据国家法律和军队条令、条例及本人的职务和所执行的任务而进行的各项活动。如防卫作战、军事训练、战备勤务、教学科研、后勤保障等。

军人依法执行职务，是加强国防和军队建设、保卫国家的需要和具体表现。国防法规定："公民和组织应当支持国防建设，为武装力量的军事训练、战备勤务、防卫作战等活动提供便利条件或者其他协助。""现役军人依法履行职责的行为受法律保护。"阻碍军人依法执行职务的行为，违反国防法规定的公民国防义务，直接危害国防利益。

犯罪对象是军人，包括中国人民解放军的现役军官、文职干部、士兵及具有军籍的学员和中国人民武装警察部队的现役警官、文职干部、士兵及具有军籍的学员；执行军事任务的预备役人员和其他人员，以军人论。"预备役人员"，是指编入民兵组织或者经过登记服预备役的公民。"其他人员"，是指在军队和武警部队的机关、部队、院校、医院、基地、仓库等队列单位和事业单位工作的正式职员、工人，以及临时征用或者受委托执行军事任务的地方人员。

3. 主观要件

主观方面由故意构成，即明知军人正在依法执行职务而进行阻碍，对其危害国防利益的后果持希望或者放任的态度。过失不构成本罪。

4. 客观要件

客观方面表现为以暴力、威胁方法阻碍军人依法执行职务的行为。"暴力"，是指对依法执行职务的军人实施捆绑、拘禁、殴打、伤害及其他危害人身安全和限制人身自由，阻碍其执行职务的行为；"威胁"，是指实施杀伤身体、破坏名誉、毁坏财物等暴力及其他严重损害他人合法权益的行为，对依法执行职务的军人进行要挟、恐吓，阻碍其执行职务。

（三）实务疑难问题

1. 划清罪与非罪的界限

本罪行为人阻碍的是军人依法执行职务的行为，而且必须使用了暴力、威胁方法。如果行为人没有使用暴力、威胁方法，而只是一般的劝阻、纠缠，则不构成犯罪。如果行为人使用了暴力、威胁方法，但阻碍的不是军人依法执行职务的行为，而是其他的行为，则不构成本罪。

2. 划清本罪与妨害公务罪的界限

两罪在犯罪主体、犯罪手段、主观方面相同，其主要区别在于：（1）侵犯的客体不同。本罪侵犯的同类客体是国防利益，侵犯的直接客体是军人依法执行职务的活动；后罪侵犯的同类客体是社会管理秩序，侵犯的直接客体是国家工作人员依法执行职务的活动。（2）犯罪对象不同。本罪的犯罪对象是军人，后罪的犯罪对象是非军人中的国家机关工作人员。（3）客观行为方法不完全相同。构成本罪的客观行为必须是暴力、威胁方法；而后罪中的阻碍国家安全机关、公安机关依法执行国家安全工作任务的行为，只要造成了严重后果，即使未使用暴力、威胁方法，也构成犯罪。

3. 正确认定因实施暴力造成人员伤害的行为的性质

行为人在阻碍军人依法执行职务过程中，因实施暴力造成犯罪对象身体被伤害的，属于牵连犯，应按照处理牵连犯的原则，从一重罪处罚，即如果是轻伤害，以阻碍军人执行职务定罪处罚；如果是重伤害，则以故意伤害罪定罪，以故意致人重伤处刑。

（四）情节与量刑

依照《刑法》第 368 条第 1 款规定，犯阻碍军人执行职务罪的，处 3 年以下有期徒刑、拘役、管制或者罚金。

司法机关在适用《刑法》第 368 条第 1 款规定处罚时，应当注意以下问题：1. 全面分析本罪的量刑情节。要对行为人所采用手段的强制程度、所阻碍的军人执行职务活动的重要程度、犯罪的地点、当时的形势、所造成的后果，以及行为人的认罪悔罪态度等，进行全面分析研究，综合考虑，依照《刑法》第 368 条第 1 款的规定，确定适当刑罚。2. 酌情适用非刑罚处理方法。根据《刑法》第 36 条的规定，因犯罪行为造成被害人经济损失的，对犯罪分子除依法判处刑罚外，还应根据情况判处赔偿被害人的经济损失。

二、阻碍军事行动罪

（一）法律规定

第三百六十八条第二款　故意阻碍武装部队军事行动，造成严重后果的，处五年以下有期徒刑或者拘役。

（二）罪名详解

阻碍军事行动罪，是指故意阻碍武装部队军事行动，造成严重后果的行为。

本罪是1997年刑法增设的罪名，1979年刑法和单行刑法均没有规定此罪名。

阻碍军事行动罪的构成要件是：

1. 主体要件

犯罪主体为一般主体，既可以是非军人，也可以是军人；可以是中国公民，也可以是外国人、无国籍人。

2. 客体要件

本罪侵犯的客体是武装部队的军事行动。“军事行动”，是指为达到一定政治目的而有组织地使用武装力量的活动。武装部队的军事行动，是为防备和抵抗武装侵略，防备和粉碎颠覆政府、分裂国家的阴谋，保卫国家主权统一、领土完整和安全所进行的具体活动。在和平时期，表现为实施兵力的部署和调动，进行军事训练和演习，执行戒严任务和处置突发性暴力事件等；在战争时期，表现为进行反侵略战争，参加战斗、战役。根据国防法的规定，公民应当为武装力量的军事训练、战备勤务、防卫作战等活动提供便利条件或者其他协助。阻碍武装部队军事行动造成严重后果的行为，违反了国防法规定的公民国防义务，严重妨碍了国防和军队建设。犯罪对象是武装部队，包括中国人民解放军的现役部队、预备役部队和中国人民武装警察部队。

3. 主观要件

主观方面由故意构成，即明知是武装部队的军事行动而进行阻碍，对其产生的危害国防利益的后果持希望或者放任的态度。过失不构成本罪。

4. 客观要件

客观方面表现为阻碍武装部队军事行动，造成严重后果的行为。“阻碍武装部队军事行动”，是指采取设置交通障碍，煽动群众围堵，停止水、电、气等供应，污染饮用水源等方法，故意阻止和妨碍武装部队进行作战、戒严、演习、训练、修筑军事设施、部署兵力兵器、抢险救灾等履行职能的活动。“造成严重后果”，是指因阻碍武装部队军事行动而贻误战机的；导致作战部署作较大调整的；致使战斗、战役或者其他重要军事行动遭受损失的；影响部队完成重要任务的；造成人员重伤死亡的；严重毁损武器装备、军事设施、军用物资的；造成其他严重经济损失的等。

（三）实务疑难问题

1. 划清罪与非罪的界限

本罪属于结果犯，以“故意”阻碍武装部队军事行动，并“造成严重后果”作为犯罪构成要件。因此，过失阻碍武装部队军事行动不构成犯罪；虽然是故意阻碍武装部队军事行动，但未造成严重后果的，也不构成犯罪。从司法实践看，阻碍武装部队军事行动，往往由少数人煽动、蒙骗一些不明真相的人参与。对那些受蒙骗参与一般活动的人员，也不能按犯罪处理。

2. 划清本罪与阻碍军人执行职务罪的界限

两罪在犯罪主体、主观方面相同。其主要区别在于：（1）犯罪对象不同。本罪的犯罪对象是武装部队，后罪的犯罪对象是军人，是武装部队中执行某一项任务的少数人。（2）侵犯的直接客体不同。本罪侵犯的直接客体是武装部队的军事行动，后罪侵犯的直接客体是军人依法执行职务的活动。（3）犯罪的客观方面不同。本罪的犯罪手段可以多种多样，但采取什么手段并不是犯罪构成的要件，后罪以采用暴力、威胁方法作为犯罪构成要件；本罪以造成严重后果作为犯罪构成要件，后罪则没有把行为造成的后果作为犯罪构成要件。

3. 正确认定以武装叛乱、暴乱方式阻碍军事行动的行为的性质

以武装叛乱、暴乱方式阻碍军事行动，属于牵连犯，应按照处理牵连犯的原则，从一重罪处罚，即以武装叛乱、暴乱罪定罪处罚。如果在阻碍军事行动过程中，策动、勾引、收买武装部队人员进行叛乱，则应分别以阻碍军事行动罪和武装叛乱罪定罪处刑，并实行数罪并罚。

（四）情节与量刑

依照《刑法》第368条第2款规定，犯阻碍军事行动罪的，处5年以下有期徒刑或者拘役。

司法机关在适用《刑法》第368条第2款规定处罚时，应当注意对共犯要区别情况，给予不同的处罚。阻碍军事行动比较常见的是共同犯罪。依照刑法总则关于共同犯罪的规定，对组织、策划阻碍军事行动的首要分子，应

当按照其所参与的或者组织、指挥的全部犯罪处罚；对在犯罪中起次要或者辅助作用的人，应当从轻、减轻或者免除处罚。

三、破坏武器装备、军事设施、军用通信罪

（一）法律规定

第三百六十九条　破坏武器装备、军事设施、军事通信的，处三年以下有期徒刑、拘役或者管制；破坏重要武器装备、军事设施、军事通信的，处三年以上十年以下有期徒刑；情节特别严重的，处十年以上有期徒刑、无期徒刑或者死刑。

过失犯前款罪，造成严重后果的，处三年以下有期徒刑或者拘役；造成特别严重后果的，处三年以上七年以下有期徒刑。[①]

战时犯前两款罪的，从重处罚。

（二）罪名详解

破坏武器装备、军事设施、军事通信罪，是指以贪利、泄愤报复或者其他个人目的，故意破坏武器装备、军事设施、军事通信的行为。

本罪是从《中华人民共和国惩治军人违反职责罪暂行条例》（以下简称《军职罪条例》）第 12 条的规定，吸收改为刑法的具体规定的。1979 年《刑法》第 111 条只有破坏通信设备罪的规定。由于军人和非军人都可以实施破坏武器装备、军事设施、军事通信罪的行为，而且这种行为直接威胁国防安全，因此，将其规定在危害国防利益罪一章中。

本款经《刑法修正案（五）》第 3 条修订。《刑法》原第 369 条为："破坏武器装备、军事设施、军事通信的，处三年以下有期徒刑、拘役或者管制；破坏重要武器装备、军事设施、军事通信的，处三年以上十年以下有期徒刑；情节特别严重的，处十年以上有期徒刑、无期徒刑或者死刑。战时从重处罚。"

破坏武器装备、军事设施、军事通信罪的构成要件是：

---

① 本条第 2 款为《刑法修正案（五）》所增加。

1. 主体要件

犯罪主体为一般主体，既可以是军人，也可以是非军人；可以是中国公民，也可以是外国人，无国籍人。

按照《最高人民法院关于审理危害军事通信刑事案件具体应用法律若干问题的解释》（以下简称《解释》），建设、施工单位直接负责的主管人员、施工管理人员，明知是军事通信线路、设备而指使、强令、纵容他人予以损毁的，或者不听管护人员劝阻，指使、强令、纵容他人违章作业，造成军事通信线路、设备损毁的，以破坏军事通信罪定罪处罚。

2. 客体要件

本罪侵犯的客体是国防建设秩序。

武器装备、军事设施、军事通信设备和器材是重要的国防资产，是部队战斗力的重要组成部分，是国防建设的重要内容。我国国防法规定："禁止任何组织或者个人破坏、损害和侵占国防资产。"军事设施保护法也明确规定："中华人民共和国的所有组织和公民都有保护军事设施的义务。禁止任何组织或者个人破坏、危害军事设施。"故意破坏武器装备、军事设施、军事通信的行为，违反国防法律规定的公民国防义务，损害部队战斗力，削弱国防能力，危害国防安全。

本罪的犯罪对象：（1）武器装备，它是武装部队用于实施和保障作战行动的武器、武器系统和军事技术器材的统称。包括匕首、枪械、火炮、火箭、导弹、弹药、坦克、装甲车辆及其他军用车辆、作战飞机及其他军用飞机、战斗舰艇、登陆作战舰艇、勤务舰船、陆军船艇、鱼雷、水雷、生物武器、化学武器、核武器、通信指挥装备、侦察情报装备、测绘气象装备、电子对抗装备、工程装备、"三防"装备、后勤装备等。武器装备的训练模拟器材，以武器装备论。（2）军事设施，即国家直接用于军事目的的建筑、场地和设备。包括指挥机关、地面和地下指挥工程、作战工程，军用机场、港口、码头，营区、训练场、试验场，军用洞库、仓库、医院，军用通信、侦察、导航、观测台站和测量、导航、助航标志，军用公路、铁路专用线，军用通信、输电线路，军用输油、输水管道及国务院和中央军委规定的其他军事设施等。（3）军事通信，这是指武装部队为实施指挥和武器控制而运用各种通信手段进行的信息传递活动。通常的手段有无线电通信、有线电通信、光通信、运动通信、简易信号通信等。关于军事通信的具体范围、通信中断和严重障碍的标准，参照中国人民解放军通信主管部门的有关规定确定。

近年来，各地在基本建设、工程施工中，由于一些施工单位和个人违章作业，致使军事通信线路被阻断、军事通信设施遭破坏的事件时有发生，对国家安全和国防利益造成了严重危害。为依法惩治危害军事通信的犯罪活动，维护国防利益和军事通信安全，最高人民法院根据刑法有关规定，于2007年6月18日作出了《解释》，为更有效地打击这类犯罪提供了法律依据。

3. 主观要件

主观方面由故意构成，即明知是武器装备、军事设施、军事通信，但出于贪利图财、泄愤报复或者敌意，仍然进行破坏，对其危害国防建设的后果持希望或者放任的态度。

4. 客观要件

客观方面表现为对武器装备、军事设施、军事通信实施了破坏的行为。这种破坏，手段可能多种多样，既包括对武器装备、军事设施、军事通信设施和设备本身的破坏，也包括对其功能的损坏，使其不能正常发挥效能，如故意实施损毁军事通信线路、设备，破坏军事通信计算机信息系统，干扰、侵占军事通信电磁频谱等行为。

（三）实务疑难问题

1. 全面理解和掌握破坏武器装备、军事设施、军事通信罪犯罪对象的内涵和外延

本罪中的武器装备、军事设施、军事通信的内涵和外延，比人们通常所了解的更深刻、更广泛。武器装备包括武装部队用于实施和保障作战行动的武器、武器系统和军事技术器材；军事设施包括国家直接用于军事目的的所有建筑、场地和设备；军事通信包括武装部队为实施指挥和武器控制而运用各种通信手段所进行的信息传递活动。如果不能全面理解和掌握其具体内容，容易混淆罪与非罪、此罪与彼罪的界限，造成打击不力，放纵罪犯。

2. 准确认定罪名

本罪是选择性罪名，犯罪对象是三种，行为人只要侵犯了其中的一种，即构成本罪。但在认定具体罪名时，应根据犯罪对象来定。如果行为人只是破坏了武器装备，就定破坏武器装备罪；如果既破坏了军事设施，又破坏了军事通信，就定破坏军事设施、军事通信罪，不实行并罚。

3. 正确认定本罪既遂的标准

本罪属于行为犯，只要行为人对武器装备、军事设施、军事通信实施了破坏行为，就构成本罪，而不要求其破坏行为必须导致发生严重后果。

4. 划清本罪与危害公共安全的一些犯罪的界限

本罪与破坏交通工具、交通设施、公用电信设施等犯罪的主体、主观方面和犯罪客观方面相同或近似，其主要区别在于：（1）侵犯的客体不同。本罪侵犯的客体是国防建设秩序，而后罪侵犯的客体分别是公共交通安全、公共通信安全等。（2）犯罪对象性质不同。本罪的犯罪对象是用于军事目的的，而后罪的犯罪对象是用于非军事目的的。根据《解释》第 6 条规定，破坏、过失损坏军事通信，并造成公用电信设施损毁，危害公共安全，同时构成《刑法》第 124 条和第 369 条规定的犯罪的，依照处罚较重的规定定罪处罚。

5. 划清本罪与故意毁坏财物罪的界限

两罪在犯罪主体、主观方面、客观方面相同或者近似，其主要区别在于：（1）侵犯的客体不同。本罪侵犯的客体是国防建设秩序，后罪侵犯的客体是公私财物所有权。（2）犯罪对象性质不同。本罪的犯罪对象是用于军事目的，而且全部是国家所有的；而后罪的犯罪对象是用于非军事目的，既有国家所有的，也有集体所有的，还有私人所有的。

6. 正确认定因盗窃而引起破坏武器装备、军事设施、军事通信的行为的性质

当前，因盗窃财物造成武器装备、军事设施、军事通信被破坏的现象比较普遍，这类犯罪属于牵连犯。在认定时，首先要根据因盗窃所破坏的武器装备、军事设施、军事通信的重要程度、犯罪情节、所盗物品的价值，分别确定破坏武器装备、军事设施、军事通信罪与盗窃罪应当适用的法定刑，然后按照从一重罪处断的原则定罪处罚。根据《解释》，盗窃军事通信线路、设备，不构成盗窃罪，但破坏军事通信的，依照《刑法》第 369 条第 1 款的规定定罪处罚；同时构成《刑法》第 124 条、第 264 条和第 369 条第 1 款规定的犯罪的，依照处罚较重的规定定罪处罚。

7. 正确认定用放火、爆炸等危险方法破坏武器装备、军事设施、军事通信的行为的性质

用放火、爆炸等危险方法破坏武器装备、军事设施、军事通信，属于牵连犯，应按照重罪吸收轻罪的原则，以放火罪、爆炸罪定罪处罚。

8. 关于非法侵入、破坏军事通信计算机系统行为的定罪处罚问题

根据《解释》，违反国家规定，侵入国防建设、尖端科学技术领域的军事通信计算机信息系统，尚未对军事通信造成破坏的，依照《刑法》第285条的规定定罪处罚；对军事通信造成破坏，同时构成《刑法》第285条、第286条、第369条第1款规定的犯罪的，依照处罚较重的规定定罪处罚。

9. 关于干扰无线电通信管理秩序行为的定罪处罚问题

根据《解释》，违反国家规定，擅自设置、使用无线电台、站，或者擅自占用频率，经责令停止使用后拒不停止使用，干扰无线电通信正常进行，构成犯罪的，依照《刑法》第288条的规定定罪处罚；造成军事通信中断或者严重障碍，同时构成《刑法》第288条、第369条第1款规定的犯罪的，依照处罚较重的规定定罪处罚。

（四）情节与量刑

《刑法》第369条第1款规定，犯破坏武器装备、军事设施、军事通信罪的，处3年以下有期徒刑、拘役或者管制；破坏重要武器装备、军事设施、军事通信的，处3年以上10年以下有期徒刑；情节特别严重的，处10年以上有期徒刑、无期徒刑或者死刑。

依照本条第3款规定，战时犯本罪的，从重处罚。

司法机关在适用《刑法》第369条第1款、第3款规定处罚时，应当注意以下问题：

1. 把握好量刑的主要依据

武器装备、军事设施、军事通信设施和设备价值相差悬殊。量刑时，主要而且首先应考虑犯罪行为对国防利益危害的大小，然后结合犯罪动机、手段和给国家财产造成的经济损失，正确适用刑罚。如有些军事通信设备本身价值虽不大，但受到破坏后，致使军事通信中断，危害极大，就应严惩。

2. 分清哪些是重要的武器装备、军事设施、军事通信

重要武器装备，是指部队的主要武器装备和其他在作战中有重要作用的武器装备，包括各种导弹、飞机、作战舰艇、登陆舰、1000吨以上辅助船、坦克、装甲车辆、85毫米以上口径的地面火炮、岸炮、高炮、雷达、声呐、指挥仪、15瓦以上电台、电子对抗装备、舟桥、60千瓦以上的工程机械、汽车、陆军船艇等。重要军事设施，是指指挥中心、大型作战工程，各类通信、

导航、观测枢纽，机场、港口、码头，大型仓库、重要管线、道路，以及其他对作战具有重要作用的军事设施。军事禁区的军事设施均视为重要军事设施。重要军事通信，是指军事首脑机关及重要指挥中心的通信，部队作战中的通信，等级战备通信，飞行航行训练、抢险救灾、军事演习或者处置突发性事件中的通信，以及执行试飞、试航、武器装备科研试验或者远洋航行等重要军事任务中的通信。根据《刑法》第369条的规定，破坏重要武器装备、军事设施、军事通信的，量刑时，除情节特别严重外，应在3年以上10年以下有期徒刑幅度内确定。

3. 正确把握犯罪情节

本条规定了三个量刑幅度，法定最低刑为管制，法定最高刑为死刑，应当区别案件的不同情节，恰当量刑。破坏武器装备、军事设施情节特别严重，是指致使大批或者重要武器装备报废的；造成大批或者重要军事设施丧失使用效能的；战时破坏重要武器装备、军事设施的；因破坏武器装备、军事设施致使战斗、战役或者其他重要军事行动遭受重大损失的；造成伤亡多人或者重大经济损失的等。破坏军事通信情节特别严重，根据《解释》，是指造成重要军事通信中断或者严重障碍，严重影响部队完成作战任务或者致使部队在作战中遭受损失的；造成部队执行抢险救灾、军事演习或者处置突发性事件等任务的通信中断或者严重障碍，并因此贻误部队行动，致使死亡三人以上、重伤十人以上或者财产损失一百万元以上的；破坏重要军事通信3次以上的；其他情节特别严重的情形。

4. 严格执行战时从严原则

战时犯本罪的，首先要考虑在法定刑幅度内从重判处。

（五）法律链接

最高人民法院关于审理危害军事通信刑事案件具体应用法律若干问题的解释（法释〔2007〕13号　自2007年6月29日起施行）

为依法惩治危害军事通信的犯罪活动，维护国防利益和军事通信安全，根据刑法有关规定，现就审理这类刑事案件具体应用法律的若干问题解释如下：

第一条　故意实施损毁军事通信线路、设备，破坏军事通信计算机信息系统，干扰、侵占军事通信电磁频谱等行为的，依照刑法第三百六十九条第一款的规定，以破坏军事通信罪定罪，处三年以下有期徒刑、拘役或者管制；破坏重要军事通信的，处三年以上十年以下有期徒刑。

第二条　实施破坏军事通信行为，具有下列情形之一的，属于刑法第三百六十九条第一款规定的“情节特别严重”，以破坏军事通信罪定罪，处十年以上有期徒刑、无期徒刑或者死刑：

（一）造成重要军事通信中断或者严重障碍，严重影响部队完成作战任务或者致使部队在作战中遭受损失的；

（二）造成部队执行抢险救灾、军事演习或者处置突发性事件等任务的通信中断或者严重障碍，并因此贻误部队行动，致使死亡三人以上、重伤十人以上或者财产损失一百万元以上的；

（三）破坏重要军事通信三次以上的；

（四）其他情节特别严重的情形。

第三条　过失损坏军事通信，造成重要军事通信中断或者严重障碍的，属于刑法第三百六十九条第二款规定的“造成严重后果”，以过失损坏军事通信罪定罪，处三年以下有期徒刑或者拘役。

第四条　过失损坏军事通信，具有下列情形之一的，属于刑法第三百六十九条第二款规定的“造成特别严重后果”，以过失损坏军事通信罪定罪，处三年以上七年以下有期徒刑：

（一）造成重要军事通信中断或者严重障碍，严重影响部队完成作战任务或者致使部队在作战中遭受损失的；

（二）造成部队执行抢险救灾、军事演习或者处置突发性事件等任务的通信中断或者严重障碍，并因此贻误部队行动，致使死亡三人以上、重伤十人以上或者财产损失一百万元以上的；

（三）其他后果特别严重的情形。

第五条　建设、施工单位直接负责的主管人员、施工管理人员，明知是军事通信线路、设备而指使、强令、纵容他人予以损毁的，或者不听管护人员劝阻，指使、强令、纵容他人违章作业，造成军事通信线路、设备损毁的，以破坏军事通信罪定罪处罚。

建设、施工单位直接负责的主管人员、施工管理人员，忽视军事通信线路、设备保护标志，指使、纵容他人违章作业，致使军事通信线路、设备损毁，构成犯罪的，以过失损坏军事通信罪定罪处罚。

第六条 破坏、过失损坏军事通信，并造成公用电信设施损毁，危害公共安全，同时构成刑法第一百二十四条和第三百六十九条规定的犯罪的，依照处罚较重的规定定罪处罚。

盗窃军事通信线路、设备，不构成盗窃罪，但破坏军事通信的，依照刑法第三百六十九条第一款的规定定罪处罚；同时构成刑法第一百二十四条、第二百六十四条和第三百六十九条第一款规定的犯罪的，依照处罚较重的规定定罪处罚。

违反国家规定，侵入国防建设、尖端科学技术领域的军事通信计算机信息系统，尚未对军事通信造成破坏的，依照刑法第二百八十五条的规定定罪处罚；对军事通信造成破坏，同时构成刑法第二百八十五条、第二百八十六条、第三百六十九条第一款规定的犯罪的，依照处罚较重的规定定罪处罚。

违反国家规定，擅自设置、使用无线电台、站，或者擅自占用频率，经责令停止使用后拒不停止使用，干扰无线电通讯正常进行，构成犯罪的，依照刑法第二百八十八条的规定定罪处罚；造成军事通信中断或者严重障碍，同时构成刑法第二百八十八条、第三百六十九条第一款规定的犯罪的，依照处罚较重的规定定罪处罚。

第七条 本解释所称“重要军事通信”，是指军事首脑机关及重要指挥中心的通信，部队作战中的通信，等级战备通信，飞行航行训练、抢险救灾、军事演习或者处置突发性事件中的通信，以及执行试飞试航、武器装备科研试验或者远洋航行等重要军事任务中的通信。

本解释所称军事通信的具体范围、通信中断和严重障碍的标准，参照中国人民解放军通信主管部门的有关规定确定。

四、过失损坏武器装备、军事设施、军用通信罪

（一）法律规定

第三百六十九条第二款　过失犯前款罪，造成严重后果的，处三年以下有期徒刑或者拘役；造成特别严重后果的，处三年以上七

年以下有期徒刑。[①]

（二）罪名详解

过失损坏武器装备、军事设施、军事通信罪，是指由于过失致使武器装备、军事设施、军事通信遭受损坏，造成严重后果，危害国防利益的行为。

本罪是根据《刑法修正案（五）》第3条增设的罪名。按照1997年《刑法》第369条规定，只有故意破坏武器装备、军事设施、军事通信的行为，才构成犯罪。但是近年来，一些地方在生产建设过程中野蛮施工、违章作业，致使军事通信光缆等通信设施遭到损坏的情况比较突出，严重危及国家的军事设施和军事通信的安全。为了维护国防利益，打击这类犯罪，立法机关在《刑法》第369条中增加一款，将这类过失行为造成严重后果的，规定为犯罪。

过失损坏武器装备、军事设施、军事通信罪的构成要件是：

1. 主体要件

犯罪主体为一般主体，既可以是军人，也可以是非军人；可以是中国公民，也可以是外国人、无国籍人。按照《解释》，建设、施工单位直接负责的主管人员、施工管理人员，忽视军事通信线路、设备保护标志，指使、纵容他人违章作业，致使军事通信线路、设备损毁，构成犯罪的，以过失损坏军事通信罪定罪处罚。

2. 客体要件

本罪侵犯的客体是国防建设秩序。犯罪对象是武器装备、军事设施、军事通信。

3. 主观要件

主观方面由过失构成，既可能是疏忽大意的过失，也可能是过于自信的过失。

4. 客观要件

客观方面表现为对武器装备、军事设施、军事通信实施了损坏的行为，并造成了严重后果。如在城市基本建设、农田水利建设等施工中，挖断地下军用通信电缆，致使军事通信中断等。

---

① 《刑法修正案（五）》增加。

（三）实务疑难问题

1. 划清罪与非罪的界限

本罪属于结果犯，行为人过失损坏武器装备、军事设施、军事通信的行为是否构成犯罪，关键在于行为是否造成了严重后果。只有其行为造成了严重后果的，才构成犯罪，否则不构成犯罪。

2. 准确认定罪名

本罪是选择性罪名，犯罪对象是三种，行为人只要侵犯了其中的一种，即构成本罪。但在认定具体罪名时，应根据犯罪对象来定。如果行为人只是过失损坏了军事通信，就定过失损坏军事通信罪；如果既过失损坏了武器装备，又过失损坏了军事设施，就定过失损坏武器装备、军事设施罪，不实行并罚。

3. 划清本罪与故意破坏武器装备、军事设施、军事通信罪的界限

这两种犯罪所侵犯的客体、犯罪对象、犯罪主体和客观方面相同或近似，主要区别：（1）主观方面不同。本罪行为人主观方面表现为过失，后罪行为人主观方面表现为故意。（2）对危害结果的要求不同。本罪把造成严重后果作为构成犯罪的法定要件，而后罪则不论是否发生了严重后果，只要行为人故意实施了破坏行为，就构成犯罪。

4. 划清本罪与过失危害公共安全方面的一些犯罪的界限

本罪与过失损坏交通工具、交通设施、公用电信设施等犯罪的主体、主观方面和客观方面相同或者近似，其主要区别在于侵犯的客体不同，犯罪对象性质不同。

（四）情节与量刑

依照《刑法》第 369 条第 2 款规定，犯过失损坏武器装备、军事设施、军事通信罪的，处 3 年以下有期徒刑或者拘役；造成特别严重后果的，处 3 年以上 7 年以下有期徒刑。

依照本条第 3 款规定，战时犯本罪的，从重处罚。

司法机关在适用《刑法》第 369 条第 2 款、第 3 款规定处罚时，应当注意以下问题：

1. 正确把握犯罪情节。“造成严重后果”，是构成本罪的要件，具体是指

因过失损坏行为造成重要或者大量武器装备、军事设施损毁或者丧失使用效能的；造成重要军事通信中断或者严重障碍的；造成人员伤亡的；影响部队完成重要任务的；致使国家财产遭受重大损失的等。“造成特别严重后果”，是指造成特别重要或者大量重要武器装备、军事设施损毁或者丧失使用效能的；造成多人伤亡的；严重影响部队完成重要任务的；致使国家财产遭受特别重大损失的。根据《解释》，过失损坏军事通信“造成特别严重后果”，是指造成重要军事通信中断或者严重障碍，严重影响部队完成作战任务或者致使部队在作战中遭受损失的；造成部队执行抢险救灾、军事演习或者处置突发性事件等任务的通信中断或者严重障碍，并因此贻误部队行动，致使死亡3人以上、重伤10人以上或者财产损失100万元以上的；其他后果特别严重的情形。

2. 严格执行战时从严原则

战时犯本罪的，首先要考虑在法定刑内从重处罚。

五、故意提供不合格武器装备、军事设施罪

（一）法律规定

第三百七十条　明知是不合格的武器装备、军事设施而提供给武装部队的，处五年以下有期徒刑或者拘役；情节严重的，处五年以上十年以下有期徒刑；情节特别严重的，处十年以上有期徒刑、无期徒刑或者死刑。

过失犯前款罪，造成严重后果的，处三年以下有期徒刑或者拘役；造成特别严重后果的，处三年以上七年以下有期徒刑。

单位犯第一款罪的，对单位判处罚金，并对其直接负责的主管人员和其他直接责任人员，依照第一款的规定处罚。

（二）罪名详解

故意提供不合格武器装备、军事设施罪，是指明知是不合格的武器装备、军事设施，而故意提供给武装部队的行为。

本罪是1997年刑法增设的罪名，1979年刑法和单行刑法均没有规定此

罪名。

故意提供不合格武器装备、军事设施的构成要件是：

1. 主体要件

犯罪主体包括自然人和单位。提供不合格武器装备的，包括武器装备生产、销售、修理、采购等单位和有关人员；提供不合格军事设施的，包括军事设施的勘察、设计、施工、验收等单位和有关人员。

2. 客体要件

本罪侵犯的客体是武器装备、军事设施质量管理秩序。武器装备、军事设施是保卫国家、巩固国防的重要物质基础，是国防资产的重要组织部分。国防法规定："企业事业单位应当按照国家的要求承担国防科研生产任务，接受国家军事订货，提供符合质量标准的武器装备或者军用物资。"将不合格的武器装备、军事设施提供给部队，违反国防法等法律规定的公民和组织的国防义务，不仅给国家财产造成损失，而且严重危害部队官兵的生命安全，影响部队的作战、训练，削弱部队战斗力，危害国防安全。本罪的犯罪对象是武器装备、军事设施。

3. 主观要件

主观方面由故意构成。

4. 客观要件

客观方面表现为将不合格的武器装备、军事设施提供给武装部队的行为。"不合格"，是指不符合规定的质量标准；"提供"，是指生产、修理、施工、采购等单位和有关人员用承建、承制、承修、出租、销售、调拨等方式，交付给武装部队。

（三）实务疑难问题

1. 在犯罪形态上属于行为犯

行为人只要故意实施了提供不合格武器装备、军事设施的行为，就构成犯罪。按照《最高人民检察院、公安部关于公安机关管辖的刑事案件立案追诉标准规定（一）》第 87 条的规定，有下列情形之一的：造成人员轻伤以上的；造成直接经济损失 10 万元以上的；提供不合格的枪支 3 支以上、子弹 100 发以上、雷管 500 枚以上、炸药 5000 克以上或者其他较重要武器装备、军事设施的，都应依法追究刑事责任。

2. 准确认定罪名

本罪是选择性罪名，犯罪对象是两种，行为人只要侵犯了其中的一种，即构成本罪。但在认定具体罪名时，应根据犯罪对象来定。如果行为人只是故意提供不合格武器装备，就定故意提供不合格武器装备罪；如果既故意提供不合格武器装备，又故意提供不合格军事设施，就定故意提供不合格武器装备、军事设施罪，不实行并罚。

3. 划清本罪与生产、销售伪劣产品罪的界限

两罪在交付不合格产品、犯罪主体、主观方面相同或者近似，其主要区别在于：（1）犯罪对象不同。本罪的犯罪对象是武器装备、军事设施，后罪的犯罪对象是武器装备以外的产品。（2）侵犯的客体不同。本罪侵犯的客体是武器装备、军事设施质量管理秩序，后罪侵犯的客体是产品质量管理和工商管理秩序。

4. 单位可以成为本罪的主体

当生产、修理、施工、销售、采购等单位明知是不合格的武器装备、军事设施仍向武装部队提供，就构成单位犯罪。

（四）情节与量刑

依照《刑法》第 370 条第 1 款规定，犯故意提供不合格武器装备、军事设施罪的，处 5 年以下有期徒刑或者拘役；情节严重的，处 5 年以上 10 年以下有期徒刑；情节特别严重的，处 10 年以上有期徒刑、无期徒刑或者死刑。

依照本条第 3 款规定，单位犯本罪的，对单位判处罚金，并对其直接负责的主管人员和其他直接责任人员，依照第 1 款的规定处罚。

司法机关在适用《刑法》第 370 条第 1 款规定处罚时，应当注意以下问题：

1. 正确把握犯罪情节。本条规定了三个量刑幅度，法定最低刑为拘役，法定最高刑为死刑，应当结合个案情况，区别不同情节，恰当量刑。本罪的“情节严重”，是加重处罚情节，司法实践中，一般是指为牟取私利而提供不合格武器装备、军事设施的；提供大批或者重要武器装备、军事设施不合格的；战时提供不合格武器装备、军事设施的；因提供不合格武器装备、军事设施影响部队完成重要任务或者造成严重后果的等情形。“情节特别严重”，是指战时提供大批或者重要武器装备和军事设施不合格的；因提供不合格武

器装备、军事设施致使战斗、战役或者其他重要军事行动遭受重大损失的；严重影响部队完成重要任务或者造成特别严重后果的等情形。

2. 严格依法追究单位犯罪的刑事责任。单位犯本罪的，除对单位判处罚金外，还应对其直接负责的主管人员和其他直接责任人员，依照《刑法》第370条第1款的规定处罚。

六、过失提供不合格武器装备、军事设施罪

（一）法律规定

第三百七十条第二款　过失犯前款罪，造成严重后果的，处三年以下有期徒刑或者拘役；造成特别严重后果的，处三年以上七年以下有期徒刑。

（二）罪名详解

过失提供不合格武器装备、军事设施罪，是指将不合格的武器装备、军事设施，因过失提供给武装部队，造成严重后果的行为。

本罪是1997年刑法增设的罪名，1979年刑法和单行刑法均没有规定此罪名。

过失提供不合格武器装备、军事设施罪的构成要件是：

1. 主体要件

犯罪主体包括武器装备生产、销售、修理、采购单位的负有产品质量检验责任的人员和主管人员，军事设施的勘察、设计、施工、验收单位负有产品质量检验责任的人员和主管人员。

2. 客体要件

本罪侵犯的客体是武器装备、军事设施质量管理秩序。犯罪对象是武器装备、军事设施。

3. 主观要件

主观方面由过失构成。

4. 客观要件

客观方面表现为将不合格的武器装备、军事设施提供给武装部队的行为。

（三）实务疑难问题

1. 划清罪与非罪的界限

本罪属于结果犯，过失提供不合格武器装备、军事设施罪是以该行为造成严重后果作为犯罪构成的法定要件的。如果该行为没有造成严重后果，则不构成犯罪。

2. 准确认定罪名

本罪是选择性罪名，犯罪对象是两种，行为人只要侵犯了其中一种，即构成本罪。但在认定具体罪名时，应根据犯罪对象来定。如果行为人只是过失提供不合格军事设施，就定过失提供不合格军事设施罪；如果既过失提供了不合格武器装备，又过失提供了不合格军事设施，就定过失提供不合格武器装备、军事设施罪，不实行并罚。

3. 划清本罪与故意提供不合格武器装备、军事设施罪的界限

两罪的行为人虽然都明知是不合格的武器装备、军事设施而提供给武装部队，其区别在于：各自对行为的后果所持的心理状态是不同的，本罪的行为人，对自己行为可能发生危害国防安全的结果，应当预见而疏忽大意没有预见，或者虽然预见却轻信能够避免；而后罪的行为人，明知自己的行为会发生危害国防安全的结果，却希望或者放任这种危害结果的发生。

（四）情节与量刑

依照《刑法》第 370 条第 2 款规定，犯过失提供不合格武器装备、军事设施罪的，处 3 年以下有期徒刑或者拘役；造成特别严重后果的，处 3 年以上 7 年以下有期徒刑。

司法机关在适用《刑法》第 370 条第 2 款规定处罚时，应注意分清犯罪情节。本罪“造成严重后果”，是指因提供不合格武器装备、军事设施造成人员重伤、死亡的；造成大批或者重要武器装备、军事设施毁损的；造成重大经济损失的；影响部队完成作战、演习、抢险救灾等重要任务的等情形。“造成特别严重后果”，是指造成多人重伤、死亡的；造成大批重要武器装备、军事设施报废的；造成特别重大经济损失的；严重影响部队完成作战、演习、抢险救灾等重要任务的等情形。

七、聚众冲击军事禁区罪

（一）法律规定

第三百七十一条　聚众冲击军事禁区，严重扰乱军事禁区秩序的，对首要分子，处五年以上十年以下有期徒刑；对其他积极参加的，处五年以下有期徒刑、拘役、管制或者剥夺政治权利。

聚众扰乱军事管理区秩序，情节严重，致使军事管理区工作无法进行，造成严重损失的，对首要分子，处三年以上七年以下有期徒刑；对其他积极参加的，处三年以下有期徒刑、拘役、管制或者剥夺政治权利。

（二）罪名详解

聚众冲击军事禁区罪，是指聚众冲击军事禁区，严重扰乱军事禁区秩序的行为。

本罪是1997年刑法增设的罪名，是从1990年2月23日第七届全国人民代表大会常务委员会第十二次会议通过的《中华人民共和国军事设施保护法》第33条的规定，吸收改为刑法的具体规定的。1979年《刑法》第158条只有扰乱社会秩序罪的规定。

聚众冲击军事禁区罪的构成要件是：

1. 主体要件

犯罪主体为一般主体，可以是非军人，也可以是军人。但必须是犯罪活动中的首要分子或其他积极参加者。

2. 客体要件

本罪侵犯的客体是军事禁区秩序。

“军事禁区”，是指国家根据军事设施的性质、作用、安全保密的需要和使用效能的特殊要求，在依法划定的一定范围的陆域、水域和空域采取特殊措施重点保护的区域。我国国防法和军事设施保护法规定，公民和组织都有保护军事设施、遵守保密规定的义务，不得破坏、危害军事设施和泄露国防方面的国家秘密。聚众冲击军事禁区，严重扰乱军事禁区秩序的行为，直接违反国防法律规定的公民国防义务，危害军事设施的安全和使用效能，危害军事秘密的安全，危害国防利益。犯罪对象是军事禁区，包括禁区内的军事设施、各种建筑、自然环境、周围设置的障碍物等。

3. 主观要件

主观方面由故意构成，即明知是军事禁区，仍然聚众冲击，对其危害国防利益的后果持希望或者放任态度。过失不构成本罪。

4. 客观要件

客观方面表现为聚众冲击军事禁区，严重扰乱军事禁区秩序的行为。

“聚众冲击军事禁区”，是指纠集多人，强行闯入军事禁区，占据办公地点，毁坏财物，殴打人员等情形。按照法律规定，聚众冲击军事禁区的行为，除需具备以上构成要件外，还必须达到“严重扰乱军事禁区秩序”的程度，才构成犯罪。“严重扰乱军事禁区秩序”，是指干扰、破坏军事禁区的秩序，致使作战、战备、训练、教学、科研等正常工作无法进行。司法实践中，具有下列情形之一的：冲击军事禁区三次以上或者一次冲击持续时间较长的；持械或者采取暴力手段冲击的；冲击重要军事禁区的；战时冲击军事禁区的等，都应依法追究刑事责任。

（三）实务疑难问题

1. 划清罪与非罪的界限

如果有聚众冲击军事禁区的行为，但未达到严重扰乱军事禁区秩序的程度，则不构成犯罪。

2. 划清本罪与聚众冲击国家机关罪的界限

两罪在犯罪主体、主观方面、客观方面相同或者近似，其主要区别在于：（1）侵犯的客体不同。本罪侵犯的客体是军事禁区秩序，后罪侵犯的客体是国家机关工作秩序。（2）犯罪对象不同。本罪的犯罪对象是军事禁区，后罪的犯罪对象是除军事机关外的其他国家机关工作区。

3. 划清本罪与聚众扰乱社会秩序罪的界限

两罪在犯罪客观方面、犯罪主体、犯罪主观方面相似，其主要区别：

（1）侵犯的客体不同。本罪侵犯的客体是军事禁区秩序，后罪侵犯的客体是社会秩序。（2）侵犯的对象不同。本罪侵犯的对象是军事禁区，后罪侵犯的对象是非国家机关工作区、学校、科研单位等。

4. 正确认定聚众冲击军事禁区罪中阻碍军人依法执行职务的行为的性质

这种行为属于牵连犯，应按照处理牵连犯的原则，从一重罪处罚，不实行数罪并罚。

（四）情节与量刑

依照《刑法》第371条第1款规定，犯聚众冲击军事禁区罪的，对首要分子，处5年以上10年以下有期徒刑；对其他积极参加的，处5年以下有期徒刑、拘役、管制或者剥夺政治权利。

司法机关在适用《刑法》第371条第1款规定处罚时，应当注意以下问题：

1. 本罪只追究聚众冲击军事禁区的首要分子和积极参加者的刑事责任，而不追究一般参与者。“首要分子”，是指在聚众冲击军事禁区犯罪活动中，起组织、策划、指挥作用的犯罪分子；“积极参加的”，是指主动参加冲击军事禁区犯罪活动的，在实施犯罪中起了重要作用或者有其他犯罪行为的等。

2. 正确适用数罪并罚原则。本罪行为人在聚众冲击军事禁区时如果趁机盗窃公私财物、杀人、抢劫的，应分别定罪，按数罪实行并罚。对于行为人出于聚众冲击军事禁区的故意，实施扰乱军事禁区秩序的行为时，其手段或者结果触犯其他罪名，构成牵连犯的，应按照从一重罪定罪处罚。

3. 适当适用附加刑。对聚众冲击军事禁区的首要分子，在判处主刑的同时，一般也应附加剥夺政治权利。

八、聚众扰乱军事管理区秩序罪

（一）法律规定

第三百七十一条　聚众冲击军事禁区，严重扰乱军事禁区秩序的，对首要分子，处五年以上十年以下有期徒刑；对其他积极参加的，处五年以下有期徒刑、拘役、管制或者剥夺政治权利。

聚众扰乱军事管理区秩序，情节严重，致使军事管理区工作无法进行，造成严重损失的，对首要分子，处三年以上七年以下有期徒刑；对其他积极参加的，处三年以下有期徒刑、拘役、管制或者

剥夺政治权利。

（二）罪名详解

聚众扰乱军事管理区秩序罪，是指聚众扰乱军事管理区秩序，情节严重，致使军事管理区工作无法进行，造成严重损失的行为。

本罪是1997年刑法增设的罪名，是从《军事设施保护法》第33条的规定吸收改为刑法的具体规定的。1979年《刑法》第158条只有扰乱社会秩序罪的规定。

聚众扰乱军事管理区秩序罪的构成要件是：

1. 主体要件

犯罪主体为一般主体，可以是非军人，也可以是军人。但必须是犯罪活动的首要分子或其他积极参加者。

2. 客体要件

本罪侵犯的客体是军事管理区秩序。

“军事管理区”，是指国家根据军事设施的特点、作用、安全保密需要和使用效能的要求，在依法划定的陆域、水域的一定范围内，采取比较严格保护措施的区域。聚众扰乱军事管理区秩序的行为，违反国防法和军事设施保护法规定的公民国防义务，直接危害军事设施的安全和使用效能，威胁军事秘密的安全，危害国防利益。犯罪对象是军事管理区，包括管理区内的军事设施、各种建筑和山、水、林木等。

3. 主观要件

主观方面由故意构成，即行为人明知是军事管理区，仍然聚众扰乱军事管理区秩序，对其所造成的危害国防利益的后果持希望或者放任态度。过失不构成本罪。

4. 客观要件

客观方面表现为聚众扰乱军事管理区秩序，情节严重，致使军事管理区工作无法进行，造成严重损失的行为。

按照法律规定，聚众扰乱军事管理区秩序的行为，除需具备以上构成要件外，还必须达到“情节严重”的程度，才构成犯罪。司法实践中，“聚众扰乱军事管理区秩序，情节严重”，一般是指战时聚众扰乱军事管理区秩序的；长时间或者多次实施扰乱行为的；使用暴力或者采取其他恶劣手段的；纠集人数多、规模较大的；造成人员轻伤以上或者较大经济损失的等情形。“造成严重损失”，主要是指导致军事秘密泄露的；致人重伤或死亡的；造成严重经济损失或者其他严重后果的等情形。

（三）实务疑难问题

1. 划清罪与非罪的界限

本罪以聚众扰乱军事管理区秩序“情节严重”，“致使军事管理区工作无法进行”，“造成严重损失”作为犯罪构成要件。认定时，这三个条件必须同时具备，缺一不可。否则，不构成犯罪。

2. 划清本罪与聚众冲击军事禁区罪的界限

两罪在犯罪主体、主观方面相同，其主要区别：（1）侵犯的直接客体不同。本罪侵犯的直接客体是军事管理区秩序，后罪侵犯的直接客体是军事禁区秩序。（2）犯罪的客观方面不同。本罪表现为聚众扰乱军事管理区秩序，情节严重，致使军事管理区工作无法进行，造成严重损失的行为；而后罪表现为聚众冲击军事禁区，严重扰乱军事禁区秩序的行为。（3）侵犯的对象不同。本罪侵犯的对象是军事管理区，后罪侵犯的对象是军事禁区。

3. 划清本罪与聚众扰乱社会秩序罪的界限

两罪在犯罪主体、主观主面、客观方面相同或者近似，其主要区别在于：（1）侵犯的客体不同。本罪侵犯的客体是军事管理区秩序，后罪侵犯的客体是社会秩序。（2）犯罪对象不同。本罪的犯罪对象是军事管理区，后罪的犯罪对象是非军事管理区。

4. 划清本罪与聚众冲击国家机关罪的界限

两罪在犯罪客观方面、犯罪主体和主观方面相似，其主要区别：（1）侵犯的客体不同。本罪侵犯的客体是军事管理区秩序，后罪侵犯的客体是国家机关工作秩序。（2）犯罪对象不同。本罪的犯罪对象是军事管理区，后罪的犯罪对象是除军事机关以外的其他国家机关工作区。

5. 正确认定聚众扰乱军事管理区秩序罪中阻碍军人依法执行职务的行为的性质

这种行为属于牵连犯，应按照处理牵连犯的原则，从一重罪处罚，不实行数罪并罚。

（四）情节与量刑

依照《刑法》第 371 条第 2 款规定，犯聚众扰乱军事管理区秩序罪的，对首要分子，处 3 年以上 7 年以下有期徒刑；对其他积极参加的，处 3 年以下有期徒刑、拘役、管制或者剥夺政治权利。

司法机关在适用《刑法》第 371 条第 2 款规定处罚时，应当注意以下问题：

1. 本罪只追究聚众扰乱军事管理区秩序的首要分子和积极参加者的刑事责任，而不追究一般参与者的刑事责任。“首要分子”，是指在聚众扰乱军事管理区秩序犯罪活动中起组织、策划、指挥作用的犯罪分子。“积极参加的”，是指主动参加扰乱军事管理区秩序犯罪活动的，在实施犯罪中起了重要作用或者有其他犯罪行为的等。

2. 正确适用数罪并罚原则。本罪行为人在聚众扰乱军事管理区秩序时，如果趁机盗窃公私财物、杀人、抢劫、重伤他人的，应分别定罪，实行数罪并罚。对于行为人出于聚众扰乱军事管理区秩序的故意，实施扰乱军事管理区秩序行为时，其手段或者结果触犯其他罪名，属牵连犯，应从一重罪定罪处罚。

3. 适当适用附加刑。对聚众扰乱军事管理区秩序的首要分子，在判处主刑的同时，一般也应附加剥夺政治权利。

九、冒充军人招摇撞骗罪

（一）法律规定

第三百七十二条　冒充军人招摇撞骗的，处三年以下有期徒刑、拘役、管制或者剥夺政治权利；情节严重的，处三年以上十年以下有期徒刑。

（二）罪名详解

冒充军人招摇撞骗罪，是指以谋取非法利益为目的，冒充军人进行招摇撞骗的行为。

本罪是1997年刑法增设的罪名，1979年刑法是依照该法第166条冒充国家工作人员招摇撞骗罪处理的。由于冒充军人招摇撞骗直接危害的是国防利益，因此，1997年修订刑法时，将其单独规定在危害国防利益罪一章中。

冒充军人招摇撞骗罪的构成要件是：

1. 主体要件

犯罪主体为一般主体。

2. 客体要件

本罪侵犯的客体是复杂客体，主要侵犯军队的声誉及其正常活动，同时侵犯社会管理秩序。在我国，军队是国家和人民利益的忠实捍卫者，全心全意为人民服务，是我军的唯一宗旨。军人具有较高的觉悟，受到政府和人民群众的尊敬和信任，《国防法》第25条规定，国家“禁止冒充现役军人或者武装力量组织”。冒充军人招摇撞骗的行为，违反国防法的规定，不仅败坏军人的形象和声誉，损害人民群众的利益，影响军政、军民、警民关系，而且危害国防安全。

犯罪对象是中国人民解放军和中国人民武装警察部队的现役军人身份。

3. 主观要件

主观方面由故意构成，即明知自己冒充军人招摇撞骗的行为会损害军人的形象和声誉，扰乱社会秩序，但为了获取非法利益仍然实施。

4. 客观要件

客观方面表现为冒充军人身份招摇撞骗的行为。

“冒充军人身份”，既包括非军人身穿佩戴有军人专用标志的军服，使用、携带证明军人身份的证件、公文，或者自称是某军事单位的军人；也包括军衔、职务低的军人冒充军衔、职务高的军人，一个单位的军人冒充另一个单位的军人。“招摇撞骗”，是指假冒军人名义骗取政治荣誉、职务待遇或者其他非法利益，冒充军事单位名义开办企业、签订合同、销售产品，以及招兵、招工、招干，骗取钱财，或者进行其他欺骗活动。

（三）实务疑难问题

1. 冒充的对象

行为人冒充的对象仅为中国人民解放军和中国人民武装警察部队的现役军人，不包括执行军事任务的预备役人员和其他人员。

2. 划清罪与非罪的界限

本罪属于行为犯。构成本罪，行为人既要有冒充军人的行为，又要有为谋取非法利益而进行招摇撞骗的行为，两者缺一不可。如果行为人仅仅为了满足自己的虚荣心而冒充军人，没有为谋取非法利益进行招摇撞骗的活动，则不构成犯罪。如果行为人为谋取非法利益进行了招摇撞骗的活动，但不是冒充军人名义实施的，则不构成本罪；构成其他罪的，按其他罪处理。

3. 划清本罪与招摇撞骗罪的界限

刑法对这两个罪的规定存在法条竞合关系。其主要区别在于：（1）侵犯的客体不同。本罪侵犯的直接客体主要是军队的声誉及其正常活动，后罪侵犯的直接客体主要是国家机关的声誉及其正常活动。（2）犯罪对象不同。本罪的犯罪对象是现役军人身份，后罪的犯罪对象是除军事机关外的国家机关工作人员身份。

4. 划清本罪与诈骗罪的界限

两罪在犯罪主体、主观方面、客观方面相同或者近似，其主要区别在于：（1）侵犯的客体不同。本罪侵犯的客体是军队的声誉及其正常活动和社会管理秩序，后罪侵犯的客体是公私财产的所有权。（2）犯罪的目的不同。本罪以获取非法利益为目的，除骗取财物外，还包括政治荣誉、职务待遇等其他非法利益；后罪的目的是非法占有公私财物。（3）骗取财物数额不同。一般情况下，本罪骗取的公私财物的数额较少，而后罪骗取的公私财物数额较大。如果行为人冒充军人诈骗财物数额特别巨大或者有其他特别严重情节的，属于牵连犯，应按照择一重罪处罚的原则，以诈骗罪定罪，从重处罚，不实行数罪并罚。

5. 划清本罪与敲诈勒索罪的界限

这两种犯罪在犯罪主体、主观方面相同，客观方面也有些近似。其主要区别：（1）侵犯的客体不同。本罪侵犯的是军队的声誉及其正常活动；而后罪侵犯的是公私财产的所有权。（2）犯罪的手段不同。本罪以“骗”为手段，冒充军人，被害人在受骗后往往自愿交出财物或者出让其合法权益；而后罪以威胁、要挟、恫吓为手段，造成被害人精神上的恐惧，被迫交出自己所有或者占有的财物。（3）构成犯罪有无数额限制不同。本罪构成犯罪无数额限制；后罪以敲诈勒索公私财物数额较大或者多次敲诈勒索的为犯罪构成的法定要件。

6. 准确认定冒充军人实施其他犯罪行为的性质

利用冒充军人的身份进行其他犯罪活动，一般应按照处理牵连犯的原则，从一重罪处断。但如果冒充军人招摇撞骗的行为与其他犯罪行为没有牵连关系，就应分别定罪，实行数罪并罚。

（四）情节与量刑

依照《刑法》第372条规定，犯冒充军人招摇撞骗罪的，处3年以下有期徒刑、拘役、管制或者剥夺政治权利；情节严重的，处3年以上10年以下有期徒刑。

司法机关在适用《刑法》第372条规定处罚时，应当注意以下问题：

1. 正确把握本罪的犯罪情节。冒充军人招摇撞骗“情节严重”，是加重处罚情节，司法实践中，一般是指冒充军人招摇撞骗屡教不改的或者手段恶劣的；战时冒充军人招摇撞骗的；因冒充军人招摇撞骗引起军政、军民、军警纠纷的；造成严重经济损失或者恶劣影响、严重损害军队声誉的；造成其他严重后果的等情形。

2. 适当适用附加刑。对冒充军人招摇撞骗情节严重的行为，在判处主刑的同时，一般应附加剥夺政治权利。

3. 冒充军人使用伪造、盗窃、买卖、非法提供的武装部队车辆号牌，情节严重的，根据《最高人民法院、最高人民检察院关于办理妨害武装部队制式服装、车辆号牌管理秩序等刑事案件具体应用法律若干问题的解释》第6条“实施刑法第三百七十五条规定的犯罪行为，同时又构成逃税、诈骗、冒充军人招摇撞骗等犯罪的，依照处罚较重的规定定罪处罚”的解释，应以冒充军人招摇撞骗罪定罪处罚。

十、煽动军人逃离部队罪

（一）法律规定

第三百七十三条　煽动军人逃离部队或者明知是逃离部队的军人而雇用，情节严重的，处三年以下有期徒刑、拘役或者管制。

（二）罪名详解

煽动军人逃离部队罪，是指以语言、文字等形式，鼓动军人逃离部队，情节严重的行为。

本罪是1997年刑法增设的罪名，1979年刑法和单行刑法均没有规定此罪名。

煽动军人逃离部队罪的构成要件是：

1. 主体要件

犯罪主体为一般主体，既可以是非军人，也可以是军人。

2. 客体要件

本罪侵犯的客体是部队兵员管理秩序。建立正常的兵员管理秩序，保证部队满员，是完成作战、训练、战备、值勤等任务的需要。煽动现役军人逃离部队情节严重的行为，违反国防法规定的公民和组织应当支持国防建设的义务，严重妨害部队兵员管理秩序，削弱部队战斗力，影响部队完成各项任务，危害国防利益。犯罪对象是现役军人。

3. 主观要件

主观方面由故意构成，即行为人明知被煽动的对象是现役军人，对其危害军队和国防建设的后果持希望或者放任的态度。过失不构成本罪。

按照法律规定，煽动军人逃离部队的行为，除需具备以上构成要件外，还必须达到“情节严重”的程度，才构成犯罪。“情节严重”，在司法实践中，一般是指战时煽动军人逃离部队的；煽动指挥人员、值班、值勤人员或者其他担负重要职责的人员逃离部队的；多次煽动或者煽动多人逃离部队的；因煽动军人逃离部队影响部队完成重要任务的；煽动军人逃离部队后予以窝藏的；煽动军人逃离部队进行其他违法活动的等情形。

4. 客观要件

客观方面表现为煽动军人逃离军队，情节严重的行为。“煽动军人逃离部队”，是指用语言、文字、图画，如面谈、发表演说、寄送宣传材料、散发标语传单，煽惑、鼓动正在服役的军人不经领导批准，擅自离开部队，或者经批准离队后逾期拒不归队，逃避兵役义务，包括不经请假就私自离开部队，工作调动中离开原单位后不到新单位报到，病愈出院、完成出差任务、休假期满后不回部队等。

（三）实务疑难问题

1. 划清罪与非罪的界限

行为人虽然实施了煽动军人逃离部队的行为，但不属于情节严重的，或者军人家属、亲友确有困难，而写信劝说现役军人早日退出现役的，或者煽动的对象不是现役军人的，都不构成犯罪。

2. 正确认定煽动军人逃离部队后又组织逃离部队军人实施其他犯罪活动的性质

行为人煽动军人逃离部队后，又组织逃离部队军人实施其他犯罪活动的，应当分别定罪处刑，实行数罪并罚。如果行为人煽动军人逃离部队是为了实施武装叛乱、暴乱或者投敌叛变、叛逃行为，应按照重罪吸收轻罪的原则，以武装叛乱、暴乱罪或者投敌叛变罪、叛逃罪定罪，从重处罚，不实行数罪并罚。

（四）情节与量刑

依照《刑法》第 373 条规定，犯煽动军人逃离部队罪的，处 3 年以下有期徒刑、拘役或者管制。

司法机关在适用《刑法》第 373 条规定处罚时，应注意全面分析本罪的量刑情节，要对煽动逃离部队的军人数量、煽动行为次数、犯罪手段、犯罪对象身份、犯罪时间、犯罪后果、犯罪前后表现等进行综合考虑，确定适当刑罚。

十一、雇用逃离部队军人罪

（一）法律规定

第三百七十三条　煽动军人逃离部队或者明知是逃离部队的军人而雇用，情节严重的，处三年以下有期徒刑、拘役或者管制。

（二）罪名详解

雇用逃离部队军人罪，是指明知是逃离部队的军人而雇用，情节严重的行为。

本罪是1997年刑法增设的罪名，1979年刑法和单行刑法均没有规定此罪名。

雇用逃离部队军人罪的构成要件是：

1. 主体要件

犯罪主体为非军人，多数是公司、企业、事业单位的主管人员和个体户老板。

2. 客体要件

本罪侵犯的客体是部队兵员管理秩序。建立正常的兵员管理秩序，是部队完成作战、训练、战备、值勤等各项任务的需要和保证。雇用逃离部队军人的行为，违反国防法规定的公民应当支持国防建设的义务，严重妨害了部队兵员管理秩序，削弱了部队战斗力，危害了国防安全。犯罪对象是逃离部队的军人。

3. 主观要件

主观方面由故意构成，即行为人明知是逃离部队的军人而雇用，对其造成危害军队和国防建设的后果，持希望或者放任的态度。过失不构成本罪。

4. 客观要件

客观方面表现为雇用逃离部队军人，情节严重的行为。“雇用逃离部队军人”，是指有偿让逃离部队军人提供劳务。

按照法律规定，雇用逃离部队军人的行为，除需具备以上构成要件外，还必须达到情节严重的程度才构成犯罪。“情节严重”，在司法实践中，一般是指战时雇用逃离部队军人的；明知是逃离部队的指挥人员、值班、值勤人员或者其他负有重要职责的军人而雇用的；雇用因犯罪而逃离部队的军人的；雇用多名逃离部队军人的；长期或者多次雇用逃离部队军人的；因雇用逃离部队军人经教育后拒不改正的；阻碍部队将被雇用军人带回的；因雇用逃离部队军人影响部队完成重要任务的；雇用逃离部队军人进行其他违法活动的等情形。

（三）实务疑难问题

1. 划清罪与非罪的界限

如果行为人不知道雇用的是逃离部队的军人，或者明知雇用的是逃离部队的军人，但不属于情节严重的，则不构成犯罪。

2. 正确认定雇用逃离部队军人实施其他犯罪活动的性质

行为人雇用逃离部队军人后，又组织逃离部队军人实施其他犯罪活动，触犯其他罪名的，应当分别定罪处刑，实行数罪并罚。如果行为人雇用逃离部队军人是为了实施其他犯罪活动，则应按照重罪吸收轻罪的原则定罪，从重处罚，不实行数罪并罚。

（四）情节与量刑

依照《刑法》第373条规定，犯雇用逃离部队军人罪的，处3年以下有期徒刑、拘役或者管制。

司法机关在适用《刑法》第373条规定处罚时，应注意全面分析本罪的量刑情节，要对雇用逃离部队军人数量、雇用时间、次数、雇用对象情况及所造成的后果等进行综合考虑，依照《刑法》第373条的规定确定适当刑罚。

十二、接送不合格兵员罪

（一）法律规定

第三百七十四条　在征兵工作中徇私舞弊，接送不合格兵员，情节严重的，处三年以下有期徒刑或者拘役；造成特别严重后果的，处三年以上七年以下有期徒刑。

（二）罪名详解

接送不合格兵员罪，是指在征兵工作中徇私舞弊，接送不合格兵员，情节严重的行为。

本罪是1997年刑法增设的罪名，是从1984年5月31日第六届全国人民代表大会第二次会议通过的《兵役法》第62条的规定，吸收改为刑法的具体规定的。

接送不合格兵员罪的构成要件是：

1. 主体要件

犯罪主体为特殊主体，即军队和地方担负征兵工作的体检人员、政审人员、接兵人员和其他有关责任人员。

2. 客体要件

本罪侵犯的客体是国家征兵工作秩序。国家根据兵役法的规定，征集应征公民到军队服役，并就征集对象的政治、身体、文化、年龄等条件和征兵工作程序作了明确规定，这是保证兵员质量，提高部队战斗力的需要。《国防法》第50条第2款规定："各级兵役机关和基层人民武装机构应当依法办理兵役工作，按照国务院和中央军事委员会的命令完成征兵任务，保证兵员质量。其他有关国家机关、社会团体和企业事业单位应当依法完成民兵和预备役工作，协助兵役机关完成征兵任务。"接送不合格兵员的行为，违反国防法规定的组织和公民的国防义务，降低兵员质量，严重影响军队建设，危害国防利益。

3. 主观要件

主观方面由故意构成，即行为人明知是不合格兵员而接送，对其危害军队建设和国防利益的后果，持放任或者希望的态度。过失不构成本罪。

4. 客观要件

客观方面表现为在征兵工作中徇私舞弊，接送不合格兵员，情节严重的行为。"在征兵工作中徇私舞弊"，是指在征兵工作中的兵役登记、体格检查、政治审查、审定新兵、交接兵员等过程中，为牟取私利而弄虚作假，欺骗组织，将不符合政治、身体、年龄、文化等征集条件的应征公民接收或者输送到部队。

按照法律规定，接送不合格兵员的行为，除需具备以上构成要件外，还必须达到"情节严重"的程度，才构成犯罪。"情节严重"，司法实践中，一般是指接送不合格兵员人数较多的；徇私舞弊手段恶劣的；战时接送不合格兵员的；因接送不合格兵员影响部队完成重要任务或者造成其他严重后果及恶劣影响的等情形。

（三）实务疑难问题

1. 划清罪与非罪的界限

本罪以在征兵工作中"徇私舞弊"，接送不合格兵员"情节严重"作为犯罪构成要件。如果行为人没有徇私舞弊，而是因工作疏忽接送了不合格兵员，或者虽有徇私舞弊的行为，并接送了不合格兵员，但尚未达到情节严重的程度，均不构成犯罪。

2. 正确认定因行贿受贿而接送不合格兵员的行为的性质

在征兵过程中，如果行为人的行贿或者受贿行为构成犯罪，而接送不合格兵员的行为尚未达到情节严重的程度，应按行贿罪或者受贿罪定罪处罚；如果行贿或者受贿行为不构成犯罪，但接送不合格兵员情节严重，构成犯罪的，则应以接送不合格兵员罪定罪，从重处罚。如果两种行为都构成犯罪，则应按照牵连犯的处罚原则，择一重罪处罚，不实行数罪并罚。

3. 划清本罪与玩忽职守罪的界限

两罪在犯罪主体、犯罪客观方面有相同或近似之处，如可能是国家机关工作人员，与履行职责有关，都可能存在徇私舞弊行为。其主要区别：（1）侵犯的客体不同。本罪侵犯的客体是国家征兵工作秩序，后罪侵犯的客体是国家机关的正常管理活动。（2）犯罪的客观表现形式不同。本罪表现为在征兵工作中徇私舞弊，接送不合格兵员的行为，后罪表现为不履行或不正确履行职责，致使公共财产、国家和人民利益遭受重大损失的行为。（3）犯罪主体不完全一样。本罪仅指在征兵工作中负有征兵职责的工作人员，后罪是国家机关工作人员。（4）犯罪主观方面不同。本罪是故意，后罪只能是过失。

（四）情节与量刑

依照《刑法》第 374 条规定，犯接送不合格兵员罪的，处 3 年以下有期徒刑或者拘役；造成特别严重后果的，处 3 年以上 7 年以下有期徒刑。

司法机关在适用《刑法》第 374 条规定处罚时，应注意把握本罪所造成的严重后果。“造成特别严重后果”，是加重处罚情节，司法实践中，一般是指接送的不合格兵员到部队实施严重刑事犯罪的；接送不合格兵员造成大批退兵的；因接送不合格兵员严重影响部队完成重要任务等情形。

十三、伪造、变造、买卖武装部队公文、证件、印章罪

（一）法律规定

第三百七十五条[①]　伪造、变造、买卖或者盗窃、抢夺武装部队公文、证件、印章的，处三年以下有期徒刑、拘役、管制或者剥夺政治权利；情节严重的，处三年以上十年以下有期徒刑。

非法生产、买卖武装部队制式服装，情节严重的，处三年以下有期徒刑、拘役或者管制，并处或者单处罚金。

伪造、盗窃、买卖或者非法提供、使用武装部队车辆号牌等专用标志，情节严重的，处三年以下有期徒刑、拘役或者管制，并处或者单处罚金；情节特别严重的，处三年以上七年以下有期徒刑，并处罚金。

单位犯第二款、第三款罪的，对单位判处罚金，并对其直接负责的主管人员和其他直接责任人员，依照各该款的规定处罚。

（二）罪名详解

伪造、变造、买卖武装部队公文、证件、印章罪，是指故意伪造、变造、买卖武装部队公文、证件、印章的行为。

本罪是1997年刑法增设的罪名。刑法修订前，这类犯罪是按照1979年《刑法》第167条规定的伪造、变造、盗窃、抢夺、毁灭国家机关公文、证件、印章罪处理的。由于伪造、变造、买卖、盗窃、抢夺武装部队公文、证件、印章的行为，直接危害国防安全和军队建设，因此，1997年修订刑法时，单独规定一条，并将其移入危害国防利益罪一章中，根据《刑法》第375条

---

① 《刑法修正案（七）》第12条将《刑法》第375条第2款修改为："非法生产、买卖武装部队制式服装，情节严重的，处三年以下有期徒刑、拘役或者管制，并处或者单处罚金。"增加一款作为第3款："伪造、盗窃、买卖或者非法提供、使用武装部队车辆号牌等专用标志，情节严重的，处三年以下有期徒刑、拘役或者管制，并处或者单处罚金；情节特别严重的，处三年以上七年以下有期徒刑，并处罚金。"原第3款作为第4款，修改为："单位犯第二款、第三款罪的，对单位判处罚金，并对其直接负责的主管人员和其他直接责任人员，依照各该款的规定处罚。"

的规定，罪名改为伪造、变造、买卖武装部队公文、证件、印章罪。最高人民法院、最高人民检察院在《关于办理妨害武装部队制式服装、车辆号牌管理秩序等刑事案件具体应用法律若干问题的解释》（以下简称《解释》）中，进一步明确了伪造、变造、买卖武装部队公文、证件、印章罪的定罪量刑标准，并对司法实践中常见的一些问题，提出了处理意见，为司法机关打击此类犯罪提供了重要依据。

伪造、变造、买卖武装部队公文、证件、印章罪的构成要件是：

1. 主体要件

犯罪主体为一般主体，包括非军人和军人。

2. 客体要件

侵犯的客体是武装部队公文、证件、印章管理秩序。

武装部队的公文、证件、印章，是代表武装部队执行公务、履行职责等活动和表明其成员身份的依据和凭证。伪造、变造、买卖武装部队公文、证件、印章的行为，严重扰乱武装部队执行公务、履行职责的活动，危害国防利益。本罪的犯罪对象是武装部队的公文、证件、印章。“武装部队的公文”，是指由武装部队制作、印发，用于公务活动的通知、批复、函件、通告、命令等文书；“武装部队的证件”，是指由武装部队制作、签发，用以证明单位和人员身份、资历、授权、许可、权属等事项的文件，如军官证、士兵证、车辆行驶证、车辆驾驶证等；“武装部队的印章”，是指由武装部队使用的单位公章、各种特殊用途的专用章、用于公务的个人印章及其他印章。

3. 主观要件

主观方面由故意构成。犯罪动机多种多样，其中买卖武装部队公文、证件、印章罪必须以非法获利为目的。过失不构成本罪。

4. 客观要件

客观方面表现为伪造、变造、买卖武装部队公文、证件、印章的行为。“伪造”，是指无权制作的人员和单位非法制作的行为；“变造”，是指利用涂改、擦消、拼接、更换照片等方法，非法改变其原来真实内容的行为；“买卖”，是指为了某种目的，购进和出售的行为。

（三）实务疑难问题

1. 准确认定罪名

本罪属于行为犯，而且是选择性罪名，犯罪的行为方式有三种，犯罪对象是三种。行为人只要实施了其中的一种行为方式，侵犯了一种以上的犯罪对象，即构成本罪。但在确定具体罪名时，还应根据实施犯罪的具体行为方式和犯罪对象来定。如果行为人只是伪造了武装部队的公文，就定伪造武装部队公文罪；如果既伪造又变造了武装部队的证件，就定伪造、变造武装部队证件罪，但不实行并罚。

2. 正确掌握定罪标准

根据《解释》，伪造、变造、买卖武装部队公文 1 件以上的；伪造、变造、买卖武装部队军官证、士兵证、车辆行驶证、车辆驾驶证或者其他证件 2 本以上的；伪造、变造、买卖武装部队机关印章、车辆牌证印章或者其他印章 1 枚以上的，即构成犯罪，以伪造、变造、买卖武装部队公文、证件、印章罪定罪处罚。

3. 正确认定以虚构的部队名称，伪造公文、证件、印章，进行犯罪活动的性质

行为人以虚构的部队名称伪造公文、证件、印章进行犯罪活动，实施什么犯罪行为就定什么罪，不能以本罪论处。

4. 正确认定买卖伪造、变造的武装部队公文、证件、印章行为的性质

根据《解释》，对于买卖伪造、变造的武装部队公文、证件、印章情节严重的，适用买卖武装部队公文、证件、印章罪的定罪量刑标准，进行定罪处罚。

5. 正确认定伪造、变造、买卖武装部队公文、证件、印章进行其他犯罪活动的性质

行为人伪造、变造、买卖武装部队公文、证件、印章是为了进行其他犯罪活动，则应按照处理牵连犯的原则，从一重罪定罪处罚。如果伪造、变造、买卖武装部队公文、证件、印章的行为与其他犯罪行为的法定刑相同时，可选择以犯罪目的条款定罪处罚。

6. 划清本罪与伪造、变造、买卖国家机关公文、证件、印章罪的界限

两罪的犯罪主体、主观方面、客观方面相同或者近似，其主要区别在于：

（1）侵犯的客体不同。本罪侵犯的客体是武装部队公文、证件、印章管理秩序，后罪侵犯的客体是国家机关公文、证件、印章管理秩序。（2）犯罪对象不同。本罪的犯罪对象是部队的公文、证件、印章，后罪的犯罪对象则是国家机关（军事机关除外）的公文、证件、印章。

7. 准确认定伪造、变造、买卖武装部队公文、证件、印章罪的共犯

明知他人实施伪造、变造、买卖武装部队公文、证件、印章的犯罪行为，而为其提供专用材料、制作技术、资金等帮助的，应以共犯论处。

（四）情节与量刑

依照《刑法》第 375 条第 1 款规定，犯伪造、变造、买卖武装部队公文、证件、印章罪的，处 3 年以下有期徒刑、拘役、管制或者剥夺政治权利；情节严重的，处 3 年以上 10 年以下有期徒刑。

司法机关在适用《刑法》第 375 条第 1 款规定处罚时，应当注意以下问题：

1. 正确把握伪造、变造、买卖武装部队公文、证件、印章的犯罪情节

情节严重是加重处罚情节，司法实践中，一般是指战时伪造、变造、买卖武装部队公文、证件、印章的；伪造、变造、买卖武装部队重要公文、证件、印章的；伪造、变造、买卖武装部队公文、证件、印章数量较多的；伪造、变造、买卖武装部队的公文、证件、印章成为他人犯罪条件的；因伪造、变造、买卖武装部队公文、证件、印章严重损害武装部队声誉或者引起军政、军民、警民纠纷的；销赃牟取暴利的；给国家或部队造成重大经济损失或者其他严重后果的等情形。根据《解释》，具有下列情形之一的，即伪造、变造、买卖武装部队公文 5 件以上的；伪造、变造、买卖武装部队军官证、士兵证、车辆行驶证、车辆驾驶证或者其他证件 10 本以上的；伪造、变造、买卖武装部队机关印章、车辆牌证印章或者其他印章 5 枚以上的；或者造成其他严重后果的，应认定为《刑法》第 375 条第 1 款规定的“情节严重”，处 3 年以上 10 年以下有期徒刑。

2. 对以本罪为手段的牵连犯罪不实行并罚

本罪规定的行为往往是行为人进行其他犯罪的手段。如果行为人实施本罪的行为是为了进行其他犯罪活动，则应按照处理牵连犯的原则，选择一重罪定罪处刑，不实行数罪并罚。

十四、盗窃、抢夺武装部队公文、证件、印章罪

（一）法律规定

第三百七十五条第一款　伪造、变造、买卖或者盗窃、抢夺武装部队公文、证件、印章的，处三年以下有期徒刑、拘役、管制或者剥夺政治权利；情节严重的，处三年以上十年以下有期徒刑。

（二）罪名详解

盗窃、抢夺武装部队公文、证件、印章罪，是指盗窃、抢夺武装部队公文、证件、印章的行为。

本罪 1979 年《刑法》第 167 条作了规定，但罪名为伪造、变造、盗窃、抢夺、毁灭国家机关公文、证件、印章罪。由于盗窃、抢夺武装部队公文、证件、印章的行为，直接危害国防安全和军队建设，因此，1997 年修订刑法时，单独规定一条，并将其移入危害国防利益罪一章中。根据《刑法》第 375 条的规定，罪名改为盗窃、抢夺武装部队公文、证件、印章罪。《解释》中进一步明确了盗窃、抢夺武装部队公文、证件、印章罪的定罪量刑标准和对司法实践中常见问题的处理意见，为司法机关打击此类犯罪提供了重要依据。

盗窃、抢夺武装部队公文、证件、印章罪的构成要件是：

1. 主体要件

犯罪主体为一般主体，包括非军人和军人。

2. 客体要件

侵犯的客体是武装部队公文、证件、印章管理秩序。武装部队的公文、证件、印章，是代表武装部队执行公务、履行职责等活动和表明其成员身份的依据和凭证。盗窃、抢夺武装部队公文、证件、印章的行为，严重扰乱武装部队执行公务、履行职责的活动，危害国防利益。犯罪对象是武装部队的公文、证件、印章。

3. 主观要件

主观方面由故意构成。犯罪的动机是多种多样的，过失不构成本罪。

4. 客观要件

客观方面表现为盗窃、抢夺武装部队公文、证件、印章的行为。“盗窃”，是指秘密窃取的行为；“抢夺”，是指乘持有人不备、公然夺取的行为。

（三）实务疑难问题

1. 准确认定罪名

本罪属于行为犯，而且是选择性罪名，犯罪的行为方式有两种，犯罪对象是三种。行为人只要实施了其中的一种行为方式，侵犯了一种以上的犯罪对象，即构成本罪。但在确定具体罪名时，还应根据实施犯罪的具体行为方式和犯罪对象来定。如果行为人只是盗窃了武装部队的公文，就定盗窃武装部队公文罪；如果既盗窃又抢夺了武装部队的证件，就定盗窃、抢夺武装部队证件罪，不实行并罚。

2. 正确掌握定罪标准

根据《解释》，盗窃、抢夺武装部队公文1件以上的；盗窃、抢夺武装部队军官证、士兵证、车辆行驶证、车辆驾驶证或者其他证件2本以上的；盗窃、抢夺武装部队机关印章、车辆牌证印章或者其他印章1枚以上的，即构成犯罪，以盗窃、抢夺武装部队公文、证件、印章罪定罪处罚。

3. 正确认定盗窃、抢夺伪造、变造的武装部队公文、证件、印章行为的性质

根据《解释》，对于盗窃、抢夺伪造、变造的武装部队公文、证件、印章情节严重的，适用盗窃、抢夺武装部队公文、证件、印章罪的定罪量刑标准，进行定罪处罚。

4. 正确认定行为人盗窃、抢夺武装部队公文、证件、印章进行其他犯罪活动的性质

行为人盗窃、抢夺武装部队公文、证件、印章是为了进行其他犯罪活动，则应当按照处理牵连犯的原则，从一重罪处罚。如果盗窃、抢夺武装部队公文、证件、印章的行为和进行其他犯罪的行为的法定刑相同时，可选择以犯罪目的条款定罪。

5. 划清本罪与盗窃、抢夺国家机关公文、证件、印章罪的界限

两罪的犯罪主体、主观方面、客观方面相同或者近似，其主要区别在于：（1）侵犯的客体不同。本罪侵犯的客体是武装部队公文、证件、印章管理秩

序，后罪侵犯的客体是国家机关公文、证件、印章管理秩序。(2) 犯罪对象不同。本罪的犯罪对象是部队的公文、证件、印章，后罪的犯罪对象则是国家机关（军事机关除外）的公文、证件、印章。

（四）情节与量刑

依照《刑法》第 375 条第 1 款规定，犯盗窃、抢夺武装部队公文、证件、印章罪的，处 3 年以下有期徒刑、拘役、管制或者剥夺政治权利；情节严重的，处 3 年以上 10 年以下有期徒刑。

司法机关在适用《刑法》第 375 条第 1 款规定处罚时，应当注意以下问题：

1. 正确把握盗窃、抢夺武装部队公文、证件、印章的犯罪情节。“情节严重”，司法实践中一般是指战时盗窃、抢夺武装部队公文、证件、印章的；盗窃、抢夺武装部队重要公文、证件、印章的；盗窃、抢夺武装部队公文、证件、印章数量较多的；盗窃、抢夺武装部队的公文、证件、印章成为他人犯罪条件的；因盗窃、抢夺武装部队公文、证件、印章严重损害武装部队声誉或者引起军政、军民、警民纠纷的；销赃牟取暴利的；给国家或部队造成重大经济损失或者其他严重后果的等情形。

根据《解释》，具有下列情形之一，即盗窃、抢夺武装部队公文 5 件以上的；盗窃、抢夺武装部队军官证、士兵证、车辆行驶证、车辆驾驶证或者其他证件 10 本以上的；盗窃、抢夺武装部队机关印章、车辆牌证印章或者其他印章 5 枚以上的，或者造成其他严重后果的，应认定为《刑法》第 375 条第 1 款规定的“情节严重”，处 3 年以上 10 年以下有期徒刑。

2. 对以本罪为手段的牵连犯罪不实行并罚。本罪规定的行为往往是行为人进行其他犯罪的手段。如果行为人实施本罪的行为是为了进行其他犯罪活动，则应按照处理牵连犯的原则，择一重罪处罚，不实行数罪并罚。

十五、非法生产、买卖武装部队制式服装罪

（一）法律规定

第三百七十五条第二款　非法生产、买卖武装部队制式服装，

情节严重的，处三年以下有期徒刑、拘役或者管制，并处或者单处罚金。

（二）罪名详解

非法生产、买卖武装部队制式服装罪，是指违反法律规定，生产、买卖武装部队现行装备的制式服装，情节严重的行为。

本罪是1997年刑法增设的罪名，其罪名为非法生产、买卖军用标志罪。1979年刑法和单行刑法均没有规定此罪名。近年来，非法生产、买卖武装部队制式服装的犯罪活动屡禁不止，对国防利益和社会秩序造成了严重危害。由于行为方式不同，社会危害性也不一样，为了将本罪与伪造、买卖武装部队专用标志罪区别开来，《刑法修正案（七）》第12条对《刑法》第375条进行了修改，将非法生产、买卖武装部队制式服装罪作为第2款予以保留，单列一个罪名。

《刑法》原第375条第2款："非法生产、买卖武装部队制式服装、车辆号牌等专用标志，情节严重的，处三年以下有期徒刑、拘役或者管制，并处或者单处罚金。"第3款："单位犯第二款罪的，对单位判处罚金，并对其直接负责的主管人员和其他直接责任人员，依照该款的规定处罚。"

非法生产、买卖武装部队制式服装罪的构成要件是：

1. 主体要件

犯罪主体为一般主体。自然人作为犯罪主体，包括军人和非军人；单位作为犯罪主体，既包括有权生产、买卖而超过主管部门规定数量的单位，也包括无权生产、买卖的单位。

2. 客体要件

本罪侵犯的客体是武装部队制式服装管理秩序。犯罪对象是武装部队制式服装和标志服饰。武装部队制式服装是指由武装部队订购、监制，专供武装部队使用的制式服装和标志服饰，包括武装部队人员统一穿着的服装，以及其他表明武装部队性质和人员身份的军衔标志、级别资历章、姓名牌、胸标、帽徽、肩章、臂章、袖标、领花、专业符号等标志服饰。它是武装部队人员同其他人员相区别的外部标志。非法生产、买卖武装部队制式服装的行为，不仅严重妨害社会管理秩序和部队管理秩序，损害武装部队的声誉，而且容易被不法分子利用这些非法生产、买卖的武装部队制式服装，进行违法犯罪活动，危害国防利益。

3. 主观要件

主观方面由故意构成，其中多数是以营利为目的。过失不构成本罪。

4. 客观要件

客观方面表现为非法生产、买卖武装部队制式服装情节严重的行为。

按照法律规定，非法生产、买卖武装部队制式服装的行为，除需具备以上构成要件外，还必须达到情节严重的程度，才构成犯罪。“情节严重”，在司法实践中，一般是指战时非法生产、买卖武装部队制式服装的；多次或者非法生产、买卖武装部队制式服装数量较多的；经教育后不改继续非法生产、买卖武装部队制式服装的；非法生产、买卖的武装部队制式服装成为他人犯罪条件或者造成其他严重后果的等情形。根据《解释》，非法生产、买卖成套制式服装 30 套以上，或者非成套制式服装 100 件以上的；非法生产、买卖帽徽、领花、臂章等标志服饰合计 100 件（副）以上的；非法经营数额 2 万元以上的；违法所得数额 5000 元以上的；以及具有其他严重情节的，应认定为《刑法》第 375 条第 2 款规定的“情节严重”，以非法生产、买卖武装部队制式服装罪定罪处罚。

“非法生产、买卖”，是指违反有关法律、法规，未经主管部门批准，擅自制作、销售、购买，包括指定生产的工厂不按规定擅自超额生产、销售和其他单位、人员私自仿制、销售、购买。

（三）实务疑难问题

1. 划清罪与非罪的界限

如果行为人实施了非法生产、买卖武装部队制式服装的行为，尚未达到情节严重的程度，则不构成犯罪。

2. 准确认定罪名

本罪是选择性罪名，犯罪的行为方式有两种。行为人只要实施了其中的一种行为方式，即构成本罪。但在确定具体罪名时，还应根据实施犯罪的具体行为方式来定。如果行为人只是非法生产武装部队制式服装，就定非法生产武装部队制式服装罪；如果既非法生产又非法买卖武装部队制式服装，就定非法生产、买卖武装部队制式服装罪，但不实行并罚。

3. 正确认定冒充军人招摇撞骗罪中实施非法生产、制作、购买武装部队

制式服装行为的性质

行为人为冒充军人招摇撞骗，非法生产、制作、购买武装部队制式服装，属于牵连犯，应选择冒充军人招摇撞骗罪这一重罪定罪处罚。如果行为人非法生产、制作、购买武装部队制式服装除了供自己冒充军人进行招摇撞骗活动外，还具有其他严重情节的，应分别定非法生产、买卖武装部队制式服装罪和冒充军人招摇撞骗罪，实行数罪并罚。

4. 准确认定非法生产、买卖武装部队制式服装罪的共犯

根据《解释》，明知他人实施非法生产、买卖武装部队制式服装的犯罪行为，而为其生产、提供专用材料或者提供资金、账号、技术、生产经营场所等帮助的，应以共犯论处。

5. 正确认定非法生产、买卖仿制的武装部队制式服装行为的性质

根据《解释》，非法生产、买卖仿制的武装部队制式服装情节严重的，适用非法生产、买卖武装部队制式服装罪的定罪量刑标准，进行定罪处罚。

6. 正确认定单位犯罪

如果非法生产、买卖武装部队制式服装是由单位集体决定或者由负责人决定实施的，则构成单位犯罪，应依法追究单位和有关人员的刑事责任。

（四）情节与量刑

依照《刑法》第 375 条第 2 款规定，犯非法生产、买卖武装部队制式服装罪的，处 3 年以下有期徒刑、拘役或者管制，并处或者单处罚金。

依照本条第 4 款规定，单位犯本罪的，对单位判处罚金，并对其直接负责的主管人员和其他直接责任人员，依照第 2 款规定处罚。

司法机关在适用《刑法》第 375 条第 2 款、第 4 款规定处罚时，应当注意以下问题：

1. 准确把握对单位犯罪有关人员的处罚。单位犯本罪的，“依照各该款的规定处罚”，是指除对单位判处罚金外，还应对其直接负责的主管人员和其他直接责任人员，依照《刑法》第 375 条第 2 款的规定，按自然人犯非法生产、买卖武装部队制式服装罪处罚，即应依照《解释》中关于非法生产、买卖武装部队制式服装罪的定罪量刑标准确定对相关人员的处罚。

2. 要重视对犯罪分子和单位适用财产刑。单位和多数犯罪分子非法生产、买卖武装部队制式服装是为了营利。为了不使犯罪分子和单位在经济上得到

好处，应当严格依照刑法的有关规定判处财产刑，其罚金的数额一般应大于非法获利的数额。

（五）法律链接

最高人民法院、最高人民检察院关于办理妨害武装部队制式服装、车辆号牌管理秩序等刑事案件具体应用法律若干问题的解释（法释〔2011〕16号自2011年8月1日起施行）

为依法惩治妨害武装部队制式服装、车辆号牌管理秩序等犯罪活动，维护国防利益，根据《中华人民共和国刑法》有关规定，现就办理非法生产、买卖武装部队制式服装，伪造、盗窃、买卖武装部队车辆号牌等刑事案件的若干问题解释如下：

第一条　伪造、变造、买卖或者盗窃、抢夺武装部队公文、证件、印章，具有下列情形之一的，应当依照刑法第三百七十五条第一款的规定，以伪造、变造、买卖武装部队公文、证件、印章罪或者盗窃、抢夺武装部队公文、证件、印章罪定罪处罚：

（一）伪造、变造、买卖或者盗窃、抢夺武装部队公文一件以上的；

（二）伪造、变造、买卖或者盗窃、抢夺武装部队军官证、士兵证、车辆行驶证、车辆驾驶证或者其他证件二本以上的；

（三）伪造、变造、买卖或者盗窃、抢夺武装部队机关印章、车辆牌证印章或者其他印章一枚以上的。

实施前款规定的行为，数量达到第（一）至（三）项规定标准五倍以上或者造成严重后果的，应当认定为刑法第三百七十五条第一款规定的“情节严重”。

第二条　非法生产、买卖武装部队现行装备的制式服装，具有下列情形之一的，应当认定为刑法第三百七十五条第二款规定的“情节严重”，以非法生产、买卖武装部队制式服装罪定罪处罚：

（一）非法生产、买卖成套制式服装三十套以上，或者非成套制式服装一百件以上的；

（二）非法生产、买卖帽徽、领花、臂章等标志服饰合计一百件（副）以上的；

（三）非法经营数额二万元以上的；

（四）违法所得数额五千元以上的；

（五）具有其他严重情节的。

第三条 伪造、盗窃、买卖或者非法提供、使用武装部队车辆号牌等专用标志，具有下列情形之一的，应当认定为刑法第三百七十五条第三款规定的“情节严重”，以伪造、盗窃、买卖、非法提供、非法使用武装部队专用标志罪定罪处罚：

（一）伪造、盗窃、买卖或者非法提供、使用武装部队军以上领导机关车辆号牌一副以上或者其他车辆号牌三副以上的；

（二）非法提供、使用军以上领导机关车辆号牌之外的其他车辆号牌累计六个月以上的；

（三）伪造、盗窃、买卖或者非法提供、使用军徽、军旗、军种符号或者其他军用标志合计一百件（副）以上的；

（四）造成严重后果或者恶劣影响的。

实施前款规定的行为，具有下列情形之一的，应当认定为刑法第三百七十五条第三款规定的“情节特别严重”：

（一）数量达到前款第（一）、（三）项规定标准五倍以上的；

（二）非法提供、使用军以上领导机关车辆号牌累计六个月以上或者其他车辆号牌累计一年以上的；

（三）造成特别严重后果或者特别恶劣影响的。

第四条 买卖、盗窃、抢夺伪造、变造的武装部队公文、证件、印章的，买卖仿制的现行装备的武装部队制式服装情节严重的，盗窃、买卖、提供、使用伪造、变造的武装部队车辆号牌等专用标志情节严重的，应当追究刑事责任。定罪量刑标准适用本解释第一至第三条的规定。

第五条 明知他人实施刑法第三百七十五条规定的犯罪行为，而为其生产、提供专用材料或者提供资金、账号、技术、生产经营场所等帮助的，以共犯论处。

第六条 实施刑法第三百七十五条规定的犯罪行为，同时又构成逃税、诈骗、冒充军人招摇撞骗等犯罪的，依照处罚较重的规定定罪处罚。

第七条 单位实施刑法第三百七十五条第二款、第三款规定的犯罪行为，对单位判处罚金，并对其直接负责的主管人员和其他直接责任人员，分别依照本解释的有关规定处罚。

十六、伪造、盗窃、买卖、非法提供、非法使用武装部队专用标志罪

（一）法律规定

第三百七十五条第三款　伪造、盗窃、买卖或者非法提供、使用武装部队车辆号牌等专用标志，情节严重的，处三年以下有期徒刑、拘役或者管制，并处或者单处罚金；情节特别严重的，处三年以上七年以下有期徒刑，并处罚金。

（二）罪名详解

伪造、盗窃、买卖、非法提供、非法使用武装部队专用标志罪，是指违反法律规定，伪造、盗窃、买卖或者提供、使用武装部队专用标志，情节严重的行为。

本罪是《刑法修正案（七）》第12条增设的罪名，1979年的刑法和单行刑法均没有规定此罪名。1997年修订后的刑法将本罪规定在《刑法》第375条非法生产、买卖军用标志罪中。近年来，妨害武装部队专用标志管理秩序的犯罪活动猖獗，严重损害了国防利益和社会管理秩序。由于行为方式不同，而且伪造、盗窃、买卖、非法提供、非法使用武装部队专用标志比非法生产、买卖武装部队制式服装具有更大的社会危害性，按照确定罪名明确和罪刑相适应的原则，《刑法修正案（七）》第12条对《刑法》第375条进行了重大修改，将非法生产、买卖武装部队制式服装罪作为第2款予以保留，增加伪造、盗窃、买卖、非法提供、非法使用武装部队专用标志罪，作为第3款，设置了两档法定刑，并对其中情节特别严重的处以更重的刑罚。《解释》进一步明确了伪造、盗窃、买卖、非法提供、非法使用武装部队车辆号牌等专用标志“情节严重”“情节特别严重”的认定标准，并对司法实践中常见的一些问题提出了处理意见，为司法机关打击此类犯罪提供了重要法律依据。

伪造、盗窃、买卖、非法提供、非法使用武装部队专用标志罪的构成要件是：

1. 主体要件

犯罪主体为一般主体。自然人作为犯罪主体，包括军人和非军人；单位作为犯罪主体，既包括有权生产、制作武装部队专用标志而超过主管部门规定数量的单位，也包括滥用武装部队专用标志管理权的单位，还包括无权生产、制作、管理武装部队专用标志的单位。

2. 客体要件

本罪侵犯的客体是武装部队专用标志管理秩序。犯罪对象是武装部队专用标志。“武装部队专用标志”，是指由武装部队订购、监制，专供武装部队使用的标志。包括武装部队车辆统一悬挂的号牌，以及其他表明武装部队性质的军旗、军徽、军种符号等，这是武装部队同其他组织相区别的外部标志。伪造、盗窃、买卖、非法提供、非法使用武装部队专用标志的行为，不仅严重妨害社会管理秩序和部队管理秩序，损害武装部队的声誉，而且容易被不法分子利用这些专用标志进行违法犯罪活动，危害国防利益。

3. 主观要件

主观方面由故意构成，其中多数是以营利和获取非法利益为目的，如使用伪造、盗窃、购买的武装部队的车辆号牌，不缴或者少缴应纳的车辆购置税、车辆使用税，骗免养路费、通行费等。过失不构成本罪。

4. 客观要件

客观方面表现为伪造、盗窃、买卖或者非法提供、使用武装部队车辆号牌等专用标志情节严重的行为。

“伪造”是指仿照武装部队专用标志的内容、材料、形状、图案、色彩等，加工制作假武装部队专用标志的行为。“盗窃”是指秘密窃取武装部队专用标志的行为。“买卖”是指违反法律规定，私自购买或者出售武装部队专用标志的行为。“非法提供”是指违反法律和有关规定，擅自将武装部队专用标志提供给武装部队以外的单位和人员使用的行为。“非法使用”是指违反法律和有关规定，无权和无资格使用武装部队专用标志的单位和个人使用武装部队专用标志的行为。

按照法律规定，伪造、盗窃、买卖、非法提供、非法使用武装部队专用标志的行为，除需具备以上构成要件外，还必须达到“情节严重”的程度，才构成犯罪。司法实践中，“情节严重”一般是指战时伪造、盗窃、买卖、非法提供、非法使用武装部队专用标志的；多次或者伪造、盗窃、买卖、非法提供、非法使用武装部队专用标志数量较多的；非法提供、非法使用武装部队专用标志时间较长的；经教育后仍然伪造、盗窃、买卖、非法提供、非法使用武装部队专用标志的；伪造、盗窃、买卖、非法提供、非法使用的武装部队专用标志成为他人犯罪条件或者造成其他严重后果的等。根据《解释》，伪造、盗窃、买卖或者非法提供、使用武装部队军以上领导机关车辆号牌 1 副以上或者其他车辆号牌 3 副以上的；伪造、盗窃、买卖、非法提供、使用军徽、军旗、军种符号或者其他军用标志合计 100 件（副）以上的；非法提供、使用军以上领导机关车辆号牌之外的其他车辆号牌累计 6 个月以上的；造成其他严重后果或者恶劣影响的，应当认定为《刑法》第 375 条第 3 款规定的“情节严重”，以伪造、盗窃、买卖、非法提供、非法使用武装部队专用标志罪定罪处罚。

（三）实务疑难问题

1. 划清罪与非罪的界限

如果行为人虽然实施了伪造、盗窃、买卖、非法提供、非法使用武装部队专用标志的行为，但未达到“情节严重”的程度，则不构成本罪。

2. 准确认定罪名

本罪是选择性罪名，犯罪行为方式有五种。行为人只要实施了其中的一种行为方式，即构成本罪。但在确定具体罪名时，还应根据实施犯罪的具体行为方式来定。如果行为人只是盗窃了武装部队专用标志，就定盗窃武装部队专用标志罪；如果行为人既伪造又非法使用武装部队专用标志，就定伪造、非法使用武装部队专用标志罪，但不实行并罚。

3. 正确认定使用伪造、盗窃、购买等非法手段获取的武装部队专用标志实施其他犯罪行为的性质

行为人使用非法获取的武装部队专用标志实施走私、逃税、非法运输违禁品、危险品等犯罪活动，属于牵连犯，应根据处理牵连犯的原则，从一重罪处断，不实行数罪并罚。

4. 准确认定伪造、买卖武装部队专用标志罪的共犯

根据《解释》，明知他人实施伪造、买卖武装部队专用标志的犯罪行为，而为其生产、提供专用材料或者提供资金、账号、技术、生产经营场所等帮助的，应以共犯论处。

5. 正确认定盗窃、买卖、提供、使用伪造、变造的武装部队专用标志行为的性质

根据《解释》，盗窃、买卖、提供、使用伪造、变造的武装部队车辆号牌等专用标志情节严重的，适用盗窃、买卖、非法提供、非法使用武装部队专用标志罪的定罪量刑标准，进行定罪处罚。

6. 划清伪造、买卖武装部队专用标志罪与非法生产、买卖警用装备罪的界限

两罪在犯罪客观方面、犯罪主体和犯罪主观方面相同或近似，其主要区别：（1）侵犯的客体不同。本罪侵犯的客体是武装部队专用标志管理秩序，后罪侵犯的客体是警用装备管理秩序。（2）犯罪对象不同。本罪的犯罪对象是武装部队专用标志，后罪犯罪对象既有人民警察制式服装、车辆号牌等专用标志，还有警用器械。

7. 正确认定单位犯罪

如果伪造、买卖、非法提供、非法使用武装部队专用标志是由单位集体决定或者由其负责人决定实施的，则构成单位犯罪，依法应追究单位和有关人员的刑事责任。

（四）情节与量刑

依照《刑法》第 375 条第 3 款规定，犯伪造、盗窃、买卖、非法提供、非法使用武装部队专用标志罪的，处 3 年以下有期徒刑、拘役或者管制，并处或者单处罚金；情节特别严重的，处 3 年以上 7 年以下有期徒刑，并处罚金。

依照本条第 4 款规定，单位犯本罪的，对单位判处罚金，并对其直接负责的主管人员和其他直接责任人员，依照第 3 款规定处罚。

司法机关在适用《刑法》第 375 条第 3 款规定处罚时，应注意以下问题：

1. 准确理解和把握本罪的犯罪情节。伪造、盗窃、买卖、非法提供、非法使用武装部队专用标志情节特别严重，是加重处罚情节，司法实践中，一般是指伪造、盗窃、买卖、非法提供、非法使用武装部队专用标志数量大或者时间长的；伪造、盗窃、买卖非法提供、非法使用武装部队专用标志造成特别严重后果或者特别恶劣影响的等。根据《解释》，伪造、盗窃、买卖或者非法提供、使用武装部队军以上领导机关车辆号牌 5 副以上或者其他车辆号

牌15副以上的；伪造、盗窃、买卖或者非法提供、使用军徽、军旗、军种符号或者其他军用标志合计500件（副）以上的；非法提供、使用军以上领导机关车辆号牌累计6个月以上或者其他车辆号牌累计1年以上的；造成特别严重后果或者特别恶劣影响的，应认定为《刑法》第375条第3款规定的“情节特别严重”，进行处罚。

2. 准确把握对单位犯罪及有关人员的处罚。对于单位犯本罪，其定罪量刑标准，应依照《解释》，采取与自然人犯罪标准一致的原则。除了对单位判处罚金外，对有关人员应根据其犯罪的不同情节、本人在犯罪中所处的地位、所起的作用，分别确定适当刑罚。

3. 要重视适用财产刑。单位和多数犯罪分子伪造、盗窃、买卖或者非法提供、非法使用武装部队专用标志，是为了牟取非法利益。为了不使犯罪分子和单位在经济上得到好处，应当严格依照刑法的有关规定判处财产刑，其罚金的数额一般应大于非法获利的数额。

十七、战时拒绝、逃避征召、军事训练罪

（一）法律规定

第三百七十六条第一款　预备役人员战时拒绝、逃避征召或者军事训练，情节严重的，处三年以下有期徒刑或者拘役。

（二）罪名详解

战时拒绝、逃避征召、军事训练罪，是指预备役人员战时拒绝、逃避征召或者军事训练，情节严重的行为。

本罪是1997年刑法增设的罪名，是从国防法、兵役法、预备役军官法和征兵工作条例等法律、法规的有关规定，吸收改为刑法的具体规定的。1979年刑法和单行刑法均没有规定此罪名。

战时拒绝、逃避征召、军事训练罪的构成要件是：

1. 主体要件

犯罪主体为特殊主体，即预备役人员。根据兵役法的规定，“预备役人员”，是指依法编入民兵组织或者经过登记服预备役的人员，分为预备役军官

和预备役士兵。预备役军官包括退出现役转为预备役的军官，确定服军官预备役的退出现役的士兵、高等院校毕业生、专职人民武装干部、民兵干部、非军事部门的干部和专业技术人员；预备役士兵包括编入基层民兵组织的人员，经过预备役登记的28周岁以下退出现役的士兵和经过预备役登记的28周岁以下的专业技术人员，编入普通民兵组织的人员和经过预备役登记的29周岁至35周岁退出现役的士兵，以及其他符合服士兵预备役条件的男性公民。

2. 客体要件

本罪侵犯的客体是战时预备役人员管理秩序。国防法、兵役法、预备役军官法和征兵工作条例等法律、法规规定，预备役人员必须按照规定参加军事训练，随时准备参军参战，保卫祖国；战时国家发布动员令后，随时准备应召服现役，在接到通知后，必须按时到指定的地点报到。预备役人员战时拒绝、逃避征召或者军事训练，违反国防法律规定的公民国防义务，影响部队兵员的补充和素质的提高，危害国防利益。

3. 主观要件

主观方面由故意构成，行为人的动机多种多样，主要是为了逃避服现役。过失不构成本罪。

4. 客观要件

客观方面表现为战时拒绝、逃避征召或者军事训练情节严重的行为。“战时”，是指国家宣布进入战争状态、部队受领作战任务或者遭敌突然袭击时，部队执行戒严任务或者处置突发性暴力事件时，以战时论；“征召”，是指兵役机关依法向预备役人员发出通知，要求其按规定时间和地点报到，准备转服现役的活动；“军事训练”，是指军事理论教育和作战技能教练的活动；“拒绝征召、军事训练”，是指接到征召、军事训练通知后，拒不报到或者报到后拒不参加军事训练；“逃避征召、军事训练”，是指以谎报年龄、自伤、自残身体、假装伤病、外出不归、藏匿、找人顶替等方法躲避征召、军事训练。

按照法律规定，战时拒绝、逃避征召、军事训练的行为，除需具备以上构成要件外，还必须达到“情节严重”的程度，才构成犯罪。“情节严重”，在司法实践中，一般是指以暴力、威胁、欺骗等手段拒绝、逃避征召或者军事训练的；无正当理由经多次教育后仍然拒绝、逃避征召或者军事训练的；联络、煽动他人共同拒绝、逃避征召或者军事训练的；因拒绝、逃避征召影响部队完成重要任务的等情形。

（三）实务疑难问题

1. 划清罪与非罪的界限

如果行为人是平时拒绝、逃避征召或军事训练，或者虽然是战时拒绝、逃避征召或者军事训练，但不属于情节严重的，均不构成犯罪。如果经教育不改，则应由基层人民政府强制其履行兵役义务。

2. 准确认定罪名

本罪是选择性罪名，其行为方式、犯罪对象各有两种。行为人只要实施了其中一种行为方式，侵犯了一种犯罪对象，即构成本罪。但在确定具体罪名时，还应根据实施犯罪的行为方式和侵犯的犯罪对象来确定。如行为人战时拒绝征召，就定战时拒绝征召罪；如果行为人战时既拒绝征召，又逃避军事训练，就定战时拒绝征召、逃避军事训练罪，但不实行数罪并罚。

3. 正确认定以暴力、行贿等手段拒绝、逃避征召、军事训练的行为的性质

行为人战时拒绝、逃避征召和军事训练，往往采用暴力或者行贿等手段，有可能触犯妨害公务、故意伤害、行贿等罪名，这属于牵连犯，应按照重罪吸收轻罪的原则定罪处罚。

（四）情节与量刑

依照《刑法》第 376 条第 1 款规定，犯战时拒绝、逃避征召、军事训练罪的，处 3 年以下有期徒刑或者拘役。

司法机关在适用《刑法》第 376 条第 1 款规定处罚时，应注意根据犯罪手段、时间和危害后果等情节，全面考虑，处以适当刑罚。

十八、战时拒绝、逃避服役罪

（一）法律规定

第三百七十六条第二款　公民战时拒绝、逃避服役，情节严重的，处二年以下有期徒刑或者拘役。

（二）罪名详解

战时拒绝、逃避服役罪，是指公民战时拒绝、逃避服兵役，情节严重的行为。

本罪是1997年刑法增设的罪名，是从国防法和兵役法关于中华人民共和国公民都有依法服兵役义务的规定，吸收改为刑法的具体规定的。1979年刑法和单行刑法均没有规定此罪名。

战时拒绝、逃避服役罪的构成要件是：

1. 主体要件

犯罪主体为一般主体，主要是除预备役人员外的符合兵役法规定的战时服役条件的男性公民。

2. 客体要件

本罪侵犯的客体是国家战时兵役管理秩序。

依法服兵役，是我国宪法、国防法和兵役法规定的公民应尽的光荣义务。战时服兵役，更是保家卫国的需要，是每个公民应尽的职责。战时拒绝、逃避服兵役情节严重的行为，违反宪法、国防法、兵役法规定的公民国防义务，影响部队兵员的补充，危害国防利益。

3. 主观要件

主观方面由故意构成，目的是逃避兵役义务。过失不构成本罪。

4. 客观要件

客观方面表现为战时拒绝、逃避服役情节严重的行为。“拒绝、逃避服役”，是指拒不履行兵役义务或者以谎报年龄、自伤、自残身体、假装伤病、外出不归、藏匿、找人顶替等方法逃避服役。

按照法律规定，战时拒绝、逃避服役的行为除需具备以上构成要件外，还必须达到“情节严重”的程度，才构成犯罪。“情节严重”，司法实践中，一般是指以暴力、威胁、欺骗等手段或者采取自伤、自残等方式拒绝、逃避服役的；无正当理由经教育后仍然拒绝、逃避服役的；联络、煽动他人共同拒绝、逃避服役的；因拒绝、逃避服役影响部队完成重要任务等情形。

（三）实务疑难问题

1. 划清罪与非罪的界限

如果行为人是平时拒绝、逃避服役，或者是战时拒绝、逃避服役，尚未达到情节严重的程度，均不构成犯罪。如果行为人经教育不改，应由基层人民政府强制其履行兵役义务。

2. 准确认定罪名

本罪是选择性罪名，犯罪的行为方式有两种，行为人只要实施了其中一种行为方式，即构成本罪。但在确定具体罪名时，还应根据实施犯罪的具体行为方式来定。如果行为人战时拒绝履行兵役义务，就定战时拒绝服役罪；如果行为人战时既拒绝又逃避履行兵役义务，就定战时拒绝、逃避服役罪，但不实行数罪并罚。

3. 划清本罪与战时拒绝、逃避征召罪的界限

两罪在犯罪客体、客观方面、主观方面、犯罪时间相同或者近似，其主要区别在于犯罪主体不同。本罪的犯罪主体是除预备役人员外的符合战时服役条件的男性公民。后罪的犯罪主体是预备役人员。

4. 正确认定以暴力、行贿等手段拒绝、逃避服役的行为的性质

行为人战时拒绝、逃避服役，往往采用暴力或者行贿等手段，有可能触犯妨害公务、故意伤害、行贿等罪名，这属于牵连犯，应按照从一重罪处断的原则定罪处罚。

（四）情节与量刑

依照《刑法》第 376 条第 2 款规定，犯战时拒绝、逃避服役罪的，处 2 年以下有期徒刑或者拘役。

司法机关在适用《刑法》第 376 条第 2 款规定处罚时，应根据犯罪手段、时间和危害后果、认罪态度等情节，全面考虑，处以适当刑罚。

十九、战时故意提供虚假敌情罪

（一）法律规定

第三百七十七条　战时故意向武装部队提供虚假敌情，造成严重后果的，处三年以上十年以下有期徒刑；造成特别严重后果的，处十年以上有期徒刑或者无期徒刑。

（二）罪名详解

战时故意提供虚假敌情罪，是指战时故意向武装部队提供虚假敌情，造成严重后果的行为。

本罪是1997年刑法增设的罪名，是从《国防法》第53条的规定吸收改为刑法的具体规定的。1979年刑法和单行刑法均没有规定此罪名。

战时故意提供虚假敌情罪的构成要件是：

1. 主体要件

犯罪主体为非军人。

2. 客体要件

本罪侵犯的客体是武装部队作战指挥秩序。敌情是军事指挥员和指挥机关正确决策的重要依据。国防法规定，公民和组织应当为武装力量的防卫作战等活动提供便利条件或者其他协助。战时故意向武装部队提供虚假敌情，违反国防法规定的公民国防义务，干扰军事指挥员和指挥机关的决心，甚至导致决策的错误，会直接危害作战，危害国防利益。

3. 主观要件

主观方面由故意构成，即行为人明知是虚假敌情而故意提供，对其危害作战的后果持希望或者放任的态度。过失不构成本罪。

4. 客观要件

客观方面表现为战时故意向武装部队提供虚假敌情，造成严重后果的行为。“虚假敌情”，是指不真实的敌方的军事及与军事有关的政治、经济、科技、气象、地理等情况。“造成严重后果”，是指因提供虚假敌情导致贻误战机的；致使作战部署进行较大调整的；影响部队完成重要任务的；致使战斗、战役或者其他重要军事行动遭受损失的；造成我方人员重伤、死亡的；严重毁损武器装备、军事设施、军用物资的；造成其他严重经济损失的等情形。

（三）实务疑难问题

划清罪与非罪的界限。本罪以“战时”“故意”向武装部队提供虚假敌情“造成严重后果”作为犯罪构成要件。如果行为人是平时向武装部队提供虚假敌情，或者是过失提供虚假敌情，或者是战时故意提供虚假敌情尚未造成严重后果的，均不构成犯罪。

（四）情节与量刑

依照《刑法》第 377 条规定，犯战时故意提供虚假敌情罪的，处 3 年以上 10 年以下有期徒刑；造成特别严重后果的，处 10 年以上有期徒刑或者无期徒刑。

司法机关在适用《刑法》第 377 条规定处罚时，应注意把握好本罪的犯罪情节。“造成特别严重后果”是加重处罚情节，司法实践中，一般是指因故意提供虚假敌情贻误重要战机的；导致作战部署作重大调整的；严重影响部队完成重要任务的；造成我方人员重大伤亡的；造成大量或者重要武器装备、军用物资、军事设施严重毁损的；致使战斗、战役失利或者其他重要军事行动遭受重大损失等情形。

二十、战时造谣扰乱军心罪

（一）法律规定

第三百七十八条　战时造谣惑众，扰乱军心的，处三年以下有期徒刑、拘役或者管制；情节严重的，处三年以上十年以下有期徒刑。

（二）罪名详解

战时造谣扰乱军心罪，是指战时造谣惑众，扰乱军心的行为。

本罪是 1997 年刑法增设的罪名，1979 年刑法和单行刑法均没有规定此罪名。

战时造谣扰乱军心罪的构成要件是：

1. 主体要件

犯罪主体为非军人。

2. 客体要件

本罪侵犯的客体是战时宣传舆论秩序。战时激发官兵的斗志，保持部队高昂的士气，是夺取作战胜利的重要条件，也是我军政治工作的重要任务。战时造谣惑众、扰乱军心的行为，背离国防法规定的公民国防义务和我军政治工作基本原则，挫伤军队士气，严重妨害作战，危害国防利益。本罪的犯罪对象是军人。

3. 主观要件

主观方面由故意构成，即行为人明知自己散布的内容是虚假的，会造成扰乱军心的危害结果，却希望或者放任这种结果的发生。行为人造谣惑众的动机、目的不影响定罪。过失不构成本罪。

4. 客观要件

客观方面表现为战时造谣惑众，扰乱军心的行为。“造谣惑众、扰乱军心”，是指编造谣言在部队中散布，煽动怯战、厌战及恐怖情绪，以蛊惑官兵，涣散部队斗志。如故意夸大敌军的兵力和装备优势，极力贬低我军武器装备的性能，虚构敌方的战绩和对我方不利的战况等。行为人散布谣言的方式，可以是当众散布，也可以是在私下传播；可以是口头散布，也可以是通过文字、图像传播。不论采取何种方式，只要是故意将谣言让武装部队人员知道，就是造谣惑众。“扰乱军心”，是造谣惑众足以造成或者已经造成的危害结果。行为人只要实施了造谣惑众的行为，足以造成扰乱军心的危害结果，就构成本罪。

（三）实务疑难问题

1. 划清罪与非罪的界限

本罪以“战时”造谣惑众，扰乱军心作为构成要件。如果行为人是平时造谣惑众，扰乱军心，则不构成犯罪。

2. 划清本罪与战时故意提供虚假敌情罪的界限

两罪的犯罪主体、主观方面相同，在犯罪客观方面均可通过编造虚假敌情方式实施，而且均以“战时”为构成犯罪的必备时间要件。其主要区别是：（1）犯罪侵犯的直接客体不同。本罪侵犯的是武装部队战时宣传舆论秩序，后罪侵犯的是武装部队作战指挥秩序。（2）犯罪对象不尽相同。本罪的犯罪对象是不特定的军人，后罪的犯罪对象一般是特定的军事机关或者具有收集情报职责的军人。（3）犯罪客观方面不尽相同。本罪行为人所编造的谣言既可以是与我方有关的情况，也可以是与敌方有关的情况，而后罪行为人提供的只是敌方的有关情况。

3. 划清本罪与煽动军人逃离部队罪的界限

两罪侵犯的同类客体、犯罪对象、主观方面相同，在客观方面都可以通过造谣惑众方式实施，都可能产生军人逃离部队的危害后果。其主要区别是：（1）侵犯的直接客体不同。本罪侵犯的是武装部队战时宣传舆论秩序，后罪侵犯的是武装部队兵员管理秩序。（2）犯罪构成的时间要件不同。本罪只能发生在战时，后罪可以发生在战时，也可以发生在平时。（3）犯罪客观方面的行为方式不一样。本罪的行为方式仅限于造谣惑众，后罪的行为方式多种多样，既可以是造谣惑众行为，也可以是物质引诱等其他行为。（4）犯罪目的不同。本罪的犯罪目的是扰乱军心，后罪的目的是促使军人逃离部队。

4. 划清本罪与间谍罪的界限

如果行为人在战时实施造谣扰乱军心的行为，进行间谍活动，属于牵连犯，应从一重罪（间谍罪）论处。两罪虽然在客观行为方式上有相似之处，但有着明显的区别：（1）侵犯的客体不同。本罪侵犯的是战时部队的宣传舆论秩序，后罪侵犯的是国家安全。（2）犯罪客观方面的行为方式不完全相同。本罪仅限于造谣惑众，后罪的行为方式多种多样。（3）构成犯罪的时间条件不同。本罪以发生在战时为必备时间条件，平时不构成犯罪；后罪既可以发生在战时，也可以发生在平时。（4）犯罪主体不同。本罪是除军人以外的一般主体，后罪可以是任意一般主体。

5. 划清本罪与煽动颠覆国家政权罪的界限

两罪虽然在客观方面均可以造谣方式实施，主观方面均出于故意，但两者主要区别在于：（1）侵犯的客体不同。本罪侵犯的是战时部队的宣传舆论秩序；后罪侵犯的是国家政权的安全。（2）犯罪时间条件不同。本罪只能发生在战时，后罪既可以发生在战时，也可以发生在平时。（3）犯罪客观方面的行为方式不尽相同。本罪仅限于造谣惑众，后罪既可以是造谣，还包括其他方式（如诽谤等）。

（四）情节与量刑

依照《刑法》第378条规定，犯战时造谣扰乱军心罪的，处3年以下有期徒刑、拘役或者管制；情节严重的，处3年以上10年以下有期徒刑。

司法机关在适用《刑法》第378条规定处罚时，应当注意的问题是：

1. 重点打击谣言的制造者和极少数积极传播者。战时散布、传播谣言，扰乱军心，有时参与的人较多，一定要牢牢把握打击的重点，而对一般信谣传谣者可不追究刑事责任。

2. 把握好本罪的犯罪情节。“情节严重”，是加重处罚情节，司法实践中，一般是指勾结敌人造谣惑众的；在公开场合造谣惑众的；散布谣言范围广的；组织他人造谣惑众的；在紧要关头或者危急时刻造谣惑众的；谣言内容煽动性大的；因散布谣言影响部队完成重要任务或者引起部队混乱、指挥失控、人员逃亡或者其他严重后果的等情形。

二十一、战时窝藏逃离部队军人罪

（一）法律规定

第三百七十九条　战时明知是逃离部队的军人而为其提供隐蔽处所、财物，情节严重的，处三年以下有期徒刑或者拘役。

（二）罪名详解

战时窝藏逃离部队军人罪，是指战时明知是逃离部队的军人而为其提供隐蔽处所、财物，情节严重的行为。

本罪是1997年刑法增设的罪名，1979年刑法和单行刑法均没有规定此罪名。

战时窝藏逃离部队军人罪的构成要件是：

1. 主体要件

犯罪主体为一般主体，多数是逃离部队军人的亲属、朋友、同学、同乡等。

2. 客体要件

本罪侵犯的客体是战时部队兵员管理秩序。战时严格部队的兵员管理，是完成各项任务、夺取作战胜利的需要。战时窝藏逃离部队军人情节严重的行为，违反国防法规定的公民应当支持国防建设的义务，严重妨害部队兵员管理秩序，削弱部队战斗力，危害国防利益。

3. 主观要件

主观方面由故意构成，即行为人明知是逃离部队的军人而窝藏，对其危害军队建设、国防建设的后果，持放任或者希望的态度。过失不构成本罪。

4. 客观要件

客观方面表现为战时明知是逃离部队的军人而为其提供隐蔽处所、财物情节严重的行为。“提供隐蔽处所”，是指将逃离部队的军人隐蔽起来，以逃避军队和有关部门查找；“提供财物”，是指为逃离部队的军人提供物质帮助，以使其进一步逃跑或隐藏。

按照法律规定，战时窝藏逃离部队军人的行为，除需具备以上构成要件外，还必须达到“情节严重”的程度，才构成犯罪。“情节严重”，司法实践中，一般是指窝藏多名或者多次窝藏逃离部队军人的；经批评教育后拒不改正的；明知是指挥人员、值班、执勤人员或者其他负有重要职责人员而窝藏的；有关部门查找时拒不交出窝藏军人的；因窝藏逃离部队军人影响部队完成重要任务的；造成其他严重后果或者恶劣影响的等情形。

（三）实务疑难问题

1. 划清罪与非罪的界限

本罪以“战时”“明知”是逃离部队的军人而窝藏和“情节严重”作为犯罪构成要件。如果行为人是在平时，或者不知是逃离部队的军人而窝藏的，以及战时明知是逃离部队的军人而窝藏，但不属于情节严重的，均不构成犯罪。

2. 正确认定煽动军人逃离部队后予以窝藏的行为的性质

凡是煽动军人逃离部队后予以窝藏的，即使没有其他严重情节，平时应以煽动军人逃离部队罪定罪处罚，战时应以战时窝藏逃离部队军人罪定罪处罚。

3. 划清本罪与雇用逃离部队军人罪的界限

两罪在犯罪客体、主观方面、犯罪对象、犯罪形态方面相同，其主要区别在于：（1）犯罪客观方面不同。本罪表现为行为人为逃离部队的军人提供隐蔽处所、财物，帮助其逃避部队和有关部门查找；后罪表现为行为人有偿让逃离部队的军人提供劳务。（2）犯罪主体不同。本罪是一般主体，包括军人和非军人，多数是逃离部队军人的亲属、朋友、同学、同乡；后罪是非军人，多数是公司、企业、事业单位的主管人员和个体户老板。（3）构成犯罪的时间不同。本罪以“战时”为构成犯罪的必备时间要件，后罪平时、战时都可以构成犯罪。（4）犯罪动机不一样。本罪的动机是帮助逃离部队军人逃避作战和紧张艰苦的部队生活；后罪的动机是让逃离部队的军人为其有偿提供劳务。

4. 划清本罪与窝藏、包庇罪的界限

窝藏、包庇罪，是指明知是犯罪的人而为其提供隐藏处所、财物，帮助其逃匿或者作假证明包庇的行为。两罪在犯罪主体、主观方面、客观方面相同或近似，其主要区别：（1）犯罪客体不同。本罪侵犯的同类客体是国防利益，直接客体是战时武装部队兵员管理秩序；后罪侵犯的同类客体是社会管理秩序，直接客体是司法机关同犯罪分子作斗争的正常活动。（2）犯罪对象不同。本罪的犯罪对象是战时逃离部队的军人，而后罪的犯罪对象则是已经实施其他犯罪的人。（3）构成犯罪的时间要件不同。本罪以“战时”作为犯罪构成的必备要件，而后罪不论平时、战时都可以构成犯罪。（4）犯罪形态不同。本罪是情节犯，后罪是行为犯。

（四）情节与量刑

依照《刑法》第379条规定，犯战时窝藏逃离部队军人罪的，处3年以下有期徒刑或者拘役。

二十二、战时拒绝、故意延误军事订货罪

（一）法律规定

第三百八十条　战时拒绝或者故意延误军事订货，情节严重的，

对单位判处罚金，并对其直接负责的主管人员和其他直接责任人员，处五年以下有期徒刑或者拘役；造成严重后果的，处五年以上有期徒刑。

（二）罪名详解

战时拒绝、故意延误军事订货罪，是指科研、生产、销售单位战时无正当理由拒绝或者故意延误军事订货的行为。

本罪是1997年刑法增设的罪名，是从《国防法》第51条的规定吸收改为刑法的具体规定的。1979年刑法和单行刑法均没有规定此罪名。

战时拒绝、故意延误军事订货罪的构成要件是：

1. 主体要件

犯罪主体为特殊主体，即科研、生产、销售武器装备、军用物资的单位及其直接负责的主管人员和其他直接责任人员。

2. 客体要件

本罪侵犯的客体是军事订货秩序。军事订货是军事部门根据国防需要，向军工部门或者其他经济部门订购武器装备和军用物资的活动。军事订货是保证部队武器装备和军用物资的供应，满足国防需要的主要手段。《国防法》第51条第1款规定："企业事业单位应当按照国家的要求承担国防科研生产任务，接受国家军事订货，提供符合质量标准的武器装备或者军用物资。"战时拒绝、故意延误军事订货情节严重的行为，直接违反国防法规定的公民和组织的国防义务，削弱部队战斗力，影响作战等各项任务的完成，危害国防利益。

3. 主观要件

主观方面由故意构成，即行为人明知拒绝或者延误的是军事订货，对此行为所造成的危害国防利益的后果，持希望或者放任的态度。过失不构成本罪。

4. 客观要件

客观方面表现为战时无正当理由拒绝或者故意延误军事订货，情节严重的行为。"拒绝或者故意延误军事订货"，是指具备按规定要求完成订货任务的条件，却拒不接受军事订货，或者故意延迟耽误交付军事订货。

按照法律规定，战时拒绝、故意延误军事订货的行为，除需具备以上构成要件外，还必须达到“情节严重”的程度，才构成犯罪。“情节严重”，司法实践中，一般是指使用暴力、威胁、欺骗等手段拒绝军事订货的；多次拒绝或者故意延误重要军事订货的；经批评教育后仍不悔改的；联络、煽动他人共同拒绝或者故意延误军事订货的；因拒绝或者故意延误军事订货影响部队完成重要任务的等情形。

（三）实务疑难问题

1. 划清罪与非罪的界限

本罪以“战时”拒绝或者“故意”延误军事订货“情节严重”作为犯罪构成要件。如果科研、生产、销售单位因不具备完成军事订货任务的条件而拒绝军事订货；平时拒绝、故意延误军事订货；过失延误军事订货；或者虽然是战时拒绝、故意延误军事订货，但尚未达到情节严重的程度，均不构成犯罪。

2. 科研、生产、销售单位是本罪的主体

因为军事订货是军事部门向有关科研、生产、销售单位订购的，所以，拒绝或者故意延误军事订货是科研、生产、销售单位的行为，情节严重的，应依法追究单位和有关人员的刑事责任。

（四）情节与量刑

依照《刑法》第 380 条规定，犯战时拒绝、故意延误军事订货罪的，对单位判处罚金，并对其直接负责的主管人员和其他直接责任人员，处 5 年以下有期徒刑或者拘役；造成严重后果的，处 5 年以上有期徒刑。

司法机关在适用《刑法》第 380 条规定处罚时，应注意根据本罪的犯罪情况和所造成的严重后果，分别确定适当的刑罚。尤其是对单位直接负责的主管人员的处罚要从严。“造成严重后果”，是加重处罚情节，司法实践中，一般是指因拒绝、故意延误军事订货，致使战斗、战役失利或者其他重要军事行动遭受严重损失的；严重影响部队完成重要任务的；造成人员重伤死亡的；造成武器装备、军用物资、军事设施严重毁损的等情形。

二十三、战时拒绝军事征收、征用罪

（一）法律规定

第三百八十一条　战时拒绝军事征收、征用，情节严重的，处三年以下有期徒刑或者拘役。

（二）罪名详解

战时拒绝军事征用罪，是指公民战时拒绝武装部队和政府根据军事行动需要，依法使用其设备设施、交通工具和其他物资，情节严重的行为。

本罪是1997年刑法增设的罪名，是从《国防法》第48条、第53条的规定吸收改为刑法的具体规定的。1979年刑法和单行刑法均没有规定此罪名。

2009年8月27日《全国人民代表大会常务委员会关于修改部分法律的决定》将《刑法》第381条中的“征用”修改为“征收、征用”。

战时拒绝军事征用罪的构成要件是：

1. 主体要件

犯罪主体为一般主体，即自然人，不包括单位。

2. 客体要件

本罪侵犯的客体是战时军事征用秩序。

“军事征用”，是指武装部队和县级以上人民政府根据作战和其他军事行动的需要，依法使用组织和公民个人的设备设施、交通工具和其他物资。《国防法》第48条第1款规定：“国家根据动员需要，可以依法征收、征用组织和个人的设备设施、交通工具和其他物资。”第53条规定：“公民和组织应当支持国防建设，为武装力量的军事训练、战备勤务、防卫作战等活动提供便利条件或者其他协助。”战时拒绝军事征用情节严重的行为，违反国防法规定的公民国防义务，严重妨害武装部队的作战和其他军事行动，危害国防利益。

3. 主观要件

主观方面由故意构成，即行为人明知拒绝军事征用的行为会妨害作战等军事行动，却放任或者希望这种危害结果的发生。过失不构成本罪。

4. 客观要件

客观方面表现为战时拒绝军事征用情节严重的行为。“拒绝军事征用”，是指行为人故意不将被征用的个人设备设施、交通工具和其他物资交付武装部队使用。

按照法律规定，战时拒绝军事征用的行为，除需具备以上构成要件外，还必须达到“情节严重”的程度，才构成犯罪。“情节严重”，司法实践中一般是指无正当理由多次拒绝军事征用的；采取暴力、威胁、欺骗等手段拒绝军事征用的；联络、煽动他人共同拒绝军事征用的；拒绝重要军事征用的；经批评教育后仍不悔改的；因拒绝重要军事征用影响部队完成重要任务；或者造成其他严重后果的等情形。

（三）实务疑难问题

1. 划清罪与非罪的界限

本罪以“战时”拒绝军事征用“情节严重”作为构成要件。如果行为人是平时拒绝军事征用，或者是战时拒绝军事征用，尚未达到情节严重的程度，均不构成犯罪。

2. 正确处理本罪与妨害公务罪、阻碍军人执行职务罪的想象竞合问题

如果行为人在战时使用暴力、威胁方法拒绝县级以上人民政府工作人员依法进行军事征用，情节严重的，同时触犯战时拒绝军事征用罪和妨害公务罪两个罪名。如果行为人在战时使用暴力、威胁方法拒绝武装部队现场指挥员依法进行军事征用，情节严重的，同时触犯战时拒绝军事征用罪和阻碍军人执行职务罪两个罪名。这两种情况，均属于想象竞合犯，应当按想象竞合犯从一重罪处断原则，按战时拒绝军事征用罪定罪处罚。

3. 划清本罪与阻碍军事行动罪的界限

两罪侵犯的同类客体、犯罪主体、主观方面、客观方面相同或近似。其主要区别在于：（1）犯罪表现形式不同。本罪从根本上讲，是一种不作为犯罪，而后罪既可以是积极的作为，也可以由消极的不作为构成。（2）犯罪形态不同，本罪属于情节犯，而后罪属于结果犯。

（四）情节与量刑

依照《刑法》第 381 条规定，犯战时拒绝军事征用罪的，处 3 年以下有

期徒刑或者拘役。

司法机关在适用《刑法》第 381 条规定处罚时，要注意把握好本罪的犯罪情节。根据犯罪的手段、时间、地点、危害后果及主观因素等情节，确定适当刑罚。

第八章　贪污贿赂罪

一、贪污罪

（一）法律规定

第三百八十二条　国家工作人员利用职务上的便利，侵吞、窃取、骗取或者以其他手段非法占有公共财物的，是贪污罪。

受国家机关、国有公司、企业、事业单位、人民团体委托管理、经营国有财产的人员，利用职务上的便利，侵吞、窃取、骗取或者以其他手段非法占有国有财物的，以贪污论。

与前两款所列人员勾结，伙同贪污的，以共犯论处。

第三百八十三条[①]　对犯贪污罪的，根据情节轻重，分别依照下列规定处罚：

（一）贪污数额较大或者有其他较重情节的，处三年以下有期徒

---

① 本条根据2015年8月29日是《刑法修正案（九）》修改。原刑法条文为：

“对犯贪污罪的，根据情节轻重，分别依照下列规定处罚：

（一）个人贪污数额在十万元以上的，处十年以上有期徒刑或者无期徒刑，可以并处没收财产；情节特别严重的，处死刑，并处没收财产。

（二）个人贪污数额在五万元以上不满十万元的，处五年以上有期徒刑，可以并处没收财产；情节特别严重的，处无期徒刑，并处没收财产。

（三）个人贪污数额在五千元以上不满五万元的，处一年以上七年以下有期徒刑；情节严重的，处七年以上十年以下有期徒刑。个人贪污数额在五千元以上不满一万元，犯罪后有悔改表现、积极退赃的，可以减轻处罚或者免予刑事处罚，由其所在单位或者上级主管机关给予行政处分。

（四）个人贪污数额不满五千元，情节较重的，处二年以下有期徒刑或者拘役；情节较轻的，由其所在单位或者上级主管机关酌情给予行政处分。

对多次贪污未经处理的，按照累计贪污数额处罚。”

刑或者拘役，并处罚金。

（二）贪污数额巨大或者有其他严重情节的，处三年以上十年以下有期徒刑，并处罚金或者没收财产。

（三）贪污数额特别巨大或者有其他特别严重情节的，处十年以上有期徒刑或者无期徒刑，并处罚金或者没收财产；数额特别巨大，并使国家和人民利益遭受特别重大损失的，处无期徒刑或者死刑，并处没收财产。

对多次贪污未经处理的，按照累计贪污数额处罚。

犯第一款罪，在提起公诉前如实供述自己罪行、真诚悔罪、积极退赃，避免、减少损害结果的发生，有第一项规定情形的，可以从轻、减轻或者免除处罚；有第二项、第三项规定情形的，可以从轻处罚。

犯第一款罪，有第三项规定情形被判处死刑缓期执行的，人民法院根据犯罪情节等情况可以同时决定在其死刑缓期执行二年期满依法减为无期徒刑后，终身监禁，不得减刑、假释。

第三百九十四条　国家工作人员在国内公务活动或者对外交往中接受礼物，依照国家规定应当交公而不交公，数额较大的，依照本法第三百八十二条、第三百八十三条的规定定罪处罚。

《全国人民代表大会常务委员会关于〈中华人民共和国刑法〉第九十三条第二款的解释》（自 2009 年 8 月 27 日起施行）

全国人民代表大会常务委员会讨论了村民委员会等村基层组织人员在从事哪些工作时属于刑法第九十三条第二款规定的“其他依照法律从事公务的人员”，解释如下：

村民委员会等村基层组织人员协助人民政府从事下列行政管理工作，属于刑法第九十三条第二款规定的“其他依照法律从事公务的人员”：

（一）救灾、抢险、防汛、优抚、扶贫、移民、救济款物的管理；

（二）社会捐助公益事业款物的管理；

（三）国有土地的经营和管理；

（四）土地征收、征用补偿费用的管理；

（五）代征、代缴税款；

（六）有关计划生育、户籍、征兵工作；

（七）协助人民政府从事的其他行政管理工作。

村民委员会等村基层组织人员从事前款规定的公务，利用职务上的便利，非法占有公共财物、挪用公款、索取他人财物或者非法收受他人财物，构成犯罪的，适用刑法第三百八十二条和第三百八十三条贪污罪、第三百八十四条挪用公款罪、第三百八十五条和第三百八十六条受贿罪的规定。

（二）罪名详解

贪污罪，是指国家工作人员利用职务上的便利，侵吞、窃取、骗取或者以其他手段，非法占有公共财物的行为。

本罪在1979年《刑法》第155条和《关于惩治贪污罪贿赂罪的补充规定》第1条中均有规定。1997年修订《刑法》时对犯罪主体、犯罪对象作了修改。《刑法修正案（九）》取消了贪污罪定罪量刑的具体数额标准，采用数额加情节的标准，增加罚金刑；明确规定从轻、减轻、免除处罚的条件；增加终身监禁的规定。

贪污罪的构成要件是：

1. 主体要件

本罪犯罪主体为特殊主体，即国家工作人员。关于“国家工作人员”的范围，《刑法》第93条作了明确规定，包括：（1）国家机关中从事公务的人员，包括各级国家权力机关、行政机关、审判机关、检察机关和军事机关中从事公务的人员。根据有关规定，参照国家公务员法进行管理的人员，应当以国家机关工作人员论，如根据中央和国务院规定，参照国家公务员法管理的各级党委、政协机关中从事公务的人员等。（2）国有公司、企业、事业单位、人民团体中从事公务的人员。（3）国家机关、国有公司、企业、事业单位委派到非国有公司、企业、事业单位、社会团体中从事公务的人员。“委派”，即委任、派遣，其形式多种多样，既可以是事前、事中的任命、指派、提名、推荐、批准，也可以是事后的认可、同意、批准等。《最高人民法院、最高人民检察院关于办理国家出资企业中职务犯罪案件具体应用法律若干问题的意见》第6条规定：经国家机关、国有公司、企业、事业单位提名、推荐、任命、批准等，在国有控股、参股公司及其分支机构中从事公务的人员，应当认定为国家工作人员。具体的任命机构和程序，不影响国家工作人员的认定。经国家出资企业中负有管理、监督国有资产职责的组织批准或者研究决定，代表其在国有控股、参股公司及其分支机构中从事组织、领导、监督、经营、管理工作的人员，应当认定为国家工作人员。国家出资企业中的国家工作人员，在国家出资企业中持有个人股份或者同时接受非国有股东委托的，不影响其国家工作人员身份的认定。[①] 但国有公司、企业改制为股份有限公司后，原国有公司、企业的工作人员和股份有限公司新任命的人员中，除代表国有投资主体行使监督、管理职权的人外，不以国家工作人员论。实践中，受委派从事公务的人员主要是指在国有控股或者参股的有限责任公司、股份有限公司、中外合资企业、中外合作企业中对国有资产负有监管职责的人员，通常为董事长、董事、监事以及总经理等高级管理人员。根据有关法律规定，这些人员的产生有特定程序，不能直接由国有单位以任命方式决定。例如，依照《公司法》第 113 条的规定，股份有限公司的经理由董事会决定聘任或者解聘。但是，在股份有限公司中参股、控股的国有单位对公司经理的产生仍可起到决定性的作用，“推荐”“提名”就是国有单位行使人事权的表现。非经国有单位推荐或提名，有关人员也许就不可能受聘；即使受聘，也不可能具有代表国有单位监管国有资产的权利和职责。相反，若国有单位依权力推荐或提名，就意味着其是国有单位的人，就负有代表国有单位监管国有资产的使命，即使之后其受聘经过了由董事会决定的程序，也不能改变他是受国有单位委派从事公务的性质。换言之，司法实践中，不能仅因涉案人员的职务是经混合所有制单位的有关组织机构选举、聘任、决定，就简单地认定其不属于受委派从事公务的国家工作人员，不具备贪污罪的主体资格，而要看国有单位在其出任相关职务过程中是否行使了相应的人事决定权。此外，被“委派”的人员，在被“委派”以前，可以是国家工作人员，也可以不是国家工作人员，如工人、农民、待业人员等。不论被“委派”以前是什么身份，只要被上述国有单位委派到上述非国有单位、社会团体中从事公务，就是国家工作人员。（4）其他依照法律从事公务的人员。主要指依法履行职责

---

① 2003 年 11 月 13 日最高人民法院“全国法院审理经济犯罪案件工作座谈会纪要”，载《中华人民共和国最高人民法院公报》（2003 年卷），人民法院出版社 2004 年版，第 127—132 页。

的各级人民代表大会代表，被依法选出的在人民法院履行职务的人民陪审员以及履行特定手续被聘为特邀检察员的人员等。《关于（中华人民共和国刑法）第九十三条第二款的解释》①，以立法解释的形式，明确规定："村民委员会等村基层组织人员协助人民政府从事下列行政管理工作，属于刑法第九十三条第二款②规定的'其他依照法律从事公务的人员'：（一）救灾、抢险、防汛、优抚、扶贫、移民、救济款物的管理；（二）社会捐助公益事业款物的管理；（三）国有土地的经营和管理；（四）土地征收、征用补偿费用的管理；（五）代征、代缴税款；（六）有关计划生育、户籍、征兵工作；（七）协助人民政府从事的其他行政管理工作。"同时规定，村民委员会等村基层组织人员从事前款规定的公务，利用职务上的便利，非法占有公共财物，构成犯罪的，适用《刑法》第382条和第383条贪污罪的规定。该立法解释中所说的"村民委员会等村基层组织人员"，主要是指村党支部、村委会和村经联社、经济合作社、农工商联合企业等掌管村经济活动的组织的人员。

《刑法》第93条所指的国家工作人员中，第（2）、（3）、（4）种人员均"以国家工作人员论"，即为"准国家工作人员"。《刑法》第382条第2款规定的"受国家机关、国有公司、企业、事业单位、人民团体委托管理、经营国有财产的人员"，主要是指以承包、租赁等方式，管理、经营国有公司、企业，或者其中的某个车间、工程队、门市部等，以承包人、租赁人的身份等，在承包、租赁合同约定的时间、权限范围内，管理、经营国有财产的人员。这部分人在受委托，以承包、租赁等方式管理、经营国有财产前，可以是工人、农民或者从事其他职业或待业的人员。因此，这部分人侵吞、窃取、骗取承包、租赁企业的财产，构成贪污罪，非法占有的只能是"国有财物"。

2. 客体要件

本罪侵犯的客体是公共财产的所有权和国家的廉政建设制度。侵犯的对象是公共财产。

关于"公共财产"的范围，《刑法》第91条明确规定为以下财产：（1）国

---

① 为避免重复，第383条至第386条涉及"其他依照法律从事公务的人员"的，均不再援引《全国人民代表大会常务委员会关于〈中华人民共和国刑法〉第九十三条第二款的解释》的条文。

② 《刑法》第93条第2款：国有公司、企业、事业单位、人民团体中从事公务的人员和国家机关、国有公司、企业、事业单位委派到非国有公司、企业、事业单位、社会团体从事公务的人员，以及其他依照法律从事公务的人员，以国家工作人员论。

有财产；（2）劳动群众集体所有的财产；（3）用于扶贫和其他公益事业的社会捐助或者专项基金的财产。在国家机关、国有公司、企业、集体企业和人民团体管理、使用或者运输中的私人财产，以公共财产论。“国有财产”，即国家所有的财产，包括国家机关、国有公司、企业、国有事业单位、人民团体拥有的财产，以及国有公司、企业、国有事业单位在合资企业、股份制企业中的财产及其控股的公司的财产。以上公共财物和国有财物的范围，必须严格依法认定，不能随意扩大或者缩小。《宪法》第12条规定：“社会主义的公共财产神圣不可侵犯。国家保护社会主义的公共财产。禁止任何组织或者个人用任何手段侵占或者破坏国家的和集体的财产。”国家工作人员利用职务上管理、支配和使用公共财物的便利，以各种手段侵占公共财物，不仅直接侵犯了受国家法律保护的公共财产的所有权，严重损害了国家和集体的利益，而且对于社会主义国家廉政制度建设也是极大的破坏，为广大人民群众所深恶痛绝。因此，贪污犯罪历来是司法机关十分重视、强调重点打击的严重经济犯罪之一。

3. 主观要件

主观方面由故意构成，并且具有非法占有公共财物的目的。对受委托管理、经营国有财产的人员，其利用职务便利以各种手段非法占有单位财物，不要求必须明知是“国有财物”而占有才构成本罪。只要行为人知道其非法占有的是其管理、经营的单位的“公物”，而不是自己或者其他个人的财产，便构成本罪。

4. 客观要件

本罪客观方面表现为利用职务上的便利，以侵吞、窃取、骗取或者以其他手段，非法占有公共财物的行为。

“利用职务上的便利”，是指行为人利用自己职务范围内的权力和地位所形成的主管、管理、经手公共财物的便利条件。利用职务便利，不等于只能直接非法占有本人主管、经手或者使用的财物，如国家工作人员因公出差后报销差旅费，属于职务行为。但其使用假票据乘机骗取、冒领非本人经管的公款，也是贪污行为。贪污的手段各种各样，但主要是侵吞、盗窃和骗取公物占为己有。“侵吞”，是指行为人利用职务上的便利，以涂改账目、收入不记账等不露“痕迹”的手段，将自己依职务管理、经手的公共财物非法占为己有的行为。“盗窃”，是指行为人利用职务上的便利，以秘密窃取的方法，监守自盗，将自己管理、经手的公共财物非法占为己有的行为。“骗取”，是指行为人利用职务上的便利，采取虚构事实或者隐瞒真相的方法，将公共财物非法占为己有的行为，如工程项目负责人伪造工资表，冒领根本不存在的工人工资占为己有的行为。“其他手段”，是指采取侵吞、窃取、骗取以外的方法，将公共财物占为己有的行为，如以“挪用”的形式、“借用”的名义，或者谎称公共财物被骗、被抢，实际为自己占有的行为等情形。

根据《刑法》第394条的规定，国家工作人员在国内公务活动或者在对外交往中接受礼物，依照国家规定应当交公而不交公，数额较大的，以贪污罪定罪处罚。这时所说的“国内公务活动”，主要是指在国内参加的各种与本人工作有关的公务活动。“礼物”包括作为赠礼的物品、礼金、礼券等。“依照国家规定应当交公而不交公”，是指违反国家有关法律、法规、政策文件中关于国家工作人员在国内外公务活动中接受礼物应当交公的规定，如国务院发布的《国家行政机关及其工作人员在国内公务活动中不得赠送和接受礼品的规定》《国务院关于在对外活动中不赠礼、不受礼的决定》。构成本罪，必须达到数额较大。

（三）实务疑难问题

1. 罪与非罪的认定

贪污罪作为一般贪污行为的特殊形式，除具有一般贪污违法行为的共性外，还具有自身的特性。构成贪污罪的贪污行为，还具有贪污数额和情节上的要求。因此，认定贪污罪与一般贪污违法行为时，应把握以下方面：

（1）要看行为人贪污的数额是否达到3万元，即司法解释规定的数额较大的起点。对于行为人贪污的数额达到3万元的，无论其情节如何，均构成贪污罪。而对于贪污的数额尚未达到3万元的，同时又不具有司法解释规定“情节较重情节”的，一般应视为一般贪污违法行为，

（2）贪污1万元以上不满3万元，具有司法解释规定的如下情形之一的，也构成贪污罪：①贪污救灾、抢险、防汛、优抚、扶贫、移民、救济、防疫、社会捐助等特定款物的；②曾因贪污、受贿、挪用公款受过党纪、行政处分的；③曾因故意犯罪受过刑事追究的；④赃款赃物用于非法活动的；⑤拒不交代赃款赃物去向或者拒不配合追缴工作，致使无法追缴的；⑥造成恶劣影响或者其他严重后果的。需要注意的是，以上具有一定情形的入罪起点是1万

元，如果低于1万元，不构成贪污罪，只是一般贪污违法行为。

2. 贪污罪既遂与未遂的认定

贪污罪是一种以非法占有为目的的财产性职业犯罪，与盗窃罪、诈骗罪、抢夺罪等侵犯财产犯罪一样，应当以行为人是否实际控制财物作为区分贪污罪既遂与未遂的标准。对于行为人利用职务上的便利，实施了虚假平账等贪污行为，但公共财物尚未实际转移，或者尚未被行为人控制就被查获的，应当认定为贪污未遂。行为人控制财物后，是否将财物据为己有，不影响贪污既遂的认定。

3. 正确认定贪污罪的共犯

（1）关于共犯的认定

《刑法》第382条第3款规定，与国家工作人员或者受委托管理、经营国有财产的人员勾结，“伙同贪污的，以共犯论处”。与上述人员伙同贪污的人员的身份，刑法没有限制，其在共同犯罪中的地位、作用，法律也没有限定。因此，这部分人不论是否国家工作人员，是否被委托管理、经营国有财产的人员，也不论其在共同犯罪中处于主犯还是从犯的地位，都构成贪污罪的共犯，对所有共同犯罪人均应以贪污罪定罪处罚。毫无疑问，参与共同犯罪的人，必须是利用了其中的国家工作人员或者受委托管理、经营国有财产人员的职务上的便利，非法占有了公共财物或者国有财物。这在《最高人民法院关于审理贪污、职务侵占案件如何认定共同犯罪几个问题的解释》第1条规定中也得到明确。该解释规定：“行为人与国家工作人员勾结，利用国家工作人员的职务便利，共同侵吞、窃取、骗取或者以其他手段非法占有公共财物的，以贪污罪共犯论处。”关于国家工作人员与非国有公司、企业等单位工作人员共同在一合资公司、企业等单位中工作，相互勾结，共同侵吞单位的财物，该解释第3条规定：“……不具有国家工作人员身份的人与国家工作人员勾结，分别利用各自的职务便利，共同将本单位财物非法占为己有的，按照主犯的犯罪性质定罪。”这与前条司法解释规定的不同之处在于，前条司法解释规定的是行为人本身不具有职务上的便利条件，而是纯粹利用国家工作人员的职务便利，非法占有公共财物，按照《刑法》第382条第3款的规定，行为人与国家工作人员相勾结，伙同贪污的，应以贪污罪的共犯论处。本条司法解释则是对具有不同身份的共同犯罪各行为人，分别利用自己的职务便利，伙同侵吞本单位财物时，如何对全案定性作出的特别规定。值得指出的是，在国家工作人员与不具有国家工作人员身份的人，分别利用各自职务便利，共同将本单位财物非法占为己有的共同犯罪中，有时可能难以分出主从犯。根据《全国法院审理经济犯罪案件工作座谈会纪要》的精神，对此种共同犯罪，可全案以贪污罪定罪处罚。

（2）共同依法犯罪中“个人贪污数额”的认定

在共同贪污犯罪案件中，“个人贪污数额”应理解为个人所参与或者组织、指挥共同贪污的数额，不能只按个人实际分得的赃款数额来认定。对共同贪污犯罪中的从犯，应当按照其所参与的共同贪污的数额确定量刑幅度，并依照《刑法》第27条第2款的规定，从轻、减轻处罚或者免除处罚。

4. 多次贪污未经处理的如何计算贪污数额

《刑法》第383条第2款规定，对多次贪污未经处理的，按照累计贪污数额处罚。多次贪污未经处理，是指两次以上的贪污行为，以前既没有受过刑事处罚，也没有受过行政处理，追究其刑事责任时，应当累计贪污数额。[①] 多次贪污未经处理，按照累计贪污数额处罚，也应遵循《刑法》第87条、第89条关于追诉时效的规定，即累计计算的贪污数额，必须是在追诉期限以内的贪污行为产生的。在追诉期限以内又犯贪污罪的，前次贪污犯罪追诉的期限，从犯后罪之日起计算。

5. 贪污罪与职务侵占罪的界限

贪污罪与职务侵占罪在客观方面和主观方面基本相同。主要区别：一是犯罪主体不同。前者只能由国家工作人员和受国有单位委派管理、经营国有财产的人员构成；后者则可以由非国有公司、企业或者其他单位，如非国有事业单位、社会团体等单位中的非国家工作人员构成。二是犯罪客体与犯罪对象不同。前者侵犯的客体是公共财物所有权，行为人非法占有的只能是包括国有财产在内的公共财产；后者侵犯的是单位财物所有权，行为人非法占有的可以是公共财产，也可以是私营企业、合资企业、合伙企业中非公有的财产。

6. 司法实践中，还有一种较特殊的情况，即行为人是通过伪造国家机关公文、证件等方式担任相应国家工作人员职务的，这类人员的职务虽然是通

---

① 全国人大常委会法制工作委员会编著：《中华人民共和国刑法解读（第四版）》，中国法制出版社2015年版，第906页。

过非法手段获取的，但是在任职之后，所从事的也是公务。因此，如果行为人在担任有关职务期间，又利用职务便利实施侵占本单位财物等行为，构成犯罪的，应当分别以伪造国家机关公文、证件罪和贪污罪等追究刑事责任，实行数罪并罚。[①]

（四）情节与量刑

关于贪污罪的定罪量刑标准。1979 年刑法没有规定具体的定罪量刑数额标准，1988 年全国人大常委会通过了《关于惩治贪污贿赂罪的补充规定》，根据当时的社会经济发展水平，对贪污罪根据不同数额规定了四个处罚档次[②]。1997 年修改刑法时，根据当时的社会经济发展状况及司法实践情况对上述数额作了调整，规定了“不满五千元”“五千元以上不满五万元”“五万元以上不满十万元”“十万元以上”四个档次的数额标准及相应处罚。这为打击贪污犯罪提供了明确的数额标准，有利于法制统一，避免司法机关适用法律上的随意性。但是，从司法实践效果看，单纯考虑数额，难以全面反映具体个案的社会危害性，造成量刑不平衡，甚至失衡，违反了刑法规定的罪刑相适应原则，严重影响惩治贪污犯罪的法律效果和社会效果。为解决上述存在的问题，《刑法修正案（九）》将贪污罪单一依据具体数额进行定罪量刑，修改为数额加情节进行定罪量刑，即原则规定数额较大或情节较重、数额巨大或情节严重、数额特别巨大或情节特别严重三种情况，相应规定了三档刑罚，并对数额特别巨大，使国家和人民利益遭受特别重大损失的，保留适用死刑。具体数额、情节标准由最高人民法院、最高人民检察院通过制定司法解释予以确定。

---

① 参见 2004 年 3 月 30 日《最高人民法院研究室关于对行为人通过伪造国家机关公文、证件担任国家工作人员职务并利用职务上的便利侵占本单位财物、收受贿赂、挪用本单位资金等行为如何适用法律问题的答复》。

② 即（1）个人贪污数额在五万元以上的，处十年以上有期徒刑或者无期徒刑，可以并处没收财产；情节特别严重的，处死刑，并处没收财产。（2）个人贪污数额在一万元以上不满五万元的，处五年以上有期徒刑，可以并处没收财产；情节特别严重的，处无期徒刑，并处没收财产。（3）个人贪污数额在二千元以上不满一万元的，处一年以上七年以下有期徒刑；情节严重的，处七年以上十年以下有期徒刑。个人贪污数额在二千元以上不满五千元，犯罪后自首立功或者有悔改表现、积极退赃的，可以减轻处罚，或者免予刑事处罚，由其所在单位或者上级主管机关给予行政处分。（4）个人贪污数额不满二千元，情节较重的，处二年以下有期徒刑或者拘役；情节较轻的，由其所在单位或者上级主管机关酌情给予行政处分。

1. 关于贪污罪的量刑档次

《刑法》第 383 条第 1 款规定了 4 个量刑档次：其一，贪污数额较大或者有其他较重情节的，处 3 年以下有期徒刑或者拘役，并处罚金。其二，贪污数额巨大或者有其他严重情节的，处 3 年以上 10 年以下有期徒刑，并处罚金或者没收财产。其三，贪污数额特别巨大或者有其他特别严重情节的，处 10 年以上有期徒刑或者无期徒刑，并处罚金或者没收财产。其四，数额特别巨大，并使国家和人民利益遭受特别重大损失的，处无期徒刑或者死刑，并处没收财产。

（1）贪污数额较大或其他较重情节的认定。《刑法修正案（九）》取消了贪污罪定罪量刑的具体数额标准，修改为数额加情节，而具体的数额、情节由司法解释予以确定。《最高人民法院、最高人民检察院关于办理贪污贿赂刑事案件适用法律若干问题的解释》①（以下简称《贪污贿赂解释》）第 1 条第 1 款规定：贪污或者受贿数额在 3 万元以上不满 20 万元的，应当认定为刑法第 383 条第 1 款规定的“数额较大”，依法判处 3 年以下有期徒刑或者拘役，并处罚金。第 2 款规定，贪污数额在 1 万元以上不满 3 万元，具有下列情形之一的，应当认定为《刑法》第 383 条第 1 款规定的“其他较重情节”，依法判处 3 年以下有期徒刑或者拘役，并处罚金：①贪污救灾、抢险、防汛、优抚、扶贫、移民、救济、防疫、社会捐助等特定款物的；②曾因贪污、受贿、挪用公款受过党纪、行政处分的；③曾因故意犯罪受过刑事追究的；④赃款赃物用于非法活动的；⑤拒不交待赃款赃物去向或者拒不配合追缴工作，致使无法追缴的；⑥造成恶劣影响或者其他严重后果的。根据上述《贪污贿赂解释》规定，贪污罪数额较大的起点为 3 万元；情节较重要求数额达到 1 万元以上但不满 3 万元，并且同时具备《贪污贿赂解释》第 1 条第 2 款规定的六种情形之一才构成“其他较重情节”，如贪污数额达不到 1 万元，虽有解释规定的六种情形之一，也不能以贪污罪进行定罪量刑。

（2）数额巨大或其他严重情节的认定。《贪污贿赂解释》第 2 条第 1 款规定：贪污或者受贿数额在 20 万元以上不满 300 万元的，应当认定为刑法第 383 条第 1 款规定的“数额巨大”，依法判处 3 年以上 10 年以下有期徒刑，并

① 2016 年 3 月 28 日由最高人民法院审判委员会第 1680 次会议，2016 年 3 月 25 日由最高人民检察院第 12 届检察委员会第 50 次会议通过，自 2016 年 4 月 18 日起实施，法释〔2016〕9 号。

处罚金或者没收财产。第 2 款规定：贪污数额在 10 万元以上不满 20 万元，具有本解释第 1 条第 2 款规定的情形之一的，应当认定为《刑法》第 383 条第 1 款规定的“其他严重情节”，依法判处 3 年以上 10 年以下有期徒刑，并处罚金或者没收财产。根据《贪污贿赂解释》规定，数额巨大的起点为 20 万元；其他严重情节的数额起点为 10 万元，并同时具备解释第 1 条第 2 款规定的六种情形之一才构成“其他严重情节”。

（3）数额特别巨大或者其他特别严重情节的认定。《贪污贿赂解释》第 3 条第 1 款规定：贪污或者受贿数额在 300 万元以上的，应当认定为《刑法》第 383 条第 1 款规定的“数额特别巨大”，依法判处 10 年以上有期徒刑、无期徒刑或者死刑，并处罚金或者没收财产。第 2 款规定：贪污数额在 150 万元以上不满 300 万元，具有本解释第 1 条第 2 款规定的情形之一的，应当认定为刑法第 383 条第 1 款规定的“其他特别严重情节”，依法判处 10 年以上有期徒刑、无期徒刑或者死刑，并处罚金或者没收财产。根据《贪污贿赂解释》规定，数额特别巨大的起点为 300 万元；其他严重情节的数额起点为 150 万元，并同时具备解释第 1 条第 2 款规定的六种情形之一才构成“其他特别严重情节”：

2. 关于财产刑的适用

《刑法修正案（九）》在原来规定没收财产的基础上，对贪污罪增设罚金刑，《贪污贿赂解释》对财产刑的适用作了具体规定。《贪污贿赂解释》第 19 条规定：对贪污罪、受贿罪判处 3 年以下有期徒刑或者拘役的，应当并处 10 万元以上 50 万元以下的罚金；判处 3 年以上 10 年以下有期徒刑的，应当并处 20 万元以上犯罪数额 2 倍以下的罚金或者没收财产；判处 10 年以上有期徒刑或者无期徒刑的，应当并处 50 万元以上犯罪数额 2 倍以下的罚金或者没收财产。对刑法规定并处罚金的其他贪污贿赂犯罪，应当在 10 万元以上犯罪数额 2 倍以下判处罚金。

3. 对贪污罪从宽处罚的条件

《刑法》第 383 款第 3 款规定：犯第 1 款罪，在提起公诉前如实供述自己罪行、真诚悔罪、积极退赃，避免、减少损害结果的发生，有第一项规定情形的，可以从轻、减轻或者免除处罚；有第 2 项、第 3 项规定情形的，可以从轻处罚。根据该款规定，对贪污犯罪从宽处理必须符合两个条件：（1）时间限制在提起公诉前。提起公诉，是指检察机关对公安机关移送起诉或检察机关自行侦查终结认为应当起诉的案件，经全面审查认定事实清楚，证据确实充分，依法应当判处刑罚的，提交人民法院审判的活动。（2）行为人必须如实供述自己罪行、真诚悔罪、积极退赃。如实供述自己罪行是指行为人对于自己所犯罪行，无论司法机关掌握与否，都要如实、全部、无保留地向司法机关供述。“如实供述自己罪行、真诚悔罪、积极退赃”是并列条件，缺一不可。（3）必须达到避免、减少损害结果发生的实际效果。同时具备上述条件的，根据不同情形予以从宽处罚，对贪污数额较大或者有其他较重情节的，可以从轻、减轻或者免除处罚；对贪污数额巨大或者有其他严重情节及贪污数额特别巨大或者有其他特别严重情节的，可以从轻处罚。

4. 贪污所得财物去向与定罪的关系。在司法实践中，存在行为人将贪污所得财物用于公务开支或社会捐赠的现象，案发后行为人通常据此否认自己具有非法占有公共财物的故意。《贪污贿赂解释》对此作了明确规定，只要是非法获取财物的贪污行为，不管赃款赃物的去向如何，都不影响贪污罪的认定，从而堵住贪污犯罪分子试图逃避刑事追究的后门。《贪污贿赂解释》第 16 条第 1 款规定：国家工作人员出于贪污、受贿的故意，非法占有公共财物、收受他人财物之后，将赃款赃物用于单位公务支出或者社会捐赠的，不影响贪污罪、受贿罪的认定，但量刑时可以酌情考虑。

5. 贪污罪的死刑适用

《刑法修正案（九）》保留了贪污罪的死刑，增加规定了死刑缓期执行二年期满依法减为无期徒刑后予以终身监禁。《刑法》第 383 条第 1 款第 3 项规定：“数额特别巨大，并使国家和人民利益遭受特别重大损失的，处无期徒刑或者死刑，并处没收财产”。第 4 款规定：“犯第一款罪，有第三项规定情形被判处死刑缓期执行的，人民法院根据犯罪情节等情况可以同时决定在其死刑缓期执行二年期满依法减为无期徒刑后，终身监禁，不得减刑、假释。”为了更准确地适用死刑，《贪污贿赂解释》第 4 条规定：贪污、受贿数额特别巨大，犯罪情节特别严重、社会影响特别恶劣、给国家和人民利益造成特别重大损失的，可以判处死刑。符合前款规定的情形，但具有自首，立功，如实供述自己罪行、真诚悔罪、积极退赃，或者避免、减少损害结果的发生等情节，不是必须立即执行的，可以判处死刑缓期 2 年执行。符合第 1 款规定情形的，根据犯罪情节等情况可以判处死刑缓期 2 年执行，同时裁判决定在其死刑缓期执行 2 年期满依法减为无期徒刑后，终身监禁，不得减刑、假释。

这就是说，司法机关在审判案件时，对于极少数罪行特别严重、依法应当适用死刑立即执行的犯罪分子，坚决判处死刑立即执行。《贪污贿赂解释》同时依法规定，对于符合死刑立即执行条件但同时具有法定从宽等处罚情节，不是必须立即执行的，可以判处死刑缓期2年执行。

根据《刑法修正案（九）》规定，判处死缓减为无期徒刑予以终身监禁。需要特别明确的是，这时规定的终身监禁不是独立的刑种，它是对罪当判处死刑的贪污犯罪分子的一种不执行死刑的刑罚执行措施，介于死刑立即执行与一般死缓之间的一种执行措施，但又比一般死缓更为严厉。刑法只明确了可以适用终身监禁的人员范围，并不是所有贪污犯罪被判处死缓的都要执行终身监禁，是否终身监禁应由人民法院根据其所实施犯罪的具体情节等情况综合考虑。《贪污贿赂解释》对于终身监禁具体适用从实体和程序两个方面予以了明确：一是明确终身监禁适用的情形，即主要针对那些判处死刑立即执行过重，判处一般死缓又偏轻的重大贪污受贿罪犯，可以决定终身监禁；二是明确凡决定终身监禁的，在一、二审作出死缓裁判的同时应当一并作出终身监禁的决定，而不能等到死缓执行期间届满再视情而定，以此强调终身监禁一旦决定，不受执行期间服刑表现的影响。终身监禁的罪犯，不得减刑、假释，也不得暂予监外执行。

6. 根据《最高人民法院、最高人民检察院关于办理妨害预防、控制突发传染病疫情等灾害的刑事案件具体应用法律若干问题的解释》，贪污用于预防、控制突发传染病疫情等灾害的款物，构成犯罪的，依照《刑法》第382条、第383条的规定，以贪污罪定罪，从重处罚。

（五）法律链接

1. 全国人民代表大会常务委员会关于《中华人民共和国刑法》第九十三条第二款的解释（2000年4月29日第九届全国人民代表大会常务委员会第十五次会议通过　根据2009年8月27日中华人民共和国主席令第十八号第十一届全国人民代表大会常务委员会第十次会议《关于修改部分法律的决定》修正）

全国人民代表大会常务委员会讨论了村民委员会等村基层组织人员在从事哪些工作时属于刑法第九十三条第二款规定的“其他依照法律从事公务的人员”，解释如下：

村民委员会等村基层组织人员协助人民政府从事下列行政管理工作时，属于刑法第九十三条第二款规定的“其他依照法律从事公务的人员”：

（一）救灾、抢险、防汛、优抚、扶贫、移民、救济款物的管理；

（二）社会捐助公益事业款物的管理；

（三）国有土地的经营和管理；

（四）土地征收、征用补偿费用的管理；

（五）代征、代缴税款；

（六）有关计划生育、户籍、征兵工作；

（七）协助人民政府从事的其他行政管理工作。

村民委员会等村基层组织人员从事前款规定的公务，利用职务上的便利，非法占有公共财物、挪用公款、索取他人财物或者非法收受他人财物，构成犯罪的，适用刑法第三百八十二条和第三百八十三条贪污罪、第三百八十四条挪用公款罪、第三百八十五条和第三百八十六条受贿罪的规定。

现予公告。

2. 全国法院审理经济犯罪案件工作座谈会纪要（法发〔2003〕167号自2003年11月13日起施行）（节录）

一、关于贪污贿赂犯罪和渎职犯罪的主体

（一）国家机关工作人员的认定

刑法中所称的国家机关工作人员，是指在国家机关中从事公务的人员、包括在各级国家权力机关、行政机关、司法机关和军事机关中从事公务的人员。

根据有关立法解释的规定，在依照法律、法规规定行使国家行政管理职权的组织中从事公务的人员，或者在受国家机关委托代表国家行使职权的组织中从事公务的人员，或者虽未列入国家机关人员编制但在国家机关中从事公务的人员，视为国家机关工作人员。在乡（镇）以上中国共产党机关、人民政协机关中从事公务的人员，司法实践中也应当视为国家机关工作人员。

（二）国家机关、国有公司、企业、事业单位委派到非国有公司、企业、事业单位、社会团体从事公务的人员的认定

所谓委派，即委任、派遣，其形式多种多样，如任命、指派、提名、批准等。不论被委派的人身份如何，只要是接受国家机关、国有公司、企业、事业单位委派，代表国家机关、国有公司、企业、事业单位在非国有公司、

企业、事业单位、社会团体中从事组织、领导、监督、管理等工作，都可以认定为国家机关、国有公司、企业、事业单位委派到非国有公司、企业、事业单位、社会团体从事公务的人员。如国家机关、国有公司、企业、事业单位委派在国有控股或者参股的股份有限公司从事组织、领导、监督、管理等工作的人员，应当以国家工作人员论。国有公司、企业改制为股份有限公司后原国有公司、企业的工作人员和股份有限公司新任命的人员中，除代表国有投资主体行使监督、管理职权的人外，不以国家工作人员论。

（三）“其他依照法律从事公务的人员”的认定

刑法第九十三条第二款规定的“其他依照法律从事公务的人员”应当具有两个特征：一是在特定条件下行使国家管理职能；二是依照法律规定从事公务。具体包括：（1）依法履行职责的各级人民代表大会代表；（2）依法履行审判职责的人民陪审员；（3）协助乡镇人民政府、街道办事处从事行政管理工作的村民委员会、居民委员会等农村和城市基层组织人员；（4）其他由法律授权从事公务的人员。

（四）关于“从事公务”的理解

从事公务，是指代表国家机关、国有公司、企业、事业单位、人民团体等履行组织、领导、监督、管理等职责。公务主要表现为与职权相联系的公共事务以及监督、管理国有财产的职务活动。如国家机关工作人员依法履行职责，国有公司的董事、经理、监事、会计、出纳人员等管理、监督国有财产等活动，属于从事公务。那些不具备职权内容的劳务活动、技术服务工作，如售货员、售票员等所从事的工作，一般不认为是公务。

二、关于贪污罪

（一）贪污罪既遂与未遂的认定

贪污罪是一种以非法占有为目的的财产性职务犯罪，与盗窃、诈骗、抢夺等侵犯财产罪一样，应当以行为人是否实际控制财物作为区分贪污罪既遂与未遂的标准。对于行为人利用职务上的便利，实施了虚假平账等贪污行为，但公共财物尚未实际转移，或者尚未被行为人控制就被查获的，应当认定为贪污未遂。行为人控制公共财物后，是否将财物据为己有，不影响贪污既遂的认定。

（二）“受委托管理、经营国有财产”的认定

刑法第三百八十二条第二款规定的“受委托管理、经营国有财产”，是指

因承包、租赁、临时聘用等管理、经营国有财产。

（三）国家工作人员与非国家工作人员勾结共同非法占有单位财物行为的认定

对于国家工作人员与他人勾结，共同非法占有单位财物的行为，应当按照《最高人民法院关于审理贪污、职务侵占案件如何认定共同犯罪几个问题的解释》的规定定罪处罚。对于在公司、企业或者其他单位中，非国家工作人员与国家工作人员勾结，分别利用各自的职务便利，共同将本单位财物非法占有的，应当尽量区分主从犯，按照主犯的犯罪性质定罪。司法实践中，如果根据案件的实际情况，各共同犯罪人在共同犯罪中的地位、作用相当，难以区分主从犯的，可以贪污罪定罪处罚。

（四）共同贪污犯罪中“个人贪污数额”的认定

刑法第三百八十三条第一款规定的“个人贪污数额”，在共同贪污犯罪案件中应理解为个人所参与或者组织、指挥共同贪污的数额，不能只按个人实际分得的赃款数额来认定。对共同贪污犯罪中的从犯，应当按照其所参与的共同贪污的数额确定量刑幅度，并依照刑法第二十七条第二款的规定，从轻、减轻处罚或者免除处罚。

四、关于挪用公款罪

（八）挪用公款转化为贪污的认定

挪用公款罪与贪污罪的主要区别在于行为人主观上是否具有非法占有公款的目的。挪用公款是否转化为贪污，应当按照主客观相一致的原则，具体判断和认定行为人主观上是否具有非法占有公款的目的。在司法实践中，具有以下情形之一的，可以认定行为人具有非法占有公款的目的：

1. 根据《最高人民法院关于审理挪用公款案件具体应用法律若干问题的解释》第六条的规定，行为人“携带挪用的公款潜逃的”，对其携带挪用的公款部分，以贪污罪定罪处罚。

2. 行为人挪用公款后采取虚假发票平账、销毁有关账目等手段，使所挪用的公款已难以在单位财务账目上反映出来，且没有归还行为的，应当以贪污罪定罪处罚。

3. 行为人截取单位收入不入账，非法占有，使所占有的公款难以在单位财务账目上反映出来，且没有归还行为的，应当以贪污罪定罪处罚。

4. 有证据证明行为人有能力归还所挪用的公款而拒不归还，并隐瞒挪用的公款去向的，应当以贪污罪定罪处罚。

3. 最高人民法院、最高人民检察院关于办理国家出资企业中职务犯罪案件具体应用法律若干问题的意见（法发〔2010〕49号 自2010年11月26日起施行）（节录）

随着企业改制的不断推进，人民法院、人民检察院在办理国家出资企业中的贪污、受贿等职务犯罪案件时遇到了一些新情况、新问题。这些新情况、新问题具有一定的特殊性和复杂性，需要结合企业改制的特定历史条件，依法妥善地进行处理。现根据刑法规定和相关政策精神，就办理此类刑事案件具体应用法律的若干问题，提出以下意见：

一、关于国家出资企业工作人员在改制过程中隐匿公司、企业财产归个人持股的改制后公司、企业所有的行为的处理

国家工作人员或者受国家机关、国有公司、企业、事业单位、人民团体委托管理、经营国有财产的人员利用职务上的便利，在国家出资企业改制过程中故意通过低估资产、隐瞒债权、虚设债务、虚构产权交易等方式隐匿公司、企业财产，转为本人持有股份的改制后公司、企业所有，应当依法追究刑事责任的，依照刑法第三百八十二条、第三百八十三条的规定，以贪污罪定罪处罚。贪污数额一般应当以所隐匿财产全额计算；改制后公司、企业仍有国有股份的，按股份比例扣除归于国有的部分。

所隐匿财产在改制过程中已为行为人实际控制，或者国家出资企业改制已经完成的，以犯罪既遂处理。

第一款规定以外的人员实施该款行为的，依照刑法第二百七十一条的规定，以职务侵占罪定罪处罚；第一款规定以外的人员与第一款规定的人员共同实施该款行为的，以贪污罪的共犯论处。

在企业改制过程中未采取低估资产、隐瞒债权、虚设债务、虚构产权交易等方式故意隐匿公司、企业财产的，一般不应当认定为贪污；造成国有资产重大损失，依法构成刑法第一百六十八条或者第一百六十九条规定的犯罪的，依照该规定定罪处罚。

二、关于国有公司、企业在改制过程中隐匿公司、企业财产归职工集体持股的改制后公司、企业所有的行为的处理

国有公司、企业违反国家规定，在改制过程中隐匿公司、企业财产，转为职工集体持股的改制后公司、企业所有的，对其直接负责的主管人员和其

他直接责任人员，依照刑法第三百九十六条第一款的规定，以私分国有资产罪定罪处罚。

改制后的公司、企业中只有改制前公司、企业的管理人员或者少数职工持股，改制前公司、企业的多数职工未持股的，依照本意见第一条的规定，以贪污罪定罪处罚。

四、关于国家工作人员在企业改制过程中的渎职行为的处理

国家出资企业中的国家工作人员在公司、企业改制或者国有资产处置过程中严重不负责任或者滥用职权，致使国家利益遭受重大损失的，依照刑法第一百六十八条的规定，以国有公司、企业人员失职罪或者国有公司、企业人员滥用职权罪定罪处罚。

国家出资企业中的国家工作人员在公司、企业改制或者国有资产处置过程中徇私舞弊，将国有资产低价折股或者低价出售给其本人未持有股份的公司、企业或者其他个人，致使国家利益遭受重大损失的，依照刑法第一百六十九条的规定，以徇私舞弊低价折股、出售国有资产罪定罪处罚。

国家出资企业中的国家工作人员在公司、企业改制或者国有资产处置过程中徇私舞弊，将国有资产低价折股或者低价出售给特定关系人持有股份或者本人实际控制的公司、企业，致使国家利益遭受重大损失的，依照刑法第三百八十二条、第三百八十三条的规定，以贪污罪定罪处罚。贪污数额以国有资产的损失数额计算。

国家出资企业中的国家工作人员因实施第一款、第二款行为收受贿赂，同时又构成刑法第三百八十五条规定之罪的，依照处罚较重的规定定罪处罚。

五、关于改制前后主体身份发生变化的犯罪的处理

国家工作人员在国家出资企业改制前利用职务上的便利实施犯罪，在其不再具有国家工作人员身份后又实施同种行为，依法构成不同犯罪的，应当分别定罪，实行数罪并罚。

国家工作人员利用职务上的便利，在国家出资企业改制过程中隐匿公司、企业财产，在其不再具有国家工作人员身份后将所隐匿财产据为己有的，依照刑法第三百八十二条、第三百八十三条的规定，以贪污罪定罪处罚。

国家工作人员在国家出资企业改制过程中利用职务上的便利为请托人谋取利益，事先约定在其不再具有国家工作人员身份后收受请托人财物，或者在身份变化前后连续收受请托人财物的，依照刑法第三百八十五条、第三百

八十六条的规定，以受贿罪定罪处罚。

六、关于国家出资企业中国家工作人员的认定

经国家机关、国有公司、企业、事业单位提名、推荐、任命、批准等，在国有控股、参股公司及其分支机构中从事公务的人员，应当认定为国家工作人员。具体的任命机构和程序，不影响国家工作人员的认定。

经国家出资企业中负有管理、监督国有资产职责的组织批准或者研究决定，代表其在国有控股、参股公司及其分支机构中从事组织、领导、监督、经营、管理工作的人员，应当认定为国家工作人员。

国家出资企业中的国家工作人员，在国家出资企业中持有个人股份或者同时接受非国有股东委托的，不影响其国家工作人员身份的认定。

七、关于国家出资企业的界定

本意见所称“国家出资企业”，包括国家出资的国有独资公司、国有独资企业，以及国有资本控股公司、国有资本参股公司。

是否属于国家出资企业不清楚的，应遵循“谁投资、谁拥有产权”的原则进行界定。企业注册登记中的资金来源与实际出资不符的，应根据实际出资情况确定企业的性质。企业实际出资情况不清楚的，可以综合工商注册、分配形式、经营管理等因素确定企业的性质。

八、关于宽严相济刑事政策的具体贯彻

办理国家出资企业中的职务犯罪案件时，要综合考虑历史条件、企业发展、职工就业、社会稳定等因素，注意具体情况具体分析，严格把握犯罪与一般违规行为的区分界限。对于主观恶意明显、社会危害严重、群众反映强烈的严重犯罪，要坚决依法从严惩处；对于特定历史条件下、为了顺利完成企业改制而实施的违反国家政策法律规定的行为，行为人无主观恶意或者主观恶意不明显，情节较轻，危害不大的，可以不作为犯罪处理。

对于国家出资企业中的职务犯罪，要加大经济上的惩罚力度，充分重视财产刑的适用和执行，最大限度地挽回国家和人民利益遭受的损失。不能退赃的，在决定刑罚时，应当作为重要情节予以考虑。

4. 最高人民检察院关于渎职侵权犯罪案件立案标准的规定（高检发释字〔2006〕2号　自2006年7月26日起施行）（节录）

根据《中华人民共和国刑法》、《中华人民共和国刑事诉讼法》和其他法律的有关规定，对国家机关工作人员渎职和利用职权实施的侵犯公民人身权

利、民主权利犯罪案件的立案标准规定如下：

三、附则

（三）本规定中的“国家机关工作人员”，是指在国家机关中从事公务的人员，包括在各级国家权力机关、行政机关、司法机关和军事机关中从事公务的人员。在依照法律、法规规定行使国家行政管理职权的组织中从事公务的人员，或者在受国家机关委托代表国家行使职权的组织中从事公务的人员，或者虽未列入国家机关人员编制但在国家机关中从事公务的人员，在代表国家机关行使职权时，视为国家机关工作人员。在乡（镇）以上中国共产党机关、人民政协机关中从事公务的人员，视为国家机关工作人员。

5. 最高人民法院关于如何认定国有控股、参股股份有限公司中的国有公司、企业人员的解释（法释〔2005〕10号　自2005年8月11日起施行）

为准确认定刑法分则第三章第三节中的国有公司、企业人员，现对国有控股、参股的股份有限公司中的国有公司、企业人员解释如下：

国有公司、企业委派到国有控股、参股公司从事公务的人员，以国有公司、企业人员论。

6. 最高人民法院关于在国有资本控股、参股的股份有限公司中从事管理工作的人员利用职务便利非法占有本公司财物如何定罪问题的批复（法释〔2001〕17号　自2001年5月26日起施行）

重庆市高级人民法院：

你院渝高法明传〔2000〕38号《关于在股份有限公司中从事管理工作的人员侵占本公司财物如何定性的请示》收悉。经研究，答复如下：

在国有资本控股、参股的股份有限公司中从事管理工作的人员，除受国家机关、国有公司、企业、事业单位委派从事公务的以外，不属于国家工作人员。对其利用职务上的便利，将本单位财物非法占为己有，数额较大的，应当依照刑法第二百七十一条第一款的规定，以职务侵占罪定罪处罚。

此复

7. 最高人民法院关于审理贪污、职务侵占案件如何认定共同犯罪几个问题的解释（法释〔2000〕15号　自2000年7月8日起施行）

为依法审理贪污或者职务侵占犯罪案件，现就这类案件如何认定共同犯罪问题解释如下：

第一条　行为人与国家工作人员勾结，利用国家工作人员的职务便利，共同侵吞、窃取、骗取或者以其他手段非法占有公共财物的，以贪污罪共犯论处。

第二条 行为人与公司、企业或者其他单位的人员勾结，利用公司、企业或者其他单位人员的职务便利，共同将该单位财物非法占为己有，数额较大的，以职务侵占罪共犯论处。

第三条 公司、企业或者其他单位中，不具有国家工作人员身份的人与国家工作人员勾结，分别利用各自的职务便利，共同将本单位财物非法占为己有的，按照主犯的犯罪性质定罪。

8. **最高人民法院研究室关于对行为人通过伪造国家机关公文、证件担任国家工作人员职务并利用职务上的便利侵占本单位财物、收受贿赂、挪用本单位资金等行为如何适用法律问题的答复**（法研〔2004〕38号 自2004年3月20日起施行）

北京市高级人民法院：

你院〔2004〕15号《关于通过伪造国家机关公文、证件担任国家工作人员职务后利用职务便利侵占本单位财物、收受贿赂、挪用本单位资金的行为如何定性的请示》收悉。经研究，答复如下：

行为人通过伪造国家机关公文、证件担任国家工作人员职务以后，又利用职务上的便利实施侵占本单位财物、收受贿赂、挪用本单位资金等行为，构成犯罪的，应当分别以伪造国家机关公文、证件罪和相应的贪污罪、受贿罪、挪用公款罪等追究刑事责任，实行数罪并罚。

9. **最高人民法院、最高人民检察院关于办理妨害预防、控制突发传染病疫情等灾害的刑事案件具体应用法律若干问题的解释**（法释〔2003〕8号 自2003年5月15日起施行）（节录）

为依法惩治妨害预防、控制突发传染病疫情等灾害的犯罪活动，保障预防、控制突发传染病疫情等灾害工作的顺利进行，切实维护人民群众的身体健康和生命安全，根据《中华人民共和国刑法》等有关法律规定，现就办理相关刑事案件具体应用法律的若干问题解释如下：

第十四条第一款 贪污、侵占用于预防、控制突发传染病疫情等灾害的款物或者挪用归个人使用，构成犯罪的，分别依照刑法第三百八十二条、第三百八十三条、第二百七十一条、第三百八十四条、第二百七十二条的规定，以贪污罪、侵占罪、挪用公款罪、挪用资金罪定罪，依法从重处罚。

第十七条 人民法院、人民检察院办理有关妨害预防、控制突发传染病疫情等灾害的刑事案件，对于有自首、立功等悔罪表现的，依法从轻、减轻、免除处罚或者依法作出不起诉决定。

10. 最高人民法院关于审理挪用公款案件具体应用法律若干问题的解释（法释〔1998〕9号　自1998年5月8日起施行）（节录）

（二）第二款 挪用公款存入银行、用于集资、购买股票、国债等，属于挪用公款进行营利活动。所获取的利息、收益等违法所得，应当追缴，但不计入挪用公款的数额。

11. 最高人民检察院关于人民检察院直接受理立案侦查案件立案标准的规定（试行）（高检发释字〔1999〕2号　自1999年9月16日起施行）（节录）

根据《中华人民共和国刑法》、《中华人民共和国刑事诉讼法》和其他法律的有关规定，对人民检察院直接受理立案侦查案件的立案标准规定如下：

一、贪污贿赂犯罪案件

（一）贪污案（第382条、第383条，第183条第2款，第271条第2款，第394条）

贪污罪是指国家工作人员利用职务上的便利，侵吞、窃取、骗取或者以其他手段非法占有公共财物的行为。

“利用职务上的便利”是指利用职务上主管、管理、经手公共财物的权力及方便条件。

受国家机关、国有公司、企业、事业单位、人民团体委托管理、经营国有财产的人员，利用职务上的便利，侵吞、窃取、骗取或者以其他手段非法占有国有财物的，以贪污罪追究其刑事责任。

“受委托管理、经营国有财产”是指因承包、租赁、聘用等而管理、经营国有财产。

国有保险公司的工作人员和国有保险公司委派到非国有保险公司从事公务的人员利用职务上的便利，故意编造未曾发生的保险事故进行虚假理赔，骗取保险金归自己所有的，以贪污罪追究刑事责任。

国有公司、企业或者其他国有单位中从事公务的人员和国有公司、企业或者其他国有单位委派到非国有公司、企业以及其他非国有单位从事公务的人员，利用职务上的便利，将本单位财物非法占为己有的，以贪污罪追究刑事责任。

国家工作人员在国内公务活动或者对外交往中接受礼物，依照国家规定应当交公而不交公，数额较大的，以贪污罪追究刑事责任。

涉嫌下列情形之一的，应予立案：

1. 个人贪污数额在5000元以上的；

2. 个人贪污数额不满5000元，但具有贪污救灾、抢险、防汛、防疫、优抚、扶贫、移民、救济款物及募捐款物、赃款赃物、罚没款物、暂扣款物，以及贪污手段恶劣、毁灭证据、转移赃物等情节的。

说明：根据2016年4月18日《解释》，贪污罪入刑数额标准已修改，应适用新的规定。

12. 最高人民法院、最高人民检察院关于办理职务犯罪案件严格适用缓刑、免予刑事处罚若干问题的意见（法发〔2012〕17号　自2012年8月8日起施行）

为进一步规范贪污贿赂、渎职等职务犯罪案件缓刑、免予刑事处罚的适用，确保办理职务犯罪案件的法律效果和社会效果，根据刑法有关规定并结合司法工作实际，就职务犯罪案件缓刑、免予刑事处罚的具体适用问题，提出以下意见：

一、严格掌握职务犯罪案件缓刑、免予刑事处罚的适用。职务犯罪案件的刑罚适用直接关系反腐败工作的实际效果。人民法院、人民检察院要深刻认识职务犯罪的严重社会危害性，正确贯彻宽严相济刑事政策，充分发挥刑罚的惩治和预防功能。要在全面把握犯罪事实和量刑情节的基础上严格依照刑法规定的条件适用缓刑、免予刑事处罚，既要考虑从宽情节，又要考虑从严情节；既要做到刑罚与犯罪相当，又要做到刑罚执行方式与犯罪相当，切实避免缓刑、免予刑事处罚不当适用造成的消极影响。

二、具有下列情形之一的职务犯罪分子，一般不适用缓刑或者免予刑事处罚：

（一）不如实供述罪行的；

（二）不予退缴赃款赃物或者将赃款赃物用于非法活动的；

（三）属于共同犯罪中情节严重的主犯的；

（四）犯有数个职务犯罪依法实行并罚或者以一罪处理的；

（五）曾因职务违纪违法行为受过行政处分的；

（六）犯罪涉及的财物属于救灾、抢险、防汛、优抚、扶贫、移民、救济、防疫等特定款物的；

（七）受贿犯罪中具有索贿情节的；

（八）渎职犯罪中徇私舞弊情节或者滥用职权情节恶劣的；

（九）其他不应适用缓刑、免予刑事处罚的情形。

三、不具有本意见第二条规定的情形，全部退缴赃款赃物，依法判处三年有期徒刑以下刑罚，符合刑法规定的缓刑适用条件的贪污、受贿犯罪分子，可以适用缓刑；符合刑法第三百八十三条第一款第（三）项的规定，依法不需要判处刑罚的，可以免予刑事处罚。

不具有本意见第二条所列情形，挪用公款进行营利活动或者超过三个月未还构成犯罪，一审宣判前已将公款归还，依法判处三年有期徒刑以下刑罚，符合刑法规定的缓刑适用条件的，可以适用缓刑；在案发前已归还，情节轻微，不需要判处刑罚的，可以免予刑事处罚。

四、人民法院审理职务犯罪案件时应当注意听取检察机关、被告人、辩护人提出的量刑意见，分析影响性案件案发前后的社会反映，必要时可以征求案件查办等机关的意见。对于情节恶劣、社会反映强烈的职务犯罪案件，不得适用缓刑、免予刑事处罚。

五、对于具有本意见第二条规定的情形之一，但根据全案事实和量刑情节，检察机关认为确有必要适用缓刑或者免予刑事处罚并据此提出量刑建议的，应经检察委员会讨论决定；审理法院认为确有必要适用缓刑或者免予刑事处罚的，应经审判委员会讨论决定。

13. 最高人民法院、最高人民检察院关于办理贪污贿赂刑事案件适用法律若干问题的解释（法释〔2016〕9号　自2016年4月18日起施行）

为依法惩治贪污贿赂犯罪活动，根据刑法有关规定，现就办理贪污贿赂刑事案件适用法律的若干问题解释如下：

第一条　贪污或者受贿数额在三万元以上不满二十万元的，应当认定为刑法第三百八十三条第一款规定的“数额较大”，依法判处三年以下有期徒刑或者拘役，并处罚金。

贪污数额在一万元以上不满三万元，具有下列情形之一的，应当认定为刑法第三百八十三条第一款规定的“其他较重情节”，依法判处三年以下有期徒刑或者拘役，并处罚金：

（一）贪污救灾、抢险、防汛、优抚、扶贫、移民、救济、防疫、社会捐助等特定款物的；

（二）曾因贪污、受贿、挪用公款受过党纪、行政处分的；

（三）曾因故意犯罪受过刑事追究的；

（四）赃款赃物用于非法活动的；

（五）拒不交待赃款赃物去向或者拒不配合追缴工作，致使无法追缴的；

（六）造成恶劣影响或者其他严重后果的。

受贿数额在一万元以上不满三万元，具有前款第二项至第六项规定的情形之一，或者具有下列情形之一的，应当认定为刑法第三百八十三条第一款规定的“其他较重情节”，依法判处三年以下有期徒刑或者拘役，并处罚金：

（一）多次索贿的；

（二）为他人谋取不正当利益，致使公共财产、国家和人民利益遭受损失的；

（三）为他人谋取职务提拔、调整的。

第二条　贪污或者受贿数额在二十万元以上不满三百万元的，应当认定为刑法第三百八十三条第一款规定的“数额巨大”，依法判处三年以上十年以下有期徒刑，并处罚金或者没收财产。

贪污数额在十万元以上不满二十万元，具有本解释第一条第二款规定的情形之一的，应当认定为刑法第三百八十三条第一款规定的“其他严重情节”，依法判处三年以上十年以下有期徒刑，并处罚金或者没收财产。

受贿数额在十万元以上不满二十万元，具有本解释第一条第三款规定的情形之一的，应当认定为刑法第三百八十三条第一款规定的“其他严重情节”，依法判处三年以上十年以下有期徒刑，并处罚金或者没收财产。

第三条　贪污或者受贿数额在三百万元以上的，应当认定为刑法第三百八十三条第一款规定的“数额特别巨大”，依法判处十年以上有期徒刑、无期徒刑或者死刑，并处罚金或者没收财产。

贪污数额在一百五十万元以上不满三百万元，具有本解释第一条第二款规定的情形之一的，应当认定为刑法第三百八十三条第一款规定的“其他特别严重情节”，依法判处十年以上有期徒刑、无期徒刑或者死刑，并处罚金或者没收财产。

受贿数额在一百五十万元以上不满三百万元，具有本解释第一条第三款规定的情形之一的，应当认定为刑法第三百八十三条第一款规定的“其他特别严重情节”，依法判处十年以上有期徒刑、无期徒刑或者死刑，并处罚金或者没收财产。

第四条 贪污、受贿数额特别巨大，犯罪情节特别严重、社会影响特别恶劣、给国家和人民利益造成特别重大损失的，可以判处死刑。

符合前款规定的情形，但具有自首，立功，如实供述自己罪行、真诚悔罪、积极退赃，或者避免、减少损害结果的发生等情节，不是必须立即执行的，可以判处死刑缓期二年执行。

符合第一款规定情形的，根据犯罪情节等情况可以判处死刑缓期二年执行，同时裁判决定在其死刑缓期执行二年期满依法减为无期徒刑后，终身监禁，不得减刑、假释。

第五条 挪用公款归个人使用，进行非法活动，数额在三万元以上的，应当依照刑法第三百八十四条的规定以挪用公款罪追究刑事责任；数额在三百万元以上的，应当认定为刑法第三百八十四条第一款规定的“数额巨大”。具有下列情形之一的，应当认定为刑法第三百八十四条第一款规定的“情节严重”：

（一）挪用公款数额在一百万元以上的；

（二）挪用救灾、抢险、防汛、优抚、扶贫、移民、救济特定款物，数额在五十万元以上不满一百万元的；

（三）挪用公款不退还，数额在五十万元以上不满一百万元的；

（四）其他严重的情节。

第六条 挪用公款归个人使用，进行营利活动或者超过三个月未还，数额在五万元以上的，应当认定为刑法第三百八十四条第一款规定的“数额较大”；数额在五百万元以上的，应当认定为刑法第三百八十四条第一款规定的“数额巨大”。具有下列情形之一的，应当认定为刑法第三百八十四条第一款规定的“情节严重”：

（一）挪用公款数额在二百万元以上的；

（二）挪用救灾、抢险、防汛、优抚、扶贫、移民、救济特定款物，数额在一百万元以上不满二百万元的；

（三）挪用公款不退还，数额在一百万元以上不满二百万元的；

（四）其他严重的情节。

第七条 为谋取不正当利益，向国家工作人员行贿，数额在三万元以上的，应当依照刑法第三百九十条的规定以行贿罪追究刑事责任。

行贿数额在一万元以上不满三万元，具有下列情形之一的，应当依照刑法第三百九十条的规定以行贿罪追究刑事责任：

（一）向三人以上行贿的；

（二）将违法所得用于行贿的；

（三）通过行贿谋取职务提拔、调整的；

（四）向负有食品、药品、安全生产、环境保护等监督管理职责的国家工作人员行贿，实施非法活动的；

（五）向司法工作人员行贿，影响司法公正的；

（六）造成经济损失数额在五十万元以上不满一百万元的。

第八条　犯行贿罪，具有下列情形之一的，应当认定为刑法第三百九十条第一款规定的“情节严重”：

（一）行贿数额在一百万元以上不满五百万元的；

（二）行贿数额在五十万元以上不满一百万元，并具有本解释第七条第二款第一项至第五项规定的情形之一的；

（三）其他严重的情节。

为谋取不正当利益，向国家工作人员行贿，造成经济损失数额在一百万元以上不满五百万元的，应当认定为刑法第三百九十条第一款规定的“使国家利益遭受重大损失”。

第九条　犯行贿罪，具有下列情形之一的，应当认定为刑法第三百九十条第一款规定的“情节特别严重”：

（一）行贿数额在五百万元以上的；

（二）行贿数额在二百五十万元以上不满五百万元，并具有本解释第七条第二款第一项至第五项规定的情形之一的；

（三）其他特别严重的情节。

为谋取不正当利益，向国家工作人员行贿，造成经济损失数额在五百万元以上的，应当认定为刑法第三百九十条第一款规定的“使国家利益遭受特别重大损失”。

第十条　刑法第三百八十八条之一规定的利用影响力受贿罪的定罪量刑适用标准，参照本解释关于受贿罪的规定执行。

刑法第三百九十条之一规定的对有影响力的人行贿罪的定罪量刑适用标

准，参照本解释关于行贿罪的规定执行。

单位对有影响力的人行贿数额在二十万元以上的，应当依照刑法第三百九十条之一的规定以对有影响力的人行贿罪追究刑事责任。

第十一条 刑法第一百六十三条规定的非国家工作人员受贿罪、第二百七十一条规定的职务侵占罪中的“数额较大”“数额巨大”的数额起点，按照本解释关于受贿罪、贪污罪相对应的数额标准规定的二倍、五倍执行。

刑法第二百七十二条规定的挪用资金罪中的“数额较大”“数额巨大”以及“进行非法活动”情形的数额起点，按照本解释关于挪用公款罪“数额较大”“情节严重”以及“进行非法活动”的数额标准规定的二倍执行。

刑法第一百六十四条第一款规定的对非国家工作人员行贿罪中的“数额较大”“数额巨大”的数额起点，按照本解释第七条、第八条第一款关于行贿罪的数额标准规定的二倍执行。

第十二条 贿赂犯罪中的“财物”，包括货币、物品和财产性利益。财产性利益包括可以折算为货币的物质利益如房屋装修、债务免除等，以及需要支付货币的其他利益如会员服务、旅游等。后者的犯罪数额，以实际支付或者应当支付的数额计算。

第十三条 具有下列情形之一的，应当认定为“为他人谋取利益”，构成犯罪的，应当依照刑法关于受贿犯罪的规定定罪处罚：

（一）实际或者承诺为他人谋取利益的；

（二）明知他人有具体请托事项的；

（三）履职时未被请托，但事后基于该履职事由收受他人财物的。

国家工作人员索取、收受具有上下级关系的下属或者具有行政管理关系的被管理人员的财物价值三万元以上，可能影响职权行使的，视为承诺为他人谋取利益。

第十四条 根据行贿犯罪的事实、情节，可能被判处三年有期徒刑以下刑罚的，可以认定为刑法第三百九十条第二款规定的“犯罪较轻”。

根据犯罪的事实、情节，已经或者可能被判处十年有期徒刑以上刑罚的，或者案件在本省、自治区、直辖市或者全国范围内有较大影响的，可以认定为刑法第三百九十条第二款规定的“重大案件”。

具有下列情形之一的，可以认定为刑法第三百九十条第二款规定的“对侦破重大案件起关键作用”：

（一）主动交待办案机关未掌握的重大案件线索的；

（二）主动交待的犯罪线索不属于重大案件的线索，但该线索对于重大案件侦破有重要作用的；

（三）主动交待行贿事实，对于重大案件的证据收集有重要作用的；

（四）主动交待行贿事实，对于重大案件的追逃、追赃有重要作用的。

第十五条　对多次受贿未经处理的，累计计算受贿数额。

国家工作人员利用职务上的便利为请托人谋取利益前后多次收受请托人财物，受请托之前收受的财物数额在一万元以上的，应当一并计入受贿数额。

第十六条　国家工作人员出于贪污、受贿的故意，非法占有公共财物、收受他人财物之后，将赃款赃物用于单位公务支出或者社会捐赠的，不影响贪污罪、受贿罪的认定，但量刑时可以酌情考虑。

特定关系人索取、收受他人财物，国家工作人员知道后未退还或者上交的，应当认定国家工作人员具有受贿故意。

第十七条　国家工作人员利用职务上的便利，收受他人财物，为他人谋取利益，同时构成受贿罪和刑法分则第三章第三节、第九章规定的渎职犯罪的，除刑法另有规定外，以受贿罪和渎职犯罪数罪并罚。

第十八条　贪污贿赂犯罪分子违法所得的一切财物，应当依照刑法第六十四条的规定予以追缴或者责令退赔，对被害人的合法财产应当及时返还。对尚未追缴到案或者尚未足额退赔的违法所得，应当继续追缴或者责令退赔。

第十九条　对贪污罪、受贿罪判处三年以下有期徒刑或者拘役的，应当并处十万元以上五十万元以下的罚金；判处三年以上十年以下有期徒刑的，应当并处二十万元以上犯罪数额二倍以下的罚金或者没收财产；判处十年以上有期徒刑或者无期徒刑的，应当并处五十万元以上犯罪数额二倍以下的罚金或者没收财产。

对刑法规定并处罚金的其他贪污贿赂犯罪，应当在十万元以上犯罪数额二倍以下判处罚金。

第二十条　本解释自 2016 年 4 月 18 日起施行。最高人民法院、最高人民检察院此前发布的司法解释与本解释不一致的，以本解释为准。

二、挪用公款罪

（一）法律规定

第三百八十四条　国家工作人员利用职务上的便利，挪用公款归个人使用，进行非法活动的，或者挪用公款数额较大、进行营利活动的，或者挪用公款数额较大、超过三个月未还的，是挪用公款罪，处五年以下有期徒刑或者拘役；情节严重的，处五年以上有期徒刑。挪用公款数额巨大不退还的，处十年以上有期徒刑或者无期徒刑。

挪用用于救灾、抢险、防汛、优抚、扶贫、移民、救济款物归个人使用的，从重处罚。

《全国人民代表大会常务委员会关于〈中华人民共和国刑法〉第三百八十四条第一款的解释》（自 2002 年 4 月 28 日起施行）

全国人民代表大会常务委员会讨论了刑法第三百八十四条第一款规定的国家工作人员利用职务上的便利，挪用公款“归个人使用”的含义问题，解释如下：

有下列情形之一的，属于挪用公款“归个人使用”：（一）将公款供本人、亲友或者其他自然人使用的；（二）以个人名义将公款供其他单位使用的；（三）个人决定以单位名义将公款供其他单位使用，谋取个人利益的。

（二）罪名详解

挪用公款罪，是指国家工作人员利用职务上的便利，挪用公款归个人使用，进行非法活动，或者挪用公款数额较大，进行营利活动，或者挪用公款数额较大，超过三个月未还的行为。

1979 年刑法没有挪用公款罪的规定。1988 年《全国人民代表大会常务委员会关于惩治贪污罪贿赂罪的补充规定》将挪用公款规定为犯罪，1997 年修改《刑法》时将该规定修改纳入刑法典。

挪用公款罪的构成要件是：

1. 主体要件

挪用公款罪的犯罪主体为特殊主体，只能是国家工作人员。“国家工作人员”的范围，《刑法》第 93 条作了明确的规定。根据全国人大常委会对《刑法》第 93 条第 2 款的解释，村民委员会等村基层组织人员在协助人民政府从事行政管理工作中，利用职务上的便利，挪用公款构成犯罪的，适用《刑法》第 384 条挪用公款罪的规定，也可以构成挪用公款罪的主体。

2. 客体要件

本罪侵犯的客体是公共财产的使用收益权，即行为人在一定时间内，利用职务便利，对公共财产予以占有、使用，从而侵犯了公共财产所有权中的部分权利。“挪用”，是改变用途，将公共财产挪作私用，但最终还要归还，因此，本罪不是从根本上侵犯了公共财产的所有权。但由于所有权是具体的而不是抽象的权利，包括了对财产，即对“物”占有、使用、收益和处分的权利。对所有权内容，即合法的占有权、使用权、收益权的侵犯，当然也是对所有权的侵犯。因此，挪用公款构成犯罪的行为人应当依法受到刑事处罚。对挪用公款不退还的情况如何处理？由于行为人是基于“挪用”的故意，“不退还”，是指客观上不能还，不包括主观上不想还，只是属于挪用公款行为的最严重后果，并未改变挪用行为的性质和行为人的主观心态。从犯罪的主客观相一致原则出发，挪用公款不退还的，仍应以挪用公款罪处罚。本罪的犯罪对象是公款。公款的典型表现形式是货币，除此之外股票、债券等有价证券以及金融凭证也属于公款。

3. 主观要件

主观方面由故意构成，具有挪用的故意，即准备以后归还，不打算永久占有。挪用公款的动机不影响本罪的成立。过失不构成本罪。

4. 客观要件

客观方面表现为三种挪用公款的具体行为：（1）挪用公款归个人使用，进行非法活动。根据 2002 年 4 月 28 日《全国人民代表大会常务委员会关于〈中华人民共和国刑法〉第三百八十四条第一款的解释》的规定，挪用公款“归个人使用”，是指将公款供本人、亲友或者其他自然人使用；或者以个人名义将公款供其他单位使用；或者个人决定以单位名义将公款供其他单位使用，谋取个人利益。“进行非法活动”，是指用挪用的公款进行赌博、吸毒、嫖娼和其他非法经营、放高利贷等为国家法律、行政法规所禁止的行为。挪用公款归还赌债等非法行为产生的债务属于进行非法活动。此类行为构成挪用公款罪，根据《最高人民法院、最高人民检察院关于办理贪污贿赂刑事案件适用法律若干问题的解释》（以下简称《贪污贿赂解释》）第5条规定，挪用公款归个人使用，进行非法活动的，以挪用公款3万元为追究刑事责任的数额起点①。（2）挪用公款数额较大，进行营利活动。这是指挪用公款归自己或者给他人进行经营性活动，包括用于做生意、买股票或者将公款存入银行等金融机构，以获取利润、利息收入等。将挪用的公款用于注册公司、企业或者归还个人在经营活动中的欠款，属于进行营利活动。司法实践中，对于挪用公款进行营利活动，个人是否确实已营利，甚至亏本经营，不影响对本罪的认定。挪用公款进行营利活动，“数额较大”的才构成犯罪。根据《贪污贿赂解释》第6条规定，挪用公款5万元为“数额较大”的起点②。因此，只要挪用公款数额较大，用于个人的营利性活动，即使只用了几天，原则上也应当依法追究刑事责任。（3）挪用公款数额较大，超过三个月未还。这种挪用主要是指用于个人生活，非经营性支出等合法用途，如挪用公款盖私房、购买车辆等。“未还”是被司法机关、主管部门或者有关单位发现前（即案发前）未还。如果挪用公款数额较大，超过三个月后在案发前全部归还的，不作为犯罪处理。另外，参照《全国法院审理经济犯罪案件工作座谈会纪要》第4条第3项的规定，“国有单位领导利用职务上的便利指令具有法人资格的下级单位将公款供个人使用的，属于挪用公款行为，构成犯罪的，应以挪用公款罪定罪处罚。”

（三）实务疑难问题

1. 罪与非罪的认定

挪用公款行为是否构成犯罪，是否已达到必须追究刑事责任的程度，从挪用公款的具体数额、挪用公款的目的、用途、时间、是否归还、造成损失大小等方面综合分析，加以认定。司法实践中，应注意对一般违反财经纪律

---

① 最高人民法院1998年4月6日《关于审理挪用公款案件具体应用法律若干问题的解释》（以下简称1998年解释）第3条第2款中规定，“挪用公款归个人使用，进行非法活动的”，以挪用公款5000元至1万元为起点。现已有新的解释，应适用新解释，以3万元为起点。

② 1998年解释规定“挪用公款数额较大，进行营利活动”的“数额较大”起点为1万元至3万元。

的挪用公款行为，不应以挪用公款罪处理。

（1）对于承包、租赁企业中挪用公款罪与非罪的界限，一般较难掌握。本书认为，国家工作人员承包、租赁企业中的流动资金如果仍属公款，即发包方拨付给的一定经营款，行为人将其挪作承包、租赁项目以外的其他个用途，同样具有社会危害性，属于挪用公款归个人使用的性质。但考虑到承包、租赁企业经营、管理的实际情况，对承包、租赁企业中的挪用公款犯罪的认定要特别从严掌握，不宜轻易定罪。只要承包、租赁人到期完成了合同，没有给本单位造成实际损失的，对其挪用公款的行为可不按犯罪处理。

（2）参照《全国法院审理经济犯罪案件工作座谈会纪要》第 4 条第 4 项的规定，挪用金融凭证、有价证券用于质押，使公款处于风险之中，与挪用公款为他人提供担保没有实质的区别，符合刑法关于挪用公款罪规定的，以挪用公款罪定罪处罚，挪用公款数额以实际或者可能承担的风险数额认定。

（3）关于国家出资企业中国家工作人员挪用改制公司、企业资金担保个人贷款，用于购买改制公司、企业股份的行为处理。按照 2010 年 11 月 26 日《最高人民法院、最高人民检察院关于办理国家出资企业中职务犯罪案件具体应用法律若干问题的意见》第 3 条的规定，国家出资企业的国家工作人员在公司、企业改制过程中为购买公司、企业股份，利用职务上的便利，将公司、企业的资金或者金融凭证、有价证券等用于个人贷款担保的，以挪用公款罪定罪处罚；行为人在改制前的国家出资企业持有股份的，不影响挪用数额的认定，但量刑时应当酌情考虑。如以上行为经有关部门批准或者按照有关政策规定而实施，可以视具体情况不作为犯罪处理。

2. 正确理解挪用公款“归个人使用”的含义

在司法实践中，司法机关对国家工作人员将公款借给其他单位使用，是否要以个人名义或者自己从中牟利作为认定犯罪的前提，认识不一致。立法机关经研究认为，刑法规定的国家工作人员利用职务上的便利，挪用公款归个人使用，实质上是将公款非法置于个人的支配之下，公款私用，将公款供本人、亲友或者其他自然人使用，或者以个人名义将公款供其他单位使用。对于以单位名义将公款借给其他单位使用的，应当区别情况处理。属于单位之间的拆借行为一般不应按照挪用公款罪处理。但是，由个人决定以单位名义将公款借给其他单位使用，自己谋取利益的，实际上也是将公款挪作私用的一种表现形式，应当属于刑法规定的挪用公款“归个人使用”。为进一步明确《刑法》第384条有关规定的含义，严格依法惩处挪用公款的犯罪活动，2002年4月28日，全国人大常委会对《刑法》第384条第1款作了如下解释："有下列情形之一的，属于挪用公款'归个人使用'：（1）将公款供本人、亲友或者其他自然人使用的；（2）以个人名义将公款供其他单位使用的；（3）个人决定以单位名义将公款供其他单位使用，谋取个人利益的。"[①] 对立法机关作出的上述法律解释，司法机关要正确理解和适用。上述解释中的"个人决定"，既包括行为人在职权范围内决定，也包括超越职权范围决定。"谋取个人利益"，既包括行为人与使用人事先约定谋取个人利益实际尚未获取的情况，也包括虽未事先约定但实际已获取了个人利益的情况。其中的"个人利益"，既包括不正当利益，也包括正当利益；既包括财产性利益，也包括非财产性利益，但这种非财产性利益应当是具体的实际利益，如升学、就业等。对于经单位领导集体研究决定将公款给个人使用，或者单位负责人为了单位的利益，决定将公款给个人使用的，不能以挪用公款罪定罪处罚。上述行为致使单位遭受重大损失，构成其他犯罪的，依照刑法的有关规定对责任人员定罪处罚。

3. 挪用公款追诉期限的计算

前述的三种不同形式的挪用公款行为，其中挪用公款进行非法活动或者营利活动的，均无挪用时间上的要求。因此，如果公款数额达到相应标准，行为人一经将公款"挪"出，即使尚未"用"之，也已构成犯罪，且是犯罪既遂；而挪用公款用于个人合法的、非经营性活动的，则既有数额也有时间的要求，即只有挪用公款数额较大，且"超过三个月未还"的，才构成犯罪。据此，根据《刑法》第89条规定，最高人民法院2003年9月18日通过的《关于挪用公款犯罪如何计算追诉期限问题的批复》明确规定："挪用公款归个人使用，进行非法活动的，或者挪用公款数额较大、进行营利活动的，犯罪的追诉期限从挪用行为实施完毕之日起计算；挪用公款数额较大、超过三个月未还的，犯罪的追诉期限从挪用公款罪成立之日起计算。挪用公款行为有连续状态的，犯罪的追诉期限应当从最后一次挪用行为实施完毕之日或者犯罪成立之日起计算。"

---

① 《全国人民代表大会常务委员会关于〈中华人民共和国刑法〉第三百八十四条第一款的解释》。

4. 挪用公款罪与贪污罪的区别

两罪的本质区别：（1）主观故意内容不同。前者是为了临时“使用”而暂时占有公款，准备将来归还；后者则是为了将公款永远归己而占有公款，不准备归还。（2）行为方式不同。前者因属非法借用，因此总是在账面、他人面前留有“挪用”的痕迹，甚至留下借条、没有平账，一查一问便可知道公款被行为人挪用；后者则必然不择手段地隐瞒、掩盖其侵吞、窃取、骗取公款的行为，因此，很难发现公款已被侵占，即使因怀疑而追查，也很难弄清该公款已被行为人非法占有，因为行为人已涂改或者销毁了账簿，以假货、次货填补了被自己侵吞的货物等。

对于挪用公款后不退还的，在《全国人民代表大会常务委员会关于惩治贪污罪贿赂罪的补充规定》中规定为：“挪用公款数额较大不退还的，以贪污论处”。但《刑法》第 384 条明确规定：挪用公款数额巨大不退还的，不再以贪污罪论处，只作为挪用公款罪予以较重处罚的一个情节。“不退还”的时间，根据《贪污贿赂解释》规定，应掌握在人民法院审理该案一审宣判前没有退还。最高人民法院、最高人民检察院《关于执行（关于惩治贪污罪贿赂罪的补充规定）若干问题的解答》曾规定，认定挪用公款数额较大不退还的时间，应以挪用公款案件起诉以前不退还为准。当时主要考虑起诉罪名与审判罪名应当一致，而不宜由行为人何时归还挪用的公款来左右。1997 年刑法修订后不再存在这个问题。以一审宣判前确认行为人挪用公款是否退还，有利于最大限度地为国家、集体挽回损失。应当指出的是，挪用公款数额巨大不退还不再以贪污罪论处，仅指挪用公款后因客观原因不能退还的情况，如做生意亏本、被骗、被盗及借给他人未还等。

值得注意的是，挪用公款是否转化为贪污，应当按照主客观相一致的原则，具体判断和认定行为人是否具有非法占有公款的目的。在司法实践，具有以下情形之一的可以认定行为人具有非法占有公款的目的：（1）行为人“携带挪用的公款潜逃的”，对其挪用的公款部分，以贪污罪定罪处罚。（2）行为人挪用公款后采取虚假发票平账、销毁有关账目等手段，使所挪用的公款难以在单位财务账目上反映出来，且没有归还行为的，应当以贪污罪定罪处罚。（3）行为人截取单位收入不入账，非法占有，使占有的公款难以在单位财务账目上反映出来，且没有归还行为的，应当以贪污罪定罪处罚。（4）有证据证明行为人有能力归还所挪用公款而拒不归还，并隐瞒挪用公款去向的，应当以贪污罪定罪处罚。

5. 挪用公款罪与挪用特定款物罪的区别

《刑法》第273条规定了挪用救灾、抢险、防汛、优抚、救济款物予以刑事处罚的挪用特定款物罪。两罪的主要区别在于：前者挪用公款的目的是归个人使用，挪用的对象是公款，而后者是将上述特定款物、挪作单位的其他生产、工作中使用，而没有“专款专用”，挪用的对象不仅包括公款，还包括公物，如抢险用的木材、草包，救灾用的粮食、车辆等；前者达到规定的数额标准即构成犯罪，而后者只有“情节严重”的才构成犯罪。依照《刑法》第384条第2款的规定，挪用用于救灾、抢险、防汛、优抚、扶贫、移民、救济款物归个人使用的，属于挪用公款罪。定罪处刑的数额标准，应依照挪用公款罪定罪标准掌握，从重处罚。

对于挪用非特定公物是否可以构成挪用公款罪的问题，在1997年刑法修订前，最高人民法院对挪用公款罪作出的司法解释中曾规定，情节严重的可以按犯罪处理。1997年刑法修订后，根据“罪刑法定”原则，新的司法解释对此种情况未再规定按犯罪处理。最高人民检察院《关于国家工作人员挪用非特定公物能否定罪的请示的批复》也认为：“刑法第三百八十四条规定的挪用公款罪中未包括挪用非特定公物归个人使用的行为，对该行为不以挪用公款罪论处。如构成其他犯罪的，依照刑法的相关规定定罪处罚。”但是，在司法实践中，如果挪用公物行为人因其职务不负责管理、使用公物，或者单位已无现金可供其挪用，恰好又有一批可变现的单位公物，便利用职务便利将公物挪借出去，让对方或者个人将此公物随即变卖获得现款，再归个人使用，这种情形就不能再一般地视为也是挪用非特定公物的行为，而应当直接以挪用公款罪追究行为人的刑事责任。因为行为人的行为、目的，都不在于使用公物；公物是有价值、价格的，行为人追求的恰是公物的价值变现。这与挪用公款罪的本质，无论在故意行为还是危害后果上看，都没有质的差别，都是刑事立法本意所认为应以挪用公款罪追究刑事责任的。此点，特别应当在不断变化的司法实践中予以注意，正确把握刑法挪用公款罪的本质特征。

6. 挪用公款罪的数罪问题

因挪用公款而向他人索取、收受贿赂构成犯罪的，应当实行数罪并罚。挪用公款后进行非法活动，如以挪用的公款进行走私、贩毒、赌博，构成犯罪的，应当以挪用公款罪和所犯的其他罪，实行数罪并罚。

7. 挪用公款的共同犯罪问题

在挪用公款给其他个人使用的案件中，常常是使用人与挪用人共谋，指使或者提供种种方便，参与策划取得挪用的公款。因为使用人与挪用人具有共同的故意、共同挪用公款的行为，所以对使用人应以挪用公款罪的共犯定罪处罚。但应注意，如果使用人未参与策划、未指使行为人挪用公款，仅仅知道使用的是行为人挪用的公款，则不应以挪用公款罪的共犯追究其刑事责任。

（四）情节与量刑

1. 依照《刑法》第384条第1款规定，犯挪用公款罪的，处5年以下有期徒刑或者拘役；情节严重的，处5年以上有期徒刑；挪用公款数额巨大不退还的，处10年以上有期徒刑或者无期徒刑。《贪污贿赂解释》第5条、第6条对挪用公款罪的具体量刑情节作了规定①：

（1）挪用公款归个人使用，进行非法活动，数额在3万元以上的，应当以挪用公款罪追究刑事责任；数额在300万元以上的，应当认定为“数额巨大”。“情节严重”的情形包括：挪用公款数额在100万元以上的；挪用救灾、抢险、防汛、优抚、扶贫、移民、救济特定款物，数额在50万元以上不满100万元的；挪用公款不退还，数额在50万元以上不满100万元的；其他严重的情节。

（2）挪用公款归个人使用，进行营利活动或者超过三个月未还，“数额较大”的起点为5万元；“数额巨大”的起点为500万元。“情节严重”的情形

---

① 第五条 挪用公款归个人使用，进行非法活动，数额在三万元以上的，应当依照刑法第三百八十四条的规定以挪用公款罪追究刑事责任；数额在三百万元以上的，应当认定为刑法第三百八十四条第一款规定的“数额巨大”。具有下列情形之一的，应当认定为刑法第三百八十四条第一款规定的“情节严重”：（一）挪用公款数额在一百万元以上的；（二）挪用救灾、抢险、防汛、优抚、扶贫、移民、救济特定款物，数额在五十万元以上不满一百万元的；（三）挪用公款不退还，数额在五十万元以上不满一百万元的；（四）其他严重的情节。

第六条 挪用公款归个人使用，进行营利活动或者超过三个月未还，数额在五万元以上的，应当认定为刑法第三百八十四条第一款规定的“数额较大”；数额在五百万元以上的，应当认定为刑法第三百八十四条第一款规定的“数额巨大”。具有下列情形之一的，应当认定为刑法第三百八十四条第一款规定的“情节严重”：（一）挪用公款数额在二百万元以上的；（二）挪用救灾、抢险、防汛、优抚、扶贫、移民、救济特定款物，数额在一百万元以上不满二百万元的；（三）挪用公款不退还，数额在一百万元以上不满二百万元的；（四）其他严重的情节。

包括：挪用公款数额在200万元以上的；挪用救灾、抢险、防汛、优抚、扶贫、移民、救济特定款物，数额在100万元以上不满200万元的；挪用公款不退还，数额在100万元以上不满200万元的；其他严重的情节。

2. 挪用公款罪的法定从重处罚情节。《刑法》第384条第2款规定，挪用用于救灾、抢险、防汛、优抚、扶贫、移民、救济款物归个人使用的，从重处罚。所谓“从重处罚”，是指在《刑法》第384条第1款规定的量刑幅度内从重处罚。

3. 根据《最高人民法院关于挪用公款案件具体应用法律若干问题的解释》（以下简称《挪用公款解释》）规定，挪用公款归个人使用，未进行营利活动或者非法活动，数额较大，超过三个月但在案发前全部归还本金的，可以从轻处罚或者免除处罚；数额巨大，超过三个月，案发前全部归还的，可以酌情从轻处罚。挪用公款数额较大，归个人进行营利活动，案发前部分或者全部归还本息的，可以从轻处罚；情节轻微的，可以免除处罚。

4. 具体处理挪用公款案件时，对于多次挪用公款不还的，按《挪用公款解释》规定，应当将挪用公款数额累计计算，挪用时间则从挪用公款数额累计达到追究刑事责任的起点之日起认定并计算；多次挪用公款，并以后次挪用的公款归还前次挪用的公款，挪用公款数额以案发时未还的实际数额认定，挪用时间从挪用公款构成犯罪之日起认定并计算。

5. 根据《最高人民法院、最高人民检察院关于办理妨害预防、控制突发传染病疫情等灾害的刑事案件具体应用法律若干问题的解释》，挪用用于预防、控制突发传染病疫情等灾害的款物归个人使用，构成犯罪的，依照《刑法》第384条的规定，以挪用公款罪定罪，从重处罚。

（五）法律链接

1. 全国人民代表大会常务委员会关于〈中华人民共和国刑法〉第三百八十四条第一款的解释（2002年4月28日第九届全国人民代表大会常务委员会第二十七次会议通过）

全国人民代表大会常务委员会讨论了刑法第三百八十四条第一款规定的国家工作人员利用职务上的便利，挪用公款“归个人使用”的含义问题，解释如下：

有下列情形之一的，属于挪用公款“归个人使用”：

（一）将公款供本人、亲友或者其他自然人使用的；

（二）以个人名义将公款供其他单位使用的；

（三）个人决定以单位名义将公款供其他单位使用，谋取个人利益的。

2. 全国法院审理经济犯罪案件工作座谈会纪要（法发〔2003〕167号自2003年11月13日起施行）（节录）

一、关于贪污贿赂犯罪和渎职犯罪的主体

（一）国家机关工作人员的认定

刑法中所称的国家机关工作人员，是指在国家机关中从事公务的人员，包括在各级国家权力机关、行政机关、司法机关和军事机关中从事公务的人员。

根据有关立法解释的规定，在依照法律、法规规定行使国家行政管理职权的组织中从事公务的人员，或者在受国家机关委托代表国家行使职权的组织中从事公务的人员，或者虽未列入国家机关人员编制但在国家机关中从事公务的人员，视为国家机关工作人员。在乡（镇）以上中国共产党机关、人民政协机关中从事公务的人员，司法实践中也应当视为国家机关工作人员。

（二）国家机关、国有公司、企业、事业单位委派到非国有公司、企业、事业单位、社会团体从事公务的人员的认定

所谓委派，即委任、派遣，其形式多种多样，如任命、指派、提名、批准等。不论被委派的人身份如何，只要是接受国家机关、国有公司、企业、事业单位委派，代表国家机关、国有公司、企业、事业单位在非国有公司、企业、事业单位、社会团体中从事组织、领导、监督、管理等工作，都可以认定为国家机关、国有公司、企业、事业单位委派到非国有公司、企业、事业单位、社会团体从事公务的人员，如国家机关、国有公司、企业、事业单位委派在国有控股或者参股的股份有限公司从事组织、领导、监督、管理等工作的人员，应当以国家工作人员论。国有公司、企业改制为股份有限公司后，原国有公司、企业的工作人员和股份有限公司新任命的人员中，除代表国有投资主体行使监督、管理职权的人外，不以国家工作人员论。

（三）“其他依照法律从事公务的人员”的认定

刑法第93条第2款规定的“其他依照法律从事公务的人员”应当具有两个特征：一是在特定条件下行使国家管理职能；二是依照法律规定从事公务。具体包括：（1）依法履行职责的各级人民代表大会代表；（2）依法履行审判职责的人民陪审员；（3）协助乡镇人民政府、街道办事处从事行政管理工作

的村民委员会、居民委员会等农村和城市基层组织人员；（4）其他由法律授权从事公务的人员。

（四）关于“从事公务”的理解

从事公务，是指代表国家机关、国有公司、企业、事业单位、人民团体等履行组织、领导、监督、管理等职责。公务主要表现为与职权相联系的公共事务以及监督、管理国有财产的职务活动。如国家机关工作人员依法履行职责，国有公司的董事、经理、监事、会计、出纳人员等管理、监督国有财产等活动，属于从事公务。那些不具备职权内容的劳务活动、技术服务工作，如售货员、售票员等所从事的工作，一般不认为是公务。

四、关于挪用公款罪

（一）单位决定将公款给个人使用行为的认定

经单位领导集体研究决定将公款给个人使用，或者单位负责人为了单位的利益，决定将公款给个人使用的，不以挪用公款罪定罪处罚。上述行为致使单位遭受重大损失，构成其他犯罪的，依照刑法的有关规定对责任人员定罪处罚。

（二）挪用公款供其他单位使用行为的认定

根据全国人大常委会《关于〈中华人民共和国刑法〉第三百八十四条第一款的解释》的规定，“以个人名义将公款供其他单位使用的”、“个人决定以单位名义将公款供其他单位使用，谋取个人利益的”，属于挪用公款“归个人使用”。在司法实践中，对于将公款供其他单位使用的，认定是否属于“以个人名义”，不能只看形式，要从实质上把握。对于行为人逃避财务监管，或者与使用人约定以个人名义进行，或者借款、还款都以个人名义进行，将公款给其他单位使用的，应认定为“以个人名义”。“个人决定”既包括行为人在职权范围内决定，也包括超越职权范围决定。“谋取个人利益”，既包括行为人与使用人事先约定谋取个人利益实际尚未获取的情况，也包括虽未事先约定但实际已获取了个人利益的情况。其中的“个人利益”，既包括不正当利益，也包括正当利益；既包括财产性利益，也包括非财产性利益，但这种非财产性利益应当是具体的实际利益，如升学、就业等。

（三）国有单位领导向其主管的具有法人资格的下级单位借公款归个人使用的认定

国有单位领导利用职务上的便利指令具有法人资格的下级单位将公款供

个人使用的，属于挪用公款行为，构成犯罪的，应以挪用公款罪定罪处罚。

（四）挪用有价证券、金融凭证用于质押行为性质的认定

挪用金融凭证、有价证券用于质押，使公款处于风险之中，与挪用公款为他人提供担保没有实质的区别。符合刑法关于挪用公款罪规定的，以挪用公款罪定罪处罚，挪用公款数额以实际或者可能承担的风险数额认定。

（五）挪用公款归还个人欠款行为性质的认定

挪用公款归还个人欠款的，应当根据产生欠款的原因，分别认定属于挪用公款的何种情形。归还个人进行非法活动或者进行营利活动产生的欠款，应当认定为挪用公款进行非法活动或者进行营利活动。

（六）挪用公款用于注册公司、企业行为性质的认定

申报注册资本是为进行生产经营活动作准备，属于成立公司、企业进行营利活动的组成部分。因此，挪用公款归个人用于公司、企业注册资本验资证明的，应当认定为挪用公款进行营利活动。

（七）挪用公款后尚未投入实际使用的行为性质的认定

挪用公款后尚未投入实际使用的，只要同时具备“数额较大”和“超过三个月未还”的构成要件，应当认定为挪用公款罪，但可以酌情从轻处罚。

（八）挪用公款转化为贪污的认定

挪用公款罪与贪污罪的主要区别在于行为人主观上是否具有非法占有公款的目的。挪用公款是否转化为贪污，应当按照主客观相一致的原则，具体判断和认定行为人主观上是否具有非法占有公款的目的。在司法实践中，具有以下情形之一的可以认定行为人具有非法占有公款的目的：

1. 根据《最高人民法院关于审理挪用公款案件具体应用法律若干问题的解释》第六条的规定，行为人“携带挪用的公款潜逃的”，对其携带挪用的公款部分，以贪污罪定罪处罚。

2. 行为人挪用公款后采取虚假发票平账、销毁有关账目等手段，使所挪用的公款已难以在单位财务账目上反映出来，且没有归还行为的，应当以贪污罪定罪处罚。

3. 行为人截取单位收入不入账，非法占有，使所占有的公款难以在单位财务账目上反映出来，且没有归还行为的，应当以贪污罪定罪处罚。

4. 有证据证明行为人有能力归还所挪用的公款而拒不归还，并隐瞒挪用的公款去向的，应当以贪污罪定罪处罚。

3. 最高人民法院关于审理挪用公款案件具体应用法律若干问题的解释

（法释〔1998〕9号　自1998年5月9日起施行）

为依法惩处挪用公款犯罪，根据刑法的有关规定，现对办理挪用公款案件具体应用法律的若干问题解释如下：

第一条　刑法第三百八十四条规定的“挪用公款归个人使用”，包括挪用者本人使用或者给他人使用。

挪用公款给私有公司、私有企业使用的，属于挪用公款归个人使用。

第二条　对挪用公款罪，应区分三种不同情况予以认定：

（一）挪用公款归个人使用，数额较大、超过三个月未还的，构成挪用公款罪。

挪用正在生息或者需要支付利息的公款归个人使用，数额较大，超过三个月但在案发前全部归还本金的，可以从轻处罚或者免除处罚。给国家、集体造成的利息损失应予追缴。挪用公款数额巨大，超过三个月，案发前全部归还的，可以酌情从轻处罚。

（二）挪用公款数额较大，归个人进行营利活动的，构成挪用公款罪，不受挪用时间和是否归还的限制。在案发前部分或者全部归还本息的，可以从轻处罚；情节轻微的，可以免除处罚。

挪用公款存入银行、用于集资、购买股票、国债等，属于挪用公款进行营利活动。所获取的利息、收益等违法所得，应当追缴，但不计入挪用公款的数额。

（三）挪用公款归个人使用，进行赌博、走私等非法活动的，构成挪用公款罪，不受“数额较大”和挪用时间的限制。

挪用公款给他人使用，不知道使用人用公款进行营利活动或者用于非法进行营利活动或者用于非法活动，数额较大、超过三个月未还的，构成挪用公款罪；明知使用人用于营利活动或者非法活动的，应当认定为挪用人挪用公款进行营利活动或者非法活动。

第三条　挪用公款归个人使用，“数额较大、进行营利活动的”，或者“数额较大、超过三个月未还的”，以挪用公款一万元至三万元为“数额较大”的起点，以挪用公款十五万元至二十万元为“数额巨大”的起点。挪用公款“情节严重”，是指挪用公款数额巨大，或者数额虽未达到巨大，但挪用公款手段恶劣；多次挪用公款；因挪用公款严重影响生产、经营，造成严重损失等情形。

“挪用公款归个人使用，进行非法活动的”，以挪用公款五千元至一万元为追究刑事责任的数额起点。挪用公款五万元至十万元以上的，属于挪用公款归个人使用，进行非法活动，“情节严重”的情形之一。挪用公款归个人使用，进行非法活动，情节严重的其他情形，按照本条第一款的规定执行。

各高级人民法院可以根据本地实际情况，按照本解释规定的数额幅度，确定本地区执行的具体数额标准，并报最高人民法院备案。

挪用救灾、抢险、防汛、优抚、扶贫、移民、救济款物归个人使用的数额标准，参照挪用公款归个人使用进行非法活动的数额标准。

第四条　多次挪用公款不还，挪用公款数额累计计算；多次挪用公款，并以后次挪用的公款归还前次挪用的公款，挪用公款数额以案发时未还的实际数额认定。

第五条　“挪用公款数额巨大不退还的”，是指挪用公款数额巨大，因客观原因在一审宣判前不能退还的。

第六条　携带挪用的公款潜逃的，依照刑法第三百八十二条、第三百八十三条的规定定罪处罚。

第七条　因挪用公款索取、收受贿赂构成犯罪的，依照数罪并罚的规定处罚。

挪用公款进行非法活动构成其他犯罪的，依照数罪并罚的规定处罚。

第八条　挪用公款给他人使用，使用人与挪用人共谋，指使或者参与策划取得挪用款的，以挪用公款罪的共犯定罪处罚。

4. 最高人民检察院关于挪用国库券如何定性问题的批复（高检发释字〔1997〕5号　自1997年10月13日起施行）

宁夏回族自治区人民检察院：

你院宁检发字〔1997〕43号《关于国库券等有价证券是否可以成为挪用公款罪所侵犯的对象以及以国库券抵押贷款的行为如何定性等问题的请示》收悉。关于挪用国库券如何定性的问题，经研究，批复如下：

国家工作人员利用职务上的便利，挪用公有或本单位的国库券的行为以挪用公款论；符合刑法第三百八十四条、第二百七十二条第二款规定的情形构成犯罪的，按挪用公款罪追究刑事责任。

5. 最高人民检察院关于国家工作人员挪用非特定公物能否定罪的请示的批复（高检发释字〔2000〕1号　自2000年3月6日起施行）

山东省人民检察院：

你院鲁检发研字〔1999〕第3号《关于国家工作人员挪用非特定公物能否定罪的请示》收悉。经研究认为，刑法第三百八十四条规定的挪用公款罪中未包括挪用非特定公物归个人使用的行为，对该行为不以挪用公款罪论处。如构成其他犯罪的，依照刑法的相关规定定罪处罚。

此复

6. 最高人民法院关于挪用公款犯罪如何计算追诉期限问题的批复（法释〔2003〕16号　自2003年10月10日起施行）

天津市高级人民法院：

你院津高法〔2002〕4号《关于挪用公款犯罪如何计算追诉期限问题的请示》收悉。经研究，答复如下：

根据刑法第八十九条、第三百八十四条的规定，挪用公款归个人使用，进行非法活动的，或者挪用公款数额较大、进行营利活动的，犯罪的追诉期限从挪用行为实施完毕之日起计算；挪用公款数额较大、超过三个月未还的，犯罪的追诉期限从挪用公款罪成立之日起计算。挪用公款行为有连续状态的，犯罪的追诉期限应当从最后一次挪用行为实施完毕之日或者犯罪成立之日起计算。

此复

7. 最高人民法院、最高人民检察院关于办理国家出资企业中职务犯罪案件具体应用法律若干问题的意见（法发〔2010〕49号　自2010年11月26日起施行）（节录）

三、关于国家出资企业工作人员使用改制公司、企业的资金担保个人贷款，用于购买改制公司、企业股份的行为的处理

国家出资企业的工作人员在公司、企业改制过程中为购买公司、企业股份，利用职务上的便利，将公司、企业的资金或者金融凭证、有价证券等用于个人贷款担保的，依照刑法第二百七十二条或者第三百八十四条的规定，以挪用资金罪或者挪用公款罪定罪处罚。

行为人在改制前的国家出资企业持有股份的，不影响挪用数额的认定，

但量刑时应当酌情考虑。

经有关主管部门批准或者按照有关政策规定，国家出资企业的工作人员为购买改制公司、企业股份实施前款行为的，可以视具体情况不作为犯罪处理。

六、关于国家出资企业中国家工作人员的认定

经国家机关、国有公司、企业、事业单位提名、推荐、任命、批准等，在国有控股、参股公司及其分支机构中从事公务的人员，应当认定为国家工作人员。具体的任命机构和程序，不影响国家工作人员的认定。

经国家出资企业中负有管理、监督国有资产职责的组织批准或者研究决定，代表其在国有控股、参股公司及其分支机构中从事组织、领导、监督、经营、管理工作的人员，应当认定为国家工作人员。

国家出资企业中的国家工作人员，在国家出资企业中持有个人股份或者同时接受非国有股东委托的，不影响其国家工作人员身份的认定。

七、关于国家出资企业的界定

本意见所称“国家出资企业”，包括国家出资的国有独资公司、国有独资企业，以及国有资本控股公司、国有资本参股公司。

是否属于国家出资企业不清楚的，应遵循“谁投资、谁拥有产权”的原则进行界定。企业注册登记中的资金来源与实际出资不符的，应根据实际出资情况确定企业的性质。企业实际出资情况不清楚的，可以综合工商注册、分配形式、经营管理等因素确定企业的性质。

八、关于宽严相济刑事政策的具体贯彻

办理国家出资企业中的职务犯罪案件时，要综合考虑历史条件、企业发展、职工就业、社会稳定等因素，注意具体情况具体分析，严格把握犯罪与一般违规行为的区分界限。对于主观恶意明显、社会危害严重、群众反映强烈的严重犯罪，要坚决依法从严惩处；对于特定历史条件下、为了顺利完成企业改制而实施的违反国家政策法律规定的行为，行为人无主观恶意或者主观恶意不明显，情节较轻，危害不大的，可以不作为犯罪处理。

对于国家出资企业中的职务犯罪，要加大经济上的惩罚力度，充分重视财产刑的适用和执行，最大限度地挽回国家和人民利益遭受的损失。不能退赃的，在决定刑罚时，应当作为重要情节予以考虑。

8. 最高人民法院、最高人民检察院关于办理妨害预防、控制突发传染病疫情等灾害的刑事案件具体应用法律若干问题的解释（法释〔2003〕8号　自2003年5月15日起施行）（节录）

第十四条　贪污、侵占用于预防、控制突发传染病疫情等灾害的款物或者挪用归个人使用，构成犯罪的，分别依照刑法第三百八十二条、第三百八十三条、第二百七十一条、第三百八十四条、第二百七十二条的规定，以贪污罪、侵占罪、挪用公款罪、挪用资金罪定罪，依法从重处罚。

9. 最高人民法院关于审理挪用公款案件具体应用法律若干问题的解释（法释〔1998〕9号　自1998年5月8日起施行）（节录）

（二）第二款　挪用公款存入银行、用于集资、购买股票、国债等，属于挪用公款进行营利活动。所获取的利息、收益等违法所得，应当追缴，但不计入挪用公款的数额。

10. 最高人民检察院关于挪用失业保险基金和下岗职工基本生活保障资金的行为适用法律问题的批复（高检发释字〔2003〕1号　自2003年1月30日起施行）

辽宁省人民检察院：

你院辽检发研字〔2002〕9号《关于挪用职工失业保险金和下岗职工生活保障金是否属于挪用特定款物的请示》收悉。经研究，批复如下：

挪用失业保险基金和下岗职工基本生活保障资金属于挪用救济款物。挪用失业保险基金和下岗职工基本生活保障资金，情节严重，致使国家和人民群众利益遭受重大损害的，对直接责任人员，应当依照刑法第二百七十三条的规定，以挪用特定款物罪追究刑事责任；国家工作人员利用职务上的便利，挪用失业保险基金和下岗职工基本生活保障资金归个人使用，构成犯罪的，应当依照刑法第三百八十四条的规定，以挪用公款罪追究刑事责任。

此复

11. 最高人民法院研究室关于挪用退休职工社会养老金行为如何适用法律问题的复函（法研〔2004〕102号　自2004年7月9日起施行）

公安部经济犯罪侦查局：

你局公经〔2004〕916号《关于挪用退休职工社会养老保险金是否属于挪用特定款物罪事》收悉。经研究，提供如下意见供参考：

退休职工养老保险金不属于我国刑法中的救灾、抢险、防汛、优抚、扶贫、移民、救济等特定款物的任何一种。因此，对于挪用退休职工养老保险金的行为，构成犯罪时，不能以挪用特定款物罪追究刑事责任，而应当按照行为人身份的不同，分别以挪用资金罪或者挪用公款罪追究刑事责任。

12. 最高人民法院研究室关于对行为人通过伪造国家机关公文、证件担任国家工作人员职务并利用职务上的便利侵占本单位财物、收受贿赂、挪用本单位资金等行为如何适用法律问题的答复（法研〔2004〕38号　自2004年3月30日起施行）

北京市高级人民法院：

你院〔2004〕15号《关于通过伪造国家机关公文、证件担任国家工作人员职务后利用职务便利侵占本单位财物、收受贿赂、挪用本单位资金的行为如何定性的请示》收悉。经研究，答复如下：

行为人通过伪造国家机关公文、证件担任国家工作人员职务以后，又利用职务上的便利实施侵占本单位财物、收受贿赂、挪用本单位资金等行为，构成犯罪的，应当分别以伪造国家机关公文、证件罪和相应的贪污罪、受贿罪、挪用公款罪等追究刑事责任，实行数罪并罚。

13. 最高人民法院、最高人民检察院关于办理职务犯罪案件严格适用缓刑、免予刑事处罚若干问题的意见（法发〔2012〕17号　自2012年8月8日起施行）

为进一步规范贪污贿赂、渎职等职务犯罪案件缓刑、免予刑事处罚的适用，确保办理职务犯罪案件的法律效果和社会效果，根据刑法有关规定并结合司法工作实际，就职务犯罪案件缓刑、免予刑事处罚的具体适用问题，提出以下意见：

一、严格掌握职务犯罪案件缓刑、免予刑事处罚的适用。职务犯罪案件的刑罚适用直接关系反腐败工作的实际效果。人民法院、人民检察院要深刻认识职务犯罪的严重社会危害性，正确贯彻宽严相济刑事政策，充分发挥刑罚的惩治和预防功能。要在全面把握犯罪事实和量刑情节的基础上严格依照刑法规定的条件适用缓刑、免予刑事处罚，既要考虑从宽情节，又要考虑从严情节；既要做到刑罚与犯罪相当，又要做到刑罚执行方式与犯罪相当，切实避免缓刑、免予刑事处罚不当适用造成的消极影响。

二、具有下列情形之一的职务犯罪分子，一般不适用缓刑或者免予刑事处罚：

（一）不如实供述罪行的；

（二）不予退缴赃款赃物或者将赃款赃物用于非法活动的；

（三）属于共同犯罪中情节严重的主犯的；

（四）犯有数个职务犯罪依法实行并罚或者以一罪处理的；

（五）曾因职务违纪违法行为受过行政处分的；

（六）犯罪涉及的财物属于救灾、抢险、防汛、优抚、扶贫、移民、救济、防疫等特定款物的；

（七）受贿犯罪中具有索贿情节的；

（八）渎职犯罪中徇私舞弊情节或者滥用职权情节恶劣的；

（九）其他不应适用缓刑、免予刑事处罚的情形。

三、不具有本意见第二条规定的情形，全部退缴赃款赃物，依法判处三年有期徒刑以下刑罚，符合刑法规定的缓刑适用条件的贪污、受贿犯罪分子，可以适用缓刑；符合刑法第三百八十三条第一款第（三）项的规定，依法不需要判处刑罚的，可以免予刑事处罚。

不具有本意见第二条所列情形，挪用公款进行营利活动或者超过三个月未还构成犯罪，一审宣判前已将公款归还，依法判处三年有期徒刑以下刑罚，符合刑法规定的缓刑适用条件的，可以适用缓刑；在案发前已归还，情节轻微，不需要判处刑罚的，可以免予刑事处罚。

四、人民法院审理职务犯罪案件时应当注意听取检察机关、被告人、辩护人提出的量刑意见，分析影响性案件案发前后的社会反映，必要时可以征求案件查办等机关的意见。对于情节恶劣、社会反映强烈的职务犯罪案件，不得适用缓刑、免予刑事处罚。

五、对于具有本意见第二条规定的情形之一，但根据全案事实和量刑情节，检察机关认为确有必要适用缓刑或者免予刑事处罚并据此提出量刑建议的，应经检察委员会讨论决定；审理法院认为确有必要适用缓刑或者免予刑事处罚的，应经审判委员会讨论决定。

三、受贿罪

（一）法律规定

第三百八十五条 国家工作人员利用职务上的便利，索取他人财物的，或者非法收受他人财物，为他人谋取利益的，是受贿罪。

国家工作人员在经济往来中，违反国家规定，收受各种名义的回扣、手续费，归个人所有的，以受贿论处。

第三百八十六条 对犯受贿罪的，根据受贿所得数额及情节，依照本法第三百八十三条[①]的规定处罚。索贿的从重处罚。

第三百八十八条 国家工作人员利用本人职权或者地位形成的便利条件，通过其他国家工作人员职务上的行为，为请托人谋取不正当利益，索取请托人财物或者收受请托人财物的，以受贿论处。

（二）罪名详解

受贿罪，是指国家工作人员利用职务上的便利，索取他人财物，或者非法收受他人财物，为他人谋取利益的行为。

1979 年《刑法》第 185 条规定了受贿罪。1988 年《全国人民代表大会常务委员会关于惩治贪污罪贿赂罪的补充规定》（以下简称《补充规定》）第 4 条、第 5 条对受贿罪对进行具体规定，1997 年刑法将《补充规定》的内容吸

---

① 《刑法》第三百八十三条规定：“对犯贪污罪的，根据情节轻重，分别依照下列规定处罚：

（一）贪污数额较大或者有其他较重情节的，处三年以下有期徒刑或者拘役，并处罚金。

（二）贪污数额巨大或者有其他严重情节的，处三年以上十年以下有期徒刑，并处罚金或者没收财产。

（三）贪污数额特别巨大或者有其他特别严重情节的，处十年以上有期徒刑或者无期徒刑，并处罚金或者没收财产；数额特别巨大，并使国家和人民利益遭受特别重大损失的，处无期徒刑或者死刑，并处没收财产。

对多次贪污未经处理的，按照累计贪污数额处罚。

犯第一款罪，在提起公诉前如实供述自己罪行、真诚悔罪、积极退赃，避免、减少损害结果的发生，有第一项规定情形的，可以从轻、减轻或者免除处罚；有第二项、第三项规定情形的，可以从轻处罚。

犯第一款罪，有第三项规定情形被判处死刑缓期执行的，人民法院根据犯罪情节等情况可以同时决定在其死刑缓期执行二年期满依法减为无期徒刑后，终身监禁，不得减刑、假释。”

收为刑法的具体规定。

1. 主体要件

本罪犯罪主体为特殊主体，即只能由国家工作人员构成。《补充规定》将受贿罪的主体从国家工作人员扩大到“集体经济组织工作人员或者其他从事公务的人员”，1997年刑法又将主体缩小为“国家工作人员”。国家工作人员的范围及其认定，与前述贪污罪主体的认定范围相同。对国家工作人员离退休以后，利用本人原有职权或者地位形成的便利条件，通过在职的国家工作人员职务上的行为，为请托人谋取不正当利益，而本人从中向请托人收取财物的行为，在最高人民法院、最高人民检察院执行《关于惩治贪污罪贿赂罪的补充规定》的司法解释中，曾规定可以按受贿罪定罪处罚。1997年刑法自1997年10月1日生效施行以后，已离退休的国家工作人员，不能再成为这类受贿罪的主体。但是，国家工作人员利用职务上的便利，为请托人谋取利益，并与请托人事先约定，在其离退休后收受请托人财物，构成犯罪的，根据《最高人民法院关于国家工作人员利用职务上的便利为他人谋取利益离退休后收受财物行为如何处理问题的批复》的规定，应当“以受贿罪定罪处罚”。

2. 客体要件

本罪侵犯的客体，是国家机关和国有公司、企业、事业单位、人民团体的正常工作秩序和国家的廉政建设制度。受贿行为是国家工作人员最严重的渎职行为之一，不仅对其所在单位工作秩序、工作纪律造成严重破坏，给本单位造成重大经济损失，有的还会给国家造成严重损失。近年来，党和国家不断强调和加强廉政建设，这方面的法律制度建设在不断健全和完善，更有利于同受贿犯罪行为作斗争。

3. 主观要件

本罪主观方面由直接故意构成，即行为人明知利用职务上的便利索取他人财物或者非法收受他人财物并为他人谋取利益的行为，必然会损害国家工作人员职务的廉洁性，仍希望并追求这种结果的发生。间接故意和过失不构成本罪。

4. 客观要件

本罪客观方面表现为利用职务上的便利，索取他人财物，或者非法收受他人财物并为他人谋取利益的行为。权钱交易是受贿罪的本质特征。行为人没有相应职务，或者没有利用职务上的便利收受财物的，不构成受贿罪。参照《全国法院审理经济犯罪案件工作座谈会纪要》第 3 条第 1 项的规定，“利用职务上的便利”，既包括利用本人职务上主管、负责、承办某项公共事务的职权，也包括利用职务上有隶属、制约关系的其他国家工作人员的职权。担任单位领导职务的国家工作人员通过不属自己主管的下级部门的国家工作人员的职务为他人谋取利益的，应当认定为“利用职务上的便利”为他人谋取利益。按照刑法规定，受贿有两种形式：一种是“索取他人财物”，是指行为人在职务活动中向他人索要财物，即直接、公开或者暗示向他人索要财物。索取他人财物的索贿行为，构成受贿罪，不以行为人为被索取财物者谋取利益为条件。另一种是“非法收受他人财物”，是指行为人允诺或者默许为他人谋取利益，接受他人主动给予财物的行为。“为他人谋取利益”，是指行为人利用本人职务上的便利，为行贿人谋取各种好处，包括物质性利益与非物质性利益。所谋取的利益，对行贿人来说，可以是其应当获得的合法利益，也可以是其不应当获取的非法利益。根据《最高人民法院、最高人民检察院关于办理贪污贿赂刑事案件适用法律若干问题的解释》（以下简称《解释》）第 13 条规定，具有下列情形之一的，应当认定为“为他人谋取利益”：（1）实际或者承诺为他人谋取利益的；（2）明知他人有具体请托事项的；（3）履职时未被请托，但事后基于该履职事由收受他人财物的。国家工作人员索取、收受具有上下级关系或者具有行政管理关系的被管理人的财物价值在 3 万元以上，可能影响职权行使的，视为承诺为他人谋取利益。

《刑法》第 385 条第 2 款规定：“国家工作人员在经济往来中，违反国家规定，收受各种名义的回扣、手续费，归个人所有的，以受贿论处。”“在经济往来中”，是指行为人在单位的经济业务往来中，而不是指个人在非公务经济交往中，如个人在单位 8 小时工作以外的私人经商活动中。“违反国家规定”，是指《刑法》第 96 条规定的违反全国人民代表大会及其常委会制定的法律和决定，国务院制定的行政法规和行政措施、发布的决定和命令，如《中华人民共和国反不正当竞争法》。违反这些国家规定，在单位经济往来业务中，收受各种名义的“回扣”“手续费”，不在单位有关经济账目上如实记载，归个人所有的，应当以受贿论处，以受贿罪定罪处罚。

《刑法》第 388 条规定：“国家工作人员利用本人职权或者地位形成的便利条件，通过其他国家工作人员职务上的行为，为请托人谋取不正当利益，索取请托人财物或者收受请托人财物的，以受贿论处。”这里的“利用本人职权或者地位形成的便利条件”，是指行为人与被其利用的国家工作人员之间在职务上虽然没有隶属、制约关系，但是行为人利用了本人职权或者地位产生的影响和一定的工作联系，如单位内不同部门的国家工作人员之间、上下级单位没有职务上隶属、制约关系的国家工作人员之间、有工作联系的不同单位的国家工作人员之间等。“通过其他国家工作人员职务上的行为”，是指行为人本人没有直接为请托人谋取利益（因其不具有这种职务便利），而是让其他国家工作人员利用职务上的便利，为请托人谋取不正当利益。对上述行为“以受贿论处”，就是指按受贿罪定罪处罚。对此类以受贿论处的案件，“索贿”的也应当有为请托人谋取不正当利益的条件。司法实践中，对这类受贿行为以受贿罪定罪处罚，应当同时援引《刑法》第 388 条的规定和《刑法》第 385 条的规定。

需要指出的是，受贿罪中的索取或者收受财物，不只限于行为人将贿赂款物收归己有，也可以表现为行为人指定行贿人、请托者将财物送给其他第三人。

（三）实务疑难问题

1. 罪与非罪的认定

《刑法》第 385 条只规定了受贿罪的概念，第 386 条规定对受贿罪依照第 383 条（贪污罪）规定进行处罚。《刑法修正案（九）》对第 383 条进行了修改，由“计赃论罚”修改为数额与情节并重。《解释》规定了受贿罪不具有一定情节定罪起点标准和具有一定情节时的入罪数额标准。认定行为人的行为是否构成受贿罪应注意掌握以下两个方面：

（1）基本数额标准。一般情况下，不具有《解释》第 1 条第 3 款规定的“其他较重情节”的，受贿罪的定罪起点数额为 3 万元，低于 3 万元的不构成受贿罪。

（2）关于数额加情节的定罪标准。受贿数额在 1 万元以上不满 3 万元，同时具有《解释》规定的较重情节的，构成受贿罪。“较重情节”是指具有下列情形之一：曾因贪污、受贿、挪用公款受过党纪、行政处分的；曾因故意犯罪受过刑事追究的；赃款赃物用于非法活动的；拒不交待赃款赃物去向或者拒不配合追缴工作，致使无法追缴的；造成恶劣影响或者其他严重后果的；多次索贿的；为他人谋取不正当利益，致使公共财产、国家和人民利益遭受损失的；为他人谋取职务提拔、调整的。如果受贿数额未达到1万元，则不构成受贿罪。

2. 关于受贿罪中的“财物”的含义

《解释》第12条对贿赂犯罪中的“财物”进行了明确规定，即贿赂犯罪中的“财物”，包括货币、物品和财产性利益。财产性利益包括可以折算为货币的物质利益如房屋装修、债务免除等，以及需要支付货币的其他利益如会员服务、旅游等。后者的犯罪数额，以实际支付或者应当支付的数额计算。

3. 划清借款与受贿的界限

借款是一种正当、合法的民事行为，与受贿有本质的区别。司法实践中，犯罪分子为了逃避制裁，常常把受贿狡辩、歪曲成“借款”，对此需注意甄别。对于国家工作人员利用职务上的便利，以借为名向他人索取财物；或者非法收受财物为他人谋取利益的，应当依法认定为受贿。具体认定时，不能仅仅看是否有书面借款手续，还应当参照《全国法院审理经济犯罪案件工作座谈会纪要》第3条第6项“以借款为名索取或者非法收受财物行为的认定”，根据以下因素综合判定：（1）有无正当、合理的借款事由；（2）款项的去向；（3）双方平时关系如何、有无经济往来；（4）国家工作人员是否利用职务上的便利为出借方谋取利益；（5）借款后是否有归还的意思表示和行为；（6）是否有归还的能力；（7）未归还的原因等情形。

4. 关于受贿罪的共犯问题

受贿罪是特殊主体，且只能由国家工作人员利用职务上的便利构成。参照《全国法院审理经济犯罪案件工作座谈会纪要》第3条第5项“共同受贿犯罪的认定”的规定，根据刑法关于共同犯罪的规定，非国家工作人员与国家工作人员勾结，伙同受贿的，应当以受贿罪的共犯追究刑事责任。非国家工作人员是否构成受贿罪共犯，取决于双方有无共同受贿的故意和行为。国家工作人员的近亲属向国家工作人员代为转达请托事项，收受请托人财物并告知该国家工作人员，或者国家工作人员明知其近亲属收受了他人财物，仍按照近亲属的要求利用职权为他人谋取利益的，对该国家工作人员应认定为受贿罪，其近亲属以受贿罪共犯论处。近亲属以外的其他人与国家工作人员通谋，由国家工作人员利用职务上的便利为请托人谋取利益，收受请托人财物后双方共同占有的，构成受贿罪共犯。

认定非国家工作人员与国家工作人员是否构成共同受贿犯罪时，应注意把非国家工作人员向国家工作人员介绍贿赂区别开来。介绍贿赂的，只在国家工作人员与行贿人中间起牵线搭桥的作用，没有介入为行贿人谋取利益的具体行为。介绍贿赂人即使从行贿人处得到钱物，也只是行贿人单独给他的好处、感谢费，而不是行贿。共同受贿罪中的非国家工作人员，则参与了国家工作人员利用职务便利为他人谋取利益的行为。没有该非国家工作人员的参与，国家工作人员一般无法独自利用职务便利为他人谋取利益。例如，某国有企业领导派一名司机为其他企业送货，其他企业的收货人向这名司机和他的领导行贿，以便多收货、少付款。该国有企业领导收到行贿款物后默许，放任司机多提货，少收货款，两人构成受贿罪的共犯。2000 年 9 月 14 日被最高人民法院核准死刑的全国人大常委会原副委员长成克杰，就是与香港居民李平共同受贿，成克杰被依法判处死刑，李平被以受贿罪判处无期徒刑的。[①]

5. 关于因受贿又犯其他罪的数罪并罚问题

《全国人民代表大会常务委员会关于惩治贪污罪贿赂罪的补充规定》第 5 条第 2 款规定："因受贿而进行违法活动构成其他罪的，依照数罪并罚的规定处罚。" 1997 年修订刑法时没有将《补充规定》的这一内容纳入刑法，但并不是修改了这一原则，对这种情况不能适用数罪并罚的规定，而是因为刑法总则对数罪并罚原则已有规定。刑法总则的一般性规定，适用于刑法分则规定的任何犯罪，所以没有必要在分则的具体条文后再作规定。《解释》第 17 条规定，国家工作人员利用职务上的便利，收受他人财物，为他人谋取利益，同时构成受贿罪和刑法分则第三章第三节、第九章规定的渎职犯罪的，除刑法另有规定外，以受贿罪和渎职犯罪数罪并罚。

6. 关于新类型受贿案件的认定与处理

近年来，司法实践中受贿犯罪出现了一些新的形式和方法，受贿案件的处理遇到了一些新的问题。为解决新类型受贿案件的政策、法律界限和处理标准，最高人民法院、最高人民检察院联合出台了《关于办理受贿刑事案件适用法律若干问题的意见》（以下简称《意见》）。对于以下新形式受贿犯罪及有关政策界限问题，《意见》首次作出原则规范。

（1）关于以交易形式收受贿赂问题。《意见》指出，国家工作人员利用职务上的便利为请托人谋取利益，以下列交易形式收受请托人财物的，以受贿

① 此案例刊登在《中华人民共和国最高人民法院公报》（2000 年合订本），第 161—162 页。

论处：①以明显低于市场的价格向请托人购买房屋、汽车等物品的；②以明显高于市场的价格向请托人出售房屋、汽车等物品的；③以其他交易形式非法收受请托人财物的。受贿数额按照交易时当地市场价格与实际支付价格的差额计算。这里所说市场价格包括商品经营者事先设定的不针对特定人的最低优惠价格。根据商品经营者事先设定的各种优惠交易条件，以优惠价格购买商品的，则不属于受贿。

（2）关于收受干股问题。《意见》指出，干股是指未出资而获得的股份。国家工作人员利用职务上的便利为请托人谋取利益，收受请托人提供的干股的，以受贿论处。进行了股权转让登记，或者相关证据证明股份发生了实际转让的，受贿数额按转让行为时的股份价值计算，所分红利按受贿孳息处理。股份未实际转让，以股份分红名义获取利益的，实际获利数额应当认定为受贿数额。

（3）关于以开办公司等合作投资名义收受贿赂问题。《意见》指出，国家工作人员利用职务上的便利为请托人谋取利益，由请托人出资，“合作”开办公司或者进行其他“合作”投资的，以受贿论处。受贿数额为请托人给国家工作人员的出资额。国家工作人员利用职务上的便利为请托人谋取利益，以合作开办公司或者其他合作投资的名义获取“利润”，没有实际出资和参与管理、经营的，也以受贿论处。

（4）关于以委托请托人投资证券、期货或者其他委托理财的名义收受贿赂问题。《意见》指出，国家工作人员利用职务上的便利为请托人谋取利益，以委托请托人投资证券、期货或者其他委托理财的名义，未实际出资而获取“收益”，或者虽然实际出资，但获取“收益”明显高于出资应得收益的，以受贿论处。前一情形的受贿数额，以“收益”额计算；后一情形的受贿数额，则以“收益”额与出资应得收益额的差额计算。

（5）关于以赌博形式收受贿赂的认定问题。《意见》认为，根据《最高人民法院、最高人民检察院关于办理赌博刑事案件具体应用法律若干问题的解释》第 7 条规定，国家工作人员利用职务上的便利为请托人谋取利益，通过赌博方式收受请托人财物的，构成受贿。实践中应注意区分贿赂与赌博活动、娱乐活动的界限。具体认定时，主要应当结合以下因素进行判断：①赌博的背景、场合、时间、次数；②赌资来源；③其他赌博参与者有无事先通谋；④输赢钱物的具体情况和金额大小。

（6）关于特定关系人“挂名”领取薪酬问题。《意见》指出，国家工作人员利用职务上的便利为请托人谋取利益，要求或者接受请托人以给特定关系人安排工作为名，使特定关系人不实际工作却获取所谓薪酬的，以受贿论处。关于特定关系人的范围，《意见》特别规定，“特定关系人”，是指与国家工作人员有近亲属、情妇（夫）以及其他共同利益关系的人。

（7）关于由特定关系人收受贿赂问题。《意见》指出，国家工作人员利用职务上的便利为请托人谋取利益，授意请托人以本《意见》所列形式，将有关财物给予特定关系人的，以受贿论处。特定关系人与国家工作人员通谋，共同实施这一行为的，对特定关系人以受贿罪的共犯论处。特定关系人以外的其他人与国家工作人员通谋，由国家工作人员利用职务上的便利为请托人谋取利益，收受请托人财物后双方共同占有的，则应以受贿罪的共犯论处。

（8）关于收受贿赂物品未办理权属变更问题。《意见》指出，国家工作人员利用职务上的便利为请托人谋取利益，收受请托人房屋、汽车等物品，未变更权属登记或者借用他人名义办理权属变更登记的，不影响受贿的认定。认定以房屋、汽车等物品为对象的受贿，《意见》要求，要注意与借用的区分。具体认定时，除双方交代或者书面协议之外，主要应当结合以下因素进行判断：①有无借用的合理事由；②是否实际使用；③借用时间的长短；④有无归还的条件；⑤有无归还的意思表示及行为。

（9）关于收受财物后退还或者上交问题。《意见》认为，国家工作人员收受请托人财物后及时退还或者上交的，不是受贿。但是，国家工作人员受贿后，因自身或者与其受贿有关联的人、事被查处，为掩饰犯罪而退还或者上交的，则不影响受贿罪的认定。

（10）关于在职时为请托人谋利，离职后收受财物问题。《意见》指出，国家工作人员利用职务上的便利为请托人谋取利益之前或者之后，约定在其离职后收受请托人财物，并在离职后收受的，以受贿论处。国家工作人员利用职务上的便利为请托人谋取利益，离职前后连续收受请托人财物的，离职前后收受的部分均应计入受贿数额。

《意见》就司法实践中认定和处理上述 10 种新形式受贿案件中，如何正确贯彻宽严相济刑事司法政策的问题，提出了明确要求：“依照本意见办理受贿刑事案件，要根据刑法关于受贿罪的有关规定和受贿罪权钱交易的本质特征，准确区分罪与非罪、此罪与彼罪的界限，惩处少数，教育多数。在从严惩处受贿犯罪的同时，对于具有自首、立功等情节的，依法从轻、减轻或者免除处罚。”从而保证案件处理的法律效果、政策效果和社会效果。

7. 关于商业贿赂犯罪中涉及受贿罪的认定和处理

商业贿赂是滋生腐败的温床。为依法惩治商业贿赂犯罪，2008 年 11 月 20 日，最高人民法院、最高人民检察院联合发布了《关于办理商业贿赂刑事案件适用法律若干问题的意见》（以下简称《商业贿赂意见》）。商业贿赂犯罪涵盖了包括受贿罪在内的刑法规定的全部 8 种贿赂犯罪，《商业贿赂意见》对商业贿赂行为中构成受贿罪的情形和处理作了明确规定。

（1）关于在医疗、教育、政府采购、招投标等领域受贿犯罪的认定问题。根据《商业贿赂意见》规定，医疗机构中的国家工作人员，在药品、医疗器械、医用卫生材料等医药产品采购活动中，利用职务上的便利，索取销售方财物，或者非法收受销售方财物，为销售方谋取利益，构成犯罪的；学校及其他教育机构中的国家工作人员，在教材、教具、校服或者其他物品的采购等活动中，利用职务上的便利，索取销售方财物，或者非法收受销售方财物，为销售方谋取利益，构成犯罪的；依法组建的评标委员会、竞争性谈判采购中谈判小组、询价采购中询价小组的国家工作人员，在招标、政府采购等事项的评标或者采购活动中，索取他人财物或者非法收受他人财物，为他人谋取利益，构成犯罪的，分别依照《刑法》第 385 条的规定，以受贿罪定罪处罚。

（2）关于贿赂的范围及数额认定。根据《商业贿赂意见》规定，商业贿赂中的财物，既包括金钱和实物，也包括可以用金钱计算数额的财产性利益，如提供房屋装修、含有金额的会员卡、代币卡（券）、旅游费用等。具体数额以实际支付的资费为准。收受银行卡的，不论受贿人是否实际取出或者消费，卡内的存款数额一般应全额认定为受贿数额。使用银行卡透支的，如果由给予银行卡的一方承担还款责任的，透支数额也应当认定为受贿数额。

（四）情节与量刑

1. 刑法及其司法解释规定的量刑档次

依照《刑法》第 386 条规定，对犯受贿罪的，根据受贿所得数额及情节，依照本法第 383 条规定的贪污罪的量刑标准处罚。根据《刑法修正案（九）》

修订的《刑法》第383条规定了贪污罪的4个量刑档次：其一，贪污数额较大或者有其他较重情节的，处3年以下有期徒刑或者拘役，并处罚金。其二，贪污数额巨大或者有其他严重情节的，处3年以上10年以下有期徒刑，并处罚金或者没收财产。其三，贪污数额特别巨大或者有其他特别严重情节的，处10年以上有期徒刑或者无期徒刑，并处罚金或者没收财产。其四，数额特别巨大，并使国家和人民利益遭受特别重大损失的，处无期徒刑或者死刑，并处没收财产。因此，对受贿罪的量刑也对应分为4个档次。《解释》对受贿罪量刑档次进行了详细地规定：

（1）数额较大或者其他较重情节。受贿数额在3万元以上不满20万元的，应当认定为《刑法》第383条第1款规定的“数额较大”。受贿数额在1万元以上不满3万元，具有以下情形之一，应当认定为《刑法》第383条第1款规定的“其他较重情节”：①曾因贪污、受贿、挪用公款受过党纪、行政处分的；②曾因故意犯罪受过刑事追究的；③赃款赃物用于非法活动的；④拒不交待赃款赃物去向或者拒不配合追缴工作，致使无法追缴的；⑤造成恶劣影响或者其他严重后果的；⑥多次索贿的；⑦为他人谋取不正当利益，致使公共财产、国家和人民利益遭受损失的；⑧为他人谋取职务提拔、调整的。对受贿数额较大或者有其他较重情节的，依法判处3年以下有期徒刑或者拘役，并处罚金。

（2）数额巨大或者其他严重情节。受贿数额在20万元以上不满300万元的，应当认定为《刑法》第383条第1款规定的“数额巨大”；受贿数额在10万元以上不满20万元，具有如前述规定的“其他严重情节”的八种情形之一的，应当认定为《刑法》第383条第1款规定的“其他严重情节”，依法判处3年以上10年以下有期徒刑，并处罚金或者没收财产。

（3）数额特别巨大或者有其他特别严重情节。受贿数额在300万元以上的，应当认定为《刑法》第383条第1款规定的“数额特别巨大”；受贿数额在150万元以上不满300万元，具有前述规定的“其他严重情节”的八种情形之一的，应当认定为《刑法》第383条第1款规定的“其他特别严重情节”，依法判处10年以上有期徒刑、无期徒刑或者死刑，并处罚金或者没收财产。

（4）关于受贿罪的死刑适用。受贿数额特别巨大，犯罪情节特别严重、社会影响特别恶劣、给国家和人民利益造成特别重大损失的，可以判处死刑。

2. 对受贿罪处罚应注意的问题

（1）关于从宽处罚。根据《刑法》第 383 条第 3 款规定，受贿数额较大或者有其他严重情节的，在提起公诉前如实供述自己罪行、真诚悔罪、积极退赃，避免、减少损害结果的发生，可以从轻、减轻或者免除处罚；对受贿数额巨大或者有其他严重情节、受贿数额特别巨大或者有其他特别严重情节、受贿数额特别巨大并使国家和人民利益遭受特别重大损失的情形，可以从轻处罚。

（2）关于限制减刑。根据《解释》第 4 条规定，对受贿数额特别巨大，犯罪情节特别严重、社会影响特别恶劣、给国家和人民利益造成特别重大损失，可以判处死刑，但具有自首，立功，如实供述自己罪行、真诚悔罪、积极退赃，或者避免、减少损害结果的发生等情节，不是必须立即执行的，可以判处死刑缓期 2 年执行，同时裁判决定在其死刑缓期执行 2 年期满依法减为无期徒刑后，终身监禁，不得减刑、假释。

（3）关于数额计算。《解释》第 15 条规定，对多次受贿未经处理的，累计计算受贿数额。国家工作人员利用职务上的便利为请托人谋取利益前后多次收受请托人财物，受请托之前收受的财物数额在 1 万元以上的，应当一并计入受贿数额。

（4）赃款去向不影响定罪。根据《解释》第 16 条规定，国家工作人员出于受贿的故意，收受他人财物之后，将赃款赃物用于单位公务支出或者社会捐赠的，不影响贪污罪、受贿罪的认定，但量刑时可以酌情考虑。

（5）关于财产刑。根据《解释》第 19 条规定，对受贿罪判处 3 年以下有期徒刑或者拘役的，应当并处 10 万元以上 50 万元以下的罚金；判处 3 年以上 10 年以下有期徒刑的，应当并处 20 万元以上犯罪数额 2 倍以下的罚金或者没收财产；判处 10 年以上有期徒刑或者无期徒刑的，应当并处 50 万元以上犯罪数额 2 倍以下的罚金或者没收财产。对刑法规定并处罚金的其他贪污贿赂犯罪，应当在 10 万元以上犯罪数额 2 倍以下判处罚金。

（6）关于对索贿的从重处罚。是指在《刑法》第 383 条规定的法定刑的幅度内，从重处罚。

3. 当贿赂财物为股票时，参照《全国法院审理经济犯罪案件工作座谈会纪要》的相关规定，应当注意：（1）国家工作人员利用职务上的便利，索取或者非法收受股票，没有支付股本金，为他人谋取利益，构成受贿罪的，其受贿数额按照收受股票时的实际价格计算；（2）股票已上市且已升值，行为人仅支付股本金，其“购买”股票时的实际价格与股本金的差价部分应认定为受贿。（3）但是，对于行为人支付股本金而购买较有可能升值的股票的，由于不是无偿收受请托人财物，则不应以受贿罪论处；符合其他犯罪构成的，可以其他罪论处。

（五）法律链接

1. 全国法院审理经济犯罪案件工作座谈会纪要（法发〔2003〕167号自2003年11月13日起施行）（节录）

一、关于贪污贿赂犯罪和渎职犯罪的主体

（一）国家机关工作人员的认定

刑法中所称的国家机关工作人员，是指在国家机关中从事公务的人员，包括在各级国家权力机关、行政机关、司法机关和军事机关中从事公务的人员。

根据有关立法解释的规定，在依照法律、法规规定行使国家行政管理职权的组织中从事公务的人员，或者在受国家机关委托代表国家行使职权的组织中从事公务的人员，或者虽未列入国家机关人员编制但在国家机关中从事公务的人员，视为国家机关工作人员。在乡（镇）以上中国共产党机关、人民政协机关中从事公务的人员，司法实践中也应当视为国家机关工作人员。

（二）国家机关、国有公司、企业、事业单位委派到非国有公司、企业、事业单位、社会团体从事公务的人员的认定

所谓委派，即委任、派遣，其形式多种多样，如任命、指派、提名、批准等。不论被委派的人身份如何，只要是接受国家机关、国有公司、企业、事业单位委派，代表国家机关、国有公司、企业、事业单位在非国有公司、企业、事业单位、社会团体中从事组织、领导、监督、管理等工作，都可以认定为国家机关、国有公司、企业、事业单位委派到非国有公司、企业、事业单位、社会团体从事公务的人员。如国家机关、国有公司、企业、事业单位委派在国有控股或者参股的股份有限公司从事组织、领导、监督、管理等工作的人员，应当以国家工作人员论。国有公司、企业改制为股份有限公司

后，原国有公司、企业的工作人员和股份有限公司新任命的人员中，除代表国有投资主体行使监督、管理职权的人外，不以国家工作人员论。

（三）“其他依照法律从事公务的人员”的认定

刑法第九十三条第二款规定的“其他依照法律从事公务的人员”应当具有两个特征：一是在特定条件下行使国家管理职能；二是依照法律规定从事公务。具体包括：（1）依法履行职责的各级人民代表大会代表；（2）依法履行审判职责的人民陪审员；（3）协助乡镇人民政府、街道办事处从事行政管理工作的村民委员会、居民委员会等农村和城市基层组织人员；（4）其他由法律授权从事公务的人员。

（四）关于“从事公务”的理解

从事公务，是指代表国家机关、国有公司、企业、事业单位、人民团体等履行组织、领导、监督、管理等职责。公务主要表现为与职权相联系的公共事务以及监督、管理国有财产的职务活动。如国家机关工作人员依法履行职责，国有公司的董事、经理、监事、会计、出纳人员等管理、监督国有财产等活动，属于从事公务。那些不具备职权内容的劳务活动、技术服务工作，如售货员、售票员等所从事的工作，一般不认为是公务。

三、关于受贿罪

（一）关于“利用职务上的便利”的认定

刑法第三百八十五条第一款规定的“利用职务上的便利”，既包括利用本人职务上主管、负责、承办某项公共事务的职权，也包括利用职务上有隶属、制约关系的其他国家工作人员的职权。担任单位领导职务的国家工作人员通过不属自己主管的下级部门的国家工作人员的职务为他人谋取利益的，应当认定为“利用职务上的便利”为他人谋取利益。

（二）“为他人谋取利益”的认定

为他人谋取利益包括承诺、实施和实现三个阶段的行为。只要具有其中一个阶段的行为，如国家工作人员收受他人财物时，根据他人提出的具体请托事项，承诺为他人谋取利益的，就具备了为他人谋取利益的要件。明知他人有具体请托事项而收受其财物的，视为承诺为他人谋取利益。

（三）“利用职权或地位形成的便利条件”的认定

刑法第三百八十八条规定的“利用本人职权或者地位形成的便利条件”，是指行为人与被其利用的国家工作人员之间在职务上虽然没有隶属、制约关系，但是行为人利用了本人职权或者地位产生的影响和一定的工作联系，如单位内不同部门的国家工作人员之间、上下级单位没有职务上隶属、制约关系的国家工作人员之间、有工作联系的不同单位的国家工作人员之间等。

（四）离职国家工作人员收受财物行为的处理

参照《最高人民法院关于国家工作人员利用职务上的便利为他人谋取利益离退休后收受财物行为如何处理问题的批复》规定的精神，国家工作人员利用职务上的便利为请托人谋取利益，并与请托人事先约定，在其离职后收受请托人财物，构成犯罪的，以受贿罪定罪处罚。

（五）共同受贿犯罪的认定

根据刑法关于共同犯罪的规定，非国家工作人员与国家工作人员勾结，伙同受贿的，应当以受贿罪的共犯追究刑事责任。非国家工作人员是否构成受贿罪共犯，取决于双方有无共同受贿的故意和行为。国家工作人员的近亲属向国家工作人员代为转达请托事项，收受请托人财物并告知该国家工作人员，或者国家工作人员明知其近亲属收受了他人财物，仍按照近亲属的要求利用职权为他人谋取利益的，对该国家工作人员应认定为受贿罪，其近亲属以受贿罪共犯论处。近亲属以外的其他人与国家工作人员通谋，由国家工作人员利用职务上的便利为请托人谋取利益，收受请托人财物后双方共同占有的，构成受贿罪共犯。国家工作人员利用职务上的便利为他人谋取利益，并指定他人将财物送给其他人，构成犯罪的，应以受贿罪定罪处罚。

（六）以借款为名索取或者非法收受财物行为的认定

国家工作人员利用职务上的便利，以借为名向他人索取财物，或者非法收受财物为他人谋取利益的，应当认定为受贿。具体认定时，不能仅仅看是否有书面借款手续，应当根据以下因素综合判定：（1）有无正当、合理的借款事由；（2）款项的去向；（3）双方平时关系如何、有无经济往来；（4）出借方是否要求国家工作人员利用职务上的便利为其谋取利益；（5）借款后是否有归还的意思表示及行为；（6）是否有归还的能力；（7）未归还的原因；等等。

（七）涉及股票受贿案件的认定

在办理涉及股票的受贿案件时，应当注意：（1）国家工作人员利用职务上的便利，索取或非法收受股票，没有支付股本金，为他人谋取利益，构成受贿罪的，其受贿数额按照收受股票时的实际价格计算。（2）行为人支付股本金而购买较有可能升值的股票，由于不是无偿收受请托人财物，不以受贿罪论处。（3）股票已上市且已升值，行为人仅支付股本金，其“购买”股票时的实际价格与股本金的差价部分应认定为受贿。

2. 最高人民法院、最高人民检察院关于办理受贿刑事案件适用法律若干问题的意见（法发〔2007〕22号　自2007年7月8日起施行）

为依法惩治受贿犯罪活动，根据刑法有关规定，现就办理受贿刑事案件具体适用法律若干问题，提出以下意见：

一、关于以交易形式收受贿赂问题

国家工作人员利用职务上的便利为请托人谋取利益，以下列交易形式收受请托人财物的，以受贿论处：

（1）以明显低于市场的价格向请托人购买房屋、汽车等物品的；

（2）以明显高于市场的价格向请托人出售房屋、汽车等物品的；

（3）以其他交易形式非法收受请托人财物的。

受贿数额按照交易时当地市场价格与实际支付价格的差额计算。

前款所列市场价格包括商品经营者事先设定的不针对特定人的最低优惠价格。根据商品经营者事先设定的各种优惠交易条件，以优惠价格购买商品的，不属于受贿。

二、关于收受干股问题

干股是指未出资而获得的股份。国家工作人员利用职务上的便利为请托人谋取利益，收受请托人提供的干股的，以受贿论处。进行了股权转让登记，或者相关证据证明股份发生了实际转让的，受贿数额按转让行为时股份价值计算，所分红利按受贿孳息处理。股份未实际转让，以股份分红名义获取利益的，实际获利数额应当认定为受贿数额。

三、关于以开办公司等合作投资名义收受贿赂问题

国家工作人员利用职务上的便利为请托人谋取利益，由请托人出资，“合作”开办公司或者进行其他“合作”投资的，以受贿论处。受贿数额为请托人给国家工作人员的出资额。

国家工作人员利用职务上的便利为请托人谋取利益，以合作开办公司或者其他合作投资的名义获取“利润”，没有实际出资和参与管理、经营的，以受贿论处。

四、关于以委托请托人投资证券、期货或者其他委托理财的名义收受贿赂问题

国家工作人员利用职务上的便利为请托人谋取利益，以委托请托人投资证券、期货或者其他委托理财的名义，未实际出资而获取“收益”，或者虽然实际出资，但获取“收益”明显高于出资应得收益的，以受贿论处。受贿数额，前一情形，以“收益”额计算；后一情形，以“收益”额与出资应得收益额的差额计算。

五、关于以赌博形式收受贿赂的认定问题

根据《最高人民法院、最高人民检察院关于办理赌博刑事案件具体应用法律若干问题的解释》第七条规定，国家工作人员利用职务上的便利为请托人谋取利益，通过赌博方式收受请托人财物的，构成受贿。

实践中应注意区分贿赂与赌博活动、娱乐活动的界限。具体认定时，主要应当结合以下因素进行判断：（1）赌博的背景、场合、时间、次数；（2）赌资来源；（3）其他赌博参与者有无事先通谋；（4）输赢钱物的具体情况和金额大小。

六、关于特定关系人“挂名”领取薪酬问题

国家工作人员利用职务上的便利为请托人谋取利益，要求或者接受请托人以给特定关系人安排工作为名，使特定关系人不实际工作却获取所谓薪酬的，以受贿论处。

七、关于由特定关系人收受贿赂问题

国家工作人员利用职务上的便利为请托人谋取利益，授意请托人以本意见所列形式，将有关财物给予特定关系人的，以受贿论处。

特定关系人与国家工作人员通谋，共同实施前款行为的，对特定关系人以受贿罪的共犯论处。特定关系人以外的其他人与国家工作人员通谋，由国家工作人员利用职务上的便利为请托人谋取利益，收受请托人财物后双方共同占有的，以受贿罪的共犯论处。

八、关于收受贿赂物品未办理权属变更问题

国家工作人员利用职务上的便利为请托人谋取利益，收受请托人房屋、汽车等物品，未变更权属登记或者借用他人名义办理权属变更登记的，不影响受贿的认定。

认定以房屋、汽车等物品为对象的受贿，应注意与借用的区分。具体认定

时，除双方交代或者书面协议之外，主要应当结合以下因素进行判断：(1) 有无借用的合理事由；(2) 是否实际使用；(3) 借用时间的长短；(4) 有无归还的条件；(5) 有无归还的意思表示及行为。

九、关于收受财物后退还或者上交问题

国家工作人员收受请托人财物后及时退还或者上交的，不是受贿。

国家工作人员受贿后，因自身或者与其受贿有关联的人、事被查处，为掩饰犯罪而退还或者上交的，不影响认定受贿罪。

十、关于在职时为请托人谋利，离职后收受财物问题

国家工作人员利用职务上的便利为请托人谋取利益之前或者之后，约定在其离职后收受请托人财物，并在离职后收受的，以受贿论处。

国家工作人员利用职务上的便利为请托人谋取利益，离职前后连续收受请托人财物的，离职前后收受部分均应计入受贿数额。

十一、关于"特定关系人"的范围

本意见所称"特定关系人"，是指与国家工作人员有近亲属、情妇（夫）以及其他共同利益关系的人。

十二、关于正确贯彻宽严相济刑事政策的问题

依照本意见办理受贿刑事案件，要根据刑法关于受贿罪的有关规定和受贿罪权钱交易的本质特征，准确区分罪与非罪、此罪与彼罪的界限，惩处少数，教育多数。在从严惩处受贿犯罪的同时，对于具有自首、立功等情节的，依法从轻、减轻或者免除处罚。

3. 最高人民法院、最高人民检察院关于办理商业贿赂刑事案件适用法律若干问题的意见（法发〔2008〕33号　自2008年11月20日起施行）

为依法惩治商业贿赂犯罪，根据刑法有关规定，结合办案工作实际，现就办理商业贿赂刑事案件适用法律的若干问题，提出如下意见：

一、商业贿赂犯罪涉及刑法规定的以下八种罪名：(1) 非国家工作人员受贿罪（刑法第一百六十三条）；(2) 对非国家工作人员行贿罪（刑法第一百六十四条）；(3) 受贿罪（刑法第三百八十五条）；(4) 单位受贿罪（刑法第三百八十七条）；(5) 行贿罪（刑法第三百八十九条）；(6) 对单位行贿罪（刑法第三百九十一条）；(7) 介绍贿赂罪（刑法第三百九十二条）；(8) 单位行贿罪（刑法第三百九十三条）。

二、刑法第一百六十三条、第一百六十四条规定的"其他单位"，既包括

事业单位、社会团体、村民委员会、居民委员会、村民小组等常设性的组织，也包括为组织体育赛事、文艺演出或者其他正当活动而成立的组委会、筹委会、工程承包队等非常设性的组织。

三、刑法第一百六十三条、第一百六十四条规定的“公司、企业或者其他单位的工作人员”，包括国有公司、企业以及其他国有单位中的非国家工作人员。

四、医疗机构中的国家工作人员，在药品、医疗器械、医用卫生材料等医药产品采购活动中，利用职务上的便利，索取销售方财物，或者非法收受销售方财物，为销售方谋取利益，构成犯罪的，依照刑法第三百八十五条的规定，以受贿罪定罪处罚。

医疗机构中的非国家工作人员，有前款行为，数额较大的，依照刑法第一百六十三条的规定，以非国家工作人员受贿罪定罪处罚。

医疗机构中的医务人员，利用开处方的职务便利，以各种名义非法收受药品、医疗器械、医用卫生材料等医药产品销售方财物，为医药产品销售方谋取利益，数额较大的，依照刑法第一百六十三条的规定，以非国家工作人员受贿罪定罪处罚。

五、学校及其他教育机构中的国家工作人员，在教材、教具、校服或者其他物品的采购等活动中，利用职务上的便利，索取销售方财物，或者非法收受销售方财物，为销售方谋取利益，构成犯罪的，依照刑法第三百八十五条的规定，以受贿罪定罪处罚。

学校及其他教育机构中的非国家工作人员，有前款行为，数额较大的，依照刑法第一百六十三条的规定，以非国家工作人员受贿罪定罪处罚。

学校及其他教育机构中的教师，利用教学活动的职务便利，以各种名义非法收受教材、教具、校服或者其他物品销售方财物，为教材、教具、校服或者其他物品销售方谋取利益，数额较大的，依照刑法第一百六十三条的规定，以非国家工作人员受贿罪定罪处罚。

六、依法组建的评标委员会、竞争性谈判采购中谈判小组、询价采购中询价小组的组成人员，在招标、政府采购等事项的评标或者采购活动中，索取他人财物或者非法收受他人财物，为他人谋取利益，数额较大的，依照刑法第一百六十三条的规定，以非国家工作人员受贿罪定罪处罚。

依法组建的评标委员会、竞争性谈判采购中谈判小组、询价采购中询价小组中国家机关或者其他国有单位的代表有前款行为的，依照刑法第三百八十五条的规定，以受贿罪定罪处罚。

七、商业贿赂中的财物，既包括金钱和实物，也包括可以用金钱计算数额的财产性利益，如提供房屋装修、含有金额的会员卡、代币卡（券）、旅游费用等。具体数额以实际支付的资费为准。

八、收受银行卡的，不论受贿人是否实际取出或者消费，卡内的存款数额一般应全额认定为受贿数额。使用银行卡透支的，如果由给予银行卡的一方承担还款责任，透支数额也应当认定为受贿数额。

九、在行贿犯罪中，"谋取不正当利益"，是指行贿人谋取违反法律、法规、规章或者政策规定的利益，或者要求对方违反法律、法规、规章、政策、行业规范的规定提供帮助或者方便条件。

在招标投标、政府采购等商业活动中，违背公平原则，给予相关人员财物以谋取竞争优势的，属于"谋取不正当利益"。

十、办理商业贿赂犯罪案件，要注意区分贿赂与馈赠的界限。主要应当结合以下因素全面分析、综合判断：（1）发生财物往来的背景，如双方是否存在亲友关系及历史上交往的情形和程度；（2）往来财物的价值；（3）财物往来的缘由、时机和方式，提供财物方对于接受方有无职务上的请托；（4）接受方是否利用职务上的便利为提供方谋取利益。

十一、非国家工作人员与国家工作人员通谋，共同收受他人财物，构成共同犯罪的，根据双方利用职务便利的具体情形分别定罪追究刑事责任：

（1）利用国家工作人员的职务便利为他人谋取利益的，以受贿罪追究刑事责任。

（2）利用非国家工作人员的职务便利为他人谋取利益的，以非国家工作人员受贿罪追究刑事责任。

（3）分别利用各自的职务便利为他人谋取利益的，按照主犯的犯罪性质追究刑事责任，不能分清主从犯的，可以受贿罪追究刑事责任。

4. 最高人民法院、最高人民检察院关于办理赌博刑事案件具体应用法律若干问题的解释（法释〔2005〕3号　自2005年5月13日起施行）（节录）

第七条　通过赌博或者为国家工作人员赌博提供资金的形式实施行贿、受贿行为，构成犯罪的，依照刑法关于贿赂犯罪的规定定罪处罚。

5. 最高人民法院研究室关于对行为人通过伪造国家机关公文、证件担任国家工作人员职务并利用职务上的便利侵占本单位财物、收受贿赂、挪用本单位资金等行为如何适用法律问题的答复（法研〔2004〕38号　自2004年3月20日起施行）

北京市高级人民法院：

你院〔2004〕15号《关于通过伪造国家机关公文、证件担任国家工作人员职务后利用职务便利侵占本单位财物、收受贿赂、挪用本单位资金的行为如何定性的请示》收悉。经研究，答复如下：

行为人通过伪造国家机关公文、证件担任国家工作人员职务以后，又利用职务上的便利实施侵占本单位财物、收受贿赂、挪用本单位资金等行为，构成犯罪的，应当分别以伪造国家机关公文、证件罪和相应的贪污罪、受贿罪、挪用公款罪等追究刑事责任，实行数罪并罚。

6. 最高人民检察院关于佛教协会工作人员能否构成受贿罪或者公司、企业人员受贿罪主体问题的答复（〔2003〕高检研发第2号　自2003年1月13日起施行）

浙江省人民检察院研究室：

你室《关于佛教协会工作人员能否构成受贿罪或公司、企业人员受贿罪主体的请示》（检研请〔2002〕9号）收悉。经研究，答复如下：

佛教协会属于社会团体，其工作人员除符合刑法第九十三条第二款的规定属于受委托从事公务的人员外，既不属于国家工作人员，也不属于公司、企业人员。根据刑法的规定，对非受委托从事公务的佛教协会的工作人员利用职务之便收受他人财物，为他人谋取利益的行为，不能按受贿罪或者公司、企业人员受贿罪追究刑事责任。

7. 最高人民检察院法律政策研究室关于集体性质的乡镇卫生院院长利用职务之便收受他人财物的行为如何适用法律问题的答复（〔2003〕高检研发第9号　自2003年4月2日起施行）

山东省人民检察院研究室：

你院《关于工人身份的乡镇卫生院院长利用职务之便收受贿赂如何适用法律问题的请示》（鲁检发研字〔2001〕第10号）收悉。经研究，答复如下：

经过乡镇政府或者主管行政机关任命的乡镇卫生院院长，在依法从事本区域卫生工作的管理与业务技术指导，承担医疗预防保健服务工作等公务活动时，属于刑法第九十三条第二款规定的其他依照法律从事公务的人员。对其利用职务上的便利，索取他人财物的，或者非法收受他人财物，为他人谋取利益的，应当依照刑法第三百八十五条、第三百八十六条的规定，以受贿罪追究刑事责任。

此复。

8. 最高人民法院关于国家工作人员利用职务上的便利为他人谋取利益离退休后收受财物行为如何处理问题的批复（法释〔2000〕21号　自2000年7月21日起施行）

江苏省高级人民法院：

你院苏高法〔1999〕65号《关于国家工作人员在职时为他人谋利，离退休后收受财物是否构成受贿罪的请示》收悉。经研究，答复如下：

国家工作人员利用职务上的便利为请托人谋取利益，并与请托人事先约定，在其离退休后收受请托人财物，构成犯罪的，以受贿罪定罪处罚。

此复

9. 最高人民法院、最高人民检察院关于办理国家出资企业中职务犯罪案件具体应用法律若干问题的意见（法发〔2010〕49号　自2010年11月26日起施行）（节录）

四、关于国家工作人员在企业改制过程中的渎职行为的处理

国家出资企业中的国家工作人员在公司、企业改制或者国有资产处置过程中严重不负责任或者滥用职权，致使国家利益遭受重大损失的，依照刑法第一百六十八条的规定，以国有公司、企业人员失职罪或者国有公司、企业人员滥用职权罪定罪处罚。

国家出资企业中的国家工作人员在公司、企业改制或者国有资产处置过程中徇私舞弊，将国有资产低价折股或者低价出售给其本人未持有股份的公司、企业或者其他个人，致使国家利益遭受重大损失的，依照刑法第一百六十九条的规定，以徇私舞弊低价折股、出售国有资产罪定罪处罚。

国家出资企业中的国家工作人员在公司、企业改制或者国有资产处置过程中徇私舞弊，将国有资产低价折股或者低价出售给特定关系人持有股份或者本人实际控制的公司、企业，致使国家利益遭受重大损失的，依照刑法第三百八十二条、第三百八十三条的规定，以贪污罪定罪处罚。贪污数额以国有资产的损失数额计算。

国家出资企业中的国家工作人员因实施第一款、第二款行为收受贿赂，同时又构成刑法第三百八十五条规定之罪的，依照处罚较重的规定定罪处罚。

五、关于改制前后主体身份发生变化的犯罪的处理

国家工作人员在国家出资企业改制前利用职务上的便利实施犯罪，在其不再具有国家工作人员身份后又实施同种行为，依法构成不同犯罪的，应当分别定罪，实行数罪并罚。

国家工作人员利用职务上的便利，在国家出资企业改制过程中隐匿公司、企业财产，在其不再具有国家工作人员身份后将所隐匿财产据为己有的，依照刑法第三百八十二条、第三百八十三条的规定，以贪污罪定罪处罚。

国家工作人员在国家出资企业改制过程中利用职务上的便利为请托人谋取利益，事先约定在其不再具有国家工作人员身份后收受请托人财物，或者在身份变化前后连续收受请托人财物的，依照刑法第三百八十五条、第三百八十六条的规定，以受贿罪定罪处罚。

六、关于国家出资企业中国家工作人员的认定

经国家机关、国有公司、企业、事业单位提名、推荐、任命、批准等，在国有控股、参股公司及其分支机构中从事公务的人员，应当认定为国家工作人员。具体的任命机构和程序，不影响国家工作人员的认定。

经国家出资企业中负有管理、监督国有资产职责的组织批准或者研究决定，代表其在国有控股、参股公司及其分支机构中从事组织、领导、监督、经营、管理工作的人员，应当认定为国家工作人员。

国家出资企业中的国家工作人员，在国家出资企业中持有个人股份或者同时接受非国有股东委托的，不影响其国家工作人员身份的认定。

七、关于国家出资企业的界定

本意见所称“国家出资企业”，包括国家出资的国有独资公司、国有独资企业，以及国有资本控股公司、国有资本参股公司。

是否属于国家出资企业不清楚的，应遵循“谁投资、谁拥有产权”的原则进行界定。企业注册登记中的资金来源与实际出资不符的，应根据实际出资情况确定企业的性质。企业实际出资情况不清楚的，可以综合工商注册、分配形式、经营管理等因素确定企业的性质。

八、关于宽严相济刑事政策的具体贯彻

办理国家出资企业中的职务犯罪案件时，要综合考虑历史条件、企业发

展、职工就业、社会稳定等因素，注意具体情况具体分析，严格把握犯罪与一般违规行为的区分界限。对于主观恶意明显、社会危害严重、群众反映强烈的严重犯罪，要坚决依法从严惩处；对于特定历史条件下、为了顺利完成企业改制而实施的违反国家政策法律规定的行为，行为人无主观恶意或者主观恶意不明显，情节较轻，危害不大的，可以不作为犯罪处理。

对于国家出资企业中的职务犯罪，要加大经济上的惩罚力度，充分重视财产刑的适用和执行，最大限度地挽回国家和人民利益遭受的损失。不能退赃的，在决定刑罚时，应当作为重要情节予以考虑。

10. 最高人民检察院关于人民检察院直接受理立案侦查案件立案标准的规定（试行）（高检发释字〔1999〕2号　自1999年9月16日起施行）（节录）

（三）受贿案（第三百八十五条、第三百八十六条，第三百八十八条，第一百六十三条第三款，第一百八十四条第二款）

受贿罪是指国家工作人员利用职务上的便利，索取他人财物的，或者非法收受他人财物，为他人谋取利益的行为。

"利用职务上的便利"，是指利用本人职务范围内的权力，即自己职务上主管、负责或者承办某项公共事务的职权及其所形成的便利条件。

索取他人财物的，不论是否"为他人谋取利益"，均可构成受贿罪。非法收受他人财物的，必须同时具备"为他人谋取利益"的条件，才能构成受贿罪。但是为他人谋取的利益是否正当，为他人谋取的利益是否实现，不影响受贿罪的认定。

国家工作人员在经济往来中，违反国家规定，收受各种名义的回扣、手续费，归个人所有的，以受贿罪追究刑事责任。

国有公司、企业中从事公务的人员和国有公司、企业委派到非国有公司、企业从事公务的人员利用职务上的便利，索取他人财物或者非法收受他人财物，为他人谋取利益，或者在经济往来中，违反国家规定，收受各种名义的回扣、手续费，归个人所有的，以受贿罪追究刑事责任。

国有金融机构工作人员和国有金融机构委派到非国有金融机构从事公务的人员在金融业务活动中索取他人财物或者非法收受他人财物，为他人谋取利益的，或者违反国家规定，收受各种名义的回扣、手续费归个人所有的，以受贿罪追究刑事责任。

国家工作人员利用本人职权或者地位形成的便利条件，通过其他国家工作人员职务上的行为，为请托人谋取不正当利益，索取请托人财物或者收受请托人财物的，以受贿罪追究刑事责任。

涉嫌下列情形之一的，应予立案：

1. 个人受贿数额在五千元以上的；

2. 个人受贿数额不满五千元，但具有下列情形之一的：

（1）因受贿行为而使国家或者社会利益遭受重大损失的；

（2）故意刁难、要挟有关单位、个人，造成恶劣影响的；

（3）强行索取财物的。

说明：该解释确定的立案数额标准与2016年4月18日《解释》的数额规定有冲突，应适用新的规定。

11. 最高人民法院、最高人民检察院关于办理职务犯罪案件严格适用缓刑、免予刑事处罚若干问题的意见（法发〔2012〕17号　自2012年8月8日起施行）

为进一步规范贪污贿赂、渎职等职务犯罪案件缓刑、免予刑事处罚的适用，确保办理职务犯罪案件的法律效果和社会效果，根据刑法有关规定并结合司法工作实际，就职务犯罪案件缓刑、免予刑事处罚的具体适用问题，提出以下意见：

一、严格掌握职务犯罪案件缓刑、免予刑事处罚的适用。职务犯罪案件的刑罚适用直接关系反腐败工作的实际效果。人民法院、人民检察院要深刻认识职务犯罪的严重社会危害性，正确贯彻宽严相济刑事政策，充分发挥刑罚的惩治和预防功能。要在全面把握犯罪事实和量刑情节的基础上严格依照刑法规定的条件适用缓刑、免予刑事处罚，既要考虑从宽情节，又要考虑从严情节；既要做到刑罚与犯罪相当，又要做到刑罚执行方式与犯罪相当，切实避免缓刑、免予刑事处罚不当适用造成的消极影响。

二、具有下列情形之一的职务犯罪分子，一般不适用缓刑或者免予刑事处罚：

（一）不如实供述罪行的；

（二）不予退缴赃款赃物或者将赃款赃物用于非法活动的；

（三）属于共同犯罪中情节严重的主犯的；

（四）犯有数个职务犯罪依法实行并罚或者以一罪处理的；

（五）曾因职务违纪违法行为受过行政处分的；

（六）犯罪涉及的财物属于救灾、抢险、防汛、优抚、扶贫、移民、救济、防疫等特定款物的；

（七）受贿犯罪中具有索贿情节的；

（八）渎职犯罪中徇私舞弊情节或者滥用职权情节恶劣的；

（九）其他不应适用缓刑、免予刑事处罚的情形。

三、不具有本意见第二条规定的情形，全部退缴赃款赃物，依法判处三年有期徒刑以下刑罚，符合刑法规定的缓刑适用条件的贪污、受贿犯罪分子，可以适用缓刑；符合刑法第三百八十三条第一款第（三）项的规定，依法不需要判处刑罚的，可以免予刑事处罚。

不具有本意见第二条所列情形，挪用公款进行营利活动或者超过三个月未还构成犯罪，一审宣判前已将公款归还，依法判处三年有期徒刑以下刑罚，符合刑法规定的缓刑适用条件的，可以适用缓刑；在案发前已归还，情节轻微，不需要判处刑罚的，可以免予刑事处罚。

四、人民法院审理职务犯罪案件时应当注意听取检察机关、被告人、辩护人提出的量刑意见，分析影响性案件案发前后的社会反映，必要时可以征求案件查办等机关的意见。对于情节恶劣、社会反映强烈的职务犯罪案件，不得适用缓刑、免予刑事处罚。

五、对于具有本意见第二条规定的情形之一，但根据全案事实和量刑情节，检察机关认为确有必要适用缓刑或者免予刑事处罚并据此提出量刑建议的，应经检察委员会讨论决定；审理法院认为确有必要适用缓刑或者免予刑事处罚的，应经审判委员会讨论决定。

四、单位受贿罪

（一）法律规定

第三百八十七条　国家机关、国有公司、企业、事业单位、人民团体，索取、非法收受他人财物，为他人谋取利益，情节严重的，对单位判处罚金，并对其直接负责的主管人员和其他直接责任人员，处五年以下有期徒刑或者拘役。

前款所列单位，在经济往来中，在账外暗中收受各种名义的回

扣、手续费的，以受贿论，依照前款的规定处罚。

（二）罪名详解

单位受贿罪，是指国家机关、国有公司、企业、事业单位、人民团体，索取、非法收受他人财物，为他人谋取利益，情节严重的行为。

本罪是从 1988 年《全国人民代表大会常务委员会关于惩治贪污罪贿赂罪的补充规定》第 6 条的规定，吸收改为刑法的具体规定的，1979 年刑法没有单位受贿罪的规定。

单位受贿罪的构成要件是：

1. 主体要件

本罪主体为特殊主体，只有国家机关、国有公司、企业、事业单位和人民团体才能构成本罪的主体。集体经济组织、中外合资企业、中外合作企业、外商独资企业和私营企业，不能成为单位受贿罪的主体。上列国家机关、国有单位，在经济往来中，在账外暗中收受各种名义的回扣、手续费，无论用于私分还是本单位的其他用途，均属受贿行为，应以单位受贿论。

2. 客体要件

本罪侵犯的客体，是国家机关、国有公司、企业、事业单位和人民团体的正常工作秩序和国家的廉政建设制度。

3. 主观要件

主观方面由故意构成。但这种故意是经单位决策机构授权和同意，由其直接负责的主管人员和其他直接责任人员故意收受或者索取贿赂表现出来的。过失不构成本罪。

4. 客观要件

本罪客观方面表现为索取或者非法收受他人财物，为他人谋取利益的行为。

根据法律规定，单位受贿的行为，除需符合以上构成要件外，必须是“情节严重的”，才能构成犯罪。所谓情节严重，司法实践中，一般是指单位以本身具有的职权或者职能为资本，向与其有正常工作、业务或者经济往来的单位或者个人索取、收受贿赂，否则便不履行职责、义务，或者因受贿给本单位利益造成重大损失，或者造成恶劣社会影响的等情形。

（三）实务疑难问题

1. 罪与非罪的认定

对于不具有情节严重的单位受贿行为，属于一般违法行为，应当由有关部门或者其上级主管部门予以行政或纪律处分。

需要注意的是，单位受贿罪是将索取、非法收受的他人财物归单位所有，如果单位直接负责的主管人员和其他直接责任人员借单位名义索取、收受他人财物后私分、中饱私囊的，不适用单位受贿罪的规定，应按对个人受贿罪的规定予以处罚。

2. 单位受贿罪的数罪并罚问题

同个人犯罪一样，单位因受贿而进行刑法规定的其他犯罪活动，如进行非法经营、生产销售伪劣商品、走私等，又构成犯罪的，对单位应按数罪并罚的规定予以处罚。单位受贿的直接负责的主管人员和其他直接责任人员，因单位受贿而进行违法活动构成其他犯罪的，如将单位受贿钱物个人私吞，构成贪污罪的，个人又单独受贿，构成受贿罪的，等等，均应与单位受贿罪一并依照数罪并罚的规定予以定罪处罚。

（四）情节与量刑

依照《刑法》第 387 条第 1 款规定，犯单位受贿罪的，对单位判处罚金，并对其直接负责的主管人员和其他直接责任人员，处 5 年以下有期徒刑或者拘役。

依照本条第 2 款规定，国家机关、国有公司、企业、事业单位、人民团体，在经济往来中，在账外暗中收受各种名义的回扣、手续费的，以受贿论，依照前款的规定处罚。

（五）法律链接

1. 最高人民检察院关于人民检察院直接受理立案侦查案件立案标准的规定（试行）（高检发释字〔1999〕2 号　自 1999 年 9 月 16 日起施行）（节录）

（四）单位受贿案（第三百八十七条）

单位受贿罪是指国家机关、国有公司、企业、事业单位、人民团体，索取、非法收受他人财物，为他人谋取利益，情节严重的行为。

索取他人财物或者非法收受他人财物，必须同时具备为他人谋取利益的条件，且是情节严重的行为，才能构成单位受贿罪。

国家机关、国有公司、企业、事业单位、人民团体，在经济往来中，在账外暗中收受各种名义的回扣、手续费的，以单位受贿罪追究刑事责任。

涉嫌下列情形之一的，应予立案：

1. 单位受贿数额在十万元以上的；

2. 单位受贿数额不满十万元，但具有下列情形之一的：

（1）故意刁难、要挟有关单位、个人，造成恶劣影响的；

（2）强行索取财物的；

（3）致使国家或者社会利益遭受重大损失的。

2. **最高人民法院、最高人民检察院关于办理职务犯罪案件严格适用缓刑、免予刑事处罚若干问题的意见**（法发〔2012〕17号　自2012年8月8日起施行）

为进一步规范贪污贿赂、渎职等职务犯罪案件缓刑、免予刑事处罚的适用，确保办理职务犯罪案件的法律效果和社会效果，根据刑法有关规定并结合司法工作实际，就职务犯罪案件缓刑、免予刑事处罚的具体适用问题，提出以下意见：

一、严格掌握职务犯罪案件缓刑、免予刑事处罚的适用。职务犯罪案件的刑罚适用直接关系反腐败工作的实际效果。人民法院、人民检察院要深刻认识职务犯罪的严重社会危害性，正确贯彻宽严相济刑事政策，充分发挥刑罚的惩治和预防功能。要在全面把握犯罪事实和量刑情节的基础上严格依照刑法规定的条件适用缓刑、免予刑事处罚，既要考虑从宽情节，又要考虑从严情节；既要做到刑罚与犯罪相当，又要做到刑罚执行方式与犯罪相当，切实避免缓刑、免予刑事处罚不当适用造成的消极影响。

二、具有下列情形之一的职务犯罪分子，一般不适用缓刑或者免予刑事处罚：

（一）不如实供述罪行的；

（二）不予退缴赃款赃物或者将赃款赃物用于非法活动的；

（三）属于共同犯罪中情节严重的主犯的；

（四）犯有数个职务犯罪依法实行并罚或者以一罪处理的；

（五）曾因职务违纪违法行为受过行政处分的；

（六）犯罪涉及的财物属于救灾、抢险、防汛、优抚、扶贫、移民、救济、防疫等特定款物的；

（七）受贿犯罪中具有索贿情节的；

（八）渎职犯罪中徇私舞弊情节或者滥用职权情节恶劣的；

（九）其他不应适用缓刑、免予刑事处罚的情形。

三、不具有本意见第二条规定的情形，全部退缴赃款赃物，依法判处三年有期徒刑以下刑罚，符合刑法规定的缓刑适用条件的贪污、受贿犯罪分子，可以适用缓刑；符合刑法第三百八十三条第一款第（三）项的规定，依法不需要判处刑罚的，可以免予刑事处罚。

不具有本意见第二条所列情形，挪用公款进行营利活动或者超过三个月未还构成犯罪，一审宣判前已将公款归还，依法判处三年有期徒刑以下刑罚，符合刑法规定的缓刑适用条件的，可以适用缓刑；在案发前已归还，情节轻微，不需要判处刑罚的，可以免予刑事处罚。

四、人民法院审理职务犯罪案件时应当注意听取检察机关、被告人、辩护人提出的量刑意见，分析影响性案件案发前后的社会反映，必要时可以征求案件查办等机关的意见。对于情节恶劣、社会反映强烈的职务犯罪案件，不得适用缓刑、免予刑事处罚。

五、对于具有本意见第二条规定的情形之一，但根据全案事实和量刑情节，检察机关认为确有必要适用缓刑或者免予刑事处罚并据此提出量刑建议的，应经检察委员会讨论决定；审理法院认为确有必要适用缓刑或者免予刑事处罚的，应经审判委员会讨论决定。

五、利用影响力受贿罪

（一）法律规定

第三百八十八条之一[①] **国家工作人员的近亲属或者其他与该国家工作人员关系密切的人，通过该国家工作人员职务上的行为，或者利用该国家工作人员职权或者地位形成的便利条件，通过其他国**

① 本条由2009年2月28日《刑法修正案（七）》第13条增订。

家工作人员职务上的行为，为请托人谋取不正当利益，索取请托人财物或者收受请托人财物，数额较大或者有其他较重情节的，处三年以下有期徒刑或者拘役，并处罚金；数额巨大或者有其他严重情节的，处三年以上七年以下有期徒刑，并处罚金；数额特别巨大或者有其他特别严重情节的，处七年以上有期徒刑，并处罚金或者没收财产。

离职的国家工作人员或者其近亲属以及其他与其关系密切的人，利用该离职的国家工作人员原职权或者地位形成的便利条件实施前款行为的，依照前款的规定定罪处罚。

（二）罪名详解

利用影响力受贿罪，是指国家工作人员的近亲属或者其他与该国家工作人员关系密切的人，通过该国家工作人员职务上的行为，或者利用该国家工作人员职权或者地位形成的便利条件，以及离职的国家工作人员或者其近亲属、其他与其关系密切的人，利用该离职的国家工作人员原职权或者地位形成的便利条件，通过其他国家工作人员职务上的行为，为请托人谋取不正当利益，索取请托人财物或者收受请托人财物，数额较大或者有其他较重情节的行为。

本罪是《刑法修正案（七）》第13条增设的罪名。

利用影响力受贿罪的构成要件是：

1. 主体要件

本罪主体为特殊主体，即只能由与特定国家工作人员具有近亲属或者其他与该国家工作人员关系密切的人以及离职的国家工作人员或者其近亲属、其他与其关系密切的人才能构成。本罪的犯罪主体必须是不具有国家工作人员身份的人；如具有国家工作人员身份，则应依照《刑法》第388条的规定，以受贿罪定罪处罚。

2. 客体要件

本罪侵犯的客体，是国家机关和国有公司、企业、事业单位、人民团体的正常工作秩序和国家的廉政建设制度。

3. 主观要件

本罪主观方面为故意，包括直接故意和间接故意。

4. 客观要件

本罪客观方面表现在行为人通过国家工作人员职务上的行为，或者利用国家工作人员职权或地位形成的便利条件，通过其他国家工作人员职务上的行为，为请托人谋取不正当利益，而索取请托人财物或收受请托人财物，数额较大或者有其他较重情节的行为。利用影响力受贿的行为，都是通过行为人以外的国家工作人员的职务行为索取或收受他人财物，而行为人本身并不具有相应的职权。所以，本罪客观方面的本质特征是利用行为人与特定国家工作人员具有近亲属或者同学、好友等特殊关系而对其形成的影响力，而不是行为人本人有什么职权。需要指出的是，本罪的利用影响力受贿行为是行为人在国家工作人员不知情的情况下实施的，如果非国家工作人员与国家工作人员勾结，伙同受贿的，则应当以受贿罪的共犯追究刑事责任。

构成本罪必须是通过其他国家工作人员为请托人谋取不正当利益才构成犯罪；如果为请托人谋取的是正当利益，不构成犯罪。按照《最高人民法院、最高人民检察院关于在办理受贿犯罪大要案的同时要严肃查处严重行贿犯罪分子的通知》的规定，"'谋取不正当利益'是指谋取违反法律、法规、国家政策和国务院各部门规章规定的利益，以及要求国家工作人员或有关单位提供违反法律、法规、国家政策和国务院各部门规定的帮助或者方便条件"。

（三）实务疑难问题

1. 根据《解释》10 条规定，利用影响力受贿罪的定罪量刑适用标准，参照受贿罪的规定执行。

2. 本罪与受贿罪的区别

两者的界限完全靠犯罪主体的不同来划定。本罪的主体是特定国家工作人员的近亲属或者其他与该国家工作人员关系密切的人，离职的国家工作人员或者其近亲属以及其他与其关系密切的人，且均为非国家工作人员，而受贿罪的主体是国家工作人员。非国家工作人员受贿既可以构成本罪，也可以构成受贿罪的共犯，而国家工作人员利用影响力受贿，则应当以受贿罪处理。

（四）情节与量刑

依照《刑法》第 388 条之一第 1 款规定，犯利用影响力受贿罪的，处 3 年以下有期徒刑或者拘役，并处罚金；数额巨大或者有其他严重情节的，处 3

年以上7年以下有期徒刑，并处罚金；数额特别巨大或者有其他特别严重情节的，处7年以上有期徒刑，并处罚金或者没收财产。

依照本条第2款规定，离职的国家工作人员或者其近亲属以及其他与其关系密切的人，利用该离职的国家工作人员原职权或者地位形成的便利条件实施前款行为的，依照前款的规定定罪处罚。

（五）法律链接

1. 最高人民法院、最高人民检察院关于办理行贿刑事案件具体应用法律若干问题的解释（法释〔2012〕22号　自2013年1月1日起施行）（节录）

第十二条　行贿犯罪中的“谋取不正当利益”，是指行贿人谋取的利益违反法律、法规、规章、政策规定，或者要求国家工作人员违反法律、法规、规章、政策、行业规范的规定，为自己提供帮助或者方便条件。

违背公平、公正原则，在经济、组织人事管理等活动中，谋取竞争优势的，应当认定为“谋取不正当利益”。

2. 最高人民法院、最高人民检察院关于在办理受贿犯罪大要案的同时要严肃查处严重行贿犯罪分子的通知（高检会〔1999〕1号　自1999年3月4日起施行）（节录）

二、对于为谋取不正当利益而行贿，构成行贿罪、向单位行贿罪、单位行贿罪的，必须依法追究刑事责任。“谋取不正当利益”是指谋取违反法律、法规、国家政策和国务院各部门规章规定的利益，以及要求国家工作人员或者有关单位提供违反法律、法规、国家政策和国务院各部门规章规定的帮助或者方便条件。

六、行贿罪

（一）法律规定

第三百八十九条　为谋取不正当利益，给予国家工作人员以财物的，是行贿罪。

在经济往来中，违反国家规定，给予国家工作人员以财物，数额较大的，或者违反国家规定，给予国家工作人员以各种名义的回

扣、手续费的，以行贿论处。

因被勒索给予国家工作人员以财物，没有获得不正当利益的，不是行贿。

第三百九十条[①]　对犯行贿罪的，处五年以下有期徒刑或者拘役，并处罚金；因行贿谋取不正当利益，情节严重的，或者使国家利益遭受重大损失的，处五年以上十年以下有期徒刑，并处罚金；情节特别严重的，或者使国家利益遭受特别重大损失的，处十年以上有期徒刑或者无期徒刑，并处罚金或者没收财产。

行贿人在被追诉前主动交待行贿行为的，可以从轻或者减轻处罚。其中，犯罪较轻的，对侦破重大案件起关键作用的，或者有重大立功表现的，可以减轻或者免除处罚。

（二）罪名详解

行贿罪是指行为人为谋取不正当利益，给予国家工作人员以财物的行为。

行贿罪的构成要件是：

1. 主体要件

行贿罪的主体为一般主体，年满16周岁的自然人可构成本罪，但仅限于自然人，不包括单位。

2. 客体要件

行贿罪侵犯的客体是国家的廉政建设制度和国家工作人员的职务廉洁性。

3. 主观要件

行贿罪主观方面由故意构成，即行贿人必须明知其给予国家工作人员财物的行为侵害了国家工作人员的职务廉洁性，而希望或者放任这种结果的发生。同时，在没有获取不正当利益时行贿的，主观上必须“为了谋取不正当利益”才构成行贿罪。

这里的“谋取不正当利益”，《最高人民法院、最高人民检察院关于在办

---

① 本条根据2015年8月29日《刑法修正案（九）》第45条修改。原条文为：

“对犯行贿罪的，处五年以下有期徒刑或者拘役；因行贿谋取不正当利益，情节严重的，或者使国家利益遭受重大损失的，处五年以上十年以下有期徒刑；情节特别严重的，处十年以上有期徒刑或者无期徒刑，可以并处没收财产。

“行贿人在被追诉前主动交待行贿行为的，可以减轻处罚或者免除处罚。”

理受贿犯罪大要案的同时要严肃查处严重行贿犯罪分子的通知》第 2 条规定，“谋取不正当利益”是指谋取违反法律、法规、国家政策和国务院各部门规章规定的利益，以及要求国家工作人员或者有关单位提供违反法律、法规、国家政策和国务院各部门规章规定的帮助或者方便条件。《最高人民法院、最高人民检察院关于办理商业贿赂刑事案件适用法律若干问题的意见》第 9 条规定，“谋取不正当利益”，是指行贿人谋取违反法律、法规、规章或者政策规定的利益，或者要求对方违反法律、法规、规章、政策、行业规范的规定提供帮助或者方便条件。《最高人民法院、最高人民检察院关于办理行贿刑事案件具体应用法律若干问题的解释》第 12 条规定，行贿犯罪中的“谋取不正当利益”，是指行贿人谋取的利益违反法律、法规、规章、政策规定，或者要求国家工作人员违反法律、法规、规章、政策、行业规范的规定，为自己提供帮助或者方便条件。违背公平、公正原则，在经济、组织人事管理等活动中，谋取竞争优势的，应当认定为“谋取不正当利益”。可见，对于行贿罪中的“谋取不正当利益”，司法解释在不断地扩大有关认定的范围，应当说是契合了实践中准确惩治行贿犯罪的趋势和需求的。

需要指出的是，《刑法》第 389 条第 2 款规定的“在经济往来中，违反国家规定，给予国家工作人员以财物，数额较大的，或者违反国家规定，给予国家工作人员以各种名义的回扣、手续费的”情形，并不要求具有为谋取不正当利益的目的。

4. 客观要件

行贿罪客观方面表现为谋取不正当利益，给予国家工作人员以财物的行为，或者违反国家规定，在经济往来中给予国家工作人员以各种名义财物的行为。实践中，行贿罪主要表现为以下几种情形：

一是为了利用国家工作人员的职务行为（包括利用国家工作人员的职务斡旋行为），主动给予国家工作人员财物的。

二是在有求于国家工作人员的职务行为时，由于国家工作人员的勒索而给予国家工作人员财物的。这种被索贿的行为，根据《刑法》第 389 条第 3 款的规定，如果行为人没有获得不正当利益的，不构成行贿罪。

三是在经济往来中，违反国家规定，给予国家工作人员以财物，数额较大的，或者违反国家规定，给予国家工作人员以各种名义的回扣、手续费的行为。这种行贿行为必须达到数额较大，才构成犯罪。

（三）实务疑难问题

1. 罪与非罪的认定

（1）行为人是否具有谋取不正当利益的目的而给予国家工作人员以财物，是区分本罪与非罪的重要标准，为谋取正当利益而给予国家工作人员以财物，依法不构成行贿罪。对于因被勒索给予国家工作人员以财物，没有获得不正当利益的，不论给予国家工作人员财物数额大小，均不是行贿行为，不能以行贿罪论处。

（2）构成行贿罪必须达到一定的数额标准。刑法没有规定构成行贿罪的数额标准，《最高人民法院、最高人民检察院关于办理贪污贿赂刑事案件适用法律若干问题的解释》（以下简称《贪污贿赂解释》）对行贿罪的定罪量刑数额标准进行了规定。根据《贪污贿赂解释》第 7 条规定，一般情况下，行贿罪的入罪起点是 3 万元；但有以下情形之一的，入罪起点是 1 万元：①向 3 人以上行贿的；②将违法所得用于行贿的；③通过行贿谋取职务提拔、调整的；④向负有食品、药品、安全生产、环境保护等监督管理职责的国家工作人员行贿，实施非法活动的；⑤向司法工作人员行贿，影响司法公正的；⑥造成经济损失数额在 50 万元以上不满 100 万元的。如果行贿数额未达到 3 万元，或者行贿数额在 1 万元以上不满 3 万元又不具有《贪污贿赂解释》规定的六种情形之一的，不构成行贿罪。

2. 行贿罪和妨害作证罪的区别

如果证人是国家工作人员，用贿买的方法妨害该证人作证的，从形式上看，与行贿罪相近，但这种情况下行为人仅是使该国家工作人员利用其证人的身份为自己谋取不正当利益，而不是利用其职务上的便利。因此，只构成妨害作证罪，不构成行贿罪。

3. 数罪的认定

如果行贿人有谋取不正当利益的行为，依照刑法规定，构成其他犯罪的，应当与行贿犯罪实行数罪并罚。

（四）情节与量刑

1. 刑法及司法解释对量刑的规定

《刑法修正案（九）》对行贿罪增加了罚金刑，即《刑法》第 390 条规定，对犯行贿罪的，处5年以下有期徒刑或者拘役，并处罚金；因行贿谋取不正当利益，情节严重的，或者使国家利益遭受重大损失的，处5年以上10年以下有期徒刑，并处罚金；情节特别严重的，或者使国家利益遭受特别重大损失的，处10年以上有期徒刑或者无期徒刑，并处罚金或者没收财产。“两院”司法解释对具体量刑情节进行规定：

（1）关于追究刑事责任的数额起点。《贪污贿赂解释》第7条规定了一般的入刑起点数额为3万元，具有该条第2款规定的六种情形之一的入刑起点数额为1至3万元。

（2）关于“情节严重”“使国家利益遭受重大损失”的规定。《贪污贿赂解释》第8条规定，具有下列情形之一的，应当认定为《刑法》第390条第1款规定的“情节严重”：①行贿数额在100万元以上不满500万元的；②行贿数额在50万元以上不满100万元，并具有本解释第7条第2款第1项至第5项规定的情形之一的；③其他严重的情节。“使国家利益遭受重大损失”是指，为谋取不正当利益，向国家工作人员行贿，造成经济损失数额在100万元以上不满500万元。

（3）关于“情节特别严重”“使国家利益遭受特别重大损失”的规定。根据《贪污贿赂解释》第9条规定，“情节特别严重”是指：①行贿数额在500万元以上的；②行贿数额在250万元以上不满500万元，并具有本解释第7条第2款第1项至第5项规定的情形之一的；③其他特别严重的情节。“使国家利益遭受特别重大损失”是指，为谋取不正当利益，向国家工作人员行贿，造成经济损失数额在500万元以上。

2. 对行贿罪从宽处罚的特别规定

《刑法》第390条第2款规定，行贿人在被追诉前主动交待行贿行为的，可以从轻或者减轻处罚。其中，犯罪较轻的，对侦破重大案件起关键作用的，或者有重大立功表现的，可以减轻或者免除处罚。该款根据《刑法修正案（九）》进行修订，原条文规定“行贿人在被追诉前主动交代行贿行为的，可以减轻处罚或者免除处罚”，原该款规定在实践中出现了对行贿犯罪免予刑事处罚和缓刑比例过高的问题，在一定程度上影响了对行贿人的惩处力度。经修订后，对行贿罪的从宽处罚条件予以从严掌握，加强对行贿罪的处罚力度。实践中对行贿人从宽处罚应从以下几个方面把握：

（1）必须是行贿人主动交代行贿行为，且时间限定于被追诉之前。行贿人主动交代行贿行为，实际上是对受贿人的检举揭发，与刑法总则规定的立功表现相近，可以从轻或减轻处罚。行贿人主动交代必须在被追诉前，这里所说的“被追诉前”，是指检察机关对行贿人的行贿行为刑事立案之前，这是对行贿人从宽处罚的首要条件。

（2）对行贿人可以减轻或者免除处罚，必须符合下列三个条件之一：

一是犯罪情节较轻。根据《贪污贿赂解释》第 14 条第 1 款规定，“犯罪情节较轻”是指，根据行贿犯罪的事实、情节，可能被判处 3 年有期徒刑以下刑罚的。

二是对侦破重大案件起关键作用。根据《贪污贿赂解释》第 14 第 2 款规定，“重大案件”是指，根据犯罪的事实、情节，已经或者可能被判处 10 年有期徒刑以上刑罚的，或者案件在本省、自治区、直辖市或者全国范围内有较大影响。“对侦破重大案件起关键作用”是指，具有下列情形之一的：①主动交待办案机关未掌握的重大案件线索的；②主动交待的犯罪线索不属于重大案件的线索，但该线索对于重大案件侦破有重要作用的；③主动交待行贿事实，对于重大案件的证据收集有重要作用的；④主动交待行贿事实，对于重大案件的追逃、追赃有重要作用的。

三是有重大立功。对于什么是重大立功，应根据刑法总则及相关司法解释予以认定。

需要注意的是，因行贿人在被追诉前主动交待行贿行为而破获相关受贿案件的，对行贿人不适用《刑法》第 68 条关于立功的规定，而是依照刑法第 390 条第 2 款的规定，予以从宽处罚。此外，符合《刑法》第 390 条第 2 款规定的“行贿人在被追诉前主动交待行贿行为”的情形，自然也符合《刑法》第 67 条的规定，构成自首。因为本条款对行贿犯罪的“自首”作了特别规定，比刑法总则对行贿的“自首”处罚更宽。因此，作为特别规定，行贿人构成犯罪，在被追诉前主动交待行贿行为的，不再以一般自首对待，而应当直接引用本条款的规定，对被告人可以依法从宽处罚。

3.《最高人民法院、最高人民检察院关于办理行贿刑事案件具体应用法律若干问题的解释》对司法实践中常见的对行贿人处罚中的一些疑难问题作出了规定：（1）行贿人被追诉后如实供述自己罪行的，依照刑法第 67 条第 3 款的规定，可以从轻处罚；因其如实供述自己罪行，避免特别严重后果发生的，可以减轻处罚。（2）行贿人揭发受贿人与其行贿无关的其他犯罪行为，查证属实的，依照《刑法》第 68 条关于立功的规定，可以从轻、减轻或者免除处罚。(3) 实施行贿犯罪，具有下列情形之一的，一般不适用缓刑和免予刑事处罚：①向 3 人以上行贿的；②因行贿受过行政处罚或者刑事处罚的；③为实施违法犯罪活动而行贿的；④造成严重危害后果的；⑤其他不适用缓刑和免予刑事处罚的情形。具有刑法第 390 条第 2 款规定的情形的，不受前款规定的限制。(4) 行贿犯罪取得的不正当财产性利益应当依照刑法第 64 条的规定予以追缴、责令退赔或者返还被害人。因行贿犯罪取得财产性利益以外的经营资格、资质或者职务晋升等其他不正当利益，建议有关部门依照相关规定予以处理。

（五）法律链接

1. 最高人民法院、最高人民检察院关于在办理受贿犯罪大要案的同时要严肃查处严重行贿犯罪分子的通知（高检会〔1999〕1 号　自 1999 年 3 月 4 日起施行）

各省、自治区、直辖市高级人民法院、人民检察院，解放军军事法院、军事检察院：

近一时期，各级人民法院、人民检察院依法严肃惩处了一批严重受贿犯罪分子，取得了良好的社会效果。但是还有一些大肆拉拢、腐蚀国家工作人员的行贿犯罪分子却没有受到应有的法律追究，他们继续进行行贿犯罪，严重危害了党和国家的廉政建设。为依法严肃惩处严重行贿犯罪，特作如下通知：

一、要充分认识严肃惩处行贿犯罪，对于全面落实党中央反腐败工作部署，把反腐败斗争引向深入，从源头上遏制和预防受贿犯罪的重要意义。各级人民法院、人民检察院要把严肃惩处行贿犯罪作为反腐败斗争中的一项重要和紧迫的工作，在继续严肃惩处受贿犯罪分子的同时，对严重行贿犯罪分子，必须依法严肃惩处，坚决打击。

二、对于为谋取不正当利益而行贿，构成行贿罪、向单位行贿罪、单位行贿罪的，必须依法追究刑事责任。“谋取不正当利益”是指谋取违反法律、法规、国家政策和国务院各部门规章规定的利益，以及要求国家工作人员或者有关单位提供违反法律、法规、国家政策和国务院各部门规章规定的帮助或者方便条件。

对于向国家工作人员介绍贿赂，构成犯罪的案件，也要依法查处。

三、当前要特别注意依法严肃惩处下列严重行贿犯罪行为：

1. 行贿数额巨大、多次行贿或者向多人行贿的；

2. 向党政干部和司法工作人员行贿的；

3. 为进行走私、偷税、骗税、骗汇、逃汇、非法买卖外汇等违法犯罪活动，向海关、工商、税务、外汇管理等行政执法机关工作人员行贿的；

4. 为非法办理金融、证券业务，向银行等金融机构、证券管理机构工作人员行贿，致使国家利益遭受重大损失的；

5. 为非法获取工程、项目的开发、承包、经营权，向有关主管部门及其主管领导行贿，致使公共财产、国家和人民利益遭受重大损失的；

6. 为制售假冒伪劣产品，向有关国家机关、国有单位及国家工作人员行贿，造成严重后果的；

7. 其他情节严重的行贿犯罪行为。

四、在查处严重行贿、介绍贿赂犯罪案件中，既要坚持从严惩处的方针，又要注意体现政策。行贿人、介绍贿赂人具有刑法第三百九十条第二款、第三百九十二条第二款规定的在被追诉前主动交代行贿、介绍贿赂犯罪情节的，依法分别可以减轻或者免除处罚；行贿人、介绍贿赂人在被追诉后如实交待行贿、介绍贿赂行为的，也可以酌情从轻处罚。

五、在依法严肃查处严重行贿、介绍贿赂犯罪案件中，要讲究斗争策略，注意工作方法。要把查处受贿犯罪大案要案同查处严重行贿、介绍贿赂犯罪案件有机地结合起来，通过打击行贿、介绍贿赂犯罪，促进受贿犯罪大案要案的查处工作，推动查办贪污贿赂案件工作的全面、深入开展。

六、各级人民法院、人民检察院要结合办理贿赂犯罪案件情况，认真总结经验、教训，找出存在的问题，提出切实可行的解决办法，以改变对严重行贿犯罪打击不力的状况。工作中遇到什么情况和问题，要及时报告最高人民法院、最高人民检察院。

2. 最高人民检察院关于人民检察院直接受理立案侦查案件立案标准的规定（试行）（高检发释字〔1999〕2号　自1999年9月16日起施行）（节录）

（五）行贿案（第三百八十九条、第三百九十条）

行贿罪是指为谋取不正当利益，给予国家工作人员以财物的行为。

在经济往来中，违反国家规定，给予国家工作人员以财物，数额较大的，或者违反国家规定，给予国家工作人员以各种名义的回扣、手续费的，以行贿罪追究刑事责任。

涉嫌下列情形之一的，应予立案：

1. 行贿数额在一万元以上的；

2. 行贿数额不满一万元，但具有下列情形之一的：

（1）为谋取非法利益而行贿的；

（2）向三人以上行贿的；

（3）向党政领导、司法工作人员、行政执法人员行贿的；

（4）致使国家或者社会利益遭受重大损失的。

因被勒索给予国家工作人员以财物，已获得不正当利益的，以行贿罪追究刑事责任。

3. 最高人民检察院关于行贿罪立案标准的规定（自2000年12月22日起施行）（节录）

一、行贿案（刑法第三百八十九条、第三百九十条）

行贿罪是指为谋取不正当利益，给予国家工作人员以财物的行为。

在经济往来中，违反国家规定，给予国家工作人员以财物，数额较大的，或者违反国家规定，给予国家工作人员以各种名义的回扣、手续费的，以行贿罪追究刑事责任。

涉嫌下列情形之一的，应予立案：

1. 行贿数额在一万元以上的；

2. 行贿数额不满一万元，但具有下列情形之一的：

（1）为谋取非法利益而行贿的；

（2）向三人以上行贿的；

（3）向党政领导、司法工作人员、行政执法人员行贿的；

（4）致使国家或者社会利益遭受重大损失的。

因被勒索给予国家工作人员以财物，已获得不正当利益的，以行贿罪追究刑事责任。

4. 最高人民法院、最高人民检察院关于办理商业贿赂刑事案件适用法律若干问题的意见（法发〔2008〕33号　自2008年11月20日起施行）

为依法惩治商业贿赂犯罪，根据刑法有关规定，结合办案工作实际，现就办理商业贿赂刑事案件适用法律的若干问题，提出如下意见：

一、商业贿赂犯罪涉及刑法规定的以下八种罪名：（1）非国家工作人员受贿罪（刑法第一百六十三条）；（2）对非国家工作人员行贿罪（刑法第一百六十四条）；（3）受贿罪（刑法第三百八十五条）；（4）单位受贿罪（刑法第三百八十七条）；（5）行贿罪（刑法第三百八十九条）；（6）对单位行贿罪（刑法第三百九十一条）；（7）介绍贿赂罪（刑法第三百九十二条）；（8）单位行贿罪（刑法第三百九十三条）。

二、刑法第一百六十三条、第一百六十四条规定的“其他单位”，既包括事业单位、社会团体、村民委员会、居民委员会、村民小组等常设性的组织，也包括为组织体育赛事、文艺演出或者其他正当活动而成立的组委会、筹委会、工程承包队等非常设性的组织。

三、刑法第一百六十三条、第一百六十四条规定的“公司、企业或者其他单位的工作人员”，包括国有公司、企业以及其他国有单位中的非国家工作人员。

四、医疗机构中的国家工作人员，在药品、医疗器械、医用卫生材料等医药产品采购活动中，利用职务上的便利，索取销售方财物，或者非法收受销售方财物，为销售方谋取利益，构成犯罪的，依照刑法第三百八十五条的规定，以受贿罪定罪处罚。

医疗机构中的非国家工作人员，有前款行为，数额较大的，依照刑法第一百六十三条的规定，以非国家工作人员受贿罪定罪处罚。

医疗机构中的医务人员，利用开处方的职务便利，以各种名义非法收受药品、医疗器械、医用卫生材料等医药产品销售方财物，为医药产品销售方谋取利益，数额较大的，依照刑法第一百六十三条的规定，以非国家工作人员受贿罪定罪处罚。

五、学校及其他教育机构中的国家工作人员，在教材、教具、校服或者其他物品的采购等活动中，利用职务上的便利，索取销售方财物，或者非法收受销售方财物，为销售方谋取利益，构成犯罪的，依照刑法第三百八十五条的规定，以受贿罪定罪处罚。

学校及其他教育机构中的非国家工作人员，有前款行为，数额较大的，依照刑法第一百六十三条的规定，以非国家工作人员受贿罪定罪处罚。

学校及其他教育机构中的教师，利用教学活动的职务便利，以各种名义非法收受教材、教具、校服或者其他物品销售方财物，为教材、教具、校服或者其他物品销售方谋取利益，数额较大的，依照刑法第一百六十三条的规定，以非国家工作人员受贿罪定罪处罚。

六、依法组建的评标委员会、竞争性谈判采购中谈判小组、询价采购中询价小组的组成人员，在招标、政府采购等事项的评标或者采购活动中，索取他人财物或者非法收受他人财物，为他人谋取利益，数额较大的，依照刑法第一百六十三条的规定，以非国家工作人员受贿罪定罪处罚。

依法组建的评标委员会、竞争性谈判采购中谈判小组、询价采购中询价小组中国家机关或者其他国有单位的代表有前款行为的，依照刑法第三百八十五条的规定，以受贿罪定罪处罚。

七、商业贿赂中的财物，既包括金钱和实物，也包括可以用金钱计算数额的财产性利益，如提供房屋装修、含有金额的会员卡、代币卡（券）、旅游费用等。具体数额以实际支付的资费为准。

八、收受银行卡的，不论受贿人是否实际取出或者消费，卡内的存款数额一般应全额认定为受贿数额。使用银行卡透支的，如果由给予银行卡的一方承担还款责任，透支数额也应当认定为受贿数额。

九、在行贿犯罪中，“谋取不正当利益”，是指行贿人谋取违反法律、法规、规章或者政策规定的利益，或者要求对方违反法律、法规、规章、政策、行业规范的规定提供帮助或者方便条件。

在招标投标、政府采购等商业活动中，违背公平原则，给予相关人员财物以谋取竞争优势的，属于“谋取不正当利益”。

十、办理商业贿赂犯罪案件，要注意区分贿赂与馈赠的界限。主要应当结合以下因素全面分析、综合判断：（1）发生财物往来的背景，如双方是否存在亲友关系及历史上交往的情形和程度；（2）往来财物的价值；（3）财物往来的缘由、时机和方式，提供财物方对于接受方有无职务上的请托；（4）接受方是否利用职务上的便利为提供方谋取利益。

十一、非国家工作人员与国家工作人员通谋，共同收受他人财物，构成共同犯罪的，根据双方利用职务便利的具体情形分别定罪追究刑事责任：

（1）利用国家工作人员的职务便利为他人谋取利益的，以受贿罪追究刑事责任。

（2）利用非国家工作人员的职务便利为他人谋取利益的，以非国家工作人员受贿罪追究刑事责任。

（3）分别利用各自的职务便利为他人谋取利益的，按照主犯的犯罪性质追究刑事责任，不能分清主从犯的，可以受贿罪追究刑事责任。

5. 最高人民法院、最高人民检察院关于办理行贿刑事案件具体应用法律若干问题的解释（法释〔2012〕22号　自2013年1月1日起施行）

为依法惩治行贿犯罪活动，根据刑法有关规定，现就办理行贿刑事案件具体应用法律的若干问题解释如下：

第一条　为谋取不正当利益，向国家工作人员行贿，数额在一万元以上的，应当依照刑法第三百九十条的规定追究刑事责任。

第二条　因行贿谋取不正当利益，具有下列情形之一的，应当认定为刑法第三百九十条第一款规定的“情节严重”：

（一）行贿数额在二十万元以上不满一百万元的；

（二）行贿数额在十万元以上不满二十万元，并具有下列情形之一的：

1. 向三人以上行贿的；

2. 将违法所得用于行贿的；

3. 为实施违法犯罪活动，向负有食品、药品、安全生产、环境保护等监督管理职责的国家工作人员行贿，严重危害民生、侵犯公众生命财产安全的；

4. 向行政执法机关、司法机关的国家工作人员行贿，影响行政执法和司法公正的；

（三）其他情节严重的情形。

第三条　因行贿谋取不正当利益，造成直接经济损失数额在一百万元以上的，应当认定为刑法第三百九十条第一款规定的“使国家利益遭受重大损失”。

第四条　因行贿谋取不正当利益，具有下列情形之一的，应当认定为刑法第三百九十条第一款规定的“情节特别严重”：

（一）行贿数额在一百万元以上的；

（二）行贿数额在五十万元以上不满一百万元，并具有下列情形之一的：

1. 向三人以上行贿的；

2. 将违法所得用于行贿的；

3. 为实施违法犯罪活动，向负有食品、药品、安全生产、环境保护等监督管理职责的国家工作人员行贿，严重危害民生、侵犯公众生命财产安全的；

4. 向行政执法机关、司法机关的国家工作人员行贿，影响行政执法和司法公正的；

（三）造成直接经济损失数额在五百万元以上的；

（四）其他情节特别严重的情形。

第五条 多次行贿未经处理的，按照累计行贿数额处罚。

第六条 行贿人谋取不正当利益的行为构成犯罪的，应当与行贿犯罪实行数罪并罚。

第七条 因行贿人在被追诉前主动交待行贿行为而破获相关受贿案件的，对行贿人不适用刑法第六十八条关于立功的规定，依照刑法第三百九十条第二款的规定，可以减轻或者免除处罚。

单位行贿的，在被追诉前，单位集体决定或者单位负责人决定主动交待单位行贿行为的，依照刑法第三百九十条第二款的规定，对单位及相关责任人员可以减轻处罚或者免除处罚；受委托直接办理单位行贿事项的直接责任人员在被追诉前主动交待自己知道的单位行贿行为的，对该直接责任人员可以依照刑法第三百九十条第二款的规定减轻处罚或者免除处罚。

第八条 行贿人被追诉后如实供述自己罪行的，依照刑法第六十七条第三款的规定，可以从轻处罚；因其如实供述自己罪行，避免特别严重后果发生的，可以减轻处罚。

第九条 行贿人揭发受贿人与其行贿无关的其他犯罪行为，查证属实的，依照刑法第六十八条关于立功的规定，可以从轻、减轻或者免除处罚。

第十条 实施行贿犯罪，具有下列情形之一的，一般不适用缓刑和免予刑事处罚：

（一）向三人以上行贿的；

（二）因行贿受过行政处罚或者刑事处罚的；

（三）为实施违法犯罪活动而行贿的；

（四）造成严重危害后果的；

（五）其他不适用缓刑和免予刑事处罚的情形。

具有刑法第三百九十条第二款规定的情形的，不受前款规定的限制。

第十一条 行贿犯罪取得的不正当财产性利益应当依照刑法第六十四条的规定予以追缴、责令退赔或者返还被害人。

因行贿犯罪取得财产性利益以外的经营资格、资质或者职务晋升等其他不正当利益，建议有关部门依照相关规定予以处理。

第十二条 行贿犯罪中的“谋取不正当利益”，是指行贿人谋取的利益违反法律、法规、规章、政策规定，或者要求国家工作人员违反法律、法规、规章、政策、行业规范的规定，为自己提供帮助或者方便条件。

违背公平、公正原则，在经济、组织人事管理等活动中，谋取竞争优势的，应当认定为“谋取不正当利益”。

第十三条 刑法第三百九十条第二款规定的“被追诉前”，是指检察机关对行贿人的行贿行为刑事立案前。

七、对有影响力的人行贿罪

（一）法律规定

第三百九十条之一 [①]**为谋取不正当利益，向国家工作人员的近亲属或者其他与该国家工作人员关系密切的人，或者向离职的国家工作人员或者其近亲属以及其他与其关系密切的人行贿的，处三年以下有期徒刑或者拘役，并处罚金；情节严重的，或者使国家利益遭受重大损失的，处三年以上七年以下有期徒刑，并处罚金；情节特别严重的，或者使国家利益遭受特别重大损失的，处七年以上十年以下有期徒刑，并处罚金。**

单位犯前款罪的，对单位判处罚金，并对其直接负责的主管人员和其他直接责任人员，处三年以下有期徒刑或者拘役，并处罚金。

（二）罪名详解

对有影响力的人行贿罪，指行为人为谋取不正当利益，向在职国家工作人员以外与其具有特定关系的人，或者对离职的国家工作人员以及与其具有特定关系的人行贿的行为。

《刑法修正案（七）》规定了利用影响力受贿罪，当时没有规定与其对应的行贿罪，《刑法修正案（九）》增加了对有影响力的人行贿罪的规定。对有影响力的人行贿罪的构成要件是：

---

① 根据《刑法修正案（九）》第46条增加。

1. 主体要件

犯罪主体为一般主体，年满16周岁的自然人和单位都可以构成。这里所指的“单位”包括任何形式的单位。

2. 客体要件

本罪侵犯的客体是国家的廉政建设制度和国家工作人员的职务廉洁性。

3. 主观要件

主观方面由故意构成，并且具有谋取不正当利益的目的。所谓“谋取不正当利益”是指，根据法律及有关政策规定不应得到的利益。

4. 客观要件

客观方面表现为，为谋取不正当利益，向国家工作人员的近亲属或者其他与该国家工作人员关系密切的人，或者向离职的国家工作人员或者其近亲属以及其他与其关系密切的人行贿的行为。

本罪的行贿对象有五类：第一类是国家工作人员的近亲属；第二类是与该国家工作人员关系密切的人；第三类是离职的国家工作人员；第四类是离职的国家工作人员的近亲属；第五类是其他与离职的国家工作人员关系密切的人。将向这五类人员行贿增加规定为犯罪，主要考虑到他们与国家工作人员有着血缘关系、亲属关系，虽然有的不是亲属关系，但彼此是同学、战友、老部下、老上级或是有着某种共同的利益关系，或是过从甚密，具有足够的影响力。所以，向上述人员行贿的行为应当受到刑事处罚。这里所说的“近亲属”主要是指夫、妻、父、母、子、女、同胞兄弟姐妹、祖父母、外祖父母、孙子女、外孙子女。这里所说的“离职的国家工作人员”是指，曾经是国家工作人员，但目前的状态是已离开国家工作人员的岗位，包括离休、退休、辞职、辞退等情况。至于“关系密切的人”具体指哪些人，可由司法机关根据案件的具体情况确定。

（三）实务疑难问题

1. 罪与非罪的认定

（1）行为人主观是否具有谋取不正当利益的目的，是区分本罪与非罪的重要标准，为谋取正当利益而给予国家工作人员的近亲属或者其他与该国家工作人员关系密切的人，或者给予离职的国家工作人员或者其近亲属以及其他与其关系密切的人以财物的，不构成本罪。

（2）根据《贪污贿赂解释》第 10 条第 2 款、第 3 款规定，对有影响力的人行贿罪的入罪标准有两种情况：①自然人对有影响力的人行贿的，参照行贿罪的规定执行。②单位对有影响力的人行贿的，入罪数额标准为 20 万元以上。

2. 本罪与行贿罪的区别

本罪与行贿罪主要区别在于行贿的对象不同，行贿罪的行贿对象为在职的国家工作人员，如果是离职的国家工作人员，双方必须有事前约定；而本罪的行贿对象为国家工作人员的近亲属或者其他与该国家工作人员关系密切的人，或者离职的国家工作人员或者其近亲属以及其他与其关系密切的人。

（四）情节与量刑

《刑法》第 390 条之一对自然人和单位犯本罪的量刑进行了规定：（1）对自然人犯本罪规定三个量刑档次：为谋取不正当利益，向有影响力的人行贿的，处 3 年以下有期徒刑或者拘役，并处罚金；情节严重的，或者使国家利益遭受重大损失的，处 3 年以上 7 年以下有期徒刑，并处罚金；情节特别严重的，或者使国家利益遭受特别重大损失的，处 7 年以上 10 年以下有期徒刑，并处罚金。具体的量刑适用标准参照《贪污贿赂解释》中关于行贿罪的规定执行。（2）对单位犯罪的处罚。对单位判处罚金，并对其直接负责的主管人员和其他直接责任人员，处三年以下有期徒刑或者拘役，并处罚金。

需要注意的是，《刑法》第 390 条第 2 款规定了对一般行贿犯罪的从宽处罚，即行贿人在被追诉前主动交待行贿行为的，可以从轻或者减轻处罚。其中，犯罪较轻的，对侦破重大案件起关键作用的，或者有重大立功表现的，可以减轻或者免除处罚。这一规定也考虑适用于对有影响力的人行贿罪，以体现宽严相济的刑事政策。

（五）法律链接

最高人民法院、最高人民检察院关于办理贪污贿赂刑事案件适用法律若干问题的解释（法释〔2016〕9 号　自 2016 年 4 月 18 日起施行）（节录）

第十条　刑法第三百八十八条之一规定的利用影响力受贿罪的定罪量刑适用标准，参照本解释关于受贿罪的规定执行。

刑法第三百九十条之一规定的对有影响力的人行贿罪的定罪量刑适用标

准，参照本解释关于行贿罪的规定执行。

单位对有影响力的人行贿数额在二十万元以上的，应当依照刑法第三百九十条之一的规定以对有影响力的人行贿罪追究刑事责任。

八、对单位行贿罪

（一）法律规定

第三百九十一条[①] **为谋取不正当利益，给予国家机关、国有公司、企业、事业单位、人民团体以财物的，或者在经济往来中，违反国家规定，给予各种名义的回扣、手续费的，处三年以下有期徒刑或者拘役，并处罚金。**

单位犯前款罪的，对单位判处罚金，并对其直接负责的主管人员和其他直接责任人员，依照前款的规定处罚。

（二）罪名详解

对单位行贿罪，是指行为人为谋取不正当利益，给予国家机关、国有公司、企业、事业单位、人民团体以财物，或者在经济往来中，违反国家规定，给予上述单位各种名义的回扣、手续费的行为。

本罪是1997年刑法增设的罪名，1979年刑法和单行刑法均没有规定此罪名，《刑法修正案（九）》对391条第1款作了修改，增加罚金刑。

对单位行贿罪的构成要件是：

1. 主体要件

犯罪主体为一般主体，自然人和单位均可成为本罪的主体。对单位行贿的单位，应当是国有或者集体所有制形式的单位。

2. 客体要件

本罪行贿对象只能是国家机关、国有公司、企业、事业单位和人民团体。

---

① 《刑法修正案（九）》第47条对本条第1款进行修改，原条文为：“为谋取不正当利益，给予国家机关、国有公司、企业、事业单位、人民团体以财物的，或者在经济往来中，违反国家规定，给予各种名义的回扣、手续费的，处三年以下有期徒刑或者拘役。”

向其他单位或者个人行贿，均不构成本罪。

3. 主观要件

主观方面由故意构成，并且必须具有“为谋取不正当利益”的目的，这是构成本罪的前提条件。何谓“谋取不正当利益”，见《最高人民法院、最高人民检察院关于办理行贿刑事案件具体应用法律若干问题的解释》第 12 条的规定。过失不构成本罪。

4. 客观要件

客观方面表现为为谋取不正当利益给予国家机关、国有公司、企业、事业单位、人民团体以财物，或者在经济往来中，违反国家规定，给予各种名义的回扣、手续费的行为。

（三）实务疑难问题

认定对单位行贿罪应当注意划清罪与非罪的界限。对单位行贿罪，法律没有规定构成犯罪的行贿数额或者其他情节方面的标准。但这并不是说只要对单位行贿的，一概构成犯罪。首先，考虑所谋取的不正当利益的具体性质，为谋取不正当利益，向单位行贿，要给国家利益造成损害的大小以及行贿数额的大小。其次，在经济往来中，违反国家规定，给予国有单位各种名义的回扣、手续费的，要考虑给国有单位、国家利益造成损失的大小，以及给予各种名义的回扣、手续费的数额大小。最高人民检察院在《关于人民检察院直接受理立案侦查案件立案标准的规定（试行）》（简称《自侦案件立案标准》）中规定：“涉嫌下列情形之一的，应予立案：1. 个人行贿数额在 10 万元以上、单位行贿数额在 20 万元以上的；2. 个人行贿数额不满 10 万元、单位行贿数额在 10 万元以上不满 20 万元，但具有下列情形之一的：（1）为谋取非法利益而行贿的；（2）向 3 个以上单位行贿的；（3）向党政机关、司法机关、行政执法机关行贿的；（4）致使国家或者社会利益遭受重大损失的。”在最高人民法院作出司法解释以前，此立案标准可供人民法院审理此类案件时参考。司法实践中，对于向单位行贿情节较轻、数额较小的，可不以犯罪论处。

（四）情节与量刑

依照《刑法》第 391 条第 1 款规定，犯对单位行贿罪的，处 3 年以下有期徒刑或者拘役。依照本条第2款规定，单位犯本罪的，对单位判处罚金，并对其直接负责的主管人员和其他直接责任人员，依照前款的规定处罚。

（五）法律链接

1. 最高人民检察院关于人民检察院直接受理立案侦查案件立案标准的规定（试行）（高检发释字〔1999〕2号　自1999年9月16日起施行）（节录）

（六）对单位行贿案（第三百九十一条）

对单位行贿罪是指为谋取不正当利益，给予国家机关、国有公司、企业、事业单位、人民团体以财物，或者在经济往来中，违反国家规定，给予上述单位各种名义的回扣、手续费的行为。

涉嫌下列情形之一的，应予立案：

1. 个人行贿数额在十万元以上、单位行贿数额在二十万元以上的；

2. 个人行贿数额不满十万元、单位行贿数额在十万元以上不满二十万元，但具有下列情形之一的：

（1）为谋取非法利益而行贿的；

（2）向三个以上单位行贿的；

（3）向党政机关、司法机关、行政执法机关行贿的；

（4）致使国家或者社会利益遭受重大损失的。

2. 最高人民检察院关于行贿罪立案标准的规定（自2000年12月22日起施行）（节录）

二、对单位行贿案（刑法第三百九十一条）

对单位行贿罪是指为谋取不正当利益，给予国家机关、国有公司、企业、事业单位、人民团体以财物，或者在经济往来中，违反国家规定，给予上述单位各种名义的回扣、手续费的行为。

涉嫌下列情形之一的，应予立案：

1. 个人行贿数额在十万元以上、单位行贿数额在二十万元以上的；

2. 个人行贿数额不满十万元、单位行贿数额在十万元以上不满二十万元，但具有下列情形之一的：

（1）为谋取非法利益而行贿的；

（2）向三个以上单位行贿的；

（3）向党政机关、司法机关、行政执法机关行贿的；

（4）致使国家或者社会利益遭受重大损失的。

3. 最高人民法院、最高人民检察院关于办理行贿刑事案件具体应用法律若干问题的解释（法释〔2012〕22号　自2013年1月1日起施行）（节录）

第三条　因行贿谋取不正当利益，造成直接经济损失数额在一百万元以上的，应当认定为刑法第三百九十条第一款规定的“使国家利益遭受重大损失”。

第四条　因行贿谋取不正当利益，具有下列情形之一的，应当认定为刑法第三百九十条第一款规定的“情节特别严重”：

（一）行贿数额在一百万元以上的；

（二）行贿数额在五十万元以上不满一百万元，并具有下列情形之一的：

1. 向三人以上行贿的；

2. 将违法所得用于行贿的；

3. 为实施违法犯罪活动，向负有食品、药品、安全生产、环境保护等监督管理职责的国家工作人员行贿，严重危害民生、侵犯公众生命财产安全的；

4. 向行政执法机关、司法机关的国家工作人员行贿，影响行政执法和司法公正的；

（三）造成直接经济损失数额在五百万元以上的；

（四）其他情节特别严重的情形。

第五条　多次行贿未经处理的，按照累计行贿数额处罚。

第六条　行贿人谋取不正当利益的行为构成犯罪的，应当与行贿犯罪实行数罪并罚。

第七条　因行贿人在被追诉前主动交待行贿行为而破获相关受贿案件的，对行贿人不适用刑法第六十八条关于立功的规定，依照刑法第三百九十条第二款的规定，可以减轻或者免除处罚。

单位行贿的，在被追诉前，单位集体决定或者单位负责人决定主动交待单位行贿行为的，依照刑法第三百九十条第二款的规定，对单位及相关责任人员可以减轻处罚或者免除处罚；受委托直接办理单位行贿事项的直接责任人员在被追诉前主动交待自己知道的单位行贿行为的，对该直接责任人员可以依照刑法第三百九十条第二款的规定减轻处罚或者免除处罚。

第八条　行贿人被追诉后如实供述自己罪行的，依照刑法第六十七条第三款的规定，可以从轻处罚；因其如实供述自己罪行，避免特别严重后果发生的，可以减轻处罚。

第九条 行贿人揭发受贿人与其行贿无关的其他犯罪行为，查证属实的，依照刑法第六十八条关于立功的规定，可以从轻、减轻或者免除处罚。

第十条 实施行贿犯罪，具有下列情形之一的，一般不适用缓刑和免予刑事处罚：

（一）向三人以上行贿的；

（二）因行贿受过行政处罚或者刑事处罚的；

（三）为实施违法犯罪活动而行贿的；

（四）造成严重危害后果的；

（五）其他不适用缓刑和免予刑事处罚的情形。

具有刑法第三百九十条第二款规定的情形的，不受前款规定的限制。

第十一条 行贿犯罪取得的不正当财产性利益应当依照刑法第六十四条的规定予以追缴、责令退赔或者返还被害人。

因行贿犯罪取得财产性利益以外的经营资格、资质或者职务晋升等其他不正当利益，建议有关部门依照相关规定予以处理。

第十二条 行贿犯罪中的“谋取不正当利益”，是指行贿人谋取的利益违反法律、法规、规章、政策规定，或者要求国家工作人员违反法律、法规、规章、政策、行业规范的规定，为自己提供帮助或者方便条件。

违背公平、公正原则，在经济、组织人事管理等活动中，谋取竞争优势的，应当认定为“谋取不正当利益”。

第十三条 刑法第三百九十条第二款规定的“被追诉前”，是指检察机关对行贿人的行贿行为刑事立案前。

九、介绍贿赂罪

（一）法律规定

第三百九十二条[①] 向国家工作人员介绍贿赂，情节严重的，处

① 根据2015年8月29日《刑法修正案（九）》第48条对第1款进行修改。原条文为：“向国家工作人员介绍贿赂，情节严重的，处三年以下有期徒刑或者拘役。”

三年以下有期徒刑或者拘役，并处罚金。

介绍贿赂人在被追诉前主动交待介绍贿赂行为的，可以减轻处罚或者免除处罚。

（二）罪名详解

介绍贿赂罪是指向国家工作人员介绍贿赂，情节严重的行为。

介绍贿赂罪的构成要件是：

1. 主体要件

介绍贿赂罪的主体为一般自然人主体，单位不构成本罪。

2. 客体要件

介绍贿赂罪侵犯的客体是国家的廉政建设制度和国家工作人员的职务廉洁性。

3. 主观要件

介绍贿赂罪主观方面由故意构成，即行为人主观上必须具有向国家工作人员介绍贿赂的故意。在具体案件中，行为人应当知道行贿人为谋取不正当利益，有意向掌握一定权力的国家工作人员行贿，而在行贿人与国家工作人员之间牵线搭桥的。如果行为人主观上不具有介绍贿赂的故意，即不知道请托人有给付国家工作人员财物以谋取不正当利益的意图，从中帮忙联系的，即使请托人事实上给予了国家工作人员财物的，不构成介绍贿赂罪。

4. 客观要件

介绍贿赂罪客观方面表现为介绍贿赂行为人在行贿人和受贿的国家工作人员之间进行联系、沟通，以牵线搭桥的方式，撮合条件，促使行贿、受贿得以实现的行为，有两种基本形式，一种是介绍行贿，即接受行贿人请托，而向国家工作人员介绍贿赂；另一种是介绍受贿，即为国家工作人员居间介绍可能的行贿人。介绍贿赂行为人可以在行贿人与受贿的国家工作人员中间居间介绍，也可以是过其他人间接介绍。本罪的介绍的对象只能是国家工作人员，如果是向非国家工作人员介绍贿赂或者向单位介绍贿赂，则不构成介绍贿赂罪。

（三）实务疑难问题

1. 罪与非罪的认定

根据法律规定，介绍贿赂的行为，必须达到“情节严重”的程度才构成犯罪。如果介绍贿赂的行为情节显著轻微危害不大的，不应以本罪论处。所谓情节严重，司法实践中，一般是指所促成的贿赂行为给国家、人民利益造成了重大损失；介绍贿赂的手段恶劣，如设圈套、逼迫利诱，促使国家工作人员接受贿赂的；介绍贿赂多人、多次，以及介绍贿赂个人得到“好处”数额巨大的等情形。《最高人民检察院关于人民检察院直接受理立案侦查案件立案标准的规定（试行）》中规定的有关立案标准可作实践中的参考：涉嫌下列情形之一的，应予立案：（1）介绍个人向国家工作人员行贿，数额在 2 万元以上的；介绍单位向国家工作人员行贿，数额在 20 万元以上的；（2）介绍贿赂数额不满上述标准，但具有下列情形之一的：①为使行贿人获取非法利益而介绍贿赂的；②3 次以上或者为 3 人以上介绍贿赂的；③向党政领导、司法工作人员、行政执法人员介绍贿赂的；④致使国家或者社会利益遭受重大损失的。

2. 介绍贿赂罪和行贿、受贿罪帮助犯的区别

司法实践中，对于介绍贿赂行为与成立行贿、受贿帮助行为的区分在有些情况下十分困难。广义上讲，介绍贿赂行为确实在客观上可以视为行贿或者受贿的帮助行为，但刑法将介绍贿赂单独规定为一种较行贿、受贿更轻的犯罪，就只能对认定介绍贿赂罪的客观行为要件进行严格的限制，否则过于扩大介绍贿赂行为涵括的范围不当容易导致将部分依照刑法总则有关共犯规定应属于行贿或者受贿帮助犯的行为也纳入介绍贿赂罪的评价范畴。基于此，介绍贿赂罪应一般限于所谓在行、受贿双方之间的引见、沟通、撮合等使贿赂行为得以实现的行为，如果行为人积极参与到具体的行贿行为、受贿行为，如积极为行、受贿行为完成创造条件、制造便利，甚至为自己谋取某些不正当利益或者参与一方受贿分成的，已超出介绍贿赂所能评价的范畴，可以成立行贿或者受贿的共犯。

（四）情节与量刑

根据《刑法》第 392 条第 1 款规定，犯介绍贿赂罪的，处 3 年以下有期徒刑或者拘役，并处罚金。

根据《刑法》第 392 条第 2 款规定，介绍贿赂人在被追诉前主动交待介绍贿赂行为的，可以减轻处罚或者免除处罚。

在适用《刑法》第 392 条第 2 款规定时，应当注意，对于介绍贿赂人在

被追诉前，主动交代了介绍贿赂的行为，也就是揭发了行贿、受贿双方的犯罪行为，不论其交代介绍贿赂行为的动机如何，即使是因为行贿、受贿双方答应给介绍贿赂人的好处没有兑现，行为人出于报复而检举、揭发他们的行贿、受贿犯罪事实的，也可以减轻处罚或者免除处罚。因为其主动交代介绍贿赂行为的举动，对于司法机关收集证据、及时查明贿赂犯罪事实，依法惩治，危害更大的贿赂犯罪，节省司法成本，具有重要意义，这也是立法如此规定的意旨所在。

（五）法律链接

1. 最高人民检察院关于人民检察院直接受理立案侦查案件立案标准的规定（试行）（高检发释字〔1999〕2号　自1999年9月16日起施行）（节录）

（七）介绍贿赂案（第三百九十二条）

介绍贿赂罪是指向国家工作人员介绍贿赂，情节严重的行为。

“介绍贿赂”是指在行贿人与受贿人之间沟通关系、撮合条件，使贿赂行为得以实现的行为。

涉嫌下列情形之一的，应予立案：

1. 介绍个人向国家工作人员行贿，数额在二万元以上的；介绍单位向国家工作人员行贿，数额在20万元以上的；

2. 介绍贿赂数额不满上述标准，但具有下列情形之一的：

（1）为使行贿人获取非法利益而介绍贿赂的；

（2）三次以上或者为三人以上介绍贿赂的；

（3）向党政领导、司法工作人员、行政执法人员介绍贿赂的；

（4）致使国家或者社会利益遭受重大损失的。

2. 最高人民法院、最高人民检察院关于在办理受贿犯罪大要案的同时要严肃查处严重行贿犯罪分子的通知（高检会〔1999〕1号　自1999年3月4日起施行）

各省、自治区、直辖市高级人民法院、人民检察院，解放军军事法院、军事检察院：

近一时期，各级人民法院、人民检察院依法严肃惩处了一批严重受贿犯罪分子，取得了良好的社会效果。但是还有一些大肆拉拢、腐蚀国家工作人员的行贿犯罪分子却没有受到应有的法律追究，他们继续进行行贿犯罪，严重危害了党和国家的廉政建设。为依法严肃惩处严重行贿犯罪，特作如下通知：

一、要充分认识严肃惩处行贿犯罪，对于全面落实党中央反腐败工作部署，把反腐败斗争引向深入，从源头上遏制和预防受贿犯罪的重要意义。各级人民法院、人民检察院要把严肃惩处行贿犯罪作为反腐败斗争中的一项重要和紧迫的工作，在继续严肃惩处受贿犯罪分子的同时，对严重行贿犯罪分子，必须依法严肃惩处，坚决打击。

二、对于为谋取不正当利益而行贿，构成行贿罪、向单位行贿罪、单位行贿罪的，必须依法追究刑事责任。“谋取不正当利益”是指谋取违反法律、法规、国家政策和国务院各部门规章规定的利益，以及要求国家工作人员或者有关单位提供违反法律、法规、国家政策和国务院各部门规章规定的帮助或者方便条件。

对于向国家工作人员介绍贿赂，构成犯罪的案件，也要依法查处。

三、当前要特别注意依法严肃惩处下列严重行贿犯罪行为：

1. 行贿数额巨大、多次行贿或者向多人行贿的；

2. 向党政干部和司法工作人员行贿的；

3. 为进行走私、偷税、骗税、骗汇、逃汇、非法买卖外汇等违法犯罪活动，向海关、工商、税务、外汇管理等行政执法机关工作人员行贿的；

4. 为非法办理金融、证券业务，向银行等金融机构、证券管理机构工作人员行贿，致使国家利益遭受重大损失的；

5. 为非法获取工程、项目的开发、承包、经营权，向有关主管部门及其主管领导行贿，致使公共财产、国家和人民利益遭受重大损失的；

6. 为制售假冒伪劣产品，向有关国家机关、国有单位及国家工作人员行贿，造成严重后果的；

7. 其他情节严重的行贿犯罪行为。

四、在查处严重行贿、介绍贿赂犯罪案件中，既要坚持从严惩处的方针，又要注意体现政策。行贿人、介绍贿赂人具有刑法第三百九十条第二款、第三百九十二条第二款规定的在被追诉前主动交代行贿、介绍贿赂犯罪情节的，依法分别可以减轻或者免除处罚；行贿人、介绍贿赂人在被追诉后如实交待行贿、介绍贿赂行为的，也可以酌情从轻处罚。

五、在依法严肃查处严重行贿、介绍贿赂犯罪案件中，要讲究斗争策略，注意工作方法。要把查处受贿犯罪大案要案同查处严重行贿、介绍贿赂犯罪案件有机地结合起来，通过打击行贿、介绍贿赂犯罪，促进受贿犯罪大案要案的查处工作，推动查办贪污贿赂案件工作的全面、深入开展。

六、各级人民法院、人民检察院要结合办理贿赂犯罪案件情况，认真总结经验、教训，找出存在的问题，提出切实可行的解决办法，以改变对严重行贿犯罪打击不力的状况。工作中遇到什么情况和问题，要及时报告最高人民法院、最高人民检察院。

十、单位行贿罪

（一）法律规定

第三百九十三条 [①]**单位为谋取不正当利益而行贿，或者违反国家规定，给予国家工作人员以回扣、手续费，情节严重的，对单位判处罚金，并对其直接负责的主管人员和其他直接责任人员，处五年以下有期徒刑或者拘役，并处罚金。因行贿取得的违法所得归个人所有的，依照本法第三百八十九条、第三百九十条的规定定罪处罚。**

（二）罪名详解

单位行贿罪是指单位为谋取不正当利益而行贿，或者违反国家规定，给予国家工作人员以回扣、手续费，情节严重的行为。

1988年《全国人民代表大会常务委员会关于惩治贪污罪贿赂罪的补充规定》中规定了单位行贿罪的内容，1997年刑法略作修改后将其纳入刑法，《刑法修正案（九）》增加了罚金刑的规定。

单位行贿罪具体构成要件如下：

---

① 根据2015年8月29日《刑法修正案（九）》第45条修改。原条文为：“单位为谋取不正当利益而行贿，或者违反国家规定，给予国家工作人员以回扣、手续费，情节严重的，对单位判处罚金，并对其直接负责的主管人员和其他直接责任人员，处五年以下有期徒刑或者拘役。因行贿取得的违法所得归个人所有的，依照本法第三百八十九条、第三百九十条的规定定罪处罚。”

1. 主体要件

单位行贿罪的主体为特殊主体，只有单位才可构成本罪。

2. 客体要件

单位行贿罪侵犯的客体是国家的廉政建设制度和国家工作人员的职务廉洁性。

3. 主观要件

单位行贿罪主观方面由故意构成。但这种故意是经单位决策机构授权和同意，由其直接负责的主管人员和其他直接责任人员代表单位意志以故意行贿的行为表现出来的，并且必须具有为谋取不正当利益的目的，这是构成本罪的前提条件。这里的“谋取不正当利益”，根据《最高人民法院、最高人民检察院关于办理行贿刑事案件具体应用法律若干问题的解释》第 12 条规定，是指行贿人谋取的利益违反法律、法规、规章、政策规定，或者要求国家工作人员违反法律、法规、规章、政策、行业规范的规定，为自己提供帮助或者方便条件。违背公平、公正原则，在经济、组织人事管理等活动中，谋取竞争优势的，应当认定为“谋取不正当利益”。

4. 客观要件

单位行贿罪客观方面表现为两种形式：一是为谋取不正当利益而向国家工作人员或者非国有单位行贿的行为；二是违反国家规定，给予国家工作人员以回扣、手续费，情节严重的行为。

（三）实务疑难问题

1. 罪与非罪的认定

单位为谋取不正当利益而行贿构成犯罪的，刑法未规定具体的情节，但并不意味着只要单位为谋取不正当利益而行贿，即一概追究刑事责任。司法实践中，对这类行贿行为，仍应当结合所谋取不正当利益的性质、行贿财物数额的大小和因行贿给国家、集体利益造成的损失大小等情况综合判定是否应当追究行为单位的刑事责任。

违反国家规定给予国家工作人员以回扣、手续费的行为，则必须达到“情节严重”的程度才构成犯罪。单位行贿危害后果不大等情节较轻的，不应以犯罪论处。所谓情节严重，司法实践中，一般是指给回扣、手续费数额巨大的；给国家利益造成较大损失的；多次给予国家工作人员以回扣、手续费，屡教不改的等情形。在最高人民法院作出司法解释以前，可以参考最高人民检察院在《最高人民检察院关于行贿罪立案标准的规定》中确定的单位行贿罪的刑事立案标准："涉嫌下列情形之一的，应予立案：（1）单位行贿数额在20万元以上的；（2）单位为谋取不正当利益而行贿，数额在10万元以上不满20万元，但具有下列情形之一的：①为谋取非法利益而行贿的；②向3人以上行贿的；③向党政领导、司法工作人员、行政执法人员行贿的；④致使国家或者社会利益遭受重大损失的。"

2. 单位行贿罪与对单位行贿罪的区别

单位行贿罪与对单位行贿罪的主要区别在于：一是行贿犯罪的主体不同。单位行贿罪者只能由单位构成；而对单位行贿罪，既可以由单位构成，也可以由个人构成。二是行贿的对象不同。单位行贿罪的行贿对象主要是国家工作人员，也包括向非国有单位行贿；而对单位行贿罪行贿的对象必须是单位，且只能是国家机关、国有公司、企业、事业单位和人民团体。

对于单位向国有单位行贿的，由于单位行贿的行为触犯了《刑法》第393条规定，同时也触犯了《刑法》第391条规定的对单位行贿罪。两罪的法定刑有所不同。前罪的法定最高刑为5年以下有期徒刑，后罪的法定最高刑为3年以下有期徒刑。对于一行为触犯两个罪名的法条竞合情况，一般应当择一重罪处罚。但是，由于《刑法》第391条第2款明确规定："单位犯前款罪的，对单位判处罚金，并对其直接负责的主管人员和其他直接责任人员，依照前款的规定处罚"，即处3年以下有期徒刑或者拘役。作为特殊规定，凡单位向国家机关、国有公司、企业、事业单位、人民团体行贿，构成犯罪的，都应当以对单位行贿罪定罪处罚；而对于向国家机关、国有公司、企业、事业单位、人民团体等以外的非国有单位行贿的，仍应以单位行贿罪依法定罪处罚。需要指出的是，依照上述规定，单位向国有单位行贿的处罚可能会轻于向非国有单位的处罚，显然不合理，但在刑法没有修订之前，司法实践中应当注意在具体量刑时把握平衡。

（四）情节与量刑

根据《刑法》第393条规定，犯单位行贿罪的，对单位判处罚金，并对其直接负责的主管人员和其他直接责任人员，处5年以下有期徒刑或者拘役，并处罚金。

因单位行贿取得的违法所得，如果归单位直接负责的主管人员和其他直接责任人员个人所有，根据《刑法》第393条规定，对上述人员则应当依照《刑法》第389条、第390条的规定，以行贿罪定罪处罚。

单位行贿的，在被追诉前，单位集体决定或者单位负责人决定主动交待单位行贿行为的，依照《刑法》第390条第2款的规定，对单位及相关责任人员可以从宽处罚；受委托直接办理单位行贿事项的直接责任人员在被追诉前主动交待自己知道的单位行贿行为的，对该直接责任人员可以依照《刑法》第390条第2款的规定从宽处罚。

（五）法律链接

1. 最高人民检察院关于人民检察院直接受理立案侦查案件立案标准的规定（试行）（高检发释字〔1999〕2号　自1999年9月16日起施行）（节录）

（八）单位行贿案（第三百九十三条）

单位行贿罪是指公司、企业、事业单位、机关、团体为谋取不正当利益而行贿，或者违反国家规定，给予国家工作人员以回扣、手续费，情节严重的行为。

涉嫌下列情形之一的，应予立案：

1. 单位行贿数额在二十万元以上的；

2. 单位为谋取不正当利益而行贿，数额在二十万元以上不满二十万元，但具有下列情形之一的：

（1）为谋取非法利益而行贿的；

（2）向三人以上行贿的；

（3）向党政领导、司法工作人员、行政执法人员行贿的；

（4）致使国家或者社会利益遭受重大损失的。

因行贿取得的违法所得归个人所有的，依照本规定关于个人行贿的规定立案，追究其刑事责任。

2. 最高人民检察院关于行贿罪立案标准的规定（自2000年12月22日起施行）（节录）

三、单位行贿案（刑法第三百九十三条）

单位行贿罪是指公司、企业、事业单位、机关、团体为谋取不正当利益而行贿，或者违反国家规定，给予国家工作人员以回扣、手续费，情节严重的行为。

涉嫌下列情形之一的，应予立案：

1. 单位行贿数额在二十万元以上的；

2. 单位为谋取不正当利益而行贿，数额在十万元以上不满二十万元，但具有下列情形之一的：

（1）为谋取非法利益而行贿的；

（2）向三人以上行贿的；

（3）向党政领导、司法工作人员、行政执法人员行贿的；

（4）致使国家或者社会利益遭受重大损失的。

因行贿取得的违法所得归个人所有的，依照本规定关于个人行贿的规定立案，追究其刑事责任。

3. 最高人民法院、最高人民检察院关于办理行贿刑事案件具体应用法律若干问题的解释（法释〔2012〕22号　自2013年1月1日起施行）（节录）

第三条　因行贿谋取不正当利益，造成直接经济损失数额在一百万元以上的，应当认定为刑法第三百九十条第一款规定的“使国家利益遭受重大损失”。

第四条　因行贿谋取不正当利益，具有下列情形之一的，应当认定为刑法第三百九十条第一款规定的“情节特别严重”：

（一）行贿数额在一百万元以上的；

（二）行贿数额在五十万元以上不满一百万元，并具有下列情形之一的：

1. 向三人以上行贿的；

2. 将违法所得用于行贿的；

3. 为实施违法犯罪活动，向负有食品、药品、安全生产、环境保护等监督管理职责的国家工作人员行贿，严重危害民生、侵犯公众生命财产安全的；

4. 向行政执法机关、司法机关的国家工作人员行贿，影响行政执法和司法公正的；

（三）造成直接经济损失数额在五百万元以上的；

（四）其他情节特别严重的情形。

第五条　多次行贿未经处理的，按照累计行贿数额处罚。

第六条　行贿人谋取不正当利益的行为构成犯罪的，应当与行贿犯罪实行数罪并罚。

第七条　因行贿人在被追诉前主动交待行贿行为而破获相关受贿案件的，

对行贿人不适用刑法第六十八条关于立功的规定，依照刑法第三百九十条第二款的规定，可以减轻或者免除处罚。

单位行贿的，在被追诉前，单位集体决定或者单位负责人决定主动交待单位行贿行为的，依照刑法第三百九十条第二款的规定，对单位及相关责任人员可以减轻处罚或者免除处罚；受委托直接办理单位行贿事项的直接责任人员在被追诉前主动交待自己知道的单位行贿行为的，对该直接责任人员可以依照刑法第三百九十条第二款的规定减轻处罚或者免除处罚。

第八条 行贿人被追诉后如实供述自己罪行的，依照刑法第六十七条第三款的规定，可以从轻处罚；因其如实供述自己罪行，避免特别严重后果发生的，可以减轻处罚。

第九条 行贿人揭发受贿人与其行贿无关的其他犯罪行为，查证属实的，依照刑法第六十八条关于立功的规定，可以从轻、减轻或者免除处罚。

第十条 实施行贿犯罪，具有下列情形之一的，一般不适用缓刑和免予刑事处罚：

（一）向三人以上行贿的；

（二）因行贿受过行政处罚或者刑事处罚的；

（三）为实施违法犯罪活动而行贿的；

（四）造成严重危害后果的；

（五）其他不适用缓刑和免予刑事处罚的情形。

具有刑法第三百九十条第二款规定的情形的，不受前款规定的限制。

第十一条 行贿犯罪取得的不正当财产性利益应当依照刑法第六十四条的规定予以追缴、责令退赔或者返还被害人。

因行贿犯罪取得财产性利益以外的经营资格、资质或者职务晋升等其他不正当利益，建议有关部门依照相关规定予以处理。

第十二条 行贿犯罪中的“谋取不正当利益”，是指行贿人谋取的利益违反法律、法规、规章、政策规定，或者要求国家工作人员违反法律、法规、规章、政策、行业规范的规定，为自己提供帮助或者方便条件。

违背公平、公正原则，在经济、组织人事管理等活动中，谋取竞争优势的，应当认定为“谋取不正当利益”。

第十三条 刑法第三百九十条第二款规定的“被追诉前”，是指检察机关对行贿人的行贿行为刑事立案前。

十一、巨额财产来源不明罪

（一）法律规定

第三百九十五条第一款[①]　国家工作人员的财产、支出明显超过合法收入，差额巨大的，可以责令该国家工作人员说明来源，不能说明来源的，差额部分以非法所得论，处五年以下有期徒刑或者拘役；差额特别巨大的，处五年以上十年以下有期徒刑。财产的差额部分予以追缴。

（二）罪名详解

巨额财产来源不明罪是指国家工作人员的财产或者支出明显超过合法收入，且差额巨大，本人不能说明并证明其来源的行为。

1988年《全国人民代表大会常务委员会关于惩治贪污罪贿赂罪的补充规定》对巨额财产来源不明罪进行规定，1997年刑法修订时予以纳入，《刑法修正案（七）》进行修改。

巨额财产来源不明罪的构成要件是：

1. 主体要件

巨额财产来源不明罪的主体为特殊主体，只有国家工作人员才可以构成本罪。

2. 客体要件

巨额财产来源不明罪侵犯的客体是国家的廉政建设制度和国家工作人员的职务廉洁性。

3. 主观要件

巨额财产来源不明罪主观方面由故意构成，即行为人对本人占有的明显超过其合法收入的差额巨大的财产是明知的，但又不能说明并证明其来源，

---

① 根据2009年2月28日《刑法修正案（七）》第14条对本条第1款进行修改。原条文为："国家工作人员的财产或者支出明显超过合法收入，差额巨大的，可以责令说明来源。本人不能说明其来源是合法的，差额部分以非法所得论，处五年以下有期徒刑或者拘役，财产的差额部分予以追缴。"

因而属于故意犯罪。

4. 客观要件

巨额财产来源不明罪客观方面表现为国家工作人员的财产、支出明显超过合法收入，差额巨大，在有关机关责令其说明来源时，行为人不能说明其巨额财产来源的行为。“财产、支出明显超过合法收入”包括现有实际财产明显超过合法收入，已有的支出明显超过合法收入，也包括现有财产与已有支出之和明显超过合法收入。

《刑法》第395条规定的“非法所得”，一般是指行为人的全部财产与能够认定的所有支出的总和减去能够证实的有真实来源的所得。在具体计算时，参照《全国法院审理经济犯罪案件工作座谈会纪要》第5条第2项的规定，应注意以下问题：（1）应把国家工作人员个人财产和与其共同生活的家庭成员的财产、支出等一并计算，而且一并减去他们所有的合法收入以及确属与其共同生活的家庭成员个人的非法收入。（2）行为人所有的财产包括房产、家具、生活用品、学习用品及股票、债券、存款等动产和不动产；行为人的支出包括合法支出和不合法的支出，包括日常生活、工作、学习费用、罚款及向他人行贿的财物等；行为人的合法收入包括工资、奖金、稿酬、继承等法律和政策允许的各种收入。（3）为了便于计算犯罪数额，对于行为人的财产和合法收入，一般可以从行为人有比较确定的收入和财产时开始计算。

《刑法》第395条规定的“不能说明来源”，包括以下情况：（1）行为人拒不说明财产来源；（2）行为人无法说明财产的具体来源；（3）行为人所说的财产来源经司法机关查证并不属实；（4）行为人所说的财产来源因线索不具体等原因，司法机关无法查实，但能排除存在来源合法的可能性和合理性的。

（三）实务疑难问题

1. 罪与非罪的认定

只有国家工作人员的财产或者支出明显超过合法收入，“差额巨大”的才可能构成巨额财产来源不明罪。关于“差额巨大”的标准，《最高人民检察院关于人民检察院直接受理立案侦查案件立案标准的规定（试行）》规定：“涉嫌巨额财产来源不明，数额在30万元以上的，应予立案。”在最高人民法院作出司法解释以前，此数额可供人民法院审理此类案件时参考。如果恰好是

30 万元的差额，是否必须追究行为人的刑事责任，可由人民法院根据案件具体情况依法作出裁判。由于本罪中说明财产来源的证明责任在被告人本人，因此，在查明本罪时，司法机关应当尽量通过各种法定的侦查手段、方法，尽最大可能查明行为人的财产的真实来源，如果是以贪污、受贿、挪用公款或者其他犯罪方法取得的，应当以贪污罪、受贿罪、挪用公款罪或者其他犯罪追究刑事责任；确实无法查清，又确属“差额巨大”的，才应按巨额财产来源不明罪定罪处罚。

（四）情节与量刑

根据《刑法》第 395 条第 1 款规定，犯巨额财产来源不明罪的，处 5 年以下有期徒刑或者拘役；差额特别巨大的，处 5 年以上 10 年以下有期徒刑。财产的差额部分予以追缴。

需注意的是，司法机关在适用《刑法》第 395 条第 1 款规定追缴犯罪分子这部分财产时，只需援引《刑法》第 395 条第 1 款即可，不应当因追缴犯罪分子的违法所得而同时援引《刑法》第 64 条的规定。这是因为，《刑法》第 64 条所称的违法所得，与本罪的“违法所得”有所不同。本罪的“违法所得”，是认定本罪必须具有的“证据”，而《刑法》第 64 条所规定的违法所得，在任何侵犯财产的犯罪中，有的可能收缴在案，有的未能收缴在案。既然《刑法》第 395 条规定了“财产的差额部分予以追缴”，追缴这部分财产就有了法律依据，不必再援引其他刑法条文作为处罚的法律依据。

（五）法律链接

1. 全国法院审理经济犯罪案件工作座谈会纪要（法发〔2003〕167 号自 2003 年 11 月 13 日起施行）（节录）

一、关于贪污贿赂犯罪和渎职犯罪的主体

（一）国家机关工作人员的认定

刑法中所称的国家机关工作人员，是指在国家机关中从事公务的人员，包括在各级国家权力机关、行政机关、司法机关和军事机关中从事公务的人员。

根据有关立法解释的规定，在依照法律、法规规定行使国家行政管理职权的组织中从事公务的人员，或者在受国家机关委托代表国家行使职权的组织中从事公务的人员，或者虽未列入国家机关人员编制但在国家机关中从事公务的人员，视为国家机关工作人员。在乡（镇）以上中国共产党机关、人民政协机关中从事公务的人员，司法实践中也应当视为国家机关工作人员。

（二）国家机关、国有公司、企业、事业单位委派到非国有公司、企业、事业单位、社会团体从事公务的人员的认定

所谓委派，即委任、派遣，其形式多种多样，如任命、指派、提名、批准等。不论被委派的人身份如何，只要是接受国家机关、国有公司、企业、事业单位委派，代表国家机关、国有公司、企业、事业单位在非国有公司、企业、事业单位、社会团体中从事组织、领导、监督、管理等工作，都可以认定为国家机关、国有公司、企业、事业单位委派到非国有公司、企业、事业单位、社会团体从事公务的人员。如国家机关、国有公司、企业、事业单位委派在国有控股或者参股的股份有限公司从事组织、领导、监督、管理等工作的人员，应当以国家工作人员论。国有公司、企业改制为股份有限公司后，原国有公司、企业的工作人员和股份有限公司新任命的人员中，除代表国有投资主体行使监督、管理职权的人外，不以国家工作人员论。

（三）“其他依照法律从事公务的人员”的认定

刑法第九十三条第二款规定的“其他依照法律从事公务的人员”应当具有两个特征：一是在特定条件下行使国家管理职能；二是依照法律规定从事公务。具体包括：(1) 依法履行职责的各级人民代表大会代表；(2) 依法履行审判职责的人民陪审员；(3) 协助乡镇人民政府、街道办事处从事行政管理工作的村民委员会、居民委员会等农村和城市基层组织人员；(4) 其他由法律授权从事公务的人员。

（四）关于“从事公务”的理解

从事公务，是指代表国家机关、国有公司、企业、事业单位、人民团体等履行组织、领导、监督、管理等职责。公务主要表现为与职权相联系的公共事务以及监督、管理国有财产的职务活动。如国家机关工作人员依法履行职责，国有公司的董事、经理、监事、会计、出纳人员等管理、监督国有财产等活动，属于从事公务。那些不具备职权内容的劳务活动、技术服务工作，如售货员、售票员等所从事的工作，一般不认为是公务。

五、关于巨额财产来源不明罪

（一）行为人不能说明巨额财产来源合法的认定刑法第三百九十五条第一

款规定的“不能说明”，包括以下情况：(1) 行为人拒不说明财产来源；(2) 行为人无法说明财产的具体来源；(3) 行为人所说的财产来源经司法机关查证并不属实；(4) 行为人所说的财产来源因线索不具体等原因，司法机关无法查实，但能排除存在来源合法的可能性和合理性的。

（二）“非法所得”的数额计算

刑法第三百九十五条规定的“非法所得”，一般是指行为人的全部财产与能够认定的所有支出的总和减去能够证实的有真实来源的所得。在具体计算时，应注意以下问题：(1) 应把国家工作人员个人财产和与其共同生活的家庭成员的财产等一并计算，而且一并减去他们所有的合法收入以及确属与其共同生活的家庭成员个人的非法收入；(2) 行为人所有的财产包括房产、家具、生活用品、学习用品及股票、债券、存款等动产和不动产；行为人的支出包括合法支出和不合法的支出，包括日常生活、工作、学习费用、罚款及向他人行贿的财物等；行为人的合法收入包括工资、奖金、稿酬、继承等法律和政策允许的各种收入；(3) 为了便于计算犯罪数额，对于行为人的财产和合法收入，一般可以从行为人有比较确定的收入和财产时开始计算。

2. 最高人民检察院关于人民检察院直接受理立案侦查案件立案标准的规定（试行）（高检发释字〔1999〕2号　自1999年9月16日起施行）（节录）

（九）巨额财产来源不明案（第三百九十五条第一款）

巨额财产来源不明罪是指国家工作人员的财产或者支出明显超出合法收入，差额巨大，而本人又不能说明其来源是合法的行为。

涉嫌巨额财产来源不明，数额在三十万元以上的，应予立案。

3. 最高人民法院、最高人民检察院关于办理职务犯罪案件严格适用缓刑、免予刑事处罚若干问题的意见（法发〔2012〕17号　自2012年8月8日起施行）

为进一步规范贪污贿赂、渎职等职务犯罪案件缓刑、免予刑事处罚的适用，确保办理职务犯罪案件的法律效果和社会效果，根据刑法有关规定并结合司法工作实际，就职务犯罪案件缓刑、免予刑事处罚的具体适用问题，提出以下意见：

一、严格掌握职务犯罪案件缓刑、免予刑事处罚的适用。职务犯罪案件的刑罚适用直接关系反腐败工作的实际效果。人民法院、人民检察院要深刻认识职务犯罪的严重社会危害性，正确贯彻宽严相济刑事政策，充分发挥刑罚的惩治和预防功能。要在全面把握犯罪事实和量刑情节的基础上严格依照刑法规定的条件适用缓刑、免予刑事处罚，既要考虑从宽情节，又要考虑从严情节；既要做到刑罚与犯罪相当，又要做到刑罚执行方式与犯罪相当，切实避免缓刑、免予刑事处罚不当适用造成的消极影响。

二、具有下列情形之一的职务犯罪分子，一般不适用缓刑或者免予刑事处罚：

（一）不如实供述罪行的；

（二）不予退缴赃款赃物或者将赃款赃物用于非法活动的；

（三）属于共同犯罪中情节严重的主犯的；

（四）犯有数个职务犯罪依法实行并罚或者以一罪处理的；

（五）曾因职务违纪违法行为受过行政处分的；

（六）犯罪涉及的财物属于救灾、抢险、防汛、优抚、扶贫、移民、救济、防疫等特定款物的；

（七）受贿犯罪中具有索贿情节的；

（八）渎职犯罪中徇私舞弊情节或者滥用职权情节恶劣的；

（九）其他不应适用缓刑、免予刑事处罚的情形。

三、不具有本意见第二条规定的情形，全部退缴赃款赃物，依法判处三年有期徒刑以下刑罚，符合刑法规定的缓刑适用条件的贪污、受贿犯罪分子，可以适用缓刑；符合刑法第三百八十三条第一款第（三）项的规定，依法不需要判处刑罚的，可以免予刑事处罚。

不具有本意见第二条所列情形，挪用公款进行营利活动或者超过三个月未还构成犯罪，一审宣判前已将公款归还，依法判处三年有期徒刑以下刑罚，符合刑法规定的缓刑适用条件的，可以适用缓刑；在案发前已归还，情节轻微，不需要判处刑罚的，可以免予刑事处罚。

四、人民法院审理职务犯罪案件时应当注意听取检察机关、被告人、辩护人提出的量刑意见，分析影响性案件案发前后的社会反映，必要时可以征求案件查办等机关的意见。对于情节恶劣、社会反映强烈的职务犯罪案件，不得适用缓刑、免予刑事处罚。

五、对于具有本意见第二条规定的情形之一，但根据全案事实和量刑情节，检察机关认为确有必要适用缓刑或者免予刑事处罚并据此提出量刑建议的，应经检察委员会讨论决定；审理法院认为确有必要适用缓刑或者免予刑事处罚的，应经审判委员会讨论决定。

十二、隐瞒境外存款罪

（一）法律规定

第三百九十五条第二款　国家工作人员在境外的存款，应当依照国家规定申报。数额较大、隐瞒不报的，处二年以下有期徒刑或者拘役；情节较轻的，由其所在单位或者上级主管机关酌情给予行政处分。

（二）罪名详解

隐瞒境外存款罪是指国家工作人员在境外的存款数额较大，违反国家规定，隐瞒不予申报的行为。

隐瞒境外存款罪的构成要件是：

1. 主体要件

隐瞒境外存款罪的主体为特殊主体，只有国家工作人员才能构成本罪。

2. 客体要件

隐瞒境外存款罪侵犯的客体，是国家对国家工作人员在境外存款的申报制度和国家的廉政建设制度。

3. 主观要件

隐瞒境外存款罪主观方面由故意构成，即作为国家工作人员明知在境外存款的，无论数额、币种，还是存款于哪一个国家、地区，均应依照国家有关规定予以申报，而故意不申报或者作不实申报。

4. 客观要件

隐瞒境外存款罪客观方面表现为国家工作人员在境外的存款，应当依照国家规定申报，而隐瞒不报，且数额较大的行为。“境外的存款”，既包括在国外的存款，也包括在我国边境以外的香港、澳门特别行政区和台湾地区的存款；存款既包括外币现金，也包括有价证券。

（三）实务疑难问题

1. 罪与非罪的认定

国家工作人员在境外的存款数额较大，隐瞒不报，是构成隐瞒境外存款罪的必要条件。“数额较大”的具体标准，《最高人民检察院关于人民检察院直接受理立案侦查案件立案标准的规定（试行）》中规定：“涉嫌隐瞒境外存款，折合人民币数额在30万元以上的，应予立案。”此立案标准，可供人民法院审理此类案件时参考。没有达到“数额较大”标准的，属于违反国家规定情节较轻的行为，可由其所在单位或者上级主管机关酌情给予行政处分，不应追究其刑事责任。此外，实践中可能有的国家工作人员确实不了解有关国家工作人员在境外存款应当申报的规定，而未向有关部门如实申报。但当其知道或者被告知有关规定后，能如实申报的，只要查明他此前确实不知道这一国家规定的，由于欠缺违法性故意，依法不应当追究其刑事责任。

2. 隐瞒境外存款罪与贪污、挪用公款、受贿等罪的区别

隐瞒境外存款罪与贪污、挪用公款、受贿等罪的本质区别在于，隐瞒境外存款罪，在境外的存款，一般是行为人个人所有的合法存款，只是未按规定申报；而贪污、挪用公款、受贿等罪，犯罪分子可能也将贪污、挪用、受贿来的公私财物兑换成外币存放境外，当然也不会申报。但其在境外的存款本身为犯罪所得的赃款，存放境外只是行为人转移赃款、赃物的一种手段，属于事后不可罚的行为，不应以隐瞒境外存款罪定罪。

（四）情节与量刑

根据《刑法》第395条第2款规定，犯隐瞒境外存款罪的，处2年以下有期徒刑或者拘役；情节较轻的，由其所在单位或者上级主管机关酌情给予行政处分。

（五）法律链接

1. 最高人民检察院关于人民检察院直接受理立案侦查案件立案标准的规定（试行）（高检发释字〔1999〕2号　自1999年9月16日起施行）（节录）

（十）隐瞒境外存款案（第三百九十五条第二款）

隐瞒境外存款罪是指国家工作人员违反国家规定，故意隐瞒不报在境外

的存款，数额较大的行为。

涉嫌隐瞒境外存款，折合人民币数额在30万元以上的，应予立案。

2. 最高人民法院、最高人民检察院关于办理职务犯罪案件严格适用缓刑、免予刑事处罚若干问题的意见（法发〔2012〕17号　自2012年8月8日起施行）

为进一步规范贪污贿赂、渎职等职务犯罪案件缓刑、免予刑事处罚的适用，确保办理职务犯罪案件的法律效果和社会效果，根据刑法有关规定并结合司法工作实际，就职务犯罪案件缓刑、免予刑事处罚的具体适用问题，提出以下意见：

一、严格掌握职务犯罪案件缓刑、免予刑事处罚的适用。职务犯罪案件的刑罚适用直接关系反腐败工作的实际效果。人民法院、人民检察院要深刻认识职务犯罪的严重社会危害性，正确贯彻宽严相济刑事政策，充分发挥刑罚的惩治和预防功能。要在全面把握犯罪事实和量刑情节的基础上严格依照刑法规定的条件适用缓刑、免予刑事处罚，既要考虑从宽情节，又要考虑从严情节；既要做到刑罚与犯罪相当，又要做到刑罚执行方式与犯罪相当，切实避免缓刑、免予刑事处罚不当适用造成的消极影响。

二、具有下列情形之一的职务犯罪分子，一般不适用缓刑或者免予刑事处罚：

（一）不如实供述罪行的；

（二）不予退缴赃款赃物或者将赃款赃物用于非法活动的；

（三）属于共同犯罪中情节严重的主犯的；

（四）犯有数个职务犯罪依法实行并罚或者以一罪处理的；

（五）曾因职务违纪违法行为受过行政处分的；

（六）犯罪涉及的财物属于救灾、抢险、防汛、优抚、扶贫、移民、救济、防疫等特定款物的；

（七）受贿犯罪中具有索贿情节的；

（八）渎职犯罪中徇私舞弊情节或者滥用职权情节恶劣的；

（九）其他不应适用缓刑、免予刑事处罚的情形。

三、不具有本意见第二条规定的情形，全部退缴赃款赃物，依法判处三年有期徒刑以下刑罚，符合刑法规定的缓刑适用条件的贪污、受贿犯罪分子，可以适用缓刑；符合刑法第三百八十三条第一款第（三）项的规定，依法不需要判处刑罚的，可以免予刑事处罚。

不具有本意见第二条所列情形，挪用公款进行营利活动或者超过三个月未还构成犯罪，一审宣判前已将公款归还，依法判处三年有期徒刑以下刑罚，符合刑法规定的缓刑适用条件的，可以适用缓刑；在案发前已归还，情节轻微，不需要判处刑罚的，可以免予刑事处罚。

四、人民法院审理职务犯罪案件时应当注意听取检察机关、被告人、辩护人提出的量刑意见，分析影响性案件案发前后的社会反映，必要时可以征求案件查办等机关的意见。对于情节恶劣、社会反映强烈的职务犯罪案件，不得适用缓刑、免予刑事处罚。

五、对于具有本意见第二条规定的情形之一，但根据全案事实和量刑情节，检察机关认为确有必要适用缓刑或者免予刑事处罚并据此提出量刑建议的，应经检察委员会讨论决定；审理法院认为确有必要适用缓刑或者免予刑事处罚的，应经审判委员会讨论决定。

十三、私分国有资产罪

（一）法律规定

第三百九十六条第一款　国家机关、国有公司、企业、事业单位、人民团体，违反国家规定，以单位名义将国有资产集体私分给个人，数额较大的，对其直接负责的主管人员和其他直接责任人员，处三年以下有期徒刑或者拘役，并处或者单处罚金；数额巨大的，处三年以上七年以下有期徒刑，并处罚金。

（二）罪名详解

私分国有资产罪是指是指国家机关、国有公司、企业、事业单位、人民团体，违反国家规定，以单位名义将国有资产集体私分给个人，数额较大的行为。

本罪是1997年刑法增设的罪名，1979年刑法和单行刑法均没有规定此罪名。

私分国有资产罪定罪构成要件如下：

1. 主体要件

私分国有资产罪的主体为特殊主体，只能由国家机关、国有公司、企业、事业单位、人民团体构成。

2. 客体要件

私分国有资产罪侵犯的客体，是国有财产所有权和国家廉政建设的制度。

3. 主观要件

私分国有资产罪由直接故意构成。

4. 客观要件

私分国有资产罪客观方面表现为违反国家规定，以单位名义，将国有资产集体私分给个人，数额较大的行为。

“违反国家规定”，主要是指违反国家有关管理、使用、保护国有资产方面的法律、行政法规规定。“以单位名义集体私分”，是指由单位领导个人或者经领导集体讨论作出决定，将国有资产分给单位所有职工或者是单位大多数职工的行为。集体私分国有资产行为，实质上是以公开的形式，集体侵占、贪污国有资产，刑法将其规定为独立的犯罪，且属于实行单罚制的单位犯罪。如果仅是单位内少数几个人暗中私分国有资产，则属共同贪污行为，不构成本罪。

（三）实务疑难问题

1. 罪与非罪的认定

根据刑法规定，私分国有资产的行为，必须达到“数额较大”的程度，才构成犯罪。“数额较大”，是指集体私分的国有资产总数数额较大，而不是指私分以后个人分得的数额较大。“数额较大”的具体标准，《最高人民检察院关于人民检察院直接受理立案侦查案件立案标准的规定（试行）》中规定，涉嫌私分国有资产，累计数额在10万元以上的，应予立案。在最高人民法院作出司法解释以前，这一数额标准可供人民法院审理此类案件时参考。没有达到数额较大标准的，一般不能以本罪论处。

2. 私分国有资产罪与贪污罪的区别

私分国有资产罪与贪污罪都侵犯了国有财产所有权，两者的区别在于：一是犯罪主体有所不同。私分国有资产罪属于单位犯罪，只有国有单位才能构成，而贪污罪多数只有国家工作人员个人才能构成。二是客观行为表现不同。私分国有资产罪由于是“集体私分”，表现为单位领导集体研究决定并由单位统一组织实施，尽管往往需要采用一定虚假掩饰手段以逃避有关部门的监管，但对于单位内部人员而言，往往是公开的或半公开的；而贪污罪一般是秘密的，不为参与共同贪污以外的人员所知。三是受益人员范围不同。私分国有资产罪表现为单位多数员工甚至全部员工均不同程度实际分得了财物，当然决策和具体执行人员没有实际分得财物不影响本罪的成立，但是实际收益人员不能仅仅局限于决策和具体执行等少数人员；而共同贪污犯罪中，分得赃物的人员一般限于决策、具体实施和其他提供帮助的共同犯罪人。《最高人民法院、最高人民检察院关于办理国家出资企业中职务犯罪案件具体应用法律若干问题的意见》第 2 条明确规定，国有公司、企业违反国家规定，在改制过程中隐匿公司、企业财产，转为职工集体持股的改制后公司、企业所有的，对其直接负责的主管人员和其他直接责任人员，以私分国有资产罪定罪处罚；如改制后的公司、企业中只有改制前公司、企业的管理人员或者少数职工持股，改制前公司、企业的多数职工未持股的，则以贪污罪定罪处罚。

（四）情节与量刑

根据《刑法》第 396 条第 1 款规定，犯私分国有资产罪的，对单位直接负责的主管人员和其他直接责任人员，处 3 年以下有期徒刑或者拘役，并处或者单处罚金；数额巨大的，处 3 年以上 7 年以下有期徒刑，并处罚金。

需注意的是，本罪虽属单位犯罪，但根据刑法规定实行的是单罚制，即只追究该单位直接负责的主管人员和其他直接责任人员的刑事责任，不追究单位的刑事责任，不应对单位判处罚金。此外，根据《刑法》第 64 条规定，“犯罪分子违法所得的一切财物，应当予以追缴或者责令退赔”。本罪中承担刑事责任的单位有关责任人员应当退赔私分的国有资产；其他分得单位财物的单位职工，虽不承担刑事责任，但其分得的财物是国有资产，也应当退赔。

（五）法律链接

1. 最高人民法院、最高人民检察院关于办理国家出资企业中职务犯罪案件具体应用法律若干问题的意见（法发〔2010〕49 号　自 2010 年 11 月 26 日起施行）（节录）

二、关于国有公司、企业在改制过程中隐匿公司、企业财产归职工集体

持股的改制后公司、企业所有的行为的处理

国有公司、企业违反国家规定，在改制过程中隐匿公司、企业财产，转为职工集体持股的改制后公司、企业所有的，对其直接负责的主管人员和其他直接责任人员，依照刑法第三百九十六条第一款的规定，以私分国有资产罪定罪处罚。

改制后的公司、企业中只有改制前公司、企业的管理人员或者少数职工持股，改制前公司、企业的多数职工未持股的，依照本意见第一条的规定，以贪污罪定罪处罚。

七、关于国家出资企业的界定

本意见所称“国家出资企业”，包括国家出资的国有独资公司、国有独资企业，以及国有资本控股公司、国有资本参股公司。

是否属于国家出资企业不清楚的，应遵循“谁投资、谁拥有产权”的原则进行界定。企业注册登记中的资金来源与实际出资不符的，应根据实际出资情况确定企业的性质。企业实际出资情况不清楚的，可以综合工商注册、分配形式、经营管理等因素确定企业的性质。

八、关于宽严相济刑事政策的具体贯彻

办理国家出资企业中的职务犯罪案件时，要综合考虑历史条件、企业发展、职工就业、社会稳定等因素，注意具体情况具体分析，严格把握犯罪与一般违规行为的区分界限。对于主观恶意明显、社会危害严重、群众反映强烈的严重犯罪，要坚决依法从严惩处；对于特定历史条件下、为了顺利完成企业改制而实施的违反国家政策法律规定的行为，行为人无主观恶意或者主观恶意不明显，情节较轻，危害不大的，可以不作为犯罪处理。

对于国家出资企业中的职务犯罪，要加大经济上的惩罚力度，充分重视财产刑的适用和执行，最大限度地挽回国家和人民利益遭受的损失。不能退赃的，在决定刑罚时，应当作为重要情节予以考虑。

2. 最高人民检察院关于人民检察院直接受理立案侦查案件立案标准的规定（试行）（高检发释字〔1999〕2号　自1999年9月16日起施行）（节录）

（十一）私分国有资产案（第三百九十六条第一款）

私分国有资产罪是指国家机关、国有公司、企业、事业单位、人民团体，违反国家规定，以单位名义将国有资产集体私分给个人，数额较大的行为。

涉嫌私分国有资产，累计数额在十万元以上的，应予立案。

3. 最高人民法院、最高人民检察院关于办理职务犯罪案件严格适用缓刑、免予刑事处罚若干问题的意见（法发〔2012〕17号　自2012年8月8日起施行）

为进一步规范贪污贿赂、渎职等职务犯罪案件缓刑、免予刑事处罚的适用，确保办理职务犯罪案件的法律效果和社会效果，根据刑法有关规定并结合司法工作实际，就职务犯罪案件缓刑、免予刑事处罚的具体适用问题，提出以下意见：

一、严格掌握职务犯罪案件缓刑、免予刑事处罚的适用。职务犯罪案件的刑罚适用直接关系反腐败工作的实际效果。人民法院、人民检察院要深刻认识职务犯罪的严重社会危害性，正确贯彻宽严相济刑事政策，充分发挥刑罚的惩治和预防功能。要在全面把握犯罪事实和量刑情节的基础上严格依照刑法规定的条件适用缓刑、免予刑事处罚，既要考虑从宽情节，又要考虑从严情节；既要做到刑罚与犯罪相当，又要做到刑罚执行方式与犯罪相当，切实避免缓刑、免予刑事处罚不当适用造成的消极影响。

二、具有下列情形之一的职务犯罪分子，一般不适用缓刑或者免予刑事处罚：

（一）不如实供述罪行的；

（二）不予退缴赃款赃物或者将赃款赃物用于非法活动的；

（三）属于共同犯罪中情节严重的主犯的；

（四）犯有数个职务犯罪依法实行并罚或者以一罪处理的；

（五）曾因职务违纪违法行为受过行政处分的；

（六）犯罪涉及的财物属于救灾、抢险、防汛、优抚、扶贫、移民、救济、防疫等特定款物的；

（七）受贿犯罪中具有索贿情节的；

（八）渎职犯罪中徇私舞弊情节或者滥用职权情节恶劣的；

（九）其他不应适用缓刑、免予刑事处罚的情形。

三、不具有本意见第二条规定的情形，全部退缴赃款赃物，依法判处三年有期徒刑以下刑罚，符合刑法规定的缓刑适用条件的贪污、受贿犯罪分子，可以适用缓刑；符合刑法第三百八十三条第一款第（三）项的规定，依法不需要判处刑罚的，可以免予刑事处罚。

不具有本意见第二条所列情形，挪用公款进行营利活动或者超过三个月未还构成犯罪，一审宣判前已将公款归还，依法判处三年有期徒刑以下刑罚，符合刑法规定的缓刑适用条件的，可以适用缓刑；在案发前已归还，情节轻微，不需要判处刑罚的，可以免予刑事处罚。

四、人民法院审理职务犯罪案件时应当注意听取检察机关、被告人、辩护人提出的量刑意见，分析影响性案件案发前后的社会反映，必要时可以征求案件查办等机关的意见。对于情节恶劣、社会反映强烈的职务犯罪案件，不得适用缓刑、免予刑事处罚。

五、对于具有本意见第二条规定的情形之一，但根据全案事实和量刑情节，检察机关认为确有必要适用缓刑或者免予刑事处罚并据此提出量刑建议的，应经检察委员会讨论决定；审理法院认为确有必要适用缓刑或者免予刑事处罚的，应经审判委员会讨论决定。

十四、私分罚没财物罪

（一）法律规定

第三百九十六条第二款　司法机关、行政执法机关违反国家规定，将应当上缴国家的罚没财物，以单位名义集体私分给个人的，依照前款的规定处罚。

（二）罪名详解

私分罚没财物罪是指司法机关、行政执法机关违反国家规定，将应当上缴国家的罚没财物，以单位名义集体私分给个人的行为。

本罪是1997年刑法增设的罪名，1979年刑法和单行刑法均没有规定此罪名。

私分罚没财物罪构成要件如下：

1. 主体要件

私分罚没财物罪的主体为特殊主体，只有国家司法机关、行政执法机关才能构成本罪的主体，其他单位不能成为本罪的主体。这里的“司法机关”包括公安机关、国家安全机关、检察机关、审判机关和监狱管理机关；“行政执法机关”，是指政府所属的工商、税务、海关、质量监督、卫生检疫、交通管理、环境保护等机关。这类机关，依照有关法律规定，均对公民、单位有行政处罚的权力。

2. 客体要件

私分罚没财物罪侵犯的客体是国家罚没财物的管理制度和国家廉政建设的制度。

3. 主观要件

私分罚没财物罪主观方面由直接故意构成。

4. 客观要件

私分罚没财物罪客观方面表现为司法机关、行政执法机关违反国家规定，将应当上缴国家的罚没财物，以单位名义集体私分给个人的行为。“罚没财物”，既包括司法机关在办理刑事案件过程中追缴、没收犯罪嫌疑人、被告人的财物，以及对犯罪分子判处的罚金、没收的财产，也包括行政执法机关在执法活动中没收的和处罚收缴的财物、罚款。

（三）实务疑难问题

1. 罪与非罪的认定

私分罚没财物的行为，必须达到“数额较大”的程度，才构成犯罪。如果每次只私分数量较小的罚没财物，却经常私分，则应当累计私分的数额，达到数额较大的，应当依法追究司法机关或者行政执法机关有关责任人员的刑事责任。关于“数额较大”的具体标准，《最高人民检察院关于人民检察院直接受理立案侦查案件立案标准的规定（试行）》中规定，“私分罚没财物，累计数额在10万元以上的，应予立案。”在最高人民法院作出司法解释以前，这一标准可供人民法院审理此类案件时参考。私分罚没财物没有达到数额较大标准的，属于情节显著轻微危害不大的，不能以犯罪论处。

2. 私分罚没财物罪与私分国有资产罪的区别

私分罚没财物罪与私分国有资产罪的区别在于：一是犯罪主体不同。私分罚没财物罪只能由司法机关、行政执法机关构成；而私分国有资产罪可以由任何国家机关、国有公司、企业、事业单位、人民团体构成。二是犯罪对象有所不同。私分罚没财物罪私分的必须是司法和行政执法活动中的罚金、没收、追缴和罚款所得，尚未上缴国家的财物；而私分国有资产罪私分的只是本单位的“公共财物”，归单位所有，或者由本单位生产、承包、经营的国有财物。据此，只有司法机关、行政执法机关违反国家规定，私分应当上缴国家的罚没财物的，才构成私分罚没罪；如果司法机关、行政执法机关违反国家规定，以单位名义私分国有资产的，应认定为私分国有资产罪。

（四）情节与量刑

根据《刑法》第 396 条第 2 款规定，犯私分罚没财物罪的，对单位直接负责的主管人员和其他直接责任人员，处 3 年以下有期徒刑或者拘役，并处或者单处罚金；数额巨大的，处 3 年以上 7 年以下有期徒刑，并处罚金。

需注意的是，本罪虽属单位犯罪，但根据刑法规定实行的是单罚制，即只追究该单位直接负责的主管人员和其他直接责任人员的刑事责任，不追究单位的刑事责任，故不应对单位判处罚金。此外，根据《刑法》第 64 条规定，“犯罪分子违法所得的一切财物，应当予以追缴或者责令退赔”。本罪中承担刑事责任的单位有关责任人员应当退赔私分的罚没财物；其他分得财物的单位职工，虽不承担刑事责任，但其分得的罚没财物是国有资产，也应当退赔。

（五）法律链接

1. 最高人民检察院关于人民检察院直接受理立案侦查案件立案标准的规定（试行）（高检发释字〔1999〕2 号　自 1999 年 9 月 16 日起施行）（节录）

（十二）私分罚没财物案（第三百九十六条第二款）

私分罚没财物罪是指司法机关、行政执法机关违反国家规定，将应当上缴国家的罚没财物，以单位名义集体私分给个人的行为。

涉嫌私分罚没财物，累计数额在十万元以上，应予立案。

2. 最高人民法院、最高人民检察院关于办理职务犯罪案件严格适用缓刑、免予刑事处罚若干问题的意见（法发〔2012〕17 号　自 2012 年 8 月 8 日起施行）

为进一步规范贪污贿赂、渎职等职务犯罪案件缓刑、免予刑事处罚的适用，确保办理职务犯罪案件的法律效果和社会效果，根据刑法有关规定并结合司法工作实际，就职务犯罪案件缓刑、免予刑事处罚的具体适用问题，提出以下意见：

一、严格掌握职务犯罪案件缓刑、免予刑事处罚的适用。职务犯罪案件的刑罚适用直接关系反腐败工作的实际效果。人民法院、人民检察院要深刻认识职务犯罪的严重社会危害性，正确贯彻宽严相济刑事政策，充分发挥刑罚的惩治和预防功能。要在全面把握犯罪事实和量刑情节的基础上严格依照刑法规定的条件适用缓刑、免予刑事处罚，既要考虑从宽情节，又要考虑从严情节；既要做到刑罚与犯罪相当，又要做到刑罚执行方式与犯罪相当，切实避免缓刑、免予刑事处罚不当适用造成的消极影响。

二、具有下列情形之一的职务犯罪分子，一般不适用缓刑或者免予刑事处罚：

（一）不如实供述罪行的；

（二）不予退缴赃款赃物或者将赃款赃物用于非法活动的；

（三）属于共同犯罪中情节严重的主犯的；

（四）犯有数个职务犯罪依法实行并罚或者以一罪处理的；

（五）曾因职务违纪违法行为受过行政处分的；

（六）犯罪涉及的财物属于救灾、抢险、防汛、优抚、扶贫、移民、救济、防疫等特定款物的；

（七）受贿犯罪中具有索贿情节的；

（八）渎职犯罪中徇私舞弊情节或者滥用职权情节恶劣的；

（九）其他不应适用缓刑、免予刑事处罚的情形。

三、不具有本意见第二条规定的情形，全部退缴赃款赃物，依法判处三年有期徒刑以下刑罚，符合刑法规定的缓刑适用条件的贪污、受贿犯罪分子，可以适用缓刑；符合刑法第三百八十三条第一款第（三）项的规定，依法不需要判处刑罚的，可以免予刑事处罚。

不具有本意见第二条所列情形，挪用公款进行营利活动或者超过三个月未还构成犯罪，一审宣判前已将公款归还，依法判处三年有期徒刑以下刑罚，符合刑法规定的缓刑适用条件的，可以适用缓刑；在案发前已归还，情节轻微，不需要判处刑罚的，可以免予刑事处罚。

四、人民法院审理职务犯罪案件时应当注意听取检察机关、被告人、辩护人提出的量刑意见，分析影响性案件案发前后的社会反映，必要时可以征求案件查办等机关的意见。对于情节恶劣、社会反映强烈的职务犯罪案件，不得适用缓刑、免予刑事处罚。

五、对于具有本意见第二条规定的情形之一，但根据全案事实和量刑情节，检察机关认为确有必要适用缓刑或者免予刑事处罚并据此提出量刑建议的，应经检察委员会讨论决定；审理法院认为确有必要适用缓刑或者免予刑事处罚的，应经审判委员会讨论决定。

第九章 渎 职 罪

一、滥用职权罪

（一）法律规定

第三百九十七条　国家机关工作人员滥用职权或者玩忽职守，致使公共财产、国家和人民利益遭受重大损失的，处三年以下有期徒刑或者拘役；情节特别严重的，处三年以上七年以下有期徒刑。本法另有规定的，依照规定。

国家机关工作人员徇私舞弊，犯前款罪的，处五年以下有期徒刑或者拘役；情节特别严重的，处五年以上十年以下有期徒刑。本法另有规定的，依照规定。

（二）罪名详解

滥用职权罪，是指国家机关工作人员违反法律规定的权限和程序，滥用职权，致使公共财产、国家和人民利益遭受重大损失的行为。

本罪是1997年刑法增设的罪名，1979年刑法和单行刑法均没有规定此罪名。

渎职罪的构成要件是：

1. 主体要件

本罪的犯罪主体为特殊主体，即国家机关工作人员。

根据宪法的规定，国家机关包括各级国家权力机关、行政机关、审判机关、检察机关、军事机关。国家机关工作人员应是在上述机关中从事公务的人员。近年来，在司法实践中遇到一些新情况：一是法律授权规定某些非国家机关的组织，在某些领域行使国家行政管理职权，如根据证券法的规定，证券业和银行业、信托业、保险业实行分业经营、分业管理。证券公司与银行、信托、保险业务机构分别设立。国务院证券监督管理机构依法对全国证券市场实行集中统一监督管理。保险法也作了修改，规定国务院保险监督管理机构负责对保险业实施监督管理，而这些权力根据法律规定，过去是由中国人民银行行使的。二是在机构改革中，有的地方将原来的一些国家机关调整为事业单位，但仍然保留其行使某些行政管理的职能。三是有些国家机关将自己行使的职权依法委托给一些组织行使。四是实践中有的国家机关根据工作需要聘用了一部分国家机关以外的人员从事公务。上述单位的这些人员虽然在形式上未列入国家机关编制，但实际是在国家机关中工作或者行使国家机关工作人员的权力。全国人大常委会认为，这些人员在行使国家权力时，玩忽职守、滥用职权构成犯罪的，也应按照国家机关工作人员渎职罪的规定处罚。为此，2002 年 12 月 28 日，《全国人民代表大会常务委员会关于〈中华人民共和国刑法〉第九章渎职罪主体适用问题的解释》规定："在依照法律、法规规定行使国家行政管理职权的组织中从事公务的人员，或者在受国家机关委托代表国家机关行使职权的组织中从事公务的人员，或者虽未列入国家机关人员编制但在国家机关中从事公务的人员，在代表国家机关行使职权时，有渎职行为，构成犯罪的，依照刑法关于渎职罪的规定追究刑事责任。"最高人民法院、最高人民检察院于 2012 年 12 月 7 日公布的《关于办理渎职刑事案件适用法律若干问题的解释（一）》（以下简称《渎职解释（一）》）第 7 条规定：依法或者受委托行使国家行政管理职权的公司、企业、事业单位的工作人员，在行使行政管理职权时滥用职权或者玩忽职守，构成犯罪的，应当依照《全国人民代表大会常务委员会关于〈中华人民共和国刑法〉第九章渎职罪主体适用问题的解释》的规定，适用渎职罪的规定追究刑事责任。

目前，渎职犯罪案件不断增多，引起全社会的关注。司法实践中存在对渎职犯罪"抓小放大"，即对于多人特别是上下级共同实施的渎职犯罪，违法决定的负责人员往往以仅负有间接的领导责任为自己开脱罪责，或者以经集体研究为托词推诿责任的现象，违背了问责机制的基本要求，既不公平，也不利于预防和惩处犯罪。为了依法从严惩处渎职犯罪，并做到严之有度，《渎职解释（一）》第 5 条除规定"国家机关负责人员违法决定，或者指使、授意、强令其他国家机关工作人员违法履行职务或者不履行职务，构成刑法分则第九章规定的渎职犯罪的，应当依法追究刑事责任”外，还首次明确规定，“以‘集体研究’形式实施的渎职犯罪，应当依照刑法分则第九章的规定追究国家机关负有责任的人员的刑事责任。对于具体执行人员，应当在综合认定其行为性质、是否提出反对意见、危害结果大小等情节的基础上决定是否追究刑事责任和应当判处的刑罚”。

上述立法和司法解释适用于本章各罪犯罪主体的规定（为了避免重复，本章以下罪名中涉及主体的这部分不再赘述）。

2. 客体要件

本罪侵犯的客体是国家机关的正常活动。

国家立法、行政、司法和军事等机关的工作人员依照法律代表国家行使管理国家政治、经济、文化、社会和军事事务的职权，可谓责任光荣而重大。为了保证国家机关工作人员正当、合理地行使职权，国家有关机关制定、颁布了一系列法律、法规和规章来规范、约束其工作人员的职务行为。这些规定既是国家机关工作人员行使和运用各自职权的法律依据和保障，也是其职务行为的界限、范围和行动的准则，因而是每一个国家机关工作人员的法定责任和义务。职权的不正当运用尤其是滥用，不仅违反了这些规定中关于正当、合理运用职权的基本要求，从而妨害国家机关的正常管理活动和秩序，而且还会给公共财产、国家和人民利益造成不可估量或者无法弥补的损害。

3. 主观要件

本罪主观方面一般由过失构成，即行为人应当预见自己滥用职权的行为可能致使公共财产、国家和人民利益遭受重大损失，因为疏忽大意而没有预见，或者已经预见而轻信能够避免。但也不排除故意的存在。

1997年修订刑法时增设的滥用职权罪，由于刑法分则条文中没有明确滥用职权罪主观方面的罪过形式，引起刑法理论界的不同看法，概括起来有“过失说”“故意说”和“过失、间接故意并存说”或者“间接故意、过失并存说”三种观点。持“过失说”的观点认为，“行为人滥用职权行为本身往往是故意的，但对损害结果，则是过失的”。[①] 持“故意说”的观点认为，“本罪在主观方面是故意，既可以是直接故意，也可以是间接故意。其故意的具体内容是行为人明知自己滥用职权的行为会发生公共财产、国家和人民的利益

---

① 何秉松主编：《刑法教科书》（下卷），中国法制出版社2000年版，第1142—1143页。

遭受重大损失的结果，而希望或者放任结果的发生”。[①] 持“过失、间接故意并存说”的观点认为，“主观上，行为人滥用职权是故意的，但对造成的危害结果往往是过失的，当然也不排除间接故意”。[②] 持“间接故意、过失并存说”的观点认为，“本罪在主观方面是间接故意或者过失”。[③] 有学者认为，对《刑法》第 397 条第 1 款规定的滥用职权行为和玩忽职守行为确定为两罪的根本原因在于，“刑法理论通说认为，滥用职权罪是故意犯罪，而玩忽职守罪是过失犯罪”。[④] 我们认为，在刑法理论界，玩忽职守罪属过失犯罪可以说是一种通说，滥用职权罪属故意犯罪就不好说是一种通说了。

我们提出滥用职权罪的主观方面一般由过失构成，主要基于三点考虑：一是根据我国《刑法》第 14 条、第 15 条的规定，判断故意还是过失，应当以行为人对其所实施行为的危害结果所持的心理态度为标准，而不是以行为人对行为本身的心理态度为标准。行为人对滥用职权的行为本身，如同酒后开车、闯红灯一样往往是故意的，但对由此发生的损害结果则是过失的。二是在我国的刑事立法中，结果犯一般都是过失犯罪（有的故意犯罪也是结果犯）。而按照《刑法》第 397 条第 1 款的规定，不论行为人是滥用职权还是玩忽职守，均以“致使公共财产、国家和人民利益遭受重大损失”为构成犯罪的要件，即滥用职权罪属于结果犯。三是滥用职权罪与玩忽职守罪的处刑（包括情节加重犯）均一样。如果一个罪为故意，一个罪为过失，前者的主观恶性要大于后者，而处刑却相同，显然违背了罪刑相适应的原则。有的指出，《刑法》第 432 条规定的故意泄露军事秘密罪和过失泄露军事秘密罪处刑也相同，不足以说明滥用职权罪由过失构成。我们认为，这是由于立法不严谨造成的。由此，立法部门的专家强调指出，滥用职权行为和玩忽职守行为是渎职犯罪中最典型的两种行为。“两种行为的构成要件，除客观方面不一样以外，其他均相同。”[⑤]

但是，从《刑法》第九章关于渎职罪的体例看，除规定滥用职权罪外，

---

① 赵秉志主编：《刑法新教程》，中国人民大学出版社 2001 年版，第 853—854 页。

② 欧阳涛等主编：《中华人民共和国新刑法注释与适用》，人民法院出版社 1997 年版，第 777 页；高西江主编：《中华人民共和国刑法的修订与适用》，中国方正出版社 1997 年版，第 875 页。

③ 黄太云、滕炜主编：《中华人民共和国刑法释义与适用指南》，红旗出版社 1997 年版，第 596 页。

④ 黄京平、石磊：《论刑法修正案（四）新增犯罪罪名的确定》，载《人民法院报》2003 年 2 月 10 日，第 3 版。

⑤ 胡康生、李福成主编：《中华人民共和国刑法释义》，法律出版社 1997 年版，第 562 页。

还对若干特殊的滥用职权行为规定为犯罪，如徇私枉法罪，招收公务员、学生徇私舞弊罪等。对于其他特殊条款不能涵盖的滥用职权行为，只能按照《刑法》第397条定罪处罚，其他滥用职权行为不排除可以由故意构成，如招收公务员、学生徇私舞弊罪。但如果招收法官、检察官徇私舞弊的，按《刑法》第397条滥用职权罪定罪处罚，不能完全排除故意构成。而且从《刑法》第397条第2款“国家机关工作人员徇私舞弊，犯前款罪的”规定看，从逻辑上分析，也不能完全排除故意的存在。另外，国家机关工作人员不正确履行职责，造成《刑法》第398条至第419条规定的后果，如果不是出于故意，也未徇私舞弊，且刑法分则第九章渎职罪的其他特殊条款不能涵盖这种行为的，应以滥用职权罪定罪处罚。

4. 客观要件

本罪客观方面表现为违反法律规定的权限和程序，滥用职权，致使公共财产、国家和人民利益遭受重大损失的行为。

“职权”，是指职务范围以内的权力。职务的范围和权力一般由法律、法规和规章作出具体的规定。“滥用”，则是指超越限定的范围或者胡乱、随意地使用（权力）。刑法中“滥用职权”的行为在客观上有两种情形：一是不认真地运用权力，即在履行职务的过程中，未尽到注意义务，在其职务范围内随便、随意或者马虎地行使权力；二是过度地运用权力，即在履行职务的过程中，超越职务范围去行使权力，或者在职务范围内超越权力运用的前提、条件（如时间、地点、对象等）、程序、内容等要求而行使权力。上述两种情形均属不正确地履行职责：前者是不认真地履行职责，后者则是超越限度或者没有限度地履行职责，因而滥用职权在客观上以作为的方式表现出来。至于滥用职权行为的表现形式，需结合具体案件确定。例如，根据《最高人民法院、最高人民检察院关于办理危害矿山生产安全刑事案件具体应用法律若干问题的解释》第9条的规定，危害矿山生产安全，具有下列情形之一的，属于滥用职权的行为：（1）对不符合矿山法定安全生产条件的事项予以批准或者验收通过的；（2）对于未依法取得批准、验收的矿山生产经营单位擅自从事生产经营活动不依法予以处理的；（3）对于已经依法取得批准的矿山生产经营单位不再具备安全生产条件而不撤销原批准或者发现违反安全生产法律法规的行为不予查处的；（4）强令审核、验收部门及其工作人员实施本条第（1）项行为，或者实施其他阻碍下级部门及其工作人员依法履行矿山安全生产监督管理职责行为的；（5）在矿山生产安全事故发生后，负有报告职责的国家机关工作人员不报或者谎报事故情况，贻误事故抢救的；（6）其他滥用职权的行为。滥用职权罪在客观方面还须具有“致使公共财产、国家和人民利益遭受重大损失”的危害后果，且滥用职权行为与这一危害后果之间必须具有刑法上的因果关系。

（三）实务疑难问题

1. 罪与非罪的认定

“致使公共财产、国家和人民利益遭受重大损失”，是本罪的结果要件，也是区别罪与非罪的重要标准。行为人虽然滥用职权，但没有引起这一危害后果，或者虽然致使公共财产、国家和人民利益遭受了损失，但损失尚未达到“重大”的程度，均不构成犯罪。另外，有些行为虽然在客观上引起了这一危害后果，但不是因为滥用职权而是因工作失误造成的，也不能以犯罪论处。《渎职解释（一）》针对司法实践中存在的定罪量刑标准不明确，导致处罚“就低不就高”的现象，该解释第 1 条第 1 款对“致使公共财产、国家和人民利益遭受重大损失”的情形作了规定：（1）造成死亡 1 人以上或者重伤 3 人以上，或者轻伤 9 人以上，或者重伤 2 人、轻伤 3 人以上，或者重伤1 人、轻伤 6 人以上的；（2）造成经济损失 30 万元以上的；（3）造成恶劣社会影响的；（4）其他致使公共财产、国家和人民利益遭受重大损失的情形。该解释第 8 条还对“经济损失”的含义作了明确界定：“本解释规定的‘经济损失’，是指渎职犯罪或者与渎职犯罪相关联的犯罪立案时已经实际造成的财产损失，包括为挽回渎职犯罪所造成损失而支付的各种开支、费用等。立案后至提起公诉前持续发生的经济损失，应一并计入渎职犯罪造成的经济损失。债务人经法定程序被宣告破产，债务人潜逃、去向不明，或者因行为人的责任超过诉讼时效等，致使债权已经无法实现的，无法实现的债权部分应当认定为渎职犯罪的经济损失。渎职犯罪或者与渎职犯罪相关联的犯罪立案后，犯罪分子及其亲友自行挽回的经济损失，司法机关或者犯罪分子所在单位及其上级主管部门挽回的经济损失，或者因客观原因减少的经济损失，不予扣减，但可以作为酌定从轻处罚的情节。”司法实践中把握本罪的罪与非罪的界限时，上述情形应当作为依据。

2. 注意本罪与法律规定的其他滥用职权犯罪的区别

《刑法》第397条第1款和第2款均有“本法另有规定的，依照规定”的表述。这表明该条是对滥用职权罪的概括性规定，属于普通法。而刑法分则另外规定的滥用职权犯罪，如第403条滥用管理公司、证券职权罪，第410条非法批准征用、占用土地罪，第427条指使部属违反职责罪和第443条虐待部属罪等，则属于特别法。本罪与这些犯罪之间存在着法条竞合关系，属于一般罪名与特别罪名的关系，在定罪时要注意加以区分。根据《渎职解释（一）》第2条的规定：一是国家机关工作人员实施滥用职权行为，触犯刑法分则第九章第398条至第419条的规定的，依照该规定定罪处罚；二是国家机关工作人员滥用职权，因不具备徇私舞弊等情形不符合刑法分则第九章第398条至第419条的规定，但依法构成第397条规定的犯罪的，以滥用职权罪定罪处罚。

3. 注意本罪与国有公司、企业、事业单位人员滥用职权罪的区别

《刑法修正案》第2条将《刑法》第168条修改为两个罪名：一个是国有公司、企业、事业单位人员失职罪，另一个是国有公司、企业、事业单位人员滥用职权罪。本罪与后罪的区别主要在于犯罪主体不同：前者为国家机关工作人员，而后者则为国有公司、企业、事业单位的工作人员。

4. 海关外汇部门工作人员渎职的处理

海关、外汇管理部门工作人员严重不负责任，造成大量外汇被骗购或者逃汇，符合滥用职权罪构成的，以滥用职权罪定罪处罚。金融机构、从事对外贸易经营活动的公司、企业工作人员严重不负责任，造成大量外汇被骗购或者逃汇的，依照《刑法》第167条规定的签订、履行合同失职被骗罪定罪处罚。上述两类人员与骗购外汇、逃汇行为人通谋，或者明知是伪造、变造的凭证和单据而售汇、付汇的，以骗购外汇罪、逃汇罪的共犯从重处罚。

5. 关于共犯的处理

《渎职解释（一）》第4条第2款、第3款规定：“国家机关工作人员与他人共谋，利用其职务行为帮助他人实施其他犯罪行为，同时构成渎职犯罪和共谋实施的其他犯罪共犯的，依照处罚较重的规定定罪处罚。”“国家机关工作人员与他人共谋，既利用其职务行为帮助他人实施其他犯罪，又以非职务行为与他人共同实施该其他犯罪行为，同时构成渎职犯罪和其他犯罪的共犯的，依照数罪并罚的规定定罪处罚。”

6. 关于追诉时效的规定

《渎职解释（一）》第6条规定："以危害结果为条件的渎职犯罪的追诉期限，从危害结果发生之日起计算；有数个危害结果的，从最后一个危害结果发生之日起计算。"①

7. 根据《最高人民法院、最高人民检察院关于办理妨害预防、控制突发传染病疫情等灾害的刑事案件具体应用法律若干问题的解释》，在预防、控制突发传染病疫情等灾害的工作中，负有组织、协调、指挥、灾害调查、控制、医疗救治、信息传递、交通运输、物资保障等职责的国家机关工作人员，滥用职权，致使公共财产、国家和人民利益遭受重大损失的，以滥用职权罪定罪处罚。

8. 根据《最高人民法院、最高人民检察院关于办理非法制造、买卖、运输、储存毒鼠强等禁用剧毒化学品刑事案件具体应用法律若干问题的解释》，对非法制造、买卖、运输、储存毒鼠强等禁用剧毒化学品行为负有查处职责的国家机关工作人员，滥用职权致使公共财产、国家和人民利益遭受重大损失的，依照《刑法》第397条的规定，以滥用职权罪追究刑事责任。

9. 根据《最高人民法院、最高人民检察院关于办理盗窃油气、破坏油气设备等刑事案件具体应用法律若干问题的解释》，国家机关工作人员滥用职权，实施下列行为之一，致使公共财产、国家和人民利益遭受重大损失的，依照《刑法》第397条的规定，以滥用职权罪定罪处罚：（1）超越职权范围，批准发放石油、天然气勘查、开采、加工、经营等许可证的；（2）违反国家规定，给不符合法定条件的单位、个人发放石油、天然气勘查、开采、加工、经营等许可证的；（3）违反《石油天然气管道保护条例》等国家规定，在油气设备安全保护范围内批准建设项目的；（4）对发现或者经举报查实的未经依法批准、许可擅自从事石油、天然气勘查、开采、加工、经营等违法活动不予查封、取缔的。

10. 根据《全国人民代表大会常务委员会关于〈中华人民共和国刑法〉第三百一十三条的解释》，国家机关工作人员收受贿赂或者滥用职权，有该解释第（4）项行为，即被执行人、担保人、协助执行义务人与国家机关工作人员

---

① 关于共犯的处理和追诉时效的规定，适用于本章所有渎职犯罪，为避免重复，以后各罪不再赘述。

通谋，利用国家机关工作人员的职权妨害执行，致使判决、裁定无法执行的，同时又构成《刑法》第 385 条、第 397 条规定之罪的，依照处罚较重的规定定罪处罚。

11. 根据《最高人民法院、最高人民检察院关于办理药品、医疗器械注册申请材料造假刑事案件适用法律若干问题的解释》，对药品、医疗器械注册申请负有核查职责的国家机关工作人员，滥用职权，导致使用虚假证明材料的药品、医疗器械获得注册，致使公共财产、国家和人民利益遭受重大损失的，应当依照《刑法》第 397 条的规定，以滥用职权罪追究刑事责任。

12. 关于《刑法》第 397 条第 2 款能否单立罪名，即“国家机关工作人员徇私舞弊罪”的问题，刑法理论界有不同意见。最高人民法院、最高人民检察院《关于执行〈中华人民共和国刑法〉确定罪名的补充规定》对此作出明确的规定，取消了“国家机关工作人员徇私舞弊罪”这一罪名。

（四）情节与量刑

依照《刑法》第 397 条第 1 款规定，犯滥用职权罪的，处 3 年以下有期徒刑或者拘役；情节特别严重的，处 3 年以上 7 年以下有期徒刑。本法另有规定的，依照规定。

依照本条第 2 款规定，国家机关工作人员徇私舞弊，犯本罪的，处 5 年以下有期徒刑或者拘役；情节特别严重的，处 5 年以上 10 年以下有期徒刑。本法另有规定的，依照规定。

司法机关在适用上述规定对本罪行为人进行处罚时，应当注意以下问题：

1. 关于“情节特别严重”的标准，《渎职解释（一）》第 1 条第 2 款对“情节特别严重”的情形作了具体规定：（1）造成伤亡达到前款第 1 项规定人数 3 倍以上的；（2）造成经济损失 150 万元以上的；（3）造成前款规定的损失后果，不报、迟报、谎报或者授意、指使、强令他人不报、迟报、谎报事故情况，致使损失后果持续、扩大或者抢救工作延误的；（4）造成特别恶劣社会影响的；（5）其他特别严重的情节。司法实践中把握本罪“情节特别严重”时，上述情形应当作为依据。

2. 根据最高人民法院、最高人民检察院《关于办理与盗窃、抢劫、诈骗、抢夺机动车相关刑事案件具体应用法律若干问题的解释》第 3 条第 1 款、第 3 款、第 4 款和第 6 条的规定，国家机关工作人员滥用职权，有下列情形之一，致使盗窃、抢劫、诈骗、抢夺的机动车被办理登记手续，数量达到3辆以上或者价值总额达到30万元以上的，依照《刑法》第397条第1款的规定，以滥用职权罪定罪，处3年以下有期徒刑或者拘役：（1）明知是登记手续不全或者不符合规定的机动车而办理登记手续的；（2）指使他人为明知是登记手续不全或者不符合规定的机动车办理登记手续的；（3）违规或者指使他人违规更改、调换车辆档案的；（4）其他滥用职权的行为。

国家机关工作人员实施上述行为，致使盗窃、抢劫、诈骗、抢夺的机动车被办理登记手续，分别达到上述规定数量、数额标准5倍以上的，或者明知是盗窃、抢劫、诈骗、抢夺的机动车而办理登记手续的，属于《刑法》第397条第1款规定的“情节特别严重”，处3年以上7年以下有期徒刑。另外，涉及的机动车有下列情形之一的，应当认定行为人主观上具有“明知”：（1）没有合法有效的来历凭证；（2）发动机号、车辆识别代号有明显更改痕迹，没有合法证明的。

3. 国家机关工作人员徇私舞弊，实施上述行为，构成犯罪的，依照《刑法》第397条第2款的规定定罪处罚，其处罚力度要重于一般的滥用职权罪。

（五）法律链接

1. 全国人民代表大会常务委员会关于《中华人民共和国刑法》第九章渎职罪主体适用问题的解释（自2002年12月28日起施行）[①]

全国人大常委会根据司法实践中遇到的情况，讨论了刑法第九章渎职罪主体的适用问题，解释如下：

在依照法律、法规规定行使国家行政管理职权的组织中从事公务的人员，或者在受国家机关委托代表国家机关行使职权的组织中从事公务的人员，或者虽未列入国家机关人员编制但在国家机关中从事公务的人员，在代表国家机关行使职权时，有渎职行为，构成犯罪的，依照刑法关于渎职罪的规定追究刑事责任。

现予公告。

---

① 本解释的规定适用于全部渎职犯罪，后文不再列举。

2. 全国人民代表大会常务委员会关于《中华人民共和国刑法》第三百一十三条的解释（2002年8月29日第九届全国人民代表大会常务委员会第二十九次会议通过）

全国人民代表大会常务委员会讨论了刑法第三百一十三条规定的“对人民法院的判决、裁定有能力执行而拒不执行，情节严重”的含义问题，解释如下：

刑法第三百一十三条规定的“人民法院的判决、裁定”，是指人民法院依法作出的具有执行内容并已发生法律效力的判决、裁定。人民法院为依法执行支付令、生效的调解书、仲裁裁决、公证债权文书等所作的裁定属于该条规定的裁定。

下列情形属于刑法第三百一十三条规定的“有能力执行而拒不执行，情节严重”的情形：

（一）被执行人隐藏、转移、故意毁损财产或者无偿转让财产、以明显不合理的低价转让财产，致使判决、裁定无法执行的；

（二）担保人或者被执行人隐藏、转移、故意毁损或者转让已向人民法院提供担保的财产，致使判决、裁定无法执行的；

（三）协助执行义务人接到人民法院协助执行通知书后，拒不协助执行，致使判决、裁定无法执行的；

（四）被执行人、担保人、协助执行义务人与国家机关工作人员通谋，利用国家机关工作人员的职权妨害执行，致使判决、裁定无法执行的；

（五）其他有能力执行而拒不执行，情节严重的情形。

国家机关工作人员有上述第四项行为的，以拒不执行判决、裁定罪的共犯追究刑事责任。国家机关工作人员收受贿赂或者滥用职权，有上述第四项行为的，同时又构成刑法第三百八十五条、第三百九十七条规定之罪的，依照处罚较重的规定定罪处罚。

现予公告。

3. 最高人民法院、最高人民检察院关于办理渎职刑事案件适用法律若干问题的解释（一）（法释〔2012〕18号　自2013年1月9日起施行）[①]

为依法惩治渎职犯罪，根据刑法有关规定，现就办理渎职刑事案件适用

---

① 本解释第2条至第10条适用于所有渎职犯罪，后文不再列举。

法律的若干问题解释如下：

第一条　国家机关工作人员滥用职权或者玩忽职守，具有下列情形之一的，应当认定为刑法第三百九十七条规定的“致使公共财产、国家和人民利益遭受重大损失”：

（一）造成死亡一人以上，或者重伤三人以上，或者轻伤九人以上，或者重伤二人、轻伤三人以上，或者重伤一人、轻伤六人以上的；

（二）造成经济损失三十万元以上的；

（三）造成恶劣社会影响的；

（四）其他致使公共财产、国家和人民利益遭受重大损失的情形。

具有下列情形之一的，应当认定为刑法第三百九十七条规定的“情节特别严重”：

（一）造成伤亡达到前款第（一）项规定人数三倍以上的；

（二）造成经济损失一百五十万元以上的；

（三）造成前款规定的损失后果，不报、迟报、谎报或者授意、指使、强令他人不报、迟报、谎报事故情况，致使损失后果持续、扩大或者抢救工作延误的；

（四）造成特别恶劣社会影响的；

（五）其他特别严重的情节。

第二条　国家机关工作人员实施滥用职权或者玩忽职守犯罪行为，触犯刑法分则第九章第三百九十八条至第四百一十九条规定的，依照该规定定罪处罚。

国家机关工作人员滥用职权或者玩忽职守，因不具备徇私舞弊等情形，不符合刑法分则第九章第三百九十八条至第四百一十九条的规定，但依法构成第三百九十七条规定的犯罪的，以滥用职权罪或者玩忽职守罪定罪处罚。

第三条　国家机关工作人员实施渎职犯罪并收受贿赂，同时构成受贿罪的，除刑法另有规定外，以渎职犯罪和受贿罪数罪并罚。

第四条　国家机关工作人员实施渎职行为，放纵他人犯罪或者帮助他人逃避刑事处罚，构成犯罪的，依照渎职罪的规定定罪处罚。

国家机关工作人员与他人共谋，利用其职务行为帮助他人实施其他犯罪行为，同时构成渎职犯罪和共谋实施的其他犯罪共犯的，依照处罚较重的规定定罪处罚。

国家机关工作人员与他人共谋，既利用其职务行为帮助他人实施其他犯罪，又以非职务行为与他人共同实施该其他犯罪行为，同时构成渎职犯罪和其他犯罪的共犯的，依照数罪并罚的规定定罪处罚。

第五条 国家机关负责人员违法决定，或者指使、授意、强令其他国家机关工作人员违法履行职务或者不履行职务，构成刑法分则第九章规定的渎职犯罪的，应当依法追究刑事责任。

以“集体研究”形式实施的渎职犯罪，应当依照刑法分则第九章的规定追究国家机关负有责任的人员的刑事责任。对于具体执行人员，应当在综合认定其行为性质、是否提出反对意见、危害结果大小等情节的基础上决定是否追究刑事责任和应当判处的刑罚。

第六条 以危害结果为条件的渎职犯罪的追诉期限，从危害结果发生之日起计算；有数个危害结果的，从最后一个危害结果发生之日起计算。

第七条 依法或者受委托行使国家行政管理职权的公司、企业、事业单位的工作人员，在行使行政管理职权时滥用职权或者玩忽职守，构成犯罪的，应当依照《全国人民代表大会常务委员会关于〈中华人民共和国刑法〉第九章渎职罪主体适用问题的解释》的规定，适用渎职罪的规定追究刑事责任。

第八条 本解释规定的“经济损失”，是指渎职犯罪或者与渎职犯罪相关联的犯罪立案时已经实际造成的财产损失，包括为挽回渎职犯罪所造成损失而支付的各种开支、费用等。立案后至提起公诉前持续发生的经济损失，应一并计入渎职犯罪造成的经济损失。

债务人经法定程序被宣告破产，债务人潜逃、去向不明，或者因行为人的责任超过诉讼时效等，致使债权已经无法实现的，无法实现的债权部分应当认定为渎职犯罪的经济损失。

渎职犯罪或者与渎职犯罪相关联的犯罪立案后，犯罪分子及其亲友自行挽回的经济损失，司法机关或者犯罪分子所在单位及其上级主管部门挽回的经济损失，或者因客观原因减少的经济损失，不予扣减，但可以作为酌定从轻处罚的情节。

第九条 负有监督管理职责的国家机关工作人员滥用职权或者玩忽职守，致使不符合安全标准的食品、有毒有害食品、假药、劣药等流入社会，对人民群众生命、健康造成严重危害后果的，依照渎职罪的规定从严惩处。

第十条 最高人民法院、最高人民检察院此前发布的司法解释与本解释不一致的，以本解释为准。

4. 最高人民法院、最高人民检察院关于办理药品、医疗器械注册申请材料造假刑事案件适用法律若干问题的解释（法释〔2017〕15号　自2017年9月1日起施行）（节录）

第七条　对药品、医疗器械注册申请负有核查职责的国家机关工作人员，滥用职权或者玩忽职守，导致使用虚假证明材料的药品、医疗器械获得注册，致使公共财产、国家和人民利益遭受重大损失的，应当依照刑法第三百九十七条规定，以滥用职权罪或者玩忽职守罪追究刑事责任。

5. 最高人民法院、最高人民检察院关于办理妨害预防、控制突发传染病疫情等灾害的刑事案件具体应用法律若干问题的解释（法释〔2003〕8号　自2003年5月15日起施行）（节录）

第十五条　在预防、控制突发传染病疫情等灾害的工作中，负有组织、协调、指挥、灾害调查、控制、医疗救治、信息传递、交通运输、物资保障等职责的国家机关工作人员，滥用职权或者玩忽职守，致使公共财产、国家和人民利益遭受重大损失的，依照刑法第三百九十七条的规定，以滥用职权罪或者玩忽职守罪定罪处罚。

6. 最高人民法院、最高人民检察院关于办理非法制造、买卖、运输、储存毒鼠强等禁用剧毒化学品刑事案件具体应用法律若干问题的解释（法释〔2003〕14号　自2003年10月1日起施行）（节录）

第四条　对非法制造、买卖、运输、储存毒鼠强等禁用剧毒化学品行为负有查处职责的国家机关工作人员，滥用职权或者玩忽职守，致使公共财产、国家和人民利益遭受重大损失的，依照刑法第三百九十七条的规定，以滥用职权罪或者玩忽职守罪追究刑事责任。

7. 最高人民法院、最高人民检察院关于办理盗窃油气、破坏油气设备等刑事案件具体应用法律若干问题的解释（法释〔2007〕3号　自2007年1月19日起施行）（节录）

第七条　国家机关工作人员滥用职权或者玩忽职守，实施下列行为之一，致使公共财产、国家和人民利益遭受重大损失的，依照刑法第三百九十七条的规定，以滥用职权罪或者玩忽职守罪定罪处罚：

（一）超越职权范围，批准发放石油、天然气勘查、开采、加工、经营等许可证的；

（二）违反国家规定，给不符合法定条件的单位、个人发放石油、天然气勘查、开采、加工、经营等许可证的；

（三）违反《石油天然气管道保护条例》等国家规定，在油气设备安全保护范围内批准建设项目的；

（四）对发现或者经举报查实的未经依法批准、许可擅自从事石油、天然气勘查、开采、加工、经营等违法活动不予查封、取缔的。

8. **最高人民法院、最高人民检察院关于办理与盗窃、抢劫、诈骗、抢夺机动车相关刑事案件具体应用法律若干问题的解释**（法释〔2007〕11 号　自 2007 年 5 月 11 日起施行）（节录）

第三条　国家机关工作人员滥用职权，有下列情形之一，致使盗窃、抢劫、诈骗、抢夺的机动车被办理登记手续，数量达到三辆以上或者价值总额达到三十万元以上的，依照刑法第三百九十七条第一款的规定，以滥用职权罪定罪，处三年以下有期徒刑或者拘役：

（一）明知是登记手续不全或者不符合规定的机动车而办理登记手续的；

（二）指使他人为明知是登记手续不全或者不符合规定的机动车办理登记手续的；

（三）违规或者指使他人违规更改、调换车辆档案的；

（四）其他滥用职权的行为。

国家机关工作人员疏于审查或者审查不严，致使盗窃、抢劫、诈骗、抢夺的机动车被办理登记手续，数量达到五辆以上或者价值总额达到五十万元以上的，依照刑法第三百九十七条第一款的规定，以玩忽职守罪定罪，处三年以下有期徒刑或者拘役。

国家机关工作人员实施前两款规定的行为，致使盗窃、抢劫、诈骗、抢夺的机动车被办理登记手续，分别达到前两款规定数量、数额标准五倍以上的，或者明知是盗窃、抢劫、诈骗、抢夺的机动车而办理登记手续的，属于刑法第三百九十七条第一款规定的“情节特别严重”，处三年以上七年以下有期徒刑。

国家机关工作人员徇私舞弊，实施上述行为，构成犯罪的，依照刑法第三百九十七条第二款的规定定罪处罚。

9. 最高人民法院、最高人民检察院、公安部关于依法严肃查处拒不执行判决裁定和暴力抗拒法院执行犯罪行为有关问题的通知（法发〔2007〕29号　自2007年8月30日施行）（节录）

四、国家机关工作人员收受贿赂或者滥用职权，有本《通知》第一条第四项行为的，同时又构成刑法第三百八十五条、第三百九十七条规定罪的，依照处罚较重的规定定罪处罚。

10. 最高人民法院、最高人民检察院关于办理危害生产安全刑事案件适用法律若干问题的解释（法释〔2015〕22号　自2015年12月16日起施行）（节录）

第十五条　国家机关工作人员在履行安全监督管理职责时滥用职权、玩忽职守，致使公共财产、国家和人民利益遭受重大损失的，或者徇私舞弊，对发现的刑事案件依法应当移交司法机关追究刑事责任而不移交，情节严重的，分别依照刑法第三百九十七条、第四百零二条的规定，以滥用职权罪、玩忽职守罪或者徇私舞弊不移交刑事案件罪定罪处罚。

公司、企业、事业单位的工作人员在依法或者受委托行使安全监督管理职责时滥用职权或者玩忽职守，构成犯罪的，应当依照《全国人民代表大会常务委员会关于〈中华人民共和国刑法〉第九章渎职罪主体适用问题的解释》的规定，适用渎职罪的规定追究刑事责任。

11. 最高人民法院、最高人民检察院、公安部关于严格执行刑事诉讼法，切实纠防超期羁押的通知（法〔2003〕163号　自2003年11月12日起施行）（节录）

五、严格执行超期羁押责任追究制度。超期羁押侵犯犯罪嫌疑人、被告人的合法权益，损害司法公正，对此必须严肃查处，绝不姑息。本通知发布以后，凡违反刑事诉讼法和本通知的规定，造成犯罪嫌疑人、被告人超期羁押的，对于直接负责的主管人员和其他直接责任人员，由其所在单位或者上级主管机关依照有关规定予以行政或者纪律处分；造成犯罪嫌疑人、被告人超期羁押，情节严重的，对于直接负责的主管人员和其他直接责任人员，依照刑法第三百九十七条的规定，以玩忽职守罪或者滥用职权罪追究刑事责任。

12. 全国法院审理经济犯罪案件工作座谈会纪要（法发〔2003〕167号 自2003年11月13日起施行）（节录）

一、关于贪污贿赂犯罪和渎职犯罪的主体

（一）国家机关工作人员的认定

刑法中所称的国家机关工作人员，是指在国家机关中从事公务的人员，包括在各级国家权力机关、行政机关、司法机关和军事机关中从事公务的人员。

根据有关立法解释的规定，在依照法律、法规规定行使国家行政管理职权的组织中从事公务的人员，或者在受国家机关委托代表国家行使职权的组织中从事公务的人员，或者虽未列入国家机关人员编制但在国家机关中从事公务的人员，视为国家机关工作人员。在乡（镇）以上中国共产党机关、人民政协机关中从事公务的人员，司法实践中也应当视为国家机关工作人员。

六、关于渎职罪

（一）渎职犯罪行为造成的公共财产重大损失的认定

根据刑法规定，玩忽职守、滥用职权等渎职犯罪是以致使公共财产、国家和人民利益遭受重大损失为构成要件的。其中，公共财产的重大损失，通常是指渎职行为已经造成的重大经济损失。在司法实践中，有以下情形之一的，虽然公共财产作为债权存在，但已无法实现债权的，可以认定为行为人的渎职行为造成了经济损失：

（1）债务人已经法定程序被宣告破产；

（2）债务人潜逃，去向不明；

（3）因行为人责任，致使超过诉讼时效；

（4）有证据证明债权无法实现的其他情况。

（四）关于"徇私"的理解

徇私舞弊型渎职犯罪的"徇私"应理解为徇个人私情、私利。国家机关工作人员为了本单位的利益，实施滥用职权、玩忽职守行为，构成犯罪的，依照刑法第三百九十七条第一款的规定定罪处罚。

13. 最高人民检察院关于对林业主管部门工作人员在发放林木采伐许可证之外滥用职权玩忽职守致使森林遭受严重破坏的行为适用法律问题的批复（高检发释字〔2007〕1号　自2007年5月16日起施行）

福建省人民检察院：

你院《关于林业主管部门工作人员滥用职权、玩忽职守造成森林资源损毁立案标准问题的请示》(闽检〔2007〕14 号)收悉。经研究，批复如下：

林业主管部门工作人员违法发放林木采伐许可证，致使森林遭受严重破坏的，依照刑法第四百零七条的规定，以违法发放林木采伐许可证罪追究刑事责任；以其他方式滥用职权或者玩忽职守，致使森林遭受严重破坏的，依照刑法第三百九十七条的规定，以滥用职权罪或者玩忽职守罪追究刑事责任，立案标准依照《最高人民检察院关于渎职侵权犯罪案件立案标准的规定》第一部分渎职犯罪案件第十八条第三款的规定执行。

此复。

14. **最高人民检察院法律政策研究室关于对海事局工作人员如何使用法律问题的答复**(〔2003〕高检研发第 1 号　自 2003 年 1 月 13 日起施行)

辽宁省人民检察院研究室：

你院《关于辽宁海事局的工作人员是否为国家机关工作人员的主体认定请示》(辽检发渎检字〔2002〕1 号)收悉。经研究，答复如下：

根据国办发〔1999〕90 号、中编办函〔2000〕184 号等文件的规定，海事局负责行使国家水上安全监督和防止船舶污染及海上设施检验、航海保障的管理职权，是国家执法监督机构。海事局及其分支机构工作人员在从事上述公务活动中，滥用职权或者玩忽职守，致使公共财产、国家和人民利益遭受重大损失的，应当依照刑法第三百九十七条的规定，以滥用职权罪或者玩忽职守罪追究刑事责任。

15. **出版管理条例**(2001 年 12 月 25 日中华人民共和国国务院令第 343 号公布　根据 2011 年 3 月 19 日《国务院关于修改〈出版管理条例〉的决定》第一次修订　根据 2013 年 7 月 18 日《国务院关于废止和修改部分行政法规的决定》第二次修订　根据 2014 年 7 月 29 日《国务院关于修改部分行政法规的决定》第三次修订　根据 2016 年 2 月 6 日《国务院关于修改部分行政法规的决定》第四次修订)(节录)

第六十条　出版行政主管部门或者其他有关部门的工作人员，利用职务上的便利收受他人财物或者其他好处，批准不符合法定条件的申请人取得许可证、批准文件，或者不履行监督职责，或者发现违法行为不予查处，造成严重后果的，依法给予降级直至开除的处分；构成犯罪的，依照刑法关于受贿罪、滥用职权罪、玩忽职守罪或者其他罪的规定，依法追究刑事责任。

16. 音像制品管理条例（2001年12月25日中华人民共和国国务院令第341号公布　根据2011年3月19日《国务院关于修改〈音像制品管理条例〉的决定》第一次修订　根据2013年12月7日《国务院关于修改部分行政法规的决定》第二次修订　根据2016年2月6日《国务院关于修改部分行政法规的决定》第三次修订）（节录）

第三十七条　出版行政主管部门或者其他有关行政部门及其工作人员，利用职务上的便利收受他人财物或者其他好处，批准不符合法定条件的申请人取得许可证、批准文件，或者不履行监督职责，或者发现违法行为不予查处，造成严重后果的，对负有责任的主管人员和其他直接责任人员依法给予降级直至开除的处分；构成犯罪的，依照刑法关于受贿罪、滥用职权罪、玩忽职守罪或者其他罪的规定，依法追究刑事责任。

17. 中华人民共和国国际海运条例（2001年12月11日中华人民共和国国务院令第335号公布　根据2013年7月18日《国务院关于废止和修改部分行政法规的决定》第一次修订　根据2016年2月6日《国务院关于修改部分行政法规的决定》第二次修订　根据2019年3月2日《国务院关于修改部分行政法规的决定》修正）（节录）

第四十七条　国务院交通主管部门和有关地方人民政府交通主管部门的工作人员有下列情形之一，造成严重后果，触犯刑律的，依照刑法关于滥用职权罪、玩忽职守罪或者其他罪的规定，依法追究刑事责任；尚不够刑事处罚的，依法给予行政处分：

（一）对符合本条例规定条件的申请者不予审批、许可、登记、备案，或者对不符合本条例规定条件的申请者予以审批、许可、登记、备案的；

（二）对经过审批、许可、登记、备案的国际船舶运输经营者、无船承运业务经营者不依照本条例的规定实施监督管理，或者发现其不再具备本条例规定的条件而不撤销其相应的经营资格，或者发现其违法行为后不予以查处的；

（三）对监督检查中发现的未依法履行审批、许可、登记、备案的单位和个人擅自从事国际海上运输经营活动以及与国际海上运输相关的辅助性经营活动，不立即予以取缔，或者接到举报后不依法予以处理的。

18. 中华人民共和国中外合作办学条例（2003年3月1日中华人民共和国国务院令第372号公布　根据2013年5月31日《国务院关于废止和修改部

分行政法规的决定》修正　根据 2019 年 3 月 2 日《国务院关于修改部分行政法规的决定》修正）

第四十九条　中外合作办学审批机关及其工作人员，利用职务上的便利收取他人财物或者获取其他利益，滥用职权、玩忽职守，对不符合本条例规定条件者颁发中外合作办学许可证，或者发现违法行为不予以查处，造成严重后果，触犯刑律的，对负有责任的主管人员和其他直接责任人员，依照刑法关于受贿罪、滥用职权罪、玩忽职守罪或者其他罪的规定，依法追究刑事责任；尚不够刑事处罚的，依法给予行政处分。

第五十条　违反本条例的规定，超越职权审批中外合作办学机构的，其批准文件无效，由上级机关责令改正；对负有责任的主管人员和其他直接责任人员，依法给予行政处分；致使公共财产、国家和人民利益遭受重大损失的，依照刑法关于滥用职权罪或者其他罪的规定，依法追究刑事责任。

19. **中华人民共和国内河交通安全管理条例**（2002 年 6 月 28 日中华人民共和国国务院令第 355 号公布　根据 2011 年 1 月 8 日《国务院关于废止和修改部分行政法规的决定》第一次修订　根据 2017 年 3 月 1 日《国务院关于修改和废止部分行政法规的决定》第二次修订　根据 2019 年 3 月 2 日《国务院关于修改部分行政法规的决定》修正）（节录）

第八十五条　违反本条例的规定，海事管理机构不依据法定的安全条件进行审批、许可的，对负有责任的主管人员和其他直接责任人员根据不同情节，给予降级或者撤职的行政处分；造成重大内河交通事故或者致使公共财产、国家和人民利益遭受重大损失的，依照刑法关于滥用职权罪、玩忽职守罪或者其他罪的规定，依法追究刑事责任。

第八十六条　违反本条例的规定，海事管理机构对审批、许可的安全事项不实施监督检查的，对负有责任的主管人员和其他直接责任人员根据不同情节，给予记大过、降级或者撤职的行政处分；造成重大内河交通事故或者致使公共财产、国家和人民利益遭受重大损失的，依照刑法关于滥用职权罪、玩忽职守罪或者其他罪的规定，依法追究刑事责任。

第八十七条　违反本条例的规定，海事管理机构发现船舶、浮动设施不再具备安全航行、停泊、作业条件而不及时撤销批准或者许可并予以处理的，对负有责任的主管人员和其他直接责任人员根据不同情节，给予记大过、降级或者撤职的行政处分；造成重大内河交通事故或者致使公共财产、国家和人民利益遭受重大损失的，依照刑法关于滥用职权罪、玩忽职守罪或者其他罪的规定，依法追究刑事责任。

第八十八条 违反本条例的规定，海事管理机构对未经审批、许可擅自从事旅客、危险货物运输的船舶不实施监督检查，或者发现内河交通安全隐患不及时依法处理，或者对违法行为不依法予以处罚的，对负有责任的主管人员和其他直接责任人员根据不同情节，给予降级或者撤职的行政处分；造成重大内河交通事故或者致使公共财产、国家和人民利益遭受重大损失的，依照刑法关于滥用职权罪、玩忽职守罪或者其他罪的规定，依法追究刑事责任。

第八十九条 违反本条例的规定，渡口所在地县级人民政府指定的部门，有下列情形之一的，根据不同情节，对负有责任的主管人员和其他直接责任人员，给予降级或者撤职的行政处分；造成重大内河交通事故或者致使公共财产、国家和人民利益遭受重大损失的，依照刑法关于滥用职权罪、玩忽职守罪或者其他罪的规定，依法追究刑事责任：

（一）对县级人民政府批准的渡口不依法实施监督检查的；

（二）对未经县级人民政府批准擅自设立的渡口不予以查处的；

（三）对渡船超载、人与大牲畜混载、人与爆炸品、压缩气体和液化气体、易燃液体、易燃固体、自燃物品和遇湿易燃物品、氧化剂和有机过氧化物、有毒品和腐蚀品等危险品混载以及其他危及安全的行为不及时纠正并依法处理的。

20. **特种设备安全监察条例**（2003 年 3 月 11 日中华人民共和国国务院令第 373 号公布　根据 2009 年 1 月 24 日《国务院关于修改〈特种设备安全监察条例〉的决定》修订）（节录）

第九十七条 特种设备安全监督管理部门及其特种设备安全监察人员，有下列违法行为之一的，对直接负责的主管人员和其他直接责任人员，依法给予降级或者撤职的处分；触犯刑律的，依照刑法关于受贿罪、滥用职权罪、玩忽职守罪或者其他罪的规定，依法追究刑事责任：

（一）不按照本条例规定的条件和安全技术规范要求，实施许可、核准、登记的；

（二）发现未经许可、核准、登记擅自从事特种设备的生产、使用或者检验检测活动不予取缔或者不依法予以处理的；

（三）发现特种设备生产、使用单位不再具备本条例规定的条件而不撤销其原许可，或者发现特种设备生产、使用违法行为不予查处的；

（四）发现特种设备检验检测机构不再具备本条例规定的条件而不撤销其原核准，或者对其出具虚假的检验检测结果、鉴定结论或者检验检测结果、鉴定结论严重失实的行为不予查处的；

（五）对依照本条例规定在其他地方取得许可的特种设备生产单位重复进行许可，或者对依照本条例规定在其他地方检验检测合格的特种设备，重复进行检验检测的；

（六）发现有违反本条例和安全技术规范的行为或者在用的特种设备存在严重事故隐患，不立即处理的；

（七）发现重大的违法行为或者严重事故隐患，未及时向上级特种设备安全监督管理部门报告，或者接到报告的特种设备安全监督管理部门不立即处理的；

（八）迟报、漏报、瞒报或者谎报事故的；

（九）妨碍事故救援或者事故调查处理的。

21. 退耕还林条例（2002年12月14日中华人民共和国国务院令第367号公布　根据2016年2月6日《国务院关于修改部分行政法规的决定》修订）（节录）

第五十八条　国家机关工作人员在退耕还林活动中违反本条例的规定，有下列行为之一的，由其所在单位或者上一级主管部门责令限期改正，退还分摊的和多收取的费用，对直接负责的主管人员和其他直接责任人员，依照刑法关于滥用职权罪、玩忽职守罪或者其他罪的规定，依法追究刑事责任；尚不够刑事处罚的，依法给予行政处分：

（一）未及时处理有关破坏退耕还林活动的检举、控告的；

（二）向供应补助粮食的企业和退耕还林者分摊粮食调运费用的；

（三）不及时向持有验收合格证明的退耕还林者发放补助粮食和生活补助费的；

（四）在退耕还林合同生效时，对自行采购种苗的退耕还林者未一次付清种苗造林补助费的；

（五）集中采购种苗的，在退耕还林验收合格后，未与退耕还林者结算种苗造林补助费的；

（六）集中采购的种苗不合格的；

（七）集中采购种苗的，向退耕还林者强行收取超出国家规定种苗造林补助费标准的种苗费的；

（八）为退耕还林者指定种苗供应商的；

（九）批准粮食企业向退耕还林者供应不符合国家质量标准的补助粮食或者将补助粮食折算成现金、代金券支付的；

（十）其他不依照本条例规定履行职责的。

22. **中华人民共和国生物两用品及相关设备和技术出口管制条例**（2002年10月14日中华人民共和国国务院令第365号公布　自2002年12月1日起施行）（节录）

第二十二条　对生物两用品及相关设备和技术出口实施管制的国家工作人员滥用职权、玩忽职守或者利用职务上的便利索取、收受他人财物的，依照刑法关于滥用职权罪、玩忽职守罪、受贿罪或者其他罪的规定，依法追究刑事责任；尚不够刑事处罚的，依法给予行政处分。

23. **禁止使用童工规定**（2002年10月1日中华人民共和国国务院令第364号公布　自2002年12月1日起施行）（节录）

第十二条　国家行政机关工作人员有下列行为之一的，依法给予记大过或者降级的行政处分；情节严重的，依法给予撤职或者开除的行政处分；构成犯罪的，依照刑法关于滥用职权罪、玩忽职守罪或者其他罪的规定，依法追究刑事责任：

（一）劳动保障等有关部门工作人员在禁止使用童工的监督检查工作中发现使用童工的情况，不予制止、纠正、查处的；

（二）公安机关的人民警察违反规定发放身份证或者在身份证上登录虚假出生年月的；

（三）工商行政管理部门工作人员发现申请人是不满十六周岁的未成年人，仍然为其从事个体经营发放营业执照的。

24. **中华人民共和国导弹及相关物项和技术出口管制条例**（2002年8月22日中华人民共和国国务院令第361号公布　自2002年8月22日起施行）（节录）

第二十二条　对导弹相关物项和技术出口实施管制的国家工作人员滥用职权、玩忽职守或者利用职务上的便利索取、收受他人财物的，依照刑法关于滥用职权罪、玩忽职守罪、受贿罪或者其他罪的规定，依法追究刑事责任；尚不够刑事处罚的，依法给予行政处分。

25. **专职守护押运人员枪支使用管理条例**（2002年7月27日中华人民共和国国务院令第356号公布　自2002年7月27日起施行）（节录）

第十五条　依法配备守护、押运公务用枪的单位违反枪支管理规定，有下列情形之一的，对直接负责的主管人员和其他直接责任人员依法给予记大过、降级或者撤职的行政处分或者相应的纪律处分；造成严重后果的，依照刑法关于玩忽职守罪、滥用职权罪、丢失枪支不报罪或者其他罪的规定，依法追究刑事责任：

（一）未建立或者未能有效执行持枪人员管理责任制度的；

（二）将不符合法定条件的专职守护、押运人员报送公安机关审批或者允许没有持枪证件的人员携带、使用枪支的；

（三）使用枪支后，不报告公安机关的；

（四）未建立或者未能有效执行枪支、弹药管理制度，造成枪支、弹药被盗、被抢或者丢失的；

（五）枪支、弹药被盗、被抢或者丢失，未及时报告公安机关的；

（六）不按照规定审验枪支的；

（七）不上缴报废枪支的；

（八）发生其他涉枪违法违纪案件的。

第十七条　公安机关有下列行为之一，造成严重后果的，对直接负责的主管人员和其他直接责任人员依照刑法关于滥用职权罪、玩忽职守罪的规定，依法追究刑事责任；尚不够刑事处罚的，依法给予记大过、降级或者撤职的行政处分：

（一）超出法定范围批准有关单位配备守护、押运公务用枪的；

（二）为不符合法定条件的人员发放守护、押运公务用枪持枪证件的；

（三）不履行本条例规定的监督管理职责，造成后果的。

26. **行政区域界线管理条例**（2002年5月13日中华人民共和国国务院令第353号公布　自2002年7月1日起施行）（节录）

第十六条　违反本条例的规定，有关国家机关工作人员在行政区域界线管理中有下列行为之一的，根据不同情节，依法给予记大过、降级或者撤职的行政处分；致使公共财产、国家和人民利益遭受重大损失的，依照刑法关于滥用职权罪、玩忽职守罪的规定，依法追究刑事责任：

（一）不履行行政区域界线批准文件和行政区域界线协议书规定的义务，或者不执行行政区域界线的批准机关的决定的；

（二）不依法公布批准的行政区域界线的；

（三）擅自移动、改变行政区域界线标志，或者命令、指使他人擅自移动、改变行政区域界线标志，或者发现他人擅自移动、改变行政区域界线标志不予制止的；

（四）毗邻方未在场时，擅自维修行政区域界线标志的。

27. **使用有毒物品作业场所劳动保护条例**（2002 年 5 月 12 日中华人民共和国国务院令第 352 号公布　自 2002 年 5 月 12 日施行）（节录）

第五十七条　卫生行政部门的工作人员有下列行为之一，导致职业中毒事故发生的，依照刑法关于滥用职权罪、玩忽职守罪或者其他罪的规定，依法追究刑事责任；造成职业中毒危害但尚未导致职业中毒事故发生，不够刑事处罚的，根据不同情节，依法给予降级、撤职或者开除的行政处分：

（一）对不符合本条例规定条件的涉及使用有毒物品作业事项，予以批准的；

（二）发现用人单位擅自从事使用有毒物品作业，不予取缔的；

（三）对依法取得批准的用人单位不履行监督检查职责，发现其不再具备本条例规定的条件而不撤销原批准或者发现违反本条例的其他行为不予查处的；

（四）发现用人单位存在职业中毒危害，可能造成职业中毒事故，不及时依法采取控制措施的。

28. **医疗事故处理条例**（2002 年 4 月 4 日中华人民共和国国务院令第 351 号公布　自 2002 年 9 月 1 日起施行）（节录）

第五十三条　卫生行政部门的工作人员在处理医疗事故过程中违反本条例的规定，利用职务上的便利收受他人财物或者其他利益，滥用职权，玩忽职守，或者发现违法行为不予查处，造成严重后果的，依照刑法关于受贿罪、滥用职权罪、玩忽职守罪或者其他有关罪的规定，依法追究刑事责任；尚不够刑事处罚的，依法给予降级或者撤职的行政处分。

29. **指导外商投资方向规定**（2002 年 2 月 11 日国务院令第 346 号公布　自 2002 年 4 月 1 日起施行）（节录）

第十五条　审批机关工作人员滥用职权、玩忽职守的，依照刑法关于滥用职权罪、玩忽职守罪的规定，依法追究刑事责任；尚不够刑事处罚的，依法给予记大过以上的行政处分。

30. **电影管理条例**（2001 年 12 月 25 日中华人民共和国国务院令第 342 号公布　自 2002 年 2 月 1 日起施行）（节录）

第五十四条　国务院广播电影电视行政部门和县级以上地方人民政府电影行政部门或者其他有关部门及其工作人员，利用职务上的便利收受他人财物或者其他好处，批准不符合法定设立条件的电影片的制片、发行和放映单位，或者不履行监督职责，或者发现违法行为不予查处，造成严重后果的，对负有责任的主管人员和其他直接责任人员依照刑法关于受贿罪、滥用职权罪、玩忽职守罪或者其他罪的规定，依法追究刑事责任；尚不够刑事处罚的，给予降级或者撤职的行政处分。

31. **外国律师事务所驻华代表机构管理条例**（2001 年 12 月 22 日中华人民共和国国务院令第 338 号公布　自 2002 年 1 月 1 日起施行）（节录）

第三十三条　司法行政部门工作人员有下列违法行为之一的，对负有责任的主管人员和其他直接责任人员依法给予降级、撤职或者开除的行政处分：

（一）对不符合本条例规定条件的拟设代表机构或者拟任代表决定发给执业执照、执业证书的；

（二）利用职务上的便利收受财物、谋取私利的；

（三）违反本条例的规定，对应当撤销代表机构或者代表执业许可，收回执业执照、执业证书的不予撤销、收回，或者对应当注销的执业注册不予注销的；

（四）依法收缴罚款不开具罚款收据或者不如实填写罚款数额的；

（五）不执行罚款收缴分离制度或者不按照规定将依法收取的费用、收缴的罚款及没收的违法所得全部上缴国库的；

（六）对代表机构及其代表违反本条例规定的行为不及时查处的；

（七）有不严格执法或者滥用职权的其他行为，造成严重后果的。

有前款所列违法行为之一，致使公共财产、国家和人民利益遭受严重损失的，依照刑法关于滥用职权罪、玩忽职守罪或者受贿罪的规定，依法追究刑事责任。

32. **中华人民共和国货物进出口管理条例**（2001 年 12 月 10 日中华人民共和国国务院令第 332 号公布　自 2002 年 1 月 1 日起施行）（节录）

第七十条　货物进出口管理工作人员在履行货物进出口管理职责中，滥用职权、玩忽职守或者利用职务上的便利收受、索取他人财物的，依照刑法关于滥用职权罪、玩忽职守罪、受贿罪或者其他罪的规定，依法追究刑事责任；尚不够刑事处罚的，依法给予行政处分。

33. **农药管理条例**（1997 年 5 月 8 日中华人民共和国国务院令第 216 号公布　根据 2001 年 11 月 29 日《国务院关于修改〈农药管理条例〉的决定》修订　2017 年 2 月 8 日国务院第 164 次常务会议修订通过）（节录）

第四十九条　县级以上人民政府农业主管部门及其工作人员有下列行为之一的，由本级人民政府责令改正；对负有责任的领导人员和直接责任人员，依法给予处分；负有责任的领导人员和直接责任人员构成犯罪的，依法追究刑事责任：

（一）不履行监督管理职责，所辖行政区域的违法农药生产、经营活动造成重大损失或者恶劣社会影响；

（二）对不符合条件的申请人准予许可或者对符合条件的申请人拒不准予许可；

（三）参与农药生产、经营活动；

（四）有其他徇私舞弊、滥用职权、玩忽职守行为。

34. **金融机构撤销条例**（2001 年 11 月 23 日中华人民共和国国务院令第 324 号公布　自 2001 年 12 月 15 日起施行）（节录）

第三十一条　中国人民银行的工作人员违法审批金融机构，对金融机构不依法实施监督管理、不依法查处违法行为，情节严重、导致金融机构被撤销的，依照刑法关于滥用职权罪、玩忽职守罪或者其他罪的规定，依法追究刑事责任；尚不够刑事处罚的，给予记大过、降级或者撤职的行政处分。

第三十二条　任何国家机关工作人员非法干预金融机构的正常经营活动，对该金融机构被撤销负有直接责任的，依照刑法关于滥用职权罪或者其他罪的规定，依法追究刑事责任；尚不够刑事处罚的，给予记大过、降级或者撤职的行政处分。

二、玩忽职守罪

（一）法律规定

第三百九十七条 国家机关工作人员滥用职权或者玩忽职守，致使公共财产、国家和人民利益遭受重大损失的，处三年以下有期徒刑或者拘役；情节特别严重的，处三年以上七年以下有期徒刑。本法另有规定的，依照规定。

国家机关工作人员徇私舞弊，犯前款罪的，处五年以下有期徒刑或者拘役；情节特别严重的，处五年以上十年以下有期徒刑。本法另有规定的，依照规定。

（二）罪名详解

玩忽职守罪，是指国家机关工作人员玩忽职守，致使公共财产、国家和人民利益遭受重大损失的行为。

本罪在1979年《刑法》第187条中作了规定。

玩忽职守罪的构成要件是：

1. 主体要件

本罪的犯罪主体为特殊主体，即国家机关工作人员。

2. 客体要件

本罪侵犯的客体是国家机关的正常管理活动。

为了保证国家机关的正常活动和秩序，需要用法律、法规和规章来规范和约束国家机关工作人员的职务行为。如果国家机关工作人员违背职务上的注意义务，不履行或者不正确履行其职责，不仅会损害国家机关工作人员职务的严肃性，而且还可能给公共财产、国家和人民利益造成损失。因此，对于玩忽职守的行为人，应当给予行政处分，情节严重的，还应当追究其刑事责任。

3. 主观要件

本罪的主观方面只能由过失构成，即行为人应当预见自己玩忽职守的行为会致使公共财产、国家和人民利益遭受重大损失，因为疏忽大意而没有预见，或者已经预见而轻信能够避免。

4. 客观要件

客观方面表现为不履行或者不正确履行职责，致使公共财产、国家和人民利益遭受重大损失的行为。

在现代汉语中，“玩忽职守”的“玩”字，有“用不严肃的态度来对待”的意思；“忽”字则有“不注意、不重视”的意义，即疏忽。前者反映了一种不严肃的心理态度，后者是漫不经心的心理表现。“玩忽”与“职守”相连，是指马虎、漫不经心、不认真地对待职责和义务。在《刑法》第397条中，玩忽职守是国家机关工作人员违反职责和义务，不履行或者不正确履行其职务的行为。

玩忽职守行为在客观上有两种类型：一是不履行职务型，即行为人应该履行且能够履行，但没有履行其职务。这种类型一般表现为不作为，具体包括以下几种情形：(1) 擅离职守，即违反职守中关于时间和空间的明确要求，在特定时间里擅自离开特定场所，以致没有能够履行其职务，如在抢险、救灾中擅自离开现场。(2) 未履行职守，即虽然在工作岗位上，但没有按照法律、法规和规章所规定的职守要求行事，以致没有履行其职务，如拒绝履行职守、放弃履行职守或者不及时履行职守。二是不正确履行职务型，即行为人应该履行且能够履行，但不严肃认真地对待其职务，以致错误地履行了职务，主要表现为履行职务不尽心、不得力。至于玩忽职守行为的表现形式，需结合具体案件确定。

按照法律规定，玩忽职守罪在客观方面还必须具有“致使公共财产、国家和人民利益遭受重大损失”的危害后果，且玩忽职守行为与这一危害后果之间必须具有刑法上的因果关系。

（三）实务疑难问题

1. 罪与非罪的认定

首先，要区别工作失误、一般官僚主义与本罪的界限。工作失误与玩忽职守罪在客观上都可能给公共财产、国家和人民利益造成一定的损失，二者的区别主要在于对待职守的心理态度。工作失误者并没有违反其职责义务，相反，甚至是认真、严肃地履行了职守，只是由于客观条件变化而致使判断失误，结果造成了损失。一般官僚主义与玩忽职守罪的共同点在于都违反了职责义务，不履行或者不正确地履行职务，二者的区别主要在于所造成的危害后果在程度上不同。实际上，玩忽职守罪是一种严重的官僚主义，成立犯罪必须在客观上给公共财产、国家和人民利益造成了重大损失。如果损失不重大，则属于一般官僚主义的错误。对于工作失误和一般官僚主义错误，可以根据情节给予行政处分。《渎职解释（一）》第 1 条第 1 款对“致使公共财产、国家和人民利益遭受重大损失”的情形作了规定：（1）造成死亡 1 人以上，或者重伤 3 人以上，或者轻伤 9 人以上，或者重伤 2 人、轻伤 3 人以上，或者重伤 1 人、轻伤 6 人以上的；（2）造成经济损失 30 万元以上的；（3）造成恶劣社会影响的；（4）其他致使公共财产、国家和人民利益遭受重大损失的情形。司法实践中把握本罪的罪与非罪的界限时，上述情形应当作为依据。

其次，要区别意外事件与本罪的界限。二者的相同之处在于都造成了“重大损失”的后果，但意外事件中的损害结果是由于行为人不能抗拒或者不能预见的原因造成的，而玩忽职守的犯罪人对于危害后果是能够预见的，但因为疏忽大意而没有预见，或者已经预见而轻信能够避免造成的。

2. 正确认定责任的主体

玩忽职守案件中，有时牵涉到多人，危害后果也往往是由多人或者数人的行为综合作用所造成的，即“一果多因”。在确定本罪的责任主体时，应当准确区分直接责任人员和间接责任人员，要根据玩忽职守行为与重大损失后果之间有无内在、必然的因果关系进行区分。对于前者，应依照《刑法》第 397 条的规定追究刑事责任；对于后者，一般不追究刑事责任，可以根据情节由有关部门给予行政处分。

3. 注意本罪与滥用职权罪的区别

二者在侵犯的客体、危害后果、主观方面和主体上是基本相同的，区别主要在于危害行为不完全相同。前者表现为违反职责义务，不履行或者不正确履行职责的行为；后者则主要表现为违反法律规定的权限和程序，超越限度或者没有限度地履行职责的行为。

4. 注意本罪与法律规定的其他玩忽职守犯罪的区别

《刑法》第 397 条第 1 款中有“本法另有规定的，依照规定”的表述，这表明本条是对玩忽职守罪的概括性规定，属于普通法。而刑法分则另外规定的玩忽职守犯罪，如第 400 条第 2 款失职致使在押人员脱逃罪，第 406 条国家机关工作人员签订、履行合同失职被骗罪，第 408 条环境监管失职罪，第

409 条传染病防治失职罪，第 425 条擅离、玩忽军事职守罪等，则属于特别法。本罪与这些犯罪之间存在着法条竞合关系，在定罪时要注意加以区分。

根据《渎职解释（一）》第 2 条规定：一是国家机关工作人员实施玩忽职守行为，触犯刑法分则第九章第 398 条至第 419 条的规定的，依照该规定定罪处罚；二是国家机关工作人员玩忽职守，因不具备徇私舞弊等情形，不符合刑法分则第九章第 398 条至第 419 条的规定，但依法构成第 397 条规定的犯罪的，以玩忽职守罪定罪处罚。《刑法》第 139 条之一“不报、谎报安全事故罪”也属于特别法，该罪与玩忽职守罪有所区别，主要是主体不同。前罪的主体是安全事故事发现场、单位中的“负有报告职责的人员”。

5. 注意本罪与国有公司、企业、事业单位人员失职罪的区别

本罪与该罪的区别主要在于犯罪主体不同：前者为国家机关工作人员，而后者为国有公司、企业、事业单位的工作人员。

6. 注意本罪与医疗事故罪的区别

两者都是因行为人严重不负责任造成严重后果的行为。其区别在于：（1）犯罪主体不同。后者的主体限于医务人员，而前者的主体则是国家机关工作人员。（2）造成危害后果的性质不尽相同。后者造成的是人的死亡或者身体健康受到重大损害；而前者造成的后果除了人的死亡、重伤外，还包括财产的重大损失。

7. 注意本罪与消防责任事故罪的区别

两者的主要区别在于主体不同：前者的主体为国家机关工作人员，属特殊主体；后者为一般主体，在实践中多为机关、团体、企事业等单位中对消防工作负有直接责任的人员。

8. 海关、外汇管理部门工作人员严重不负责任，造成大量外汇被骗购或者逃汇，符合玩忽职守罪构成的，以玩忽职守罪定罪处罚。金融机构、从事对外贸易经营活动的公司、企业工作人员严重不负责任，造成大量外汇被骗购或者逃汇的，依照《刑法》第 167 条规定的签订、履行合同失职被骗罪定罪处罚。上述两类人员与骗购外汇、逃汇行为人通谋，或者明知是伪造、变造的凭证和单据而售汇、付汇的，以骗购外汇罪、逃汇罪的共犯从重处罚。

9. 根据《最高人民法院、最高人民检察院关于办理妨害预防、控制突发传染病疫情等灾害的刑事案件具体应用法律若干问题的解释》，在预防、控制突发传染病疫情等灾害的工作中，负有组织、协调、指挥、灾害调查、控制、

医疗救治、信息传递、交通运输、物资保障等职责的国家机关工作人员，玩忽职守，致使公共财产、国家和人民利益遭受重大损失的，以玩忽职守罪定罪处罚。

10. 根据《最高人民法院、最高人民检察院关于办理非法制造、买卖、运输、储存毒鼠强等禁用剧毒化学品刑事案件具体应用法律若干问题的解释》，对非法制造、买卖、运输、储存毒鼠强等禁用剧毒化学品行为负有查处职责的国家机关工作人员，玩忽职守，致使公共财产、国家和人民利益遭受重大损失的，依照《刑法》第 397 条的规定，以玩忽职守罪追究行为人刑事责任。

11. 根据《最高人民法院、最高人民检察院关于办理盗窃油气、破坏油气设备等刑事案件具体应用法律若干问题的解释》，国家机关工作人员玩忽职守，对发现或者经举报查实的未经依法批准、许可擅自从事石油、天然气勘查、开采、加工、经营等违法活动不予查封、取缔的，依照《刑法》第 397 条的规定，以玩忽职守罪定罪处罚。

（四）情节与量刑

依照《刑法》第 397 条第 1 款的规定，犯玩忽职守罪的，处 3 年以下有期徒刑或者拘役；情节特别严重的，处 3 年以上 7 年以下有期徒刑。本法另有规定的，依照规定。

依照本条第 2 款的规定，国家机关工作人员徇私舞弊，犯本罪的，处 5 年以下有期徒刑或者拘役；情节特别严重的，处 5 年以上 10 年以下有期徒刑。本法另有规定的，依照规定。

司法机关在适用上述规定对本罪行为人进行处罚时，应当注意以下问题：

1. 关于“情节特别严重”的标准，《渎职解释（一）》第 1 条第 2 款对“情节特别严重”的情形作了具体规定：（1）造成伤亡达到前款第 1 项规定人数 3 倍以上的；（2）造成经济损失 150 万元以上的；（3）造成前款规定的损失后果，不报、迟报、谎报或者授意、指使、强令他人不报、迟报、谎报事故情况，致使损失后果持续、扩大或者抢救工作延误的；（4）造成特别恶劣社会影响的；（5）其他特别严重的情节。司法实践中把握本罪“情节特别严重”时，上述情形应当作为依据。

2. 根据《最高人民法院、最高人民检察院关于办理与盗窃、抢劫、诈骗、抢夺机动车相关刑事案件具体应用法律若干问题的解释》第 3 条第 2 款、第 3

款、第 4 款和第 6 条的规定，国家机关工作人员疏于审查或者审查不严，致使盗窃、抢劫、诈骗、抢夺的机动车被办理登记手续，数量达到 5 辆以上或者价值总额达到 50 万元以上的，依照《刑法》第 397 条第 1 款的规定，以玩忽职守罪定罪，处 3 年以下有期徒刑或者拘役。

国家机关工作人员实施第 3 条第 1 款和第 2 款规定的行为，致使盗窃、抢劫、诈骗、抢夺的机动车被办理登记手续：分别达到第 3 条第 1 款和第 2 款规定数量、数额标准 5 倍以上的，或者明知是盗窃、抢劫、诈骗、抢夺的机动车而办理登记手续的，属于《刑法》第 397 条第 1 款规定的“情节特别严重”，处 3 年以上 7 年以下有期徒刑。“明知”，是指涉及的机动车有下列情形之一的：（1）没有合法有效的来历凭证；（2）发动机号、车辆识别代号有明显更改痕迹，没有合法证明的。

3. 国家机关工作人员徇私舞弊，实施上述行为，构成犯罪的，依照《刑法》第 397 条第 2 款的规定处罚。

（五）法律链接

1. **中华人民共和国行政处罚法**（1996 年 3 月 17 日第八届全国人民代表大会第四次会议通过　根据 2009 年 8 月 27 日第十一届全国人民代表大会常务委员会第十次会议《关于修改部分法律的决定》第一次修正　根据 2017 年 9 月 1 日第十二届全国人民代表大会常务委员会第二十九次会议《关于修改〈中华人民共和国法官法〉等八部法律的决定》第二次修正）（节录）

第六十二条　执法人员玩忽职守，对应当予以制止和处罚的违法行为不予制止、处罚，致使公民、法人或者其他组织的合法权益、公共利益和社会秩序遭受损害的，对直接负责的主管人员和其他直接责任人员依法给予行政处分；情节严重构成犯罪的，依法追究刑事责任。

2. **最高人民法院、最高人民检察院关于办理渎职刑事案件适用法律若干问题的解释（一）**（法释〔2012〕18 号　自 2013 年 1 月 9 日起施行）（节录）

第一条　国家机关工作人员滥用职权或者玩忽职守，具有下列情形之一的，应当认定为刑法第三百九十七条规定的“致使公共财产、国家和人民利益遭受重大损失”：

（一）造成死亡一人以上，或者重伤三人以上，或者轻伤九人以上，或者重伤二人、轻伤三人以上，或者重伤一人、轻伤六人以上的；

（二）造成经济损失三十万元以上的；

（三）造成恶劣社会影响的；

（四）其他致使公共财产、国家和人民利益遭受重大损失的情形。

具有下列情形之一的，应当认定为刑法第三百九十七条规定的“情节特别严重”：

（一）造成伤亡达到前款第（一）项规定人数三倍以上的；

（二）造成经济损失一百五十万元以上的；

（三）造成前款规定的损失后果，不报、迟报、谎报或者授意、指使、强令他人不报、迟报、谎报事故情况，致使损失后果持续、扩大或者抢救工作延误的；

（四）造成特别恶劣社会影响的；

（五）其他特别严重的情节。

3. 全国人民代表大会常务委员会关于惩治骗购外汇、逃汇和非法买卖外汇犯罪的决定（1998 年 12 月 29 日第九届全国人民代表大会常务委员会第六次会议通过）（节录）

六、海关、外汇管理部门的工作人员严重不负责任，造成大量外汇被骗购或者逃汇，致使国家利益遭受重大损失的，依照刑法第三百九十七条的规定定罪处罚。

4. 最高人民法院、最高人民检察院关于办理危害生产安全刑事案件适用法律若干问题的解释（法释〔2015〕22 号　自 2015 年 12 月 16 日起施行）（节录）

第十五条　国家机关工作人员在履行安全监督管理职责时滥用职权、玩忽职守，致使公共财产、国家和人民利益遭受重大损失的，或者徇私舞弊，对发现的刑事案件依法应当移交司法机关追究刑事责任而不移交，情节严重的，分别依照刑法第三百九十七条、第四百零二条的规定，以滥用职权罪、玩忽职守罪或者徇私舞弊不移交刑事案件罪定罪处罚。

公司、企业、事业单位的工作人员在依法或者受委托行使安全监督管理职责时滥用职权或者玩忽职守，构成犯罪的，应当依照《全国人民代表大会常务委员会关于〈中华人民共和国刑法〉第九章渎职罪主体适用问题的解释》的规定，适用渎职罪的规定追究刑事责任。

5. 最高人民法院、最高人民检察院关于办理与盗窃、抢劫、诈骗、抢夺机动车相关刑事案件具体应用法律若干问题的解释（法释〔2007〕11号　自2007年5月11日起施行）（节录）

第三条第二款、第三款、第四款　国家机关工作人员疏于审查或者审查不严，致使盗窃、抢劫、诈骗、抢夺的机动车被办理登记手续，数量达到五辆以上或者价值总额达到五十万元以上的，依照刑法第三百九十七条第一款的规定，以玩忽职守罪定罪，处三年以下有期徒刑或者拘役。

国家机关工作人员实施前两款规定的行为，致使盗窃、抢劫、诈骗、抢夺的机动车被办理登记手续，分别达到前两款规定数量、数额标准五倍以上的，或者明知是盗窃、抢劫、诈骗、抢夺的机动车而办理登记手续的，属于刑法第三百九十七条第一款规定的"情节特别严重"，处三年以上七年以下有期徒刑。

国家机关工作人员徇私舞弊，实施上述行为，构成犯罪的，依照刑法第三百九十七条第二款的规定定罪处罚。

6. 最高人民法院、最高人民检察院关于办理盗窃油气、破坏油气设备等刑事案件具体应用法律若干问题的解释（法释〔2007〕3号　自2007年1月19日起施行）（节录）

第七条　国家机关工作人员滥用职权或者玩忽职守，实施下列行为之一，致使公共财产、国家和人民利益遭受重大损失的，依照刑法第三百九十七条的规定，以滥用职权罪或者玩忽职守罪定罪处罚：

（一）超越职权范围，批准发放石油、天然气勘查、开采、加工、经营等许可证的；

（二）违反国家规定，给不符合法定条件的单位、个人发放石油、天然气勘查、开采、加工、经营等许可证的；

（三）违反《石油天然气管道保护条例》等国家规定，在油气设备安全保护范围内批准建设项目的；

（四）对发现或者经举报查实的未经依法批准、许可擅自从事石油、天然气勘查、开采、加工、经营等违法活动不予查封、取缔的。

7. 最高人民法院、最高人民检察院关于办理非法制造、买卖、运输、储存毒鼠强等禁用剧毒化学品刑事案件具体应用法律若干问题的解释（法释〔2003〕14号　自2003年10月1日起施行）（节录）

第四条　对非法制造、买卖、运输、储存毒鼠强等禁用剧毒化学品行为负有查处职责的国家机关工作人员，滥用职权或者玩忽职守，致使公共财产、国家和人民利益遭受重大损失的，依照刑法第三百九十七条的规定，以滥用职权罪或者玩忽职守罪追究刑事责任。

8. 最高人民法院、最高人民检察院关于办理妨害预防、控制突发传染病疫情等灾害的刑事案件具体应用法律若干问题的解释（法释〔2003〕8号　自2003年5月15日起施行）（节录）

第十五条　在预防、控制突发传染病疫情等灾害的工作中，负有组织、协调、指挥、灾害调查、控制、医疗救治、信息传递、交通运输、物资保障等职责的国家机关工作人员，滥用职权或者玩忽职守，致使公共财产、国家和人民利益遭受重大损失的，依照刑法第三百九十七条的规定，以滥用职权罪或者玩忽职守罪定罪处罚。

9. 最高人民法院、最高人民检察院、公安部关于严格执行刑事诉讼法，切实纠防超期羁押的通知（法〔2003〕163号　自2003年11月12日起施行）（节录）

五、严格执行超期羁押责任追究制度。超期羁押侵犯犯罪嫌疑人、被告人的合法权益，损害司法公正，对此必须严肃查处，绝不姑息。本通知发布以后，凡违反刑事诉讼法和本通知的规定，造成犯罪嫌疑人、被告人超期羁押的，对于直接负责的主管人员和其他直接责任人员，由其所在单位或者上级主管机关依照有关规定予以行政或者纪律处分；造成犯罪嫌疑人、被告人超期羁押，情节严重的，对于直接负责的主管人员和其他直接责任人员，依照刑法第三百九十七条的规定，以玩忽职守罪或者滥用职权罪追究刑事责任。

10. 全国法院审理经济犯罪案件工作座谈会纪要（法发〔2003〕167号　自2003年11月13日起施行）（节录）

一、关于贪污贿赂犯罪和渎职犯罪的主体

（一）国家机关工作人员的认定

刑法中所称的国家机关工作人员，是指在国家机关中从事公务的人员，包括在各级国家权力机关、行政机关、司法机关和军事机关中从事公务的人员。

根据有关立法解释的规定，在依照法律、法规规定行使国家行政管理职权的组织中从事公务的人员，或者在受国家机关委托代表国家行使职权的组织中从事公务的人员，或者虽未列入国家机关人员编制但在国家机关中从事公务的人员，视为国家机关工作人员。在乡（镇）以上中国共产党机关、人民政协机关中从事公务的人员，司法实践中也应当视为国家机关工作人员。

六、关于渎职罪

（一）渎职犯罪行为造成的公共财产重大损失的认定

根据刑法规定，玩忽职守、滥用职权等渎职犯罪是以致使公共财产、国家和人民利益遭受重大损失为构成要件的。其中，公共财产的重大损失，通常是指渎职行为已经造成的重大经济损失。在司法实践中，有以下情形之一的，虽然公共财产作为债权存在，但已无法实现债权的，可以认定为行为人的渎职行为造成了经济损失：

（1）债务人已经法定程序被宣告破产；

（2）债务人潜逃，去向不明；

（3）因行为人责任，致使超过诉讼时效；

（4）有证据证明债权无法实现的其他情况。

……

（四）关于“徇私”的理解

徇私舞弊型渎职犯罪的“徇私”应理解为徇个人私情、私利。国家机关工作人员为了本单位的利益，实施滥用职权、玩忽职守行为，构成犯罪的，依照刑法第三百九十七条第一款的规定定罪处罚。

11. 最高人民检察院关于对林业主管部门工作人员在发放林木采伐许可证之外滥用职权玩忽职守致使森林遭受严重破坏的行为适用法律问题的批复

（高检发释字〔2007〕1号　自2007年5月16日起施行）

福建省人民检察院：

你院《关于林业主管部门工作人员滥用职权、玩忽职守造成森林资源损毁立案标准问题的请示》（闽检〔2007〕14号）收悉。经研究，批复如下：

林业主管部门工作人员违法发放林木采伐许可证，致使森林遭受严重破坏的，依照刑法第四百零七条的规定，以违法发放林木采伐许可证罪追究刑事责任；以其他方式滥用职权或者玩忽职守，致使森林遭受严重破坏的，依照刑法第三百九十七条的规定，以滥用职权罪或者玩忽职守罪追究刑事责任，立案标准依照《最高人民检察院关于渎职侵权犯罪案件立案标准的规定》第一部分渎职犯罪案件第十八条第三款的规定执行。

此复。

12. 最高人民检察院法律政策研究室关于对海事局工作人员如何使用法律问题的答复（〔2003〕高检研发第1号　自2003年1月13日起施行）

辽宁省人民检察院研究室：

你院《关于辽宁海事局的工作人员是否为国家机关工作人员的主体认定请示》（辽检发渎检字〔2002〕1号）收悉。经研究，答复如下：

根据国办发〔1999〕90号、中编办函〔2000〕184号等文件的规定，海事局负责行使国家水上安全监督和防止船舶污染及海上设施检验、航海保障的管理职权，是国家执法监督机构。海事局及其分支机构工作人员在从事上述公务活动中，滥用职权或者玩忽职守，致使公共财产、国家和人民利益遭受重大损失的，应当依照刑法第三百九十七条的规定，以滥用职权罪或者玩忽职守罪追究刑事责任。

13. 最高人民检察院关于属工人编制的乡（镇）工商所所长能否依照刑法第三百九十七条的规定追究刑事责任问题的批复（高检发研字〔2000〕23号　自2000年10月31日起施行）

江西省人民检察院：

你院赣检研发〔2000〕3号《关于乡（镇）工商所所长（工人编制）是否属于国家机关工作人员的请示》收悉。经研究，批复如下：

根据刑法第九十三条第二款的规定，经人事部门任命，但为工人编制的乡（镇）工商所所长，依法履行工商行政管理职责时，属其他依照法律从事公务的人员，应以国家机关工作人员论。如果玩忽职守，致使公共财产、国家和人民利益遭受重大损失，可适用刑法第三百九十七条的规定，以玩忽职守罪追究刑事责任。

此复

14. 最高人民检察院关于合同制民警能否成为玩忽职守罪主体问题的批复（高检发研字〔2000〕20号　自2000年10月9日起施行）

辽宁省人民检察院：

你院辽检发诉字〔1999〕76号《关于犯罪嫌疑人李海玩忽职守一案的请示》收悉，经研究，批复如下：

根据刑法第九十三条第二款的规定，合同制民警在依法执行公务期间，属其他依照法律从事公务的人员，应以国家机关工作人员论。对合同制民警在依法执行公务活动中的玩忽职守行为，符合刑法第三百九十七条规定的玩忽职守罪构成条件的，依法以玩忽职守罪追究刑事责任。

此复

15. 出版管理条例（2001年12月25日中华人民共和国国务院令第343号公布　根据2011年3月19日《国务院关于修改〈出版管理条例〉的决定》第一次修订　根据2013年7月18日《国务院关于废止和修改部分行政法规的决定》第二次修订　根据2014年7月29日《国务院关于修改部分行政法规的决定》第三次修订　根据2016年2月6日《国务院关于修改部分行政法规的决定》第四次修订）（节录）

第六十条　出版行政主管部门或者其他有关部门的工作人员，利用职务上的便利收受他人财物或者其他好处，批准不符合法定条件的申请人取得许可证、批准文件，或者不履行监督职责，或者发现违法行为不予查处，造成严重后果的，依法给予降级直至开除的处分；构成犯罪的，依照刑法关于受贿罪、滥用职权罪、玩忽职守罪或者其他罪的规定，依法追究刑事责任。

16. 音像制品管理条例（2001年12月25日中华人民共和国国务院令第341号公布　根据2011年3月19日《国务院关于修改〈音像制品管理条例〉的决定》第一次修订　根据2013年12月7日《国务院关于修改部分行政法规的决定》第二次修订　根据2016年2月6日《国务院关于修改部分行政法规的决定》第三次修订）（节录）

第三十七条　出版行政主管部门或者其他有关行政部门及其工作人员，利用职务上的便利收受他人财物或者其他好处，批准不符合法定条件的申请人取得许可证、批准文件，或者不履行监督职责，或者发现违法行为不予查处，造成严重后果的，对负有责任的主管人员和其他直接责任人员依法给予降级直至开除的处分；构成犯罪的，依照刑法关于受贿罪、滥用职权罪、玩忽职守罪或者其他罪的规定，依法追究刑事责任。

17. 中华人民共和国国际海运条例（2001年12月11日中华人民共和国国务院令第335号公布　根据2013年7月18日《国务院关于废止和修改部分行政法规的决定》第一次修订　根据2016年2月6日《国务院关于修改部分行政法规的决定》第二次修订　根据2019年3月2日《国务院关于修改部分行政法规的决定》修正）（节录）

第四十七条　国务院交通主管部门和有关地方人民政府交通主管部门的工作人员有下列情形之一，造成严重后果，触犯刑律的，依照刑法关于滥用职权罪、玩忽职守罪或者其他罪的规定，依法追究刑事责任；尚不够刑事处罚的，依法给予行政处分：

（一）对符合本条例规定条件的申请者不予审批、许可、登记、备案，或者对不符合本条例规定条件的申请者予以审批、许可、登记、备案的；

（二）对经过审批、许可、登记、备案的国际船舶运输经营者、无船承运业务经营者不依照本条例的规定实施监督管理，或者发现其不再具备本条例规定的条件而不撤销其相应的经营资格，或者发现其违法行为后不予以查处的；

（三）对监督检查中发现的未依法履行审批、许可、登记、备案的单位和个人擅自从事国际海上运输经营活动以及与国际海上运输相关的辅助性经营活动，不立即予以取缔，或者接到举报后不依法予以处理的。

18. 中华人民共和国中外合作办学条例（2003年3月1日中华人民共和国国务院令第372号公布　根据2013年5月31日《国务院关于废止和修改部分行政法规的决定》修正　根据2019年3月2日《国务院关于修改部分行政法规的决定》修正）（节录）

第四十九条　中外合作办学审批机关及其工作人员，利用职务上的便利收取他人财物或者获取其他利益，滥用职权、玩忽职守，对不符合本条例规定条件者颁发中外合作办学许可证，或者发现违法行为不予以查处，造成严重后果，触犯刑律的，对负有责任的主管人员和其他直接责任人员，依照刑法关于受贿罪、滥用职权罪、玩忽职守罪或者其他罪的规定，依法追究刑事责任；尚不够刑事处罚的，依法给予行政处分。

第五十条　违反本条例的规定，超越职权审批中外合作办学机构的，其批准文件无效，由上级机关责令改正；对负有责任的主管人员和其他直接责任人员，依法给予行政处分；致使公共财产、国家和人民利益遭受重大损失的，依照刑法关于滥用职权罪或者其他罪的规定，依法追究刑事责任。

19. **中华人民共和国内河交通安全管理条例**（2002年6月28日中华人民共和国国务院令第355号公布　根据2011年1月8日国务院令第588号《国务院关于废止和修改部分行政法规的决定》第一次修订　根据2017年3月1日《国务院关于修改和废止部分行政法规的决定》第二次修订　根据2019年3月2日《国务院关于修改部分行政法规的决定》修正）（节录）

第八十五条　违反本条例的规定，海事管理机构不依据法定的安全条件进行审批、许可的，对负有责任的主管人员和其他直接责任人员根据不同情节，给予降级或者撤职的行政处分；造成重大内河交通事故或者致使公共财产、国家和人民利益遭受重大损失的，依照刑法关于滥用职权罪、玩忽职守罪或者其他罪的规定，依法追究刑事责任。

第八十六条　违反本条例的规定，海事管理机构对审批、许可的安全事项不实施监督检查的，对负有责任的主管人员和其他直接责任人员根据不同情节，给予记大过、降级或者撤职的行政处分；造成重大内河交通事故或者致使公共财产、国家和人民利益遭受重大损失的，依照刑法关于滥用职权罪、玩忽职守罪或者其他罪的规定，依法追究刑事责任。

第八十七条　违反本条例的规定，海事管理机构发现船舶、浮动设施不再具备安全航行、停泊、作业条件而不及时撤销批准或者许可并予以处理的，对负有责任的主管人员和其他直接责任人员根据不同情节，给予记大过、降级或者撤职的行政处分；造成重大内河交通事故或者致使公共财产、国家和人民利益遭受重大损失的，依照刑法关于滥用职权罪、玩忽职守罪或者其他罪的规定，依法追究刑事责任。

第八十八条　违反本条例的规定，海事管理机构对未经审批、许可擅自从事旅客、危险货物运输的船舶不实施监督检查，或者发现内河交通安全隐患不及时依法处理，或者对违法行为不依法予以处罚的，对负有责任的主管人员和其他直接责任人员根据不同情节，给予降级或者撤职的行政处分；造成重大内河交通事故或者致使公共财产、国家和人民利益遭受重大损失的，依照刑法关于滥用职权罪、玩忽职守罪或者其他罪的规定，依法追究刑事责任。

第八十九条　违反本条例的规定，渡口所在地县级人民政府指定的部门，有下列情形之一的，根据不同情节，对负有责任的主管人员和其他直接责任人员，给予降级或者撤职的行政处分；造成重大内河交通事故或者致使公共财产、国家和人民利益遭受重大损失的，依照刑法关于滥用职权罪、玩忽职守罪或者其他罪的规定，依法追究刑事责任：

（一）对县级人民政府批准的渡口不依法实施监督检查的；

（二）对未经县级人民政府批准擅自设立的渡口不予以查处的；

（三）对渡船超载、人与大牲畜混载、人与爆炸品、压缩气体和液化气体、易燃液体、易燃固体、自燃物品和遇湿易燃物品、氧化剂和有机过氧化物、有毒品和腐蚀品等危险品混载以及其他危及安全的行为不及时纠正并依法处理的。

20. **特种设备安全监察条例**（2003 年 3 月 11 日中华人民共和国国务院令第 373 号公布　根据 2009 年 1 月 24 日《国务院关于修改〈特种设备安全监察条例〉的决定》修订）（节录）

第九十七条　特种设备安全监督管理部门及其特种设备安全监察人员，有下列违法行为之一的，对直接负责的主管人员和其他直接责任人员，依法给予降级或者撤职的处分；触犯刑律的，依照刑法关于受贿罪、滥用职权罪、玩忽职守罪或者其他罪的规定，依法追究刑事责任：

（一）不按照本条例规定的条件和安全技术规范要求，实施许可、核准、登记的；

（二）发现未经许可、核准、登记擅自从事特种设备的生产、使用或者检验检测活动不予取缔或者不依法予以处理的；

（三）发现特种设备生产、使用单位不再具备本条例规定的条件而不撤销其原许可，或者发现特种设备生产、使用违法行为不予查处的；

（四）发现特种设备检验检测机构不再具备本条例规定的条件而不撤销其原核准，或者对其出具虚假的检验检测结果、鉴定结论或者检验检测结果、鉴定结论严重失实的行为不予查处的；

（五）对依照本条例规定在其他地方取得许可的特种设备生产单位重复进行许可，或者对依照本条例规定在其他地方检验检测合格的特种设备，重复进行检验检测的；

（六）发现有违反本条例和安全技术规范的行为或者在用的特种设备存在

严重事故隐患，不立即处理的；

（七）发现重大的违法行为或者严重事故隐患，未及时向上级特种设备安全监督管理部门报告，或者接到报告的特种设备安全监督管理部门不立即处理的；

（八）迟报、漏报、瞒报或者谎报事故的；

（九）妨碍事故救援或者事故调查处理的。

21. 退耕还林条例（2002 年 12 月 14 日中华人民共和国国务院令第 367 号公布　根据 2016 年 2 月 6 日《国务院关于修改部分行政法规的决定》修订）（节录）

第五十八条　国家机关工作人员在退耕还林活动中违反本条例的规定，有下列行为之一的，由其所在单位或者上一级主管部门责令限期改正，退还分摊的和多收取的费用，对直接负责的主管人员和其他直接责任人员，依照刑法关于滥用职权罪、玩忽职守罪或者其他罪的规定，依法追究刑事责任；尚不够刑事处罚的，依法给予行政处分：

（一）未及时处理有关破坏退耕还林活动的检举、控告的；

（二）向供应补助粮食的企业和退耕还林者分摊粮食调运费用的；

（三）不及时向持有验收合格证明的退耕还林者发放补助粮食和生活补助费的；

（四）在退耕还林合同生效时，对自行采购种苗的退耕还林者未一次付清种苗造林补助费的；

（五）集中采购种苗的，在退耕还林验收合格后，未与退耕还林者结算种苗造林补助费的；

（六）集中采购的种苗不合格的；

（七）集中采购种苗的，向退耕还林者强行收取超出国家规定种苗造林补助费标准的种苗费的；

（八）为退耕还林者指定种苗供应商的；

（九）批准粮食企业向退耕还林者供应不符合国家质量标准的补助粮食或者将补助粮食折算成现金、代金券支付的；

（十）其他不依照本条例规定履行职责的。

22. 中华人民共和国生物两用品及相关设备和技术出口管制条例（2002年10月14日中华人民共和国国务院令第365号公布）（节录）

第二十二条　对生物两用品及相关设备和技术出口实施管制的国家工作人员滥用职权、玩忽职守或者利用职务上的便利索取、收受他人财物的，依照刑法关于滥用职权罪、玩忽职守罪、受贿罪或者其他罪的规定，依法追究刑事责任；尚不够刑事处罚的，依法给予行政处分。

23. 禁止使用童工规定（2002年10月1日中华人民共和国国务院令第364号公布）（节录）

第十二条　国家行政机关工作人员有下列行为之一的，依法给予记大过或者降级的行政处分；情节严重的，依法给予撤职或者开除的行政处分；构成犯罪的，依照刑法关于滥用职权罪、玩忽职守罪或者其他罪的规定，依法追究刑事责任：

（一）劳动保障等有关部门工作人员在禁止使用童工的监督检查工作中发现使用童工的情况，不予制止、纠正、查处的；

（二）公安机关的人民警察违反规定发放身份证或者在身份证上登录虚假出生年月的；

（三）工商行政管理部门工作人员发现申请人是不满16周岁的未成年人，仍然为其从事个体经营发放营业执照的。

24. 中华人民共和国导弹及相关物项和技术出口管制条例（2002年8月22日中华人民共和国国务院令第361号公布）（节录）

第二十二条　对导弹相关物项和技术出口实施管制的国家工作人员滥用职权、玩忽职守或者利用职务上的便利索取、收受他人财物的，依照刑法关于滥用职权罪、玩忽职守罪、受贿罪或者其他罪的规定，依法追究刑事责任；尚不够刑事处罚的，依法给予行政处分。

25. 专职守护押运人员枪支使用管理条例（2002年7月27日中华人民共和国国务院令第356号公布）（节录）

第十五条　依法配备守护、押运公务用枪的单位违反枪支管理规定，有下列情形之一的，对直接负责的主管人员和其他直接责任人员依法给予记大过、降级或者撤职的行政处分或者相应的纪律处分；造成严重后果的，依照刑法关于玩忽职守罪、滥用职权罪、丢失枪支不报罪或者其他罪的规定，依法追究刑事责任：

（一）未建立或者未能有效执行持枪人员管理责任制度的；

（二）将不符合法定条件的专职守护、押运人员报送公安机关审批或者允许没有持枪证件的人员携带、使用枪支的；

（三）使用枪支后，不报告公安机关的；

（四）未建立或者未能有效执行枪支、弹药管理制度，造成枪支、弹药被盗、被抢或者丢失的；

（五）枪支、弹药被盗、被抢或者丢失，未及时报告公安机关的；

（六）不按照规定审验枪支的；

（七）不上缴报废枪支的；

（八）发生其他涉枪违法违纪案件的。

第十七条 公安机关有下列行为之一，造成严重后果的，对直接负责的主管人员和其他直接责任人员依照刑法关于滥用职权罪、玩忽职守罪的规定，依法追究刑事责任；尚不够刑事处罚的，依法给予记大过、降级或者撤职的行政处分：

（一）超出法定范围批准有关单位配备守护、押运公务用枪的；

（二）为不符合法定条件的人员发放守护、押运公务用枪持枪证件的；

（三）不履行本条例规定的监督管理职责，造成后果的。

26. 行政区域界线管理条例（2002年5月13日中华人民共和国国务院令第353号公布）（节录）

第十六条 违反本条例的规定，有关国家机关工作人员在行政区域界线管理中有下列行为之一的，根据不同情节，依法给予记大过、降级或者撤职的行政处分；致使公共财产、国家和人民利益遭受重大损失的，依照刑法关于滥用职权罪、玩忽职守罪的规定，依法追究刑事责任：

（一）不履行行政区域界线批准文件和行政区域界线协议书规定的义务，或者不执行行政区域界线的批准机关的决定的；

（二）不依法公布批准的行政区域界线的；

（三）擅自移动、改变行政区域界线标志，或者命令、指使他人擅自移动、改变行政区域界线标志，或者发现他人擅自移动、改变行政区域界线标志不予制止的；

（四）毗邻方未在场时，擅自维修行政区域界线标志的。

27. **使用有毒物品作业场所劳动保护条例**（2002年5月12日中华人民共和国国务院令第352号公布）（节录）

第五十七条　卫生行政部门的工作人员有下列行为之一，导致职业中毒事故发生的，依照刑法关于滥用职权罪、玩忽职守罪或者其他罪的规定，依法追究刑事责任；造成职业中毒危害但尚未导致职业中毒事故发生，不够刑事处罚的，根据不同情节，依法给予降级、撤职或者开除的行政处分：

（一）对不符合本条例规定条件的涉及使用有毒物品作业事项，予以批准的；

（二）发现用人单位擅自从事使用有毒物品作业，不予取缔的；

（三）对依法取得批准的用人单位不履行监督检查职责，发现其不再具备本条例规定的条件而不撤销原批准或者发现违反本条例的其他行为不予查处的；

（四）发现用人单位存在职业中毒危害，可能造成职业中毒事故，不及时依法采取控制措施的。

28. **医疗事故处理条例**（2002年4月4日中华人民共和国国务院令第351号公布）（节录）

第五十三条　卫生行政部门的工作人员在处理医疗事故过程中违反本条例的规定，利用职务上的便利收受他人财物或者其他利益，滥用职权，玩忽职守，或者发现违法行为不予查处，造成严重后果的，依照刑法关于受贿罪、滥用职权罪、玩忽职守罪或者其他有关罪的规定，依法追究刑事责任；尚不够刑事处罚的，依法给予降级或者撤职的行政处分。

29. **指导外商投资方向规定**（2002年2月11日中华人民共和国国务院令第346号公布）（节录）

第十五条　审批机关工作人员滥用职权、玩忽职守的，依照刑法关于滥用职权罪、玩忽职守罪的规定，依法追究刑事责任；尚不够刑事处罚的，依法给予记大过以上的行政处分。

30. **电影管理条例**（2001年12月25日中华人民共和国国务院令第342号公布）（节录）

第五十四条　国务院广播电影电视行政部门和县级以上地方人民政府电影行政部门或者其他有关部门及其工作人员，利用职务上的便利收受他人财物或者其他好处，批准不符合法定设立条件的电影片的制片、发行和放映单位，或者不履行监督职责，或者发现违法行为不予查处，造成严重后果的，对负有责任的主管人员和其他直接责任人员依照刑法关于受贿罪、滥用职权罪、玩忽职守罪或者其他罪的规定，依法追究刑事责任；尚不够刑事处罚的，给予降级或者撤职的行政处分。

31. 外国律师事务所驻华代表机构管理条例（2001 年 12 月 22 日中华人民共和国国务院令第 338 号公布）（节录）

第三十三条 司法行政部门工作人员有下列违法行为之一的，对负有责任的主管人员和其他直接责任人员依法给予降级、撤职或者开除的行政处分：

（一）对不符合本条例规定条件的拟设代表机构或者拟任代表决定发给执业执照、执业证书的；

（二）利用职务上的便利收受财物、谋取私利的；

（三）违反本条例的规定，对应当撤销代表机构或者代表执业许可，收回执业执照、执业证书的不予撤销、收回，或者对应当注销的执业注册不予注销的；

（四）依法收缴罚款不开具罚款收据或者不如实填写罚款数额的；

（五）不执行罚款收缴分离制度或者不按照规定将依法收取的费用、收缴的罚款及没收的违法所得全部上缴国库的；

（六）对代表机构及其代表违反本条例规定的行为不及时查处的；

（七）有不严格执法或者滥用职权的其他行为，造成严重后果的。

有前款所列违法行为之一，致使公共财产、国家和人民利益遭受严重损失的，依照刑法关于滥用职权罪、玩忽职守罪或者受贿罪的规定，依法追究刑事责任。

32. 中华人民共和国货物进出口管理条例（2001 年 12 月 10 日中华人民共和国国务院令第 332 号公布）（节录）

第七十条 货物进出口管理工作人员在履行货物进出口管理职责中，滥用职权、玩忽职守或者利用职务上的便利收受、索取他人财物的，依照刑法关于滥用职权罪、玩忽职守罪、受贿罪或者其他罪的规定，依法追究刑事责任；尚不够刑事处罚的，依法给予行政处分。

33. **农药管理条例**（1997 年 5 月 8 日中华人民共和国国务院令第 216 号发布　根据 2001 年 11 月 29 日《国务院关于修改〈农药管理条例〉的决定》修订　2017 年 2 月 8 日国务院第 164 次常务会议修订通过）（节录）

第四十九条　县级以上人民政府农业主管部门及其工作人员有下列行为之一的，由本级人民政府责令改正；对负有责任的领导人员和直接责任人员，依法给予处分；负有责任的领导人员和直接责任人员构成犯罪的，依法追究刑事责任：

（一）不履行监督管理职责，所辖行政区域的违法农药生产、经营活动造成重大损失或者恶劣社会影响；

（二）对不符合条件的申请人准予许可或者对符合条件的申请人拒不准予许可；

（三）参与农药生产、经营活动；

（四）有其他徇私舞弊、滥用职权、玩忽职守行为。

34. **金融机构撤销条例**（2001 年 11 月 23 日中华人民共和国国务院令第 324 号公布）（节录）

第三十一条　中国人民银行的工作人员违法审批金融机构，对金融机构不依法实施监督管理、不依法查处违法行为，情节严重、导致金融机构被撤销的，依照刑法关于滥用职权罪、玩忽职守罪或者其他罪的规定，依法追究刑事责任；尚不够刑事处罚的，给予记大过、降级或者撤职的行政处分。

第三十二条　任何国家机关工作人员非法干预金融机构的正常经营活动，对该金融机构被撤销负有直接责任的，依照刑法关于滥用职权罪或者其他罪的规定，依法追究刑事责任；尚不够刑事处罚的，给予记大过、降级或者撤职的行政处分。

35. **国务院关于特大安全事故行政责任追究的规定**（2001 年 4 月 21 日国务院令第 302 号公布）（节录）

第二条　地方人民政府主要领导人和政府有关部门正职负责人对下列特大安全事故的防范、发生，依照法律、行政法规和本规定的规定有失职、渎职情形或者负有领导责任的，依照本规定给予行政处分；构成玩忽职守罪或者其他罪的，依法追究刑事责任：

（一）特大火灾事故；

（二）特大交通安全事故；

（三）特大建筑质量安全事故；

（四）民用爆炸物品和化学危险品特大安全事故；

（五）煤矿和其他矿山特大安全事故；

（六）锅炉、压力容器、压力管道和特种设备特大安全事故；

（七）其他特大安全事故。

地方人民政府和政府有关部门对特大安全事故的防范、发生直接负责的主管人员和其他直接责任人员，比照本规定给予行政处分；构成玩忽职守罪或者其他罪的，依法追究刑事责任。

特大安全事故肇事单位和个人的刑事处罚、行政处罚和民事责任，依照有关法律、法规和规章的规定执行。

第十条　中小学校对学生进行劳动技能教育以及组织学生参加公益劳动等社会实践活动，必须确保学生安全。严禁以任何形式、名义组织学生从事接触易燃、易爆、有毒、有害等危险品的劳动或者其他危险性劳动。严禁将学校场地出租作为从事易燃、易爆、有毒、有害等危险品的生产、经营场所。

中小学校违反前款规定的，按照学校隶属关系，对县（市、区）、乡（镇）人民政府主要领导人和县（市、区）人民政府教育行政部门正职负责人，根据情节轻重，给予记过、降级直至撤职的行政处分；构成玩忽职守罪或者其他罪的，依法追究刑事责任。

中小学校违反本条第一款规定的，对校长给予撤职的行政处分，对直接组织者给予开除公职的行政处分；构成非法制造爆炸物罪或者其他罪的，依法追究刑事责任。

第十一条　依法对涉及安全生产事项负责行政审批（包括批准、核准、许可、注册、认证、颁发证照、竣工验收等，下同）的政府部门或者机构，必须严格依照法律、法规和规章规定的安全条件和程序进行审查；不符合法律、法规和规章规定的安全条件的，不得批准；不符合法律、法规和规章规定的安全条件，弄虚作假，骗取批准或者勾结串通行政审批工作人员取得批准的，负责行政审批的政府部门或者机构除必须立即撤销原批准外，应当对弄虚作假骗取批准或者勾结串通行政审批工作人员的当事人依法给予行政处罚；构成行贿罪或者其他罪的，依法追究刑事责任。

负责行政审批的政府部门或者机构违反前款规定，对不符合法律、法规和规章规定的安全条件予以批准的，对部门或者机构的正职负责人，根据情节轻重，给予降级、撤职直至开除公职的行政处分；与当事人勾结串通的，应当开除公职；构成受贿罪、玩忽职守罪或者其他罪的，依法追究刑事责任。

第十二条 对依照本规定第十一条第一款的规定取得批准的单位和个人，负责行政审批的政府部门或者机构必须对其实施严格监督检查；发现其不再具备安全条件的，必须立即撤销原批准。

负责行政审批的政府部门或者机构违反前款规定，不对取得批准的单位和个人实施严格监督检查，或者发现其不再具备安全条件而不立即撤销原批准的，对部门或者机构的正职负责人，根据情节轻重，给予降级或者撤职的行政处分；构成受贿罪、玩忽职守罪或者其他罪的，依法追究刑事责任。

第十三条 对未依法取得批准，擅自从事有关活动的，负责行政审批的政府部门或者机构发现或者接到举报后，应当立即予以查封、取缔，并依法给予行政处罚；属于经营单位的，由工商行政管理部门依法相应吊销营业执照。

负责行政审批的政府部门或者机构违反前款规定，对发现或者举报的未依法取得批准而擅自从事有关活动的，不予查封、取缔、不依法给予行政处罚，工商行政管理部门不予吊销营业执照的，对部门或者机构的正职负责人，根据情节轻重，给予降级或者撤职的行政处分；构成受贿罪、玩忽职守罪或者其他罪的，依法追究刑事责任。

第十四条 市（地、州）、县（市、区）人民政府依照本规定应当履行职责而未履行，或者未按照规定的职责和程序履行，本地区发生特大安全事故的，对政府主要领导人，根据情节轻重，给予降级或者撤职的行政处分；构成玩忽职守罪的，依法追究刑事责任。

负责行政审批的政府部门或者机构、负责安全监督管理的政府有关部门，未依照本规定履行职责，发生特大安全事故的，对部门或者机构的正职负责人，根据情节轻重，给予撤职或者开除公职的行政处分；构成玩忽职守罪或者其他罪的，依法追究刑事责任。

三、故意泄露国家秘密罪

（一）法律规定

第三百九十八条　国家机关工作人员违反保守国家秘密法的规定，故意或者过失泄露国家秘密，情节严重的，处三年以下有期徒刑或者拘役；情节特别严重的，处三年以上七年以下有期徒刑。

非国家机关工作人员犯前款罪的，依照前款的规定酌情处罚。

（二）罪名详解

故意泄露国家秘密罪，是指国家机关工作人员故意泄露国家秘密，情节严重的行为。

本罪是从 1988 年 9 月 5 日第七届全国人民代表大会常务委员会第三次会议通过的《保守国家秘密法》第 31 条的规定吸收改为刑法的具体规定的。1979 年《刑法》第 186 条只有泄露国家重要机密罪的规定。

故意泄露国家秘密罪的构成要件是：

1. 主体要件

本罪的犯罪主体一般是国家机关工作人员，非国家机关工作人员也可以构成。

2. 客体要件

本罪侵犯的客体是国家的保密制度。犯罪对象是国家秘密。

国家保密制度是国家关于保守国家秘密的法律、法规和规章的总称。“国家秘密”，是指关系国家安全和利益，依照法律的程序确定，在一定的时间内只限于一定范围的人员知悉的事项。根据保守国家秘密法的规定，国家秘密主要包括以下内容：（1）国家事务重大决策中的秘密事项；（2）国防建设和武装力量活动中的秘密事项；（3）外交和外事活动中的秘密事项以及对外承担保密义务的秘密事项；（4）国民经济和社会发展中的秘密事项；（5）科学技术中的秘密事项；（6）维护国家安全活动和追查刑事犯罪中的秘密事项；（7）经国家保密行政管理部门确定的其他秘密事项。建立国家保密制度，是为了保护国家的安全和利益不受侵犯。国家秘密往往涉及国家事务的重大事项和决策，国防建设和武装力量的活动，外交和外交事务，维护国家安全及追查犯罪的活动等重要事项。这些事项一旦泄露而为不应知悉的人员获取，就会给国家的安全和利益造成损害。因此，对于泄露的行为人，轻者要给予行政处分；情节严重的，还应追究其刑事责任。

3. 主观要件

本罪主观方面由故意构成，即明知自己的行为会泄露国家秘密，并且希望或者放任这种结果的发生，以致发生危害国家安全和利益的损害结果。犯罪的动机可能是牟取私利、向人炫耀、徇私情，也可能出于其他动机。动机不同，不影响本罪的成立。过失不构成本罪。

4. 客观要件

本罪客观方面表现为违反保守国家秘密法的规定，泄露国家秘密的行为。保守国家秘密法将国家秘密分为“绝密”“机密”“秘密”三级。“绝密”，是最重要的国家秘密，一旦泄露，会使国家的安全和利益受到特别严重的损害。“机密”，是重要的国家秘密，一旦泄露，会使国家的安全和利益受到严重的损失。“秘密”，是一般的国家秘密，一旦泄露，会使国家的安全和利益受到损害。“泄露国家秘密”，是指行为人把自己掌管的或者知悉的国家秘密，在秘密事项处于保密期间，使不应该让其他人员知悉的秘密而让其知悉的行为，具体方式是多种多样的：可以是口头告知或者传播，也可以书面的形式；可以是私下告知，也可以是公开传播；可以是向一人泄露，也可以是向数人或者众人泄露。不管采取何种方式，只要使不应该知悉的人员知悉，即属泄露国家秘密。泄露的内容，可以是各种秘密级别的国家秘密，包括“绝密”“机密”和“秘密”三个级别。

依照法律规定，泄露国家秘密的行为，除需符合以上构成要件外，还必须达到“情节严重”的程度，才构成犯罪。在最高人民法院出台相关司法解释之前，可以参考《最高人民检察院关于渎职侵权犯罪案件立案标准的规定》对本罪立案追诉的标准来认定是否达到“情节严重”。

（三）实务疑难问题

1. 罪与非罪的认定

“情节严重”，是区分本罪与一般违法行为的要件。不具有严重情节的，属于一般违法行为。是否达到“情节严重”的程度，可以从泄露秘密的手段、时间、地点、危害后果、秘密级别与获取秘密人员的情况等方面考虑，并结合泄密人员的动机、目的以及一贯表现、泄密后的悔过情况，加以综合判断。

2. 注意本罪与为境外窃取、刺探、收买、非法提供国家秘密、情报罪的区别

二者在侵犯的客体、对象和主体等方面是不完全相同的。后者侵犯的客体是国家安全，犯罪对象包括国家秘密和情报，犯罪主体为一般主体。但是二者之间存在法条竞合关系。如果国家机关工作人员故意将国家秘密泄露给境外的机构、组织、人员，就发生了法条竞合关系，则应按照重法优于轻法的处罚原则，适用重法即为境外窃取、刺探、收买、非法提供国家秘密、情报罪；如果行为人对境外的机构、组织、人员不存在明知的，仍应以本罪处罚。

3. 划清一罪与数罪的界限

国家机关工作人员受贿后故意向他人泄露国家秘密，如果受贿成立犯罪的，以故意泄露国家秘密罪和受贿罪数罪并罚。在司法实践中，对于犯《刑法》第399条之外的渎职犯罪同时构成受贿罪的是择一重处还是数罪并罚存在认识分歧，做法也不一。《渎职解释（一）》第3条明确规定："国家机关工作人员实施渎职犯罪并收受贿赂，同时构成受贿罪的，除刑法另有规定外，以渎职犯罪和受贿罪数罪并罚。"由于受贿罪并不以为他人实际谋取利益、更不以渎职为他人谋取非法利益为构成要件，渎职犯罪和受贿罪具有相互独立性，数罪并罚不存在明显的重复评价问题，因此，这一规定不仅可以提高对渎职犯罪的社会认知，有助于对渎职犯罪的查处，而且也有利于体现罪行相适应的原则。[①]

（四）情节与量刑

依照《刑法》第398条第1款的规定，犯故意泄露国家秘密罪的，处3年以下有期徒刑或者拘役；情节特别严重的，处3年以上7年以下有期徒刑。

依照本条第2款规定，非国家机关工作人员犯本罪的，依照前款的规定酌情处罚。

---

① 以下涉及渎职犯罪的处罚原则与此相同，不再赘述。

（五）法律链接

1. **中华人民共和国保守国家秘密法**（2010 年 4 月 29 日第十一届全国人民代表大会常务委员会第十四次会议修订通过　自 2010 年 10 月 1 日起施行）（节录）

第四十八条第一款　违反本法规定，有下列行为之一的，依法给予处分；构成犯罪的，依法追究刑事责任：

（一）非法获取、持有国家秘密载体的；

（二）买卖、转送或者私自销毁国家秘密载体的；

（三）通过普通邮政、快递等无保密措施的渠道传递国家秘密载体的；

（四）邮寄、托运国家秘密载体出境，或者未经有关主管部门批准，携带、传递国家秘密载体出境的；

（五）非法复制、记录、存储国家秘密的；

（六）在私人交往和通信中涉及国家秘密的；

（七）在互联网及其他公共信息网络或者未采取保密措施的有线和无线通信中传递国家秘密的；

（八）将涉密计算机、涉密存储设备接入互联网及其他公共信息网络的；

（九）在未采取防护措施的情况下，在涉密信息系统与互联网及其他公共信息网络之间进行信息交换的；

（十）使用非涉密计算机、非涉密存储设备存储、处理国家秘密信息的；

（十一）擅自卸载、修改涉密信息系统的安全技术程序、管理程序的；

（十二）将未经安全技术处理的退出使用的涉密计算机、涉密存储设备赠送、出售、丢弃或者改作其他用途的。

2. **中华人民共和国海关法**（1987 年 1 月 22 日第六届全国人民代表大会常务委员会第十九次会议通过　根据 2000 年 7 月 8 日第九届全国人民代表大会常务委员会第十六次会议《关于修改〈中华人民共和国海关法〉的决定》第一次修正　根据 2013 年 6 月 29 日第十二届全国人民代表大会常务委员会第三次会议《关于修改〈中华人民共和国文物保护法〉等十二部法律的决定》第二次修正　根据 2013 年 12 月 28 日第十二届全国人民代表大会常务委员会第六次会议《关于修改〈中华人民共和国海洋环境保护法〉等七部法律的决定》第三次修正　根据 2016 年 11 月 7 日第十二届全国人民代表大会常务委员会第二十四次会议《关于修改〈中华人民共和国对外贸易法〉第十二部法

律的决定》第四次修正　根据2017年11月4日第十二届全国人民代表大会常务委员会第三十次会议《关于修改〈中华人民共和国会计法〉第十一部法律的决定》第五次修正）（节录）

第七十二条　海关工作人员必须秉公执法，廉洁自律，忠于职守，文明服务，不得有下列行为：

（一）包庇、纵容走私或者与他人串通进行走私；

（二）非法限制他人人身自由，非法检查他人身体、住所或者场所，非法检查、扣留进出境运输工具、货物、物品；

（三）利用职权为自己或者他人谋取私利；

（四）索取、收受贿赂；

（五）泄露国家秘密、商业秘密和海关工作秘密；

（六）滥用职权，故意刁难，拖延监管、查验；

（七）购买、私分、占用没收的走私货物、物品；

（八）参与或者变相参与营利性经营活动；

（九）违反法定程序或者超越权限执行职务；

（十）其他违法行为。

第九十六条　海关工作人员有本法第七十二条所列行为之一的，依法给予行政处分；有违法所得的，依法没收违法所得；构成犯罪的，依法追究刑事责任。

3. 最高人民法院关《中华人民共和国刑法修正案（九）》时间效力问题的解释（法释〔2015〕19号　自2015年11月1日起施行）（节录）

第六条　对于2015年10月31日以前组织考试作弊，为他人组织考试作弊提供作弊器材或者其他帮助，以及非法向他人出售或者提供考试试题、答案，根据修正前刑法应当以非法获取国家秘密罪、非法生产、销售间谍专用器材罪或者故意泄露国家秘密罪等追究刑事责任的，适用修正前刑法的有关规定。但是，根据修正后刑法第二百八十四条之一的规定处刑较轻的，适用修正后刑法的有关规定。

四、过失泄露国家秘密罪

（一）法律规定

第三百九十八条　国家机关工作人员违反保守国家秘密法的规定，故意或者过失泄露国家秘密，情节严重的，处三年以下有期徒刑或者拘役；情节特别严重的，处三年以上七年以下有期徒刑。

非国家机关工作人员犯前款罪的，依照前款的规定酌情处罚。

（二）罪名详解

过失泄露国家秘密罪，是指国家机关工作人员过失泄露国家秘密，情节严重的行为。

本罪是从《保守国家秘密法》第31条的规定吸收改为刑法的具体规定的。1979年《刑法》第186条只有泄露国家重要机密罪的规定。

过失泄露国家秘密罪的构成要件是：

1. 主体要件

本罪的犯罪主体一般为国家机关工作人员；非国家机关工作人员也可以构成。

2. 客体要件

本罪侵犯的客体是国家的保密制度。犯罪对象是国家秘密，包括“绝密”“机密”和“秘密”三个级别。

3. 主观要件

本罪主观方面由过失构成，即应当预见自己的行为可能产生泄露国家秘密的后果，由于疏忽大意没有预见，或者已经预见而轻信能够避免，以致泄露国家秘密的。故意不能构成本罪。

4. 客观要件

本罪客观方面表现为违反保守国家秘密法的规定，泄露国家秘密，情节严重的行为。

（三）实务疑难问题

1. 罪与非罪的认定

情节是否严重是区分犯罪行为与违法行为的关键。过失泄露国家秘密的行为，如果情节不严重的，则属一般违法行为，不构成犯罪。在最高人民法院出台相关司法解释之前，可以参考《最高人民检察院关于渎职侵权犯罪案件立案标准的规定》对本罪立案追诉的标准来认定是否达到“情节严重”。

2. 注意本罪与故意泄露国家秘密罪的区别

《刑法》第 398 条第 1 款包括两个独立的罪名：一是过失泄露国家秘密罪；二是故意泄露国家秘密罪。二者区别的关键在于行为人的主观方面不同：前者是过失，后者则是故意。

（四）情节与量刑

依照《刑法》第 398 条第 1 款的规定，犯过失泄露国家秘密罪的，处 3 年以下有期徒刑或者拘役；情节特别严重的，处 3 年以上 7 年以下有期徒刑。

依照本条第 2 款规定，非国家机关工作人员犯本罪的，依照前款的规定酌情处罚。

（五）法律链接

中华人民共和国保守国家秘密法（2010 年 4 月 29 日第十一届全国人民代表大会常务委员会第十四次会议修订通过）（节录）

第四十八条第一款 违反本法规定，有下列行为之一的，依法给予处分；构成犯罪的，依法追究刑事责任：

（一）非法获取、持有国家秘密载体的；

（二）买卖、转送或者私自销毁国家秘密载体的；

（三）通过普通邮政、快递等无保密措施的渠道传递国家秘密载体的；

（四）邮寄、托运国家秘密载体出境，或者未经有关主管部门批准，携带、传递国家秘密载体出境的；

（五）非法复制、记录、存储国家秘密的；

（六）在私人交往和通信中涉及国家秘密的；

（七）在互联网及其他公共信息网络或者未采取保密措施的有线和无线通

信中传递国家秘密的；

（八）将涉密计算机、涉密存储设备接入互联网及其他公共信息网络的；

（九）在未采取防护措施的情况下，在涉密信息系统与互联网及其他公共信息网络之间进行信息交换的；

（十）使用非涉密计算机、非涉密存储设备存储、处理国家秘密信息的；

（十一）擅自卸载、修改涉密信息系统的安全技术程序、管理程序的；

（十二）将未经安全技术处理的退出使用的涉密计算机、涉密存储设备赠送、出售、丢弃或者改作其他用途的。

五、徇私枉法罪

（一）法律规定

第三百九十九条[①]第一款　司法工作人员徇私枉法、徇情枉法，对明知是无罪的人而使他受追诉、对明知是有罪的人而故意包庇不使他受追诉，或者在刑事审判活动中故意违背事实和法律作枉法裁判的，处五年以下有期徒刑或者拘役；情节严重的，处五年以上十年以下有期徒刑；情节特别严重的，处十年以上有期徒刑。

第四款　司法工作人员收受贿赂，有前三款行为的，同时又构成本法第三百八十五条规定之罪的，依照处罚较重的规定定罪处罚。

（二）罪名详解

徇私枉法罪，是指司法工作人员出于私情，故意违背事实和法律，在追

---

① 本条经2002年12月28日《刑法修正案（四）》第8条修订。

《刑法》原第399条为："司法工作人员徇私枉法、徇情枉法，对明知是无罪的人而使他受追诉、对明知是有罪的人而故意包庇不使他受追诉，或者在刑事审判活动中故意违背事实和法律作枉法裁判的，处五年以下有期徒刑或者拘役；情节严重的，处五年以上十年以下有期徒刑；情节特别严重的，处十年以上有期徒刑。

"在民事、行政审判活动中故意违背事实和法律作枉法裁判，情节严重的，处五年以下有期徒刑或者拘役；情节特别严重的，处五年以上十年以下有期徒刑。

"司法工作人员贪赃枉法，有前两款行为的，同时又构成本法第三百八十五条规定之罪的，依照处罚较重的规定定罪处罚。"

诉或者刑事审判活动中作枉法决定或者裁判的行为。

本罪在1979年《刑法》第188条中作了规定，但罪名为徇私舞弊罪。根据1997年《刑法》第399条第1款的规定，最高人民法院将本罪的罪名改为徇私枉法罪；而最高人民检察院将本罪的罪名确定为“枉法追诉、裁判罪”。2002年3月15日，最高人民法院、最高人民检察院发布的《关于执行〈中华人民共和国刑法〉确定罪名的补充规定》明确规定本罪的罪名为“徇私枉法罪”，并取消了“枉法追诉、裁判罪”这一罪名。

徇私枉法罪的构成要件是：

1. 主体要件

本罪的犯罪主体为特殊主体，即司法工作人员。

根据《刑法》第94条的规定，司法工作人员是指有侦查、检察、审判、监管职责的工作人员。就本罪主体而言，一般由有侦查、检察、审判职责的工作人员构成。但有监管职责的工作人员依法对罪犯在监狱内犯罪的案件进行侦查时也可成为本罪的主体。另外，人民陪审员也可以成为本罪的主体。行政执法人员有本款行为，构成犯罪的，可以《刑法》第310条包庇罪或者第402条徇私舞弊不移交刑事案件罪定罪处罚。非司法工作人员与司法工作人员勾结有第399条第1款行为，构成犯罪的，对非司法工作人员以徇私枉法罪的共犯追究刑事责任。

2. 客体要件

本罪侵犯的客体是国家司法机关的正常活动。

司法工作人员代表国家行使司法权，因此，必须忠于职守，忠实于事实和法律，维护国家法律的严肃性。在刑事诉讼活动中，司法工作人员担负着惩罚犯罪、保护人民的神圣使命。为此，在侦查、起诉、审判和监管等活动中，司法工作人员应当在查明案件事实的基础上，认真执行刑法和刑事诉讼法，将有罪的人绳之以法、给予应有的惩罚，保护无罪的人不受刑事追究。司法工作人员在履行职务的过程中，如果屈从私情，故意违背事实和法律，作出枉法的决定或者裁判，不仅违背了起码的司法职业道德，而且会侵犯公民的合法权益，从根本上讲会破坏国家司法机关的威信和正常活动，损害法律的严肃性。因此，对徇私枉法犯罪行为必须予以刑罚惩罚。

3. 主观要件

本罪主观方面只能由直接故意构成，即行为人明知自己的行为是违背事实和法律的，并且希望枉法结果的发生。行为人的动机是徇私、徇情。间接故意和过失不构成本罪。

4. 客观要件

客观方面表现为违背事实和法律，在追诉或者刑事审判活动中作枉法决定或者裁判的行为。

“违背事实和法律”，是指不忠于事实真相、不遵守法律规定，具体表现为：一是在追诉活动中作枉法决定。主要是指在侦查、起诉活动中，违反法律关于追究刑事责任、强制措施、立案侦查、移送起诉、提起公诉和不起诉等制度的规定，对明知是无罪的人而使他受追诉，对明知是有罪的人而故意包庇不使他受追诉。“追诉”，是指从立案到向法院提起公诉的司法行为。作出的枉法决定一般是书面的，如立案或者不立案决定书、批准逮捕或者不批准逮捕决定书、起诉书或者不起诉决定书等，也可以是口头的；既可以是明示的，也可以是默示的，如应当立案侦查而私自决定不立案侦查。二是在刑事审判活动中作枉法裁判，包括把有罪的人判为无罪，把无罪的人判为有罪，轻罪重判或者重罪轻判等情形。

（三）实务疑难问题

1. 罪与非罪的认定

区分徇私枉法罪与非罪的关键在于行为人的主观心理状态不同。如果司法工作人员故意违背事实和法律，并且出于徇私情的动机，则可构成本罪。如果主观上不是出于故意，只是由于思想方法片面，工作方法简单、不认真；或者法律素质和水平不高而导致错捕、错诉、错判的，则不构成本罪。在最高人民法院出台相关司法解释之前，可以参考《最高人民检察院关于渎职侵权犯罪案件立案标准的规定》对本罪立案追诉的标准来认定是否达到“情节严重”。

2. 划清一罪与数罪的界限

行为人滥用职权以妨害作证（即以暴力、威胁等方法阻止证人作证或者指使他人作伪证）或者帮助当事人毁灭、伪造证据为手段而徇私枉法，其手段行为构成犯罪的，应当按照牵连犯的处理原则，从一重罪即徇私枉法罪处罚。同样，司法工作人员犯徇私枉法罪，其手段行为又触犯了刑讯逼供罪或者暴力取证罪的，也应从一重罪即徇私枉法罪处断。

3. 根据本款和《最高人民检察院关于渎职侵权犯罪案件立案标准的规定》中关于“徇私枉法案”的规定，行为人徇私枉法，具有下列情形之一的，可构成第 399 条第 1 款“枉法追诉”型（即对明知是无罪的人而使他受追诉）、“枉法不究”型（即对明知是有罪的人而故意包庇不使他受追诉）的犯罪，而不限于第 399 条第 1 款“枉法裁判”型的（即在刑事审判活动中作枉法裁判，包括有罪判无罪、无罪判有罪，或者重罪轻判、轻罪重判）犯罪：（1）对明知是无罪的人予以立案、侦查、起诉的；（2）对明知是有罪的人不予立案、侦查、起诉的；（3）故意使罪重的人受较轻的追诉，或者使罪轻的人受较重的追诉的；（4）在立案后，隐瞒事实、违反法律，应当采取强制措施而不采取强制措施，或者虽然采取强制措施，但不当作为，致使犯罪嫌疑人、被告人实际脱离司法机关侦控的。

4. 在刑事附带民事审判中，行为人就刑事部分作枉法裁判的，构成《刑法》第 399 条第 1 款徇私枉法罪；就刑事部分和附带民事部分均作枉法裁判，同时触犯本罪和《刑法》第 399 条第 2 款民事、行政枉法裁判罪的，应从一重罪处断。

5. 司法工作人员有《刑法》第 399 条第 1 款规定的枉法行为，但未徇私、徇情的，不构成本罪，如果符合滥用职权罪、玩忽职守罪构成的，可以滥用职权罪、玩忽职守罪定罪处罚。

6. 司法工作人员（包括司法机关的专业技术人员）对与案件有重要关系的情节，故意作虚假鉴定、记录、翻译，意图陷害他人或者隐匿罪证的，根据《刑法》第 399 条第 1 款、第 305 条，应以徇私枉法罪定罪处罚。

7. 司法工作人员在刑事诉讼活动中徇私、徇情，以作假证明、笔录，毁灭证据、伪造证据、妨害作证等手段包庇犯罪分子，同时触犯《刑法》第 399 条第 1 款、第 305 条、第 307 条的，应从一重罪处断，即以徇私枉法罪定罪处罚，不再适用伪证罪、帮助毁灭、伪造证据罪、妨害作证罪等规定。

在查禁案件和刑事诉讼活动之外有上述行为，构成犯罪的，以相应犯罪定罪处罚。在查禁案件中，通风报信、提供便利，帮助犯罪分子（含走私、贩卖、运输、制造毒品的犯罪分子）逃避刑事处罚的，依照《刑法》第 417 条帮助犯罪分子逃避处罚罪定罪处罚；放纵制售伪劣商品犯罪行为，徇私舞弊，不履行法律规定的追究职责，情节严重的，依照《刑法》第 414 条放纵制售伪劣商品犯罪行为罪定罪处罚。

（四）情节与量刑

依照《刑法》第399条第1款的规定，犯徇私枉法罪的，处5年以下有期徒刑或者拘役；情节严重的，处5年以上10年以下有期徒刑；情节特别严重的，处10年以上有期徒刑。

司法机关在适用上述规定对本罪行为人进行处罚时，应当注意以下问题：

1. 在决定对犯罪分子的处罚时，应当根据其犯罪的手段、主观恶性程度、对公民合法权益的损害程度等情节适用法定刑。“情节严重”“情节特别严重”，是本罪的加重处罚情节。司法实践中，前者主要是指犯罪手段恶劣，严重损害公民合法权益的；因其徇私枉法而按无罪处理或者被宣告无罪的人重新犯罪的；造成严重的社会影响的等情形。后者主要是指因徇私枉法而按无罪处理或者被宣告无罪的人实施严重暴力犯罪，致人死亡、重伤，或者报复社会，严重危害公共安全的；造成其他特别严重后果的等情形。

2. 根据本条第4款的规定，司法工作人员贪赃枉法，犯徇私枉法罪的，同时受贿、索贿行为又构成《刑法》第385条规定的受贿罪的，则应当依照处罚较重的规定定罪处罚。首先要分别确定所犯的受贿罪和徇私枉法罪的情节轻重及其相应的量刑幅度，然后比较二者法定刑的轻重，再适用处罚较重的罪名及其法定刑。按照《渎职解释（一）》第3条的规定，国家机关工作人员实施渎职犯罪并收受贿赂，同时构成受贿罪的，除刑法另有规定外，以渎职犯罪和受贿罪数罪并罚。由于《刑法》第399条第4款属特殊规定，故对实施徇私枉法罪同时构成受贿罪的情形，不实行数罪并罚。

（五）法律链接

1. 中华人民共和国法官法（1995年2月28日第八届全国人民代表大会常务委员会第十二次会议通过　根据2001年6月30日第九届全国人民代表大会常务委员会第二十二次会议《关于修改〈中华人民共和国法官法〉的决定》第一次修正　根据2017年9月1日第十二届全国人民代表大会第二十九次会议《关于修改〈中华人民共和国法官法〉等八部法律的决定》第二次修正　2019年4月23日第十三届全国人民代表大会常务委员会第十次会议修订）（节录）

第四十六条　法官有下列行为之一的，应当给予处分；构成犯罪的，依法追究刑事责任：

（一）贪污受贿、徇私舞弊、枉法裁判的；

（二）隐瞒、伪造、变造、故意损毁证据、案件材料的；

（三）泄露国家秘密、审判工作秘密、商业秘密或者个人隐私的；

（四）故意违反法律法规办理案件的；

（五）因重大过失导致裁判结果错误并造成严重后果的；

（六）拖延办案，贻误工作的；

（七）利用职权为自己或者他人谋取私利的；

（八）接受当事人及其代理人利益输送，或者违反有关规定会见当事人及其代理人的；

（九）违反有关规定从事或者参与营利性活动，在企业或者其他营利性组织中兼任职务的；

（十）有其他违纪违法行为的。

法官的处分按照有关规定办理。

2. **中华人民共和国检察官法**（1995 年 2 月 28 日第八届全国人民代表大会常务委员会第十二次会议通过　根据 2001 年 6 月 30 日第九届全国人民代表大会常务委员会第二十二次会议《关于修改〈中华人民共和国检察官法〉的决定》第一次修正　根据 2017 年 9 月 1 日第十二届全国人民代表大会第二十九次会议《关于修改〈中华人民共和国法官法〉等八部法律的决定》第二次修正　2019 年 4 月 23 日第十三届全国人民代表大会常务委员会第十次会议修订）（节录）

第四十七条　检察官有下列行为之一的，应当给予处分；构成犯罪的，依法追究刑事责任：

（一）贪污受贿、徇私枉法、刑讯逼供的；

（二）隐瞒、伪造、变造、故意损毁证据、案件材料的；

（三）泄露国家秘密、检察工作秘密、商业秘密或者个人隐私的；

（四）故意违反法律法规办理案件的；

（五）因重大过失导致案件错误并造成严重后果的；

（六）拖延办案，贻误工作的；

（七）利用职权为自己或者他人谋取私利的；

（八）接受当事人及其代理人利益输送，或者违反有关规定会见当事人及其代理人的；

（九）违反有关规定从事或者参与营利性活动，在企业或者其他营利性组织中兼任职务的；

（十）有其他违纪违法行为的。

检察官的处分按照有关规定办理。

3. **中华人民共和国人民警察法**（1995年2月28日第八届全国人民代表大会常务委员会第十二次会议通过　根据2012年10月26日第十一届全国人民代表大会常务委员会第二十九次会议《关于修改〈中华人民共和国人民警察法〉的决定》修正）（节录）

第二十二条　人民警察不得有下列行为：

（一）散布有损国家声誉的言论，参加非法组织，参加旨在反对国家的集会、游行、示威等活动，参加罢工；

（二）泄露国家秘密、警务工作秘密；

（三）弄虚作假，隐瞒案情，包庇、纵容违法犯罪活动；

（四）刑讯逼供或者体罚、虐待人犯；

（五）非法剥夺、限制他人人身自由，非法搜查他人的身体、物品、住所或者场所；

（六）敲诈勒索或者索取、收受贿赂；

（七）殴打他人或者唆使他人打人；

（八）违法实施处罚或者收取费用；

（九）接受当事人及其代理人的请客送礼；

（十）从事营利性的经营活动或者受雇于任何个人或者组织；

（十一）玩忽职守，不履行法定义务；

（十二）其他违法乱纪的行为。

第四十八条第一款　人民警察有本法第二十二条所列行为之一的，应当给予行政处分；构成犯罪的，依法追究刑事责任。

4. **人民检察院办理羁押必要性审查案件规定（试行）**（高检发执检字〔2016〕1号　自2016年1月22日起施行）（节录）

第二十八条　检察人员办理羁押必要性审查案件应当纳入检察机关司法办案监督体系，有受贿、玩忽职守、滥用职权、徇私枉法、泄露国家秘密等违纪违法行为的，依纪依法严肃处理；构成犯罪的，依法追究刑事责任。

5. 最高人民法院、最高人民检察院、公安部关于办理利用赌博机开设赌场案件适用法律若干问题的意见（公通字〔2014〕17号　自2014年3月26日起施行）（节录）

八、关于国家机关工作人员渎职犯罪的处理

负有查禁赌博活动职责的国家机关工作人员，徇私枉法，包庇、放纵开设赌场违法犯罪活动，或者为违法犯罪分子通风报信、提供便利、帮助犯罪分子逃避处罚，构成犯罪的，依法追究刑事责任。

6. 最高人民法院、最高人民检察院、公安部等关于严格依法及时办理危害生产安全刑事案件的通知（高检会〔2008〕5号　自2008年6月6日起施行）（节录）

七、严肃查办谎报瞒报事故行为。对有关单位和个人故意干扰、阻碍办案，或者毁灭、伪造证据、转移藏匿物证书证，或者拒不提供证据资料等违纪违法行为，监察机关要追究直接责任人和有关领导的责任；违反治安管理的，由公安机关进行治安管理处罚；构成犯罪的，依法追究刑事责任，对国家机关工作人员徇私枉法、帮助犯罪分子逃避处罚以及滥用职权、玩忽职守的，检察机关、监察机关要严肃查处；构成犯罪的，依法追究刑事责任。

7. 最高人民检察院法律政策研究室关于非司法工作人员是否可以构成徇私枉法罪共犯问题的答复（〔2003〕高检研发第11号　自2003年4月16日起施行）

江西省人民检察院法律政策研究室：

你院《关于非国家机关工作人员是否可以构成徇私枉法罪共犯问题的请示》（赣检发研字〔2002〕7号）收悉。经研究，答复如下：

非司法工作人员与司法工作人员勾结，共同实施徇私枉法行为，构成犯罪的，应当以徇私枉法罪的共犯追究刑事责任。

此复。

六、民事、行政枉法裁判罪

（一）法律规定

第三百九十九条[①]第二款　在民事、行政审判活动中故意违背事实和法律作枉法裁判，情节严重的，处五年以下有期徒刑或者拘役；情节特别严重的，处五年以上十年以下有期徒刑。

第四款　司法工作人员收受贿赂，有前三款行为的，同时又构成本法第三百八十五条规定之罪的，依照处罚较重的规定定罪处罚。

（二）罪名详解

民事、行政枉法裁判罪，是指审判人员故意违背事实和法律，在民事、行政审判活动中作枉法裁判，情节严重的行为。

本罪是1997年刑法增设的罪名，1979年刑法和单行刑法均没有规定此罪名。根据1997年《刑法》第399条第2款的规定，最高人民法院将本罪的罪名确定为“枉法裁判罪”。《刑法修正案（四）》第8条将本条修订后，“两高”《罪名补充规定》明确将本罪罪名确定为“民事、行政枉法裁判罪”，并取消了“枉法裁判罪”这一罪名。

民事、行政枉法裁判罪的构成要件是：

1. 主体要件

本罪的犯罪主体为特殊主体，即审判人员。人民陪审员也可以成为本罪的主体。

---

① 本条经2002年12月28日《刑法修正案（四）》第8条修订。

《刑法》原第399条为：“司法工作人员徇私枉法、徇情枉法，对明知是无罪的人而使他受追诉、对明知是有罪的人而故意包庇不使他受追诉，或者在刑事审判活动中故意违背事实和法律作枉法裁判的，处五年以下有期徒刑或者拘役；情节严重的，处五年以上十年以下有期徒刑；情节特别严重的，处十年以上有期徒刑。

“在民事、行政审判活动中故意违背事实和法律作枉法裁判，情节严重的，处五年以下有期徒刑或者拘役；情节特别严重的，处五年以上十年以下有期徒刑。

“司法工作人员贪赃枉法，有前两款行为的，同时又构成本法第三百八十五条规定之罪的，依照处罚较重的规定定罪处罚。”

2. 客体要件

本罪侵犯的客体是人民法院正常的民事、行政审判活动。

3. 主观要件

主观方面只能由直接故意构成，即行为人明知自己的行为是违背事实和法律的，并且希望枉法结果的发生。犯罪动机主要是徇私、徇情。如果行为人是因为思想方法片面、简单，工作不认真负责或者法律素质和水平不高而导致错判的，也不构成犯罪。

4. 客观要件

本罪客观方面表现为违背事实和法律，在民事、行政审判活动中作枉法裁判的行为。所谓违背事实和法律，是指不忠于事实真相和不遵守法律规定。民事审判，指依法适用民事诉讼法审判案件的活动，包括民商事案件、海事案件和知识产权案件的审判；行政审判，指依法适用行政诉讼法审判案件的活动，即行政案件的审判。"裁判"，包括判决、裁定和决定。

依照法律规定，民事、行政枉法裁判的行为，除需符合以上构成要件外，还必须达到"情节严重"的程度，才构成犯罪。司法实践中，"情节严重"，一般是指犯罪手段恶劣，严重侵犯当事人合法权益的；给当事人的生产、经营或者生活造成严重困难的；造成恶劣社会影响的等情形。

（三）实务疑难问题

1. 罪与非罪的认定

情节是否严重是区别民事、行政枉法裁判罪与一般违法行为的客观要件。枉法裁判行为没有达到"情节严重"的程度的，属于一般违法行为，不构成犯罪。在最高人民法院出台相关司法解释之前，可以参考《最高人民检察院关于渎职侵权犯罪案件立案标准的规定》对本罪立案追诉的标准来认定是否达到"情节严重"。

2. 注意本罪与徇私枉法罪的区别

二者的区别主要在于：（1）主体不完全相同，前者的主体只能是审判人员，后者除审判人员外，负有侦查、检察、监管职责的公安人员、检察人员和监狱工作人员也可以构成；（2）前者发生在民事、行政审判活动中，后者则发生在整个刑事诉讼（包括刑事审判）的过程中；（3）前者构成犯罪必须以"情节严重"为要件，而后者由于社会危害更大，故法律不要求以此为构成犯罪的要件。

应当注意，在审理刑事附带民事诉讼案件中，如果仅就附带民事部分作出枉法裁判，由于附带民事诉讼解决的是物质损失的赔偿问题，所以对该行为仍应以本罪论处；如果对刑事部分和附带民事部分均作出了枉法裁判，由于行为人只有一个犯罪故意，不构成数罪，应从一重罪处断。

3. 划清一罪与数罪的界限

审判人员在民事、行政审判中采取毁灭证据、伪造证据、妨害作证等手段包庇当事人，同时触犯《刑法》第 399 条第 2 款、第 307 条的，应从一重罪处断，即以民事、行政枉法裁判罪定罪处罚，不再适用帮助毁灭、伪造证据罪、妨害作证罪的规定。

（四）情节与量刑

依照《刑法》第 399 条第 2 款的规定，犯民事、行政枉法裁判罪的，处 5 年以下有期徒刑或者拘役；情节特别严重的，处 5 年以上 10 年以下有期徒刑。

司法机关在适用上述规定对本罪行为人进行处罚时，应当注意，根据该条第 4 款的规定，对于行为人贪赃枉法，犯民事、行政枉法裁判罪，同时又构成受贿罪的，应依照处罚较重的规定定罪处罚。

七、执行判决、裁定失职罪

（一）法律规定

第三百九十九条第三款[①] **在执行判决、裁定活动中，严重不负责任或者滥用职权，不依法采取诉讼保全措施、不履行法定执行职责，或者违法采取诉讼保全措施、强制执行措施，致使当事人或者其他人的利益遭受重大损失的，处五年以下有期徒刑或者拘役；致使当事人或者其他人的利益遭受特别重大损失的，处五年以上十年以下有期徒刑。**

---

① 本款由 2002 年 12 月 28 日《刑法修正案（四）》第 8 条第 3 款增订。

第四款　司法工作人员收受贿赂，有前三款行为的，同时又构成本法第三百八十五条规定之罪的，依照处罚较重的规定定罪处罚。

（二）罪名详解

执行判决、裁定失职罪，是指人民法院从事执行工作的人员，在执行生效判决、裁定活动中，严重不负责任，致使当事人或者其他人的利益遭受重大损失的行为。

本罪是《刑法修正案（四）》第8条第3款增设的罪名，1979年刑法、单行刑法和1997年刑法均没有规定此罪名。

执行判决、裁定失职罪的构成要件是：

1. 主体要件

本罪的犯罪主体为特殊主体，即司法工作人员，特指在人民法院从事执行工作的人员（即执行员）。

2. 客体要件

本罪侵犯的客体是人民法院正常的执行活动。犯罪对象是“判决、裁定”。

这里的“判决、裁定”应作广义的理解。根据《全国人民代表大会常务委员会关于〈中华人民共和国刑法〉第三百一十三条的解释》，《刑法》第313条规定的“人民法院的判决、裁定”，是指人民法院依法作出的具有执行内容并已发生法律效力的判决、裁定。人民法院为依法执行支付令、生效的调解书、仲裁裁决、公证债权文书等所作的裁定属于该条规定的裁定。执行，是指人民法院的执行机构依照法定程序，对已经发生法律效力的判决、裁定，在一方当事人拒不履行义务时，强制其履行义务，保证实现判决、裁定内容的活动。就民商事案件而言，申请人要求人民法院强制执行法律文书所确定的内容，就是执行工作所指向的客体，即执行标的。由于执行工作涉及强制处理被执行人的财产，限制其部分民事权益，因此，法律规定，不论何种生效法律文书，只能由享有执行权的人民法院依法执行，其他任何单位和个人均不得行使执行权，以维护社会主义法制的统一。

执行是审判活动的继续。这说明，执行和审判既有密切联系，又有区别。审判是行使审判权，以保护和确认当事人之间的实体权利义务关系。执行则是行使执行权，以实现当事人的实体权利。在现行司法体制下，执行工作是人民法院工作的一部分。三大诉讼法对判决和裁定的执行都作了相应的规定。在司法实践中，大多数当事人能够自觉履行裁判所确定的义务，但也有少数当事人无视法律和人民法院的权威，故意逃避或者拒绝履行应负的义务。在这种情况下，如果没有国家的强制力做后盾，以强制执行做保证，生效的法律文书就会成为一纸不能兑现的空文。正如列宁所说的，如果没有一个能够迫使人们遵守法权规范的机构，法权也就等于零。执行人员的职责就是依法办理民事、行政判决、裁定的执行事项和刑事判决、裁定中关于财产部分的执行事项，以实现判决、裁定确定的内容，维护当事人的合法权益，维护法律的权威。

《刑法》第 399 条规定了徇私枉法罪和民事、行政枉法裁判罪。刑法执行过程中，有关部门提出，司法工作人员徇私舞弊的情况除在侦查、起诉、审判阶段存在外，在执行阶段也同样存在。有的司法工作人员徇私舞弊，对能够执行的案件故意拖延执行，或者违法采取诉讼保全措施、强制执行措施，给当事人或者他人的利益造成重大损失，社会危害较大，也需要追究刑事责任，对此刑法应有明确规定。全国人大常委会法制工作委员会与有关部门、专家学者研究后认为，上述行为，按照《刑法》第 397 条规定的滥用职权罪和玩忽职守罪是可以追究的，在司法实践中对这种行为没有及时追究刑事责任，主要是由于刑法对这种行为未作具体规定，司法机关在适用法律时认识不明确造成的。有关部门、专家学者还提出，这种行为与《刑法》第 399 条规定的犯罪行为在性质和表现形式上更接近，建议在《刑法》第 399 条中对这种行为作出明确规定。2002 年 12 月 28 日，第九届全国人大常委会第三十一次会议经过审议，决定在《刑法》第 399 条第 2 款后增加一款，规定“在执行判决、裁定活动中，严重不负责任或者滥用职权，不依法采取诉讼保全措施、不履行法定执行职责，或者违法采取诉讼保全措施、强制执行措施，致使当事人或者其他人的利益遭受重大损失的”，应当依法追究行为人的刑事责任。

3. 主观要件

本罪主观方面只能由过失构成。即行为人应当预见到自己在执行工作中的失职行为会使当事人或者其他人的利益遭受重大损失，因为疏忽大意而没有预见，或者已经预见而轻信能够避免，故意（包括间接故意）不构成本罪。

4. 客观要件

本罪客观方面表现为在执行判决、裁定活动中，严重不负责任，不依法采取诉讼保全措施、不履行法定执行职责，致使当事人或者他人的利益遭受重大损失的行为。“严重不负责任”，是指对依法应当采取诉讼保全措施的而不采取，对依法应当采取强制执行措施的而不采取，不履行法定执行职责（即不作为）。按照民事诉讼法的规定，人民法院对于可能因当事人一方的行为或者其他原因，使判决不能执行或者难以执行的案件，可以根据对方当事人的申请，作出财产保全的裁定；当事人没有提出申请的，人民法院在必要时依职权也可以裁定采取财产保全措施。但财产保全限于请求的范围，或者与本案有关的财物。这些财产保全措施有：查封、扣押、冻结或者法律规定的其他方法。同时，民事诉讼法规定，被执行人未按人民法院发出的执行通知书履行法律文书确定的义务时，人民法院有权采取冻结、划拨被执行人在银行、信用合作社的存款，扣押、提取被执行人应当履行义务部分的收入，查封、扣押、冻结、拍卖、变卖被执行人应当履行义务部分的财产等强制执行措施。但这些诉讼保全措施和强制执行措施都必须严格依照法定程序进行。如果执行人员对依法应当采取诉讼保全措施或者强制执行措施而不采取，致使当事人或者其他人的利益遭受重大损失的，则应当追究行为人的刑事责任，但重大损失与严重不负责任的行为之间必须存在着刑法上的因果关系，才能构成犯罪。《刑法》第399条第3款规定中的“当事人”，是指刑事诉讼中的自诉人、嫌疑人、被告人、被害人，以及民事、行政诉讼中的原告、被告、第三人；“其他人”，是指当事人之外的“案外人”。

（三）实务疑难问题

1. 罪与非罪的认定

本罪在犯罪形态上属结果犯，只有在执行活动中因严重不负责任致使当事人或者其他人的利益遭受重大损失的，才构成犯罪；否则，不构成犯罪。所谓使当事人或者其他人的利益“遭受重大损失”，有待于最高人民法院作出解释。我们认为，重大损失一般应当理解为是指财产利益的重大损失，且应仅指直接损失，如导致应当执行的款物灭失等。在最高人民法院出台相关司法解释之前，可以参考《最高人民检察院关于渎职侵权犯罪案件立案标准的规定》对本罪立案追诉的标准来认定是否达到定罪标准。

2. 注意本罪与徇私枉法罪及民事、行政枉法裁判罪的区别

（1）犯罪主体不同。虽然这三种犯罪都是特殊主体，但前者是执行人员，后二者是指在刑事诉讼活动中的侦查、检察、审判人员或者是在民事、行政诉讼活动中的民事、行政审判人员。（2）主观方面的内容不同。前者由过失构成，后二者由故意构成。（3）侵犯的客体不完全相同。前者侵犯的是人民法院正常的执行活动，后二者侵犯的是国家司法机关正常的侦查、检察、审判活动。（4）客观方面的表现形式不同。前者表现为在执行活动中严重不负责任的行为，后二者表现为违背事实和法律，在追诉或者刑事审判活动中作枉法决定或者裁判的行为，或者在民事、行政审判活动中作枉法裁判的行为。

3. 划清有无罪过和罪过大小的界限

当前，“执行难”是困扰司法审判工作，从而引起全党、全社会关注的重要问题。党的十八届四中全会决定提出，要切实解决执行难，依法保证胜诉当事人及时实现权益，“切实解决执行难”被列为全面依法治国的目标任务之一。但执行难的原因是多方面的，既有执行人员严重不负责任、滥用职权导致的，也有外界因素干扰特别是地方和部门保护主义的干扰导致的；甚至有的被执行人以种种理由为借口抗拒执行。对此，在涉及本罪的侦查、起诉、审判过程中，要全面了解案情，充分听取当事人、其他人和涉案执行人员的意见、辩解，分清有无责任、罪过的有无和大小，严格依法作出决定和裁判。

4. 准确确定罪名

有的主张将本罪确定为“执行人员失职罪”，主要理由是，《刑法修正案（四）》第 8 条第 3 款与《刑法》第 168 条以及《刑法》第九章规定的其他渎职罪的区别，侧重于犯罪主体的不同。《刑法》第 168 条已由司法解释确定为国有公司、企业、事业单位人员失职罪和国有公司、企业、事业单位人员滥用职权罪。本条款可以相应地确定为执行人员失职罪和执行人员滥用职权罪。我们认为：第一，该款罪状实际上规定了在执行判决、裁定活动中的两种犯罪行为：一是失职行为，即严重不负责任，不依法采取诉讼保全措施、不履行法定执行职责。无论是严重不负责任，还是不依法采取诉讼保全措施、不履行法定执行职责，均可归纳为失职。二是滥用职权行为，即违法采取诉讼保全措施、强制执行措施。据此，该款罪状的罪名至少应该确定为“失职”

和“滥用职权”。第二，该款犯罪与其他渎职犯罪的区别，侧重点并不主要在于犯罪主体的不同，而主要在于犯罪行为的客观方面的不同。第三，从确定罪名要求准确的原则看，罪名应当主要反映犯罪行为的主要特征，且应当尽量避免在罪名中出现犯罪主体、罪过形式。

（四）情节与量刑

依照《刑法》第 399 条第 3 款规定，犯执行判决、裁定失职罪的，处 5 年以下有期徒刑或者拘役；致使当事人或者其他人的利益遭受特别重大损失的，处 5 年以上 10 年以下有期徒刑。

依照本条第 4 款规定，执行工作人员收受贿赂，犯执行判决、裁定失职罪，同时又构成受贿罪的，依照处罚较重的规定定罪处罚。

八、执行判决、裁定滥用职权罪

（一）法律规定

第三百九十九条第三款 [①]在执行判决、裁定活动中，严重不负责任或者滥用职权，不依法采取诉讼保全措施、不履行法定执行职责，或者违法采取诉讼保全措施、强制执行措施，致使当事人或者其他人的利益遭受重大损失的，处五年以下有期徒刑或者拘役；致使当事人或者其他人的利益遭受特别重大损失的，处五年以上十年以下有期徒刑。

第四款 司法工作人员收受贿赂，有前三款行为的，同时又构成本法第三百八十五条规定之罪的，依照处罚较重的规定定罪处罚。

（二）罪名详解

执行判决、裁定滥用职权罪，是指人民法院从事执行工作的人员，在执行生效判决、裁定活动中，滥用职权，致使当事人或者其他人的利益遭受重大损失的行为。

① 本款由 2002 年 12 月 28 日《刑法修正案（四）》第 8 条第 3 款增订。

本罪是《刑法修正案（四）》第 8 条第 3 款增设的罪名，1979 年刑法、单行刑法和 1997 年刑法均没有规定此罪名。

执行判决、裁定滥用职权罪的构成要件是：

1. 主体要件

本罪的犯罪主体为特殊主体，即司法工作人员，特指在人民法院从事执行工作的人员（执行员）。

2. 客体要件

本罪侵犯的客体是人民法院正常的执行活动。犯罪对象是判决、裁定。

这里的“判决、裁定”应作广义的理解。根据全国人大常委会的立法解释，人民法院的判决、裁定，是指人民法院依法作出的具有执行内容并已发生法律效力的判决、裁定。人民法院为依法执行支付令、生效的调解书、仲裁裁决、公证债权文书等所作的裁定属于该条规定的裁定。执行人员的职责是依法办理民事、行政判决、裁定的执行事项和刑事判决、裁定中关于财产部分的执行事项，以实现判决、裁定确定的内容，维护当事人的合法权益，维持法律的权威。执行人员在执行活动中如果滥用职权，必然使正常的执行秩序受到破坏，使当事人和其他人的利益遭受重大损失。

3. 主观要件

本罪主观方面一般由过失构成，即行为人应当预见自己滥用职权的行为会使当事人或者其他人的利益遭受重大损失，由于疏忽大意而没有预见，或者已经预见而轻信能够避免，以致这种重大损失发生的心理态度。行为人滥用职权的行为如同交通肇事闯红灯、酒后开车一样，往往是故意的，但对损害结果的发生，则是出于过失。按照我国刑事立法，过失犯罪为结果犯。《刑法》第 399 条第 3 款规定的执行判决、裁定失职罪与执行判决、裁定滥用职权罪在犯罪形态上均为结果犯，且处刑均一样，表明本罪的罪过形式一般为过失，但也不排除故意的存在。理由同前，这里不再赘述。

4. 客观要件

本罪客观方面表现为在执行判决、裁定活动中滥用职权，违反法律规定的条件和程序，采取诉讼保全措施、强制执行措施（作为），致使当事人或者其他人的利益遭受重大损失的行为。

“滥用职权”，是指违反法律规定的权限和程序，超越职权范围行使职权。滥用职权的行为只有“致使当事人或者其他人的利益遭受重大损失”，且重大损失与滥用职权的行为之间存在刑法上的因果关系的，才能构成犯罪。《刑法》第399条第3款规定中的“当事人”，是指刑事诉讼中的自诉人、嫌疑人、被告人、被害人，以及民事、行政诉讼中的原告、被告、第三人；“其他人”，是指当事人之外的“案外人”。

（三）实务疑难问题

1. 罪与非罪的认定

按照法律规定，行为人在执行活动中滥用职权的行为，只有致使当事人或者其他人的利益遭受重大损失的，才构成犯罪；否则，不构成犯罪。在最高人民法院出台相关司法解释之前，可以参考《最高人民检察院关于渎职侵权犯罪案件立案标准的规定》对本罪立案追诉的标准来认定是否达到定罪标准。

2. 划清一罪与数罪的界限

本罪是指从事执行工作的人员因自身原因，在执行判决、裁定过程中严重不负责任或者滥用职权，致使当事人或者其他人的利益遭受重大损失的行为。根据《全国人民代表大会常务委员会关于〈中华人民共和国刑法〉第三百一十三条的解释》和《最高人民法院、最高人民检察院、公安部关于依法严肃查处拒不执行判决、裁定和暴力抗拒法院执行犯罪行为有关问题的通知》的规定，国家机关工作人员（即具体执行人员、主管执行工作的领导）与被执行人、担保人、协助执行义务人通谋，利用本人职权妨害执行，致使判决、裁定无法执行的，以拒不执行判决、裁定罪的共犯追究刑事责任；收受贿赂或者滥用职权而有上述行为，致使判决、裁定无法执行，同时构成受贿罪、滥用职权罪的，应当实行数罪并罚。

（四）情节与量刑

依照《刑法》第399条第3款规定，犯执行判决、裁定滥用职权罪的，处5年以下有期徒刑或者拘役；致使当事人或者其他人的利益遭受特别重大损失的，处5年以上10年以下有期徒刑。

依照本条第4款规定，执行工作人员收受贿赂，犯执行判决、裁定滥用职权罪，同时又构成受贿罪的，依照处罚较重的规定定罪处罚。

九、枉法仲裁罪

（一）法律规定

第三百九十九条之一[①]　依法承担仲裁职责的人员，在仲裁活动中故意违背事实和法律作枉法裁决，情节严重的，处三年以下有期徒刑或者拘役；情节特别严重的，处三年以上七年以下有期徒刑。

（二）罪名详解

枉法仲裁罪，是指依法承担仲裁职责的人员，在仲裁活动中故意违背事实和法律作枉法裁决，情节严重的行为。

本罪是《刑法修正案（六）》第 20 条增设的罪名，1979 年刑法、单行刑法和 1997 年刑法均没有规定此罪名。

枉法仲裁罪的构成要件是：

1. 主体要件

犯罪主体为特殊主体，即依法承担仲裁职责的人员，主要是指被仲裁委员会聘任为仲裁员，组成仲裁庭对纠纷开庭仲裁并作出裁决的人。

2. 客体要件

本罪侵犯的客体是国家的仲裁制度和仲裁当事人的合法权益。

对于平等主体的公民、法人和其他组织之间发生的合同纠纷和其他财产权益纠纷，我国法律规定了诉讼和仲裁两种解决方式。对于采用何种方式，当事人拥有一定的选择权。双方当事人自愿采用仲裁方式解决纠纷并达成仲裁协议的，由依法设立的仲裁机构（仲裁委员会）进行仲裁。与诉讼实行两审终审制不同的是，仲裁实行一裁终局的制度。裁决作出后，当事人就同一纠纷再申请仲裁或者向人民法院起诉的，仲裁委员会或者人民法院不予受理。随着我国社会主义市场经济体制的建立和改革开放进程的加快，仲裁在国民经济和对外贸易中的地位越来越重要。与诉讼相比，其在纠纷解决上简便、快捷的特点更容易受到当事人的重视。

---

① 本条由 2006 年 6 月 29 日《刑法修正案（六）》第 20 条增订。

依照《仲裁法》第 7 条关于“仲裁应当根据事实，符合法律规定，公平合理地解决纠纷”的规定，仲裁必须在事实清楚、证据充分的基础上，依法、公正地作出裁决。但近些年来，在仲裁实践中，出现少数仲裁人员故意违背事实和法律作出裁决的案例，这不仅有损于法律的严肃性和仲裁的公正性，也严重损害了当事人的合法权益，挫伤了当事人对仲裁的信任感。为了保证公正仲裁经济纠纷，保护当事人的合法权益，保障社会主义市场经济健康发展，应当追究枉法作出仲裁裁决的人员的刑事责任。但在司法实践中，这种行为并没有受到刑事追究，主要是由于刑法对这种行为未作具体规定。为此，有关部门提出，对仲裁机构中承担仲裁职责的人员在仲裁活动中枉法裁决、情节严重的行为，也应追究刑事责任。2006 年 6 月 29 日，第十届全国人大常委会第二十二次会议经过审议，决定在《刑法》第 399 条后增加一条，作为第 399 条之一，规定“依法承担仲裁职责的人员，在仲裁活动中故意违背事实和法律作枉法裁决，情节严重的”，应当依法追究行为人的刑事责任。

3. 主观要件

本罪主观方面只能由直接故意构成，即行为人明知自己的行为是违背事实和法律的，并且希望不公正裁决结果的发生。行为人的动机是徇私、徇情。间接故意和过失不构成本罪。

4. 客观要件

本罪客观方面表现为在仲裁活动中违背事实和法律作枉法裁决，情节严重的行为。“仲裁活动”，是指仲裁机构按照法定的程序，对平等主体的公民、法人和其他组织之间发生的合同纠纷和其他财产权益纠纷，依据事实和法律进行调解或者作出裁决的活动。“违背事实和法律”，是指不忠于事实真相和不遵守法律规定。“作枉法裁决”，是指在当事人没有达成和解协议或者仲裁庭调解不成的情况下，置开庭查清的事实和国家法律、仲裁法规于不顾，对纠纷作出不公正的裁决。

根据法律规定，枉法仲裁的行为，除需符合以上构成要件外，只有达到“情节严重”的程度，才能构成犯罪。在司法实践中，“情节严重”，一般是指犯罪手段恶劣，严重侵犯当事人合法权益的；给当事人的生产、经营或者生活造成严重困难的；造成恶劣社会影响的等情形。

（三）实务疑难问题

1. 罪与非罪的认定

情节是否严重是区分枉法仲裁罪与一般违法行为的要件。枉法仲裁行为没有达到“情节严重”的程度的，属于一般违法行为，不构成犯罪。关于是否达到“情节严重”的程度，可以参照法律对民事、行政枉法裁判罪的规定，综合考虑枉法仲裁行为的后果、枉法仲裁行为实施的方式和手段、行为人的动机和目的等要素确定是否构成枉法仲裁罪。如果行为人是因为思想方法片面、简单，工作不认真负责或者法律素质和水平不高而导致错误裁决的，也不构成犯罪。

2. 注意本罪与民事、行政枉法裁判罪的区别

二者的区别主要在于：（1）主体不同。前者的主体只能是承担仲裁职责的人员，后者则是审判人员。（2）行为发生的领域不同。前者发生在仲裁活动中，后者则发生在民事、行政审判活动中。

（四）情节与量刑

依照《刑法》第 399 条之一的规定，犯枉法仲裁罪的，处 3 年以下有期徒刑或者拘役；情节特别严重的，处 3 年以上 7 年以下有期徒刑。

司法机关在适用上述规定对本罪行为人进行处罚时，应当注意，如果在仲裁过程中，行为人索贿受贿，犯枉法仲裁罪，同时又构成非国家工作人员受贿罪的，应当以枉法裁判罪和非国家工作人员受贿罪数罪并罚。

（五）法律链接

1. 中华人民共和国农村土地承包经营纠纷调解仲裁法（2009 年 6 月 27 日第十一届全国人民代表大会常务委员会第九次会议通过）（节录）

第十七条　农村土地承包仲裁委员会组成人员、仲裁员应当依法履行职责，遵守农村土地承包仲裁委员会章程和仲裁规则，不得索贿受贿、徇私舞弊，不得侵害当事人的合法权益。

仲裁员有索贿受贿、徇私舞弊、枉法裁决以及接受当事人请客送礼等违法违纪行为的，农村土地承包仲裁委员会应当将其除名；构成犯罪的，依法追究刑事责任。

2. 中华人民共和国劳动争议调解仲裁法（2007 年 12 月 29 日第十届全国人民代表大会常务委员会第三十一次会议通过）（节录）

第三十四条 仲裁员有本法第三十三条第四项规定情形，或者有索贿受贿、徇私舞弊、枉法裁决行为的，应当依法承担法律责任。劳动争议仲裁委员会应当将其解聘。

十、私放在押人员罪

（一）法律规定

第四百条第一款 司法工作人员私放在押的犯罪嫌疑人、被告人或者罪犯的，处五年以下有期徒刑或者拘役；情节严重的，处五年以上十年以下有期徒刑；情节特别严重的，处十年以上有期徒刑。

（二）罪名详解

私放在押人员罪，是指司法工作人员私放在押的犯罪嫌疑人、被告人或者罪犯的行为。

本罪 1979 年《刑法》第 190 条作了规定，但罪名为私放罪犯罪。根据 1997 年《刑法》第 400 条的规定，该罪名改为私放在押人员罪。

私放在押人员罪的构成要件是：

1. 主体要件

本罪的犯罪主体为特殊主体，即负有监管职责的司法工作人员。在监管机关工作但不具有监管职责的司法工作人员不构成本罪的主体。不在监管机关工作，但负有看管、押解、决定拘留或者批准、决定逮捕的司法工作人员也可以构成本罪的主体。

2. 客体要件

本罪侵犯的客体是国家司法法律、规章、制度和司法机关对在押人员的正常管理和正常工作秩序。犯罪对象是在押的犯罪嫌疑人、被告人和罪犯。对在押人员依法实行监管，是国家司法制度的一项重要内容，是保证刑事诉讼的顺利进行，确保刑罚得以执行的重要措施和手段。负有监管在押人员职责的司法工作人员应当忠实地执行法律和有关法规，认真、切实地履行其职责，因为稍有不慎就可能给监管工作带来损害，并会对社会的安定产生威胁。私放在押人员不仅会严重妨碍刑事诉讼、刑罚执行的顺利进行，在押人员的脱逃还可能给国家、公共利益和公民的合法权益造成极大的破坏。因此，对于私放在押人员的犯罪，必须运用刑罚予以惩治，以维护国家监管制度的严肃性。虽然在押但不是在押的犯罪嫌疑人、被告人或者罪犯，而是其他人员如被行政、司法拘留的人员、劳动教养人员逃离羁押，不能构成失职致使在押人员脱逃罪，构成犯罪的，应以他罪如玩忽职守罪论处。

3. 主观要件

本罪主观方面由故意构成，即明知自己的行为会使在押人员脱逃，并且希望这种结果的发生，或者明知在押人员企图脱逃，但却放任结果的发生。过失不构成本罪。

4. 客观要件

本罪客观方面表现为利用监管职务的便利，私放在押的犯罪嫌疑人、被告人或者罪犯的行为。

利用监管职务的便利，是指利用本人监管在押人员的职权或者地位形成的便利条件，如利用看守、押解、关押在押人员等职务的便利。“私放”，是指擅自、非法地将在押人员释放使其逃出监管机关的监控范围的行为。监控范围，既包括看守、关押在押人犯的固定场所，也包括押解的途中，还包括监管场所以外劳动、作业的地方。总之，监管机关依法监管在押人员的经常或者临时性的场所，均可视为“监控范围”。私放的行为方式是多种多样的，概括起来有两类：一是作为方式，如打开监门，押解途中打开戒具、让在押人员逃走；伪造、变造、涂改法律文书或者擅自、非法制作释放证书，将其放走；利用监管职务的便利，为在押人员的脱逃创造条件或者提供工具、服装、化装用品使其脱逃等；二是不作为方式，如在押解途中或者在狱外劳动、作业时故意视而不见，使其脱逃；发现在押人员脱逃时，能够追赶上而有意不追赶，让其逃走等。

（三）实务疑难问题

1. 罪与非罪的认定

本罪是行为犯，只要行为人有故意私放在押人员的行为，无论在押人员是否成功逃脱，行为人均应构成本罪。

2. 正确把握本罪既遂与未遂的标准

本罪应以在押人员是否成功逃脱，即摆脱司法机关及其工作人员的实际控制范围，作为区分本罪既遂与未遂的标准。

3. 关于司法工作人员私放在押人员，与在押人员相约如期返回狱所的行为如何定性的问题

在司法实践中，对于司法工作人员出于贪利等个人动机，与在押人员尤其是罪犯私下约定其保证按期返回狱所而秘密将在押人员释放的行为的定罪，应当分别情况处理：被私放的罪犯没有按约如期返回狱所而逃跑的，对司法工作人员应以私放在押人员罪论处；在被私放的罪犯按约如期返回狱所的情况下，司法工作人员私放罪犯的行为已成立犯罪，罪犯如期返回可以作为一个酌定情节在量刑时予以考虑。

4. 私放无罪的在押人员是否构成本罪

私放无罪的在押人员是否构成私放在押人员罪，关键在于必须明确私放在押人员罪的犯罪对象包不包括无罪的在押人员。我们认为，刑法将本罪的对象规定为“犯罪嫌疑人、被告人、罪犯”，其中的犯罪嫌疑人、被告人本身就具有有罪和无罪两种可能。同时，无论犯罪嫌疑人、被告人是否有罪，私放行为都完全背离了国家对司法工作人员的职责要求，都破坏了司法机关的正常羁押制度，是一种相当严重的知法犯法行为，应予追究刑事责任。因此即使被私放的在押人员后来被认定无罪，对私放行为也应当依照本条法律追究刑事责任。

（四）情节与量刑

根据第 398 第 1 款，犯本罪应当处五年以下有期徒刑或者拘役；情节严重的，处 5 年以上 10 年以下有期徒刑；情节特别严重的，处 10 年以上有期徒刑。

（五）法律链接

最高人民检察院关于工人等非监管机关在编监管人员私放在押人员行为和失职致使在押人员脱逃行为适用法律问题的解释（高检发释字〔2001〕2号自2001年3月2日起施行）

为依法办理私放在押人员犯罪案件和失职致使在押人员脱逃犯罪案件，对工人等非监管机关在编监管人员私放在押人员行为和失职致使在押人员脱逃行为如何适用法律问题解释如下：

工人等非监管机关在编监管人员在被监管机关聘用受委托履行监管职责的过程中私放在押人员的，应当依照《刑法》第400条第1款的规定，以私放在押人员罪追究刑事责任；由于严重不负责任，致使在押人员脱逃，造成严重后果的，应当依照刑法第四百条第二款的规定，以失职致使在押人员脱逃罪追究刑事责任。

十一、失职致使在押人员脱逃罪

（一）法律规定

第四百条第二款　司法工作人员由于严重不负责任，致使在押的犯罪嫌疑人、被告人或者罪犯脱逃，造成严重后果的，处三年以下有期徒刑或者拘役；造成特别严重后果的，处三年以上十年以下有期徒刑。

（二）罪名详解

失职致使在押人员脱逃罪，是指司法工作人员严重不负责任，致使在押的犯罪嫌疑人、被告人或者罪犯脱逃，造成严重后果的行为。

本罪是1997年刑法增设的罪名，1979年刑法和单行刑法均没有规定此罪名。

失职致使在押人员脱逃罪的构成要件是：

1. 主体要件

本罪的犯罪主体为特殊主体，即负有监管职责的司法工作人员。在监管机关工作但不具有监管职责的司法工作人员不构成本罪的主体。不在监管机关工作，但负有看管、押解、决定拘留或者批准、决定逮捕的司法工作人员也可以构成本罪的主体。

2. 客体要件

本罪侵犯的客体是国家司法法律、规章、制度和司法机关对在押人员的正常管理和正常工作秩序。犯罪对象是在押的犯罪嫌疑人、被告人和罪犯。

3. 主观要件

本罪主观方面是过失，即应当预见自己严重不负责任会致使在押人员脱逃，由于疏忽大意而没有预见，或者已经预见到而轻信能够避免。故意不构成本罪。

4. 客观要件

本罪客观方面表现为严重不负责任，致使在押的犯罪嫌疑人、被告人或者罪犯脱逃，造成严重后果的行为。首先，必须是严重不负责任，即不履行或者不正确履行其职务，如在羁押场所、押解途中未按规定采取有关看守、监管措施；擅离看守、监管岗位；发现犯罪嫌疑人、被告人或者罪犯有脱逃迹象，不及时采取有效的防范措施；在犯罪嫌疑人、被告人或者罪犯脱逃时，不及时组织、进行追捕等。其次，致使在押人员脱逃，即致使在押人员逃出、摆脱司法机关及其工作人员的实际控制范围。最后，必须造成了严重后果。

（三）实务疑难问题

1. 罪与非罪的认定

本罪属于结果犯，“造成严重后果”，是本罪的结果要件，缺少此要件则不构成本罪。“造成严重后果”，司法实践中，主要是指致使重要的在押人员脱逃；在押人员多人、多次脱逃的；在押人员脱逃后行凶报复或者犯罪的；因在押人员脱逃使刑事诉讼活动受到严重干扰的；在押人员脱逃中杀伤军警人员、司法工作人员或者群众的；造成恶劣社会影响的等情形。

2. 注意本罪与私放在押人员罪的区别

二者的主要区别在于：主观方面不同，前者出自过失，后者只能是故意。如果明知某在押人员企图逃跑，但却放任不管，属于故意，此时应以私放在押人员定罪；如果不知道其想逃跑，或者知道其想脱逃但根据环境条件、在押人员的自身能力因素轻易相信其逃跑不了，结果致使其逃跑，构成犯罪的，则应以失职致使在押人员脱逃罪定罪。

（四）情节与量刑

依照《刑法》第400条第2款的规定，犯失职致使在押人员脱逃罪的，处3年以下有期徒刑或者拘役；造成特别严重后果的，处3年以上10年以下有期徒刑。

司法机关在适用上述规定对本罪行为人进行处罚时，应当注意，“造成特别严重后果”，是本罪的加重处罚情节，司法实践中，一般是指在押人员脱逃后实行严重暴力犯罪的；造成极为恶劣的社会影响的；在押人员脱逃中杀死、伤害多人的等情形。

（五）法律链接

1. 全国人民代表大会常务委员会关于《中华人民共和国刑法》第九章渎职罪主体适用问题的解释（2002年12月28日第九届全国人民代表大会常务委员会第三十一次会议通过）

全国人大常委会根据司法实践中遇到的情况，讨论了刑法第九章渎职罪主体的适用问题，解释如下：

在依照法律、法规规定行使国家行政管理职权的组织中从事公务的人员，或者在受国家机关委托代表国家机关行使职权的组织中从事公务的人员，或者虽未列入国家机关人员编制但在国家机关中从事公务的人员，在代表国家机关行使职权时，有渎职行为，构成犯罪的，依照刑法关于渎职罪的规定追究刑事责任。

2. 最高人民检察院关于工人等非监管机关在编监管人员私放在押人员行为和失职致使在押人员脱逃行为适用法律问题的解释（高检发释字〔2001〕2号　自2001年3月2日起施行）

为依法办理私放在押人员犯罪案件和失职致使在押人员脱逃犯罪案件，对工人等非监管机关在编监管人员私放在押人员行为和失职致使在押人员脱逃行为如何适用法律问题解释如下：

工人等非监管机关在编监管人员在被监管机关聘用受委托履行监管职责的过程中私放在押人员的，应当依照刑法第四百条第一款的规定，以私放在押人员罪追究刑事责任；由于严重不负责任，致使在押人员脱逃，造成严重后果的，应当依照刑法第四百条第二款的规定，以失职致使在押人员脱逃罪追究刑事责任。

十二、徇私舞弊减刑、假释、暂予监外执行罪

（一）法律规定

第四百零一条　司法工作人员徇私舞弊，对不符合减刑、假释、暂予监外执行条件的罪犯，予以减刑、假释或者暂予监外执行的，处三年以下有期徒刑或者拘役；情节严重的，处三年以上七年以下有期徒刑。

（二）罪名详解

徇私舞弊减刑、假释、暂予监外执行罪，是指司法工作人员徇私舞弊，对不符合减刑、假释、暂予监外执行条件的罪犯，予以减刑、假释或者暂予监外执行的行为。

本罪是1997年刑法增设的罪名，1979年刑法和单行刑法均没有规定此罪名。

徇私舞弊减刑、假释、暂予监外执行罪的构成要件是：

1. 主体要件

本罪的犯罪主体为特殊主体，即司法工作人员。在实践中，具体指刑罚执行机关和审判机关中有权决定减刑、假释、暂予监外执行的司法工作人员，包括刑罚执行机关的工作人员、审判人员和监狱管理机关、公安机关的工作人员。另外，根据《最高人民检察院关于渎职侵权犯罪案件立案标准的规定》中“徇私舞弊减刑、假释、暂予监外执行案”的规定，不具有报请、裁定、决定或者批准减刑、假释、暂予监外执行权的司法工作人员，利用职务上的便利，伪造有关材料，导致不符合减刑、假释、暂予监外执行条件的罪犯被减刑、假释、暂予监外执行的，亦可成为本罪的主体。

2. 客体要件

本罪侵犯的客体是国家对罪犯的正常监管活动。犯罪对象是罪犯，即被人民法院依法判处刑罚，正在监狱或者其他场所服刑的人。

对罪犯进行监管，是我国司法工作的重要任务之一。国家设立罪犯监管制度，目的在于通过执行刑罚，教育改造犯罪人，使之不致再危害社会，成为社会的有用之人。减刑、假释和暂予监外执行等制度，作为监管制度的重要内容，有利于刑罚教育功能的发挥和预防目的的实现，有利于刑罚人道主义精神的贯彻。正确执行这些制度，可以促使罪犯悔过自新，体现惩办与宽大相结合的政策，推动监管工作的顺利开展。在现实生活中，审判机关、监管机关的极少数司法工作人员受社会不良风气影响，徇私徇情，置国家法律于不顾，对一些不符合法定条件的罪犯予以减刑、假释或者暂予监外执行，不仅破坏了法律和人民法院判决的严肃性，败坏了社会风气，而且在罪犯中产生负面效应，挫伤了一些罪犯悔过自新、接受教育改造的信心；另外，一些罪犯因被非法减刑、假释或者暂予监外执行，在社会上继续作恶，危害一方。因此，对这种犯罪有必要予以惩处。

3. 主观要件

本罪主观方面由故意构成，即明知不符合法定条件而予以减刑、假释或者暂予监外执行。过失不构成本罪。行为人多出于贪利、徇私情等动机。

4. 客观要件

本罪客观方面表现为徇私舞弊，对不符合减刑、假释、暂予监外执行条件的罪犯，予以减刑、假释或者暂予监外执行的行为。

关于减刑、假释、暂予监外执行的条件及程序，刑法、刑事诉讼法和监狱法以及最高人民法院有关司法解释作了明确规定。根据《刑法》第 78 条的规定，减刑是指对被判处管制、拘役、有期徒刑、无期徒刑的犯罪分子，在执行期间，如果认真遵守监规，接受教育改造，确有悔改表现，或者有立功表现的，可以减刑，有重大立功表现的，应当减刑，即适当改轻刑种或者减轻原判刑期的一种制度。这是一般意义上的“减刑”。根据《刑法修正案（八）》第 4 条修改的《刑法》第 50 条的规定，对判处死刑缓期执行的罪犯，也会发生减刑的问题，即在执行期间，如果没有故意犯罪，二年期满后，减为无期徒刑；如果确有重大立功表现，二年期满以后，减为 25 年有期徒刑。这是法定的特殊性质的减刑。在办理死刑缓期执行的罪犯的减刑时，同样会出现徇私舞弊的情况。因此，我们认为，“减刑”在这里应作广义的理解。“假释”，根据《刑法》第 81 条的规定，是指罪犯服刑尚未期满，因其能够认真遵守监规，接受教育改造，确有悔改表现，没有再犯罪的危险性，对其暂予释放的一种制度。根据《刑事诉讼法》第265条的规定，“暂予监外执行”，是指被判处有期徒刑或者拘役的罪犯，有严重疾病需要保外就医，怀孕或者正在哺乳自己婴儿的妇女，生活不能自理，适用暂予监外执行不致危害社会的，暂时让其在监外服刑的刑罚执行制度。本罪的客观方面集中表现为无中生有、虚构、夸大或者隐瞒事实真相，伪造有关材料，将不符法定条件的罪犯予以减刑、假释或者暂予监外执行。“徇私舞弊”，是构成本罪的前提条件。

（三）实务疑难问题

1. 罪与非罪的认定

行为人出于徇私的动机，对不符合法定条件的罪犯予以减刑、假释或者暂予监外执行的，即成立本罪。如果行为的情节显著轻微、危害不大的，根据《刑法》第13条的规定，可不以犯罪论处。实践中，对于因工作失误或者法律业务素质不高而错误作出减刑、假释或暂予监外执行的裁定或决定的，则不以本罪论处。在最高人民法院出台相关司法解释之前，审判实践中把握本罪的罪与非罪的界限时，可以参考《最高人民检察院关于渎职侵权犯罪案件立案标准的规定》对本罪立案追诉的标准来认定是否达到定罪标准。

2. 区分一罪与数罪

本罪为选择性罪名。按照法律规定，行为人徇私舞弊，具有对不符合减刑、假释或者暂予监外执行的罪犯予以减刑、假释、暂予监外执行其中一种行为的，就成立本罪；实施了两种以上行为的，仍为一罪，不实行并罚，量刑时可作参考。

3. 划清本罪既遂与未遂的界限

区别本罪既遂与未遂的标准为是否作出了不符合法定条件的减刑、假释或暂予监外执行的裁定或者决定。对于有权直接作出裁定或者决定的司法工作人员，自该裁定或决定一经作出，即为既遂。如果司法工作人员只有权建议作出裁定或决定的，则在该裁定或决定被批准作出后，即构成既遂；尚未批准的，构成未遂。另外，在既遂状态下，罪犯是否已经依据假释裁定或暂予监外执行的决定离开狱所可作为情节在量刑时予以考虑。

（四）情节与量刑

依照《刑法》第401条的规定，犯徇私舞弊减刑、假释、暂予监外执行罪的，处3年以下有期徒刑或者拘役；情节严重的，处3年以上7年以下有期徒刑。

司法机关在适用上述规定对本罪行为人进行处罚时，应当注意以下问题：

1. 正确把握“情节严重”的程度。“情节严重”，是本罪的加重处罚情节，应当从以下几个方面把握：徇私舞弊的次数；被减刑、假释、暂予监外执行的罪犯被判刑的轻重、人数；罪犯出狱以后是否继续犯罪或行凶报复；社会影响恶劣程度；等等。

2. 行为人收受罪犯或者其亲友的贿赂后对罪犯减刑、假释、暂予监外执行的，如果受贿行为构成犯罪，以徇私舞弊减刑、假释、暂予监外执行罪和受贿罪数罪并罚。

（五）法律链接

最高人民检察院关于印发《人民检察院办理未成年人刑事案件的规定》的通知（高检发研字〔2013〕7号　自2013年12月27日起施行）（节录）

第七十四条　人民检察院依法对未成年犯的减刑、假释、暂予监外执行等活动实行监督。对符合减刑、假释、暂予监外执行法定条件的，应当建议执行机关向人民法院、监狱管理机关或者公安机关提请；发现提请或者裁定、决定不当的，应当依法提出纠正意见；对徇私舞弊减刑、假释、暂予监外执行等构成犯罪的，依法追究刑事责任。

十三、徇私舞弊不移交刑事案件罪

（一）法律规定

第四百零二条　**行政执法人员徇私舞弊，对依法应当移交司法机关追究刑事责任的不移交，情节严重的，处三年以下有期徒刑或者拘役；造成严重后果的，处三年以上七年以下有期徒刑。**

（二）罪名详解

徇私舞弊不移交刑事案件罪，是指行政执法人员徇私舞弊，对依法应当移交司法机关追究刑事责任的案件不移交，情节严重的行为。

本罪是1997年刑法增设的罪名，1979年刑法和单行刑法均没有规定此罪名。

徇私舞弊不移交刑事案件罪的构成要件是：

1. 主体要件

本罪的主体为特殊主体，即行政执法人员，包括所有负有执行行政法规职责的国家机关工作人员。应当注意，公安机关的工作人员因负有审查犯罪的职责，如果在依据治安管理法规行使职权时，徇私舞弊对明知构成犯罪的人应当移交而不移交的，则应以徇私枉法罪论处。

在司法实践中，存在一些行政执法机关为了本单位或本部门的利益，徇私舞弊，经过单位或部门办公会等形式集体研究决定，以罚代刑、不移交刑事案件的情形。从单位犯罪理论角度，此种行为似乎具备单位意志的整体性和利益归属的团体性特征，应以单位犯罪定罪处罚。但现行刑法对单位犯罪通常采取明示的方式，而《刑法》第402条对单位能否成为本罪主体并未予以明确规定，因此，在刑法尚未对此进行修订之前，单位不能成为本罪主体。

2. 客体要件

本罪侵犯的客体是国家正常的行政执法活动和司法活动。

国家行政执法人员担负着执行行政法律，管理社会公共事务的重要职责。在行政执法活动中，行政执法人员发现行政违法事实时有权依据行政处罚法或者行政法规作出处罚或者处理决定。同时，对于发现应当追究刑事责任的案件，也应当依照法定程序移交司法机关处理，这是行政执法人员的法定责任。但在实践中，少数行政执法人员置法律于不顾，徇私情、贪图个人私利，对于应当追究刑事责任的案件只作行政违法案件处理，“以罚代刑”，致使一些犯罪分子逃脱法网，没有受到应有的刑事制裁。因此，刑法将这种行为规定为犯罪是非常必要的，对约束、教育行政执法人员严肃执法，具有积极的意义。

3. 主观要件

本罪的主观方面由故意构成，即明知行政违法人的行为构成了犯罪，应当移交而不移交。行为人多出于贪利、徇私情的动机。过失不构成本罪。

4. 客观要件

本罪的客观方面表现为徇私舞弊，对依法应当移交司法机关追究刑事责任的案件不予移交的行为。

本罪发生在行政执法过程中。首先表现在行为人发现自己查处的行政违法人的行为已构成犯罪，依据有关法律规定应当移交司法机关追究刑事责任，但是没有移交。“依法应当移交”，是指根据有关法律的规定应当移交司法机关处理；“不移交”，泛指不向司法机关移交。如果由于对司法机关的立案管辖或者地域管辖的规定不熟悉，致使移送的司法机关不准确，不能认为是“不移交”。从形式上看，“不移交”采取不作为的方式，但行为人为达到“不移交”的目的往往采取作为的方式，如歪曲、虚构、淡化事实，避重就轻或者轻描淡写地描述事实，“以罚代刑”，致使触犯刑律的人逃避刑事追究。“徇私舞弊”，是构成本罪的前提要件。

按照法律规定，徇私舞弊不移交刑事案件的行为，除需具备上述构成要件外，还必须达到“情节严重”的程度，才构成犯罪。在司法实践中，“情节严重”一般是指：应当移交的刑事案件案情重大的；隐瞒或者毁灭犯罪证据的；态度蛮横，经多次教育仍拒不移交的；妨害其他刑事案件侦破或者审判的；造成恶劣社会影响的；多次不移交的等。

（三）实务疑难问题

1. 罪与非罪的认定

情节是否严重，是区分本罪与非罪的要件。虽有徇私舞弊不移交刑事案件的行为，但情节显著轻微、危害不大的，属一般违法行为，不构成犯罪。在最高人民法院出台相关司法解释之前，审判实践中把握本罪的罪与非罪的界限时，可以参考《最高人民检察院关于渎职侵权犯罪案件立案标准的规定》对本罪立案追诉的标准来认定是否达到定罪标准。

2. 注意本罪与徇私枉法罪的区别

二者的主要区别是：本罪的主体是行政执法人员，徇私枉法罪的主体只能是司法工作人员；在客观方面，本罪是不将有罪的人移交司法机关处理，而徇私枉法罪既有故意包庇、使有罪的人不受追诉的行为，也有使无罪的人受到追诉的行为。

3. 划清一罪与数罪的界限

行政执法人员因受贿而不移交刑事案件，如果受贿行为构成犯罪的，以徇私舞弊不移交刑事案件罪和受贿罪数罪并罚。行政执法人员拒不移交案件而放纵的行为涉及制售伪劣商品犯罪行为，同时触犯本罪和《刑法》第 414

条放纵制售伪劣商品犯罪行为罪的，应从一重罪处断。

（四）情节与量刑

依照《刑法》第402条规定，犯徇私舞弊不移交刑事案件罪的，处3年以下有期徒刑或者拘役；造成严重后果的，处3年以上7年以下有期徒刑。

司法机关在适用上述规定对本罪行为人进行处罚时，应当注意，“造成严重后果”，是本罪的加重处罚情节，司法实践中，一般是指因不移交刑事案件而严重妨碍其他刑事案件侦破或者审判的；应当移交的刑事案件涉及重大犯罪的；造成极为恶劣的社会影响的等情形。

（五）法律链接

1. **中华人民共和国税收征收管理法**（1992年9月4日第七届全国人民代表大会常务委员会第二十七次会议通过　根据1995年2月28日第八届全国人民代表大会常务委员会第十二次会议《关于修改〈中华人民共和国税收征收管理法〉的决定》第一次修正　2001年4月28日第九届全国人民代表大会常务委员会第二十一次会议修订　根据2013年6月29日第十二届全国人民代表大会常务委员会第三次会议《关于修改〈中华人民共和国文物保护法〉等十二部法律的决定》第二次修正　根据2015年4月24日第十二届全国人民代表大会常务委员会第十四次会议《关于修改〈中华人民共和国港口法〉等七部法律的决定》第三次修正）（节录）

第七十七条　纳税人、扣缴义务人有本法第六十三条、第六十五条、第六十六条、第六十七条、第七十一条规定的行为涉嫌犯罪的，税务机关应当依法移交司法机关追究刑事责任。

税务人员徇私舞弊，对依法应当移交司法机关追究刑事责任的不移交，情节严重的，依法追究刑事责任。

2. **中华人民共和国行政处罚法**（1996年3月17日第八届全国人民代表大会第四次会议通过　根据2009年8月27日第十一届全国人民代表大会常务委员会第十次会议《关于修改部分法律的决定》第一次修正　根据2017年9月1日第十二届全国人民代表大会常务委员会第二十九次会议《关于修改〈中华人民共和国法官法〉等八部法律的决定》第二次修正）（节录）

第六十一条　行政机关为牟取本单位私利，对应当依法移交司法机关追究刑事责任的不移交，以行政处罚代替刑罚，由上级行政机关或者有关部门责令纠正；拒不纠正的，对直接负责的主管人员给予行政处分；徇私舞弊、包庇纵容违法行为的，依照刑法有关规定追究刑事责任。

3. **最高人民法院、最高人民检察院关于办理危害生产安全刑事案件适用法律若干问题的解释**（法释〔2015〕22号 自2015年12月16日起施行）（节录）

第十五条第一款 国家机关工作人员在履行安全监督管理职责时滥用职权、玩忽职守，致使公共财产、国家和人民利益遭受重大损失的，或者徇私舞弊，对发现的刑事案件依法应当移交司法机关追究刑事责任而不移交，情节严重的，分别依照刑法第三百九十七条、第四百零二条的规定，以滥用职权罪、玩忽职守罪或者徇私舞弊不移交刑事案件罪定罪处罚。

4. **最高人民法院、最高人民检察院关于办理危害食品安全刑事案件适用法律若干问题的解释**（法释〔2013〕12号 自2013年5月4日起施行）（节录）

第十六条第一款 负有食品安全监督管理职责的国家机关工作人员，滥用职权或者玩忽职守，导致发生重大食品安全事故或者造成其他严重后果，同时构成食品监管渎职罪和徇私舞弊不移交刑事案件罪、商检徇私舞弊罪、动植物检疫徇私舞弊罪、放纵制售伪劣商品犯罪行为罪等其他渎职犯罪的，依照处罚较重的规定定罪处罚。

十四、滥用管理公司、证券职权罪

（一）法律规定

第四百零三条 国家有关主管部门的国家机关工作人员，徇私舞弊，滥用职权，对不符合法律规定条件的公司设立、登记申请或者股票、债券发行、上市申请，予以批准或者登记，致使公共财产、国家和人民利益遭受重大损失的，处五年以下有期徒刑或者拘役。

上级部门强令登记机关及其工作人员实施前款行为的，对其直接负责的主管人员，依照前款的规定处罚。

（二）罪名详解

滥用管理公司、证券职权罪，是指国家有关主管部门的国家机关工作人员，徇私舞弊，滥用职权，对不符合法律规定条件的公司设立、登记申请或者股票、债券发行、上市申请，予以批准或者登记，致使公共财产、国家和人民利益遭受重大损失的行为。

本罪是1997年刑法增设的罪名，是从1995年2月28日第八届全国人民代表大会常务委员会第十二次会议通过的《关于惩治违反公司法的犯罪的决定》第8条的规定，吸收改为刑法具体规定的。1979年刑法没有规定此罪名。

滥用管理公司、证券职权罪的构成要件是：

1. 主体要件

本罪的犯罪主体为特殊主体，即国家有关主管部门的国家机关工作人员，具体指国家工商行政管理机关和国务院证券监督管理委员会中对公司设立、登记申请或者股票、债券发行、上市申请具有批准或者登记职权的国家机关工作人员。

上级部门强令登记机关及其工作人员实施对不符合法律规定条件的公司设立、登记申请或者股票、债券发行、上市申请，予以批准或者登记行为的，其直接负责的主管人员也可以构成本罪的主体。

2. 客体要件

本罪侵犯的客体是国家对公司、证券的正常管理活动。根据《公司法》《公司登记管理条例》和《股票发行与交易管理暂行条例》的规定，对公司设立、登记申请负责审核、登记的国家主管部门是工商行政管理机关，国务院证券监督管理委员会负责股票、债券发行、上市申请的批准、登记工作。为了保证对公司、证券正常的管理活动，有关的法律、法规对公司设立、登记申请与股票、债券发行、上市申请的具体条件作了明确规定。对不符合这些条件的公司、证券予以批准登记，不仅直接违反有关法律、法规的规定，妨害正常的管理活动，还会对公共财产、国家和人民利益造成损失。

3. 主观要件

本罪主观方面由故意构成，行为人须出于徇私的动机。过失不构成本罪。

4. 客观要件

客观方面表现为滥用职权，对不符合法律规定条件的公司设立、登记申请或者股票、债券发行、上市申请，予以批准或者登记，致使公共财产、国家和人民利益遭受重大损失的行为。

“滥用职权”，是指滥用对公司、证券的批准或者登记的权力，具体体现为对依法不应该批准、登记的而予以批准、登记。“法律规定条件”，是指公司法和有关法规关于公司设立、登记申请或者股票、债券发行、上市申请的必备要件。如关于股东或发起人的人数、法定资本最低限额、公司章程、公司名称及组织机构、生产经营的场所和条件；公司净资产、累计债券总额、可分配利润、资金投向、利率；认购股份、募股申请、发行新股；股本总额、开业时间、业绩、股东人数等条件。本罪是结果犯，“致使公共财产、国家和人民利益遭受重大损失”是本罪的必备要件。本条中的“徇私舞弊”与“滥用职权”均系本罪的必要条件，二者为递进关系。行为人有滥用职权行为，但未徇私舞弊的，不构成本罪，如果造成重大损失的，可以构成滥用职权罪。

（三）实务疑难问题

1. 罪与非罪的认定

“致使公共财产、国家和人民利益遭受重大损失”是区分本罪的罪与非罪的标准，如未造成重大损失，则不构成本罪。在最高人民法院出台相关司法解释之前，审判实践中把握本罪的罪与非罪的界限时，可以参考《最高人民检察院关于渎职侵权犯罪案件立案标准的规定》对本罪立案追诉的标准来认定是否达到定罪标准。

2. 注意本罪与玩忽职守罪的区别

本罪的主观方面须由故意构成；行为人出于过失的，则构成玩忽职守罪。

3. 划清一罪与数罪的界限

行为人因受贿而实施本罪，如果受贿行为构成犯罪的，以滥用管理公司、证券职权罪和受贿罪数罪并罚。

（四）情节与量刑

依照《刑法》第 403 条第 1 款规定，犯滥用管理公司、证券职权罪的，处 5 年以下有期徒刑或者拘役。

依照本条第 2 款规定，上级部门强令登记机关及其工作人员实施对不符合法律规定条件的公司设立、登记申请或者股票、债券发行、上市申请，予以批准或者登记行为的，对其直接负责的主管人员，依照前款的规定处罚。

十五、徇私舞弊不征、少征税款罪

（一）法律规定

第四百零四条　税务机关的工作人员徇私舞弊，不征或者少征应征税款，致使国家税收遭受重大损失的，处五年以下有期徒刑或者拘役；造成特别重大损失的，处五年以上有期徒刑。

（二）罪名详解

徇私舞弊不征、少征税款罪，是指税务机关的工作人员徇私舞弊，不征或者少征应征税款，致使国家税收遭受重大损失的行为。

本罪是1997年刑法增设的新罪名，是从1992年9月4日第七届全国人民代表大会常务委员会第二十七次会议通过、1995年2月28日第八届全国人民代表大会常务委员会第十二次会议修正的《税收征收管理法》第54条的规定，吸收改为刑法的具体规定的。1979年刑法和单行刑法均没有规定此罪名。

徇私舞弊不征、少征税款罪的构成要件是：

1. 主体要件

本罪的犯罪主体为特殊主体，即税务机关的工作人员，即在税务机关从事税收征收管理工作的国家机关工作人员。

2. 客体要件

本罪侵犯的客体是国家的税收征收管理制度。税收作为国家财政收入的主要来源，是进行经济建设和社会文化建设的资金保障。国家建立税收征收管理制度，目的就在于保证国家财政收入来源的畅通，为国家各项建设提供必要的物质条件。纳税义务人和纳税单位不仅应当按照税法履行纳税的义务，税务机关的工作人员也应当严格执行税收征收管理法，认真履行征税的法定义务。违反这些法定义务，对应征的税款不予征收，或者低于应征的税款额征收，就会给国家税收造成直接损失。

3. 主观要件

本罪的主观方面由故意构成。行为人须出于徇私的动机。过失不构成本罪。

4. 客观要件

本罪的客观方面表现为徇私舞弊，不征或者少征应征税款，致使国家税收遭受重大损失的行为。

“应征税款”，是指国家有关税收的法律、法规根据纳税主体、征税对象、税率等指标而确定的，税收机关必须征收的纳税款额。确定是否属于“应征税款”，应根据税法的具体规定进行判断。“不征”，是指对依据税法应当征收的税款不予以征收。因此，“不征”在行为方式上是不作为。“少征”，是指对依据税法应当征收的税款虽然征收，但未达到或者少于法定或税收机关确定的征收数额。因此，就其未征收的税款部分而言，“少征”在行为方式上也是一种不作为。本罪是结果犯，不征或者少征应征税款的行为必须造成“致使国家税收遭受重大损失”的后果，才构成犯罪。按照法律规定，行为人只要实施了不征或者少征应征税款其中一种行为，就构成本罪；实施了两种行为的，仍为一罪，不实行并罚。“徇私舞弊”，是构成本罪的前提要件。

（三）实务疑难问题

1. 罪与非罪的认定

“致使国家税收遭受重大损失”是本罪的客观要件之一。行为人虽然不征或者少征应征税款，给国家税收造成了一定损失，但尚未达到“重大损失”的程度，则不构成犯罪，可由税务机关给予行政处罚。“重大损失”，主要是指给国家税收造成的直接经济损失。至于“重大损失”的具体数额标准，有待最高人民法院作出司法解释。在最高人民法院出台相关司法解释之前，审判实践中把握本罪的罪与非罪的界限时，可以参考《最高人民检察院关于渎职侵权犯罪案件立案标准的规定》对本罪立案追诉的标准来认定是否达到定罪标准。

2. 注意本罪与玩忽职守罪的区别

如果行为人在征税工作中严重不负责任，如因工作马虎、不认真而计算错误，没有征收或者少征了应征税款，致使国家税收遭受重大损失，情节严重的，可以玩忽职守罪追究其刑事责任。

3. 划清徇私舞弊不征、少征税款罪与逃税共犯的界限

本罪在客观方面表现为不征或者少征应征税款的行为。在司法实践中，

如果税收工作人员与纳税主体相勾结，帮助其实现偷税的目的，如出主意或帮助纳税主体在账簿上多列支出或者不列、少列收入，以不缴或者少缴应纳税款，而后故意不征或者少征应征税款的，可构成逃税罪的共犯。

4. 划清一罪与数罪的界限

税收工作人员接受纳税主体的贿赂而不征或者少征应征税款，如果受贿行为构成犯罪的，以徇私舞弊不征、少征税款罪和受贿罪数罪并罚。

（四）情节与量刑

依照《刑法》第404条规定，犯徇私舞弊不征、少征税款罪的，处5年以下有期徒刑或者拘役；造成特别重大损失的，处5年以上有期徒刑。

司法机关在适用上述规定对本罪行为人进行处罚时，应当注意，“造成特别重大损失”，是本罪的加重处罚情节，司法实践中，一般是指给国家税收造成的直接经济损失特别巨大等情形。

（五）法律链接

中华人民共和国税收征收管理法（1992年9月4日第七届全国人民代表大会常务委员会第二十七次会议通过　根据1995年2月28日第八届全国人民代表大会常务委员会第十二次会议《关于修改〈中华人民共和国税收征收管理法〉的决定》第一次修正　2001年4月28日第九届全国人民代表大会常务委员会第二十一次会议修订　根据2013年6月29日第十二届全国人民代表大会常务委员会第三次会议《关于修改〈中华人民共和国文物保护法〉等十二部法律的决定》第二次修正　根据2015年4月24日第十二届全国人民代表大会常务委员会第十四次会议《关于修改〈中华人民共和国港口法〉等七部法律的决定》第三次修正）（节录）

第八十二条第一款　税务人员徇私舞弊或者玩忽职守，不征或者少征应征税款，致使国家税收遭受重大损失，构成犯罪的，依法追究刑事责任；尚不构成犯罪的，依法给予行政处分。

十六、徇私舞弊发售发票、抵扣税款、出口退税罪

（一）法律规定

第四百零五条第一款　税务机关的工作人员违反法律、行政法规的规定，在办理发售发票、抵扣税款、出口退税工作中，徇私舞弊，致使国家利益遭受重大损失的，处五年以下有期徒刑或者拘役；致使国家利益遭受特别重大损失的，处五年以上有期徒刑。

（二）罪名详解

徇私舞弊发售发票、抵扣税款、出口退税罪，是指税务机关的工作人员违反法律、行政法规的规定，在办理发售发票、抵扣税款、出口退税工作中，徇私舞弊，致使国家利益遭受重大损失的行为。

本罪是1997年刑法增设的罪名，是从1995年10月30日第八届全国人民代表大会常务委员会第十六次会议通过的《关于惩治虚开、伪造和非法出售增值税专用发票犯罪的决定》第9条的规定，吸收改为刑法的具体规定的。1979年刑法没有规定此罪名。

徇私舞弊发售发票、抵扣税款、出口退税罪的构成要件是：

1. 主体要件

本罪的犯罪主体为特殊主体，即税务机关的工作人员。

2. 客体要件

本罪侵犯的客体是国家的税收管理制度。

为了保障国家税收改革的顺利进行，促进国民经济的发展，保证国家财政收入的来源，国家逐步建立、健全了税收管理制度，其中对发票（尤其是增值税专用发票）的发售、抵扣税款、出口退税等工作作了严格、明确的规定。办理发售发票、抵扣税款、出口退税的工作是我国税收改革的重要内容，税务工作人员必须严格遵守有关法律、行政法规，否则不仅严重危及国家税收改革的顺利进行，而且会给国家税收造成损失，因此对于在上述工作中徇私舞弊，致使国家税收遭受重大损失的行为人，必须依法予以惩处。

3. 主观要件

本罪主观方面由故意构成，行为人须出于徇私的动机。过失不构成本罪。

4. 客观要件

本罪的客观方面表现为徇私舞弊，违反法律、行政法规的规定，在办理发售发票、抵扣税款、出口退税工作中，徇私舞弊，致使国家利益遭受重大损失的行为。

（1）必须有违反法律、行政法规规定的行为。这里的“规定”，是指有关税收的法律、行政法规关于发票发售、抵扣税款、出口退税工作的具体规定。

（2）必须有徇私舞弊办理发售发票、抵扣税款、出口退税工作的行为。“发票”，是指增值税专用发票，以及用于办理抵扣税款、出口退税手续的发票和其他普通发票。“抵扣税款”，是指税务机关对购货方在购进商品时已由供货方缴纳的增值税款抵扣掉，只征收购货方作为生产者、经营者在销售其产品或者商品环节增值部分的税款。“出口退税”，是指除特殊产品外，国家对在国内已经征收产品税、增值税、营业税、特别消费税的产品在出口时将已经征收的税款予以退还，是国家为鼓励企业出口创汇、增强我国产品在国际市场的竞争力而实行的一项特殊优惠政策。“徇私舞弊”是指行为人为徇私情，以欺骗手段办理上述工作，具体表现为对不应发售发票的，予以发售；对不应抵扣或者应少抵扣税款的，擅自抵扣或者多抵扣；帮助他人骗取出口退税；等等。

（3）必须造成“致使国家利益遭受重大损失”的后果。按照法律的规定，行为人徇私舞弊，有发售发票或者抵扣税款、出口退税其中一种行为，致使国家利益遭受重大损失的，就构成本罪；实施了两种以上行为的，仍为一罪，不实行并罚。“徇私舞弊”，是构成本款罪的前提要件。

（三）实务疑难问题

1. 罪与非罪的认定

是否“致使国家利益遭受重大损失”，是区分本罪的罪与非罪的结果要件。所谓重大损失，司法实践中，一般是指给国家税收造成重大损失，但又不限于此，具体内容有待于最高人民法院作出司法解释。如虽有徇私舞弊发售发票、抵扣税款或者出口退税等行为，但没有使国家利益遭受重大损失的，不以犯罪论处。在最高人民法院出台相关司法解释之前，审判实践中把握本罪的罪与非罪的界限时，可以参考《最高人民检察院关于渎职侵权犯罪案件立案标准的规定》对本罪立案追诉的标准来认定是否达到定罪标准。

2. 注意本罪与玩忽职守罪的区别

行为人由于严重不负责任，而在办理发售发票、抵扣税款、出口退税工作中过失地致使国家利益遭受重大损失的，构成玩忽职守罪。

3. 划清本罪与诈骗罪、骗取出口退税罪共犯的界限

行为人如果与其他犯罪分子有欺骗的共同故意，在办理抵扣税款、出口退税工作中帮助其骗取抵扣税款或者出口退税的，可构成诈骗罪或者骗取出口退税罪的共犯。

4. 划清一罪与数罪的界限

税收工作人员在办理发售发票、抵扣税款、出口退税工作中接受贿赂而实施本罪的，如果受贿行为构成犯罪的，以徇私舞弊发售发票、抵扣税款、出口退税罪和受贿罪数罪并罚。

（四）情节与量刑

依照《刑法》第 405 条第 1 款规定，犯徇私舞弊发售发票、抵扣税款、出口退税罪的，处 5 年以下有期徒刑或者拘役；致使国家利益遭受特别重大损失的，处 5 年以上有期徒刑。

司法机关在适用上述规定对本罪行为人进行处罚时，应当注意，“致使国家利益遭受特别重大损失”，是本罪的加重处罚情节，司法实践中，一般是指国家税收遭受特别重大损失，如被罪犯骗走的税款特别巨大等情形。

（五）法律链接

1. 中华人民共和国税收征收管理法（1992 年 9 月 4 日第七届全国人民代表大会常务委员会第二十七次会议通过　根据 1995 年 2 月 28 日第八届全国人民代表大会常务委员会第十二次会议《关于修改〈中华人民共和国税收征收管理法〉的决定》第一次修正　2001 年 4 月 28 日第九届全国人民代表大会常务委员会第二十一次会议修订　根据 2013 年 6 月 29 日第十二届全国人民代表大会常务委员会第三次会议《关于修改〈中华人民共和国文物保护法〉等十二部法律的决定》第二次修正　根据 2015 年 4 月 24 日第十二届全国人民代表大会常务委员会第十四次会议《关于修改〈中华人民共和国港口法〉

等七部法律的决定》第三次修正）（节录）

第八十四条 违反法律、行政法规的规定，擅自作出税收的开征、停征或者减税、免税、退税、补税以及其他同税收法律、行政法规相抵触的决定的，除依照本法规定撤销其擅自作出的决定外，补征应征未征税款，退还不应征收而征收的税款，并由上级机关追究直接负责的主管人员和其他直接责任人员的行政责任；构成犯罪的，依法追究刑事责任。

2. **全国人民代表大会常务委员会关于惩治虚开、伪造和非法出售增值税专用发票犯罪的决定**（自1995年10月30日起施行）（节录）

九、税务机关的工作人员违反法律、行政法规的规定，在发售发票、抵扣税款、出口退税工作中玩忽职守，致使国家利益遭受重大损失的，处五年以下有期徒刑或者拘役；致使国家利益遭受特别重大损失的，处五年以上有期徒刑。

十七、违法提供出口退税凭证罪

（一）法律规定

第四百零五条　税务机关的工作人员违反法律、行政法规的规定，在办理发售发票、抵扣税款、出口退税工作中，徇私舞弊，致使国家利益遭受重大损失的，处五年以下有期徒刑或者拘役；致使国家利益遭受特别重大损失的，处五年以上有期徒刑。

其他国家机关工作人员违反国家规定，在提供出口货物报关单、出口收汇核销单等出口退税凭证的工作中，徇私舞弊，致使国家利益遭受重大损失的，依照前款的规定处罚。

（二）罪名详解

违法提供出口退税凭证罪，是指税务机关工作人员以外的其他国家机关工作人员违反国家规定，在提供出口退税凭证的工作中，徇私舞弊，致使国家利益遭受重大损失的行为。

本罪是1997年刑法增设的罪名，1979年刑法和单行刑法均没有规定此罪名。

违法提供出口退税凭证罪的构成要件是：

1. 主体要件

本罪的犯罪主体为除税务机关工作人员以外的其他国家机关工作人员，如海关、外贸主管部门的工作人员。

2. 客体要件

本罪侵犯的客体是国家的出口退税制度。犯罪对象是出口退税凭证，主要是指出口货物报关单、出口收汇核销单等在出口货物过程中，可以用于退税的专用单据。

3. 主观要件

本罪主观方面由故意构成，行为人须具有徇私的动机。过失不构成本罪。

4. 客观要件

本罪客观方面表现为违反国家规定，在提供出口货物报关单、出口收汇核销单等出口退税凭证工作中弄虚作假，致使国家利益遭受重大损失的行为。“徇私舞弊”，是构成本罪的前提要件。

（三）实务疑难问题

1. 罪与非罪的认定

是否“致使国家利益遭受重大损失”，是区分本罪的罪与非罪行为的结果要件。行为人虽然违法提供出口退税凭证，但给国家利益造成的损失尚未达到“重大”的程度的，则属一般违法行为，不构成犯罪。在最高人民法院出台相关司法解释之前，审判实践中把握本罪的罪与非罪的界限时，可以参考《最高人民检察院关于渎职侵权犯罪案件立案标准的规定》对本罪立案追诉的标准来认定是否达到定罪标准。

2. 划清本罪与骗取出口退税罪共犯的界限

行为人与骗取出口退税的犯罪分子相勾结，违法向其提供出口退税凭证，构成犯罪的，可以骗取出口退税罪的共犯论处。

（四）情节与量刑

依照《刑法》第 405 条第 2 款规定，犯违法提供出口退税凭证罪的，依照本条第 1 款的规定处罚，即处 5 年以下有期徒刑或者拘役；致使国家利益遭受特别重大损失的，处 5 年以上有期徒刑。

十八、国家机关工作人员签订、履行合同失职被骗罪

（一）法律规定

第四百零六条　国家机关工作人员在签订、履行合同过程中，因严重不负责任被诈骗，致使国家利益遭受重大损失的，处三年以下有期徒刑或者拘役；致使国家利益遭受特别重大损失的，处三年以上七年以下有期徒刑。

（二）罪名详解

国家机关工作人员签订、履行合同失职被骗罪，是指国家机关工作人员在签订、履行合同过程中，因严重不负责任被诈骗，致使国家利益遭受重大损失的行为。

本罪是1997年刑法增设的罪名，1979年刑法和单行刑法均没有规定此罪名。《罪名补充规定》明确规定本罪罪名为“国家机关工作人员签订、履行合同失职被骗罪”，同时取消了最高人民法院原确定的“国家机关工作人员签订、履行合同失职罪”这一罪名。

国家机关工作人员签订、履行合同失职被骗罪的构成要件：

1. 主体要件

本罪的犯罪主体为特殊主体，即国家机关工作人员，主要指国家机关中负有签订、履行合同职责的工作人员。

2. 客体要件

本罪侵犯的客体是国家机关的正常活动和国有资产的安全。

在市场经济条件下，合同成为市场主体之间发生经济关系，进行生产、交换、流通等活动的主要媒介和依据，也是记载双方当事人权利和义务的凭证。近年来，一些国家机关工作人员在签订、履行合同过程中，由于严重不负责任给犯罪分子留下了可乘之机，致使国家利益遭受损失，而且严重影响到国家机关的正常工作。为保护国有资产的安全，维护国家机关的正常活动，刑法将这种行为规定为犯罪予以惩处是十分必要的。

3. 主观要件

本罪主观方面由过失构成，即应当预见自己严重不负责任可能发生被诈骗的结果，由于疏忽大意而没有预见，或者已经预见而轻信能够避免，以致被诈骗。

4. 客观要件

客观方面表现为在签订、履行合同过程中，因严重不负责任被诈骗，致使国家利益遭受重大损失的行为。

首先，失职行为须发生在合同的签订、履行过程中。其次，失职行为具体表现为严重不负责任，即不履行或者不正确履行签订、履行合同时应尽的职责因而被骗。例如，不认真调查了解对方的资信情况，不认真审查有关证件、证明，不了解对方的经营状况，如是否依法成立，不知道或者不认真审查对方的实际履约能力以及供货的质量、来源等，即与对方签订合同因而上当受骗；对另一方提供的不符合合同要求的货物，应当检查而不检查；轻信对方的谎言，在资金、货款未到位或者未提供必要的担保即擅自同意发货，结果被诈骗；在财物被诈骗走后，不及时采取补救措施追回财物、减少损失、延误索赔时机或者不予索赔；等等。最后，失职行为必须致使国家利益遭受重大损失。如资金、财产被诈骗，数额巨大的；因被诈骗，使国家机关的正常工作受到严重影响的；等等。

（三）实务疑难问题

1. 罪与非罪的认定

对于在签订、履行合同过程中因国家政策、国际和国内市场行情的变化等不能抗拒或者不能预见的原因，致使国家利益遭受重大损失的，不能以犯罪论处。行为人虽然因严重不负责任而被诈骗，但给国家利益造成的损失未达到“重大”的程度，也不能追究其刑事责任，可给予必要的行政处分。在最高人民法院出台相关司法解释之前，审判实践中把握本罪的罪与非罪的界限时，可以参考《最高人民检察院关于渎职侵权犯罪案件立案标准的规定》对本罪立案追诉的标准来认定是否达到定罪标准。

2. 划清本罪与签订、履行合同失职被骗罪的界限

二者的区别在于：本罪的主体是国家机关工作人员；而签订、履行合同失职被骗罪的主体只能是国有公司、企业、事业单位直接负责的主管人员。

（四）情节与量刑

根据第406条规定，犯本罪应当处3年以下有期徒刑或者拘役；致使国家利益遭受特别重大损失的，处3年以上7年以下有期徒刑。

十九、违法发放林木采伐许可证罪

（一）法律规定

第四百零七条　林业主管部门的工作人员违反森林法的规定，超过批准的年采伐限额发放林木采伐许可证或者违反规定滥发林木采伐许可证，情节严重，致使森林遭受严重破坏的，处三年以下有期徒刑或者拘役。

（二）罪名详解

违法发放林木采伐许可证罪，是指林业主管部门的工作人员违反森林法的规定，超过批准的年采伐限额发放林木采伐许可证或者违反规定滥发林木采伐许可证，情节严重，致使森林遭受严重破坏的行为。

本罪是1997年刑法增设的罪名，是从1984年9月20日第六届全国人民代表大会常务委员会第七次会议通过的《森林法》第35条的规定，吸收改为刑法具体规定的。1979年刑法和单行刑法均没有规定此罪名。

违法发放林木采伐许可证罪的构成要件是：

1. 主体要件

本罪犯罪主体为特殊主体，即林业主管部门的工作人员，主要是指林业主管部门负有发放林木采伐许可证职责的工作人员。

2. 客体要件

本罪侵犯的客体是国家对森林资源的管理制度。

森林是国家的重要资源，是环境保护的主要对象之一。林木的成长与森林的形成一般需要较长的周期，一旦遭到破坏，会对经济建设和环境保护造成直接、巨大的损失。为了保护森林资源，国家有关法律、法规规定对林木采伐实行许可证制度，保证有计划地对林木进行采伐。林业主管部门的工作人员必须严格遵守林木采伐许可证制度，按照法律的规定发放许可证。如果违反森林法的规定，超额发放或者滥发林木采伐许可证，就会破坏国家对森林的管理活动，因此必须予以惩处。

3．主观要件

本罪主观方面由间接故意构成，即行为人对违法发放采伐许可证是明知的，但对于导致森林资源遭受严重破坏的结果则持放任态度。

4．客观要件

本罪客观方面表现为违反森林法的规定，超过批准的年采伐限额发放林木采伐许可证或者违反规定滥发林木采伐许可证，情节严重，致使森林遭受严重破坏的行为。

“违反森林法的规定”，是指违反森林法关于发放林木采伐许可证的规定，具体形式有两种：（1）超过批准的年采伐限额发放林木采伐许可证。年采伐林木的限额由林业主管部门依据森林法规作出具体规定，并列入林木生产的年度计划。林业工作人员擅自在年度计划之外向申请者发放林木采伐许可证，即属此种情形。（2）违反规定滥发林木采伐许可证，即林业工作人员违反关于发放对象的范围或者发放限额的规定，对不应当发放林木采伐许可证的申请人擅自决定发放许可证，或者超过规定的一定时期采伐许可证的发放限额而擅自发放。在实践中应当注意，要根据林业主管部门的有关规定判断年采伐限额、采伐许可证的发放限额的具体标准以及是否应当发放。

本罪在客观上还必须同时具备“情节严重”和“致使森林遭受严重破坏”这两个要件。前者是情节要件，是指违法发放采伐许可证的情节达到严重程度，主要包括超过年采伐的限额较大，滥发许可证的数量较大或者多次滥发许可证等情形；后者是结果要件。二者缺一不可。

（三）实务疑难问题

1．罪与非罪的认定

“情节严重，致使森林遭受严重破坏”是区分本罪的罪与非罪的主要标准。虽然违法发放林木采伐许可证，但不具备这两个要件的，可给予直接责任人员以行政处分。“致使森林遭受严重破坏”，是指造成森林面积大幅度减少；特有林种的灭绝；其他森林资源和生态环境的严重毁坏；等等。

根据《最高人民法院关于审理破坏森林资源刑事案件具体应用法律若干

问题的解释》第12条，具有下列情形之一的，属于“情节严重，致使森林遭受严重破坏”：（1）发放林木采伐许可证允许采伐数量累计超过批准的年采伐限额，导致林木被采伐数量在10立方米以上的；（2）滥发林木采伐许可证，导致林木被滥伐20立方米以上的；（3）滥发林木采伐许可证，导致珍贵树木被滥伐的；（4）批准采伐国家禁止采伐的林木，情节恶劣的；（5）其他情节严重的情形。

2. 注意本罪与滥用职权罪的区别

林业主管部门工作人员违法发放林木采伐许可证，致使森林遭受严重破坏的，以违法发放林木采伐许可证罪追究刑事责任；以其他方式滥用职权或者玩忽职守，致使森林遭受严重破坏的，根据《最高人民检察院关于对林业主管部门工作人员在发放林木采伐许可证之外滥用职权玩忽职守致使森林遭受严重破坏的行为适用法律问题的批复》，应当依照《刑法》第397条的规定，以滥用职权罪或者玩忽职守罪追究行为人的刑事责任。林业主管部门工作人员之外的国家机关工作人员违反森林法的规定，滥用职权或者玩忽职守，致使森林遭受严重破坏的，应以滥用职权罪或者玩忽职守罪定罪处罚。

3. 划清本罪与滥伐林木罪共犯的界限

行为人出于直接故意，与滥伐林木的犯罪分子相勾结，滥发采伐林木许可证，帮助其实现滥伐林木的目的的，构成滥伐林木罪的共犯，应当依照《刑法》第345条第2款的规定追究其刑事责任。

（四）情节与量刑

依照《刑法》第407条规定，犯违法发放林木采伐许可证罪的，处3年以下有期徒刑或者拘役。

（五）法律链接

1. 最高人民法院、最高人民检察院关于办理环境污染刑事案件适用法律若干问题的解释（法释〔2016〕29号　自2017年1月1日起施行）（节录）

第一条　实施刑法第三百三十八条规定的行为，具有下列情形之一的，应当认定为“严重污染环境”：

（一）在饮用水水源一级保护区、自然保护区核心区排放、倾倒、处置有放射性的废物、含传染病病原体的废物、有毒物质的；

（二）非法排放、倾倒、处置危险废物三吨以上的；

（三）排放、倾倒、处置含铅、汞、镉、铬、砷、铊、锑的污染物，超过国家或者地方污染物排放标准三倍以上的；

（四）排放、倾倒、处置含镍、铜、锌、银、钒、锰、钴的污染物，超过国家或者地方污染物排放标准十倍以上的；

（五）通过暗管、渗井、渗坑、裂隙、溶洞、灌注等逃避监管的方式排放、倾倒、处置有放射性的废物、含传染病病原体的废物、有毒物质的；

（六）二年内曾因违反国家规定，排放、倾倒、处置有放射性的废物、含传染病病原体的废物、有毒物质受过两次以上行政处罚，又实施前列行为的；

（七）重点排污单位篡改、伪造自动监测数据或者干扰自动监测设施，排放化学需氧量、氨氮、二氧化硫、氮氧化物等污染物的；

（八）违法减少防治污染设施运行支出一百万元以上的；

（九）违法所得或者致使公私财产损失三十万元以上的；

（十）造成生态环境严重损害的；

（十一）致使乡镇以上集中式饮用水水源取水中断十二小时以上的；

（十二）致使基本农田、防护林地、特种用途林地五亩以上，其他农用地十亩以上，其他土地二十亩以上基本功能丧失或者遭受永久性破坏的；

（十三）致使森林或者其他林木死亡五十立方米以上，或者幼树死亡二千五百株以上的；

（十四）致使疏散、转移群众五千人以上的；

（十五）致使三十人以上中毒的；

（十六）致使三人以上轻伤、轻度残疾或者器官组织损伤导致一般功能障碍的；

（十七）致使一人以上重伤、中度残疾或者器官组织损伤导致严重功能障碍的；

（十八）其他严重污染环境的情形。

第二条　实施刑法第三百三十九条、第四百零八条规定的行为，致使公私财产损失三十万元以上，或者具有本解释第一条第十项至第十七项规定情形之一的，应当认定为“致使公私财产遭受重大损失或者严重危害人体健康”或者“致使公私财产遭受重大损失或者造成人身伤亡的严重后果”。

第十七条　本解释所称“二年内”，以第一次违法行为受到行政处罚的生效之日与又实施相应行为之日的时间间隔计算确定。

本解释所称“重点排污单位”，是指设区的市级以上人民政府环境保护主管部门依法确定的应当安装、使用污染物排放自动监测设备的重点监控企业及其他单位。

本解释所称“违法所得”，是指实施刑法第三百三十八条、第三百三十九条规定的行为所得和可得的全部违法收入。

本解释所称“公私财产损失”，包括实施刑法第三百三十八条、第三百三十九条规定的行为直接造成财产损毁、减少的实际价值，为防止污染扩大、消除污染而采取必要合理措施所产生的费用，以及处置突发环境事件的应急监测费用。

本解释所称“生态环境损害”，包括生态环境修复费用，生态环境修复期间服务功能的损失和生态环境功能永久性损害造成的损失，以及其他必要合理费用。

本解释所称“无危险废物经营许可证”，是指未取得危险废物经营许可证，或者超出危险废物经营许可证的经营范围。

2. 最高人民检察院关于对林业主管部门工作人员在发放林木采伐许可证之外滥用职权、玩忽职守致使森林遭受严重破坏的行为适用法律问题的批复（高检发释字〔2007〕1号　自2007年5月16日起施行）

福建省人民检察院：

你院《关于林业主管部门工作人员滥用职权、玩忽职守造成森林资源损毁立案标准问题的请示》（闽检〔2007〕14号）收悉。经研究，批复如下：

林业主管部门工作人员违法发放林木采伐许可证，致使森林遭受严重破坏的，依照刑法第四百零七条的规定，以违法发放林木采伐许可证罪追究刑事责任；以其他方式滥用职权或者玩忽职守，致使森林遭受严重破坏的，依照刑法第三百九十七条的规定，以滥用职权罪或者玩忽职守罪追究刑事责任，立案标准依照《最高人民检察院关于渎职侵权犯罪案件立案标准的规定》第一部分渎职犯罪案件第十八条第三款的规定执行。

此复。

二十、环境监管失职罪

（一）法律规定

第四百零八条　负有环境保护监督管理职责的国家机关工作人员严重不负责任，导致发生重大环境污染事故，致使公私财产遭受重大损失或者造成人身伤亡的严重后果的，处三年以下有期徒刑或者拘役。

（二）罪名详解

环境监管失职罪，是指负有环境保护监督管理职责的国家机关工作人员严重不负责任，导致发生重大环境污染事故，致使公私财产遭受重大损失或者造成人身伤亡的严重后果的行为。

本罪是1997年刑法增设的罪名，是从1984年5月11日第六届全国人民代表大会常务委员会第五次会议通过的《水污染防治法》第43条、1987年9月5日第六届全国人民代表大会常务委员会第二十二次会议通过的《大气污染防治法》第38条的规定吸收改为刑法的具体规定的。1979年刑法和单行刑法均没有规定此罪名。

环境监管失职罪的构成要件是：

1. 主体要件

本罪的犯罪主体为特殊主体，即负有环境保护监督管理职责的国家机关工作人员，主要包括在国务院环境保护行政主管部门、县级以上地方人民政府环境保护行政主管部门从事环境保护监督管理等工作的人员。

2. 客体要件

本罪侵犯的客体是国家关于环境保护的监管制度。

3. 主观要件

本罪主观方面是过失，即应当预见自己严重不负责任可能导致发生重大污染事故，因为疏忽大意而没有预见，或者已经预见而轻信能够避免。故意不构成本罪。

4. 客观要件

本罪客观方面表现为严重不负责任，导致发生重大环境污染事故，致使公私财产遭受重大损失或者造成人身伤亡的严重后果的行为。

（三）实务疑难问题

1. 罪与非罪的认定

本罪是结果犯。严重不负责任的行为必须造成法定的结果，才构成本罪，否则属一般违法行为。所谓法定的结果，是指导致发生重大环境污染事故，致使公私财产遭受重大损失或者造成人身伤亡的严重后果。根据 2017 年 1 月 1 日起施行的《最高人民法院、最高人民检察院关于办理环境污染刑事案件适用法律若干问题的解释》（以下简称《环境污染解释》）第 1 条、第 2 条的规定，具有下列情形之一的，属于《刑法》第 408 条规定的“致使公私财产遭受重大损失或者造成人身伤亡的严重后果”：（1）致使公私财产损失 30 万元以上的；（2）造成生态环境严重损害的；（3）致使乡镇以上集中式饮用水水源取水中断 12 小时以上的；（4）致使基本农田、防护林地、特种用途林地 5 亩以上，其他农用地 10 亩以上，其他土地 20 亩以上基本功能丧失或者遭受永久性破坏的；（5）致使森林或者其他林木死亡 50 立方米以上，或者幼树死亡 2500 株以上的；（6）致使疏散、转移群众 5000 人以上的；（7）致使 30 人以上中毒的；（8）致使 3 人以上轻伤、轻度残疾或者器官组织损伤导致一般功能障碍的；致使 1 人以上重伤、中度残疾或者器官组织损伤导致严重功能障碍的。

2. 注意本罪与污染环境罪的区别

二者的区别在于：本罪的主体是特殊主体，即国家机关工作人员，污染环境罪的主体是一般主体，包括自然人和单位。在客观方面本罪表现为严重不负责任的行为，污染环境罪则表现为违反国家规定，向土地、水体、大气排放、倾倒或者处置有放射性的废物、含传染病病原体的废物、有毒物质或者其他有害物质的行为。

3. 本罪在主观方面为过失

行为人出于故意，不尽环境保护监管职责，导致公私财产遭受重大损失或者造成人身伤亡的，应以相应的故意犯罪（如《刑法》第 114 条以危险方法危害公共安全罪）定罪处罚，不以本罪或其他过失犯罪（如《刑法》第 338

条污染环境罪）定罪处罚。因受贿而故意不尽环境保护监管职责，构成犯罪的，应以相应的故意犯罪和受贿罪数罪并罚。

（四）情节与量刑

依照《刑法》第408条规定，犯环境监管失职罪的，处3年以下有期徒刑或者拘役。

（五）法律链接

最高人民法院、最高人民检察院关于办理环境污染刑事案件适用法律若干问题的解释（法释〔2016〕29号　自2017年1月1日起施行）（节录）

第一条　实施刑法第三百三十八条规定的行为，具有下列情形之一的，应当认定为“严重污染环境”：

（一）在饮用水水源一级保护区、自然保护区核心区排放、倾倒、处置有放射性的废物、含传染病病原体的废物、有毒物质的；

（二）非法排放、倾倒、处置危险废物三吨以上的；

（三）排放、倾倒、处置含铅、汞、镉、铬、砷、铊、锑的污染物，超过国家或者地方污染物排放标准三倍以上的；

（四）排放、倾倒、处置含镍、铜、锌、银、钒、锰、钴的污染物，超过国家或者地方污染物排放标准十倍以上的；

（五）通过暗管、渗井、渗坑、裂隙、溶洞、灌注等逃避监管的方式排放、倾倒、处置有放射性的废物、含传染病病原体的废物、有毒物质的；

（六）二年内曾因违反国家规定，排放、倾倒、处置有放射性的废物、含传染病病原体的废物、有毒物质受过两次以上行政处罚，又实施前列行为的；

（七）重点排污单位篡改、伪造自动监测数据或者干扰自动监测设施，排放化学需氧量、氨氮、二氧化硫、氮氧化物等污染物的；

（八）违法减少防治污染设施运行支出一百万元以上的；

（九）违法所得或者致使公私财产损失三十万元以上的；

（十）造成生态环境严重损害的；

（十一）致使乡镇以上集中式饮用水水源取水中断十二小时以上的；

（十二）致使基本农田、防护林地、特种用途林地五亩以上，其他农用地十亩以上，其他土地二十亩以上基本功能丧失或者遭受永久性破坏的；

（十三）致使森林或者其他林木死亡五十立方米以上，或者幼树死亡二千五百株以上的；

（十四）致使疏散、转移群众五千人以上的；

（十五）致使三十人以上中毒的；

（十六）致使三人以上轻伤、轻度残疾或者器官组织损伤导致一般功能障碍的；

（十七）致使一人以上重伤、中度残疾或者器官组织损伤导致严重功能障碍的；

（十八）其他严重污染环境的情形。

第二条 实施刑法第三百三十九条、第四百零八条规定的行为，致使公私财产损失三十万元以上，或者具有本解释第一条第十项至第十七项规定情形之一的，应当认定为“致使公私财产遭受重大损失或者严重危害人体健康”或者“致使公私财产遭受重大损失或者造成人身伤亡的严重后果”。

二十一、食品监管渎职罪

（一）法律规定

第四百零八条之一[①] **负有食品安全监督管理职责的国家机关工作人员，滥用职权或者玩忽职守，导致发生重大食品安全事故或者造成其他严重后果的，处五年以下有期徒刑或者拘役；造成特别严重后果的，处五年以上十年以下有期徒刑。**

徇私舞弊犯前款罪的，从重处罚。

（二）罪名详解

食品监管渎职罪，是指负有食品安全监督管理职责的国家机关工作人员，滥用职权或者玩忽职守，导致发生重大食品安全事故或者造成其他严重后果的行为。

本罪是《刑法修正案（八）》第49条增设的罪名。《最高人民法院、最高

① 本条由2011年2月25日《刑法修正案（八）》第49条增订。

人民检察院关于执行〈中华人民共和国刑法〉确定罪名的补充规定（五）》没有按照惯例将本条的罪名确定为食品监管滥用职权罪和食品监管玩忽职守罪，而是确定为食品监管渎职罪。主要考虑是：《刑法》第408条之一将食品安全监管滥用职权和玩忽职守并列规定，且法定刑完全相同，分别确定罪名没有实际意义；相反，实践表明，滥用职权与玩忽职守的区分，往往遇到困难、引发争议，将本条确定为两个罪名，难免会给司法适用和理论研究人为制造诸多难题，且可能引发不必要的上诉、抗诉或者申诉，浪费国家司法资源。至于本条确定为一罪后，所产生的与以往罪名确定不协调、不一致的问题，可在进一步总结实践经验的基础上，通过及时完善有关规范加以解决。

食品监管渎职罪的构成要件是：

1. 主体要件

本罪的犯罪主体为特殊主体，即负有食品安全监督管理职责的国家机关工作人员，包括县级以上人民政府及其卫生行政、农业行政、质量监督、工商行政管理、食品药品监督管理等部门负有食品监管职责的工作人员。另外，受人民政府委托行使食品安全监督管理职责的事业单位中从事公务的工作人员也可以构成本罪主体。[①] 根据食品安全法的相关规定，上述工作人员因所在部门不同其具体职责略有差异，在主体适用时应依法认定。

2. 客体要件

本罪侵犯的客体是国家对食品安全的监督管理活动。

“国以民为本，民以食为天”，食品安全关系到公共安全和人民福祉，始终是国家和公众关注的热点问题。目前，我国食品安全问题比较突出。为了保证食品安全，确保公众的身体健康和生命安全，国家对危害食品安全违法犯罪规定了严格的刑事责任，同时制定法律、法规和规章来约束负有食品安全监督管理职责的国家机关工作人员的职务行为。食品安全法就设专章（第八章）对“监督管理”作了规定；《刑法修正案（八）》增设本罪的目的，就是为了从刑事立法上加大对负有食品安全监管职责人员渎职行为的监督，以预防和减少食品安全事故的发生。如果这些工作人员在食品安全监督管理活

---

① 2002年12月28日《全国人民代表大会常务委员会关于〈中华人民共和国刑法〉第九章渎职罪主体适用问题的解释》规定：“……在受国家机关委托代表国家机关行使职权的组织中从事公务的人员，……在代表国家机关行使职权时，有渎职行为，构成犯罪的，依照刑法关于渎职罪的规定追究刑事责任。”

动中滥用职权或者玩忽职守，不仅会妨害国家机关的正常管理活动，还容易导致重大食品安全事故的发生，严重损害公众的身体健康和生命安全。因此，对于有食品监管渎职行为的国家机关工作人员，应当给予行政处分，构成犯罪的，应当依法追究其刑事责任。

3. 主观要件

主观方面，滥用职权型的食品监管渎职罪一般由过失构成，即行为人应当预见自己滥用职权的行为可能导致发生重大食品安全事故或者造成其他严重后果，因为疏忽大意而没有预见，或者已经预见而轻信能够避免，但也不排除间接故意的存在，而玩忽职守型的食品监管渎职罪只能由过失构成。如果行为人出于徇私、徇情的动机，在食品安全监督管理活动中滥用职权或者玩忽职守，造成严重后果的，也构成本罪。

4. 客观要件

客观方面表现为滥用职权或者玩忽职守，导致发生重大食品安全事故或者造成其他严重后果的行为。

（1）必须有滥用职权或者玩忽职守的行为。“滥用职权”，是指超越食品安全监管职责，违法决定、处理与食品监管相关的事项，或者违反程序处理该事项。其中的“职权”，指的是职务范围以内对食品安全实施监管的权力。“玩忽职守”，是指依法应当履行且能够履行食品安全监管职责，但没有履行该职责，或者因不严肃认真而错误履行了该职责。

（2）还必须具有“导致发生重大食品安全事故或者造成其他严重后果”的危害后果，且滥用职权或者玩忽职守行为与该危害后果之间必须具有刑法上的因果关系。其中，“重大食品安全事故”，根据《食品安全法》第150条的规定，是指食物中毒、食源性疾病、食品污染等源于食品，对人体健康有严重危害或者可能有严重危害的事故；“其他严重后果”，一般是指可能对人体健康有潜在的危害，并造成严重社会影响的食品安全事故。

（三）实务疑难问题

1. 罪与非罪的认定

“导致发生重大食品安全事故或者造成其他严重后果”，是本罪的结果要件，也是区别罪与非罪的重要标准。行为人虽然有食品监管渎职行为，但没有引起这一危害后果，或者虽然导致食品安全事故发生，但不属于“重大”

事故或造成的后果未达到“严重”程度的，均不构成犯罪。另外，有些行为虽然在客观上引起了这一危害后果，但不是因为行为人滥用职权或者玩忽职守造成的，也不能以犯罪论处。至于“导致发生重大食品安全事故或者造成其他严重后果”的认定标准，在最高人民法院出台相关司法解释之前，可以参考《最高人民检察院关于渎职侵权犯罪案件立案标准的规定》中关于“滥用职权案、玩忽职守案”的规定，从死伤人数、直接经济损失数额以及事故的危害范围、对公众饮食安全的危害程度等方面综合加以考虑。

2. 划清本罪与滥用职权罪、玩忽职守罪的界限

负有食品安全监督管理职责的国家机关工作人员滥用职权或者玩忽职守，造成严重后果的，以前是以滥用职权罪或者玩忽职守罪追究刑事责任的。由于《刑法修正案（八）》第 49 条增设了本罪名，故根据《刑法》第 397 条第 1 款和第 2 款“本法另有规定的，依照规定”的规定，对于《刑法修正案（八）》2011 年 5 月 1 日施行以后发生的这类案件，应以本罪定罪处罚；对于 2011 年 4 月 30 日以前发生的这类案件，应依照“从旧兼从轻”的刑法适用原则定罪量刑。

3. 划清本罪与商检徇私舞弊罪、商检失职罪、动植物检疫徇私舞弊罪、动植物检疫失职罪、放纵制售伪劣商品犯罪行为罪的界限

在《刑法修正案（八）》出台前，根据刑法规定，对负有食品安全监督管理职责的国家机关工作人员的渎职犯罪，根据主体不同，分别以不同的罪名如滥用职权罪、玩忽职守罪、商检徇私舞弊罪、动植物检疫徇私舞弊罪、动植物检疫失职罪、放纵制售伪劣商品犯罪行为罪定罪处罚。《刑法修正案（八）》对于同样负有食品安全监督管理职责的国家机关工作人员的渎职犯罪，规定统一以食品监管渎职罪处罚。据此，商检、动植物检疫部门或者卫生行政、农业行政主管、质量监督、工商行政管理等部门的国家机关工作人员在履行对食品安全监管职责的过程中滥用职权或者玩忽职守，导致发生重大食品安全事故或者造成其他严重后果的，应以本罪定罪处罚；如果没有造成重大食品安全事故或者造成其他严重后果，构成犯罪的，应分别按商检徇私舞弊罪、商检失职罪、动植物检疫徇私舞弊罪、动植物检疫失职罪或者放纵制售伪劣商品犯罪行为罪定罪处罚。

4. 划清本罪与徇私舞弊不移交刑事案件罪的界限

负有食品安全监督管理职责的国家机关工作人员徇私舞弊，对依法应当

移交司法机关追究刑事责任的危害食品安全刑事案件不移交，同时构成徇私舞弊不移交刑事案件罪和本罪的，应从一重罪处断；如未徇私舞弊，有不移交刑事案件的行为，但造成严重后果的，应以本罪定罪处罚。

5. 行为人在食品监管活动中因受贿而徇私舞弊，滥用职权或者玩忽职守，同时构成受贿罪和本罪的，应数罪并罚。

（四）情节与量刑

依照《刑法》第 408 条之一第 1 款规定，犯食品监管渎职罪的，处 5 年以下有期徒刑或者拘役；造成特别严重后果的，处 5 年以上 10 年以下有期徒刑。

依照本条第 2 款规定，徇私舞弊犯本罪的，从重处罚。

司法机关在适用上述规定对本罪行为人进行处罚时，应当注意以下问题：

1. “徇私舞弊”，是从重处罚的情节，即负有食品安全监督管理职责的国家机关工作人员徇私舞弊，犯本罪的，应当以食品监管渎职罪定罪，在该条第 1 款规定的法定刑的幅度内从重处罚。

2. 依照《最高人民法院、最高人民检察院关于办理渎职刑事案件适用法律若干问题的解释（一）》第 9 条的规定，负有监督管理职责的国家机关工作人员滥用职权或者玩忽职守，致使不符合安全标准的食品、有毒有害食品、假药、劣药等流入社会，对人民群众生命、健康造成严重危害后果的，依照渎职罪的规定从严惩处。

（五）法律链接

1. 最高人民法院、最高人民检察院关于办理危害食品安全刑事案件适用法律若干问题的解释（法释〔2013〕12 号　自 2013 年 5 月 4 日起施行）（节录）

第十六条　负有食品安全监督管理职责的国家机关工作人员，滥用职权或者玩忽职守，导致发生重大食品安全事故或者造成其他严重后果，同时构成食品监管渎职罪和徇私舞弊不移交刑事案件罪、商检徇私舞弊罪、动植物检疫徇私舞弊罪、放纵制售伪劣商品犯罪行为罪等其他渎职犯罪的，依照处罚较重的规定定罪处罚。

负有食品安全监督管理职责的国家机关工作人员滥用职权或者玩忽职守，不构成食品监管渎职罪，但构成前款规定的其他渎职犯罪的，依照该其他犯罪定罪处罚。

负有食品安全监督管理职责的国家机关工作人员与他人共谋，利用其职务行为帮助他人实施危害食品安全犯罪行为，同时构成渎职犯罪和危害食品安全犯罪共犯的，依照处罚较重的规定定罪处罚。

2. 最高人民法院　最高人民检察院关于办理环境污染刑事案件适用法律若干问题的解释（法释〔2016〕29号　自2017年1月1日起施行）（节录）

第一条　实施刑法第三百三十八条规定的行为，具有下列情形之一的，应当认定为“严重污染环境”：

（一）在饮用水水源一级保护区、自然保护区核心区排放、倾倒、处置有放射性的废物、含传染病病原体的废物、有毒物质的；

（二）非法排放、倾倒、处置危险废物三吨以上的；

（三）排放、倾倒、处置含铅、汞、镉、铬、砷、铊、锑的污染物，超过国家或者地方污染物排放标准三倍以上的；

（四）排放、倾倒、处置含镍、铜、锌、银、钒、锰、钴的污染物，超过国家或者地方污染物排放标准十倍以上的；

（五）通过暗管、渗井、渗坑、裂隙、溶洞、灌注等逃避监管的方式排放、倾倒、处置有放射性的废物、含传染病病原体的废物、有毒物质的；

（六）二年内曾因违反国家规定，排放、倾倒、处置有放射性的废物、含传染病病原体的废物、有毒物质受过两次以上行政处罚，又实施前列行为的；

（七）重点排污单位篡改、伪造自动监测数据或者干扰自动监测设施，排放化学需氧量、氨氮、二氧化硫、氮氧化物等污染物的；

（八）违法减少防治污染设施运行支出一百万元以上的；

（九）违法所得或者致使公私财产损失三十万元以上的；

（十）造成生态环境严重损害的；

（十一）致使乡镇以上集中式饮用水水源取水中断十二小时以上的；

（十二）致使基本农田、防护林地、特种用途林地五亩以上，其他农用地十亩以上，其他土地二十亩以上基本功能丧失或者遭受永久性破坏的；

（十三）致使森林或者其他林木死亡五十立方米以上，或者幼树死亡二千五百株以上的；

（十四）致使疏散、转移群众五千人以上的；

（十五）致使三十人以上中毒的；

（十六）致使三人以上轻伤、轻度残疾或者器官组织损伤导致一般功能障碍的；

（十七）致使一人以上重伤、中度残疾或者器官组织损伤导致严重功能障碍的；

（十八）其他严重污染环境的情形。

第二条 实施刑法第三百三十九条、第四百零八条规定的行为，致使公私财产损失三十万元以上，或者具有本解释第一条第十项至第十七项规定情形之一的，应当认定为“致使公私财产遭受重大损失或者严重危害人体健康”或者“致使公私财产遭受重大损失或者造成人身伤亡的严重后果”。

第八条 违反国家规定，排放、倾倒、处置含有毒害性、放射性、传染病病原体等物质的污染物，同时构成污染环境罪、非法处置进口的固体废物罪、投放危险物质罪等犯罪的，依照处罚较重的规定定罪处罚。

二十二、传染病防治失职罪

（一）法律规定

第四百零九条　从事传染病防治的政府卫生行政部门的工作人员严重不负责任，导致传染病传播或者流行，情节严重的，处三年以下有期徒刑或者拘役。

（二）罪名详解

传染病防治失职罪，是指从事传染病防治的政府卫生行政部门的工作人员严重不负责任，导致传染病传播或者流行，情节严重的行为。

本罪是1997年刑法增设的罪名，是从1989年2月21日第七届全国人民代表大会常务委员会第六次会议通过的《传染病防治法》第39条的规定，吸收改为刑法的具体规定的。1979年刑法和单行刑法均没有规定此罪名。

传染病防治失职罪的构成要件是：

1. 主体要件

本罪的犯罪主体为特殊主体，即从事传染病防治的政府卫生行政部门的工作人员。根据《最高人民法院、最高人民检察院关于办理妨害预防、控制突发传染病疫情等灾害的刑事案件具体应用法律若干问题的解释》，在预防、控制突发传染病疫情等灾害期间，从事传染病防治的政府卫生行政部门的工作人员，或者在受政府卫生行政部门委托代表政府卫生行政部门行使职权的组织中从事公务的人员，或者虽未列入政府卫生行政部门人员编制但在政府卫生行政部门从事公务的人员，在代表政府卫生行政部门行使职权时，严重不负责任，导致传染病传播或者流行，情节严重的，也可以构成本罪的主体，依照《刑法》第409条的规定，以传染病防治失职罪定罪处罚。

2. 客体要件

本罪侵犯的客体是国家关于传染病防治的管理制度。

3. 主观要件

本罪的主观方面是过失，即应当预见自己严重不负责任可能导致传染病传播或者流行的结果，由于疏忽大意而没有预见，或者已经预见而轻信能够避免。故意不构成本罪。

4. 客观要件

客观方面表现为严重不负责任，导致传染病传播或者流行情节严重的行为。

根据本条规定和《最高人民检察院关于渎职侵权犯罪案件立案标准的规定》和《最高人民法院、最高人民检察院关于办理妨害预防、控制突发传染病疫情等灾害的刑事案件具体应用法律若干问题的解释》的相关规定，所谓“导致传染病传播或者流行，情节严重”，是指：（1）导致甲类传染病传播的；（2）导致乙、丙类传染病流行的；（3）有其他情节严重情形的。“情节严重”，是构成本罪的必要要件，导致甲类传染病传播和导致乙类、丙类传染病流行，只是其中的两种表现，根据《最高人民检察院关于渎职侵权犯罪案件立案标准的规定》的规定，另具有下列情形之一的，亦属于“情节严重”：（1）因传染病传播或者流行，造成人员重伤或者死亡的；（2）因传染病传播或者流行，严重影响正常的生产、生活秩序的；（3）在国家对突发传染病疫情等灾害采取预防、控制措施后，对发生突发传染病疫情等灾害的地区或者突发传染病病人、病原携带者、疑似突发传染病病人，未按照预防、控制突发传染病疫情等灾害工作规范的要求做好防疫、检疫、隔离、防护、救治等工作，或者采取的预防、控制措施不当，造成传染范围扩大或者疫情、灾情加重的；（4）在国家对突发传染病疫情等灾害采取预防、控制措施后，隐瞒、缓报、谎报或者授意、指使、强令他人隐瞒、缓报、谎报疫情、灾情，造成传染范围扩大或者疫情、灾情加重的；（5）在国家对突发传染病疫情等灾害采取预防、控制措施后，拒不执行突发传染病疫情等灾害应急处理指挥机构的决定、命令，造成传染范围扩大或者疫情、灾情加重的；（6）其他情节严重的情形。

（三）实务疑难问题

1. 罪与非罪的认定

构成本罪，客观方面必须具有“情节严重”这一结果要件。行为虽然导致传染病传播或者流行，但尚未达到“情节严重”程度的，属一般违法行为。在最高人民法院出台相关司法解释之前，审判实践中把握本罪的罪与非罪的界限时，可以参考《最高人民检察院关于渎职侵权犯罪案件立案标准的规定》对本罪立案追诉的标准来认定是否达到定罪标准。

2. 注意本罪与妨害传染病防治罪的区别

二者的区别在于：本罪的犯罪主体为特殊主体，而妨害传染病防治罪的犯罪主体为一般主体，包括自然人和单位。在客观方面本罪所指的传染病包括甲类、乙类和丙类，且不包括传播危险的要件，而妨害传染病防治罪表现为引起甲类传染病传播或者有严重传播危险的行为。

（四）情节与量刑

依照《刑法》第 409 条规定，犯传染病防治失职罪的，处 3 年以下有期徒刑或者拘役。

（五）法律链接

最高人民法院、最高人民检察院关于办理妨害预防、控制突发传染病疫情等灾害的刑事案件具体应用法律若干问题的解释（法释〔2003〕8 号　自 2003 年 5 月 15 日起施行）（节录）

第十六条　在预防、控制突发传染病疫情等灾害期间，从事传染病防治的政府卫生行政部门的工作人员，或者在受政府卫生行政部门委托代表政府卫生行政部门行使职权的组织中从事公务的人员，或者虽未列入政府卫生行政部门人员编制但在政府卫生行政部门从事公务的人员，在代表政府卫生行政部门行使职权时，严重不负责任，导致传染病传播或者流行，情节严重的，依照刑法第四百零九条的规定，以传染病防治失职罪定罪处罚。

在国家对突发传染病疫情等灾害采取预防、控制措施后，具有下列情形之一的，属于刑法第四百零九条规定的“情节严重”：

（一）对发生突发传染病疫情等灾害的地区或者突发传染病病人、病原携带者、疑似突发传染病病人，未按照预防、控制突发传染病疫情等灾害工作规范的要求做好防疫、检疫、隔离、防护、救治等工作，或者采取的预防、控制措施不当，造成传染范围扩大或者疫情、灾情加重的；

（二）隐瞒、缓报、谎报或者授意、指使、强令他人隐瞒、缓报、谎报疫情、灾情，造成传染范围扩大或者疫情、灾情加重的；

（三）拒不执行突发传染病疫情等灾害应急处理指挥机构的决定、命令，造成传染范围扩大或者疫情、灾情加重的；

（四）具有其他严重情节的。

二十三、非法批准征收、征用、占用土地罪

（一）法律规定

第四百一十条[①]　**国家机关工作人员徇私舞弊，违反土地管理法规，滥用职权，非法批准征收、征用、占用土地，或者非法低价出让国有土地使用权，情节严重的，处三年以下有期徒刑或者拘役；致使国家或者集体利益遭受特别重大损失的，处三年以上七年以下有期徒刑。**

《全国人民代表大会常务委员会关于〈中华人民共和国刑法〉第二百二十八条、第三百四十二条、第四百一十条的解释》（自2009年8月27日起施行）

全国人民代表大会常务委员会讨论了刑法第二百二十八条、第三百四十二条、第四百一十条规定的“违反土地管理法规”和第四百一十条规定的“非法批准征收、征用、占用土地”的含义问题，

---

① 2009年8月27日公布的《全国人民代表大会常务委员会关于修改部分法律的决定》第2条将本条及全国人大常委会关于本条的解释中的“征用”修改为“征收、征用”。

解释如下：

刑法第二百二十八条、第三百四十二条、第四百一十条规定的“违反土地管理法规”，是指违反土地管理法、森林法、草原法等法律以及有关行政法规中关于土地管理的规定。

刑法第四百一十条规定的“非法批准征收、征用、占用土地”，是指非法批准征收、征用、占用耕地、林地等农用地以及其他土地。

（二）罪名详解

非法批准征收、征用、占用土地罪，是指国家机关工作人员徇私舞弊，违反土地管理法规，滥用职权，非法批准征收、征用、占用土地，情节严重的行为。

本罪是1997年刑法增设的罪名，是从1986年6月25日第六届全国人民代表大会常务委员会第十六次会议通过、1988年第七届全国人民代表大会常务委员会修正的《土地管理法》第48条的规定，吸收改为刑法具体规定的。

1979年刑法和单行刑法均没有规定此罪名。全国人大常委会对《刑法》第410条关于“违反土地管理法规”和“非法批准征用、占用土地”的含义作出了解释。

本罪原罪名为“非法批准征用、占用土地罪”，《最高人民法院、最高人民检察院关于执行〈中华人民共和国刑法〉确定罪名的补充规定（六）》根据《全国人民代表大会常务委员会关于修改部分法律的决定》第2条的规定，将本罪修改为“非法批准征收、征用、占用土地罪”。

非法批准征收、征用、占用土地罪的构成要件是：

1. 主体要件

本罪的犯罪主体为特殊主体，即国家机关工作人员，主要是指国家土地管理部门具有一定职权的工作人员。

2. 客体要件

本罪侵犯的客体是国家的土地管理制度。

3. 主观要件

本罪主观方面由故意构成，行为人须出于徇私的动机。过失不构成本罪。

4. 客观要件

本罪客观方面表现为徇私舞弊，违反土地管理法规，滥用职权，非法批准征收、征用、占用土地的行为。“违反土地管理法规”，根据立法解释，是指违反土地管理法、森林法、草原法等法律以及有关行政法规中关于土地管理的规定。征收土地是国家为了公共利益的需要，依法将集体所有土地转为国家所有并给予补偿的行为；征用土地，是指国家为了公共利益的需要，依法强制使用农民集体所有的土地，在使用完毕后再将土地归还集体的一种行为；占用土地，是指一般地使用土地。“徇私舞弊”，是构成本罪的前提要件。

根据法律规定，非法批准征收、征用、占用土地的行为，必须达到“情节严重”的程度，才构成犯罪。所谓情节严重，司法实践中，一般是指非法批准征收、征用、占用的土地面积大、次数多的；致使国家或者集体利益遭受重大损失的等情形。

依照《最高人民法院关于审理破坏土地资源刑事案件具体应用法律若干问题的解释》（以下简称《土地解释》）第 4 条规定，国家机关工作人员徇私舞弊，违反土地管理法规，滥用职权，非法批准征用、占用土地，具有下列形之一的，属于非法批准征用、占用土地“情节严重”，依照《刑法》第 410 条的规定，以非法批准征用、占用土地罪（该罪现已修改为“非法批准征收、征用、占用土地罪”）定罪处罚：（1）非法批准征用、占用基本农田 10 亩以上的；（2）非法批准征用、占用基本农田以外的耕地 30 亩以上的；（3）非法批准征用、占用其他土地 50 亩以上的；（4）虽未达到上述数量标准，但非法批准征用、占用土地造成直接经济损失 30 万元以上；造成耕地大量毁坏等恶劣情节的。

依照《最高人民法院关于审理破坏林地资源刑事案件具体应用法律若干问题的解释》（以下简称《林地解释》）第 2 条规定，国家机关工作人员徇私舞弊，违反土地管理法规，滥用职权，非法批准征用、占用林地，具有下列情形之一的，属于《刑法》第 410 条规定的“情节严重”：（1）非法批准征用、占用防护林地、特种用途林地数量分别或者合计达到 10 亩以上；（2）非法批准征用、占用其他林地数量达到 20 亩以上；（3）非法批准征用、占用林地造成直接经济损失数额达到 30 万元以上，或者造成第（1）项规定的林地数量分别或者合计达到 5 亩以上或者第（2）项规定的林地数量达到 10 亩以上毁坏。

依照 2012 年 11 月 23 日起施行的《最高人民法院关于审理破坏草原资源刑事案件应用法律若干问题的解释》（以下简称《草原解释》）第 3 条第 1 款的规定，国家机关工作人员徇私舞弊，违反草原法等土地管理法规定，具有下列情形之一的，应当认定为《刑法》第410条规定的“情节严重”：（1）非法批准征收、征用、占用草原40亩以上的；（2）非法批准征收、征用、占用草原，造成20亩以上草原被毁坏的；（3）非法批准征收、征用、占用草原，造成直接经济损失30万元以上，或者具有其他恶劣情节的。

（三）实务疑难问题

1. 罪与非罪的认定

情节是否严重，是区分本罪与一般违法行为的重要标准。行为人虽有非法批准征收、征用、占用土地的行为，但情节不严重的，则属于一般违法行为，不构成犯罪。

2. 划清本罪与滥用职权罪的界限

前者属特别法的规定，其主体是具有土地管理职权的国家机关工作人员，滥用的是批准征收、征用、占用土地的职权。后者则属普通法的规定，其主体是一般国家机关工作人员，滥用的是一般职权。因此，二者存在特别法与普通法之间的法条竞合关系。滥用批准征收、征用、占用土地的职权，情节严重的，以本罪论处。

（四）情节与量刑

依照《刑法》第410条规定，犯非法批准征用、占用土地罪的，处3年以下有期徒刑或者拘役；致使国家或者集体利益遭受特别重大损失的，处3年以上7年以下有期徒刑。

司法机关在适用上述规定对本罪行为人进行处罚时，应当注意以下问题：

1.“致使国家或者集体利益遭受特别重大损失”，是本罪的加重处罚情节，司法实践中，一般是指非法批准征收、征用、占用土地的面积特别大、次数特别多的；致使国家或者集体蒙受特别重大经济损失的；造成耕地大面积毁坏、土地资源大量流失的等情形。

根据《土地解释》第5条规定，具有下列情形之一的，属于非法批准征收、征用、占用土地“致使国家或者集体利益遭受特别重大损失”：（1）非法批准征用、占用基本农田20亩以上的；（2）非法批准征用、占用基本农田以外的耕地60亩以上的；（3）非法批准征用、占用其他土地100亩以上的；（4）非法批准征用、占用土地，造成基本农田5亩以上，其他耕地10亩以上严重毁坏的；（5）非法批准征用、占用土地造成直接经济损失50万元以上等恶劣情节的。

根据《林地解释》第3条规定，具有下列情形之一的，属于《刑法》第410条规定的“致使国家或者集体利益遭受特别重大损失”：（1）非法批准征用、占用防护林地、特种用途林地数量分别或者合计达到20亩以上；（2）非法批准征用、占用其他林地数量达到40亩以上；（3）非法批准征用、占用林地造成直接经济损失数额达到60万元以上，或者造成第（1）项规定的林地数量分别或者合计达到10亩以上或者第（2）项规定的林地数量达到20亩以上毁坏。

根据《草原解释》第3条第2款的规定，具有下列情形之一，应当认定为《刑法》第410条规定的“致使国家或者集体利益遭受特别重大损失”：（1）非法批准征收、征用、占用草原80亩以上的；（2）非法批准征收、征用、占用草原，造成40亩以上草原被毁坏的；（3）非法批准征收、征用、占用草原，造成直接经济损失60万元以上，或者具有其他特别恶劣情节的。

2. 行为人因受贿而非法批准征收、征用、占用土地，如果受贿行为构成犯罪的，以非法批准征收、征用、占用土地罪和受贿罪数罪并罚。

（五）法律链接

1. 全国人民代表大会常务委员会关于修改部分法律的决定（自2009年8月27日起施行）（节录）

二、对下列法律和法律解释中关于“征用”的规定作出修改

（一）将下列法律和法律解释中的“征用”修改为“征收、征用”

12.《中华人民共和国刑法》第三百八十一条、第四百一十条

14. 全国人民代表大会常务委员会关于《中华人民共和国刑法》第二百二十八条、第三百四十二条、第四百一十条的解释

2. 中华人民共和国土地管理法（1986年6月25日第六届全国人民代表大会常务委员会第十六次会议通过　根据1988年12月29日第七届全国人民代表大会常务委员会第五次会议《关于修改〈中华人民共和国土地管理法〉的决定》第一次修正　1998年8月29日第九届全国人民代表大会常务委员会第四次会议修订　根据2004年8月28日第十届全国人民代表大会常务委员会第十一次会议《关于修改〈中华人民共和国土地管理法〉的决定》第二次修正）（节录）

第七十八条　无权批准征收、使用土地的单位或者个人非法批准占用土

地的，超越批准权限非法批准占用土地的，不按照土地利用总体规划确定的用途批准用地的，或者违反法律规定的程序批准占用、征收土地的，其批准文件无效，对非法批准征收、使用土地的直接负责的主管人员和其他直接责任人员，依法给予行政处分；构成犯罪的，依法追究刑事责任。非法批准、使用的土地应当收回，有关当事人拒不归还的，以非法占用土地论处。

非法批准征收、使用土地，对当事人造成损失的，依法应当承担赔偿责任。

3. 最高人民法院关于审理破坏草原资源刑事案件应用法律若干问题的解释（法释〔2012〕15号　自2012年11月22日起施行）（节录）

第三条　国家机关工作人员徇私舞弊，违反草原法等土地管理法规，具有下列情形之一的，应当认定为刑法第四百一十条规定的“情节严重”：

（一）非法批准征收、征用、占用草原四十亩以上的；

（二）非法批准征收、征用、占用草原，造成二十亩以上草原被毁坏的；

（三）非法批准征收、征用、占用草原，造成直接经济损失三十万元以上，或者具有其他恶劣情节的。

具有下列情形之一，应当认定为刑法第四百一十条规定的“致使国家或者集体利益遭受特别重大损失”：

（一）非法批准征收、征用、占用草原八十亩以上的；

（二）非法批准征收、征用、占用草原，造成四十亩以上草原被毁坏的；

（三）非法批准征收、征用、占用草原，造成直接经济损失六十万元以上，或者具有其他特别恶劣情节的。

4. 最高人民法院关于审理破坏林地资源刑事案件具体应用法律若干问题的解释（法释〔2005〕15号　自2005年12月30日起施行）（节录）

第二条　国家机关工作人员徇私舞弊，违反土地管理法规，滥用职权，非法批准征用、占用林地，具有下列情形之一的，属于刑法第四百一十条规定的“情节严重”，应当以非法批准征用、占用土地罪判处三年以下有期徒刑或者拘役：

（一）非法批准征用、占用防护林地、特种用途林地数量分别或者合计达到十亩以上；

（二）非法批准征用、占用其他林地数量达到二十亩以上；

（三）非法批准征用、占用林地造成直接经济损失数额达到三十万元以上，或者造成本条第（一）项规定的林地数量分别或者合计达到五亩以上或者本条第（二）项规定的林地数量达到十亩以上毁坏。

第三条　实施本解释第二条规定的行为，具有下列情形之一的，属于刑法第四百一十条规定的“致使国家或者集体利益遭受特别重大损失”，应当以非法批准征用、占用土地罪判处三年以上七年以下有期徒刑：

（一）非法批准征用、占用防护林地、特种用途林地数量分别或者合计达到二十亩以上；

（二）非法批准征用、占用其他林地数量达到四十亩以上；

（三）非法批准征用、占用林地造成直接经济损失数额达到六十万元以上，或者造成本条第（一）项规定的林地数量分别或者合计达到十亩以上或者本条第（二）项规定的林地数量达到二十亩以上毁坏。

5. 最高人民法院关于审理破坏土地资源刑事案件具体应用法律若干问题的解释（法释〔2000〕14号　自2000年6月22日起施行）（节录）

第四条　国家机关工作人员徇私舞弊，违反土地管理法规，滥用职权，非法批准征用、占用土地，具有下列情形之一的，属于非法批准征用、占用土地“情节严重”，依照刑法第四百一十条的规定，以非法批准征用、占用土地罪定罪处罚：

（一）非法批准征用、占用基本农田十亩以上的；

（二）非法批准征用、占用基本农田以外的耕地三十亩以上的；

（三）非法批准征用、占用其他土地五十亩以上的；

（四）虽未达到上述数量标准，但非法批准征用、占用土地造成直接经济损失三十万元以上；造成耕地大量毁坏等恶劣情节的。

第五条　实施第四条规定的行为，具有下列情形之一的，属于非法批准征用、占用土地“致使国家或者集体利益遭受特别重大损失”：

（一）非法批准征用、占用基本农田二十亩以上的；

（二）非法批准征用、占用基本农田以外的耕地六十亩以上的；

（三）非法批准征用、占用其他土地一百亩以上的；

（四）非法批准征用、占用土地，造成基本农田五亩以上，其他耕地十亩以上严重毁坏的；

（五）非法批准征用、占用土地造成直接经济损失五十万元以上等恶劣情节的。

二十四、非法低价出让国有土地使用权罪

（一）法律规定

第四百一十条　国家机关工作人员徇私舞弊，违反土地管理法规，滥用职权，非法批准征收、征用、占用土地，或者非法低价出让国有土地使用权，情节严重的，处三年以下有期徒刑或者拘役；致使国家或者集体利益遭受特别重大损失的，处三年以上七年以下有期徒刑。

（二）罪名详解

非法低价出让国有土地使用权罪，是指国家机关工作人员徇私舞弊，违反土地管理法规，滥用职权，非法低价出让国有土地使用权，情节严重的行为。

本罪是1997年刑法增设的罪名，是从1986年6月25日第六届全国人民代表大会常务委员会第十六次会议通过的《土地管理法》第48条的规定，吸收改为刑法的具体规定的。1979年刑法和单行刑法均没有规定此罪名。

非法低价出让国有土地使用权罪的构成要件是：

1. 主体要件

本罪的犯罪主体为特殊主体，即国家机关工作人员，主要指具有土地管理职权的国家机关工作人员。

2. 客体要件

本罪侵犯的客体是国家的土地管理制度。

3. 主观要件

本罪的主观方面由故意构成，行为人须出于徇私的动机。过失不构成本罪。

4. 客观要件

本罪的客观方面表现为徇私舞弊，违反土地管理法规，滥用职权，非法低价出让国有土地使用权，情节严重的行为。“徇私舞弊”，是构成本罪的前提要件。

按照法律规定，非法低价出让国有土地使用权的行为，除需符合以上构成要件外，还必须达到“情节严重”的程度，才构成犯罪。所谓情节严重，司法实践中，一般是指致使国家或者集体利益遭受重大损失等情形。

（三）实务疑难问题

1. 罪与非罪的认定

情节是否严重，是区分本罪的罪与非罪的标准。虽有滥用职权，非法低价出让国有土地使用权的行为，但情节不严重的，属于一般违法行为，不构成犯罪。根据《土地解释》第 6 条规定，国家机关工作人员徇私舞弊，违反土地管理法规，非法低价出让国有土地使用权，具有下列情形之一的，属于“情节严重”，依照《刑法》第 410 条的规定，以非法低价出让国有土地使用权罪定罪处罚：（1）出让国有土地使用权面积在 30 亩以上，并且出让价额低于国家规定的最低价额标准的 60%的；（2）造成国有土地资产流失价额在 30 万元以上的。

根据《林地解释》第 4 条规定，国家机关工作人员徇私舞弊，违反土地管理法规，非法低价出让国有林地使用权，具有下列情形之一的，属于《刑法》第 410 条规定的“情节严重”：（1）林地数量合计达到 30 亩以上，并且出让价额低于国家规定的最低价额标准的 60%；（2）造成国有资产流失价额达到 30 万元以上。

2. 注意本罪与非法批准征收、征用、占用土地罪的区别

二者的主要区别在于：（1）行为特征不同。本罪表现为非法低价出让国有土地使用权，非法批准征收、征用、占用土地罪则表现为非法批准征收、征用、占用土地。（2）主体不完全相同。本罪为有权决定出让国有土地使用权的单位的国家机关工作人员，非法批准征收、征用、占用土地罪为国家土地管理部门的国家机关工作人员。

3. 划清一罪与数罪的界限

行为人受贿后徇私舞弊，非法低价出让国有土地使用权，情节严重的，应以非法低价出让国有土地使用权罪和受贿罪数罪并罚。

（四）情节与量刑

依照《刑法》第 410 条规定，犯非法低价出让国有土地使用权罪的，处 3

年以下有期徒刑或者拘役；致使国家或者集体利益遭受特别重大损失的，处 3 年以上 7 年以下有期徒刑。

司法机关在适用上述规定对本罪行为人进行处罚时，应当注意以下问题：

1. “致使国家和集体利益遭受特别重大损失”是本罪的加重处罚情节，根据《土地解释》第 7 条规定，具有下列情形之一的，属于非法低价出让国有土地使用权，“致使国家和集体利益遭受特别重大损失”：（1）非法低价出让国有土地使用权面积在 60 亩以上，并且出让价额低于国家规定的最低价额标准的 40％的；（2）造成国有土地资产流失价额在 50 万元以上的。

2. 根据《林地解释》第 5 条规定，造成国有资产流失价额达到 60 万元以上的，属于《刑法》第 410 条规定的“致使国家和集体利益遭受特别重大损失”。

（五）法律链接

1. 最高人民法院关于审理破坏林地资源刑事案件具体应用法律若干问题的解释（法释〔2005〕15 号　自 2005 年 12 月 30 日起施行）（节录）

第四条　国家机关工作人员徇私舞弊，违反土地管理法规，非法低价出让国有林地使用权，具有下列情形之一的，属于刑法第四百一十条规定的“情节严重”，应当以非法低价出让国有土地使用权罪判处三年以下有期徒刑或者拘役：

（一）林地数量合计达到三十亩以上，并且出让价额低于国家规定的最低价额标准的百分之六十；

（二）造成国有资产流失价额达到三十万元以上。

第五条　实施本解释第四条规定的行为，造成国有资产流失价额达到六十万元以上的，属于刑法第四百一十条规定的“致使国家和集体利益遭受特别重大损失”，应当以非法低价出让国有土地使用权罪判处三年以上七年以下有期徒刑。

2. 最高人民法院关于审理破坏土地资源刑事案件具体应用法律若干问题的解释（法释〔2000〕14 号　自 2000 年 6 月 22 日起施行）（节录）

第六条　国家机关工作人员徇私舞弊，违反土地管理法规，非法低价出让国有土地使用权，具有下列情形之一的，属于“情节严重”，依照刑法第四百一十条的规定，以非法低价出让国有土地使用权罪定罪处罚：

（一）出让国有土地使用权面积在三十亩以上，并且出让价额低于国家规定的最低价额标准的百分之六十的；

（二）造成国有土地资产流失价额在三十万元以上的。

第七条　实施第六条规定的行为，具有下列情形之一的，属于非法低价出让国有土地使用权，“致使国家和集体利益遭受特别重大损失”：

（一）非法低价出让国有土地使用权面积在六十亩以上，并且出让价额低于国家规定的最低价额标准的百分之四十的；

（二）造成国有土地资产流失价额在五十万元以上的。

二十五、放纵走私罪

（一）法律规定

第四百一十一条　海关工作人员徇私舞弊，放纵走私，情节严重的，处五年以下有期徒刑或者拘役；情节特别严重的，处五年以上有期徒刑。

（二）罪名详解

放纵走私罪，是指海关工作人员徇私舞弊，放纵走私，情节严重的行为。

本罪是1997年刑法增设的罪名，是从1987年1月22日第六届全国人民代表大会常务委员会第十九次会议通过的《海关法》第56条的规定，吸收改为刑法的具体规定的。1979年刑法和单行刑法均没有规定此罪名。

放纵走私罪的构成要件是：

1. 主体要件

本罪的犯罪主体为特殊主体，即海关工作人员。

2. 客体要件

本罪侵犯的客体是国家的海关监督管理制度。

3. 主观要件

本罪的主观方面由故意构成，行为人须出于徇私的动机。过失不构成本罪。

4. 客观要件

本罪的客观方面表现为徇私舞弊，放纵走私情节严重的行为。“徇私舞弊”，是构成本罪的前提要件。“放纵走私”，是指对应当查缉的走私货物、物品不予查缉，或者对应当追究法律责任的走私活动人不予追究，而包庇、纵容、放走走私活动人的行为。

按照法律规定，放纵走私的行为必须达到“情节严重”的程度，才构成犯罪。“情节严重”，司法实践中，一般是指多次放纵走私的；放纵走私的货物、物品价值较大的；给国家利益造成重大损失的等情形。

（三）实务疑难问题

1. 罪与非罪的认定

情节是否严重，是区分本罪与一般违法行为的重要标准。行为人虽有放纵的行为，但情节不严重的，属于一般违法行为，不构成犯罪。在最高人民法院出台相关司法解释之前，审判实践中把握本罪的罪与非罪的界限时，可以参考《最高人民检察院关于渎职侵权犯罪案件立案标准的规定》对本罪立案追诉的标准来认定是否达到定罪标准。

2. 划清本罪与走私罪共犯的界限

行为人与走私犯罪分子相勾结，形成走私的共同故意，通过放纵走私为走私犯罪分子提供帮助的，构成走私罪的共犯。

（四）情节与量刑

依照《刑法》第411条规定，犯放纵走私罪的，处5年以下有期徒刑或者拘役；情节特别严重的，处5年以上有期徒刑。

司法机关在适用上述规定对本罪行为人进行处罚时，应当注意，根据《最高人民法院、最高人民检察院、海关总署关于办理走私刑事案件适用法律若干问题的意见》的相关规定，行为人因受贿而放纵走私，且受贿行为构成犯罪的，应以受贿罪和放纵走私罪并罚。

（五）法律链接

1. 中华人民共和国海关法（1987年1月22日第六届全国人民代表大会常务委员会第十九次会议通过　根据2000年7月8日第九届全国人民代表大

会常务委员会第十六次会议《关于修改〈中华人民共和国海关法〉的决定》第一次修正　根据2013年6月29日第十二届全国人民代表大会常务委员会第三次会议《关于修改〈中华人民共和国文物保护法〉等十二部法律的决定》第二次修正　根据2013年12月28日第十二届全国人民代表大会常务委员会第六次会议《全国人民代表大会常务委员会关于修改〈中华人民共和国海洋环境保护法〉等七部法律的决定》第三次修正　根据2016年11月7日第十二届全国人民代表大会常务委员会第二十四次会议《关于修改〈中华人民共和国对外贸易法〉等十二部法律的决定》第四次修正　根据2017年11月4日第十二届全国人民代表大会常务委员会第三十次会议《关于修改〈中华人民共和国会计法〉第十一部法律的决定》第五次修正）（节录）

第七十二条　海关工作人员必须秉公执法，廉洁自律，忠于职守，文明服务，不得有下列行为：

（一）包庇、纵容走私或者与他人串通进行走私；

（二）非法限制他人人身自由，非法检查他人身体、住所或者场所，非法检查、扣留进出境运输工具、货物、物品；

（三）利用职权为自己或者他人谋取私利；

（四）索取、收受贿赂；

（五）泄露国家秘密、商业秘密和海关工作秘密；

（六）滥用职权，故意刁难，拖延监管、查验；

（七）购买、私分、占用没收的走私货物、物品；

（八）参与或者变相参与营利性经营活动；

（九）违反法定程序或者超越权限执行职务；

（十）其他违法行为。

第九十六条　海关工作人员有本法第七十二条所列行为之一的，依法给予行政处分；有违法所得的，依法没收违法所得；构成犯罪的，依法追究刑事责任。

2. 最高人民法院、最高人民检察院、海关总署关于办理走私刑事案件适用法律若干问题的意见（法〔2002〕139号　自2002年7月8日起施行）（节录）

十六、关于放纵走私罪的认定问题

依照刑法第四百一十一条的规定，负有特定监管义务的海关工作人员徇私舞弊，利用职权，放任、纵容走私犯罪行为，情节严重的，构成放纵走私罪。放纵走私行为，一般是消极的不作为。如果海关工作人员与走私分子通谋，在放纵走私过程中以积极的行为配合走私分子逃避海关监管或者在放纵走私之后分得赃款的，应以共同走私犯罪追究刑事责任。

海关工作人员收受贿赂又放纵走私的，应以受贿罪和放纵走私罪数罪并罚。

二十六、商检徇私舞弊罪

（一）法律规定

第四百一十二条第一款　国家商检部门、商检机构的工作人员徇私舞弊，伪造检验结果的，处五年以下有期徒刑或者拘役；造成严重后果的，处五年以上十年以下有期徒刑。

（二）罪名详解

商检徇私舞弊罪，是指国家商检部门、商检机构的工作人员徇私舞弊，伪造检验结果的行为。

本罪是1997年刑法增设的罪名，是从1989年2月21日第七届全国人民代表大会常务委员会第六次会议通过的《进出口商品检验法》第29条的规定，吸收改为刑法的具体规定的。1979年刑法和单行刑法均没有规定此罪名。

商检徇私舞弊罪的构成要件是：

1. 主体要件

本罪的犯罪主体为特殊主体，即国家商检部门、商检机构的工作人员。

2. 客体要件

本罪侵犯的客体是国家的进出口商品检验制度。

3. 主观要件

本罪的主观方面由故意构成，行为人须出于徇私的动机。过失不构成本罪。行为人有故意伪造检验结果行为，但未徇私舞弊的，不构成本罪，可以其他故意犯罪定罪处罚；出于过失的，可构成《刑法》第412条第2款规定的商检失职罪。

4. 客观要件

本罪的客观方面表现为徇私舞弊，伪造检验结果的行为。“伪造检验结果”，是指明知是不合格的商品，不经过检验，或者经检验不合格，而作出虚假的证明或者出示不真实的结论。“伪造”，是指包括对商品检验的单证、印章、标志、封志、质量认证标志和商品的质量、数量、规格、重量、包装以及安全、卫生指标等内容作不真实的记载。

（三）实务疑难问题

1. 罪与非罪的认定

认定商检徇私舞弊罪应当注意把握本罪成立的要件。行为人只要出于徇私的动机，伪造检验结果的，即可成立本罪，并不要求损害结果的发生。至于造成严重后果的，则构成本罪的结果加重犯。在最高人民法院出台相关司法解释之前，审判实践中把握本罪的罪与非罪的界限时，可以参考《最高人民检察院关于渎职侵权犯罪案件立案标准的规定》对本罪立案追诉的标准来认定是否达到定罪标准。

（四）情节与量刑

依照《刑法》第412条第1款规定，犯商检徇私舞弊罪的，处5年以下有期徒刑或者拘役；造成严重后果的，处5年以上10年以下有期徒刑。

司法机关在适用上述规定对本罪行为人进行处罚时，应当注意以下问题：

1. “造成严重后果”，是本罪的加重处罚情节，司法实践中，一般是指致使不合格的商品进口或者出口，给国家利益造成严重损失，如进口的商品因不合格给国家造成严重经济损失，或者因出口的商品不合格，外方向我方索赔，致使我方赔偿数额巨大等情形。

2. 行为人受贿后伪造检验结果，且受贿行为构成犯罪的，应以商检徇私舞弊罪和受贿罪数罪并罚。

（五）法律链接

1. 中华人民共和国进出口商品检验法（1989年2月21日第七届全国人民代表大会常务委员会第六次会议通过　根据2002年4月28日第九届全国人民代表大会常务委员会第二十七次会议《关于修改〈中华人民共和国进出

口商品检验法〉的决定》第一次修正　根据2013年6月29日第十二届全国人民代表大会常务委员会第三次会议《关于修改〈中华人民共和国文物保护法〉等十二部法律的决定》第二次修正　根据2018年4月27日第十三届全国人民代表大会常务委员会第二次会议《关于修改〈中华人民共和国国境卫生检疫法〉等六部法律的决定》第三次修正　根据2018年12月29日第十三届全国人民代表大会常务委员会第七次会议《关于修改〈中华人民共和国产品质量法〉等五部法律的决定》第四次修正）（节录）

第三十八条　国家商检部门、商检机构的工作人员滥用职权，故意刁难的，徇私舞弊，伪造检验结果的，或者玩忽职守，延误检验出证的，依法给予行政处分；构成犯罪的，依法追究刑事责任。

2. **最高人民法院、最高人民检察院关于办理危害食品安全刑事案件适用法律若干问题的解释**（法释〔2013〕12号　自2013年5月4日起施行）（节录）

第十六条　负有食品安全监督管理职责的国家机关工作人员，滥用职权或者玩忽职守，导致发生重大食品安全事故或者造成其他严重后果，同时构成食品监管渎职罪和徇私舞弊不移交刑事案件罪、商检徇私舞弊罪、动植物检疫徇私舞弊罪、放纵制售伪劣商品犯罪行为罪等其他渎职犯罪的，依照处罚较重的规定定罪处罚。

负有食品安全监督管理职责的国家机关工作人员滥用职权或者玩忽职守，不构成食品监管渎职罪，但构成前款规定的其他渎职犯罪的，依照该其他犯罪定罪处罚。

负有食品安全监督管理职责的国家机关工作人员与他人共谋，利用其职务行为帮助他人实施危害食品安全犯罪行为，同时构成渎职犯罪和危害食品安全犯罪共犯的，依照处罚较重的规定定罪处罚。

3. **中华人民共和国进出口商品检验法实施条例**（2005年8月31日国务院令第447号发布　根据2013年7月18日国务院令第638号《国务院关于废止和修改部分行政法规的决定》第一次修订　根据2016年2月6日《国务院关于修改部分行政法规的决定》第二次修订　根据2017年3月1日《国务院关于修改和废止部分行政法规的决定》第三次修订　根据2019年3月2日《国务院关于修改部分行政法规的决定》修正）（节录）

第五十六条　出入境检验检疫机构的工作人员滥用职权，故意刁难当事人的，徇私舞弊，伪造检验结果的，或者玩忽职守，延误检验出证的，依法给予行政处分；违反有关法律、行政法规规定签发出口货物原产地证明的，依法给予行政处分，没收违法所得；构成犯罪的，依法追究刑事责任。

二十七、商检失职罪

（一）法律规定

第四百一十二条　国家商检部门、商检机构的工作人员徇私舞弊，伪造检验结果的，处五年以下有期徒刑或者拘役；造成严重后果的，处五年以上十年以下有期徒刑。

前款所列人员严重不负责任，对应当检验的物品不检验，或者延误检验出证、错误出证，致使国家利益遭受重大损失的，处三年以下有期徒刑或者拘役。

（二）罪名详解

商检失职罪，是指国家商检部门、商检机构的工作人员严重不负责任，对应当检验的物品不检验，或者延误检验出证、错误出证，致使国家利益遭受重大损失的行为。

本罪是1997年刑法增设的罪名，是从1989年2月21日第七届全国人民代表大会常务委员会第六次会议通过的《进出口商品检验法》第29条的规定，吸收改为刑法的具体规定的。1979年刑法和单行刑法均没有规定此罪名。

商检失职罪的构成要件是：

1. 主体要件

本罪的犯罪主体为国家商检部门、商检机构的工作人员。

2. 客体要件

本罪侵犯的客体是国家的进出口商品检验制度。“进出口检验”，是指为保证进出口商品的质量，对进出口商品的质量、规格、数量、重量、包装以及是否符合安全、卫生要求等内容进行检验。

3. 主观要件

本罪的主观方面是过失，即应当预见自己的失职可能使国家利益遭受重大损失，由于疏忽大意而没有预见，或者已经预见而轻信能够避免。故意不构成本罪。

4. 客观要件

本罪的客观方面表现为严重不负责任，不履行或者不正确履行检验职责，致使国家利益遭受重大损失的行为。“应当检验的物品”，是国家商检部门列入《商检机构实施检验的进出口商品种类表》的商品和其他法律、行政法规规定须经检验的进出口商品。“延误检验出证”，指在外贸合同约定的索赔期内没有检验完毕，与检验结果的正误无关。“错误出证”，是所出具的检验结果与事实不符。按照法律规定，行为人只要实施了对应当检验的物品不检验，或者延误检验出证、错误出证其中一种行为，致使国家利益遭受重大损失的，就构成本罪；实施了两种以上行为的，仍为一罪，不实行并罚。所谓致使国家利益遭受重大损失，在司法实践中，主要是指进口的商品因不合格，给国家造成巨大经济损失的；因出口的商品不合格，外方因此向我索赔巨额赔偿的；对应当检验的物品不检验，或者延误检验出证，致使进出口贸易遭受严重影响的；等等。

（三）实务疑难问题

1. 罪与非罪的认定

“致使国家利益遭受重大损失”，是区分本罪与一般违法行为的重要标准。行为人虽有商检失职的行为，并给国家利益造成了损失，但没有达到“重大”的程度，属于一般违法行为，不成立犯罪。在最高人民法院出台相关司法解释之前，审判实践中把握本罪的罪与非罪的界限时，可以参考《最高人民检察院关于渎职侵权犯罪案件立案标准的规定》对本罪立案追诉的标准来认定是否达到定罪标准。

2. 注意本罪与商检徇私舞弊罪的区别

两者的区别在于：（1）主观方面的内容不同，本罪由过失构成，商检徇私舞弊罪由故意构成。（2）本罪是结果犯，客观上具有“致使国家利益遭受重大损失”的结果，才构成犯罪，商检徇私舞弊罪则是行为犯，只要伪造检验结果，即可构成犯罪。

3. 徇私舞弊而故意错误出证的，可构成《刑法》第 412 条第 1 款规定的商检徇私舞弊罪；不是出于徇私的动机而故意错误出证的，可构成其他故意犯罪。

（四）情节与量刑

依照《刑法》第412条第2款规定，犯商检失职罪的，处3年以下有期徒刑或者拘役。

（五）法律链接

1. **中华人民共和国进出口商品检验法**（1989年2月21日第七届全国人民代表大会常务委员会第六次会议通过　根据2002年4月28日第九届全国人民代表大会常务委员会第二十七次会议《关于修改〈中华人民共和国进出口商品检验法〉的决定》第一次修正　根据2013年6月29日第十二届全国人民代表大会常务委员会第三次会议《关于修改〈中华人民共和国文物保护法〉等十二部法律的决定》第二次修订　根据2018年4月27日第十三届全国人民代表大会常务委员会第二次会议《关于修改〈中华人民共和国国境卫生检疫法〉等六部法律的决定》第三次修正　根据2018年12月29日第十三届全国人民代表大会常务委员会第七次会议《关于修改〈中华人民共和国产品质量法〉等五部法律的决定》第四次修正）（节录）

第三十八条　国家商检部门、商检机构的工作人员滥用职权，故意刁难的，徇私舞弊，伪造检验结果的，或者玩忽职守，延误检验出证的，依法给予行政处分；构成犯罪的，依法追究刑事责任。

2. **中华人民共和国进出口商品检验法实施条例**（2005年8月31日国务院令第447号发布　根据2013年7月18日国务院令第638号《国务院关于废止和修改部分行政法规的决定》修订　根据2017年3月1日《国务院关于修改和废止部分行政法规的决定》第三次修订　根据2019年3月2日《国务院关于废止和修改部分行政法规的决定》修正）（节录）

第五十六条　出入境检验检疫机构的工作人员滥用职权，故意刁难当事人的，徇私舞弊，伪造检验结果的，或者玩忽职守，延误检验出证的，依法给予行政处分；违反有关法律、行政法规规定签发出口货物原产地证明的，依法给予行政处分，没收违法所得；构成犯罪的，依法追究刑事责任。

二十八、动植物检疫徇私舞弊罪

（一）法律规定

第四百一十三条第一款　动植物检疫机关的检疫人员徇私舞弊，伪造检疫结果的，处五年以下有期徒刑或者拘役；造成严重后果的，处五年以上十年以下有期徒刑。

（二）罪名详解

动植物检疫徇私舞弊罪，是指动植物检疫机关的检疫人员徇私舞弊，伪造检疫结果的行为。

本罪是1997年刑法增设的罪名，是从1991年10月30日第七届全国人民代表大会常务委员会第二十二次会议通过的《进出境动植物检疫法》第45条的规定，吸收改为刑法的具体规定的。1979年刑法和单行刑法均没有规定此罪名。

动植物检疫徇私舞弊罪的构成要件是：

1. 主体要件

本罪的犯罪主体为动植物检疫机关的检疫人员，包括国务院设立的动植物检疫机关中从事动植物检疫工作的人员和国家动植物检疫机关在对外开放的口岸以及进出境动植物检疫业务集中的地点设立的口岸动植物检疫机关中具体实施进出境动植物检疫工作的人员。

2. 客体要件

本罪侵犯的客体是国家对进出境动植物的检疫制度。进出境动植物检疫，是指对进出境的动植物及其产品和其他检疫物，装载动植物及其产品和其他检疫物的容器、包装物，以及来自动植物检疫区的运输工具，依法实施检疫。

3. 主观要件

本罪的主观方面由故意构成，行为人须出于徇私的动机。过失不构成本罪。行为人有伪造检疫结果行为，但未徇私舞弊，不构成本款规定的犯罪，可以其他故意犯罪定罪处罚；出于过失的，可构成《刑法》第413条第2款规定的动植物检疫失职罪。

4. 客观要件

本罪的客观方面表现为徇私舞弊，伪造检疫结果的行为。根据《进出境动植物检疫法》及其实施条例规定，进出境的动植物、动植物产品和其他检疫物，装载动植物、动植物物品和其他检疫物的容器、包装铺垫材料以及来自动植物检疫区的运输工具、进境拆解的废旧船舶，有关法律、行政法规、国际条约规定或者贸易合同约定应当实施进出境动植物检疫的其他货物物品应当依法进行检查。所谓伪造检疫结果，是指出具虚假的、不符合应检物品实际情况的检疫结果，如根本不对应检动植物等检疫物进行检疫而出具检疫结果；明知为不合格的检疫物品为了徇私仍然签发、出具检疫合格的单证或在海关报关单上加盖检疫合格印章；为检疫合格的检疫物品出具不合格的检疫证明等。其具体表现在所出具的检疫放行通知单、动物过境许可证、动物检疫证书、植物检疫证书、动物健康证书、兽医卫生证书、熏蒸消毒证书等由检疫机关出具的有关动植物及其产品及其他检疫物健康或者卫生情况检疫证书中。

（三）实务疑难问题

罪与非罪的认定

认定动植物检疫徇私舞弊罪应当注意把握本罪成立的客观要件。徇私舞弊，伪造检疫结果，是本罪的客观要件。本罪是行为犯，构成本罪，并不要求损害结果的发生。至于造成严重后果的，则构成本罪的结果加重犯。在最高人民法院出台相关司法解释之前，审判实践中把握本罪的罪与非罪的界限时，可以参考《最高人民检察院关于渎职侵权犯罪案件立案标准的规定》对本罪立案追诉的标准来认定是否达到定罪标准。

（四）情节与量刑

依照《刑法》第413条第1款规定，犯动植物检疫徇私舞弊罪的，处5年以下有期徒刑或者拘役；造成严重后果的，处5年以上10年以下有期徒刑。

司法机关在适用上述规定对本罪行为人进行处罚时，应当注意以下问题：

1. “造成严重后果”，是本罪的加重处罚情节，司法实践中，一般是指致使带有传染病、寄生虫病和植物危险性病、虫、杂草传入或者传出国境，引起重大疫情或者使国家蒙受重大损失等情形。

2. 受贿后伪造检疫结果，同时受贿行为构成犯罪的，应以动植物检疫徇私舞弊罪和受贿罪数罪并罚。

（五）法律链接

1. **中华人民共和国进出境动植物检疫法**（1991 年 10 月 30 日第七届全国人民代表大会常务委员会第二十二次会议通过　根据 2009 年 8 月 27 日第十一届全国人民代表大会常务委员会第十次会议通过的《全国人民代表大会常务委员会关于修改部分法律的决定》修正）（节录）

第四十五条　动植物检疫机关检疫人员滥用职权，徇私舞弊，伪造检疫结果，或者玩忽职守，延误检疫出证，构成犯罪的，依法追究刑事责任；不构成犯罪的，给予行政处分。

2. **中华人民共和国动物防疫法**（1997 年 7 月 3 日第八届全国人民代表大会常务委员会第二十六次会议通过　2007 年 8 月 30 日第十届全国人民代表大会常务委员会第二十九次会议修订　根据 2013 年 6 月 29 日第十二届全国人民代表大会常务委员会第三次会议《关于修改〈中华人民共和国文物保护法〉等十二部法律的决定》第一次修正　根据 2015 年 4 月 24 日第十二届全国人民代表大会常务委员会第十四次会议《关于修改〈中华人民共和国电力法〉等六部法律的决定》第二次修正）（节录）

第七十条　动物卫生监督机构及其工作人员违反本法规定，有下列行为之一的，由本级人民政府或者兽医主管部门责令改正，通报批评；对直接负责的主管人员和其他直接责任人员依法给予处分：

（一）对未经现场检疫或者检疫不合格的动物、动物产品出具检疫证明、加施检疫标志，或者对检疫合格的动物、动物产品拒不出具检疫证明、加施检疫标志的；

（二）对附有检疫证明、检疫标志的动物、动物产品重复检疫的；

（三）从事与动物防疫有关的经营性活动，或者在国务院财政部门、物价主管部门规定外加收费用、重复收费的；

（四）其他未依照本法规定履行职责的行为。

第八十四条第一款　违反本法规定，构成犯罪的，依法追究刑事责任。

3. 最高人民法院、最高人民检察院关于办理危害食品安全刑事案件适用法律若干问题的解释（法释〔2013〕12号　自2013年5月4日起施行）（节录）

第十六条　负有食品安全监督管理职责的国家机关工作人员，滥用职权或者玩忽职守，导致发生重大食品安全事故或者造成其他严重后果，同时构成食品监管渎职罪和徇私舞弊不移交刑事案件罪、商检徇私舞弊罪、动植物检疫徇私舞弊罪、放纵制售伪劣商品犯罪行为罪等其他渎职犯罪的，依照处罚较重的规定定罪处罚。

负有食品安全监督管理职责的国家机关工作人员滥用职权或者玩忽职守，不构成食品监管渎职罪，但构成前款规定的其他渎职犯罪的，依照该其他犯罪定罪处罚。

负有食品安全监督管理职责的国家机关工作人员与他人共谋，利用其职务行为帮助他人实施危害食品安全犯罪行为，同时构成渎职犯罪和危害食品安全犯罪共犯的，依照处罚较重的规定定罪处罚。

二十九、动植物检疫失职罪

（一）法律规定

第四百一十三条　动植物检疫机关的检疫人员徇私舞弊，伪造检疫结果的，处五年以下有期徒刑或者拘役；造成严重后果的，处五年以上十年以下有期徒刑。

前款所列人员严重不负责任，对应当检疫的检疫物不检疫，或者延误检疫出证、错误出证，致使国家利益遭受重大损失的，处三年以下有期徒刑或者拘役。

（二）罪名详解

动植物检疫失职罪，是指动植物检疫机关的检疫人员严重不负责任，对应当检验的检疫物不检疫，或者延误检疫出证、错误出证，致使国家利益遭受重大损失的行为。

本罪是1997年刑法增设的罪名，是从1991年10月30日第七届全国人民代表大会常务委员会第二十二次会议通过的《进出境动植物检疫法》第45条的规定，吸收改为刑法的具体规定的。1979 年刑法和单行刑法均没有规定此罪名。

动植物检疫失职罪的构成要件是：

1. 主体要件

本罪的犯罪主体为特殊主体，即动植物检疫机构的检疫人员。

2. 客体要件

本罪侵犯的客体是国家对进出境动植物的检疫制度。

3. 主观要件

本罪的主观方面是过失，即应当预见自己失职可能致使国家利益遭受重大损失，由于疏忽大意而没有预见，或者已经预见而轻信能够避免。故意不构成本罪。

4. 客观要件

本罪的客观方面表现为严重不负责任，不履行或者不正确履行检疫职责，对应当检疫的检疫物不检疫，或者延误检疫出证、错误出证，致使国家利益遭受重大损失的行为。“对应当检疫的检疫物不检疫”，是指对国家有关进出境动植物检疫的法律和行政法规规定应当检疫的物品不进行检疫。这些检疫物主要包括：动物及其制品，植物种子、种苗及其他繁殖材料，装载前述物品及其他检疫物的容器、包装物，来自动植物疫区的运载工具，等等。“延误检疫出证”，是指超出规定的期限而没有检疫完毕并出具检疫证明。“错误出证”，是指出具的检疫证明文件与被检疫物的实际情况不相符合。按照法律规定，行为人只要实施了对应当检疫的检疫物不检疫，或者延误检疫出证、错误出证其中一种行为，就构成本罪；实施了两种以上行为的，仍为一罪，不实行并罚。“致使国家利益遭受重大损失”，在司法实践中，一般是指因造成重大疫情而使国家蒙受重大经济损失，或者造成严重政治影响，或者引起严重贸易争端等情形。

（三）实务疑难问题

1. 罪与非罪的认定

“致使国家利益遭受重大损失”，是区分本罪与一般违法行为的重要标准。行为人在动植物检疫工作中虽有失职行为，致使国家利益遭受损失，但尚未达到“重大”的程度，属于一般违法行为，不构成犯罪。在最高人民法院出台相关司法解释之前，审判实践中把握本罪的罪与非罪的界限时，可以参考《最高人民检察院关于渎职侵权犯罪案件立案标准的规定》对本罪立案追诉的标准来认定是否达到定罪标准。

2. 注意本罪与动植物检疫徇私舞弊罪的区别

二者的区别在于：（1）主观方面的内容不同。本罪只能由过失构成，动植物检疫徇私舞弊罪则由故意构成。（2）犯罪形态不同。本罪是结果犯，客观上必须具有“致使国家利益遭受重大损失”的结果才成立犯罪；动植物检疫徇私舞弊罪则是行为犯，只要伪造了检疫结果，即构成犯罪。徇私舞弊而故意错误出证的，可构成《刑法》第 413 条第 1 款规定的动植物检疫徇私舞弊罪；不是出于徇私动机的，可构成其他故意犯罪。

（四）情节与量刑

依照《刑法》第 413 条第 2 款规定，犯动植物检疫失职罪的，处 3 年以下有期徒刑或者拘役。

三十、放纵制售伪劣商品犯罪行为罪

（一）法律规定

第四百一十四条　对生产、销售伪劣商品犯罪行为负有追究责任的国家机关工作人员，徇私舞弊，不履行法律规定的追究职责，情节严重的，处五年以下有期徒刑或者拘役。

（二）罪名详解

放纵制售伪劣商品犯罪行为罪，是指对生产、销售伪劣商品犯罪行为负有追究责任的国家机关工作人员，徇私舞弊，不履行法律规定的追究职责，情节严重的行为。

本罪是 1997 年刑法增设的罪名，是从 1993 年 7 月 2 日第八届全国人民代表大会常务委员会第二次会议通过的《关于惩治生产、销售伪劣商品的犯罪的决定》第 10 条第 2 款的规定，吸收改为刑法的具体规定的。1979 年刑法没有规定此罪名。

放纵制售伪劣商品犯罪行为罪的构成要件是：

1. 主体要件

犯罪主体是对生产、销售伪劣商品犯罪负有追究责任的国家机关工作人员。

2. 客体要件

本罪侵犯的客体是国家对犯罪行为的追诉活动。犯罪对象是生产、销售伪劣商品。

3. 主观要件

主观方面由故意构成，即明知是生产、销售伪劣商品的犯罪行为而不予以追究，行为人须出于徇私的动机。过失不构成本罪。

4. 客观要件

本罪的客观方面表现为徇私舞弊，不履行法律规定的追究职责，情节严重的行为。“徇私舞弊”，是构成本罪的前提条件。

按照法律的规定，徇私舞弊，不履行法律规定的追究职责的行为，必须达到“情节严重”的程度，才构成犯罪。所谓情节严重，司法实践中，一般是指多次不履行追究职责的；因不履行追究职责，给公民的生命、健康、财产和其他合法利益造成严重损害或者致使国家利益遭受重大损失的等情形。

（三）实务疑难问题

1. 罪与非罪的认定

关键在于徇私舞弊，不履行法律规定的追究职责的行为，是否达到“情节严重”的程度。依照《最高人民法院、最高人民检察院关于办理生产、销售伪劣商品刑事案件具体应用法律若干问题的解释》第 8 条规定，国家机关工作人员徇私舞弊，对生产、销售伪劣商品犯罪不履行法律规定的查处职责，具有下列情形之一的，属于《刑法》第 414 条规定的“情节严重”：（1）放纵生产、销售假药或者有毒、有害食品犯罪行为的；（2）放纵依法可能判处 2 年有期徒刑以上刑罚的生产、销售、伪劣商品犯罪行为的；（3）对 3 个以上有生产、销售伪劣商品犯罪行为的单位或者个人不履行追究职责的；（4）致使国家和人民利益遭受重大损失或者造成恶劣影响的。

2. 注意本罪与徇私枉法罪的区别

二者的区别在于：（1）客观方面的表现形式不同。本罪表现为不作为，即应当履行追究责任而故意不履行，而徇私枉法罪表现为作为，即对明知是有罪的人而伪造、隐匿、毁弃证据，故意包庇使之不受追诉。（2）犯罪主体不同。本罪的主体范围除司法工作人员以外，还包括国家行政机关的工作人员，徇私枉法罪的主体则只能由司法工作人员构成。（3）犯罪对象不同。本罪的犯罪对象仅限于制售伪劣商品犯罪行为，徇私枉法罪可以是任何犯罪行为。

3. 注意本罪与徇私舞弊不移交刑事案件罪的区别

二者的区别在于：（1）犯罪主体不同。本罪的主体是对生产、销售伪劣商品犯罪行为负有追究职责的国家机关工作人员，徇私舞弊不移交刑事案件罪的主体只能是行政执法人员。（2）客观方面的表现不同。本罪表现为不履行法律规定的追究职责，徇私舞弊不移交刑事案件罪则表现为对依法应当移交司法机关追究刑事责任的不移交，只作行政处罚，“以罚代刑”。

4. 行为人有放纵制售伪劣商品犯罪行为，情节严重的，依照本罪定罪处罚。在“查禁案件”时，以“通风报信、提供便利”手段帮助犯罪分子逃避刑事处罚的，可构成《刑法》第417条规定的帮助犯罪分子逃避处罚罪。司法工作人员在刑事诉讼过程中徇私、徇情，以作假证明、笔录，毁灭证据、伪造证据、妨害作证等手段包庇犯罪分子的，应从一重罪处断，即依照《刑法》第399条第1款规定的徇私枉法罪定罪处罚，不再适用伪证罪、帮助毁灭、伪造证据罪、妨害作证罪及本条等规定。放纵的犯罪行为、拒不移交的案件涉及制售伪劣商品的，同时触犯本罪和《刑法》第402条规定的徇私舞弊不移交刑事案件罪，应从一重罪处断。

（四）情节与量刑

依照《刑法》第414条规定，犯放纵制售伪劣商品犯罪行为罪的，处5年以下有期徒刑或者拘役。

司法机关在适用上述规定对本罪行为人进行处罚时，应当注意，受贿后放纵制售伪劣商品的，应以放纵制售伪劣商品犯罪行为罪处罚，同时受贿行为构成犯罪的，应当数罪并罚。

（五）法律链接

1. 最高人民法院、最高人民检察院关于办理危害食品安全刑事案件适用法律若干问题的解释（法释〔2013〕12号　自2013年5月4日起施行）（节录）

第十六条　负有食品安全监督管理职责的国家机关工作人员，滥用职权或者玩忽职守，导致发生重大食品安全事故或者造成其他严重后果，同时构成食品监管渎职罪和徇私舞弊不移交刑事案件罪、商检徇私舞弊罪、动植物检疫徇私舞弊罪、放纵制售伪劣商品犯罪行为罪等其他渎职犯罪的，依照处罚较重的规定定罪处罚。

负有食品安全监督管理职责的国家机关工作人员滥用职权或者玩忽职守，不构成食品监管渎职罪，但构成前款规定的其他渎职犯罪的，依照该其他犯罪定罪处罚。

负有食品安全监督管理职责的国家机关工作人员与他人共谋，利用其职务行为帮助他人实施危害食品安全犯罪行为，同时构成渎职犯罪和危害食品安全犯罪共犯的，依照处罚较重的规定定罪处罚。

2. 最高人民法院、最高人民检察院关于办理生产、销售伪劣商品刑事案件具体应用法律若干问题的解释（法释〔2001〕10号　自2001年4月10日起施行）（节录）

第八条　国家机关工作人员徇私舞弊，对生产、销售伪劣商品犯罪不履行法律规定的查处职责，具有下列情形之一的，属于刑法第四百一十四条规定的“情节严重”：

（一）放纵生产、销售假药或者有毒、有害食品犯罪行为的；

（二）放纵依法可能判处二年有期徒刑以上刑罚的生产、销售、伪劣商品犯罪行为的；

（三）对三个以上有生产、销售伪劣商品犯罪行为的单位或者个人不履行追究职责的；

（四）致使国家和人民利益遭受重大损失或者造成恶劣影响的。

三十一、办理偷越国（边）境人员出入境证件罪

（一）法律规定

第四百一十五条　负责办理护照、签证以及其他出入境证件的国家机关工作人员，对明知是企图偷越国（边）境的人员，予以办理出入境证件的，或者边防、海关等国家机关工作人员，对明知是偷越国（边）境的人员，予以放行的，处三年以下有期徒刑或者拘役；情节严重的，处三年以上七年以下有期徒刑。

（二）罪名详解

办理偷越国（边）境人员出入境证件罪，是指负责办理护照、签证以及其他出入境证件的国家机关工作人员，对明知是企图偷越国（边）境的人员，予以办理出入境证件的行为。

本罪是1997年刑法增设的罪名，是从1994年3月5日第八届全国人民代表大会常务委员会第六次会议通过的《关于严惩组织、运送他人偷越国（边）境犯罪的补充规定》第6条的规定，吸收改为刑法的具体规定的。1979年刑法没有规定此罪名。

办理偷越国（边）境人员出入境证件罪的构成要件是：

1. 主体要件

本罪的犯罪主体为特殊主体，即负责办理护照、签证以及其他出入境证件的国家机关工作人员，主要包括在外交部或者外交部授权的地方外事部门、港务监督局或者港务监督局授权的港务监督部门以及公安部或者外交部授权的地方公安机关中从事办理护照、签证以及其他出入境证件工作的人员。

2. 客体要件

本罪侵犯的客体是国家的出入境管理制度。犯罪对象是偷越国（边）境的人员。

近年来，我国沿海沿边地区如福建、浙江、广东等地偷越国（边）境的违法犯罪活动严重，在实践中，有些负责办理出入境证件的人员和边防、海

关等执法机关工作人员，违背其职责，为偷越国（边）境的违法犯罪分子办理出入境证件，在一定程度上助长了偷渡分子的气焰，严重破坏了进出境管理秩序。

3. 主观要件

本罪的主观方面由故意构成，即明知是偷越国（边）境的人员而予以办理出入境证件。过失不构成本罪。

4. 客观要件

本罪的客观方面表现为对企图偷越国（边）境的人员，予以办理出入境证件的行为。

“出入境证件”，包括护照、签证以及其他出入境必须持有的证件。“护照”，是指一国的政府主管机关发给本国出国履行公务、旅行或者在外居留的公民，用以证明其国籍和身份的证件，包括外交护照、公务护照和普通护照。“签证”，则指一国国内或者驻国外主管机关在本国或者外国公民所持的护照或者其他旅行证件上签证、盖章，表示准许其出入本国国境或者过境的手续。“其他出入境证件”，是指除护照以外其他用于出入境或过境的证明性文件，主要有边防证、海员证、过境证等。“办理出入境证件”，是指为偷越国（边）境的人员发放有效的出入境证件。本罪是行为犯，只要有“办理出入境证件”的行为，即构成既遂。

（三）实务疑难问题

1. 注意本罪与玩忽职守罪的区别

二者的区别在于：（1）犯罪主体不同。本罪的主体是负责办理护照、签证以及其他出入境证件的国家机关工作人员，玩忽职守罪的主体则是一般国家机关工作人员。（2）主观方面不同。本罪主观上具有明知的故意，玩忽职守罪则出于过失。

2. 划清一罪与数罪的界限

行为人明知是偷越国（边）境的人员而向其出售护照、签证以及其他出入境证件的，其行为同时触犯办理偷越国（边）境人员出入境证件罪和《刑法》第320条规定的出售出入境证件罪两个罪名，应按照处理法条竞合犯的原则，从一重罪处断，不实行并罚。

3. 划清本罪与组织他人偷越国（边）境罪、运送他人偷越国（边）境罪

共犯的界限

行为人与组织、运送他人偷越国（边）境的犯罪分子相勾结，为偷越国（边）境的人员办理出入境证件的，构成该两罪的共犯，不以本罪论处。

4. 明知偷越国（边）境的人员是犯罪的人而为其办理出入境证件的，其行为同时触犯办理偷越国（边）境人员出入境证件罪和窝藏罪两个罪名，构成想象竞合犯，应从一重罪处断，不实行并罚。

（四）情节与量刑

依照《刑法》第 415 条规定，犯办理偷越国（边）境人员出入境证件罪的，处 3 年以下有期徒刑或者拘役；情节严重的，处 3 年以上 7 年以下有期徒刑。

司法机关在适用上述规定对本罪行为人进行处罚时，应当注意，“情节严重”，是本罪的加重处罚情节，司法实践中，一般是指多次或给多人办理出入境证件的；造成严重后果的等情形。

（五）法律链接

中华人民共和国出境入境管理法（2012 年 6 月 30 日第十一届全国人民代表大会常务委员会第二十七次会议通过）（节录）

第八十五条　履行出境入境管理职责的工作人员，有下列行为之一的，依法给予处分：

（一）违反法律、行政法规，为不符合规定条件的外国人签发签证、外国人停留居留证件等出境入境证件的；

（二）违反法律、行政法规，审核验放不符合规定条件的人员或者交通运输工具出境入境的；

（三）泄露在出境入境管理工作中知悉的个人信息，侵害当事人合法权益的；

（四）不按照规定将依法收取的费用、收缴的罚款及没收的违法所得、非法财物上缴国库的；

（五）私分、侵占、挪用罚没、扣押的款物或者收取的费用的；

（六）滥用职权、玩忽职守、徇私舞弊，不依法履行法定职责的其他行为。

第八十八条 违反本法规定，构成犯罪的，依法追究刑事责任。

三十二、放行偷越国（边）境人员罪

（一）法律规定

第四百一十五条　负责办理护照、签证以及其他出入境证件的国家机关工作人员，对明知是企图偷越国（边）境的人员，予以办理出入境证件的，或者边防、海关等国家机关工作人员，对明知是偷越国（边）境的人员，予以放行的，处三年以下有期徒刑或者拘役；情节严重的，处三年以上七年以下有期徒刑。

（二）罪名详解

放行偷越国（边）境人员罪，是指边防、海关等国家机关工作人员，对明知是偷越国（边）境的人员，予以放行的行为。

本罪是1997年刑法增设的罪名，是从1994年3月5日第八届全国人民代表大会常务委员会第六次会议通过的《关于严惩组织、运送他人偷越国（边）境犯罪的补充规定》第6条的规定，吸收改为刑法的具体规定的。1979年刑法没有规定此罪名。

放行偷越国（边）境人员罪的构成要件是：

1. 主体要件

本罪的犯罪主体为特殊主体，即边防、海关等国家机关工作人员。

2. 客体要件

本罪侵犯的客体是国家的出入境管理制度。

3. 主观要件

本罪的主观方面由故意构成，即明知是偷越国（边）境的人员而予以放行。过失不构成本罪。

4. 客观要件

本罪的客观方面表现为对偷越国（边）境的人员予以放行的行为。

（三）实务疑难问题

1. 本罪的对象是偷越国（边）境的人员

无论该人员是否持有出入境证件，也不论其持有的出入境证件是伪造、变造还是失效的，只要明知是偷越国（边）境的人员而予以放行的，即可构成本罪。

2. 注意本罪与玩忽职守罪的区别

二者的区别在于：（1）犯罪主体不同。前者的主体是边防、海关等国家机关工作人员，后者则是一般国家机关工作人员。（2）主观方面不同。前者在主观上具有明知的故意，后者则出于过失。

3. 明知偷越国（边）境的人员是犯罪的人而予以放行的，其行为同时触犯本罪和窝藏罪两个罪名，构成想象竞合犯，应从一重罪处罚，不实行并罚。

4. 行为人与组织、运送他人偷越国（边）境的犯罪分子相勾结，对偷越国（边）境的人员予以放行的，构成组织他人偷越国（边）境罪、运送他人偷越国（边）境罪的共犯，不以本罪论处。

（四）情节与量刑

依照《刑法》第 415 条规定，犯放行偷越国（边）境人员罪的，处 3 年以下有期徒刑或者拘役；情节严重的，处 3 年以上 7 年以下有期徒刑。

司法机关在适用上述规定对本罪行为人进行处罚时，应当注意，“情节严重”是本罪的加重处罚情节，司法实践中，一般是指多次或者对多人放行的，造成严重后果的等情形。

（五）法律链接

中华人民共和国出境入境管理法（2012 年 6 月 30 日第十一届全国人民代表大会常务委员会第二十七次会议通过）（节录）

第八十五条　履行出境入境管理职责的工作人员，有下列行为之一的，依法给予处分：

（一）违反法律、行政法规，为不符合规定条件的外国人签发签证、外国人停留居留证件等出境入境证件的；

（二）违反法律、行政法规，审核验放不符合规定条件的人员或者交通运输工具出境入境的；

（三）泄露在出境入境管理工作中知悉的个人信息，侵害当事人合法权益的；

（四）不按照规定将依法收取的费用、收缴的罚款及没收的违法所得、非法财物上缴国库的；

（五）私分、侵占、挪用罚没、扣押的款物或者收取的费用的；

（六）滥用职权、玩忽职守、徇私舞弊，不依法履行法定职责的其他行为。

第八十八条 违反本法规定，构成犯罪的，依法追究刑事责任。

三十三、不解救被拐卖、绑架妇女、儿童罪

（一）法律规定

第四百一十六条第一款 对被拐卖、绑架的妇女、儿童负有解救职责的国家机关工作人员，接到被拐卖、绑架的妇女、儿童及其家属的解救要求或者接到其他人的举报，而对被拐卖、绑架的妇女、儿童不进行解救，造成严重后果的，处五年以下有期徒刑或者拘役。

（二）罪名详解

不解救被拐卖、绑架妇女、儿童罪，是指对被拐卖、绑架的妇女、儿童负有解救职责的国家机关工作人员，接到被拐卖、绑架的妇女、儿童及其家属的解救要求或者接到其他人的举报，而对被拐卖、绑架的妇女、儿童不进行解救，造成严重后果的行为。

本罪是1997年刑法增设的罪名，是从1991年9月4日第七届全国人民代表大会常务委员会第二十一次会议通过的《关于严惩拐卖、绑架妇女、儿童的犯罪分子的决定》第5条的规定，吸收改为刑法的具体规定的。1979年刑法没有规定此罪名。

不解救被拐卖、绑架妇女、儿童罪的构成要件是：

1. 主体要件

本罪的犯罪主体为特殊主体，即对被拐卖、绑架的妇女、儿童负有解救

职责的国家机关工作人员。

2. 客体要件

本罪侵犯的客体是国家对被拐卖、绑架妇女、儿童的正常解救活动。犯罪对象是被拐卖、绑架的妇女、儿童。“妇女”，既包括具有中国国籍的妇女，也包括具有外国国籍或者无国籍的妇女。“儿童”，是指不满14周岁的未成年人。

3. 主观要件

主观方面在司法实践中多为间接故意，但也不排除直接故意存在的可能。

4. 客观要件

本罪的客观方面表现为对被拐卖、绑架的妇女、儿童负有解救职责的国家机关工作人员接到被拐卖、绑架的妇女、儿童及其家属的解救要求或者接到其他人的举报，而不进行解救，造成严重后果的行为。行为人负有解救被拐卖、绑架的妇女、儿童的职责，并接到“解救要求”或“举报”，这是履行解救义务的前提条件。本罪以不作为的方式体现。所谓不进行解救，是指接到解救要求或者举报后，不采取任何解救措施，或者推诿、拖延解救工作，如不向主管负责解救的部门汇报情况；不制定解救方案、计划；不安排布置解救行动等。这是一种不作为的犯罪。

（三）实务疑难问题

1. 罪与非罪的认定

是否“造成严重后果”，是区分犯罪与一般违法行为的重要标准。行为人虽然有不解救被拐卖、绑架妇女、儿童的行为，但尚未造成严重后果的，属于一般违法行为，不构成犯罪，包括也不构成滥用职权罪或玩忽职守罪。在最高人民法院出台相关司法解释之前，审判实践中把握本罪的罪与非罪的界限时，可以参考《最高人民检察院关于渎职侵权犯罪案件立案标准的规定》对本罪立案追诉的标准来认定是否达到定罪标准。

2. 划清本罪与拐卖妇女、儿童罪共犯的界限

行为人与拐卖妇女、儿童的犯罪分子相勾结，拒不解救被拐卖、绑架的妇女、儿童的，构成拐卖妇女、儿童罪的共犯，不以本罪论处。

3. 划清一罪与数罪的界限

行为人因受贿而拒不解救被拐卖、绑架妇女、儿童，同时构成受贿罪和

拐卖妇女、儿童罪（故意犯罪的共犯）的，应数罪并罚。

（四）情节与量刑

依照《刑法》第416条第1款规定，犯不解救被拐卖、绑架妇女、儿童罪的，处5年以下有期徒刑或者拘役。

三十四、阻碍解救被拐卖、绑架妇女、儿童罪

（一）法律规定

第四百一十六条第二款　负有解救职责的国家机关工作人员利用职务阻碍解救的，处二年以上七年以下有期徒刑；情节较轻的，处二年以下有期徒刑或者拘役。

（二）罪名详解

阻碍解救被拐卖、绑架妇女、儿童罪，是指负有解救职责的国家机关工作人员利用职务阻碍解救被拐卖、绑架的妇女、儿童的行为。

本罪是1997年刑法增设的罪名，是从1991年9月4日第七届全国人民代表大会常务委员会第二十一次会议通过的《全国人民代表大会常务委员会关于严惩拐卖、绑架妇女、儿童的犯罪分子的决定》第5条的规定，吸收改为刑法的具体规定的。1979年刑法没有规定此罪名。

阻碍解救被拐卖、绑架妇女、儿童罪的构成要件是：

1. 主体要件

本罪的犯罪主体为特殊主体，即对被拐卖、绑架的妇女、儿童负有解救职责的国家机关工作人员。

2. 客体要件

本罪侵犯的客体是国家对被拐卖、绑架妇女、儿童的正常解救活动。犯罪对象是被拐卖、绑架的妇女、儿童。“妇女”，既包括具有中国国籍的妇女，也包括具有外国国籍和无国籍的妇女。“儿童”，是指不满14周岁的未成年人。

3. 主观要件

本罪的主观方面由故意构成，即明知是解救被拐卖、绑架的妇女、儿童的活动而予以阻碍。过失不构成本罪。

4. 客观要件

本罪的客观方面表现为利用职务阻碍解救的行为。“解救”，是指负有解救职责的国家机关及其工作人员为使妇女、儿童脱离被拐卖、绑架的困境而依法采取的措施或者进行的活动。“利用职务”，是构成本罪的前提要件。“利用职务阻碍解救”，主要包括两种形式：一是利用主管、分管解救工作的职务之便，不让进行解救或者给解救活动设置障碍；二是将自己因职务关系掌握的解救计划、行动方案故意泄露给他人，使之阻碍解救或者使解救无法进行。实践中也不限于这两种。

（三）实务疑难问题

1. 本罪是行为犯

行为人只要有“利用职务阻碍解救”的行为，无论解救活动是否真的受到阻碍，都构成本罪。在最高人民法院出台相关司法解释之前，审判实践中把握本罪的罪与非罪的界限时，可以参考《最高人民检察院关于渎职侵权犯罪案件立案标准的规定》对本罪立案追诉的标准来认定是否达到定罪标准。

2. 注意本罪与妨害公务罪的区别

从广义上讲，本罪也是一种妨害公务的行为，但与妨害公务罪是不同的。二者的区别在于：（1）本罪为特殊主体，妨害公务罪则为一般主体。（2）本罪在客观方面表现为利用职务阻碍解救被拐卖、绑架的妇女、儿童的行为，妨害公务罪则表现为以暴力、威胁方法阻碍国家机关工作人员依法执行一般职务的行为。

3. 划清一罪与数罪的界限

行为人因受贿而阻碍解救被拐卖、绑架妇女、儿童，同时受贿行为构成犯罪的，应以阻碍解救被拐卖、绑架妇女、儿童罪和受贿罪数罪并罚。

（四）情节与量刑

依照《刑法》第 416 条第 2 款规定，犯阻碍解救被拐卖、绑架妇女、儿童罪的，处 2 年以上 7 年以下有期徒刑；情节较轻的，处 2 年以下有期徒刑或者拘役。

司法机关在适用上述规定对本罪行为人进行处罚时，应当注意，“情节较轻”，一般是指没有造成严重后果，如解救活动没有实际受到阻碍的；没有造成恶劣社会影响的等情形。

三十五、帮助犯罪分子逃避处罚罪

（一）法律规定

第四百一十七条　有查禁犯罪活动职责的国家机关工作人员，向犯罪分子通风报信、提供便利，帮助犯罪分子逃避处罚的，处三年以下有期徒刑或者拘役；情节严重的，处三年以上十年以下有期徒刑。

（二）罪名详解

帮助犯罪分子逃避处罚罪，是指有查禁犯罪活动职责的国家机关工作人员，向犯罪分子通风报信、提供便利，帮助犯罪分子逃避处罚的行为。

本罪是1997年刑法增设的罪名，是从1991年9月4日第七届全国人民代表大会常务委员会第二十一次会议通过的《关于严禁卖淫嫖娼的决定》第9条的规定，吸收改为刑法的具体规定的。1979年刑法没有规定此罪名。

帮助犯罪分子逃避处罚罪的构成要件是：

1. 主体要件

本罪的犯罪主体为特殊主体，即有查禁犯罪活动职责的国家机关工作人员，包括国家安全机关、公安机关、检察机关中负有查禁犯罪活动职责的司法工作人员。根据《最高人民检察院关于渎职侵权犯罪案件立案标准的规定》的相关规定，行政执法工作人员也可以成为本罪的主体。“查禁犯罪活动”，主要是指为发现犯罪人、查清犯罪事实而依法进行的司法活动。

2. 客体要件

本罪侵犯的客体是国家对犯罪的查禁活动。犯罪对象是犯罪分子，不包括违法分子。

3. 主观要件

本罪的主观方面由直接故意构成，且行为人具有帮助犯罪分子逃避处罚的目的。“逃避处罚”，主要是指逃避刑事追诉活动从而逃避刑事处罚。间接故意和过失不构成本罪。

4. 客观要件

客观方面表现为向犯罪分子通风报信、提供便利，帮助犯罪分子逃避处罚的行为。“通风报信”，是指直接向犯罪分子或者通过其亲友、他人向犯罪分子泄露、告知或通报有关部门查禁犯罪活动的部署、措施、计划以及时间、地点等情况。“提供便利”，是指为犯罪分子提供隐藏处所、交通工具、通讯设备、钱物等便利条件。“通风报信”和“提供便利”的目的是为了帮助犯罪分子逃避处罚。根据《最高人民检察院关于渎职侵权犯罪案件立案标准的规定》的相关规定，本罪客观方面还具体包括“帮助、示意犯罪分子隐匿、毁灭、伪造证据，或者串供、翻供”的行为。

（三）实务疑难问题

1. 本罪是行为犯

只要行为人出于帮助犯罪分子逃避处罚的目的，实施通风报信、提供便利的行为，至于犯罪分子是否实际上逃避了处罚，不影响本罪的成立，但可作为一个量刑情节考虑。在最高人民法院出台相关司法解释之前，审判实践中把握本罪的罪与非罪的界限时，可以参考《最高人民检察院关于渎职侵权犯罪案件立案标准的规定》对本罪立案追诉的标准来认定是否达到定罪标准。

2. 划清本罪与其他犯罪共犯的界限

行为人与犯罪分子事前通谋，在其实施犯罪后，为其通风报信、提供便利的，构成犯罪分子所实施的犯罪的共犯，不以本罪论处。非司法工作人员、非行政执法工作人员与司法工作人员、行政执法工作人员相勾结，共同帮助犯罪分子逃避处罚的，可构成本罪的共犯。非司法工作人员、非行政执法工作人员单独实施本条规定行为的，可构成《刑法》第310条规定的窝藏、包庇罪；如系事先与犯罪分子通谋的，应按通谋之罪的共犯论处。

3. 划清本罪与徇私枉法罪的界限

司法工作人员在查禁犯罪活动中，对明知是有罪的人而采取伪造、隐匿、毁弃证据的方法掩盖犯罪事实，故意包庇不使其受追诉的，不构成本罪，构成徇私枉法罪。

4. 划清本罪与徇私舞弊不移交刑事案件罪的界限

从主观目的看，徇私舞弊不移交刑事案件也是为了帮助犯罪分子逃避处罚。但二者的区别主要在于：（1）犯罪主体不同。徇私舞弊不移交刑事案件罪的主体只能是行政执法人员，而本罪的主体是特定的司法工作人员。（2）行为方式不同。徇私舞弊不移交刑事案件罪主要以不作为方式表现，本罪则表现为作为。

根据《最高人民检察院关于渎职侵权犯罪案件立案标准的规定》的相关规定，行为人利用职务上的便利，向拐卖、绑架、收买妇女、儿童者通风报信，妨碍解救工作正常进行的，以《刑法》第416条第2款规定的阻碍解救被拐卖、绑架妇女、儿童罪定罪处罚。对于因受贿而帮助犯罪分子逃避处罚，且受贿行为构成犯罪的，应以帮助犯罪分子逃避处罚罪和受贿罪数罪并罚。

（四）情节与量刑

依照《刑法》第417条规定，犯帮助犯罪分子逃避处罚罪的，处3年以下有期徒刑或者拘役；情节严重的，处3年以上10年以下有期徒刑。

司法机关在适用上述规定对本罪行为人进行处罚时，应当注意，“情节严重”，是本罪的加重处罚情节，司法实践中，一般是指多次向犯罪分子或者向多名犯罪分子通风报信、提供便利的；致使罪行严重的犯罪分子逃避处罚的；造成恶劣社会影响的等情形。

（五）法律链接

1. 最高人民法院、最高人民检察院、公安部关于办理利用赌博机开设赌场案件适用法律若干问题的意见（公通字〔2014〕17号　自2014年3月26日起施行）（节录）

八、关于国家机关工作人员渎职犯罪的处理

负有查禁赌博活动职责的国家机关工作人员，徇私枉法，包庇、放纵开设赌场违法犯罪活动，或者为违法犯罪分子通风报信、提供便利、帮助犯罪分子逃避处罚，构成犯罪的，依法追究刑事责任。

2. 最高人民法院、最高人民检察院、公安部、监察部、国家安全生产监督管理总局关于严格依法及时办理危害生产安全刑事案件的通知（高检会〔2008〕5号　自2008年6月6日起施行）（节录）

七、严肃查办谎报瞒报事故行为。对有关单位和个人故意干扰、阻碍办案，或者毁灭、伪造证据、转移藏匿物证书证，或者拒不提供证据资料等违纪违法行为，监察机关要追究直接责任人和有关领导的责任；违反治安管理的，由公安机关进行治安管理处罚；构成犯罪的，依法追究刑事责任。对国家机关工作人员徇私枉法、帮助犯罪分子逃避处罚以及滥用职权、玩忽职守的，检察机关、监察机关要严肃查处；构成犯罪的，依法追究刑事责任。

三十六、招收公务员、学生徇私舞弊罪

（一）法律规定

第四百一十八条　国家机关工作人员在招收公务员、学生工作中徇私舞弊，情节严重的，处三年以下有期徒刑或者拘役。

（二）罪名详解

招收公务员、学生徇私舞弊罪，是指国家机关工作人员在招收公务员、学生工作中徇私舞弊，情节严重的行为。

本罪是1997年刑法增设的罪名，是从1995年3月18日第八届全国人民代表大会常务委员会第三次会议通过的《教育法》第77条的规定，吸收改为刑法的具体规定的。1979年刑法和单行刑法均没有规定此罪名。

招收公务员、学生徇私舞弊罪的构成要件是：

1. 主体要件

本罪的犯罪主体为特殊主体，即国家机关工作人员，特指国家机关中负责招收公务员、学生工作的工作人员。

2. 客体要件

本罪侵犯的客体是国家招收公务员、学生工作的正常活动。自我国实行改革开放的政策以来，国家公务员制度逐步建立，教育制度逐步健全，从而促进了国家机关办事效率与公民素质的提高。但是近些年来，在招收公务员、

学生的工作中也出现了徇私舞弊的现象，严重影响了公务员和学生的整体素质，妨碍了正常的招收公务员和学生的活动。刑法将招收公务员、学生徇私舞弊的行为规定为犯罪，对于维护国家招收公务员、学生的正常活动，具有积极的作用。

3. 主观要件

本罪的主观方面由故意构成，行为人须出于徇私的动机。过失不构成本罪。根据刑法规定，招收公务员、学生徇私舞弊的行为，必须达到“情节严重”的程度，才能构成犯罪。“情节严重”，司法实践中，一般是指多次弄虚作假，招收不合格公务员、学生的，或者招收多名不合格公务员、学生的；犯罪手段恶劣的；造成严重社会影响的等情形。

4. 客观要件

本罪的客观方面表现为在招收公务员、学生工作中徇私舞弊，弄虚作假，招收不合格的人员，情节严重的行为。（1）行为须发生在招收公务员、学生工作的过程中。（2）须有徇私舞弊，招收不合格的人员的行为。“徇私舞弊”，表现为行为人利用主管、分管或者负责招收公务员、学生工作的职权或职务之便，伪造、变造、篡改有关材料，或者捏造、夸大事实，或者隐瞒、掩盖事情真相，招收了不合格的人员，或者致使不合格的人员被招收。“公务员”，是指《公务员法》第2条规定的“依法履行公职、纳入国家行政编制，由国家财政负担工资福利的工作人员。”“学生”，主要是指中学（包括中专）招生、高考招生、研究生招生以及其他学历教育或者培训工作中所招收的人员。另外，“招收”学生，从层级上看，是指省级以上教育行政部门组织的招收学生工作。

（三）实务疑难问题

1. 罪与非罪的认定

情节是否严重，是区分本罪与一般违法行为的重要标准。行为人在招收公务员、学生工作中有徇私舞弊的行为，但情节不严重的，属于一般违法行为，不构成犯罪。在最高人民法院出台相关司法解释之前，审判实践中把握本罪的罪与非罪的界限时，可以参考《最高人民检察院关于渎职侵权犯罪案件立案标准的规定》对本罪立案追诉的标准来认定是否达到定罪标准。

2. 注意本罪与玩忽职守罪的区别

二者的区别在于：（1）主观方面不同。本罪主观上出于故意，并具有徇私的动机，玩忽职守罪则出于过失。（2）行为发生的领域不同。本罪发生在招收公务员、学生的工作中，玩忽职守罪则发生在一般工作中。

3. 划清一罪与数罪的界限

对于因受贿而徇私舞弊，招收公务员、学生，且受贿行为构成犯罪的，应以招收公务员、学生徇私舞弊罪和受贿罪数罪并罚。

（四）情节与量刑

依照《刑法》第 418 条规定，犯招收公务员、学生徇私舞弊罪的，处 3 年以下有期徒刑或者拘役。

（五）法律链接

中华人民共和国教育法（1995 年 3 月 18 日第八届全国人民代表大会第三次会议通过　根据 2009 年 8 月 27 日第十一届全国人民代表大会常务委员会第十次会议《关于修改部分法律的决定》第一次修正　根据 2015 年 12 月 27 日第十二届全国人民代表大会常务委员会第十八次会议《关于修改〈中华人民共和国教育法〉的决定》第二次修正）（节录）

第七十七条　在招收学生工作中徇私舞弊的，由教育行政部门或者其他有关行政部门责令退回招收的人员；对直接负责的主管人员和其他直接责任人员，依法给予处分；构成犯罪的，依法追究刑事责任。

三十七、失职造成珍贵文物损毁、流失罪

（一）法律规定

第四百一十九条　国家机关工作人员严重不负责任，造成珍贵文物损毁或者流失，后果严重的，处三年以下有期徒刑或者拘役。

（二）罪名详解

失职造成珍贵文物损毁、流失罪，是指国家机关工作人员严重不负责任，

造成珍贵文物损毁或者流失，后果严重的行为。

本罪是1997年刑法增设的罪名，是从1982年11月19日第五届全国人民代表大会常务委员会第二十五次会议通过、1991年6月29日第七届全国人民代表大会常务委员会第二十次会议修正的《文物保护法》第31条的规定，吸收改为刑法的具体规定的。1979年刑法和单行刑法均没有规定此罪名。

失职造成珍贵文物损毁、流失罪的构成要件是：

1. 主体要件

本罪的犯罪主体为特殊主体，即国家机关工作人员，具体是指文物保护管理行政部门、公安机关、工商行政管理部门、海关、城乡建设规划等部门的国家机关工作人员，在实践中，一切依法管理、经手珍贵文物的国家机关工作人员均可以成为本罪的主体。

2. 客体要件

本罪侵犯的客体是国家对文物的保护、管理制度。犯罪对象是珍贵文物。所谓珍贵文物，是指具有重要历史、艺术、科学价值的文物，主要包括国家规定的一、二级文物，三级文物要确定为珍贵文物的，应经国家文物鉴定委员会确认。其中，一级文物是指具有特别重要价值的代表性文物；二级文物是指具有重要价值的文物；三级文物为具有一定价值的文物。至于文物，按照《文物保护法》第2条的规定，则是指：（1）具有历史、艺术科学价值的古文化遗址、古墓葬、古建筑、古窟寺和石刻；（2）与重大历史事件、革命运动和著名人物有关的，具有重要纪念意义、教育意义和史料价值的建筑物、遗址和纪念物；（3）历史各时代的珍贵艺术品、工艺美术品；（4）重要的革命文献资料以及具有历史、艺术和科学价值的手稿、古旧图书资料等；（5）反映历史上各时代、各民族社会制度、社会生产、社会生活的代表性实物。

3. 主观要件

本罪的主观方面是过失。故意不构成本罪。

4. 客观要件

本罪的客观方面表现为严重不负责任，不履行或者不正确履行文物保护职责，造成珍贵文物损毁或者流失，后果严重的行为。“损毁”，是指珍贵文物全部或者部分遭到破坏、损坏，以致无法恢复原状；“流失”，是指珍贵文物丢失或者流传到国外、民间，以致无法追回。“后果严重”，司法实践中，一般是指造成较多的珍贵文物损毁、流失的；致使珍贵文物流失国外的；造成特别珍贵文物损毁、流失的；由于珍贵文物被毁，给历史、艺术、科学研究造成了严重的影响，社会影响极坏，流失的文件已无法追回等情形。

（三）实务疑难问题

1. 罪与非罪的认定

后果是否严重，是区分本罪与一般违法行为的重要标准。行为人严重不负责任，造成珍贵文物损毁或者流失，但其后果没有达到“严重”的程度，属于一般违法行为，不成立犯罪。在最高人民法院出台相关司法解释之前，审判实践中把握本罪的罪与非罪的界限时，可以参考《最高人民检察院关于渎职侵权犯罪案件立案标准的规定》对本罪立案追诉的标准来认定是否达到定罪标准。

2. 注意本罪与过失损毁文物罪的区别

两罪的主要区别有二：（1）本罪的主体是特殊主体，过失损毁文物罪的主体则为一般主体。（2）本罪是一种职务犯罪，即国家机关工作人员，因严重不负责任，造成珍贵文物损毁或者流失的行为，过失损毁文物罪不属于职务犯罪，且行为方式仅限于“损毁”。

（四）情节与量刑

依照《刑法》第 419 条规定，犯失职造成珍贵文物损毁、流失罪的，处 3 年以下有期徒刑或者拘役。

（五）法律链接

1. 中华人民共和国文物保护法（1982 年 11 月 19 日第五届全国人民代表大会常务委员会第二十五次会议通过　根据 1991 年 6 月 29 日第七届全国人民代表大会常务委员会第二十次会议《关于修改〈中华人民共和国文物保护法〉第三十条、第三十一条的决定》第一次修正　2002 年 10 月 28 日第九届全国人民代表大会常务委员会第三十次会议修订　根据 2007 年 12 月 29 日第十届全国人民代表大会常务委员会第三十一次会议《关于修改〈中华人民共和国文物保护法〉的决定》第二次修正　根据 2013 年 6 月 29 日第十二届全国人民代表大会常务委员会第三次会议《关于修改〈中华人民共和国文物保护法〉等十二部法律的决定》第三次修正　根据2015年4月24日第十二届全国人民代表大会常务委员会第十四次会议《全国人民代表大会常务委员会关于修改〈中华人民共和国文物保护法〉的决定》第四次修正　根据2017年11月4日第十二届全国人民代表大会常务委员会第三十次会议《关于修改〈中华人民共和国会计法〉等十一部法律的决定》第五次修正）（节录）

第七十八条　公安机关、工商行政管理部门、海关、城乡建设规划部门和其他国家机关，违反本法规定滥用职权、玩忽职守、徇私舞弊，造成国家保护的珍贵文物损毁或者流失的，对负有责任的主管人员和其他直接责任人员依法给予行政处分；构成犯罪的，依法追究刑事责任。

2. 最高人民法院、最高人民检察院关于办理妨害文物管理等刑事案件适用法律若干问题的解释（法释〔2015〕23号　自2016年1月1日起施行）（节录）

第十条　国家机关工作人员严重不负责任，造成珍贵文物损毁或者流失，具有下列情形之一的，应当认定为刑法第四百一十九条规定的“后果严重”：

（一）导致二级以上文物或者五件以上三级文物损毁或者流失的；

（二）导致全国重点文物保护单位、省级文物保护单位的本体严重损毁或者灭失的；

（三）其他后果严重的情形。

第十章　军人违反职责罪

一、战时违抗命令罪

（一）法律规定

第四百二十一条　战时违抗命令，对作战造成危害的，处三年以上十年以下有期徒刑；致使战斗、战役遭受重大损失的，处十年以上有期徒刑、无期徒刑或者死刑。

（二）罪名详解

战时违抗命令罪是指战时违抗命令，对作战造成危害的行为。

违抗命令，是指主观上出于故意，客观上违背、抗拒首长、上级职权范围内的命令，包括拒绝接受命令、拒不执行命令，或者不按照命令的具体要求行动等。本罪是从1981年6月10日第五届全国人民代表大会常务委员会第十九次会议通过的《惩治军人违反职责罪暂行条例》（以下简称《军职罪条例》）第17条的规定，吸收改为刑法的具体规定的。

战时违抗命令罪的构成要件是：

1. 主体要件

犯罪主体是所有军人。根据《公安机关人民警察内务条令》（以下简称《内务条令》）的规定，上级有权对部属下达命令。因此，在违抗命令的行为人与该命令的发布人之间，行政职务上必须有隶属关系，行为人有义务执行该命令。

2. 客体要件

本罪侵犯的客体是战时的作战指挥秩序。我军是高度集中统一的武装集团，一切行动听指挥，坚决执行命令，是我军克敌制胜、完成各项任务的重要保证。在战时违抗命令的行为，都会破坏战时的作战指挥秩序，妨害部队的统一指挥和行动，给作战造成严重危害。

3. 主观要件

主观方面由故意构成，即行为人明知自己违抗上级命令的行为会破坏作战指挥秩序，对作战造成危害结果，却希望或者放任这种危害结果的发生。

战时违抗命令的动机，有的是贪生怕死，畏敌怯战；有的是对上级部署不满，自以为是；也有的是居功自傲，不服从指挥。不论具体动机如何，都不影响本罪的成立。战场情况是复杂多变的，如果军人在执行命令中，发现情况发生急剧变化，或者命令的内容与客观实际不符，原命令确实无法继续执行，而又来不及或者无法请示报告时，根据《内务条令》的规定，部属根据上级的基本意图，以高度负责的精神，积极主动地机断行事，坚决完成任务，事后迅速向上级报告。这种情况虽然部属没有执行原命令，但不能认定其有违抗命令的主观故意。

4. 客观要件

客观方面表现为在战时违背并抗拒执行命令，对作战造成危害的行为。

“违抗命令”，司法实践中是指违背、抗拒首长、上级职权范围内的命令，包括拒绝接受命令，或者不按照命令的具体要求行动等。违抗命令的行为必须发生在战时才能构成犯罪。“对作战造成危害”，泛指一切可能对作战造成不利影响的结果，如扰乱了作战部署，贻误了战机，影响部队完成作战任务，给敌人可乘之机，造成人员伤亡、武器装备、军事设施、军用物资损毁等。这种危害既可以是现实的、具体的，也可以是潜在的、抽象的。违抗命令的具体形式因命令的内容而有所不同，既有不服从调遣，拒不接受上级部署的任务，该前进不前进，该撤退不撤退等不作为的行为，也有执行潜伏任务时主动攻击敌人，进攻敌人时有意改变攻击目标等作为的行为，但本质上都是没有执行命令。命令通常由首长以口头、书面等部属能够接受的方式下达，其内容是首长在职权范围内向部属作出的指示、决定或者要求。如果首长违背自己的职责，滥用权力，向部属提出不正当的要求，部属在根据《内务条令》的规定按级或者越级提出意见的同时，没有按照其要求去做的，不应视为违抗命令。

（三）情节与量刑

依照《刑法》第421条规定，犯战时违抗命令罪的，处3年以上10年以下有期徒刑；致使战斗、战役遭受重大损失的，处10年以上有期徒刑、无期徒刑或者死刑。

司法机关在适用《刑法》第421条规定处罚时，应当注意以下问题：

1. 本条中的"致使战斗、战役遭受重大损失"，是加重处罚情节，司法实践中，一般是指造成我军人员重大伤亡；武器装备、军事设施和军用物资严重损失；直至战斗、战役失利等情形。

2. 本条规定了两个量刑幅度，法定最低刑期是3年有期徒刑，法定最高刑是死刑。在审理案件时，应根据案件的不同情节，区别对待，恰当量刑。

（四）法律链接

关于审理军人违反职责罪案件中几个具体问题的处理意见（〔1988〕军法发字第34号　自1988年10月19日起施行）

一、关于军职人员玩弄枪支、弹药走火或者爆炸，致人重伤、死亡或者造成其他严重后果的案件，是否一概以武器装备肇事罪论处的问题。

军职人员在执勤、训练、作战时使用、操作武器装备，或者在管理、维修、保养武器装备的过程中，违反武器装备使用规定和操作规程，情节严重，因而发生重大责任事故，致人重伤、死亡者或造成其他严重后果的，依照《条例》第三条的规定，以武器装备肇事罪论处；凡违反枪支、弹药管理使用规定，私自携带枪支、弹药外出，因玩弄而造成走火或者爆炸，致人重伤、死亡或者使公私财产遭受重大损失的，分别依照刑法第一百三十五条、第一百三十三条、第一百零六条的规定，以过失重伤罪、过失杀人罪或者过失爆炸罪论处。

二、关于军职人员擅自将自己保管、使用的枪支、弹药借给他人，因而造成严重后果的，应当如何定性和适用法律问题。

军职人员确实不知他人借用枪支、弹药是为实施犯罪，私自将自己保管、使用的枪支、弹药借给他人，致使公共财产、国家和人民利益遭受重大损失的，以刑法第一百八十七条规定的玩忽职守罪论处；如果在值班、值勤等执行职务时，擅自将自己使用、保管的枪支、弹药借给他人，因而造成严重后果的，以《条例》第五条规定的玩忽职守罪论处。

如果明知他人借用枪支、弹药是为了实施犯罪，仍将枪支、弹药借给他人的，以共同犯罪论处。

三、关于监守自盗军用物资的行为应如何定罪处罚问题。

军职人员利用职务上的便利，盗窃自己经手、管理的军用物资的，符合贪污罪的基本特征，依照刑法第一百五十五条和全国人大常委会《关于惩治贪污罪贿赂罪的补充规定》，以贪污罪论处，从重处罚。

四、关于军职人员驾驶军用装备车辆肇事的，是定交通肇事罪还是武器装备肇事罪的问题。

军职人员驾驶军用装备车辆，违反武器装备使用规定和操作规程，情节严重，因而发生重大责任事故，致人重伤、死亡或者造成其他严重后果的，即使同时违反交通运输规章制度，也应当依照《条例》第三条的规定，以武器装备肇事罪论处；如果仅因违反交通运输规章制度而发生重大事故，致人重伤、死亡或者使公私财产遭受重大损失的，则依照刑法第一百一十三条的规定，以交通肇事罪论处。

五、关于军人在临时看管期间逃跑的，能否以脱逃罪论处问题。

脱逃罪是指被依法逮捕，关押的犯罪分子，从羁押、改造场所或者在押解途中逃走的行为。军队的临时看管仅是一项行政防范措施。因此，军人在此期间逃跑的，不构成脱逃罪。但在查明他确有犯罪行为后，他的逃跑行为可以作为情节在处刑时予以考虑。

二、隐瞒、谎报军情罪

（一）法律规定

第四百二十二条　故意隐瞒、谎报军情或者拒传、假传军令，对作战造成危害的，处三年以上十年以下有期徒刑；致使战斗、战役遭受重大损失的，处十年以上有期徒刑、无期徒刑或者死刑。

（二）罪名详解

隐瞒、谎报军情罪是指故意隐瞒、谎报军情，对作战造成危害的行为。

本罪是从《军职罪条例》第 18 条的规定，吸收改为刑法的具体规定的，同时增加了隐瞒军情罪的规定。

隐瞒、谎报军情罪的构成要件是：

1. 主体要件

犯罪主体为所有军人。通常是各级指挥人员和情报工作人员，但在特殊情况下，其他军人也可成为本罪的主体。

2. 客体要件

本罪侵犯的客体是作战指挥秩序。准确、及时地掌握军情是我军各级领导机关和首长全面了解敌我双方的情况，制订作战计划，指挥作战行动的重要保证。隐瞒、谎报军情的行为，扰乱作战指挥秩序，导致首长和上级决策失误，指挥不当，将给作战造成严重危害。《军职罪条例》第 18 条规定了谎报军情罪，鉴于隐瞒军情的行为也会影响首长和上级全面了解和掌握军情，容易造成决策失误，与谎报军情同样严重干扰了正常指挥活动，危害作战指挥秩序，所以 1997 年修订刑法时作为选择性罪名，增加了隐瞒军情罪。

3. 主观要件

主观方面由故意构成，即行为人明知自己隐瞒、谎报军情的行为会破坏作战指挥秩序，对作战造成危害，却希望或者放任这种危害结果的发生。如果行为人是为了准确核实情况而没有及时报告，或者因情况紧急来不及进一步核实情况，造成误报或者错报，都不应认定行为人有隐瞒、谎报军情的主观故意。

4. 客观要件

客观方面表现为将按规定应该向首长和上级报告的军情隐瞒不报，掩盖事情真相，或者违背客观事实，将编造或者篡改的虚假军情向首长和上级报告，欺骗领导，对作战造成危害的行为。

隐瞒是不作为的行为方式，谎报是作为的行为方式。这两种行为既可以单独实施，也可以结合在一起实施。结合在一起实施时，如隐瞒了真实的情报而谎报了虚假的情报，作为选择性罪名，不进行数罪并罚，只定一个隐瞒、谎报军情罪。军情是指与军事特别是与作战有关的情况，如敌军的兵力、装备、部署、活动等情况，我军的兵员、装备、作战准备、战斗进展等情况，战区的地形、地貌、水文、气象等自然情况，以及与军事有关的政治、经济、科技等方面的情况等。军事情报机关搜集的情报，不论其内容与军事活动有无直接关系，都属军情。隐瞒或者谎报军情对作战造成危害，表现为首长和上级因其隐瞒或者谎报军情，在作战和其他军事行动方面可能作出错误的决策，以致打乱了作战部署，贻误了战机，影响部队完成作战任务，给敌人可乘之机，造成人员伤亡、武器装备、军事设施、军用物资损毁等。这种危害既可以是现实的、具体的，也可以是潜在的、抽象的。本罪没有限定为战时犯罪，因为部队平时的战备工作本身就是一种作战准备活动，隐瞒或者谎报军情都可能导致首长和上级在作战及其准备上决策失误，最终对作战造成危害。

（三）实务疑难问题

注意划清谎报军情罪与战时故意提供虚假敌情罪的界限。两者在犯罪的直接客体、客观方面、主观方面相同或者近似，其主要区别在于：（1）犯罪主体不同。前者的犯罪主体是军人，而后者的犯罪主体是非军人。（2）提供情报的内容不一样。前者提供的虚假情报既可以是敌方的，也可以是我军或者友军的；后者提供的虚假情报则仅限于敌方的。

（四）情节与量刑

依照《刑法》第422条规定，犯隐瞒、谎报军情罪的，处3年以上10年以下有期徒刑；致使战斗、战役遭受重大损失的，处10年以上有期徒刑、无期徒刑或者死刑。

三、拒传、假传军令罪

（一）法律规定

第四百二十二条　故意隐瞒、谎报军情或者拒传、假传军令，对作战造成危害的，处三年以上十年以下有期徒刑；致使战斗、战役遭受重大损失的，处十年以上有期徒刑、无期徒刑或者死刑。

（二）罪名详解

拒传军令罪是指负有传递军令职责的军人，明知是军令而故意拒绝传递或者拖延传递，对作战造成危害的行为。

假传军令罪是指故意伪造、篡改军令，或者明知是伪造、篡改的军令而予以传达或者发布，对作战造成危害的行为。

本罪是从《军职罪条例》第 18 条的规定，吸收改为刑法的具体规定的，同时增加了拒传军令罪的规定。

拒传、假传军令罪的构成要件是：

1. 主体要件

犯罪主体是负有传递军令职责的军人，如通信、机要人员等。假传命令的犯罪主体除了负有传递军令职责的军人外，还包括其他军人。

2. 客体要件

本罪侵犯的客体是作战指挥秩序。军令是部队执行军事任务的依据，保证准确、及时地传递军令，是争取作战胜利的必要条件。拒传、假传军令的行为，严重妨害了各级首长对部队的指挥，破坏作战指挥秩序，将对作战造成严重危害。《军职罪条例》第 18 条规定了假传军令罪，鉴于拒绝传递军令的行为与假传军令的行为同样严重干扰了军令的传递，妨害部队执行上级的命令，破坏作战指挥秩序，对作战危害严重，所以 1997 年修订刑法时作为选择性罪名，增加了拒传军令罪。

3. 主观要件

主观方面由故意构成，即行为人明知自己拒传、虚传军令的行为会破坏作战指挥秩序，对作战造成危害，却希望或者放任这种危害结果的发生。行为人拒不传递军令时，是否希望阻止有关部队和人员执行该命令，或者传递虚假的军令是否希望接受假命令的人执行，都不影响对其拒传、假传军令的主观故意的认定。因此，本罪可以由间接故意构成。

4. 客观要件

客观方面表现为有条件传递军令而拒绝、拖延传递，或者传递虚假的军令，对作战造成危害的行为。拒传是不作为的行为方式，假传是作为的行为方式。这两种行为既可以单独实施，也可以结合在一起实施。结合在一起实施时，如拒不传递真实命令反而传递了虚假的命令，作为选择性罪名，不进行数罪并罚，只定一个拒传、假传军令罪。如果因受客观条件的限制无法传递，如联络中断等，不能认为是拒传。假传的军令既可以是行为人自己编造的，也可以是别人编造的。军令是指与部队军事行动有关的命令、指示，如平时部队的设防，担负的战备任务，进入或者解除等级战备，受领作战任务，战时部队开进、集结，兵力部署，火力配置，战斗梯队编成，协同计划，保障方案等涉及作战准备和实施的内容。拒传或者假传军令对作战造成的危害，表现为有关部队在作战中无法执行上级的命令，或者执行了违背上级意图的错误指令，以致打乱了作战部署，造成决策失误，贻误了战机，影响部队完成作战任务，给敌人可乘之机，造成我军人员伤亡、武器装备、军事设施、军用物资损毁等。这种危害既可以是现实的、具体的，也可以是潜在的、抽象的。本罪没有限定为战时犯罪，因为部队平时的战备工作本身就是一种作战准备活动，拒传或者假传军令都可能导致部队无法正确执行上级的命令，最终对作战造成危害。

（三）实务疑难问题

1. 划清假传军令罪与隐瞒军情罪的界限

军令也是一种重要军情，假传军令与隐瞒军情都有隐匿行为。其区别在于，前者所假传的是上级对下级下达的命令；而后者所隐瞒的是下级按规定应向上级报告的情况。

2. 划清拒传军令罪与战时违抗命令罪的界限

这两种犯罪都有公然对抗上级的性质。两者的区别在于犯罪主体不同。前者的犯罪主体并不是该命令的执行者，而是命令下达者和执行者之间的命令传递人；由于其拒绝传递，使得该命令的执行者无法知悉该命令；后者的犯罪主体则是该命令的执行者，由于其公然抗拒，使得该命令得不到落实。

（四）情节与量刑

依照《刑法》第 422 条规定，犯拒传、假传军令罪的，处 3 年以上 10 年以下有期徒刑；致使战斗、战役遭受重大损失的，处 10 年以上有期徒刑、无期徒刑或者死刑。

四、投降罪

（一）法律规定

第四百二十三条　在战场上贪生怕死，自动放下武器投降敌人的，处三年以上十年以下有期徒刑；情节严重的，处十年以上有期徒刑或者无期徒刑。

投降后为敌人效劳的，处十年以上有期徒刑、无期徒刑或者死刑。

（二）罪名详解

投降罪是指在战场上贪生怕死，自动放下武器投降敌人的行为。

本罪是从《军职罪条例》第 19 条的规定，吸收改为刑法的具体规定的。

投降罪的构成要件是：

1. 主体要件

犯罪主体为所有军人。

2. 客体要件

本罪侵犯的客体是军人参战秩序和国防安全秩序。

军队是我国人民民主专政政权的坚强柱石，每一名军人都肩负着保卫祖国的神圣使命。在战场上英勇顽强，不怕牺牲，绝不叛离军队，誓死保卫祖国，是军人职责的最基本要求。投降敌人的行为不仅破坏了参战秩序，而且更严重的是背弃军人的政治使命，屈服于敌人，危及国防安全，所以本罪侵犯的是双重客体。

3. 主观要件

主观方面由故意构成，即行为人明知自己放弃抵抗，向敌人投降的行为会破坏军人参战秩序和国防安全秩序，造成危害作战和国防安全的结果，却希望或者放任这种危害结果发生。在战场上敌我双方你死我活，投降敌人是迫于敌人的武装压力，为了保全自己的性命，而背弃军人的政治使命，屈服于敌人，所以投降的动机是畏惧战斗、贪生怕死。

4. 客观要件

客观方面表现为在战场上自动放下武器向敌人投降的行为。

“在战场上”限定了本罪只能发生在敌我双方直接交战的场合，实践中较多的是发生在敌众我寡、敌强我弱、被敌人包围或者追击的情况下。自动放下武器是本罪在客观方面的主要行为特征。对此应作广义的理解，即行为人当时能够使用武器杀伤敌人，保护自己，却不使用武器，自行放弃抵抗，而不能仅仅理解为将武器从手中放下。向敌人投降，主要是指向战争或者武装冲突中的敌对一方屈服。根据《刑法》第451条的规定，部队执行戒严任务或者处置突发性暴力事件应以战时论，所以在这种情况下向暴力侵害者投降，也应视为向敌人投降。

（三）实务疑难问题

1. 划清本罪与被敌俘虏的界限

一般情况下，投降敌人是主动的，被敌俘虏则完全是被迫的；投降敌人时具有自动放下武器的情节，而被敌俘虏时已不具备使用武器进行抵抗的条件。如因弹药耗尽、武器毁损、严重伤病、极度疲惫而无法使用武器进行抵抗被敌人俘获的；或者遭到敌人突然袭击，措手不及未能使用武器进行抵抗而被敌人抓获的，都属于被敌俘虏，而不应认定为投降敌人。即使被俘后叛变，积极为敌人效劳的，也不应以本罪论处，而应适用《刑法》第108条以投敌叛变罪论处。

2. 划清本罪与战时违抗命令罪的界限

这两种犯罪都发生在战时，而且投降敌人的行为在某种意义上带有违抗、命令的因素。两者的区别：（1）在客观方面的行为不同。前者表现为自动放下武器，向敌人投降；而后者表现为抗拒执行上级命令。（2）行为人的主观目的不同。前者主要是为了保全性命；而后者是为了不执行上级命令。如果在具体案件中出现了犯罪竞合现象，如在遭到敌人进攻时抗拒执行上级坚守阵地的命令而向敌人缴械投降，应按处理想象竞合犯的原则，以较重的罪名战时违抗命令罪定罪处罚。

3. 划清本罪与投敌叛变罪的界限

这两种犯罪都有主动放弃抵抗、投靠敌人的表现，容易发生混淆。但从犯罪构成要件来看，投降敌人的主体只能是参加作战的军人，而投敌叛变的主体既可以是军人，也可以是普通公民；投降敌人在主观方面是迫于敌人的武装压力，为了保全自己的性命，而背弃自己的政治使命，屈服于敌人；投敌叛变则是出于信仰动摇、政治变节而投靠敌人。投降敌人只能发生在战场上，特别是敌我双方短兵相接、面临战斗的情况下；而投敌叛变主要发生在平时，即使发生在战时，一般也不是在面临战斗的情况下，如部队正在休整、待机或者转移途中，没有遭遇敌人的时候。如果行为人蓄谋叛变，在战场上直接投敌的，应属投敌叛变。投降后为敌人效劳的，虽其犯罪性质已转化为投敌叛变，但鉴于是在投降敌人后才实施上述行为的，可以作为投降罪的一个加重处罚情节，不再进行数罪并罚。

投降后被迫为敌人服劳役的，如挖工事、搬弹药等，不宜认定为敌人效劳。

（四）情节与量刑

本条规定了三个量刑幅度，法定最低刑期是 6 个月有期徒刑，法定最高刑是死刑。在审理案件时，应根据案件的不同情节，区别对待，恰当量刑。

五、战时临阵脱逃罪

（一）法律规定

第四百二十四条　战时临阵脱逃的，处三年以下有期徒刑；情节严重的，处三年以上十年以下有期徒刑；致使战斗、战役遭受重大损失的，处十年以上有期徒刑、无期徒刑或者死刑。

（二）罪名详解

战时临阵脱逃罪是指在战斗中或者在接受作战任务后，逃离战斗岗位的行为。

本罪是从《军职罪条例》第 16 条的规定，吸收改为刑法的具体规定的。

战时临阵脱逃罪的构成要件是：

1. 主体要件

犯罪主体为所有军人。

2. 客体要件

本罪侵犯的客体是军人参战秩序。英勇顽强，不怕牺牲，是在战场上对每一名参战军人最基本的职责要求。军人临阵脱逃的行为，造成部队减员，动摇军心，涣散斗志，扰乱了军人参战秩序，削弱了部队战斗力，对作战将造成严重危害。

3. 主观要件

主观方面由故意构成，即行为人明知自己逃避参加战斗会破坏军人参战秩序，对作战造成危害，却希望或者放任这种危害结果的发生。临阵脱逃的动机，较多的是贪生怕死、畏惧战斗，也有的是不顾大局保存实力。《军职罪条例》第16条规定临阵脱逃是出于“畏惧战斗”。因“畏惧战斗”是行为人的主观心理活动，在司法实践中难以认定，还容易给犯罪分子留下狡辩的机会，所以修订刑法时将本罪的罪状修改为“战时临阵脱逃的”。行为人只要不是出于积极的战术目的，如在攻防作战中有组织地退却，诱敌深入，或者在遭遇战中为完成原定任务不与敌人恋战，而有意回避作战等，都应认定有临阵脱逃的主观故意。

4. 客观要件

客观方面表现为战时临阵脱逃的行为。

战时临阵脱逃是指在战斗中或者在接受作战任务后，逃离战斗岗位逃避参加作战。“临阵”包括两种情况，一种是正在进行战斗，如进攻敌方阵地，坚守我方阵地，与敌机、敌舰正在交战，遭敌突然袭击被迫应战等；另一种是已受领了具体的战斗任务，正在准备实施，如待命出击，临上阵地换防等。不论哪种情况，面临的作战任务都应该是具体的、明确的，不能泛指参战。因此，部队奉命向战区开进、集结，在战区休整待命等，不应视为已面临战斗任务。逃离战斗岗位是逃避参加作战的具体表现，泛指脱离正在进行战斗的特定区域或者准备参加战斗的部队，包括作为与不作为两种方式，如与敌交战中擅自撤出战斗，从遭敌攻击的阵地上退下来，有意不随部队进入阵地等。逃离岗位只是为了逃避参加战斗，并不一定要逃离部队。

（三）实务疑难问题

1. 划清本罪与战时违抗命令罪的界限

这两种犯罪都发生在战时，而且都有不执行命令的行为，容易发生混淆。

其主要区别在于客观方面的行为特征有所不同。前者一般发生在已受领了具体的作战任务后，其不执行命令的行为必须表现为脱离岗位；而后者一般发生在接受上级命令时，行为人公然抗拒执行上级的命令，但其行为并不需要采取脱离岗位的方式。在具体案件中出现这两种犯罪竞合时，如在遭到敌人进攻时违反上级坚守阵地的命令逃离阵地等，应按处理想象竞合犯的原则，以较重的罪名战时违抗命令罪定罪处罚。

2. 划清本罪与投降罪的界限

这两种犯罪都可能出于贪生怕死的动机，而且都发生在战时，客观上又都存在脱离战斗、放弃抵抗的因素。其主要区别在于前者是通过脱离战斗岗位逃避参加作战的方法达到保全性命的目的；而后者是通过放下武器，屈服于敌人的方法达到保全性命的目的。如果在具体案件中出现犯罪竞合现象，如正在作战时行为人扔下武器逃往敌人的阵地，一般应以投降罪论处，但如果致使战斗、战役遭受重大损失的，则应以战时临阵脱逃罪论处。

（四）情节与量刑

依照《刑法》第 424 条规定，犯战时临阵脱逃罪的，处 3 年以下有期徒刑；情节严重的，处 3 年以上 10 年以下有期徒刑；致使战斗、战役遭受重大损失的，处 10 年以上有期徒刑、无期徒刑或者死刑。

司法机关在适用《刑法》第 424 条规定处罚时，应当注意以下问题：

1. 本条中的“情节严重”，是加重处罚情节，司法实践中，一般是指指挥人员或者其他负有重要职责人员临阵脱逃的；在紧要关头或者危急时刻临阵脱逃的；率领部队或者部属临阵脱逃的；携带重要武器装备临阵脱逃的；胁迫他人临阵脱逃的；策动多人或策动指挥人员和其他负有重要职责的人员临阵脱逃的等情形。

2. 本条中的“致使战斗、战役遭受重大损失”，主要是指造成我军人员重大伤亡；武器装备、军事设施和军用物资严重损失；直至战斗、战役失利等情形。

3. 本条规定了三个量刑幅度，法定最低刑期是 3 年有期徒刑，法定最高刑是死刑。在审理案件时，应根据案件的不同情节，区别对待，恰当量刑。

六、擅离、玩忽军事职守罪

（一）法律规定

第四百二十五条　指挥人员和值班、值勤人员擅离职守或者玩忽职守，造成严重后果的，处三年以下有期徒刑或者拘役；造成特别严重后果的，处三年以上七年以下有期徒刑。

战时犯前款罪的，处五年以上有期徒刑。

（二）罪名详解

擅离、玩忽军事职守罪是指指挥人员和值班、值勤人员擅自离开正在履行职责的岗位，或者在履行职责的岗位上，严重不负责任，不履行或者不正确履行职责，造成严重后果的行为。

本罪是从《军职罪条例》第5条的规定，吸收改为刑法的具体规定的。

擅离、玩忽军事职守罪的构成要件是：

1. 主体要件

犯罪主体为军队中的指挥人员和值班、值勤人员，属于军人违反职责罪中的特殊主体。

指挥人员，是指对部队或者部属负有组织、领导、管理职责的人员。专业主管人员在其业务管理范围内，视为指挥人员。值班人员，是指军队各单位、各部门为保持指挥或者履行职责不间断而设立的、负责处理本单位、本部门特定事务的人员。值勤人员，是指正在担任警卫、巡逻、观察、纠察、押运等勤务，或者作战勤务工作的人员。

2. 客体要件

本罪侵犯的客体是指挥和值班、值勤秩序。军队的指挥工作和值班、值勤制度是维护军队高度集中统一，确保军队履行职能，保障自身安全的必要条件。指挥人员和值班、值勤人员疏于职守，将直接破坏指挥和值班、值勤秩序，造成严重的危害。

3. 主观要件

主观方面由过失构成。擅离职守的行为人对违反指挥和值班、值勤规章制度，擅离岗位的行为都是明知的，但对可能造成的危害后果却抱有侥幸心理，以为不会发生，所以属于过于自信的过失犯罪。而玩忽职守则是因疏忽大意没有预见可能造成的危害后果，或者虽然已经预见但轻信能够避免，主观上存在疏忽大意或者过于自信两种过失心理状态。

4. 客观要件

客观方面表现为擅离职守或者玩忽职守，造成严重后果的行为。

擅离职守是指行为人擅自离开正在履行职责的岗位，如哨兵擅自离开哨位等。玩忽职守是指行为人在履行职责的岗位上，严重不负责任，不履行或者不正确履行职责，如值班人员酗酒、哨兵睡觉等。擅离职守的行为从广义上看，也属于玩忽职守性质。按照法律规定，擅离、玩忽军事职守的行为必须“造成严重后果”才构成犯罪。司法实践中，一般是指作战失利、贻误战机，严重影响部队完成任务，造成部队人员伤亡，武器装备、军事设施、军用物资或者其他财产毁损，发生其他责任事故等。这些严重后果应和指挥人员和值班、值勤人员违反其指挥和值班、值勤的特殊职责具有内在的因果关系。换言之，这些危害后果本应是指挥人员和值班、值勤人员正确履行职责可以避免的。如担任警戒勤务的哨兵应保证警卫目标的安全，如果其不认真履行哨兵职责，导致警卫目标遭到破坏，则属于哨兵擅离职守或者玩忽职守造成了严重后果。

（三）实务疑难问题

1. 正确处理擅离、玩忽军事职守罪与《刑法》第 397 条玩忽职守罪的法条竞合问题

刑法对这两类犯罪的规定存在法条竞合关系，军队指挥人员或者值班、值勤人员擅离职守、玩忽职守的行为构成犯罪时，应适用本条的规定，以擅离、玩忽军事职守罪论处。

2. 正确处理玩忽军事职守罪与刑法中一些过失危害公共安全犯罪的竞合关系

由于玩忽军事职守罪客观上造成的严重后果可能表现为失火、爆炸、武器装备和军事设施毁损等，主观上又是出于过失，这与过失危害公共安全的一些犯罪很相似，在具体案件中可能出现犯罪竞合现象。对此应按照处理想象竞合犯的原则，以较重的玩忽军事职守罪论处。即使在平时，虽然法定刑

相同，但本罪相对于刑法分则中的其他规定来说，属于特别规定，应优先适用，仍以玩忽军事职守罪论处。

3. 划清擅离军事职守罪与战时临阵脱逃罪的界限

这两种犯罪在脱离岗位不履行职责上有相似之处，但构成要件有所不同。后者没有犯罪主体的限制，而前者限定为指挥人员和值班、值勤人员；后者限定为战时，前者平时也可以构成，战时则是加重处罚的条件；后者不要求造成具体的危害后果，属于行为犯，前者必须造成严重后果，属于结果犯；后者是故意犯罪，前者是过失犯罪。如果在具体案件中出现犯罪竞合现象，如指挥人员或者值班、值勤人员面临战斗任务时而逃离岗位，不论是否造成严重后果，均应按处理想象竞合犯的原则，以较重的罪名战时临阵脱逃罪定罪处罚。

4. 本罪是选择性罪名

行为人只要实施了擅离职守或者玩忽职守其中一种行为就可构成本罪；实施两种行为的，仍为一罪，不实行数罪并罚。

（四）情节与量刑

依照《刑法》第 425 条第 1 款规定，犯擅离、玩忽军事职守罪的，处 3 年以下有期徒刑或者拘役；造成特别严重后果的，处 3 年以上 7 年以下有期徒刑。

依照本条第 2 款规定，战时犯本罪的，处 5 年以上有期徒刑。

《刑法》第 425 条第 1 款中的“造成特别严重后果”，是加重处罚情节，司法实践中，一般是指贻误重要战机，严重影响部队完成重要任务，造成部队人员重大伤亡，重要武器装备、军事设施、军用物资或者其他财产严重毁损，发生其他重大责任事故等情形。

《刑法》第 425 条第 2 款的规定，体现了战时从严的原则。

七、阻碍执行军事职务罪

（一）法律规定

第四百二十六条　以暴力、威胁方法，阻碍指挥人员或者值班、

值勤人员执行职务的，处五年以下有期徒刑或者拘役；情节严重的，处五年以上十年以下有期徒刑；情节特别严重的，处十年以上有期徒刑或者无期徒刑。战时从重处罚。

（二）罪名详解

阻碍执行军事职务罪是指以暴力、威胁方法，阻碍指挥人员或者值班、值勤人员执行职务的行为。

本罪是从《军职罪条例》第 10 条的规定，吸收改为刑法的具体规定的。

阻碍执行军事职务罪的构成要件是：

1. 主体要件

犯罪主体为所有军人。

2. 客体要件

本罪侵犯的客体是指挥和值班、值勤秩序。指挥人员和值班、值勤人员执行职务时，担负着特殊的职责，责任重大，应保证其正常履行职责。

以暴力、威胁方法阻碍指挥人员或者值班、值勤人员执行职务的行为，严重破坏了指挥和值班、值勤秩序，将造成严重的危害后果。

3. 主观要件

主观方面由故意构成，即行为人明知对正在执行职务的指挥人员或者值班、值勤人员施以暴力、威胁，阻碍其执行职务将会造成破坏指挥和值班、值勤秩序的危害结果，却希望或者放任这种危害结果的发生。

4. 客观要件

客观方面表现为对指挥人员或者值班、值勤人员施以暴力、威胁，阻挠或者妨碍其执行职务的行为。

本罪侵害的对象是正在执行职务的部队指挥人员或者值班、值勤人员。如正在哨位上执勤的哨兵，指挥部队作战、训练、施工等活动的军人等。如果军人没有在履行指挥或者值班、值勤职责，仅是在正常进行个人的日常工作，不能作为本罪的侵害对象。侵害的方法是施以暴力、威胁。暴力泛指捆绑、拘禁、殴打、伤害和其他危害人身安全和限制人身自由的行为以及强行毁坏指挥人员或者值班、值勤人员用以执行职务的装备、设施，使其无法正常执行职务的行为。威胁是指以实施暴力逼迫、恫吓等方式相胁迫，使其不能正常执行职务的行为。如果行为人仅以打击报复、揭发隐私等非暴力方法对被害人进行要挟，因其不足以对指挥人员和值班、值勤人员执行职务造成强制性的阻碍，则不属于本罪的威胁方法。行为人对指挥人员或者值班、值勤人员使用暴力、威胁方法，阻碍其执行职务，包括强制指挥人员和值班、值勤人员停止或者放弃执行职务，变更执行职务的内容等。

（三）实务疑难问题

1. 正确处理阻碍执行军事职务罪与《刑法》第 277 条妨害公务罪的法条竞合问题

刑法对这两种犯罪的规定存在法条竞合关系，当阻碍执行职务的侵害对象是军队的指挥人员和值班、值勤人员时，应优先适用本条的规定，以阻碍执行军事职务罪定罪处罚。

2. 划清本罪与阻碍军人执行职务罪的界限

这两种犯罪在犯罪客体和客观方面有相近或交叉之处，其主要区别：（1）本罪的犯罪主体仅限于军人，而阻碍军人执行职务罪的犯罪主体包括非军人；（2）本罪的犯罪对象仅限于指挥人员或者值班、值勤人员，而阻碍军人执行职务罪的犯罪对象包括所有执行职务的军人，而不论其是否属于指挥人员或者值班、值勤人员。

（四）情节与量刑

依照《刑法》第 426 条规定，犯阻碍执行军事职务罪的，处 5 年以下有期徒刑或者拘役；情节严重的，处 5 年以上 10 年以下有期徒刑；情节特别严重的，处 10 年以上有期徒刑或无期徒刑。战时从重处罚。

司法机关在适用《刑法》第 426 条规定处罚时，应当注意以下问题：

1. 本条中的“情节严重”，是加重处罚情节，司法实践中，一般是指聚众阻碍执行职务的首要分子；使用武器装备阻碍执行职务的；在紧要关头或者危急时刻阻碍执行职务的；阻碍担负重要职责的指挥人员或者值班、值勤人员执行职务的；阻碍执行职务造成严重后果的等情形。“其他特别严重情节”，主要是指聚众使用武器装备阻碍执行职务的；在紧要关头或者危急时刻阻碍担负重要职责的指挥人员或者值班、值勤人员执行职务的；阻碍执行职务造成特别严重后果的等情形。

2. 本条规定了三个量刑幅度，法定最低刑是拘役，法定最高刑是无期徒刑。在审理案件时，应根据案件的不同情节，区别对待，恰当量刑。

3. 战时犯本罪的，还应当在《刑法》第426条规定的法定刑幅度内从重处罚，以体现战时从严的原则。

八、指使部属违反职责罪

（一）法律规定

第四百二十七条　滥用职权，指使部属进行违反职责的活动，造成严重后果的，处五年以下有期徒刑或者拘役；情节特别严重的，处五年以上十年以下有期徒刑。

（二）罪名详解

指使部属违反职责罪是指指挥人员滥用职权，指使部属进行违反职责的活动，造成严重后果的行为。

本罪是1997年刑法增设的罪名，《军职罪条例》没有规定此罪名。

指使部属违反职责罪的构成要件是：

1. 主体要件

犯罪主体为军队中的各级首长和其他有权指挥他人的人员，属于军人违反职责罪中的特殊主体。

根据《内务条令》的规定，军人在行政职务上有隶属关系时，行政职务高的是首长，行政职务低的是部属；首长有权对部属下达命令，部属必须服从首长。因此，本罪的犯罪主体与侵害对象之间必须有指挥与被指挥的隶属关系，既包括军官与士兵，也包括上级军官与下级军官，甚至士兵与士兵。如部队中的班长也是士兵，但有权指挥本班其他士兵，对全班的工作负完全责任，因此，班长属于本罪的犯罪主体之一。

2. 客体要件

本罪侵犯的客体是正当行使指挥权的秩序。指挥部属必须建立在正当行使职权的基础上，这样才有利于部属服从命令听从指挥。如果滥用职权，指使部属进行违反职责的活动，不仅妨碍部属正确履行职责，而且破坏了正当行使指挥权的秩序，严重危害部队的高度集中统一，所以1997年修订刑法时增设了本罪。

3. 主观要件

主观方面由过失构成。行为人在滥用职权，指使部属进行违反职责的活动时，往往是明知故犯的，但并不是希望或者放任造成严重后果，而是抱着侥幸心理，轻信能够避免，因而属于过失犯罪。

4. 客观要件

客观方面表现为滥用职权，指使部属进行违反职责的活动，造成严重后果的行为。

滥用职权即超越职责范围，不正当地运用职务上的权力，如违法决定、处理无权决定的事项、违反规定处理公务等。指使部属进行违反职责的活动，是指指使部属实施军队条令、条例和国家法律、法规禁止的、违反军人共同职责、基本职责和专业职责的行为。从所进行的违反职责活动的严重程度看，包括违纪行为和一般违法行为。指使部属进行犯罪活动虽也属进行违反职责的活动，但因这种情况本身已属共同犯罪，而刑法对共同犯罪有专门规定，因此，不能再按指使部属进行违反职责的活动看待。按照法律规定，指使部属违反职责的行为必须“造成严重后果”才构成犯罪。

司法实践中，“造成严重后果”通常包括作战失利，贻误战机，严重影响部队完成任务，造成部队人员伤亡，武器装备、军事设施、军用物资或者其他财产毁损，发生其他责任事故，引起严重事端等情形。

（三）实务疑难问题

1. 正确处理指使部属违反职责罪与《刑法》第 397 条滥用职权罪的法条竞合问题

刑法对这两种犯罪的规定存在法条竞合关系，当滥用职权的具体内容是指使部属进行违反职责的活动时，如造成严重后果，应优先适用本条的规定，以指使部属违反职责罪论处。

2. 正确处理指使部属违反职责罪与行为人和部属共同犯罪的关系

指使部属违反职责罪属于过失犯罪，因此，行为人指使部属实施违反职责的行为不能包括故意犯罪的内容。当行为人指使部属进行犯罪活动时，从共同犯罪的法律规定看，应属于行为人和部属共同实施犯罪（部属不能预见或者辨认的除外）。因此，应按行为人指使部属实施的犯罪，以共同犯罪论处，但对部属可适用《刑法》第28条规定，减轻或者免除处罚，而不能对行为人以指使部属违反职责罪论处。

（四）情节与量刑

依照《刑法》第427条规定，犯指使部属违反职责罪的，处5年以下有期徒刑或者拘役；情节特别严重的，处5年以上10年以下有期徒刑。

该条中的“情节特别严重”，是加重处罚情节，司法实践中，一般是指造成的后果特别严重的；战时指使部属违反职责的；指使建制部队（分队）违反职责的；不顾部属的反对意见强迫部属违反职责的等情形。

九、违令作战消极罪

（一）法律规定

第四百二十八条　指挥人员违抗命令，临阵畏缩，作战消极，造成严重后果的，处五年以下有期徒刑；致使战斗、战役遭受重大损失或者有其他特别严重情节的，处五年以上有期徒刑。

（二）罪名详解

违令作战消极罪是指指挥人员违抗命令，临阵畏缩，作战消极，造成严重后果的行为。

本罪是1997年刑法增设的罪名，《军职罪条例》没有规定此罪名。

违令作战消极罪的构成要件是：

1. 主体要件

犯罪主体为各级指挥人员，即对部队和部属负有领导、管理职责的军人，属于军人违反职责罪中的特殊主体。

2. 客体要件

本罪侵犯的客体是军人参战秩序。在战场上英勇顽强，不怕牺牲，是对每一名参战军人最基本的职责要求。指挥人员临阵畏缩、作战消极的行为，挫伤部队士气，涣散斗志，破坏军人参战秩序，影响完成作战任务，将给作战造成严重危害，所以1997年修订刑法时增设了本罪。

3. 主观要件

主观方面由过失构成。行为人在战场上临阵畏缩，作战消极往往出于贪生怕死、不顾大局或者对上级不满等原因，其行为虽属有意实施，但主观上并不是希望或者有意放任造成严重后果，而往往是出于侥幸心理，轻信能够避免，因而属于过失犯罪。

4. 客观要件

客观方面表现为违抗命令，临阵畏缩，作战消极，造成严重后果的行为。

违抗命令，临阵畏缩，作战消极，是指在作战中故意违背、抗拒执行首长、上级的命令，面临战斗任务而畏难怕险，怯战怠战，行动消极。

本罪只能发生在作战过程中。违抗命令是指违反并拒不执行上级的命令。临阵畏缩、作战消极在战场上的具体表现多种多样，其共同特点是在作战中不尽全力，行动消极，畏难怕险，怠战怯战。对临阵畏缩、作战消极的行为，如果尚未造成严重后果，应给予批评教育和军纪处分；如果造成了严重后果，则应依法追究刑事责任。因此，造成严重后果是构成本罪的必要条件。严重后果主要是指没有按照上级要求完成任务，造成不必要的人员伤亡，武器装备、军事设施或者军用物资毁损，贻误战机或者妨碍协同作战等。如果行为人主观上积极努力，创造条件争取完成任务，但由于客观条件的限制，无法达到预期目的，以致造成严重后果的，不能认定行为人有作战消极的行为。

（三）实务疑难问题

1. 划清本罪与战时违抗命令罪的界限

这两种犯罪都有违抗命令的构成要件，容易混淆界限。其区别除了犯罪主体不同，本罪限于指挥人员，而战时违抗命令罪是所有军人外，主要在于违抗命令的含义有所不同。在战时违抗命令罪中，违抗命令的行为本身就是犯罪客观方面的主要内容，是需要追究刑事责任的基本依据，不需要再有其他具体的危害行为；而在违令作战消极罪中，犯罪客观方面的主要内容是临阵畏缩，作战消极，并造成严重后果，违抗命令仅仅是限制条件，说明行为人违反并抗拒执行上级命令，但尚未达到战时违抗命令罪那样的严重程度。

因此，在违令作战消极罪中，仅凭其违抗命令的行为本身是不能追究刑事责任的。当然，如果行为人在违令作战消极罪中，违抗命令的行为本身性质恶劣，危害严重，符合战时违抗命令罪的构成条件的，应按处理想象竞合犯的原则，以战时违抗命令罪定罪处罚。

2. 划清本罪与玩忽军事职守罪的界限

这两种犯罪主观上都是出于过失，客观上都造成了严重的后果，又都可能发生在战时或战场上，而且作战消极的行为广义上也是一种不尽职的行为，因此，很容易混淆。其区别在于，前者侧重于指挥人员在指挥部队（分队）执行作战任务时，态度不坚决，措施不得力，以致整个部队（分队）行动迟缓、消极怠战，造成严重后果，指挥人员对此应负的领导责任；而后者侧重于指挥人员由于个人在指挥岗位上玩忽职守，以致造成严重后果，指挥人员对此应负的直接责任。

3. 划清本罪与战时临阵脱逃罪的界限

犯这两种罪可能出于完全相同的犯罪动机，如贪生怕死，畏惧战斗，而且实施犯罪的时间、地点及客观环境很相似。其区别除了犯罪主体不完全相同外，主要在于行为人是否脱离了战斗岗位。临阵脱逃的行为人已脱离战斗岗位，没有继续参加战斗；作战消极的行为人仍在战斗岗位上，只是作战不积极。如阵地遭敌攻击时躲在掩体内不敢积极还击，追击敌人时怕敌人反扑不敢大胆逼近敌人等，都不应认定为临阵脱逃，而属于作战消极。

（四）情节与量刑

依照《刑法》第 428 条规定，犯违令作战消极罪的，处 5 年以下有期徒刑；致使战斗、战役遭受重大损失或者有其他特别严重情节的，处 5 年以上有期徒刑。

该条中的“致使战斗、战役遭受重大损失”，是加重处罚情节，司法实践中，一般是指造成我军人员重大伤亡；武器装备、军事设施或者军用物资严重损失；直至战斗、战役失利等情形；“其他特别严重情节”，主要是指造成特别严重后果的；执行重要作战任务行动消极的；在紧要关头或者危急时刻作战消极的；煽动、串通其他部队和人员消极怠战的等情形。

十、拒不救援友邻部队罪

（一）法律规定

第四百二十九条　在战场上明知友邻部队处境危急请求救援，能救援而不救援，致使友邻部队遭受重大损失的，对指挥人员，处五年以下有期徒刑。

（二）罪名详解

拒不救援友邻部队罪是指指挥人员在战场上，明知友邻部队面临被敌人包围、追击或者阵地将被攻陷等危急情况请求救援，能救援而不救援，致使友邻部队遭受重大损失的行为。

本罪是1997年刑法增设的罪名，《军职罪条例》没有规定此罪名。

拒不救援友邻部队罪的构成要件是：

1. 主体要件

犯罪主体为部队的各级指挥人员，即对部队和部属负有领导、管理职责的军人，属于军人违反职责罪中的特殊主体。

2. 客体要件

本罪侵犯的客体是我军在战场上的友邻关系。

我军是高度集中统一的武装集团，虽然各部队在战场上执行的任务有所不同，但根本目标一致，应该在上级的统一指挥下，团结协作，积极配合，密切协同，主动支援，共同完成作战任务。拒不救援友邻部队的行为不顾大局，使友邻部队遭受不应有的损失，破坏了我军在战场上的友邻关系，削弱了我军的战斗力，将对作战造成严重危害，所以1997年修订刑法时增设了本罪。

3. 主观要件

主观方面由过失构成。行为人对友邻部队处境危急请求救援虽然是明知的，自己能救援而不救援的行为也是故意实施的，但对友邻部队遭受重大损失的严重后果，在主观上并不是希望或者放任发生，而往往是出于侥幸心理，轻信能够避免，因而属于过失犯罪。

4. 客观要件

客观方面表现为行为人明知友邻部队处境危急请求救援，自己有条件组织部队前去救援而没有救援，以致友邻部队遭受重大损失的行为。

友邻部队是指由于驻地、配置地域或者执行任务而相邻的没有隶属关系的部队及其分队。处境危急是指被敌人包围、追击或者阵地将被攻陷等紧急情况。能救援而不救援，是指根据当时自己部队（分队）所处的环境、作战能力及所担负的任务，有条件组织救援却没有组织救援。致使友邻部队遭受重大损失是构成本罪的必要条件，如作战失利，阵地失陷，行动受挫，人员重大伤亡，武器装备、军事设施或者军用物资严重毁损等。如果虽发现友邻部队处境有危险，但友邻部队没有请求救援，行为人此时没有及时组织救援的，不能认为是能救援而不救援。

（三）实务疑难问题

注意划清本罪与玩忽军事职守罪的界限

这两种犯罪客观上都可能因未尽职责而造成严重后果，主观上又都是过失犯罪，因此可能混淆。其区别在于前者所未尽的职责是指挥人员基于部队友邻关系而产生的，而后者所未尽的职责是指挥人员自身职务所要求的。指挥人员对所属部队处境危急不积极组织支援构成犯罪的，应以玩忽军事职守罪论处；对友邻部队见危不救构成犯罪的，应以拒不救援友邻部队罪论处。

（四）情节与量刑

依照《刑法》第 429 条规定，犯拒不救援友邻部队罪的，对指挥人员，处 5 年以下有期徒刑。

十一、军人叛逃罪

（一）法律规定

第四百三十条　在履行公务期间，擅离岗位，叛逃境外或者在境外叛逃，危害国家军事利益的，处五年以下有期徒刑或者拘役；情节严重的，处五年以上有期徒刑。

驾驶航空器、舰船叛逃的，或者有其他特别严重情节的，处十年以上有期徒刑、无期徒刑或者死刑。

（二）罪名详解

军人叛逃罪是指军人在履行公务期间，擅离岗位，叛逃境外或者在境外叛逃，危害国家军事利益的行为。

《军职罪条例》第7条曾规定了偷越国（边）境外逃罪，1997年修订刑法时对罪状作了修改补充，因而将罪名相应地改为军人叛逃罪。

军人叛逃罪的构成要件是：

1. 主体要件

犯罪主体为所有军人。

2. 客体要件

本罪侵犯的客体是国防安全秩序。

军人不同于普通公民，担负着保卫祖国的神圣使命。军人叛逃的行为，背弃了军人的政治使命，背叛国家，直接危害国防安全。《军职罪条例》第7条规定的偷越国（边）境外逃罪，限定为“偷越国（边）境”外逃，因而把该罪归入妨害国（边）境管理秩序罪，这不能反映军人叛逃的本质特征及其危害，况且仅限于从境内叛逃到境外，没有包括合法出境后叛逃的情形。刑法从叛逃的角度对《军职罪条例》第7条的罪状作了修改，删除了偷越国（边）境的限制，将罪状的主要内容修改表述为“叛逃境外或者在境外叛逃的”，从而将偷越国（边）境外逃罪修改为军人叛逃罪。

3. 主观要件

主观方面由故意构成，即行为人明知自己的行为是叛逃行为，会对国家安全造成危害结果，却希望或者放任这一危害结果的发生。主观上，必须具有背叛祖国的目的。行为人是否具有背叛国家的目的，应以其出逃的原因以及在境外的行为来分析认定。凡因触犯我国法律，为逃避制裁而出逃的，以及出逃后公开发表叛国言论的，投靠境外的反动机构、组织的，参与危害国家安全活动的等，都应认定有背叛国家的目的。行为人因贪图享受、求学、婚嫁或其他一些个人原因出逃，在境外没有实施上述背叛国家言行的，不应认定为其有背叛国家的目的。

4. 客观要件

客观方面表现为在履行公务期间，擅离岗位，叛逃境外或者在境外叛逃，危害国家军事利益的行为。

“履行公务”，是指履行国家、国防事务以及其他军事事务。“叛逃境外”，是指行为人以背叛祖国为目的，从境内叛逃至境外的行为。既包括通过合法手续出境而叛逃的，也包括采取非法手段出境而叛逃的情形。叛逃至外国驻华使馆、领馆的，应以叛逃境外论。“在境外叛逃”，是指行为人因履行公务出境后以背叛祖国为目的，擅自离队或者与派出单位和有关部门脱离关系，并滞留境外不归而叛逃。叛逃行为必须发生在履行公务期间，并且必须危害了国家军事利益才构成本罪。如果行为人是因私合法出境后与派出单位和有关部门脱离关系，并滞留境外不归的，属于出走，不应认定为在境外叛逃，但其如在境外有投敌叛变的行为，则可以投敌叛变罪论处。

（三）实务疑难问题

1. 正确处理本罪与《刑法》第 109 条叛逃罪的法条竞合问题

刑法对这两种叛逃罪的规定存在法条竞合关系，军人叛逃的，应优先适用本条的规定，以军人叛逃罪定罪处罚。

2. 划清本罪与投敌叛变罪的界限

这两种犯罪都有叛变行为，其区别在于前者是出逃到境外，叛逃后并不一定投靠具体的机构、组织，即使投靠也不是投靠敌对的机构、组织；而后者则不一定逃到境外，但必须有具体的投靠对象，而且这些投靠对象是敌对的国家、集团、机构、组织等。

（四）情节与量刑

依照《刑法》第 430 条第 1 款规定，犯军人叛逃罪的，处 5 年以下有期徒刑或者拘役；情节严重的，处 5 年以上有期徒刑。

依照本条第 2 款规定，驾驶航空器、舰船叛逃的，或者有其他特别严重情节的，处 10 年以上有期徒刑、无期徒刑或者死刑。

司法机关在适用本条规定处罚时，应当注意以下问题：

1. 本条中的“情节严重”，是加重处罚情节，司法实践中，一般是指指挥人员和其他担负重要职责的人员叛逃的；策动他人叛逃的；携带军事秘密叛逃的；战时叛逃的等情形。

2. 本条中的“其他特别严重情节”，主要是指劫持航空器、舰船叛逃的；胁迫他人叛逃的；策动多人或者策动指挥人员和其他负有重要职责的人员叛逃的；携带重要或者大量军事秘密叛逃的；叛逃后积极从事危害国家安全和国防利益活动的等情形。

十二、非法获取军事秘密罪

（一）法律规定

第四百三十一条第一款　以窃取、刺探、收买方法，非法获取军事秘密的，处五年以下有期徒刑；情节严重的，处五年以上十年以下有期徒刑；情节特别严重的，处十年以上有期徒刑。

（二）罪名详解

非法获取军事秘密罪是指违反国家和军队的保密规定，采取窃取、刺探、收买方法，非法获取军事秘密的行为。

《军职罪条例》第4条第3款曾规定了“为敌人或者外国人窃取、刺探军事机密罪”。1997年修订刑法时对罪状作了修改，因而将罪名相应地改为“非法获取军事秘密罪”。

非法获取军事秘密罪的构成要件是：

1. 主体要件

犯罪主体为所有军人。

2. 客体要件

本罪侵犯的客体是军事秘密的安全。军事秘密关系国防安全和军事利益，是国家秘密的重要组成部分，必须严加保守。

任何采取非法手段获取军事秘密的行为，都将造成军事秘密的泄露和扩散，严重危害国防安全和军事利益。《军职罪条例》第4条第3款规定了为敌人或者外国人窃取、刺探军事机密罪。但对不是为敌人或者外国人而是为国内不法分子窃取、刺探军事秘密的，或者收买军事秘密的，都无法适用该款规定定罪处罚。为了加强对军事秘密的全面保护，防止无关人员采取非法手段知悉军事秘密，所以将以窃取、刺探、收买的方法，非法获取军事秘密的行为，单独规定为非法获取军事秘密罪。

3. 主观要件

主观方面由故意构成，即行为人明知采取窃取、刺探、收买的方法非法获取军事秘密，将会对军事秘密的安全造成危害结果，却希望或者放任发生这种危害结果。

4. 客观要件

客观方面表现为以窃取、刺探、收买的方法，非法获取军事秘密的行为。“窃取”，是指秘密获取；“刺探”，是指暗中打听、观察、探知、搜集等；“收买”，是指以财物交换。这是几种最常见的非法手段。其他一些非法手段，如骗取、敲诈等，从广义上看也属窃取行为。

军事秘密，是关系国防安全和军事利益，依照规定的权限和程序确定，在一定时间内只限一定范围的人员知悉的事项。内容包括：（1）国防和武装力量建设规划及其实施情况；（2）军事部署、作战、训练以及处置突发事件等军事行动中需要控制知悉范围的事项；（3）军事情报及其来源，军事通信、信息对抗以及其他特种业务的手段、能力，密码以及有关资料；（4）武装力量的组织编制，部队的任务、实力、状态等情况中需要控制知悉范围的事项，特殊单位以及师级以下部队的番号；（5）国防动员计划及其实施情况；（6）武器装备的研制、生产、配备情况和补充、维修能力，特种军事装备的战术技术性能；（7）军事学术和国防科学技术研究的重要项目、成果及其应用情况中需要控制知悉范围的事项；（8）军队政治工作中不宜公开的事项；（9）国防费分配和使用的具体事项，军事物资的筹措、生产、供应和储备等情况中需要控制知悉范围的事项；（10）军事设施及其保护情况中不宜公开的事项；（11）对外军事交流与合作中不宜公开的事项；（12）其他需要保密的事项。

（三）实务疑难问题

1. 正确处理本罪与《刑法》第 282 条非法获取国家秘密罪的法条竞合问题

刑法对这两种犯罪的规定存在法条竞合关系，对军人非法获取军事秘密的，应优先适用本条的规定，以非法获取军事秘密罪论处。

2. 正确处理非法获取军事秘密后又将军事秘密故意泄露的定罪问题

应当根据具体情况区别对待。平时故意泄露军事秘密的，因平时故意泄露军事秘密的法定刑比非法获取军事秘密罪的法定刑轻，所以应定非法获取军事秘密罪，而将故意泄露军事秘密的行为作为非法获取军事秘密罪的从重处罚情节，在量刑时予以考虑。如果是在战时将非法获取的军事秘密又故意泄露的，因战时故意泄露军事秘密的法定刑比非法获取军事秘密罪的法定刑重，所以应定故意泄露军事秘密罪，而将非法获取军事秘密的行为作为从重处罚的情节予以考虑。

3. 正确处理以盗窃武器装备、军用物资的方式非法获取军事秘密的定罪问题

军队的许多武器装备、军用物资本身就包含需要保密的内容，如性能、构造、成分等，是军事秘密的载体。为了非法获取军事秘密而盗窃武器装备、军用物资的，其行为同时触犯了非法获取军事秘密罪和盗窃武器装备、军用物资罪，属于想象竞合犯，应当根据具体案情，选择适用处罚较重的法律规定定罪。

（四）情节与量刑

依照《刑法》第431条第1款规定，犯非法获取军事秘密罪的，处5年以下有期徒刑；情节严重的，处5年以上10年以下有期徒刑；情节特别严重的，处10年以上有期徒刑。

刑法对本罪规定了三个档次的量刑幅度，司法机关在适用《刑法》第431条第1款规定处罚时，要注意区别情节，正确量刑。

1. 该条中的“情节严重”，是加重处罚情节，司法实践中，一般是指利用职权非法获取军事秘密的；从作战、机要、保密等重要部门非法获取军事秘密的；非法获取机密级或者多项秘密级军事秘密的；非法获取军事秘密的手段特别恶劣的；战时非法获取军事秘密的；将非法获取的军事秘密又泄露的；非法获取军事秘密造成严重后果的等情形。

2. 该条中的“情节特别严重”，一般是指利用职权非法获取机密级或者多项秘密级军事秘密的；从作战、机要、保密等重要部门非法获取机密级或者多项秘密级军事秘密的；非法获取绝密级或者多项机密级军事秘密的；为敌人非法获取军事秘密的；将非法获取的机密级或者多项秘密级军事秘密又泄

露的；非法获取军事秘密造成特别严重后果的等情形。

十三、为境外窃取、刺探、收买、非法提供军事秘密罪

（一）法律规定

第四百三十一条第二款　为境外的机构、组织、人员窃取、刺探、收买、非法提供军事秘密的，处十年以上有期徒刑、无期徒刑或者死刑。

（二）罪名详解

为境外窃取、刺探、收买、非法提供军事秘密罪是指违反国家和军队的保密规定，为境外的机构、组织、人员窃取、刺探、收买、非法提供军事秘密的行为。

《军职罪条例》第 4 条第 3 款曾规定了“为敌人或者外国人窃取、刺探、提供军事机密罪”。1997 年修订刑法时对罪状作了修改，因而将罪名相应地改为“为境外窃取、刺探、收买、非法提供军事秘密罪”。

为境外窃取、刺探、收买、非法提供军事秘密罪的构成要件是：

1. 主体要件

犯罪主体为所有军人。

2. 客体要件

本罪侵犯的客体是军事秘密的安全和国防安全。

《军职罪条例》第 4 条第 3 款规定了为敌人或者外国人窃取、刺探、提供军事机密罪。但对为非敌对的台、港、澳人员窃取、刺探、提供军事秘密的，或者用收买方法为敌人或者外国人获取军事秘密的，都无法适用该款规定定罪处罚。所以 1997 年修订刑法时将罪状改为“为境外的机构、组织、人员窃取、刺探、收买、非法提供军事秘密的”，以便扩大适用范围，加强对军事秘密的保护。为境外的机构、组织、人员窃取、刺探、收买和非法提供军事秘密，不仅严重危害军事秘密的安全，而且危害国防安全，所以本罪侵犯的是复杂客体。

3. 主观要件

主观方面由故意构成，即行为人明知为境外的机构、组织、人员窃取、刺探、收买、非法提供军事秘密，会造成危害军事秘密安全和国防安全的结果，却希望或者放任发生这种危害结果。行为人的犯罪动机不论是为了危害国防安全还是为了达到个人目的，都不影响本罪主观故意的成立。

4. 客观要件

客观方面表现为境外的机构、组织、人员窃取、刺探、收买、非法提供军事秘密的行为。

“境外的机构、组织、人员”，是指外国的或者境外地区的机构、组织、人员。窃取、刺探、收买属于非法获取军事秘密的方法，其含义与非法获取军事秘密罪相同。“非法提供”，是指违反保守国家秘密法和军队有关保密法规的规定，未经事先批准而擅自将军事秘密提供给他人的行为。

（三）实务疑难问题

注意正确处理为境外窃取、刺探、收买、非法提供军事秘密罪与《刑法》第 111 条为境外窃取、刺探、收买、非法提供国家秘密、情报罪的法条竞合问题

刑法对这两种犯罪的规定存在法条竞合关系，军人为境外的机构、组织、人员窃取、刺探、收买、非法提供军事秘密的，应优先适用本条的规定，以为境外窃取、刺探、收买、非法提供军事秘密罪定罪处罚。

（四）情节与量刑

依照《刑法》第 431 条第 2 款规定，犯为境外窃取、刺探、收买、非法提供军事秘密罪的，处 10 年以上有期徒刑、无期徒刑或者死刑。

十四、故意泄露军事秘密罪

（一）法律规定

第四百三十二条　违反保守国家秘密法规，故意或者过失泄露军事秘密，情节严重的，处五年以下有期徒刑或者拘役；情节特别

严重的，处五年以上十年以下有期徒刑。

战时犯前款罪的，处五年以上十年以下有期徒刑；情节特别严重的，处十年以上有期徒刑或者无期徒刑。

（二）罪名详解

故意泄露军事秘密罪是指违反国家和军队的保密规定，故意使军事秘密被不应知悉者知悉或者超出了限定的接触范围，情节严重的行为。

本罪是从《军职罪条例》第 4 条第 1 款、第 2 款的规定，吸收改为刑法的具体规定的。

故意泄露军事秘密罪的构成要件是：

1. 主体要件

犯罪主体为所有军人。既包括对军事秘密负有特殊保密义务的军人，如机要、通信、保密人员等，也包括所有了解军事秘密的普通军人，而且不论他们是通过职务活动了解的军事秘密，还是通过其他渠道了解的军事秘密。

2. 客体要件

本罪侵犯的客体是军事秘密的安全。

3. 主观要件

主观方面由故意构成，即行为人明知自己的行为违反保密法规，会造成泄露军事秘密的危害结果，却希望或者放任这种结果发生。

4. 客观要件

客观方面表现为违反保守国家秘密法规，故意泄露军事秘密的行为。为了保守军事秘密，全国人大常委会颁布了《保守国家秘密法》，中央军委也制定颁发了《中国人民解放军保密条例》，解放军各总部和各军、兵种也都制定了相应的保密规章，建立了一套完整的保密制度。故意泄露军事秘密的行为必然违反保密法规。其表现方式是多种多样的，从最简单的口头陈述泄密，到高技术条件下的计算机网络泄密。不论哪种形式，只要故意使无关人员知悉军事秘密的内容，均属故意泄露军事秘密的行为。在故意泄露军事秘密时，泄密行为往往是由行为人直接实施的，如将军事秘密的内容亲口告诉他人，将涉及军事秘密的文件交给他人阅看等。

按照法律规定，故意泄露军事秘密的行为，除需具备以上构成要件外，还必须达到“情节严重”的程度才构成犯罪。“情节严重”，司法实践中，一般是指机要、保密人员或者其他负有特殊保密义务的人员泄密的；出于恶劣的个人动机或者为达到非法目的泄密的；利用职权指使或强迫他人违反保密规定泄露军事秘密的；出卖军事秘密的；战时泄密的；执行特殊任务时泄密的；泄露机密级或多项秘密级军事秘密的；因泄密造成严重后果的等情形。

（三）实务疑难问题

1. 划清罪与非罪的界限

关键在于违反保守国家秘密法规，故意泄露军事秘密的行为情节是否严重。对于情节不严重的故意泄露军事秘密的行为，应当按违反军纪处理。

2. 正确处理故意泄露军事秘密罪与《刑法》第398条故意泄露国家秘密罪的法条竞合问题

刑法对这两类犯罪的规定存在法条竞合关系，对军人故意泄露军事秘密构成犯罪的，应优先适用本条的规定，以故意泄露军事秘密罪论处。

3. 正确处理故意将军事秘密泄露给境外的机构、组织、人员的定罪问题

这种行为从表面看是泄露军事秘密，但实质上是将军事秘密非法提供给境外的机构、组织、人员。因此，应根据《刑法》第431条第2款的规定，以为境外窃取、刺探、收买非法提供军事秘密罪论处，不能再定故意泄露军事秘密罪。

（四）情节与量刑

依照《刑法》第432条第1款规定，犯故意泄露军事秘密罪的，处5年以下有期徒刑或者拘役；情节特别严重的，处5年以上10年以下有期徒刑。依照本条第2款规定，战时犯本罪的，处5年以上10年以下有期徒刑；情节特别严重的，处10年以上有期徒刑或者无期徒刑。

司法机关在适用本条规定处罚时，应当注意以下问题：

1. 该条第1款中的“情节特别严重”，是加重处罚情节，司法实践中，一般是指机要、保密人员或者其他负有特殊保密职责的人员泄露机密级或者多项秘密级军事秘密的；出卖机密级或者多项秘密级军事秘密的；泄露绝密级或者多项机密级军事秘密的；因泄露军事秘密而造成特别严重后果的等情形。

2. 该条第2款的法定刑高于第1款的法定刑，体现了“战时从严”的原则。

十五、过失泄露军事秘密罪

（一）法律规定

第四百三十二条　违反保守国家秘密法规，故意或者过失泄露军事秘密，情节严重的，处五年以下有期徒刑或者拘役；情节特别严重的，处五年以上十年以下有期徒刑。

战时犯前款罪的，处五年以上十年以下有期徒刑；情节特别严重的，处十年以上有期徒刑或者无期徒刑。

（二）罪名详解

过失泄露军事秘密罪是指违反国家和军队的保密规定，过失泄露军事秘密，致使军事秘密被不应知悉者知悉或者超出了限定的接触范围，情节严重的行为。

本罪是从《军职罪条例》第 4 条第 1 款、第 2 款的规定，吸收改为刑法的具体规定的。

1. 主体要件

犯罪主体为所有军人。既包括对军事秘密负有特殊保密义务的军人，如机要、通信、保密人员等，也包括所有了解军事秘密的普通军人，而且不论他们是通过职务活动了解的军事秘密，还是通过其他渠道了解的军事秘密。

2. 客体要件

本罪侵犯的客体是军事秘密的安全。

3. 主观要件

主观方面由过失构成。过失泄露军事秘密是行为人应当预见自己的行为违反保密法规，会造成军事秘密泄露的危害结果，因疏忽大意而没有预见，或者虽已预见却轻信能够避免，以致将军事秘密泄露。

4. 客观要件

客观方面表现为违反保守国家秘密法规，过失泄露军事秘密的行为。其表现方式是多种多样的，从最简单的口头陈述泄密，到高技术条件下的计算机网络泄密，不论哪种形式，只要能让无关人员知悉军事秘密的内容，均属泄露军事秘密的行为。

《军职罪条例》原来虽有遗失军事秘密的规定，但主要是指遗失军事秘密的载体，如文件、图纸、照片等，是否包括过失泄露军事秘密不够明确。1997年修订刑法时总结以往经验，明确规定了过失泄露军事秘密罪。在过失泄露军事秘密时，泄密行为既可以由行为人直接实施，如误用明码电报拍发秘密电文；也可以不由行为人直接实施，而是由他人直接实施，如行为人违反保密法规将秘密文件带到公共场所后，导致被盗或者丢失。在这种情况下，行为人违反保密规定的行为与泄密的结果存在着刑法上的因果关系，所以应属过失泄露军事秘密的行为。按照法律规定，过失泄露军事秘密的行为，必须达到“情节严重”的程度，才构成犯罪。“情节严重”，司法实践中，一般是指机要、保密人员或者其他负有特殊保密义务的人员泄密的；战时泄密的；执行特殊任务时泄密的；泄露机密级或者多项秘密级军事秘密的；因泄密造成严重后果的；泄密后隐情不报或者未及时采取补救措施的等情形。

（三）实务疑难问题

1. 划清罪与非罪的界限

关键在于泄密行为情节是否严重。对于情节不严重的过失泄露军事秘密的行为，应当按违反军纪处理。

2. 正确对待故意或者过失泄露军事秘密的差别

行为人犯罪时，主观方面是故意还是过失，对其应负的刑事责任有重大影响。刑法虽然将过失泄露军事秘密罪和故意泄露军事秘密罪规定在同一条文中，而且规定了相同的法定刑，但在具体适用上应注意加以区别。如在认定情节是否严重时，对故意泄密应从严，过失泄密应从宽；在决定刑罚时，对故意泄密应处以较重的刑罚，过失泄密则应处以较轻的刑罚。

3. 正确处理过失泄露军事秘密罪与《刑法》第398条过失泄露国家秘密罪的法条竞合问题

刑法对这两类犯罪的规定存在法条竞合关系，对军人过失泄露军事秘密构成犯罪的，应优先适用本条的规定，以过失泄露军事秘密罪论处。

4. 划清本罪与擅离、玩忽军事职守罪的界限

这两种犯罪主观上都是过失，客观上又都可能造成泄密的严重后果，其区别在于，前者所违反的是保守军事秘密的规章制度，违背的是军人保守军

事秘密的一般职责；而后者所违反的是指挥和值班、值勤的规章制度，违背的是指挥人员和值班、值勤人员的特殊职责。如保密室的值勤人员擅离职守、玩忽职守导致保密室被盗的，应定擅离、玩忽军事职守罪；而作战指挥人员使用电话了解部队情况时，忘记加密而造成泄密的，则应以过失泄露军事秘密罪论处。

（四）情节与量刑

依照《刑法》第 432 条第 1 款规定，犯过失泄露军事秘密罪的，处 5 年以下有期徒刑或者拘役；情节特别严重的，处 5 年以上 10 年以下有期徒刑。依照本条第 2 款规定，战时犯本罪的，处 5 年以上 10 年以下有期徒刑；情节特别严重的，处 10 年以上有期徒刑或者无期徒刑。

司法机关在适用本条规定处罚时，应当注意以下问题：

1. 该条第 1 款中的“情节特别严重”，是加重处罚情节，司法实践中，一般是指机要、保密人员或者其他负有特别保密职责的人员泄露机密级或者多项秘密级军事秘密的；泄露绝密级或者多项机密级军事秘密的；因泄露军事秘密造成特别严重后果的等情形。

2. 该条第 2 款的法定刑高于第 1 款的法定刑，体现了“战时从严”的原则。

十六、战时造谣惑众罪

（一）法律规定

第四百三十三条　战时造谣惑众，动摇军心的，处三年以下有期徒刑；情节严重的，处三年以上十年以下有期徒刑；情节特别严重的，处十年以上有期徒刑或者无期徒刑。

（二）罪名详解

战时造谣惑众罪是指在战时造谣惑众，动摇军心的行为。

本罪是从《军职罪条例》第 14 条的规定，吸收改为刑法的具体规定的。

战时造谣惑众罪的构成要件是：

1. 主体要件

犯罪主体为所有军人。

2. 客体要件

本罪侵犯的客体是战时宣传舆论秩序。我军历来重视战场上的宣传鼓动工作，以激励斗志，鼓舞士气，稳定军心。军人战时造谣惑众的行为，破坏战时宣传舆论秩序，造成官兵思想混乱，情绪动荡，士气低落，斗志涣散，最终导致军心动摇，对作战将造成严重危害。

3. 主观要件

主观方面由故意构成，即行为人明知自己造谣惑众的行为破坏战时宣传舆论秩序，将会在部队中造成军心动摇的危害结果，却希望或者放任这种结果发生。造谣惑众的动机、目的不影响本罪的成立。但如果是勾结敌人造谣惑众的，即直接受敌人指使或者暗中与敌人串通，为了配合敌人对我军的军事行动而造谣惑众的，则属于本罪的加重处罚情节。

4. 客观要件

客观方面表现为战时造谣惑众，动摇军心的行为。

本罪只能发生在战时。造谣惑众，动摇军心，是指故意编造、散布谣言，煽动怯战、厌战或者恐怖情绪，蛊惑官兵，造成或者足以造成部队情绪恐慌、士气不振、军心涣散的行为。

如果行为人将道听途说的内容不负责任地又向他人散布，不能认定为造谣。行为人所散布的内容必须是虚假的，而且是与作战有直接关系的，如夸大敌人的兵力和装备优势，虚构敌方的战绩和对我方不利的战况等。如果行为人所散布的内容确属实情，即使对我军不利，也不宜认定为造谣。如涉及泄露军事秘密，可依法以故意或者过失泄露军事秘密罪论处。动摇军心是对造谣惑众的内容和可能造成的危害后果的限制，而不是必须已造成实际的危害后果。因此，只要行为人制造并散布的谣言足以动摇军心，不论是否已经产生了动摇军心的实际后果，如引起部队混乱、指挥失控、人员逃亡等，均应属造谣惑众，动摇军心。行为人散布谣言的方式，可以是在公开场合散布，也可以是私下传播；可以是口头散布，也可以通过文字、图像或其他途径散布，只要是将谣言让他人知道，均属散布谣言。

（三）实务疑难问题

1. 划清本罪与谎报军情罪的界限

这两种犯罪都有虚构事实并加以扩散的情节，而且其虚构的内容可能很相似。然而前者是将编造的谣言在公众中散布，散布的对象包括下级、同级和上级，但不是在履行职责；而后者是将编造的情况按隶属关系和职责要求向上级报告，其表现形式是在履行职责。

2. 划清本罪与假传军令罪的界限

前者的行为人也可能编造有关作战命令的谣言。这种情况与假传军令罪的区别，在于传递虚假军令的方式和接受虚假军令的对象不同。前者不是将虚假军令直接传播给执行人，而是在公众中传播，对象是不特定的；后者则是将虚假的命令传递给依照职责应执行该命令的人，假传的方式往往是采取正常下达命令的方式，对象是特定的。

3. 划清本罪与《刑法》第 377 条战时故意提供虚假敌情罪的界限

两者在犯罪的客观方面都有传播虚假情况的行为，容易混淆界限。其主要区别在于：一是犯罪主体不同。前者的犯罪主体是军人，而后者的犯罪主体是非军人。二是传播虚假情况的内容不一样。前者既可以是敌方的，也可以是我军或友军的，而后者则仅限于敌方的。三是传播的范围不同。前者是在公众中传播扩散，而后者是向有责任接收情报的机构或者人员提供。

4. 正确处理战时造谣惑众罪与《刑法》第 378 条战时造谣扰乱军心罪的法条竞合问题

刑法对这两类犯罪的规定存在法条竞合关系，对军人战时造谣惑众、扰乱军心构成犯罪的，应优先适用本条的规定，以战时造谣惑众罪论处。

（四）情节与量刑

依照《刑法》第 433 条规定，犯战时造谣惑众罪的，处 3 年以下有期徒刑；情节严重的，处 3 年以上 10 年以下有期徒刑；情节特别严重的，处 10 年以上有期徒刑或无期徒刑

司法机关在适用本条规定处罚时，应当注意以下问题：

1. 该条中的“情节严重”，是加重处罚情节，司法实践中，一般是指指挥人员造谣惑众的；谣言散布范围广的；谣言内容煽动性大的；在紧要关头或

者危急时刻造谣惑众的；引起部队混乱、指挥失控、多人逃亡等严重后果的等情形。

2. 该条中的“情节特别严重”，一般是指勾结敌人造谣惑众，造成部队军心涣散、部队怯战、厌战或者引起其他严重后果的等。

十七、战时自伤罪

（一）法律规定

第四百三十四条　战时自伤身体，逃避军事义务的，处三年以下有期徒刑；情节严重的，处三年以上七年以下有期徒刑。

（二）罪名详解

战时自伤罪是指在战时为了逃避军事义务，故意伤害自己身体的行为。

逃避军事义务，是指逃避临战准备、作战行动、战场勤务和其他作战保障任务等与作战有关的义务。

本罪是从《军职罪条例》第13条的规定，吸收改为刑法的具体规定的。

战时自伤罪的构成要件是：

1. 主体要件

犯罪主体为所有军人。

2. 客体要件

本罪侵犯的客体是军人参战秩序。在战争时期，军人应当随时准备参加作战，履行保卫祖国的神圣使命。为了逃避履行军事义务，军人战时自伤身体，破坏了参战秩序，造成部队非战斗减员，影响官兵士气，削弱部队战斗力，对作战有严重危害。

3. 主观要件

主观方面由故意构成，即行为人明知伤害自己的身体将造成无法履行军事义务，破坏军人参战秩序的危害结果，却希望或者放任这种结果的发生。行为人伤害自己的身体必须具有逃避军事义务的目的。军事义务泛指要求军人履行的与作战有关的义务，如向战区开进、集结，临战待命和准备，实施战斗行动，担负战场勤务和各种作战保障等。如果行为人自伤身体的目的不是为了逃避军事义务，而是为了骗取荣誉或者掩盖失误，则不构成本罪。

4. 客观要件

客观方面表现为战时自伤身体的行为。本罪只能发生在战时。“自伤身体”，是指有意识地伤害自己的身体，包括加重已有的伤害的行为。对自伤的部位、方法和伤害的程度，应从广义上理解，不论是伤害哪一部位，是造成轻伤还是重伤，是利用枪击、刀砍还是其他方法，是行为人自己伤害自己的身体，还是利用他人的故意或者过失行为伤害自己的身体，均属自伤身体的行为。

（三）实务疑难问题

司法机关在审理这种案件时，应注意正确处理战时自伤罪与本章其他犯罪牵连的问题。行为人在实施投降、战时违抗命令、战时临阵脱逃、违令作战消极等犯罪时，可能会采取自伤身体的方法来达到犯罪目的，此时行为人自伤行为与其欲实施的其他犯罪行为发生牵连，应按照处理牵连犯的原则，以其中法定刑最重的一个罪定罪处罚，不再定战时自伤罪，实行并罚。

（四）情节与量刑

依照《刑法》第 434 条规定，犯战时自伤罪的，处 3 年以下有期徒刑；情节严重的，处 3 年以上 7 年以下有期徒刑。

该条中的“情节严重”，是加重处罚情节，司法实践中，一般是指指挥人员或者其他负有重要职责的人员自伤的；紧要关头或者危急时刻自伤的；因自伤造成严重后果的等情形。

十八、逃离部队罪

（一）法律规定

第四百三十五条　违反兵役法规，逃离部队，情节严重的，处三年以下有期徒刑或者拘役。

战时犯前款罪的，处三年以上七年以下有期徒刑。

（二）罪名详解

逃离部队罪是指违反兵役法规，逃离部队，情节严重的行为。违反兵役法规，是指违反国防法、兵役法和军队条令条例以及其他有关兵役方面的法律规定。逃离部队，是指擅自离开部队或者经批准外出逾期拒不归队。

本罪是从《军职罪条例》第 6 条的规定，吸收改为刑法的具体规定的。

逃离部队罪的构成要件是：

1. 主体要件

犯罪主体为具有服兵役义务的现役军人，包括士兵、学员、军官和文职干部，属于军人违反职责罪的特殊主体。

根据《兵役法》第 67 条第 1 款的规定，现役军人以逃避服兵役为目的，拒绝履行职责或者逃离部队的，按照中央军事委员会的规定给予处分；构成犯罪的，依法追究刑事责任。因此，只有现役军人是本罪的犯罪主体。部队的正式职工、文职人员和非现役公勤人员不具有履行兵役的义务，因而不能成为本罪的主体。预备役人员虽然也属于正在履行兵役义务，但根据《兵役法》第 66 条第 1 款、第 4 款的规定，预备役人员战时拒绝、逃避参加军事训练和执行军事勤务，构成犯罪的，依法追究刑事责任。《刑法》第 376 条第 1 款为此专门规定了预备役人员战时拒绝、逃避征召或者军事训练的犯罪。预备役人员在平时执行军事任务期间即使擅自离队，拒绝执行军事任务，因其身份仍是预备役人员而非现役军人，所以，不属本罪的犯罪主体，不能以本罪追究刑事责任。

2. 客体要件

本罪侵犯的客体是兵役秩序。

依法服兵役是每一名公民应尽的光荣义务和神圣职责。军人逃离部队的行为，直接妨害了国家的兵役秩序，造成部队减员缺编，影响部队的战斗力，削弱国防实力，将对国防和军队建设造成严重危害。

3. 主观要件

主观方面由故意构成。即行为人明知自己逃离部队的行为破坏兵役秩序，会造成逃避兵役义务的危害结果，却希望或者放任这种危害结果的发生。在司法实践中，对擅自离队或者逾假不归的军人，如果经教育仍拒不返回部队，或者有意脱离与部队联系的，应认定其具有逃避服兵役的主观故意。如果行为人确属家庭有实际困难或者其他特殊原因，能主动向部队说明情况，或者经教育后及时归队的，不应认定其有逃避服兵役的主观故意。

4. 客观要件

客观方面表现为违反兵役法规，逃离部队的行为。

我国宪法、国防法和兵役法都规定公民有义务依法服兵役。兵役法还明确规定，现役军人必须遵守军队的条令和条例，忠于职守，随时为保卫祖国而战斗。现役军人逃离部队的行为违反了上述法律规定。逃离部队是指为逃避服役而脱离部队，其行为方式通常表现为未经批准擅自离队，请假离队后逾期不归，工作调动或者学员分配离开原单位后拒不向新单位报到等。

按照法律规定，逃离部队的行为，除需具备以上构成要件外，还必须达到“情节严重”的程度，才构成犯罪。这是考虑到处理军人逃离部队的问题，应遵循惩办与教育相结合的原则，只对其中情节严重的个别人才给予刑事制裁。所谓情节严重，司法实践中，一般是指指挥人员或者其他担负重要职责的人员逃离部队的；策动多人或者胁迫他人逃离部队的；在部队执行重要任务期间逃离部队的；逃离部队三次以上或者因逃离部队受纪律处分仍不悔改再次逃离部队的；逃离部队持续时间超过 3 个月或者累计时间达 6 个月的；逃离部队后在社会上从事违法活动的；逃离部队后私自出境的等情形。

（三）实务疑难问题

1. 划清罪与非罪的界限

关键在于逃离部队的行为情节是否严重。对于情节不严重的逃离部队的行为，应当按违反军纪处理。

2. 正确处理军人逃离部队又实施其他犯罪行为的定罪问题

对军人逃离部队时或者逃离部队后又实施其他犯罪行为的定罪问题，应根据不同情况区别对待。如果军人逃离部队的行为达到“情节严重”的程度，构成逃离部队罪的，应与其又实施的其他犯罪行为进行数罪并罚；如果军人逃离部队的行为达不到“情节严重”的程度，可将逃离部队作为其他犯罪行为从重处罚的情节，不再定逃离部队。

3. 划清本罪与战时临阵脱逃罪的界限

犯这两种罪可能出于相似的犯罪动机，如害怕打仗，客观上又都可能在一定程度上脱离部队，其区别在于犯罪时是否面临战斗任务。前者主要指平时，即使发生在战时，也都没有面临具体、明确的战斗任务，如部队正在向战区开进或者在战区休整待命等，而后者必须是面临具体、明确的战斗任务，因此，只能发生在战时和战场上。

4. 划清本罪与擅离军事职守罪的界限

这两种犯罪都有擅自离职的表现，其主要区别除了前者是故意犯罪后者是过失犯罪外，逃离部队罪的犯罪主体是所有现役军人，其行为所违反的是现役军人依法服兵役的职责要求，行为人必须已离开部队，客观上并不要求已造成严重后果；而擅离军事职守罪的犯罪主体限定为指挥人员和值班、值勤人员，其行为发生在担任指挥和值班、值勤任务时，所违反的是指挥和值班、值勤人员的特殊职责要求，行为人只需离开特定的岗位，不要求必须离开部队，必须已造成严重后果。

5. 划清本罪与军人叛逃罪的界限

这两种犯罪都有离队不归的行为，其主要区别在于前者以逃避服役为目的，并不要求逃至境外；后者则以背叛祖国为目的，而且必须逃至境外。军人叛逃的行为本身必然包含了逃离部队的行为。因此，在适用法律上，应根据重罪吸收轻罪的原则，以军人叛逃罪论处，不能再定逃离部队罪实行并罚。

6. 划清本罪与战时拒绝、逃避征召、军事训练罪的界限

两罪侵犯的直接客体、犯罪客观方面、主观方面相同或者近似，其主要区别：（1）犯罪主体不同。战时拒绝、逃避征召、军事训练罪的主体是预备役人员，本罪的主体是现役军人。（2）构成犯罪的时间要求不同。战时拒绝、逃避征召、军事训练罪只能发生在战时，本罪可以发生在战时，也可以发生在平时。

（四）情节与量刑

依照《刑法》第 435 条第 1 款规定，犯逃离部队罪的，处 3 年以下有期徒刑或者拘役。依照本条第 2 款规定，战时犯本罪的，处 3 年以上 7 年以下有期徒刑。其法定刑要高于第 1 款的法定刑，体现了“战时从严”的原则。

（五）法律链接

最高人民法院、最高人民检察院关于对军人非战时逃离部队的行为能否定罪处罚问题的批复（法释〔2000〕39号　自2000年12月8日起施行）

中国人民解放军军事法院、军事检察院：

〔1999〕军法呈字第19号《关于军人非战时逃离部队情节严重的，能否适用刑法定罪处罚问题的请示》收悉。经研究，答复如下：

军人违反兵役法规，在非战时逃离部队，情节严重的，应当依照刑法第四百三十五条第一款的规定定罪处罚。

十九、武器装备肇事罪

（一）法律规定

第四百三十六条　违反武器装备使用规定，情节严重，因而发生责任事故，致人重伤、死亡或者造成其他严重后果的，处三年以下有期徒刑或者拘役；后果特别严重的，处三年以上七年以下有期徒刑。

（二）罪名详解

武器装备肇事罪是指违反武器装备使用规定，情节严重，因而发生责任事故，致人重伤、死亡或者造成其他严重后果的行为。

本罪是从《军职罪条例》第3条的规定，吸收改为刑法的具体规定的。

武器装备肇事罪的构成要件是：

1. 主体要件

犯罪主体为所有军人。从司法实践看，主要是武器装备的操作使用人员。

2. 客体要件

本罪侵犯的客体是部队武器装备的使用秩序。

武器装备肇事，造成人员的伤亡、武器装备的毁损或者其他严重后果，妨碍武器装备正常地发挥效能，直接侵害武器装备的使用制度，破坏武器装备的使用秩序，削弱部队战斗力，对部队建设将造成严重危害。

3. 主观要件

主观方面由过失构成，即行为人应当预见自己的行为违反武器装备使用规定，会发生责任事故，造成严重后果，但因疏忽大意而没有预见，或者虽已预见但轻信能够避免，以致造成这种严重后果的。但对违章行为，行为人往往是有意实施的。

4. 客观要件

客观方面表现为违反武器装备使用规定，情节严重，因而发生责任事故，致人重伤、死亡或者造成其他严重后果的行为。

“武器装备”，是指部队用于实施和保障作战行动的武器、武器系统和军事技术器材，通常包括枪械、火炮、火箭、导弹、弹药、坦克及其他装甲战斗车辆、作战飞机、战斗舰艇等武器；通信指挥器材、侦察探测器材、军用测绘器材、气象保障器材、雷达、电子对抗装备、情报处理设备、军用电子计算机、工程机械及器材、“三防”装备、后勤装备、辅助飞机、勤务舰船、军用车辆等军事技术装备。“使用规定”，泛指中央军委、各总部、各军兵种根据各种武器装备的用途和技术性能制定和颁发的，关于武器装备的日常维护保养、保管、检查及使用的规定，以及各种武器装备的操作规程和安全规范等。这些规定是保障武器装备经常处于良好的技术状态，正确地使用武器装备，防止发生事故的重要规章制度。武器装备肇事在客观方面首先表现为行为人的行为违反了这些规章制度，即具有违章行为。武器装备肇事罪中的违章行为不是一般情节的违章行为，而是情节严重的违章行为。“情节严重”，一般是指违反武器装备使用规定的行为本身情节严重，如故意违反武器装备的使用程序的，或者在使用过程中严重不负责任的等。违章行为的表现方式是多种多样的，如有的明知违章冒险蛮干，有的不懂装懂随意摆弄，也有的有章不循自行其是。对于入伍不久的士兵或者部队新换装的武器装备，由于尚未熟练掌握武器装备的使用规定而出现的违章行为，不宜认定为情节严重。情节严重的违章行为一旦发生责任事故，致人重伤、死亡或者造成其他严重后果，即构成武器装备肇事罪。“责任事故”，是指因行为人违反规章制度的失职行为而造成的事故。由于不能预见和不能控制的自然条件发生变化而引起的自然事故，或者由于技术条件限制或者武器装备条件不良造成的技术事故，不属于责任事故。《军职罪条例》第 3 条曾规定为发生“重大责任事故”，1997 年修订刑法时改为“责任事故”。这是因为，原规定发生重大责任事故造成致人重伤、死亡的后果，才追究刑事责任，而根据军队有关责任事故等级划分的规定，致人重伤、死亡仅属于一般责任事故或者严重责任事故，只有重伤、死亡达到一定的数量界限才属于重大责任事故。这样修改后，使罪状的表述更加准确，避免了犯罪构成要件与有关军事规章之间的矛盾。“其他严重后果”，包括武器装备的毁损，严重财产损失，因武器装备肇事而引起的爆炸、火灾、大面积污染等。

（三）实务疑难问题

1. 划清武器装备肇事罪与危害公共安全罪中的过失犯罪的界限

危害公共安全罪中的过失犯罪，如失火罪，过失爆炸罪，过失损坏易燃易爆设备、交通工具、交通设施和广播电视设施、公用电信设施罪，交通肇事罪，重大责任事故罪和危险物品肇事罪等，与武器装备肇事罪有许多相似之处。其区别除了在犯罪主体和犯罪客体上不同外，主要有以下两点：（1）看犯罪对象是否属于武器装备。只有犯罪对象属于武器装备，才能构成武器装备肇事罪；如不属于武器装备，则应根据不同的犯罪构成要件确定相应的罪名。（2）看是否因违反了武器装备的使用规定而发生责任事故。如果主要是因违反了武器装备使用规定，就应定武器装备肇事罪；如果主要是因违反了其他维护公共安全的法规和规章制度，就应根据不同犯罪构成要件确定相应的罪名。刑法对武器装备肇事罪与上述过失犯罪的规定存在法条竞合关系，如果行为人既违反了武器装备使用规定，又违反了其他维护公共安全的法规和规章制度，应优先适用本章的规定，以武器装备肇事罪论处。

2. 正确处理武器装备肇事致人重伤、死亡的定罪问题

枪支走火致人伤亡是在部队中比较常见的。这种情况从广义上来说，也属于过失致人死亡或者重伤。在《军职罪条例》施行以前，是按过失杀人或者过失伤害致人重伤定罪的。《军职罪条例》规定了武器装备肇事罪后，均以武器装备肇事罪论处。现军职罪已编入刑法，并仍保留了武器装备肇事罪。因此，根据《刑法》第 233 条和第 235 条对过失致人死亡罪和过失致人重伤罪所规定的“本法另有规定的，依照规定”，武器装备肇事致人重伤、死亡的，应以武器装备肇事罪定罪处罚。

（四）情节与量刑

依照《刑法》第436条规定，犯武器装备肇事罪的，处3年以下有期徒刑或者拘役；后果特别严重的，处3年以上7年以下有期徒刑。

该条中的“后果特别严重”，是加重处罚情节，司法实践中，一般是指毁损重要武器装备的，造成多人伤亡的，致使国家财产遭受重大损失的等情形。

二十、擅自改变武器装备编配用途罪

（一）法律规定

第四百三十七条　违反武器装备管理规定，擅自改变武器装备的编配用途，造成严重后果的，处三年以下有期徒刑或者拘役；造成特别严重后果的，处三年以上七年以下有期徒刑。

（二）罪名详解

擅自改变武器装备编配用途罪是指违反武器装备管理规定，未经有权机关批准，擅自将编配的武器装备改作其他用途，造成严重后果的行为。

本罪是1997年刑法增设的罪名，《军职罪条例》没有规定此罪名。

擅自改变武器装备编配用途罪的构成要件是：

1. 主体要件

犯罪主体为所有军人。从司法实践看，主要是各级指挥人员和武器装备的管理人员。

2. 客体要件

本罪侵犯的客体是部队武器装备的管理秩序。

部队的武器装备必须按照使用权限和编配用途进行严格管理，才能确保正常使用，使武器装备既充分发挥效能，又经常处于良好的技术状态，为部队随时完成各项任务提供有力保障。擅自改变武器装备编配用途的行为使武器装备管理失控，严重影响正常使用，甚至造成武器装备的毁损、丢失或者其他严重后果，造成武器装备的管理秩序混乱，危害武器装备的安全。加强武器装备的管理，制止各种危害武器装备安全的违法犯罪行为，是巩固部队战斗力的客观需要。近年来，中央军委和各总部、各军兵种颁布施行了一系列涉及武器装备管理的法规、规章，对武器装备的管理提出了更高的要求。修订刑法时增设本罪有利于保障武器装备管理法规的施行，进一步加强武器装备的管理，打击危害武器装备安全的犯罪行为，教育广大官兵自觉遵守武器装备管理法规，预防犯罪，也有利于准确适用法律，增强审判效果。

3. 主观要件

主观方面由过失构成，即行为人应当预见自己的行为违反了武器装备管理规定，会造成严重后果，由于疏忽大意而没有预见，或者已预见又轻信能够避免，以致发生严重后果。如果行为人对违反武器装备管理规定，擅自改变武器装备编配用途的行为可能造成的严重后果采取希望或者放任的态度，则应根据不同的犯罪构成要件以故意犯罪论处。例如，明知他人借用枪支是为了报复杀人而仍将枪支借给他人，应以故意杀人罪的共犯论处。

4. 客观要件

客观方面表现为违反武器装备的管理规定，擅自改变武器装备的编配用途，造成严重后果的行为。

武器装备的管理规定是相对于武器装备的操作规程、安全规范等使用规定而言的，主要是指涉及武器装备的动用权限、编配用途、使用范围等管理内容的规定。擅自改变武器装备的编配用途是指未经上级批准而自行将用于某一用途的武器装备改作其他用途，如随意启封使用作战储备的武器装备，将特殊用途的武器装备改作其他用途，随意将武器装备出租、出借等。按照法律规定，擅自改变武器装备编配用途的行为必须是“造成严重后果”才构成犯罪。在司法实践中，一般是指武器装备毁损，人员伤亡，作战失利，严重影响部队执行任务等情形。

（三）实务疑难问题

1. 划清本罪与武器装备肇事罪的界限

这两种犯罪都与武器装备有关，行为人主观上都是过失，客观上也可能造成相似的严重后果，而且武器装备的使用和管理规定经常混在一起，使用中有管理要求，管理中有使用规定，因此容易发生混淆。其区别在于武器装备肇事罪主要是在武器装备的操作使用过程中发生的，行为人主要是武器装备的操作使用人员；而擅自改变武器装备编配用途罪则主要是在武器装备的管理过程中发生的，行为人主要是武器装备的管理人员而不是操作使用人员。如果武器装备的操作使用人员违反武器装备的管理规定，擅自改变武器装备的编配用途，造成严重后果的，也应以擅自改变武器装备编配用途罪论处，而不宜定为武器装备肇事罪。

2. 正确处理本罪与《刑法》第 128 条第 2 款非法出租、出借枪支罪的法条竞合问题

刑法对这两种犯罪的规定存在部分法规竞合关系。军人非法出租、出借枪支的，应优先适用本章的规定，以擅自改变武器装备编配用途罪定罪处罚。

3. 正确处理本罪与玩忽军事职守罪的法条竞合问题

两罪存在部分法条竞合关系。当指挥人员玩忽职守的行为表现为不正确履行职责，擅自改变武器装备编配用途时，虽然其擅自改变武器装备编配用途的行为本质上也是一种玩忽职守行为，但应以擅自改变武器装备编配用途罪论处。如果是指挥人员战时擅自改变武器装备编配用途构成犯罪的，根据罪刑相当的原则，应以玩忽军事职守罪定罪处罚。

4. 正确处理使用武器装备实施其他犯罪的定罪问题

使用武器装备实施其他犯罪的，如使用装备枪支杀人，动用舰艇、军用飞机走私等，一般应将其擅自改变武器装备编配用途的行为作为实施其他犯罪的一个情节从重处罚。但是在使用武器装备实施其他犯罪过程中，发生武器装备毁损后果的，则应实行数罪并罚。

（四）情节与量刑

依照《刑法》第 437 条规定，犯擅自改变武器装备编配用途罪的，处 3 年以下有期徒刑或者拘役；造成特别严重后果的，处 3 年以上 7 年以下有期徒刑。

该条中的“特别严重后果”，是加重处罚情节，司法实践中，一般是指毁损重要武器装备的，伤亡多人的，严重影响部队执行重要任务的等情形。

二十一、盗窃、抢夺武器装备、军用物资罪

（一）法律规定

第四百三十八条　盗窃、抢夺武器装备或者军用物资的，处五年以下有期徒刑或者拘役；情节严重的，处五年以上十年以下有期徒刑；情节特别严重的，处十年以上有期徒刑、无期徒刑或者死刑。

盗窃、抢夺枪支、弹药、爆炸物的，依照本法第一百二十七条的规定处罚。

（二）罪名详解

盗窃武器装备罪是指以非法占有为目的，秘密窃取武器装备的行为。抢夺武器装备罪是指以非法占有为目的，乘人不备，公然夺取武器装备的行为。

盗窃军用物资罪是指以非法占有为目的，秘密窃取军用物资的行为。抢夺军用物资罪是指以非法占有为目的，乘人不备，公然夺取军用物资的行为。

本罪是从《军职罪条例》第 11 条的规定，吸收改为刑法的具体规定的，同时增加了抢夺武器装备、军用物资的规定。

盗窃、抢夺武器装备、军用物资罪的构成要件是：

1. 主体要件

犯罪主体为所有军人。

2. 客体要件

本罪侵犯的客体是部队武器装备、军用物资的所有权。

部队的武器装备和军用物资是战斗力的主要物质基础，保证其不受非法侵占，是巩固部队战斗力的客观需要。盗窃、抢夺武器装备、军用物资的行为，直接造成部队武器装备和军用物资损失，将给部队建设带来严重危害。

刑法中规定了抢夺罪和抢夺枪支、弹药、爆炸物、危险物质罪。为了加强对部队武器装备、军用物资的保护，在《军职罪条例》原有的盗窃武器装备、军用物资罪的基础上，又增设了抢夺武器装备、军用物资罪。

3. 主观要件

主观方面由故意构成，即行为人明知自己的盗窃、抢夺行为会侵犯部队

武器装备、军用物资的所有权，危害国家军事利益，却希望或者放任这种危害结果发生。

4. 客观要件

客观方面表现为盗窃、抢夺武器装备、军用物资的行为。

“盗窃”，是指采取秘密窃取的方法非法占有武器装备、军用物资的行为；“抢夺”，是指采取乘人不备、公然夺取的方法非法占有武器装备、军用物资的行为。盗窃、抢夺的对象是部队在编的、正在使用的和储存备用的武器装备或者军用物资，不包括已确定退役报废的武器装备、军用物资，因为退役报废的武器装备、军用物资已不能直接形成部队的战斗力。武器装备的重要零件、部件应以武器装备论。用于实施和保障作战行动的军用动物，如军马、军驼、军犬、军鸽等，应视为武器装备。盗窃、抢夺武器装备、军用物资不受部队隶属关系的限制，即这个部队的人盗窃、抢夺那个部队的武器装备、军用物资，现役军人盗窃、抢夺预备役部队的武器装备、军用物资，均属盗窃、抢夺部队的武器装备、军用物资。正在生产过程中，尚未交付部队的产品和物资，不能视为部队的武器装备、军用物资。军用物资是指除武器装备以外，供军事上使用的其他物资，如被装、粮秣、油料、建材、药材等。盗窃、抢夺军用物资构成犯罪的数额标准，可以参照《刑法》第264条和第267条对盗窃罪、抢夺罪的数额标准从严认定。按照法律规定，行为人只要具有盗窃、抢夺武器装备、军用物资其中一种行为就构成本罪；具有两种行为的，仍为一罪，不实行并罚。

（三）实务疑难问题

1. 正确处理采取破坏性方法盗窃武器装备、军用物资的定罪问题

在具体案件中，采取破坏性方法盗窃武器装备、军用物资的，可能出现与破坏武器装备、军事设施罪竞合的现象。因这两种犯罪的法定刑相同，行为人的目的是盗窃，如符合盗窃武器装备、军用物资罪的构成要件，应以盗窃武器装备、军用物资罪论处为妥，行为人所采取的破坏性方法及其所造成的损失可作为量刑情节来考虑。

2. 正确处理军人携带武器逃离部队的定罪问题

在过去的司法实践中，对军人携带武器逃离部队是作为情节严重的逃离部队行为，只定逃离部队罪。这样处理忽略了军人非法占有武器特别是枪支、

弹药、爆炸物的严重危害性。配发给军人个人使用的武器，所有权属于部队，个人无权据为己有。军人携带武器逃离部队，不仅逃避服兵役，而且将部队的武器盗走，是一种特殊方式的盗窃行为。因此，应以盗窃武器装备罪论处。

（四）情节与量刑

依照《刑法》第438条第1款规定，犯盗窃、抢夺武器装备、军用物资罪的，处5年以下有期徒刑或者拘役；情节严重的，处5年以上10年以下有期徒刑；情节特别严重的，处10年以上有期徒刑、无期徒刑或者死刑。

司法机关在适用本条规定处罚时，应当注意以下问题：

1. 刑法对本罪规定了三个档次的量刑幅度，要注意区别情节，正确适用。《刑法》第438条第1款规定的“情节严重”，是加重处罚情节，在司法实践中，一般是指盗窃、抢夺重要武器装备或者多件武器装备的；盗窃、抢夺军用物资数额巨大的；盗窃、抢夺武器装备、军用物资严重影响部队完成战备执勤任务的；采取破坏性方法盗窃、抢夺武器装备或者军用物资的；盗窃、抢夺武器装备、军用物资造成严重后果的；多次盗窃、抢夺武器装备或者军用物资的等情形。“情节特别严重”，一般是指盗窃、抢夺多件重要武器装备或者多次盗窃、抢夺重要武器装备的；盗窃、抢夺军用物资的价值达到数额特别巨大的；盗窃、抢夺武器装备或者军用物资严重影响部队完成作战等重大任务的；盗窃、抢夺武器装备或者军用物资造成特别严重后果的；战时盗窃、抢夺武器装备或者军用物资，情节严重的等情形。

2.《刑法》第438条第2款规定了军人盗窃、抢夺部队的枪支、弹药、爆炸物的法律适用问题。为了保障公共安全，《刑法》第127条规定了盗窃、抢夺枪支、弹药、爆炸物、危险物质罪，并对盗窃、抢夺军警人员的枪支、弹药、爆炸物的行为予以加重处罚，规定了比盗窃、抢夺武器装备、军用物资罪更重的法定刑。部队的武器装备、军用物资种类繁多，其中包括枪支、弹药、爆炸物。军人盗窃或者抢夺部队的枪支、弹药、爆炸物的，因《刑法》第438条相对于第127条来说属于特别法，按照法律适用原则，应当优先适用，所以仍应定盗窃或者抢夺武器装备、军用物资罪。

二十二、非法出卖、转让武器装备罪

（一）法律规定

第四百三十九条　非法出卖、转让军队武器装备的，处三年以上十年以下有期徒刑；出卖、转让大量武器装备或者有其他特别严重情节的，处十年以上有期徒刑、无期徒刑或者死刑。

（二）罪名详解

非法出卖、转让武器装备罪是指非法出卖、转让武器装备的行为。

本罪是1997年刑法增设的罪名，《军职罪条例》没有规定此罪名。

非法出卖、转让武器装备罪的构成要件是：

1. 主体要件

犯罪主体为所有军人。

2. 客体要件

本罪侵犯的客体是部队武器装备的管理秩序。

部队的武器装备是部队战斗力的主要物质基础，被革命军人视为自己的第二生命。非法将其出卖或者转让，破坏了部队武器装备的管理秩序，削弱了部队的战斗力，还可能给公共安全带来严重危害。加强武器装备的管理，制止各种危害武器装备安全的违法犯罪行为，是巩固部队战斗力的客观需要。近年来，中央军委和解放军各总部、各军兵种颁布施行了一系列涉及武器装备管理的法规、规章，对武器装备的管理提出了更高的要求。修订刑法时增设本罪有利于保障武器装备管理法规的施行，打击危害武器装备安全的犯罪行为。

3. 主观要件

主观方面由故意构成，即行为人明知自己非法出卖、转让武器装备的行为会造成侵害部队武器装备管理秩序，危害国家军事利益的结果，却希望或者放任这种危害结果的发生。如果行为人明知他人将使用其出卖、转让的武器装备实施更严重的犯罪，则应对行为人以他人所实施的犯罪共犯论处，不再单独定非法出卖、转让武器装备罪。

4. 客观要件

客观方面表现为非法出卖、转让武器装备的行为。

出卖、转让，是指违反武器装备管理规定，未经有权机关批准，擅自用武器装备换取金钱、财物或者其他利益，或者将武器装备馈赠他人的行为。

（三）实务疑难问题

1. 正确对待单位非法出卖、转让武器装备的问题

从司法实践看，非法出卖、转让武器装备多数是由单位主管领导决定，以单位名义非法出卖、转让的。由于本罪没有规定单位犯罪，根据《刑法》第 30 条的规定，不能按单位犯罪处理，只能依照本条的规定，追究行为人的刑事责任。

2. 正确处理非法出卖武器装备罪与《刑法》第 125 条非法买卖枪支、弹药、爆炸物罪的法条竞合问题

刑法对这两种犯罪的规定存在法条竞合关系。军人非法出卖部队武器装备的，应优先适用本条的规定，以非法出卖武器装备罪定罪处罚。

3. 正确处理将盗窃、抢夺的武器装备又出卖、转让的定罪问题

盗窃、抢夺武器装备后又将其出卖、转让的，应根据重罪吸收轻罪的原则，以非法出卖、转让武器装备罪论处，而将盗窃、抢夺的行为作为量刑情节。但如果盗窃、抢夺的是枪支、弹药、爆炸物，则应以盗窃、抢夺武器装备、军用物资罪定罪，依照《刑法》第 127 条的规定处罚，而将出卖、转让的行为作为量刑情节。

（四）情节与量刑

依照《刑法》第 439 条规定，犯非法出卖、转让武器装备罪的，处 3 年以上 10 年以下有期徒刑；出卖、转让大量武器装备或者有其他特别严重情节的，处 10 年以上有期徒刑、无期徒刑或者死刑。

该条中的“其他特别严重情节”，是加重处罚情节，司法实践中，一般是指出卖、转让重要武器装备的；战时出卖、转让武器装备的；致使武器装备流散社会造成严重后果的；严重影响部队完成重要任务的；出卖、转让给境外的机构、组织、人员的等情形。

二十三、遗弃武器装备罪

（一）法律规定

第四百四十条　违抗命令，遗弃武器装备的，处五年以下有期徒刑或者拘役；遗弃重要或者大量武器装备的，或者有其他严重情节的，处五年以上有期徒刑。

（二）罪名详解

遗弃武器装备罪是指负有保管、使用武器装备义务的军人，违抗命令，故意遗弃武器装备的行为。

本罪是1997年刑法增设的罪名，《军职罪条例》没有规定此罪名。

遗弃武器装备罪的构成要件是：

1. 主体要件

犯罪主体是所有军人。

2. 客体要件

本罪侵犯的客体是部队武器装备的管理秩序。爱护武器装备是军人的基本职责。遗弃武器装备的行为，造成部队武器装备的损失，妨害部队武器装备的管理秩序，危害部队战斗力和公共安全。增设本罪有利于保障武器装备管理法规的施行，打击危害武器装备安全的犯罪行为。

3. 主观要件

主观方面由故意构成，即行为人明知自己遗弃部队武器装备的行为会破坏部队武器装备的管理秩序，削弱部队战斗力，危害国家军事利益，却希望或者放任这种危害结果的发生。根据作战的需要，有组织、有计划地丢弃一些武器装备，以达到轻装或者迷惑敌人等战术目的，或者因战事紧急，来不及妥善处理武器装备，不得已而丢弃的，以及在紧急情况下为了避免造成更大的危害结果而采取的舰艇人员弃舰求生、飞行员弃机跳伞等行为的，不能认为行为人有遗弃武器装备的主观故意。

4. 客观要件

客观方面表现为违抗命令，遗弃武器装备的行为。

“违抗命令”，是指违反并拒不执行上级的命令；“遗弃”，是指故意丢掉，弃置不顾。遗弃的场所法律没有限制，一般是在战场、军事行动地区和野外训练场等。遗弃的对象是行为人依法持有或者有权管理的、能够供部队使用的武器装备，包括暂时损坏但能够修复的武器装备。在战场上，行为人自行将战场损坏无法及时修复的武器装备丢弃，不属于遗弃武器装备。将盗窃、抢夺的武器装备又遗弃的，应作为盗窃、抢夺武器装备罪的从重处罚情节。

（三）实务疑难问题

1. 划清本罪与战时违抗命令罪的界限

这两种犯罪中虽然都有违抗命令的构成要件，但其含义有所不同。在战时违抗命令罪中，违抗命令的行为本身就是犯罪客观方面的主要内容，是需要追究刑事责任的基本依据，不需要再有其他具体的危害行为；而在遗弃武器装备罪中，犯罪客观方面的主要内容是遗弃武器装备，违抗命令仅仅是限制条件，说明行为人违反并抗拒执行上级命令，但其严重程度尚未达到战时违抗命令罪。因此，在遗弃武器装备罪中，仅凭其违抗命令的行为本身是不能追究刑事责任的。当然，如果行为人在遗弃武器装备行为中违抗命令的行为本身性质恶劣，危害严重，符合战时违抗命令罪的构成条件的，应按处理想象竞合犯的原则，以战时违抗命令罪定罪处罚。

2. 划清本罪与破坏武器装备罪的界限

本罪与《刑法》第 369 条规定的破坏武器装备罪犯罪对象相同，客观上都可能造成武器装备毁损的后果，其主要区别除了主观故意的内容不同外，在客观方面，遗弃武器装备的行为表现为消极地将武器装备丢弃不管，而破坏武器装备的行为表现为采取各种方法，积极地将武器装备毁坏。如果行为人所采取的遗弃武器装备的方法必然造成武器装备毁坏或者灭失的，如飞行员无重大危险而弃机跳伞，或者故意将武器装备投入深海等，应属破坏武器装备的行为。

3. 正确处理遗弃武器装备兼犯其他罪行的定罪问题

军人在犯战时临阵脱逃、逃离部队等罪时遗弃武器装备的，其行为如果符合不同的犯罪构成要件的，应实行数罪并罚。

（四）情节与量刑

依照《刑法》第440条规定，犯遗弃武器装备罪的，处5年以下有期徒刑或者拘役；遗弃重要或者大量武器装备的，或者有其他严重情节的，处5年以上有期徒刑。

司法机关在适用《刑法》第440条规定处罚时，应当注意以下问题：

1. 该条中的“重要武器装备”，是加重处罚情节之一，是指部队的主要武器装备和其他在作战中急需或者必不可少的武器装备。根据军队有关武器装备管理规定，主要武器装备指的是各种导弹、飞机、作战舰艇、登陆舰和1000吨以上辅助船、坦克、装甲车辆、85毫米以上口径的地面火炮、岸炮、高炮、雷达、声呐、指挥仪、15瓦以上电台和电子对抗装备、舟桥、60千瓦以上的工程机械、汽车、陆军船艇等武器装备。

2. 该条中的“其他严重情节”，也是加重处罚情节之一，司法实践中，一般是指指挥人员带头遗弃的；煽动他人遗弃的；战时遗弃的；严重影响部队完成任务的；造成严重后果的等情形。

二十四、遗失武器装备罪

（一）法律规定

第四百四十一条　遗失武器装备，不及时报告或者有其他严重情节的，处三年以下有期徒刑或者拘役。

（二）罪名详解

遗失武器装备罪是指遗失武器装备，不及时报告或者有其他严重情节的行为。

本罪是1997年刑法增设的罪名，《军职罪条例》没有规定此罪名。

遗失武器装备罪的构成要件是：

1. 主体要件

犯罪主体为所有军人。从司法实践看，主要是武器装备的操作使用人员。

2. 客体要件

本罪侵犯的客体是部队武器装备的管理秩序。

爱护武器装备是军人的基本职责。遗失武器装备的行为，造成部队武器装备的损失，妨害部队武器装备的管理秩序，危害部队战斗力和公共安全。增设本罪有利于保障武器装备管理法规的施行，打击危害武器装备安全的犯罪行为。

3. 主观要件

主观方面由过失构成，即行为人应当预见到自己的行为会造成部队武器装备遗失的危害结果，但由于疏忽大意而没有预见，或者虽已预见却又轻信能够避免，以致造成武器装备遗失。

4. 客观要件

客观方面表现为遗失武器装备，不及时报告或者有其他严重情节的行为。

“遗失”，包括丢失和被盗，属于不作为的行为。遗失的武器装备是行；为人依法持有和使用的。“不及时报告”，包括故意隐瞒情况不报告或者没有按规定报告，以致丧失追查、寻找的机会。武器装备一时找不到，正在积极设法寻找，不能确认已遗失而未向上级报告，不能认为是不及时报告。“其他严重情节”，是指遗失武器装备严重影响重大任务完成的；给人民群众生命财产安全造成严重危害的；遗失的武器装备被敌人或者境外的机构、组织和人员或者国内恐怖组织和人员利用，造成严重后果或者恶劣影响的；遗失的武器装备数量多、价值高的；战时遗失的，等等。

（三）实务疑难问题

1. 正确认定本罪的犯罪对象

根据我国刑法罪责自负的原则，本罪应追究的是遗失武器装备的行为人本人的刑事责任。“不及时报告”，仅限于遗失人没有及时向主管领导报告。如果一个单位发生了遗失武器装备的事件，主管领导没有及时向上级报告，不应以遗失武器装备罪追究主管领导的刑事责任。

2. 正确处理遗失武器装备罪与《刑法》第 129 条丢失枪支不报罪的法条竞合问题

刑法对这两种犯罪的规定存在法条竞合关系。军人丢失枪支时，应优先适用本条的规定，以遗失武器装备罪定罪处罚。

（四）情节与量刑

依照《刑法》第441条规定，犯遗失武器装备罪的，处3年以下有期徒刑或者拘役。

二十五、擅自出卖、转让军队房地产罪

（一）法律规定

第四百四十二条　违反规定，擅自出卖、转让军队房地产，情节严重的，对直接责任人员，处三年以下有期徒刑或者拘役；情节特别严重的，处三年以上十年以下有期徒刑。

（二）罪名详解

擅自出卖、转让军队房地产罪是指违反军队房地产管理和使用规定，未经有权机关批准，擅自出卖、转让军队房地产，情节严重的行为。

本罪是1997年刑法增设的罪名，《军职罪条例》没有规定此罪名。

擅自出卖、转让军队房地产罪的构成要件是：

1. 主体要件

犯罪主体为军队各单位的主管人员和负有房地产管理职责的人员，属于军人违反职责罪中的特殊主体。本罪没有对犯罪主体作明文限定，只规定追究直接责任人员的刑事责任，从本罪的犯罪构成看，由于房地产的不动产属性，决定了出卖、转让军队房地产的行为只能由上述人员实施。

2. 客体要件

本罪侵犯的客体是军队房地产的管理秩序。

军队房地产是国防资产的重要组成部分，是军事设施的基本依托，其权属统一归军委总部。擅自出卖、转让军队房地产的行为，侵害了军队对国防资产的所有权，破坏了军队房地产集中统一的管理秩序。近年来，由于一些单位和个人为了牟取本单位或者个人私利，擅自处理军队房地产，导致军事设施被毁坏，军事秘密被泄露等严重后果，对国防和军队建设造成严重危害。1997年修订刑法时增设本罪有利于加强军队房地产的管理，打击严重破坏军

队房地产管理秩序的犯罪行为。

3. 主观要件

主观方面由故意构成，即行为人明知自己擅自出卖、转让军队房地产的行为会破坏军队房地产管理秩序，造成国防资产流失的危害结果，却希望或者放任这种危害结果发生。

按照法律规定，擅自出卖、转让军队房地产的行为，除需具备上述构成要件外，还必须达到“情节严重”的程度，才构成犯罪。所谓情节严重，司法实践中，一般是指出卖、转让军队房地产数量较大的；出卖、转让重要房地产的；造成严重损失或其他严重后果的；严重影响部队正常训练、工作和生活的；事后弄虚作假欺骗上级的等情形。

4. 客观要件

客观方面表现为违反军队房地产管理规定，擅自出卖、转让军队房地产的行为。

“军队房地产”，是指依法由军队使用管理的土地及其地上地下用于营房保障的建筑物、构筑物、附属设施设备，以及其他附着物。“违反规定”，是指违反《内务条令》《中国人民解放军房地产管理条例》及其他有关军队房地产管理和使用的规定。这些条令、条例规定了军队房地产管理、使用的基本原则和具体制度，其中包括处理军队房地产的审批权限及其程序。未经有权机关依法审批，任何单位和个人都不得随意处理军队房地产，违者即属擅自处理军队房地产。出卖、转让分别是指有偿或者无偿改变军队房地产的产权关系。如果是临时出租或出借给他人使用，到期收回，不改变产权关系的，不属于出卖或者转让。按照法律规定，行为人只要实施了擅自出卖或者转让其中一种行为就构成本罪；实施了两种行为的，仍为一罪，不实行并罚。

（三）实务疑难问题

1. 划清罪与非罪的界限

擅自出卖、转让军队房地产均属违法行为，其中情节严重的才能构成擅自出卖、转让军队房地产罪。对于情节不严重的擅自出卖、转让军队房地产的行为，应当按照违反军纪处理。

2. 正确对待单位擅自出卖、转让军队房地产的问题

从司法实践看，擅自出卖、转让军队房地产多数是由单位主管领导决定，以单位名义出卖、转让的。由于本罪没有规定单位犯罪，根据《刑法》第30条的规定，不能按单位犯罪处理，只能依照本条的规定，追究直接责任人员的刑事责任。

3. 正确处理本罪与《刑法》第228条非法转让、倒卖土地使用权罪和第410条非法低价出让国有土地使用权罪的法条竞合问题

刑法对这两类犯罪的规定存在法条竞合关系。军人擅自出卖、转让军队房地产的，应优先适用本章的规定，以擅自出卖、转让军队房地产罪定罪处罚。

（四）情节与量刑

依照《刑法》第442条规定，犯擅自出卖、转让军队房地产罪的，对直接责任人员，处3年以下有期徒刑或者拘役；情节特别严重的，处3年以上10年以下有期徒刑。

该条中的“情节特别严重”，是加重处罚情节，司法实践中，一般是指出卖、转让的数量巨大的出卖、转让特别重要的军队房地产的；出卖、转让给境外的机构、组织、人员的；造成不可挽回的严重损失的，导致部队不能正常训练工作和生活的等情形。

二十六、虐待部属罪

（一）法律规定

第四百四十三条　滥用职权，虐待部属，情节恶劣，致人重伤或者造成其他严重后果的，处五年以下有期徒刑或者拘役；致人死亡的，处五年以上有期徒刑。

（二）罪名详解

虐待部属罪是指滥用职权，虐待部属，情节恶劣，致人重伤、死亡或者造成其他严重后果的行为。

本罪是从《军职罪条例》第 9 条的规定，吸收改为刑法的具体规定的。

虐待部属罪的构成要件是：

1. 主体要件

犯罪主体为部队中的各级首长和其他有权指挥他人的人员，属于军人违反职责罪中的特殊主体。

根据《内务条令》的规定，军人在行政职务上有隶属关系时，行政职务高的是首长，行政职务低的是部属；首长有权对部属下达命令，部属必须服从首长。因此，本罪的犯罪主体与侵害对象之间必须有指挥与被指挥的隶属关系，即包括军官与士兵，也包括上级军官与下级军官，甚至士兵与士兵，如部队中的班长也是士兵，但有权指挥本班其他士兵，对全班的工作负完全责任，因此，班长属于本罪的犯罪主体之一。没有隶属关系的军人之间，一方凭借资历或其他有利条件，对另一方实施虐待，如老兵虐待新兵，不能以本罪论处。

2. 客体要件

本罪侵犯的客体是我军官兵一致的上下级关系和部属的人身权利。

我军历来有尊干爱兵的优良传统，坚决反对打骂、体罚、虐待士兵的军阀作风。虐待部属的行为违反了我军的宗旨，严重破坏了官兵关系和上下级关系，侵害部属的人身权利，损害部队的内部团结，所以本罪侵犯的是双重客体。

3. 主观要件

主观方面由故意构成。

4. 客观要件

客观方面表现为滥用职权，虐待部属，致人重伤或者造成其他严重后果的行为。

滥用职权是指超越职责范围，不正当地使用职权。

虐待部属，是指采取殴打、体罚、冻饿或者其他有损身心健康的手段，折磨、摧残部属的行为。

情节恶劣，是指虐待手段残酷的；虐待 3 人以上的；虐待部属 3 次以上的；虐待伤病残部属的，等等。

其他严重后果，是指部属不堪忍受虐待而自杀、自残造成重伤或者精神失常的；诱发其他案件、事故的；导致部属 1 人逃离部队 3 次以上，或者 2

人以上逃离部队的；造成恶劣影响的，等等。

（三）实务疑难问题

1. 划清罪与非罪的界限

从司法实践看，打骂、体罚士兵，虐待部属，在一些单位屡有发生。解决这一问题，对绝大多数人应是通过批评教育或者给予相应的纪律处分，追究个别人的刑事责任必须严格依法办事。既要防止放纵罪犯，打击不力，又要避免扩大打击面。具体操作上，对确有情节恶劣的虐待行为，如出于报复动机的，虐待手段残忍或者不人道的，屡教不改的，虐待多人的等，又致人重伤或者造成其他严重后果的，应坚决依法追究刑事责任。相反，对没有明显的虐待行为，只是管理方法上简单粗暴，一时的过激行为，或者虽有虐待行为但情节尚不恶劣的，不能以虐待部属罪追究刑事责任。

2. 正确处理虐待部属中的故意伤害问题

实施虐待部属的行为时，出现殴打他人致人伤亡结果的，如果行为人所实施的虐待行为中，有无节制的殴打行为，甚至使用足以致人伤亡的器具，造成伤亡结果的，则应以故意伤害罪论处。

（四）情节与量刑

依照《刑法》第 443 条规定，犯虐待部属罪的，处 5 年以下有期徒刑或者拘役；致人死亡的，处 5 年以上有期徒刑。

二十七、遗弃伤病军人罪

（一）法律规定

第四百四十四条　在战场上故意遗弃伤病军人，情节恶劣的，对直接责任人员，处五年以下有期徒刑。

（二）罪名详解

遗弃伤病军人罪是指在战场上故意遗弃我方伤病军人，情节恶劣的行为。

本罪是从《军职罪条例》第 15 条的规定，吸收改为刑法的具体规定的。

遗弃伤病军人罪的构成要件是：

1. 主体要件

犯罪主体为所有军人。但本条规定只追究直接责任人员的刑事责任。因此，不论行为人是什么身份，只要对遗弃伤病军人负有直接责任，都属本罪的犯罪主体，包括各级指挥人员、救护人员及其他实施遗弃行为的军人。

2. 客体要件

本罪侵犯的客体是战场救护秩序。我军是人民军队，官兵政治上一律平等，彼此应相互关心和爱护，救护伤病军人是这一要求在战场上的具体体现。在战场上遗弃伤病军人的行为，违背战场救护的要求，直接破坏战场救护秩序，伤害广大官兵的感情，影响部队士气，对部队作战将造成严重危害。

3. 主观要件

主观方面由故意构成，即行为人明知自己遗弃伤病军人的行为会造成破坏战场救护秩序的危害结果，却希望或者放任这种危害结果发生。在紧急情况下，为了执行更重要的作战任务，或者确实无条件带走伤病军人，不得已而放弃的，不应认为有遗弃伤病军人的主观故意。

4. 客观要件

客观方面表现为在战场上将伤病军人遗弃的行为。遗弃是指对有条件救护的伤病军人弃置不顾，一般表现为不作为的形式。遗弃行为必须发生在战场上，遗弃的对象应是我军因负伤、生病需要他人给予救护的人员，不包括受伤、生病的俘虏。《军职罪条例》第 15 条原规定为遗弃伤员，但在战场上因病失去作战能力的军人也是救护的对象，所以修订刑法时改为“伤病军人”，扩大了适用范围。

根据法律规定，在战场上故意遗弃伤病军人的行为，除需具备上述构成要件外，行为的性质还必须是“情节恶劣”的，才构成犯罪。“情节恶劣”，司法实践中，一般是指挟嫌报复遗弃伤病军人的；指挥人员和救护人员在紧要关头或者危急时刻只顾保全自己而遗弃伤病军人的；遗弃多人的；遗弃重要伤病军人的；遗弃后致使伤病军人死亡、失踪、被俘的；因遗弃行为引起官兵强烈义愤或者造成恶劣影响的等情形。

（三）实务疑难问题

注意正确区分罪与非罪的界限。战场上的情况错综复杂，对遗弃伤病军人的行为要具体分析，区别对待。因此，司法实践中，刑法规定只有遗弃伤病军人，情节恶劣的行为，才构成本罪；对情节不恶劣的一般遗弃伤病军人的行为，则应按违反军纪处理。

（四）情节与量刑

依照《刑法》第 444 条规定，犯遗弃伤病军人罪的，对直接责任人员，处 5 年以下有期徒刑。

二十八、战时拒不救治伤病军人罪

（一）法律规定

第四百四十五条　战时在救护治疗职位上，有条件救治而拒不救治危重伤病军人的，处五年以下有期徒刑或者拘役；造成伤病军人重残、死亡或者有其他严重情节的，处五年以上十年以下有期徒刑。

（二）罪名详解

战时拒不救治伤病军人罪是指战时在救护治疗职位上，有条件救治而拒不救治危重伤病军人的行为。

本罪是 1997 年刑法增设的罪名，《军职罪条例》没有规定本罪。

战时拒不救治伤病军人罪的构成要件是：

1. 主体要件

犯罪主体为正在履行救护治疗职责的医务工作人员，属于军人违反职责罪中的特殊主体。如果医务人员正在休假或者从事其他工作，不是正在履行救护治疗职责，则不能成为本罪的犯罪主体。

2. 客体要件

本罪侵犯的客体是战时救护秩序。救治伤病员是医务工作者的神圣使命，战时及时救治伤病军人，是稳定官兵情绪，鼓舞士气，激励部队英勇作战的需要。战时拒不救治伤病军人，违背医务人员的职责，破坏了救护秩序，挫伤部队士气，削弱我军的战斗力，将给作战带来严重危害。

3. 主观要件

主观方面由故意构成，即行为人明知自己拒不救治危重伤病军人的行为违背了医务工作者的职责，会造成破坏战场救护秩序的危害结果，却放任或者希望这种危害结果的发生。

4. 客观要件

客观方面表现为战时有条件救治而拒不救治危重伤病军人的行为。本罪限于战时才能构成。拒不救治的对象是我军的伤病军人，而且伤情、病情危险、紧急、严重，如不及时给予救治，将可能危及生命安全。拒不救治表现为拒绝提供必要的抢救、治疗，以控制、缓解伤情、病情，挽救伤病军人的生命或者避免造成终生严重残疾。拒不救治的行为可以发生在医疗救护的各个环节上，如值班护士拒不接诊，医生拒不检诊和进行抢救，检验人员拒不进行检验等。有条件救治而拒不救治，是指根据伤病军人的伤情或者病情，结合救护人员的技术水平、医疗单位的医疗条件及当时的客观环境等因素，能够给予救治而拒绝抢救、治疗。

（三）实务疑难问题

注意划清本罪与遗弃伤病军人罪的界限

这两种犯罪都涉及战时的伤病军人，主观上又都是故意犯罪，犯罪主体也有相同之处，界限不易划清，其区别在于客观方面有所不同。后者是将伤病军人丢弃，使其不仅得不到救护治疗，而且还面临脱离部队的更大危险；而前者则仅是使伤病军人在有条件得到医疗救护的情况下却得不到救治，不存在伤病军人脱离部队的危险。

（四）情节与量刑

依照《刑法》第 445 条规定，犯战时拒不救治伤病军人罪的，处 5 年以下有期徒刑或者拘役；造成伤病军人重残、死亡或者有其他严重情节的，处 5

年以上10年以下有期徒刑。

该条中的“其他严重情节”，是加重处罚情节之一，司法实践中，一般是指挟嫌报复拒不救治的；拒不救治重要伤病军人的；煽动其他医务人员共同拒不救治的；引起官兵强烈义愤造成严重事件的等情形。

二十九、战时残害居民、掠夺居民财物罪

（一）法律规定

第四百四十六条　战时在军事行动地区，残害无辜居民或者掠夺无辜居民财物的，处五年以下有期徒刑；情节严重的，处五年以上十年以下有期徒刑；情节特别严重的，处十年以上有期徒刑、无期徒刑或者死刑。

（二）罪名详解

战时残害居民罪是指战时在军事行动地区残害无辜居民的行为。无辜居民，是指对我军无敌对行动的平民。

战时掠夺居民财物罪是指战时在军事行动地区抢劫、抢夺无辜居民财物的行为。

本罪是从《军职罪条例》第20条的规定，吸收改为刑法的具体规定的。

战时残害居民、掠夺居民财物罪的构成要件是：

1. 主体要件

犯罪主体为所有军人。

2. 客体要件

本罪侵犯的客体是战时群众工作秩序。我军历来有严格的群众纪律，任何时候都要保护群众的正当利益。残害无辜居民、掠夺无辜居民财物的行为严重违反战时群众纪律，败坏我军的声誉，损害我军与战区群众的关系，破坏战时群众工作秩序，增加我军作战的困难，将对作战造成严重危害。

3. 主观要件

主观方面由故意构成，即行为人明知自己残害无辜居民、掠夺无辜居民

财物的行为损害战区无辜居民的利益，会破坏战时群众工作秩序，造成危害作战的结果，却希望或者放任这种危害结果的发生。

4. 客观要件

客观方面表现为战时在军事行动地区残害无辜居民或者掠夺无辜居民财物的行为。这些行为都只能发生在战时，而且是在军事行动地区，即战区，包括国内战区和境外的战区。因为这一条的立法原意是惩治在战区对无辜居民滥施暴行的犯罪行为，但《军职罪条例》第 20 条的规定却表述为“在军事行动地区”，范围过大，甚至包括平时的训练、演习地区，所以修订刑法时增加了“战时”的限制。受侵害的对象都是战区无辜居民，即对我军没有采取武装敌对行动的平民。残害不是一种具体的犯罪行为表现，而是一个集合的犯罪行为概念，往往包括一系列违法犯罪行为，如殴打、体罚、虐待、监禁、奸淫、杀伤无辜居民，焚烧、毁坏无辜居民的财物等，掠夺财物也是一个集合的犯罪行为概念，包括抢劫、抢夺、敲诈勒索等。在司法实践中，犯罪分子实施本罪往往既残害无辜居民又掠夺无辜居民财物，所以本罪是选择性罪名，不进行数罪并罚。

（三）实务疑难问题

1. 本罪属于选择性罪名

只要行为人实施了残害无辜居民或者掠夺无辜居民财物其中一种行为，就构成犯罪；同时实施几种行为的，仍是一罪，不实行并罚，但量刑时可作参考。

2. 正确处理残害居民、掠夺居民财物罪与刑法有关犯罪的法条竞合问题

如上所述，本罪是集合犯罪，包含很多具体的犯罪行为，因而与刑法的有关规定存在法条竞合关系。因本罪是军人在特定时间、地点实施的，应优先适用本条的规定，所以不再适用刑法对其他有关犯罪的规定。

（四）情节与量刑

依据《刑法》第 446 条规定，犯战时残害居民、掠夺居民财物罪的，处 5 年以下有期徒刑；情节严重的，处 5 年以上 10 年以下有期徒刑；情节特别严重的，处 10 年以上有期徒刑、无期徒刑或者死刑。

司法机关在适用《刑法》第 446 条规定处罚时，应当注意以下问题：

1. 该条中的“情节严重”“情节特别严重”，都是加重处罚情节。“情节严重”，司法实践中，一般是指聚众残害无辜居民、掠夺无辜居民财物的首要分子；残害无辜居民多人的；掠夺无辜居民财物数额巨大的；残害无辜居民手段恶劣的；严重影响我军军事行动的；造成其他严重后果的等情形。“情节特别严重”，司法实践中，一般是指残害大批无辜居民的；残害无辜居民手段特别恶劣的；掠夺无辜居民财物数额特别巨大的；严重影响我军重要军事行动的；造成其他特别严重后果的等情形。

2. 该条规定了三个量刑幅度，法定最低刑期6个月有期徒刑，法定最高刑为死刑。在审理案件时，应根据案件的不同情节，区别对待，恰当量刑。

三十、私放俘虏罪

（一）法律规定

第四百四十七条　私放俘虏的，处五年以下有期徒刑；私放重要俘虏、私放俘虏多人或者有其他严重情节的，处五年以上有期徒刑。

（二）罪名详解

私放俘虏罪是指擅自将俘虏放走的行为。

本罪是1997年刑法增设的罪名，《军职罪条例》没有规定此罪名。

私放俘虏罪的构成要件是：

1. 主体要件

犯罪主体为所有军人。在司法实践中，多为负有看押、管理俘虏职责的军人。

2. 客体要件

本罪侵犯的客体是俘虏管理秩序。俘虏是我军消灭敌人有生力量的成果。私放俘虏的行为破坏战时俘虏管理的正常秩序，抵消我军的作战成果，增强敌人的实力，将对作战造成严重危害。

3. 主观要件

主观方面由故意构成，即行为人明知自己私放俘虏，破坏俘虏管理秩序的行为，将会造成危害作战的结果，却希望或者放任这种危害结果的发生。

4. 客观要件

客观方面表现为私自放走俘虏的行为。俘虏是指在作战中被我方俘获的敌方武装人员，及其他为武装部队服务的人员。我军对俘虏的处理，要经过甄别、审讯、教育后，区别对待。未经批准，不得私自放走俘虏。私放俘虏的行为既可以发生在战时，也可以发生在战后，所以本罪没有限定为战时犯罪。

（三）实务疑难问题

根据《军人违反职责罪案件立案标准的规定》第 30 条：凡涉嫌私放俘虏的，应予立案。

（四）情节与量刑

依照《刑法》第 447 条规定，犯私放俘虏罪的，处 5 年以下有期徒刑；私放重要俘虏、私放俘虏多人或者有其他严重情节的，处 5 年以上有期徒刑。

该条中的“私放重要俘虏”，一般是指私放俘虏中的中、高级军官，掌握重要秘密的人员，或者专为了解敌情抓的俘虏等人员；“私放俘虏多人”，是指私放俘虏 3 人以上；“其他严重情节”，一般是指暴露我军秘密的、收受俘虏钱财的、造成严重后果的等情形，均为加重处罚情节。

三十一、虐待俘虏罪

（一）法律规定

第四百四十八条　虐待俘虏，情节恶劣的，处三年以下有期徒刑。

（二）罪名详解

虐待俘虏罪是指虐待俘虏，情节恶劣的行为。

本罪是从《军职罪条例》第 21 条的规定，吸收改为刑法的具体规定的。

虐待俘虏罪的构成要件是：

1. 主体要件

犯罪主体为所有军人。在司法实践中，多为负有看押、管理俘虏职责的军人。

2. 客体要件

本罪侵犯的客体是俘虏管理秩序。我军对放下武器的敌军官兵，实行宽待政策，给予人道待遇，这是我军瓦解敌军的政治工作原则的要求和具体体现。虐待俘虏的行为直接侵害我军的俘虏管理秩序，削弱我军俘虏政策的威力，损害我军的声誉，使敌人的反动宣传有机可乘，导致敌人顽抗到底，增加我军夺取胜利的困难。

3. 主观要件

主观方面由故意构成，即行为人明知自己虐待俘虏的行为会破坏俘虏管理秩序，造成危害作战的结果，却希望或者放任这种危害结果发生。

4. 客观要件

客观方面表现为虐待俘虏的行为。虐待的对象必须是俘虏，即在作战中被我方俘获的敌方武装人员及其他为武装部队服务的人员。虐待行为一般表现为采取不人道的生活待遇，打骂、体罚、折磨及施以其他酷刑，强迫从事危险性和屈辱性的工作等方法，摧残、折磨俘虏。随意杀死俘虏的行为属于严重侵害俘虏人身权利的犯罪，不应再以本罪论处。虐待俘虏的行为既可以发生在战时，也可以发生在战后，所以本罪没有限定为战时犯罪。

根据法律规定，虐待俘虏的行为，除需具备以上构成要件外，还必须是“情节恶劣”的，才构成本罪。司法实践中，“情节恶劣”，一般是指指挥人员虐待俘虏的；虐待俘虏 3 人以上，或者虐待俘虏 3 次以上的；虐待俘虏手段特别残忍的；虐待伤病俘虏的；导致俘虏自杀、逃跑等严重后果的；造成恶劣影响的；有其他恶劣情节的。

（三）实务疑难问题

注意区分罪与非罪的界限

虐待俘虏的行为在很大程度上是出于对敌人的仇恨和报复心理，因此，制止这种行为主要应依靠思想教育。但对极少数虐待俘虏情节恶劣的人员，应依法惩处。

（四）情节与量刑

依照《刑法》第448条规定，犯虐待俘虏罪的，处3年以下有期徒刑。